A Gradus Ad Parnassum, for the Use of Eton, Westminster, Harrow, and Charterhouse Schools, King's College, London, and Marlborough College

A

GRADUS AD PARNASSUM,

FOR THE USE OF

ETON, WESTMINSTER,

WINCHESTER, HARROW, AND CHARTERHOUSE SCHOOLS,

KING'S COLLEGE, LONDON, AND MARLBOROUGH COLLEGE.

BY

C. D. YONGE, B.A.

AUTHOR OF "AN ENGLISH AND GREEK LEXICON."

LONDON:

PRINTED FOR

LONGMAN, BROWN, GREEN, AND LONGMANS,

PATERNOSTER-ROW.

1850.

PREFACE.

To the fourth Edition

On sending forth a new Gradus, the plan of which has been honoured with the approval and sanction of many scholars engaged in the superintendence of classical education, it appears desirable to say a few words in explanation of the objects which I have had in view in compiling it, and on a few other points connected with the subject.

In the first place, I have endeavoured to distinguish words used by the authors of the golden age—Catullus, Virgil, Horace, Tibullus, Propertius, Ovid, Gratius, and Albinovanus—from those in use among their predecessors and successors. The words which occur in the purest writers are undistinguished; but to all the others I have prefixed a mark. Among the earlier writers I have classed Lucretius, though, in reality, contemporary with Catullus. This I was induced to do from the fact that his subject and his style led him, not unnaturally, to the use of many words which a more highly polished age discarded as antiquated. But the pupil will scarcely gain a correct idea of the value of, or authority for, a word, by looking merely at the mark which accompanies it. He must refer to the word itself; and as he will invariably find the highest possible authority given for the word, he will then see whether he is at liberty to use it. For although there is but one sort of mark to denote the words used by Val. Flaccus, Lucan, Statius, Juvenal, Martial, &c., it is obvious that a word may in many instances be jutifiably used by the scholar on the authority of the first three, while one resting wholly on that of the two last-mentioned authors would, of course, be excluded from serious poetry.

In giving the authorities for words, I have endeavoured to exercise great care, and to avoid giving an inferior authority where a better could be found; so that it may be taken for granted, if the authority I cite for a word be other than one of the above-mentioned writers, I could not find any instance of its having been used in their works.

I have given most, if not all, of the different senses in which each word occurs in Latin poetry, and have ranged the synonymes in order with reference to these. I have endeavoured to take the greatest care to insert no word as a synonyme which is not really such, and to omit as few as possible. Nor have I ever inserted a word as a synonyme for another without showing under the word itself the authority for doing so.

Epithets I have wholly omitted, believing that no part of the old Gradus did more harm; but as I felt that beginners require some assistance in the choice of their epithets, I have given a tolerably large selection of phrases wherever I thought it necessary, or even desirable, from the works of the Augustan poets (in every case citing the author by name), in which a sufficient variety of epithets will be found embodied.

Lastly, I believe that I have not omitted one word used by any poet of the slightest authority between the time of Lucretius and the time of Domitian, except proper names, to a selection of the most important of which I have, from want of room, been forced to limit myself. I have given a few words also occurring in Plautus, Terence, Ennius, the fragments of poetry found in Cicero's works, and Seneca's plays, but in this case also I have thought myself at liberty to omit such as I thought obsolete, useless, or inappropriate.

So much for what I have attempted to do. There remain a few points on which I wish to make some observations for the guidance of those in whose hands this book may be placed.

I have treated verbs in *eo* and *esco* as synonymous, though it is desirable that the fact should be impressed on all young scholars that, in strictness, they are not so, but that the lengthened form is to be considered the inceptive, or what Zumpt calls the inchoative form of the other. So, also, I have made no distinction between verbs of the first conjugation in *ito* and those from which they are derived; strictly speaking, the lengthened form is frequentative, or expressive of the repetition of the act denoted by the primitive, but in practice they seem to have been used as synonymous, and I have therefore thought it sufficient to point out the strict etymological difference in this place, without insisting on it wherever such a word occurs.

Words ending in *o* are to be presumed to be invariably long unless the contrary be stated. *Egŏ*, *homŏ*, *citŏ*, *modŏ* have *ŏ* always short; *duŏ* has oftenest *ŏ* short; *nemo* occurs a few times with *ŏ* short, which may be supported by the analogy of *homo.* Proper names of *men* ending in *o* are often short, e.g. *Nasŏ* nearly always: so *Polliŏ*, *Galliŏ*, etc. *Ergo* is used once short,—Votis ergŏ meis alii rediture redîsti (Ov. Her. 5. 59.); in every other instance it has ō. Of verbs, *sciŏ*, *nesciŏ*, *putŏ* have *ŏ* always; but though there are a few other instances of *ŏ* in verbs, no other verb is ever used with *ŏ* more than once, except *petŏ*, which occurs with *ŏ* three or four times. Propertius has *cæditŏ;* Ovid, *estŏ:* in gerunds Ovid has *tegendŏ* once, and Tibullus *medicandŏ;* but this last (3. 6. 3.) is a doubtful reading. The safe rule for beginners may be assumed to be this, — that words ending in *o* are long, and are never to be used otherwise, except in the cases above mentioned, *egŏ*, *homŏ*, *citŏ*, *modŏ*, *suŏ*, *nesciŏ*, and *putŏ*, where *ŏ* is always short, and *duŏ*, and perhaps *nemŏ*, as also in names of *men* (names of *women*, e. g. Sappho, are necessarily long, as derived from nouns ending in the Greek ω), where it may be accounted common. I have taken no notice of the quantity of the second sing. and pl. of the perf. and fut. subj.; we find not only the termination in *ris* used long or short as the requirements of the verse dictated, but also that in *ritis*. We have, Et maris Ionii transierītis aquas, and Hæc ubi dixerĭtis, servit sua dona rogati, in the same epistle (Ov. Ep. e P. 4. 5. 6, 45.), and we may agree with Zumpt that the quantity of the *i* in those tenses is common.

I have not taken any notice of the syncope found in the perf. and in tenses derived from it, and which consists in the omission of *v*; as, for *redivisti*, *rediisti*; or of *vi*, as *redîsti*; or of *ve*, as, for *amavero*, *amâro*, because it was evidently a licence which all poets, and even prose writers, considered themselves at liberty to use; and therefore it may fairly be considered as too general to call for any particular remark.

There is another deviation from the form given in the grammars, which I have pointed out wherever an authority occurs for it in the particular word under consideration; I mean the frequent use by poets of *ībam*, *ībo* for the imperf. and fut. of words of the fourth conjugation instead of the termination *iebam*, *iam*. Virgil has Lenibat dictis animum (V. Æn. 6. 468.); Horace has Mollibit aversos Penates (3. 23. 19.); and many similar instances will readily recur to the memory. And as in the imperf. many verbs must be excluded from all epic or elegiac poetry if this licence were not taken, we may fairly, I think, assume that the student is at liberty in the fourth conjugation to use the forms *ibam*, *ibo*, if necessary to his verse.

With respect to nouns, in the third declension, where the genitive plural ends in *ium*, it appears that the Latin poets always considered themselves at liberty to contract that termination into *ûm*, and, in most instances, this holds good with the same case of the first and second declensions in the masc. gender, so that we often read *virûm*, *Deûm*, *Dardanidûm*, for *virorum*, *Deorum*, or *Dardanidarum*.

In nouns of the third declension, the ablative usually ends in *e*; and even in those where the termination is generally in *i*, such as *mari* from *mare*, the abl. in *e* is also found. In adjectives which follow the forms of the third declension of substantives, strictly speaking the abl. of an adjective ending in *is*, *er*, *x*, etc. is *i*; of an adjective or participle ending in *ens* or *ans*, *e*: yet we find *solerte*, *perenne*, *rivale*, *bimestre*, etc., and, on the other hand, *viridanti*, *properanti*, etc., to such an extent, that Zumpt pronounces the use of *i* and *e* to be indiscriminate, except, perhaps, in adjectives ending in *x*, where the termination in *e*, as far as I know, never occurs.

With respect to proper names derived from the Greek, the Latin poets allowed themselves to follow either the Latin or Greek form of declension and quantity as it suited their convenience; thus we have *Æētes, æ, ēn,* and *Æeta, æ, am; Helena, æ, am,* and *Helenē, es, ēn; Electră, æ, am,* and *Electrā, æ, ān,* the quantity of *an* in such words being regulated by the quantity of the Greek accusative; for, where the Greek accusative is *ᾰν*, we find the Latin one *ăn,*—Maiăn et Electram Taygetenque Jovi; so Iphigeniăn, etc.: and, on the other hand, we have Qui legis Electrān et egentem mentis Oresten. In masculine terminations we have the accusative both *um* and *ŏn,* whether the word be actually masculine or feminine: Menelaus makes Menelaum and Menelaŏn; Cyprus, Cyprum and Cyprŏn; and, even in the case of an adjective, we find Bœotus making acc. masc. Bœotŏn (Ov. F. 5. 493.); but perhaps this cannot be insisted on, though I believe it is the reading of all the MSS., as Orion has the first syllable oftener long than short. Statius has carried this liberty to the extent of using ceston (Theb. 5. 63.) as the acc. of cestus. But his authority is not such as to make this licence admissible.

The question of how far a short vowel may be used before a word beginning with *st,* etc. (which ought to be answered by a universal denial), or of such liberties with metre as Virgil took when he wrote, Tribulaque traheæque,—Credimus an qui amant, etc., belong to a work on metre and the structure of verse, rather than to one of which the quantity of each syllable is the only proper subject.

It only remains for me to tender my grateful acknowledgments to those whose kind approval has encouraged my labours; and, as I am well aware how imperfect such a work must necessarily be at first, to express to all engaged in education how thankful I shall be for any criticisms or suggestions for its improvement with which they may think proper to favour me.

C. Y.

GRADUS.

Words marked † are found in Lucretius and other authors previous to Catullus; but in no poet subsequent to his time, except, perhaps, the Satires, &c., of Horace.

Words marked ‡ are found in poets subsequent to Ovid, but not in those of the golden age of Latin poetry.

Words marked § are such as are found only in Catullus's epigrammatic poems, Horace's Satires, Phædrus's Fables, &c., and are, in most instances, not admissible into serious poetry.

The Words which have no distinguishing mark prefixed, occur in Catullus, Virgil, Horace (Odes), Tibullus, Propertius, Ovid, Albinovanus, Gratius.

Proper names have no obelus.

Ā, ăb, †abs. *From, by.* c. abl.——*A* te princĭpium, tĭbĭ dēsĭnet. V. E. 8. 11. Prīmă rĕpĕtens *ăb* ŏrīgĭne fāmam. V. G. 4 286. *Sometimes inserted where it would be omitted in prose.* Ūstŭs *ăb* ăssĭdŭō frīgŏrĕ Pōntŭs. Ov. Tr. 3. 2. 8. *Abs* quīvīs hŏmĭne, cum est ŏpus, bĕnĕfĭcium accĭpĕre gaudeas. Ter. Ad. 2. 3. 1. (Abs *is almost wholly confined to comedy.*)

ăbactus, a, um. part. from ăbĭgo, is, q. v. *Kept off, driven off.*——*Ăbacta* nūllā Veia conscientia. Hor. Ep. 5. 29.

†ăbăcus, i. masc. 1. *A sideboard, counter,* etc.—2. *A tablet for writing on.*——1. Ornāmentum *ăbăci*, nec non et parvŭlus infra Canthărus. Juv. 3. 204.—2. Nec qui *ăbăco* nŭmĕros et secto in pulvĕre mĕtas Scit rīsisse văfer. Pers. 1. 131. SYN. 2. tăbŭla, tăbella, cēra.

Ăbantiădes, gen. æ or is. *A descendant of Abas. Used both of,* 1. *Acrisius* — 2. *Perseus.*——1. Solus *Ăbantiădes* ab ŏrīgĭne crētus eādem Ăcrĭsius. Ov. M. 4. 607.—2. Quam sĭmŭl ad dūras rĕlĭgātam brāchia cautes vīdit *Ăbantiădes.* Ov. M. 4. 672.

‡ăbăvus, i. masc. *A great-great-grandfather.*——Nōn *ăbăvi* sōlum sed ăvi quŏque pingĕre fasces. Sidon. Pan. 2609. PHR. Pīlumnusque illi *quartus păter.* V.

Ăbdera. *A city in Thrace, the native place of Democritus.*——Aut te dēvŏveat festīs *Abdēra* diēbus. Ov. in Ib. 467.

‡Abdērītānus, a, um. *Of Abdera.*——*Abdērītānæ* pectŏra plēbis hăbēs. Mart. 10. 25. 4.

abdĭco, as. *To reject, to renounce.*——I nunc i mĕrĭto lectum rĕvĕrĕre părentis, Quem fŭgit, et factīs *abdĭcat* illĕ sŭis. Ov. Her. 4. 128. SYN. rējĭcio, abjĭcio.

abdĭtŭs, a, um. part. of ăbdo, is. *To hide,* q. v.; *also as adj., obscure.*——Si fortĕ nĕcesse est Indĭciis monstrāre rĕcentĭbus *abdĭta* rērum. Hor. A. P. 49. v. obscurus.

abdo, is, abdĭdi, etc. *To hide.*——Contĭnuo in montes sēse ăvius *abdĭdit* altos. V. Æn. 11. 810. Lătĕri căpŭlo tĕnŭs *abdĭdit* ensem. V. Æn. 2. 553. SYN. condo, ĭs, condĭdi; rĕcondo, ĭs, dĭdi; abscondo, ĭs, abscondi; occŭlo, ĭs, ŭi; occulto, as; cēlo, as; tĕgo, ĭs; contĕgo, involvo, ĭs.

‡abdōmĕn, ĭnis. neut. *The belly, especially the lower part of it.*——Montāni quŏque ventĕr ădest *abdōmĭne* tardus. Juv. 4. 107.

abdūco, ĭs, xi, ctum. imper. usually abdūc; also ăbdūcĕ in Terence (so făcio, which usually makes făc, has a.so făcĕ in Ovid). *To lead away.*——Tollĭte mē Teucri, quoscunque *abdūcĭte* terras. V. Æ. 3. 601. Squalent *abductīs* arvă cŏlōnis. V. G. 1. 577. SYN. subdūco, āmŏveo, es, āmōvi; rĕmŏveo, summŏveo, abstrăho, ĭs, xi; tollo, ĭs, sustŭli, sūblātum; aufĕro, aufers, abstŭli, āblātum.

ăbeo, ăbis, ăbivi, ăbire (sync. often **ăbii, ăbiisti, ăbisti, etc.**), **ăbĭtum.** *To depart.*——Ardet *ăbīre* fŭgā dulcesque rĕlinquĕre terras. V. Æ. 4. 281. Annŭs *ăbîsse* pŏtest. Ov. Ep. e P. 3. 4. 60. Allŏquor extrēmum mœstos *ăbĭtūrus* ămīcos. Ov. Tr. 1. 3. 15. SYN. eo, exeo, cēdo, ĭs, ssi; discēdo, excēdo, abscēdo. PHR. Quo nunc se prōrĭpit ille? V. Mēne efferre pĕdem, gĕnĭtor, te posse rĕlicto spērâsti? V. Hinc sē sustŭlĕrat sumptis Cādūcĭfer ālis. Ov. v. exeo, linquo.

ăbĕram, ăbĕro, ăbĕs, etc., from absum, q. v.——Tempŏre *ăbest, ăbĕrit*que dĭu Neptūnius hēros. Ov. Her. 4. 109.

ăberro, as. *To wander.*——Admŏnĭtu lĭber *ăberrat* ămor. Ov. Rem. Am. 662. SYN. erro, văgor, āris. v. erro.

abfŏrĕ, infin. from absum, usu. in fut. sense, **abfŏrem, abfŭi, abfŭtūrus, etc.**——Nos si pellant nĭhĭl *abfŏrĕ* crēdunt. V. Æn. 8. 147. Nec dextræ erranti Dĕus *abfŭit,* V. Æn. 7. 498.

†§**ăbhinc.** *Hence (either in point of time or place).*——Aufĕr *ăbhinc* lăcrўmas, bărăthro, et compesce quĕrēlas. Lucr. 3. 967. Scriptŏr *ăbhinc* annos centum qui dēcĭdit. Hor. Ep. 2. 1. 36. SYN. hinc.

ăbhorreo, es, ui. *To abhor, to avoid.*——Tantum *ăbhorret,* ac mūtat. Cat. 20. 11. Rĕtrōque vulgŭs *ăbhorret* ab hâc. Lucr. 4. 19. SYN. horrĕo, c. acc. or c. infin.; ōdī, q. v.; ăbōmĭnor, āris; fŭgio, ĭs, fūgi; rĕfŭgio, āversor, āris.

ăbĭcio for abjĭcio, q. v.——Turpĕ pŭtas *ăbĭci* quĭă sit mĭsĕrandus, ămīcum. Ov. Ep. e P. 2. 3. 37. In măre nēmo Hunc *ăbĭcit.* Juv. 15. 17.

abjectus, a, um. *Cast down, lying down.* Part. from abjĭcio, q. v.——Ūdīs *abjectus* ĭn herbis (ŏlŏr). Ov. Her. 7. 1.

ăbĭēgnus and **ābĭēgnus, a, um.** *Made of pines or fir.*——Verbă vădum tentent *ăbiegnis* scriptă tăbellis. Ov. A. A. 3. 469. Induit *ābĭegnæ* cornuă falsă bŏvis. Prop. 3. 19. 12.

ăbiens, gen. **ăbeuntis,** etc., pres. part. from ăbeo, q. v.——Tristis ăbīs, ŏcŭlīs *ăbeuntem* prōsĕquor ūdis. Ov. Her. 12. 55.

ăbies, ābĭetis. fem. 1. *A fir or pine.*—2. *Any thing made of pine; especially a ship, or a spear (from its handle).*——1. Pōpŭlus in flŭviīs, *ăbies* in montĭbus altis. V. Æn. 7. 66. *Abĭetĭbus* jŭvĕnes pătriīs, et montĭbus æquos. V. Æn. 9. 674.—2. Lābĭtur unctă vădīs *ăbies.* V. Æn. 8. 91. Longâ transverbĕrat *ābĭete* pectus. V. Æn. 11. 6.7. SYN. 1. 2. pīnus, ûs.—2. nāvis, q. v.

ăbĭgo, is, ăbēgi, ăbactus, etc. *To drive away.*——Ventos *ăbĭgo*quĕ vŏcoque. Ov. M. 7. 202. SYN. ăgo, ĭs; pello, ĭs, pĕpŭli, pulsum; expello, is, expŭli; rĕpello, ĭs, rĕpuli; arceo, es; fŭgo, as; āverto, is; āmŏveo, es; āmōvi; submŏveo.

abjĭcio (also **ăbĭcio,** q. v.), **is, jēci, jectum,** etc. *To throw away, reject.*——Hoc tu quam lŭbet *abjĭce,* ēlĕvaque. Cat. 22. 9. Excĭpit *abjectam* cespĭte rīpa suo. Ov. F. 6. 702. SYN. ējĭcio, prōjĭcio, rējĭcio, q. v.

ăbĭtus, ûs. masc. *Departure, passage by which a departure can be made.*——Cùm Amphĭtryōniădes armenta *ăbĭtum*que părāret. V. Æn. 8. 214. Omnemque *ăbĭtum* custôde cŏrōnant. V. Æn. 9. 380. SYN. exĭtus, abscessus, ûs, discessus.

abjungo, ĭs, xi. 1. *To separate.—Especially,* 2. *To unyoke.*——1. Mœrentem *abjungēns* frāternâ mortĕ jŭvencum. V. G. 3. 518. Quam prius *abjunctos* sēdŭla lāvit ĕquos. Prop. 2. 18. 10. SYN. 1. disjungo.—2. solvo, ĭs, vi, sŏlūtum. PHR. 2. Rōbustus quŏque jam tauris jŭga solvet ărātor. V. Ĕquûm fūmantia solvĕre collă. V. Demsĕrat ēmĕrĭtis jam jŭgă Phœbus ĕquis. Ov.

abjūro, as. *To deny with an oath, especially falsely.*——Abstractæque bŏves *abjūrātæque* răpīnæ. V. Æn. 8. 263.

ablātus, a, um. part. from aūfĕro, q. v. *Taken away, alienated in mind,* etc. ——Dixit, et in sylvam pennīs *āblātă* rĕfūgit. V. Æn. 3. 258. O dēmens, Colchisque *āblāte* vĕnēnis. Ov. Her. 6. 131.

‡**āblēgo, as.** *To send away.*——Ullīus sŭbeant *āblēgandæ* Tĭbĕrim ultra. Juv. 14. 202. SYN. rĕlēgo; pello, is, pĕpŭli, pulsum; expello, is, expŭli; ējĭcio, ĭs, ējēci.

§āblūdo, ĭs, si. *To differ from.*——Hæc a te non multum *āblūdit* ĭmāgo Hor. Sat. 2. 3. 320. SYN. dissĭdeo, es, sēdi, discrĕpo, as, ui, q. v.

āblŭo, ĭs. 1. *To wash.*—2 *To wash off.*——1. Dōnec me flūmĭne vīvo *Ābluĕro.* V. Æn. 2. 720.—2. Et lætum sŏcios *āblūtâ* cæde rĕmīsit. V. Æn. 9. 818. SYN. 1. lăvo, as *and* is, lāvi, lautum (q. v.), prōluo —2. ēluo.

‡abnăto, as. *To swim away.*——Tunc excepta frĕtō longē cervīce rēflexâ *Abnătăt.* Stat. Ach. 1. 383.

abnĕgo, ās. *To deny, to refuse.*——*Abnĕgat* excīsâ vītam prōdūcĕre Trōjâ. V. Nec cŏmĭtem *abnĕgat.* Hor. SYN. nĕgo, dēnĕgo, ābnuo, ĭs, rĕnuo, rĕcūso, as.

‡abnĕpos, ōtis. masc. *A great great grandchild.*——Nātis longiŏr, *abnĕpōtĭbusque.* Stat. Syl. 4. 3. 111. v. nepos.

§abnormis, e. adj. *Irregular, not proceeding on rule.*——Rustĭcus, *abnormis* săpiens, crassâque Mĭnervâ. Hor. Sat. 2. 2. 3.

ābnuo, ĭs. no supines, pass. in no good poet. *Properly, to shake the head in token of dissent; therefore, to refuse, to reject*——*Ābnuĕram* bello Ītălium concurrĕre Teucris. V. Æn. 10. 8. SYN. rĕnuo, nĕgo, as; abnĕgo, dēnĕgo, rĕcūso, as; respuo, ĭs (no supines).

ăbŏleo, es, ēvi, ĭtum. (supines and pass. part. not found in poetry). *To abolish, efface.*——Nec pŏtĕrit ferrum, nĕc ĕdax *ăbŏlēre* vĕtustas. Ov. M. 15. 872. Da păter hoc nōstris *ăbŏlēri* dēdĕcus armis. V. Æn. 11. 789. SYN. dēleo, es, ēvi, ētum; extinguo, ĭs, xi; tollo, ĭs, sustŭli, sūblātum; ōblĭtĕro, as.

ăbŏlesco, ĭs. *To be abolished.*——Nec vestra fĕrētur Fāma lĕvis tantique *ăbŏlescet* grātia facti. V. Æn. 7. 232.

‡ăbollă. *A cloak worn by senators, soldiers, or philosophers; thence,* 2. *a sect of philosophy*——Raptâ prŏpĕrābat *ăbollâ* Pēgăsus. Juv. 4. 76. Audi făcĭnus mājōris *ăbollæ.* Juv. 3. 113 SYN. tŏga, q. v.

ăbōmĭnor, āris. 1. *To think of bad omen*—2. *To hate,* perf. part. sometimes in passive sense.——Si mea mors rĕdĭmenda tuâ, quod *ăbōmĭnor,* esset. Ov. Ep. e P. 3. 1. 105. Părentĭbusque *ăbōmĭnātus* Annĭbal. Hor. Ep. 16. 8. SYN. 2 ōdi, q. v., dētestor, āris, exsĕcror, āris.

†ăbŏrĭor, ăbŏrĕrĭs, ăbŏrīri, ăbōrtus. *To perish, to fail.*——Inque dies prīmos *ăbŏrīri* quæque creāta. Lucr. 5. 734. SYN. pĕreo, īs, īvi, dēfĭcio, ĭs, fēci.

§ăbortīvus, a, um. *Born out of due time.*——Ut *ăbortīvus* fuit ōlim Sīsȳphus. Hor. Sat. 1. 3. 47.

†ăbortus, ûs. masc. *Untimely birth, miscarriage.*——Quin grăvĭdīs hic nīdor *ăbortum* immittĕre suevit. Lucr. 6. 794.

†‡ābrādo, ĭs, si. *To scrape or shave off.*——Nēc mănĭbus quicquam tĕnĕris *ābrādĕre* membris Possunt. Lucr. 4 1101.

ābrĭpio, ĭs, ŭi, ābrēptus. *To snatch away, carry off.*——Percusso mendācĭbus āĕre pennis *Ābrĭpit* Īliăden. Ov. Met. 10. 160. Tres Nŏtus *ābreptas* in saxa lătentia torquet. V. Æn. 1. 108. SYN. răpio, aufĕro, auferre, abstŭli, āblātum, ăveho, ĭs, xi; dēporto, as.

ābrĭpior. pass. *To become precipitous.*——Quà săcer *ābrĭpitur* cæco descensus hiātu. Prop. 4. 8. 5.

‡ābrodo, dis, si. *To gnaw off.*——Crūdum Chærestrătus unguem *ābrōdens.* Pers. 5. 162.

ābrŏgo, ās. *To abrogate, to annul.*——Et nĭmium scriptīs *ābrŏgat* ille meis. Ov. Tr. 2. 278. SYN. rescindo, dĭs, scĭdi, scissum; dissolvo, ĭs, ăbŏleo, es, ēvi; dēleo, es, ēvi, ētum.

ābrŏtŏnum *The herb southernwood, used as a medicine.*——*Ābrŏtŏnum* ægro Nōn audet nĭsĭ qui dĭdĭcit dărĕ. Hor. Epist. 2. 1. 114.

ābrumpo, is, rūpi, ruptum.——1. *To break, to break off.*—2. *To interrupt.*—3. *To break off from.*——1. Fas omne *abrumpit.* V. Æn. 3. 55. Nec Lēthæa vălet Thēseus *ābrumpĕre* cāro Vincŭla Pīrĭthoo. Hor. 4. 7. 27. Nec somnos *ābrumpit* cūra sălubres. V. G. 3. 530. SYN. 1. rumpo, dīrumpo, perrumpo.—2. interrumpo.—3. ăvello, ĭs, li, vulsum.

ābruptus, ă, um part. from prec., also as adj. *Abrupt, steep, precipitous*——Fertur in *ābruptum* magno mons impĕtus actu. V. Æn. 12. 687. SYN. præruptus, præceps, ĭpĭtis.

abscēdo, dĭs, cessi, cessum. *To depart.*——Non tămĕn *abscēdit* nĕque ĕnim vestīgia cernit. Ov. Met. 5. 630. SYN. cēdo, discēdo, dēcēdo, rĕcēdo, ăbeo, īs, īvi, ĭtum; absisto, is, abstĭti (no supine).

abscessus, ûs. masc. *Departure.*——At Rŭtŭlûm *abscessu* jŭvĕnis tum jussa sŭperba Mīrātus. V. Æn. 10. 445. SYN. discessus; exĭtus, ûs; ăbĭtus.

abscīdo (a cædo), **abscīdi, sum,** etc. *To cut off.*——*Abscīdit* jŭgŭlo pectusque hŭmĕrumquĕ sĭnistrum. Ov. Met. 12. 362. SYN. abscindo, ĭs, ĭdi, q. v.

abscindo, ĭs, abscĭdi, scissum. *To cut off, cut off from.*——Hic plantas tĕnĕro *abscindens* de corpŏre mātrum. V. G. 2. 23.——Nam cœlo terras, et terrīs *abscĭdit* undas. Ov. Met. 1. 22. SYN. rescindo, discindo; abscīdo, ĭs; sĕco, as, ui, sectum; præsĕco, rĕsĕco; dīvĭdo, ĭs, dīvīsi, sum, etc.

abscondo, dĭs, di (very anciently abscondĭdi), **dĭtum.** 1. *To hide.*—2. *To lose sight of.*——1. Dōnĕc hŭmo tĕgĕre, ac fŏveīs *abscondĕre* discant. V. G. 3. 558.—2. Āĕrias Phæācum *abscondĭmus* arces. V. Æn. 3. 291. SYN. condo, ĭs, dĭdi, dĭtum; rĕcondo, tĕgo, ĭs; cēlo, as; abdo, ĭs, ĭdi, ĭtum; occŭlo, is, ui, ultum; mergo, ĭs, si; abstrūdo, ĭs. (rare except in pass. part.)

absens. part. from absum. *Absent.*——Illum absens *absentem* audĭtque vĭdetque. V. Æn. 4. 83.

†‡**absĭlio, ĭs, ui.** *To jump away.*——Aut prŏcŭl *absĭlĭēbat* ut ācrem exīret ŏdōrem. Lucr. 6. 1215.

absinthium. *Wormwood.*——Cāna prius gĕlĭdo dēsint *absinthia* Ponto. Ov. Tr. 5. 13. 21.

absisto, is, abstĭti. no supines. *To depart, cease, stand aloof from.*——Prŏcŭl o prŏcŭl este prŏfāni, Conclāmat vātes, tōtoque *absistite* lūco. V. Æn. 6. 259. Nec prius *abstĭtimus* ferrum exercēre cruōre. Ov. Met. 12. 534. Nec prius *absistit* quam septem ingentia victor Corpŏra fundăt hŭmi. V. Æn. 1. 192. SYN. 1. abscēdo, ĭs, cessi, discēdo, rĕcēdo, ăbeo, ăbis, īvi, īre, ĭtum.—2. dēsisto, ĭs, dēsĭno, ĭs, dēsīvi, cesso, as.

absolvo, vĭs, vi, sŏlūtum. 1. *To release, to acquit.*—2. *To finish.*——1. Mos ĕrat antīquus nĭveīs ātrisque lăpillis. His damnāre reos illis *absolvĕre* culpâ. Ov. Met. 15. 42.—2. Pŏpŭlique furentis Cladibus immistum cīvīle *absolvere* bellum. Lucr. 2. 250. SYN. solvo, lībĕro, as; dīmitto, ĭs, mīsī, missum.—2. perfĭcio, ĭs, fēci, fectum; fīnio, īs, īvi, etc. v. solvo.

absŏnus, a, um. adj. *Discordant, not in harmony with or corresponding to.*——Si dīcentis ĕrunt fortūnīs *absŏna* dicta. Hor. A. P. 112. SYN. dissŏnŭs, discŏrs.

absorbeo, es, sorpsi, sorptum. *To suck up, swallow down.*——Tantō te *absorbens* vortĭce ămōris Æstus ĭn ābruptum dētŭlĕrat bărăthrum. Cat. 60. 107. SYN. sorbeo, rĕsorbeo, haurio, ĭs, hausi, haustum.

†**absquĕ.** *Without.*——Nĕque seorsum lingua, nĕc aurēs *Absque* ănĭmâ per sē possunt sentīre. Lucr. 3. 633. SYN. sĭnĕ, q. v.

abstēmiŭs, a, um. adj. *Abstemious, sober.*——Vīna fŭgit gaudetque mĕrīs *abstēmius* undis. Ov. Met. 15. 323. SYN. sōbrius.

abstergeo, ēs, and **abstergo, ĭs, rsi, sum.** *To wipe off.*——Guttas *abstersisti* omnĭbus artĭcŭlis. Cat. 96. 8. SYN. tergeo, es, and tergo, ĭs; dētergeo and dētergo.

§**abstĕrreo, es, ui, ĭtum.** *To frighten away from.*——Sic tĕnĕros ănimos ălĭēna oppröbria sæpe *Absterrent* vĭtiis. Hor. Sat. 1. 4. 128. SYN. Dēterreo.

abstĭnens, part. used as adj. *Abstaining from, temperate.*——*Abstĭnens* Dūcentis ad sē cuncta pĕcūniæ. Hor. 4. 9. 37. Magnessam Hippŏlyten dum fŭgit *abstĭnens.* Hor. 3. 7. 18. SYN. tempĕrātus. mŏdĕrātus.

ābstĭnĕo, ēs, ŭi, no supines. 1. *To keep one thing from another.*—2. *To keep oneself away from, to refrain.*——Non tămĕn idcirco ferrum Triŏpēius illâ *abstĭnuit.* Ov. Met. 8. 752. *Abstĭnuit* tactu păter āversusque rĕfūgit. V. Æn. 7. 618. PHR. 2. Vix mē contĭnui quin sic lănĭata căpillos Clāmārem Meus est. Ov. Quis tālia fando Tempĕret a lăcrўmis. V. Jam sibĭ tum a curvis mălĕ tempĕrat unda cărīnis. V.

absto, stas, abstĭti. no supine. *To stand off from.*——Ĕrit quæ si prŏpius stes Tē căpiat măgis, et quædam si longius *abstes.* Hor. A. P. 362. SYN. absisto, ĭs, abstĭti.

abstraho, is, xi, ctum. *To draw away or away from.*——Ereptamque patri dīversa in pāscua nātam *Abstrahit.* Ov. Met. 1. 665. *Abstractæque* bŏves abjūrātæque răpīnæ. V. Æn. 8. 263. SYN. subtraho; āvello, ĭs, āvelli or āvulsi, āvulsum; dīvello; abdūco, ĭs, xi, ctum; ābrĭpio, ĭs, pŭi, reptum; aufĕro, aufers, abstŭli, ablātum.

abstrūdo, is, si, sum (used mostly in pass. part.). *To hide.*——Ut silĭcis vēnis *abstrūsum* excūdĕret ignem. V. G. 1. 135. SYN. condo, ĭs, dĭdi, dĭtum; abscondo, ĭs, di, dĭtum; abdo, ĭs, dĭdi, dĭtum; cēlo, as; occŭlo, ĭs, ŭi, cultum; tĕgo, is, xi, tum; occulto, ās.

abstŭli, perf. from aūfĕro, q. v.——Immo ĭtă; vos scītis, si mē meus *abstŭlit* error. Ov. Tr. 1. 2. 99.

absum, ăbĕs, ăbĕram, abfŭi, ăbĕro, ăbesse, fut. infin. abfŏre, imperf. subj. **ăbessem** and **abfŏrem**, pres. part. **absens**, fut. in rus **abfūtūrus.** *To be absent.* ——Ænēas ignārus *ăbest,* ignārus et *absit.* V. Æn. 10. 85. Non Chāŏnis *abfŭit* arbos. Ov. Met. 10. 90. SYN. dēsum, deēs, deēst, deēsse, dĕfŭi, dēfūtūrus, etc.

absūmo, ĭs, mpsi, mptum. *To consume, destroy.*——*Absūmet* hæres Cæcūba dignior. Hor. 2. 14. 25. Vos ănĭmam hanc pŏtius quōcunque *absūmĭte* leto. V. Æn. 3. 654. SYN. consūmo, perdo, is, dĭdi, dĭtum.

†**absurdus, a, um,** adj. *Absurd, stupid.*——Etsi hoc prāvum, ĭneptum, *absurdum,* atque ălĭēnum a vītā meâ. Ter. Ad. 5. 8. 21. SYN. ĭneptus, rīdĭcŭlus.

ăbundans, part. used as adj. often c. gen., though the verb usu. governs abl. 1. *Abounding in.*—2. *Abundant.*——Nĭvei quam lactis *ăbundans.* V. E. 2. 20. SYN. 1. plēnus, dīvĕs, gen. dīvĭtis, also dītis.—1. and 2. ūber, ūbĕris, ūbĕrior, ūberrĭmus.—2. largus.

ăbundē. *Abundantly.*——Hūmāno gĕnĕri, sŭpĕri, cāvistis *ăbunde.* Ov. Met. 15. 759. SYN. sătĭs, săt.

ăbundo, as. 1. *To abound.*—2. *To abound with.* Rursus *ăbundābat* fluĭdus lĭquor. V. G. 3. 484. Fertĭlis æstīvâ Nīlus *ăbundat* ăquâ. Tib. 1. 8. 22. SYN. 1. rĕdundo, exūndo.—2. exūbĕro, as.

ăbusque. *From, from as far as.*——Classemque ex æthĕre longo Dardănìam Sĭcŭlo prospexit *ăbusquĕ* Păchȳno. V. Æn. 7. 289. SYN. a, ab.

ăbūtor, ĕris, ăbūsus, c. abl. *To misuse, use badly.*——Dīvûm ad fallendos nūmĭne *ăbūsum* hŏmĭnes. Cat. 74. 4. PHR. Nos ad mŏlă nōstra Vertĭmus in sævas quod dĕdit illĕ fĕras. Tib.

Ăbȳdēnus, a, um. *Of Abȳdos.*——Sestŏn *Ăbȳdēnâ* sēpărat urbe frĕtum. Ov. Tr. 1. 11. 28.

Ăbȳdŏs, i, acc. **um** or **ŏn,** subst. fem.——Si quĭs *Ăbȳdo* vēnĕrĭt, aut quæro si

ăc (never used before a vowel). 1. *And.*—2. After " simul," as sĭmŭl ac, *as soon as.* — 3. *After some comparatives, than.*——1. Rūmōresque sĕrit vărios *ăc* tālia fātur. V. Æn. 12. 228.—2. Quam sĭmŭl *ac* tali persensit peste tĕnēri. V. Æn. 4. 90. — 3. Haud mĭnus *ac* jussi făciunt. V. Æn. 3. 561. SYN. et, necnon, quĕ (this last is almost always the second word in the member of the sentence to which it belongs; sometimes the third word when the second is a verb).— 1, 2, 3. atque.— 3. quam.

Ăcădēmĭa. *The Academy at Athens.*——Inque *Ăcădēmĭa* umbrĭfĕrâ, nĭtĭdŏque Lȳcæo. Apud Cic. de Div. 1. 13. In Lătium sprētĭs *Ăcădēmĭa* mĭgrat Ăthēnis. Claud. Mell. Theod. 94. PHR. Atque inter sylvas Ăcădēmi quærĕre vērum. Hor. Sat.

ăcălanthis, ĭdis, acc. **ĭdem** and **ĭdă** (some read ăcanthis). *A small bird.*—— Lītŏrăque halcyŏnen rĕsŏnant, *ăcălanthĭdă* (some read ĕt ăcănthĭdă) dūmi. V. G. 3. 333.

ăcanthus, i, masc. *A plant whose name is unknown to us—some call it bearsfoot.* ——Mixtaquĕ vĭdenti cŏlŏcăsia fundit *ăcantho.* V. E. 4. 20. PHR. Baccas semper frondentis *ăcanthi.* V.

‡**accanto, as.** *To sing near.*——Sūmo ănĭmŭm, et magni tŭmŭlĭs *accanto* măgistrī. Stat. Silv. 4. 55. SYN. ‡accĭno, is, cĭnui.

accēdo, ĭs, cessi (2d pl. sync. accēstis for accessistis. V Æn. 1. 201.), **cessum.** 1. *To come, to approach.*—2. *To be added.*——1. Infernas *accēde* dŏmos. V. Æn. 5. 732.—2. *Accēdit* eŏdem Digna Deâ făcies. Ov. Met. 6. 181. SYN. 1. succēdo, c. dat., prŏpinquo, as; ădeo, īs, ădīvi, ădĭtum; vĕnio, īs, vēni, ventum; advĕnio, aggrĕdior, ĕris, gressus; advento, as.—2. addor, addĕris, addĭtus, q. v.

accĕlĕro as. *To hasten.*——1. intrans.—2. sometimes (†‡) trans.—1. *Accĕlĕrēmus,* ait, vĭgĭles sĭmŭl excĭtat. V. Æn. 9. 221.—2. Et mortem quæ possunt *accĕlĕrāre.* Lucr. 6. 773. SYN. 1. prŏpĕro, as; festīno, as.—2. cĕlĕro, as; mătūro, as; prŏpĕro, ās.

accendo, ĭs, di, sum. 1. *To set on fire.*—2. *To inflame, to excite.*—— 1. Et si thūra ăbĕrunt unctas *accendite* tædas. Ov. F. 4. 411.—2. Ære ciēre vĭros, Martemque *accendĕre* cantu. V. Æn. 6. 165. SYN. 1. ūro, ūrĭs, ussi, ustum; succendo.—1, 2, incendo, inflammo, ās.—2. ăcuo, ĭs, i; exăcuo, stĭmŭlo, as; exstĭmulo, instĭmŭlo; impello, ĭs, impŭli, pulsum; excĭto, ās. PHR. 2. Dum Turnus Rŭtŭlos ănĭmīs audācĭbus implet. V.

accenseor, ēris, accensus. *To be reckoned as part of.*——De Dîsquĕ mĭnōrĭbus ūnus Nūmĭne sub dŏmĭnæ lăteo, atque *accenseor* illi. Ov. Met. 15. 546.

accensus, a, um, part. of accendo. 1. *Set on fire.*—2. *Excited, either as a feeling in a person, or as a person is excited by a feeling.*——1. Rēgālesque accensă cŏmas, *accensă* cŏrōnam. V. Æn. 7. 75.—2. Sed mĭsĕra antĕ dĭem sŭbĭtoque *accensă* fŭrōre. V. Æn. 4. 697. SYN. 2. excĭtus, concĭtus.

†‡accepto, ās. *To receive, accept.* Viŏlātâ pāce nĕgābant *acceptāre* jŭgum. Sil. 7. 41. SYN. accĭpio, ĭs, cēpi, ceptum, q. v.

†acceptor, oris. subst. *A receiver.*——Qui illōrum verbis falsīs *acceptor* fui. Plaut. Trin. 1. 2. 167.

†Acceptrix, īcis, fem. of prec. Nusquam appāret, nĕquĕ dătōri, nĕque *acceptrīci.* Plaut. Truc. 2. 7. 18.

acceptus, a, um. properly part. from accĭpio, *to receive;* but used as an adj. even with a compar. and superl. degree, for *welcome, pleasing.*——Dîs et mensīs *accepta* sĕcundis. V. G. 2. 101. *Acceptior* illī Līber ĕrit sanguis. Ov. Met. 13. 467. Sīc *acceptissĭma* semper Mūnĕra sunt. Ov. Her. 17. 71. SYN. grātus, jūcundus.

accessus, ûs. subst. masc. *An approach (either the act or the way).*——Omnem *accessum* lūstrans hūc ōra fĕrēbat et illuc. V. Æn. 8. 228. Dā prĕcor *accessum* lăcrymis, mītissĭma, nostrĭs. Ov. Ep. e P. 2. 2. 41. SYN. ădĭtus, ûs; adventus, ûs.

accīdo, ĭs, accīdi, accīsum (a cædo). *To cut; chiefly used in part. pass.*—— Ornum Cum ferro *accīsam* crēbrisque bĭpennĭbus instant Ĕruĕre ăgrĭcŏlæ. V. Æn. 2. 627. SYN. cædo, is, cĕcīdi, cæsum; succīdo. v. cædo.

accĭdo, ĭs, accĭdi. no supines (a cado). 1. *To fall.*—*More usu.* 2. *To happen.* 1. Quōcunque *accĭdit,* id lĭcet hinc cognoscĕre possis. Lucr. 5. 280.—2. *Accĭdit* hæc fessīs ĕtiam fortūna Lătīnis. V. Æn. 12. 593. SYN. 1. cădo, is, cĕcĭdi, q. v.—2. evĕnio, īs, ēvēni, ēventūrus; contingo, ĭs, contĭgi (*no supines in this sense*), obtingo.

accingo, ĭs, xi, ctum. 1. *To gird on (a sword,* etc.); in pass. of the person *equipped,* not of the weapon.—2. *To gird oneself for,* i. e. *to prepare for, apply oneself to, usu. with the reflective pronoun,* accingo me, accingit se, *but not always.* ——Tempŏra nūdus ădhuc lătĕrique *accinxĕrat* ensem. V. Æn. 11. 489. Contĭnuo sontes ultrix *accincta* flăgello Tīsĭphŏnē quătit insultans. V. Æn. 11. 489. Illi sē prædæ *accingunt* dăpĭbusque fŭtūris. V. Æn. 1. 2. 14. *Accingunt* omnes ŏpĕri. V. Æn. 2. 235. SYN. 1. cingo, accommŏdo, as; præcingo *in pass.*—1, 2. apto, as; succingor.

ăccio, cīs, cīvi, cītum. *To send for, summon.*——Si, Turno extincto, sŏcios sum *accīre* părātus. V. Æn. 12. 38. SYN. vŏco, as; advŏco, arcesso, ĭs, sīvi.

accĭpio, ĭs, cēpi, ceptum. *To accept, to receive, to receive in one's ears or mind.*—*Therefore,* 2. *To hear, to hear of.*——Illos portĭcĭbus rex *accĭpiēbat* ĭn amplis. V. Æn. 3. 353.—2. *Accĭpe* nunc Dănaum insĭdias, et crimĭne ab ūno Disce omnes. V. Æn. 2. 65. Quam clādem mĭsĕræ postquam *accēpēre* Lătīnæ. V. Æn. 12. 604. SYN. 1. căpio, is, cēpi, captum; rĕcĭpio.—2. audĭo, īs, īvi, ītum, q. v.

accĭpĭter, pĭtrĭs. subst. masc. *A hawk.*——*Accĭpĭter* saxo săcer ālĕs ab alto Insĕquĭtur pennis sublīmem in nūbe cŏlumbam.

accītŭs, ûs. subst. masc. *Summons.*——Rēgius *accītu* cāri gĕnĭtōris ad urbem Sīdŏniam puer īre părat. V. Æn. 1. 677.

acclinis, e. adj. *Leaning against.*——Corpusque lăvābat, Arbŏris *acclīnis* trunco. V. Æn. 10. 835. SYN. nixŭs, innixŭs, adnixŭs, acclīnātŭs.

acclino, as. *To place a thing against, so as to make it lean upon.*——Circumspexit Atyn, sēque *acclīnāvit* ad illum. Ov. Met. 5. 72. Terræ *acclīnāta* jăcēret. Ov. Met. 14. 666.

acclīvis, e. adj. *Sloping upwards.*——Sin tŭmŭlis *acclīve* sŏlum collesquĕ sŭpinos (metabere). V. G. 2. 276. SYN. acclīvus, convexus.

acclīvus, a, um. *Sloping upwards.*——Lēnĭter *acclīvo* constĭtuēre jŭgo. Ov. F. 5. 154. SYN. ăcclīvis.

accŏla, æ. masc. *One who lives near.*——*Accŏlă* Vulturni părĭterquĕ Sătīcŭlus asper. V. Æn. 7. 729.

accŏlo, is, cŏlŭi, cŭltum. 1. *To dwell near.*—2. *To inhabit.*——1. Gens fōrtūnāta Cănōpi *accŏlit* effūso stagnantem flūmĭne Nīlum. V. G. 4. 288 —2. Dum dŏmus Ænēæ Căpĭtōlî immōbĭle saxum *Accŏlet.* V. Æn. 9. 449. SYN. 2. cŏlo, hăbĭto, as.

accommŏdo, as. *To fit on.*——Lătĕrique Argīvum *accommŏdat* ensem. V. Æn. 2. 393. SYN. apto, as ; applĭco, as, ŭi ; accingo, ĭs, xi.

accommŏdus, ă, um. *Suitable to.*——Est curvo anfractu valles *accommŏda* fraudi. V. Æn. 11. 522. SYN. commŏdus, ūtĭlis, aptus, ĭdŏneus.

†§accrēdo, is, dĭdi, dĭtum. *To believe.*——Tĭbĭ nos *accrēdĕre* păr est. Hor. Ep. 1. 15. 25. SYN. crēdo, q. v.

accresco, is, crēvi. *To grow, to be added.*——Unde ĕtiam trĭmĕtrīs *accrescĕre* jussit Nōmĕn iambēis. Hor. A. P. 252. SYN. cresco.

‡accŭbĭtus, ûs. masc. *A lying or sitting down by.*——Quem quisquĕ săcrārat *Accŭbĭtu* gĕnioquĕ lŏcus. Stat. Ach. 109.

accŭbo, as, ŭi. *To lie near.*——Fŭriārum maxĭma juxta *Accŭbat*, et mănĭbus prohĭbet contingĕre mensas. V. Æn. 6. 606. Săcrâ nĕmus *accŭbat* umbrâ. V. G. 3. 334. SYN. accumbo, is, *no perf.*; adjăceo, es (*esp. of places*).

accumbo, ĭs, cŭbŭi. *To lie near, sit near.*——Atque inter pĕcŭdes *accŭbuisse* Deam. Prop. 2. 32. 36. SYN. accŭbo, as ; assĭdeo, es, assēdi (*of sitting at feasts*).

accŭmŭlo, as. 1. *To heap up.*—2. *To load with.*——*Accŭmŭlat* cūras fīlia parvă meas. Ov. Her. 15. 70. Ănĭmamquĕ nĕpōtis His saltem *accŭmŭlem* dōnis. V. Æn. 6. 886. SYN. 1. cŭmŭlo, aggĕro, is, gessi, gestum ; congĕro, aggĕro, is ; exstruo, ĭs, xi.—2. ŏnĕro, as.

†accūro, as. *To do with care.*——Quod facto ŏpus est vŏlo *accūrāre*. Plaut. Cas. 3. 3. 30. SYN. cūro, q. v.

accurro, ĭs, i, rsum. *To run towards.*——It clāmor cœlo prīmusque *accurrit* Ăcestes. V. Æn. 5. 451. SYN. apprŏpĕro, as.

accūrsus, ûs. masc. *A running towards.*——*Accursu* præda rĕcepta Rĕmi.

‡accūsātor, ōris. masc. *An accuser.*——*Accūsātor* ĕrit, qui verbum dixĕrit. Juv. 1. 161. SYN. ‡dēlātor.

†accūsātrix, īcis. fem. of prec.——Tu mî *accūsātrix* ădĕs. Plaut. As. 3. 1. 10.

accūso, as. *To accuse.*——*Accūsōquĕ* Părin, prædamque Hĕlĕnenquĕ rĕposco. Ov. Met. 13. 200. SYN. incūso, arguo, ĭs, i (*no supines*) ; insĭmŭlo, as. PHR. Mēque reum demto fīne crŭentus ăgis. Ov. Rumor ĭnīquus Læsĕrat, et falsi crīmĭnis acta rea est. Ov. Posse tuo pĕrăgi vix pŭtet ōre reos. Ov.

ăcer, ăcĕris. neut. *A maple tree.*——Nuper vīle fŭistis *ăcer*. Ov. Am. 1. 11. 28.

ācer, ācris, ācre. compar. **ācrior** ; superl. **ācerrĭmus.** *Sharp, active, eager, fiery* (*of a man*).——Stĕtit *ācer* ĭn armis Ænēas. V. Æn. 12. 938. Solvĭtur *ācris* hyems grātâ vĭcĕ vēris. Hor. 1. 41. Hæc gĕnus *ācre* vĭrûm Marsos pūbemquĕ Săbellam extŭlit. V. G. 2. 169. *Acerrĭmus* Ajax. V. Æn. 2. 414. SYN. ardens, promptus, vehĕmens, ĭgneus (*of a man, or a man's strength or disposition*). PHR. Non sum qui segnia dūcam Ōtia, mors nōbis tempus hăbētur ĭners. Ov.

ăcerbă, neut. pl. of ăcerbŭs, used as adv. *Harshly, bitterly.* Stābat *ăcerbă* frĕmens. V. Æn. 12. 398. Asper, ăcerbă sŏnans. V. G. 3. 149. SYN. grăvĭter.

ăcerbo, ās. *To make bitter, to aggravate.*——Formīdĭne crīmĕn *ăcerbat*. V. Æn. 11. 407. SYN. aggrăvo, as ; ingrăvo, as.

ăcerbus, a, um. *Bitter, in every sense of the English word.*——Cultus et in pōmis succos ēmendat *ăcerbos*. Ov. M. F. 5. Vērum ăge quandŏquĭdem fatīs urgētur *ăcerbis*. V. Æn. 11. 587. SYN. ămārŭs, grăvis, dūrus, tristis, immītis.

ăcernus, a, um. *Made of maple.*——Cum jam hic trăbĭbus contextus *ăcernis* Stārĕt ĕquus. V. Æn. 2. 112.

ăcerra. *A censer.*——Farre pio et plēnâ supplex vĕnĕrātur *ăcerrâ*. V. Æn. 5. 745.

†**ăcervātim.** *In heaps.*——Confestos ĭta *ăcervātim* mors accŭmŭlābat. Lucr. 6. 1261.

ăcervus, i. masc. *A heap.*——Pŏpŭlatque ingentem farris *ăcervum* Curcŭlio. V. G. 1. 185. SYN. cŭmŭlus, congĕries, ēi; strues, ĭs; mōles, is; glŏmĕrāmĕn, ĭnis, neut.

ăcesco, ĭs. no perf. *To turn sour.*——Sincērum est nĭsĭ vas quodcunque infundis *ăcescet.* Hor. Ep. 1. 2. 54. SYN. ĭnăcesco.

ăcētum. *Vinegar.*——*Ăcēto* Dīluit insignem baccam. Hor. Sat. 2. 3. 240.

Ăchæmĕnes, ĭs. *A king of Persia.*——Quæ tĕnuit dīvĕs *Achæmĕnes.* Hor. 2. 12. 21.

Ăchæmĕnius, ă, um. *Persian.*——Rexĭt *Achæmĕnius* urbes păter Orchămus. Ov. Met. 4. 212. SYN. Persĭcŭs, q. v.

Ăchæus, ă, um. *Grecian.*——Non pŏtĕs infestis conferre Chărybdĭn *Ăchæis.* Ov. Ep. e P. 4. 10. 27. SYN. Ăchāĭcus, Ăchīvus, Argŏlĭcus, Argīvus, Pĕlŏpēus, Pĕlasgus, Pĕlasgĭcus, Dōrĭcus, Grāius, Græcus, fem. Ăchāis, ĭdŏs. v. Græcus.

Ăchāĭa. *Greece.*——Quem pŏsĭtis cĕlĕbrābat *Achāĭa* templis. Ov. Met. 4. 605. SYN. Græcia, q. v.

Ăchāĭăs, ădŏs. fem. *Grecian, esp. of women.*——Inter *Achāĭădās* longē pulcherrĭma mātres. Ov. Her. 3. 71.

Ăchāĭcus, ă, um. *Grecian.*——Ūret *Achāĭcus* Ignis Īlĭăcas dŏmos. Hor. 1. 15. 35. v. Græcus.

Ăchāĭs, ĭdŏs, acc. **ĭdă,** pl. nom. **ĭdĕs,** acc. **ĭdăs,** fem. of prec.——Cognĭta res mĕrĭtam vāti per *Achāĭdăs* urbes Attŭlĕrat fāmam. Ov. Met. 3. 5. 11.

‡**Achātes, æ.** masc. and fem. *An agate.*——Et perlūcentem splendenti gurgĭte *ăchāten.* Sil. 14. 228.

Ăchĕlōis, ĭdĭs. acc. **ĭdă.** but chiefly in pl. **Ăchĕlōĭdĕs,** dat. **Ăchĕlōĭsĭn,** acc. **Ăchĕlōĭdăs.** *The daughters of Achelous,* i. e. *the Sirens.*——Vōbīs *Achĕlōĭdĕs* unde Plūma pĕdesque ăvium. Ov. Met. 5. 552. SYN. Ăchĕlōĭăs, ădĭs.

Ăchĕlōĭăs, adis. usu. in pl. **Ăchĕlōiădĕs,** another form of prec.——*Ăchĕlōĭădumquĕ* rĕlĭquit Sīrēnum scŏpŭlos. Ov. Met. 14. 87.

Ăchĕlōĭus, a, um. *Of the Achelous, therefore consisting of water.*——Pōcŭlaque inventis *Ăchĕlōĭa* miscuit ūvis. V. G. 1. 9. v. aqua.

Ăchĕlōŭs. 1. *A river in Epirus, which, assuming the form of an ox, fought with Hercules, who broke off his horn and gave it to the goddess Copia.*—2. *Water.*——Clausit ĭter, fēcitque mŏras *Ăchĕlōus* eunti. Ov. Met. 8. 548.—Dōnĕc ĕras mistus nullis *Ăchĕlōe* răcēmis. Ov. F. 5. 343. SYN. 2. ăquă, q. v. PHR. Călȳdōnius amnĭs. . . ĭnornātos rĕdīmītus ărundĭne crīnes. Ov.

Ăchĕrōn, ontis, acc. **Ăchĕrontă,** masc. *A river of hell.*—*Hell itself.*——Tĕnĕbrōsa pălūs *Ăchĕronte* rĕfūso. V. Æn. 6. 107.—2. Flectĕrĕ sĭ nĕquĕō Sŭpĕrōs *Ăchĕrontă* mŏvēbo. V. Æn. 7. 312. SYN. 2. orcus, q. v.

‡ **Ăchĕrontēus, a, um.** *Of Acheron.*——Tūnc *Ăchĕrontēos* mūtāto gurgĭte fontes Lactĕ nŏvo mānâsse fĕrunt. Claud. 2. de r. Pr. 351. v. seq.

† **Ăchĕrūsius.** *Of Acheron.*——Esse *Ăchĕrūsia* templa. Lucr. 1. 121. v. prec.

Ăchilles, is, gen. also **Ăchilli** and **Ăchillĕi,** acc. **Ăchillem** and **Ăchillĕă,** voc. **Ăchilles** and **Ăchillĕ,** abl. **Ăchillĕ** and **Ăchillē.**——*The bravest of the Greeks in the Trojan war, son of Pēleus and Thĕtis.*——Hic Dŏlŏpum mănus, hic sævus tendēbat *Ăchilles.* V. Æn. 2. 29. SYN. Pēlīdes, æ, acc. ēn; Æăcĭdes, æ, acc. en. PHR. Graiûm mūrus Ăchilles. Ov. Priămi regnōrum ēversŏr Ăchilles. V. Ŏpĕris nostri (Trojæ sc. Neptuno loquente) pŏpŭlātor Ăchilles. Ov. Trojæ prŏpe victŏr altæ Phthīus Ăchilles, Cætĕris major tĭbĭ (Apollini sc.) mīlĕs impar Fīlius quamvis Thĕtĭdos mărīnæ Dardănas turres quătĕret trĕmendâ Cuspĭde pugnax. Hor. Quem non Tȳdīdes, non Lărissæus Ăchilles . . . dŏmuēre. V. Adgĕmit Alcīdes, Hæmŏniusque puer. Ov.

Ăchillēus, a, um. *Of Achilles.*——Stirpis *Ăchillēæ* fastus jŭvĕnemque sŭperbum Servĭtio ēnixæ tŭlĭmus. V. Æn. 3. 326.

Ăchillīdes, æ, en. *Son of Achilles. A name of Neoptolemus.*——Pyrrhŭs *Ăchillīdes* ănĭmōsus ĭmāgĭne pātris. Ov. Her. 8. 3.

Ăchīvus, a, um. *Grecian.*——Dēnĭquĕ quisquis ĕrat castris jŭgŭlātus *Ăchīvīs.* Ov. Her. 1. 21. SYN. Græcus, q. v.

‡**Achrăs, ădos,** acc. **achrădă,** pl. **achrădĕs,** subst. fem. *A wild pear.*——*Achrădŏs* aut prūni. Columella, 10. 15.

Ăcīdălius, a, um. *Belonging to Venus.*——At mĕmŏr ille Mātrĭs *Ăcīdălicæ.* V. Æn. 1. 720.

ăcĭdŭs, ă, um. *Sour, acid.*——Pōcŭla læti Fermento atque *ăcĭdis* ĭmĭtantur vītea sorbis. V. G. 3. 380. SYN. ācer, ācris, ācre; asper, ĕra, ĕrum.

ăcies, ēi, fem. 1. *An edge, a point.*—2. *The sight of the eye, the eye.*—3. *An army, a battle array, a battle.*—4. *Vigour, violence.*——1. Ipsa *ăcies* nondum falcis tentanda. V. G. 2. 365.—2. Huc gĕmĭnas nunc flecte *ăcies.* V. Æn. 6. 789. —3. Rōmānas *ăcies* ĭtĕrum vīdēre Phĭlippi. V. G. 1. 490. Cīvīlīquĕ cădunt *ăcie.* Ov. Met. 7. 142.—4. Extendĭtur ūna Horrĭda per lātos *ăcies* Vulcānia campos. V. Æn. 10. SYN. 1. mūcro, ōnis. 2. ŏcŭlus, q. v.

ăcīnăces, ĭs. masc. subst. *A scimetar.*——Vīno et lŭcernis Mēdus *ăcīnăces* Immāne quantum discrĕpat. Hor. 1. 27. 5. v. ensis.

ăcĭnum, sometimes (but not so well) **ăcĭnus.** masc. *A grape-stone.*——Ēbriōsa *ăcĭna* ēbriōsiōris. Cat. 25. 4.

ăcĭpensĕr, ĕris. masc. subst. *A sturgeon.*——Gallōni præcōnis ĕrāt *ăcĭpensĕre* mensa Infāmis. Hor. Sat. 2. 2. 47.

ăclĭs, ĭdis, nom. pl. **ăclĭdĕs,** subst. fem. *A small dart.*——Tĕrĕtes sunt *ăclĭdĕs* illis Tela. V. Æn. 7. 730. SYN. jăcŭlum, q. v.

ăcŏnītum, also **ăcŏnīton, i.** neut. *Aconite, poison.*——Nec mĭsĕros fallunt *ăcŏnīta* lēgentes. V. G. 2. 152. Quod ōlim Āttŭlĕrat sēcum Scўthicīs *ăcŏnīton* ab ōris. Ov. Met. 7. 407. SYN. vĕnēnum, q. v.

acquiesco, is, ēvi. no supines. *To rest.*——Dēsīdĕrātoque *acquiescĭmŭs* lecto. Cat. 29. 10. SYN. Quiesco, q. v.

acquīro, is, quīsīvi, tum. *To get, to acquire.*——Mōbĭlĭtāte vĭget vīresque *acquīrit* ĕundo. V. Æn. 4. 175. SYN. ăpiscor, ĕris, no perf.; ădĭpiscor, ĕris, ădeptus sum; păro, as; compăro, obtĭneo, es. PHR. Vōbis partă (a părĭo) quies. V. Auro concĭliātur Ămor. Ov. v. adipiscor, habeo.

Ăcrăgas, antis, acc. **Ăcrăganta.** masc. *Agrigentum in Sicily.*——Arduŭs inde *Acrăgas* ostendat maxĭma longe mœniă. V. Æn. 3. 703.

ācrēdŭla, æ. *A goldfinch (though it is not certain what bird it is; some think it a nightingale, some a woodlark).*——Et mātūtīnis *ācrēdŭla* vōcĭbus instat. Cic. de Div. 1. 8.

Ăcrĭsiōniădes, æ. *Descendant of Acrisius,* i. e. *Perseus.*——Vertĭt ĭn hunc harpen spectātam cæde Mĕdūsæ *Ăcrĭsiōniădes.* Ov. Met. 5. 70. v. Perseus.

ācrĭter. *Actively, keenly.* Compar. **ācrius,** superl. **ācerrĭme.**——His mihĭ submōtæ, vel si mĭnus *ācrĭter* ūtar. Ov. Her. 19. 15. *Ācrĭus* invītōs, multoque fĕrōcius urget. Ov. Am. 1. 2. 17. SYN. fortĭter, vehĕmenter.

Ăcrŏcĕraunĭă, ōrum. *High rocks in Epirus, supposed to be dangerous to ships.*——Qui vīdit măre turbĭdum, et Infāmes scŏpŭlos *Ăcrŏcĕraunia.* Hor. 1. 3. 20. SYN. Cĕraunia, orum. PHR. Ille flăgranti Aut Āthŏ, aut Rhŏdŏpen, aut alta Cĕraunia tēlo Dējĭcit. V. Non pŏtuit saxo vītam pŏsuisse Cĕrauno. Prop.

āctă, æ. *The shore.*——At prŏcŭl in sōlā sēcrētæ Trōădĕs *actā.* V. Æn. 5. 613. SYN. littus, ŏris, neut.

actum. most usu. in pl. *An action, exploit.*——At păter Æăcĭdes prōmīsĕrat inscius *acti.* Ov. Her. 8. 33. Si tămĕn *acta* Deos nunquam mortāliă fallunt. Ov. Tr. 1. 2. 97. SYN. factum, ŏpus, ĕris.

Actæon, ŏnĭs, acc. **ŏnă.** *The son of Autonoë, the daughter of Cadmus, who saw Diana bathing, was changed into a stag and devoured by his own hounds.*——Et vĕlut absentem certātim *Actæŏna* clamant. Ov. Met. 3. 244. PHR. Autŏnoēius hēros. Ov.

Actæus, ă, um. *Athenian.*——Nec vĕhit *Actæas* Sīthŏnĭs unda rătes. Ov. Her. 2. 6. SYN. Attĭcus, fem. Atthis, ĭdŏs, acc. ĭdă, etc., fem. Actĭăs, ădŏs, Pandīŏnius, Cēcrŏpius, †Āthēnæŭs.

Actĭăs, ădŏs. fem. *Athenian, esp. of women.*——*Actĭăs* Ōrīthўia. V. G. 4. 463. SYN. Ātthĭs, ĭdos.

Actiăcus, a, um. 1. *Of Actium.*—2. *Of Apollo.*——1. *Actiăco* quæ nunc sub Āpollĭne nōta est. Ov. Met. 13. 715.—2. Frondĭbus *Actiăcis* comtos rēdīmīta căpillos. Ov. F. 1. 711. SYN. 1. Actius.—2. Āpollĭnāris, q. v.

Actius, a, um. *Of Actium, a city of Epirus, off which the great naval battle was fought between Augustus and Mark Antony.*——*Actiaque* Iliacis cĕlĕbramus lītŏra ludis. V. Æn. 3. 280. In mĕdio classes ærātas, *Actia* bella Cernĕre ĕrat. V. Æn. 8. 675. SYN. Actiăcus.

actŏr, oris. subst. masc. 1. *One who puts in motion; therefore*, 2. *a driver.*—3. *An actor.*—4. *A pleader.*——1. Flexæ Băleārĭcŭs *actor* hăbēnæ. Stat. Ach. 2. 419.—2. Īrus ĕgens pĕcŏrisque Mĕlanthius *actor* ĕdĕndi. Ov. Her. 1. 95.—3. *Actŏris* partes chŏrus offĭciumque vĭrīle Dēfendat. Hor. A. P. 193.—4. Consultus jūris et *actor* Causārum. Hor. A. P. 369. SYN. 1, 2. ăgĭtātor.—3. histrĭo, onis.—4. causĭdĭcus.

actus, a, um. part. from ăgo, q. v. 1. *Done.*—2. *Driven.*—— Errābant *acti* fātis măria omnia circum. V. Æn. 1. 36. Attŏnĭtæ monstris *actæque* fŭrōre. V. Æn. 5. 659. SYN. pulsus, compulsus, concĭtus.

actus, ûs. 1. *An act, deed.*—2. *Impulse.*—3. *An act of a play.*——1. Fēlīces quĭbus hæc ipso cognoscĕre ĭn *actu* Contĭgit. Ov. Ep. e P. 3. 5. 15. Fertur ĭn ābruptum magno mons imprŏbus *actu.* V. Æn. 12. 687.—3. Nēve mĭnor, neu sit quinto prōductior *actu* Fābŭla. Hor. A. P. 189. SYN. 1. actum, factum.—2. impĕtus, ûs.

actūtum. *Immediately.*——Tum cætĕra reddet *Actūtum* pius Ænēas. V. Æn. 9. 255. SYN. contĭnuo, prōtĭnus, extemplo, īlĭcet, confestim.

†ăcūleus, i. masc. *A sting.*——Jamdūdum meum ille pectus pungit *ăcūleus.* Plaut. Trin. 4. 2. 158. SYN. stĭmŭlus.

ăcūmĕn, ĭnis. neut. 1. *A sharp point.*—2. § *Mental acuteness.*——1. Ēlātæ mĕtuendus *ăcūmĭne* caudæ Scorpiŏs. Ov. F. 4. 169.—2. Jūdĭcis argūtum quæ non formīdat *ăcūmen.* Hor. A. P. 364. SYN. 1. cuspis, ĭdis, fem.; ăciēs, eī; mūcro, ōnis, masc.—2. jūdĭcium.

ăcuo, ĭs, i. 1. *To sharpen.*—2. metaph. *To excite.*——1. In me *ăcui* scĕlĕrātos cernĭtis enses. Ov. Met. 15. 776.—2. Quam Jūno hīs *ăcuit* verbīs et tālia fātur. V. Æn. 7. 330. SYN. 1. prōcūdo, ĭs.—1, 2. exăcuo.—2. excĭto, ās; irrīto, ās; accendo, is; stĭmŭlo, as. v. excĭto.

ăcus, ûs. fem. subst. 1. *A needle.*—2. *A hair pin.*——1. Seu pingēbat *ăcu* scīres a Pallăde doctam. Ov. Met. 623.—2. Ērudit admōtos ipse căpillŭs *ăcus.* Ov. Am. 1. 14. 30. PHR. Non ĕgŏ prætŭlĕrim Băbȳlōnĭca picta sŭperbe Texta Sĕmīrāmiâ quæ văriantur ăcū. Mart.

ăcūtus, a, um. properly part. from ăcuo, but always used as adj. 1. *Sharp.*—2. *Piercing, shrill.*—3. *Acute of mind, attentive.*——1. Frondĭbus hirsūtis et cārĭce pastŭs *ăcūtâ.* V. G. 3. 321.—2. Gĕluque Flūmĭna constrĭnxĕrint *ăcūto.* Hor. 1. 9. 4. Pēliŏn hinnītu fŭgiens implēvĭt *ăcūto.* V. G. 3. 94.—3. Et aures Căprĭpĕdum Sătȳrōrum *ăcūtas.* Hor. 2. 19. 4. SYN. 1 and 2. ăcer, ăcris, ăcre.—3. (Of the mind, etc.) arrectŭs.—4. altus, ăcer.

ăd, prep. c. acc. 1. *To.*—2. *Towards, against.*——Hinc altâ sub rūpe cănet frondātor *ad* auras. V. Ecl. 1. 67. SYN. 1, 2. ĭn, c. acc.—1. ădusquĕ, q. v.

ădactus, a, um. part. from ădigo. *Driven in, esp. of a weapon, or a wound caused by it.*—— Tālia dicta dăbat, sed īrrĭtus ensis *ădactus.* V. Æn. 9. 41. Nunc altē vulnus *ădactum.* V. Æn. 10. 850.

†ădactus, ûs. masc. *A driving, forcing.*——Nam transversa fĕros exībant dentĭs *ădactus.* Lucr. 5. 1329.

‡ădæquo, ās. *To make equal, to compare.*——Tum Martis *ădæquant* Marcellūm dĕcŏri. Sil. SYN. æquo, confĕro, confers, contŭli, collātus; assĭmĭlo, as.

‡ădæstuo, as. *To overflow, to boil over.*——Squāmisque incĭsus *ădæstuat* amnis. Stat. Theb. 5. 517. SYN. æstuo, q. v.

ădămantēus, a, um. *Made of adamant, hard as adamant.*——Ecce *ădămantēis* Vulcānum nārĭbŭs efflant. Ov. Met. 7. 104. SYN. ădămantĭnus, ferreus, in pl. sometimes ferreī, dissyll. etc.

ădămantĭnus, a, um. same as prec.——Si fīgit *ădămantĭnos* summis vertĭcĭbus dīra Nĕcessĭtas Clāvos. Hor. 3. 24. 5.

ădămās, antĭs, acc. antă. no pl. masc. *Adamant.*——Dūrĭtiâ ferrum ut sŭpĕres, *ădămantaque,* tēque. Ov. Her. 2. 137. PHR. Nīl ădeo vălĭdum est, ădămas lĭcet alligat illud, Ut măneat răpĭdo firmius igne Jŏvis. Ov. Nōn exōrāto stant ădămante viæ. Prop.

ădămo, as. *To love violently.*——Sī . . . stultus Ăchillēos non *ădămasset* ĕquos. Ov. Tr. 3. 4. 28. SYN. ămo, q. v.

†ădambŭlo, as. *To walk up to, towards.*——*Ădambŭlābo* ăd ostium ut quando exeat. Plaut. Bac. 4. 5. 8.

ădăpertĭlis, e. adj. *That may be opened.*——Aspĭcis a dextrâ lătus hōc *ădăpertĭle* tauri. Ov. Tr. 3. 11. 46.

ădăpertus, ă, um. *Open.*——Pars *ădăperta* fuit, pars altĕra clausă fĕnestræ. Ov. Am. 1. 5. 3. SYN. ăpertus, rĕsĕrātus. v. ăpĕrio.

ădauctus, ûs. masc. *Increase.*——Nam quæcunque vĭdes hĭlăro grandescĕre *ădauctu.* Lucr. 2. 1120. SYN. †auctus, incrēmentum.

†ădaugeo, es, auxi, ctum. *To increase very much.*——Multa mŏdis multis convēnēre undĭque *ădaucta.* Lucr. 6. 507. SYN. augeo, q. v.

†ădaugesco, ĭs. no perf. *To increase;* intrans. *to be increased.*——Nam nĕque *ădaugescit* quicquam nĕque dēpĕrit inde. Lucr. 2. 296. SYN. cresco, ĭs, crēvi; †grandesco, ĭs, no perf. v. cresco.

adbĭbo, bĭs, bi, bĭbĭtum. *To drink, imbibe.*——Nunc *adbĭbe* pūro Pectŏre verba puer. Hor. Ep. 1. 2. 67. SYN. bĭbo, combĭbo. v. bibo.

†addĕcet, imperf. *It becomes, it behoves.*——Quī sī dĕcem hăbeas linguas mūtum esse *addĕcet.* Plaut. Bacch. 1. 2. 20. SYN. dĕcet, q. v.

addenseo, only found in pres. *To make thick, to crowd.*——Extrēmi *addensent* ăcies, nec turba mŏvēri Tēla mănusque sĭnit. V. Æn. 10. 432. SYN. denseo, denso, as.

addīco, ĭs, xi, ctum. imper. **addĭc,** but in Plautus also **āddīcĕ,** 2d sing. perf. **addixti,** sync. for **addixisti,** Mart. *To surrender, to make over, esp. as a seller does.*——Quid făciat? Crūdēle suos *addīcĕre* ămōres. Ov. Met. 1. 617. Huic tu Dīc ex parte tuâ seu fundi sīve dŏmus sit Emptor gaudentem nummo te *addīcĕre.* Hor. Sat. 2. 5. 109. SYN. dēdo, ĭs, dēdĭdi, dēdĭtum; trādo, is, dĭdi, dĭtum.

addictŭs, ă, um. *Bound as a slave to.*——Prĕtium Rōmāna pŏpōscit Mœnĭa et *addictos* īn sua regna pătres. Prop. 3. 11. 32. Nūllĭus *addictus* jūrāre in verba măgistri. Hor. Ep. 1. 1. 14.

addisco, ĭs, addĭdĭci. no supine. *To learn in addition.*——Et quiddam vīsa est *addĭdĭcisse* nŏvi. Ov. Am. 2. 5. 57.

addo, ĭs, āddĭdi, dĭtum. *To add.*——Anne nŏvum tardis sīdus tē mensĭbus *addas.* V. G. 1. 32. SYN. sŭpĕraddo, adjĭcio, is, jēci, jectum; jungo, is, xi, ctum; adjungo, appōno, is, pŏsui, pŏsĭtum.

addŏceo, es, ui, doctum. *To teach.*——Sollĭcĭtīs ănĭmīs ŏnus exĭmīt, *addŏcet* artes. Hor. Ep. 1. 5. 18. SYN. dŏceo, q. v.

addŭbĭto, as. *To doubt.*——Ĭnūtĭle factu, Necne sit *addŭbĭtes.* Hor. Sat. 1. 4. 125. SYN. dŭbĭto, q. v.

addūco, ĭs, xi, ctum, imper. **addŭc,** but in Plautus also **addūce.** 1. *To bring, lead, bring or lead to.*—2. *To draw back (as one draws a bow, or one's arm in making an effort, or a rein, etc., esp. in pass.*—3. *To draw up, contract, shrivel.*——1. Pār ăit est Myrrhæ quam postquam *addūcĕre* jussa est. Ov. Met. 10. 441. *Adducto* constĭtit arcu. V. Æn. 5. 507.—2. Ocyus *adducto* torquens hastīle lăcerto. V. Æn. 9. 402.—3. Omnĭbŭs acta sĭtis mĭsĕros *adduxĕrat* artus. V. G. 1. 483. SYN. 1. dūco, indūco, adveho, ĭs, xi, ctum; fĕro, fers, tŭli, ferre, lātum; affĕro.—3. contrăho, ĭs, xi, ctum.

adĕdo, ădĕdĭs and ădēs, ădĕdit and ădēst, perf. **ădēdi,** infin. **-ĕdĕre** and **-esse,** supine **-ēsum.** *To eat.*——Nam sæpe făvos ignōtus *ădēdit* stelliŏ. V. G. 4. 242. SYN. ĕdo, pĕrĕdo, exĕdo, cŏmĕdo, vŏro, ās; dēvŏro.

ădēmptus, a, um, part. from ădĭmo, q. v. *Taken away.*——Atque ăĭt invīto frāter *ădempte* Văle. Ov. F. 4. 852.

ădĕo. 1. *So, so much.*—2. *At all.* (videtur aliquando particula otiosa esse, quando inservit transitioni vel si quid significat, ponitur pro "certe," Facciol.). 1. Non obtūsa *ădeo* gestāmus pectŏra Pœni. V. Æn. 1. 567.—2. Non ŏcŭlos *ădeo* sustŭlit illa suos. Ov. F. 2. 824. SYN. 1. tam, ĭtă, tantum.

ădĕo, is, ivi (usu. **adii**), **īre, ĭtum,** pass. part. **ădĭtus,** fut. in dus **ădiūndus.** 1. *To go to, approach.*—2. *To approach,* i. e. *undertake labours, etc.*——Quin *ădeas* vātem prĕcĭbusque ōrācŭla poscas. V. Æn. 3. 456. Quæque nŏvīs essent *ădeūnda* pĕrīcŭla bellis. Ov. Met. 14. 119. SYN. 1. eo, accedo, ĭs, cessi; aggrĕdior, ĕris, gressus.—2. ŏbeo, sŭbeo, suscĭpio, is, cēpi.

†ădeps, ădĭpis, masc. *Fat.*——At căprīs *ădĭpes* et cōturnīcĭbus auget. Lucr. 4. 645. SYN. pingue.

ădeptus, a, um. part. from ădĭpiscor, q. v. used both in active sense, *having obtained*, and in pass. sense *being obtained.*——1. Trīnăcris, a pŏsĭtu nōmĕn *ădepta* lŏci. Ov. F. 4. 420.—2. Nē cădat et multas palmas inhŏnestet *ădeptas.* Ov. Tr. 4. 8. 19. SYN. 1. nactŭs.—2. partŭs.

‡ăderro, as. *To wander near.*——Et nandi scŏpŭlis delphīnĕs *ăderrant.* Stat. Silv. 2. 2. 120.

ădĕs. 2d sing. pres. indic. and imper. from sum: so ădest, ădestis, imper. ădeste, infin. ădesse, etc.; also ădĕram, imperf., ădĕro, fut.——Huc *ădĕs* inque sĭnus formōse rĕlābĕre nostros. Ov. Her. 15. 95. Omnĭbus umbra lŏcīs *ădĕro.* V. Æn. 4. 386.

Adfleo, Adflo, Adfringo, etc. v. sub Affleo, Afflo, etc.

ădgĕmo, is, mŭi, mĭtum. *To groan at, to groan in concert or sympathy with.* *Adgĕmĭt* et nostrīs ipsa cărīna mălis. Ov. Tr. 1. 3. 112. SYN. affleo.

ădhæreo, es, hæsi, hæsum. *To stick, to stick to.*——Cum consorte tŏri parvâ răte vectus *ădhæsit.* Ov. Met. i. 319. SYN. hærĕo, inhærĕo, applĭcor, āris, applĭcĭtus.

ădhæsus, ûs, subst. masc. *A sticking to.*——Nam nĕque pulvĕris interdum sentīmus *ădhæsum* Cōrpŏrĭs. Lucr. 3. 383.

ădhĭbeo, es, ui, ĭtum. 1. *To use, take.*—2. *To apply.*——1. Hos castos *ădhĭbē* sŏcios et fœdĕra junge. V. Æn. 8. 56.—2. Dum mĕdĭcas *ădhĭbēre* mănūs ad vulnĕra pastor Ăbnĕgat. V. G. 3. 455. SYN. ūtor, ūtĕris, ūsus sum.—2. appōno, is, pŏsui, ĭtum; applĭco, as, ui, ĭtum.

ădhinnio, is, ivi. *To neigh to.* Fœmĭna cornĭpĕdi semper *ădhinnit* ĕquo. Ov. A. A. 1. 280.

ădhorreo, es, ui. no supines. *To shudder.*——Ipsĕ păter flāvis Tĭbĕrīnus *ădhorruit* undis. Ov. ad Liv. 221. SYN. horreo, inhorreo.

ădhortor, āris. *To exhort, excite.*——Fĕrus ipsĕ sēse *ădhortans* răpĭdum incĭtat ănĭmum. Cat. 61. 85. SYN. hortŏr, exhortŏr, excĭto, as; incĭto, cŏncĭto.

ădhūc. *Yet, still.*——O crūdēlis *ădhūc* et Vĕnĕris mūnĕrĭbŭs pŏtens. Hor. 4. 10. 1. SYN. ĕtiamnum. PAR. hŏnorque Durat in hōc ævi. Ov.

adjăceo, es, ui. no supines. *To lie near, esp. as one place lies near another.*——*Adjăcet* undis Facta mănu mōles. Ov. Met. 11. 728.

ădĭcio, for adjĭcio, q. v. Prōclāmatque *ădĭcī* cērvīcĭbŭs Atlas. Stat. Theb. 7. 4. (so Virgil has reĭcĕ for rējĭcĕ.)

†adjectus, ûs, masc. subst. *An approach, a touch.*——Et nostros *adjectu* tangĕre tactus. Lucr. 1. 690. SYN. accessus, ûs.

ădĭgo, ĭs, ădēgi, ădactum. *To drive, to force.*——Vel păter omnĭpŏtens *ădĭgat* mē fulmĭne ad umbras. V. Æn. 4. 25. SYN. ăgo, mitto, ĭs, mīsi, missum; impello, ĭs, impŭli, pulsum.

adjĭcio, ĭs, jēci, jectum, sync. also ădĭcio, q. v. *To add.*——Mōrem rītusque săcrōrum *Adjĭciam.* V. Æn. 12. 836. SYN. addo, ĭs, addĭdi, ĭtum; jungo, ĭs, xi, ctum; adjungo, appōno, is, pŏsui, ĭtum.

ădĭmo, ĭs, ădēmi, ădemptum. *To take away.*——Haud impūne fĕres, *ădĭmam* tĭbĭ nempe fĭgūram. Ov. Met. 2. 474. SYN. exĭmo, dēmo, ĭs, dempsi, demtum; răpio, is, răpui, raptum; ērĭpio, ăbrĭpio; tollo, ĭs, sustŭli, sublātum; aufĕro, aufers, auferre, abstŭli, ăblātum; dētraho, ĭs, xi, ctum.

‡ădĭpātum. *A fat cake.*——Lĭvĭda māterno fervent *ădĭpāta* vĕnēno, Juv. 6. 630.

ădĭpĭscor, ĕris, ădeptus sum, part. ădeptus, q. v. both in act. and pass. sense. ——Hanc *ădĭpiscuntur* circum præterquĕ fĕruntur. Lucr. 5. 633. Nullum crīmĕn *ădeptus* ĕram. Ov. Tr. 2. 92. SYN. acquīro, is, acquīsīvi, ītum; păro, as; compăro, obtĭneo, es; pŏtĭor, īris, c. abl. or c. gen.; ăpiscor, no perf. (a word almost obsolete, though found in Cat.), nanciscŏr, ĕris, rare except in perf. nactus.

ădĭtus, ûs, subst. masc. *Approach, access.*——Innŭmĕrosque *ădĭtus* et mille fŏrāmĭna tectis. Ov. Met. 12. 44. Sōlă vĭri molles *ădĭtus* et tempŏra nōras. V. Æn. 4. 423. SYN. ingressus, ûs; accessus, ûs.

ădĭtus, a, um. part. from adeo, q. v. *Being approached, undertaken.* Sōl *ădĭtus* quam quæris ait (nē văna lăbōres) Nupta Jŏvis frātri tertia regna tĕnet. Ov. F. 4. 583. Inquĕ vĭces *ădĭta* atque exhausta pĕrīcŭla sæpe Commĕmŏrāre jŭvat. Ov. Met. 12. 16.

ădjŭdĭco, as. *To adjudge to.*——Et nunc si quĭd ăbest Ītălīs *adjŭdĭcat* armis. Hor. Ep. I. 18. 57. SYN. addīco, ĭs, xi, ctum.

adjūmentum. *Assistance.*——Esse duos jŭvĕnes, firma *adjūmenta* părentis. Ov. Ep. e P. 4. 13. 31. SYN. auxĭlium, subsĭdium. v. auxilium.

adjungo, is, xi, ctum. 1. *To join, to unite.*—2. *To yoke.*——1. Quō sīdĕre terram Vertĕre, Mæcēnas, ulmisque *adjungĕre* vītes Expĕdiat. V. G. 1. 2.—2. hăbĭli tauros *adjungit* ărātro. Tib. 1. 9. 7. SYN. 1, 2. jungo; jŭgo, as; †adjŭgo.

adjūro, as. 1. *To swear.*—2. *To swear by.*——*Adjūro* Stўgii căput implăcābĭle fontis. V. Æn. 12. 816. SYN. 1. jūro.—2. testor, āris, q. v.

†ădjūtor, āris. *To be assisted.*——*Adjūtāmŭr* ĕnim dŭbio prŏcŭl atque ălĭmur nos Certīs ab rēbus. Lucr. 1. 811. SYN. adjŭvor, āris, q. v.

adjūtor, ōris. masc. subst. *An assistant.*——Hăbēres Magnum *adjūtōrem*, posset qui ferre sĕcundas. Hor. Sat. 1. 9. 46. SYN. ‡auxĭliātor.

adjūtrix, īcis. fem. of prec. Quæ cœptis conscia nostris *Adjūtrixque* vĕnis. Ov. Met. 7. 195.

adjŭvo, as, adjūvi, ūtum. *To assist.*——*Adjŭvĕt* et præsens ingentĭbus annuat ausis. Ov. Met. 7. 178. Totquĕ sĭmul mactāre vĭros, *adjūtus* ab ūno. Ov. Her. 1. 43. SYN. jŭvo; succurro, is, ri, rsum; subvĕnio, īs, vēni, ventum; auxilĭor, āris; adsum, ădes, adfui, ădesse, etc. PHR. Ipse lŏcus mĭsĕræ ferre vŏlēbat ŏpem. Ov. Quam pŏtēs affer ŏpem. Ov. Admŏveo tardam nunc tĭbĭ lentus ŏpem. Ov. Sensit ĭn ingĕnio nĭl ŏpis esse lŏci. Ov. Lēnīto mĕdĭcam vulnĕre sensit ŏpem. Ov. Omnem quo lĕvius dŏleas expĕrĭētur ŏpem. Ov.

†admĭnistro, ās. *To administer, regulate.*——Lautēque mūnus *admĭnistrāsti* tŭum. Ter. Ad. 5. 1. 2. SYN. cūro, as; gŭberno, as; mŏdĕror, āris.

admirābĭlis, e. 1. *Admirable.*—2. *Wonderful.*——1, 2. Hūjŭs ŭt aspĭcĕrent ŏpŭs *ădmīrābĭlĕ* sæpe. Ov. Met. 6. 14. SYN. 1. ĕgrĕgius, exĭmius, præstans.—1, 2. mīrābĭlĭs, mīrŭs, mīrandŭs, admīrandŭs.

‡admīrātio, ōnis. fem. *Admiration.*——Mĭnor *admīrātiŏ* summis Dēbētur monstris. Juv. 6. 645.

admīrŏr, āris. *To admire, to wonder.*——Illum *admīrantur*, et omnes Circumstant frĕmĭtu denso. V. G. 4. 215. Infĕriusque suis frāternos currĕre Lūna *Admīrātur* ĕquos. Ov. Met. 2. 208. SYN. mīror, †dēmīror; stŭpeo, ēs, ŭi, *no sup. nor pass.*; obstŭpeo, adstŭpĕo, c. dat. PHR. Hæc dum Dardănio Ænēæ mīranda vĭdentur, Dum stŭpet obtūtuque hæret dēfixus ĭn ūno. V.

admisceo, es, ui, mistum. *To mix.*——Prŏdĕrit et tunsum gallæ *admiscēre* săpōrem. V. G. 4. 267. SYN. misceo, immisceo, commisceo, permisceo; confundo, is, fūdi.

admissum. *A fault.*——Omnis ut *admissi* sensŭs ăbĕsse queat. Ov. Tr. 5. 12. 18. SYN. commissum; errŏr; errātum, peccātum, culpa; crīmen, ĭnis, *neut.* q. v.

‡admissūra. *A uniting of animals for the purpose of breeding.*——Fēlix ēmĕrĭtos hăbet *admissūra* părentes. Stat. Silv. 5. 2. 23.

admīssŭs, ă, um. properly pass. part. of admitto, but used as an adj. in the sense of *Swift, allowed to go its extreme pace (of a horse, or carriage, or reins, even of a river or wings.)*——*Admisso* Lūcĭfer albus ĕquo. Ov. Tr. 3. 6. 56. Hæc ĕrit *admissā* mēta tĕrendă rŏtā. Ov. A. A. 1. 40. Et sŏcii *admissis* pĕtiērunt æthĕra pennis. V. Æn. 11. 272. Et săcer *admissas* exĭgit Hĕbrus ăquas. Ov. Her. 2. 114. SYN. răpĭdus; cĕler, cĕlĕris, cĕlĕre; vēlox, ōcis. v. răpĭdus.

admitto, ĭs, admīsi, missus. 1. *To admit.*—2. *To commit.*——1. Exhālant nĕbŭlas, nec sol *admittĭtur* infra. Ov. Met. 13. 603.—2. Nec scĕlus *admittas* si consŏlēris ămĭcum. Ov. Ep. e P. 3. 6. 13. SYN. accĭpio, ĭs, cēpi, ceptum; recĭpio, excĭpio.—2. committo, †pătro, as.

†admŏdĕror, āris. *To restrain.*——Nequeo herclē rīsum *admŏdĕrārier.* Plaut. Mil. 4. 2. 81. SYN. mŏdĕror, q. v.

admŏneo, es, ŭi, ĭtum. 1. *To warn, admonish, remind.*—2. *To stimulate.*——Nunc prĕcŏr ut vīvant, et non ignāva lĕgentem ōtia dēlectent *admŏneantque* mei. Ov. Tr. 1. 6. 26. Pendens in verbĕra tēlo *Admŏnuĭt* bijŭgos. V. Æn. 10. 587. SYN. 1. mŏneo; 1, 2. hortor, āris.—2. stĭmŭlo, as, q. v.

admŏnĭtor, ōris. *One who warns.*——*Admŏnĭtorque* ŏpĕrum cœlo clārissĭmus alto, Lūcĭfer ortus ĕrat. Ov. Met. 4. 663. SYN. mŏnĭtor; hōrtātor, ōris.

†admŏnĭtrix, īcis, fem. of prec.——Quĭd ădhŭc, (mălum) ĕgeo *admŏnĭtrīcis?* Plaut. Tr. 2. 6. 20.
admŏnĭtus, ūs. masc. *Advice, warning.*——Mens fŭgit *admŏnĭtu,* frīgusque pĕrambŭlat artus. Ov. Her. 9. 135. SYN. mŏnĭtus, ūs; mŏnĭtum.
admordeo, es, di, sum. *To bite.*——*Admorso* signāta in stirpe cĭcātrix. V. G. 2. 379. SYN. mordeo, es, mŏmordi, morsum, etc. q. v.
admŏveo, es, mōvi, mōtum. *To move towards, bring near to, apply (one thing) to (another).*——Hyrcānæque *admōrunt* ūbĕra tīgres. V. Æn. 4. 367. SYN. appōno, ĭs, pŏsui, pŏsĭtum; applĭco, as, ui, ĭtum; ădhĭbeo, es.
admūgio, īs, īvi, etc. *To low to.*——Mollibus in prātīs *admūgit* fœmĭna tauro. Ov. A. A. 1. 279. SYN. mūgio, q. v.
‡**adnăto, as.** *To swim to.*——Fractæ rector si forte cărīnæ Littŏrĭbus sōlus văcuis ex æquŏre sospes *Adnătet.* Sil. 10. 609. SYN, adnō, as.
adnixus, a, um, part. ab adnītor, ĕris. 1. *Striving.*—2. *Leaning on,* c. abl. ——1. Cȳmŏthoē, sĭmŭl et Trīton *adnixus,* ăcūto Dētrūdunt nāves scŏpŭlo. V. Æn. 1. 148.—2. Quæ mĕdiis ingenti *adnixă* cŏlumnæ Ædĭbŭs adstābat. V. Æn. 12. 92. SYN. 2. nixŭs.
adno, ās. *To swim to.*——Huc pauci vestrīs *adnāvĭmus* ōris. V. Æn. 1. 542. SYN. ‡adnăto, as.
‡**adnūbĭlo, ās.** *To cloud over* (act.), *to obscure,* c. dat.——Răpĭdæ sīc obvia puppi Invĭdet et vēlis *obnūbĭlat* aura sĕcundis. Sil. 10. 609. SYN. obscūro, as; ŏbumbro, as, c. acc.
Adnumero, etc. See annumero.
ădŏleo, es, ui, no supine. 1. *To burn as a sacrifice.*—2. *To load (altars, etc. with things to be offered in sacrifice).*—3. *To sacrifice.*—4. *To burn.*——1. Verbēnasque *ădŏlē* pingues, et mascŭla thūra. V. E. 8. 65.—2. Castīs *ădŏlet* dum altāria tædis. V. Æn. 7. 71.—3. Jūnōni Argīvæ jussos *ădŏlēmus* hŏnōres. V. Æn. 3. 547.—4. Utquĕ lĕves stĭpŭlæ demtīs *ădŏlentur* ăristis. Ov. Met. 1. 492. SYN. 1. 4. ūro, is, ussi, q. v.—2. cŭmŭlo, as. v. săcrĭfĭco.
†**ădŏlescens, entis,** prop. part. from next word, often used as subst. *A youth, either boy or girl.*——Optĭmæ *ădŏlēscēntī* făcĕre īnjūrĭam. Ter. And. 3. 2. 8. SYN. jŭvĕnĭs, q. v. v. seq.
ădŏlesco, is, lēvi, perf. infin. sync. ădŏlêssĕ (Ov.), part. pass. in dep. sense **ădultus.** *To grow up (of men, or even of inanimate things).*——Ac dum prīma nŏvīs *ădŏlescit* frondĭbus ætas. V. G. 2. 363.—Martia ter sēnos prōles *ădŏlēvĕrat* annos. Ov. F. 3. 59. Illum ex mœnĭbus hostĭcis Mātrōna bellantis tȳranni Prospĭciens, et *ădulta* virgo suspīret. Hor. 3. 2. 8. SYN. cresco, ĭs, crēvi; excresco, dep. part. excrētus.
ădŏlesco, ĭs. no perf. *To be set on fire.*——Panchæis *ădŏlescunt* ignibus āræ. V. G. 4. 379.
Adōnēŭs, another form of Ădōnis.——Ut albŭlus cŏlumbus, aut *Ădōnēus.* Cat. 27. 8.
Ădōnis, ĭdŏs, acc. **ĭdă** and **ĭn.** *The son of Cinyras, beloved by Venus, killed by a boar.*——Et formōsus ŏves ad flūmĭna pāvit *Ădōnis.* V. E. 10. 18. SYN. Ădōnēŭs. PHR. Vĕnĕri plōrātus Ădōnis. Ov.
ădŏpertus, a, um. *Covered, veiled.*——Purpŭreo vēlārĕ cŏmas *ădŏpertus* ămictu. V. Æn. 3. 405. v. vēlo, ās.
†**ădŏpīnor, āris.** *To conjecture.*——Dĕinde *ădŏpīnāmur* dē signis maxĭma parvis. Lucr. 4. 814. SYN. †conjecto, as.
ădŏptīvus, a, um. *Adopted, supposititious.*——Et fit *ădoptīvā* nōbĭlĭtāte tuus. Ov. F. 4. 22.
ădopto, as. *To choose, take, adopt.*——Bellum ĕrat, Ētruscas Turnus *ădoptat* ŏpes. O. F. 4. 880. Fac rāmum rāmus *ădoptet.* Ov. R. A. 195. SYN. opto; adscisco, is, scīvi; sūmo, ĭs, mpsi, mptum.
ădŏr, ŏris, but rare except in nom. and acc. sing. neut. *Wheat.*——Cum păter ipse dăpis pălea porrectus ĭn hornā Esset *ădor* lŏliumquĕ. Hor. Sat. 6. 88. SYN. far, farris, neut.; †trĭtĭcum.
ădōrea. *Victory (properly a largess of corn given to the army after a victory).* ——Pulcher fŭgātis Ille dies Lătio tĕnĕbris, Qui prīmus almā rīsit *ădōreā.* Hor. 4. 4. 41. SYN. victōria, q. v.
ădōreus, ă, um. *Wheaten.*——Instituuntque dăpes, ĕt *ădōrea* lība per herbam Subjĭciunt. Virg. Æn. 7. 109. SYN. Trĭtĭcĕus, †fārrātŭs.
ădŏrior, ĕris, also **īris,** infin. **īri,** perf. **ădortus sum** 1. *To attempt.*—2. *To*

begin.——Hi dŏmĭnam Dītis thalămo dēdūcĕre *ădorti.* V. Æn. 6. 397. Mājus *ădorta* nĕfas. V. Æn. 7. 386. SYN. 1, 2. aggrĕdior, ĕris, gressus sum; tēnto, as; mōlior, īris.—2. incĭpio, ĭs, cēpi, q. v.

†ădorno, as. *To adorn.*——Jŭbē vēro vāsă pūra *ădornāri* mĭhi. Plaut. Amp. 3. 2. 65. SYN. orno, as; dĕcŏro, as.

ădōro, ās. 1. *To worship.*—2. *To entreat.*——1. Jūnōnis magnæ prīmum prĕce nūmĕn *ădōra.* V. Æn. 5. 437.—2. Non tē per mĕrĭtum quŏniam mălĕ cessit *ădōro.* Ov. Her. 10. 141. SYN. 1. cŏlo, ĭs, cŏlui, cultum; vĕnĕror, āris.—2. ōro, prĕcor, āris, q. v. PHR. Quisquam nūmēn Jūnōnis ădōret Prætĕrea, aut supplex ārīs impōnet hŏnōrem? V. In prīmis vĕnĕrāre Deos, atque annua magnæ Săcra rĕfer Cĕrĕri. V. Tu mūnĕra supplex Tende pĕtens pācem et făcĭles vĕnĕrāre Năpæas. V. Nulla căret fūmo Thessălis āra meo. Ov. Altāria fūmant, Pōnĭtur ad pătrios barbăra prædă Deos. Ov. Bellātrīcemque Mĭnervam Cum Jŏve Disque vŏcant ăliis quos sanguĭne vōto Mūnĕrĭbusque dătīs et ăcerris thūris ădōrant. Ov. Inde Deos pĕlăgi vīno sŭper æquŏra fūso Et pĕcŏris fībris et fūmo thūris ădōrat. Ov. Et thūre et fĭdĭbus jŭvat Plācāre et vĭtŭli sanguĭne dēbĭto Cūstōdēs Nŭmĭdæ Dĕos. Hor. (Venus) vŏcantis thūre tē multo Glȳcĕræ dĕcōram Transfer ĭn ædem.

§adposco, ĭs, i. no supines. *To ask in addition.*——Si plūs *adposcĕre* vīsus. Hor. Ep. 2. 2. 100. v. posco.

§ădrādo, ĭs, si, sum. *To scrape, to shave.*——*Ādrāsum* quendam văcuâ tonsōris ĭn umbrâ. Hor. Ep. 1. 7. 50. SYN. rādo.

Adrastēa. *A name of Nemesis.*——Ut scĕlĕre in tanto quod nec sĭnit *Adrastēa.* V. Ciris, 239. v. Nĕmĕsis.

§ădrēpo, ĭs, psi. no supines. *To creep towards, or into.*——Lēnĭter in spem *Adrēpe* offĭciosus. Hor. Sat. 2. 5. 48. v. rēpo.

Ădria, æ. masc. *The Adriatic Sea or Gulf of Venice.*——Mē . . . scrībentem mĕdiis *Ădria* vīdit ăquis. Ov. Tr. 1. 10. 4. Nōn ĕgŏ Nunc *Ădriæ* vĕreor măre noscĕre tēcum. Prop. 1. 6. 1. SYN. Ādriăcum, Ādriātĭcum. PHR. An măre quod sūprā mĕmŏrem? V. Amnis et Ādriăcas rētro fŭgit Aufĭdus undas. V. Adriăcumque pŏtens lātē. O. Dux inquieti turbĭdus Ādriæ (Auster, sc.). Hor. Imprŏbo Īrācundior Ādriâ. Hor. Frĕtīs ācrior Ādriæ Curvantis Călăbros sĭnus. Hor.

Ādriăcus, ă, um, and **Adrĭātĭcŭs, a, um,** and **Ādrĭānus, a, um.** *Belonging to the Adriatic.*——Amnis et *Adriăcas* rētro fŭgit Aufĭdus undas. V. Æn. 11. 405. Et hoc nĕgat mĭnācis *Ădriātĭci* nĕgāre lītus. Cat. 4. 6. Sīve mări lĭbet *Ădriāno.* Hor. 1. 16. 4.

adscio, īs, īvi, ītum. in pres. also **adscisco, ĭs.** *To admit among, to enrol among.*——Quem Rŭtŭli Turnusque suis *adsciscĕre* tennant partĭbus. Ov. F. 4. 883. Si Turno extincto sŏcios sum *adscīre* părātus. V. Æn. 12. 38. Qui nōn accēpĕrit ultro Dardănium Ænēan gĕnĕrumque *adscīvĕrit* urbi. V. Æn. 11. 472. Spem si quam *adscītīs* Ætōlûm hăbuistis ĭn armis. V. Æn. 11. 308. Tu certē scīs hoc sŭpĕrīs *adscīte* vĭdesque Cæsar. Ov. Ep. e P. 4. 9. 127. SYN. admitto, ĭs, mīsi; ascrībo, ĭs, psi, ptum; rĕcĭpio, ĭs, cēpi, ptum.

adscribo, adspicio, etc. v. ascribo, aspicio.

‡adsībĭlo, as. *To hiss forth.*——Implōrantem ănĭmum dŏmĭnīs *adsībĭlat* āris Stat. Theb. 5. 578. SYN. ‡exsībĭlo.

†adsicco, ās. *To dry.*——*Adsiccāta* cŭtis pectusque effluxit ab alto Hūmor Lucr. 8. 690. SYN. sicco, q. v.

adsum, ădĕs, ădĕram, adfui, ădĕro, ădesse, fut. infin. **adfŏre,** imperf. subj. **ădessem** and **adfŏrem,** no pres. part., fut. in rus **adfŭtūrŭs.** *To be present.*——*Adsŭmus* et portus dēlāti intrāmus ămīcos. V. Æn. 5. 57. SYN. intersum, *not without a dative after it;* asto, as, stĕti, *no sup.*

‡advecto, as. *To carry to.*——*Advectet* rătis acta Nŏtīs tĭbi pābŭla dīra. Val. Fl. 4. 106. v. advĕho.

advĕho, ĭs, xi, ctum. *To carry, bring towards.*——Bella nĕc ultrīces *advĕhit* undă rătes. Ov. Her. 5. 90. SYN. vĕho; dūco, ĭs, xi, ctum; addūco; porto, as; fĕro, fers, tŭli, lātum; adfĕro, ‡advecto, ās.

advēlo, as. *To veil, to cover.*——Vĭrĭdique *advēlat* tempŏra lauro. V. Æn. 5. 246. SYN. vēlo; tĕgo, ĭs, xi, ctum.

advĕna, æ. masc., used also as adj. masc. and fem. *One who comes to a place, therefore a stranger, a foreigner.*——Proh! Jūpĭter, ībit, Hīc, ait, et nostrīs illūsĕrit *advĕna* regnis. V. Æn. 4. 591.—*As adj.* *Advena* classem Cum prīmum Ausŏniis exercĭtus appŭlit ōris. V. Æn. 7. 38. Ante meos ŏcŭlos addūcĭtur *advĕna* pellex. Ov. Her. 9. 121. SYN. *as adj.* pĕrĕgrīnus, externus.

‡**advĕnĕror, āris.** *To venerate, to worship.*——Prosĕquĭturque ŏcŭlis puĕr *advĕnĕrātus* ĕuntes. Sil. 13. 704. SYN. vĕnĕror, dēvĕnĕror; cŏlo, ĭs, ŭi, cultum.

advĕnio, īs, vēni, ventum. *To come, to come to, to arrive.*——Quisquis ĕs haud (crēdo) invīsus cœlestĭbus auras Vītāles carpis, Tўriam qui *advĕnĕris* urbem. V. Æn. 1. 388. SYN. vĕnio, pervĕnio, dēvĕnio; advento, as; advertor, ĕris, adversŭs sum; advĕhor, ĕris, advectŭs sum; allābor, ĕris, allapsus sum, *esp. by sea, c. dat.*; adsum, ădĕs, q. v. PHR. Ut templi tĕtĭgĕre grădus. Ov. Ut prīmum ālātis tĕtĭgit măgālia plantis. V. Per tăcĭtum nĕmus īre pĕdemque advertĕre rīpæ. V. Inde tĕnōre pări grădĭbus sublīmia cēlsis Dūcor ad intonsi candĭda templă Dei. Ov. (*Of arriving by water*) Jam tandem Ĭtăliæ fŭgientes prendĭmus ōras. V. Applĭcor in terras Œbălĭ nymphă tuas. Ov. Et tandem læti nōtæ advertuntur ărēnæ. V. (Me) ventōsa per æquŏra vectum Excēpit portu Tænăris ōra suo. Ov. Fātis huc tē poscentĭbus affers. V. v. venio.

advento, ās. *To arrive.*——Ipse ardŭă montis Per dēsertă jŭgo sŭpĕrans *adventat* ad urbem. V. Æn. 11. 514. SYN. advĕnio, īs, q. v.

adventus, ūs. masc. *Arrival, approach.*——Phyllĭdis *adventu* nostræ nĕmus omne vĭrēbit. V. E. 7. 59.

‡**advērbĕro, as.** *To strike.*——Aurātis *adverbĕrat* ungŭĭbus armos. Stat. Theb. 9. 686. SYN. verbĕro; percŭtio, tĭs, ussi, q. v.

adversă, ōrum. *Adversity.*——Quōs păter Ænēas si quando *advērsă* vŏcārent. V. Æn. 9. 172. SYN. res adversæ, măla, ōrum; infesta, ōrum; res ardŭæ.

§**adversārius, i.** *An adversary.*——*Adversārius* ĕst Frāter, lăcus Ādria. Hor. Ep. 1. 18. 63. SYN. æmŭlus, hostis, is, q. v.

adversor, āris. *To oppose.*——Non *adversāta* pĕtenti Annuit atque dŏlis rīsit Cўthĕrea rĕpertis. V. Æn. 4. 127. SYN. oppugno, as; rĕpugno; rĕsisto, ĭs, restĭti, *no sup.*; obsisto, ĭs, *and* obsto, as, *infin.* obsistĕre *and* obstāre, *perf.* obstĭti, *no sup.*; rĕluctor, āris.

adversus, a, um. 1. *Opposite to.*—2. (*Of a river*) *up stream.*—3. *Hostile, contrary.*—4. (*Of affairs*) *unfortunate, adverse.*——1. Ut quōs Scylla vŏrax Scyllæque *adversa* Chărybdis. Ov. Ibis, 385.—2. Non ălĭter quam qui *adverso* vix flūmĭne lembum Rēmĭgiis sŭbĭgit. V. G. 1. 201.—3. Inter se *adversis* luctantur cornĭbus hædi. V. G. 2. 256.—4. Scĭlĭcet *adversis* prŏbĭtas exercĭta rēbus. Ov. Tr. 5. 5. 49. SYN. 1. 3. oppŏsĭtus, contrārius.—3. ĭnĭmīcus, hostīlis, q. v.—4. fessus, angustus.

adversus, used as subst. esp. in pl. *An enemy.*——Īmus ĭn *adversos.* V. Æn. 11. 389. SYN. hostis, ĭs, q. v.

adversus, adversum. prep. 1. *Against.*—2. *Towards.*——1, 2. Isque ŭbĭ tendentem *adversum* per grāmĭna vīdit Ænēan. V. Æn. 6. 684. SYN. 1. contrā.—1, 2. ĭn, *c. acc.*—2. †versum *or* versus.

adverto, tĭs, ti, sum. 1. *To turn, to turn towards.*—2. *To attend, to attend to.* ——In quamcunque dŏmûs *adverto* lūmĭnă partem. Ov. Met. 6. 580. Īret ut ad mūros, urbique *advertĕret* agmen. V. Æn. 12. 555.—2. Paucīs, *advertĕ,* dŏcēbo. V. Æn. 4. 115. Vos fămŭli quæ dīcam ănĭmīs *advertĭte* vestris. V. Æn. 2. 712. Hūc *advertĭte* mentem. V. Æn. 8. 440. SYN. 1. verto, converto. v. ănĭmadverto.

advertor, ĕris, adversus sum. *To arrive at.*——Scўthĭcas *advertĭtur* ōras. Ov. Met. 5. 649. SYN. advĕnio, ĭs, q. v.

advĭgĭlo, as. *To watch, to watch over.*——Nec tædēbit ăvum parvo *advĭgĭlāre* nĕpōti. Tib. 2. 5. 93. SYN. vĭgĭlo, custōdio, ĭs.

†**ădūlābĭlis, e.** *Open to flattery.*——Huic est ănĭmus prŏpĭtiābĭlis, Ĭta ĕt *ădūlābĭlis.* Ennius.

‡**ădūlātor, ōris.** masc. *A flatterer.*——Cæcus *ădūlātor* dīrusque ă pŏnte sătelles. Juv. 4. 116. SYN. §assentātor, ōris.

†**ădūlo. as.** *To caress, to flatter.*——Longe ălio pacto gannītu vōcis *ădūlant.* Lucr. 5. 1069. v. seq.

ădūlor, āris. *To flatter.*——Agmĕn *ădūlantûm* mĕdiă procēdit ab aulă. Ov. Met. 14. 46.

ădulter, ĕri. *An adulterer.*——(Ŭtĭnam) ōbrŭtus insānīs esset *ădultĕr* ăquis Ov. Ep. 1. 6.

ădulter, ădultĕra, ĕrum. *Adulterous.*——*Ădultĕros* Crīnes pulvĕrĕ collīnes Hor. 1. 15. 19.

ădultĕra. *An adulteress.*——Jam nec Lăcænæ splendet *ădultĕræ* Fāmōsus hospes. Hor. 3. 3. 25.

ădultĕrium *Adultery.*——Quique ob *ădultĕrium* cæsi, quique arma sĕcūti. V. Æn. 6. 612. SYN. stŭprum.

ădultĕro, as. *To make false, to transform.*——Ille suâ făciem transformis *ădultĕrat* arte. Ov. F. 1. 373. SYN. mūto, as; transmūto, transformo, as.

ădultĕror, āris. *To commit adultery.*——*Ădultĕrētur* et cŏlumba milvis. Hor. Epod. 16. 32.

ădultus, a, um. part. pass. from ădŏlesco, q. v. *Grown up.* (*Used even of inanimate things*)——Mātrōna bellantis tўranni Prospĭciens et *ădulta* virgo Suspīret. Hor. 3. 2. 8. Ergo aut *ădultâ* vitium prŏpāgĭne. Hor. Epod. 2. 9.

†ădumbrātim. *Faintly, shadowed out as it were.*——Sed quăsĭ *ădumbrātim* paulum sĭmŭlāta videntur. Lucr. 4. 363.

ăduncus, a, um. *Hooked, curved.*——Aut sua crēdŭlĭtas in *ăduncos* ēgĕrat hāmos. Ov. Met. 13. 934. SYN. uncus, curvus, incurvus, rĕcurvus.

advŏco, ās. *To call, summon, to call towards.*——Sŏcios in cœtum lītŏre ab omni *Advŏcat* Ænēas. V. Æn. 5. 43. SYN. vŏco, cieo, es, q. v.; accio, īs, q. v.

advŏlo, as. 1. *To fly (as a bird) to, often metaph.*—2. *To hasten.*——Ut ăves densissĭmus hostis *Advŏlat.* Ov. Tr. 5. 10. 20. Cursu festīnus ănhēlo *Advŏlat.* Ov. Met. 11. 348. SYN. festīno, as; prŏpĕro, as, q. v.

advolvo, is, vi, vŏlūtum. *To roll* (act.) *towards.*——*Advolvēre* fŏcis ulmos, ignique dĕdēre. V. G. 3 378.

advolvor, ĕris. *To kneel before, prostrate oneself before.*——Nunc O Bacche tuīs hŭmĭles *advolvĭmur* ăris. Prop. 3. 15. 1.

ădurgeo, es, no perf. *To urge, to pursue.*——Cæsar ad Ităliam vŏlantem Rēmīs *ădurgens.* Hor. 1. 37. 16. SYN. urgeo; sĕquor, ĕris, sĕcūtus sum, q. v.

ădūro, is, ussi, ustum. *To burn, to nip as frost*——Nē, si dēmissior ībis, Unda grăvet pennas, si celsior, ignis *ădūrat.* Ov. Met. 8. 205. Aut Bŏreæ pĕnĕtrabile frīgus *ădūrat.* V. G. 1. 93. Flēbit et ardōres vincet *ădusta* meos. Ov. Her. 12. 180. SYN. ūro, exūro, combūro, pĕrūro.

ădusque. *As far as.*——Ătrīdes Prōtēi Mĕnĕlāus *ădusque* cŏlumnas Exŭlat. V. Æn. 11. 262. SYN. usque *c. acc., more usu. c. prep.* ad *or* sub *and acc. esp. of time.*

adytum. 1. *The innermost part of the temple, the shrine.*——Tālĭbus ex *ădўto* dictis Cūmēa Sĭbylla Horrendas cănit ambāges. V. Æn. 698. v. templum.

Æăcĭdes, æ. *Descendant of Æacus, a name of Achilles, Neoptolemus, etc.* Sævus ŭbi *Æăcĭdæ* (i. e. Achilles) tēlo jăcit Hector. V. Æn. 1. 99.—Conjŭgis *Æăcĭdæ* Pyrrhi sceptroque pŏtītus. V. Æn. 3. 296.

Æăcus, i. acc. **um** and **ŏn.** *The grandfather of Achilles.*——Nec nostrum sēri curvārent *Æăcŏn* anni. Ov. Met. 9. 434.

ædes, īs. fem. only in sing. *A temple.*——Et Dea marmŏreâ cūjus in *æde* sŭmus. Ov. Her. 12. 88. SYN. templum, dēlūbrum, fānum.

ædes, ĭum, fem. pl. *A house.*——*Ædĭbus* in mĕdiis nūdoque sub æthĕris axe. V. Æn. 2. 512. SYN. dŏmus, *gen.* ûs *and* i. *fem.* q. v.

‡ædĭcŭla. *A cottage, a chapel.*——Si quis in *ædĭcŭlâ* Deus ūnĭcus Juv. 8. 111.

‡ædĭfĭcātor, ōris. masc. *A builder.*——*Ædĭfĭcātor* ĕrat Centrōnius. Juv. 14. 86. SYN. condĭtor, ōris. q. v.

ædĭfĭco, as. *To build.*——Instar montis ĕquum dīvīnâ Pallădis arte *Ædĭfĭcant.* V. Æn. 2. 15. SYN. condo, is, dĭdi; struo, īs, xi; exstruo, construo, mōlior, īris; pōno, īs, pŏsui; stătuo, īs, i; constĭtuo. PHR. Tu nunc Carthăgĭnis altæ Fundămenta lŏcas, pulchramque uxōrius urbem Exstruis. V. Quid prohĭbet mūros jăcĕre et dăre cīvĭbus urbem. V. Et vĭrĭdi in campo templum dē marmŏre pōnam. V. Fătāles mūrōrum attollĕre mōles. V. Augŭrio læti jăciunt fundāmĭna cīves Et nŏvus exĭguo tempŏre mūrus ĕrat. Ov.

ædīlis, is. masc. *An ædile.*——Uter *ædīlis* fuĕrit vel vestrûm Prætor. Hor. Sat. 2. 3. 180

†**ædīlĭtas**, ātis. *The ædileship.*——Pŏpŭli tămĕn *ædīlĭtātem* hic gĕrit. Plaut. Stic. 2. 2. 29.

†**ædīlĭtius**, a, um. *Belonging to an ædile.*——Euge ēdictiōnes *ædīlĭtias* hīc hăbet quĭdem. Plaut. Capt. 4. 2. 43.

†**ædĭtuens**, tis. masc. *A keeper of a temple.*——Hospĭtĭbus lŏca quæ complêrant *ædĭtuentes.* Lucr. 6. 1273. SYN. ædĭtuus.

ædĭtŭus, i. masc. *A keeper of a temple.*——Quāles *ædĭtuos* hăbeat belli spectātă dŏmique Virtus. Hor. Ep. 2. 1. 230. SYN. †ædĭtuens.

Ægæum. *The Ægæan Sea, or Archipelago.*——Ac vĕlŭti Ēdōni Bŏreæ cum spīrĭtus alto Insŏnat *Ægæo.* V. Æn. 12. 365. SYN. ‡Ægŏn ōnis; Ægæus pontus; Ægæum măre, etc. PHR. Tūtum pĕr Ægæos tŭmultus Aura fĕrat gĕmĭnusque Pollux. Hor. Prōtĭnus Ægæīs īre hăbēbat ăquis. Ov. Ægæo ducĕre vēla sălo. Prop.

Ægæus, a, um. *Belonging to or in the Ægæan Sea.*——Cȳclădăs *Ægæas* obstŭpuisse pŭto. Ov. Tr. 1. 10. 8.

‡**Ægātes**, um. *The islands off which Catulus gained the victory which terminated the first Punic war.*——Ævi Flōre vĭrens, ăvĕt *Ægātes* ăbŏlēre, părentum Dēdĕcus. Sil. 1. 60.

æg ĕr, ægra, rum. 1. *Sick; also used of inanimate things.*—2. *Sick at heart.*——1. Nōn est in mĕdĭco semper rĕlĕvētur ut *æger.* Ov. Ep. e P. 1. 3. 17. Ārēbant herbæ, et victum sĕgĕs *ægra* nĕgābat. V. Æn. 3. 142.—2. Ipsĕ căvâ sōlans *ægrum* tēstŭdĭne ămōrem. V. G. 4. 464. SYN. 1. *and* 2. affectus, §ægrōtŭs.—2. tristis, q. v.

Ægeus, gen. ĕŏs and ĕī or ei, acc ĕă. *King of Athens and father of Theseus.*——*Ægĕa* sic Thēseus, sic Pēlea vincit Ăchilles. Ov. Met. 15. 856.

Ægīdes, æ. *A name of Theseus as son of Ægeus.*——Perfĭdus *Ægīdes* dūcentia pīla sĕcūtus. Ov. Her. 4. 59.

ægis, ĭdis, acc. ĭdă, fem. 1. *The shield of Jupiter; also one which he gave to Minerva, on which she placed the head of Medusa.*—2. *A breast-plate.*——1. Jam găleam Pallăs et *ægĭda* currusque et răbiem părat. H. 1. 15. 11.—2. Et tanto pĕnĭtus traxit suspīria mōtu Ut părĭter pectus pŏsĭtamque in pectŏre forti *Ægĭda* concŭtĕret. Ov. Met. 2. 753. SYN. 2. lōrīca. PHR. Ægĭdăque horrĭfĭcam turbātæ Pallădis arma Certātim squāmis serpentûm auroque pŏlībant, Connexosque angues, ipseamque in pectŏre Dīvæ Gorgŏnă dēsecto vertentem lūmĭna collo (*being a description of the ægis*). V. v. clypeus.

‡**ægĭsŏnus**, a, um. *Rattling the ægis.*——*Ægĭsŏno* quam nec fĕra pectŏre virgō Dispŭlĕrit. Val. Fl. 3. 88.

Ægisthus, *the son of Thyestes, who murdered Agamemnon.*——Quærĭtis *Ægisthus* quārē sit factus ădulter. Ov. R. A. 161.

‡**Ægŏn**, ōnis. masc. *The Ægæan Sea.*——Quā spūmĭfer assĭlit *Ægon.* Stat. Theb. 5. 56. SYN. Ægæum, q. v.

ægrē, ægrius. 1. *With sorrow, with indignation.*—2. *With difficulty, scarcely.*——Oppressumque *ægrē* tŭlĭmus tot ab hostĭbus ūnum. Ov. Met. 12. 633.—2. Cærŭla quem gĕnĭtrix *ægrē* sōlātă dŏlentem. Ov. F. 1. 365. SYN.—2. vīx.

ægresco, ĭs, no perf. *To become sick.*——Exsŭpĕrat măgis *ægrescitque* mĕdendo. V. Æn. 12. 46. SYN. ægrōto, as; ægrĭo, īs.

ægrĭmōnia. *Melancholy.*——Fastīdiōsâ tristis *ægrĭmōniâ.* Hor. Epod. 17. 73.

†**ægrĭo**, īs. *To be sick.*——Corpus quod cernĭtur *ægrit.* Lucr. 3. 107. SYN. ægrōto, as, q. v.

†**ægrĭtūdo**, ĭnĭs. fem. *Sickness of body or mind.*——Călĭdam pĭcem bĭbĭto, *ægrĭtūdo* abscessĕrit. Plaut. Merc. 1. 2. 29. Perturbāto atque incerto præ *ægrĭtūdĭne.* Ter. Heaut. 1. 1. 71. v. morbus.

†**ægrŏr**, oris. masc. *Disease.*——Nec mĭnĭmam partem ex āgrīs *ægrōrĭs* īn urbem Dēfluxit. Lucr. 6. 1257. SYN. morbus, q. v.

ægrōto, ās. *To be sick.*——Cum quŏties ŏpus est fallax *ægrōtet* ămīca. Ov. A. A. 3. 641. SYN. cŭbo, as, ui. PHR. Si tristi languēbunt corpŏra morbo. V. Morbī corpŏra corrĭpiunt. V. Si quando lētum horrĭfĭcum morbosquĕ Dĕûm Rex Mōlītur. V. Tristes pĕnĕtrant ad viscĕra morbi. Ov. Cùm tristi morbo dēfessă jăcēres. Tib.

ægrōtus, a, um *Sick.*——*Ægrōto* dŏmĭni dēduxit corpŏre fĕbres. Hor. Ep. 1. 2. 48. SYN. æger, gra, grum.

Ægyptius, ă, um. *Egyptian.*——Sĕquĭturquĕ (nĕfas) *Ægyptia* conjux. V. Æn. 8. 688. SYN. Cănōpēus, Mărcōtĭcus, Ptŏlĕmæēus, Ălexandrīnus, Phărius, Părætŏnius, Nīlĭăcus; Memphītĭcus; *masc.* Memphītes, æ; *fem.* Memphītis, ĭdŏs.

Ægyptus and **Ægyptŏs, i,** acc. **um** and **ŏn.** fem. *Egypt.*——Dīcĭtur *Ægyptos* cărnisse jŭvantĭbus arva Imbrĭbus. Ov. A. M. 1. 647. SYN. Mĕroē. PHR. Nam quā Pellæi gens fortūnāta Cănōpi Accŏlĭt effūso stagnantem flūmĭne Nīlum Et circum pictis vehĭtur sua rūra phăsēlis; Et vĭrĭdem *Ægyptum* nīgrâ fœcundat ărēnâ Et dīversa rŭens septem discurrit ĭn ōra Usquĕ cŏlōrātīs amnis dēvexus ab Indis. V. Isĭ Părætŏnium gĕnĭālĭaque arva Cănōpi Quæ cŏlis et Memphim, palmĭfĕramquĕ Phăron. Quăquĕ cĕler Nīlus lāto dēlapsus ab alveō. Per septem portūs in măris Exit ăquas. Ov. Isi Părætonium Mărcōtĭcaque arva Phăronque Quæ cŏlis et septem dīgestum in cornua Nīlum. Ov. Noxia Ălexandrīna dŏtis aptissĭma tellus. Prop.

ælinon. *A note of lamentation.*——*Ælinŏn* in sylvīs īdem păter *ælinŏn* altis Dīcĭtur invītâ concĭnuīssĕ lўrâ. Ov. Am. 3 9. 23.

æmŭlor, āris. *To rival.*——Pindărum quisquis stŭdet *æmŭlāri.* Hor. 4. 2. 1. SYN. ĭmĭtor, āris; sĕquor, ĕris, sĕcūtus sum; prŏvŏco, as.

æmŭlus, fem. **æmŭla.** *A rival.*——Sed dēmĭt hŏnōrem *Æmŭlus* Ăjāci. Ov Met. 13. 16. Et si nulla sŭbest *æmŭla* languet Ămor. Ov. A. A. 2. 436. SYN. rīvālis.

æmŭlus, a, um. 1. *Rivalling.*—2. *Jealous.*——Partem rostro prĕmit *æmŭla* Pristis. V. Æn. 5. 187. *Æmŭlus* exceptum Trĭton (si crēdĕre dignum est) Inter saxa vĭrum spūmōsâ immersĕrat undâ. V. Æn. 6. 173. SYN. 2. Invĭdus.

Ænĕădæ. masc. *Descendants of Ænēas, i. e. Trojans.*——Dēfessi *Ænĕădæ* quæ proxĭma lītŏra cursu contendunt pĕtĕre. V. Æn. 1. 157. SYN. Dardănĭdæ, q. v., Lāŏmĕdontiădæ v. Trojanus.

Ænēas, æ, acc. **ān.**——*Ænēān* ănĭmo noxque diesque rĕfert. Ov. Her. 7. 26. SYN. Dardănĭdes, æ; Dux Anchīsiădes, V.; Cўthĕrēius hēros. Ov. PHR. Tūne ille Ænēas quem Dardănio Anchīsæ Alma Vĕnus Phrўgii gĕnŭit Sĭmoentĭs ad undam? V. Sum pius Ænēas fāmâ sŭper æthĕra nōtus. V. Rex ĕrat Ænēas nōbis, quo justior alter nec pĭĕtāte fŭit, nec bello major et armis. V. Optĭmus armĭs Ænēas. V. Indĭgĕtem Ænēan scis ipsa et scīrĕ fătĕris Dēbēri cœlo. V. Vĭgĭlasnĕ Deûm gens Ænēā? V. Quicquid ăpud dūræ cessātum est mœnia Trōjæ; Hectŏris Ænēæquĕ mănu victōria Graiûm Hæsit, et in dĕcĭmum vestīgia rētŭlit annum; Ambo ănĭmis, ambo insignes præstantĭbus armis; Hic pĭĕtāte prior. V. Jam pius Ænēas săcra, et săcra altĕra, pătrem affĕret. Ov. Ænēas, pĭĕtātis ĭdōneus auctor. Ov. Cum Trōjam Ænēas Ītălos portāret ĭn ăgros. Ov. Hinc vĭdet Ænēan ŏnĕrātum pondĕrĕ săcro Ov. Trōius Ænēas Lĭbўcĭs ēreptus ab undis. V. Hæc dum Dardănio Ænēæ mīranda vĭdentur. V. Hæc Hĕlĕnum cĕcĭnisse Pĕnātĭgĕro Ænēæ Mente mĕmor rĕfĕro. Ov.

Æneĭdes, æ. *Son of Æneas, Iulus.*——Atque hīs ardentem dictīs affātur Iūlum, sit sătis *Ænēĭdæ.* V. Æn. 9. 653.

Ænēis, ĭdŏs. fem. *The Æneid.*——Et tămĕn ille tuæ fēlix *Ænēĭdŏs* auctor. Ov. Tr. 2. 533. *Ænēĭdos* văti grande fuisset ŏnus. Ov. Ep. e P. 3. 4. 84.

Ænēĭŭs, a, um. *Of Æneas.*——Ān măgis hunc mōrem pĭĕtas *Ænēia* fēcit? Ov. F. 4. 799.

‡ænĭgmă, ătĭs. neut. *A riddle, an obscure passage.*——Qui jūris nōdos et lēgum *ænigmăta* solvat. Juv. 8. 50. SYN. ambāgĭs, is; only used in abl., more usu. ambāges, um, pl. fem.

Æŏlius, ă, um. 1. *Of Æolus.*—2. *Æŏlian, esp. Lesbian.*—3. (*as Sappho and Alcæus were natives of Lesbos when applied to poetry*) *Lyric.*——1. Prōtĭnus *Æŏliis* Ăquĭlōnem claudĭt ĭn antris. Ov. Met. 1. 262.—2. Spīrat ădhūc Ămor Vīvuntquĕ commissi călōres *Æŏliæ* fĭdĭbus pūellæ. Hor. 4. 9. 12.—3. *Æŏlio* tentat cûm carmĭna plectro. Prop. 2. 2. 29. SYN. 3. lўrĭcus v. Lesbius.

Æŏlus, i, acc. **um** and **ŏn.** *King of the winds, son of Jupiter and Sergesta the daughter of Hippotas.*——*Æŏlŏn* Hippŏtăden cohĭbentem carcĕre ventos. Ov. Met. 14. 224. SYN. Hippŏtădes, æ. PHR. Vasto rex Æŏlus antro Luctantes ventos tempestatesquĕ sŏnōras Impĕrio prĕmit ac vinclis et carcĕre frenat. V. Clausĕrat Hippŏtădes æterno carcĕre ventos. Ov. Quod nĭsĭ mūtātas ēmīsĕrit Æŏlus auras. Ov.

†**æquābĭlĭs, ĕ.** *Equal.*——Vīs hōstīlis cum istoc fēcīt meas ŏpes *æquābĭles.* Plant. Capt. 2. 2. 52. SYN. æquālis, q. v.

æquævus, ă, um. *Of equal age.*——Ut rēgem *æquævum* crūdēli vulnĕre vīdi. V. Æn. 2. 561. SYN. æquālis.

æquālis, e. 1. *Equal.—Esp.*, 2. *Equal in age, contemporary.*—3. *Level.*——1. *Æquāles* ūrēbant pectŏra flammæ. Ov. Met. 7. 803.—2. Non făcĭlis nōbīs, *æquāles*, palma părāta est. Cat. 60. 9. 3. Princĭpio terram, nē non æquālis ab omni Parte fŏret magni spĕciem glŏmĕrāvit ĭn orbis. Ov. Met. 1. 34. SYN. 1. 3. æquus.—1. pār, compār, părīlis.—2. æquævus.—3. plānus, æquatŭs. PHR. 2. Et nunc æquāli tēcum pūbescĕret ævo. V. Părīlique ætāte Phĭlēmon. Ov. Te vēro meă quem spătiis prŏpiōrĭbus ætas Insĕquĭtur. V. Tŏtĭdemquĕ păres ætāte mĭnistri. V. Nec multum discrēpat ætas. V.

æquālĭter. 1. *Equally.*—2. *Smoothly.*——1. Grātia Pīĕrĭdum nōbīs *æquālĭter* adsit. Ov. F. 5. 109.—2. Strātâque *æquālĭter* undâ Cærŭleis Trīton per măre currĕt ĕquis. Ov. Her. 7. 49. SYN. 1. æquē, părĭter.

æquē. 1. *Equally.*—2. *Equally, still, for all that.*——1. Mos tămĕn est *æquē* dignus ŭterquĕ cŏli. O. F. 1. 226.—2. Ipse lĭcet spĕrāre vĕtes, spērābĭmus *æque.* Ov. Tr. 2. 145. SYN. 1. pĕræquĕ, ădæquē, æquālĭter, părĭter.—2. tămĕn, q. v.

Æqui, ōrum, and in sing. **Æquīcŏlus, Æquīcŏla, æ.** masc. *A people of ancient Italy.*——Hi Fescennīnas ăcies *Æquosquĕ* Făliscos. V. Æn. 7. 695. Quintum Laurentes, bis quinque *Æquicŏlus* asper. Ov. F. 3. 9. 3. Dūrīs *Æquīcŏla* glēbis. V. Æn. 7. 747.

æquĭnoctiālis, e. *Of the Equinox.*——Jam cœlī fŭror *æquĭnoctiālis* Jūcundis Zĕphy̆ri sŭescit auris. Cat. 44. 2. PHR. Lībra diē (*for* dieï) somniquĕ păres ŭbĭ fēcĕrit hōras. Et mĕdium lūci atque umbris jam dīvĭdit orbem. V. Tempŏra nocturnīs æqua diurna fĕres. Ov. Tempus ĕrat quo Lībra păres exāmĭnat hōras. Lucan.

æquĭpăro, ās. *To equal.*——Nec călămis sōlum *æquĭpăras*, sed vōce măgistrum. V. E. 5. 48. SYN. æquo, as; exæquo, †ădæquo.

‡**æquĭtas, ātis.** fem. Lĭcet vincas . . . Prŏbĭtāte Macros, *æquĭtāte* Maurīcos. Mart. 5. 29. 5. SYN. justĭtia.

æquō, as. 1. *To equal, make equal.*—2. *To level.*——1. Impĕrium terris, animos *æquābit* Ŏlympo. V. Æn. 6. 782. Ille dŭcem haud tĭmĭdis vādentem passĭbus *æquat.* V. Æn. 6. 263.—2. Ārea cum primis ingenti *æquanda* cy̆lindro. V. G. 1. 178. SYN. 1. exæquo, †ădæquo; æquĭpăro, as.

æquor, ŏris. neut. *Any level surface; esp. the sea, which is the only meaning in the pl.*——Præcĭpĭtemque Dărēn ardens ăgit *æquŏre* tōto. V. Æn. 5. 456. Vastum măris *æquor* ărandum. V. Æn. 2. 780. Trōja per undōsum pĕtĕrētur classĭbus *æquor.* V. Æn. 4. 313. SYN. 1. æquum, campus, plānum.—2. mărĕ, q. v.

æquŏreus, ă, um. *Of the sea.*——Sternit et *æquŏreas*, æquŏre nātă vias. Ov. Her. 16. 190. SYN. mărīnus.

æquum. *Justice.*——Non illo mĕlior quisquam nĕc ămantior *æqui* Vir fuit. Ov. Met. 1. 322. Non mĕtuunt lēges, sed cēdit vīrĭbus *æquum.* Ov. Tr. 5. 7. 47. SYN. justĭtiă.

æquum. *A plain.*——Cælius ex alto qua mons descendit ĭn *æquum.* Ov. F. 3. 835. SYN. campus, q. v.; plānum.

æquus, a, um. 1. *Equal.*—2. *Just.*—3. *Favourable.*—4. *Level.*——1. Sĕquĭturque pătrem non passĭbus *æquis.* V. Æn. 2. 724.—2. Et fœdĕris *æquas* Dīcāmus lēges. V. Æn. 11. 321.—3. Ad templum non *æquæ* Pallădis ibant. V. Æn. 1. 479.—4. Non *æquo* dăre sē campo. V. Æn. 9. 56. SYN. 1. pār, păris; compār, æquālis, părīlis.—2. justus, q. v.—3. dexter, tĕra *and* tra; bĕnignus.—4. plānus.

āēr, āĕris. acc. **āĕră.** masc. no pl.; Virg. (in Culice, 164.) has also **āĕră,** neut. pl. acc. 1. *The air, atmosphere.*—2. *Weather.*—3. *Cloud or mist.*—4. *The height to which any thing rises in the air.*——1. Proximus est *āēr* illi lĕvĭtāte lŏcoque. Ov. Met. 1. 28.—2. *Āĕre* non certo corpŏra languor hăbet. Ov. A. A. 2. 318.—3. At Vĕnus obscūro grădientes *āĕre* sepsit. V. Æn. 1. 411.—4.

Aĕra vincĕre summum Arboris haud ullæ jactu pŏtuēre săgittæ. V. G. 2. 123. SYN. 1. æthĕr, ĕris; aura; īnāne, is, neut.—2. Tempĕries, ēi.—3. nūbes, is; nĕbŭla.

ærārium. *A treasury.*——Villĭcus *ærārī* quŏndam, nunc cultor ăgelli. Tib. 4. 14. 1. SYN. găza, ‡fiscus.

‡ærārius, i. *A brassfounder.*——*Ærāriōrum* Marcŭli diē tōto. Mart. 12. 57. 6.

ærātus, ă, um. *Plated with brass, brazen.*—*Ærātam* quătiens Tarpēia sĕcūrim. V. Æn. 11. 656. SYN. æreus, q. v.

æreus, a, um. *Brazen.*——Ærātæque mĭcant peltæ, mĭcat *æreus* ensis. V. Æn. 7. 743. Centum *ærēī* claudunt vectes. V. Æn. 7. 609. SYN. ærātus, ahēnus, ahēneus.

ærĭfer, ĕra, ĕrum. *Carrying brazen instruments, cymbals, etc.*——*Ærĭfĕræ* cŏmĭtum concrĕpuēre mănus. Ov. F. 3. 780.

ærĭpes, pĕdis. *With brazen feet.*——Fixĕrit *ærĭpĕdem* cervam lĭcet. V. Æn. 6. 802. SYN. ahēnĭpes.

‡ærĭsŏnus, a, um. *Sounding with, or like, brass.*——Coptŏs ĕt *ærĭsŏni* lūgentia flūmĭna Nīli. Stat. 1. Theb. 265.

āĕrius, a, um. 1. *Of the air; airy, either as in the air, or flying through the air.* —2. *High.*——Quis crēdĕret unquam *āĕrias* hŏmĭnem carpĕre posse vias? Ov. A. A. 2. 44. *Āĕriæ* fūgēre grues. V. G. 1. 375. Nec gĕmĕre *āĕriā* cessābit turtur ab ulmo. V. E. 1. 50. SYN. 1. æthĕreus.—2. altus, q. v.

§‡ærūgo, gĭnis. fem. 1. *Money.*—1, 2. *Envy, spite.*——1. Si rēddat vĕtĕrem cum tōtā *ærūgĭne* follem. Juv. 13. 61.—2. Hæc est *ærūgo* mĕrā. Hor. Sat. 1. 4. 100. SYN. 1. pĕcūnia, q. v.—2. invĭdia, q. v.

ærumna. *Grief.*——*Ærumnæ* făcies invidiōsa tuæ. Ov. Ibis. 120. SYN. dŏlŏr, ōris; mæror, oris; tristĭtia; luctus, ūs.

†ærumnābĭlis, e. *Full of grief (of circumstances).*——Illud ĭn his rēbus mĭsĕrandum et magnŏpĕre ūnum *ærumnābĭle* ĕrat. Lucr. 6. 1128. SYN. mĭsĕrābĭlis, tristis, luctuōsŭs.

‡ærumnōsus, a, um. *Sad (of persons).*——Esse quod Arcesĭlas *ærumnōsī*que Sŏlōnes. Pers. 3. 79. SYN. tristis, q. v.

æs, æris. neut. 1. *Brass, or any thing made of it, esp. in pl.*—2. *Brazen musical instruments, such as trumpets, cymbals, etc., also statues.*—3. *Money.* —4. *Armour.*——1. Hæc ĕtiam argenti vīvos *æris*que mĕtalla Ostendit vēnīs. V. G. 2. 165.—2. Martius ille *æris* rauci cănor incrĕpat. V. G. 4. 71.—Dōnārem pătĕras grātaque commŏdus Censōrīne meīs *æra* sŏdālĭbus. Hor. 4. 8. 2. *Æră*que tinnītus *ærĕ* rĕpulsă cĭent. Ov. F. 4. 184.—3. Nōn unquam grăvis *ære* dŏmum mĭhĭ dextră rĕdībat. V. E. 1. 36.—4. Agmĕn ăgens ĕquĭtum, et flōrentes *ære* cătervŏs. V. Æn. 7. 804. v. jŭba, arma, pĕcūnia, etc.

Æschўleus, a, um. *Belonging to Æschylus, suited to Æschylus, tragic, sublime.* ——Dēsĭne et *Æschўleo* compŏnĕre verba cŏthurno. Prop. 2. 34. 41.

Æschўlus. Post hunc persōnæ pallæque rĕpertor hŏnestæ *Æschўlus.* Hor. A. P. 279.

Æscŭlāpius. *The god of medicine.*——Quod te *Æscŭlāpi*, et te Sălus, nē quid sit hūjus ōro. Ter. Hec. 3. 2. 3. SYN. Phœbĭgĕna, Ĕpĭdaurius; Cŏrōnīdes, æ. PHR. Et Deus extinctum Cressis Ĕpĭdaurius herbis restĭtuat pătriis Andrŏgeōnă fŏcis. Prop.

æscŭletum. *A grove of oaks.*——Daunia in lātīs ălit *æscŭlētis.* Hor. 1. 22. 14. SYN. quercētum.

æscŭleus, a, um. *Of the oak.*——*Æscŭleæ* căpiēbat frondis hŏnōrem. Ov. Met. 1. 449. SYN. quernus, īlignus, ‡īlĭceus.

æscŭlus, i. fem. *A species of oak.*——Nec rĭgĭdâ mollior *æscŭlo.* Hor. 3. 10. 17. SYN. quercus, ūs, fem.; īlĕx, ĭcis, fem. PHR. Æscŭlus in prīmis quæ quantum vertĭce ad auras Æthĕrias, tantum rādīce in Tartăra tendit. V.

Æsŏnĭdes, æ. *A name of Jason, as son of Æson.*——Phăsiăs *Æsŏnĭdem*, Circē tĕnuisset Ŭlyssem. Ov. A. A. 2. 103.

æstas, ātis. fem. *Summer.*——Quālis ăpes *æstāte* nŏvâ per flōrea rūra exercet sub sōle lăbor. V. Æn. 1. 434. SYN. æstus, ūs. PHR. Tĭbĭ pulsam hyĕmem sōl aureus ēgit sub terras, cœlumque æstīva Lūce rĕclūsit. V. Stăbat nūda æstas et spīcea serta gĕrēbat. Ov. Jam vĕnit æstas Torrĭda, jam læto turgent in palmĭte gemmæ. V. Formōsa est messibus æstas. Ov. Ubĭ pulsam hyĕmem sol aureus ēgit sub terras, cœlumque æstivâ lūce rĕclūdit. V. Glēbasque jăcentes pulvĕrŭlenta cŏquit mātūris sōlĭbus æstas. V. At rŭbĭcunda Cĕres mĕdio succīdĭtur æstu, Et mĕdio tostas æstu terit ārea frūges. V. Jam clarus occultum Andrŏmĕdæ păter ostendit ignem, jam Prŏcyon Fŭrit, et stella vēsāni leōnis sōle dies rĕferenti siccos, Jam pastor umbras cum grĕge languĭdo Rīvumque fessus quærit et horrĭdi Dūmēta Silvāni căretque Rīpa văgis tăcĭturna ventis. Hor. Vēnit ĕnim tempus cum torrĭdus æstuat aër Incĭpit et sicco fervĕre terra căne. Prop. v. solstĭtium.

æstĭfer, fĕra, um. *Bringing heat.*—— Hŏc, ŭbi hiulca siti findit cănis *æstĭfer* arva. V. G. 2. 353. SYN. torrĭdus, călĭdus, q. v.

æstĭmātio, ōnis. fem. *Valuation, value.*—— Quod me non mŏvet *æstĭmātiōne* Cat. 12. 11. SYN. prĕtium.

‡**æstĭmātor,** ōris. masc. *A valuer.*—— Est quĭdem injustus dŏlor rērum *æstimator.* Sen. Troad. 548.

æstĭmo, as. 1. *To value.*—2. *To calculate.*—— 1. Rūmōresque sĕnum sĕvĕriōrum omnes ūnĭus *æstĭmēmus* assis. Cat. 5. 3.—2. *Æstĭmet* ante Compŏsĭtum quo sit tempŏre quŏque lŏco. Ov. Tr. 3. 14. 27. Syn. 1. †§pendŏ, is, pĕpendi. —2. ‡compŭto, as.

‡**æstivo,** as. *To pass the summer.*—— Jŭvat *æstivare* sub Hæmo. Stat. Theb. 5. 16.

æstīvus, a, um. *Belonging to summer.*—— Pontĭbus ut crēbris possint consistĕre, et ālas Pandĕre ad *æstīvum* sōlem. V. G. 4. 28.

æstuo, as. 1. *To be very hot, as weather, a man with toil, etc.*—2. *To rage and swell, as fire, waves, a man's passions, or his mind with passion, etc.*—— Vēnit ĕnim tempus cum torrĭdus *æstuat* aër. Prop. 2. 28. 3. Sub pondĕre Cæneus *æstuat* arbŏreo. Ov. Met. 12. 515. *Æstuat* ut clausis răpidus fornācĭbus ignis. V. G. 4. 263. Turbĭdus hic cœno vastâquĕ vŏrāgine gurges *æstuat.* V. Æn. 6. 297. *Æstuat* ingens ūno in corde pŭdor mixtoque insānia luctu. V. Æn. 12. 666. SYN. 1. Ardeo, es, rsi; ferveo, es, bui.—2. exæstuo; fŭro, is, no perf.; fluctuo, as; ăgĭtor, āris.

æstuōsus, a, um. 1. *Hot, burning.*—2. *Full of eddies.*—— 1. Nec mūnus hŭmĕris effĭcācis Hercŭlis Inarsit *æstuōsius.* Hor. Ep. 3. 18.—2. Sīve per Syrtēs ĭter *æstuōsas*... factūrus. Hor. 1. 22. 5. SYN. 1. torrĭdus, călidus, fervĭdus; æstĭfer, ĕra, um.

æstus, ūs. masc. 1. *Heat, even the heat of fever.*—2. *Summer.*—3. *The tide, the sea.*—4. *Any boiling or agitation, often agitation of mind.*—— 1. Hīc in rĕductâ valle Cănĭcŭlæ Vītābis *æstus.* Hor. 1. 17. 18. Prōfuit incensos *æstūs* āvertĕre. V. G. 3. 459.—2. Vēre prius flōres, *æstu* nŭmĕrābis ăristas. Ov. Tr. 4. 1. 57.—3. (delphines) Æquŏra verrēbant caudīs, *æstum*que sĕcābant. V. Æn. 8. 674.—4. Exsultant *æstu* lătĭces. V. Æn. 7. 464. Magnoque īrārum fluctuat *æstu.* V. Æn. 4. 532. SYN. 1. călor, fervor, ardor.—2. æstas, ātis, q. v.—4. (*as to the mind*) tŭmultus, ūs.

ætas ātis. fem. —— 1. *Age, time of life.*—2. *An age or period.*—3. *Time.* —— 1. Tē sŭpĕresse vĕlim, tua vīta dignior *ætas.* V. Æn. 9. 212.—2. Vixi Annos bis centum; nunc tertia vīvĭtur *ætas.* Ov. Met. 12. 188. Nec, si quid ŏlim lūsit Ănăcreon, Dēlēvit *ætas.* Hor. 4. 9. 10. SYN. 1, 2. ævum; anni, orum.—2. sæcŭlum, sync. sæclum; 2, 3. tempus, ŏris, neut.—3. dies, diēi; masc. and fem. in sing., only masc. in pl.

æternō, æternum. *Eternally.*—— Scĭlĭcet *æterno* falsum jūrare puellis Dī quŏque concēdunt. Ov. A. 3. 3. 11. Sĕdit *æternum*que sedēbit infēlix Thēseūs. V. Æn. 6. 617. SYN. ĭn æternum, semper usque, perpĕtuo, demto fīne, nullo fīne, sĭne fīne.

æterno, as. *To make eternal, to immortalise.*—— Quæ cūră .... tuas Auguste virtūtes in ævum. Per tĭtŭlos mĕmŏresque fastos *Æternet?* Hor. 4. 14. 5. PHR. Fortūnāti ambo, si quid mea carmĭna possunt Nulla dies unquam mĕmŏri vos exĭmet ævo. V. Nōmen fāmâ tot ferre per annos Tīthōne prīmâ quot ăbest ab ŏrĭgĭne Cæsar. V. Multaque pars mei Vītābit Lĭbĭtīnam; usque ĕgo postĕrâ Crescam laude rĕcens. Hor. Nōmenque ĕrit indēlēbĭle nostrum. Ov.

æternus, a, um. *Eternal.*—— Tum păter *æterno* fātur dēvinctus ămōre. V. Æn. 8. 394. SYN. immŏrtālis, pĕrennis, perpĕtuus, inconsumptus, indēlēbĭlis.

æthĕr, ĕris. acc. ĕră. masc. no pl. 1. *The air, strictly speaking the upper air, above aër.*—2. *Heaven.*—— Largior hic campos *æthĕr,* et lūmina vestit

Purpŭreo, V. Æn. 6. 640. Audiat hæc *æther*, et si Deus ullus ĭn illo est. Ov. Met. 6. 548. SYN. 1. āĕr, ĕris, q. v.; æthra. — 2. cœlum, q. v. PHR. Æthĕreâ quos lapsa plagâ Jŏvis ālĕs ăperto Turbābat cœlo, V.

æthĕreus, a, um. *In the sky, heavenly.* —— *Æthĕreas* tēlum contorsit ĭn auras. V. Æn. 3. 520. Quīdam . . . . esse ŏpĭbus partem dīvīnæ mentis et haustus *Æthĕreos* dixēre. V. G. 4. 221. SYN. 1. āĕrius.—2. cœlestis.

Æthiops, ŏpis. masc. *An Æthiopian.* —— Ultĭmus *Æthiŏpum* lŏcus est ŭbĭ maxĭmus Ātlas Axem hŭmĕro torquet stellīs ārdentĭbus aptum. V. Æn. 4. 481. SYN. *in pl.* Cēphēnĕs. PHR. Æthiŏpum pŏpŭlos, Cēphēia conspĭcit arva. Ov.

thra. *The air, sky.* —— Nam nĕque ĕrant astrōrum ignes, nec lūcĭdus *æthrâ* Sīdĕreâ pŏlus. V. Æn. 3. 585. SYN. æthēr, ĕris, q. v.

Ætna, æ, fem. and **Ætnē, ēs,** acc. **ēn.** *Mount Ætna in Sicily.* —— Vĭdĭmus undantem ruptis fornācĭbus *Ætnam* Flammāmque glŏbōs lĭquĕfactaque vovĕre saxa. V. G. 1. 472. Tēlĕmus intĕreā Sĭcŭlam dēlātus ad *Ætnen.* Ov. Met. 13. 770. SYN. Tellūs Ætnæa. PHR. Alta jăcet vasto sŭper ōra Tȳphōĕŏs Ætna. Ov. tu Trīnăcrii sălias sŭper ōra Gĭgantis, Plūrĭma quā flammas Sīcănis Ætna vŏmit. Ov. Arva Phaon cēlĕbrat dīversa Tȳphōĭdŏs Ætnæ. Ov. Jamque Gĭgantēīs injectam faucĭbus Ætnen, Arvăque Cȳclōpum. . . . Līquĕrat. Ov. Aut Horrĭfĭcis juxtā tŏnat Ætna ruīnis, Interdumque ātram perrumpit ad æthĕra nūbem Turbĭne fūmantem pĭceo et candente făvillâ Attollitquĕ glŏbos flammārum et sīdĕra lambit; Interdum scŏpŭlos āvulsaque viscĕra montis Ēxĭgit ēructans, lĭquĕfactaque saxa sub auras Cum gĕmĭtu glŏmĕrat fŭndoque ex æstuat īmo. Fāma est Encĕlădi semiūstum fulmĭne corpus Urgēri mōle hâc, ingentemque insŭper Ætnam Impŏsĭtam ruptis flammam exspīrāre cămīnis Et fessum quŏties mūtat lătus, intrĕmĕre omnem Murmŭre Trīnăcriam et cœlum subtexĕre fūmo. V. Curvīs immūgīīt Ætnā căvĕrnis. V. Flammĭfĕrā pīnus mănĭbus succendit ab Ætnâ. Ov. Plūrĭma quā flammas Sīcănis Ætna vŏmit. Ov.

Ætnæus, a, um. *Of Ætna.* —— Vīdĭmus *Ætnæâ* cœlum splendescĕre flammâ, Suppŏsĭtus monti quam vŏmit ōre Gĭgas. Ov. Ep. e. P. 2. 10. 23.

Ætōlia. *A province in Greece.* —— Nec tanti Cälȳdon, nec tōta *Ætōlia* tanti. Ov. A. 3. 6. 37.

Ætōlius, a, um, also **Ætōlus, a, um,** also fem. **Ætōlis, ĭdŏs,** acc. **ĭdă.** *Ætolian.* —— Vīres *Ætōlius* hēros Excūsat. Ov. Met. 14. 461. Hinc ŭbĭ lēgāti rĕdiēre, nĕgāta fĕrentes Arma *Ætola* sĭbi. Ov. Met. 14. 528. Forsĭtăn et pulsâ *Ætōlĭde* Dēĭānīrâ. Ov. Her. 9. 131.

ævum. *An age, time.* — 2. *Lifetime.* —— 1. Tantum *ævi* longinqua vălet mūtāre vĕtustās. V. Æn. 3. 415. Nulli dătus omnĭbŭs *ævis* Jam prŏcŭl a pătriâ est horrĭdiorve lŏcus (*very rare however in pl.*). Ov. Ep. e P. 1. 3. 83.—2. Intĕger *ævi* Ascănius. V. Æn. 9. 255. SYN. 1. †ævus; sæcŭlum, sync. sæclûm; tempus, ŏrĭs, neut. — 2. vītă, q. v.

†ævus, i, a more ancient form of prec. —— Omnem possit dūrāre per *ævum.* Lucr. 3. 605.

Āfer, Āfra, um. *African.* —— Dīrus per urbes *Āfer* ut Itălas . . . . ĕquĭtāvit. Hor. 4. 4. 42. Nōtă mĭhĭ frĕtă sūnt *Afrūm* tāngēntĭă littus. Ov. Her. 7. 169. SYN. Āfrĭcus, Maurūsius, Massȳlus, Gætūlus Lĭbȳcus, Lĭbȳs, ȳŏs (*rare except in masc.*), Lĭbystīnus, *fem.* Lĭbystis, ĭdĭs, Lĭbyssa, Barcæus, Cīnȳphius, Gărămantĭcus; *fem.* Gărămantis, ĭdos; *of the people,* Gărămantĕs, um, *pl.*

affābĭlis, e. *Who may be addressed.* —— Nec vīsu făcĭlis, nec dictu *affābĭlis* ulli. V. Æn. 3. 621. v. cōmĭs.

affāri, an imperfect verb. The parts found in poetry are 3d sing. pres. **affātur;** 2d sing. pres. imper. **affāre,** 1st sing. imperf. **affābar,** perf. **affātus sum,** and part. **affātus, a,** infin. **affāri**; besides these there are formed of the simple verb, pres. part. dat. sing **fāntī,** fut. **fābŏr,** the gerunds **fāndi, fāndo,** and part. **fāndus** (used as adj. opp. to nĕfandus). *To address.* —— Hos ĕgo dīgrĕdĭens lăcrȳmīs *affābar* ōbortis. V. Æn. 3. 492. SYN. Allŏquor, ĕris, lŏcūtus; compello, as.

affātŭs, ûs. masc. *An address.* —— Quo nunc rēgīnam ambire fūrentem Audeat *affātu.* V. Æn. 4. 284. SYN. allŏquium.

affecto, as. *To aim at, to attempt.* —— Victorque vŏlentes Per pŏpŭlos dat jūra, viamque *affectat* Ŏlympo. V. G. 4. 562. Nōn ĕgo sīdĕreas *affecto* tangĕre sēdes. Ov. A. A. 2. 39. SYN. mōlior, īris; aggrĕdior, ĕris, aggressus; tento, as; pĕto, ĭs, pĕtīvi; insurgo, ĭs, surrexi, c. dat.

affectus, a, um. part. from afficio, is. *Affected,* 1. *by sickness, or* 2. *grief.*——Jŭpĭter *affectæ* tandem mĭsĕrēre puellæ. Prop. 2. 28. 1.—2. Et sŭbit *affecto* nunc mihi quicquid ăbest. Ov. Tr. 3. 3. 14. SYN. 1, 2. æger, ægra, um, q. v.—2. tristis, q. v.

affectus, ûs. masc. *Any emotion of the mind.*——Thestiăs haud ălĭter dŭbiīs *affectibus* errat. Ov. Met. 8. 473. SYN. mōtus, ûs.

affĕro, affers, attŭli, allatum. *To bring to.*——Fātīs hue tē poscentĭbus *affers.* V. Æn. 8. 477. *Attŭlit* ipse vĭrīs optatum cāsus hŏnōrem. V. Æn. 5. 201. Vīs *est allāta* sŏrōri. Ov. A. A. i. 679. SYN. fĕro; confĕro; porto, as; apporto; dūco, ĭs, xi; addūco; veho, ĭs, xi; advĕho.

affĭcio, ĭs, fēci, fectum. *To affect in any way, either in body or mind, with emotion, with blows, gifts, &c.*——Illum Tȳdīdes ălio pro tālibus ausis *Affecit* prĕtio. V. Æn. 12. 352. At nōn intonsum simplex Dămăsicthona vulnus *Affĭcit.* Ov. Met. 6. 255. SYN. mŏveo, es, mōvi, tum; tango, ĭs, tĕtĭgi, tactum.

affīgo, is, xi, xum. *To affix or attach to or in.*——Concrētam pătĭtur rādīcem *affīgĕre* terræ. V. G. 2. 318. Clāvumque *affixus* et hærens Nusquam āmittēbat. V. Æn. 5. 852. SYN. fīgo, infīgo; applĭco, as, ui, ĭtum; jungo, ĭs, xi; adjungo; †‡ annecto, is, xui, xum.

†affingo, ĭs, inxi, ictum. *To form besides, to add.*——Prōinde ănĭmi vĭtium hōc ŏcŭlīs *affingĕre* nōli. Lucr. 4. 387. SYN. addo, is, dĭdi, dĭtum, q. v.

affīnis, e. *Near (of relations, esp. connexions by marriage), later.* 2. *Near, in situation.*——Jūs ălĭquod făciunt *affīnia* vincŭla nōbis. Ov. Ep. e P. 4. 8. 9.—2. Sævisque *affīnis* sărmăta Moschis. Lucan. 3. 270. SYN. 1. cognātus, consanguĭneus.—2. confinis, fīnĭtĭmus, prŏpinquus, vīcīnus, proximus.

†affīnĭtas, ātis. *Nearness,* i. e. *relationship, esp. by marriage.*——*Affīnĭtātem* hanc sānē perpĕtuam vŏlo. Ter. Hec. 4. 4. 14.

affirmo, as. *To confirm, affirm.*——Perque suas impūne sĭnit Dictynna săgittas *Affirmes.* Tib. 1. 4. 26. SYN. dīco, ĭs, xi, q. v.; contendo, ĭs, di, *no supine.*

afflatus, ûs. masc. *A breath or blast upon a thing.*——Fulmĕn ab ōre vĕnit frondes *afflātĭbus* ardent. Ov. Met. 8. 287. SYN. flātus, q. v.

affleo, es, ēvi, ētum. *To weep at or in sympathy with.*——Ut rīdēntĭbus arrīdent, ĭtă flentĭbus *afflent.* Hor. A. P. 101.

†afflicto, as. *To afflict.*——Quŏniam fœdo *afflictantur* ămōre. Lucr. 4. 1156. SYN. vexo, as, q. v.

afflictus, a, um. part of afflīgo, but used in the particular sense of, 1. *Afflicted (persons).*—2. *Unfortunate (circumstances).*——*Afflictus* vītam in tenebris luctuque trahēbam. V. Æn. 2. 92. *Afflictis* mĕlius confīdĕre rēbus. V. Æn. 1. 452. SYN. 1, 2. mĭser, ĕra, ĕrum; tristis, q. v. 2. adversus, q. v.

afflīgo, ĭs, ixi, ictum. *To dash down, to dash against.*——Quo vīdi bŏna meōrum Ter quătĕr *afflīgi* sŏciōrum corpŏra terræ. Ov. Met. 14. 206. SYN. sterno, ĭs, strāvi; dējĭcio, ĭs, jēci.

afflo, as. 1. *To breathe upon.*—2. *To inspire, c. dat. pers., acc. of the feeling.*—3. *To blast, c. acc.* pers.——Nosque ŭbi prīmus equīs Ōriens *afflāvit* ănhēlis. V. G. 1. 250.—2. Indŏmĭtis grĕgĭbus Vĕnus *afflat* ămōres. Tib. 2. 4. 57. *Afflāta* est nūmĭne quando Jam prŏpiōre Dei. V. Æn. 6. 50. Mē Dīvûm păter atque hŏmĭnum rex Fulmĭnis *afflāvit* ventis et contĭgit igni. V. Æn. 2. 649. SYN. 1, 2. Inspero, as.

affluo, ĭs, xi. *To flow on, to flow towards, to come towards.*——Atque hic ingentem cŏmĭtum *affluxissĕ* nŏvōrum Invĕnio admīrans nŭmĕrum. V. Æn. 2. 796. Quod ex hāc Lūce Mæcēnas meus *affluentes* ordĭnat annos. Hor. 4. 11. 19.

affŏre, fut. infin., **affŏrem,** imperf. subj., from adsum, q. v.——Atque ŭtĭnam rex ipse Nŏto compulsus eōdem *affŏret* Ænēas. V. Æn. 1. 576.

‡affrĕmo, ĭs, ŭi. *To rage, to roar.*——Bŏreas strīdentĭbus *affrĕmit* ālis. Sil. 14. 124. SYN. frĕmo, q. v.

‡adfringo, ĭs, frēgi, fractum. *To break (one thing) against (another).*——Dūrīs *adfringūnt* postĭbus ungues. Stat. Theb. 10. 47.

affulgeo, es, si, infin. **ēre** and **ĕre.** *To shine upon.*——Instar vēris ĕnim vultus ŭbī tuus *Affulsit* pŏpŭlo. Hor. 4. 5. 7. SYN. illūceo, es, xi.

affūsus, a, um. prop. part. from affundo, but scarcely found except in part.—1.

Poured upon.—2. *Prostrate upon.*——Spargĭtur *affūso* cornua Bacchĕ mĕro. Ov. 4. 1. 360. *Affūsæque* jăcent tŭmŭlo. Ov. Met. 8. 539. SYN. 1. fūsus, infūsus.—2. prostrātus, †prōvŏlūtŭs (in tmesi).

Āfrĭca. Sub quōrum tĭtŭlīs *Āfrĭca* tonsă jăces. Prop. 4. 12. 38. SYN. Lĭbya. PHR. Sĭtientes ībĭmus Āfros. V.

Āfrĭcānus, ī. *The surname of Scīpĭo*, q. v.——Lĕvesque Pœnos Magnis cēdĕre cōgis *Āfrĭcānis*. Mart. 4. 14. 5.

Āfrĭcus, a, um. *African.*——Ductōresque ălii quos *Āfrĭca* terra triumphis Dīvĕs ălit. V. Æn. 4. 37. SYN. Āfer, fra, um, q. v.

Āfrĭcus, ī. *The South-west wind.*——Crēberque prŏcellis *Āfrĭcus*. V. Æn. 1. 90. PHR. Prŏtervus Āfrĭcŭs. Hor. Luctantem Īcăriis flūctĭbus Āfrĭcum. Hor. Cum păter altas Āfrĭcŭs in glăciem frīgŏre nectit aquas. Prop.

Ăgămemnōn, ŏnĭs, acc. ŏnă, also ‡**Ăgămemno.** *Son of Atreus, king of Mycenæ, chief of the Greeks at the Trojan war, murdered by Ægisthus and Clytæmnestra, avenged by his son Orestes.*——Vixēre fortes ante *Ăgămemnŏna* Multi. Hor. 4. 9. 25. Conclāmant Dănai stĭmŭlātque *Ăgămemnŏ* vŏlentes (*this must on no account be imitated, being wholly contrary to the analogy of the Greek name which is* Ἀγαμέμνων). Stat. Ach. 1. 553. SYN. Ātrīdes, æ; Ātrīdă, Tantălĭdes,

Ăgămemnŏnius, a, um. *Belonging to Agamemnon.*——Ērŭet ille Argos *Ăgămemnŏnĭasquĕ* Mȳcēnas. V. 6. 839. SYN. Plisthĕnius.

Ăgămemnŏnĭdes, æ. *Orestes, son of Agamemnon.*—— Păr *Ăgămemnŏnĭdæ* crimen. Juv. 8. 215.

Ăgănippē, ēs, ēn. *A fountain at the foot of Helicon, sacred to the Muses.*——Nam nĕque Parnassi vōbis jŭgă, nam nĕque Pindi Ulla mŏram fēcēre, nĕque Āŏniæ *Ăgănippes*. V. E. 10. 12.

Ăgănippēus, a, um. *Belonging to Aganippe, i. e. to the Muses.*——Păr *Ăgănippēæ* lūdĕre docta lȳræ. Prop. 2. 3. 20.

Ăgănippis, ĭdŏs, fem. form of prec.——Dīcĭte quæ fontes *Ăgănippĭdŏs* Hippŏcrēnes . . . tĕnētis. Ov. F. 5. 7.

§ăgāso. *A groom, a muleteer.*——Ut mŏdŏ si pătĭnam pĕde lapsus frangat *ăgāso*. Hor. Sat. 2. 8. 72.

Ăgăthŏclēus, a, um. *Of Agathocles, a king of Sicily.*——Hīc *Ăgăthŏclēis* sēdēs ornāta trŏpæis. Sil. 14. 652.

Ăgāvē, ēs, acc. **ēn.** *The mother of Pentheus, who murdered him because he opposed the worship of Bacchus.*——Aspĭce māter, ait, vīsīs ŭlŭlāvit *Ăgāve*. Ov. Met. 3. 725. PHR. Căput abscissum dēmens cum portat *Ăgāve* Nāti infēlīcis. Hor. Sat.

ăgĕ, imper. from ăgo, sometimes in pl. *Come on, come, now, often with* ēn, ēia, etc., *or some other imperative,* sūrgĕ, fārĕ, etc.——Ēn *ăge* segnes Rumpe mŏras. V. G. 342. Quāre *ăgĭte* o tectis jŭvĕnes succēdĭte nostris. V. Æn. 1. 627. *Statius uses* ăgĕ *in sing. with another verb in pl.* Īte, *ăge*, et obsessis vĭgĭles circumdăte flammas. Theb. 10. 33.

ăgĕdum, same as prec.——Ēn *ăgĕdum*, mentem dŏmĭnæ convertĭte nostræ. Prop. 1. 1. 21.

§ăgellŭlus, ī. *A little field.*——*Ăgellŭlum* hunc sĭnistrâ tūte quem vĭdes. Cat. 20. 3. SYN. ăgellus, q. v.

ăgellus, ī. *A small field, or small farm.*——Quem nunquam vĕrĭti sŭmus ut possessor *ăgelli* Dīcĕret . . . V. E. 9. 8. SYN. ăger, ăgri, q. v.

Ăgēnŏrĭdes, æ. *A name of Cadmus, as son of Ăgēnŏr, oris.*——Pătriamque īramque părentis Vītat *Ăgēnŏrĭdes*. Ov. Met. 3. 8. v. Cadmus.

ăger, ăgri. masc. 1. *A field, a farm.*—2. *Land.*—3. *A country, esp. in pl.*——1. Ēn queis consēvĭmus *ăgros*. V. E. 1. 73.—2. Āret *ăger*, vĭtio mŏriens sĭtit āĕris herba. V. E. 7. 57.—3. Nec tărda sĕquĕtur Glōria dēlectos Lătio et Laurentĭbus *ăgris*. V. Æn. 11. 431. SYN. 1, 2, 3. campus.—1. arvum, jūgĕra, um, *neut. pl.*—1, 2. rūs, rūris, *neut.*—2, 3. terra, tellūs, ūris, *fem.*—2. hŭmus, ī, *fem.*; sŏlum.—3. rĕgio, ōnis; plăga; ōra, æ, *esp. in pl.*

agger, ĕris, masc. *Any raised heap, as a mound, a rampart, a causeway, a dam, etc.* (*sometimes even a natural eminence*).——Prīmasque in littŏre sēdes Castrōrum in mōrem pinnīs atque *aggĕre* cingit. V. Æn. 7. 159. *Aggĕrĭbus* ruptis cum spūmeus amnis Exiit. V. Æn. 2. 496. *Aggĕrĭbus* sŏcer Alpīnīs atque arce Mŏnœci Descendens. V. Æn. 6. 831.

aggĕro, as. *To heap up.*——*Aggĕrat* ipsis In stăbŭlis turpi dīlapsa cădāvĕra tābo. V. G. 3. 556. SYN. cŭmŭlo, as ; accŭmŭlo, aggĕro, ĭs, gessi, gestum ; congĕro, ĭs.

aggĕro, ĭs, gessi, gestum. *To heap up.*——*Aggĕrĭtur* tŭmŭlo tellus, stant Mānĭbus āræ. V. Æn. 3. 63. v. *prec.*

agglŏmĕro, ās. *To unite, act.*——Densi cŭneis sē quisque coactis *agglŏmĕrant.* V. Æn. 12. 458. SYN. jungo, ĭs, xi, adjungo, consŏcio, as, applĭco, as, ui, ĭtum.

aggrăvo, as. *To aggravate.*——Illa meos casūs *aggrăvat,* illa levat. Ov. SYN. grăvo, ingrăvo, augeo, es, xi, accŭmŭlo, as.

aggrĕdior, ĕris, aggressus sum (Plautus has also aggrĕdior, īris ; also act. aggrĕdio). — 1. *To approach* — 2. *To address.* — 3. *To attempt.* — 4. *To attack.*——1, 2. His vātem *aggrĕdior* dictīs et tālia quæso. V. Æn. 3. 358. —3. Fātāli *aggressi* săcrāto āvellĕre templo Pallădium. V. Æn. 2. 165.—4. Comĭnus *aggrĕdĭtur* lătĕrique rĕcondĕre dūro Luctātur glădium. Ov. Met. 12. 482. SYN. 1. accēdo, is, cessi. — 1, 2. 4. invādo, ĭs, si.—1. 3. ădeo, ădīs, īvi, ĭtum.—2. allŏquor, ĕris, lŏcūtus, q. v.—3. mōlior, īris ; ĭneo, ĭnīs. —3, 4. ădŏrior, ŏrĭris, ădōrtus.

ăgĭlis, e. *Active, etc.* Lassābant *ăgĭles* aspĕra bella vĭros. Ov. F. 1. 516. SYN. ācer, ācris, ācre.

ăgĭtābĭlis, e. *Easily moved.*——Terra fĕras cēpit, vŏlŭcres *ăgĭtābĭlis* āer. Ov. Met. 1. 75. SYN. mōbĭlis.

ăgĭtātor, ōris, masc. *A driver.*——Unā ingens Pĕrĭphas, et ĕquōrum *ăgĭtātor* Achilles. V. Æn. 2. 476. SYN. actor.

ăgĭto, as. 1. *To drive, either as guiding or pursuing.*—2. *To agitate.*—3. *To pass* (*life, etc.*).—4. *To practise.*—5. *To revolve in the mind.*——1. Centum quădrĭjŭgos *ăgĭtābo* ad flūmĭna currūs. V. G. 3. 18. Si quos . . . Fūdĭmus insĭdiis tōtâque *ăgĭtāvĭmus* urbe. V. Æn. 2. 411. — 2. Aut frēta ponti Incĭpiunt *ăgĭtātă* tŭmescĕre. V. G. 1. 357.—3. Et dĕdit esse Deos, ævumque *ăgĭtāre* sub undis. V. Æn. 10. 235.—4. Cum quĭbus illa chŏros lūcīs *ăgĭtābat* ĭn altis. V. G. 4. 533.—5. Aut pugnam aut ălĭquid jamdūdum invādĕre magnum Mens *ăgĭtat* mihĭ. V. Æn. 9. 187. SYN. 1, 2, 3, 4. ăgo, ĭs, ēgi, actum. —1, 2. 4, 5. verso, as.—1, 2. impello.—1. 3. dūco, ĭs, xi.—1. pello, is, pĕpŭli, pulsum (*but not of driving horses, only enemies, prey, etc.*).—2, 3, 4. exerceo, es.—2. mŏveo, es, mōvi ; jacto, as.—3. dēgo, is, i, *no sup.* ; exĭgo. 5. mĕdĭtor, ārĭs, mōlior, īris, cōgĭto, as.

agmĕn, ĭnis, neut. 1. *Anything of which one part follows another—the flow of a river with waves succeeding one another, the motion of a snake wriggling on with successive coils, a row of oars, etc. etc.*—2. *An army.*—3. *Any crowd.* ——1. Arva Inter ŏpīma vĭrûm lēni fluit *agmĭne* Tybris. V. Æn. 2. 782. Illi (angues, sc.) *agmĭne* certo Lāŏcoonta pĕtunt. V. Æn. 2. 212. *Agmĭne* rĕmŏrum cĕlĕri. V. Æn. 5. 211.—2. *Agmĕn* ăgens ĕquĭtum et florentes ære cătervas. V. Æn. 7. 804.—3. Hæc ŭbĭ castārum prōcessit ab *agmĭne* mātrum. Ov. F. 4. 313. SYN. 2, 3. exercĭtus, ūs, *masc.* ; mănus, ūs, *fem.* ; cŏhors, ortis, *fem.*—3. căterva, turba.

agna, æ. *A female lamb.*——Sæpe cănem longē vīsum fŭgit *agna,* lŭpumque Crēdit. Ov. Ep. e P. 2. 7. 11.

āgnīnŭs, ă, um. *Belonging to a lamb,* esp. āgnīnā (caro, sc.), *lamb* (*meat*).——Pātĭnas cænābat ŏmāsi Vīlis, et *agnīnæ* trĭbus ursis quod sătis esset. Hor. Ep. 1. 15. 35.

agnĭtus, a, um, part. from agnosco, q. v. *Recognised, acknowledged.*——Ut gĕnus audĭĕrant, ănĭmos pater *agnĭtus* augēt. Ov. F. 3. 65.

agnosco, ĭs, agnōvi, agnĭtum. *To acknowledge, to recognise.*——*Agnōrunt* (sync. *for* agnoverunt) signa rĕcepta suos. Ov. F. 5. 590. Jamque *agnôsse* (*for* agnovissĕ) gĕnus pĭget et vălŭisse rŏgando. Ov. Met. 2. 183. SYN. nosco, ĭs, nōvi, nōtum, cognosco, ĭs, vi, cognĭtum, rĕcognosco.

agnus, i, masc. *A lamb.*——Illĭus āram Sæpe tĕner nostrīs ab ŏvīlĭbus imbuet *agnus.* V. E. 1. 8.

ăgo, ăgĭs, ēgi, actum. 1. *To drive, either as guiding or pursuing.*—2. *To do, to carry on, to conduct.*—3. *To pass* (*time, etc.*).—4. *To revolve in the mind, to discuss.*—5. *To act, represent as an actor, or in one's real conduct.*——1. Dēmŏleus cursu pālantes Trōās *ăgēbat.* V. Æn. 5. 265.—2. O quid *ăgis* ? fortĭter occŭpa Portum. Hor. 1. 14. 2. Sīc *ăgĭtur* censūra, et sīc exempla părantur. Ov. F. 6. 647.—3. Gætūlis ăgĕrem si Syrtĭbus exsul. V. Æn. 5. 51.—4. Nesciŏ quid certē mens mea mājus ăgit. Ov. Her. 12. 212. Illi hæc inter sē dŭbiis dē rēbus ăgēbant Certantes. V. Æn. 11. 455.—5. Peccat ĭn Andrŏmăchē Thāĭda si quis ăgat. Ov. R. A. 384. Hærēdem pătriæ perfĭde fraudis ăgis. Ov. Her. 2. 78. SYN. 1. 3. 4. ăgĭto, as, q. v.—1, 2. 4. verso, as.—1. impello, ĭs, impŭli; prōpello; applĭco, as, ui (*only c. dat. of the place to which*).—2. făcĭo, ĭs, fēci, q. v.—3. dēgo, is, i, *no sup.*; exĭgo; dūco, ĭs, xi.; exerceo, es.—4. mĕdĭtor, āris; mōlĭor, īris; cōgĭto, as; strŭo, ĭs, xi.

ăgo grātes. *To give thanks.*—Mē quŏque sēcrēto *grātes* tĭbī magnus ăgentem Audisset, mĕdiâ qui sĕdet æde, Deus. Ov. Ep. e P. 4. 9. SYN. grātes persolvo, ĭs, etc. v. grātes.

ăgor, ĕris, pass. of prec. 1. *To go.*—2. *To extend.*—3. *To be treated.*—4. *To be at stake.*—1. Circumque ātræ formīdĭnis ōra, Īræque, insĭdiæque, Dei cŏmĭtātus *ăguntur.* V. Æn. 12. 336.—2. At dūplex *ăgĭtur* per lumbos spīna căvatque Tĕllūrem. V. G. 3. 87.—3. Tros Tўriusve mĭhī nullo discrīmĭne *ăgētur.* V. Æn. 1. 574.—4. *Ăgitur* pars tertia mundi. Ov. Met. 5. 372. SYN. 1. eo, ĭs, īvi; fut. in rus ĭtūrus, q. v.—2. tendo, ĭs, tĕtendi.—3. porrĭgor, ĕris, porrectŭs.

ăgĭtŭr, impers. *Matters are carried on.*—2. *Usu. with* nĭhĭl, or nīl, (*Nothing*) *is gained by.*—1. Stīpĭtĭbus dūrīs *ăgĭtur*, sŭdĭbusve prăeustis. V. Æn. 7. 524. —2. Astŭtī blandĭtiis *ăgĭtur* nĭhĭl horrĭdus īrâ. Ov. Met. 6. 685.

ăgrestis, e. 1. *Belonging to the fields, rustic.*—2. *Fierce.*—1. Ipsum Lūdĕre quæ vellem călămo permīsit *ăgresti.* V. E. 1. 10.—2. Nōn *ăgreste* tămen nĕc inexpugnăbĭle ămōri Pectus hăbens. Ov. Met. 11. 767. SYN. 1. rustĭcus. —2. rŭdis; trux, trŭcis; asper, ĕra, um; fĕrus, q. v.

ăgrestis, is, masc. *A countryman.*—Ignārosque viæ mēcum mĭsĕrātus *ăgrestes* Ingrĕdĕre. V. G. 1. 41. SYN. rustĭcus, ăgrĭcŏla, *masc.* q. v.; rūrĭgĕna, æ. *masc.*

ăgrĭcŏla, æ, masc. *A countryman, a farmer.*—Ō fortūnātos nĭmium sua si bŏna nōrint ăgrĭcŏlas. V. G. 2. 459. SYN. ăgrestis; rūrĭcŏla, æ, masc.; rustĭcus, cŏlōnus. PHR. Ărābit, Et sĕret et cuitâ præmia tollet hŭmo. Ov. Beātus ille qui prŏcul nĕgōtiis, Ut prisca gens mortālium Păterna rūra būbus exercet suis. Hor. Ăgrĭcŏla incurvo terram dīmŏvit ărātro, Hinc anni lăbor, hinc pătriam parvosquĕ nĕpōtes Sustĭnet . . . Aureus hanc vītam in terris Săturnus ăgēbat. V.

ăgrĭcŏla, æ, sometimes used as masc. adj. *Belonging to or of the country, rustic.* —Cum dŏmĭni mĕmŏres sertīs ornāre sŏlēbant *Agrĭcŏlas* frūctu prōvĕniente Deos. Ov. Nux. 10. SYN. rūrĭcŏla, cultor.

Ăgrĭgentīnus, ă, um. *Of Agrigentum.*—Quōrum *Ăgrĭgentīnus* cum prīmīs Empĕdŏcles est. Lucr. 1. 316.

Agrippa, æ. *The son-in-law of Augustus, to whom Virgil attributes the credit of the victory at Actium.*—Ventīs et Dîs *Ăgrippa* sĕcundis Arduus agmĕn ăgens. V. Æn. 8. 682.

Ăgyieūs, gen. ĕŏs or ĕī. *A name of Apollo.*—Dauniæ dēfende dĕcus Cămœnæ Lævis *Ăgyieu.* Hor. 4. 6. 27. v. Apollo.

ah! (never elided.) *An exclamation of grief or astonishment.*—Spem grĕgis *Ah!* sĭlice in nūdâ connixă rĕlīquit. V. E. 1. 15.

ahēneus, a, um, also **ahēnus, a, um.** *Brazen.*—Tertia post illas successit *ahēnea* prōles. Ov. Met. 1. 125. Indulgent vīno et vertunt crātēras *ahēnos.* V. Æn. 9. 165. SYN. æreus, ærātus. PHR. (*Of the brazen age*) Ut (Jupiter) inquĭnăvit ære tempus aureum. Hor.

ahēnĭpēs, pĕdis. *Brazen-footed.*—Narrat *ahēnĭpĕdes* Martis ărâsse bŏves. Ov. Her. 6. 32. SYN. ærĭpes.

ahēnum. *A cauldron (prop. of brass).*—Lītŏre *ahēna* lŏcant ălii, flammasque ministrant. V. Æn. 1. 217. SYN. lĕbes, ētis, *masc.*

Ājax, ācis. *The son of Telamon, next to Achilles the bravest of the Greeks at the*

---

* "There is a difference between *ago* and *facio*,—*ago* embraces the actions of body, voice, and mind;—*facio* has reference only to those of the body.—*Facio* is not to be used in a case where the work or result does not remain after the action is completed, *ago* may."—*Facciol.*

Trojan war ; he slew himself because the Greeks adjudged the arms of Achilles after the latter's death to Ulysses instead of to himself.——Nē quisquam *Ājăcem* possit sŭpĕrāre nĭsi *Ajax.* Ov. Met. 13. 390. SYN. Tĕlămōnius, Tĕlămōniădes, æ. PHR. Clўpei dŏmĭnus septemplĭcĭs Ājax. Mōvit Ājăcem Tĕlămōne nātum. Hor. Tĕlămōne creātus. Ov. Tĕlămōne sătus. Ov.

āio, ăĭs, ăĭt, āiunt. (Hor. in his Satires has āiō, ăĭs, and āiēbam, but the purest poets only use 3d sing. and pl.) *To say.*——Quem sēcum pătrios *āiunt* portāre Pĕnātes. V. Æn. 4. 498. SYN. inquam, 3d sing. inquĭt (*rarely used by the purest poets, except in 3d sing.*); dīco, ĭs, xi, q. v.

āla, æ. 1. *A wing, a feather.*—2. *A squadron of cavalry, or any body of riders.* ——1. Ut rĕdŭces illi lūdunt strīdentĭbŭs *ālis.* V. Æn. 1. 401.—2. Et cum frātre Cŏras, et virgĭnis *ālă* Camillæ. V. Æn. 11. 604. SYN. 1. penna.—2. turma. PHR. 1. Vŏlat ille per āĕra magnum Rēmĭgio ālārum. V. Ālārum verbĕra nosco (*the sound made by the flapping of wings*). V. Magnis quătiunt clangōrĭbus ālas. V. Fertur ĭn arva vŏlans, plausumque exterrĭta (columba, sc.) pennis Dat tecto ingentem, mox āĕre lapsa quiēto Rādit ĭter lĭquĭdum, cĕlĕres nĕque commŏvet ālas. V. Ē pastu dēcēdens agmĭne magno Corvŏrum incrĕpuit densīs exercĭtus ālis. V. Actus vēlōcĭbus ālis. Ov. Nunc dăret audāces ŭtĭnam mĭhĭ Dædălus ālas. Ov. Hinc sē sustŭlĕrat părĭbus Cādūcĭfer ālis. Ov. Sustĭnuēre tămen sē perlūcentĭbus ālis. Ov. Æquŏra destringunt sumtīs Ismēnĭdĕs ālis. Ov. Āĕra carpēbat tĕnĕrum strīdentĭbŭs ālis. Ov. Posse sŭper fluctūs ālārum insistĕre rēmis. Ov. Gĕmĭnas ŏpĭfex lībrāvit ĭn ālas Ipse suum corpus mōtâque pĕpendit ĭn aurâ (*of Dædalus*). Ov. Sīve ĕgŏ per lĭquĭdum vŏlŭcris vĕhar āĕra pennis. Tib. Pennæ sŏnuēre per auras. Ov. Quot tĕnĕrum pennīs āĕra pulsat ăvis. Ov. Et quot ăves mōtis nītantur ĭn āĕra pennis. Ov. Pennīs ăgĭtātŭs ĭnhorruit āer. Ov. Illa lĕvem fŭgiens sĕcat āĕră pennis. V. Quam sŭper haud ullæ pŏtĕrant impūne vŏlantes Tendĕre ĭter pennis. V. v. penna ; volo, as.

‡ălăbastrum. *A box for perfumes and unguents.*—— Quod Cosmi rĕdŏlent *ălăbastra* fŏcique Deōrum. Mart. 11. 9. 9.

ălăcer, ălăcrĭs (used also as masc.), **ălăcre.** no superl (nor does compar. occur in poetry). *Active, prompt.* — 2. *Cheerful.* —— Sic ruit īn dēnsōs *ălăcēr* Mēzēntĭŭs hōstes. V. Æn. 10. 739. Ergo *ălăcrīs* cūnctōsquĕ pŭtāns ēxcēdĕrĕ pālmâ Ænēæ stĕtit ante pĕdes. V. Æn. 5. 380. — 2. *Ălăcris* palmas ūtrasque tĕtendit. V. Æn. 6. 685. SYN. 1. ācer, ācris, ācre ; promtus. — 2. hĭlăris, lætus.

‡ălăpa, æ. *A slap in the face, a box on the ear.* —— Rīdēre pŏtest qui Māmercōrum *ălăpas.* Juv. 8. 192. SYN. ‡cŏlăphus.

ālātus, a, um. *Winged.* —— Ut prīmum *ālātis* tĕtĭgīt māgālia plantis. V Æn. 4. 459. SYN. ālĭger, ĕra, ĕrum ; pennātus, ‡pennĭger, ĕra, ĕrum ; vŏlŭcer, ŭcris, ŭcre, præpĕs, ĕtis.

§albātus, a, um. *Clad in white.*——Nātāles, ăliosve diērum Festos *albātus* cĕlĕbret. Hor. Sat.

albeo, es. no perf. *To be white.* —— Campique ingentes ossĭbus *albent.* V. Æn. 12. 36. SYN. albesco, ĭs, *no perf.* ; albĭco, as ; candeo, es ; candesco, ĭs, *no perf.* ; cāneo, es, *no perf.* ; cānesco, ĭs, *no perf.*

albesco, is. no perf. *To be white.* —— Vĭdēbis . . . Flammārum longos a tergo *albescere* tractus. V. G. 1. 367. v. prec.

albĭco, as. *To be white.* —— Nec prāta cānīs *albĭcant* pruīnis. Hor. 1. 4. 4. v. prec.

albĭdus, a, um. *White.* —— Spūmaque pestĭfĕros circumfluit *albĭda* rictus. Ov. Met. 3. 74. v. albus.

§albŭlus, a, um. *White.* —— Ut *albŭlus* cŏlumbus aut Ădōneus. Cat. 27. 8. v. albus.

albus, a, um. 1. *White.* — 2. *Favourable.* —— *Albus* ut obscūro dēterget nūbĭla cœlo Sæpe Nŏtus. Hor. i. 7. 15. — 2. Quōrum sĭmŭl *albă* nautis Stella rĕfulsit. Hor. 1. 12. 27. SYN. 1. albĭdus, albens, candĭdus, candens, nĭveus, cānus, ĕburneus, ĕburnus, lacteus, marmŏreus. (*These four last words used esp. of animals.*) — 2. dexter, ĕra, um, *and* tră, um. PHR. Tua pectŏra lacte Et non calcātâ candĭdiōra nĭve. Ov. Ūna fuit lābes, cætĕra lactis ĕrant. Ov.

Alcæus, i. *A poet of Lesbos, from whom the Alcaic metre takes its name.*—— Et tē sŏnantem plēnius aureo *Alcæe* plectro dūra nāvis Dūra fŭgæ māla, dūra belli. Hor. 2. 13. 27. PHR. Barbĭte . . . Lesbio prīmum mŏdŭlāte cīvi Qui fĕrox bĕllo tămĕn inter arma Sīve jactātam rĕlĭgārat ūdo Littŏre nāvem, Lībĕrum et Mūsas Vĕnĕremque et illi Semper hærentem puĕrum cănēbat. Hor.

Alcestĭs, is. fem. *The wife of Admetus king of Thessaly, who gave her life to redeem her husband from death.*——Spectant sŭbeuntem fāta mărīti *Alcestem.* Juv. 652. PHR. Fāta Phĕrētiădæ conjux Păgăsæa rĕdēmit, Proque sui est uxor fūnĕre lāta viri. Ov. Sī mea mors rĕdĭmenda tŭā (quod ăbōmĭnor) esset Admēti conjux quam sĕquĕrēris ĕrat. Ov.

Alcīdes, æ, acc. em and ēn. *A name of Hercules, derived from Alceus father of Amphitryon.*——Nec vēro *Alcīdes* tantum tellūris ŏbīvit. V. Æn. 6. 801. v. Hercŭles.

Alcmēna, æ, and **Alcmēnē, es,** acc. ēn. *The mother of Hercules.*——Nam quod tē jactas *Alcmēnā* mātre creātum. Ov. Met. 9. 23. At longis anxia cūris Argŏlis *Alcmēnē.* Ov. Met. 9. 276. SYN. Tīrynthia.

ālcyon, ŏnis, most usu. in pl. **ālcyŏnēs.** fem. *A kingfisher.*——Tēpĭdum ad sōlem pennas in litŏre pandunt Dīlectæ Thĕtĭdi *Alcyŏnes.* SYN. Alcyŏne, es (*only in sing.*)

Alcyŏnē, ēs, ēn. *A daughter of Æolus, who in despair at the death of her husband Ceyx by shipwreck, threw herself into the sea and was changed into a kingfisher.*—2. *A kingfisher.*——1. Nīl ŏpis *Alcyŏne* nōbis tua vōta tŭlērunt. Ov. Met. 11. 661.—2. Perque dies plăcĭdos hȳberno tempŏre septem Incŭbat *Alcyŏne* pendentĭbus æquŏre nīdis. Ov. Met. 11. 746. PHR. Alcyŏnes sōlæ mĕmŏres Cēÿcis ămāti Nesciŏ quid vīsæ sunt mĭhī dulce quĕri. Ov.

Alcyŏnēus, a, um. *Of a kingfisher.*——*Alcyŏnēa* vŏcant. Ov. M. F. 77.

ālea, æ. *A die, or any game of dice.*—2. *A risk.*——1. Nec tĕnet incertas *ālea* blāndă mănus. Ov. Ep. e P. 1. 5. 46.—2. Pĕrīcŭlōsæ plēnum ŏpus *āleæ* Tractas. Hor. 2. 1. 6. SYN. 1. tālus, tessĕra.—2. discrīmĕn, ĭnis, *neut.* PHR. 1. Nec mē tĕnet ālea fallax. Ov. Sunt ăliīs scriptæ quibus ālea lūdĭtur artes . . . . Quid văleant tāli, quo possis plūrĭma jactu Fingĕre, damnōsos effŭgiasve cănes (*the lowest throw, as* Venus *was the name of the highest*). Tessĕra quot nŭmĕros hăbuit distende vŏcāto Mittĕre quo dĕceat, quo dăre missa mŏdo. Ov. Mē quŏque per tālos Vĕnĕrem quærente sĕcundos, Semper damnōsi subsĭluēre cănes. Prop. Seu lūdet nŭmĕrosque mănu jactābit ĕburnos. Ov.

‡āleātor, ōris. masc. *A dicer.*——Ædīlem vŏcat ūdus *āleātor.* Mart. 3. 85. 5. SYN. ālĕo, ōnis, *masc.*

§ālēc, ēcis. neut. and fem. *Pickle-brine.*——Ĕgŏ fæcem prīmus et *ālec,* Prīmus et invēni pĭper album. Hor. 2. 4. 73.

Ālecto. gen. ûs, acc. ō. *One of the Furies.*——Gorgŏneis *Alecto* infecta vĕnēnis. V. Æn. 7. 341. PHR. Ālecto in Teucros Stygiis se concĭtat ālis. . . . Hic subitam cănĭbus răbiem Cōcȳtia virgo Objĭcit. V. Luctĭfĭcam Ālecto Dīvōrum ab sēde sŏrōrum Infernisque ciet tĕnĕbris. V. Adfuit Ālecto brĕvĭbus torquāta cŏlŭbris. Ov. v. Furiæ.

ālĕo, ōnis. masc. *A dicer.*——Nĭsi impŭdīcus et vŏrax et *āleo.* Cat. 17. 2. SYN. ‡ālĕātŏr.

ālĕs, ĭtis, gen. pl. **ālĭtum, ālĭtŭum.** masc. and fem. 1. *A bird.*—2. *An omen.*——*Ālituum* pĕcŭdumque gĕnus sŏpor altus hăbēbat. V. Æn. 8. 27.—2. Tēlĕmus Eurȳmĭdes quem nulla fĕfellĕrat *āles.* Ov. Met. 13. 771. SYN. 1, 2. ăvis, is, *fem.*, q. v.—1. vŏlŭcris.—2. ōmĕn, inis, q. v.

ālĕs, ĭtis. adj. masc. and fem., later, as in Silius, also neut. 1. *Winged.*—2. *Swift.*——1. Inde rĕvertentes Deus aspĭcit *ālĕs* ĭterque. Ov. Met. 2. 714.—2. Rŭtŭli tres ignes et *ālĭtis* Austri (addiderant radios). V. Æn. 8. 430. SYN. 1. ālĭger, ĕra, ĕrum ; ālātus, pennātus, ‡pennĭger, ĕra, ĕrum ; vŏlŭcer, ŭcris, ŭcre.—2. răpĭdus ; cĕler, cĕlĕris, cĕlĕre ; vēlox, ōcis.

Ălexander, drī. *King of Macedon.*——(Vetuit ne) ălius Lȳsĭppo dūcĕret æra Fortis *Ălexandri* vultum sĭmŭlantia. Hor. Ep. 2. 1. 241. PHR. Quæ dŭcis Ĕmăthii fuĕrit dēmentia Pōros Præclārique dŏcent fūnĕris exĕquiæ. Ov. Ūnus Pellæo jŭvĕni non suffĭcit orbis. Juv.

Ălexandrēa. *The city at the mouth of the Nile.*——Portŭs *Ălexandrēă* supplex Et văcuam pătĕfēcit aulam. Hor. 4. 14. 35.

Ălexandrīnus, a, um. *Of Alexandria, i. e. of Egypt.*——Noxia *Ălexandrīna*, dŏlis aptissĭma, tellus. Prop. 3. 11. 33.

alga, æ. *Sea-weed.*——*Algâ* littus ĭnūtĭli Dēmissa tempestas ab Euro Sternet. Hor. 3. 17. 10. PHR. Projectâ vīlior algâ. V.

algeo, es, alsi (no supine). *To be cold.*——(Dominæ) *Algentis* mănus est calfăcienda sĭnu. Ov. A. A. 2. 214. SYN. horreo, es, ui (*no supine*); frīgeo, es (*no perf*); ‡frīgesco, ĭs (*no perf*).

algĭdus, a, um. *Cold.*——Ĕgŏ vĭrĭdis *algĭda* Ĭdæ nĭve ămicta lŏca cŏlam? Cat. 61. 70. SYN. gĕlĭdus, frīgĭdus, horrĭdus.

†ālgor, ōris. subst. masc. *Cold.*——Nĕque flamma creāri in Flūmĭnĭbus sŏlĭta est, nĕque ĭn igni gignier *algor*. Lucr. 3. 623. SYN. †algus, ûs, *masc.*; rĭgor, ōris, *masc.*; frīgus, ŏris, *neut.*, q. v.

algus, ûs (some make it ālgī), masc., only in sing. *Cold.*——Sōlĭcĭtæ vŏlĭtant morbīs, *algu*que făměque. Lucr. 3. 733. v. prec.

†ălĭā, *By one way*, answered by **ălĭā**, *by another way.*——Nām pĕnĕtrāre *ălĭā* sŏnĭtūs, *ălĭā*que săpōrem Cernĭmus e succīs, *ălĭā* nĭdōris ŏdōres. Lucr. 6. 986.

ălias. *At any other time.*——Non *ălias* cœlo cĕcĭdērunt plūra sĕrēno Fulgŭra. V. G. 1. 487.

ălĭbī. *Elsewhere.*——Nec tam præsentes *ălĭbī* cognoscĕre Dīvos. V. E. 1. 42.

‡ălīca, æ. 1. *A sort of wheat.*—2. *Also a beer made of it.*——Non læves *ălīcæ* nec ăspĕrūm far. Stat. Silv. 4. 9. 31.—2. Nos *ălīcam*, mulsum pŏtĕrit tĭbĭ mittĕre dīves. Mart. 13. 6. 1.

†ălĭēnĭgĕnus, a, um. *Foreign.*——Et nervos *ălĭēnĭgĕnīs* ex partĭbus esse. Lucr. 1. 859. SYN. externus, pĕrĕgrīnus.

†ălĭēno, as. *To alienate, to estrange.*——Certe ædĕpol tu me *ălĭēnābis* nunquam quin noster sies. Plaut. Amp. 1. 1. 143.

ălĭēnus, a, um. 1. *Belonging to another, foreign.*—2. *Unsuited to, foreign to the subject.*——1. Hĭc *ălĭēnus* ŏves custos bis mulget in hōrâ. V. E. 3. 5.—2. Et quīcunque jŏcis nŏn *ălĭēnus* ĕrat. Ov. F. 1. 396. Quīnctiam sic mē dīcunt *ălĭēna* lŏcūtum. Ov. Tr. 3. 3. 19. SYN. 2. ĭneptus.

ālĭger, ĕra, ĕrum. *Winged.*——Ergo hīs *ālĭgĕrum* dictīs affātur Ămōrem. V. Æn. 1. 663. SYN. ālĕs, ĭtis; ālātus, q. v.; præpĕs, ĕtis.

ălĭmentum. *Nourishment, food.*——Nec tantum sĕgĕtes *ălĭmenta*que dēbĭta dīves Poscēbātur hūmus. Ov. Met. 1. 137. SYN. nūtrīmentum, nūtrīmĕn, ĭnis, *neut.*; pābŭlum, cĭbus, q. v.

ălio. 1. *To another place.*—2. *In another manner.*——1. Atque sătas *ălio* vīdi trādūcĕre messes. V. E. 8. 99.—2. Hi nārrāta fĕrunt *ălio*. Ov. Met. 12. 57. SYN. 1. †ăliorsum.—2. †§ălĭōqui *or* ălĭōquīn.

†§ălĭōqui or quīn. *In another, or in any other manner or respect.*——Aut *ălĭōqui* Fāmōsus. Hor. Sat. 1. 4. 4.

ālĭpēs, pĕdĭs. 1. *With winged feet, esp. as an epith. of Mercury, sometimes as subst. Mercury.*—2. *Swift.*——1. Săcraque multa quĭdem sed Fauni prīma bĭcornis Has dŏcuit gentes *ālĭpĕdi*sque Dei. Ov. F. 5. 100. *Ălĭpĕdi* vĭtŭlūs, taurus tĭbĭ summe Deōrum. Ov. Met. 4. 755.—2. *Ālĭpĕdum*quĕ fŭgam cursu tentāvit ĕquorum. V. Æn. 12. 484. SYN. 1. pennĭpēs, plūmĭpēs.—2. ālĕs, ĭtis, q. v.

‡ălīptes, æ. masc. *One who anoints people with oil, esp. wrestlers.*——Geŏmĕtres, pictor, *ălīptes*. Juv. 3. 79.

ălĭquando. 1. *Sometimes.*—2. *Sometime or other, c. fut. not c. perf.*——1. Attŭlit et nōbīs *ălĭquando* optantĭbus ætas Auxĭlium. V. Æn. 8. 200.—2. Orbātūra pătres *ălĭquando* fulmĭna pōnat. Ov. Met. 2. 391. SYN. 1. interdum, nonnunquam.—2. quandŏcunque, quandŏque.

ălĭquanto, also later **ălĭquantum.** *Somewhat, a little.*——Utque mei versūs *ălĭquantum* noctis hăbēbant. Ov. Ib. 61. SYN. paulum, q. v.

ălĭquis, quă, quŏd and **quĭd, ălĭcūjus,** etc. *Some, some one, any one, in neut. something, anything.*——Aut *ălĭquis* lătet error, ĕquo nē credĭte Teucri. V. Æn. 2. 48. Est *ălĭquid* nupsisse Jŏvi, Jŏvis esse sŏrōrem. Ov. F. 6. 27. SYN. quĭdam, quis, q. v.; nesciŏ quĭs, est qui. PHR. Nesciŏ quĭd certē mens mea mājus ăgit. Ov. Est qui nec vĕtĕris pōcŭla Massĭci . . . spernit. Hor.

ălĭquo. *To some place, any whither.*——O curras *ălĭquo* tĭbĭ dixĕrit, omnia differ. Ov.

ălĭquot, indecl. *Some, a few.*——Post *ălĭquot* mea regna vĭdens mīrābor ărīstas? V. E. 1. 70. v. pauci.

†**ălĭs**, masc. and fem., neut **ălĭd.** only in nom., an old form of ălius. *Another* (*used in Catullus in one of his best poems, but still not to be imitated in Elegiac or Epic or Lyric verse*).——Anue bŏnum ŏblīta es făcĭnus quo rēgium ădepta es Conjŭgium, quo non fortius ausit *ălis*? Cat 65 28. Namque *ălid* ex ălio clārēscet Lucr. 1. 1108. v. alius.

ălĭter. *Otherwise, in any other way.*——Sed quiă nōn ălĭter vīres dăbit omnĭbus æquas. V. G. 3. 286. SYN. sĕcus (*but where* aliter *is followed by* quam secus *is more usu. followed by* āc, *sometimes also by* quam. v. sub. voc), *compar. in pos. sense* sēcĭŭs.

ăliunde. *From any other quarter.*——Nĕc ultra Cæca tĭmĕt *ăliunde* fāta. Hor. 2. 13. 16.

ălius, a, neut. **ălĭud,** gen. **ălīŭs,** dat. **ălĭō.** *Other, another; when* alius *is followed by a second* alius, *it means different, in different ways, etc.*——Nōn *ălios* prīmâ crescentis ŏrĭgĭne mundi illuxisse dies (crediderim). V. G. 2. 336. Ipsa dies *ălios ălio* dĕdit ordĭne Lūna. V. G. 1. 276.

āllābor, ĕris, lāpsŭs. *To glide to or towards.*——Antīquis Cūrētum *allābĭmur* ŏris. V. Æn. 3. 131. v. accedo, advenio.

allăbōro, as. 1. *To labour* —2. *To add with care or labour* ——Ore *allăbōrandum* est tĭbi. Hor Epod. 8 20. Simplĭci myrto nĭhĭl *allabōres.* Hor 1. 38. 5. SYN. 1. lăbōro, q. v.

allapsus, ûs. masc. *A gliding approach.*——Ut assĭdens implūmĭbus pullis ăvis Serpentium *allapsus* tĭmet. Hor. Epod. 1. 20.

‡**allātro, as.** *To bark at,* i. e. *attack, revile.*——*Allātres* lĭcet usque nos et usque. Mart. 5 61. 1. SYN. lăcesso, ĭs, sīvi.

allātus, a, um. part. from affĕro, q. v. *Brought to.*——Vīs est *allāta* sŏrōri. Ov. A. A. 1. 679.

†**allaudābĭlis, e.** *Praiseworthy.*——Dĕdisti ŏpĕram *allaudābĭlem.* Plaut. Pers. 4. 5. 1. SYN. laudābĭlis, q. v.

†**allaudo, as.** *To praise.*——Ingĕnium *allaudat* meum. Plaut. Merc. prol. 84. SYN. laudo, q v.

†‡**allēgo, as,** 1. *To send on any message, embassy, etc.*—2 *To allege.*——Ut te *allēgēmus* fīlias dīcas tuas. Plaut Pœn. 5. 3. 140. 2. *Allēgant*que suos ūtrōque ā sanguĭne Dīvos. Stat. Ach 2. 224.

allĕvo, as 1. *To raise.*—2. *To relieve.*——1. Ille cruōre fluens cŭbĭto tămĕn *allĕvat* artus. Ov. Met. 7. 343.—2. Is mea membra tĕnet, nec vīrĭbus *allĕvor* ullis. Ov Tr 3. 8. 31 SYN. 1, 2 lĕvo, rĕlĕvo, sublĕvo —1. tollo, ĭs, sustŭli, sublātum, attollo (*not used in this sense beyond the pres. and imperf*); ērĭgo, ĭs, ērexi.

Ăllĭă, æ. fem. *The river on the banks of which Brennus defeated the Romans.*——Quosque sĕcans infaustum interluit *Ăllia* nōmen. V. Æn. 7 717. PHR. Damnīs Allia nōta suis. Ov. quâ flēbĭlis Allia lūce Vulnĕrĭbus Lătiis sanguĭnŏlenta fuit. Ov. Grăvis Allia. Ov.

allĭcio, is, lexi, lectum. *To allure, invite.*——*Allĭciunt* somnos tempus, mōtusque, mĕrumque. Ov. F. 6 981. SYN. prōlĭcio, †perlĭcio; prōlecto, as; invīto, as; ducō, ĭs, xi; indūco.

†**allīdo, ĭs, īsi, īsum.** *To dash (one thing) against (another), to break by dashing against.*——Ut si quis prius ărĭda quam sit Crētea persōna *allīdat* pīlæve trăbiye. Lucr. 4. 298. SYN. illīdo, collīdo.

allĭgo, as. *To bind.*——Non vincŭla năves Ulla tĕnent; unco nōn *allĭgat* ancŏra morsu. V. Æn. 1. 170. SYN. lĭgo, collĭgo, rĕlĭgo; vincio, cīs, nxi, nctum; dēvincio; stringo, ĭs, xi, ctum.

allĭno, ĭs, allēvi, allĭtum. *To smear across* ——Incomtis *allĭnet* ătrum Transverso călămo signum. Hor. A. P. 446. v lĭno.

allium. *Garlic.*——*Allia* serpyllumque herbas contundit ŏlentes V. E. 2. 11.

§**allŏcūtio, ōnis.** fem. subst. *An address.*——Quâ sōlātus ĕs *allŏcūtiōne.* Cat. 36. 5. SYN. allŏquium, q. v.

allŏquium. 1. *An address*—2. *Conversation.*——Ausus ĕs *allŏquio* sustĭnuisse tuo. Ov. Tr. 1. 4. 3. SYN. 1. affātus, ûs, *masc.*; sermo, ōnis, *masc.* PHR. Quâ nūmĭna vōce mŏvēret. V. ultro verbis compellat ămīcis. V. v. seq.

allŏquor, ĕris, lŏcūtus sum. *To address.*——Extrēmâ mŏriens tămĕn *allŏquor* horâ. V. E. 3. 20. SYN. compello, as; affāri, q. v.

†**allūcĕo, ēs, ūxi.** no supines. *To shine.*——Nēquidquam tĭbĭ fortūna făcŭlam lūcrĭfĭcam *allūcēre* vult. Plaut. Pers. 4. 3. 46. v. luceo.

allūdo, si, sum. *To sport, to jest.*——Nec plūra *allūdens.* Ea vox audīta lăbŏrum Prīma tŭlit fīnem. V. Æn. 7. 117. SYN. lūdo, q. v.

alluo, ĭs, ī. no supine. *To wash, esp. by flowing towards or against.*——An măre quod sūprā, mĕmŏrem, quodque *alluit* infra. V. G. 2. 158. SYN. lăvo, ās *and* ĭs, lāvi, q. v.

almus, a, um. *Genial, in any way tending to nourishing or cherishing (applied to water, the earth, the breeze, night, peace, victory, a country* (*as* altrix virorum. Facciol.), *goddesses, etc.*), *kind, favourable, etc.*——Līber et *almă* Cĕrēs. V. G. 1. 7. *Almè* Sol curru nĭtĭdo diem qui Prōmis ēt cēlas. Hor. C. S. 9. natique pătrisque *Alma,* prĕcor, mĭsĕrēre. (*Æneas to the Sybil*). V. Æn. 6. 117. Partŭrit *almus* ăger. V. G. 2. 330. Qui prīmus *almâ* rīsit ădōreâ (dies). Hor. 4. 4. 41. SYN. gĕniālis, (*not however applied to gods or persons except by Statius*).

alnus, ī. fem. subst. 1. *An alder tree.*—2. *A boat or ship.*——1. Māla fĕrant quercus, narcissō flōreat *alnus.* V. E. 8. 53.—2. Necnōn et torrentem undam lĕvis innătat *alnus* missa Pădo. V. G. 2. 451. SYN. 2. nāvis, is, *fem.* q. v.

ălo, ĭs, ălui. supines and pass. part. used in no good poet. 1. *To nourish, cause to grow.*—2. *Often metaph. of feelings, etc.*——Monte dĕcurrens vĕlut amnis imbrès Quem sŭper nōtos *ăluēre* rīpas. Hor. 4. 2. 6. At rēgīna grăvi jamdūdum saucia cūrâ vulnus *ălit* vēnis. V. Æn. 4. 2. SYN. 1. nūtrĭo, īs, īvi; pasco, ĭs, pāvi, pastum.—2. fŏveo, es, fōvi, *no supines or pass part.*

‡ălŏe, es. fem. 1. *The aloe.*—2. (*as the aloe juice is bitter*) *Bitterness.*——Plūs ălŏes quam mellis hăbet. Juv. 6. 180. SYN. 2. ămārĭties, ēi, q. v.

Alpes, is. fem. subst., more usu. **Alpes, ium.** in pl. *The Alps.*——Necquot ăpes Hȳblē, necquot ĭn *Alpe* feræ. Ov. A. A. 3. 150. Tum sciat āĕrias Alpes. V. G. 3. 474. PHR. Tu prŏcŭl â pătriâ (nec sit mĭhĭ crēdĕre) tantum Alpīnas, ah dūra, nĭves et frigŏra Rhēni Mē sĭne sōla vĭdes. V. Aggĕribus sŏcer Alpīnīs, atque arce Mŏnœci Descendens. V. Alpium jŭgă. Hor. Si prĕmĕrem ventōsas horrĭdus (*shivering*) Alpes. Ov. Alpīno certāre rĭgōri. Ov.

Alphēŭs, i, acc. **um** and **ŏn.** *A river in Elis, supposed to be united to the fountain Arethusa in Sicily with whom he* (*the river*) *was in love.*——Cuncta mĭhi *Alphēum* linquens lūcosque Mŏlorchi. V. G. 3. 19. PHR. Alphēum fāma est hūc Ēlĭdis amnem, Occultas ēgisse vias subter măre; quī nunc Ōre, Ărĕthūsa, tuo Sĭcŭlis confundĭtur undis. V. Æn. 3. 694.

Alphēus, a, um. *Of the Alpheus.*——Aut *Alphēa* rŏtis prælābi flūmĭna Pīsæ. V. G. 3. 180.

Alpīnus, a, um. *Of the Alps.*——Aggĕrĭbus sŏcer *Alpīnīs,* atque arce Mŏnœci Descendens. V. Æ. 6. 831.

altāre, is. neut. *An altar.*——Bīs sēnōs cuī nostră diēs *āltārĭa* fūmant. V. E. 1. 44. SYN. Āră, q. v.

altē, compar. **āltĭŭs.** 1. *On high.*—2. *Deeply.*—3. *Loudly.*——Non tămĕn hæc *altē* vŏlŭcris sua corpŏra tollit. Ov. Met. 8. 256. Lūnâ vŏlat *altius* illa. Ov. Met. 15. 848.—2. Nunc *altē* vulnus ădactum. V. Æn. 10. 850.—3. Et *alte* Per noctem rĕsŏnāre lŭpīs ŭlŭlantĭbus urbes. V. G. 1. 485.

alter, ĕra, ĕrum, gen. **altĕrĭus,** dat. **altĕri.** 1. *The other.*—2. *One of two.*—3. *The second, the next.*——1. *Altĕra* candenti perfecta nĭtens ĕlephanto. V. Æ. 6. 896.—2. Rērum pars *altĕra* ădempta est. V. Æn. 9. 131.—3. *Alteris* Te mensis ădhĭbet Deum. Hor. 4. 5. 31.—4. Tū nūnc ĕrĭs *altĕr* ăb illo. V. E. 5. 49. *Alter* ab undĕcĭmo tum me jam cēpĕrat annus. V. E. 8. 39. SYN. 2. ūnus, gen. ūnĭus.—3. sĕcundus.—4. proxĭmus.

altercor, āris (in Terence also **altereo, ās**). *To wrangle, to dispute.*——*Altercante* lĭbīdĭnĭbus trĕmis ossa păvōre. Hor. Sat. 2. 7. 57. SYN. †rixor, āris; §jurgo, as, *and* §†jurgor, āris.

alternīs. prop. abl. from alternus, q. v. vĭcĭbus being understood. *Alternately; in alternate cries, in alternate years, etc.*——*Alternīs* ĭdem tonsas cessāre nŏvales ... pătĭērĕ. V. G. 1. 71. v. vĭcissim, invĭcem.

altērno, as. 1. *To do, cause, say, take by turns, etc.*—2. *To doubt that.*——1. *Alternāre* vĭces. Ov. Met. 15. 409. *Alternante* vŏrans vastă Chărybdis ăquâ. Prop. 2. 26. 54.—2. Hæc *alternanti* pŏtior sententia vīsa est. V. Æn. 4. 287. SYN. 2. dŭbĭto, q. v. PHR. 2. Atque ănĭmum nunc huc cĕlĕrem, nunc dīvĭdit illuc, In partesque răpit vārias, perque omnia versat. V.

alternus, a, um. *Alternate, by turns.*——Si frātrem Pollux *alternâ* morte rĕdēmit, Itque rĕditque viam toties. V. Æn. 6. 121. Chărybdis ... Sorbet ĭn ăbruptum fluctus, rursusque sub auras Ērĭgit *alternos*. V. Æn. 3. 423. PHR. Alternis făcĭlis lăbŏr. V.

altĕrŭter, ătra, ŭtrum, gen. ŭtrĭus. but rare in poetry, except in nom. *The one or the other, one of the two.*——*Altĕrŭter* vōtīs, inquit, cădat hostem săcris. Ov. Ep. e P. 3. 2. 83. (*in accus.*) *Altĕrŭtrum* vēlox victōria fronde cŏrōnat. Hor. Ep. 1. 18. 54. (*in abl.*) Et quod ab *altĕrŭtrā* dētraxit parte rĕpōne. Lucr. 5. 6. 84.

§‡altĭlis, ĕ. *Fattened for eating, esp. of birds.*——Nec somnum plēbis laudo, sătur *altĭlium*. Hor. Ep. 1. 7. 35.

†altĭsŏnus, ă, um. *Sounding from on high.*——Hic Jŏvis *altĭsŏni* sŭbĭto pennăta săcerdos. Cicero de Mario Dev. 1. c. 47. v. seq.

†altĭtŏnans, antis. *Thundering on high, roaring on high.*——Nam păter *altĭtŏnans* stellanti nixus Ŏlympo. Cicero de suo Consul. Div. 1. c. 12. Ventīque sĕquuntur, *Altĭtŏnans* Vulturnus, et Auster fulmĭne pollens. Lucr. 5. 744. SYN. 1. Tŏnāns, q. v.—2. raucŭs.

†ăltĭvŏlāns, āntĭs. *Flying high, moving on high.*—Sōlis rŏta cerni lūmĭnĕ largo *Altĭvŏlans* pŏtĕrat. Lucr. 5. 434.

altor ōris. masc. *A nourisher, tutor.*——Gaudens *altōre* rĕcepto. Ov. Met. 11. 101.

altrix, īcis. fem. of prec. *A nourisher, nurse, esp. of a country as the parent of a citizen.*——Et terram *altrīcem* sævi exsĕcrāmur Ŭlyssis. V. Æn. 3. 273. SYN. nūtrix, īcĭs.

altum. prop. neut. of altŭs. 1. *The sky, the heavens.*—2. *The deep, the sea.*——1. Illæ *altum* nīdis pĕtiēre rĕlictis. V. G. 2. 210.—2. Multum ille et terris jactātus et *alto*. V. Æn. 1. 3. SYN. 2. prŏfundum. v. āĕr, mărĕ.

altus, a, um. 1. *High, tall, lofty in all senses, as lit. a high tower, metaph. a lofty soul, a sublime attempt, high renown.*—2. *Deep, lit. of the sea, metaph. of grief, silence, etc.*—3. *Loud.*——1. Mājōresque cădunt *altis* dē mōntĭbus umbræ. V. E. 1. 84. Tē sĭnĕ nil *altum* mens inchoat. V. G. 3. 42.—2. Hæc Prōteŭs, et sē jactu dĕdit æquor ĭn *altum*. V. G. 4. 528. Ālĭtŭum pĕcŭdumquĕ gĕnus sŏpor *altus* hăbēbat. V. Æn. 8. 27.——3. Conclāmāti ĭtĕrum *altiore* vōce. Cat. 40. 18. SYN. 1. *lit. and metaph.* sūblīmis; *lit. not metaph.* celsus, arduus, prōcērus, ēdĭtus, *esp. of a place*; āĕrius, *esp. of a mountain*; *so* nūbĭfĕr, fĕra, um.—2. *lit. and metaph.* prŏfundus.—3. magnus, clarus. PHR. Æquātaque măchĭna cœlo. V. (*a young ox, white and as tall as his mother*) Jŭvĕncum Candentem părĭtĕrquĕ căpŭt cum mātrĕ fĕrentem (statuam).

alveārium, usu. as quadrisyll. **alveārĭum.** *A beehive.*——Seu lento fuĕrint *alvearia* vīmine texta. V. G. 4. 34. v. stabulum.

‡alveŏlus, ī. masc. *A small trough or tray.*——Illud ĕnim vestris dătur *alveŏlis*, quod Canna Micipsārum prorâ subvexit ăcūtâ. Juv. 5. 88.

alveus, ī. masc. in oblique cases usu. dissyll. **alvĕī, alvĕō.** 1. *The channel of a river.*—2. *Any trough or pail.*—3. *A ship or boat.*——1. Atque illum in præceps prīmō răpit *alveus* Amni. V. G. 1. 203.—2. Ērat *alveus* illic Făgĭneus. Ov. Met. 8. 652.—3. Sĭmŭl accĭpit *alveo* Ingentem Ænēān, gĕmuit sub pondĕre cymba. V. Æn. 6. 412. SYN. 2. ‡alveŏlus. v. năvĭs.

ălumna, æ. 1. *A female foster-child, pupil.*—2. *A maid.*——1. Gaudē mea dixit *ălumna*. Ov. Met. 10. 442.—2. Pandīte, mandati memŏres Hĕlĭcōnis *ălumnæ*. Ov. F. 4. 103. v. puella.

ălūmnŭs, ī. masc. of preceding. *A foster-child, pupil, child, young man.*——Perbĭbit inde suæ răbiem nūtrīcis *ălumnus*. Ov. Ibis. 231. Constĭtit et caudâ teneris blandītur *ălumnis*. Ov. F. 2. 417. Faune.... Lenis incēdas, ăbeasquĕ parvis Æquus *ălumnis*. Hor. 3. 18. 4. Per quem magnus ĕquos Auruncæ flexit *ălumnus*. Juv. 1. 20. v. juvenis, discipulus.

‡ălumnus dĭēs. *A birthday.*——Martis *ălumne* dies, rŏseam quo lampăda prīmum Magnaque sīdĕrei vīdĭmus ōra Dei. Mart. 12. 60. 1. SYN. nātālis.

ălūta, æ. 1. *Leather, any thing made of leather.*—2. *A shoe.*——1. Parvaque sincēras vēlat *ălūta* gĕnas. Ov. A. A. 3. 202.—2. Pes mălus in nĭveâ semper cēlētur *ălūtâ*. SYN. 2. calceus, q. v. v. corium.

ālvus, ī. masc. 1. *The belly.*—2. *The womb.*——1. Argūtumquĕ căput brĕvis *alvus*, ŏbēsaque terga. V. G. 3. 80.—2. Cœu mātris ĭn *alvo* Crēvērunt. Ov. Met. 1. 421. SYN. 1. venter, trĭs, masc.—2. ŭtĕrus.

ămābĭlis, e. 1. *Lovely; sometimes only pleasant when used of things.*—2. *Loving.* ——Qui semper văcuam, semper *ămābĭlem* Spērat. Hor. 1. 5. 10. Accēdent questūs, accēdet *ămābĭle* murmur. Ov. A. A. 2. 723. SYN. 1. ămandus, (*of things*) jūcundus, q. v.

†ămābĭlĭtas, ātis. fem. *Loveliness.*——Si *ămābĭlĭtas* tĭbĭ nostra plăcet. Plaut. Stic. 5. 4. 58.

ămābĭlĭter, compar. **ĭlius.** *In a loving manner.*——Spectet *ămābĭlius* jŭvĕnem, suspiret ab imo Fœmĭna. Ov. A. A. 3. 675.

†‡ămābo, used almost as adv. or interj. *I beg.*——Dic vērum mĭhĭ, Marcĕ, dīc, *ămābo.* Mart. 8. 76. 1. SYN. quæso, q. v.; § sōdes. v. prĕcŏr.

Ămalthēă, æ. *Daughter of Melissus, king of Crete.*—1. *One of the nurses of Jupiter.*—2. *Also the name of the Cumæan sibyl.*——Nāis *Ămalthēă* Crētæā nōbĭlis Idā. Ov. F. 5. 111.—2. Quicquid *Ămalthēă* quicquid Marpessia dixit. Tib. 2. 5. 67. SYN. 1. căpra.

ămans, antis. prop. part. près act. of **amo**; but used also in compar. *Loving, attached to.*——Non illo mĕlior quisquam nec *ămantior* æqui Vir fuit. Ov. Met. 1. 322.

ămans, antis. masc. and fem. as subst. *A lover.*——Jūpĭter ex alto perjūria rīdet *ămantūm.* Ov. A. A. 1. 633. SYN. ămātor.

ămārăcĭnus, a, um. *Of marjoram.* Postesque sŭperbos Ungit *ămārăcĭno.* Lucr. 4. 1172.

ămārăcus, i. masc. *Sweet marjoram.*——Tollit in altos Ĭdălĭæ lūcos, ŭbĭ mollis *ămārăcus* illum Flōrĭbus et dulci aspirans complectĭtur umbrā. V. Æn. 1. 693.

ămăranthus, i. masc. *The flower amaranth.* —— Has hyăcinthe tĕnes, illas *ămăranthe* mŏrāris. Ov. F. 4. 439.

ămārē. *Bitterly.*——Corde *ămārē* făcĭtis. Plaut. Truc. 1. 2. 78.

ămārĭties, ēi. *Bitterness, lit. and metaph.*——Quæ dulcem cūris miscet *ămārĭtiem.* Cat. 68. 18. SYN. ămāror, ōris.

ămāror, ōris. masc. *Bitterness.*——Tristia tentantum sensu torquēbit *ămāror.* V. G. 2. 247. SYN. ămārĭties.

ămārus, a, um. 1. *Bitter, lit. and metaph.*—2. *Distressing.*—3. *Ill-natured, hostile.*——1. Flōrentem cy̆tĭsum et sălĭces carpētis *ămāras.* V. E. 1. 79.—2. Nunc et *ămāra* dies et noctis *ămārior* umbra est. Tib. 2. 4. 11. Spes dōnāre nŏvas largus, *ămāraque* Cūrārum ēluĕre effĭcax. Hor. 4. 12. 19.—3. Quid sĭmŭlācra fĕrox dictīs incessĭs *ămāris.* Ov. Tr. 3. 11. 31. SYN. 1. 3. ‡ācer, ācris, ācre.—1. 2. 3. ăcerbus, dūrus.—2. tristis, q. v.

†ămāsĭŭs, ī. masc. *A lover.*——Mĭserrĭmum Ĕgo hunc hăbēbo *ămāsium.* Plaut. Cas. 3. 3. 27. SYN. ămātor, ōris, q. v.

Ămăthūsia, æ. *A name of Venus, from* Ămăthūs, untis, *a city of Cyprus.*——Culte puer, puĕrīque părens *Ămăthūsia* culti. Ov. Am. 3. 15. 16. v. Venus.

ămātor, ōrĭs. masc. *A lover.*——Cæcum versat *ămātor* ĭter. Prop. 3. 14. 32. SYN. ămans, antis; †ămāsius. v. ămo.

Ămazōn, ŏnis, acc. ŏna, pl. **ŏnēs,** acc. **ŏnās.** *Properly a tribe of warrior women in Sarmatia, who migrated to the banks of the Thermodon, in Cappadocia; any warrior woman.*—— Sed quĭcumque meo sŭpĕrārit *Ămāzŏnă* ferro. Ov. A. A. 2. 743. Arma dĕdi Dănaīs in *Ămazŏnăs,* arma sŭpersunt Quæ tĭbĭ dem Et turmæ Penthĕsĭlea tuæ. Ov. A. A. 3. 1. SYN. Ămāzŏnis, ĭdis; sĕcūrĭgĕræ puellæ. Ov. *The names of some of the most celebrated Amazons were, Penthesilea* (Dūcit Ămazŏnĭdum lūnātĭs agmĭnā peltis Penthĕsĭlēa fŭrens, mĕdiisque in millĭbus ardet Aurea subnectens exsertæ cingŭlo mammæ Bellātrix, audetque vĭris concurrĕre virgo. V.); *Hippŏly̆tē* (Quāles Thrēĭciæ cum flūmĭna Thermōdōntis Pulsant, et pictis bellantur Ămazŏnēs armis, ceu circum Hippŏly̆ten, seu cum sē Martia curru Penthĕsĭlēa rĕfert, magnoque ŭlŭlante tŭmultu Fœmĭnea exsultant lūnātĭs āgmĭna peltis. V.); *Cămilla, Lārīnă, Tullă, Tarpēă, though these were Volcian heroines, and not of the real Amazonian blood.* Larīnaque virgo Tullaque, et ærātam quătiens Tarpeia sĕcūrim, Ĭtălĭdes quas ipsa dĕcus sĭbĭ dīa Cămilla Dēlēgit. V.

Ămāzŏnis, ĭdĭs. fem. Another form of prec. —— Quālis *Ămazŏnĭdum* nūdātis bellĭca mammis Thermōdontēis turba lăvātur ăquis. Prop. 3. 14. 13.

Amazŏnius, a, um. *Of an Amazon, suited to an Amazon.*——Alter *Ămazŏniam* phărĕtram, plēnamque săgittis Thrēĭciis (habeat). V. Æn. 5. 311.

ambāges, ĭs. in sing. used only in abl., more usu. **ambāges, um.** pl. fem. 1. *Any circuitous course or winding.*—2. *A riddle or obscure prophecy.*——1. Annuit ōranti, sed vērum *ambāge* rĕmōtā Abdĭdit. Ov. F. 3. 337. Dædălus ipse dŏlos tecti *ambāgesque* rĕsolvit. V. Æn. 6. 29.—2. Tālĭbus ex ădўto dictis Cūmæa Sĭbylla Horrendas cant *ambāges.* V. Æn. 6. 99. SYN. 1. circuĭtus, ūs, *masc.*; gўrus, i.

†**ambens, entis.** probably for **ambĕdēns.** *Consuming.*——Ignis ĕnim sŭpĕrāvit et ambens cuncta pĕrussit. Lucr. 5. 397.

ambēsus, a, um. *Eaten all round, lit. by teeth, or metaph. by fire.* Ante . . . quàm vos dīra fămes . . . *Ambēsas* sŭbĭgat mālīs absŭmĕrĕ mensas. V. Æn. 3. 257. flammisque *ambēsa* rĕpōnunt transtra. V. Æn. 5. 752.

ambĭgo, ĭs. no perf. *To doubt. In pass. 3d sing. often as impers.*——*Ambĭgĭtur* nōmĭna pōnăt ŭter. Ov. F. 4. 811. SYN. dŭbĭto, ās, q. v.

ambĭguē. *Ambiguously, obscurely.*——Arguet *ambiguē* dictum, mūtanda nŏtābit. Hor. A. P. 449. SYN. dŭbiē.

ambĭguus, a, um. *Doubtful, ambiguous, uncertain (usu. of words, or an event, etc., sometimes, though rarely, of him who utters a doubtful saying; never of a person in doubt, though used of Proteus as changing his appearance).*——Hinc spargĕre vōces In vulgum *ambĭguas.* V. Æn. 2. 99. Non fŏret *ambĭguus* tanti certamĭnis hæres. Ov. Met. 13. 129. Cærŭleos hăbet unda Deos, Trītōna cănōrum, Prōteaque *ambĭguum.* Ov. Met. 2. 9. SYN. anceps, ancĭpĭtis; dŭbius, incertus, obscūrus.

ambio, bīs, bīvi. 1. *To go round.*—2. *To surround.*—3. *To address, to court.*——Curruque ātrōrum vectus ĕquōrum *Ambībat* sĭcŭlæ cautus fundāmĭna terræ. Ov. 5. 361. Fluctĭbus *ambītæ* fuĕrant Antissa, Phărosque. Ov. Met. 15. 287. Quo nunc rēgĭnam *ambīre* fŭrentem Audeat affātu? V. Æn. 4. 283. Tē pauper *ambit* sōlĭcĭtā prĕce. Hor. 1. 35. 5. SYN. 1, 2. circŭmeo, cīrcŭmīs, q. v. v. also ŏbeo.—2. cingo, ĭs, xi; circumdo, as, dĕdi, dăre, dătum.—3. sollĭcĭto, as.

ambĭtio, ōnĭs. subst. fem. *Ambition.* Sollĭcĭtæque fŭgax *ambĭtiōnis* ĕram. Ov. Tr. 10. 4. 38. SYN. ‡ambĭtus, ūs, masc. PHR. Prōtĭnus intrāvit mentes suspectus hŏnōrum. Ov. Angustum per ĭter luctantes ambĭtiōnis. Lucr.

ambĭtiōsus, a, um. 1. *Winding round.*—2. *Canvassing or soliciting others.*—3. *Ambitious.*——1. Lascīvīs hĕdĕris *ambĭtiōsior.* Hor. 1. 36. 20.—2. Pro nostrīs ut sīs *ambĭtiōsa* mălis. Ov. Ep. e P. 3. 1. 84.—3. Mūsa nĕc in plausūs *ambĭtiōsa* mea est. Ov. Tr. 5. 7. 28.

ambĭtus, ūs. masc. 1. *A circuit.*—2. ‡*Canvassing, ambition.*——Et prŏpĕrantis ăquæ per ămœnos *ambĭtus* ăgros. Hor. A. P. 17.—2. *Ambĭtus,* et luxūs, et ŏpum mētuendă făcultas. Lucan. 4. 817. SYN. 1. circuĭtus, ūs, *masc.*, ambāgis, is, *only abl. in sing., more usu. in pl.* gўrus, i.—2. ambĭtio, ōnĭs, *fem.* q. v.

ambo, ambæ, ambo, gen. **ambōrum,** etc., dat. **ambōbus, ambābus,** etc.; **ambo** is also used as acc.; also ‡**ămbō** (found in no good author).——*Ambo* florentes ætātĭbus, Arcădĕs *ambo.* V. E. 7. 4. Vērum ŭbĭ ductōres ăciē rĕvŏcāvĕris *ambo.* V. G. 4. 88. Ātrīdas, Priămumque et sævum *ambōbus* Achillem. V. Æn. 1. 458. v. uterque.

ambrŏsia. *The food and perfume of the Gods.*——Lĭquĭdum *ambrŏsiæ* diffundit ŏdōrem. V. G. 4. 415.

ambrŏsius, a, um. *Ambrosial.*——*Ambrŏsiæque* cŏmæ dīvīnum vertĭce ŏdōrem Spīrāvēre, V. Æn. 1. 403.

†**ambulācrum.** *A place to walk.*——Et bălĭneas et *ambŭlācrum* et portĭcum. Plaut. Most. 3. 2. 29. SYN. ambŭlātio, onis, *fem.*

ambŭlātio, ōnis. fem. *A walk, both the action of walking, and a place to walk.*——In Magni sĭmŭl *ambŭlātiōne.* Cat. 53. 7.

‡**ambŭlātor, ōris.** masc. *A walker.*——Quod *ambŭlātor* portĭcum tĕrit sērus. Mart. 2. 11. 2.

ambŭlo, as. 1. *To walk.*—2. *To walk about, with acc.*——1. *Ambŭlat* et sŭbĭto mīrantur fūnus ămīci. Prop. 2. 4. 13.—2. Lībĕra perpĕtuas *ambŭlat* illa vias. Ov. F. 1. 122. SYN. 1. Grădior, ĕris, gressus sum; incedo, is, cessi.—2. pĕrambŭlo, ŏbambŭlo; ŏbeo, īs, īvi, ĭtum.

ambŭstus, a, um. *Burnt.*—— Admīrātur ēquos: *ambustaque* nūbĭla fūmant. Ov. Met. 2. 209. SYN. flammātus.

†amcīsus, a, um. *Cut all round.* —— Omnia jam seorsum cernas *āmcīsa* rĕcenti Vulnĕre. Lucr. 3. 661. PHR. Idque Ancīle vŏcat quod ab omni parte rĕcīsum est. Ov.

ămellus, i. *The flower elecampane.*——Est ĕtiam flos in prātīs cui nōmĕn *ămello* Fēcēre ăgrĭcŏlæ. V. G. 4. 271.

ămens, entis. *Out of one's mind, distracted through any violent passion, fear, rage, etc.; mad.* —— Collĭgit *āmentes* et ădhuc terrōre păventes. Ov. Met. 2. 398. Isque *āmens* ănĭmi, et rūmōre accensus ămāro. V. Æ. 4. 203. SYN. dēmens, vēsānus, insānus, q. v. PHR. Quī lĕgis Ēlectram et ĕgentem mentis Ŏrestem. Ov.

āmentia. *Distraction, bewilderment, madness.*——Utque dŏlōre Pulsa grăvi grăvis est *āmentia.* Ov. Met. 5. 511. SYN. dēmentia, insania. v. īnsānĭă (*which however is hardly a syn. for* amentia, *this latter being rarely if ever used of a permanent affection*).

‡āmento, as. *To hurt by means of a thong.*——Cum jăcŭlum parvâ Lĭbys *āmentāvit* hăbēnâ. Lucan. 6. 221.

āmentum. *A thong used in hurling the javelin.*——Intendunt ācres arcūs, *āmentaque* torquent. V. Æ. 9. 665.

ămĕs, ĭtis. masc. subst. *A fowler's staff.*—— Aut *ămĭte* lævi rāra tendit rētia. Hor. Epod. 2. 33.

‡ămĕthystīnus, a, um. *Of amethyst colour, blue, in neut. pl. garments of amethyst colour.* —— Purpūra vendit Causĭdĭcum vendunt *ămĕthystĭna.* Juv. 7. 136.

ămĕthystus, i. fem. *An amethyst.*—— Hīc Păphias gemmas, hic purpureas *ămĕthystos.* Ov. A. A. 3. 181.

ămīca, æ. *A mistress.*——Tē tĕnet in tĕpĭdo mollis *āmīca* sĭnu. Ov. Her. 3. 114. SYN. dŏmĭna; pellex, icis, *fem.*

ămīcē. *In a friendly manner, good humouredly.*—— Angustam *ămīcē* pauperiem păti. Hor. 3. 2. 1. Observāre Deos, nē quid mĭhĭ cēdat *ămīcē.* Ov. Ep. e P. 2. 7. 19.

ămĭcio, ĭs, cui, ămictum. *To dress, to envelope, to wrap.*—— Ille sĭbi ablātus fulvīs *ămĭcĭtur* ăb ălis. Ov. Met. 5. 546. Ībat ŏvis lānâ corpus *āmicta* suâ. Ov. F. 2. 298. SYN. vēstio, īs; vēlo, as; tĕgo, ĭs, xi, ctum; involvo, is, vi, vŏlūtum.

ămīcĭtĭă, æ. *Friendship.*——Intret *ămīcĭtiæ* nōmĭne tectus ămor. Ov. A. A. 1. 720. SYN. ămor, ōris, *masc.*; v. amicus.

‡ămīco, as. *To make friendly, to propitiate.*——Ac prior Œclīdes sŏlĭtâ prĕce nūmĕn *ămīcat.* Stat. Theb. 3. 470. SYN. concĭlio, as; plāco, as.

ămictus, ūs. masc. subst. *Clothing, any covering.*——Hæc fātus dŭplĭcem ex hŭmĕrīs rējēcit *ămictum.* V. Æn. 5. 421. Et multo nĕbŭlæ circum Dea fūdit *ămictu.* V. Æn. 1. 412. SYN. 1. vestīmentum; vestis, ĭs, *fem.* q. v.—2. vēlāmen, ĭnis, *neut.*; vēlum, q. v.

§ămīcŭlus, i. *A friend.*——Jam te nil mĭsĕret, dūre, tui dulcis *ămīcŭli.* Cat. 28. 2. SYN. ămīcus, q. v.

ămīcus, i, masc. *A friend.*——Vĕtĕrem Anchīses agnoscit *ămīcum.* V. Æn. 3. 82. PHR. Quamvis conjunctior illo Nēmŏ mihi est. Ov. Fēlīces ter et amplius, Quos irrupta tĕnet cōpŭla, nec mălis Dīvulsus quĕrĭmōniis, Sūprēmâ cĭtius solvet ămor die. Hor. Hīs ămor ūnus ĕrat, părĭterque in bella ruebant. V. Tu quŏque nostrārum quondam fĭdūcia rērum, Qui mihĭ confŭgium, qui mihĭ portus ĕras. Ov. Tu tămĕn, o nōbīs ūsu junctissĭme longo. Ov. Oh mihī post ullos nunquam mĕmŏrandi sŏdāles, Oh cui præcipuē Sors mea vīsa sŭa est. Ov. Hæc vĭrĭdi concordia cœpta Juventa, Vēnit ad albēntes illābĕfacta cŏmas. Ov. (*The friendship of Ŏrestes and Pўlădes, of Thēseūs and Pīrĭthous, was proverbial among the ancients, and is often quoted in poetry.*) Tu tămĕn ante ălias turtur ămīce dŏle (ob mortuum psittacum), Plēna fuit vōbīs omni concordia vĭtâ et stĕtit ad fīnem longa tĕnaxque fĭdes. Quod fuit Argŏlĭco jŭvĕnis Phōcæus Ŏrestæ, Hoc tĭbĭ dum lĭcuit Psittăce, turtur ĕrat. Ov. Non ĭtă vixērunt Strŏphio atque Agămemnŏne nati (*Pylades and Orestes,* sc.). Ov. Ŏrestes . . . et cŏmĕs exemplum vēri Phōcæus ămōris, Qui duŏ corpŏrĭbus, mentĭbus ūnus ĕrant . . . Nec tămĕn hunc sua mors, nec mors sua terruit illum, Alter ob altĕrius fūnĕra mœstus ĕrat. Ov. Pĕrăgunt pulchri jŭvĕnes certāmĕn ămōris. Ov. Oh mihĭ Thēsēâ pectŏra juncta fĭde. Ov. Nōn hæc Ægīdæ Pīrĭthoiquĕ fĭdes. Ov.

ămīcus, a, um. *Friendly.*——Tăcĭtæ per *ămīca* sĭlentia Lūnæ. V. Æn. 2. 255. SYN. conjunctus. v. studiōsus.

‡ămĭta, æ. *An aunt.*——Si mihĭ nulla jam rĕlĭqua ex *ămĭtis* pătruēlis nulla. Pers. 6. 53.

āmitto, ĭs, āmīsī, āmissum. 1. †*To send away.*—2. *To lose hold of.*—3. *To lose.* ——1. Proptĕrea ad pătrem hinc *āmīsi* Tyndărum. Plaut. Capt. 3. 4. 57.—2. Clāvumque affixus et hærens Nunquam *āmittēbat.* V. Æn. 5. 853.—3. Tum quos *āmīsit* ĭnultus ămōres. V. G. 3. 227. SYN. 1, 2. dīmitto.—2. abjĭcĭo, ĭs, jēci.—3. perdo, ĭs, dĭdi.

Ammōn, ōnis. *The name of Jupiter, by which he was worshipped under the form of a ram in the deserts of Libya.*——Nunc quŏque formātus Lĭbȳs est cum cornĭbus *Ammon.* Ov. Met. 5. 328. PHR. Lĭbȳcus Jūpĭter. Prop. Cornĭger Jūpĭter. Lucan.

ammōniăcus, a, um. *Ammoniac.*——Cumque *Ammōniăco* mascŭla thūra săle. Ov. M. F. 94.

amnĭcŏla, æ. masc. and fem., subst. used as adj. *Dwelling, or found near rivers.* ——*Amnĭcŏlæ* que sĭmul sălĭces et ăquātĭca lōtus. Ov. Met. 10. 96. SYN. flŭviālis, e; flūmĭneus, ăquātĭcus.

‡amnĭgĕna, æ. masc. and fem., subst. *Born in or of a river.*——Quid si *amnĭgĕnam* mīrere Choaspen? Val. Fl. 5. 585.

amnis, ĭs. subst. masc. *A river, a stream.*——*Amnis* ărundĭnĭbus līmōsas obsĭte rīpas. Ov. Am. 3. 6. 1. SYN. flŭvius, flūmĕn, ĭnis, neut. q. v. PHR. (*Down stream.*) Pars cœtĕra *prōnâ* Fertur *ăquâ*, segnisque *sĕcundo* dēfluit *amni.* V. (*Up stream.*) *Adversum* rēmis sŭpĕres subvectus ut *amnem.* V.

ămo, as. *To love.*——Phyllĭda *ămo* ante ălios, nam mē discēdĕre flēvit. V. E. 3. 78. SYN. dīlĭgo, ĭs, lexi; ardeo, es, arsi, *c. acc. or c. abl. of the object, no pass.;* flāgro as, *c. abl.;* tĕpeo, is, ui, *no sup. or pass., c. abl. of the object;* prætĕpeo, so căleo, es, ui; incăleo. PHR. Mĕrĭto Deus arsit ĭn illâ. Ov. Ardet ămōre tui, sīc et Mĕnĕlāŏn ămāvit. Ov. Cum tămĕn hŏc essem mĭnĭmoque accendĕrer igni. Ov. At bĕnĕ successit digno quŏd ădūrĭmur igni. Ov. Quid si non Cĕphăli quondam flāgrâsset ămōre? Ov. Dictos invĕnĭmus ignes, Et fĕrus in molli pectŏre flāgrat ămor. Ov. Ipse meos ĭgĭtur servo, quĭbus ūror, ămores. Ov. Aut in puellĭs ūrĕre. Hor. Mē . . . Phrȳnē măcĕrat. Hor. Nec mens mihĭ nec cŏlor Certâ sēde mănēt, hūmor et in gĕnas Furtim lābĭtur arguens Quam lentis pĕnĭtus măcĕror ignĭbus. Hor. Prius . . . quam nōn ămōre sic meo flăgres, ŭti Bĭtūmĕn ātrīs ignĭbus. Hor. Urĭtur infēlix Dīdo, tōtâque văgātur Urbe fŭrens. V. Ardet ămans Dīdo traxitque per ossa fŭrōrem. V. Dum mē Gălătēa tĕnēbat. V. Lōrĭdĕ captus ĕrat. Ov. Hanc cŭpit, hanc optat, sōlâ suspīrat ĭn illâ, Signaque dat nūtu, sōlĭcĭtatque nŏtis. Ov. Quamvīs ănĭmo grăve vulnus hăbēbam, Quamvīs intus ĕrat fŭror igneus. Ov. Ut vīdi, ut pĕrii, nec nōtīs ignĭbus arsi. Ov. Ut Sĕmĕlê (Jupiter) est combustus, ut est dēperdĭtus Iô. Ov. (Unde sciremus) Hospĭtis igne duas incăluisse Dĕas? Ov. At rēgīna grăvi jamdudum saucia cūrâ Vulnus ălit vēnīs et cæco carpĭtur igni. V. Ipsa quŏque incălui, quālemque audīre sōlēbam Nesciŏ quem sensi corde tĕpente Deum. Ov. Lȳcĭdam mīrābĕre, quo călet jŭventus Nunc omnis, et mox virgĭnes tĕpēbunt. Hor. Ūrit mē Glȳcĕræ nĭtor. Hor. Mē lentus Glȳcĕræ torret ămor mĕæ. Hor. Deucălion Pyrrhæ succensus ămōre. Ov. Torquet ămor. Ov. Tangit ămor. Ov.— Ex æquo captis ardēbant mentĭbŭs ambo. Ov. Hic tertius Dĕcember ex quo destiti Ĭnăchiâ fŭrĕre. Hor. v. amor.

amœnē. *Pleasantly.*——Ut Ărăbĭco fūmĭfĭcem ŏdōre *ămœne.* Plaut. Mil. 2.

ămœnus, a, um. *Pleasant.*——Dēvēnere lŏcos lætos et *ămœna* vĭrēta. V. Æn. 5. 2. 6. 658. Dulcis, grātus, jūcundus, acceptus.

‡āmōlior, īris. *To remove.*——Heu quantum fortūna hŭmĕris jam pondĕre fessis *Āmōlītur* ŏnus. Lucan. 5. 354. SYN. rĕmōlior; āmŏveo, es, mōvi; rĕmŏveo; āverto, tĭs, ti, sum.

ămōmum. *An Assyrian spice tree, whose produce was used as an unguent.*—— Spissaque dē nĭtĭdis tergit *ămōma* cŏmis. Ov. Her. 21. 166.

Ămor, ōris. *The God Love, son of Venus, usually represented with wings and a bow and arrows, and a torch.*——Parce Vĕnus nŭrui dūrumque amplectĕre frătrem Frāter *Ămor*. Ov. Her. 7. 32. SYN. Cŭpīdo, ĭnis, *masc.*; puer Vĕnĕris. Ov. PHR. Ergo hīs ālĭgĕrum dictis affātur (Venus) Ămōrem, Nāte, meæ vīres, mea magnā pŏtentia, sōlus, Nāte, pătris summi qui tēla Týphōea temnis. V. Ăbeas phărĕtrāte Cŭpīdo. Ov. v. Cŭpīdo; v. also seq.

ămor, ōris. masc. subst. 1. *Love.*—2. *A wish.*——1. Sēmper ămet fructu semper *Ămōris* ĕgens. Prop. 3. 23. 30.—2. Mihī mens jŭvĕnāli ardēbat *ămōre* Compellāre vīrum. V. Æn. 8. 163. SYN. 1, 2. cŭpīdo, ĭnis, *fem.*—1. ignis, is, *masc.* PHR. Res est sollĭcĭti plēna tĭmōris Ămor. Ov. Quicquid ămor jussit nōn est contemnĕre tūtum, Regnat et in dŏmĭnos jūs hăbet ille Deos. Ov. Ācer ĭn extrēmīs ossĭbus hæsit ămor. Ov. Crēdŭla res ămor est. Ov. Pectŏra lēgĭtĭmus căsta mŏmordit ămor. Ov. Ăcrius invītos multoque fĕrōcius urget, quam qui servĭtium ferre fătentur, Amor. Ov. At mihī sævus Amor somnos ābrumpat inertes. Ov. Phryx puer . . . Turrĭgĕram casto vinxit ămōre Deam. Ov. Spes est quæ căpiat, spes est quæ pascat ămōrem. Ov. Quid jŭvĕnis magnum cui versat ĭn ossĭbus ignem Dūrus ămor? V. Est (*from* ĕdo) mollis flamma mĕdullas. V. Hinc ăliæ Sătȳrīs incendia mītia præbent. Ov. Nil mĭhī vōbiscum est, hæc meus ardor ĕrit. Ov. —Vīvuntque Commissi călōres Æŏliæ fĭdĭbus puellæ. Hor.

ămōveo, es, āmōvi, ōtum. *To remove.*——(Tua ætas) ēvăganti fræna lĭcentiæ Injēcit, *ămōvit*que culpas. Hor. 4, 15. 11. SYN. ēmŏveo, dīmŏveo, rĕmŏveo, rĕmōlior, īris (*with an effort*); āmōlior.

Amphiărāŭs, i. *One of the chiefs in the war of the Seven against Thebes; being a prophet he knew he should be slain if he went to the war; wherefore he concealed himself, but was betrayed by his wife Ĕrĭphȳlē,* q. v.——Nōtus hŭmo mersīs *Amphiărāŭs* ĕquis. Ov. Ep. e P. 3. 1. 52.

Amphiărāēŭs, ă, um. *Of Amphiaraus.*——*Amphiărāēæ* nil prōsunt fāta quădrīgæ. Prop. 2. 34. 39.

Amphīōn, ŏnis. masc. *Son of Jupiter and Antiope. He is said to have built Thebes by means of his lyre, to which the stones were obedient.*——Nec non Cĕcrŏpiæ, nec non *Amphīŏnis* arces. Ov. Met. 15. 427.

Amphīŏnius, ă, um. *Of Amphion.*——Aut *Amphīŏniæ* mœnia flēre lȳræ. Prop. 1. 9. 10.

‡Amphisbœna. *An African servant, supposed to have a head at each end.*——Et grăvis in gĕmĭnum surgens căput *Amphisbœna.* Lucan. 9. 710.

‡ămphĭtheātrālis, e. *Belonging to an amphitheatre.*——*Amphĭtheātrāles* nos commendāmur ad ūsus. Mart. 14. 137. 1.

‡amphĭtheātrum. *An amphitheatre.*——Ŭbĭ conspicui vĕnĕrābĭlis *amphĭtheātri* Ērĭgĭtur mōles. Mart. de Spect. 1. 2. 5.

Amphītrīte, es, acc. ēn. 1. *The daughter of Oceanus or Nereus, and Doris, wife of Neptune, chief goddess of the sea.*—2. *The sea.*——1. Nec brachia longo Margĭne terrārum porrexĕrat *Amphĭtrīte.* Ov. Met. 1. 14.—2. Illa rŭdem cursu prīma imbuit *Amphĭtrīten.* Cat. 62. 11.

Amphītryon, ōnis. masc. *The husband of Alcmena, and reputed father of Hercules.*——*Amphĭtryon* fuĕrit cum tē Tīrynthia cēpit. Ov. Met. 6. 112.

Amphĭtryŏniădes, æ, acc. ēn. *A name of Hercules,* v. supra.——*Amphĭtryŏniădes* armenta ăbĭtumque părābat V. Æn. 8. 214.

amphŏra, æ. *A flask or bottle.*——Cessantem Bĭbŭli Consŭlis *amphŏram.* Hor. 3. 28. 8. SYN. testa.

Amphrȳsus, i. masc. *A river of Thessaly, on the banks of which Apollo fed the herds of Admetus.*——Tē quŏque magna Păles, et tē, vĕnĕrande, cānēmus, Pastor ab *Amphrȳso.* V. G. 3. 2.

Amphrȳsius, ă, um. *Sacred to Apollo, inspired by Apollo.*——Quæ contrā brĕvĭter fāta est *Amphrȳsia* vātes (Sĭbylla, sc.). V. Æn. 6. 394.

amplector, ĕris, plexus sum. 1. *To embrace, lit. and*—2. *metaph. To comprehend, comprise.*—3. *To surround.*——1. Ausus ēs *amplecti*, colloque infūsus ămantis Oscŭla per longas jungĕre pressa mŏras. Ov. Her. 2. 93.—2. Nōn ĕgŏ cuncta meīs *amplecti* versĭbus opto. V. G. 2. 42.—3. Nox ruit et fuscis tellūrem *amplectĭtur* ălis. V. Æn. 8. 369. SYN. 1. complector.—2. căpio, ĭs, cēpi, captum.—3. cingo, ĭs, xi; involvo, ĭs, vi, vŏlūtum. PHR. Ter cōnātus ĭbī collo dăre brāchia circum. V. Complexu Ænēæ colloque pĕpendit. V. Vultque sub amplexūs īre puellă tuos. Ov. Non sīc appŏsĭtis vincītur vītĭbus ulmus Ut tua sunt collo brāchia nexa meo. Ov. Arctius atque hĕdĕrâ prōcēra astringĭtur īlex Lentīs ădhærens brāchiis. Hor. Hæsit ĭn amplexu. Hor. Implĭcuitque suos circum mea colla lăcertos. Ov. Innectens ambōbus colla lăcertis. Ov. Sæpe tuos nostrâ cervīce ŏnĕrāre lăcertos, Sæpe tuæ vĭdeor suppŏsuisse meos. Ov. Dixit et implĭcuit māterno brāchia collo. Ov. Ut tămĕn accessit nātus mātrique sălūtem Attŭlit, Et parvīs adduxit colla lăcertis, Mistaque blandĭtiis puĕrīlibus oscŭla junxit. Ov. Post ĕtiam collo se implĭcuisse vŏlet. Tib. Narrāre părantem Impĕdit amplexu. Ov. Nĭveīs hinc atque hinc Dīva lăcertis Cunctantem amplexu molli fŏvet. V. Te tĕnet amplexu perfruĭturque tuo. Ov. Excĭpis amplexu, fēlīciaque oscula jungis. Ov. v. osculor.

amplexus, ûs. masc. *An embrace.*——Cum dăbit *amplexūs* atque oscŭla dulcia fīgit. V. Æn. 1. 687. SYN. complexus, ūs.

amplĭfĭcē. *Amply, magnificently.*——Tālĭbus, *amplĭfĭcē* vestis dĕcŏrāta fĭgūris. Cat. 62. 265. SYN. largē, ăbunde.

§amplĭo, ās. *To increase*, act.——Nē quid Summâ dēperdat mĕtuens aut *ampliet* ūt rem. Hor. Sat. 1. 4. 32. SYN. augeo, es, xi, q. v.

amplius. *More, either in quantity, or more usu., as we say, any more, that is, again, or any longer.*——Fēlīces ter et *amplius.* Hor. 1. 13. 17. Nec portĭtor Orci *Amplius* objectam passus transīrĕ pălūdem. V. G. 4. 503. Ut pĕlăgus tĕnuēre rătes, nec jam *amplius* ulla Occurrit tellūs. V. Æn. 5. 8. SYN. plūs.

amplus, a, um. *Large, ample.*——Ēgrēgiam vēro laudem et spŏlia *ampla* rĕfertis. V. Æn. 4. 93. Qui ter *amplum* Geryŏnen Tĭtyonque tristi Compescit undâ. Hor. 2. 14. 7. SYN. magnus (*compar.* măjor, *superl.* maxĭmus), vastus, ingens.—*Of places, as houses, plains, etc.*, spătiōsus, pătens, lātus, căpax, ācis.

‡§ampullă, æ. 1. *Prop., a bottle with a large bottom.*—2. *Inflated language.*——1. Vĭtreisque tĕpentem *ampullis* potas sēmĭsŭpīnus ăquam. Mart. 6. 35. 4. Prōjĭcit *ampullas* et sesquĭpĕdālia verba. Hor. A. P. 97.

§ampullor, āris. *To rant, to use bombast.*——An trăgĭcâ dēsævit et *ampullatur* ĭn arte? Hor. Ep. 1. 2. 14.

ampŭto, ās. *To cut off, prune.*——Ĭnutĭlesque falce rāmos *ampŭtans.* Hor. Epod. 2. 13. SYN. pŭto, dēpŭto; sĕco, as sĕcui, sectum; exsĕco; exscindo, is, exscĭdi, scissum. PHR. Curvo Sāturnī dentĕ rĕlictam Persĕquĭtur vītem attondens, fingitque pŭtando. V.

Ămūlius. *The uncle of Rhea Sylvia, mother of Romulus and Remus.*——Rōmŭleoque cădit trājectus *Ămūlius* ense. Ov. F. 3. 67. PHR. Contemptor Ămūlius æqui. Ov.

Ămurca, æ. *The lees of oil.*——Et nītro prius, et nīgrâ perpendĕre *ămurcâ.* V. G. 1. 194.

Ămўclæ. *A village in Laconia; the birth-place of Castor and Pollux.*——Ecquos Hippŏcoōn antīquis mīsit *Ămўclis.* Ov. Met. 8. 314.

ămyclæus, a, um. *An epithet of Castor and Pollux as having been born at Ămўclæ.*——Castŏri *Ămўclæo*, ĕt *Ămўclæo* Pollūci. Ov. Her. 8. 71.

ămygdalum. *An almond.*——Nec glandes Ămaryllĭ tuæ, nĕc *ămygdăla* desunt. Ov. A. A. 3. 183.

ămystis, ĭdis, fem. *A way of drinking without taking breath.*——Bassum Thēĭciâ vincat *ămystĭde.* Hor. 1. 36. 15.

ăn. 1. *An interrogative particle.*—2. *Whether (but in this sense sometimes understood).*—3. *Or* (*answering* ne).—4. = Annon? An non?——1. Crēdĭdĭmus lăcrўmīs, *ăn* et hæ sĭmŭlāre dŏcentur? Ov. Her. 2. 51.—2. Quis scit *ăn* adjĭciant hŏdiernæ crastĭna summæ Tempŏra Dî Sŭpĕri? Hor. 4. 7. 17. Diffĭcĭle est tămĕn hic rēmīs ūtāris *ăn* aurâ Dīcĕre. Ov. Tr. 1. 1. 92. Māmŭrius mōrum fālsæ ne exactior artis Diffĭcĭle est (dicere). Ov. F. 3. 383. Forsĭtan et dŭbĭtem nŭmĕris lĕviōrĭbus aptus Sim sătis. Ov. Tr. 2. 331. *An* fĕra Centaurīs indīcĕre bella coēgit Astrăcis Hæmŏnios Hippŏdămīa vĭros? Ov. Her. 17. 247. SYN. 1. Num, numquid.—1, 2, 3. anne.—2. ŭtrum. 4. nonne.

Ănăcreōn, ōntĭs. *A poet of Teos.*——Nec si quid ōlim lūsit *Ănăcreon*, Dēlēvit ætas. Hor. 4. 9. 9. PHR. Lўrĭci Tēĭa Mūsa sĕnis. Ov.

‡ănăbăthrum. *A stage to speak from, or to see the games from.*——Et quæ conducto pendent *ănăbăthra* tĭgillo. Juv. 7. 45.

†ănădēma, ătis. neut. *A fillet, a band for the head.*——Et bĕnĕ parta pătrum fiunt *ănădēmătă*, mītræ. Lucr. 4. 1122. SYN. vitta, cŏrōna, q. v.

‡ănăglypta, ōrum. neut. pl. *Embossed or chased plate.* Nec mensīs *ănăglypta* dē păternis. Mart. 4. 39. PHR. Cymbiaquĕ argenti perfecta atque aspĕra signis. V.

‡ănălecta, ōrum. neut. pl. *Relics of a feast.*——Sed prĕtium Scŏpis nunc *ănălecta* dăbunt. Mart. 14. 82. v. rĕlĭquiæ.

ănălectis or tris. usu. in pl. ănălectĭdĕs. *A pad to improve the shape.*——Convĕniunt tĕnues scăpŭlīs *ănălectĭdĕs* altis. Ov. A. A. 3. 273.

ănas, ătis. subst. fem. *A duck.*——Vīsa fŭgit Nymphe, vĕlūti . . . accĭpĭtrem flŭviālis *ănas*, Quam Trōĭus hēros Insĕquĭtur. Ov. Met. 11. 773.

anceps, ancĭpĭtis. adj. 1. *Double, double edged.*—2. *Doubtful.*——*Ancĭpĭtem*que mănu tollens ŭtrâque sĕcūrim. Ov. Met. 8. 397. Tum săcer *ancĭpĭti* mīrandus īmāgĭne Jānus. Ov. F. 1. 95. Tum vēro ancĭpĭti mentem formīdĭne pressus. V. Æn. 3. 47. SYN. 2. dŭbius, incertus, ambĭguus.

Anchīsæus, a, um. *Of Anchises.*——Et lucus lātē săcer addĭtur *Anchīsæo*. V. Æn. 5. 762.

Anchīses, æ. acc. ēn, voc. ă. *The father of Æneas.*——Conjŭgio, *Anchīsă*, Vĕnĕris dignāte sŭperbo, Cūra Deûm, bīs Pergămeīs ērepte ruīnis. V. Æn. 3. 475.

Anchīsiădes, æ. *Son of Anchises, a name of Æneas.*——Æneas *Anchīsiădes* et fīdus Ăchātes. V. Æn. 8. 521.

ancīle, in pl. gen. ancīlium and ancīliōrum. *A round shield which fell from heaven in the time of Numa, and on the preservation of which the oracle said that the safety of the Roman empire depended.*——Idque *ăncīle* vocat, quod ab omni parte rĕcīsum est. Ov. F. 3. 377. *Ancīliōrum*, et nōmĭnis et tŏgæ Ŏblītus. Hor. 3. 8. 10.

ancilla, æ. *A handmaid.*——Subsĕquor *ancillam* furtim fămŭlumve rĕquīrens. Ov. Her. 20. 131. SYN. ancillŭla, q. v.; fămŭla, serva.

ancillŭla, æ. diminutive of prec.——Nec vĕniat servus, nec flens *ancillŭla* fictum. Ov. R. A. 639.

ancŏra, æ. *An anchor.*——*Ancŏra* jam nostram non tĕnet ulla rătem. Ov. Tr. 5. 242. PHR. Unco non allĭgat ancŏra morsu. V. Ancŏra dē prōrâ jăcĭtur, stant littŏre puppes. V. Tum dentē tĕnāci Ancŏra fundābat nāves. V. Hic tĕneat nostras ancŏra jacta rătes. Ov.

Andrŏgeōnēŭs, a, um. *Of Androgeos.*——*Andrŏgeōnēæ* pœnas exsolvĕre cædis. Cat. 62. 77.

Andrŏgĕos, gei. acc. Andrŏgeum and Andrŏgeōna. *The son of Mīnōs, king of Crete and Pāsĭpphăē, slain by the Athenians, in expiation of whose slaughter the Athenians gave every year seven youths and seven maidens to be devoured by the Minotaur.*——In fŏrĭbus lētum *Andrŏgeī* tum pendĕre pœnas Cĕcrŏpĭdæ jussi. V. Æn. 6. 20. Et Deus extinctum Cressīs Ĕpĭdaŭrius herbis Restĭtuit pătrĭis *Andrŏgeōna* fŏcis. Prop. 2. 1. 62.

Andrŏmăchē, es. acc. ēn. *The wife of Hector.*——Sōlemnes tum forte dăpes et tristia dona . . . Lībābat cĭneri *Andrŏmăchē*. V. Æn. 3. 303.

Andrŏmĕda, æ. and Andrŏmĕdē, es. *The daughter of Cepheus and Cassiope.*——Candĭda si non sum, plăcuit Cēphēia Perseo *Andrŏmĕdē*, pătriæ fusca cŏlōre suæ. Ov. Her. 15. 36. SYN. Cēphēis, ĭdŏs.

ănēthum. *Anise.*——Narcissum et flōrem jungit bĕne ŏlentis *ănēthi*. V. E. 2. 48.

anfractus, ûs. *A winding (of a way).*——Est curvo *anfractu* valles accommŏda fraudi. V. Æn. 11. 522. SYN. flexus, ûs; curvāmĕn, ĭnis, *neut.*; sĭnus, ûs.

†angīna, æ. *Quinsy.*——In *angīnam* ĕgŏ nunc mē vĕlim verti. Plaut. Most. 1. 3. 61.

angĭportus, ûs. also angĭportum. *A lane or alley.*——Flēbis in sōlo lĕvis *angĭportu*. Hor. 1. 25. 10. Nunc in quadrivĭis ĕt *angĭportis*. Cat. 57. 4.

ango, īs. rare beyond imperf.—1. *To choke, suffocate.*—2. *To grieve (act.).*——Tussis ănhēla sues ac faucĭbus *angit* ŏbēsis. V. G. 3. 497. Nē . . . Mūnĕre tē parvo beet aut incommŏdus angat. Hor. Ep. 1. 18. 75. SYN. 1. †suffŏco, as; strangulo, as.—2. vexo, as, q. v.

angor, ōris. masc. *Grief.*——Quem vŏlŭcres lăcĕrant, atque exest anxius *angor*. Lucr. 1008.

anguĭcŏmus, a, um. *With snaky hair.* —— Gorgŏnĭs *anguĭcŏmæ* Perseus sŭpĕrātor. Ov. Met. 4. 699.

anguĭfĕr, fĕrā, um. *Bearing snakes.* —— Gorgŏnis *anguĭfĕræ* pectus ŏperta cŏmis. Prop. 2. 2. 8. SYN. cŏlŭbrĭfer.

anguĭgĕna, æ. masc. and fem. *Born of a snake, esp. said of the Thebans, who were said to be born of the dragon's teeth sown by Cadmus.* —— Quis fŭror, *anguĭgĕnæ*, prŏles Māvortia vestras Attŏnuit mentes. Ov. Met. 3. 5. 31. SYN. serpentĭgĕna, drăcŏnĭgĕna. v. Thebānus.

†**anguĭmănus**. only used in masc. as an epithet of the elephant, "with a trunk like a snake, serving him for hands;" used also as subst. —— Quădrŭpĕdum cum prīmīs esse vĭdēmus In gĕnĕre *ănguĭmănos* ĕlĕphantŏs. Lucr. 2. 537. Tētros *Angŭimănos* belli dŏcuērunt vulnĕra Pœni sufferre. Lucr. 5. 1302. v. ĕlĕphās.

‡**anguilla**. *An eel.* —— Vos *anguilla* mănet longæ cognāta cŏlūbræ. Juv. 5. 103.

anguĭneus, a, um. *Snaky, belonging to snakes.* —— Gorgŏnis *anguĭneis* cincta fuisse cŏmis (credam). Ov. Tr. 4. 7. 12.

anguĭpes, pĕdis. *With snakes for feet, esp. an epithet of the giants.* —— Quisque părābant Injĭcĕre *anguĭpĕdum* captīvo brăchia cœlo. Ov. Met. 1. 184. v. gĭgas.

anguis, guis. masc. and fem. *A snake.* —— Tĕne fĕrunt gĕmĭnos pressisse tĕnācĭter angues? Ov. Her. 9. 21. SYN. serpens, entis, *masc.*; drăco, ōnis, *masc.*; cŏlŭber, ŭbri; cŏlŭbra, vīpĕra, hȳdrus, cĕrastes, æ. *masc.* (*these are, strictly speaking, not quite synonymous words, being properly different sorts of snakes*). PHR. Frīgĭdus, o puĕri, fŭgĭte hinc, lătet anguĭs ĭn herbâ. V. Serpens sĭnuōsa vŏlūmĭna versat, Arrectisque horret squāmīs, et sībĭlat ōre. V. Vīpĕreo gĕnĕri, et grăvĭter spīrantĭbus hydris. V. Flexu sinuōso ēlābĭtur anguis. V. Squāmōso lābuntur ventre cĕrastæ. Prop. Curvis frustrā dēfensa Lătēbris Vīpĕra, et ăttŏnĭti squāmīs adstantĭbus hydri. V. Drăco squāmis crĕpĭtantĭbus horrens Sībĭlat et torto pectŏre verrit hŭmum. Ov. Quālis ŭbi in lūcem cŏlŭber măla grāmĭna pastus frīgĭda sub terrā tŭmĭdum quem brūma tĕgēbat, Nunc pŏsĭtis nŏvus exŭviis nĭtĭdusque jŭventā, Lūbrĭca convolvit sublāto pectŏre terga Arduus ad sōlem et linguis mĭcat ōre trĭsulcis. V. Anguĭbus exultur tĕnŭi cum pelle vĕtustas. Ov.

angŭlus. *A corner.* —— Quemque nŏtes ŏcŭlis *angŭlus* omnis ăbest. Ov. F. 3. 378.

angusto, as. *To narrow.* —— Cūjus ĭter cæsīs *angustans* corpŏrum ăcervis. Cat. 62. 359. SYN. cŏarcto, as; ‡arcto, as.

angustus, a, um. *Narrow, lit. and metaph.* —— Ingentes ănĭmos *angusto* in pectŏre versant. V. G. 4. 83. *Angustam* ămīcē paupĕriem păti. Hor. 3. 2. 1. SYN. arctus.

ănhēlātus, a, um. part. from ănhelo, q. v. *Breathed forth.* —— Isset *ănhēlātos* non præmĕdĭcātus ĭn ignes Immĕmor Æsŏnĭdes. Ov. Her. 12. 15.

ănhēlĭtus, ûs. 1. *Breath.*—2. *A panting.* —— 1. Ārĭdus ē lasso vĕnĭēbat *ănhēlĭtus* ōre. Ov. Met. 10. 663.—2. Fessos quătit æger *ănhēlĭtus* artus. V. Æn. 9. 814. SYN. 1. spīrĭtus, ûs; hālĭtus, ûs; flātus, ûs.

ănhēlo, as. 1. *To breathe forth.*—2. *To pant.*—3. *To issue forth with a violent blast.* —— 1. Antraque lētĭfĕri răbiem Tȳphōnis *ănhēlant.* Lucan. 6. 92.—2. Nullus *ănhēlābat* sub ădunco vōmĕre taurus. Ov. F. 2. 295.—3. Fornācĭbus īgnis *ănhēlat.* V. Æn. 8. 421. Cūjus *ănhēlātis* īgnĭbus ardet hŭmus. Ov. F. 4. 492. SYN. 1. spīro, as; exspīro; efflo, as.

ănhēlus, a, um. 1. *Panting.*—2. *Causing to pant.* —— 1. Nosque ŭbĭ prīmus ĕquīs Ŏriens afflāvit *ănhēlis.* V. G. 1. 250.—2. Et quătit ægros Tussis *ănhēla* sues. V. G. 3. 497.

Ănio, ōnis, **Ăniēn**, ēnis. acc. ēna. and **Ăniēnus**, i. *The Teverone, a river which flowing by Tibur (Tivoli) falls into the Tiber a little above Rome.* —— Et præceps *Anio* et Tĭburni lūcus. Hor. 1. 7. 13. Quasque *Ăniēnis* ăquæ, cursuque brĕvissĭmus Almo. Ov. Met. 14. 329. Accessit rīpæ tam *Ăniēne*, tuæ. Prop. 4. 7. 8. PHR. Quæ Tībur ăquæ fertĭle præfluunt. Hor.

Ăniēnus, a, um. *Of the Anio.* —— Unde păter Tībĕrīnus, et unde *Aniēna* fluenta. V. G. 4. 369.

ănīlis, e. *Belonging to, suited to, an old woman.*——Ad lītus passu prōcessit *ănīli.* Ov. Met. 13. 533. v. vĕtŭlus.

ănīlĭtas, ātis. *Old age of women.*——Usque dum trĕmŭlum mŏvens Cāna tempus *ănīlĭtas.* Cat. 59. 162. v. sĕnectūs, ūtis.

ănĭma, æ. 1. *Any breath, of wind, man, bellows, etc.*—2. *Life.*—3. *The soul.*—4. (ănĭmæ sĭlentes) *Ghosts, spirits.*——1. Impellunt *ănĭmæ* lintea Thrāciæ. Hor. 4. 12. 2. *Ănĭmas* et ŏlentia Mēdi ōra fŏvent illo. V. G. 2. 134. Quantum ignes *ănĭmæ*que vălent. V. Æn. 8. 403.—2. Mēne Īlĭăcis occumbĕre campis non pŏtuisse, tuâque *ănĭmam* hanc Effundĕre dextrâ. V. Æn. 1. 98.—3. Morte cărent *ănĭmæ.* Ov. Met. 15. 158.—4. Nigrantesque dŏmos *ănĭmarum* intrâsse sĭlentûm. Prop. 3. 12. 13. SYN. 1. flātus, ûs; flāmĕn, īnis, *neut.* (*not of animals*); hālĭtus, ûs (*only of animals*). 1, 2, 3. spīrĭtus, ûs.—2. vīta, q. v.; animus.—4. Mānes, ium, pl. q. v.

ănĭmadverto, ĭs, ti, sum. rare in good authors except in pass. part. *To observe, to notice.*——Hīs *ănĭmadversis* terram multo ante mĕmento excŏquĕre. V. G. 2. 259. SYN. observo, as; contemplor, āris; consīdĕro, as; adverto (*not used in pass. in this sense*). PHR. Quasquĕ vĭces pĕrăgant (ănĭmos ădhĭbētĕ) dŏcēbo. Ov. Multaque præsens Tempŏre tam longo vīdi, multa aurĭbus hausi. Ov. Ŏcŭlis ea pectŏris hausit. Ov. Vos fămŭli quæ dīcam ănĭmīs advertĭte vestris. V. Paucīs (adver.ĕ) dŏcēbo. V. Hŭc adver.ĭte mentem. V.

ănĭmăl, ālis. neut. *Any living thing.*——Sanctius hīs *ănĭmal* mentisque căpācius altæ Deĕrat ădhuc. Ov. Met. 1. 76. SYN. ănĭmans, antis.

†ănĭmālis. *Belonging to animals, animate, having life.*——Unde *ănĭmāle* gĕnus gĕnĕrātim in lūmĭna vītæ Rĕdūcit Vĕnus. Lucr. 1. 229.

†ănĭmans, antis. *A living being.*——Dissĭpat in corpus sēsē cĭbus omne *ănĭmantûm.* Lucr. 1. 350. SYN. ănĭmăl, ālis. neut.

ănĭmo, ās. *To give life to, to animate.*——Quas hŭmus exceptas vărios *ănĭmāvit* in angues. Ov. Met. 4. 619. Spes ĕrat in nymphas *ănĭmātâ* classe mărīnas. Ov. Met. 14. 566.

ănĭmōsus, a, um. 1. *Blowing strongly.*—2. *Spirited, bold.*—3. *Living, or like life* (*of statues, etc.*).——1. Quas *ănĭmōsi* Euri assĭduē franguntque fĕruntque. V. G. 2. 441.—2. Rēbus angustis *ănĭmōsus* atque Fortis āppāre. Hor. 2. 10. 20.—3. Glōria Lȳsippo est *ănĭmōsa* effingĕre signa. Prop. 3. 7. 9. SYN. 1. viŏlentus.—1, 2. fortis, q. v.; ācer, ācris, ācre.—2. strēnuus. 2, 3. vīvĭdus.

ănĭmus, i. 1. *Life* (*rare in this sense*).—2. *The mind.*—3. *Spirit, courage; in inanimate things, impetus, violence* (*esp. in pl. in this sense*).—4. *Anger.*——1. Unâ eâdemque orâ sanguĭs *ănĭmus*que sĕquuntur. V. Æn. 10. 487.—2. Quanquam *ănĭmus* mĕminisse horret, luctuque rĕfūgit. V. Æn. 2. 12.—3. Ultro *ănĭmos* tollit dictis. V. Æn. 9. 127. Dant *ănĭmos* plāgæ (*to a whipping-top*). V. Æn. 7. 383.—4. Vince *ănĭmos* īramque tuam qui cætĕra vincis. Ov. Her. 3. 85. *Also,* est ănĭmus, fĕrt ănĭmus, *I desire, I intend.* Sin mĭnus *est ănĭmus* nōbīs effundĕre vītam. Ov. Her. 7. 181. In nŏva *fert ănĭmus* mūtātas dīcĕre formas Corpŏra. Ov. Met. 1. 1. SYN. 1. ănĭma, q. v.—2. mens, mentis, *fem.*—3. virtus, ūtis *fem.*; impĕtus, ûs, *masc.*; vĭgor, ōris.—4. īra, q. v.

annāles, ĭum, contr. ûm. pl. masc. 1. *Annals.*—2. *Records, a relation.*——1. Scripta rĕcognosces *annālĭbus* ērūta priscis. Ov. F. 1. 7.—2. Si văcet *annāles* nostrōrum audīre lăbōrum. V. Æn. 1. 377. SYN. 1. fasti, ōrum. 1, 2. histŏria.

anne. 1. *Interrogative particle.*—2. *Or whether.*——1 *Anne* lăcus tantos? te, Lări maxĭme tēque (memorem?). V. G. 2. 159.—2. Frātre măgis dūbĭto glōrier, *anne* vĭro. Ov. F. 6. 28. SYN. 1, 2. ăn, q. v.

annecto, ĭs, nexui, nexum. *To tie to, fasten to.*——Firmaque conductīs *annectit* lĭcia tēlis. Tib. 1. 6. 79. SYN. necto; ligo, as; allĭgo; vincio, īs, xi; dēvincio.

†§annellus, i. *A ring.*——Cum trĭbus *annellis,* mŏdŏ lævâ Priscus ĭnāni. Hor. Sat. 2. 7. 9. SYN. annŭlus, q. v.

Annĭbăl, ăl s. *The great Carthaginian general in the second Punic war; his great victories took place at the lake Thrăsȳmēnŭs and at Cannæ, and his defeat at Zămă.*——Ingentem cĕcīdit Antiŏchum *Annĭbălem*que dīrum. Hor. 3. 6. 36. SYN. Pœnus; Āfer, fri. PHR. Dīrus per urbes Āfer ut Ītălas Ceu flamma per tædas, vel Eurus Per Sĭcŭlas Ĕquĭtāvit urbes. Hor.

annītor, ĕris, annixus sum. chiefly used in perf. part. 1. *To strive.*—2. *To lean against.*——Quem pĕtit et summīs *annixus* vīrĭbus urget. V. Æn. 5. 226.

Mĕdiīs ingenti *annixa* cŏlumnæ Ædĭbus astābat (hasta). V. Æn. 12. 92. SYN. nītŏr, q. v.

anno, annato. v. adno, adnato.

‡§**ānnōna, æ.** *Provisions.*——Gnārus et īrārum causas et summa făvōris *Annōnā* mōmenta trăhi. Lucan. 3. 56.

annōsus, a, um. *Aged, full of years.*——Scīlĭcet exĭguis prōdest *annōsa* sĕnectus. Ov. Tr. 5. 2. 11. SYN. sĕnex, *gen.* sĕnis; vĕtŭlus, longævus, grandævus.

‡**annŏto, as.** *To note down, to remark.*——Nāresque pĭlōsos *Annŏtet* et grandes mīrētur Lælius ālas. Juv. 14. 195. SYN. observo, as, q. v.

†**annŭlātus, a, um.** *Wearing a ring.*——Quia incēdunt cum *annŭlātīs* auribus. Plaut. Pœn. 5. 2. 20.

annŭlus, i. masc. *A ring.*——Nec dĭgĭtīs *annŭlus* ullus ĭnest. Ov. F. 4. 658. SYN. gemma, annellus, signum, *when it is a seal ring.*

annŭmĕro, as. *To count, esp. in addition.*——Sē quŏque in exemplīs *annŭmĕrāre* sŏlet. Ov. Tr. 5. 4. 20. SYN. nŭmĕro, ēnŭmĕro.

‡**annuntio, as.** *To announce.*——Rūmor ŭbīque altus, plūresque *annuntiat* hostes. Stat. Theb. 7. 457. v. nūntio.

annuo, ĭs, i. no supines., no pass. 1. *To nod in assent or confirmation, or out of favour to (in this last case c. dat., sometimes c. acc. of what is promised or granted by a nod, c. dat pers.)*——*Annuit* et tōtum nūtu trĕmĕfēcit Ŏlympum. V. Æn. 9. 106. Nos tua prōgĕnies, cœli quĭbus *annuis* arcem. V. Æn. 1. 254. Da făcĭlem cursum atque audācĭbus *annue* cœptis. V. G. 1. 40. PHR. Vīsaque concussâ dicta prŏbāre cŏmâ. Ov. Et vīsa est mōtâ dicta prŏbāre cŏmâ. Ov. v. nūtus.

annus. *A year.*——Atque in sē sua per vēstīgia volvĭtur *annus.* V. G. 2. 402. PHR. Vos o clārissĭma mundi Lūmĭna lābentem mundi qui dūcĭtis annum. V. Intĕreā magnum Sol circumvolvĭtur annum. V. Post ălĭquot mea regna vĭdens mīrābor ărĭstas. V. v. arista.—*The new year.* Ergo ŭbĭ Jāne bĭceps longum rĕsĕrāvĕris annum Pulsus ĕt ā sācro mense Dĕcember ĕrit. Ov.—*One year.* Signa Deus bis sex acto lustrāvĕrat anno. Ov.—*It is one year since.* Annuus exactis complētur mensĭbus orbis Ex quo... V.—*Who was one year older.* Qui trĭbus ante quăter mensĭbus ortus ĕrat. Ov.—*It is, or was, two years.* Bis mē Sōl adiit gĕlĭdæ post frīgŏra brūmæ Bisque suum tacto Pisce pĕrēgit ĭter. Ov. Ut pătriâ căreo, bis frūgĭbus ārea trīta est, Dissĭluit nūdo pressa bis ūva pĕde. Ov.—*It is, or was, three years.* Signa rĕcensuĕrat bis Sol sua, tertius ībat Annus. Ov. Hic tĭbĭ bisque æstas bisque cŭcurrit hyems Tertia messis ĕrat. Ov. Ut sŭmus in Ponto ter frīgŏre constĭtit Ister. Ov. Tertius æquŏreis inclūsum Piscĭbus annum Fīniĕrat Tītan. Ov. Tertia nūdandas accēpĕrat ārea messes. Inque căvos ĭerant tertia musta lăcus. Ov. Tertia dum Latio regnantem vīdĕrit æstas, Ternaque transiĕrint Rŭtŭlis hȳberna subactis. V. Hic tertius Dĕcember ex quo destĭti Īnăchiâ fŭrĕre. Hor.—*Four years.* Ut căreo vōbis Stȳgias dētrūsus ĭn ōras Quătuor autumnos Plēĭăs orta făcit. Ov. Hic mē... quarta fătīgat hȳems. Ov. Quăter arva cŏlōnus ărĭstis Nūdāvit, quăter est falce rĕsecta Cĕres.—*Five years.* In Scȳthiâ nōbis quinquennis Ŏlympiăs acta est. Ov.—*I was six years old, when.* Sex mihĭ nātāles ĭerant cum. . . .—*Seven years.* Tē jam septĭma portat omnĭbus errantem terris et fluctĭbus æstas. V. Septima post Trōjæ excĭdium jam vertĭtur æstas. V. —*Ten years.* Pergăma cum căderent bello sŭpĕrāta bĭlustri. Ov. Tracto duŏ per quinquennia bello. Ov.—*Thirteen years had passed.* Tertius intĕreā dĕcĭmo successĕrat annus. Ov.—*He was fifteen.* Is tria cum prīmum fēcit quīnquĕnnĭă. Ov.—*He was sixteen years old.* Octōnīs ĭtĕrum nātālĭbus actis Signârat dŭbiâ tĕnĕras lānūgĭnĕ mālas. Ov. Jamque ter ad quīnos ūnum Cēphīsius annum Addĭdĕrat. Ov. Bis ădhuc octōnis intĕger annis. Ov.—*He was not twenty years old.* Nĕc ădhuc spectâsse per annos Quinquennem pŏtĕrat Graiâ quăter Ēlĭde pugnam. Ov.—*He was twenty years old.*—Jamque dĕcem vītæ frāter gĕmĭnāvĕrat annos. Ov.—*I was fifty years old, etc.* Postque meos ortus Pīsæâ vinctus ŏlīvâ Abstŭlĕrat dĕcies præmia victor ĕques. Ov. Dēsĭne . . . circā lustra dĕcem flectĕre mollĭbus Jam dūrum impĕriis. Hor. Lustris jam bis mihĭ quinque pĕractis. Ov.—*He was ninety years old.* Nŏvemque Addĭdĕrat lustrīs altĕra lustra dĕcem. Ov.—*In a hundred years.* Centum fœcundos Tītan rĕnŏvāvĕrit annos. Tib.

annuus, a, um. *Yearly, occurring every year, or lasting a year.*——Mĭhĭ vĕnit annua cūra. V. G. 1. 216. Cunctantem spătio longius *annuo.* Hor. 4. 5. 11.

†anquīro it, quīsīvi, ītum. *To seek or investigate diligently on all sides.*——Prōtrahĕre in lūcem atque omnes *anquīrĕre* nīsus. Lucr. 4. 1182. v. exquīro.

ansa, æ. *The handle of a cup or any similar vessel.*——Et grăvis attrītâ pendēbat canthărus *ansâ.* V. E. 6. 17.

anser, ĕris. masc. *A goose, held in great honour at Rome on account of the story of one having saved the Capitol by awakening the sentinels when the Gauls were trying to scale it.*——Nec servātūris vĭgĭli Căpĭtōlia vōce Cēdĕret *ansĕrĭbus.* Ov. Met. 2. 539. PHR. Unĭcus anser ĕrat, mĭnĭmæ custōdia villæ. Ov. Ansĕris et tūtum vōce fuisse Jŏvem. Prop.

ante. prep. c. acc. *Before,* 1. *In point of time*—2. *In place*—3. *In preference.*——1. *Ante* Jŏvem nulli sŭbĭgēbant arva cŏlōni. V. G. 1. 125.—2. Immānem *ante* pĕdes hȳdrum mŏrĭtūra puella (non vidit). V. G. 4. 458.—3. Mē vēro prīmum dulces *ante* omnia Mūsæ . . . Accĭpiant. V. G. 2. 475. SYN. 2. pro.—2, 3. præ, *c. abl. but when in point of* place *only* before persons.

ante. adv. *Previously, formerly.*——1. Non *ante* dēvictis Săbææ Rēgĭbus. Hor. 1. 29. 3. *Ante,* Deos hŏmĭni quod concĭliāre vălēret Fās ĕrat. Ov. F. 1. 337. SYN. prius, antehac, *dissyll.*; ōlim, āntĕā.

antĕquam. *Before that, usu. found in tmesi.*——*Antĕquam* turpis măcies dēcentes Occŭpet mālas. Hor. 3. 27. 53. Sed nōn *ante* dătam cingētis mœnĭbus urbem *Quam* vos dīra fămes . . . sŭbĭgat. V. Æn. 3. 255. SYN. priusquam, *or* prius . . . quam *in tmesi.*

anteactus, a, um. trisyll. *Previously done, past.*—Quodsi stulta nĕgas index *anteacta* fătēbor. Ov. Am. 2. 8. 25. Cum mĕmor *anteactos* semper dŏlor admŏnet annos. Tib. 4. 1. 189. SYN. exactus, prætĕrĭtus.

‡anteambŭlo, ōnis. quadrisyll. masc. *A servant who walks before his master.*——Sum cŏmĕs ipse tuus tŭmĭdique *anteambŭlŏ* rēgis. Mart. 2. 185.

antĕcēdo, is, cessi. no pass.——Rāro *antĕcēdentem* scĕlestum Dēsĕruit pĕde pœna claudo. Hor. 3. 2. 31. SYN. præcēdo. v. seq.

anteĕo, antĕis, anteit, anteivi. no sup. or pass. 1. *To precede.*—2. *To surpass, to excel.*——1. Nec cursūs *anteĕăt* illa tuos. Ov. A. A. 2. 726.—2. Qui candōre nĭves *anteirent,* cursĭbus auras. V. Æn. 12. 84. SYN. 1. præĕo, antĕcēdo, ĭs; præcēdo.—2. sŭpĕro, as; vinco, is, vici; præsto, as, stĭti (*no sup. or pass., c. dat.*), §†antesto, q. v.; §præcurro, is; †antĕvĕnio, īs, *c. dat.*

antĕfĕro, fers, tŭli, latum. *To prefer.*——Quæ quĭbus *antĕfĕram.* V. Æn. 4. 371. Armis *antĕfĕrendus* ĕrit. Ov. Her. 16. 356. SYN. præfĕro, præpōno, ĭs, pŏsŭi.

antehac. dissyl. *Before this time.*——*Antehac* nĕfas dēprōmĕre Cæcŭbum Cellis ăvĭtis. Hor. 1. 37. 5. SYN. ante, q. v.

antenna, æ. *The yard of a ship.*——Cornua vēlātārum obvertĭmus *antennarum.* V. Æn. 3. 549. SYN. cornu, *indecl. in sing., pl.* cornua, cornĭbus; brăchium, *in pl.* PHR. Nunc dextros solvĕre sĭnūs (*the folds of the sails,* i. e. *the sails*), ūna ardua torquent Cornua dētorquentque, fĕrunt sua flāmĭna classem. V. Dum tŭlit antennas aura sĕcunda meas. Ov. v. vēlum.

Antēnor, ŏris, acc. **ŏra.** *A king of Thrace, an ally of the Trojans; who after the destruction of Troy founded Pătăvium, now Padua in the north of Italy.*——*Antēnor* pŏtuit mĕdiīs ēlapsus Achīvis Illȳrĭcos pĕnĕtrāre sĭnūs . . . Hic tămĕn ille urbem Pătăvî sēdesque lŏcāvit Teucrōrum, et genti nōmen dĕdit. V. Æn. 1. 242.

antes, um. masc. pl. *The front rows of vines.*——Jam cănit extrēmos effētus vīnĭtor *antes.* V. G. 2. 417.

†§antesto, as, stĕti. no supines or pass. *To surpass.*——Verranni omnĭbus ē meīs ămīcis *antestans* mihĭ. Cat. 9. 2. Hercŭlis *antestare* autem si facta pŭtābis. Lucr. 5. 22. v. anteeo.

§antestor, āris. *A legal word, to summon as a witness.*——Lĭcet *antestāri.* Hor. Sat. 1. 9.

antĕvĕnio, īs, vēni. no pass. 1. *To be beforehand, to anticipate.*—2. †*To surpass, with dat.*——1. *Antĕvĕni,* et sŏbŏlem armento sortīre quŏtannis. V. G.

3. 71. — 2. Omnĭbus rēbus ĕgo ămōrem crēdo . . . *antĕvĕnīre.* Plaut. Cas. 2. 3, 1. SYN. 1. prævĕnio, antĭcĭpo, ās. — 2. anteĕo, *trisyll.*, anteīs, q. v.

antĕvŏlo, as. *To fly before, hasten before or forward.* — Turnus ut *antĕvolans* tardum præcessĕrat agmen. V. Æn. 9. 47.

antĭcĭpo, as. *To anticipate.* — Per compendia montes *Antĭcĭpāta* via est. Ov. Met. 3. 234. SYN. præcĭpio, ĭs, cēpi, ceptum.

Antĭcȳră, æ. *An island in the Ægean Sea, celebrated for the hellebore which grew upon it, and therefore often referred to in the Latin poets as a curer of insanity.* — I, bĭbĕ, dixissem, purgantes pectŏra succos, Quicquid et in tōtâ nascĭtur *Antĭcȳrâ.* Ov. Ep. e P. 4. 3. 54.

Antĭgŏnē, ēs, acc. **ēn.** *The daughter of Œdipus, put to death by Creon for burying her brother Polynices.* — Quid ? non *Antĭgŏnes* tŭmŭlo Bœōtius Hæmon Corruit ipse suo saucius ense lătus. Prop. 2. 8. 21.

Antĭlŏchus, i. *The son of Nestor slain at Troy by Hector.* — Sīve quis *Antĭlŏchum* narrābat ab Hectŏre victum. Ov. Her. 1. 15.

Antiŏchus. *A king of Syria, who gave a refuge to Annibal, and was defeated by L. Scipio.* — Ingentem cĕcĭdit *Antiŏchum* Annĭbălemque dirum. Hor. 3. 6. 36.

‡antīquāria, æ. *A female antiquarian.* — Ignōtosque mĭhī tĕnet *antīquāria* versus. Juv. 6. 453.

antīque. *In an old-fashioned manner.* — Si quædam nĭmis *antīquē*, si plĕraque dūrē Dīcĕre crēdit eos. Hor. Ep. 2. 1. 66.

antīquus, qua, quum. *Ancient.* — Est *antīquus* ăger, Tusco mĭhī proxĭmus amni. V. Æn. 11. 316. SYN. vĕtus, *gen.* vĕtĕris ; vĕtustus, priscus, pristĭnus.

antistes, ĭtis, masc. *A priest.* — Cultor et *antistes* doctorum sancte vĭrōrum. Ov. Tr. 3. 14. 1. SYN. săcerdos, ōtis, *masc. and fem.*

antistĭta, æ. *A priestess.* — Tractāta cŏmĭs *antistĭta* Phœbi. Ov. Met. 13. 410. SYN. săcerdos, ōtis, *fem.*

Antĭum. *A town in Italy celebrated for the temple of Fortune.* — O Dīva grātum quæ rĕgis *Antium.* Hor. 1. 35. 1.

‡antlia, æ. *A pump.* — Curva lăbōrātās *antlia* tollet ăquas. Mart. 9. 19. 4.

Antōnius, nĭ. *One of the triumviri after the death of Julius Cæsar, defeated at Actium by Octavius.* — Hinc ŏpe barbărĭcâ, văriisque *Antōnius* armis. V. 8. 685.

antrum. *A cave, den.* — Tum prīmum sŭbiēre dŏmos, dŏmus *antra* fuērunt. Ov. Met. 1. 121. SYN. căverna, spēlunca ; spēlæum ; spĕcus, ûs. PHR. Spēlunca alta fuit, vastoque immānis hiātu. V.

Anūbis, ĭdis. masc. *An Egyptian deity.* — Per tua sistra prĕcor, per *Anūbĭdis* ōra vĕrendi. Ov. Am. 2. 13. 11.

anŭs, ûs, subst. fem. *An old woman.* — Prōtĭnus ut rĕdeas, facta vĭdēbor *ănus.* Ov. Her. 1. 116. SYN. vĕtŭla. PHR. Etsi Cūmææ sæcŭla vātis ăget. Prop. v. sĕnex.

Anxĭĕtās ātis, fem. *Anxiety.* — *Anxĭĕtas* ănĭmi, contĭnuusque lăbor. Ov. Ep. e P. 1. 4. 8.

†Anxĭfer, fĕra, um. *Causing anxiety.* — Tu tămĕn *anxĭfĕras* aūras rĕquiēte rĕlaxas. Cic. de Div. 1. 13.

Anxius, a, um. *Anxious (only of persons or feelings).* — Prōque tot annōrum cūrâ quos *anxius* ēgi. Ov. Her. 13. 371. SYN. sollĭcĭtus, intentus. PHR. Nec plăcĭdam membris dat cūra quiētem. V. Magno cūrārum fluctuat æstu. V. v. cura.

Ănȳtus, ī. *One of the accusers of Socrates, who in consequence is often called reus Anyti.* — Fāma rĕfert *Ănȳti* quale fuisse reo. Ov. Tr. 5. 12. 12.

Āŏnēs, acc. **ăs,** masc. pl. *Aonian, Bœotian, esp. of Helicon which was a mountain in Bœotia sacred to the Muses.* — Tum canit errantem Parnassi ad flūmĭna Gallum *Āŏnăs* in montes ut duxĕrit ūna sŏrorum. V. E. 6. 65. SYN. Āŏnius.

‡ Āŏnĭdes, æ. *A Bœotian.* — Quĭsquĭs ĕs *Āŏnĭdūm.* Stat. Theb. 2. 697.

Āŏnis, ĭdis, usu. (if not always) in pl. *Aonian women,* i. e. *the Muses.* — Poscĭmur *Āŏnĭdes,* sed forsĭtăn ōtia non sint. Ov. Met. 5. 333. v. Musa.

Āŏnius, a, um. 1. *Bœotian, Theban.* — 2. *As Aonian, esp. concerning Helicon* *a mountain sacred to the Muses.*—3. *Of or belonging to the Muses.*——1. *Ăŏnii* cŏrnĭbus icta Dei. Ov. A. A. 2. 380.—2. Prīmus ĕgo in pătriam mecum, mŏdŏ vīta sŭpersit, *Ăŏnio* rĕdiens dēdūcam vertĭce Mūsas. V. G. 3. 11.—3. *Ăŏniam* Marte mŏvente lўram. Ov. Am. 1. 1. 12. v. Bœotia, Helicon, Musa.

Aornŏs, i. fem. *A marsh, avoided by the birds as pestilential.*——Unde lŏcum Grāii dixērunt nōmĭne *Aornon.* V. Æn. 6. 242.

Ăpelles, is. *The greatest of the ancient painters; he lived at Cos in the time of Alexander the Great.*——Si Vĕnĕrem nunquam Cōus pŏsuisset *Ăpelles.* Ov. A. A. 3. 401. PHR. Ut Vĕnus artĭfĭcis lăbor est et glŏria Cŏī. Ov.

Ăpellēus, a, um. *Of Apelles.*——Quālis *Ăpellēis* est cŏlor in tăbŭlis. Prop. 1. 2. 22.

Ăpennīnĭcŏla, æ. masc. *An inhabitant of the Apennines.*——*Ăpennīnĭcŏlæ* bellātor fīlius Auni. V. Æn. 11. 700.

Ăpennīnĭgĕna, æ. masc. *Born in or rising in the Apennines.*——*Ăpennīnĭgĕnæ* quæ proxĭma Tybrĭdis undis. Ov. Met. 15. 432.

Ăpennīnus (mons understood). masc. *The Apennine mountains.*——Ipse nĭvāli Vertĭce se attollens păter *Ăpennīnus* ad auras. V. Æn. 12. 703. PHR. Nūbĭfer Ăpennīnus. Ov.

ăper, ăpri. *A boar.*——Spūmantemque dări pĕcŏra inter ĭnertia vōtis Optat *ăprum.* V. Æn. 4. 158. SYN. verres, is; sūs, suis.

ăpĕrio, is, ĕrui, ăpertum, ăpĕrīre. 1. *To open.*—2. *To explain, esp. as a prophet.*—3. *To show by uncovering.*—4. *also intrans. To open on the view, and also in pass.* **ăpĕrior.**——1. Terram inter fluctūs *ăpĕrit*; fŭrit æstus ărēnis. V. Æn. 1. 107.—2. Magnam cui mentem ănimumque Dēlius inspīrat vātes *ăpĕrit*que fŭtūra. V. Æn. 6. 12.—3. At rāmum hunc (*ăpĕrit* rāmum qui veste lătēbat). V. Æn. 6. 406.—4. Quarto terra diē prīmum se attollĕre tandem Vīsa *ăpĕrīre* procŭl montes. V. Æn. 3. 206. Et formīdātus nautis *ăpĕrītur* Ăpollo. V. Æn. 3. 275. SYN. 1, 2, 3. explico, as, ui; 1, 2, 3, *but esp.* 2, pando, is, di, *no sup. or perf. pass. part. in this sense.* 1, 2. rĕcludo, is, si.—1. rĕsĕro, as, *esp. of opening a door, window, or any thing fastened with a bolt.* So laxo, as; rĕlaxo; rĕsolvo, is, vi, sŏlūtum (*of opening one's mouth*).—3. rĕvēlo, as; dētĕgo, is, xi, ctum.—4. appāreo, es, ui, *no sup. or pass.*; păteo, es, ui, *no sup.*, q. v.

ăpertē. *Openly.*——Ŭbĭ vincĕre *ăperte* non dătur insĭdias armaque cæcă părant. Ov. F. 2. 213. SYN. pălam.

ăpertus, a, um. part. perf. pass. from ăpĕrio, but used almost as adj. *Evident, manifest.*——Quid mĭsĕros tŏties in *ăperta* pĕrĭcŭla cīves Prōjĭcis? V. Æn. 11. 360. SYN. mănĭfestus, q. v.

ăpertum. *An open plain.*——Cătus īdem per *ăpertum* fŭgientes ăgĭtāto grĕge cervos jăcŭlāri. Hor. 3. 12. 10. SYN. campus, q. v.

ăpex, ĭcis. masc. prop. *The tuft on the priest's cap, the top of any thing.*——Ecce lĕvis summo dē vertĭce vīsus Iūli Fundĕre lumĕn *ăpex.* V. Æn. 2. 683. Jamque vŏlans *ăpĭcem* et lătĕra ardua cernit Atlantis dūri. V. Æn. 4. 246. SYN. căcūmen, ĭnis, *neut.*; fastīgium; vertex, ĭcis, *masc.*

ăpĭcātus, a, um. *Wearing a tufted cap or mitre.*——Conjux *ăpĭcati* cincta Diălis. Ov. F. 3. 397.

Ăpĭcius, cī. *A Roman celebrated as an epicure.*——Quâ non Fābrĭcius sed vellet *Apicius* ūti. Mart. 10. 70.

†ăpĭcŭla, æ. *A bee.*——Ĕgŏn' *ăpĭcŭlārum* ŏpĕra congestum non fĕram? Plaut. Curc. 1. 1. 10.

ăpis, is. fem. *A bee.*——Cĕcrŏpias innātus *ăpes* ămŏr urget hăbendi. V. G. 4. 177. PHR. Vŏlŭcres ĕgŏ mella dătūras Ad viŏlam et cўtĭsos et thўma căna vŏco. Ov. Ĕgo ăpis Mătīnæ mŏre mŏdoque Grāta carpentes thўma per lăbōrem Plūrĭmum. Hor. Dē pūtri viscĕre passim Flōrĭlĕgæ nascuntur ăpes. Ov. Nonne vĭdes quos cēra tĕgit sexangŭlă, fœtus Mellĭfĕrārum ăpium sĭne membris corpŏre nasci? Ov. Aut ut ăpes saltusque suos et ŏlentia nactæ Pascua per flōres et thўma summa vŏlant. Ov. Quot ăpes pascuntur ĭn Hўblâ. Ov. O dulcior illo Melle quod in cērĭs Attĭca pōnit ăpis. Ov. Inque tuĭs ŏpĭfex, vāti quod fēcit Achæo Noxia lūmĭnĭbus spĭcŭla condat ăpis. Ov. Pĕr auras Mellis ăpes quamvis longē dūcuntur ŏdōre. Lucr. Rūre lĕvis verno flōres ăpis ingerit alveo, Compleăt ut dulci sēdŭla mĕlle făvos. Tib.

Āpĭs, ĭs. *The sacred bull worshipped by the Egyptians.*——Et cŏmĕs in pompâ cornĭger *Āpis* ĕrat. Ov. Am. 2. 13. 14.

§ăpiscor, ĕris, aptus sum. *To get (to be considered as an obsolete word, though used in Catullus, esp. in perf. which only occurs in Latin comedy).*——Quī dum ălĭquid cŭpiens ănĭmus prægestit *ăpisci.* Cat. 62. 145. SYN. ădĭpiscor, ĕris, ădeptus sum, q. v.

ăpium. *Parsley.*——Et vĭrĭdes *ăpio* rīpæ. V. G. 4. 121. Quis ūdō Dēprŏpĕrāre *ăpio* cŏrōnas, Cūratve myrto. Hor. 2. 7. 24.

†‡ăplustre, is. pl. **tria, ōrum,** and **tra, um.** *A flag-staff or flag on board ship.*——Graīūmque audax *āplustre* rĕtentat. Lucan. 3. 581. Per terrārum omnes ōras fluĭtantia *ăplustra* Ut vĭdeantur. Lucr. 2. 555. Clauda vĭdentur Nāvĭgia *āplustris* fractīs obnītier undis. Lucr. 4. 439. Et trānstra et māli lăcĕroque *ăplustria* vēlo. Sil. 10. 325.

Ăpollĭnāris, e. *Belonging to Apollo.*——Laureâ dōnandus *Ăpollĭnāri.* Hor. 4. 2. 9. SYN. Apollĭneus, Phœbēĭus, Phœbēŭs, Actiăcus. v. Apollo.

Ăpollĭneus, a, um. *Of Apollo.*——Ausus *Apollĭneas* præ sē contemnĕre cantus. v. prec.

Ăpollo, ĭnis. *The son of Jupiter and Latona, born at Delos; the god of poetry, music, prophecy, medicine, and archery; his chief oracle was at Pytho or Delphi. He is usually represented as a young man, without a beard, with flowing hair, and holding a lyre, or equipped with a bow and quiver.*——Quæ Phœbo păter omnĭpŏtens, mihi Phœbus *Ăpollo* Prædixit. V. Æn. 3. 251. SYN. Phœbus, *often joined, as* Phœbus Ăpollo, Pæān, ānis. EPITH. (*most of the following words are used also as synonymes, "Apollo" or "Deus" being understood*) Arcĭtĕnens, Delphĭcus, Lātōnius, Lātōius, Lātōus, Cynthius, Dēlius, Pȳthius, Ăgyīeus, Thymbræus, Pătăreus, Smintheus, Amphrȳsius, Clărius, Grȳnæus. PHR. Doctor argūtæ fĭdĭcen Thălīæ, Phœbe qui Xantho lăvis amne crīnes. Hor. Nūbe candentes hŭmĕros ămictus Augur Ăpollo. Hor. Certus ĕnim prōmīsit Ăpollo. Hor. Dum . . . Intonsosque ăgĭtāret Ăpollĭnis auro căpillos. Hor. Non ădytis quătit Mentem săcerdōtum incŏla Pȳthius . . . æquē. Hor. Actiăco quæ nunc ab Ăpollĭne nōta est. Ov. Augur et fulgente dĕcŏrus arcu Phœbus acceptusque nŏvem Cămœnis. Hor. Mĕtŭende certâ Phœbe săgittâ. Hor. Sūme fĭdem et phărĕtram fīes mănĭfestus Ăpollo. Ov. Vīsĭte laurĭgĕro săcrāta Pălātia Phœbo. Ov. Crīnītus Ăpollo. V. Vel frĕta Leucădii mittar in alta Dei. Ov. Nec vos Pīĕrĭdes, nec stirps Lātōia, vestro Docta săcerdōti turba tŭlistis ŏpem. Ov. Te vĕnĕrande cănēmus Pastor ab Amphrȳso. V. v. *also* Ov. Met. 1. 515—522.

§ăpŏthēca, æ. *A repository.*——Nĕque illic Aut *ăpŏthēca* prŏcīs intacta est aut pĕcus. Hor. Sat. 2. 5. 7. SYN. gaza, q. v.

appărātus, ūs. masc. *Apparatus, preparation.*——Persĭcos ōdi, puer, *appărātus.* Hor. 1. 38. 1.

appāreo, es, ui. no supines nor pass. *To be in sight, come in sight, appear.*——*Appārent* rāri nantes in gurgĭte vastō. V. Æn. 1. 118. SYN. compāreo, vĭdeor, ĕris, vīsus sum; occurro, ĭs, ri.

†appărio, is. *To produce for itself, i.e. acquire.*——Unde *Appărĕret* spătium cœli dŏmus altaque tecta. Lucr. 2. 1109 (*the word occurs nowhere else*). v. părio.

appăro, as. *To prepare.*——Dēsĭluit Turnus bĭjŭgis, pĕdĕs *appărat* īre. V. Æn. 10. 453. Sī . . . dăpes inemtās *appăret.* Hor. Epod. 2. 48. SYN. compăro, păro, q. v.

appello, as. 1. *To call, to name.*—2. *To address.*——1. Et prīmum ante ălios victōrem *appellat* Ăcesten.—2. Prīmo sĭlet illa, nec aūdet *Appellāre* vĭrum virgo. Ov. Met. 4. 681. SYN. 1. vŏco, as; nōmĭno, as.—2. compello, as; allŏquor, ĕris, lŏcūtus sum, q. v.

appello, ĭs, appŭli, appulsum. 1. *To drive towards (esp. a ship or crew towards or to land).*—2. *Intrans. To approach (esp. by sea), but except in Hor. Sat. this usage is not found in poets of the Augustan age, nor is it really ever used intrans.; when it appears to be so, "navem," "classem," or some similar word, may be supplied as understood.*——1. Huc mē dĭgressum vestris Deus *appŭlit* ōris. V. Æn. 3. 715.—2. Dardănīis tunc prīmum puppis ărēnis *Appŭlit.* Val. Fl. 2. 445. SYN. 1. admŏveo, es, mōvi, tum; adfĕro, fers, tŭli, lātum; addūco, ĭs, xi, ctum; applĭco, as, ui (*supine, or pass. part. rarely,* *if ever, used*).—2. *The passives of prec.*; ădeo, īs, īvi, ĭtum; advĕnio, īs, vēni, ventum; accēdo, ĭs, cessi; aggrĕdior, dĕris, gressus sum.

appĕto, ĭs, pĕtīvi, ītum. 1. *To desire.*—2. *To aim at in striking, wounding, etc.*—3. *To approach* (*esp. of time*), *but in poets this use seems confined to comedy.*——1. *Appĕtĕres* tālem vel non jūrāta mărītum. Ov. Her. 20. 227.—2. Nec dŏmĭnæ tĕnĕras *appĕtet* ungue gĕnas. Ov. A. A. 3. 568.—3. Ŭbi nox *appĕtet*. Plaut. Aulul. 1. 1. 36. SYN. 1. pĕto, expĕto; cŭpio, ĭs, pīvi; opto, as; exopto.—2. aggrĕdior, ĕris, gressus sum, q. v.—3. accēdo, ĭs, cessi, q. v.

§**appingo, ĭs, nxi, pĭctum.** *To paint, esp. adding to a picture.*——Delphīnum silvīs *appingit*, fluctĭbus āprum. Hor. A. P. 29. v. pīngo.

applaudo, ĭs, sī, sum. *To clap.*——Ille căvis vēlox *applauso* corpŏre palmis. Ov. Met. 4. 352. SYN. plaūdo, q. v.

‡**applausus, ûs.** *Applause; any noise of one body dashing against another.*——Terrĭbĭli *applausu* circum hospĭta surgĕret ŏra. Stat. Th. 2. 515. v. plausus.

applĭco, as, ui, ĭtum. 1. *To apply* (*one thing to another*), *to bring close to, join.*—2. *To bring a person* (*esp. by sea*) *to.*——1. Oscŭlaque *applĭcuit* pŏsĭto sūprēma fĕrētro. Ov. F. 4. 851.—2. Eccĕ bŏves illūc Ĕrythēĭdăs *applĭcat* hēros. Ov. F. 1. 543. *Applĭcor* ignōtis frātrique ēlapsa frĕtoque. Ov. Her. 7. 117. Ventisque fĕrentĭbus ūsus *Applĭcor* in terras Œbălĭ nympha tuas. Ov. Her. 16. 126. SYN. 1. jungo, ĭs, xi, ctum; adjungo, appōno, ĭs, pŏsui, pŏsĭtum; admŏveo, es, mōvi.—2. appello, ĭs, appŭli, q. v.

applōro, as. *To lament, esp. being near to.*——Quĕrēbar *applōrans* tĭbĭ. Hor. Epod. 11. 13. SYN. plōro, q. v.

appōno, ĭs, pŏsuĭ, posĭtum. 1. *To put near to.*—2. *Put on.*—3. *To add.*——1. Pābŭlaque in fŏrĭbus plēnīs *appōne* cănistris. V. G. 4. 280.—2. Pātriisque ĕpŭlandum *appōnĕre* mensis. V. Æn. 4. 602.—3. Insāni Leōnis Vini stŏmăcho *appŏsuisse* nostro. Hor. 1. 16. 16. SYN. 2. impōno.—3. addo, ĭs; addĭdi, dĭtum, q. v.

apporrectus, a, um. *Stretched out near.*——Infantemque vĭdent *apporrectum*que drăcōnem. Ov. Met. 2. 561.

†**apporto, as.** *To bring to.*——Cūr anni tempŏra morbos *Apportant?* Lucr. 5. 222. SYN. porto; fĕro, fers, tŭli, ferre, lātum; affĕro, infĕro; dūco, cĭs, xi, ctum; addūco.

†**appōtus, a, um.** *Having drunk.*——Si prŏbe *appōtus* sĭem. Plaut. Rud. 2. 7. 8. SYN. pōtus. v. pōto, ās.

apprĕcor, āris. *To pray to.*——Rīte Deos prius *apprĕcāti.* Hor. 4. 15. 28. SYN. prĕcor; ōro, as, q. v.; ădōro.

†‡**apprehendo, ĭs, di, sum,** and sync. **apprêndo,** etc. *To take.*——Altĕrum altĕrâ *apprehendit* eos mănu pernīcĭter. Plaut. Amp. 5. 1. 64. Mallet et *apprensâ* traxisset fortĭus urnâ. Stat. Sylv. 3. 4. 43. SYN. prehendo, prêndo; comprehendo, comprêndo, căpio, ĭs, cēpi, captum, q. v.

†**apprīmē.** *Excessively.*——Frātrem esse *apprīmē* nōbĭlem. Ter. Eun. 5. 4. 30. SYN. ad prīma.

apprŏbātio, ōnis. fem. *Approbation.*——Dextram sternuit *apprŏbātiōnem.* Cat. 46. 9. SYN. laus, laudes, *fem.* q. v.

†**apprŏbē.** *Very well.*——Mĭhi concrēdĕret nĭsĭ me ille, et ĕgo illum nossem *aprŏbe.* Plaut. Trin. 4. 2. 115. SYN. †prŏbē, bĕnĕ.

apprŏbo, as. *To approve.*——An vĕreor nē nōn *apprŏbet* illa Gĕtes? Ov. Ep. e P. 1. 5. 62. SYN. prŏbo; laudo, as, q. v.

apprŏpĕro, as. *To hasten.*——Tu mŏdŏ rumpe mŏram portasque intrāre pătentes *apprŏpĕra.* Ov. Met. 15. 584. SYN. prŏpĕro, dēprŏpĕro; festīno, as.

Appūlia, or **Apūlĭă, æ.** *A district in Italy.*——Incĭpit ex illo montes *Ăppūlia* nōtos ostentāre mĭhi. Hor. Sat. 1. 5. 77. Altrīcis extrā līmĕn *Apūliæ.* Hor. 3. 4. 10. SYN. Daunia, Iāpўgia.

Appŭlus, a, um. *Apulian.*——Qui regna Dauni præfluit *Appŭli.* Hor. 4. 14. 26. SYN. Daunius; Iāpyx, ўgis, *acc.* ўgă; *only masc.*

āprīcus, a, um. *Sunny, exposed to the sun.*——Trans pontum fŭgat, et terrīs immittit *ăprīcis.* V. Æn. 6. 312. Dūcĕret *āprīcīs* in collĭbus ūva cŏlōrem. V. E. 9. 49. *Ăprīcos* nectĕ flōres. Hor. 1. 26. 7.

Ăprīlis is. masc. *April, the month sacred to Venus.*——*Aprīlem* mĕmŏrant ab ăperto tempŏre dictum. Ov. F. 4. 89. Qui dies mensem Vĕnĕris mărīnæ Findit *Aprilem.* Hor. 4. 11. 16.

†ăprīnus, a, um. *Of a boar.*——Nē dīcam viscus *ăprīnum.* Lucil.

aptē, compar. aptius. *Fitly.*——Ut coeant *aptēque* līnı per corpŏra possent. Ov. M. F. 81. Nam tē nōn ălius belli tĕnet *aptius* artes. Tib. 4. 1. 82. SYN. bĕnĕ, *compar* mĕlius, q. v.

apto, as. 1. *To fit.*—2 *To equip.*—3. *To prepare, c. dat. or c.* ad *and acc.*——1. Nāvigiis *aptat*, rēmosque rŭdentesque. V. Æn. 5. 753—2. Intĕreā classem vēlis *aptāre* jŭbēbat Anchīses. V. Æn. 3. 473.—3. Mīlĕs et armĭfĕras *aptat* ad arma mănus. Ov. Am. 1. 13. 14. *Aptat* sē pugnæ. V. Æn. 10. 588. SYN. 1. accommŏdo, as.—2. instruo, ĭs, xi.—3. păro, as, q. v.

aptus, a, um. *Equipped, adorned with.*——Cœlum stellis fulgentĭbus *aptum.* V. Æn. 11. 202.

aptus, a, um. *Fit, suitable.*——Ventus ĕrat nautīs *aptus* non *aptus* ămanti. Ov. Her. 13. 11. SYN. commŏdus, ūtĭlis, ĭdōneus, hăbĭlis.

ăpud, prep. c. acc. 1. *At, close to, near to.*—2. *In possession of*——1. Quicquid *ăpud* dūræ cessātum est mœnia Trōjæ. V. Æn. 11. 288.—2. Pressa tuis bălănus căpillis Jamdūdum *ăpud* me est. Hor. 3. 29. 5. SYN. 1 ad, juxtā, prŏpe.

ăqua, æ. *Water.*——Concĭpit Iris *ăquas* ălĭmentaque nūbĭbus affert. Ov. Met. 1. 271. SYN. Ăchĕlōūs (*the name of a large river in Acarnania*) lătex, ĭcis, *masc., usu. in pl*; ŭnda, lympha; līquor, ōris, *masc.* q. v.; līquĭdum. PHR. Pōcŭlaque inventīs Ăchĕlōiă miscuit ŭvis. V. Sanctos restinguĕre fontĭbus ignes. V.

Ăquārius. *One of the signs of the Zodiac.*——Extrēmoque irrōrat *Ăquārius* anno. V. G. 3. 304. SYN. Hȳdrŏchous. PHR. Jam lĕvis oblīquā subsīdit Ăquārius urnā. Ov. Inversum contristat Aquārius annum. Hor. Sat.

ăquātĭcus, a, um. 1. *Watery, rainy.*—2. *Flourishing in or near water, etc.*——1. Nec solvit *ăquātĭcus* Auster. Ov. Met. 1. 853.—2. Flōrēbat *ăquātĭca* lōtus. Ov. Met. 9. 841. SYN. 1. imbrĭfer, ĕra, ĕrum; ūvĭdus, plŭvius, plŭviālis, ăquōsus—2. flŭviālis, flūmĭneus; āmnĭcŏla, æ, *only masc. and perhaps fem*

ăquĭla, æ. fem. 1. *An eagle.*—2. *The Roman standard.*——1. Ut fŭgiunt *ăquĭlas*, tĭmĭdissĭma turba, cŏlumbæ, Ov. A. A. 1. 117.—2. Crassus ad Euphrātēn *ăquĭlas*, nātumque suosque Perdĭdit. Ov. F. 6. 465. PHR. Magni præpĕs ădunca Jŏvis. Ov. Quālem mĭnistrum fulmĭnis ālĭtem Cui Rex Deōrum regnum ĭn ăves văgas Permīsit expertus fĭdēlem Jūpĭter in Gănȳmēde flăvo. Hor Quālis ŭbi aut lĕpŏrem, aut candenti corpŏre cycnum Sustŭlit alta pĕtens pĕdĭbus Jŏvis armĭger uncis. V. Utque volans altē raptum cum fulva drăcōnem Fert ăquĭla, implĭcuitque pĕdes atque unguĭbus hæsit. V.

†ăquĭlīnus ă, um. *Of an eagle.*——Nĭsĭ sit milvīnīs, atque *ăquĭlīnīs* unguĭbus. Plaut. Ps. 3. 2. 63.

Ăquĭlo, ōnis. masc. *The north wind.*——Mĕtŭit . . . actum cœlo magnīs *ăquĭlōnĭbus* imbrem. V. G. 2. 334. SYN. Bŏreas, æ, *masc.* q. v.

ăquĭlōnius, a, um. *Of the north wind.* —— Hunc duŏ sectāti frātres *Ăquĭlōnia* prōles. Prop. 1. 20. 25. SYN. Bŏreālis, e.

Ăquītānus, ă, um. *Of the Aquitanians, a tribe of the Gauls.*——Hinc fŏre, *Ăquītānas* posset qui fundĕre gentes. Tib. 1. 7. 3. v Gallia.

Ăquor, āris. *To water, to draw water.*——Sed circum tūtæ sub mœnĭbus urbis *ăquantur.* V. G. 4. 123.

Ăquōsus, a, um. *Watery, rainy.*——Dum pĕlăgo dēsævit hyems et *ăquōsus* Ŏrīon. V. Æn. 4. 52. SYN. ăquātĭcus, q. v.

Āra, æ. fem. 1. *An altar, used sometimes as,*—2. *A refuge, a sanctuary.*——1. Ante fŏres hōrum stăbat Jŏvis hospĭtis *āra.* Ov. Met. 10. 223—2. Quæ pătuit dextræ firma sit *āra* meæ. Ov. Tr. 5 6. 14. SYN. 1. altāre, is, *neut.* PHR. Nulla căret fūmo Thessălis āra meo. Ov. Fūmĭda cingātur flōrentibus āra cŏrōnis. Ov. Ŭbĭ Taurĭca dīrā Cæde phărĕtrātæ pascĭtur āra Deæ. Ov. Omnis ŏdōrātīs ignĭbus āra călet. Ov. Cănis hīc impōnĭtur āræ. Ov. Surgat ad hanc vōcem plēnā pius ignis ab ārā. Ov. Quo sanguĭne dēbuit āras Tinxit. Ov. Quis sit lātūrus ĭn āras Thūra? Ov. Accensīs ārīs Bacchēia săcră frĕquento. Ov. Nōn hăc, o jŭvĕnis, montānum nūmĕn ĭn ārā est. Ov. Fŏvet īgnĭbus āras. Ov. Qui nūmĭna Dīvûm Spernĕret, et nullos ārīs ădŏlēret hŏnōres. Ov. Accensīs īncănduit ignĭbus āra. Ov. Diesque Des mĭhĭ săcrĭfĭcos, cālĭtūrasque ignĭbus āras. Ov. Accĭpit āra prĕces vōtīvaque thūra piōrum. Ov. Vīsĭte thūrĭcrĕmas vaccæ Memphītĭdŏs āras. Ov. Vĕtus āra multo fūmat ŏdōre. Hor. Effer ăquam, et molli cinge hæc altāria vittā. V. Castīs ădŏlet dum altāria tædis. V. Supplex ārīs impōnĕt hŏnōrem. V. Et ductus cornu stābit săcer hircus ad āram. V. Panchæīs ădŏlescunt ignĭbus āræ. V. Lustrāmusque Jŏvi, vōtisque incendĭmus āras. V.

Ărăbia, but poet. **Ārăbia, æ.** *Arabia.* —— Et Dŏmus intactæ tē trĕmit *Arăbiæ.* Prop. 2. 10. 16. SYN. Panchāïa, Săbæa.

Ărăbius, a, um. and **Ărăbus, a, um.** *Arabian.* —— Nec sī qua *Arăbio* lūcet bombȳce puella. Prop. 2. 2. 25. Nōn *Ărăbo* noster rōre căpillus ŏlet. Ov. Her. 15. 76. SYN. Săbæus, Panchæus, Panchāïus, Năbăthæus.

Ărabs, Ărăbis. *An Arabian,* usu. in pl. —— Palmĭfĕros *Ărăbas* Panchæaque rūra rĕlinquit. Ov. Met. 10. 478. SYN. Săbæus.

Ărăchnē, ēs, acc. **ēn.** *A Lydian maiden, who challenged Minerva to a trial of skill in spinning, and was changed into a spider.* —— Mæŏniæque ănĭmum fātis intendit *Ărăchnes.* Ov. Met. 6. 5. SYN. Mæŏnis, ĭdis. EPITH. Idmŏnia, Mæŏnia.

ărānea, æ. 1. *A spider.* — 2. *A spider's web.* —— In fŏrĭbus laxas suspendit *ărānea* casses. V. G. 4. 248. Antiquas exercet *ărānea* tēlas. Ov. Met. 6. 145. — 2. Stāmĭna, non summo quæ pendet *ărānea* tigno. Ov. Met. 4. 178. SYN. 1. ărāneus, ărāneŏlus. — 2. tēla.

ărāneŏlus, i. *A spider.* —— Atque ut *ărāneŏli* tĕnuem formāvĭmus orsum. V. Culex. 2. v. aranea.

ărāneōsus, a, um. *Like a cobweb, full of cobwebs.* —— Mollior . . . sĭtuque *ărāneoso.* Cat. 23. 3.

ărāneus, i. *A spider.* —— Nec cīmex, nĕque *ărāneus,* nĕc ignis. Cat. 21. 2. v. aranea.

Ărar, is, also **Ărăris, is.** masc. *The river Saone.* —— Aut *Ărărim* Parthus bĭbet, aut Germānia Tĭgrim. V. E. 1. 63.

†ărātiuncŭla. *A small arable field.* —— Volo hăbēre *ărātiūncŭlam.* Plaut. Truc. 1. 2. 46. SYN. arvum, q. v.

ărātor, ōris, masc. 1. *A ploughman.* — 2. *Husbandman, farmer.* —— Tempŏra quæ messor, quæ curvus *ărātor* hăbēret. V. E. 3. 42. SYN. 2. ăgrĭcŏla, æ, *masc.*; rūrĭcŏla, cŏlōnus. v. agricola.

ărātor, ōris. used also as adj. —— Cēdēbat taurus *ărātor* ĕquo. Ov. F. 1. 698.

ărātrum. *A plough.* —— Aspĭce, *ărātra* jŭgo rĕfĕrūnt suspensa jŭvenci. V. E. 2. 66. SYN. vōmis *and* vōmer, ĕris, *masc.* PHR. Vōmis, et inflexi prīmùm grăve rōbur ărātri. V. Dūrum prōcūdit ărātor Vōmĕris obtūsi dentem. V. At rŭdis ēnĭtuit impulso vōmĕre campus. V. Dens pătientis ărātri. Ov. Colla jŭbē dŏmĭtos ŏnĕri suppōnĕre tauros, Sauciet ut dūram vōmer ăduncus hŭmum. Ov. Vĭdēre fessos vōmĕrem inversum bŏves Collo trahentes languĭdo. Hor. Tempŏre rūrĭcolæ pătiens fit taurus ărātri. Ov. Quamvis collo tĭmuisset ărātrum. V.

Ăraxes, is. masc. *A river in Armenia.* —— Pontem indignātus *Ăraxes.* V. Æn. 8. 278.

arbĭter, arbĭtri. masc. 1. *A judge, umpire.* — 2. *A governor, regulator.* — 3. *A witness.* —— 1. *Arbĭter* es formæ, certāmĭna siste Deārum. Ov. Her. 16. 69. Nōti Quo non *arbĭter* Ādriæ Mājor, tollĕre seu pōnĕre vult frĕta. Hor. 1. 3. 5. — 3. Prŏcŭl est, ait, *arbĭter* omnes Nūda sŭperfūsis tingāmus corpŏra lymphis. Ov. Met. 2. 458. SYN. 1. jūdex, ĭcis, *masc.* — 2. mŏdĕrātor, ōris; *masc.* — 3. testis, is, *masc. and fem.* q. v.; cōnscius.

arbĭtra, æ. fem. of prec. —— O rēbus meis Non infĭdēles *arbĭtræ.* Hor. Epod. 5. 50. SYN. 3. testis, is; conscia.

†arbĭtrātus, ūs. masc. *Choice, will.* —— Tuus *arbĭtrātus* sit, comburas si vĕlis. Plaut. As. 4. 1. 21. v. seq.

arbĭtrium. 1. *A decision.* — 2. *Will, as we say, "at the will of."* —— 1. Crēdĕre vix ĕquĭdem cœlestia corpŏra possum *Arbĭtrio* formam suppŏsuisse tuo. Ov. Her. 17. 120. — 2. Nec sūmit aut pōnit sĕcūres *Arbĭtrio* pŏpŭlāris auræ. Hor. 3. 2. 20. Et lĕvis *arbĭtrio* lūdat ămīca suo. Ov. R. A. 381. SYN. 1. jūdĭcium. — 2. vŏluntas, ātis; nūtus, ūs, *masc.*; lĭbīdo, ĭnis, *fem.* PHR. 1. Res est arbĭtrio non dĭrĭmēnda meo. Ov. Cum sĕmĕl occĭdĕris, et dē tē splendĭda Mīnos fēcĕrit arbĭtria. Hor. Arbĭtrium lītis trājĕcit ĭn omnes. Ov.

†§arbĭtror, āris. 1. *To observe, to be witness of (but this usage is confined to*

Plautus, as also is the obsolete active form arbitro).—2. To think.——2. Nĕque ēlĕgāntem ŭt *arbĭtrŏr* nĕque ūrbānum. Cat. 37. 8. SYN 2. pŭto, as, q. v.

arbŏs, more usu. **arbŏr, ŏris.** fem. *A tree.*—— Et nunc omnis ăger, nunc omnis partŭrit *arbos*. V. E. 3. 56. Vītis ut *arbŏrĭbus* dĕcŏri est, ut vītĭbus ūvæ. V. E. 5. 32. SYN. arbustum. PHR. Arbos ... sēris factūra nĕpōtĭbus umbram. V. Pūmĭcĭbusque căvīs, exēsæque arbŏris antro. V. Crescit occulto, vĕlut arbor, ævo. Hor. Et māla rādīces altius arbor ăgit. Ov. (*Among the ancients the oak* (quercus, ûs. *fem.*) *was celebrated as sacred to Jupiter; the olive* (ŏlea or ŏlīva) *to Minerva; the bay tree* (laurus, ī *and* ûs) *to Apollo; the vine* (vītis, is, *fem.*) *and ivy* (hĕdĕra) *to Bacchus; and the poplar* (pōpŭlus, ī. *fem.*) *to Hercules; and the fir* (pīnus, ûs, *or* ăbies, ăbjĕtĭs, *fem.*) *was spoken of as the tree from which ships were made.* v. trabs.

arbŏreus, a, um. 1. *Of trees.*—2. *Branching like trees.*—— *Arbŏrei* fœtus ălĭbi atque injussa vīrescunt Grāmina. V. G. 155. (Cervos) căpĭta alta fĕrentes Cornĭbus *arbŏreis* sternit. V. Æn. 1. 190. SYN. 2. rāmōsus.

arbustum. 1. *A plantation of trees.* —2. †*A tree, a shrub.*——1. Est ut vĭro vir lātius ordĭnet *Arbusta* sūlcis. Hor. 3. 1. 10.—2. Ē terrâque exorta rĕpente *arbusta* sălirent. Lucr. 1. 187.

arbŭteus, ă, um. *Of the arbutus tree.*—— *Arbŭteæ* crātes et mystĭca vannus Iacchi. V. G. 1. 166.

arbŭtum. *The fruit of the arbutus.*—— Glande sues læti rĕdeunt, dant *arbŭta* sylvæ. V. G. 2. 520.

arbŭtus, i. fem. *The arbutus.*—— Pōmōque ŏnĕrātă rŭbēnti *Arbŭtŭs*. Ov. Met. 10. 101.

arca, æ. *A chest, a coffer.*—Nēc mĭhī mūnĭfĭcas *ărcă* nĕgāvĭt ŏpes. Ov. Ep. e P. 4. 1. 24. SYN. cīstă, ‡arcŭlă.

Ărcădĭă, æ. *A district in Peloponnesus, esp. sacred to Pan, as affording shady pasture to his flocks. Its most celebrated mountains were* Mænălus (*pl. neut.* Mænăla), *sacred to Pan, as also* Lŷcæus *and* Cyllēne, es, *where Mercury was born.*—— Delectantque Deum cui pĕcus et nīgri Colles *Arcădiæ* plăcent. Hor. 4. 12. 12. PHR. Pīnĭgĕrum Fauni Mænălis ōra căput (colit). Ov. Arcădiæ gĕlĭdīs in montĭbus. Ov. Non tē Mænălias armātum scandĕre sylvas (jubeo). Ov. Ipse nĕmus linquens pătrium saltusque Lŷcæi Pān ŏvium custos, tua si tĭbi Mænăla cūræ. V.

‡Arcădĭcus, a, um. *Arcadian.*——Nil sălit *Arcădĭco* jŭvĕni. Juv. 7. 160. v. seq.

Arcădius, a, um. *Arcadian.* —— *Arcădio* infēlix tēlo dat pectus ĭnermum. V. Æn. 10. 425. SYN. Lŷcæus, Mænălus, Nōnăcriŭs, Nōnăcrīnus, Parrhăsius, Tĕgeæus; *in fem.* Mænălis, ĭdŏs, *acc.* ĭden *or* ĭda; Parrhăsis, ĭdŏs. v. Arcăs.

†arcāno. *Secretly.*——*Arcāno* tĭbi ĕgo hæc dīco ne ille ex tē sciat. Plaut. Trin. 2. 4. 117. SYN. clam.

arcānus, a, um. *Secret.*—— Per trĭplĭces cultus *arcānaque* săcra Dĭānæ. Ov. Her. 12. 79.——Longius et volvens fātōrum *arcana* mŏvēbo. V. Æn. 1. 262. SYN. sēcrētus, occultus, abdĭtus, condĭtus, rĕcondĭtus.

Arcăs, ădŏs, acc. ădă, pl. nom. ădĕs, acc. ădăs. (some of this description of words make the dat. pl. in -sĭn for -dĭbŭs, though there is no actual authority for Ărcăsĭn). *An Arcadian, applied by Martial to a boar, by Statius even to inanimate things, and by Lucan and Martial as a synonym of Mercury.*—— Ambo flōrentes ætātĭbus, *Arcădĕs* ambo. V. E. 7. 4. *Arcădŏs* auctōres cĭthăræ lĭquĭdæque pălæstræ. Lucan. 9. v. Arcadius.

arceo, es, ui. no supine or perf. pass. part. *To keep off, to hinder.*—— Dictis quæ clāmor ad aures *arcuit* īre meas. Ov. Met. 12. 427. Trōas rĕlĭquias Dănaûm atque immītis Ăchillei, *Arcēbat* longe Lătio. Æn. 1. 31. SYN. prohĭbeo, es, ui, q. v.; dēfendo, ĭs.; distĭneo, es.

†arcessītus, ûs. *A sending for.*—— Salvē tuo *arcessītu* vĕnio huc. Plaut. Stic. 2. 2. 3.

arcesso, is, sivi, situm. *To send for, to cause to come.*—— Si pŏtŭit mānes *arcessĕre* conjŭgis Orpheus. V. Æn. 6. 119. SYN. vŏco, as; accĭo, īs.

‡archĕtȳpum. *The first sketch.*—— *Archĕtȳpis* vĕtŭlī nĭhĭl ēst ŏdĭōsius Eucti. Mart. 8. 6. 1.

‡archĕtȳpus, a, um. *Being the first sketch.*—— Qui vis *archĕtȳpas* hăbērĕ nūgas. Mart. 7. 10. 4.

Archĭlŏchus, ī. *A Greek writer of satyric poems.* —— *Archĭlŏchum* prŏprio răbĭes armāvit Iambo. Hor. A. P. 79.

‡archĭtectus, i. masc. *An architect.* —— Præcōnem făcias vĕl *archĭtectum.* Mart. 5. 57. 11.

Archȳtas, æ. *A celebrated ancient mathematician of Tarentum.* —— Tē măris et terræ numĕroque cărentĭs ărēnæ Mensōrem cohĭbent *Archȳtā.* Hor. 1. 28. 1.

‡arcĭpŏtens, entis. *Powerful with the bow.* —— *Arcĭpŏtens* adverte prĕcor nunc dēnĭque Ăpollo. Val. Fl. 5. 17.

arcĭtĕnens, entis. *Holding the bow, archer ; a common epithet, often a synonym of Apollo.* —— Quam pius *Arcĭtĕnens* ōras et lĭttŏra circum Errantem . . . rĕvinxit. V. Æn. 3. 75. PHR. Nervoque obversus ĕquīno Intendit tēlum dīversaque brāchia dūcens Constĭtit. V.

arctē, compar. **arctius.** 1. *Closely, in a confined manner.* — 2. *Shortly (as to the quantity of a syllable).* —— 1. *Arctius* atque hĕdĕrā prōcēra astringĭtur īlex. Hor. Epod. 15. 5. — 2. Si te *Arctius* appellem Tūtĭcānumque vŏcem. Ov. Ep. e P. 4. 12. 10.

arcto, as. *To confine.* —— Ĕquum cĕlĕrem *arctāto* compescĕre fræno. Tib. 4. 1. 91. SYN. coarcto ; prĕmo, ĭs, pressi, sum ; comprĭmo.

Arctŏphȳlax, actis. masc. *A constellation near the Great Bear. Its rising was supposed to bring storms and to make navigation dangerous.* —— Quid cum mihĭ læsĕrit æquor Plēĭăs et *Arctŏphȳlax.* Ov. Her. 18. 188. SYN. Boōtes, æ. *masc.* q. v. ; Arctūrus, i (*being properly only one of the stars in the constellation.*)

Arctŏs, also **Arctus, i,** acc. **um** and **ŏn.** fem. sometimes in pl. *The constellation called the Bear, situated near the North Pole, and which never sets.* —— Mænălium tactis nē lăvet *Arctŏn* ăquis. Ov. F. 2. 192. SYN. Hĕlĭcē, es ; Ursa, Plaustrum, Cȳnŏsūra, Triōnes, *pl. masc.* ; Septemtrio, *in the oblique cases usu. in tmesi,* Sĕptem . . . triōnes, *masc.* (*These different names arise from there being two constellations in reality, the Greater and the Lesser Bear*). PHR. Arctos Oceăni mĕtuentes æquŏre tingi. V. (Quis senserat) esse duas Arctos quārum Cȳnŏsūra pĕtātur Sīdŏniis, Hĕlĭcen Graia cărīna nŏtet? Ov. Suppŏsĭtum stellis Cȳnŏsūrĭdŏs Ursæ. Ov. Interque Triōnes Flexĕrat ōblīquo Plaustrum tēmōne Boōtes. Ov. Parrhăsĭdes stellæ, namque omnia nôsse pŏtestis Æquŏreas nunquam cum sŭbeātis ăquas. Ov. Immūnemque æquŏris Arcton. Ov.

‡arctōŭs, a, um. *Northern.* —— Sed nĕque ĭn *Arctōō* sēdem tĭbĭ lēgĕris orbe. Lucan. 1. 53. SYN. Hȳperbŏreus.

Arctūrus, i. 1. *The same as Arctophylax,* q. v. — 2. *Autumn, that being the time when the star rises.* —— Prætĕreā tam sunt *Arctūri* sīdĕra nōbis Hædōrumque dies servandi. V. G. 1. 204. Sub ipsum *Arctūrum* tĕnui sat ĕrit suspendĕre sulco. V. G. 1. 68. v. Bŏōtes, Autumnus.

arctus, a, um. 1. *Tight.* — 2. *Narrow, lit. and metaph.* —— 1. Ipse vĭro prīmus mănĭcas atque *arcta* lĕvāri Vincla jŭbet Priămus. V. Æn. 2. 146. — 2. Qui rēbus ĭn *arctis* Ferre mihĭ nullam turpe pŭtâstis opem. Ov. Ep. e P. 3. 2. 25. SYN. 1. strictus, constrictus. — 2. angustus.

‡arcŭla, æ. *A little chest.* —— Sic mĭcat innŭmĕrĭs *arcŭla* synthĕsĭbus. Mart 2. 46. 4. SYN. arca, q. v.

arcus, ûs. masc. 1. *A bow.* — 2. *Any arch or curve.* — 3. *The rainbow.* —— 1. Corneus huic *arcus,* si non fuit aureus illi. Ov. Met. 1. 697. — 2. Sylvarumque ălīæ pressos prōpāgĭnis *arcus* Expectant. V. G. 2. 26. — 3. Et bĭbit ingens *Arcus.* V. G. 1. 381. SYN. 1. cornu, *only nom. and acc. sing. pl.* cornua, *dat.* cornĭbus, etc. — 3. Īris, is and ĭdis, fem. EPITH. 1. Parthus, Gnossius, Cȳdōnius, Itūræus. PHR. 1. Intentus nervo lĕvis arcus ĕquīno. Ov. Oppŏsĭtoquĕ gĕnu curvāvit flexĭle cornu. Ov. Ĭtūræos taxi torquentur ĭn arcus. V. Tum vălĭdis flexos incurvant vīrĭbus arcus Pro sē quisque vĭri, et dēprōmunt tēla phărētris, Prīmaque per cœlum nervo strīdente săgitta Hyrtăcĭdæ jŭvĕnis vŏlŭcres dīverbĕrat auras. V. Nec mŏra curvāvit cornu, nervoque săgittam Impŭlit et mĕrĭtam trājĕcit ărundĭne linguam. Ov. Post ăcer Mnesthēūs adducto constĭtit arcu. V. Aurātā vŏlŭcrem Thrēissa săgittam Dēprompsit phărĕtrā, cornuque infensa tĕtendit Et duxit longē, dōnĕc curvāta coīrent Inter sē căpĭta, et mănĭbus jam tangĕret æquis Lævā ăciem ferri, dextrā nervoque păpillam. V. Flexumque a cornĭbus arcum Tendit. Ov. Cĕlĕrem Tĕgeæa săgittam Imposuit nervo, sĭnuātoque expŭlit arcu. Ov. Lūnāvitque gĕnu sĭnuōsum fortĭter arcum. Ov. Tālem Schœnēĭda dīcunt Mænălias arcu sollĭcĭtâsse fĕras Ov. Nōbis flexĭbĭles curvantur Ăpollĭnis arcus Ov. Attrăhat ille puer contentos fortius arcus. Ov. — 2. Est sĭnus adductos mŏdĭcē falcātus ĭn arcus. Ov. — 3 Ceu nūbĭbus arcus Mille trahit vărios adverso sōle cŏlōres. V. Ille viam cĕlĕrans per mille cŏlōrĭbus arcum. V. Indŭitur vēlāmĭna mille cŏlōrum Iris et æquāto cœlum curvāmĭnè signans. Ov.

ardea, æ. *A heron.* —— Nōtasque pălūdes Dēsĕrit atque altam sūprā vŏlat *ardea* nūbem. V. G. 1. 365.

†ardĕlio, ōnis. masc. *A busybody.* —— Magnus ĕs *ardĕlio* Mart. 2. 7. 9.

ardens, entis. part. of **ardeo,** q. v., used as adj. c. compar. **entior,** etc. 1. *Hot.* —2. *Eager.*—3. *Shining, sparkling.* —— 1. Utque duæ dextrâ cœlum tŏtĭdemque sĭnistrâ Parte sĕcant zōnæ, quinta est *ardentior* illis. Ov. Met. 1. 46. — 2. Jŭvĕnum mănus ēmĭcat *ardens.* V. Æn. 6 5. — 3. *Ardentes* ŏcŭlos intorsit lūmĭnĕ glauco V. G. 4. 451. Clȳpeum cum deinde sĭnistrâ Extŭlit *ardentem.* V. Æ. 10. 262. SYN. 1, 2. fervĭdus, q. v.; flăgrans.—1. călĭdus, q v. — 2. ācer, ācris, ācre, q. v. — 3. cŏruscus, q. v.

ardeo, es, si, fut. in rus, **arsūrus,** no pass. 1. *To burn (intrans), to be on fire.* —2. *Metaph., To burn in one's mind with eagerness, anger, etc., but more esp.* 3. *with love, to love, with either acc. or abl. of the object, or sine c.* — 4. *To glow, to sparkle.* —— 1. Ilĭŏn *ardēbat* nĕque ădhuc consēdĕrat ignis. Ov. Met. 13. 408. — 2. *Ardet* et īram Non căpit ipsa suam Procnē. Ov. Met. 6. 609. *ardet* ĭn arma măgis. V. Æn. 12. 71. — 3. Formōsum pastor Cŏrȳdon *ardēbat* Ălexim. V. E. 2. 1. Dŏnec non ălĭâ măgis *Arsisti.* Hor. 3. 9. 6. — 4. Tȳrioque *ardēbat* mūrĭce læna. V. Æn. 4. 262. SYN. 1. 3. ūror, ĕris, ustus sum; accendŏr, ĕris, sus; flăgro, as; ardesco, is, *no perf.*; ignesco, is, *no perf.* — 1, 2. Exardeo, ignesco, ĭs, *no perf.* — 1. incendor, crĕmor, āris. v. uro. — 2. ferveo, es, q. v. — 3. ămo, as, q. v.; dīlĭgo, ĭs, lexi. — 4. fulgeo, es, si.

ardesco, ĭs. no perf. *To burn; lit. also,* 2. *metaph., with love.* — 3. *To be violent.* —— Sic tuus *ardescat* stīpĭtis igne rŏgus. Ov. Ib. 602. — 2. *Ardescit*quĕ tuendo Phœnissa. V. Æn. 1. 713. — 3. Adventusque virûm, frĕmĭtusque *ardescit* ĕquōrum. V. Æn. 11. 607. v. ardeo.

ardor, ōris. masc. 1. *Heat.* — 2. *Heat of the mind, eagerness, etc.* — 3. *Love, or sometimes the object of love.* —— Postquam exusta pălus terræque *ardōre* dehiscunt. V. G. 3. 432. — 2. Īdem omnes sĭmŭl *ardor* hăbet. V. Æn. 4. 581. — 3. Nil mihĭ vōbiscum est, hæc meus *ardor* ĕrit. Ov. F 2. 308 SYN. 1. călor, ōris. — 1, 2. fervor, ōris. — 3. ignis, is, *masc.*; ămor, ōris, q. v.

arduus, a, um. 1. *High.* — 2. *Difficult.* —— 1. Cum fātālis ĕquus saltu sŭper *ardua* vēnit Pergăma. V. Æn. 6. 515. — 2. Nil mortālĭbus *arduum* est. Hor. 1. 3. 37. Æquam mĕmento rēbus ĭn *arduis* Servāre mentem. Hor. 2. 3. 1. SYN. 1. altus, celsus, sūblīmis, excelsus. — 2. diffĭcĭlis, q. v.

ārea, æ. 1. *A threshing floor.* — 2. *Any open level plain, as a field, lit. or metaph.* —— 1. Tertia nūdandas accēpĕrat *ārea* messes. Ov. F. 3. 556. — 2. Hæc ănĭmo, dīces, *ārea* dignă meo est. Ov. Am. 3. 1. 25. Nunc tĕrĭtur nostris *ārea* mājor ĕquis. Ov. F. 4. 10. Et pătet in curās *ārea* lāta meas. Ov. Her. 1. 72. v. campus.

†ārĕfăcio, ĭs, fēci. *To dry,* act., *used with a strange tmesis and transposition.* —— Princĭpio terram sol excŏquit et *făcit āre.* Lucr. 6. 962. SYN. sicco, as; exsicco.

ărēna, æ. 1. *Sand.* — 2. *The shore.* — 3. *The arena, or place for combats of gladiators, or for the celebration of games generally.* —— 1. Tē măris et terræ nŭmĕroque cărentis *ărēnæ* Mēnsōrem. Hor. 1. 28. 1. — 2. Ēgressi optātâ pŏtiuntur Trōĕs *ărēnâ.* V. 1. 176. — 3. Altĕra tresque sŭper strātâ cĕlĕbrantur *ărēnâ.* Ov. F. 3. 813. SYN. 2. littus, ŏris, *neut.* — 3. pălæstra, q. v.

†ărēnĭvăgus, a, um. *Wandering on the sands, on the shore.* —— Vīdit *ărēnĭvăgum* surgens fŭgiensquĕ Cătōnem. Lucan. 9. 944.

ărēnōsus, a, um. *Sandy.* —— Littus *ărēnōsum* Lĭbyæ, ventosque sĕcābat. V. Æn. 4. 257.

āreo, es, ui. no participle except pres, no pass. 1. *To be dry.* — 2. *To be thirsty.* —— 1. *Āret* ăger, vĭtio mŏriens sĭtit āĕris herba. V. E. 7. 57. — 2. Garrŭlus in mĕdiâ Tantălus āret ăquâ. Ov. A. A. 2. 606. SYN. 1. āresco, ĭs, *no perf.* v sicco. — 2. sĭtio, īs.

†**Ārĕŏpăgītes, æ.** masc. and fem. *Of the Areopagus.*——*Ārĕŏpăgītām* eâ dē, rē vŏcant pĕtram. Ennius. PHR. Cēcrŏpiâ Pallas scŏpŭlum Māvortis ĭn arce Pingit. Ov. Ergo occulta tĕges ut cūria Martis Āthēnis. Juv.

āresco, ĭs. no perf. *To be dry.*—— Exĭguīs *ārescunt* sulfŭra flammīs. Ov. Met. 15. 351. SYN. ārĕo, es, ui, q. v.

‡**ărĕtālŏgus.** *A babbler, a buffoon.*——Bīlem aut rīsum fortassĕ quĭbusdam Mōvĕrat ut mendax *ărĕtālŏgus.* Juv. 15. 16.

Ărĕthūsa, æ. *A fountain in Sicily, loved by the Alpheus,* q. v.——Quī nunc Ōre *Ărĕthūsa* tuo Sĭcŭlis confundĭtur undis. V. Æn. 3. 696. SYN. Alphēĭăs, ădŏs. PHR. Nec prŏcŭl hinc nymphen (videmus) quæ dum fŭgit Ēlĭdis amnem Tecta sub æquŏreâ nuncquŏque currit ăquâ. Ov.

‡**Ărĕthūsæus, a, um.** *Of the Arethusa.*——Quās *Ărĕthūsæi* lătīces quas advĕna nūtrit Alphēus. Claud. de r. P. 2. 60. v. seq.

‡**Ărĕthūsius, a, um.** *Belonging to the Arethusa, belonging to Syracuse.*—— Ērĭgĭtur sŭbĭtas in spes *Ărĕthūsia* prōles. Sil. 14. 356.

Ărĕthūsis, ĭdŏs. acc. ĭda. pl. ĭdĕs, acc. ĭdăs. fem. adj. *Belonging to the Arethusa, near the Arethusa.*—— Utque Sўrācūsas *Ărĕthūsĭdăs* abstŭlit armis Claudius. Ov. F. 4. 873.

argentātus, a, um. *Silvered over; plated.*—— *Argentāta* tuos ĕtiam sandălia tālos Vinxĕrunt. Albinov. 2. 65.

argenteus, a, um. 1. *Of silver.*—2. *Silvery,* i. e. *bright.*——1. Atquē hīc aūrātis vŏlĭtans *argenteus* anser Portĭcĭbus. V. Æn. 8. 655.—2. Fons ĕrat illīmis, nĭtĭdīs *argenteus* undis. Ov. Met. 3. 407. SYN. 2. vĭtreus, q. v.

argentum. 1. *Silver.*—2. *Money.*——1. Hæc eădem *argenti* rīvos ærisque mĕtalla Ostendit vēnis. V. G. 2. 165.—2. Quem tĕnet *argenti* sĭtis importūna fămesque. Hor. Ep. 1. 18. 23. SYN. 2. pĕcūnia, q. v.

Argestes, æ. masc. *The North-west wind.*——Frīgĭdus *Argestes* summas mulcēbit ărĭstas. Ov. F. 5. 165. SYN Caurus.

Argēŭs, a, um. *Belonging to the city Argos.*—— Tībur *Argēo* pŏsĭtum cŏlōno. Hor. 2. 6. 5. v. Argīvus.

argilla, æ. *Clay, and esp. potter's clay.*—— Tĭnuĭs ŭbi *argilla* et dūmōsis calcŭlus arvis. V. G. 2. 180. SYN. lŭtum, q. v.

Argīvus, a, um. 1. *Argive, belonging to the city Argos.* 2. *Grecian.*—— 1. Concĭdit augŭris *Argīvi* dŏmus. Hor. 3. 16. 12.—2. Et jam *Argīva* phălanx instructis nāvĭbus ībat. V. Æn. 2. 254. SYN. 1. Argēŭs.—1, 2. Argŏlĭcus.—2. Ăchæus, Ăchāĭcus, Ăchīvus, Īnăchius. v. Achæus.

Argo, gen. **Argûs.** dat. acc. abl. **Argo.** fem. *The ship Argo, in which Jason and his companions sailed to Colchis for the golden fleece. The trees of which she was built came from Mount Pēlĭŏn, and she was built and launched at a town called Pagasæ.*——Alter ĕrit tum Tīphys, et altĕra quæ vehat *Argo* Dēlectos hērŏās. V. E. 4. 34. SYN. Pēliăs (*gen.* ădŏs) arbor, Păgăsæa cărīna, Păgăsæa puppis. PHR. Cūr unquam jŭvĕnīlĭbus acta lăcertis Phryxēam pĕtiit Pēlias arbor ŏvem? Cūr unquam Colchi Magnētĭda vīdĭmus Argo? Ov. Quid mihĭ cum Mĭnўis, Quid cum Trītōnĭde pīnu? Ov. Timuit concursĭbus Argo undārum sparsas Symplēgădăs ēlīsarum. Ov. Prīmæque rătis mōlītor Iāson. Ov. Jamque frĕtum Mĭnyæ Păgăsæâ puppe sĕcābant. Ov. Vellĕra cum Mĭnўis nĭtĭdo rădiantia villo Per măre non mōtum prīmâ pĕtiēre cărīnâ. Ov. Namque fĕrunt ōlim Păgăsæ nāvālĭbus Argo Ēgressam longē Phărĭdŏs īsse viam. Prop. Jam tĭbi Iāsŏniâ nōta est Mēdēa cărīnâ. Prop.

Argŏlĭcus, a, um. 1. *Of Argos.*—2. *Grecian.*—— 1. *Argŏlĭcove* mări dēprênsus et urbe Mўcēnes. V. Æn. 5. 52.—2. Nec posse *Argŏlĭcīs* exscindi Pergăma tēlis. V. Æn. 2. 177. SYN. 1, 2. Argīvus, q. v.

Argŏlis, ĭdŏs. acc. ĭda. fem. of prec. esp. *A Grecian woman.*—— Longīs anxia cūris *Argŏlis* Alcmēnē. Ov. Met. 9. 276.

Argŏnautæ, ārum. pl. masc. *The Argonauts, or companions of Jason in the Argo.*—— Ut *Argŏnautas* præter omnes candĭdum Mēdēa mīrāta est dŭcem. Hor. Epod. 3. 9. SYN. Mĭnyæ, ‡Æmŏnĭdæ.

Argŏs, sing. neut., in pl. **Argi, ōrum.** *A great city in Peloponnesus, sacred to Juno.*——Sēcūrumque quiēs alta per *Argŏs* ĕrat. Ov. Her. 14. 34. Belli

Prīma quod ad Trōjam prō cāris gessĕrat *Argis*. V. Æn. 1. 24. EPITH. Ācrĭsiŏnēus, Ābantēus, Jūnōnius.

Argōus, a, um. *Of the ship Argo.*——Nōn hūc *Argōo* contendit rēmĭgĕ pīnus. Hor. Epod. 16. 57.

argūmentum, i. 1. *An argument or proof.*—2. *A subject (of a picture, poem, etc.).*——1. Tībiaque et cantūs ănĭmi fēlicia læti *Argūmenta* sŏnant. Ov. Met. 4. 761.—2. Et vĕtus in tēlâ dēdūcĭtur *argūmentum*. Ov. Met. 6. 69. SYN. 1. indĭcium, signum.

arguo, ĭs, ui. no supine or perf. pass. part. 1. *To prove.*—2. *To accuse.*——Mē nulla dies tam fortĭbus ausis Dissĭmĭlem *arguĕrit*. V. Æn 9. 281. *Arguĭtur* tămĕn atque injusta vŏcātur. Ov. Met. 11. 173. SYN. 1. monstro, as; indĭco, as; ostendo, ĭs, di, sum.—2. coarguo; accuso, as, culpo, as, q. v.

Argus, i. *Having a hundred eyes he was appointed by Juno to watch Io. He was slain by Mercury.*——Tălia mœrenti stellātus summŏvet *Argus*. Ov. Met. 1. 664 SYN. Arıstŏrĭdes; Jūnōnius custos, ŏdis.

§**argūtātio, ōnis.** fem. *A creaking.*——Lecti *ārgūtātio* īnambŭlātioque. Cat. 6. 11.

†**argūtia, æ.** usu. in pl. **æ, ārum.** *Acuteness.*——Ĕtiam me advorsus exordīri *argūtias*. Plaut. Bac. i. 219.

argūto, as. *To chatter.*——Illa mĭhi tōtis *argūtat* noctĭbus ignes. Prop. 1. 6. 7. SYN. garrio, īs.

argūtus, a, um. 1. *Acute, clever.*—2. *Appropriate, well fitted on.*—3. *Loud, tuneful.*——1. Jūdĭcis *argūtum* quæ non formīdat ăcūmen. Hor. A. P. 364.—2. Illi ardua cervix, *argūtum*que căput. V. G. 3. 80. Plantam Innixa *argūtâ* constĭtuit sŏleâ. Cat. 66. 72. *Argūtum* sternuit ōmĕn Amor. Prop. 2. 2. 34. —3. Doctor *argūtæ* fĭdĭcen Thălīæ Phœbe. Hor. 4. 6. 25. *Argūtæ* lāmĭna serræ. V. G. 1. 143. SYN. 1. sōlers, săgax.—2. aptus, q. v.— 3. cănōrus, sŏnōrus.

Ărĭadnē, es. more usu. **Ărĭadnă.** *Daughter of Minos, king of Crete, who was carried off by Theseus, but deserted by him on the island of Nāxŏs (called also Dīă). Bacchus took her for his wife, and after death she was changed into a constellation called* Crēssă cŏrōnă ——Quantum in tē, Thēseu, vŏlŭcres *Ărĭadnă* mărīnas Pāvĭt. Ov. A. A. 3. 35. SYN. Gnossiăs, ădŏs, acc. ădă; Gnossis, ĭdŏs, idă; Mīnōis, ĭdŏs, ĭdĭ, ĭdă; Cressa, Lībĕra. PHR. Sic mĭcet æternum vīcīnaque Sīdĕra vincat Conjŭgis in cœlo Cressa cŏrōna tuæ (*Bacchus is addressed*). Ov. Cœlo spectăbĭle sīdus sæp erĕges dŭbiam Cressa cŏrōna rătem. Ov.

Ărĭadnæus, a, um. *Of Ariadne.*——Ex *Ărĭadnæo* sīdĕre nosse pŏtes. Ov. F. 5. 346.

Ărĭcĭă, æ. *A town sixteen miles from Rome, said to have been founded by Hippolytus, celebrated for a wood near it, which was the haunt of Egeria.*——Inspĭce quos hăbeat nĕmŏrālis *Ărĭcia* fastos Ov. F 6. 59.

Ărĭcīnus, a, um. *Of Aricia.*——Vallis *Ărĭcīnæ* sylvâ præcinctus ŏpācâ est lăcus. Ov. F. 3. 263.

§**ārĭdŭlus, a, um.** *Dry.*——Lāneaque *ārĭdŭlis* hærēbant morsa lăbellis. Cat. 63. 316. v. seq.

ārĭdus, a, um. *Dry.*——Nocte lĕves mĕlius stĭpŭlæ, nocte *ārĭda* prāta Tondentur. V. G 1. 289. Sicco terram spuit ōre viător *Ārĭdus*. V. G. 4. 98. Artus dēpascĭtur *ārĭda* fĕbris. V. G. 3 458. SYN. ārens, siccus, coctus.

ărĭēs, gen. **ărĭētĭs.** trysyll. masc. *A ram.*—1. *The animal.*—2. *The sign of the zodiac.*—3. *A battering-ram.*——1. Hīc *ărĭĕte* cæso Perpĕtuis sŏlĭti pătres consīdĕre mensis. V. Æn. 7. 175.—2. Quŏtiesque rĕpellit Vĕr hiĕmem, Piscique *Ăries* succēdit ăquōso. Ov. Met. 10. 165.—3. Lăbat *ărĭĕte* crēbro Jānua, et ēmōti prōcumbunt cardĭne postes. V. Æn 2. 492. EPITH. Lānĭger, eri. *sometimes used as a syn. without any subst.* PHR. 2. Et frustrà pĕcŭdem quæres Athămantĭdŏs Helles. Ov. Impŏsĭtamque sĭbī qui non bĕnĕ pertŭlit Hellen Tempŏra nocturnis æqua diurna tăcet.—3. Dumque ăries mūrum cornu pulsābat ahēno Vineaque inductum longa tĕgēbat ŏpus. Prop. v. ovis.

ărĭĕtō, ās. trisyll. *To batter with a battering-ram.*——*Ărĭĕtat* in portas et dūros objĭce postes. V. Æn. 11. 890.

Ărīŏn, ŏnis. acc. ŏnă. *A celebrated poet of Methymna. Being thrown into the sea by the crew of a ship in which he was a passenger, he was borne to land on the* *back of a dolphin.*——Quod măre non nōvit quæ nescit *Ărīŏna* tellus? Ov. F. 2. 83. PHR. Cynthia sæpe tuis festum vōcālis Ărīon Tanquam frāternis obstŭpuisse mŏdis. Ov.

Ărīŏnius, a, um. *Of Arion.*——Nōmĕn *Ărīŏnium* Sĭcŭlas implēvĕrat urbes. Ov. F. 2. 93.

ărista, æ. 1. *Prop. the beard of corn.*—2. *Often the ear of corn.*—3. *Corn.*—4. *An ear of any thing, of spikenard, etc.*—5. *Summer, the year.*——1. Et mĭnus est in tē quam summâ pondus *ărĭstā.* Ov. Her. 5. 111.—2, 3. Vestro si mūnĕri tellus Chāŏnĭam pingui glandem mūtāvit *ărĭstā.* V. G. 1. 9.—4. Căsias, et nardi lēnis *ărĭstās,* . . . substravit. Ov. Met. 15. 398.—5. Post ălĭquot mea regna vĭdens mīrābŏr *ărĭstas.* V. E. 1. 70. SYN. 2. 4. spīca.—3. sĕgĕs, ĕtis.—5. v. æstas, annus. PHR. Falce cŏlōrātas subsĕcuitque cŏmas (i. e. flavas aristas). Ov.

Aristæus. *A son of Apollo and Cyrene; a shepherd and keeper of bees.*——Pastor *Aristæus* fŭgiens Pēnēia Tempe. V. G. 4. 317.

Ărĭstarchus. *A severe critic of the poems of Homer.*——Magnus *Aristarcho* mājor Hŏmērus ĕrat. Ov. Ep. e P. 3. 9. 24.

Ărĭstīdes, is and **æ.** *A celebrated general and statesman of Athens, the son of Lysimachus, and rival of Themistocles. He was banished from Athens.*——Pulsus *Aristīdes* pătriâ Lăcĕdæmŏna fūgit. Ov. Ep. e P. 1. 3. 71.

Ărĭstippus. *A celebrated philosopher of Cyrene a disciple of Socrates.*——Nunc in *Aristippi* furtim præcepta rĕlābor. Hor. Epist. 1. 1. 18.

Ărĭstŏphănes, is. *The most celebrated poet of the old comedy at Athens.*——Eupŏlis atque Crătīnus *Arĭstŏphănes*que pŏētæ. Hor. Sat. 1. 4. 1.

Ărĭstŏtĕles, is. *An eminent philosopher, born at Stagira, in Macedonia.*——Si quis *Arĭstŏtĕlem* sĭmĭlem vel Pittăcŏn emit. Juv. 2. 7.

Ărīūsius, a, um. Adj. *Of a description of Chian wine.*——Vīna nŏvum fundam călăthīs *Arīūsia* nectar. V. E. 5. 71.

ărma, ōrum. 1. *Warlike arms.*—2. *Instruments or equipments of any sort for any purpose.*—3. *Battle, war.*——1. *Arma* vĭrumque căno. V. Æn. 1. 1. Dīcendum et quæ sint dūrīs ăgrestĭbus *arma.* V. G. 1. 160.—3. Rursus in *arma* fĕror, mortemque mĭserrĭmus opto. V. Æn. 2. 655. SYN. tēla, orum; ferrum, *no pl.*; æs, æris, *neut.*—3. bellum, q. v. PHR. Lātē fluctuat omnes ære rĕnīdenti tellus. V. Mīrāturque, interque mănūs et brāchia versat Terrĭbĭlem cristis găleam flammasque vŏmentem Fātĭfĕrumque ensem, lōrīcam ex ære rĭgentem Sanguĭneam ingentem quālis cum cærŭla nūbes Sōlis inardescit rădiis longēquĕ rĕfulget, Tum lēves ŏcreas ēlectro auroque rĕcocto, Hastamque Et clÿpei non ēnarrābĭle textum. V. v. ensis, clÿpeus, galea, etc.

armāmenta, ōrum. *The tackle of any part of the appointments of a ship.*——Aptārique suis pīnum jŭbet *armāmentis.* Ov. Met. 11. 456. SYN. arma, ōrum.

‡armāmentārium. *An armoury, arsenal.*——Quicquid hăbent tēlōrum *armāmentāria* cœli. Juv. 13. 83.

‡ărmārium. *A store chest.*——Vendit Stantĭbus œnŏphŏrum trĭpŏdes *armāria* cistas. Juv. 7. 11.

‡armātūra, æ. *Armour, the various kinds of armour, a body of armed men.*——Sparsă per extrēmos lĕvis *armātūra* mănĭplos Insĕquĭtur. Lucan, 7. 508.

armātus, a, um. Prop. part. from armo, q. v., used almost as adj. *Armed, an armed man.*——*Armātos*que vĭdent stantes in līmĭne prīmo. V. Æn. 2. 485. SYN. armĭfer, ĕra, um. PHR. Stabat, in ēgrĕgiīs Arcentis fīlius armis. V. Vīdisti quo Turnus ĕquo, quĭbus ībat in armis. V. Mēzentius induit arma, Induit Ænēas. Ov. Cætĕraque armatâ conscia turba mănu. Ov. v. armifer.

Armĕnius, ă, um. *Armenian.*——Dăphnis et *Armĕnias* curru subjungĕre tīgres Instĭtuit. V. E. 5. 29.

†armenta, æ. an older form of armentum. *A herd.*——Ad *armentas* ipsīus eāsdem. Ennius.

armentālis, e. *Belonging to a herd.*——*Armentālis* ĕquæ mammis et lacte fĕrīno nūtrībat. V. Æn. 11. 571. SYN. ‡pĕcŏrōsŭs.

armentārius, i. *A herdsman.*——Omnia sĕcum *Armentārius* Afer ăgit, tectumque Lăremque. V. G. 3. 344. SYN. būbulcus.

armentum. *A herd of cattle, stags, or horses.*——Canto quæ sŏlĭtus si quando *armenta* vŏcābat Amphīon. V. E 2. 23. Bello armantur ĕqui, bellum hæc *armenta* mĭnantur. V. Æn 3. 540. SYN. pĕcus, cŏris, *neut.*; grex, grĕgis, *masc.*

armĭfer, fĕra, fĕrum. 1. *Bearing arms.*—2. *Warlike.*——*Armĭfer, armĭfĕræ* correptus ămōre Mĭnervæ. Ov F. 3. 681.—2. *Armĭfĕram* Thrācen qui rĕgat alter ĕrit. SYN. 1. armātus, armĭpŏtens, armĭsŏnus.—2. bellĭcus, bellĭcōsus, Martius, Māvortius

‡**armĭger, ĕra, ĕrum.** *Bearing arms.*——Phœbumque *armĭgĕrum*que Deum, prīmamque Diŏnem. Sil. 7. 87. SYN. armĭfer, q. v.

armĭger, ĕri. subst. masc. *An armour-bearer.*——Hic Dardănĭō Anchīsæ *Armĭger* ante fuit. V. Æn. 9. 648.

armĭgĕra, æ. fem. of prec. *A female armour-bearer* (*of a goddess or heroine*). ——Nymphārum trādĭdit ūni *Armĭgĕræ* jăcŭlum. Ov. Met 3 166.

armilla, æ. *A bracelet* ——Utque lĕvis custos *armillis* capta Săbīnis Ad summæ Tatium duxĕrit arcis ĭter. Ov. F. 1. 261.

armillātus, a, um. *Wearing a bracelet, or a collar.*——Atque *armillātos* colla Mŏlossă cănes. Prop. 4. 8. 24.

armĭpŏtens, entis. *Mighty in arms, Warlike.*——Dīvæ *armĭpŏtentis* ad ăram Prōcumbit. V. Æn. 2. 425. SYN. bellĭpŏtens v. armĭfĕr.

armĭsŏnus, a, um *With sounding arms.*——Tum nūmĭna sancta prĕcāmur Palladĭs *armĭsŏnæ*. V. Æn. 3. 544.

armo, as. *To arm, to equip.*——Spŏliis sē quisque rĕcentibus *armat.* V. Æn. 2. 395. Eădem impia fāma fŭrenti Dētŭlit *armāri* classem. V. Æn 4 299. SYN. ŏbarmo; instruo, ĭs, uxi. PHR. Sŏcios sĭmŭl instruit armis. V. Cŏmantem Andrŏgei găleam clypeique insigne dĕcōrum Induĭtur, lătĕrique Argīvum accommŏdat ensem. V. Accingĭtur armis. V. Jamque ădeo Rŭtŭlum thōrāca indūtus, ăhēnis Horrēbat squāmis, sūrasque inclūsĕrat auro, Tempŏra nūdus ădhuc; lătĕrique accinxĕrat ensem V. Hic ferro accingor rursus, clypeoque sĭnistram Insertābam aptans. V. Hæc (cingula) răpit atque hūmĕris nēquicquam fortĭbus aptat Tum găleam Messāpi hăbĭlem cristisque dĕcōram Induit. V. Clypeumque auroque trĭlĭcem Lōrīcam induitur fīdoque accingĭtur ense. V. At sĭbi dat clypeum, dat ăcūtæ cuspĭdis hastam, Dat găleam căpĭti, defendĭtur Ægĭde pectus. Ov. Nĭveum lătus ense rĕvincit, Virgĭneumque căvo protĕgit ære căput (*of Lacedæmonian women in the public games*). Prop. Ut barbărōrum Claudius agmĭna Ferrāta (i. e. *armed in steel*) vasto dīruit impĕtu. Hor.

armus, i. masc. 1. *The shoulder, properly of an animal* —2. *A man's shoulder or arm.*——1. Lūduntque jŭbæ per colla, per *armos* V. Æn. 11. 497. —2. Lātos huic hasta per *armos* Acta trĕmit. V. Æn 11 644. SYN. 2. hūmĕrus (*only used of men, as* armus, *except in the passage above cited, is limited to animals; so Ovid, speaking of a man being changed into a lion, says,* Ex hūmĕrĭs armi fīunt. Met. 10. 700), lăcertus, q. v.

ăro, ās. 1. *To plough, lit. and metaph., as we say to plough the sea, or as old age or care furrows the face with wrinkles, etc.*——Littus *ărant*, Rŭtŭlosque exercent vōmĕre colles. V. Æn. 7. 798. Longa tĭbi exĭlia et vastum măris æquor *ărandum.* V. Æn. 2. 780. Jam vĕnient rūgæ quæ tĭbĭ corpus *ărent.* Ov. A. A. 2. 118. SYN. pĕrăro, exăro, *both oftener metaph. than lit.*; sulco, as. PHR. Agrĭcŏla incurvo terram mōlĭtus ărātro. V. Āgrĭcŏla incurvo terram dīmōvit ărātro. V. Sŭbĭgēbant arva cŏlōni. V. Tellūri infindĕre sulcos. V. Vōmĕre terras invertisse grăves. V. Tum prīmum sōles ērŭta vīdit hŭmus. Ov. Presso sulcum pătĕfēcit ărātro. Ov. Prīmus ărātra mănu sōlerti fēcit Ŏsīris, Et tĕnĕram ferro sollĭcĭtāvit hŭmum. Tib. Pătĕrna rūra bōbus exercet sŭis. Hor. Nōn ut jŭvencĭs illĭgāta plūrĭbus Ărātra nītantur mea. Hor. Quid (Tellus *is speaking*) ădunci vulnĕra ărātri Rastrōrumque fĕro. tōtoque exerceor anno? Ov. Quantum dēpresso subjectis bōbus ărātro Complecti posses. Ov Saucia vōmĕrĭbus tellūs. Ov, Fertĭlis assĭduo si non rĕnŏvētur ărātro Nil nĭsĭ cum spīnis grāmĕn hăbēbit ăger. Ov. Vălĭdis terram proscinde jŭvencis. V. v. aratrum.

‡**Arpīnas, ātis.** masc. *A citizen of Arpinum,* i. e. *esp. Marius or Cicero.*—— Hic nŏvus *Arpīnas* ignōbĭlis. Juv. 8. 237.

arquātus, a, um. 1. *Arched.*—2. †*Of persons afflicted with the jaundice.*—— Iris et *arquāto* cœlum curvāmĭne signans. Ov. Met. 11. 590.—2. Lūrĭda prætereā fīunt quæcunque tuentur *Arquāti.* Lucr. 4. 834. SYN. 1. curvus, q. v.; incurvus.

arrectus, a, um. prop. part, perf. pass. from ārrĭgo, used as adj. 1. (*lit.*) *Erect, raised.* — 2. (*metaph.*) *Raised,* i. e. *excited, eager, etc.* —— 1. Constĭtit in dĭgĭtos extemplo *arrectus* ŭterque. V. Æn. 5. 426. *Arrectæ*que horrōre cŏmæ. V. Æn. 4. 280.—2. Hīs ănĭmum *arrecti* dictis. V. Æn. 1. 579. Cum spes *arrectæ* jŭvĕnum. V. G. 3. 105. SYN. 1. ērectus, sublātus. — 2. Ardens, excĭtus. PHR. Rĕtŭlit ille grădus horruĕruntque cŏmæ. Ov.

†arrhăbo, ōnis. masc. *A pledge.* —— Hunc *arrhăbōnem* ămōris prīmum ā me accĭpe. Plaut. Milet. 4. 1. 11. SYN. pignus, ŏris. *neut.* q. v.

arrīdeo, es, rīsi, sum. 1. *To laugh or smile in unison with.* — 2. *To smile, to be favourable.* —— Rīsĕrit, *arrīdē;* si flēbit flēre mĕmento. Ov. A. A. 2. 201. — 2. Præsertim cum tempestas *arrīdet.* Lucr. 2. 32. SYN. 2. rīdeo, q. v.

arrĭgo, is, rexi, rectum. *To raise.* —— (leo) Gaudet hians immāne, cŏmasque *arrexit,* et hæret. V. Æn. 10. 726. *Arrexēre* ănĭmos Ĭtăli. V. Æn. 12. 251. SYN. ērĭgo, subrĭgo; tollo, ĭs, sustŭli sublātum; attollo, is (*no perf. or supine*).

arrĭpio, pĭs, pui, reptum. 1. *To take, seize, etc.* — 2. *To enter, occupy.* —— Sĭmŭl *arrĭpit* ipsum Pendentem, et magnâ mūri cum parte rĕvellit. V. Æn. 9. 561. — 2. Rumpe mōras omnes, et turbāte *arrĭpe* Castra. V. Æn. 9. 13. SYN. 1. răpio, corrĭpio. — 2. occŭpo, as; ingrĕdior, ĕris, gressus; aggrĕdior.

arrŏgans, antis. *Arrogant, proud.* —— Rēgīna, sublīmi flăgello Tange Chloen sĕmĕl *arrŏgantem.* Hor. 3. 26. 12. SYN. insŏlens, sŭperbus, fastīdiōsus jactans.

arrŏgo, as. 1. *To claim.* — 2. *To give, to confer.* —— 1. Jūra nĕget sĭbĭ nāta, nihil nōn *arrŏget* armis. Hor. A. P. 122. — 2. Laudemque et optātum pĕractis Impĕriis dĕcus *arrŏgāvit.* Hor. 4. 14. 40. SYN. 1. assĕro, ĭs, assĕrui, sertum; vindĭco, as. — 2. do, das, dĕdi, dăre, dătum, q. v.; assigno, as.

ars, artis. fem. *Art, in every sense of the English word.* — 1. *An art.* — 2. *Skill.* — 3. *Artifice, etc.* —— 1. Hæ tĭbi ĕrunt *artes* pācique impōnĕre mōrem. V. Æ. 6. 853. — 2. *Arte* lăbōrātæ vestes ostroquĕ sŭperbo. V. Æ. 1. 639. — 3. Ille dŏlīs instructus et *arte* Pĕlasgâ. V. Æn. 2. 152. SYN. 2. sōlertia. — 3. dŏlus; fraus, fraudis, *fem.* PHR. Quamvīs ingĕnio non vălet, arte vălet. Ov.

‡Arsăcīdes, æ. masc. *A Persian or Parthian, from Arsaces an ancient king.* —— Vōcesque sŭperbo *Arsăcīdæ* perferrĕ mĕas. Lucan. 8. 218. v. Persa, Parthus.

‡Arsăcius, a, um. *Persian, Parthian.* —— Scis quid in *Arsăciâ* Păcŏrus dēlībĕret aulâ. Mart. 9. 36. 3. SYN. Persĭcus, q. v.

arsi, perf. **arsūrus,** fut. in **rus,** etc. from ardeo. *To burn.* —— Ut vīdi, ut pĕrii, nec nōtīs ignĭbus *arsi.* Ov. Her. 12. 33.

†artēria, æ. fem. sing., and **ōrum.** neut. pl. *The windpipe.* —— Făcitque Aspĕriōra, fŏras grădiens *artēria* clāmor. Lucr. 4. 530.

†artĭcŭlātim. *Joint by joint, distinctly.* —— Planē exaudīre, discernique *artĭcŭlātim.* Lucr. 4. 558.

†artĭcŭlo, as. *To articulate, to utter articulately.* —— Mōbĭlis *artĭcŭlat* verbōrum dædăla lingua. Lucr. 4. 555. v. ēdo.

artĭcŭlus, i. masc. 1. *A joint.* — *esp.* 2. *A finger.* — †3. *The critical moment.* —— Auxĕrat *artĭcŭlos* măcies, gĕnuumque rĭgēbat ōrbĭs. Ov. Met. 8. 807. — 2. Lītĕraque *artĭcŭlo* pressa trĕmenti lăbat. Ov. Her. 10. 140. — 3. Illud vīdeat ĭn ipso *artĭcŭlo* oppressit. Ter. Adeph. 2. 2. 21. SYN. 1. artus, ûs, *usu. in pl. masc.* — 2. dĭgĭtus, q. v.

artĭfex, fĭcis. masc. and fem. 1. *A workman, an artist.* — 2. *An artful man.* —— 1. Excĭtat *artĭfĭcem* sĭmŭlātōremque fĭguræ. Ov. Met. 11. 634. — 2. Et mihĭ jam multi crūdēle cănēbant *Artĭfĭcis* scĕlus. V. Æn. 2. 125. SYN. ŏpĭfex (*with reference to any particular thing made*), făbrĭcātor, *masc.* q. v.; auctor, condĭtor.

artĭfex, fĭcis. used as adj. masc. and fem. —— *Skilful, experienced.* —— *Artĭfĭci* fulgent corpŏra picta mănu. Ov. Tr. 2. 522. Sed nĕque vector ĕquum qui nŭper sensit hăbēnas Compărĭbus frēnīs *artĭfĭcem*quĕ rĕget. Ov. A. A. 3. 555. SYN. pĕrītus, sōlers, ertis.

‡**artŏcreăs, ătĭs.** neut. *A meat pie.*——Ŏleum *artŏcreas*que pŏpello Largior. Pers. 6. 50.

artus, ūs. masc., most usu. in pl. ūs, uum. *The limbs.*——Sŏpor fessos complectĭtur *artus.* V. Æn. 2. 253. SYN. membrum, q. v.; artĭcŭlus, i.

ărundĭfer, ĕra, ĕrum. *Bearing reeds.*——Tўbris *ărundĭfĕrum* mĕdio căput extŭlit alveo. Ov. F. 5. 637. SYN. ărundĭnōsus, ărundĭneus. PHR. Amnĭs ărundĭnĭbus lĭmōsas obsĭte rīpas. Ov.

ărundĭneus, ă, um. 1. *Consisting of or made of reeds.*—2. *Proceeding from a flute of reeds.*——(aper) Sylvă Pastus *ărundĭneă.* V. Æn. 10. 710. Mellaque *ărundĭneīs* inferrĕ cănālĭbus ultro. V. G. 4. 265.—2. Pastor *ărundĭneo* cărmĭne mulcet ŏves. Ov. Tr. 4. 1. 12. v. seq.

ărundĭnōsus, a, um. *Abounding in reeds.*——Quæque Ancōna Cnĭdumque *ărundĭnōsam* Cŏlis. Cat. 34. 12. SYN. ărundĭfĕr, ărundĭneus.

ărundo, ĭnis. fem. 1. *A reed, any thing made of reeds.*—2. *A flute.*—3. *An arrow.*—4. *A fishing-rod, etc.*——1. Capit ĭnornatos rĕdĭmītus *ărundĭne* crīnes. Ov. Met. 9. 3.—2. Silvestrem tĕnui mĕdĭtābor *ărundĭne* mūsam. V. E. 6. 8.—3. Actăquĕ multo Perque ŭtĕrum sŏnĭtu, perque īlia vĕnit *ărundo.* V. Æn. 7. 500. Trĕmŭlâ dum captat *ărundĭnĕ* pisces. Ov. Met. 8. 217. SYN. 1. Canna.—1, 2, 3, 4. călămus.—2. ăvēna; tībia, q. v.—3. săgitta, q. v.

arvum. 1. *An arable field, esp. when fallow.*—2. *A plain.*——1. Ante Jŏvem nulli sŭbĭgēbant *arva* cŏlōni. V. G. 1. 125.—2. Dictæa nĕgat tĭbĭ Jūpĭter *arva.* V. Æn. 3. 171. *Arva* nŏvâ Neptūnia cæde rŭbescunt. V. Æ. 8. 695. SYN. 1. ăger, ăgri; culta, ōrum; jŭgĕra, um; rūs, rūris, *neut. usu. in pl. in this sense;* sĕgĕs, ĕtis, *fem.*; nŏvāle, nŏvālis, ĭs; campus.—2. æquor, ŏris, *neut.* v. ager.

arx, arcis. fem. 1. *A height, summit of a hill, a hill, etc.*—2. *A tower or citadel.*—3. ‡*The height of excellence, etc.*——1. Mundus ut ad Scўthiam Rhīpæasque arduus *arces* Consurgit. V. G. 1. 240.—2. Tўrias ōlim quæ verteret arces. V. Æn. 1. 20.—3. Nondum attĭgit *arcem* Jūris et hūmānum culmen. Lucan. 7. 593. SYN. 1. căcūmĕn, ĭnis, *neut.*; vertex, ĭcis, *masc.* v. mons.—2. turris, is, *fem.*—3. summa.

ās, assis. masc. 1. *A pound weight.*—2. *A small coin, a penny.*——Īn hæc sŏlidi sexta făce *assis* eat. Ov. M. F. 60.

Ascănius. *Son of Æneas and Creusa, called also Iulus.*——At puer *Ascănius* cui nunc cognōmĕn Iulo Addĭtur. V. Æn. 1. 267. SYN. Iūlus, Æneădes, æ. PHR. Dardăniusque nĕpos Vĕnĕris. V.

‡**ascaules, ĭs.** masc. *A bagpiper.*——Et concŭpiscat esse Cānus *ascaules.* Mart. 10. 3. 8.

ascendo, dĭs, di, sum. *To climb, ascend.*——Et celsum Būthrōti *ascendĭmus* urbem. V. Æn. 3. 293. SYN. scando, conscendo; sŭpĕro, as. PHR. Summi fastīgia tecti ascensu sŭpĕro. V. Āĕrii cursu pĕtit ardua montis. V. Ipse tămen vēlox cĕlĕrem sŭperĕdĕre corpus gaudet ĕquum. Tib.

ascensus, ūs. masc. *An ascent, both steep ground and the action of ascending.*——Lātē rĭget arduus alto Tmolus in *ascensu.* Ov. Met. 11. 151. Summi fastīgia tecti *ascensu* sŭpĕro. V. Æn. 2. 303.

Ascra, æ. *A town in Bœotia, where Hesiod was born.*——Esset perpĕtuo sua quam vĭtābĭlis *Ascra.* Ov. Ep. e P. 4. 14. 31.

Ascræus, a, um. *Of Ascra, esp. an epithet of Hesiod.*——Hos tĭbĭ dant călămos (ēn accĭpĕ), Mūsæ *Ascræo* quos ante sĕni. V. E. 6. 70.

ascrībo, ĭs, psi, ptum. 1. *To add in writing.*—2. *To enrol among.*——1. Restat ut *ascrībat* lĭtĕra nostră vāle. Ov. Her. 21. 248.—2. Et *ascrībi* quiētis Ordĭnĭbus pătiar Deōrum. Hor. 3. 3. 5. SYN. 2. adscisco, ĭs, īvi, q. v.; insĕro, is, sĕrui, sertum.

Asdrŭbăl, ălĭs. *The brother of Annibal, defeated on the Metaurus by M. Livius and Cl. Nero, and slain in the battle.*——Testis Mĕtaurum flūmĕn, et *Asdrŭbal* Dĕvictus. Hor. 4. 4. 38. Occĭdit, occĭdit Spes ōmnis, et fortūna nostri nōmĭnis, *Asdrŭbăle* intĕremto. Hor. 4. 4. 72.

ăsella, æ. *A she ass.*——Ut rŭdit ad scăbram turpis *ăsella* mŏlam. Ov. A. A. 3. 290.

ăsellus, i. masc. *An ass.* —— Sæpe ŏleo tardi costas ăgĭtātŏr *ăselli*, vīlĭbus aut ŏnĕrat pōmis. V. G. 1. 273. SYN. ăsĭnus, q. v.

Āsia, æ. *Asia.* —— Addam urbes *Āsiæ* dŏmĭtas pulsumque Nĭphāten. V. G. 3. 30. SYN. Āsĭs, ĭdŏs, acc. ĭdă.

Āsia pălus, ūdis. *A marsh in Mysia.* —— Sŏnat amnis et *Āsia* longe Pulsa pălus. V. Æn. 7. 701.

Asiānus, a, um. *Asiatic.* —— Hæc *Āsiānorum* vĕtĕra ornāmenta Deōrum. Juv. 3. 218. SYN. ‡Āsiātĭcus.

‡Āsiātĭcus, a, um. *Asiatic.* —— Frīgŏrĭbus pīgro vĕniunt *Āsiātica* fētu. Columella, 10. 412.

ăsīlus, i. masc. *A gadfly.* —— Est lūcos Sĭlări circum, īlĭcĭbusque vĭrentem Plūrĭmus Alburnum vŏlĭtans, cui nōmĕn *ăsīlo* Rōmānum est Œstron Graii vertĕrĕ vŏcantes. SYN. œstrus.

†ăsĭnārius, a, um. *Of an ass.* —— Sĕnex qui dorso fertur *ăsĭnārio*. Plaut. arg. Bac. 8.

ăsĭnus, i. masc. *An ass.* —— Apta *ăsĭni* flammīs indĭcis exta dămus. Ov. F. 6. 346. SYN. ăsellus, fem. ăsella. PHR. Induĭturque aures lentē grădientis ăselli. Ov.

Āsĭs, ĭdŏs, ĭdĭ, ĭdă. fem. *Asia.* —— Jam sŭper Eurōpen sūblīmis et *Āsĭda* terras Vectus ĕrat jŭvĕnis. Ov. Met. 5. 648. v. Asia.

Āsius, a, um. *Belonging to the Āsĭă pălus; Mysian.* —— *Āsia* circum Dulcĭbus in stagnis rīmantur prāta Caystri. V. G. 1. 383.

Āsōpis, ĭdŏs, ĭdĭ, ĭdă. fem. adj. 1. *Belonging to the Asopus.* — 2. *Daughter of Asopus, i. e. Ægina; also Evadne.* —— 1. Hic jam dispersos errāri *Āsōpide* rīpā. Stat. Theb. 4. 370. — 2. Aureus ut Dănaēn *āsōpĭda* lūsĕrit ignēus. Ov. Met. 6. 113.

Āsōpus, i, acc. **um** or **ŏn.** masc. *A river near Thebes, originally a son of Oceanus and Terra, changed into a river for wishing to make war on Jupiter.* —— Quid rĕfĕram *Āsōpon* quem cēpit Martia Thēbe. Ov. Am. 3. 6. 33.

‡aspărăgus, i. masc. *Asparagus.* —— Et (virgas ausus mordēre) . . . montāni *Aspărăgi* pŏsĭto quos lēgit villĭca fūso. Juv. 11. 69.

aspecto, as. *To look upon.* —— Collem qui plūrĭmus urbi Immĭnet adversasque *aspectat* dēsŭper arces. V. Æn. 1. 425. SYN. aspĭcio, ĭs, aspexi, q. v.

aspectus, ûs. masc. *Sight, seeing, a look.* —— Sistĕ grădum teque *aspectu* (for aspectui) nē subtrahe nostro. V. Æn. 6. 465. Sŭbĭtoque *aspectu* terrĭtus hæsit. V. Æ. 11. 699. SYN. conspectus; vīsus, ûs.

asper, ĕra, ĕrum. sometimes sync. **aspra,** etc. 1. *Rough to the touch; (used sometimes of highly embossed works of art).* — 2. *Rough to the taste.* — 3. *Rough in manner or operation, fierce, severe.* —— 1. Bīna dăbo argento perfecta atque *aspĕra* signis Pōcŭla. V. Æn. 9. 263. Imprōvīsum *aspris* vĕlŭti qui sentĭbus anguem Pressit. V. Æn. 2. 379. — 2. *Asper* ĭn ōre săpor. V. G. 4. 277. — 3. *Aspĕra* tunc pŏsĭtis mītescent sæcŭla bellis. V. Æn. 1. 291. Quam mĭser est qui fert *aspĕriōra* fĭde. Ov. Ep. e P. 4. 10. 36. SYN. 1. scăber, bra, um. — 2, 3. ăcerbus, q. v.; ămārus. — 3. dūrus, fĕrus, horrĭdus, diffĭcĭlis.

aspergo, ĭnis. fem. 1. *Any sprinkling.* — 2. *Spray.* —— 1. (Sanguis) vĭrĭdes *aspergĭnĕ* tinxĕrat herbas. Ov. Met. 3. 86. — 2. Objectæ salsâ spūmant *aspergĭne* cautes. V. Æn. 3. 534.

aspergo, ĭs, si, sum. *To sprinkle.* —— Huc tu jussos *asperge* săpōres. V. G. 4. 62. SYN. spargo, †conspergo.

aspĕrĭtas, ātis. fem. 1. *Roughness, lit.* — 2. *Harshness, severity.* —— Non pătris *aspĕrĭtas* non se nĕgat ipsa rŏganti. Ov. Met. 9. 751. SYN. 2. dūrĭtia; fĕrĭtas, ātis.

aspernor, āris. *To disdain, reject with disdain.* —— Nec Pēlūsiăcæ cūram *aspernābĕre* lentis. V. G. 1. 228. —— Quos bŏnus Ænēas haud *aspernanda* precantes Prosĕquĭtur vĕniâ. V. Æn. 11. 106. SYN. sperno, ĭs, sprēvi; temno, is, mpsi; contemno, q. v.; rējĭcio, ĭs, jēci, q. v.

aspĕro, as. 1. *To make rough.* — 2. ‡*To exasperate.* —— 1. Et glăciālis hyems ăquĭlōnĭbus *aspĕrat* undas. V. Æn. 3. 285. — 2. *Aspĕrat* indŏmĭtos præceps discordia frātres. Stat. Theb. 1. 137. SYN. 1, 2. exaspĕro, irrīto, ās.

aspĭcio, ĭs, aspexi, aspectum. *To see, behold, look upon (used even of inanimate things, as we say, "a house looks north," etc.* —— Non pugnam *aspĭcĕre* hanc ŏcŭlis, non fœdĕra possum. V. Æn. 12. 151. *Aspĭcit* immensum mōles nātīva prŏfundum. Ov. Her. 5. 61. SYN. conspĭcio, circumspĭcio; specto, as; aspecto; vĭdeo, es, vīdi; cerno, ĭs, crēvi; tueor, ēris (*no perf. in this sense*); intueor; ††tuor, ĕris (*no perf.*); ††intuor. *As to the imperative* Ēn, ecce, v. video. PHR. Huc gĕmĭnas nunc flecte ăcies, hanc aspĭce gentem. V. Ecce tĭbi Ausŏniæ tellus. V. In quamcumque dŏmûs adverto lūmĭna partem. Ov. Ardentes ŏcŭlōrum orbes ad mœnia torsit Turbĭdus ēque rŏtis magnam respexit ăd artem. V. Mīrātur făcĭlesque ŏcŭlos fert omnia circum. V. Si quā forte fĕrunt ŏcŭlis sēse obvia nostris Errābunda bŏvis vestīgia. V. Atque ŏcŭlis spătĭum ēmensus. V. Ŏcŭlos circumtŭlit alta sŭperbos. Ov. Ut tămĕn īrātos in tē dēfixit ŏcellos. Ov. Tunc ŏcŭlīs ĕtiam percĭpienda fŏret. Ov. Quisquis ingentes ŏcŭlo irrĕtorto spectat ăcervos. Hor. Quem tu, Melpŏmĕnē, sĕmel Nascentem plăcĭdo lūmĭne vīdĕris. Hor. 4. 3. 1.

‡**aspīrāmĕn, ĭnis.** neut. *An air.* —— Da, prĕcor, artĭfĭcis blanda *aspīrāmĭna* formæ. Val. Flac. 6. 465.

aspīro, as. 1. *To breathe upon.* — 2. *To favour.* — 3. *To make favourable.* — 4. *To aspire to.* —— 1. Ŭbĭ mollis ămărăcus illum Flōrĭbus, et dulce *aspīrans* complectĭtur umbrâ. V. Æn. 1. 693. — 2. *Aspīrat* prīmo fortūna lăbōri. V. Æn. 2. 385. — 3. Ventosque *aspīrat* eunti. V. Æn. 5. 606. — 4. Nĕc ĕquīs *aspīrat* Ăchilles. V. Æn. 12. 352. SYN. 1. spīro. — 1, 2. ăfflo, as. — 2. făveo, es, fāvi. — 4. affecto, as.

‡**aspis, ĭdis.** acc. ĭdem and ĭdă. *An asp.* —— *Aspĭda* somnĭfĕram tŭmĭdâ cervīce lĕvāvit. Lucan. 9. 704.

asporto, as. *To carry away.* —— Nec te hinc cŏmĭtem *asportāre* Creūsam Fas aut ille sĭnit. V. Æn. 2. 778. SYN. abdūco, ĭs, xi; aufĕro, fers, abstŭli, auferre, ablātum; āvĕho, ĭs, ēxi.

Assărăcus, i. *An ancient king of Troy, from whom not only the Trojans, but the Romans also, are called* gens Assaraci, etc. —— Jūre omnia bella Gente sub *Assărăci* fāto ventūra rĕsīdent. V. Æn. 9. 643. Cum dŏmus *Assărăci* Phthīam clārasque Mycēnas servitio prĕmet. V. Æn. 1. 284.

§**assector, āris.** *To follow.* —— Cum *assectārētur* numquid vĭs? occŭpo. Hor. Sat. 1. 9. 6. SYN. seqŭor, ĕris, sĕcūtus, q. v.

‡**assĕcŭla, æ.** more usu. **assĕcla, æ.** masc. *A slave.* —— Vos hŭmĭli *assĕcŭlæ* vos indulgēbĭtis ūnquam. Juv. 9. 48.

‡**assensor, ōris.** masc. *One who assents to, approves of.* —— Tuque semper gĕnĭtor īræ făcĭlis *assensor* meæ. Seneca, Hip. 1207.

assensus, ûs. masc. *Assent.* Et vox *assensu* nĕmŏrum ingĕmĭnāta rĕmūgit. V. G. 3. 45. SYN. consensus.

†**assentātio, ōnĭs.** fem. *Flattery.* —— Istæc illum perdĭdit *assentātio.* Plaut. Rud. 4. 3. 36. v. adulor, aris.

assentātor, ōris. masc. *A flatterer.* —— *Assentātōres* jŭbet ad lūcrum īre poētă. Hor. A. P. 400. SYN. ‡ădūlātor, ōris.

†**assentātrix, īcĭs.** fem. *A female flatterer.* —— Nunc *assentātrix* scĕlesta est dūdum adversātrix Ĕrat. Plaut. Mostell. 1. 3. 100.

assentio, tĭs, si, sum. *To assent, to approve.* —— *Assensēre* omnes. V. Æn. 2. 130. SYN. consentio; annuo, ĭs, ui (*no supine*).

†**assentor, āris.** *To assent to so as to flatter.* —— Portrēmo impĕrāvi Egŏmet mihi omnia *assentāri.* Ter. Eun. 2. 2. 21.

‡**assĕquor, ĕris, sĕcūtus.** *To catch, to obtain.* —— Mūres vēlōces nōn valēret *assĕqui.* Phædrus. SYN. consĕquor, attingo, is, attĭgi.

‡**assĕr, ĕris.** masc. *A pole or beam, esp. such as sedan chairs are carried by.* —— Perque fŏrum Jŭvĕnes longo prĕmit *assĕrĕ* Mēdos. Juv. 7. 132. SYN. trabs, trăbis (*without any such special application*).

assĕro, ĭs, rui, rtum. 1. *To deliver, set free* (*at full length* assero aliquem in libertatem). — 2. *To claim.* —— 1. Scīlĭcet *assĕrui* jam mē fūgique cătēnas. Ov. Am. 3. 11. 3. — 2. Nec laudes *assĕre* nostras. Ov. Met. 1. 462. SYN. 1. lībĕro, ās; vindĭco, as. — 2. affecto, as.

assĕro, ĭs, sēvi, sĭtum. *To plant near, place in.* —— Ēde nŏtam tanti gĕnĕris, mēque *assĕre* cœlo. Ov. Met. 1. 761. Lenta qui vĕlut *assĭtas* Vītis implĭcat arbŏres. Cat. 59. 106. v. ascribo.

assertor, ōris. masc. *A liberator.* —— Publĭcus *assertor* dŏmĭnīs oppressa lĕvābo Pectŏra. Ov. R. A. 73. SYN. vindex, ĭcis.

asservo, as. *To keep, to preserve.*——Custōdes lecti Phœnix et dīrus Ŭlysses Prædam *asservābant.* V. Æn. 2. 763. SYN. servo, conservo.

assessus, ûs. masc. *A sitting near, esp. to give countenance to as a friend.*——Turpior *assessu* nōn ĕrit ullă meo. Prop. 4. 12. 50.

assessus, a, um. *Besieged.*——*Assessos* Căpuæ mūros. Sil. 12. 453. SYN. obsessus. v. obsides.

†assĕvēro, as. *To assert.*——Nēmĭnem eōrum hæc *assĕvēra* re audias. Plaut. Mil. 3 1. 164. SYN. affirmo, as; dīco, ĭs, xi, q v.

assĭdeo, es, sedī, no pass. except **assessus,** q. v. above. 1. *To sit near.*—2. *To besiege.*——1. Ille mănūs istas effingit et *assĭdet* ægræ. Ov. Her. 20. 137.—2. Ille vīdes nostris quī mœnĭbus *assĭdet* hostis. V. Ciris. 268. SYN. 1. †assīdo, is —2. obsĭdeo. PHR. 1. Lătĕri contĭnuâsse lătus. Ov.

†assīdo, is, *To sit down, to sit near.*——*Assīdo,* accurrunt servi, soccos dētrahunt. Ter Heaut. 1. 1. 72. v. assideo.

assĭduē. *Diligently, continually.*——Hī bellum *assĭduē* dūcunt cum gente Lătīnâ. V. Æn 8 55. SYN. usque, semper, perpĕtuo.

assĭduus, a, um. *Diligent, continual.*——Ipsa quŏque *assĭduo* lābuntur tempŏra mōtu. Ov. Met. 15. 179. SYN perpĕtuus, q. v.

assigno, as. *To assign, to give.*——Jam tĭbĭ Laurentes *assignat* Jūpĭter agros. Tib. 2. 5. 41. SYN. dō, dās, dĕdi, dăre, dătum; trĭbuo, is; trādo, ĭs, dĭdi. v. do.

ăssĭlio, īs, ui, sultum. *To leap, to leap near or upon.*——*Assĭliunt* fructūs, īmoque ā gurgĭte pontus Vertĭtur Ov. F. 3. 591. SYN. ‡assulto, as.

assĭmĭlis, e. *Like.*——*Assĭmĭlem*que sui longâ assuetūdĭne fēcit. Ov. Tr. 1. 5. 27. SYN. sĭmĭlis, cōnsĭmĭlis.

assĭmĭlo, as *To compare.*——Inque rĕpentīnos convīvia versa tŭmultūs, *assĭmĭlāre* frĕto possis Ov. Met. 5. 5. SYN. compăro, as, confĕro, fers, contŭli, collătum, compōno, is, pŏsui.

assĭmŭlo, as. *To imitate*——Clÿpeumque jŭbasque Dīvīni *assĭmŭlat* căpĭtis. V. Æn. 10. 638. SYN. sĭmŭlo, ĭmĭtor, āris, *perf. part. sometimes in pass. sense.*

assisto, ĭs, adstĭti. no sup. nor pass. etc. *To stand near.*——Umbra cruenta Rĕmi vīsa est *assistĕre* lecto. Ov. F. 5. 457. SYN. asto, as, *same perf.;* adsum, ădĕs, adfui, etc.

‡assŏcio, as. *To join, act.*——Phœboque Mĕlampus *assŏciat* passus. Stat. Theb 3 453. SYN sŏcio, consŏcio; jungo, ĭs, xi; adjungo, conjungo. v. jungo.

†assŏleo, es. rare except in 3d sing. and pl. pres., often as impers. *To be customary.*——Quæ *assŏlent,* quæque ŏportent Signa ad sălūtem esse, omnia huic esse video. Ter. And 3. 2. 1. v. soleo.

assŏno, as, sŏnui. no supine or pass. *To sound in unison, or in reply.*——Planxēre et Dryădes, plangentĭbus *assŏnat* Ēcho Ov. Met. 3. 507.

assuesco, ĭs, suevi. part. **assuetus.** in intrans. sense, of the person; sometimes in pass. sense of the thing.——1. *To accustom.*—2. *To accustom oneself, to be accustomed.*——1. Nĕ, puĕri, nĕ tanta ănĭmīs *assuescĭte* bella. V. Æn. 6. 833 —2. Et vōtis jam nunc *assue ce* vŏcāri. V. G. 1. 42. Et pătiens ŏpĕrum exĭguoque *assuēta* jŭventus. V. G. 2. 472. *Assuetos* tauri saltus *assueta* lĕōnes (nec fĕrĭtas illos impĕdit) antra pĕtunt. Ov. Ep. e P. 1. 3. 42. SYN. 2. consuesco, sŏleo, es, sŏlĭtus sum, q v.

assuetūdo, ĭnis. fem. *Custom.*——Longâque ălit *assuetūdĭne* flammas. Ov. Met. 10. 173. SYN. consuetūdo; mos, mōris, *masc.,* ūsus, ûs, *masc.*

‡assulto, as. *To leap upon, esp in attacking.*——Jam cernes Lĭbÿcum hunc vallo *assultāre* leōnem. Sil. 7. 401. SYN. insulto; assĭlio, īs, ui; insilio; invado, ĭs, si.

assultus, ûs. masc. *A leaping on or towards, esp. for the purpose of attack.*——Omnemque pĕrerrat Arte lŏcum, et vărĭis *assultĭbus* irrĭtūs urget. V. Æn. 5. 442.

assūmo, ĭs, umpsi, umptum. 1. *To take, assume.*—2. *To adopt.*——Sic tempŏre verti Cernĭmus atque illas *assūmĕre* rōbŏra gentes. Ov. Met. 15. 421. Cōgam *assumtumque* pătrem commentaque săcra fătēri. Ov. Met. 3. 558. SYN. 1. sūmo; căpio, ĭs, cēpi.—2. ădopto, as, q. v.

assuo, is, ui. *To sow on.*——Lātē qui splendeat ūnus et alter *Assuĭtur* pannus. Hor. A. P. 16.

assurgo, is, surrexi, no supine or pass. 1. *To rise.*—2. *Esp. to rise up to do honour to, c. dat.*——1. Non cœptæ *assurgunt* turres. V. Æn. 4. 86.—2. Utque viro Phœbi chŏrus *assurrexĕrit* omnis. V. E. 6. 66. SYN. 1. surgo, consurgo.

assus, a, um. *Roasted.*——At sĭmŭl *assis* Miscuĕrīs ēlixa. Hor. Sat. 2. 273.

Assўria, æ. *Assyria.*——Eōīque Ărăbes, dīvĕs et *Assўria.* Tib. 3. 2. 24.

Assўrius, a, um. *Assyrian.*——Alba nĕque *Assўrio* fūcātur lāna vĕnēno. V. G. 2. 465.

ăst. *But.*——*Ast* ŭbĭ blandĭtiis ăgĭtur nĭhĭl. Ov. Met. 6. 685. SYN. at, atque, sed, tămĕn, attămĕn, vērumtămĕn, vērum, autem. (*The two latter words never begin a sentence.*)

asterno, ĭs, strāvi, strātum. *To lay near,* pass. **āstērnor,** *to lie near.*——Nōn audītūrum mĭsĕras Phaĕtonta quĕrēlas Nocte dieque vŏcant, *asternunturque* sĕpulchro. Ov. Met. 2. 343. v. accumbo.

†astĭtuo, ĭs, ui, ūtum. *To place near.*——Jŭbes an non jŭbes aulas *astĭtui.* Plaut. Capt. 4. 2. 49. SYN. appōno, ĭs, pŏsui, pŏsĭtum, q. v.

asto, as, astĭti, no supine or pass. *To stand near, to be near.*——(Fama volat) Hoste văcāre dŏmos sēdesque *astāre* rĕlictas. V. Æn. 3. 123. SYN. assisto, ĭs; adsum, ădĕs, adfui.

Astræa, æ. *Daughter of Jupiter and Themis, goddess of justice.*——Ultĭma cœlestûm terras *Astræa* rĕlīquit. Ov. Met. 1. 149. SYN. Justĭtia, q. v.

‡astrĕpo, is, ŭi, no supine. *To roar in concert, or in answer.*——Tōtum măre immūgit omnes undĭque scŏpŭli *astrĕpunt.* Seneca, Hip. 1022.

astrictus, a, um, part. from astringo, q. v. *Bound in any way.*——Et coït *astrictis* barbărus Ister ăquīs. Ov. Ep. e P. 3. 3. 26. Pectŏra dum gaudent nec sunt *astricta* dŏlōre. Ov. A. A. 1. 361. Cōnātusque ălĭquis vāgīnâ ēdūcĕre ferrum *Astrictum* lengâ sentiat esse mŏrâ. Ov. F. 4. 930. Cortĭcem *astrictum* pĭce dīmŏvēbit. Hor. 3. 8. 10.

‡astrīdens, entis. *Hissing, or hissing near.*——Prĕmit *astrīdentĭbus* hўdris. Stat. Theb. 11. 494. v. strideo, es.

‡astrĭfer, ĕra, um. *Bearing stars, starry.*——*Astrĭfĕros* inclīnat Jūpĭter axes. Stat. Theb. 8. 83. SYN. sīdĕreus, ‡astrĭger.

‡astrĭger, ĕra, um. *Bearing stars, starry.*——*Astrĭgĕros* Căpăneus tollendus ĭn axes. Stat. Theb. 10. 828. v. astrifer.

astringo, ĭs, strinxi, strictum. 1. *To bind.*—2. *Contract.*——Arctius atque hĕdĕrâ prōcēra *astringĭtur* ĭlex. Hor. Epod. 15. 5. Seu dūrat măgis et vēnas *astringit* hiantes. V. G. 1. 91. SYN. 1, 2. stringo, ‡constringo; lĭgo, as; allĭgo, vincio, cīs, nxi, nctum.—2. contraho, ĭs, xi.

†‡astrŏlŏgus, i. *An astrologer.*——*Astrŏlŏgōrum* artem contrā convincĕre tendit. Lucr. 5. 729. v. vates, augur.

astrum, i. *A star, a constellation.*——Ecce Diōnæi prōcessit Cæsăris *astrum.* V. E. 9. 47. Orbem per duŏdēna rĕgit mundi sōl aūreus *astra.* V. G. 1. 232. SYN. sīdus, ĕris, *neut.*; stella. PHR. Nam nĕque ĕrant astrōrum ignes, nec lūcidus æthrâ Sīdĕreâ pŏlus. V. Nox, ait, arcānis fīdissĭma quæque diūrnis Aurea cum Lūnâ succēdĭtis ignĭbus astra. Ov. Averso cēdens cănis occĭdit astro. V. Vos O clārissĭma mundi Lūmĭna, lābentem cœlo quæ dūcĭtis annum. V. Noctem dūcentĭbis astris. V. Suadentque cădentia sīdĕra somnos. V. Bacchi conjux rĕdīmīta cōrōnâ Prærădiat stellis signa mĭnōra suis. Ov. Postĕra nocturnos Aurōra rĕmōvĕrat ignes. Ov. Quid vĕtat et stellas ut quæque ŏrĭturque căditque Dīcĕre? Prōmissi pars sit et ista meī; Fēlīces ănĭmos quĭbus hæc cognoscĕre prīmis Inque dŏmos sŭperas scandĕre cūra fuit . . . Admōvēre ŏcŭlis distantia sīdĕra nostris Ætheraque ingĕnio suppŏsuēre suo . . . Nos quŏque sub dūcĭbus cœlum mētābĭmur illis. Ov. Cœlique meātūs Describent rădio et surgentia sīdĕra dīcent. V. Æn. *The names of some of the stars most celebrated by the Latin poets are*—Plēĭădăs; Hyădas, clāramque Lўcāŏnis Arcton. V. Prætĕrea tam sunt Arctūri sīdĕra nōbis Hædōrumque dies servandi, et lūcĭdus Anguis. V. Sīdĕra serva, Frīgĭda Săturni sēsē quo stella rĕceptet, Quos ignis cœli Cyllēnius (*Mercury*) erret ĭn orbes. V. Ante tĭbi Eōæ Atlantĭdĕs (*the Pleiades*) abscondantur, Gnossiaque ardentis dēcēdat stella cŏrōnæ. V. Haud ōbscūra cădens mittet tĭbĭ signa Bŏōtes. V. Arctūrum plŭviasque Hyădas gĕmĭnosque Triōnes Armātumque auro circumspĭcit Orīōna. V. Stĕrĭles exūrĕre Sīrius ăgros (cœpit). V. Nec sĕquar aut

Hĕlĭcēn, aut quâ Sȳrŏs ūtĭtur Arcton Publĭca non cūrat sīdŏra noster Ămor; Andrŏmĕdān ălius spectet clāramve Cŏrōnam Quæque mĭcat gĕlĭdo Parrhăsis Ursa pŏlo. Ov. Sæpe ĕgŏ nimbōsis dŭbius jactābar ab Hœdis, Sæpe mĭnax Stĕrŏpes sīdĕre pontūs ĕrat, Fuscābatque diem custos Ĕrȳmanthĭdos Ursæ, Aut Hyădæs sævis auxĕrat Auster ăquis. Ov. Ŏlĕniæ sīdus plŭviāle căpellæ, Tāȳgĕtenque Hȳădasque ŏcŭlīs Arctonque nŏtāvi. Ov. Cur sērus versāre vŏces et plaustra Bŏŏtes, Plēĭădum spisso cur coit igne chŏrus. Prop. v. Bŏōtes, Pleiades, etc.

astruo, ĭs, uxi, uctum. *To build near, join by building, to add.*—‡2. *To attribute.*——Jam mōlīre ănĭmum qui dūret et *astrue* formæ. Ov. A. A. 2. 119. —2. An quæ Nĕrōni falsus *astruit* scriptor? Mart. 3. 20. 4. SYN. addo, ĭs, dĭdi, dĭtum, q. v.—2. trĭbuo, ĭs, ui, ūtum; impŭto as, q. v.

astŭpeo, es, ui. no supine or pass. *To be astonished at.*——*Astŭpet* ipse sĭbi vultuque immōtus eōdem Hæret. Ov. Met. 3. 418. SYN. stŭpeo, obstŭpeo. v. stupeo.

‡**Astur, ŭris.** *Asturian, Spanish.*——Vēnit ab aurĭfĕris gentĭbus *Astur* ĕquus. Mart. 14. 199. 2. v. Hīspānŭs.

astus, ûs, masc. only abl. sing. in the best poets. Silius also has nom. and acc. pl. *Craft, cunning.*——Consĭlio versāre dŏlos ingressus et *astu.* V. Æn. 11. 704. SYN. ars, artis, fem.; dŏlus.

†**astūtia, æ.** *Craft.*——Ĭnest spes nōbīs hâc *astūtiâ.* Plaut. Cap. 2. 1. 53.

astūtus, a, um. *Crafty, cunning.*——Parthōrum *astūtæ* terga rĕmissa fŭgæ. Prop. 3. 9. 54. SYN. callĭdus; văfer, văfra, um; versūtus, dŏlōsus.

Astyănax, actis. *Son of Hector and Andromache.*——O mihĭ sōla mei sŭper *Astyănāctis* ĭmāgo. V. Æn. 3. 489. PHR. Hectŏreus pătriâ vīdit ab arce puer. Ov.

ăsȳlum. *An asylum.*——Portĭcĭbus văcuis Jūnōnis *Ăsȳlo* Custōdes . . . Prædam asservābant. V. Æn. 2. 761. SYN. confŭgium, †perfŭgium.

at. *But.*——*At* rēgīna grăvi jamdūdum saucia cūrâ. V. Æn. 4. 1. SYN. atqui, sed, ast, tămĕn, ăttămĕn, vērum, vĕrumtămĕn, vĕro, autem. (*The two latter words never begin a sentence.*)

Ătălantē, ei, also **Ătălanta, æ.** *Daughter of Īăsius, who refused to marry any one who could not beat her in running; she was beaten by Hippomenes, who threw down three golden apples in her path.*——Et tĕgĭtur festâ victrix *Ătălantă* cŏrōnâ Ov. Met. 10. 598. SYN. Īāsis, ĭdŏs; Schœnēis, ĭdŏs. PHR. In virgĭne Nōnăcrīnâ Hæsit. Ov.

ătăvus, i. *A great-great-grandfather, an ancestor.*——Turnus ăvīs *ătăvis*que pŏtens. V. Æn. 7. 56. PHR. Pīlumnusque illĭ quartus păter. V. Vĕnĕrem grădĭbus multīs in gente rĕfertam. Ov.

Ātē, ēs. *The goddess of destruction.*——*Ātē* est vehemens (*dissyll.*) Dea lædĕre hanc căvēto. Cat. 48. 20.

āter, ātra, um. *Black.*——Calcŭlus immĭtem dēmittĭtur *āter* ĭn urnam. Ov. Met. 15. 44. SYN. ātrĭcŏlor, ōris; nĭger, nĭgra, um; nĭgrans.

Ăthēnæ, ārum. *Athens, sacred to Minerva, whose Greek name is* Ἀθήνη.——Quid Pandīŏniæ restant, nĭsĭ nōmĕn, *Ăthēnæ?* Ov. Met. 15. 430. EPITH. Pallădiæ, Cēcrŏpiæ, Pandiŏniæ (*from the names of ancient kings of Athens*). PHR. Mūnȳchiosque vŏlans portūs grātamque Mĭnervæ Despectābat hŭmum. Ov. Sic super Actæas ăgĭlis Cyllēnius arces Īnclīnat cursus. Ov. Festas in Pallădis arces. Ov. v. Attica.

†**Athēnæus, a, um.** *Athenian.*——Est et *Ăthēnæīs* in mœnĭbus arcis ĭn ipso Vertĭce. Lucr. 6. 749. SYN. Attĭcus, q. v.

Ăthĕsis, is. masc. *The Adige, the river on which Verona stands.*——Sīve Pădi rīpīs, *Ăthĕsin* seu propter ămœnum. V. Æn. 9. 681.

āthlēta, æ, and **āthlētes, æ.** masc. *An athlete, a wrestler.*——Nunc *āthlētārum* stŭdiis nunc arsit ĕquōrum. Hor. Ep. 2. 1. 95. SYN. luctātor, ōris. PHR. Brāchiaque oppŏsui, tĕnuique ā pectŏre văras In stătiōne mănūs, et pugnæ membra părāvi, Ille căvīs hausto spargit mē pulvĕre pălmis Inque vĭcem fulvæ jactu flāvescit ărēnæ. Et mŏdŏ cervīcem mŏdŏ crūra mĭcantia captat Aut captāre pŭtes omnique ā partĕ lăcessit. Ov. Dīgrĕdĭmur paulum rursumque ad bella coĭmus, Inque grădu stĕtĭmus certi non cēdĕre, ĕratque Cum pĕde pes junctus, tōtoque ĕgŏ pectŏre prōnus Et dĭgĭtos dĭgĭtis, et frontem fronte prĕmēbam. Ov.

Ăthos, gen. and dat. **Ătho,** acc. **Ătho** and **Ăthŏn** (Lucilius used an old nom. pl.

Athones). *Mount Athos in Macedonia.*——Quantus *Ăthos*, aut quantus Ĕryx. V. Æn. 12. 701.

Ātlantēus, a, um. *Atlantic, belonging to Atlas, as the Pleiades who were his daughters, or the part of Africa where Mount Atlas stands, or (later) of the ocean, etc.*——Quis tunc aut Hyădās aut Plēïădās *Ătlantēas* Sensĕrat. Ov. F. 3. 105. Qūā Styx . . . . *Ātlantēūsque* fīnis Concŭtĭtur. Hor. 1. 34. 11. Gurgĭte *Ātlantēō* pĕlăgi sub rūpĕ sŏnōrā. Stat. Achill. 1. 223. SYN. Ātlantĭcus, ‡Ātlantiăcus, *fem.* Ātlantis, ĭdŏs, etc.

‡Ātlantiăcus, a, um. *Atlantic.*——Quālis *Ătlantiăco* mĕmŏrātur lītŏre quondam. Sil. 13. 200. v. prec.

Ātlantiădes, æ. masc. *Descendant of Atlas, esp. Mercury, son of Maia, who was his daughter.*——Vēnit *Ātlantiădes* pŏsĭtis cādūcĭfer ālis. Ov. Met. 8. 627. v. Mercurius.

Ātlanticus, a, um. *Atlantic.*——Ter et quăter Anno rĕvīsens æquor *Ātlantĭcum* Impūne. Hor. 1. 31. 14. v. Atlanteus.

Ātlantis, ĭdŏs, ĭdī, ĭdă, pl. **ĭdĕs,** etc. fem.——*Belonging to Atlas, either as his daughters, or as woods that grew on Mount Atlas, etc. etc., often used as subst., and in pl., esp. as a name of the Pleiades.*——Dardănŏn Ēlectrā nescīret *Ătlantĭde* crētum. Ov. F. 4. 31. Antĕ tĭbi Ēōæ *Atlantĭdĕs* abscondantur. V. G. 1. 221. Sectosque *Ătlantĭde* sylvā Impŏsuēre orbes. Lucan. 10. 144.

Ātlas, antĭs. *King of Mauritania, changed by Perseus into Mount Atlas, reported by the ancients to bear heaven on his shoulders.*——Stābat *Ătlas* hūmĕros ŏnĕrātus Ŏlympo. Ov. F. 5. 169. Tempus *Ătla* vĕniet tua quo spŏliābĭtur auro Arbor. Ov. Met. 4. 643. PHR. Cœlĭfer Ātlas Axem hūmĕro torquet stellīs ardentĭbus aptum. V. Cervīcemque pŏlo suppŏsĭtūrus Ātlas. Ov. Hercŭle suppŏsĭto sīdĕra fulcit Ātlas. Ov. Lătĕra ardua cernit Ātlantis dūri qui cœlum vertĭce fulcit. V.

atque. 1. *And.*—2. *After a comparative adjective, than.*—3. *After "simul," as.*—4. *Immediately.*——1. *Atque* Deos *atque* astra vŏcat crūdēlia māter. V. E. 5. 23.—2. Arctius *atque* hĕdĕrā prōcēra astringĭtur īlex. Hor. Epod. 15. 5.—3. Ipse Deus sĭmŭl *atque* vŏlam me solvet, ŏpīnor. Hor. Epist. 1. 10. 78.—4. *Atque* illum in præceps prōno răpit alveus amni. V. G. 1. 203. SYN. 1. et, āc (*never used before a vowel*), necnōn, que (*never the first word in a sentence, usu. the second, but sometimes the third, esp. when joined to a verb*).—2. quam.—3. āc.—4. Prōtĭnus, q. v.

atqui. *But yet; and yet.*——*Atqui* non Massĭca Bacchi Mūnĕra nōn illīs ĕpŭlæ nŏcuēre rĕpostæ. V. G. 3. 526. SYN. tămĕn, attămĕn, vĕruntămĕn.

Ātrăcĭdes, æ. *A Thessalian.*——Stŭdiisque vĭrīlĭbus ævum Exĭgit *Ātrăcĭdes.* Ov. Met. 12. 208. SYN. Thessălus.

Ātrăces, ĭdŏs. fem. of prec. *A Thessalian woman.*——An fĕra Centaurīs indīcĕre bella coēgit *Ătrăcis* Hæmŏnios Hippŏdămīa vĭros? Ov. Her. 17. 248. SYN. Thessălis, ĭdŏs, q. v.

Ātrăcius, ă, um. *Thessalian.*——Lĭcet *Ătrăciis* consīdat ĭn ōris. Prop. 1. 8. 25. SYN. Thessălus, q. v.

ātrāmentum. *Ink.*——Sed vĕlūti tractāta nŏtam lābemque rĕmittunt *Ātrāmentă.* Hor. Ep. 2. 1. 236.

ātrātus, a, um. *Blackened, darkened.*——Sōlis et *ātrātis* luxĕrit orbis ĕquis. Prop. 3. 3. 36.

Ātreus, gen. **Ātrĕŏs** and **Ātreī.** *Son of Pelops; father of Agamemnon, king of Mycenæ.*——Quid quod ăvus nōbīs īdem est Pĕlŏpēius *Ātreus.* Ov. Her. 8. 27.

‡Ātrēus, a, um. *Of Atreus.*——I prĕcor *Ātrēī* si quid tĭbĭ sanguĭnis unquam. Stat. Theb. 8. 743.

ātrĭcŏlor, ōris. *Of black colour, black.*——Plūmeus, *ātrĭcŏlor,* pullo vēlāmĭne tectus. Ov. Met. 11. 611. SYN. āter, ātra, um, q. v.

Ātrīdes, æ, and **Ātrīda, æ.** *Son of Atreus, usu.* Agamemnon, onis; Atrides minor; Menelaus; *in the pl. applied to the two brothers.*——Nōn ĭtă Dardănio gāvīsus *Ătrīda* triumpho. Prop. 2. 11. 1. Ut mĭnor *Ătrīdes* tĕmĕrāti fœdĕra lecti Clāmat. Ov. Her. 5. 101. Hōc Īthăcus vĕlit, et magno mercentur *Ātrīdæ.* V. Æn. 2. 104.

‡ātriensis, is. *A principal slave who had care of the atrium; a sort of steward.*——Ex altĭcinctīs unus *ātriensĭbus.* Phædrus, 2. 5.

‡**ātrĭplex, ĭcis.** masc. *The herb oracle.*——Et gră̆vis *ātrĭplĭci* consurgit longa phăsēlus. Columella, 10. 377.

†**ātrĭtas, ātis.** fem. *Blackness.*——Ĭtă rĕplēbo *ātrĭtāte,* ut *ātrior* multo siet quam Ægyptii. Plaut. Pœn. 5. 5. 11.

ātrium. usu. in pl. 1. *A courtyard, a hall.* — 2. *A house.*——Appāret dŏmus intus et *ātria* longa pătescunt. V. Æn. 2. 483. — 2. Nec căpient nostras *ātria* nostra nŭrus. Ov. Her. 16. 184. SYN. 1. vestĭbŭlum. — 1, 2. aula. — 2. dŏmus, i *and* ûs. *fem.* q. v.

Ātrŏpŏs, i. acc. ŏn. fem. *One of the Fates.*——At nōn et stāmĭna differt *Ātrŏpŏs.* Mart. 10. 44. 6. v. Parca.

ătrox, ōcis. 1. *Fierce, cruel, violent.* — 2. *(once even in a good sense, as) Stern, inflexible (in virtue).*——1. Flăgrantis *ătrox* hōra Cănĭcŭlæ. Hor. 3. 13. 9. — 2. Et cuncta terrārum sŭbacta Præter *ătrōcem* ănĭmum Cătōnis. Hor. 2. 1. 24. SYN. 1. fĕrox, ōcis; dīrus, dūrus, immītis, vĭŏlentus; crūdēlis, q. v. — 2. invictus. v. immanis.

‡**attactus, a, um.** part. from attingo. *To touch.*——Stāre inter prælia nullis *attactum* tēlis. Sil. 11. 147.

attactus, ûs. masc. *Touch, contact.*——Volvĭtur *attactu* nullo fallitque fŭrentem. V. Æn. 7. 350. SYN. tactus, contactus.

attăgen, ĕnis. masc. *A woodcock.*——Nōn *attăgen* Ĭōnĭcus. Hor. Epod. 2. 54.

‡**attăgēnă.** fem. of prec.——Commūnēmque duōbus *attăgēnam.* Mart. 2. 37. 3.

Attălĭcus, a, um. *Belonging to or concerning Attalus.*—1. *Very rich, magnificent.* —2. *(when applied to clothes, garments, etc.) Embroidered with gold, which art was invented by Attalus.*——Gaudentem pătrios findĕre sarcŭlo Āgros *Attălĭcis* condĭtiōnĭbus Nunquam dīmŏveas. Hor. 1. 1. 12.—2. Portĭcus aulæis nōbĭlis *Attălĭcis.* Prop. 2. 32. 12. v. aurātus.

Attălus, i. *King of Pergamus, celebrated for his wealth, which he bequeathed to the Roman people.*——Nēque *Attăli* Ignōtus hæres rēgiam occŭpāvi. Hor. 2. 18. 5.

attămĕn. *Yet.*——Nīl mihĭ rescrības *attămĕn;* ipse vĕni. Ov. Her. 1. 2. SYN. tămĕn, vēruntămĕn, atqui. v. at.

‡**attĕgia, æ.** usu. in pl. *A hut.*——Dīrue Maurōrum *attĕgias,* castella Brigantum. Juv. 14. 196. SYN. măpālia, um; măgālia, um.

‡**attendo, ĭs, di, tum.** *(lit.) To stretch, (then as usu.) to attend to, observe (in Terence and Lucilius* animo att. *and* animos att.*).*——Sæcŭla Rōmānos nunquam tăcĭtūra lăbōres *attendunt.* Lucan. 8. 622. SYN. observo, as, q. v.

§**attente.** *Attentively.*——Spectāret pŏpŭlum lūdīs *attentius* ipsis. Hor. Epist. 2. 1. 197.

attento, as. *To attempt, both as trying and making an attempt on, etc.*——Mēcum făcientes Jūra Si tămĕn *attentas.* Hor. Ep. 2. 2. 24. *Attentāre* ălĭquem lăcrȳmīs et supplĭce dextrâ. Val. Fl. 4. 11. SYN. tento, as, q. v.

attentus, a, um. *Attentive, intent upon any thing.*——Verba per *attentam* nōn ībunt Cæsăris aurem. Hor. Sat. 2. 1. 19. Asper, et *attentus* quæsītīs. Hor. 2. 6. 82. SYN. intentus.

attĕnuo, as. *To waste away, to diminish.*——*Attĕnuant* vĭgĭles corpus mĭsĕrābĭle cūræ. Ov. Met. 3. 396. SYN. tĕnuo; extĕuno; mĭnuo, ĭs, ui, ūtum; dīmĭnuo, commĭnuo.

attĕro, is, trīvi and **terui, trītum.** *To rub against, to rub, to bruise or wear by rubbing.*——Excŭtiat rōrem et surgentes *attĕrăt* herbas. V. G. 4. 12. Aut ŏpĕri insuētas *attĕruisse* mănus. Tib. 1. 4. 48. SYN. tĕro, (*only* trīvi); contĕro.

‡**attestor, āris.** *To attest, prove.*——Hoc *āttēstātur* brĕvis Æsōpi fābŭla. Phædrus, 1. 10. v. tēstor.

Atthis, ĭdŏs. acc. **ĭdă**, etc., fem. adj. 1. *Athenian, esp. an Athenian woman.* — 2. *(in Lucr.) Attica.* — 3. *(in Martial)* ‡*A nightingale.*——1. Nōn ŏcŭlis grāta est *Atthis* ut ante, meis. Ov. Her. 15. 18. — 2. *Attĭde* tentantur gressūs, ŏcŭliqae ĭn Ăchæis Fīnĭbus. Lucr. 6. 1114. — 3. Sīc ŭbĭ multĭ sŏnā fervet săcer *Atthĭde* lūcus. Mart. 1. 54. 9. SYN. 1. Cēcrŏpis, ĭdŏs.

Attĭca, æ. *Attica.*——Puĕllam dōno quĭdam mercātor dĕdit, Ex *Attĭcā* hinc ābreptam. Ter. Eur. 1. 1. 29. SYN. †Atthis, ĭdŏs, q. v.; Cēcrŏpia. PHR. Sic vĕnit ad portūs Attĭca terra tuos. Ov. Ībis Cēcrŏpios portus. Ov. Atque ălĭquis doctas jam nunc eat, inquit, Ăthēnas. Ov. Vīdit et immītem Cēphīsiăs ōra Prŏcrusten. Ov.

Attĭcus, a, um. *Athenian.* ——*Attĭca* puppis ădest et portūs intrat ămīcos. Ov. Met. 7. 492. SYN. Cecrŏpius, Ĕrecthēŭs, †Ăthēnæus, Pandīŏnius, Actæus, *in fem.* Atthis, ĭdŏs ; — *of the people*, Cecrŏpĭdæ, ārum ; Thēsīdæ, ārum ; Ĕrecthīdæ, arum ; *all masc.*

attĭneo. rarely, if ever, used in any person, except third sing. or pl., 3rd sing. often impers. *To concern, to be of use.* ——Sed quid prœdīcĕre pœnam *Attĭnet* ? ingentes partŭrit īra mĭnas. Ov. Her. 12. 208. Nec pătĭtur Scȳthas Et versis ănĭmōsum Ĕquis Parthum dīcĕre nec quæ nĭhĭl *attĭnent.* Hor. 1. 19. 12. SYN. pertĭnet, rĕfert (*only in pres.*), intĕrest.

attingo, is, tĭgi, tactum. 1. *To touch.*—2. *To attain, arrive at.* ——1. Nulla nĕque amnem Lībāvit quădrŭpes, nec grāmĭnis *attigit* herbam. V. E. 5. 26.—2. Hercŭles Innīsus arces *attĭgit* īgneas. Hor. 3. 3. 10. SYN. 1, 2. tango, contingo.—2. potior, īris.

attollo, ĭs, perf. **sustuli,** part. **sŭblātus,** which two tenses are common also to tollo. *To raise.* ——*Attollit*que glŏbos flammārum et sīdĕra lambit. V. Æn. 3. 574. SYN. tollo, ērĭgo, is ; effĕro, effers, extŭli, ēlātum ; lĕvo, as.

attondeo, es, di, sum. *To shear, to cut.* ——Curvo Sāturni dente rĕlictam Prōsĕquĭtur vītem *attondens.* V. G. 2. 407. SYN. tondeo, sĕco, as, cŭi, ctum ; pŭto, as ; ampŭto.

attŏnĭtus, a, um. pass. part. from attŏno, as, q. v. 1. *Astonished.*— 2. *Made frantic.* —— 1. *Attŏnĭti* nŏvĭtāte păvent. Ov. Met. 8. 681. — 2. *Attŏnĭtæ* Baccho nĕmŏra ăvia mātres Insultant thiăsis. V. Æn. 7. 580. SYN. perculsus, stŭpĕfactus. PHR. Mentesque perculsæ stŭpent. Hor. Attŏnĭti mĭcuēre sĭnus, gĕlĭdusque cŭcurrit, Ut mihī narrāsti dūra per ossa trĕmor. Ov. Obstŭpui gĕlĭdusque cŏmas ērexĕrat horror. Ov. Pallor in attŏnĭto virgĭnis ōre sĕdet. Ov. Attŏnĭto gĕmĭtus ē corde trahuntur. Ov. Attŏnĭtis hæsēre ănĭmis. V.

attŏno, as, ui. pass. only used in perf. part. see above. *To astonish.*——Quis fŭror, anguĭgĕnæ, prōles Māvortia, vestras *attŏnuit* mentes. Ov. Met. 3. 532. v. tŭrbo, as.

attonsus, a, um, part. of **attondeo,** q. v., in part. esp. *Browsed down, as grass.* —— *Attonso* mĭsĕris jam dentĭbus arvo. Lucan. 4. 413.

attraho, ĭs, axi, actum. *To draw (a thing) towards ; to attract.* ——*Attrahit* ille puer contentos fortius arcus. Ov. R. A. 435. SYN. trăho ; dūco, ĭs, xi ; addūco.

attrecto, as. *To handle.* ——Mē bello e tanto dīgressum et cæde rĕcenti *attrectāre* nĕfas. V. Æn. 2. 719. SYN. tracto, tango, ĭs, tĕtĭgi ; contingo, attingo.

‡attrĕmo, is, ui. no supines or pass. *To tremble at.* ——*Attrĕmit* ōranti. Stat. Theb. 8. 81. SYN. trĕmo, contrĕmo.

†attrĭbuo, ĭs, ui, ūtum. *To attribute, to assign.* —— Atque ălia *attrĭbui* mūtārique ordĭne quædam. Lucr. 1. 682. SYN. trĭbŭo ; assigno, as ; ascrībo, ĭs, psi.

attrītus, a, um, pass. part. from attĕro, q. v. *Worn down.* ——Et grăvis *attrītā* pendēbat canthărus ansā. V. E. 6. 17.

attŭli, attŭlĕram, etc., perf. etc. from affĕro, q. v. ——Si nĭhĭl *attŭlĕris* ībis Hŏmēre fŏras. Ov. A. A. 2. 280.

Ātys, ȳŏs. *A Phrygian youth loved by Cybele.* —— Sŭper alta vectus *Atys* cĕlĕri răte măria. Cat. 62. 1. PHR. Phryx puer in sylvis făciē spectābĭlis altis Turrĭgĕram casto vinxit ămōre Deam. Ov.

Ātur, Ātŭris, also **‡Ātŭrus, i.** *The river Adour, in the south of France.* —— Quem trĕmĕret forti mĭlĭte victus *Ātur.* Tib. 1. 8. 4. Qui tĕnet et rīpas *Ātŭri.* Lucan. i. 420.

ăvārĭtia, æ. *Avarice.* —— Fervĕt *ăvārĭtiā* mĭsĕrāque cŭpĭdĭne pectus. Hor. Epist. 1. 1. 33. v. seq.

†ăvārĭties, ēi. *Avarice.* —— Dēnĭque *ăvārĭties*, et hŏnōrum cœca cŭpīdo. Lucr. 3. 59. v. prec. PHR. Quid non mortālia pectŏra cōgis, Auri săcra fāmes ? V. Ămor scĕlĕrātus hăbendi. Ov. Ŏpum fŭrĭōsa cŭpīdo. Ov. Vindex ăvāræ fraudis et abstĭnens Dūcentis ad sē cuncta pĕcūniæ. Hor.

ăvārus, a, um. *Greedy, covetous.* ——Adjĕcisset ŏpes, ănĭmi irrītāmĕn *ăvāri.* Ov. Met. 13. 434. SYN. ăvĭdus, cŭpĭdus. PHR. (*among those in hell are seen*) Qui dīvĭtiis sōli incŭbuēre rĕpertis, nec partem pŏsuēre suis. V. Condit ŏpĕrātius dēfossoque incŭbat auro. V.

auceps, aucŭpis. masc. *A fowler.* ——Nōn ăvis *aucŭpĭbus* monstrat quā parte pĕtātur. Ov. A. A. 3. 669. PHR. Aut ămĭtĕ lævi rāra tendit rētia Turdīs ĕdācĭbus dŏlos Păvĭdumque lĕpŏrem aut advĕnam lăqueo gruem Jūcunda captat præmia. Hor. Quæ nĭmis appārent rētia vītat ăvis. Ov. v. aucupor.

†**auctĭfer, ĕra, ĕrum.** *Productive.* —— Jūpĭter *auctĭfĕras* lustrāvit lūmĭne terras. Cicero (*translating a passage in the Odyssey*). SYN. fertĭlis, q. v.

†**auctĭficus, a, um.** *Causing to grow.* —— Nec porro rērum gĕnĭtāles *auctĭfĭcique* Mōtus. Lucr. 2. 571.

‡**auctio, ōnis.** fem. *An auction.* —— Et vendas pŏtius commissa quod *auctio* vendit. Juv. 7. 10. PHR. Aut pŏpŭli rĕdĭtus pŏsitam compōnet ad hastam. Ov.

aucto as. *To increase* (*act. no pass.*) —— Salvē, tēque bŏnâ Jūpĭter *auctet* ŏpe. Cat. 65. 2. SYN. augeo, es, xi, ctum, q. v.

auctor, ōris. masc. and fem. 1. *A cause, an author, contriver.* — 2. *Maker.* — 3. *Beginner.* — 4. *Bringer of news, informer.* — 5. *Adviser, etc.* —— Tē maxĭmus orbis *Auctōrem* frūgum tempestātumquĕ pŏtentem Accĭpiat. V. G. 1. 27.—2. Ille tuæ fēlix Ænēĭdŏs *auctor.* Ov. Tr. 2. 533.—3. Et Trōjæ Cynthius *auctor.* V. G. 3. 36. — 4. Nec jam fāma măli tanti, sed certior *auctor* Advŏlat Æneæ. V. Æn. 10. 510. — 5. *Auctor* ĕgo audendi. V. Æn. 12. 159. SYN. 1, 2. mōlītor; părens, entis; fons, fontis, *masc.* (*none of the above referring, however, to literary works*); ‡ēdĭtor. — 2. condĭtor. — 3. princeps, ĭpis; auspex, ĭcis, *masc. and fem.* q. v. — 4. nuntius. — 5. suasor (*but it is not so forcible a word as* auctor, *which* "addit auctoritatem et alĭquando etiam imperium." Facc.). v. causa, origo.

§**auctōrātus, a, um.** *Hired, let out.* —— *Auctōrātus* eas, an turpi clausus in arcâ. Hor. Sat. 2. 7. 59.

†**auctōrĭtas, ātis.** fem. *Authority.* —— Quod si exquīrātur usque a stirpe *auctōrĭtas.* Plaut. Trin. 1. 2. 180.

auctus, ûs. masc. *Growth, increase.* —— Vos dăte perpĕtuos tĕnĕris sēmentĭbus *auctus.* Ov. F. 1. 679. SYN. †augmĕn, ĭnis, *neut.*; incrēmentum.

auctus, a, um. part. pass. from augeo, q. v. 1. *Increased.* — 2. *Honoured, raised to honour.* — 3. *Endued.* —— 1. Ācrius illud Assumsit vīres *auctaque* flamma mŏrâ est. Quid quod ŭbīque pŏtens templisque frĕquentĭbus *aucta* (Dea). Ov. F. 4. 117. (auræ) Quæ nullis sensĭbus *auctæ* nec missas audīre queunt, nec reddĕre vōces. Cat. 62. 165. SYN. 3. †‡prædĭtus.

aucŭpium. *Fowling, bird catching.* —— Faunus plumbōso sum Deus *aucŭpio.* Prop. 4. 2. 34. PHR. Lēnius est stŭdium, stŭdium tămĕn ālĭta captâ aut līno, aut călămis prænia parva sĕqui. Ov.

aucŭpor, āris. *To try to catch, esp. prop. birds.* —— *Aucŭpor* infēlix incertæ murmŭra fāmæ. Ov. Her. 9. 41. SYN. capto, as. PHR. Tum gruĭbus pĕdĭcas, et rētia pōnĕre cervis. V. Rētia cum pĕdĭcis lăqueosque artesquĕ dŏlōsas Tollĭte, nec vŏlŭcrem viscāta fallĭte virgâ. Ov. v. auceps.

audācia, æ. *Boldness.* —— Quod si dēfĭcient vīres *audācia* certe Laus ĕrit. Prop. 2. 8. 9.

audācĭter, sometimes sync. **audacter.** compar. **audācius,** etc. *Boldly.* —— Et mĭnus *audacter* blandītur et oscŭla rāra Accĭpit. Ov. Her. 21. 195. Nunc tu fortis ĕris, nunc tu me *audācius* ūres. Tib. 4. 13. 19. SYN. ‡audenter, *compar.* entius; fortĭter.

audax, ācis. *Bold, audacious.* —— In *audāces* non est audācia tūta. Ov. Met. 10. 544. SYN. audens, *compar.* entior; fortis, q. v.

audens, entis. part. pres. of audeo, but also used as adj., compar. **audentior.** —— Tu nē cēde mălis sed contra *audentior* ito. V. Æn. 6. 95. v. audax.

‡**audenter.** *Daringly.* —— Immĭnet ē celsīs *audentius* imprŏba māris Virgo. Val. Fl.

audeo, es, ausus sum, subj. **ausim.** used as pres. no pass. 1. *To dare.* — 2. (*c.* ĭn *and acc.*) *To rush boldly into.* —— Flectĭtur in gȳrum nec longius *audet* ăbīre Ov. Met. 2. 718. Dē grĕge nōn *ausim* quicquam dēpōnĕre tēcum. V. E. 3. 32. Quos ŭbī confertos *audēre* in prælia vīdi. V. Æn. 2. 347.

audio, īs, imperf. **audiebam,** and poet. **audībam,** etc. 1. *To hear, listen to, understand.* — 2. *To obey.* — 3. *To be called.* —— *Audiit* Eurōtas, jussitque ēdiscĕre laurus. V. E. 6. 83. Fertur ĕquīs aurīga, nĕque *audit* currus habēnas. V. G. 1. 514. Mātūtīne păter, seu Jāne lĭbentius *audis.* Hor. Sat. 2. 6. 20. SYN. 1. exaudio; ausculto, as; accĭpio, ĭs, cēpi. — 2. pāreo, es, *no sup. or pass. c. dat.* q. v. — 3. vŏcor, āris, q. v. PHR. 1. En vĕnit ad sensus mollis ab aure dŏlor. Ov. Quod scĕlus ut păvĭdas mĭsĕræ mihĭ contĭgit aures. Ov. Pătrias vāgītus ad aures Vēnit. Ov. Verba tămen sunt hæc aure rĕcepta meâ. Ov. Hæc quŏque quam rĕfĕram nostras pervēnit ad aures Fāma. Ov. Nec quicquam ad nostras pervēnit ăcerbius aures. Ov. Intendent aures ad tua verba sŭas. Ov. Jūpĭter ōranti surdas si præbeat aures. Ov. Præbuĭmus longis, Pentheus, ambāgĭbus aures. Ov. Accĭpe non dūrâ supplĭcis aure prĕces. Ov. Quicquid hăbes ăge, Dēpōne tūtīs aurĭbus. Hor. Pugnas et exactos tȳrannos Densum hŭmĕris bĭbit aure vulgus. Hor. Jam nunc mĭnăci murmŭre cornuum Perstringis aures. Hor. Lȳdē quĭbus obstĭnātas Applĭcet aures. Hor. Vōcēmque hīs aurĭbus hausi. V. Aurĭbus interdum vōces cāptāmus. Ov. Non qui mihĭ commŏdet aurem . . . ădest. Ov. Nos ea vix ăvĭdam vulgo captātor per aurem Scripsĭmus. Ov. Aut ĕgŏ præbēbam factis mŏdŏ versĭbus aures. Ov. Et tĕnuit nostras nŭmĕrōsus Hŏrātius aures. Ov. Sūprēmumque vălē quod jam vix auribus ille Accĭpĕret, dixit. Ov.

audītor, ōris. masc. *A hearer.*——Excĭtat *audĭtor* stŭdium, laudātaque virtus Crescit. Ov. Ep. e P. 4. 2. 35.

audītus, ă, um. part. pass of audio, q. v. *Heard, heard of, well known.*——*Audĭti*que advertĭtis æquŏre cursum. V. Æn. 7. 196.

ăvē. *Hail.*——Nec flens ancillŭla fictum Supplĭcĭter dŏmĭnæ nōmĭne dīcat *Ăve!* Ov. R. A. 640. SYN. salvē.

āveho, ĭs, xi, ctum. *To carry away.*——Nūmenque rĕdūcant Quod pĕlăgo et curvis sēcum *āvexēre* cărīnis. V. Æn. 2. 179. SYN. abdūco, ĭs, xi; aufĕro, fers, abstŭli, āblātum; asporto, as.

āvello, ĭs, āvelli, āvulsum. *To tear away.*—— Fātāle aggressi săcrāto *āvellĕre* templo Pallădium. V. Æn. 2. 165. SYN. rĕvello, dīvello; abstraho, is, xi; ābrĭpio, ĭs, pui, reptum.

ăvēna, æ. 1. *Oats.*—2. *Tares.*—3. *A pipe or flute as made of the reed of the oat, etc.*——1. Urit ĕnim līnī campum sĕgĕs, ūrit *ăvēnæ*. V. G. 1. 77.—2. Īnfēlīx lŏlium et stĕrĭles dŏmĭnantur *ăvēnæ*. V. G. 1. 155.—3. Sylvestrem tĕnui mūsam mĕdĭtāris *ăvēnâ*. V. E. 1. 2. SYN. 3. ărundo, ĭnis, *fem.*; călămus, fistŭla, q. v.

Ăventīnus, i. masc. *Mount Aventine.*——Lustrat *Ăventīni* montem. V. Æn. 8. 231.

Ăventīnus, a, um. *Of Mount Aventine.*——Cācus *Ăventīnæ* tĭmor atque in fāmia sylvæ. Ov. F. 1. 551.

Ăveo, es. no perf. or supine, or pass., most frequent in pres. part.——*To wish, rarely c. acc., usu. c. infin.*——Prŏpiusque accēdĕre *ăventi* Vulnĭfĭco fuĕrat fixūrus pectŏra tēlo. Ov. Met. 2. 563. SYN. cŭpio, ĭs, pīvi; opto, as, q. v.

Ăvernālis, e. *Of Ăvernus.*——Inter *Ăvernāles* haud ignōtissĭma nymphas. Ov. Met. 5. 540. SYN. Ăvernus.

Ăvernus, i. 1. *A lake in Campania, near to which the Sibyl lived, supposed by the ancients to be the entrance to hell.*—2. *Hell.*——Inde ŭbĭ vēnēre ad fauces grăveŏlentis *Ăverni*. V. Æn. 6. 201. Hunc quŏque summa dies nīgro submersit *Ăverno*. Ov. Am. 3. 9. 27. SYN. 2. Orcus, Tartărus, *in pl.* Tārtăra. v. Orcus.

Ăvernus, ă, um. 1. *Of Avernus.*—2. *Of Hell.*——Nec te Nēquicquam lūcīs Hĕcăte præfĕcit *Ăvernis*. V. Æn. 6. 118. Terque frăgor stagnīs aūdītus *Ăvernis*. V. G. 4. 493. SYN. 1. Ăvernālis.—2. Infernus, Tartăreus, Stȳgius, Ĕrĕbēus.

†āversābĭlis, e. *To be turned away from, detestable.*——Cur quĭbus incautum scĕlus *āversābĭle* cunque est. Lucr. 6. 389. SYN. ŏdiōsus, invīsus, ‡dētābĭlis.

āversor, āris. *To turn away from, to reject, to shun.*—2. *To hate.*——1. Afflictum nōn *āversātus* ămīcum. Ov. Ep. e P. 2. 3. 5.—2. *Āversor* mōrum crīmĭna, corpus ămo. Ov. Am. 3. 11. 38. SYN. 1. fŭgio, ĭs, fūgi; rējĭcio, ĭs, jēci; āvertor, ĕris.—2. dētestor, āris; ăbōmĭnor, āris; ōdi, q. v.

āversus, a, um. prop. part. from averto, used also as adj. 1. *Turned away, lit. also so as to be,* 2. *out of the way, secret.*—3. *Unfriendly.*——1. Illa sōlo fixos ŏcŭlos *āversa* tĕnēbat. V. Æn. 6. 469.—2. Inde fĕrens lassos *āverso* trāmĭte passus. Ov. Met. 14. 120.—3. Fractæ vīres, *āversa* Deæ mens. V. Æn. 2. 170. SYN. 3. infensus, ĭnĭmīcus.

āverto, ĭs, ti, sum. *To turn away, act. (sometimes also intrans.) to avert.*——

Conjŭgis ut măgĭcis sānos *avertĕre* săcris Expĕriar sensus. V. E. 8. 66.— Dixit et *āvertens* rŏseā cervīce rĕfŭlsit. V. Æn. 1. 402. SYN. āmŏveo, es, mōvi (*not intrans.*); prōcūro, as (*of averting evils by sacrifice*).

āvertor, ĕris, āversus. *To turn away from in disgust.*——Lābĭtur infēlix stŭdiōrum atque immĕmor herbæ Victor ĕquus, fontesque *āvertĭtur*. V. G. 3. 499. SYN. āversor, āris; fastīdio, is. v. āversor.

aufĕro, aufers, auferre, abstŭli, āblātum, etc. *To carry away, to carry off.*——Rēbus nox *abstŭlit* ātra cŏlōrem. V. Æn. 6. 272. Dixit et in sylvam pennīs *āblāta* rĕfūgit. V. Æn. 3. 258. SYN. răpio, is, pui, raptum; ābrĭpio, ērĭpio; abdūco, is, xi; dēmo, is, mpsi; ădĭmo, ĭs, ēmi; ămŏveo, es, mōvi.

aufĕror. pass. of prec. i. e. 1. *To hurry away, to depart.*— 2. *To be carried away as to one's feelings, to be charmed.*——Āvŏlat ipse (Haud mŏra) conversisque fŭgax *aufertur* hăbēnis. V. Æn. 11. 713. *Aufĕrĭmur* cultu, gemmīs auroque tĕguntur omnia. Ov. R. A. 343. SYN. 1. āvŏlo, as; aufŭgio, ĭs, fūgi; ăbeo, īs, q. v.—2. vincor, ĕris, victus; căpior, ĕris, captus.

Aufĭdus, i. *The river Ofanto in Apulia.*——Dīcar qua viŏlens obstrĕpit *Aufĭdus*. 3. 30. 10.

Aufŭgio, ĭs, fūgi, fŭgĭtūrus. no pass. *To flee away, flee from.*——Quisquis ēs assĭduas *aufŭge* blandĭtias. Prop. 1. 9. 30. SYN. fŭgio; vīto, as; ēvīto, dēvīto.

augeo, es, xi, ctum. 1. *To increase.*— 2. *To honour, esp. with gifts or sacrifices.*— 3. *Sometimes but rarely intrans., to increase or be increased.*——1. *Auxĕrunt* blandæ grandia dōna prĕces. Ov. Her. 3. 30.—2. Si quă tuīs unquam pro mē păter Hyrtăcus āris Dōna tŭlit, si qua ipse meis vēnātĭbus *auxi*. V. Æn. 9. 408.—3. O dĕcus exĭmium magnis virtūtĭbus *augens*. Cat. 62. 323. SYN. 1. †exaugeo, †ădaugeo, intendo, is; accŭmŭlo, as; extendo, ĭs.— 2. cŭmŭlo, as.—3. †augesco, ĭs; cresco, ĭs, crēvi, q. v. PHR. 1. Vim tempĕrātam Dî quŏque prōvehunt in mājus. Hor.

†augesco, is. no perf. *To increase, intrans.*——*Augescunt* ălĭæ gentes, ălĭæ minuuntur. Lucr. 2. 76. SYN. augeor; cresco, ĭs, crēvi, q. v.

†augĭfĭco, as. *To increase (act.).*——An nŭmĕros *augĭfĭcat* suos? Ennius. v. augeo.

†augmĕn, ĭnis. neut. *Increase.*——Sursus ĕnim vorsus gignuntur et *augmĭna* sūmunt. Lucr. 2. 188. SYN. auctus, ûs; incrēmentum.

augur, ŭris. masc. and fem. *An augur, a soothsayer, any one who foretels (even of animals).*——Cadit ipse Tŏlŭmnius *augur*. V. Æn. 12. 460. Nunc *augur* Ăpollo, Nunc Lўciæ sortes. V. Æn. 4. 376. Ăquæ nĭsĭ fallat *augur* Annōsa cornix. Hor. 3. 17. 12. SYN. hăruspex, ĭcis; auspex, ĭcis; vātes, is. PHR. Dīvûmque interprĕs Ăsўlas Cui pĕcŭdum fībræ cœli cui sīdĕra pārent, Et linguæ vŏlŭcrum et præsāgi fulmĭnis ignes. V. Quem nulla fĕfellĕrat ales. Ov. Trōjugĕna, interpres Dīvûm qui nūmĭna Phœbi, Qui trĭpŏdas, Clării lauros, qui sīdĕra sentis Et vŏlŭcrum linguas, et præpĕtis ōmĭna pennæ. V. Vēri prōvĭdus augur. Ov. Per mē quod ĕritque, fuitque, Estque pătet. Ov. Æthĭonque săgax quondam ventūra vĭdēre. Ov. Tĭbĭ dēdĭtus augur Scit bĕnĕ quid fāti prōvĭda cantet ăvis. Tib.

augŭrium. 1. *Divination from birds, augury, prophecy.*—2. *Any conjecture or foreboding.*——1. Ni frustra *augŭrium* vāni dŏcuēre părentēs. V. Æn. 1. 392. —2. Fallĭtur *augŭrio* spes bŏna sæpe suo. Ov. Her. 17. 234. SYN. auspĭcium. PHR. Magna fĭdes ăvium est, expĕriāmur ăves. Ov. (Aves) linguæ crīmĕn hăbĕtis, Dîque pŭtant mentes vos ăpĕrīre suos; Nec tămĕn id falsum, nam Dis ut proxĭma quæque, Nunc pennâ vēras nunc dătis ōre nŏtas. Ov. v. augur, omen.

augŭro, as, more usu. **augŭror, āris,** dep. *To augur, i. e.* 1. *To predict.*—2. *To conjecture, suppose.*——Et reor, et si quid vēri mens *augŭrat* opto. V. Æn. 7. 274. Hāc ĕgŏ contentos *augŭror* esse Deos. Ov. Ep. e P. 3. 4. 79. SYN. 1. dīvīno, as; præsāgio, is; vātĭcĭnor, āris.—2. † conjĭcio, ĭs, jēci; reor, rēris; crēdo, is, dĭdi.

augustus, a, um. *August, majestic, venerable.*——Mājorque vĭdēri Cœpit, et augustā fĭĕri grăvĭtāte vĕrendus. Ov. Met. 9. 280. SYN. grandis, nōbĭlis.

Augustus, i. *A name assumed by Octavius Cæsar after the battle of Actium,* *and afterwards by other Roman emperors.*——Hinc *Augustus* ăgens Ĭtălos in prælia Cæsar. V. Æn. 8. 678.

Augustus, i. *The month of August, formerly called Sextilis, but called Augustus in honour of the emperor.*——*Augustus* mensis mĭhĭ carmĭnis hūjus jus dăbit. Ov. F. 5. 147. SYN. Sextīlis.

ăvia, æ. 1. *A grandmother.*—2. ‡*An old grandmother's tale.*——1. Hīc *ăviæ* lătĕri proxĭmus, ille pătris. Ov. Ep. e P. 4. 9. 110.—2. Dum vĕtĕres *ăvias* tĭbĭ dē pulmōne rĕvello. Pers. 5. 92.

ăviārium. *A roosting place for birds.*——Sangŭineisque incultă rŭbent *ăviāria* baccis. V. G. 2. 430.

ăvĭdē. *Eagerly, greedily.*——Atque *ăvĭdē* trunco condĭta mella pĕtit. Ov. F. 3. 752. SYN. cŭpĭdē.

ăvĭdus, a, um. *Eagerly desirous, greedy.*——Contemptrix sŭpĕrûm sævæque *ăvĭdissĭma* cædis. Ov. Met. 1. 161. SYN. ardens, cŭpĭdus, stŭdiōsus, ăvārus (*not of food however*).

ăvis, is. fem. 1. *A bird.*—2. *An omen.*——1. Intactæ fuĕrātis *ăves* sōlātia rūris. Ov. F. 1. 441.—2. Mălâ dūcis *ăvi* dŏmum, Quam multo rĕpĕtet Græcia mīlĭti. Hor. 1. 15. 5.— Este bŏnīs *ăvibus* vīsi nātoque pătrique. Ov. F. 1. 513. SYN. 1, 2. ālĕs, ĭtis, *masc. and fem.*—1. vŏlŭcris, is; præpĕs, ĕtis, *fem.*—2. ōmĕn, ĭnis, *neut.* q. v.; augŭrium. PHR. Omnes quæ lĭquĭdo lībrātis īn āĕre cursus. Ov. Am. 2. 6. 11.

ăvītus, a, um. *Belonging to, inherited from one's grandfather or ancestor.*——*Ăvītus* apto Cum Lăre fundus. Hor. 1. 12. 43. SYN. proăvītus.

āvius, a, um. 1. *Pathless, out of the way.*—2. *Departing (of a person).*——1. Attŏnĭtæ Baccho nĕmŏra *āvia* mātres Insultant thiăsis. V. Æn. 7. 580.—2. Nec conferre mănum pătĭtur, vŏlat *āvia* longe. V. Æn. 12. 480. SYN. 1. īnvius, dēvius, impervius.

aula, æ. 1. *A hall, a courtyard.*—2. *A palace.*—3. *A dwelling for any living thing, even a stable or cowhouse.*——1. *Aulāi* in mĕdio lībābant pōcŭla Bacchi. V. Æn. 3. 354.—2. Căret invĭdendâ Sōbrius *aulâ*. Hor. 2. 10. 8.—3. Văcuam pastōris īn *aulam* Dux ăries sătŭras ipse rĕduxit ŏves. Prop. 3. 11. 39. SYN. 1, 2. ātrium.—1. vestĭbŭlum.—2. pălātium (păl. *only in* Mart.).—3. dŏmus, ī *or* ûs, *fem.* q. v.

aulæa, ōrum. *Hangings, curtains.*——Utque Purpŭrea intexti tollant *aulæa* Brĭtanni. V. G. 3. 25.

Aulis, ĭdis, or **ĭdŏs.** fem. *The port in Bœotia from which the Greeks sailed at the beginning of the Trojan war.*——*Aulĭde* tē fāma est vento rĕtĭnente mŏrāri. Ov. Her. 13. 3.

‡āvŏco, as. *To call away.*——Quod non cūra pŏli cœlique vŏlūbĭlis unquam *āvŏcat.* Lucan. 6. 447.

āvŏlo, as. *To fly away, to hasten away.*——At jŭvĕnis vīcisse dŏlo rătus *āvŏlat* ipse. V. Æn. 11. 712. SYN. fŭgio, īs, fūgi; aufŭgio. PHR. In sylvam pennīs ăblāta rĕfūgit.

aura, æ. 1. *The air, sky, esp. the upper air, the air of day, opp. to the shades below, etc., esp. in pl.*—2. *A breeze.*—3. *Breath.*—4. *Fragrance, etc.*——1. Mox sēse attollit īn *auras*. V. Æn. 4. 176. Quisquis ĕs, haud (crēdo) invīsus cœlestĭbus *auras* Vītāles carpis. V. Æn. 1. 387.—2. Omnes ventōsi cĕcĭdērunt murmŭris *auræ*. V. E. 9. 53. Arbĭtrio pŏpŭlāris *auræ*. Hor. 3. 2. 20.—3. Ipse gĕnu pŏsĭto flammas exsuscĭtat *aurâ*. Ov. F. 5. 507.—4. Illi Dulcis compŏsĭtis spīrāvit crīnĭbus *aura*. V. G. 4. 417. SYN. āĕr, ĕris, *acc.* ĕra, *masc.*; æthĕr, ĕris, *acc.* ĕra, *masc.*—2. ventus, flāmĕn, ĭnis, *neut.*—3. spīrĭtus, ûs, *masc.*; hālĭtus, ûs, *masc.*—4. ŏdŏr.

aurātus, a, um. 1. *Gilt.*—2. *Golden.*—3. *Clad in garments ornamented with gold, or adorned with golden trinkets, etc.*——1. Cui tempŏra circum *aurātī* bis sex rădii fulgentia cingunt. V. Æn. 12. 163.——2. *Aurātam* optantes Colchīs āvertĕre pellem. Cat. 62. 5.—3. Tēlumque *aurāta* ad tempŏra torquet. V. Æn. 12. 536.—SYN. 1. īnaurātus, sŭpĕraurātus, Attălĭcus (*only of garments embroidered with gold*). PHR. Aurum vestĭbus illĭtum. Hor.

§aureŏlus, a, um. *Golden.*——Jam grātum mĭhĭ quam fĕrant puellæ Pernīci *aureŏlum* fuisse mălum. Cat. 3. 11. SYN. aureus, q. v.

‡aureŏlus, i. *A small gold coin.*——*Aureŏlos* ultro quātuor ipse pĕtit. Mart. 5. 20.

aureus, a, um. often as dissyl. when the last syll. is long; *e.g.* aūreā, aūreī. 1. *Golden.*—2. *Gold-coloured.*——1. *Aurēā* percussum virgâ versumque vĕnĕnis Fēcit ăvem Circē. V. Æn. 7. 190.—2. *Aurĕā* cæsăries illīs atque *aurea* vestis. V. Æn. 8. 659. Barbæ cŏlor *aureus, aurea* Ex hŭmĕris mĕdios cŏma dēpendēbat ĭn armos. Ov. Met. 12. 195. SYN. 1. aurātus.—2. fulvus, flavus.

§aurĭcilla, æ. dim. from auris, an ear.——(Mollior) vĕl ēmŭlâ *aurĭcillâ.* Cat. 23. 2. v. auris.

aurĭcŏmus, a, um. *With gold-coloured hair or leaves.*——(antè) *Aurĭcŏmos* quam quis dēcerpsĕrit arbŏre fœtus. V. Æn. 6. 141.

§aurĭcŭla, æ. *An ear.*——Dēmitto *aurĭcŭlas* ut ĭnīquæ mentis ăsellus. Hor. Sat. 1. 9. 77. v. auris.

aurĭfer, fĕra, um. *Bearing gold.*——Quam scit amnis *aurĭfer* Tăgus. Cat. 27. 19.

†aurĭfex, ĭcis, masc. *A working goldsmith.*——Ut hoc nunc ūnâ ŏpĕrâ ăd *aurĭfĭcem* dētrahas. Plaut. Mer. 3. 3. 2.

aurīga, æ, masc. 1. *A charioteer.*—2. *A groom, etc.*—3. *A pilot.*——1. Fertur ĕquīs *aurīga* nĕque audit currus hăbēnas. V. G. 1. 514.—2. Circumstant prŏpĕre *aurīgæ.* V. Æn. 12. 85.—3. *Aurīgam* vĭdeo vōta dĕdisse rătī. Ov. Trist. 1. 3. 118. SYN. 1. ĕquĕs, ĭtis.—3. gŭbernātor; magister, tri. PHR. 1. Ĕquōrum ăgĭtātor Ăchillis. V. v. rector.

aurĭgĕna, æ. masc. *Born of gold, an epith. of Perseus.*——Hactĕnus *aurigenæ* cŏmĭtem Trītōnia frātri se dĕdit. Ov. Met. 5. 250.

aurĭger, ĕra, ĕrum. *Bearing gold, gilded in any part, etc.*——*Aurĭgĕris* Dīvûm plăcantes numĭnă tauris. Cicero de Div. 2. 30.

auris, is. fem. 1. *The ear.*—2. *Parts of instruments projecting like ears.*——1. Arrectīs *aurĭbus* astant. V. Æn. 1. 152.—2. Bīnæ *aures* dŭplĭce aptantur dentālia dorso. V. G. 1. 172. SYN. 1. §aurĭcŭla, § aurĭcillă. v. audio.

aūrītŭs, ă, um. *Having long ears, or quick ears; hearing.*——*Aūrītosque* sĕqui lĕpŏres et fīgĕre dāmas. V. G. 1. 308. Blandum ĕt *aurītas* fĭdĭbus cănōris Dūcĕrĕ quercus. Hor. 1. 12. 11.

Aurōra, æ. *Daughter of Hўpĕrīōn, or of Tītān according to others, wife o, Tithonus, mother of Memnon.* 1. *The goddess of morning.*—2. *The morningf the day.*—3. *The East.*——1. Et jam prīma nŏvo spargēbat lūmĭne terras Tīthōni croceum linquens *Aurōra* cŭbīle. V. Æn. 4. 485.—2. Tertia post Īdus nūdos *Aurōra* Lŭpercos aspĭcit. Ov. F. 2. 267.—3. Eurus ad *Aurōram* Năbăthæaque regna rĕcessit. Ov. Met. 1. 61. SYN. 1. Tīthōnia; Pallantĭs, ĭdŏs; Pallantiăs, ădŏs; Hўpĕrīŏnes, ĭdŏs.—1, 2. Ēōs, *only in nom.*—2. dies, ēī, q. v.—3. ŏriens, q. v. PHR. Tīthōnia conjux. V. Jamque rŭbescēbat stellīs Aurōra fŭgātis. V. Phœbēā lustrābat lampăde terras, Hūmentemque Aurōra pŏlo dīmōvĕrat umbram. V. Pūnĭceīs invecta rŏtīs Aurōra rŭbēbit. V. Ecce vĭgil rŭtĭlo pătĕfecit ab ortu Purpŭreas Aurōra fŏres et plēna rŏsārum Ātria. Ov. Postĕra cum cœlo mōtis Pallantiăs astris Fulsĕrit. Ov. Jamque fŭgātūrâ Tīthōni conjŭge noctem. Ov. Vĕniet terras vīsūra pătentes Memnŏnis in rŏseis lūtea māter Ĕquis. Ov. Pŏstĕra vitrīcem cum Rōmam inspexĕrit Ēos. Ov. Dēpŭlĕrant Aurōræ lūmĭna noctem. Ov. Nocturnos Aurōra rĕmōvĕrat ignes. Ov. Jam sŭper Ōceănum vĕnit a sĕniōre Mărīto Flāva pruīnōso quæ vĕhit axe diem. Ov. Postĕra cum rŏseam pulsīs Hўpĕrīonis astris In mătūtīnis lampădă tollit Ĕquis. Ov. v. mānĕ.

aurum. *Gold, any thing made of gold, the colour of gold, etc.*——*Aurum* irrĕpertum et sic mĕlius sĭtum. Hor. 3. 3. 49. Quamvis rĕdeant ĭn *aurum* Tempŏra priscum. Hor. 4. 2. 39. Ille impĭger hausit Spūmantem pătĕram et plēno sē prōluit *auro.* V. Æn. 1. 739. PHR. Jamque nŏcens ferrum, ferroque nŏcentius aurum Prōdĭĕrat. Ov. Aurum per mĕdios īre sătellĭtes Et perrumpĕre ămat saxa pŏtentius Ictu fulmĭneo. Hor.

Aurūnca, æ. *A town in Campania, celebrated as the native place of Lucilius, who was born in the neighbourhood.*——Per quem magnus ĕquos *Auruncæ* flexit ălumnus. Juv. 1. 20.

§auscŭlto, as. *To listen.*——Jamdūdum *ausculto* et cŭpiens tĭbĭ dīcĕre servus Pauca rĕformīdo. Hor. Sat. 2. 7. 1. v. audio.

ausim. irreg. perf. subj. contr. from aūdĕo for aūsĕrim, usu. in first. sing., though Stat. has also third pl. in pres. sense. *I can dare.*——Dē grĕge nōn *ausim* quicquam dēpōnĕre tēcum. V. E. 3. 33. v. audeo.

‡Ausŏnĕs. masc. *The Italians, from Ausŏn, a son of Ŭlyssēs and Călypso, who reigned over part of Campania.*——Prōtĭnus *Ausŏnum* Portūs . . . . intras. Stat. Silv. 4. 5. 37. SYN. Ausŏnĭdæ. v. Italus.

Ausŏnia, æ. *Properly, the district about Beneventum, Italy.*——Arvă nĕque *Ausŏniæ* sĕmper cēdentĭă rētro Quærenda. V. Æn. 3. 496. SYN. Ĭtălĭă, q. v.

Ausŏnĭdæ, ārum, sync. **dûm.** masc. *The descendants of Auson, i. e. the Italians.*——Prōcēdit lĕgio *Ausŏnĭdûm.* V. Æn. 12. 121. SYN. ‡Ausŏnes, Ĭtăli, q. v.

Ausŏnis, ĭdŏs. fem. adj. *Italian.*——Captaque ĕrat lÿrĭcīs *Ausŏnis* ōra sŏnis. Ov. F. 2. 94. SYN. Ĭtălis, ĭdŏs.

Ausŏnius, a, um. *Italian.*——Nĕcnōn *Ausŏnii* Trōjă gens missă cŏlōni. V. G. 2. 385. SYN. Ĭtălus, Ĭtălĭcus, Lătius, Lătīnus, Lătiālis, Lāvīnus, Lāvīnius. v. Italus.

auspex, ĭcis. masc. and fem. 1. *An augur, soothsayer.* — 2. *One who authorises, encourages, or begins any thing, being favourable to it.* ——1. Ĕgŏ cui tĭmēbo Prōvĭdus *auspex* . . . Oscinem corvum prĕce suscĭtābo. Hor. 3. 27. 8.—2. Dīs ĕquĭdem *auspĭcibus* reor et Jūnōne sĕcundâ. V. Æn. 4. 45. Nil despērandum Teucro dūce ĕt *auspĭce* Teucro. Hor. 1. 7. 27. Săcra Dionææ mātri Dīvisque fĕrēbam *auspĭcibus* tantōrum ŏpĕrum. V. Æn. 3. 20. SYN. 1. hăruspex. ĭcis; augur, ŭris, q. v. — 2. auctor, ōris; dux, dŭcis; fautŏr, ōris; *fem.* fautrix, īcis. v. făvĕo.

†auspĭcāto. *Auspiciously, fortunately.*——Haud *auspĭcāto* huc me attŭli. Ter. And. 4. 5. 12. SYN. fēlīcĭter.

auspĭcātus, a, um. *Auspicious, fortunate.*——Nōn *auspĭcātos* contŭdit impĕtus. Hor. 3. 6. 10. SYN. fēlix, īcis; faustus, sĕcundus; prosper, ĕra, ĕrum (*not used in nom. sing. masc.*); lætus (*of days*), pūrus.

auspĭcium. 1. *Augury, divination, an omen from augury.*—2. *Inclination.*——1. Si vĕtet *auspĭcium* signa mŏvēre vĕlim. Ov. F. 6. 764. Commūnem hunc ergo pŏpŭlum părĭbusque rĕgāmus *auspĭciis.* V. Æn. 4. 102.—2. Mē si fāta meis pătĕrentur dūcĕre vītam *auspĭciis.* V. Æn. 4. 340. SYN. 1. augŭrium; ōmĕn, ĭnis. *neut.*—2. †vŏluntas, ātis.

‡auspĭcor, āris. *To take the auspices; therefore, to begin.*——Huic *auspĭcāri* regna Tantălĭdæ sōlent. Sen. Thyest. 657. SYN. ĭneo, īs, īvi, ĭtum; ingrĕdior, ĕris, gressus.

Auster, trī. masc. 1. *The southern wind.*—2. *The south.*——1. Interclūsit hyems et terruit *Auster* euntes. V. Æn. 2. 111.—2. Pēlion Hæmoniæ mōns est obversus in *Austros.* Ov. F. 5. 381. SYN. 1. nŏtus, Āfrĭcus, (*this however was rather S.W. or S.S.W.*)—2. mĕrīdies, ēī. *fem.* PHR. Quid cōgĭtet hūmĭdus Auster. V. Unde nĭgerrĭmus Auster Nascĭtur. V. Frīgĭdus ut quondam sylvīs immurmŭrat Auster. V. Vĕnĭentis sībĭlus austri. V. Jūpĭter ŭvĭdus austris. V. Cum Jūpĭter horrĭdus austris Torquet ăquosam hyĕmem. V. Tristia per Autumnos nŏcentem Corpŏrĭbus mĕtuēmus Austrum. Hor. Auster Dux inquiēti turbĭdus Adriæ. Hor. Hўădas sævis auxĕrat Auster ăquis. Ov. Ăquātĭcus Auster. Ov.

austērus, a, um. *Austere, severe.*——Quælĭbet *austēras* dē mē fĕrat urna tăbellas. Prop. 4. 11. 49. SYN. mōrōsus, sĕvērus; asper, ĕra, ĕrum.

Austrālis, ĕ. *Of the South wind, of the South.*——Nulla dies ădeo est *austrālibus* hūmĭda nimbis. Ov. Ep. e P. 4. 4. 1. pŏlumque Effŭgĭto *austrālem.* Ov. Met. 2. 132. SYN. Austrīnus.

austrīnus, a, um, *Southern.*——Quâ parte călōres *Austrīnos* tŭlĕrit. V. G. 2. 271. SYN. austrālis.

ausum. *A daring deed.*——At tĭbī pro scĕlĕre Exclāmat, pro tălĭbus *ausis.* V. Æn. 2. 535. Mē nulla diēs tam fortibus ausis Dissĭmĭlem argŭĕrit. V. Æn. 9. 281. SYN. ‡ausus, ûs; făcĭnus, oris, *neut.* (*usu. in a bad sense*); gesta, orum.

ausus, a, um. perf. and part. from audeo. *Daring, having dared.*——Ālis Æthĕrias *ausus* jactātis īre per auras. Ov. Met. 4. 699. v. audeo.

‡ausus, ûs. *A daring deed.*——Jamque mŏræ impătiens cunctantes incrĕpat *ausus.* Val. Fl. 3. 613. v. prec.

aut. *Or, either.*——*Aut* ăris servāre săcros *aut* scindĕre terram. V. G. 3. 160. SYN. vĕl, vĕ (*never the first word in the sentence, usu. the second*).

autem. never the first word in the sentence. *But.* ——Quis prŏcŭl ille *autem* rāmīs insignis olīvæ. V. Æn. 6. 809. SYN. vēro (*never the first word in the sentence, usu. the second*), vērum, sed, at, ast.

Autŏmĕdōn, ontĭs. *The armour-bearer and charioteer of Achilles.* —— Et Ĕquōrum ăgĭtātor Ăchillis Armĭger *Autŏmĕdōn.* V. Æn. 2. 476.

Autŏnoē, ēs. *Daughter of Cadmus, mother of Actæon.* —— Fĕr ŏpem Mātertĕra, dixit *Autŏnoē.* Ov. Met. 3. 720.

Autŏnoēius, a, um. *Of Autonoe, epith. of Actæon.* —— Fūgit *Autŏnoēius* hēros. Ov. Met. 3. 198.

autumnālis, e. *Of Autumn.* —— Cōndĭtăque ĭn lĭquĭdâ cōrna *aūtūmnālĭă* fæce. Ov. Met. 8. 665. SYN. aūtūmnūs.

Autumnus, i. *Autumn, spoken of by the poets as a very unhealthy season.* —— Sĭmul Pōmĭfer *autumnus* frūges effūdĕrit. Hor. 4. 7. 11. PHR. Jam tĭbĭ lĭvĭdos Distinguet Autūmnus răcēmos Purpŭreo văriūs cŏlōre. Hor. Vel cum dĕcōrum mĭtĭbus pōmis căput Autumnus arvis Extŭlit. Hor. Et vărios pōnit fœtūs autumnus et alte mĭtis ĭn ăprĭcis coquĭtur vindēmia saxis. V. Tĭbĭ (Bacche) pampĭneo grăvĭdūs Autumno Flōret ăger. V. Stăbat et Autumnus calcātis sordĭdus ūvis. Ov. Tĭbĭ pampĭneas autumnus porrĭgit ūvas. Ov. v. Arcturus.

autumnus, a, um. *Of autumn.* —— Frondes *autumno* frĭgŏre tactas, Jamque măle hærentes altâ răpit arbŏre ventus. Ov. Met. 3. 729. SYN. autumnālis.

§autŭmo, as. *To think.* —— Nam te esse Tĭburtem *autŭmant* quĭbus nōn est cordi Cătullum lædere. Cat. 42. 2. SYN. pŭto, censeo, es, jūdĭco, as.

āvulsus, a, um. part from āvello, ĭs. *Torn off.* —— *Āvulsum*que hŭmĕris căput et sĭne nōmĭne corpus. V. Æn. 2. 558.

ăvuncŭlus, i. *An uncle, prop. on the mother's side.* —— Et păter Ænēas et *ăvuncŭlus* excĭtat Hector? V. Æn. 3. 343. SYN. pătruus (*not strictly, for pătrŭŭs is an uncle by the father's side*).

ăvus, i. masc. 1. *A grandfather.* — 2. *An ancestor.* —— Cui Pīlumnus *ăvus* cui Dīva Vĕnīlia māter. V. Æn. 10. 76. Stat fortūna dŏmûs et *ăvi* nŭmĕrantur *ăvōrum.* V. G. 4. 209. SYN. proăvus, ătăvus, părens, prōgĕnĭtor; *in pl.* priōres, mājōres, sĕnes.

auxĭliāris, e. *Auxiliary, assisting.* —— Cæruleus frāter juvat *auxĭliārĭbus* undis. Ov. Met. 1. 275.

‡auxĭliātor, ōris. *An assistant, a helper.* —— Ŭbĭ maxĭmus ægris *auxĭliātor* ădest. Stat. Sylv. 3. 4. 24. SYN. adjūtor; *fem.* adjūtrix, īcis.

†auxĭliātus, ûs. *Help.* Ā pennis trĕmŭlum pĕtĕre *auxĭliātum.* Lucr. 5. 1039. SYN. auxĭlium, q. v.

auxĭlior, āris. *To assist.* —— Nec formīdātis *auxĭliātur* ăquis. Ov. Ep. e P. 1. 3. 23. SYN. succurro, ĭs, ri, *no sup. nor pass.*; jŭvo, as, jūvi; *c. acc.* adjŭvo; subvĕnio, īs, vēni, *no pass.* PHR. Ipse lŏcus mĭsĕræ ferre vŏlēbat ŏpem. Ov. Nĭ fŭga subsĭdio sŭbeat. V. Ībant subsĭdio Trojæ. V. Quæcunque herba pŏtens ad ŏpem. Ov.

auxĭlium. *Help, assistance.* —— *Auxĭlio* tūtos dīmittam, ŏpĭbusque jŭvābo. V. Æn. 1. 571. SYN. adjūmentum, subsĭdium; *gen.* ŏpis, *acc.* ŏpem, *abl.* ope, *no other cases, no pl. in this sense.*

Axēnus. *The old name of the Euxinus Pontus.* —— Frĭgĭda mē cohĭbent Euxĭni littŏra Ponti, Dictus ab antĭquĭs *Axēnus* ille fuit. Ov. Tr. 4. 4. 56. v. Euxinus.

axis, is. masc. 1. *An axletree.* 2. *Any carriage.* 3. *The earth's axis, the pole.* 4. *The heavens, the open air, etc.* —— 1. Aureus *axis* ĕrat, temo aureus. Ov. Met. 2. 107. — 2. Purpŭreo tĕpĭdum qui mŏvet *axe* diem. Ov. Her. 4. 160. — 3. Quâ parte călōres Austrīnos tŭlĕrit, quæ terga obvertĕrit *axi.* V. G. 2. 270. — 4. Maxĭmus Atlas *Axem* hŭmĕro torquet stellĭs ardentĭbus aptum. V. Æn. 4. 482. Ædĭbus in mĕdiis nūdoque sub æthĕris axe. V. Æn. 2. 512. SYN. 2. currus, ûs, q. v.—3. pŏlus, q. v.—4. cœlum, q. v.

B

Băbȳlōn, ōnis. acc. ōnem and ōnă. fem. *Babylon.* —— Persārum stătuit *Băbȳlona* Sĕmīrămis ūrbem. Prop. 3. 11. 21. PHR. Ŭbĭ crēdĭtur altam Coctĭlĭbus mūris cinxīsse Sĕmīrămis urbem. Ov.

†Băbȳlōnĭcus, a, um. *Of Babylon, in pl. neut. sometimes of garments embroidered with Babylonish art.* —— Cum *Băbȳlōnĭca* magnĭfĭco splendōre rĭgantur. Lucr. 4. 1023. v. seq.

Băbȳlōnius, ă, um. *Of Babylon.* —— Quam prŏcŭl ad Lūnæ rădios *Băbȳlōnia* Thisbe Vīdĭt. Ov. Met. 4. 99.

Bacca, æ. 1. *A berry.*—2. *Esp. an olive.*— 3. *A jewel, esp. a pearl.* —— 1. Vēnit hyems; tĕrĭtur Sĭcȳōnia *bacca* trăpētis. V. G. 2. 519. — 2. Vĭrĭdique certat *Bacca* vĕnāfro. Hor. 2. 6. 16. — 3. Nĭtēbant Aurĭbus in gĕminis circum căva tempŏra *baccæ.* Ov. Met. 10. 116. Indi conchea *bacca* măris. V. Culex. 66.

baccar, ăris. neut. *A sweet herb.* —— *Baccăre* frontem Cingĭte, nĕ vāti nŏceat măla lingua fŭtūro. V. E. 7. 28.

baccātus, a, um. *Set with pearls.* —— Collōque mŏnile *Baccātum* (ferre jubet). V. Æn. 1. 655.

Baccha, æ. and **Bacchē,** es. *A bacchanalian woman,* —— Quales ab Ōgȳgio concĭta *Baccha* Deo. Ov. Her. 10. 48. Ātquĕ suum *Bacchē* non sentit saucia vulnus. Ov. Tr. 4. 1. 41 (*where, however, some read* Bācchĭs, ĭdos). SYN. Thȳăs, ădŏs; Mænăs, ădŏs, *usu. in. pl.*; Ĕlĕlēĭdĕs, *pl.*; Mĭmallŏnĭdĕs, *pl.*; Bacchantes, *pl.*; ‡Bassăris, ĭdŏs, v. Bacchor. PHR. Bacchārumque pŏtentium Prōcēras mănĭbus vertĕre fraxĭnos. Hor. Quālis commōtīs excĭta săcris Thȳăs ŭbi audīto stĭmŭlant triĕtērĭca Baccho Orgia, nocturnusque vŏcat clāmōre Cĭthæron. V. Bacchi fŭriīs Ĕlĕlēĭdĕs actæ. Ov. Thȳădās effūsis ēvantes crīnĭbus. Cat. v. seq.

‡Bacchānālia, um. *Feasts of Bacchus.* —— Qui Cūrios sĭmŭlant et *Bacchānālia* vīvunt. Juv. 2. 3. SYN. orgia, orum. PHR. Utque tuo mōtæ prōlēs Sĕmĕlēia thyrso Ismărīæ cĕlĕbrant rĕpĕtītă triennia Bacchæ. Ov. Tempus ĕrat quo sacra sŏlent triĕtērĭca Bacchi Sīthŏniæ cĕlĕbræ nŭrus; Nox conscia săcris, nocte sŏnat Rhŏdŏpē tinnītĭbus æris ăcūti. Ov.

Bacchantes. masc. and fem. *Raging under the inspiration of Bacchus.* —— Cĭthæron cantĭbus et clārâ *Bacchantum* vōcĕ sŏnābat. Ov. Met. 3. 703. SYN. ēvans. v. Baccha, Bacchor.

Bacchātus, a, um. part. of Bacchor, q. v. 1. *Inspired by, frantic under the influence of Bacchus.*— 2. *Frequented by Bacchanalian crowds.* —— Da mihĭ *bacchātā* vēla sĕcunda păter. Prop. 3. 15. 2. Sperchēosque et virgĭnĭbus *bacchāta* Lăcænis Tāȳgĕta. V. G. 2. 487. SYN. 1. bacchans, *only in pl.*; ēvans.

Bācchĭs. v. Baccha.

‡Bacchēĭs, ĭdŏs. adj. fem. *Belonging to Bacchus.* —— Quālis si sŭbeas Ĕphȳres *Bacchēĭdos* altum culmĕn. Stat. Sylv. 2. 2. 34.

Bacchēŭs, ă, um. **Bacchēĭus,** a, um. **Bacchius,** a, um. **Bacchĭcus,** a, um. *Of Bacchus.* —— Tympănaquĕ plaususque et *Bacchēī* ŭlŭlātus. Ov. Met. 11. 17. Quid mĕmŏrandum æquĕ *Bacchēĭa* dōna tŭlērunt? V. G. 2. 454. Si tū quŏque lūmĭnis hūjus orbus, ait, fĭĕres nĕ *Bacchia* săcra vĭdēres. Ov. Met. 3. 513. Dēme meĭs hĕdĕras, *Bacchĭca* serta, cŏmis. Ov. Tr. 1. 6. 2. SYN. Lyæus, Lēnæus, Bassărĭcus.

Bacchor, āris. 1. *To be a Bacchanalian.* — 2. *To rage* (v. *also* bacchatus). —— Ēvoē *bacchantes,* Ēvoē căpĭta inflectentes. Cat. 62. 255. Nōn ĕgŏ sānius *Bacchābor* Ĕdōnis. Hor. 2. 7. 27. Sævit ĭnops ănĭmi tŏtamque incensa per artem *Bacchātur.* V. Æn. 4. 301. SYN. 1. ēvo, as, *only in part.* — 2. dēbacchor, fŭro, ĭs, *no perf.*

Bacchus, i. 1. *The son of Jupiter and Semele; preserved in his father's thigh after the death of his mother, who was burnt by the lightnings of Jupiter. The god of wine, especially worshipped at Thebes, usually represented as a youth often with* *horns, and crowned with vine leaves or ivy.* — 2. *The vine.* — 3. *Wine.* —— 1. Adsit lætĭtiæ *Bacchus* dător et bŏna Jūno. V. Æn. 1. 734. 2. Ăpertos *Bacchus* ămat colles, Ăquĭlōnem et frīgŏra taxi. V. G. 2. 113.—3. Ŏnĕrantque cănistris Dōna lăbŏrātæ Cĕrĕris, *Bacchum*que mĭnistrant. V. Æn. 8. 181. SYN. 1. Līber, ĕri ; Lyæus, Brŏmius, Bassărĕus, Iacchus, Ēvius, Lēnæus ; Ēvān (*indecl.*); Bĭcornĭger, Nȳsēŭs, Thyōnĕus, Ĕlĕlēus Nyctĕlius, Ignĭgĕna, æ ; bĭmātĕr, tris ; prōles Sĕmĕlēia.—2. vītis, ĭs, q. v.—3. vīnum, q. v. PHR. Et quæ prætĕreā per Graias plūrĭma gentes Nōmĭna, Līber, hăbes. Tĭbi ĕnim inconsumta Jŭventas, Tu puer æternus, tu formōsissĭmus alto Conspĭcĕris cœlo. tĭbĭ, cum sĭne cornĭbus astas, Virgĭneum căput est : Ŏriens tĭbĭ victus ădusque Dĕcŏlor extrēmo quæ cingĭtur India Gange. . . . Tu bĭjugum pictis insignia frænis Colla prĕmis lyncum. Ov. Dulce pĕrīcŭlum est, O Lēnæe, sĕqui Deum cingentem vĭrĭdi tempŏra pampĭno. Hor. Festa cŏrymbĭfĕri cĕlĕbrābat Græcia Bacchi. Ov. Qui pampĭneis victor jŭga flectit hăbēnis Līber, ăgens celso Nȳsæ dē vertĭce tĭgres. V. Parce, Līber, Parce grăvi mĕtuendĕ thyrso. Hor. Jam Deus ē curru quem summum texĕrat ūvis Tĭgrĭbus adjunctis aurea lōra dăbat. Ov. Āŏnii cornĭbus icta Dei. Ov. Victa răcēmĭfĕro lyncas dĕdit India Baccho. Ov.

baccĭfer, ĕra, ĕrum. *Bearing or bringing berries, esp. olives.* —— Dat quŏque *baccĭfĕram* Pallăda grātus ăger. Ov. Am. 2. 16. 8.

‡băcillum. *A little staff.* —— Nullo dextram sŭbeunte *băcillo.* Juv. 3. 28. SYN. băcŭlus, virga.

Bactra, ōrum. *The capital of the Bactrians.* —— Urbi solĭcĭtus tĭmes, Quid Sērĕs et regnāta Cyro *Bactra* părent. Hor. 3. 29. 26.

Bactrius, a, um. *Bactrian.* —— *Bactrius* Halcyŏnēus. Ov. Met. 5. 135.

băcŭlum, also **băcŭlus, i.** *A staff, a walking stick, etc.* —— *Băcŭlum*que tĕnens ăgreste sinistrā. Ov. Met. 15. 655. Tum Deus incumbens *băcŭlo* quem dextra gĕrēbat. Ov. F. 1. 177. SYN. virga, ‡băcillum. PHR. Trunca mănum pīnus rĕgit et vestigia firmat. V.

bădius, a, um. *Of a bay colour.* —— Crūra illi *bădĭos*que lĕgunt in pectore crīnes. Grat. Cyn. 536. SYN. spădix, īcis.

Bætĭcŏla, æ. masc. and fem. *An inhabitant of the district of the Guadalquiver in Spain.* —— *Bætĭcŏlas*que vĭros fŭriīs ăgĭtābat ĭnīquis. Sil. 1. 146. SYN. Bætĭgĕna, æ.

Bætĭcus, a, um. *Belonging to the Bœtis or Guadalquiver.* —— Et *Bœtĭcus* adjuvat āĕr. Juv. 12. 42.

Bætĭgĕna, æ. masc. and fem. *One born on the Bœtis.* —— *Bætĭgĕnæ*que vĭri. Sil. 9. 234.

Bætis, is. masc. *The Guadalquiver, one of the chief rivers in Spain.* —— Qua dīves plăcĭdum Cordŭba *Bœtin* ămat. Mart. 9. 62. 2.

Baiæ, ārum. *A celebrated watering-place in Campania, where there were natural hot baths.* —— Quălis in Euboĭco *Baiārum* lĭtŏre quondam Saxea pīla cădit. V. Æn. 9. 710. PHR. Quid rĕfĕram Baias prætextaque littŏra vēlis, Et, quæ dē călĭdo sulfŭre fūmat, ăquam. Ov.

Baiānus, a, um. *Of Baiæ.* —— Mŭrice *Baiāno* mĕlior Lŭcrīna pĕlōris. Hor. Sat. 2. 4. 32.

†§bājŭlo, as. *To carry as a porter, to carry.* —— Ăsĭnum sŏlēbant *bājŭlantem* sarcĭnas. Phædr. 3. 20. SYN. Porto, as ; fĕro, fers, tŭli, ferrĕ, q. v.

†bajŭlus, i. masc. *A porter.* —— Collo rem solvam jam omnĭbus quăsi *bājŭlus.* Plaut. Pœn. 5. 6. 17. v. portitor.

bălæna, æ. *A whale.* —— *Bălænārum*que prĕmentem Ægæona Suīs immānia terga lăcertis. Ov. Met. 2. 9. SYN. cētē. *neut. pl.* (*rare except in nom. and acc. Plin. has abl.* cetis, *and Plautus sing.* cetus, i) ; pristis, is, *fem.*

‡bălănātus, ă, um. *Perfumed with balanus.* —— Tu cum maxillis *bălănātum* gausăpe pectas. Pers. 4. 37.

bālans, antis. *Bleating, in pl. sheep.* —— *Bālantŭm*que grĕgem flŭvio mersāre sălūbri. V. G. 1. 272. v. ovis.

bălănus, i. fem. *A sort of chestnut, from which a perfumed oil was extracted.* —— Pressa tuis *bălănus* căpillis. Hor. 3. 29. 4.

§bălătro, ōnis. masc. *A worthless fellow.* —— Mendīci, mīmi, *bălătrōnes.* Hor. Sat. 1. 2. 2.

bālātus, ūs. masc. *Bleating.*——*Bālātu* pĕcŏrum et crēbris mūgītĭbus amnes Ārentesque sŏnant rīpæ. V. G. 3. 554.
balbē. *Lispingly.*——Vōcĭbus et gestu quum *balbē* signĭfĭcārent. Lucr. 5. 1021.
balbus, a, um. *Lisping, stammering.*——*Balba*que cum puĕro dīcĕre verba sĕnem. Tib. 2. 5. 94. SYN. blæsus. v. seq.
balbūtio, īs. no pass. *To lisp, to stammer.*——*Balbūtit* Scaurum prāvis fultum mălĕ tālis. Hor. Sat. 1. 3. 48. PHR. Reddēbas blæso tam bĕnĕ verba sŏno. Ov. Quid cum lēgĭtĭmâ fraudātur littĕra vōce, Blæsaque fit jusso lingua coacta sŏno. Ov. Fac tĭtŭbet blæso subdŏla lingua sŏno. Ov.
Bălĕārĭcus, ă, um, also **Bălĕāris, e.** *Belonging to the Balearic isles, formerly called Balearis Major, B. Minor, now Majorca and Minorca.*——Non sĕcus exarsit quam cum *Bălĕārĭca* plumbum Funda jăcit. Ov. Met. 2. 727. Stuppea torquentem *Bălĕāris* verbĕra fundæ. V. G. 1. 309.
Bălĕāris, is. masc. and fem. *An inhabitant of the Balearic Isles.*——Fundâ bella fĕrens *Bălĕāris* et ālĭte plumbo. Sil. 3. 365.
bălista, æ. *A warlike engine to shoot stones or large darts with.*——Quam grăve *bălistæ* mœnia pulset ŏnus. Ov. Tr. 1. 2. 50. PHR. Cum lăcĕras ăries bălistave concŭtit arces. Ov.
§**balneārius, ă, um.** *Belonging to, about the baths.*——Ō fūrum optĭme *bălneārĭōrum.* Cat. 31. 1.
‡**balneātor, ōris.** masc. *A bath-keeper.*——Lŭcernâ *balneātor* extinctâ. Mart. 3. 93. 14.
‡**balneŏlum.** *A bath.* *Balneŏlum* Găbiis, Romæ condūcĕre furnos. Juv. 7. 4. SYN. balneum.
balneum. *A bath.*——Cēlent furtīvos *balnea* tūta vĭros. Ov. A. A. 3. 640.
bālo, as. *To bleat, no pass.*——Tactaque fūmanti sulfŭre *bālat* ŏvis. Ov. F. 4. 740. PHR. Tutī sub mātrĭbus agni Bālātum exercent. V. Quæsītum aut mātri multis bālātĭbus agnum Mārtius ā stăbŭlis răpuit lŭpŭs. V.
balsămum. *A tree from which a gum exudes of the same name.*——Quid tĭbi ŏdōrāto rĕferam sūdantia ligno *Balsăma.* V. G. 2. 119.
balteum. 1. *A belt, a strap.*—2. *A blow given by a strap.*——1. Præbēbant cæsi *baltea* lenta bŏves. Prop. 4. 10. 22.—2. Quŏties rūmōrĭbus ulciscuntur *Baltea.* Juv. 9. 112. v. seq.
balteus, i. masc. 1. *A belt, sword belt, for men.*—2. ‡*A girdle.*——1. Lāto quam circumplectĭtur auro *Balteus.*—2. *Balteus* haud fluxos gemmīs astrinxit ămictus. Lucan. 2. 361. SYN. 1. cingŭlum.—2. zona, cingula, æ; ‡cingŭlum. PHR. Hŭmĕro cum appăruit ingens balteus, et nōtis fulsērunt cingŭla bullis. V. Cælātus balteus auro. Ov.
‡**bărăthro, ōnis.** masc. *A glutton.*——Aufer ăbhinc lăcrўmas, *bărăthro,* et compescĕ querēlas. Lucr. 3. 967.
bărăthrum. 1. *A gulf.*—2. *Any deep pit, an abyss.*——1. Īmo *bărăthri* ter gurgĭte vastos Sorbet in ăbruptum fluctus. V. Æn. 3. 421. 2. Sŭperque immāne *bărăthrum* Cernatur. V. Æn. 8. 245. SYN. 1. gurgĕs, ĭtis, *masc.*; vortex, ĭcis, *masc.* PHR. Hīs unda dehiscens Terram inter fluctūs ăpĕrit. V.
barbă, æ. *A beard.*——Candĭdior postquam tondenti *barba* cădēbat. V. E. 1. 29. PHR. Fūsus prŏpĕxam in pectŏre barbam. V. Nosco crīnes incānaque menta Rēgis Rōmāni. V. Martia ter sēnos prōles ădŏlēvĕrat annos, Et sŭbĕrat flāvæ jam nŏva barba cŏmæ. Ov. Cæsăriem longæ dextrâ dēdūcĕre barbæ. Ov. Tunc mihī prīma gĕnas vestībat flōre jŭventas. V. Tu quŏque flāventem prīmâ lānūgine mālas Dum sĕquĕris Clўtium. V.
barbărē. *Barbarously.*——Dulcia *barbăre* Lædentem oscŭla. Hor. 1. 13. 14. SYN. crūdēlĭter.
barbăria, æ. *Any country inhabited by barbarians.*——Inter inhūmānæ nōmĭnă *barbărĭæ.* Ov. Tr. 3. 9. 2. v. seq.
barbăries, ēi. 1. *A country of barbarians.*—2. *Want of civilisation.*—3. *Cruelty.*——1. Quid tĭbī *barbărĭem,* gentes ab ŭtrōque jăcentes Ŏceăno nŭmĕrem? Ov. Met. 15. 829.—2. At nunc *barbăries* grandis hăbēre nihil. Ov. Am. 3. 8. 3.—3. *Barbărĭē* noster ăbundat Ămor. Ov. A. A. 2. 552. SYN. 2. rustĭcĭtas, ātis.—3. fĕrĭtas, ātis; sævĭtia.
barbărĭcus, a, um. *Barbaric, foreign, or such as is found among foreigners.*——*Barbărĭco* postes auro spŏliisque sŭperbi. V. Æn. 2. 504. Hinc ŏpe *barbărĭcâ*

variisque Antōnius armis. V. Æn. 8. 685. Litĕra vēnit Vix bĕnĕ *barbărică* Græca nŏtātă mănu. Ov. Her. 3. 2. v. seq.

barbărus, a, um. 1. *Foreign (prop., one who speaks a foreign language).*—2. *Uncivilised.* —3. *Cruel.*——1. *Barbărus* hĭc ĕgŏ sum quiă nōn intellĭgor illis. Ov. Tr. 5. 10. 37.—2. Quod gĕnus hŏc hŏmĭnum quæve hunc tam *barbăra* mōrem Permittit pătria. V. Æn. 1. 539. Tollĭte *barbărum* mōrem. Hor. 1. 27. 2.—3. Inque ŏcŭlis făcĭnus *barbăra* māter hăbet. Ov. Tr. 2. 526. SYN. 1. barbărĭcus, perĕgrīnus, externus.—2. indŏcĭlis, incultus.—3. crūdēlis, fĕrus, sævus. v. crudelis.

‡barbātus, a, um. *Having a beard; epith. esp. of philosophers.*——*Barbātum* hæc crēde măgistrum Dīcĕre. Pers. 4. 1. SYN. †barbĭger, ĕra, ĕrum.

†barbĭger, ĕra, ĕrum. *Having a beard.*——*Barbĭgĕras* ŏleāster eo jŭvat usque căpellas. Lucr. 6. 970.

barbĭtos, i, acc. **ŏn.** masc. and fem. *A lyre, a harp.*——Non făcit ad lăcrȳmas *barbĭtŏs* ulla meas. Ov. Her. 15. 8. SYN. cĭthăra; lȳra; fĭdes, is; chĕlȳs, yŏs, *fem.*; testūdo, ĭnis, *fem.*; plectrum. v. cithara.

Barcæus, a, um. *Barcæan, Barcine, African.*——Lătēque fŭrentes *Barcæi.* V. Æn. 4. 43. Jŭvĕnique invādĕre bellum *Barcæō* suadēbat hŏnōr (Hannibali, sc. *as descended from Barcas*). Sil. 10. 355.

Barcas, æ. *An ancestor of Hannibal.*——Sarrānâ prisci *Barcæ* dē gente vĕtustos Ā Bēlo nŭmĕrābat ăvos. Sil. 1. 72.

‡Bardi, ōrum. *The bards of ancient Gaul and Britain.*——Vos quŏquĕ qui fortes ănĭmas belloque pĕremptas Laudĭbus in longum vātes dēmittĭtis ævum Plūrima sĕcūri fūdistis carmĭna *Bardi.* Lucan. 1. 444. v. vātes.

‡bardŏcŭcullus, i. masc. *A coarse short cloak with a hood.*——Gallia Santŏnĭco vestit tē *bardŏcŭcullo.* Mart. 14. 128. 1.

†bardus, a, um. *Stupid.*——*Barda* et rustĭca mŭlier. Plaut. Pers. 2. 1. 2. SYN. stultus, q. v.

băris, ĭdŏs. *A sort of boat used in Egypt.*——*Bărĭdŏs* et contis rostră Lĭburna sĕqui. Prop. 3. 11. 44. SYN. scăpha, q. v.

‡băro, ōnis. masc. *A blackhead (a Gaulish term).*——*Bărŏ* rĕgustātum dĭgĭto tĕrĕbrāre sălīnum Contentus pĕrăges. Pers. 5. 138.

barrus, i. masc. *An elephant.*——Quid tĭbĭ vis mŭlier nĭgris dignissĭma *barris?* Hor. Epod. 12. 1. SYN. ĕlĕphas, antis; ‡ĕlĕphantus, †anguimănus.

§bāsiātio, ōnis, fem. *The act of kissing; a kiss.*——Quæris quot mihĭ *bāsiātiōnes* Tuæ, Lesbia, sint sătis sŭperque. Cat. 7. 1. SYN. bāsium, q. v.

‡bāsiātor, ōris. masc. *One who kisses.*——Effŭgĕre non est, Basse, *bāsiātōres.* Mart. 11. 99. 1.

‡băsĭliscus, i. masc. A *basilisk.*——In văcuâ regnat *băsĭliscus* ărēnâ. Lucan. 9. 729.

§bāsio, as. *To kiss.*——Jām tē bāsia multa *bāsiāre* Vēsāno sătis est. Cat. 7. 9. SYN. oscŭlor, āris.

băsis, is. fem. *A base or pedestal.*——Quŏque Mĭnus dŭbĭtes stat *băsis* orba Deâ. Ov. Ep. e P. 3. 2. 52. SYN. fundāmĕn, ĭnis, *neut.*; fundāmentum.

§bāsium. *A kiss.*——Dā mĭ *bāsia* mille, deinde centum. Cat. 5. 7. SYN. oscŭlum, suavium.

Bassărĕus, rĕi. *A name of Bacchus.*——Nōn ĕgŏ te candĭde *Bassăreu* Invĭtum quătiam. Hor. 1. 18. 11. v. Bacchus.

Bassărĭcus, a, um. *Of Bacchus.*——Cingit *Bassărĭcas* Lȳdia mĭtra cŏmas. Prop. 3. 17. 30. SYN. Baccheus, q. v.

‡Bassăris, ĭdŏs. fem. *A Bacchanalian.*——Et raptum vĭtŭlo căput ăblātūra sŭperbo *Bassăris.* Pers. 1. 100. SYN. Baccha, q. v.

‡basterna, æ. *A sort of litter or palanquin for women.*——Aurea mātrōnas claudit *basterna* pŭdīcas. Inc. Poet.

Bătāvus, a, um. *Dutch.*——Vangiŏnes, *Bătāvīque* trŭcēs. Lucan. 1. 431. Hic pĕtit Euphrāten jŭvĕnis, dŏmĭtīque *Bătāvi* Custŏdēs ăquĭlās. Juv. 8. 51. Aurem quī mŏdŏ nōn hăbet *Bătāvam.* Mart. 6. 82. 6.

§bătillum. *A chafing dish.*——Insānī rīdentes præmiă scrībæ, Prætextam et lātum clāvum prūnæque *bătillum.* Hor. Sat. 1. 5. 36.

Battĭădēs, æ. *A descendant of Battus, the founder of Cyrene; epithet or synonym of a Greek poet named Callimachus.*——*Battĭădes* semper tōto cantābĭtur orbe. Ov. Am. 1. 15. 13.

†baubŏr, ārĭs. *To bark, or bay as a dog.*——Ac cum dēserti (catuli) *baubantur* in ædĭbus. Lucr. 5. 1070. SYN. lātro, ās.

Baucĭs, ĭdŏs. fem. *A poor old woman who, having entertained Jupiter and Mercury, was saved from a flood; her cottage was turned into a temple, of which she and her husband Philemon were the priests, and when old they were changed into trees.*—— Pia *Baucis* ănus, părĭlique ætāte Phĭlēmon. Ov. Met. 8. 631.

†**bdellium.** *An Arabian shrub, yielding a perfume.*——Tu mihi ēs căsia, tu *bdellium.* Plaut. Curc. 1. 2. 7.

beātē. *Happily.*——Non est mī măle, sed bĕne ăc *beāte.* Cat. SYN. fēlīcĭtĕr.

‡**beātŭlus, a, um.** *Happyish.*——Tandemque *beātŭlus* alto Compŏsĭtus lecto. Pers. 3. 103. v. bĕātŭs.

beātus. *Happy, blessed.*——*Beātus* illĕ qui prŏcul nĕgōtiis. Hor. Epod. 2. 1. Arva *beāta* Pĕtāmus arva, dīvĭtes et insŭlas. Hor. Epod. 16. 41. SYN. fēlix, īcĭs; fortūnātus, faustus (*not of persons*).

Bĕbrȳcia, æ. *An ancient name of Bĭthȳnĭă.*——Nec tămĕn aut Phrȳgios rēges, aut arva fŭrentis *Bĕbrȳciæ* spernendus ŏdi. Val. Fl. 5. 502. SYN. Thȳnia, Bĭthȳnia (*this last, however, is only found in Claudian*).

Bĕbrȳcius, a, um. *Bithynian.*——*Bĕbrȳciă* vĕniens Ămȳcidē gente. V. Æn. 5. 373. SYN. Thȳnus, Bĭthȳnus (*once in Juvenal* Bĭthȳnŭs), ‡ Bĭthȳnĭcus; *fem.* Bĭthȳnis, ĭdŏs.

Bĕbryx, ȳcĭs. *A Bithynian, also a citizen of Gallia Narbonensis.*——Possessus Baccho sævâ *Bĕbrȳcis* in aulâ. Sil. 3. 423. Effĕra virtus *Bĕbrȳcis*, et Scȳthĭci prŏcŭl inclēmentia săcri. Val. Fl. 4. 315.

Belgă, æ. *A Belgian.*——Et dŏcĭlis rector rostrāti *Belgă* cŏvĭni. Lucan. 1. 426.

Belgĭcŭs, ă, um. *Belgic.*——*Belgĭcă* vel mollī mĕlĭus fĕrĕt essĕdă collo. V. G. 3. 204.

Bēlĭdēs, um. fem. *A name given to the Dănăĭdēs as grand-daughters of Belus; being fifty in number, they were all married on one day to their cousins, the sons of Ægyptus, and at the instigation of their father Danaus (who had been warned by an oracle that he should be slain by his son-in-law) they all murdered their husbands the same night, except Hypermnestra, who spared Lynceus. They were condemned in hell to draw water in buckets, the bottoms of which were full of holes.*——Assĭduē rĕpĕtunt quas perdant *Bēlĭdēs*, undas. Ov. Met. 4. 462. PHR. Părāre nĕcem mĭsĕris pătruēlĭbus ausæ Bēlĭdes. Ov. Quæque gĕrunt hŭmĕrĭs pĕrĭtūrās Bēlĭdēs ŭndas. Ov. Dănăī gĕnus Īnfāmĕ. Hor. Stĕtĭt ŭrnă paŭlum Sĭccă dŭm gratō Dănăī pŭĕllas Cārmĭnĕ mŭlces. Hor. 3. 11. 25. ad fin.

Bēlĭdēs, æ. *Son or descendant of Belus, a name given to Palamedes, to Lynceus, etc.*——Surge ăgĕ *Bēlĭdē* dē tōt mŏdŏ frātrĭbŭs ūnus. Ov. Her. 14. 73.

Bellāns, āntĭs, pres. part. from bello, to fight, q. v., but used in pl. as a substantive. *Warriors.*——Ănĭmōs ătque ărmă vĭdēre *Bellāntŭm.* V. G. 3. 183. SYN. bellātŏr, ōrĭs. q. v.

‡**Bellārĭă, orum.** *Sweetmeats.*——Jām *bellārĭa* ădŏrĕă plūēbant. Stat. Sylv. 1. 6. 10.

Bellātŏr, ōrĭs. masc. *A warrior; often joined with another substantive. Statius and Silius apply it even to inanimate things,—e. g. to a sword, to the battle field.*——Intĕrĕa ĕxtrēmō *bellātŏr* ĭn æquŏrĕ Tŭrnus Pălāntēs sĕquĭtur. V. Æn. 12. 614. *Bellātŏr*que ănĭmōs Dĕŭs ĭncĭdĭt. V. Æn. 9. 721. Nec *bellātōrĭs* tergă prĕmūntŭr ĕqui. Ov. F. 2. 12. SYN. mīlĕs, ĭtĭs; bellāns, antĭs (*chiefly in pl.*). PHR. Dŭŏ fŭlmĭnă bēllī Scīpĭădās. V. Nōn īllī sē quĭsquam ĭmpūnĕ tŭlĭsset ōbvĭŭs ărmātō, seū cŭm pĕdĕs īrĕt ĭn hōstem Seū spŭmāntĭs ĕquī fŏdĕrĕt călcārĭbŭs ărmos. V. Stĕtĭmŭs tēla ăspĕră cōntra Cōntŭlĭmŭsquĕ mănŭs; ĕxpĕrtō crēdĭtĕ quāntus In clȳpĕum ăssūrgăt, quō tŭrbĭnĕ tŏrquĕăt hāstam. V. Non . . . prīmŭsvĕ Teŭcĕr tēlă Cȳdōnĭo Dīrēxĭt ărcu, nōn sĕmĕl Īlĭos Vĕxātă nōn pūgnāvĭt ĭngens Īdŏmĕneŭs Sthĕnĕlŭsvĕ sōlus Dīcĕndă Mŭsīs prælĭă; nōn fĕrox Hēctŏr vĕl ăcĕr Dēĭphŏbŭs grăves ĕxcēpĭt ĭctus prō pŭdīcis cōnjŭgĭbŭs pŭĕrīsquĕ prīmus. Hor. Sōlă gĕrăt mīlĕs quĭbŭs ărmă cŏĕrcĕăt, ărma. Ov. v. miles.

bellātrix, īcĭs. fem. *A female warrior (often also with another substantive, even with* cărīnă *by Stat.).*——*Bellātrix*, aŭdētquĕ vĭrīs cōmcŭrrĕrĕ vĭrgo (Penthesilea). V. Æn. 1. 493. *Bēllātrīx* īllī Dīvă fĕrēbăt ŏpem. Ov. Tr. 1. 5. 76. v. prec.

‡**bellāx, ācĭs.** *Warlike.*——Īllīc *bēllācī* cōnfīsūs gēntĕ Cŭrētum. Lucan. 4. 406. v. bēllĭcōsŭs.

§**bēllē.** *Neatly, well.*——Mănū sĭnīstrâ nōn *bēlle* ūtĕrĭs īn jŏco ātquĕ vīno. Cat. 12. 2. SYN. bĕnĕ, q. v.

Bēllĕrŏphōn, ōntĭs, and **Bēllĕrŏphōntēs, æ.** *A son of Neptune. Neptune supplied him with the winged horse Pegasus, mounted on which he slew the Chimæra, but afterwards attempting to fly to heaven on his back, he was thrown and killed.*——Nīnus Cāstō *Bēllĕrŏphōnti* mātūrārĕ nĕcem. Hor. 3. 7. 15. Āles Pēgăsŭs tērrēnum equĭtēm grăvātus *Bēllĕrŏphōntem.* Hor. 4. 11. 28. PHR. Seū Dĕōs rēgēsquĕ cănīt, Dĕōrum Sānguĭnem, pēr quōs . . . cĕcĭdit trĕmēndæ Flāmmă Chĭmæræ. Hor.

Bēllĕrŏphōntēŭs, a, um. *Of Bellerophon.*——*Bēllĕrŏphōntēī* quā flŭĭt hūmŏr ĕqui. Prop. 3. 3. 2.

bēllĭcōsŭs, a, um. *Warlike.*——Quīd *bēllĭcōsŭs* Cantăbĕr . . . cōgĭtēt . . . rĕmīttas Quærĕrĕ. Hor. 2. 11. 1. SYN. bēllĭcŭs, bēllĭgĕr, ĕră, ĕrum; bēllĭpŏtēns; bēllātŏr, oris, *only masc.*; bēllātrīx, īcĭs, *only fem.*; ‡bēllāx, Mārtĭŭs, Māvōrtĭŭs, Mārtĭcŏlă, æ, *only masc.*; pūgnāx, ārmĭpŏtēns, mīlĭtārĭs. PHR. Stŭdiisque āspērrĭmă bēlli (urbs). V. Quīd grăvĭdam bēllīs ūrbem ēt cōrda āspĕră tēntas? V.

bēllĭcŭs, ă, um. *Warlike.*——Ensĭbŭs ēxsērtīs *bēllĭcă* lætă Dĕa est. Ov. F. 3. 814. v. prec.

bēllĭgĕr, ĕră, ĕrum. *Warlike.*——Ūt quōs nōn *bēllĭcŭs* ēnsis, Nōn tŭbă tērrŭĕrīnt. Ov. Met. 3. 534. v. prec.

†**bēllĭgĕro, ās.** *To war.*——Nēc caupōnāntēs bēllūm sēd *bēllĭgĕrāntes.* Ennius. v. bello, pugno.

bēllĭpŏtēns, ēntĭs. *Mighty in war.*——Cōnstĭtŭīt . . . tĭbĭ, māgnĕ, trŏpæum *bēllĭpŏtens.* V. Æn. 11. 8. SYN. ārmĭpŏtens. v. bellicosus.

bēllo, ās, also **bēllŏr, ārĭs,** dep. *To war, to fight.*——Ēt nūnc sī bēllārĕ părās, ātque hæc tĭbĭ mēns ēst. V. Æn. 8. 400. Pīctīs bēllāntŭr Ămāzŏnēs ārmis. V. Æn. 11. 660. SYN. pūgno, ās; dēprælĭŏr, ārĭs.

Bēllōnă, æ. *The goddess of war.*——Quām cūm sānguĭnĕo sĕquĭtur Bēllōnă flăgēllo. V. Æn. 8. 703. SYN. ‡Ēnyō, ûs.

bēllŭă, æ. *A beast, a monster either by land or sea.*——Ēt cēntūmgĕmĭnus Brĭărēus ēt *bēllŭă* Lērnæ. V. Æn. 6. 287. Scătēntem *bēllŭīs* pōntūm, mēdĭāsque fraūdes Pāllŭĭt audax. Hor. 3. 27. 26. SYN. fĕră, mōnstrum.

†**bēllŭātŭs, ă, um.** *Embroidered with figures of beasts.*——Ălēxāndrīnă *bēllŭātă* cōnchŷlĭata tăpētĭa. Plaut. Ps. 1. 2. 14.

bēllum. *War.*——Dīcam hōrrĭdă *bēlla*, Dicam ăcĭēs, āctōsque ănĭmīs īn fūnĕră rēges. V. Æn. 7. 41. SYN. duellum; Mars, Martis. PHR. Bēlla hōrrĭdă bēlla ēt Tĭbĕrīm multo spūmāntēm sānguĭnĕ cērno. V. Mōrtĭfĕrūmque ādvērso īn līmĭnĕ bēllum. V. Cārdĭnĕ vērso Bēllī fērrātōs rūpīt Sātūrnĭă pōstes. V. Pēstem ēvādĕrĕ bēlli. V. Ārmĭpŏtēns præsēs bēllī Trītōnĭă vīrgo. V. Ŭbĭ sānguĭne bēllum Īmbŭĭt, ēt prīmæ cōmmīsīt fūnĕră pūgnæ. V. Bēllūmne īnfērrĕ părātis? V. Bēllum īngēns gĕrēt Ītălĭă pŏpŭlōsquĕ fĕrōces Cōntūndēt. V. Cūm prīmă mŏvēnt īn prælia Mārtem Sīvĕ Gĕtīs īnfērrĕ mănū lăcrŷmābĭlĕ bēllum (parant). V. Cæsār dūm māgnŭs ād āltum Fūlmĭnăt Eūphrātēn bēllo. V. Lĭbēntĕr hōc ēt ōmnĕ mīlĭtābĭtur Bēllum īn tŭæ spēm glōrĭæ. Hor. Īntērmīssă Vĕnūs dĭu Rūrsūs bēllă mŏves? Hor. Mūltōs cāstră jŭvānt ēt lĭtŭō tŭbæ Pērmīstūs sŏnĭtus Bēllăquĕ mātrĭbus Dētēstātă. Hor. Nūllă părāntur Bēllă nĕque ūltrīcēs ādvĕhĭt ūndă rătes. Ov. Parĭs Hēctŏră dīxit Fērrĕă sānguĭnĕâ bēllă mŏvērĕ mănu. Ov. Fĕră Cēntaurīs īndīcĕrĕ bēlla. Ov. Crēdĭtŭr hēros Sūprēmam bēllīs īmpŏsŭīssĕ mănum. Ov. Ūt lōngī tædĭă bēlli Mēntĕ fĕrānt plăcĭdā. Ov. Lāssābānt ăgĭlēs āspĕră bēllă vĭros. Ov. Bēlla sŏnānt ălĭī tēlīs īnstrūctă crŭēntis. Ov. Tūm cædēs hŏmĭnūm gĕnĕrī, tūm prælĭă nāta, Tūm brĕvĭŏr dīræ mōrtĭs ăpērtă vĭa est. Tib.

bēllŭōsŭs, ā, um. *Abounding in beasts.*——Tē *bēllŭōsūs* quī rĕmōtis Ōbstrĕpit Ōcĕănūs Brĭtānnis. Hor. 4. 14. 47. PHR. Scătēntem Bēllŭīs pōntum . . . . Palluit. Hor.

bēllŭs, a, um. *Fine, pretty.*——Atque ŭtĭnām pōssēs ūnī mĭhĭ *bēllă* vĭdēri. Tib. 4. 13. 5. SYN. pūlchĕr, chră, chrum, q. v.

Bēlūs, ī. *The name of several Eastern princes; the father of Ninus; the father of Dido, etc.*——Gĕnĭtŏr tūm *Bēlūs* ŏpīmam Văstăbăt Cyprum. V. Æn. 1. 621.

Bēnācūs, ī. *The Lago di Garda.*——Flūctĭbūs ĕt frĕmĭtu āssūrgens *Bēnācĕ* mărīno. V. G. 2. 161.

bĕnĕ. *Well.*——Ēt mĕmŏrēm fāmām quŏd *bĕnĕ* cēssĭt hăbet. Ov. F. 2. 380.

bĕnĕdīcō, ĭs, xi. *To speak well of, to praise.*——Nĕc tĭbĭ cēssābĭt dŏctūs *bĕnĕdīcĕrĕ* lēctor. Ov. Tr. 5. 9. 9. SYN. laūdo, ās, q. v.

†bĕnĕdictum. *A favourable saying, praise.*——*Bĕnĕdictīs* sī cērtāssēt, aūdīssēt bĕne. Ter. Phorm. prol. 20. SYN. laūs, laūdĭs, *fem.* q. v.

†bĕnĕfăcĭo, ĭs, fēci. *To benefit.*——Mălō sī quĭd *bĕnĕfăcĭās*, ĭd *bĕnĕfĭcĭum* intĕrit. Plaut. Pœn. 3. 3. 22. SYN. jūvo, ās, jūvī, *c. acc.*; ădjūvo (*the simple verb is rarely found in the pass. except in fut. in dus in Hor. Sat.*), prōsum, prōdĕs, prōfŭī, prōdēssĕ, etc. *c. dat.*

bĕnĕfactum. *A benefit, a good service.*——Nātīquĕ vĭdēns *bĕnĕfăcta* fătētur Ēssĕ sŭīs mājōră. Ov. Met. 15. 851. SYN. mĕrĭtum, †bĕnĕfĭcĭum.

†bĕnĕfĭcĭum. *A kindness, a benefit.*——Quăsi ēxprŏbrātĭo ēst īmmĕmŏrĭs *bĕnĕfĭcĭī.* Ter. And. 1. 1. 17. v. prec.

†bĕnĕfĭcŭs, ă, um. *Doing good.*——Ăn ĭd ēst săpĕre ŭt quĭ *bĕnĕfĭcŭm* bĕnĕvŏlēntēm rĕpŭdĭes. Plaut. Trin. 3. 2. 11. SYN. bĕnīgnŭs, q. v.

†bĕnĕvŏlens, ēntĭs. *Benevolent, friendly.*——*Bĕnĕvŏlēns* vīvĭt tĭbi. Plaut. Bacch. 3. 6. 24.

bĕnĕvŏlēntĭă, æ. *Benevolence, kindness.*——Dūlcēmquĕ spōntĕ prǣstāt *bĕnĕvŏlēntĭam.* Phædrus. SYN. ămŏr, ōrĭs; stŭdĭum; bĕnīgnĭtās, ātĭs.

†bĕnĕvŏlŭs, ă, um. *Friendly, benevolent.*——Făcĭlēm *bĕnĕvŏlum*quĕ līnguă tŭă jām tĭbĭ mē rēddĭdit. Ter. Hec. 5. 1. 34. SYN. ămīcŭs, bĕnīgnŭs, q. v.

bĕnīgnĭtās, ātĭs, fem. *Kindness.*——Sătĭs sŭpĕrquĕ mē *bĕnīgnĭtās* tŭa Dĭtāvĭt. Hor. Epod. 1. 31.

bĕnīgnus, a, um. 1. *Kind, friendly.*—2. *Abundant.*——Āccĭpit ĭn Teūcrōs ănĭmūm mentēmquĕ bĕnīgnam. V. Æn. 1. 508.—2. Hīnc tĭbĭ cōpĭa Mānābĭt ăd plēnūm *bĕnīgno* Rūrĭs hŏnōrum ŏpŭlēntă cōrnu. Hor. 1. 17. 15. SYN. 1. æquŭs, ămīcŭs.—2. lārgŭs; dīvĕs, ĭtĭs.

bĕo, ās. *To make happy.*——Dīgnūm laūdĕ vĭrūm Mūsă vĕtat mŏri, Cœlō Mūsă bĕăt. Hor. 4. 8. 29.

Bĕrĕcȳntĭŭs, a, um. *Of the Mount Berecynthus, that is, of Cybele to whom the mount was sacred, or belonging to, used in her rites.*——Quālĭs *Bĕrĕcȳntĭă* māter Īnvĕhĭtūr cūrrū Phrўgĭas tūrrĭtă pĕr ūrbes. V. Æn. 6. 785. Lȳrāque ĕt *Bĕrĕcȳntĭă* Dēlēctābĕrĕ tĭbĭā. Hor. 4. 1. 22. Sǣvă tĕne cūm *Bĕrĕcȳntĭo* Cōrnū tȳmpănă. Hor. 1. 18. 13.

Bĕrĕnīcæŭs, ă, um. *Of Berenice, a Queen of Egypt, who, when Ptolemy, her husband, went on an expedition into Asia, vowed to offer up her hair, which was very beautiful, to Venus if he returned victorious; her hair was changed into a constellation,* "Coma Berenices."——Īdēm me īllĕ Cŏnōn cœlēstī īn lūmĭnĕ vīdit Ē *Bĕrĕnīcǣō* vērtĭcĕ cǣsărĭem. Cat. 64. 8.

bērȳllŭs, ī. acc. **um** and **ŏn.**——Ēt sŏlĭtūm dĭgĭtō *bērȳllŏn* ădēdĕrăt īgnis. Prop. 4. 7. 9.

‡bēs, bēssĭs, masc. 1. *Eight ounces.*—2. *Eight.*——2. Quīncūncēs ēt sēx cȳăthōs *bēssēm*quĕ bĭbāmus. Mart. 11. 37. 7. v. octo.

bēstĭă, æ. *A beast.*——Nām mălă valde est *Bēstĭă.* Cat. 67. 8. SYN. bēllĭcă, q. v.

‡bētă. indecl. *β, the Greek letter.*——Hōc dīscūnt ōmnēs āntĕ alpha ĕt *bētă* pūēllæ. Juv. 14. 209.

‡bētă, æ. *Beetroot.*——Ūt săpĭānt fătŭǣ fābrōrūm prandĭă *bētæ.* Mart. 13. 131.

‡bĭblĭŏpōlă, æ. masc. *A bookseller*——Nōn hăbĕō, sēd hăbēt *bĭblĭŏpōlă* Trȳphon. Mart. 4. 72. 2.

‡bĭblĭŏthēcă, æ. fem. *A library, a bookcase.*——Rūrĭs *bĭblĭŏthēcă* dēlĭcāti. Mart. 4. 17. 1. SYN. scrīnĭă, ōrum.

‡bĭblŭs, i. fem. *The Egyptian papyrus.*——Nōndūm flūmĭnĕās Mēmphĭs cōntĕxĕrĕ *bĭblos* Nōvĕrăt. Lucan. 3. 222.

bĭbo, ĭs, bĭbī, bĭbĭtum. *To drink* (*sometimes metaph. of drinking in with one's* *ears*, i. e. *listening to ; or with one's heart*, i. e. *feeling, etc. ; or a nation is said* bibere flumen *when it dwells on its banks*).——Nōn quī prŏfundūm Dānŭbĭūm *bĭbunt* Ēdīctă rūmpēnt Jūlĭă. Hor. 4. 15. 21. Sūspēnsīs aūrĭbŭs īstă *bĭbam*. Prop. 3. 48. SYN. cōmbĭbo, ēbĭbo, pērbĭbo ; pōto, ās, āvi, pōtum ; haūrĭo, īs, haūsi, haūstum ; dūco, is duxi ; lībo, ās ; lĭquo, as. PHR. Dēpŏsĭtūrā sĭtim vīcīnī fōntĭs ĭn undâ. Ov. Dūlcĭs ăquæ sălĭēnte sĭtim rēstīnguĕrĕ rīvo. V. Tĭmĭdi vĕnĭēnt ād pōcŭlă dāmæ. V. Ōrĕ nĕcātūrās ăccĭpĭēmŭs ăquas. Ov. Pŏsĭtōquĕ gĕnū Tītanĭă tērram Prēssĭt ŭt haurīrēt gĕlĭdōs pōtūră lĭquōres. Ov. At pōstquam ēxhaūstī jām flūmĭnĕ vīcĕrăt æstum. Prop. Pārvăque tām māgnīs ād mōram fōntĭbŭs ōra, Ūndĕ pătēr sĭtĭēns Ēnnĭŭs āntĕ bĭbit. Prop. Ille impĭger hausit Spumantem pătĕram, et plēno se prōluit auro. V.

bĭbŭlŭs, ă, um. *Drinking much, thirsty, lit. of man, or metaph. of soil, etc.*——Cōllēctum hūmōrēm *bĭbŭlā* dēdūcĭt ărēnâ. V. G. 1. 114. Cŏlŏphōnius Īdmon Phœăĭco *bĭbŭlas* tingēbat mūrĭce lānas. Ov. Met. 6. 9. Quem (scis) *bĭbŭlum* lĭquĭdi mĕdiā dē nŏcte Fălerni. Hor. Ep. 1. 14. 34.

bĭceps, cĭpĭtis. 1. *Having two heads or summits.—Having two faces.*——1. Nĕc in *bĭcĭpĭte* somniasse Parnasso Mĕmĭni. Pers. prol. 2.—2. Jāne *bĭceps*, anni tăcĭti lābentis ŏrĭgo. Ov. F. 1. 65. SYN. 1. ‡bĭvertex, ĭcis.—2. bĭfrons.

†bĭclīnium. *A dining-room with two couches, or a sofa to hold two persons at dinner.*——Ŭbi est *bĭclīnium* vōbis strātum. Plaut. Bac. 4. 4. 69.

bĭcŏlor, ōris. *Consisting of, having two colours.*——Quem Thrăcius albis Portat ĕquus *bĭcŏlor* măcŭlīs. V. Æn. 5. 566.

bĭcornĭger, ĕra, erum. *With two horns, esp. as an epith. or syn. of Bacchus.*——Ut quas pampĭneā tĕtĭgisse *Bĭcornĭger* hastâ Crēdĭtur. Ov. Her. 13. 33. SYN. bĭcornis, q. v.

bĭcornis, e. 1. *Having two horns.*—2. *Two prongs.*——1. Sīdĕrum rēgina *bĭcornis* audī Lūna puēllas. Hor. C. S. 35.—2. Exăcuunt ălii vallos furcasque *bĭcornes*. V. G. 2. 264. SYN. 1. bĭcornĭger.—2. bĭfurcus, bĭdens.

†bĭcorpor, ŏris. *With two bodies.*——Pallas *bĭcorpor* anguium spīras trahit. Accius.

bĭdens, entis. adj. *With two teeth or prongs.*——Fērroque mănŭs armāta *bĭdenti*. V. Ciris, 213. v. bĭcornis.

bĭdens, entis. subst. masc. *A two-pronged fork or spade.*——Sarcŭla nunc dūrusque *bĭdens*, et vōmer ăduncus Rūris ŏpes nĭteant. Ov. F. 4. 927.

bĭdens, entis. subst. fem. *A sheep.*——Centum lānĭgĕras mactābat rīte *bĭdentes*. V. Æn. 7. 93. SYN. ŏvis, is ; bālans, antis, *fem.*

bĭdental, ālis. subst. neut. *A place struck by lightning.*——An triste *bĭdental* Mōvĕrit incestus. Hor. A. P. 471.

†bĭduum. *A space of two days.*——In hoc *bĭduum* Thaïs văle. Ter. Eun. 1. 110. (*Common, however, in the best prose.*) PHR. Māne ŭbĭ bis fuĕrit Phœbusque ĭtĕrāvĕrit ortus Factaque ĕrit pŏsĭto rōre bis ūda sĕges. Ov. Prŏxĭma prospĭciet Tīthōno nupta rĕlicto Arcădiæ săcrum pontĭfĭcale Deæ. Ov. Jamque dies alterque dies prōcessit. V. v. dies, cras.

†biennium. *A space of two years.*——*Biennium* ĭbĭ perpĕtuum mĭsĕra illum tŭli. Ter. Hec. 1. 2. 12. PHR. Signa rĕcensuĕrat bis Sol sua, tertius ībat Annus. Ov. Bis mē Sol ădiit gĕlĭdæ post frīgŏra brūmæ Bisque suum tacto Pisce pĕrēgit ĭter. Ov. v. annus.

bĭfer, ĕra, ĕrum. *Bearing twice a year.*——*Bĭfĕr*ique rŏsāria Pæsti. V. G. 4. 119. PHR. Hic . . . bis pōmis ūtĭlis arbos. V.

bĭfĭdus, a, um. *Split in two parts.*——Sētæque cădunt *bĭfĭdos*que rĕlinquit Rīma pĕdes. Ov. Met. 14. 303. SYN. bĭsulcus.

bĭfŏres, e. 1. *Having two doors or entrances.* 2. (*Of sounds*) *discordant as passing through apertures of unequal size.*——1. Nox ĕrat et *bĭfŏres* intrābat Lūna fĕnestras. Ov. Ep. e P. 3. 5. Argenti *bĭfŏres* rădiābant *lūmĭne* valvæ. Ov. Met. 2. 4.—2. Ite per alta Dindўma ŭbi assuetis *bĭfŏrem* dat tībia cantum. V. Æn. 9. 618. SYN. 1. bĭpătens.

bĭformis, e. *Having two forms, a mixed form.*——Mixtumque gĕnus prōlesque bĭformis Mīnōtaurus ădest. V. Æn. 6. 25. Quem tămĕn esse Deum dīcam te Jāne *bĭformis* ? Ov. F. 1. 89. SYN. bĭmembris.

bĭfrons, ontis. masc. and fem. *Having two faces, esp. as an epith. of Janus.*——Sāturnusque sĕnex Jānique *bĭfrontis* ĭmāgo. V. Æn. 7. 180. SYN. bĭceps, cĭpĭtis ; bĭformis.

bĭfurcus, a, um. *With two forks or prongs.* —— Rāmum prĭor ille bĭfurcum Gessĕrat. Ov. Met. 12. 442. SYN. bĭcornis, q. v.

bīga, æ. *A chariot drawn by two horses, more frequently (and in the golden age always) in pl. for the pair of horses in the chariot.* —— Rōrĭferâ gĕlĭdum tĕnuāvĕrat āĕra bīgâ. Stat. Theb. 1. 338. Raptātus bīgis ut quondam, āterque cruento Pulvĕre. V. Æn. 2. 272. v. currus.

bĭjŭgis, e. *Yoked in pairs.* —— Martis ĕqui bĭjŭges, et magni currus Ăchillis. V. G. 3. 91. v. seq.

bĭjŭgus, ă, um. 1. *Yoked in pairs.* — 2. *Drawn by two horses, therefore sometimes used subst. for a chariot.* 3. *Relating to a pair-horse carriage.* —— Turrĭgĕræque urbes, bĭjŭgique ad fræna leōnes. V. Æn. 10. 253. — 2. Dēsĭluit Turnus bĭjŭgis; pĕdĕus appărat īre Commĭnus. V. Æ. 10. 453. — 3. Non tam præcĭpĭtes bĭjŭgo certāmine campum Corrĭpuēre. V. Æn. 5. 144. SYN. bĭjŭgis.

§**bĭlībris, e.** *Containing two pounds, weighing two pounds.* —— Ŏleum cornu ipse bĭlībri Caulĭbus instillat. Hor. Stat. 2. 2. 61.

bĭlinguis, e. 1. *Double-tongued,* i. e. *speaking two languages.* — 2. *False, treacherous.* —— 1. Pătriis intermiscēre pĕtīta Verba fŏris mālis Cănŭsīni mōre bĭlinguis. Hor. Sat. 1. 10. 30. — 2. Quippe dŏmum tĭmet ambĭguam Tўriosque bĭlingues. V. Æn. 1. 665. v. fallax, perfĭdus.

bīlis, is. fem. *Bile.* —— Fervens diffĭcĭli bīle tŭmet jĕcur. Hor. 1. 13. 4.

bĭlix, īcis. *Woven with a double thread, double.* —— Lanceă consĕquĭtur rumpitque infixa bĭlīcem Lōrīcam. V. Æn. 12. 375. SYN. dŭplex, ĭcis, q. v.

bĭlustris, e. *Lasting a period of two lustra,* i. e. *ten years.* —— Pergăma cum căděrent bello sŭpĕrāta bĭlustri. Ov. Am. 2. 12. 9. SYN. ‡dĕcennis. PHR. Ŭlysses Jactātus dŭbio per duŏ lustra mări. Ov.

bĭmăris, e. *Lying between two seas, esp. of Corinth or the Isthmus.* —— Hic Ephўren bĭmărem, Scўthiæ lătus ille nĭvōsæ Omne tĕnet. Ov. Her. 12. 27.

bĭmāter, gen. **matris.** adj. masc. and fem. *Having two mothers, epith. of Bacchus.* —— (vocant) Ignĭgĕnamque, sătumque ĭtĕrum, sōlumque bĭmātrem. Ov. Met. 4. 12.

bĭmembris, e. 1. *Having double limbs.* — 2. *Having a mixed form.* —— 1. Bĭmembri Hoc monstrum puĕro vel fœtæ Compărŏ Mūlæ. Juv. 13. 64. — 2. In nūbĭgĕnas invicte bĭmembres mactas. V. Æn. 8. 293. SYN. 2. bĭformis.

bĭmestris, e. *Two months old.* —— Extaque de porcâ crūda bĭmestre (*abl. c.*) tĕnet. Ov. F. 6. 158.

§**bīmŭlus, a, um.** *Two years old.* —— Nec săpit puĕrī instar Bimŭli. Cat. 18. 13. v. seq.

bīmus, a, um. *Two years old.* —— Tum vĭtŭlus bīmâ curvans jam cornua fronte. V. G. 4. 299.

bīnus, a, um. *Two, double, usu. in pl., †sing. only in Lucr.* —— Dŭplĭco nātūrâ et corpŏre bīno Ex ălienĭgĕnis membris compacta pŏtestas. Lucr. 5. 877. Bīnæ aures, dŭplĭce aptantur dentālia dorso. V. G. 1. 172. SYN. gĕmĭnus, duŏ; dŭplex, ĭcis.

bĭnōminis, e. adj. *Having two names.* —— Stat vĕtus urbs, ripæ vĭcīna bĭnōminis Istri. Ov. Ep. e P. 3. 11.

Biŏnēus, a, um. *Of Bion, suited to Bion, a wicked and licentious philosopher.* —— Ille Biŏnēis sermōnĭbus et săle nīgro (dēlectatur). Hor. Ep. 2. 2. 61.

bĭpartīto. *In two parts.* —— Secta bĭpartīto cum mens discurrit ŭtraque. Ov. R. A. 443.

bĭpătens, entis. *Open both ways, having two entrances.* —— Portis ălii bĭpătentĭbus adsunt. V. Æn. 2. 330. Consīdunt tectis bĭpătentĭbus. V. Æn. 10. 5. SYN. bĭfŏris.

§**bĭpĕdālis, ĕ.** *Two feet long.* —— Ad summum tōtus mŏdŭli bĭpĕdālis. Hor. Sat. 2. 3. 308.

bĭpennĭfer, ĕra, ĕrum. *Bearing an axe.* —— Ecce fŭrens contrā sua fāta bĭpennĭfer Arcas. Ov. Met. 8. 391. SYN. sĕcūrĭfer, ĕra, ĕrum; sĕcūrĭger, ĕra, ĕrum.

bĭpennis, e. adj. *Two-edged.* —— Ferro sŏnat icta bĭpenni Fraxĭnus. V. Æn. 11. 131.

bĭpennis, is. subst. fem. 1. *An axe.* — 2. *A knife.* —— 1. Dūrīs ŭt īlex tonsa *bĭpennĭbus.* Hor. 4. 4. 57.—2. Ipsa *bĭpenne* suos cædit vĭŏlenta lăcertos. Tib. 1. 6. 47. SYN. 1. sĕcūris, is.—2. cūlter, tri.

bĭpes, gen. **pĕdis.** adj. *Having two feet.*——Magnum qui piscĭbus æquor Et juncto *bĭpĕdum* curru mētītur ĕquōrum (*of the amphibious horses of Proteus, having dolphins' tails*). V. G. 4. 389.

bĭrēmis, e. 1. *With two oars.*—2. *With two banks of oars.*——Tunc mē *bĭrēmis* præsĭdio scăphæ Tūtum per Ægæos tŭmultus Aura feret. Hor. 3. 29. 62.—2. Sic mĕmŏrat gĕmĭnasque lĕgit dē classe *bĭrēmes* (naves subaud.). V. Æn. 8. 79.

bĭs. *Twice, either*—1. *In time, or*—2. *In quantity.*——1. *Bisque* diē nŭmĕrant alter pĕcus, alter et hædos. V. E. 3. 34.—2. Tartărus ipse *Bis* pătet in præceps tantum tenditque sub auras, Quantus ad æthĕrium cœli suspectus Olympum. V. Æn. 6. 578.

Bĭsaltæ, ārum. masc. *A people of Macedonia.*——*Bĭsaltæ* quo more sŏlent ăcerque Gĕlonus. V. G. 3. 461.

‡**bĭson, ontis.** masc. and fem. subst. *A bison.*——Illi cessit ătrox būbălus atque *bĭson.* Mart. de Spect. 23. 4.

Bistŏnĕs, num. masc. *The Thracians.*——*Bistŏnăs* aut Māvors ăgĭtans. Lucan. 7. 569. SYN. *in sing.* Thrax, ăcis, q. v.

‡**Bistŏnia, æ.** *Thrace.*——*Bistŏniæ* magnum post ausus ălumnum. Val. Fl. 3. 160. v. Thrăcia.

Bistŏnis, ĭdŏs. fem. adj. *Thracian.*——Et tūta ā bello *Bistŏnis* ōra fuit. Ov. Her. 16. 344. v. seq.

Bistŏnius, a, um. *Thracian.*——Phrygiæ contrāria tellus *Bistŏniis* hăbĭtāta vĭris. Ov. Met. 13. 430. SYN. Thrăcius, Thrēĭcius, q. v.

bĭsulcus, a, um. *Cloven, divided into two parts, forked.*——Pulvĕreumque sŏlum pĕde pulsāvēre *bĭsulco.* Ov. Met. 7. 113. Cumque fĕro mŏvi linguam strīdōre *bĭsulcam.* Ov. Met. 9. 65. SYN. bĭfĭdus.

‡**Bīthȳnia, æ.** *The country so called.*——Thȳni Thrāces ĕrant quæ nunc *Bīthȳnia* fertur. Claudian. Eutr. 2. 247. SYN. Thȳnia, Bĕbrȳcia.

Bīthȳnĭcus, a, um. *Bithynian.*——Quis nescit Vŏlŭsī *Bīthȳnĭce* quālia dēmens Ægyptus portenta cŏlat? Juv. 15. 1. v. Bithynus.

Bīthȳnis, ĭdŏs. fem. adj. *Bithynian.*——Ĭnăchus in Mĕlie *Bīthȳnĭde* pallĭdus isse Dīcĭtur. Ov. Am. 3. 6. 25.

Bīthȳnus, a, um. (Juv. has **Bĭthynus** once.) *Bithynian.*——Vix mī ipse crēdens Thȳniam atque *Bīthȳnos* Līquisse campos. Cat. 29. 5. SYN. Thȳnus, Bĕbrȳcius, Thȳniăcus.

bĭtūmĕn, ĭnis. neut. subst. *Bitumen, pitch.*——Incenduntque căvas fūmante *bĭtūmĭne* vēnas. Ov. Met. 14. 792.

bĭtūmĭneus, a, um. *Bituminous; of, or arising from pitch.*——Sive *bĭtūmĭneæ* răpiunt incendia vīres. Ov. Met. 13. 350.

‡**bĭvertex, ĭcis.** *Having two summits.*——Dēlius insurgit, summâque *bĭvertĭcis* umbrâ Parnassī rĕsĭdens. Stat. Theb. 1. 628. SYN. bĭceps, cĭpĭtis.

bĭvium. *A place with two roads, or where two roads meet.*——Ut tuus in *bĭvio* dētĭneātur ămor. Ov. R. A. 486.

bĭvius, a, um. *Having two roads.*——Ut *bĭvias* armāto obsīdam mīlĭte fauces. V. Æn. 11. 516.

blæsus, a, um. *Lisping, stammering.*——Reddēbas *blæso* tam bĕne verba sŏno. Ov. Am. 2. 6. 24. SYN. balbus.

blandē, compar. **blandius.** *Soothingly, sweetly.*——Quod si Thrēĭcio *blandius* Orpheo Audītam mŏdĕrēre arbŏrĭbus fĭdem. Hor. 1. 24. 17. SYN. dulcĕ.

†**blandĭdĭcus, a, um.** *Speaking smooth things.*——Nunc mĭhĭ *blandĭdĭcus* ĕs. Plaut. Pœn. 1. 1. 10. v. blandus, v. seq.

†**blandĭlŏquentia, æ.** *A saying of smooth things.*——Namque ut ego illis supplĭcārem tantâ *blandĭlŏquentiâ.* Ennius.

†‡**blandĭlŏquus, a, am.** *Speaking smooth things.*——Ut *blandĭlŏqua* est, hei mĭhĭ, mĕtuo. Plaut. Bacch. 5. 2. 24.

blandīmentum. *A soft speech.*——Cui *blandīmenta* prĕcesque Verbaque jactanti mītissĭma, dēsĭne, dixit. Ov. Met. 2. 815. SYN. blandĭtiæ.

blandior, īris. *To caress, to flatter, c. dat.*——Cūr ĕgŏ non vōtis *blandiar* ipse meis? Ov. Am. 2. 11. 54. *Blandĭtĭæ*que fluant per mea colla rŏsæ. Prop. 4. 6. 72.

blandĭtia, æ. more usu. in pl. *A caressing, soothing, flattering.*——Argūtâ rĕfĕrens carmĭna *blandĭtiâ.* Prop. 1. 16. 16. Illi *blandĭtias,* illi tĭbĭ dēbĭta verba Dīcĭmus. Ov. Her. 13. 155. SYN. blandīmentum, illĕcĕbræ, ārum; †blandītus, ûs.

†blandītus, ûs. subst. masc.——Ut res per Vĕnĕris *blandītum* sæclâ prōpāgent. Lucr. 2. 173. v. prec.

blandus, a, um. 1. *Kind, caressing, gentle.*—2. *Sweet to the ear, musical.*——1. Quid mea colla tĕnes *blandis,* ignāre, lăcertis? Ov. Met. 2. 100.—2. *Blandum* et aurītas fĭdĭbus cănōris Dūcĕre quercus. Hor. 1. 12. 11. SYN. 2. dulcis, argūtus, cănōrus.

§blătĕro, ās. *To bawl.*——Ecquis Audit? cum magno *blătĕras* clāmōre, fŭgisque. Hor. Sat. 2. 7. 36. SYN. clāmo, as.

blatta, æ. fem. subst. *A beetle.*——Nam sæpe făvos ignōtus ădēdit Stelliŏ, et lūcĭfŭgis congesta cŭbīlia *blattis.* V. G. 4. 242.

†blĭteus, a, um. *Stupid.*——*Blitea* et lŭtea est mĕrĕtrix. Plaut. Truc. 4. 4. 1; SYN. stultus, q. v.

boārius, a, um. *Of oxen.*——Arvaque mūgītu sancīte *Boāria* longo. Prop. 4. 10. 19. SYN. taurīnus, taureus.

Bœbēius, a, um. *Thessalian.*——Præreptum quanto prōles *Bœbēia* questu Audiet. Val. Fl. 3. 543. SYN. Thessălus, q. v. v. seq.

Bœbĭcius, a, um. *Thessalian.*——Pinguis *Bœbĭcio* discessit vōmĕre sulcus. Lucan, 6. 382. v. prec.

Bœōtia, æ. *Bœotia.*——Quĕrĭtur *Bœotia* Dircen. Ov. Met. 2. 239.

Bœōtius, a, um. *Bœotian.*——Mœnia fac cōndas: *Bœōtia*que illa vocāto. Ov. Met. 3. 13. SYN. Bœōtus, Āŏnius, Cadmēus, Dircæus. v. Thebanus.

Bœōtus, a, um. acc. sing. also **Bœōton.**——Quorum si mediis *Bœōton* Ŏrīōne quæris. Ov. F. 3. 493. v. prec.

‡Bōlētus, i. masc. *A mushroom.*——*Bōlētus* dŏmĭno, sed quālem Claudius ēdit. Juv. 5. 147. SYN. fungus.

†bŏlus, i. masc. *A throw (esp. of dice).*——Prŏfecto nĭmis lĕpĭdē Jactâsti *bŏlum.* Plaut. Rud. 2. 3. 30. SYN. jactus, ûs.

bombus, i. masc. subst. *A humming or buzzing, any loud noise.*——Multi raucĭsŏnis efflābant cornua *bombis.* Cat. 62. 263. SYN. sŏnus, i, q. v.

‡bombȳcĭnus, a, um. 1. *Of the silkworm.* 2. *Of silk.*——Quārum Dēlĭcias et pannĭcŭlus *bombȳcĭnus* urit. Juv. 6. 259. SYN. 2. Sērĭcus.

bombyx, ȳcis. subst. masc. 1. *A silkworm.*—2. *Silk.*——Nec si qua Ărăbio lūcet *bombȳce* puella. Prop. 2. 3. 15.

bŏnĭtas, ātis. fem. 1. *Goodness.*—2. *Kindness.*——Sīve quod inducti terræ *bŏnĭtāte* vŏlēbant Pandĕre ăgros pingues. Lucr. 5. 1246.—2. Sic æquet tua nupta vērum *bŏnĭtāte* pĕrenni. Ov. Tr. 4. 5. 27. SYN. 1. virtūs, ūtis.

Bŏnōnia, æ. *Bologna.*——Ocni priscâ dŏmus parvique *Bŏnōnia* Rhēni. Sil. 8. 601.

Bŏnōniensis, e. *Of Bologna.*——*Bŏnōniensis* Rūfa. Cat. 57. 1.

bŏnum, i. *Any good or advantage.*——O fortūnātos nĭmium sua si *bŏna* nōrint Āgrĭcŏlas. V. G. 2. 458. SYN. commŏdum, q. v.; grātia.

bŏnus, a, um. compar. mĕlior, superl. optĭmus. *Good in every sense, excellent, favourable, good for,* i. e. *fit for, etc.*——Sis *bŏnus* o fēlixque tuis. V. E. 5. 65. Nunc ădeo *mĕlior* quŏniam pars acta diēi (*as we should say, "since the best part of the day is spent"*) V. Æn. 9. 156. Namque ĭtă discēdens præcepĕrat *optĭmus* armis Ænēas. V. Æn. 9. 40. SYN. 1. præstans, ēgrĕgius, etc.

boo, as. no pass. *To bellow.*——Redde meum tōto vōce *boante* fŏro. Ov. A. A. 3. 450. SYN. clāmo, as, q. v.

Boōtes, æ. masc. *The constellation, called also Arctophylax* (q. v.), *close to the Great Bear.*——Aufĕrat ex ŏcŭlis vĕniens Aurōra *Boōten.* Ov. F. 5. 733. SYN. Arctŏphȳlax, Arctūrus. PHR. Interque Triōnes Flexĕrat ōblīquo plaustrum tēmōne Boōtes. Ov.

Bŏreas, æ. masc. *The north wind, celebrated by the Roman poets as a cold stormy wind.*——Ne . . . *Bŏreæ* pĕnĕtrābĭle frīgus ădūrat. V. G. 1. 93. SYN. Āquĭlo, ōnis. *masc.* PHR. Nunc gĕlĭdus siccâ Bŏreas bacchātur ab Arcto. Ov. Bŏreæ dē parte trŭcis cum fulmĭnat. V. Ēdōni Bŏreæ eum spīrĭtus alto Insŏnat Ægæo. V. Nix jăcet, et jactam nec Sol plŭviæve rĕsolvant, Indūrat Bŏreas perpĕtuamque făcit. Ov. Et quamvis Bŏreas jactātis insŏnet āles. Ov. Nĭmii Bŏreæ vis sævit. Ov. Bŏreā frondes Excŭtiente. Ov.

Bŏrēus, a, um. *Northern.* —— Vīta prŏcul pătriā pĕrăgenda sub axe *Bŏrēo.* Ov. Tr. 4. 8. 41. SYN. ‡Arctōus.

Bŏrysthĕnĭdæ, ārum. masc. *The people who live on the banks of the Borysthenes or Dnieper.* —— Glōria ad hȳbernos lāta *Bŏrysthĕnĭdas.* Prop. 2. 6. 18.

Bŏrysthĕnius, a, um. *Of the Borysthenes or Dnieper.* —— Cumque *Bŏrysthĕnio* lĭquĭdissĭmus amne Dȳraspes. Ov. Ep. e P. 4. 10. 53.

bōs, gen. **bŏvis,** etc gen pl **boum,** dat. **bōbus** or **būbus** etc. masc. and fem. 1. *A bull* —2 *Ox.* —3. *Cow* —— Quæ *bōs* ex hŏmĭne est, ē *bŏve* facta Dea. Ov. Her. 14. 86. Non prōfecturis lĭtŏra *būbus* ăras. Ov. Her. 5. 16. SYN. 1. taurus —3. vacca v. V. G. 3. 51—59.

Bosphŏrius, a, um. *Of the Bosphorus.* —— Cur hanc Sātŭrnia, quæret, Ēgĕrit Iōnio *Bosphŏrio*que mări. Ov. Tr. 2. 298.

Bosphŏrus, ī. pl. **Bosphŏra, orum.** Lucan and Val. Fl use acc. sing. **Bosphŏrŏn,** v. Preface. —— *The Bosphorus, the Straits of Constantinople.* Vīsam gĕmentis littŏra *Bosphŏri* Hor 2. 20. 14. Et mŏdŏ Pompēiā *Bosphŏra* capta manu. Prop. 3. 9. 60. PHR. Lĭbens Insānientem nāvĭta Bosphŏrum Tentābo. Hor.

‡bŏtellus, ī. *A sausage.* —— Et pultem nĭveam prĕmens *bŏtellus.* Mart. 5. 79. 9.

‡bŏtryo, ōnis. masc. *A word of uncertain meaning; probably a liquor extracted from the roe of fish* —— Nec dignam tōto se *bŏtryōne* pŭtat. Mart. 11. 28 4.

‡bŏvīlē, is. neut. *A cowhouse.* —— Et opportūno sē *bŏvīli* condĭdit. Phædr. 2. 8 4

Bŏvillæ, ārum. *A town in Latium close to Rome.* —— Orta sŭburbānis quædam fuit Anna *Bŏvillis.* Ov. F. 3. 667.

bracca, æ. usu. in pl. *Breeches* —— Hos ... pro patrio cultu Persica *bracca* tegit. Ov. Tr. 5. 10. 33. Pellĭbus et laxis arcent măle frīgŏra *braccis.* Ov. Tr. 5. 7. 49.

braccātus, ă, um. *Wearing breeches.* —— Vulgus ădest Scȳthĭcum *braccāta*que turba Gĕtārum. Ov Tr. 4 6 4. 7.

brăchiālis, e. *Belonging to the arm.* —— Condāmus alter altĕrum in nervum *brăchiālem.* Plaut, Pœn. 5. 4 99.

§brăchiŏlum, i. *An arm (dimin. of seq. q. v.).* —— Mitte *brăchiŏlum* tĕres. Cat. 59. 81.

brăchium, i. (Lucr. has gen. **brăchji,** 6. 433) usu. in pl. 1. *The arm (properly that part of the arm from the elbow to the wrist).* —2 *A branch.* —3. *A yard-arm of a ship.* —— 1. Laudat dĭgĭtosque mănusque, *Brăchia*que et nūdos mĕdiā plus parte lăcertos. Ov. Met. 1. 501. —2. Tum fortes lātē rāmos et *brăchia* tendens (æsculus). V. G. 2. 298. —3. Jŭbet ŏcyus omnes Attolli mālos, intendi *brăchia* vēlis. V. Æn. 5. 829. SYN. 1. ulna (*usu. in pl.*), lăcertus. —2. rāmus, q. v. —3. antenna, q v.

bractea, æ *A thin plate or leaf of metal* —— Lēni crĕpĭtābat *bractea* vento, V. Æn. 6. 208. Aspĭce quam tĕnuis *bractea* ligna tĕgat. Ov. A. A. 3. 232 SYN lāmĭna, sync. lamna.

‡bracteŏla, æ. *A plate of metal. dimin. of prec.* —— Qui *bracteŏlam* de Castore ducat. Juv. 13. 152.

brassĭca, æ. *A cabbage* —— Junco *brassĭca* juncta lĕvī Prop. 4. 2. 44.

Brenni, orum. *A warlike tribe of Gaul.* —— Drūsus Gĕnaunos implăcĭdum gĕnus *Brennos*que vēlōces .. Dējĕcit. Hor. 4. 14. 11.

Brennus, ī. *The Gallic king who took Rome in the time of Camillus, after defeating the Romans on the Allia.* —— Torrĭda săcrĭlĕgum testantur mœnia *Brennum.* Prop. 3. 11. 53.

brĕvia, um. neut. pl. used as subst. *Shoals.* —— Multi servāre rĕcursus Languentis pĕlăge et *brĕvĭbus* sē crēdĕre saltu. V. Æn. 10. 289. SYN. vădum.

brĕvis, e. 1. *Short in size.* —2. *Short, brief, in duration.* —3. *Scanty.* —— 1. Sum *brĕvis,* at nōmen quod terras impleat omnes Est mĭhi. Ov. Her. 15. 33. —2. Nĭmium *brĕves* Flōres āmœnæ ferre jŭbe rŏsæ. Hor. 2. 3. 14. —3. Prīvātus illis census ĕrat *brĕvis.* Hor. 2 15. 13. SYN. 1, 2. parvus. —2. cădūcus, diurnus, i. e. *lasting only a day.* —3. curtus. PHR. *Time was too short* *for what we have to say, etc.* Sæpe dies sermōne mĭnor fuit, inque lŏquendum Tarda per æstīvos dēfuit hora dies. Ov.—*I will be brief,* Summa sĕquar fastīgia rērum. V. Tertia causa mihī spătio majōre canenda est, Nos tămĕn adductos intus ăgēmus ĕquos. Ov.

brĕvĭtas, ātis. *Shortness, brevity.*——Hæc hăbĭlis brĕvĭtāte suâ. Ov. Am. 2. 4. 35.

brĕvĭter, compar. **brevius.** *Shortly, briefly.*——Tālĭbus affāta est *brĕvĭter* Trītōnia dictis. Ov. Met. 2. 783. Seu lĭbeat curvo *brĕvius* contendĕre gyro. Tib. 4. 1. 94.

‡Briărēius, a, um. *Of Briareus, of the giants.*——Nostros an forte Pĕnātes Appĕtiit centum *Briărēia* turba lăcertis? Claud. r. P. 3. 187.

Briăreus, ei. *A giant with a hundred hands and fifty bodies.*——Et centumgĕmĭnus *Briăreus* et bellua Lernæ. V. Æn. 6. 287. SYN. Ægæon, ōnis and ŏnis.

Brīmo, ūs. *A name of Hecate or Proserpine.*——Mercŭrio et sanctis fertur Bæbēĭdos undis Virgĭneum *Brīmo* compŏsuisse lătus. Prop. 2. 2. 64.

Brīsēis, ĭdŏs. fem. *A Lyrnessian captive who having fallen to the lot of Achilles, was beloved by him, and was afterwards taken from him by Agamemnon; so called from her father Brises, her real name was Hippŏdămīa.*——Insŏlentem Serva *Brīsēis* nĭveo cŏlōre Mōvit Ăchillem. Hor. 2. 4. 3. SYN. Lyrnessis, ĭdŏs.

Brĭtannĭa, æ. *Britain.*——Ūnam Septĭmius mĭsellus, Acmen Māvult quam Sўrias *Brĭtanniasque*. Cat. 43. 22.

Brĭtannĭcus, a, um. *British.*——Quantum delphīnis bālæna *Brĭtannĭca* major. Juv. 10. 14.

Brĭtannus, a, um. *British, esp. of the people.*——Intactus aut *Brĭtannus* ut descendĕret. Hor. Epod. 7. 7. Belluōsus qui rĕmōtis obstrĕpit Ōceănus *Brĭtannis*. Hor. 4. 14. 48. Essĕda cælātis siste *Brĭtanna* jŭgis. Prop. 2. 1. 76. PHR. Et pĕnĭtus tōto dīvĭsos orbe Brĭtannos. V. Serves ĭtūrum Cæsărem in ultĭmos orbis Brĭtannos. Hor. Vīsam Brĭtannos hospĭtĭbus feros. Hor.

Brīto, ŏnis and **ōnis.** *An inhabitant of Bretagne or Brittany.*——Qua nec terrĭbĭles Cimbri nec *Brĭtŏnĕs* unquam. Juv. 15. 124.

Brixia, æ. *Brescia, a town of North Italy.*——*Brixia* Vērōnæ mater ămāta meæ. Cat. 65. 34.

Brŏmius. *A name of Bacchus.*——Thūraque dant, Bacchumque vŏcant *Brŏmium*que Lyæumque. Ov. Met. 4. 11. v. Bacchus.

Brontes, æ. masc. *The name of one of the Cyclops.*——Ferrum exercēbant vasti Cȳlōpĕs in antro, *Brontes*que, Stĕrŏpesque, et nūdus membra Pȳracmon. V. Æn. 8. 425.

Brŏteas, æ. *Son of Vulcan and Minerva, who finding himself shunned for his deformity threw himself into the fire*——Quodque fĕrunt *Brŏtean* fēcisse cŭpīdĭne mortis Des tua succensæ membra crĕmanda pўræ. Ov. Ibis, 517.

brūma, æ. *Winter.*——*Brūma* nŏvi prīma est vĕtĕrisque nŏvissĭma Sōlis. Ov. F. 1. 163. SYN. hўems, hўemis, *fem.* q. v.

brūmālis, e. *Wintry.*——Quāle sŏlet sylvis *brūmāli* frīgŏre viscum Fronde vĭrēre novâ. V. Æn. 6. 205. SYN. hўbernus, hyĕmālis.

Brundĭsium, i. *Brindisi, a city in the south of Italy.*——*Brundĭsium* longæ fīnis chartæque viæque. Hor. Sat. 1. 5. 104. PHR. Brundĭsium quo dēsĭnit Ĭtăla tellus. Sil. Curvique tĕnens Mīnōia tecta Brindĭsii. v. Lucan. 2. 610—627.

Bruttius, a, um. *Belonging to the Bruttii, a people in the south of Italy.*——Sævior his Lătios vastābat *Bruttia* signa. Sil. 17. 433.

brūtus, a, um. *Insensible.*——Quo *brūta* tellūs et văga flūmĭna. Hor. 1. 34. 9.

Brūtus, i. *The name of two illustrious Romans — Junius Brutus who expelled the Tarquins; Marcus Brutus, the chief of the conspirators who slew Cæsar, and being defeated at Philippi slew himself.*——*Brūtus* ĕrat stulti săpiens ĭmĭtātor, ut esset Tūtus ab insĭdiis dīre Sŭperbe tuis. Ov. F. 2. 717.

‡būbălus, i. *A buffalo.*——Illi cessit ătrox *būbălus* atque bĭson. Mart. de Spect. 23. 4.

Būbastis, is. fem. *A name of Diana among the Egyptians.*——Sanctaque *Būbastis* văriisque cŏlōrĭbus Āpis. Ov. Met. 9. 690. v. Diana.

būbo, ōnis. masc. and fem. *An owl.*——Sōlaque culmĭnĭbus fērāli carmĭnĕ *būbo* Sæpe quĕri. V. Æn. 4. 462. Tristia mille lŏcis Stўgius dĕdit ōmĭna *būbo.* Ov. Met 15 791. SYN. noctua, ŭlŭla; strix, strĭgis, fem. (*properly a screech owl*). PHR. Pallădis ālĕs (ĭtis). Ov. Ignāvus būbo dīram mortālĭbus ōmen. Ov.

būbulcus, i. *A cowherd.*——Vēnit et ūpĭlio, tardi vēnēre *būbulci.* V. E. 10. 19. SYN. armentārius.

†būbŭlus, a, um. *Of an ox* ——Tres făcĭle cŏrĭos contrīvisti *būbŭlos.* Plaut. Pœn. 1. 1. 7 SYN. taureus, taurīnus, q. v.

būbus. dat. and abl. pl. from bos, q. v.——Non prōfectūris littŏra *būbus* ărας. Ov. Her. 5. 16.

§bucca, æ. *A cheek.*——Quid causæ est mĕrĭto quin illis Jūpĭter ambas Īrātus *buccas* inflet? Hor. Sat. 1 1 21. SYN. gĕna, māla.

‡bucella, æ. *A delicate morsel.*——*Bucellas* mīsisse tuas te Pontia dīcis. Mart. 6. 75. 3.

buccĭna. æ. 1. *A horn, a trumpet.*—(Buccina *properly is curled*, tuba *straight*). —2 Buccina prima, secunda, etc., *the first, second watch of the night, etc.*——1. Căva *būccĭna* sūmĭtur illi Tortĭlis in lātum quæ turbĭne crescit ab īmo Ov. Met. 1. 335 —2. Et jam quarta cănit venturam *buccĭna* lūcem. Prop. 4. 4. 61. SYN. 1. tŭba, lĭtuus, cornu, *indecl. in sing., pl* cornua, uum, ĭbus. v. tuba.

‡buccŭla. *A cheek piece of a helmet.*——Fractâ de cassĭde *buccŭla* pendens. Juv. 10. 133.

†būcĕrius, a, um. only in fem. pl. *Of oxen.*——*Būcĕriæ*que grĕges sub eōdem tegmĭne cœli. Lucr. 2. 661. v. seq.

būcĕrus, a, um. another form of prec.——Lānĭgĕrosque grĕges armentaque *būcĕra* păvit. Ov. Met. 6. 395.

‡būcētum, i. *A pasture for oxen.*——Arva Vultŭris, et călĭdi lucent *būcēta* mătini. Lucan. 9. 185.

Būcŏlĭcus, a, um. *Bucolic, pastoral.*——*Būcŏlĭcis* jŭvĕnis lūsĕrat ante mŏdis. Ov. Tr. 2. 538.

būcŭla, æ. *A heifer.*——*Būcŭla* cœlum Suspĭciens pătŭlis captāvit nārĭbus auras. V G. 1. 375. SYN. vĭtŭla, jŭvenca.

būfo, ōnis. masc. *A toad.*——Inventusque căvis *būfo*, et quæ plūrĭma terræ monstra fĕrunt. V. G. 1. 184.

bulbus, i. *Any bulbous root, onion, etc.*——*Bulbus* et ex horto quæ vĕnit herba sălax. Ov A. A. 2. 422.

†bulga, æ. *A leather bag or purse.*——*Bulgam* et quicquid hăbet nummōrum sēcum hăbet ipse Lucilius. SYN. crŭmēna, saccus, ‡pēra.

bulla, æ. 1. *A bubble in water.*—2. *A button or stud.*——1. Ut plŭvio perlūcida cœlo Surgĕre *bulla* sŏlet. Ov Met. 10. 733.—2. Nōtis fulsērunt cingŭla *bullis.* V. Æn. 12. 942. Mox ŭbĭ *bulla* rŭdi dēmissa est aurea collo. Prop. 4. 1 131 v. seq.

‡bullātus, a, um. 1. *Wearing the bulla, which was an ornament worn round the neck by children till they were seventeen, when they consecrated them to the Lares.* —2. *Inflated, turgid.*——1. Si damnōsa sĕnem jŭvat ālea, lūdit et hæres *Bullātus.* Juv. 14. 4.—2. Non ĕquĭdem hoc stŭdeo *bullātis* ut mĭhĭ nūgis Pāgĭna turgescat. Pers 2. 19.

‡bullio, is. *To boil, to bubble up* ——Et alto Dēmersus, summâ rursus non *bullit* in undâ. Pers 3 35. SYN. æstuo, as, q. v.

būmastus, i *A sort of grape.*——Non ĕgŏ te ... Transierim, Rhŏdia, et tŭmĭdis *Būmaste* răcēmis. V. G. 2. 102.

Būpălus, i. *A Chian whom Hipponax, by his lampoons, drove to hang himself.* ——Aut ăcer hostis *Būpălo* Hor. Epod 6. 14.

būris, is. fem. subst. *The ploughtail.*——Magnâ vi flexa dŏmātur In *būrim*, et curvi formam accĭpit ulmus ărātri. V. G. 1. 170.

Būsīris, ĭdŏs. *A cruel king of Egypt* ——Quis ... illaudāti nescit *Būsīrĭdŏs* ăras. V. G. 3. 5. Cum Thrăsius *Būsīrĭn* ădit. Ov. A. A. 1. 649.

‡bustuārius, a, um. *Belonging to, frequenting the tombs.*——Admittat inter *bustuārias* mœchas. Mart. 3. 93. 15.

bustum, i. 1. *Properly, the place where the bodies of the dead are burned and buried.*—2. *A tomb.*——At nos horrĭfĭco cĭnĕfactum te prŏpe *busto* Insătiābĭlĭter dēflēbĭmus. Lucr 3. 920.—2. Rēgis Dercenni terrēno ex aggĕre *bustum.* V. Æn. 11. 850. SYN. 2. sĕpulchrum, q. v.

Būthrōtum, i. *A city in Epirus, now Butrinto.*——Et celsam *Būthrōti* ascendĭmus urbem. V. Æn. 3. 293.

Būthrōtus, i. fem. another form of prec.——Regnātaque vāti *Būthrōtus* Phrўgio. Ov. Met. 13. 721.

‡**Buxētum**, i. *A box grove.*——Lōtus ad Eurōpes tĕpĭdæ *buxēta* recurrit. Mart. 2. 14, 15.

‡**buxeus**, a, um. *Of box.*——Sed plānē pĭceique, *buxeique*. Mart. 2. 41. 7.

buxĭfer, ĕra, ĕrum. *Producing box.*——Āmastri Pontĭca, et Cўtore *buxĭfer*. Cat. 4, 13.

buxum, i. 1. *The box tree, more prop. and usu. the box wood.*—2. *Any thing made of box, as a flute, a top, a comb.*——1. Nec tĭliæ lēves aut torno rāsĭle *buxum* Non formam accĭpiunt. V. G. 2. 449. 2. Tinnītĭbus āĕra pulsi æris, et inflāti complevit murmŭre *buxi*. Ov. Met. 14. 538. Impūbesque mănus mīrāta vŏlūbĭle *buxum*. V. Æn. 7. 382. Crines depectĕre *buxo*. Ov. F. 6. 229.

buxus, i. fem. 1. *The box tree.*—2. *But also the wood, or anything made of it.*——1. Nec densæ fŏliis *buxi*, frăgĭlesque mўrīcæ (absunt). Ov. A. A. 3. 691.—2. Tympăna vos, *buxus*que vŏcant Bĕrĕcynthia mātris Ĭdææ. V. Æn. 9. 619. PHR. Utque Cўtōrĭăco rădium de monte tĕnebat. Ov. Et jŭvat undantem buxo spectare Cўtōrum. V.

Byrsa, æ. *The citadel of Carthage.*——Mercātique sŏlum facti de nomine *Byrsam*. V. Æn. 1. 371.

‡**Byzantiăcus**, a, um. *Byzantine.*——Aut *Byzantiăcos* cŏlunt lăcertos. Stat. 4. 9. 13. SYN. Byzantius.

Byzantium and **Byzantĭon**. *The ancient name of Constantinople.*——Quamvis *Byzantĭon* arcto Pontus, et ostrĭfĕram dĭrĭmat Chalcēdŏnā cursu. Lucan. 9. 961.

Byzantius, ă, um. *Byzantine.* Quaque tĕnent Ponti *Byzantia* littŏra fauces. Ov. Tr. 1. 9. 31. SYN. Byzantiăcus.

C.

‡**căballīnus**, a, um. *Of a horse.*——Nec fonte lābra prōlui *căballīno*. Pers. prol. 1. SYN. ĕquīnus.

§**căballus**, i. masc. *A horse.*——Optat ĕphippia bos pĭger, optat ărāre *căballus*. Hor. Ep. 1. 14. 43. SYN. ĕquus, q. v.

‡**căcăbus**, i. *A kettle or boiler.*——Albōrum călīcum atque *căcăbōrum*. Stat. Silv. 4. 9. 45.

‡**căchinno**, ōnis. *A grinner, a laugher.*——Sed sum pĕtŭlanti splēne *căchinno*. Pers. 1. 12. SYN. rīsor, ōris.

†**căchinno**, as. *To laugh.*——Fīet ŭti *rīsu* trĕmŭlo concussa *căchinnent*. Lucr. 2. 974. SYN. rīdeo, es, rīsi, q. v.

căchinnus, i. masc. *A laugh.* Est quæ perverso distorqueat ōra *căchinno*. Ov. A. A. 3. 287. SYN. rīsus, ūs.

‡**căcoēthĕs**. indecl. neut. no pl. *A bad habit.*——Tĕnet insānābĭle multos scribendi *căcoēthĕs* et ægro in corde sĕnescit. Juv. 7. 52.

‡**căcŭla**, æ. *A common soldier's slave.*——Cum mātre et *căcŭlis*, et collŭsōre cătello. Juv. 9. 61.

căcūmĕn, ĭnis. neut. 1. *The top.*—2. †*The extremity of any thing.*——Alter Aventīnum māne *căcūmen* ădit. Ov. F. 4. 816.—2. Quŏniam extrēmum cūjusque *căcūmen* Corpŏris est ălĭquod. Lucr. 1. 592. SYN. 1. fastīgium; ăpex, ĭcis, *masc.*; vertex, ĭcis, *masc.*; ‡culmĕn, ĭnis. *neut.* (*not used by any poet before Lucan in a general sense; the Augustan poets limit it to the top of a house or any thing which is thatched*); āĕr, āĕris (*in the line* āĕra vincĕre summum Arbŏris haud ullæ jactu pŏtuere săgittæ. V. G. 2. 124.).

căcūmino, ās. *To make pointed, to raise to a point.*——Dat spătium collo summasque *căcūmĭnat* aures. Ov. Met. 3. 195.

Căcus, i. *A celebrated robber in Italy, son of Vulcan; he stole the oxen of Hercules, who slew him.*——Hic spēlunca fuit vasto submōtă rĕcessu Semĭhomĭnis Căci. V. Æn. 8. 194. PHR. Căcus Āventīnæ tĭmor atque infāmia sylvæ. Ov.

cădāver, ĕris. neut. *A carcase, a corpse.*——In stăbŭlis turpi dīlapsa cădāvĕra tābo. V. G. 4. 557. SYN. corpus, ŏris; fūnus, ĕris. PHR. Jăcet ingens littŏre truncus, Āvulsumque hŭmĕris căput, et sĭne nōmĭne corpus. V. Dēfunctaque corpŏra vitâ Magnănĭmûm hērōum. V.

Cădi, ōrum. *A people of Phrygia, Phrygians.*——Tībia Mygdŏniis lĭbet ĕburna Cădis. Prop. 4. 6. 8. v. Phryx.

Cădmēis, ĭdŏs. fem. adj. 1. *Belonging to Cadmus, daughter of Cadmus (such as* Sĕmĕlē, Āgăvē, Īno, etc.)—2. *Theban.*——1. Tālĭbus ignāram Jūno Cadmēĭdă dictis Formārat. Ov. Met. 3. 287.—2. Contĭgĕrant tecti Cadmēĭdă nūbĭbus arcem. Ov. Met. 6. 217. SYN. 2. Ismēnis, ĭdŏs; Thēbāis. v. Thēbānus.

Cădmēus, a, um, also **Cadmēĭus, a, um.** 1. *Belonging to Cadmus.*—2. *Theban.*——Et Tyrŏs ostrīnos præbet Cadmēa cŏlōres. Prop. 3. 11. 7. Tālis ŏpāca lĕgens nĕmŏrum Cadmēius heros, Stat. Theb. 3. 366. Pŭdeat Cadmēa jŭventus Terrĭgĕnas mentīta pătres. Stat. Theb. 8. 601. v. Thebanus.

Cădmus, i. *The son of Agenor, and founder of Thebes.*——Jam stăbant Thēbæ, pŏtĕras jam Cadme vĭdēri Exĭlio felix. Ov. Met. 3. 131. SYN. Āgēnŏrĭdes, æ. PHR. Āgēnŏre nātus. Ov.

cădo, is, cĕcĭdi, cāsum. 1. *To fall.*—2. *To fall,* i. e. *to die, to be slain.*—3. *To set, as stars, etc.*—4. *To subside, as wind, noise, etc.*—5. *To fall to the lot of, to suit, c. dat. or c.* in *and acc.*——1. Magnum mixtæ glŏmĕrantur in orbem Præcĭpĭtesque cădunt. V. G. 4. 80.—2. Magna fĕres tăcĭtas sōlātia mortis ad umbras A tanto cĕcĭdisse vĭro. Ov. Met. 5. 192.—3. Quā tristis Ŏrīon cădit. Hor. Epod. 10. 10.—4. Sic cunctus pĕlăgi cĕcĭdit frăgor. V. Æn. 1. 154. Quĭbus ad portas cĕcĭdit custōdia sorti. V. Æn. 4. 165. Forma nĭsi in vēras non cădit illa Deas. Ov. Her. 18. 68. SYN. 1. dēcĭdo, prōcĭdo, succĭdo; præcĭpĭto, as; ruo, is; corruo; lābor, ĕris, lapsus sum; dēlābor, prōlābor; prōcumbo, ĭs, prōcŭbui; fluo, ĭs, fluxi (*of falling gradually, as a wounded person.* V. Æn. 11. 828., *or* "*a fallen condition,*" fluxæ res. V. Æn. 10. 88.)—1, 2. concĭdo, sternor, ĕris, stratus sum; pĕreo, īs, īvi, *fut. in* rus, pĕrĭtūrus, q. v.; (*of winds*) pōno, ĭs, pŏsui.—1, 2, 3. occĭdo.—5. vĕnio, īs, vēni; ēvĕnio, convĕnio.

Cādūcĭfer, ĕri. *A name of Mercury as bearing the caduceus.*——Hinc se sustŭlĕrat părĭbus Cādūcĭfer ālis. Ov. Met. 2. 708. PHR. Tum virgam căpit, hâc ănĭmos ille ēvŏcat Orco Pallentes, ălios sub tristia Tartăra mittit, Dat somnos ădĭmitque et lūmĭna morte rĕsignat. V.

cădūcus, ă, um. 1. *Falling, ready to fall.*—2. *Fallen, slain.*—3. *Vain.*—4. *Fleeting, perishable.*——Te triste lignum, te cădūcum In dŏmĭni căput immĕrentis. Hor. 2. 13. 11.—2. Hic multum flēti ad sŭpĕros belloque cădūci Dardănĭdæ. V. Æn. 6, 481.—3. Nec lingua cădūcas Concĭpit ulla prĕces, dictaque pondus hăbent. Ov. F. 1. 181.—4. Nos quŏque flōruĭmus, sed flos fuit ille cădūcus. Ov. Tr. 5. 8. 19. SYN. 1. succĭduus, ‡prōcĭduus, cāsūrus; —(*of affairs*) fluxus.—2. occĭsus, v. occīdo.—3. vānus, q. v.—4. brĕvis.

‡**cădūrcum, i.** *A blanket or counterpane.*——Instĭtor hybernæ tĕgĕtis nĭveique cădurci. Juv. 7. 221.

cădus, i. masc. *A cask, esp. of wine.*——Nardi parvus ŏnyx elĭciet cădum Qui nunc Sulpĭciis accŭbat horreis. Hor. 4. 12. 17. SYN. dōlium, §cūpa. PHR. fūmōso condĭta vīna cădo. Ov. Tĭbi Non ante verso lēne mĕrum cădo . . . Est. Hor.

†**cæcĭgĕnus, a, um.** *Born blind.*——Cæcĭgĕni Sōlis qui lūmĭna nunquam Aspexere. Lucr. 2. 740. v. cæcus.

cæco, ās. *To make blind.*——Posset et intentos astu cæcāre mărītos. Prop. 4. 5. 14. Pectŏra quam mea sunt sĕriē cæcāta lăbōrum. Ov. Ep. e P. 2. 7. 45. SYN. excæco. PHR. Suique Jūdĭcis æternâ damnāvit lūmina nocte. Ov. Tēlo lūmen tĕrĕbrāmus ăcūto. V.

Cæcūbus, a, um. *Of Cæcubum, a town in Campania, celebrated for its wine (usu. in neut., of the wine).*——Antehac nĕfas dēprōmĕre Cæcūbum Cellis ăvītis. Hor. 1. 37. 5.

cæcus, a, um. 1. *Blind (in eyes or mind).*—2. *Dark.*—3. *Hidden, secret.*——1. Cēdĭtur et cæcis et quos prætexta vĕrendos . . . făcit. Ov. Tr. 5. 6. 31.

Fŭrorne *cæcus*, an răpit vīs ācrior? Hor. Epod. 7. 13.—2. Tres ădeo incertos *cæcā* călīgine sōles Errāmus pĕlăgo. V. Æn. 3. 203.—3. *Cæca* Mĕnætes Saxa tĭmens. V. Æn. 5. 164. *Cæcos*que vŏlūtat Ēventūs ănĭmo sēcum. V. Æn. 6. 157. SYN. 1. cæcātus.—2, 3. obscūrus.—3. abdĭtus, sēcrētus, occultus. PHR. 1. Aut ŏcŭlis capti fŏdēre cŭbīlia talpæ. V. Monstrum horrendum informe ingens cui lūmĕn ădemtum. V. Perpĕtuăque trahens ĭnŏpem sub nocte sĕnectam Phīneus vīsus erat. Ov. Tĕnĕbrasque et clādem lūcis ădemtæ Objĭcit, ille mŏvens albentia tempŏra cānis Quam fēlix esses si tu quŏque lūmĭnis hujus Orbus, ait, fiēres. Ov. Nunc cassum lūmĭne lūgent. V. In æternam clauduntur lūmĭna noctem. V. (*These two last phrases, however, are used of the dead.*)

cædes, is. fem. *Slaughter.*——Tēlis Nostrōrum ŏbruimur, ŏrĭturque mĭserrĭma *cædes*. V. Æn. 2. 411. SYN. clādes, is; strāges, is. PHR. Cum fracta virtūs, et mĭnāces Turpe sŏlum tĕtĭgēre mento. Hor. Per tēla per hostes Vādĭmus haud dŭbiam in mortem. V. Multos Dănaūm dēmittimus Orco. V. Ātro tĕpĕfacta crnōre Terra . . . rŭbet. V. Plūrĭma perque vias sternuntur ĭnertia passim Corpŏra, perque dŏmos, et rēlĭgiōsa Līmĭna. V. Tumvēro et gĕmĭtus mŏrientum et sanguĭne in alto Armaque corpŏraque et permixti cæde vĭrōrum semiănĭmes volvuntur ĕqui. V. Jam grăvis æquābat luctūs et mūtua Māvors Fūnĕra, cædebant păriter, părĭterque ruēbant Victōres victique. V. PHRASES *for* cædes sui, *suicide.* Est ănĭmus nōbis effundēre vītam. Ov. Quŏque ĕrat accinctus dēmittit in ilia ferrum. Ov. Aptāto pectus mūcrone sub īmum Incŭbuit ferro. Ov. Nōdum informis lēti trăbe nectit ab altā. V. Pars ănĭmam lăqueo claudunt mortisque tĭmorem Morte fŭgant, ultroque vŏcant vĕnientia fāta. Ov. Mĭhĭ suppŏsĭtas immittĕre corpus in undas Mens fuit. Ov. Sæpe vĕnēnorum sĭtis est mĭhĭ, sæpe cruentā Trajectam glădio morte pĕrīre jŭvat. Colla quoque . . . lăqueis implĭcuisse lĭbet. Ov. Qui sibi lētum Insontes pĕpĕrēre mănu, lūcemque pĕrosi Prōjēcēre ănĭmas. V. Ănĭmo fluctuat . . . An sēsē mūcrōne ob tantum dēdĕcus āmens Induat et crūdum per costas exĭgat ensem. V.

cædo, ĭs, cĕcīdi, cæsum. 1. *To strike, to cut.*—2. *To slay.*——1. Nōmĕn ĭdem rāmo qui *cæsus* ab arbŏre pūrā. Ov. F. 2. 25.—2. Non ălian ob causam Baccho căper omnĭbus ăris *Cæditur*. V. G. 2. 381. SYN. 1. succīdo; fĕrio, ĭs, *no perf. or sup.*; percŭtio, ĭs, ussi, ussum.—1, 2. sterno, ĭs, strāvi.—2. occīdo, ĭs; trŭcīdo, as; obtrunco, as; pĕrĭmo, ĭs, ēmi; nĕco, as, nĕcui, nĕcātus. PHR. 2. Ferroque sĕcat pendentia colla; Tum căput ipsi aufert dŏmĭno, truncumque rĕlīquit Sanguĭne singultantem. V. Pectore in adverso tōtum cui comminus ensem Condĭdit assurgenti, et multā morte rĕcēpit. V. Prōlem Dŏlĭchāŏnis Hebrum Sternit hŭmi. V. Quem tēlo prīmum, quem postrēmum aspĕra Virgo Dējĭcis, aut quot hŭmi mŏrientia corpŏra fundis? V. Stat ferri ăcies mūcrōne cŏrusco Stricta, părāta nĕci. V. v. cædes, occīdo.

cælāmĕn, ĭnis. neut. *Carved work, a carved figure.*——Nĕque ĕnim clўpei *cælămĭna* nōrit. Ov. Met. 13. 291.

cælātor, ōris. masc. *A carver, sculptor, engraver.*——At tĭbĭ Māmurri formæ *cælātor* ahēnæ. Prop. 4. 2. 61. SYN. sculptor.

cælebs, ĭbis. masc. fem. *Unmarried, widowed.*——Martiis *cælebs* quid ăgam Călendis? Hor. 3. 8. 1. Aucŭpor in lecto mendāces *cælĭbe* somnos. Ov. Her. 13. 108. PHR. Sĭne conjŭge cælebs Vīvēbat, thălămique diu consorte cărebat. Ov. v. virgo.

Cælius. *The name of one of the hills of Rome.*——*Cælius* accĭpiat pulvĕrŭlentus equos. Ov. F. 3. 522.

cælo, as. *To carve, to sculpture.*——Clўpeo quoque flūmĭna septem Argento partim, partim *cælāvĕrat* auro. Ov. Met. 5. 188. SYN. sculpo, is; incīdo, ĭs.

‡**cælum, i.** *A tool for carving with.*——Lăbōrĭfĕri vīvant quæ marmŏra *cælo* Praxĭtĕlis. Stat. Sylv. 4. 6. 26.

cæmenta, æ. An older form of seq. q. v.——Lăbat, lăbuntur saxa, *cæmentæ* cădunt. Ennius.

cæmentum, i. *Rough stone, any thing of which walls are built.*——Huc frĕquens *cæmenta* dēmittit rĕdemtor. Hor. 3. 1. 35.

Cæneus, ei. and in fem. **Cænis, ĭdos.** *Originally a girl, and the daughter of Elatus; she was changed by Neptune into a man and made invulnerable, after-*

wards she was changed into a bird.——Dic ăge . . . Quis fuĕrit *Cæneus* cūr in contrăria versus. Ov. Met. 12 179. Jūvĕnis quondam nunc fœmĭna *Cænis.* V. Æn. 6. 448, v. Ov. Met. 12. 189—535.

Cænina, æ. *A city of Latium.*——Te Tătium parvique Cūres, *Cænīna*que sensit. Ov. F. 2. 135.

Cænīnus, a, um. *Of Cænina.*——Ăcron Herculeus *Cænīnă* ductor ab arce. Prop. 4. 11. 9.

cæpa, æ. *An onion.*——Cædenda est hortīs ērūta *cæpa* meis. Ov. F. 3. 340.

cæpe only nom. and acc sing. neut. *An onion.*——Vērum seu pisces seu porrum et *cæpe* trŭcīdas. Hor. Ep 1. 12 21. v. prec.

Cæres, ītis and **ētis** fem, also **‡Cære.** indecl (the latter is the more usual form in prose.) *A town in Etruria, formerly called Ăgylla.*——Est ingens gĕlĭdum lūcus prŏpe *Cærĭtis* amnem. V Æn. 8. 597. Qui *Cærēte* dŏmo, Qui sunt Mĭniōnis in arvis. V. Æn 10. 183 Lectos *Cære* vīros, lectos Cortona. Sil.

Cærītis, e. *Of Cære.*——*Cærīte* cērâ Digni. Hor. Ep. 1. 6. 62.

cærŭlă, orum. neut. pl. *Any blue expanse, esp.* 1. *The sea.*—2. *The sky.*——1. Fluctu spūmābant *cærŭla* cāno. V. Æn. 8. 622. Ūnus ĕrit quem tu tolles in *cærŭla* cœli Ov. F. 2. 487.

cærŭleus, a, um. also **cærŭlus, a, um.** 1. *Blue.*—2. *Connected with the sea.*—3. *Dark, black*——1. *Cærŭleus* Tȳbris cœlo grātissĭmus amnis. V. Æn. 8. 64. Jamque ŭbĭ *cærŭleum* vallābunt sidera cœlum suspĭce. Ov. F. 3. 449. Cui cŏma dēpendet *cærŭla* Tīgris ĕrit. Ov. A. A. 1. 224.—2. *Cærŭleus* Proteus. V. G. 4. 388 Nec māter dŏmum *Cærŭla* te rĕvehet. Hor. Epod. 13 24.—3. Stant mānĭbus āræ *Cærŭleis* mœstæ vittis ātrâque cŭpresso V. Æn. 3. 63. *Cærŭla*que induitur vēlāmĭna. Ov. Met. 14. 45. SYN. 1. glaucus.—2. mărīnus, æquŏreus.—3. fuscus.

Cæsar, ăris. *Julius Cæsar; after him this name was borne by Augustus and all subsequent Roman emperors*——Ecce Diōnæi prōcessit *Cæsăris* astrum. V. E. 9. 46. Augustus *Cæsar* Dīvi gĕnus. V. Æn. 6. 793.

Cæsărĕus, a, um. *Of Cæsar.*——Sanguĭne *Cæsărĕo* Rōmānum extinguĕre nōmen Ov. Met. 1. 201. SYN. ‡Cæsăriānus.

‡Cæsăriānus, a, um. *Of Cæsar.*——Stat plătănus densis *Cæsăriana* cŏmis. Mart. 9. 62. 6. v. prec.

cæsăries, ēi no pl. fem. *Hair.*——*Cæsăriem* effūsæ nĭtĭdam per candĭda colla. V. G 4. 337. SYN. cŏma; crīnis, is, *masc.*; căpillus.

cæsius, a, um. *Grey (lighter than cæruleus), esp. with grey eyes.*——*Cæsio* vĕniam obvius Leoni. Cat. 45. 7. SYN. glaucus.

cæstus, ūs. *A boxing-glove.*——Cursĭbus et crūdo dēcernet Græcia *cæstu.* V. G. 3. 20.

cætĕrus, cætĕra, cætĕrum. not very common in sing, and *never* in nom. masc. sing. *The rest*——*Cætĕra*que armātâ conscia turba mănu. Ov. F. 2. 100. Consertum tĕgŭmen spīnis, at *cætĕra* Graius. V. Æn. 594. SYN. rĕlĭquus.

Căīcus, i. *A river in Mysia.*——Saxōsumque sŏnans Hȳpănis Mȳsusque *Caīcus.* V. G. 4. 370.

Căiēta, æ. and **Căiētē, es.** *The nurse of Æneas, from whom the city of Caieta, now Gaeta, was named*——Tu quŏque littŏrĭbus nostris Æneĭa nūtrix Æternam mŏriens fāmam *Căiēta* dĕdisti. V. Æn. 7. 2. Hic me *Căiētēn* nōtæ piĕtatis ălumnus Ēreptam Argŏlĭco quo dēbuit igne crĕmāvit. Ov. Met. 14. 443.

Călăber, bra, brum. *Of Calabria.*——Quanquam nec *Călăbræ* mella fĕrunt ăpes. Hor. 3. 16. 33.

Călăbria, æ. *Calabria, the southermost province of Italy.*——Non æstuōsæ grāta *Călābriæ* Armenta. Hor 1. 31. 5.

Călăis, is. *Son of Boreas and Orithyia.*——Implūmes *Călais*que puer Zēthesque fuērunt. Ov. Met. 6. 716.

†călămistrum, i. *A curling-iron.*——Volsellæ, pecten, spĕcŭlum, *călămistrum* meum. Plaut. Curc. 4. 4. 21.

†călămĭtas, ātis. fem. *Calamity.*——Sed ecce ēgrĕdĭtur nostri fundi *călămĭtas.* Ter. Eun. 1. 1. 34. (*used also in the best prose.*) SYN. damnum, injūria. q. v.

călămus, i. masc. 1. *A reed or cane, any thing made of reed or cane, as*—2. *An arrow.*—3. *A flute.*—4. *A pen; also*—5. *Any stem or stalk.*——1. Pan prīmus *călămos* cērâ conjungĕre plūres Instĭtuit. V. E. 2. 32. Tum lēves *călămos* et rāsæ hastīlia virgæ (aptare superest). V. G. 2. 358.—2. Nēquicquam thălămo graves Hastas et călămi spicŭla Gnossii Vītābis. Hor. 1. 15. 17. — 3. Lūdĕre quæ vellem călămo permīsit ăgresti. V. E. 1. 10. — 4. Dextra tĕnet călămum, strictum tĕnet altĕra ferrum. Ov. Her. 11. 3.—5. Tristisque lŭpīni Sustŭlĕris frăgiles călămos. V. G. 1. 75. SYN. 1. canna. — 1, 2, 3. ărundo, ĭnis, *fem.* — 2. săgitta, q. v. — 3. fistŭla, q. v. — 4. stȳlus. — 5. culmus.

călăthiscus, i. masc. *A little basket.*—— Candentis mollia lanæ vellĕra virgāti custōdībant călăthisci. Cat. 62. 318.

călăthus, i. masc. *A basket.*—— Tĭbĭ lĭlia plēnis Ecce fĕrunt nymphæ călăthis. V. E. 2. 47. SYN. călăthiscus; corbis, is, *fem.*; sirpĭcŭla, fiscĭna, fiscella, cănistrum, cista, quălus, quăsillus. PHR. Hæc implet lento călăthos ē vīmĭne textos. Ov.

†**călātor, oris.** *A clerk or messenger.*——Ĕgŏmet mĭhĭ cŏmes, călator. Plaut. Merc. 5. 2. 11.

Călaurēus, a, um. *Of Calauria, an island near Argos; in fem. an epithet of Diana.*——Inde Călaurēæ Lātōĭdos aspĭcit arva. Ov. Met. 7. 384.

‡**calcāneum, i.** *The heel.*——Continuis rīmis calcānea scissa rĭgēbant (*in a poem called Moretum falsely attributed to Virgil*) 36. SYN. calx, calcis, *fem.*

călcar, āris. neut. *A spur (lit. and metaph.).*——Seu spūmantis ĕquī fŏdĕret calcārĭbus armos. V. Æn. 6. 882. Laudātaque virtus Crescit et immensum glōria calcar hăbet. Ov. Ep. e P. 4. 2. 36. SYN. stĭmŭlus. PHR. Quādrŭpĕdemque cĭtum ferrātā calce fătīgat. V. Nil nŏcet admisso subdĕre calcar ĕquo. Ov.

‡**calcātor, oris.** masc. *One who treads, esp. who treads out grapes.*——Ut nūdus ruptas săliat calcātor in ūvas. Calpurnius, 4. 124.

‡**calceo, as.** *To shoe.*——Cui calceandos nēmŏ commīsit pĕdes. Phædr. 1. 14, 16. PHR. Et Tyrrhēna pĕdum circumdat vincŭla plantis. V. Primum pĕdĭbus tālāria nectit Aurea (*of Mercury*). V.

calceus, i. masc. *A shoe.*——Cui non convĕniet sua res ut calceus ōlim. Hor. Ep. 1. 10. 42. SYN. sŏlea, ălūta, sandălium. PHR. Vĭncla duæ pĕdĭbus dĕmunt. Ov. Hăbent gemini vincula nulla pĕdes. Ov. Impĕdiunt tĕnĕros vincŭla nulla pĕdes. Ov. Nec văgus in laxā pes tĭbĭ pelle nătet. Ov. Et pĕdĕ vēlāto non ădeunda pălus. Ov.

Calchās, antis. *The son of Thestor; the chief soothsayer of the Greeks in the Trojan war.*——Imprōvĭsi ădĕrunt, ĭtă dīgĕrit ōmĭna Calchas. V. Æn. 2. 182. SYN. Thestŏrĭdes, æ.

calcĭtro, as. *To kick.*——Mădĭdā rĕsŭpīnus ărēnā Calcĭtrat, ardescunt germānā cæde bĭmembres. Ov. Met. 12. 240. SYN. rĕcalcĭtro.

†**calcĭtro, ōnis.** masc. *A kicker.* ——Clāmat prŏcul si quem vĭdet īre ad sese calcĭtronem. Plaut. As. 2. 3. 10.

calco, as. *To tread upon, trample upon.*——Sua viscĕra traxit, Tractaque calcāvit, calcātaque rūpit, et illis Crūra quŏque impĕdiit. Ov. Met. 12. 391. SYN. prōculco, conculco; insisto, is, instĭti, *no sup., c. acc.* PHR. Impŏsĭto calcas quid mea fāta pĕde? Ov. Ŏviumque prĕmens pĕde vellĕra dūro. Ov. Barbărus heu cĭnĕres insistet victor, et urbem Eques sŏnante verbĕrābit ungŭlā. Hor. — *To be trampled on.* Illud amicitiæ sanctum et vĕnĕrābĭle nōmen Rē tĭbĭ pro vĭli sub pĕdĭbusque jăcet. Ov.

‡**calcŭlātor, oris.** masc. *A calculator.*——Nec calcŭlātor nec nŏtārius vēlox. Mart. 10. 62. 4.

calcŭlus, i. masc. 1. *A pebble, gravel.* — 2. *A chessman.* — 3. *A counter for reckoning with or for voting with.*——1. Tenŭis ŭbi argilla, et dūmōsis calcŭlus arvis. V. G. 2. 180. — 2. Sive lătrōcĭnii sub ĭmāgĭne calcŭlus ībit. Ov. A. A. 2. 207. — 3. Omnis Calcŭlus immĭtem dēmittĭtur āter in urnam. Ov. Met. 15. 44. SYN. 1. 3. lăpillus. — 2. lătrōnes, *pl. masc.*

§**caldus, a, um.** sync. for calidus. *Hot.* —— Caldior est. Hor. 1. 3. 53. v. calidus.

Călēdŏnius, a, um. *Scotch.* —— Unda Călēdŏnios fallit turbāta Britannos. Lucan. 6. 68.

călĕfăcio, sync. also **calfăcio, is, feci, factum.** *To heat (lit. and metaph.)* —— Aut hŭmĭlem grāto calfăcit igne fŏcum. Ov. F. 4. 698. Omnes Turbati cŭnei călĕfactaque corda tŭmultu. V. Æn. 12. 273. SYN. incalĕăcio, §călĕfacto, as; torreo, es (*not metaph.*); tĕpĕfacio.

§**călĕfacto, as.** *To heat.* —— Emptis Sub noctem gĕlĭdam lignis călĕfactat ahēnum. Hor. Ep. 2. 2. 169.

Cālendæ, arum. *The calends.*——Martius cœlebs quid ăgam *Călendis*? Hor. 3. 8. 1. Sextæ Călendæ (Ov. F. 6. 181.) *mean the calends of June, the sixth month (beginning with January).*

Călēnum, i. also **Căles, is.** more usu. **Căles, ium.** pl. fem. *A town in Campania celebrated for its wine.*——Thrēĭciamque *Călen*, vestras à nōmĭne nāti Ōrīthyia dŏmos. Sil. 12. 525. Sed pressum *Călĭbus* dūcĕre Lībĕrum Si gestis. Hor. 4. 12. 14.

Călēnus, a, um. *Of Cales.*——Cæcŭbum, et prēlo dŏmĭtam *Călēno* Tu bĭbes ūvam. Hor. 1. 20. 9.

căleo, es, ui, no sup., fut. in rus, **călĭtūrus.** *To be hot, to be warm (lit. and metaph.).*——Dēsīdĕrioque *călēbat* Conjŭgis ābrepti. Ov. Met. 7. 731. Te quŏque crēdĭbĭle est ălĭquā *căluisse* puellā. Ov. Am. 3. 683. Diesque Des mĭhi săcrĭfĭcos *călĭtūras*que ignĭbus āras. Ov. Met. 13. 590. SYN. rĕcăleo, rĕcălesco, incăleo; ferveo, es; ardeo, es, arsi; tĕpeo, es; intĕpeo. v. seq.

călesco, is. another pres. form of prec.——Quo prŏpius nunc es flammā prŏpiore *călesco*. Ov. Her. 18. 177.

călĭdus, a, um. *Hot, warm (lit. and metaph.).*——Pars *călĭdos* lātĭces et ahēna undantia flammis Expĕdiunt. V. Æn. 6. 218. (Equum) æquē jŭvĕnemque măgistri Exquīrunt *călĭdum*que ănĭmis et cursĭbus ăcrem. V. G. 3. 119. SYN. fervĭdus, tĕpĭdus, torrĭdus (*the last two not metaph.*).

§căliendrum, i. *A coif, or more probably a wig.*——Cānĭdiæ dentes, altum Săgănæ *căliendrum* Excĭdĕre. Hor. Sat. 1. 8. 41. PHR. Fœmĭna prŏcēdit densissĭma crīnĭbus emptis. Ov.

‡călīga, æ. *A boot.*——Cum duŏ crūra hăbeas ostendĕre tot *călĭgas*, tot Millia clāvōrum. Juv. 16. 24.

‡călĭgātus, a, um. *Booted.*——Adjūtor gĕlĭdos vĕniam *călĭgātus* in āgros. Juv. 3. 322.

cālīgĭnōsus, a, um. *Dark.*——Prūdens fŭtūri tempŏris exĭtum *Cālīgĭnōsā* nocte prĕmet Deus. Hor. 3. 29. 30. SYN. cālīgans, obscūrus, fuscus.

cālīgo, as. *To be dark.*——Quæ nunc obducta tuenti Mortāles hĕbĕtat vīsus tĭbi, et hūmĭda circum *Cālīgat* nūbem ērĭpiam. V. Æn. 2. 606. Et *cālīgantem* nĭgrā formīdĭne lūcum (adiit). V. G. 4. 468.

cālīgo, ĭnis. fem. 1. *Darkness.*—2. *Perplexity.*——Ruit ātram Ad cœlum pĭceā crassus *cālīgĭne* nūbem. V. G. 2. 303. Ipse autem cæcā mentem *cālīgĭne* Thēseus Consĭtus. Cat. 62. 207. SYN. tĕnĕbræ, arum. PHR. Nox ātra căvā circumvolat umbrā. V. Ērĭpiunt sŭbĭto nūbes cœlumque diemque Teucrōrum ex ŏcŭlis; ponto nox incŭbat ātra. V. Ībant obscūri sōlā sub nocte per umbram.... Quāle per incertam lūnam sub lūce mălignā Est ĭter in sylvis, ŭbĭ cœlum condĭdit umbrā Jūpĭter, et rēbus nox abstŭlit ātra cŏlōrem. V. Tĕnĕbris abdĕre Sōlis ĕquos. Ov. Lătet obscūrā condĭta nūbe dies. Ov. Căret ignĭbus æther cæcaque nox prĕmĭtur tĕnĕbris hȳemisque suisque. Ov.

călix, ĭcis. masc.—1. *A cup.*—2. *Any pot.*——Stant *călĭces*, mĭnor inde făbas, ŏlus alter habebat. Ov. F. 5. 509. SYN. 1. pocŭlum, sync. pôclum; crātēr, ēris, *acc.* ērā, *pl.* ērēs; pătĕra, scȳphus, carchēsium. v. pōcŭlum.

Callaĭcus, a, um. *Of Gallicia in Spain.*——Tum sĭbĭ *Callaĭco* Brūtus cognōmen ab hoste Fēcit. Ov. F. 6. 461.

calleo, es. no supines, no pass. 1. †*To be hard, callous.*—2. *To be skilful, to know.*——1. Plăgis costæ *callent*. Plaut. Pseud. 1. 2. 4.—2. Dūramque *callet* paupĕriem păti. Hor. 4. 9. 49. SYN. 1. occallesco, is.—2. scīo, q. v.

callĭdĭtas, atis. fem. *Cunning, in either good or bad sense.*——Consilium multæ *callĭdĭtālis* ĭnit. Ov. F. 3. 380. SYN. ars, artis. *fem.*; sōlertia, săpientia (*the two last only in a good sense*); astu *only in abl.* (*chiefly in a bad sense*).

callĭdus, a, um. *Cunning, clever.*——*Callĭdum* quicquid plăcuit jŏcōso Condĕre furto. Hor. 1. 10. 7. SYN. văfer, fra, frum, astūtus, versūtus, săgax, ăcis, sōlers, ertis, ingĕniōsus, cătus, *in bad sense* dŏlosus, subdŏlus.

Callĭmăchus, i. *A Greek poet, son of Battus of Cyrene.*——*Callĭmăchi* Prŏcŭlus molle tĕnēret ĭter. Ov. Ep. e P. 4. 16. 32. SYN. Battiades.

Calliŏpē, es, and **Calliŏpēa, æ.** *One of the Muses, mother of Orpheus.*——Vos o *Calliŏpē* prĕcor aspīrāte cănenti. V. Æn. 9. 525. (Quamvis adsit) Orphēī *Calliŏpēa*, Līno formōsus Apollo. V. E. 4. 57.

Callĭrhoē, es. *A fountain in Attica.*——Et quos *Callĭrhoē* nŏvies errantĭbus undis Implicat. Stat. Theb. 12. 629.

callis, is. masc. *A path, a road.* ——Prædamque per herbas convectant *calle* angusto. V. Æn. 4. 405. SYN. via ; Iter, Itĭnĕris ; sēmĭta ; trāmĕs, ĭtis, *masc.*

Callisto, ûs. *Daughter of Lўcāon, king of Arcadia. Juno out of jealousy changed her into a bear, which Jupiter made the constellation Ursa Major.* —— *Callisto* săcri pars fuit ūna chŏri. Ov. F. 2. 156. q. v. ad 192. SYN. Parrhăsis, ĭdŏs ; Lўcāŏnis, idos. PHR. Virgo Segeæa, q. v.

callōsus, a, um. *Callous, hard.* ——(ova) mărem cohĭbent *callōsa* vĭtellum. Hor. Sat. 2. 4. 14. SYN. dūrus, q. v.

†callum, i. *Hardness, a callous place.* ——Aut sētâ, aut conchis, aut *callo*, aut cortĭce tectæ. Lucr. 4. 934.

§călo, ōnis. masc. *A low slave.* ——Plūros *cālōnes* atque căballi Pascendi. Hor. Sat. 1. 6. 103. v. servus.

călor, ōris. masc. *Heat, warmth, lit. and metaph. (esp. of the warmth of love).* ——Si non tanta quies īret frīgusque *călōrem*que Inter. V. G. 2. 344. Vīvuntque commissi *călōres* Æŏliæ fĭdĭbus puellæ. Hor. 4. 9. 11. SYN. fervor, ardor, æstus (*the latter not metaph.*).

Calpe, es. also **Calpes, is.** *Gibraltar.* ——Longe *Calpe* rĕlictâ. Juv. 14. 279.

caltha, æ. *A marigold.* ——Illa lēgit *calthas*, huic sunt vĭŏlaria cūræ. Ov. F. 4. 437.

‡calva, æ. *The scalp.* ——Et lātum nĭtĭdæ Mărīne *calvæ* Campum . . . tĕgis. Mart. 10. 83. 2.

‡călumnia, æ. *Calumny.* ——Qui postquam tĕnĕbras dispŭlit *călumniæ*. Phædr. prol. 3. 37. PHR. Quem falsâ sub prōdĭtione Pĕlasgi Insontem . . . Dēmīsēre nĕci. V. An tu Non bŏna dē nōbis crīmĭna ficta jăcis ? Prop.

‡călumniātor, ōris. masc. *A calumniator* ——Et dēlātor es et *călumniātor*. Mart. 11. 67. 1.

§călumnior, āris. *To accuse falsely, to find fault.* ——*Călumniāri* si quis autem vŏluĕrit. Phædr. prol. 5.

‡calvus, a, um. *Bald.* ——Cum . . . *calvo* servīret Rōma Nĕrōni. Juv. 4. 38. SYN. lævis.

Calvus, i. *A Latin poet.* ——Cum *Calvo* docte Cătulle tuo. Ov. Am. 3. 9. 62.

calx, calcis, fem. *The heel.* ——Quădrŭpĕdemque cĭtum ferrātâ *calce* fătīgat. V. Æn. 11. 714.

†calx, calcis. fem. 1. *Chalk, limestone.* —2. *The goal, as being usually marked with a chalk line.* ——1. Saxa vides prīmum sōlâ coălescĕre *calce*. Lucr. 6. 1066. —2. Tu mĭhĭ sūprēmæ præscripta ad candĭda *calcis* Currenti spătium præmonstrā. Lucr. 6. 91. SYN. 1. crēta. —2. mēta.

Călўdon, ōnis. acc. ōnă and ōnem. *A town in Ætolia, celebrated for the hunt of the boar which was killed by Meleager.* ——Concessit in īras Ipse Deûm antīquam gĕnĭtor *Călўdōnă* Dianæ. V. Æn. 7. 306. v. Ov. Met. 8. 260—427.

Călўdōnis, ĭdŏs, ĭdĭ, ĭdă. pl. ĭdĕs, etc. fem. adj. of Calydon. ——Trādĭdit Āŏnius păvĭdam *Călўdōnĭdă* Nesso (*i. e.* Deïanira). Ov. Met. 9. 112.

Calydonius, a, um. *Of Calydon, of Ætolia.* ——Nīxus cŭbĭto *Călўdōnius* amnis (i. e. Achelous) Tālĭbus allŏquĭtur. Ov. Met. 8. 727.

Călypso, ûs. *Daughter of Atlas; Ulysses was driven on her island Ogўgia, on his return from Troy.* ——Oh quoties illum dŏluit prŏpĕrāre *Călypso*. Ov. A. A. 2. 125.

Cămărīna, æ. *A town in Sicily.* ——Hinc *Cămărīnăn* ădit Thapsonque et Hĕlōria Tempe. Ov. F. 4. 477. PHR. Fātis nunquam concessa mŏvēri appāret Cămărīna procul. V.

Cambўses, æ. *King of Persia.* ——*Cambўses* longi pŏpŭlos pervēnit ad ævi. Lucan. 10. 280.

cămella, æ. *A cup for milk.* ——Appŏsĭtâ vĕlŭti crātēre *Cămellâ*. Ov. F. 4. 779.

cămēlus, i. masc. *A camel.* ——Dīversum confūsa gĕnus panthēra *cămēlo*. Hor. Ep. 2. 1. 195.

cămĕra, æ. *A vaulted roof.* ——Nec *cămĕra* aurātas inter ĕburna trăbes. Prop. 3. 1. 50. SYN. testūdo, ĭnis. *fem.*

Cămilla, æ. *A Latin Amazon, celebrated in the Ænied.* ——Mātrisque vŏcăvit Nōmĭne Casmillæ mūtātâ parte *Cămillam*. V. Æn. 11. 543. v. V. Æn. 7. 803—817.

Cămillus, i. *Fūrius Camillus, a great Roman general who delivered Rome from the Gauls after the defeat on the Allia.*—— Aspĭce Torquatum, et rĕfĕrentem signa *Cămillum.* SYN. Fūrius.

Cămīnus, i. *A furnace, a chimney.*—— Ingentemque insŭper Ætnam Impŏsĭtam raptis flammam exspīrāre *cămīnis.* V. Æn. 3. 581. SYN. fornax, ācis.

‡cammărus, i. *A crab.*—— Dīmĭdio constrictus *cammărus* ōvo. Juv. 5. 84. SYN. cancer, cri.

Cămœna, æ. 1. *A Muse.* — 2. *A poem, a song.*—— Vester *Cămœnæ,* vester in ardŭos Tollor Săbīnos. Hor. 3. 4. 21. Rēgŭlum . . . grātus insigni rĕfĕram *cămœnā.* Hor. 1. 12. 39. SYN. 1, 2. Musa, q. v.

Campānia, æ. *A province of Italy.*—— Nec mĭhĭ mille fŭgis *Campānia* pinguis ărātur. Prop, 3. 5. 5.

Campānus, a, um. *Campanian.*—— Hinc nōmen *Campānæ* dūcĭtur urbi. V. Æn. 10. 145.

campester, tris, tre. also **cămpestris, e.** *Belonging to plains.*—— *Campestres* mĕlius Scythæ. Hor. 3. 24. 9.

§campestre, is. neut. *A pair of drawers worn by wrestlers, etc.*—— Pænŭla solstĭtio ; *campestre* nĭvālĭbus auris. Hor. Ep. 1. 11. 18.

campus, i. 1. *A field.* — 2. *A plain ; any level surface, even the sea.*—— Hic gĕnerōsior Descendat in *campum* pĕtītor. Hor. 3. 1. 11. — 2. *Campos* sālis ære sĕcābant. V. Æn. 10. 214. SYN. 1. Āger, gri, q. v. — 2. planĭties, plānum, æquum, ăpertum. ; æquor, ŏris, *neut.*

cămūrus, a, um. *Crumpled (of the horns of cattle).*—— *Cămūris* hirtæ sub cornĭbus aures. V. G. 3. 55.

Cănăcē, es. *A daughter of Æolus, who killed herself for love of her brother Macareus.*—— Nōbĭlis est *Cănăcē* frātris ămōre sui. Ov. Tr. 2. 384.

cănālis, is. masc. *A pipe to conduct water.*—— Currentem īlignis pōtāre *cănālĭbus* undam. V. G. 3. 330. SYN. fistŭla.

cancelli, orum. *Rails.*—— *Cancellis* prīmos inseruisse pĕdes. Ov. Am. 3. 2. 64. SYN. clāthri, clāthra, orum, q. v.

cancer, cri. also gen. **cancĕris.** masc. 1. *A crab.* — 2. *The sign Cancer.* — 3. *The disease cancer.*—— 1. Nēve rŭbentes Ūre fŏco *cancros.* V. G. 4. 49. — 2. Sōlābit ē Gĕmĭnis, et *Cancri* signa rŭbescunt. Ov. F. 6. 727. *Cancĕris* ut vertat mētas ad Solstĭtiales. Lucr. 5. 616. — 3. Utque mālum lāte sŏlet immĕdĭcābĭle *Cancer* Serpĕre. Ov. Met. 2. 825. SYN. 2. ‡carcĭnos, i.

†candĕfăcio, is, fēci. *To whiten.*—— Unā ŏpĕrā ĕbur ātrāmentō *candĕfăcĕre* postŭlas. Plaut. Most. 1. 3. 102.

‡candēla, æ. *A candle, a torch.*—— Brĕve lūmen *Candēlæ* cujus dispenso ac tempĕrō fīlum. Juv. 3. 185. SYN. lŭcerna ; fāx, făcis ; tæda ; lampăs, ădŏs.

‡candēlābrum, i. *A candlestick.*—— Fīet De *candēlābro* magna lucerna tĭbi. Mart. 14. 44, 2.

candens, entis. part. from seq. used as adj. *White.*—— *Candenti* corpŏre cȳcnum Sustulit. V. Æn. 9. 563. v. candĭdus.

candeo, es. no sup. or pass. 1. *To be white.* — 2. *To be hot.* — 3. *To glow or shine.*—— 1. Summo *candet* in igne cĭnis. Ov. A. A. 2. 440. — 2. Tum prīmum siccis āer fervōrĭbus ustus *Canduit.* Ov. Met. 1. 119. Rūbro ŭbĭ cocco Tincta super lectos *candēret* vestis ĕburnos. Hor. Sat. 2. 6. 102. SYN. 1. rĕcandeo, cāneo, albeo (*no sup.*), albesco, is (*only pres. and imperf.*). — 2. ferveo, es ; călеo, es, q. v. — 3. fulgeo, es, fulsi, q. v.

candesco, is. another form of prec. only in pres. and imperf.—— Et brĕve post tempus *candescĕre* Sōlis ab ictu (solet). Ov. Met. 6. 49.

†căndĭdātus, a, um. *Clad in white.*—— At *condĭdātus* cēdit hic mastīgia. Plaut. Cas. 2. 8. 10.

‡candĭdŭlus, a, um. *White.*—— *Candĭdŭli* dīvīna tŏmācula porci. Juv. 10. 355. v. seq.

candĭdus, a, um. 1. *White, bright.* — 2. *Fair, handsome.* — 3. *Candid.* — 4. *Fortunate (of time, omens, etc., not of persons).*—— 1. Hic *candĭda* pŏpŭlus antro Imminet. V. E. 9. 41.—2. Ut Argŏnautas præter omnes *cāndĭdum* Mēdēa mīrāta est dūcem. Hor. Epod. 3. 9. — 3. Tam fēlix ŭtĭnam quam pectŏre *candĭdus* essem. Ov. Ep. e P. 4. 14. 43. — 4. Dignus ĕs et fāto *candĭdiŏre* frui.

Ov. Tr. 3. 4. 34. SYN. 1. Candens, cānus, albus, nĭveus, ĕburnus, ĕburneus, lacteus, marmŏreus (*the four last esp. of the human skin*).—2. pulcher, q. v.—4. faustus, q. v.

candor, ōris. masc. 1. *Whiteness, brightness.*—2. *Candour, fairness of conduct.*—3. *Innocence.*—Ĕquos in grāmĭne vīdi Tondentes campum lātē, *candōre* nĭvāli. V. Æn. 3. 538.—2. Præstantia *candor* nōmĭna vīvōrum dissĭmŭlāre jŭbet. Ov. Tr. 2. 467.—3. Ille prior quo mē sĭne crīmĭne gessi *Candor* ab insŏlĭtâ lābe nŏtandus ĕrat. Ov. Her. 3. 32.

cānens, entis. part from seq. used as adj. *Hoary, white.*——Glaucâ *cānentia* fronde sălicta. V. G. 2. 13.

caneo, es. no sup. or pass. 1. *To be hoary, to be white.*—2. *To be old.*——Tempŏrĭbus gĕmĭnis *cānēbat* sparsa sĕnectus. V. Æn. 5. 416. Rēmis ērŭta *cānet* ăqua. Ov. Her. 5. 54. Ut sĕnior lēto *cānentia* lūmĭna solvit. V. Æn. 10. 418. SYN. 1. incāneo.—2. sĕnesco, ĭs. v. candeo.

cānesco, is. another form of pres. and imperf. of prec. —— Quĕrĭtur *cānescĕre* mītis Īăsiōna Cĕres. Ov. Met. 9. 421.

cāni, orum. prop. nom. pl. masc. from canus, often however used as subst. (crines being understood). *Grey hair.* —— Ille mŏvens albentia tempŏra *cānis.* Ov. Met. 3. 516. v. canities.

Cănīcŭla, æ. fem. 1. *The Dog-star.*—2. ‡*The worst throw on the dice.*——1. Hic in rĕductâ valle *Cănīcŭlæ* Vītābis æstus. Hor. 1. 17. 17.—2. Scīre ĕrat in vōto damnōsa *Cănīcŭla* quantum Rādĕret. Pers. 3. 49. SYN. 1, 2. cănis, ĭs. *masc. and fem.*—1. Sīrius, q. v. PHR. Flăgrantis ătrox hōra Cănīcŭlæ. Hor. Cănis Ērĭgŏnēius. Ov. Est Cănis (Īcărium dīcunt), quo sīdĕre mōto Tosta sĭtit tellus, præcĭpĭturque sĕges. Ov. Hiulca sĭti findit Cănis æstĭfer arva. V. Mĭcat Īcarii stella prŏterva Cănis. Ov. Nec grăve te tempus sĭtiensve Cănīcŭla tardet. Ov. v. Sirius.

cănīnus, a, um. 1. *Of a dog.*—2. *Spiteful* (*of words, not of persons*).——Guttŭraque imbuĕrunt infantia lacte *cănīno.* Ov. Ibis. 229. Jactat et in tōto Verba *cănīna* fŏro. Ov. SYN. 2. mălignus, prŏbrosus.

cănĭs, is. masc. and fem., rarely fem. in any sense but the first.——1. *A dog.*—2. *The Dog-star.*—3. *The worst throw on the dice.*——Nec tĭbĭ cūra *cănum* fuĕrit postrēma. V. G. 3. 404.—2. Āverso cēdens *Cănis* occĭdit astro. V. G. 1. 218.—3. Quo possis plūrĭma jactu Fingĕre, damnōsos effŭgeasque *cănes.* Ov. Tr. 2. 474. SYN. 1. cătŭlus, i ; ‡mŏlossus, lātrans. PHR. Vēlōces Spartæ cătŭlos, ācremque Mŏlossum. V. Massylique ruunt ĕquĭtes et ŏdŏra cănum vis. V. Tāygĕtique cănes. V. gĕmĭni custōdes līmĭne ab alto Prŏcēdunt gressumque cănes cŏmĭtantur hĕrīlem. V. nactus . . . cervum . . . Vēnātor cursu cănis et lātrātĭbus instat. V. Ut cănis in văcuo lĕpŏrem cum Gallĭcus arvo Vīdit, et hic prædam pĕdĭbus pĕtit, ille sălūtem. Ov. (*For names of dogs.*) Hȳlax (*gen.* ăcis) in līmĭne lātrat. V. lātrante Lyciscâ. V. (*See also Ov. Met.* 3. 206—224. *for the catalogue of Actæon's hounds.*) v. venor, v. V. G. 3. 405. 413. v. Canicula.

cănistrum, i. *A basket.*——Pābŭlaque in fŏrĭbus plēnis appōne *cănistris.* V. G. 4. 280. SYN. călăthus ; corbis, is, *fem.* ; fiscĭna, fiscella, sirpĭcŭla, cista.

cānĭties, ei. no pl. 1. *Grey hair.*—2. *Old age.*——1. *Cānĭtiem*que sĭbi, et longos prōmīsĕrat annos. V. Æn. 10. 549.—2. Dōnec vĭrenti *cānĭties* ăbest Morosa. Hor. 1. 9. 17. SYN. 1. cāni, orum.—2. sĕnectūs, ūtis ; sĕnecta. PHR. Jam mea cycnēas ĭmĭtantur tempora plūmas Infĭcit et nĭgras alba sĕnecta cŏmas. Ov. Jam mihĭ cānĭties pulsis mēliōrĭbus annis Vēnĕrat ; antīquas miscuĕratque Cŏmas. Ov. Jam mihĭ dētĕrior cānis aspergĭtur ætas. Ov. Te quia rūgæ turpant, et căpĭtis nĭves. Hor. Ārĭdâ Pellente lascīvos ămōres cānĭtiē. Hor. Quīn albam raramque cŏmam. . . . rūgōsas distrahĕrentque gĕnas. Ov. Omnia longævo sĭmĭlis, vōcemque cŏlōremque, Et crīnes albos. V. Lēnit albescens ănĭmos căpillus. Hor.

canna, æ. 1. *A reed.*—2. *What is made of reed*, i. e. *a lute, etc.* —— 1. Āra vĕtus stābat trĕmŭlis circumdăta *cannis.* Ov. Met. 6. 326.—2. Quōrum dulcēdĭne captus Pāna jŭbet Tmōlus cĭthăræ submittĕre *cannas.* Ov. Met. 11. 171. SYN. 1, 2. călămus, i. ; ărundo, ĭnis, fem. PHR. non illic canna pălustris, Nec stĕrĭles ulvæ, nec ăcūtâ cuspĭde junci. Ov.

‡cannăbes, is. fem. *Hemp.*——Tĭbi tortâ *cannăbe* fulto. Pers. 5. 146. SYN. stuppa.

Cannæ, ārum. *A small town in Apulia, on the river Aufidus, near to which Annibal gained his greatest victory over the Romans under Æmilius Paullus and Terentius Varro.*——Non illum Pœnus hūmātor Consŭlis et Lĭbycā successu lampăde *Cannæ* Compellunt. Lucan, 7. 800.

Cannensis, e. *Of Cannæ.*——Cĕcĭnit . . . pugnamque sĭnistram *Cannensem*, et versos ad pia vōta Deos. Prop. 3. 3. 10.

căno, ĭs, cĕcĭni, no pass. part. 1. *To sing, to compose a poem.*—2. *To celebrate.* —3. *To speak in verse, esp. as oracles or soothsayers.*—4. *To give the signal in battle, or metaph. also intrans. to sound as a signal.*——1. Mōvit Amphīon lăpĭdes *cănendo*. Hor. 3. 11. 2. Ascræumque *căno* Rōmāna per oppĭda carmen. V. G. 2. 176.—2. Mūnĕra vestra *căno*. V. G. 1. 12.—3. Hæc sŭper arvōrum culta pĕcŏrumque *cănēbam*. V. G. 4. 559. Ingrāto cĕlĕres ŏbruit ōtio Ventos ut *cănĕret* fĕra Nēreus fāta. Hor. 1. 15. 4.—4. *Căne* mūsa rĕceptus. Ov. Signa *cănunt*. V. Æn. 10. 310. SYN. 1. concĭno, perf. concĭnui; *so* incĭno; canto, as; dĕcanto; mŏdŭlor, āris.—1, 2. dīco, is, xi.—2. cĕlĕbro, as, q. v.—3. præcĭno, ĭs, præcĭnui; prædīco, ĭs, xi, q. v. PHR. Ille sŏlēbat Cantando rĭgĭdas dēdūcĕre montĭbus ornos (Hesiodus sc.). V. Longum cantu sŏlāta lăbōrem. V. Rāmoque sĕdens mĭsĕrābile carmen Intĕgrat. V. Dūces Lȳdis rĕmisto carmĭne tĭbiis. . . . cănēmus. Hor. Si quid văcui sub umbrâ Lūsĭmus tĕcum, quod et hunc in annum Vīvat et plūres, ăge dic Lătīnum Barbĭte carmen. Hor. Condisce mŏdos, ămandâ Vōce quos reddas. Hor. Lĭquĭdas presso ter guttŭre vōces Aut quater ingĕmĭnant. V. Hactĕnus ad cĭtharam vōcālia mōvĕrat ōra. Ov. Fēlīces cantūs ōre sŏnante dĕdit. Tib. Res est blanda cănor; discant cantāre puellæ. Ov. Monstra măris Sīrēnĕs ĕrant quæ vōce cănōrâ Quamlĭbet admissas dētĭnuēre rates. Ov. Cĭthæron Cantĭbus et clarâ bacchantûm vōce sŏnābat. Ov. Ille cănor mulcendas nātus ad aures Tantaque dos ōris. Ov. Sed qui pācis ŏpus cĭtharam cum vōce mŏvēres. Ov. Cĕcĭni plectro grăviore Gĭgantas. Ov. Arte nŏvâ vōcisque Deus dulcēdĭne captus. Ov. Fœmĭneâ mŏdŭlātur carmĭna vōce. Ov. Plectro mŏdŭlātus ĕburno Fēlīces cantus ōre sŏnante dĕdit, Sed postquam fuĕrant dĭgĭti cum vōce lŏcūti Ēdĭdit hæc tristi dulcia verba mŏdo. Tib. Sĭmĭles chordis reddĕre vōce sŏnos. Tib. Vōces inflectĕre cantu. Tib. Vŏlūcres nullâ dulcius arte cănunt. Prop. Quīcunque et cantus corpŏra fessa lĕvant. Tib. Tu, Tĭtȳre, lentus in umbrâ Formōsam rĕsŏnāre dŏces Ămăryllĭda sylvas. V. Ăgrestem tĕnui mĕdĭtābor ărundine Musam. V. Namque sŭper tĭbi ĕrunt qui dīcere laudes, Văre, tuas cŭpiant, et tristia condĕre bella. V. v. celebro.

Cănōpēus, a, um. *Of Canopus, of Egypt.*——Grāta *Cănōpēis* incŏla littŏrĭbus. Cat. 64. 58.

Cănōpus, i. masc. *An island and city on the coast of Egypt, now Aboukir.*——Pellæi gens fortūnāta *Cănōpi*. V. G. 4. 287.

cănor, ōris. masc. *The sound of song or art of singing, or the sound of any music, vocal or instrumental.*——Mœnia Phœbēæ structa *cănōre* lȳræ. Ov. Her. 16. 180. v. cantus.

cănōrus, a, um. *Tuneful.*——Blandum et aurītas fĭdĭbus *cănōris* Dūcĕre quercus. Hor. 1. 12. 11. SYN. dulcis, blandus, lĭquĭdus (*only of the voice*), argūtus, vōcālis (*of a singer*).

Cantăber, ăbri. *A Biscayan.*——Te *Cantăber* non ante dŏmābĭlis . . . Mīrātūr Hor. 4. 14. 41. PHR. Căntăbrum indoctum jŭga ferre nostra. Hor. Bellĭcōsus Cantăber. Hor. Hispānæ vĕtus hostis ōræ Cantăber sĕrâ dŏmĭtus cătēnâ. Hor.

Cantăbrĭcus, a, um. *Biscayan.*——Mīlĭtiam puer et *Cantăbrĭca* bella tŭlisti. Hor. Ep. 1. 18. 55.

cantāmĕn, ĭnis. neut. *Song, esp. in the way of magical incantation.*——Oh ŭtĭnam măgĭcæ nŏssem *cantāmĭna* Mūsæ. Prop. 4. 4. 51. SYN. carmĕn, ĭnis, neut.; cantus, ûs, q. v.

‡**cantātor, ōris.** masc. fem. **cantātrix, īcis.** *A singer, singing.*——*Cantātor* cȳcnus fūnĕris ipse sui, Mart. 13. 77. 2. Implōrat cĭthăras *cantātrīces*que chŏrēas. Claud. de Bell. Gild. 448. SYN. cantor, q. v.

cantātus, a, um. pass. part. from canto. 1. *Sung.*—2. *Used in incantations, in magic rites.*—3. *Bewitched.*——1. Quid mĭhĭ prōfuĕrit vēlox *Cantātus* Ăchilles? Ov. Am 2. 1. 29.—2. Accēpit *cantātas* prōtĕnus herbas. Ov.

Met. 7. 98. Aut ŭbĭ *cantātis* Lūna lăbōrat ĕquis. Ov. Am. 2. 5. 38. SYN. 2. 3. incantātus. (Hor. in Stat.)

canthăris, ĭdis. *A Spanish fly.*——*Canthărĭdum* succos dante părente bĭbas. Ov. Ibis. 308.

canthărus, ī. masc. 1. *A sort of cup.* 2. *A sort of fish.*—— Vīle pōtābis mŏdĭcis Săbīnum *Canthăris.* Hor. 16. 20. 1.—2. *Canthărus* ingrātus succo. Ov. Hal. 103. SYN. 1. pōcŭlum, q. v.

†canthĕrīnus, a, um. *Of a horse.*——*Canthĕrīno* rītu hic adstans somniat. Plaut. Men. 2, 3, 44. SYN. ĕquīnus, q. v.

†canthĕrius, rī. *A horse.*—— Qui advehuntur quădrŭpĕdanti crŭcianti *canthĕrio.* Plaut. Capt. 4. 2. 34. SYN. equus, q. v.

cantĭcum, ī. *A song, a ballad.*—— In mōres te vertĕ vĭri, si *cantĭca* jactet, I. cŏmes, et vōces ēbria junge tuas. Prop. 4, 5, 45. SYN. cantus, ûs, q. v.

†cantĭlēna, æ. *A song.* —— *Cantĭlēnam* eandem cănĕre. Ter. Phorm. 3. 2. 10.

†cantito, as. *To sing.*——Factūram crēdo ut hăbeas quīcum *cantĭtes.* Ter. Ad. 4. 7. 32. v. cano.

canto, as. 1. *To sing.*— 2. *To work upon by incantations.*—— 1. Et *cantāre* păres et respondēre părāti. V. E. 7. 5. — 2. Frīgĭdus in prātis *cantando* rumpĭtur anguis. V. E. 8. 71. SYN. 1. dĕcanto ; căno, is, cĕcĭni, q. v. — 2. v. fascĭno.

cantor, ōris. masc. 1. *A singer.* Mē lĭcet et Thămyræ *cantōris* fāta sĕquantur. Prop. 2. 2. 19. v. poeta.

†cantrix, īcis. fem. of prec. ——Sandalĭgĕrŭlæ, *cantrīces*, cistellātrīces. Plaut. Trinum. 2. 1. 23.

cantus, ûs. masc. 1. *A song, singing, the music even of an instrument.*—2. *Incantation.*——Assuetæ rīpis vŏlŭcres et flūmĭnis alveo Æthĕra mulcēbant *cantu.* V. Æn. 7. 34. Non ăvium cĭthăræque *cantus* Somnum rĕdūcent. Hor. 3. 1. 20. — 2. Ipsi mē *cantūs*, herbæque artesque rĕlinquunt? Ov. Her. 12. 167. SYN. 1. carmĕn ĭnis, *neut.* ; nŭmĕri, mŏdi ; cănor, ōris, *masc.* ; concentus, ûs. — 2. cantāmĕn, ĭnis. *neut.* v. carmen.

cānus, a, um. 1. *Grey, white, hoary.*— 2. *Grey-headed, old (in pl. masc. often used as subst., crines being understood.* v. cāni.).—— 1. Rŏsâ *cānos* ŏdōrāti căpillos. Hor. 2. 11. 15. Frīgŏra nec tantum *cānâ* concrēta pruīnâ. V. G. 2. 376. — 2. purpŭreâ *cānus* cum veste săcerdos. Ov. F. 4. 339. SYN. 1. incānus, niveus, candĭdus, albus. — 1, 2. cānens.

Cănŭsīnus, a, um. *Of Cănŭsium.*——*Cănŭsīni* mōre bĭlinguis. Hor. Sat. 1. 10. 30.

Cănŭsium, sī. *A town in Apulia.* —— Servius Oppĭdius *Cănŭsī.* Hor. Sat. 2. 3. 168.

Căpănēius, a, um, and **Căpănēus, a, um.** *Of Capaneus.*—— Ausa ante ālias *Căpănēia* conjux. Stat. Theb. 12. 545. *Căpănēaque* mīsĭmus umbris Pectŏra. Stat. Theb. 12. 764.

Căpăneus, eī. *An Argive, one of the seven chiefs in the expedition against Thebes.*——Aut *Căpănei* magno grāta ruīna Jovi. Prop. 2. 25. 40.

căpax, ācis. 1. *Capacious, large, able to contain, sometimes c. gen.* — 2. *Capable of, c. gen.; sometimes c. ad and acc.; more rarely c. infin.* —— 1. Omne *căpax* mŏvet urna nōmen. Hor. 3. 1. 16. — 2. Non mĭhĭ si centum Deus ōra sŏnantia, linguas Ingĕniumque *căpax* tōtumque Hĕlĭcōna dĕdisset. Ov. Met. 8. 533. Ănĭmi ad præcepta *căpācis.* Ov. Met. 8. 243. Sanctius his ănĭmal mentisque *căpācius* altæ Dēĕrat ădhuc. Ov. Met. 1. 76. SYN. 1. magnus, spătiōsus, amplus.

căpella, æ. *A female kid, a she goat.* —— Ipsæ lacte dŏmum rĕfĕrent distenta *căpellæ* Ūbĕra. V. E. 4. 21. SYN. căpra.

Căpena, æ. *The gate of Rome opening upon the Appia via.* —— Quem prospĭcit extra Appŏsĭtum tectæ porta *Căpēna* viæ. Ov. F. 6. 192.

Căpēnus, a, um. *Of Capena, a Latian town.* —— Et Cȳmĭni cum monte lăcum, lūcosque *Căpēnos.* V. Æn. 7. 697.

căper, căpri. 1. *A goat.* — 2. *A strong smell like that of goats.* —— Non ălium ob culpam Baccho *căper* omnĭbus ăris Cæditur. V. G. 2. 380. — nē trux *căper* īret in ălas. Ov. A. A. 3. 193. SYN. 1, 2. hircus.—1. hircŭlus. — 1. hædus, (*only a young goat, or kid ; so*) hædŭleus. PHR. Ŏlentis uxōres mărīti. Hor. Āram Barbātus līnit hircŭlus cornīpesque căpella. Cat.

†**căpĕro, as.** *To be wrinkled like a goat.*——Illi *căpĕrat* frons sĕvērĭtūdĭne. Plaut. Epid. 5. 1. 3.

căpesso, is, sīvi. no sup., no pass. 1. *To take.*—2. *To go to, to occupy.*—3. *To undertake, to perform.*——1. Sŏciis tunc arma *căpessant* Ēdīco. V. Æn. 3. 234.—2. Ītăliam Lўciæ jussēre *căpessĕre* sortes. V. Æn. 4. 346.—3. Tuus, o rēgīna, quod optes Explōrāre lăbor ; mĭhĭ jussa *căpessere* fas est. V. Æn. 1. 81. SYN. 1. căpio, ĭs, cēpi, q. v.—2. occŭpo, as.—3. exsĕquor, ĕris, sĕcūtus ; mĭnistro, as ; aggrĕdior, ĕris, gressus ; pĕrăgo, ĭs, ēgi ; expleo, es, ēvi. v. perago.

Căphāreus, rei. masc. *The southern promontory of Eubœa, from which Nauplius, the father of Palamedes, showed false lights to deceive the Grecian fleet on its return from Troy, so that the ships were wrecked.*——Scit triste Mĭnervæ Sīdus, et Euboĭcæ cautes, ultorque *Căphāreus.* V. Æn. 11. 260. v. seq.

Căphārēŭs, a, um. *Of Căphāreus.*——Quæque mŏdo Euboĭcis lăcĕrāta est fluctĭbus audet Graia *Căphārēam* currĕre puppis aquam. Ov. Tr. 5. 7. 36. Saxa triumphāles frēgēre *Căphārea* puppes Naufrăga cum vasto Græcia tracta sălo est. Prop. 3. 7. 39.

‡**căpillāre, is.** neut. *Pomatum.*——Non ērŭbescit . . . Dīvĭdĕre mœchæ paupĕris *căpillāre.* Mart. 3. 82. 28.

§**căpillātus, a, um.** *With long hair.*——Tu præter omnes ūna de *căpillātis.* Cat. 35. 17. SYN. crīnītus, cŏmans, cŏmātus, intonsus. v. crīnītus.

căpillus, i. masc. *Hair.*——Intonsosque ăgĭtāret Ăpollĭnis aura *căpillos.* Hor. Epod. 15. 9. SYN. crīnis, is, *masc.*; cŏma ; cæsăries, ēi. PHR. Cur mĭhĭ plus æquo flāvi plăcuēre căpilli. Ov. Fīlia purpŭreos Nīso fūrāta căpillos. Ov. Pendēbant molles sŭpĕr ōra căpilli. Ov. Tempŏra perpingit fulvo prōtecta căpillo. Ov. Ecce vĕnit rŭtĭlis hŭmĕros protecta căpillis Fīlia Centauri. Ov. Flāventesque abscissa . . . cŏmas. V. Et Lўcum nīgris ŏcŭlis nĭgroque crīne dĕcōrum. Hor. Crŏceas irrĕlĭgāta cŏmas. Ov. Ambrŏsiæque cŏmæ dīvīnum vertĭce ŏdōrem Spīrāvere (*of a god*). V. Cui cŏma dēpendet cærŭla (*of deities of the sea or rivers*). Ov. *So,* Vĭrĭdes Nērēĭdum comæ. Hor. (*For grey hairs, see* cānĭties.) — *Hair dressed, perfumed, crowned.* Omnĭbus in mōrem tonsâ cŏma pressa cŏrōnâ. V. Cingĭte fronde cŏmas. V. Ut fībŭla crīnem Auro internectat. V. Crīnes nōdantur in aurum. V. Illi Dulcis compŏsĭtis spīrāvit crīnĭbus aura. V. Rŏsâ cānos ŏdōrāti căpillos. Hor. Cŏrōnātus nĭtentes Mălŏbăthro Sўrio căpillos. Hor. Pressa tuis bălănus căpillis. Hor. Lēni rĕcreāre vento Sparsum ŏdōrātis hŭmĕrum căpillis. Hor. Spissâ te nĭtĭdum cŏmâ (petit Chloe). Hor. Cui flāvam rĕlĭgas comam ? Hor. Puellæ candĭdæ . . . longam rĕnōdantis cŏmam. Hor. Myrrheum nōdo cohĭbēre crīnem. Hor. Est hĕdĕræ vis Multa quâ crīnes rĕlĭgata fulges. Hor. Puer quis ex aulâ căpillis Ad cyăthum stătuētur unctis ? Hor. Myrto nam vincta căpillos Constĭterat. Ov. Vultis ŏdōrātos pŏsĭtu văriāre căpillos ? Ov. Vittātis quod ĕrat Cassandra căpillis (*as a prophetess or priestess*). Ov. Ornandis illa est ŏpĕrāta căpillis. Ov. Sertaque ŏdōrātæ myrtea ferte cŏmæ. Ov. Necte cŏmam myrto. Ov. Cinge cŏmam lauro. Ov. Pone rĕcompŏsĭtas in stătiōne comas. Ov. Virgĭnei crines auro gemmâque prĕmuntur. Ov. Ornātis văriē prōdisse căpillis. Ov. Frondĭbus Actiăcis comtos rĕdĭmīta căpillos Pax ădĕs (*i. e. with laurel*). Ov. Impŏsuitque suæ spīcea serta cŏmæ (Ceres). Ov. Hăbent unctæ mollia serta comæ. Ov. Nectuntque cŏrōnas Sertaque cœlestes implĭcĭtūra cŏmas. Ov. Ambiat ut fulvas infula longa cŏmas. Ov. Dentosâ crīnem dēpectĕre buxo. Ov. Vitta coercebat pŏsĭtos sine lēge căpillos. Ov. Ornābat . . . et mădĭdos myrrhâ curvum crīnāle capillos. Ov. Săcris inducta căpillis Laurus ĕrat. Ov. Turbātas restĭtuitque comas. Ov. — *Hair loose, neglected.* Fūsos cervix cui lactea crīnes Accĭpit, et molli subnectit circŭlus auro. V. Dĕdĕratque cŏmam diffundĕre ventis. V. Crīnes effūsa săcerdos. V. Nullum est in crīnĭbus aurum, Non Ărăbo noster rōre căpillus ŏlet. Ov. Nĕc hăbens crīnāle căpillis Nec bene dispŏsĭtas comtus, ut ante, cŏmas. Ov. Nēglectæ collo sic jăcuēre cŏmæ. Ov. Squallĭdus immissis hirta per ora cŏmis. Ov. In collo crīne jăcente. Ov. A nullo tempŏra comtus ăcu. Ov. Incomtum Lăcænæ mōre cŏmam rĕlĭgāta nōdum. Hor.—*Hair torn or dishevelled, as a sign of grief, etc.* Scissa cŏmam mūros āmens atque agmĭna cursu Prīma pĕtit. V. Īliădes crīnem de mōre sŏlūtæ. V. Crinibus Īliădes passis (*from* pando). V.

Sŏror . . . vēnit īnornātas dīlăniāta cŏmas. Ov. Ungue nŏtāta cŏmas. Ov. Hos ēdit crine jăcente sŏnos. Ov. Sic mihĭ diffūsis vātĭcĭnāta cŏmis. Ov. Fœdātis pulvĕre turpi Crīnĭbus. Ov. Ōra, cŏmas, vestem lăcĕrat. Ov. — *Hair standing on end from fear.* Arrectæque horrōre cŏmæ. V. Mĭhĭ flāventes dīrĭguēre cŏmæ. Ov. — *The parting of the hair is called* discrimen *by Ovid.* Compŏsĭtum discrīmĕn ĕrit, discrīmĭna lauda, Torsĕrit igne cŏmam? torte căpille plăce. Ov.— *False hair.* Fœmĭna prōcēdit densissima crīnĭbus emtis. Ov. Fœmĭna cānĭtiem Germānis infĭcit herbis et mĕlior vēro quæritur arte color. Ov. v. Ov. Am. 1. 14.

căpio, is, cēpi, captum. 1. *To take, in one's hand, etc.* — 2. *To take as a prisoner, or catch as game, etc.* — 3. *To charm.* — 4. *To contain.* — 5. *To admit, to be capable of.* — 6. *To surround.* —— 1. Arma āmens *căpio*, nec sat rătiōnis in armis. V. Æn. 2. 314. — 2. *Capti*que dŏlis, lacrÿmisque coactis. V. Æn. 2. 196. *Capto* Latiis Germānĭcus hoste cătēnis. Ov. Ep. e P. 4. 13. 45. Cultus piscem *căpientibus* aptos. Ov. Met. 8. 854. — 3. Me tua forma căpit; *capta* părente sŏror. Ov. Her. 4. 64. — 4. Vixque mĕrum *căpiunt* grāna quod intus hăbent. Ov. Tr. 4. 6. 10. — 5. Publĭca cum lentam non *căpit* ira mŏram. Ov. Nux. 4. — 6. Mollis et hirsūtum *cepit* mĭhĭ fascia pectus. Prop. 4. 9. 49. SYN. 1. excĭpio, căpesso, ĭs; sūmo, ĭs, sumpsi; prehendo, sync. prêndo, is; prenso, as. — 2. capto, as. — 3. allĭcio, ĭs, lexi (*rare in perf.*); mŏveo, es, mōvi; vinco, is, vīci.—4. tĕneo, es; contĭneo.—6. cingo, is, xi, q. v. PHR. Injĭciuntque mănus. Ov. Corrĭpe lōra mānu. Ov. Suppŏsĭtâ cēpisse mănu. Ov. Prŏtervas Intentare mănus. Ov. Călăthis impŏsuisse mănum. Ov. Instruxitque mănum clāvâ dŏmĭtrīce ferarum. Ov. Altera dēpŏsĭtæ subjēcit brăchia pallæ. Ov.

căpistrātus, a, um. *Muzzled, bridled.* —— Inque *căpistrātis* tīgrĭbus alta sĕdet. Ov. Her. 2. 80. SYN. frænatus.

căpistrum, i. *A muzzle.* —— Prīmaque ferrātis præfīgunt ōra *căpistris*. V. G. 3. 399. v. frænum.

Căpĭta, æ. *An epith. of Minerva.* —— Parva lĭcet vĭdeas *Căpĭtæ* dēlūbra Minervæ. Ov. F. 3. 837. v. Minerva.

căpĭtālis, e. 1. *Relating to life, threatening life.* — 2. *Shrewd.* —— Inter Hectŏra Prīămĭdēn ănĭmōsum atque inter Ăchillem Īra fuit *căpĭtālis*, ut ultĭma dīvĭdĕret mors. Hor. Sat. 1. 7. 13. — 2. *Căpĭtāle* vŏcāmus Ingĕnium Sōlers. Ov. F. 3. 839. v. solers.

†căpĭtātus, a, um. *With a large head.* —— Crassam et *căpĭtātam*. Lucilius.

Căpĭtōlīnus, a, um. *Of the Capitol.* —— Ad pĕnĕtrāle Nŭmæ, *Căpĭtōlīnum*que Tŏnantem. Ov. F. 2. 69. SYN. Tarpeius.

Căpĭtōlium, lî. *The Capitol, both the rock, called also Tarpēius mons, and the citadel built on it.* —— Dum dŏmus Ænēæ *Căpĭtōlî* immōbĭle saxum Accŏlet. V. Æn. 9. 448. PHR. Templaque Tarpēiæ prīmum tĭbĭ sēdis ădiri. Ov. Vestĭbus intactis Tarpēias ītur in arces. Ov. Hinc ad Tarpēiam sēdem et Căpĭtōlia dūcit. V. Cum quătĕret lento murmŭre saxa Jŏvis. Prop.

‡cāpo, ōnis. masc. *A capon.* —— Coactos non ămāre *cāpōnes*. Mart. 3. 58. 38.

Cappădox, ŏcis. *A Cappadocian.* —— Mancĭpiis lŏcŭples ĕget æris *Cappădŏcum* rex. Hor. Ep. 1. 6. 39.

‡cappăris, ĭs. fem. *A caper (the herb).* —— *Cappărĭn* et pūtri cæpas ālēæ nătantes. Mart. 3. 77. 5.

căpra, æ. 1. §*A she-goat.* — 2. *The constellation Ămalthēa.* — 3. §*A foul smell.* —— 1. Ecce fĕræ saxi dējectæ vertĭce *cāpræ*. V. Æn. 4. 152. — 2. Post insāna *Căpræ* sīdĕra. Hor. 3. 7. 6. — 3. Sed nĭmis arcta prĕmunt ŏlĭdæ convīvia *cāpræ*. Hor. Ep. 1. 5. 29. SYN. 1. căpella, căprea. — 2. Ămalthēă. — 3. căper, căpri, q. v.

căprea, æ. *A she-goat, a roe.* —— Imbelles *căpreæ*, sōlĭcĭtusque lĕpus. Ov. F. 5. 372. v. prec.

Căpreæ, arum. *Capri, an island off Naples.* —— Tēlĕboûm *Căpreas* cum regna tĕnēret. V. Æn. 7. 735.

căpreŏlus, i. masc. *A young goat or roebuck.* —— Prætĕreā duŏ, nec tūtâ mĭhĭ valle rĕperti *Căpreŏli*. V. E. 2. 41.

Căprĭcornus, i. masc. *One of the signs of the zodiac, which the sun enters at the winter solstice.* —— Tÿrannus Hespĕriæ *Căprĭcornus* undæ. Hor. 2. 17. 20. SYN. Ægŏcĕrōs, ōtis *and* rŏs, ri.

căprĭfĭcus, i. fem. *A wild fig.* —— Jŭbet sĕpulchris *căprĭfīcos* ērŭtas (adurī). Hor. Epod. 5. 17. Urgeat hunc sŭpra vis, *căprĭfīce*, tua. Prop. 4. 5. 74.

căprĭgĕnus, a, um. *Of the goat kind.* —— armenta vĭdēmus, *Căprĭgĕnum*que gĕnus nullo custode per herbas. V. Æn. 3. 221.

§caprĭmulgus, i. masc. *A milker of goats.* —— Suffēnus ūnus *căprĭmulgus* aut fossor. Cat. 22. 10.

căprīnus, a, um. *Of a goat.* —— Alter rixātur de lanâ sæpe *căprīnâ*. Hor. Ep. 1. 18. 15. SYN. hircīnus.

căprĭpes, ĕdis. *With feet like goat's feet.* —— Aures *Căprĭpĕdum* Sātўrōrum ăcūtas. Hor. 2. 19. 4.

capsa, æ. *A box esp. for holding books.* —— *Capsis* quem fāma est esse lĭbrisque Ambustum prŏpriis. Hor. Sat. 1. 10. 63. SYN. arca, cista, §capsula, scrīnium.

§capsŭla, æ. dimin. of prec. —— Huc ūna e multis *capsŭla* me sĕquitur. Cat. 66. 36.

§căptātor, ōris. (*lit.*) *One who tries to catch* (*esp. a legacy-hunter*). —— *Captātor*que dăbit rīsus Nāsīca Cŏrāno. Hor. Sat. 2. 5. 57.

captīvus, a, um. 1. *Captive taken in war or by hunting, etc.* — 2. (*in masc. and fem. often as subst.*) *A prisoner.* —— Crātēresque auro sŏlĭdi, *captīvă*que vestis Congĕrĭtur. V. Æn. 2. 765. Utque rĕcensērem *captīvos* ordĭne pisces. Ov. Met. 13. 932. — 2. Bis sex lectissĭma mātrum Corpŏra *captīvos*que dăbit suaque omnĭbus arma. V. Æn. 9. 273. SYN. 1, 2. captus. PHR. Horrĭbĭlique Mēdo nectis cătēnas. Hor. Cantăber sērâ dŏmĭtus cătēnâ. Hor. Capto Lātiis Germānĭcus hoste cătēnis. Mātĕriam vestris affĕrat ingĕniis. Ov. Totque tŭlisse dŭces captīvis addĭta collis Vincŭla. Ov. Aut dăre captīvas ad fĕra vincla mănus. Ov. Vinclaque captīvâ Rēges cervīce gĕrentes. Ov. Tantum ne rĕlĭger durâ captīva cătēnâ. Ov. Victōrem captīva sĕquar. Ov. Sed nĕque compĕdĭbus nec me compesce cătenis. Ov. Intactus aut Brĭtannus ut descendĕret Săcrâ cătēnātus viâ. Hor. Qui lōra restrictis lăcertis Sensit ĭners, tĭmuitque mortem. Hor.

capto, as. 1. *To try to catch.* — 2. *To catch.* —— 1. Dēnĭque nulla mĭhĭ *captātur* glōria. Ov. Tr. 5. 1. 75. — 2. Non ĕgŏ *captāvi* brĕvĭbus tua colla lăcertis Ov. Her. 8. 93. SYN. 1. aucŭpor, āris. — 2. căpio, is, cēpi (*of game*); prædor, āris.

captus, a, um. 1. *Taken, charmed, etc.* v. capio. — 2. *Deprived of, without.* —— Aut ŏcŭlis *capti* fŏdēre cŭbīlia talpæ. V. G. 1. 183.

Căpua, æ. *The chief city of Campania, founded by Căpўs,* q. v. —— Æmŭla nec virtus *Căpuæ* nec Spartăcus ăcer. Hor. Epod. 16. 5.

căpŭlus. 1. †*A bier.* — 2. *The handle, esp. the hilt of a sword.* —— 1. Ut oscŭlātur carnĭfex *căpŭli* dĕcus. Plaut. Asin. 5. 2. 42. — 2. lătĕri *căpŭlo* tenus abdidit ensem. V. Æn. 2. 552. Ipse mănu *căpŭlum* prênsi mŏdĕrātus ărātri. Ov. Ep. e P. 1. 8. 57. SYN. 1. fĕrĕtrum, q. v. 2. ansa.

căput, ĭtis. neut. 1. *The head or top of any thing, animal, tree, hill, etc.* — 2. *The head of a river, etc.* — 3. *The chief, the author.* — 4. *A life, a person, sometimes even an animal.* —— 1. Verum hæc tantum ălias inter *căput* extŭlit urbes. V. E. 1. 25. Pīnĭfĕrum *căput*, et vento pulsātur et imbri. V. Æn. 4. 249. — 2. Ister In *căput* Euxīno de măre vertet ĭter. Ov. Ep. e P. 4. 6. 46. — 3. Non ĕgŏ nĕquĭtiæ dīcĕrer esse *căput*. Prop. 2. 24. 6. — 4. Ūnum pro multis dăbĭtur *căput*. V. Æn. 5. 815. Quis dēsīdĕrio sit pŭdor aut mŏdus Tam cāri *căpĭtis*? Hor. 1. 24. 2. Sus ... Trīgintā *căpĭtum* fœtus ēnixa. V. Æn. 3. 391. SYN. 1. vertex, ĭcis, *masc.*; căcūmen, ĭnis, *neut.* (*only of inanimate things*); v. tempŏra. — 2. fons, fontis, *masc.* — 3. princeps, cĭpis, *masc. or fem.* — 2, 3. ŏrīgo, ĭnis, *fem.*

Căpys, Capyos, Capyī, Capўn. 1. *The father of Anchises.* — 2. *A companion of Æneas.* — 3. *The eighth king of Alba, and the founder of Capua.* —— Et *Căpys*, hinc nōmen Campānæ dūcĭtur urbi. V. Æn. 10. 145. Ille dĕdit *Căpyi* rĕcĭdīva vŏcābŭla Trojæ. Ov. F. 4. 45.

carbăseus, a, um. *Of flax or linen.* —— Chlămўdemque sĭnusque crĕpantes *Carbăseos* fulvo in nōdum collēgerat auro. V. Æn. 11. 777.

carbăsus, i. masc. pl. **carbăsă,** neut. 1. *Linen.* — 2. *A sail.* —— Eum tĕnuis glauco vēlābat ămictu *Carbăsus*. V. Æn. 8. 34. — 2. Vēla vŏcant, tŭmĭdoque inflātur *carbăsus* Austro. V. Æn. 3. 357. Cum dăbit aura viam præbēbis *carbăsa* ventis. Ov. Her. 7. 171. SYN. 1. līnum.—1, 2. *but esp.* 2. linteum. 2. vēlum, q. v.

carbo, ōnis. masc. *Coal, charcoal.*—Pŏsĭtusque *carbo* in Cespite vivo. Hor. 3. 8. 3.

†carbuncŭlus, i. masc. dimin. of prec.—Ambūret mĭsĕro ei corcŭlum *carbuncŭlus.* Plaut. Mostell. 4. 2. 69.

carcer, ĕris. masc. 1. *A prison.*—2. *The barrier in a race, esp. the starting post.*—1. (Æŏlus ventos) Impĕrio prĕmit, ac vinclis et *carcĕre* frænat. V. Æn. 1. 54.—2. Ut cum *carcĕrĭbus* sese effūdēre quădrīgæ. V. G. 1. 512. *Carcĕre* partitos Circus hăbebit ĕquos. Ov. F. 4. 680. v. vinculum. SYN. 2. līmĕn, inis. *neut.*

†carcĕrārius, a, um. *Relating to prisons.* Ægre est mi hunc făcĕre questum *carcĕrārium.* Plaut. Capt. 1. 2. 26.

†Carchēdŏnius, a, um. *Carthaginian.*—*Carchēdŏnius* vŏcātur hæc cōmœdia. Plaut. Pœn. prol. 53. SYN. Pœnus, Pūnĭcus, q. v.

carchēsium, i. 1. *A part of the mast of a ship.*—2. *A cup.*—Hīc ŭtĭnam summi curvet *carchēsia* māli. Lucan. 4. 418.—2. Căpe Mæŏnii *carchēsia* Bacchi. V. G. 4. 380. SYN. 1. mālus, q. v.—2. pōcŭlum, *sync.* pōclum, q. v.

‡Carcĭnŏs, i. masc. *The sign Cancer.*—Par gĕmĭnus Chīron et īdem quod *Carcĭnŏs* ardens. Lucan. 9. 536. v. Cancer.

§cardiăcus, a, um. *Diseased in the stomach.*—Non est *cardiăcus* (Crātĕrum dixisse pŭtāto) Hic æger. Hor. Sat. 2. 3. 161.

cardo, ĭnis. masc. 1. *A hinge.*—2. *A crisis.*—3. *The poles or any other part of heaven.*—1. Fŏrĭbus *cardo* strīdĕbat ahenis. V. Æn. 1. 449.—2. Haud tanto cessābit *cardĭne* rērum. V. Æn. 1. 672.—3. Ipse quĭdem extrēmi cum sim sub *cardĭne* mundi. Ov. Ep. e P. 2. 10. 45. Hespĕrio tantùm quantum sēmōtus Eōo *Cardĭne* Parnassus. Lucan. 5. 71. SYN. 3. axis, is. *masc.*

carduus, i. masc. *A thistle.*—*Carduus* et spīnis surgit pălĭūrus acutis. V. E. 5. 39. PHR. Ut . . . segnisque horrēret in arvis Carduus. V.

cārectum, i. *A place where sedge grows.*—Tītўre cōge pĕcus tu post *cārecta* lătēbas. V. E. 3. 20.

cărens, entis. *Wanting.*—Cernit ĭbĭ mœstos et mortis hŏnōre *cărentes.* V. Æn. 6. 333. SYN. indĭgus, *c. gen.;* dēfectus, *c. abl.* v. seq.

căreo. es. no sup., though there is fut. in rus, cărĭtūrus; no pass. except fut. in dus, cărendus, which in neut. is sometimes used impers. *To want, to be without.* (*c. abl., never c. gen. in the best authors*).—Vēla quĕror rĕdĭtu, verba *cărēre* fĭde. Ov. Her. 2. 26. Quâ nĭsĭ tu dĕdĕris *cărĭtura* ést ipsa sălūtem Mittet. Ov. Her. 4. 1. Virque mĭhĭ demto fīne *cărendus* ăbest. Ov. Her. 1. 50. At mihĭ perpĕtuò pătriâ tellūre *cărendum* est. Ov. Tr. 1. 4. 85. SYN. ĕgeo, es, *c. abl. or c. gen.;* indĭgeo; văco, as, *c. abl.;* dēfĭcior, ĕris, dēfectus sum. PHR. Quod vōci deerat. Ov.

Cārĕs, ium. pl. masc. and fem. *The Carians.*—*Cārăs,* et armĭfĕros Lĕlĕgas Lўciamque pĕrerrat. Ov. Met. 9. 644.

cārex, icis. fem. *Sedge.*—Frondĭbus hirsūtis et *cārĭce* pastus ăcūtâ. V. G. 3. 231.

Cāria, æ. *Caria.*—In *Cāriam* est prŏfectus. Ter. Eun. 1. 2. 46.

cārīca, æ. *A dried fig.*—Hic nux hic mista est rūgōsis *cārīca* palmis. Ov. Met. 8. 764. SYN. ‡canna.

căries, ēi. fem. *Rottenness, decay.*—Vertĭtur in tĕnĕram *căriem,* rĭmisque dehiscit. Ov. Tr. 5. 12. 27. SYN. tābes, is.

cărīna, æ. 1. *The keel.*—2. *A ship.*—1. Dum meà puppis ĕrat vălĭdâ fundāta *cărīnâ.* Ov. Ep. e P. 4. 3. 5.—2. Nunc tantum sinus et stătio măle fīda *cărīnis.* V. Æn. 2. 23. SYN. 1. æs, æris. *neut.* V. Æn. 10. 214.—2. nāvis, is. *fem.* PHR. Littŏre celsas Dēdūcunt tōto nāves, nătat uncta cărīna. V. Sulcumque sĭbi prēmat' ipsa cărīna. V. Texĭtur et costis panda cărīna suis. Ov.

Cărīnæ, arum. *The name of a street in Rome.*—Armenta vĭdēbant Rōmānoque fŏro et lautis mūgīre *Cărīnis.* V. Æn. 8. 361.

cāriōsus, a, um. *Rotten.*—Quid prĕcer īrātus nĭsĭ vos *cāriōsa* sĕnectus Rōdat. Ov. Am. 1. 12. 29. SYN. ădēsus, pūtris.

cāris, ĭdis. fem. *A sort of lobster.*—Lŏlīgo dūrique sues, sĭnuosaque *cāris.* Ov. Hal. 130.

carmĕn, ĭnis. neut. 1. *A verse.* — 2. *A song (even instrumental), a poem.*—3. *An incantation.* —— 1. Clўpeum magni gestāmen Ăbantis Postĭbus ādversis fīgo et rem *carmĭne* signo. V. Æn. 3. 287.—2. Sōlaque culmĭnĭbus fērāli *carmĭne* būbo Vīsa quĕri. V. Æn. 4. 462. Dīcunt in tĕnĕro grāmĭne pinguium Custōdes ŏvium *carmĭna* fistulâ. Hor. 4. 12. 10. Ascræumque căno Rōmāna per oppĭda *carmen.* V. G. 2. 176.—3. *Carmĭnĭbus* Circe sŏcios mūtāvit Ŭlyxi. V. E. 8. 70. SYN. 1. versus, ûs.—1, 2. mŏdi, nŭmĕri, Mūsa, Cămœna, pŏēma, ătis, *neut.*; cantŭs, ûs; cănor, ‡mŏdŭlātus, ûs. — 3. cantāmen, ĭnis, *neut.*; nænia. PHR. (*As to poetry. For "song"* v. cano, lyra, fistula). *Lyric poetry.* Non ante vulgātas per artes verba lŏquor sŏcianda chordis. Hor. Sed nē rĕlictis Mūsa prŏcax jocis Cēæ rĕtractes Mūnĕra næniæ Mēcum Diōnæo sub antro Quære mŏdos lĕviore plectro (Cea nænia *is Elegiac verse, from Simonides of Ceos*). Hor. Nōlis longa fĕræ bella Nŭmantiæ.... mollĭbus Aptari cĭthăræ mŏdis. Hor. —*Elegiac poetry.* Forsitan et quārē mea sunt alterna rĕquīras carmĭna, cum lўrĭcis sim măgis apta mŏdis; Flendus ămor meus est, Ĕlĕgēia flēbĭle carmen. Ov. Clauderet impărĭbus verba Căpella mŏdis. Ov. Aptaque in alternos cōgĕre verba pĕdes. Ov. Mūsa per undēnos ēmŏdŭlanda pĕdes. Ov. Longis versĭbus adde brĕves. Ov. Clauda alterno subsīdunt carmĭna versu. Ov. Dum cănĭmus săcras alterno pectĭne nōnas. Ov. Apte Jungitūr hērōus cum brĕviōre mŏdo. Ov. Condĭta dispărĭbus nŭmĕris ... verba. Ov. —*Tragic poetry.* Grande mūnus Cēcrŏpio rĕpĕtes Cŏthurno. Hor.—*Epic poetry.* Hērōi res ĕrat ista pĕdis. Ov. Nec me Mæonio consurgĕre carmĭne... passus ĕs. Ov. Quique vel impărĭbus nŭmĕris (*elegiac*) Montāne vel æquis suffĭcis. Ov. —*Poetry in general.* Nec nostra tĕnēri A compōnendo carmĭne Mūsa pŏtest. Ov. Jam vero longas condĭmus Īliădes. Prop. Nŭmĕris mŏdŏ verba coerces. Ov. Luctor dedūcĕre versum. Ov. Silvestrem tĕnui Mūsam mĕdĭtāris ăvēnâ. v. Ov. Ep. e P. 4. 8. 43—68., Tr. 4. 1. 5—20. v. Ĕlĕgēia, trăgœdia, Epos, Mūsa.

Carmentis, es. *A name of the mother of Evander (her real name was Nicostrăte); she was an eminent prophetess in Arcadia.* —— Mātrisque ēgēre tremenda *Carmentis* nymphæ mŏnĭta. V. Æn. 8. 336. Jamque rătem doctæ mŏnĭtu *Carmentis* in amnem Egerat. Ov. F. 1. 499. PHR. Tĕgeæa săcerdos. Ov.

Carna, æ. *A goddess who presided over doors and hinges.* —— Prima dĭes tĭbi *Carna* dătur, Dea cardĭnis hæc est. Ov. F. 6. 101.

†carnārium. *A meat hook.* — Dēturbavit tōtum cum carne *carnārium.* Plaut. Capt. 4. 4. 6.

‡carnārius, a, um. *Fond of flesh.* —— *Carnārius* sum, pinguiārius non sum. Mart. 11. 101. 6.

carnĭfex, ĭcis. masc. 1. *An executioner.* — 2. †(*In comedy*) *A rogue, a wretch.* —— 1. *Carnĭfĭci* Fortūna pŏtest mea flenda vĭdēri. Ov. Tr. 3. 11. 37. — 2. Illud vĭde ut os sĭbī distorsit *carnĭfex.* Ter. Eun. 4. 4. 3.

‡carnifex, ĭcis. adj. masc. and fem. *Murderous.* —— *Carnĭfĭcem* nudo pectŏre pascat ăvem. Mart. 11. 85. 10. SYN. sanguĭneus, q. v.

†căro, ĭs. no perf. *To card wool.* —— Inter ancillas sĕdēre jŭbeas, lānam *cărĕre.* Plaut. Men. 5. 2. 46. SYN. pecto, is, xi; carpo, ĭs, psi.

cărō, carnis. fem. *Flesh.* —— Sed măle vīva *căro* est. Ov. Met. 15. 360.

Carpăthius, a, um. *Carpathian, of or near Carpathos, one of the islands in the Ægœan Sea, called Spŏrădes.* —— Est in *Carpăthio* Neptūni gurgĭte vates. V. G. 4. 387.

carpentum, i. *A chariot.* —— Filia *carpento* pătrios ĭnĭtūra Pĕnātes Ībat. Ov. F. 6. 603. SYN. currus, ûs, q. v.

carpo, ĭs, psi, ptum. 1. *To gather, to pluck (even as cattle grazing).* — 2. *To shear.* — 3. *To card (wool).* — 4. *To carp at, detract from.* — 5. *To tear.* — 6. *To devour, destroy (as care, love, etc.), and in pass. to pine away.* — 7. *To take, enjoy, etc. (as life, time, kisses).* — 8. *To take (one's way, flight, etc. etc.).* —— 1. Quam Mēthymnæo *carpit* de palmĭte Lesbos. V. G. 2. 90. Rĕlĭgatos rīte vĭdēbat *Carpĕre* grāmen ĕquos. V. Æn. 9. 353. — 2. Et stŏlĭdum plēno vellĕre *carpe* pĕcus. Prop. 2. 13. 8. — 3. Circum Mīlēsia vellĕra nymphæ *Carpēbant.* V. G. 4. 335. — 4. Sic tua non paucæ *carpĕre* facta vŏlent. Ov. Ep. e P. 3. 1. 64. — 5. Et tua dente fĕro viscĕra *carpat* ĕquus. Ov. Ibis, 460. — 6. *Carpit* ĕnim vīres paulatim ūritque vĭdendo Fœmĭna. V. G. 3. 215. Vulnus ălit vēnis et cæco *carpĭtur* igni. V. Æn. 4. 2. — 7. *Carpe* diem quam mĭnĭmē crēdŭla postero. Hor. 1. 11. 8. —— Multa sĭne ordĭne *carpam* oscula. Ov.

Am. 2. 11. 45. Quisquis es, haud (crēdo) invīsus cœlestĭbus auras Vītales carpis. V. Æn. 1. 388.—8. Carpĕre prāta fŭgā. V. G. 3. 142. Sēcrētum nūdo dum pĕde carpit ĭter. Ov. F. 3. 604. SYN. 1. dēcerpo, excerpo; lĕgo, is, lēgi; dēlĭgo, dēmĕto, is, messui, messum.—2. (*with ref. to cattle*) tondeo, es, tŏtondi.—3. pecto, ĭs, xi.—4. dētrecto, as; mordeo, es, mŏmordi.—5. lăcĕro, as; dīlăcĕro, as; v. lăcĕro.—6. consūmo, ĭs, mpsi. SYN. *for pass.* tābesco, ĭs, tābui, q. v.—7. răpio, ĭs, pui (*not however for such a phrase as* carpo auras); fruor, ĕris, *perf.* fructus sum (*rarely found after Lucretius*).—8. mōlior, īris; ingrĕdior, ĕris, gressus. PHR. 1. Cui dulcia pōma Dēlia sēlectis detrăhet arbŏrĭbus. Tib. Virgĭneo dēmessum pollĭce flōrem. V. v. Ov. F. 4. 432—442.—*Of cattle feeding.* Nulla neque amnem Lībāvit quădrŭpes nec grāmĭnis attĭgit herbam. V. E. 5. 26.

‡**carptor, ōris.** masc. *A carver.*——Lībrārius archĭmăgīri *Carptōres.* Juv. 9. 109.

Carrhæ, arum. *A town in Assyria, near which Crassus was defeated and slain.*——Crassus Assўriās Lătio măcŭlāvit sanguĭne *Carrhas.* Lucan. 1. 105.

carrūca, æ. *A sort of carriage.*——Aurea quod fundi prĕtio *carrūca* părātur. Mart. 3. 62. 5. v. currus.

Carseŏlānus, a, um. *Of Carseoli.* —— Nam vīvĕre captam Nunc quŏque lex vulpem *Carseŏlāna* vetat. Ov. F. 4. 710.

Carseŏli, orum. *A town near the Anio.*——Frĭgĭda *Carseŏlis,* nĕc ŏlīvis apta fĕrendis Terra. Ov. F. 4. 683.

Carthæus, a, um, also **Carthĭcus, a, um.** *Of Carthæa, a town in the island Cēa or Ceos.*——Namque săcer nymphis *Carthæa* tĕnentĭbus arva Ingens cervus ĕrat. Ov. Met. 10. 109. Transit et antīquæ *Carthēīā* mœnia Cēæ. Ov. Met. 7. 368.

Carthāgĭniensis. v. Pœnus.

Carthāgo, ĭnis. fem. *Carthage (it was sacred to Juno).*——Dēvēnēre lŏcos ŭbĭ nunc ingentia cernis Mœnia, surgentemque nŏvæ *Carthāgĭnis* arcem. V. Æn. 1. 366. PHR. Tyriā Carthāgĭne qui nunc Expectat. V. Tўriam qui advēnĕris urbem. V.

cārus, a, um. 1. *Dear, loved.*—2. *Dear, expensive.*——Dīis *cārus* ipsis. Quippe ter et quăter Anno rĕvīsens æquor Atlanticum Impune. Hor. 1. 31. 13.—2. Non illas (tabellas, sc.) fixum *cāras* effecĕrat aurum. Prop. 3. 23. 7. SYN. 1. dīlectus, acceptus, ămātus, ămābĭlis.—2. prĕtiōsus. PHR. 1. Anna rĕfert o lūce măgis dilecta sŏrori. V. Et serves ănĭmæ dīmĭdium meæ. Hor. Non tămen Ænēan quamvis măle cōgĭtat ōdi, Sed quĕror infĭdum questaque pējus amo. Ov. Vītā frāter ămābĭlior. Cat. Tum mĭhi jūrābas nullo te dīvĭtis auri Pondĕre, non gemmis vendĕre velle fĭdem. Tib. v. Hor. 3. 9. 1—24.

‡**căryōtis, ĭdos.** fem. *A kind of date, often scattered among the populace in the theatres.*——Prægnantes *căryōtĭdes* cădēbant. Stat. Sylv. 1. 6. 19.

Cărystēus, a, um. *Of Carystos.*——Quāque *Cărystēis* frangĭtur unda vădis. Ov. F. 4. 282.

Cărystŏs, i. fem. *A town in Eubœa, celebrated for its green marble.*——Quidve dŏmus prōdest Phrўgiis innixa cŏlumnis, Tænăre, sīve tuis, sīve, *Căryste,* tuis. Tib. 3. 3. 14.

căsa, æ. *A cottage.*——Dum *căsa* Martĭgĕnam căpiēbat parva Quĭrīnum. Ov. F. 1. 199. SYN. ‡căsŭla, tŭgŭrium; măpālia, ium; măgālia, ium (*the two last prop. Numidian cottages*). PHR. Aspĭce de cannā strāmĭnĭbusque dŏmum. Ov.

†**cascus, a, um.** *Antique.*——Quam prīmum *casci* pŏpŭli gĕnuĕre Lătīni. Ennius. SYN. vĕtus, *gen.* vĕtĕris, q. v.

cāseŏlus, i. *A little cheese.*——Sunt et *cāseŏli* quos juncea picīna siccat. Copa, 17. (*a poem attributed to Virgil*). v. seq.

cāseus, i. masc. *Cheese.*——Pinguis et ingrātæ prĕmĕrētur *cāseus* urbi. V. E. 1. 35. PHR. Pressi cōpia lactis. V. Lac concrētum. V. Lactis massa coacti. Ov. Cum quā fœcundi rĕdiĕrunt mūnĕra rūris Cāseus. Tib.

căsia, æ. *Cassia.*——Nec lĭquĭdi *căsiā* corrumpĭtur ūsus ŏlivi. V. G. 2. 466.

Căsĭlīnus, a, um. *Of Casilinum, a town in Campania.*——Post *Căsĭlīna* sĭbi ægrē rĕsĕrāvĕrat astu Līmina. Sil. 12. 428.

Căsīnum, i. *A Volscian town.*——Nymphisque hăbĭtāta *Căsīni* Rūra evastantur. Sil. 12. 527.

Caspius, a, um. also **Caspiăcus, a, um.** *Caspian.*——*Caspia* regna Responsis horrent Dīvûm et Mæōtia tellus. V. Æn. 6. 799. Mĕtuendave portæ Līmĭna *Caspiăcæ.* Stat. Sylv. 4. 4. 64.

Cassandra, æ. *A daughter of Priam, to whom the gift of prophecy had been given, but accompanied with the curse that her prophecies should never be believed.*——Tunc ĕtiam fātis ăpĕrit *Cassandra* fŭtūris Ōra, Dei jussa non unquam crēdĭta Teucris. V. Æn. 2. 246. PHR. Priămēĭa virgo. V. Teque Mȳcēnæo Phœbās ămāta dŭci. Ov.

cassĭda, æ. *A helmet.*——Aureus ex hŭmĕris sŏnat arcus, et aurea vāti *Cassĭda.* V. Æn. 11. 775. SYN. cassĭs, ĭdis, q. v.

Cassiŏpē, es. *Wife of Cepheus, and mother of Andromeda, changed into a constellation.*——Nec mĭhĭ *Cassiŏpē* sŏlĭto vīsūra cărīnam Omĭnat. Prop. 1. 17. 3.

cassĭs, ĭdis. fem. *A helmet.*——Seu căput abdĭdĕrat cristātâ *cassĭde* pennis. Ov. Met. 8. 25. SYN. cassĭda, gălea. PHR. Ēquīnis Fulva jŭbis cassis. Ov. Mars ădēs et nĭtĭdas cassĭde solve cŏmas. Ov. v. galea.

cassis, is. masc. oftenest in pl. 1. *A net, toils.*—2. *A web (of a spider).*——1. Nŏvus vīso *casse* rĕsistet ămans. Ov. A. A. 3. 554. Nam mĭhĭ tenduntur *casses.* Tib. 1. 6. 5. Invīsa Mĭnervæ Laxos in fŏrĭbus suspendit ărānea *casses.* V. G. 4. 247. SYN. 1. rēte, is, *neut.*; plăgæ, arum; līnum, *usu. in pl.*—2. tēla. PHR. 1. v. rete.—2. Pĕde quod grăcĭli dēdūcit ărānea fīlum Cum lĕve dēsertâ sub trăbe nectit ŏpus. Ov. v. ărānea.

cassus, a, um. 1. *Empty.*—2. *Useless, vain.*—3. *Deprived of* (c. *abl.*).——1. Nil præter sălĭces *cassa*que canna fuit. Ov. F. 6. 466.—2. Dixit ŏpemque Dei non *cassa* in vōta vŏcavit. V. Æn. 12. 780.—3. *Cassa*que sēducto stīpĭte flamma pĕrit. Ov. R. A. 446. Nunc cassum lumine lugent. V. Æn. 2. 85. SYN. 1, 2. ĭnānis, vānus.—3. orbus, q. v.

Castălia, æ. *A fountain at the foot of Mount Parnassus, sacred to the Muses and to Apollo.*——Qui rōre pūro Castăliæ lăvit Crīnes sŏlūtos. Hor. 3. 4. 61. PHR. Mĭhĭ flāvus Ăpollo Pōcŭla Castăliâ plēna mĭnistret aquâ. Ov.

Castălis, idis. fem. adj. *Castalian; in pl. the Muses.*——*Castălis* hæc (*unda,* sc.) nōbīs, aut Jŏvis imber ĕrit. Mart. 9. 19. 8. Per Gĕnium Famæ *Castălidum*que grĕgem. Mart. 7. 12. 10. v. Musa.

Castălius, a, um. *Castalian.*——*Castăliam*que umbram Pīĕriosque lăcus. Tib. 3. 1. 16.

castănea, æ. *A chesnut, the tree.*—**Castănea nux (nŭcis).** *The fruit.*——Et stĕrĭles plătăni mālos gessēre vălentes; *Castăneæ* fāgos. V. G. 2. 71. *Castăneas*que nŭces, mea quas Ămăryllis ămāvit. V. E. 2. 52.

castē. *Chastely, virtuously.*——Justĭtiamque sui *castē* plācâsse Părentis. Ov. Ep. e P. 2. 1. 33. SYN. pŭdīcē. v. castus.

castellum, i. *A fort.*——Vix ŏpe *castelli* dēfendĭmur. Ov. Tr. 5. 10. 27. Aut montāna sĕdet circum *castella* sub armis. V. Æn. 5. 440. SYN. turris, q. v.

†**castēria, æ.** *A place where the oars and tackle of a ship are laid up while she is in dock.*——Rĕpŏsīvi rēmum sōla ĕgo in *castēriâ.* Plaut. Asin. 3. 1. 16.

‡**castĭficus, a, um.** *Chaste, pious.*——Expelle făcĭnus mente *castĭficâ* horrĭdum. Seneca. Hipp. 169. SYN. castus, q. v.

†**castīgābĭlis, e.** *Deserving punishment.*——Admīsit in se culpam *castīgābĭlem.* Plaut. Trinum. 1. 2. 5.

castīgātor, oris. *A chastiser, reprover.*——Censor *castīgātor*que mĭnōrum. Hor. A. P. 174.

castīgo, as. 1. *To chastise.*—2. *To reprove.*—3. *To amend, correct.*—4. *To surround, confine, keep in becoming bounds.*——1. Gnossius hæc Rhădămanthus hăbet dūrissĭma regna, *Castīgat*que auditque dŏlos. V. Æn. 6. 567.—2. Pars agmĭna cōgunt *Castīgant*que mŏras. V. Æn. 4. 407.—3. Præsectum dĕcies non *castīgāvit* ad unguem. Hor. A. P. 294.—4. Quam *castīgāto* plānus sub pectŏre venter. Ov. Am. 1. 5. 21. Insŭla fluctĭsŏno circum vallāta prŏfundo *Castīgātur* ăquis. Sil. 12. 356. SYN. 1. pūnio, is, q. v.—2. incrĕpo, as, ui, *no sup.*; incrĕpĭto, as; culpo, as; reprĕhendo, is. v. culpo.—3. ēmendo, as; corrĭgo, ĭs, rexi.—4. coerceo, es, *no sup.*; rĕprĭmo.

castĭtas, ātis. fem. *Chastity.*——Mĕtuens altĕrius vĭri Certo fœdĕre *castĭtas.* Hor. 3. 24. 23. SYN. pŭdīcitia; pŭdor, ōris, masc.

Castor, ŏris. *One of the sons of Leda (wife of Tyndarus) and Jupiter, who assumed the form of a swan; he was born out of the same egg as Pollux; he and* *his brother after death became a sign of the zodiac under the title of Gĕmĭni; he was patron of horses and riding.* ——Quo pius affectu *Castŏra* frāter ămat. Ov. Tr. 4. 5. 30. SYN. Tyndărĭdes, æ. PHR. Tyndărĭdæ gĕmĭni, spectātus cæstĭbus alter, Alter ĕquo. Ov. Tyndărĭdæ frātres, hīc ĕquĕs ille pŭgil. Ov. Clarum Tyndărĭdæ sīdus ab infĭmis Quassas ērĭpiunt æquŏrĭbus rătes. Hor. Dicam et Alcīden, pŭerosque Lēdæ Hunc ĕquis illum sŭpĕrare pugnis Nōbĭlem; quōrum sĭmŭl alba nautis Stella rĕfulsit, Dēfluit saxīs ăgĭtātus hūmor, Concĭdunt venti fŭgiuntque nūbes, Et mĭnax quod sic vŏluēre ponto Unda rĕcumbit. Hor.

castor, ŏris. masc. *A beaver.* ——Quod sŭpĕrest tūtum Pontĭce *castor* hăbes. Ov. Nux, 166. SYN. ‡fĭber, bri.

castŏreum. *A strong oil extracted from the beaver.* ——At Chălybes nūdi ferrum, vīrōsaque Pontus *Castŏrea* (mittit). V. G. 1. 59.

‡Castŏreus, a, um. *Of Castor.* ——Frēnis *Castŏreā* mōbilior mănu Spartānum pŏtĕris flectĕre Cyllărum. Seneca, Hipp. 810.

castra, ōrum. neut. pl. *A camp, tent.* ——Dat clārum e puppi signum, Nos *castra* mŏvēmus. V. Æn. 3. 519. SYN. tentōria, orum. PHR. Non æquo dăre se campo, non obvia ferre Arma vĭros, sed castra fŏvere. V. Classem quæ lătĕri castrorum adjuncta lătebat . . . . Invādit. V. Hosti Ante expectātum pŏsĭtis stat in agmĭne castris. V. Castris audēbit vellĕre signa. V. Ŭbĭ prīmum vellĕre signa Annuĕrint Superi, pūbemque ēdūcere castris. V. Consĭdunt castris ante urbem et mœnia vallant. V. Castra lŏco pōnunt. Ov. Assueta tuis semper Victōria castris. Ov.

castrensis, e. *Belonging to a camp, warlike.* ——Hic sătus ad pācem, hic *castrensĭbus* ūtĭlis armis. Prop. 3. 9. 19.

castus, a, um. 1. *Chaste.*—2. *Pious, virtuous, religious (in this latter sense used also of things).* ——1. *Casta* quĭdem, sed non et crēdĭta, rūmor ĭnīquus Læsĕrat. Ov. F. 4. 307.—2. Hāc *casti* măneant in rēlĭgiōne nĕpōtes. V. Æn. 3. 409. *Castis* ădŏlet dum altāria tædis. V. Æn. 7. 71. SYN. 1. pŭdīcus, abstĭnens, intactus, intĕmĕrātus (*the two latter chiefly of women*).—1, 2. intĕger, gra, grum.—2. pĭus; săcer, cra, crum; rēlĭgiōsus.

cāsu. *By chance.* ——Si quā vĭdēbuntur *cāsu* non dicta Lătīne. Ov. Tr. 3. 17. SYN. forte, q. v.

‡căsŭla, æ. *A cottage.* ——Vīvĭte contenti *căsŭlis* et collibus istis. Juv. 14. 176. SYN. căsa, q. v.

cāsūrus, a, um. fut. in rus from cado. *To fall,* q. v. ——*Cāsūras* ĭnĭmīcis ignĭbus arces. V. Æn. 8. 375.

cāsus, ūs. masc. 1. *A fall.*—2. *The falling or end (of a season).*—3. *Any event, chance.*—4. *Condition or state.* ——1. Celsæ grăviōre *cāsu* Dĕcĭdunt turres. Hor. 2. 10. 10.—2. Extrēmæ sub *cāsum* hyĕmis, jam vēre sĕrēno. V. G. 1. 340.—3. Somnia me terrent vēros ĭmĭtantia *cāsus*. Ov. Ep. e P. 1. 2. 45.—4. Nāte Deā pŏtēs hoc sub *cāsu* dūcĕre somnos? V. Æn. 4. 560. SYN. 1. lapsus, ūs.—2. fīnis, is, *masc. and fem.* q. v.—3. ēventus, ūs. *masc.* q. v.—4. condĭtio, ōnis, *fem.*; sors, sortis, *fem.*

‡cătăplus, i. masc. *An arrival of a ship.* ——Cum tĭbĭ Nīliăcus portet crystalla *cătăplus*. Mart. 12. 75. 11. v. adventus.

†cătăpulta, æ. *A catapult.* ——Nam meus est bālista pugnus, cŭbĭtus *cătăpulta* est mĭhi. Plaut. Capt. 4. 2. 16.

†cătăpultārius, a, um. *Belonging to a catapult.* ——Te hŏdiē făciam pīlum *cătăpultārium*. Plaut. Circ. 5. 3. 11.

‡cătăracta, æ. *A cataract.* ——Cum lapsūs ābrupta viārum Excēpēre tuos et præcĭpĭtes *cătăractæ*. Lucan. 10. 318.

cătasta, æ. *A place where slaves were exposed for sale.* ——Quem sæpe coegit Barbăra gypsātos ferre *cătasta* pĕdes. Tib. 2. 3. 64.

cătēia, æ. *A sort of javelin used by the Gauls.* ——Teutŏnĭco rĭtū sŏlĭti torquēre *cătēias*. V. Æn. 7. 741. v. jăcŭlum.

‡cătella, æ. *A little bitch.* ——Morte vĭri cŭpient ănĭmam servāre *cătellæ*. Juv. 6. 654. SYN. cătŭla.

§cătella, æ. *A chain.* ——Sæpe *cătellam*, Sæpe pĕriscĕlĭdem raptam sĭbĭ flentis. Hor. Ep. 1. 17. 55.

§cătellus, i. 1. *A little dog.*—2. *Darling; as a caressing expression.* ——2. Sūme, *cătelle*, negat. Hor. Sat. 2. 3. 259. v. cătŭlus.

cătēna, æ. *A chain.* ——Horrĭbĭlique Mēdo Nectis *cătēnas*. Hor. 1. 29. SYN.

vincŭlum, sync. vinclum; compēs, pĕdis; *fem.* mănĭca. PHR. Ne rĕlĭger dūrā captīva cătēnā. Ov. Adde mănūs in vincla meas, mĕruēre cătēnas. Ov. Sed nĕque compĕdĭbus nec me compesce cătēnis. Ov. Nexis ădămante cătēnis. Ov. Qui lōra restrictis lăcertis Sensit. Hor. v. vinculum.

cătēnātus, a, um. *Chained.*——Intactus aut Brĭtannus ut descendĕret Săcrā *cătēnātus* viā. Hor. Epod. 7. 8.

căterva, æ. 1. *A troop of soldiers.*—2. *Any crowd or number (only of living things).*——1. Agmĕn ăgens ĕquĭtum et flōrentes ære *cătervas.* V. Æn. 7. 804.—2. Alto in lūco cum fortè *cătervæ* Consēdēre ăvium. V. Æn. 11. 456. SYN. 1, 2. mănus, ūs, *fem.*; cohors, ortis, *fem.*; agmĕn, ĭnis, *neut.*—1. phălanx, angis, *fem.*; turma (*prop. of cavalry only*).—2. exămen, ĭnis, *neut.*; turba. PHR. Diffŭgiunt ĕquĭtum turmæ, pĕdĭtumque cătervæ. Hor. Ep. v. turba.

cătervātim. *In crowds.*——Jamque *cătervātim* dat strāgem, atque aggĕrat ipsis In stăbŭlis turpi dīlapsa cădāvĕra tabo. V. G. 3. 556. SYN. ‡grĕgātim.

căthĕdra, æ. 1. *A seat.*—2. ‡*A pulpit or tribune from which to speak or recite.*—3. ‡*Juvenal uses* molles cathedræ *for "luxurious women."*——1. Supplex ille sĕdet, pŏsĭtā tu scrība *căthĕdrā* Quidlibet. Prop. 4. 5. 37.—2. Pœnĭtuit multos vānæ stĕrĭlisque *căthĕdræ.* Juv. 7. 203.—3. Cūjus ăpud molles mĭnĭma est jactūra *căthĕdras.* Juv. 6. 91. SYN. sĕdīle, is, *neut.*; sēdes, is, *fem.* q. v.

‡căthĕdrālĭcius, a, um. *Belonging to chairs; i. e. effeminate.*——Cum *căthĕdrālĭcios* portat tĭbĭ rhēda mĭnistros. Mart. 10. 13. 1.

Cătĭlīna, æ. masc. *A Roman who conspired against the state.*——Et scĕlĕrum pœnas, et te *Cătĭlīna* mĭnāci Pendentem scŏpŭlo (addit). V. Æn. 8. 668.

Cătillus, i, also **Cătīlius, lī.** *A son of Amphiaraus; the founder of Tibur, now Tivoli.*——*Cătillus*que ācerque Cōras, Argīva juventus. V. Æn. 7. 672. Et jŭvat ipsum Alcīden, dictumque lÿrā mājōre *Cătillum.* Stat. Sylv. 1. 3. 100. Circā mīte sŏlum Tībŭris et mœnia *Cătĭli.* Hor. 1. 18. 2.

§cătillus, i. *A little dish.*——Pūris circumpŏsuisse *cătillis.* Hor. Sat. 2. 4. 3. v. cătīnus.

Cătĭna, also **Cătĭnē,** or **-ăna, -ăne.** *Catana, a city in Sicily.*——*Cătĭne* nĭmium ardenti vĭcīna Tÿphœo. Sil. 14. 196.

cătīnus, or **um.** *A dish.*——Angustoque văgos pisces urgēre *cătīno.* Hor. Sat. 2. 4. 77. SYN. lanx, cis, *fem.*

Căto, ōnis. masc. *The name of two noble Romans; the latter of whom slew himself at Utica, after the battle of Pharsalia, having been one of Pompey's party.*——Sēcrētosque pios, his dantem jūra *Cătōnem.* V. Æn. 8. 670. PHR. Et cuncta terrārum sŭbacta præter ătrocem ănimum Cătōnis. Hor. v. Lucan, 2. 371—391.

‡Cătōniānus, a, um. *Of or like Cato; i. e. severe.*——*Cătōniānā* Chreste quod făcis linguā. Mart. 9. 28. 14.

cătŭla, æ. *A bitch, puppy.*——Glaucĭdos et *cătŭlæ* vox est mihi grāta quĕrentis. Prop. 4. 3. 55. v. cănis.

†Cătŭlīnus, a, um. *Belonging to a dog.*——*Cătŭlīnam* carnem ēsĭtāvisse. Plaut. fragm. SYN. cănīnus.

‡Cătulliānus, a, um. *Of, or like Catullus.*——Da nunc băsia sed *Cătulliāna.* Mart. 11. 7. 14.

Cătullus, i. *A great Roman poet of Verona, in the time of Julius Cæsar.*——Obvius huic vĕnias hĕdĕrā jŭvĕnīlia cinctus Tempŏra, cum Calvo docte *Cătulle* tuo. Ov. Am. 3. 9. 62. PHR. Sic sua lascivo cantāta est sæpe Cătullo Fœmĭna. Ov.

Cătŭlus, i. masc. 1. *A dog, prop. a puppy.*—2. *The young of any animal, though very rarely of any but quadrupeds.*——1. Seu vīsa est *cătŭlis* cerva fĭdēlibus. Hor. 1. 1. 27.—2. Non vĭdes quanto mŏveas pericl̄o Pyrrhe Gætūlæ *cătŭlos* leænæ? Hor. 3. 20. 2. Anguis . . . . *cătŭlos* tectis aut ōva rĕlinquens. V. G. 3. 438. SYN. 1. cănis, is, *masc. and fem.*; cătŭla.—2. pullus.

cătus, a, um. *Wise, skilful, cunning.*——Qui fĕros cultūs hominum rĕcentûm Vōce formāsti *cătus.* Hor. 1. 10. 3. *Cătus* īdem per ăpertum fŭgientes ăgĭtāto grĕge cervos jăcŭlāri. Hor. 3. 12. 10. SYN. călĭdus, săpiens, pĕrītus, sōlers.

Caucăsius, a, um. *Of Caucasus.*——Ipsæ *Caucăsio* stĕrĭles in vertĭce sylvæ. V. G. 2. 440.

Caucăsus, i. acc. **um** and **ŏn.** *A mountain between the Euxine and Caspian seas, on which Prometheus is said to have been bound.*——Dūris gĕnuit te cantĭbus horrens *Caucăsus.* V. Æn. 4. 368. Rĭgĭdique căcūmĭne montis (*Caucăsŏn* appellant). Ov. Met. 8. 798. PHR. Caucăsiasque rĕfert vŏlŭcres furtumque Promethei. V. Te vel per Alpium jŭga Ĭnhospĭtalem et Caucăsum . . . . sĕquemur. Hor.

cauda, æ. *A tail.*——Æquŏra verrēbant *caudis,* æstumque sĕcābant. V. Æn. 8. 674. PHR. Ĕlātæ mĕtuendus ăcūmĭne caudæ Scorpios. Ov.

caudex, ĭcis. masc. *The stem or trunk of a tree.*——Quin et *caudĭcĭbus* sectis mīrābĭle dictu Trūdĭtur e sicco rădix ŏleāgĭna ligno. V. G. 2. 30. SYN. truncus, i.

căvea, æ. 1. *A cage, any place where animals are kept, even a beehive.*—2. *The seats at a theatre, any place where people are assembled for a spectacle, or the people so assembled.*——Cum bĕnĕ sit clausæ *căveā* Pandīŏne nātæ. Ov. Ep. e P. 1. 3. 39. Hinc ŭbi jam ēmissum *căveis* ad sīdĕra cœli Nāre per æstatem lĭquĭdam suspexĕris agmen (apum, sc.). V. G. 4. 58.—2. Hic tōtum *căveæ* consessum ingentis, et ōra Prīma pătrum magnis Sălius clāmōrĭbus implet. V. Æn. 5. 340. SYN. 1. carcer, ĕris, *masc.*—2. v. sĕdile.

căveo, es. imper. **căvĕ,** but oftenest **cāvĕ**; perf. **cāvi**; no pass. except 3d sing. as impers. **căvetur, cautum est,** and fut. in dus, **căvendus.** *To beware of, to take care.*——*Căvit* mortāles, de Jŏve crīmen hăbet. Ov. F. 2. 162. Cognātum frātremque *căvē* cārumque sŏdālem. Ov. A. A. 1. 753. Neu *căvĕ* defendas. Ov. Tr. 1. 1. 25. Quod quisque vītet nunquam hŏmĭni sătis *Cautum est* in hōras. Hor. 2. 13. 13. Tempŏra tædis Apta rĕquīrebam quæque *căvenda* fŏrent. Ov. F. 6. 222.

căverna, æ. 1. *A cavern.*—2. *Any hollow place, the inside of the Trojan horse, the vault of heaven, etc.*——1. Curvisque immūgiit Ætna *căvernis.* V. Æn. 3. 674.—2. Ŭterŏque rĕcusso Insŏnuere căvæ gĕmĭtumque dĕdēre *căvernæ.* V. Æn. 2. 53. Ŭtī tĕnēbras omnes Ăchĕronte reāris Lĭquisse et magnas cœli complêsse *căvernas.* Lucr. 4. 172. SYN. 1. antrum, spēlunca.—1, 2. spĕcus, ûs, *masc.* q. v.—2. †caula. v. antrum.

†căvilla, æ. *A cavil, a gibe.*——Aufer *căvillam,* non ĕgŏ nunc nūgas ăgo. Plaut. Aulul. 4. 4. 11.

†căvillula, æ. dim. of prec.——Ut pauxillum differat a *căvillŭlis.* Plaut. Trucul. 3. 2. 17.

†căvillātor, oris, masc. *A caviller.*——Jam sum *căvillātor* prŏbus. Plaut. Trucul. 3. 2. 15.

caula, æ. 1. *A sheepfold.*—2. †*Any hollow place.*——1. Plēno lŭpus insĭdiātus ŏvīli Cum frĕmit ad *caulas.* V. Æn. 9. 61.—2. Ănĭmāi Diffŭgiunt partes per *caulas* corpŏris omnes. Lucr. 3. 256. SYN. 1. ŏvīle, is.—2. căverna.

‡caulĭcŭlus, i. *A little stalk or stem.*——Nīgrā *caulĭcŭlus* virens pătellā. Mart. 5. 79. 7. v. seq.

caulis, is masc. 1. *A stalk or stem.*—2. *A cabbage.*——1. Pūbĕrĭbus *caulem* fŏliis et flōre cŏmantem Purpŭreo. V. Æn. 12. 413.—2. Qui tĕnĕros *caules* ălieni frēgĕrit hosti. Hor. Sat. 1. 3. 117.

‡cauna, æ. usu. in pl. *A sort of dried fig.*——Et quas percŏquit Ĕbŏsēa *caunas.* Stat. Sylv. 1. 6. 15. SYN. cārica.

căvo, as. 1. *To hollow out.*—2. *To make a hole in,* i.e. *pierce.*——1. *Căvat*que Tellūrem, et sŏlĭdo grăvĭter sŏnat ungŭla cornu. V. G. 3. 87.—2. Nĭtĭdo sēcūrum commĭnus hostem Ense pĕtens, parmam glădio găleamque *căvari* Cernit. Ov. Met. 12. 130. SYN. 1. concăvo.—2. fīgo, ĭs, fixi; perfŏro, as.

caupo, ōnis. masc. *An innkeeper.*——Fŏrum Appî Differtum nautis *caupōnĭbus* atque mălignis. Hor. Sat. 1. 5. 3.

caupōna, æ. *An inn.*——Sed nĕque qui Căpuâ Rōmam pĕtit imbre lŭtoque Aspersus vŏlet in *caupōnā* vīvere. Hor. Ep. 1. 11. 12. SYN. pŏpina.

†caupōnor, only in pres. part. *To make a trade of.*——Non *caupōnantes* bellum sed bellĭgĕrantes. Ennius.

Caurinus, a, um. *Of the North-west wind.*——Verum ubi *Caurīno* perstrinxit frīgŏre vesper. Gratian, 296.

Caurus, i. masc. *The North-west wind.*——Semper hyems, semper spīrantes frīgora *Cauri.* V. G. 3. 356. SYN. Argestes, æ; Iāpyx, ÿgis, *acc.* ÿga.

causa, æ. *A cause (in every sense of the English word).*—1. *Cause, origin or* *motive.* — 2. *Cause* (*legal*). — 3. *Cause, party* (*as we say the righteous cause will prosper, etc.*). — 4. *A pretext; also* per causam, *on pretext.* —— 1. Et quæ tanta fuit Rōmam tĭbĭ *causa* vĭdendi? V. E. 1. 27. — 2. Orābunt *causas* mĕlius. V. Æn. 6. 850. — 3. Et mea cum sit Optĭma non ullo *causa* tuente pĕrit. Ov. Her. 20. 92. — 4. *Causas* nēquicquam nectis ĭnānes. V. Æn. 9. 219. Sæpĕ vĕlut gemmas ējus signumque prŏbārem *Per causam* mĕmĭni mē tĕtĭgisse manum. Tib. 1. 7. 26. SYN. 3. partes, ium, *pl.* PHR. 1. Nec quæ sŏnĭtum det causa vĭdēmus. V. Stant belli causæ. V. Insĕquor . . . causas pĕnĭtus tentāre lătentes. V. Iræ . . . . urbĭbus ultĭmæ Stĕtēre causæ cur pĕrīscat Fundĭtus. Hor. Parva quĭdem causa sed apta sŭbest. Ov. Ā vēro tertia causa vĕnit. Ov. Causa lătendi Discrĕpat. Ov. Molle . . . . Cor mĭhĭ quodque lĕvis causa mŏvēret, ĕrat. Ov.

†**causia, æ.** *A broad-brimmed hat.* —— Ut . . . *causiam* hăbeas ferrūgĭneam. Plaut. Mil. 4. 4. 41.

†‡**causĭdĭcus, i.** masc. *A lawyer, an advocate.* —— *Causĭdĭci* causas ăgĕre et dēfendĕre lēges. Lucr. 4. 963. SYN. consultus. PHR. Nec tu consulto nec tu jūcunda dĭserto Cogitur ad lites surgĕre ŭterque nŏvas. Ov. Fortia verbōsi nātus ad arma fŏri. Ov.

causor, aris. *To speak of, to allege as a reason, as an excuse.* —— Nec frĕta pressurus tŭmĭdos *causābĭtur* Euros. Ov. Am. 1. 9. 13. SYN. prætendo, is, q. v.

‡**caustĭcus, a, um.** *Caustic.* —— *Caustĭca* Tentŏnĭcos accendit spūma căpillos. Mart. 14. 26. 1.

cāutĕ, compar. **cautius.** *Cautiously.* —— Pugnābit *cautē*, respĭcietque dŏmum. Ov. Her. 13. 146. *Cautius* ut sævo velles tē crēdĕre Marti. V. Æn. 11. 153.

cautes, is. fem. *A rock.* —— Dūris gĕnuit te *cautĭbus* horrens Caucăsus. V. Æn. 4. 366. Stāre vĕl insanis *cautes* obnoxia ventis. Tib. 2. 4. 9. SYN. rūpes, is, *fem.*; scŏpŭlus, i; saxum. PHR. Nec măgis incepto vultum sermōne mŏvētur Quam si dūra sĭlex aut stet Marpēsia cautes. V. Objectæ salsâ spūmant aspergĭne cautes. V. v. rupes.

‡§**cautus, a, um.** prop. part. of căveo, q. v. 1. *Legally secured.*—2. *Safe, secure.* —— *Cautos* nōmĭnĭbus certis expendĕre nummos. Hor. Epist 2. 1. 105. — 2. *Cautus* ab incursu belli si sōla rĕcēdat Expugnat quæ tūta fāmes. Lucan. 4. 409. SYN. 2. Tūtus, q. v.

cautus, a, um. *Cautious.* —— Nĕque dum prŏcellas *Cautus* horrescis nĭmium prĕmendo Littus ĭnīquum. Hor. 2. 10. 3. SYN. prūdens, circumspectus.

căvus or **căvum, i.** *A hole, a hollow place.* —— Inventusque *căvis* būfo. V. G. 1. 184.

căvus, a, um. *Hollow.* —— Truncis Lapsa *căvis* ĭtĕrāre mella. Hor. 2. 19. 12. Nox ātra *căvâ* circumvŏlat umbrâ. V. Æn. 2. 360. SYN. concăvus, căvatus.

Caystrius, a, um. *Of the Cayster.* —— Utque jăcens rīpâ dēflēre *Caystrius* āles Dīcitur ōre suam dēficiente nĕcem (cycnus, sc.). Ov. Tr. 5. 1. 11.

Caystrŏs, i. masc. *A river in Mæonia, celebrated like the other streams of Asia Minor for its swans.* —— Vărias pĕlăgi vŏlŭcres, et quæ Āsia circum Dulcĭbus in stagnis rīmantur prāta *Caystri.* V. G. 1. 384.

Cēa, æ. *One of the Cyclades islands.* —— Insula . . . . cingĭtur Ægæo, nōmĭne *Cēa*, mări. Ov. Her. 20. 221.

cĕcīdi, eram, etc., perf. etc. from cædo. *To strike*, q. v. —— Pyrrhumque et ingentem *cĕcīdit* Antiochum. Hor. 3. 6. 35.

cĕcĭdi, etc., perf. from cădo. *To fall*, q. v. —— Hostia . . . . Inter cunctantes *cĕcĭdit* mŏrĭbunda mĭnistros. V. G. 3. 488.

cĕcĭni. perf. from căno. *To sing*, q. v. —— Tĭtўre te pătŭlæ *cĕcĭni* sub tegmine fāgi. V. G. 4. 566.

Cēcrŏpia, æ. *Attica.* —— Pĕrhĭbent . . . . *Cecrŏpiam* sŏlĭtam esse dăpem dăre Mīnōtauro. Cat. 62. 79. v. Athenæ.

Cēcrŏpĭdes, æ. masc. *A descendant of Cecrops, an Athenian.* —— Pallădă *Cēcrŏpĭdæ* (colunt) Mīnōĭa Crēta Dĭānam. Ov. F. 3. 82. Inclўte *Cēcrŏpĭdā* (Theseu, sc.). Ov. Met. 8. 550.

Cēcrŏpis, ĭdŏs, voc. pĭ. fem. adj. *Athenian.* —— Impia fūnĕrĭbus *Cecrŏpĭ* terra tuis. Ov. Her. 10. 100. SYN. Atthis, ĭdŏs.

Cēcrŏpius, a, um. *Athenian, Attic.* —— Grande mūnus *Cēcrŏpio* rĕpētes cŏthurno. Hor. 2. 1. 12.

Cĕcrops, ŏpis, acc. ŏpă. *The founder of Athens, son of Vulcan and Terra; some say he had the lower parts of a dragon.*——Necnon et *Cĕcrŏpis*, necnon Amphionis arces. Ov. Met. 15. 427. Virgĭnĭbusque trĭbus gĕmĭno de *Cĕcrŏpe* nātis Hanc lēgem dĕdĕrat. Ov. Met. 2. 555.

cēdo, ĭs, cessi. 1. *To give place, to retire.*—2. *To yield (both transitive and intrans.), to be unfit for, unequal to.*—3. *To fall to, the lot of, come to (as property, etc., comes.*—4. *To turn out.*——1. Invītus rēgīna tuo dē littore *cessi.* V. Æn. 6. 460.—2. *Cēdat* jus prŏprium rēgi, pātriæque rĕmittat. V. Æn. 11. 359. Tu nē *cēde* mălis, sed contra audentior īto. V. Æn. 6. 95. Nec *cēdit* hŏnōri. V. Æn. 3. 484.—3. Morte Neoptŏlĕmi regnŏrum reddĭta *cessit* Pars Hĕlĕno. V. Æn. 3. 333. *Cessĕrit* Ausŏnio si fors victoria Turno. V. Æn. 12. 183.—4. Non te per mĕrĭtum, quŏniam măle *cessit*, ădōro. Ov. Her. 10. 141. SYN. 1. dēcēdo, discēdo, abscēdo, concēdo; ăbeo, īs, ivi. v. discedo.—1, 2. (*intrans.*) rĕcēdo.—2. (*trans. and intrans.*) concēdo, q. v. (*intrans.*) succumbo, ĭs, cŭbui; mănus do (das, dĕdi, dăre).—3. vĕnio, īs, vēni.—3, 4. ēvĕnio, q. v. PHR. 2. Lībĕra Rōmānæ subjēcit colla cătēnæ. Tib. Do quod vīs, et me victusque vŏlensque rĕmitto. V. Te cæde gaudentes Sĭcambri Compŏsĭtis vĕnĕrantur armis. Hor. Jus impĕriumque Phrăates Cæsăris accēpit gĕnĭbus mĭnor. Hor. Epist. Qui perfĭdis se crēdĭdit hostĭbus. Hor. Qui lōra restrictis lăcertis Sensit ĭners tĭmuitque mortem. Hor. Jamjam effĭcāci do mănus scientiæ. Hor. Vixque dĕdit victas ūtĭlĭtāte mănus. Ov. Dăbit victas ferreus ille mănus. Ov. Rĕbellātrix tandem Germānia magni Triste căput pĕdĭbus suppŏsuisse ducis. Ov. India quin, Auguste, tuo dat colla triumpho. Prop. 2. 8. 19.

‡cĕdŏ. An anomalous word. *Give me, tell me.*——Facti crīmen hăbet; *cĕdŏ* si cōnāta pĕrēgit. Juv. 13. 210.

cēdrus, ī. fem. *Cedar, the tree and the wood.*——Ūrit *ŏdōrātam* nocturna in lūmĭna *cēdrum.* V. Æn. 7. 13.

Cĕlænæ, ārum. *A town in Phrygia, near the river Marsyas.*——Lugent damnatæ Phœbo victōre *Cĕlænæ.* Lucan, 3. 206.

Cĕlænæus, a, um. *Of Celænæ, Phrygian.*——Fœda *Cĕlænæo* committĕre prælia buxo. Stat. Theb. 2. 666. v. Phrygius.

Cĕlæno, ūs. *The name of one of the Harpies, and one of the Pleiads.*——Et te formōsa *Cĕlæno.* Ov. F. 4. 173.

cĕlĕber, cĕlĕbris, e. 1. *Much frequented, attended, full.*—2. *Celebrated, famous.*——Circus ĕrat pompâ *cĕlĕber* nŭmĕroque Deōrum. Ov. F. 4. 391. Ecce vĕnit cŏmĭtum Niŏbe *cĕlĕberrĭma* turbâ. Ov. Met. 6. 165. Colle sub āprĭco *cĕlĕberrimus* īlice lūcus Stābat. Ov. Am. 3. 5. 3. Pēgăsis Œnōnē Phrygiis *cĕlĕberrima* sylvis. Ov. Her. 5. 3. SYN. 1. (*Of a person*), cŏmĭtātus, stīpātus; (*of a place*), frĕquens, plēnus, q. v.; confertus.—2. illustris, clārus, q. v.; præclārus, nōtus, nōbĭlis, cĕlĕbrātus, inclўtus.

‡cĕlĕbrātor, ōris. masc. *A celebrater.*——Fēcit Hўperbŏrei *cĕlĕbrātor* stella triumphi. Mart. 8. 78. 3.

cĕlĕbrātus, a, um. part. from cĕlĕbro, but used even in compar.——Nōmĭne quam prĕtio *cĕlĕbrātior.* Ov. F. 6. 349. v. seq. Nullus Ĕrecthīdes fertur *cĕlĕbrātior* illo Illuxisse dies. Ov. Met. 7. 430.

†cĕlĕbresco, ĭs. no perf. *To be celebrated.*——Et quālis fuĕrit fāma *cĕlĕbrescat* tua. Accius. SYN. laudor, āris; noscor, ĕris, nōtus, q. v.

cĕlĕbro, as. 1. *To frequent.*—2. *To celebrate (games, etc.), to solemnise.*—3. *To celebrate, extol, make famous.*——1. Dextrâ lævâque Deōrum Ātria nōbĭlium valvis *cĕlĕbrantur* ăpertis. Ov. Met. 1. 171.—2. Ismăriæ *cĕlĕbrant* rĕpĕtīta triennia Bacchæ. Ov. Met. 9. 641.—3. Est quŏque carmĭnĭbus mĕrĭtās *cĕlĕbrāre* puellas Dos mea. Ov. Am. 1. 10. 59. SYN. 1. cŏlo, ĭs, ui, cultum; frĕquento, as.—2. ăgo, ĭs, ēgi.—1, 2, 3. concĕlĕbro.—3. laudo, ās; tollo, ĭs (*not in perf. or part. in this sense*); dīco, ĭs, xi; sŏno, as, ui; condo, ĭs, dĭdi; compono, ĭs, pŏsui. PHR. 3. En ĕrit ut tōtum lĭceat mihĭ ferre per orbem Sōla Sŏphŏcleo tua carmĭna digna cothurno. V. Namque sŭper tĭbi ĕrunt qui dīcĕre laudes, Văre, tuas cŭpiant et tristia condĕre bella. V. Mox tămĕn ardentes accingar dīcĕre pugnas Cæsăris, et nōmen fāmâ tot ferre per annos Tīthōni prīmâ quot ăbest ab ŏrĭgine Cæsar. V. Daphninque tuum tollĕmus ad astra; Dăphnin ad astra fĕrēmus. V. Mox cĕcĭnit laudes prospĕriōre lyrâ. Ov. Non ĕgŏ te meis Chartis ĭnornātum sĭlĕbo Totve tuos pătiar lăbōres impūne

Lolli carpĕre līvĭdas oblīviones. Hor. v. Hor. 1. 12. 1—48. v. dīco, ĭs; căno, is; laus, laudis; fāma.

cĕler, ĕris, ĕre. *Swift.* —— Ut *cĕlĕri* passu Crĕmĕram tĕtĭgēre răpācem. Ov. F. 2. 205. Quā fāta *cĕlerrĭma* crūdum Transădĭgit costas et crātes pectŏris ensem. V. Æn. 12. 507. SYN. vēlox, ōcis; cĭtus, răpĭdus, ventōsus, ālĭpes, *gen.* pĕdis; fŭgax, ācis; pernix, īcis (*only of living things*); vŏlŭcer, ŭcris, ŭcre, *in compar.* ōcyor.

cĕlĕrĕ. *Swiftly.* —— Ălĭēna quæ pĕtentes vĕlut exŭles lŏca *cĕlĕrĕ.* Cat. 61. 14. SYN. vēlōcĭter, q. v.

cĕlĕro, as. *To hasten, trans., also intrans.* —— Sĕd *cĕlĕrāre* fŭgam in sylvas et fīdĕre nocti. V. Æn. 9. 371. Quo nos dĕcet cĭtātis *cĕlĕrāre* trĭpŭdiis. Cat. 61. 26. SYN. accĕlĕro; prŏpĕro, as; festīno, as; mātūro, as. v. propero.

Cĕleus, ĕi. *A king of Eleusis, the father of Triptolemus, to whom Ceres, in return for his hospitality, taught the science of agriculture.* —— Virgea prætĕrĕā *Cĕlĕī*, vīlisque sŭpellex. V. G. 1. 165.

‡cĕleusma, ătis. neut. *The word of command in time with which the rowers keep stroke.* —— Lentos tingĭtis ad *cĕleusma* remos. Mart. 3. 67. 4.

cella, æ. 1. *Any place in which to deposit any thing; a cell of a honeycomb; a bin in a cellar.* —2. ‡*A poor cottage.* —— (apes) Dulci distendunt nectăre *cellas.* V. Æn. 1. 433. Antehac nĕfas dĕprōmĕre Cæcŭbum *Cellis* ăvītis. Hor. 1. 37. 6.—2. Nunc *cellam* paupĕris Ollus hăbet. Mart. 3. 48. 2. SYN. 2. căsa, q. v.

‡cellārius, i. *A butler, a steward.* —— Hinc *cellārius* expĕrĭtur artes. Mart. 11. 32. 15.

†cellŭla, æ. dimin. of cella. —— Cum in *cellŭlam* ad te pătris pĕnum omnem congĕrebam clancŭlum. Ter. Eun. 2. 3. 18.

cēlo, as. *To conceal, to remove from sight.* —— Perfĭde, sensisti, quis ĕnim bĕne *cēlat* ămōrem? Ov. Her. 12. 37. Præcĭpuē cŭpio *cēlāri* Thēseā (*that it be concealed from Theseus*), Ov. F. 3. 491. Alme Sol, curru nĭtĭdo diem qui Prōmis et *cēlas.* Hor. C. S. 10. SYN. abdo, ĭs, dĭdi; abscondo, ĭs, di; occŭlo, is, ui, ultum; occulto, as; tĕgo, is, xi; dissĭmŭlo, as (*only of concealing facts*); involvo, ĭs, vi *sometimes* ui; ŏbumbro, as.

†cĕlox, ōcis. fem. *A small boat.* Lābĭtur uncta cărīna per æquŏra cāna *cĕlōcis.* Ennius. SYN. phăsēlus, i. *fem.*; nāvis, is, *fem.* q. v.

‡celsē. *Highly.* —— *Celsē* nātōrum æquāvit hŏnōri. Stat. Sylv. 3. 3. 145. v. altē.

celsus, a, um. *High, lofty.* Aut prōnos ĕquĭtes aut *celsum* in cornua cervum. Ov. Met. 10. 538. SYN. excelsus, præcelsus (*very high*), arduus, sŭblīmis, prōcērus, altus, q. v.

Celta, æ. masc. usu. in pl. *Celts.* —— Profugique a gente vetustā Gallorum *Celtæ* miscentes nōmen Ībēris. Lucan. 4. 10.

Celtĭber, ēra, erum. also **Celtibērus, a, um.** *Inhabitants of part of Spain.* —— Nunc *Celtibērus, Celtibēriā* in terrā. Cat. 37. 17. Dūcit ad aurĭfĕras quod me Sălō *Celtĭber* ōras. Mart. 10. 20. 1.

Celtĭbēria, æ. *A part of Spain.* v. prec.

Celtĭcus, ă, um. *Celtic.* —— Sĭmĭlisque mihī per *Celtĭca* rūra. Sil. 1. 46.

Cenchræ, arum. (contr. from **Cenchreæ.**) *The port of Corinth.* —— Illa Cŏrinthĭăcis prīmum mihĭ cognĭta *Cenchrīs.* Ov. Tr. 1. 9. 9.

cenchris, ĭdis. fem. *A kestrel hawk.* —— Et semper recto lapsūrus līmĭte *cenchris.* Lucan, 9. 712. v. accĭpĭter.

Cēnīnus, a, um. *Of Cēnīna an ancient town in Latium.* —— Acron Hercŭleus *Cēnīnā* ductor ab arce. Prop. 4. 11. 9.

Censeo, es, ui also perf. **census sum,** in act. sense (also in pass. sense. v. census). 1. *To think.* —2. *To reckon.* —— Hinc săta Majestas, hos *est* Dea *censa* părentes. Ov. F. 5. 25. Hanc . . . *Est* inter cŏmĭtes Marcia *censa* suas. Ov. Ep. e P. 1. 2. 140. SYN. 1. pŭto, as. —1, 2. hăbeo, es. —2. nŭmĕro, as; annŭmĕro. v. percenseo.

censor, ōris. 1. *A great magistrate at Rome.* —2. *A critic, a reprover.* —— 1. Quæ rĭgĭdus mūnĕra *Censor* habet. Ov. A. A. 2. 664. —2. Sæpe ĕgŏ correxi sub te *censōre* lĭbellos. Ov. Ep. e P. 4. 12. 25. SYN. 2. castīgātor, ōris; jūdex, ĭcis.

‡**censōrius, a, um.** *Of a censor, or critic.*——Quem *censōria* cum meo Sĕvēro Docti lima mŏmordĕrit Secundi. Mart. 6. 81. 12.

censūra, æ. 1. *The office of censor.*—2. *Criticism, judgment.*—3. *A right to judge, to reprove.*——1. Sic ăgĭtur *censūra*, et sic exempla părantur. Ov. F. 6. 647.—2. Quōrum *censūrā* Mūsa sŭperba mea est. Ov. R. A. 362.—3. Verba quis audēret cōram sĕne digna rŭbōre Dīcĕre? *censūram* longa sĕnecta dăbat. Ov. F. 5. 70.

census, ūs. masc. *A valuation of a man's property; therefore*—1. *A man's income*—2. *Means of livelihood.*——1. In prĕtio prĕtium nunc est, dat census hŏnōres *census* ămīcĭtias. Ov. F. 1. 217, 218. Prīvātus illis *census* ĕrat brĕvis. Hor. 2. 15. 13.—2. Ars illi sua *census* ĕrat. Ov. Met. 3. 587. SYN. 1. res, rei. v. ŏpes.

§**census, a, um.** part. pass. of **censeo.** *Rated at.*——Līber et ingĕnuus, præsertim *census* ĕquestrem summam nummōrum. Hor. A. P. 383.

centaurēum, i. *The herb centaury.*——Cĕcrŏpiumque thȳmum et grăveŏlentia *centaurēa*. V. G. 4. 270.

Centaurēus, a, um. *Of a Centaur.*——*Centaurēa* mŏnet cum Lăpĭthis rixa sŭper mĕro Dēbellata. Hor. 1. 18. 8. v. seq.

Centaurĭcus, a, um. Quodque vehunt prōræ *Centaurĭca* saxa mĭnantes. Prop. 4. 6. 49.

Centaurus, i. *The Centaurs were three hundred in number, sons of Ixion and a cloud; their heads and shoulders were those of men, their bodies and legs like those of horses. They were slain by the Lapithæ in a brawl at the marriage of Pirithous.*——Ceu duŏ nūbĭgĕnæ cum vertĭce montis ab alto Descendunt *Centauri*. V. Æn. 7. 675. SYN. sēmĭvir, sēmĭfer, bĭmembris, nūbĭgĕna, bĭformis, pŏpŭlus bĭformis (*of the whole body*). PHR. Hæc inter Lăpĭthas et sēmĭhomĭnes Centauros Prælia. Ov. Et mălĕ confīsum pĕdĭbus formâque bĭmembri Pulsum Thessălĭcis agmen ĕquestre jugis. Ov Multaque prætĕreā văriārum monstra fĕrārum Centauri in fŏrĭbus stăbŭlant. V. Tu nūbĭgĕnas, invicte, bĭmembres, Hylæumque, Pholumque manu; . . . mactas. V. v. Ov. Met. 12. 210—541.

centēnus, a, um. adj. *A hundred.*——Et ter *centēnas* errōrĭbus expleat urbes. Tib. 1. 4. 69. *Centēnâ*que arbŏre fluctum Verbĕrat. V. Æn. 10. 207. v. centum.

centēsimus, a, um. *The hundredth.*——Et consanguĭneæ quondam *centēsima* turbæ. Ov. Her. 14. 121.

centĭceps, cĭpĭtis. *With a hundred heads (an epith. of Cerberus).*——Dēmittit ătras bellua *centĭceps* Aures. Hor. 2. 13. 34.

†‡**centies.** *A hundred times.*——Nĭsi ĭdem dictum est *centies*. Ter. Heaut. 5. 1. 8.

centimănus, ūs. *With a hundred hands (an epith. of Typhŏeus and of Gyges).*——Quo *centĭmănum* dējĕcĕrat igne Tȳphōeā. Ov. Met. 3. 303.

‡**cento, ōnis.** masc. *A garment made of patches.*——Intrāvit călĭdum vĕtĕri *centōne* lŭpānar. Juv. 6. 121.

centum. indecl. *A hundred.*——Non mihĭ sī linguæ *centum* sint, ōraque *centum*. V. G. 2. 43. SYN. centēnus, a, um, q. v.

centumgĕminus, a, um. *Having a hundred arms or gates, etc.*——Et *centumgĕminus* Briăreus, et Bellua Lernæ. V. Æn. 6. 237. Et *centumgĕminæ* centēna nŏvālia Thebes. Val. Flac. 6. 118.

‡**centumvĭri, ōrum.** usu. found in tmesi. *A body of judges in civil causes at Rome.*——Hunc mīrātur ădhuc *centum* grăvis hasta *virōrum*. Mart. 7. 62. 7.

†**centŭplex, ĭcis.** *A hundredfold.*——*Centŭplex* mūrus rēbus servandis părum est. Plaut. Pers. 4. 4. 11.

centŭria, æ. *A body of a hundred. The Romans were divided into centuries for some purposes.*——*Centŭriæ* sēniorum ăgĭtant expertia frugis. Hor. A. P. 341.

centŭrio, ōnis. *A centurion; an officer in the Roman army.*——Puĕri magnis ē centŭriōnĭbus orti. Hor. Sat. 1. 6. 73.

Cĕphallēnes, um. masc. *The inhabitants of Cephallenia; now Cefalonia.*————Saxa *Cĕphallēnum* et scŏpŭlosis Nērĭton arvis. Sil. 15. 305.

Cĕphălus, i. masc. *The husband of Procris, whom he killed by mistake with a dart which could not miss its aim.*——Æŏlĭdes *Cĕphălus* te confŭge fēlix Prŏcrĭ fuit. Ov. Met. 6. 681. PHR. Clārus ĕrat sylvis Cĕphălus multæque per herbam Concīdĕrunt illo percŭtiente fĕræ. Ov. v. Ov. Met. 7. 681—865; A. A. 3. 686—746.

Cēphēis, ĭdos. *Daughter of Cepheus, Andromeda.*——Alba dĕcent fuscas, albis *Cēphēi* plăcēbas. Ov. A. A. 3. 191.

Cēphēius, a, um. *Of Cepheus.*——Æthiŏpum pŏpŭlos *Cēphēia* conspĭcit arva. Ov. Met. 4. 668. SYN. Cēphēus.

Cēphēnēs, um. masc. *The Æthiopians.*——Hic quŏque *Cēphēnum* post rēgem prīmus Ŏdītes Ense jăcet Clŷmĕni. Ov. Met. 5. 97. v. Æthiops.

Cēpheus, ei. *Father of Andromeda, and king of Æthiopia; after his death he became a constellation near the tail of Ursa Minor.*——Et sunt, qui *Cēphea* dīcant Cum gĕnĕro dēbēre mŏri. Ov. Met. 5. 42. PHR. Jam clārus occultum Andrŏmĕdæ păter Ostendit ignem. Hor.

Cēphēus, a, um. *Of Cepheus, Æthiopian.*——*Cēphēam* hic Mĕroen fuscaque regna cănat. Prop. 4. 6. 78. SYN. Cēphēius.

Cēphīsiăs, ădŏs, ădī, ădă, pl. ădĕs, etc.; also **Cēphīsis, ĭdŏs,** etc. fem. adj. *Of the Cephisus*——Vīdit et immītem *Cēphīsiăs* ōra Prŏcrusten. Ov. Met. 7. 438. Ădeunt părĭter *Cēphīsĭdăs* undas. Ov. Met. 1. 369.

Cēphīsius, a, um. *Of the Cephisus, epith. of Narcissus, son of Cephisus.*——Jamque ter ad quīnos ūnum *Cēphīsius* annum Addĭdĕrat. Ov. Met. 3. 351.

Cēphīsus, i. *A river flowing through Phocis and Bœotia.*——Clausæque suis *Cēphīsŭs* in undis Vim tŭlit. Ov. Met. 3. 344.

cēra, æ. 1. *Wax; any thing made of wax, therefore*—2. *Waxen tablets, a letter.*—3. *A bust or image.*—4. *The pitch with which the bottom of a ship is paid; or any thing made of various parts is joined.*——1. Līmus ut hic dūrescit, et hæc ut *cēra* lĭquescit. V. E. 8. 80.—2. Tālia nēquicquam pĕrărantem plēna rĕlīquit *Cēra* mănum. Ov. Met. 9. 564.—3. Perlĕge dispŏsĭtas gĕnĕrōsa per ătria *cēras.* Ov. F. 1. 591.—4. Spŏliātaque tegmĭne *cēræ* Rīma patet. Ov. Met. 11, 514. Pan prīmus călămos *cērā* conjungĕre plūres Instĭtuit. V. E. 2. 32. SYN. 2. tăbŭla, tăbella. v. epistola.—3. ĭmāgo, ĭnis.—4. pix, pĭcis, *fem.* (pix *and* cēra *are not the same substance, but as to this meaning they were used for the same purposes.* v. ceratus). PHR. 1. Utque nŏvis frăgĭlis signātur cēra fĭgūris. Ov. Ut Hymettia sōle cēra rĕmollescit tractătaque pollice multas Flectĭtur in făcies, ipsoque fit ūtĭlis usu. Ov.

cĕrastes, æ. masc. *A sort of serpent with horns.*——At non squāmōso lābuntur ventre *cĕrastæ.* Prop. 3. 22. 27. v. serpens.

cĕrăsus, i. fem. 1. *A cherry-tree.*—2. *A cherry.*——1. Audiat hæc *cĕrăsus* stīpĕs ĭnānis ĕrit. Ov. Nux. 32.—2. Hic dulces *cĕrăsos,* hic autumnālia prūna Cernis. Prop. 4. 2. 15.

cērātus, a, um. *Covered with wax or pitch.*——Cærŭla *cērātas* accĭpit unda rătes. Ov. Her. 5. 42. SYN. unctus.

Cĕraunia, orum. *Rocks in Epirus proverbially dangerous to sailors.*——Aut Ăthŏ, aut Rhŏdŏpēn aut alta *Cĕraunia* tēlo Dējĭcit. V. G. 1. 332. SYN. Ăcrŏcĕraunia, orum, q. v. PHR. Narrent . . . E quĭbus ēmĭneant violenta Cĕraunia saxis. Ov. v. seq.

Cĕraunus, a, um. *Belonging to the Ceraunia.*——Non pŏtuit saxo vītam pŏsuisse *Cĕrauno?* Prop. 2. 16. 3. v. prec.

Cerbĕreus, a, um. *Of Cerberus.*——Ōris *Cerbĕrei* spūmas (attulerat). Ov. Met. 4. 500.

Cerbĕrus, i. acc. um and ŏn. *The dog with three heads who kept the gate of hell.*——Nexis ădămante cătenis *Cerbĕrŏn* abstraxit. Ov. Met. 7. 413. PHR. Tĕnuitque ĭnhians tria Cerbĕrus ōra. V. Tartăreum ille mănu custōdem in vĭncla pĕtīvit. V. Cerbĕrus hæc ingens lātrātu regna trĭfauci Persŏnat . . . . fămē răbĭdā tria guttŭra pandens. V. Tria Cerbĕrus extŭlit ōra, Et tres lātrātus sĭmŭl ēdĭdit. Ov. Ēsŭrus terna per ōra Canis. Ov. Inque cănes tŏtĭdem trunco dīgestus ab ūno Cerbĕrus, implĭcĭtis angue mĭnante cŏmis. Ov. v. Hor. 3. 11. 15—20.

cercȳrŏs, i. masc. *A sort of fish.*——*Cercȳros*que fĕrox scŏpŭlōrum fine mŏrātus. Ov. Hal. 102.

‡**cerdo, ōnis.** masc. *A mean mechanic.*——Et quæ Turpia *cerdōni* Vŏlĕsos Brūtosque dĕcēbunt. Juv. 8. 181. v. artĭfex.

Cĕreālis, e. 1. *Belonging to Ceres, esp. as the goddess of corn and agriculture.*—2. (*in neut. pl.*) *The feast of Ceres.*——1. Herbaque quæ lătuit *Cereālĭbus* obrŭta sulcis. Ov. Tr. 3. 12. 11. Tum Cĕrĕrem corruptam undis Cĕrealiaque arma (i. e. *baking instruments*) Expĕdiunt fessi rĕrum. V. Æn. 1. 177.—2. Alba dĕcent Cĕrĕrem, vestes Cĕrealibus albas Sūmĭte. Ov. F. 4. 620. SYN. 1. Dēōius.

§cĕrĕbrōsus, a, um. *Passionate.*—— Cĕrĕbrōsus prōsĭlit unus. Hor. Sat. 1. 5. 21. SYN. īrācundus, q. v.

cĕrĕbrum, i. *The brain.*—— Iit hasta Tăgo per tempus ŭtrumque Strīdens trājectoque hæsit tĕpĕfacta cĕrĕbro. V. Æn. 9. 419.

Cĕrēs, ĕris. 1. *Daughter of Saturn and Cybele, goddess of corn and agriculture, esp. patroness of Sicily; mother of Proserpine.*—2. *Corn.*—3. *Bread.*—— 1. Prīma Cĕrēs hŏmĭni ad mĕliōra ălĭmenta vŏcāto Mūtāvit glandes ūtĭliōre cĭbo. Ov. 4. 401.—2. At rŭbĭcunda Cĕres mĕdio succīdĭtur æstu. V. G. 1. 397.—3. Dant fămŭli mănĭbus lymphas, Cĕrĕremque cănistris Expĕdiunt. V. Æn. 1. 701. PHR. Dea flāva (*from the yellow colour of her hair, and of corn*). Ov. Māter Ĕleusīna. V. Vos o clārissĭma mundi Lūmĭna, labentem cœlo quæ dūcĭtis annum Liber et alma Cĕres, vestro si mūnĕre tellus Chāŏniam pingui glandem mūtāvit ăristâ. V. Prīma Cĕres ferro mortāles vertĕre terram Instĭtuit. V. Annua magnæ Săcra rĕfer Cĕrĕri, lætis ŏpĕrātus in herbis. V. Fertĭlis frūgum pĕcŏrisque tellus Spīceâ dōnet Cĕrĕrem cŏrōnâ. Hor. Mactant lectas de mōre bĭdentes Lēgĭfĕræ Cereri. V. v. Ov. Am. 3. 10. 1—44.

cēreus, a, um. *Made of wax, like wax in any respect.*—— Illæ (apes, sc.) intus trĕpĭdæ rērum per cērea castra Discurrunt. V. Æn. 12. 589. Cum tu Lȳdia Tēlĕphi Cervīcem rŏseam et cērea Tēlĕphi Laudas brāchia. Hor. 1. 13. 2.

‡cēreus, i. as subst. *A wax taper.*—— Hic tĭbĭ nocturnos præstābit cēreus ignes. Mart. 14. 42. 1. v. lucerna.

cērintha, æ. *Honeywort.*—— Trīta melisphylla, et cērinthæ ignōbĭle grāmen. V. G. 4. 63.

cerno, is, crevi. no sup. or perf. pass. 1. *To sift, to separate by a sieve.*—2. *To decide (esp. by fighting), to fight.*—3. *To determine.*—4. *To see (this is by far the most usual sense, the others are very rare).*—— 1. Prōtĭnus in crībris omnia cerne căvis. Ov. M. F. 62.—2. Inter se coiisse vīros, et cernĕre ferro. V. Æn. 12. 709.—3. Pŏtius germānum āmittĕre crēvi. Cat. 62. 150.—4. In mĕdio classes ærātas, Actia bella Cernĕre ĕrat. V. Æn. 8. 676. SYN. 1. discerno.—2. dēcerno; pugno, as, q. v.—3. stătuo, ĭs.—4. aspĭcio, is, spexi; conspĭcio; vĭdeo, es, vīdi, q. v.

cernuus, a, um. *Stooping with the face forwards or downwards.*—— Ējectoque incumbit cernuus armo. V. Æn. 10. 894. SYN. prōnus.

‡cērōma, ătis. neut. *An unguent with which wrestlers anointed themselves.*—— Vāra neque injecto cērōmăte brāchia tendis. Mart. 7. 31.

‡cērōmătĭcus, a, um. *Anointed with ceroma.*—— Et cērōmătĭco fert nīcētēria collo. Juv. 3. 98.

‡cērōtum, i. *Cerate.*—— Nec labra pingui dēlībūta cērōto. Mart. 11. 99. 6.

§cerrītus, a, um. *Frantic, mad.*—— Hellăde percussâ Mărius cum præcĭpĭtat se Cerrītus fuit? Hor. Sat. 2. 3. 278. SYN. āmens, insānus, q. v.

certāmĕn, inis. neut. 1. *Combat, contest.*—2. *Competition, rivalry, zeal.*—— 1. Latique ĭneunt certāmĭna disci. Ov. Met. 10. 177.—2. Olli certāmĭne summo Prōcumbunt. V. Æn. 5. 197. SYN. 1. †certātio, ‡certātus, ûs; (*of warlike contests*) pugna, prælium, q. v.—2. §stŭdium. PHR. Testātur sōlum posci in certāmĭna Turnum. V. Illi inter sese dūri cetāmĭna belli Contŭlĕrant. V. Nec tămĕn indigner pro tantâ sūmĕre ferrum Conjŭge, certāmen præmia magna mŏvent. Ov. Dixit, et in lītem stŭdio certāmĭnis issent. Ov. Dum pĕrăgunt pulchri jŭvĕnes certāmen ămōris. Ov. Stŭdiis certamina crescunt. Ov. Instĭtuit săcros cĕlĕbri certāmĭne ludos. Ov. Ipse fĕret prĕtium jam nunc certāmĭnis hujus. Ov.

certātim. *With emulation, eagerly.*—— Certātim socii fĕriunt măre, et æquŏra verrunt. V. Æn. 5. 778. Cingĭtur ipse fĕrens certātim in prælia Turnus. V. Æn. 11. 486.

†certātio, ōnis. fem. *A contest.*—— Nunquam vīdi ĭnīquius certātionem compărātam. Ter. Ad. 2. 2. 3. SYN. certamen, q. v.

‡certātus, ûs. *A contest.*—— Rīdetque bĕnigna Parthĕnŏpē gentīle săcrum nūdosque vīrōrum Certātūs. Stat. Sylv. 3. 1. 152. SYN. certāmen, q. v.

certātus, a, um. part. from certo, q. v. *Contended for.*——*Certātam* līte Deōrum Ambrăciam versique vĭdent sub ĭmāgĭne saxum Jūdĭcis. Ov. Met. 13. 713.

certē, compar. **certius.** *Certainly.*——Tempus ut observem manda mĭhĭ *certius* Ībis. Ov. Her. 7. 173.

certo, as. 1. *To contend, to combat, to vie.*—2. *To try with emulation.*——1. Turni de vīta et sanguine *certant.* V. Æn. 12. 765. Tōto *certātum* est corpŏre regni. V. Æn. 11. 313. *Certent* et cȳcnis ŭlŭlæ. V. E. 8. 55.—2. Non jam prīma pĕto Mnestheus, nĕque vincĕre *certo.* V. Æn. 5. 194. SYN. 1. dĕcerto, contendo, ĭs; pugno, as, q. v.

certus, a, um. 1. *Determined (of persons or things).*—2. *Informed, c. gen., in which sense the compar. is often used in the positive sense.*—3. *Unerring.*—4. *Certain, undoubted.*——1. *Certus* ĕs ire tămen, mĭsĕramque rĕlinquĕre Dīdo. Ov. Her. 7. 7. Ænēas celsâ in puppi jam *certus* eundi. V. Æn. 4. 554. *Certum* est in sylvis inter spēlæa fĕrārum Malle păti. V. E. 10. 52.—2. E nostro carmine *certus* eris. Ov. F. 6. 104. Anchīsen făcio *certum* remque ordĭne pando. V. Æn. 3. 179. Nec quisquam est a quo *certior* esse queam. Ov. Tr. 3. 14. 44. Dēbuĕram scripto *certior* esse tuo. Ov. Her. 6. 4.—3. *Certus* ĕnim prōmīsit Apollo. Hor. 1. 7. 28. *Certam* quătit imprŏbus hastam. V. Æn. 11. 767.—4. Causaque cur jŭbeat (dīcĭte) *certa* sŭbest. Ov. F. 4. 140. SYN. 4. ‡indŭbĭtātus. PHR. *To be certain.* Cernĕre non dŭbiâ sum mĭhĭ vīsa fĭde. Ov. Nec sum ănĭmi dŭbius verbis ea vincĕre magnum Quam sit. V. Nĕque ĕrit dŭbĭtābĭle vērum. Ov. Non habet exactum quid ăgat. Ov. Stat nĕce mātūrâ tĕnĕrum pensāre pŭdōrem. Ov. v. dubito.

cerva, æ. *A hind, a doe.*——Qualis conjectâ *cerva* săgittâ Quam prŏcul incautam nĕmŏra inter Cressia fixit Pāstor ăgens tēlis. V. Æn. 4. 69. SYN. dāma, æ.

‡cĕrūchi, orum. *The ropes at the ends of the yards of a ship.*——Surget et instābit summis magna Ursa *cĕrūchis.* Lucan. 8. 177.

‡cervīcăl, ālis. neut. *A cushion.*——Tinge căput nardi fŏlio *cervīcăl* ŏlēbit. Mart. 14. 146. 1.

cervīnus, a, um. *Of a stag.*——Lătĕri *cervīna* sĭnistro Vellĕra dēpendent. Ov. Met. 6. 592.

cervix, īcis. fem. *The neck, prop. the back of the neck.*—2. ‡*The top of any thing.*——1. Nec quisquam pŏtior brāchia candĭdæ *Cervīci* jŭvĕnis dăbat. Hor. 3. 9. 3.—2. Alpīni vĕlŭti rēgīna cŭpressus Vertĭcis urgentes *cervīcem* inclīnat in Austros. Stat. Theb. 6. 855. SYN. 1. collum, q. v.—2. căcūmĕn, ĭnis, *neut.* q. v.

cērussa, æ. *Whitelead, a white paint used by women.*——Nec *cērussa* tĭbĭ nec nītri spūma rŭbentis Desit. Ov. M. F. 73.

‡cērussātus, a, um. *Tinted with cerussa.*——Et *cērussātâ* candĭdiora cŭte. Mart. 7. 24. 2.

cervus, i. *A stag or buck.* (*The ancients had a false belief that stags lived to an immense age.*)——Utque fŭgax ăvĭdis *cervus* deprênsus ab ursis. Ov. Tr. 3. 11. 11. SYN. dāma, æ, *masc. and fem.* PHR. Rāmōsa . . . vīvācis cornua cervi. V. Tīmĭdi dāmæ cervique fŭgāces. V. Vēlōces jăcŭlo cervos cursuque fătīgat. V. Si forte (leo) fŭgācem conspexit căpream, aut surgentem in cornua cervum. V. Pătentes Transmittunt cursu campos atque agmĭna cervi Pulvĕrŭlenta fŭgâ glŏmĕrant montesque rĕlinquunt. V. Montesque per altos Ingentem clāmōre prĕmes ad rētia cervum. V. Cervi lŭpōrum præda răpācium. Hor. Quem tu cervus ŭtī vallis in altĕrâ Vīsum parte lŭpum grāmĭnis immĕmor Sublīmi fŭgies mollis ănhēlĭtu. Hor. Aut păvĭdos terrē văriâ formīdĭne cervos. Ov. Nec făciunt cervos cornua jacta sĕnes. Ov.

cespĕs, ĭtis. masc. *Turf.*——Grāmĭneus mădĭdam *cespĕs* ŏbumbrat hŭmum. Ov. Am. 5. 16. 10. SYN. herba; grāmĕn, ĭnis. *neut.* PHR. Āraque grāmĭneo vĭrĭdis de cespĭte fīat. Ov. Pars jăcet et molli grāmĭne membra levat. Ov. Vĭrĭdi cespĭte mollis hŭmus. Ov. Tĕnĕri cespĭtis herba. Ov. Hic vīvum mihĭ cespĭtem . . . puĕri pōnĭte. Hor.

cessātus, a, um. *Interrupted, having had a rest.* v. cesso.——Illa mŏram cĕlĕri *cessātaque* tempŏra cursu Corrĭgit. Ov. Met. 10. 669. Largaque prōvĕnit *cessātis* messis in arvis. Ov. F. 4. 617.

cesso, ās. 1. *To cease.*—2. *To be idle; (of fields) to lie fallow.*—3. *To have leisure for, c. dat.*—4. *To delay, to loiter, to lose time.*——1. Aut pŭteis mānāre cruor *cessāvit*. V. G. 1. 485.—2. Alternis ĕtiam tonsas *cessāre* nŏvāles. V. G. 1. 71.—3. At tua non ætas unquam *cessāvit* ămōri. Prop. 1. 6. 21.—4. Vīlis Eurōpē păter urget absens; Quid mŏri *cessas*. Hor. 3. 27. 58. *Cessas* in vōta prĕcesque Tros, ait, Ænēā, *cessas?* V. Æn. 6. 51. Præstat Trīnăcrii mētas lustrāre Pāchȳni *Cessantem*. V. Æn 3. 429. Quicquid ăpud dūræ *cessātum* est mœnia Trōjæ. V. Æn. 11. 288. SYN. dēsĭno, is, sivi (*usu.* dēsii), *no sup. or pass. part.*; absisto, is, stĭti, *no sup. etc.* (*only of persons*); dēsisto (*rarely of things in the purest writers*).—2, 3. văco, as, q. v.—4. mŏror, āris.

‡cestus, ūs, acc. ŏn. 1. *The girdle of Venus.*—2. *Any girdle.*——1. Sūme Cȳthĕriăco mĕdĭcātum nectare *ceston*. Mart. 14. 207.—2. Solvisse jŭgālem *Cestŏn* et Īdălias prŏcŭl ablēgasse vŏlŭcres Fertur. Stat. Theb. 5. 63. SYN. 2. zōna, q. v.

§cētāria, orum. *Fishponds.*—— Plūres annābunt thynni et *cētāria* crescent. Hor. Sat. 2. 5. 44.

†cētārius, i. *A fishmonger.*——*Cētārii*, lănii, cŏqui, fartōres. Ter. Eun. 2. 2. 26.

cētus, i. masc. and **cētŏs** neut., pl. neut. **cētē, cētŏn, cētis**, but in good poetry found only in nom. and acc. pl. neut.——Tum văriæ cŏmĭtum făcies, immānia *cēte*. V. Æn. 5. 822. SYN. bālæna, q. v.

cētra, æ. *A light leathern shield.*——Lævas *cētra* rĕgit; falcati commĭnus enses. V. Æn. 7. 732. SYN. pelta, parma, parmŭla. v. clypeus.

ceu. 1. *As* (*esp. in comparison*).—2. *As if.*——1. Dīrus per urbes Afer ut Italas, *Ceu* flamma per tædas, ... Hor. 4. 4. 43.—2. Exornabat opus verbis, *ceu* blanda perurat. Prop. 4. 5. 19. SYN. 1. ut, vĕlut, vĕlŭti, sīcut.—2. quăsĭ, tanquam.

‡cēveo, ēs. no perf. *To wag the tail, to fawn.*——An Rōmŭle *cēves?* Pers. 1. 87.

Cēus, a, um. *Of the island Cea or Ceos.* (*Ceos was the country of Simonides, and therefore Cēus often refers to him.*)——Sed ne rĕlictis Mūsa prŏcax jŏcis *Cēæ* rĕtractes mūnĕra næniæ. Hor. 2. 1. 38.

Cēyx, ycis, yci, ycă. *The husband of Alcyone*, q. v.——Alcyŏnē *Cēycă* mŏvet, *Cēycis* in ōre Nulla nĭsi Alcyŏne est. Ov. Met. 11. 544.

‡chærŏphȳllum, i. *Chervil.*——Jam brĕve *chærŏphȳllum*, et torpenti grāta pă-lāto Intŭba. Columella, 10. 110.

Chalcēdon, ŏnis. fem. *A city in Bīthȳnia opposite to Byzantium.*——Quamvis Bȳzantĭon arcto Pontus et ostrĭfĕram dĭrĭmat *Chalcēdonă* cursu. Lucan. 9. 962.

Chalcēdŏnius, a, um *Of Chalcedon.*——Et *Chalcēdŏnias* contrā despectat ărēnas. Claud. Ruf. 2. 55.

Chalcĭdĭcus, a, um. *Of Chalcis in Eubœa, or of any colony, etc., derived from Chalcis, e. g. of Cumæ.*——*Chalcĭdĭcam*que lĕvis tandem sŭpĕrastĭtit arcem. V. Æn. 6. 17.

Chalcis, ĭdŏs, ĭdi, ĭda. fem. *The chief city of Eubœa.*——Arctior Euboĭcā quā *Chalcĭda* verbĕrat undā. Lucan. 2. 710. SYN. Œchălia.

Chaldæus, a, um. *Chaldæan.*——Arva sŭper Cȳri, *Chaldæi*que ultĭma regni. Lucan. 8. 226. SYN. Assȳrius.

chălȳbēĭus, a, um. *Of steel, of iron.*——Æs ĕrat in prĕtio, *chălȳbēĭă* massa lătēbat. Ov. F. 4. 405. v. ferrum.

Chălȳbes, um. masc. pl. *A people of Pontus celebrated for their iron mines.*——India mittit ĕbur, molles sua thūra Sabæi, At *Chălȳbes* nūdi ferrum. V. G. 1. 58.

chălybs, ȳbis. masc. 1. *Steel, iron.*—2. ‡*Any thing made of iron; a sword, a spear, a bridle-bit, chains, etc.*——1. Vulnĭfĭcusque *chălybs* vastā fornāce lĭquescit. V. Æn. 8. 446.—2. Scĕlĕris sed crīmĭne nullo Externam măcŭlant *chălȳbem*. Lucan. 7. 518. SYN. 1, 2. ferrum, q. v.

chămæleŏn, ōnis. masc. *A chamæleon.*——PHR. Id quŏque quod ventis ănĭmal nūtrĭtur et aurā Prōtĭnus assĭmŭlat tactu quoscunque cŏlōres. Ov.

channē, ēs. *A fish like a perch, a pope or ruff.*——Ex se Concipiens *channē* gĕmĭno fraudata părente. Ov. Hal. 108.

Chāŏnia, æ. *A part of Epirus.*——*Chāŏniam*que omnem Trōjāno a Chāŏne dixit. V. Æn. 3. 335. v. Epirus.

Chāŏnis, ĭdŏs. fem. adj. *Chaonian.* —— Quasque colat turres *Chāŏnis* ālĕs (columba sc.) hăbet. Ov. A. A. 2. 150.

Chāŏnius, ă, um. (**Chāon, ŏnis,** only occurs in pl. **Chāŏnĕs,** and not before Claudian.) *Chaonian.* —— Qui *Chāŏnios* cognōmĭne campos. V. Æn. 3. 334.

Chăŏs. neut. only found in nom. acc. and abl. sing. **chao.** 1. *Chaos.* — 2. *An abyss, hell.* —— Ūnus ĕrat tōto nātūræ vultus in orbe Quem dixēre *Chaos* rŭdis indĭgestaque mōles. Ov. Met. 1. 7. — 2. Pŏsĭta est mihĭ (Jupiter loquitur) rēgia cœlo, Possĭdet alter ăquas, Alter ĭnāne *Chaos.* Ov. F. 4. 600. PHR. Et Chăos et Phlĕgĕthon, lŏca nocte sĭlentia lāte. V. Dēforme Chaos. Seneca. Glŏbus et sĭne ĭmāgĭne mōles. Ov.

chăristia, ōrum. *A feast at which only relations met; and if there had been any quarrel between any of them, it was made up.* —— Proxĭma cognāti dixēre *Chăristia* cāri. Ov. F. 9. 617. v. 617—632.

Chărĭtĕs, um, dat. **Chărĭsĭn,** acc. **tās** or **tĕs.** *The Graces.* —— Aversis *Chărĭsin* cantas, āversus Ăpollo. Prop. 4. 1. 75. v. Gratia.

Chăron, ontis. *The ferryman of hell, who transported the dead across the Styx.* —— Portĭtor has horrendus ăquas et flūmĭna servat Terrĭbĭli squallōre *Chăron.* V. Æn. 6. 299. PHR. Nāvĭta quos jam inde ut Stygiâ prospexit ab undâ. V. Nec portĭtor Orci Amplius objectam passus transīre pălūdem. V. Nauta pias hŏmĭnum qui trăgĭcis umbras. Prop. *Charon's boat is called* Stўgia cymba. V. Stўgia cărīna. V. Stўgia rătis. Ov. Stўgiæ nāvĭta puppis ăquæ. Tib. v. V. Æn. 6. 298—304. v. Styx.

charta, æ. 1. *Paper.* — 2. *A writing, a book, esp. in pl.* —— 1. Trādĭtur hæc dĭgĭtis *charta* nŏtāta meis. Ov. Her. 1. 62. — 2. Si *chartæ* sĭleant quod bĕne fēcĕris. Hor. 4. 8. 21. SYN. 1, 2. ‡ păpўrus, i. *fem.* 2. scriptum, lĭber, lĭbri.

Chărybdis, is. acc. **im** and **in.** *A whirlpool off Sicily, near Messina.* —— Narrent Quas Scylla infestet, quasve *Chărybdis* ăquas. Ov. Am. 2. 11. 18. EPITH. Zanclæa, Sĭcŭla. PHR. Lævum implācāta Chărybdis Obsĭdet, atque imo bărăthri ter gurgite vastos Sorbet in ăbruptum fluctus rursusque sub auras Ērigit alternos, et sīdĕra verbĕrat undâ. V. Gĕmĭtum ingentem pĕlăgi pulsātaque saxa Audīmus longē, fractasque ad lĭtŏra vōces, Exsultantque vădа, atque æstu miscentur ărēnæ; Et pater Anchīses, nīmīrum hæc illa Chărybdis. V. Vel me Zanclæa Chărybdis Dēvŏret, atque suis ad Stўgă mittat ăquis. Ov. Scylla răpax, Scyllæque adversa Chărybdis. Ov. Nec pŏtĕs infestis conferre Chărybdĭn Ăchīvis Ter lĭcet ēpōtum ter vŏmat illa frĕtum. Ov. Submersis rătĭbus sătūrāta Chărybdis Fundat, et effūsas ore rĕsorbet ăquas. Ov. Rătĭbusque ĭnĭmīca Chărybdis. Ov. Scylla lătus dextrum, lævum irrequiēta Chărybdis Infestant. Ov. Alternante vŏrans vasta Chărybdis ăquâ. Prop. Scyllaque et alternas scissa Chărybdis ăquas. Prop. v. Scylla.

chēlæ, ārum. fem. *The arms of a scorpion, esp. with ref. to the sign of the zodiac.* —— Quâ lŏcus Ērĭgŏnēn ĭnter *Chēlas*que sequentes Pandĭtur. V. G. 1. 33.

‡chĕlīdŏnia, æ. *The herb celandine or swallow-wort.* —— Purpŭreæque *chĕlīdŏniæ*, pinguesque mărĭscæ. Columella, 10. 415.

chĕlўdrus, i. masc. *A sort of water-snake or water-tortoise.* —— Galbăneoque ăgĭtāre grăves nīdōre *chĕlўdros.* V. G. 3. 415.

chĕlys, yos. acc. **ўn,** voc. **ў.** fem. (*A tortoise, and as it was originally made of the shell of a tortoise*) *A lyre.* —— Inde *chĕlyn* Phœbo commūnia mūnĕra pōnam. Ov. Her. 15. 181. SYN. testūdo, ĭnis, *fem.*; lўra, q. v.

‡chersўdrŏs, ī. acc. **on.** *An amphibious snake.* —— Nātus et ambĭguæ cŏlĕret qui Syrtĭbus arva *Chersўdrŏs.* Lucan. 9. 711.

Chĭmæra, æ. fem. *A mountain in Lycia, whose top was infested by lions and its bottom by snakes; in the middle was a volcano. The fable was that Chimæra was a monster, with a lion's head, a serpent's tail, and the body of a goat vomiting fire, which was slain by Bellerophon mounted on Pegasus.* —— Vix illĭgātum te trĭformi Pēgăsus expĕdiet *Chĭmærâ.* Hor. 1. 27. 24. PHR. Me nec Chĭmæræ spīrĭtus igneæ .... Dīvellet. Hor. Trĕmendæ Flamma Chĭmæræ. Hor. Flammis armāta Chĭmæra. V. Chĭmæram .... Ætnæos efflantem faucĭbus ignes. V. Quŏque Chĭmæra jŭgo mĕdiis in partibus ignem Pectus et ōra leæ, caudam serpentis hăbebat. Ov. Flammam volvens ōre Chĭmæra fĕro. Tib.

Chimærēus, a, um. *Of the Chimæra.*——Alma *Chĭmærēo* Xanthi perfūsa lĭquōre. V. Culex. 14.

Chimærifer, ĕra, ĕrum. *Producing the Chimæra.*——Jamque *Chĭmærĭfĕræ* cum Sol grăvis ūrĕret arva Fīnĭbus in Lўciæ. Ov. Met. 6. 339.

Chiŏs, i. fem. *The island Chios or Scio in the Ægean Sea, esp. celebrated for its wine.*——Quid tĭbĭ visa *Chios*, Bullātĭ, nōtaque Lesbos? Hor. Ep. 1. 11. 1.

Chīus, a, um. *Of Chios.*——Căpaciōres affer huc puer scўphos, et *Chĭa* vīna aut Lesbia. Hor. Epod. 9. 34.

chirăgra, æ. *Gout in the hand.*——Nōdōsâ corpus nōlis prohĭbēre *chirăgrâ*. Hor. Ep. 1. 1. 31.

‡**chirŏgrăphum**, i. *Handwriting.*——Vāna sŭpervăcuī dicunt *chīrŏgrăpha* ligni. Juv. 13. 137.

Chīron, ōnis. *One of the most celebrated of the Centaurs, son of Saturn and Phillўra or Phĭlўra, tutor of Achilles, and very eminent as a physician.*——Præmia nec *Chīron* ab Ăchilli talia cēpit. Ov. Ep. e P. 3. 3. 43. SYN. Phillўrĭdes, æ. PHR. Chīron sēmĭvir, et flāvi corpŏre mistus ĕqui. Ov. Phĭlўrēius hēros. Ov. Ut Săturnus ĕquo gĕmĭnum *Chīrōna* creārit. Ov. Æăcĭdæ *Chīron*, ĕgŏ sum præceptor Ămōris. Ov. *For Chiron's death*, v. Ov. F. 5. 381—414.

‡**chīrŏnŏmus**, i. masc. and fem. *One who gesticulates correctly.*——*Chīrŏnŏmon* Lēdam molli saltante Băthyllo Tuccia vēsīcæ non impĕrat. Juv. 6. 63.

‡**chīrurgus**, i. *A surgeon.*——*Chīrurgus* fuĕrat, nunc est vespillŏ Diaulus. Mart. 1. 31. 1. SYN. mĕdĭcus.

†**chlămўdātus**, a, um. *Clad in a cloak.*——Qui hic hŏmŏ *chlămўdātus* est? Plaut. Ps. 4. 2. 8. SYN. ‡ săgātus.

chlămўs, ўdis. fem. *A cloak, a mantle (properly a military cloak).*——Pictus ăcu *chlămўdem*, et ferrūgine tinctus Ĭbērâ. V. Æn. 9. 582. SYN. săgulum, ‡săgum (*both only of military cloaks*), tŏga (*not military*), pallium. PHR. Sīdŏniam picto chlămўdem circumdăta limbo (Dido sc.). V. Chlămўdem aurātam quam plūrĭma circum Purpŭra Mæandro dŭplĭci Melibœa cŭcurrit. V.

Chlōris, ĭdŏs, ĭdĭ, ĭdă. *An ancient name of the goddess Flora.*——*Chlōris* ĕram quæ Flora vŏcor. Ov. F. 5. 195. v. Flora.

‡**chŏraulēs**, æ. masc. *A flute player.*——Aut Glăphўrus fīat păter Ambrŏsiusque *chŏraules*. Juv. 6. 77. SYN. tībīcĕn, ĭnis, *masc.* q. v.

chorda, æ. *A string of a lyre or musical instrument.*——Non ante vulgātas per artes Verba lŏquor sŏcianda *chordis*. Hor. 4. 9. 4. SYN. nervus, i, *masc.*; fīlum. PHR. Reddĭdit icta suos pollĭce chorda sŏnos. Ov. Hæc quĕrŭlas ăgĭli percurrit pollĭce chordas. Ov. Calliŏpē quĕrŭlas prætentat pollĭce chordas, Atque hæc percussis subjungit carmĭna nervis. Ov. Impulsas tentāvit pollĭce chordas. Ov. Nŭmĕros intendĕre nervis. V. Septēna pŭtāris Plēĭădum nŭmĕrum fīla dĕdisse lўræ. Ov.

chŏrēa, æ. *The dance.*——Jŭvat indulgēre *chŏrēis* V. Æn. 9. 615. Pars pĕdĭbus plaudunt *chŏrēas* et carmĭna dīcunt. V. Æn. 6. 644. SYN. chŏrus. PHR. Cum quĭbus illa chŏros lūcis ăgĭtābat in altis. V. Exercet Dīāna chŏros. V. Grătia cum nymphis gĕmĭnisque sŏrōrĭbus audet Dūcĕre nūda chŏros. Hor. Grătiæ dĕcentes Alterno terram quătiunt pĕde. Hor. Gaudet invīsam pĕpŭlisse fossor Ter pĕde terram. Hor. Rŭdem præbente mŏdum tībĭcine Tusco Lūdius æquātam ter pĕde pulsat hŭmum. Ov. Quam nec ferre pĕdem dĕdĕcuit chŏris. Hor. Chŏris implĭcuisse mănus. Prop. Sæpe sub hāc Dryădes festas duxēre chŏrēas Sæpe etiam mănĭbus nexis ex ordĭne trunci Circŭiēre mŏdum. Ov. v. salto, v. chorus.

‡**chors**, chortis. fem. *A coop, a poultry-yard.*——At nunc accĭpe *chortis* ăves. Mart. 13. 45. 2.

chŏrus, i. masc. 1. *A company of singers and dancers.*—2. *A dance.*—3. *Any group.*—4. *The chorus in a play.*——1. Nymphārumque lĕves cum Sătўris *chŏri*. Hor. 1. 1. 31.—2. Ad molles membra rĕsolve *chŏros*. Prop. 2. 34. 42.—3. Plēĭădum *chŏro* Scindente nūbes. Hor. 4. 14. 21.—4. Actoris partes *chŏrus* offĭciumque vĭrīle Dēfendat. Hor. A. P. 193. SYN. 2. chŏrēa.—3. mănus, ūs, *fem.*; agmĕn, ĭnis, *neut.*; turba, q. v.; cohors, ortis, *fem.* v. chorea.

‡**chrўsendēta**, orum. *Vessels tipped with gold, pieces of gilt plate.*——Accĭpe vīna dŏmum, puĕros *chrўsendēta*, mensas. Mart. 11. 30. 7.

chrўsŏlĭthus, i. *A chrysolite.*——Per jŭga *chrўsŏlĭthi*, pŏsĭtæque ex ordĭne gemmæ. Ov. Met. 2. 109. PHR. Quosque dĕdit flāvo lūmĭne chrȳsŏlīthos. Prop.

chrȳsŏphrȳs, yŏs. acc. ȳn. *A sort of fish.*——Auri *chrȳsŏphrȳs* ĭmĭtāta dĕcus. Ov. Hal. 110.

§cĭbāria, orum. neut. pl. *Food.*——Cum sĭbĭ sint congesta *cĭbāria.* Hor. Sat. 1. 1. 32. SYN. cĭbus, q. v.

†cĭbārius, a, um. *Of food.*——Mihī rem summam crēdĭdit *cĭbāriam.* Plaut. Capt. 4. 31.

†cĭbātus, ûs. masc. *Food.*——Aut ălios hŏmĭnum pastus, pĕcŭdumque *cĭbātus.* Lucr. 6. 1125. SYN. cĭbus, q. v.

cĭbōrium, i. *A cup (properly a cup made of the pod of the Egyptian bean).*——Ŏblīviōso levia Massĭco *cĭbōria* explē. Hor. 2. 7. 22. SYN. pōcŭlum, sync. pōclum, q. v.

cĭbus, i. masc. *Food, often metaph.*——Prīma Cĕres hŏmĭni ad mĕliōra ălĭmenta vŏcāto mūtāvit glandes ūtĭliōre *cĭbo.* Ov. F. 4. 402. Omnia pro stĭmŭlis făcĭbusque, *cĭboque* fŭrōris Accĭpit. Ov. Met. 6. 480. SYN. esca, ălĭmentum; victus, ûs, *masc.*; †cĭbātus, ûs; §cĭbāria, orum.

Cĭbȳrătĭcus, a, um. *Cilician, from Cibyra, a city in Cilicia.*——Ne *Cĭbȳrătĭca*, ne Bīthȳna nĕgōtia perdas. Hor. Epist. 1. 6. 33. SYN. Cĭlix, q. v.

cĭcāda, æ. *A grasshopper, celebrated among the ancients for its constant chirping in the summer.*——Raucis Sōle sub ardenti rĕsŏnant arbusta *cĭcādis.* V. E. 2. 14. PHR. Cantu quĕrŭlæ rumpent arbusta cĭcādæ. V. Dumque thȳmo pascentur ăpes, dum rōre cĭcādæ. V.

†cĭcātrīcōsus, a, um. *Scarred.*——Si tergum *cĭcātrīcōsum.* Plaut. Amphit. 1. 1. 290.

cĭcātrix, īcis. fem. *A scar.*——Ĕheu *cĭcātrīcum* et scĕlĕris pŭdet. Hor. 1. 35. 33. PHR. Tempŏre dūcētur longo fortasse cĭcātrix. Ov. Cerne cĭcātrīces, vĕtĕris vestīgia pugnæ. Ov. Vulnus in antīquum rĕdiit măle firma cĭcātrix. Ov. Appāret ădhuc vĕtus ecce cĭcātrix. Ov.

cĭcer, ĕris. neut. *A vetch.*——Nĕque ille Sēpŏsĭti *cĭcĕris*, nec longæ invĭdit ăvēnæ. Hor. Sat. 2. 6. 84.

Cĭcĕro, onis. *Marcus Tullius Cicero, a native of Arpīnum, the greatest of the Roman orators, put to death by order of Antony.*——Rōma părentem, Rōma pătrem pătriæ *Cĭcĕrōnem* lībĕra dixit. Juv. 8. 244. EPITH. Arpīnās, ātis. PHR. Dīsertissĭme Rōmŭli nĕpōtum Quot sunt, quotque fuēre, Marce Tulli. Cat. Rōmāni maxĭmus auctor Tullius ēlŏquii cūjus sub jūre tŏgâque Pācĭfĭcas sævus trĕmuit Cătĭlīna sĕcūres. Lucan.

cĭchōreum, i. *Wild endive, succory.*——Me pascunt ŏlīvæ, me *cĭchŏrēa* lĕvesque malvæ. Hor. 1. 31. 16.

Cĭcŏnes, um. *Thracians.*——Sprētæ *Cĭcŏnum* quo mūnĕre mātres. V. G. 4. 520. v. Thrax.

cĭcōnia, æ. *A stork.*——Sumtis quin candĭda pennis Ipsa sĭbĭ plaudat crĕpĭtante cĭcōnia rostro. Ov. Met. 6. 97. PHR. Vēre rŭbenti candĭda vĕnit ăvis longis invīsa cŏlŭbris. V.

cĭcūta, æ. 1. *Hemlock.*—2. *The space between the joints of a flute.*—3. *A flute.*——1. Tacta tămen vĕlŭti gĕlĭdâ mea membra *cĭcūtâ.* Ov. Am. 3. 7. 13.—2. Est mihĭ dispărĭbus septem compacta *cĭcūtis* Fistula. V. E. 2. 36.—3. Hâc te nos frăgĭli dōnābimus ante *cĭcūtâ.* V. E. 5. 85. SYN. 3. ărundo, inis, *fem.*; călămus, fistŭla, q. v.

cieo, es. only in pres. and imper. and fut. act.——1. *To rouse, to excite.*—2. *To call, to invoke.*——1. Ære *ciēre* vĭros Martemque accendĕre cantu. V. Æn. 6. 165. Quantas ăcies strāgemque *ciēbunt.* V. Æn. 6. 830.—2. Clamat, et alterni snōmen ŭtrumque *ciet.* Ov. F. 4. 484. SYN. 1. accendo, is; excĭto, as; concĭto, as; stĭmŭlo, as; exstĭmŭlo, instĭmŭlo; mŏveo, es, mōvi.—2. vŏco, as; invŏco.

Cĭlix, īcis. masc. neut., fem. **Cĭlissa.** *Cilician.*——Ardet Ăthos, Taurusque *Cĭlix*, et Tmōlus, et Ætē. Met. 2. 207. Et sŏnat accensis spīca *Cĭlissa* focis Ov. F. 1. 76. SYN. Cĭbȳrătĭcus (Thespīca Cĭlissa *is crocus or saffron*—Quotque fĕrat dīcam terra *Cĭlissa* crŏcos), Ov. Ibis. 200.

Cilla, æ. acc. **am** or **ăn.** *A city near Troy.*—Me crēdĭte Lesbon, Me Tĕnĕdon, Chrȳsemque et *Cillăn* Ăpollĭnis urbes et Sȳron cepisse. Ov. Met. 13. 174.

cīmex, ĭcis. masc. *A bug.*——Nec *cīmex*, nĕc ărāneus, nĕc ignis. Cat. 21. 2.

Cimmĕrius, a, um. *Of the Tartars, Scythian, whose country was proverbial among the ancients for cold and darkness.* —— Est prŏpĕ *Cimmĕrios* longo spēlunca rĕcessu. Mons căvus ignāvi dŏmus et pĕnĕtrālia Somni. Ov. Met. 11. 592. SYN. Scȳthĭcus (*of the people*); Scȳthæ, arum, *masc.* q. v.

‡cĭnăra, æ. or **cĭnărĕ, es.** fem. *An artichoke.* —— Hispĭda pōnātur *cĭnărē* quæ dulcis Iaccho. Columella. 10. 235.

Cincinnātus, i. *An illustrious Roman general, called also Serrānus,* q. v.

‡cincinnus, i. masc. *A curl.* —— Altior hic quārē *cincinnus.* Juv. 6. 491. SYN. ‡cirrus.

cinctus, ūs. *An apron.* Cinctus Găbīnus. *A sort of tucked-up cloak, worn by the consul when he proclaimed war.* —— Ipse Quĭrīnāli trăbeā *cinctu*que Găbīno Insignis rĕsĕrat strīdentia līmĭna Consul. V. Æn. 7. 612.

cinctūtus, a, um. *Girt up.* —— Sēmĭcăper cŏlĕris *cinctutis* Faune Lŭpercis. Ov. F. 5. 101. SYN. cinctus, præcinctus.

†cĭnĕfactus, a, um. *Reduced to ashes, burnt.* —— At nos horrifĭco *cĭnĕfactum* tē prŏpĕ busto Insătiābĭlĭter dēflēbĭmus. Lucr. 3. 919. SYN. ustus, crĕmātus.

§cĭnerārius, i. *A hairdresser.* —— Nunc tuum *cĭnĕrārius* Tondet os. Cat. 59. 138. SYN. tonsor, ōris.

cingo, ĭs, xi. 1. *To gird.*—2. *To crown.*—3. *To surround in any way.* —— 1. Tālia fātus Ense lătus *cingit.* Ov. F. 2. 784. Inutĭle ferrum *cingĭtur,* ac densos fertur mŏrĭtūrus in hostes. V. Æn. 2. 511. — 2. Lauro *cinge* vŏlens Melpŏmĕnē cŏmam. Hor. 3. 30. 16. —— 3. Dumque lătus sancti *cingit* tĭbĭ turba Sĕnātus. Ov. Ep. e P. 4. 9. 17. SYN. 1. accingo; rĕvincio, īs, nxi, nctum.— 1, 2, 3. præcingo, incingo. — 2. cŏrōno, as, q. v. — 3. ‡circumcingo; ambio, īs; circumdo, as, dĕdi, dăre, dătum; ŏbeo, is; sēpio, īs, sepsi.

cingŭla, æ. *A girdle or girth for either man or beast.* —— Nec brĕvis in rūgas *cingŭla* pressa suas. Ov. A. A. 3. 344. SYN. cingŭlum, zōna, balteus (*the two last not applied to animals, the latter not to women before Lucan*).

§cinĭflo, onis. masc. *A hairdresser.* —— Custōdes lectica *cĭnĭflōnes* părăsīti. Hor. Sat. 1. 2. 98. SYN. tonsor, ōris; §cĭnĕrārius.

cĭnis, cĭnĕris. masc. very rarely fem. *Ashes, often esp. the ashes of the dead.* —— Versa est in *cĭnĕrem* sospĭte Troja vĭro. Ov. Her. 1. 24. Trōja vĭrûm et virtūtum omnium ăcerba *cĭnis.* Cat. 66. 90. SYN. făvilla. PHR. Namque suam (nutricem) pătriā antīquā cĭnis āter habēbat. V. Id cĭnĕrem aut mānes crēdis cūrāre sepultos? V. Non sătius cĭnĕres pătriæ insēdisse sŭpremos, atque sŏlum quo Trōja fuit? V. Accĭpiat cĭnĕres terra păterna meos. Ov. Quamvīs in cĭnĕrem corpus mūtāverit ignis sentiet offĭcium mœsta făvilla pium. Ov. v. mortuus.

cinnămum, and **cinnămŏn, i.** neut. *Cinnamon.* —— Quŏque fĕres gressūs ădŏlēbunt *cinnăma* flammæ. Ov. Her. 16. 333. Multumque mădenti Infūdĕre cŏmæ quod nondum ēvānuit aurā *Cinnămŏn.* Lucan. 10. 167. SYN. Ămōmum, q. v. EPITH. Assȳrius, Panchæus.

Cinȳphius, a, um. 1. *Of the river Cinyphus, in Africa, therefore*—2. *African.* —— Nūmĭdasque rĕbelles *Cinȳphium*que Jŭbam. . . . pŏpŭlo adjēcisse Quĭrīni. Ov. Met. 15. 755. SYN. 2. Lĭbȳcus. Āfer, fra, frum, q. v.

Cinȳras, æ. acc. ān. *King of Paphos, and father of Adonis.* —— Qui sŭpĕrest sŏlus *Cinȳrān* hăbet angŭlus orbum. Ov. Met. 6. 98.

Cinȳreius, a, um. *Of Cinȳras, epith. of Adonis; also of Myrrha, who was the daughter of another Cinyras (though some think it was the same).* —— Suem. . . sylvīs exīre părantem Fixĕrat ŏblīquo jŭvĕnis *Cinȳrēius* ictu. Ov. Met. 10. 712. SYN. Cĭnȳrēus.

Cinȳrēus, a, um. another form of prec. —— Īdălio *Cinȳrēæ* littŏre Cȳpri. Lucan. 8. 716.

§cio, cīs. (occurring in Virgil's juvenile poem, but quite obsolete in the Augustan age.) —— Bĭjŭges Ŏrĭens Ĕrĕbo cit ĕquos nox. V. Culex. 201. SYN. cieo, q. v.

cippus, i. masc. *A tombstone.* —— Mille pĕdes in fronte, trecentos *cippus* in ăgrum Hic dabat. Hor. Sat. 1. 8. 12. v. monumentum.

circā, circum, circĭter. circum is often put after its casè, but not circa; circiter is rarely used of *place,* and not used at all by the best poets. *Around, about, c. acc.* —— Dēsĭne . . . *circā* lustra dĕcem flectĕre mollĭbus Jam dūrum impĕriis,

Hor. 4. 1. 6. Hanc sĭne tempŏra *circum* Inter victrīces hĕdĕram tĭbĭ serpĕre lauros. V. E. 8. 12. Octāvam *circĭter* horam. Hor. Ep. 1. 7. 47.

Circæus, a, um. 1. *Of Circe, of Circeii, as a place inhabited by her.*—2. *Magical.* ——1. Proxĭma *Circææ* rāduntur littŏra terræ. V. Æn. 7. 10.—2. Seu mihĭ *Circæo* pĕreundem est grāmĭne. Prop. 2. 1. 53. SYN. 2. măgĭcus.

Circē, es. *Daughter of the Sun and Persē, or Persēis, a skilful enchantress, who detained Ulysses for some time on his return from Troy. She changed his companions into swine, but afterwards restored them to their natural form; she was the mother of Telegonus.*—— Sētōsa dūris exuĕre pellĭbus Lăbōriōsi rēmĭges Ŭlyssei Vŏlente *Circē* membra. Hor. Epod. 17. 17. SYN. Tītānis, ĭdŏs, ĭdĭ, ĭdă. EPITH. Œæa. Tītānia. PHR. Assuetas Circē dĕcurrit ad artes. Ov. Carmĭnĭbus Circē sŏcios mūtāvit Ŭlyxi. V. Dædăla Circē. V. Pīcus equūm dŏmĭtor quem capta cŭpīdĭne conjux Aureā percussum virgâ versumque vĕnēnis Fēcit ăvem Circē. V. Quos hŏmĭnum e făcie Dea sæva pŏtentĭbus herbis Induĕrat Circe in vultūs ac terga fĕrārum. V.

Circeii, orum. *A town in Lătium, named from Circe.*——Ostrea *Circeiis*, Mīsēno ŏriuntur Ĕchīni. Hor. Sat. 2. 4. 33.

Circensēs, um. masc. pl. (ludi being understood). *The games in the Circus.*—— Raptas sĭne mōre Săbīnas Consessu căveæ magnis *Circensĭbus* actis Addĭdĕrat. V. Æn. 8. 636. SYN. certāmĭna Circi, Ov.

circĭno, as. *To make a circle.*——Inclīnat cursūs et easdem *circĭnat* auras. Ov. Met. 2. 721.

‡Circius, i. *The north-west wind.*——Sōlus sua littŏra turbat *Circius.* Lucan, 1. 408. SYN. Argestes, æ.

circuĭtus, ūs. masc. *A going round, a circuit.*—— Sævaque *circuĭtu* curvantem brāchia longo Scorpiŏn. Ov. Met. 2. 83. SYN. gȳrus, q. v.

circulus, i. sync. **circlus.** masc. *A circle, a hoop or ring.*—— It pectŏre summo Flexĭlis obtorti per collum *circŭlus* auri. V. Æn. 5. 559.——Ac prīmum laxos tĕnui de vīmĭne *circlos* Cervīci subnecte. V. G. 3. 166. SYN. Orbis.

circŭmăgo, is, ēgi. sometimes in tmesi. *To turn round, to drag round or about.* ——Et quōcumque Deus *circum* căput *ēgit* hŏnestum. V. G. 2. 392. Nil ŏpus est te *Circŭmăgi.* Hor. Sat. 1. 9. 17.

†circumcæsus, a, um. *Cut all round.*——Quamvis est *circumcæsis* lăcer undĭque membris. Lucr. 3. 404. v. præcīdo.

†circumcīdo, is. *To cut round, pare down.*—— Sed *circumcīdas* ăciem sōlamque rĕlinquas. Lucr. 3. 412.

‡circumcingo, is. *To surround.*—— Ceu fĕra quæ tēlis *circumcingentĭbus* ultro Assĭlit in ferrum. Sil. 10. 2. SYN. cingo, q. v.

circumcurso, as. *To run about, to run round.*—— Quam *circumcursans* hinc illinc sæpe Cŭpīdo. Cat. 66. 133.

circumdo, as, dĕdi, dăre, dătum. sometimes in tmesi.—— *To surround with, c. dat. of the instrument, but sometimes c. acc. of the instrument, dat. of the thing surrounded.*—— Taurīno quantum possent *circumdăre* tergo, V. Æn. 1. 368. Tyrrhenă pĕdum *circumdat* vincŭla plantis. V. Æn. 8. 458. *In pass. part. sometimes put round so as to surround.* Cum pellis tŏties ŏbeat *circumdăta* tauri. V. Æn. 10. 483. Bis collo squāmea *circum* Terga *dăti.* V. Æn. 2. 218. SYN. cingo, ĭs; præcingo; ŏbeo, īs; intendo, ĭs, q. v.; ambio, īs; ‡circumlĭgo, as; circumfundor, ĕris; impĕdio, īs.

†‡circumductus, a, um. *Being led round, surrounded.*——Si *circumductus* captīvōrum agmĭne et omni Bellorum pompâ. Juv. 10. 280.

circŭmeo or **circueo, circuīs, īvi, ĭtum.** 1. *To go round, surround.*—2. ‡*To cheat.*—— *Circuit* extrēmas ŏleis păcālĭbus ōras. Ov. Met. 6. 101. Cūjus non hĕdĕræ *circŭmiēre* căput. Prop. 2. 5. 26. Mētaque ferventi *circŭmeunda* rŏtā. Ov. A. A. 3. 396.—2. puĕrum tunc arte dŏlōsâ *Circuit.* Mart. 8. 59. 14. SYN. 1. ŏbeo; ambio, īs; lustro, as; circumvertor, eris; circumvĕnio, īs, vēni. v. cingo.

circumfĕro, fers, tŭli, lātum. 1. *To carry around.*—2. *To carry about news, proclaim.*—3. *To purify by carrying things round, by lustration.*——1. Hūc atque hūc ăcies *circumtŭlit*, aspĭcit urbem. V. Æn. 12. 558.—2. Nōvi ălĭquam quæ se *circumfĕrat* esse Cŏrinnam. Ov. Am. 2. 17. 29.—3. Ĭdem ter sŏcios pūrâ *circumtŭlit* undâ. V. Æn. 6. 229. SYN. 2. prŏclāmo, as, q. v. —3. lustro, as.

circumflecto, ĭs, xi. *To bend round.* —— Unde rĕverti scīrent, et longos ŭbĭ *circumflectĕre* cursus. V. Æn. 5. 131. SYN. flecto, q. v.

‡**circumflo, ās.** *To blow around.* Ceu *circumflantĭbus* Austris alternus prōcumbit ăger. Stat. Theb. 11. 42.

circumfluo, ĭs, xi. *To flow round.* —— Collis; ŭtrumque lătus *circumfluit* æquŏris unda. Ov. Met. 13. 779. SYN. circumfundor, ĕris.

circumfluŭs, a, um. 1. *Flowing round.* — 2. *Flowed round, as an island.* — 3. ‡*Surrounded.* —— 1. Scindĭtur in gĕmĭnas partes *circumfluus* amnis. Ov. Met. 15. 739. — 2. Unde Cŏrōnīden *circumflua* Tȳbrĭdis alveo Insŭla Rōmŭleæ săcris adscīvĕrit urbis. Ov. Met. 15. 624. — 3. At tibi Mæŏnio fertur *circumflua* limbo Pro mĕrĭtis Admēte chlămys. Stat. Theb. 6. 540.

circumfundo, ĭs, fūdi, fūsum. sometimes in tmesi. 1. *To pour or shed around.* — 2. *To surround.* —— 1. Gens *circumfūsis* invia flūmĭnĭbus. Ov. F. 5. 582. — 2. Et multo nĕbŭlæ *circum* Dea *fūdit* ămictu. V. Æn. 1. 412. Irruĭmus, dĕnsis et *circumfundĭmur* armis. V. Æn. 2. 383. SYN. 2. cingo, ĭs; circumdo, as, dĕdi, dăre, dătum, q. v.; ‡circumlĭgo, as.

circumfūsus, a, um. part. pass. of prec. *Poured round so as to surround.* —— Et *circumfuso* vŏlĭtābant mīlĭte Volsci. V. Æn. 11. 546.

circumgĕmo, ĭs, ui. *To roar around.* —— Nec vespertīnus *circumgĕmit* ursus ŏvīle. Hor. Epod. 16. 51.

circŭmiens, euntis. part. from **circŭmeo,** q. v.

‡**circumlābens.** *Gliding round.* —— Prospectumque dĕdit *circumlābentis* Ŏlympi. Lucan. 6. 484.

circumlĭgo, as. 1. *To bind round.* — 2 ‡*To surround.* —— Implĭcat atque hăbĭlem mĕdiæ *circumlĭgat* hastæ. V. Æn. 11. 555. — 2. Magnâ trĕpĭdum *circumlĭgat* umbrâ. Stat. Theb. 8. 677. SYN. 2. cingo, ĭs. v. lĭgo.

circumlĭno, ĭs, lēvi, lĭtum. esp. used in pass. part. **circumlĭtus.** *To smear round, cover over, surround. The participle pass. being used either of the thing covered, or of the material with which it is covered.* —— Neve măle optāto măneas *circumlĭtus* auro. Ov. Met. 11. 136. Non ălĭter quam cum summis *circumlĭta* tædis Admōtam răpiunt vīvācia sulfŭra flammam. Ov. Met. 3. 373.

circumplaudo, is, si. *To applaud around.* —— Quāque ībis mănĭbus *circumplaudĕre* tuōrum. Ov. Tr. 4. 2. 29.

circumplector, ĕris, exus sum. *To embrace, go round.* —— Lato quam *circumplectĭtur* auro Balteus. V. Æn. 5. 312. SYN. Amplector, complector; ambio, īs; cingo, sĭ.

§**circumpōno, ĭs, pŏsui, positum.** *To place round.* —— Prīmus et invĕnior pĭper album cum săle nĭgro Incrētum pūris *circumpŏsuisse* cătillis. Hor. Sat. 2. 4. 75.

‡**circumpulso, as.** *To beat around.* —— Et lĭtuis aures *circumpulsantur* ăcūtis. Stat. Theb. 8. 228.

†**circumrētio, īs.** *To cast nets round, to entangle.* —— *Circumrētit* enim vīs, atque injūria quemque. Lucer. 5. 1151. SYN. illăqueo, as.

circumrĭguus, a, um. *Watered round.* —— Et *circumrĭguo* surgēbant lĭlia prăto. Prop. 1. 20. 37. SYN. rĭguus, irrĭguus, q. v.; ūdus.

circumrōdo, ĭs, si. *To gnaw round, metaph. to carp at.* —— Dente Theōnīno cum *circumrōdĭtur.* Hor. Ep. 1. 18. 82.

‡**circumscrībo, ĭs, psi.** 1. *To draw a line round, to describe, to limit, etc.* — 2. *(in a legal sense) To cheat.* —— Quot Băsĭlus sŏcios, quot *circumscripsĕrit* Hirrus Pūpillos. Juv. 10. 222. SYN. fraudo, as.

‡**circumscriptor, ōris.** *A cheat, esp. in the matter of wills, or young wards.* —— Pūpillum ad jūra vŏcantem *Circumscriptōrem.* Juv. 15. 135.

circumsĭlio, īs, ui. *To leap around.* —— Sed circumsĭliens mŏdo huc, mŏdo illuc Ad sōlam dŏmĭnam usque pīpĭlābat. Cat. 3. 9.

†**circumsisto, is, stĭti.** *To stand round.* —— Quid me *circumsistĭtis,* quid răpĭtis me, quo fertis me? Plaut. Men. 5. 7. 9. SYN. circumsto, as, q. v.

circumsono, as, ui. no sup. *To sound around, in pass. to be deafened with sounds around.* —— Hinc Rŭtŭlus prĕmit, et mūrum *circumsŏnat* armis. V. Æn. 8. 474. Thrēĭcio Scȳthĭcoque fĕrē circumsŏnor ōre. Ov. Tr. 3. 14. 47.

circumsŏnus, a, um. 1. *Sounding around.* — 2. ‡*Sounded round.* —— Mōre fĕrōcis Versat ăpri, quem turba cănum *circumsŏna* terret. Ov. Met. 4. 722.— 2. Diŏnæis ăvĭbus *circumsŏna* Thisbe. Stat. Theb. 7. 261.

‡**circumspecto, as.** *To look round.*—— Anxia turba pătrum quasso mĕdĭcāmina mœsti Impĕrio *circumspectant.* Sil. 15. 7. SYN. circumspicio, ĭs, q. v.

circumspectus, ûs. *A looking round, consideration.*——In *circumspectu* stat sĭne fīne sui. Ov. Tr. 4. 6. 44.

circumpectus, a, um. pass. part. of seq., used also as adj. *Cautious.*—— Non *circumspectis* exactum vīrĭbus ensem Frēgit. Ov. Met. 5. 171. SYN. cautus, q. v.

circumspĭcio, ĭs, spexi. *To look around at, behold.*——Constĭtit atque ŏcŭlis Phrȳgia agmĭna *circumspexit.* V. Æn. 2. 68. Armātumque auro *circumspĭcit* Ōrīōna. V. Æn. 3. 517. SYN. aspĭcio, q. v.; lustro, as; collustro.

‡**circumstīpo, as.** *To accompany.* Magnâ *circumstīpante* cătervâ. Sil. 10. 453. SYN. stīpo, q. v.

circumsto, as, stĕti. no sup. or pass. part. *To stand around, to surround.*—— Illum admīrantur et omnes *Circumstant* frĕmĭtu denso, stīpantque frĕquentes. V. G. 4. 216. At me tum prīmum sævus *circumstĕtit* horror. V. Æn. 2. 559. SYN. †circumsisto, is. v. circumdo.

†**circumtĕgo, ĭs, xi.** *To cover round.*——At sūprā *circumtĕgĕre* omnia cœlum. Lucr. 1. 1094. SYN. tĕgo, q. v.; ‡obtĕgo; circumvēlo, as.

circumtĕro, ĭs, trīvi. *To press around.*——Hunc puer hunc jŭvĕnis turbâ *circumtĕrit* arctâ. Tib. 1. 2. 99. SYN. circumsto, as, q. v.

circumtextus, a, um. *Woven all round.*——Et *circumtextum* crŏceo vēlāmen ăcantho. V. Æn. 1. 653.

circumtŏno, as, ui. no supines, or pass. part. *To thunder, or make a loud noise round.*——Qua tōtum Nēreus *circumtŏnat* orbem. Ov. Met. 1. 187.

†**circumtrĕmo, is, ui.** no supines.——Atque ĭdeo totum *circumtrĕmĕre* æthĕra signis. Lucr. 1. 1088. v. tremo.

circumvăgus, a, um. *Wandering around.*——Nos mănet Oceănus *circumvăgus.* Hor. Epod. 16. 41.

‡**circumvallo, as.** *To surround with a rampart.*——Quippe ăciem denso *circumvallāvĕrat* orbe. Sil. 7. 853. SYN. vallo, q. v.

circumvector, āris. *To be carried about.*——Singŭla dum capti *circumvectāmur* ămŏre. V. G. 3. 285. SYN. circumvehor, ĕris, vectus.

circumveho, ĭs, xi. *To carry round.*——Frustra *circumvehor* omnia verbis. V. Ciris. 271. SYN. *in pass.* circumvector, aris.

circumvēlo, as. *To cover round.*——Insŭper aurāto *circumvēlātur* ămictu. Ov. Met. 14. 263. SYN. vēlo, q. v.; †circumtĕgo, ĭs.

circumvĕnio, īs, vēni, ventum. *To come round, to surround.*——Cōcȳtusque sĭnu lābens *circumvĕnit* ātro. V. Æn. 6. 132. Cerva cruentis *circumventa* lŭpis. Stat. Theb. 5. 165. SYN. circŭmeo, īs. v. circumdo.

†**circumversor, āris.** *To be turned round, to go round.*——Quærentesque viam *circumversantur*, et ignis Sēmĭna convolvunt e nūbĭbus. Lucr. 6. 198. SYN. circumvertor, ĕris; circŭmăgor, eris; circŭmeo, īs; circumvolvor, ĕris.

circumvertor, ĕris. *To be turned round.*——Nĭ rŏta perpetuum quà *circumvertitur* axem. Ov. Met. 15. 522. v. prec.

circumvŏlĭto, as. *To keep flying round, to fly round.*——Aut argūta lăcus *circumvŏlĭtāvit* hĭrundo. V. G. 1. 377. v. seq.

circumvŏlo, as. *To fly round, to hover round.*——Sed nox ātra căput tristi *circumvŏlat* umbrâ. V. Æn. 6. 687. v. prec.

circumvolvo, ĭs. *To roll around.*——Interea magnum Sol *circumvolvĭtur* annum. V. Æn. 3. 284. v. circumversor.

circus, i. masc. *The place where the games were held at Rome; a place where any games are held.*——*Circus* ĕrit pompâ cĕlĕber nŭmĕroque Deorum. Ov. F. 4. 391. Mĕdiâque in valle theātri *Circus* erat, quo se multis cum millĭbus hēros Consessu mĕdium tŭlit, extructoque rĕsēdit. V. Æn. 5. 289. PHR. Carcĕre partītos Circus hăbēbit ĕquos. Ov. v. Ov. F. 6. 205—209.

Cīris, is. *The name of Scylla, daughter of Nisus, after she was changed into a lark.*——Plūmis in ăvem mūtāta vŏcātur *Cīris* et a tonso est hoc nōmĕn ădepta căpillo. Ov. Met. 8. 151.

‡**cirratus, a, um.** *With curled hair.*——Ten' *cirrātōrum* centum dictata fuisse Pro nihĭlo pendas? Pers. 1. 29.

Cirrha, æ. 1. *A town of Phocis, close to Delphi.*—2. *The oracle at Delphi.*——1. Phōcaīcas Amphissa mănus scŏpŭlōsaque *Cirrha* (misit). Lucan. 3. 172.—2. Seu sponte Deorum *Cirrha* sĭlet. Lucan. 5. 137.

Cirrhæus, a, um. *Of Cirrha, of Delphi.*——Nec vōce nĕgātâ *Cirrhææ* mœrent vātes. Lucan. 5. 115.

‡cirrus, i. *A curl.*——Cæsăriem et mădĭdo torquentem cornua cirro. Juv. 13. 165. SYN. ‡cincinnus. PHR. Quam se præbuĕrant (comæ, sc.) ferro pătienter et igni, Ut fiĕret torto flexĭlis orbe sĭnus. Ov. Torsĕrit igne cŏmam, torte căpille plăce. Ov.

Cissēis, ĭdŏs, ĭdĭ, ĭdă. *Daughter of Cisseus, i. e.* Hecuba, q. v. —— *Cissēis* prægnans ignes ēnixa jŭgāles. V. Æn. 7. 320.

cista, æ. *A basket, a chest (esp. that sort used in religious mysteries, e. g. of Bacchus or Ceres).*——Condĭta si non sint Vĕnĕris mystēria *cistis*. Ov. A. A. 2. 609. SYN. cănistrum, călăthus; corbis, is, *fem.*; sirpĭcŭla fiscĭna, fiscella, arca. v. seq.

†cistella, æ. dimin. of prec.——*Cistellam* dŏmo effer. Ter. Eun. 4. 6. 15.

‡cistŭla, æ. dimin. of cista.——Parcæ *cistŭla* non căpax ŏlīvæ. Mart. 4. 46. 13.

‡cisterna, æ. *A cistern.*——Sit *cisterna* mihī quam vīnea mălŏ Ravennæ. Mart. 3. 56. 1.

‡cistĭfer, ĕra, erum. *Carrying a basket.*——Nupsisti Gallia *cistĭfĕro*. Mart. 4. 17. 4.

cĭtātus, a, um. part. from cito, q. v. *At full speed, swift.*——Ora *cĭtātōrum* dextrâ dētorsit ĕquōrum. V. Æn. 12. 373. SYN. cĭtus, concĭtus. v. răpĭdus.

Cĭthæron, ōnis. masc. *A mountain near Thebes, celebrated for its hunting, also for the rites of Bacchus which were celebrated on it, and for the death of Pentheus, who was slain on it.*——Vŏcat ingenti clāmōre *Cĭthæron* Tāÿgĕtique cănes. V. G. 3. 43. Ŭbi audīto stĭmŭlant trĭĕtērica Baccho orgia, nocturnusque vŏcat clāmōre *Cĭthæron*. V. Æn. 4. 303.

cĭthăra, æ. *A harp or lyre (strictly speaking, the cithara differed from the lyra as having a back sounding-board which the lyra had not, but they are used promiscuously in all poetry); the invention is attributed to Apollo, to Mercury, to Orpheus, to Linus, and to Amphion: it is commonly spoken of as having seven strings: it was especially sacred to Apollo.*——Orpheus Thrēĭcĭâ fretus *cĭthărâ*, fĭdĭbusque cănōris. V. Æn. 6. 121. SYN. lўra; testūdo, dĭnis, *fem.*; chĕlys, yos, *fem.*; barbĭtos, i. *masc. and fem.*; fĭdes, is, *more common in pl.* fĭdes, fĭdium; plectrum (*which properly is the quill with which the strings were usually struck*). PHR. Septēna pŭtāris Plēĭădum nŭmĕrum fīla dĕdisse lўræ. Ov. Tuque testūdo rĕsŏnāre septem Callĭda nervis. Hor. O dĕcus Phœbi, et dăpĭbus sŭprēmi Grāta testūdo Jŏvis. Hor. Grātaque fœmĭnis Imbelli cĭthărâ carmĭna dīvĭdes Hor. Dulces docta mŏdos, et cĭthăræ sciens. Hor. Thrēĭciam dĭgĭtis incrĕpuisse lўram. Ov. Reddidit icta suos pollice chorda sŏnos. Ov. Non făcit ad lăcrўmas barbĭtŏs ulla meas. Ov. Quod si Thrēĭcio blandius Orpheo Audītam mŏdĕrēre arbŏrĭbus fidem. Hor. Te (Mercurī) cănam .... curvæque lўræ părentem. Hor. Non hæc jŏcōsæ Convĕniunt lўræ. Hor. Et te sŏnantem plenius aureo Alcæe plectro dūra năvis, Dūra fŭgæ măla. Hor. Nec Pŏlyhymnia Lesbōum rĕfŭgit tendĕre barbĭtŏn. Hor. Nec plectrum dextrâ, cĭthăram tĕnuisse sĭnistrâ Nesciat. Ov. Ēnervant ănĭmos cĭthăræ, lōtosque, lўræque. Ov. Mœnia Phœbēæ structa cănōre lўræ. Ov. Āŏnia lўra. Ov. Ipse Deus vātum pallâ spectābĭlis aurēâ Tractat īnaurātæ consŏna fīla lўræ. Ov. Hanc prīmum vĕniens plectro mŏdŭlātus ĕburno Fēlīces cantūs ōre sŏnante dĕdit. Sed postquam fuĕrant dĭgĭti cum vōce lŏcūti. Tib. Cui carmĭna semper, Et cĭthăræ cordi, nŭmĕrosque intendĕre nervis. V.

‡cĭthăristria, æ. *A female harpist.*——Quid pædăgōgus ille, qui cĭthăristriam? Ter. Phorm. 1. 2. 94.

cĭthărœdus, i. masc. *A harper.*——*Cĭthărœdus* Rīdetur chordâ qui semper ŏberrat eădem. Hor. A. P. 355. SYN. fĭdĭcĕn, ĭnis.

cĭtŏ. adv. compar. **cĭtius**. 1. *Quickly.*—2. *Soon.*——Quid sŏlĭto *cĭtius* lĭquĭdo Jŭbar æthĕre tollit . . . dies? Ov. F. 5. 547. SYN. 1. prŏpĕrē, vēlōcĭter, ocyus, *compar., often used in pos. sense.*—2. mox.

cĭto, as. 1. *To rouse, to excite.*—2. *To summon (the only sense in which it is used, except in pass. part., by the Augustan writers, and even in this it is very* *rare*). — 3. *To cause to hasten, esp. in pass. part.* cĭtātus, q. v.—— 1. Ergo ŭbĭ luctandi jŭvĕnes ănĭmōsa *cĭtāvit* Glōria. Stat. Theb. 6. 834. — 2. Hīc ĕgŏ me nōto sensi quăter ōre *cĭtāri.* Ov. Her. 7. 101. — 3. Ōra *cĭtātōrum* dextrā dētorsit ĕquōrum. V. Æn. 12. 373. SYN. 1. concĭto, excĭto, q. v.— 2. vŏco, as, q. v. — 3. cĕlĕro, as, q. v.

cĭtrā, also †**cĭs** (used in no poet after Plautus). *On this side, within, short of. prep. c. acc.*——Forsĭtan et Pȳlius *cĭtrā* Trōjāna pĕrisset Tempŏra. Ov. Met. 8. 365. Vel quia peccāvi *cĭtrā* scĕlus. Ov. Tr. 5. 8. 23.

‡**cĭtreus**, a, um. *Of citron wood.*——Non quicquid dēnique lectis Scrībĭtur in *cĭtreis*. Per. 1. 53.

†**cĭtro**. when joined with ultro means *This way and that way.*——Dīreptæ vŏlĭtant ultro *cĭtro*que per auras. Lucr. 4. 36. SYN. huc illuc. PHR. Nunc huc, nunc illuc, et ŭtrōque sĭne ordĭne curro. Ov.

‡**cĭtrum**, i. *Citron wood.*——Et *cĭtrum* vĕtus Indĭcosque dentes. Mart. 10. 98. 6.

‡**cĭtrus**, i. fem. *The citron tree.*—— Sed *cĭtri* contenti cŏmis vīvēbat et umbrā. Lucan. 9. 428.

cĭtus, a, um. 1. *Moved.*— 2. *Quick, speedy.*——1. Hostīliumque nāvium portu lătent Puppes sĭnistrorsum *cĭtæ*. Hor. Epod. 9. 20. — 2. Solvĭte vēla *cĭti*. V. Æn. 4. 574. Nec lătentes Classe *cĭtā* rĕpărāvit oras. Hor. 1. 37. 24. SYN. 1. mōtus. — 2. incĭtus ; cĕler, ĕris, ĕre ; vēlox, ōcis ; răpĭdus, q. v.

cīvĭcus, a, um. *Relating to a citizen, civil.*——Mōtum ex Mĕtello consŭle *cīvĭcum* . . . Tractas. Hor. 2. 1. 1. SYN. cīvīlis.

cīvīlis, e. *Of a citizen, civil.*——Pāce dătā terris ănĭmum ad *cīvīlia* vertet. Ov. Met. 15. 832. v. prec.

cīvīlĭter. *Conformably to the rights of citizens, with moderation.*——At quŏniam sĕmĕl est ŏdio *cīvīlĭter* ūsus. Ov. Tr. 3. 8. 41.

cīvis, is. masc. and fem. *A citizen, often a fellow-citizen.*——Non *cīvium* ardor prāva jŭbentium. Hor. 3. 3. 2.

cīvĭtas, ātis. fem. 1. *A city.* — 2. *The body of citizens.*——1. Tu *cīvĭtātem* quis dĕceat stătus Cūras. Hor. 3. 29. 25. —2. Non sĕmel dīcēmus Io triumphe *Cīvĭtas* omnis. Hor. 4. 2. 51. SYN. 1. urbs, urbis. — 2. pŏpŭlus.

clādes, is. *Injury, esp. overthrow, defeat, slaughter, used even of the person who causes it.*—— Quis *clādem* illīus noctis, Quis fūnĕra fando explĭcet. V. Æn. 2. 361. Gĕmĭnos duŏ fulmĭna belli Scīpĭădas *clādem* Lĭbyæ. V. Æn. 6. 844. SYN. exĭtium ; strāges, is ; cædes, is, q. v. PHR. Ut subĭtā turbāret clāde Lătīnos. V.

clam. *Secretly.*——*Clam* ferro incautum sŭpĕrat sĕcūrus ămōrum Germānæ. V. Æn. 1. 350. SYN. lătenter, occultē tectē, Sēcrēto.

clāmātus, a. um. part from clamo. — 1. *Uttered loudly.* — 2. *Called loudly.* — 3. ‡*Proclaimed.*—4. ‡*Filled with shouts.*—— 1. Circus in hunc exit *clāmāta*que palma theātris. Ov. F. 5. 189. — 2. Ut *clāmāta* sĭlet montes ŭlŭlātĭbus implent. Ov. F. 4. 452. —3. Et bis in Isthmiăcā victor *clāmātus* ărēnā Phædĭmus. Stat. Theb. 6. 557.—4. Dulci trĕmit ecce tŭmultu Tot dŏmĭnis *clāmāta* dŏmus. Stat. Sylv. 4. 8. 15.

‡**clāmĭto**, as. *To cry aloud, to cry often.*——Hoc si terque quăterque *clāmĭtāris.* Mart. 1. 53. 8. v. seq.

clāmo, as. *To cry aloud, to shout, to call loudly.*—— Perque vĭces mŏdŏ Persĕphŏnē, mŏdŏ Fīlia *clāmat*. Ov. F. 4. 483. SYN. exclāmo, inclāmo ; boo, as ; †vŏcĭfĕror, āris. PHR. Tum vero exŏrĭtur clāmor. V. Quo frĕmĭtus vŏcat et sublātus ad æthĕra clāmor. V. Fĕrit aurea sīdĕra clāmor. V. It clāmor ad alta Ātria. V. It clāmor cœlo. V. Tum vēro ingĕmĭnat clāmor, cunctique sequentem Instīgant stŭdiis, rĕsŏnatque fragoribus æther. V. Cum clāmor ad aures Pervĕnet. V. Undĭque clāmor Tollitur. V. Undĭque clāmor Dissensu vario magnus se tollit in auras. V. Tum plausu frĕmĭtuque virūm studiisque făventum Consŏnat omne nĕmus ; vōcemque inclūsa vŏlūtant Littŏra, pulsāti colles clāmŏre rĕsultant. V. Cum . . . tōtumque vĭdēres Misceri ante ŏcŭlos tantis clāmōrĭbus æquor. V. Mœstam incendunt clāmōrĭbus urbem. V. Ănĭmum clāmōre fătentes. Ov. Rĕsŏnat clāmōribus æther. Ov. Clāmor Aventīni saxa prŏpinqua fĕrit. Ov. A pŏpŭlo clāmor ad astra vĕnit. Ov

clāmor, oris. masc. *Clamour, a shout.*——Impium Lēnīte *clāmōrem* sŏdāles. Hor. 1. 27. 7. SYN. frĕmĭtus, ūs ; strĕpĭtus, ūs ; vox, vōcis, *fem.* v. prec.

‡**clāmōsus, a, um.** *Noisy.*——Aut intrat sensus *clāmōsi* turba theātri. Stat. Sylv. 3. 5. 16. SYN. raucus.

‡**clāncŭlārius, a, um.** *Unknown, obscure.*——Poēta quīdam *clancŭlārius* spargit. Mart. 10. 3. 5. SYN. obscūrus, q. v.

†‡**clandestīnus, a, um.** *Secret*——Quod tāles turbæ motus quoque mātĕrĭāi Signĭfĭcant *clandestīnos.* Lucr. 2. 127. SYN. sēcrētus, arcanus, abdĭtus.

‡**clango, ĭs.** no perf. *To sound, as a trumpet.*——Et jam horrĭda *clangunt* Signa turbæ. Stat. Theb. 4. 342.

clangor, ōris. masc. *A loud sound, properly and usually of a trumpet.*——Tyrrhēnusque tŭbæ mūgīre per æthĕra *clangor.* V. Æn. 8. 526. Adsunt Harpyiæ, et magnis quătiunt *clangōribus* ālas. V. Æn. 3. 226. v. sonus.

clārē. adv. of clārus, q. v. 1. *Brightly.*—2. *Loudly.*——E Bĕrĕnīcæo vertĭce cæsăriem Fulgentem *clārē.* Cat. 64. 9. SYN. 2. grăvĭter.

†‡**clāreo, es, ui.** no supines or pass.—1. *To be bright, to shine.*—2. *To be clear, evident.*—3. *To be illustrious* (*i. e. to be* "clarus" *in any sense of that word*).——1. Rŭtĭlo cum lūmĭne *clāret* Fervĭdus ille cănis. Cicero, Arat. 107—2. Commĕmŏrare quod in prīmo quŏque carmĭne *clāret.* Lucr. 6. 937.—3. Ergo postque măgisque vĭri nunc glōria *clāret.* Ennius. SYN. 1. lūceo, es, q. v.—2. păteo, es, q. v.; appāreo, es.—3. cĕlĕbror, aris; noscor, ĕris. v. seq.

clāresco, ĭs. no perf. *To become evident, distinct.*——*Clārescunt* sŏnĭtus armōrumque ingruit horror. V. Æn. 2. 301.

†**clārĭcĭto, as.** *To summon loudly.*——Dēcursus ăquāi *Clarĭcĭtet* lāte sĭtientia sæcla fĕrārum. Lucr. 5. 945. v. vŏco.

clārĭsŏnus, a, um. *Sounding loudly, loud.*——*Clarĭsŏnas* īmo fūdisse e pectore vōces. Cat. 62. 125. SYN. clārus.

Clărius, a, um. *An epith. of Apollo, from* Clărŏs, *used sometimes without subst., as synonymous with Apollo,* q. v.——Qui trĭpŏdas, *Clării* lauros, qui sīdera sentis. V. Æn. 3. 360.

clāro, as. 1. ‡*To make bright, to illuminate.*—2. *To make illustrious.*—3. †*To make plain, evident.*——1. Mītis ĭter longæ *clārāvit* līmĭte flammæ. Stat. Theb. 5. 286.—2. Illum non lăbor Isthmius *Clārābit* pŭgĭlem. Hor. 4. 3. 4.—3. Multaque nobis *clārandum* est, plānē si res expōnĕre ăvēmus. Lucr. 4. 779. SYN. 1. illustro, as; ‡illūmĭno, as.—3. explĭco, as, ui, q. v.

Clărŏs, i. acc. ŏn. *A city in Ionia, sacred to Apollo.*——Mihĭ Delphĭca tellus Et *Clăros* et Tĕnĕdos Pataræaque rēgia servit. Ov. Met. 1. 516.

clārus, a, um. 1. *Bright, shining.*—2. *Evident, distinct.*—3. *Loud.*—4. *Illustrious.*——1. Restĭtit Ænēas *clārâ*que in lūce rĕfulsit. V. Æn. 1. 588.—2. Quod ĭmāgĭne somni Vīdĭmus, an somno *clārius* illud ĕrat? Ov. F. 3. 28.—3. Inde ŭbĭ *clāra* dĕdit sŏnĭtum tŭba. V. Æn. 5. 139.—4. Rōmānâ vĭgui *clārior* Īliâ. Hor. 3. 9. 8. SYN. 1. †fulgĭdus, rŭtĭlus, splendĭdus, cŏruscus, lūcĭdus, nĭtĭdus, conspĭcuus.—2. mănĭfestus.—3. clārĭsŏnus, grăvis, argūtus (*this latter usu. confined to music or singing*); lĭquĭdus, ‡multĭsŏnus.—4. illustris, præclārus, insignis, nōtus (*esp. in compar. and superl.*); cĕlĕber, ĕbris, ĕbre; inclўtus, nōbĭlis.

classĭcum, i. *A trumpet, esp. a war trumpet.*——*Classĭca* jamque sŏnant, it bello tessĕra signum. V. Æn. 7. 637. SYN. tŭba, lĭtuus; cornu, *pl.* cornua, um. PHR. Necdum ĕtĭam audierant inflāri classĭca. V. Martia cui somnos classĭca pulsa fŭgent. Tib. v. tŭba.

classĭcus, a, um. *Relating to the fleet.*——Aut cănĕrem Sĭcŭlæ *classĭca* bella fŭgæ. Prop. 2. 1. 28. SYN. nāvālis, nautĭcus.

classis, is. abl. i, and e. fem. 1. *A fleet, sometimes even a single ship.*—2. *An army.*——1. Advectum Ænēan *classi* victosque Pĕnātes. V. Æn. 8. 11.—2. Quos frīgĭda mīsit Nursia et Hortinæ *classes.* V. Æn. 7. 716. SYN. 2. exercitus, ûs, q. v. PHR. 1. Ferunt sua flāmĭna classem; Princeps ante omnes densum Pălĭnūrus ăgēbat Agmĕn. V. v. navis.

clāthri, orum. also **clāthra, orum.** *A balustrade.*——Objectos căveæ văluit si frangĕre *clāthros.* Hor. A. P. 473. Cum fallenda meo pollĭce *clāthra* fŏrent. Prop. 4. 4. 72. (*some however read* claustra *in this line*). SYN. claustra, orum; cancelli, orum.

clāva, æ. *A club.*——Instruxitque mănum *clāvâ* dŏmĭtrīce fĕrārum. Ov. Her. 9. 117. SYN. stīpĕs, ĭtis, *masc.*; fustis, is, *masc.* (*though this was less than* clava.) PHR. Hic torre armātus, ŏbusto, Stīpĭtis hic grăvĭdi nōdis. V. Non jam certāmĭne ăgresti Stīpĭtĭbus dūris ăgĭtur, sŭdĭbusve præustis. V. Ossa mei frātris clāvâ perfracta trĭnodi Sparsit hŭmi. Ov. Her. 4. 115.

claudĭco, as. *To be lame, to limp.*——Percusso *claudĭcat* ille gĕnu. Ov. F. 3. 758.

Claudius, a, um. *Of Claudius.*——Nil *Claudiæ* non perfĭcient mănus. Hor. 4. 4. 73.

claudo, ĭs, si. 1. *To shut, to close (both of the door, etc., which is shut; or of that which is confined within the shut doors, etc.).*—2. *Also used in the particular sense of confining words in verse.*—3. *To conclude, end.*——1. Centum ærei *claudunt* vectes æternaque ferri Rŏbŏra. V. Æn. 7. 609. Căvo Pŏlўphēmus in antro Lānĭgĕras *claudit* pĕcŭdes. V. Æn. 3. 642. In æternam *clauduntur* lūmĭna noctem. V. Æn. 10. 746.—2. *Clauderet* impărĭbus verba Căpella mŏdis. Ov. Ep. e P. 4. 16. 36.—3. Ultĭma mandāto *claudētur* Ĕpistŏla parvo. Ov. Her. 13. 165. SYN. 1. (*of the door, etc.*) conclūdo; obsĕro, as; obstruo, is, xi; (*eyes, etc.*) rĕcondo, ĭs, dĭdi, dĭtum; (*of those shut in, etc.*) inclūdo, interclūdo; prĕmo, is, pressi.—2. comprĭmo; cōgo, ĭs, coēgi.—3. finio, is, q. v.

claudus, a, um. 1. *Lame.*—2. *Defective.*——1. Desĕruit pĕde Pœna *claudo*. Hor. 3. 2. 32.—2. *Clauda* nĕque offĭcii pars ĕrit ulla tui. Ov. Ep. e P. 3. 1. 86. SYN. 1, 2. mancus.

clāvĭger, ĕra, ĕrum. *Carrying a club (from* clāva). *Epith. and sometimes syn. of Hercules.*——Hospĕs Āventīnis armentum pāvit in herbis *Clāvĭger*. Ov. F. 4. 68.

clāvĭger, ĕra, ĕrum. *Carrying a key (from* clāvis). *Epith. of Janus.*——*Clāvĭgĕrum* verbis allŏquor ipse Deum. Ov. F. 1. 228.

clāvis, is. fem. 1. *A key.*—2. *Any lock or barrier.*——1. Absūmet hæres Cæcuba dignior Servāta centum *clāvĭbus*. Hor. 2. 14. 26.—2. Ah frustrā *clāvis* ĭnest fŏrĭbus. Tib. 1. 6. 34. SYN. 2. sĕra, rĕpāgŭlum, *usu. in pl.*; ŏbex, objĭcis. *masc.*

claustrum, i. 1. *A bolt, bar, barrier.*—2. *A strait, a defile.*—3. ‡*Any place which is shut up.*——1. Inclūsos ŭtĕro Dănăos et pīnea furtim Laxat *claustra* Sĭnon. V. Æn. 2. 259.—2. Angusti rārescent *claustra* Pĕlori. V. Æn. 3. 411.—3. Quid quod ăbīre dŏmo rursusque in *claustra* rĕverti Suetus (leo). Stat. Sylv. 2. 5. 4. SYN. 1. ŏbex, objĭcis. *masc.*—2. rĕpāgulum, *usu. in pl.* PHR. Rumpĕre claustra mănu, sŏciosque immittere portis. V. Portārum ingentia claustra. V. Immĭtia claustra rĕlaxa. Ov.

clāvus, i. 1. *A nail.*—2. *The handle of the rudder.*—3. *A stripe of purple, usu. assumed with the toga virilis by youths of the patrician or equestrian order at the age when they became admissible into the senate, usu. called* lātus clavus. (v. *Smith, Dict. of Antiq.* p. 241.)——1. Si fĭgit ădămantĭnos Summis vertĭcĭbus dīra nĕcessĭtas *Clāvos*. Hor 3. 24. 7.—2. Ipse gŭbernāclo rector sŭbit, ipse măgister Hortāturque vĭros, *clāvum*que ad littora torquet. V. Æn. 5. 177.—3. Induĭturque hŭmĕris cum lāto purpŭra *clāvo*. Ov. Tr. 5. 10. 29. SYN. 2. gŭbernâclum, q. v.; mŏdĕrāmĕn, ĭnis. *neut.*

Cleanthēus, a, um. *Stoic, from* Cleanthes, is, *a Stoic philosopher of Assus.*——Purgātas insĕris aures Frūge *Cleanthēā*. Pers. 5. 63. SYN. Stŏĭcus.

clēmens, entis. *Gentle, clement, merciful*——Nec dŭbĭtat, nec qua sit *clēmentissĭmus* amnis Quærit. Ov. Met. 9. 116. Quod viro *clēmens* mĭsĕro pĕperci. Hor. 3. 11. 46. SYN. mĭtis, plăcĭdus, mansuetus, făcĭlis, bĕnignus. PHR. O princeps parcē vīrĭbus ūse tuis. Ov. Pœnâ qui pauca coercet, Et jăcit invitâ fulmĭna rāra mănu. Ov.

‡**clēmenter**, comp. tius. *Gently.*——Insāni spīrant *clēmentius* Austri. Stat. Sylv. 2. 2. 27. SYN. mollĭter, plăcĭdē.

clementia, æ. *Gentleness, kindness, clemency.*——Quamvis sæpe ūtĭle vinci Victōris plăcĭdi fēcit *clēmentia* multis. Ov. Met. 8. 57. SYN. bŏnĭtas, ātis, *fem.* PHR. Nostraque vincētur lăcrўmis clēmentia sēris. Ov. *In the opposite sense*, Ipsaque dēlictis victa est clēmentia nostris. Ov.

Cleŏpātra, æ. *The queen of Egypt who married Antony. At the battle of Actium she fled, and killed herself by applying an asp to her bosom.*——Quem formæ confīsa suæ *Cleŏpātra* sine ullis Tristis ădit lăcrўmis sĭmŭlātum compta dŏlōrem. Lucan. 10. 82. PHR. Incesti mĕrĕtrix rēgīna Cănōpi. Prop. Antōnius . . . sĕquĭturque nĕfas Ægyptia conjux. V. v. Hor. 1. 37. 5—32.

‡clepsȳdra, æ. *A water-glass for measuring time.* —— Septem *clepsȳdras* magnâ tĭbī vōce pĕtenti. Mart. 6. 35.

cliens, entis. masc. *A client, a dependent.* —— Quam si *clientûm* longa nĕgōtia Dījūdĭcātâ līte rĕlinquĕret. Hor. 3. 53. Illi turba *clientium* sit mājor. Hor. 3. 1. 13. PHR. Si non ingentem fŏrĭbus dŏmus alta sŭperbis Māne sălūtantûm tōtis vŏmit ædĭbus undam. V.

clienta, æ. fem. of prec. —— Nec Lăcōnĭcas mihi Trahunt hŏnestæ purpŭras *clientæ.* Hor. 2. 18. 8.

†clientēla, æ. *The being a client.* —— In *clientēlam* et fĭdem Nōbis dĕdit se. Ter. Eun. 5. 8. 9.

‡clīnĭcus, i. *A physician, prop. of bedridden patients.* —— *Clīnĭcus* Hērōdes trullam subduxĕrat ægro. Mart. 9. 97. 1. SYN. mĕdĭcus, q. v.

†clīno. as. *To stoop.* —— Quāre ĕtiam atque ĕtiam paullum *clīnāre* necesse est Corpŏra. Lucr. 2. 243. SYN. inclīno, rĕclīno, dĕclīno, deflecto, ĭs, xi.

Clīo, ūs. fem. *The Muse of History.* —— Quem vĭrum aut hērōa lȳrâ vĕl ācrī Tībiâ sūmis cĕlĕbrāre *Clīo?* Hor. 1. 12. 2. v. Musa.

clītellæ, arum. *Panniers.* —— Hic mūli Căpuæ *clītellas* tempŏre pōnunt. Hor. Sat. 1. 5. 47.

Clītŏrium, i. *A fountain in Arcadia, which made all who drank of it wine-haters.* —— *Clītŏrio* quīcumque sĭtim de fonte lĕvāret, Vīna fūgit. Ov. Met. 15. 322.

Clitumnus, i. masc. *A river in Umbria, celebrated for its white cattle.* —— Hinc albi *Clītumne* grĕges. V. G. 2. 146.

clīvōsus, a, um. *Hilly, steep.* —— Ecce sŭpercĭlio *clīvōsī* trāmĭtis undam Elĭcit. V. G. 1. 108. SYN. acclīvis, *with ref. to going up hill,* dēclīvis *with ref. to going down hill;* præceps, ĭpĭtis.

clīvus, i. masc. *A hill, an ascent, esp. a path by which to ascend or descend a hill.* — Quā se subdūcĕre colles Incĭpiunt, mollique jŭgum dēmittĕre *clīvo.* V. E. 9. 8. Arduus in valles et Fora *clīvus* ĕrat. Ov. F. 1. 264.

cloāca, æ. *A sewer.* —— Quî sānior ac si Illud ĭdem in răpĭdum flūmen jăcĕretve *cloācam?* Hor. Sat. 2. 3. 242.

Clœlia æ. *A Roman virgin who, having been given as a hostage to Porsenna, escaped her guards and swam across the Tiber to Rome.* —— Et flŭvium vinclis innāret *Clœlia* ruptis. V. Æn. 8. 651.

Clōtho, ūs. fem. *One of the Fates.* —— Dixĕrat et *Clōtho* jussit prōmissa vălēre. Ov. Ibis, 243. v. Parca.

†clueo, es. no perf. *To be called, to be famous, to be.* —— Per gentes Ĭtălas hŏmĭnum quæ clāra *cluĕret.* Lucr. 1. 120. SYN. dīcor, ĕris.

clūnis, is. fem., more rarely masc. *The buttock.* —— Quod pulchræ *clūnes,* brĕve quod căput, ardua cervix. Hor. Sat. 1. 2. 89. SYN. nătis, is, *fem.*

Clūsium, i. *A city of Etruria, the country of Porsenna.* —— Qui mœnia *Clūsî,* Quique urbem līquēre Cŏsas. V. Æn. 10. 167.

Clūsius. *A name of Janus* (q. v.), *in time of peace, when the gates of his temple were shut.* —— Et mŏdŏ săcrĭfĭco *Clūsius* ŏre vocor. Ov. F. 1. 130.

Clȳmĕnē, ēs. *Wife of Īăpĕtūs, beloved by Sol, and by him mother of Phaëton and his sisters.* —— Et tŭlit ad *Clȳmĕnēn* Ĕpăphi convīcia mātrem. Ov. Met. 1. 756.

Clȳmĕnēius, also **‡Clȳmĕnēus, a, um,** *Of Clȳmĕne, epith. of Phaeton.* —— Quo sĭmŭl acclīvo *Clȳmĕnēia* līmĭte prōles Vēnit. Ov. Met. 2. 19. Quĕrĭtur jam Sērās ăvāros Augustum spŏliāre nemus, *Clȳmĕnēa*que dēesse Germĭna (i. e. *amber, which the tears of Phaeton's sisters became*). Stat. Sylv. 1. 2. 123.

Clȳmĕnus, i. *A name of Pluto,* q. v. —— At *Clȳmĕnus* Clōthoque dŏlent. Ov. F. 6. 757.

clȳpeātus, a, um. *Armed with a shield.* —— *Clȳpeāta*que tōtis Agmĭna densantur campis. V. Æn. 7. 793. SYN. scūtātus, peltātus.

clȳpeus, i. masc., also **clypeum, i.** 1. *A shield.* — 2. (*As being round*) *the orb of the sun.* —— 1. *Clȳpeos*que ad tēla sĭnistris Protecti objĭciunt. V. Æn. 2. 444. Dat tellus gĕmĭtum, et *clȳpeum* sŭpĕrintŏnat ingens. V. Æn. 9. 709. — 2. Ipse Dei *clȳpeus,* terrā cum tollĭtur īmâ Māne rŭbet. Ov. Met. 15. 192. SYN. scūtum; parma, parmŭla; ægis, idŏs ĭdī, ĭdă, *no pl., prop. the shield of Minerva;* umbo, ōnis. *masc.*; pelta, cetra (*the two last were a lighter sort*). PHR. Lævo dēpendet parma lăcerto. V. Clȳpeoque sĭnistram Insertabam aptans. V. Illa per orbem Ære căvum trĭplĭci, per līnea terga, trĭbusque

Transiit intextum taurīs ŏpus. V. Clўpeum, tot ferri terga, tot æris Cum pellis tŏties ŏbeat circumdăta tauri Vĭbranti cuspis mĕdium transverbĕrat ictu. V. Flectuntque sălignas Umbŏnum crates. V. Postquam hăbĭlis lătĕri clўpeus lōrīcaque tergo est. V. Clўpeique insigne dĕcōrum Induĭtur. V. (Hasta) Summo clўpei nēquicquam umbōne pĕpendit. V. Sŭbit ōras hasta per īmas Fulgentis clўpei. V. Dĕdit obvia ferro Pectora, nec mĭsĕro clўpei mŏra prōfuit ærei. V. Ōrasque rĕclūdit (Hasta) Lōrīcæ, et clўpei extrēmos septemplicis orbes. V. Ille tămen clўpeo objecto conversus in hostem Ībat. V. Clўpeoque insīgne păternum Centum angues, cinctamque gĕrit serpentibus hўdram. V. Jŏvis cum fulmĭna contrà Tot părĭbus strĕpĕret clўpeis. V. Invādunt Martem clўpeis atqueære sŏnōro. V. Concurrunt clўpeis. V. Rĕlictâ non bene parmŭlâ. Hor. Quam mănĭbus clўpeos . . . . . sustĭnuisse. Ov. Exuet hæc rĕdūci clўpeum. Ov. Clўpeo mănus apta tĕrendo. Ov. v. V. Æn. 8. 625—731.

Clўtæmnestra, æ. *Daughter of Tyndărus and Lēda, wife of Agamemnon, whom she and Ægisthus murdered on his return from Troy.* —— Ista *Clўtæmnestrā* digna quĕrēla fuit. Ov. Nux, 26. SYN. Tyndăris, idŏs.

Cnĭdos, i. fem. *A city in Caria sacred to Venus.* —— O Vĕnus Rēgīna *Cnĭdi* Păphique. Hor. 1. 30. 1.

coăcervātus, a, um. *Heaped together.* —— Per *coăcervātos* pĕreat dŏmus impia luctus. Ov. Met. 8. 485. v. cŭmŭlo.

†coacto, as. *To force, compel.* —— Quâ graditur conturbat, et immūtāre *coactat.* Lucr. 6. 1120. SYN. cōgo, is, coegi, q. v.

§coactor, ōris. masc. *A farmer of the revenue.* —— Si præco parvas, aut ut fuit ipse *coactor* Mercēdes sequerer. Hor. Sat. 1. 6. 86.

coactus, a, um. part. from cogo, is. q. v. 1. *Compelled, collected.* — 2. *Congealed.* —— Densi cŭneis se quisque *coactis* Agglŏmĕrant. V. Æn. 12. 457. Intŭbaque et rādix et lactis massa *coacti.* Ov. Met. 8. 666. SYN. 2. concrētus.

coāgŭlum, i. *Rennet.* —— Mox ĕpŭlas pōnunt, pressoque *coāgŭla* lacte. Ov. F. 4. 545.

coălesco, ĭs, ui. *To grow together, to unite.* —— Dum nŏvus in vĭrĭdi *coălescit* cortĭce rāmus. Ov. A. A. 2. 649. Partesque fŭgātas Passus in extremis Lĭbyes *coălescĕre* regnis. Lucan. 10. 79. SYN. concresco, ĭs, crēvi; coeo, īs; conjungor, ĕris.

coarcto, as. *To make small, short, etc.* —— Cēdĕre festīnant noxque *coarctat* ĭter. Ov. F. 5. 546. SYN. contraho, ĭs, xi, q. v.

coarguo, ĭs, ui. no sup., etc. *To betray, to convict.* —— Ōbrŭta verba rĕfert, dŏmĭnique coarguit aures. Ov. Met. 11. 193. SYN. arguo.

Cōcălĭdes, um. fem. *The daughters of Cōcălus, who, being king of Sicily, protected Dædalus after his flight from Crete; when Minos pursued him and arrived at Cōcălus's palace his daughters killed him by pouring hot water on his head.* —— Postquam perpĕtuas jūdex concessit ad umbras *Cōcălĭdum* insidiis. Sil. 14. 42. PHR. Vel tua mātūret sīcut Mīnōia fata Per căput infūsæ fervĭdus hūmor ăquæ. Ov.

Cōcălus, i. v. prec. —— Sumptis pro supplĭce *Cōcălus* armis Mītis hăbēbātur. Ov. Met. 8. 261.

‡coccinātus, a, um. *Clad in scarlet.* —— Qui *coccĭnātŏs* non pūtat vĭros esse. Mart. 1. 97. 6.

‡coccinus, a, um. *Scarlet.* —— Căvet hunc quem *coccĭna* læna Vītāri jŭbet. Juv. 3. 283.

coccum, i. *Scarlet dye, not so dark a colour as* purpŭra *or* ostrum. —— Rŭbro ŭbi *cocco* Tincta sŭper lectos candēret vestis ĕburnos. Hor. Sat. 2. 6. 102.

cōchlea, æ. *A snail, a cockle, a periwinkle.* —— Squillis rĕcreăbis et Āfrā Pŏtōrem *cōchleā.* Hor. Sat. 2. 4. 59.

‡cōchleāre, is. *A spoon.* —— Numquid scis pŏtius cur *cōchleāre* vocor. Mart. 14. 121. 2.

Cŏclēs, itis. *Horatius Cocles, a Roman, who when Porsenna was storming Rome, resisted his army on the Pons Sublicius till it was broken down behind him, when he leapt into the Tiber and swam back to his countrymen.* —— Illum indignanti sĭmĭlem (Porsennam, sc.) sĭmĭlemque mĭnanti Aspĭcĕres, pontem audēret quia vellĕre *Cŏcles.* V. Æn. 8. 650. *Cŏclĭtis* abscissos testātur sēmĭta pontes. Prop. 3. 11. 63.

coctĭlis, e. *Baked, made of baked bricks.*——Ŭbĭ crēdĭtur altam *coctĭlĭbus* mūris cinxisse Sĕmīrămis urbem. Ov. Met. 4. 58. SYN. coctus.

coctus, a, um. pass. part. from cŏquo, q. v. 1. *Baked, burnt.*—2. *Made of burnt bricks.*—3. *Dried, dry.*——1. (Tēlum) sŏlĭdum nōdis et rōbŏre *cocto*. V. Æn. 11. 553.—2. At sŏlĭdum *cocto* tollĕret aggĕre opus. Prop. 3. 11. 22. Vidi ĕgo ŏdōrāti victūra rŏsāria Pæsti Sub mātūtīno *cocta* jăcēre Nŏto. Prop. 4. 5. 60. SYN. 2. coctĭlis.—3. ārĭdus, q. v.

‡cocta, æ. prop. fem. of prec. *Milk-cheese.*——Vīmĭne clausa lĕvi nĭveæ custōdia *coctæ*. Mart. 2. 85. 1.

Cōcȳtus, i. masc. *One of the rivers of hell.*——Quos circum līmus nĭger et dēformis ărundo *Cōcȳti*, tardâque pălus ĭnămābĭlis undâ Allĭgat. V. G. 4. 479. PHR. Amnemque sĕvērum Cōcȳti mĕtuet. V. Cōcȳtusque sĭnu lābens circumvĕnit ātro. V. Cōcȳti stagna alta vĭdes. V. Vīsendus āter flūmine languĭdo Cōcȳtus errans. Hor.

cōdex, ĭcis. masc. 1. *The trunk of a tree.*—2. *A log to which criminals, esp. slaves, were fastened by way of punishment.*—3. ‡*A will.*——1. *Cōdĭce* qui misso, quem vix jŭga bīna mŏvērent. Ov. Met. 12. 432.—2. *Cōdĭcis* immundi vincŭla sentit ănus. Prop. 4. 7. 49.—3. Nam *codĭce* sævo Hærēdes vetat esse suos. Juv. 10. 236. SYN. 1. truncus, stīpĕs, ĭtis, *masc.*—1, 2. lignum.—3. §testāmentum.

cōdĭcillus, i. masc. *A tablet.*——Pŭdīca et prŏba redde *cōdĭcillos*. Cat. 40. 24. SYN. cēra, tăbella, q. v.

Cōdrus, i. *King of Athens, who, when the oracle had declared before a battle between the Athenians and Lacedæmonians, that that side should conquer whose king was slain, disguised himself to get killed; in honour of his memory the Athenians abolished the name of king.*——*Cōdrus* pro pătriâ non tĭmĭdus mŏri. Hor. 3. 19. 2.

cœlĕs, ĭtis. no neut. *Heavenly.*——*Cœlĭtibus* regnis ab Jove pulsus erat. Ov. F. 1. 236. SYN. cœlestis.

cœlĕs, ĭtis. *A God.*——Quāle tămen pŏtui de *Cœlĭte* Brūte rĕcenti. Ov. Ep. e P. 4. 6. 17. Ŭtrumque Rēge tempĕrante *Cœlĭtum*. Hor. Epod. 16. 56. SYN. Cœlĭcŏla, æ, *masc.*; Deus, q. v.; *in pl.* Sŭpĕri.

cœlestis, e. abl. i and e, gen. pl. ium and ŭm. 1. *Heavenly, of heaven, or of the Gods, sometimes in pl. the Deities themselves.*—2. *As good, as happy, etc. as Gods.*——1. Igneus est ollis vĭgor et *cœlestis* ŏrĭgo. V. Æn. 6. 730. Fŏre ut a *cœleste* săgittâ Fīgar ĕrat vērax vātĭcĭnāta sŏror. Ov. Her. 16. 277. Ultĭma *cœlestûm* terras Astræa rĕlīquit. Ov. Met. 1. 150.—2. Sīve quos Ēlēa dŏmum rĕdūcit Palma *cœlestes*. Hor. 4. 2. 18. Prōtĭnus āĕrii mellis *cœlestia* dōna Exsĕquar. V. G. 4. 1. SYN. 1. dīvīnus (*not however used as subst. in pl.*), cœlĕs, ĭtis, *no neut.*; ‡cœlĭcus.—*Of the regions of the sky.* Sīdĕreus, æthĕrius, sŭpĕrus. v. cœlum.

cœlĭcŏla, æ. masc., nearly always in pl. *An inhabitant of heaven, a god.*——*Cœlĭcŏlûm* rēgi mactābam in littŏre taurum. V. Æn. 3. 21. PHR. Omnes cœlĭcŏlas, omnes sŭpĕra alta tĕnentes. V.

‡cœlĭcus, a, um. *Heavenly.*—*Cœlĭca* tecta sŭbit ĭbĭ dēmum victa lăbōre. Stat. Sylv. 2. 3. 14. SYN. cœlestis, q. v.

cœlĭfer, ĕra, ĕrum. *Supporting the heavens, epith. of Atlas and of Hercules.*——Ŭbĭ *cœlĭfer* Ătlas Axem hŭmĕro torquet stellis ardentĭbus aptum. V. Æn. 6. 797. PHR. Hercŭle suppŏsĭto sīdĕra fulsit Atlas. Ov.

†cœlĭpŏtens, entis. *Mighty in heaven.*——Jūpĭter Dīīque ălii *cœlĭpŏtentes*. Plaut. Pers. 5. 1. 3.

cœlum, i. neut., pl. **cœli, orum.** masc. 1. *Heaven, the sky.*—2. *The atmosphere, climate, weather.*—3. *Country.*——1. At o Deōrum Quicquid in *cœlō* rĕgit Terras et hūmānum gĕnus. Hor. Epod. 5. 1. De *cœlo* tactas (*i. e. struck by lightning*) mĕmĭni prædīcĕre quercus. V. E. 1. 17. Nec jam amplius ullæ Appārent terræ, *cœlum* undĭque et undĭque pontus. V. Æn. 3. 193.—2. Ventōs et vărium *cœli* prædiscĕre mōrem Cūra sit. V. G. 1. 51. Dum non tractābĭle *cœlum*. V. Æn. 4. 53.—3. Quis te rĕdōnāvit Quĭrītem Dĭs pătriis Ĭtălōque *cœlo*. Hor. 2. 7. 4. SYN. 1. pŏlus, Ŏlympus (*as the habitation of the gods*), æthēr, ĕris, *acc.* ĕra; arces igneæ; arces æthĕriæ; arx cœli; cœrŭla (orum) cœli; sīdĕra cœli; astra, orum; axis, is, *masc.* (*as the firmament*).—

3. rĕgio, onis, *fem.* q. v. PHR. 1. Quem sŭper ingens Porta tŏnat cœli. V. Sic vertĭce cœli Constĭtit. V. Quæ păter ut summâ vīdit Saturnius arce. V. Per sīdĕra testor, Per sŭpĕros atque hoc cœli spĕrābĭle lūmen. V. Tædet cœli convexa tuēri (*i. e. to live*). V. Tālis sēse hālĭtus ātris Faucĭbus effundens sŭpĕra ad convexa fĕrebat. V. Sīdĕream mundi qui tempĕrat arcem. Sol mĕdium cœli conscendĕrat igneus orbem. V. — *Of being in heaven, being raised to heaven, made gods, etc.* Jam prīdem nōbis cœli te rĕgia Cæsar Invĭdet. V. Sublimemque fĕres ad sīdĕra cœli Magnănĭmum Ænēan. V. (Sidera cœli *is also used for the sky in mid-day.* Ad sīdĕra cœli Nāre per æstātem lĭquĭdam suspexĕris agmen. V. G. 4. 58.) Ūnus ĕrit quem tu tolles ad cœrŭla cœli. Ov. Nos tua progĕnies cœli quibus annuis arcem. V. Ipse quŏque æthĕrias mĕrĭtis invectus ĕs arces. Ov. Hāc arte Pollux et văgus Hercŭles Enīsus arces attĭgit igneas. Hor. Ænēan scīs ipsa . . . Dēbēri cœlo fātisque ad sīdĕra tolli. V. Īdem ventūros tollēmus in astra nĕpōtes. V. Jamque tĭbi Pollux cœlum sūblīme pătēbat. Ov. v. Deus. — 2. Si non excĭpĕret cœli indulgentia terras. V. Dum non tractābĭle cœlum. V. Corrupto cœli tractu . . . vēnit Arbŏrĭbusque sătisque lues. V. Horrĭda tempestas cœlum contraxit. Hor. Cum sĕrĭmus, cœlum ventis ăpĕrīte sĕrēnis. Ov. Tempus ĕrat nec me pĕrĕgrīnum ducĕre cœlum. Ov.

coēmo, is, coēmi, emtum. *To buy up.* —— Cum tu *coemtos* Undique nōbĭles Lĭbros Panætī . . . Mutare . . . tendis. Hor. 1. 29. 13. v. emo.

‡**coemtor, oris.** masc. *A buyer, one who buys up.* —— Frumenti dŏmĭnus clāmat cĭcĕrisque *coemtor.* Juv. 14. 293. SYN. emptor, q. v.

cœna, æ. *Supper, dinner, the principal meal of the Romans.* —— Mundæque parvo sub Lăre pauperum *Cœnæ.* Hor. 3. 29. 15. SYN. ‡cœnŭla. v. ĕpŭlæ.

‡**cœnăcŭlum, i.** *A supper or dining room.* —— Rārus vĕnit in *cœnăcŭla* Miles. Juv. 10. 18. v. seq.

‡**cœnătūrio, is.** *To wish for supper.* *Cœnătŭrit* Văcerra. Mart. 11. 78. 3.

‡**cœnătio, onis.** *A supper or dining room.* —— Algentem răpiat *cœnătio* sōlem. Juv. 7. 183.

cœno, as. *To sup or dine; to sup on, c. acc. of the food, pass. part. usu. as deponent,* **cœnatus,** *having supped.* —— Nec mŏdĭcâ *cœnāre* times ŏlus omne pătellâ. Hor. Epist. 1. 5. 2. Ămet scripsisse dŭcentos Ante cĭbum versus, totidem *cœnātus.* Hor. Sat. 1. 10. 61. SYN. ĕpŭlor, āris.

‡**cœnōsus, a, um.** *Muddy.* —— Nec spīrat *cœnōsi* gurgĭtis alvum. Juv. 3. 266. SYN. lŭtŭlentus, lŭteus, līmosus.

cœnŭla, æ. dimin. of cœna. —— Parva est *cœnŭla* quis pŏtest nĕgāre? Mart. 5. 79. 22.

cœnum, i. *Mud.* —— Turbĭdus hic *cœno* vastâque vŏrāgĭne gurges Æstuat. V. Æn. 6. 296. SYN. līmus, lŭtum.

coeo, coīs, īvi, usu. **coii, coīre, coĭtum,** part. **coiens, coeuntis,** etc. 1. *To come together, meet, often in battle.* — 2. *To unite, as friends, or as wounds, etc.* — 3. *To coagulate.* —— 1. Cornua cūm Lūnæ plēno sēmĕl orbe *coīssent.* Ov. Her. 2, 3. Inter se *coīsse* vĭros et cernĕre ferro. V. Æn. 12. 708. — 2. Nēve rĕtractando nondum *coeuntia* rumpam Vulnĕra. Ov. Tr. 4. 4. 41. Dīc ĭn ămīcĭtiam *coeant* et fœdĕra jungant. V. Æn. 7. 546. — 3. Gĕlĭdusque *coït* formīdĭne sanguis. V. Æn. 3. 30. SYN. 1. convĕnio, īs, vēni; congrĕdior, eris, gressus sum; concurro, īs; misceor, ēris, mixtus sum; glŏmĕror, aris, q. v. — 2. coălesco, ĭs, ui (*not of persons*). — 3. concresco, ĭs, crēvi.

cœpi. perf., no pres. tense; only the tenses derived from perf., *i. e.* plusq. perf. indic.; perf., plusq. perf., and fut. subj.; perf. infin., perf. pass., and pass. part. **cœptus sum.** *To begin.* —— Fluctus ut in mĕdio *cœpit* cum albescĕre ponto. V. G. 3. 237. *Cœpta*que sunt pūrē tradita săcra cŏli. Ov. F. 3. 280. Nŏvam *cœpēre* măpālĭbus urbem (*the earliest instance of* cœpi *being followed by an acc. case*). Sil. 15. 421. SYN. incĭpio, is, cēpi; †cœpto, as; inchoo, as. v. incipio.

†**cœpto, as.** *To begin.* —— Ne quā forte tămen *cœptes* diffīdĕre dictis. Lucr. 1. 267. v. prec.

cœptum, i. *An undertaking.* —— Spondeō digna tuis ingentĭbus omnia *cœptis.* V. Æn. 9. 296. SYN. ‡cœptus, ûs; inceptum, susceptum; mōlīmĕn, inis, *neut.*; cōnāmĕn, inis, *neut.*; cōnātus, ûs, q. v.

‡**cœptus, ûs.** A later form of prec. —— Dignas insūmĭte mentes *Cœptĭbus.* Stat. Theb. 12. 644.

coerceo, es, ui. *To surround, esp. so as to confine, to restrain.*——Vitta coercēbat pŏsĭtos sĭne lēge căpillos. Ov. Met. 1. 477. Postrēma *coercent* (*bring up the rear*) Tyrrhīdæ jŭvĕnes. V. Æn. 9. 27. Clausa dŏmo tĕnear, grăvĭbusque *coercĭta* vĭnclis. Ov. Her. 14. 3. SYN. cŏgo, ĭs, coēgi; comprĭmo, ĭs, pressi; contĭneo, es, ui; cohĭbeo, es, ui, q. v.

cœtus, ûs. masc. *An assembly, a crowd.*——Dēsĭĕrat Gălătea lŏqui *cœtuque* sŏlūto Discēdunt. Ov. Met. 13. 898. Lūdunt strīdentĭbus ālis, Et *cœtu* cinxēre pŏlum. V. Æn. 1. 402. SYN. conventus, ûs; cătervа, turba, q. v.

Cœus, i. *One of the giants, father of Latona.*——Nesciŏ quŏque audēte sătam Tītānĭda *Cœo* Lātōnam præferre mĭhi. Ov. Met. 7. 185.

cōgĭtātio, ōnis. fem. *A thought.*——Nam, quasdam vŏlŏ *cōgĭtātiōnes* Ămīci accĭpiat. Cat. 33. 5.

cōgĭto, as. *To think, to meditate.*——Non tămĕn Æneam quamvis mălĕ *cōgĭtat* ōdi. Ov. Her. 7. 29. SYN. mĕdĭtor, āris. PHR. Nunc huc ingentes, nunc illuc pectŏre cūras Mūtābat versans. V. Atque ănĭmum nunc huc cĕlĕrem, nunc dīvĭdit illuc In partesque răpit varias, perque omnia versat. V. Multa mŏvens ănĭmo. V. Et vĕtĕris Fauni volvit sub pectŏre sortem. V. At pius Æneas per noctem plūrĭma volvens. V. Tăcĭtus Lўcĭdā mēcum ipse vŏlūto. V. Tālia flammāto sēcum Dea corde vŏlūtans. V.

‡cognātio, ōnis. *Relationship.*——Căra dăret sollenne tĭbī *cognātĭo* munus. Mart. 9. 55. 5.

cognātus, a, um. *Related, kindred. Often in masc. and fem. as subst.*——Cernam *Cognātas* urbes ōlim pŏpŭlosque prŏpinquos. V. Æn. 3. 502. SYN. pătruēlis.

‡cognĭtio, ōnis. fem. *Knowledge of anything.*——Intŏnet horrendum jam *cognĭtiōne* pĕractâ. Juv. 6. 484. SYN. nōtĭtia.

cognĭtor, ōris. masc. *An advocate in a court of law.*——Quas ălĭquis dūro *cognĭtor* ōre legat. Ov. Ann. 1. 12. 24. SYN. pătronus.

cognĭtus, a, um. part. pass. from cognosco, q. v.; but found also in compar. and superl. *Known.*——Sed' măgis hôc quo sunt *cognĭtiora* grăvant. Ov. Tr. 4. 6. 28. Tĭbi hæc fuisse et esse *cognĭtissĭma* Ait phăselus. Cat. 4. 14. SYN. nōtus.

cognōmĕn, ĭnis. neut. *A sirname; another name.*——Est lŏcus Hespĕriam Graii *cognōmĭne* dicunt. V. Æn. 3. 163.

cognosco, is, cognōvi, cognĭtum. *To know, to recognise.*——Nec tam præsentes ălĭbī *cognoscĕre* Divos. V. E. 1. 42. SYN. nosco, is, vi, nōtum; agnosco, ĭs, nĭtum.

cōgo, ĭs, coēgi, coactum. 1. *To drive.*—2. *To compel.*—3. *To bring together, to assemble.*—4. *Esp. of bringing words into metre.*——1. Quādrĭfidam quercum cŭneis ut forte *coactis* Scindēbat. V. Æn. 7. 509.—2. Nunc rĕtrorsum Vēla dăre atque ĭtĕrāre cursus *Cōgor* relictos. Hor. 1. 34. 5.—3. *Cōgĭte* ŏves puĕri. V. E. 3. 98. Frīgŏre mella *cōgit* hyems (i. e. *makes to coagulate*). V. G. 4. 35.—4. Aptaque in alternos *cōgĕre* verba pĕdes. Ov. Tr. 3. 7. 10. SYN. ăgo; dūco, ĭs, xi.—2. sŭbĭgo.—3. compello, ĭs, ŭli; collĭgo, ĭs, lēgi.—4. condo, ĭs, dĭdi; coerceo; claudo, ĭs, si.

cohæreo, es, hæsi. *To stick to, adhere.*——Moveri Haud usquam pŏtuit, scŏpŭloque affixa *cohæsit.* Ov. Met. 4. 552. v. hæreo.

cohæres, ēdis, masc. and fem. *A coheir.*——Forte *cohærēdum* sĕnior măle tussiet. Hor. Sat. 2. 5. 107. v. hæres.

cohĭbeo, es, ui. etc. 1. *To contain.*—2. *To check, to confine, to restrain.*——1. Ut cœli clārum pūrumque cŏlōrem Quemque in se *cohĭbent* pălantia sīdĕra passim. Lucr. 2. 1030. Æŏlŏn Hippŏtăden *cohĭbentem* carcĕre ventos. Ov. Met. 14. 224. Neæræ Myrrheum nōdo *cohĭbĕre* crinem. Hor. 3. 14. 22. SYN. 1. hăbeo, tĕneo, contĭneo.—2. ĭnhĭbeo; coerceo, es; prĕmo, ĭs, pressi; comprĭmo, rĕprĭmo; cōgo, ĭs, coēgi; tempĕro, as; fræno, rĕfræno, as; rĕprehendo, ĭs, sync. rĕprēndo; mŏdĕror, āris; sustento, as; compesco, ĭs, cui; impĕdio, is (*of hair, etc.*); rĕlĭgo, as. PHR. Ordĭnem Rectum ēvăganti fræna lĭcentiæ Injēcit. Hor.

cohors, ortis. fem. 1. *A coop for a brood of poultry.*—2. *A band of soldiers, prop. of infantry.*—3. *Any number or crowd.*——1. Abstŭlĕrat multas illa *cŏhortis* ăves. Ov. F. 4. 704.—2. Ut sæpe ingenti bello cum longa *cohortes* Explĭcuit lĕgio. V. G. 2. 279.—*Also of cavalry.* Quam tōta *cohors* ĭmĭtāta rĕlictis Ad terram dēfluxit ĕquis. V. Æn. 11. 500.—3. Nŏva fēbrium Terrīs incŭbuit cohors. Hor. 1. 3. 30. SYN. 1. ‡chors.—3. turba, căterva, mănus, ûs, *fem*; agmĕn, ĭnis, *neut.*

coïtus, ûs. masc. *A meeting.*——Săcra tŏri, *coïtus*que nŏvos, thălămosque rĕcentes. Ov. Met. 7. 709. SYN. congressus, ûs.

cŏlăphus, i. masc. *A slap on the face.*——Nos *cŏlăphum* incŭtĭmus lambenti crustŭla servo. Juv. 9. 5. SYN. ‡ălăpa; ictus, ûs, *masc.*

Colchi, orum. *The Colchians.*——At tibi *Colchorum* mĕmini rēgīna vŏcāvi. Ov. Her. 12. 1.

Colchiăcus, Colchĭcus, Colchus, a, um. *Colchian.*——Colchis *Colchiacis* ūrat ărēna fŏcis. Prop. 2. 1. 56. Călet vĕnēnis officīna *Colchĭcis.* Hor. Epod. 17. 35. Sed postquam *Colchīs* arsit nŏva nupta vĕnēnis. Ov. Met. 7. 394. SYN. Phăsiăcus.

Colchis, ĭdŏs, ĭdī, ĭdă. fem. adj. of prec., usu. as subst. 1. *The country.*—2. *A Colchian woman* (*Colchis was especially notorious for the skill of its inhabitants in magic arts*).——1. Hospēs, ait, nosco *Colchĭde* vēla, vĕnit. Ov. Tr. 3. 9. 12. Conscia percussit mĕrĭtōrum pectora *Colchis.* Ov. Tr. 3. 9. 15.

‡cōlĭcŭlus, i. masc. *A young shoot or stalk.*——Crēdis *cōlĭcŭlis* arbŏrĭbusque meis. Mart. 12. 23. 3.

‡cōlīphium, i. *Food eaten by wrestlers to make their flesh firm.*——Luctantur paucæ, cŏmĕdunt *cōlīphia* paucæ. Juv. 2. 53.

collăbĕfăcio, is, fēci. *To cause to totter.*——Omnia quod contrīta quod igni *collăbĕfacta.* Lucr. 4. 701. v. seq.

collăbĕfacto, as. *To make to totter; to throw down.*——Et vastum mōtu *collăbĕfactat* ŏnus. Ov. F. 1. 566. SYN. lăbĕfacto.

collābor, ĕris, lapsus sum. *To fall, esp. as a person fainting or dying.*——Hæc frustrā fŭgiens *collābĭtur;* illa sŏrōri Immŏrĭtur. Ov. Met. 6. 295. Suscĭpiunt fămŭlæ *collapsa*que membra Marmŏreo rĕfĕrunt thălămo. V. Æn. 4. 391. SYN. lābor; cădo, is, cĕcĭdi, q. v.

†collāre, is. *A collar.*——Cum mănĭcis, cătŭlo, *collāri*que, ut fŭgĭtīvum Dēportem. Lucil. v. mŏnīle.

†collāria, æ. *A collar.*——Hoc quĭdem haud mŏlestum est quod collum *collāriā* căret. Plaut. Capt. 2. 2. 107.

collātus, a, um. part. pass. from confĕro, q. v. 1. *Brought together often, esp. in battle.*—2. *Compared.*——1. Ut prĕmĕrer săcrā Lauroque *collātā*que myrto. Hor. 3. 4. 19.—2. Tu Tyrrhēnum ĕquĭtem *collātis* excĭpe signis. V. Æn. 11. 517. Crēde mĭhī si sit nōbis *collātus* Ŭlysses. Ov. Tr. 3. 11. 61.

collaudo, as. *To praise.*——Non intellectam vōcem *collaudat,* et esto Jam pia semper ait. Ov. Met. 10. 365. SYN. laudo, q. v.

†collaxo, as. *To slacken, to loosen.*——Quiă nīmīrum făcĭle omnia circum *Collaxat.* Lucr. 6. 231. SYN. laxo, as; solvo, ĭs, vi, sŏlūtum, q. v.

collectus, a, um. part. pass. from colligo, is, q. v. 1. *Collected.*—2. *Contracted.*——1. Nūda gĕnu, nōdoque sĭnus *collecta* fluentes. V. Æn. 1. 324.—2. Ālĭtis in parvæ sŭbĭtam *collecta* fĭgūram. V. Æn. 12. 862. SYN. 1, 2. coactus.

†collectus, ûs. masc. *A collection, a mass collected.*——At *collectus* ăquæ dĭgĭtum non altior ūnum. Lucr. 4. 415.

collēga, æ. masc. *A colleague.*——Contrā *collegæ* jussa rĕdîsse sui. Ov. F. 6. 690.

§collēgium, i. *A college, corporation, body, meeting.*——Āmbūbaiarum *collēgia,* pharmăcŏpōlæ. Hor. Sat. 1. 2. 1. SYN. cœtus, ûs; conventus, ûs.

collĭbet. *It pleases.*——Si *collĭbuisset* ab ōvo Usque ad māla cĭtāret . . . Hor. Sat. 1. 3. 6. SYN. lĭbet, plăcet, jŭvat, *perf.* jūvit.

collīdo, is, si. *To dash or beat together.*——Annŭlus ut fīat, prīmo *collīdĭtur* aurum. Ov. A. A. 3. 221. Græcia Barbarīæ lento *collīsa* duello. Hor. Epist. 1. 2. 7. SYN. †allīdo, contundo, ĭs, tŭdi, tūsum; contĕro, ĭs, trīvi; attĕro.

collĭgo, as. *To bind.*——Ansaque compressos *collĭgat* arcta pedes. Tib. 1. 8. 14. SYN. lĭgo, allĭgo, rĕlĭgo, vincio, īs, xi. v. ligo.

collĭgo, ĭs, lēgi, lectum. 1. *To collect, often as a person or animal collects himself for an effort.*—2. *To acquire gradually.*—3. *To infer.*——1. Sunt quos currĭcŭlo pulvĕrem Ōlympĭcum *Collēgisse* jŭvat. Hor. 1. 1. 4. Substĭtit Æneas, et se *collēgit* in arma. V. Æn. 12. 491.—2. Mox rĕcĭpe ut nullum pătiendi *colligat* ūsum. Ov. Am. 1. 8. 75. — 3. Utque Impĕret hoc nātūra, pŏtens sic *collige* mēcum. Hor. Sat. 2. 1. 51. *Colligor* ex ipso dŏmĭnæ placuisse sĕpulchro. Ov. Am. 2. 6. 61. SYN. 1. (*But not of collecting oneself*): glŏmĕro, as; cŏngĕro, ĭs, gessi; condūco, ĭs, xi; contraho, ĭs, xi; cōgo, ĭs, coēgi. — 2. acquīro, ĭs, acquīsīvi. — 3. crēdo, ĭs, crēdĭdi; *in pass.* arguor, ĕris.

collĭno, ĭs, lēvi, lĭtum. *To smear; either in adornment or defilement.* —— Tu quŏque, cum pŏsĭtis sua *collĭnet* ōra vĕnēnis. Ov. R. A. 351. — Crines pulvĕre *collĭnes*. Hor. 1. 15. 20. SYN. lĭno, illĭno, allĭno, oblĭno, ungo, ĭs (*but not as defiling*).

collīnus, a, um. *Of a hill; but esp. referring in Roman poets to the Collina Porta at Rome.* —— Templa frĕquentari *Collīnæ* proxĭma portæ. Ov. F. 4. 781. Quippe et *Collīnas* ad fossam mŏvĕrat herbas (i. e. *near the P. C.*) Prop. 4. 5. 11. v. montānus.

collis, is. masc. *A hill.* —— Jamque ascendēbant *collem*, qui plūrimus urbi Immĭnet, adversasque aspectat dēsŭper arces. V. Æn. 1. 419. SYN. clīvus, jŭgum. PHR. Qua se subdūcĕre colles Incĭpiunt, mollique jŭgum dēmittĕre clīvo. V. Sin tŭmŭlis acclīve sŏlum collesque sŭpīnos (metabere). V. Dūcĕret āprīcis in collĭbus ūva cŏlōrem. V. Undĭque colles Inclūsēre căvi, et nīgrâ nĕmus īlĭce cingunt. V. Campus quem collĭbus undĭque curvis cingēbant sylvæ. V. Quos de collĭbus altis Aurunci mĭsēre pătres. V. Cui pĕcus et nigri Colles Arcădiæ plăcent. Hor. Dis, quĭbus septem plăcuēre colles (*of Rome*). Hor. Monte mĭnor collis, campis ĕrat altior æquis. Ov. Est prŏpe purpŭreos colles flōrentis Hўmetti Fons săcer. Ov. Pīnĭfĕris pŏsĭtos in collĭbus hortos Spectat. Ov. Herbĭfĕros ădiit colles. Ov. v. mons.

collŏco, as. *To place.* —— Excĭpit hos, vŏlŭcrisque suæ Săturnia pennis *Collŏcat*. Ov. Met. 1. 723. SYN. loco; pōno, ĭs, posui; dispōno; stătuo, is; constĭtuo.

collŏquium, i. *Conversation, a conference.* —— Et vărias audit vōces fruiturque Deōrum *Collŏquio*. V. Æn. 7. 91. SYN. allŏquium; sermo, ōnis, *masc.* PHR. Ne quis . . . Collŏquii nōbis sentiat esse vĭces. Ov. Et narrāre meos flenti flens ipse lăbōres Spērāto nunquam collŏquioque frui. Ov. Multa inter sēsē vărio sermōne sĕrēbant. V. Vărio noctem sermōne trahēbat. V. Et jam sermōne coīmus. Ov. Utque sŏlēbāmus consūmĕre longa lŏquendo Tempŏra, sermōnem dēfĭciente die. Ov. Sæpe dies sermōne mĭnor fuit, inque lŏquendum Tarda per æstīvos dēfuit hōra dies. Ov. Dătur ōra tuēri, Nāte, tua, et nōtas audīre et reddĕre vōces? V.

†**collŏquor, ĕris, lŏcūtus.** *To converse.* —— Vīdebit, *collŏquētur*, ădĕrit ūna in ūnis ædĭbus. Ter. Eun. 2. 3. 76.

collūceo, es, luxi. no sup. or pass. *To shine.* —— Sævasque vĭdēbis *collūcēre* făces. V. Æn. 4. 567. SYN. lūceo, ēlūceo, fulgeo, es, si; effulgeo; nĭteo, es; ēnĭteo; mĭco, as, ui; ēmico, splendeo, resplendeo, cŏrusco, as.

collūdo, is, si. *To play, to play with.* —— Aut summâ nantes in ăquâ *collūdĕre* plumas. V. G. 1. 369. puer . . . gestit păribus *collūdĕre*. Hor. A. P. 159. SYN. lūdo, q. v.

collum, i. *The neck.* —— India quīn Auguste tuo dat *colla* triumpho (i. e. *yields*). Prop. 2. 8. 19. SYN. cervix, īcis, *fem.* PHR. Tum lactea colla Auro innectuntur. V. Cæsăriem effūsæ nĭtĭdam per candĭda colla. V. Attollentem īras et cærŭla colla tŭmentem (anguem, sc.). V. Rursusque Lătīni Clămōrem tollunt et mollia colla rĕflectunt. V. Lentaque colla Et captum lēto pŏsuit căput. V. Colla cŏmantia pectunt. V. Marmŏreâ căput a cervīce rĕvulsum. V. Dixit, et ăvertens rŏseâ cervīce rĕfulsit. V. Sed pendent nĭveâ pulli cervīce căpilli. Ov. Ēburnea cervix, Quæque prĕcor vĕniant in mea colla mănus. Ov. Dumque tuo possum circumdăre brachia collo. Ov. Nec quisquam pŏtior brăchia candĭdæ Cervīci jŭvenis dabat. Hor. Candĭda jamdūdum cingantur colla lăcertis. Ov. v. amplector. Ductaque per vias Rēgum colla mĭnantium. Hor. Nondum sŭbactâ ferre jŭgum vălet Cervīce. Hor. Duxērunt collo qui jŭga nostra suo. Ov. Sīve fĕrōcis ĕqui luctantia colla rĕcurvas. Ov. Prīma jŭgo tauros suppōnĕre colla coēgit. Ov. v. guttur, jugum.

colluo, is. no sup. *To wash.* —— Ōraque nulli *collŭĕrant* fontes. Ov. Met. 5. 447. SYN. luo; lăvo, as *and* is, q. v.

‡**collūsor, ōris.** masc. *A playmate.* —— Cum mātre et cătŭlis et *collūsōre* catello. Juv. 9. 61.

collustro, as. *To go around, look around.* —— Omnia *collustrans* hanc primum ad littŏra classem Conspexi vĕnientem. V. Æn. 3. 651. SYN. lustro, circumspĭcio, ĭs, spexi.

‡collŭvies, ēi. *Dirt.* —— Nīgro si turbĭda līmo *Collŭvies* immōta jăcet. Lucan, 4. 311. SYN. sordes, ium, *fem.*

collȳrium, i. *A salve for the eyes.* —— Hic ŏcŭlis ĕgŏ nīgra meis *collȳria* lippus Illĭnĕre. Hor. Sat. 1. 5. 30.

cŏlo, ĭs, cŏlui, cultum. 1. *To attend to, to cultivate (arts, habits, etc.)* — 2. *To adorn.* — 3. *To cultivate, to till.* — 4. *To honour, to worship.* — 5. *To love, to cherish.* — 6. *To inhabit.* —— 1. Corpŏra si vĕtĕres non sic *cŏluere* puellæ. Ov. A. A. 3. 107. Nec lĕvis ingĕnuas pectus *cŏluisse* per artes Cūra sit. Ov. A. A. 2. 121. Mos tămĕn est æquē dignus ŭterque *cŏli.* Ov. F. 1. 226. — 2. Cui *cŏlar* infelix, aut cui placuisse laborem? Ille mei cultūs ūnĭcus auctor ăbest. Ov. Her. 15. 77. — 3. Laudato ingentia rāra, Exĭguum *cŏlito.* V. G. 3. 413. — 4. O *cŏlendi* Semper et *culti,* dāte quæ prĕcămur Tempŏre săcro. Hor. C. S. 2. — 5. Quam Jūno fertur terris măgis omnĭbus unam Posthăbĭtā *cŏluisse* Sămo. V. Æn. 1. 19. Æternum tēlōrum et virgĭnĭtatis ămōrem Intĕmĕrata *cŏlit.* V. Æn. 11. 584. — 6. Quasque *cŏlat* turres Chaŏnis ălĕs hăbet. Ov. A. A. 2. 150. SYN. 1. cūro, as; sĕquor, eris, sĕcūtus sum. — 1. 3. exerceo, es. — 1. 3, 4. excŏlo. — 2. orno, as; vĕnĕror, aris; dēvĕnĕror; ădōro, as. — 5. fŏveo, es, fōvi; (*of a feeling, like ref.* 2.) pasco, is, pāvi; ălo, ĭs, ălui. — 6. incŏlo, hăbĭto, as. PHR. 3. Ille suam pĕrăgēbat hŭmum, sīve usus ărātri Sīve căvæ falcis, sīve bĭdentis ĕrat. Ov. Ante Jŏvem nulli sŭbĭgēbant arva cŏlōni. V.

cŏlŏcāsium, i. *The Egyptian bean.* —— Mixtaque rīdenti *cŏlŏcāsia* fundet ăcantho. V. E. 4. 20.

cŏlōna, æ. *A countrywoman, a husbandman's wife.* —— Curto fert rustĭca testu Sumptum de tĕpĭdis ipsa *cŏlōna* fŏcis. Ov. F. 2. 646. v. Hor. Epod. 2. 39—48.

cŏlōnia, æ. *A colony.* —— O *cŏlōnia* quæ cŭpis ponte lūdĕre longo. Cat. 18. 1.

cŏlōnus, i. 1. *A husbandman.* — 2. *A colonist, an inhabitant.* —— 1. Ante Jŏvem nulli sŭbigēbant arva *cŏlōni.* V. G. 1. 125. — 2. Urbs antīqua fuit Tȳrii tĕnuere *cŏlōni.* V. Æn. 1. 12. SYN. 1. agrĭcŏla, æ, *masc.* q. v.; rūrĭcŏla, æ, *masc.*; ărātor, oris; ăgrestis. — 2. incŏla, æ, *masc.*

Cŏlŏphōnius, a, um. and **Cŏlŏphōniăcus.** *Of Colophon, a city of Lydia, the native place of Arachne.* —— Păter huic *Cŏlŏphōnius* Idmon. Ov. Met. 6. 8. Quæ *Cŏlŏphōniăco* Scyllæ dīcuntur Hŏmēro. V. Ciris, 65.

cŏlor, ōris. masc. 1. *Colour, natural or artificial, complexion, etc.*—2. *Condition.* 1. Rēbus nox abstŭlit ātra *cŏlōrem.* V. Æn. 6. 272. Hic saxo, līquĭdis ille *cŏlōrĭbus* Sōlers nunc hŏmĭnem pōnĕre, nunc Deum. Hor. 4. 8. 7. Tunc nec mens mihĭ nec *cŏlor* Certā sēde mănet. Hor. 1. 13. 5. — 2. Quis *cŏlor* et quæ sit rēbus nātūra fĕrendis. V. G. 2. 178. SYN. 1. †cŏlōs, ōris; *as to artificial colour,* fūcus. — 2. stătus, ūs, *masc.*; condĭtio, ōnis, *fem.* q. v. PHR. Nec vărios discet mentīri lāna cŏlōres. V. Trĭplĭci dīversa cŏlōre Lĭcia. V. Sæpe vĭdēmus Ipsĭus in vultu vărios errāre cŏlōres. V. Ceu nūbĭbus arcus Mille trahit vărios adverso sole cŏlōres. V. Nec tămen āter ĕrat, nec ĕrat tămĕn aureus illis, Sed, quamvis neuter, mistus ŭterque cŏlor. Ov. Mĕlior vēro quærĭtur arte cŏlor. Ov.

cŏlōro, as. *To colour (not of artificial colour), to make dark, esp. of ripe fruit or dark-complexioned people.* —— Eōis ... Mărĭtis Quos Aūrōra suis rŭbra *cŏlōrat* ĕquis. Prop. 3. 13. 16. Utque *cŏlōrātis* amnis dēvexus ab Indis. V. G. 4. 293. Falce *cŏlōrātas* subsĕcuitque cŏmas. Ov. Am. 3. 10. 12. SYN. (*As to the participle—of people*), fuscus; (*of corn*), flāvus, v. seges; (*of fruit*), purpŭreus, etc. v. tingo.

†cŏlōs, ōris. An old form of color, q. v. —— Flammeus est plerumque *cŏlōs* et splendĭdus ollis. Lucr. 6. 207.

‡cŏlossus, i. masc. *A large statue; the most celebrated was the Statue of the Sun at Rhodes.* —— Enormes mănus est experta *Cŏlossos.* Stat. Sylv. 1. 3. 51.

cŏlŭber, ŭbri. *A snake.* —— Aut tecto assuetus *cŏlŭbĕr* succēdĕre et umbræ. V. G. 3. 418. SYN. anguis, is, *masc.*; serpens, cŏlŭbra. v. anguis.

cŏlŭbra, æ. fem. of prec. —— Pectŏraque unxĕrunt Ĕrĕbēæ felle *cŏlŭbræ.* Ov. Ibis, 227.

cŏlūbrĭfer, ĕra, ĕrum. *Bearing or wearing snakes, esp. of the Gorgons, who had snakes for hair.* —— Torva *cŏlūbrĭfĕri* sŭpĕrāvit lūmĭna monstri. Ov. Met. 5. 241. SYN. anguĭfer, anguĭcŏmus. v. Gorgŏnĕs.

cōlum, i. *A strainer.* —— *Cōla*que prēlōrum fūmōsis dērĭpe tectis. V. G. 2. 244.

cŏlumba, æ. *A dove, a pigeon, particularly sacred to Venus, and according to Ovid, employed in drawing her chariot; found in especial numbers in Chaonia, a part of Epirus.* —— Oscula dat cŭpĭdo blanda *cŏlumba* mări. Ov. Am. 2. 6. 56. SYN. cŏlumbus; pălumbes, is, *fem.* PHR. Gĕmĭnæ cum forte cŏlumbæ Ipsa sub ōra vĭri (Æneæ, sc.) cœlo vēnēre vŏlantes . . . Māternas agnoscit ăves. V. Perque lĕves auras junctis invecta cŏlumbis Littus ădit Laurens (*Venus*). Ov. Cŷthĕrēĭădasque columbas. Ov. Chāŏnias dīcunt ăquĭlâ vĕniente columbas (valere). V. Quasque cŏlat turres Chāŏnis ālĕs habet. Ov. Præcĭpites ātrâ ceu tempestate columbæ. V. Ut fŭgiunt ăquĭlas tĭmĭdissima turba cŏlumbæ. Ov. Quālis in āĕriæ tergo sŏlet esse cŏlumbæ. Ov. Terrētur mĭnĭmo pennæ strīdōre cŏlumba. Ov. Nĕque imbellem fĕrōces Prōgĕnĕrant ăquĭlæ cŏlumbam. Hor.

cŏlumbīnus, a, um. *Of a dove.* —— *Cŏlumbīno* līmum bĕnĕ collĭgit ōvo. Hor. Sat. 2. 4. 56.

cŏlumbus, i. masc. *A dove.* —— Ut albŭlus *cŏlumbus.* Cat. 27. 8.

cŏlūmen, ĭnis. neut. 1. *A summit.* — 2. *A prop.* —— 1. Ĕgŏ vītam ăgam sub altis Phrўgiæ *cŏlūmĭnibus*? Cat. 61. 71. — 2. Meārum grande decus *cŏlūmen*que rērum. Hor. 2. 17. 4. SYN. 1. vertex, ĭcis, *masc.*; căcūmĕn, ĭnis, *neut.* — 2. fulcrum; fulcīmen, ĭnis, *neut.*; fĭrmāmen, ĭnis, *neut.*

cŏlumna, æ. *A column, a pillar.* —— Templa mănent hŏdie vastis innixa *cŏlumnis.* Ov. Ep. e P. 3. 2. 49. SYN. tībīcĕn, ĭnis, *masc.* PHR. Porta adversa, ingens, sŏlĭdoque ădămante cŏlumnæ. V. Immānesque cŏlumnas Rūpĭbus excīdunt scēnis dĕcŏra alta fŭturis. V. Non trăbes Hymettiæ Prĕmunt rĕcīsas ultĭmâ cŏlumnas Āfrĭcâ. Hor. Rēgia Sōlis ĕrat sūblīmĭbus alta cŏlumnis. Ov. v. pīla.

cŏlurnus, a, um. *Of the hazel tree.* —— Pinguiaque in vĕrŭbus torrēbĭmus exta *cŏlurnis.* V. G. 2. 396.

cŏlus, ûs. more usu. **cŏlus, i.** fem. *A distaff.* —— Et *cŏlus* et fūsus dĭgĭtis cĕcĭdēre remissis. Ov. Met. 4. 229. PHR. Fēci . . . Lўdâ pensa diurna cŏlo. Prop. Non illa cŏlo călăthisque Mĭnervæ Fœmĭneas assueta mănus (Camilla, sc.). V. Ferre grăvem lānâ vix sătis apta cŏlum. Ov. Nos hŭmĭles fămŭlæque tuæ dăta pensa trahēmus, Et mĭnuent plēnas stāmĭna nostra cŏlos. Ov. Discĭte jam plēnas exŏnĕrāre cŏlos. Ov. Cŏlumque I căpe cum călăthis, et stāmĭna pollĭce torquē. Ov. Et stābat văcuâ jam tĭbĭ Parca cŏlo. Ov. v. fūsus, neo.

cŏma, æ. 1. *Hair, esp. when long.* — 2. *A leaf.* —— 1. Pōne rĕcompŏsĭtas in stătione *cŏmas.* Ov. Am. 1. 7. 68. — 2. Frīgĭdaque arbŏreas mulceat aura *cŏmas.* Ov. Am. 2. 16. 36. SYN. 1. crīnis, is, *masc.*; cæsăries, ēi; căpillus, i, q. v. — 2. fŏlium; frons, frondis, *fem.* q. v.

Cŏmāgēnus, a, um. *Of Cŏmāgēnē, a country between Cilicia and Mesopotamia.* —— Armĕnius vel *Cŏmāgēnus* ăruspex. Juv. 6. 549.

cŏmans, antis, also **cŏmātus, a, um.** 1. *With flowing hair (of a man or animal), or of a helmet with horsehair plume.* — 2. *Leafy.* —— Tum dēmum mŏvet arma leo, gaudetque *cŏmantes* Excŭtiens cervīce tŏros. V. Æn. 12. 6. Et cōnum insignis găleæ, cristasque *cŏmantes.* V. Æn. 3. 468. Quod *cŏmāta* Gallia Hăbēbat uncti. Cat. 27. 4.—2. Nec sēra *cŏmantem* Narcissum, aut flexi tăcuissem vīmĕn ăcanthi. V. G. 4. 122. SYN. 1. (*As to man*) căpillātus, crīnītus; ‡crīnĭger, ĕra, erum; (*as to a helmet*) cristātus.—2. frondōsus, q. v.

combĭbo, ĭs. *To drink.* —— Tractāre serpentes ut atrum Corpŏre *combĭbĕret* vĕnēnum. Hor. 1. 37. 28. SYN. bĭbo, ēbĭbo, perbĭbo, q. v.

combūro, ĭs, ussi, ustum. *To burn, act., sometimes with love.* —— Turbĭne ventorum *combūrens* impĕte magno. Lucr. 6. 152. Ut Sĕmĕle *est combustus,* ut est dēperdĭtus Io. Prop. 2. 30. 29. SYN. ūro, q. v.; accendo, is.

cŏmĕdo, ĭs, ēdi, esum, infin. **comĕdĕre** and **comêsse,** etc. v. ĕdo. *To eat.* —— Quorum Dentes vel sĭlĭcem *cŏmêsse* possunt. Cat. 21. 4. SYN. ĕdo.

cŏmĕs, ĭtis. masc and fem. *A companion.* —— Tu tĭbĭ dux *cŏmĭti,* Tu *cŏmĕs* ipsa dŭci. Ov. Her. 14. 106. SYN. sŏcius, *fem.* sŏcia; sŏdālis, is, *masc.*;

consors, ortis. PHR. Oh fortes pējōraque passi Mēcum sæpe vĭri. Hor. Ībĭmus, ībĭmus, Utcunque præcēdes, sŭprēmum Carpĕre ĭter cŏmĭtes părāti. Hor. Părātus omne Cæsăris pĕrīcŭlum Sŭbīre Mæcēnas tuo. Hor. Dardănio Ænēæ sēsē fortissĭmus hēros Addĭdĕrat socium. V. Sŏciūmque attingĕre dextras. V. Agmĭnĭbus cŏmĭtum qui mŏdŏ cinctus ĕrat. Ov. Ille hăbuit fīdamque mănum, sŏciosque fĭdēles. Ov. Jūpĭter et lāto qui regnat in æquŏre frāter Carpēbant sŏcias Mercŭriusque vias. Ov.

cŏmētes, æ. masc. *A comet.* —— Nec dīri tŏties arsēre *cŏmētæ*. V. G. 1. 488.

cōmĭcus, a, um. *Comic, belonging to comedy, a comic actor.* —— *Cōmĭcus* ut mĕdiis pĕriit dum nābat in undis. Ov. Ibis, 591. SYN. ‡cōmœdus.

cōmĭnus. adv. 1. *Hand to hand (to fight, etc.).* — 2. *Near, sometimes c. acc. or c. dat.* — 3. *Immediately.* —— 1. De frātrĭbus ūnum *Cōmĭnus* ense fĕrit; jăcŭlo pĕrit ēmĭnus ipse. Ov. Met. 3. 118. — 2. Aspĭcĭt hirsūtos *cōmĭnus* Ursa Gĕtas. Ov. Ep. e P. 1. 5. 74. Aut cĕler ăgrestes *cōmĭnus* īre sues. Prop. 2. 15. 22. Flūmĭnaque Æmŏnio *cōmĭnus* isse vĭro. Prop. 3. 1. 26. — 3. Quid dīcam jacto qui sēmĭne *cōmĭnus* arva Insĕquĭtur. V. G. 1. 104. SYN. 2. prŏpĕ. — 3. prōtĭnus.

cōmis, e. *Courteous, kind, gracious.* —— *Cōmĭbus* est ŏcŭlis alliciendus ămor. Ov. A. A. 3. 510. SYN. urbānus.

‡**cōmissātio**, ōnis. fem. *A feast.* —— Non Albāna mihī sit *cōmissātiŏ* tanti. Mart. 12. 48. 11. v. epulæ.

‡**cōmissātor**, ōris. masc. *A feaster, a glutton.* —— Qui nec lēno pŏtes nec *cōmissātor* hăberi. Mart. 4. 5. 3.

cōmissor, āris. *To feast* —— Tempestīvius in dŏmo Pauli purpŭreis ālēs ŏlōrĭbus *Cōmissābĕre* Maximi. Hor. 4. 1. 11. SYN. ĕpŭlor, āris.

‡**cōmĭtas**, ātis. fem. *Gentleness, graciousness.* —— Formā, simplĭcĭtāte, *cōmĭtāte*. Stat. Sylv. 2. 7. 85.

cŏmĭtātus, ūs. *A company, a band of companions.* —— Et nunc ille Păris cum sēmĭvĭro *cŏmĭtātu*. V. Æn. 4. 215. v. cœtus.

cōmĭter. *Graciously, affably.* —— *Cōmĭter* excĭpĭtur, sanguine junctus ĕrat. Ov. F. 2. 788.

cŏmĭto, as, also dep. **cŏmĭtor**, āris, part. **cŏmĭtātus** both in act. and pass. sense. *To accompany.* —— Teque Mĕnœtiădem, te qui *cŏmĭtāvit* Ŏresten, Te vŏcat Ægīden. Ov. Tr. 5. 4. 45. Jussa dŏmo cessi, nātis *cŏmĭtāta* duōbus. Ov. Her. 12. 134. Lānĭgĕræ *cŏmĭtantur* ŏves, ea sōla vŏluptas, Sōlāmenque măli. V. Æn. 3. 660. Ille meum *cŏmĭtātus* ĭter măria omnia mēcum . . . fĕrebat. V. Æn. 6. 112. PHR. Hac tenus aurĭgĕnæ cŏmĭtem Trītōnia frātri se dĕdit. Ov. Dumque lătus sancti cingit tĭbĭ turba sĕnātūs, Consŭlis ante pĕdes īre vĭdērer ĕques. Ov. v. comes.

commăcŭlo, as. *To stain, to pollute.* —— Sævus ămor dŏcuit nātōrum sanguĭne mātrem *Commăcŭlare* mănus. V. E. 8. 48. SYN. măcŭlo, inquĭno, as; polluo, ĭs, q. v.

commĕdĭtor, aris. *To consider (esp. so as to imitate).* —— Et frăgĭles sŏnĭtus chartārum *commĕdĭtātur*. Lucr. 6. 111. v. meditor.

commĕmĭni. only perf. in. pres. sense, and the tenses derived from perf. —— Hâc si *commĕmĭni*, prætĕrĭtâque die. SYN. mĕmĭni, q. v.

commĕmŏro, as. *To mention.* —— Hæc . . . . Prætĕreo, atque ăliis post *commĕmŏranda* rĕlinquo. V. G. 4. 148. SYN. mĕmŏro, q. v.

commendo, as. *To recommend (esp. to one's protection, etc.).* —— Săcra suosque tĭbī *commendat* Trōja Pĕnātes. V. Æn. 2. 293. SYN. committo, ĭs, mīsi; crēdo, ĭs, dĭdi. PHR. Pātres sua pignŏra natos Commendant cūræ nūmĭnĭbusque tuis. Ov.

commentor, ōris. *An inventor, a discoverer.* —— Lūce suâ lūdos ūvæ *commentor* hăbēbit. Ov. F. 3. 785. SYN. auctor, ōris; rĕpertor, oris; monstrātor, oris; inventor, ōris, *fem.* inventrix, īcis.

commentum, i. *An invention, a fiction.* —— Tĭmĭdi *commenta* rĕtexit Naupliădes ănĭmi. Ov. Met. 13. 38. SYN. inventum, mendācium.

commentus, a, um. part. from commĭniscor in pass. sense. *Contrived, fictitious.* —— Dat gĕmĭtus fictos *commenta*que fūnĕra narrat. Ov. Met. 6. 565. SYN. fictus, falsus, q. v.

‡**commeo**, as. *To go to and fro, to go.* —— *Commeat* hac pĕnĭtus tăcĭtis discursĭbus unda. Lucan. 10. 249. SYN. eo, īs, īvi; *fut. in.* rus, ĭturus, q. v.

commercium, i. *Commerce, any interchange.* —— Exercent illi sŏciæ *commercia* linguæ. Ov. Tr. 5. 10. 35. Belli *commercia* Turnus sustŭlit ista prior. V. Æn. 10. 532.

commĕreo, es, ui. no pass. *To deserve.*——Quid bos, quid plăcĭdæ *commĕruistis* ŏves? Ov. F. 1. 362. SYN. mereo; mereor, *dep.*, q. v.

commīlĭtium, i. *Fellowship in arms.*——Et *commīlĭtii* săcra tuenda pŭtas. Ov. Ep. e P. 2. 5. 72.

‡**comminiscor, ĕris, commentus sum,** part. both in act. and pass. sense, q. v. ——Ăquam pōtāre rĭgentem De nĭve *commenta est* ingĕniosa sĭtis. Mart. 14. 117. 2. SYN. invĕnio, īs, vēni, q. v.

commĭnuo, is, ui, utum. 1. *To lessen.*—2. *To break to pieces.*—3. *To move the mind* (*to pity, etc.*).——1. Ingĕnii vires *commĭnuēre* mei. Ov. Ep. e P. 3. 3. 34.—2. Prævălĭdæ fūsos *commĭnuēre* mănus. Ov. Her. 9. 80.—3. Sis lĭcet immītis mātrisque fĕrōcior undis, Ut tăceam lăcrўmis *commĭnuēre* meis. Ov. Her. 3. 134. SYN. 1. mĭnuo, dīmĭnuo, †immĭnuo.—2, 3. frango, ĭs, frēgi, q. v.—3. mŏveo, es, mōvi; flecto, ĭs, xi.

commisceo, es, ui, mixtum. *To mingle together, act.*——Et sua cum mĭsĕræ *commiscuit* ossa puellæ (*some, however, read* permiscuit). Prop. 2. 8. 23. His ego nīgrantem *commixtá* grandĭne nimbum . . . Dēsŭper infundam. V. Æn. 4. 120. SYN. misceo, permisceo, immisceo; confundo, ĭs, fūdi.

commissum, i. *A fault.*——Post mihĭ non sĭmĭli pœnâ *commissa* luētis. V. Æn. 1. 136. SYN. culpa, q. v.

commissus, a, um. part. pass. of committo, q. v., meaning also—1. *Joined to.* 2. *Begun.*——1. Delphīnum caudas ŭtero *commissa* lŭpōrum. V. Æn. 3. 428. —2. Et tŭba *commissos* medio cănit aggĕre lūdos. V. Æn. 5. 113. SYN. 1. junctus, v. jungo.—2. ceptus, inceptus, v. incipio.

committo, is, mīsi, missum. 1. *To join together* (committo manus, *to fight*).—2. *To act, to do, esp. wrongly.*—3. *To begin, to engage in, esp. of battle.*—4. *To commit to, to entrust.*——1. *Commīsit* noctes in sua vōta duas. Ov. Am. 1. 13. 46. Dēsiste *mănum committĕre* Teucris. V. Æn. 12. 60.—2. Quid meus Ænēas in te *committĕre* tantum, Quid Trōes potuere? V. Æn. 1. 231. Mŏdumque Exit, et infēlix *committit* sæpe rĕpelli (*acts so as to deserve to be repelled*, Facciol.). Ov. Met. 9. 631.—3. Tristis ŭbi infausto *committĭtur* ōmĭne pugna. V. Æn. 11. 589.—4. Ante . . . Dēbĭta quam sulcis *committas* sēmĭna. V. G. 1. 223. SYN. 1. jungo, ĭs xi; conjungo; consŏcio, as; mănus consĕro, is, ui.—2. făcio, ĭs, fēci, q. v.; admitto (*sometimes adm. in me*).—4. permitto; crēdo, ĭs, dĭdi, q. v.; concrēdo; trādo, ĭs, dĭdi; mando, as.

commŏdĭtas, ātis. fem. *Convenience.*——Cōgĭmur ipsĭus *commŏdĭtāte* frui. Ov. Her. 16. 310.

commŏdo, as. *To give, to lend.*——*Commŏdat* illūsis nūmĭna surda Vĕnus. Ov. Am. 1. 8. 86. SYN. applĭco, as, ui; do, das, dĕdi, dăre, dătum, q. v.

commŏdum, i. *Advantage.*——Rōmŭle mīlĭtibus scisti dăre *commŏda* sōlus Ov. A. A. 1. 131. SYN. bŏnum, lŭcrum, ūtĭlĭtas.

†**commŏdum** and **commŏdē.** adv. of seq. *Suitably, seasonably.*——Ad ăquam præbendam *commŏdum* advēni dŏmum. Plaut. Amph. 2. 2. 37. Ălĭquid huic responde ămābo commŏdè. Plaut. Pœn. 1. 2. 89. SYN. Tempestīvē, *compar.* ius.

commŏdus, a, um. *Convenient, suitable.*——Nec pĕcŏri opportūna sĕges nec *commŏda* Baccho. V. G. 4. 129. SYN. accommŏdus, ūtĭlis, aptus, ĭdōneus, opportūnus, hăbĭlis, convĕniens, congruus.

†**commōlior, īris.** *To devise, to prepare, to undertake.*——Cum *commōlīri* tempestas fulmĭna cœptat. Lucr. 6. 254. SYN. mōlior, q. v.

†**commŏneo, es, ui.** *To warn, to remind.*——Ut . . . neque pŭdor Commŏveat nĕque *commŏneat* ut servem fidem. Ter. And. 1. 5. 45. SYN. mŏneo, q. v.

†**commonstro, as.** *To show.*——Quod pĕto ac vŏlo părentes mĕos ut *commonstres* mihi. Ter. Heaut. 5. 4. 4. SYN. monstro, q. v.

‡**commŏrior, ĕris, mortuus sum.** *To die together with.*——Mors mĭsĕra non est *commŏri* cum quo vĕlis. Seneca. Ag. 202. v. morior.

†**commŏror, āris.** *To stay.*——Quid illic tam diu quæso *commŏrābāre.* Ter. Phorm. 4. 1. 6. SYN. mŏror, q. v.

commŏveo, es, mōvi. *To move in any sense, either things or feelings.*——Nēve mĭnus văleant . . . Vōta, mĭnus magnos *commŏveant*ve Deos. Ov. Ibis. 92. At cantu *commōtæ* Ĕrĕbi de sēdĭbus. īmis. umbræ. ībant tĕnues. V. G. 4. 471.

Rădit ĭter lĭquĭdum, cĕlĕres nĕque *commŏvet* ālas. V. Æn. 5. 217. SYN. mŏveo, q. v.; mōto, as.

commūnĭco, as. *To communicate, to share.*——At sua Tȳdīdes mēcum *commūnĭcat* acta. Ov. Met. 13. 239. SYN. partior, īris.

commūnis, e. *Common, belonging to many.*——Prīvātus illis census ĕrat brĕvis, *Commūne* magnum. Hor. 2. 15. 13. SYN. consors, ortis. PHR. Nec signāre quĭdem aut partīri līmĭte campum Fas ĕrat, in mĕdium quærēbant. V. Idem omnes sĭmŭl ardor hăbet. V.

commūnĭter. *In common.*——Dīque o *commūnĭter* omnes, Dīxĕrat. Ov. Met. 6. 262.

‡commurmŭro, as. *To murmur.*——Clauso *commurmŭrat* ore. Sil. 15. 820. SYN. murmŭro, q. v.; dēmurmŭro.

†commūtātus, ûs. masc. *Change.*——Quŏniam quæ dixĭmus ante In *commūtātum* vĕniunt. Lucr. 1. 794. v. muto.

commūto, as. *To change, alter, to exchange.*——Styx quŏque, si quid ea est, bĕnĕ *commūtābitur* Istro. Ov. Ep. e P. 4. 14. 11. SYN. mūto, q. v.

cōmo, ĭs, compsi. *To dress the hair.*——Nec nĭtĭdum tardâ *compsĕrit* arte căput. Tib. 1. 9. 16. PHR. Nēquicquam Vĕnĕris præsĭdio fĕrox Pectes Cæsăriem. Hor. Nec compōne cŏmas. Ov. Quam se (comæ sc.) præbuĕrant ferro pătienter et igni, Ut fiĕret toto flexilis orbe sĭnus. Ov.

cōmœdia, æ. *Comedy.*—Interdum tămĕn et vōcem *Cōmœdia* tollit. Hor. A. P. 93. SYN. soccus, *the soccus being the low slipper worn by comic actors.* PHR. Ūsĭbus e mĕdiis soccus hăbendus ĕrit. Ov.

‡cōmœdus, i. fem. **comœda** (rare). *A comic actor.*——Hæc de *cōmœdis* te consŭlit. Juv. 6. 396. SYN. cōmĭcus.

‡cŏmōsus, a, um. *Hairy.*——Calvus *cŏmōsâ* fronte, nūdo corpŏre. Phædr. SYN. crīnitus, q. v.

compāctus, a, um. *Joined together.*——Est mihĭ compărĭbus septem *compacta* cĭcūtis Fistŭla. V. E. 2. 36. SYN. junctus, nexus.

compāges, is. fem. *A joining, a joint.*——Effĭciens hŭmĭlem lăpĭdum *compāgĭbus* arcum. Ov. Met. 3. 30. SYN. compāgo, ĭnis; junctūra.

compāgo, ĭnis. fem. *A joint.*——Atque ita dispărĭbus călămis *compāgĭne* cēræ Inter se junctis nōmen tĕnuisse puellæ. Ov. Met. 1. 711. v. prec.

compār, ăris. masc. and fem. *A mate, consort.*——Nondum mūnia *compăris* Æquāre (valet juvenca). Hor. 2. 5. 2. SYN. pār; consors, ortis. *masc. and fem.*; conjux, ŭgis. *masc. and fem.* q. v.

compāreo, es, ui. no pass. no sup. *To appear.*——Lūcĭfer in tōto nullâ *compāruit* orbe. Ov. ad Liv. Aug. 407. SYN. appāreo; vĭdeor, ēris, visus sum, q. v.

compăro, as. 1. *To prepare, to procure.*—2. *To compare.*——Et călĭdam fesso *compărat* uxor ăquam. Tib. 1. 11. 42. At cum tŏnantis Annus hȳbernus Jŏvis Imbres nĭvesque *compărat.* Hor. Epod. 2. 30.—2. Et se mihĭ *compărat* Ajax? Ov. Met. 13. 338. SYN. 1. păro, q. v.; appăro.—2. confĕro, fers, tŭli, ferre, lātum; compōno, ĭs, pŏsui; assĭmĭlo, as; æquo, as.

compello, as. *To address.*——Nōtis *compellat* vōcĭbus ultro. V. Æn. 6. 499. SYN. allŏquor, ĕris, locutus, q. v.; affāri, q. v.

compello, ĭs, compŭli, pulsum. 1. *To drive together, to collect.*—2. *To compel.*——1. *Compŭlĕrant*que grĕges Cŏrȳdon et Thyrsis in ūnum. V. E. 7. 2.—2. Utque rĕcūsantem cīves, et tempus, et Ino *Compŭlĕrunt* rēgem jussa nĕfanda păti. Ov. F. 3. 860. SYN. 1, 2. cōgo, ĭs, coēgi, coactum.—2. ădĭgo, impello. v. pello.

compendium, i. 1. *Gain.*—2. *A short cut.*——1. Nec văgus ignōtis rĕpĕtens *compendia* terris Pressĕrat externâ năvita merce rătem. Tib. 1. 3. 39.—2. Sed per *compendia* montis Antĭcĭpāta via est. Ov. Met. 3. 234. SYN. 1. lŭcrum.

compenso, as. *To weigh one against the other, to balance, to receive or consider as amends for.*——Tot tămĕn āmissis te *compensāvĭmus* ūnum. Ov. Her. 3. 51. SYN. penso.

compĕrio, ĭs, compĕri, pertum. *To find out.*——Unde hoc *compĕrĕrim* tam bĕnĕ quæris, Ămo. Ov. Her. 5. 130. SYN. rĕpĕrio; invĕnio, ĭs, vēni, ventum, q. v.; ‡dēprehendo, dēprêndo, is.

compes, ĕdis. fem. not found in nom. sing. *A fetter.*——Sed nĕque *compĕdĭbus* nec me compesce cătēnis. Ov. Her. 20. 85. SYN. cătēna; vincŭlum, vĭnclum, q. v.

compesco, is, cui. *To check in any way, as a pruner checks a branch when he cuts it short, as a drinker checks his thirst; or more lit., to check with restraint, with chains, etc.*——Tum dēnĭque dūra Exerce impĕria, et rāmos *compesce* fluentes. V. G. 2. 370. Ut lea sæva sĭtim multâ *compescuit* undâ. Ov. Met. 4. 102. *Compesce* clāmōrem et sĕpulchri Mitte sŭpervăcuos hŏnōres. Hor. 2. 20. 23. SYN. cŏhĭbeo, es; coerceo, es; comprĭmo, ĭs, pressi; fræno, as; rĕfræno. v. cohibeo.

†compĕto, is. *To be sufficient.*——Quod si nec cœli nec campi *compĕtit* humor. Columella, 10. 50. SYN. suffĭcio, ĭs, fēci, q. v.

§compīlo, as. *To rob.*——Formīdāre mălos fūres, incendia, servos, Ne te *compīlent* fŭgientes. Hor. Sat. 1. 1. 78. SYN. spŏlio, as, q. v.

compĭtum, i. usu. in pl. *A place where roads meet, a road.*——Servet ut in ternas *compĭta* secta vias. Ov. F. 1. 142. SYN. sēmĭta, via, q. v.

†complăceo, es. *To please.*——Quantusque ămātor sit, quod *complăcĭtum* est sĕmel. Plaut. Amp. prol. 106. SYN. plăceo, q. v.

complector, ĕris, exus sum. *To embrace (lit. and metaph.), to encompass, to comprise, comprehend.*——Cum *complexa* sui corpus mĭsĕrābĭle nati . . . . māter. V. E. 5. 22. Tum păter Ēvandrus dextram *complexus* euntis. . . V. Æn. 8. 558. Tellūs . . . pătris Anchīsæ grĕmio *complectĭtur* ossa. V. Æn. 5. 31. Nec quisquam mĕliōre fĭdē *complectĭtur* illas (ărtes sc.). Ov. Ep. e P. 1. 6. 9. Non tămĕn idcirco *complectĕrer* omnia verbis. Ov. Tr. 1. 4. 55. *Complectens* ănĭmo proxĭma quæque meo. Ov. Tr. 1. 3. 70. SYN. amplector, q. v.; contĭneo, es; comprehendo, comprêndo, is.

compleo, es, ēvi. *To fill.*——Læto *complērant* littŏra cætu. V. Æn. 5. 107. SYN. impleo, rĕpleo. v. impleo.

complexus, ûs. masc. *An embrace.*——Quem fŭgĭs, aut quis te nostris *complexĭbus* arcet? V. Æn. 5. 742. SYN. amplexus, q. v.

complōro, as. *To lament, to deplore.*——Se mŏdŏ, dēsertos mŏdŏ *complōrâsse* Pĕnātes. Ov. Tr. 1. 3. 95. SYN. plōro, q. v.; applōro, lāmentor; dŏleo, es, q. v.; lūgeo, es; fleo, es, ēvi; dēfleo.

§complūres. pl. no sing. *Many.*——*Complūres* ălios doctos ĕgŏ quos et ămīcos Prūdens prætĕreo. Hor. Sat. 1. 10. 87. SYN. plures, q. v.; plūrĭmus, multus, q. v.

compōno, is, posui, pŏsĭtum sync. **pôstum.** 1. *To put in order, to arrange.*—2. *To place, to build.*—3. *To compose, settle, appease.*—4. *To compare.*—5. *To collect.*—6. *To bury; also metaph. as evening lays out, or puts an end to the day.*—7. *To compose, write.*—8. *To write of, to celebrate.*—9. *To pretend, esp. in pass. part.*——1. *Compōnens* mănĭbusque mănus, atque ōrĭbus ōra. V. Æn. 8. 486. Dum pŏtĕs, ărĭdum *compone* lignum. Hor. 3. 17. 14. Et spectāre fĕros ĭn ăquâ et *compōnĕre* vultus. Ov. Met. 13. 767. Post ŭbĭ jam thălămis se *compŏsuēre.* V. G. 4. 189.—2. Quam tūtâ possīs urbem *compōnĕre* terrâ. V. Æn. 3. 387.—3. Mōtos præstat *compōnĕre* fluctus. V. Æn. 1. 135. Non nostrum inter vos tantas *compōnĕre* lites. V. E. 3. 108.—4. Si parva lĭcet *compōnĕre* magnis. V. G. 4. 176.—5. Nec jungĕre tauros, Aut *compōnĕre* ŏpes nōrant. V. Æn. 8. 318.—6. *Compŏsĭtique* nĕpos busta piābat ăvi. Ov. F. 5. 426. Ante diem clauso *compōnet* vesper Ŏlympo. V. Æn. 1. 374. Nunc plăcĭda *compôstus* pace quiescit. V. Æn. 1. 249.—7. Vātes cui crēdĕre possis Carmĭna cærŭleos *compŏsuisse* Deos. Ov. Ep. e P. 4. 16. 22.—8. Dēnĭque *compŏsui* tĕnĕros non sōlus Ămōres. Ov. Tr. 2. 3. 61.—9. At me *compŏsĭtâ* pace fĕfellit Ămor. Prop. 2. 2. 6. SYN. 1. dispōno, †concinno, as.—1, 2. pōno.—3. păco, as, q. v.—4. compăro, as, q. v.; confĕro, fers, tŭli, ferre, lātum.—5. congĕro, ĭs, gessi.—6. v. sĕpelio.—7. scrībo, ĭs, psi; condo, ĭs, dĭdi.—8. v. celebro.—9. fingo, ĭs, nxi. v. compositus.

comporto, as. *To carry or bring together.*——Semperque rĕcentes *Comportāre* jŭvat prædas et vīvĕre rapto. V. Æn. 9. 613. SYN. confĕro, fers, tŭli, ferre, lātum; cogo, ĭs coēgi.

compŏs, ŏtis. 1. (*c.* mentis *or* mente) *In one's senses.*—2. (*c.* vōti) *Having obtained one's wish* (*in each case* "*having power over*").——1. Vix compos mente rĕfūgit. V. Culex. 189.—2. Insĕquĕre, et voti postmŏdo *compŏs* ĕris. Ov A. A. 1. 486. SYN. 1. sānus, q. v.—2. pŏtens vōti; vōti reus.

compŏsĭtō. *On purpose, designedly.*—— *Compŏsĭtō* rumpit vōcem, et me destĭnat āræ. V. Æn. 2. 129.

compŏsĭtor, ōris. masc. *A composer, an author.*—— Plus sĭbĭ permīsit *Compŏsĭtōre* suo. Ov. Tr. 2. 356. SYN. scriptor, ōris ; auctor, oris.

†**compŏsĭtūra, æ.** *A putting together, a joint.*—— Et fĕriunt ŏcŭlos turbantia *compŏsĭtūras.* Lucr. 4. 329. SYN. compāges, is, q. v.

compŏsĭtus sync. **compŏstus, a, um.** part. pass. from compono, but in some meanings used almost as adj. 1. *Quiet.*—2. *Regular.*—3. *Lying down.*—4. *Fixed.*—— 1. Cum măre *compŏsĭtum* est sēcūrus nāvĭta cessat. Ov. A. A. 3. 259. Te cæde gaudentes Sĭcambri *Compŏsĭtis* vĕnĕrantur armis. Hor. 4. 14. 52.—2. Carpĕre mox gȳrum incĭpiat, grădĭbusque sŏnāre *Compŏsĭtis.* V. G. 3. 191.—3. *Compŏsĭti* jŭvĕnes ūnus et alter ĕrant. Ov. Am. 2. 5. 22.—4. Nunc et campus et āreæ . . . . *Compŏsĭtā* rĕpĕtantur hōrā. Hor. 1. 9. 20. SYN. 1. tranquillus, q. v.—2. mŏdĕrātus.—3. v. recumbo.—4. certus. v. compono.

comprĕcor, āris. *To pray.*—— Me tĕnet, et tĕneat per longum, *comprecor,* ævum. Ov. Met. 14. 379. SYN. prĕcor, q. v.

comprehendo sync. **comprêndo, is, di.** 1. *To take hold of.*—2. *To catch at, to try to take hold of.*—3. *To comprehend, in the mind, or in an explanation.*—— 1. Ignis qui furtim pingui prīmum sub cortĭce tectus Rōbŏra *comprêndit.* V. G. 2. 305.—2. Ter frustrā *comprênsa* mănus effūgit ĭmāgo. V. Æn. 2. 793. —3. Neque ĕnim nŭmĕro *comprêndĕre* rĕfert. V. G. 2. 104. SYN. 1. prehendo, prêndo ; căpio, ĭs, cēpi, q. v.—2. capto, as.—3. ēnŭmĕro, as.

compressus, a, um. part. pass. from comprimo, q. v.—— Prægrăve *compressâ fauce* Pĕpendit ŏnus. Ov. Her. 9. 98. v. seq.

comprĭmo, ĭs, pressi. 1. *To press, to compress.*—2. *To check, to repress.*—— 1. *Comprĭmat* ordĭnĭbus versus. Ov. Am. 1. 11. 21.—2. Fare ăge quid vĕnias, jam istinc et *comprĭme* gressum. V. Æn. 6. 389. Postquam exempta fămes, et ămor *compressus* ĕdendi. V. Æn. 8. 184. SYN. 1, 2. prĕmo, rĕprimo. v. cohĭbeo.

comprŏbo, as. *To approve of, to confirm.*—— Hortātu *comprŏbat* acta suo. Ov. Tr. 5. 14. 46. Quæ răta sit cŭpio rēbusque ut *comprŏbet* ŏmen. Ov. Ep. e P. 2. 5. 3. SYN. prŏbo, q. v. ; firmo, q. v.

comptus, a, um. part. pass. of como, q. v. *Dressed, of hair, or of a person whose hair is well dressed.*—— Non sōla *comptos* arsĭt ădultĕri Crines. Hor. 4. 9. 13. Longas *compta* puella cŏmas. Ov. Am. 1. 1. 20.

†**comptŭs, ūs.** masc. *Ornament.*—— Cui sĭmŭl infŭla virgĭneos circumdăta *comptus* . . . . prŏfūsa est. Lucr. 1. 88. SYN. ornatus, ūs.

compulsus, a, um. part. pass. from compello, ĭs, q. v. Atque ŭtĭnam Rex ipse nŏto *compulsus* eōdem Affŏret Ænēas. V. Æn. 1. 575.

†**compungo, ĭs, xi.** *To prick, to hurt.*—— (colores) Et qui *compungunt* ăciem lăcrȳmāreque cogunt. Lucr. 2. 420. v. pungo.

‡**compŭto, as.** *To count.*—— Fēlix qui . . . . atque suos jam dextrā *compŭtat* annos. Juv. 10. 249. SYN. suppŭto ; nŭmĕro as ; ēnŭmĕro, dīnŭmĕro.

†**compūtresco, ĭs, trui.** no sup. *To rot.*—— Sed pĕnĭtus pĕreunt convulsi *compūtrescunt.* Lucr. 3. 344. SYN. pūtresco, q. v.

cōnāmĕn, ĭnis. neut. *An effort.*—— Exiguo fūnem *cōnāmĭne* traxit. Ov. F. 4. 325. SYN. cōnātus, ūs ; nīsus, ūs ; mōlīmĕn, ĭnis. *neut.*

†**cōnātum, i.** *An attempt.*—— Quod făcĕre intendunt, neque adhuc *cōnāta* pătrantur. Lucr. 5. 386. SYN. cōnātus, ūs.

cōnātus, ūs. *An effort, an attempt.*—— Sed qŭoniam tantis fatum *cōnātĭbus* obstat. Ov. Met. 4. 249. v. cōnāmen.

concăvo, as. *To hollow out.*—— Est lŏcus in gĕmĭnos ŭbĭ brāchia *concăvat* arcus Scorpĭos. Ov. Met. 2. 195. SYN. căvo, q. v.

concăvus, a, um. *Hollow.*—— Aut ŭbĭ *concăva* pulsu Saxa sŏnant, vōcisque offensa rĕsultat ĭmāgo. V. G. 4. 49. SYN. căvus, q. v.

concēdo, ĭs, cessi. 1. *To withdraw, retire, depart.*—2. *To yield.*—3. *To grant, to permit.*—4. (*in imper.*) *Farewell.*—— 1. Tum vīta per auras *Concessit* mœsta ad mānes, corpusque rĕlīquit. V. Æn. 10. 820. Sŭpĕris *concessit* ab ŏris. V. Æn. 2. 91.—2. Nec si mūnĕrĭbus certes *concēdat* Iōlas. V. E. 2. 57.—3. Si *concessa* pĕto, si dant ea mœnia Parcæ. V. Æn. 5. 798.—4.

Ipsæ rursum *concēdĭte* sylvæ. V. E. 10. 63. SYN. 1. discēdo. — 1, 2. cēdo. — 3. permitto, is, mīsi, missum, q. v. — 4. vălē ; vīve, *only in pl.*

concĕlĕbro, as. 1. †*To people.* — 2. *To celebrate.* —— Alma Vĕnus . . . Quæ măre nāvĭgĕrum, quæ terras frūgĭfĕrentes *Concĕlĕbras.* Lucr. 1. 4. — 2. Huc ădēs, et centum ludos Gĕniumque chŏrēis *Concĕlĕbrā.* Tib. 1. 7. 50. SYN. 2. cĕlĕbro, q. v.

concentus, ûs. masc. *A singing together, a joint music.* —— Hinc ille ăvium *concentus* in āgris. V. G. 1. 422. In ipso Āēre *concentu* victus vocisque lўræque est. Ov. Met. 11. 11. v. cantus.

concēpi, conceptus, a, um. perf. and pass. part. from concĭpio, q. v. *Conceived.* —— Excŭte virgĭneo *conceptas* pectŏre flammas. Ov. Met. 7. 17.

concessus, a, um. part. pass. from concēdo, q. v. Has inter mĕdiamque duæ mortālĭbus ægris Mūnĕre *concessæ* Dīvûm. V. G. 1. 238. SYN. lĭcĭtus, q v.

concha, æ. 1. *A shell.* — 2. *A trumpet.* — 3. *A small dish, a saltcellar.* — 4. *A pearl.* —— 1. Ostreaque in *conchis* Tūta fuēre suis. Ov. F. 6. 164. — 2. Sed tum forte căvâ dum persŏnat æquora *conchâ.* V. Æn. 6. 171. — 3. *Concha* sălis pūri. Hor. Sat. 1. 3. 13. — 4. Et vĕnit e rūbro *concha* Ĕrўcīna sălo. Prop. 3. 13. 6. SYN. 2. tŭba, q. v. PHR. 1. (*some of the following may perhaps belong to* 4.) Lectaque dīverso littŏre concha venit. Ov. Nec mĕdius tĕnues conchas pictosve lăpillos Pontus hăbet, bĭbŭli littŏris illa mora est. Ov. E rūbro lūcĭda concha mări. Tib. Et făveas conchâ Cўpria vecta tuâ. Tib. Et quascunque nĭger rubro de littŏre conchas Proxĭmus Ēōis collĭgit Indus ĕquis. Tib. Et quæ sub Tўriâ concha sŭperbit ăquâ. Prop. v. seq.

conchea bacca. *A pearl.* —— Nec Indi *conchea bacca* măris prĕtio est. V. Culex. 66.

‡conchis, is. fem. *A dish of beans, leeks, etc.* —— Cūjus ăcēto, Cūjus *conche* tŭmes? Juv. 3. 293.

conchўlium, i. 1. *A shell fish, esp. celebrated as that from which the purple dye was obtained.* — 2. *An oyster.* — 3. ‡*A purple garment.* —— 1. Tincta tĕgit rŏseo *conchўli* purpŭra fūco. Cat. 62. 49. — 2. Non me Lŭcrīna jūvĕrint *conchўlia.* Hor. Epod. 2. 49. — 3. Spartāna chlămys, *conchўlia* Cōa. Juv. 8. 101. SYN. 1. mūrex, ĭcis. *masc.* — 2. ostreum. v. purpŭra.

concīdo, is, cīdi, cīsum. *To cut.* —— Terram multo ante mĕmento Excŏquĕre et magnos scrŏbĭbus *concīdĕre* montes. V. G. 2. 260. SYN. findo, ĭs, fĭdi, fissum, q. v.

concĭdo, ĭs, cĭdi. *To fall, as men, etc. fall and perish, or as the wind falls, etc.* —— Ipsa suâ Dīdo *concĭdit* ūsa mănu. Ov. Her. 7. 196. Contĭgĭmusque mănum quâ *concĭdit* Īlia tellus. V. Æn. 11. 245. *Concĭdunt* venti fŭgiuntque nūbes. Hor. 1. 12. 30. SYN. cădo, is, cĕcĭdi ; *fut. in* rus, cāsūrus, q. v. ; dēcĭdo, prōcĭdo ; ruo, ĭs (*not of winds*) ; corruo (*of winds*) ; pōno, is, pŏsui.

‡concieo, es. no perf., pass. part. **concītus** (q. v.) is the only part. used by the Augustan writers. *To rouse, to excite.* —— Fulmĭnaque et tŏnĭtrūs, et nimbos *conciet* ātros. Sil. 12. 611. SYN. suscĭto, as ; concĭto, excĭto, q. v.

†conciliatus, ûs. *A joining, a union.* —— Quōrum condenso măgis omnia *concĭliātu* Arctāri possunt. Lucr. 575. v. junctura.

concilio, as. 1. *To conciliate, reconcile, make friendly.* — 2. *To recommend.* —— 1. Ĕn ĕtiam partes *concĭliantis* ăgo. Ov. R. A. 524. — 2. Et dictis artes *concĭliâsse* suas. Ov. Tr. 3. 11. 42. SYN. 1. ‡amīco, as ; v. pio. — 2. commendo, as. PHR. Quem Rŭtŭli Turnusque suis adsciscĕre tentant Partĭbus, Ov.

concĭlium, i. *A council.* —— *Concĭlium*que vocat Dīvôm păter atque hŏmĭnum Rex. V. Æn. 10. 2.

†concinno, as. *To make neat, to arrange, to make, to cause.* —— Quod sŭpĕrest consuetūdo *concinnat* ămōrem. Lucr. 4. 1277. SYN. compōno, is, posui, q. v.

§concinnus, a, um. *Neat, elegant.* —— Quid *concinna* Sămos, quid Crœsi rēgia Sardis? Hor. Ep. 1. 11. 2. SYN, dĕcorus, q. v.

concĭno, ĭs, ui, centum. 1. *To sing.* — 2. *To celebrate.* —— Ad văda Mæandri *concĭnit* albus ŏlor. Ov. Her. 7. 2. *Concĭnes* mājōre poēta plectro Cæsărem Hor. 4. 2. 33. SYN. 1, 2. căno, ĭs, cĕcĭni, q. v. ; canto, as. — 2. cĕlĕbro, as, q. v.

†concio, ĭs. no sup. or pass., another form of concieo, q. v. —— Jūpĭter et tenebras frĕmĭtus, et murmŭra *concit.* Lucr. 6. 409.

concĭpio, is, cepi. 1. *To conceive, esp. any feeling.* — 2. *Or as the mind or tongue conceives.* — 3. *Or as a mother conceives; this use is most frequent in part. pass.* conceptus. —— Conscia mens ut cuique sua est ĭtă *concĭpit* intra Pectŏra pro facto spemque mĕtumque suo. Ov. F. 1. 485. Nec lingua cădūcas *Concĭpit* ulla prĕces. Ov. F. 1. 182. Tangĭtur, et tacto *concĭpit* illa sĭnu. Ov. F. 5. 256. *conceptus* ab illâ Servius a cœlo sēmĭna gentis hăbet. Ov. F. 6. 633. SYN. 1, 2. formo, as. v. sentio, capio. PHR. ănĭmo spem turbĭdus hausit inanem. V.

concīsus, a, um. part. pass. from concīdo, q. v. —— Ligna sĕnex mĭnuit *concīsa*que construit alte. Ov. F. 2. 647. SYN. cæsus, etc.

concito, as. 1. *To rouse, to excite.* — 2. *To pursue.* — 3. ‡*To hurl.* —— 1. Brūtus clāmōre Quĭrītes *Concĭtat* et rē̆gis facta nĕfanda rĕfert. Ov. F. 2. 850. — 2. Subĭtas *concĭtat* ille fĕras. Ov. F. 2. 286. — 3. Dixit, et Ēdōnis nūtrītum missĭle ventis *Concĭtat.* Val. Fl. 6. 341. SYN. 1. excīto, suscĭto; cieo, es, *no pass. part.* — 2. sĕquor, ĕris, sĕcūtus, q. v. — 3. torqueo, es, torsi.

concĭtus, a, um. part. pass. from concieo. 1. *Roused, excited.* — 2. *Rapid.* — 3. *Moving or hurled with violence.* —— 1. Āŏnio *concĭta* Baccha Deo. Ov. A. A. 1. 312. Immāni *concĭtus* irâ Dardănĭam ruit ad partam. V. Æn. 9. 694. — 2. Ad vōcem *concĭtus* urget ĭter. Ov. F. 6. 521. — 3. Mūrāli *concĭta* nunquam Tormento sic saxa frĕmunt. V. Æn. 12. 921. SYN. 1. excĭtus, accensus, †percĭtus. — 2. cĭtus, răpĭdus, q. v.

conclāmo, as. 1. *To cry out, to cry out together.* — 2. *To cry to, to call.* — Dūcendum ad sēdes sĭmŭlācrum, ōrandaque Dīvæ Numina *conclāmant.* V. Æn. 2. 233. — 2. Auxĭlium vŏcat et dūros *conclāmat* ăgrestes. V. Æn. 7. 704. SYN. 1. clāmo, exclāmo. — 2. inclāmo; vŏco, as, q. v.

§conclāve, is. *A room.* —— Currĕre per tōtum păvĭdi *conclāve.* Hor. 2. 6. 113.

conclūdo, is, si. *To shut up, to confine, to close.* —— Pars optāre lŏcum tecto, et *conclūdĕre* sulco. V. Æn. 1. 425. SYN. claudo, q. v.

†concoctus, a, um. part. pass. from concŏquo. *Cooked up together, mingled.* —— Quam minĭme ut possit mistos in corpŏre ŏdōres *Concoctos*que suo contactos perdĕre vīvo. Lucr. 2. 852.

concŏlor, ōris. *Of the same colour as.* —— Et pŏpŭlus festo *concŏlor* ipse suo est. Ov. F. 1. 80.

concŏquo, is, xi. *To digest.* —— Pulchre *concŏquĭtis,* nĭhil tĭmētis. Cat. 21. 8.

concordia, æ. *Agreement.* —— Et cum Pīrĭthoo felix *concordia* Thēseus. Ov. Met. 8. 303.

concordĭter. *With agreement, harmoniously.* —— Dulces *concordĭter* Exĭgit annos. Ov. Met. 7. 752.

concordo, as. *To agree, to sound in harmony.* —— Per me *concordant* carmĭna nervis. Ov. Met. 1. 518. SYN. consŏno, as, ui.

concors, ordis. *In agreement.* —— *Concordes* ănĭmæ nunc et dum nocte prĕmuntur. V. Æn. 6. 828. SYN. ūnănĭmus. v. consentio.

concrēbresco, is, ui. *To increase.* —— Cum lĕvis alterno Zephyrus *concrēbruit* Euro. V. Ciris. 25. SYN. crēbresco; incrēbresco.

concrēdo, is, dĭdi. *To trust.* —— Vel quĭbus obsessos possit *concrēdĕre* mūros V. Æn. 10. 286. SYN. crēdo, q. v.

concrĕpo, as. *To sound together, act. and intrans.* —— Ærĭfĕræ comitum *concrĕpuēre* mănus. Ov. F. 3. 740. Rursus ăquâ tangit Temesæaque *concrepat* æra. Ov. F. 5. 441. SYN. crĕpo, q. v.

concresco, is, crēvi, cretum. no pass. except part. **concretus,** q. v. 1. *To grow together.* — 2. *To grow.* — 3. *To curdle, to congeal.* —— 1. Has *concrēsse* pŭtant Ov. Met. 7. 416. — Ut his exordia prĭmis Omnia et ipse tĕner mundi *concrēvĕrit* orbis. V. E. 6. 34. — 3. Gĕlĭdus *concrēvit* frĭgŏre sanguis. V. Æn. 12. 905. Nec măre *concrescit* glăcie. Ov. Tr. 3. 12. 29. SYN. 1. coălesco, is, ui. — 2. cresco, q. v. — 1. 3. coeo, is, ĭvi, ĭtum.

concrētus, a, um. pass. part. of prec. *Grown together, or congealed, in any way or from any cause, as a root mingling with the soil, water congealed with cold, one's blood with fear, hair clotted with blood, milk made into cheese, etc.* —— Nec sēmĭne jacto *Concrētam* pătĭtur rădĭcem affīgĕre terræ. V. G. 2. 318. Zonæ . . . Cæruleâ glăcie *concrētæ* atque imbrĭbus ātris. V. G. 1. 236. Et lac *concrētum* cum sanguĭne pōtat ĕquino. V. G. 3. 463. SYN. coactus.

†concrŭcior, āris. *To be tortured.* —— Cum căput . . . Lædĭtur in nōbis non omni *concrŭciamur* Corpŏre. Lucr. 3. 149. SYN. crŭcior. v. crucio.

concŭbĭtus, ûs. masc. *Lying together.*——Quod nec *concŭbĭtu* indulgent. V. G. 4. 198.
conculco, as. *To trample on.*——Ērĭgĭtur pĕdĭbusque vĭrum *conculcat* Ĕquīnis Ov. Met. 12. 374. SYN. calco, q. v.; prōculco. PHR. Injūrioso ne pede prōruas Stantem columnam. Hor.
concumbo, is, cŭbui. *To lie with.*——Dīcĭtur et nūdæ *concŭbuisse* Deæ. Prop. 2. 12. 15.
concupisco, ĭs, īvi. *To desire.*——At si quid unquam tāle *concŭpīvĕris.* Hor. Epod. 3. 19. SYN. cŭpio, ĭs, q. v.
concurro, ĭs. 1. *To run together.*—2. *To come together, to meet* (*esp. as combatants in battle*), *to fight.*——1. *Concurrunt* Sătўri turgentiaque ōra părentis Rīdent. Ov. F. 3. 758.—2. Ipsos *concurrĕre* passus Haud tămĕn inter se magni regnātor Ŏlympi. V. Æn. 10. 436. Audetque vĭris *concurrĕre* virgo. V. Æn. 1. 493. Nec fas *concurrĕre* ferro. Ov. F. 3. 811. Omnia ventorum *concurrĕre* prælia vīdi. V. G. 1. 318. Quæ *concurrentes* inter temeraria cautes (*the Symplegades*). Ov. Am. 2. 11. 3. SYN. 1. convĕnio, is; vēni.—1, 2. congrĕdior, ĕris, essus sum; cŏeo, īs, īvi, ĭtum. v. pugno.
concurrĭtur. pass. impers. of prec. *They meet, esp. in battle.*——Ērumpunt portis; *concurrĭtur;* æthĕre ĭn alto Fit sŏnĭtus. V. G. 4. 78. v. pugno.
†**concurso, as.** *To run to and fro, to run.*——Nunc huc nunc illuc ābrupti nūbĭbus ignes *Concursant.* Lucr. 2. 215. SYN. curro, ĭs, cŭcurri.
concursus, ûs. *A running together* (*sometimes to fight*); *a collecting of people, a meeting.*——Dīc, ait, o virgo quid vult *concursus* ad amnem? V. Æn. 6. 318. Cum . . . sŭbĭtis tĭmĭdum *concursĭbus* æquor Astræi turbant, et eunt in prælia fratres. Ov. Met. 14. 544. SYN. congressus, ûs; conventus, ûs (*not for fighting*).
†**concussus, ûs.** *A shaking.*——Quo de *concussu* sĕquĭtur grăvis imber. Lucr. 6. 289.
concŭtio, ĭs, cussi, cussum. *To shake, lit. and metaph.*——Qui terque quăterque *Concŭtiens* illustre caput. Ov. Met. 2. 50. Visaque *concussâ* dicta prŏbāre cŏmâ. Ov. F. 2. 846. Te quŏque si certo puer hic *concussĕrit* arcu. Prop. 1. 7. 15. Hoc *concussa* mĕtu mentem Jūturna vĭrāgo. V. Æn. 12. 468. SYN. quătio, ĭs; quasso, as; mŏveo, es, mōvi, q. v.; ăgĭto, as.
†**condĕnseo, es.** *To thicken.*——Tum pŭtat id fiĕri quod se *condenseat* āĕr. Lucr. 1. 392. SYN. denseo, denso, as.
condensus, a, um. *Thick, crowded, numerous.*——Tōto namque frĕmunt *condensæ* littŏre puppes. V. Æn. 8. 497. SYN. densus, q. v.; frĕquens.
‡**condio, īs.** *To season.*——Et quădringentis nummis *condīre* gŭlōsum. Juv. 11. 19.
‡**condiscipula, æ.** *A female schoolfellow.*——Hâc *condiscĭpŭlâ* vĕl hâc măgistrâ esses doctior. Mart. 10. 35. 15.
condisco, ĭs dĭdĭci. no sup. *To learn.*——Ars fit ŭbi a tĕnĕris crīmen *condiscĭtur* annis. Ov. Her. 4. 25. SYN. disco, q. v.
condĭtio, onis. fem. *Condition, in any sense.*—1. *Condition,* i. e. *state.*—2. *A condition of an agreement, etc.*——1. Quo vĭtam dĕdit æternam, cur mortis ădemta est *Condĭtio?* V. Æn. 12. 880.—2. Accĭpe sub certâ *condĭtione* prĕces. Ov. F. 4. 320. SYN. 1. stătus, ûs; lŏcus, i.—2. lex, lēgis, *fem.* v. pactum. PHR. Quo sit fortūna lŏco, qui căsus ăgat res. V.
condĭtor, oris. masc. 1. *A builder.*—2. *A composer, a writer.*——1. Tum rex Ēvandrus Rōmānæ *condĭtor* arcis. V. Æn. 8. 313.—2. Eubius impūræ *condĭtor* historiæ. Ov. Tr. 2. 416. SYN. 1. fundātor, pŏsĭtor; ŏpĭfex, ĭcis.—2. scriptor.
condo, ĭs, dĭdi. 1. *To conceal, to put aside.*—2. *To bury, lit. and metaph.*—3. *To finish, end, esp. of time.*—4. *To build, to found.*—5. *To write, compose, esp. poems.*—6. *To celebrate.*——1. Scandunt rursus ĕquum, et nōtâ *conduntur* in alvo. V. Æn. 2. 401. *Condĭta* cum fuĕrint aptius ōmen ĕrit. Ov. F. 3. 396.—2. Ex quo rĕlĭquias dīvīnique ossa părentis *Condĭdĭmus* terrâ. V. Æn. 5. 48. Pectŏre in adverso totum cui comminus ensem *Condĭdit.* V. Æn. 9. 348.—3. Cantando puĕrum mĕmini me *condĕre* sōles. V. E. 9. 51.—4. Cum *condĭta* Roma est. Ov. F. 4. 801. Tantæ mōlis ĕrat Rōmānam *condere* gentem. V. Æn. 1. 33. Aurea *condet* Sæcŭla qui rursus Lătio. V. Æn. 6. 793.—5. Ībo et Chalcĭdĭco quæ sunt mihĭ *condĭta* versu Carmĭna . . . mŏdŭlābor.

V. E. 10. 50.—6. Dīvĭtis ingĕnii est immānia Cæsăris acta Condĕre. Ov. Tr. 2. 335. SYN. 1, 2. rĕcondo, is, dĭdi; abscondo, ĭs, di, ditum; cēlo, as; tĕgo, ĭs, xi; sēpōno, ĭs, pŏsui.—2. sĕpĕlio, īs. (*not metaph.*)—3. fīnio, īs, q. v.—4. ædĭfĭco, as; stătuo, ĭs; constĭtuo; struo, ĭs, xi; extruo; mōlior, īris; fundo, as, q. v.; ērĭgo, ĭs, ērexi.—5. scrībo, ĭs, psi, q. v.; compōno.—6. cĕlĕbro, as, q. v. PHR. 4. Instant ardentes Tўrii, pars dūcĕre mūros, Mōlīrique arcem et mănĭbus subvolvĕre saxa; Pars optāre lŏcum tecto et conclūdĕre sulco, V. Nōtāvi Ipse lŏcum āĕriæ quo congessēre pălumbes. V.

condŏleo, es. *To grieve with, to condole, to be in pain.*——Et sĭmŭlat sŭbĭto *condŏluisse* căput. Tib. 1. 6. 36. SYN. doleo, q. v.

†condōno, as. *To pardon.*——Si quam mălam rem dēbes te *condōno.* Plaut. Bacch. 5. 2. 24. SYN. dōno; excūso, as. v. venia.

condūco, ĭs, xi. 1. *To collect.*—2. *To hire, to rent.*——1. Pēnēus ab īmo Effūsus Pindo tĕnues ăgĭtantia fūmos Nūbĭla *condūcit.* Ov. Met. 1. 573.—2. *Conductâque* păter tellūre sĕrēbat. V. Æn. 12. 520. SYN. 1. collĭgo, ĭs, lēgi, q. v.

conductor, ōris. masc. *One who hires.*——Omnia *conductor* solvit. Ov. Am. 1. 10. 45.

†condŭplĭco, as. *To double.*——Dīvĭtĭasque *condŭplĭcant* ăvĭdi; cædem cædi accŭmŭlantes. Lucr. 3. 71. SYN. dŭplĭco; gĕmĭno, as; ingĕmĭno, as; congĕmĭno.

†condūro, as. *To harden.*——Hūmor ăquæ porro ferrum *condūrat* ab igni. Lucr. 6. 968. SYN. dūro, q. v.

confectus, a, um. part. pass. from confĭcio, q. v. 1. *Finished.*—2. *Worn out.*——1. Post ŭbĭ *confecti* cursus et dōna pĕrēgit. V. Æn. 5. 362.—2. Ducitur infēlix ævo *confectus* Ăchātes. V. Æn. 11. 85. SYN. 1, 2. exhaustus.—2. fessus.

confercio, īs, fersi. *To press closely (in the Augustan writers only in pass. part).*——Ventus ĕnim cum *confercit* franguntur in altum. Lucr. 6. 158. Quos ŭbĭ *confertos* audēre in prælia vīdi. V. Æn. 2. 347. SYN, prĕmo, ĭs, pressi; comprĭmo; cōgo, is, coēgi. SYN. (*of* confertus), densus, condensus.

confĕro, fers, tŭli, lātum, ferre. 1. *To bring, to bring together in any way for any purpose, as words into a verse, men for battle, or for a friendly meeting.*—2. *To give.*—3. *To apply.*—4. *To compare.*——1. Quo multa săcerdos Lignea *contŭlĕrat* vĕtĕrum sĭmŭlācra Deōrum. Ov. Met. 10. 694. Jŭvat usque mŏrāri Et *conferre* grădum, et vĕniendi discere causas. V. Æn. 6. 489. Stĕtĭmus tela aspera contra *Contŭlĭmus*que mănus. V. Æn. 11. 283. Tu Tyrrhēnum equitem *collātis* excĭpe signis. V. Æn. 11. 517. Obvius adversoque occurrit, sēque vĭro vir *contŭlit.* V. Æn. 10. 734. *Contŭlit* in versus sic sua verba duos. Ov. F. 1. 162. Corpus Deus æquŏris albam *Contŭlit* in vŏlŭcrem (*brought so as to change*). Ov. Met. 12. 146.—2. Hæc tĭbĭ *contŭlĕrunt* cœlestia mūnĕra Dīvi. Prop. 2. 2. 35.—3. Quæque tĭbi est linguæ făcundia *confer* in illud. Ov. Tr. 3. 5. 29.——4. I nunc Sīsўphias, imprŏbe, *confer* ŏpes. Ov. Her. 12. 204. SYN. 1. v. cogo, compono.—2. præbeo, es, q. v.—3. addūco, is, xi; applĭco, as, ui.—4. compăro, as, q. v.

†confervĕfăcio, is. *To heat.*——Dissolvit porro făcĭle æs, aurumque rĕpente *Confervĕfăcit.* Lucr. 6. 352. SYN. torreo, es, ui, tostum, q. v.

§conferveo, es, bui. no sup. *To grow hot.*——Mea cum *conferbuit* īra. Hor. Sat. 1. 2. 71. SYN. ferveo, q. v.

confessus, a, um. part. (in act. sense) of confiteor, q. v. *Confessing.*——O si quā pătētis Nūmĭna *confessis,* mĕrui, nec triste rĕcūso Supplĭcium. Ov. Met. 10. 484. SYN. fassus.

confestim. *Immediately.*——Nīsus et ūnā Eurўălus *confestim* ălăcres admittier orant. V. Æn. 9. 231. SYN. prōtĭnus, q. v.; extemplo.

confĭcio, ĭs, fēci. pass. **conficior** and **confio, ī,** except before er, as fīo, fĭĕri. 1. *To do.*—2. *To finish.*—3. *To destroy, to kill.*——1. Nunc quā rătione quod instat *Confĭĕri* possit, paucis, adverte, dŏcēbo. V. Æn. 4. 116.—2. Post ŭbĭ *confecti* cursus et dōna pĕrēgit. V. Æn. 5. 362.—3. Nunc vulnus ăcerbam *Confĭcit,* et tĕnĕbris nigrescunt omnia circum. V. Æn. 11. 824. Sic mea perpĕtuos cūrārum pectŏra morsus Fīne quĭbus nullo *confĭciuntur* hăbent. Ov. Ep. e P. 1. 1. 74. SYN. 1. făcio, q. v.—1, 2. pĕrăgo, ĭs, ēgi, q. v.—3. absūmo, is, mpsi; cōnsumo; nĕco, as, ui, ātum, q. v.

confīdens, entis. part. of confīdo, used as adj. *Bold.* —— Nam quis te jŭvĕnum *confīdentissĭme* nostras Jussit ădīre dŏmos. V. G. 4. 545. SYN. audax, ăcis, q. v.

confīdo, ĭs, confisus sum. also part. **confīsus** in act. sense. *To trust.* —— O nĭmium cœlo et pĕlăgo *confīse* sĕrēno. V. Æn. 5. 870. SYN. fido ; crēdo, ĭs, dĭdi.

confīgo, is, xi. *To transfix.* —— Sic ĕgŏ fortūnæ tēlis *confixus* ĭnīquis. Ov. Ep. e P. 2. 7. 15. SYN. fīgo, q. v.

confindo, ĭs, fĭdi, fissum. —— Et ferro tellus, pontus *confindĭtur* ære. Tib. 4. 1. 173.

‡confingo, is. *To make, to invent.* —— Agmĭna et innŭmĕrûm flātus *confingis* equōrum. V. Fl. 2. 130.

confīnis, e. *Joining.* —— Quā collo *confīne* caput. Ov. Met. 1. 718. SYN. contermĭnus.

confīnium, i. usu. in pl. *The confines.* —— Quod tĕneat lūcis tĕneat *confīnia* noctis. Ov. Met. 7. 706. v. finis.

‡confirmo, as. *To strengthen.* —— Ănĭmosque lăbantes *Confirmant* ictu. Lucan. 4. 249. SYN. firmo, q. v.

confĭteor, ēris, confessus sum. *To confess.* —— Ut scĕlĕris nŭmeros *confĭteare* tui. Ov. Ib. 184. SYN. făteor, q. v.

confligo, is, xi. 1. †*To dash against.* — 2. *To fight.* —— Obvia *conflixit* conspīrans mūtuus ardor. Lucr. 4. 1309. Adversi rupto ceu quondam turbĭne venti *Conflīgunt.* V. Æn. 2. 417. SYN. 1. collīdo, ĭs, si, q. v. — 2. pugno, as, q. v.

conflo, as. 1. *To blow up, to light up.* — 2. *To forge or make by fire.* — 3. †‡ *To make, acquire.* —— 1. Nunquam Tyndărĭdes formæ *conflātus* ămōre Ignis. Lucr. 1. 474. — 2. Et curvæ rĭgĭdum falces *conflantur* in ensem. V. G. 1. 508. 3. Sanguĭne cīvīli rem *conflant.* Lucr. 3. 70. SYN. 1. accendo, ĭs, di. — 3. acquiro, ĭs.

confluo, ĭs, xi. *To flow together, to flow so as to mingle.* —— Huc lĭcet e tōto sōlertia *confluat* orbe. Ov. Met. 9. 740. Nĭsĭ Nilus in Hēbrum *confluat.* Ov. Ep. e P. 1. 5. 22. Jamque arbŏre summâ *Conflučre,* et lentis uvam dēmittĕre rāmis. SYN. (*as to the last example*) coeo, īs, īvi, ĭtum, q. v.

confŏdio, is, confōdi, confossus. *To dig through, i. e. to pierce, to stab.* —— Brāchia tendentem Cyllēnĭde *confŏdit* harpē. Ov. Met. 5. 176. SYN. fīgo, ĭs, xi, q. v.

conformo, as. *To form.* —— Vĭrĭdi sub fronde lătentem *Conformāre* lŏcum. V. Culex, 390. SYN. formo, q. v.

confossus, a, um. part. from confodio, q. v. *Pierced.* Tum sŭper exănĭmem sēsē prōjēcit ămīcum *Confossus.* V. Æn. 9. 445. SYN. fixus, transfixus, trajectus (*by missile weapons*).

‡confrăgus, a, um. *Rugged.* —— *Confrăga* densis Arbŏrĭbus dūmēta tĕgunt. Lucan. 6. 126. SYN. asper, ĕra, erum, *sync.* pra, prum, q. v.

confrĕmo, ĭs, ui. *To roar together, to roar.* —— *Confrĕmuēre* omnes. Ov. Met. 1. 199. v. frĕmo.

†‡confringo, is, frēgi, fractum. *To break.* —— *Confractique* ensĭbus enses. Lucan. 7. 573. SYN. frango, q. v.

confŭgio, ĭs, fūgi, fŭgĭtum. *To fly.* —— Ille inter cædes Rŭtŭlōrum ēlapsus ĭn āgros *Confŭgĕre.* V. Æn. 8. 493. Pătrias mŏlĕ fortis ad artes *Confŭgit.* Ov. F. 1. 572. SYN. fŭgio, q. v. ; me fĕro, fers, tŭli, ferre, lātum.

confŭgium, i. *A place of refuge.* —— Qui mihĭ *confŭgium,* qui mihĭ portus ĕras. Ov. Tr. 5. 6. 2. SYN. ‡perfŭgium.

confundo, is, fūdi, fūsum. 1. *To pour together, to mix.* — 2. *To confuse, disturb.* —— 1. Cumque tuis lăcrўmis lăcrўmas *confundere* nostras. Ov. Her. 2. 95. Qui nunc Ŏre Ărĕthūsa tuo Sĭcŭlis *confundĭtur* undis. V. Æn. 3. 696. Nec Sĕmĕlēius Cum Marte *confundet* Thyōneus Prælia. Hor. 1. 17. 23. — 2. Jussus *confundĕre* fœdus. V. Æn. 5. 496. Nunc mălĕ dēfensæ *confundant* mœnia Trojæ. Ov. Met. 15. 770. — 1, 2. Sed fasque nefasque *Confūsūra* ruit. Ov. Met. 6. 586. Hic mihĭ nesciŏ quod trĕpĭdo mălĕ nūmĕn amicum *Confūsam* eripuit mentem. V. Æn. 2. 736. SYN. 1. misceo, es, ui, mixtum, q. v. — 2. turbo, as, q. v.

†confūto, as. *To confute.* —— An *confūtābunt* nāres ŏcŭlique revincent? Lucr. 4. 489. SYN. rĕfello, ĭs, q. v.

congĕlo, as. 1. *To freeze, to harden* (*act.*). — 2. *Intrans.* —— 1. In lăpĭdem rictus serpentis ăpertos *Congĕlat.* Ov. Met. 11. 60. — 2. Vertĭtur in lăpĭdes, et *congĕlat* āĕre tacto. Ov. Met. 15. 415. Cærŭleos ventis lătĭces dūrantĭbus, Ister *Congĕlat.* Ov. Tr. 3. 10. 30. SYN. 1. ‡gĕlo; glăcio, as; dūro, as.—2. dūresco, is, durui, q. v. v. conglăcior.

congĕmĭno, as. *To double, to redouble.*——Sĕcurim Altior assurgens ōranti et multa prĕcanti *Congĕmĭnat.* V. Æn. 11. 697. SYN. gĕmĭno, ingĕmĭno.

congĕmo, is, ui. *To groan.*——Vulnĕrĭbus donec paulātim ēvicta sŭprēmum *Congĕmuit.* V. Æn. 2. 631. SYN. gĕmo, q. v.

conger, gri. *A conger eel.*——Immĭtisque suæ *Conger* per vulnĕra gentis. Ov. Hal. 115.

congĕries, ei. *A mass, a heap.*——*Congĕriem* sylvæ Nĕmeæo vellĕre summam Sternis. Ov. Met. 9. 235. SYN. mōles, es.

congĕro, is, gessi, gestum. 1. *To heap up together, to collect.*—2. *To join.*——Āramque sĕpulchri *Congĕrĕre* arbŏrĭbus cœloque ēdūcĕre certant. V. Æn. 6. 178. Nŏtāvi Ipse lŏcum āĕriæ quo *congessēre* pălumbes (*sc. materials to build their nests with*). V. E. 3. 69.—2. Oscula *congĕrĭmus* prŏpĕrāta sĭne ordine raptim. Ov. Her. 18. 113. SYN. 1. cŭmŭlo, as; accŭmŭlo.—2. misceo, es, ui, q. v.

†**congestus, ūs.** masc. *A heap.*——Ūti possit magnus *congestus* ărēnæ Fluctĭbus adversis oppīlāre ostia contra. Lucr. 6. 724. SYN. ăcervus, cŭmŭlus; mōles, is, *fem.*; agger, ĕris, *masc.*

conglăcior, aris. *To be frozen.*——*Conglăciantur* ăquæ scŏpŭlis se condit hĭrundo. Albinovanus. 2. 101. SYN. congĕlo, as, q. v.

†**conglŏbātus, a, um.** *Gathered together.*——Sed complexa meant inter se *con que glŏbāta.* Lucr. 2. 153. SYN. congestus.

†**conglŏmĕro, as.** *To roll up, to wind up.*——Quamque lŏco se Contĭneat parvo si possit *conglŏmĕrāri.* Lucr. 3. 211. SYN. glŏmĕro, q. v.

†**congrātŭlor, āris.** *To congratulate.*——Conferre omnes *congrātŭlantes* quia pugnāvi fortĭter. Plaut. Men. 1. 2. 20. SYN. grātŭlor, q. v.

congrĕdior, ĕris, gressus sum. 1. *To come together, to meet.*—2. *esp. so as to fight.*——1. *Congressi* jungunt dextras, mĕdiisque rĕsīdunt Ædĭbus. V. Æn. 8. 467.—2. Infēlix puer atque impar *congressus* Āchilli. V. Æn. 1. 475. SYN. 1. convĕnio, īs, vēni; ‡congruo, is.—1, 2. concurro, ĭs; coeo, īs, īvi, ĭtum.—2. mănus consĕro, ĭs, ui; mănus confĕro, fers, tŭli, ferre, lātum; pugno, as, q. v. PHR. 2. Tertia sed postquam congressi in prælia, tōtasque Implĭcuēre inter se ăcies. V. Multaque per cæcam congressi prælia noctem Consĕrĭmus. V. Nec pĕdĕ congressos æquo nec tēla fĕrentes Insĕquĭtur. V. Non illi se quisquam impūne tŭlisset Obvius ármāto. V.

†‡**congrĕgo, as.** *To collect.*——Inde eā comprĕndunt inter se, *conque grĕgantur.* Lucr. 6. 455. SYN. collĭgo, is, lēgi, q. v.

congressus, ūs. 1. *A coming together, a meeting.*—2. *esp. in battle, a fight.*——1. *Congressus* pĕte, nāte, meos. V. Æn. 5. 733.—2. Ille Tālon Tănaimque nĕci fortemque Cĕthēgum Tres uno *congressu,* et mœstum mittit Ŏnўten. V. Æn. 12. 514. SYN. 1. conventus, ūs.—2. v. pugna.

‡**congruo, ĭs.** *To meet, to come together.*——Arcem nāta pĕtit, quò jam mănus horrĭda mātrum *Congruĕrat.* Val. Fl. 2. 306. SYN. convĕnio, īs, vēni, q. v.

congruus, a, um. *Fit, suitable.*——Ōra văcent ĕpŭlis ălĭmentaque *congrua* carpant. Ov. Met. 15. 478. SYN. aptus, commŏdus, ĭdōneus, ūtĭlis, convĕniens, accommŏdus.

conjectūra, æ. *Conjecture.*——Augŭrium rătio est et *conjectūra* fŭtūri. Ov. Tr. 1. 8. 51.

†**conjectus, ūs.** 1. *A throwing.*—2. *Things thrown together, a heap.*——1. Quăsĭ quid pugno brăchjique sŭperne *Conjectu* trūdātur. Lucr. 6. 433.—2. At contrā lăpĭdum *conjectum* spīclōrumque Nĕnū pŏtest. Lucr. 3. 199. SYN. 1. jactus, ūs, q. v.—2. congĕries, ēi; ăcervus, cŭmŭlus.

cōnĭfer, ĕra, ĕrum. *Bearing cones (of trees).*——Āĕriæ quercus aut *cōnĭfĕræ* cўpărissi. V. Æn. 3. 680.

cōnĭger, ĕra, ĕrum. same as prec.——*Cōnĭgĕram* sūdanti vertĭce pīnum Ēruit. Cat. 62. 106.

conjĭcio, ĭs, jēci, jectus. 1. *To throw, to hurl, to cast.*—2. *To utter.*—3. †*To conjecture.*——1. Ergo inter mĕdios sēse haud ignāra nŏcendi *Conjĭcit.* V. Æn. 5. 619. Instat cui Turnus, stŭdentemque ēminus hastam *Conjicit.* V. Æn. 10. 646. Quŏtics ŏcŭlos *conjēcit* in hostem. V. Æn. 12. 483.—2. Væ mĭser, absenti mœstas quam sæpe quĕrelas *Conjĭcit.* Tib. 1. 8. 54.—3. *Conjĭcĕre* ut possis ex hoc quod cerněre non quis. Lucr. 1. 752. SYN. 1. jăcio, is; ējĭcio; jacto, as; jăcŭlor, āris.—2. ēmitto, ĭs, mīsi, missum; ēdo, ĭs, dĭdi.—3. augŭror, āris, q. v.

†cōnisco, as. *To butt in play.*——Et sătĭati agni lūdunt blandique *cōniscant.* Lucr. 2. 320.

conjŭgātor, ōris. masc. *One who unites.*——Bŏni *Conjŭgātor* ămōris. Cat. 59. 45.

cōnjŭgiālis, e. *Matrimonial, belonging to marriage.*——Nec mea virgĭnĭtas, nec *conjŭgiālia* jūra. Ov. 6. 536. SYN. nuptiālis, jŭgālis, mărītus, connūbĭālis, *used* connūbjălis (*quadrisyll.*), mărītālis.

conjŭgium, i. 1. *Marriage, even of animals.*——1. *Conjŭgio* Anchīsā Vĕnĕris dignāte sŭperbo. V. Æn. 3. 475. Et sæpe sĭne ullis *Conjŭgiis* vento grăvĭdæ. V. G. 3. 275. *Conjŭgio* Æăcĭdæ Pyrrhi sceptrisque pŏtĭtum. V. Æn. 3. 296. SYN. Connūbium; nuptiæ, arum, *fem.*; ‡nuptus, ūs; Hўmĕnæus, tæda, tædæ jŭgales, pacta jŭgālia; thălămus, *oftenest in pl.* (*In marriage the husband was said* dūcĕre uxōrem; *the wife,* nūbĕre mărīto.) PHR. Luxque jŭgālis ădest. Ov. Illa vĕlut crīmen tædas exōsa jŭgāles. Ov. Hinc sătă Plēĭŏnē cum cœlĭfĕro Ătlante Jungĭtur. Ov. Tolle prŏcul dēcepte făces, Hўmĕnæe, mărītas. Ov. Alter ăgēbātur post pacta jŭgālia mensis. Ov. Nē cui me vinclo vellem sŏciāre jŭgāli. V. Si non pertæsum thălămi tædæque fuisset. V. Duxĕrat Oceănus quondam Titānĭda Tethyn. Ov. Nec conjŭgis unquam Prætendi tædas, aut hæc in fœdĕra vēni. V. Heu ŭbĭ pacta fĭdes, ŭbĭ connūbĭālia jūra, Faxque sub arsūros dignior īre rogos? Ov. Et făcĕ pro thălămi fax mihĭ mortis ădest. Ov. Mihĭ . . . tristis Ĕrinnys Prætŭlit infaustas sanguĭnŏlenta făces. Ov. Ante . . . quam thălămo nĭsĭ tu nupta sit ulla meo. Ov. Hâc vĕnit in thălămos dōte sŭperba tuos. Ov. At nec nupta quĭdem tædâque accepta jŭgāli. Ov. Cum tĭbĭ nūbēbam nulli mea tæda nŏcēbat; Si jungar Pyrrho, tu mihĭ læsus ĕris. Ov. Me tĭbĭ, teque mihĭ tæda pŭdīca dedit. Ov. Conjŭgio dixi sōla fruĕre meo. Ov. Una de multis făce nuptiāli Digna. Hor.—*To give in marriage.* Cui păter intactam dĕdĕrat, prīmisque jŭgārat Ōmĭnĭbus. V. Dēiŏpēam Connūbĭō jungam stăbĭli, prŏpriamque dĭcābo Omnes ut tēcum mĕrĭtis pro tălĭbus annos Exĭgat, et pulchrā făciat te prōle părentem. V. v. uxor, maritus, duco.

conjunctus, a, um. part. pass. from conjungo, q. v., found also in compar. *United, friendly.*——Neque enim *conjunctior* ulla Cĕcrŏpĭdis hâc est tellūs. Ov. Met. 7. 486. SYN. Ămīcus, q. v.

conjŭngo, is, xi. *To join.*——Hunc căpe consĭliis sŏcium et *conjunge* vŏlentem. V. Æn. 5. 712. SYN. jungo, adjungo; connecto, ĭs; sŏcio, ăs; consŏcio; contĭnuo, as.

conjūrātus, a, um. part. pass. of conjuro, but used in a deponent sense. *Conspiring, having conspired.*——Quam multo rĕpĕtet Græcia mīlĭte *Conjūrāta* tuas rumpĕre nuptias. Hor. 1. 15. 7.

conjūro, as. *To conspire.*——Sĭmŭl omne tŭmultu *Conjūrat* trĕpĭdo Lătium. V. Æn. 8. 4. v. consentio.

conjux, ŭgis. masc. and fem. *A consort, husband or wife.*——*Conjux* ŭbĭ pristĭnus illi Respondet cūris æquatque Sĭchæus ămōrem. V. Æn. 6. 473. Sĕquĭturque (nĕfas) Ægyptia *conjux.* V. Æn. 8. 688. SYN. consors (ortis) tŏri, consors thălami. v. uxor, mărītus.

connecto, ĭs, nexui, nexus. *To join, to join together.*——Ægĭdaque horrĭfĕram turbātæ Pallădis arma Certătim squāmis serpentum auroque pŏlībant *Connexosque* angues. V. Æn. 8. 437. SYN. necto; conjungo, is.

connītor, ĕris, connixus sum, or **connisus.** 1. *To strive, to strive in unison.*—2. *To bring forth.* (*In this sense perf. is always* nixus.)——1. Vix illam fămŭli Phēgeus Săgărisque fĕrebant Multĭplĭcem *connixi* hŭmĕris. V. Æn. 5. 264.—2. Spem grĕgis ah! sĭlĭce in nūdâ *connixa* rĕlīquit. V. E. 1. 15. SYN. 1. nītor, adnītor; tento, as; lăbōro, as; cōnor, āris; pugno, as; contendo, is. —1, 2. ēnītor; 2. pārio, is, pĕpĕri, partum, q. v.

†‡connīveo, es, nīvi. no sup. *To wink.*——Cum quăsĭ *connīvent,* et ăperto lumĭne rursum Omnia convisunt. Lucr. 5. 776.

connūbiālis, e. used **connūbjălis.** *Matrimonial.*——Heu ŭbĭ pacta fĭdes, ŭbĭ *connūbĭālia* jura? Ov. Her. 6. 41. SYN. conjŭgiālis, q. v.

connūbium, i. in oblique cases as trisyll. sometimes, *e. g.* connūbĭō. *Marriage.*

——Per *connūbia* nostra, per inceptos Hўmĕnæos. V. Æn. 4. 316. *Connūbiīs* arvisque nŏvis ŏpĕrāta jŭventus. V. Æn. 3. 136. SYN. conjŭgium, q. v.

cōnōpēum, i. *A canopy or curtain to keep off gnats.* —— Interque signa (turpe) mīlĭtāria Sōl aspĭcit *cōnōpeum.* Hor. Epod. 9. 16. Ut testūdĭneo tĭbĭ Lentule *cōnōpēo.* Juv. 6. 80.

cōnor, āris. *To try, to endeavour,* —— Oppressum răpit et *cōnantem* plūrĭma frustra. V. Æn. 9. 398. Ter *cōnāta* lŏqui, ter destĭtit. Ov. F. 2. 823. SYN. nītor, ĕris ; connitor, tento, as, q. v.

†**conquasso, as.** *To shake.*——*Conquassātur* enim tunc mens ănĭmique potestas. Lucr. 3. 600. SYN. quasso ; quătio, ĭs, quassi, q. v.

conquĕror, ĕris, questus sum. *To complain.* ——*Conquĕror* an tăceam, pōnam sine crīmĭne nomen ? Ov. Ep. e P. 4. 3. 1. SYN. quĕror, q. v.

‡**conquestus, ûs.** masc. *Complaint.* —— Et supplĭce rēgum *Conquestu* flammāta mŏvet. Stat. Ach. 1. 399. SYN. questus, quĕrela, q. v.

conquīro, ĭs, quīsīvi. *To seek.*——Non illis stŭdium vulgo *conquīrĕre* ămantes. Prop. 1. 2. 23. SYN. quæro, q. v.; exquīro.

consanguĭnea, æ. *A sister.* —— Ut linquens gĕnĭtoris fīlia vultum Ut *consanguĭneæ* complexum, ut dēnĭque mātris. Cat. 62. 118. SYN. sŏror, ōris, q. v.

consanguĭneus, a, um. *Related, kindred, esp. brotherly.* —— Et *consanguĭneo* tŏties dăta dextĕra Turno. V. Æn. 7. 366. SYN. cognātus.

consanguĭnĭtas, ātis. fem. *Relationship.*——Illi me cŏmĭtem et *consanguĭnĭtāte* propinquum . . . . păter mīsit. V. Æn. 2. 86.

conscĕlĕro, as. *To make a partner in wickedness, to pollute.*——Cur nōn et specto pĕreuntem ŏcŭlosque vĭdendo *Conscĕlĕro?* Ov. Met. 7. 35. SYN. polluo, is.

conscendo, is, di. *To mount, to ascend ; sometimes esp. to ascend a ship, to embark, even to put to sea.* —— Ænēas scŏpŭlum intĕreā *conscendit.* V. Æn. 1. 180. *Conscendunt* ĭn ĕquos Tўrioque rŭbentia fūco Terga prĕmunt. Ov. Met. 6. 222. Classem *conscendit* jussis gens Lўdia Dīvûm. V. Æn. 10. 155. Bis dēnis Phrўgium *conscendi* nāvĭbus æquor. V. Æn. 1. 381. SYN. scando, ascendo.

conscientia, æ. *Conscience, consciousness.* —— Ăbacta nullâ Vēia *conscientiâ!* Hor. Epod. 5. 29. PHR. Hic mūrus ahēneus esto, nil conscīre sĭbī, nullâ pallescĕre culpâ. Hor. Sat. Quos diri conscia facti Mens hăbet attŏnĭtos, et surdo verbĕre cædit Occultum quătiente ănĭmo tortōre flăgellum. Juv. Nocte diēque suum gestāre in pectŏre testem. Juv.

†**conscindo, is, scĭdi, scissum.** *To cut or tear in pieces.*——Quantæ *conscindunt* hŏmĭnem cuppēdĭnis ācres Sōlĭcĭtum cūræ. Lucr. 5. 46. SYN. scindo, q. v. ; lăcĕro, as ; dīlăcĕro.

conscio, īs. *To be conscious of.*——Nil *conscīre* sĭbī nullâ pallescĕre culpâ. Hor. Epist. 1. 1. 61.

conscius, a, um. *Conscious of, witness to ; sometimes almost as subst.*——Si quid Usquam Justitiæ est, et mens sĭbī *conscia* recti. V. Æn. 1. 604. Fulsēre ignes et *conscius* æther Connūbiī. V. Æn. 4. 167. *Conscius* omnis abest. Ov. Met. 4. 63. v. testis.

§**conscrībillo, as.** *To scribble.* —— Ĭnusta turpiter tĭbī flăgella *conscrībillent.* Cat. 23. 11. v. seq.

conscrībo, ĭs, psi. *To write.* —— Nēve rŏges quid sit stultam *conscripsĭmus* artem. Ov. Ep. e P. 2. 9. 73. SYN. scrībo, q. v.

§**conscriptus, i.** *A senator.*——Quod sit *conscripti,* Quod Jūdĭcis officium. Hor. A. P. 314. SYN. sĕnātor, ōris, q. v.

consĕco, as, cui, ctum. *To cut up.* ——Quiă fertur in illo Membra sŏror frātris *consĕcuisse* sui. Ov. Tr. 3. 9. 34. SYN. sĕco ; discindo, ĭs, scĭdi, scissum.

consĕcro, as. *To consecrate.* —— Vātum dĭvĭtĭbus *consĕcrat* insŭlis. Hor. 4. 8. 27. SYN. săcro, q. v. ; dēsĕcro.

†**consector, āris.** *To follow, pursue.* —— *Consectābantur* sylvestria sæcla fĕrārum. Lucr. 5. 905. SYN. sector ; sĕquor, ĕris, sĕcūtus ; prōsĕquor, insĕquor, rĕsĕquor.

consēdi. perf. a consĭdeo, q. v.——*Consēdēre* omnes. Ov. Met. 13. 1.

consĕnesco, is, sĕnui. 1. *To grow old.* — 2. *To grow old together.* —— 1. *Consĕnuit* sŏcĕrōrum in arvis. Hor. 3. 5. 8.—2. Illâ sunt annis juncti jŭvĕnīlĭbus, illâ *consĕnuēre* căsâ. Ov. Met. 8. 633. SYN. 1. cānesco, is, ui.

consensus, ûs. masc. *Consent, agreement.* —— Poscor et ipse meum *consensu* Lælăpă magno. Ov. Met. 7. 771. SYN. assensus. v. concordia.
consentio, tis, si. *To consent, agree.* —— *Consensistis* ĕnim ; nec me sūāsisse nĕgābo. Ov. Met. 13. 315. SYN. assentio, q. v. PHR. Omnĭbūs ūna quies ŏpĕrum, lăbor omnĭbus ūnus. V. Ămor omnĭbus īdem. V. Hi te ad bella păres annisque ănĭmisque sĕquentur. Ov. Namque omnĭbus ūnum Opprĭmĕre est ănĭmus, conjūrāta undĭque pugnant Agmĭna. Ov.
consĕquor, ĕris, sĕcūtus sum. 1. *To follow.* —2. *To catch, to overtake.*—3. *To get, to acquire.* —— 1. Quem deinde Cloanthus *Consĕquĭtur* mĕlior rēmis. V. Æn. 5. 153.—2. Quam făcĭle accĭpĭter . . . . *Consĕquĭtur* pennis sublīmem in nūbe cŏlumbam. V. Æn. 11. 722. Hunc lāta rĕtectum Lancea *consĕquĭtur.* V. Æn. 12. 375.—3. Hōc ŭbĭ vīvendum sătis est si *consĕquor* arvo. Ov. Ep. e P. 1. 5. 65. SYN. 1. sĕquor, q. v. ; insĕquor, prōsĕquor, rĕsĕquor, exsĕquor ; sector, āris ; †consector.—2. capto, as.—3. acquīro, is, sīvi ; pŏtior, īris, q. v.
†consequus, a, um. *Following.* —— *Consĕqua* nātūra est jam rerum. Lucr. 5. 679.
consĕro, ĭs, sevi, sĭtum. *To sow, to plant ; esp. of the land planted ; often metaph.* —— En queîs *consēvĭmus* āgros. V. E. 1. 73. Crēbris lĕgĭmus frĕta *consĭta* terris. V. Æn. 3. 127. SYN. sĕro, q. v. v. consitus.
consĕro, ĭs, ĕrui, ertum. 1. *To join together.* —2. *Often of joining hands in battle, even of joining battle.* —— Quid jūvat . . . . nocti *consĕruisse* diem. Ov. Am. 3. 6. 10. Lōrīcam *consertam* hāmis auroque trĭlīcem. V. Æn. 3. 467. Frātres Inter se strictas *consĕruēre* mănus. Ov. Her. 12. 100. SYN. 1. jungo, ĭs, xi, q. v. ; conjungo ; applĭco, as, ui ; committo, ĭs, misi, missum.—2. mănus confĕro, fers, tŭli, fērre, lātum. v. pugno.
conservo, as. *To preserve, to keep.* —— Incorrupta mei *conserva* fœdera lecti. Prop. 4. 3. 69. SYN. servo, q. v.
conservus, a, um. *Being joint servant.* —— Dūraque *conservæ* ligna vălēte fōres. Ov. Am. 1. 6. 74.
‡consessor, ōris. masc. *A spectator.* —— Nec *consessorum* vīcīna nŏmismăta tantum. Mart. 1. 27. 3. SYN. spectātor, ōris, q. v.
consessus, ûs. masc. 1. *A place to sit in.* —2. *A body of sitters.* —— Postquam omnem læti *consessum* ŏcŭlosque suōrum Lustrāvēre in ĕquis. V. Æn. 5. 577. Hic tōtum căveæ *consessum* ingentis . . . . implet. V. Æn. 5. 340.
consīdĕro, as. *To consider.* —— Dum spătium victor victi *consīdĕrat* hostis. Ov. Met. 3. 95. SYN. †‡rĕpŭto, as ; rĕvolvo, ĭs, vi, vŏlūtum ; vŏlūto, as ; mĕdĭtor, āris, q. v. ; †perpendo, is ; ‡perpenso, as ; ănimo haurio, is, hausi ; ănĭmo expendo, is. PHR. Expendens ănĭmo singŭla vīsa suo. Ov. Sĭmul hōc ănĭmo hauri. V. Ănĭmo mētītur ŭtramque. Ov.
consīdo, is, sēdi, sessum. *To sit down, to sit down together.* —— Præcĭpites vĭgĭlāte vĭri et *consīdĭte* transtris. V. Æn. 4. 573. SYN. sĕdeo, es, q. v.
†consigno, as. *To sign, to seal.* —— Eas nos *consignemus* quăsī sint a pătre. Plaut. Trin. 3. 3. 45. SYN. signo.
‡consiliātor, oris. masc. *A counsellor.* —— Si vero accessit *consĭliātor* mălĕfĭcus. Phædr. SYN. suasor.
consĭlior, āris. *To give counsel, to sit in council.* —— Grātum ēlŏcūtā *consĭliantĭbus* Jūnōne Divis. Hor. 3. 3. 17. SYN. dēlībĕro, as.
consĭlium, i. once in Hor., also **consĭljum.** 1. *Counsel, advice.* —2. *Plan, purpose (in abl. almost as adv., on purpose).* —3. *Wisdom, sense.* —— 1. Vos lēne *consĭljum* et dătis, et dăto Gaūdētis almæ. Hor. 3. 4. 41.—2. *Consĭlio* hanc omnes ănĭmisque vŏlentĭbus urbem Affĕrĭmur. V. Æn. 7. 216.—3. Vis *consĭli* expers mōle ruit suâ. Hor. 3. 4. 65. SYN. 1. mŏnĭtus, ûs, *masc.* ; mŏnĭtum ; admonitus.—3. săpientia, prudentia.
consĭmĭlis, e. *Like.* —— Quæ te *consĭmĭlem* res nunc vĕtat esse priōri ? Ov. Ep. e P. 4. 3. 23. SYN. sĭmĭlis, q. v. ; assĭmĭlis.
consisto, ĭs, stĭti. no sup. 1. *To stop. (intrans.)* —2. *To stand firm.* —3. §*To consist.* —4. †*Trans. to render.* —— 1. Ænēas, nĕque enim pătrius *consistĕre* mentem Passus Ămor. V. Æn. 1. 643.—2. *Constĭtit* in dĭgĭtos extemplo arrectus ŭterque. V. Æn. 5. 426.—3. Quos ultrā cĭtrāque nequit *consistĕre* rectum. Hor. Sat. 1. 1. 108.—4. Et per quæ possent vītam *consistĕre* tūtam.

Lucr. 6. 10. SYN. 1. sisto, q. v.; rĕsisto, subsisto.—2. sto, stas, stĕti.—3. sum, ĕs, fui.—4. reddo, ĭs, dĭdi, q. v.

consĭtor, ōris. masc. *A planter.*——Et cum Lēnæo gĕniālis *consĭtor* ūvæ. Ov. Met. 4. 14. SYN. sător.

consĭtus, a, um. pass. part. from consĕro, consēvi. *To plant, planted* (*of trees, or a place*).——Sunt ĭbĭ si vīvunt nostrâ quŏque *consĭta* quondam Pōma . . . mănu. Ov. Ep. e P. 1. 8. 48. Crēbris lĕgĭmus frĕta *consĭta* terris. V. Æn. 3. 127. SYN. (*of the place*) obsĭtus.

consŏcio, ās. *To make companions, to join.*——Umbram hospĭtālem *consŏciāre* ămant. Hor. 2. 3. 10. SYN. sŏcio; jungo, ĭs, xi, q. v.; conjungo.

consōlor, āris. *To comfort.*——Nec scĕlus admittas si *consōlēris* ămīcum. Ov. Ep. e P. 3. 6. 13. SYN. sōlor, q. v.; dēlēnio, īs; mulceo.

consŏno, as, ui. no sup. *To sound* (*intrans.*), *to resound.*——*Consŏnat* omne nĕmus strĕpĭtu collesque rĕsultant. V. Æn. 8. 305. SYN. sŏno, rĕsŏno, q. v.

consŏnus, a, um. *Sounding in unison or tune.*——Tractat ĭnaurātæ *consŏna* fila lȳræ. Ov. Am. 1. 8. 60. SYN. concors, ordis.

†consōpio, īs. *To lull to sleep.*——Nīdōre offendit nāres, *consōpit* ĭbīdem. Lucr. 6. 792. SYN. sōpio; sŏpōro, as.

consors, ortis. adj. 1. *Partner in any way, husband, wife, brother, etc.*—2. *In common.*—3. *Like.*——1. Et me *consortem* nāti concēde sĕpulchro. V. Æn. 10. 906. Cum *consorte* tŏri parvâ răte vectus ădhæsit. Ov. Met. 1. 319. *Consortem* Phœbi gens cŏlit illa Deam. Ov. Ep. e P. 3. 2. 48.—2. Sōlæ commūnes nātos, *consortia* tecta Urbis hăbent. V. G. 4. 153.—3. Tu qui *consortem* prŏpĕras ēvādĕre cāsum. Prop. 1. 21. 1. SYN. 1. sŏcius, q. v.—1. 3. păr, păris.—2. commūnis.—3. sĭmĭlis, q. v.

‡consortium. *Fellowship.*——Sed spătium quod dissŏciat *consortia* terræ. Sil. 14. 20.

conspectus, ûs. masc. *Sight, view* (*as to what is seen*).——Rĕvŏcāte părentem, Reddĭte *conspectum*, nihĭl illo triste rĕcepto. V. Æn. 9. 262. Vix e *conspectu* Sĭcŭlæ tellūris ĭn altum Vēla dăbant. V. Æn. 1. 34. SYN. vīsus, ûs.

conspectus, a, um. part. pass. of conspĭcio, q. v., used also as adj. *Beautiful, remarkable.*——Nĕc in tōtâ *conspectior* ulla căpillis Pars fuit. Ov. Met. 4. 795. SYN. spectābĭlis.

†‡conspergo, ĭs, si. *To sprinkle.*——Anni Tempŏra *conspergunt* vĭrĭdantes flōrĭbus herbas. Lucr. 2. 34. SYN. spargo, respergo, aspergo, inspergo.

conspĭcio, ĭs, exi. *To behold, to see.*——Omnia collustrans hanc prīmum ad littŏra classem *Conspexi* vĕnientem. V. Æn. 3. 652. SYN. aspĭcio, specto, as; vĭdeo, es, vīdi, q. v. v. seq.

conspĭcor, āris. *To be seen* (*used in Ter. also as a deponent, to see*).——Dum captīva mei *conspĭcer* esse Tātĭ. Prop. 4. 4. 34. v. prec.

conspĭcuus, a, um. 1. *Conspicuous, i. e. visible.*—2. *Beautiful, illustrious.*——1. Rēbus ab audītis *conspĭcuĭsque* vĕnit. Ov. Ep. e P. 3. 4. 22.—2. Me fĭdĕ *conspĭcuus* Trojæ mūnītor ămāvit. Ov. Her. 5. 139. SYN. 1. mănĭfestus, nŏtābĭlis.—2. conspĭciendus, conspectus, spectābĭlis, clārus, insignis; pulcher, chra, chrum.

conspīro, as. 1. *Trans., to blow together in unison.*—2. *Intrans., †to conspire, to agree.*——1. Æreaque assensu *conspīrant* cornua rauco. V. Æn. 7. 615.—2. Obvia conflixit *conspīrans* mūtuus ardor. Lucr. 4. 1209. SYN. 1. v. conflo.—2. consentio, īs, si, q. v.

§conspuo, ĭs. *To spit on.*——Jūpĭter hȳbernas cānâ nive *conspuit* Alpes. Hor. Sat. 2. 5. 41. v. spuo.

†conspurco, as. *To defile.*——Tētro quăsi *conspurcāre* săpōre. Lucr. 6. 21. SYN. polluo, is, q. v.

constans, antis. *Constant, consistent, firm.*——*Constantique* fĭdē vĕtĕrem tūtāre sŏdālem. Ov. Ep. e P. 2. 4. 33. SYN. firmus, immōtus, stābĭlis; tĕnax, ācis. PHR. Si mihĭ non ănĭmo fixum immōtumque sĕdēret. V. Ille vĕlut pĕlăgi rūpes immōta rĕsistit. V. v. Hor. 3. 3. 1—8.

constanter. compar. **constantius.** *With constancy, with consistency.*——Di quos expĕrior nĭmium *constanter* ĭnīquos. Ov. Tr. 3. 2. 27. Quo *constantius* ōre Laudāmur vestro. Ov. Her. 17. 168.

constantia, æ. *Firmness, consistency.*——Mōvit ămīcitiæ tum te *constantia* longæ. Ov. Met. 2. 314. SYN. grăvĭtas, atis. v. fides.

constat. perf. **constitit.** impers. *It is certain, evident.*——*Constat* Ăventīnæ trĕmuisse căcūmina Sylvæ. Ov. F. 3. 329. SYN. lĭquet.

consterno, as. *To frighten.*——Cum *consternātis* dīrĭpĕrēris ĕquis. Ov. F. 5. 310. SYN. terreo, es, q. v.; turbo, as.

consterno, ĭs, strāvi. *To strew.*——*Consternunt* terram concusso stīpĭte frondes. V. Æn. 4. 444. SYN. sterno, q. v.

constĭtuo, is, ui, ūtum. 1. *To set up, to erect, to build.*—2. *To place, to arrange.*—3. *To determine.*——1. Quātuor his āras alta ad dēlūbra Deōrum *Constitue.* V. G. 4. 542.——2. Vōbis lætus Ĕgo hoc candentem in littŏre taurum *Constituam* ante āras vōti reus. V. Æn. 5. 237. In anno *Constituit* menses quinque bis esse suo. Ov. F. 1. 28.—3. Sic justi *constituēre* pătres. Ov. F. 4. 950. SYN. 1, 2, 3. stătuo.—1. condo, ĭs, dĭdi, q. v.—1, 2. pōno, is, pŏsui; dispōno.—3. vŏlo, vīs, vŏlui.

consto, as, stĭti. no sup. but Lucan has fut. in rus, **constāturus.** 1. *To stand, to stand still, to stop.*—2. *To be fixed.*—3. *To cost.*——1. Postquam cuncta vĭdet cœlo *constāre* sĕrēno. V. Æn. 3. 518. Atque Ixīŏnii vento rŏta *constĭtit* orbis. V. G. 4. 484.—2. Cāri præcepta părentis Ēdŏcet, et quæ nunc ănĭmo sententia *constet.* V. Æn. 5. 748.—3. Exerces prĕtiōsa ŏdia et *constantia* magno. Ov. Her. 7. 47. SYN. 1, 2, 3. sto, q. v.—1. consisto, is, *perf. same as* consto; subsisto.—2. măneo, es, mansi, q. v.

constringo, is, xi, ctum. *To bind.*——Ansaque *constrictos* collĭgat arcta pedes. Tib. 1. 8. 14. SYN. stringo, astringo; lĭgo, as, q. v.; allĭgo, collĭgo, rĕlĭgo; vincio, īs, xi.

construo, ĭs, xi, ctum. 1. *To pile up, to build.*—2. *To prepare, to furnish.*——1. Ligna sĕnex mĭnuit, concīsaque *construit* alte. Ov. F. 2. 647. Unguĭbus et pando nīdum sĭbĭ *construit* ōre. Ov. Met. 15. 397.—2. Largē multĭplĭci *constructæ* sunt dăpe mensæ. Cat. 69. 304. SYN. 1. struo, exstruo; condo, ĭs, dĭdi, q. v.—2. păro, as; appăro, q. v.

†**consuādeo, es, si.** *To advise.*——Săluti quod tĭbi esse censeo, id *consuadeo.* Plaut. Merc. 1. 1. 32. SYN. suadeo, q. v.

consuesco, ĭs, suevi, suetum. part. **consuetus.** *To be accustomed.*——Ădeo in tĕnĕris *consuescĕre* multum est. V. G. 2. 272. Nos ut *consuēmus* (*perf. sync. for* consuevimus) nostros ăgĭtāmus Ămōres. Prop. 1. 6. 5. SYN. assuesco; soleo, es, sŏlĭtus sum, q. v.

consuetus, a, um. part. pass. of prec. *Accustomed, usual.*——Adjĭcit et vestes et *consuetissima* cuique Verba. Ov. Met. 11. 637. SYN. suētus (*oftener of persons than of things*), assuetus, sŏlĭtus.

consuētūdo, ĭnis. fem. *Custom, use.*——Fac tĭbĭ consuescat, nĭl *consuētūdĭne* mājus. Ov. A. A. 2. 345. SYN. assuētūdo; ūsus, ûs, *masc.*

Consŭl, ŭlis. *The Consuls were the chief magistrates at Rome, elected annually; they were preceded by lictors bearing fasces.*——Cum cĕcĭdit fāto *Consŭl* ŭterque pări. Ov. Tr. 4. 10. 4. PHR. Nec sūmit aut pōnit sĕcūres arbĭtrio pŏpŭlāris auræ. Hor. Consulque non ūnīus anni, Sed quŏties bŏnus atque fīdus Jūdex hŏnestum prætŭlit ūtĭli, et Rējĕcit alto dōna nocentium Vultu. Hor. Conspĭcuum signis cum premet altus ebur. Ov. Illa dătos fasces commendat ĕburque cŭrūle. Ov.

consŭlāris. *Of a consul.*——Non ĕnim gazæ neque *consŭlāris* summŏvet lictor mĭsĕros tŭmultus Mentis. Hor. 2. 16. 9.

consŭlo, ĭs, ui, ultum. 1. *To consult, to take counsel.*—2. *To deliberate on.*—3. *To consult, ask advice of.*—4. *To consult, to consult the good of, to think for.*——1. *Consŭlĭte* in medium et rēbus succurrĭte fessis. V. Æn. 11. 335.—2. Rem nulli obscūram nec nostræ vōcis ĕgentem *Consŭlis* o bŏne rex. V. Æn. 11. 344.—3. Pectŏrĭbus ĭnhians spīrantia *consŭlit* exta. V. Æn. 4. 64.—4. Ērĭpe flammis Si quid adhuc sŭpĕrest, et rērum *consŭle* summæ. Ov. Met. 2. 300. SYN. 1, 2. mĕdĭtor, āris, q. v.; rĕpŭto, as.—3. consulto, as.

consultō. *On purpose.*——Nec si *consulto* fulmĭna missa tŏnent. Prop. 2. 34. 54. SYN. consĭlio.

consulto, as. *To consult, ask advice of.*——Me quī spernentur ămantes *Consultent.* Tib. 1. 4. 78. SYN. consŭlo.

§**consultor, ōris.** *One who asks advice.*——Sub galli cantum *consultor* ubi ostia pulsat. Hor. Sat. 1. 1. 10.

consultum. *A decree.* —— Dum *consulta* pĕtis nostroque in līmĭne pendes. V. Æn. 6. 151. SYN. dēcrētum.

consultus. c. gen. 1. *One skilled in.* — 2. (*esp.*) *Skilled in law, a lawyer.* —— 1. Insānientis dum săpientiæ *Consultūs* erro. Hor. 1. 34. 2. — 2. Atque eădem sponsam *consulti* ante ātria mittis. Ov. Am. 1. 13. 19. SYN. 1. doctus, pĕrītus, q. v.

‡**consummo, as.** *To finish.* —— Prælia barbărĭco vix *consummāta* vĕnēno. Lucan. 1. 337. SYN. confĭcio, is, fēci; pĕrăgo, ĭs, egi.

consumo, is, msi. 1. *To consume.* *To get to the end of in any way, so as* — 2. *To pass over the whole of.* —— 1. Hīc ipso tēcum *consūmĕrer* ævo. V. Æn. 10. 43. Cum . . fămes . . . Accīsis cōget dăpĭbus *consūmĕre* mensas. V. Æn. 7. 125. Gutta căvat lăpĭdem, *consūmĭtur* annŭlus ūsu. Ov. Ep. e P. 4. 10. 5. Namque ŭbĭ longa meæ *consumsti* (*for* consumsisti) tempŏra noctis. Prop. 1. 3. 37. — 2. Cum mărĕ cum terras *consumsĕrit*, ăĕra tentet. Ov. Her. 6. 163. SYN. Absūmo. v. tĕro.

consumtus, a, um. pass. part. of prec. q. v. *Carried off, dead.* —— Immīti *consumtus* morte Tĭbullus. Tib. 1. 3. 55.

consurgo, ĭs, surrexi. no sup. 1. *To rise up.* — 2. *To rise up together.* —— 1, 2. *Consurgunt* gĕmĭnæ quercūs, intonsaque cœlo Attollunt căpĭta. V. Æn. 9. 681. SYN. 1. surgo, q. v.

contactus, a, um. pass. part. from contingo, q. v. *Touched* (*either lit. or metaph.*), *affected by contagion.* —— Nec longo deĭnde mŏranti Tempŏre *contactos* artus săcer ignis ēdēbat. V. G. 3. 566. SYN. tactus.

contactus, ûs. masc. *Touch.* —— Dīrĭpiuntque dăpes, *contactu*que omnia fœdant. V. Æn. 3. 227. SYN. tactus, attactus.

†**contāges, is.** fem. *Contagion.* —— Quæ *contāge* suâ pallŏrĭbus omnia pingant. Lucr. 4. 336. v. seq.

contāgium, i. *Contagion.* —— Nec mălă vīcīni pĕcŏris *contāgia* lædant. V. E. 1. 51.

contāmĭno, as. *To pollute.* —— *Contāmĭnāto* cum grĕge turpium Morbo vĭrōrum. Hor. 1. 37. 9. SYN. polluo, is, q. v.; tĕmĕro, as; contĕmĕro; măcŭlo, as; commăcŭlo.

contĕgo, ĭs, xi. *To cover.* —— Tantum effāta, căput glauco *contexit* ămictu. V. Æn. 12. 885. SYN. tĕgo, q. v.; vēlo.

contĕmĕro, as. *To pollute.* —— Objĭcĭtur dŏmĭnæ *contĕmĕrâsse* tŏrum. Ov. Am. 2. 7. 19. SYN. tĕmĕro, polluo, q. v.

contemno, ĭs, mpsi. *To despise.* —— Nondum cærŭleas pīnus *contempsĕrat* undas. Tib. 1. 3. 37. SYN. temno; sperno, ĭs, sprēvi; fastīdio, īs; aspernor, āris. PHR. Omnes ūnĭus æstĭmēmus assis. Cat. Immo ĕgŏ Sardōis vĭdeor tĭbi ămārior herbis, Horrĭdior rusco, projectâ vīlior algâ. V. Rĕ tĭbĭ pro vīli, sub pĕdĭbusque jăcet. Ov.

contemplātus, ûs. masc. *Contemplation.* —— Mēque ipse rĕdūco A *contemplātu* summŏveoque măli. Ov. Tr. 5. 7. 66. Semper in obtūtu mentem vĕtat esse mălōrum. Ov.

contemplor, āris. *To contemplate, to observe.* —— *Contemplātor* ĭtem cum se nux plūrĭma sylvis Induet in florem. V. G. 4. 187. SYN. observo, as; spĕcŭlor, āris; tueor, ēris; intueor. v. meditor.

†**contemptim.** *Contemptuously.* —— Dējĭcit ictos Invidia interdum *contemptim* in Tartăra tētra. Lucr. 5. 1125.

contemptor, ōris. masc. **contemptrix, īcis.** fem. *A despiser.* —— Est hīc est ănĭmus lūcis *contemptor*, et istum Qui vitâ bĕnĕ crēdat ĕmi quo tendis hŏnōrem. V. Æn. 9. 205. *Contemptrix* Sŭpĕrûm sævæque ăvĭdissĭma cædis. Ov. Met. 1. 161. SYN. sprētor.

contemptus, ûs. *Contempt.* —— Atque ĕgŏ *contemptûs* essem pătientior hujus. Ov. Met. 13. 859. SYN. fastīdium.

contendo, is, di. 1. *To stretch, to strain.* — 2. *To exert.* — 3. *To hurl, to discharge.* — 4. *To strive.* — 5. *To contend in a contest.* — 6. *To contend*, i. e. *assert.* — 7. *To go, sometimes c. acc. of one's course* —— 1. Tanto nāte măgis *contende* tĕnăcia vĭncla. V. G. 4. 412. Mōris ăn oblītus pătrii *contendĕre* discam Sarmătĭcos arcus. Ov. Ep. e P. 1. 5. 49. — 2. Non lĭbet in tāles ănĭmum *contendĕre* cūras. Ov. Ep. e P. 1. 5. 11. — 3. Qui tămĕn ăĕrias telum *contendit* in auras. V. Æ. 5. 520. — 4. Dēfessi Ænĕădæ quæ proxĭma littŏra cursu *Contendunt* pĕtĕre. V. Æn. 1. 157. — 5. *Contendunt* lūdo et fulvâ luctantur ărēnâ. V. Æn. 6. 643. — 6. Cornua, parva quĭdem, sed quæ *contendĕre* possis Facta mănu. Ov. Met. 2. 855. — 7. Dēsĭnat in vĕtĕres quæso *contendĕre* terras. Ov. Tr. 1. 3. 123. Ad hunc ălii cursum *contendĕre* jussi. V. Æn. 5. 834. SYN. 1. 3, 4, 5. 7. tendo, ĭs, tĕtendi. — 1, 2. intendo. — 1. (*Of a bow*) flecto, is, xi, q. v. — 2. exerceo, es. — 3. torqueo, es, torsi, q. v. — 4. lăbōro, as; nītor, ĕris, nīsus sum, q. v.; ēnītor, connītor. — 6. dīco, is, xi, q. v.; affirmo, as. — 7. eo, īs, īvi, ĭtum.

contentus, a, um. part. pass. of prec. q. v. Tum răpĭdus jamdudum arcu *contenta* părāto Tela tĕnens. V. Æn. 5. 513.

contentus, a, um. *Contented.* —— Tertius Argŏlĭcâ hâc galeâ *contentus* ăbīto. V. Æn. 5. 314. PHR. Oh fortūnātos nīmium sua si bŏna nôrint Ăgrĭcŏlas. V. Dēsīdĕrantem quod sătis est neque Tŭmultuosum sollicitat măre, nec sævus Arctūri cădentis Impetus aut orientis Hœdi.

conterminus, a, um. *Bordering on, near to.* —— Ardua Mōrus ĕrat gĕlĭdæ *contermĭna* fonti. Ov. Met. 4. 90. SYN. confīnis, vīcīnus, contĭguus, prŏpinquus, proxĭmus *superl. used often as pos., compar.* prŏpior.

contĕro, is, trīvi also **tĕrui.** 1. *To wear out, to consume.* — 2. *To pass (time).* —— *Contĕrĭtur* ferrum, sĭlĭces tĕnuantur ab ūsu. Ov. A. A. 3. 91. Tēcum, sit mŏdŏ fas, Annos *contĕruisse* vĕlim. Tib. 1. 7. 70. SYN. tĕro, q. v.; consūmo, ĭs, mpsi. — 2. ăgo, is, ēgi; dēgo, q. v.

conterreo, es. *To frighten.* —— Nec Scyllæ sævo *conterruit* impĕtus ore. Tib. 4. 1. 71. At rēgīna nŏvâ pugnæ *conterrĭta* sorte. V. Æn. 12. 54. SYN. terreo, q. v.

contexo, is, ui, xtum. *To weave, plait.* —— Ut cum *contexunt* ămărănthis alba puellæ Lilia. Tib. 3. 4. 33. Præcĭpuē cum jam hic trăbĭbus *contextus* ăcernis Stăret ĕquus. V. Æn. 2. 112. SYN. texo, intexo; necto, ĭs, xui, xum; implĭco, as, ui, ĭtum.

contĭceo, es, ui. no sup. *To be silent.* —— *Contĭcuĕre* omnes intentique ŏra tĕnēbant. V. Æn. 2. 1. SYN. tăceo, q. v.; rĕtĭceo, sĭleo.

contĭguus, a, um. *Contiguous.* —— Pȳrămus et Thisbe . . . *Contĭguas* hăbuēre dŏmos. Ov. Met. 4. 57. SYN. contīnuātus, confīnis. v. contermĭnus.

continens, entis. *The mainland.* —— Mărisque Baiīs obstrĕpentis urges Summŏvēre littŏra Părum lŏcuples *contĭnente* rīpâ. Hor. 2. 18. 22.

contĭnenter. *Continually.* —— An *contĭnenter* quod sedetis insulsi. Cat. 37. 6.

contineo, es, ui. no sup. v. contentus. 1. *To contain.* — 2. *To restrain, to stop.* —— 1. Urbis se mœnĭbus hostes *contĭnuēre* diu. Ov. Met. 13. 208. — 2. paulum aspectu conterrĭtus hæsit *Contĭnuit*que grădum. V. Æn. 3. 598. Nunc lĕvis ĕjectam *contĭnet* alga ratem. Ov. Her. 7. 172. Vix me *contĭnui* quin sic lăniāta căpillos Clāmārem meus est. Ov. Her. 12. 157. SYN. 1. căpio, ĭs, cēpi. — 1, 2. tĕneo. — 2. rĕtĭneo; cŏhĭbeo, es. v. sisto.

contingo, is, tĭgi. 1. *To touch, to reach, etc.* — 2. *To accrue to.* — Jam frăgĭles pŏtĕram a terrâ *contingĕre* rāmos. V. E. 8. 40. Aut parco săle *contingunt*, hyĕmique rĕpōnunt. V. G. 3. 403. *Contĭgĕrat* nostras infāmia tempŏris aures. Ov. Met. 1. 211. — 2. *Contĭgit* ex mărito qui tĭbi nūper hŏnos. Ov. Ep. e P. 4. 7. 16. SYN. 1. tango, attingo; attrecto, as. — 2. obtingo, ēvĕnio, īs, vēni.

continuo, as. 1. *To continue, to continue to do any thing (the second verb being understood).* — 2. *To join.* — 3. *To add.* —— 1. Coeunt et saxa trăbesque *Contĭnuant.* Ov. Met. 14. 240. Jussus ĕrat somnos *contĭnuāre* Phaon. Ov. Her. 15. 90. — 2. *Contĭnuata* lŏco tria sīdĕra. Ov. F. 2. 243. — 3. Quam si Mygdŏniis regnum Alyattei Campis *contĭnuem.* Hor. 3. 16. 42. SYN. pergo, is (*only c. infin. not c. acc.*). — 2. jungo, is, xi, q. v.; conjungo. — 3. addo, ĭs, dĭdi, q. v.

contĭnuō. *Immediately.* —— *Contĭnuō* ventis surgentĭbus aut frĕta ponti Incĭpiunt ăgĭtāta tŭmescĕre. V. G. 1. 356. SYN. prōtĭnus, extemplo, confestim, īlĭcet.

contīnuus, a, um. *Continual, continued.* —— Anxiĕtas ănĭmi *contĭnuus*que labor. Ov. Ep. e P. 1. 4. 8. *Contĭnui* montes, nī dissŏcientur ŏpăcâ Valle. Hor. Epist. 1. 16. 5. v. perpetuus.

contorqueo, es, torsi. 1. *To turn.* — 2. *To hurl.* —— 1. *Contorsit* lævas prōram Pălĭnūrus ad undas. V. Æn. 4. 562. — 2. Lenta lăcertis Spīcŭla *contor-*

quent. V. Æn. 7. 165. Sed magnum strīdens *contorta* phălārĭcā vēnit. V. Æn. 9. 705. SYN. 1, 2. torqueo, q. v. ; intorqueo.—1. flecto, ĭs, xi ; verto, is, ti, q. v.—2. mitto, ĭs, mīsi ; ēmitto ; jăcio, ĭs, jēci ; conjĭcio ; ējĭcio.

contrā. as prep. c. acc. 1. *Against.*—2. *Over against, opposite to.*—3. *In reply to.*—4. (*as adv.*) *On the other hand, opposite, tec.*——1. Creātam Lemnĭcŏlæ stirpem *contrā* dăta fœdĕra vīdit. Ov. Met. 2. 757. Stĕtĭmus tēla aspĕra *contrā* contŭlĭmusque mănus. V. Æn. 11. 292.—2. Itălıam contrā Tībĕrīnaque longe Ostia. V. Æn. 1. 13.—3. Quæ *contrā* brĕvĭter fāta est Amphrȳsia vates. V. Æn. 6. 398.—3. *Contrā*, non ulla est ŏleis cultūra. V. G. 2. 420. Ille ŭbĭ mē *contrā* vĭdet, ōcyus inquit. V. E. 7. 8. SYN. 1. in, c. acc.

contractus, a, um. part. pass. from contraho, q. v. ; used by Lucr. even in compar. 1. *Contracted,* i. e. *small, of things.*—2. i. e. *Moderate, of wishes, etc.*—3. *Contracted, with cold, etc.*——1. Exĭguus prīmum atque ipsos *contractus* ad ūsus Ēlĭgĭtur locŭs. V. G. 4. 295. Nihĭlo ad spĕciem est *contractior* ignis. Lucr. 5. 570.—2. *Contracto* mĕlius parva cŭpīdĭne Vectīgālia porrĭgam. Hor. 3. 16. 39.—3. Ignāvæque făme et *contracto* frīgŏre pigræ. V. G. 4. 259. SYN 1. parvus, *compar.* mĭnor, mĭnĭmus, q. v.—2. mŏdĭcus, q. v.

contrăho, is, xi, ctum. 1. *To contract, draw together, lessen.*—2. *To collect.* 3. *To bring on oneself.*——1. *Contrăhes* vento nĭmium secundo Turgĭda vēla. Hor. 2. 10. 24. Nunc quia *contraxit* vultum Fortūna rĕcēdis. Ov. Ep. e P. 4. 3. 7. Parte lĕva mĭnĭmâ nostras et *contrahe* pœnas. Ov. Ep. e P. 2. 8. 35. *Contracta* pisces æquŏra sentient. Hor. 3. 1. 33.—2. Verte omnes tete in facies; et *contrahe* quicquid Sīve ănĭmis, sīve arte văles. V. Æn. 12. 891.—3. Non fuĕrant artes tanti, quæ Nūmĭnis īram *Contraxēre* mihī. Ov. Met. 2. 660. SYN. 1. v. minuo ; (*of furling sails*) lĕgo, is, lēgi, q. v. ; sēdo, as.—2. collĭgo, ĭs, lēgi, q. v.—3. indūco, ĭs, xi ; infĕro, fers, tŭli, ferre, lātum.

contrārius, a, um. *Contrary, opposite.*——Littŏra littŏrĭbus *contrāria*, fluctĭbus undas Imprĕcor, arma armis. V. Æn. 4. 628. SYN. oppŏsĭtus, adversus.

†contrectābĭlĭter. *Softly.*——Lævissĭma corpŏra dēbent *contrectābĭlĭter* caulas intrāre pălātî. Lucr. 4. 661. v. molliter.

contrecto, as. *To handle.*——Dumque ea *contrecto* tōtum dūrescĕre sensi Corpus. Ov. Met. 8. 607. SYN. tracto ; attrecto.

contrĕmo, is, ui, no sup. *To tremble ; sometimes c. acc. of that at which.*——Unde pĕrĭcŭlum Fulgens *contrĕmuit* dŏmus Sāturni vĕtĕris. Hor. 2. 12. 8. SYN. trĕmo, q. v. trĕmisco, is, *in pres.* ; intrĕmo.

contrĭbuo, is, ui, ūtum. *To contribute, to give.*——Necnon Pēnēæ, necnon Sperchēĭdes undæ *Contrĭbuēre* ălĭquid. Ov. Met. 7. 231. SYN. trĭbuo ; do, das, dĕdi, dăre, dătum, q. v.

contristo, as. *To make gloomy.*——Auster nascĭtur et plŭvio *contristat* frīgŏre cœlum. V. G. 3. 279.

contrītus, a, um, pass. part. of contero, q. v.——Omnia quod *contrīta.* Lucr. 4. 699.

contrūdo, is, si. act. *To crowd together.*——*Contrūsæ* nūbes cōguntur vique prĕmuntur. Lucr. 6. 734. SYN. cōgo, ĭs, coēgi ; compello, ĭs, pŭli, pulsum.

†‡contueor, ēris, tuĭtus and **tūtus sum.** also in pres. **contuor, ĕris.** *To look at, to consider.*——Quod bĕnĕ prōpŏsĭtum si plānē *contueāre.* Lucr. 6. 653. Quum sæpe fĭguras *Contuĭmur* mīras. Lucr. 4. 39. SYN. tueor, intueor, ‡intuor.

contŭli, perf. from confero, q. v. Nec tu *contŭlĕrĭs* urbem Læstrȳgŏnis unquam. Ov. Ep. e P. 4. 10. 21.

‡contŭmax, acis. *Contumacious, obstinate.* Nē me dixĕrĭs esse *contŭmācem* Mart. 2. 68. 3. SYN. pervĭcax, ācis ; tĕnax, ācis ; pertĭnax.

contŭmēlia, æ. *Contumely, insult.*——Unde expĕdīre non ămīcōrum queant Lībĕra consĭlia, non *contŭmēliæ* graves. Hor. Epod. 11. 39. v. injuria.

‡contŭmēliōsus, a, um. *Insulting.*——Necte barbăra *contŭmēliōsi* Calcātum rŏta contĕrat bŭbulci. Mart. 10. 7. 4. SYN. injūriōsus.

contŭmŭlo, as. *To bury.*——Saucius ingestâ *contŭmŭlēris* hŭmo. Ov. Ibis. 464. SYN. tŭmŭlo ; sĕpĕlio, īs, īvi, sepultum, q. v.

contundo, is, tŭdi, tūsum. 1. *To beat, to crush.*—2. *To conquer.*——Saxis pĕtens *contundet* obscœnas ănus. Ov. Epod. 5. 98.—2. Quod rēgum tŭmĭdas *contŭdĕrit* mĭnas. Hor. 4. 3. 8. SYN. 1. tundo, tŭtŭdi.—2. vinco, ĭs, vīci, ctum, q. v.

‡conturbātor, ōris. masc. *One who disturbs.*——Hic prĕtiōsa fămes *conturbatorque* măcellus. Mart. 10. 96. 9.

conturbo, as. *To disturb, confuse.*——*Conturbābĭmus* illa, ne sciāmus. Cat. 5. 11. SYN. turbo, q. v.; misceo, es, ui, mixtum; confundo, ĭs, fudi.

contus, i. *Any pole, either used as a punt pole or as a hunting pole or spear.*——Ipse rătem *conto* sŭbĭgit vēlisque mĭnistrat. V. Æn. 6. 302. Tēlōrum effundĕre contra omne genus Teucri et dūris dētrūdĕre *contis.* V. Æn. 9. 509.

contūsus, a, um. part. pass. of contundo, q. v. *Broken* (*of spirits, etc.*).——*Contūsos*que ănĭmos et res mĭsĕrābĕre fractas. V. G. 4. 240. SYN. fractus.

convăleo, es. no supine. 1. *To become well, to recover.*—2. *To get strength, to be strong.*——1. Certe ĕgŏ *convălui* nondum de vulnere tāli. Ov. Her. 21. 211.—2. Cum măla per longas *convăluēre* mŏras. Ov. R. A. 91. SYN. 1, 2. văleo, q. v.

convallis, is. fem. *A valley.*——Quālem sæpe căvâ montis *convalle* sŏlēmus Despĭcĕre. V. G. 2. 186. SYN. vallis, q. v.

†convāso, as. *To pack up one's baggage.*——Aliquid *convāsassem.* Ter. Phorm. 1. 4. 13

convecto, as. *To collect and carry off.*——*Convectāre* jŭvat prædas et vīvĕre rapto. V. Æn. 7. 549. SYN. asporto, as; aufĕro, fers, tŭli, ferre, lātum; āveho, is, xi.

convello, is, li, vulsum. 1. *To tear up.*—2. *To tear to pieces.*——1. Accessi, vĭrĭdemque ab hŭmo *convellĕre* sylvam Cōnātus. V. Æn. 3. 24.—2. Sīve dăpes ăvĭdo *convellĕre* dente părābat. Ov. Met. 11. 123. Dēsĭne molle precor verbis *convellĕre* pectus. Ov. Her. 17. 111. SYN. 1. avello.—2. lăcĕro, as, q. v.; dīlăcĕro.

convĕniens, entis. part. pres. of convĕnio, q. v., used esp. in the sense of *fit, fitting well, etc.*——Sit bĕnĕ *convĕniens* et sĭne lābe toga. Ov. A. A. 1. 514. SYN. aptus, q. v.

convĕnienter. *Fitly, suitably to.*——Et stŭdio mōres *convĕnienter* eant. Ov. A. A. 3. 546. SYN. aptē.

convĕnio, ĭs, vēni, ventum. 1. *To come together, to assemble.*—2. *To agree, to be suitable to.*—3. *3d sing. as impers., it is agreed upon.*—4. *It is suitable.*——1. Necnon et Tÿrii per līmĭna læta frequentes *Convĕnēre.* V. Æn. 1. 708. 1, 2. Non bene *convĕniunt* nĕc ĭn ūnâ sēde mŏrantur Mājestas et ămor. Ov. Met. 2. 846.—2. Ingĕnio pŏpuli *convĕnit* ille sui. Ov. Her. 11. 12.—3. Contrăhĕre ăgrestes et mœnia pōnĕre ŭtrĭque *Convĕnit.* Ov. F. 4. 812.—4. Quo sīdĕre terram Vertĕre Mæcēnas ulmisque adjungĕre vītem *Convĕniat.* V. G. 1. 3. SYN. 1. coeo, ĭs, īvi, ĭtum; congrĕdior, ĕris, gressus sum; misceor, ēris, mixtus sum.—2. 4. dĕceo, es, q. v.—3. v. păciscor.—4. Expĕdit, dĕcet, præstat. PHR. 2. Non făcit ad lăcrÿmas barbĭtos ulla meas. Ov.

‡conventum, i. *An agreement.*——*Conventum* tamen et pactum et sponsālia nostrâ Tempestāte păras. Juv. 6. 25. SYN. pactum, q. v.

conventus, ûs. masc. *An assembly.*——*Conventus* trahit in mĕdios. V. Æn. 6. 753.

conventus, a, um. part. pass. of convĕnio, which has no other part of the pass. voice. *Being come to, being visited.*——Termĭnus, ut vĕtĕres mĕmŏrant, *conventus* in æde Restĭtit. Ov. F. 2. 670.

converto, ĭs, ti. 1. *To turn.*—2. *To change.*——1. Me me adsum qui fēci, in me *convertĭte* ferrum. V. Æn. 9. 427.—2. Et pŏtĕs in tŏtĭdem classem *convertĕre* nymphas. V. Æn. 10. 83. SYN. 1. verto, q. v.—2. mūto, as; transmūto, transformo, as.

†convestio, ĭs. *To clothe.*——Cum sŏleat Sol ... *Convestīre* suâ perfundens omnia lūce. Lucr. 2. 147. SYN. vestio, q. v.

convexus, a, um. *Convex, arched, vaulted, even of the concave side of an arch or vault, esp. of the vault of heaven.*——Tædet cœli *convexa* tuēri. V. Æn. 4. 451. Tālis sēse hālĭtus ātris Faucibus effundens sŭpĕra ad *convexa* fĕrēbat. V. Æn. 6. 241. Classem in *convexo* nĕmŏrum sub rūpe căvātâ Occulit. V. Æn. 1. 314. Tālia *convexum* per ĭter mĕmŏrante Sĭbyllâ. Ov. Met. 14. 154. v. concavus.

convīcium, i. *A reproach.*——Vēra făcis sed sēra meæ *convīcia* culpæ. Ov.

Ep. e P. 2. 6. 7. SYN. opprŏbrium, mălĕdictum. PHR. Jactat et in tōto verba cănīna fŏro. Ov. Ibis, 14. v. culpo, accuso.

convictor, ōris. masc. *A companion in daily life.*——Ille ĕgŏ *convictor* densoque dŏmestĭcus usu. Ov. Ep. e P. 4. 3. 15. v. sŏcius.

convictus, ûs. *A living with, intimacy.*——Quid nĭsĭ *convictu* causisque vălentĭbus essem Tempŏris et longi vinctus ămōre tĭbi. Ov. Tr. 1. 7. 29. SYN. sŏdālĭtium.

convinco, ĭs, vici. *To prove.*——Prius . . . Immĕmŏrem quam te quisquam *convincat* ămīci. Ov. Tr. 5. 13. 23. Quem mălĕ *convicti* nĭmium memor iste fŭrōris Prōdĕre rem Dănais finxit. Ov. Met. 13. 58. SYN. vinco, arguo, ĭs.

†convīso, is, si. *To visit.*——Omnia *convīsens* ŏcŭlis loca. Lucr. 2. 357. SYN. viso, q. v.; lustro, as; collustro.

convīva, æ. masc. and fem. *A guest.*——At cum discedet mensâ *convīva* rĕmōtâ. Ov. A. A. 1. 603. SYN. *for* convivæ:—mensa. Mensaque purpŭreos dēsĕrit alta tŏros. Ov. Her. 12. 52.

§convīvātor, ōris. masc. *One who gives a feast.*——Sed *convīvātōris* ŭti dŭcis ingĕnium res Adversæ nūdāre sŏlent. Hor. Sat. 2. 8. 73. SYN. hospĕs, ĭtis.

convīvium, i. *A feast.*——Mūtuaque inter se læti *convīvia* cūrant. V. G. 1. 301. SYN. ĕpulæ, ārum; dăpis, is, *usu. in pl.* PHR. Ăgitant convīvia pătres. Ov. Multo in prīmis hĭlărans convīvia Baccho. V. Exstruĭmusque tŏros dăpĭbusque ĕpŭlāmur ŏpimis. V. Tu das ĕpŭlis accumbĕre Dīvûm. V. v. V. Æn. 1. 697—746.; Hor. 4. 11. 1—12.

‡convīvor, āris. *To feast.*——Quod *convīvāris* sĭne me tam sæpe Lŭperci. Mart. 6. 51. 1. SYN. ĕpŭlor, āris.

‡convivo, is, xi. *To live with.*——Nec *convīvĕre*, nec vĭdēre saltem. Mart. 1. 87. 8.

convŏco, as. *To call together.*——*Convŏcat* ille Deos, præbent spectăcŭla capti. Ov. A. A. 2. 581. v. voco.

convŏlo, as. *To fly or hasten to the same place.*——*Convŏlat* omnis turba. Ov. F. 6. 343. SYN. concurro, is. v. vŏlo, prŏpĕro, convĕnio.

convolvo, ĭs, vi, vŏlūtum *To roll.*——Lūbrĭca *convolvit* sŭblāto pectŏre terga Arduus ad sōlem. V. Æn. 2. 474. SYN. volvo; torqueo, es, torsi; contorqueo.

cōnus, i. *A cone, the crest of a helmet.*——Et *cōnum* insignis gălea cristasque cŏmantes. V. Æn. 3. 468. v. crista.

convulsus, a, um. part. pass. from convello, q. v. *Torn.*——*Convulsum* rēmis rostrisque trĭdentĭbus æquor. V. Æn. 8. 690.

†coŏpĕrio, is, ui., sometimes **coŏp.** *To cover.*——Exīsse răpāces Per terras amnes atque oppĭda *cŏoperuisse*. Lucr. 5. 343. SYN. tĕgo, ĭs, q. v.

coŏrior, ĕris, ortus sum. *To arise.*——Ac vĕlŭti magno in pŏpŭlo cum sæpe *coorta* est Sēdĭtio. V. Æn. 1. 148. SYN. ŏrior, q. v.

†coortus, ûs. masc. *A rising.*——Ut tempestates plŭviæ grăviōre *coortu* Sunt. Lucr. 6. 671. SYN. ortus, q. v.

‡cŏphĭnus, i. *A basket.*——Jūdæi quorum *cŏphĭnus* fænumque sŭpellex. Juv. 3. 14. SYN. călăthus, q. v.

cōpia. 1. *Plenty.*—2. *Opportunity.*—3. *Troops, usu. in pl.*——1. Hinc tĭbĭ *cōpia* Mānābit ad plēnum bĕnigno Rūris hŏnōrum ŏpŭlenta cornu. Hor. 1. 17. 14.—2. Postquam intrōgressi et cōram dăta *cōpia* fandi. V. Æn. 1. 520.—3. Te *cōpias*, te consĭlium et tuos Præbente Dīvos. Hor. 4. 14. 33. Respĭcio, et quæ sit me circum *cōpia* lustro. V. Æn. 2. 564. SYN. 2. făcultas.—3. exercĭtus, ûs. v. divitiæ.

cōpŭla, æ. 1. *Anything which connects,—a tie, a dog's collar, etc.*——Fēlīces ter et amplius Quos irrupta tĕnet *cōpŭla*. Hor. 1. 13. 19. Luctantem frustrā *cōpŭla* dura tĕnet. Ov. Tr. 5. 9. 28. SYN. vincŭlum, sync. vinclum, q. v.

‡cōpŭlo, as. *To join.*——Quo symplegmăte quinque *cōpŭlentur*. Mart. 12. 43. 8. SYN. jungo, ĭs, xi, q. v.

†cŏqua, æ. *A cook.*——*Cŏqua* hæc est quĭdem ut ĕgo ŏpīnor. Plaut. Pœn. 1. 2. 38.

cŏquo, ĭs, xi. 1. *To cook, to burn.*—2. *To ripen.*——1. Me călor Ætnæo non mĭnor igne *cŏquit*. Ov. Her. 15. 12.——2. Mītis ĭn āprĭcis *cŏquĭtur* vindēmia saxis. V. G. 2. 522. SYN. 1, 2. percŏquo; torreo, es.—2. mātūro, as, q. v. PHR. 1. Tergŏra dērĭpiunt costis et viscĕra nūdant, Pars in frusta sĕcant věrŭbusque trĕmentia fīgunt; Littŏre aēna lŏcant ălii, flammasque mĭnistrant V. Subjĭciunt věrŭbus prūnas et viscĕra torrent. V. Atque ĭtă sēmĭnĕces partim ferventĭbus artus Mollit ăquis; partim subjecto torruit igni. Ov.

‡cōquus, i. *A cook.*——Sed *cōquus* ingentem pĭpĕris consūmet ăcervum. Mart. 7. 27. 7.

cŏr, cordis. neut. *The heart.*——Molle meum lĕvĭbusque *cŏr* est viŏlābĭle tēlis. Ov. Her. 15. 79. SYN. pectus; mĕdullæ, ārum; præcordia, orum. PHR. Si ădeo dōtālis regia cordi est (i. e. *is pleasant*). V.

‡cŏrăcīnus, i. *A sort of fish.*——Princeps Nīliăci răpĕris, *cŏrăcīne*, macelli. Mart. 13. 85. 1.

cŏrălium, i. *Coral.* Sic et *cŏrălium* quo prīmum contĭgit undas Tempŏre durescit. Ov. Met. 15. 416.

cōram. adv., or prep. c. abl. *Face to face.*——Nec sŏpor illud ĕrat, sed *cōram* agnoscĕre vultus . . . . præsentiaque ōra vĭdēbar. V. Æn. 3. 173. Cum mea me *cōram* sylvis ĭnĭmīcus in altis Viscĕra montānis ferret ĕdenda lŭpis. Ov. Her. 11. 89. SYN. ante, *c. acc.*; pălam *c. abl.*

corbis, is, fem. *A basket.*——O quŏties hăbĭtu dūri messōris aristas *Corbe* tŭlit. Ov. Met. 14. 643. SYN. sirpĭcŭla, pĭcīna, picella, cista, călăthus, cănistrum, quālus, quăsillus.

†corbŭla, æ. dimin. of prec.——Subdūcēmus rursum *corbŭlis*. Plaut. Aul. 2. 7. 4.

†corcŭlum, i. *A little heart, a term of endearment.*——*Corcŭlum* meum. Plaut. Car. 4. 4. 14.

Corcȳra, æ. *Corfu, inhabited by the Phæacians in the time of the Trojan war.* Cūjus ădhuc rēmis quătĭtur *Corcȳra*. Lucan, 8. 37. SYN. Phæăcia. PHR. Mĕlius quam si Phæăcia tellus Ignōtum vīli suppŏsuisset hŭmo. Ov. Āĕrias Phæăcum abscondĭmus arces. V.

Corcȳræus, a, um. *Corcyræan.*——Te *Corcyræum* Cressia turba putat. Ov. Ibis. 512. SYN. Phæăcius; Phæăcus.

†cordātus, a, um. *Wise.*——Ēgrĕgiē *cordātus* hŏmo. Ennius. SYN. săpiens, q. v.

Cordŭba, æ. *Cordova.*——Quā dīves plăcĭdum *Cordŭba* Bœtĭn ămat. Mart. 9. 62. 2.

‡cordȳla, æ. *Tunny-fish spawn.*——Ne tŏga *cordȳlis* . . . dēsit. Mart. 13. 1. 1.

cŏriandrum. *Coriander.*——Fāmōsaque tunc *cŏriandra* Nascuntur. Colum. 10. 244.

Cŏrinthiăcus, a, um. also **‡Corinthius** (the most usual form in the best prose). *Corinthian.*——Jamque *Cŏrinthĭăci* carpēbam littŏra ponti. Ov. Met. 15. 507. Non ausæ vĕtĕrum *Cŏrinthiōrum*. Mart. 9. 58. 2. SYN. Ĕphȳrēius.

Cŏrinthus, i. acc. **um** and **ŏn.** fem. *Corinth*——Hădriăcumque pătens lātē, bĭmăremque *Cŏrinthon*. Ov. F. 4. 501. SYN. Ĕphȳrē, es; ‡Ăcrŏcorinthus.

cŏrium, i. *A hide.*——Ut cănis a *cŏrio* nunquam absterrēbitur uncto. Hor. Sat. 2. 5. 83. SYN. pellis, is, *fem.*

corneus, a, um. *Of horn.*——*Cornea* (porta sc.) quā vēris făcĭlis dătur exĭtus umbris. V. Æn. 6. 895.

corneus, a, um. *Of the cornel-tree.*——Sīve tĕnes lāto vēnābŭla *cornea* ferro. Ov. Her. 4. 83.

‡cornīcĕn, ĭnis. masc. *A trumpeter.*——Qui vix *cornĭcĭnes* exaudiat atque tŭbārum Concentus. Juv. 10. 214. SYN. tŭbĭcĕn, ĭnis, *masc.*

‡cornīcor, āris. *To caw.*——Nesciŏ quid tēcum grăve *cornīcāris* inepte. Pers. 5. 12.

cornīcŭla, æ. *A jackdaw.*——Mŏveat *cornīcŭla* rīsum Furtīvis nūdāta cŏlōrĭbus. Hor. Epist. 1. 3. 19.

†cornĭger, ĕra, ĕrum. *Horned.*——*Cornĭger* Hespĕrĭdum flŭvius regnātor ăquārum. V. Æn. 8. 77.

cornĭpes, pĕdis. *With horny hoofs.*——Demens qui . . . fulmen Ære et *cornĭpĕdum* pulsu sĭmŭlāret ĕquōrum. V. Æn. 6. 591.

cornix, īcis. fem. *A crow.*——Et sĭne līte līte lŏquax cum Palladis ālĭte *cornix* Sedet. Ov. F. 2. 89. SYN. corvus, q. v. PHR. Sæpe sĭnistra cava prædixit ab īlĭce cornix. V. Tum cornix plēnâ plŭviam vŏcat imprŏbā voce. V. Cras fŏliis nĕmus Multis et algâ littus ĭnūtĭli Dēmissa tempestas ab Euro

Sternet, ăquæ nĭsī fallit augur Annōsa cornix. Hor. Vivit et armĭfĕræ cornix invīsa Minervæ. Ov.

cornu. neut. indecl. in sing., pl. **cornua, uum, ĭbus,** etc. *A horn; any thing made of it, or tipped with it, as a bow, a trumpet, a yard-arm; or like a horn, as the horns of the moon, etc.* —— Jŭvencum . . . Jam *cornu* pĕtat, et pĕdĭbus qui spargat ărēnam. V. Æn. 9. 629. (săgittam) Dēprompsit phărĕtrâ, *cornu*que infensa tĕtendit. V. Æn. 11. 859. Ūnà ardua torquent *Cornua*, dētorquentque, fĕrunt sua flāmĭna classem. V. Æn. 5. 832. *Cornua* cum Lūnæ plēno sĕmĕl orbe coïssent. Ov. Her. 2. 3. PHR. Aspĕra cornu (vacca sc.). V. Īràsci in Cornua discit. V. Vĭtŭlus bīma curvans jam cornua fronte. V. Fronte curvātos ĭmĭtātus ignes Tertium lūnæ rĕfĕrentis ortum. Hor. Rāmōsa . . . vīvācis cornua cervi. V. Inter se adversis luctantur cornĭbus hœdi. V. Cămŭrìs hirtæ sub cornĭbus aures. V. Căpĭta alta fĕrentes Cornĭbus arbŏres (cervi sc.). V. Duxque grĕgis cornu per tempora dūra rĕcurvo (caper sc.). Ov. v. arcus, tuba, etc.

cornum, i. 1. *The fruit of the cornel.* — 2. *A spear of cornel wood.* —— 1. Victum infēlīcem baccas lăpĭdōsaque *corna* Dant rami. V. Æn. 3. 649. — 2. Dixit et ærātâ torsit grăve cuspĭde *cornum.* Ov. Met. 8. 408. PHR. 1. Autumnalia corna. v. seq.

cornus, i. fem. 1. *A cornel-tree.* — 2. *A spear, etc., made of cornel wood.* —— 1. At myrtus vălĭdis hastīlĭbus, et bŏna bello *Cornus.* V. G. 2. 448. — 2. Vŏlat Ītăla *cornus* Āĕra per tĕnĕrum. V. Æn. 9. 698. v. hasta.

cŏrolla, æ. *A chaplet.* —— Me jŭvat hesternis pŏsĭtum languēre *cŏrollis.* Prop. 2. 25. 59. SYN. cŏrōna, q. v.; sertum.

cŏrōna, æ. 1. *A crown, a chaplet.* — 2. *A crowd, a ring of people.* —— 1. Bacchus ăvus, Bacchi conjux rĕdĭmīta *cŏrōnâ.* Ov. Her. 6. 115. — 2. Consēdēre dŭces, et vulgi stante *cŏrōnâ.* Ov. Met. 13. 1. SYN. 1. cŏrolla, sertum; diădēmă, atis, *neut.* (*esp. of kings*); rĕdĭmīcŭlum. — 2. v. caterva. PHR. Āgrippa . . . cui belli insigne sŭperbum Tempŏra nāvāli fulgent rostrāta cŏrōna. V. Omnĭbus in mōrem tonsâ cŏma pressa cŏrōnâ. V. Nexæ phĭlўrâ cŏrōnæ. Hor. Quis ūdo Deprŏpĕrare ăpio cŏrōnas Cūratve myrto? Hor. Tempŏra pōpŭleâ fertur vinxisse cŏrōnâ. Hor. Est ĭn horto Phyllī nectendis ăpium cŏronis, Est hĕdĕræ vis multa quâ crīnes religata fulges. Hor. Laureâ dōnandus Ăpollĭnāri. Hor. Mille vĕnit văriis flōrum Dea nexa cŏrōnis. Ov. Tempŏra sūtĭlĭbus cinguntur tōta cŏrōnis. Ov. Pallădiæ pĕtĭtur cui palma cŏrōnæ. Ov. Sæpe cŏrōnātis stillant unguenta căpillis. Ov. Sertaque cœlestes implĭcĭtūra cŏmas. Ov. Æscŭleæ căpiēbat frondis hŏnōrem. Ov. v. sertum.

‡**cŏrōnis, ĭdis.** fem. *The coping-stone,* i. e. *the end.* —— Si nĭmius vĭdear sērâque *cŏrōnĭde* longus Esse lĭber. Mart. 10. 1. 1. SYN. finis, is, q. v.

cŏrōno, as. 1. *To crown.* — 2. *To surround.* —— 1. Crātēras magnos stătuun, et vīna *cŏrōnant.* V. Æn. 1. 728. — 2. Omnemque ădĭtum custōde *cŏrōnant.* V. Æn. 9. 380. SYN. 1. vincio, īs, nxi. — 1, 2. cingo, ĭs, nxi; incingo. — 2. præcingo; circumdo, das, dăre, dĕdi, dătum, q. v. PHR. Nunc dĕcet aut vĭrĭdi nĭtĭdum căput impĕdīre myrto. Hor. Immistos hĕdĕrâ collecta căpillos Calliŏpē. Ov. Hanc sĭne tempŏra circum Inter victrīces hĕdĕram tĭbī serpĕre lauros. V.

corpŏreus, a, um. 1. *Corporeal.* — 2. *Of flesh, of meat.* —— 1. Non tămen omne mălum mĭsĕris, nec fundĭtus omnes *Corpŏreæ* excēdunt pestes. V. Æn. 6. 737. — 2. Non ūtĭlis auctor . . . *Corpŏreas*que dăpes ăvĭdam dēmīsit ĭn alvum. Ov. Met. 15. 105.

corpus, ŏris. neut. 1. *A body, alive or dead.* — 2. *A person.* —— 1. (ut animæ) Rursus et incĭpiant in *corpŏra* velle rĕverti. V. Æn. 6. 751. *Corpus*que exsangue sĕpulchro Reddĭdit Hectŏreum. V. Æn. 2. 542. — 2. Prætĕreā bis sex gĕnĭtor lectissĭma matrum *Corpŏra* captīvosque dăbit. V. Æn. 9. 273. Aut ultor vestræ, fīdissĭma *corpŏra,* mortis, Aut cŏmĕs inquit, ĕro. Ov. Met. 3. 58. SYN. 1. (*as to a dead body*) cădāver, ĕris, *neut.* q. v.; cĭnis, ĕris, *masc.*; făvilla; mānes, ium, *pl. masc.*; umbra. — 2. Pectus *is used in the same way.* — Jŭvĕnes fortissĭma frustra Pectŏra. V. Æn. 2. 348. PHR. Noxia corpŏra tardant, Terrēnique hĕbĕtant artus, mŏrĭbundaque membra. V.

†‡**corpuscŭlum, i.** dimin. of prec. q. v. —— Mors sōla fătētur Quantŭla sint hŏmĭnum *corpuscŭla.* Juv. 10. 173.

†corrādo, is, si. *To scrape together.*——Vortex *corrādens* ex āĕre sēmĭna nubis. Lucr. 6. 443.

corrector, oris. *A corrector.*——Aspĕrĭtātis et invĭdiæ *corrector*, et īræ. Hor. Epist. 2. 1. 129. SYN. castīgātor, censor.

correctus, a, um. pass. part. of corrĭgo, q. v. *Corrected.*——Verbaque *correctis* incīdĕre tālia cēris. Ov. Met. 9. 528.

†corrēpo, is, psi. *To creep.*——Cui non *corrēpunt* membra păvōre? Lucr. 5. 1218. SYN. rēpo, q. v.

correptē. adv. *Shortly (of a syllable).*——Aut prōdūcātur quæ nunc *correptius* exit. Ov. Ep. e P. 4. 12. 13.

correptus, a, um. part. pass. of corrĭpio, q. v. *Seized.*——Vellem haud *correpta* fuisset Mīlĭtiā tāli. V. Æn. 11. 584.

†corrīdeo, es, si. *To smile.*——Omnia *corrīdent* correptā lūce diēi. Lucr. 4. 81. SYN. rīdeo, q. v.

corrĭgo, is, rexi. *To correct, to amend.*——Nāte căvē, dum resque sĭnit tua *corrĭge* vōta. Ov. Met. 2. 89. SYN. ēmendo, as; mŏdĕror, āris. PHR. Sæpe ĕgŏ correxi sub te censōre lĭbellos, sæpe tĭbi admŏnĭtu facta lĭtūra meo est. Ov.

corrĭpio, is, ui, reptum. 1. *To seize, to snatch (sometimes of seizing the way, i. e. going rapidly, or c. acc. of one's own step), to occupy.*—2. *To reproach.*——Arcumque mănu cĕlĕresque săgittas *Corrĭpit.* V. Æn. 1. 191. Signoque rĕpente *Corrĭpiunt* spătia audīto. V. Æn. 5. 316. Sēmōtique prius tarda nĕcessĭtas Lēthi *Corrĭpuit* grădum. Hor. 1. 3. 34. Bȳblis *correpta* cŭpīdĭne frātris. Ov. Met. 9. 459.—2. Ŏdiōsō concĭta vento *Corrĭpio* verbis æquŏra pēne tuis. Ov. Her. 19. 22. SYN. 1. răpio, q. v.; arrĭpio, occŭpo, as.—2. incrĕpo, as, ui; accūso, as; culpo, as, q. v.

‡corrōdo, ĭs, si. *To gnaw.*——Tōtum *corrōsis* ossĭbus ēdit. Juv. 15. 80. SYN. rodo, q. v.

§corrūgo, as. *To wrinkle, to cause to curl.*——Ne sordĭda mappa *Corrūget* nāres. Hor. Epist. 1. 5. 22.

corrumpo, ĭs, rūpi. 1. *To injure, to spoil, to corrupt.*—2. *To bend; to seduce.*——1. Sæpe mihī Zĕphȳrus dotes *corrumpĕre* nōli Ipsa tuas dixit. Ov. F. 5. 319. Quid fles, et mădĭdos lăcrȳmis *corrumpis* ŏcellos? Ov. Am. 3. 6. 57.—2. Flecte fĕros ănĭmos, pŏtuit *corrumpĕre* taurum Māter. Ov. Her. 4. 155. SYN. lædo, is, si; nŏceo, es, ui, *c. dat.*; vĭtio, as.—2. flecto, ĭs, xi. v. allicio.

corruo, is, ui, uitum. *To fall.*——*Corruit* et multam prostrāvit pondĕre sylvam. Ov. Met. 8. 776. SYN. ruo; cădo, ĭs, cĕcĭdi, cāsum, q. v.; dēcĭdo, concĭdo.

corruptor, ōris. masc. *A corruptor.*——Nullus ĕrit castis jŭvĕnis *corruptor* in āgris. Prop. 2. 19. 3.

Corsĭca, æ. *Corsica.*——Mullus ĕrat dŏmĭno quem misit *Corsĭca.* Juv. 5. 92.

Corsĭcus, a, um, and **Corsus, a, um.** *Corsican.*——Melle sub infāmi *Corsĭca* mīsit ăpes. Ov. Am. 1. 12. 10. Cum pēne est *Corsis* ōbrūta classis ăquis. Ov. F. 6. 194. SYN. Cyrnēus.

cortex, ĭcis. 1. *The bark of a tree.*—2. *Cork.*——1. Tegmĭna queis căpĭtum raptus de sūbĕre *cortex.* V. Æn. 7. 742.—2. Aspĭcis ut summā *cortex* lĕvis innătet undā. Ov. Tr. 3. 411. SYN. 1. lĭber, bri.

cortīna, æ. prop. *A caldron, used for the tripod, from which the priestess of Apollo gave forth the oracle, and for the oracle itself.*——Nec te Phœbi *cortīna* fĕfellit. V. Æn. 6. 347. v. ōrācŭlum.

†cortīnĭpŏtens, entis. *Prophetic.*——Hunccĭne ĕgo unquam Hyăcintho hŏmĭnem *cortīnĭpŏtentis* Dēliăci contendi. Lucilius. v. fatidicus.

cŏrusco, as. 1. *Intrans., to shake with tremulous motion, to quiver.*—2. *Trans. to brandish.*——1. Tum trĕpĭdæ inter se coeunt, pennisque *cŏruscant.* V. G. 4. 73.—2. Duŏ quisque Alpīnæ *cŏruscant* gæsa mănu. V. Æn. 8. 661. SYN. 1. tremo, is, ui, *no sup.*, q. v.; mĭco, as, ui, *no sup.*—2. vĭbro, as, q. v.; quătio, ĭs, quassi; concŭtio, crispo, as.

cŏruscus, a, um. 1. *Waving.*—2. *Shining, bright.*——1. Sylvis scena *cŏruscis* Dēsŭper horrentique ātrum nĕmus immĭnet umbrā. V. Æn. 1. 164. Diespĭter Igni *cŏrusco* nūbĭla dĭvidens. Hor. 1. 34. 6. SYN. 1. trĕmŭlus, concussus.—2. nĭtĭdus, clārus, rŭtĭlus, fulgĭdus, splendĭdus.

corvus, i. *A crow, a raven.*——*Corvōrum* incrĕpuit densis exercĭtus ālis. V. G. 1. 382. SYN. cornix, īcis, *fem.* (*but they are not the same bird in reality, though the poets use them nearly indifferently*).

Cŏrȳbantēs, um. masc. pl. *The priests of Cybele, worshipping her first on Mount Ida, afterwards in Crete.*——Nōn ăcūta Sic gĕmĭnant *Cŏrȳbantēs* æra. Hor. 1. 16. 8. SYN. Cūrētēs. EPITH. Dictæi, Idæi.

Cŏrȳbantius, a, um. *Of the Corybantes.*——Hic māter cultrix Cȳbĕlē *Cŏrȳbantia*que æra. V. Æn. 3. 111.

Cōrȳcis, ĭdos. fem. adj. *Of the* Corycium antrum *at the foot of Parnassus; epith. of the Muses.*——*Cōrȳcĭdas* Nymphas et nūmĭna montĭs ădōrant. Ov. Met. 1. 320. v. seq.

Cōrȳcius, a, um. *Corycian.*——Insŭla *Cōrȳciis* quondam cĕlĕberrĭma nymphis. Ov. Her. 20. 221.

cŏrȳlētum. *A hazle plantation.*——Illa mŏdo in sylvis inter *cŏrȳlēta* jăcēbat. Ov. F. 2. 587.

cŏrȳlus, i. fem. *A hazle tree.*——Plantīs ēdūræ *cŏrȳli* nascuntur. V. G. 2. 65.

cŏrymbĭfer, ĕra, ĕrum. *Wearing clusters of ivy-berries.*——Festa *cŏrymbĭfĕri* cĕlĕbrābat Græcia Bacchi. Ov. F. 1. 393. PHR. Hĕdĕrâ jŭvĕnīlia cinctus Tempŏra. Ov. Frons rĕdĭmīta corymbis. Tib.

cŏrymbus, i. *A bunch of ivy-berries.*——Diffūsos hĕdĕrâ vestit pallente *cŏrymbos.* V. E. 3. 39.

cōrȳtus, i. acc. **um** and **ŏn.** *A quiver, a bow-case.*——In quĭbus est nēmo qui non *cōrȳtŏn* et arcum . . . gĕrat. Ov. Tr. 5. 7. 15.

cōs, cōtis. fem. *A whetstone.*——Sŭbĭguntque in *cōte* sĕcūres. V. Æn. 7. 627.

costa, æ. *A rib, the side.*——Sæpe oleo tardi *costas* ăgĭtātor ăselli Vīlĭbus aut ŏnĕrat pōmis. V. G. 1. 273. SYN. lătus, eris.

costum, i. *Spikenard.*——Ăchæmĕniumque *costum.* Hor. 3. 1. 44. v. nardus.

cŏthurnātus, a, um. *Wearing the buskin, referring to tragic poets or to hunters.*——Dēque *cŏthurnāto* vāte triumphat Ămor. Ov. Am. 1. 18. 18.

cothurnus, i. 1. *A buskin, a high-heeled boot worn by hunters and by tragic actors.*—2. *Tragic, and sometimes even Epic (as being majestic), poetry.*——1. Purpŭreoque altē sūras vincire *cŏthurno.* V. Æn. 1. 337. Sōla Sŏphŏclēo tua carmĭna digna *cŏthurno.* V. E. 8. 10.—2. Grande mūnus Cēcrŏpio rĕpĕtes *cŏthurno.* Hor. 2. 1. 12. Dēsĭne Ăchillēo compōnĕre verba *cŏthurno.* Prop. 2. 25. 41.

cŏturnix, īcis. fem. *A quail.*——Ecce *cŏturnīces* inter sua prælia vīvunt. Ov. Am. 2. 6. 26. At căpris ădĭpes et *cŏturnīcĭbus* augent. Lucr. 4. 642.

‡cŏvīnus, i. *A car, properly for war.*——Agmĭna fulcĭfĕro circumvĕnit arcta *cŏvīno.* Sil. 17. 423. v. currus.

Cōus, a, um. *Of the island Cos or Cea.*——Si Vĕnĕrem nunquam *Cōus* pŏsuisset Apelles. Ov. A. A. 3. 401.

‡coxa, æ. *The hip.*——Vel quo Tȳdīdes percussit pondĕre *coxam* Ænēæ. Juv. 15. 66.

crăbro, ōnis. masc. *A hornet.*——Aut asper *crābro* impărĭbus se miscuit armis. V. G. 4. 245.

crambē, es. *A sort of cabbage.*——Occīdit mĭsĕros *crambe* rĕpĕtīta magistros. Juv. 7. 154.

†crăpŭla, æ. *A surfeit.*——Ut ēdormiscam hanc *crăpŭlam.* Plaut. Rud. 3. 7. 28.

crās. *To-morrow.*——*Cras* ingens ĭtĕrābĭmus æquor. Hor. 1. 7. 32. PHR. Prŏtŭlĕrit cum totum crastĭnus orbem Cynthius. Ov. Cum prīmum crastĭna cœlo Pūnĭceīs invecta rŏtis Aurōra rŭbēbit. V. Et lux cum prīmum terris se crastĭna reddet. V. Cum crastĭna fulserit Ēos. V. Ubi prīmos crastĭnus ortus Extŭlĕrit Tītan rădiisque rĕtexĕrit orbem. V. Contĭnuâque diē sīdus Hyantis ĕrit. Ov. v. postrĭdiē.

crassē. *Coarsely, rudely.*——Non quia *crassē* compŏsĭtum, illĕpĭdēve pŭtētur. Hor. Epist. 2. 1. 76.

crassus, a, um. *Thick, coarse.*——Et turpi *crassas* gurgĭte volvis aquas. Ov. Am. 3. 6. 8. SYN. densus, grăvis, q. v.

crastĭnus, a, um. *Of to-morrow.*——Quis scit an adjĭcĭant hŏdiernæ *crastĭna* summæ Tempŏra Di sŭpĕri. Hor. 4. 7. 17. v. cras.

crātēr, ēris, acc. ērā, pl. erēs. *A goblet, a cup.*——Thūrea dōna, dăpes, fūso *crātērĕs* ŏlīvo. V. Æn. 6. 225. SYN. crātēra, pōcŭlum, sync. pŏclum, cyăthus, scyphus, carchēsium. v. poculum.

crātēra, æ. *A goblet.*——Nec dēsunt Vĕnĕris sŏdāli Vīna *crātērœ.* Hor. 3. 18. 7.

crātes, is. fem.—1. *A wattled hurdle.*—2. *Anything cunningly twined or made, as a honeycomb, a man's breast or back, etc.*——1. Arbŭteæ *crātes* et mystĭca vannus Iacchi. V. G. 1. 166.—2. *Crātes* solvēre făvōrum. V. G. 4. 214. Transădĭgit costas et *crātes* pectŏris ensem. V. Æn. 12. 508. PHR. 1. Vīmĭneæ crātes. V. Crātes . . . Arbŭteis texunt virgis, et vīmĭne quernō. V.

†crātĭcŭla, æ. *A gridiron.*——Parva tĭbi curvā *crātĭcŭla* sūdet ofellā. Mart. 14. 221. 1.

creātor, ōris. masc., fem. **creātrix, īcis.** 1. *Maker.*—2. *Parent.*——Nec Tĕlămon ăbĕrat magnive *creātor* Achilles. Ov. Met. 8. 309. Pătria O mea *creātrix,* pătria O mea gĕnĕtrix. Cat. 61. 50. SYN. 1. condĭtor, auctor, făbrĭcātor (*all masc.*).—2. părens. v. pater, mater.

crēber, bra, brum. 1. *Frequent.*—2. *Thick.*——1. Jam *crēber* ănhēlĭtus artus Ārĭdaque ōra quătit. V. Æn. 5. 199.—2. *Crēber* ărundĭnĭbus. trĕmŭlis Ĭbĭsurgĕre lūcus Cœpit. Ov. Met. 11. 190. SYN. 1, 2. frĕquens, rĕpĕtītus, plūrĭmus.—2. densus, q. v.; condensus.

crēbresco, is, crebrui. no sup. *To grow frequent, to increase.*——Sævus campis măgis ac măgis horror *crēbrescet.* V. Æn. 12. 407. SYN. incrēbresco; cresco, ĭs, crēvi, q. v.; ingĕmĭno, as.

crēbro. *Often.*——Ad līmĭna *crēbro* Anxius hūc illuc dissĭmŭlanter eo. Ov. Her. 20. 129. SYN. sæpe, frĕquenter, *compar.* tius, q. v.

crēdĭbĭlis, e. *Credible, probable.*——Sit tĭbĭ *crēdĭbĭlis* sermo consuetaque verba. Ov. A. A. 1. 467. *Crēdĭbĭli* fortior illa fuit. Ov. F. 3. 618.

crēdĭtor, ōris. *A creditor.*——Intĕger est mentis Dămăsippi *crēdĭtor?* Hor. Sat. 2. 3. 65.

crēdo, is, dīdi. 1. *To believe.*—2. *To think* (3d *sing. pass. often impers.*).—3. *To entrust.*——1. *Crēdĭdĭmus* blandis, quōrum tĭbĭ cōpia, verbis. Ov. Her. 2. 49.—2. Et mălĕ crēdēbar sanguĭnis auctor ĕgo. Ov. F. 3. 190.—3. Num puĕro summam belli, num *crēdĕre* mūros (Hortati sŭmus)? V. Æn. 10. 70. Pœnĭtet, o si quid mĭsĕrōrum *crēdĭtur* ulli. Ov. Ep. e P. 1. 1. 59. Si nēmo audet se *crēdĕre* pugnæ. V. Æn. 5. 383. SYN. 1, 3. fido, ĭs, fīsus sum; confīdo, concrēdo.—2. pŭto, as, q. v.—3. committo. PHR. 1. Nec sum ănĭmi dŭbius verbis ea vincere magnum Quàm sit. V. Nec mihĭ parva fĭdes. Ov.

crēdŭlĭtas, atis. fem. *Credulity.*——Mĕrĭtas sŭbeāmus in alto Tu fraudis pœnas, *crēdŭlĭtātis* ĕgo. Ov. Her. 12. 120. v. fides.

crēdŭlus, a, um. *Credulous.*——Sed nos in vĭtium *crēdula* turba sumus. Ov. F. 4. 312. Me quoque dīcunt Vātem pastōres sed non ĕgŏ *crēdŭlus* illis. V. E. 9. 34.

Crĕmĕra, æ. masc. *The river La Varca, on the banks of which the* 300 *Fabii were slain.*——Ut cĕlĕri passu *Crĕmĕram* tĕtĭgēre răpācem. Ov. F. 2. 205. q. v.

crĕmo, as. *To burn* (*act.*).——Gens quæ *crĕmāto* fortis ab Īlio. Hor. 4. 4. 53. SYN. ūro, ĭs, ussi; ădūro, combūro, incendo. v. uro.

Crĕmōna. *A town in N. Italy.*——Mantua væ mĭsĕræ nĭmium vīcīna *Crĕmōnæ.* V. E. 9. 28.

crĕmor, ōris. *The juice got out of grain soaked in water.*——Hordea quem făciunt illis infunde *crĕmōrem.* Ov. M. F. 95.

creo, as. 1. *To create, to make.*—2. *To be the parent of.*—3. *In pass., to be born.*——1. Nē căpe de pŏpŭlo quem terra *creāvĕrat* ūnus Exclāmat. Ov. Met. 3. 116.—2. Cissēis rēgīna Părin *creat.* V. Æn. 10. 705.—3. Fortes *creantur* fortĭbus et bŏnis. Hor. 4. 4. 29. SYN. 1. făcio, is, fēci, q. v.—1, 2. gigno, is, gĕnui.—2. părio, is, pĕpĕri, q. v.—3. nascor, ĕris, nātus sum; ŏrior, ŏrĕris, ortus sum.

Creon, ontis. (Seneca has also Creo.) *The name of the brother of Jocasta, also of the father of Jason's wife, Creusa.*——Et sŏcer, et magni nāta *Creontis* ĕrant. Ov. Her. 1. 2. 54.

†crēpĕrus, a, um. *Uncertain.*——*Crēpĕri* certāmĭna belli. Lucr. 5. 1295. SYN. dŭbius, q. v.

‡crĕpĭda, æ. *A slipper.*——In *crĕpĭdas* Graiōrum lūdĕre gestit. Pers. 1. 127 SYN. sŏlea, q. v.

crĕpīdo, ĭnis. 1. ‡*The foundation.* — 2. *The edge or brow (of a cliff).* — 3. ‡*A rock.*——1. Tĕneat quamvis æterna *crĕpīdo* Quæ sŭpĕringesti portāret culmina montis. Stat. Sylv. 1. 1. 58.——2. Forte rătis celsi conjuncta *crĕpīdĭne* saxi Expŏsĭtis stābat scālis. V. Æn. 10. 653. — 3. Contra importūna *crĕpīdo* Œdĭpŏdĭŏniæ dŏmus ālĭtis. Stat. Theb. 2. 504. SYN. 1. fundāmentum, q. v. —2. sŭpercĭlium. — 3. scŏpŭlus, q. v.

†crĕpĭtācŭlum, i. *A rattle.*——Nec *crĕpĭtācŭla* eis ŏpŭ' sunt. Lucr. 5. 230.

crĕpĭto, as. intrans. *To rattle.*——Lēni *crĕpĭtābat* bractea vento. V. Æn. 6. 209. v. crepo.

crĕpĭtus, ûs. masc. *A rattling noise.*——Et *crĕpĭtum* dŭbio suscitat īra pede. Prop. 2. 4. 4. v. sonus.

crĕpo, as, ui. 1. (*intrans.*) *To rattle, to crackle.* — 2. (*traus.*) *To chatter about.* — 3. *To rattle, to make to sound.*——1. Et *crĕpat* in mĕdiis laurus ădusta fŏcis. Ov. F. 4. 742.—2. Quis post vīna grăvem mīlĭtiam aut paupĕriem *crĕpat?* Hor. 1. 18. 5. Cum pŏpŭlus frĕquens Lætum theātis ter *crĕpuit* sŏnum? Hor. 2. 17. 26. SYN. 1. crĕpĭto, as. — 1. 3. sŏno, as, ui, q. v.; incrĕpo. — 2. mĕmŏro, as, q. v.

crĕpusculum, i. *Twilight.*——Sēram pĕpŭlēre *crĕpuscŭla* lucem. Ov. Met. 15. 651. PHR. Jamque dies exactus ĕrat tempusque sŭbībat Quod tu nec tĕnĕbras nec posses dīcĕre lūcem, Sed cum lūce tămen dŭbiæ confīnia noctis. Ov. Met. 3. 401.

Cres, Crētis, pl. **Crētĕs,** etc. *A Cretan.*——Ĕtiam Phœbo grātissĭma dōna *Crēs* tŭlit. Tib. 4. 1. 10. Nulla tămen Mīnos *Crētăs* ad arma vŏcat. Ov. Her. 16. 348. SYN. Cȳdōn, ōnis, in pl. Cūrētĕs.

cresco, is, crevi. *To increase; (intrans.) to grow.*——*Crescit* occulto velut arbor ævo Fāma Marcelli. Hor. 1. 12. 45. SYN. incresco, glisco, is, *no perf.*; augeor, ēris, auctus sum; †grandesco, is, *no perf.*; vĕnio, is, vēni (*of plants, with reference to the place in which*). V. G. 1. 54.

Cressa. fem. subst and adj. *Cretan, a Cretan woman.*——Sēdit in ingĕnio *Cressa* rĕlicta tuo. Ov. Her. 2. 76. *Cressam*que phărĕtram. V. G. 3. 345. SYN. Crētis, ĭdŏs; Gnossis, ĭdŏs; Gnossias, ădŏs; Cūrētis, ĭdŏs.

Cressius, a, um. *Cretan.*——Non habuit tempus quo *Cressia* regna vĭdēret. Ov. Her. 16. 299. SYN. Dictæus, Crētæus. v. Crētĭcus.

Crēta, æ. and **Crētē, es.** *The island Crete, now Candia.*——Non ĕgŏ tē *Crēte* centum dīgesta per urbes Aspĭciam puĕro cognĭta terra Jŏvi. Ov. Her. 10. 67. *Crēta* Jŏvis magni mĕdio jăcet insŭla ponto. V. Æn. 3. 104. SYN. Gnossia tellūs, ūris. V. Mīnōia regna. V. Terra Cūrētis, ĭdŏs. Ov. Gnossia regna. V. PHR. Si tua contĭgĕrit Mīnōas puppis ărēnas. Ov. Et tandem antīquis Cūrētum allābĭmur ōris. V.

crēta, æ. *Chalk.*—Fit quŏque de *Crētâ* quālem cœleste fĭgūram Sīdus . . . gĕrit. Ov. Nux. 81.

Crētæus, a, um. *Cretan.*——Strātaque *Crētæam* bellua tinxit hŭmum. Ov. Her. 10. 106. SYN. Cressius; Crētĭcus, q. v.

‡crētātus, a, um. *Chalked.*——Quam *crētāta* tĭmet Făbulla nimbum. Mart. 2. 41.

Crētĭcus, a, um. *Cretan.*——Mĕtus Trādam prŏtervis in măre *Crētĭcum* Portāre ventis. Hor. 1. 26. 2. SYN. Crētæus, Cressius, Dictæus, Gortȳnĭăcus, Gortȳnius, Gnossius, Gnossiăcus, Cȳdōnius, Cȳdōnēus, Mīnōius, ‡Cūrētĭcus.

Crētis, ĭdŏs. fem. form of prec.——Stat quŏque căpra sĭmul; nymphæ păvisse fĕruntur *Crētĭdes.* Ov. F. 3. 444. SYN. Cūrētis, ĭdŏs; Cressa, q. v.

crētōsus, a, um. *Chalky.*——*Crētōsa*que rūra Cĭmōli. Ov. Met. 7. 463.

crētus, a, um. *Born of (c. abl. or c. a and abl.).*——Vēnisse Ænean, Trōjāno ā sanguĭne *crētum.* V. Æn. 4. 191. SYN. nātus, sătus, ortus, ēdĭtus, gĕnĭtus.

crēvi. perf. from cresco, q. v.——Quo tuus assĭduē princĭpe *crēvit* hŏnor. Ov. Ep. e P. 4. 12. 40.

crībrum, i. *A sieve.*——Lĭquor rāri sub pondĕre *crībri.* Ov. Met. 12. 437.

crīmĕn, ĭnis. neut. 1. *An accusation.* — 2. *A crime.* —— 1. Et sōlus ferro *crīmen* commūne rĕfellam. V. Æn. 12. 16. — 2. Accĭpe nunc Dănaûm īnsĭdias, et *crĭmĭne* ab ūno Disce omnes. V. Æn. 2. 65. SYN. 2. culpa, q. v.; mălum; scĕlus, ĕris, q. v.; peccātum; error; dēlictum; făcĭnus, ŏris. *neut.*; flāgĭtium, vĭtium, noxa.

†crīmĭnor, āris. *To accuse.* —— Hunc mĕtui, nē mē *crīmĭnārĕtur* tĭbi. Ter. Eun. 5. 2. 16. SYN. accūso, as, q. v.

crīmĭnōsus, a, um. *Accusing.* —— Quem *crīmĭnōsis* cunque vŏles mŏdum Pōnes iambis. Hor. 1. 16. 2.

crīnāle, is. neut. *A hair pin.* —— Et mădĭdos myrrhâ curvum *crīnāle* căpillos (ornabat). Ov. Met. 5. 53. SYN. ăcus, ûs. *fem.*

crīnālis, e. *Of the hair.* —— Solvĭte *crīnāles* vittas, căpĭte orgia mēcum. V. Æn. 7. 403.

‡crīnĭger, ĕra, ĕrum. *With long hair.* —— *Crīnĭgĕros* bellis arcēre Caÿcos. Lucan. 1. 463. SYN. căpillātus, crīnītus, cŏmātus.

‡crīnior, īris. *To be furnished with hair or leaves.* —— Frondenti *crīnītur* cassis ŏlīvâ. Stat. Theb. 4. 217.

crīnis, is. masc. 1. *Hair.* — 2. *Any thing like hair, as the tail of a comet or shooting-star.* —— 1. Et Lȳcum nĭgris ŏcŭlis nĭgroque *Crīne* dĕcōrum. Hor. 1. 32. 12. — 2. Cœlo ceu sæpe rĕfixa Transcurrant, *crīnem*que vŏlantia sīdĕra dūcunt. V. Æn. 5. 528. SYN. 1. căpillus, q. v.; cŏma; cæsăries, ēi.

crīnītus, a, um. *Having long hair.* —— Nec mĕtues ātro *crīnītas* angue sŏrōres. Ov. Met. 10. 349. SYN. căpillātus; cŏmātus, q. v.; ‡crīnĭger. v. intonsus.

crispo, as. 1. ‡*To make to look wavy.* — 2. *To brandish.* —— 1. Mixtum cōno *crispāverat* aurum. Stat. Theb. 8. 569. — 2. Bīna mănu lato *crispans* hastīlia ferro. V. Æn. 1. 317. SYN. vĭbro, as; quătio, ĭs, quassi; concŭtio; cŏrusco, as.

‡crispus, a, um. *Wavy.* —— *Crispam*que involvĕre vīsa est Mītis flamma comam. Sil. 16. 120. v. sinuosus.

crista, æ. *A crest, prop. of a bird or of a snake, then of a helmet.* —— Martius anguis ĕrat, *cristis* præsignis et auro. Ov. Met. 3. 32. Sīmŭl aptat hăbendo Ensemque clȳpeumque, et rūbræ cornua *cristæ*. V. Æn. 12. 89. PHR. Ære căput fulgens, cristâque hirsūtus ĕquīnâ. V. Vĭdĕn' ut gĕmĭnæ stant vertĭce cristæ? V. Clȳpeum cristasque rŭbentes excĭpiam. V. Cui trĭplĭci crīnīta jŭbâ gălea alta Chĭmæram Sustĭnet. V. Cristæ Sanguĭneæ. V. Et cōnum insignis gălеæ, cristasque cŏmantes. V. Versat Terrĭbĭlem cristis găleam flammasque vŏmentem. V. Purpŭrei cristis juvenes auroque cŏrusci. V. Cristis căpĭta alta cŏrusci. V. v. galea.

cristātus, a, um. *Crested, of a bird or serpent, a warrior or a helmet.* —— Illos Lubrĭca permulcent *cristāti* colla drăcōnes. Ov. Met. 4. 598. Instāret curru *cristātus* Achilles. V. Æn. 1. 468.

§crĭtĭcus, i. *A critic.* —— Ennius et săpiens, et fortis, et alter Hŏmērus ut *crĭtĭci* dicunt. Hor. Epist. 2. 1. 50. SYN. censor, ōris; jūdex, ĭcis.

crŏceus, a, um. 1. *Of saffron.* — 2. *Saffron-coloured, yellow.* —— 1. Nonne vĭdes *crŏceos* ut Tmōlus ŏdōres, India mittat ĕbur. V. G. 1. 56. — 2. *crŏceo* mūtābit vellera lūto. V. E. 4. 43. SYN. 2. crŏcĭnus, flāvus, lūteus. v. seq.

crŏcĭnus, a, um. *Saffron-coloured.* —— Fulgēbat *crŏcĭnâ* candĭdus in tŭrĭcâ. Cat. 66. 134.

‡crŏcĭto, as. *To croak.* —— Et *crŏcĭtat* corvus. Philomela. 28. (*attributed to Ovid.*)

crŏcŏdīlus, i. acc. **um** and **ŏn.** *A crocodile.* —— Stercŏre fūcātus *crŏcŏdīli*. Hor. Epod. 12. 11. Quis nescit, Vŏlūsī Bīthȳnĭce, qualia dēmens Ægyptus portenta cŏlat? *Crŏcŏdīlŏn* ădōrat. Juv. 15. 2.

crŏcus, i. masc. 1. *Saffron, the plant.* — 2. *The yellow colour of saffron (Crocus was a youth beloved by Mercury; and, being accidentally killed by a quoit, he was changed into a crocus).* —— Et *crŏcŏn* in parvos versum cum Smīlăce flōres. Ov. Met. 4. 283. — 1. Et glaucas sălĭces casĭamque, *crŏcum*que rŭbentem (Pascuntur apes.). V. G. 4. 182. — 2. Et trăhĭtur multo splendĭda palla *crŏco*. Ov. Her. 11. 162. SYN. 2. tutum. PHR. 2. Nec fuĕrant lĭquĭdo pulpĭta rūbra croco. Ov.

Crœsus, i. *The king of Lydia, proverbial for his riches.*——Īrus et est sŭbĭto, qui mŏdŏ *Crœsus* ĕrat. Ov. Tr. 3. 7. 42.

crŏtălistria, æ. *A female player on the crotalum.*——Nīlōtes tībĭcĕn ĕrat, *crŏtălistria* Phyllis. Prop. 4. 8. 39.

crŏtălum, i. *A castanet.*——Crispum sub *crŏtălo* docta mŏvēre lătus. Virg. Copa. 2.

Crŏto or **Crotōn, ōnis.** fem. *Crotona, a city in Calabria, so called after the name of an ancient prince.*——Ipse domum magni nec īnhospĭta tecta *Crŏtōnis* Intrâsse (fertur). Ov. Met. 15. 15. Pătĕfecit ămīcas Alta *Crŏton* portas. Sil. 11. 18.

crŭciātus, ûs. masc. *Torment.*——Perque dies multos lătĕris *crŭciātĭbus* ūror. Ov. Tr. 5. 13. 5. SYN. dŏlor, oris; angor, ōris, q. v.; tormentum.

crŭcio, as. *To torment, to torture.*——*Crŭciātaque* dīris Corpŏra tormentis Stўgiæ dīmittĭte nocti. Ov. Met. 3. 695. SYN. discrŭcio, †excrŭcio; torqueo, es, torsi; ango, ĭs, *rarely if ever in perf.*

crūdēlis, e. *Cruel, of people or deeds, etc.*——Oh *crūdēlis* Ălexĭ, nihil mea carmĭna cūras? V. E. 2. 6. Nec mŏrĭtūra tenet *crūdēli* fūnĕre Dīdo. V. Æn. 4. 308. SYN. sævus, fĕrus (*no compar.*), effĕrus, crūdus, immitis, ferreus, inmansuetus; trux, trŭcis; cruentus (*of warriors*), trŭcŭlentus. PHR. Quem nec longa dies, pietas nec mītĭgat ulla. V. Dūris gĕnuit te cautĭbus horrens Caucăsus Hyrcānæque admōrunt ūbĕra tigres. V. Pectŏre tūtus ĕras; Illic tu sĭlĭces, illĭc ădămanta tŭlisti, Illic qui sĭlĭces Thēsea vincat hăbes. Ov. Dūrius et ferro cum sit tĭbĭ pectus Ăcontĭ. Ov. Dūrĭtiâ ferrum ut sŭpĕres, ădămantaque, teque. Ov. v. V. Æn. 8. 480—488.

crūdēlĭter, compar. **ius.** *Cruelly.*—2. *Miserably.*——1. Lăniātum corpŏre tōto Dēĭphobum vĭdit, et lăcĕrum *crūdēlĭter* ōra. V. Æn. 6. 495.—2. Ecquis in jŭvĕnes *crūdēlius*, inquĭt, ămāvit. Ov. Met. 3. 442. SYN. 1. sævē, ‡cruentē.—2. mĭsĕrē, mĭsĕrăbĭlĕ.

crūdesco, is. no perf. *To grow fierce.*——Sin in prōcessu cœpit *crūdescĕre* morbus. V. G. 3. 504. Quam măgis effūso *crūdescunt* sanguĭne pugnæ. V. Æn. 7. 788. v. sævio.

crūdus, a, um. 1. *Fresh, not ripe.*—2. *Cruel.*——1. Et tămĕn est ălĭquis qui vulnĕra *crūda* rĕtractet. Ov. Tr. 3. 11. 19. Ille rŭdem nōdis et cortĭce *crūdo* Intorquet, summis adnixus vīrĭbus, hastam. V. Æn. 9. 743. Jam sĕnior, sed *crūda* Deo vĭrĭdisque sĕnectus. V. Æn. 6. 304. Ĕqua . . . Nuptiārum expers et ădhuc prōtervo *Crūda* mărīto. Hor. 3. 11. 12.—2. Non tĭbi succurrit *crūdi* Diŏmēdis ĭmāgo? Ov. Her. 9. 67. SYN. 1. immātūrus. v. nŏvus.—2. crūdēlis, q. v.

‡cruentē. *Bloodily, cruelly.*——Nihĭl hæc in membra *cruentè*, Nil sŏcĕrum fēcisse piē. Lucan. 8. 315.

cruento, as. *To make bloody.*——Sed tēla tămen sua quisque *cruentant*. Ov. Met. 8. 424. Terque *cruentātas* incrĕpuēre mănus. Ov. Ibis. 228. PHR. Sanguĭne Tlēpŏlĕmus Lўciam tĕpĕfēcĕrat hastam. Ov. Sanguĭne . . . commăcŭlāre mănus. V. Vīdi . . . Priămumque per āras Sanguĭne fœdantem quos ipse săcrāvĕrat ignes. V. Aspĭciunt . . . Ensemque cruōre Spūmantem, Sparsasque mănus. V. Virgĭneumque altē bĭbit acta cruōrem (hasta). V.

cruentus, a, um. 1. *Bloody.*—2. *Cruel.*—3. *Blood red.*——1, 2. Tўdīdes multā vastābat cæde *cruentus*. V. Æn. 1. 475.—3. Et lauri baccas oleamque, *cruenta*que myrta. V. G. 1. 306. SYN. 1, 2, 3. sanguĭneus.—1. sanguĭnŏlentus.—2. crūdēlis, q. v.—3. rŭbər, bra, brum, q. v.

crŭmēna, æ. masc. *A purse.*——Et mundus victus, non dēfĭciente *crŭmēnā*. Hor. Epist 1. 4. 11. SYN. pēra, saccus, saccŭlus; sĭnus, ûs.

cruor, oris. masc. *Blood (only when shed).*——Sēmianĭmemque sĭnu germănam amplexa fŏvēbat Cum gĕmĭtu, atque ātros siccābat veste *cruōres*. V. Æn. 4. 687. SYN. tăbum; sanguis, ĭnis, *masc.* q. v.; sănies, ĕi.

crūs, crūris. neut. *The leg (below the knee).*——Pictus ăcu tŭnĭcas, et barbăra tegmĭna *crūrum*. V. Æn. 11. 777. PHR. Carpĕre mox gўrum incĭpiat grădĭbusque sŏnāre Compŏsĭtis, sĭnuetque alterna vŏlūmĭna crūrum. V. Ictus ĕrat quā crūs esse incĭpit, et quà Mollia nervōsus făcit internōdia pŏples. V.

‡crusculum, i. dim. of prec.——Pectus cĭcădæ, *crus cŭlum*que formĭcæ. Mart. 3. 93. 3.

crusta, æ. *A crust, or external covering.*——Concrescunt sŭbĭtæ currenti in flūmĭne *crustæ*. V. G. 3. 360.

‡crustātus, a, um. *Crusted over.*——Nec summis *crustāta* dŏmus sectisque nĭtēbat Marmŏrĭbus. Lucan. 10. 114. SYN. tectus. v. tego.

crustŭlum, i. *A cheese-cake, cake.*——Ut puĕris ōlim dant *crustŭla* blandi Doctōres. Hor. Sat. 1. 1. 25. SYN. plăcenta.

crustum, i. *Cake, crust.*——Et viŏlāre mănu, mălisque audācĭbus orbem Fātālis *crusti*. V. Æn. 7. 114.

crux, **crŭcis**. fem. *A cross, a gibbet.*——Carnĭfĭci dīras præbuit illa *crŭces*. Ov. Am. 1. 12. 18.

‡crypta, æ. *Any subterraneous vault.*——Et sŏlĭtus mĕdiæ *cryptam* pĕnĕtrāre Sŭburræ. Juv. 5. 106.

‡crystallĭnus, a, um. *Of crystal, in neut. pl. crystal goblets.*——Grandia tolluntur *crystallĭna*. Juv. 6. 154.

crystallus, i. fem. also **‡crystallum**. *Crystal.*——*Crystallus*que suas ornet ăquōsa mănus. Prop. 4. 3. 52. Răraque longævis nĭvĭbus *crystalla* gĕlāri. Stat. Sylv. 1. 2. 126.

cŭbans, antis. *Lying low.*——Ustīcæ *cŭbantis* Lævia persŏnuēre saxa. Hor. 1. 17. 12. v. cŭbo. SYN. rĕductus, hŭmĭlis.

cŭbĭcŭlum, i. *A bedroom.*——Linquendum ŭbi esset orto mĭhĭ sōle *cŭbĭcŭlum*. Cat. 61. 67. SYN. thălămus.

cŭbīle, is. neut. *A bed.*——Tīthōni crŏceum linquens Aurōra *cŭbīle*. V. G. 1. 447. SYN. lectus, tŏrus, strātum, thălămus.

§cŭbĭtal, ālis. *A cushion to lean on.*——Fasciŏlas, *cŭbĭtal*, fŏcālia. Hor. Sat. 2. 3. 255.

cŭbĭtus, i. *The elbow.*——Ter sese attollens, *cŭbĭto*que innixa lĕvāvit. V. Æn. 4. 690.

cŭbo, as, ui. 1. *To lie down.*—2. *To lie sick.*——1. Hic fuit, hic *cŭbuit*, thălămo dormīvĭmus illo. Ov. R. A. 727.—2. Respĭce ad ēventūs; hæc *cŭbat*, ille vălet. Ov. Her. 20. 164. SYN. rĕcŭbo, rĕcumbo, ĭs (*same perf. as* recubo); jăceo, es, q. v.—2. ægrōto, as, q. v.

‡cŭcŭbo, as. *To whoop like an owl.*——Noctua lūcĭfŭgax *cŭcŭbat* ĭn tĕnĕbris. Philomela. 42. (*attributed to Ovid.*)

‡cŭcullus, i. 1. *A hood.*—2. *A paper bag for grocers to wrap spice in.*——1. Tempŏra Santŏnĭco vēlas ădŏperta *cŭcullo*. Juv. 8. 145.—2. Vel thūris pĭpĕrisque sis *cŭcullus*. Mart. 3. 2. 5.

‡cŭcŭma, æ. *A brazen cucumber-shaped vessel.*——*Cŭcŭmam* fēcit Ōtācĭlius. Mart. 10. 79. 4.

cŭcŭmis, is. masc. *A cucumber.*——Tortusque per herbam Crescĕret in ventrem *cŭcŭmis*. V. G. 4. 122.

cŭcurbĭta, æ. *A gourd.*——Cæruleus cŭcŭmis, tŭmĭdoque *cŭcurbĭta* ventre. Prop. 4. 2. 43.

cŭcurri. perf. from curro, q. v.——Hæc mea per plăcĭdas cymba *cŭcurrit* ăquas. Ov. Tr. 3. 3. 16.

‡cŭcurrio, is. *To crow.*——*Cŭcurrīre* sōlet gallus. Philomela. 25.

†cūdo, ĭs, di. *To forge as a smith, to hammer, etc.*——*Cūdĕre* ĕnim crēbro possunt partemque mŏrāri. Lucr. 1. 1043. v. excudo.

‡cūdo, ōnis. *A leather cap.*——*Cūdōne* comantes Disjecit crīnes. Sil. 16. 59. SYN. gălērus.

§cūjus, a, um. *Whose.*——Dic mihĭ Dūmætā *cūjum* pecus? V. E. 3. 1. v. quis.

‡culcĭta, æ. *A cushion.*——Tertia nē văcuo cessāret *culcĭta* lecto. Juv. 5. 17. SYN. pulvīnar, āris, q. v.; pulvīnus.

‡cŭleus, i. *A leathern sack.*——Nec serpens ūnus, nec *cŭleus* ūnus. Juv. 8. 214. SYN. saccus, q. v.

cŭlex, ĭcis. masc. *A gnat.*——Măli *cŭlĭces* rānæque pălustres Āvertunt somnos. Hor. Sat. 1. 5. 14.

‡cŭlīna, æ. *A kitchen.*——Captum te nīdōre suæ pŭtat ille *cŭlīnæ*. Juv. 5. 162.

culmĕn, ĭnis. neut. 1. *The roof of a house, or top of any building.*—2. *A stalk.* 3. ‡*A summit of any thing* (*not before Lucan*).——1. Paupĕris et tŭgŭrī congestum cespĭte *culmen*. V. E. 1. 69.—2. Dūræ *culmĕn* ĭnāne făbæ. Ov. F. 4. 734.—3. Stantem sūblīmi Tyrrhēnum *culmĭne* proræ. Lucan, 3. 709. SYN. 1. fastīgium.—2. culmus, q. v.—3. căcūmĕn, ĭnis. *neut.* q. v.

culmus, i. masc. *The stalk or straw of corn (later, of other plants), thatch, etc.* ——Nē grăvĭdis prōcumbat *culmus* ăristis. V. G. 1. 111. Rōmŭleoque rĕcens horrēbat rēgia *culmo*. V. Æn. 8. 654. SYN. strāmĕn, ĭnis, *neut.*; culmĕn, călămus, stĭpŭla.

culpa, æ. 1. *A fault.*—2. *Blame.*—3. *A defect, a disease.* ——Huic ūni forsan pŏtui succumbĕre *culpæ*. V. Æn. 4. 19. Bacchus et ad *culpam* causas dĕdit. V. G. 2. 455. — 3. Contĭnuō *culpam* ferro compesce. V. G. 3. 468. SYN. 1, 2. crīmĕn, ĭnis, *neut.* q. v.—1. 3. vĭtium, noxa, mălum.—2. opprobrium.

culpo, as. *To blame.* ——Lemniădum făcĭnus *culpo*, non mīror Ĭāson. Ov. Her. 6. 139. SYN. accūso, as; incūso; impugno, as; rĕprehendo, *sync.* rĕprēndo, is, di; mălĕdīco, ĭs, xi. *c. dat.*; incrĕpo, as, ui; incrĕpĭto, as; imprŏbo, as; corrĭpio, is, ui, reptum; insĭmŭlo, as.

§**cultellus**, i. *A knife.* —— *Cultello* prŏprios purgantem lēnĭter ungues. Hor. Epist. 1. 7. 51. v. culter.

culter, tri. *A knife.* ——In săcris nullum *culter* hăbēbat ŏpus. Ov. F. 1. 348.

cultor, oris. masc. 1. *A cultivator.*—2. *An inhabitant.*—3. *A worshipper.* —— 1. Aspĭce et extrēmis dŏmĭtum *cultōrĭbus* orbem. V. G. 2. 114.—2. *cultōrem* paupĕris ăgri Immŏlat. Ov. F. 5. 515.—3. Parcus Deōrum *cultor*, et infrequens. SYN. 1. cŏlōnus, q. v.—2. incŏla, æ, *masc.* q. v.—3. vĕnĕrātor, ōris.

cultrix, īcis. fem. of prec. —— Alma, tĭbi hanc, nĕmŏrum *cultrix* Lātōnia virgo . . . vŏveo. V. Æn. 11. 556.

cultum. usu. in pl. *Tilled land.* ——Stringentem rīpas et pinguia *culta* sĕcantem. V. Æn. 8. 63. SYN. arvum, q. v.

cultura, æ. *Cultivation.* Nec *cultūra* plăcet longior annuâ. Hor. 3. 24. 14. SYN. cultus, ūs. *masc.* q. v.

cultus, ūs. masc. 1. *Cultivation, farming.* — 2. *Education, manner of living.* — 3. *Dress, adornment.* —— 1. Nullo tantum se Mȳsia *cultu* Jactat. V. G. 1. 102. Qui *cultus* hăbendo sĭt pĕcŏri. V. G. 1. 3. — 2. Rectique *cultus* pectŏra rōbŏrant. Hor. 4. 4. 34. Gens dūra atque aspĕra *cultu*. V. Æn. 5. 730. — 3. Pertĭmui; *cultus* non ĕrat ille tuus. Ov. Her. 5. 66. Ille mei *cultûs* ūnĭcus auctor ăbest. Ov. Her. 15. 78. SYN. 1. cultūra. — 2. Mōs, mōris, *masc.* — 3. ornātus, ūs, *masc.*

cultus, a, um. part. pass. of colo, q. v. *Also*, 1. *Cultivated, well educated, learned.* — 2. *Waited upon.* —— 1. Auxisti nŭmĕros *culte* Tĭbulle pios. Ov. Am. 3. 9. 66. — 2. Cur sit Virgĭneis quæris Dea *culta* ministris? Ov. F. 6. 283. SYN. 1. excultus.

cŭlullus, i. *A cup.* —— Et aureis Mercātor exsiccet *cŭlullis* Vīna Sȳrâ rĕpărāta merce. Hor. 1. 31. 11. SYN. pōcŭlum, *sync.* pōclum, q. v.

cum. 1. *When (not interrog.).* — 2. *Although.* — 3. *Since.* ——1. *Cùm* grăvĭter tunsis gĕmit ārea frūgibus. V. G. 3. 133. —— 2. *Cùm* grăciles essent tămen et lanuginis instar. Ov. Am. 14. 23. — 3. *Cùm* tu coēmtos undĭque nōbĭles Libros Panæti . . . Mutare . . . quæris. Hor. 1. 29. 13. SYN. 1. Quando, ŭbĭ. — 1, 2. Ut. — 2. Quamvīs, q. v.; quanquam. — 3. Quŏniam, quandŏquĭdem, q. v.

cŭm. prep. c. abl. *With, with* me, nōbis, te, vōbis, se, *and sometimes* quĭbus, *put after its case, and joined to the pronoun, e. g.* mecum. ——Tu dic *mēcum* quo pignore certes. V. E. 3. 31.

Cūmæ, ārum. *A city in Campania celebrated as the residence of the Sibyl, originally founded by settlers from Chalcis in Eubœa.* —— Et tandem Euboĭcis *Cūmārum* allābĭtur undis. V. Æn. 6. 2. EPITH. Chalcĭdĭcus.

Cūmæus, a, um, also **Cūmānus**, a, um. 1. *Of Cumæ.* — 2. *Of the Sibyl.* —— 1. Hūc ŭbĭ dēlātus *Cūmæam* accessĕrĭs urbem. V. Æn. 3. 441. Fictaque *Cūmānâ* lūbrĭcâ terra rŏtâ. Tib. 2. 3. 48. — 2. Ultĭma *Cūmæi* venit jam Carmĭnis ætas. V. E. 4. 4. SYN. 1, 2. Chalcĭdĭcus. — 2. Sĭbyllīnus. v. Sibylla.

cŭmĕra, æ. *A corn bin.* —— Cur tua plus laudas *cŭmĕris* grānāria nostris. Hor. Sat. 1. 1. 53. v. arca.

cŭmīnum, i. *Cummin seed.* ——Bĭbĕrent exsangue *cŭmīnum*. Hor. Epist. 1. 19. 18.

cŭmŭlo, as. 1. *To heap up.* — 2. *To load, to fill.* — 3. *To crown, put the finishing stroke to.* —— 1, 2. *Cŭmŭlat*que altāria dōnis. V. Æn. 11. 50. — 3. Si *cŭmŭlas* turpi facta priōra nŏtâ. Ov. Her. 9. 20. SYN. 1. accŭmŭlo; aggĕro, is, gessi, gestum; aggĕro, as; exstruo, ĭs, xi. — 2. ŏnĕro, as, q. v.; impleo, es, ēvi, q. v.

cŭmŭlus, i. masc. 1. *A heap.* — 2. *A crowning addition.* —— Insĕquĭtur *cŭmŭlo* præruptus ăquæ mons. V. Æn. 1. 109. — 2. Et addit Perfĭdiæ *cŭmŭlum* falsis perjūria verbis. Ov. 11. 205. SYN. 1. ăcervus, strues, is; agger, ĕris, *masc.*; congĕries, ei; †glŏmĕrāmen, ĭnis.

cūnābŭla, ōrum. *A cradle.* —— Intĭma mōre suo sēse in *cūnābŭla* condent. V. G. 4. 66. SYN. incūnābŭla, cūnæ, arum.

cūnæ, arum. *A cradle (sometimes metaph., infancy, as we say, from one's cradle), used even of birds' nests.* —— Furtim illum prīmis Ino matertĕra *cūnis* Ēdŭcat. Ov. Met. 3. 313. v. prec.

cunctor, āris. *To delay.* —— Non illis quisquam *cunctantĭbus* altum Īre ĭter . . . audēbit. V. G. 4. 106. Glēbas *cunctantes* crassaque terga Expectā (*of stiff ground, slow to yield to the spade, etc.*). V. G. 2. 236. SYN. mŏror, āris; rĕmŏror; dēmŏror.

cunctus, a, um. *All, the whole.* —— Sic *cunctus* belli cĕcĭdit frăgor. V. Æn. 1. 154. Et *cuncta* terrārum sŭbacta. Hor. 2. 1. 23. SYN. omnis, q. v.

cŭneātus, a, um. *Like a wedge.* —— Prōmĭnet in pontum *cŭneātus* ăcūmĭne longo Collis. Ov. Met. 13. 778.

cŭneus, i. 1. *A wedge.* — 2. *A body of soldiers, also a row of seats, etc. in the form of a wedge.* —— 1. Nam prīmi *cŭneis* scindēbant fissĭle lignum. V. G. 1. 144. — 2. Agmĕn ăgit, densi *cŭneis* se quisque coactis Agglŏmĕrant. V. Æn. 12. 457. Hunc plausus hiantem Per *cŭneos* (gĕmĭnātus ĕnim) plēbisque pătrumque Corrĭpuit. G. V. 2. 509. v. agmen, sedile. PHR. 2. Dant cŭneum densâque ad mūros mōle fĕruntur. V.

cŭnīcŭlōsus, a, um. *Full of rabbits.* —— *Cŭnīcŭlōsæ* Celtĭbĕriæ fĭlī. Cat. 35. 18.

cŭnīcŭlus, i. *A rabbit.* —— Mollior *cŭnīcŭli* căpillo. Cat. 23. 1.

§**cūpa, æ.** *A large cask.* —— Post hoc lūdus erat *cūpâ* potare magistrâ. Hor. 2. 2. 123. v. cădus.

†**cūpēdia, orum.** *Dainties.* —— Nīl mŏror *cūpēdia.* Plaut. Stich. 5. 4. 32.

cūpēdo or **cuppēdo, ĭnis.** an old form of cŭpīdo, q. v. —— Ardescit dīrâ *cuppēdīne* pectus. Lucr. 4. 1083.

cŭpĭdē. *Eagerly.* —— Phrygium nĕmus cĭtāto *cŭpĭdē* pede tĕtĭgit. Cat. 61. 2.

Cŭpīdĭneus, a, um. *Of Cupid.* —— Molle, *Cŭpīdĭneis* nec ĭnexpugnābĭle tēlis Cor mihĭ. Ov. Tr. 4. 10. 65.

Cŭpīdo, ĭnis. masc. *Cupid, Love, Son of Venus, represented by the ancient poets as winged, bearing a torch, and armed with bow and arrows.* —— Mīlĭtat omnis ămans, et hăbet sua castra *Cŭpīdo.* Ov. Am. 1. 9. 1. SYN. Ămor, ōris. PHR. Ecce puer Vĕnĕris (*being in grief*) fert ēversamque phărētram Et fractos arcūs, et sine lūce făces. Ov. Ergo hīs ālĭgĕrum dictīs affātur Ămōrem. V. Fĕrus et Cŭpido semper ardentes ăcuens săgĭttas Cōte cruentâ. Hor. Sparsēre Cŭpīdĭnis ălas. Ov. Tela Cŭpīdĭnis ōdit. Ov. Quicquid Ămor jussit non est contemnĕre tūtum Regnat, et in dŏmĭnos jūs hăbet ille Deos. Ov. Mŏvit Ămor gemmātas aureus ālas. Ov. Et tua sævus Ămor sub pĕde colla prĕmit. Ov. Culte puer, puĕrique părens Ămăthūsia culti. Ov. Succūbuit tēlis præpĕtis ipse Dei. Ov. Blanda phărētrātos Ĕlĕgēia cantet Ămōres. Ov. Tædas Hўmĕnæus Ămorque Præcŭtiunt. Ov. v. Tib. 2. 1. 67—82.

cŭpīdo, ĭnis. fem., sometimes masc. 1. *Desire, a desire, a wish.* — 2. *Eagerness.* 3. *Covetousness.* —— 1. Nec tĭbĭ regnandi vĕniat tam dira *cŭpīdo.* V. G. 1. 37. Si *vōbis* audentem extrēma *cŭpīdo* Certa sĕqui. V. Æn. 2. 349. — 2. Sensit ĕnim nĭmiâ cæde atque *cŭpīdĭne* ferri. V. Æn. 9. 354. — 3. Nec lĕves somnos tĭmor aut *cŭpīdo* Sordĭdus aufert. SYN. 1. dēsīdĕrium; ămor, ōris; vōtum; impĕtus, ūs, *masc.*; †cūpēdo, ĭnis; fămes, sĭtis. — 2. stŭdium. — 3. ăvārĭtia, q. v. v. cupio.

cŭpĭdus, a, um. *Desirous, eager.* —— Ut *cŭpĭdi* cursor fræna rĕtentet ĕqui. Ov. Ep. e P. 3. 9. 26. SYN. ăvĭdus, ardens, stŭdiōsus.

cŭpio, ĭs, īvi, ītum. (Lucr. uses it as 4th conj.) rare in pass. *To desire, to wish, oftener c. infin. than c. acc.* —— *Cŭpĕrem* ipse părens spectātor ădesset. V. Æn. 10. 443. SYN. vŏlo, vīs, vŏlui, velle (*no pass or sup.*); opto, as; exopto; pĕto, ĭs, īvi; appĕto; ardeo, es, si (*no pass.*); gestio, īs (*no pass.*); prægestio, ăveo (*no perf., no pass.*); dēsīdĕro, as; ŭtinam (*only as 1st sing. pres. c. subj.*)

q. v ; est ănĭmus, fert ănĭmus. PHR. Sin mĭnus est ănĭmus nōbis effundĕre vītam. Ov. In nŏva fert ănĭmus mūtātas dīcĕre formas Corpŏra. Ov. Ălĭquid jamdūdum invādĕre magnum Mens ăgĭtat mihĭ. V. Hăbes quod tōtâ mente pĕtîsti. V. Si tantus ămor cāsus cognoscĕre tantos. Obstŭpui mīroque incensum pectus ămōre Compellāre virum. V. Mihĭ mens jŭvĕnīli ardēbat ămōre Compellāre vĭrum. V. v. vōtum.

cŭpressĭfer, ĕra, ĕrum. *Bearing cypress trees.*—— Hæc ēnixa jŭgo *cupressĭfĕræ* Cyllēnes. Ov. F. 5. 87.

cŭpressus, i. fem. *The cypress tree* (*spoken of as a funeral tree by the Latin poets*). —— Neque hārum quas cŏlis arborum Te præter invīsam *cŭpressum* Ulla brĕvem dŏmĭnum sĕquētur. Hor. 2. 14. 23. SYN. cўpărissus, i, *fem.* PHR. Jŭbet cŭpressos fūnĕbres . . . ădūri. Hor. Fērāles ante cŭpressos Constĭtuunt. V. Stant mānĭbus aræ Cœrŭleis mœstæ vittis, ātrâque cŭpresso. V. Fūnĕris āra mihī fērāli cincta cŭpresso Convĕnit. Ov. Vallis ĕrat pĭceis, et ăcūtâ densa cŭpressu (*some make it of the 4th decl. in abl. sing.*). Ov.

cūr. 1. *Why* (*interrog.*).—2. *Why* (*indef.*).——1. *Cūr* ĕgŏ tot vĭduas exēgi frīgĭda noctes. Ov. Her. 19. 69.—2. Et semper causa est *cūr* ĕgŏ semper amem. Ov. Her. 15. 80. SYN. 1. quiănam.—1, 2. quārē. PHR. Sed quæ tanta fuit Rōmam tĭbĭ causa vĭdendi? V.

cūra, æ. 1. *Care, anxiety.*—2. *Also in good sense, care, forethought.*—3. *One who takes care.*—4. *An object of care.*—5. *Curiosity.*——1. Arcădiæ tămĕn est impensior illi *Cūra* suæ. Ov. Met. 2. 405.—2. *Cūræ* săgāces Expĕdiunt per ăcūta belli. Hor. 3. 4. 76.—3. Tertius immundæ *cūra* fĭdēlis hăræ. Ov. Her. 1. 104.—4. Jŭvĕnumque prōdis Publica *cūra.* Hor. 2. 8. 8.—5. In *cūrâ* nōmĭnis hūjus ĕram. Ov. F. 6. 12. SYN. 1. sōlĭcĭtudo, ĭnis, *fem.*; ‡anxiĕtas, ātis, *fem.*—2. v. Prudentia. PHR. Nĕque Descendit ærātâ trĭrēmi, et Post ĕquĭtem sedet ātra cūra. Hor. Non ĕnim gazæ nĕque consŭlāris Summŏvet Lictor mĭsĕros tŭmultus mentis, et cūras lăqueāta circum Tecta vŏlantes . . . Scandit ærātas vĭtiōsa nāves Cūra nec turmas ĕquĭtum rĕlinquit ōcyor cervis, et ăgente nimbos ōcyor Euro. Hor. Somnos ābrumpit cūra sălūbres. V. Vărio nēquicquam fluctuat æstu, Dīversæque vŏcant ănĭmum in contrāria cūræ. V. Nunc huc ingentes, nunc illuc pectŏre cūras mūtābat versans. V. Magno cūrārum fluctuat æstu. V. Instant sub tempus, et omnes Impendunt cūras denso distendĕre pingui Quem lēgēre dŭcem. V. Tāles jactantem pectŏre cūras . . . Allŏquĭtur. V. Magno persentit pectŏre cūras. V. Ea cūra quiētos Sollĭcĭtat. V. Tum vēro in cūras ănĭmum dīdūcĭtur omnes. V. Sed te victa sĭtu vērique effœta sĕnectus O māter cūris nēquicquam Exercet. V. Cūris vĭtiātum corpus ămāris. Ov. Sic mea perpĕtuis lĭquĕfīunt pectŏra cūris. Ov. Nōlŭmus assĭduis ănĭmum tābescĕre cūris. Ov. Sic mea perpĕtuos cūrārum pectŏra morsus . . . hăbent. Ov. Omnĭbus illa lŏcis măneat studiōsa plăcendi, Et cūram tōtâ mente dĕcōris ăgat. Ov. Cūrâ mājōre lăbōro, Anxia sunt vītæ pectora nostra tuæ. Ov. Ne sŏlĭtis insistant pectŏra cūris. Ov. Quam pro me cūram gĕris, hanc prĕcor, optĭme, pro me Dēpōnas. V.—*Of finishing carefully.* Cur ĕgŏ sollĭcĭtâ pŏliam mea carmĭna cūrâ? Ov. Quæ tĭbĭ tam tĕnui cūrâ līmantur. Ov.—*Of causing care to others.* Cūris ăcuens mortalia corda. V. Ălĭis dūras immittĕre curas. V.—*Of escaping care, releasing from care, etc.* Solvĭte corde mĕtum Teucri, sēclūdĭte cūras. V. Cūras his dēmĕre dictis. V. Meque his exsolvĭte cūris. V. Tandem ălĭquid pulsâ curārum nūbe sērēnum Vīdi. Ov. Me dŭce damnōsas hŏmĭnes compescĕre cūras Discĭte. Ov. Hic dies vērē mihi festus ātras Exĭmet curas. Hor. Spes dōnāre nŏvas largus, ămāraque Cūrārum ēluĕre effĭcax (*wine* sc.). Hor. Dissĭpat Ēvius cūras ĕdāces. Hor. Mitte cīvīles super urbe cūras. Hor. Nĕque mordāces ălĭter diffŭgiunt sollĭcĭtūdĭnes. Hor. v. curo.

§cūrātor, ōris. *A guardian.*——Nec mĕdĭci crēdis nec *cūrātōris* ĕgēre. Hor. Epist. 1. 1. 102. SYN. tūtor.

curcŭlio, onis. masc. *A weevil.*—— Pŏpŭlatque ingentem farris ăcervum *Curcŭlio.* V. G. 1. 185.

Cŭrensis, e. *Of Cures.*——A trĭbus hunc prĭmum turba *Cŭrensis* habet. Ov. F. 3. 94.

Cŭres, ium. masc. *The inhabitants of a Sabine town of the same name, and the town itself, the native place of Numa.*—— Sŭbĭtique nŏvum consurgĕre bellum Romŭlĭdis, Tătioque sĕni *Cŭrĭbus*que severis. V. Æn. 8. 637. *Cŭrĭbus* parvis et paupĕre terrâ Missus in impĕrium magnum. V. Æn. 6. 812. v. seq.

Cūres, ētis. Another form (esp. in sing.) of prec.——Quid tum Rōma fuit tŭbīcen vīcīna *Cūrētis* Cum quătĕret lento murmŭre saxa Jŏvis. Prop. 4. 4. 9.

Cūrētĕs, um. *A tribe of Crete, the Crĕtans.*——Hoc *Cūrētĕs* habent, hoc Cŏrybantĕs opus. Ov. F. 4. 210. v. Cres, also v. Corybantes.

‡Cūrētĭcus, a, um. *Cretan, Ætolian, as having been colonised by Cretans.*——Æněasque dŏmos *Cūrētĭca* tecta sŭbībat. Sil. 15. 307.

Cūrētis, ĭdŏs. fem. of prec.——Ut ēgressus rătĭbus *Cūrētĭda* terram Contĭgit. Ov. Met. 8. 153.

Cūria, æ. 1. *One of the thirty parts into which Romulus divided the Roman people.*—2. *The senate-house.*——1. Signātur certâ *Cūria* quæque nŏtâ. Ov. F. 2. 530.—2. *Cūria* paupĕrĭbus clausa est, dat census hŏnōres. Ov. Am. 3. 8. 55. v. senatus.

Cūrio, ōnis. *The priest of a Curia.*——*Cūrio* lēgĭtĭmis nunc fornăcālia verbis Maxĭmus indīcit. Ov. F. 2. 527.

cūriōsus, a, um. *Inquisitive, accurate.*——Ut ipse nôsti *cūriōsus*. Hor. Epod. 18. 77.

Cūrius, i. *A Roman general who defeated Pyrrhus.*——Hunc et incomptis *Cūrium* capillis Ūtĭlem bello tŭlit, et Cămillum Sæva paupertas. Hor. 1. 12. 41.

cūro, as. 1. *To take care of.*—2. *To care for, to regard.*——1. Mŭtuaque inter se læti convīvia *cūrant*. V. G. 1. 301.—2. Id cĭnĕrem et mānes crēdis *cūrāre* sĕpultos. V. Æn. 4. 34. Quindĕcim Dīāna prĕces vĭrōrum *cūret*. Hor. C. S. 71. SYN. 2. respĭcio, is, spexi; mŏror, āris. PHR. Mando Cūram pro nōbīs hospĭtis uxor ăgas. Ov. Teque părentum Mānĭbus et cĭnĕri, si qua est ea cūra rĕmitto. V. Ille cŏlit terras, illi mea carmĭna cūræ. V.

curricŭlum, i. *A chariot.*——Sunt quos *currĭcŭlo* pulvĕrem Ŏlympĭcum Collēgisse jŭvat. Hor. 1. 1. 3. SYN. currus, ûs. *masc.* q. v.

curro, is, cŭcurri, cursum. *To run, to go swiftly, sometimes c. acc. cogn.; also c. acc. of the ground over which.*——Audet Grāia Căphārēam *currĕre* puppis ăquam. Ov. Tr. 5. 7. 36. Gĕlĭdus Teucris per dūra *cŭcurrit* Ossa trĕmor. V. Æn. 6. 54. (Addit) Victōri chlămȳdem aurātam, quam plūrĭma circum Purpŭra Mæandro dŭplĭci Melibœa *cŭcurrit*. V. Æn. 5. 251. SYN. curso, as; cursĭto, as. PHR. Transmittunt cursu campos. V. Quīque pĕdum cursu vălet. V. Cursuque pĕdum prævertĕre ventos (assueta). Illa vĕl intactæ sĕgĕtis per summa vŏlāret Grāmĭna nec tĕnĕras cursu læsisset ăristas Vel măre per mĕdium fluctu suspensa tŭmenti Ferret ĭter, cĕlĕres nec tingĕret æquŏre plantas. V. Pernīcĭbus ignea plantis Transit ĕquum cursu. V. Ille pĕdum mĕlior mōtu. V. Quæsiĕrunt (me) răpĭdo turba proterva pĕde. Ov.

currus, ûs. masc. 1. *A chariot, any thing with wheels.*—2. *The horses of a chariot.*——1. Prīmus Ĕrichthŏnius *currūs* et quătuor ausus Jungĕre ĕquos răpĭdisque rotis insistere victor. V. G. 3. 113. Stivaque quæ *currus* à tergo torqueat īmos. V. G. 1. 174.—2. Martis ĕqui bĭjŭges, et magni *currus* Achilli. V. G. 3. 91. SYN. 1. currĭcŭlum, carpentum, essĕdum, pīlentum, jŭgum, axis, is, *masc.* (*lit. the axle tree*), rŏtæ, arum (*lit. the wheels*), ĕqui, orum (*lit. the horses*).—2. v. equus. PHR. Quădrĭjŭgos ăgĭtābo ad flūmĭna currus. V. Victor ăget currum. V. Et juncti dŏmĭnæ currum sŭbiēre leones. V. Daphnis et Armĕnias curru subjungĕre tĭgres Instĭtuit. V. Flectit ĕquos curruque vŏlans dat lōra sĕcundo. V. Sed tamen īdem ōlim curru succēdĕre sueti Quădrŭpĕdes et fræna jŭgo concordia ferre. V. Infrēnant ălii currūs. V. Fertur ĕquis aurīga neque audit currus hăbēnas. V. Sæpe jŭvat versāre lĕves in pulvĕre currus Torquentem frænīs ōra sĕquācis ĕqui. Ov.

cursĭto, as. *To run.*——Hūc et illuc *Cursĭtant* mistæ puĕris puellæ. Hor. 4. 11. 10. v. curro.

curso, as. *To run.*——*Cursārem* vestros cum tĕner ante pĕdes. Tib. 1. 10. 16. v. prec.

cursor, ōris. *One who runs or drives in a race.*——Ut cŭpĭdi *cursor* fræna rĕtentat ĕqui. Ov. Ep. e P. 3. 9. 26.

cursus, ûs. masc. 1. *A course, i.e. the way which one travels.*—2. *Running.*—3. *A race.*—4. *Hunting.*——1. Quamvis incrĕpĭtent socii et vi *cursus* in altum Vēla vŏcet. V. Æn. 3. 454. Vixi, et quem dĕdĕrat *cursum* fortūna pĕrēgi. V. Æn. 4. 653. Et mūtāta suos requiĕrunt flūmĭnă *cursus*. V. E. 8. 4.—2. Nec tĕnĕras *cursu* læsisset ăristas. V. Æn. 7. 809.—3. Hic qui forte vĕlint rāpĭdo contendĕre *cursu.* V. Æn. 5. 291.—4. Sæpe etiam *cursu* tĭmĭdos ăgĭtābis ŏnāgros. V. G. 3. 439. SYN. 1. tĕnor, ŏris.—4. vēnātus, ûs, q. v.

§**curto, as.** *To shorten, to lessen.*—Quantŭlum ĕnim summæ *curtābit* quisque diērum. Hor. Sat. 2. 3. 124. SYN. mĭnŭo, is, ui, ūtum, q. v.

curtus, a, um. *Short, scanty.*—Āra fit, huc ignem *curto* fert rustĭca testu. Ov. F. 2. 645. SYN. brĕvis, q. v.

curvāmĕn, ĭnis. neut. *A curve.*—Sectus in ŏblīquum est lāto *curvāmĭne* līmes. Ov. Met. 2. 130. SYN. curvātūra; flexus, ûs; sĭnus, ûs.

curvātūra, æ. *A curve.*—Aurea summæ *curvātūra* rŏtæ. Ov. Met. 2. 108. v. prec.

cŭrūlis, e. *The curule chair, made of, or highly ornamented with ivory, was the chair of the kings, afterwards of the consuls, prætors, curule ædiles, and censors (v. Smith's Dict. of Gr. and Rom. Antiq. p.* 846).—Signa quoque in sellâ nōssem formata *cŭrūli.* Ov. Ep. e P. 4. 9. 27. PHR. Conspĭcuum signis cum prĕmet altus Ĕbur. Ov. Illa dătos fasces commendat, ĕburque cŭrūle. Ov.

curvo, as. *To bend, to curve.*—Tum vĭtŭlus bīmâ *curvans* jam cornua fronte Quærĭtur. V. G. 4. 299. *Curvāta* in montis făciem circumstĕtit unda. V. G. 4. 361. SYN. incurvo, rĕcurvo; flecto, ĭs, xi, q. v.; sĭnuo, as.

curvus, a, um. *Crooked, winding, bent.*—Et *curvæ* rĭgĭdum falces conflantur in ensem. V. G. 1. 508. Camposque et flūmĭna lāte *Curva* tĕnent. V. G. 2. 12. Jam vĕniet tăcĭto *curva* sĕnecta pĕde. Ov. A. A. 2. 670. SYN. incurvus, rĕcurvus, pandus, sĭnuōsus, curvātus, falcātus. v. prec.

cuspis, ĭdis. fem. 1. *The point of any thing.*—2. *A spear.*—1. Ferrātasque sūdes, et ăcūtâ *cuspĭde* contos. V. Æn. 5. 208.—2. Sed non Dardănĭæ mĕdĭcāri *cuspĭdes* ictum Ēvăluit. V. Æn. 7. 756. SYN. 1. mūcro, ōnis, *masc.*; ăcūmen, ĭnis, *neut.*—2. hasta, q. v.

custōdia, æ. 1. *Guard.*—2. *The body of guards.*—Cui . . . . lāti *custōdia* crēdĭta campi. V. Æn. 7. 486.—2. Noctem *custōdia* ducit Insomnem lūdo. V. Æn. 9. 166. SYN. 1. præsĭdium, tūtēla, cūra. v. custos.

custōdio, īs. *To guard.*—Barbĭton hic păriēs hăbēbit, Lævum mărīnæ qui Vĕnĕris lătus *Custōdit.* Hor. 3. 26. 6. Mūgiit, et Căci spem *custōdīta* fĕfellit. V. Æn. 8. 218. SYN. tueor, ēris; servo, as. v. vigilo.

custos, ōdis. masc. and fem. *A guard, a keeper, a sentinel, sometimes c. gen. of that against which.*—Et *custos* fūrum atque ăvium cum falce sălignâ Hellespontĭăci servet tūtēla Priāpi. V. G. 4. 110. Arcis ut Actææ vel ĕburna vel ænea *custos.* Ov. Ep. e P. 4. 1. 31. Lātē fīnes *custode* tuēri. V. Æn. 1. 564. SYN. vĭgĭl, ĭlis; dēfensor, ōris, q. v.; cūra, æ, *fem.* q. v. (*for* custodes, custōdia, *see above*). PHR. Omnemque ădĭtum custōde cŏrōnant. V. Fīdusque ad līmĭna custos. V. In summo custos Tarpēiæ Manlius arcis Stābat pro templo, et Căpĭtōlia celsa tĕnēbat. V. Ille per excŭbias custōdum lēnĭter īre monstrābat. Ov. v. satelles

‡**cŭtĭcŭla, æ.** *Skin.*—Nostra bĭbat vernum contracta *cŭtĭcŭla* solem. Juv. 11. 203. v. seq.

cŭtis, is. fem. *The skin, prop. only on living animals.*—Vix hăbeo tenuem quæ tĕgat ossa *cŭtem.* Ov. Tr. 4. 6. 42. SYN. pellis, is, *fem.* (*prop. the skin of dead animals, but not always so used*).

Cȳăneæ, arum. *The Symplegades.*—Transeat instăbĭles strēnua *Cȳăneas.* Ov. Tr. 1. 10. 34. v. Symplēgădēs.

cyăthus, i. masc. 1. *A small liquid measure, a gill.*—2. *A cup.*—1. Ternos ter *cyăthos* Attŏnĭtus pĕtit Vātes. Hor. 3. 19. 14.—2. Puer quis ex aulâ căpillis Ad *cyăthum* stătuētur unctis? Hor. 1. 29. 8. SYN. 2. pōcŭlum, *sync.* pôclum, q. v.

Cȳbĕlē, but when the penultima is long, it should probably be written **Cȳbēbē, es.** *The daughter of Cœlus and Vesta, wife of Saturn, mother of Jupiter and the gods, represented as crowned with a tower, and seated in a car drawn by lions, or by a lion and tiger. She was chiefly worshipped in Phrygia; her priests and worshippers were called Cŏrȳbantēs, and Galli or Gallæ, and preceded her chariot with brazen cymbals.*—Hinc māter cultrix *Cȳbĕlē* Cŏrȳbantiaque æra, Idæumque nĕmus; hinc fīda sĭlentia săcris Et juncti dŏmĭnæ currum sŭbiēre leōnes. V. Æn. 3. 111. Quas alma *Cȳbēbe* Nūmĕn hăbēre măres . . . Jusserat. V. Æn. 10. 220. SYN. Ops, Ŏpis, Dindȳmēnē, Bĕrĕcynthia, *also* B. Dea, B. māter, Rhēā, Īdæa părens, Īdæa māter, (*and simply*) māter

Dea Cўbēlēia, Phrўgia māter. PHR. Quālis Bĕrĕcynthia māter Invĕhitur curru Phrўgias turrīta per urbes Læta Deûm partu. V. Ipsa Deûm fertur gĕnĕtrix Bĕrĕcynthia magnum Vōcĭbus his āffāta Jŏvem, Da nāte, etc. V. Turrĭgĕrâ frontem Cўbĕlē rĕdĕmīta cŏrōnâ. Ov. Ite per alta Dindўma ubi assuetis bĭfōrem dat tībia cautum Tympăna vos buxusque vŏcant Bĕrĕcynthia mātris Idææ. V. v. Ov. F. 4. 197. 372. ; Cat. 62.

Cўbēlēius, a, um. *Of Cybele.*——Dente prĕmunt dŏmĭto *Cўbĕlēĭa* fræna leōnes. Ov. Met. 10. 704. v. prec.

‡cўbium, i. *A slice of salt fish.*——Vel duŏ frusta rŏgat *cўbii.* Mart. 11. 28. 3.

Cўclădĕs, um. fem. *A cluster of islands in a circle round Delos.*——Interfūsa nĭtentes Vites æquŏra *Cўclădas.* Hor. 1. 14. 20. PHR. Sparsasque per æquor Cўclădăs, et crēbris lĕgĭmus frĕta consita terris. V. Cўclădăs Ægæas obstŭpuisse pŭto. Ov.

cўclăs, ădis. fem. *A woman's robe with a long train.*——Hæc nunc auratâ *cўclăde* verrit hŭmum. Prop. 4. 7. 40. v. toga, vestis.

§cўclĭcus scriptor. *A trivial writer, who knows none but old stories.*——Nec sīc incĭpias ut scriptor *Cyclicus* ōlim. Hor. A. P. 136.

Cўclōpius, a, um. *Of the Cyclops.*——Vos et *Cўclōpia* saxa Experti. V. Æn. 1. 201. v. seq.

Cўclops, ōpis. acc. **ōpă.** pl. **ōpĕs.** etc. masc. *A Cyclops; giants in Sicily, near Mount Ætna; they had each one eye; they were the workmen of Vulcan. Virgil speaks of a hundred, and names Brontes*que *Stĕrŏpes*que et nūdus membra *Pўracmon, and, Pŏlўphēmus. Ovid calls one Acmŏnĭdes.*——Ætnæos vīdit *Cўclōpăs* Ŭlysses. V. Æn. 11. 263. Vastosque ab rūpe *Cўclōpas* Prospĭcio. V. Æn. 3. 647. PHR. Lentis Cўclopes fulmĭna massis Cum prŏpĕrant. V. (G. 4. 170. q. v.) Cўclōpum exēsa cămīnis Antra Ætnæa tŏnant. V. (Æn. 8. 419. q. v.) Cernĭmus astantes nēquicquam lūmĭne torvo Ætnæos frātres, cœlo căpĭta alta fĕrentes. V. Huc fĕrus ascendit Cўclops. Ov. Antĭphătæ mĕmŏres, immansuetique Cўclōpis. Ov. Dum grăves Cўclōpum Vulcānus ardens ūrit offĭcīnas. Hor.

Cўcnēius, a, um. also **cўcnēus.** *Of Cycnus, or of a swan.*——Inde lăcūs Hўries vīdet et *cўcnēia* Tempe. Ov. Met. 7. 371. Jam mea *cўcneas* īmĭtantur tempŏra plūmas. Ov. Tr. 4. 8. 1. SYN. ŏlōrīnus. v. seq.

Cўcnus, i. or **cўgnus.** *A swan.* (*Cycnus was king of Liguria, and grieved so for the death of Phaĕthon, that he was turned into a swan.* v. V. Æn. 10. 187—193. ; Ov. Met. 2. 367—380.) *As Cycnus sang his lamentations for Phaĕthon, the idea among the ancients was that the swan sang before his own death.*——Oh mūtis quŏque piscĭbus Dōnātūra *cўcni* si lĭbeat sŏnum. Hor. 4. 3. 20. Carmĭna jam mŏriens cănit exēquiālia *cўcnus.* Ov. Met. 14. 430. SYN. ŏlor, ōris. PHR. Piscōsove amne Pădūsæ Dant sŏnĭtum rauci per stagna lŏquācia cycni. V. Candenti corpŏre cycnum. V. Ceu quondam nĭvei lĭquĭda inter nūbĭla cўcni Cum sēse ē pastu rĕfĕrunt, et longa cănōros Dant per colla mŏdos. V. Sīc ŭbĭ fāta vŏcant ūdis abjectus in herbis Ad văda Mæandri concĭnit albus ŏlor. Ov. Utque jăcens ripâ dēflēre Caystrius āles Dīcĭtur ōre suam dēfĭciente nĕcem. Ov.

Cўdnus, i. *A river in Cilicia, whose waters were remarkably clear and cold.*——Et prŏpĕ tē năto lūcĭde *Cydne* crŏco. Ov. A. A. 3. 204.

Cўdōn, ōnis. 1. *A city in Crete.*—2. *An inhabitant of the city, a Cretan.*——Parthus sive *Cўdon* tēlum immĕdĭcābĭle torsit. V. Æn. 12. 858. v. Cres.

cўdōnium, i. *A quince.*——Illis pompa fuit decussa *Cўdōnia* rāmo. Prop. 3. 13. 27.

Cўdōnius, a, um. also **Cўdōnēus.** *Cydonian, Cretan.*——Lĭbet Partho torquēre *Cўdōnia* cornu Spīcŭla. V. E. 10. 59. Illum Gnossiădesque *Cўdōnĕæ*que juvencæ optârunt . . . Ov. A. A. 1. 293. v. Creticus.

cўlindrus, i. *A cylinder, a roller.*——Ārea cum prīmis ingenti æquanda *cўlindro.* V. G. 1. 178.

Cyllărus, i. acc. **um** and **ŏn.** *The horse of Castor.*——Tālis Ămўclæi dŏmĭtus Pollūcis hăbēnis *Cyllarus.* V. G. 3. 89.

Cyllēnē, ēs. *A mountain of Arcadia, on which Maia brought forth Mercury.*——Vŏbis Mercŭrius păter est, quem candĭda Maia *Cyllēnes* gĕlĭdo conceptum vertice fūdit. V. Æn. 8. 133. PHR. Altaque Cyllēnē Parrhăsiæque nīves. Ov. Hæc ēnixa jŭgo cŭpressĭfĕræ Cyllēnes. Ov.

Cyllēnēus and **Cyllēnius, a, um.**—*Of Cyllene, epith. and synom. of Mercury* (v. prec.)——Hanc plăcet ornāri testūdĭne *Cyllēneā*. Ov. A. A. 3. 147. v. Mercurius. Materno vĕniens ab ăvo *Cyllēnia* proles. V. Æn. 4. 258. Tāli *Cyllēnius* ore lŏcūtus. V. Æn. 4. 276.

Cyllēnĭs, ĭdos. fem. adj. of prec. Ĭnermia frustrā Brăchia tendentem *Cyllēnĭde* confŏdit harpe. Ov. Met. 5. 176.

‡cȳma, ătis. *A sort of cabbage.*——Frīgŏrĭbus caules et vēre *cȳmăta* mīsit. Columella. 10. 130.

cymba, æ. *A boat.*——Et ferrūgĭneā subvectat corpŏra *cymbā*. V. Æn. 6. 303. SYN. scăpha; phăsēlus, i, *acc.* um *and* ŏn, *fem.*; linter, tris; lembus; alnus, i, *fem.* PHR. Cymbā sĕdet alter ădunca et dūcit rēmos. Ov.

cymbălum, i. *A cymbal.*——Tinnītusque cie et Mātris quăte *cymbăla* circum. V. G. 4. 64. SYN. *in pl.* æra. PHR. Cava cymbăla rĕcrĕpant. Cat. Cŏrȳbantiaque æra. V. Æra Deæ cŏmĭtes raucaque terga movent. Ov.

cymbium, i. *A cup.*——Infĕrĭmus tĕpĭdo spumantia *cymbia* lacte. V. Æn. 3. 66. SYN. pōcŭlum, *sync.* pōclum, q. v.

‡Cȳnĭcus, a, um. *One of the sect founded by Antisthenes.*——Et qui nec *Cȳnicos* nec Stōica dogmăta lēgit. Juv. 13. 121.

Cȳnŏsūra, æ. *The Cynosure, or Lesser Bear (a constellation).*——(quis senserat) Esse duos Arctos quārum *Cȳnŏsūra* pĕtātur Sīdŏniis. Ov. F. 3. 107. PHR. Magna mĭnorque fĕræ quārum regis altĕra Graias, Altĕra Sīdŏnias, ŭtrăque sicca, rates. Ov. v. seq. v. Helice.

Cȳnŏsūris, ĭdos. The same as prec. q. v.——Quem nunc suppŏsĭtum stellis *Cȳnŏsūrĭdŏs* Ursæ. Ov. Tr. 5. 3. 7.

Cynthia, æ. *A name of Diana.*——Tu curvā rĕcĭnes lȳrā Lātōnam et cĕlĕris spĭcŭla *Cynthiæ*. Hor. 3. 28. 12. v. Diana.

Cynthius, i. *A name of Apollo, and even of Phœbus as the sun.*——Trosque părens, et Trōjæ *Cynthius* auctor. V. G. 3. 36. Prōtŭlĕrit cum tōtum crastĭnus orbem *Cynthius*. Ov. F. 3. 345. v. Phœbus.

Cynthus, i. *A mountain in Delos, from which Apollo and Diana take one of their names.*——Quālis in Eurōtæ rīpis, aut per jŭga *Cynthi* Exercet Dīāna chŏros. V. Æn. 1. 498.

cȳpărissus, i. fem. *A cypress. (Cyparissus was a youth of Cea, who had a pet stag; having killed it by a random shot he begged Apollo, whose favourite he was, to enable him to mourn for it for ever, and was changed into a cypress tree.)*——Āĕriæ quercūs, aut cōnĭfĕræ *cȳpărissi*. V. Æn. 3. 680. SYN. cūpressus, i, *fem.* q. v.

Cȳprius, a, um. *Of Cyprus.*——Ne *Cȳpriæ* Tȳriæve merces addant ăvāro dīvĭtias māri. Hor. 3. 29. 60.

Cȳpros, i. acc. ŏn. and **Cȳprus, i.** fem. *The island of Cyprus, esp. sacred to Venus.*——Ō Vĕnus rēgīna Cnĭdi, Păphique, Sperne dīlectam *Cȳprŏn*. Hor. 1. 30. 2. PHR. Tellūris Cȳpriæ pars optĭma. Ov. Oh quæ beātam Dīva tĕnes Cȳprum. Hor.

Cȳrēnæus, a, um. *Of Cyrene, a city in Africa; of Callimachus who was a Cyrenæan.*——Et *Cȳrēnæas* urna mĭnistret ăquas. Prop. 4. 6. 4.

Cyrnēus, a, um. *Corsican.* Sic tua *Cyrnēas* frigĭant exāmĭne taxos. V. E. 9. 30. SYN. Corsĭcus, q. v.

Cȳtæœus, a, um. *Of Medea, magical.*——Amnes Posse *Cȳtæis* dūcĕre carmĭnĭbus. Prop. 1. 1. 24.

Cȳthēra, ōrum. *The island Cerigo, at the south-west corner of the Ægæan Sea, sacred to Venus, who says*——Est Ămăthūs, est celsa mĭhĭ Păphŏs, atque *Cȳthēra*. V. Æn. 10. 51. PHR. Alta Cȳthēra. V. Quæ Păphŏn et fluctu pulsa Cȳthēra tĕnet. Ov. Vĕnĕri sacra Cȳthēra petit. Ov.

Cȳthĕrēa, æ. *Venus.*——Parce mĕtu *Cȳthĕrēa*, mănent immōta tuōrum Fata tĭbi. V. Æn. 1. 257. Jam *Cȳthĕrēa* chŏros dūcit Vĕnus. Hor. 1. 4. 5. SYN. Cȳthĕrēis, ĭdŏs; Cȳthĕrēia. v. Venus.

Cȳthĕrēĭăs, ădŏs. fem. adj. of Venus.——Armĭgĕramque Jŏvis *Cȳthĕrēĭădas*que cŏlumbas. Ov. Met. 15. 385.

Cȳthĕrēis, ĭdŏs. *Venus.*——Puĕrum Dīvā *Cȳthĕrēĭde* natum Nāĭdes .... ēnūtrīvēre. Ov. Met. 4. 288. v. Venus.

Cȳthĕrēĭus, a, um. *Of Cythera, of Venus; in fem. also Venus herself.*—— Fert hŭmĕris vĕnĕrābĭle onus *Cȳthĕrēius* heros. Ov. Met. 13. 625. Exĭgit indĭcii mĕmŏrem *Cȳthĕrēia* pœnam. Ov. Met. 4. 190. SYN. Cȳthĕrĭăcus.
Cȳthĕrĭăcus, a, um. *Of Cythera.* —— Māter Ămŏris Nūda *Cȳthĕrĭăcis* ēdĭta fertur ăquis. Ov. Her. 7. 60. v. prec.
Cytisus, i. masc. and fem. *Trefoil.*—— Florentem *cȳtĭsum* et sălĭces carpētis ămāras. V. E. 2. 64.
Cȳtōrĭăcus, a, um. *Of Cytorus.*——Utque *Cȳtōrĭăco* rădium de monte tĕnēbat. Ov. Met. 6. 132. v. seq.
Cȳtōrius, a, um. *Of Cytorus.*——Cŏmāta sylva, nam *Cȳtōrio* in jŭgo Lŏquente sæpe sĭbĭlum edidit cŏmā. Cat. 4. 11. v. prec.
Cȳtōrus, i. masc. *A mountain in Paphlagonia, abounding in box-trees.* —— Et jŭvat undantem buxo spectāre *Cȳtōrum.* V. G. 2. 437. PHR. Cȳtōre buxĭfer. Cat.

D.

Dācius, a, um, and **Dācus**. *Dacian.* ——Dānŭbiusque fĕrox, et *Dācius* orbe rĕmōto. Ov. ad Liv. 387. Aut conjūrāto descendens *Dācus* ab Istro. V. G. 2. 497.
‡dactȳliŏthēca, æ. *A ring-box.* ——*Dactȳliŏthēcam* non habet. Mart. 11. 60. 4.
Dædălēus, a, um. *Of Dædalus.* —— Ille ceratis ope *Dædălēā* nititur pennis. Hor. 4. 2. 2. *Dædălēum* lino cum dŭce rexit ĭter. Prop. 2. 14. 8.
Dædălus, i, acc. um and ŏn. *An Athenian artificer; he made the Cretan labyrinth. When Minos refused to let him depart, he made wings for himself and his son Ĭcărus* (q. v.), *and escaped flying; he got safe to Sardinia, but the wings of Icarus, who flew too high, melted in the sun, and he fell into the sea, called from him* Icărium măre, *and was drowned.*——Jamque fătīgātum tellus Ætnæa tĕnēbat *Dædălŏn.* Ov. Met. 8. 261. Quid fuit ut tūtas ăgĭtāret *Dædălus* ālas, Ĭcărus immensas nōmĭne signet ăquas? Nempe quod hic altē dēmissius ille vŏlābat. Ov. v. V. Æn. 6. 14—33; Ov. A. A. 2. 23—96, Met. 8. 159—235.
dædălus, a, um. 1. *Skilful.* — 2. *Skilfully made, variegated, etc.* —— 1. Pătri quos *dædăla* Circe Suppŏsĭtā de mātre nŏthos furata creāvit. V. Æn. 7. 282. —2. Et mūnīre făvos et *dædala* fingĕre tecta. V. G. 4. 179. Tibi suaves *dædăla* tellus Submittit flōres. Lucr. 1. 7. SYN. 1. pĕrītus, q. v.; văfer, fra, frum, q. v.; callĭdus. — 1, 2. ingĕniosus.
Dăhæ, ārum. masc. *A people of Scythia.* —— Indŏmĭtique *Dăhæ*, et pontem indignātus Ăraxes. V. Æn. 8. 728. v. Scythæ.
Dalmăta, æ. masc. *A Dalmatian.* —— Armĕniusque fūgax et tandem *Dalmăta* supplex. Ov. ad Liv. 389.
Dalmătia, æ. *Dalmatia.* —— Quiēti Subdĭta montānæ brāchia *Dalmătiæ.* Ov. Ep. e P. 2. 2. 78.
Dalmătĭcus, a, um. *Dalmatian.* —— Cui laurus æternos hŏnōres *Dalmătĭco* pĕpĕrit triumpho. Hor. 2. 1. 16.
dāma, æ. masc. and fem. *A deer.* —— Tĭmĭdi *dāmæ* cervique fŭgāces. V. G. 3. 539. SYN. cervus, q. v.
‡dămascenum, i. *A damson.* ——Et ăcūta sĕnĭbus testa cum *Dămascēnis.* Mart. 5. 18. 3.
Damascus, i. fem. *Damascus.* —— Ventōsa *Dămascus.* Lucan. 3. 215.
‡damnātio, ōnis. fem. *Condemnation.* —— Sed quid *damnātiŏ* confert? Juv. 8. 94.
damno, as. *To condemn (sometimes even c. gen. of the punishment to which).*—— Scĕlĕris crīmĭne *damnat* ăvos. Ov. F. 5. 624. *Damnātus*que longi Sīsȳphus Æŏlĭdes lăbŏres. Hor. 2. 14. 19. PHR. Quem falsā sub prodĭtiōne Pĕlasgi Dēmīsĕre nĕci. V. v. pœna.

§**damnōsē.** *So as to injure.* —— Nos nĭsĭ *damnōsē* bĭbĭmus mŏrĭēmur ĭnulti. Hor. Sat. 2. 8. 34.

damnōsus, a, um. *Injurious.* —— *Damnōsus* pĕcŏri curris *damnōsior* ăgris. Ov. Am. 3. 6. 99. SYN. mălus, comp. pējor, pessĭmus; pernĭciōsus, injūriōsus, noxius, nŏcuus, nŏcens.

damnum, i. *Loss, injury.* —— Forsĭtăn hæc ălios me mea *damna* mŏvent. Ov. Am. 3. 6. 100. SYN. mălum, injūria, noxa, dispendium, incommŏdum, pernĭcies, ei.

Dănaē, es. *Daughter of Acrĭsius, who having dreamt that his daughter's son would kill him, imprisoned her in a brazen tower, where she was visited by Jupiter in a shower of gold, and had a son named Perseus.* —— Aureus ut *Dănaēn*, Āsōpĭda lūsĕrit ignĕus (Jupiter). Ov. Met. 6. 113. SYN. Ācrĭsiōne. PHR. Persea, quem plŭvio Dănaē concēpĕrat auro. Ov. Quam clausam implēvit fecundo Jūpĭter auro. Ov. v. Hor. 3. 16. 1—8.

Dănaēius, a, um. *Of Danae.* —— Dumque ea Cēphēnum mĕdio *Dănaēius* heros (Perseus sc.) Agmĭne commĕmŏrat. Ov. Met. 5. 1.

‡**Dănaĭdēs.** *The daughters of Danaus.* v. seq. —— Urnasque frustra *Dănaĭdes* plēnas ferunt. Seneca, H. F. 757. SYN. Bēlĭdēs, q. v.

Dănaus, i. *Son of Belus. He had fifty daughters and his brother Ægyptus fifty sons; when Ægyptus proposed marriage between the families, he, having been warned by an oracle that he would be slain by his son-in-law, fled to Greece, where he became king of Argos. Being attacked by Ægyptus he consented at last to the marriage, but enjoined his daughters to kill all their husbands on their wedding night, which they all did except Hypermnestra (q. v.), who spared Lynceus. Their punishment in hell was to fill pitchers with holes in the bottoms.* —— Māne ĕrat, et *Dănaus* gĕnĕros ex cæde jacentes Dīnumĕrat. Ov. Her. 14. 79. SYN. Bēlĭdes, æ. PHR. Ūnā sub nocte jŭgāli Cæsa mănus jŭvĕnum fœdē, thălămique cruenti. V. v. Hor. 3. 11. 22—52.

Dănaus, a, um. *Grecian; usu. in pl.* **Dănai.** *The Greeks.* —— Accipe nunc *Dănaûm* (*for* Danaorum) insĭdias, et crīmĭne ab uno Disce omnes. V. Æn. 2. 65. SYN. Āchīvi, Pĕlasgi, Grāii, Grājŭgĕnæ, arum. *masc.*; Argīvi. PHR. Quis . . . . Myrmĭdŏnum, Dŏlŏpumve aut dūri mīles Ulixi?

Dānŭbius, i. *The Danube.* —— Non qui prŏfundum *Dānŭbium* bibunt. Hor. 4. 15. 21. SYN. Ister, tri.

Dăphnē, es. *The daughter of the river Pēnēus, beloved by Apollo and changed into a bay-tree.* —— Prīmus ămor Phœbi *Dăphnē* Pēnēia. Ov. Met. 1. 452. q. v.

‡**dăphnōn, ōnis.** masc. *A grove of bay-trees.* —— Dispŏsuit *dăphnōna* suo Torquātus in ăgro. Mart. 10. 79. 5.

daps, dăpis. fem., never found in nom. sing., most usu. in pl. 1. *Food.* — 2. *A feast.* —— 1. Nunc in rĕluctantes drăcōnes Egit ămor *dăpis* atque pugnæ. Hor. 4. 4. 12. — 2. Non Sĭcŭlæ *dăpes* Dulcem ĕlăbōrābunt sŏpōrem. Hor. 3. 1. 19. SYN. 1. cĭbus, esca, ălĭmentum. — 2. ĕpŭlæ, arum, q. v.; convīvium. PHR. 2. Rĕpŏstum Cæcŭbum ad festas dăpes. Hor. Et lĭbāte dăpes. Ov. Convĕniunt cĕlĕbrantque dăpes vīcīnia simplex. Ov. Nec pĕtit adscītas luxŭriōsa dăpes. Ov. Qui dăpĭbus mensas ŏnĕrent et pŏcŭla pōnant. V. v. ĕpulæ.

Dardăn a, æ. *Troy, and the Troas.* —— *Dardăniam*que pĕtĭt auctōris nōmĕn hăbentem. Ov. Tr. 1. 9. 25. SYN. Trōja, q. v.

Dardănĭdes, æ. masc. *A descendant of Dardanus; in pl. Trojans.* —— O pătria, o Dīvûm domus Īlium et inclyta bello Mœnia *Dardănĭdûm.* V. Æn. 2. 242. SYN. (*in pl.*) Teucri, Trōjāni. v. Trojanus.

Dardănis, ĭdŏs. fem. of prec. esp. *A Trojan woman.* —— *Dardănĭdas* mātres pătriōrum signa Deōrum Dum lĭcet amplexas . . . . trăhunt victores. Ov. Met. 13. 412.

Dardănius, a, um. *Trojan.* —— Hæc dum *Dardănio* Æneæ mīranda vĭdentur. V. Æn. 1. 494. SYN. Trōjānus, q. v.; Dardănus.

Dardănus, a, um. *Trojan.* —— Fīlius quamvis Thĕtĭdos mărīnæ *Dardănas* turres quătĕret trĕmendâ Cuspĭde pugnax. Hor. 4. 6. 7. v. prec.

Dardanus, i. acc. ŭm and ŏn. *The first king of Troy.* —— *Dardănŏn* Electrā nescīret Ātlantĭde crētum. Ov. F. 4. 31.

Dārēus, i. *King of Persia.* —— Utque nĕcātorum *Dārēi* fraude sĕcundi Sic tua subsīdens dēvŏret ossa cănis. Ov. Ibis, 317.

dător, ōris. *A giver.* —— Adsit lætĭtiæ Bacchus *dător*, et bona Jūno. V. Æn. 1. 738. SYN. ‡largītor, ‡dŏnātor.
dătus, a, um. part. pass. from do, to give, so dăbam, dăre, etc. —— Unde *dătas* hăbeat vīres obscūrior ævo Fāma. Ov. F. 6. 103.
†dătus, ūs. masc. *A giving.* —— Is mille nummûm se aureûm mea *dătu* tĭbī ferre aiēbat. Plaut. Trin. 5. 2. 15. v. donum.
Daulĭăs, ădos. fem. *An esp. epith. of the nightingale, sometimes also of the swallow.* —— Concinit Ismărium *Daulĭăs* ālĕs Ityn. Ov. Her. 15. 154.
Daulis, ĭdŏs. 1. *A district in Phocis, where Philomela and Procne lived.* — 2. ‡*Daulian.* —— 2. Ănĭmum *Daulis* inspīrā părens sŏrorque. Seneca. Thyest. 275. v. prec. *and* seq.
Daulius, a, um. *Of Daulis.* —— *Daulia* Thrēĭcio Phōcēaque mīlĭte rūra Cēpĕrat ille fĕrox. Ov. Met. 5. 276.
Daunia, æ. *A part of Apulia.* —— Quale portentum neque mīlĭtaris *Daunia* in lātis ălit æscŭlētis. Hor. 1. 22. 14. PHR. Qui regna Dauni præfluit Appŭli. Hor.
Daunius, a, um. *Daunian.* —— *Dauniæ* dĕfende dĕcus Cămœnæ. Hor. 4. 6. 27.
dē. prep. c. abl. 1. *Of, out of, from, in all senses of from.* — 2. *Of, concerning.* —— 1. Jamque ădĕrit multo Priămi *dē* sanguĭne Pyrrhus. V. Æn. 2. 662. *Dē* dūro est ultĭma ferro. Ov. Met. 1. 127. — 2. Turni *de* vītā et sanguĭne certant. V. Æn. 12. 775. Ille mihī *dē* te multa rŏgātus abit. Ov. Her. 1. 60. SYN. 1. e, ex ; a, ab.—2. sŭper, *c. abl.*
Dea, æ. dat. and abl. pl. **deābus.** *A goddess.* —— Et per tædĭfĕræ mystĭca săcra *Deæ.* Ov. Her. 2. 42. SYN. Dīva. v. Deus.
dēbacchor, āris. *To rage.* —— Quâ parte *dēbacchentur* ignes. Hor. 3. 3. 55. SYN. Bacchor ; sævio, īs ; fŭro, ĭs, *no perf. no pass.*
dēbellātor, ōris. masc. *A conqueror.* —— Lausus ĕquûm dŏmĭtor, *dēbellātor*que fĕrārum. V. Æn. 7. 651. SYN. victor, dŏmĭtor, sŭpĕrātor.
dēbello, as. *To subdue.* —— Parcĕre subjectis, et *dēbellare* sŭperbos. V. Æn. 6. 853. SYN. dŏmo, as, ui ; vinco, ĭs, vīci, q. v. ; dēvinco ; sŭpĕro, as ; păco, as.
debeo, es. 1. *To owe.* — 2. *I ought. When the second verb is in the perf. infin., debeo is usu. in pluperf., but not always.* —— 1. Omnia *dēbēmur* vobis, paulumque mŏrāti Sērius aut cĭtius sēdem properāmus ad ūnam. Ov. Met. 10. 32. 2. *Dēbuĕrant* fūsos ēvŏluisse Suos. Ov. Her. 12. 4. *Dēbuit* hoc mĕrĭti summa fuisse mei. Ov. Her. 2. 56. SYN. 2. oportet, *impers.* ; dĕcet, *impers.* q. v.
dēbĭlis, e. *Weak.* —— Āmissis rēmis, atque ordĭne *dēbĭlis* ūno. V. Æn. 5. 271. SYN. infirmus, invălĭdus, impŏtens, fluĭdus.
‡dēbĭlĭtas, ātis. fem. *Weakness.* —— Scīlĭcet et morbis et *dēbĭlĭtāte* cărēbis. Juv. 14. 15. SYN. impŏtentia. PHR. Sed ĕnim gĕlĭdus tardante sĕnectâ Sanguis hĕbet, frīgentque effœtæ in corpŏre vīres. V. Jam vĭgor, et lasso languent in corpŏre vīres. Ov.
dēbĭlĭto, as. *To weaken.* —— *Dēbĭlĭtat* vīres ănĭmi, mūtatque vĭgōrem. V. Æn. 9. 611. SYN. ēnervo, as ; frango, ĭs, frēgi. v. minuo.
dēbĭtor, ōris. *A debtor.* —— Perpĕtuusque ănĭmæ *dēbĭtor* hūjus ĕro. Ov. Tr. 1. 5. 10.
dēbĭtus, a, um. part. pass. of debeo, q. v. 1. *Owed.* — 2. *Due.* —— 1, 2. *Dēbitæ* Nymphīs ŏpĭfex cŏrōnæ. Hor. 3. 27. 30. SYN. 1. ōblĭgātus. — 2. justus, mĕrĭtus. PHR. Præmia magna quĭdem, sed non indēbĭta posco. Ov.
†§deblătĕro, as. *To bawl out.* —— *Dēblătĕrat* plēnus bŏnŭ's rustĭcŭ's concĭnit ūna. Lucilius. SYN. §blătĕro ; clāmo, as, q. v.
dēcanto, as. *To sing, to keep on singing.* —— Neu mĭsĕrābĭles *Dēcantes* ēlĕgos. Hor. 1. 33. 3. SYN. canto, q. v.
dēcēdo, is, cessi. *To depart, sometimes c. dat. of that from which (in the way of yielding).* —— Te vĕniente diē, te *dēcēdente* cănēbat. V. G. 4. 466. Cum . . . Vīcīna invītet *dēcēdĕre* rīpa călōri. V. G. 4. 23. SYN. cēdo, discēdo, rĕcēdo, excēdo ; ăbeo, īs, īvi, ĭtum, q. v.
dĕcem. *Ten.* —— Circa lustra *dĕcem* flectere mollĭbus jam Dūrum impĕriis. Hor. 4. 1. 6. SYN. dēni, æ, a.
Dĕcember, bris. 1. *December.* — 2. *(used also as adj.) Of December.* —— 1. Gĕlĭdi crēmĕrem cum mense *Dĕcembris.* Ov. Tr. 1. 10. 3.—2. Cum tĭbī Nonæ

rĕdeunt *Dĕcembres.* Hor. 3. 18. 10. PHR. Talia fūmōsi luduntur mense Dĕcembris. Ov.

dĕcempeda, æ. *A measure of ten feet.*——Nulla *dĕcempĕdis* Mētāta prīvātis ŏpăcam Portĭcus excĭpiēbat Arcton. Hor. 2. 14. 14.

Dĕcemvĭri, ōrum. in tmesi. *Decemvirs, magistrates at Rome.*——Lisque *dĕcem* dĕcies inspĭcienda *viris.* Ov. Tr. 2. 194.

‡**dĕcennis, e.** *Lasting ten years.*——Nec crus compĕde lūbrĭcum *dĕcenni.* Mart. 9. 58. 3. SYN. bĭlustris.

dĕcens, entis. prop. pres. part. from deceo, used even in compar. 1. *Becoming.*—2. *Beautiful.*——1. Quò fūgit Vĕnus, heu quōve cŏlor *dĕcens.* Hor. 1. 13. 17.—1, 2. Quâ Vĕnus et Jūno sumptisque *dĕcentior* armis Vĕnit ad arbĭtrium nūda Minerva tuum. Ov. Her. 5. 35.—2. Namque et nōbĭlis et *dĕcens* Et prō sŏlĭcĭtis non tăcĭtus reis. Hor. 4. 1. 13. SYN. 1. aptus, q. v.; convĕniens.—1, 2. dĕcōrus.—2. pulcher, chra, chrum, q. v.

dĕcenter. *Becomingly.*——Mille hăbet ornātus, mille *dĕcenter* hăbet. Tib. 4. 2. 14. SYN. aptē.

‡**dĕceptor, ōris.** masc. *A deceiver.*——Prōdĭtus occĭdit *Dĕceptor* dŏmĭni Myrtĭlus. Seneca. Thyest. 139.

dĕcēpi, dĕceptus, a, um. perf. and pass. part., from dĕcipio, q. v.——Conjŭgis indigno Nīsæ *dĕceptus* ămōre. V. E. 8. 18.

dĕcerno, is, crēvi. 1. *To decree.*—2. *To resolve.*—3. *To fight.*——1. Nunc pro Cæsărĭbus, Sŭpĕris *dĕcernĕre* grātes. Ov. Ep. e P. 4. 9. 49.—2. Concēpit Fŭrias ēvicta dŏlore *Dĕcrēvit*que mŏri. V. Æn. 4. 475.—3. Cornĭbus inter se sŭbĭgit *dĕcernĕre* ămantes. V. G. 3. 218. SYN. 1, 2. stătuo, is, ui, ūtum; constĭtuo.—3. cerno; pugno, as, q. v. PHR. 2. Certum est in sylvis inter spēlæa fĕrārum Malle păti. V.—3. Inter se coiisse vĭros et cernĕre ferro. V.

dĕcerpo, is, psi. *To gather.*——Et măgis adducto pōmum *dĕcerpĕre* rāmo. Ov. Ep. e P. 3. 5. 19. SYN. carpo, q. v.; lĕgo, is, lēgi; dēlĭgo. PHR. Non altâ fronde vĭrentem Īlĭce dētraxit virgam. Ov. Corrĭpit Æneas extemplo ăvĭdusque rĕfringit Cunctantem (aureum ramum sc.). V.

dĕcerto, as. *To contend, to fight.*——Păce tamen sisti bellum, nĕc in ultĭma ferro *Dĕcertāre* plăcet. Ov. Met. 14. 803. Cum măre trux ăries cornu *dĕcertat.* Ov. F. 4. 101. SYN. certo; pugno, as, q. v.

dĕcet. impers. *It becomes, is becoming, is fit. Often used also with nom., but never except in 3rd sing. or infin. or pres. part.*——Nunc *dĕcet* aut vĭridi nĭtĭdum căput impĕdīre myrto. Hor. 1. 4. 9. Capit illĕ cŏrōnam Quæ possit crīnes Phœbe *dĕcēre* tuos. Ov. F. 2. 106. SYN. (*only as impers.*) Expĕdit, īre; convĕnit, īre.

dēcīdo, is, cīdi, cīsum. *To cut down, cut off.*——Ingentem quercum *dĕcīsis* undĭque rāmis Constĭtuit tŭmŭlo. V. Æn. 11. 5. SYN. cædo, ĭs, cĕcīdi; dēsĕco, as, ui, ctum; dētrunco, as; dēmĕto, is, messui, messum.

dĕcĭdo, is, cĭdi, cīsum. *To fall.*——Celsæ grăviōre căsu *Dĕcĭdunt* turres. Hor. 2. 10. 11. SYN. cădo, procĭdo, concĭdo; ruo, is, rui, ruĭtum; corrŭo; effluo, ĭs, xi. v. cado.

dĕcies. *Ten times.*——Quæ mea non *dĕcies* somnia versăt ănus. Prop. 2. 4. 16.

dĕcĭmus, a, um. *The tenth.*——Septĭma post *dĕcĭmam* fēlix et pōnĕre vītem. V. G. 1. 284. PHR. Postĕrior nōno est, undĕcĭmoque prior. Ov. Proxĭma post nōnam cum sēse Aurōra mŏvĕret. Ov.

dēcĭpio, ĭs, cēpi. *To deceive, beguile.*——*Dēceptæ* a multis crīmĕn ămantis hăbent. Ov. A. A. 3. 454. Quin et Prŏmētheus et Pĕlŏpis părens Dulci lăbōrum *dēcĭpĭtur* sŏno. Hor. 2. 13. 38. Sic tămĕn absūmo *dēcĭpio*que diem. Ov. Tr. 4. 10. 114. SYN. fallo, ĭs, fĕfelli, q. v.; lūdo, ĭs, si; dēlūdo.

Dĕcius, i. *A family of illustrious Roman generals, of whom three generations successively (grandfather, father, and son) devoted themselves for their country.*——Quin *Dĕcios* Drūsosque sĭmul sævumque sĕcūri Aspice Torquātum. V. Æn. 6. 825.

‡**dēclāmātio, onis.** fem.——*Declamation, a theme for declamation.*——Ut pŭĕris plăceas et *dēclāmātiŏ* fīas. Juv. 10. 167.

‡**dēclāmātor, oris.** masc.——*Dēclāmātōris* mŭlīno corde Vagellī. Juv. 16. 23. SYN. ōrātor, q. v.

dēclāmo, as. *To declaim; sometimes c. dat. of pers. against whom.*——Quis nĭsi mentis ĭnops tĕnĕræ *dēclāmet* ămīcæ. Ov. A. A. 1. 465.

dēclāro, as. *To declare.*——Victōrem magnâ præcōnis vōce Cloanthum *Dēclārat.* V. Æn. 5. 246. SYN. prōclāmo, as; nuntio, as; dēnuntio; ostendo, is; †dēdĭco, as.

‡**dēclīnis, e.** *Turning aside.*——*Dēclīnis* Tītan Oppŏsĭtâ jŭgā nūbe rĕfert. Stat. Theb. 5. 296.

dēclīno, as. 1. (*trans.*) *To lay down.*—2. *To turn aside.*—3. (*intrans.*) *To turn aside.*——1. Nec dulci *dēclīnat* lūmĭna somno. V. Æn. 4. 185.—2. Neu te dextĕrior (rota) tortum *dēclīnat* in Anguem. Ov. Met. 2. 138.—3. Cȳrus in aspĕram *Dēclīnat* Phŏloēn. Hor. 1. 33. 6. SYN. 1, 2. deflecto, is, xi; dētorqueo, es, torsi; dīverto, is, ti.—2. āverto.—3. āvertor, ĕris; dīgrĕdior, ĕris, gressus sum.

dēclīvis, e. *Downhill, descending.*——Flūmĭnaque ōblīquis cinxit *dēclīvia* rīpis. Ov. Met. 1. 39. SYN. dēclīvus, prōnus; præceps, ĭpĭtis.

dēclīvus, a, um. A rarer form of prec. q. v.——Et mŏdŏ summa pĕtunt, mŏdŏ per *dēclīva* viasque Præcĭpĭtes spătio terræ prŏpiōre fĕruntur. Ov. Met. 2. 206.

dēcoctor, ōris. masc. *A spendthrift.*——*Dēcoctōris* ămīca Formiāni. Cat. 41. 4. SYN. nĕpōs, ōtis.

dēcoctus, a, um. part. pass. from decoquo, q. v. In fem. **dēcocta** (*esp.*) *Water boiled and then iced.*——Frīgĭdior Gĕtĭcis pĕtĭtur *decocta* pruīnis. Juv. 5. 50.

dēcŏlor, ōris. adj. no neut. 1. *Discoloured.*—2. *Degenerate, shameful.*——1. *Dēcŏlor* ipse suo sanguĭne Rhenus ĕrit. Ov. Tr. 4. 2. 42. Ustus et Eōō *dēcŏlor* Indus Equo. Prop. 4. 3. 10.—2. Dētĕrior dōnec paulātim et *decŏlor* ætas. . . . successit. V. Æn. 8. 326. Fāma Pĕlasgiădas sŭbĭto pervēnit ad urbes *Dēcŏlor* et factīs inficianda tuis. Ov. Her. 9. 3. SYN. 1. discŏlor.—2. turpis, q. v.; măcŭlōsus.

dēcŏlōro, as. *To discolour.*——Quod măre Dauniæ Non *dēcŏlōrāvēre* cædes? Hor. 2. 1. 34. SYN. inquĭno, as; polluo, is, q. v.; contāmĭno, as.

dēcŏquo, is, xi. *To boil, to extract by boiling.*——Aut dulcis musti Vulcāno *dēcŏquit* hūmorem. V. G. 1. 295. SYN. cŏquo, excŏquo.

dĕcor, ōris. masc. 1. *Grace, becomingness.*—2. *Beauty.*——1. Ipse *dĕcor* rectē facti si præmia dēsint, Non mŏvet. Ov. Ep. e P. 2. 3. 13.—2. Fŭgit rĕtro lēvis jŭventas, et *dĕcor.* Hor. 2. 11. 6. SYN. 1, 2. dĕcus, ŏris, *neut.*—2. grātia, forma; spĕcies, ēi. v. dĕcōrus.

‡**dĕcŏrāmĕn, ĭnis.** *An ornament.*——Vittaque mājōrum *dĕcŏrāmen* fronte sūæ ullo Delapsa attactu. Sil. 16. 268. SYN. dĕcus, ŏris. *neut.*; ornātus, ûs. *masc.* q. v.

dĕcŏro, as. *To adorn.*——Absenti fĕrat infĕrias *dĕcŏret*que sĕpulchro. V. Æn. 9. 215. SYN. orno, as; exorno.

dĕcōrus, a, um. 1. *Becoming, seemly.*—2. *Beautiful.*—3. *Adorned.*——1. Dulce et *dĕcōrum* est pro pātriâ mŏri. Hor. 3. 2. 13.—2. Et Lȳcum nīgris ŏcŭlis, nĭgroque Crīne *dĕcōrum* (canebat). Hor. 1. 32. 12.—3. auro Ductōres longē fulgent ostroque *dĕcōri.* V. Æn. 5. 133. SYN. 1, 2. dĕcens, hŏnestus.—2. pulcher, chra, chrum, q. v.; formosus, ēgrĕgius.—2, 3. insignis.—3. ornātus, v. orno; splendĭdus, fulgens.

†**dēcrĕpĭtus, a, um.** *Decrepid.*——Ānum *dēcrĕpĭtam* dūcam. Ter. Ad. 5. 8. 16. v. vetulus, senex.

dēcresco, is, crēvi. *To decrease.*——Crescunt lŏca *dēcrescentĭbus* undis. Ov. Met. 1. 345. SYN. tĕnuor, āris; attĕnuor; mĭnuor, ĕris, ūtus; dīmĭnuor, †immĭnuor.

dēcrētum, i. *A decree, a determination.*——Nec mea *dēcrēto* damnâsti facta sĕnātûs. Ov. Tr. 2. 131. SYN. consultum, ‡ scītum.

dēcrēvi. perf. from decresco, see above; also with pass. part. **dēcrētus,** from dēcerno. *To determine, to decree,* q. v.——*Dēcrēvit*que mŏri. V. Æn. 4. 475. *Dēcrēta* mĕrenti Vēnit hŏnōrātis laurea digna cŏmis. Ov. Ep. e P. 2. 2. 91.

‡**dēculco, as.** *To trample down.*——Asprosque mŏlāres *Dēculcāre* gĕnis. Stat. Theb. 1. 662. SYN. calco, q. v.

dēcumbo, is, cŭbui. *To lie down.*——Te sŭmus ōblīti *dēcŭbuisse* sĕnem. Albinov. 2. 136. SYN. cŭbo, as, ui; rĕcumbo; jăceo, es, q. v.

†**dĕcŭria, æ.** *A class or company of ten persons.*——Exīgam hercle ĕgŏ te ex hâc *dĕcŭriâ.* Plaut. Pers. 1. 3. 65.

dēcurro, is, ri. 1. *To run down.*—2. *To run, to go swiftly.*—3. *To have recourse to.*—4. *To run through, get to the end of.*——1. Lāŏcoon ardens summâ *dēcurrit* ab arce. V. Æn. 2. 41. Monte *dēcurrens* vĕlut amnis. Hor. 4. 2. 5. — 2. Pars pĕde, pars ĕtiam cĕlĕri *dēcurrĕre* cymbâ. Ov. F. 6. 777. — 3. Non est meum si mūgiat Āfrĭcis Mālus prŏcellis ad mĭsĕras prĕces *Dēcurrĕre*. Hor. 3. 29. 59. — 4. Tuque ădĕs inceptumque ūnā *dēcurre* lăbōrem. V. G. 2. 39. —— *Dēcursa* nŏvissĭma mēta est. Ov. Met. 10. 597. SYN. 2, 3. curro, ĭs, cŭcurri. — 3. perfĭcio, ĭs, fēci ; exĭgo, ĭs, ēgi, q. v.

decursus, **ûs**. masc. *A running down.* —— *Dēcursu* răpĭdo dē montĭbus altĭs Dant sŏnĭtum spūmōsi amnes. V. Æn. 12. 523.

dĕcus, **ŏris**. neut. *Whatever is becoming; therefore*, 1. *ornament.* — 2. *Credit, honour.* — 3. *Beauty.* —— 1. Immānesque cŏlumnas Rūpĭbus excīdunt scēnis *dĕcŏra* alta fŭtūris. V. Æn. 1. 429. — 2. Oblītus *dĕcŏris*que sui sŏciūmque sălūtis. V. Æn. 5. 174. — 3. Tantum ēgrĕgio *dĕcus* ēnĭtet ōre. V. Æn. 4. 150. SYN. 1. ornātus, ūs, q. v. ; ‡dĕcŏrāmĕn, ĭnis. *neut.* — 2. hŏnor, ōris, *masc.* ; laus, laudis, *fem.* — 3. forma, q. v. ; dĕcor, ōris.

‡dĕcussis, **is**. masc. *A piece of money worth ten asses.* —— Mihī constĭtit *dĕcussi* (libellus, sc.). Stat. Sylv. 4. 9. 9.

dēcŭtio, **ĭs**, **cussi**. *To shake down, shake off from.* —— Frīgĭdus et sylvīs Ăquĭlo *dēcussit* hŏnōrem. V. G. 2. 404. SYN. excŭtio.

dēdĕceo, **es**. no sup. *To misbecome, to disgrace* (*never used except in 3rd sing. or pl. or infin. before Statius, often as impers.*). —— *Dēdĕcet* ingĕnuos tædia ferre sui. Ov. A. A. 2. 530. Nec dŏmĭnam mōtæ *dēdĕcuēre* comæ. Ov. Am. 1. 7. 12. Si non *dēdĕcui* tua jussa tŭlique prementem. Stat. Theb. 10. 340.

‡dēdĕcor, **ŏris**. adj. *Inglorious, disgraceful.* —— *Dēdĕcŏrem* amplexi vītam rĕdĭtusque pŭdendos. Stat. Theb. 11. 760. SYN. turpis, q. v. ; †dēdĕcōrus.

dēdĕcŏro, **as**. *To disgrace.* —— *Dēdĕcŏrant* bĕnĕ nāta culpæ. Hor. 4. 4. 36. SYN. ĭnhŏnesto ; măcŭlo, as ; fœdo, as ; turpo, as. PHR. Si măcŭlas turpī facta priōra nŏtā.

†dēdĕcōrus, **a**, **um**. *Disgraceful.* —— Tămetsi est *dēdĕcōrum* patiar. Plaut. Bacc. 5. 2. 73.

dēdĕcus, **ŏris**. neut. *Disgrace.* —— Da păter hoc nostrīs ăbŏlēri *dēdĕcus* armis. V. Æn. 11. 789. SYN. infāmia, prŏbrum, oppröbrium, ignōmĭnia. PHR. *Your actions bring no disgrace.* Nil tua Cȳdippē facta rŭbōris hăbent. Ov.

dĕdi, **dĕdĕrim**, etc., perf. from do, das, q. v. —— Rēmĭgiumque *dĕdi*. Ov. Her. 2. 47.

dēdĭco, **as**. 1. †*To declare.* — 2. *To dedicate, consecrate.* —— 1. Hæc quŏque res etiam naturam *dēdĭcat* hūjus. Lucr. 3. 209. — 2. *Dēdĭcat* hæc vĕtĕris Clausōrum nŏmĭnis hæres. Ov. F. 5. 156. SYN. 1. ostendo, ĭs, q. v. — 2. dĭco ; săcro, as ; consĕcro.

dēdignor, **āris**. *To think unworthy, to disdain.* —— Nec dăre, sed prĕtium posci *dēdignor* et ōdi. Ov. Am. 1. 10. 63. Is me nec cŏmĭtem, nec *dēdignātus* ămīcum est. Ov. Ep. e P. 1. 7. 33. SYN. indignor ; grăvor, aris ; sperno, ĭs, sprēvi, q. v.

dēdisco, **ĭs**, **dēdĭdĭci**. *To unlearn.* —— Ipse mihī vĭdeor jam *dēdĭdĭcisse* Lătīne. Ov. Tr. 5. 12. 57. Intrat ămor mentes ūsu, *dēdiscĭtur* usu. Ov. R. A. 503.

dēdo, **ĭs**, **dēdĭdi**. *To give up.* —— Audentem tālia *dēde* nĕci. Ov. F. 4. 840. Noxæ tĭbī *dēdĭtus* hostis Spargĭtur affūso cornua Bacche mĕro. Ov. F. 1. 359. SYN. do, das, dĕdi, dăre, etc. ; trādo, ĭs, dĭdi.

dedŏceo, **es**. *To unteach.* —— Pŏpŭlumque falsis *Dēdŏcet* uti Vōcĭbus. Hor. 2. 2. 20.

dēdŏleo, **es**. *To cease grieving.* —— Pŏtui *dēdŏluisse* sĕmel. Ov. F. 3. 480.

dēdūco, **ĭs**, **xi**. 1. *To draw down.* — 2. *To unfurl (sails).* — 3. *To launch (ships).* — 4. *To draw out, as one who spins.* —— 1. Cantando rĭgĭdos *dēdūcĕre* Montĭbus ornos. V. E. 6. 71. Ad tua *dēduxi* tempŏra, Cæsar, ŏpus. Ov. Tr. 2. 560. — 2. Vēlaque *dēdūcunt*, gĕmĭnâque ope currĕre tentant. Ov. Met. 3. 664. — 3. *Dēdūcunt* socii nāves et littŏra complent. V. Æn. 3. 69. — 4. E quĭbus una lēvi *dēdūcens* pollĭce fīlum. Ov. Met. 4. 36. SYN. 1. 4. dūco. — 1. dētraho, ĭs, xi ; dēfĕro, fers.

dēero, **deēsse**, **deēst**, etc., from dēsum, q. v. —— Nec tĭbī *deĕrunt* Arbŭtei fœtūs. Ov. Met. 13. 819.

deerro, **as**. *To wander out of the way.* —— Vir grĕgis ipse căper *deerrāvĕrat*. V. E. 7. 7. SYN. erro, q. v.

†**dēfătīgo, as.** *To fatigue.*——Dēceptus sum at non *dēfătīgātus,* scĭo. Ter. And. 4. 1. 45. SYN. fătigo, q. v.

dēfectus, ûs. masc. *A failure, an eclipse.*——*Dēfectus* sōlis vărios lūnæque lăbōres. V. G. 2. 378.

defectus, a, um. part. pass. from dēfĭcio, but used as adj. 1 *Deficient in, deprived of.*—2. *Fainting, weak, c. abl.*——1. His ĕgŏ *dēfectus,* dŭbiisque auctōrĭbus ūsus. Ov. Ep. e P. 3. 4. 37. Sanguĭne *dēfectos* cĕcĭdit collapsus ĭn artus. Ov. Met. 5. 96.—2. Quod sĭbĭ *dēfectis* illa tŭlisset ŏpem. Ov. F. 3. 674. Quæ vīres *dēfecto* reddat ămōri. Ov. Met. 9. 154. SYN. 1. ĭnops, ĭnŏpis; orbus, prīvātus, expers.—2. fractus, dēbĭlis, q. v.

dēfendo, ĭs, di. 1. *To keep off, ward off.*—2. *To defend.*——1. Igneam *Dēfendit* æstātem căpellis Usque meis. Hor. 1. 17. 3.—2. Si Pergăma dextrâ *Dēfendi* possent ĕtiam hâc dēfensa fuissent. V. Æn. 2. 292. SYN. 1. arceo, es; ‡prōtĕgo, is, xi.—2. dēfenso, as; tueor, ēris; tūtor, āris; prōtĕgo, ĭs, xi; mūnio, īs; sospĭto, as; præsum, ĕs, fui (*the two last esp. as a deity defends*). PHR. Nunc te mea dextĕra bello Dēfensum dăbit. V.

dēfenso, as. *To defend.*——Pars quŏque de nōbis fūnesto saucia morsu Dum *dēfensāmus* leto est dăta. Ov. Met. 11. 374. v. prec.

dēfensor, ōris. masc. *A defender.*——Non tāli auxĭlio nec *dēfensōrĭbus* istis Tempus ĕget. V. Æn. 2. 521. SYN. tūtor. v. tutela.

dēfĕro, fers, tŭli, ferre, lātum. 1. *To bring down.*—2. *To bring news.*—3. (*in pass.*) *To go to.*——1. Dōnec ab Īliăcâ plăcĭdus purgāmĭna Vestâ *Dētŭlĕrit* flāvīs in măre Tȳbris ăquis. Ov. F. 6. 228.—2. Eădem impia fāma fŭrenti *Dētŭlit* armāri classem. V. Æn. 4. 299.—3. Ălexandri clāram *dēlātus* ĭn urbem. Ov. Tr. 1. 2. 79. Quod tĭbĭ *dēlāto* Ortȳgiam dictūrus Ăpollo est. V. Æn. 3. 154. SYN. 1. dēdūco, ĭs, xi; dēporto, as.—1, 2. fĕro.—3. eo, īs, q. v.

‡**dēferveo, es, bui.** infin. ēre and ĕre. *To be warm* (*lit. and metaph.*).——Tum me sanguĭneo lātē *dēfervĕre* campo . . . vĭdēbis. Stat. Theb. 3. 314. SYN. ferveo, q. v.

dēfessus, a, um. *Weary.*——*Dēfessi* Ænĕădæ, quæ proxĭma, littŏra cursu Contendunt pĕtĕre. V. Æn. 1. 157. SYN. fessus, q. v.

dēfĭcio, is, fēci. 1. *To fail, to be wanting* (*3d sing., sometimes impers.*).—2. *To be faint.*—3. *To desert.*—4. (*in pass.*) *To have fail one, to be deserted by.*—5. *In pass. form* dēfio, *the same as* 1.——1. *Dēfĭcit* ingĕnium, mājōraque vīrĭbus urgent. Ov. F. 2. 123. Nec me *dēfĭciet* nautas rŏgĭtāre cĭtātos. Prop. 1. 8. 23.—2. Utque jăcens rīpâ dēflēre Caystrius āles Dīcĭtur ōre suam *dēfĭciente* nĕcem. Ov. Tr. 5. 1. 12.—3. (Sol) expers Ipse sui dĕcŏris, quālis cum *dēfĭcit* orbem Esse sŏlet. Ov. Met. 2. 382. Dŭbiis ne *dēfĭce* rēbus Alma părens. V. Æn. 6. 196.—4. *Dēfĭcior* prūdens artis ab arte meâ. Ov. Her. 5. 150.—5. Lac mĭhĭ non æstāte nŏvum, non frīgŏre *dēfit.* V. E. 2. 22. SYN. 1. 5. dēsum, q. v.—2. langueo, es, q. v.; linquor, ĕris.—3. dēsĕro, ĭs, ui, rtum, q. v.

dēfīgo, ĭs, xi. 1. *To fix.*—2. *To enchant.*——1. Millia crābrōnum coeunt, et vertĭce nūdo spīcŭla *dēfīgunt.* Ov. F. 3. 753.—2. *Dēfixa* cœlo dēvŏcāre sīdĕra. Hor. Epod. 17. 5. SYN. 1. fīgo, intīgo.—2. canto, as, q. v.

†**dēfindo, ĭs, fĭdi, fissum.** *To cleave.*——Mālos *dēfindunt,* fiunt tăbŭlāta fālæque. Ennius. SYN. findo, q. v.

†‡**dēflăgro, as.** 1. (*intrans. c. pass. part.*) *To burn.*—2. *To burn out, subside.*——1. Fāna flammâ *dēflăgrāta.* Ennius.—2. Sic *dēflăgrāre* mĭnāces Incassum, et vĕtĭto passus languescĕre bello. Lucan. 4. 280. v. flagro.

dēflecto, ĭs, xi. *To turn aside.*——*Dēflexit* partim (tela, sc.) stringentia corpus Alma Vĕnus. V. 10. 331. SYN. dētorqueo, es, si; dīverto, ĭs.

dēfleo, es, flēvi. *To weep, to lament.*——Hæc ŭbĭ *dēflēvit* tolli mĭsĕrābĭle corpus Impĕrat. V. Æn. 11. 59. Tum membra tŏro *dēflēta* rĕpōnunt. V. Æn. 6. 220. SYN. fleo, q. v.

dēflōreo, es, ui. no supine. *To fade.*——Īdem cum tĕnĕro carptus *dēflōruit* ungui. Cat. 60. 43. SYN. marceo, es; marcesco, ĭs. *no perf.* q. v.

dēfluo, ĭs, xi. 1. *To flow down* (*lit. and metaph.*).—2. *To fall off.*——*Dēfluit* incerto lăpĭdōsus murmŭre rīvus. Ov. F. 3. 273. Pĕdes vestis *dēfluxit* ad īmos. V. Æn. 1. 408. Dēsĭluit, quam tōta cohors ĭmĭtāta relictis Ad terram *dēfluxit* ĕquis. V. Æn. 11. 501.—2. Tristi mĕdĭcāmĭne tactæ *Dēfluxēre* cŏmæ. Ov.

Met. 6. 146. Ignāvus *dēfluxit* pectŏre somnus. Tib. 3. 4. 81. SYN. 1. fluo, q. v.; dēlābor, eris, lapsus sum; dēmāno, as. — 2. dēcīdo, is, di; dīlābor.

‡dēfluus, a, um. *Flowing down.* —— Lĕvat unda grădus, seu *dēfluus* ille, Sīve ōblīquus eat. Stat. Theb. 9. 325.

dēfŏdio, ĭs, fōdi, fossum. *To bury.* —— Ille, "Vim tŭlit invītæ" dicentem *dēfŏdit* altā Crūdus hŭmo. Ov. Met. 4. 239. Condit ŏpes ălius, *dēfossoque* incŭbat auro. V. G. 2. 507. SYN. ŏbruo, ĭs, rui, *part.* ŏbrŭtus; sĕpĕlio, īs, sĕpultus, q. v.

dēformis, e. *Deformed, ugly.* —— Quos circum līmus nĭger et *dēformis* ărundo Cōcȳti. V. G. 4. 478. SYN. informis, turpis; tēter, tra, trum.

dēformo, as. *To deform, make ugly.* —— Horrĭda vultum *Dēformat* măcies. V. G. 4. 254. SYN. turpo, as.

dēfossus, a, um. part. from defodio, q. v. *Dug out, hollowed by digging.* —— Ipsi in *dēfossis* spĕcŭbus sēcūra sub altā Ōtia ăgunt terrā. V. G. 3. 376.

†dēfraudo, as. *To cheat.* —— Ut me *dēfraudes* drachmā. Plaut. Ps. 1. 1. 91. v. fraudo.

dēfrænātus, a, um. *Unbridled.* —— Et *dēfrænāto* volvuntur in æquora cursu. Ov. Met. 1. 282. SYN. effrænus, q. v.

dēfrĭco, as, ui. *To rub.* —— Nec cōram dentes *dēfrĭcuisse* probem. Ov. A. A. 3. 216.

dēfringo, is, fregi, fractum. *To break off.* —— Neve flăgella Summa pĕte aut summā *dēfringe* ex arbore plantas. V. G. 2. 300. —Tum summā ipsius ab hastā *Dēfringit* ferrum. V. Æn. 11. 748. SYN. frango; carpo, ĭs, psi; dēcerpo.

dēfrŭtum, i. *New wine boiled down to make it keep.* —— Aut igni pinguia multo *Dēfrŭta.* V. G. 4. 269.

dēfunctus, a, um. 1. *Having passed through, c. abl., once c. acc. in Tib.* (3. 3. 9.). — 2. *Dead.* —— 1. O tandem magnis pĕlăgi *dēfuncte* pĕrīclis. V. Æn. 6. 83. Mātres atque vĭri *dēfunctaque* corpŏra vitā Magnănĭmūm hērōum. V. G. 4. 475. — 2. Ut mea *dēfunctæ* mollĭter ossa cŭbent. Ov. Am. 1. 8. 108. SYN. 1, 2. functus, q. v. — 2. mortuus, q. v.

dēfundo, ĭs, fūdi. *To pour out of.* —— Te prōsĕquĭtur mĕro *Dēfūso* pătĕris. Hor. 4. 5. 33. SYN. effundo.

‡dēfungor, ĕris, dēfunctus, q. v. *To be freed from.* —— Sīc estis orti, scĕlĕre *dēfungi* haud lĕvi. Seneca, Phœn. 337. v. ēlābor.

dēgĕnĕr, eris. adj. *Degenerate.* —— Jŭvĕnis pātrii non *dēgĕner* ŏris. Ov. Ep. e P. 3. 5. 7. *Dēgĕnĕres* ănĭmos tĭmor arguit. V. Æn. 4. 13. SYN. ignōbĭlis.

dēgĕnĕro, as. *To degenerate.* —— Pōmaque *dēgĕnĕrant* succos ŏblīta priōres. V. G. 2. 59.

dēgo, ĭs, gi. no sup. or pass. (except in Plautus). 1. *To pass* (*time, life, etc.*). — 2. *To live.* —— 1. Nōn lĭcuit thălămi expertem sĭne crĭmine vitam *Dēgĕre* more fĕræ. V. Æn. 4. 551. Nec turpem sĕnectam *Dēgĕre*, nec cĭthărā cărentem. Hor. 1. 31. 20. — 2. Ille pŏtens sui, lætusque *dēget.* Hor. 3. 29. 42. SYN. 1. ăgo, exĭgo, exerceo, es. — 2. vīvo, ĭs, q. v.

dēgrandĭnat. *It hails.* —— Da vĕniam culpæ, nec dum *dēgrandĭnat* obsit. Ov. F. 4. 755. v. grando.

‡dēgrassor, āris. *To treat cruelly.* —— Ŭbĭ tanta injuria primos *Dēgrassāta* dŭces. Stat. Achill. 1. 406. SYN. opprĭmo, is, pressi, q. v.

dēgrăvo, as. *To weigh down.* —— Lĭlȳbæo crūra prĕmuntur *Dēgrăvat* Ætna căput. Ov. Met. 5. 352. SYN. grăvo; prĕmo, is, pressi; dēprĭmo, opprĭmo.

dēgusto, as. 1. *To taste, metaph.* — 2. *To graze, touch lightly.* —— 1. Nec *dēgustanti* lōtŏs ămāra fuit. Ov. Ep. e P. 4. 10. 18. — 2. Lancea consĕquitur . . . et summum *dēgustat* vulnĕre corpus. V. Æn. 12. 376. SYN. 1. gusto. — 2. stringo, ĭs, xi, q. v.

dĕhīnc, also **dehinc,** monosyll. *Henceforth, afterwards.* — Eurum ad se Zĕphȳrumque vŏcat *dehinc* tālia fātur. V. Æn. 1. 135. — Circlos Cervīci subnecte, *dĕhinc* ŭbĭ lībĕra colla Servĭtio assuerint. V. G. 3. 167. SYN. deinde, dein, q. v.

dĕhisco, is. no perf., no pass. *To yawn, to open.* —— Sed mihĭ vel tellūs optem prius īma *dĕhiscat.* V. Æn. 4. 24. SYN. hisco, hio, as; fātisco, is, *no perf.*

Dēĭānīra, æ. *Daughter of Œneus, wife of Hercules, who conquered Achelous (the river) who was one of her suitors. Hearing that Hercules was in love with Iŏlē, she sent him a tunic which Nessus had given her, telling her that it would at any time recall his wandering affections; but the tunic being poisoned caused the death of Hercules.*——Forsĭtăn et pulsâ Ætōlĭde *Dēĭānīra*....uxor ĕrit. Ov. Her. 9. 131. SYN. Călȳdōnis, ĭdŏs.

Dēĭdămīa, æ. *Wife of Achilles and mother of Neoptolemus.*——Scȳria nec vĭduo *Dēĭdămia* tŏro. Prop. 2. 9. 15.

‡dejecto, as. *To throw down.*——Lūmĭne sanguĭneo pīnum *dējectat*. Stat. Theb. 4. 381. v. dejicio.

dējectus ûs. masc. *A throwing down.* *Dējectu*que grăvi tĕnues ăgĭtantia fūmos Nūbĭla conducit. Ov. Met. 8. 570.

dējectus, a, um. part. pass. from dējĭcio. *Cast down.*——Ŏcŭlos *dējecta* dĕcŏros. V. Æn. 11. 480.

dējĕro as. *To swear.*——*Dējĕrat* hȳberni tempŏris esse mŏras. Prop. 4. 3. 42. SYN. jūro, as, q. v.

dējĭcio, ĭs, jēci, jectum. 1. *To cast down;* (*sometimes so as*)—2. *To slay.* ——1. Fulmĕn ĕrat tōto gĕnĭtor quæ plūrĭma cœlo *Dējĭcit* in terras. V. Æn. 8. 427. Vīdĭmus flāvum Tĭbĕrim ... Ire *dējectum* mŏnŭmenta Rēgis. Hor. 1. 2. 15.—2. Ingentem corpŏre et armis *Dējĭcit* Hermĭnium. V. Æn. 11. 641. SYN. 1. everto, ĭs; ōbruo, is, ui, ŭtum; dēprĭmo, is, pressi; ‡dejecto, as; præcĭpĭto, as.—1, 2. sterno, is, strāvi; prosterno.—2. occīdo, ĭs, di, q. v.

dein. *Then.*——*Dein* quâ prīmum ŏcŭlos cēpisti veste Prŏpertī. Prop. 3. 10. 15. v. seq.

deĭnde. *Then, afterwards, next in order.*——Vīna bŏnus quæ *deĭnde* cădis ŏnĕrārat Ăcestes. V. Æn. 1. 195. SYN. inde, exin (exin *never occurs before a vowel*), exinde, tum, tunc.

†dējūro, as. *To swear.*——Per omnes Deos et Deas *dējūravit*. Plaut. Cas. 3. 5. 36. SYN. jūro, q. v.

dēlābor, ĕris, delapsus sum. 1. *To glide down, fall down.*—2. *To descend.*—3. *To flow down.*——1. Serta prŏcul tantum căpĭti *dēlapsa* jăcēbant. V. E. 6. 16. Sensit mĕdios *dēlapsus* in hostes. V. Æn. 2. 377.—2. Tum grădĭbus nĭtĭdus *dēlābĭtur*. Ov. Met. 15. 685.—3. Cum pace *dēlābentis* (fluminis, sc.) Ĕtruscum In măre. Hor. 3. 29. 34. SYN. 1. lăbor, cădo, is, cĕcĭdi; dēcĭdo.—1, 3. dēfluo, ĭs, xi; dēmāno, as.—2. descendo, ĭs.

‡dēlambo, is. no sup. *To lick.*——Molliaque ējecta *dēlambit* vellĕra linguâ. Stat. Theb. 2. 681. SYN. lambo, q. v.

dēlāmentor, ārĭs. *To lament greatly.*——Nātam *dēlāmentatur* ădemtam. Ov. Met. 11. 331. SYN. lāmentor; dŏleo, es, q. v.

§dēlasso, as. *To weary.*——Cætĕra ... *dēlassāre* vălent Făbium. Hor. Sat. 1. 1. 14. SYN. lasso, as; fătīgo, as.

‡dēlātor, ōris. masc. *An informer.*——Sed quo cĕcĭdit sub crīmĭne, Quisnam *Dēlātor*? Juv. 10. 70. SYN. ‡accūsātor.

dēlātus, a, um. part. pass. from defero, q. v.——Præcĭpĭti *dēlāta* Noto. V. Æn. 7. 411.

‡dēlēbĭlis, e. *Capable of being effaced.*——Căsĭbus hic nullis, nullis *dēlēbĭlis* annis. Mart. 7. 83. 7.

dēlecto, as. *To delight; to please.*——Nunc prĕcor ut vīvant, et non ignāva lĕgentem Ōtia *dēlectant*. Ov. Tr. 1. 6. 26. SYN. prōlecto; ōblecto; plăceo, es; jŭvo, as, jūvi; ‡lætĭfĭco.

dēlectus, ûs. *A choice.*——Nec non et pĕcŏri est īdem *dēlectus* ĕquīno. V. G. 3. 72.

dēlectus, a, um. part. pass. from dēlĭgo, q. v. *Chosen.*——Alter ĕrit tum Tīphys et altĕra quæ vehat Argo *Dēlectos* hērŏās. V. E. 4. 34. SYN. lectus

dēlēnio, ĭs. 1. *To soothe, to comfort.*—2. *To charm.*——1. Quod si dŏlentem nec Phrȳgius lăpis Nec purpŭrārum sīdĕre clārior *Dēlēnit* usus. Hor. 3. 1. 43. —2. Crīmĕn ĕrat nostrum si *dēlēnīta* fuissem. Ov. Her. 17. 23. SYN. 1. lēnio; sōlor, āris; consōlor; mulceo, es, si.—2. allĭcio, ĭs, lexi, q. v.

dēleo, es, ēvi. 1. *To wipe out, to efface.*—2. *To destroy.*——1. Nec si quid ōlim lūsit Ănăcreon *Dēlēvit* ætas. Hor. 4. 9. 9.—2. Non tămĕn omnīno Teucros *dēlēre* părātis. V. Æn. 9. 248. SYN. 1. ăbŏleo, es, ēvi; ērādo, ĭs, si; ōblĭtĕro, as.—2. perdo, ĭs, dĭdi, q. v.

dēlībĕro, as. *To deliberate, resolve; in pass. to be resolved on.*——*Dēlībĕrātā* morte fĕrōcior. Hor. 1. 37. 29. v. mĕdĭtor.
dēlībo, as. *To taste slightly.*——Summaque per găleam *dēlībans* oscŭla fatur. V. Æn. 12. 434. SYN. lībo, q. v.
dēlībūtus, a, um. *Anointed, smeared.*——Hoc *dēlĭbūtis* ulta dōnis pellĭcem (Medea) serpente fūgit ālĭte. Hor. Epod. 3. 13. SYN. unctus.
dēlĭcātus, a, um. *Delicate.*——Ut puella tĕnellŭlo *dēlĭcātior* hædo. Cat. 18. 15. SYN. tĕner, ĕra, ĕrum, q. v.
dēlĭciæ, arum. *Delight, pleasure*——*Dēlĭciis*que dĕcet luxŭrĭāre novis. Ov. Her. 16. 192. SYN. ōblectāmen, ĭnis, *neut.*; vŏluptās, ātis; gaudium.
‡dēlĭcium, i. *A delight; a pet.*——*Dēlĭcium* parvo dōnābis dorcăda nāto. Mart. 13. 98. 1. SYN. dēlĭciæ.
dēlictum, i. *A crime, a sin.*——*Dēlicta* mājōrum immĕrĭtus lues. Hor. 3. 6. 1. SYN. crīmĕn, ĭnis, *neut.*; error; peccātum; scĕlus, ĕris, *neut.*; culpa.
dēlĭgo, is, lēgi. 1. *To choose.*—2. *To gather.*——1. Longævosque sĕnes, et fessas æquŏre mātres . . . *Dēlĭge*. V. Æn. 5. 717.—2. Et tĕnui prīmam *dēlĭgĕre* ungue rŏsam. Ov. Her. 4. 30. SYN. 1, 2. lĕgo.—1. ēlĭgo, sēlĭgo.—2. carpo, is, psi; dēcerpo.
dēlinquo, is, līqui. *To err.*——Ad *dēlinquendum* doctior esse pŏtest. Ov. Tr. 2. 256. SYN. erro, as; pecco, as, q. v.
dēlĭquesco, ĭs, dēlĭcui. no sup. or pass. *To melt.*——Ergo ŭbĭ *dēlĭcuit* nondum prior, altera venit. Ov. Tr. 3. 10. 15. SYN. lĭquesco, q. v.
†dēlĭquo, as. *To explain, to declare.*——Corpus ĕnim per se commūnis *dēlĭquat* esse Sensus. Lucr. 1. 423. SYN. dēclāro, as, q. v.
†§dēlīro, as. *To be mad, foolish.*——Quicquid *dēlīrant* rēges plectuntur Ăchīvi. Hor. Epist. 1. 2. 14. SYN. insānio, is; dēsĭpio, ĭs.
†§dēlīrus, a, um. *Mad, foolish.*——*Dēlīrus* et āmens Undĭque dīcātur mĕrĭto. Hor. Sat. 2. 3. 107. SYN. insānus, stultus, āmens.
dēlĭteo, es. no sup. *To lie hid.*——Sæpe sub immōtis præsēpĭbus aut māla tactu Vīpĕra *dēlĭtuit*. V. G. 3. 417. SYN. lăteo, lătĭto, as.
§dēlītīgo, as. *To brawl, quarrel.*——Īrātusque Chrĕmes tŭmĭdo *dēlītigat* ore. Hor. A. P. 94. SYN. †§rixor, āris.
Dēlius, a, um. *Of Delos. esp. as epith. of Ăpollo, Dīāna, and Lātōna, and sometimes as a synonyme for them.*——*Dēlius* et Pătăreus Ăpollo. Hor. 3. 4. 64. *Dēliæ* tūtēla Deæ fŭgāces Lyncās et cervos cohĭbentis arcu. Hor. 4. 6. 33. *Dēlius* hanc nūper victo serpente sŭperbus Vīdĕrat. Ov. Met. 1. 454. SYN. Ortȳgius.
Dēlos, i. acc. **ŏn.** fem. *An island in the Ægean Sea, the centre of the Cyclades: it was formerly called Ortygia, and the fable is that it was a floating island, till Apollo made it stationary, as a reward for its having afforded Latona a place where she might be delivered of himself and Diana.*——Vos Tempē tŏtĭdem tollĭte laudĭbus Natalemque māres *Dēlŏn* Apollinis. Hor. 1. 21. 10. SYN. Ortȳgia, Ortȳgiē. PHR. Lātōnia Dēlos. V. Tēmpusque fuit quo nāvit in undis, Nunc sĕdet Ortȳgiē. Ov. Inque meis ŏcŭlis candĭda Dēlŏs ĕrat. Ov. Clārio Dēlŏs ămāta Deo. Ov. Quam grāta est Lātōnæ Dēlia tellus. Ov. v. V. Æn. 3. 73—79.
Delphi, orum. *A city in Phocis, at the foot of Parnassus, supposed to be the centre of the earth, as two eagles let loose by Jupiter from the extreme eastern and western points of the world met there: it was celebrated for the great oracle of Apollo.*——Quærĭtur a *Delphis* fāta cănente Deo. Ov. Her. 21. 232. SYN. Pȳtho, ūs, *fem.* q. v. PHR. Phœbique ōrācŭla supplex Consŭlit. . . . Vix bene Castălio Cadmus descenderat antro. Ov. Ăpollĭne *Delphos* Insignes (laudabunt). Hor. Dum pĕtit intonsi Pȳthia regna Dei. Prop.
Delphĭcus, a, um *Of Delphi. Apollo says,* Mihĭ *Delphĭca* tellus et Clărŏs, et Tĕnĕdos Pătărēaque rēgia servit. Ov. Met. 1. 515.
delphīn, inŏs, acc. **ină,** pl. **īnĕs, inăs,** etc. *A dolphin.*——Tergo *delphīna* rĕcurvo Se mĕmŏrant ŏnĕri suppŏsuisse novo. Ov. F. 2. 113. PHR. Tum nĕque se pandi possunt delphīnĕs in auras Tollĕre. Ov. Curvi delphīnĕs. Ov. Delphīnum sĭmĭles, qui per măria hūmĭda nando Carpăthium Lĭbȳcumque sĕcant lūduntque per undas. V. Clāri delphīnĕs in orbem Æquŏra verrēbant caudis, æstumque sĕcābant. V. v. seq.
delphīnus, i. a rarer form of prec.——Sed tĭbi subsĭdio *Delphīnum* currĕre vĭdi. Prop. 2. 26. 17.

‡**Delphis**, ĭdŏs. *A priestess at Delphi.*——Nec *Delphis* tua mentiātur ulli. Mart. 9. 43. 4.

dēlūbrum, i. *A temple.*——Princĭpio *dēlūbra* ădeunt păcemque per āras exquīrunt. V. Æn. 4. 56. SYN. templum, q. v.

dēlūdo, ĭs, si. *To delude, deceive.*——Aut quæ sopitos *dēlūdunt* somnia sensus. V. Æn. 10. 642. SYN. lūdo; fallo, ĭs, fĕfelli, q. v.; decĭpio, ĭs, cepi.

‡**dēlumbis**. *Weak.*——Summâ *dēlumbe* sălīvâ Hoc nătat in lābris. Pers. 1. 104.

dēmădeo, es. no sup. *To be wet.*——Et te flente suos *dēmăduisse* sĭnus. Ov. Tr. 5. 4. 40. SYN. madeo.

dēmāno, as. *To flow down.*——Tĕnuis sub artus Flamma *dēmānat*. Cat. 49. 10. SYN. defluo, ĭs, xi; dēlābor, ĕris, lapsus sum.

dēmens, entis. *Mad, foolish.*——*Dēmens* qui nimbos et non ĭmĭtābĭle fulmen ære et cornĭpĕdum pulsu sĭmŭlaret ĕquōrum. V. Æn. 6. 590. SYN. insānus, q. v.; vēsānus, āmens, fŭriōsus, stultus.

dēmenter. *Madly.*——Tābuit ex illo *dēmenter* ămōrĭbus ūsa. Ov. Met. 4. 259. SYN. fŭriālĭter, insānē.

dēmentia, æ. *Madness, folly.*——Ah Cŏrȳdon, Cŏrȳdon quæ te *dēmentia* cēpit. V. E. 2. 69. SYN. insānia, āmentia, fŭror, stultĭtia.

†**dēmentio**, is. *To go mad.*——*Dēmentit* ĕnim *dēlīra*que fatur. Lucr. 3. 464. SYN. insānio, īs, q. v.

dēmĕreo, es, ui. *To deserve from*, i. e. *to gain the favour or affection of.*——Crīmĭne te pŏtui *dēmĕruisse* meo. Ov. Her. 2. 28. v. mereo.

dēmergo, ĭs, si. *To drown, to sink, trans.*——Sĕx ŭbĭ sustŭlĕrit, totidem *dēmersĕrit* orbes. Ov. F. 3. 517. Corpŏreasque dăpes ăvĭdam *dēmersit* in alvum. Ov. Met. 15. 105. Concĭdit augŭris Argīvi dŏmus ob lŭcrum *Dēmersa* exĭtio. Hor. 3. 16. 13. SYN. mergo, immergo; dēprĭmo, is, pressi; ŏbruo, ĭs, ui, ŭtum.

dēmĕto, ĭs, messui, messum. 1. *To reap.*—2. *To gather.*—3. *To cut off.*——1. Sōle sub ardenti flāventia *dēmĕtit* arva (cultor). Cat. 62. 354.—2. Quālem virgĭneo *demessum* pollĭce flōrem. . . . Non jam māter ălit tellus. V. Æn. 11. 68.—3. *Dēmĕtit* ense căput. Ov. Met. 5. 104. SYN. 1. meto.—2. carpo, ĭs, psi, q. v.; dēcerpo.—3. abscindo, is, scĭdi, scissum; detrunco, as; dēcīdo, ĭs, di.

‡**dēmĭgro** as. *To migrate from.*——Prŏcul ecce cănōro *Dēmĭgrant* Hĕlĭcōne Deæ. Stat. Sylv. 1. 2. 4. SYN. mĭgro, q. v.; discēdo, ĭs, cessi, q. v.; ăbeo, is, ĭvi, ĭtum.

dēmissē. *Lowly.*——Nempe quod hĭc altē *dēmissius* ille vŏlābat. Ov. Tr. 3. 4. 23. v. infra, inferior.

dēmissus, a, um. part. pass from demitto, q. v., also as adj. 1. *Low.*—2. *Downcast, looking down, hanging down.*—3. *Sent away from*, i. e. *having escaped.*—4. *Descended from*,——1. Ne si *dēmissior* ībis unda grăvet pennas. Ov. Met. 8. 204.—2. Tum brĕvĭter Dīdo vultum *dēmissa* prŏfātur. V. Æn. 1. 561. Dējecit vultum et *dēmissâ* vōce lŏcuta est. V. Æn. 3. 320.—3. Tu quŏniam es, mea lux, magno *dēmissa* pĕriclo. Prop. 2. 28. 59.—4. Assărăci proles, *dēmissaque* ab Jŏve gentis nōmĭna. V. G. 3. 35. SYN. 1, 2. hŭmĭlis.—2. dējectus.—3. ēreptus; lĭber, ĕra, erum. v. tutus.—4. ortus, q. v.

dēmitto, ĭs, mīsi, missum. 1. *To send down.*—2. *To let down, let fall.*——1. Quique sătis largum cœlo *dēmittĭtis* imbrem. V. G. 1. 23. Multos Dănaûm *dēmittĭmus* orco. V. Æn. 2. 398.—2. Lentis ŭvam *dēmittĕre* rāmos. V. G. 4. 558. *Dēmīsit* lăcrȳmas dulcique affatus amore est. V. Æn. 6. 455. *Dēmittunt* mentes, it scissâ veste Lătīnus. V. Æn. 12. 609. SYN. 1. mitto.—2. dējĭcio, ĭs, jēci.

dēmo, is, msi, mtum. *To take away.*——Tum sic affāri, et cūras his *dēmĕre* dictis. V. Æn. 2. 775. *Demta forent* căpĭti quam măla multa meo. Ov. Her. 12. 20. SYN. ădĭmo, ĭs, ădēmi; exĭmo; aufĕro, fers, ābstŭli, auferre, ăblātum; tollo, ĭs; subtraho, is, xi; dētraho.

Dēmŏcrĭtus, i. *A philosopher of Abdera.*——Exclūdit sānos Hĕlĭcōne poetas *Dēmŏcrĭtus*. Hor. A. P. 297.

dēmōlior, īris. *To demolish, destroy.*——Subruit hæc ævi *dēmōlĭtur*que priŏris Rŏbŏra. Ov. Met. 15. 228. SYN. dīruo, is, ui, ŭtum; ēverto, ĭs; destruo, ĭs, xi.

dēmonstro, as. *To show.*——Sed tristem mortis *dēmonstret* lītĕra causam. Tib. 3. 2. 27. SYN. monstro; ostendo, is; indīco, as; mănĭfesto, as.

dēmŏror, āris. 1. *To wait.*—2. *To wait for.*——1. Jamprīdem invīsus Dīvis et ĭnūtĭlis annos *Dēmŏror.* V. Æn. 2. 647.—2. Et tua prōgĕnies mortālia *dēmŏror* arma. V. Æn. 10. 30. SYN. 1, 2. mŏror.—2. sustĭneo.

‡dēmorsus, a, um. *Bitten off.*——Nec plūteum cædit, nec *dēmorsos* săpit ungues. Pers. 1. 106. SYN. morsus. v. mordeo.

Dēmosthĕnes, is. *An Athenian, the greatest of Greek orators; he poisoned himself to avoid falling into the hands of Antipater.*——Persĕquar aut stŭdium linguæ, *Dēmosthĕnis* arma. Prop. 3. 21. 27. v. Juv. 10. 126—132.

dēmūgītus, a, um. *Resounding with the lowing of cattle.*——Sanguĭne littus Undaque prīma rubent, *dēmūgītæ*que pălūdes. Ov. Met. 11. 375.

dēmum. *At length.*——Illa sĕges *dēmum* vōtis respondet ăvāri Āgrĭcŏlæ. V. G. 1. 47. SYN. tandem.

dēmurmŭro, as. *To murmur.*——Ter nŏvies carmen măgĭco *dēmurmŭrat* ōre. Ov. Met. 14. 58. SYN. murmŭro, immurmŭro.

‡dēnārius, i. *A Roman silver coin, worth about 8½d.*——Ūnus sæpe tĭbĭ tōtâ *dēnārius* arcâ Cum sit. Mart. 2. 51. 1.

dēnarro, as. *To relate.*——Mātri *dēnarrat* ut ingens Bellua cognātos ēlīsĕrit. Hor. Sat. 2. 3. 315. SYN. narro, q. v.

dēnăto, as. *To swim.*——Tusco *dēnătat* alveo. Hor. 3. 7. 28. SYN. no, q. v.

dēnĕgo, as. 1. *To deny.*—2. *To refuse.*——1. *Dēnĕgat* hoc gĕnĭtor, Dīvīsque īrascĭtur ipsis. Ov. Met. 13. 168.—2. Et nunquam pro te *dēnĕget* esse mĭser. Prop. 2. 19. 12. SYN. 1, 2. nĕgo, q. v.—2. rĕcūso, as, q. v.

dēni, æ, a. *Ten.*——Bis *dēnas* Ītălo texāmus rōbŏre nāves. V. Æn. 11. 326.

dēnĭque. *Lastly.*——*Dēnĭque* quid vesper sērus vehat. V. G. 1. 461.

dēnōmĭno, as. *To name.*——Quando et priōres hinc Lămias fĕrunt *dēnōmĭnātos.* Hor. 3. 17. 3. SYN. nōmĭno; vŏco, as.

dens, dentis. masc. 1. *A tooth.*—2. *A tooth of a comb, a comb.*——1. Discissos nūdis lăniābant *dentibus* artus. V. G. 3. 514. Dūrum prōcūdet ărātor Vōmĕris obtūsi *dentem.* V. G. 1. 262.—2. Et tĕnues denso pectĕre *dente* cōmas. Tib. 1. 10. 68. SYN. 2. pectĕn, ĭnis, *masc.* PHR. Huc ōra fĕrebat et illuc Dentĭbus infrendens (*gnashing*). V. Nec cōram dentes dēfrĭcuisse (*to clean*) probem. Ov.

densē. *Thickly, frequently.*——Nulla tămen subeunt mihĭ tempŏra *densius* istis. Ov. Ep. e P. 1. 9. 11. v. crebro.

denseo, es. *To thicken, to crowd.*——Jūpĭter hūmĭdus Austris *Denset* ĕrant quæ rāra modo. V. G. 1. 419. SYN. †condenseo. v. seq.

denso, as. another form of prec.——Mista sĕnum ac jŭvĕnum *densantur* fūnĕra. Hor. 1. 28. 19. SYN. stīpo, q. v.

densus, a, um. 1. *Crowded together.*—2. *Thick.*—3. *Frequent.*——1. Et *densos* fertur mŏrĭtūrus in hostes. V. Æn. 2. 511.—2. Tum somni dulces, *densæ*que in montĭbus umbræ. V. G. 1. 342.—3. Āque Chao *densos* Dīvûm nŭmĕrābat ămōres. V. G. 4. 347. SYN. 1, 2. condensus.—1. 3. frĕquens. —2. spissus, confertus.—3. crēber, bra, brum.

dentāle, is. *The sharebeam of a plough.*——Dŭplĭci aptantur *dentālia* dorso. V. G. 1. 172.

dentātus, a, um. *Having teeth.*——Si mălĕ *dentāta* est narrā quod rideat illi. Ov. R. A. 339. v. seq.

dentōsus, a, um. *Having teeth.*——Non mihĭ *dentōsâ* crinem dēpectĕre buxo (i. e. *with a comb made of boxwood*). Ov. F. 6. 229.

‡dentiscalpium. *A toothpick.*——Et *dentiscalpia* septem. Mart. 7. 53. 3.

dēnūbo, is, psi. no pass. *To marry (of the woman).*——Nec cænis in ullos *Dēnupsit* thălămos. Ov. Met. 12. 195. SYN. nūbo, q. v.

dēnūdo, as. *To strip.*——*Dēnūdat* fŏliis rāmos et cortĭce truncos. Cicero, Orat. 121. SYN. nūdo, spŏlio, as.

dēnuntio, as. *To denounce, announce.*——Prōdĭgium cănit, et tristes *dēnuntiat* iras. V. Æn. 3. 366. SYN. nuntio, prædīco, ĭs, xi.

Dēōis, ĭdŏs. *A name of Proserpine.*——(narrat ut Jupiter luserit) Vărius *Dēōĭda* serpens. Ov. Met. 6. 114. v. Proserpina.

Dēōius, a, um. *Sacred to Proserpine, or Ceres.*——Contrĕmuit gĕmĭtumque dĕdit *Dēōïa* quercus. Ov. Met. 8. 758.

†**deorsum.** dissyll. and trisyll. *Downwards.* —— Quin văcuum per ĭnāne *deorsum* cuncta fĕrantur. Lucr. 2. 202. Pondĕra quantum in se est *deōrsum* dēdūcere pugnent. Lucr. 2. 205.

†**dēpactus, a, um.** *Fixed.* —— Vitæ *dēpactus* termĭnus altè. Lucr. 2. 1085.

‡**deoscŭlor, āris.** *To kiss.* —— Hos amplectĭtur hos *deoscŭlātur.* Mart. 8. 81. 5. SYN. oscŭlor, q. v.

dēpasco, ĭs, pāvi, pastum. also **dēpascor,** as deponent, part. **dēpastus** in pass. sense. *To feed upon; (in act. also) to feed off, as a farmer feeds off his grass,* i. e. *puts cattle to feed on it.* —— Luxŭriem sĕgĕtum tĕnĕrā *dēpascit* in herbâ. V. G. 1. 112. Corpŏra nātōrum serpens amplexus ŭterque Implĭcat, et mĭsĕros morsu *dēpascĭtur* artus. V. Æn. 2. 215. *Dēpasta* altaria linquit. V. Æn. 5. 93. SYN. pasco, q. v. v. ĕdo.

dēpecto, ĭs, xi. *To comb.* —— Non mihi dentōsâ crīnem *dēpectere* buxo. Ov. F. 6. 229. SYN. pecto, q. v.

dēpello, ĭs, pŭli, pulsum. 1. *To drive away.* — 2. *To drive.* —— 1. Quam mortem frātri *dēpŭlit,* ipsa tŭlit. Ov. Her. 14. 130. — 2. Quo sæpe sŏlēmus Pastōres ŏvium tĕnĕros *dēpellĕre* fœtus. V. E. 1. 22. SYN. pello; rĕpello, *perf.* rēpŭli; (*as warding off*) arceo, es; dēfendo, ĭs. — 2. ăgo, ĭs, ēgi, q. v.

dēpendeo, es, di. no supines. 1. *To hang down down.* — 2. *To depend upon.* —— 1. *Dēpendent* lychni lăqueārĭbus aureis. V. Æn. 1. 726. — 2. Hujus et augŭrium *dēpendet* ŏrĭgine verbi. Ov. F. 1. 611. SYN. pendeo.

‡**dēpendo, is, di.** *To expend.* —— Tempŏra Nīliăco turpis *dēpendĕre* ămōri. Lucan. 10. 80. SYN. consumo, ĭs, mpsi.

dēperdĭtus, a, um. pass. part. of seq. 1. *Lost, undone.* — 2. *Esp. with love, out of one's senses with love.* —— 1. Nondum sensus *dēperdĭtus* omnes. Prop. 1. 3. 11. 2. Ut (Jupiter) Sĕmĕle est combustus, ut est *dēperdĭtus* Īo. Prop. 2. 23. 19. SYN. 1, 2. perdĭtus. — 2. āmens.

dēperdo, ĭs, dĭdi. *To lose.* —— Ne . . . tantaque dōs ōris linguæ *dēperdĕret* ūsum. Ov. Met. 5. 562. SYN. perdo, q. v.; āmitto, is, mīsi, missum.

dēpĕreo, īs, pĕrīvi, usu. **perii, ĭtum.** 1. *To perish.* — 2. *To love exceedingly.* —— 1. Nullâ rĕpărābĭlis arte Læsa pŭdīcĭtia est, *dēpĕrit* illa sĕmel. Ov. Her. 5. 104. — 2. Illum *dēpĕrit* impotente ămōre. Cat. 33. 12. SYN. 1, 2. pĕreo, q. v. — 2. v. ămo.

dēpingo, is. *To paint.* —— Quæ mănus obscœnas *dēpingit* prīma tăbellas. Prop. 2. 6. 27. SYN. pingo, q. v.; pōno, ĭs, pŏsui.

dēplango, ĭs, xi. *To lament.* —— Cadmēĭda palmis *Dēplanxēre* dŏmum. Ov. Met. 4. 544. SYN. plango; lūgeo, es, xi, q. v.

‡**dēpleo, es, ēvi.** *To drain, to empty.* —— In mŏdŏ si vĕtĕres digno *dēplēvĭmus* haustu Da fontes mihĭ Phœbe novos. Stat. Achill. 1. 8. SYN. haurio, īs, hausi; exhaurio.

dēplōro, as. *To deplore, lament.* —— Postquam exhālantem sub ăcerbo vulnĕre vītam *Dēplōrāvit* Ătyn. Ov. Met. 5. 63. SYN. plōro; lūgeo, es, xi, q. v.

dēpluit. impers. 1. *It rains, sometimes c. nom.* — 2. *To pour.* —— 1. Multus ut in terras *dēpluĕret*que lăpis. Tib. 2. 5. 72. — 2. Niŏbē . . . . sōlĭcĭto lacrymas *dēpluit* a sĭpȳlo. Prop. 2. 21. 8. SYN. 1. pluit. — 2. fundo, ĭs, fūdi, q. v.

dēpōno, ĭs, pŏsui (Cat. also has **dēpŏsīvi**). 1. *To put down, in any way; planting, putting aside, etc.* — 2. *To lay, as a wager or stake.* — 3. (*so as*) *To get rid of.* —— 1. Corpŏra sub rāmis *dēpōnunt* arbŏris altæ. V. Æn. 7. 108. Hic plantas tĕnĕro abscindens de corpŏre mātrum *Dēpŏsuit* sulcis. V. G. 2. 24. Quem māter prŏpe Dēliam *Dēpŏsīvit* ŏlīvam. Cat. 32. 8. — 2. Ĕgo hanc vĭtŭlam . . . . *Dēpōno,* tu dic mēcum quo pignŏre certes. V. E. 3. 32. — 3. Dīcĕris et longam *dēpŏsuisse* fămem. Ov. F. 6. 530. SYN. 1. 3. pōno, q. v. — 3. abjĭcio, ĭs, jēci.

dēpŏpŭlor, aris. also ‡**dēpŏpŭlo, as.** *To lay waste, ravage.* —— Hostis . . . . Vīcīnam lātē *dēpŏpŭlātur* hŭmum. Ov. Tr. 3. 10. 56. Furtis assuetus ĭnultis *Dēpŏpŭlāre* grĕges. Val. Fl. 6. 531. SYN. pŏpŭlo, pŏpŭlor; vasto, as, q. v.

dēporto, as. *To carry off.* —— Curve te in Hercŭleum *dēportant* essĕda Tībur? Prop. 2. 32. 5. SYN. asporto; āveho, ĭs, xi; abdūco, is, xi; aufĕro, fers, ferre, abstŭli, ablātum.

dēposco, is. no sup. *To demand.* —— Aut prius infecto *dēposcit* præmia cursu. Prop. 2. 25. 25. SYN. posco, ĭs, pŏposci, q. v.

dēpŏsĭtum, i. *A deposit, a pledge.* —— Reddĭte *dēpŏsĭtum ;* piĕtas sua fœdĕra servet. Ov. A. A. 1. 641. SYN. pignus, ŏris. *neut.* q. v.

dēpŏsĭtus, a, um. also **dēpôstus.** part. pass. from depono, q. v. 1. (*also*) *Laid out for burial, or so laid down as to have one's life despaired of.* — 2. ‡*Destroyed.* —— *Dēpŏsĭtum* nec me qui fleat ullus ĕrit. Ov. Ep. e P. 2. 2. 47. *Dēpŏsĭtūm* Dācis pereuntibus urbem Pandĕre. Stat. Sylv. 1. 4. 91.

dēprælior, āris. *To make war, to fight.* —— Strāvĕre ventos æquŏre fervĭdo *deprœliantes.* Hor. 1. 9. 11. SYN. pugno, as, q. v.

dēprĕcor, āris. *To deprecate.* —— *Dēprĕcor* hoc ūnum per jūra săcerrima lecti, nē vīdear fātis insĭdiāta tuis. Ov. Her. 9. 159. Lecto te sōlum, lecto te *dēprĕcor* uno. Prop. 2. 25. 17. SYN. ăbōmĭnor, aris.

dēprehendo sync. **dēprêndo, is, di.** *To catch, take unawares.* —— Fessa lăbōre fŭgæ fer ŏpem *dēprêndĭmur* inquam. Ov. Met. 5. 617. SYN. prehendo, *sync.* prêndo ; căpio, ĭs, cēpi, q. v.

dēpressus, a, um. part. pass. from seq., also as adj. *Low.* —— Instăbĭlis nătat alterno *dēpressior* orbe. Tib. 4. 1. 44. SYN. hŭmĭlis, dēmissus.

dēprĭmo, is, pressi. 1. *To depress.* — 2. *To knock down.* —— 1. *Dēpresso* incĭpiat jam tum mihĭ taurus ărātro Ingĕmĕre. V. G. 1. 45. — 2. *Dēpressit*que duos, Brŏtēan, et Ŏrīōn. Ov. Met. 12. 262. SYN. 1, 2. opprĭmo ; sterno, ĭs, strāvi, q. v.

dēprōmo, ĭs, prompsi. *To draw forth.* —— *Dēprōme* quădrīmum Săbīnâ O Thăliarche mĕrum diōtâ. Hor. 1. 9. 7. SYN. prōmo ; effero, fers, ferre, extŭli ; extraho, ĭs, xi ; ēdūcō, ĭs, xi ; elĭcio, ĭs.

dēprŏpĕro, as. *To hasten, to do or make in haste, etc.* —— Quis ūdo *Dēprŏpĕrāre* ăpio cŏrōnas Cūratve myrto. Hor. 2. 7. 24. v. propero.

dēpŭdet. only used in 3rd sing., but not always impers. *To cease to be ashamed.* —— *Dēpŭduit,* prŏfŭgusque pŭdor sua signa rĕlīquit. Ov. Her. 4. 155.

‡dēpugno, as. *To fight.* —— Quinam ille sĭnistræ *Dēpugnet* morti jŭvĕnis. Sil. 10. 474. SYN. pugno, q. v.

dēpulsus, a, um. part. pass. from depello, q. v. —— Jam lacte *dēpulsum* leonem Dente nŏvo pĕritura rīdit (caprea). Hor. 4. 4. 15.

dēpŭto, as. *To prune, to cut away.* —— Non mihĭ falx nĭmias Sāturnia *dēpŭtat* umbras. Ov. Nux. 63. SYN. pŭto, ampŭto.

‡dēquĕror, ĕris, questus sum. *To complain or lament greatly.* —— Tălia *dēquestus* paulatim sumpsĕrat īras mortis. Stat. Theb. 11. 627. SYN. quĕror ; dēlāmentor, āris.

‡dērādo, ĭs, si. *To scrape off.* —— An măgis astuti *dērāsa* est ungue mĭnistri Bractea? Mart. 8. 3. 5.

dērĕlinquo, is, līqui. *To leave.* —— Et sŭpīnum ănĭmum in grăvi *dērĕlinquĕre* cæno. Cat. 18. 25. v. linquo.

dērēpo, ĭs. *To creep down.* —— *Dērēpit* ad cŭbīle setosæ suis. Phæd. v. repo.

‡dērīdeo, es, si. *To deride, to laugh at.* —— Discit ĕnim cĭtius mĕmĭnitque lībentius illud Quod quis *dērīdet.* Hor. Epist. 2. 1. 262. SYN. rīdeo, q. v. ; illūdo, ĭs, si.

dērĭpio, ĭs, ui, reptum. *To take down, take away.* —— Cōlaque prælōrum fūmōsis *dērĭpe* tectis. V. G. 2. 242. SYN. dĕtraho, ĭs, xi, q. v.

dērīsor, oris. masc. *A laugher, a scoffer.* —— *Dērīsor* vēro plus laudātore mŏvētur. Hor. A. P. 433. SYN. rīsor, irrīsor.

dērīvo, as. 1. *To derive.* — 2. †*To lead another way.* —— Hoc fonte *dērīvāta* clādes In pătriam pŏpŭlumque fluxit. Hor. 3. 6. 19. *Dērīvāre* queunt ălĭō cūrâque lĕvāre. Lucr. 2. 365. SYN. 1. dĕdūco, ĭs, xi ; dēmitto, is, mīsi. — 2. diverto, ĭs, ti.

‡dērŏgo, as. *To derogate or detract from.* —— Invĭdus annōso qui fāmam *dērŏgat* ævo. Lucan. 9. 359. SYN. dētrecto, as, q. v.

†dēruptus, a, um. *Broken.* —— Lăcūnas In grĕmio gĕrĕre, et rūpes *dēruptaque* saxa. Lucr. 6. 538. SYN. præruptus, ābruptus ; præceps, ĭpĭtis.

dēsævio, īs. 1. *To rage.* — 2. *To cease to rage.* —— 1. Dum pĕlăgo *dēsævit* hyems, et ăquōsus Ŏrīon. V. Æn. 4. 52. — 2. Nec, dum *dēsæviat* īra, Expectat. Lucan. 5. 303. SYN. 1. sævio; fŭro, ĭs, *no perf.*; bacchor, āris; dēbacchor. — 2. mītesco, is, *no perf.* q. v.; rĕmollesco, is, *no perf.*

descendo, ĭs, di, sum. *To descend (in every sense).* —— *Descende* cœlo et dīc ăgĕ tībiâ Rēgīna longum Calliŏpē mĕlos. Hor. 3. 4. 1. Rēgia prōgĕnies, et si *descendĕre* ad ipsum Ordĭne perpĕtuo quæris sunt hūjus ŏrīgo Īlus et Assărăcus. Ov. Met. 11. 754. Jūnōnis grăvis īra nec exsătŭrābĭle pectus Cōgunt me Neptūne preces *descendĕre* ad omnes. V. Æn. 5. 782. SYN. dēlābor, ĕris, lapsus sum (*not metaphor.*); dēvĕnio, īs, vēni, *metaph. like the last example;* fĕro me, fers te, fert se, etc. PHR. Quam tōta cohors ĭmĭtāta rĕlictis Ad terram dēfluxit equis. V.

descensus, ûs. masc. *A descent.* —— Tros Anchīsiăde, făcĭlis *descensus* Ăverni. V. Æn. 6. 126.

†‡descisco, ĭs, scīvi. *To stand aloof.* —— A nobis . . . . Terrĭlŏquis victus dictis *desciscĕre* quæres? Lucr. 1. 104. Respĭciens *descîsse* Deos. Stat. Theb. 2. 311. SYN. absisto, ĭs, stĭti, *no sup.*

describo, ĭs, psi. 1. *To write.* — 2. *To describe, mark out.* —— 1. Immo hæc in vĭrĭdi nūper quæ cortĭce făgi Carmĭna *descripsi.* V. E. 5. 14. — 2. Cœlique meātus *Descrībent* rădio. V. Æn. 6. 851. SYN. 1. scribo. — 2. dēsigno, as.

dēsĕco, as, ui, sectum. *To cut off.* —— Nī pătrium crīnem *dēsecuisset* amor. Ov. Tr. 2. 304. *Dēsectum* pŏtĕrat grāmen versâsse vĭdēri. Ov. Met. 14. 646. SYN. rĕsĕco; abscindo, is, scĭdi, scissum; rescindo; dēcīdo, ĭs, di, sum; dētrunco, as; dēmĕto, is, messui, messum.

‡dēsĕcro, as. *To consecrate.* —— Quercus ĕrat Trĭviæ quem *dēsĕcrāvĕrat* ipsa. Stat. Theb. 9. 586. SYN. săcro, as, q. v.; consĕcro.

dēsĕro, is, ui, sertum. *To desert, leave, etc.* —— *Dēsĕret* ante dies quam consĕquar omnia dictis. Ov. Met. 15. 148. SYN. linquo, ĭs, līqui; rĕlinquo; destĭtuo, is, ui, ūtum; dēfĭcio, ĭs, fēci.

‡dēserpo, ĭs. *To creep down.* —— *Dēserpit*que gĕnis lānūgo. Stat. Theb. 6. 585. SYN. dērēpo, is, psi. v. serpo.

dēsertor, ōris. *A deserter.* —— In tua castra rĕdi sŏcii *dēsertor* Ămōris. Ov. Her. 19. 157.

dēsertum, i. usu. in pl. *A desert, a lonely place.* —— Ipse ignōtūs ĕgens Lĭbyæ *dēserta* pĕrăgro. V. Æn. 1. 388. PHR. Quid pŏtius făciam dēsertis sōlus in ōris? Ov. Quid me dēsertis pĕrĭtūram Līber ărēnis Servābas. Ov.

dēservio, īs. *To serve.* —— Accĭpe per longos tĭbĭ qui *dēserviat* annos. Ov. Am. 1. 3. 5. SYN. servio, q. v.

‡dēsēs, ĭdis. *Slothful.* —— Pax sēcūra lŏcīs et *dēsĭdis* ōtia vītæ. Stat. Sylv. 3. 5. 85. SYN. dēsĭdiōsus, q. v.; rĕsēs.

†dēsicco, as. *To dry.* —— Vāsa nōlo aufĕrant, *dēsiccāri* lŭbet. Plaut. Truc. 2. 7. 30. SYN. sicco, q. v.

dēsīdeo, es, sedi. *To sit down, to settle.* —— Quālis ĭn immenso *dēsēdĕrit* āĕre tellus (dictet). Tib. 4. 1. 19. SYN. sĕdeo, q. v.

dēsīdĕrium, i. 1. *Love.* — 2. *Regret for what is lost or absent.* —— 1. *Dēsīdĕrī*que tempĕrāre pōcŭlum. Hor. Epod. 17. 80. — 2. Sic *dēsīdĕriis* icta fĭdēlĭbus Quærit pātria Cæsărem. Hor. 4. 5. 15. SYN. 1. ămor, q. v.

dēsīdĕro, as. 1. *To want, to wish for.* — 2. *To require, as a thing requires so and so.* — 3. *To regret (the loss of any thing).* —— 1. *Dēsīdĕrantem* quod sătis est, neque Tŭmultuōsum sŏlĭcĭtat măre. Hor. 3. 1. 25. — 2. Hoc nĭtor ille tui gĕnĕris *dēsīdĕrat.* Ov. Ep. e P. 2. 9. 17. — 3. Nec pătriam măgis ille suam *dēsīdĕrat* et quæ Plurĭma cum pătriâ sentit abesse suâ. Ov. Tr. 5. 4. 27. SYN. 1. cŭpio, ĭs, īvi, q. v. — 2. posco, ĭs, poposci; ĕgeo, es. — 3. rĕquīro, ĭs, quīsīvi.

dēsĭdia, æ. *Sloth.* —— Ille horrĭdus alter *Dēsĭdiâ* lātamque trahens inglōrius alvum. V. G. 4. 94. SYN. ĭnertia, ignāvia; segnĭties, ēi. v. seq.

†dēsĭdies, ei. an older form of prec. —— Quantas Effĭciunt clādes, quid luxus *dēsĭdies*que. Lucr. 5. 49.

dēsĭdiōsē. *Slothfully.* —— *Dēsĭdiōsē* ăgĕre ætātem. Lucr. 4. 1129. SYN. lentē, ‡segnĭter.

dēsĭdiōsus, a, um. *Slothful.* —— In promptu causa est, *dēsĭdiōsus* ĕrat. Ov. R. A. 162. SYN. ĭners, ignāvus, segnis; pĭger, gra, grum; ‡dēsēs, ĭdis; rĕsēs.

‡dēsīdo, ĭs. *To sink down.* —— Gargăra *dēsīdunt* surgenti. Stat. Theb. 1. 548. SYN. dēsīdeo, q. v.

§**dēsignātor, ōris.** *A master of the ceremonies, etc.*——*Dēsignātōrem* dĕcŏrat lictōrĭbus ātris. Hor. Epist. 1. 7. 6.
dēsigno, as. *To mark out.*——Intĕrea Æneas urbem *dēsignat* ărātro. V. Æn. 5. 755. SYN. descrībo, is, psi, q. v.
dēsĭlio, īs, ui, sultum. *To leap down.*——Portisque ab ĕquo rēgīna sub ipsis *Dēsĭluit.* V. Æn. 11. 501. Unde lŏquāces Lymphæ *dēsĭliunt* tuæ. Hor. 3. 13. 16.
dēsĭno, is, sīvi, usu. **desii.** *To cease, usu. c. infin., rarely c. acc., sometimes c. gen., pass. only as impers.*——*Dēsĭne* mēque tuis incendĕre, tēque quĕrēlis. V. Æn. 4. 360. *Dēsĭne* Mænălios, jam *dēsĭne* tībia versus. V. E. 8. 61. *Dēsĭne* mollium tandem quĕrēlārum. Hor. 2. 9. 17. Tunc bĕnĕ *dēsĭnĭtur.* Ov. A. A. 1. 411. SYN. cesso, as ; absisto, ĭs, stĭti, *no sup.*; dēsisto ; ŏmitto, ĭs, mīsi. v. parco.
dēsĭpio, ĭs. *To be foolish, to play the fool.*—— Dulce est *dēsĭpĕre* in lŏco. Hor. 4. 12. 28. SYN. §nūgor, āris ; ĭneptio, īs.
dēsisto, is, destĭti. no sup. *To cease, to cease from.*——Mēne incepto *dēsistĕre* victam ! V. Æn. 1. 38. Hic tertius Dĕcember ex quo *destĭti* Ĭnăchea fūrĕre. Hor. Epod. 11. 7. v. desino.
dēsōlo, as. *To make desolate, esp. by forsaking.*—— Ingentes et *dēsōlāvĭmus* ăgros. V. Æn. 11. 367. Disjectique dŭces, *dēsōlātique* mănĭpli. V. Æn. 11. 870. v. populo.
despecto, as. *To look down upon.*——Nunc terras ordĭne longo Aut căpĕre aut captas jam *despectāre* vĭdentur. V. Æn. 1. 400. SYN. despĭcio, ĭs, q. v.
‡**despectus, ūs.** masc. *A view from an elevated place.*—— Portūs amplexăque littus Mœnia, qua longē pĕlăgo *despectus* ăperto Scandĭmus. Stat. Theb. 5. 351.
‡**desperno, ĭs, sprēvi.** *To despise.*—— Ne Cŏrȳdōnis opes *despernat* Ălexis. Columella, 10. 298.
despēro, as. *To despair of.*—— Me quoque *despēro* fuĕrim cum parvus et ante Illi, qui fuĕram, posse rĕdīre părem. Ov. Tr. 5. 12. 29. Proxĭmus hinc grădus est bĕnĕ *despērāre* sălūtem. Ov. Ep. e P. 3. 7. 23. PHR. Una sălus victis nullam spērāre sălūtem. V.
despĭcio, ĭs, spexi, ctum. 1. *To look down upon.*—2. *To despise.*—— 1. De vertĭce montis *Despĭcĕre* in valles. Ov. Met. 11. 504.—2. *Despectus* tĭbĭ sum nec qui sim quæris Ălexi. V. E. 2. 19. SYN. 1. despecto, as.—2. sperno, ĭs, sprēvi, q. v. ; temno, ĭs, psi ; contemno.
‡**despŏlio, as.** *To despoil, to rob.*—— Nulla est hōra tĭbĭ quā non me Phylli fūrentem *Despŏlias.* Mart. 11. 51. 2. SYN. spŏlio, q. v.
despondeo, es, di, sum. *To betroth.*——Cum păter, Ĭphĭ, tĭbĭ flāvam *despondet* Ianthem. Ov. Met. 9. 714. Qui *desponsa* tuā firmes connūbia flammā. Cat. 60. 27. SYN. spondeo, q. v.
despūmo, as. *To skim the froth off.*——Et fŏliis undam trĕpĭdi *despūmat* ăhēni. V. G. 1. 296.
despuo, ĭs. *To spit.*—— *Despuit* in molles et sĭbĭ quisque sĭnus. Tib. 1. 5. 54. SYN. spuo, q. v.
‡**desterto, is, ui.** no sup. *To give over snoring, to give over dreaming.*—— Postquam *destertuit* esse Mæŏnĭdes. Pers. 6. 10.
§**destĭnātus.** part. pass. of seq., also as adj. *Obstinate.* —— At tu Catulle *destĭnātus* obdūra. Cat. 8. 19. SYN. pertĭnax.
destĭno, as. 1. *To destine, to appoint.*—2. *To intend.*—— 1. *Destĭnat* impĕrio clārum prænuntia vēri Fāma Nūmam. Ov. Met. 15. 3.—2. Nulla certior tămen Răpācis Orci fine *destĭnātā* Aula Divitem mănet hĕrum. Hor. 2. 18. 30. Cui frons turgĭda cornĭbus Prīmis et Vĕnĕrem et prœlia *destĭnat.* Hor. 3. 13. 5. SYN. 1. assigno, as ; (*as the Fates do*) volvo, ĭs.—2. mōlior, īris, q. v. SYN. (*of* destinatus) dēbĭtus.
destĭtuo, ĭs, ui, ūtum 1. *To leave.*—2. *To cheat.*—— 1. Tam cĭtŏ me somnos *destĭtuisse* quĕror. Ov. Her. 15. 136.—2. Ex quo *destĭtuit* Deos Mercēde pactā Lāŏmĕdon. Hor. 3. 3. 21. SYN. 1. linquo, ĭs, liqui ; rĕlinquo ; dēsĕro, ĭs, ui, sertum.—2. fraudo, as.
destringo, is, nxi, ictus. 1. *To tear off.*—2. *To bind.*—3. *To draw (a sword, etc.), esp. in pass. part.*—4. *To graze.*—— 1. Neve flăgella Summa pĕte, aut tĕnĕras *destringe* ex arbore plantas. V. G. 2. 300.—2. Saxum ingens volvunt

ālii rădiisque rŏtārum *Destricti* pendent. V. Æn. 6. 617.—3. *Destrictus* ensis cui sŭper impiā Cervice pendet. Hor. 3. 1. 17.—4. Et se præbentem văluit *destringere* Cў̆gnum. Ov. Met. 12. 101. *Destrictus* mĭnĭmā nec tamen illē nŏtā est. Ov. Tr. 2. 466. SYN. 1, 2, 3, 4. stringo.—1. ăbrĭpio, ĭs, ui reptum. —2. ligo, as, q. v.

destruo, is, xi, ctum. *To pull down, to destroy.*——Quid mŏror, an mea Pygmălion dum mœnia frater *Destruat.* V. Æn. 4. 326. SYN. diruo, ĭs, ui, ŭtum, q. v.

†dēsŭbĭto. *Suddenly.*——Non posse tămen prorumpĕre ĕquorum Vim cŭpĭdam tam *dēsŭbĭto.* Lucr. 2. 265. SYN. sŭbĭto, q. v.

‡dēsūdo, as. *To sweat.*——Illum ĕgŏ perpĕtuis mihĭ *dēsūdāre* căminis Si jŭbeam. Stat. Theb. 3. 277. SYN. sūdo, q. v.

desuesco, is, suēvi, suetus (the part. the only form found in the Augustan writers). *To be unaccustomed.*——Paulatim antīquo pătrum *dēsuescit* hŏnōri. Sil. 3. 576. Rĕsĭdesque mŏvēbit Tullus in arma vĭros, et jam *desueta* triumphis Agmĭna. V. Æn. 6. 815.

dēsuētūdo, ĭnis. fem. *Disuse.*——Jam *dēsuētūdine* longā Vix sŭbeunt ipsi verba Lătīna mihi. Ov. 5. 7. 57.

dēsultor, ōris. masc. *One who leaps from one horse to another, a skirmisher.*——Non mihĭ mille plăcent; Non sum *desultor* ămōris. Ov. Am. 1. 3. 15. PHR. Est etiam aurīgæ spĕcies Vertumnus et ējus Trājĭcit alterno qui lĕve pondus equo. Prop.

dēsum, dēes, dēest, etc. **dēfui, dēfūtūrus.** *To be wanting.*——Sanctius hĭs ănĭmal mentisque căpācius altæ *Dēerat* ădhuc. Ov. Met. 1. 77. SYN. absum; dēfĭcio, ĭs, fēci; dēfio, *only in 3d sing. pres.*

§dēsūmo, ĭs, psi. *To pick out.*——Sĭbĭ quod văcuas *desumpsit* Ăthēnas. Hor. Epist. 2. 2. 81. SYN. dēlĭgo, is, lēgi, q. v.

dēsŭper. *From above.*——His ĕgŏ nĭgrantem commixtā grandĭne nimbum *Dēsŭper* infundam. V. Æn. 4. 122. SYN. sŭper, sŭperne.

§dēsurgo, is, surrexi. *To rise from.*——Vides ut pallĭdus omnis Cœnā *dēsurgat* dŭbiā. Hor. Sat. 2. 2. 77.

dētĕgo, ĭs, xi, ctum. *To uncover.*——Aut lăcĕros artūs et grandia *dētĕgit* ossa. Ov. Met. 9. 169. Căci *dētecta* appāruit ingens Rēgia. V. Æn. 8. 241. SYN. rĕtĕgo; rĕvēlo, as; dēvēlo, as; rĕclūdo, ĭs, si; ăpĕrio, ĭs, ui, ăpertum.

dētergeo, es, si. *To wipe away.*——Albus ut obscūro *dēterget* nūbĭla cœlo sæpe Nŏtus. Hor. 7. 15. SYN. tergeo, abstergeo.

dētĕrior. superl. **dēterrimus.** *Worse, worst.*——*Dētĕrior* dōnec paulātim et dĕcŏlor ætas. V. Æn. 8. 326. Hŏnesti Spādīces glaucique, cŏlor *dēterrĭmus* albis et gilvo. V. G. 3. 82. SYN. pējor, pessĭmus. v. mălus.

dētĕrius. *Worse.*——Dŏlītūrus si placeant spe *Dētĕrius* nostrā. Hor. Sat. 1. 10. 90.

†dētermĭno, as. *To determine, to limit.*——Descendit prŏpe, ut hinc tēli *dētermĭnet* ictus. Lucr. 6. 402. SYN. termino, q. v.

dētĕro, ĭs, trīvi. 1. *To wear out.*—2. *To disparage.*——1. *Dētĕret* invălĭdos et via longa pĕdes. Tib. 1. 10. 16. Pŭdor . . . vĕtat . . . Laudes ēgrĕgii Cæsăris et tuas Culpā *dētĕrĕre* ingĕnī. Hor. 1. 6. 12. SYN. 1. tĕro, q. v.—2. mĭnuo, is. v. detrecto.

dēterreo, es, ui. *To deter, frighten away.*——Īræ, Quas neque Nŏrĭcus *Dēterret* ensis. Hor. 1. 16. 10. SYN. terreo, absterreo.

‡dētestābĭlis, e. *Detestable.*——Exemplum in nostro tam *dētestābĭle* sexu. Juv. 2. 48. SYN. ŏdiōsus.

dētestātio, ōnis. fem. *A curse.*——Dīris ăgam vos; dīra *dētestātio* nullā expiātur victĭmā. Hor. Epod. 5. 89. SYN. dīræ, ārum, q. v.

dētestor, āris. perf. part. both in act. and pass. sense. 1. *To curse.*—2. *To hate.*——1. Hostīlique căput prĕce *dētestātur* euntis. Ov. Met. 15. 505.—2. Lĭtuo tŭbæ Permistus sŏnĭtus bellaque mātrĭbus *Dētestāta.* Hor. 1. 1. 25. SYN. 1. dēvŏveo, es, vōvi.—ŏdi, q. v.

dētexo, ĭs, ui, xtum. *To weave.*——Vīmĭnĭbus mollique păras *detexere* junco. V. E. 2. 72. SYN. texo, q. v.

dētĭneo, es, ui, tentum. *To detain.*——Ille mănūs ōlim missūras Hectŏra leto Crēdĭtur in lўrĭcis *dētĭnuisse* mŏdis. Ov. F. 5. 386. SYN. tĕneo; mŏror, āris, q. v.

dētŏnat. perf. **uit.** *It thunders (lit. and metaph.).* —— Æneas nūbem belli dum *dētŏnet* omnem Sustĭnet. V. Æn. 10. 809. SYN. tŏnat, intŏnat.

dētondeo, es, di, sum. *To cut off.* ——Arbŏrĭbus rĕdeunt *dētonsæ* frīgŏre frondes. Ov. F. 3. 237. SYN. dēcīdo, ĭs, di, q. v.

dētorqueo, es, si, tum. 1. *To turn aside.*—2. *To turn.*——1. Ūnā ardua torquent Cornua *dētorquent*que. V. Æn. 5. 832.—2. Prōtĭnus ad rēgem cursus *dētorquet* Iarbam. V. Æn. 4. 196. SYN. 1. rĕtorqueo; deflecto, ĭs, xi, q. v.—2. torqueo, flecto.

dētraho, ĭs, xi, ctum. *To take off.* ——*Dētrahat* Antæus dūro rĕdĭmīcula collo. Ov. Her. 9. 71. SYN. subtraho; dēmo, ĭs, dempsi; ădĭmo, ĭs, ădēmi; tollo, ĭs, sustŭli, sūblātum; subduco, ĭs, xi; āmŏveo, es, āmōvi; rĕmŏveo, dēmŏveo.

dētrecto, as. 1. *To avoid, shirk.*—2. *To disparage.*——1. *Dētrectāvit*que fŭrōre Mīlĭtiam ficto. Ov. Met. 13. 36.—2. Ingĕnium magni *dētrectat* Līvor Hŏmēri. Ov. R. A. 365. SYN. 1. rĕtracto; vīto, as, q. v.—2. ‡obtrecto. v. dētĕro.

§dētrīmentum, i. *Loss, injury.* ——*Dētrīmenta*, fŭgas servorum, incendia rīdet. Hor. Epist. 2. 1. 121. SYN. damnum, q. v.; dispendium.

dētrūdo, is, si. 1. *To push down.*—2. *To drive away.*——1. Cȳmŏthoē sĭmul et Triton adnixus ăcūto *Detrudunt* nāves scŏpŭlo. V. Æn. 1. 145.—2. Jūbet . . . *dētrūdĕre* fīnibus hostem. V. Æn. 7. 469. SYN. 2. pello, ĭs, pĕpuli, pulsum, q. v.

dētrunco, as. *To cut off.* —— *Dētruncat*que căput rĕpĕtītaque rōbŏra cædit. Ov. Met. 8. 769.

‡dētŭmeo, es, ui. no sup. *To cease to swell.* —— *Dētŭmuēre* ănĭmi măris et clēmentior auster Vēla vŏcat. Stat. Theb. 5. 468. v. mītesco, v. subsīdo.

dēturbo, as. *To throw down.* ——Tum căput ōrantis nēquicquam et multa părantis Dīcĕre *dēturbat* terræ. V. Æn. 10. 583. SYN. dējĭcio, is, jēci, q. v.

dēturpo, as. *To dirt, to defile.* —— Intonsos multo *dēturpat* pulvĕre crīnes. V. Ciris. 284. SYN. turpo, q. v.

dēvasto, as. *To lay waste, destroy.* —— Sarpēdŏnis agmĭna ferro *Dēvastāta* meo Ov. Met. 13. 255. SYN. vasto; fundo, ĭs, fūdi.

Deucălion, ōnis. masc. *The son of Prometheus, who with his wife Pyrrha were the only human beings saved from the deluge.* ——Huc (*on the top of Parnassus*) ŭbĭ *Deucălion*, nam cætera texerat æquor Cum consorte tŏri parvā răte vectus adhæsit. Ov. Met. 1. 318. SYN. Prŏmēthĭdes, æ. v. Ov. Met. 1. 318—415.

Deucăliōnēus, a, um. *Of Deucalion.*——*Deucăliōnēas* effūgit ĭnōbrŭtus undas. Ov. Met. 7. 356.

dēveho, ĭs, xi, ctum. *To carry down.* ——Aut unde īrātus sylvam *devexit* ărātor. V. G. 2. 207. SYN. dēfĕro, fers, tŭli, ferre, lātum; dēdūco, ĭs, xi.

dēvēlo, as. *To uncover.* Ōraque *dēvēlat* mĭsĕræ pŭdībunda sŏrōris. Ov. Met. 6. 604. SYN. rĕvēlo; dētĕgo, is, xi, q. v.

dēvĕnĕror, āris dep. fut. in dus in pass. sense. —— Deos . . . sum prĕce thūrĭcremis *dēvĕnĕrāta* fŏcis. Ov. Her. 2. 18. SYN. vĕnĕror; ădōro, as.

dēvĕnio, īs, vēni, ventum. 1. *To descend.* — 2. *To come.*——1. Īre tămen restat Nūma quo *dēvĕnit* et Ancus. Hor. Epist. 1. 6. 27. — 2. Spēluncam Dīdo, dux et Trōjānus eandem *Dēvĕnient.* V. Æn. 4. 125. SYN. 1. descendo, ĭs, di, q. v. — 2. vĕnio, q. v.

dēverto, ĭs, ti, sum. 1. *To turn aside, trans.*—2. (*in pass.*) *To turn aside*; (*intrans.*) *to betake oneself to.* — 3 *Act. is also used like pass. in intrans. sense.* ——1. Victor cēdentĭbus instat *Dēvertit*que ăcies. Lucan. 2. 469. — 2. Quid măgis ad măgĭcas Ĕrăto *dēvertĕris* artes. Ov. A. A. 2. 425. — 3. Ālĭtis in răræ mĭsĕrum *dēvertĭte* fūnus. Ov. Am. 2. 6. 9. SYN. 1, 2. dīverto, dēflecto. 3. v. venio.

‡dēvescor ĕris. no sup. *To feed upon.* —— Ănĭmas a stirpe rĕcentes Ābrĭpĕre altrīcum grĕmiis, morsuque cruento *Dēvesci.* Stat. Theb. 1. 603. SYN. vescor, q. v.

dēvexus, a, um. *Bending down.* —— *Dēvexo* intĕreā propior fit vesper Olympo. V. Æn. 8. 280. SYN. prōnus.

dēvictus, a, um. part. pass. from devinco, q. v. —— Per dŭcis Ēvandri nōmen *dēvicta*que bella (*wars victoriously ended*). V. Æn. 10. 370.

dēvincio, is, nxi. chiefly used in part. **dēvinctus,** which is found also in compar.

To unite.——Tum păter æterno fātur *dēvinctus* ămōre. V. Æn. 8. 394. Ănĭmæ quāles neque candĭdiōres Terra tŭlit, neque queîs me sit *dēvinctior* alter. Hor. Sat. 1. 5. 42. SYN. *of part.* junctus, q. v.

dēvinco, ĭs, vīci. *To conquer; oftenest used in pass. part.* dēvictus, q. v. *To conquer, to surpass.*—— Pŏtius fŭgientia rīpas Flūmina *Dēvincas.* Stat. Sylv. 5. 5. 63. SYN. vinco, q. v.; *of part.*, rĕvictus.

dēvīto, as. *To avoid.*——Quanto *dēvītes* ănĭmi căpĭtisque lăbore. Hor. Epist. 1. 1. 43. SYN. vito, q. v.

dēvius, a, um. 1. *Lying out of the way (as a place).*—2. *Wandering out of the way (as a person or animal).*——1. Quod prŏcul hæc rĕgio est et ab omni *dēvia* cursu. Ov. Ep. e P. 3. 1. 27.—2. *Dēviæ* Ŏlentis uxōres mărītī. Hor. 1. 17. 7. Et cĕcĭnit mœstum *dēvia* carmĕn ăvis (i. e. *ill-omened*). Ov. Her. 2. 118. SYN. 1. ăvius.—2. văgus, q. v.

‡deunx, cis. masc. *An as wanting one ounce, eleven-twelfths of any thing.*——Poto ĕgŏ sextantes; tu pōtās Cinna *deunces.* Mart. 12. 28. 1.

dēvŏco as. *To call down.*——Rĕfixa cœlo *dēvŏcāre* sīdĕra. Hor. Epod. 17. 5.

dēvŏlo, as. *To fly down.*——Et Jŏvis in multas *dēvŏlat* ālĕs ăves. Ov. A. A. 3. 420.

dēvolvo, is, vi, vŏlūtum. 1. *To roll down.*—2. *To roll or wind.*——1. Semper audāces nŏva Dīthўrambos verba *dēvolvit.* Hor. 4. 2. 10.—2. Carmĭne quo captæ dum fūsis mollia pensa *Dēvolvunt.* V. G. 4. 349. SYN. 2. volvo, ēvolvo, q. v.

dēvŏro, as. *To devour.*——*Dēvŏrer* ante, precor, sŭbĭto tellūris hiātu. Ov. Her. 3. 63. SYN. vŏro, q. v.

dēvŏveo, es, vōvi, vōtum. 1. *To vow, to devote.*—2. *To curse.*—3. *To enchant.*——1. Vōbīs ănĭmam hanc sŏcĕroque Lătīno Turnus ĕgo haud ulli vĕtĕrum virtūte sĕcundus *Dēvōvi.* V. Æn. 11. 442. *Dēvōta* morti pectŏra lībĕræ. Hor. 4. 14. 18.—2. Carmĭna *dēvŏveo* Pīĕrĭdasque meas. Ov. Tr. 5. 7. 32.—3. Aut tē trājectis Ææa vĕnēfĭca lānis *Dēvŏvet.* Ov. Am. 3. 7. 80. SYN. 1. vŏveo; dēdĭco, as; săcro, as; consĕcro.—2. dētestor, āris.—3. canto, as, q. v.

Deus, i. dat. pl. **Deis** rare (Dis from Divus, q. v. is more frequent). *A god.*——Namque ĕrit ille mihi semper *Deus.* V. E. 1. 7.——Cāra *Deûm* sŏbŏles, magnum Jŏvis incrēmentum. V. E. 4. 49. Auspĭcĭbusque *Deis.* Ov. F. 1. 615. SYN. Dīvus, q. v.; nūmĕn, ĭnis, *neut. In pl.* cœlicolæ, arum, *masc.*; cœlĭtes, um; cœlestes, um; sŭpĕri. PHR. Deum namque īre per omnes Terrasqūe tractusque măris, cœlumque prŏfundum (quidam dixēre). V. Cūrāre Deum crēdis mortālia. V. In prīmis vĕnĕrāre Deos atque annua magnæ săcra rĕfer Cĕrĕri. V. At spērāte Deos mĕmŏres fandi atque nĕfandi. V. Tu mŏdŏ posce Deos vĕniam. V. Heu nihĭl invītis fas quemquam fīdĕre Dīvis. V. O Qui res hŏmĭnumque Deûmque æternis rĕgis impĕriis et fūlmine terres. V. Vălet īma summis Mūtāre et insignem attĕnuat Deus, obscūra prōmens. Hor. Sŭpĕris Deōrum Grātus et īmis. Hor. Qui res hŏmĭnum ac Deōrum Qui măre et terras văriisque mundum Tempĕrat hōris. Hor. At, O Deōrum quicquid in cœlo rĕgis Terras et hūmānum gĕnus. Hor. Magnōrum nūmen læsūra Deōrum (*by perjury*). Hor. Dî me tuentur, Dîs pietas mea Et Musa cordi est. Hor. Effĭgies mŏdĕrantûm cuncta Deorum. Ov. Quis Deus oppo-suit nostris sua nūmĭna votis? Ov. O si neglecti quisquis Deus ultor ămantis. Ov. Făcĭle est omnia posse Deo. Ov. Adverso vŏvĭmus ista Deo. Ov. Sed mihĭ Dî făcĭles et sunt in ămōre sĕcundi. Ov. Tĭmeo... offensos vĭdear nē mĕruisse Deos. Ov. Magna tămen spes est in bŏnĭtāte Dei. Ov. Nî fuĕrit læsi mollior īra Dei. Ov. Nos quŏque templa jŭvant, quamvis antīqua prŏbēmus, Aurea, majestas convĕnit ista Deo. Ov. Ante Deos hŏmĭni quod concĭliāre vălēret Făr ĕrat. Ov. v. Jupiter, prĕcor.—*To become a god.* Vŏcābĭtur hic quoque vōtis. V. Damnābis tu quŏque vōtis. V. Jamprīdem nōbis cœli te rēgia Cæsar Invĭdet. V. Et tămen ex illo venit in astra tŏro. Ut Deus accēdat cœlo, templisque cŏlātur. Ov. Hac arte Pollux et văgus Hercŭles Ēnīsus arces attĭgit igneas Quos inter Augustus rĕcumbens Purpŭreo bĭbit ōre nectar. Hor. v. V. G. 1. 24—31.

dexter, ĕra, ĕrum. and sync. **tra, trum.** also compar. **dextĕrior.** no superl. 1. *On the right hand.*—2. *Fit, suitable.*—3. *Favourable, propitious, of good omen.*——1. Quo tantum mihĭ *dexter* ăbīs? huc dīrĭge gressum. V. Æn. 5. 162. Neu te *dextĕrior* tortum declinet in anguem. Ov. Met. 2. 138. *Dextrīs* addū-

K

cor lītŏra rēmis. Ov. Met. 3. 598.—2. *Dextĕra* præcĭpuē căpit indulgentia mentes. Ov. A. A. 2. 145.—3. Et nos et tua *dexter* ădi pĕde săcra sĕcundo. V. Æn. 8. 302. SYN. 2. aptus. q. v. opportūnus.—3. făcĭlis, bĕnignus, faustus (*not of persons*), sĕcundus; fēlix, īcis.

dextĕra. sync. dextra. *The right hand.*——Et *dextræ Dextera* juncta meæ. Ov. Her. 12. 90. v. mănus.

Dīa, æ. acc. am and ăn. *Naxos, an island in the Ægean Sea.*——Qua brĕvis æquŏreis *Dīa* fĕrītur ăquis. Ov. A. A. 1. 528. Prōtĭnus Ægides raptâ Mīnōĭde *Dīan* Vela dedit. Ov. Met. 8. 174. v. Naxos.

diădēma, ătis. neut. *A crown.*——Regnum et *diădēma* tūtum Dēfĕrens ūni. Hor. 2. 2. 21. SYN. cŏrōna, q. v.

‡**diæta,** æ. *A supper-room.*——Ūna tămen cunctis prŏcŭl ēmĭnet, ūna *diætis.* Stat. Sylv. 2. 2. 83. SYN. ‡cœnăcŭlum.

Diălis, e. *Of Jupiter.*——Nam mihĭ sic conjux sancta *Diălis* aĭt. Ov. F. 6. 226.

Dīāna, æ. *Daughter of Jupiter and Latona; sister of Apollo. She was born at Delos, was the goddess of virgins, being herself a virgin; the patroness of hunting; and represented wearing buskins, and carrying a bow and arrows. The same as Ilithyia, and the moon, and Hĕcătē.*——Doctus et Phœbi chŏrus et *Dīānæ* dīcĕre laudes. Hor. C. S. 75. Quālis in Eurōtæ rīpīs aut per jŭga Cynthi Exercet *Dīāna* chŏros, quam mille sĕcūtæ Hinc atque hinc glŏmĕrantur Ŏrēădĕs.... illa phărētram Fert hŭmĕro grădiensque Deas sŭpĕrēmĭnet omnes. V. Æn. 1. 499. SYN. Lātōĭs, ĭdŏs; Tītānia, Phœbē, Lātōnia, Dictynna, Trĭvia, Dēlia, Cynthia. v. Lucina, v. Luna, v. Hecate. PHR. Cæde phărētrātæ pascĭtur āra Deæ. Ov. Quis prŏbet in sylvis Cĕrĕrem regnare jŭgōsis, Lēge phărētrātæ virgĭnis arva cŏli? Ov. Pictâ Dea læta phărētrâ. Ov. Tergĕmĭnamque Hĕcătēn, tria virgĭnis ora Dīānæ. V. Per trĭplĭces vultūs, arcānaque săcra Dīānæ. Ov. Quid juvat incinctæ stŭdia exercēre Dīānæ? Ov. Vĕrēcundæ spĕcŭlantem lābra Dīānæ. Ov. Inter Hămādryădas jăcŭlātrīcemque Dīānam.... Ov. Intĕgræ Tentātor Ŏrīon Dīānæ. Hor. Sævīs ĭnĭmīca Virgo Belluis. Hor. v. Hor. C. S.

Dīānius, a, um. *Of Diana.*——Exăgĭtant et Lār et turba *Dīānia* fūres. Ov. F. 5. 141.

§**diārium,** i. *Any thing for a day, a day's food, a day's wages, etc.*——Cum servis urbāna *diāria* rōdĕre mavis. Hor. Epist. 1. 14. 40.

‡**Dīcarchæus.** *Of Dicarchia, an old name of Puteoli, a town near Naples.*——Forte *Dīcarchæâ* jŭvĕnis consēdit in urbe. Sil. 13. 385.

dĭcax, ācis. *Witty.*——Hŏmo est vĕnustus et *dĭcax* et urbānus. Cat. 20. 2. v. lepidus.

dĭco, as. *To dedicate, devote.*——Connūbio jungam stabili prŏpriamque *dĭcābo.* V. Æn. 1. 77. SYN. dedĭco, dēvŏveo, es, vōvi; săcro, consĕcro.

dīco, is, xi. 1. *To say, speak to, tell.*—2. *To speak of.*—3. *To call.*——1. Illa dies fātum Mĭseræ mihĭ *dixit.* Ov. Her. 5. 33.—2. Quo te fīdūcia, clāmat, Vāna pĕdum, viŏlente, răpit? tĭbĭ, Nesse biformis, *Dīcĭmus.* Ov. Met. 9. 121.—3. Templa Deo fīunt, collis quŏque *dictus* ab illo. Ov. F. 2. 511. SYN. 1, 2. lŏquor, ĕrĭs, lŏcūtus sum.—1. ēlŏquor, prōlŏquor; fāri, q. v.; effāri, prŏfāri.—2. cĕlĕbro, q. v.—3. vŏco, as, q. v. PHR. Sic fātur lăcrўmans. V. Ŏceăno lĭbēmus aĭt. V. Vix pauca fŭrenti subjĭcio, et rāris turbātus vōcĭbus hisco. V. Sit mihĭ fas audīta lŏqui. V. Tālia vōce rĕfert. V. Hos ēdit crīne jăcente sŏnos. Ov.

Dictæus, a, um. *Of Dicte, a mountain in Crete; Cretan.*——*Dictæo* rēgem cœli pāvēre sub antro. V. G. 4. 152. SYN. Crētĭcus, q. v.

dictamnum, i. *The herb dittany.*——*Dictamnum* gĕnĕtrix Cretæâ carpit ab Īdâ. V. Æn. 12. 412.

‡**dictātor,** oris. *A magistrate at Rome, elected with absolute power on certain emergencies.*——Summum *Dictātor* hŏnōrem Contĭgit. Lucan. 5. 383.

‡**dictātūra,** æ. *The dictatorship.*——Cum trĕpĭda ante bŏves *dictātūram* induit uxor. Pers. 1. 88.

‡**dictērium,** i. *Raillery.*——*Dictēria* dīcis in omnes. Mart. 6. 44. 3. v. sales, jocus.

§**dictāto,** as. *To be in the habit of saying.*——*Dictĭtet* Albāno Mūsas in monte lŏcūtas. Hor. Epist. 2. 1. 27.

dicto, as. *To dictate what another may write.*——*Dictātis* ab eo fēci sponsālia verbis. Ov. Her. 20. 28. SYN. præscrībo, is, psi, ptum.
dictum, i. *A saying, a word, a speech.*——Allŏquĕre et cĕlĕres dĕfer mea *dicta* per auras. V. Æn. 4. 226. Sic aït et *dicto* cĭtius tŭmĭda æquŏra plăcat. V. Æn. 1. 142. SYN. verbum; vox, vōcis.
dictus, a, um. part. pass. from dīco, ĭs. also in some senses in which other parts of dico are not found. 1. *Appointed.*—2. *Dedicated to.*——1. Convĕniunt nuptæ *dictam* Jūnōnis in ædem. Ov. F. 3. 205. Rāmus Jūnōni infernæ *dictus* săcer. V. Æn. 6. 138.
Dictynna, æ. *A name of Diana,* q. v.——Ecce suo cŏmĭtata chŏro *Dictynna* per altum Mænălŏn ingrĕdiens. Ov. Met. 2. 441.
dīdo, ĭs, dīdĭdi, ĭtum. *To spread abroad.*——*Dīdĭtur* hic sŭbĭto Trōjāna per agmĭna rūmor. V. Æn. 7. 144. SYN. spargo, gĭs, si, q. v.
Dīdo, ūs. *Dido; she had been queen of Tyre and wife of Sichæus, whom her brother Pygmalion murdered, and usurped the kingdom; she fled to Africa, and founded Carthage, called at first Byrsa; her other name was Elissa. Æneas, after the fall of Troy, was driven on the African coast by a storm; she became his wife, and being deserted by him slew herself.*——Certus ĕs īre tămen mĭsĕramque rĕlinquĕre *Dīdo.* Ov. Her. 7. 7. SYN. Ĕlissa. SYN. *or* EPITH. Phœnissa. EPITH. Sīdōnia, Tyria. v. V. Æn. 1. 338—368.; Æn. 4. v. Ov. Her. 7.
dīdūco, ĭs, xi. 1. *To draw asunder, divide.*—2. *To untie.*——1. Utque Mīlon robur *dīdūcĕre* fissĭle tentes. Ov. Ibis. 609. *Dīductos*que jŭgo cōgit ăhēneo. Hor. 3. 9. 18.—2. Nōdosque mănu *dīdūcit.* Ov. Met. 2. 564. SYN. 1. dīvĭdo, ĭs, vīsi, q. v.—2. solvo, ĭs, vi; sŏlūtum, q. v.
dies, ēi. masc. and fem. in sing., only masc. in pl. 1. *A day.*—2. *Time.*——1. Jamque *dies* alterque *dies* prōcessit. V. Æn. 3. 356.—2. Quam nec longa *dies*, pietas nec mītĭgat ulla. V. Æn. 5. 783. SYN. 1. lux, lūcis, *fem.*; Sōl, sōlis, *masc.*; Lūcĭfer, ĕri.—2. tempus, ŏris, *neut.* q. v. PHR. 1. Tot de mense supersunt Lūcĭfĕri. Ov. Ubi alma dies hĕbĕtārat sidera. Ov. Tutior idcirco nox est quam tempŏra Phœbi. Ov. v. māne.—*Midday.* Rŏseis Aurōra quădrīgis Jam mĕdium æthĕrio cursu trājĕcĕrat axem. V. Aut plūs aut mĕdium Sōle tĕnente diem. Ov. Mĕdio tua, cornĭger Ammon Unda diē gĕlĭda est; ortuque (mane, sc.) ŏbĭtuque (vespere, sc.) călescit. Ov.—*By day or night, etc.* Sīve diē laxātur hŭmus seu frīgĭda lūcent sīdĕra. Ov. Sīve lătet Phœbus seu terris altior exstat, Tu mihĭ lūce dŏlor, tu mihĭ nocte vĕnis. Ov. Te vĕniente diē, te dĕcēdente cănēbat. V. Lībra diē (*for* diei) somnique păres ubi fēcĕrit hōras. V.—*Next day.* Postera sīdĕreos Aurōra fŭgāvĕrat ignes. Ov. Postĕra Jamque dies prīmo surgēbat Ĕōo, Hūmentemque Aurōra pŏlo dīmōvĕrat umbram. V. Proxĭma prospĭciet Tīthōno nupta rĕlicta Arcădiæ săcrum pontĭfĭcāle Deæ. Ov.—*The second day, etc.* Māne ŭbĭ bis fuĕrit Phœbusque ĭtĕrāvĕrit ortus Factaque ĕrit pŏsĭto rōre bis ūda sĕges. Ov.—*The third.* Tres ădeo incertos cæcâ cālīgĭne soles Erramus pĕlăgo tŏtĭdem sĭne sīdere noctes. V. Ter jŭga Phœbus ĕquis in Ībĕro gurgĭte mersis Demserat; et quartâ rădiantia nocte mĭcābant Sīdĕra. Ov. Ter sine perpetuo cœlum versetur in axe Ter jungat Tītan terque rĕsolvat ĕquos. Ov. Respĭciet Tītān actas ŭbĭ tertius Īdus. Ov. Cum Phrȳgis Assaraci Tīthōnia fratre rĕlicto Sustŭlit immenso ter jŭbar orbe suum. Ov. Tertia lux gĕlĭdam cœlo dīmŏvĕrat umbram. V. Tertia post Īdus nūdos Aurōra Lŭpercos Aspĭcit. Ov.—*The third and fourth, etc.* Tres ŭbĭ Lūcĭfĕros vĕniens præmīsĕrit Ēos, Tempŏra nocturnis æqua diurna fĕres; Inde quăter pastor sătŭros ŭbĭ clausĕrit hœdos, Cānuĕrint herbæ rōre rĕcente quăter; Jānus ădōrandus. Ov. Vix lūmĭne quarto Prospexi Ītăliam. V.—*The fifth.* Cum crŏceis rōrāre gĕnis Tīthōnia conjux cœpĕrit, et quintæ tempŏra lūcis ăgit. Ov. Quintus ab æquŏreis nĭtĭdum căput extŭlit undis Lūcĭfer. Ov. *The sixth.* Sex illum noctes; tŏtĭdem rĕdeuntia Sōlis Lūmĭna vīdērunt. Ov. Sex ŭbĭ sustŭlĕrit, tŏtĭdem dēmersĕrit orbes Purpŭreum răpĭdo Qui vehit axe diem. Ov.—*The seventh.* Septĭmus hinc Ŏriens cum se dēmīsĕrit undis. Ov.—*The ninth.* Et jam nona dies curru pennisque drăcōnum, Nōnaque nox omnes lustrantem vīdĕrat ăgros. Ov. Post ŭbĭ nōna suos Aurōra ostenderit ortus. V. Nōnamque sĕrēnâ Aurōram Phaĕthontis ĕqui jam lūce vĕhēbant. V. Prætĕreā si nōna diem mortālĭbus almum Aurōra extŭlĕrit rădiisque rĕtexĕrit orbem. V.—*The tenth.* Per bis quinque dies et

junctas ordĭne noctes. Ov. — *Three hundred and sixty-five days and a quarter.* Is dĕcies sēnos tercentum et quinque diēbus Junxit, et e plēno tempŏra quarta die. Hic anni mŏdus est. Ov.

Diespĭter, tris. *Jupiter*, q. v. —— Sæpe *Diespĭter* Neglectus incesto addĭdit intĕgrum. Hor. 3. 2. 29.

diffāmo, as. *To divulge. esp. slanderously.* ——Vulgat ădultĕrium, *diffāmātum*que părenti Indĭcat. Ov. Met. 4. 236. SYN. vulgo, as, q. v.

diffĕro, fers, distŭli, ferre, dīlātum. 1. *To carry in different directions, to tear to pieces, to disperse.* — 2. *To slander, to speak ill of.* — 3. *To put off.* — 4. *To differ from.* —— 1. Haud prŏcŭl inde cĭtæ Mĕtium in dĭversa quădrīgæ *Distŭlĕrant.* V. Æn. 8. 643. Ăquĭlo cùm . . . Scȳthiæque hyĕmes atque ărĭda *differt* Nūbĭla. V. G. 3. 197. — 2. Et te circum omnes ălias īrāta puellas *Diffĕret.* Prop. 1. 4. 22. Æternâ *diffĕror* invĭdiâ. Prop. 1. 16. 48. — 3. Quærĕre *distŭli*, nec scīre fas est omnia. Hor. 4. 4. 21. *Distŭlit* īra sitim. Ov. Met. 6. 366. Rēbus ĭdem, tĭtŭlo *differt*. Ov. Ep. e P. 1. 1. 17. SYN. 1. dispergo, ĭs, si.—2. mălĕdīco, is, xi, *c. dat.*; diffāmo, as.—4. disto, as, *no perf.*; discrēpo, as, ui; dissĭdeo, es, sēdi.

differtus, a, um. *Full, crowded.* —— Fŏrum Appî *Differtum* nautis caupōnĭbus atque mălignis. Hor. Sat. 1. 5. 4. SYN. plenus, q. v.

‡diffībŭlo, as. *To unclasp.* —— Torto chlămȳdem *diffībŭlat* auro. Stat. Theb. 6 570.

diffĭcĭlis, e. 1. *Difficult.* — 2. (*of a person*) *Morose.* —— *Diffĭcĭlis* nostrâ poscĭtur arte lăbor. Ov. A. A. 2. 538. — 2. Nec Venus oranti . . . Rustica grădīvo *diffĭcĭlis*ve fuit. Ov. A. A. 2. 566. SYN. 1. arduus, ŏpĕrōsus. 1, 2. dūrus. — 2. immītis, q. v. ; asper, ĕra, ĕrum.

diffīdentia, æ. *Distrust, diffidence.* —— Fit quŏque longus ămor quem *diffīdentia* nūtrit. Ov. R. A. 543.

diffīdo, ĭs, fīsus sum, part. **diffisus** in act. sense. —— *To distrust.* —— Quod fŏre ne nĭmium vĭdear *diffīdĕre*. Ov. Tr. 5. 13. 31. *Diffīdunt* mŏnĭtis sed quid tentāre nŏcēbit. Ov. Met 1. 397. SYN. indŭbĭto, as.

diffindo, ĭs, fĭdi, fissum. *To cleave.* —— *Diffĭdit* urbĭum Portas Vir Măcĕdo. Hor. 3. 16. 13. SYN. findo. q. v. ; dīlāmĭno, as.

diffingo, ĭs, xi. 1. *To undo.* — 2. *To make again, to remake.* —— Neque *Diffinget* infectumque reddet Quod fŭgiens sĕmĕl hōra vexit. Hor. 3. 29. 47. — 2. O ŭtĭnam nŏvâ Incūde *diffingas* rĕtūsum in Massăgĕtās Ărăbasque ferrum. Hor. 1. 34. 39. SYN. 1. destruo, ĭs, xi. — 2. rĕficio, ĭs, fēci.

diffĭteor, eris, fessus sum. *To deny.* —— Et pŭdor obscœnum *diffĭteātur* ŏpus. Ov. Am. 3. 14. 28. SYN. nĕgo, as, q. v.

†diffluo, ĭs, xi. 1. *To overflow.* — 2. *To flow or melt away so as to be impaired.* —— 1. At ab summo tĭbĭ *diffluat* altus ăcervus. Lucr. 3. 198. — 2. Nam vĕlŭti prĭvāta cibo nātūra ănĭmantum *Diffluit* ămittens corpus. Lucr. 1. 1036. SYN. 2. dīlābor, ĕris, dīlapsus sum.

diffŭgio, is, fūgi, fŭgĭtum. *To fly different ways.* —— Quo tōta exterrĭta sylvis *Diffŭgiunt* armenta. V. G. 3. 150.

†diffulmĭno, as. *To scatter as with a thunderbolt.* —— Fŭrit et *diffulmĭnat* omnem Obstantûm turbam. Sil. 5. 276. v. dissĭpo.

diffundo, ĭs, fūdi, fūsum. 1. *To scatter about.* — 2. *To make cheerful.* —— Dĕdĕratque cŏmam *diffundĕre* ventis. V. Æn. 1. 319. Hæc passim Dea fœda virûm *diffundit* in ōra. V. Æn. 4. 195. Flēre lĭcet certē flendo *diffundĭmus* īram (i. e. *give vent to it*). Ov. Her. 8. 61. — 2. Dictâ acceptâque sălute *Diffūdit* vultūs. Ov. Met. 14. 272. SYN. 1. fundo, q. v. ; spargo, ĭs, si; dispergo. — 2. explĭco, as, ui. (frontem sc. v. Hor. 3. 29. 16.)

diffūsus, a, um. pass. part. of prec. also 1. *Dishevelled* (*of hair*). — 2. *Made cheerful.* —— 1. Aut ĕgŏ *diffūsis* errāvi sōla căpillis. Ov. Her. 10. 47. — 2. Forte Jŏvem mĕmŏrant *diffūsum* nectăre cūras Sēpŏsuisse grăves. Ov. Met. 3. 318. SYN. 1. passus (a pando). — 2. v. hilaris.

dīgĕro, ĭs, gēssi, gestum. *To arrange, distribute.* —— Quæcunque in fŏliis descripsit carmĭna virgo *Dīgĕrit* in nŭmĕrum. V. Æn. 3. 446. Ĭtă *dīgĕrit* ŏmĭna Calchas. V. Æn. 3. 182. Sæpe ĕgŏ *dīgestos* vŏlui nŭmĕrāre cŏlōres. Ov. F. 5. 213. SYN. dispōno, ĭs, pŏsui ; distrĭbuo, ĭs, ui, ūtum, q. v.

‡dīgestus, ûs. masc. *An arranging, a distributing.* —— Crēdĭtur ūni Sanctarum *dīgestus* opum. Stat. Sylv. 3. 3. 86.

dĭgĭtus, i. masc. 1. *A finger.*—2. *A toe.*——1. Quod monstror *dĭgĭto* prætĕreuntium. Hor. 4. 3. 23.—2. Constĭtit in *dĭgĭtos* extemplo arrectus ŭterque. V. Æn. 5. 426. SYN. 1. artĭcŭlus.

dignē. *Worthily.*——Si vĕtĕrum *dignē* vĕnĕror cum scripta vĭrorum. Ov. Tr. 5. 3. 55. SYN. mĕrĭto.

‡dignĭtas, ātis. fem. *Dignity.*——Nunc est reddĭta *dignĭtas* ĕquestris. Mart. 5. 8. 8. SYN. hŏnor, q. v.

dignor, aris. part. **dignātus,** both in act. and pass. sense.——1. *To think worthy.*—2. *To deign.*——1. Nec Deus hunc mensâ, Dea nec *dignāta* cŭbīli est. V. E. 4. 63. Conjŭgio Anchīsā Vĕnĕris *dignāte* sŭperbo. V. Æn. 3. 475. —2. Nĕque ĕnim fortissĭme credo Jussa aliēna făti et dŏmĭnos *dignābĕre* Teucros. V. Æn. 10. 866.

dignosco, is, novi. *To know apart.*——Inter se sĭmĭles vix ut *dignoscĕre* possis. Ov. Met. 13. 834. v. nosco.

dignus, a, um. *Worthy.*——Sōla Sŏphŏclēo tua carmĭna *digna* cŏthurno. V. E. 8. 10. Faxque sub arsūros *dignior* īre rŏgos. Ov. Her. 6. 42. SYN. mĕrĭtus, prōmĕrĭtus, mĕrens. v. mereor.

dīgrĕdior, ĕris, gressus sum. *To depart.*——Me bello e tanto *dīgressum* et cæde rĕcenti Attrectāre nĕfas. V. Æn. 2. 718. SYN. ēgrĕdior; ăbeo, īs, īvi, ĭtum. q. v.; exeo; discēdo, ĭs, cessi, q. v.

dījūdĭco, as. *To judge, to decide as a judge.*——Quam si clientum longa nĕgōtia *Dījūdĭcātâ* līte rĕlinquĕret. Hor. 3. 5. 54. SYN. jūdĭco, q. v. v. dirimo.

dīlābor, ĕris, dilapsus sum. *To fall asunder, to fall to piecss.*——In stăbŭlis turpi *dīlapsa* cădāvĕra tābo. V. G. 3. 557. SYN. †diffluo, ĭs, xi.

dīlăcĕro, as. *To tear to pieces.*——*Dīlăcĕrant* falsi dŏmĭnum sub ĭmāgĭne cervi. Ov. Met. 3. 250. SYN. lăcĕro, lănio, as; dīlănio; dīvello, ĭs, velli, vulsum; discerpo, ĭs, psi; diffĕro, fers, distŭli, ferre, dīlātum; dērĭpio, ĭs, ui, reptum.

dīlāmĭno, as. *To split in two.*——Has puer aut certo rectas *dīlămĭnat* ictu. Ov. Nux, 73. SYN. diffindo, ĭs, fĭdi, fissum, q. v.

dilănio, as. *To tear to pieces.*——Viscĕra nostra tuæ *dilăniantur* ŏpes. Ov. Her. 1. 90. SYN. dīlăcĕro, as, q. v.

‡dīlăpĭdo, as. *To destroy.*——Grandĭne *dīlăpĭdans* hŏmĭnumque boumque lăbōres. Columella, 10. 329. SYN. ōbruo, ĭs ui, ŭtum, q. v.

dīlāto, as. *To dilate, to extend.*——Ipsaque *dīlātant* pătŭlos convīcia rictus Ov. Met. 6. 378. SYN. extendo, ĭs, q. v.

dīlātus, a, um. part. pass. from differo, q. v. *Delayed.*——Hæc mihĭ causa fuit *dīlāti* mūnĕris hujus. Ov. Ep. e. P. 4. 12. 17.

dīlātor, ōris. masc. *A procrastinator.*——*Dīlātor,* spe longus, ĭners. Hor. A. P. 172.

dīlĭgens, entis. *Diligent.*——Quem si tersĕris aure *dīlĭgenti.* Mart. 6. 1. 3. (*used however in the best prose*). SYN. sēdŭlus, lăbōriōsus, ŏpĕrōsus, festīnus, assĭduus, gnāvus; impĭger, gra, grum; ‡industrius.

dīlĭgenter. *Diligently.*——Asservanda nĭgerrĭmis *dīlĭgentius* ūvis. Cat. 18. 16.

†dīlĭgentia, æ. *Industry.*——Pŏtius quam istorum obscūram *dīlĭgentiam* (æmŭlāri). Ter. Andr. prol. 21. SYN. cūra, lăbor, q. v.

dīlĭgo, ĭs, lexi, lectum. *To love.*——Jūpĭter Eurōpen, prīma est ea gentis ŏrīgo, *Dīlexit.* Ov. Her. 4. 56. Anna rĕfert o lūce măgis *dīlecta* sŏrōri. V. Æn. 4. 31. SYN. ămo, as, q. v.

dīlūceo, es, xi. *To shine.*——Omnem crēde diem tĭbĭ *dīluxisse* sŭprēmum. Hor. Epist. 1. 4. 13. SYN. lūceo, q. v.

§dīlūdium, i. *An interval of rest between the games.*——Displĭcet ille lŏcus clāmo et *dīlūdia* posco. Hor. Epist. 1. 19. 47.

dīluo, ĭs, ui, ūtum. 1. *To wash away.*—2. *To dilute, mix.*——1. Ruit arduus æther, Et plŭviâ ingenti săta læta boumque lăbōres *Dīluit.* V. G. 1. 326.—2. Cui tu lacte fāvos et mĭti *dīlue* Baccho. V. G. 1. 344. SYN. 1. ēluo, abluo.—2. misceo, es, ui, mistum, q. v.

dīlŭvies, ēi. *A flood.*——Cum fera *dīlŭvies* quietos Irrītat amnes. Hor. 3. 29. 40. SYN. dilŭvium, ēlŭvies. PHR. (Aufĭdus) Cum sævit, horrendamque cultis Dīlŭviem mĕdĭtātur āgris. Hor. Cum . . . . răpĭdus montāno flūmĭne torrens Sternit ăgros, sternit săta læta boumque lăbōres, Præcĭpĭtesque trahit sylvas; stŭpet inscius alto accĭpiens sŏnĭtum saxi de vertĭce pastor. V. Dŭplĭcātaque nimbo flūmĭna. Ov. Torrens undis flŭviālĭbus auctus. Ov. Inque frĕti formam terras convertit (Neptunus), ŏpesque Abstŭlit ăgrĭcŏlis et fluctĭbus ŏbruit arva. Ov. Non sic aggĕrĭbus ruptis cum spūmeus amnis Exiit oppŏsĭtasque ēvīcit gurgĭte moles Fertur in arva fŭrens cŭmŭlo. V. v. Ov. Met. 264—312.; Hor. 1. 2. 7—16.

†dīlŭvio, as. *To inundate.*——Ultroque mĭnantur Omnia *dīlŭviare* ex alto gurgite ponti. Lucr. 5. 387. SYN. ĭnundo, as; *no pass. but act. used also in pass. sense.*

dīlŭvium, i. *A flood.*——*Dīlŭvio* ex illo tot vasta per æquŏra vecti. V. Æn. 7. 228. SYN. dīlŭvies, q. v.

‡dīmădeo, es, ui. no sup. *To be wet, to melt.*——Sōlĭbus et nullis Scўthĭcæ cum brūma rĭgēret *Dīmădŭēre* nĭves. Lucan, 6. 478. SYN. mădeo; tābeo, es, ui, q. v.

dīmāno, as. *To flow.*——Tĕnuis sub artus Flamma *dīmānat.* Cat. 51. 8. SYN. māno; fluo, ĭs, xi, q. v.

dīmensus, a, um. part. from dīmētior, which is not found in poetry in any other part., used both in act. and pass. sense. 1. *Having measured.*—2. *Being measured.*——1. Campum ad certāmen magnæ sub mœnĭbus urbis *Dīmensi.* V. Æn. 12. 117.—2. Idcirco certis *dīmensum* partĭbus orbem . . . . Sol rĕgit. V. G. 1. 231. SYN. 1, 2. emensus. v. metior.

dīmĭco, as, ui. no sup. *To fight.*——Hac tĭbĭ sit pugnâ *dimĭcuisse* sătis. Ov. Am. 2. 13. 28. SYN. pugno, as, q. v.

dīmĭdium, i. *Half.*——Et serves ănĭmæ *dīmĭdium* meæ. Hor. 1. 3. 8. v. seq.

dīmĭdius, a, um. *Half.*——*Dīmĭdiâ* plusquam parte sŭperstĕs ĕro. Ov. Tr. 1. 2. 44.

dīmĭnuo, ĭs, ui, ūtum. *To diminish.*——*Dīmĭnui* si quā nūmĭnis īra pŏtest. Ov. Tr. 1. 5. 44. SYN. mĭnuo, tĕnuo, as; attĕnuo.

dīmitto, is, mīsi, missum. 1. *To send different ways.*—2. *To dismiss, to let go.* 3. *To send.*—4. *To give up, lay aside.*——1. Ēquĭdem per littŏra certos *Dīmittam.* V. Æn. 1. 577.—2. Auxĭlio tūtos *dīmittam* ŏpĭbusque jŭvābo. V. Æn. 1. 571.—3. Sed nĕque . . . . nūbes Tunc hăbuit, nec quos cœlo *dīmittĕret* imbres. Ov. Met. 2. 310. Căpŭloque tĕnus *dīmīsit* in armos Ensem fātĭfĕrum. Ov. Met. 12. 491.—4. *Dīmitte* fŭgam, et te cōmĭnus æquo Crēde sŏlo. V. Æn. 11. 706. SYN. 1. 3. mitto.—2. 3. rĕmitto.—4. pōno, is, pŏsui.

dīmŏveo, es, mōvi, tum. 1. *To move different ways, so as to separate or cleave.*—2. *To remove.*——1. Āgrĭcŏla incurvo terram *dīmōvit* ărātro. V. G. 2. 513. Præter *dīmōtæ* corpŏre murmur ăquæ. Ov. Her. 18. 80.—2. *Dīmōvit* obstantes ămīcos. Hor. 3. 5. 51. SYN. 1. diffindo, is, fĭdi, fissum, q. v.—2. āmŏveo, rĕmŏveo, summŏveo. v. pello.

Dindўmēnē, es. *A name of Cybele,* q. v.——Non *Dindўmēne,* non ădўtis quătit Mentem săcerdōtum incŏla Pўthius . . . . æquē. Hor. 1. 16. 5.

Dindўmus, i. acc. um. and ŏn. masc., in pl. Dindўma. neut. *A mountain in Phrygia sacred to Cybele.*——*Dindўmŏn,* et Cўbēlēn et ămœnam fontĭbus Īden Semper et Īliăcas māter ămāvit opes. Ov. F. 4. 249. O vērē Phrўgiæ nĕque ĕnim Phrўgĕs, īte per alta *Dindўma.* V. Æn. 9. 618.

dīnŭmĕro, as. *To count.*——Sīc ĕquĭdem dūcēbam ănĭmo rēbarque fŭtūrum Tempŏra *dīnŭmĕrans.* V. Æn. 6. 691. SYN. nŭmĕro, ēnŭmĕro, percenseo, es.

Dīŏmēdes, is. *Son of Tydeus; one of the chiefs of the Greeks in the Trojan war. Virgil calls him the bravest of the Greeks; after the Trojan war he did not return to Greece, but went to Italy, where he married the daughter of Daunus, king of Apulia, and founded Beneventum, Venusia, etc.*——At Vĕnŭlus magnam prŏfŭgi *Dīŏmēdis* ad urbem Vĕnĕrat. Ov. Met. 14. 457. SYN. Tўdīdes, æ; Œnīdes, æ. PHR. O Dănaûm fortissĭme gentis Tўdīdē. V.

Dīŏmēdes, is. *Another of this name was a king of Thrace, who fed his horses on human flesh; and was conquered by Hercules, and given to be eaten by his own horses.*——Non tĭbĭ succurrit crūdi *Dīŏmēdis* ĭmāgo Effĕrus hūmānâ qui dăpe pāvit ĕquos? Ov. Her. 9. 67.

Diŏmēdēus, a, um. *Of Diomede.* —— Et *Diŏmēdēos* Ænēas fūgĕrat enses. Ov. Met. 15. 806.
Diōnæus, a, um. *Of Venus*, q. v. —— Ecce *Diōnæi* prōcessit Cæsăris astrum. V. E. 9. 47.
Diōnē, es. *A name of Venus*, q. v. —— Vincant quĭbus alma *Diōne* Făvĕrit. Ov. A. A. 3. 3.
diōta, æ. *A small cask or pitcher with two handles.* —— Dēprōme quădrīmum Săbīnâ O Thălīarche mĕrum *diōtâ.* Hor. 1. 9. 8. v. cadus.
‡dipsăs, ădis. fem. *A sort of snake.* —— In mĕdiis sĭtiēbant *dipsădĕs* undis. Lucan, 9. 610.
dīræ, ārum. *Curses.* —— *Dīrīs* ăgam vos, dīra dētestātio Nullâ expiātur victĭmâ. Hor. Epod. 5. 89.
Dīræ, ārum. *The Furies.* —— Dīcuntur gĕmĭnæ pestes, cognōmĭne *Dīræ.* V. Æn. 12. 845. SYN. Fūriæ, q. v.; Eumĕnĭdes, um; *in sing.* Ērinnys, yos.
Dircæus, a, um. *Of Dirce, Theban.* —— Multa *Dircæum* lĕvat aura cўcnum. Hor. 4. 2. 25. v. Thebanus.
Dircē, es. *Wife of Lўcus, king of Thebes, changed into a fountain near Thebes.* —— Quĕrĭtur Bœōtia *Dircen.* Ov. Met. 2. 239.
dīrectus, a, um. part. pass. from dīrĭgo, q. v., used also as adj. *Straight.* —— Non tŭba *dīrecti*, non æris cornua flexi. Ov. Met. 1. 98. SYN. rectus, q. v.
dĭremtus, a, um. part. pass. from dĭrĭmo, q. v. *Broken off.* —— Et simul intĕreat nōbiscum morte *dĭremta.* Lucr. 1. 115.
dīreptus, a, um. part. pass. from dīrĭpio, q. v. *Plundered, etc.* —— Et *dīrepta* dŏmus. V. Æn. 2. 562.
dĭrĭgeo, es, ui. no sup. *To grow stiff, esp. with horror, etc.* —— *Dĭrĭguit* vīsu in mĕdio, călor ossa rĕlīquit. V. Æn. 8. 308. SYN. rĭgeo, q. v.
dīrĭgo, ĭs, rexi. *To direct, aim, guide.* —— Dardăna qui Părĭdis *dīrexti* (*for* direxisti) tela mănusque. V. Æn. 6. 57. Quā te dūcet viā *dīrĭge* gressum. V. Æn. 1. 405. SYN. rĕgo, dūco, ĭs, xi; verto, ĭs, ti; flecto, ĭs, xi (*of arrows, etc.*); mōlior, īris; inclīno, as (*one's way, etc.*).
dĭrĭmo, is, ēmi, emtum. 1. ‡*To divide, separate.* — *esp.* 2. *Of deciding a contest, quarrel, etc.* —— 1. Spūmea porrecti *dĭrĭmentes* terga prŏfundi. Stat. Theb. 5. 482. — 2. Hanc Deus et mĕlior lītem nātūra *dĭrēmit.* Ov. Met. 1. 21. Res est arbĭtrio non *dĭrĭmenda* meo. Ov. F. 6. 98. SYN. 1. dīvĭdo, ĭs, si, q. v. — 2. jūdĭco, as; dījūdĭco, q. v.
dīrĭpio, is, ui, reptum. 1. *To tear in pieces.* — 2. *To plunder.* —— 1. Cum consternātis *dīrĭpĕrĕris* ĕquis (Hippolyte). Ov. A. A. 1. 338. — 2. *Dīrĭpiunt*que dăpes, contactuque omnia fœdant. V. Æn. 3. 227. SYN. 1. dīlăcĕro, as, q. v. — 2. răpio, q. v.
†dīrĭtas, ātis. *Cruelty.* —— Aut si qua invecta *dīrĭtas* cāsu fŏret. Cicero, Tusc. 3. 14. SYN. fĕrĭtas, sævĭtia, q. v.
dīruo, is, ui, ŭtum. *To pull down.* —— *Dīrŭta sunt* ăliis, ūni mihĭ Pergăma restant. Ov. Her. 1. 51. SYN. subruo; ēverto, ĭs, ti; destruo, ĭs, xi.
dīrus, a, um. 1. *Terrible.* — 2. *Vehement.* —— 1. Jam sătis terris nĭvis atque *diræ* Grandĭnis mīsit pater. Hor. 1. 2. 1. Sæviet in partus *dīra* noverca meos. Ov. Her. 12. 188. — 2. An sua cuique Deus fit *dīra* cŭpīdo? V. Æn. 9. 185. SYN. 1. terrĭbĭlis, horrĭbĭlis, mĕtuendus. — 2. vĕhĕmens; ăcer, ăcris, ăcre.
Dīs, Dītis. not found in nom. *A name of Pluto*, q. v. —— Noctes atque dies pătet ātri jănua *Dītis.* V. Æn. 6. 126.
discēdo, ĭs, cessi, cessum. *To depart different ways; to depart.* —— Vel scēna ut versis *discēdat* frontĭbus. V. G. 3. 24. Convēnit Evandri victos *discēdĕre* ad urbem. V. Æn. 12. 184. SYN. dēcēdo, rĕcēdo, excēdo, abscēdo; dīgrĕdior, ĕris, gressus sum; abeo, īs, īvi, ĭtum. PHR. Mēne efferre pĕdem gĕnĭtor te posse rĕlicto Spērāsti? V.
‡discepto, as. *To contend.* —— *Disceptent*que armis terrārum ŭter impĕret orbi. Sil. 16. 186. SYN. certo, as, q. v.; dēcerto; contendo, ĭs, di.
discerno, ĭs, crēvi, crētum. *To distinguish, to separate.* —— Līmĕs ăgro pŏsĭtus lĭtem ut *discernĕret* arvis. V. Æn. 12. 898. SYN. distinguo, uĭs, xi, q. v.
discerpo, ĭs, psi. 1. *To tear to pieces.* — 2. *To scatter.* —— 1. *Discerptum* lātos jŭvĕnem sparsēre per ăgros. V. G. 4. 522. — 2. Sed auræ omnia *discerpunt*, et

nūbĭbus irrĭta dōnant. V. Æn. 9. 313. SYN. 1. dīlăcĕro, as, q. v.—2. spargo, ĭs, si, q. v.

discessus, ûs. masc. *Departure.*——Nec crēdĕre quivi Hunc tantum tĭbĭ me *discessu* ferre dŏlōrem. V. Æn. 6. 464. SYN. ăbĭtus, ûs.

discīdium, i. *A separation.*——Sed tanta cŭpīdo Si tĭbĭ *discīdii.* Ov. Met. 5. 530.

discinctus, a, um. *Ungirt,* i. e. *careless.*——*Discinctus* aut perdam ut nĕpos. Hor. Epod. 1. 34. Ipse ĕgŏ segnis ĕram *discinctaque* in ōtia natus. Ov. Am. 1. 9. 41. SYN. ignāvus, q. v.

discindo, is, scĭdi, scissum. *To cut off, to tear.*——*Discissos* nūdis lăcĕrābant dentĭbus-artus. V. G. 3. 514. SYN. abscindo, scindo. v. lacero.

‡**discingo, ĭs, xi.** *To ungird, to disarm, etc.*——Cum tĕnues nūper Mărius *discinxerit* Āfros. Juv. 8. 120.

†**discĭplīna, æ.** *Discipline.*——Eădem ne ĕrat hæc *disciplīna* tĭbi? Plaut. Bac. 3. 3. 17.

discĭpŭla, æ. *A school-girl.*——*Discĭpŭlārum* inter jŭbeo plōrāre căthēdras. Hor. Sat. 1. 10. 91.

discĭpŭlus, i. *A pupil.*——Dūc ăge *discĭpŭlos* ad mea templa tuos. Ov. A. A. 2. 498.

disclūdo, ĭs, si. 1. *To shut up apart, to separate.*—2. *To open.*——1. Tum dūrāre solum et *disclūdĕre* Nērea ponto. V. E. 6. 35.—2. Vīrĭbus haud ullis văluit *disclūdĕre* morsus Rōbŏris Ænēas. V. Æn. 12. 782. SYN. 1. v. disjungo.—2. rĕclūdo; ăpĕrio, īs, ui, ăpertum, q. v.

disco, ĭs, dĭdĭci. no sup. 1. *To learn.*—2. *To know.*——1. *Disce* puer virtūtem ex me vērumque lăbōrem. V. Æn. 12. 435.—2. Me.... ultĭmi Noscent Gĕlōni, me pĕrītus *Discet* Ībēr. Hor. 2. 20. 19. SYN. 1. ēdisco, condisco, perdisco.—2. nosco, ĭs, nōvi, q. v.

discŏlor, oris. adj. 1. *Discoloured, dark.*—2. *Of a different colour.*——1. Ustus et Ēōā *discŏlor* Indus ăquā. Prop. 4. 3. 10. Vestis.... Sūmātur fātis *discŏlor* alba meis. Ov. Tr. 5. 5. 8. SYN. 1. dēcŏlor.—2. dissĭmĭlis, q. v.

§**disconvĕnio, īs, vēni, ventum.** *To be inconsistent.*——Æstuat et vītæ *disconvĕnit* ordĭne tōto. Hor. Epist. 1. 1. 99.

discordia, æ. 1. *Discord, strife.*—2. *Sometimes the goddess of strife.*——1. En quò *discordia* cīves Perduxit mĭsĕros. V. E. 1. 72.—2. Et scissâ gaudens vădit *Discordia* pallâ. V. Æn. 9. 702. SYN. 1. lĭs, lĭtis; rixa, dissĭdium, dissensus, ûs.

§‡**discordo, as.** *To disagree, to be discordant, to differ.*——Scīre vŏlo quantum .... *discordet* parcus ăvāro. Hor. Epist. 2. 2. 194. SYN. discrĕpo, as, ui, q. v.

discors, dis. adj. *Disagreeing, discordant.*——Tum măgis increscunt ănĭmis *discordĭbus* īræ. V. Æn. 9. 688. SYN. ĭnĭmīcus, adversus, oppŏsĭtus, contrārius; (*of sounds*) bĭfŏris, ‡dissŏnus.

†**discrĕpĭto, as.** *To differ.*——Vērum pŏsĭtūrâ *discrĕpĭtant* hæc. Lucr. 2. 1016. v. seq.

discrĕpo, as, ui. no sup. *To differ.*——Servius est, hoc constat enĭm, sed causa lătendi *Discrĕpat.* Ov. F. 6. 572. SYN. diffĕro, fers, distŭli, ferre, dīlātum; dissĭdeo, es, sēdi; vărio, as.

discrētus, a, um. part. pass. from discerno. *Separate.*——Sedesque *discrētas* piōrum. Hor. 2. 13. 23.

discrīmĕn, ĭnis. neut. 1. *A division.*—2. *Distance from.*—3. *Any parting (even the parting of the hair).*—4. *Difference.*—5. *Danger.*——1. Ŏblŏquĭtur nŭmĕris septem *discrīmĭna* vōcum. V. Æn. 6. 646.—2. Fama.... advŏlat Ænēæ tenui *discrīmĭne* lēti Esse suos. V. Æn. 10. 511. Post hos æquo *discrīmĭne* Pristis Centaurusque lŏcum tendunt sŭpĕrāre priorem. V. Æn. 5. 154.—3. Compŏsĭtum *discrīmĕn* ĕrit, *discrīmĭna* lauda. Ov. A. A. 2. 302.—4. Tros Tȳriusque mihĭ nullo *discrīmĭne* ăgētur. V. Æn. 1. 578.—5. Nec tālia passus Ŭlysses Oblītusve sui est Īthăcus *discrīmĭne* tanto. V. Æn. 3. 629. SYN. 2. spătium, intervallum.—5. pĕrīcŭlum, sync. periclum, q. v.

discrīmĭno, as. 1. *To separate.*—2. *To show the separations between.*——1. Quantus ab Arctois *discrīmĭnat* æthera plaustris Anguis. Stat. Theb. 5. 529.—2. Lūcet via longo Ordĭne flammārum, et lātē *discrīmĭnat* ăgros. V. Æn. 11. 144. SYN. 1. sēpăro, as, q. v.; disjungo, ĭs, xi.

discrŭcĭo, as. *To torment.* —— Abfŏre me a dŏmĭnæ vertice *discrŭcior.* Cat. 64. 76. SYN. crŭcio, q. v.; vexo, as.

discumbo, is, cŭbui. third sing. pass. as impers. *To sit at table.* —— Convēnēre tŏris jussī *discumbĕre* pictis. V. Æn. 1. 708. Strātoque sŭper *discumbĭtur* ostro. V. Æn. 1. 700. SYN. accumbo; accŭbo, as.

discurro, ĭs, ri, sum. *To run different ways.* —— *Discurrunt* ălii ad portas prīmosque trŭcīdant. V. Æn. 12. 577. Nilus . . . . dīversa ruens septem *discurrit* in ōra. V. G. 4. 292. v. curro.

discursus, ûs. masc. *A running to and fro.* —— Sic Făbii lātis vallem *discursĭbus* implent. Ov. F. 2. 223.

discŭtio, ĭs, cussi, sum. 1. *To shake off, drive away.* — 2. *To strike.* —— 1. Tum Sol pallentes haud unquam *discŭtit* umbras. V. G. 3. 357. — 2. Lactentis vĭtŭli dextrâ lĭbrātus ab aure Tempŏra *discussit* clāro căva malleus ictu. Ov. Met. 2. 625. SYN. 1. excŭtio; disjĭcĭo, ĭs, jeci. — 2. percŭtio, q. v.

‡dĭsertē. *Eloquently.* —— Causas, inquis, ăgam Cĭcĕrōne *dĭsertius* ipso. Mart. 3. 38. 3.

dĭsertus, a, um. *Eloquent.* —— Dicta tĭbī pleno verba *dĭserta* fŏro. Ov. Ep. e P. 3. 5. 8. SYN. făcundus. v. orator, eloquium.

†disjecto, as. *To scatter.* —— *Disjectārĕ* sŏlet magnum măre transtra, gŭberna. Lucr. 2. 553. SYN. disjĭcio, ĭs, q. v.

†disjectus, ûs. *A scattering.* —— Mājor ĕnim turbæ *disjectus* mātĕriāi Consĕquĭtur lēto. Lucr. 3. 941.

disjectus, a, um. part. pass. from seq., meaning also, 1. *Battered, mangled.* — 2. *Dishevelled.* —— 1. *Disjectis*que ossĭbus ōris Acta rĕtro nāres mĕdioque infixa pălāto est. Ov. Met. 12. 252. — 2. *Disjectam*que cŏmas āversaque ĭn ōra jăcentem Invĕnit. Ov. Her. 12. 63. SYN. 1. lăcer, ĕra, erum, q. v. — 2. passus, q. v.

disjĭcio, ĭs, jēci, jectum. 1. *To scatter.* — 2. *To put an end to, dissolve.* —— 1. *Disjēcit*que rătes ēvertitque æquŏra ventis. V. Æn. 1. 47. — 2. *Disjĭce* compŏsĭtam pacem, sēre crīmĭna belli. V. Æn. 7. 339. SYN. 1, 2. discŭtio, ĭs, cussi; dispergo, ĭs, si; dispello, ĭs, pŭli, pulsum; †disjecto. — 1, 2. dissĭpo, as.

disjungo, ĭs, xi, ctum. 1. *To disjoin, separate.* — 2. *To unyoke.* —— 1. Prōdĭmur atque Ĭtălis longē *disjungĭmur* oris. V. Æn. 1. 252. — 2. Ut illum Jŭrāres fessos mŏdŏ *disjunxisse* jŭvencos. Ov. Met. 14. 648. SYN. 1. sĕpăro, as; āmŏveo, es, mōvi; dīvĭdo, ĭs, si; arceo, es, *no sup.* — 2. solvo, ĭs, vi, sŏlūtum. v. jugum.

†dispando, ĭs, di, passum. *To spread out, extend.* —— Neu distracta suum lātē *dispandat* hiātum. Lucr. 6. 598. SYN. pando, q. v.

dispăr, ăris. *Uneven, unlike.* —— Est mihi *dispărĭbus* septem compacta cĭcŭtis Fistŭla. V. E. 2. 36. SYN. impăr, ĭnæquālis.

dispello, ĭs, pŭli, pulsum. 1. *To drive different ways.* — 2. *To drive away, to dispel.* — 1. Perque undas sŭpĕrante sălo, perque invia saxa *Dispŭlit.* V. Æn. 1. 538. — 2. Aĕra dīmōvit tĕnĕbrōsum et *dispŭlit* umbras. V. Æn. 5. 839. SYN. 1. disjĭcio, ĭs, jēci. — 2. pello, pĕpŭli, q. v.; fŭgo, as.

dispendium, i. *Loss, injury.* —— In mea vēsānas hăbui *dispendia* vīres. Ov. Am. 1. 7. 25. SYN. damnum, mălum, incommŏdum, injuria, noxa.

‡dispensātor, ōris. masc. *A house-steward.* —— Prælia quanta illic *dispensatore* vĭdēbis Armĭgĕro. Juv. 1. 91.

dispenso, as. *To distribute.* —— Et ordĭne nullo Oscŭla *dispensat* nātos sŭprēma per omnes. Ov. Met. 6. 279. SYN. distrĭbuo, is, ui, ūtum, q. v.

†dispensus, a, um. *Extended.* —— (Tityos) Qui non sōla nŏvem *dispensis* jūgĕra membris Obtĭneat. Lucr. 3. 1001. SYN. porrectus.

disperdo, ĭs, dĭdi, ditum. *To lose, to waste.* —— Strīdenti mĭsĕrum stĭpŭlâ *disperdĕre* carmen. V. E. 3. 27.

dispĕreo, ĭs, ivi, ĭtum. *To perish.* —— *Dispĕream* si quidquam aliud quam glōria de te Quærĭtur. Prop. 2. 17. 9. SYN. pĕreo, q. v.

dispergo, ĭs, si, sum. *To scatter different ways, to scatter.* —— Audiit, et vōti Phœbus succēdĕre partem Mente dĕdit, partem vŏlŭcres *dispersit* in auras. V. Æn. 11. 796. SYN. spargo, q. v.; diffundo, ĭs, fūdi.

†dispertio, ĭs. *To divide.* —— Et fĕra vis venti per crēbra fŏrāmĭna terræ *Dispertītur.* Lucr. 6. 592. SYN. dīvĭdo, ĭs, vīsi, q. v.

dispĭcio, ĭs, spexi. *To look around on, to behold.* —— Nĕque auras *Dispĭciunt* clausæ tĕnĕbris et carcĕre cæco. V. Æn. 6. 734. SYN. aspĭcio.

displĭceo, es, ui. *To displease.* —— *Displĭcent* nexæ phĭlÿrâ cŏrōnæ. Hor. 1. 38. 2. v. ōdi.

†§**displōsus, a, um.** *Bursting with a loud noise.* —— *Displōsa* sŏnat quantum vēsīca. Hor. Sat. 1. 8. 46.

dispōno, ĭs, pŏsui, ĭtum. *To arrange.* —— Tectosque per herbam *Dispōnunt* enses, et scūta lătentia condunt. V. Æn. 3. 237. Nec bĕnĕ *dispŏsĭtas* comtus ut ante cŏmas. Ov. Ep. e P. 3. 3. 16. SYN. pōno, compōno, ordĭno, as; instruo, ĭs, xi; collŏco, as.

‡**dispŭto, as.** *To argue.* —— Quod optimum sit *dispŭtat* convīvium. Mart. 9. 78. 1. SYN. contendo, is.

§**disquīro, is, quisivi.** *To seek, to examine.* —— Vērum hic impransi mēcum *disquīrĭte*, cūr hoc? Hor. Sat. 2. 2. 7. SYN. quæro, q. v.

dissensus, ûs. masc. *Dissension.* —— Hic undĭque clāmor *Dissensu* vărio magnus se tollit ĭn auras. V. Æn. 11. 455. v. discordia.

dissentio, is, si. *To dissent from.* —— Hoc căvĕrat mens provida Rēgŭli *Dissentientis* condĭtionĭbus fœdis. Hor. 3. 5. 14. SYN. dissĭdeo, es, sedi.

dissēpio, īs, sepsi. *To hedge off, separate.* —— Vix ea līmĭtĭbus *dissepsĕrat* omnia certis. Ov. Met. 1. 69. SYN. discerno, ĭs, crēvi; distinguo, guĭs, xi; dīvĭdo, ĭs, vīsi; discrīmĭno, as.

†**disseptum, i.** *A partition.* —— Dēnĭque pèr *dissepta* dŏmōrum saxea vōces Pervŏlĭtant. Lucr. 6. 951. SYN. septum, q. v.

disseptus, a, um. part. pass. of dissepio, q. v. *Also* ‡*not fenced, of a wall, etc., i. e. broken down.* —— *Disseptoque* aggĕre rursus Ūtĭtur. Stat. Theb. 10. 880.

†**dissero, is, ui, sertum.** *To discuss.* —— Quâ de *dissĕrĕre* aggrĕdior, firmāre nĕcesse est. Lucr. 6. 940. SYN. ăgo, ĭs, ēgi; ‡discepto, as.

†**disserpo, ĭs.** no perf. *To creep about, spread, intrans.* —— Concussu lātē *disserpunt* inde trĕmōres. Lucr. 6. 546. SYN. serpo, q. v.

dissĭdeo, es, sēdi. 1. *To be distant from.* — 2. *To disagree with, to differ from.* — 3. *Simply to differ, to be different.* — 4. *To be foreign to, not to belong to.* —— 1. Quantum Hÿpănis Vĕnĕto *dissĭdet* Ērĭdăno. Prop. 1. 12. 4. — 2. Mātris ab ingĕnio *dissĭdet* ille suæ. Ov. Her. 7. 36. Phraāten *Dissĭdens* plēbi nŭmĕro beātōrum Exĭmit virtus. Hor. 2. 2. 18. — 3. *Dissĭdet* et vărĭat sententia. Ov. Met. 15. 648. — 4. Omnem ĕquĭdem sceptris terram quæ lībĕra nostris *Dissĭdet* externam reor. V. Æn. 7. 369. SYN. 1. disto, as; *no perf. or sup.*, q. v. — 2, 3. discrĕpo, as, ui; diffĕro, ers, q. v.

dissĭdium, i. *Disagreement.* —— Si tĭbĭ *dissĭdii* rĕpĕtat Prōserpĭna cœlum. Ov. Met. 5. 530. SYN. dissensus, ûs; discordia; līs, lītis, q. v.

dissĭlio, īs, ui, ultum. *To leap asunder, to split.* — Hæc lŏca vi quondam et vastâ convulsa ruīnâ . . . *Dissĭluisse* fĕrunt. V. Æn. 3. 416. SYN. dissulto, as.

dissĭmĭlis, e. *Unlike, different.* —— Nos quŏque *dissĭmĭli* certāmĭna mente sŭbīmus. Ov. Her. 20. 165. SYN. dispăr, ăris; impăr; dīversus.

dissĭmĭlanter. *With dissimulation.* —— Anxius hūc illuc *dissĭmŭlanter* eo. Ov. Her. 20. 130. SYN. tectē.

dissĭmŭlātor, oris. *A dissembler, a concealer.* —— Et cŏmĕs, et vēri non *dissĭmŭlātor* ămōris. Ov. Met. 5. 61. SYN. ‡cēlātor.

dissĭmŭlo, as. 1. *To dissemble, to conceal.* — 2. *To resemble.* —— 1. *Dissĭmŭlare* ĕtiam spērâsti perfĭde tantum Posse nĕfas? V. Æn. 4. 305. Tēque brĕvi qui sic *dissĭmŭlāre* sĭnam. Ov. Ibis, 52. Jūpĭter Eurōpen . . . Dīlexit tauro *dissĭmŭlante* Deum. Ov. Her. 4. 56. — 2. Cānæque căpillos *Dissĭmŭlant* plūmæ. Ov. Met. 2. 373. SYN. 1. cēlo, as, q. v.; tĕgo, ĭs, xi. — 2. assĭmĭlo, as; ĭmĭtor, āris, q. v. v. seq.

dissĭmŭlor, āris. pass. of prec., but used also in perf., pluperf., and pass. part., as deponent. *To conceal.* —— Veste vĭrum longâ *dissĭmŭlātus* ĕrat. Ov. A. A. 1. 690. v. prec.

dissĭpātus, a, um. part. pass. of seq., used in tmesi by Lucr. —— Languĭdior porro disjectis *disque sĭpātis.* Lucr. 1. 650.

dissĭpo, as. *To scatter, often esp. in the way of putting to flight, throwing into confusion, etc.* —— *Dissĭpat* Ēvius Cūras ĕdāces. Hor. 2. 11. 17. Fulmĭneo cĕlĕres *dissĭpat* ōre cănes. Ov. F. 2. 232. SYN. spargo, ĭs, si; dispergo; dispello, ĭs, pŭli; discŭtio, ĭs, cussi.

†**dissĭtus, a, um** *Scattered.*——Cætĕra pars ănĭmæ per totum *dissĭta* corpus. Lucr. 3. 144. SYN. fūsus. v. fundo.

dissŏciābĭlis, e. *Irreconciliable with.*——Nēquicquam Deus abscĭdit Prūdens Ōceăno *dissŏciābili* Terras. Hor. 1. 3. 22.

dissŏcio, as. *To disjoint, to separate.*——*Dissŏciāta* lŏcis concordi păce lĭgāvit. Ov. Met. 1. 25. SYN. disjungo, is, xi, q. v.

dissolvo, ĭs, vi, sŏlūtum. often as quadrisyll. **dissoluo,** etc. *To dissolve in any way, melt, loosen, etc.*——Ne tĕmĕre in mĕdiis *dissŏluantur* ăquis (naves). Ov. Tr. 4. 8. 18. Pectŏra tristĭtiæ *dissŏluenda* dĕdit. Tib. 1. 7. 40. SYN. solvo, rĕsolvo, rĕmĭtto, ĭs, misi, missum.

‡**dissŏnus, a, um.** *Discordant, disagreeing.*——Seu *dissŏna* nectit Carmĭna. Stab. Silv. 2. 2. 114. Collīdens *dissŏna* corda Sĕdĭtio. Sil. 11. 45. SYN. discors, ordis.

dissors, ortis. *Different.*——At mea sēpŏsĭta est et ab omni mĭlĭte *dissors* gloria. Ov. Am. 2. 12. 11. SYN. dĭversus.

dissuādeo, es, si. *To dissuade, c. acc. rei, dat. pers.* Quique suis frustrā bellum *dissuāsĕrat* augur Astȳlŏs. Ov. Met. 12. 307.

‡**dissuāsor, ōris.** masc. *A dissuader.*——Ut dextræ justi glădius *dissuāsor* ădhæsit. Lucan. 4. 248.

dissulto, as. *To leap asunder.*——*Dissultans* rīpæ rĕfluitque extĕrrĭtus amnis. V. Æn. 8. 240. SYN. dissĭlio, ĭs, ui.

dissūtus, a, um. *Unsown.*——Altera *dissūto* pectus ăperta sĭnu. Ov. F. 1. 408.

distans, antis. part. from disto, q. v. *Distant.*——Spătio *distantia* longo Tempŏra. Ov. F. 2. 53. SYN. longinquus, q. v.; rĕmōtus; ‡distermĭnus.

†**distantia, æ.** *Distance.*——Quīn intercurrat quædam *distantia* formis. Lucr. 2. 373. SYN. discrīmĕn, ĭnis, *neut.* q. v.; intervallum, spătium.

distendo, ĭs, di, tum. 1. *To extend, to enlarge, to swell out.*—2. *To fill.*——1. Omnes Impendunt curas denso *distendĕre* pingui Quem lĕgĕre dūcem. V. G. 3. 124.—2. *Distendit* spīcis horrea plēna Cĕres. Tib. 2. 5. 84. SYN. 1. extendo, augeo, es, xi; distento, as.—2. impleo, es, ēvi, q. v.

distento, as. *To extend, swell out.*——Sic cȳtĭso pastæ *distentent* ūbĕra vaccæ. V. E. 9. 31. v. prec.

‡**distermĭno, as.** *To separate.*——Gallĭca certus Līmĕs ab Ausŏniis *distermĭnat* arva cŏlōnis. Lucan. 1. 216. SYN. dĭvĭdo, is, vīsi, q. v.

‡**distermĭnus, a, um.** *Distant.*——Audit Tartessos lātis *distermĭna* terris. Sil. 5. 399. SYN. longinquus, q. v.

distillo, as. *To let drop.*——Hippŏmănes . . . lentum *distillat* ab inguĭne vīrus. V. G. 3. 281. SYN. stillo.

‡**distinctus, ūs.** *A distinction.*——Synnăda *distinctu* vărīat; non līmĭna cessant. Stat. Sylv. 1. 5. 41.

distinctus, a, um. part. from distinguo, q. v. *Also marked, variegated.*——Antraque et innŭmĕris *distinctas* flōrĭbus hĕrbas. Ov. Met. 5. 266. SYN. vărius, q. v.

distĭneo, es, ui. 1. *To keep away, to keep off.*—2. *To keep asunder.*——1. Verbis Quæ tūto tĭbi magna vŏlant, dum *distĭnet* hostem Agger mūrŏrum. V. Æn. 11. 381.—2. Quā duo porrectus longē frĕta *distĭnet* Isthmos. Ov. Her. 8. 69. SYN. 1. arceo, es, *no sup.* q. v.; defendo, is; rĕpello, ĭs, repŭli, rĕpulsum; dēpello.—2. sĕpăro, as, q. v.

distinguo, guĭs, xi. 1. *To distinguish, to divide, etc.*—2. *To distinguish, to mark.*——Sic ŏnus inclūsum nŭmĕro *distinxit* eōdem Cūra Dei. Ov. Met. 1. 47.—2. Jam tĭbĭ lĭvĭdos *distinguet* Autumnus răcĕmos. Hor 2. 5. 11. SYN. 1. distrĭbuo, ĭs, ui, ūtum, q. v.—2. signo, as.

disto, as. no perf. 1. *To be distant* (*in place or in time*).—2. *To be different.*——Quantum *distet* ab Ĭnăcho Cōdrus. Hor. 3. 19. 1.—2. Paulum sĕpultæ *distat* ĭnertiæ Cēlāta virtus. Hor. 4. 9. 29. SYN. 1. absum, ăbĕs, abfui.—1, 2. dissĭdeo, es, sēdi.—2. discrĕpo, as, ui; diffĕro, fers, ferre. PHR. 1. Nec longo distant cursu. V. Proxĭmus huic, longo sed proxĭmus intervallo. v. longinquus.

distorqueo, es, si, tum. *To distort.*——Est quæ perverso *distorqueat* ōra căchinno. Ov. A. A. 3. 287. SYN. torqueo.

distraho, ĭs, xi. *To drag different ways; to tear to pieces.*——Hippŏlўtus . . . Turbātis *distractus* ĕquis. V. Æn. 7. 767. SYN. diffĕro, fers, distŭli, dīlātum. v. dilacero.

distrībuo, is, ui, ūtum. *To distribute.*——Pŏpŭlum dīgessit ab annis Rōmŭlus in partes *distrĭbuitque* duas. Ov. F. 6. 84. SYN. dīgĕro, ĭs gessi; dispōno, ĭs, pŏsui; dīvĭdo, ĭs, vīsi; partior, īris.

distringo, ĭs, xi, ctum. *To graze.*——Fixa sub aure fĕri summum *distringit* ărundo Corpus. Ov. Met. 8. 382.

distŭli. perf. from differo, q. v. *Distŭlit* in seram commissa piācŭla mortem. V. Æn. 6. 569.

†**disturbo, as.** *To disturb.*——Tempus *disturbans* dissolvensque omnia frangit. Lucr. 1. 539. SYN. turbo, q. v.

dītesco, ĭs. no perf. *To grow rich.*——Accĭpe quâ rătione queas *dītescĕre.* Hor. Sat. 2. 5. 10.

dīthўrambus, i. *A dithyrambic poem.*——Seu per audāces nŏva *dithyrambos* Verba devŏlvit, nŭmĕrisque fertur Lēge sŏlūtis (Pindarus). Hor. 4. 2. 10.

dĭtio, ōnis. fem. *Dominion.*——Gĕnĭtor tum Belus ŏpīmam Vastābat Cўprum, et victor *dĭtiōne* tĕnebat. V. Æn. 1. 622. SYN. impĕrium, q. v. PHR. Fŏre qui . . . tōtum sub lēges mittĕret orbem. V.

dīto, as. *To make rich.*——Sătis sŭperque me bĕnignĭtas tua *Dītāvit.* Hor. Epod. 1. 32. SYN. augeo, es, xi; ŏpŭlento, as.

diu. compar. **diūtius.** *Long.*——Sērus in cœlum rĕdeas *diu*que Lætus intersis pŏpŭlo Quĭrini. Hor. 1. 2. 45. SYN. longum. PHR. Hanc multos florentem annos . . . tĕnuit Mezentius. V. Tŏtĭdem durare per annos. V.

Dīva, æ. *A goddess.*——Sic te *Dīva* pŏtens Cўpri. Hor. 1. 3. 1. SYN. Dea. v. Deus.

dīvello, is, li, vulsum. 1. *To tear away.*—2. *To tear asunder, to tear to pieces.*——1. Non ego nunc dulci amplexu *dīvellĕrer* unquam, Nāte, tuo. V. Æn. 8. 568.—2. Non pŏtui ăbreptum *dīvellĕre* corpus et undis Spargere? V. Æn. 4. 600. SYN. 1. rĕvello, ăvello; abrĭpio, is, ui, reptum; abstraho, ĭs, xi; āmŏveo, es, mōvi; dīmŏveo.—2. dīrĭpio, distraho.

dīverbĕro, as. *To cleave.*——Săgitta Hyrtăcĭdæ jŭvĕnis vŏlŭcres *dīverbĕrat* auras. V. Æn. 5. 503. SYN. findo, ĭs, fĭdi, fissum. q. v.; dīvīdo, ĭs, vīsi; sĕco, as, ui, sectum.

dīversē. *Different ways.*——*Dīversē* vărīæ viæ rĕportant. Cat. 44. 11.

§**dīversōrium, i.** *An inn.*——Mūtandus lŏcus est, et *dīversōria* nōta Prætĕrăgendus ĕquus. Hor. Epist. 1. 15. 10.

dīversus, a, um. 1. *In different directions, in a wrong direction.*—2. *Drawn asunder.*—3. *Different.*——1. Quo *dīversus* ăbīs? ĭtĕrum pete saxa Mĕnæte. V. Æn. 5. 166.—2. Intendit tēlum *dīversa*que brāchia dūcens Constĭtit. V. Æn. 9. 623.—3. *Dīversæ*que vŏcant ănĭmum in contrăria cūræ. V. Æn. 12. 487. SYN. 1. āversus.—2. dīductus.—3. dissĭmĭlis; dissors, ortis. v. vărius.

‡**dīvertĭcŭlum, i.** *A bypath.*——A *dīvertĭcŭlo* repetātur făbŭla. Juv. 15. 72. SYN. dīvortium.

†**dīverto, ĭs, ti, sum.** *To turn aside; (pass. used as dep.) to turn aside,* i. e. *go aside.*——Docta quid ad mĕdĭcas Ĕrăto *dīvertĕris* artes. Ov. A. A. 2. 425. SYN. detorqueo. v. deverto.

dīvĕs, ĭtis. often sync. **dītis,** etc., so compar. **dīvĭtior** often **dītior,** superl. **dītissimus,** etc., adj. 1. *Rich.*—2. *Splendid.*—3. *Abundant.*——1. *Dīvĕs* equûm *dīves* pictāi vestis et auri. V. Æn. 9. 26. Pŏsĭtosque vernas *dītis* examen dŏmûs. Hor. Epod. 2. 65. Huic conjux Sĭchæus ĕrat *ditissimus* āgri Phœnīcum. V. Æn. 1. 343.—2. Textaque fortūnâ *dīvĭtiōra* suâ. Ov. Ep. e P. 3. 4. 110.—3. Deque vĭro flendi cōpia *dīvĕs* ădest. Ov. Ep. e P. 3. 1. 102. SYN. 1. ŏpŭlentus; lŏcŭples, ētis; prædīvĕs, dōtātus.—2. splendĭdus, q. v.; prĕtiōsus.—3. plēnus, multus, plūrĭmus. PHR. 1. Quo non possēdĕrat alter Lātius, aut tŏtĭdem tollēbat farris ăcervos. Ov. Intactis ŏpŭlentior Thēsauris Ărăbum et dīvĭtis Indiæ. Hor. v. Hor. 2. 18. 1—8.; V. G. 2. 461—466.

dīvĕs, ĭtis. *A rich man.*——Quid nĭsĭ possedi *dīvĕs* ăvārus opes. Ov. Am. 3. 7. 50. v. prec.

dīvĭdo, ĭs, vīsi, sum. 1. *To divide.*—2. *To distribute.*—3. *To cleave.*——1. Et pĕnĭtus tōto dīvīsos orbe Brĭtannos. V. E. 1. 67. Imbelli cĭthărâ carmĭna dīvĭdes. Hor. 1. 15. 15.—2. Caris multa sŏdālĭbus, Nulli plūra tămen dīvĭdit oscŭla Quam dulci Lămiæ. Hor. 1. 36. 6.—3. Et mĕdiam ferro gĕmĭna inter cornua frontem Dīvĭdit. V. Æn. 9. 750. SYN. 1. disjungo, ĭs, xi; sēpăro, as; discrīmĭno, as; discerno, ĭs, crēvi; sēcerno; sĕco, as, ui, sectum; in pass. (of being divided in opinion) scindor, eris, scissus sum.—1, 3. findo, is, fĭdi, fissum.—2. distrĭbuo, is, ui, ūtum; do, das, dĕdi, dăre, q. v.—3. dīverbĕro, as. PHR. 1. Secta bĭpartīto cum mens discurrit ŭtrōque. Ov. Postera lux hyĕmem mĕdio discrīmĭne signat, Æquaque prætĕrĭtæ quæ sŭpĕrābit ĕrit. Ov. Hic lŏcus est partes ŭbĭ se via findit in ambas. V.

dīvĭduus, a, um. *Divided.* —— Candĭda dīvĭduâ colla tĕgente Cŏmâ. Ov. Am. 1. 5. 10.

dīvīnĭtus, adv. *From divine source.* —— Haud ĕquĭdem crēdo quiă sit dīvīnĭtus illis Ingĕnium. V. G. 1. 415.

dīvīno, as. *To divine, to foretell by divination.* —— Hâc dīvīnāvi nōtĭtiamque tŭli. Ov. Tr. 1. 8. 52. Ut dīvīnātas aufĕrat augur ŏpes. Ov. Nux. 83. SYN. augŭror, aris; prædīco, ĭs, xi, q v.; vātĭcĭnor, āris.

dīvīnus, a, um. *Divine.* —— Atque hæc deinde cănit dīvīno ex ōre săcerdos. V. Æn. 3. 373. SYN. săcer, cra, crum, q. v; cœlestis, dīus, q. v.

dīvĭtiæ, arum. *Riches.* —— Aut qui dīvĭtiis sōli incŭbuere rĕpertis. V. Æn. 6. 610. SYN. ŏpes, um, *fem.*; gaza, ŏpŭlentia. v. pecunia. PHR Auxĭliumque viæ vĕtĕres tellūre rĕclūdĭt Thēsauros, argenti ignōtum pondus Et auri. V. At fruar Iliacis ŏpĭbus cultuque beāto, Dōnaque prōmissis ūbĕriora fĕram; Purpŭra nempe mihĭ prĕtiosaqae texta dăbuntur, Congestoque auri pondĕre dīvĕs ĕro. Ov. Jūpĭter admŏnĭtus nihĭl esse pŏtentius auro. Ov. Aurea nunc vērē sunt sæcŭla, plūrĭmus auro Vēnit hŏnōs, auro concĭliatur ămor. Ov. Cēdat et aurĭfĕri rīpa beāta Tăgi. Ov. Dīvĭtias ălius fulvo sĭbĭ congĕrat auro, Et tĕneat culti jūgĕra magna sŏli. Tib. v. Tib. 3. 3. 11—20. v. dives.

dīum. *The open air, only in the phrase* sub dio.——Nē mihĭ tum molles sub dīo carpere somnos (libeat). V. G. 3 435. v. æther.

dīvortium. 1. *A byroad.*—2. *A separation.* —— Objĭciunt ĕquĭtes sēse ad dīvortia nōta. V. Æn. 9. 379.—2. Nec causas ăpĕri quārē dīvortia mălis. Ov. R. A. 693.

diurnus, a, um. *Of the day, lasting a day, etc.* —— Implêsse ætātis fāta diurna suæ. Ov. Her. 6. 35.

‡diurnum, i. *A diary.* —— Longi rĕlĕgit transacta diurni. Juv. 6. 482.

dīus, a, um. *Divine, godlike, etc.* ——Quas ipsa dĕcus sĭbi dīa Cămilla Delegit. V. Æn. 11. 657. SYN. dīvīnus, q. v.

diūturnus, a, um. *Long, lasting.* —— Fēcĕrat obsĭdio jam diūturna fămem. Ov. F. 6. 352. Est mihĭ, sitque prĕcor nostris diūturnior annis Fīlia. Ov. F. 6. 219. SYN. longus. v. longævus.

†dīvulgo, as. *To divulge, to publish.* —— Dīvulgāta vĕtus jam ad cœlum glōria fertur. Lucr. 6. 8. SYN. vulgo. PHR. (*of a book*) Nunc incorrectum pŏpŭli pervēnit ĭn ōra. Ov.

Dīvus, i. in pl. usu. **Dî, Divûm, Dîs,** etc. *A god.* —— Nec tam præsentes ălĭbi cognoscĕre Dīvos. V. E. 1. 42. Dīs quoque crēdĭdĭmus quò jam tot pignŏra nōbis? Ov. Her. 2. 53. SYN. Deus, q. v.

do, das, dĕdi, dăre, dătum, etc. 1. *To give.*—2. *To tell.*—3. *To utter.*—4. Do me, *I throw myself.* —— 1. Fræna Pĕlethrŏnii Lăpĭthæ gȳrosque dĕdēre. V. G. 3. 115.—2. Sed tamen iste Deus qui sit da Tĭtȳre nobis. V. E. 1. 19.—3. Tālia non tăcĭto dicta dŏlōre dĕdit. Ov. F. 1. 356.—4. Dixit et ē scŏpŭlo quem rauca sŭbēdĕrat unda Se dĕdit in pontum. Ov. Met. 11. 784. SYN. 1. præbeo, es, *no sup.*; trĭbuo, ĭs, ui, ūtum; largior, īris; dōno, as; mĭnistro, as; præsto, as, stĭti, *no sup.*; suffĭcio, ĭs, fēci; †suppĕdĭto, as.—2. dīco, ĭs, xi.—3. ēdo, ĭs, ēdĭdi, q. v.—4. v. salio. PHR. Nos tua prōgĕnies cœli quĭbus annuis arcem. V. v. dēdo.

dŏceo, es, ui, doctum. 1. *To teach.*—2. *To explain, tell.* —— 1. Morbōrum quŏque te causas et signa dŏcēbo. V. G. 3. 440.—2. Nunc ădeo, quæ sit dŭbiæ sententia menti Expĕdiam et paucis (ănĭmos ădhĭbēte) dŏcēbo. V. Æn. 11. 315. SYN. 1, 2. ēdŏceo.—1. perdŏceo; præcĭpĭo, is, cēpi; instĭtuo, ĭs, ui, ūtum; ērŭdio, īs, q. v.; monstro, as.—2. expĕdio, īs; pando, ĭs; explĭco, as, ui; monstro, as, q. v.; narro, as, q. v. PHR. 1. Phillȳrĭdes puĕrum cithărâ perfēcit Ăchillem. Ov.

dŏcĭlis, e. *Willing to learn, apt to learn.*—— Reddĭdi carmen *dŏcĭlis* mŏdōrum Vātis Hŏrātī. Hor. 4. 6. 43. SYN. sĕquax.

doctē. *Learnedly, skilfully.*—— Psallĭmus et luctāmur Ăchīvis *doctius* unctis. Hor. Epist. 2. 1. 32.

doctor, ōris. *A teacher.*—— Mōrum quos fēcit præmia *doctor* hăbet. Ov. F. 5. 410. SYN. măgister, tri ; præceptor.

doctrina, æ. *Instruction.*—— *Doctrīnæ* prĕtium triste măgister hăbet. Ov. Ep. e P. 2. 10. 16. SYN. præcepta, orum.

doctus, a, um. prop. part. pass. from doceo. *Who has been taught, learned, skilful.* —— Inque părum fausto carmĭne *docta* fui. Ov. Her. 21. 182. *Doctus* et Phœbi chŏrus et Dīanæ Dīcĕre laudes. Hor. C. S. 76. SYN. pĕrītus, sciens, *c. gen.*

dŏcūmentum, i. *A proof.*——Et *dŏcŭmenta* dămus quâ sīmus ŏrĭgĭne nāti. Ov. Met. 1. 415. SYN. argūmentum.

Dōdōna, æ. later ‡**Dōdōnē, es.** *Dodona, a city in Chaonia or Epirus, celebrated for a grove of oaks and an oracle, both sacred to Jupiter.*—— Hoc mihī si Delphi *Dōdōna*que dīcĕret ipsa. Ov. Tr. 4. 7. 43. Sylvaque *Dōdōnēs* et flucti-bus aptior alnus. Lucan. 3. 441.

Dōdōnæus, a, um. *Of Dodona.*—— Ingens argentum *Dōdōnæos*que lĕbētas. V. Æn. 3. 466.

Dōdōnis, ĭdos. fem. adj. of prec.—— Vōcālemque suâ terram *Dōdōnĭda* quercu Chāŏniosque sĭnus (vident). Ov. Met. 13. 716.

dogma, ătis. neut. *A dogma.*—— Et qui nec Cȳnĭcos nec Stōĭca *dogmata* lēgit. Juv. 13. 121. SYN. præceptum.

dŏlābra, æ. *A pickaxe.*—— Si lentus pīgrâ mūnīret castra *dŏlābrâ*. Juv. 8. 248. SYN. sĕcūris, q. v.

dŏlenter. *Sadly.*——Nīl illo fertur vŏlŭcrum mŏdĕrātor equorum Post Phaĕthontēos vidisse *dolentius* ignes. Ov. Met. 2. 246. SYN. tristĕ, q. v.

dŏleo es, ui, etc. 1. *To grieve.*—2. *To lament.*—3. *To be painful.*—— 1. Oh *dŏlĭtūra* meâ multum virtūte, Neæra ! Hor. Epod. 15. 11.—2. Tu vēro tua damna *dŏlē* mitissima conjux. Ov. Tr. 4. 3. 35.— 3. Quæque mŏrâ spătioque suo coĭtūra pŭtāvi Vulnĕra non ălĭter quam mŏdŏ facta *dŏlent*. Ov. Tr. 5. 2. 10. SYN. 1. condŏleo, indŏleo, lūgeo, es, xi, *no sup.*— 2. lāmentor, āris. — 3. ango, ĭs, xi, *no sup.* PHR. Tu semper urges flēbĭlĭbus modis Mystēn ădemtum. Hor. Cadmēĭda palmis Dēplanxēre dŏmum scissæ cum veste căpillos. Ov. Tum vero rŭpique sĭnus et pectŏra planxi, Et sĕcui mădĭdas ungue rĕgente gĕnas, Implēvique sacram quĕrŭlis ŭlŭlātibus Īden. Ov. Aspice dēmissos lūgentis in ōre căpillos, Et tŭnĭcas lăcrȳmis sīcut ab imbre grăves. Ov. Hæc quoque fūnestos ut ĕrat lăniāta căpillos Prosĭlit. Ov. v. V. G. 4. 511—515. v. dolor.

dōlium, i. *A cask.*——*Dōlia* virgĭneis īdem ille rĕplēvĕrit urnis. Prop. 2. 1. 69. SYN. cădus, q. v.

dŏlo, as. 1. *To hew, cut smooth.*—2. §*To beat.*—— 1. Stīpĕs ăcernus ĕram prŏpĕranti falce *dŏlātus*. Prop. 4. 2. 59.—2. Ac mūlæ nautæque caput lumbosque săligno Fuste *dŏlat*. Hor. Sat. 1. 5. 23.—SYN. 1, 2. cædo, ĭs, cĕcīdi, cæsum, q. v.

dŏlo, ōnis. masc. *A sort of spear.*—— Pīla mănu sævosque gĕrunt in bella *dŏlōnes*. V. Æn. 7. 664. v. hasta.

Dŏlon, ōnis. *A prince in the Trojan army, slain by Ulysses.*—— Confĕrat his Ĭthăcus Rhēsum imbellemque *Dŏlōna*. Ov. Met. 13. 28.

Dŏlŏpĕs, um. 1. *A Thessalian tribe, who formed part of the expedition against Troy.*—2. *The Greeks.*—— 1. Myrmĭdŏnum *Dŏlŏpum*ve aut dūri mīlĕs Ŭlyxi V. Æn. 2. 7.—2. Et gĕmĭni Ătrīdæ *Dŏlŏpum*que exercitus omnis. V. Æn. 2. 415. SYN. 2. Dănai, q. v.

dŏlor, ōris. *Grief, pain.*——Infandum rēgina jŭbes rĕnŏvāre *dŏlōrem*. V. Æn. 2. 3. SYN. tristitia ; luctus, ûs ; ærumna, mœror, †angor. PHR. Quid jŭvat insăno tantum indulgēre dŏlōri ? V. Prĕmit altum corde dŏlōrem. V. Tum vero exarsit jŭvĕni dŏlor ossibus ingens. V. Quid tanto turbantur mœnia luctu? *As pain.* — Quin etiam īma dŏlor bălantum lapsus ad ossa Cūm furit. V.

dŏlōsus, a, um. *Cunning, treacherous.*—— Rētia cum pĕdĭcis lăqueosque artesque *dŏlōsas* Tollĭte. Ov. Met. 15. 473. SYN. subdŏlus, infīdus ; văfer, fra, frum ; pellax ; fallax.

dŏlus, i. *Cunning, a trick.* —— *Dŏlus* an virtus Quis in hoste rĕquirit. V. Æn. 2. 390. SYN. fraus, dis, *fem.*; ars, artis, *fem.*; pellācia. v. insidiæ.

dŏmābĭlis. *To be conquered.* —— Te Cantăber non ante *dŏmābĭlis.* Hor. 4. 14. 41.

dŏmātor, ōris. masc. *A tamer, a conqueror.* —— Te dŭce non ălias conversus terga *dŏmātor* Lībĕra Rōmānæ subjĕcit colla cătēnæ. Tib. 4. 1. 116. SYN. dŏmĭtor, q. v.

dŏmestĭcus, a, um. 1. *Domestic, of home.* —2. *At home.* — 3. *Intimate.* —— 1. Invĕnies illic et festa *dŏmestĭca* vōbis. Ov. F. 1. 9. — 2. Pransus non ăvĭde . . . *dŏmestĭcus* ōtior. Hor. Sat. 1. 6. 128. — 3. Ille ĕgo convictor densoque *dŏmestĭcus* usu. Ov. Ep. e P. 4. 3. 15.

domina, æ. *A mistress.* —— Concurrunt trĕpĭdæ cŏmĭtes *dŏmĭnam*que ruentem Excĭpiunt. V. Æn. 11. 805.

‡dŏmĭnātrix, icis. *Ruler.* —— O magna vasti Crēta *dŏmĭnātrix* frĕti. Seneca. Hipp. 85. SYN. dŏmĭna, ‡mŏdĕrātrix.

dŏmĭnor, āris. *To rule.* —— Mўcēnas Impĕrio prĕmet, et victis *dŏmĭnābĭtur* Ărgis. V. Æn. 1. 285. Urbs antīqua ruit multos *dŏmĭnāta* per annos. V. Æn. 2. 363. SYN. rĕgo, ĭs, xi, q. v.; regno, as; impĕro, as.

dŏmĭnus, i. *A master, a lord.* —— Connūbia nostra Rĕpŭlit, et *dŏmĭnum* Ænēān in regna rĕcēpit. V. Æn. 4. 214. Clўpei *dŏmĭnus* septemplĭcis Ajax. Ov. Met. 13. 2. SYN. hĕrus (*esp. of slaves*).

dŏmĭto, as. *To tame.* —— Et prênsos *dŏmĭtāre* bŏves, et lĭcia tēlæ Addĕre. V. G. 1. 285. SYN. dŏmo, as, ui, q. v.

dŏmĭtor, oris. *A tamer, a conqueror.* ——Nam quid de tĕtrĭco rĕfĕram *dŏmĭtōre* Chimæræ. Ov. Tr. 2. 397. SYN. dŏmātor, victor, q. v.

dŏmĭtrix, ĭcis. fem. of prec., used sometimes as adj.—— Tāўgĕtique cănes *dŏmĭtrix*que Ĕpĭdaurus ĕquōrum. V. G. 3. 44. Instruxitque mănum clāvâ *dŏmĭtrīce* fĕrārum. Ov. Her. 9. 117. SYN. victrix, īcis, q. v.

dŏmo, as, ui, ĭtum. *To tame, to subdue.* —— Ille fŭrentes Centauros lēto *dŏmuit.* V.G. 2. 456. Lātius regnes ăvĭdum *dŏmando* Spīrĭtum. Hor. 2. 2. 9. Contĭnuo in sylvis magnâ vi flexa *dŏmātur* In būrim . . . . ulmus. V. G. 1. 169. Cantăber sērâ *dŏmĭtus* catēnâ. Hor. 3. 8. 22. SYN. ēdŏmo, perdŏmo; dŏmĭto, as; vinco, ĭs, vīci, q. v.

dŏmus, ûs also **i.** fem. 1. *A house, a home, etc.*—2. *A family, a race.* —— 1. Parce prĕcor *dŏmui* quæ se tĭbĭ trādit hăbendam. Ov. Her. 7. 163. Dardănĭdæ contra turres et tecta *dŏmorum* Culmĭna convellunt. V. Æn. 2. 445. — 2. Cum *dŏmus* Assărăci Phthīam clārasque Mўcēnas Servĭtio prĕmet. V. Æn. 1. 284. SYN. 1. tectum; ædes, ium; līmĕn, ĭnis, *neut.*; Pĕnātes, um, *pl.*; Lār, Lăris (*the two last as a dwelling, with reference to the inhabitants, being lit. the household gods*); ātria, orum; pĕnĕtrālia, um.—2. gens, gentis, *fem.* q. v. PHR. 1. Sæpe exĭguus mus sub terris pŏsuitque dŏmos. V. Antīquasque dŏmos ăvium cum stirpĭbus ĭmis Eruit. V. Appăret dŏmus intus et ātria longa pătescunt; Appărent Priămi et vĕtĕrum pĕnĕtrālia regum. V. Exĭlioque dŏmos et dulcia līmĭna mūtant. V. Nostris succēde Pĕnātĭbus, hospes. V. Mundæque parvo sub Lăre paupĕrum Cœnæ. Hor. Pūbes Græca pĕnĕtrāles dĕsĕruēre Deos. Cat. Restĭtuit pătriis Andrŏgeōna fŏcis. Prop. Vĕtābo qui Cĕrĕris săcra Vulgârit arcanæ sub ĭsdem sit trăbĭbus, frăgĭlemve mĕcum solvat phăsēlon. Hor.

dōnārium, i. *An altar on which to offer gifts, a temple.* —— Ūris Impărĭbus ductos altā ad *dōnāria* currus. V. G. 3. 533. v. templum, ara.

†dōnātor, oris. *A giver.* —— *Dōnātor* ătræ lucis. Seneca, Hipp. 1217. SYN. dător.

dōnec. 1. *Until.*—2. *As long as.*——1. *Dōnec* lăbantes consĭlio pătres Firmāret. Hor. 3. 5. 45.—2. *Dōnĕc* ĕris fēlix multos numerabis ămīcos. Ov. Tr. 1. 8. 5. SYN. 1, 2. dum.

dōno, as. pass. part. **dōnātus** and **dōnandus**, not only of the thing given, but sometimes of the person presented with a thing. 1. *To give.* — 2. *To pardon.* —— 1. *Dōnārem* pătĕras grātaque commŏdas Censōrīne meis æra sŏdālĭbus. Hor. 4. 8. 1. Laureâ *dōnandus* Ăpollĭnāri (Pindarus sc.). Hor. 4. 2. 9. Nēmo ex hoc nŭmĕro mihĭ non *dōnātus* ăbībit. V. Æn. 5. 505. — 2. Culpa grăvis prĕcĭbus *dōnātur* sæpe suōrum. Ov. Ep. e P. 2. 7. 51. SYN. 1. do, das, dĕdi, dăre, dătum, q. v. — 2. †condŏno.

dōnum, i. *A gift.*——Ipse căput tonsæ fŏliis ornātus ŏlīvæ *Dōna* fĕram. V. G. 3. 21. Jam dăbis in cĭnĕres ultĭma *dōna* meos. Ov. Her. 7. 192. SYN. mūnus, ĕris, *neut.*; mūnuscŭlum.

Dŏnȳsa, æ. *An island in the Ægean Sea, one of the Cyclădes, celebrated for its green marble.*——Bacchātamque jŭgis Naxon, vĭrĭdemque *Dŏnȳsam.* V. Æn. 3. 125.

‡dorca, æ. masc. and fem. *A stag or doe, esp. a roedeer.*——Păvĭdosque juvat compellĕre *dorcas.* Gratius. Cyneg. 200. v. cervus.

‡dorcas, ădis. acc. ădă, etc., another form of prec.——Dēlĭcium parvŏ dōnābis *dorcăda* nāto. Mart. 13. 99.

Dōrĭcus, a, um. *Dorian, Grecian.*——Jŭvat īre et *Dōrĭca* castra Dēsertosque vĭdēre locos. V. Æn. 2. 27. SYN. Dōrius. v. Achīvus.

Dōris, ĭdŏs. *Daughter of Oceanus and Tethys, wife of Nereus, and mother of the Nereids.*——*Dōris* ămāra suam non intermisceat undam. V. E. 10. 5.

Dōrius, a, um. another form of Dōrĭcus, q. v.——Sŏnante mixtis tībiis carmen lȳră, Hac *Dōrium* illis barbărum. Hor. Epod. 9. 6.

dormio, īs. *To sleep.*——Ut gemmâ bĭbat, et Sarrāno *dormiat* ostro. V. G. 2. 506. Nōbis cum sĕmĕl occĭdit brĕvis lux Nox est perpĕtua ūna *dormienda.* Cat. 5. 6. SYN. quiesco, īs, ēvi, q. v.; dormīto, as. PHR. Pone căput, fessosque ŏcŭlos fūrāre lăbōri. V. Multoque jăcēbat Membra Deo victus. V. Tōto prŏflābat pectŏre somnum. V. Nox ĕrat et plăcĭdum carpēbant fessa sŏpōrem Corpŏra per terras . . . . Somno pŏsĭtæ sub nocte sĭlenti Lēnībant curas et corda ōblīta lăbōrum; at non infēlix ănĭmi Phœnissa, nĕque unquam Solvĭtur in somnos, ŏcŭlisve aut pectŏre noctem Accĭpit. V. Nāte Deâ pŏtĕs hoc sub cāsu dūcĕre somnos? V. Sŏpor fessos complectĭtur artus. V. Dantque lĕvi somno corpŏra. Ov. Sæpe lĕvi somnum suadēbit īnīre sŭsurro. V. Sīlēnum pueri somno vīdēre jăcentem. V. Condĭtque nătantia lūmĭna somnus. V. Dulci dēclīnat lūmĭna somno. V. Poscentes somnum dēclīnat ŏcellos. Prop. Blanda quies victis furtim subrēpit ŏcellis. Ov. Crudēles somni quid me tĕnuistis ĭnertem? Ov. v. somnus.

dormīto, as. *To be sleepy, to be languid.*——Namque sub Aurōram jam *dormītante* lucernâ. Ov. Her. 19. 195. v. dormio.

‡dormītor, oris. masc. *A sleeper.*——Quid tĭbĭ *dormītor* prōdĕrit Endȳmion. Mart. 10. 4. 4.

dorsum, i. 1. *The back.*—2. *A ridge.*——1. Namque inflicta vădis *dorso* dum pendet ĭnīquo. V. Æn. 10. 303.—2. *Dorsum* immāne mări summo. V. Æn. 1. 110. SYN. 1. tergum.—2. v. jugum.

dōs, dōtis. fem. 1. *A dowry.*—2. *An endowment, an advantage.*——1. Hos pŏtius pŏpŭlos in *dotem* ambāge rĕmissâ Accĭpe. Ov. Her. 7. 149.—2. Prŏbamque Paupĕrem sĭne *dōte* quæro. Hor. 3. 29. 56.

dōtālis, e. *Of a dowry.*——Est mihĭ fœcundus *dōtālĭbus* hortus in agris. Ov. F. 5. 209.

dōtātus, a, um. 1. *With a dowry.*—2. *Well endowed.*——1. Nec *dōtāta* rĕgit vĭrum Conjux. Hor. 3. 24. 19.—2. Quæ *dōtātissĭma* formâ mille prŏcis plăcuit. Ov. Met. 11. 301. SYN. 2. prædĭtus; dīvĕs, ĭtis, q. v.

dōto, as. *To endow, give a dowry to.*——Sanguĭne Trōjāno et Rŭtŭlo *dōtābĕre* virgo. V. Æn. 7. 318.

drăco, ōnis. masc. *A dragon, a serpent.*——Pōmaque ab insomni mălĕ custōdīta *drăcōne.* Ov. Met. 9. 190. SYN. anguis, q. v.

drăcōnĭgĕna, æ. masc. and fem. *Dragon born, epith. of Thebes and the Thebans.*——Inque *drăcōnĭgĕnam* nullis cŏmĭtantĭbus urbem Dēsĭlit. Ov. F. 3. 865. SYN. anguĭgĕna, serpentĭgĕna.

‡Druĭdæ, ārum. masc. *Priests of Britain and Gaul, so called from δρῦς, the Greek name of an oak, which was their especially sacred tree.*——Et vos barbărĭcos ritus mōremque sĭnistrum Săcrōrum *Druĭdæ* pŏsĭtis repetistis ab annis. Lucan, 1. 446.

Dryas, ădos. esp. in pl. **Dryădĕs.** dat. pl. **Dryăsin.** *Wood nymphs, nymphs of the oak.*——Non minor Ausŏniis est ămor in *Dryăsin.* Prop. 1. 20. 12. SYN. Hămădryas, *usu. in. pl.*; Năpææ; sēmĭdeæ Dryădes, Faunique bĭcornes. Ov.

‡dŭbiē. *Doubtfully.*——Nec *dŭbiē* custōdem vītis et horti Prŏvŏcat. Juv. 6. 375. SYN. ambĭguē.

dŭbĭtābĭlis, e. *Doubtful, of a thing,* i. e. *admitting doubt.*——Atque ĕgŏ si virtūs in me dŭbĭtābĭlis esset. Ov. Met. 13. 21. SYN. dŭbius, q. v.; ambĭguus, incertus, dubitandus.

dŭbĭto, as. *To doubt, to hesitate.* —— Et dūbitāmus adhuc virtūtem extendĕre factis. V. Æn. 6. 800. An Dea sim, dŭbĭtor. Ov. Met 6. 208. SYN. indŭbĭto, ambĭgo, is, *no perf.*; alterno, as (*chiefly in pres. act. part.*); hæreo, es, hæsi; fluctuo, as; musso, as (*the four last have no pass.*). PHR. Cernĕre non dŭbiâ sum mihĭ vīsa fĭde. Ov. Vărio nēquicquam fluctuat æstu Diversæque vŏcant ănĭmum in contrāria cūræ. V. Causa lătendi Discrĕpat, et dŭbium me quŏque mentis hăbet. Ov. Nec sum ănĭmi dŭbius. V. Spes tămĕn in dŭbio est. Ov. In dŭbium Vĕnĕris palma fūtura fuit. Ov. Magno cūrārum fluctuat æstu, Atque ănĭmum nunc huc cĕlĕrem nunc dīvĭdit illuc, In partesque răpit varias perque omnĭa versat. V.

dŭbius, a, um. *Doubtful.* — 1. *Of persons.* — 2. *Of things.* —— 1. Spemque mĕtumque inter dŭbii seu vīvĕre crēdant. V. Æn. 1. 218. — 2. Quod jam non dŭbiis pŏtĕris cognoscĕre signis. V. G. 4. 253. SYN. 1. suspensus. — 1, 2. incertus. — 2. ambĭguus; anceps, cĭpĭtis.

dŭcēni, æ, a. *Two hundred.* —— Quam dotis mihĭ quinquies dŭcēna. Mart. 12. 75. 8.

dŭcenti, æ, a. *Two hundred.* —— In hōrâ sæpe dŭcentos, Ut magnum, versus dictābat. Hor. Sat. 1. 4. 9. v. prec.

dŭcenties. *Two hundred times.* —— Dŭcenties accēpit. Mart. 5. 38. 24.

dūco, ĭs, xi. 1. *To draw (in any way).* — 2. *To make, to form, to compose.* — 3. *To carry on, wage.* — 4. *To pass, to protract (time).* — 5. *To drink.* — 6. *To lead, guide.* — 7. *To think.* — 8. *To marry, as a husband marries a wife.* —— 1. Ībat et auxĭlium ducto mūcrōne pĕtēbat. V. Æn. 12. 378. Non illas grăvĭbus quisquam jŭga dūcĕre plaustris . . . sit passus. V. G. 3. 140. Sæpe quĕri, et longas in flētum dūcĕre vōces. V. Æn. 4. 463. Et Căpys, hinc nōmen Campānæ dūcĭtur urbi. V. Æn. 10. 145. Aut dūcunt lānas aut stāmĭna pollĭce versant. Ov. Met. 4. 34. Stat ductis sortĭbus urna. V. Æn. 6. 22. — 2. Dum tĭbĭ Cadmēæ dūcuntur Pontice Thēbæ. Prop. 1. 7. 1. Vĕtuit ne . . . ălius Lȳsippo dūcĕret æra. Hor. Epist. 2. 1. 240. — 3. Hi bellum assĭdue dūcunt cum gente Lătīnâ. V. Æn. 8. 55. — 4. Me si cœlicolæ vŏluissent dūcĕre vitam. V. Æn. 2. 641. Hic mortem lūdo dūcunt, V. G. 3. 379. — 5. Hic innŏcentis pōcŭla Lesbii Dūces sub umbrâ. Hor. 1. 17. 22. — 6. Que te, Mœri, pĕdes; an, quo via dūcit, in urbem? V. E. 9. 1. Jamque jŭgis summæ surgēbat Lūcĭfer Idæ, Dūcēbatque diem. V. Æn. 2. 802. Blandum et aurītas fĭdĭbus cānōris Dūcĕre quercus. Hor. 1. 12. 12. — 7. Sīc ĕquĭdem dūcēbam ănĭmo rēbarque fŭtūrum. V. Æn. 6. 690. — 8. Duxĕrat Oceanus quondam Tītānĭda Tēthyn. Ov. F. 5. 81. Mopse, nŏvas incīde făces, tĭbĭ dūcĭtur uxor. V. E. 8. 29. SYN. 1. 6. dēdūco, addūco, perdūco, prōdūco. — 1. traho, ĭs, xi. — 2. compōno, is, pŏsui, q. v. — 3. gĕro, ĭs gessi, gestum, q. v. — 4. ăgo, ĭs, ēgi; dēgo, is, *no sup.* — 5. haurio, īs, hausi, stum, q. v. — 7. crēdo, ĭs, dĭdi.

‡ductĭlis, e. *Ductile.* —— Rīguæ ductĭle flūmen ăquæ. Mart. 12. 31. 2. SYN. tractābĭlis.

ductor, ōris. masc. *A leader.* —— Cernit . . . Leucaspim et Lyciæ ductōrem classis Ŏrontem. V. Æn. 6. 334. SYN. dux, dŭcis, q. v.

ductus, ūs. *A leading.* —— Non parvīs oppĭda fossis Cincta, sed est ductu capta puella meo. Ov. Am. 2. 12. 8.

dūdum. *Lately.* —— Ipsa ĕgŏmet dūdum Bĕroēn dīgressa rĕlīqui. V. Æn. 5. 650. SYN. nūper. v. jamdudum.

duellum, i. *War, battle.* —— Hâc săcrāta die Tusco Bellōna duello Dīcĭtur. Ov. F. 6. 601. SYN. bellum, q. v.

Duīlius, i. *The Roman consul who gained the first naval victory over the Carthaginians.* Exŭvias Marti dōnumque Duīlius alto Ante omnes mersâ Pœnōrum classe dĭcābat. Sil. 6. 665.

dulcĕ. *Sweetly.* —— Dulcĕ rīdentem Lălăgen ămābo. Hor. 1. 22. 23.

dulcēdo, ĭnis. fem. *Sweetness.* —— Nesciŏ quā præter sŏlĭtum dulcēdĭne læti. V. G. 1. 4. 12.

†dulcĭfer, era, erum. *Sweet.* —— Dulcĭfĕræ fici lactantes ūbĕre toto. Ennius. v. seq.

dulcis. *Sweet, in any sense.* —— Dulcia mella prĕmes. V. G. 4. 101. Nos pătriæ fines, et *dulcia* linquimus arva. V. E. 1. 3. SYN. prædulcis, suavis, v. jūcundus.

Dūlĭchia, also **Dūlĭchium.** *One of the Echinades Insulæ near Ĭthaca, part of Ulysses's dominion.* —— Nec mihĭ *Dūlĭchium* dŏmus est, Ĭthăcēve Sāmēve. Ov. Tr. 1. 5. 67. Cum tĕtĭgit căræ littŏra *Dūlĭchiæ*. Prop. 2. 11. 4.

Dūlĭchius, a, um. *Of Dulichium, of Ulysses.* —— *Dūlĭchiæ* traxēre mănus. Ov. Met. 13. 425. SYN. Ĭthăcus. v. Ulysses.

dum. 1. *Whilst.* — 2. *Until.* — 3. *Provided that.* —— *Dum* sĕnior fātis excĭdit arce Deus. Ov. F. 5. 34. — 2. Tertia *dum* Lătio regnantem vīdĕrit æstas. V. Æn. 1. 265. — 3. Hæc dīra meo *dum* vulnĕre pestis Pulsa cădat pătrias rĕmeābo inglōrius urbes. V. Æn. 11. 793. SYN. 2. dōnĕc. — 3. dummŏdŏ.

dūmētum, i. *A thicket.* —— Ter centum nĭvei tondent *dūmēta* juvenci. V. G. 1. 14. SYN. rŭbētum, spīnētum.

dummŏdŏ. *Provided that, so that.* —— *Dummŏdŏ* purpŭreo spūment mihĭ dōlia musto. Prop. 3. 15. 17. SYN. dum, mŏdŏ.

dūmōsus, a, um. *Briary.* —— *Dūmosâ* pendēre prŏcul de rūpe vĭdēbo. V. E. 1. 77.

dūmus, i. *A bush, a briar.* —— Horrentesque rŭbos et ămantes ardua *dūmos.* V. G. 4. 315.

duntaxat. *Only.* —— Quid si *duntaxat* Romæ mihĭ cognĭtus esses. Ov. Tr. 1. 7. 33. SYN. tantum, q. v.; mŏdŏ, sōlum.

duŏ, æ, ŏ. acc. masc. sometimes also **duŏ,** as if indecl. —— Ecce *duas* tĭbĭ Dăphnĭ, *duōque* altāria Phœbo. V. E. 5. 66. Si *duŏ* præterea tāles Īdæa tŭlisset Terra vĭros. V. Æn. 11. 285. Quid dŭbĭtas ūnam ferre *duōbus* ŏpem? Ov. Her. 20. 234. SYN. bīni; geminus, *usu. in pl.*; dŭplex, ĭcis, *usu. in pl.*

duŏdeni, æ, a. *Twelve.* —— Per *duŏdēna* rĕgit mundi Sol aureus astra. V. G. 1. 233. PHR. Cum tŏtĭdem de mense dies sŭpĕr esse vĭdebis Quot sunt Hercŭlei facta lăbŏris ait. Ov. Alter ab undĕcĭmo tum me jam cĕpĕrat annus. V. Vix illud lecti bis sex cervīce subirent. V. Bis sēnos cui nostra dies altāria fūmant. V.

dŭplex, ĭcis, adj. 1. *Double, twofold.* — 2. *Two.* —— 1. *Dŭplĭci* aptantur dentālia dorso. V. G. 1. 172. — 2. *Dŭplĭces* tendens ad sīdĕra palmas. V. Æn. 1. 97. SYN. 1. gĕmĭnus. — 2. v. duo.

dŭplĭcĭter. *Doubly.* —— Confertæ nūbes vi venti mittĕre certant *Dŭplĭcĭter.* Lucr. 6. 509.

dŭplĭco, as. *To double, either*—1. *By increasing, or*—2. *By folding together, etc. as we say doubling a man up with pain.* —— Et sol cresentes dēcēdens *dŭplĭcat* umbras. V. E. 2. 67. Ībis in adversos montes *dŭplĭcata*que nimbo Flūmina. Ov. Am. 1. 9. 11. — 2. Lātos huic hasta per armos Acta trĕmit, *dŭplĭcat*que virum transfixa dŏlōre. V. Æn. 11. 645. SYN. 1. gĕmĭno, as; ingĕmĭno, congĕmĭno. 1, 2. †condŭplĭco.

dūrābĭlis, e. *Durable.* —— Quod căret alternâ rĕquiē *dūrābĭle* non est. Ov. Her. 4. 89. SYN. stăbĭlis, diŭturnus.

†dūrāmĕn, ĭnis. neut. *Hardening, a hardness.* —— Et vis magna gĕli magnum *dūrāmĕn* ăquārum. Lucr. 6. 529.

†dūrăteus, a, um. *Wooden.* —— Nec clam *dūrăteus* Trōjānis Pergăma partu Inflammâsset ĕquus nocturno Grājŭgĕnārum. Lucr. 1. 476. SYN. ligneus, v. roboreus.

dūrē. *Hardly, harshly.* —— Si quædam nĭmis antĭquē, si plērăque *dūrē* Dīcĕre crēdit eos. Hor. Epist. 2. 1. 66. SYN. †dūrĭter.

dūresco, ĭs, dūrui. no sup. *To grow hard.* —— Līmus ut hic *dūrescit,* et hæc ut cēra lĭquescit. V. E. 8. 80. SYN. indūresco, obdūresco; dūro, as; occallesco.

†dūrĭter. *Hardly.* —— Membra mŏventes *Dūrĭter.* Lucr. 5. 1401. SYN. dūrē.

dūrĭtia, æ. also **dūrĭties, ēi.** 1. *Hardness.* — 2. *Severity, cruelty.* —— 1. Pōnĕre *dūrĭtiem* cœpēre suumque rĭgōrem. Ov. Met. 1. 401. — 1, 2. *Dūrĭtiâ* ferrum ut sŭpĕres ădămantaque, teque. Ov. Her. 2. 137. SYN. 1. rĭgor. — 2. aspĕrĭtas, ātis, q. v.

dūro, as. 1. (*trans.*) *To harden.* — 2. (*intrans.*) *To become hard.* — 3. (*trans. and intrans.*) *To endure.* — 4. (*intrans.*) *To last.* —— 1. *Dūrāvit*que ănĭmum destĭtuitque prĕces. Ov. ad Liv. 198. — 2. Tum *dūrāre* sŏlum et disclūdĕre

Nērea ponto cœpĕrit. V. E. 6. 35.—3. *Dūrāte* et vosmet rēbus servāte sĕcundis. V. Æn. 1. 207. Pătiar quemvis *dūrāre* lăbōrem. V. Æn. 8. 577.—4. *Dūrat* in extremum, vitæque novissima nostræ Persĕquĭtur fati qui fuit ante tĕnor. Ov. Her. 7. 112. SYN. 1. indūro.—2. dūresco, is, dūrui, q. v.—3. obdūro; fĕro, fers, tŭli, ferre, lātum, q. v.—4. perdūro, pĕrenno, as; permăneo; persto, as, stĭti.

dūrus, a, um. 1. *Hard (of things).*—2. *Hard (of persons),* i. e. *severe, etc.*—3. *Hard (of fate, etc.).*—4. *Hard,* i. e. *difficult.* —— *Dūris* gĕnuit te cautĭbus horrens Caucăsus. V. Æn. 4. 366. *Dūrum* Bacchi dŏmĭtūra săpōrem. V. G. 4. 102.—2. Quis . . . Myrmĭdŏnum Dŏlŏpumve aut *dūri* mīlĕs Ŭlyxi. V. Æn. 2. 7. Tum dēnĭque *dūra* Exerce impĕria. V. G. 2. 369.—3. *Dūra* fŭgæ măla, *dūra* belli. Hor. 2. 13. 28.—4. *Dūrus* ŭterque labor. V. G. 2. 412. SYN. 1. rĭgens, rĭgĭdus, ferreus.—1, 2, 3. asper, ĕra, ĕrum.—2, 3. sĕvērus, crūdēlis, ĭnīquus, inmītis, q. v.—4. diffĭcĭlis, q. v.

dux, dŭcis. masc. and fem. 1. *A leader.*—2. *A guide.* —— 1. Consēdēre *dŭces,* et vulgi stante cōrōnâ. Ov. Met. 13. 1.—2. Quæ rĕgĕrent passus pro *dŭce* fīla dĕdi. Ov. Her. 10. 72. SYN. 1, 2. ductor.—1. măgister, tri. PHR. At non cæde vĭri tantâ perterrĭta Lausus Pars ingens belli sinit agmĭna. V.

Dyrrăchium, i. *A town in Epirus, opposite to Brundusium.* —— Quæque *Dyrrăchium* Adriæ tăbernam . . . colis. Cat. 34. 15.

E.

ē, ex. *Out of.* —— Scīres ē sanguĭne natos. Ov. Met. 1. 162. SYN. dē.

eā. *That way.* —— Corpus *eā* non est. Lucr. 1. 509.

†eāpropter. *Therefore.* —— Dextĕra *eāpropter* nōbis sĭmŭlăcra rĕmittunt. Lucr. 4. 313. SYN. idcirco.

ĕbĕnus, i. fem. and **ĕbĕnum, i.** *The ebony tree, ebony.* —— Tŏrus est *ĕbĕno* sūblīmis in atrâ. Ov. Met. 11. 610. Sōla India nīgrum Fert *ĕbĕnum.* V. G. 2. 117.

ēbĭbo, is. *To drink up.* —— Ūbĕraque *ēbĭbĕrant* ăvĭdi lactantia nāti. Ov. Met. 6. 342. SYN. bĭbo, q. v.; combĭbo, perbĭbo; pōto, as, āvi, pōtum.

ēbrĭĕtas, ātis. fem. *Drunkenness.* —— *Ēbrĭĕtas* ut vēra nŏcet, sic ficta jŭvābit. Ov. A. A. 1. 597. v. vinum.

ēbrĭōsus, a, um. *Drunken.* —— Ut lex Posthŭmiæ jŭbet măgistræ *Ēbrĭōsâ* ăcĭnâ *ēbrĭōsiōris.* Cat. 25. 4. SYN. vīnōsus. v. seq.

ēbrius, a, um. *Drunk.* —— *Ēbria*que exit anus. Ov. F. 2. 582. Quidlĭbet impotens Spērāre fortūnâque dulci *Ēbria.* Hor. 1. 37. 12. SYN. ūvĭdus, ‡ūdus. PHR. Somno vīnoque sĕpulti Prōcŭbuēre. V. Nec jŭvat in lūcem nĭmio marcescĕre vīno. Ov.

‡ēbullio, is. *To boil over.* —— Oh si *Ebullit* pătrui præclārum funus. Pers. 2. 10.

ĕbŭlum, i. *Wall wort.* —— Sanguĭneis *ĕbŭli* baccis mĭnioque rŭbentem. V. E. 10. 27.

ĕbur, ŏris. neut. 1. *Ivory.*—2. *Anything made of ivory.*—1. India mittit *ĕbur,* molles sua thūra Săbæi. V. G. 1. 57.—2. Conspĭcuum signis cum prĕmet altus *ĕbur* (i. e. *the curule chair*). Ov. Ep. e P. 4. 5. 18. SYN. 1. ĕlĕphantus. PHR. Et tōtum Nūmĭdæ sculptĭle dentis opus. Ov. Candenti perfecta nĭtens ĕlĕphanto (Porta, sc.). V. Sectĭle dēlĭciis India præbet ebur. Ov. Cujus ĕbur nĭtĭdum fastĭgia summa tĕnēbat. Ov. Pars sĕcrēta dŏmūs ĕbōre et testūdĭne cultos Tres hăbuit thălămos. Ov. Non aurum aut ĕbur Indĭcum. Hor. Ne longis flāvescĕre possit ab annis Mæŏnis Assȳrium fœmĭna tinxit ĕbur. Ov. Instructamque fĭdem gemmis et dentĭbus Indis Sustĭnet. Ov.

ĕburneus, a, um. and **ĕburnus, a, um.** adj. 1. *Ivory.*—2. *White, esp. of limbs.* —— Hippŏdămēque, hŭmĕroque Pĕlops insignis *ĕburno.* V. G. 3. 7.—2. Hoc flāvi făciunt crīnes et *ĕburnea* cervix Ov. Her. 20. 57. SYN. 2. nĭveus, lacteus, albus, q. v.; candĭdus.

Ĕbŭsus, i. fem. (some also read **Ēbŏsĭa** in Statius, Sylv. 1. 6. 15.).——Jamque *Ĕbŭsus* Phœnissa mŏvet, mŏvet Artăbrus arma. Sil. 3. 362.

ecce. *Behold.*——*Ecce* tĭbi Ausŏniæ tellus. V. Æn. 3. 447. Aspĭce vultus *Ecce* meos. Ov. Met. 2. 92. SYN. ēn, aspĭce. v. video.

ĕchenēis, ĭdŏs. *The sucking fish, supposed to be able to stop ships.*——Parva *ĕchĕnēis* ădest, mīrum, mŏra puppĭbus ingens. Ov. Hal. 96. SYN. †rĕmŏra.

ĕchĭdna, æ. *A serpent, the hydra.*——Induĭturque hŭmĕris Lernææ sanguis *ĕchĭdnæ.* Ov. Met. 9. 158. SYN. serpens, entis; hȳdra, q. v.

Ĕchidnæus, a, um. *Of the hydra.*——Illud *Ĕchidnæi* mĕmŏrant e dentĭbus ortum Esse cănis. Ov. Met. 7. 409.

Ĕchīnădĕs, um. pl. fem. *The five islands now called Cuzzolari, near the mouth of the Achelous.*——Mĕdiis quot cernis *Ĕchīnădăs* undis. Ov. Met. 8. 589.

Ĕchīnus, i. *A sea urchin.*——Horret căpillis ut mărīnus aspĕris *Ĕchīnus.* Hor. Epod. 5. 28.

Echīŏnius, a, um. *An epithet of Thebes from Echion, a companion of Cadmus.*——Monstrumve summīsĕre Colchi măgus *Echīŏniæve* Thēbæ. Hor. 4. 4. 64.

Ēcho, ûs. *A nymph in love with Narcissus, for love of whom she wasted away and became an echo.*——Dixĕrat ecquis ădest, et ădest respondĕrat *Echo.* Ov. Met. 3. 380. SYN. ĭmāgo, ĭnis, *fem.* PHR. Tum vēro exŏrĭtur clāmor; rīpæque lăcusque Responsant circa, et cœlum tŏnat omne tŭmultu. V. Quem Deum cūjus rĕcĭnet jŏcōsa Nōmen ĭmāgo. Hor. Reddĕret laudes tĭbĭ Vătĭcāni Montis ĭmāgo. Hor. Concăva pulsu saxa sŏnant, vōcisque offensa rĕsultat ĭmāgo. V. Intĕreā tōto clāmanti lītŏre Thēseu Reddebant nōmen concava saxa tuum, Et quŏties ĕgŏ te, tŏties lŏcus ipse vŏcābat. Ov. Et vox assensu nĕmŏrum ingĕmĭnāta rĕmūgit. V. Rĕsŏnābĭlis Ēcho. Ov. Plangentĭbus assŏnat Ēcho. Ov. Tum plausu frĕmĭtuque vĭrûm stŭdiisque făventum Consŏnat omne nĕmus, vocemque inclusa vŏlūtant Littŏra, pulsāti colles clāmŏre rĕsultant. V.

ecquando. *When? (interrog.)*——Dic prĕcor *ecquando* dĭdĭcisti fallĕre nuptas? Ov. Ep. e P. 3. 3. 53. SYN. quando, q. v.

ecquis, ecquæ or **ecquă, ecquid.** *Is any? Any, in any sentence in which a question is implied.*——*Ecquă* tamen puero est āmissi cūra părentis, *Ecquid* (*at all*) in antiquam virtūtem ănĭmosque vĭrīles Et păter Ænēas, et ăvuncŭlus excĭtat Hector. V. Æn. 3. 341. *Ecquĭbus* ut rĕcĭtas factum mŏdŏ carmen ămīcis. Ov. Ep. e P. 3. 5. 39.

ecqui, quæ, quod. *Who, which.*——Aut ut ĕdax vultur corpus circumspĭcit *ecquod* Sub nullā pŏsĭtum cernĕre possit hŭmo. Ov. Tr. 1. 5. 11. SYN. qui.

ĕdax, ācis. *Greedy.*——Tempus *ĕdax* rĕrum, tuque invĭdiōsa vĕtustas. Ov. Met. 15. 234. SYN. vŏrax; ‡gŭlōsus.

ēdīco, ĭs, xi. Virg. has imper. ēdīce, though imper. of dico is dic. *To command, enjoin.*——Tu, Vŏlūse, armāri Volscōrum *ēdīce* mănĭplis. V. Æn. 11. 463. SYN. jŭbeo, es, jussi; impĕro, as; mando, as.

ēdictum, i. *An order, an edict.*——Nĕc exul *Edicti* verbis nōmĭnor ipse tui. Ov. Tr. 5. 2. 58. SYN. dĕcrētum, mandatum, jussum, ēdĭtum.

ēdisco, ĭs, ēdĭdĭci, no sup.——Dum tempŏre et ūsu Fortiter *ēdisco* tristia posse păti. Ov. Her. 7. 180. SYN. perdisco, disco, q. v., condisco.

‡ēdĭtor, oris. *A maker, a causer.*——Vulturnusque cĕler, nocturnæque *ēdĭtor* auræ. Lucan. 2. 423. SYN. auctor, q. v.

ēdĭtus, a, um. *Born of.*——Mæcenas ătăvis *ēdĭte* regibus. Hor. 1. 1. 1. *Edĭta* de magno flūmĭne nympha fui. Ov. Her. 5. 10. SYN. nātus, sătus, ortus, crētus.

ēdĭtum, i. *A command.*——Morphea qui pĕrăgat Thaumantĭdos *ēdĭta* somnus Ēlĭgit. Ov. Met. 11. 647. v. edictum.

ĕdo, is, contr. **ēs, edit, ēst, ĕdĕre, ēsse, editur, ēstur,** etc., perf. **ēdi,** fut. in rus, **ēsūrus.** *To eat.*——*Ēst* mollis flamma medullas. V. Æn. 4. 66. Ut măla culmos *Ēsset* rōbīgo. V. G. 1. 150. *Ēstur* ut occultā vĭtiāta tĕrēdĭne navis. Ov. Ep. e P. 1. 1. 69. SYN. cŏmĕdo, pĕrĕdo (*this last usu. metaph.*); mando, is; vŏro, as; dēvŏro; consūmo, ĭs, mpsi; vescor, ĕris, *no perf. c. abl.*; pascor, ĕris, pastus sum. PHR. Dantque lĕvi somno corpŏra, functa cĭbo. Ov. Quŏniam jējūnia Virgo solvĕrat. Ov. Nĕque ĕnim jējūnia cūrat Cæde boum dīramque fămem sătiare. Ov. Carne fĕræ sēdant jējūnia, nec tamen omnes, Quippe equus et pĕcŭdes armentaque grāmĭne vīvunt, At . . . tigres . . . dapĭbus cum sanguĭne gaudent. Ov. Cum vos dīra fămes . . . . Ambĕsas sŭbĭgat mălis consūmĕre mensas. V. Ōblīto fertur gustâsse pălāto Et longam imprūdens exsŏluisse fămem. Ov. Ăvĭdâque rĕcondĭdit alvo. Ov. Corpŏra tostâ Carne rĕplent. Ov.

ēdo, ĭs, ēdĭdi, ēdĭtum. 1. *To utter.* — 2. *To put forth, to bear, esp. as children.* —— 1. Sæpe illum gĕmĭtūs *ēdentem*, sæpe frĕmentem . . . vĭdēres. Ov. Met. 9. 207. Atque hæc ingressis plăcĭdo prior *ēdĭdit* ōre. V. Æn. 7. 194. — 2. Quem partu sub lūmĭnis *ēdĭdit* oras. V. Æn. 7. 660. Ipse tămen vēlox cĕlĕrem sŭper *ēdĕre* corpus Gaudet ĕquum. Tib. 4. 1. 114. SYN. 1. fundo, ĭs, fūdi; effundo; jacto, as; exhĭbeo, es; exprōmo, ĭs; mitto, ĭs, misi; ēmitto.—2. prōdūco, ĭs, xi; prŏfĕro, fers, ferre, tŭli, lātum; effĕro; ēdūco, as. v. părio.

ēdŏceo, es, ui, doctum. *To teach, inform.* —— Qui . . . Lătio consistĕre Teucros . . . *Edŏceat.* V. Æn. 8. 13. Ūsĭbus *ēdocto* si quidquam crēdis ămīco. Ov. Tr. 3. 4. 3. SYN. dŏceo, q. v.; perdŏceo.

ēdŏmo, as, ui, ĭtum. *To tame, to subdue.* —— Mos et lex măcŭlōsum *ēdŏmuit* nĕfas. Hor. 4. 5. 22. *Ēdŏmĭti* magnas possĭdet orbis ŏpes. Ov. A. A. 3. 114. SYN. dŏmo; vinco, ĭs, vīci.

Ēdōnus, a, um. *Thracian.* —— Non ĕgŏ sānius Bacchābor *Ēdōnis.* Hor. 2. 7. 27. SYN. Thrax, ăcis, q. v.

Ēdōnis, ĭdŏs. fem. adj. of prec. *A Thracian woman, etc.* —— Prōtĭnus in sylvis mātres *Ēdōnĭdăs* omnes . . . lĭgavit. Ov. Met. 11. 70. SYN. Thrēissa, q. v.

§ēdormio, is. *To sleep through.* —— Fūfius ēbrius olim Cum Īliŏnam *ēdormit.* Hor. Sat. 2. 3. 61. v. dormio.

ēdŭco, as. *To bring forth, produce.* —— Et quas humus *ēdŭcat* herbis Fortūnāta fuit. Ov. Met. 15. 97. SYN. părio, ĭs, pĕpĕri; gigno, is, gĕnui; ēdo, ĭs, ēdĭdi, q. v.

ēdūco, ĭs, xi. 1. *To draw forth.* — 2. *To raise.* — 3. *To bring up, to rear.* — 4. ‡*To pass* (*time*). —— 1. Hoc dīcens *ēduxit* corpŏre tēlum. V. Æn. 10. 744. Ŭbĭ prīmum vellĕre signa Annuĕrint Sŭpĕri pūbemque *ēdūcĕre* castris. V. Æn. 11. 20. — 2. Āramque sĕpulchri Congĕrĕre arbŏrĭbus, cœloque *ēdūcĕre* certant. V. Æn. 6. 177. — 3. Et possit părvos *ēdūcĕre* nātos. V. Æn. 8. 413. — 4. Tўriis ea causa cŏlōnis Insomnem lūdo certātim *ēdūcĕre* noctem Suāsĕrat. Stat. Theb. 2. 74. SYN. extraho, ĭs, xi; effĕro, fers, extŭli, ferre, lātum. — 2. tollo, ĭs, sustŭli; ērigo, ĭs, ērexi. — 3. v. alo. — 4. ăgo, ĭs, ēgi, q. v.

ĕdūlis, e. *Eatable.* —— Vīnea submittit căpreas non semper *ĕdūles.* Hor. Sat. 2. 4. 43. SYN. vescus.

ēdūrus, a, um. *Very hard.* —— *Ēdūram*que pўram, et spinas jam prūna fĕrentes. V. G. 4. 144. Postĭbus *ēdūræ* supplex blandire puellæ. Ov. A. A. 2. 527. v. durus.

effāri. an imperf. verb used in 2nd sing. pres., imper. **effāre,** 3rd sing. pres. indic. **effātur,** fut. **effabor,** etc., perf. **effātus,** infin. **effāri.** v. fāri. *To speak.* —— Incĭpit *effāri* mĕdiâque in vōce rĕsistit. V. Æn. 4. 76. SYN. fāri; lŏquor, ĕris, lŏcūtus sum; ēlŏquor.

effectus, ūs. masc. *Effect.* —— Huic fluit *effectu* dispar Lyncestius amnis. Ov. Met. 15. 329. SYN. vis, *fem.*; pŏtestas, ātis, *fem.*

†effēmĭnātus, a, um. *Effeminate.* —— *Effēmĭnāta* virtus afflicta occĭdit. Cicero (*translating Sophocles*), Tusc. 2. 8. v. muliebris.

‡effĕro, as. *To make savage.* —— Pōtâque Gērys quos *effĕrat* undâ. Val. Fl. 6. 67. SYN. exaspĕro, as, q. v.

effĕro, fers, extŭli, ferre, ēlātum. 1. *To bring out, move out of.* — 2. *To produce.* — 3. *To raise.* —— 1. Mēne *effĕrre* pĕdem gĕnĭtor te posse rĕlicto Spĕrâsti? V. Æn. 2. 657. — 2. Hæc gĕnus ācre vĭrûm Marsos pūbemque Săbellam *Extŭlit.* V. G. 2. 167. — 3. Ante ălias Ărĕthūsa sŏrōres Prospĭciens summâ flāvum caput *extŭlit* undâ. V. G. 4. 352. Cum prīmum alto se gurgĭte tollunt Sōlis ĕqui lūcemque *ēlātis* nārĭbus efflant. V. Æn. 12. 115. SYN. 1. ēdūco, is, xi; exporto, as. — 2. ēdo, ĭs, ēdĭdi, q. v. — 3. tollo, ĭs, sustŭli, sŭblātus.

efferveo, es, bui. infin. ēre and ĕre. *To be hot, to boil over, to glow.* —— Quŏties Cyclopum *effervĕre* in auras Vĭdĭmus undantem ruptis fornācĭbus Ætnam. V. G. 1. 471. SYN. ferveo, q. v. v. seq.

effervesco, is. another form of prec. only in pres. act. —— Sīdĕra cœpērunt toto *effervescĕre* cœlo. Ov. Met. 1. 71.

effĕrus, a, um. *Fierce.* —— Sĭmŭl omne tŭmultu Conjūrat trĕpĭdo Lătium, sævitque jŭventus *Effĕra.* V. Æn. 8. 5. SYN. fĕrus, sævus, fŭriōsus.

effētus, a, um. 1. *Having brought forth, worn out by having brought forth.* —

2. *Exhausted, weak.* —— 1. *Effētos* cĭnĕrem immundum jactāre per āgros. V. G. 1. 81. — 2. Sed te victa sĭtu, vērique *effēta* sĕnectus. V. Æn. 7. 440. Frīgent *effētæ* in corpŏre vīres. V. Æn. 5. 396. SYN. 1. fētus, q. v. — 2. dēbĭlis, q. v.

effĭcax, ācis. *Mighty.* —— Jamjam *effĭcāci* do mănus scientiæ. Hor. Epod. 17. 1. Nec mūnus hūmĕris *effĭcācis* Hercŭlis Ĭnarsit æstuōsius. Hor. Epod. 3. 17. SYN. pŏtens, entis, q. v.; præsens, magnus, vălĭdus, ŏpĕrōsus.

effĭcio, ĭs, feci, fectum. *To make, to do, to effect, to perform.* —— Sævus Hȳpermnestră păter est tĭbĭ, jussa părentis *Effĭce*. Ov. Her. 14. 54. Insŭla portum *Effĭcit* objectu lătĕrum. V. Æn. 1. 160. SYN. făcio, q. v.; perfĭcio (*as to commands, etc.*), pĕrăgo, ĭs, egi; exsĕquor, ĕris, sĕcūtus.

effĭgies, ēi. fem. *An image.* —— Sŭper exŭvias, ensemque rĕlictum *Effĭgiem*que tŏro lŏcat. V. Æn. 4. 508. SYN. ĭmāgo, ĭnis; sĭmŭlācrum. PHR. Hercŭlis exemplo corpŏra falsa jăci. Ov.

effingo, ĭs, xi. *To represent.* —— Dat sĭne mente sŏnum gressusque *effingit* euntis. V. Æn. 10. 640. SYN. fingo; ĭmĭtor, āris; exprĭmo, ĭs, pressi; reddo, ĭs, dĭdi.

efflăgĭto, as. *To demand.* —— Nōmĭne quemque vŏcans, nōtumque *efflăgĭtat* ensem. V. Æn. 12. 759. SYN. flăgĭto; posco, ĭs, pŏposci, *no sup.*, q. v.; postŭlo, as.

efflo, as. *To breathe out.* —— Dum lŏquĭtur vernas *efflat* ab ōre rŏsas. Ov. F. 5. 194. SYN. prōflo, spīro, as; exspīro.

‡**effloreo, es, ui.** no sup. *To flourish.* —— Quæque nŏvis proăvûm tellus *effloruit* armis. Stat. Theb. 10. 807. SYN. flōreo, q. v.

effluo, ĭs, xi. 1. *To flow out.* — 2. *To disappear, to escape.* —— Dum dēsīdĕriis *effluat* ille tuis. Ov. R. A. 646. SYN. ēlābor, ĕris, ēlapsus sum.

effŏdio, ĭs, fōdi, fossum. *To dig out, to dig up.* —— *Effŏdiuntur* ŏpes irrītāmenta mălōrum. Ov. Met. 1. 140. *Effŏdēre* lŏco signum. V. Æn. 1. 443. SYN. ēruo, ĭs, ui, ŭtum.

effractus, a, um. *Broken.* —— Subtrahis *effracto* tu quŏque colla jŭgo? Ov. Tr. 5. 2. 40. SYN. fractus. v. frango.

‡**effræno, as.** *To unbridle, to let loose.* —— Regnantem Ætŏlis Vulturnum in prœlia campis *Effrœnat*. Sil. 9. 495. PHR. Et jam tempus equûm fūmantia solvĕre colla. V. v. disjungo.

effrænus, a, um. *Unbridled, fierce.* —— Gens *effrēna* vĭrûm Rhĭpæo tundĭtur Euro. V. G. 3. 382. SYN. infrænus, infrænis, dēfrænātus.

effringo, ĭs, frēgi (part. pass. effractus, q. v., is the only part used by the Augustan writers). 1. *To break, trans.* — 2. *To break, intrans.* —— 1. Fores *effrēgit* atque in ædes irruit. Ter. Ad. 1. 2. 8. — 2. Fluctus . . . vestras *effringet* in urbes. Sil. 1. 647. SYN. 1. frango, q. v. — 2. irrumpo, ĭs, rūpi, q. v.

effŭgio, ĭs, fūgi, fŭgĭtum. *To fly, to escape.* —— Mergetur vīsus *effŭgiet*que tuos. Ov. F. 3. 406. SYN. fŭgio, q. v.

effŭgium. *An escape, means of escaping, or place to which to escape.* —— Quos illi fors ad pœnas ob nostra rĕposcent *Effŭgia*. V. Æn. 2. 139. SYN. fŭga, confŭgium, †perfugium.

effulgeo, es, si, no sup., infin. **ēre** and **ĕre.** —— Tōtumque instructo Marte vĭdēres Fervĕre Leucaten, auroque *effulgĕre* fluctus. V. Æn. 8. 677. SYN. fulgeo, lūceo, es, xi, q. v.; illūceo, collūceo; nĭteo, es, ui; ēnĭteo; mĭco, as, ui.

effultus, a, um. part. pass. from effulcio, which, however, occurs in no other part. *Propped up, supported.* —— *Effultum* plūmâ versĭcŏlōre căput. Prop. 3. 7. 50. v. fulcio.

effundo, ĭs, fūdi, fūsum. 1. *To pour out, in any sense.* — 2. *To utter.* — 3. *Pour out so as to loosen (reins), etc.* — 4. *To drive out, throw out.* — 5. *To overthrow.* — 6. *To put forth.* —— 1. Hector vīsus ădesse mihĭ largosque *effundĕre* flētus. V. Æn. 2. 271. Necnon et Trōia pūbes Ascănio auxĭlium castris *effundit* ăpertis. V. Æn. 7. 522. Ut cum carcĕrĭbus sese *effūdēre* quădrīgæ. V. G. 1. 512. Mēne Īliăcis occumbĕre campis Non pŏtuisse, tuâque ănĭmam hanc *effundĕre* dextrâ. V. Æn. 1. 98. — 2. Sŭbĭto tāles *effundĕre* vōces. V. Æn. 5. 723. — 3. Spūmantiaque addit Frēna fĕris, mănĭbusque omnes *effundit* hăbēnas. V. Æn. 5. 818. — 4. Excŭtiat Teucros vallo atque *effundat* in æquor. V. Æn. 9. 67. —(*Frightened horses.*) *Effunduntque* dŭcem răpiuntque ad littŏra currus. V. Æn. 10. 574. —5. Et ipsum Pronum sterne sŏlo, portisque *effunde* sub altis. V. Æn. 11. 485. —6. Vīres *effundĭte* vestras. Ov. Met. 1. 278. SYN. 1, 2. 5. fundo. — 1, 2. prŏfundo, ēmitto, ĭs, mīsi, missum. — 2. ēdo, ĭs, ēdĭdi, q. v. — 3. v. frenum. — 4. excŭtio, ĭs, cussi; ējĭcio, ĭs, ēci. v. pello. — 5. sterno, ĭs, strāvi. — 6. prōmo, is, mpsi.

effūsus, a, um. part. pass. of prec., q. v.; also 1. *Starting from.* — 2. *Wasted.* ——1. Cum præcĭpĭti certāmĭne campum Corrĭpuēre, ruuntque *effūsi* carcĕre currus. V. G. 3. 104. —2. Ĭbi omnis *Effūsus* lăbor. V. G. 4. 492. v. vanus.

effūtio īs. *To prate or babble.* —— *Effūtīre* lĕves indigna Trăgœdia versus. Hor. A. P. 231. SYN. garrio, īs.

ēgĕlĭdus, a, um. 1. *Not extremely cold, lukewarm.* — 2. *Bitterly cold.* —— 1. Jam ver *ēgĕlĭdos* rĕfert tĕpōres. Cat. 44. 1. — 2. Ut prŏcŭl *ēgĕlĭdo* sēcrētum flūmĭne vidit. V. Æn. 8. 610. SYN. 2. præfrīgĭdus, ‡prægĕlĭdus.

ĕgens, entis. part. of egeo, q. v., used as adj. *In need of, destitute of; oftener c. gen. than c. abl.* —— Quæ causa rātes aut cujus *ĕgentes* Lītus ad Ausŏnium tot per văda cœrŭla vexit. V. Æn. 7. 197. Lūcis *ĕgens* āer. Ov. Met. 1. 17. v. seq.

ĕgēnus, a, um. 1. *In need of, destitute of.* — 2. *Destitute.* —— 1. Omnĭbus exhaustos jam cāsĭbus omnium *ĕgēnos.* V. Æn. 1. 599. — 2. Rēbusque vĕni non asper *ĕgēnis.* V. Æn. 8. 365. SYN. 1. ĕgens, indĭgus, cărens, *c. abl.* — 1, 2. ĭnops, ŏpis; pauper, ĕris.

ĕgeo, es, ui. no sup. *To want, to be in need of.* —— Cæsar ĭn hôc vestrâ non *ĕguisset* ope. Ov. Tr. 1. 2. 66. SYN. indĭgeo, căreo.

Ēgĕria, æ. *A nymph of Aricia, whom Numa asserted to be his wife.* —— *Ēgĕria* est quæ præbet ăquas, Dea grāta Cămœnis, Illa Nūmæ conjux Consĭliumque fuit. Ov. F. 3. 275.

ēgĕro, ĭs, gessi, stum. *To carry out; to get rid of.* —— *Egĕrit* hic fluctūs, æquorque rĕfundit in æquor. Ov. Met. 11. 488. Explētur lăcrȳmis *ēgĕrĭtur*que dŏlor. Ov. Tr. 4. 3. 38. SYN. āmŏveo, es, mōvi; dīmŏveo; rĕmŏveo.

ĕgestas, ātis. fem. *Want, poverty.* —— Lăbor omnia vincit Imprŏbus, et dūris urgens in rēbus *ĕgestas.* V. G. 1. 146. SYN. Paupertas; paupĕries, ei; pēnūria.

‡egestus, ûs. masc. *A carrying out* —— Alto *Ēgestu* pĕnĭtus căvāre terras. Stat. Sylv. 4. 3. 42.

ēgi, ēgĕrim, etc. perf. etc. from ago, q. v. —— Namque ut sūprēmam falsa inter gaudia noctem *Ēgĕrĭmus* nôsti. V. Æn. 6. 514.

†ēgigno, ĭs, gĕnui, *To produce.* —— Ăltos Interdum rāmos *ēgigni* corpŏre vīvo. Lucr. 2. 702.

ĕgŏ, meī, mihĭ, sync. **mî, mē, mē, nos, nostri** or **um, nōbīs,** etc. *I.* —— *Ĕgŏ* te, quæ plūrĭma fando Ēnŭmĕrare văles, nunquam, rēgīna, nĕgābo Prōmĕrĭtam. V. Æn. 4. 333. Non ulla lăbōrum O virgo nŏva *mī* făcies, ĭnŏpīnave surgit. V. Æn. 6. 104. v. seq.

ĕgŏmet, only nom. and acc. **mēmet.** *I myself.* —— Ego . . . quæ *mēmet* in omnia verti. V. Æn. 7. 309. SYN. ipse.

ēgrĕdior, ĕris, gressus sum. *To go out of; to come out.* —— *Ēgrĕdĕre* o quicunque ĕs ait, cōramque părentem Allŏquĕre. V. Æn. 8. 122. *Egressi* (e nave, sc.) optātâ pŏtiuntur Trōĕs ărēnâ. V. Æn. 1. 172. Est urbe *ēgressis* tŭmŭlus. V. Æn. 2. 713. SYN. exeo, īs, īvi, ĭtum, q. v.; excēdo, ĭs, cessi.

ēgrĕgiē. *Excellently.* —— Funus *Ēgrĕgiē* factum laudat vīcīnia. Hor. Sat. 2. 5. 106. SYN. bĕnĕ, q. v.

ēgrĕgius, a, um. *Excellent; eminent in any sense.* —— Sylvius Ænēas, părĭter pĭĕtāte vel armis *Ēgrĕgius.* V. Æn. 6. 770. Tantum *ēgrĕgio* decus ĕnĭtet ōre. V. Æn. 4. 150. Ille mihi ante ălios fortūnātusque lăbōrum *Ēgrĕgius*que ănĭmi. V. Æn. 11. 415. SYN. exĭmius, præstans, clārus, præclārus, nōbĭlis, insignis.

ēgressus, ûs. masc. 1. *A going out, either the action or the way by which.* — 2. *The mouth of a river.* —— 1. Ventos custōdit et arcet Æŏlus *egressu.* Ov. Met. 11. 749. Jānĭtor *ēgressūs* introĭtusque vĭdet. Ov. F. 1. 138. — 2. Sōlus ad *egressus* missus septemplĭcis Istri. Ov. Tr. 2. 189. SYN. 1. exĭtus, ûs, *masc.* — 2. ōs, ōris.

ēheu. *Alas.* —— *Eheu* quid vŏlui misero mihĭ? V. E. 2. 28. SYN. heu, q. v.

ēiă (but in Virg. always elided). *An expression of encouragement.*——*Eia* ăge rumpe mŏras. V. Æn. 4. 569. SYN. (*before* ăge) en, q. v.

ējăcŭlor, āris. *To dart or throw forth.*——Vĭtiāto fistŭla plumbo Scindĭtur et tĕnues stridente fŏrāmĭne longè *Ejăcŭlātur* ăquas. Ov. Met. 4. 124. SYN. jăcŭlor; ejecto, as; ējĭcio, ĭs, jēci, q. v.; ēmitto, is, misi, missum.

ējecto, as. *To cast forth.*——Crassumque cruōrem ōre *ējectantem*. V. Æn. 5. 470. v. ejicio.

ējectus, a, um. part. pass. of ejicio, q. v. *Also dislocated.*——*Ejecto*que incumbit cernuus armo. V. Æn. 10. 894.

†ejectus, ûs. *A casting out.*——Ănĭmăi Altior atque fŏras *ējectus* largior ējus. Lucr. 4. 957.

ējĭcio, is, jēci, jectum, also in Lucr. *ēicio* (so Virg. has rēicio for rejicio). *To cast out, drive out.*——*Ēicit* ĕnim sulci rectâ rĕgiōne. Lucr. 4. 1266. Turpius *ējĭcĭtur* quam non admittĭtur hospes. Ov. Tr. 5. 6. 13. SYN. rējĭcio, prōjĭcio, ējecto, as; pello, ĭs, pĕpŭli, pulsum; rĕpello; dēpello, expello; dētrūdo, ĭs, si; extrūdo.

ējŭlātio, ōnis. fem. *A wailing.*——Et illa non vĭrīlis *ējŭlātio*. Hor. Epod. 17. SYN. ŭlŭlātus, ûs, q. v.; luctus, ûs.

‡ējŭlātus, ûs. another form of prec. Hunc *ējŭlātu* quem gĕmis, cuncti gĕmunt. Seneca. H. Æt. 761.

‡ējūro, as. *To refuse or renounce with an oath.*——Saucius *ējūrat* pugnam glădiātor. Ov. Ep. e P. 1. 5. 37. v. detestor.

ēlābor, ĕris, elapsus sum. 1. *To glide away.*—2. *To escape.*——1. Effŭgit ante ălios prīmisque *ēlābĭtur* undis. V. Æn. 5. 151.—2. Ecce autem tēlis Panthūs *ēlapsus* Ăchīvûm. V. Æn. 2. 318. SYN. 1. dīlābor.—2. fŭgio, ĭs, fūgi, fŭgĭtum; effŭgio; ēvādo, ĭs, si.

ēlăbōro, as. *To make or finish with labour.*——Non Sĭcŭlæ dăpes Dulcem *ēlăbōrăbunt* săpōrem. Hor. 3. 1. 19. Qui persæpe căvâ tĕstūdĭne flēvit ămōrem Non *ēlăbōrātum* ad pĕdem. Hor. Epod. 14. 12. SYN. lăbōro. v. polio.

‡ēlangueo, es, ui. no sup. *To be languid.*——Hæsit ŭterque pŏlo dūbiisque *ēlanguit* ălis. Val. Fl. 4. 572. SYN. langueo, q. v.; languesco, ĭs, *no perf.*

‡ēlargior, īris. *To give.*——Pătriæ cārisque prŏpinquis Quantum *ēlargiri* dĕceat. Pers. 3. 70. SYN. largior; do, das, dăre, dĕdi, dătum, q. v.

§ēlātro, as. *To bark.*——Ut non Ăcrĭter *ēlātrem*. Hor. Epist. 1. 18. 18. SYN. lātro, q. v.

ēlātus, a, um. part. pass. from effĕro, q. v. 1. *Raised on high, high.*—2. *Elated.* ——Lūcemque *ēlātis* nārĭbus efflant. V. Æn. 12. 115.—2. Vāne Lĭgur, frustrāque ănĭmis *ēlāte* sŭperbis. V. Æn. 11. 715. SYN. 1. altus, q. v. —2. sŭperbus, q. v.

Ēlectră, æ. (the *a* sometimes following the Greek quantity; whence also the acc. is sometimes Ēlectrān). 1. *A daughter of Agamemnon.*—2. *Also the name of one of the Pleiades.*——Sive quod *Electrā* Trojæ spĕtāre ruīnas Non tŭlit. Ov. F. 4. 177. Maiăn et *Electran* Tāygĕtenque. Ov. F. 4. 174. Qui lĕgis *Electrān* et ĕgentem mentis Ŏrestem. Ov. Tr. 2. 395. SYN. 2. Ătlantis, ĭdŏs, *used also as epith.*

‡Ēlectrius, a, um. *Of (a different) Electra.*——*Electria* tellus. Val. Fl. 2. 431.

ēlectrum, i. *Amber.*——Quod fĭĕri ferro lĭquĭdove pŏtest *ēlectro*. V. Æn. 8. 402. SYN. ‡succĭnum.

ēlectus, ûs. *Choice.*——In nĕcis *ēlectu* parva fŭtūra mora est. Ov. Her 2. 144. SYN. dēlectus, ûs.

ēlectus, a, um. part. pass. from ēlĭgo, q. v. *Chosen.*——Hōc ŏpus *ēlectum* nē mihĭ forte pŭtes. Ov. Ep. e P. 3. 9. 54. PHR. Lāŏcoon ductus Neptūno sorte săcerdos. V.

ēlĕgans, antis. *Elegant.*——Nec sānē nĭmis *ēlĕgante* linguâ. Cat. 43. 4. SYN. dĕcōrus, cultus.

ĕlĕgēia. *Elegy; the goddess or muse of elegy.*——Flendus amor meus est, *ĕlĕgēia* flēbĭle carmen. Ov. Her. 15. 7. SYN. ĕlĕgus, ‡ĕlĕgīa. PHR. Flēbĭlis indignos Ĕlĕgēia solve capillos. Ov. Vēnit ŏdōrātōs Ĕlĕgēia nexa căpillos Et pŭtŏ pēs illi longior alter ĕrat. Ov. Imbelles Ĕlĕgi, gĕniālis Musa vălēte. Ov.—*Of elegiac verse.* Impărĭbus lĕgĕres carmĭna facta mŏdis. Ov. Impărĭbus vecta Thălīa rŏtis. Ov. Dum cănimus săcras alterno pectĭne nŏnas. Ov. F. 2. 121. Mūsa per undēnos ēmŏdŭlanda pĕdes. Ov. v. carmen.

‡ĕlĕgīa. another form of prec. Quas inter vultu pĕtŭlans *Ĕlĕgīa* prŏpinquat Celsior assueto. Stat. Sylv. 1. 2. 7.

ĕlĕgus, i. another form of prec. Neu mĭsĕrābĭles Dēcantes *ĕlĕgos*. Hor. 1. 33. 3.

Ĕlĕlēĭdes, um. fem. *Bacchanalian women.*——Nunc fĕror ut Bacchi fŭriis *Ĕlĕlēĭdes* actæ. Ov. Her. 4. 47. SYN. Baccha, q. v.

Ĕlĕleus, i. *A name of Bacchus*, q. v.——Nyctĕliusque *Ĕlĕleus*que părens. Ov. Met. 4. 15.

ĕlĕmenta, ōrum. 1. *Elements.*—2. *Beginnings.*——1. Hæc quŏque non perstant quæ nos *ĕlĕmenta* vŏcāmus. Ov. Met. 15. 237. q. v. ad 253.—2. Parva fuit, si prīma vĕlīs *ĕlĕmenta* rĕferre Rōma. Ov. F. 3. 179. SYN. 2. princĭpium, prīmordium, exordium; exorsa, orum; ŏrīgo, ĭnis, *fem.*; ortus, ûs.

ĕlĕphantus, i. 1. ‡*An elephant.*—2. *Ivory.*——1. Vīs *ĕlĕphantorum* turrīto concita dorso. Sil. 4. 599.—2. Altĕra candenti perfecta nĭtens *ĕlĕphanto*. V. Æn. 6. 896. SYN. 1. ĕlĕphas, antis.—2. ĕbur, ŏris, *neut.*

ĕlĕphas, antis. acc. anta. masc. *An elephant.*——Sīve *ĕlĕphas* albus vulgi convertĕret ōra. Hor. Epist. 2. 1. 196. SYN. barrus, †anguĭmănus, ‡ĕlĕphantus. PHR. Quique sui mŏnĭtis obtempĕrat Inda măgistri Bellua. Ov.

ĕlĕvo, as. *To lighten*, i. e. *to make insignificant.*——*Ēlĕvat* assĭduos cōpia longa vĭros. Prop. 2. 33. 44. v. mĭnuo.

Ēlēus, a, um. *Of Elis.*——Sive quos *Ēlēa* dŏmum rĕducet Palma cœlestes. Hor. 4. 2. 17. SYN. Ŏlympiăcus.

Ĕleusīn, īnis. *A city in Attica sacred to Ceres.*——Tempŏre quo vōbīs ĭnĭta est Cĕreālis *Ĕleusin.* Ov. Her. 4. 67.

Ĕleusīnus, a, um. *Of Eleusis, of Ceres.*——Tardaque *Ĕleusīnæ* mātris volventia plaustra. V. G. 1. 163.

Ēlĭăs, ădis. fem. adj. *Of Elis.*——*Ēlĭădum* palmas Ēpīrus ĕquārum (mittit). V. G. 1. 59.

ēlĭcio, ĭs, ĭcui. *To draw out, draw forth.*——Ecce sŭpercĭlio clīvōsi trāmĭtis undam *Ēlĭcit.* V. G. 1. 109. *Ēlĭciunt* cœlo te Jūpĭter. Ov. F. 3. 327. SYN. ēdūco, ĭs, xi; dēdūco; extraho, ĭs, xi.

ēlīdo, ĭs, si. *To squeeze, crush.*——Ut prīma nŏvercæ Mōnstra mănu gĕmĭnosque prĕmens *ēlīsĕrit* angues. V. Æn. 8. 289. SYN. collīdo; prĕmo, ĭs, pressi; comprĭmo.

ēlĭgo, ĭs, lēgi, lectum. *To pick out, to choose.*——*Elĭge* ait virgo Cūmæa quid optes. Ov. Met. 14. 135. SYN. lĕgo, sēlĭgo; opto, as; sortior, īris.

§ēlīmĭno, as. *To publish abroad.*——Ne fīdōs inter ămīcos Sit qui dicta foras *ēlīmĭnet.* Hor. Epist. 1. 5. 25. SYN. vulgo, as, q. v.; †divulgo.

ēlīmo, as. *To file off, polish up by filing.*——Rētiaque et lăqueos quæ lūmina fallĕre possint *Ēlīmat.* Ov. Met. 4. 176.

‡ēlĭquo, as. *To clarify, metaph. to pronounce delicately.*——Vātum et plōrābĭle si quid *Ēlĭquat.* Pers. 1. 34.

Ēlis, ĭdos. acc. ĭda and ĭn. *A town and district of Peloponnesus, celebrated for the Olympic games, which were celebrated there.*——Alphēum fāma est huc *Ēlĭdis* amnem Occultas ēgisse vias. V. Æn. 3. 694. *Ēlin* Messeniaque arva cŏlēbas. Ov. Met. 2. 679. v. Olympia.

Ĕlissa, æ. *A name of Dido*, q. v.——Nec consumpta rŏgis inscrībor *Ĕlissa* Sīchæi. Ov. Her. 7. 193.

‡Ĕlissæus, a, um. *Of Dido, Carthaginian.*——At nŏva *Ĕlissæi* jūrāto fœdĕra Pātres Consultant mandāre dŭci. Sil. 6. 346. SYN. Pūnĭcus, q. v.

ēlixus, a, um. *Boiled.*——Sĭmŭl assis miscuĕris *ēlixa*. Hor. Sat. 2. 2. 74.

ēlŏgium, i. *An inscription, esp. in praise.*——Tum ponte lŏcātur *Ēlŏgium* tăcĭtā format quod littĕra vōce. V. Culex. 411.

‡ēlŏquens, entis. *Eloquent.*——*Ēlŏquente* Cantu purpŭreum trahes Sĕnātum. Stat. Sylv. 2. 7. 46. SYN. făcundus, dīsertus.

ēlŏquium, i. *Eloquence.*——Quælĭbet *ēlŏquio* fit bŏna causa tuo. Ov. Tr. 1. 9. 46. SYN. făcundia. PHR. Prōinde tŏna ēlŏquio. V. Persĕquar aut stŭdium linguæ Dēmosthĕnis arma. Prop. Ut qui quid văleas ignōret Marte fŏrensi. Ov.

ēlŏquor, ĕris, elocutus sum. *To speak out.*——*Ēlŏquar* an sīleam? V. Æn.

3. 39. Blandior interdum vērisque sīmillīma verba *Ēlŏquor*. Ov. Her. 15. 130. SYN. lŏquor ; prōlŏquor, fāri, q. v.

ēlūceo, es, xi. no sup. *To shine.* —— *Ēlūcent* ăliæ et fulgōre cŏruscant. V. G. 4. 98. SYN. lūceo, collūceo ; nĭteo, es, ui ; ēnĭteo ; mico, as, ui ; ēmĭco, cŏrusco, as ; splendeo, es, ui ; resplendeo. (*none of prec. have any sup. etc.*)

ēluctor, āris. *To struggle out.* —— Ăqua *ēluctābĭtur* omnis Scĭlĭcet et grandes ībunt per vīmĭna guttæ. V. G. 2. 244. v. elabor.

ēlūdo, is, si, sum. 1. *To deceive.* — 2. *To escape.* —— 1. Neu sĕgĕs *ēlūdat* messem fallācĭbus herbis. Tib. 2. 1. 19. — 2. *Ēlūdit* gȳro intĕrior sĕquĭturque sĕquentem. V. Æn. 11. 695. SYN. 1. fallo, ĭs, fĕfelli, falsum, q. v. — 2. ēvādo, ĭs, si, q. v.

ēluo, ĭs, ui, ūtum. *To wash out, to efface.* —— Spes dōnāre Nŏvas largus ămāraque Cūrārum *ēluĕre* effĭcax. Hor. 4. 12. 20. Corpusque sĭmŭl, sĭmŭl *ēlue* crīmen. Ov. Met. 11. 141. SYN. ābluo; dēleo, es, ēvi.

ēlŭvies, ēi. *A torrent.* —— Vallem dēcursus ăquārum Fēcit, et *ēlŭviē* mons est dēductus in æquor. Ov. Met. 15. 267. v. diluvies, torrens.

Ēlȳsium, i. *The place to which the souls of the virtuous were removed after death.* —— Exinde per amplum Mittĭmus *Ēlȳsium*, et pauci læta arva tĕnēmus. V. Æn. 6. 744. PHR. Dēvēnēre lŏcos lætos, et ămœna vĭrēta Fortūnātōrum nĕmŏrum, sēdesque beātas, Largior hic campos æthēr, et lūmĭne vestit Purpūreo. V. Ămœna piōrum Concĭlia Ēlȳsumque cŏlo. V. Sēdesque discrētas piōrum. Hor.

Ēlȳsius, a, um. *Of Elysium.* —— Colle sub *Ēlȳsio* nĭgrā nĕmus īlĭce frondens Ūdaque perpĕtuo grāmĭne terra vĭret. Ov. Am. 2. 6. 49.

ēmădeo, es, ui. no sup. *To be wet.* —— Et te flente suos *ēmăduisse* sinus. Ov. Tr. 5. 4. 40.

ēmancĭpātus, a, um. *Subjected as a slave to....* —— *Ēmancĭpātus* fœmĭnæ. Hor. Epod. 9. 12. v. servus.

‡**ēmăneo, es, nsi.** *To remain away from.* —— Quis (tibi relinquere) lūcos vĕtĭtus quibus *ēmansisse* săcerdos Suasit? Stat. Theb. 7. 650.

†**ēmāno, as.** *To flow forth, or out of.* —— Quid dŭbĭtas quĭn ex īmo . . . *Ēmānārit* ŭti fūmus diffūsa ănĭmæ vis? Lucr. 3. 582. SYN. dēmāno ; effluo, is, xi ; profluo.

Ēmăthia, æ. *Macedonia.* —— Nec fuit indignum Sŭpĕris bis sanguĭne nostro *Ēmăthiam* et lātos Hæmi pinguescĕre campos. V. G. 1. 492.

‡**Ēmăthis, ĭdos.** fem. adj. of prec. —— *Ēmăthis* æquŏrei regnum Pharsālos Ăchillis. Lucan. 6. 350.

Ēmăthius, a, um. *Macedonian.* —— Quæ dŭcis *Ēmăthii* fuĕrit dēmentia Pōros . . . dŏcet. Ov. Tr. 3. 5. 39. SYN. Măcēdŏnius, q. v.

ēmātūresco, is, ūrui. no sup. *To be ripe, mellow; to become gentle.* —— Si modo læsi *Ēmātūruĕrit* Cæsăris īra. Ov. Tr. 2. 124. SYN. mītesco, is, *no perf.* q. v.

ĕmax, acis. *Ready to buy.* —— Instĭtor ad dŏmĭnam vĕniet discinctus *ĕmācem*. Ov. A. A. 1. 421.

ēmendo, as. 1. *To amend.* — 2. *To make amends for.* —— 1. Ipse nec *ēmendo* sed ut hic dēducta lĕgantur. Ov. Tr. 5. 1. 71. — 2. Vim tămĕn *ēmendat* dando mihi nōmĭna nuptæ. Ov. F. 5. 205. SYN. 1. corrĭgo, is, rexi.

ēmensus, a, um. part. from emetior, q. v. 1. *Having measured*, i. e. *having gone over.* — 2. *Being gone over.* —— 1. *Ēmensus* longi clāvĭger orbis ĭter. Ov. F 1. 554. — 2. *Ēmenso* cum jam dēcēdet Ŏlympo. V. G. 1. 450. SYN. 1, 2. dīmensus, permensus. — 2. prætĕrĭtus.

ēmentior, īris. *To say falsely.* —— At Nīleus, qui se gĕnĭtum septemplĭce Nīlo *ēmentītus* ĕrat. Ov. Met. 5. 188. SYN. mentior, q. v.

ēmĕreo, es, ui. 1. *To deserve.* — 2. *To gain the favour of (by deserving well).* —— 1. Dixit, et *ēmĕruit* vōcis hăbēre fĭdem. Ov. F. 4. 58. — 2. Æquantem sŭpĕros *ēmĕruisse* vĭrum. Ov. Tr. 4. 8. 52. SYN. 1. mĕreo, q. v. ; prōmĕreo.

ēmergo, ĭs, si, sum. 1. *To emerge, to rise.* — 2. *To make to emerge, to raise.* —— 1. Sēdĭbus Euboĭcam Stȳgiis *ēmersit* in urbem Trōius Æneas. Ov. Met. 14. 155. — 2. Dum lŏquĭtur tōtum jam Sōl *ēmersĕrat* orbem. Ov. F. 3. 367. SYN. 1. surgo, ĭs, surrexi, *no sup.*, q. v. — 2. tollo, ĭs, sustŭli, sŭblātum. v. emersus.

ēmĕrĭtus, a, um. part. from emereo in a deponent sense. *Having served (as a soldier), having done one's duty; used also of the time so spent.* —— *Ēmĕrĭtis* rĕfĕrenda est grātia semper. Ov. Ep. e P. 1. 7. 61. Quo mĭnus *ēmĕrĭtis* exīret cursĭbus annus Ov. F. 344. Mīles ut *ēmĕrĭtis* non est sătis ūtĭlis annis. Ov. Tr. 4. 8. 21.

ēmersus, a, um. pass. part. of emergo, in a deponent sense. *Having risen.* —— Tertia nox *ēmersa* suos ŭbi mōvĕrit ignes. Ov. F. 3. 399.

ēmētior, īris, ēmensus sum. 1. *To measure out.*—2. *To go over.*—3. *To give.* 1. Atque ŏcŭlis spătium *ēmensus* quantum sătis hastæ. V. Æn. 10. 772. 2. v. emensus. — 3. Cur imprŏbe căræ Non ălĭquid pătriæ tanto *ēmētīris* ăcervo? Hor. Sat. 2. 2. 105. SYN. 1. mētior. — 2. transeo, īs, īvi, ĭtum, q. v.; percurro, ĭs. — 3. do, das, dăre, dĕdi, dătum, q. v.

ēmĕto, is, messui, messum. *To reap out of or from.*——Nē plus frūmenti dōtālĭbus *ēmĕtat* ăgris. Hor. Epist. 1. 6. 21. v. meto.

ēmĭco, as, ui. no sup. 1. *To shine.* — 2. *To spring forward, of animate, and also of inanimate things.* — 3. *To be prominent.* —— 1. Ignea convexi vīs et sĭnĕ pondĕre cœlī *Ēmĭcuit.* Ov. Met. 1. 27. — 2. Saltuque sŭperbus *Ēmĭcat* in currum. V. Æn. 12. 327. Ut jăcuit rĕsŭpīnus humi cruor *ēmĭcat* altè. Ov. Met. 4. 121. *Ēmĭcuit* nervo pĕnĕtrābĭle tēlum. Ov. Met. 5. 67. — 3. Nunc quŏque in Euboïco scŏpŭlus brĕvis *ēmĭcat* alte Gurgĭte. Ov. Met 9. 226. SYN. 1. mĭco, as, ui, q. v. — 2. prōsĭlio, īs, ui, sultum. — 2. ēmĭneo, es, ui. PHR. 1, 2. Tōtoque ardentis ab ōre Scintillæ absistunt, ŏcŭlis mĭcat ăcrĭbus ignis. V.

‡**ēmīgro as.** *To emigrate.* —— Inductor pŏpŭli longe *ēmīgrantis* Ăpollo. Stat. Sylv. 4. 8. 47. SYN. mīgro, q. v.

ēmĭneo, es, ui. no sup. *To be prominent, visible.* —— Mens tua sūblīmis sūprà gĕnus *ēmĭnet* ipsum. Ov. Ep. e P. 3. 3. 103. —— *Ēmĭnet* ante ŏcŭlos quod pĕtis ecce tuos. Ov. F. 3. 250. SYN. prōmĭneo; exsto, as, stĕti, *no sup.*; appāreo, es, ui, *no sup.* PHR. Gĕmĭnique mĭnantur In cœlum scŏpŭli. V.

ēmĭnus. adv. *From a distance.* —— Arcu Missĭlĭbus tēlis *ēmĭnus* ictus ămo. Ov. Her. 16. 40. SYN. longē.

ēmīror, āris. *To wonder at.* —— Nīgris æquora ventis *Ēmīrābĭtur* insolens. Hor. 1. 5. 8. SYN. mīror, q. v.

ēmitto, ĭs, mīsi, missum. *To send forth any thing.* —— At Pallas magnis *ēmittit* viribus hastam. V. Æn. 10. 474. Cōnātæque lŏqui mĭnĭmam pro corpŏre vocem *Emittunt.* Ov. Met. 4. 413. Horruit Alcyŏne lăcrўmasque *ēmīsit* obortas. Ov. Met. 11. 458. SYN. mitto, q. v.; dēmitto, permitto. v. ēdo, effundo, ruo.

ĕmo, ĭs, ēmi, emptum. *To buy.* —— Qui vītâ bĕnĕ crēdat *ĕmi* quo tendis hŏnōrem. V. Æn. 9. 206. SYN. mercor, āris. v. paro.

ēmŏdĕror, āris. *To govern, to restrain.* —— Ille dŏlor verbīs *ēmŏdĕrandus* ĕrit. Ov. R. A. 130. SYN. mŏdĕror; rĕgo, ĭs, xi; cohĭbeo, es, q. v.

ēmŏdŭlor, āris. *To sing, to play, to attune.* —— Mūsa per undēnos *ēmŏdŭlanda* pĕdes. Ov. Am. 1. 1. 30. SYN. mŏdŭlor.

ēmollio, is. *To soften.* —— *Emollit* mōres nec sĭnit esse fĕros. Ov. Ep. e P. 2. 9. 48. SYN. mollio; lēnio, īs; dēlēnio.

‡**ēmŏlo, ĭs, ui.** *To grind.* —— Messe tĕnus prŏpriâ vīve, et grānāria, fas est, *Emŏle.* Pers. 6. 26. PHR. Nunc torrēte igni frūges, nunc frangĭte saxo. V. Et Cĕrĕris frūges aspĕra saxa tĕrunt. Ov.

‡**ēmŏlŭmentum, i.** *Advantage, emolument.* —— Præmia nunc ălia atque ălia *ēmŏlŭmenta* nŏtēmus. Juv. 16. 35. SYN. lŭcrum, q. v.; commŏdum.

ēmŏrior, ĕris, ēmortuus sum. *To die, to decay.* —— Perque grădus molles *ēmŏrĭātur* ămor. Ov. R. A. 654. SYN. mŏrior, q. v.

ēmŏveo, es, mōvi, tum. *To move away, to remove.* —— Ēgrĕgia intĕreā conjux arma omnia tectis *Ēmŏvet.* V. Æn. 6. 524. SYN. moveo, āmŏveo, rĕmŏveo, summŏveo, dīmŏveo; abdūco, ĭs, xi; subduco; subtraho, ĭs, xi; abstraho; aufĕro, fers, ferre, tŭli, lātum.

emptor, ōris. *A purchaser.* —— Dēdĕcŏrum prĕtiosus *emptor.* Hor. 3. 6. 32.

ēmunctus, a, um. part. from ēmungo. (*lit.*) *Having his nose wiped;* i. e. — 1. *Fastidious, accurate.* — 2. *Cheated.* —— *Emunctæ* nāris, dūrus compōnĕre versus. Hor. Sat. 1. 4. 7. — 2. Pўthiăs *ēmuncto* lŭcrāta Sīmōne tălentum. Hor. A. P. 238.

‡**ēmundo, as.** *To clean.* —— Et tămĕn ūno Sēmŏdio scŏbis hæc *ēmundat* servŭlus ūnus. Juv. 14. 67. SYN. purgo, as, q. v.

ēmungo, ĭs, xi. *To wipe the nose.* —— Jam grăvis es nōbīs, et sæpe *ēmungĕris.* Juv. 6. 147.

ēmūnio, is. *To fortify, to fence.* —— Fultosque *ēmūniit* objĭce postes. V. Æn. 8. 227. SYN. mūnio, q. v.

ēn. 1. *Behold.* — 2. *An eager interrogative.* — 3. *Before* ăgĕ *used as an exclamation of encouragement.* —— 1. *En* quo discordia cīves Perduxit mĭsĕros, *en* queis consēvĭmus ăgros. V. E. 1. 72. Tortos *en* aspĭce crīnes. Ov. Met. 2. 283. — 2. *En* ĕrit unquam Ille dies mihĭ cum lĭceat tua dīcere facta, *En* ĕrit ut lĭceat...? V. E. 8. 7. — 3. *En* ăge segnes rumpe mŏras. V. G. 3. 42. SYN. 1. ecce, aspĭce. — 2. v. nĕ. — 3. eiă.

ēnarrābĭlis, e. *What can be related.* —— Clÿpei non *ēnarrābĭle* textum. V. Æn. 8. 625. narrābĭlis, fandus, q. v.

ēnăto, as. *To escape by swimming.* —— Si fractis *ēnătat* exspes nāvĭbus. Hor. A. P. 20. SYN. ēno, as.

ēnāvĭgo, as. *To sail through.* —— Qui (Pluto sc.) ter amplum Gēryŏnem Tĭtyonque tristi Compescit undâ scīlĭcet omnĭbus . . . *Enāvĭgandâ.* Hor. 2. 14. 11. SYN. nāvĭgo, q. v.

‡encaustus, a, um. *Burnt in (of pictures, etc.), done in some sort of enamel.* —— *Encaustus* Phaĕthon tăbŭlâ dēpictus in hâc est. Mart. 4. 47. 1. PHR. Quique mŏves cœlum tăbŭlamque cŏlōrĭbus ūris. Ov.

Encĕlădus, i. *One of the giants, supposed by Virgil to be placed under Mount Ætna.* —— Fāma est *Encĕlădi* sēmĭustum fulmĭne corpus Urgēri mole hâc. V. Æn. 3. 578, q. v. PHR. Evulsisque truncis Encĕlădus jăcŭlātor audax. Hor.

†endŏ. an obsolete form of ĭn, q. v. —— *Endŏ* mări spīrat fons dulcis ăquāi. Lucr. 6. 891. *So he has* endŏpĕdīri *for* impediri, endŏpĕrātor (*also in Juv.*) *for* imperator, *etc.*

‡endrŏmis, ĭdis. fem. *A coarse shaggy garment.* —— Ignĭculum brūmæ si tempŏre poscas, accĭpit *endrŏmĭdem.* Juv. 3. 102.

Endÿmion, ōnis. *A Carian; of whom the fable was that Luna was in love with him, and came down from heaven to him on Mount Latmos.* —— Lātmius *Endÿmion* non est tĭbĭ, Lūna, rŭbōri. Ov. A. A. 3. 83.

ēnĕco, as, ui. ctus. *To kill.* —— Nec tu jam pŏtĕras *ēnectum* pondĕre terræ Tollĕre Nympha căput. Ov. Met. 4. 243. SYN. nĕco, q. v.

ēnervo, as. *To weaken.* —— *Enervant* ănĭmos cĭthăræ, lōtosque lÿræque. Ov. R. A. 753. SYN. dēbĭlĭto, as; frango, ĭs, frēgi; corrumpo, ĭs, rūpi.

ĕnim. *For (never the first word in the sentence).* —— Anna, fătēbor *ĕnim.* . . . V. Æn. 4. 20. SYN. nam, namque.

Enīpeus, ei. *A river in Thessaly, loved by Tyro, daughter of Salmōneus.* —— Siccus ut amplecti Salmōnĭda posset *Enīpeus.* Ov. Am. 3. 6. 43.

ēnĭteo, es, ui. no sup. *To shine.* —— Tantum ēgrĕgio dĕcus *ēnĭtet* ore. V. Æn. 4. 150. SYN. niteo; luceo, es, luxi, q. v.

ēnĭtesco, is. another form of pres. of prec. —— Sed tu sĭmul ōblĭgâsti Perfĭdum vōtis căput *ēnĭtescis* Pulchrior multo. Hor. 2. 8. 6.

ēnītor, ĕris. 1. *To strive* (perf. **ēnīsus sum**). — 2. *To reach by striving.* — 3. *To bring forth* (perf. **ēnixa sum**). —— 1. Hac arte Pollux et văgus Hercŭles *Enīsus* arces attĭget igneas. Hor. 3. 3. 10. — 2. Ardua prīma via est, et quâ vix māne rĕcentes *Enītantur* ĕqui. Ov. Met. 2. 64. — 3. Jŭvĕnemque sŭperbum Servĭtio *ēnixæ* tŭlĭmus. V. Æn. 3. 327. SYN. 1, 2. nitor, q. v. — 3. connitor; părio, ĭs, pĕpĕri, partum.

Enna, æ. *A city in Sicily, near which Proserpine was wandering when Pluto carried her off.* —— In quĭbus est culto fertĭlis *Enna* sŏlo. Ov. F. 4. 422.

Ennæus, a, um. *Of Enna.* —— Haud prŏcul *Ennæis* lăcus est a mœnĭbus altæ. Ov. Met. 5. 385.

Ennius. *The most ancient of the Roman poets.* —— Utque suo Martem cĕcĭnit grăvis *Ennius* ōre, *Ennius* ingĕnio maxĭmus, arte rŭdis. Ov. Tr. 2. 423. PHR. Ennius . . . Călăbris in montĭbus ortus. Ov.

‡Ennŏsĭgæus, i. *A Greek name of Neptune.* —— Ipsum compĕdĭbus qui vinxĕrat *Ennŏsĭgæum.* Juv. 10. 182. v. Neptunus.

ēno, as. *To escape by swimming, metaph. by flying.* —— Insuetum per ĭter gĕlĭdas *ēnāvit* ad Arctos. V. Æn. 6. 16. SYN. ēnăto, as.

ēnōdis, e. *Without knots.* —— Aut rursum *ēnōdes* trunci rĕsĕcantur. V. G. 2. 78.

‡ēnormis, e. *Disproportionate, enormous.* —— Vĕl ĭn ære Mўrōnis Lūsit et *ēnormes* mănus est experta Cŏlossos. Stat. 1. 3. 51. SYN. immensus.

ensĭfer, ĕra, ĕrum. *Sword-bearing.* —— *Ensĭfer* Ōrīon aspiciendus ĕrit. Ov. A. A. 2. 56.

ensis, is. masc. *A sword.* —— Commĭnus *ense* fĕrit; jăcŭlo cădit ēmĭnus ipse. Ov. Met. 3. 119. SYN. glădius, ferrum; mūcro, ōnis, *masc.* PHR. Fātĭfĕrumque ensem (versat). V. Cognātumque lătus Phēgēius hausĕrit ensis. Ov. Mĭcat æreus ensis. V. Vīrĭbus ensis ădactus transădĭgit costas et candĭda pectŏra rumpit. V. Dextrâque cŏruscum Extŭlit et lătĕri căpŭlo tenus abdĭdit ensem. V. Vāgīnâque ērĭpit ensem Fulmĭneum strictoque fĕrit rĕtĭnācula ferro. V. Illam mĕdia inter tālia ferro Collapsam aspĭciunt cŏmĭtes, ensemque cruōre spūmantem. V. Instat non sēcius, ac rŏtat ensem Fulmĭneum, donec Rŭtŭli clāmantis in ōre Condĭdit adverso. V. Fīdoque accingĭtur ense. V. Simul ense rĕclūso Ībat in Eurуălum. V. Ense lătus cingit. Ov. Lătĕrique Argīvum accommŏdat ensem. V. Ferro ancĭpĭti decernunt, ātraque lātè Horrescit strictis sĕgĕs ensĭbus. V. Ter ăcūtum sustŭlit ensem, Ter mălĕ sūblāto rĕcĭdit ense mănus. Ov. Thēseus lătus ense pĕrēgit. Ov. Stricto fulmĭnat ense mănus. Ov. Sæpe cruentâ Trājectam glădio morte pĕrīre jŭvat. Ov. Quid vĕtat et glădios per lătus īre meum? Ov. Mŏdo ense pectus Nōrĭco rĕclūdĕre. Hor.

‡entheātus, a, um. *Inspired.* —— Nec turba cessit *entheāta* Bellōnæ. Mart. 12. 57. 11.

‡entheus, a, um. another form of prec. —— Hic thyrsos, hic plectra fĕrit, hic *enthea* lauro Tempŏra. Stat. Sylv. 1. 2. 227. PHR. Afflata est nūmĭne quando jam prŏpiōre Dei. V. v. V. Æn. 6. 46—51.

ēnŭmĕro, as. *To count, to enumerate.* —— *Enŭmĕrat* mīles vulnĕra, pastor ŏves. Prop. 2. 1. 44. Ĕgo te quæ plūrima fando *Enŭmĕrāre* vāles. V. Æn. 4. 334. SYN. nŭmĕro, dinŭmĕro; percurro, ĭs; persĕquor, ĕris, sĕcūtus sum; rĕcenseo, es, ui, censum.

ēnūtrio, īs. *To rear.* —— Puĕrum . . . Nāĭdes Īdæis *ēnūtrīvēre* sub antris. Ov. Met. 4. 289. SYN. nutrio; ălo, ĭs, ui, *rare in sup.*

‡Enўo, ūs. *A name of Bellōna,* q. v. —— Et făce mūtātâ bellum intĕgrābat *Enўo.* Stat. Theb. 8. 657.

eo, īs, ivi, ĭtum. gerund. eundi, etc., part. iens, euntis. 3rd sing. pres. pass. ītur, and perf. ĭtum est, as impers. *To go, to betake oneself.* —— Quanta per Īdæos sævis effūsa Mўcēnis Tempestas *iĕrit* campos. V. Æn. 7. 223. *Īre* ĭtĕrum in lăcrўmas, ĭtĕrum tentāre prĕcando Cōgĭtur. V. Æn. 4. 413. Sed *ĭtum est* in viscera terræ. Ov. Met. 1. 138. SYN. (*only in literal sense*) prŏfĭciscor, ĕris, prŏfectus sum; vādo, ĭs, si; tendo, is; contendo; ăgor, ĕris, actus sum; spătior, āris; meo, ās; prōcēdo, ĭs, cessi; fĕror, ferris, lātus sum; fĕro me, fers te (*perf.* tŭli); confĕro me, perfĕro me, infĕro me, infĕro gressum; ĭter făcio (ĭs, fēci); viam corrĭpio (ĭs, ui). PHR. Quāque fĕres gressus. Ov. Ecce gŭbernātor sese Pălĭnūrus ăgēbat. V. Tollor eò, căpioque nŏvi spectăcŭla cursus. Ov. I pĕdes quò te răpiunt et auræ. Hor. Sŭprēmum carpĕre ĭter cŏmĭtes părāti. Hor. Altius ēgit ĭter. Ov. Tĕnuit cœptas sæva nŏverca vias. Ov. Quoque (Fortuna) vŏcat tendāmus ĭter. V. Inde dătum mōlitur ĭter. V. Sic ait illăcrўmans, rĕcĭpitque ad līmĭna gressum. V. Perge mŏdo, et quà te dūcit via dĭrĭge gressum. V. Quà jŭvĕnis gressūs inferret. V. Sed jam ăge carpe viam. V. Angustum formīca tĕrens ĭter. v.

eō. *Thither.* —— Tollor *eō*, capioque nŏvi spectăcŭla cursûs. Ov. Met. 7. 780. SYN. illūc.

eōdem. *To the same place.* —— Accēdit *eōdem* Digna Deâ făcies. Ov. Met. 7. 181.

Ēōs, rare except in nom., fem. 1. *The Greek name of Aurora,* q. v. — 2. *The morning.* —— 1, 2. Proxima victrīcem cum Rōmam inspexĕrit *Ēōs.* Ov. F. 4. 389.

Ēōum, i. *The East.* —— Postĕra jamque dies prīmo surgēbat *Ēōo.* V. Æn. 3. 588. SYN. Ŏriens, q. v.

Ēōus, a, um. *Eastern.* —— *Ēōas* Lătio Dux meus addet ŏpes. Ov. A. A. 1. 202. Testis et Hespĕriæ vōcis *Ēōus* ĕrit. Ov. Tr. 5. 9. 22. SYN. Ŏriens, Năbăthæus.

Ēŏus, i. *The morning star.*——Aut cum sōle nŏvo terras irrōrat *Ēŏus.* V. G. 1. 288. SYN. Lūcĭfer, eri, q. v.

ēpastus, a, um. *Fed upon, eaten.*——Ut scărus *ēpastas* sōlus qui rūmĭnat escas. Ov. Hal. 119.

Ĕpēus, i. *The maker of the Trojan horse.*——Ipse dŏli făbrĭcātor *Ĕpēus.* V. Æn. 2. 264.

ĕphēbus, i. *A youth (of fourteen properly).*——Ĕgo ădŏlescens, ĕgo *ĕphēbus,* ĕgŏ puer. Cat. 61. 63.

ĕphēmĕris, ĭdis, fem. *A day-book.*——Inter *ĕphēmĕrĭdas* mĕlius tăbŭlasque jăcēres. Ov. Am. 1. 12. 25.

Ĕphĕsus, i. fem. *The city Ephesus.*——Laudābunt . . . . Aut *Ĕphĕsum* bĭmărisve Cŏrinthi Mœnia. Hor. 1. 7. 2.

ĕphippia, ōrum. *Horse trappings.*——Optat *ĕphippia* bos pĭger, optat ărāre căballus. Hor. Epist. 1. 14. 43. SYN. phălĕræ.

Ĕphўrē, ēs. *Corinth.*——Hic *Ĕphўren* bĭmărem Scўthiæ lătus ille nĭvōsæ omne tĕnet. Ov. Her. 12. 27. v. Cŏrinthus.

Ĕphўrēius, a, um. and **Ĕphўrēus.** *Corinthian.*——Illūsasque auro vestes, *Ĕphўrēiaque* æra. V. G. 2. 464. Non ĭtă complēbant *Ĕphўrēæ* Laĭdos ædes. Prop. 2. 6. 1. SYN. Cŏrinthiăcus.

Ĕpĭdaurius, a, um. *Of Epidaurus, esp. as epith. of Æsculapius.*——Affĕrat ipse lĭcet cunctas *Ĕpĭdaurius* herbas. Ov. Ep. e P. 1. 3. 21.

Ĕpĭdaurus, i. fem. *A town in Epirus.*——Dŏmĭtrixque *Ĕpĭdaurus* ĕquōrum. V. G. 3. 44.

‡ĕpĭgramma, ătis. neut. *An epigram.*——Ut rĕcĭtem tĭbĭ nostra rŏgas *ĕpĭgrammăta,* nolo. Mart. 1. 64. 1.

‡ĕpĭmēnia, orum. *Monthly sacrifices or gifts.*——Aut vĕtĕris Maurōrum *ĕpĭmēnia* bulbi. Juv. 7. 120.

Ĕpĭmēthis, ĭdŏs. acc. ĭdă, etc. *A name of Pyrrha, as daughter of Epimetheus.*——Inde Prŏmēthĭdes plăcĭdis *Ĕpĭmēthĭda* dictis Mulcet. Ov. Met. 1. 390. v. Pyrrha.

‡ĕpĭrhēdium, i. *A carriage.*——Trĭtoque trahunt *ĕpĭrhēdia* collo. Juv. 8. 66. v. currus.

Ēpīrus, i. fem. *Albania.*——Ēliădum palmas *Epīrus* ĕquārum (mittit). V. G. 1. 59.

ĕpistŏla, æ. *A letter.*——Ultĭma mandāto claudētur *ĕpistŏla* parvo. Ov. Her. 13. 165. SYN. littĕra, scriptum, ĕpistŏlium, charta. PHR. Ad frātrem scriptas exărat illa nŏtas. Ov. Vāde sălūtātum sŭbĭtō pĕrărāta Pĕrillam Littĕra, sermōnis fīda mĭnistra mei. Ov. Lēniat invīsas littĕra missa mŏras. Ov. Tăcĭto mando mea verba lĭbello. Ov. Cēra tuæ prīmum nuncia mentis eat. Ov.

§ĕpistŏlium, i. dimin. of prec.——Conscriptum hoc lăcrўmis mittis *ĕpistŏlium.* Cat. 66. 2.

ĕpĭtăphium.——PHR. Fac lăpis inscriptis stet sŭper ossa nŏtis. Tib. Hoc tămen in tŭmŭli marmŏre carmĕn ĕrit. Ov.

ĕpĭthălămium.——PHR. Et cĕcĭni fausto carmina digna tŏro. Ov.

ĕpŏdes, um. masc. *A sort of fish.*——Tunc *ĕpŏdes* lăti. Ov. Hal. 126.

‡Ĕpŏna, æ. *The goddess of horses and grooms.*——Jūrat Sōlam *Ĕpŏnam* et făcies ŏlĭda ad præsēpia pictas. Juv. 8. 157.

ĕpops, ŏpis. masc. *A peewit.*——Nōmĕn *Epops* vŏlŭcri. Ov. Met. 6. 674.

ĕpŏs. neut. only nom. and acc. sing. *An epic poem.*——Quantum Virgĭlio nŏbĭle dĕbet *ĕpos.* Ov. R. A. 396. PHR. Hērōi res ĕrat ista pĕdis. Ov. v. carmen.

ēpōto, as, āvi, pōtum. *To drink up.*——Ter lĭcet *ēpōtum* ter vŏmat illa frĕtum. Ov. e P. 4. 10. 28. SYN, pōto, as; bĭbo, is, q. v.; ēbĭbo.

ĕpŭlæ, ārum. *A feast.*——Pars *ĕpŭlis* ŏnĕrant mensas et plēna rĕpōnunt Pōcŭla. V. G. 4. 378. SYN. daps (*never found in nom. sing.*) dăpis, *fem., more usu. in pl.;* convīvium, q. v.

ĕpŭlor, āris. *To feast.*——Exstruĭmusque tŏros dăpĭbusque *ĕpŭlāmur* ŏpīmis. V. Æn. 3. 224. SYN. †‡convīvor, aris.

‡ĕpŭlum, i. *A feast.*——Unde *ĕpŭlum* possis centum dăre Pўthăgŏrēis. Juv. 3. 228.

ĕqua, æ. *A mare.*——Tĭbĭ tollit hinnītum Apta quădrĭgis *ĕqua.* Hor. 2. 16. 35.

ĕquĕs, ĭtis. masc. 1. *A horseman, even one who drives horses.* — 2. *A knight.* —— 1. *Ĕquĕs* ipso mĕlior Bellĕrophonte. Hor. 3. 12. 7. Pisæâ vinctŭs ŏlīvâ Abstŭlĕrat dĕcies præmia victor *ĕques.* Ov. Tr. 4. 10. 96. — 2. *Ĕquĭtes* ab ŏrīgĭne prīmâ Usque per innŭmĕros invĕniēmur ăvos. Ov. Ep. e P. 4. 8. 18. PHR. 1. v. equito. — 2. lēgĭtĭmo quisque mĕrēbat ĕquo. Ov. v. vector.

ĕquester, tris, tre. 1. *Of a horseman, of a knight.* — 2. *Of a horse.* —— 1. Prīmus et Ascănius cursūs ut lætus *ĕquestres* Dūcēbat. V. Æn. 5. 667. Prōjectis insignĭbus, annŭlo *ĕquestri.* Hor. Sat. 2. 7. 23. — 2. *Ĕquestri* fracta quas tellus pĕde Submittit. Seneca, in Theb. 395. SYN. 2. ĕquinus.

ĕquĭdem. *I indeed.* —— Haud *ĕquĭdem* tāli me dignor hŏnōre. V. Æn. 1. 335.

ĕquīnus, a, um. *Of a horse.* —— Infēcit sanguis *ĕquīnus* ăquas. Ov. Her. 9. 142. SYN. ‡căballīnus.

ĕquīria, um. pl. *Horse-race meetings instituted by Romulus.* —— Ex vēro pŏsĭtum permansit *ĕquīria* nōmen. Ov. F. 2. 859.

ĕquĭtātus, ūs. *A body of riders, of cavalry.* —— Jamque ădeo exiĕrat portis *ĕquĭtātus* ăpertis. V. Æn. 8. 585. SYN. āla.

ĕquĭto, as. 1. *To ride.* — 2. *To go rapidly or triumphantly over.* —— 1. Ter circum astantem lævos *ĕquĭtavit* in orbes. V. Æn. 10. 885. — 2. Ceu flamma per tædas, vĕl Eurus Per Sĭcŭlas *ĕquĭtavit* undas. Hor. 4. 4. 44. Neu sĭnas Mēdos *ĕquĭtare* ĭnultos. Hor. 1. 2. 51. PHR. Exceptus tergo (ĕqui, sc.). V. Corpora saltu subjĭciunt in ĕquos. V. Ĕquo prævertĕre ventos. V. Ĕquo mea membra cohærent. Ov. Seu spŭmantis ĕqui foderet calcārĭbus armos. V. Frēna Pĕlĕthrŏnii Lăpĭthæ gyrosque dĕdēre Impŏsĭti dorso atque ĕquĭtem dŏcuere sub armis Insultare sŏlo, et gressus glŏmĕrāre superbos. V. Collaque vēlocis flectĕre doctus ĕqui. Ov. Torquentem frēnīs ōra sĕquācis ĕqui. Ov. Sive fĕrōcis ĕqui luctantia colla rĕcurvas. Ov. Spūmantemque ăgĭtābat ĕquum. V. Iūlus Sīdŏnio est invectus ĕquo. V. Cur neque mīlĭtāris Inter æquales ĕquĭtat, Gallĭca nec lŭpātis Tempĕrat ōra frēnis? Hor. Nec bellātōris terga prĕmuntur ĕqui. Ov. Ālĭpĕdum jūs et mŏdĕramen ĕquōrum. Ov. Tempore pāret ĕquus lentis ănĭmōsus hăbēnis. Ov. Frænis impĕdiuntur (*are harnessed*) ĕqui. Pertŭlĕrant dŏmĭnos. Ov. Quid răpĭdi prōfuit ūsus ĕqui? Ov. Tellus . . . răpĭdo quam tĕrit hostis ĕquo. Ov. Seu spūmantis ĕqui fŏdĕret calcārĭbus armos. V. Nil nŏcet admisso subdĕre calcar ĕquo. Ov. Præcĭpĭtāvit equos. Ov. Nĭveis fīlius instet ĕquis. Ov. Nescit ĕquo rŭdis Hærēre ingĕnuus puer. Hor.

ĕquus, i. *A horse.* —— *Ĕquos* in grāmĭne vīdi Tondentes campum lātē candōre nĭvāli. V. Æn. 3. 537. v. ad 542. SYN. Quădrŭpes, pĕdis; sŏnĭpes, quădrŭpĕdans, mannus (*esp. a carriage horse*), §căballus (*a pack horse*), *in pl.* bīgæ, *masc., a pair of horses in a carriage;* quădrīgæ, *a team of four horses,* q. v.; jŭga, ōrum, *the horses in a carriage, whatever their number;* jŭgāles, ium. PHR. Templo Trĭvĭæ lucisque săcrātis Cornĭpĕdes arcentur ĕqui. V. Quem Thrăcius albis Portat ĕquus bĭcŏlor măcŭlis (*a sort of piebald*). V. Necnon et pĕcŏri est īdem dēlectus ĕquīno. V. Quæ cūra nĭtentes Pascĕre ĕquos. V. Agmĭne facto quădrŭpĕdante pŭtrem sŏnĭtu quătit ungŭla campum. V. Bis sex assueti vincĕre semper ĕqui. Ov. Ēvŏlat admissis discŏlor agmen ĕquis. Ov. Vīdi ĕgŏ nūper ĕquum contra sua vincla tenăcem Ore rĕluctanti fulmĭnis īre mŏdo. Constĭtit ut prīmum concessas sensit hăbēnas, Frænaque in effusâ laxa jăcēre jŭbâ. Ov. Dŏmĭtus fræno sæpe rĕpugnat ĕquus. Ov. Prīmaque ventōsis (*swift as the wind*) palma pĕtētur ĕquis. Ov. — *The horses of the sun, of the morning.* Cum tămen altus ĕquis Tītan rădiantĭbus instat. Ov. Nĭgri non illa părentem Memnŏnis in rŏseis sobria vīdit ĕquis. Ov. Dēmĕre purpŭreis Sol jŭga vellet ĕquis. Ov. — *The horses of Neptune, or any of the sea deities.* Cærŭleis Trĭton per măre curret ĕquis. Ov.— *To harness and unharness horses.* Ter jungat Tītan terque rĕsolvat ĕquos. Ov. Demsĕrat ēmĕrĭtis jam jŭga Phœbus ĕquis. Ov. Et jam tempus ĕquûm fūmantia solvĕre colla. V. v. V. G. 3. 72—94. — *The names of some horses mentioned in Latin poets are,* — *Of the Sun:* Pўroeis et Ĕōus et Æthon Sōlis ĕqui, quartusque Phlĕgon. Ov.— *Of Mezentius:* Rhœbus, V. Æn. 10. 858—866.— *Of Pallas, antis:* Æthon, ōnis. V. Æn. 11. 89.— *Of Castor:* Cyllărus.—*Of Bellerophon:* Pegasus, q. v.

ērādo, is, si. *To erase, efface.* —— *Ērādenda* Cŭpīdĭnis Prāvi sunt ĕlēmenta. Hor. 3. 24. 51. SYN. dēleo, es, ēvi.

ērāsus, a, um. part. pass. of prec. *Scraped, shaved.* —— Vincet ŭbi *ērāsas* barba pŭdenda gĕnas. Prop. 4. 8. 26.

ĕram. imperf., **ĕro,** fut. from sum, etc. etc.—— Ēn *ĕrit* unquam Ille dies. V. E. 8. 8.

Ĕrăto, ûs. *One of the Muses, according to Ovid the Muse of Love.* ——Nunc mihĭ, si quando, puer et Cӯthĕrēa făvēte, Nunc *Ĕrăto*, nam tu nōmĕn ămōris habes. Ov. A. A. 2. 15. v. Musa.

Ĕrĕbēus, a, um. *Of Ĕrĕbus.* —— Pectŏraque unxērunt *Ĕrĕbēæ* felle cŏlūbræ. Ov. Ibis, 29. SYN. Tartăreus, infernus, Ăvernus, Ăvernālis.

Ĕrĕbus, i. masc. *Darkness, Hell.* —— Vōce vŏcans Hĕcăten, cœloque *Ĕrĕboque* pŏtentem. V. Æn. 6. 247. SYN. Orcus, Tartărus, *masc., pl.* Tartăra, *neut.*; Ăvernus.

Ĕrectheus, i. *A king of Athens.* —— Sceptra lŏci rērumque căpit mŏdĕrāmen *Ĕrectheus*. Ov. Met. 6. 667. v. Ĕricthŏnius.

Ĕrecthēus, a, um. *Of Ĕrectheus, i. e. Athenian.* —— Theseus . . . *Ĕrecthēas* Trītōnĭdos ībat ad arces. Ov. Met. 8. 547. v. Atticus.

Ĕrecthĭdæ, ārum. masc. *Descendants of Erectheus, Athenians.* —— Nullus *Ĕrecthīdis* fertur cĕlĕbrātior illo Illuxisse dies. Ov. Met. 7. 430.

Ĕrecthis, ĭdos. fem. of prec. *A daughter of Erectheus, e. g. Procris, or Orithyia (it might be used for any Athenian woman).* —— Nōmĭne cēpērunt Ăquĭlōnis *Ĕrecthĭda* Thrăces. Ov. Her. 16. 343. v. Atthis.

ērectus, a, um. part. pass. from ērĭgo, q. v., also almost as adj. *Upright, erect.* —— Cœlumque tuēri Jussit, et *ērectos* ad sidera tollere vultus. Ov. Met. 1. 86. SYN. rectus, sublātus. v. altus.

‡ērēmĭgo, as. *To row across, metaph.* —— Ŏlor . . . pĕdĭbus tăcĭtas *ērēmĭgat* undas. Sil. 14. 190. v. trāno.

§‡ērēpo, ĭs, psi. no sup. *To creep out.* ——Montes . . . quos torret Ătăbŭlus et quos nunquam *ērepsēmus* (*for* erepsissemus). Hor. Sat. 1. 5. 79. At gĕnĭtor scĕlĕris comperto fīne prŏfundis *Ērepsit* tĕnĕbris. Stat. Theb. 11. 581. v. repo.

ēreptus, a, um. part. pass. from eripio, q. v. *Snatched from, saved.* —— Trōius Ænēas Lĭbӯcis *ēreptus* ab undis. V. Æn. 1. 596.

†‡ergā. *Towards.* —— Mĕdĭcis quid tristĭbus *erga* Fīlĭŏlum. Juv. 6. 389.

‡ergastŭlum, i. *A house of correction for slaves.* —— Nempe in Lūcānos aut Tusca *ergastŭla* mittas. Juv. 8. 180.

ergō (never short, however, except in the one cited instance). 1. *For the sake of.* — 2. *Therefore.* —— 1. Illius *ergo* Vēnĭmus, et magnos Ĕrĕbi trānāvĭmus amnes. V. Æn. 6. 670. *Ergŏ* Quinctilium perpĕtuus sŏpor Urget? Hor. 1. 24. 5. Vōtis *ergŏ* meis ălii rĕdĭture, rĕdisti. Ov. Her. 5. 59. SYN. ĭgĭtur, q. v.

Ĕricthŏnius, i. *According to some, another name of Erectheus.* —— Prīmus *Ĕricthŏnius* currūs et quatuor ausus Jungĕre ĕquos. V. G. 3. 113. — *There was another Ericthonius, King of Troy.* Hujus *Ĕricthŏnius* (filius). Ov. F. 4. 33.

Ĕricthŏnius, a, um. *Trojan.* —— Dītātaque prædâ Arcis *Ĕricthŏniæ*. V. Culex, 335. SYN. Trōjānus, q. v.

Ērĭdănus, i. *The river Po, in the north of Italy.* —— Prōluit insāno contorquens vortĭce sylvas Flŭviōrum rex *Ērĭdănus*. V. G. 1. 482. SYN. Pădus. PHR. Quem (Phaethontem, sc.) dīverso maxĭmus orbe Excĭpit Ērĭdănus. Ov.

ērĭgo, ĭs, rexi, ctum. 1. *To raise.*—2. *To build.*——1. Interdum scŏpŭlos āvulsaque viscĕra montis *Ērigit* eructans. V. Æn. 3. 576. Obstŭpui gĕlĭdusque cŏmas *ērexĕrat* horror. Ov. Her. 16. 67. — 2. At rēgīna pӯrâ pĕnĕtrāli in sēde sub auras *Erectâ* ingenti. V. Æn. 4. 505. SYN. 1. surrigo; tollo, ĭs, sustŭli, sublatum; attollo, *no perf.*; extollo; effero, effers (*the two last have the same perf. and sup.*), extŭli, ēlātum; ēveho, ĭs, xi.—2. condo, ĭs, dĭdi, q. v.; excĭto, as.

Ērĭgŏnē, es. *The daughter of Icărius, who so grieved for her father's murder, that she hung herself, and was changed into the constellation Virgo.* —— Quâ lŏcus *Ērĭgŏnēn* inter chēlasque sequentes Pandĭtur. V. G. 1. 33.

Ērĭgŏnēius, a, um. *Of Erigone.* —— Nocte sequente diem cănis *Ērĭgŏnēius* exit. Ov. F. 5. 723.

Ērinnӯs, yos. *A Fury.* —— Tot *Ērinnys* sībĭlat hydris. V. Æn. 7. 447. v. Furiæ.

Ērĭphӯlē, es, and **Ērĭphӯla, æ.** *The wife of Amphiărāus, who betrayed her husband, and was put to death by his orders by their son Alcmæon.* —— Mœstamque *Ĕrĭphȳlen* Crūdēlis nāti monstrantem vulnĕra cernit. V. Æn. 6. 445. Tu quŏque ut aurātos gĕrĕres *Ĕrĭphȳla* lăcertos. Prop. 3. 11. 57.

‡Ĕrĭphȳlēus, a, um. *Of Eriphyle.*—— Sic *Ĕrĭphylēos* aurum fātāle Pĕnātes Irrūpit. Stat. Theb. 4. 211.

ērĭpio, ĭs, ui, reptum. 1. *To take away, snatch away, take out of*—(*often so as*) —2. *To save from, deliver from.*—— 1. *Ērĭpiunt* sŭbĭto nūbes cœlumque diemque Teucrōrum ex ŏcŭlis. V. Æn. 1. 92. Nĭsĭ vātĭbus omnis *ērĭpienda* fĭdes. Ov. Met. 15. 283. Vāgīnâque *ērĭpit* ensem. V. Æn. 4. 579.—2. *Ērĭpe* me, his invicte mălis. V. Æn. 6. 365. Cura Deûm bis Pergămeis *ērepte* ruīnis. V. Æn. 3. 476. SYN. 1. răpio, dērĭpio; ădĭmo, ĭs, ădēmi, q. v.; aufĕro, fers, abstŭli, āblātum; subtraho, ĭs, xi; abstraho.—2. lībĕro, as, q. v.

‡ērōdo, ĭs, si. *To gnaw.*—— Tĕnĕras audent *ērōdĕre* frondes. Columel. 10. 323. SYN. rōdo, q. v.

errābundus, a, um. *Wandering.*—— *Errābunda* rĕgens tenuī vestīgia filo. Cat. 62. 113. SYN. văgus, q. v., incertus. v. seq.

errātĭcus, a, um. *Wandering.*—— Quam vix *errātĭca* Dēlos Ōrantem accēpit. Ov. Met. 6. 333. v. prec.

errātum, i. *An error.*—— Quārē si pŭdor est, quam prīmum *errāta* fătēre. Prop. 1. 9. 33. SYN. error, commissum. v. crīmen.

errātus, ûs. *A wandering.*—— Longisque *errātĭbus* actus Contĭgit Illȳrĭcos prŏfŭgâ cum conjŭge fīnes. Ov. Met. 4. 566. SYN. error.

erro, as. 1. *To wander; pass. of the lands wandered over.*—2. *To err.*—— 1. Excŭtĭmur cursu, et cæcis *errāmus* in undis. V. Æn. 3. 200. Tardis ingens ŭbĭ flexĭbus *errat* Mincius. V. G. 3. 14. Prōtĭnus *errātis* lātē vescuntur ĭn ăgris. Ov. F. 3. 655.—2. Si fuit *errandum* causas hăbet error hŏnestas. Ov. Her. 7. 109. SYN. 1. ŏberro, dēerro, ‡exerro; văgor, āris; ēvăgor; ŏbeo, ĭs, īvi; pālor, āris (*chiefly used in pres. part.*).—2. pecco, as, q. v.

erro, ōnis. masc. *A wanderer.*—— Atque ĭtĕrum *erronem* sub tua signa vŏca. Tib. 2. 6. 6.

error, ōris. masc. 1. *A wandering.*—2. *A labyrinth or difficulty causing one to wander.*—3. *An error.*—— 1. Pĕlăgīnē vĕnīs *errōrĭbus* actus. V. Æn. 6. 532.—2. Quâ signa sequendi Fallĕret indeprēnsus et irrĕmeābĭlis *error.* V. Æn. 5. 591.—3. Aut ălĭquis lătet *error.* V. Æn. 2. 48. Si fuit errandum causas hăbet *error* hŏnestas. Ov. Her. 7. 109. SYN. 1. errātus, ûs, *masc.*—3. errātum, q. v.

ērŭbesco, ĭs, ērŭbui. no sup. *To blush.*—— Vīdi te tōtīs *ērŭbuisse* gĕnis. Ov. Am. 2. 8. 16. Non *ērŭbescendis* ădūrit Ignĭbus. Hor. 1. 27. 15. SYN. rŭbesco *or* rŭbeo. PHR. Lavinia .... Flăgrantes perfūsa gĕnas; cuī plūrĭmus ignem Subjēcit rŭbor et călĕfacta per ora cŭcurrit Indum Sanguĭneo vĕlŭti viŏlāvĕrat ostro Siquis ĕbŭr, aut mixta rŭbent ŭbĭ līlia multâ Alba rŏsâ; tāles Virgo dăbat ōre cŏlōres. V. Virgĭneum suffūdĕrat ōre rŭbōrem. V. Quid pŭdor ōra sŭbit? Ov. Puĕri rŭbor ōra nŏtāvit. Ov. Candĭda candōrem rŏseo suffūsa rŭbōre. Ov. Flāva vĕrēcundus tinxĕrat ōra rŭbor. Ov.

ērūca, æ. *The herb rocket.*—— Nec mĭnus *ērūcas* aptum vītāre sălāces. Ov. R. A. 799.

ēructo, as. *To vomit forth, to emit.*—— (Polyphemus) sănĭem *ēructans* ac frusta cruento Per somnum commixta mĕro. V. Æn. 3. 632. Gurges Æstuăt atque omnem Cōcȳto *ēructat* ărēnam. V. Æn. 6. 297. SYN. vŏmo, is, vŏmui, q. v.; ēvŏmo.

ērŭdio, īs. *To teach.*—— Illa ĕtiam stantes rădio percurrĕre tēlas *Ērŭdit.* Ov. F. 3. 820. Nātus qui mollĭbus annis In pătrias artes *ērŭdiendus* ĕrat. Ov. Her. 1. 112. SYN. doceo, es, ui, doctus, q. v.; v. formo.

ērumpo, ĭs, rūpi. 1. *To break or burst forth, intrans.* (*sometimes* erumpo me).—2. *To burst forth from, to leave* (*c. acc.*).—3. (*trans.*) *To emit.*—— 1. *Ērumpunt* portis. V. G. 4. 78. Aut ŭbĭ sub lūcem densa inter nūbĭla sēse Dīversi *ērumpent* rădii. V. G. 1. 446.—2. Ăchātes Et păter Ænēas jamdūdum *ērumpĕre* nūbem Ardēbant. V. Æn. 1. 580.—3. Fontibus ut dulces *ērumpat* terra lĭquores. Tib. 4. 1. 86. SYN. 1. excēdo, is, cessi, q. v.; rumpo me; rumpo viam.—2. v. linquo.—3. ēmitto, ĭs, mīsi, missum; effundo, ĭs, fūdi; ruo, ĭs, ui, uĭtum.

ēruo, ĭs, ui, ŭtum. 1. *To tear up, to destroy.*—2. *To dig up.*—3. *To cleave, to plough* (*the sea*).—— 1. *Eruet* ille Argōs Ăgămemnŏniasque Mȳcēnas. V.

Æn. 6. 839. — 2. *Ĕrŭimus* terrâ sŏlĭdum pro frūgĭbus aurum. Ov. Am. 3. 853. — 3. Non frĕta dēmissi verrēbant *ērŭta* rēmi. Ov. 3. 8. 43. SYN. 1. ruo; ēverto, ĭs, ti, q. v.; ēvello, is (*of trees*); dīruo (*of houses, etc.*). — 2. effŏdio, ĭs, fōdi, fossum. — 3. ăro, as, q. v.; findo, ĭs, fĭdi, fissum.

†**ēruptus, a, um.** part. of erumpo, used in dep. sense. *Having burst forth.* —— Faucibus *ēruptos* ĭtĕrum vīs ēvŏmat ignes. Lucr. 1. 724.

ērŭtus, a, um. pass. part. from ēruo, q. v., used metaph. *Extracted with care from, etc.* —— Săcra rēcognosces annālĭbus *ērŭta* priscis. Ov. F. 1. 7.

ervum, i. *Vetches.* —— Ēheu quam pingui măcer est mihĭ taurus in *ervo.* V. E. 3. 100.

Ĕrycīnus, a, um. *Of Mount Eryx in Sicily, sacred to Venus; in fem. a name of Venus,* q. v. —— Tu quŏque quæ montes cĕlĕbras *Ĕrycīna* Sĭcānos. Ov. Her. 15. 57.

Ĕrymanthæus, a, um, also **Ĕrymanthius, a, um.** *Of Erymanthus.* —— *Ĕrymanthæi* sūdantem pondere monstri Amphĭtryōniadem. Val. Fl. 1. 374. Arcădia quo planctu gĕnĕtrix *Ĕrymanthia* clāmet. Stat. Theb. 12. 805.

Ĕrymanthis, ĭdŏs, fem. form of prec., also **Ĕrymanthiăs, ădŏs.** —— Tingĭtur Ōceăno custōs *Ĕrymanthĭdos* Ursæ. Ov. Tr. 1. 3. 103. *Ĕrymanthĭădum*que furori Nymphārum mātūre puer. Stat. Theb. 4. 329.

Ĕrymanthus, i. masc. *A mountain in Arcadia, ravaged by a boar in the time of Hercules.* —— Fixĕrit æripĕdem cervam lĭcet, aut *Ĕrymanthi* Păcārit nĕmŏra. V. Æn. 6. 803.

Ĕrythēa, æ. *An island near Cadiz, where Geryon lived whose herds Hercules carried off.* —— Ampĭtryōniădes quâ tempestate jŭvencos Ēgĕrat a stăbŭlis o *Ĕrythēa* tuis. Prop. 4. 10. 2.

Ĕrythēis, ĭdos. fem. form of seq. —— Ecce bŏves illic *Ĕrythēĭdăs* applĭcat hēros. Ov. F. 1. 543.

Ĕrythēus, a, um. *Of Erythea.* —— Hercŭleas *Ĕrythēa* ad lītŏra Gādes Quum . . . . Vēnissem. Sil. 16. 194.

ĕrythīnus, i. *A red sea-fish.* —— Cærŭleâque rŭbens *ĕrythīnus* in undâ. Ov. Hal. 104.

Ĕrythræus, a, um. *Of the Red Sea; in a general sense, Eastern, Indian.* —— Quidve ĭn *Ĕrythræo* lĕgĭtur quæ littŏre concha. Tib. 3. 3. 17

Ĕryx, ycis. masc. *A mountain in Sicily, sacred to Venus.* —— Sīve *Ĕrycis* fīnes rēgemque optātis Acesten. V. Æn. 1. 570.

esca, æ. 1. *Food.* — 2. *Bait.* —— 1. Stŏmăcho dulcis ut *esca* nŏcet. Ov. Am. 2. 19. 26. — 2. At mūgil caudâ pendentem ēverbĕrat *escam* Excursamque lĕgit. Ov. Hal. 37. SYN. 1. cĭbus, q. v., pābŭlum, ălĭmentum.

ĕs, esse, etc. 2nd sing. pres. indic., pres. infin. from sum, etc. —— Quisquis *ĕs* āmissos hinc jam ŏblīviscĕre Graios. V. Æn. 2. 48.

escārium, i. *A dish.* —— Adde et bascaudas et mille *escăria.* Juv. 12. 46. SYN. pătĭna, pătella.

Esquĭliæ, arum. *The name of one of the seven hills of Rome, originally set apart especially for funerals, etc.* —— Qui nunc *Esquĭlias* nōmĭna collis hăbet. Ov. F. 3. 246.

Esquĭlīnus, a, um, and **Esquĭlius, a, um.** *Of the Esquiline hill.* —— Et *Esquĭlīni* pontĭfex vĕnēfĭci. Hor. Epod. 17. 58. Monte sub *Esquĭlio* multis incæduus annis . . . Lūcus ĕrat. Ov. F. 2. 435.

essĕdum, i. *A chariot, esp. for war, used by the Britons, Belgæ, etc.* —— Belgĭca vel molli mĕlius fĕret *essĕda* collo. V. G. 3. 224. v. currus.

êst. sync. for **ĕdit, êstur** for **editur, êsse** for **ĕdere,** etc. v. ĕdo. Ut măla culmos *Êsset* rōbigo. V. G. 1. 151. *Êstur* ut occultâ vĭtiāta tĕrēdĭne nāvis. Ov. Ep. e P. 1. 1. 69.

Ēsŭrio, īs. *To be hungry.* —— Nil ĭbĭ quod nōbīs *ēsŭriātur* ĕrit. Ov. Ep. e P. 1. 10. 10.

§**ēsŭrītio, ōnis.** masc. *A glutton.* —— Aurēlī păter *ēsŭrītionum.* Cat. 19. 1. SYN. †helluo.

§**ēsŭrītio, ōnis.** fem. *Hunger.* —— Sŏle et frīgŏre et *ēsŭrītiōne.* Cat. 21. 14. SYN. fămes, is, *fem.* q. v.

‡**ēsŭrītor, ōris.** *A hungry man.* —— Rōmam pĕtēbat *ēsŭrītor* Tucius. Mart. 3. 14. 1.

et. *And, both.* —— *Et* nos, *et* tua dexter ădi pĕde săcra sĕcundo. V. Æn. 8.

302. SYN. atque, necnōn, que (*never the first word in the sentence*), ăc (*only before a consonant*). v. etiam.

ĕtĕnim. *Truly.*——Tūtus bōs ĕtĕnim rūra pĕrambŭlat. Hor. 4. 5. 17. SYN. scĭlĭcet, nempe.

Ĕteŏcles, is, also **eŏs, eī, ea.** *One of the sons of Œdipus.*——Nec segnem Argŏlĭcæ sensēre Ĕteŏclea turmæ. Stat. Theb. 7. 288.

‡ĕtēsiæ, arum. masc. *Periodical winds.*——Æstas vēlĭfĕris solvit Ĕtēsiis. Seneca, Thy. 129.

†ĕtēsius, a, um. *Periodical.*——Anni tempŏre eo quŏ Ĕtēsia flābra fĕruntur. Lucr. 6. 716. SYN. annuus, q. v.

ĕtiam. *Also.*——Ille ĕtiam extincto mĭsĕrātus Cæsăre Rōmam. V. G. 1. 466. SYN. quŏque, ĭtem. v. et.

ĕtiamnum. *Still, even now.*——Sed tămĕn errābant ĕtiamnum tempŏra. Ov. F. 3. 155. SYN. ădhūc, hactĕnus.

Ĕtrūria, æ. *Tuscany.*——Sic fortis Ĕtrūria crēvit. V. G. 2. 533. SYN. Tyrrhēnia, Mæŏnia.

Ĕtruscus, a, um. *Tuscan.*——Ŭbĭ Lydia quondam Gens bello præclāra jŭgis insēdit Ĕtruscis. V. Æn. 8. 480. SYN. Tuscus, Tyrrhēnus, Mæŏnius, q. v.

etsi. *Although.*——Non ĭtă namque etsi nullum mĕmŏrābĭle nomen Fœmĭneâ in pœnâ est. V. Æn. 2. 583. SYN. quanquam, quamvīs, lĭcet.

ēvādo, ĭs, si. 1. *To go forth, to escape.*—2. *To pass over.*——1. Jamque pĕdem rĕfĕrens cāsus ēvāsĕrat omnes. V. G. 4. 485.——Evādo ad summi fastīgia culmĭnis. V. Æn. 1. 458.—2. Jamque prŏpinquābam portīs, omnemque vĭdēbar ēvāsisse viam. V. Æn. 2. 731. SYN. exeo, īs, īvi, ītum, q. v.; effŭgio, ĭs, fūgi, fŭgĭtum.—2. transeo, q. v.

ēvăgor, āris. *To wander, to wander beyond.*——Et ordĭnem Rectum ēvăganti frēna lĭcentiæ Injēcit. Hor. 4. 15. 10. v. erro.

ēvăleo, es, ui. *To be able.*——Sed non Dardăniæ mĕdĭcāri cuspĭdis ictum Evăluit. V. Æn. 7. 757. SYN. văleo; possum, pŏtĕs, pŏtui.

Ēvăn. only nom. and voc. *A name of Bacchus.*——Nyctĕliusque Ĕlĕleusque pătĕr, et Iacchus et Ēvan. Ov. Met. 4. 15. SYN. Ēvius. v. Bacchus.

ēvans, antis. *Celebrating the rites of Bacchus, raging.*——Illa chŏrum sĭmŭlans ēvantes Orgia circum Dūcēbat Phrȳgias. V. Æn. 6. 517. v. Bacchor.

Ēvander and **Ēvandrus, dri.** *Son of Mercury; king of Arcadia. Being driven from his kingdom by sedition he fled to Italy and built a city called Pallanteum.*——Hic fuit Ēvander. Ov. F. 1. 471. Tum res ĭnŏpes Ēvandrus hăbēbat. V. Æn. 8. 100. PHR. Sceptra Pălātīni sēdemque pĕtīt Evandri. V. Tum Rex Ēvandrus Rōmānæ condĭtor arcis. V. v. Ov. F. 1. 469—580.

Ēvandrius, a, um. *Of Evander.*——Nam tĭbĭ Thymbre căpŭt Ēvandrĭus abstŭlit ensis. V. Æn. 10. 394.

ēvānesco, ĭs, ui. no sup. *To banish.*——Et prŏcŭl in tĕnuem ex ŏcŭlis ēvānuit auram. V. Æn. 9. 658. SYN. vānesco. v. seq.

ēvānĭdus, a, um. *Vanishing.*——Pectŏraque in tĕnues ăbeunt ēvānĭda rīvos. Ov. Met. 5. 435. In tĕnues ēvānĭdus exeat auras. Ov. R. A. 653.

‡ēvasto, as. *To lay waste.*——Nymphisque hăbĭtāta Căsīnis Rūra ēvastantur. Sil. 12. 528. SYN. vasto, q. v.

Eubœa, æ. *The island of Negropont in the Archipelago.*——Eubœa duābus Et tŏtĭdem natis Andros frāterna pĕtīta est. Ov. Met. 13. 660.

Eubŏicus, a, um. *Of Eubœa.*——Et tandem Eubŏicis Cūmārum allābĭtur ōris. V. Æn. 6. 2. SYN. Căphārēus.

‡Eubŏis, ĭdŏs. fem. form of prec.——Quătĭtur nāvālĭbus ōra Eubŏis. Stat. Achill. 1. 413.

ēveho, ĭs, xi, ctum. 1. *To carry out or forth.*—2. *To raise, to exalt.*——1. In pĕlăgus răpĭdīs ēvehat amnis ăquis. Tib. 4. 4. 8.—2. Pauci quos æquus ămavit Jūpĭter aut ardens ēvexit ad æthĕra virtus. V. Æn. 6. 130. SYN. 1. ăveho, dēveho, aufĕro; asporto, as; abdūco, ĭs, xi; aufĕro, fers, ferre, abstŭli, ăblātum.—1, 2. effĕro.—2. tollo, is, sustŭli, sublatum; extollo, sustollo (*in pres. only*), ērigo, ĭs, rexi.

ēvello, ĭs, li, ēvulsum. *To tear up or out.*——Vīdi ĕgŏ Pĕtræum cōnantem ēvellĕre terrâ Glandĭfĕram quercum. Ov. Met. 12. 327. SYN. ăvello, rĕvello; ēruo, ĭs, ui, ŭtum; ēverto, ĭs.

ēvĕnio, is, vēni, ventum. 1. *To come forth, become.* — 2. *To happen.* —— 1. Merses prŏfundo, pulchrior *ēvĕnit.* Hor. 4. 4. 65. — 2. Non hæc sine nūmĭne Divûm *Ēvĕniunt.* V. Æn. 2. 778. In căput hæc nostrum dŏmĭnæ perjūria quæso *Ēvĕniant.* Ov. Her. 20. 128. Ævique fŭtūri *Eventūra* păter posse vĭdēre dĕdit. Tib. 3. 4. 48. SYN. 1. vĕnio. v. fio. — 1, 2. prŏvĕnio. — 2. accĭdo, ĭs; contingo, ĭs, tĭgi; obtingo; sum, es, fui, q. v.

†ēventum, i. *An event.* —— Hæc sŏlĭti sŭmus, ut păr est, *ēventa* vŏcāre. Lucr. 1. 459. v. seq.

ēventus, ûs. masc. 1. *An event.* — 2. *An end or result.* —— 1. Cæcosque vŏlūtat *Eventūs* ănĭmo sēcum. V. Æn. 6. 158. — 2. Quem, si fortūna sĕquātur *Eventum* pugnæ cŭpiat. V. Æn. 8. 16. SYN. 1. cāsus, ûs; ēventūrum, †ēventum. — 2. exĭtus, ûs; finis, is, *masc. and fem.*

ēverbĕro, as. *To beat.* —— Turni se pestis ad ōra Fertque rĕfertque sŏnans, clўpeumque *ēverbĕrat* ālis. V. Æn. 12. 866. SYN. verbĕro, fĕrio, ĭs, q. v.

ēversor, ōris. *An overthrower, a destroyer.* —— Argīvæ quem non pŏtuēre phălanges Sternĕre nec Priămi regnōrum *ēversor* Ăchilles. V. Æn. 12. 545.

everto, is, ti, sum. 1. *To turn upside down.* — 2. *To overthrow, destroy.* —— 1. Disjēcitque rătes *ēvertitque* æquŏra ventis. V. Æn. 1. 47. — 2. Si quis Ăthon Pindumque rĕvulsos Sēde suā tōtōs in ăpertum *ēvertĕrit* æquor. Ov. Met. 11. 554. Dīvûm inclēmentia, Dīvûm Has *ēvertit* ŏpes sternitque a culmĭne Trojam. V. Æn. 2. 603. Hunc saltem *ēverso* jŭvĕnem succurrĕre sæclo Ne prohĭbēte. V. G. 1. 500. SYN. 1. misceo, es, ui, mistum; turbo, as, q. v. — 2. subverto; ruo, is, ui, uĭtum; ēruo, *sup.* ērŭtum; prōruo, dīruo (*only of cities etc.*), q. v.; sterno, ĭs, strāvi, q. v.; dējicio, ĭs, jēci; rĕpello, ĭs, rĕpŭli, rĕpulsum. v. excīdo. PHR. 2. Non mĕdiā de gente Phrўgum exēdisse nĕfandis Urbem ŏdiis sătis est? V.

ēvestīgo, as. *To trace out.* —— Magna nec ingĕniis *ēvestīgāta* priōrum. Ov. Met. 15. 145. SYN. vestīgo, q. v.

†‡eugĕ (also in comedy **eu**). *Well done.* —— *Eugĕ*, jam lĕpĭdus vŏcor. Ter. Ad. 5. 7. 13. *Eugĕ* puer săpias. Pers. 5. 167. SYN. ciă.

ēvĭgĭlo, as. 1. *To watch, to keep awake.* — 2. *To do watchfully, carefully.* —— 1. Est mihĭ nox multīs *ēvĭgĭlanda* mălis. Tib. 1. 8. 64. — 2. Quos stŭdium cunctos *ēvĭgĭlāvit* ĭdem. Ov. Tr. 1. 1. 108. SYN. 1, 2. vĭgĭlo. — 2. cūro, as.

ēvinco, is, vīci, ctum. 1. *To overcome.*—2. *To outstrip, and therefore to pass.*— 3. *To prove.*——1. Ille tămen pugnat molles *ēvincĕre* somnos. Ov. Met. 1. 685. — 2. Hanc ubi Trōjānæ rēmis ăvĭdamque Chărybdin *Ēvīcēre* rătes. Ov. Met. 14. 76.—3. Si puĕrīlius his rătio esse *ēvincet* ămare. Hor. Sat. 2. 3. 250. SYN. 1, 2, 3. vinco, q. v. — 1. sŭpĕro, as. — 2. v. prætĕreo, ĭs. — 3. arguo, ĭs, ui, *no sup.*

ēvinctus, a, um. part. pass. of evincio, which however is found in no other part. *Bound.* —— *Evincti* gĕmĭnas ad sua terga mănus. Ov. Ep. e P. 3. 2. 72. SYN. vinctus, dēvinctus, lĭgātus. v. vincio.

ēvĭro, as. *To emasculate.*——Et corpus *ēvĭrāstis* Vĕnĕris nĭmio ŏdio. Cat. 61. 17.

ēviscĕro, as. *To tear out the entrails.* —— Comprēnsamque tĕnet, pĕdĭbusque *ēviscĕrat* uncis. V. Æn. 11. 723. v. dilanio.

ēvītābĭlis, e. *What can be avoided.* —— Frēna tămen dantem non *ēvītābĭle* tēlum Consĕquĭtur. Ov. Met. 6. 234. SYN. vītābĭlis. v. seq.

ēvīto, as. *To avoid.* —— Mētaque fervĭdis *Evītāta* rŏtis. Hor. 1. 1. 5. SYN. vīto, q. v.; exeo, ĭs.

Ēvius, i. *A name of Bacchus*, q. v. —— Dissĭpat *Evius* Cūras ĕdāces. Hor. 2. 11. 17.

Eūmĕnĭdes, um. fem. *The Furies.* —— Cœrŭleosque implexæ crīnĭbus angues *Eumĕnĭdes.* V. G. 4. 483. SYN. Fŭriæ, q. v.; *in sing.* Ĕrinnўs, yŏs, *pl.* yĕs.

‡Eunūchus, i. *A eunuch.* ——*Eūnūchi* imbelles. Juv. 6. 365. SYN. spădo.

ēvŏco, as. *To call forth.* —— Hāc ănĭmas ille *ēvŏcat* Orco. V. Æn. 4. 242. SYN. vŏco, q. v.

ēvoē. *An exclamation of the Bacchanals.* —— *Evoē* parce Līber. Hor. 2. 19. 7.

ēvŏlo, as. *To fly away, out.*——Ēmittitque Nŏtum, mădĭdis Nŏtus *ēvŏlat* ālis. Ov. Met. 1. 264. SYN. ăvŏlo.

ēvolvo, is, vi, vŏlūtum, sometimes as quadris. **ēvŏluo, evŏlui,** etc.— 1. *To roll away; trans., to roll.*—2. *To unroll, unfold.*—3. *To explain, to relate.*—4. *To unfold (a book, etc.), so as to read.* —— 1. Tollĕre cōnātur jactasque *ēvolvĕre* sylvas. Ov. Met. 12. 519. Cum ... nec rĕpĕrire viam, atque *ēvolvĕre* posset In măre se Xanthus. V. Æn. 5. 807.—2. Dēbuĕrant fūsos *ēvŏluisse* suos. Ov. Her. 12. 24. *Ēvolvĭt* vestes sævi mātrōna tўranni. Ov. Met. 6. 581.—3. Et mēcum ingentes ōras *Ēvolvĭte* belli. V. Æn. 9. 528. Condĭta quin vēri pectŏris *ēvŏluam.* Cat. 64. 74.—4. Ter quăter *ēvolvi* signantes tempora fastos. Ov. F. 1. 657. SYN. 1. volvo, dēvolvo; dējĭcio, ĭs, jēci.—2, 3. explĭco, as, ui.—3. expōno, ĭs, pŏsui.—4. v. lĕgo, is.

ēvŏmo, is, ui. *To vomit forth.*——Nārĭbus et pătŭlo partem măris *ēvŏmit* ōre. Ov. Met. 15. 513. SYN. vŏmo, q. v.; ēgĕro, ĭs, gessi.

Euphrātes, is. *The river Euphrates, the East.*——Hinc mŏvet *Euphrātes*, illĭc Germānia, bellum. V. G. 1. 509.

Eurīpus, i. *The channel between the island Eubœa and the main land.*——*Eurīpus*que trahet cursum mūtantĭbus undis Chalcĭdĭcas puppes ad ĭnīquam classibus Aulin. Lucan. 5. 235.

Eurōpæus, a, um. *Of Europa.*——Mōvĕrat ante ălios făciem dŭcis *Eurōpæi.* Ov. Met. 8. 23.

Eurōpe, ēs. and **Eurōpa, æ.** 1. *The daughter of Agenor, loved by Jupiter under the form of a bull.*—2. *Europe.*——1. Sic et *Eurōpē* nĭveum dŏlōso crēdĭdit tauro lătus. Hor. 3. 27. 25. q. v.—2. Quĭbus actus ŭterque *Eurōpæ* atque Asiæ fātis concurrĕrit orbis. V. Æn. 7. 224. SYN. 1. Sīdŏnis, idŏs, voc. ĭ; v. Ov. F. 5. 605—618., Met. 2. 847—875.

Eurōtas, æ. masc. *The river near Sparta.* Audiit *Eurōtas* jussitque ēdiscĕre lauros. V. E. 6. 83.

Eurus, i. *The south-east wind.*——Nam mŏdŏ purpŭreo vīres căpit *Eurus* ab ortu. Ov. Tr. 1. 2. 27. SYN. †‡Vulturnus. PHR. Ŭbĭ năvĭgiis viŏlentior incĭdit Eurus. V. Gens effrēna vĭrŭm Rhīpæo tundĭtur Euro. V. Hўbernis parcēbant flātĭbus Euri. V. Caucăsiæ stĕrĭles in vertĭce sylvæ Quas ănĭmōsi Euri assĭduē franguntque fĕruntque. V. Nĭger rŭdentes Eurus inverso mări Fractosque rēmos diffĕrat. Hor. Ut neque largis Ăquōsus Eurus arva rādat imbrĭbus. Hor. Dēmissa tempestas ab Euro. Hor. Aspĭce ut ēversas concĭtet Eurus ăquas. Ov. Impĕrat et pennis Eure prŏterve tuis. Ov. Tĭmĭdos causābĭtur Euros. Ov. Ut fĕrus est multoque suis trŭcŭlentior Euris. Ov. Indŏmĭtis ignem exercentĭbus Euris. Ov. Æŏlios Ĭthăcis inclūsimus ūtrĭbus Euros. Ov.

Euryălus, i. *A Trojan, celebrated by Virgil as a friend of Nisus.*——Si non *Euryălus* Rŭtŭlos cĕcĭdisset in hostes Hyrtăcĭdæ Nīso glōria nulla fŏret. Ov. Tr. 1. 4. 23. v. V. Æn. 9. 176—449.

Eurўdĭcē, es. *The wife of Orpheus*, q. v.——Reddĭtaque *Eurўdĭcē* sŭpĕras vĕniebat ad auras. V. G. 4. 486. v. V. G. 4. 454—527. Ov. Met. 11. 44—66.

Eurystheus, ĕi. *The king of Mycenæ, who imposed the twelve labours on Hercules.*——Quis aut *Eurysthĕă* durum . . . nescit. V. G. 3. 4.

Euterpē, es. *One of the Muses.*——Si nĕque tībias *Euterpē* cohĭbet. Hor. I. 1. 33. v. Musa.

Euxīnus (pontus sc.). *The Black Sea.*——Frigida me cohĭbent *Euxīni* littŏra ponti Dictus ab antīquis Axēnus ille fuit. Ov. Tr. 4. 4. 55. PHR. Ēgĕrit Iŏnio Bosphŏrioque mări. Ov.

ex. v. e.

exactus, a, um. pass. part. of exĭgo, q. v., used also as adj. 1. *Exact.*—2. *Ascertained.*—3. *Skilful, excellent.*—4. *Determined (of intention).*——Dĭcĭtur *exactis* disposuisse pŏtis. Ov. F. 3. 162.—2. Nec sătis *exactum* est corpus ăn umbra fŏrem. Ov. Am. 3. 7. 16.—3. Māmŭrius mōrum fābrææ *exactior* artis Difficile est, illud, dicere clausit ŏpus. Ov. F. 3. 383.—4. Et lĭbet et tĭmeo nec ădhūc *exacta* vŏluntas. Ov. Her. 17. 177. SYN. 1, 2. 4. certus, q. v.—3. pĕrītus, sōlers, q. v.

exăcuo, ĭs, ui, ūtum. *To sharpen.*——*Exăcuunt* ălii vallos furcosque bĭcornes. V. G. 1. 264. SYN. acuo, q. v.

exæquo, as. *To equal.*——*Exæquet* tĕtrĭcas lĭcet illa Săbīnas. Ov. Am. 3. 8. 61. SYN. æquo, ‡ădæquo.

exæstuo, as. *To swell, to boil over.*——Cum gĕmĭtu glŏmĕrat fundoque *exæstuat* īmo. V. Æn. 3. 577. SYN. æstuo, q. v.

exăgĭto, as. *To harass, to drive away.*——*Exăgĭtant* et Lār et turba Dĭānia fūres. Ov. F. 5. 141. SYN. ăgĭto; pello, ĭs, pepuli, pulsum, q. v.; expello, *perf.* expŭli; depello, *perf.* dēpŭli; dēfendo, ĭs.

†exalbesco, ĭs. *To be white.* —— *Exalbescat* mĕtu. Ennius. SYN. albeo, es. *no perf.* q. v.

exāmĕn, ĭnis. neut. 1. *A swarm of bees.* — 2. *Any multitude.* — 3. *The tongue of a balance.* — 4. *An examination, a test.* —— 1. Sic tua Cyrnēas fŭgiant *exāmĭna* taxos. V. E. 9. 30. — 2. Jŭvĕnum rĕcens *Exāmĕn*, Ēōis tĭmendum Partĭbus. Hor. 1. 35. 31. Pŏsĭtosque vernas dītis *exāmen* dŏmûs. Hor. Epod. 2. 65. — 3. Jūpĭter ipse duas æquāto *exāmĭne* lances Sustĭnet. V. Æn. 12. 725. — 4. Quid lĭceatque, nĕfasque, Fasque sit inquīrant lēgumque *exāmĭna* servent. Ov. Met. 9. 551. SYN. 2. turba, q. v.; mănus, ûs, *fem.*

exāmĭno, as. *To examine.* —— Nōvit, et advertens pensas *exāmĭnat* herbas. Ov. Met. 14. 270. v. vestīgo.

exănĭmis, e. 1. *Lifeless.* — 2. (*metaph.*) *With fear, etc.* — 3. *Pale as death.* —— 1. Sternĭtur *exănĭmisque* trĕmens prōcumbit hŭmi bos. V. Æn. 5. 481. — 2. Audiit *exănĭmis*, trĕpĭdoque exterrĭta cursu . . . Per mĕdios ruit. V. Æn. 4. 672. — 3. *Exănĭmes* artūs et membra trĕmentia vīdi. Ov. Am. 1. 7. 53. 1. mortuus, q. v.; exănĭmus. — 1, 2. exănĭmātus. — 2. sēmĭanĭmis.

exănĭmo, as. *To kill,* (*lit. and metaph.*) *to frighten to death, etc.* —— Cur me quĕrēlis *exănĭmas* tuis? Hor. 2. 17. 1. Cum Trōia Ăchilles *Exănĭmāta* sĕquens impingĕret agmĭna mūris. V. Æn. 5. 805. v. eneco.

exănĭmus, a, um. *Dead.* —— *Exănĭmumque* auro corpus vendēbat Ăchilles. V. Æn. 1. 484. SYN. exănĭmis, q. v.

†exaptus, a, um. *Fitted to.* —— Brāchia tum porro vălĭdis *exapta* lăcertis. Lucr. 4. 827. SYN. aptus, q. v.

exardesco, ĭs, arsi. *To grow hot, be hot, lit. and metaph.* —— Tālĭbus *exarsit* dictis vĭŏlentia Turni. V. Æn. 11. 376. SYN. ardeo, es; ardesco, ĭs; căleo, es, q. v.; călesco, ĭs; incăleo.

‡exarmo, as. *To disarm.* —— Nam Mēdos prælia prīma *Exarmant.* Lucan. 8. 387. PHR. Exūtos Arcădăs armis (vĭdebit). V.

exăro, as. *To plough, to mark as with furrows.* —— Ad fratrem scriptas *exărat* illa nŏtas. Ov. Ep. e P. 3. 2. 90. Rūgis vĕtus Frontem sĕnectus *exărat.* Hor. Epod. 8. 4. SYN. ăro, pĕrăro. v. scribo.

exaspĕro, as. *To roughen.* —— Frĕtum . . . Ventōrum răbies mōtis *exaspĕrat* undis. Ov. Met. 5. 7. SYN. aspĕro; irrīto, as.

exaudio, īs. *To hear, listen to.* —— Tantum mĭsĕrēre prĕcesque supplĭcis *exaudi.* Ov. Met. 13. 856. SYN. audio, q. v.

†exaugeo, es, xi. *To increase, trans.* —— Æstĭfĕrum ut tantum rădiōrum *exaugeat* ictum. Lucr. 5. 613. SYN. augeo, q. v.

excæco, as. *To make blind, to stop up, to close.* —— Scīlĭcet ut līmus vēnas *excæcat* in undis. Ov. Ep. e P. 4. 2. 17. SYN. cæco; claudo, ĭs, si, q. v.

‡excalceātus, a, um. *With the shoes off.* —— *Excalceātus* īre cœpit ad cœnam. Mart. 12. 88. 6. PHR. Obvia nūdāto Dēlia curre pĕde. Prop.

excanto, as. *To move by incantation.* —— Et per te clausas sciat *excantāre* puellas. Prop. 3. 2. 49. Sīdĕra *excantāta* voce Thessalâ. Hor. Epod. 5. 45. SYN. canto, q. v.; fascĭno, as.

excăvātus, a, um. *Hollowed out.* —— Et *excăvātæ* pellis indĕcens vulvæ. Mart. 7. 20. 11.

excēdo, ĭs, cessi. 1. *To go out, to depart from.* — 2. *To go beyond, to exceed.* —— 1. Tum cĕlĕrare fŭgam pătriâque *excēdĕre* suadet. V. Æn. 1. 357. — 2. *Excessit*que fĭdem mĕrĭtōrum summa tuōrum. Ov. Met. 7. 166. SYN. cēdo, dēcēdo, discēdo, rĕcēdo; ēgrĕdior, ĕris, gressus sum; ăbeo, īs, īvi, ĭtum; exeo. — 2. vinco, ĭs, vīci, q. v.

excellens, entis. *Excellent.* —— Cycnum *excellentem* pĕdĭbus răpit imprŏbus (Jŏvis ăles sc.) uncis. V. Æn. 12. 250. SYN. præstans, ēgrĕgius, insignis, optĭmus.

†excello, ĭs. only pres. v. prec. *To excel, intrans.* —— Quem tu Dea tempore in omni Omnĭbus ornatum vŏluisti *excellĕre* rēbus. Lucr. 1. 28. SYN. †præcello, †antesto, as, stĕti. v. vinco.

excelsus, a, um. *High.* —— At prŏcŭl *excelso* mīrātus vertĭce montis. V. Æn. 5. 35. SYN. celsus, præcelsus, altus, arduus, sŭblīmis.

excepto, **as.** *To receive.*——*Exceptant*que lĕves auras. V. G. 2. 273. SYN. excĭpio, ĭs, q. v.

exceptus, **a**, **um.** part. pass. from excipio, q. v. *Received; mounted (of a rider).* ——Dixit et *exceptus* tergo Consueta lŏcāvit membra. V. Æn. 10. 867. v. ĕquĭto.

excerpo, **ĭs**, **psi.** 1. *To gather from.*—2. *To except from.*——1. Pĭcēnis *excerpens* sēmĭna pōmis. Hor. Sat. 2. 3. 272.—2. Prīmum ĕgŏ me illōrum dĕdĕrim quĭbus esse poëtas *excerpam* nŭmĕro. Hor. Sat. 1. 4. 40. SYN. 1. carpo, dēcerpo.—2. excĭpio, ĭs.

excĭdium, **i.** *A destruction.*——Sătis ūna sŭperque Vīdĭmus *excĭdia*, et captæ sŭpĕrāvĭmus urbi. V. Æn. 2. 643. SYN. strāges, is; ruīna, exĭtium.

excĭdo, **is**, **cĭdi.** no sup. 1. *To fall, to fall out of.*—2. *To escape from.*—3. *To fail.*—4. *To be forgotten, to escape one's recollection.*——1. *Excĭdĕrat* puppi mĕdiis effūsus in undis. V. Æn. 6. 339.——2. Aut ăcrem flammæ sŏnĭtum dăbit atque ĭta vincla *Excĭdet*. V. G. 4. 409.—3. Quem si non tĕnuit magnis tămĕn *excĭdit* ausis. Ov. Met. 2. 328.—4. Utque tĭbi *excĭdĭmus* nullam pŭtŏ Phyllĭda nôsti. Ov. Her. 2. 105. Nescio an *excĭdĕrint* mēcum loca. Ov. Her. 12. 71. SYN. 1. cădo, dēcĭdo.—2. ēlābor, ĕris, elapsus.

excīdo, **ĭs**, **cīdi**, **cīsum.** 1. *To cut out.*—2. *To destroy.*——1. Immānesque cŏlumnas Rŭpĭbus *excīdunt* scenis dĕcŏra alta fŭtūris. V. Æn. 1. 429.—2. Abnegat *excīsâ* vītam prōdūcĕre Trojâ. V. Æn. 2. 637. SYN. 1. dēcīdo; exsĕco, as, ui, sectum.—1, 2. exscindo, ĭs, scĭdi, scissum.—2. ēverto, ĭs, q. v.

excio, **is.** *To rouse, to excite.*——Ipse mihī nūper Lĭbycis tu testis in undis Quam mōlem sŭbĭto *excierit*. V. Æn. 5. 789. Forte suem lătĕbris vestīgia certa sĕcūti *Excīvēre* cănes. Ov. Met. 10. 711. SYN. excĭto, as, q. v.

excĭpio, **ĭs**, **cēpi**, **captum.** 1. *To receive, to take, to catch.*—2. *To take out of, take away.*—3. *To except.*——1. *Excĭpiunt* plausu păvĭdos gaudentque ruentes Dardănĭdæ. V. Æn. 5. 575. *Excĭpit* hospĭtio jŭvĕnes Æēta Pĕlasgos. Ov. Her. 12. 29. Illum . . . Ŏrestes *Excĭpit* incautum pătriasque obtruncat ad āras. V. Æn. 3. 332.—2. Ipsum illum clÿpeum cristasque rŭbentes *Excĭpiam* sorti. V. Æn. 9. 270.—3. *Excepto* rĕdii passa tĭmōre nihil. Ov. Her. 17. 26. SYN. 1. căpio, accĭpio, rĕcĭpio; exceptŏ, as.—2. ădĭmo, ĭs, ădēmi, q. v.

excĭto, **as.** 1. *To excite, rouse.*—2. *To raise.*——1. Nāte quis indŏmĭtas tantus dŏlor *excĭtat* īras? V. Æn. 2. 594.—2. Ad dēlūbra vĕnit monstrātas *excĭtat* āras. V. G. 4. 549. SYN. 1. exsuscĭto, concĭto; cieo, es, *rare in perf.*; excio, īs; irrīto, as; stĭmŭlo, as; exstĭmŭlo; accendo, ĭs; inflammo, as; instīgo, as.—2. ērīgo, is, ērexi, q. v.

excĭtus, **a**, **um.** part. pass. from excieo, used in no other part. *Roused, excited.* ——Pulsuque pĕdum trĕmit *excĭta* tellus. V. Æn. 12. 445. SYN. concĭtus. v. seq.

excītus, **a**, **um.** part. pass. from excio, q. v. *Roused, summoned.*——Qui bello *excīti* rēges, quæ quemque sĕcūtæ Complērint campos ăcies. V. Æn. 7. 642.

exclāmo, **as.** *To exclaim.*——Quo fūgis, *exclāmo*, scĕlĕrāte rĕvertĕre Thēseu. Ov. Her. 10. 35. SYN. clāmo, q. v.

exclūdo, **ĭs**, **si.** *To shut out.*——Quid făcias hosti, qui sic *exclūdis* ămantem? Ov. Am. 1. 6. 31. SYN. arceo, es, *no sup.*; dēfendo, is.

‡**excōgĭto**, **as.** *To contrive.*——*Excōgĭtāvit* hŏmŏ săgax et astūtus. Mart. 12. 88. 4. SYN. invĕnio, īs, vēni, q. v.

excolo, **ĭs**, **cŏlui**, **cultum.** 1. *To cultivate, lit. and metaph.*—2. *To adorn, to embellish.*—1. Crēdĭtur et lānas *excŏluisse* rŭdes. Ov. A. A. 220. Inventas aut qui vītam *excoluere* per artes. V. Æn. 6. 663. SYN. 1, 2. cŏlo.—2. orno, as, q. v.

excŏquo, **ĭs**, **xi.** 1. *To extract by heat.*—2. *To expose to heat.*——1. Omnia purgat ĕdax ignis vĭtiumque mĕtallis *Excŏquit*. Ov. F. 4. 786.—2. His ănĭmadversis terram multo antè mĕmento *Excŏquere*. V. G. 2. 260. SYN. 2 cŏquo.

excors, **ordis.** *Foolish.*——Sub dŏmĭnâ mĕrĕtrīce fuisset turpis et *excors*. Hor. Epist. 1. 2. 25. SYN. vēcors, stultus.

excreo, **as.** *To spit.*——Cur tŏties clausas *excreet* ante fŏres. Ov. Tr. 2. 460.

excresco, **ĭs**, **crēvi.** no pass. except part. **excrētus** used in a deponent sense. *To grow up.*——Multi jam *excrētos* prohĭbent a mātrĭbus hœdos. V. G. 3. 398. SYN. ădŏlesco, ĭs, ēvi, ădultus.

ēxcrŭcio, as. *To torture.*——Quārē jam te cūr amplius *excrŭcies.* Cat. 74. 10. SYN. crŭcio, q. v.

excŭbiæ, arum. fem. *A night watch, any watch.*——Intĕreā vĭgĭlum *excŭbiis* obsīdĕre portas Cūra dātur Messāpo. V. Æn. 9. 159. Vĭgĭlemque săcrāvĕrat ignem *Excŭbias* Divûm æternas. V. Æn. 4. 201.

excŭbĭtor, oris. *A watcher.*——*Excŭbĭtor*que diem cantu prædixĕrat āles. Moretum (*a poem attrib. to Virgil*), 2. SYN. vĭgĭl, is.

excŭbo, as, ui, ĭtum. *To watch, to keep watch.*——Omnis per mūros lĕgio sortīta pĕrîclum *Excŭbat.* V. Æn. 9. 175. Ille vĭrentis et Doctæ psallĕre Chīæ Pulchrīs *excŭbat* in genis. Hor. 4. 13. 8. SYN. vĭgĭlo, as; evĭgĭlo, pervĭgĭlo.

excūdo, ĭs, di, sum. 1. *To elicit by striking.*—2. *To forge or cast, as a smith or sculptor.*—3. *To form or fashion.*——Ac prīmum sĭlĭci scintillam *excūdit* Ăchātes. V. Æn. 1. 174.—2. *Excūdent* ălii spīrantia mollius æra. V. Æn. 6. 848.—3. Hinc arte rĕcentes *Excūdunt* cēras et mella tĕnācia fingunt. V. G. 4. 56. SYN. 1. excŭtio, ĭs, cussi.—2. †cūdo, prōcūdo.—3. fingo, ĭs, xi, q. v.; effingo.

excultus, a, um. part. pass. from excŏlo, q. v. *Cultivated, metaph. refined.*——Littĕra sēra quidem stŭdiis *exculte* Suilli Huc tua pervēnit. Ov. Ep. e P. 4. 8. 1. SYN. cultus.

excurro, ĭs, ri, rsum. *To run out, lit. and metaph.*——Intrant Sĭcăniam tribus hæc *excurrit* in æquŏra linguis. Ov. Met. 13. 724. SYN. prōcurro ‡excurso, as. v. promineo.

‡excurso, as. *To run out, forth, etc.*——Quos ŭbĭ plūres Quam rătus innŭmĕris vĭdet *excursāre* lătēbris. Stat. Theb. 2. 550. SYN. excurro, ĭs, q. v.

ēxcursus, ûs. masc. *A running out, a sally.*——*Excursus*que brĕves tentant. V. G. 4. 194. SYN. prōcursus.

excūsābĭlis, e. *Excusable.*——Quod nĭsĭ delicti pars *excusābĭlis* esset. Ov. Ep. e P. 1. 7. 41. PHR. Præcĭpuum vĕniæ jūs hăbet ille liber. Ov. Prætĕrĭtæ vĕniam dăbit ignorantia culpæ. Ov. v. venia.

excūso, as. 1. *To make excuses for.*—2. *To excuse, to pardon.*——1. Qua pŏtĕs *excūsā,* nec ămīci dēsĕre causam. Ov. Tr. 1. 8. 65.—2. *Excūsāta* suo tempŏre, lector, hăbe. Ov. Tr. 4. 1. 2. SYN. 1. prætexo, ĭs, ui, xtum.—2. dōno, as, q. v. PHR. 1. Causas nēquicquam nectis ĭnānes. V. Prætendens culpæ splendĭda verba suæ. Ov.

excŭtio, ĭs, cussi, sum. 1. *To shake out or off; to shake off, etc.*—2. *To drive off, away, etc.*—*To put an end to.*——1. Gaudetque cŏmantes *Excŭtiens* cervīce tŏros. V. Æn. 12. 7. *Excŭtior* somno et summi fastīgia tecti Ascensu sŭpĕro. V. Æn. 2. 302.—2. Excŭtĭmur cursu, et cæcīs errāmus ĭn undis. V. Æn. 3. 200. Si flāva *excŭtĭtur* Chloe. Hor. 3. 9. 19. Quā via clausos *Excŭtiat* Teucros vallo. V. Æn. 9. 68.—3. Aut tu bella ciĕ conceptumque *excŭte* fœdus. V. Æn. 12. 158. SYN. 1. dēcŭtio; ēverbĕro, as.—1, 2. discŭtio.—2. pello, ĭs, pĕpŭli, pulsum; dēpello, dēpŭli; rĕpello, rēpŭli; exĭgo, ĭs, ēgi, actum.—3. rumpo, ĭs, rūpi, q. v.

ēxĕdō, ĕdis or ês, ĕdit or est, etc. (v. ĕdo), **ēdi, ēsum, etc.** 1. *To eat, to devour.*—2. *To destroy.*——1. Pūmĭcĭbusque căvīs *exēsæ*que arbŏris antro. V. G. 4. 44.—2. Non mĕdiâ de gente Phrўgum *exēdisse* nĕfandis Urbem ŏdiis sătis est. V. Æn. 5. 785. SYN. 1. ĕdo, cŏmĕdo; vŏro, as.—1, 2. consūmo, ĭs, mpsi.—2. perdo, ĭs, dĭdi, q. v.

§exemplar, āris. neut. 1. *A copy.*—2. *A model.*——1. Vos *exemplaria* Græca Nocturnâ versāte mănu. Hor. A. P. 269.—2. Ūtĭle prōpŏsuit nōbīs *exemplar* Ŭlysses. Hor. Epist. 1. 2. 18. SYN. 1, 2. exemplum.

†exemplāre, is. an old form of prec. Duntaxat rērum magnārum parva pŏtest res *Exemplāre* dăre. Lucr. 2. 122.

exemplum, i. 1. *A copy.*—2. *An example, an instance.*—3. *An example, a model.*——1. Plūrĭbus *exemplis* scripta fuisse reor. Ov. Tr. 1. 7. 24.—2. Sit sŏcer *exemplo* nuptæ rĕpĕtītor ădemtæ. Ov. Her. 8. 19.—3. Uxor ad *exemplum* frātris hăbenda fui. Ov. Her. 5. 108. SYN. 1. 3. §exemplar, āris, *neut.*—3. spĕcĭmen, ĭnis, *neut.* PHR. 3. Si mea mors rĕdĭmenda tuâ, quod ăbōmĭnor, Esset, Admēti conjux, quam sĕquĕrēris, ĕrat. Æmŭla Pēnĕlŏpes fĭĕres si fraude pŭdīcâ Instantes velles fallĕre nupta prŏcos. Si cŏmĕs extincti mānes sĕquĕrēre mărīti Esset dux facti Lāŏdămīa tuâ. Ov.

exemptus, a, um. pass. part. of eximo, q. v. *Taken out of, from, etc.* —— Postquam *exempta* fămes Epŭlis. V. Æn. 1. 220. SYN. demptus, ădemptus.

exeo, īs, ivi usu. **ii** (in infin. etc. even ī as exīsse), **ĭtum.** 1. *To go out, out from, away, etc.* — 2. *To leave, c. acc.* — 3. *To go forth.* — 4. *To escape, to avoid.* — 5. *To exceed.* — 6. *To elapse, to terminate.* —— 1. Vix ĕquĭdem crēdo, bustīs *exīsse* fĕruntur. Ov. F. 2. 551. — 2. Dōnĕc Āvernas *Exiĕrit* valles. Ov. Met. 10. 52. — 3. Sīn . . . autem ad pugnam *exiĕrint.* V. G. 4. 67. Ingens *Exiit* ad cœlum rāmis fēlīcibus arbos. V. G. 2. 81. — 4. Corpŏre tēla mŏdo atque ŏcŭlis vĭgĭlantĭbus *Exit.* V. Æn. 5. 438.—5. Cum pĭgeat tentâsse lĭbet tentāre mŏdumque *Exit.* Ov. Met. 9. 631. — 6. Quo mĭnus ēmĕrĭtis *exiret* cursibus annus. Ov. F. 3. 43. SYN. 1. ăbeo. — 1. 3. 5. excēdo, ĭs, cessi. — 1. 3. ēgrĕdior, ĕris, ēgressus sum. — 1. 4. ēlābor, ĕris, ēlapsus sum. — 2. linquo, ĭs, liqui ; rĕlinquo, q. v. — 4. fŭgio, ĭs, fūgi, fŭgĭtum, q. v. — 5. sŭpĕro, as. — 6. pĕrăgor, ĕris, peractus sum. PHR. 1, 2, 3. Omnisque rĕlictis Turba fluit castris. V. Pīlātaque plēnis Agmĭna se fundunt portis. V.

exerceo, es, etc. 1. *To work (trans.), to ply.* — 2. *To exercise.* — 3. *To practise, to do, to employ oneself on.* — 4. *To agitate, vex, trouble.* — 5. *To keep employed.* — 6. *To pass.* —— 1. Ferrum *exercēbant* vasto Cȳclōpĕs in antro. V. Æn. 8. 424. — 1. 3. Antīquas *exercet* ărānea tēlas. Ov. Met. 6. 145. — 1. 4. Littus ărant Rŭtŭlosque *exercent* vōmĕre colles. V. Æn. 7. 798. — 2. *Exercēte* vĭri tauros ; sĕrĭte hordea campis. V. G. 1. 210. Tūti sub mātrĭbus agni Bālātum *exercent.* V. Æn. 9. 62. — 3. Quippe ĕtiam festis quædam *exercēre* diēbus, Fās et jura sĭnunt. V. G. 1. 268. — 4. Indŏmĭtus prŏpe quālis undas *Exercet* Auster. Hor. 4. 14. 21. — 3, 4. Nāte Īlĭăcis *exercĭte* fātis. V. Æn. 3. 182. — 4, 5. Quālis ăpes æstāte nŏvâ per flōrea rūra *Exercet* sub sōle lābor. V. Æn. 1. 431. Tum vos o Tȳrii stirpem et gĕnus omne fŭtūrum *Exercēte* ŏdiis. V. Æn. 4. 622. — 6. In terris ut possent, sōle rĕducto, *Exercēre* diem. V. Æn. 10. 808. SYN. 1. verso, as. — 1, 2, 3, 4. ăgĭto, as ; exăgĭto, v. seq. — 4. fătīgo, as ; irrīto, as. — 6. dēgo, ĭs, gi, *no sup.*, q. v. PHR. 2. Brāchia per lusus expĕrienda dăbant. Ov.

exercĭtātus, a, um. *Agitated.* —— *Exercĭtātas* aut pĕtit Syrtes nŏto. Hor. Epod. 9. 31. SYN. exercĭtus, excĭtus, quassus, ăgĭtātus.

exercĭtus, a, um. part. pass. of exerceo, q. v. *Also rapid.* —— Pōcŭla sunt fontes lĭquĭdi atque *exercĭta* cursu Flūmĭna. V. G. 3. 530. v. rapidus.

exercĭtus, ûs. 1. *An army.*—2. *Any multitude.* —— 1. Et gĕmĭni Ātrīdæ Dŏlŏpumque *exercĭtus* omnis. V. Æn. 2. 413. — 2. Corvōrum incrĕpuit densis *exercĭtus* ālis. V. G. 1. 382. SYN. 1. ăcies, ēi ; classis, is, *fem.* ; lĕgio, ōnis, *fem.* — 1, 2. agmĕn, ĭnis, *neut.* ; cohors, ortis, *fem.* ; phălanx, gis, *fem.* ; lĕgio, ōnis. — 2. turba, q. v. PHR. Messāpus prīmas ăcies (*the van*), postrēma coercent (*bring up the rear*), Tyrrhīdæ jŭvĕnes, mĕdio dux agmĭne Turnus. V. Ut sæpe ingenti bello cum longa cohortes Explĭcuit lĕgio et campo stĕtit agmĕn ăperto. Dīrectæque ăcies ac lātē fluctuat omnis Ære rĕnīdenti tellūs. V. Agmĕn ăgens ĕquĭtum et flōrentes ære cătervas. V.

‡exerro, as. *To wander.* ——Spargĭtur in gȳros dexterque *exerrat* Ŏrion. Stat. Theb. 6. 444. SYN. erro, q. v.

†exēsor, ōris. *One who eats into.*——Æstus ab undis Æquŏris *Exesor* mūrōrum littŏra circum. Lucr. 4. 220.

‡exhærēdo, as. *To disinherit.* —— *Exhærēdāvit* te, Phĭlŏmūse, păter. Mart. 3. 10. 6.

exhālo, as. *To exhale, to breathe out.* —— Nĕbŭlæ cālīgĭne mistæ *Exhālantur* hŭmo. Ov. Met. 11. 596. In ventos ănĭma *exhālāta* rĕcessit. Ov. Met. 11. 43. SYN. efflo, as ; exspīro, as, q. v.

exhaurio, īs, si, stum. 1. *To draw out.* — 2. *To exhaust, to go through.* —— 1. Lĭgōnĭbus dūris hŭmum *Exhauriēbat.* Hor. Epod. 5. 31. — 2. Pœnārum *exhaustum* sătis *est.* V. Æn. 9. 350. Sic bella *exhausta* cănēbat. V. Æn. 5. 14. SYN. 1. haurio ; ēdūco, ĭs, xi ; extraho, ĭs, xi.—2. exĭgo, ĭs, ēgi, actum.

exhĭbeo, es, etc. 1. *To show.* — 2. *To make, to render.* — 3. *To imitate.* — 4. *To utter.* —— 1. *Exhĭbuit* pulso sīdĕra clāra die. Ov. Her. 19. 94. — 2. Barbăriæ tūtas *exhĭbuisse* vias. Ov. Ep. e P. 4. 5. 34. — 3. Et *exhĭbuit* linguam scĕlĕrāta păternam. Ov. Met. 6. 213. — 4. *Exhĭbuit* quĕrŭlos ōre gĕmente sŏnos. Ov. Tr. 3. 11. 53. SYN. 1. monstro, as ; ostendo, ĭs, q. v. — 2. făcio, ĭs, fēci ; reddo, ĭs, dĭdi. — 3. ĭmĭtor, āris, q. v. — 4. ēdo, ĭs, dĭdi, q. v.

‡**exhĭlăro, as.** *To gladden.*——*Exhĭlărant* ipsos gaudia nostra Deos. Mart. 8. 50. 6. SYN. hĭlăro ; dēlecto, as, q. v.

exhorresco, ĭs, rui. no sup. (pres. **exhorreo** only in Columella.) *To dread, to shudder.*——Ōraque buxo pallĭdiora gĕrens *exhorruit* æquoris instar. Ov. Met. 4. 134. Advĕniat, vultus nēve *exhorrescat* ămīcos. V. Æn. 7. 265. SYN. horreo, es, *and in pres.* horresco, q. v.

exhortor, āris. *To exhort.*——Certātim Rŭtŭli sese *exhortantur* in arma. V. Æn. 7. 472. SYN. hortor, ădhortor ; incĭto, as ; instīgo, as.

exĭgo, ĭs, ēgi, actum. 1. *To lead out, to send forth.*—2. *To drive out.*—3. *To drive.*—4. *To pass, go beyond.*—5. *To pass (time).*—6. *To finish.*—7. *To require.*——1. Et săcer admissas *exĭgit* Hēbrus ăquas. Ov. Her. 2. 114.—2. Pugnas et *exactos* tyrannos Densum hŭmĕris bĭbit aure vulgus. Hor. 2. 13. 32.—3. Vălĭdum namque *exĭgit* ensem Per mĕdium Ænēas jŭvĕnem. V. Æn. 10. 815.—4. Æstus ĕrat, mĕdiamque dies *exēgĕrat* hōram. Ov. Am. 1. 5. 1.—5. Sōlus ubi in sylvis Ĭtălis ignōbĭlis ævum *Exĭgĕret.* V. Æn. 7. 776.—6. *Exēgi* mŏnŭmentum are perennius. Hor. 3. 30. 1.—7. *Exĭgis* ut nulli gĕmĭtus tormenta sĕquantur. Ov. Tr. 5. 1. 52. SYN. 1, 2, 3. ăgo.—1. ēdūco, ĭs, xi ; effundo, ĭs, fūdi ; ēmitto, ĭs, mīsi.—2. pello, ĭs, pĕpŭli, pulsum, q. v.—3. ădĭgo, q. v.—4. prætĕreo, īs, īvi, ĭtum.—5. dēgo, ĭs, gi, *no sup.* ; exerceo, es.—6. pĕrăgo ; fīnio, īs.—7. posco, ĭs, pŏposci ; rĕquīro, ĭs ; dēsīdĕro.

exĭguus, a, um. *Little.*—De frātrum pŏpŭlo pars *exĭguissĭma* restas. Ov. Her. 14. 115. SYN. parvus, mĭnor, mĭnĭmus, q. v. ; parvŭlus, *no compar.*

exĭlis, e. *Slight, small, unsubstantial.*——Parvus in *exīles* succus mihĭ pervĕnit artus. Ov. Ep. e P. 1. 10. 27. Et dŏmus *exīlis* Plūtōnia (*referring to the ghosts*). Hor. 1. 4. 17. SYN. tĕnuis, grăcĭlis.

exĭmiē. *Remarkably.*——Inque ădeo *exĭmiē* dōnis fēlīcĭbus aucto. Cat. 62. 25.

exĭmius, a, um. *Excellent, choice.*——Quătuor *exĭmios* præstanti corpŏre tauros. V. G. 4. 538. SYN. ēgrĕgius, q. v.

exĭmo, ĭs, ēmi, emptum. *To take out or away.*——Nulla dies unquam mĕmŏri vos *exĭmet* ævo. V. Æn. 9. 447. Postquam *exempta* fămes ĕpŭlis, mensæque rĕmōtæ. V. Æn. 1. 216. SYN. ădĭmo, dēmo ; aufĕro, fers, abstŭli, ablātum.

exĭn, exinde. *Then, next.*——*Exin* bella vĭro mĕmŏrat quæ dĕinde gerenda. V. Æn. 6. 891. *Exinde* per amplum Mittĭmur Ēlysium. V. Æn. 6. 743. SYN. inde, dein, dĕinde, q. v.

exĭtiăbĭlis, e. *Destructive.*——Dumque mănu tentat trahĕre *exĭtiăbĭle* tēlum. Ov. Met. 6. 257. SYN. exĭtiālis, ‡exĭtiōsus, pernĭciōsus, fātālis ; q. v. ; fūnestus.

exĭtiālis, is. another form of prec. q. v.——Pars stŭpet innuptæ dōnum *exĭtiāle* Minervæ. V. Æn. 2. 31.

‡**exĭtiōsus, a, um.** *Destructive.*——Tu nē quid pecces *exĭtiōse* vĭde. Mart. 6. 21. v. prec.

exĭtium, i. *Destruction.*——Īræ Thyestēn *exĭtio* grăvi Strāvēre. Hor. 1. 16. 17. Non Lāertiădēn *exĭtium* tuæ Gentis, non Pўlium Nestŏra respĭcis? Hor. 1. 15. 21. SYN. clādes, ĭs ; ruīna ; pernĭcies, ēi ; lētum, *no pl.*

exĭtus, ūs. 1. *A going out.*—2. *An event, a result.*——1. *Exĭtus* introĭtusque ĕlĕmentis reddĭtus extat. Lucr. 6. 493.—2. *Exĭtus* acta prŏbat, căreat successĭbus opto. Ov. Her. 2. 85. SYN. 1. ēgressus, ūs.—2. fīnis, ĭs, *masc. and fem.* ; ēventus, ūs.

exlex, ēgis. *An outlaw.*——Spectātor functusque săcrīs et pōtus et *exlex*. Hor. A. P. 224.

‡**exŏdium.** *An interlude.*——Tandemque rĕdit ad pulpĭta nōtum *Exŏdium.* Juv. 3. 175.

exŏlesco, is, evi. no sup. *To fade, be effaced, be forgotten.*——Quam nullo săcer *exŏlescet* ævo. Stat. Sylv. 1. 6. 103. SYN. extinguor, ĕris.

exŏnĕro, as. 1. *To unburden, to lighten.*—2. *To free.*——1. Discĭte jam plēnas *exŏnĕrāre* cŏlos. Ov. F. 3. 818.—2. Attămĕn hanc ŏdiis *exŏnĕrāte* fŭgam. Ov. Tr. 1. 3. 36. SYN. 1. lĕvo, as, q. v.—2. lībĕro, as ; solvo, ĭs, vi, sŏlūtum.

exopto, as. *To wish for.*——Tum dēmum admissi stagna *exoptāta* rĕvīsent. V. Æn. 6. 330. SYN. opto, q. v.

exorābĭlis, e. *To be moved by entreaty.*——Utque lătentem Dētĕgĕret culpam non *exōrābĭlis* index. Ov. Met. 2. 546. SYN. exōratus, tractābĭlis. PHR. Lēnis prĕcĭbus fata rĕclūdĕre. Hor.

exordium, i. *A beginning.* —— Prīmæ rĕvŏcābo *exordia* pugnæ. V. Æn. 7. 40. SYN. exorsum, principium, ŏrĭgo, ĭnis; prīmordium.

exŏrior, ĕris, ortus sum. *To arise.* —— *Exŏrĭāre* ălĭquis nostris ex ossĭbus ultor. V. Æn. 4. 625. SYN. ŏrior, q. v.

exorno, as. *To adorn.* —— *Exornābat* ŏpus verbis. Prop. 4. 5. 19. SYN. orno, q. v.

exōro, as. 1. *To entreat.* — 2. *To move by entreaty.* —— 1. Quos cŏlis *exōra* supplĭce vōce Deos. Ov. Ep. e P. 4. 8. 22. — 2. *Exōrant* magnos carmĭna sæpe Deos. Ov. Tr. 2. 22. SYN. 1. ōro, q. v. — 2. flecto, ĭs, xi; mŏveo, ēs, mōvi.

exorsum, i. *A beginning (always in pl.).* —— Sua cuique *exorsa* lăbōrem Fortūnamque fĕrent. V. Æn. 10. 111. SYN. orsum, exordium, q. v.

‡exortus, ūs. masc. *A rising.* —— Non æternæ făcis *exortu.* Seneca, Thyest. 854. SYN. ortus, q. v.

†exŏs, ossis. *Boneless.* —— *Exŏs* et exsanguis tŭmĭdos perfluctuat artus. Lucr. 3. 722. SYN. †exossatus.

†exossātus, a, um. *Boneless.* —— Atque *exossato* ciet omni pectore fluctus. Lucr. 4. 1265. SYN. exŏs, ossis.

exōsus, a, um. *Hating.* —— Illa vĕlut crīmen tædas *exōsa* jŭgāles. Ov. Met. 1. 483. SYN. pĕrōsus.

expalleo, es, ui. no sup. *To grow pale at, to dread.* —— Pindărĭci fontis qui non *expalluit* haustus. Hor. Epist. 1. 3. 10. SYN. palleo, q. v.

expando, ĭs, di, no sup. 1. *To unfold.* — 2. *To explain.* —— 1. Quem sŭprà rāmos *expandit* ăquātĭca lōtos. Ov. Her. 15. 159. — 2. Rērum nātūram *expandĕre* dictis. Lucr. 1. 126. SYN. 1, 2. pando; explĭco, as, ui, q. v. — 2. expĕdio, ĭs.

expăveo, es, pāvi. no sup. *To fear.* —— Nec mŭliēbrĭter *Expāvit* ensem. Hor. 1. 37. 23. SYN. paveo, tĭmeo, es, q. v.

expĕdio, ĭs, etc. 1. *To disentangle, set free.* — 2. *To take out of.* — 3. *To hurl.* — 4. *To explain, to relate.* — 5. *To prepare.* —— 1. Non mortis lăqueis *expĕdies* căput. Hor. 3. 24. 8. Dūcente Deo flammam inter et hostes *expĕdior.* V. Æn. 2. 632. — 2. Dant fămŭli mănĭbus vittas Cereremque cănistris *expĕdiunt.* V. Æn. 1. 701. — 3. Sæpe disco Sæpe trans finem jăcŭlo nōbĭlis *expĕdīto.* Hor. 1. 8. 12.—4. Altius omnem *Expĕdiam* prīmâ rĕpĕtens ab ŏrĭgĭne fāmam. V. G. 4. 286. — 5. Non arma *expĕdient* tōtâque ex urbe sĕquentur? V. Æn. 4. 592. SYN. 1. solvo, ĭs, vi, sŏlūtum, q. v.; exsolvo, rĕsolvo. — 1. 4. explĭco, as, ui. — 2. excĭpio, ĭs, cēpi; effĕro, fers, ferre, tŭli, lātum. — 3. jăcio, ĭs, jēci, q. v. — 4. pando, ĭs, di. — 5. păro, as, q. v.

expĕdit. impers. *It is becoming.* —— *Expĕdit* mātris cĭnĕres ŏpertos Fallĕre? Hor. 2. 8. 9. SYN. dĕcet, q. v.

expedītus, a, um. part. from expedio, q. v. *Free.* —— Ultra termĭnum cūris văgor *expĕdītus.* Hor. 1. 22. 11. SYN. sŏlūtus, lĭber, q. v.

expello, ĭs, pŭli, pulsum. *To drive out, away.* —— Inde ŭbĭ prīma quies mĕdio jam noctis ăbactæ Currĭcŭlo *expŭlĕrat* somnum. V. Æn. 8. 408. SYN. pello, dĕpello, rĕpello, *perf.* rĕpŭli; exĭgo, ĭs, ēgi; exturbo, as; fŭgo, as; excŭtio, ĭs, cussi; ējĭcio, is, jēci; prōjĭcio.

expendo, ĭs, di, sum. 1. *To weigh, to consider.* — 2. *To pay,* i. e. *to suffer (punishment).* — 3. *To atone for.* —— 1. Tanto me impensius æquum est Consŭlĕre, atque omnes mĕtuentem *expendĕre* cāsus. V. Æn. 12. 20. — 2. Infanda per orbem Supplĭcia et scĕlĕrum pœnas *expendĭmus* omnes. V. Æn. 11. 257. Scĕlus *expendisse* mĕrentem Lāŏcoonta fĕrunt. V. Æn. 2. 229. SYN. 1, 2. pendo, is, pĕpendi. — 1. consīdĕro, †perpendo. — 2. ‡rĕpendo (v. pœna). — 2, 3. luo, is, ui, *no sup.*, q. v.

expensus, a, um. part. pass. of prec. 1. *Weighed out.* — 2. *Deliberate.* —— 1. Æquent *expensas* cum săle thūra rŏsas. Ov. M. F. 96. — 2. Ībat et *expenso* planta mŏrāta grădu. Prop. 2. 4. 6. SYN. dēlībĕrātus.

†expergēfactus, a, um. *Awakened.* —— Illa quĭdem *expergēfactum* căput ērĭgĕre infit. Lucr. 5. 1206. v. seq. PHR. excussa somno. Ov.

expergiscor, ĕris, experrectus sum. *To awake.* —— Ut teipsum serves nōn *expergiscĕris?* Hor. Epist. 1. 2. 33. Et cănis in nostros nĭmis *experrecta* lăbōres. Prop. 4. 4. 71. SYN. vigĭlo, as, q. v. PHR. Excŭtior somno. V.

Ov. Corrĭpit e somno corpus. V. Somnos ăbrumpat ĭnertes. Ov. Excussēre mĕtus somnum. Ov. Somnus ăbit. Ov. Ignāvus dēfluxit pectŏre somnus. Tib. v. vigilo, surgo. v. seq.

†**expergĭtus, a, um.** an older form of part. of prec.—— Nec quisquam *expergĭtus* exstat. Lucr. 3. 943. v. prec.

expĕriens, entis. part. of experior, used as adj. 1. *Having experience of.* — 2. *Expert.* — 3. *Wise.* —— 1. Inde gĕnus dūrum sŭmus *expĕriens*que lăbōrum. Ov. Met. 1. 414. — 2, 3. Ingĕnii est *expĕrientis* Ămor Ov. Am. 1. 9. 32.—3. Nērĭtius Măcăreus cŏmĕs *expĕrientis* Ŭlyssĕi. Ov. Met. 14. 159. SYN. 1. expertus. — 1, 2. sciens, scītus. — 2. pĕrītus, q. v. — 3. sapiens, q. v.

expĕrientia, æ. 1. *Experience.* — 2. *Wisdom.* —— 1. Hæc illi plăcet *expĕrientia* vĕri. Ov. Met. 1. 225. — 2. Ăpĭbus quanta *expĕrientia* parcis. V. G. 1. 4. SYN. 1. ūsus, ûs. — 2. sōlertia, săpientia

expĕrior, īris, expertus sum, part. **expertus,** used also in pass. sense, q. v. 1. *To try, experience.* — 2. *To try, make trial of.* — 3. *To exercise.* —— 1. Di, quos *expĕrior* nĭmium constanter ĭnīquos. Ov. Tr. 3. 2. 27. *Experto* crēdĭte quantus In clўpeum assurgat. V. Æn 11. 283. — 2. Magna fĭdes ăvium est, *expĕriāmur* ăves. Ov. F. 4. 814.—3. Brăchia per lūsus *expĕrienda* dăbant. Ov. F. 2 368. SYN. 1. v. nōvi. — 2. tento, as, aggrĕdior, ĕris, gressus sum. — 3. exerceo, es.

expers, ertis *Without, destitute of, free from.* —— Non lĭcuit thălămi *expertem* sine crīmĭne vitam Dĕgĕre. V. Æn. 4. 550. SYN. văcuus, immūnis; exsors, ortis; orbus, vĭduus, vĭduātus.

expertus, a, um. part of experior. *used,* 1. (*act*) *Having experienced.* — 2. *Skilful.* — 3. (*pass.*) *Being experienced.* —— 1. Si jŭvat *expertis* crēdĕre, numĕn hăbet. Ov. F. 5. 674. — 2. Sexcentos illi dĕdĕrat Pŏpŭlōnia māter *Expertos* belli jŭvĕnes. V. Æn. 10. 173. — 3. Nam bellis *experta* căno. Tib. 4. 1. 107. *Expertæ* toties tam mălĕ crēdis ăquæ. Ov. Her. 7. 54. SYN. 1, 2. expĕriens. — 2 pĕrītus, doctus. — 3. nōtus, cognĭtus.

expĕto, is, īvi, ītum. *To wish for, to desire.* —— Turba ruit tantæque vĭrum cognoscĕre fāmæ *Expĕtit.* Ov. Met. 7. 476. SYN. pĕto, cŭpio, is; opto, as; exopto, dēsīdĕro.

expio, as. *To expiate, to atone for.* —— Cui dăbit partes scĕlus *expiandi* Jūpĭter. Hor. 1. 2. 29. SYN pio, luo, is

expleo, es, ēvi. 1. *To fill.* — 2. *To satisfy.* — 3. *To complete.* —— 1. Tenuiă cērâ Spīrāmenta lĭnunt, fūcoque et flōrĭbus oras *Explent.* V. G. 4. 40. — 2. Ănĭmumque *explēsse* jŭvābit Ultrīcis flammæ. V. Æn 2 587. Ille Deæ dōnis et tanto lætus hŏnōre *Explēri* nĕquit. V. Æn. 8 618. — 3. Quinque orbes *explent* cursu, tŏtĭdemque rĕtexunt. V. Æn 12 763. Meumque *explet* opus. Ov. Met. 3. 649. SYN. 1. impleo.—2. sătio, as. — 3. perfĭcio, q. v.

explĭco, as, ui, ĭtum. 1. *To unfold, to spread out.* — 2. *To draw up in battle array.* — 3. *To extend.* — 4. *To relax (one's countenance).* — 5. *To explain, to relate.* —— 1. *Explĭcat* ipsa suas āles Jūnōnia pennas. Ov. Am 2. 6. 55. — 2. Cum longa cohortes *Explĭcuit* lĕgio. V. G. 2. 281. — 3. Sed trūdit gemmas, et frondes *explĭcat* omnes. V. G. 2. 335. — 4. Sollĭcĭtam *explĭcuēre* frontem. Hor. 3. 29. 16. — 5. Quis clādem illīus noctis, quis fūnĕra fando *Explĭcet.* V. Æn. 2. 362. SYN. 1. 3. extendo, is; ēvolvo, is, expando.—1. 5. pando, is, di.— 2. instruo, is, xi. — 4. rĕmitto, is, misi. — 5. expōno, is, pŏsui; narro, as. v. resigno.

§**explōdo, is, di, sum.** *To drive off the stage.* —— Ut audax Contemptīs ăliis *explōsa* Arbuscula dixit. Hor. 1. 10. 77.

explōrātor, ōris. masc. *A spy, a scout.* —— Ut fāma fĭdem missique rĕportant *Explōrātores.* V. Æn. 11. 512. SYN. spĕcŭlātor.

explōro, as. 1. *To explore, to investigate.* — 2. *To test.* —— 1. Tuus o rēgīna quod optes *Explōrāre* lăbor. V. Æn. 1. 81. — 2. Et suspensa fŏcis *explōrat* rōbŏra fūmus. V. G. 1. 175. SYN. 1. scrūtor, āris; vestīgo, as; ēvestīgo; exquīro, is, quīsīvi — 2. v. specto.

expŏlio, is. *To polish.* —— Ārĭdâ mŏdŏ pūmĭce *expŏlĭtum.* Cat. 1. 2. SYN. pŏlio.

expŏlītus, a, um. part. pass. of prec., used even in compar.——Ut quo iste vester *expŏlītior* dens est. Cat. 37. 20. SYN. pŏlītus.

expōno, is, pŏsui, pŏsĭtum, and sync. **pŏstum.** 1. *To put out.* — 2. *To expose.* — 3. *To explain, to relate.* —— 1. Sŏcios de puppĭbus altis Pontĭbus *exponit.* V. Æn. 10. 288.—2. Obvia ventōrum fŭriis *expŏstaque* ponto. V. Æn. 10. 694.—3. Errōres *expŏsuit*que suos. Ov. F. 3. 626. SYN. 1. dēpōno.—2. objĭcio, ĭs, jēci, ctum.—3. explĭco, as, ui, q. v.

‡exporrectus, a, um. *Stretched out.*——Atque *exporrecto* trŭtĭnantur verba lăbello. Pers. 3. 82. SYN. porrectus. v. porrigo.

exporto, as. *To carry away.*——Tum corpŏra lūce cărentum *Exportant* tectis et tristia fūnera dūcunt. V. G. 4. 256. SYN. asporto; effĕro, fers, ferre, tŭli, lātum; ēdūco, ĭs, xi.

exposco, ĭs. rare beyond imperf. *To demand, to request.*——Īliăcosque ĭtĕrum demens audīre lăbōres *Exposcit.* V. Æn. 4. 79. SYN. posco, *perf.* pŏposci; rŏgo, as, q. v.; pĕto, ĭs, īvī; expĕto.

exprĭmo, ĭs, pressi, sum. 1. *To press out.*—2. *To represent.*——1. Nūda Vĕnus mădĭdas *exprĭmit* imbre cŏmas. Ov. A. A. 3. 224. Lĭquor rāri sub pondĕre crībri Mānat et *exprĭmĭtur* per densa fŏrāmĭna. Ov. Met. 12. 438.—2. Non ullo jussos sŏlertius alter *Exprĭmit* incessus, vultumque mŏdumque lŏquendi. Ov. Met. 11. 636. SYN. 1. prĕmo.—2. effingo, ĭs, xi, q. v. v. reddo.

exprŏbro, as. *To reproach.*——Est ălĭqua ingrato mĕrĭtum *exprŏbrāre* vŏluptas. Ov. Her. 12. 21. SYN. accūso, as, q. v. PHR. Tristĭbus invectus verbis, Ĭtă Princĭpe dignum Ultus ĕs offensas, ut dĕcet, ipse tuas. Ov. Ŏdiōso concĭta vento Corrĭpio verbīs æquŏra pene tuis. Ov.

exprōmo, ĭs, mpsi. *To bring forth, to utter.*——Compellāre virum et mœstas *exprōmĕre* vōces. V. Æn. 2. 280. SYN. ēdo, is, didi, q. v.

‡expugnābĭlis, e. *What can be taken by storm, what can be subdued.*——Sed tuus, et nulli ruis *expugnābĭlis* astro. Stat. Theb. 4. 836. SYN. dŏmābĭlis, sŭpĕrābĭlis.

‡expugnātor, ōris. masc. *A conqueror.*——Pĕcŏris lŭpus *expugnātor* ŏpīmi. Stat. Theb. 4. 363. SYN. victor, q. v.

expugnax, ācis. *Able to conquer, powerful.*——Ōre mŏvē săcro, sive *expugnācior* herba est. Ov. Met. 13. 21. SYN. effĭcax, pŏtens.

expugno, as. *To take by storm, to conquer, to succeed in.*——Prīmum . . . Non cœpisse fuit, cœpta *expugnāre* sĕcundum est. Ov. Met. 9. 618. SYN. vinco, ĭs, vīci, q. v.; pŏtior, īris.

expŭli, expulsus, etc., from expello, q. v.——Fīnibus *expulsum* pătriis. V. Æn. 1. 620.

‡expulso, as. *To beat about.*——Si me mobĭlĭbus scis *expulsāre* sinistris. Mart. 14. 46. 1. SYN. pulso, q. v.

‡expungo, ĭs, xi. *To expunge.*—2. *To remove.*——2. Pūpillumve ŭtĭnam quem proxĭmus hæres Impello *expungam.* Pers. 2. 13. SYN. āmŏveo, es, āmōvi, q. v.

expurgo, as. *To cleanse, to purify.*——Quæ pŏtĕrunt unquam sătis *expurgāre* cĭcūtæ. Hor. Epist. 2. 2. 53. SYN. purgo, q. v.

exquīro, ĭs, quīsīvi, ītum. *To search out, to seek.*——Æstĭbus at mĕdiis umbrōsam *exquīrĕre* vallem. V. G. 3. 331. SYN. quæro, q. v.; perquīro, explōro, as.

exsanguis, e. 1. *Bloodless, lifeless.*—2. *Pale (with fear, etc.).*——1. Lĭcet ingens jānĭtor antro Æternum lātrans *exsanguis* terreat umbras. V. Æn. 6. 401. Pallĭdaque *exsangui* squālēbant corpŏra tābo. Ov. Met. 15. 627. Corpŏra dēbentur mœstis *exsanguia* bustis. Ov. Ep. e P. 3. 2. 31.—2. Tĕnĕbris *exsanguis* ŏbortis Succĭduo dīcor prōcŭbuisse gĕnu. Ov. Her. 13. 24. SYN. 1, 2. exănĭmis. v. mortuus.

exsătio, as. *To satiate.*——Parthāŏniæ tandem Lātōia clāde *Exsătiāta* dŏmus. Ov. Met. 8. 542. SYN. sătio, q. v. v. seq.

exsătūro, as. *To satiate.*——Sed quæ viscĕrĭbus vĕniēbat bellua ponti *Exsătūranda* meis. Ov. Met. 5. 19. SYN. sătio, as, q. v.

exscindo, ĭs, scĭdi, scissum. *To cut out, to destroy.*——Sunt et mea contrà Fāta mihĭ ferro scĕlĕrātam *exscindĕre* gentem. V. Æn. 9. 137. SYN. perdo, ĭs, dĭdi, dĭtum, q. v.

exsĕco, as, ui, sectum. *To cut, to cut out.*——Jussæ sua terga mărītæ Pellĭbus *exsectis* percŭtienda dăbant. Ov. F. 2. 446. SYN. sĕco, q. v.

‡exsĕcrābĭlis, e. *Accursed, detestable.*——Māter ĭn hīs ălĭquod jūs *exsĕcrābĭle* castris. Stat. Theb. 7. 484. SYN. ‡dētestābĭlis.

exsĕcror, āris. *To curse.* —— Et terram altrīcem sævi *exsĕcramur* Ŭlyssis. V. Æn. 3. 273. SYN. v. imprecor. PHR. Dīris ăgam vos. Hor.

exsĕquiæ, ārum. *Funeral rites, a funeral.* —— Fertur in *exsĕquias* ănĭmi mātrōna vĭrīlis. Ov. F. 2. 847. Et pius *exsĕquiis* Ænēas rīte sŏlūtis. V. Æn. 7. 5. SYN. fūnus, ĕris, *neut.*; justa. PHR. Jam dăbis in cĭnĕres ultĭma dōna meos. Ov. Mīsēnum . . . Teucri Flēbant, et cĭnĕri ingrāto sūprēma fĕrēbant. V. Mittit Mille vĭros qui sūprēmum cŏmĭtentur hŏnōrem, Intersintque pătris lăcrȳmis. V. Sūprēmoque diē mōtum spectantia cœlum Texissent dĭgĭti lūmĭna nostra tui. Ov. v. sepelio.

exsĕquiālis, e. *Funeral.* —— Carmĭna jam mŏriens cănit *exsĕquiālia* cȳcnus. Ov. Met. 14. 430. SYN. fūnĕreus, fērālis.

exsĕquor, ĕris, sĕcūtus sum. 1. *To follow.* — 2. *To proceed to, so as to relate.* — 3. *To execute.* —— 1. Sectam meam *exsĕcūtæ* dŭce me. Cat. 61. 15. — 2. Prōtĭnus āĕrii mellis cœlestia dona *Exsĕquar.* V. G. 4. 2. — 3. His actis prŏpĕre *exsĕquĭtur* præcepta Sĭbyllæ. V. Æn. 6. 236. SYN. 1. sĕquor, q. v., insĕquor, prŏsĕquor; sector, āris. — 2. v. narro. — 3. perfĭcio, ĭs, fēci; mĭnistro, as; făcesso, ĭs; pĕrăgo, ĭs, ēgi.

exsĕro, is, ui, sertum. *To put forth, thrust out.* —— Altius hūmānis *exsĕruisse* căput. Ov. F. 1. 299. SYN. exserto, as; effĕro, fers, tŭli, lātum; profĕro. v. exsertus.

exserto, as. *To thrust out.* —— Ora *exsertantem* et nāves in saxa trahentem. V. Æn. 3. 425.

exsertus, a, um. pass. part. of exsero. 1. *Exposed, naked (of parts of a person, not of the whole person).* — 2. *Drawn (of a sword).* —— 1. Unum *exserta* lătus pugnæ phărĕtrata Cămilla. V. Æn. 11. 649. — 2. Ensĭbus *exsertis* bellĭca læta Dea est. Ov. F. 3. 814. SYN. 1. nūdus, q. v. — 2. strictus, q. v.

exsicco, as. *To dry, to drink dry.* —— Dīvĕs et aureis Mercātor *exsiccet* cŭlullis Vīna. Hor. 1, 31. 11. SYN. sicco; haurio, īs, hausi, stum, q. v.

exsĭlio, īs, ui, sultum. (rare in sup. and part.) *To leap or spring out, or forth.* —— Prōtĭnus *exsĭlui* tŭnĭcisque a pectŏre ruptis . . . Ov. Her. 6. 27. SYN. prōsĭlio; ēmĭco, as, ui, *no sup.*

exsĭlium, i. 1. *Exile.* — 2. *A place of banishment.* —— 1. *Exsĭlium* dīrâ pœnam pro cæde luēbat. Ov. Met. 3. 625. — 2. *Exsĭlium* quōdam tempŏre Tībur erat. Ov. F. 6. 666. SYN. 1. fŭga. PHR. Ut pătriâ căreo. Ov. Clausaque si mĭsĕro pătria est. Ov. Te jŭbet e pătriâ discēdĕre Cæsăris ira. Ov. Plūrĭma cum pătriâ sentit ăbesse suâ. Ov. Cum pătriâ pax quŏque ădempta mihi. Ov.

†exsisto, ĭs. no sup. or pass. *To stand forth, to arise.* —— Vīvos *exsistĕre* vermes Stercŏre de tētro. Lucr. 2. 870. SYN. exsto, as, q. v.

exsolvo, is, vi, sometimes **exsŏlui, sŏlūtum.** 1. *To loosen, to release.* — 2. *To put an end to.* — 3. *To perform (a promise, etc.).* —— 1. Tum frīgĭda tōto Paulātim *exsolvit* se corpŏre. V. Æn. 11. 829. — 2. Longamque imprūdens *exsŏluisse* fămem. Ov. F. 4. 534. — 3. *Exsolvit* prōmissa Vĕnus. Tib. 4. 7. 5. SYN. 1. 3. solvo, q, v. — 1. rĕsolvo; expĕdio, īs. — 2. rumpo, ĭs, rūpi. — 3. perfĭcio, ĭs, fēci.

exsomnis, e. *Sleepless.* —— Vestĭbŭlum *exsomnis* servat noctesque diesque. V. Æn. 6. 556. SYN. insomnis; vĭgĭl, ĭlis; pervĭgil. PHR. Somni ĭnops, ŏpis. Ov.

exsorbeo, es. *To suck up.* —— Pectŏraque *exsorbent* ăvĭdis infantia linguis. Ov. F. 6. 145. SYN. sorbeo; haurio, īs, hausi.

exsors, ortis. 1. *Picked, not selected by lot.* — 2. *Without, destitute of.* —— 1. Dantur ĕqui Teucris Tyrrhēna pĕtentĭbus arva, Ducunt *exsortem* Ænēæ. — 2. Quos dulcis vītæ *exsortes* et ab ūbĕre raptos Abstŭlit ātra dies. V. Æn. 6. 428. SYN. 1. exĭmius, dēlectus. — 2. ĭnops, ŏpis; expers, văcuus, orbus.

exspătior, āris. *To roam.* —— *Exspătiantur* ĕqui, nulloque ĭnhĭbente per auras Ignōtæ rĕgiōnis eunt. Ov. Met. 2. 202. SYN. spătior; văgor, āris; ēvăgor; erro, as, q. v.

exspecto, as. 1. *To expect.* — 2. *To wait for.* — 3. *To wait, to lose time.* —— 1. Vēnisti tandem, tuaque *exspectāta* părenti Vīcit ĭter dūrum piĕtas. V. Æn. 6. 687. — 2. Rēgīnam thălămo cunctantem ad līmĭna prīmi *Exspectant.* V. Æn. 4. 134. — 3. Dardăniumque dŭcem Tȳriâ Carthagine qui nunc *Exspectat* . . . Allŏquere. V. Æn. 4. 225. SYN. 1, 2. spēro, as. v. prospecto. — 2. oppĕrior, īris. PHR. Sīc ĕquĭdem dūcēbam ănĭmo rēbarque fŭtūrum. V.

exspergo, ĭs, si, sum. *To sprinkle.* —— Sănieque *exspersa* nătārent Līmĭna. V. Æn. 3. 625. SYN. spargo, respergo.

exspes, masc. and fem. only nom. *Hopeless.* —— Sōlus, ĭnops, *exspes* lēto pœnæque rĕlictus. Ov. Met. 14. 217. v. spes.

exspiro, as. 1. *To breathe forth.* — 2. *To expire, to die.* — 3. *To pass off, to evaporate, etc.* —— 1. Illum *exspīrantem* transfixo pectŏre flammas Turbĭne corrĭpuit. V. Æn. 1. 44. — 2. Calcĭbus ātram Tundit hŭmum *exspīrans.* V. Æn. 10. 731. — 3. Vis fĕra ventōrŭm cæcis inclūsa căvernis *Exspīrāre* ălĭquā cŭpiens. Ov. Met. 15. 299. SYN. 1. efflo, as; exhālo, as. — 2. mŏrior, ĕris, mortuus sum, q. v. — 3. v. ăbeo. PHR. 2. Mĕdios ănĭmam exspīrāvit in ignes. Ov.

exspŏlio, as. *To deprive.* —— *Exspŏliat*que gĕnas ŏcŭlis. Ov. Met. 13. 652. SYN. spŏlio, q. v.

exspuo, is, ui. no sup. *To vomit forth.* —— Quod măre conceptum spūmantĭbus *exspuit* undis? Cat. 62. 155. SYN. vŏmo, ĭs, ui; ēvŏmo; ēmitto, ĭs, mīsi.

exsterno, as. *To frighten, bewilder.* —— Ah mĭsĕram assĭduis quam luctĭbus *exsternāvit* . . . Erycina. Cat. 62. 72. Seque *exsternāta* rĕfūgit. Cat.

exstĭmŭlo, as. *To spur on, to excite.* —— His sŏlĭta est dictis *exstĭmŭlāre* vĭrum. Ov. F. 6. 588. SYN. stĭmŭlo, instĭmŭlo; urgeo, es; excĭto, as.

exstinctus, a, um. part. pass. of seq., also as adj. *Dead.* —— *Exstinctum* vīvĕre fingit ămor. Ov. Ep. e P. 1. 9. 8. SYN. mortuus, q. v.

exstinguo, uĭs, xi, ctum. 1. *To extinguish.* — 2. *To quench.* — 3. *To destroy, to kill (pass. chiefly in this sense, to be killed, to be dead).* —— 1. Illa pŏtest vĭgĭlis flammas *exstinguere* Vestæ. Ov. A. A. 3. 463. — 2. Nec prius *est exstincta* sĭtis quam vīta bĭbenda. Ov. Met. 7. 569. — 3. Nātumque pătremque Cum gĕnĕre *exstinxem* (*for* exstinxissem). V. Æn. 4. 605. (*so* exstinxti *for* exstinxisti. V.) Prĭmoque *exstinguor* in ævo. Ov. Met. 3. 470. SYN. 1, 2. restinguo; hĕbĕto, as. — 2. lĕvo, as; rĕlĕvo. — 3. perdo, ĭs, dĭdi, dĭtum, q. v.; occīdo, ĭs (*of persons*); ăbŏleo, es (*not of persons*); exscindo, ĭs, scĭdi, scissum (*not of persons*).

‡**exstirpo**, as. *To extirpate.* —— *Exstirpa* mihĭ crēde pĭlos de corpŏre tōto. Mart. 6. 56. 3. SYN. dēleo, es, ēvi; ēvello, ĭs.

exsto, as, stĭti. no sup. 1. *To stand out, be prominent, be visible above, etc.* — 2. *To exist, be extant.* —— Sive lătet Phœbus seu terris altior *exstat.* Ov. Her. 13. 103. Mūsæum ante omnes, mĕdium nam plūrĭma turba Hunc hăbet, atque hŭmĕris *exstantem* suspĭcit altis. V. Æn. 6. 668. — 2. Dux quŏque Nērĭtius, testes Læstrȳgŏnĕs *exstant.* Ov. F. 4. 69. Quæ (scripta, sc.) quŏniam non sunt pĕnĭtus sūblāta, sed *exstant.* Ov. Tr. 1. 7. 23. SYN. 1. ēmĭneo, es; prōmĭneo, prōcurro, excurro. — 2. vīvo, ĭs; sŭpersum, sŭpĕrĕs, etc. v. exsupero.

exstruo, ĭs, xi, ctum. 1. *To build up, to raise.* — 2. *To heap up.* —— 1. Tu nunc Carthāgĭnis altæ Fundāmenta lŏcas, pulchramque uxōrius urbem *Exstruis.* V. Æn. 4. 267. — 1, 2. *Exstruĕre* hi montes ad sīdĕra summa părābant. Ov. F. 5. 39. *Exstructīs* in altum Dīvĭtiis pŏtiētur hæres. Hor. 2. 3. 19. SYN. 1. struo; condo, ĭs, dĭdi, dĭtum, q. v. — 2. aggĕro, ĭs, gessi; cŭmŭlo, as; accŭmŭlo.

exsuctus, a, um. *Sucked out.* —— *Exsucta* ŭti mĕdulla et ārĭdum jĕcur. Hor. Epod. 5. 37.

exsūdo, as. 1. (*trans.*) *To sweat at, to labour at.* — 2. (*intrans.*) *To exude.* —— 1. Cum Pĕdius causas *exsūdet.* Hor. 1. 10. 28. — 2. Excŏquĭtur vĭtium atque *exsūdat* ĭnūtĭlis hūmor. V. G. 1. 88. SYN. 1. sūdo; lăbōro, as.

exsŭl, ŭlis. masc. and fem. 1. *An exile.* — 2. (*used sometimes as adj.*) *Banished.* —— 1. Arma Jŏvis fŭgiens, et regnīs *exsŭl* ădemtis. V. Æn. 8. 320. — 2. Sustĭnuit conjux *exsŭlis* esse vĭri. Ov. Tr. 4. 10. 74. SYN. 1. extorris. — 1, 2. prŏfŭgus. — 2. rĕlĕgātus. PHR. Me patriis jussit ăbesse fŏcis. Ov. Exsĭlioque dŏmos et dulcia līmĭna mūtant Atque ălio pătriam quærunt sub sōle jăcentem. V. Nunc trahor exsŭl, ĭnops, tŭmŭlis ăvulsa meŏrum. Ov.

exsŭlo, as. *To be an exile.* —— Mente tămen quæ sōla lŏco non *exsŭlat* ūtar. Ov. Ep. e P. 4. 9. 41.

exsultim. *Leaping about, exultingly.* —— Quæ vĕlut lātīs ĕqua trīma campis Lūdit *exsultim.* Hor. 3. 11. 10.

exsulto, as. 1. — *To leap about, to leap.* — 2. *To throb.* — 3. *To exult.* —— 1. Et nunc allūdit vĭrĭdique *exsultat* in herbā. Ov. Met. 2. 864. *Exsultant*que văda atque æstu miscentur ărēnæ. V. Æn. 3. 557.—2. *Exsultantia*que haurit Corda păvor pulsans laudumque arrecta cŭpīdo. V. Æn. 5. 137.—3. Atque hic successu *exsultans* ănĭmisque Cŏrœbus. V. Æn. 2. 386. SYN. 1. exsĭlio, ĭs, ui, q. v.—2. mĭco, as, ui, *no sup.*—3. lætor, āris; ŏvo, as; triumpho, as; gaudeo, es, gāvīsus sum.

exsŭpĕrābĭlis, e. *To be surmounted or overcome.*——Immānemque rŏtam, et non *exsŭpĕrābile* saxum. V. G. 3. 39. SYN. sŭpĕrābĭlis, q. v.

exsŭpĕro, as. 1. *To surpass, to excel, to exceed.*—2. *To surmount, to mount, to rise above.*——Mātĕriâ vīres *exsŭpĕrante* meas. Ov. Tr. 1. 4. 56.—1, 2. Pectŏra quōrum inter fluctūs arrecta jŭbæque Sanguĭneæ *exsŭpĕrant* undas. V. Æn. 2. 207.—2. *Exsŭpĕrat*que jŭgum sylvâque ēvādit ŏpācâ. V. Æn. 11. 905. SYN. 1, 2. sŭpĕro.—1. vinco, ĭs, vīci, q. v.; excēdo, ĭs, cessi.—2. ascendo, ĭs. v. exsto.

§**exsurdo, as.** *To deafen, metaph. to blunt any sense.*——Fervĭda quod subtīle *exsurdant* vīna pălātum. Hor. Sat. 2. 8. 38. SYN. hĕbĕto, as.

exsurgo, ĭs, surrexi. no sup. *To rise.*——*Exsurgit*que făcem attollens, atque intŏnat ōre. V. Æn. 6. 607. SYN. surgo, q. v., consurgo.

exsuscĭto, as. *To rouse, to excite.*——Ipse gĕnu pŏsĭto flammas *exsuscĭtat* aurâ. Ov. F. 5. 507. SYN. suscĭto, excĭto, q. v.

exta, orum. *Entrails, only of victims, etc.*——Pectŏrĭbūs ĭnhians spīrantia consŭlit *exta*. V. Æn. 4. 64. SYN. viscĕra, um; fībra, æ. v. prosecta.

extemplò. *Immediately.*——*Extemplo* Ænēæ solvuntur frīgŏre membra. V. Æn. 1. 92. SYN. actūtum; prōtĭnus, contĭnuo, confestim.

‡**extempŏrālis,** e. *Sudden, extemporary.*——*Extempŏrālis* factus est meus rhētor. Mart. 5. 55. 1.

extendo, ĭs, di, tum. 1. *To stretch out, to extend (trans.).*—2. *To spread abroad.*——1. Nēquicquam ăvĭdos *extendĕre* cursus. Velle vĭdēmur. V. Æn. 12. 909. Percŭlit et multâ mŏrĭbundum *extendit* ărēnâ. V. Æn. 5. 374.—2. Horrenda lātē nōmĕn ĭn ultĭmas *Extendat* oras. Hor. 3. 3. 46. SYN. 1. tendo, prōtendo; porrĭgo, ĭs (sync. porgo), rexi; prōfĕro, fers, ferre, tŭli, lātum; prōmŏveo, es, mōvi, mōtum. v. tendo.—2. spargo, ĭs, si; diffundo, ĭs, fūdi.

‡**extentus, ûs.** masc. *Extent.*——Immensosque per armos Et lătĕrum *extentus* vĕnit ātrâ cuspĭde vulnus. Sil. 4. 618.

extĕnuo, as. *To lessen, to make lighter.*——Aut ut sit, (curâ, sc.) longâ est *extĕnuānda* mŏrâ. Ov. Ep. e P. 1. 3. 26. Quam pŏtĕs *extĕnua* forti măla corde fĕrendo. Ov. Tr. 3. 3. 57. SYN. tĕnuo, attĕnuo, mĭnuo, dīmĭnuo; lĕvo, as, q. v.

exter, or **extĕrus, a, um.** (rarely, if ever, found in nom. sing. masc.) *Foreign.*——Et nos fas *extĕra* quærĕre regna. V. Æn. 4. 350. SYN. externus, q. v.

extĕrior, oris. *Outside.*——Ne tămĕn illi Tu cŏmĕs *extĕrior* si postŭlet īre rĕcūses. Hor. 2. 5. 15.

extĕrius. adv. *Outside.*——*Extĕrius*que sĭtæ bĭmări spectantur ab Isthmo. Ov. Met. 6. 420.

‡**extermĭno, as.** *To banish.*——Augentem sulcīs *extermĭnet* herbam. Columel. 10. 149. SYN. pello, ĭs, pĕpŭli, pulsum, q. v.; expello, expŭli.

extĕrnus, a, um. 1. *Outward, extĕrnal.*—2. *Foreign (sometimes as subst. in this sense).*——*Externis* virtūs incŏmĭtāta bŏnis. Ov. Ep. e P. 2. 3. 35.—2. Non me tĭbĭ Trōja *Externum* tŭlit. V. Æn. 3. 43. *Externi*que ĭtĕrum thălămi. V. Æn. 6. 94. Arcēbatque suis *externos* fīnĭbus omnes. Ov. Met. 4. 647. SYN. 1. extĕrior.—2. extĕrus, q. v.; pĕrĕgrīnus; †ălienĭgĕnus.

extĕro, ĭs, trīvi, trītum. *To wear away, to rub, to elicit by rubbing.*——Congestas *extĕret* ille nĭves. Ov. Am. 1. 9. 12. Exprĭmĭtur vălĭdīs *extrītus* vĭrĭbus ignis. Lucr. 5. 1097. v. tero.

exterreo, es, ui, ĭtum. *To frighten.*——Hĭc ŭbĭ dētŏnuit, strĕpĭtuque *exterruit* orbem. Ov. Tr. 2. 35. Magnis *exterrĭta* monstris Dērĭguit vīsu in mĕdio. V. Æn. 3. 307. SYN. terreo, q. v.

extĭmeo, es, ui. no sup. *To fear.*——Nec tămĕn *extĭmui*, quid ĕnim post illa tĭmērem. Ov. Her. 12. 117. SYN. timeo, q. v.; pertĭmeo.

†**extĭmus, a, um.** *Outermost.*——*Extĭma* membrōrum circumcæsūra coercet. Lucr. 4. 650.

extollo, ĭs, extŭli, elatum. 1. *To raise.*—2. *To extol.*——Vērum hæc tantum ălias inter căput *extŭlit* urbes. V. E. 1. 25.—2. Prōinde omnia magno Ne cessa turbare mĕtu, atque *extollĕre* vires Gentis bis victæ. V. Æn. 11. 401. SYN. 1, 2. effĕro, fers. *same perf. and sup.*—1. tollo, *perf.* sustŭli.

extorqueo, es, si, tum. *To twist out of.*—— Dextræ mūcrōnem *extorquet* et alto Fulgentem tingit jăcŭlo. V. Æn. 12. 357. SYN. ērĭpio, ĭs, ui, reptum; extraho, ĭs, xi.

extorris, is. masc. and fem. *Banished from.*—— Fīnĭbus *extorris*, complexu āvulsus Iūli. V. Æn. 4. 616. SYN. exsŭl, ŭlis, q. v.

extrā. prep. *Outside of, beyond.*—— Jăcet *extrā* sīdĕra tellus *Extra* anni sōlisque vias. V. Æn. 6. 796. SYN. ultrā.

extraho, ĭs, xi, ctum. *To draw out, to extract.*—— *Extrahit* illud ĭdem Călĭdo de vulnĕre tēlum. Ov. Met. 12. 119. SYN. dētraho; ēdūco, is, xi; ēvello, is, li, vulsum; ērĭpio, ĭs, ui, reptum.

extremum. adv. *For the last time.*—— Allŏquor *extrēmum* mœstos ăbĭturus ămīcos. Ov. Tr. 1. 3. 15. SYN. sūprēmum.

extrēmus, a, um. 1. *Farthest.*—2. *Very distant.*—3. *Last.*—4. *Extreme.*——1, 2. Aut Tmăros aut Rhŏdŏpē, aut *extrēmi* Gărămantes. V. E. 8. 44.—3. *Extrēmum* hunc Ărĕthūsa mihi concēde lăbōrem. V. E. 10. 1. Dūrat in *extrēmum* vitæque nŏvissĭma nostræ Prōsĕquĭtur fāti, qui fuit ante tĕnor. Ov. Her. 7. 111.—4. Seu vīvĕre crēdant Sive extrēma păti, nec jam exaudīre vŏcātos. V. Æn. 1. 219. Vērus mihĭ nuncius ergo Vēnĕrat extinctam ferroque *extrēma* sĕcūtam. V. Æn. 6. 457. SYN. 1, 2, 3. ultĭmus.—2. longinquus, rĕmōtus, q. v.—3. sūprēmus, nŏvissimus, postrēmus.

extrīco, as. *To extricate.*—— Si pugnat *extrīcāta* densis Cerva plăgis. Hor. 3. 5. 31. SYN. lībĕro, as, q. v.; solvo, ĭs, vi, sŏlūtum.

†extrinsĕcus. adv. *From the outside.*—— Hæc nĕque dissolvi plāgis *extrinsĕcus* icta Possunt. Lucr. 1. 529.

§extrūdo, ĭs, si, sum. *To push off.*—— Laudat vēnāles qui vult *extrūdĕre* merces. Hor. Epist. 2. 2. 11. SYN. dētrūdo.

extŭli. perf. from extollo and effĕro, q. v.—— Ŏcŭlos ad sīdĕra lætus *extŭlit.* V. Æn. 2. 688.

extundo, ĭs, tŭdi, tūsum. 1. *To beat out, as a smith, etc.*—2. *To discover.*——1. Lānĭgĕrosque ăpĭces et lapsa ancīlia cœlo *Extŭdĕrat.* V. Æn. 8. 665.—2. Quis Deus hanc, Mūsæ, Quis nōbīs *extŭdit* artem? V. G. 4. 315. SYN. 1. excūdo, is; exprĭmo, ĭs, pressi.—2. invĕnio, ĭs, vēni, q. v.

exturbo, as. 1. *To drive out.*—2. ‡*To disturb.*——1. Parcĭte, vātĭcĭnor, cognātas cæde nĕfandâ *Exturbāre* ănĭmas. Ov. Met. 15. 175.—2. *Exturbare* odiis tranquilla silentia noctis. Stat. Theb. 1. 441. SYN. 1. dēturbo; expello, ĭs expŭli, pu'sum, q. v.; ējĭcio, ĭs, jēci.—2. turbo, q. v.; rumpo, ĭs, rūpi.

exūbĕro, as. *To be fruitful, to abound.*——At si luxŭriâ fŏliōrum *exūbĕrat* arbor. V. G. 1. 191. Altē spūmīs *exūbĕrat* amnis. V. Æn. 7. 465. SYN. ăbundo, as.

exŭlŭlātus, a, um. pass. part. from seq., q. v. *Invoked with howls.*—— Ipsa . . . fĕrētur Urbis per mĕdias *exŭlŭlāta* vias. Ov. F. 4. 186.

exŭlŭlo, as. *To howl.*—— Nec pŭduit scissis *exŭlŭlare* cŏmis. Ov. Her. 15. 114. SYN. ŭlŭlo, q. v.

‡exundo, as. *To abound.*——Inde Mĕdūsæis terram *exundâsse* chĕlȳdris (Fāma dŏcet). Sil. 3. 316. SYN. ăbundo; exūbĕro, as.

exuo, is, ui, ūtum. 1. *To strip off from oneself or from another.*—2. *To lay aside.*—— Et tu Trōjānos *exue* cæstus. V. Æn. 5. 420. *Exuit* hīc hŭmĕro phărĕtram. Ov. Met. 2. 419. Hordea . . . *Exue* de păleâ tegmĭnĭbusque suis. Ov. M. F. 54.—2. Istam, Ŏro, si quis ădhuc prĕcĭbus lŏcus *exue* mentem. V. Æn. 4. 319. SYN. 1, 2. dēpōno, ĭs, pŏsui, q. v.; objĭcio, ĭs, jēci; rejĭcio. v. exutus.

exūro, ĭs, ussi, ustum. 1. *To burn.*—2. *To burn out.*—— Pallasne *exūrĕre* classem Argīvûm . . . potuit? V. Æn. 1. 39. Et cum *exustus* ăger mŏrientĭbus æstuat herbis. V. G. 1. 107.—2. Infectum ēluĭtur scĕlus aut *exūrĭtur* igni. V. Æn. 6. 742. SYN. 1. ūro; incendo, ĭs, di.

exūtus, a, um. part. pass. from exuo, q. v. *Stripped, stripped off, either of the person or the garment.*—Hirsūti costas *exūta* leōnis Vellĕra. Ov. Her. 9. 111. Sustŭlit *exūtas* vinclis ad sīdĕra palmas. V. Æn. 2. 153. Ūnum *exūta* pĕdem vinclis. V. Æn. 4. 518. v. nudus.

exŭviæ, arum. *Any thing stripped off, spoils.*——Dulces *exŭviæ* dum fāta Deusque sĭnēbant. V. Æn. 4. 651. Hectŏre, qui rĕdit *exŭvias* indūtus Ăchillei. V. Æn. 2. 275. SYN. spŏlium.

F.

făba, æ. *A bean.*——Vēre *făbis* satio. V. G. 1. 215.

făbālis, e. *Of a bean.*——Certe ĕgŏ de vĭtŭlo cĭnerem stĭpŭlasque *făbāles* sæpe tŭli. Ov. F. 4. 725.

făbella, æ. *A short fable.*——Hæc tĭbĭ *făbellas* rĕfĕrat. Tib. 1. 3. 85. SYN. făbŭla.

făber, fabri. *A smith, an artificer.*——Marmŏris aut ĕbŏris *făbros* aut æris ămāvit. Hor. Epist. 2. 1. 96. SYN. artĭfex, ĭcis.

făber, bra, brum. *Of a smith, workmanlike.*——Māmŭrius mŏrum *făbrœne* exactior artis Diffĭcĭle est . . . dīcĕre. Ov. F. 3. 383. SYN. făbrīlis.

Făbius, a, um. *Of Fabius.*——*Făbiæ* lux, Maxĭme, gentis. Ov. Ep. e P. 4. 6. 9.

Făbius. *The most illustrious was consul in the time of the second Punic war, called Cunctator from his plan of wearing out Hannibal by delay. All the family but one had been formerly slain in battle against the Veientes on the banks of the Cremera.*——Quo fessum răpĭtis *Făbii*, Tu maxĭmus ille es, ūnus qui nŏbis cunctando restĭtuis rem. V. Æn. 6. 846. v. Ov. F. 2. 195—242.

‡făbrē. *In a workmanlike manner.*——Trabs *făbrē* tĕrēs, atque ĕrāsis undĭque nōdis. Sil. 14. 320.

†făbrĭca, æ. *The making of any thing.*——Dēnĭque ut in *făbrĭca* si prāva est rēgŭla prīma. Lucr. 4. 516.

făbrĭcātor, oris. masc. *A maker.*——Ipse dŏli *făbrĭcātor* Ēpēus. V. Æn. 2. 264. SYN. artĭfex, ĭcis ; condĭtor, auctor, mōlītor ; ŏpĭfex, ĭcis.

făbrĭco, as. *To make, to build.*——At cănis ante pĕdes saxo *făbrĭcātus* eōdem Stăbat. Ov. F. 5. 137. SYN. făcio, ĭs, fēci, q. v.

făbrīlis, e. *Of a smith, of a workman.*——Et mens et quod ŏpus *făbrīlis* dextrā tĕnebat Excĭdit. Ov. Met. 4. 175. SYN. făber, bra, brum.

făbŭla, æ. 1. *A fable, a story.* — 2. *A false story.*——1. *Făbŭla* narrata est postquam vulgăris ab illo. Ov. Ep. e P. 3. 2. 97. *Făbŭla*, nec sentis totā jactāris in urbe. Ov. Am. 3. 1. 21. — 2. Non *făbŭla* rūmor Ille fuit. Ov. Met. 10. 561. SYN. 1. făbella. — 2. mendācium, q. v.

†‡făbŭlor, āris. *To converse, to chat.*——Dum *făbŭlāmur* millĭbus dĕcem dĭxti. Mart. 4. 61. 4. SYN. †collŏquor, ĕris, lŏcūtus sum.

făbŭlōsus, a, um. *Celebrated in story.*——Vel quæ lŏca *făbŭlōsus* Lambit Hўdaspes. Hor. 1. 22. 7. SYN. nōtus ; cĕlĕber, ĕbris, ĕbre, q. v.

făcesso, ĭs, si, sītum. *To do, to perform.*——Haud mōra, contĭnuo mātris præcepta *făcessit.* V. G. 4. 548. SYN. făcio, ĭs, fēci ; perfĭcio ; pĕrăgo, ĭs ; exsĕquor, ĕris, sĕcūtus.

făcētiæ, ārum. *Wit.*——Est ĕnim lĕpōrum Dĭsērtus puer et *făcētiārum.* Cat. 12. 9. SYN. lĕpor ; săles, ium, *masc.*

făcētus, a, um. *Well-bred, witty, merry.*——Molle atque *făcētum* (ingenium) Virgĭlio annuĕrunt gaudentes rūre Camœnæ. Hor. 1. 10. 45. SYN. urbānus, lĕpĭdus.

făcies, ēi. 1. *The face.*——2. *The appearance.* Est in te *făcies*, sunt apti lūsĭbus anni. Ov. Her. 15. 21. — 2. Non ulla lăbōrum O virgo nŏva mi *făcies* ĭnŏpĭnave surgit. V. Æn. 6. 104. SYN. 1. vultus, ûs ; ōs, ōris, *neut.* ; frons, frontis, *fem.* — 2. spĕcies, ēi.

făcĭle. *Easily.*——Nec *făcĭle* invĕnias multīs e millĭbus ūnum. Ov. Ep. e P. 2. 3. 11. PHR. Quod pĕtis e făcĭli, si vŏlet illa, fĕres. Ov.

făcĭlis, e. 1. *Easy.* — 2. *Affable, kind.* — 3. *Propitious.* —4. *Easily moved.* — 5. *Easily bent.* — 6. *Suitable.*——1. Păter ipse cŏlendi Haud *făcilem* esse viam vŏluit. V. G. 1. 121. — 2. Nec vīsu *făcĭlis* nec dictu affābĭlis ulli. V.

Æn. 3. 621.—3. Si mihĭ Dî *făcĭles*, et sunt in ămōre sĕcundi. Ov. Her. 18. 3.—4. Mīrātur, *făcĭles*que ŏcŭlos fert omnia circum. V. Æn. 8. 310. Illam (terram sc.) expĕriēre cŏlendo Et *făcĭlem* pĕcŏri, et pătientem vōmĕris unci. V. G. 2. 223.—5. Nunc *făcĭlis* rubeâ texatur fiscĭna virgâ? V. G. 1. 266. SYN. 2. cōmis, bĕnignus.—dexter, ĕra, ĕrum, *sync.* dextra, etc.; sĕcundus, q. v.—4. mōbĭlis.—5. lentus, mollis.—6. aptus, q. v. PHR. 1. Nĕque ĕrat cognoscĕre promptum. Ov. pronus.

făcĭnus, ŏris. neut. *A deed; (nearly always in a bad sense) a crime, guilt.*——Nondum Justĭtiam *făcĭnus* mortāle fŭgârat. Ov. F. 1. 249. SYN. crīmen, ĭnis, *neut.*; scĕlus, ĕris.

făcio, ĭs, fēci, factum. imper. **făc,** but sometimes **făce,** also **făcĭtō** is used in the 2nd pers. 1. *To make.*—2. *To do.*—3. *To cause.*—4. *To suit.*——1. Nimbōrŭmque *făcis* tempestatumque pŏtentem. V. Æn. 1. 80.—2. Quid *făcĕret?* quo se raptâ bis conjŭge ferret? V. G. 4. 504.—3. Lux ĕtiam cœptis *făcĭto* bŏna tālĭbus adsit. Ov. Ep. e P. 3. 1. 159.—4. Non *făcit* ad lăcrȳmas barbĭtŏs ulla meas, Ov. Her. 15. 8. Nec cœlum nĕc ăquæ *făciunt,* nec terra, nĕc auræ. Ov. Tr. 3. 8. 23. SYN. 1, 2, 3. effĭcio, perfĭcio, *and as* 1*st sing. fut.* faxo.—1. formo, as, v. reddo.—2. ăgo, ĭs, ēgi, actum; pĕrăgo. v. exsequor, paro.—4. convĕnio, īs, vēni, q. v. v. faxo.

§factĭto, as. *To make.*——Nec sătis appăret cur versus *factĭtet.* Hor. A. P. 470. SYN. făcio, q. v.

factum, i. *A deed, an action.*——Ēn ĕrit unquam Ille dies mihĭ cum lĭceat tua dīcĕre *facta.* V. E. 8. 8. SYN. acta, ōrum; gesta, orum (*only of great deeds*). PHR. Resque dŏmi gestas . . . căno. Ov. Non . . . totve tuos pătiar lăbōres Impune, Lolli, carpĕre lĭvĭdas ŏblĭviones. Hor.

făcŭla, æ. *A small torch.*——Quŏrum alii *făcŭlas,* alii rĕtĭnēre săgittas (visi sunt). Prop. 2. 29. 5. SYN. fax, făcis, q. v.

făcultas, ātis. *Power over, power of.*——Cujus Ărīstæo quŏniam est ŏblāta *făcultas.* V. G. 4. 437. Dēnĭque vindictæ si sit mihi nulla *făcultas.* Ov. Tr. 5. 9. 15. SYN. pŏtestas, q. v.; pŏtentia, cōpia.

făcundia, æ. *Eloquence.*——Non Torquāte gĕnus, non te *făcundia,* non te Restĭtuet piĕtas. Hor. 4. 7. 21. SYN. ēlŏquium, q. v.

făcundus, a, um. *Eloquent.*——Non formōsus ĕrat, sed erat *făcundus* Illysses. Ov. A. A. 2. 123. Nĕque ăbest *făcundis* grātia dictis. Ov. Met. 13. 127. SYN. disertus †suavĭlŏquus, †suavĭlŏquens. PHR. Larga quĭdem Drance semper tĭbĭ cōpia fandi. V. Largus ŏpum, et linguâ mĕlior. V.

‡fæcōsus, a, um. *Full of dregs.*——Accĭpe *fæcosum* mūnĕra căra gărum. Mart. 13. 102. 2.

§fæcŭla, æ. *Sauce made of wine lees.*——Sĭser, ălec, *fæcŭla* Coa. Hor. Sat. 2. 8. 9.

fæx, æcis. fem. *Dregs.*——*Grăvĭtate* cărentem Æthĕra, nec quicquam terrēnæ *fæcis* hăbentem. Ov. Met. 1. 68. Pōti . . . *fæce* tēnus cădi. Hor. 3. 15. 16.

făgĭneus, a, um. also **făgĭnus, a, um.** *Beechen.*——Nec me *făgĭneā* quod tēcum fronde jăcebam Despĭce. Ov. Her. 5. 87. Pōcŭla pōnam *Făgĭna* cælātum dīvīni ŏpus Alcĭmĕdontis. V. E. 3. 37.

făgus, i, also (in the Culex 139) **ûs.** fem. *A beech.*——Tĭtȳre tu pătŭlæ rĕcŭbans sub tegmĭne *făgi.* V. E. 1. 1.

†fălā, æ. *A wooden tower erected on the walls of cities to discharge weapons from.*——Mălos dēfindunt, fiunt tăbŭlāta *fălæque.* Ennius. v. turris.

fălārica, æ. *A heavy javelin shot from the fala.*——Sed magnum strīdens contorta *fălārica* vēnit Fulmĭnis acta mŏdo. V. Æn. 9. 705.

falcātus, a, um. *Sickle-shaped, curved.*——Est sinus Hæmoniæ curvos *falcātus* in arcus. Ov. Met. 11. 224. SYN. curvātus, curvus, incurvus, rĕcurvus.

falcĭfer, ĕra, ĕrum. *Bearing a scythe, esp. epith. of Saturn.*——*Fălcĭfero* lĭbāta seni duŏ pŏcŭla gentes Mittĭte. Ov. F. 5. 627.

Fălernus, a, um. *Falernian (the Falernus ager in Campania was especially celebrated for its wine), (in neut.) Falerian wine.*——Nec *Fălerna* Vītis Ăchæmĕniumque costum. Hor. 3. 1. 43. Vultis sĕvēri me quoque sūmĕre Partem *Fălerni?* Hor. 1. 27. 10.

fallăcia, æ. *Cunning, trick.*——At vos dēductæ quibus est *fallăcia* Lūnæ. Prop. 1. 1. 19. SYN. ars, dŏlus, fallăcia callĭdĭtas.

fallax, ăcis. *Deceitful, treacherous.*——Thēsea culpābas, *fallăcem*que ipse vŏcābas. Ov. F. 3. 487. Ergo ăge *fallāci* tĭmĭdē confīde fĭgūræ. Ov. A. A. 2. 143. SYN. falsus, infīdus, perfĭdus, mendax, dŏlōsus (*only of deceit actually intended*).

fallo, is, fĕfelli, falsum. —— 1. *To deceive.* — 2. *To beguile.* — 3. *To escape notice.* — 4. (*of promises, commands, etc.*) *To break, not to perform, to violate, to act contrary to.* — 5. *To escape, elude.* — 6. *To imitate for the purpose of deceiving.* —— 1. Scis, Prōteu, scīs ipse; nĕque est te *fallĕre* cuiquam. V. G. 4. 447. Quōrum si mĕdiis Bœōtōn Ŏrīōna quæres *Falsus ĕris.* Ov. F. 5. 494. — 2. Non qui lābentia tardē Tempŏra narrando *fallat* ămīcus ădest. Ov. Tr. 3. 3. 12. 3. Volvĭtur attactu nullo, *fallit*que fŭrentem. V. Æn. 7. 350. — 4. Esse Deos, i, crēde, fĭdem jūrāta *fĕfellit.* Or. Am. 3. 3. 1. Pone grăves cūras mandātaque *falle* mărīti. Ov. Met. 9. 696. Lēgĭtĭmi *fallĕre* jūra tŏri. Ov. Her. 16. 284. Brūtus ădest tandemque ănĭmo sua nōmĭna *fallit.* Ov. F. 2. 837. — 5. Ut partem effŭgias nōn omnia rētia *falles.* Ov. Her. 20. 45. — 6. Tu făciem illīus nŏctem nōn amplius ūnam *Falle* dŏlo. V. Æn. 1. 687. SYN. 1. 4. dēcĭpio, ĭs, cēpi. — 1. lūdo, ĭs, si; dēlūdo. — 1. 5. ēlūdo. — 3. lăteo, es, *no sup.* — 4. viŏlo, as, q. v. — 5. fŭgio, ĭs, fūgi, fŭgĭtum, q. v.; vīto, as, q. v. PHR. Verbaque dat stulto callĭda nupta vĭro. Ov.

†falsĭdĭcus, a, um. *Speaking falsely.* —— Me meamque rem tuis scĕlestis *falsĭdĭcis* fallāciis dīlăcĕrāvisti. Plaut. Capt. 3. 5. 13. SYN. mendax, q. v.

†falsĭfĭcus, a, um. *Acting falsely.* —— Hăbet ănĭmum falsĭlŏquum, *falsĭfĭcum,* falsĭjūrium. Plaut. Mil. 2. 2. 36. SYN. fallax, q. v.

falsĭpărens, entis. *Considered the son of one who is not really his parent.* —— Quod quondam cæsis montis fossisse mĕdullis Audet *falsĭpărens* Ampĭtryōniădes. Cat. 66. 112. PHR. Pătri quos dædăla Circe Suppŏsĭtâ de mātre nŏthos fūrāta creāvit. V.

falsō. *Falsely.* —— Teque pŭtem *falsō* non mĕmĭnisse mei. Ov. Tr. 5. 13. 18.

falsus, a, um. part. pass. of fallo, q. v., also adj. *False, of persons or things.* —— Prōtĭnus occurrent *falsæ* perjūria linguæ. Ov. Her. 7. 67. SYN. fallax, q. v.; mentītus. — *Of things,* sĭmŭlātus, fictus.

falx, lcis. fem. *A sickle, a pruning-knife.* —— Partim succīdit curvāmĭne *falcis* ahēnæ. Ov. Met. 7. 227. PHR. Non mihĭ falx nĭmias Sāturnia dēpŭtat umbras. Ov. Seu mea falx rāmum lūco spŏliāvit ŏpāco. Ov. Sīve căvæ falcis (usus) sīve bĭdentis ĕrat. Ov. Rŭris ŏpāci Falce prĕmes umbras. V. Neque ante Falcem mātūris quisquam suppōnat ăristis. V. Curvo Sāturni dente rĕlictam Persĕquĭtur vītem attondens. V. Nec jăcŭlo grăvis est, sed ădunca dextĕra falce. Ov. Falce dătâ frondātor ĕrat, vītisque pŭtātor. Ov. Ab ăcūtæ vulnĕre falcis . . . frondēs dēfendĭte nostras. Ov. Prīma Cĕres dŏcuit turgescere semen in agris; Falce cŏlōrātas subsĕcuitque cŏmas. Ov.

Fama, æ. 1. *Fame* (*sometimes personified as a goddess*), *when without an epith. always in a good sense.* — 2. *Rumour, report.* —— 1. Extemplō Lĭbyæ magnos it *Fāma* per urbes. V. Æn. 4. 173. Nōmen fāmâ tot ferre per annos. V. G. 3. 47. — 2. Hic incrēdĭbĭlis rērum *fāma* occŭpat aures. V. Æn. 3. 294. Andiĕras, et *fāma* fuit. V. E. 9. 11. SYN. 1. glōria, q. v. — 2. rūmor. v. V. Æn. 4. 173—188.

‡fămēlĭcus, a, um. *Starved, hungry.* —— Nocte bŏves măcro lassove *fămēlĭca* collo Armenta. Juv. 14. 145. SYN. impastus, jējūnus.

fămes, ĭs. abl. **fămē.** fem. 1. *Hunger.* — 2. *Desire.* —— 1. Et mĕtus et mălĕsuada *fămes,* et turpis ĕgestas. V. Æn. 6. 276. — 2. Magnārumque *fămes* sollĭcĭtāvit ŏpum. Ov. F. 1. 304. SYN. 1. ēsŭries, ēi; ēsŭrītio. — 2. cŭpīdo, ĭnis, *fem.,* q. v. PHR. Suadet ĕnim vēsāna fămes. V. Cum vos dīra fămes . . . . Ambēsas sŭbĭgat mālis consūmĕre mensas. V. Et jējūna fămes. Ov. Illos longa dŏmant ĭnŏpi jējūnia victu. Ov. Carne fĕræ sēdant jējūnia. Ov. Pallĭda semper ōra fămē. V. Ille fămē răbĭdâ tria guttura pandens. V. Tristes dēnuntiat iras, Obscœnamque fămem. V. Absit ĭnīqua fămes. Ov. Utque răpax stĭmŭlante fămē . . . . lupus. Ov. Sit frīgus mortis causa fămesque tuæ. Ov. v. jejunium.

fămĭlia, æ. *The body of slaves belonging to one master, a family.* —— Æsōpus dŏmĭno solus cum esset *fămĭlia.* Phædrus, 3. 19. 1.

fāmōsus, a, um. *Much talked of, esp. badly; infamous.* —— Turpia *fāmōsus* corpŏra junget Hўmen. Ov. Her. 9. 134. SYN. infāmis, q. v.

fămŭla, æ. *A female slave.* —— Quinquāginta intus *fămŭlæ,* quĭbus ordĭne longo Cūra pĕnum struĕre. V. Æn. 1. 703. SYN. ancilla, serva.

fămŭlāris, e. *Of a servant, such as might suit a servant.*—— Quem vōbīs indĭcat augur. Si Rōmam intrārit *fămŭlāria* jura dătūrum. Ov. Met. 15. 597. SYN. fămŭlus, servus, servīlis.

fămŭlor, āris. *To serve as a servant.*—— Quæ tĭbĭ jūcundo *fămŭlāris* serva lăbōre. Cat. 62. 161. SYN. servio, īs, q. v.

fămŭlus, i. *A servant.*—— Cum *fămŭlis* ŏpĕrum sŏlūtis. Hor. 3. 17. 16. SYN. servus, q. v.

fămŭlus, a, um. *Of a servant, servile, subject.*—— Cæsăreum *fămŭlo* vertĭce ferre pĕdem. Ov. Ep. e P. 2. 2. 79. v. famularis.

fānātĭcus, a, um. *Fanatic.*—— Ut măla quem scăbies aut morbus rēgius urget, aut *fānātĭcus* error. Hor. A. P. 454.

fānum, i. *A temple.*—— Āgros atque Lăres prŏprios hăbĭtandaque *fāna* Apris rĕlīquit. Hor. Epod. 16. 19. SYN. templum, q. v.

fār, farris. neut. *Wheat.*—— Primitias Cĕrĕri *farra* rĕsecta dăbant. Ov. F. 2. 520. SYN. Cĕrēs, ĕris; frūmentum; frūges, gum, *fem.* PHR. Flāva sĕres mūtāto sīdĕre farra. V.

farcio, īs, si, tum. *To cram.*—— Nam nĭhĭlo mĭnōre verpâ *Farti estis.* Cat. 26. 12. SYN. impleo, es, ēvi, q. v.

fāri. infin. from **for,** unus.; in the pres. are used indic. 2nd and 3rd sing. **fāris, fātur**; imper. **fāre**; infin.; part. **fans** in the oblique cases, *e. g.* **fanti**; imperf. **fābar** (at least **affābar** is found); perf. **fātus sum** and part.; so plus., perf., etc., and fut. **fābor**; ger. **fandi, do**; sup. **fātu**; fut. in dus, **fandus.** 1. *To speak, to say.*—2. *To speak of.*—— 1. *Fāre* ăge quid vĕnias jam istinc et comprime gressum. V. Æn. 6. 389. Tālia *fātus* ĕrat cœpit cum tālia vates. V. Æn. 6. 372.—2. Tarpeium nĕmus, et Tarpeiæ turpe sĕpulchrum *Fābor.* Prop. 4. 4. 1. SYN. 1. effāri, prŏfāri; lŏquor, ĕris, locutus sum, q. v.—2. dīco, ĭs, xi, q. v.

fărīna, æ. *Meal.*—— Jamque ŭbĭ trĭtĭceæ fuĕrint confusa *fărīnæ.* Ov. M. F. 61. SYN. ‡sĭmĭla.

farrāgo, ĭnis. fem. *A mixture (prop. of* far *and other grains).*—— Tum dēmum crassâ magnum *farrāgĭne* corpus Crescĕre jam dŏmĭtis sĭnĭto. V. G. 3. 205.

‡farrātus, a, um. *Made of corn.*—— Pōnēbant ĭgĭtur Tusco *farrāta* cătīno omnia. Juv. 11. 109. SYN. trĭtĭceus.

§fartor, ōris. masc. *A stuffer, a sausage maker.*—— Cum scurris *fartor.* Hor. Sat. 2. 3. 229.

§fartum, i. *Forced meat, a sausage.*—— Et tamen hĭc extīs et ŏpīmo vīvĕre *farto* Intendit. Pers. 2. 48. SYN. ‡tŏmăcŭlum.

fās. indecl. 1. *What is right.*—2. (*with or without* est, sit, etc.) *It is right, it is lawful, it is possible.*—— 1. *Fās* omne ăbrumpit, Pŏlўdōrum obtruncat et auro Vi pŏtĭtur. V. Æn. 3. 55. *Fas* pervĭcāces est mihĭ Thўădas . . . . Cantare. Hor. 2. 19. 9. Et nos *fās* extĕra quærĕre regna. V. Æn. 5. 350. SYN. 1. jūs, jūris, q. v.—2. lĭcet, q. v.

fascia, æ. *A bandage.*—— Inflatum circā *fascia* pectus eat. Ov. A. A. 3. 274. SYN. fasciŏla.

‡fasciātus, a, um. *Bandaged.*—— Nec *fasciāto* naufrăgus lŏquax trunco. Mart. 12. 57. 12.

fascĭcŭlus, i. *A small bundle.*—— *Fascĭcŭlum* portes librorum, ut rustĭcus agnum. Hor. Epist. 1. 13. 13. v. fascis.

fascĭno, as. *To fascinate, to bewitch.*——Nesciŏ quis tĕnĕros oculus mihĭ *fascĭnat* agnos. V. E. 3. 103. v. canto.

fascĭnum, i. *Fascination, a charm, a piece of witchcraft.*—— Mĭnusve languet *fascĭnum?* Hor. Epod. 1. 18.

fasciŏla, æ. *A bandage.*—— Pōnas insignia morbi *Fasciŏlas,* cŭbĭtal. Hor. Sat. 2. 3. 255. SYN. fascia.

fascis, is. masc. 1. *A bundle, esp. of sticks.*—2. (*in pl.*) *The bundle of rods, with the axes in the middle, which were the ensigns of authority of the chief magistrate at Rome.*——1. Cantantes ut eāmus ĕgo hoc te *fasce* lĕvābo. V. E. 9. 65. 2. Illum non pŏpŭli *fasces* non purpŭra regni Flexit. V. G. 2. 495. SYN. 1. fascĭcŭlus.—2. virga, æ; sĕcūres, ium, *pl. fem.* PHR. 2. Hic sceptra accĭpĕre et prīmos attollĕre fasces. V. Æn. 7. 173.

fasti, ōrum. *Annals.*—— Nĕpōtum Per mĕmŏres gĕnus omne *fastos.* Hor. 3. 17. 4. SYN. annāles, ium.

fastīdio, īs. *To despise.*—— Somnus ăgrestium Lēnis vĭrōrum nŏn hŭmĭles dŏmos *Fastīdit.* Hor. 3. 1. 23. SYN. temno, is, mpsi; contemno; sperno, is, sprēvi, q. v.
fastīdiōsus, a, um. *Fastidious, proud.*—— *Fastīdiōsam* dēsĕre cōpiam. Hor. 3. 29. 9. SYN. sŭperbus, arrŏgans, ‡fastōsus.
fastīdium, i. *Disdain, pride.*—— Tristes Ămăryllĭdŏs īras Atque sŭperba pătī *fastīdia?* V. E. 2. 15. SYN. fastus, ûs; sŭperbia.
fastīgium, i. 1. *The top of a house.*—2. *The bottom.*—3. *The salient or main points.*—— 1. Summi *fastīgia* tecti Ascensu sŭpĕro. V. Æn. 2. 302.—2. Forsĭtăn et scrŏbĭbus quæ sint *fastīgia* quæras. V. G. 288.—3. Summa sĕquar *fastīgia* rērum. V. Æn. 1. 342. SYN. 1. culmĕn, ĭnis, *neut.* q. v.—2. fundus, q. v.
‡fastīgo, as. *To narrow into a point.*—— Mediamque per alvum Sensim *fastīgans* compressa căcūmĭna nectat. Sil. 5. 48. SYN. contraho, ĭs, xi.
‡fastōsus, a, um. *Proud.*—— Ad nocturna jăces *fastōsæ* līmĭna Mæchæ. Mart. 10. 13. 7. v. fastidiosus.
fastus, ûs. masc. *Pride.*—— *Fastus* ĭnest pulchris, sĕquĭturque sŭperbia formam. Ov. F. 1. 419. SYN. sŭperbia, fastīdium.
fastus, a, um. *Lucky* (*only of good days, opp. to* nefastus).—— *Fastus* (dies sc.) ĕrit per quem lēge lĭcēbat ăgi. Ov. F. 1. 48.
fātālis, e. 1. *Ordained by, connected with, fate, etc.*—2. *Fatal, causing fate or death.*—— 1. *Fātālem* Æneān mănĭfesto nūmĭne ferri. V. Æn. 11. 232.—2. Cunctanti tēlum Ænēas *fātāle* cŏruscat. V. Æn. 12. 919. Quem regno Hespĕriæ fraude et *fātālĭbus* arvis. V. Æn. 4. 355. SYN. 2. exĭtiālis, exĭtiabĭlis, lēthālis; fātĭfer, ĕra, ĕrum; fūnestus; mortĭfer, ĕra, ĕrum.
fātālĭter. adv. *As appointed by fate.*—— Hectŏreā prīmus *fātālĭter* hastā Prōtĕsĭlāe cădis. Ov. Met. 12. 67.
făteor, ēris, fassus sum. 1. *To confess.*—2. *To manifest.*—— 1. Paupertatemque *fătendo* Effĕcēre lĕvem. Ov. Met. 8. 633.—2. Utque sĕdet vultu *fassus* Tĕlămonius īram. Ov. Tr. 2. 525. SYN. 1. confĭteor, prŏfĭteor.—2. prōdo, ĭs, dĭdi.
fātĭcănus, a, um. *Prophetic.*—— Hæc ŭbi *fātĭcăno* ventūri præscia dixit ōre Thĕmis. Ov. Met. 11. 417. v. seq.
fātĭdĭcus, a, um. *Prophetic.*—— Quam mĕmŏrant nymphæ priscum Carmentis hŏnōrem Vātis *fātĭdĭcæ.* V. Æn. 8. 340. SYN. præsāgus, prænuntius, præscius, fātĭcănus, †cortīnĭpŏtens.
fātĭfer, ĕra, ĕrum. *Fatal.*—— *Fātĭfĕrum*que ensem (versat). V. Æn. 8. 621. SYN. fātālis, q. v.; lētĭfer, fūnestus.
fătīgo, as. *To fatigue.*—— Quid æternis mĭnōrem Consĭliis ănĭmum *fătīgas?* Hor. 2. 11. 12. SYN. lasso, as; dēlasso.
‡fātĭlĕgus, a, um. *Gathering deadly things.*—— Toxĭca *fātĭlĕgi* carpunt mātūra Săbæi. Lucan. 9. 821.
fătisco, ĭs. no perf. 1. *To chink or gape.*—2. *To become open.*—3. ‡*To desist from, because one is weary.*—4. †**fatiscor,** *in pass. voice and sense only in Lucr.*—— 1. Accĭpiunt ĭnĭmīcum imbrem, rīmisque *fătiscunt.* V. Æn. 1. 127.—2. Nec verbis victa *fătiscit* Jānua. Tib. 1. 6. 31.—3. Aut exsiccata *fătiscet* Māter Ăchillēis hyĕmes affrangĕre bustis. Stat. Sylv. 5. 1. 35.—4. Non dēlūbra Deûm sĭmŭlăcraque fessa *fătisci?* (cernis?) Lucr. 5. 309. SYN. 1. hisco, ĭs. *no perf.*; dehisco.—1, 2. păteo, es. *no sup.*—2. ăpĕrior, īris, ăpertus.—3. dēsisto, is, destĭti, *no sup.*
fātum, i. 1. *What is predicted, therefore destined.*—2. *Fate.*—3. (*in pl.*) *The Fates.*—4. *Death.*—— 1, 2. Sĭcŭlisne rĕsĭdēret arvis Oblītus *fātōrum.* V. Æn. 5. 703.—2, 3. Ēn ĭtĕrum crūdēlia rētro *Fāta* vŏcant. V. G. 4. 495.—2. Atque mĕtūs omnes et ĭnexōrābĭle *fātum* Subjēcit pĕdĭbus. V. G. 2. 491.—3. *Fāta* viam invĕnient ădĕritque vŏcātus Ăpollo. V. Æn. 3. 395.—4. Annă fătēbor ĕnim mĭsĕri post *fāta* Sĭchæi. V. Æn. 4. 20. SYN. 2. v. sors.—3. Parcæ, q. v.—4. mors, mortis, q. v. PHR. 2, 3. Sive ĭtă nascenti lēgem dixēre sŏrōres, nec dăta sunt vĭtæ fīla severa meæ. Ov. Dum . . . sŏrōrum Fīla trium pătiuntur ātra. Hor. Extrēmaque Lauso Parcæ fīla lĕgunt. V.
§fătuus, a, um. *Foolish.*—— Id quod verbōsis dĭcĭtur et *fătuis.* Cat. 98. 2. SYN. stultus, q. v.
fauces, ium. fem., used also in sing. abl. **fauce,** but in no other case. 1. *The*

jaws, the throat.—2. *An entrance.*——1. Prægrāve compressâ *fauce* pĕpendit ŏnus. Ov. Her. 9. 98. Mors placet, ērĭgĭtur; lăqueoque innectĕre *fauces* Destĭnat. Ov. Met. 10. 378.—2. Pontus et ostrĭfĕri *fauces* tentantur Abȳdi. V. G. 1. 207. SYN. 1. māla. v. guttur.—2. ădĭtus, ûs, q. v.

făveo, es, fāvi, fautum. 1. *To favour.*—2. (ore, linguis faveo) *To be silent.*—3. (faveo me) *I wish.*——1. Altĕra frūmentis quŏniam *făvet*, altĕra Baccho. V. G. 2. 228. Ventisque *făventibus* æquor Nāvĭgat Īŏnium. Ov. Met. 15. 49.—2. Odi prŏfānum vulgus et arceo, *Făvēte linguis.* Hor. 3. 1. 1.—3. Adde quod ascrībi factis prŏcĕrumque tuisque *Se favet.* Ov. Her. 6. 100. SYN. 1. aspīro, as; adsum, ădĕs, etc.; annuo, ĭs, ui, *no sup.* (*of favouring a wish or an attempt.*)—2. tăceo, es, ui, *no sup.* q. v.—3. v. cŭpio, ĭs, īvi, q. v. PHR. 1. Prōnaque sint nostræ nūmĭna vestra răti. Ov.

făvilla, æ. *Ashes, lit. and of the dead.*——Turbĭne fūmantem pĭceo et candente *făvillâ*. V. Æn. 3. 573. Dēbĭtâ sparges lăcrȳmâ *făvillam* Vātis ămīci. Hor. 2. 6. 23. SYN. cĭnis, cĭnĕris, *masc. oftenest in pl.* PHR. Respĭciunt ātram in nimbo vŏlĭtāre făvillam. V.

Faunus, i. very often in pl. *Another name of Pan. There were also troops of Fauni like Pan horned and cloven-footed.*——Et vos āgrestum præsentia nūmĭna *Fauni*. V. G. 1. 10. SYN. Pān, Pānis, q. v. PHR. Sēmĭdeæ Dryădes, Faunique bĭcornes. Ov. Sēmĭcăper cŏlĕris succinctis Faune Lŭpercis. Ov. Quătiens cornua Faunus. Ov. Cornĭpĕdi Fauno cæsâ de mōre capellâ. Ov.

‡Faunĭgĕna, æ. masc. *A descendant of Faunus, an ancient king of Italy; an Italian.*——Quæ văda *Faunĭgĕnæ* regnāta antīquĭtus Anno. Sil. 5. 7.

Făvōnius, ii, ī. *The west wind.*——Solvĭtur ăcris hyems grātâ vĭce vēris et *Făvōnī*. Hor. 1. 4. 1. SYN. Zĕphȳrus, q. v. PHR. Quem tĭbĭ candĭdi Prīmo restituent vēre Făvōnii. Hor. Aura părit flōres tĕpĭdi fœcunda Făvōnī. Cat. Utque sub adventum spīrantis lēne Făvōnī Sole rĕmollescit quæ frīgŏre constĭtit unda. Ov.

făvor, ōris. masc. *Favour.*——Tūtātur *făvor* Euryălum lăcrȳmæque dĕcōræ. V. Æn. 5. 343. SYN. grātia, stŭdium.

faustĭtas, ātis. *Good fortune.*——Nūtrit rūra Cĕrēs Almaque *Faustĭtas*. Hor. 4. 5. 18.

faustus, a, um. *Lucky, favourable (of circumstances, times, etc.).*——Ūtĭle sit *faustumque* prĕcor quod ĭmāgĭne somni Vĭdĭmus. Ov. F. 3. 27. SYN. fēlix, īcis; sĕcundus, auspĭcātus; dexter, tĕra, tĕrum, *and sync.* tra, trum; beātus, fortūnātus; prosper *or* prosperus.

fautor, ōris. masc. *A favourer.*——Mollis tu cœptæ *fautor* căpe lōra jŭventæ. Prop. 3. 9. 57. SYN. auspex, ĭcis, *masc. and fem.* v. ămīcus.

fautrix, īcis. fem. of prec.——Ecce vĭri *fautrix* sŭpĕras dēlapsa per auras Pallās ădest. Ov. Met. 3. 101.

făvus, i. *A honeycomb.*——Păpăver Sŭmĕre, et expressis mella lĭquāta *făvis*. Ov. F. 4. 152. PHR. Quos cēra tĕgit sexangŭla fœtus Mellĭfĕrārum ăpium. Ov. Hinc arte rĕcentes excūdunt cēras, et mella tĕnācia fīgunt. V. Illæ (apes, sc.) intus trĕpĭdæ rērum per cērea castra Discurrunt. V. v. mel.

fax, făcis. fem. 1. *A torch (torches were used by the Romans both at weddings and funerals, and are therefore often spoken of by the poets in connection with such events; Love also is represented with a torch).*—2. *A firebrand.*—3. (*metaph.*) *Any light, as the light of the eyes, etc.*—4. *Any thing which sets fire to.*——1. Conde tuas Hȳmĕnæe *făces* et ab ignĭbus ātris Aufer, habent ălias mœsta sĕpulchra *făces*. Ov. F. 2. 561.—2. Jamque *făces* et saxa vŏlant, fŭror arma mĭnistrat. V. Æn. 1. 150.—3. Non ŏcŭli gĕmĭnæ sīdĕra nostra *făces*. Prop. 2. 3. 14. Hortātor stŭdii causaque *faxque* mei. Ov. Ep. e P. 1. 7. 28.—4. Arsūram Părĭdis vātes cănit Īlion igni, Pectŏris ut nunc est *fax* fuit illa mei. Ov. Her. 16. 50. SYN. 1. făcŭla, tæda; fūnāle, is; lampās, ădis, *acc.* ădă, *pl.* ădĕs, etc. *fem.*; lūmĕn, ĭnis, *neut.* PHR. Ūror ut inducto cērātæ sulfŭre tædæ. Ov. Ardet ut ad magnos pīnea tæda Deos. Ov. Tolle prŏcul dĕcepte făces Hȳmĕnæe mărĭtas. Ov. Suntque sepulchrāli lūmĭna mōta făce. Ov. Illĭc accendit gĕmĭnas pro lampăde pīnus. Ov. v. tæda; v. conjugium.

faxo. a word used as 1st sing. fut. indic. (faxim also occurs, and faxis and faxint, as pres. subj., but only in prose, in Hor. Sat. and in Sil., not in the best Augustan poets). *I will do, I will cause, I will make.*——Ĕgo fœdĕra *faxo*

Firma mănu. V. Æn. 12. 316. Hæc tibi nātāli *faxo* Jānique Călendis Non mentītūro quīlĭbet ōre lĕgat. Ov. Ibis. 64. v. facio.

‡**fēbrīcĭto, as.** *To have a fever.* —— *Fēbrīcĭtantem* bāsiābit et flentem. Mart. 11. 98. 20.

§**fēbrīcŭlōsus, a, um.** *Feverish.* —— Vērum nesciŏ quid *fēbrīcŭlōsi* Scorti dīlĭgis. Cat. 6. 4.

fĕbris, is. fem. *A fever.* —— Cum fŭrit atque artus dēpascĭtur ārĭda *fēbris.* V. G. 3. 458. PHR. Fēbrĭbus ūror ănhēlis. Ov. At mihĭ, væ mĭsĕræ! torrentur fēbrĭbus artus. Ov. Tĕnĕros corrumpĕre fēbrĭbus artus. Ov.

fēbrua, orum. *Purifying sacrifices offered to the Manes.* —— *Fēbrua* Rōmāni dixēre piāmĭna Pātres. Ov. F. 2. 19. SYN. fērālia.

fēcundo, as. *To make fruitful, to fertilise.* —— Et viridem Ægyptum nīgrâ *fēcundat* ărēnâ. V. G. 4. 291. SYN. sătŭro, as.

fēcundus, a, um. *Fertile, abounding in.* —— Vīmĭnĭbus sălĭces *fēcundæ,* frondĭbus ulmi. V. G. 2. 446. *Fēcunda* culpæ sæcŭla nuptias Prīmum inquĭnāvēre. Hor. 3. 6. 17. SYN. fertĭlis; dīvĕs, dīvĭtis, *sync.* dītis; ūber, ūbĕris; fĕrax, ācis; gĕnialis, gĕnĕrōsus, ăbundans, fētus (*the three last not without mention of the crop*).

fĕl, fellis. neut. 1. *Gall.* — 2. (*metaph.*) *Bitterness.* —— 1. Quæ pătĭmur multo spīcŭla *felle* mădent. Ov. A. A. 2. 520. — 2. Hic vēro Alcīdæ fŭriis exarsĕrat ātro *Felle* dŏlor. V. Æn. 8. 220.

fēlīcĭter. compar. **ius.** 1. *Happily, prosperously.* — 2. *Skilfully.* —— 1. Ascăniusque suos *fēlīcĭter* impleat annos. Ov. Her. 7. 161. Hic sĕgĕtes, illic vĕniunt *fēlīcius* ūvæ. V. G. 1. 54. — 2. Nĭveum mīrâ *fēlīcĭter* arte Sculpsit ĕbur. Ov. Met. 10. 247.

fēlis, is. fem. *A cat.* —— *Fēle* sŏror Phœbi, nĭveâ Sāturnia vaccâ. Ov. Met. 5. 330.

fēlix, īcis. 1. *Happy* (*of persons, etc.*). — 2. *Prosperous, fortunate* (*of things*). — 3. *Skilful.* — 4. *Kind, propitious.* — 5. *Fertile.* —— 1. *Fēlix* prōle vĭrûm. V. Æn. 6. 787. — 2. Ipsa dies ălios ălio dĕdit ordĭne Lūna *Fēlīces* ŏpĕrum. V. G. 1. 276. — 3. Quo nunc *fēlīcior* alter Ungĕre tēla mănu ferrumque armāre vĕnēno. V. Æn. 9. 772. — 4. Sis *fēlix* nostrumque lĕves quæcunque lăbōrem. V. Æn. 1. 334. — 5. Huc summis līquuntur montĭbus amnes, *Fēlīcem*que trahunt līmum. V. G. 2. 188. SYN. 1, 2. beātus, fortūnātus. — 2. faustus, q. v. — 2. 4. dexter, ĕra, erum, *sync.* tra, trum. — 3. pĕrītus, q. v. — 4. bŏnus; auspex, ĭcis. — 5. fertĭlis, q. v. PHR. Cum tu cūrisque lĕvāta Et vultûs mĕliōris ĕris. Ov. v. V. G. 490—502.

§**fēmella, æ.** *A woman.* —— *Fēmellas* omnes ămīce prēndi. Cat. 53. 7.

fēmĭna, æ. 1. *A woman.* — 2. *The female of any animal.* —— 1. Ūna dŏlo Dīvûm si *fēmĭna* victa duōrum est. V. Æn. 4. 95. — 2. Invĕnit in mĕdiâ *fēmĭna* piscis ăquâ. Ov. A. A. 2. 482. SYN. 1. mŭlier, ĕris. v. nurus. PHR. Vărium et mūtābĭle semper Fēmĭna. — *Names of women.* Lȳdē, Lȳcē; Phyllis, ĭdos, ĭdi, ĭdă; Lĭbăs, ădŏs; Cȳnăra, Lȳdia, Bārīnē, Neæra; Lȳcōris, ĭdŏs; Lălăgē, Lĭcymnia.

fēmineus, a, um. *Of a woman, feminine, female.* —— Căvæ plangōrĭbus ædes *Fēmĭneis* ŭlŭlant. V. Æn. 2. 488. SYN. mŭliĕbris.

fĕmur, ŏris. also **ĭnis.** neut. *The thigh.* —— Et corpus quærens *fĕmŏrum,* crūrumque, pĕdumque. Ov. Met. 14. 64.

fĕnestra, æ. 1. *A window.* — 2. *Any opening.* —— 1. Nec lūcem in thălămos tōtīs admitte *fĕnestrīs.* Ov. A. A. 3. 807. — 2. Firma căvāvit Rōbŏra, et ingentem lāto dĕdit ore *fĕnestram.* V. Æn. 2. 482. SYN. 2. rīma, hiātus, ûs. PHR. Quâ se Plēna per insertas fundēbat Lūna fĕnestras. V. Bĭfŏres intrābat Lūna fĕnestras. Ov. Parcius junctas (*closed*) quătiunt fĕnestras. Hor.

fĕra, æ. *A beast, any animal in a wild state.* —— Te sævæ prŏgĕnuere *fĕræ.* Ov. Her. 7. 38. PHR. Sylvaque montānas occŭlĕre apta fĕras. Ov. v. bellua.

fērālia, um. *Sacrifices to the dead.* —— Hanc quia justa fĕrunt, dīcunt *Fērālia* lūcem. Ov. F. 2. 567. SYN. Fēbrua.

fērālis, e. 1. *Betokening, causing death, etc.* —— Tūne, Lĭchā, dixit *fērālia* dōna tŭlisti? Ov. Met. 9. 213. Sōlaque culmĭnĭbus *fērāli* carmĭne būbo Vīsa quĕri. V. Æn. 4. 461. SYN. fūnestus, fūnĕreus.

fĕrax, ācis. *Fruitful, fertile.*——Terra *fĕrax* Cĕrĕris multoque fĕrācior ūvæ. Ov. Am. 2. 16. 7. SYN. fēcundus, q. v.

fercŭlum, i. *A number of dishes, a course.*——Cum pāgāna mădent *fercŭla* dēlĭciis. Prop. 4. 4. 76.

fĕrē. 1. *Almost.*—2. *Usually.*——1. Jamque *fĕrē* sicco subductæ littŏre puppes. V. Æn. 3. 135.—2. Mista *fĕrē* dūrīs ūtĭlis herba rŭbis. Ov. Ep. e P. 4. 4. 4. SYN. 1. pænĕ, prŏpĕ, ‡fermē.—2. vulgo, plērumque, sæpe.

fĕrens, entis. part. from fero, q. v., also (*of winds carrying one on one's course, therefore*) *fair, favourable.*——Expectet făcĭlemque fŭgam ventosque *fĕrentes.* V. Æn. 4. 430. Fiĕret vento mŏra nēquā *fĕrenti.* V. Æn. 3. 473. v. ventus.

fĕrĕtrum, i. *A bier.*——Jamque rŏgum, quassasque făces, *fĕrĕtrum*que părābant. Ov. Met. 3. 508. Oscŭlaque applĭcuit pŏsĭto sūprēma *fĕrētro.* Ov. F. 4. 851.

fĕri, ōrum. *Cattle.*——Traxĕrat āversos Cācus in antra *fĕros.* Ov. F. 1. 550. SYN. bōs, bŏvis, q. v.

fĕriæ, arum. *Holidays.*——Longas o ŭtĭnam Dux bone *fĕrias* Præstes Hespĕriæ. Hor. 4. 5. 37. SYN. festum, q. v.

fĕriātus, a, um. *Keeping holiday.*——Male *fĕriātos* Trōās et lætam Prīami chŏrēis Fallĕret aulam. Hor. 4. 6. 14.

fĕrīnus, a, um. 1. *Of any beast.*—2. *Brutal, barbarian.*——1. Armentālis ĕquæ mammis et lacte *fĕrīno* nutrībat. V. Æn. 11. 571. Implentur vĕtĕris Bacchi, pinguisque *fĕrīnæ* (carnis, sc.). V. Æn. 1. 215.—2. Omnia barbăriæ lŏca sunt, vōcisque *fĕrīnæ.* Ov. Tr. 5. 12. 55. SYN. 2. barbărus, q. v.

fĕrio, īs. no perf. 1. *To strike, to beat.*—2. *To slay.*——1. Dum *fĕrit* Ausŏniâ carmĭna culta lўrâ. Ov. Tr. 4. 10. 50. Certātim sŏcii *fĕriunt* măre, et æquŏra verrunt. V. Æn. 3. 290. Ipsaque cærŭleis charta *fĕrītur* ăquis. Ov. Tr. 1. 10. 40.—2. Nos hŭmĭlem *fĕriemus* agnam. Hor. 2. 17. 32. Tarchon jungit ŏpes, fœdusque *fĕrit* (i. e. *ratifies the treaty by slaying the victim*). V. Æn. 10. 154. SYN. percŭtio, ĭs, cussi, q. v.; tundo, is, tŭtŭdi, tunsum. PHR. Vindĭcis ōra prŏtervis Insĕquĭtur mănĭbus. Ov. Sed Lătăgum saxo atque ingenti fragmĭne montis Occŭpat os făciemque. V.

fĕrĭtas, ātis. *Wildness, of manners, of climate, etc.*——Non cădit in mōres *fĕrĭtas* ĭnămābĭlis istos. Ov. Ep. e P. 1. 6. 5. SYN. fĕrōcia; aspĕrĭtas; sævĭtia, barbăria.

‡fermē. *Almost.*——Mōbĭlis et văria est *fermē* nātūra mălōrum. Juv. 13. 236. SYN. fĕrē, q. v.

fermentum, i. 1. *Beer.*—2. ‡*Anger, or cause for anger.*——1. Pōcŭla læti *Fermento* atque ăcĭdis ĭmĭtantur vītea sorbis. V. G. 3. 380.—2. Accĭpe et illud *Fermentum* tĭbi hăbe. Juv. 3. 188.

fĕro, fers, ferre, tŭli (**tĕtŭli** also in Cat. 61. 52., but that form was then almost obsolete), **lātum.** 1. *To carry, bear, bring.*—2. *To tell, relate, call, etc.*—3. *To carry away.*—4. *To plunder.*—5. *To offer, esp. to the gods.*—6. *To receive* (*a prize, but sometimes a misfortune as the result of misconduct*).—7. *To endure.*—8. *To permit.*—9. *To give.*—10. Fĕro me, fers te, *etc.*, fĕro gradum, *and in pass.* fĕror, *to go.*——1. Mella fluant illi, *fĕrat* et rŭbus asper ămōmum. V. E. 3. 89. Nōmen fāmâ tot *ferre* per annos. V. G. 3. 47. Ea vox audīta lăbōrum Prīma *tŭlit* fīnem. V. Æn. 7. 117. Hanc sĭne me spem *ferre* tui. V. Æn. 9. 291. Si quā fĭdem tanto est ŏpĕri *lātūra* vĕtustas. V. Æn. 10. 792. Belgĭca vel molli mĕlius *fĕret* essĕda collo. V. G. 3. 204.—2. Tēne *fĕrunt* gĕmĭnos pressisse tĕnācĭter angues? Ov. Her. 9. 21. Thrēïciamque Sămum, quæ nunc Sămŏthrācia *fertur.* V. Æn. 7. 208.—3. Postquam te fāta *tŭlērunt.* V. E. 5. 34.—4. Ălii răpiunt incensa *fĕrunt*que Pergama. V. Æn. 2. 374.—5. Săcra Dīonææ mātri Dīvisque *fĕrēbam.* V. Æn. 3. 19. Jūnōni *fer* rīte prĕces. V. Æn. 8. 6.—6. Multaque peccāto damna *tŭlēre* suo. Ov. F. 2. 522. Iste *tŭlit* prĕtium jam nunc certāmĭnis hūjus. Ov. Met. 13. 19.—7. Sŭpĕranda omnis fortūna *fĕrendo* est. V. Æn. 5. 710.—8. Non *fĕret* assĭduas pŏtiōri te dăre noctes. Hor. Epod. 15. 12.—9. Dî tĭbĭ . . . Præmia digna *fĕrant.* V. Æn. 1. 605.—10. Cui māter mĕdiâ sēsē *tŭlit* obvia sylvâ. V. Æn. 1. 314. In flammas et in arma *fĕror.* V. Æn. 2. 337. SYN. 1. 3. 7. 8. 10. perfĕro.—1. affĕro, dēfĕro.—1. 9. confĕro.—1. porto; gĕro, ĭs, gessi (*only of what is borne on the person, etc.*).—2. rĕfĕro, *perf.* rētŭli, q. v.; narro, as; perhĭbĕo, es; dīco, ĭs, xi.—3. aufĕro, abstŭli; asporto; āveho, ĭs, xi.—4. spŏlio, as; răpio, ĭs, ui, raptum.—5. 9. do, das, dĕdi, dăre, dătum, q. v.—6. v. potior. —7, 8. pătior, ĕris, passus sum.—7. tŏlĕro, as; sustĭneo, es; haurio, īs, hausi, haustum.—8. permitto, ĭs, mīsi, missum.—10. eo, īs, īvi, ĭtum, q. v. PHR. 1. succēdoque ŏnĕri. V. Hercŭle suppŏsĭto sīdĕra fulsit Ătlas. Ov.

fĕrōcia, æ. *Ferocity.*—— Quid nĭsĭ pondus ĭners stŏlĭdæque *fĕrōcia* mentis? Ov. Hal. 58. SYN. fĕrĭtas; sævĭtia, q. v.

fĕrōcĭter, compar. **cius**. *Fiercely.* —— Ācrius invītos multoque *fĕrōcius* urget. Ov. Am. 1. 2. 14. v. ferox.

fĕrox, ōcis. 1. *Fierce, bold.* — 2. *Cruel.*——1. Deōrum Sprētor ĕrat, mentisque *fĕrox* Ĭxīone nātus. Ov. Met. 8. 612.—2. An pŏtĕs o scŏpŭlis undâque *fĕrōcior* illâ? Ov. Her. 15. 189. SYN. 1. audax; v. fortis.—1, 2. ātrox, fĕrus, sævus, crūdēlis, immītis, implăcĭdus.

§ferrāmentum, i. *Anything made of iron.*——Cras *ferrāmenta* Teānum Tollētis fābri. Hor. Epist. 1. 1. 86. v. ferrum.

†ferrārius, a, um. *Working in iron.*——Ut fortūnāti sunt fābri *ferrārii.* Plaut. Rud. 2. 6. 47.

ferrātus, a, um. *Made of iron, covered or tipped with iron, armed with steel, etc.* ——Prīmaque *ferrātis* præfīgunt ora căpistris. V. G. 3. 399. Quădrŭpĕdemque cĭtum *ferrātâ* calce fătīgat. V. Æn. 11. 714. Ut barbărŏrum Claudius agmĭna *Ferrāta* vasto dīruit impĕtu. Hor. 4. 14. 30. v. seq.

ferreus, a, um. 1. *Made of iron.* — 2. *Hard as iron, cruel.* — 3. *Strong.*—— 1. *Ferreique* Eumĕnĭdum thălămi, et Discordia dēmens. V. Æn. 6. 280.— 2. Quam fĕrus et vērē *ferreus* ille fuit. Tib. 1. 10. 2. Olli dūra quies ŏcŭlos et *ferreus* urget Somnus. V. Æn. 12. 309.—3. Non mihĭ si linguæ centum sint, ōraque centum, *Ferrea* Vox. V. Æn. 6. 626. SYN. 1. ferrātus, chălўbeĭus.—1. 3. ădămantĭnus, ădămantēus.—2. crūdēlis, q. v.—3. vălĭdus, q. v.

ferrūgĭneus, a, um. *Rusty-coloured, dark (used even of purple flowers).*—— Et *ferrūgĭneâ* subvectat corpora cymbâ. V. Æn. 6. 303. Et pinguem tĭliam et *ferrūgĭneos* hyăcinthos. V. G. 4. 183. SYN. fuscus, q. v.

ferrūgo, ĭnis. fem. 1. *Rust.*—2. *Darkness, dark colour.*—3. *Purple.*——1, 2. Cum (sol) căput obscūrâ nĭtĭdum *ferrūgĭne* texit. V. G. 1. 467. — 3. Pictus ăcu chlămўdem et *ferrūgĭne* clārus Ĭbērâ. V. Æn. 9. 582. SYN. 1. sĭtus, ûs; rūbīgo, ĭnis.—3. v. purpura.

ferrum, i. no pl. 1. *Iron, steel.*—2. *Anything made of iron (sword, ploughshare, etc.).*——1. Jamque nŏcens *ferrum*, *ferroque* pŏtentius aurum Prōdiĕrat. Ov. Met. 1. 141.—2. Audiit ūnâ Ārūns hæsitque in corpore *ferrum.* V. Æn. 11. 864. Prīma Cĕres *ferro* mortāles vertĕre terram Instĭtuit. V. G. 1. 147. SYN. Chălybs, ўbis; Chălўbēia massa. Ov.

fertĭlis, e. *Fertile, either of land or the crop, lit. and metaph.*——Quique frĕquens herbis, et *fertĭlis* ūbĕre campus. V. G. 2. 185. SYN. fēcundus, fĕrax, lætus; sătur, ŭra, ŭrum; ūber, ūbĕris; dīvĕs, ĭtis, *sync.* ditis; pinguis, præpinguis, ŏpīmus, fēlix fētus, *(not without mention of the crop).*

fertĭlĭtas, ātis. *Fertility.*—— Hosnĕ mihĭ fructūs, hunc *fertĭlĭtātis* hŏnōrem. Ov. Met. 2. 285. v. V. G. 2. 516—522.

fervens. part. of seq., also as adj. with compar. *Eager.*—— Ad quam tum prŏpĕrans *ferventior* undĭque pubes. Cat. 66. 101. v. fervidus.

ferveo, es, fervi and **ferbui**, no sup., infin. **fervēre** and **fervĕre**. 1. *To be hot (lit. and metaph.).* — 2. *To glow, to be in commotion.*——1. Sævasque vĭdēbis Collūcēre făces, jam *fervĕre* littŏra flammis. V. Æn. 4. 567. *Fervens* diffĭcĭli bīle tŭmet jĕcur. Hor. 1. 13. 4.—2. *Fervet* ŏpus, rĕdŏlentque thўmo frāgrantia mella. V. G. 4. 169. Omnia tunc păriter vento nimbisque vĭdēbis *Fervĕre.* V. G. 1. 455. SYN. 1. †fervesco, is, *no perf.*; efferveo, effervesco, candeo, *no sup.*; candesco, ĭs; incandesco; caleo, es; călesco, ĭs, *no perf.*; incăleo.—2. æstuo, as; exæstuo; ăgĭtor, āris; turbor, āris.

†fervesco, ĭs. another pres. form of prec., no perf.—— Sole pŭtant subter terras *fervescĕre* raptim. Lucr. 6. 851.

fervĭdus, a, um. 1. *Hot.*—2. *Eager, vehement, violent.*——1. Et prōni dant lōra, vŏlat vi *fervĭdus* axis. V. G. 3. 107.—2. Ille căput quassans, Non me tua *fervĭda* terrent Dicta fĕrox. V. Æn. 12. 894. Strāvēre ventos æquŏre *fervĭdo* Dēprœliantes. Hor. 1. 9. 10. SYN. 1. călĭdus.—2. fervens, viŏlens, viŏlentus.

fĕrŭla, æ. 1. *The herb fennel giant.*—2. *A rod or cane.*——1. Flōrentes *fĕrŭlas* et grandia lilia quassans. V. E. 10. 25.—2. Quădrŭpĕdem *fĕrŭlā* dum mălus urget ĕques. Ov. A. A. 1. 546. SYN. 2. virga.

fervor, ōris. masc. 1. *Heat.*—2. *Impetuosity.*——1. Hunc quŏque, nam mĕdiis *fervōrĭbus* ācrior instat, Arcēbis pĕcŏri. V. G. 3. 154.—2. Me quŏque pectŏris Tentāvit in dulci jŭventā *Fervor.* Hor. 1. 16. 22. SYN. 1. călor.—1, 2. æstus, ûs, ardor.—2. impĕtus, ûs.

fĕrus, a, um. 1. *Wild, rude, uncultivated, uncivilised.*—2. *Cruel* (v. *also* fera, feri).——1. Discĭte cultus Āgrĭcŏlæ, fructusque *fĕros* mollīte cŏlendo. V. G. 2. 36. Tuum . . . Intĕrĭtum montesque *fĕri* sylvæque lŏquuntur. V. E. 5. 27. Ingĕnuas dĭdĭcisse fĭdēlĭter artes Emollit mōres nec sĭnit esse *fĕros.* Ov. Ep. e P. 2. 9. 48.—2. Mars *fĕrus* et damni sit mŏdus ille tui. Ov. Her. 7. 160. Nec *fĕrus* ensis ădest. Ov. Her. 8. 60.—SYN. 1. incultus, rŭdis, barbărus.—2. effĕrus, sævus, crūdēlis, q. v.; immītis.

Fescenninus, a, um. *Of Fescennia, a town in Etruria; Fescennina carmina were a sort of scurrilous lampoon in vogue at certain festivals, particularly at marriages.*——Hi *Fescennīnas* ăcies Æquōsque Făliscos . . . hăbent. V. Æn. 7. 695. Ne diu tăceat prŏcax *Fescennīna* lŏcūtio. Cat. 59. 127.

fessus, a, um. 1. *Weary.*—2. *Worn out.*—3. *Sick.*—4. *Unfortunate.*——1. Cĕreăliaque arma Expĕdiunt *fessi* rērum. V. Æn. 1. 178.—2. Non prius aspĭcies ŭbĭ *fessum* ætāte părentem Līquĕris Anchīsen. V. Æn. 2. 596. Hic *fessas* non vincŭla nāves Ulla tĕnent. V. Æn. 1. 168.—3. Phœbus . . . Qui sălūtāri lĕvat arte *fessos* Corpŏris artus. Hor. C. S. 63.—4. Quam *fessis* fīnem rēbus fĕrat. V. Æn. 3. 145. SYN. 1. dēfessus, lassus, fătīgātus.—2. confectus.—3. ægrōtus, q. v.—4. adversus, angustus.

festīno, as. *To hasten, to execute with haste, etc.*——*Festīnāre* fŭgam tortosque incīdĕre fūnes. V. Æn. 4. 575. Ut *festīnātum* non făciātis iter. Ov. Ep. e P. 4. 5. 10. SYN. prŏpĕro, as, q. v.; apprŏpĕro, dēprŏpĕro; mātūro, as; cĕlĕro, as; accĕlĕro; urgeo, es, *no perf., not intrans.*

festīnus, a, um. *In haste.*——Veste tĕgens, tĭbĭ quam noctes *festīna* diesque Urgēbam. V. Æn. 9. 488. SYN. prŏpĕrus, q. v.

‡festīvē. *Pleasantly.*——*Festīvē* crēdis te Calliŏdōre jocari. Mart. 6. 441.

‡festūca, æ. *The prætor's rod, by a blow from which slaves were emancipated.*——Non in *festūcā* lictor quam jactat ĭneptus. Pers. 5. 175. SYN. vindicta.

festum, i. *A festival.*——Casta săcerdōtes Jūnōni *festa* părābant. Ov. Am. 3. 13. 3. PHR. Hic quŏque te festum Consŭle tempus ăgam. Ov. Festa cŏrymbĭferi cĕlĕbrābas Græcia Bacchi. Ov. Dic mĭhĭ mātrōnæ cur tua festa cŏlant. Ov. Prōsĕquor offĭcio si tua festa pio. Ov. Nūmĭnĭbus nōbis annua festa vŏvent. Ov. Forte Jŏvi festum Phœbus sŏlenne părābat. Ov. Cĕlĕbrandaque mōre priōrum Annua prælātā rĕdeunt Hyăcinthia pompā. Ov.

festus, a, um. 1. *Festive, of times suited to a festival, etc.*—2. *Keeping a festival, merry.*——1. *Festa* dies illis qui līna mădentia dūcunt. Ov. F. 6. 239. Vellĕrĭbus nĭveīs, et *festā* fronde rĕvinctum. V. Æn. 4. 459.—2. *Festus* in prātis văcat ōtioso Cum bŏve pāgus. Hor. 3. 18. 11. SYN. 1. gĕniālis.—2. fēriātus, hĭlăris, q. v. v. prec.

fētūra, æ. 1. *The bearing young.*—2. *The young* (*in both cases only of animals*).——1. Cætĕra nec *fētūræ* hăbĭlis, nec fortis ărātris. V. G. 3. 62.—2. Sunt *fētūra* mĭnor tĕpĭdīs in ŏvīlĭbus agni. Ov. Met. 13. 827. v. seq.

fētus, ûs. masc. 1. *The young of animals.*—2. *The produce of anything, trees, crops, etc.*——1. Nec rĕquies quīn aut pōmīs exūbĕret annus Aut *fētu* pĕcŏrum. V. G. 2. 517.—2. Nec mĭnus intĕrĕa *fētu* nĕmus omne grăvescit. V. G. 2. 429. Trītĭceos *fētus* . . . reddat ăger. Ov. F. 1. 693. SYN. 1. prōles, is, *fem.* q. v.—2. fructus, ûs.

fētus, a, um. 1. *Big with young.*—2. *Having brought forth.*—3. *Fertile.*—4. *Full of.*——1. Non insueta grăves tentābunt pābŭla *fētos.* V. E. 1. 50.—2. Vēnit ad expŏsĭtos mīrum lŭpa *fēta* gĕmellos. Ov. F. 2. 413.—3. Rĕgio nec pōmo *fēta* nec ūvis. Ov. Ep. e P. 1. 7. 13.—4. Nimbōrum in pătriam lŏca *fēta* fŭrentĭbus Austris Æŏliam vĕnit. V. Æn. 1. 51. SYN. 1. grăvĭdus, prægnans.—2. ēnixus.—3. fertĭlis, q. v.—4. plēnus, q. v.

‡fĭber, bri. *A beaver.*——Ēnătat intento prædæ *fĭber* āvius hoste. Sil. 15. 487. SYN. Castor, ŏris.

fībra, æ. *The entrails.* —— Aut sĭbĭ commissos *fibra* locūta Deos. Prop. 4. 1 104. SYN. exta, ōrum, q. v.
fībŭla, æ. *A clasp.* —— Aurea purpŭream subnectit *fībŭla* vestem. V. Æn. 4. 139. PHR. Lătĕrum juncturas fībŭla mordet. V. Tĕrĕti subnectit fībŭla gemmâ. V. Ŭbĭ fībŭla vestem, Vitta coercuĕrat neglectos alba căpillos. Ov.
†‡**fīcēdŭla**, æ. *A beccafico.* —— Mergĕre *fīcēdŭlas* dĭdĭcit nĕbŭlōne părente. Juv. 14. 9.
fictĭlis, e. *Made of earthenware.* —— *Fictĭlĭbus* crēvēre Deis hæc aurea templa. Prop. 4. 1. 5.
fictor, ōris. masc. *An inventor, a counterfeiter.* —— Non hic Ātrīdæ, nec fandi *fictor* Ulysses. V. Æn. 9. 602. SYN. sĭmŭlātor.
fictus, a, um. part. pass. from fingo, q. v., also as adj. *False.* —— Non hic te carmĭne *ficto* . . . tĕnēbo. V. G. 2. 45. v. falsus.
fīculnus, a, um. *Made of fig-tree wood.* —— Olim truncus ĕram *fīculnus* ĭnūtĭle lignum. Hor. Sat. 1. 8. 1.
fīcus, i and ūs. fem. *A fig-tree or fruit.* —— Stābat ădhuc dūris *fīcus* densissĭma pōmis. Ov. F. 2. 253.
‡**fĭdēlia**, æ. *A jar.* Respondet vĭrĭdi non cocta *fĭdēlia* limo. Pers. 3. 22. SYN. amphŏra.
fĭdēlis, e. *Faithful, trusty.* —— Est et *fĭdēli* tūta sĭlentio Merces. Hor. 3. 2. 25. Nec dŭplĭci squāmâ lōrīca *fĭdēlis* at auro. V. Æn. 9. 707. SYN. fīdus.
fĭdēlĭter. compar. lius. *Faithfully.* —— Tum me pœnĭteat pŏsuisse *fĭdēlius* īras. Ov. F. 6. 41.
fīdens, entis. part. from fido, q. v.; as adj. *Confident, bold.* —— *Fīdens* ănĭmi atque in ŭtrumque părātus. V. Æn. 2. 61.
fĭdes, ĕi. gen. and dat. sometimes contr. **fĭdē**. 1. *Faith.* — 2. *A pledge, promise.* — 3. *Credit, belief.* —— 1. Sēria cum lĭquĭdâ sæpe pĕracta *fĭde*. Ov. Ep. e P. 1. 9. 10. — 2. Accĭpe dāque *fĭdem*, sunt nōbis fortia bello Pectŏra. V. Æn. 8. 150. Ut tua sit sōlo tempŏre lapsa *fĭdes*. Ov. Her. 2. 102. Heu ŭbĭ pacta *fides* ? Ov. Her. 6. 41. — 3. Pollĭcĭtam dictis Jūpĭter adde *fĭdem*. Ov. F. 3. 366. Si quă *fĭdes* vēro est. Ov. Her. 18. 119. SYN. 2. prōmissum. PHR. 1. Cāna Fĭdes (*personified as a goddess*). V. Justĭtiæ sŏror Incorrupta fĭdes. Hor. Te spes, et albo rāra fĭdes cŏlit Vēlāta panno. Hor. Cur tĭbĭ jūnior Læsâ præniteat fĭde. Hor. Bacche fĭdem præstā. Ov.
fĭdes, ĭs. more usu. **fĭdes**, ium, fem. *A lyre.* —— Me *fĭde* conspicuus Trōjæ mūnītor ămāvit. Ov. Her. 5. 139. Blandum et aurītas *fĭdĭbus* cănōris Dūcĕre quercus. Hor. 1. 12. 11. SYN. lÿra, q. v.; cĭthăra, q. v.
fĭdĭcĕn, ĭnis. *A harp-player, a poet.* —— Rōmānæ *fĭdĭcen* lÿræ. Hor. 4. 3. 23. SYN. ‡cĭthărœdus. PHR. Cui carmĭna semper Et cĭthăræ cordi, nŭmĕrosque intendĕre nervis. V. v. cithara.
‡**fĭdĭcŭla**, æ. *A lyre.* —— *Fĭdĭcŭlæ* lĭcet cōgant. Mart. 5. 52. SYN. fides, q. v.
fīdo, ĭs; **fīsus sum**, and part. fīsus in act. sense. *To trust; to rely on.* —— Rōmānique dŭcis conjux Ægyptia tædæ Non bĕnĕ *fisa* cadet. Ov. Met. 15. 827. SYN. confīdo; crēdo, ĭs, dĭdi, dĭtum.
fīdūcia, æ. *Confidence.* —— Tantane vos gĕnĕris tĕnuit *fīdūcia* vestri? V. Æn. 1. 136. SYN. fĭdes, ĕi.
fīdus, a, um. *Faithful, trusty.* —— Sed quŏties bŏnus atque *fīdus* jūdex hŏnestum prætŭlit ūtĭli. Hor. 4. 9. 44. *Fīdum* căpĭti subduxĕrat ensem. V. Æn. 6. 524. SYN. fĭdēlis, q. v.
fīgo, ĭs, xi, xum. 1. *To fix.* — 2. *To pierce.* —— 1. Illum turbat ămor *fīgit*que in virgĭne vultus. V. Æn. 12. 70. — 2. *Fixĕrit* ærĭpĕdem cervam lĭcet, aut Ĕrÿmanthi Pācârit nĕmŏra. V. Æn. 6. 803. SYN. 1. dēfīgo, infīgō. — 2. transfīgo; perfŏro, as; perfŏdio, ĭs, fōdi, fossum; confŏdio; trajĭcio, ĭs, jēci, jectum; căvo, as; pĕnĕtro, as; pĕrăgo ĭs, ēgi; haurio, ĭs, hausi, haustum. PHR. 2. An sese mūcrōne ob tantum dĕdĕcus āmens Induat. V. Transeat Hectŏreum Pēliăs hasta lătus. Ov. Cujus ăpertum Adversi longâ transverbĕrat ăbiĕte pectus. V.
‡**fĭgŭlus**, i. *A brickmaker.* —— Cum tămĕn a *fĭgŭlis* mūnītam intrāvĕrit urbem. Juv. 10. 171.
fīgūra, æ. 1. *A figure.* — 2. *A manner.* — 3. *Beauty.* —— 1. Mŏvisset vultus

mœsta *fĭgūra* tuos. Ov. Her. 10. 134.—2. Occurrunt ănĭmo pĕreundi mille *fĭgūræ*. Ov. Her. 10. 81.—3. Ergo ăge, fallăci tĭmĭdē confīde *fĭgūræ*. Ov. A. A. 2. 143. SYN. 1. 3. forma.—2. mŏdus.

fĭgūro, as. *To form, to shape.*——Næniaque in vŏlŭcres Marsa *fĭgūrat* ănus. Ov. F. 6. 142. SYN. fingo, ĭs, xi.; formo, as.

fīlia, æ. 1. *A daughter.*—2. *A girl.*——1. Sylvæ *fīlia* nōbĭlis. Hor. 1. 14. 11. Porrĭgit incīsos *fīlia* parva făvos. Ov. F. 2. 652. SYN. 1. nāta.—2. puella, q. v.

‡fīliŏla, æ. dim. of prec. *Fīliŏlam* turpi vĕtŭlæ prōdūcĕre turpem. Juv. 6. 241.

‡fīliŏlus, i. dim. of seq. Quod tĭbĭ *fīliŏlus* vel fīlia nascĭtur. Juv. 2. 83.

fīlius, i. *A son.*——*Fīlius* anne ălĭquis magnâ de stirpe nĕpōtum. V. Æn. 6. 864. SYN. nātus; puer, ĕri. v. proles. PHR. Constĭtit Anchīsâ sătus. V. Duŏ fulmĭna belli Scīpĭădas (i. e. *sons of Scipio; names imitated or translated from the Greek patronymics; so Neptolemus is called Achillīdes, son of Achilles; Diomede, Tȳdīdes, son of Tydeus; the Romans, Ænĕădæ, sons or descendants of Æneas, etc.*). V. Fīlius huic fāto Dīvûm prōlesque vĭrīlis Nulla fuit. V.

fīlix, ĭcis. fem. *Fern.*——Et *fīlĭcem* curvīs invīsam pascit ărātris. V. G. 2. 189.

fīlum, i. 1. *A thread.*—2. *The string of a lyre.*——1. Cæca rĕgens *fīlo* vestīgia (*through the labyrinth*). V. Æn. 6. 30. Tunc quæ dispensant mortālia *fīla* sŏrōres Debuĕrant fusos ēvŏluisse suos. Ov. Her. 12. 3.—2. Tractat ĭnaurātæ consŏna *fīla* lȳræ. Ov. Am. 1. 8. 60. SYN. 1. lĭcium; stāmĕn, ĭnis, *neut.*—2. chorda, nervus.

fĭmus, i. *Dung.*——Ne sătŭrāre *fĭmo* pingui pŭdeat sŏla. V. G. 1. 80. SYN. stercus, ŏris, *neut.*

findo, ĭs, fĭdi, fissum. *To cleave.*——Et lĭquĭdum mōtis tālārĭbus āĕra *findit.* Ov. Met. 4. 666. SYN. diffindo; confindo; sĕco, as, ui, sectum; dīverbĕro. v. hiulco.

fingo, ĭs, nxi, ictum. 1. *To form, to fashion.*—2. *To invent.*—3. *To suppose, to pretend.*—4. *To handle gently.*——1. Mollique fluentem Fronde prĕmit crīnem *fingens*, atque implĭcat auro. V. Æn. 4. 148.—2. Ah quŏties *finxit* culpam. Ov. Am. 2. 19. 13.—3. *Finge* ăge te răpĭdo, nullum sit in ōmĭne pondus Turbĭne dēprêndi. Ov. Her. 7. 65.—4. Sæpe mănūs ægras mănĭbus *fingēbat* ămīcis. Ov. F. 5. 409. SYN. 1. 4. effingo.—1. fĭgūro, as; exprĭmo, ĭs, pressi (*of forming a representation, not a reality*). v. facio.

fīnio, īs, etc. *To finish.*—Jurgia *fīnĭĕram*, scīres audīsse, rŭbēbat. Ov. Am. 1. 13. 47. *Finierat* Telamone Sătus. Ov. Met. 13. 123. SYN. claudo, ĭs, si (*not without a case after it*). PHR. Fīnemque impōne lăbōri. V. Fīnem dĕdit ōre lŏquendi. V. Nec mĭnus intĕreā extrēmam Sāturnia bello Impōnit rēgīna mănum. V. v. dēsĭno, cesso.

fīnis, is. masc. and fem. 1. *An end.*—2. *A boundary, usu. in pl. in this sense.*——1. Quæ *fīnis* standi, quo me dĕcet usque tĕnēri? V. Æn. 5. 384.—2. Nos pătriæ *fīnes* et dulcia linquĭmus arva. V. E. 1. 3.—SYN. 1. exĭtus, ûs; mŏdus. v. mēta.—2. confīnia, orum; termĭnus; līmĕs, ĭtis, *masc.* PHR. extremo nî jam sub fīne lăbōrum Vēla traham. V.

fīnĭtĭmus, a, um. *Bordering on, neighbouring.*——*Fīnĭtĭmas* in bella fĕram rŭmōrĭbus urbes. V. Æn. 7. 549. SYN. contermĭnus, confīnis, vīcīnus, prŏpinquus, proxĭmus.

‡fīnītor, ōris. masc. *One who ends.*——Inventus Chrȳsippe tui *fīnītor* ăcervi. Pers. 6. 80.

fīnītus, a, um. part. pass. of finio. *Also defined.*——*Fīnītaque* certis Lēgĭbus est ætas unde pĕtātur hŏnos. Ov. F. 5. 65.

fīo (ī in all cases except where it precedes er, as, fĭĕri), **fīs, factus sum.** *To be made, to be done, to become.*——Omnia jam *fīunt fĭĕri* quæ posse nĕgābam. Ov. Tr. 1. 8. 7. SYN, confīo; ēvĕnio, īs, vēni, ventum.

firmāmen, ĭnis. neut. *A support, a prop.*——Porrĭgĭtur rādix longi *firmāmĭna* trunci. Ov. Met. 10. 491. SYN. cŏlŭmen, fulcīmen.

firmē. *Strongly, firmly.*——*Firmius*, o cŭpĭdi tandem coeāmus ămantes. Ov. Her. 19. 67.

firmo, as. 1. *To strengthen, to steady.*—2. *To encourage.*—3. *To confirm.*——1. Sed non ulla măgis vīres industria *firmat.* V. G. 3. 209. Trunca mănum pīnus rĕgit et vestīgia *firmat.* V. Æn. 3. 659.—2. Donec lăbantes Consĭlio pătres *Firmāret* auctor. Hor. 3. 5. 45.—3. Da deinde auxĭlium păter, atque hæc ōmĭna firma. V. Æn. 2. 691. SYN. 1. 3. confirmo.—1. rōbŏro, as.—3. prŏbo, as; comprŏbo.

firmus, a, um. *Strong, steady (rare of men, though used of the heart, mind, etc.).* —Jamque excīsâ trăbe *firma* căvavit Rōbŏra. V. Æn. 2. 481.—Nunc ănĭmis ŏpus Ænēā, nunc pectŏre *firmo.* V. Æn. 6. 261.—Pătriâ tămĕn est *firmissĭmus* īrâ. Ov. Met. 7. 457. SYN. stăbĭlis, illābĕfactus, immōtus, ĭmmōbĭlis, constans. PHR. (*to place on a firm foundation.*) In sŏlĭdo rursus Fortūna lŏcāvit. V. (*of a man.*) Tenācem prŏpŏsĭti vĭrum. Hor. 3. 3. 1. q. v.

fiscella, æ. *A basket.* —Dum sĕdet et grăcĭli *fiscellam* texit hĭbisco. V. E. 10. 71. v. seq.

fiscĭna, æ. *A basket.*—Nunc făcĭlis rŭbeâ texātur *fiscĭna* virga. V. G. 1. 266. SYN. călăthus, călăthiscus, fiscella; corbis, is, *fem.*; sirpĭcŭla, cănistrum, cista. PHR. Hæc implet lento călăthos e vīmĭne textos. Ov.

‡**fiscus, i.** *The treasury.*—Res *fisci* est, ŭbĭcunque nātat. Juv. 4. 55.

fissĭlis, e. *Easily cleft.*—Nam prīmi cŭneis scindēbant *fissile* lignum. V. G. 1. 144.

fissus, a, um. part. pass. from findo, q. v. *Cloven.*—Sed lingua rĕpente In partes est *fissa* duas. Ov. Met. 4. 586.

fistŭla, æ. 1. *A shepherd's pipe.*—2. *A pipe for water.*—1. Est mihĭ dispărĭbus septem compacta cĭcūtis *Fistŭla.* V. E. 2. 36.—2. Non ălĭter quam cum vĭtiāto *fistŭla* plumbo Scindĭtur. Ov. Met. 4. 122. SYN. 1. călămus, ărundo, ĭnis, *fem.*; ăvēna, cĭcūta, canna, buxum; lōtŏs, i, *fem.*; tībia.—2. cănālis. PHR. 1. Hic argūta săcrâ pendēbit fistŭla pīnu. V. unquam tĭbĭ fistŭla cērâ Juncta fuit? V. Dīcunt in tĕnĕro grāmĭne pinguium Custŏdes ŏvium carmĭna fistŭlâ. Hor. Utcunque dulci Tyndărĭ fistŭlâ Valles et Ustĭcæ cŭbantis Lævia persŏnuere saxa. Hor. Nec te pœnĭteat călămo trĭvisse lăbellum. V. Călămos inflāre lĕves. V. Sylvestrem tĕnui mūsam mĕdĭtāris ăvēnâ. V. Pastor junctis pĭce cantat ăvēnis. Ov. Lūdĕre quæ vellem călămo permīsit ăgresti. V. Cur Bĕrĕcynthiæ Cessant flāmĭna tībiæ? Hor.

fīsus, a, um. part. of fido, q. v. in act. sense. *Trusting to.*—Hic arcu *fīsos* terruit ense Gĕtas. Ov. Ep. e P. 4. 9. 78. SYN. confīsus, frētus.

fixus, a, um. part. pass. of figo, q. v.—Dīva sŏlo *fixos* ŏcŭlos āversa tĕnēbat. V. Æn. 1. 482.

flābellum, i. *A fan, any thing spread out like a fan.*—Et mŏdŏ pāvōnis caudæ *flābella* sŭperbi. Prop. 2. 24. 11. SYN. tăbella.

flābrum, i. *A breeze or blast of wind.*—Ergo non hyĕmes illam, non *flābra* neque imbres Convellunt. V. G. 2. 293. SYN. flāmĕn, ĭnis, *neut.* q. v.

†**flaccĭdus, a, um.** *Drooping, weak.*—*Flaccĭdiore* ĕtiam quanto nunc turbĭne fertur. Lucr. 5. 631. SYN. languĭdus.

flăgello, as. *To whip, to lash.*—Īmæ Parte *flăgellāri* gĕmuit sua rōbŏra caudæ. Ov. Met. 3. 93. SYN. verbĕro, as, q. v.

flăgellum, i. 1. *The top shoot of a tree.*—2. *A whip, a lash.*—1. Nēve *flăgella* summa pĕte, aut summas destringe ex arbore plantas. V. G. 2. 299.—2. Hic tĭbĭ de Fŭriis scindit lătus ūna *flăgello.* Ov. Ibis, 183. SYN. 2. verber, ĕris, *neut.*; scŭtica, ‡flăgrum. PHR. scŭtĭcæ trĕmĕfactus hăbēnis. Ov.

flāgĭtium, i. *A crime, wickedness.*—*Flāgĭtio* addĭtis Damnum. Hor. 3. 5. 26. SYN. scĕlus; crīmĕn, ĭnis, *neut.*; făcĭnus.

flāgĭto, as. *To ask, to ask for.*—Quod det ămātōrem *flāgĭtet* ante suum. Ov. Am. 1. 8. 68. SYN. efflāgĭto; posco, ĭs, pŏposci, q. v.; rŏgo, as.

flăgrans, antis. part. of seq., but used also in compar. *Burning, eager, etc.* —Dum *flăgrantia* dētorquet ad oscŭla Cervicem. Hor. 2. 12. 25. SYN. ardens, q. v.

flăgro, as. 1. *To burn, intrans. (once in Prop. c. acc.)*—2. *To burn with desire, with eagerness, to be eager.*—1. *Flăgrābant* sancti scĕlĕrātis ignĭbus ignes. Ov. F. 6. 439.—2. *Flăgrant* quoque lūmĭna Nymphes. Ov. Met. 4. 347. Cœlestem *flăgrans* ămor Hercŭlis Hēben. Prop. 1. 13. 23. SYN. 1, 2. ardeo, es, arsi, q. v.; exardeo; ūror, ĕris, ustus sum; accendor, ĕris, accensus sum.

‡**flăgrum, i.** *A scourge.*—Nec dura tĭmēbis Flăgra păti. Juv. 5. 173. v. flagellum.

flāmĕn, ĭnis. neut. 1. *A blast of wind, a breeze.* — 2. *Any breathing.* —— 1. Ceu *Flāmĭna* prīmă Cum dēprênsa frĕmunt sylvis et cœca vŏlutant Murmŭra. V. Æn. 10. 97. — 2. Cur Bĕrĕcynthiæ cessant *flāmĭna* tībiæ? Hor. 3. 19. 19. SYN. 1. flābrum, aura. — 1, 2. flātus, ûs. v. ventus.

flāmĕn, ĭnis. masc. *A priest of some particular god.* —— *Flāmĕn* ad hæc prisco mōre Diālis ĕrat. Ov. F. 2. 282. SYN. săcerdōs, ōtis, q. v., *masc. and fem.*; pontĭfex, ĭcis; antistĕs, ĭtis.

flāmĭnĭca, æ. *The wife of a flamen; a priestess.* —— Ipse ego *Flāmĭnĭcam* poscentem Fēbrua vīdi. Ov. F. 2. 27. SYN. antistĭta.

flamma, æ. 1. *Flame* (*lit.*). — 2. (*metaph.*) *The flame of love, love.* —— 1. Stuppea *flamma* mănu tēlique vŏlātĭle ferrum spargĭtur. V. Æn. 8. 694. — 2. Contĭnuoque ăvĭdīs ŭbĭ subdĭta *flamma* mĕdullis. V. G. 3. 271. SYN. 1, 2. ignis, is, *masc.* q. v. — 2. ardor, incendium, călor. v. amor.

flammans, flammātus, a, um. part. of **flammo,** which, however, is not used by the best authors except in part. *Burning, burnt, fiery.* —— Cumque sŭper rāros fœni *flammantis* ăcervos . . . Prop. 4. 4. 77. Lentâque sŏrōre *Flammāti* Phaĕthontis. Cat. 62. 291. *Flammantia* lūmĭna torquens sævit ăgris. V. G. 3. 433. Tālia *flammāto* sēcum Dea corde vŏlūtans. V. Æn. 1. 54. v. uro, excito, igneus, flammeus.

‡flammeŏlum, i. dem. of seq. q. v. —— Dūdum sĕdet illa părāto *Flammeŏlo.* Juv. 10. 334.

‡flammeum, i. *A veil.* —— Lūtea demissos vēlābant *flammea* vultus. Lucan. 2. 361. SYN. vēlāmĕn, ĭnis, *neut.*

flammeus, a, um. *Flaming, fiery.* —— Tum *flammea* torquens Lūmĭna cunctantem et quærentem dīcĕre plūra Rĕpŭlit. V. Æn. 7. 448. SYN. flammans, igneus, rŭtĭlus. v. seq.

flammĭfer, ĕra, ĕrum. *Bearing a flame.* —— *Flammĭfĕrum*que trahens spătiōso līmĭte crīnem. Ov. Met. 15. 859. v. seq.

‡flammĭger, ĕra, ĕrum. *Bearing flame, epith. of the sun, or of the eagle as bearing the lightnings of Jupiter.* —— Nec segnius ardens Accurrit, nĭveo quam *flammĭger* ālĕs ŏlōre Immĭnet. Stat. Theb. 8. 676. v. prec.

‡flammo, as. (in part., used also by the purest authors.) 1. *To set on fire, make of a fiery colour.* — 2. *To excite.* —— 1. Illĭus rōseo *flammātur* purpŭra vultu. Stat. Achill. 1. 297. 2. Jŭvĕnem facta ad Māvortia *flammat.* Sil. 1. 55. SYN. 1, 2. incendo, ĭs. — 2. excĭto, as, q. v.

flātus, ûs. masc. 1. *Breath.* — 2. *A breeze.* — 3. *Pride.* — 4. *The sound of a wind instrument.* —— 1. Hūmescunt spūmis *flātu*que sĕquentum. V. G. 3. 111. — 2. Cum venti pŏsuēre omnisque rĕpente rĕsēdit *Flātus.* V. Æn. 7. 28. — 3. Det lībertatem fandi, *flātus*que rĕmittat. V. Æn. 11. 345. — 4. Nondum spissa nĭmis complēre sĕdĭlia *flātu* (Tibia sc.). Hor. A. P. 205. SYN. 1. afflātus; spīrĭtus, ûs. — 2. 4. flāmĕn, ĭnis, *neut.* — 2. flābrum, aura. — 3. superbia, q. v.

flāveo, es. and **flāvesco, is.** no perf or sup. *To be yellow.* —— Qua nĭger hūmectat *flāventia* culta Gălēsus. V. G. 4. 126. Molli paulātim *flāvescet* campus ărīstâ? V. E. 4. 28.

flāvus, a, um. *Yellow, the colour of gold, of ripe corn, of auburn hair, etc.* —— Neque illum *Flāva* Cĕrēs alto nēquicquam spectat Ŏlympo. V. G. 1. 96. Vīdĭmus *flāvum* Tĭbĕrim. Hor. 1. 2. 13. SYN. flāvens, aureus, crŏceus, lūteus, fulvus.

flēbĭlis, e. 1. *To be wept for, lamentable.* — 2. *Weeping, doleful.* — 3. *Causing tears.* —— 1. Multīs ille bŏnis *flēbĭlis* occĭdit. Hor. 1. 24. 9. — 2. Spargēbat tĕpĭdos *flēbĭlis* imbre sĭnus. Ov. Am. 3. 6. 68. — 3. Hei mihĭ quam multis *flēbĭlis* ultor ĕris. Ov. Her. 13. 48. SYN. 1. 3. flendus, dŏlendus, lūgendus, lāmentābĭlis. v. lăcrȳmābĭlis. — 1, 2. tristis; mĭser, ĕra, ĕrum; lăcrȳmōsus. 2. flens, lăcrȳmans. v. fleo, lacrymo.

flēbĭlĭter. *Dolefully.* —— Nīdum pōnit Ityn *flēbĭlĭter* gĕmens. Hor. 4. 12. 5. SYN. mĭsĕrābĭle.

flecto, ĭs, xi, xum. 1. *To bend, lit. or* — 2. *metaph. as prayers bend the mind of the person to whom the prayers are addressed.* — 3. *To turn.* —— 1. Tum vălĭdīs *flexos* incurvant vīrĭbus arcus. V. Æn. 5. 500. — 2. *Flectĕre* si nĕ queo Sŭpĕros, Ăchĕronta mŏvēbo. V. Æn. 7. 312. — 3. Huc gĕmĭnas huc *flecte* ăcies. V. Æn. 6. 788. *Flexĭmus* in lævum cursus. Ov. Tr. 1. 10. 17. SYN. 1, 2. inflecto. — 1. curvo, as; incurvo; torqueo, es, si, tum; obtorqueo, intorqueo, ōblīquo, as; *of a bow* addūco, ĭs, xi; tendo, ĭs, tĕtendi; contendo; lūno, as.—2. mŏveo, es, mōvi.—3. dīrĭgo, ĭs, rexi; verto, ĭs, ti; inclīno, as.

fleo, es, ēvi, ētum. 1. *To weep.*—2. *To weep for, to lament.*——1. *Flēsti* discēdens hoc saltem parce nĕgāre. Ov. Her. 5. 43.—2. Nec mĭnus intĕreā Mīsēnum in lītŏre Teucri *Flēbant.* V. Æn. 6. 212. Mersaque rŏrātis nāta *fleatur* ăquis. Ov. Her. 19. 124. SYN. 1, 2. dēfleo; lăcrȳmo, as (*not however governing a case in the best poets*); illăcrȳmo (*c. dat. when it has a case after it*).—2. lūgeo, es, xi; dŏleo, es, ui, q. v. v. lacryma. PHR. Pro somno lăcrȳmis ŏcŭli funguntur ŏbortis. Ov.

flētus, ûs. *Weeping.*——Sæpe quĕri, et longas in *fletum* dūcĕre vōces. V. Æn. 4. 463. SYN. lăcrȳma, q. v.

flexănĭmus, a, um. *That which bends a person's mind.*——Quæ tĭbĭ *flexănĭmo* mentem perfundat ămōre. Cat. 62. 330.

flexĭbilis, e. *Flexible.*——Nobis *flexĭbĭles* curvantur Ăpollĭnis arcus. Ov. Am. 3. 3. 29. SYN. flexĭlis, făcĭlis, lentus.

flexĭlis, e. *Flexible.*——*Flexĭlis* obtorti per collum circŭlus auri. V. Æn. 5. 559. v. prec.

flexĭpēs, ĕdis. *With crooked feet, with winding tendrils.*——Vos quŏque *flexĭpĕdes* hĕdĕræ vēnistis. Ov. Met. 10. 99.

†flexūra, æ. *A bending.*——Adsĭmĭli lătĕris *flexūrâ* prædĭta nostri. Lucr. 4. 312. v. seq.

flexus, ûs. *A bending.*——Et longos sŭpĕrant *flexus*, văriisque tĕguntur Arbŏrĭbus. V. Æn. 8. 94. PHR. Maxĭmus hic flexu sĭnuōso ēlābĭtur anguis. V. v. gyrus.

flictus, ûs. *A striking against.*——Tum scūta căvæque Dant sŏnĭtum *flictu* găleæ. V. Æn. 9. 666.

†flīgo, is, xi, ctum. *To dash against.*——Nam cīta rĕpente Obvia cum *flixēre* fit ut dīversa rĕpente Dissĭliant. Lucr. 2. 85. SYN. conflīgo, q. v.

flō, as, etc. *To blow, to breathe.*——Prōtĭnus inflexo Bĕrĕcynthia tībia cornu *Flābit* (i. e. *will sound being blown*). Ov. F. 4. 182. Dum *flāvit* vēlīs aura sĕcunda meis. Ov. Ep. e P. 2. 3. 26. SYN. spīro, as. v. afflo, inflo.

Flōra, æ. *The goddess of flowers.*——Chlōris ĕram quæ *Flōra* vŏcor, corrupta Lătīno nōmĭnis est nostri littĕra Græca sŏno. Ov. F. 5. 195. SYN. Chlōris, ĭdŏs; Zĕphȳrītis, ĭdŏs. PHR. Arbītrium tu Dea flōris hăbe. Ov.

Flōrālis, e. *Of Flora.*——Exit et in Maias săcrum *Flōrāle* Călendas. Ov. F. 4. 947.

flōreo, es, ui. no sup. *To flourish.*——Tĭbĭ pampĭneo grăvĭdus autumno *Flōret* ăger. V. G. 2. 6. SYN. †flōresco, ĭs, *in pres.*; vĭreo, vĭresco, vĭgeo, vĭgesco. PHR. Contemplātor ĭtem cum se nux plūrĭma sylvis Induet in flōrem. V.

†floresco, is. only pres. *To flourish.*——Illa sĕnescĕre at hæc contra *flōrescĕre* cōgunt. Lucr. 2. 73. v. prec.

flōreus, a, um. *Flowery.*——Quālis ăpes æstāte nŏvâ per *flōrea* rūra Exercet sub sōle lăbor. V. Æn. 1. 430. SYN. flōreus, flōrĭdus.

§flōrĭdŭlus, a, um. *Flowery.*——Ōre *flōrĭdŭlo* nĭtens. Cat. 59. 193.

flōrĭdus, a, um. *Flowery.*——Et vēlant scābras *flōrĭda* serta mŏlas. Ov. F. 6. 312. SYN. flōreus, q. v.

†‡flōrĭfer, era, ĕrum. 1. *Bearing flowers.*—2. *Gathering flowers.*——1. *Flōrĭfĕrīs* ut ăpes in saltĭbus omnia lībant. Lucr. 3. 11. (apes) Stŭdiumque lăbōris *Flōrĭfĕri* rĕpĕtunt (*some read* Flōrĭgĕri). Lucan. 9. 290.

flōrĭlĕgus, a, um. *Gathering flowers.*——De pūtri viscĕre passim *Flōrĭlĕgæ* nascuntur ăpes. Ov. Met. 15. 366. v. prec.

flōs, flōris. masc. 1. *A flower.*—2. *The flower*, i. e. *the selected or choice portion.*——1. Purpŭreus vĕlŭti cum *flos* succīsus ărātro Languescit mŏriens. V. Æn. 9. 435.—2. O Mæŏniæ dēlecta jŭventus, *Flos* vĕtĕrum virtusque vĭrûm. V. Æn. 8. 500. PHR. Omnia tum flōrent, flōrumque cŏlōrĭbus almus Rīdet ăger. Ov. Et cŏlor et spĕcies flōrĭbus omnis inest. Ov. Purpŭreis collūcent flōrĭbus ăgri. Ov. v. Ov. F. 4. 429—442. Tunc mihĭ prīma gĕnas vestībat flōre (i. e. *with a beard*) Jŭventas. V.

§floscŭlus, i. *A little flower, lit. and metaph.*——O qui *floscŭlus* es Jŭventiōrum. Cat. 22. 1. v. prec.

†fluctĭfrăgus, a, um. *Breaking the waves.*——Dēnĭque *fluctĭfrăgo* suspensæ in littŏre vestes līvescunt. Lucr. 1. 306.

‡fluctĭsŏnus, a, um. *Sounding with waves.* —— Insŭla *fluctĭsŏno* circumvallāta prŏfundo. Sil. 12. 355. SYN. fluentĭsŏnus.

‡fluctĭvăgus, a, um. *Wandering on the waves.* —— *Fluctĭvăgos* nautas scrūtātōresque prŏfundi Vix ŏpĕrīre căpax. Stat. Sylv. 3. 1. 84.

fluctuo, as. *To fluctuate, to quiver.* —— Lātē *fluctuat* omnis Ære rĕnīdenti tellus. V. G. 2. 281. Hæc mĕmŏrans ănĭmo nunc huc nunc *fluctuat* illuc. V. Æn. 10. 680. v. æstuo.

fluctus, ūs. masc. *A wave, lit. and metaph.* —— *Fluctu* spūmābant cærŭla căno. V. Æn. 8. 672. Īrārum tantos volvis sub pectŏre *fluctus*? V. Æn. 12. 831. SYN. unda. PHR. Fluctus ut in mĕdio cœpit cum albescĕre ponto Longius ex altoque sĭnum trahit. V. Insāni fĕriant sĭne littora fluctus. V. Saxum . . . quod tŭmĭdis submersum tundĭtur ōlim fluctĭbus. V. Quem . . . bĭbŭlis illis et fluctus ărēnis. Ov. Me mĭsĕram quanto planguntur littŏra fluctu. Ov. Nec făciam surdis convīcia fluctĭbus ulla. Ov. Fluctĭbus immŏdĭcis Ăthămantĭdŏs æquŏra cānent. Ov. Hybernīs ăgĭtātum fluctĭbus æquor. Ov. Quæque mŏdŏ Euboĭcis lăcĕrāta est fluctĭbus . . . puppis. Ov.

fluens, entis. part. from fluo, q. v. *Also, growing unchecked (as branches), hanging loose (as garments), etc.* —— Tum dēnĭque dura Exerce impĕria et rāmos compesce *fluentes*. V. G. 2. 370. Nūda gĕnu nōdoque sĭnus collecta *fluentes*. V. Æn. 1. 320.

†fluenter. *Flowingly.* —— Omnĭbus ab rēbus res quæque *fluenter* Fertur. Lucr. 4. 225.

fluentisŏnus, a, um. *Sounding with waves.* —— Namque *fluentĭsŏno* prospectans littŏre Diæ. Cat. 62. 52. SYN. ‡fluctĭsŏnus.

fluentum, i. *A river.* —— Quālis ŭbi hȳbernam Lȳciam Xanthique *fluenta* Dēsĕrit. V. Æn. 4. 143. SYN. flŭvius, q. v.

fluĭdus, a, um. 1. *Fluid, liquid.* — 2. *Weak.* —— 1. Rursus ăbundābat *fluĭdus* lĭquor. V. G. 3. 484. — 2. Cum spectat ĭnānes Illos qui fuĕrant sŏlĭdōrum mōle tŏrōrum Hercŭleis sĭmĭles *fluĭdos* pendēre lăcertos. Ov. Met. 15. 230. SYN. 1. lĭquĭdus, †flŭvĭdus. — 2. dēbĭlis, q. v.

fluĭto, as. 1. *To flow.* — 2. *To float.* — 3. *To wave, to droop.* — 4. *To wander at random.* —— 1. Fūsĭle per rictūs aurum *fluĭtāre* vĭdēres. Ov. Met. 11. 126. — 2. Fragmĭna rēmōrum quos et *fluĭtantia* transtra Impĕdiunt. V. Æn. 10. 306. — 3. Vēla tamen spectat summo *fluĭtantia* mālo. Ov. Met. 11. 470. Neque tum *fluĭtantis* ămictūs Illa vĭcem cūrans. Cat. 62. 68. — 4. Cum pāter āmisso *fluĭtantem* errāre măgistro Sensit, et ipse rătem nocturnis rexit in undis. V. Æn. 5. 867. SYN. 1. 3. fluo, ĭs, xi, q. v. — 2. năto, as. — 4. erro, as, q. v.

flūmĕn, ĭnis. neut. 1. *A stream.* — 2. *A river.* — 3. (*metaph.*) *Any stream (of tears, etc.).* —— 1. Vĕlŭti cum . . . răpĭdus montāno *flūmĭne* torrens Sternit ăgros. V. Æn. 2. 305. Nymphæ vēnas et *flūmĭna* fontis Ēlĭcuēre sui. Ov. Met. 14. 788. Non ălĭter quam qui adverso vix *flūmĭne* lembum Rēmĭgiis sŭbĭgit (*up stream*). V. G. 1. 201. —— 2. Cætera *flūmĭnis* rĭtu fĕruntur. Hor. 3. 29. 33. — 3. Multa gĕmens largoque hūmectat *flūmĭne* vultum. V. Æn. 1. 469. SYN. 1. fluentum. — 2. flŭvius, q. v.

flūmĭneus, a, um. *Of a river.* —— Non ĕgŏ *flūmĭnei* rĕfĕram mendācia Cȳgni. Ov. Her. 8. 67. SYN. flŭviālis.

fluo, ĭs, xi, xum. no pass. except part. fluxus, q. v. 1. *To flow.* — 2. *To drip, to be wet, etc.* — 3. *To be melted.* — 4. *To fall.* — 5. *To decay.* — 6. *To issue forth.* —— 1. Ubi Lȳdius arva Inter ŏpīma virûm lēni *fluit* agmĭne Tȳbris. V. Æn. 2. 781. — 2. Non intermissīs ut *fluat* imber ăquis. Ov. Ep. e P. 4. 4. 2. Ille cruōre *fluens* cŭbĭto tămĕn allĕvat artus. Ov. Met. 7. 343. — 3. Quodque suo Tăgus amne vehit *fluit* ignĭbus aurum. Ov. Met. 2. 251. — 4. Ad terramque *fluit* devexo pondĕre cervix. V. G. 3. 524. — 5. Ex illo *fluere* et retro sublapsa rĕferri Res Dănaûm. V. Æn. 2. 170. — 6. Omnisque rĕlictis Turba *fluit* castris. V. Æn. 12. 444. SYN. 1, 2. 4. defluo. — 1, 2. profluo, dēlābor; dēcurro, ĭs. — 1. māno, as; lābor, ĕris, lapsus sum. — 3. solvor, ĕris, sŏlūtus sum; lĭquesco, ĭs, *no perf.* — 4. cădo, ĭs, cĕcĭdi, cāsum, q. v. — 5. v. langueo. — 6. prodeo, īs. v. egredior.

†flūto, as. *To flow.* —— Namque mŏvētur ăqua, et tantillo nōmĭne *flūtat.* Lucr. 3. 190. v. prec.

flŭviālis, e. *Of a river.* —— Classem . . . Aggĕrĭbus septam circum et *flŭviālĭbus* undis Invādit. V. Æn. 9. 70. SYN. flūmĭneus.

†**flŭvĭdus, a, um.** *Liquid, flowing.* —— Sed quod ămāra vĭdes eădem quæ *flŭvĭda* constant. Lucr. 2. 463. v. fluĭdus.

flŭvius, i. *A river, a stream.* —— Arbŭta suffĭcere et *flŭvios* præbēre rĕcentes. V. G. 3. 301. Prōluit insāno contorquens vertĭce sylvas *Flŭvĭōrum* Rex Ērĭdănus. V. G. 1. 482. SYN. flūmĕn, ĭnis, *neut.*; amnis, ĭs, *masc.*; fluentum, rīvus (*smaller than* fluvius, *a brook*). PHR. Sed quæ Tībur ăquæ fertĭle præfluunt. Hor. Quæ lŏca făbŭlōsus Lambit Hўdaspes. Hor. Dīcar quà viŏlens obstrĕpit Aufĭdus. Hor. Flūmĭne languĭdo Cōcўtus errans. Hor. Arva Inter ŏpīma vĭrûm lēni fluit agmĭne Tўbris. V. Non qui prŏfundum Dānŭbium bĭbunt (i. e. *live near*). Hor. Cætĕra flūmĭnis Rĭtu fĕruntur Nunc mĕdio alveo Cum păce dēlābentis Ĕtruscum In măre nunc lăpĭdes ădēsos Stirpesque raptas et pĕcus et dŏmos Volventis ūnà non sĭne montium Clāmōre Vīcīnæque sylvæ Cum fĕra dīlŭvies quiētos Irrĭtat amnes. Hor. (*Nearly all rivers are in Latin of the masc. gend., but one or two are fem., Styx always, Albula sometimes, so Allia, etc.; but Crĕmĕra is masc., though of 1st decl. etc. For names of rivers*, v. Ov. Met. 2. 242—261.; v. Ov. Am. 2. 6.)

fluxus, a, um. part. pass. of fluo. 1. *Falling, decayed, fallen.*—2. †*Leaking.*—3. ‡*Hanging loose.* —— 1. Nosne tĭbĭ *fluxas* Phrўgiæ res vertĕre fundo Cōnāmur? V. Æn. 10. 88.—2. Partim quod *fluxum* pertūsumque esse vĭdēbat. Lucr. 6. 19.—3. Balteus haud *fluxos* gemmīs astrinxit ămictus. Lucan. 2. 362. SYN. 1. cădūcus.—3. fluĭtans.

‡**fŏcāle, is.** neut. *A neckcloth.* —— Hoc *fŏcāle* tuas assĕrat aurĭcŭlos. Mart. 14. 142. 2.

‡**fŏcŭlus, i.** *A little fire.* —— Jam lăvat et buccâ *fŏcŭlum* excĭtat. Juv. 3. 262. v. fŏcus.

fŏcus, i. 1. *A hearth, a fireplace.*—2. *An altar.*—3. *A funeral pile.*—4. *Fire.* —— 1. Dissolve frĭgus ligna sŭper *fŏco* Largē rĕpōnens. Hor. 1. 9. 5.—2. Dentur in antĭquos tūra mĕrumque *fŏcos.* Ov. A. A. 1. 638.—3. Mœrentes altum cĭnĕrem et confūsa ruēbant Ossa *fŏcis*, tĕpĭdoque ŏnĕrābant aggĕre terræ. V. Æn. 11. 212.—4. Per tria partītos qui dăbat ora *fŏcos*, Prop. 4. 9. 10. SYN. 1. 4. ignis.—2. āra, q. v.—3. rŏgus, q. v. PHR. 1. Săcrum vĕtustis exstruat lignis fŏcum. Hor. Dum meus exĭguo lūceat igne fŏcus. Tib. Tōtasque Advolvēre fŏcis ulmos, ignique dĕdēre.

§**fŏdĭco, as.** *To nudge.* —— Mercēmur servum qui dictet nōmĭna, lævum Qui *fŏdĭcet* lătus. Hor. Epist. 1. 6. 51.

fŏdio, ĭs, fōdi, fossum. 1. *To dig.*—2. *To pierce.* —— 1. Aut ŏcŭlis capti *fŏdĕre* cŭbīlia talpæ. V. G. 1. 183. —— 2. Sic tua conjectis *fŏdiantur* pectŏra tēlis. Ov. Ibis. 627. SYN. 1, 2. confŏdio, perfŏdio, ‡rĕfŏdio.—2. fīgo, ĭs, xi, q. v. PHR. Longis purgāre lĭgōnĭbus arva. Ov. Cum bĕnĕ jactāti pulsārunt arva lĭgōnes. Ov. Prōles Săbellis docta lĭgōnĭbus Versāre glēbas. Hor. Lĭgōnĭbus dūrīs hŭmum Exhauriēbat. Hor.

fœdē. *Basely, shamefully.* —— Cæsa mănus jŭvĕnum *fœdē*. V. Æn. 10. 497. SYN. turpiter.

fœdo, as. 1. *To make foul, to pollute.*—2. *To mangle, to disfigure.* —— 1. Dīrĭpiuntque dăpes contactuque omnia *fœdant* Immundo. V. Æn. 3. 227.—2. Pectŏra nunc *fœdans* pugnis, nunc unguĭbus ōra. V. Æn. 11. 86. SYN. 1. polluo, ĭs, ui, ūtum, q. v.; inquĭno, as; turpo, as.—2. lăcĕro, as, q. v.

fœdus, a, um. *Foul, shameful.* —— Et *fœdam* glŏmĕrant tempestātem ignĭbus ātris. V. G. 1. 323. Āversusque rĕfūgit *Fœda* mĭnistĕria. V. Æn. 7. 619. SYN. turpis, ŏdiŏsus.

fœdus, ĕris. neut. 1. *A treaty, an agreement.*—2. *A settled order.* —— 1. Multa Jŏvem et læsi testātur *fœdĕris* āras. V. Æn. 12. 496.—2. Contĭnuo has lēges æternasque *fœdĕra* certis Impŏsuit nātūra lŏcis. V. G. 1. 60. SYN. 1. pactum.—2. lex, lēgis, *fem.*; ordo, ĭnis, *masc.* q. v. PHR. 1. *To make a treaty* (*treaties among the ancients were ratified by solemn sacrifices*). Rēges armāti Jŏvis ante āram, pătĕrasque tĕnentes Stābant et cæsâ jungēbant fœdĕra porcâ. V. Tarchon Jungit ŏpes, fœdusque fĕrit. V. Plăcĭtum læti compōnĭte fœdus. V. Non tēcum meus hæc pĕpĭgit (*from* pango) mihĭ fœdĕra Lausus. V. Fœdĕre pacto Exercentur ăgris. V. Nam sic Parcārum fœdĕre cautum est. Ov. Vĕniunt ad fœdus ămantes. Ov. Coeant in fœdĕra dextræ. V. v. V. Æn. 12. 200—215.—2. *To break a treaty, etc.* Jussus confundĕre fœdus. V.

Immītis rupta tyranni Fœdĕra. V. Fœdĕra solvĕre furto. V. Disjĭce compŏsĭtam pācem, sĕre crīmĭna belli. V.

fœnĕrātor, oris. masc. *A usurer.*——Hæc ŭbĭ lŏcūtus *fœnĕrātor* Alphius. Hor. Epod. 2. 67.

‡fœnĕro, as. *To lend money to.*——Hæc săpit hæc omnes *fœnĕrat* ūna Deos. Mart. 1. 77. 6.

fœnīle, is. neut. *A hayloft.*——Nec tōtâ claudas *fœnīlia* brūmâ. V. G. 3. 321.

‡fœnĭsĕca, æ. masc. *A hay-cutter, a countryman.*——*Fœnĭsĕcæ* crasso vĭtiārunt unguĭne pultes. Pers. 6. 40.

fœnum, i. *Hay.*——Tempŏre sæpe gĕrens *fœno* rĕlĭgāta rĕcenti. Ov. Met. 14. 645. v. stramen.

fœnus, ŏris. *Usury, interest.*——Quæ tĭbĭ cum multo *fœnŏre* reddat ăger. Ov. A. A. 174. SYN. ‡ūsūra.

‡fœteo, es. no sup. *To stink.*——Hesterno *fœtēre* mĕro qui crēdĭt Acerram. Mart. 1. 29. 1. SYN. ŏleo, q. v.

‡fŏliātum, i. *Ointment made of spikenard leaves.*——At mea me lībram *fŏlĭati* poscat ămīca. Mart. 11. 28. 9. v. unguentum.

fŏlium, i. *A leaf.*——Ipse căput tonsæ *fŏliis* ornātus ŏlīvæ Dōna feram. V. G. 3. 21. SYN. frons, frondis, *fem.*, q. v. PHR. At si luxŭriâ fŏliōrum exŭbĕrat umbra. V. Fŏliis lĕviōra cădūcis. Ov. Quem tu mōbĭlĭbus fŏliis vītāre sŏlēbas. Ov.

†follĭcŭlus, i. *Any outer case.*——*Follĭcŭlos* ut nunc tĕrĕtes æstāte cĭcādæ Linquunt. Lucr. 5. 801.

follis, is. masc. 1. *A pair of bellows.*—2. ‡*A ball filled with air.*—3. ‡*A purse.*——1. Ălii taurīnis *follĭbus* auras Accĭpiunt redduntque. V. G. 4. 171.—2. *Folle* dĕcet puĕros lūdĕre, *folle* sĕnes. Mart. 14. 47. 2.—3. Et tenso *folle* rĕverti Inde dŏmum possis. Juv. 14. 281. SYN. 2. pĭla, q. v.—3. saccus, saccŭlus, crŭmēna. PHR. Ventōsi folles. V.

fōmentum, i. *A fomentation, any thing to allay pain or grief.*——*Fōmentis* spēras cēdĕre posse tuis. Ov. Ep. e P. 1. 3. 44.

fōmĕs, ĭtis. masc. *Fuel.*——Ărida circum Nūtrīmenta dĕdit răpuitque in *fōmĭte* flammam. V. Æn. 1. 176.

fons, fontis. masc. 1. *A fountain, a spring.*—2. *A fountain or source of any thing.*—3. *Water.*——1. O *fons* Bandŭsiæ splendĭdior vĭtro. Hor. 2. 13. 1.—2. *Fontem* sŭpĕrāre Tĭmāvi. V. Æn. 1. 244. Hoc *fonte* dērīvāta clades In pătriam pŏpŭlumque fluxit. Hor. 3. 6. 19.—3. Sanctos restinguĕre *fontĭbus* ignes. V. Æn. 2. 686. SYN. 2. căput, ĭtis, *neut.*; ŏrīgo, ĭnis, *fem.*—3. v. aqua. PHR. Irrĭguumque bĭbant viŏlāria fontem. V. Hic inter flūmĭna nōta Et fontes săcros frīgus captābat ŏpācum. V. Muscōsi fontes. V. Pōcŭla sunt fontes līquĭdi. V. Fontesque lymphīs obstrĕpunt mānantĭbus. Hor. O quæ fontĭbus intĕgris Gaudes (Musa). Hor. Fons sŏnat a dextrâ tĕnui perlūcĭdus undâ. Margĭne grāmineo pătŭlos incinctus hiātus. Ov. Quĭbus ipse sŏlēbam Ad săta fontānas, nec pŭdet, addĕre ăquas. Fons ĕrat illīmis, nĭtĭdīs argenteus undis. Ov.—*The goddesses of fountains were the Naiads.* Illum fontāna pĕtēbant Nūmĭna Năĭădes. Ov.—*Some of the chief fountains are named.* Ov. Met. 2. 239. Quĕrĭtur Bœōtia Dircen, Argos Ămymōnen, Ĕphyrē Pīrēnĭdas undas. *Also,* Dīcite quæ fontes Ăgănippĭdōs Hippōcrēnes Grāta Mĕdūsæi signa tĕnētis ĕqui (Musæ, sc.). Ov. v. scatebra.

fontānus, a, um. *Of a fountain.*——Ōraque quâ pollens ŏpe sum *fontāna* rĕclūsi. Ov. F. 1. 269.

§fontĭcŭlus, i. *A little spring.*——Ex hoc *fontĭcŭlo* tantundem sūmĕre. Hor. Sat. 1. 1. 56.

fŏrābĭlis, e. *What can be pierced.*——Contemptor ferri nulloque *fŏrābĭlis* ictū. Ov. Met. 12. 470. SYN. pĕnĕtrābĭlis. v. figo.

fŏrāmĕn, ĭnis. neut. *A hole.*——Concăvaque æra sŏnant, longoque *fŏrāmĭne* buxus. Ov. Met. 4. 30.

fŏrās. *Out of doors.*——Si nihĭl attŭlĕrīs ībis Hŏmēre *fŏras.* Ov. A. A. 2. 280. SYN. fŏrīs.

forceps, ĭpis. masc. *A pair of pincers.*——Nēquicquam spīcŭla dextrâ Sollĭcĭtat prênsatque tĕnāci *forcĭpe* ferrum. V. Æn. 12. 404.

forda. *A cow in calf.*——*Forda* fĕrens bos est fœcundaque dicta fĕrendo. Ov. F. 4. 631.

fŏre. fut. infin., **fŏrem,** imperf. subj., etc., **essem.** from **sum.** —— Nec sātis exactum est corpus ăn umbra *fŏrem.* Ov. Am. 3. 7. 16. v. sum.

fŏrensis, e. *Belonging to the forum.* —— Ut qui quid vāleas ignōret Marte *fŏrensi.* Ov. Ep. e P. 4. 6. 29.

‡**fŏrfex, ĭcis.** *A pair of scissors or shears.* —— Ne sit ăcūtā *Forfĭce* læsa cŭtis. Calpurn. 5. 73.

fŏri, orum. 1. *The hatches of a ship, the seats for the rowers.* — 2. *The combs of a beehive.* —— 1. Inde ălias ănĭmas quæ per jŭga longa sĕdēbant Dēturbat, laxatque *fŏros.* V. Æn. 6. 412. — 2. Complēbuntque *fŏros* et flōrĭbus horrea texent. V. G. 4. 249. SYN. 1. jŭgum, transtrum. — 2. făvus.

‡**fŏrĭca, æ.** *A sewer.* —— Inde rĕversi Condūcunt *fŏrĭcas.* Juv. 3. 38.

fŏrīs. *Out of doors.* —— Quantumvīs ŭbi ĕrit *fŏris* părātum. Cat. 16. 12. SYN. fŏras.

fŏris, is. fem. most frequently in pl. *A door.* —— Custos in *fŏrĕ* nullus ĕrat. Ov. F. 2. 738. Laxos in *fŏrĭbus* suspendit ărānea casses. V. G. 4. 247. SYN. porta, ostium, jānua.

forma, æ. 1. *Form.* — 2. *Beauty.* —— 1. *Formæ* magnōrum ŭlŭlāre lŭpōrum. V. Æn. 7. 18. Non . . . omnes scĕlĕrum comprĕndere *formas* . . . possem. V. Æn. 6. 626. — 2. *Forma* bŏnum frăgĭle est, quantumque accēdit ad annos Fit mĭnor. Ov. A. A. 2. 113. SYN. 1. fĭgūra. — 1, 2. spĕcies, ēi ; dĕcus, ŏris, *neut.* v. seq.

†**formāmentum, i.** *A mould or form.* —— Omnia prīncĭpiorum *formāmenta* queunt in quōvīs esse nĭtōre. Lucr. 2. 818.

†**formātūra, æ.** *A shaping or forming.* —— *Formātūra*que lăbrōrum pro parte fĭgūrat. Lucr. 4. 556.

Formiānus, a, um. *Of Formia, a district in Italy, celebrated for its wines.* —— Mea nec Fălernæ Tempĕrant vītes nĕque *Formiāni* Pōcŭla colles. Hor. 1. 20. 11. SYN. Læstrȳgŏnius.

formīca, æ. *An ant.* —— Pŏpŭlatque ingentem farris ăcervum Curcŭlio atque ĭnŏpi metuens *formīca* sĕnectæ. V. G. 186. PHR. Ut rĕdit itque frĕquens longum formīca per agmen, grānĭfĕro sŏlĭtum dum vehit ōre cĭbum. Ov. Horrea formīcæ tendunt ad ĭnānia nunquam. Ov. Hic nos frūgĭlĕgas aspeximus ordĭne longo Grande ŏnus exiguo formīcas ōre gĕrentes. Ov.

formīdābĭlis, e. *Formidable.* —— Nullæ in fronte mĭnæ nec *formīdābĭle* lūmen. Ov. Met. 2. 857. SYN. formīdŏlōsus, tĭmendus, terrĭbĭlis, horrĭbĭlis, mĕtuendus. v. tĭmeo.

formīdo, as. *To fear.* —— Et *formīdātus* nautīs ăpĕrītur Ăpollo. V. Æn. 3. 275. Tu quŏque *formīda* nĭmium sublīmia semper. Ov. Tr. 3. 4. 31. SYN. tĭmeo, es, *no sup.* q. v. ; mĕtuo, is, *no sup.*

formīdo, ĭnis. fem. *Fear.* —— Huic percussa nŏvâ mentem *formīdĭne* māter. V. G. 4. 357. Cervum pūnĭceæ septum *formīdĭne* pennæ (*the* formido *being a cord mounted with variously-coloured feathers to frighten the game back*). V. Æn. 12. 750. SYN. tĭmor, q. v. ; mĕtus, ūs ; păvor, terror.

formīdŏlōsus, a, um. *Formidable.* —— Seu Lībra seu me Scorpios aspicĭt *Formīdŏlōsus.* Hor. 2. 17. 18. SYN. formīdābĭlis, q. v.

formo, as. 1. *To form, to make.* — 2. *To train.* — 3. *To conceive, imagine.* —— 1. Tempŏre quo prīmum Phrygiâ *formābat* in Īdâ Æneas classem. V. Æn. 9. 80. — 2. Tu quos ad stŭdium atque ūsum *formābis* ăgrestem. V. G. 3. 163. — 3. At quæ non tăcĭtâ *formāvi* gaudia mente. Ov. Am. 3. 7. 63. SYN. 1. informo, excūdo, ĭs, di ; fingo, ĭs, xi ; effingo ; făcio, ĭs, fēci, q. v. — 3. concĭpio, ĭs, cēpi, q. v.

formōsē, compar. **ius.** *Beautifully, elegantly.* —— Quod pŏsĭto *formōsē* saltat Iaccho. Prop. 2. 3. 17. SYN. pulchrē, dĕcenter.

formōsus, a, um. *Beautiful.* —— O *formōse* puer nĭmium nĕ crēde cŏlōri. V. E. 2. 17. SYN. pulcher, chra, chrum ; vĕnustus, dĕcōrus, dĕcens, spĕciōsus, spectābĭlis, conspĭciendus. PHR. Ēgrĕgius formâ jŭvĕnis. V. Euryălus formâ insignis. V. v. pulcher.

formŭla, æ. *A formula.* —— Quid tĭbĭ nunc prodest jūrandi *formŭla* jūris? Ov. Her. 21. 133.

fornācālis, e. *Of furnaces, belonging to them or to the goddess of them.* —— Et *fornācāli* sunt sua săcra Deæ. Ov. F. 6. 312.

‡**fornācŭla, æ.** dim. of seq. —— Nil dŭbium, magna est *fornācŭla.* Juv. 10. 82.

fornax, ācis. fem. *A furnace.*——Quŏties Cȳclōpum effervĕre in auras Vīdĭmus undantem ruptis *fornācĭbus* Ætnam. V. G. 1. 472. SYN. cămīnus.
fornix, īcis. masc. *An arch or vault.*——Aut amnis rīpīs, aut alti *fornĭce* saxi. V. Æn. 10. 806. SYN. arcus, ûs. v. camera.
fors, fortis. fem., very rare in any case except abl. sing., though nom., gen., and acc. are also found ; no pl. *Chance, fortune.*——Sic nĭmis insultans extrēmo tempŏre sæva *Fors* etiam nostris invĭdit questĭbus aures. Cat. 62. 170. *Fors* et virtus miscentur in ūnum. V. Æn. 12. 714. Ite Deam læti *Fortem* cĕlĕbrāte Quĭrītes. Ov. F. 6. 775. Dīversa per æquora vectos *Forte* suâ Lĭbȳcis tempestas appŭlit ōris. V. Æn. 1. 377. v. fortuna.
fors, also **forte**, used as adv. *By chance, perhaps.*——Et *fors* æquātis cēpissent præmia rostris. V. Æn. 5. 232. *Forte* sub argutâ consēdĕrat īlĭce Dăphnis. V. E. 7. 1. SYN. cāsu. v. seq.
forsăn, forsĭtăn. *Perhaps.*——*Forsăn* et hæc ōlim mĕmĭnisse jŭvābit. V. Æn. 1. 203. *Forsĭtăn* et Priămi fuĕrint quæ fāta rĕquīras. V. Æn. 2. 506. v. prec. *and* seq.
†**forsit.** an old form of prec.——*Forsit* et Æthiŏpum pĕnĭtus de montĭbus altis Crescat. Lucr. 6. 735. v. prec. *and* seq.
fortasse and **fortassis.** *Perhaps.*——Cœloque ănĭmum *fortasse* fĕrēbat. V. Æn. 10. 548. Pugnābit prīmo *fortassis*, et imprŏbe dīcet. Ov. A. A. 1. 665. v. prec.
fortis, e. 1. *Brave.*—2. *Strong.*——1. *Fortes* creantur *fortĭbus* et bŏnis. Hor. 4. 4. 29. Cælātaque in auro *Fortia* facta pătrum. V. Æn. 1. 641.—2. Seu quis.... Pascit ĕquos, seu quis *fortes* ad ărātra jŭvencos. V. G. 3. 50. SYN. 1. ănĭmōsus, strēnuus ; audax, ācis ; impăvĭdus.—2. vălĭdus, prævălĭdus, vălens, rōbustus ; effĭcax, acis ; pŏtens.
fortĭter, compar. **ius.** 1. *Bravely.*—2. *Strongly.*——1. O quid ăgis, *fortĭter* occŭpa Portum. Hor. 1. 12. 3.—1, 2. Si tămĕn hortĕris *fortius* ībit ĕquus. Ov. Ep. e P. 2. 11. 22. SYN. vălenter.
‡**fortuīto.** *By chance, fortuitously.*——Non quăsi *fortuīto*, nec ventŏrum răbiē. Juv. 13. 225. v. forte.
fortuītus, a, um. *Fortuitous.*——Nec *fortuītum* spernĕre cespĭtem. Hor. 2. 15. 17. Dĕvexaque fossis Æqua, et *fortuīto* ductæ quăter aggĕre pinnæ. Stat. Theb. 7. 449.
Fortūna, æ. 1. *Fortune, often esp. good fortune, often also personified as the Goddess* Fortuna.—2. *Property.*——1. Nunc eădem *fortūna* vĭros tot căsĭbus actos Insĕquĭtur. V. Æn. 1. 240. Hospĭtium antīquum Trōjæ sŏcĭique Pĕnātes Dum *Fortūna* fuit. V. Æn. 3. 15.—2. Nec mea concessa est ălĭis *fortūna*. Ov. Tr. 2. 57. SYN. 1. sors, sortis, q. v. ; fātum, q. v.—2. res, rei. PHR. Sed sĭne, quam trĭbuit sortem Fortūna tuēri. Ov. Indignum . . . Te fiĕri cŏmĭtem stantis în orbe Deæ. Ov. Passĭbus ambĭguis fortūna vŏlūbĭlis errat. Ov.—*Of favourable fortune.* Non ĭtă se nōvis præbet Fortūna sĕcundam. Ov. Sic tua prōcessūs habeat Fortūna pĕrennes. Ov. Di tĭbi sint făcĭles et ŏpis nullīus ĕgentem Fortūnam præstent. Ov. Fortūna lustro prospĕra tertio Belli sĕcundos reddĭdit exĭtus. Hor. At postquam Fortūna lŏci căput extŭlit hujus. Ov. Dum jŭvat et vultu rīdet Fortūna sĕcundo. Ov. Aspīrat prīmo Fortūna lăbōri. V.—*Of bad fortune.* Quo Fortūna măgis sævit, măgis ipse rĕsistĭs. Ov. Nunc quiă contraxit vultum fortūna rĕcēdis. Ov. Si fortūna rĕcēdat. Ov. Sic tua nesciŏ quo semper fortūna lĭquescat Lapsaque per mĕdias effluat usque mănus. Ov. Sīc ĕgŏ fortūnæ tēlis confixus Inīquis. Ov. Sic ĕgo contĭnuo fortūnæ vulnĕror ictu. Ov. Cunctaque Fortūnâ rīmam făciente dehiscunt. Ov. Quæ jam spondet fortūna Sălūtem? V. Quæ te fortūna fătīgat. V. Quæ forma vĭros fortūnave mersit. V.
fortūnātus, a, um. 1. *Happy.*—2. *Fortunate* (*of circumstances*).——O *fortūnātos* nĭmium sua si bŏna nôrint Ăgrĭcŏlas. V. G. 2. 458. Ille mihi ante ălios *fortūnātus*que lăbōrum, *etc.* V. Æn. 11. 416.—2. *Fortūnātum*que sŏrōris Conjŭgium, pulchrâque Deum sub ĭmăgĭne pōnit. Ov. Met. 2. 804. SYN. 1, 2. fēlix, īcis, q. v.—2. faustus, q. v. ; sĕcundus ; prosper, ĕra, ĕrum.
§**fortūno, as.** *To make prosperous.*——Ut quamcumque Deus tĭbĭ *fortūnāvĕrit* hōram. Hor. Epist. 1. 11. 22. SYN. sĕcundo, as, q. v.
‡**fŏrŭli, ōrum.** *Bookshelves.*——Hic lĭbros dăbit et *fŏrŭlos* mĕdiamque Mĭnervam. Juv. 3. 219. SYN. scrīnia, orum.

fŏrum, i. 1. *The market-place.*—2. *The place where justice was administered, and the courts of law held.*——1. Rōmānoque *fŏro* et lautis mūgīre Cărīnis. V. Æn. 8. 360.—2. Et *fŏra* Marte suo lītĭgiōsa văcent. Ov. F. 4. 188. PHR. 2. Verbōsi garrŭla bella fŏri. Ov. Fortia verbōsi nātus ad arma fŏri. Ov.

fossa, æ. *A ditch, a trench.*——*Fossārum*que mŏræ lēti discrīmĭna parva. V. Æn. 9. 143. SYN. scrobs, ŏbis, *fem.*; lăcūna.

fossor, ōris. masc. *A digger.*——Et lăbĕfacta mŏvens rōbustus jūgĕra *fossor.* V. G. 2. 264.

fossus, a, um. part. pass. from fŏdio, q. v.——Et cădat adversâ cuspĭde *fossus* ăper. Ov. Her. 4. 172.

fŏvea, æ. *A pit.*——Dōnĕc hūmo tĕgĕre ac *fŏveis* abscondĕre discant. V. G. 4. 558.

fŏveo, es, fōvi, tum. 1. *To cherish.*—2. *To foment.*—3. *To keep or cling close to.*——1. Hæc pectŏre tōto Hæret, et interdum grĕmio *fŏvet* inscia Dīdo. V. Æn. 1. 718.—2. *Fōvit* eâ vulnus lymphâ longævus Iāpyx. V. Æn. 12. 420.—3. Non æquo dăre se campo, non obvia ferre Arma vĭros, sed castra *fŏvēre.* V. Æn. 9. 56. Tempŏris illīus cŏlui *fōvi*que poētas. Ov. Tr. 4. 10. 41. SYN. rĕfŏveo. v. alo.

fractus, a, um. part. pass. of frango, q. v. (*Of affairs*) *Ruined, disastrous.*——Contūsosque ănĭmos, et res mīsĕrābĕre *fractas.* V. G. 4. 240. v. adversus.

‡frænātor, ōris. masc. *One who bridles, restrains.*——Ignīpĕdum *frænātor* ĕquōrum. Stat. Theb. 1. 27. SYN. mŏdĕrātor.

‡frænĭger, ĕra, ĕrum. *Having bridles.*——Quisnam *frænĭgĕræ* signum dăre dignior ălæ. Stat. Sylv. 5. 1. 98.

fræno, as. *To bridle, to curb, to restrain.*——Æolus . . . ventos . . . Impĕrio prĕmit, ac vinclīs et carcĕre *frænat.* V. Æn. 1. 54. Păriterque ante ōra părentum *Frænātis* lūcent īn ĕquis. V. Æn. 5. 554. SYN. infræno, rĕfræno. v. cohĭbeo. PHR. Ordĭnem Rectum ēvăganti fræna līcentiæ Injēcit.

frænum, i, in acc. pl. fræna and frænos. *A bridle* (*prop. the bit*).——Gallĭca nec lūpātis Tempĕret ōra *frænis.* Hor. 1. 8. 7. Non dŏmĭto *frænos* ōre mŏmordit ĕquus. Tib. 1. 3. 42. SYN. lūpi, ōrum; rĕtĭnăcŭla, ōrum; hăbēnæ (*prop. the reins*). PHR. Frænīs impĕdiuntur ĕqui. Ov. Stat sŏnĭpēs et fræna fĕrox spūmantia mandit. V.—*To give rein.* Fræna dăbat, dantem non ēvītābĭle tēlum Consĕquĭtur. Ov. Ea fræna fŭrenti Concŭtit. V. Qui . . . et prĕmĕre et laxas scīret dăre jussus hăbēnas. V. Spūmantiaque addit Fræna fĕrox mănĭbusque omnes effundit hăbēnas. V. Tōtas immittĭte hăbēnas. Ov.—*To draw the rein.* Roscĭda purpŭreâ supprĭme lōra mănu. Ov. Spūmantia frustra Fræna rĕtentantem. Ov. Fŭgiunt fræno non rĕmŏrante. Ov. v. equito.

frāga, ōrum. *Strawberries.*——Qui lĕgĭtis flōres et hūmi nascentia *frāga.* V. E. 3. 92.

frăgĭlis, e. 1. *Easily broken.*—2. *Frail, perishable.*——1. Sparge mŏlam et *frăgĭles* incende bĭtūmĭne lauros. V. E. 2. 82.—2. Forma bŏnum *frăgile* est, quantumque accēdit ad annos Fit mĭnor. Ov. A. A. 2. 113. SYN. 1. fūtĭlis. —2. brĕvis, cădūcus; fŭgax, ācis.

fragmĕn, ĭnis. neut. *A piece broken off, a fragment.*——*Fragmĭna* rēmōrum quos et fluĭtantia transtra Impĕdiunt. V. Æn. 10. 306. v. seq.

fragmentum, i. another form of prec.——Rāmea costis Subjĭciunt *fragmenta.* V. G. 4. 304.

frăgor, ōris. masc. *The sound of breaking anything, any crash.*——Ingens *frăgor* æthĕra complet. V. Æn. 12. 724. SYN. clāmor; strĕpĭtus, ūs. v. sonus.

frăgōsus, a, um. *Noisy, resounding with* fragor.——Mĕdioque *frăgōsus* Dat sŏnĭtum saxis et torto vortĭce torrens. V. Æn. 7. 566. SYN. raucus, sŏnans, rĕsŏnans.

frāgro, as. rare except in part. 1. *To be fragrant, to emit a scent.*—2. ‡*To have a bad scent.*——1. Fervet ŏpus rĕdŏlentque thȳmo *frāgrantia* mella. V. Æn. 1. 436.—2. *Frāgrat* ăcerbus ŏdor pătriique exspīrat Averni Halitus. Val. Fl. 4. 493. SYN. 1. redŏleo, es, *no perf.*; hālo, as; (*of part.*) suaveŏlens, ŏdōrus; ŏdōrĭfer, ĕra, ĕrum; ŏdōrātus. v. oleo.

‡frămea, æ. *A short spear.*——Jūrat Per Martis *frămeam.* Juv. 13. 79. v. hasta.

frango, is, frēgi, fractum. 1. *To break.*—2. *To subdue, to defeat, to baffle, esp. in pass. part.* ——1. Cum Dāphnĭdis arcum *Frēgisti* et călămos. V. E. 3. 13. Cum quo mŏrantem Sæpe diem mĕro *Frēgi.* Hor. 2. 7. 6.—2. Non Vĕnus et vīnum sublīmia pectora *frēgit.* Ov. F. 1. 301. Tende dŏli circum hæc dēmum *frangentur* ĭnānes. V. G. 4. 400. *Fracti* bello fātisque rĕpulsi Ductōres Dănaûm. V. Æn. 2. 13. SYN. 1. perfringo, infringo, rĕfringo, †‡confringo; rumpo, is, rūpi.—2. v. vinco.

frāter, tris. *A brother.* ——Et conjūrātos cœlum rescindĕre *frātres.* V. G. 1. 280. SYN. germānus. PHR. Non mihĭ quam frātri frāter ămāte minus. Ov.

‡frātercŭlus, i. dim. of prec. ——Unde fit ut mālim *frātercŭlus* esse Gīgantum. Juv. 4. 98.

frāternus, a, um. *Of a brother, brotherly.* ——Insignemque phărētrâ *Frāternâque* hŭmĕrum lўrâ. Hor. 1. 21. 12.

‡fraudātor, ōris. *A cheat.* ——Et *fraudātor* ĕs et nĕgōtiātor. Mart. 11. 67. 2.

fraudo, as. *To cheat, to deprive of.* ——Quem regno Hespĕriæ *fraudo* et fātālĭbus arvis. V. Æn. 4. 355. v. prīvo.

fraudŭlentus, a, um. *Fraudulent.* ——Cum pŏpŭlo et dŭce *fraudŭlento.* Hor. 3. 3. 24. SYN. perfĭdus, infĭdus, fallax, falsus, dŏlōsus.

fraus, dis, fem. *Fraud, trickery, deceit.* ——Audax Iăpĕti gĕnus Ignem *fraude* malâ gentĭbus intŭlit. Hor. 1. 3. 28. Quem jam mănus omnis *Fraude* lŏci et noctis sŭbĭto turbante tŭmultu Oppressum răpit. V. Æn. 9. 397. SYN. dŏlus, q. v.

fraxĭneus, a, um. *Of ashen wood.* ——*Fraxĭneæ*que trăbes cŭneis, et fissĭle rōbur. V. Æn. 6. 181. SYN. fraxĭnus.

fraxĭnus, i. fem. *The ash.* ——*Fraxĭnus* in sylvis pulcherrĭma, pīnus in hortis. V. E. 7. 65.

fraxĭnus, a, um. *Ashen.* ——Ut quătĭtur tĕpĭdo *fraxĭna* virga nŏto. Ov. Her 11. 76. SYN. fraxĭneus.

frĕmĕbundus, a, um. *Making a noise, roaring, raging.* ——Ille quĭdem tōtam *frĕmĕbundus* ŏbambŭlat Ætnam. Ov. Met. 14. 188. SYN. frĕmĭdus, q. v.; frĕmens, ‡fremendus.

‡frĕmendus, a, um. *Roaring.* ——Sed solum votis, sōlum clāmōre *frĕmendo.* Stat. Theb. 12. 752. v. prec.

frĕmĭdus, a, um. *Roaring, noisy.* ——*Frĕmĭdâ* rēgālia turbâ Atria complentur. Ov. Met. 5. 3. v. prec.

frĕmĭtus, ûs. masc. *A roaring, any great noise of any animal, even of bees.*——Adventusque vĭrûm *frĕmĭtus*que ardescit ĕquōrum. V. Æn. 11. 607. Omnes Circumstant *frĕmĭtu* denso. V. G. 4. 216. Plausu *frĕmĭtu*que virûm, stŭdiisque făventûm Consŏnat omne nĕmus. V. Æn. 5. 148. SYN. frĕmor, clāmor, q. v. v. sonus.

frĕmo, is, ui. no sup. *To roar, to make a great noise.* ——Inter ŭtrumque *frĕmunt* immāni turbĭne venti. Ov. Tr. 1. 2. 25. SYN. infrĕmo, ‡adfrĕmo; mūgio, is; immūgio.

frĕmor, ōris. masc. *A roaring noise.* ——Văriusque per ōra cŭcurrit Ausŏnĭdum turbāta *frĕmor.* V. Æn. 11. 297. SYN. frĕmĭtus, ûs, q. v.; murmur, ŭris, *neut.*

frendeo, es. *To gnash the teeth.* ——Et grăvĭter *frendens* sic fātis ōra rĕsolvit. V. G. 4. 452. SYN. infrendeo.

frĕquens, entis. 1. *Frequent.*—2. *In great numbers.*—3. *Crowded.* ——1. Carmĕn ĭn ōre *frĕquens* postĕrĭtatis ĕris. Ov. Ep. e P. 2. 6. 34.—2. Ūni ŏdiisque vĭro tēlisque *frĕquentĭbus* instant. V. Æn. 10. 692.—3. Tūta *frĕquens*que lĭcet sit via, crīmĕn hăbet. Ov. A. A. 1. 586. SYN. 1. crēber, bra, brum.—2. multus, q. v.; plūrĭmus.—3. cĕlĕber, ĕbris, ĕbre.

frĕquenter, compar. ius. *In crowds.* ——Non ăliās missi cĕcĭdēre *frĕquentius* ignes. Ov. F. 3. 287. Exĕquias ĭte *frĕquenter* ăves. Ov. Am. 2. 6. 2.

frĕquentia, æ. *A number, a crowd.* ——Sarmătĭcæ mājor Gĕtĭcæque *frĕquentia* gentis. Ov. Tr. 5. 7. 13. SYN. turba, q. v.

frĕquento, as. 1. *To frequent.*—2. *To celebrate, to solemnise.*—3. *To repeat.* ——1. Templa *frĕquentāri* Collīnæ proxĭma portæ Nunc dĕcet. Ov. F. 4. 871. —2. Dum cessant ăliæ commentaque săcra *frĕquentant.* Ov. Met. 4. 37.—3.

Turba ruunt, et Hȳmen clāmant, Hȳmĕnæe *frĕquentant.* Ov. Her. 12. 143. SYN. 1, 2. celĕbro, as. — 3. ĭtĕro, as ; ingĕmĭno, as.

‡**fressus, a, um.** *Bruised.* —— Farris sēmŏdius fābæque *fressæ.* Mart. 4. 46. 6.

frĕtum, i. 1. *A strait.* — 2. *The sea.* —— 1. Sestŏn Ăbȳdēnâ sēpărat urbe *frĕtum.* Ov. Tr. 1. 10. 28. — 2. Crēbris lĕgĭmus *frēta* consĭta terris. V. Æn. 3. 127. SYN. 1. fauces, um, *pl. fem.* — 2. măre, is, *neut.* q. v. — PHR. 1. Quaque tĕnent Ponti Byzantia littŏra fauces Hic lŏcus est gĕmĭni jānua vasta măris. Ov.

frētus, a, um. *Relying on.* —— Ille pĕdum mĕlior mōtu *frētus*que jŭventā. V. Æn. 5. 430. SYN. fīdens, fīsus, confīsus.

†**friātus, a, um.** *Crumbled.* —— Scīlĭcet et glēbis terrārum sæpe *friātis.* Lucr. 1. 886.

frĭco, as, ui, frictum. *To rub.* —— Sus pĕde prōsŭbĭgit terram, *frĭcat* arbŏre costas. V. G. 3. 256. SYN. perfrĭco ; tĕro, is, trīvi.

frīgeo, es. no perf. *To be cold.* —— Sanguis hĕbet, *frīgent*que effœtæ in corpŏre vīres. V. Æn. 5. 396. SYN. †‡frīgesco, is ; torpeo, es, *no sup.* ; algeo, es, si, *no sup.* v. rigeo.

frīgĕro, as. *To make cool.* —— Nympha quos sŭper irrĭgat *Frīgĕrans* Ăgănippe. Cat. 59. 30.

†‡**frīgesco, is.** no perf. *To be cold.* —— Extemplo subtus *frīgescit* terra, coitque. Lucr. 6. 865. v. frigeo.

frīgĭdŭlus, a, um. *Cold.* —— *Frīgĭdŭlos* ūdo singultūs ōre cientem. Cat. 62. 131. v. seq.

frīgĭdus, a, um. *Cool, cold, lit. and metaph.* —— *Frīgĭda*que arbŏreas mulceat aura cŏmas. Ov. Am. 2. 16. 36. Illa quĭdem Stȳgiâ nābat jam *frīgĭda* cymbâ. V. G. 4. 506. Mihĭ *frīgĭdus* horror Membra quătit. V. Æn. 3. 29. Linguâ mĕlior, sed *frīgĭda* bello Dextera. V. Æn. 11. 338. SYN. (*but not metaph.*) præfrīgĭdus, gĕlĭdus, ēgĕlĭdus, algĭdus, horrĭdus. v. prec.

frīgo, is, xi. *To fry, to parch.* —— Et sĭmŭl inflantes corpŏra *frīge* făbas. Ov. M. F. 70.

frīgus, ŏris. neut. 1. *Cold.* — 2. *Winter, esp. in pl.* — 3. *Coolness.* —— 1. Tĕnĕras dēfendo a *frīgŏre* myrtos. V. E. 7. 6. — 2. Pōma per autumnum *frīgŏrĭbus*que nĭves. Ov. Tr. 4. 1. 57. — 3. Tu *frīgus* ămābile Fessis vōmĕre tauris Præbes et pĕcŏri văgo. Hor. 3. 13. 10. SYN. 1. gĕlu, q. v. — 2. hyems, ĕmis, *fem.* q. v. PHR. Ultĕrius nihĭl est nĭsĭ non hăbĭtābĭle frīgus. Ov. Frīgus ĭners illĭc hăbĭtant, Pallorque Tremorque. Ov. Ustus ab assĭduo frīgŏre Pontus. Ov. Quid lŏquar ut vincti concrescant frīgŏre rīvi? Ov. Frīgŏre perpĕtuo Sarmătis ōra rĭget. Ov.

‡**frĭtillus, i.** *A dice-box.* — Parvoque eădem movet arma *frĭtillo.* Juv. 14. 5. SYN. phīmus.

‡**frĭtinnio, is.** *To twitter.* —— Et cŭcŭli cŭcŭlant, et rauca cĭcāda *frĭtinnit.* Philomela, 35.

‡**frīvŏlus, a, um.** *Trifling.* —— Jam poscit ăquam, jam *frīvŏla* transfert Ŭcălĕgon. Juv. 3. 198. SYN. vīlis, q. v.

frondātor, ōris. masc. *A woodman.* —— Hinc altâ sub rūpe cănet *frondātor* ad auras. V. E. 1. 47. SYN. pŭtātor.

frondeo, es, also **frondesco, is.** no perf. *To have leaves, to shoot into leaf.* —— Nunc *frondent* sylvæ, nunc formosissĭmus annus. V. E. 3. 57. Sĭmĭli *frondescit* virga mĕtallo. V. Æn. 6. 144. SYN. vīreo, es ; vīresco, q. v. PHR. Trūdit gemmas et frondes explĭcat omnes. V. Ac dum prīma nŏvis ădŏlescit frondĭbus ætas. V. Rĕdeunt jam grāmĭna campis Arbŏrĭbusque cŏmæ. Hor.

frondeus, a, um. *Leafy.* —— Ăquas dulces et *frondea* semper Tecta pĕtunt. V. G. 4. 61. SYN. frondens, frondōsus ; †frondĭfer, ĕra, ĕrum.

†**frondĭfer, era, erum.** *Leafy.* —— *Frondĭfĕras*que novis ăvibus cănĕre undĭque sylvas. Lucr. 1. 257. v. prec.

frondōsus, a, um. *Leafy.* —— Hoc nĕmus, hunc, inquit, *frondoso* vertice Collem . . . hăbĭtat Deus. V. Æn. 8. 351. v. prec.

frons, dis. fem. 1. *A leaf.* — 2. *A leafy branch.* — 3. *A bed of leaves, a garland of leaves, etc.* —— 1. Hic tămĕn hanc mĕcum pŏtĕris rĕquiescĕre mĕcum *Fronde* sŭper vĭrĭdi. V. E. 3. 81. — 2. Nunc altæ *frondes*, et rāmi mātris ŏpăcant. V. G. 2. 55. — 3. Quâlĭbet hirsūtas *fronde* tĕgente cŏmas. Ov. A. A. 1. 108. SYN. 1. fŏlium ; cŏma, *usu. in pl.* — 2. rāmus, q. v. — 3. v. sertum.

PHR. Vĭdēbis . . . sæpe lĕvem păleam et frondes vŏlĭtāre cădūcas. V. Hīc ŭbĭ densas Ăgrĭcŏlæ stringunt frondes. V. Glaucâ cānentia fronde sălicta. V. Est nĕmus et pĭceis et frondĭbus īlĭcis ātrum. Ov.

frons, tis. fem. 1. *The forehead.* — 2. *The face.* — 3. *The front.* —— 1. Cras dōnăbĕris hœdo cui *frons* turgĭda cornĭbus Prīmis. Hor. 3. 13. 4. — 2. Sed *frons* læta părum et dejecto lūmĭna vultu. V. Æn. 6. 863. — 3. Omnis hăbet gĕmĭnas hinc atque hinc jānua *frontes.* Ov. F. 1. 135. A *fronte* pŏtentes Cœlĭcŏlæ clārique suos pŏsuēre Pĕnātes. Ov. Met. 1. 173. SYN. 2. ōs, ōris, *neut.*; vultus, ûs; făcies, ēi.

‡fructuōsus, a, um. *Fruitful.* —— Sāturnālia *fructuōsiōra.* Mart. 4. 46. 18. SYN. fēcundus, q. v.

fructus, ûs. masc. *Fruit of any thing, lit. and metaph.* —— *Fructus*que fĕros mollīte cŏlendo. V. G. 2. 36. *Fructu* non respondente lăbōri Irrĭta dēcepti vōta cŏlentis ĕrant. Ov. F. 4. 641. Sīve quod hinc *fructūs* ădeo non cēpĭmus ullos. Ov. Ep. e P. 4. 2. 31. SYN. (*not metaph.*) pōmum, q. v.; fētus, ûs (*not without mention of the plant producing it*).

‡frūgālis, e. *Frugal.* —— Ventre nihil nŏvi *frūgālius.* Juv. 5. 6. SYN. parcus.

frūgālĭter. *Frugally.* —— Cum me hortārētur parcē, *frūgālĭter* atque Vīvĕrem ŭti contentus eo quod mî ipse părâsset. Hor. Sat. 1. 4. 107. SYN. parcē. v. frugi.

frūgis. gen. sing. fem., also abl. **frūge,** more usu. pl. **frūges,** etc. 1. *The fruit of the earth, corn.* — 2. *Cakes of corn for sacrifice.* —— 1. Si thūre plācâris, et hornâ *Frūge* Lăres. Hor. 3. 23. 4. Et mĕdio tostas æstu tĕrit ārea *frūges.* V. G. 1. 298.—2. Mihĭ săcra părāri, Et salsæ *frūges,* et circum tempŏra vittæ. V. Æn. 2. 133. SYN. 1. frūmentum, q. v. — 1, 2. făr, farris, *neut.* — 2. mŏla.

§frūgi. indecl. *Frugal.* —— Tam *frūgi* tamque pŭdīca. Hor. Sat. 2. 5. 77. v. parcus.

frūgĭfer, ĕra, ĕrum. 1. *Bearing corn.* — 2. *Fruitful.* —— 1. *Frūgĭfĕras* messes ălĭmentaque mītia reddant. Ov. Met. 5. 656. — 2. Nos quŏque *frūgĭfĕræ,* si nux mŏdŏ ponor ĭn illis. Ov. Nux. 19. SYN. 1, 2. fertĭlis, q. v.; fēcundus, †frūgĭfĕrens. — 2. pōmĭfer.

†frūgĭfĕrens, entis. *Fertile, esp. in corn.* —— Quæ măre nāvĭgĕrum, quæ terras *frūgĭfĕrentes* Concĕlĕbras. Lucr. 1. 3. v. prec.

frūgĭlĕgus, a, um. *Gathering corn.* —— Hic nos *frūgĭlĕgas* aspexĭmus ordĭne longo . . . formīcas. Ov. Met. 7. 624.

†frūmentārius, i. *A corn-dealer.* —— Tēcum ăgo quæ ămīca es *frūmentāriis.* Plaut. Ps. 1. 2. 54.

frūmentum, i. *Corn.* —— Ut vărias ūsus mĕdĭtando extundĕret artes Paulātim, et sulcis *frūmenti* quæreret herbam. V. G. 1. 134. SYN. făr, farris, *neut.*; frux (*unused in nom.*), frūgis, q. v. PHR. At si trĭtĭceam in messem rōbustaque farra exercēbis hūmum. V. v. seges, messis.

fruor, ĕris. perf. rare, and not found in the authors of the Augustan age, nor fut. in rus. *To enjoy.* —— Illa, nĕque invĭdeo *fruĭtur* mĕliōre mărīto. Ov. Her. 2. 79. Servētur făcies ista *fruenda* mihi. Ov. Her. 20. 120. SYN. perfruor. v. pŏtior.

frustrā. *In vain.* —— At si . . . Lūcĭdus orbis ĕrit *frustra* terrēbĕre nimbis. V. G. 1. 459. SYN. incassum, ĭnānĭter, nēquicquam. PHR. Verbaque prōfectu dissĭmŭlāta cărent. Ov. Ter sĭne prōfectu vŏluit nītentia contra Rējĭcĕre Alcides a sē mea pectŏra. Ov. v. vānus.

frustror, āris. (perf. part. in pass. sense in Stat.) *To disappoint.* —— Pars tollĕre vōcem Exĭguam, inceptus clāmor *frustrātur* hiantes. V. Æn. 6. 493. cœptis non ēvălueēre pŏtīri *Frustrātæ* brĕvĭtāte mănus. Stat. Theb. 6. 878. SYN. 1. dēcĭpio, ĭs, cēpi, q. v.

frustum, i. *A piece, a slice, a fragment.* —— Pars in *frusta* sĕcant vĕrūbusque trĕmentia figunt. V. Æn. 1. 212.

frŭtex, ĭcis. masc. *A shrub, a tree.* —— Mons fuit, appārent *frŭtĭces* ĭn vertĭce rāri. Ov. Her. 10. 25. SYN. virgultum, arbustum, dūmus (*only a briery shrub*). v. arbor.

frŭtĭcētum, i. *A shrubbery.* —— Cĕler alto lătĭtantem *frŭtĭcēto* excĭpĕre āprum. Hor. 3. 12. 12. SYN. arbustum, dūmētum.

‡**frŭtĭco, as.** *To sprout.*——Seu sunt Byzăcea cordi Rūra măgis centum Cĕrĕri *frŭtĭcantia* culmis. Sil. 9. 205. v. floreo.

frŭtĭcōsus, a, um. 1. *Abounding in shrubs.*—2. *With many shoots.*——1. Mœsta tămen scŏpŭlos *frŭtĭcōsa*que littŏra calco. Ov. Her. 2. 121.—2. Illic *frŭtĭcōsa* lĕgĕbant Vīmĭna cum juncis. Ov. Met. 6. 344. SYN. 1. dūmōsus.

fuam. an old form for sim, fui, fuĕrim, etc., perf. indic. subj. etc., from sum.——Iros Rŭtŭlusve *fuat* nullo discrīmĭne hăbēbo (*such a form may only be used in Epic poetry*). V. Æn. 10. 108.

fūco, as. *To dye.*——Alba nĕque Assyrio *fūcātur* lāna vĕnēno. V. G. 2. 465. SYN. tingo, is, xi, ctum; imbuo, ĭs, ui, ūtum; incŏquo, is, *only in pass. part.*

fucus, i. *A dye, esp. purple.*——Cui mollia cāris Vellĕra det *fūcis* bis mădĕfacta Tȳros. Tib. 4. 2. 16. SYN. mĕdĭcāmĕn, ĭnis, *neut.*

fūcus, i. *A drone.*——Ignāvum *fūcos* pĕcus a præsēpĭbus arcent. V. G. 4. 168. PHR. Immūnisque sĕdens ălĭēna ad pābŭla fūcus. V.

fŭga, æ. 1. *Flight.* — 2. *Means of escape.* — 3. *Rapid motion.* — 4. *Exile.* —— 1. Immīsitque *fŭgam* Teucrīs ātrumque tĭmōrem. V. Æn. 9. 719. Annōrum sĕries et *fŭga* tempŏrum. Hor. 3. 30. 5. — 2. Vērum ŭbĭ nulla *fŭgam* rĕpĕrit pellăcia. V. G. 4. 443.— 3. Vŏlŭcremque *fŭgā* prævertĭtur Hĕbrum. V. Æn. 1. 317. —4. Nec mea sēlecto jūdĭce jussa *fŭga* est. Ov. Tr. 2. 132. SYN. 2. effŭgium, confŭgium. — 4. exsĭlium, q. v. v. fugio.

fŭgax, ācis. 1. *Apt to flee, good at fleeing.* — 2. *Eager to avoid.* — 3. *Fleeting.* 4. *Swift.* —— 1. Tĭmĭdi dāmæ cervique *fŭgāces.* V. G. 4. 539. — 2. Sollĭcĭtæque *fŭgax* ambĭtĭōnis ĕram. Ov. Tr. 4. 10. 38.—3. Eheu, *fŭgāces*, Postŭme, Postŭme, Lābuntur anni. Hor. 2. 14. 1.—4. Vērum ĕtiam ventis vŏlŭcrique *fŭgācior* aurā. Ov. Met. 13. 807. SYN. 1. rĕfŭgus. — 1. 3. fŭgiens. — 3. brĕvis, cădūcus, frăgĭlis. — 4. vēlox, q. v.

fŭgio, ĭs, fūgi, fŭgĭtum. 1. *To flee, to flee from, to escape.* — 2. *To avoid, to shun.* — 3. *To go swiftly.* —— 1. Rēmĭgiumque dĕdi quo mē *fŭgĭtūrus* ăbīres. Ov. Her. 2. 47. *Fūgĕrat* ōre cŏlor, măcies adduxĕrat artus. Ov. Her. 11. 27. Nē *fŭgiat* victo fassus ab ōre pŭdor. Ov. A. A. 2. 556. — 2. Tempus ŭbi est, quo te (nĭsĭ si *fŭgis* illa rĕferre). Ov. Tr. 4. 3. 55. — 3. Sed *fŭgit* intĕreā, *fŭgit* irrĕpărābĭle tempus. V. G. 3. 284. SYN. 1, 2. aufŭgio, rĕfŭgio, confŭgio (*esp. with ref. to the place or person to whom one flees*). — 2. †fŭgĭto, as; vīto, as, q. v.; exeo, īs, īvi, ĭtum. — 3. lābor, ĕris, lapsus sum. PHR. 1. Aut hos versa fugā victor dăre terga coēgit. V. Ingenti trĕpĭdāre mĕtu, pars vertĕre terga. V. Versique vĭcissim Pulvĕrŭlenta fŭgā Rŭtŭli dant terga, per ăgros. V. Dūcente Deo flammam inter et hostes Expĕdior (*safety being implied*). V. Ērĭpe nāte fŭgam. V. Ērĭpui, făteor, lēto me, et vincŭla rūpi. V. Sæpe fŭgam Dănai Trojā cŭpiēre rĕlictā Mōlīri. V. Ācri Carpĕre prāta fŭgā. V. Sĭmŭl arva fŭgā, sĭmŭl æquŏra verrens. V. Agmĭna cervi Pulvĕrŭlenta fŭgā glŏmĕrant. V. Turpia fœmĭneæ terga dĕdēre Fŭgæ. Ov. Ænēas quo deinde ruis, quo prōrĭpis, inquit, Quem fŭgis? V. Et nunc terga fŭgā nūdant, nunc spĭcŭla vertunt Infensi. V. Mænălius lĕpŏri det sua terga cănis. Ov.

fŭgĭtīvus, a, um. *Fugitive, fleeing, having fled.*——Tyndăris infestis *fŭgĭtīva* reposcĭtur armis. Ov. Her. 5. 91.

†**fŭgĭto, as.** *To avoid.*——Splendĭda porro ŏcŭli *fŭgĭtant* vĭtantque tuēri. Lucr. 4. 325. v. fŭgio.

fŭgo, as. *To put to flight, to drive away.*——Collectasque *fŭgat* nūbes sōlemque rĕdūcit. V. Æn. 1. 143. SYN. fundo, ĭs, fūdi; pello, is, pĕpŭli, pulsum; dĕpello, dĕpŭli; rĕpello, rĕpŭli; ăbĭgo, ĭs, ēgi; arceo, es, *no sup.*

fulcīmĕn, ĭnis. neut. *A prop.*—— Terra, pĭlæ sĭmĭlis, nullo *fulcīmĭne* nixa. Ov. F. 6. 269. SYN. fulcrum; cŏlŭmĕn, ĭnis, *neut.*; firmāmĕn, ĭnis, *neut.*

fulcio, īs, fulsi, tum. *To prop, to support.*——Ātlantis dūri cœlum qui vertĭce *fulcit.* V. Æn. 4. 247. Et sĕriē *fulcīte* genus. Prop. 4. 12. 69. SYN. effulcio; sustĭneo, es; sustento, as.

fulcrum, i. 1. *A prop.* — 2. *A staff.* —— 1. Aurea *fulcra* tŏris ĕpŭlæque ante ōra părātæ. V. Æn. 6. 604. — 2. *Fulcra* tĕnens lævā tristis ăcerna mănu. Ov. Ep. e P. 3. 3. 14. SYN. 1. fulcīmen, ĭnis; cŏlŭmen, ĭnis, q. v.; firmāmĕn, ĭnis, *neut.*— 2. băcŭlus, q. v.

fulgeo, es, fulsi. no sup. 1. *To shine.* — 2. *To be conspicuous, illustrious.* —— 1. Nox ĕrat et cœlo *fulgēbat* Lūna sĕrēno. Hor. Epod. 15. 1. — 2. Virtus rĕpulsæ nescia sordĭdæ Intāmĭnātis *fulget* hŏnōrĭbus. Hor. 3. 2. 18. *Fulgen-*

tem impěrio fertīlis Āfrĭcæ Fallit sorte beātior. Hor. 3. 16. 31. SYN. 1. effulgeo, rĕfulgeo; rădio, as; lūceo, es, luxi; collūceo; mĭco, as, ui; ēmĭco; splendeo, es; resplendeo; ‡fulgūro, as.—1, 2. nĭteo, es; ēnĭteo, prænĭteo (*none of the above have sup.*).

†fulgesco, is. An old form of pres. of prec.——Crēbris nubes *fulgescĕre* flammis. Ennius.

†fulgĭdus, a, um. *Shining.*——*Fulgĭda* præsertim cum cernĕre sæpe nĕquīmus. Lucr. 3. 364. SYN. cŏruscus, splendĭdus, rŭtĭlus, clārus, q. v.

fulgor, ōris. masc. *Brightness, splendour.*——Cui nĕque *fulgor* ădhuc necdum sua forma rĕcessit. V. Æn. 11. 70. Nōmĭnis et fāmæ quondam *fulgōre* trahēbar. Ov. Tr. 5. 12. 39. SYN. nĭtor, splendor.

fulgur, ŭris. neut. *A flash of lightning.*——Non ălias cœlo cĕcĭdĕrunt plūra sĕrēno *Fulgŭra.* V. G. 1. 488. PHR. Diespiter Igni corusco nūbĭla dīvĭdens. Hor. Tŏnĭtru cum rupta cŏrusco Ignea rīma mĭcans percurrit lūmĭne nimbos. V. v. fulmen.

‡fulgūro, as. *To shine.*——Vĕtĭtoque dŏmus jam *fulgūrat* auro. Stat. Theb. 4. 191. v. fulgeo.

fŭlĭca, æ. *A coot or sea-gull.*——In sicco lūdunt *fŭlĭcæ.* V. G. 1. 363. SYN. mergus.

fūlīgo, ĭnis. fem. *Soot, smut.*——Semper et assĭduâ postes *fūlīgĭne* nīgri. V. E. 7. 50.

‡fullo, ōnis. masc. *A fuller.*——Quam non *fullōnis* ăvāri Testa vĕtus. Mart. 6. 93. 1.

†fullōnĭcus, a, um. *Of a fuller, in fem. the trade of a fuller.*——Si non dĭdĭcisti *fullōnĭcam.* Plaut. As. 5. 2. 57.

fulmĕn, ĭnis. neut. *A thunder-bolt. It was sometimes used by Minerva, as well as by Jupiter; it was carried in his claws by the eagle.*——Ipse păter mĕdiâ nimbōrum in nocte, cŏruscâ *Fulmĭna* mōlītur dextrâ. V. G. 1. 328. PHR. Ex quo me Dīvûm păter atque hŏmĭnum rex Fulmĭnis afflāvit ventīs, et contĭgit ignī. V. Fulmĭnis afflātos interdum vīvĕre tēlis Vīdĭmus. Ov. Fulmĭnis ōcyor ālis. V. Mĭcantia fulmĭna mittunt. V. Ipsa Jŏvis răpĭdum jăcŭlata e nūbĭbus ignem, Disjĕcitque rătes. V. Păter . . . rŭbente Dextĕrâ săcras jăcŭlātus arces Terruit urbem. Hor. Scīmus ut impios Tītānas immānemque turbam Fulmĭne sustŭlerit cădūco. Hor. Nĕque Per nostrum pătĭmur scĕlus Īrācunda Jŏvem pōnĕre fulmĭna. Hor. Queîs nimbos immistaque fulgŭra ventis Addĭdit et tŏnĭtrūs, et ĭnēvītābĭle fulmen. Ov. Jamque ĕrat in tōtas sparsūrus fulmĭna terras . . . Tēla rĕpōnuntur mănĭbus făbrĭcāta Cÿclōpum. Ov. Lĭceat pĕrĭtūræ vīrĭbus ignis Igne pĕrīre tuo. Ov. Vĕnit ĭn hōc illâ fulmĕn ab arce căput. Ov. Nōtior est Căpăneus factus de fulmĭnis ictu. Ov. Lævo fulmĭna missa pŏlo. Ov. Jūpĭter in multos tĕmĕrāria fulmĭna torquet. Ov. Fulmĭna de cœli jăcŭlātus Jūpĭter arce. Ov. Et quī fulmĭneo sæpe sĭne igne tŏnat. Ov. Pătris summi qui tēla Tÿphōea temnis. V. De cœlo tactas mĕmĭni prædicere quercus. V. v. V. Æn. 8. 426—432.

fulmĭneus, a, um. 1. *Of, or like the thunderbolt.*—2. *Rapid, terrible.*——1. Perrumpĕre ămat saxa pŏtentius Ictu *fulmĭneo.* Hor. 3. 16. 11.—2. Ingĕmĭnant hastas et Trōĕs et ipse *Fulmĭneus* Mnestheus. V. Æn. 9. 812.

fulmĭno, as. 1. *To hurl, to strike with the thunderbolt, also metaph.*—2. *3rd sing. as impers.*—3. *To shine.*——1. Nec *fulmĭnantis* magna Jŏvis mănus. Hor. 3. 3. 6. Cæsar dum magnus ad altum *Fulmĭnat* Euphrāten bello. V. G. 4. 560.—2. At Bŏreæ de parte trŭcis cum *fulmĭnat.* V. G. 1. 370.—3. Ŏcŭlis quŏque pūpŭla dūplex *Fulmĭnat,* et gĕmĭno lūmĕn ab orbe vĕnit. Ov. Am. 1. 8. 15. SYN. 3. fulgeo, es, q. v.

fultūra, æ. *A support.*——Ingens accēdit stŏmăcho *fultūra* ruenti. Hor. Sat. 2. 3. 153. SYN. fulcrum, q. v.

fultus, a, um. part. from fulcio, q. v. *Strengthened.*——Pectus mihī rōbŏre *fultum.* Ov. Tr. 5. 12. 11. SYN. mūnītus, firmātus.

fulvus, a, um. 1. *Yellow, tawny.*—2. *Gold coloured (of hair).*—3. *Fiery coloured.*——1. *Fulvum* mandunt sub dentĭbus aurum. V. Æn. 7. 279. *Fulvæ* mātris ab ūbĕre Jam lacte dēpulsum leōnem . . . vīdit. Hor. 4. 4. 15.—2. nudo cui vertĭce *fulva* Cæsăries. V. Æn. 11. 642.—3. Jūnōnem . . . Allŏquĭtur pugnas *fulvâ* de nūbe tuentem. V. Æn. 12. 792. SYN. 1. flāvus, q. v.—2. aureus, q. v.—3. igneus, q. v.; rŭtĭlus.

‡**fūmārium**, i. *A place in which to ripen wine by smoking.* —— Imprŏba Massiliæ quicquid *fūmāria* cōgunt. Mart. 10. 36.

fūmeus, a, um. *Smoky, smoking.* —— Non ille făces nec *fūmea* tædis Lūmina (torquet). V. Æn. 6. 593. SYN. fūmĭdus, fūmōsus ; fūmĭfer, ĕra, ĕrum ; fūmans.

fūmĭdus, a, um. *Smoky.* —— Fŭrit intus ăquāi vis *Fūmĭdus* atque alte spūmĭs exūbĕrat amnis. V. Æn. 7. 465. v. prec.

fūmĭfer, ĕra, ĕrum. *Smoky.* —— Pīnum et *fūmĭferos* infert Mezentius ignes. V. Æn. 9. 522. v. prec.

fūmĭfĭcus, a, um. *Emitting smoke.* —— *Fūmĭfĭcis*que locūm mūgītĭbus implēvēre. Ov. Met. 7. 114. v. fumeus.

fūmo, as. 1. *To smoke.* — 2. *To be enveloped in a cloud of dust.* —— 1. Et jam summa prŏcul villārum culmina *fūmant*. V. E. 1. 83. Ecce autem dūro *fūmans* sub vōmĕre taurus. V. G. 3. 515.— 2. Ac sĭmŭl Ænēas *fūmantes* pulvĕre campos Prospexit lōngē. V. Æn. 11. 908. PHR. Interdumque ātram prōrumpit ad æthĕra nūbem (Ætna) Turbĭne fumantem pĭceo et candente făvillâ. V.

fūmōsus, a, um. *Smoky, smoking.* —— Ut pia *fūmōsis* āddĭta thūra fŏcis. Ov. Her. 7. 24. SYN. fūmeus, q. v.

fūmus, i. 1. *Smoke.* — 2. *Any cloud like smoke, e. g. a cloud of dust, etc.* —— 1. Nigrique vŏlūmĭna *fūmi* Infēcēre diem. Ov. Met. 13. 601. — 2. Āvulsaque saxis Saxa vĭdes, mixtoque undantem pulvĕre *fūmum*. V. Æn. 2. 609. PHR. 1. Stuppa vŏmens tardum fūmum. V. Quæ tĕnuem exhālat nĕbŭlam fūmosque vŏlūcres. V. Călĭdoque involvĭtur undĭque fūmo. Ov. Āterque ad sīdĕra fūmus Ērĭgĭtur. V. Văcuas it fūmus ad auras. V. Sensus ĭnest ĭgĭtur nĕbŭlis quas exĭgit ignis. Ov.

fūnāle, is. *A torch.* —— Noctem flammis *fūnālia* vincunt. V. Æn. 1. 731. SYN. tæda ; fax, făcis, *fem.* ; lampăs, ădis, *acc.* ădă, *pl.* ădĕs, *fem.*

‡**fūnālis**, e. *Of a rope, attached (to a chariot) by a rope.* —— Nōmĭnĭbusque cient Pholoēn Admētus, et Īrin *Fūnālem*que Thoēn (*names of horses*). Stat. 6. 462.

†**fūnambŭlus**, i. *A ropedancer.* —— *Fūnambŭli* eōdem accessit expectātio. Ter. Hec. prol. 26.

functus, a, um. part. from fungor, q. v. *Having discharged, having gone through.* —— At Dea non ultra pro *functo* morte rŏgāri Sustĭnet. Ov. Met. 11. 583. Nunc ănĭmæ tĕnues et corpora *functa* sĕpulchris (i. e. *buried*) Errant. Ov. F. 2. 565. SYN. perfunctus.

funda, æ. 1. *A sling.* — 2. *A sort of net.* —— 1. Stuppea torquentem Bălēāris verbĕra *fundæ*. V. G. 1. 309. — 2. Atque ălius lātum *fundā* jam verbĕrat amnem. V. G. 1. 141. SYN. 2. rēte, is, *neut.* q. v. PHR. 1. Strīdentem fundam pŏsĭtis Mezentius hastis Ipse ter adductā circum căput ēgit hăbēnā. V. Cum Bălēārĭca plumbum Funda jăcit, vŏlat illud et incandescit eundo. Ov. Bis terque per auras mōre rŏtat fundæ. Ov. Excussæ contorto verbĕre glandes. Ov. Plumbea cum tortæ spargūntur pondĕra fundæ. Prop.

fundāmĕn, ĭnis. neut. *A foundation.* —— Augŭrio læti jăciunt *fundāmĭna* cives. Ov. F. 4. 835.

fundāmentum, i. *A foundation.* —— Tu nunc Carthāgĭnis altæ *Fundāmenta* lŏcas, pulchramque uxōrius urbem Exstruis. V. Æn. 4. 266. v. prec.

fundātor, ōris. *A founder.* —— Nec Prænestīnæ *fundātor* dēfuit urbis. V. Æn. 7. 678. SYN. condĭtor, pŏsĭtor, auctor.

fundĭtus. adv. *From the bottom, entirely.* —— *Fundĭtus* occĭdĭmus, nĕque hăbet fortūna rĕgressum. V. Æn. 11. 413. SYN. pĕnĭtus, rādĭcĭtus, omnīno.

fundo, as. 1. *To found.* — 2. *To be the foundation of.* — 3. *To steady.* —— 1. Ænēan *fundantem* arces ac tecta nŏvāntem Conspĭcit. V. Æn. 4. 260. — 2. *Fundātūra* cĭtas flectuntur rōbŏra nāves. Ov. Her. 16. 109. — 3. Dente tĕnāci Anchŏra *fundābat* naves. V. Æn. 6. 4. SYN. 2. jăcio, ĭs, jēci, jactum. PHR. 1. Prīma făvis pōnunt fundāmĭna. V. Littŏre curvo Mœnia prīma lŏco. V. Mihī mœnia Teucri Constĭtuent. V. v. condo.

fundo, ĭs, fūdi, fūsum. 1. *To pour, to pour forth, to shed.* — 2. *To disperse, to rout, to throw down, overthrow.* — 3. *To produce, to bring forth.* — 4. *To utter.* — 5. *To besprinkle.* —— 1. Vīnaque *fundēbat* pătĕris ănĭmamque vŏcābat Anchīsæ magni. V. Æn. 5. 98. Multo vītam cum sanguĭne *fūdit*. V. Æn. 2.

532.—2. Nec priùs absistit quàm septem ingentiă victor Corpŏra *fundat* hŭmi. V. Æn. 1. 196. *Fūso* lætus ab hoste rĕdit. Ov. F. 5. 578.—3. Tuque o cui prīma fŭrentem *Fūdit* ĕquum magno tellus percussa trĭdenti. V. G. 1. 13. Quem candĭda Maia Cyllēnæ gĕlĭdo conceptum vertĭce *fūdit*. V. Æn. 8. 138.—4. *Funditque* prĕces, rex pectŏre ab īmo. V. Æn. 6. 55.—5. Multo tempŏra *funde* mĕro. Tib. 1. 7. 50. SYN. 1. 3, 4. effundo, prŏfundo.—2. dissĭpo, as; fŭgo, as.—3. părio, ĭs, pĕpĕri, partum.—3, 4. ēdo, ĭs, ēdĭdi, q. v.—5. perfundo; spargo, ĭs, si, q. v.; rĭgo, as.

fundus, i. 1. *The bottom of any thing.*—2. *A farm.*——1. Imo Nēreus ciet æquŏra *fundo*. V. Æn. 2. 419.—2. Sæva paupertas, et ăvītus apto Cum Lăre *fundus*. Hor. 1. 12. 44. SYN. 2. rūs, rūris, *neut.*; ăger, ăgri, §prædium.

fūnĕbris, e. *Relating to death, or to a funeral.*——Jŭbet sĕpulchris căprĭfīcos ērutus, jŭbet cūpressos *fūnĕbres* . . . ădūri. Hor. Epod. 5. 18. SYN. exsĕquiālis. v. seq.

fūnĕreus, a, um. *Relating to death or to a funeral.*——*Fūnĕreosque* grăves ēdĭdit ōre sŏnos. Ov. Ibis. 226. v. funestus.

fūnĕro, as. *To kill.*——Prŏpe *fūnĕrātus* Arbŏris ictu. Hor. 3. 8. 8. SYN. occīdo, ĭs, di, sum, q. v.

fūnesto, as. *To bring death, or a dead body among,*——Tāli mente, Deæ, *fūnestet* seque suosque. Cat. 62. 201.

fūnestus, a, um. 1. *Relating to death, deadly.*—2. *Mourning as for a death.*——1. Căre nĕpos, Palla, *fūnesta* quid induis arma? Ov. F. 1. 521.—2. Hæc quŏque *fūnestos*, ut ĕrat, lăniăta căpillos. Ov. F. 6. 493. SYN. 1, 2. fūnĕreus, fūnĕbris.—1. lēthālis. v. exitiabilis.—2. v. lugubris.

fungor, ĕris, functus sum. 1. *To discharge, to perform.*—2. *To go through.*——1. His saltem accŭmŭlem dōnis, et *fungar* ĭnāni Mūnĕre. V. Æn. 6. 886.—2. At non ter ævo *functus* ămābĭlem Plōrāvit omnes Antĭlŏchum sĕnex Annos. Hor. 2. 9. 13. SYN. 1. ĭneo, ĭs, īvi, ĭtum; exsĕquor, ĕris, sĕcūtus; perfungor.—2. dēfungor.

fungus, i. 1. *A mushroom.*—2. *A mushroomlike top to a candle.*——1. Prătensĭbus optĭma fungis *Nātūra* est. Hor. Sat. 2. 4. 20.—2. testâ cum ardente vĭdērent Scintillāre ŏleum, et pūtres concrescĕre *fungos*. V. G. 1. 392. SYN. 1. ‡Bōlētus.

fūnis, is. masc. *A rope.*——Săcra cănunt, *fūnem*que mănu contingĕre gaudent. V. Æn. 2. 239. SYN. ‡restis, is, *masc.*: *of a ship*, pēs, pĕdis; rĕtĭnăcŭla, ōrum; rŭdens, entis (*esp. a cable*), q. v. PHR. Stuppea prærumpit Phrȳgiæ rĕtĭnăcŭla classis. Ov. Stuppea vincŭla collo Intendunt. V.

fūnus, ĕris. neut. 1. *A funeral.*—2. *Death.*—3. *A corpse.*——1. Ille tĭbi exsĕquias et magni *fūnus* hŏnōris Fēcit. Ov. Ep. e P 1. 9. 51.—2. Extinctum Nymphæ crūdēli *fūnĕre* Dăphnin Flēbant. V. E. 5. 20.—3. Quæ nunc artūs ăvulsaque membra Et lăcĕrum *fūnus* tellūs hăbet. V. Æn. 9. 491. SYN. 1. exsĕquiæ, q. v.—2. mors, tis, *fem.* q. v.; lētum.—3. cădāver, ĕris, *neut.* PHR. 1. v. Prop. 2. 13. 17—36.

fūr, fūris. masc. *A thief.*——*Fūris* at implăcĭdas dīruit īra forēs. Prop. 4. 19. 14. SYN. lātro, ōnis, *masc.*; prædo, ōnis, *masc.* q. v.

‡fūrax, ăcis. *Fond of stealing.*——Nihĭl est *fūrăcius* illo Mart. 8. 59. 3. v. răpax.

furca, æ. *A fork, pitchfork, etc.*——Exăcuunt alii vallos, *furcas*que bĭcornes. V. G. 1. 264.

§furcĭfer, ĕri. *A rascal* (*the* furca *being also an engine of punishment for slaves*). Quorsum hæc tam pūtĭda tendunt, *Furcĭfer*? Hor. Sat. 2. 7. 22.

§furcilla, æ. dim. of furca. Musæ *furcillis* præcĭpĭtem ējĭciunt. Cat. 102. 2.

fŭrens, entis. part. of fŭro, q. v. also as adj. *Mad.*——Infēlix, quod non sponsæ præcepta *fŭrentis* Audiĕrat. V. Æn. 2. 345. SYN. fŭriōsus, q. v. dēmens.

Fŭriæ, ārum. (used in Hor. Sat. also in sing.) 1. *The Furies, three in number, daughters of Acheron and Nox; their names were Ālecto, ûs, Tīsĭphŏnē, and Mĕgæra*, q. v. *They are represented with snakes for hair, and bearing torches and whips.*—2. *Fury, rage.*——1. Vōbis *Fŭriārum* ĕgŏ maxĭma pando. V. Æn. 3. 242.—2. Ergo omnis *fŭriis* surrexit Ētrūria justis. V. Æn. 8. 494. SYN. 1. Eumĕnĭdes, um; Dīræ—*also in sing.* Ērinnȳs, yos, *pl.* yĕs, etc.—2. īra, q. v.

PHR. cærŭleos implexæ crīnĭbus angues Eumĕnĭdes. V. Luctĭfĭcam Ālecto Dīrārum ab sēde sŏrōrum Infernisque ciet tĕnĕbris. V. Gorgŏneis Ālecto infecta vĕnēnis. V. Virgo săta nocte. V. Stȳgiis ēmissa tĕnēbris Pallĭda Tīsĭphŏnē. V. Contĭnuo sontes ultrix accincta flăgello Tīsĭphŏnē quătit insultans; torvosque sĭnistrâ Intentans angues, vŏcat agmĭna sæva sŏrōrum. V. Ferte făces in me quas fertis Ĕrinnyĕs ātræ. Ov. Cōcȳtia virgo. V. Adfuit Ālecto brĕvĭbus torquāta cŏlūbris. Ov. Obstĭtit infēlix ... Ĕrinnys Nexaque vīpĕreis distendens brāchia nōdis. Cæsăriem excussit; mōtæ sŏnuēre cŏlūbræ. Ov. Nec mĕtues ātro crīnītas angue sŏrōres. Ov.

Fŭriālis, e. 1. *Of or like the Furies.*—2. *Furious.*—— 1. Cerbĕrus quamvis *fŭriāle* centum Mūniant angues căput. Hor. 3. 11. 17.—2. Illic mentis ĭnops ut quam *furiālis* Ĕrictho Impŭlit ... feror. Ov. Her. 15. 139. SYN. 1. Tīsĭphŏneus.—fŭriōsus, q. v.

fŭriālĭter. *Furiously.*—Non hăbet exactum quid ăgat, *fŭriālĭter* ōdit. Ov. F. 3. 637. v. violenter.

fŭrĭbundus, a, um. *Furious.*—— Surgit et ut taurus vaccâ *fŭrĭbundus* ădemptâ Stāre nĕquit. Ov. Met. 13. 871. v. furiosus.

fŭrio, as. *To madden.*—— Quæ sŏlet mātres *fŭriāre* ĕquōrum. Hor. 1. 25. 14. Non tulit hanc speciem *fŭriātā* mente Cŏrœbus. V. Æn. 2. 407.

fŭriōsus, a, um. *Furious, mad.*—— Igni Carpĭtur indŏmĭto *fŭriōsa*que vōta rĕtractat. Ov. Met. 10. 370. SYN. fŭriālis, fŭrĭbundus, fŭrens, răbĭdus, āmens, insānus, q. v.; attŏnĭtus, lymphātus.

Fūrius, i. *One of the names of Camillus*, q. v.——*Fūrius* (antīquum) pŏpŭli sŭpĕrātor Ĕtrusci Vŏvĕrat. Ov. F. 1. 641.

furnus, i. *An oven, a furnace.*—— Sōla prius *furnis* torrebant farra cŏlōni. Ov. F. 6. 313.

fŭro, is. no perf. or sup. 1. *To rage, to be mad, to be greatly excited with any feeling or (of inanimate things) by any agency.*—2. *To love, c. abl.*—— 1. Ut quondam in stĭpŭlis magnus sĭne vīrĭbus ignis Incassum *fŭrit.* V. G. 3. 100. Ut fĕra quæ densâ vēnantum septa cŏrōnâ Contra tela *fŭrit.* V. Æn. 9. 552. *Fŭrit* mūgītĭbus æther concussus. V. G. 3. 150.—2. Hic tertius Dĕcember, ex quo destĭti Ĭnăchiâ *fŭrĕre.* Hor. Epod. 11. 8. SYN. 1. perfŭro; sævio, is, q. v.; bacchor, āris.—2. ămo, q. v.

fūror, āris. *To steal, take away.*——Pōne căput fessosque ŏcŭlos *fūrāre* lăbōri. V. Æn. 5. 845. SYN. dētraho, ĭs, xi; subtraho; ērĭpio, ĭs, ui, reptum; surrĭpio (*pluperf. sync.* surpueram); dēmo, ĭs, dempsi; ădĭmo, is, ădēmi.

fŭror, ōris. masc. 1. *Madness.*—2. *Fury, rage.*—3. *Any violent feeling, love, grief, etc.*—— 1. Dētrectāvitque *fŭrōre* Mīlĭtiam ficto. Ov. Met. 13. 136.—2. Jamque făces et saxa vŏlant *fŭror* arma mĭnistrat. V. Æn. 1. 150.—3. Ardet ămans Dīdo traxitque per ossa *fŭrōrem.* V. Æn. 4. 101. SYN. 1. insānia, q. v. dēmentia.—2. īra, q. v.; răbies, ēi; fŭriæ, ārum.—3. v. ardor. PHR. Fŭror impius intus Sæva sĕdens super arma, et centum vinctus ahēnis Post tergum nōdis frĕmit horrĭdus ōre cruento. V. Fŭror īraque mentem Præcĭpĭtant. V.

furtim. *Stealthily.*——Blanda quies victis *furtim* subrēpit ŏcellis. Ov. F. 3. 19. SYN. furtīvē, furto, clam, lătenter.

furtīve. *Stealthily.*—— Non dăta *furtīvē* mūnĕra crīmĕn habent. Ov. Am. 2. 5. 6. v. prec.

furtivus, a, um. 1. *Stolen.*—2. *Furtive, secret.*—— 1. Mŏveat cornicula rīsum *Furtīvis* nūdāta cŏlōrĭbus. Hor. Epist. 1. 3. 20.—2. Nec jam *furtīvum* Dīdo mĕdĭtātur ămōrem. V. Æn. 4. 171. Hactĕnus arcānum *furtīvæ* conscia mentis Littĕra jam lasso pollĭce sistat ŏpus. Ov. Her. 17. 265. SYN. 2. sēcrētus, occultus.

furtum, i. 1. *Theft.*—2. *The thing stolen.*—3. *Deceit, intrigue, stealth, stratagem.*——1. Callĭdum quicquid plăcuit jŏcōso Condĕre *furto.* Hor. 1. 10. 8.—2. Mūgītum rauco furta dĕdēre sŏno. Ov. F. 1. 560.—3. Nĕque ĕgo hanc abscondĕre furto Spērāvi, ne finge, fūgam. V. Æn. 337. *Furtīs* incautum dēcĭpit hostem. Ov. Met. 13. 104. SYN. 1. lătrōcĭnum, răpīna.—2. præda, q. v.—3. dŏlus; ars, tis, *fem.*; fraus, dis, *fem.*

furvus, a, um. *Dusky, swarthy, dark, esp. of hell or its inhabitants.*—— Quem quondam dīcĭtur. Orphne ... Ex Ăchĕronte suo furvis pĕpĕrisse sub antris. Ov. Met. 5. 541. SYN. fuscus. v. obscūrus.

‡**fuscātor**, ōris. masc. *One who darkens.* —— Quicquid cœli *fuscātor* Ēōi Intŭlerat Caurus. Lucan. 4. 66.
fuscĭna, æ. *A trident.* —— In me cœrŭleo *fuscĭna* sumpta Deo est. Prop. 3. 7. 62. SYN. trĭdens, entis, *masc.*; cuspis, ĭdis, *fem.*
fusco, as. *To make of dark colour.* —— Mundĭtiæ plăceant; *fuscentur* corpŏra campo. Ov. A. A. 1. 513. SYN. infusco.
fuscus, a, um. *Dark, swarthy.* —— Nox ruit et *fuscis* tellūrem amplectĭtur ālis. V. Æn. 8. 369. Plăcuit Cēphēia Perseo Andrŏmĕdē pătriæ *fusca* cŏlōre suæ. Ov. Her. 15. 36. SYN. dēcŏlor, ōris; furvus, q. v.
fūsĭlis, e. *Easily poured or melted liquid.* —— *Fūsĭle* per rictus aurum fluĭtāre vĭdēres. Ov. Met. 11. 126. SYN. lĭquĭdus, q. v.
fustis, e. *A club, a stick.* —— Sĕvēræ Mātris ad arbĭtrium rĕcīsos Portāre *fustes.* Hor. 3. 6. 41. SYN. stīpĕs, ĭtis, *masc.*; băcŭlus, q. v.; rāmus.
fūsus, a, um. part. pass. of fundo, q. v. (*also*) 1. *Lying down.* — 2. *Spread out, dishevelled, allowed to fall.* — 3. *Extended.* —— 1. *Fūsi* per mœnia Teucri Contĭcuere, sŏpor fessos complectitur artus. V. Æn. 2. 252. — 2. *Fūsos* cervīx cui lactea crīnes Accĭpit. V. Æn. 10. 137. *Fūsus* propexam in pectŏre barbam. V. Æn. 10. 838. — 3. Nec prŏcŭl hinc partem *fūsi* monstrantur in omnem Lugentes campi. V. Æn. 6. 440. SYN. 1. †prŏfūsus, rĕcŭbans, prōjectus. — 2. sparsus, passus (*only of hair*).
fūsus, i. *A spindle.* —— Sīve lēvi tĕrĕtem versābat pollĭce *fūsum.* Ov. Met. 6. 22. PHR. Dum fūsis mollia pensa Dēvolvunt. V. Tortaque versāto dūcentes stāmĭna fūso Fœmĭneā tardas fallĭmus arte mŏras. Ov. Currĭte ducentes subtēmina currĭte fūsi. Cat.
fūtĭlis, e. 1. *Brittle, frail.* — 2. *Vain, useless.* —— 1. Mortālis mūcro, glacĭes ceu *fūtĭlis* ictu Dissĭluit. V. Æn. 12. 740. — 2. Consĭliis hăbĭtus non *fūtĭlis* auctor. V. Æn. 11. 339. SYN. 1. frăgĭlis. — 2. vānus, ĭnūtĭlis, lĕvis, ĭnānis.
fūtūrus, a, um. part. of sum, q. v. 1. *About, likely to be.* — 2. *Future* (*neut. sing. often used as subst.*). —— 1. In dŭbium Vĕnĕris palma *fūtūra* fuit. Ov. Her. 16. 138. — 2. Nec tu mensārum morsūs horresce *fūtūros.* V. Æn. 3. 394. Effĭgiemque tŏro lŏcat, haud ignāra *fūtūri.* V. Æn. 4. 508. SYN. 2. postĕrus, ventūrus, ēventūrus. PHR. Carpe diem, quam mĭnĭmē crēdŭla postĕro. Hor. Æthĭonque sagax quondam ventūra vĭdēre. Ov. Tu prŏcul ēventūra vĭdes. Ov. — *Past, present, and future.* Nŏvit namque omnia vates, Quæ sint, quæ fuĕrint, quæ mox ventūra trahantur. V. Qui prīmus Etruscam Ēdŏcuit gentem cāsūs ăpĕrīre fūtūros. Ov.

G.

‡**găbăta**, æ. *A platter.* —— Transcurrunt *găbătæ*, vŏlantque lances. Mart. 7. 48. 3. SYN. lanx, cis, q. v.
‡**Gādes**, ium. fem. *Cadiz, the extreme western point known to the ancients.* —— Latius regnes ăvĭdum dŏmando Spīrĭtum, quam si Lĭbyam rĕmōtis *Gādĭbus* jungas. Hor. 2. 2. 9. SYN. ‡Tartessus, i, *acc.* um *and* ŏn, *fem.*
‡**Gādītānus**, a, um. *Of Cadiz.* —— Cantĭca qui Nīli, qui *Gādītāna* sŭsurrat. Mart. 3. 63. 5. SYN. Tartessius. v. Hispanus.
gæsum, i. *A heavy javelin used by the Gauls.* —— Duŏ quisque Alpīna cŏruscant *gæsa* mănu. V. Æn. 8. 661. SYN. jăcŭlum; spīcŭlum, q. v.
Gætūlus, a, um. *Gætulian, African.* —— Nunc illas prōmĭte vīres, nunc ănĭmos quĭbus in *Gætūlis* Syrtĭbus ūsi. V. Æn. 5. 192. SYN. Āfer, fra, frum, q. v.; Lĭbycus.
Gălătĭa, æ. *Galatia.* —— Hunc *Gălătĭa* vĭgens causa est incessĕre bello. Stat. Sylv. 1. 4. 76.
galbăneus, a, um. *Of galbanum*, q. v. —— *Galbăneo*que ăgĭtāre grăves nīdōre chĕlydros. V. G. 3. 415.

‡**galbănum, i.** *The gum of the herb* ferula.——Hīc ĕbŭlum strīdet pĕrĕgrīnaque *galbăna* sūdant. Lucan, 9. 916.

‡**galbŭla, æ.** *A small bird, called a woodwall.*——*Galbŭla* dĕcĭpĭtur călămīs et rētĭbus āles. Mart. 13. 68. 1.

gălea, æ. *A helmet.*——Dējectamque ærea sortem Accēpit *gălea.* V. Æn. 5. 491. SYN. cassis, ĭdis, *fem.* cassĭda. PHR. Strĕpit assĭduo căva tempŏra circum Tinnītu gălea, et saxis sŏlĭda æra fătiscunt (*the wearer being overwhelmed by the enemy*). V. *So*, Căvæque Dant sŏnĭtum flictu gălеæ. V. Deinde cŏmantem Andrŏgei găleam . . . . Induĭtur. V. Terrĭbĭlem cristis găleam flammasque vŏmentem. V. Cānĭtiem gălеâ prĕmĭmus. V. Et găleam pressâ sustĭnuisse cŏmâ. Ov. Virgĭneumque căvo prætĕgit ære căput. Prop.

‡**găleātus, a, um.** *Wearing a helmet, a soldier.*——*Găleātum* sērŏ duelli Pœnĭtet. Juv. 1. 169.

gălērītus, a, um. *Wearing a cap.*——Prīma *gălērītus* pŏsuit prætŏria Lucmo. Prop. 4. 1. 29. SYN. †pīleātus.

gălērus, i. *A hat or cap.*——Fulvosque lŭpi de pelle *gălēros* Tegmen hăbent căpĭti. V. Æn. 7. 683. SYN. ‡pīleus, ‡pīleum, §pīleŏlus, ‡cūdo, ōnis, *masc.*

galla, æ. *An oakapple.*——Prōdĕrit et tunsum *gallæ* admiscēre săpōrem. V. G. 4. 267.

Galla, æ, and **Gallus, i.** *A priest of Cybele.*——Ăgĭte īte ad alta *Gallæ* Cўbēles nĕmŏra Sĭmul. Cat. 62. 12. Cūr ĭgĭtur *Gallos* qui se excīdĕre vŏcāmus. Ov. F. 4. 361.

Gallia, æ. *Gaul, France.*——Te non păventis fūnĕra *Galliæ* Duræque tellūs audit Ĭbēriæ. Hor. 4. 14. 49.

Gallĭcus, a, um, and **Gallĭcānus, a, um,** and ‡**Gallus, a, um.** *Of Gaul.*——Cum tantum Phrўgiâ *Gallĭca* distat hŭmus. Ov. F. 4. 362. Rīdentem Cătŭli ore *Gallĭcāno.* Cat. 42. 9. Et tŭmĭdus *Gallâ* crēdŭlĭtāte fruar. Mart. 5. 1. 10.

gallīna, æ. *A hen.*——Ne *gallīna* mălum responset dūra pălāto. Hor. Sat. 2. 4. 18.

gallus, i. *A cock.*——Sub *galli* cantum consultor ŭbi ostia pulsat. Hor. Sat. 1. 1. 10. PHR. Nocte Deæ nocti cristātus cædĭtur āles, Quod tĕpĭdum vĭgĭli prōvŏcat ore diem. Ov.

‡**gāneo, ōnis.** masc. *A glutton.*——Sed laudem sĭlĭquas occultus *gāneo.* Juv. 11. 58.

Gangărĭdes, æ. masc. *A dweller near the Ganges, an Indian.*——In fŏrĭbus pugnam ex auro sŏlĭdoque ĕlĕphanto *Gangărĭdûm* făciam. V. G. 3. 27. SYN. Indus.

Ganges, is. abl. ĕ and ē. *The Ganges, the chief river of India; sometimes used by the Latin poets to express the extremity of the East.*——Dum tĕpĭdus *Ganges,* frīgĭdus Ister ĕrit. Ov. Ibis, 136. Te mĕmŏrant *Gangē* totoque Ŏriente subacto. Ov. F. 3. 729. PHR. Lato spătiantem flūmĭne Gangen. Ov. Dēcŏlor extrēmo quæ cingĭtur India Gange. Ov.

Gangētĭcus, a, um. *Of the Ganges, Indian.*——Vĕlŭti *Gangētĭca* cervæ Lactentem fœtum per sylvas tigris ŏpăcas (traxit). Ov. Met. 6. 636. SYN. Indus, q. v.; Indĭcus.

Gangētis, ĭdŏs. fem. of prec.——Tālis ĕrat dŏmĭtâ Bacchus *Gangētĭde* terrâ. Ov. Am. 1. 2. 47.

†**gangræna, æ.** *Gangrene.*——Serpĕre ŭti *gangræna* mŏla atque herpēs ĭtă possit. Lucilius. SYN. ulcus, ĕris.

§**gannio, īs.** *To whine.*——Sāna esset quod nunc *gannit* et ōblĭquĭtur. Cat. 81. 4.

†‡**gannītus, ūs.** *A whining.*——Et *gannītĭbus* imprŏbis lăcessas. Mart. 5. 61. 2.

Gănўmedes, is. masc. *The son of Tros, king of Troy, whom Jupiter, admiring, commanded the eagle to carry to heaven to be his cup bearer.*——Et gĕnus invīsum, et rapti *Gănўmēdis* hŏnōres. V. Æn. 1. 82. SYN. Īliădes, æ. PHR. Intextusque puer frondōsâ rēgius Īdâ . . . quem præpes ab Īdâ Sūblīmem pĕdĭbus rapuit Jovis armĭger uncis. V. Expertus (aquilam) fĭdēlem Jūpĭter in Ganymede flāvo. Hor. v. Ov. Met. 10. 155—161.

‡**Gănȳmēdēus, a, um.** *Of Ganymede.* —— Et *Gănȳmēdēā* pōcŭla mixta mănu. Mart. 7. 39. 4.

Gărămās, antis, more usu. **Garamantēs, um.** masc. *An African tribe, African.* —— Sŭper et *Gărămantăs* et Indos Prōfĕret impĕrium. V. Æn. 6. 794. v. Afer.

‡**Gărămantĭcus, a, um.** *Of the Garamantes, African.* —— Dum fert Hercŭleis *Gărămantĭca* signa columnis. Sil. 1. 142.

Gărămantis, ĭdos. fem. of prec. —— Raptâ *Gărămantĭde* nymphâ. V. Æn. 4. 198.

Gargăra, orum. *The summit of Mount Ida.* —— Ipsa suas mīrantur *Gargăra* messes. V. G. 1. 103. v. Ida.

§**garrio, īs.** *To chatter.* —— Cervius hæc inter vīcīnus *garrit* ănīles Ex rē fābellas. Hor. Sat. 2. 6. 77.

garrŭlĭtas, ātis. fem. *Talkativeness.* —— Raucaque *garrŭlĭtas*, stŭdiumque immāne lŏquendi. Ov. Met. 5. 678.

garrŭlus, a, um. *Chattering, used also of anything which makes a reiterated noise (of birds twittering, of a brook, etc.).* —— Cēdunt verbosi *garrŭla* bella fŏri. Ov. Tr. 3. 12. 18. Antè *Garrŭla* quam tignis nīdum suspendat hīrundo. V. G. 4. 307. *Garrŭlus* in prīmo līmĭne rīvus ĕrat. Ov. F. 2. 316. SYN. lŏquax.

§**gărum, i.** *Sauce, pickle.* —— *Găro* de succis piscis Ībēri. Hor. Sat. 2. 8. 46.

Gărumna, æ. masc. *The Garonne.* —— Testis Ărar Rhŏdănusque cĕler magnusque *Gărumna*. Tib. 1. 8. 11.

gaudeo, es, gāvīsus sum. *To rejoice.* —— Non ĭtă Dardănio *gāvīsus* Ātrīdă triumpho. Prop. 2. 14. 1. SYN. lætor, āris; exsulto, as; delector, āris.

gaudium, i. *Joy.* —— Lătōnæ tăcĭtum pertentant *gaudia* pectus. V. Æn. 1. 502. SYN. lætĭtia, ōblectāmen, ĭnis, *neut.*

gausăpe, is. abl. ĕ. also **gausăpum, i.** *A rough cloth used for coverlets, napkins, etc.* —— *Gausăpĕ* purpŭreo mensam pertersit. Hor. Sat. 2. 8. 11. *Gausăpa* si sumpsit, *gausăpa* sumpta prŏba. Ov. A. A. 2. 300.

‡**gausăpīna, æ.** *A shaggy great coat.* —— Propter sexcentas Baccăra *gausăpīnas*. Mart. 6. 59. 2.

gaza, æ. *Treasure.* —— Non ĕnim *gazæ*, neque consŭlāris Summŏvet lictor mīsĕros tŭmultus Mentis. Hor. 2. 16. 9. SYN. thēsaurus. v. divitiæ.

‡**gĕlăsīnus, i.** *A laughing look.* —— Nec grāta est făcies cui *gĕlăsīnus* ăbest. Mart. 7. 25. 6.

gĕlĭdē. *Coldly.* —— Vel quod res omnes tĭmĭdē *gĕlĭdē*que mĭnistrat. Hor. A. P. 171.

gĕlĭdus, a, um. *Cold.* —— Multa ădeo *gĕlĭdâ* mĕlius se nocte dĕdēre. V. G. 1. 287. SYN. frīgĭdus, q. v.

‡**gĕlo, as.** 1. *To freeze, trans., to make cold.* — 2. *To become frozen or stiff as if frozen.* —— 1. *Gĕlat* ōra păvor, gressusque trĕmiscunt. Stat. Theb. 4. 497. — 2. Vultusque *gĕlâssent* Perseŏs adversi. Lucan. 9. 681. SYN. 2. congĕlo; concresco, īs, crēvi; frīgeo, es (*rare beyond the pres.*).

gĕlu, indecl. *Frost, cold, ice.* —— Rūra *gĕlu* tūm claudit hyems. V. G. 2. 317. SYN. glăcies, ēi; frīgus. PHR. Vĭdes ut altâ stet nĭve candĭdum Sōracte nec jam sustĭneant ŏnus Sylvæ lăbōrantēs, gĕluque Flūmĭna constĭtĕrint ăcūto. Hor. Ut sūmus in Ponto ter frīgŏre constĭtit Ister, Facta est Euxīni dura ter unda măris. Ov. Quæque ălĭæ gentes ŭbĭ frīgŏre constĭtit Ister Dūra meant cĕlĕri terga per amnis ĕquo. Ov. Coĭt astrictis barbărus Ister ăquis. Ov. Glăciē frēta vincta. Ov. Ipse vĭdes certē glăciē concrescĕre pontum, Ipse vĭdes rĭgĭdo stantia vīna gelu. Ipse vĭdes ŏnĕrāta fĕrox ut dūcat Iapyx Per mĕdias Istri plaustra bŭbulcus ăquas. Ov. Mentiar ut coeat dūrātus frīgŏre Pontus Et tĕneat glăcies jugera multa măris. Ov. Frīgŏre perpĕtuo Sarmătis ōra rĭget. Ov. Afrĭcus in glăciem frīgŏre nectit ăquas. Prop. Hic frēta vel pĕdĭti pervia reddit hyems. Ov. Ut quà rēmus ĭter pulsis mŏdŏ fēcerat undis Siccus contemptâ nāve viātor eat. Ov. Quid lŏquar ut vincti concrescant frīgŏre rīvi? Ov. Cum păter altas Āfrĭcus in glăciem frīgŏre nectit ăquas. Prop. v. V. G. 3. 360—368.

gĕmĕbundus, a, um. *Groaning much.* —— Ille quĭdem tōtam *gĕmĕbundus* ŏbambŭlat Ætnam. Ov. Met. 14. 188. v. gemo.

gĕmellĭpăra, æ. *Bearing twins.* —— Curva *gĕmellĭpăræ* spīcŭla ferre Deæ. Ov. F. 5. 542.

gĕmellus, a, um. *Twin, in pl. twins.* —— Obviaque exĭssem fœtu cŏmĭtāta gĕmello. Ov. Her. 6. 143. Vēnit ad expŏsĭtos, mīrum, lŭpa fœta gĕmellos. Ov. F. 2. 413. SYN. gĕmĭnus.

gĕmĭno, as. *To double, to redouble.*——Quid gĕmĭnas, Ĕrycīna, meos sĭne fīne dŏlōres. Ov. Am. 2. 10. 11. SYN. ingĕmĭno, congĕmĭno; dŭplĭco, as; ‡condŭplĭco.

gĕmĭnus, a, um. *Double, two.*——Gĕmĭnos huic ūbĕra circum Lūdĕre pendentes puĕros. V. Æn. 8. 631. Et trĭpŏdas gĕmĭnos auri duŏ magna tălenta. V. Æn. 9. 265. SYN. dŭplex, ĭcis. v. duo.

gĕmĭtus, ūs. masc. 1. *A groan.*—2. *A roar.*——1. Gĕmĭtus lăcrȳmābĭlis īmo Audītur tŭmŭlo. V. Æn. 3. 39.—2. Et gĕmĭtum ingentem pĕlăgi pulsātaque saxa Audīmus longē. V. Æn. 3. 555. SYN. 2. frăgor, clāmor, q. v.; strĕpĭtus, ūs. PHR. 1. Ingentem gĕmĭtum tunsīs ad sīdĕra tollunt Pectŏrĭbus. V. At dŏmus intĕreā gĕmĭtu mĭsĕroque tŭmultu Miscētur. V. Dentĭbus infrendens gĕmĭtu. V. Gĕmĭtu nĕmus omne rĕmūgit. V. Extrēmosque ciet gĕmĭtus. V. Grăvĭter gĕmĭtūs īmo dē pectŏre dūcens. V. Gĕmĭtus dŏlor ēdĕre cōgit. Ov. Et gĕmĭtus nullo læsa dŏlōre dăbam. Ov. v. luctus.

gemma, æ. 1. *A jewel.*—2. *A bud.*——1. Quālis gemma mĭcat fulvum quæ dīvĭdit aurum Aut collo dĕcus aut căpĭti. V. Æn. 10. 134.—2. Sed trūdit gemmas et frondes explĭcat omnes. V. G. 2. 335. SYN. lăpis, ĭdis, masc.; lăpillus, bacca.

gemmans, antis. 1. *Set with jewels.*—2. *Shining like a jewel.*——1. Si me gemmantia dextrâ Sceptra tĕnēre dĕcet. Ov. Met. 3. 264. v. seq.—2. Invītant herbæ gemmantes rōre rĕcenti. Lucr. 2. 319.

gemmātus, a, um. *Set with jewels, lit. and metaph.*——Nec mŏra, mōvit Ămor gemmātas aureus ālas. Ov. R. A. 39. Pendēbant tĕrĕti gemmāta mŏnīlia collo. Ov. Met. 10. 113. SYN. gemmans, gemmeus, baccatus. PHR. Dant pătĕram, clāramque auro gemmisque cŏrōnam. Ov. Scūta sed et gălеæ gemmis rădientur et auro. Ov.

gemmeus, a, um. *Jewelled.*——Gemmea purpŭreis cum jŭga dēmit ĕquis. Ov. F. 2. 74. v. prec.

gemmĭfer, ĕra, ĕrum. *Producing jewels.*——Et frĕta gemmĭfĕri findĕre classe măris. Prop. 3. 4. 2.

†gemmo, as. *To bud, to shoot.*——Purpŭreis gemmāvit pampĭnus ūvis. Ennius. SYN. germĭno, as, q. v.

gĕmo, ĭs, ui, ĭtum. 1. *To groan.*—2. *To lament.*—3. *To sound, creak, etc. (of inanimate things).*——1. Illum exspīrantem sŏcii atque extrēma gĕmentem . . . . linquunt. V. Æn. 11. 865.—2. Multa gĕmens ignōmĭniam plāgasque sŭperbi Victoris. V. G. 3. 226.—3. Nec plaustris cessant vectāre gĕmentĭbus ornos. V. Æn. 11. 138. SYN. 1. ingĕmo.—2. lūgeo, es, xi (but rare in perf.), q. v.; lāmentor, āris.—3. strĕpo, is, ui; crĕpo, as, ui; crĕpĭto, as.

gĕnæ, ārum. fem. 1. *The eyelids, the eyes.*—2. *The cheeks.*——1. Et pătior fossis lūmĕn ăbīre gĕnis. Ov. Ep. e P. 2. 8. 66.—2. Mānat rāra meas lăcrȳma per gĕnas. Hor. 4. 1. 34. SYN. 1. ŏcŭlus, q. v.—2. malæ, arum, q. v.

gĕner, ĕri. *A son-in-law.*——Aggĕrĭbus sŏcer Alpīnis atque arce Mŏnœci Descendens, gĕner adversīs instructus Ĕōis. V. Æn. 6. 832.

†gĕnĕrālis, e. *Natural, attached to one from one's birth.*——Ostendant măcŭlas gĕnĕrāles corpŏri ĭnesse. Lucr. 1. 591. SYN. nātūrālis. v. nātūra.

†gĕnĕrasco, is. no perf. *To be produced.*——Cūr omnia membris Ex ĭneunte ævo gĕnĕrascunt ingĕnioque? Lucr. 3. 746. SYN. gignor, ĕris, gĕnĭtus sum, q. v.

gĕnĕrātim. *According to its kind.*——Quāre ăgĭte, o prŏprios gĕnĕrātim discĭte cultus. V. G. 2. 35.

gĕnĕrātor, oris. masc. *A producer, a parent.*——Ăcrăgas . . . . magnănĭmûm quondam gĕnĕrātor ĕquōrum. V. Æn. 3. 704. SYN. părens, q. v.

gĕnĕro, as. 1. *To beget.*—2. *To produce (as a country produces men; bees, honey, etc.).*——1. Œbăle, quem gĕnĕrâsse Tĕlon Sĕbēthĭde nymphâ Fertur. V. Æn. 7. 734.—2. Trōjâ gĕnĕrātus Ăcestes. V. Æn. 5. 61. Tantus ămor flōrum et gĕnĕrandi glōria mellis. V. G. 4. 205. SYN. 1. prŏgĕnĕro.—1, 2. gigno, ĭs, gĕnui, ĭtum.—2. părio, ĭs, pĕpĕri, partum; ēdo, ĭs, ēdĭdi; creo, as.

gĕnĕrōsē. *In a way befitting one nobly born.*——Quæ gĕnĕrōsius Pĕrīre quærens. Hor. 1. 37. 21.

gĕnĕrōsus, a, um. 1. *Well born (used even of animals), thoroughbred.*—2. *Spirited, brave.*—3. *Fertile, abundant.*——1. O qui nōmĭnĭbus cum sis gĕnĕrōsus ăvītis Exsŭpĕras mōrum nōbĭlĭtāte gĕnus. Ov. Tr. 4. 4. 1. Contĭnuo pĕcŏris *gĕnĕrōsi* pullus in arvis Altius ingrĕdĭtur. V. G. 3. 75. Perlege dispŏsĭtas *gĕnĕrōsa* per ātria cēras. Ov. F. 1. 591. — 2. Vindĭcis ōra prŏtervis Insĕquĭtur mănĭbus *gĕnĕrōsa*que pectora pulsat. Ov. Met. 12. 234. — 3. Et Surrentīna *gĕnĕrōsos* palmĭte colles. Ov. Met. 15. 710. SYN. 1. nōbĭlis.— 2. fortis, ănĭmōsus. — 3. fēcundus, q. v. ; gĕniālis.

‡gĕnĕsis, is. fem. *The star dominant at the hour of a person's birth.* —— Nōta măthēmătĭcis *gĕnĕsis* tua. Juv. 14. 248.

gĕnētrix (but there is no instance of the second e being found ē), **īcis.** fem. *A mother, lit. and metaph.* —— Non illum nōbis *gĕnĕtrix* pulcherrĭma tālem Prōmĭsit. V. Æn. 4. 227. Et frūgum *gĕnĕtrix* immensos siste lăbōres. Ov. Met. 5. 490. SYN. māter, tris, q. v. ; părens.

gĕniālis, e. 1. *Genial.* — 2. *Festive.* —— Lūcent *gĕniālĭbus* altis Aurea fulcra tŏris. V. Æn. 6. 603. Isĭ Părætŏnium *gĕniālia*que arva Cănōpi Quæ cŏlis. Ov. Am. 2. 13. 7. — 2. Īdĭbus est Annæ festum *gĕniāle* Perennæ. Ov. F. 3. 523. SYN. 1. almus. — 2. festus, q. v.

gĕniālĭter. (*generally*) *In a festive manner.* —— Hospĭtis adventu festum *gĕniālĭter* ēgit. Ov. Met. 11. 95.

gĕnista, æ. *The broom plant.* —— Flūmĭna lātē Curva tĕnent, ut molle sĭler lentæque *gĕnistæ*. V. G. 2. 12. PHR. Sălĭces hŭmilesque gĕnistæ Aut illæ pĕcŏri frondem aut pastōrĭbus herbas Sufficiunt. V.

†gĕnĭtābĭlis, e. *Generative.* —— Et rĕsĕrāta vĭget *gĕnĭtābĭlis* aura Făvōni. Lucr. 1. 11. v. seq.

gĕnĭtālis, e. 1. *Generative, producing.* — 2. *A name of Lucina.* — 3. *Relating to birth.* —— 1. Vēre tūment terræ et *gĕnĭtālia* sēmĭna poscunt. V. G. 2. 324. — 2. Sīve tu Lūcīna prŏbas vŏcāri Seu *Gĕnĭtālis*. Hor. C. S. 16. — 3. Lībaque dem pro me *gĕnĭtāle* nŏtantia tempus. Ov. Tr. 3. 3. 17. SYN. 1. †gĕnĭtābĭlis. — 3. nātālis, ‡nātālĭtius.

†gĕnĭtālĭter. *By generation.* —— Ut sēmĭna possint Sēmĭnĭbus commiscēri *gĕnĭtālĭter* apta. Lucr. 4. 1250.

gĕnĭtīvus, a, um. 1. *Natural.* — 2. *Belonging to the gens or family.* —— 1. Forma prior rĕdiit *gĕnĭtīva*que rursus ĭmāgo. Ov. Met. 3. 331. — 2. Adjectique prŏbent *gĕnĭtīva* ad nōmĭna Cottæ. Ov. Ep. e P. 3. 2. 107. SYN. 1. nātīvus. — 2. gentīlis.

gĕnĭtor, ōris. masc. *A father.* —— Īre ad conspectum cāri *gĕnĭtōris* et ōra. V. Æn. 6. 108. SYN. păter, pătris, q. v.

gĕnĭtus, a, um. part. pass. from gigno, q. v. *Born.* —— Dīs *gĕnĭte*, et *gĕnĭtūre* Deos. V. Æn. 9. 642.

Gĕnius, i. 1. *The guardian angel supposed to attend every one from his birth to his death.* — 2. *The tutelary deity of the place.* —— 1. Cras *Gĕnium* mĕro Cūrābis et porco bĭmestri. Hor. 3. 17. 15. — 2. *Gĕnium*que lŏci prīmamque Deorum Tellurem . . . prĕcātur. V. Æn. 7. 136.

†gĕnor, eris. *To be born.* —— Tōtum posse extra corpus dūrāre *gĕni*que. Lucr. 3. 799. v. gigno.

gens, gentis. fem. 1. *A clan, a family or race.* — 2. *Birth, descent.* — 3. *A race, a species.* — 4. *A nation.* —— 1. Certus ĕras pro mē Făbiæ laus, Maxĭme, *gentis*. Ov. Ep. e P. 4. 6. 9. — 2. Neptūnique ipsā dēdūcat ŏrīgĭne *gentem*. V. G. 3. 122. — 3. Audax omnia perpĕti *Gens* hūmāna ruit per vĕtĭtum nĕfas. Hor. 1. 3. 26. — 4. Qui prīmus Etruscam Ēdŏcuit *gentem* cāsūs ăpĕrīre fŭtūros. Ov. Met. 15. 559. SYN. 1. dŏmus, ûs *or* i, *fem.* — 2. sanguis, ĭnis, *masc.* ; ortus, ûs, *masc.* ; ŏrīgo, ĭnis, q. v. — 3. gĕnus, ĕris. — 4. pŏpŭlus ; prŏpāgo, ĭnis, *fem.* q. v.

gentīlis, e. *Of a family, of the same family.* —— Sūmunt *gentīles* arma professa mănus. Ov. F. 2. 198. v. gĕnĭtīvus.

gĕnu. in sing. indecl., in pl. **gĕnŭă**, sometimes also **gĕnŭă, gĕnuum, gĕnĭbus,** etc. *A knee.* —— Dixerat et *gĕnua* amplexus *gĕnĭbus*que vŏlūtans Hærebat. V. Æn. 3. 607. *Gĕnŭa* lăbant, gĕlĭdus concrēvit frīgore sanguis. V. Æn. 12. 905. SYN. pŏplĕs, ĭtis, *masc.* PHR. Gĕnuumque rĭgēbat orbis. Ov. Gĕnuum junctūra rĭget. Ov. Tertia sed postquam mājōre hostīlia nisu Aggrĕdior, gĕnĭbusque adversæ obluctor ărēnæ. V. Impressoque gĕnu nītens terræ applĭcat ipsum. V. Parsque boûm fulvis gĕnua inclīnārat arenis. Ov. In dūrā submisso pŏplĭte terrā. Ov. Et gĕnĭbus supplex prōnis sĭmĭlisque rŏganti. Ov.

In terram pŏsĭto prŏcŭbuĕre gĕnu. Ov. Succĭduo dĭcor prŏcŭbuisse gĕnu. Ov. Flexumque gĕnu submīsit. Ov. Nunc o Bacche tuis hŭmĭles advolvĭmur āris. Prop. Pŏsĭtoque genu Tītānia terram Pressit. Ov.—*Embracing the knees was an ancient form of supplication.* Victa prĕcor gĕnĭbusque tuis rēgālia tendo Brāchia. Ov. Dicentem, gĕnĭbusque mănus ădhĭbēre părantem. Ov. Magni gĕnĭbus prōcumbere non est Dēdignāta Jŏvis. Ov.

gĕnuālia, um. *Garters.*——Quæque Pōplĭtĭbus sŭbĕrant picto *gĕnuālia* limbo. Ov. Met. 10. 593.

‡gĕnuīnus, a, um. *Of the back teeth.*——Quæ *gĕnuīnum* ăgĭtant non admittentia morsum. Juv. 5. 70.

gĕnus, ĕris. neut. 1. *Birth, origin.*—2. *Race, species.*——1. Ut *gĕnus* audiĕrant ănĭmos păter agnĭtus auget. Ov. F. 3. 65.—2. Unde hŏmĭnes nati, dūrum gĕnus. V. G. 1. 63.—SYN. ŏrĭgo, ĭnis, *fem.* q. v.—1, 2. gens, q. v.; stirps.

‡geōmĕtres, also **geōm.** or **geōm.** æ. masc. *A geometrician.*——Grammătĭcus, rhētor, *geomĕtres*, omnia nōvit. Juv. 3. 76.

germāna, æ. *A sister.* Invēni, *Germāna*, viam. V. Æn. 4. 478. SYN. sŏror, ōris, q. v.

Germānia, æ. *Germany.*——Nec fĕra cœrŭleâ domuit *Germānia* pūbe. Hor. Epod. 16. 7. PHR. Perfida damnātas Germānia prōjĭcit hastas. Ov. Quis (pavet) Germānia quos horrĭda partŭrit Fētus? Hor.

Germānĭcus a, um, and **Germānus, a, um.** *German.*——Accĭpient jŭvĕnem *Germānĭca* signa fĕrentem. Ov. ad Liv. 335. Fœmĭna cānĭtiem *Germānĭs* infĭcit herbis. Ov. A. A. 3. 163.

germānus, i. *A brother.*——Hæc *germānus* Ĕryx quondam tuus arma gĕrēbat. V. Æn. 5. 412.

germānus, a, um. *Of a brother or sister.*——Ardescunt *germānâ* cæde bĭmembres. Ov. Met. 12. 240. v. frāternus.

germĕn, ĭnis. neut. 1. *A bud, a shoot.*—2. *Offspring.*——1. Fit nōdo sĭnus, huc ăliēnâ ex arbŏre *germen* Inclūdunt. V. G. 2. 76.—2. Implēvitque ŭtĕrum gĕnĕrōso *germĭne.* Ov. Met. 9. 280. SYN. 1. surcŭlus.—2. prōles, is, q. v.

germĭno, as. *To sprout, to shoot.*—*Germĭnat* et nunquam fallentis termĕs ŏlīvæ. Hor. Epod. 16. 47. PHR. Herba . . . exsĕrit e tĕpĭdâ molle căcūmen hŭmo. Ov. v. floreo.

gĕro, ĭs, gessi, gestum. 1, *To bear, to carry.*—2. *To wear.*—3. *To have (qualities, etc.).*—4. *To wage.*—5. *To produce.*—6. *To do.*—7. Gĕro me, gĕris te, etc. *To behave.*—8. Gĕro mōrem, *c. dat.* *To obey.*——1. Et stĕrĭles plătăni mālos *gessere* vălentes. V. G. 2. 70.—2. Virgĭnis ōs hăbĭtumque *gĕrens* et virgĭnis arma Spartānæ. V. Æn. 1. 315.—3. Necnōn et pulcher Iūlus Ante annos ănĭmumque *gĕrens* curamque vĭrīlem. V. Æn. 9. 311.—2, 3. Atque umbrāta *gĕrunt* cīvīli tempora quercu. V. Æn. 6. 772.—4. Bellum ingens *gĕret* Ītăliâ, pŏpŭlosque fĕrōces Contundet. V. Æn. 1. 263.—5. Viŏlam nullo terra sĕrente *gĕrit.* Ov. Tr. 3. 12. 6.—6. Nec tēcum tālia *gessi.* V. Æn. 9. 203.—7. Si tămĕn ille prior quō me sĭne crĭmĭne *gessi.* Ov. Her. 4. 31.—8. Sed *gĕrat* ille suo *mōrem* fŭriōsus ămōri. Ov. Am. 2. 2. 13. SYN. 1, 2. 5. fĕro, fers, ferre, tŭli, lātum.—1. porto, as; sustĭneo, es.—1. 3. 5. gesto, as.—2. induor, ĕris, ūtus, q. v.—2, 3. hăbeo, es.—3. præsto, as, stĭti, *no sup.*—4. infĕro; dūco, ĭs, xi.—5. ĕdo, ĭs, ēdĭdi, q. v.—6. ăgo, ĭs, ēgi, q. v.; făcio, ĭs, fēci.—7. præbeo me.—8. obsĕquor, ĕris, sĕcūtus sum; indulgeo, es, si.

‡gerres, ium. masc. *Herrings.*——Fuisse *gerres*, aut ĭnūtĭles mænas. Mart. 12. 32. 15.

§gĕrŭlus, i. *A porter.*——Festīnat călĭdus mūlis *gĕrŭlis*que redemptor. Hor. Epist. 2. 2. 72.

Gēryŏnes, æ and **is.**——*A king of Spain who had three bodies. His herds were very celebrated; they were carried off by Hercules after he had slain their master.*——Tergĕmĭni nĕce *Gēryŏnæ* spoliisque sŭperbus. V. Æn. 8. 202.—PHR. Prōdĭgiumque trĭplex armenti dīves Ībēri Gēryŏnes. Ov. Qui ter amplum Gēryŏnen, Tĭtyonque tristi compescit undâ. Hor. Forma trĭcorpŏris umbræ (*in the shades below*). V.

gestāmen, ĭnis. neut. 1. *Anything worn.*—2. ‡*Anything in which a thing is carried.*——Agnōvi clўpeum, lævæ *gestamĭna* nostræ. Ov. Met. 15. 163.—2. Ante ăciem celsi vehĭtur *gestāmĭne* conti. Val. Fl. 6. 72.

‡**gestātor, ōris.** masc. *One who, or that which carries (some take. l. c. in pass. sense, one who is borne).*—— Illic Flāmĭniæ Sălāriæque *Gestātor* pătet. Mart. 4. 64. 18.

‡**gestātrix, īcis.** fem. of prec.—— Dīvaque Gorgŏnei *gestātrix* innŭba monstri. Val. Fl. 4. 605.

gestio, īs. 1. *To wish.*—2. *To rejoice.*—— 1. Quantaque vītārit narrāre pĕrīcŭla *gestit.* Ov. Met. 4. 130.—2. Et stŭdio incassum vĭdeas *gestīre* lăvandi. V. G. 1. 387. SYN. 1. cŭpio, ĭs, q. v.—2. gaudeo, es, gāvīsus sum, q. v.

gesto, as. *To carry, to bear.*—— Tum ferrum et scŏpŭlos *gestāre* in corde fătēbor. Ov. Met. 7. 33. SYN. gĕro, ĭs, q. v.

gestus, a, um. part. pass. from gero, q. v. (*esp.*) *Done.*—— Luce nihil *gestum* nihĭl est Dĭomēde rĕmōto. Ov. Met. 13. 100.

gestus, ūs. masc. *Gesture.*—— Per *gestum* res est signĭfĭcanda mihi. Ov. Tr. 5. 10. 36.

Gĕtes, æ. masc. *The Getæ were a Dacian tribe.*—— Vītam non ădĭmat stricto squallĭdŭs ense *Gĕtes.* Ov. Ep. e P. 1. 2. 108. SYN. Dācus. PHR. Braccataque turba Gĕtārum. Ov. Truxque Gĕtes armis . . . . pulset. Ov. Strȳmŏna vēnisti Martĭcŏlamque Gĕten. Ov. Hic mihĭ Cimmĕrio bis tertia dūcĭtur æstas Littŏre pellītos inter ăgendă Gĕtas. Ov. Sălūtem Mittit ab hirsūtis Maxĭme Cotta Gĕtis. Ov.

Gĕtĭcē. adv. of seq.—— Jam dĭdĭci *Gĕtĭcē* Sarmătĭceque lŏqui. Ov. Tr. 5. 12. 58.

Gĕtĭcus, a, um. *Of the Getæ.*—— Ipse quĭdem peream *Gĕtĭco* viŏlātus ab arcu. Ov. Ep. e P. 3. 5. 45.

‡**gibbus, i.** *A hump, a wen.*—— Cŭpĕret Rŭtĭlæ Virgīnia *gibbum* Accĭpĕre atque suam Rŭtĭlæ dăre. Juv. 10. 294.

gĭgantēus, a, um. *Of the giants.*—— Cumque *gĭgantei* mĕmŏrantur prælia belli. Ov. Tr. 2. 71.

gĭgas, antis. acc. **em** and ă. pl. ĕs. *A giant. The giants were the sons of Titan and Terra; they made war on the gods, and attempted to pile mountain on mountain so as to reach heaven; but Jupiter struck them down with his thunderbolts, and buried the giants under different mountains. The names of the chief giants were* Cœus, Īăpĕtus, Encĕlădus, Tȳphoeus, Briăreus, Gȳges; Mĭmas, antis; Porphȳrion, ōnis.——Cĕcĭni plectro grăviōre *Gĭgantas.* Ov. Met. 10. 150. SYN. Terrigena, æ, *masc.*; *in pl.* Tītānĕs, um; Anguĭpĕdes, um. PHR. Qua centum quisque părābant Injĭcĕre Anguĭpĕdum captīvo brāchia cœlo. Ov. v. V. G. 1. 278—283. Hor. 3. 4. 48—64. Ov. Met. 1. 151—160. F. 5. 35—42.

gigno, ĭs, gĕnui, ĭtum. *To beget, to engender, to produce.*—— Dūris *gĕnuit* te cautĭbus horrens Caucăsus. V. Æn. 4. 366. SYN. prōgigno; gĕnĕro, as; progĕnĕro; ēdo, ĭs, ēdĭdi; creo, as; prōcreo, q. v.

gilvus, a, um. *Dun coloured.*—— Cŏlor dēterrĭmus albis Et *gilvo.* V. G. 3. 82.

gingīva, æ. *The gums.*—— Russam dēfrĭcāre *gingīvam.* Cat. 39. 19.

‡**ginnus, i.** *A mule.*——Non ălĭter monstratur Ătlas cum compăre *ginno.* Mart. 6. 77. 7. SYN. mūlus.

‡**glăber, bra, brum.** *Smooth.*—— Ore tĕner, lātus pectŏre, crūere *glăber.* Mart. 12. 38. 4. SYN. lævis.

glăciālis, e. *Icy, cold.*—— Et *glăciālis* hyems ăquĭlōnĭbus aspĕrat undas. V. Æn. 3. 285. v. frigidus.

glăcies, ēi. fem. *Ice.*—— Ah tĭbĭ nē tĕnĕras *glăcies* sĕcet aspĕra plantas. V. E. 10. 49. PHR. Lūbrĭcaque immōtas testa prĕmēbat aquas. Ov. v. Ov. Tr. 3. 10. 21—38. v. gelu.

glăcio, as. *To freeze, trans.*—— Audīs . . . . et pŏsĭtas ut *glăciet* nĭves Pāro nūmĭne Jūpĭter. Hor. 3. 10. 7. Conglăcio. SYN. congĕlo, as, q. v.

glădiātor, ōris. masc. *A gladiator.*—— Cæsăris adventu tōtâ *glădiātor* ărēnâ Exit. Ov. Ep. e P. 2. 8. 53.

glădius, i. *A sword.*—— Huic *glădio* perque ærea sūta Per tŭnĭcam squălentem auro lătus haurit ăpertum. V. Æn. 10. 313. SYN. ensis, is, *masc.* q. v.; mūcro, ōnis, *masc.*; ferrum.

glandĭfer, ĕra, ĕrum. *Bearing acorns.*—— Vīdi ĕgŏ Pētræum cōnantem ēvellĕre terrâ *glandĭfĕram* quercum. Ov. Met. 11. 328.

‡**glandŭla**, æ. *Glands, glandulous tumours.*——Ter pŏsuit āpri *glandŭlas* quăter lumbum. Mart. 7. 19. 4.

glans, glandis. fem. 1. *An acron.*—2. *A bullet.*——1. Vestro si mūnĕre tellus Chāŏniam pingui *glandem* mūtāvit ăristâ. V. G. 1. 9.—2. Pars maxĭma *glandes* Lĭventis plumbi spargit. V. Æn. 7. 686. SYN. 2. plumbum. PHR. 1. Sed tămen et quernas glandes tum stringĕre tempus. V. Bĕne ĕrat jam glande rĕpertâ Dūraque magnĭfĭcas quercus hăbēbat ŏpes. Ov. Curvātaque glandĭbus ĭlex. Ov.

glărea, æ. *Gravel.*——Nam jējūna quĭdem clīvōsi *glărea* rūris. V. G. 2. 212.

‡**glaucīnus**, a, um. another form of glaucus, q. v.——Pallia dōnābit *glaucina* Cosme tĭbi. Mart. 9. 27. 2.

glaucis, ĭdŏs. fem. *A bitch, or perhaps a cat.*——*Glaucidos* et cătŭlæ vox est mihĭ grāta querentis. Prop. 4. 3. 55.

glaucus, a, um. 1. *Grey.*—2. *Seagreen.*——1. Hŏnesti Spādĭces *glaucique*. V. G. 3. 82.—2. Tantum effāta caput *glauco* prætexit ămictu. V. Æn. 12. 885. SYN. 2. v. cæruleus.

glēba, æ. 1. *A lump of earth.*—2. *Soil.*——1, 2. Zĕphȳro pūtris se *glēba* rĕsolvit. V. G. 1. 44.—2. Terra antīqua, pŏtens armīs atque ūbĕre *glēbæ*. V. Æn. 1. 525. SYN. terra, q. v.

‡**glēbŭla**, æ. dim. of prec.——Sătŭrābat *glēbŭla* tālis Pătrem ipsum, turbamque căsæ. Juv. 14. 166.

‡**glīs, glīris**. masc. *A dormouse.*——Somnĭcŭlōsos ille porrĭgit *glīres*. Mart. 3. 58. 36.

†‡**glisco**, is. no perf. *To increase, intrans.*——Ignis Ălexandri Phrȳgio sub pectore *gliscens*. Lucr. 1. 474. SYN. cresco, ĭs, crēvi, q. v.

†**glŏbōsus**, a, um. *Round.*——Scĭlĭcet esse *glŏbōsa* tămen cum squālĭda constent. Lucr. 2. 468. SYN. rŏtundus, q. v.

glŏbus, i. *Any round body.*——Flammārumque *glŏbos* lĭquĕfactaque volvĕre saxa. V. G. 1. 473. SYN. orbis, is, *masc.* q. v.

†**glŏmĕrāmĕn**, ĭnis. neut. *A heap.*——Dissĭmĭles ĭgĭtur formæ *glŏmĕrāmĕn* in ūnum Convĕniunt. Lucr. 2. 685. SYN. ăcervus, cŭmŭlus; congĕries, ēi.

glŏmĕro, as. *To wind round, to collect into a heap.*——Sīve rŭdem prīmos lānam *glŏmĕrābat* in orbes. Ov. Met. 6. 19. Et fœdam *glŏmĕrant* tempestatem imbrĭbus ātris Collectæ ex alto nūbes. V. G. 1. 323. Sed *glŏmĕrāre* mănum bello et concurrĕre in arcem Cum sŏciis ardent ănĭmi. V. Æn. 2. 315. Ad terram gurgĭte ab alto Quam multæ *glŏmĕrantur* ăves. V. Æn. 6. 610. SYN. †conglŏmĕro; collĭgo, ĭs, lēgi, q. v.

glŏmus, ĕris. neut. (perhaps also **glomus**, i. masc., but the reading in Hor. is uncertain.) *A thread of wool, a clue.*——Ut vīnōsa *glŏmus* (*some read glŏmos*), furtivæ Pyrrhia lānæ. Hor. Epist. 1. 13. 14. Nam si tantundem est in lānæ *glŏmĕre* quantum . . . Lucr. 1. 360.

glōria, æ. 1. *Glory.*—2. *Vaingloriousness, pride.*——1. Bēlĭdæ nōmen Pălămēdes, et inclȳta fāmâ *glōria*. V. Æn. 2. 83.—2. Et tollens văcuum plus nĭmio *glōria* verticem. Hor. 1. 18. 15. SYN. 1. fāma; dĕcus, ŏris; hŏnor *and* hŏnōs, ōris, *masc.*; nōmĕn, ĭnis, *neut.*—2. insŏlentia, sŭperbia, q. v. PHR. Accendit tantārum glōria rērum (animum). V. Nec tarda sĕquētur Glōria dēlectos Lătio. V. Jam nosces ventōsa fĕrat cui glōria laudem. V. Mnestheus quem pulsi pristĭna Turni Aggĕre mūrōrum sublīmem gloria tollit. V. Mĭnor est tua glōria vēro, Fāmaque de formâ pēne mălĭgna tuâ est. Ov. Et tua mātĕriâ glōria victa suâ est. Ov. Laudātaque virtus Crescit, et immensum glōria calcar hăbet. Ov. v. Fama.

glōrior, āris. *To glory, to boast.*——Jūpĭter alter ăvus, sŏcĕro quoque *glōrior* illo. Ov. Met. 6. 176. SYN. jacto, as; sŭperbio, ĭs.

‡**glōriōsus**, a, um. 1. *Glorious.*—2. *Boastful, boasting.*——Est *glōriōsus* sānē convictus Deûm Phædr. 4. 23. 10.—2. Dixit præsĭde *glōriōsa* tāli. Mart. 12. 8. 7. SYN. 1. clārus, q. v.—2. arrŏgans, q. v.

glūtĕn, ĭnis. neut. *Glue, any thing to fasten with.*——Collectumque hæc ipsa ad mūnĕra *glūten* Et visco et Phrȳgiæ servant pĭce lentius Īdæ. V. G. 4. 40. v. viscus.

‡**glūtio**, is. *To swallow.*——Quales tunc ĕpŭlas ipsum *glūtisse* pūtēmus? Juv. 4. 28. SYN. vŏro, as, q. v.

‡glūtus, i. *The throat.*——Nec *glūto* sorbēre sălīvam Mercŭriālem. Pers. 5. 112. SYN. guttur, ŭris, q. v.

‡gnārus, a, um. *Knowing, skilful in.*——Murrānum ductor Lĭbyæ, ductorque Phălantum Ausŏnius *gnāros* belli vĕtĕresque lăbōrum . . . fūdērunt. Sil. 4. 530. SYN. pĕrītus, q. v.

§gnāvĭter. *Diligently.*——Consĭliumque mŏrantur ăgendi *gnāviter* id; quod. . . Hor. Epist. 1. 1. 24.

gnāvus, a, um. *Active.*——Sic tĭbĭ cum Bacchis Sătўrōrum *gnāva* jŭventus Adsit. Ov. Tr. 5. 3. 37. SYN. impĭger, gra, grum; strēnuus.

Gnossiăcus, a, um. and **Gnossius, a, um.** *Cretan.*——*Gnossiăci* possem castrīs insistĕre regis. Ov. Met. 8. 52. Plăcēmus ventos, et *Gnossia* regna pĕtāmus. V. Æn. 3. 115. SYN. Crētĭcus, q. v.

Gnossiăs, ădŏs. and **Gnossis, ĭdŏs.** fem. forms of prec.——Pōne metum, Bacchi *Gnossiăs* uxor ĕris. Ov. A. A. 1. 556. Et Phœbus Daphnen, et *Gnossĭdă* Bacchus ămāvit. Ov. Her. 15. 25. SYN. Crētis, ĭdŏs, q. v.

gōbius, i. *A gudgeon.*——Lūbrĭcus et spīnâ nocuus non *gōbius* ullâ. Ov. Hal. 128.

‡gongўlis, ĭdis. fem. *A turnip.*——*Gongўlis* illustri mittit quam Nursia campo. Columel. 10. 421.

Gorgōn, ŏnis. acc. **ŏnă.** pl. **ŏnĕs,** etc. *A Gorgon. The Gorgons were the three daughters of Phorcus, named Mĕdūsa, Euryăle, and Sthĕnyo, ûs: they inhabited an island in the Atlantic, and were slain by Perseus. They had snakes for hair; and, after they were slain, the sight of Medusa's head turned those to whom it was shown to stone: afterwards Pallas bore it in the centre of her shield.*——Crēdam prius ōra Mĕdūsæ *Gorgŏnis* anguĭneis cincta fuisse cŏmis. Ov. Tr. 4. 7. 12. Pallas Insēdit nimbo effulgens et *Gorgŏne* sævâ. V. Æn. 2. 616. SYN. Phorcўs, ўdŏs, pl. ўdĕs. PHR. Gorgŏnis anguĭcŏmæ Perseus sŭpĕrātor. Ov. v. Ov. Met. 4. 770—802.

Gorgŏneus, a, um. *Of the Gorgons.*——Lūmĭna *Gorgŏneo* sævius igne mĭcant. Ov. A. A. 3. 504. SYN. Mĕdūsæus.

Gortўniăcus, a, um, and **Gortўnius, a, um.** *Cretan, from Gortyna, a city in Crete.*——Nec *Gortўniăco* călămus lĕvis exit ab arcu. Ov. Met. 7. 778. Spĭcŭla torquēbat Lўcio *Gortўnia* cornu. V. Æn. 11. 773. v. Creticus.

§grăbātus, i. masc. *A bed.*——Tractum qui vĕtĕris pedem *grăbāti* In collo sĭbĭ collŏcāre posset. Cat. 10. 22. SYN. lectus, tŏrus; cŭbīle, is, *neut.*

grăcĭlis, e. 1. *Lean, slender.*—2. *Fine.*—3. *Light, unimportant.*——1. Quis multâ *grăcĭlis* te puer in rosâ Perfūsam lĭquĭdis urget ŏdōrĭbus? Hor. 1. 5. 1. Et *grăcĭlis* structos effŭgit umbra rŏgos. Ov. Tr. 4. 10. 86. — 2. Cum *grăcĭles* essent tămen et lānūgĭnis instar (comæ). Ov. Am. 1. 14. 23. — 3. Mātĕriæ *grăcĭli* suffĭcit ingĕnium. Ov. Ep. e P. 2. 5. 26. SYN. 1. măcer, cra, crum; exīlis.—1. 3. tĕnuis, lĕvis.

grăcŭlus, i. *A jackdaw.*——Milvius, et plŭviæ *grăcŭlus* auctor ăquæ. Ov. Am. 2. 6. 34. SYN. mŏnēdŭla.

grădior, ĕris, gressus sum. *To step, to walk, to proceed.*——Ipse ūno *grădĭtur* cŏmĭtātus Achāte. V. Æn. 1. 316. SYN. ingrĕdior, prŏgrĕdior, incēdo, prŏcēdo; eo, īs, īvi, ĭtum; vādo, ĭs. v. ambulo.

‡grădĭvĭcŏla, æ. masc. *Worshipping Mars, martial.*——Et *Grādīvĭcolam* celso de colle Tŭdertem. Sil. 4. 222. SYN. Martĭcŏla.

Grădīvus, i. *Mars.*——Arma Sĕrestus Lecta rĕfert hŭmĕris tĭbĭ rex *Grādīve* trŏpæum. V. Æn. 10. 542. Et gĕnus a magno dūcentem forte *Grădīvo.* Ov. Met. 6. 427. SYN. Mars, Martis, q. v.

grădus, ûs. masc. 1. *A step or stair.*—2. *A degree.*—3. *A step, of motion.*——Ærea cui *grădĭbus* surgēbant līmĭna nexæque Ære trăbes. V. Æn. 1. 448. — 2. Tŏtĭdemque *grădus* distāmus ab illo. Ov. Met. 13. 143. 3. Illa *grădum* stŭdio cĕlĕrābat ănīli. V. Æn. 4. 641. Trĕmŭloque *grădu* vĕnit ægra sĕnectus. Ov. Met. 14. 143. SYN. 3. gressus, ûs; passus, ûs. PHR. 3. Inque grădu stĕtĭmus certi non cēdĕre. Ov. Tarda nĕcessĭtas Lēti corrĭpuit grădum (*hastened*). Hor. Siste grădum. V. *So,* Obstŭpui tăcĭtus sustĭnuique grădum. Ov. Sed rĕvŏcare (*to retrace*) grădum . . . hŏc ŏpus, hic lăbor est. V. Rĕtŭlit ille grădus. Ov. Ingentes vārĭca fertque grădus. Ov.

Græcia, æ. *Greece.*——Quamvis Ēlўsios miretur *Græcia* campos. V. G. 1. 38.

SYN. Ăchāïa. PHR. Cognĭta res mĕrĭtam vāti per Ăchāĭdăs urbes Attŭlĕrat famam. Ov. Ultro Īnăchias vēnisset ad urbes Dardănus. V.

Græcus, a, um. *Greek.* —— Vix bĕne barbaricâ *Græca* nŏtāta mănu. Ov. Her. 3. 2. SYN. Grāius, Argīvus, Ăchīvus, Ăchæus, Ăchāĭcus, Argŏlĭcus, Pĕlasgus, Pĕlasgiăcus, Dōrĭcus, Pĕlŏpēus, Pĕlŏpēius, Dănaus, Īnăchius: *fem.* Pelasgĭas, ădŏs, adă, *pl.* adēs; Ăchāis, ĭdŏs; Argŏlis, ĭdŏs; Pĕlŏpēis, ĭdŏs; Pĕlŏpēiăs, ădos: *in pl.* (*esp. of the people*) Dŏlŏpēs; Grājŭgĕnæ, arum, *masc.*

Grājŭgĕnæ, arum. masc. and fem. *Grecian born, Grecian.* —— *Grājŭgĕnúm*que dŏmos suspectaque linquĭmus arva. V. Æn. 3. 550. v. prec.

Graius, a, um. *Greek.* —— Mihi . . . Spīrĭtum *Graiæ* tĕnuem Cămœnæ Parca non mendax dĕdit. Hor. 2. 16. 38. v. Græcus.

grāmĕn, ĭnis. neut. 1. *Grass.* — 2. *Any sort of herb.* —— 1. Nulla neque amnem Lībāvit quădrŭpes, nec *grāmĭnis* attĭgit herbam. V. E. 5. 25. — 2. Trīta mĕlisphylla, et cĕrinthæ ignōbĭle *grāmen.* V. G. 4. 63. SYN. 1, 2. herba. — 1. Cespĕs, ĭtis, *masc.* (*turf*). PHR. 1. Quæque suo vĭrĭdi semper sē grāmĭne vestit. V. Pinguesque in grāmĭne læto . . . hœdi. V. Arbŏrū fētus ălĭbi, atque injussa vĭrescunt Grāmĭne. V. Grĕgĭbus . . . non grāmĭna deerunt. V. Mistaque cum fŏliis præbuit herba tŏrum. Ov. Turpe est sĭne grāmĭne campus. Ov. Ūdaque perpĕtuo grāmĭne terra vĭret. Ov.

grāmĭneus, a, um. *Grassy.* —— *Grāmĭneus* mădĭdam cespĕs ŏbumbrat hŭmum. Ov. Am. 2. 16. 10. SYN. herbōsus, herbĭdus; herbĭfer, ĕra, ĕrum.

§**grammătĭcus, a, um.** *Grammatical.* —— *Grammătĭcas* ambīre trĭbūs et pulpĭta dignor. Hor. Epist. 1. 19. 40.

grānārium, i. *A granary.* —— Cur tua plus laudes cŭmĕris *grānāria* nostris. Hor. Sat. 1. 1. 53. SYN. horreum.

grandævus, a, um. *Aged.* —— Et quà vectus Ăbas, et quà *grandævus* Ăcestes. V. Æn. 1. 121. SYN. longævus, annōsus; sĕnex, *gen.* sĕnis, q. v. PHR. Jam grandior ævo Impătiensque viæ gĕnĭtor. Ov.

†**grandesco, ĭs.** no perf. *To grow large, to grow.* —— Nam quæcunque vĭdes hĭlăro *grandescĕre* ădauctu. Lucr. 2. 1120. SYN. cresco, ĭs, crēvi, q. v.

grandis, e. 1. *Great.* — 2. *Of full age.* — 3. Grandis ævo, *old.* —— 1. *Grandia*que effossis mīrābĭtur ossa sĕpulchris. V. Æn. 1. 479. — 2. Nōbĭlis ut *grandi* cĕcĭnit Centaurus ălumno. Hor. Epod. 13. 11. — 3. Jam *grandior* ævo Impătiensque viæ gĕnĭtor. Ov. Met. 6. 321. SYN. 1. magnus, mājor, maxĭmus, q. v. — 2. ădŏlescens. — 3. grandævus, q. v.

grandĕ. *Grandly.* —— Quamvis *grandius* ille sŏnet. Ov. Her. 16. 20.

grando, ĭnis. fem. *Hail.* —— Jam sătis terris nĭvis atque dīræ *Grandĭnis* mīsit păter. Hor. 1. 2. 2. PHR. In tectis crĕpĭtans sălit horrĭda grando. V. Ac vĕlut effūsâ si quando grandĭne nimbi Præcĭpĭtant. V. Nos . . . grandĭne pulset hyems. Ov. Saxaque brūmāle grandĭne plura sūbis. Ov. Grando dūrīs invīsa cŏlōnis. Ov.

grānĭfer, ĕra, ĕrum. *Carrying grains of corn* (*as ants, etc.*). —— *Grānĭfĕrum*que agmen subjectis spargĕre in arvis. Ov. Met. 7. 638.

grānum, i. *A grain.* —— Vixque mĕrum căpiant *grāna* quod intus hăbeat. Ov. Tr. 4. 6. 10.

‡**grăphiārum, i.** *A penholder.* —— Hæc tĭbi ērunt armāta suo *grăphiāria* ferro. Mart. 14. 21. 1.

grăphium, i. *A pen.* —— Quid dĭgĭtos ŏpus est *grăphio* lassāre tĕnendo? Ov. Am. 1. 11. 23. SYN. §stĭlus.

‡**grassātor, ōris.** masc. *A footpad.* —— Interdum et ferro sŭbĭtus *grassātor* ăgit rem. Juv. 3. 303. v. fur.

grassor, āris. *To advance* (*in a business*). —— Sunt qui mendāci spĕcie *grassentur* ămōris. Ov. A. A. 3. 441. SYN. progrĕdior, ĕris, gressus sum, q. v.

grātē. *Gratefully.* —— Nātāles *grātē* nŭmĕras? Hor. Epist. 2. 2. 210.

grātes, ium. *Thanks, gratitude.* —— Dî . . . Persolvant *grātes* dignas et præmia reddant Dēbĭta. V. Æn. 2. 537. SYN. grātia. PHR. Huic ĭgĭtur mĕrĭtas grātes ŭbĭcunque lĭcēbit Pro tam mausueto pectŏre semper ăgam. Ov. O rĕfĕrant grātes, quŏniam non possŭmus ipsi, Dî tĭbĭ. Ov. Et bĕne ăpud mĕmŏres vĕtĕris stat grātia facti. V. Nulla quĭbus reddi grātia digna pŏtest. Ov. Sŭpĕris dēcernĕre grates. Ov. Nōn ĕrit officii grātia surda tui. Ov. Grātia post magnos est tĭbi hăbenda Deos. Ov. Grātia pro rēbus mĕrĭtò dēbētur ĭnemptis. Ov. Quas dīcĕre grātes Quasne rĕferre părem? V. Neu grātia facti Nulla rĕpendatur. Ov.

Gratia, æ. 1. *The Grace, one of the Graces, by name Thălīa, Euphrŏsўnē, and Aglaiē.*—2. *Grace.*—3. *Thanks, gratitude.*—4. *Affection.*—5. *A favour, a benefit.*——1. *Grătia* cum nymphis gĕmĭnisque sŏrŏrĭbus audet Dūcĕre nūda chŏros. Hor. 4. 7. 5. Junctæque nymphis *Grătiæ* dĕcentes Alterno terram quătiunt pĕde.—2. Et dĕcor et linguæ *grătia* ficta tuæ. Ov. Her. 12. 12.—3. *Grātia* Dīs menti quo lĭbet īre lĭcet. Ov. Ep. e P. 3. 5. 48.—4. Non hospĕs ab hospĭte tutus, Non sŏcer a gĕnĕro, frātrum quŏque *grātia* rāra est. Ov. Met. 1. 145.—5. Nec nulla intĕrea est ĭnărātæ *grātia* terræ. SYN. 1. Chărĭtĕs, um, *fem. pl.* (*dat.* Chărĭsĭn.)—2. dĕcor.—3. grātes, ium, q. v.—4. făvor, ămor.—5. bŏnum.

grātis. *Gratuitously.*——*Grātis* pœnĭtet esse prŏbum. Ov. Ep. e P. 2. 3. 14.

grātor, āris. *To congratulate.*——Invēni, germāna, viam, *grātāre* sŏrŏri. V. Æn. 4. 478. Non immĕmor ille părentum *grātātur* rĕdŭces. V. Æn. 5. 40. SYN. grātŭlor, āris.

‡grātuītus, a, um. *Gratuitous.*——Largis *gratuĭtum* cădit răpīnis. Stat. Sylv. 1. 6. 16.

grātŭlor, āris. *To congratulate.*——*Grātŭlor* Æchăliam tĭtŭlīs accēdĕre vestris. Ov. Her. 9. 1. SYN. grātor, āris.

grātus, a, um. 1. *Pleasing.*—2. *Grateful.*——1. Cum sĭtiunt herbæ, et pĕcŏri jam *grātior* herba est. V. G. 4. 402.—2. Paulum . . . *Grātus* insigni rĕfĕram Cămœnā, Fābrĭcumque. Hor. 1. 12. 39. SYN. 1. jūcundus, ămœnus, acceptus, dulcis, plăcĭtus, plăcens, lætābĭlis.—2. v. memor.

†grăvātim. *Heavily, with difficulty.*——Qui nĭmiā lĕvĭtāte cădunt plērumque *grăvātim*. Lucr. 3. 388. SYN. grăvĭter.

grăvēdo, ĭnis, fem. *A stuffed feel in the head.*——Hic me *grăvēdo* frīgĭda, Et frĕquens tussis Quassāvit. Cat. 42. 14.

grăveŏlens, entis. *Foully smelling.*——Inde ŭbĭ vēnēre ad fauces *grăveŏlentis* Ăverni. V. Æn. 6. 201.

grăvesco, is no perf. *To become heavy.*——Nec mĭnus intĕreā fētu nĕmus omne *grăvescit*. V. G. 2. 429. SYN. ŏnĕror, āris.

grăvĭdus, a, um. 1. *Heavy, loaded with produce.*—2. *Big with young.*——Quid qui nē *grăvĭdis* procumbat culmus ăristis. V. G. 1. 111.—2. Bis *grăvĭdæ* pĕcŭdes, bis pōmīs ūtĭlis arbos. V. G. 2. 150. SYN. 1. grăvis.—2. fētus, prægnans.

grăvis, e. 1. *Heavy.*—2. *Oppressed, weak.*—3. *Severe, violent.*—4. *Unwholesome, disagreeable in any way.*—5. *Great, important.*——1. Non unquam *grăvis* ære dŏmum mihĭ dextra rĕdībat. V. E. 1. 36.—2. Hunc quŏque ŭbi aut morbo *grăvis*, aut jam segnior annis Dēfĭcit, abde dŏmo. V. G. 3. 95.—3. Non fĕrox Hector vel ăcer Dēĭphŏbus *grăves* Excēpit ictus. Hor. 4. 9. 22.—4. Sŏlet esse *grăvis* cantantĭbus umbra. V. E. 10. 75.—Ossa *grăvem* dăre fracta sŏnum fessamque vĭdēres Exhālāri ănĭmam. Ov. Met. 15. 527.—5. Ămŏre percussam *grăvi*. Hor. Epod. 11. 3. *Grăvior* ne nuntius aures Vulnĕret. V. Æn. 8. 582. Hic *grăvis* Entellum dictis castīgat Ăcestes (*some translate* gravis "*old;*" *some* "*grave,*" *or* "*severe,*" "*reproachful*"). V. Æn. 5. 387. SYN. 1. prægrăvis, ŏnĕrōsus. v. gravidus.—2. fessus, languĭdus, fractus.—3. viŏlentus; ācer, ācris, ācre.—3, 4. dūrus, sĕvērus. v. incommodus.—5. magnus, q. v.; grandis.

grăvĭtas, ātis. fem. 1. *Heaviness, weight.*—2. *Firmness of purpose.*——1. Densior his tellūs, ĕlĕmentaque grandia traxit, Et pressa est *grăvĭtāte* sui. Ov. Met. 1. 30. Hunc sŭper incumbens pressum *grăvĭtāte* sŏpōris Clāvĭger alloquitur. Ov. Met. 15. 21.—2. Tu mŏdŏ nē dŭbĭta dē *grăvĭtāte* meā. Prop. 2. 16. 14. SYN. 1. pondus, ĕris.—2. constantia.

grăvĭter. *Heavily, violently.*——Ipse grăvis, *grăvĭter*que ad terram pondĕre vasto Concĭdit. V. Æn. 5. 447. Et *grăvĭter* frendens, sic fātīs ōra rĕsolvit. V. G. 4. 452. SYN. ācrĭter, vehĕmenter.

grăvo, as. *To load heavily, to weigh down, lit. and metaph.*——Ægraque furtīvum membra *grăvābat* ŏnus. Ov. Her. 11. 38. Sed măgis hoc quo sunt cognitiora *grăvant*. Ov. Tr. 4. 6. 28. SYN. dēgrăvo, prægrăvo; ŏnĕro, as; prĕmo, is, pressi; dēprĭmo. v. vexo.

grăvor, āris. *To be indignant at.* —— Pēgăsus terrēnum ĕquĭtem *grăvātus* Bellĕrŏphontem. Hor. 4. 11. 27. SYN. indignor, āris ; dēdignor.
‡grĕgālis, e. *Ordinary.* —— Commĭnūtis Permūtat vĭtreis *grĕgāle* sulfur. Stat. Sylv. 1. 6. 78.
‡grĕgātim. *In a body.* —— Quinquāginta ănĭmas tŏtĭdem tŏtĭdemque *grĕgātim.* Stat. Theb. 8. 657. SYN. cătervātim.
‡grĕgātus, a, um. *Crowded together.* —— Idăliæ vŏlŭcres, cœloque dŏmoque *grĕgātæ.* Stat. Achill. 1. 373. SYN. collectus. v. collĭgo.
grĕmium, i. *The lap or bosom, lit. and metaph.* —— Fōtum *grĕmio* (Ascanium) Dea tollit in altos Īdăliæ lūcos. V. Æn. 1. 692. Nec Trojam Ausŏnios *grĕmio* excēpisse pĭgēbit. V. Æn. 7. 233. SYN. sĭnus, ûs. v. pectus.
grēssus, ûs. *A step.* —— Insultāre sŏlo et *gressus* glŏmĕrāre sŭperbos. V. G. 3. 117. SYN. grădus, ûs, q. v.
gressus, a, um. part. from grădior, q. v. *Going.* —— *Gressi* per ŏpāca viārum. V. Æn. 6. 633.
grex, grĕgis. masc. 1. *A flock.* — 2. *A herd.* —— 1. Lānĭgĕros ăgĭtāre *grĕges* hirtasque căpellas. V. G. 3. 287. — 2. Hanc tămĕn implēvit vaccâ dēceptus ăcernâ Dux *grĕgis.* Ov. A. A. 1. 326. SYN. 1. pĕcus, ŭdis, *fem.* — 1, 2. pĕcus, ŏris, *neut.* — 2. armentum.
‡grunnio, īs. *To grunt.* —— Et cum remĭgĭbus *grunnisse* Elpēnŏra porcis. Juv. 15. 22.
‡gruo, is. *To cry like a crane.* —— Grus *gruit.* Philomela. 23.
grūs, gruis. fem. *A crane.* —— Tum *gruĭbus* pĕdĭcas et rētia pōnĕre cervis. V. G. 1. 307. PHR. Aut illum surgentem vallĭbus īmis Āĕriæ fŭgēre grues. V. Quales sub nūbĭbus ātris Strȳmŏniæ dant signa grues atque æthĕra trănant Cum sŏnĭtu fŭgiuntque nŏtos clāmŏre sĕcundo. V.
‡gryllo, as. *To cry like a cricket ;* ‡gryllus, *a cricket.* —— Et *gryllus gryllat.* Philomela, 62.
Grȳnæus. *A name of Apollo, from Grynia, a city in Æolia.* —— Sed nunc Ĭtăliam magnam *Grȳnæus* Ăpollo, Ĭtăliam Lyciæ jussēre căpessĕre sortes. V. Æn. 4. 345. v. Apollo.
gryps, grȳphis. masc. *A griffin.* —— Jungentur jam *grȳphĕs* ĕquis. V. E. 8. 27.
†gŭberna, orum. *A rudder.* —— Disjectāre sŏlet magnum măre transtra, *gŭberna.* Lucr. 2. 553.
gŭbernācŭlum, sync. **gŭbernâclum, i.** *A rudder.* —— Ipse *gŭbernāclo* rector sŭbit, ipse măgister. V. Æn. 5. 176. SYN. clāvus ; mŏdĕrāmĕn, ĭnis, *neut.* ; ‡plectrum. PHR. innixus mŏdĕrāmĭne navis in altâ Puppe căput pŏsuit. Ov. (Pinus) cui victa rĕmīsit Frēna suus rector. Ov. Addĭdĭci rĕgĭmen dextrâ mŏdĕrante cărīnæ Flectĕre. Ov. Vincĭtur ars vento, nec jam mŏdĕrātor hăbēnis ūtĭtur at vōtis. Ov. Ipse sĕdens clāvumque rĕgit, vēlisque mĭnistrat. V. v. prec.
gŭbernātor, ōris. masc. *A steerer.* —— Ipse *gŭbernātor* puppi Pălĭnurus ab altâ. SYN. rector ; măgister, tri ; mŏdĕrātor. PHR. dŭbiam rĕge nāvĭta pīnum. Ov.
gŭberno, as. *To steer, to guide.* —— Ipse *gŭbernābit* rĕsĭdens in puppe Cŭpīdo. Ov. Her. 15. 215. SYN. rĕgo, is, xi ; dīrĭgo ; mŏdĕror, āris.
gŭla, æ. 1. *The gullet, the throat.* — 2. *gluttony.* —— 1. Implăcātæque vĭgēbat Flamma *gŭlæ.* Ov. Met. 8. 846. — 2. Nil servīle *gŭlæ* părens hăbet ? Ov. Sat. 2. 7. 111. SYN. 1. guttur, ŭris, q. v. ; jŭgŭlum.
‡gŭlōsus, a, um. *Gluttonous, luxurious.* —— Et quădringentis nummis condīre *gŭlōsum* Fictĭle. Juv. 11. 19. v. vorax.
gummi. indecl. *Gum.* —— Sextantemque trahat *gummi* cum sĕmĭne Tusco. Ov. M. F. 65.
gurgĕs, ĭtis. masc. 1. *A whirlpool, an eddy, a gulf.* — 2. *The sea.* —— 1. Turbĭdus hic cœno vastâque vŏrāgĭne *gurges* Æstuat. V. Æn. 6. 296. — 2. Nī rŏseus fessos jam *gurgĭte* tingat Ībēro Phœbus equos. V. Æn. 11. 913. SYN. 1. vortex, ĭcis, *masc.* ; vŏrāgo, ĭnis, *fem.* ; bărăthrum. — 2. mare, is, q. v.
gusto, as. *To taste.* —— Priusquam Pābŭla *gustâssent* Trōjæ Xanthumque bĭbissent. V. Æn. 1. 473. SYN. dēgusto. v. lībo.
‡gustus, ûs. masc. *Taste, flavour.* —— Intĕreā *gustūs* ĕlĕmenta per omnia quærunt. Juv. 11. 14. SYN. săpor.

gutta, æ. 1. *A drop.*—2. *A speck or spot.*——1. *Gutta* căvat lăpĭdem, consūmĭtur annŭlus usu. Ov. Ep. e P. 4. 10. 5.—2. Fulgōre cŏruscant Ardentes auro, et părĭbus lĭta corpŏra *guttis*. V. G. 4. 99. SYN. 2. măcŭla, nŏta. PHR. 1. Cădūcis Percussu crēbro saxa căvantur ăquis. Ov.—2. Văriis stellātus corpŏra guttis (*a lizard*). Ov.

‡**guttātus**, a, um. *Speckled.*——Et picta perdix, Nŭmĭdĭcæque *guttātæ*. Mart. 3. 58. 15.

guttur, ŭris. neut. (Plaut. uses it also masc.) *The throat.*——Non tŭlit infēlix, lăqueoque ănĭmosa lĭgāvit *Guttŭra*. Ov. Met. 6. 135. SYN. jŭgŭlum, fauces, *fem. pl.*; gŭla, ‡glūtus. v. collum.

‡**guttus**, i. *A cruet.*——Plĕno compōnit lintea *gutto*. Juv. 3. 263.

Gȳges, æ and is. *One of the Giants* (v. gigas).——Testis meārum centĭmănus *Gȳges* Sententiārum. Hor. 3. 4. 69.

Gȳlippus, i. *The Lacedæmonian general who defeated Nicias and Demosthenes, the Athenian generals in Sicily in the Peloponnesian war.*——Non magni pŏtior sit fāma *Gȳlippi*. Tib. 4. 1. 199.

‡**gymnăs**, ădis. *Gymnastic exercise.*——Sic lūbrĭca pōnit Membra Thĕrăpnææ rĕsŏlūtus *gymnăde* Pollux. Stat. Sylv. 4. 2. 47. v. palæstra.

gymnăsium, i. *A school for gymnastic exercises.*——Sed măge virgĭneī tot bŏna *gymnăsii*. Prop. 3. 14. 2. SYN. pălæstra.

gypsātus, a, um. *Covered with white powder (it was the custom at Rome to smear the feet of slaves with gypsum).*——Despĭce *gypsāti* crīmĕn ĭnāne pĕdis. Ov. Am. 1. 8. 64.

‡**gypsum**, i. *White plaster or powder.*——Quanquam plēna omnia *gypso* Chrysippi invĕnias. Juv. 2. 4.

gȳrus, i. *A circle (esp. caused by motion).*——Septem ingens *gȳros*, septēna vŏlūmĭna traxit. V. Æn. 5. 85. SYN. orbis, is, *masc.*; circuĭtus, ūs. PHR. In gȳros ire coactus ĕquus (*of a young horse being lunged in a ring*). Ov. Ille actus hăbēnâ Curvātis fertur spătiis (*of a whipping top*). V.

H.

Hăbēna, æ. 1. *A rein.*—2. *Any thong or lash.*—3. *The rudder of a ship, or perhaps the cable (anything which guides or restrains).*—4. *Management, government.*——1. Tempŏre pāret ĕquus lentīs ănĭmōsus *hăbēnis*. Ov. Tr. 4. 63.—2. Ille (turbo, sc.) actus *hăbēnâ* Curvātis fertur spătiis. V. Æn. 7. 380. Et fundam tĕrĕti circum căput ēgit *hăbēnâ*. V. Æn. 11. 579.—3. Vincĭtur ars vento nec jam mŏdĕrātor *hăbēnis* Ūtĭtur, at votis. Ov. F. 3. 593.—4. Sepsit se tectis rērumque rĕlĭquit *hăbēnas*. V. Æn. 7. 600. Īrārumque omnes effundit *hăbēnas*. V. Æn. 12. 499. SYN. 1, 2. lōrum.—1. frēnum, q. v.—3. v. gubernâclum.—4. mŏdĕrāmĕn, ĭnis. v. imperium. PHR. 1. Hâc jŭvĕnis furtim cĕlĕres dētorquet hăbēnas. V. Conversisque fŭgax aufertur hăbēnis. V. Mănĭbusque undantes flectit hăbēnas. V. Mănĭbus mōlĭtur hăbēnas Nec qua commissas flectat hăbēnas . . . scit. Ov. Mănĭbusque lēves ăgĭtāvit hăbēnas. Ov. Si lĭcet, et fas est, vātes rĕge vātis hăbēnas. Ov. Pĕnĭtusque dătis rĕfĕruntur hăbēnis. V. Qui . . . laxas scīret dăre jussus hăbēnas. V. Sic fātur lăcrymans classique immittit hăbēnas. V. Constĭtit ut prīmum concessas sensit hăbēnas Frēnaque in effūsâ laxa jăcēre jŭbâ. Ov. Sic ait, adductisque āmens subsistit hăbēnis. V. Nec prius āĕrii cursus suppressit hăbēnas. Ov. Roscĭda purpŭreâ supprĭme lōra mănu. Ov. Auroque grăves mŏdĕratur hăbēnas. Ov.

hăbeo, es, ui, ĭtum. 1. *To have.*—2. *To wear.*—3. *To consider.*—4. §*To be* (*prop.* res se habet).——1. Et belli răbies, et ămor successit *hăbendi*. V. Æn. 8. 327. Vēra lŏquar, vēri vix *hăbĭtūra* fĭdem. Ov. Her. 16. 60.—2. Æra nĭtent ūsu, vestis bŏna quærit *hăbēri*. Ov. Am. 1. 8. 51.—3. Forsĭtăn exĭguâ dignus *hăbēbor* ŏpe. Ov.—4. Magnum narras, vix crēdĭbĭle, atqui Sic *hăbet*. Hor. Sat. 1. 10. 52. SYN. 1. tĕneo, es, ui, *no sup.*; possĭdeo, ēs, sēdi, sessum. v. pŏtior. — 2. gĕro, ĭs, gessi. — 3. crēdo, ĭs, dĭdi, dĭtum, q. v. PHR. 1. Est mihĭ namque dŏmi păter, est injusta noverca. V... At lātis ōtia fundis, Spēluncæ, vīvique lăcus . . . Non absunt. V. Cressâ ne căreat pulchra dies nŏtâ. Hor.

hăbĭlis, e. 1. *Handy, fitting.* — 2. *Useful.* — 3. *Active.* —— Namque hŭmĕris de mōre *hăbĭlem* suspendĕrat arcum. V. Æn. 1. 322. — 2. Cætĕra nec fœtūræ *hăbĭlis*, nec fortis ărātris. V. G. 3. 62. — 3. His *hăbĭlis* tēlis quīlĭbet esse pŏtest. Ov. F. 2. 14. SYN. 1, 2. aptus, q. v. — 1, 2, 3. ĭdŏneus.

hăbĭtābĭlis, e. *Habitable.* —— Quārum quæ mĕdia est non est *hăbĭtābĭlis* æstu. Ov. Met. 1. 49. PHR. Has inter mĕdiamque duæ mortālĭbus ægris Mūnĕre concessæ Divûm. V.

hăbĭtans, antis. used as a subst. *An inhabitant.* —— Stĕrĭlique lŏcātas Colle Pĭthēcūsas *hăbĭtantum* nōmĭne dictas. Ov. Met. 14. 89. SYN. incŏla, æ, *masc.* q. v.

‡**hăbĭtātor, oris.** masc. *An inhabitant.* — Nĕmŏrisque *hăbĭtātor* ămœni. Mart. 9. 52. 5. v. prec.

hăbĭto, as. *To inhabit, to dwell.* —— Nulli certa dŏmus, lūcis *hăbĭtāmus* ŏpācis. V. Æn. 6. 673. Curva hæc *habitant* ad littŏra vulgo Infandi Cȳclōpĕs. V. Æn. 3. 643. Centum urbes *hăbĭtant* magnas ūberrĭma regna. V. Æn. 3. 106. Nōbīs *hăbĭtābĭtur* orbis Ultĭmus. Ov. Tr. 1. 1. 127. SYN. cŏlo, ĭs, colui, cultum ; incŏlo, cĕlĕbro, as ; frĕquento, as. v. vivo. PHR. Quæ nĕmŏra, aut qui vos saltūs hăbuēre puellæ? V. Urbs antīqua fuit Tyrii tĕnuēre cŏlōni. V. Ĭtălâ consēdĕrat urbe. V. Non qui prŏfundum Dānŭbium bĭbunt. Hor. Me pĕrītus Discet Ĭber Rhŏdănique pōtor. Hor.

hăbĭtus, ûs. masc. *Condition, appearance.* —— Virgĭnis ōs *hăbĭtum*que gĕrens et virgĭnis arma Spartānæ. V. Æn. 1. 315. Vărium, cœli prædiscĕre, mōrem, Cūra sit ac pătrios cultusque *hăbĭtus*que locorum. V. G. 1. 52. SYN. spĕcies, ēi ; stătus, ûs.

hac. *This way.* —— *Hāc* fūgĕrent Graii prĕmĕret Trōjāna juventus, *Hāc* Phrȳgĕs. V. Æn. 1. 471.

hactĕnus. sometimes in tmesi. *Hitherto.* —— *Hactĕnus* arvorum cultūs, et sīdĕra cœli (eccini, sc.). V. G. 2. 1. *Hac* cĕlĕbrāta *tĕnus* sancto certāmĭna pātri. V. Æn. 5. 603.

hædūlea, æ. *A kid.* —— Nec Martiāles *hædŭleæ* lŭpos (metuunt). Hor. 1. 17. 9. v. seq.

‡**hædūlus, i.** *A kid.* —— E Tīburtīno veniet pinguissĭmus agro *Hædŭlus.* Juv. 11. 65.

hædus, i. 1. *A kid.* — 2. *The constellation Hædi.* —— 1. Neque ŏves *hœdi*que pĕtulci Flōrĭbus insultent. V. G. 4. 10. — 2. Pūrus et Ŏrīon, pūrus et *Hædus* ĕrit. Prop. 2. 20. 56. Quantus ab occāsu vĕniens plŭviālĭbus *hædis* Verbĕrat imber hŭmum. V. Æn. 9. 668. PHR. 1. Pinguesque in grāmĭne læto Inter se adversis luctantur cornĭbus hædi. V. Cras dōnābĕris hædo Cui frons turgĭda cornĭbus Primis et Vĕnĕrem et prælia destĭnat. Hor.

Hæmŏnia, æ. *A more ancient name of Thessaly.* —— Pēliŏn *Hæmŏniæ* mons est obversus in Austros. Ov. F. 5. 381. SYN. Thessalia, q. v.

Hæmŏnius, a, um. *Thessalian.* —— Adgĕmit Alcides *Hæmŏnius*que puer. Ov. F. 5. 400. SYN. Thessălus, q. v.

Hæmus, i. acc. um and ŏn. *A mountain in Thrace now called the Balkan.* —— Cum gĕlĭdam Thrācēn et ŏpertum nūbĭbus *Hæmon* . . . . transiĕrĭtis. Ov. Ep. e P. 4. 5. 5. PHR. Lātos Hæmi pinguescĕre campos. V. O qui me gĕlĭdis in vallĭbus Hæmi Sistat. V. Quà pătet umbrōsum Rhŏdŏpē glăciālis ad Hæmum. Ov.

hæreo, es, hæsi, sum. 1. *To stick, to cling.* — 2. *To stand fast, be immoveable.* — 3. *To doubt.* —— 1. *Hæsĕrat* Ēvandrŏ atque Ĭtălâ consēdĕrat urbe. V. Æn. 10. 779. Vox faucĭbus *hæsit.* V. Æn. 2. 774. — 2. Dum stŭpet obtūtuque *hæret* dēfixus ĭn ūno. V. Æn. 1. 495. *Hærent* infixi pectŏre vultus. V. Æn. 4. 4. — 3. Sic făcit incertam pōmi cŏlor ; *hæret* ăn hæc sit. Ov. Met. 4. 132. SYN. 1. ădhæreo, ĭnhæreo. — 2. sto, stas, stĕti, q. v. ; †hæsĭto, as. — 3. dŭbĭto, as, q. v. PHR. Non sīc appŏsĭtis vincītur vītĭbus ulmus Ut tua sunt collo brāchia nexa meo. Ov. v. lentesco.

†**hæresco, is.** another pres. form of prec. —— Aspĕra quo magis in terris *hæres*-*cere* possint. Lucr. 2. 476.

†hæsĭto, as. *To stick, to stop.*——Sub terrīs ĭdeo trĕmŭlum jŭbar *hæsĭtat* ignis. Lucr. 5. 696. SYN. hæreo, q. v.

hălĭæĕtus, i. *The osprey.*——Et mŏdŏ factus ĕrat fulvīs *hălĭæĕtus* ālis. Ov. Met. 8. 146.

hālĭtus, ūs. masc. *Breath.*——Ābluam, et extrēmus si quis sŭper *hālĭtus* errat Ōre lĕgam. V. Æn. 4. 684. SYN. spīrĭtus, ūs.

hālo, as. 1. *To be fragrant.*—2. †‡*To exhale.*——1. Invītent crŏceīs *hālantes* flōrĭbus horti. V. G. 4. 109.—2. Et nardi flōrem, nectar qui nārĭbus *hālat.* Lucr. 2. 847. SYN. 1. frāgro, as ; ŏleo, es ; rĕdŏleo, *no perf.*—2. exhālo ; ēmitto, ĭs, mīsi ; effundo, ĭs, fūdi.

‡hāma, æ. *A water-bucket.*——Dispŏsĭtis prædīvĕs *hāmis* vĭgĭlāre cohortes Servōrum noctu Lĭcĭnus jŭbet. Juv. 14. 305. SYN. dōlium, q. v.

Hămādryăs, ădŏs, acc. adă, pl. ădĕs, dat. ăsĭn, acc. ădăs, etc. fem. *A wood-nymph.*——Nam neque *Hămādryădes* rursum nec carmĭne nōbis Ipsa plăcent. V. E. 10. 62. SYN. Dryăs, q. v., *in pl.* Năpææ.

hāmātus, a, um. *Hooked, barbed.*——Inque cŏr *hāmātā* percussit ărundĭne Dītem. Ov. Met. 5. 384.

hāmus, i. 1. *A hook.*—2. *A barb.*—3. *A ring (in chain armour).*——1. Nunc vŏlŭcrem lăqueo, nunc piscem dūcĭtis *hāmo.* Ov. Her. 19. 13.—2. Pars est pulmōnis in *hāmis* Ērŭta. Ov. Met. 6. 252.—3. Lōrīcam consertam *hāmīs*, auroque trĭlīcem. V. Æn. 3. 467. PHR. 1. Vel quæ piscis ĕdax ăvĭdo mălĕ dēvŏret ōre Abdēre sŭprēmīs æra rĕcurva cĭbis. Ov.

hăra, æ. *A pigstye.*——Tertius immundæ *cūra* fĭdēlis *hăræ.* Ov. Her. 1. 104.

†harmŏnia, æ. *Harmony, fitness.*——*Harmŏniam* Graii quam dīcunt. Lucr. 3. 101.

harpē, es. *A scimetar, esp. the one given by Mercury to Perseus.*——Brāchia tendentem Cyllēnĭde confŏdit *harpe.* Ov. Met. 5. 176. SYN. ăcīnăces, is, *masc.* ; ensis, q. v.

Harpyia, æ, more usu. **Harpȳīæ, ārum.** fem. *The Harpies, winged monsters, by name* Cĕlæno, ūs, Aello, ūs, *and* Ŏcȳpĕtē, *dwelling in the Strŏphădes islands.*——Insŭlæ Īŏnio in magno quas dīra Cĕlæno, *Harpyiæ*que cŏlunt ăliæ. V. Æn. 3. 211. v. ad 262.

hăruspex, ĭcis. masc. *A soothsayer.*——Dum săcra sĕcundus *hăruspex* Nuntiet, ac lūcos vŏcet hostia pinguis in altos. V. Æn. 11. 739. SYN. auspex, ĭcis, *masc.* ; augur, ŭris, *masc.* q. v. ; vātes, is, *masc. and fem.* q. v.

hăruspĭcium, i. *The art of the haruspex.*——Discat Persĭcum *hăruspĭcium.* Cat. 87. 2. SYN. augŭrium, q. v.

hasta, æ. *A spear.*——Dum trĕpĭdant iit *hasta* Tăgo per tempus ŭtrumque Strīdens trājectoque hæsit tĕpĕfacta cĕrēbro. V. Æn. 9. 418. SYN. hastīle, is, *neut.* ; lancea ; cuspis, ĭdis, *fem.* ; cornus, i, *fem.*, cornum ; ăbiēs, ăbiĕtis, *fem.* ; spărus, vĕru, sărissa (*a Macedonian weapon*), jăcŭlum (*only when darted*). v. telum. PHR. Trajecto missa lăcerto Prōtĭnus hasta fŭgit. V. Inde Măgo prŏcŭl infensam contendĕrat hastam, Ille astu sŭbit, at trĕmĕbunda sŭpervŏlat hasta. V. Lātos huic hasta per armos Acta tremit duplicatque virum transfixa dolore. V. Vălĭdis ingentem vīrĭbus hastam .... Contorsit. V. Qui .... tergo scĕlĕrātam intorsĕrit hastam. V. Īlo Namque prŏcul vălĭdam dīrexĕrat hastam. V. At. Pallas magnas ēmittit vīrĭbus hastam. V. Vălĭdoque precor vībrāta lăcerto Transeat Hectŏreum Pēliăs hasta lătus. Ov. Ăcūtæ cuspĭdis hastam .... sustĭnuisse. Ov. Bellĭca non dextræ convĕnit hasta tuæ. Ov. Vĭtricus et glădiis et ăcūtâ dīmĭcet hastâ. Ov. Hasta sub exsertam dōnec perlāta păpillam Hæsit, virgĭneumque alte bĭbit acta cruōrem. V. Longâ transverbĕrat ăbĭete pectus. V.

hastātus, a, um. *Armed with a spear.*——Inde păvescentum dēnos sē crēvit in orbes Rōmŭlus, *hastātos* instĭtuitque dĕcem. Ov. F. 3. 128. SYN. vĕrūtus.

hastīle, is. 1. *A spear.*—2. *A long branch or shoot.*——1. Torsĕrat adductis *hastīlia* lenta lăcertis. Ov. Met. 8. 28.—2. Densis *hastīlĭbus* horrĭda myrtus. V. Æn. 3. 23. SYN. 1. hasta, q. v.—2. v. virgultum, ramus.

haud. *Not, no.*——Tum Vĕnus, *haud* ĕquĭdem tāli me dignor hŏnōre. V. Æn. 1. 335. SYN. nōn, q. v.

haudquāquam. *Not at all.*——Tĭbi has mĭsĕrābĭlis Orpheus *Haudquāquam* ob mĕrĭtum pœnas, ni fāta rĕsistant, Suscĭtat. V. G. 4. 455. SYN. mĭnĭmē, nēquāquam.

haurio, īs, hausi, stum and **sum.** 1. *To draw forth, esp. liquids.* — 2. *To drink, to imbibe.* — 3. *To pass over.* — 4. *To endure.* — 5. *To take in by means of the senses (the senses being mentioned),* h. auribus, *to hear.* — 6. h. ŏcŭlis, *to see.* — 7. h. ănĭmo, *to consider, to attend to, to conceive in the mind.* — 8. *To pierce, lit. and metaph.* —— 1. Prōcessit, summoque *hausit* de gurgĭte lymphas. V. Æn. 9. 23. — 2. Ille impĭger *hausit* Spūmantem pătĕram. V. Æn. 1. 742. Contra Tyrrhēnus ut auras Suspĭciens *hausit* cœlum. V. Æn. 10. 898. — 3. Cœlo et mĕdium Sol igneus orbem *Hausĕrat.* V. G. 4. 426. — 4. Spēro ĕquĭdem in mĕdiis si quid pia nūmĭna possunt Supplĭcia *hausūrum* scŏpŭlis. V. Æn. 4. 382. — 5. Ipse Deum mănĭfesto in lūmĭne vidi Intrantem mūros vōcemque hīs auribus *hausi.* V. Æn. 4. 359. — 6. *Hauriat* hunc ŏcŭlīs ignem crūdēlis ab alto Dardănus. V. Æn. 4. 661. — 7. Sĭmŭl hōc ănĭmo *hauri.* V. Æn. 11. 26. Ănĭmo spem turbĭdus *hausit* ĭnānem. V. Æn. 10. 648. — 8. Per tŭnĭcam squalentem auro lătus *haurit* ăpertum. V. Æn. 10. 314. Exsultantiaque *haurit* Corda păvor pulsans. V. G. 3. 105. SYN. 2. bĭbo, is, q. v. — 3. transeo, īs, īvi, ĭtum, q. v. — 4. exhaurio ; pătior, ĕris, passus sum, q. v. — 5, 6, 7. v. audio, video, considero, concipio. — 8. fīgo, ĭs, xi.

‡**haustor, ōris.** *A drinker.* —— Somni parcissĭmus ipse est Ultĭmus *haustor* ăquæ. Lucan. 9. 594. SYN. pōtor, ōris.

haustus, a, um. part. pass. of haurio, q. v.; also *swamped.* —— Puppis et expŏsĭtīs omnĭbus *hausta* pĕrit. Ov. F. 3. 600.

haustus, ūs. *A drinking, a draught, an imbibing.* —— Accĭpe nunc inquit nostri quoque sanguĭnis *haustus.* Ov. Met. 4. 118. Esse ăpĭbus partem dīvīnæ mentis et *haustus* Æthĕrios dixere. V. G. 4. 220. SYN. pōtio.

Hēbē, es. *The goddess of youth, daughter of Jupiter and Juno, wife of Hercules.* —— Hōc illi dĕdĕrat Jūnōnia mūnĕris *Hēbe.* Ov. Met. 9. 400.

hĕbeo, es. no perf. *To be blunt, dull.* —— Sanguis *hĕbet* frīgentque effētæ in corpore vīres. V. Æn. 5. 396. SYN. †hĕbesco, ĭs ; torpeo, es, ui, *no sup.*

hĕbēs, ĕtis. 1. *Blunt (lit. and metaph.).* — 2. *Dull (in every sense).* —— 1. Pōnĭte jam glădios *hĕbĕtes,* pugnētur ăcūtis. Ov. A. A. 3. 589. — 2. Vel quiă nec flos est *hĕbĕti,* nec flamma cŏlōre. Ov. F. 5. 365. SYN. 1. obtūsus, rĕtusus.

hēbesco, is. no. perf. *To be blunt, dull.* —— Cogit *hĕbescĕre* cum crēbrīs offensĭbus āer. Lucr. 4. 360. v. hebeo.

hĕbĕto, as. *To blunt, to dull.* —— Omnem quæ nunc obducta tuenti Mortāles *hĕbĕtat* vīsus tĭbi . . . nūbem ēripiam. V. Æn. 2. 605. v. rĕtundo.

Hēbrus, i. *A great river in Thrace (now the Maritza), into which the Bacchæ threw the head of Orpheus.* —— Quālis ăpud gĕlĭdi cum flūmĭna concĭtus *Hēbri.* V. Æn. 12. 331. PHR. Œăgrius Hebrus. V. Ărĭdas frondes hyĕmis sŏdāli Dēdĭcet Hēbro. Hor. Hēbrusque nĭvāli compĕde vinctus. Hor. Et săcer admissas exĭgit Hēbrus ăquas. Ov. Ībat ărēnōso Sătyris cŏmĭtātus ab Hēbro. Ov.

Hĕcătē, es. *A name of Diana, the same as Proserpine.* —— Tergĕmĭnamque *Hĕcăten,* tria virgĭnis ōra Diānæ. V. Æn. 4. 511. SYN. Prōserpĭna, Persĕphŏnē ; Dēōis, ĭdos ; Brīmo, ūs ; ‡Persēis, ĭdos. PHR. Vōce vŏcans Hĕcăten cœloque Ĕrĕboque pŏtentem. V. Nocturnisque Hĕcătē Trĭviis ŭlŭlāta per urbes. V. Ōra vĭdes Hĕcătes in tres vergentia partes. Ov. v. Proserpina.

Hĕcătēius, a, um. *Of Hecate.* —— Contĕrit, et trĭtis *Hĕcătēia* carmĭna miscet. Ov. Met. 14. 44.

Hĕcătēis, ĭdos. fem. of prec. —— Post ea discēdens succīs *Hĕcătēĭdos* herbæ Spargit. Ov. Met. 6. 139.

‡**hĕcătombe, ēs.** *A hecatomb.* —— Existunt qui prōmittant *hĕcătomben.* Juv. 12. 101.

Hector, ŏris. *Son of Priam, the bravest of the Trojans, slain by Achilles.* —— Ter circum Īliăcos raptăvĕrat *Hectŏra* mūros . . . Ăchilles. V. Æn. 1. 487. Et multos illic *Hectŏrăs* esse pŭta. Ov. Her. 13. 68.

Hectŏreus, a, um. 1. *Of Hector.* — 2. *Trojan.* —— 1. Corpusque exsangue sĕpulchro Reddĭdit *Hectŏreum.* V. Æn. 2. 543. — 2. *Hectŏreos* amnes Xanthum et Sĭmoenta vĭdēbo. V. Æn. 5. 634. SYN. 2. Trōjānus, q. v.

Hĕcŭba, æ, and **Hĕcŭbē, es.** *The wife of Priam.* —— Hic *Hĕcŭba* et nātæ nēquicquam altāria circum. V. Æn. 2. 515. In mĕdiis *Hĕcŭbē* nātōrum inventa sĕpulchris. Ov. Met. 13. 423. SYN. Cissēis ĭdŏs. PHR. Priămēĭa conjux Perdĭdit infēlix hŏmĭnis post omnia formam Externasque nŏvo lătrātu terruit auras. Ov.

hĕdĕra, æ. *Ivy. The ivy was esp. sacred to Bacchus, and also to the Muses, who wore crowns of it, as did poets.*——Īmmissos *hĕdĕrâ* collecta căpillos Calliŏpē. Ov. Met. 5. 338. PHR. Nexĭlĭbus flōres hĕdĕris habet intertextos. Ov. Vos quoque flexĭpĕdes hĕdĕræ vēnistis. Ov. Læta quod pubes hĕdĕrâ vĭrenti Gaudeat. Hor. Arctius atque hĕdĕrâ prōcēra astringĭtur ilex. Hor. Me doctārum hĕdĕræ præmia frontium Dīs miscent sŭpĕris. Hor. Hĕdĕrâ vestit pallente cŏrymbos. V. Errantes hĕdĕras . . . tellus . . . fundet. V. Hĕdĕrâ formōsior albâ. V. Hĕdĕræ pandunt vestīgia nīgræ. V.

hĕdĕriger, ĕra, ĕrum. *Wearing chaplets of ivy.*——Ŭbĭ căpĭta Mœnădes vi quătiunt *hĕdĕrigĕræ.* Cat. 61. 23.

hĕdĕrōsus, a, um. *Abounding in ivy.*——Lucus ĕrat fēlix *hĕdĕrōso* consĭtus antro. Prop. 4. 4. 3.

Hei! never elided; rarely, if ever, separated from mihi. *Alas!*——*Hei* mihĭ! Quālis ĕrat, quantum mūtātus ab illo Hectore. V. Æn. 2. 274. SYN. heu, ēheu, væ.

Hĕlĕna, æ, and **Hĕlĕne, es.** *Daughter of Leda, wife of Menelaus, whom she deserted, and was carried off by Paris* (q. v.) *to Troy, which was the cause of the Trojan war.*——Sic *Hĕlĕnē* dŏleat dēsertaque conjŭge ploret. Ov. Her. 5. 75. SYN. Tyndăris, ĭdŏs. PHR. Non tĭbĭ Tyndărĭdos făcies invīsa Lăcænæ. V. At non sic Phrȳgius pĕnĕtrat Lăcĕdæmŏna pastor Lēdæamque Hĕlĕnam Trōjānas vexit ad urbes. V. Jam nec Lăcænæ splendet ădultĕræ Fāmōsus hospes. Hor. Aut te Tænăriæ făciem culpâsse mărītæ . . . vellem. Ov. Prōbra Thĕrāpnææ qui dixĕrat ante mărītæ. Ov.

Hēliădĕs, um. pl. fem. *The daughters of Phœbus and Clȳmĕnē, sisters of Phaĕthon* (q. v.); *who were changed into poplars because of their grief at the loss of their brother. Their names were Phaĕtūsa, Lampĕtiē, and Lampĕtūsa.*——Nec mĭnus *Hēliădes* fletūs et ĭnānia morti Mūnĕra dant lăcrȳmas. Ov. Met. 2. 340. SYN. Phaĕtontiădĕs; Clȳmĕnēĭdĕs; ‡Phaĕtontis, ĭdŏs (*in sing.*). PHR. Clȳmĕnēia prōles (*applied, however, to Phaĕton*). Ov. Tum Phaĕtontiădas musco circumdat ămāræ Cortĭcis. V. Pōpŭleas inter frondes umbramque sŏrōrum . . . Phaĕthontis. V.

Hĕlĭcē, es. *The Great Bear.*——*Hĕlĭcen* Graia cărīna nŏtat. Ov. F. 3. 108. SYN. Arctŏs, i, q. v.

Hĕlĭcōn, ōnis. acc. **onem** and **ōnă.** *A mountain in Bœotia, sacred to the Muses.*——Pandĭte nunc *Hĕlĭcōnă* Deæ cantusque mŏvēte. V. Æn. 10. 163. PHR. Aut in umbrōsis Hĕlĭcōnis ōris. Hor. Virgĭneusque Hĕlĭcon. Ov. Visus ĕram molli rĕcŭbans Hĕlĭcōnis in umbrâ Bellĕrŏphontēi quà fluit hūmor ĕqui. Prop.

†Hĕlĭcōniăs, ădŏs, acc. ădă, pl. ădĕs; also **‡Hĕlĭcōnis, ĭdŏs,** fem. adj. of Hĕlĭcon, esp. in pl. *The Muses.*——Adde *Hĕlĭcōniădum* cŏmĭtes quōrum ūnus Hŏmērus. Lucr. 3. 1051. Parnassique jŭgis, sylvâque *Hĕlĭcōnĭde* festis Thūra dĕdit flammis. Stat. Sylv. 4. 4. 90.

Hĕlĭcōnius, a, um. *Of Helicon.*——An quod ŭbīque tuum? tua sunt *Hĕlĭcōnia* Tempe? Ov. Am. 1. 1. 15.

Hellē, es. *The daughter of Ăthămas* (*antis*) *and sister of Phrixus. She was drowned attempting to cross the Hellespont on a ram with a golden fleece.*——Angustum cĭtrā pontum Nĕphĕlēĭdos *Helles.* Ov. Met. 11. 195. PHR. Et frustrā pĕcŭdem quæres Ăthămantĭdŏs Helles. Ov. Quæ sĭmŭl Æŏliæ măre mē dēduxit in Helles. Ov. Impŏsĭtamque sĭbĭ qui non bene pertŭlit Hellen.

hellĕborus, i. *Hellebore.*——Scillamque *hellĕbŏros*que grăves nīgrumque bĭtūmen. V. G. 3. 451.

Hellespontiăcus, a, um. *Of the Hellespont, worshipped at the Hellespont, etc.*——*Hellespontiăci* servet tūtēla Priāpi. V. G. 4. 111.

Hellespontus, i. *The Hellespont; so called from Helle being drowned there.*——Longus in angustum quia claudĭtur *Hellespontus.* Ov. Met. 13. 407. Quâque per angustas vectæ mălĕ virgĭnis undas Sestŏn Ăbȳdēnâ sēpărat urbe frĕtum. Ov.

†helluo, ōnis. masc. *A glutton.*——Gerro, ĭners, fraus, *helluo.* Ter. Heaut. 5. 4. 10.

§helluor, āris. *To devour greedily.* —— An părum *helluātus* est. Cat. 29. 17. SYN. dēvŏro, as, q. v.

‡hēmīna, æ. *A small measure.* —— Quod . . . Frēgĕrit *hēmīnas* Arrēti ædīlis īnīquas. Pers. 1. 130.

hendĕcasyllăbus, i. *A verse of eleven syllables, much used by Catullus.* —— Ădeste *hendĕcăsyllăbi* quot estis. Cat. 40. 1.

hĕra, æ. *The mistress of a house or of servants.* —— Æquaque formōsæ pensa rĕpendis *hĕræ*? Ov. Her. 9. 78. SYN. dŏmĭna.

Hērāclītus, i. *A philosopher of Ephesus who always wept at the contemplation of human affairs.* —— *Hērāclītus* ĭnit quōrum dux prælia prīmus. Lucr. 1. 639.

herba, æ. 1. *Any herb.* — 2. *Grass.* —— 1. Scīre pŏtestātes *herbārum* usumque mĕdendi Māluit. V. Æn. 12. 396. Sulcis frūmenti quærĕret *herbam*. V. G. 1. 134. — 2. Nec nĕmŏrum pătĭtur mĕmĭnisse nec *herbæ*. V. G. 3. 216. Nec grāmĭnis attĭgit *herbam*. V. E. 5. 26. SYN. 2. grāmĕn, ĭnis, *neut.* q. v.; cespĕs, ĭtis, *masc.* (*turf*).

herbĭdus, a, um. *Grassy.* —— Mājōres *herbĭda* tauros Non hăbet Ēpīros. Ov. Met. 8. 282. v. seq.

herbĭfer, ĕra, erum. *Producing grass.* —— *Herbĭfĕros* ădiit colles atque ātria Glaucus. Ov. Met. 14. 9. v. seq.

herbōsus, a, um. *Grassy.* —— Lūdit *herbōso* pĕcus omne campo. Hor. 3. 18. 9. Pascentem nĭveos *herbōso* flūmĭne cycnos. V. G. 2. 199. SYN. herbĭdus; herbĭfer, ĕra, erum; grāmĭneus.

Hercēus. *An epith. of Jupiter as presiding over a fence surrounding a house.* —— Cui nihĭl *Hercēi* prōfuit āra Jŏvis. Ov. Ibis, 286.

†Herclē and §Hercŭlē. *By Hercules.* —— Seu *Herclē*, næ istic fāna mūtentur cĭto. Plaut. Rud. 3. 5. 41. Non sum mœchus, ais, neque ĕgo *Hercŭlē* fūr, ubi vāsa Prætĕreo săpiens argentea. Hor. Sat. 2. 7. 72. SYN. †mehercŭle, †mehercŭles.

Hercŭles, is. *The son of Jūpĭter and Alcmēna, wife of Amphĭtryon. He accomplished twelve labours at the command of Eurystheus king of Mycenæ. He is represented by the ancient poets as clad in the skin of the Nemean lion, and armed with a club. After death he was taken to heaven, and married Hebe. The poplar was sacred to him.* —— Quid si quis cestūs ipsīus et *Hercŭlis* arma Vīdisset? V. Æn. 5. 410. SYN. Alcīdes, æ; Amphĭtryŏniădes, æ; Tīrynthius; Clāvĭger, ĕri; Œtæus, Sancus. PHR. Nec vero Alcīdes tantum tellūris ŏbīvit, Fixĕrit ærĭpĕdem cervam lĭcet, aut Ĕrymanthi Păcārit nĕmŏra et Lernam trĕmĕfēcĕrit arcu. V. Hāc arte Pollux et văgus Hercules Ēnīsus arces attĭgit igneas. Hor. Ātro dēlĭbūtus Hercŭles Nessi cruōre. Hor. Non Hydra secto corpore firmior Vinci dŏlentem crēvit in Hercŭlem. Hor. v. Ov. Met. 9. 182—197.; *also* Her. 9.

Hercŭleus, a, um. *Of Hercules.* —— Perrūpit Ăchĕronta *Hercŭleus* lăbor. Hor. 1. 3. 36.

hĕrĕ and hĕri. *Yesterday.* —— Hīc *hĕrĕ* Phryxeæ vellĕra pressit ŏvis. Ov. F. 3. 851. Dīcet ŭbi est hŏdie quæ Lyra fulsit *hĕri*. Ov. F. 2. 76. v. hesternus.

‡hērēdĭtas, ātis. fem. *Inheritance.* —— *Hērēdĭtātis* tĭbĭ trĕcenta vēnisse. Mart. 4. 61.

hērēs, ēdis. masc. and fem. *An heir.* —— Absūmet *hēres* Cæcŭba dignior, Servata centum clāvĭbus. Hor. 2. 14. 25.

hĕrĭfŭga, æ. masc. *Running away from one's master.* —— Ĕgŏ quam mĭser rĕlinquens dŏmĭnos ut *hĕrĭfŭgæ* Fămŭli sŏlent. Cat. 61. 51.

hĕrīlis, e. *Of a master or of a mistress.* —— Ille mănum pătiens, mensæque assuetus *hĕrīli* Errābat sylvis. V. Æn. 7. 490. Stillātaque cortice myrrha Nōmĕn *hĕrīle* tĕnet, nulliqne tăcēbĭtur ævo. Ov. Met. 10. 502.

‡Hermes, æ. *Mercury, a statue of Mercury.* —— Nil nĭsĭ Cēcrŏpĭdes truncoque sĭmillĭmus *Hermæ*. Juv. 8. 53.

Hermus, i. *A river in Asia Minor, which becomes united with the Pactolus, and is celebrated by the ancients as flowing with gold.* —— Nec pulcher Ganges, atque auro turbĭdus *Hermus*. V. G. 2. 137.

‡hernia, æ. *Hernia.* —— Ingens īrātis appāruit *hernia* săcris. Mart. 3. 24. 9.

Hēro, ûs. *A girl of Sestos, beloved by Lēander of Abydos, who used to swim* *across the Hellespont to her by night.* —— Sæpe pĕtens *Hĕro* jŭvĕnis trānāvĕrat undas. Ov. Am. 2. 16. 31. PHR. Sesta puella. v. Ov. Her. 18.

hērōīna, æ. *A heroine.* —— Illic formōsæ vĕniant chŏrus *Hērōīnæ.* Prop. 1. 19. 13. v. seq.

hērōīs, ĭdŏs, acc. **ĭdă,** pl. **ĭdĕs,** dat. and abl. **īsĭn,** etc. —— Ēdĭdit hæc mōres illis *hērōīsin* æquos. Ov. Tr. 5. 5. 43.

hērōs, ōis, acc. **ōa,** pl. **ōĕs,** etc. *A hero.* —— Ille Deûm vītam accĭpiet Dīvisque vĭdēbit Permixtos *hērōăs,* et ipse vĭdēbĭtur illis. V. E. 4. 16. PHR. Magnănĭmi hērōes, nāti mĕliōrĭbus annis. V.

hērōus, a, um. *Heroic (esp. of hexameter verse).* —— *Hērōi* res ĕrat ista pĕdis. Ov. F. 2. 126. v. epos.

hĕrus, i. *A master.* —— Nec victōris *hĕri* tĕtĭgit captīva cŭbīle. V. Æn. 3. 324. SYN. dŏmĭnus.

Hēsiŏdus, i. *A poet of Ascra, in Bœotia; nearly contemporary with Homer. Virgil took him for his model in his Georgics.* —— PHR. Hos tĭbi dant călămos, ēn accĭpe, Mūsæ, Ascræo quos ante sĕni. V. Intŭmuit vāti nec tămĕn Ascra suo. Ov.

Hespĕria, æ. *The western country, therefore*—1. *Italy.*—2. *Spain.* —— 1. Seu vos *Hespĕriam* magnam Sāturniaque arva . . . optātis. V. Æn. 1. 569.—2. Qui nunc *Hespĕriâ* sospĕs ab ultĭmâ . . . Hor. 1. 36. 4. v. Italia, Hispania.

Hespĕris, ĭdŏs. fem. adj. 1. *Western,* i. e. *Italian.*—2. (*in pl.*) **Hesperides.** *The Hesperides, keepers of the golden apples: their names were Æglē, Ărĕthūsa, and Hespĕrĕthūsa.* —— 1. Cornĭger *Hespĕrĭdum* flŭvius regnātor ăquārum. V. Æn. 8. 77.—2. Demptum tĕnet arbŏre pōmum *Hespĕrĭdas* dōnāsse pŭtes. Ov. Met. 11. 113. SYN. 1. v. Ītălus.

Hespĕrius, a, um. 1. *Western.*—2. *Italian.* —— 1. Prōnus ĕrat Tītān inclīnātoque tĕnēbat *Hespĕrium* tēmōne frĕtum. Ov. Met. 11. 257.—2. Ad terram *Hespĕriam* vĕnies. V. Æn. 2. 781. SYN. 1. occĭduus, occĭdens.—2. Ītălus, q. v.

Hespĕrus, i. *The evening star.* —— Īte dŏmum sătŭræ, vĕnit *Hespĕrus,* īte căpellæ. V. E. 10. 77. SYN. noctĭfer, ĕri. v. vesper.

hesternus, a, um. *Of yesterday.* —— Ignis in *hesterno* stīpĭte parvus ĕrat. Ov. F. 5. 506. Nocte sed *hesternâ* lēnior aura fuit. Ov. Her. 19. 72.

heu. never elided. *Alas.* —— *Heu* piĕtas, *heu* prisca fĭdes invictaque bello Dextĕra. V. Æn. 6. 879. SYN. ēheu, hei, q. v.; væ.

heus. *Holloa!* —— Ac prior, *heus!* inquit jŭvĕnes. V. Æn. 1. 321.

§hexămĕter, tri. *Hexameter (of verse).* —— Quem plāne *hexămĕtro* versu non dīcĕre possis. Hor. Sat. 1. 5. 87. v. hērōus. PHR. (*hexameter and pentameter*) Dum cănĭmus săcras alterno pectĭne Nōnas. Ov.

‡hexăphŏrum, i. *A palanquin or litter, borne by six men.* —— Lātior *hexăphŏris* tua sit lectīca lĭcebit. Mart. 2. 81. 1.

hiātus, ūs. masc. 1. *An opening.*—2. *A mouth.* —— 1. Et mĭser invīsam traxit *hiātus* aquam. Prop. 3. 7. 52.—2. Quinquāginta ātris immānis *hiātibus* hydra. V. Æn. 6. 576. SYN. 2. rictus, ūs; ōs, ōris, *neut.* q. v.

hĭbiscum, i. *The marsh-mallow.* —— Hædōrumque grĕgem vĭrĭdi compellĕre *hĭbisco.* V. E. 2. 30.

hīc, hæc, hŏc, hūjus, huic, hunc, hanc, hŏc. abl. **hōc, hāc, hōc,** pl. **hi.** etc. *This; of a person, often he, she.* —— *Hic* vir *hic* est tibi quem prōmitti sæpius audis. V. Æn. 6. 791. Sōlus *hic* inflexit sensus. V. Æn. 4. 22.

hīc. *Here.* —— Est *hīc* est ănĭmus lucis contemptor. V. Æn. 9. 205.

hiccĭnĕ. only in nom. and acc., an interrog. form of hic. —— *Hæccĭnĕ* parva meum fūnus ărēna tĕget? Prop. 1. 17. 8.

hĭlăris, ĕ. *Cheerful, merry.* —— Di quoque ut a cunctis *hĭlări* piĕtāte colantur. Ov. Ep. e P. 2. 19. SYN. diffūsus, lætus, q. v.; remissus.

hĭlăro, as. *To make cheerful.* —— Hos ŭbi fācundo tua vox *hĭlărāvĕrit* ōre. Ov. Ep. e P. 4. 4. 37. SYN. exhĭlăro. v. placeo, delecto.

†hĭlărus, a, um. an old form of hilaris. —— Nam quæcunque vĭdes *hĭlăro* grandescĕre ădauctu. Lucr. 2. 1120.

†hīlum. indecl. *The least bit.* —— Nec dēsit pondĕris *hīlum.* Lucr. 3. 221.

Hĭmĕra, ōrum. *A town in Sicily, on a river of the same name (but of course* Hĭmĕra, æ), *celebrated for the defeat of the Carthaginians by Gelo,* B. C. 480.

—— *Hīmĕra*que et Dīdўmēn Ăcrăgantaque Taurŏmĕnonque . . . Līquerat. Ov. F. 4. 475.

hinc. *Hence (from this place, from this cause, etc.).*—*Hinc* altâ sub rūpe cănet frondātor ad auras. V. E. 1. 57.

†hinnio, īs. *To neigh.*—— Ac cum sis ălios concussis artŭbus *hinnit.* Lucr. 5. 1076. SYN. ădhinnio. PHR. Tibĭ tollit hinnītum Apta quădrīgis ĕqua. Hor.

hinnītus, ûs. *A neighing.*—— Pēlion *hinnītu* fŭgiens implēvit ăcūto. V. G. 3. 94. PHR. Sōlis ĕqui . . . hinnītĭbus auras Flammĭfĕris implent. Ov. Certos Ēdĭdit hinnītus. Ov. Frĕmĭtusque ardescit ĕquōrum. V.

hinnŭleus, i. *A fawn.*—— Vītas *hinnŭleo* me sĭmĭlis Chloe. Hor. 1. 23. 1.

hio, as. 1. *To open, intrans.*—2. *To yawn, to gape.*—3. *To open the mouth to speak.*—4. *To utter.*—— 1. Terræ vēnas astringit *hiantes.* V. G. 1. 91.—2. Leo . . . Gaudet *hians* immāne. V. Æn. 10. 726.—3. Inceptus clāmor frustrātur *hiantes.* V. Æn. 6. 492.—4. Marmŏreus tăcĭtâ carmĕn *hiāre* lўrâ. Prop. 2. 31. 6. SYN. 1. dehisco, is; fătisco, *no perf.*—3. hisco.—4. v. ēdo.

Hippŏcrēnē, es. *A fountain at the foot of Mount Helicon, said to be caused by a blow of the hoof of Pegasus, the horse of Bellerophon, sometimes almost confounded with the neighbouring fountain of Aganippe; it was esp. sacred to the Muses.*—— Dīcĭte quæ fontis Ăgănippĭdŏs *Hippŏcrēnes* Grāta Mĕdūsæi signa tĕnētis ĕqui. Ov. F. 5. 7. PHR. Nos undâ submōvit ab illâ Ungŭla Gorgŏnei quam căva fēcit equi. Ov. Hōc ĕgŏ Pēgăsĭdas dēduxi prīmus ad undas. Ov. Bellĕrŏphontēi quà fluit hūmor ĕqui. Prop. Nec fonte lābra prōlui căballīno. Pers.

Hippŏdămē, es, also **Hippŏdămīa, æ.** 1. *The daughter of Œnomaus, king of Elis, and wife of Pelops.*—2. *The daughter of Atracius, and wife of Pirithous.* ——1. *Hippŏdămē*que hŭmĕroque Pelops insignis ĕburno. V. G. 3. 7. Vecta pĕrĕgrīnīs *Hippŏdămīa* rŏtis. Ov. Her. 8. 70.—2. Duxĕrat *Hippŏdămen* audāci Ixīŏne nātus. Ov. Met. 12. 210. SYN. 1. Pīsæa.—2. Ătrăcis, ĭdŏs.

‡hippŏdrŏmŏs, i. masc. *A place for horses to run.*—— Pulvĕreumque fŭgax *hippŏdrŏmŏn* ungŭla pulsat. Mart. 12. 50. 5.

Hippŏlўtus, i. *The son of Theseus; beloved by his step-mother Phædra; being cursed by his father, he was dashed to pieces on the sea shore, his chariot horses being frightened by sea monsters; he was restored to life by Æsculapius, and escaped into Italy, where he lived in the grove of Aricia under the name of Virbius.*—— Hic lătet *Hippŏlўtus* fŭriis dīreptus ĕquōrum. Ov. F. 3. 265. SYN. Thēsīdes, æ. v. V. Æn. 7. 765—777.

hippŏmănēs, is. neut. *A discharge said to issue from mares.*—— Hinc demum *hippŏmănes,* vero quod nōmĭne dīcunt Pastōres lentum destillat ab inguĭne vīrus. V. G. 3. 281.

Hippŏtădes, æ. *A name of Æolus* (q. v.), *from his ancestor Hippotas.*—— Clausĕrat *Hippŏtădes* æterno carcĕre ventos. Ov. Met. 4. 662.

Hippūrus, i. *A lobster.*—— *Hippūri* cĕlĕres et nīgro tergore milvi. Ov. Hal. 95.

hircīnus, a, um. *Of a goat, of goat-skin.*—— At tu conclūsas *hircīnis* follĭbus auras . . . ĭmĭtāre. Hor. Sat. 1. 4. 19. SYN. căprinus.

‡hircōsus, a, um. *Goat-like.*—— Hīc ălĭquis de gente *hircōsâ* Centŭriōnum. Pers. 3. 77.

hircŭlus, i. dem. of seq.—— Āram Barbātus lĭnit *hircŭlus* cornĭpesque căpella. Cat. 19. 15.

hircus, i. 1. *A he-goat.*—2. *A foul smell.*——1. Nec mĭnus intĕreā barbas incānaque menta Cīnўphii tondent *hirci.* V. G. 3. 312.—2. Pastillos Rŭfillus ŏlet, Gorgŏnius hircum. Hor. Sat. 1. 2. 27. SYN. 1, 2. căper, pri, q. v.

hirsūtus, a, um. 1. *Rough, shaggy.*—2. *Prickly, thorny.*——1. Ausus ĕs *hirsūtos* mĭtrâ rĕdĭmīre căpillos. Ov. Her. 9. 63.—2. Frondĭbus *hirsūtis* et cārĭce pastus ăcūtâ. V. G. 3. 231. SYN. 1. hirtus, hispĭdus, villōsus, sētōsus; sētĭger, ĕra, ĕrum (*the three last not used of men*).—2. spīnōsus; asper, ĕra, ĕrum, *sync.* pra, prum, q. v.

hirtus, a, um. *Rough, shaggy.*——Barba vīros *hirtæ*que dĕcent in corpŏre sētæ. Ov. Met. 13. 850. v. prec.

hĭrūdo, ĭnis. *A leech.*—— Non missūra cŭtem nĭsĭ plēna cruōris *hĭrūdo*. Hor. A. P. 476.

‡hĭrundĭnīnus, a, um. *Of a swallow.*—— In nīdo sĕgĕs est *hĭrundĭnīno*. Mart. 11. 19. 20.

hĭrundo, ĭnis. fem. *A swallow.*—— Aut argūta lăcus circumvŏlĭtāvit *hĭrundo*. V. G. 1. 377. SYN. Prŏgne, q. v. PHR. Sola vĭrum non ulta piē mœstissĭma māter Concĭnit Ismărium Dauliăs ălĕs Ĭtyn. Ov. Ante Garrŭla quam tignis nīdum suspendat hĭrundo. V. Nĭgra vĕlut magnas dŏmĭni cum dīvĭtis ædes Pervŏlat et pennīs alta ātria lustrat hĭrundo Pābŭla parva lĕgens nīdisque lŏquācĭbus escas Et nunc portĭcĭbus văcuis, nunc hūmĭda circum Stagna sŏnat. V. At căret insĭdiis hŏmĭnum quiă mītis hirundo. Ov. Fallĭmur? an vēris prænuntia vēnit hĭrundo Et mĕtuit nēquā versa rĕcurrat hyems. Ov. Tum blandi sōles, ignōtaque vēnit hĭrundo Et lŭteum celsā sub trăbe fingit ŏpus. Ov. Utque mălæ crīmen mātris dēpōnat hĭrundo Sub trăbĭbus cūnas parvaque tecta făcit. Ov. v. Progne.

hisco, ĭs. no perf., no pass. 1. *To gape, to open, intrans.* — 2. *To speak.*——1. *Hiscĕre* nempe tĭbĭ terra rŏganda fuit. Ov. Her. 6. 144.—2. Vix pauca fŭrenti Subjĭcio et rāris turbātus vōcĭbus *hisco*. V. Æn. 3. 313. SYN. 1. dehisco, hio, as ; fătisco, is, *no perf.*— 2. lŏquor, ĕris, lŏcūtus sum, q. v.

Hispānē. *In the Spanish language.*——*Hispānē* non Rōmānē mĕmŏrētĭ' lŏqui me. Ennius.

Hispānia, æ. *Spain.*——Gallia, nec lātīs audax *Hispānia* terris. Tib. 4. 1. 137. SYN. Ībēria, Hespĕria. PHR. Septĭmi Gādes ădĭtūre mecum. Hor. Pressĕrat occĭduus Tartessia littŏra Phœbus. Ov. Quis fĕræ bellum cūrat Ībĕriæ? Hor.

Hispānus, a, um. *Spanish.*——*Hispānam* sanguĭne tinxit hŭmum. Ov. F. 6. 462. SYN. Ībērus, Ībērĭcus ; Ībĕr, ĕri (*of the people, a Spaniard*), Hespĕrius, Cantăbrĭcus (*prop. Biscayan, of the northern province of Spain*), Cantăber, bri (*of the people*) ; ‡Bætĭcus (*prop. of the country about the Guadalquivir*) ; Tartessius (*prop. of the country about Cadiz*).

hispĭdus, a, um. *Rough, shaggy.*—— Cui lătĕrum tĕnus *hispida* nanti Frons hŏmĭnem præfert. V. Æn. 10. 210. Non semper imbres nūbĭbus *hispĭdos* Mānant in ăgros. Hor. 2. 9. 1. SYN. hirsūtus, q. v.

histŏria, æ. *A history.*—— Tuque pĕdestrĭbus Dīces histŏriis prælia Cæsăris. Hor. 2. 12. 10.

histŏrĭcus, a, um. *Of or suited to history.*—— Oblĭgat *historĭcā* nec sua verba fĭde. Ov. Am. 3. 12. 42.

‡histrio, ōnis. *An actor.*—— Quod non dant prŏcĕres dabit *histrio*. Juv. 7. 90. SYN. lūdius, q. v. (*who however was little better than a morris dancer*) ; mīmus ; trăgœdus (*of tragedy*) ; cōmœdus (*of comedy*).

hiulco, as. *To cause to gape or open.*——Cum grăvis exustos æstus *hiulcat* ăgros. Cat. 67. 62. SYN. findo, ĭs, fĭdi, fissum.

hiulcus, a, um. *Cracked so as to open, to gape.*—— Hoc ubi *hiulca* sĭti findit cănis æstĭfer arva. V. G. 2. 353.

hŏdiē. *To-day.*—— Qui nōn est *hŏdiē* cras mĭnus aptus ĕrit. Ov. F. 2. 75.

hŏdiernus, a, um. *Of to-day.*—— Aspĭciam nullos *hŏdiernā* lūce dŏlentes. Prop. 3. 10. 7. Sic vĕnias *hŏdierne* tĭbi dem thūris hŏnōres, Tib. 1. 7. 53.

Hŏmērĭcus, a, um. *Of Homer.*—— Vel pŏtius quantum Grādīvus *Hŏmērĭcus*. Juv. 13. 113. SYN. Mĕlētæus.

Hŏmērus, i. *Homer.*—— Ingĕnium magni dētrectat Līvor *Hŏmēri*. Ov. R. A. 365. SYN. Mæŏnĭdes, æ. PHR. Adjĭce Mæŏnĭdēn a quo ceu fonte pĕrenni Vātum Pīĕriis ora rĭgantur ăquis. Ov. Vīvet Mæŏnĭdes Tĕnĕdos dum stābit et Īde Dum răpĭdas Sĭmoīs in măre volvet ăquas. Ov. Tu cănis æterno quicquid restābat Hŏmēro. Ov. Tu si Mæŏnium vātem sortīta fuisses. Ov. Non si priōres Mæŏnius tĕnet Sēdes Hŏmērus. Hor.

hŏmĭcīda, æ. *One who kills men.*——Luxēre mātres Iliæ addictum fĕris Ālĭtĭbus atque cănĭbus *hŏmĭcīdam* Hectorem. Hor. Epod. 17. 12.

hŏmō, ĭnis. masc. *A human being, a man* (*sometimes also used of a woman, but never with a feminine adjective*).—— Aut Deus ille mălīs *hŏmĭnum* mītescĕre discat. V. E. 10. 61. SYN. mortālis, q. v. PHR. Attŏnĭtum tanto sŭbĭtæ terrōre ruīnæ Hūmānum gĕnus est. Ov. Et tŏtĭdem Princeps tŏtĭdem Pīlānus hăbēbat Corpora. Ov. Huc dēlecta vĭrūm sortīti corpŏra furtim Inclūdunt cæco lătĕri. V. v. vir.

†**hŏmullus, i.** dim. of prec. —— Exănĭmo ut dīcant brĕvis hic est fructus *hŏmullis*. Lucr. 3. 927.

‡**hŏmuncio, onis.** another dim. of homo. —— *Hŏmunciŏ* quantus Ex nihĭlo fĭĕres. Juv. 5. 133.

hŏnestē. *Honourably, decently.* —— Tum quŏque, jam mŏriens, nē non procumbat *hŏneste* Respĭcit. Ov. F. 2. 833. SYN. dĕcenter.

hŏnestum, i. *Honesty.* —— Quod si non prōdest, et *hŏnesti* grātia nulla Reddĭtur. Ov. Tr. 2. 92. SYN. prŏbĭtas, q. v.

hŏnestus, a, um. 1. *Honourable.* — 2. *Noble-looking.* —— 1. Cūra quid expĕdiat prius est, quam quid sit *hŏnestum*. Ov. Ep. e P. 2. 3. 9. — 2. Dardănius căput ecce puer dĕtectus *hŏnestum*. V. Æn. 10. 133. SYN. 1. prŏbus, justus. 2. dĕcōrus, nōbĭlis, dĕcens.

hŏnor and **hŏnōs, ōris.** 1. *Honour, respect.* — 2. *Honour, rank.* — 3. *Honour, glory.* — 4. *Beauty.* —— 1. Nec tămĕn hunc nōbis tantummŏdŏ præstat *hŏnōrem* Rōma. Ov. F. 6. 57. — 2. Hunc si mōbĭlium turba Quĭrītium Certat Tergĕmĭnis tollĕre *hŏnōrĭbus*. Hor. 1. 1. 8. — 3. Cui laurus æternos *hŏnōres* Dalmătĭco pĕpĕrit triumpho. Hor. 2. 1. 15. — 4. Frīgĭdus et sylvīs Ăquĭlo dĕcussit *hŏnōrem*. V. G. 2. 405. SYN. 1. rĕvĕrentia, cultus, ûs. — 2. ‡dignĭtas. — 3. glōria, fāma ; laus, dis. — 4. grātia ; dĕcor, ōris.

‡**hŏnōrĭfĭcus, a, um.** *Giving honour.* —— Si quid *hŏnōrĭfĭcum* pāgina blanda sonat. Mart. 10. 45. 2.

hŏnōro, as. *To honour.* —— Săcrĭfĭcat tŭmŭlumque sui gĕnĭtoris *hŏnōrat*. Ov. Met. 14. 84. SYN. cŏlo, ĭs, cŏlui, cultum, q. v. PHR. Frondes sunt in hŏnōre nŏvæ. Ov. Numquid ĕrit quārē sŏlĭto dignēmur hŏnōre Nūmina. Ov. — *To rise up to do honour to.* Utque vīro Phœbi chŏrus assurrexĕrit omnis. V.

‡**hŏnōrus, a, um.** 1. *Honouring.* — 2. *Worthy of honour.* —— Lætus ŏvat nunc laude vĭrûm, nunc vātis *hŏnōro* Carmĭne. Val. Fl. 4. 342. — 2. Advertĕre ănĭmos, mājorque et *hŏnōra* vĭdēri, Par ŏpĕri tanto. Stat. Theb. 5. 40. SYN. 2. hŏnestus, hŏnōrandus.

hōra, æ. *An hour.* —— Inde ŭbĭ quarta sĭtim cœli collĕgĕrit *hōra*. V. G. 3. 327. Neque diffinget Infectumque reddet Quod fŭgiens sĕmĕl *hōra* vexit. Hor. 3. 29. 48. v. tempus.

Hōræ, ārum. fem. *The daughters of Jupiter and Themis, the servants of the Sun, and keepers of the gates of heaven.* —— Jungĕre ĕquos Tītan vēlōcĭbus impĕrat *Hōris* Jussa Deæ cĕlĕres pĕrăgunt. Ov. Met. 2. 118.

Hŏrātius Flaccus. *Horace.* —— Et tenuit nostras nŭmĕrōsus *Hŏrātius* aures Dum fĕrit Ausŏniâ carmĭna culta lÿrâ. Ov. Tr. 4. 10. 49. SYN. Flaccus. PHR. Rōmānæ fĭdĭcen lÿræ. Hor.

Hŏrātius, a, um. *Of Horace, of the Horatii, etc.* —— Et cĕcĭnit Cūrios frātres, et *Hŏrātia* pīla. Prop. 3. 2. 7.

hordeum, i. *Barley.* —— Ăgrĭcŏla, et frăgĭli jam stringĕret *hordea* culmo. V. G. 1. 317.

hornus, a, um. *One year old, of this year.* —— Si thūre plăcāris et *hornâ* frūge Lăres. Hor. 3. 23. 3.

horrendus, a, um. *Horrible, dreadful.* —— *Horrendum* et dictu vĭdeo mīrābĭle monstrum. V. Æn. 3. 26. SYN. horrens, horrĭdus, horrĭbĭlis ; horrĭfer, ĕra, ĕrum ; horrĭfĭcus, terrĭbĭlis, trĕmendus, dīrus, mĕtuendus, formīdābĭlis.

horrens, entis. part. pres. of seq., also as adj. *Horrible.* —— At nunc *horrentia* Martis Arma vĭrumque căno. V. Æn. 1. 4. v. prec.

horreo, es, ui. no sup. 1. *To dread.* — 2. *To bristle up, to be rough.* — 3. *To tremble with cold, fear, etc.* —— 1. Nec excĭtatur classĭco mīles trŭci, Nĕque *horret* īrātum măre. Hor. Epod. 2. 6. — 2. Dat Nīso Mnestheus pellem *horrentis*que leŏnis Exŭvias. V. Æn. 9. 306. Rŏmŭleoque rĕcens *horrēbat* rēgia culmo. V. Æn. 8. 654. Rĕtŭlit ille grădūs *horruĕrunt*que cŏmæ. Ov. F. 2. 502. — 3. Sæpe etiam dŏmĭnæ quamvīs *horrēbis* et ipse Algentis mănus est calfăcienda sĭnu. Ov. A. A. 2. 213. SYN. 1. pĕrhorresco ; tĭmeo, es, ui, *no sup.* q. v. ; mĕtuo, ĭs, *no sup.* — 1, 2. horresco, is. — 1. 3. trĕmo, ĭs, ui, *no sup.* ; intrĕmo, contrĕmo. — 2. ĭnhorreo ; (*as to the last example*) sto, stas, stĕti, *no sup.*

horresco, is. another pres. form of prec. q. v. —— Nec tu mensārum morsūs *horresco* fŭtūros. V. Æn. 3. 394. Ātraque lātē *horrescit* strictis sĕgĕs ensĭbus. V. Æn. 7. 526.

horreum, i. *A barn.* —— Illīus immensæ rŭpērunt *horrea* messes. V. G. 1. 49. SYN. grānārium.

horrĭbĭlis, e. *Horrible, dreadful.* —— Nunc ĕtiam *horrĭbĭli* vīsu portenta sĕquuntur. V. Æn. 11. 271. SYN. horrendus, q. v.

‡horrĭdŭlus, a, um. 1. *Roughish.* — 2. *Shivering.* —— Tonsos, *horrĭdŭlos*, rŭdes, pŭsillos. Mart. 10. 98. 9. — 2. Scis cŏmĭtem *horrĭdŭlum* trītâ dōnāre lăcernâ. Pers. 1. 54. v. seq.

horrĭdus, a, um. 1. *Rough, shaggy, bristly.* — 2. *Horrible.* — 3. *Shuddering with cold.* — 4. *Cold (winter, etc.).* — 5. *Uncivilised, intractable.* —— 1. Fīet ĕnim sŭbĭto sus *horrĭdus* ātraque tĭgris. V. G. 4. 407. Sylva fuit lātē dūmis atque īlĭce nigrâ *Horrĭda*. V. Æn. 9. 382. — 2. Dīcam *horrĭda* bella. V. Æn. 7. 41. — 3. Tum mihī si prĕmĕrem ventōsas *horrĭdus* Alpes. Ov. Am. 2. 16. 19. — 4. Inde sĕnīlis Hyems trĕmŭlo vĕnit *horrĭda* passu. Ov. Met. 15. 212. — 5. *Horrĭda* præcĭpue cui gens assuetaque multo Vēnātu nĕmŏrum. V. Æn. 7. 746. SYN. 1. 3. horrens. — 1. hirtus, q. v. — 2. horrĭbĭlis, horrendus, q. v. — 4. frīgĭdŭs, q. v. — 5. immansuetus.

horrĭfer, ĕra, ĕrum. 1. *Causing fear.* — 2. *Causing cold, causing to shiver.* —— 1. *Horrĭfĕrāmque* ŏcŭlīs ănĭmoque objēcit Ĕrinnyn. Ov. Met. 1. 725. — 2. Scȳthiam Septemque Triones *Horrĭfer* invāsit Bŏreas. Ov. Met. 1. 65. SYN. 1. horrĭfĭcus. v. prec.

†horrĭfĭce. *In an awful manner.* —— *Horrĭfĭce* fertur dīvīnæ Mātrĭs ĭmāgo. Lucr. 2. 609.

horrĭfĭco, as. *To frighten.* Multaque prætĕreā vātum prædicta priōrum Terrĭbĭli mŏnĭtu *horrĭfĭcant*. V. Æn. 4. 465. SYN. terreo, es, q. v.

horrĭfĭcus, a, um. *Causing fear, horrible.* —— Si quando lētum *horrĭfĭcum* morbosque Deûm Rex Mōlĭtur. V. Æn. 12. 85. v. horrendus.

horrĭsŏnus, a, um. *Sounding horribly.* —— Tum dēmum *horrĭsŏno* strīdentes cardĭne sacræ Panduntur portæ. V. Æn. 6. 573.

horror, ōris. masc. 1. *A trembling, a quivering.* — 2. *Fear.* — 3. *A bristling.* —— 1. Vīde . . . trĕmŭlo rāmos *horrōre* mŏvērī. Ov. Met. 9. 345. — 2. Me lūrĭdus occŭpat *horror*. Ov. Met. 14. 198. Clārescunt sŏnĭtus armōrumque ingruit *horror*. V. Æn. 2. 301. — 3. Arrectæque *horrōre* comæ. V. Æn. 4. 280. SYN. 1. trĕmor. — 2. tĭmor, q. v. PHR. 2. Ac me tum prīmum sævus circumstĕtit horror. V. Mihi frīgĭdus horror Membra quătit. V.

hortāmĕn, ĭnis. neut. *Exhortation.* —— Non est *hortāmĭne* longo Nunc ait ūtendum. Ov. Met. 1. 277. SYN. hortātus, ûs ; ‡hortāmentum.

‡hortāmentum, i. *Exhortation.* —— *Hortāmenta* sibi rĕfĕrat. Sil. 5. 53.

hortātor, ōris. masc. *One who exhorts, or instigates.* —— Cŏmĕs addĭtus ūnà *Hortātor* scĕlĕrum Æŏlĭdes. V. Æn. 6. 529. SYN. mŏnĭtor, suāsor.

‡hortātrix, trīcis. fem. of prec. —— *Hortātrix* ănĭmosi glōria lēti. Stat. Theb. 9. 717.

hortātus, ûs. *Exhortation.* Laudat et *hortātu* comprŏbat acta suo. Ov. Tr. 5. 14. 46. v. hortamen.

hortor, āris. *To exhort, to encourage.* —— Me mĭsĕram cŭpio non persuadēre quod *hortor*. Ov. Her. 19. 187. *Hortāmur* fāri quo sanguine crētus. V. Æn. 2. 74. *Hortāri* cĕlĕres per juga summa cănes. Ov. Her. 4. 42. SYN. exhortor, ădhortor, mŏneo, es ; incĭto, as ; stĭmŭlo, as ; exstĭmŭlo, instĭmŭlo ; accendo, ĭs ; ăcuo, ĭs, ui, *no sup.* ; instīgo, as ; incrĕpo, as, ui. PHR. Adjĭcĭunt ănĭmos jŭvĕni clāmorque făvorque. Ov.

hortŭlus, i. dim. of seq. —— Tālis in vārio sŏlet Dīvĭtis dŏmĭni *hortŭlo* Stare flos hyăcinthĭnus. Cat. 59. 92.

hortus, i. *A garden.* —— Forsĭtăn et pingues *hortos* quæ cūra cŏlendi Ornāret cănĕrem. V. G. 4. 118. v. ad 138. PHR. Ut flos in septis sēcrētus nascĭtur hortis. Cat. Invītent crŏceis pālantes flōrĭbus horti. V. Hortus ŏdōrātis sŭbĕrat cultissĭmus herbis. Ov. Est mihĭ fēcundus dōtālĭbus hortus ĭn āgris, Aura fŏvet, lĭquĭdæ fonte rĭgātur ăquæ. Ov. Lectīs exhausti flōrĭbus horti. Ov.

hospĕs, ĭtis. masc. and fem. 1. *A guest.* — 2. *A host.* —— 1. Non vĕnit hæc nostrīs *hospĕs* ămīca chŏris. Ov. F. 6. 510. — 1, 2. Vīvĭtur ex rapto, non *hospĕs* ab *hospĭte* tutus. Ov. Met. 1. 144. PHR. Turpius ējĭcĭtur quam non admittĭtur hospes. Ov. Hospĭtĭbus jānua nostra pătet. Ov.

hospĕs, ĭtis. *Hospitable, protecting the rights of hospitality.* —— Ante fŏres hōrum stābat Jŏvis *Hospĭtis* āra. Ov. Met. 10. 224.

hospĭta, æ. fem. form of hospes, q. v.——*Hospĭta* Dēmŏphoon tua te Rhŏdŏpēia Phyllis Ultrā prōmissum tempus ăbesse quĕror. Ov. Her. 2. 1.

hospĭtālis, e. *Hospitable.* —— Tĭbi *hospĭtāle* pectus et pūræ mănus. Hor. Epod. 17. 49. SYN. hospĕs, itis ; hospĭtus, pĕrhospĭtus.

hospĭtium, i. 1. *Hospitality (often with ref. to the ties of hospitality peculiar to the ancients).* — 2. *A place connected with one by such ties.* —— 1. Ut terræ utque nŏvæ păteant Carthāgĭnis arces *Hospĭtio* Teucris. V. Æn. 1. 299. — 2. Terra prŏcul vastis cŏlĭtur Māvortia campis . . . *Hospĭtium* antīquum Trojæ, sŏciique Pĕnātes. V. Æn. 3. 15.

hospĭtus, a, um. 1. *Strange, foreign.*—2. *Hospitable.*——1. Acta per æquŏreas *hospĭta* nāvis ăquas. Ov. F. 1. 394. — 2. Arbŏreasque crŭces sĭnis et non *hospĭta* Graiis Saxa. Prop. 3. 22. 37. SYN. 1. externus, pĕrĕgrīnus. — 2. hospĭtālis, q. v.

hostia, æ. *A victim.*——Multa tĭbi ante āras nostrâ cădet *hostia* dextrâ. V. Æn. 1. 334. SYN. victĭma, q. v.

hostĭcus, a, um. *Hostile.*——Smyrna vĭrum tĕnuit non Pontus et *hostĭca* tellus. Ov. Ep. e P. 1. 3. 65. SYN. hostīlis, ĭnĭmīcus.

hostīlis, e. *Of an enemy, hostile.* —— Inclūsus mūrīs *hostīlique* aggĕre septus. V. Æn. 11. 398. v. prec.

hostīlĭter. *In a hostile manner.* —— Vulnĕrat armentum sternitque *hostīlĭter* omne. Ov. Met. 11. 372.

hostis, is. masc. and fem.——*Hostis* hăbet mūros, ruit alto a culmĭne Troja. V. Æn. 2. 290. Cum bĕnĕ sæviĕrit, cum certa vĭdēbĭtur *hostis.* Ov. A. A. 2. 461. SYN. ĭnĭmīcus, *in pl.* adversi. PHR. Quem circum glŏmĕrāti hostes hinc comĭnus atque hinc Prōturbant. V. Dūri me Martis in armis Tēla inter mĕdia, atque adversos dētĭnet hostes. V. Densos fertur mŏrĭtūrus in hostes. V. Ingruĕre infensos hostes et Marte sĕcundo omnia corrĭpuisse. V. Non ălĭter quam si immissis ruat hostĭbus omnis Carthāgo. V. Et jam quis forsĭtăn hostis Hæsūra in nostro tēla gĕrit lātĕre. Tib. Infesto nē vir ab hoste cădat. Ov. Pugnet et adversos tendat Mĕnĕlāus ĭn hostes. Ov. Pugna suum fīnem, cum jăcet hostis, hăbet. Ov. Invĕhĭtur cĕlĕri barbărus hostis ĕquo. Ov. Hostis hăbens arcūs imbūtaque tēla vĕnēno Sævus ănhēlanti mœnia lustrat ĕquo. Ov. Ut ăves densissĭmus hostis Advŏlat, et prædam vix bĕne vīsus ăgit. Ov. Hostĭbus in mĕdiis interque pĕrīcŭla versor. Ov.

hūc. *Hither.* —— *Huc* me dīgressum vestris Deus appŭlit ōris. V. Æn. 3. 715.

‡huccĭne? an interrog. form of prec.——O mĭser inque dies ultra mĭser, *huccĭne* rērum Vēnĭmus? Pers. 3. 15.

hūmānē. *Agreeably to human nature.* —— Intervalla vĭdes *hūmānē* commoda. Hor. Epist. 2. 2. 70.

hūmānus, a, um. 1. *Human, connected with, suitable to man.* — 2. *Lucr. uses pl. masc. as subst., men.* —— 1. Plus vălet *hūmānis* vīrĭbus īra Dei. Ov. Tr. 5. 12. 14. — 2. Vitæ Percĭpit *hūmānos* ŏdium, lūcisque vĭdendæ. Lucr. 3. 80. SYN. 1. mortālis. — 2. hŏmŏ, ĭnis, q. v.

‡hŭmātor, ōris. *A burier.* —— Non illum Pœnus *hŭmātor* Consŭlis, et Lĭbȳcâ succensæ lampăde Cannæ Compellunt. Lucan. 7. 799.

hūmecto, as. *To moisten, to wet.*——Qua nĭger *hūmectat* flāventia culta Gălēsus. V. G. 4. 126. Multa gĕmens, largoque *hūmectat* flūmĭne vultum. V. Æn. 1. 465. SYN. mădĕfăcio, ĭs, fēci ; rĭgo, as ; irrĭgo ; irrōro, as.

†hūmectus, a, um. *Moist.* —— Stŏmăchi *hūmectum* servāre tĕnōrem. Lucr. 4. 633. v. seq.

hūmeo, es. no perf. or sup. *To be wet.* —— *Hūment* incultæ fonte pĕrenne gĕnæ. Ov. Her. 8. 64. Frīgĭda pugnābant călĭdis, *hūmentia* siccis. Ov. Met. 1. 19. SYN. hūmesco, is ; mădeo, es, *no sup.* ; mădĕfio, īs, factus sum ; mădesco, is, *no perf.*

hŭmĕrus, i. *The arm above the elbow, the shoulder.* —— Hippŏdămeque *hŭmĕro*que Pĕlops insignis ĕburno. V. G. 3. 7. Nixus, et exserto plēna trahens *hŭmĕro.* Prop. 1. 20. 44. SYN. armus, scăpŭlæ, arum (*prop. the shoulder blades*). v. lacertus.

hūmesco, is. no perf. *To be wet.*——*Hūmescunt* spūmis flātuque sĕquentum. V. G. 3. 111. v. humeo.

hūmĭdŭlus, a, um. *Wet.*——Fallet et *hūmĭdŭli* quæ fīet ăcūmĭne līni. Ov. A. A. 3. 629. v. seq.

hūmĭdus, a, um. *Moist, wet.*——*Hūmĭda* solstĭtia atque hyĕmes ŏrāte sĕrēnas. V. G. 1. 100. SYN. hūmens, mădĭdus, mădens, ūdus, ūvĭdus, irrĭguus (*only of a place which is wet by being watered, etc.*).

hūmĭfer, ĕra, ĕrum. *Bringing moisture.*——Nārĭbus *hūmĭfĕrum* duxēre ex āĕre succum. Cicero de Div. 1. 9.

hŭmĭlis, e. 1. *Low, near the ground.*—2. *Low, mean, in condition.*—3. *Humble.*——1. Non omnes arbusta jŭvant *hŭmĭles*que mўrīcæ. V. E. 4. 2.—2. O tantum lĭbeat mēcum tĭbĭ sordĭda rūra Atque *hŭmĭles* hăbĭtāre căsas. V. E. 2. 29.—3. Ille *hŭmĭlis* supplexque ŏcŭlos dextramque prĕcantem Prŏtendens. V. Æn. 12. 930. SYN. 1. dēmissus (*of a place, a valley, etc.*), cŭbans, rĕductus.—2. vīlis.—3. v. supplex.

hŭmo, as. *To bury.*——Aut *hŭmer* ignotæ cŭmŭlis vallātus ărēnæ. Prop. 3. 16. 29. SYN. sĕpĕlio, is, īvi, sĕpultum, q. v.

hūmor, ōris. masc. *Moisture, wetness.*——Vēre nŏvo gĕlĭdus cānis cum montĭbus *hūmor* Lĭquĭtur. V. G. 1. 43. Sed grăvĭdæ frūges et Bacchi Massĭcus *hūmor* Implēvēre. V. G. 2. 143. *Hūmor* et in gĕnas Furtim Lābĭtur. Hor. 1. 13. 6. v. liquor.

hŭmus, i. fem. *The ground.*——Quot *hŭmi* mŏrientia corpŏra fundis. V. Æn. 11. 665. Et sit *hŭmus* cĭnĕri non ŏnĕrōsa tuo. Ov. Am. 3. 9. 68. SYN. terra, q. v.; tellūs, ūris, *fem.*; sŏlum.

hyăcinthinus, a, um. *Of the hyacinth.*——Tālis in vărio sŏlet Dīvĭtis dŏmĭni hortulo stāre flōs *hyăcinthĭnus*. Cat. 59. 93.

hyăcinthus, i. acc. **um** and **ŏn.** *A Spartan youth, son of Amyclas, who was changed into a hyacinth; the same flower is said to have risen out of the blood of Ajax, and in each case to have been marked with the syllables aĭ aĭ.*——Et pinguem tĭliam et ferrūgineos *hyăcinthos.* V. G. 4. 183. Nec gĕnuisse pŭdet Spartēn *Hyăcinthŏn* hŏnorque Dūrat in hōc ævi. Ov. Met. 10. 217. PHR. Suave rŭbens hyăcinthus. V. Qualem virgĭneo dēmessum pollĭce florem Seu mollis viŏlæ seu languentis hyăcinthi. V. Prīma Thĕrăpnæo fēci de sanguĭne flōrem. Et mănet in fŏlio scripta quĕrēla suo. Ov. v. Ov. Met. 10. 184—219.; Met. 13. 394—398.

hyæna, æ. *A hyæna.*——Nunc esse mărem mīrēmur *hyænam.* Ov. Met. 15. 409.

hyălus, i. masc. *A green colour.*——Mīlēsia vellĕra Nymphæ Carpēbant, *hyăli* sătŭro fūcāta cŏlōre. V. G. 4. 334.

Hyăs, ădis. fem., but in the best poets always in pl. **Hyădĕs.** *Daughters of Atlas and Æthra, made a constellation in the head of Taurus.*——Ora micant Tauri septem rădiantia flammis Nāvĭta quas *Hyădas* Graius ab imbre vŏcat. Ov. F. 5. 166. PHR. contĭnuâque diē sīdus Hyantis ĕrit. Ov. Cănit . . . Arctūrum plŭviasque Hyădas. V. Aut Hyădas sævis auxĕrat Auster ăquis. Ov.

Hyās, antis, masc. *Brother of the Hyades, whom Ovid calls his star.*——Contĭnuâque die sīdus *Hyantis* erit. Ov. F. 5. 734.

‡**hўberno, as.** *To pass the winter.*——Mihĭ nunc Lĭgus ora Intĕpet, *hўberna*tque meum măre. Pers. 6. 7. SYN. hyemo, as, q. v.

hўbernus, a, um. *Wintry, of winter.*——At cum tŏnantis Annus *hўbernus* Jŏvis Imbres nĭvesque compăret. Hor. Epod. 2. 29. Ternaque transiĕrint Rŭtŭlis *hўberna* (tempora *understood*) subactis. V. Æn. 1. 266. SYN. hyĕmālis, q. v.; brūmālis.

Hўbla, æ. also **Hўblē, es.** *A mountain in Sicily celebrated for its honey.*——Et căreat dulci Trĭnăcris *Hўbla* thўmo. Ov. Tr. 5. 13. 22. Nec quot ăpes *Hўblē*, nec quot in Alpe fĕræ. Ov. A. A. 3. 150. PHR. Flōrĭda quam multas Hўbla tuētur ăpes. Ov. Quot Sĭcyon baccas, quot părit Hўbla făvos. Ov. Quot ăpes pascuntur in Hўblâ. Ov.

Hўblæus, a, um. *Of Hybla.*——*Hўblæis* ăpĭbus flōrem depasta sălicti. V. E. 1. 55.

§**hўbrĭda, æ.** masc. and fem.——*Hybrid; of men, one whose parents were of* *different countries, or one of whom was a slave.*—— *Hўbrĭdă* quo pacto sit Persius ultus. Hor. Sat. 1. 7. 3.

Hўdaspes, is. *A river in India, near the Indus.*—— Quæ lŏca fābŭlōsus Lambit *Hўdaspes.* Hor. 1. 22. 7.

Hўdra, æ. *A monstrous serpent infesting the neighbourhood of Lerna. It had seven heads, or, as some say, a hundred; but as soon as one was cut off, two more, or, as some say, seven more, grew in its place. It was slain by Hercules. Virgil represents another with fifty heads guarding the inner entrance to hell, if it be not the same beast translated to hell after death.*—— Non *Hўdra* secto corpŏre firmior Vinci dŏlentem crēvit in Hercŭlem. Hor. 4. 4. 61. Quinquāginta ātris immānis hiātĭbus *Hўdra* Sævior intus hăbet sēdem. V. Æn. 6. 576. SYN. Ĕchīdna. PHR. Quæque rĕdundăbat fēcundo vulnĕre serpens Fertĭlis et damnis dīvēs ab ipsa suis. Ov. Et bellua Lernæ Horrendum strīdens. V. Non tē rătiōnis ĕgentem Lernæus turbâ căpĭtum circumstĕtit anguis. V. v. Ov. Met. 9. 69—72.

Hўdrŏchous, i. *The constellation Aquarius,* q. v.—— Proxĭmus *Hўdrŏchoo* fulgĕret Ŏărion. Cat. 64. 94.

hўdrōpĭcus, a, um. *Afflicted with dropsy.*—— Si nōlis sānus curres *hўdrōpĭcus.* Hor. Epist. 1. 2. 34.

hўdrops, ōpis. *acc.* **ōpă.** *The dropsy.*—— Crescit īndulgens sĭbĭ dīrus *hўdrops,* nec sĭtim pellit nisi causa morbi Fūgĕrit vēnīs, et ăquōsus albo Corpore languor. Hor. 2. 2. 13.

hўdrus, i. *A snake.*—— Vīpĕreo gĕnĕri et grăvĭter spīrantĭbus *hўdris.* V. Æn. 7. 753. SYN. anguis, q. v.

hyĕmālis, e. *Wintry, of winter.*—— Amnis Ŭbĕrius sŏlĭto nimbīs *hyemālibus* auctus. Ov. Met. 9. 105. SYN. hўbernus; brūmālis.

hyĕmo, as. 1. *To pass the winter.*—2. *To be stormy.*——1. Năvĭget ac mĕdiīs *hyĕmet* mercātor in undis. Hor. Epist. 1. 16. 71.—2. Ātrum Dĕfendens pisces *hyĕmat* măre. Hor. Sat. 2. 2. 17. SYN. 1. ‡hўberno, as.

hyems, ĕmis. fem. 1. *Winter.*—2. *A storm.*——1. Et glăciālis *hyems* cānos hirsūta căpillos. Ov. Met. 2. 30.——2. Cærŭleus sŭprā căput astĭtit imber Noctem *hyĕmem*que fĕrens. V. Æn. 5. 12. SYN. 1. brūma; frīgus, ŏris; hўberna, orum.—2. prŏcella; tempestas, q. v. PHR. 1. Effĭcit angustos . . . brūma dies. Ov. Quas tĭbĭ (*to a flooded river*) dīvĭtias pīgra mĭnistrat hyems. Ov. Pallescunt frondes quas nŏva læsit hyems. Ov. Imprŏba pugnat hyems. Ov. At cum tristis hyems squālentia prōtŭlit ora Terraque marmŏreo candĭda facta gĕlu est. Ov. Non mŏdĭco frīgŏre læsit hyems. Ov. Grandĭne pulsat hyems . . . (nos). Ov. Horrĭda Sarmătĭcum cur măre dūrat hyems. Ov. Cum tristis hyems Ăquĭlōnis ĭnhorruit ălis. Ov. Inde sĕnīlis hyems trĕmŭlo vĕnit horrĭda passu, Aut spŏliāta suos, aut quos hăbet, alba căpillos. Ov. Rūra gĕlu tum claudit hyems. V. Et cum tristis hyems ĕtiamnum frīgŏre saxa Rumpĕret, et glăciē cursus frænāret Ăquārum. V. Et glăciālis hyems Ăquĭlōnĭbus aspĕrat undas. V. Sīthŏniasque nĭves hyĕmis sŭbcānus ăquōsæ. V. Brūma rĕcurrit ĭners. Hor. Solvĭtur ăcris hyems grātâ vĭce vĕris et Făvōnī. Hor. Informes hyĕmes rĕdūcit Jūpĭter īdem Summŏvet. Hor. Jactor in indŏmĭto brūmāli lūce profundo. Ov. v. gelu.

‡Hўgēa, æ. *The goddess Health.*—— Quod sānāre Crĭton non quod *Hўgēa* pŏtest. Mart. 11. 61. 6. v. valetudo.

Hўlās, æ. masc. *A boy, son of Thiodomas, the companion of Hercules in the Argonautic expedition; going to fetch water from the river Ascanius in Mysia, he was carried off by the nymphs of the stream.*—— His adjungit *Hўlan* nautæ quo fonte rĕlictum Clamâssent, ut littus *Hўlā, Hўlā,* omne sŏnāret. V. E. 6. 43. v. Prop. 1. 20.

Hyllus, i. *The son of Hercules and Deïanira.*—— Virque, sed o! possīs, et puer *Hylle,* vāle. Ov. Her. 9. 168.

Hўmēn. only in nom. and voc., also **Hўmĕnæus, i.** acc. **um** and **ŏn.** 1. *The god of marriage.*—2. *Marriage, used even of animals.*——1. Turba ruunt et *Hўmen* clāmant, *Hўmĕnæe* frĕquentant. Ov. Her. 12. 143. Ut sŭbĭto nostras *Hўmen* cantātus ad aures Vēnit. Ov. Her. 12. 137.—2. Prōmissus sŏcios ŭbĭ nunc *Hўmĕnæus* in annos? Ov. Her. 2. 33. Ætas Lūcīnam justosque păti *Hўmĕnæos.* V. G. 3. 60. SYN. 2. connūbium, conjŭgium, q. v. PHR.

Sertis tempŏra vinctus Hȳmen. Ov. Tædas Hȳmĕnæus Ămorque Præcŭtiunt. Ov. Expectet pūros pīnea tæda dies. Ov.

Hȳmettius, a, um. *Of Hymettus.* —— Ut *Hȳmettia* Sōle cēra, rĕmollescit. Ov. Met. 10. 284.

Hȳmettus, i. *A mountain near Athens, celebrated for its bees and honey; also for its marble.* —— Est prŏpĕ purpŭreos colles flōrentis *Hȳmetti* Fons săcer. Ov. A. A. 3. 687.

Hȳperbŏreus, a, um. *Beyond the north, northern.*——Sōlus *Hyperbŏreas* glăcies Tănaimque nĭvālem . . . Lustrābat. V. G. 4. 517. SYN. Arctĭcus; †‡Arctous.

Hȳpĕrīōn, ŏnis. acc. ŏnă. *The sun.*—— Plăcat ĕquo Persis rădiīs *Hȳpĕrīŏnă* cinctum. Ov. F. 1. 385. SYN. Sōl, Sōlis, q. v.

Hȳpĕrīŏnis, idis. *Aurora.*—— Postĕra cum rŏseam pulsis *Hȳpĕrīŏnis* astris In mātūtīnis lampădă tollit ĕquis. Ov. F. 5. 159. SYN. Aurōra, q. v.

‡Hȳperīŏnius, a, um. *Of the sun.*——Jamque *Hȳpĕrīŏniă* lux septĭma lampăde surgens. Sil. 15. 214. SYN. Phœbēus, q. v.

Hȳpermnestra, æ. also **Hypermnestrē, es.** *That one of the daughters of Danaus who did not murder her husband; his name was Lynceus.*—— Amdrŏmĕdēque et *Hȳpermnestrē* sĭnĕ fraude mărītæ. Prop. 4. 7. 63. v. Ov. Her. 14; Hor. 3. 11. 25—52.

‡hȳpŏcaustum, i. *A stove.*—— Tĕnuem volvunt *hȳpŏcausta* văpōrem. Stat. Sylv. 1. 5. 59.

Hypsĭpȳlæus, a, um. *Of Hypsipyle, of Lemnos.* Vulcānum tellūs *Hypsĭpȳlæa* colit. Ov. F. 3. 82.

Hypsĭpĭlē, es. *Daughter of Thoas, and queen of Lemnos, who, when the rest of the Lemnian women murdered all the men in the island, saved her father: she married Jason.* —— Abstrahor *Hypsĭpȳlē*, sed dent mŏdŏ fāta rĕcursus, Vir tuus hinc ăbeo. Ov. Her. 6. 59.

Hyrcānia, æ. *The country about the Caspian Sea.* —— Quos gurgĭte Bactros Inclūdit gĕlĭdo vastisque *Hyrcānia* sylvis. Lucan, 3. 268.

Hyrcānus, a, um. *Of Hyrcania.* —— *Hyrcānæ*que admōrunt ūbĕra tĭgres. V. Æn. 4. 367.

‡hystĕrĭcus, a, um. *Hysterical.* —— *Hystĕrĭcam* vĕtŭlo se dixĕrat esse mărīto. Mart. 11. 72. 1.

‡hystrix, icis. fem. *A porcupine.* —— Vēnit et hirsūtā spīnōsior *hystrĭce* barba. Calpurnius, 6. 14.

I. J.

Iacchus, i. *A name of Bacchus,* q. v. —— Pōpŭlus Alcīdæ grātissĭma, vitis *Iaccho.* V. E. 7. 61.

jăceo, es, ui. no sup. —— 1. *To lie down.* — 2. *To lie dead, to be dead.* — 3. *To lie, to be situated, esp. to be lowly situated.* — 4. *To be neglected.* —— 1. Strāta *jăcent* passim sua quæque sub arbŏre pōma. V. E. 7. 54. — 2. Sævus ŭbi Æăcĭdæ tēlo *jăcet* Hector, ŭbi ingens Sarpēdōn. V. Æn. 1. 99. — 3. Tristior istā Terra sub ambōbus non *jăcet* ulla pŏlis. Ov. Ep. e P. 2. 7. 64. Quàque *jăcent* valles maxĭme Circe tuæ. Ov. F. 2. 392.—4. Dat census hŏnōres Census ămīcĭtias, Pauper ŭbīque *jăcet.* Ov. F. 1. 218. SYN. 1. cŭbo, as, ui; rĕcŭbo; rĕcumbo, ĭs, *no perf.*; prōcumbo, ĭs, cŭbui; discumbo, *usu. in 3rd sing. pres. pass. as impers.*; rĕclīnor, āris. — 1, 2. occŭbo, occumbo. — 2. v. morior. — 3. sum, ĕs, *etc.* — 4. nĕglĭgor, ĕris, neglectus sum; spernor, ĕris, sprētus sum, q. v. PHR. 1. strātoque sŭper discumbĭtur ostro. V. Conjŭgis infūsus grĕmiō. V. Immānia terga rĕsolvit Fūsus hŭmi, totoque ingens extendĭtur antro. V. Aut in grāmĭneā pōnĕre corpus hŭmo. Ov. Strātaque quæ membris intĕpuĕre tuis (*i. e. where you had lain*). Ov. Vix dēfessa sĕnem passus compōnĕre membra. V. Sæpe grĕges inter rĕquiēvĭmus arbŏre tecti. Ov. Plăcĭdumque pĕtīvit Conjŭgis infūsus grĕmio per membra sŏpōrem. V.

jăcio, ĭs, jēci, jactum. 1. *To throw, hurl, to cast or let fall.*—2. *To place or lay down as a foundation.*——1. Tum pius Ænēās hastam *jăcit.* V. Æn. 10. 783. Purpŭreosque *jăcit* flōres ac tālia fātur. V. Æn. 5. 79. Anchŏra de prōrâ *jăcĭtur.* V. Æn. 3. 277.—2. Augŭrio læti *jăciunt* fundāmĭna cīves. Ov. F. 4. 835. Quid prohĭbet mūros *jăcĕre* et dăre cīvĭbus urbem? V. Æn. 5. 631. SYN. 1. prōjĭcio; conjĭcio; jăcŭlor, āris; jacto, as; expĕdio, īs: (*Of hurling spears, etc.*) mitto, ĭs, mīsi, missum; ēmitto; dīrĭgo, ĭs, rexi; torqueo, es, torsi; contorqueo; contendo, ĭs. PHR. Hæc Prōteus et se jactu dĕdit æquor ĭn altum. V.

jactans, antis. part. of seq., used as adj. even with a compar. *Boastful.*——Quem juxta sĕquĭtur *jactantior* Ancus. V. Æn. 6. 816. v. arrogans.

‡jactātor, ōris. masc. *A boaster.*——Cleōnææ stirpis *jactātor* Ăgylleus. Stat. Theb. 6. 837.

jactātus, ūs. masc. *A tossing about, a flapping (of wings).*——Excussit pennas quārum *jactātĭbus* omnis Afflāta est tellus. Ov. Met. 6. 703. SYN. jactus, ūs.

jacto, as. 1. *To throw, to cast, to hurl, etc.*—2. *To toss about.*—3. *To revolve (in one's mind, etc.).*—4. *To utter (esp. loudly).*—5. *To boast; often reflectively,* jacto me, jactas te, etc.——1. Ossaque post tergum magnæ *jactāte* părentis. Ov. Met. 1. 383.—2. *Jactārĭque* frĕto sēdesque intrāre sĭlentum. Ov. Met. 15. 772.—3. Atque illum tāles *jactantem* pectŏre curas Tristior allŏquĭtur Vĕnus. V. Æn. 1. 227.—4. Talia *jactanti* stridens Ăquĭlōne prŏcella vēlum Adversa fĕrit. V. Æn. 1. 102.—5. *Jactas* et gĕnus et nōmĕn ĭnūtĭle. Hor. 1. 14. 13. Illâ se *jactet* in aulâ Æŏlus. V. Æn. 1. 140. SYN. 1. jăcio, ĭs, q. v.—3. volvo, ĭs, q. v.—4. ēdo, ĭs, ēdĭdi, q. v.—5. glōrior, āris.

jactūra, æ. *A loss.*——Făcĭlis *jactūra* sĕpulchri. V. Æn. 2. 646. v. amitto.

jactus, ūs. masc. *A throwing.*——Pulvĕris exĭgui *jactu* compressa quiescunt. V. G. 4. 87. SYN. †conjectus; jactātus, ūs.

jăcŭlābĭlis, e. *That may be thrown.*——Vīdērunt ŏcŭli tēlum *jăcŭlābĭle.* Ov. Met. 7. 679.

jăcŭlātor, ōris. masc., and **jăcŭlātrix, īcis.** fem. *A thrower, esp. of the javelin.*——Ēvulsisque truncis Encĕlădus *jăcŭlātor* audax. Hor. 3. 4. 56. Pallăda nonne vĭdes *jăcŭlātrĭcem*que Mĭnervam? Ov. Met. 5. 376.

jăcŭlor, āris. 1. *To throw, to hurl.*—2. *To hit by throwing.*——1. Vel Dănaûm Phrȳgios *jăcŭlātus* puppĭbus ignes. V. Æn. 2. 276.—2. Sic ĕgŏ te ferro nondum *jăcŭlābor* ăcūto. Ov. Ibis. 49. SYN. 1. jăcio, is, q. v.—2. fĕrio, īs, *no perf.* q. v. PHR. Aut trĕmŭlum excusso jăcŭlum vībrāre lăcerto. Ov. Et prīmum Antĭphăten . . . Conjecto sternit jăcŭlo. V.

jăcŭlum, i. 1. *A javelin, a dart.*—2. *A casting-net.*——1. Pĕcŏrisque măgistris Vēlōcis *jăcŭli* certāmĭna ponit ĭn ulmo. V. G. 2. 530.—2. Hi *jăcŭlo* pisces, illi căpiuntur ab hāmis. Ov. A. A. 1. 763. SYN. 1. tēlum, spīcŭlum, ăclis, ĭdis, *pl.* ĭdĕs, *fem.*—2. v. rete.

‡jăcŭlus, i. *A sort of serpent which darts on passengers from trees.*——Ecce prŏcul sævus stĕrĭlis se rōbŏre trunci Torsit, et immīsit (*jăcŭlum* vŏcat Āfrĭca) serpens Perque căput Pauli . . . Lucan. 9. 822. v. anguis.

Iālȳsius, a, um. *Of Ialysos, an ancient city of Rhodes; Rhodian.*——Phœbēamque Rhŏdŏn et *Iālȳsios* Telchīnas. Ov. Met. 7. 365.

jam. 1. *Now.*—2. *Already.*——1. *Jam* sătis terris nĭvis atque diræ Grandĭnis misit Păter. Hor. 1. 2. 1.—2. Et *jam* summa procul villārum culmĭna fūmant. V. E. 1. 83. SYN. 1. nunc.

iambus, i. 1. *An iambic foot; a poem written in iambics, i. e. a satire.*——Lĭber in adversos hostes stringātur *iambus,* Seu cĕler, extrēmum sĕu trahat ille pĕdem. Ov. R. A. 378.

jamdūdum. 1. *For some time; up to the present time, and still.*—2. *Immediately.*——1. His ănĭmum arrecti dictīs Et fortis Ăchātes Et păter Ænēas *jamdūdum* ērumpĕre nūbem Ardēbant. V. Æn. 1. 580.—2. Dixit et ingenti *jamdūdum* de grĕge dūci Jussit. Ov. A. A. 1. 317. SYN. 2. prōtĭnus, q. v.

jamjam. *Every moment, immediately.*——*Jamjam* tactūros sīdĕra summa pŭtes. Ov. Tr. 1. 2. 20.

jamprīdem. *Long ago.*——Sătis *jamprīdem* Sanguĭne nostro *Lāŏmĕdontēæ* luĭmus perjūria Trojæ. V. G. 1. 501. SYN. †prīdem.

Jānālis, e. *Of Janus.*——Virgaque *Jānālis* de spīnâ sūmĭtur albâ. Ov. F. 6. 165.

Jānĭcŭlum, i. *One of the hills of Rome, fortified by Ancus.*——Hanc Jānus păter, hanc Săturnus condĭdit arcem *Jānĭcŭlum* huic, illi fuĕrat Saturnia nōmen. V. Æn. 8. 358.

Jānĭgĕna, æ. masc. and fem. *Child of Janus.*——Dum mihĭ *Jānĭgĕnam* servābant Fata Cănentem. Ov. Met. 14. 381.

jānĭtor, ōris. masc. *A doorkeeper.*——*Jānĭtor*, indignum, dūrā rĕlĭgāte cătenā Diffĭcĭlem mōto cardĭne pande fŏrem. Ov. Am. 1. 6. 1.

‡ianthĭnus, a, um. *Purple.*——Coccĭna fāmōsæ dōnas et *ianthĭna* Mœchæ. Mart. 2. 39. 1.

jānua, æ. *A gate, a door.*——Noctes atque dies pătet ātri *jānua* Dĭtis. V. Æn. 6. 127. SYN. porta; fŏris, is, *fem.*; ostium; līmĕn, ĭnis, *neut.*

Jānus, i. *A Roman deity, represented with a face before and behind, also carrying a key. He had a temple at Rome, which was kept open in time of war, and was closed during peace.*——*Jāne* bĭceps anni tăcĭtē lābentis ŏrigo. Ov. F. 1. 65. Tua Cæsar ætas . . . văcuum duellis *Jānum* Quĭrini Clausit. Hor. 4. 15. 9. SYN. Pătulcius, Clūsius. PHR. Quem tămen esse Deum dīcam te Jane bĭformis. Ov. Lātōnæque gĕnus dūplex Jānumque bĭfrontem . . . Jūro. V. Rursus . . . Clāvĭgĕrum verbis alloquor ipse Deum. Ov. v. Ov. F. 1. 65—144.

Jāpĕtĭdes, æ. and **Ĭăpĕtĭōnĭdes, æ.** *A descendant of Ĭăpĕtus, such as Atlas, Prometheus, etc.*——Tu quŏque *Jāpĕtĭdē* nōn hos ădhĭbendus ĭn ūsus. Ov. Met. 5. 111.——*Ĭăpĕtĭōnĭdes* Ātlas fuit. Ov. Met. 4. 631. PHR. Audax Ĭăpĕti gĕnus. Hor.

Iāpyx, ȳgis. acc. **ȳgă.** masc. *The north-west wind.*——Ĕgŏ quid sit āter Ādriæ nōvi sĭnus, et quid albus Peccet *Iāpyx*. Hor. 3. 27. 20. SYN. Caurus; Argestes, æ.

Iarbas, æ. also **Iarba.** *King of the Gœtulians, and a suitor of Dido.*——Non Lĭbyæ non ante Tўro despectus *Iarbas*. V. Æn. 4. 36. Et pŏtĭtur captā Maurus *Iarba* domo. Ov. F. 3. 552.

Iāson, ŏnis. acc. **ŏna.** *The chief of the Argonauts, who went to Colchis to obtain the golden fleece, which he carried off by the aid of Mēdēa,* q. v.——Multaque perpessi clāro sub *Iāsŏne*, tandem Contĭgĕrant răpĭdas līmōsi Phāsĭdŏs undas. Ov. Met. 7. 5. SYN. Æsŏnĭdes, æ. PHR. Quo dūce trabs Colchas săcra cūcurrit ăquas. Ov. Tămĕn illis Æsŏne nātus obvius it. Ov. Auro Hērōs Æsŏnius potitur. Ov. v. Ov. Her. 12.

Iāsŏnius, a, um. *Of Jason.*——Jam tĭbi *Iāsŏniā* nōta est Mēdēa cărīnā. Prop. 2. 24. 45.

iaspis, ĭdis. fem. *Jasper.*——Atque illi stellātus *iaspĭde* fulvā Ensis ĕrat. V. Æn. 4. 261.

Iāzyx, ȳgis. acc. **ȳga.** *A Sarmatian.*——Ipse vides ŏnĕrāta ferox ut dūcat *Iāzyx* Per mĕdias Istri plaustra būbulcus aquas. Ov. Ep. e P. 4. 7. 9. SYN. Sarmăta, q. v.

Ĭber, ēri. *A Spaniard.*——Me pĕrītus Discet *Ĭber* Rhŏdănique pōtor. Hor. 2. 20. 20. v. seq. PHR. Aut impăcātos a tergo horrēbis Ĭbēros. V. v. Cantaber.

Ĭbēria, æ. *Spain.*——Quis fĕræ bellum cūrat *Ĭbēriæ*? Hor. 4. 5. 28. SYN. Hispānia, q. v.

Ĭbērĭcus, a, um. and **Ĭbērus, a, um.** *Spanish.*——*Ĭbērĭcis* pĕruste fūnĭbus lătus. Hor. Epod. 4. 3. Appŭlĕrat rīpæ vaccas Œtēus *Ĭbēras*. Ov. F. 6. 519. SYN. Hispānus, Hespĕrius.

Ĭbērus, i. *The river Ebro.*——Qui præstat terris aufert tĭbĭ nōmĕn *Ĭbērus*. Lucan. 4. 23.

Ibī. *There.*——Aut *ĭbĭ* flāva sĕres mūtāto sīdĕre farra. V. G. 1. 73. SYN. illic.

Ĭbīdem. *In the same place.*——Ast illam ter fluctus *ĭbīdem* Torquet ăgens circum. V. Æn. 1. 116.

Ībis, ĭdis. fem. *The ibis, a sort of Egyptian stork.*——Pisce Vĕnus lătuit Cyllēnius *ībĭdis* ālis. Ov. Met. 5. 331.

Īcărĭŏtis, ĭdis, voc. **ĭ.** *Of Icarius, the father of Penelope.*—1. *Penelope*, q. v.—2. (*fem. adj.*) *Of Penelope.*——1. Quæque tĕrunt fastus *Īcărĭŏtĭ* tuos. Prop. 3. 11. 10.—2. Nīl ŏpus est lēto, nil *Īcărĭŏtĭde* tēlā. Ov. Ep. e P. 1. 3. 113.

Icărius, a, um. *Of Icarus, esp. the Icarian (part of the Ægean) Sea.*——

Transit et *Icărium* lapsas ŭbĭ perdĭdit ālas *Icărus* et vastæ nōmĭna fēcit ăquæ. Ov. F. 4. 283.

Icărus, i. *The son of Dædălus*, q. v., *who, escaping from Crete on wings, and flying too high, had his wings melted by the sun, and fell into the sea.* —— *Icăre* clāmābat, pennas aspexit in undis. Ov. A. A. 2. 95.

‡ichneumon, ŏnis. masc. *An ichneumon.* —— Dēlectat Mărium si pernĭciōsus *ichneumon*. Mart. 7. 87. 5.

ico, is, ici. only used by the Augustan poets in pass. part. **ictus.** *To strike, to wound (even as a snake does by its bite).* —— Quidve Phĭloctētes *ictus* ab angue gĕmat. Ov. Tr. 5. 4. 12. Sic dēsīdĕriis *icta* fīdēlĭbus Quærit pātria Cæsărem. Hor. 4. 5. 15. SYN. percŭtio, ĭs, cussi, q. v.

‡ictĕrĭcus, a, um. *Ill of the jaundice.* —— Consŭlit *ictĕrĭcæ* lento de fūnĕre mātris. Juv. 6. 564.

ictus, ûs. masc. 1. *A blow, a stroke.* — 2. *A wound.* —— 1. Sic densis *ictĭbus* hēros Crēber ŭtrâque mănu pulsat versatque Dărēta. V. Æn. 5. 460. Tum spissa rāmis laurea fervĭdos Exclūdet *ictus* (solis sc.). Hor. 2. 15. 10. — 2. Sed non Dardănïæ mĕdĭcāri cuspĭdis *ictum* Ēvăluit. V. Æn. 7. 756. SYN. 1, 2. plāga ; percussus, ûs. — 2. vulnus, ĕris, q. v.

Ida, æ. also **Idē, es.** 1. *A mountain near Troy.* — 2. *Also one of the same name in Crete where Jupiter was reared.* —— 1. Dindȳmŏn et Cȳbĕlēn, et ămœnam fontĭbus *Iden* Semper et Īlĭăcas Māter ămāvit opes. Ov. F. 4. 249. Forte sub umbrosæ nĕmŏrōsis vallĭbus *Idæ*. Ov. A. A. 1. 289. SYN. 1. Gargăra, ōrum. PHR. 1. Phrȳgiæ servant pīce lentius Īdæ. V. Puer frondōsâ rēgius Īdâ. V. In immensis quà tŭmet Īda jugis. Ov. — 2. Vīderat Īăsium Crētæâ Dīva sub Īdâ. Ov.

Idæus, a, um. *Of Mount Ida, Phrygian.* —— His ortus ut ăgris Dardănus *Idæas* Phrȳgiæ pĕnĕtrârit ad urbes. V. Æn. 7. 207.

Idălia, æ. also **Idălium.** *A town in Cyprus, sacred to Venus.* —— Fōtum grĕmio Dea tollit in altos *Idălïæ* lūcos. V. Æn. 1. 693. Aut sŭper *Idălium* săcrātâ sēde rĕcondam. V. Æn. 1. 683.

Idăliē, es. *A name of Venus*, q. v. —— Pectŏra dūra pĕrōsam *Idălien* . . . tĭmē. Ov. Met. 14. 694.

Idălius, a, um. *Idalian, of Venus.* —— Tum vīcīna astrīs Ĕrȳcino in vertice sēdes Fundātur Vĕnĕri *Idălïæ*. V. Æn. 5. 760.

idcirco. *Therefore.* —— *Idcirco* certis dīmensum partĭbus orbem . . . . rĕgit Sol. V. G. 1. 231. SYN. ĭgĭtur, ĭtăque, ergo, ĭdeo.

idem, eădem, ĭdem, ējusdem, eīdem, eundem, eandem, ĭdem, abl. **eōdem, eādem,** sometimes as dissyll. **eodem, ēādem,** etc. pl. **īīdem, eædem, eădem,** etc. *The same.* —— Ămor omnĭbus *ĭdem*. V. G. 3. 244. Nil prōdest quod non lædĕre possit *ĭdem*. Ov. Tr. 2. 266. His vīvus fŭriis ăgĭtābĕre, mortuus *ĭsdem*. Ov. Ibis. 161. Ūnâ *eădem*que viâ sanguisque ănĭmusque sĕquuntur. V. Æn. 10. 487. *Eosdem* hăbuit sēcum quĭbus est ēlāta căpillos. Prop. 4. 7. 7.

identĭdem. *Every now and then.* —— Qui sĕdens adversus *identĭdem* te Spectat et audit. Cat. 51. 3.

ĭdeo. *Therefore.* —— Nec cellis *ĭdeo* contende Fălernis. V. G. 2. 96. SYN. idcirco, q. v.

ĭdōneus, a, um. *Fit, suitable.* —— Vixi puellis nŭper *ĭdōneus*. Hor. 3. 261. SYN. aptus, q. v.

Idūme, es. *Edom.* —— Arbusto palmārum dīvĕs *Idūme*. Lucan. 3. 216.

Idūmēus, a, um. *Of Edom.* —— Prīmus *Idūmēas* rĕfĕram tĭbĭ Mantua palmas. V. G. 3. 12.

Idus, ûs. fem. usu. if not always in pl. *The ides, the day which divides the month.* —— *Idus* tĭbĭ sunt ăgendæ Qui dies mensem Vĕnĕris mărīnæ Findit Aprīlem. Hor. 4. 11. 14.

jĕcur, ŏris. neut. *The liver.* —— Fervens diffĭcĭlī bīle tŭmet *jĕcur*. Hor. 1. 13. 4.

jējūnium, i. 1. *A fast, want of food.* — 2. *Hunger.* —— 1. Non ĭtă fāta sĭnunt, quŏniam *jējūnia* virgo Solvĕrat. Ov. Met. 5. 534. Illos longa dŏmant ĭnŏpi *jējūnia* victu. Ov. Met. 1. 312. — 2. Neque ĕnim *jējūnia* cūrat Cæde boum dīramque fămem sătiāre. Ov. Met. 11. 371.

jējūnus, a, um. 1. *Fasting, without food.* — 2. *Barren.* — 3. *Scanty.* —— 1.

Hoc quŏque tentēmus sīquĭdem *jējūna* rĕmansit. Ov. F. 4. 603.—2. Nam *jējūna* quĭdem clīvōsi glārea rūris. V. G. 2. 212.—3. Summaque *jējūnā* sāniē infuscātur ărēna. V. G. 3. 493. SYN. 1. impastus.—2. stĕrĭlis.—3. exīlis.

‡jentācŭlum, i. *A breakfast.*——Surgĭte, jam vendit puĕris *jentācŭla* pistor. Mart. 14. 123. 1.

Ĭgĭtur. *Therefore.*——Alternīs *ĭgĭtur* contendĕre Versĭbus ămbo Cœpēre. V. E. 7. 18. SYN. idcirco, ĭtăque, ergo, ĭdeo.

ignārus, a, um. *Ignorant, inexperienced.*——Heu vātum *ignāræ* mentes! Quid vōta fūrentem, Quid dēlūbra jŭvant? V. Æn. 4. 65. Haud *ignāra* măli mĭsĕris succurrĕre disco. V. Æn. 1. 630. SYN. inscius, nescius.

Ignāvē. *Lazily.*——Vĭdĕrĭs aut summas carpentem *ignāvius* herbas. V. G. 3. 465.

ignāvia, æ. *Idleness, laziness.*——O semper ĭnertes Tyrrhēni quæ tanta ănĭmis *ignāvia* vēnit? V. Æn. 11. 733. SYN. ĭnertia, dēsĭdia.

ignāvus, a, um. *Idle, lazy, etc.*——*Ignāvum*, fūcos, gĕnus a præsēpĭbus arcent. V. Æn. 1. 439. Tristis et *ignāvi* plēnissĭma frĭgŏris. Ov. Met. 2. 763. Et nĕmŏra ēvertit, multos *ignāva* per annos. V. G. 2. 208. SYN. ĭners; dēsĕs, ĭdis; pĭger, gra, grum.

ignesco, is. no perf. *To catch fire, to be on fire, lit. and metaph.*——Rŭtŭlo mūros et castra tuenti *Ignescunt* īræ. V. Æn. 9. 66. SYN. ardeo, es, si, q. v.

igneus (once as dissyll. **ignēus**), **a, um.** *Fiery, like fire, on fire, of fire, etc. lit. and metaph.*——Cœlo et mĕdium Sol *igneus* orbem Hausĕrat. V. G. 4. 426. Aureus ut Dănaēn, Āsōpĭda lūsĕrit *ignēus*. Ov. Met. 6. 113. Vŏlat *igneus* æquŏre Tarchon. V. Æn. 11. 746. SYN. flammeus, q. v. v. rutilus.

‡ignĭcŭlus, i. *A little fire.*——Nec dŏlet *ignĭcŭlum* brūmæ si tempŏre poscas. Juv. 3. 102.

ignĭfer, ĕra, ĕrum. *Fire-bearing.*——Non tămĕn *ignĭfĕro* quisquam consistĕre in axe Me vălet excepto. Ov. Met. 2. 59. SYN. flammifer.

Ignĭgĕna, æ. *Fireborn, a name of Bacchus.*——*Ignĭgĕnam*que, sătumque ĭtĕrum, sōlumque bĭmātrem. Ov. Met. 4. 12.

ignĭpes, ĕdis. *With fiery feet.*——Tum sciet *ignĭpĕdum* vīres expertus ĕquōrum. Ov. Met. 2. 392.

Ignĭpŏtens, entis. *Mighty by means of fire, a name of Vulcan.*——Illam inter cædes pallentem morte fŭtūrā Fēcĕrat *Ignĭpŏtens*. V. Æn. 8. 709.

ignis, is. masc. 1. *Fire.*—2. *The light of the sun, stars, etc.*—3. *Love.*—4. *Any impetuous passion.*——1. Īlĭcet *ignis* ĕdax summa ad fastīgia vento Volvĭtur. V. Æn. 2. 758.—2. Mĭcat inter omnes Jūlium sīdus vĕlut inter *ignes* Lūna mĭnores. Hor. 1. 12. 48.—3. Littĕra cēlātos arcāna fătēbĭtur *ignes*. Ov. Met. 9. 515. Hospĭtis *igne* duas incăluisse Deas. Ov. Tr. 2. 380. At mihĭ sese offert ultro meus *ignis* Ămyntas. V. E. 3. 66.—4. Exarsēre *ignes* ănĭmo sŭbit īra cădentem Ulcisci pătriam. V. Æn. 2. 575. SYN. 1. flamma, Vulcānus; Mulcĭber, ĕri; incendium (*the last only of a fire, a conflagration*).—3. Ămor, q. v.—3, 4. ardor. PHR. Extendĭtur ūna Horrĭda per lātos ăcies Vulcānia campos. V. Fŭrit immissis Vulcānus hăbēnis Transtra per et rēmos. V. Æstuat ut clausis răpĭdus fornācĭbus ignis. V. Ac primum sĭlĭci scintillam excūdit Āchātes Suscēpitque ignem fŏliis atque ārĭda circum Nūtrīmenta dĕdit, răpuitque in fōmĭte flammam. V. Hæc mĕmŏrans cĭnĕrem et sōpītos suscĭtat ignes. V. Panchæis ădŏlescunt ignĭbus āræ. V. Crēbris mĭcat ignĭbus æther. V. Et nŏvus accenso fungĭtur igne fŏcus. Ov. Nutrītur vento, vento restinguĭtur ignis. Ov. Pectŏraque inclūsīs ignĭbus usta dŏlent. Ov. Mĕtumque Miscēbant ŏpĕri flammisque sĕquācĭbus īras. V.

ignītus, a, um. *On fire.*——Ūrĭtur *ignītis* alba cŏlumba fŏcis. Ov. F. 1. 452. SYN. ardens, accensus.

ignōbĭlis, e. *Ignoble.*——Sōlus ŭbi in sylvīs Ĭtălīs *ignōbĭlis* ævum Exĭgĕret. V. Æn. 7. 776. SYN. turpis; inglōrius, q. v.; ignōtus.

ignōbĭlĭtas, atis. *Ignobleness.*——Res obscūra quĭdem est *ignōbĭlĭtāte* vĭrōrum. Ov. Met. 6. 319.

ignōmĭnia, æ. *Ignominy, disgrace.*——Multa gĕmens *ignōmĭniam* plāgasque sŭperbi Victōris. V. G. 3. 226. SYN. dĕdĕcus, ŏris; infāmia; prŏbrum.

§**ignōmĭniōsus, a, um.** *Disgraceful.* —— Aut immunda crĕpent, *ignōmĭniōsaque* verba. Hor. A. P. 247. SYN. turpis, infāmis, prōbrōsus.

ignōrantia, æ. *Ignorance.* —— Prætĕrĭtæ vĕniam dăbit *ignōrantia* culpæ. Ov. Her. 20. 187. SYN. inscītia.

ignōro, as. *To be ignorant, to be ignorant of.* —— Mēne sălis plăcĭdi vultum fluctusque quiētos *Ignōrāre* jŭbes? V. Æn. 5. 848. SYN. nescio, īs. v. scio.

ignosco, ĭs, nōvi. no perf. pass. part. in this sense. *To pardon.* —— *Ignoscenda* quĭdem scīrent si *ignoscĕre* Manes. V. G. 4. 489. SYN. excūso, as; dōno, as; †condono. v. venia. PHR. Namque dăbunt vĕniam vōtīs, īrasque rĕmittent. V. Prosĕquĭtur vĕniâ. V.

ignōtus, a, um. *Unknown.* —— Inter Ăvernāles haud *ignotissĭma* nymphas. Ov. Met. 5. 540. SYN. incognĭtus, incĕlĕbris.

īlex, ĭcis. fem. *The holm oak.* —— *Īlĭce* sub nīgrâ pallentes rūmĭnat herbas. V. E. 6. 54. PHR. Hic păter Æneas frondenti ex īlĭce mētam Constituit. V. Talis ĕrat spĕcies auri frondentis ŏpācâ Īlĭce. V. Ipse cŏruscis cum frĕmit īlĭcĭbus . . . păter Āpennīnus. V. Arctius atque hĕdĕrâ prōcēra astringĭtur īlex. Hor. Mē dīcente căvis impŏsĭtam īlĭcem Saxis. Hor. Sed nĕque rāmōsâ nŭmĕrābis in īlĭce glandes. Ov.

īlia, um. pl. *The flanks.* —— Perque ŭtĕrum sŏnĭtu perque *īlia* vĕnit ărundo. V. Æn. 7. 499.

Īlia, æ. *The mother of Romulus and Remus.* —— Marte grăvis gĕmĭnam partu dăbit *Īlia* prōlem. V. Æn. 1. 278. SYN. Sylvia, Rhĕa.

Īliăcus, a, um. *Trojan.* —— *Īliăci* cĭnĕres et flamma extrēma meōrum. V. Æn. 3. 431. SYN. Īlius; Trōjānus, q. v.

Īliădes, æ, masc. 1. *A Trojan.* — 2. *A son of Ilia, i. e. Romulus or Remus.* —— 1. Ăbrĭpit *Īliăden* (*i. e.* Ganymede) qui nunc quŏque pōcŭla miscet. Ov. Met. 10. 160. — 2. *Īliădæ* frātres jūra pĕtīta dăbant. Ov. F. 3. 62.

Īliăs, ădŏs. pl. **ădĕs,** etc. fem. 1. *A Trojan woman.* — 2. *The Iliad.* —— 1. Et circum *Īliădes* crīnem de mōre sŏlūtæ. V. Æn. 3. 65. — 2. *Īliăs* æterum si lătuisset ŏpus. Ov. A. A. 3. 414. SYN. 1. Trōăs, ădŏs.

īlĭcet. *Immediately.* —— *Īlĭcet* ignis ĕdax summi ad fastīgia tecti volvĭtur. V. Æn. 2. 758. SYN. prōtĭnus, q. v.; extemplo, confestim.

‡**īlĭcētum, i.** *A grove of ilex.* —— Vīcīni strue cultus *īlĭcēti.* Mart. 12. 18. 20.

‡**īlĭceus, a, um.** *Of the holm oak.* —— Ornique *īlĭceæ*que trăbes, metuendaque succo Taxus. Stat. Theb. 6. 101. v. seq.

īlignus, a, um. *Of holm oak.* —— Currentem *īlignis* pōtāre cănālĭbus undam. V. G. 3. 330. v. quernus.

Īlium, i. neut., also **Īliŏn, i.** neut. and fem., no pl. —— *Īliŏn,* et Tĕnĕdos, Sĭmoïsque et Xanthus et Ide. Ov. Her. 13. 33. Cĕcĭditque sŭperbum *Īlium,* et omnis hūmo fūmat Neptūnia Trōja. V. Æn. 3. 3. SYN. Pergăma, ōrum; Trōja, q. v.

Īliŏs, i. fem. another form of prec. —— Tum cum tristis ĕrat dēfensa est *Īliŏs* armis. Ov. A. A. 1. 363. v. prec.

Īlīthyia, æ. *A name of Diāna in her character of protectress of women in travail.* —— Rīte mātūros ăpĕrīre partus Lēnis *Īlīthyia* tuēre mātres Sīve tu Lūcīna prŏbas vŏcāri Seu Gĕnĭtālis. Hor. C. S. 14. SYN. Lūcīna. PHR. Tum cùm mātūra vŏcābis Præpŏsĭtam tĭmĭdis părientĭbus Īlīthyiam. Ov. Illa pŏtentem Lūcīnam nŏvies, nŏvies părĭtūra vŏcāvit. Ov. Cum te partu Lūcīna lĕvārit. Ov. Constĭtit ad rāmos mītis Lūcīna dolentes. Ov. Tuque lăbōrantes ŭtĕro mĭsĕrāta puellas Quārum tarda lătens corpŏra tendit ŏnus, Lēnis ădes, prĕcĭbusque meīs făvĕ Īlīthyia. Ov. Ŏpem Lūcīna nĕgābat. Ov.

Īlius, a, um. *Trojan.* —— Īlus erat dum res stĕtit *Īlia* regno. V. Æn. 1. 268. SYN. Īliăcus, q. v.

illābĕfactus, a, um. *Unimpaired.* —— Quæ semper măneant *illābĕfacta* prĕcor. Ov. Ep. e P. 4. 8. 10. SYN. intĕger, gra, grum, q. v.; illæsus.

illābor, ĕris, lapsus sum. 1. *To glide or fall into.* — 2. *To fall upon.* —— 1. Da pater augŭrium atque ănĭmīs *illābĕre* nostris. V. Æn. 3. 89. — 2. Si fractus *illābātur* orbis. Hor. 3. 3. 7. SYN. 1. influo, ĭs, xi. — 2. incĭdo, ĭs; irruo, ĭs, ui.

illāc. *That way.* —— Et nunc hāc jŭvĕni, nunc circumfundĭtur *illāc.* Ov. Met. 4. 360.

‡illăcĕrābĭlis, e. *Which cannot be torn.* —— Spŏlium quod rēge sŭperbus Bŏiōrum cæso căpĭti *illăcĕrābĭle* victor Aptârat. Sil. 5. 137.

illăcrȳmābĭlis, e. 1. *Who cannot be moved by tears.* — 2. *Unwept for.* —— 1. Non si trĕcēnis quotquot eunt dies Ămīce plăces *illăcrȳmābĭlem* Plūtōna tauris. Hor. 2. 14. 6. Sed omnes *illăcrȳmābĭles* urgentur ignōtique longâ Nocte. Hor. 4. 9. 26. SYN. 1. ĭnexōrābĭlis, implācābĭlis, implăcātus. — 2. indēflētus, indēplōrātus.

illăcrȳmo, as. *To weep, to lament, to weep for* (*c. dat.*). —— Măla . . . nostra quĭbus possent *illăcrȳmāre* fĕræ. Ov. Tr. 5. 8. 6. SYN. lăcrȳmo, q. v.

illæsus, a, um. *Unhurt, unimpaired.* —— *illæso* corpŏre pressit ăquas. Ov. Her. 15. 168. SYN. intĕger, gra, grum ; tūtus, inviŏlātus.

illætābĭlis, e. *Joyless.* —— Hinc Drĕpăni me portus et *illætābĭlis* ōra Accĭpit. V. Æn. 3. 707. SYN. tristis, q. v.

illăqueo, as. *To ensnare.* —— Mūnĕra nāvium Sævos *illăqueant* dŭces. Hor. 3. 16. 15. v. allicio.

‡illātro, as. *To bark among.* —— Perque căvas terræ quas ēgit carmĭne rīmas Mānĭbus *illātrat*. Lucan. 6. 729.

illātus, a, um. part. pass. from infĕro, q. v. *Brought upon.* —— Testārique Deos per vim sĭbĭ dēdĕcus illud *illātum*. Ov. Met. 6. 609.

illaudābĭlis, e. *Not to be praised.* —— Juvat *illaudābĭle* carmen Fundĕre. Stat. Sylv. 5. 5. 33. v. seq.

illaudātus, a, um. *Not praised, infamous.* —— Aut *illaudāti* nescit Būsīrĭdis āras. V. G. 3. 5. SYN. infāmis, q. v.

ille, illa, illud, illīus (also ‡gen. **illi, illæ, illi**), etc. 1. *He, she, it.* — 2. *The one or the other, in opp. to* hic (*strictly* hic *is the latter,* ille *the former; but sometimes this is reversed*). — 3. *A, as we say a wolf; but this is very rare indeed.* —— 1. Namque ĕrit *ille* mihĭ semper Deus, *illius* āram Sæpe tĕner nostrīs ab ŏvīlĭbus imbuet agnus. V. E. 1. 7. Ante . . . . quam nostro *illīus* lābātur pectore vultus. V. E. 1. 64. Rabies unde *illæ* (*for* răbiēi *illius*), hæc germĭna surgunt. Lucr. 4. 1076. — 2. Cēdunt dissĭmĭles hic vir et *ille* puer. Ov. Her. 1. 9. 24. — 3. Ac velut *ille* prius quàm tēla ĭnĭmica sĕquantur Contĭnuo in montes sese āvius abdĭdit altos occīso pastore lŭpus. V. Æn. 11. 809. SYN. 1. is, ea, id, ējus, q. v. — 1, 2. hĭc, hæc, hŏc, hūjus.

illĕcĕbræ, ārum. *Enticement, allurement.* —— Dulcĭbus illa quĭdem *illĕcĕbris* et sæpe sŭperbos Cornĭbus inter se subĭgit dĕcernĕre ămantes. V. G. 3. 217. v. blandĭtiæ.

illectus, a, um. *Unread.* —— Si non accĭpiet scriptum *illectum*que remittet. Ov. A. A. 1. 469.

illĕpĭdus, a, um. *Witless.* —— Nî sint *illĕpĭdæ* atque ĭnēlĕgantes. Cat. 6. 2. SYN. infĭcētus, ŭnurbānus.

†illex, ēgis. *Lawless, an outlaw.* —— *Illex*, lābes pŏpŭli. Plaut. SYN. exlex, q. v.

illībātus, a, um. *Uncontaminated.* —— Da fœdĕra prisci *Illībāta* tŏri. Lucan. 2. 341. SYN. intĕmĕrātus.

illĭc. *There.* —— *Illĭc* offĭciant lætis nē frūgĭbus herbæ. V. G. 1. 69.

†illĭcio, ĭs, lexi. *To allure.* —— Quidque nŏvi pŏtuit tanto post ante quiētos *Illĭcĕre*. Lucr. 5. 170. SYN. allĭcio, q. v. ; †pellicio.

‡illĭcĭtus, a, um. *Unlawfully.* —— Hoc ĕrat *illĭcĭtas* tĕmĕrāre rŭdentĭbus undas. Val. Fl. 1. 627. SYN. inconcessus, vĕtĭtus impermissus.

illīdo, ĭs, si, etc. *To dash or cause to strike, trans.* —— *Illīdit*que vădīs (naves sc.) atque aggĕre cingit ărēnæ. V. Æn. 1. 112. Scŏpŭlis *illisa* rĕclāmant Æquŏra. V. Æn. 3. 261. SYN. collido ; incŭtio, ĭs, cussi ; impingo, ĭs, pēgi.

‡illīsus, ūs. masc. *A dashing against.* —— *Illīsu* scopŭlus trĕmit omnis ăquārum. Sil. 17. 246.

illĭgo, as. sometimes in tmesi. 1. *To bind.* — 2. *To entangle, to hinder.* —— 1. Non ut jŭvencis *illĭgāta* plūrĭbus Ărātra nītantur mĕa. Hor. Epod. 1. 25. — 2. Ille pĕdem rĕfĕrens et ĭnūtĭlis *inque lĭgātus* Cēdēbat. V. Æn. 10. 794. SYN. 1. lĭgo, allĭgo, collĭgo ; vincio, īs, xi. — 2. impĕdio, īs.

illīmis, e. *Without mud.* —— Fons erat *illīmis* nĭtĭdīs argenteus undis. Ov. Met. 3. 407. SYN. limpidus, q. v.

illinc. *From thence, on that side.* —— Sæpe ut constĭtĕrant, hinc Thisbe Pȳrămus *illinc*. Ov. Met. 4. 71.

illĭno, ĭs, lēvi, lĭtum. *To smear, either of the thing smeared, or of the ointment, etc. with which.*——*Illĭta* Nessēo mĭsi tĭbĭ texta vĕnēno. Ov. Her. 9. 163. Non sōla comtos arsit ădulteri Crīnes et aurum vestĭbus *illĭtum* Mīrāta. Hor. 4. 9. 14. SYN. lĭno, oblĭno, ungo, is, xi ; pĕrungo, ĭnungo.

illĭtĕrātus, a, um. *Illiterate, ignorant.*——*Illĭtĕrāti* num mĭnus nervi rĭgent? Hor. Epod. 8. 17. SYN. indoctus.

illōtus, a, um. *Unwashed.*——Et Tўrias dăre circum *illōta* tŏrālia vestes. Hor. Sat. 2. 4. 84. v. immundus.

illūc. *Thither.*——Nunc huc nunc *illūc* et ŭtrōque sĭne ordĭne curro. Ov. Her. 10. 19. SYN. eo, istūc.

illūceo, es, luxi. no sup.——Nullŭs Erecthīdis fertur cĕlĕbrātior illo *Illuxisse* dies. Ov. Met. 7. 431. SYN. lūceo, q. v. ; colluceo.

‡illuctans, antis. *Struggling.*——Et tĕnĕris mĕdĭtans verba *illuctantia* lābris. Stat. Theb. 4. 790. v. luctor.

illūdo, ĭs, si. 1. *To play among.*—2. *To mock.*——Silvestres ūri assĭduē căpreæque sĕquāces Vĭtĭbus *illūdunt.* V. G. 2. 374.—2. Proh! Jūpĭter ībit Hĭc, ait, et nostris *illūsĕrit* advĕna regnis? V. Æn. 4. 591. I verbis virtūtem *illūde* sŭperbis. V. Æn. 9. 634. SYN. 2. rīdeo, es, si ; dĕrīdeo.

‡illūmĭno, as. *To enlighten.*——Rĕmūgit Encĕlădus, ruptoque vias *illūminat* igni. Stat. Theb. 12. 275. SYN. illustro, as, q. v.

‡illūnis, e. *Moonless.*——*Illūnem* nacti per rūra tăcentia noctem. Sil. 15. 619. PHR. Lūmenque obscūra vĭcissim Lūna prĕmit. V.

illustris, e. 1. *Bright.*—2. *Illustrious.*——1. Qui terque quăterque Concŭtiens *illustre* căput (Sol, sc.). Ov. Met. 2. 50.—2. *Illustres* ănĭmas nostrumque in nōmĕn ĭtūras. V. Æn. 6. 758. SYN. 1. cŏruscus, rŭtĭlus, splendĭdus, prælustris.—1, 2. clārus, præclārus.—2. insignis, mĕmŏrandus, inclўtus ; cĕlĕber, bris, bre. PHR. 2. Sum pius Æneas fāmā super æthĕra nōtus. V.

illustro, as. *To enlighten, to give light to.*——O quā Sōl hăbĭtābĭles *Illustrat* ōras. Hor. 4. 14. 6. SYN. ‡clāro, as. PHR. Postĕra lux rădiis lātum pătĕfēcĕrat orbem. Ov.

illūsus, a, um. part. pass. of illudo, q. v. also *Embroidered.*——*Illūsas*que auro vestes Ĕphўrēiaque æra. V. G. 2. 464. SYN. pictus.

illŭvies, ei. *Dirt.*——Nec tondēre quĭdem morbo *illŭvie*que pĕrēsa Vellĕra. V. G. 3. 561. SYN. sordes, ium, *pl. fem.* ; squālor.

Illўria, æ. also **Illўris, ĭdŏs.** fem. *Illyria.*——An tĭbĭ sum gĕlĭdā vīlior *Illўriā*? Prop. 1. 8. 2. Nec dēdignāta est abjectis *Illўris* armis Cæsăreum fămŭlo vertĭce ferre pĕdem. Ov. Ep. e P. 2. 2. 80.

Illўrĭcus, a, um. *Illyrian.*——*Illўrĭcos* pĕnĕtrāre sĭnus atque intĭma tūtus Regna Lĭburnorum. V. Æn. 1. 243.

Illўris, ĭdos. fem. adj. *Illyrian.*——Nunc tĭbĭ Pannŏnia est, nunc *Illўris* ōra dŏmanda. Ov. Tr. 2. 225.

Ilva, æ. *Elba.*——*Ilva* trecentos (juvenes dederat), Insŭla ĭnexhaustis Chălўbum gĕnĕrosa mĕtallis. V. Æn. 10. 173. SYN. Œthalis, ĭdŏs, *fem.*

Ilus, i. *An ancient king of Troy, son of Tros, and father of Laomedon.*——*Ilus*que Assărăcusque et Trōjæ Dardănus auctor. V. Æn. 6. 650.

§ĭmāgĭnōsus, a, um. *Fanciful.*——Sŏlet hæc *ĭmāgĭnōsum.* Cat. 39. 7.

ĭmāgo, ĭnis. fem. 1. *An image.*—2. *A resemblance.*—3. *An appearance.*—4. *An apparition, a spirit.*—5. *An echo.*——1. Estō beāta, pĭnus atque *ĭmāgĭnes* Dūcant triumphāles tuum. Hor. Epod. 8. 11.—2. Cujus ĭnest ănĭmo pătrii candōris *ĭmāgo.* Ov. Tr. 4. 4. 3.—3. Quid nātum tŏties crūdēlis tu quŏque falsis Lūdis *ĭmāgĭnĭbus*? V. Æn. 1. 407.—4. Et nunc magna mei sub terras ībit *ĭmāgo.* V. Æn. 4. 654.—Creūsæ Vīsa mihi ante ŏcŭlos et nōtā mājor *ĭmāgo.* V. Æn. 2. 772.—5. Ut . . . jŏcōsa Reddĕret laudes tĭbĭ Vātĭcāni Montis *ĭmāgo.* Hor. 1. 20. 8. SYN. 1. effĭgies, ēi.—1, 2. sĭmŭlācrum.—1, 3. fĭgūra.—2. ĭmĭtāmĕn, ĭnis, q. v.—3. vīsum.—4. umbra, q. v.—5. ēcho, ūs, q. v.

imbēcillus, a, um. *Weak.*——Tractāri mollius ætas *Imbēcilla* vŏlet. Hor. Sat. 2. 2. 86. SYN. dēbĭlis, q. v.

imbellis, e. *Unwarlike.*——*Imbellem* āvertis Rōmānīs arcĭbus Indum. V. G. 2. 172. SYN. mollis.

imber, bris. masc. 1. *Rain.*—2. *Any moisture, esp. tears.*—3. *A storm ; lit. and* *metaph. of weapons, etc.*—1. Dīcĭtur Ægyptos cāruisse jŭvantĭbus arva *Imbrĭbus*. Ov. A. A. 1. 648.—2. *Imbre* per indignas usque cădente gĕnas. Ov. Tr. 1. 3. 18.—3. It toto turbĭda cœlo Tempestas tēlōrum ac ferreus ingruit *imber*. V. Æn. 12. 284. SYN. 1. plŭvia.—2. hūmor. PHR. Vesper ŭbi aut hȳbernus ăgit de montĭbus imber (aves). V. Tum mihĭ cærŭleus sŭprā căput astĭtit imber, Noctem hyĕmemque fĕrens. V. Ruit æthĕre tōto Turbĭdus imber ăquâ densisque nĭgerrĭmus austris. V. Nec mĕtuit surgentes pampĭnus austros, Aut actum cœlo magnis ăquĭlōnĭbus imbrem. V. Cădant submōtis nūbĭbus imbres. V. Effūsis imbrĭbus ātra Tempestas sĭne mōre fŭrit. V. Tum pater omnĭpŏtens fēcundis imbrĭbus æther Conjŭgis in grĕmium lætæ descendit. V. Ut nĕque largis Ăquosus Eurus arva rādat imbrĭbus. Hor. Torrens undis plŭviālĭbus auctus. Ov. Turbĭdus, hȳbĕrnis ille (fluvius, sc.) fluēbat ăquis. Ov. Cum lătet æthĕreâ (o Dī) spargĭte sēmĕn ăquâ. Ov. Et grăvis effūsis dēcĭdit imber ăquis. Ov. Quantus ab occāsu vĕniens plŭviālĭbus hædis Verbĕrat imber hŭmum, quam multâ grandĭne nimbi In văda præcĭpĭtant, cum Jūpĭter horrĭdus austris Torquet ăquosam hyĕmem et cœlo căva nŭbĭla rumpit. V.

imberbis, e. *Beardless.*—Quæ *Imberbes* dĭdĭcēre sĕnes perdenda fătēri. Hor. Epist. 2. 1. 85. SYN. lævis.

imbĭbo, is. *To drink in, imbibe, lit. and metaph., to conceive in one's mind, to resolve.*—Non quod vĭolāri summa Deūm vis Possit ut ex īrâ pœnas pĕtĕre *imbĭbat* acres. Lucr. 6. 71. SYN. stătuo, is.

imbrex, ĭcis. masc. *A gutter tile, a coping.*—Hunc angustique *imbrĭce* tectī Părĭetibusque prĕmunt arctis. V. G. 4. 296.

†imbrĭcĭtor, ōris. masc. *Bringer of rain.*—Spīrĭtus Austri *Imbrĭcĭtor*. Ennius.

imbrĭfer, ĕra, ĕrum. *Bringing rain.*—Vel cum ruit *imbrĭfĕrum* ver. V. G. 1. 313. SYN. plŭviālis, plŭvius, nimbĭfer.

Imbrius, a, um. *Of Imbros, an island in the Ægean sea.*—Vĕnĭmus ad portūs *Imbria* terra tuos. Ov. Tr. 1. 9. 18.

imbuo, ĭs, ui, ūtum. 1. *To wet, to moisten.*—2. *To imbue.*—3. *To be the first to use.*—1. Illius ăram sæpe tĕner nostris ab ŏvīlĭbus *imbuet* agnus. V. E. 1. 7.—2. Oscŭla quæ Vĕnus Quintâ parte sui nectăris *imbuit.* Hor. 1. 13. 16.—3. Ipse tuum præsens *imbue*, dixit, ŏpus. Ov. A. A. 1. 654. SYN. 1. mădĕfăcio, ĭs, fēci, q. v.—2. tingo, ĭs, xi, q. v.

ĭmĭtābĭlĭs, e. *To be imitated.*—Dēmens qui nimbos et non *ĭmĭtābĭle* fulmen Ære et cornĭpĕdum pulsu sĭmŭlârat ĕquōrum. V. Æn. 6. 590.

ĭmĭtāmen, ĭnis. neut. *An imitation.*—Somnia quæ vĕras æquent *ĭmĭtāmĭne* formas. Ov. Met. 11. 627. SYN. sĭmŭlāmen, ĭnis. neut. v. sĭmŭlăcrum.

ĭmĭtātor, ōris. masc. *An imitator.*—Brūtus ĕrat stulti săpiens *ĭmĭtātor*, ut esset Tūtus ab insĭdiis. Ov. F. 2. 717. SYN. sĭmŭlātor.

ĭmĭtātrix, īcis. fem. of prec.—Psittăcus Ēōis *ĭmĭtātrix* ālĕs ab Indis Occĭdit. Ov. Am. 2. 6. 1. SYN. ‡sĭmŭlātrix.

ĭmĭtor, āris. part. perf. both in act. and pass. sense. 1. *To imitate.*—2. *To feign, to counterfeit.*—1. Et vox Audītur fractos sŏnĭtus *ĭmĭtāta* tŭbārum. V. G. 4. 72.—2. Hei mihĭ! diffĭcĭle est *ĭmĭtāri* gaudia falsa. Tib. 3. 7. 1. SYN. 1. exhĭbeo, es.—1, 2. sĭmŭlo, as; assĭmŭlo.

‡immăcŭlātus, a, um. *Unstained.*—Rōmānaque tellus *Immăcŭlāta* sui servētur sanguĭne Magni. Lucan. 2. 736. SYN. intĕmĕrātus, q. v.

immădeo, es, ui. no sup. *To be wet.*—Crēdĭbĭle ĕst lăcrȳmis *immădu̇isse* gĕnas. Ov. Tr. 1. 8. 34. SYN. mădeo, mădesco, is. no perf.; mădĕfīo, īs. etc.; ēmădeo.

immānĕ. adv. *Vastly, violently, terribly.*—Utque vŏlūtūs (fluctus sc.) Ad terras *immāne* sŏnat per saxa. V. G. 3. 239. v. seq.

immānis, e. 1. *Fierce, cruel, terrible.*—2. *Vast.*—3. *Great (in a good sense).*—1. Quæ vis *immānĭbus* applĭcat oris (te)? V. Æn. 1. 616. At Phœbī nondum pătiens *immānis* in antro Bacchātur vātes. V. Æn. 6. 77.—2. Tēlum *immāne* mănu quătiens. V. Æn. 12. 442.—1, 2. Horrendæque prŏcul sĕcrēta Sĭbyllæ Antrum *immāne* pĕtit. V. Æn. 6. 11.—3. Dīvĭtis ingĕnii est *immānia* Cæsăris acta Condĕre. Ov. Tr. 2. 335. SYN. 1. immītis, fĕrus, effĕrus, sævus, crūdēlis, implăcĭdus, immansuētus.—1. 3. ātrox, ōcis.—2. vastus, q. v.—2, 3. magnus, mājor, maxĭmus, q. v.

immansŭetus, a, um. *Savage, cruel.*——At tu de răpĭdīs *immansuetissime* ventis. Ov. Her 18. 37. v. prec.

immātūrus, a, um. *Unripe, unseasonable, untimely.*——Per te *immātūrum* mortis ădĭmus ĭter. Prop. 3. 7. 2. SYN. intempestīvus.

immĕdĭcābĭlis, e. *Incurable.*——*Immĕdĭcābĭle* vulnus Ense rĕcidendum. Ov. Met. I. 190. Parthus sīve Cȳdon tēlum *immĕdĭcābĭle* torsit. V. Æn. 12. 858. SYN. Insānābĭlis. PHR. Hei mihĭ! Quod nullīs ămor est mĕdĭcābĭlis herbis. Ov. v. V. G. 3. 548—566.

immĕmor, ŏris. adj. masc. and fem. *Unmindful.*——Ille suæ contrā nōn *immĕmor* artis. V. G. 4. 440. SYN. oblītus. v. obliviscor.

†immĕmŏrābĭlis, e. *Not to be recorded, immense.*——Quamque rĕpente *immĕmŏrābĭle* per spătium transīre sŏlēbant. Lucr. 6. 487. v. immensus.

immĕmŏrātus, a, um. *Unspoken of, not celebrated before,* etc.——Jŭvat *immĕmŏrāta* fĕrentem Ingĕnuis ŏcŭlisque lĕgi, mănĭbusque tĕnēri. Hor. Epist. 1. 19. 33. SYN. indictus, nŏvus.

immensum, adv. *Immensely.*——Crēvĕrat *immensum*; cŏmĭtem sĭbĭ Delia sumpsit. Ov. F. 5. 537.

†immensum, i. *The boundless expanse of the whole world.*——Atque omne *immensum* pĕrăgrāvit mente ănĭmoque. Lucr. 1. 74. v. mundus.

immensus, a, um. *Which cannot be measured, immense.*——Hanc tămĕn *immensam* Calchas attollĕre mōlem . . . jussit. V. Æn. 2. 185. SYN. magnus, q. v.

immĕrens, entis. *Undeserving.*——Quid *immĕrentes* hospĭtes vexas cănis. Hor. Epod. 6. 1. SYN. immĕrĭtus.

immergo, ĭs, si, sum, etc. *To immerge, trans.*——Inter saxa vĭrum spūmōsâ *immersĕrat* undâ. V. Æn. 6. 174. SYN. mergo; ŏbruo, ĭs, ui, ŭtum.

immĕrĭtō. *Undeservedly.*——Arguor *immĕrĭto*, tĕnuis mihĭ campus ărātur. Ov. Tr. 2. 327.

immĕrĭtus, a, um. 1. *Undeserving.*—2. *Not deserved.*——1. Postquam res Āsiæ Priămique ēvertere gentem *Immĕrĭtam* vīsum Sŭpĕris. V. Æn. 3. 2.—2. Crēdŭlus *immĕrĭtā* Phāsĭda jŭvit ŏpe. Ov. Tr. 2. 42. SYN. 1. immĕrens.—2. indignus, immĕrĭtus.

immersābĭlis, e. *Which cannot be sunk.*——Adversis rērum *immersābĭlis* undis. Hor. Epist. 1. 2. 22.

immētātus, a, um. *Unmeasured, not marked out by boundaries.*——*Immētāta* quĭbus jūgĕra lībĕras Frūges et Cĕrĕrem fĕrunt. Hor. 3. 24. 13.

immĭneo, es. no perf. 1. *To impend, to hang over, lit. and metaph.*——Quos sŭper ātra sĭlex jamjam lapsūra cădentique *Immĭnet* assĭmĭlis. V. Æn. 6. 602. Ille seu Parthos Lătio *immĭnentes* Ēgĕrit. Hor. 1. 12. 53. SYN. impendeo, es, *no perf.*; incumbo, is, cŭbui. v. insto.

†immĭnuo, is, ui, ūtum. *To diminish.*——Ēvānescĕre ĕnim răpĭdas illīus et ācres *Immĭnui* subter vīres. Lucr. 5. 625. SYN. mĭnuo, q. v.

immisceo, es, ui, mistum or **mixtum.** *To mix, to intermingle.*——*Immiscent*que mănus mănibus pugnamque lăcessunt. V. Æn. 5. 429.—Vādĭmus *immixti* Dănais. V. Æn. 2. 396. SYN. misceo, q. v., commisceo.

immĭsĕrābĭlis, e. *Unpitied.*——Si non pĕrīret *immĭsĕrābĭlis* captīva pūbes. Hor. 3. 5. 17.

immissus, a, um, part. pass. of immitto, q. v. 1. *Let go, loose.*—2. *Dishevelled.*——1. Se lætus ad auras Palmĕs ăgit, laxis per pūrum *immissus* hăbēnis. V. G. 2. 364.—2. Utque ĕrat *immissis* puppim stĕtit ante căpillis. Ov. F. 1. 503. SYN. passus, q. v.

immītis, e. 1. *Cruel.*—2. *Harsh to the taste.*——1. Ĭbi omnis Effūsus lăbor atque *immītis* rupta tȳranni Fœdĕra. V. G. 4. 492.—2. Tolle cŭpīdĭnem *Immītis* ūvæ. Hor. 2. 5. 10. SYN. 1. crūdēlis, q. v., implăcĭdus, immansuetus, fĕrus.—2. ăcerbus, q. v.

immitto, ĭs, mīsi, missum. 1. *To send forth.*—2. *To throw, to hurl against.*—3. *To slacken.*—4. *To insert, to put into.*——1. Scorpiōn *immīsit* Tellus. Ov. F. 5. 541.—2. Dixit, et adducto contortum hastīle lăcerto *Immittit.* V. Æn. 11. 562.—3. Flūmĭnĭbus vestris tōtas *immittĭte* hăbēnas. Ov. Met. 1. 280.—4. Lentum fĭlis *immittĭtur* aurum. Ov. Met. 4. 68. *Immīsit*que fŭgam Teucrīs ātrumque tĭmōrem. V. Æn. 9. 719. SYN. 1, 2. mitto, ēmitto.—2. jăcio, ĭs, jēci, q. v.; projĭcio.—3. rĕmitto.—4. insĕro, ĭs, sĕrui. v. inspiro.

immo. *Yes, aye.*——*Immo* ăge et a prīmâ dīc hospĕs ŏrĭgĭne nōbis Insĭdias, inquit, Dănaûm. V. Æn. 1. 753.

immŏbĭlis, e. *Immoveable.*——His *immŏbĭlior* scŏpŭlis vĭŏlentior amne. Ov. Met. 13. 801. SYN. immōtus, firmus.

immŏdĕrātus, a, um. *Immoderate.*——Vērum quid făciam? res *immŏdĕrāta* cŭpīdo est. Ov. Ep. e P. 4. 15. 31. SYN. immŏdĭcus, nĭmius.

‡immŏdĭcē. *Immoderately.*——*Immŏdicē* formam fūcāta nŏcentem (Cleopatra). Lucan. 10. 137. SYN. nĭmis, nĭmium.

immŏdĭcus, a, um. *Immoderate, excessive.*——Fluctĭbus *immŏdĭcis* Āthămantidŏs æquŏra cānent. Ov. Her. 18. 137. SYN. immŏdĕrātus, nĭmius, immensus.

§immŏdŭlātus, a, um. *Inharmonious.*—— Non quivis vĭdet *inmŏdŭlāta* poēmăta jūdex. Hor. A. P. 263.

immŏlo, as. 1. *To sacrifice.* — 2. *To slay.*—— 1. Āra castis Vincta verbēnis ăvet *immŏlāto* Spargier agno. Hor. 4. 11. 7. — 2. Pallas te hôc vulnĕre, Pallas *Immŏlat.* V. Æn. 12. 949. SYN. 1. săcrĭfĭco, as. — 1, 2. macto, as, — 2. occīdo, ĭs, di, etc.

immŏrior, -ĕris, mortuus sum. *To die in or on.*——Inde grăves multi nĕqueunt consurgĕre et ipsis *Immŏriuntur* ăquis. Ov. Met. 7. 571. SYN. ĭnēmŏrior. v. morior.

immorsus, a, um. *Bitten.*——*Immorso* æquāles vĭdeant mea vulnĕra collo. Prop. 3. 6. 21. v. mordeo.

immortālis, e. *Immortal.*——Quò vītam dĕdĭt æternam? Cur mortis ădemta est Condĭtio? ... *Immortālis* ĕgo? V. Æn. 12. 882. v. perennis. PHR. Præclūsaque jānua lēti Æternum nostros luctūs extendit ĭn ævum. Ov. Non omnis mŏriar, multaque pars mei Vītābit Lĭbĭtĭnam. Hor. Parte tămen mĕliōre mei sŭper alta pĕrennis Astra fĕrar. Ov.

immōtus, a, um. *Unmoved, unmoveable.*——Parce mĕtu Cȳthĕrēa, mănent *immōta* tuŏrum Fāta tĭbĭ. V. Æn. 1. 257. SYN. immŏbĭlis, firmus, ‡inconcussus; intĕger, gra, grum.

immūgio, īs, etc. *To bellow in, to resound with.*——Pĕnĭtusque exterrĭta tellus Ĭtăliæ curvisque *immūgiit* Ætna căvernis. V. Æn. 3. 674. SYN. mūgio. v. resono.

immulgeo, es, xi. *To milk, to milk into.*——Lacte fĕrino Nūtrībat tĕnĕris *immulgens* ūbĕra lābris. V. Æn. 11. 572. SYN. mulgeo, q. v.

immundus, a, um. *Unclean.*——Dīrĭpiuntque dăpes contactuque omnia fœdant *Immundo.* V. Æn. 3. 228. SYN. fœdus, sordĭdus.

immūnis, e. 1. *Free from.*—2. esp. *Free from duty,* i. e. *idle.*——1. Non pĭget *immūnes* cædis hăbēre mănus. Ov. Her. 14. 8.—2. *Immūnis*que sĕdens ăliēna ad pābŭla fūcus. V. G. 4. 244. SYN. līber, ĕra, ĕrum; expers, văcuus; intĕger, gra, grum, *c. abl.*—2. ignāvus, q. v.

immūnītus, a, um. *Unfortified.*——Dum Deus Eurŏtăn *immūnītam*que frĕquentat Sparten. Ov. Met. 10. 169.

immurmŭro, as. *To murmur among.*——Frīgĭdus ut quondam sylvis *immurmŭrat* Auster. V. G. 4. 261. v. murmuro.

†‡immūtābĭlis, e. *Unchangeable.*—— *Immūtābĭle* mātериæ quŏque pondus hăbēre. Lucr. 1. 592. SYN. constans.

‡immūtesco, is, tui, no sup. *To become dumb.*——Ruptisque *immūtuit* ōre quĕrēlis. Stat. Theb. 5. 542. SYN. obmūtesco. v. sileo.

immūto, as. *To change.*——*Immūtat*que meam, vĭdeor, sensisse fĭgūram. Ov. Met. 7. 722. SYN. mūto, q. v.

impācātus, a, um. *Not reduced to a state of tranquillity.*——Aut *impācātos* a tergo horrēbis Ĭbēros. V. G. 3. 408. SYN. inquiētus, irrĕquiētus.

‡impactus, a, um. part. pass. from impingo. *Dashed against.*——Tunc măgis *impactum* brĕvĭbus māre terraque sæpe Obvia consurgens. Lucan. 9. 338.

‡impallesco, ĭs, ui. no sup. *To grow pale at.*——Ēventuque *impalluit* ipse sĕcundo. Stat. Theb. 6. 805. SYN. palleo, es, q. v.

impār, ăris. 1. *Uneven, unequal.*—2. *Unequal to.*——1. At vēro Rŭtŭlis *impār* ea pugna vidēri Jamdūdum. V. Æn. 12. 216.—2. Nec făcies *impar* nōbĭlĭtāte fuit. Ov. F. 4. 306. Cætĕris major tĭbĭ mīlĕs *impar.* Hor. 4. 6. 5. SYN. 1. ĭnæquālis.—2. mĭnor.

‡impărātus, a, um. *Unprepared.*—— Non *impărātum* pectus ærumnis gĕro. Senec. Hipp. 994.

impărĭter. *Unequally.*——Versĭbus *impărĭter* junctis quĕrĭmōnia primum. Hor. A. P. 75.
impastus, a, um. *Unfed, hungry.*——*Impastus* ceu plēna leo per ŏvīlia turbans (Suadet ĕnim vēsāna fămes) manditque trahitque Molle pĕcus. V. Æn. 9. 339. v. jejunus.
impătiens, entis. *Impatient, unable to bear,* etc.——Utque ĕrat *impătiens* iræ Sīgēia torvo Littŏra respexit, classemque in littŏre, vultu. Ov. Met. 13. 3. *Impătiens* cēra călōris ĕrit. Ov. A. A. 2. 60.
impăvĭdus, a, um. *Fearless.*——*Impăvĭdus* frangit tēlum et frĕmit ōre cruento. V. Æn. 12. 8. SYN. interrĭtus, imperterrĭtus.
impĕdio, is, etc. 1. *To entangle.*—2. *To hinder.*—3. *To encircle.*——1. *Impĕdiunt* tĕnĕros vincŭla nulla pĕdes. Ov. F. 1. 410.—2. Lăcrymæ vōcem *impĕdiēre* lŏquentis. Ov. Met. 13. 745. Nē quă mŏra ignāros pūbemque ēdūcĕre castris *Impĕdiat.* V. Æn. 11. 21.—3. Septēnosque orbĭbus orbes *Impĕdiunt.* V. Æn. 8. 449. SYN. 1, 2. præpĕdio.—1. implĭco, as, ui.—2. offĭcio, is, fēci; obsum, ŏbĕs, etc.; obsto, as, stĕti.—3. circumdo, as, dăre, dĕdi, q. v.
impĕdītus, a, um. pass. part. of prec., sometimes in tmesi. Usque ădeo confūsa vēnit vox, *inque pĕdīta.* Lucr. 4. 566.
impello, is, pŭli, pulsum. 1. *To impel, to push forward.*—2. *To urge, to excite.*—3. *To strike, to reach.*——1. *Impellunt* ănimæ lintea Thrăciæ. Hor. 4. 12. 2.—Dăte vēla, *impellĭte* rēmos. V. Æn. 4, 594. Nec mŏra curvāvit cornu, nervoque săgittam *impŭlit.* Ov. Met. 11. 325.—2. Quæ mens tam dīra, mĭserrĭme conjux, *Impŭlit* his cingi tēlis? V. Æn. 2. 520.—3. Ĭtĕrum mātĕrnas *impŭlit* aures Luctus Ăristæi. V. G. 4. 349. SYN. 1. prŏpello.—2. urgeo, es, si; incĭto, as.—2. percello, is (*rare in pres.*), percŭli, culsum; tango, is, tĕtĭgi, tactum, q. v.
impendeo, es. no perf. *To hang over, to impend. lit. and metaph.*——Sæpe etiam stellas vento *impendente* vidēbis. . . V. G. 1. 365. SYN. immĭneo, q. v.
‡impendium, i. *What is paid.*——Partæque per omnes Dīvĭtiæ pŏpŭlos magnique *impendia* mundi. Stat. Sylv. 3. 3. 87.
impendo, is, di, sum. *To expend, to employ.*——Omnes *Impendunt* cūras denso distendĕre pingui Quem lĕgĕre dŭcem. V. G. 3. 124. Scĭlĭcet omnĭbus est lăbor *impendendus.* V. G. 2. 61. SYN. confĕro, fers, ferre, tŭli, lātum.
‡impĕnetrābĭlis, e. *Impenetrable.*——Non tămĕn ille meis, reor, *impĕnĕtrābĭlis* armis. Stat. Theb. 3. 15.
impensa, æ. *Cost.*——Instruis *impensā* nostra sĕpulchra brĕvi. Ov. Her. 7. 188. SYN. sumptus, ûs.
impensē. *Carefully.*——Cumque Deos omnes, tum quos *impensius* æquos Esse tĭbi cŭpias. Ov. Ep. e P. 4. 4. 33.
§impensum, i. *An immense price.*——Luscĭnĭas sŏlĭti *impenso* prandēre coemtas. Hor. Sat. 2. 3. 245.
impensus, a, um. *Earnest (not of persons).*——Arcădiæ tămĕn est *impensior* illi Cūra suæ. Ov. Met. 2. 405. SYN. sŏlĭcĭtus, q. v.
impĕrātor, ōris. (in Lucr. and Juv. also **endŏpĕrātor,** q. v.) *A general.*——Eōne nōmĭne *impĕrātor* ūnĭce Fuisti. Cat. 27. 11. v. dux.
imperceptus, a, um. *Unperceived.*——*Imperceрta* piă mendācia fraude lătēbant. Ov. Met. 9. 710. SYN. ignōtus, q. v.; incognĭtus.
impercussus, a, um. *Not struck, noiseless.*——Atque *impercussos* nocte mŏvēre pedes. Ov. Am. 3. 1. 52.
imperdĭtus, a, um. *Not destroyed by.*——Et vos o Graiis *imperdĭta* corpŏra Teucri. V. Æn. 10. 430.
imperfectus, a, um. *Unfinished.*——Pars *imperfecta* mănēbat. V. Æn. 8. 428. SYN. infectus.
imperfossus, a, um. *Not pierced or stabbed.*——Mănet *imperfossus* ab omni Inque cruentātus Cæneus Ĕlătēius ictu. Ov. Met. 12. 496.
impĕriōsus, a, um. *Imperious, of or belonging to command.* Ipsa meos scindas lĭcet *impĕriōsa* căpillos. Ov. Her. 20. 81.
impĕrĭto, as. *To command.*——Mussantque jŭvencæ Quis nĕmŏri *impĕrĭtet,* quem tōta armenta sĕquantur. V. Æn. 12. 718. SYN. impero, as, q. v.
†impĕrĭtus, a, um. *Unskilful, ignorant.*——Homine *impĕrĭto* nunquam quidquam injustius. Ter. Ad. 1. 2. 18. SYN. ignārus, rudis.
impĕrium, i. *Command, empire, dominion.*——Rēgum tĭmendorum in prŏ-

prios grĕges Rēges in ipsos *impĕrium* est Jŏvis. Hor. 3. 1. 6. *Impĕrium* ŏceăno, fāmam qui termĭnet astris. V. Æn. 1. 291. SYN. mŏdĕrāmĕn, ĭnis, *neut.*; dĭtio; regnum, q. v.; pŏtestas. PHR. Rex Æŏlus . . . Luctantes ventos tempestātesque sŏnōras Impĕrio prĕmit. V. Hanc multis flōrentem annis rex deinde sŭperbo Impĕrio . . . tĕnuit. V. Tu rĕgĕre impĕrio pŏpŭlos, Rōmāne, mĕmento. V. Tum dēnĭque dūra Exerce impĕria, V. Fāma occŭpat aures Prĭămĭdēn Hĕlĕnum Graios regnāre per urbes Conjŭgio Æăcĭdæ Pyrrhi sceptrisque pŏtītum. V. Non sunt impĕrii tam fĕra jūra mei. Ov. Impĕrium sentiat ille meum. Ov. Sceptro trādĭta summa tuo. Ov. 'Accēpisse Nŭmam pŏpŭli Lătiālis hăbēnas (ferunt). Ov.

imperjūrātus, a, um. *Not falsely sworn by* (*epith. of Styx*).——*Imperjūrātæ* lāběris amnis ăquæ. Ov. Ibis. 76.

impermissus, a, um. *Unlawful, not permitted.*——Nĕque ēlĭgit cui dōnet *impermissa* raptim Gaudia. Hor. 3. 6. 27. SYN. inconcessus, vĕtĭtus ‡illĭcĭtus.

impĕro, as. 1. *To order.*—2. *To command, rule over.*——1. Flectĕre ĭter sŏciis, terræque advertĕre prōras *Impĕrat.* V. Æn. 7. 36.—2. *Impĕrat* heu ventis, tŭmĭdæ non *impĕrat* iræ. Ov. Her. 11. 15. SYN. 1. jŭbeo, es, jussi, q. v.—2. impĕrĭto, as; rĕgo, is, rexi, q. v.; dŏmĭnor, āris; regno, as (*rarely with a case, but in Hor. c. gen.*).

imperterrĭtus, a, um. *Fearless.*——Obvius īre părat, mănet *imperterrĭtus* ille. V. Æn. 10. 770. SYN. impăvĭdus, interrĭtus.

impertio, īs, etc. *To impart.*——Candĭdus *imperti*, si non his ūtĕre mēcum. Hor. Epist. 1. 6. 68. SYN. commūnĭco, as.

imperturbātus, a, um. *Undisturbed, calm.*——*Imperturbāto* quod bĭbit ōre reus. Ov. Ibis. 562. SYN. immōtus; tranquillus, q. v.; ĭnexcītus.

impervius, a, um. *Impassable.*——Vortĭcĭbusque frĕquens ĕrat atque *impervius* amnis. Ov. Met. 9. 106.

impĕte, abl. masc. *used in no other case, except by Lucr., who also has gen. sing. and abl. pl.* *Violence, impetuosity.*——*Impĕte* nunc vasto ceu concĭtus imbrĭbus amnis Fertur. Ov. Met. 3. 79. SYN. impetus, ûs, q. v.

‡impĕto, is, īvi, etc. *To attack.*——Se rŏtat in vulnus, tēlumque īrāta rĕceptum *Impĕtit.* Lucan. 6. 222. SYN. aggrĕdior, ĕris, gressus sum, q. v.

impĕtrābĭlis, e. *To be obtained by entreaty.*——Jūnōni vōtum făcit *impĕtrābĭle* dixi. Prop. 4. 1. 101.

impĕtro, as. *To obtain by prayer.*——Sŭper *impĕtrāto* Fortis Augusti rĕdĭtu. Hor. 4. 2. 42. SYN. exōro, as. PHR. Fitque pŏtens vōti. Ov. Dixit, ŏpemque Dei non cassa in vōta vŏcāvit. V.

impĕtus, us, masc. 1. *Vehemence, impetuosity.*—2. *An attack.*—3. *Impulse of the mind.*——1. Vastius insurgens dĕcĭmæ ruit *impĕtus* undæ. Ov. Met. 11. 530.—2. Ut barbărōrum Claudius agmĭna Ferrāta vasto dīruit *impĕtu.* Hor. 4. 14. 30.—3. Et mihĭ per fluctūs *impĕtus* īre fuit. Ov. Her. 5. 64. SYN. 1. viŏlentia, in abl. impĕte, q. v.—2. incursus, ûs.—3. cŭpīdo, ĭnis, *fem.*; ănĭmus.

impexus, a, um. *Uncombed.*—Stīriaque *impexis* indūruit horrĭda barbis. V. G. 3. 366.

impiĕtas, ātis. fem. *Impiety.* —— Et consanguĭneas ut sanguĭne lēniat umbras, *Impiĕtāte* pia est. Ov. Met. 8. 447. SYN. Scĕlus, ĕris, q. v.

impĭger, pigra, grum. *Active, quick* —— Ille *impĭger* hausit Spūmantem pătĕram. V. Æn. 1. 738. — *Impĭger* hostium Vexāre turmas. Hor. 4. 14. 22. SYN. ācer, ācris, ācre; strēnuus, gnāvus, promptus.

impingo, ĭs, pēgi, pactum. *To dash* (*trans.*) *against.* —— Cum Trōia Ăchilles Exănĭmāta sĕquens *impingĕret* agmĭna mūris. V. Æn. 5. 805. SYN. illīdo, ĭs, q. v.

impius, a, um. *Impious, wicked.*——Antè *Impia* quàm cæsis gens est ĕpŭlāta jŭvencis. V. G. 2. 537. SYN. scĕlestus, scĕlĕrātus, nĕfandus, nĕfārius.

implācābĭlis, e. *Unappeasable, implacable.* —— Effĭce sit nōbis non *implācābĭlis* īra. Ov. Ep. e P. 3. 3. 63. SYN. implācātus, ĭnexōrabĭlis, illăcrўmābĭlis. v. immitis.

implācātus, a, um. *Unappeased, unsatisfied.* —— Dextrum Scylla lătus, lævum *implācāta* Chărybdis Obsĭdet. V. Æn. 3. 420. Tum quŏque dīra fămes *implācātæque* vīgēbat flamma gŭlæ. Ov. Met. 8. 845. v. prec.

implăcĭdus, a, um. *Unquiet, fierce.* —— Fūris et *implăcĭdas* dīruit īra fŏres. Prop. 4 10. 14. SYN. inquiētus, irrĕquiētus, turbĭdus, q. v.

impleo, es, ēvi, ētum. *To fill.*—— Făces in castra tŭlissem, *Implēssemque* fŏros flammis. V. Æn. 4. 605. SYN. rĕpleo, compleo.

implexus, a, um. *Entwined.*—— Cærŭleos *implexæ* crīnĭbus angues Eumĕnĭdes. V. G. 4. 482. v. implico.

implĭco, as, ui, ĭtum and **ātum.**—— 1. *To entwine.*—2. *To encircle.*—3. *To involve in.* —4. Implĭco me, *or c. acc. of some part of the person, to cling to, to seize with; more rarely c. dat. of the limb, acc. of the thing seized.*—— 1. Et nunc hūc, inde hūc incertos *implĭcat* orbes. V. Æn. 12. 743. Pertentat sensūs atque ossĭbus *implĭcat* ignem. V. Æn. 7. 355.—1, 2. *Implĭcuit* māterno brāchia collo. Ov. Met. 1. 762.—2. Sertaque cœlestes *implĭcitūra* cŏmas. Ov. F. 5. 220. Cănĭdia brĕvĭbus *implĭcāta* vīpĕris Crīnes. Hor. Epod. 5. 15. —3. Quænam vos tanto fortūna indigna, Lătīni, *Implĭcuit* bello? V. Æn. 11. 109.—4. Dextræ se parvus Iūlus *Implĭcuit.* V. Æn. 2. 724. Drăcōnem Fert ăquĭla, *implĭcuit*que pĕdes atque unguĭbus hæsit. V. 11. 752. *Implĭcuit*que cŏmam lævâ. V. Æn. 2. 552. SYN. 1. v. necto, innecto.—2. v. cingo.—3. involvo, ĭs, vi, vŏlūtum.—4. v. teneo.

‡implōrābĭlis, e. *That may be prayed to.*—— Lūmenque innoxia fūdit Purpŭreum, mĭsĕris ōlim *implōrābĭle* nautis. Val. Fl. 1. 572.

implōro, as. *To implore, to pray to.*—— Namque ălĭud quid sit quod jam *implōrūre* queāmus? V. Æn. 10. 19. SYN. prĕcor, āris; ōro, as.

implūmis, e. *Without feathers, unfledged.*—— Ut assĭdens *implūmĭbus* pullis ăvis. Hor. Epod. i. 19.

impluo, ĭs. no sup. *To rain upon, to water.*—— Pēneus . . . . summas aspergĭne sylvas *impluit.* Ov. Met. 1. 573. v. irrigo.

‡impollūtus, a, um. *Unpolluted.* Proh barbăra nunquam *Impollūta* fĭdes. Sil. 13. 678. SYN. intĕmĕrātus.

impōno, ĭs, pŏsui, pŏsĭtum sync. **pôstum.**—— 1. *To place in or on.*—2. *To cheat.*—1. Nāti collĭge membra tui, Et rĕfer ad mātrem sŏcioque *impōne* sĕpulchro. Ov. Her. 11. 123. Ĭnărĭmē Jŏvis impĕriis *impôsta* Tȳphōēo. V. Æn. 9. 716. Nec mĭnus intĕrea extrēmam Sāturnia bello *Impōnit* rēgīna mănum. V. Æn. 7. 573.—2. Făcĭle est barbāto *impōnĕre* rēgi. Juv. 4. 103. SYN. 1. pōno, q. v.; injĭcio, ĭs, jēci.—2. fallo, ĭs, fĕfelli, q. v.

importo, as. *To bring in or on.*—— Ne stŭdio nostri pecces, ŏdiumque lĭbellis Sēdūlus *importes.* Hor. Epist. 1. 13. 4. SYN, infĕro, fers, ferre, tŭli, lātum, q. v.

importūnus, a, um. 1. *Dangerous.*—2. *Unseasonable, illomened, grievous.*—3. *Not to be restrained.*——1. Bellum *importūnum* cĭves cum gente Deōrum Invictisque vĭris gĕrĭmus. V. Æn. 11. 305.—2. Obscœnæque cănes, *importūnæ*que vŏlūcres Signa dăbant. V. G. 1. 470. *Importūna* tămen paupĕries ăbest. Hor. 3. 16. 37.—3. *Importūnus* ĕnim transvŏlat ărĭdas Quercūs. Hor. 4. 13. 9. Scĭlĭcet omne săcrum mors *importūna* prŏfānat. Ov. Am. 3. 9. 19. SYN. 1. pĕrīcŭlōsus.—2. intempestīvus, infestus, obscœnus.

†‡impŏs, ŏtis. *Not master of.*—— Quod ulla conjux perfĭda atque *impos* sui. Seneca, Ag. 117. v. impotens.

impŏtens, entis. 1. *Powerless, weak.*—2. *Not able to restrain oneself.*—— 1. Quod non imber ĕdax, non Ăquĭlo *impŏtens* Possit dīruĕre. Hor. 3. 30. 3.—2. Quidlĭbet *impŏtens* spērāre, Fortūnâque dulci Ēbria. Hor. 1. 37. 10. v. dēbĭlis.

impŏtentia, æ. *Weakness.*——Grĕgem æstuōsa torret *impŏtentia.* Hor. Epod. 16. 62.

imprānsus, a, um. *Not having dined, temperate.*—— Verum hīc *imprānsi* mēcum disquīrĭte. Hor. Sat. 2. 2. 7. Postquam est *imprānsi* correptus vōce măgistri. Hor. Sat. 2. 3. 257. SYN. sŏbrius, q. v.

imprĕcor, āris, etc. *To imprecate upon.*——Littŏra littŏrĭbus contrāria, fluctĭbus undas *Imprĕcor,* arma armis. V. Æn. 4. 629. v. devoveo.

impressus, a, um. part. pass. from imprĭmo, q. v. 1. *Pressed.*—2. *Stamped with an impression.*—3. *Not pressed.*——1. Dixit, et os *impressa* tŏro mŏriēmur ĭnultæ? V. Æn. 4. 659.—2. Ecquid ab *impressæ* cognoscis ĭmāgĭne ceræ? Ov. Ep. e P. 2. 10. 1.—3. Missus et *impressis* hœdus ab ūbĕrĭbus. Prop. 2. 25. 70.

imprĭmo, ĭs, pressi, sum. *To impress (something) on.*——Aut pĕcŏri signum aut nŭmĕros *impressit* ăcervis. V. G. 1. 263. v. premo.

imprŏbĭtas, ātis. fem. *Wickedness.*——Gandet et *imprŏbĭtas* mūnĕris instar habet. Ov. A. A. 1. 676. SYN. scĕlus, ĕris, q. v.

imprŏbo, as. *To disapprove, to rebuke.*—— *Imprŏbat* has pastor, saltuque ĭmĭtātus ăgresti. Ov. Met. 14. 521. SYN. culpo, as, q. v.

imprŏbus, a, um. 1. *Wicked, bad, faulty in any respect.*—2. *Crafty.*—3. *Cruel, pernicious.*—4. *Severe.*——1. *Imprŏbe* ămor quid non mortālia pectŏra cōgis? V. Æn. 4. 412.—2. Ænēas . . . ĕquĭtum lĕvia *imprŏbus* arma Præmīsit. V. Æn. 11. 512.—3. Lăvit *imprŏba* tĕter Ōra cruor. V. Æn. 10. 727. Fertur in ābruptum magno mons *imprŏbus* actu. V. Æn. 12. 687.—4. Lābor omnia vīcit *Imprŏbus*, et dūris urgens in rēbus ĕgestas. V. G. 1. 146. SYN. 1. impius, q. v.—2. callĭdus, q. v.—3. pernĭciōsus, q. v.— 3, 4. dūrus.

imprŏpĕrātus, a, um. *Deliberate, without haste.*—Haud ălĭter rĕtro dŭbius vestīgia Turnus *Imprŏpĕrata* rĕfert. V. Æn. 9. 798. SYN. dēlībĕrātus, a, um.

‡imprŏpĕrus, a, um. *Slow.*——*Imprŏpĕræ* cui dūcunt fīla sŏrōres. Sil. 3. 96. SYN. tardus. v. prec.

imprōvĭdus, a, um. *Not expecting a thing.*——Objĭcĭtur măgis atque *imprōvĭda* pectŏra turbat. V. Æn. 2. 200. SYN. imprūdens.

imprōvīso. *Unexpectedly.*——Densâque ad mūros mōle fĕruntur Scālæ *imprōvīso.* V. Æn. 12. 576. v. subito.

imprōvīsus, a, um. *Unexpected.*——Arma Deosque părant cŏmĭtes, pĕlăgoque rĕmenso *Imprōvīsi* ădĕrunt. V. Æn. 2. 182. SYN. ĭnexspectatus, ĭnŏpīnus, nĕcŏpīnus. v. subitus.

imprūdens, entis. 1. *Not expecting it, ignorant.*—2. *Inexperienced in.*—3. *Imprudent.*——1. Nunquam *imprūdentĭbus* imber obfuit. V. G. 1. 373.—Præcīpuē dum frons tĕnĕra *imprūdens*que lăbōrum. V. G. 2. 372.—3. Fertur . . . Longamque *imprūdens* exsŏluisse fămem. Ov. F. 4. 534. SYN. 1. imprōvĭdus, nescius.—2. rŭdis, q. v.—3. incautus.

imprūdentia, æ. *Ignorance.*——Heu tămĕn infēlix, quid ĕnim *imprūdentia* prōdest? V. Ciris, 190. SYN. ignōrantia, inscītia.

impūbes, is. *Not of the age of puberty, young.*——Nam puer *impūbes* ădhuc non ūtĭlis armis. Ov. F. 2. 239. Frontem Dīvĭdit, *impūbes*que immāni vulnĕre mālas. V. Æn. 9. 751. Făcietque vĭros *impūbĭbus* annis. Ov. Met. 9. 416. v. juvenis.

impŭdens, entis. *Shameless.*——*Impŭdens* lĭqui pătrios Pĕnātes. Hor. 3. 27. 49.

‡impŭdenter. *Impudently.*——Non *impŭdenter* vīta quod rĕlĭquum est pĕtit. Mart. 1. 50. 41.

impŭdīcus, a, um. *Immodest.*——Nec *impŭdīca* Colchis intŭlit pĕdem. Hor. Epod. 16. 58. SYN. incestus, lascīvus.

impugno, as. *To attack (esp. in the way of blaming).*——Pugnant Agmĭna pro causâ mĕrĭtum *impugnante* fĭdemque. Ov. Met. 5. 151. SYN. oppugno, lacesso, ĭs, sīvi.

impulsus, a, um. part. pass. from impello, q. v. 1. *Pushed* or *driven forward.*—2. *Struck.*—3. *Instigated.*——1. Non sĕcus ac nervo per nūbem *impulsa* săgitta. V. Æn. 12. 856.—2. *Impulsas* tentāvit pollĭce chordas. Ov. Met. 10. 145.—3. Cassandræ *impulsus* Fūriis. V. Æn. 10. 68. SYN. 1, 2, 3. actus.

impulsus, ūs. masc. *A moving, a striking.*——Illĭus *impulsu* cum turrĭbus ardua celsis Mœnia mōta fŏrent. Ov. Met. 3. 61. v. impetus.

impūnĕ. 1. *With impunity.*—2. *Without injury.*——1. Vērum *impūnĕ* fĕrat nos hæc pătiāmur ĭnultæ. Ov. F. 4. 595.—2. Per sylvas Teucri mixtique *impūnĕ* Lătīni Errāvēre jŭgis. V. Æn. 11. 134.

§impūnītus, a, um. *Unpunished.*——Qui tu *impūnītior* illa Quæ parvo sūmi nequeunt, obsōnia captas. Hor. Sat. 2. 7. 105. SYN. ĭnultus.

impūrus, a, um. *Impure.*——Eubius *impūræ* condĭtor histŏriæ. Ov. Tr. 2. 416. SYN. Fœdus.

impŭtātus, a, um. *Unpruned.*——Et *impŭtāta* flōret usque vīnea. Hor. Epod. 16. 44.

impŭto, as. *To impute.*——Sævit ĕnim, nātumque objectat et *impŭtat* illis. Ov. Met. 2. 400. SYN. trĭbuo, ĭs, ui; ‡adscrībo, ĭs, psi.

ĭmŭlus, a, um. *The lowest, the bottom of.*——Vel ansĕris mĕdullŭlâ, vel *ĭmŭlâ* aurĭcillâ. Cat. 23. 2. v. seq.

īmus, a, um. 1. *The lowest, the bottom of.* — 2. *The last.* —— 1. Fulmĭne dējecti fundo volvuntur in *īmo.* V. Æn. 6. 581. — 1, 2. Qui săcer est *īmis* Mānĭbus *īmus* erat. Ov. F. 2. 52. SYN. 2. ultĭmus, postrēmus.

ĭn. 1. (*c. abl.*) *In.*—2. *On.*—3. *To, into.*—4. *Towards.*—5. *Over.*—6. *Against.* 7. *According to.*—8. *For (a time).*——1. Æs ĕrat *in* prĕtio, Chălybēia massa lătēbat. Ov. F. 4. 405.—2. Cui pendēre suā pătērēris *in* arbŏre pōma. V. E. 1. 38. — 3. Per vărios cāsus per tot discrīmĭna rērum Tendĭmus *in* Latium. V. Æn. 1. 205. — 4. *In* me crūdēlis non pŏtĕs esse diu. Ov. Her. 7. 182. — 5. Reges *in* ipsos impĕrium est Jŏvis. Hor. 3. 1. 6. — 6. *In* te fingēbam vĭŏlentos Trōăs ĭtūros. Ov. Her. 1. 13. — 7. Ēlābĭtur anguis Circum perque duas *in* mōrem flūmĭnis Arctos. V. G. 1. 245. — 8. Poscĭmur si quid văcui sub umbrā Lūsĭmus tēcum quod et hunc *in* annum Vīvat et plures. Hor. 1. 32. 2. SYN. 2. sŭper.—3. ad.—4. ‡ergā.—6. contrā, q. v.

‡ĭnăbruptus, a, um. *Unbroken.* —— Junxit (vos) *ĭnăbruptā* concordia longa cătēnā. Stat. Sylv. 5. 1. 44. SYN. irruptus.

‡ĭnaccensus, a, um. *Not kindled.* —— *Ĭnaccensi* flāgrant altārĭbus ignes. Sil. 1. 95. v. sponte.

ĭnaccessus, a, um. *Unapproached, inaccessible.* —— Dīvĕs *ĭnaccessos* ŭbĭ sōlis fīlia lūcos Assĭduo rĕsŏnat cantu. V. Æn. 7. 11. SYN. invius.

ĭnăcesco, is. no perf. *To become sour.* —— Hac tĭbĭ per tōtos *ĭnăcescant* omnia sensus. Ov. R. A. 307. SYN. ăcesco.

Ĭnăchĭdes, æ. *A name of Perseus as being descended from Inachus.* —— *Ĭnăchĭdes* ferrum curvo tĕnus abdĭdit hāmo. Ov. Met. 4. 719.

Ĭnăchis ĭdŏs. 1. *Io, the daughter of Inachus.* — 2. *Fem. adj., of the river Inachus.* —— 1. Inque nĭtentem *Ĭnăchĭdos* vultus mūtāvĕrat ille jŭvencam. Ov. Met. 1. 611. — 2. Vēnit ad *Ĭnăchĭdas* rīpas. Ov. Met. 1. 640. SYN. 1. Īo, gen. Īūs.

Ĭnăchius, a, um. 1. *Of Inachus.* — 2. *Argive, Grecian.* —— 1. *Ĭnăchiæ* pestem Jūno mĕdĭtāta jŭvencæ. V. G. 3. 153. — 2. Ultro *Ĭnăchias* vēnisset ad urbes Dardănus. V. Æn. 11. 286. v. Argivus.

Ĭnăchus, i. *The name of a river of Argolis, and also of an ancient king of Argos, the father of Io.* —— Quantum distet ab *Ĭnăcho* Codrus. Hor. 3. 19. 1.

ĭnădustus, a, um. *Unburnt.* —— Jungis et ærĭpĕdes *ĭnădusto* corpŏre tauros. Ov. Her. 12. 93.

†ĭnædĭfĭcātus, a, um. *Built up one above another.* —— Nĭsi *ĭnædĭfĭcāta* sŭperne Multa fŏrent multīs exemto nūbĭla sole. Lucr. 6. 263.

ĭnæquālis, e. *Unequal, unequally matched, etc.* —— Nec măre Caspium Vexant *ĭnæquāles* prŏcellæ Usque. Hor. 2. 9. 3. SYN. impăr, ăris. v. seq.

ĭnæquātus, a, um. *Unequal (but Facciol. interprets it "equal").* —— Quālis *ĭnæquātum* si quando ŏnus urget ŭtrinque. Tib. 4. 1. 43.

ĭnæstuo, as. *To boil in, intrans. metaph.* —— Quod si meis *ĭnæstuet* præcordiis Lībĕra bīlis. Hor. Epod. 11. 22. v. æstuo.

ĭnămābĭlis, e. *Unlovely, odious.* —— Quos . . . deformis ărundo Cōcyti tardāque pălūs *ĭnămābĭlis* undā Allĭgat. V. G. 4. 479. SYN. invīsus, ĭnămœnus, ŏdiōsus.

ĭnămāresco, is. no perf. *To become bitter.* —— Aut *ĭnămārescunt* ĕpŭlæ sĭne fīnē pĕtītæ. Hor. Sat. 2. 7. 107.

‡ĭnămātus, a, um. *Unloved.* —— Hinc Allīfānus Iaccho Nŏn *ĭnămātus* ăger. Sil. 12. 527. SYN. ingrātus, q. v.

ĭnambĭtiōsus, a, um. *Unambitious.* —— Sēcrētos montes et *ĭnambĭtiōsa* cŏlēbat Rūra. Ov. Met. 11. 765.

§ĭnambŭlātio, ōnis. fem. *A walking about.* —— Argūtātio, *ĭnambŭlātio*que. Cat. 6. 11.

ĭnămœnus, a, um. *Unpleasant.* —— Persĕphŏnēn ădiit *ĭnămœnaque* regna tĕnentem Umbrārum dŏmĭnum. Ov. Met. 10. 15. SYN. ĭnămābĭlis, q. v.

†ĭnānio, īs, etc. *To make empty.* —— Hoc ŭbi *ĭnānītur* spătium, multusque văcĕfit In mĕdio lŏcus. Lucr. 6. 1003. SYN. ‡văcuo, as.

ĭnāne, is. prop. neut. of seq., used also as subst. *The air.* —— Vectam frænātis per *ĭnāne* drăcōnĭbus Ægeus Crēdŭlus immĕrĭtā Phāsĭda fŏvit ŏpe. Ov. F. 2. 42. Cĕlĕri raptos per *ĭnānia* vento Impŏsuit cœlo. Ov. Met. 2. 506. SYN. āēr, ĕris, *masc.* q. v.

ĭnānĭs, ē. 1. *Empty.* — 2. *Trifling.* — 3. *Vain, ungrounded, etc.* — 4. *Unsubstantial, unreal (of the dead, of the shades below, etc.).* —— 1. Fertur ĕquis curruque hæret rĕsŭpīnus *ĭnānī*. V. Æn. 1. 475. — 2. Tempus *ĭnāne* pĕto rĕquiem spătiumque fŭrōri. V. Æn. 4. 433. — 3. Spes poscis *ĭnānes*. V. Æn. 10. 627. Purpŭreos spargam flōres, et fungar *ĭnānī* Mūnĕre. V. Æn. 6. 886. — 4. Perque dŏmos Dītis văcuas et *ĭnānia* regna. V. Æn. 6. 269. SYN. 1. văcuus. — 2. lĕvis. — 3. vānus, q. v.; irrĭtus.

ĭnānĭter. 1. *Without cause.* — 2. *Without effect, in vain.* —— 1. Meum qui pectus *ĭnānĭter* angit. Hor. Epist. 2. 1. 211. — 2. Sērâque ŏpe vincĕre fata Nītĭtur, et mĕdĭcas exercet *ĭnānĭter* artes. Ov. Met. 2. 618. SYN. 2. frustrà, incassum.

‡ĭnăpertus, a, um. *Not exposed.* —— Augēbant anni, fraudique *ĭnăperta* sĕnectus. Sil. 7. 26. SYN. immūnis. v. tutus.

ĭnărātus, a, um. *Unploughed.* —— Reddit ŭbī Cĕrĕrem tellus *ĭnărāta* quŏtannis. Hor. Epod. 16. 43. v. incultus.

ĭnardeo, es, si, sum. *To burn (intrans.) upon.* —— Nec mūnus hŭmĕris effĭcācis Hercŭlis *Ĭnarsit* æstuosius. Hor. Epod. 3. 18. v. ardeo.

ĭnardesco, is. another pres. form of prec. —— Sōlis *ĭnardescit* rādiis longēque rĕfulget. V. Æn. 8. 623. SYN. ardesco, q. v.

Inărĭmē, es. *The island Ischia near Naples, in prose (and also in Statius) called Ænāria.* —— *Ĭnărĭmē* Jŏvis impĕriis impôsta Tȳphœo. V. Æn. 9. 715. SYN. Ænăria.

‡ĭnaspectus, ă, um. *Unseen.* Īmæque rĕcessu Sēdis *ĭnaspectos* cœlo rădiisque Pĕnātes Servantem. Stat. Theb. 1. 51.

ĭnassŭetus, a, um. *Unaccustomed (usu. of the person).* —— Lūmĕn *ĭnassueti* vix pătiuntur ĕqui. Ov. F. 4. 450. SYN. insuetus, ‡inconsuetus, insŏlĭtus, rŭdis, nŏvellus.

ĭnattĕnuātus, a, um. *Undiminished.* —— Sēd *ĭnattĕnuāta* mănēbas Tum quoque dīra fămes. Ov. Met. 8. 844. SYN. intĕger, gra, grum.

ĭnaudax, ācis. *Not bold, timid.* —— Dūra pòst paulò fŭgies *ĭnaudax* Prælia victor. Hor. 3. 20. 3. SYN. tĭmĭdus, q. v.

ĭnaurātus, a, um. *Gilded, golden.* —— Tractat *ĭnaurātæ* consŏna fīla lȳræ. Ov. Am. 1. 8. 60. SYN. aurātus, aureus.

†ĭnauris, is. fem. *An earring.* —— Non mĕmĭnisti me *ĭnaurem* ad te afferre nātālī die? Plaut. Epid. 5. 1. 33. PHR. Părĭlesque ex ære nĭtebant Aurĭbus in gĕmĭnis circum căva tempŏra baccæ. Ov.

ĭnauro, as. *To gild, to cover with gold.* —— Ut te Confestim lĭquĭdus Fortūnæ rivus *ĭnauret*. Hor. Epist. 1. 12. 9. v. dito.

ĭnausus, a, um. *Undared, unattempted.* —— Ne quid *ĭnausum* aut intentātum scĕlĕrisve dŏlive fuisset. V. Æn. 8. 206. SYN. intentātus.

incæduus, a, um. *Not cut down.* —— Stat vĕtus et multos *incædua* sylva per annos. Ov. Am. 3. 1. 1.

incăleo, es, ui. *To grow warm, lit. and metaph.* —— Ācres *Incăluere* ănĭmi cervixque rĕpugnat hăbēnis. Ov. Met. 2. 87. SYN. călleo, q. v.; incandesco, ĭs.

incalfăcio, ĭs, fēci, factum. *To make warm.* —— Quantum, si culmos Tītān *incalfăcit* ŭdos. Ov. F. 4. 919. SYN. calfăcio, q. v.; cālĕfacto, as.

incandesco, is, ui. no sup. *To grow hot, lit. and metaph.* —— Ut vĕtus accensis *incanduit* ignĭbus āra. Ov. Met. 12. 12. SYN. candesco; īgnesco, is, *no perf.*; ardeo, es, si, q. v.

incāneo, es, ui. no sup. *To grow white.* —— Tortaque rēmĭgio spūmĭs *incānuit* unda. Cat. 62. 13. SYN. cāneo, q. v.

incantātus, a, um. *Enchanted, bewitched.* —— Excīdĕre atque herbas atque *incantāta* lacertis Vincŭla. Hor. Sat. 1. 8. 49. SYN. cantātus.

incānus, a, um. 1. *White, hoary.* — 2. *Aged, ancient.* —— 1. Nosco crīnes *incānaque* menta Rēgis Rōmāni. V. Æn. 6. 810. — 2. Smyrnam *incāna* diu sæcŭla pervŏluent. Cat. 92. 6. SYN. 1. cānus, q. v. — 2. antīquus, q. v.

incastīgātus, a, um. *Unchastised.* —— Nec me dīmittes *incastīgātum* ŭbĭ plūra Cōgĕre . . . vĭdēbor. Hor. Epist. 1. 10. 45. SYN. impūnītus.

incautus, a, um. 1. *Incautious.* — 2. *Not guarded against.* —— Cum sŭbĭta *incautum* dēmentia cēpit ămantem. V. G. 4. 488. — 2. Sic est *incautum* quicquid hăbētur Ămor. Prop. 2. 4. 14. SYN. 1. imprudens, †nĕcŏpīnans, tĕmĕrārius, nĕcŏpīnus.

incēdo, ĭs, cessi, cessum. *To walk, to go (often esp. of going in a stately manner).* —— Ast ĕgŏ quæ Divûm *incēdo* rēgīna. V. Æn. 1. 50. At mĕdiā sŏcios *incēdens* nāve per ipsos. V. Æn. 5. 188. SYN. prōcēdo; grădior, ĕris, gressus sum; ingrĕdior, prōgrĕdior; vādo, ĭs. v. eo.

‡**incĕlĕbris**, e. *Not celebrated.* —— Sētia et *incĕlĕbri* mīsērunt valle Vĕlĭtræ. Sil. 8. 377. SYN. ignōtus.

incendium, i. 1. *A fire, a conflagration.* — 2. *Any flame.* — 3. *The fire of love.* —— 1. Sed non idcirco flammæ atque *incendia* vīres Indŏmĭtas pŏsuēre. V. Æn. 5. 680. Sŏciosque *incendia* poscit ŏvantes Atque mănum pīnu flăgranti fervĭdus implet. V. Æn. 9. 71. — 2. Hinc ăliæ Sătÿris *incendia* mītia præbent. Ov. F. 1. 411. SYN. 1. Flamma. — 1, 2. ignis, is, *masc.* q. v. PHR. 1. Jam Dēĭphŏbi dĕdit ampla ruīnam, Vulcāno sŭpĕrante, dŏmus, Jam proxĭmus ardet Ūcălĕgon, Sīgēa igni frĕta lāta rĕlūcent. V. glomĕrātque fĕrens incendia ventus. V. Quis Deus, O Mūsæ, tam sæva incendia Teucris Āvertit, tantos rătĭbus quis dēpŭlit ignes? V. Extendĭtur ūna Horrĭda per lātos acies Vulcānia campos. V.

incendo, ĭs, di, sum. 1. *To set on fire, to burn.* — 2. *To brighten up, to make to shine.* — 3. *To inflame, to excite with any feeling, sometimes esp. with love.* — 4. (*to inflame so as*) *To increase.* —— 1. Sæpe ĕtiam stĕrĭles *incendĕre* prōfuit ăgros. V. G. 1. 84. — 2. Cærŭleæ cui terga nŏtæ, măcŭlōsus et auro Squāmam *incendebat* fulgor. V. Æn. 5. 88. — 3. Mœstam *incendunt* clāmōrĭbus urbem. V. Æn. 11. 147. Ut . . . dōnisque fŭrentem *Incendat* rēgīnam atque ossĭbus implĭcet ignem. V. Æn. 1. 660. Dēsĭne meque tuis *incendĕre*, teque querēlis. V. Æn. 4. 360. — 4. Illam *incendentem* luctūs Īdæus et Actor . . . Corrĭpiunt. V. Æn. 9. 500. SYN. 1. 3. accendo; ūro, ĭs, ussi, ustum, q. v. — 2. illustro, as. — 3. excĭto, as, q. v. — 4. augeo, es, xi, ctum.

inceptum, i. *A beginning, an endeavour.* —— Tandem lætus ait Dī nostra *incepta* sĕcundent. V. Æn. 7. 259. SYN. cœptum.

inceptus, a, um. part. pass. from incipio, q. v. *Begun.* —— Ergo ĭter *inceptum* cĕlĕrant rūmōre sĕcundo. V. Æn. 8. 90. SYN. cœptus, commissus.

‡**incēro**, as. *To smear with wax* (*the ancients used to write out petitions and stick them with wax on the knees of the gods*). —— Propter quæ fas est gĕnua *incērāre* Deōrum. Juv. 10. 55.

incertum. *Uncertainty.* —— *Incertum* vĭgĭlans a somno languida. Ov. Her. 10. 9.

incertus, a, um. 1. *Uncertain, of a person.* — 2. *Uncertain, of a thing.* — 3. *At random, in disorder.* —— 1. *Incerti* quo fāta fĕrant, ŭbĭ sistere dētur. V. Æn. 3. 7. *Incertus*que meæ pēne sălūtis ĕram. Ov. Tr. 3. 3. 4. — 2. Certusne *incerta* pĕrīcŭla lustret Ænēas? V. Æn. 9. 96. — 3. Collĭgĕre *incertos* et in ordĭne pōnĕre crīnes. Ov. Am. 1. 11. 1. SYN. 1, 2. dŭbius, q. v. — 2. ambĭguus; anceps, cĭpĭtis; perplexus. — 3. turbatus. PHR. 2. Nec sătis exactum est corpus ăn umbra fŏrem. Ov.

incesso, is, si. 1. *To attack.* — 2. ‡*To blame.* —— 1. Rēgīna ut tectis vĕnientem prospĭcit hostem, *Incessi* muros. V. Æn. 12. 596. — 2. Invideo ne *incesse* mŏras, grăvis arma tĕnēbat Māter. Stat. Theb. 11. 390. SYN. 1. lăcesso, ĭs, sīvi; ingrĕdior, ĕris, gressus sum; invādo, ĭs. — 2. culpo, as, q. v.

incessus, ūs. masc. *Gait.* —— Exprĭmit *incessus* vultumque, mŏdumque lŏquendi. Ov. Met. 11. 636.

†**incestē**. *Unchastely.* —— Sed casta *incestē* nūbendi tempŏre in ipso. Lucr. 1. 99.

incesto, as. *To pollute.* —— Prætĕreā jacet exănĭmum tĭbĭ corpus ămīci, Heu nescis, tōtamque *incestat* fūnĕre classem. V. Æn. 6. 150. SYN. polluo, ĭs, ui, ūtum, q. v.

incestus, a, um. 1. *Unchaste.* — 2. *Wicked.* —— 1. Nec sătĭs *incestis* tĕmĕrāri vōcĭbus aures. Ov. Tr. 2. 503. — 2. Sæpe Diespĭter Nĕglectus *incesto* addĭdit intĕgrum. Hor. 3. 2. 30. SYN. 1. impŭdīcus, incontĭnens. — 2. scĕlestus, q. v.

inchoo, as. *To begin.* —— Tum Stўgio rēgi nocturnas *inchoat* āras. V. Æn. 6. 252. SYN. incĭpio, ĭs, cēpi, q. v.

incīdo, ĭs, di, sum. 1. *To fall into or on.* — 2. *To fall.* — 3. *To come suddenly on.* —— 1. Dēmĕtit ense căput quod prōtĭnus *incĭdit* āræ. Ov. Met. 5. 104. Bellātorque ănĭmos Deus *incĭdit.* V. Æn. 9. 721. — 2. *Incĭdit* ictus Ingens ad terram dŭplĭcāto pōplĭte Turnus. V. Æn. 12. 926. — 3. *Incĭdit* huic sŭbĭtoque aspectu terrĭtus hæsit. V. Æn. 11. 699. SYN. 1. illābor, ĕris, lapsus sum. — 2. cădo, ĭs, cĕcĭdi, q. v.; concĭdo. — 3. sŭpervĕnio, īs, vēni.

incīdo, ĭs, di, sum. 1. *To cut.*—2. *To cut or engrave upon.*—3. *To put an end to.*——1. Atque mălâ vītes *incīdĕre* falce nŏvellas. V. E. 3. 11.—2. Certum est . . . Malle păti, tĕnĕrisque meos *incīdĕre* ămōres Arbŏrĭbus. V. E. 10. 53. *Incīsæ* servant a te mea nōmĭna fūgi. Ov. Her. 5. 21.—3. Quod nĭsĭ me quacunque nŏvas *incīdĕre* lītes Ante sĭnistra căvâ mŏnuisset ab īlice cornix. V. E. 9. 14. SYN. 1. cædo, ĭs, cĕcīdi, cæsum ; præcīdo ; scindo, ĭs, scĭdi, scissum ; sĕco, as, ui, sectum.—2. insculpo, is, psi, q. v.—3. rĕsĕco ; fīnio, īs, q. v. ; dĭrĭmo, ĭs, ēmi.

†incīlo, as. *To reproach.*—Jūre ut ŏpīnor agat, jūre incrĕpet, *incīlet*que. Lucr. 3. 977. SYN. culpo, as, q. v.

incinctus, a, um. part. pass. from seq. q. v. 1. *Girt, surrounded, also*—2. *Ungirt (this last interpretation is a disputed one).*——1. Margĭne grāmĭneo pătŭlos *incinctus* hiātus. Ov. Met. 3. 162.—2. Ossa *Incinctæ* nīgrâ candĭda veste lĕgant. Tib. 3. 2. 18. SYN. 1. cinctus.—2. discinctus.

incingo, ĭs, xi, ctum. 1. *To gird.*—*To surround.*——1. Necte . . . *Incingi* zōnâ dēdĕcuisse pŭtas? Ov. Her. 9. 66.—2. Quò tĭbĭ turrītis *incingĕre* mœnĭbus urbes? Ov. Am. 3. 8. 47. SYN. 1, 2. cingo, q. v.

incĭno, is. perf. not found. *To sing.*——Seu vărios *incĭnit* ore modos. Prop. 2. 22. 6. SYN. căno, ĭs, cĕcĭni, cantum, q. v. ; concĭno, concĭnui.

†incio, īs, etc. *To excite.*——Et Vĕnus in sylvis *incībat* corpŏra ămantum. Lucr. 5. 960. SYN. excĭto, as, q. v.

incĭpio, ĭs, cēpi, ceptum. *To begin,* 1. *Trans. but oftener followed by infin. than by acc., and*—2. *Intrans.*——1. *Incĭpe* parve puer rīsu cognoscĕre mātrem. V. E. 4. 60.—2. Tempus ĕrat cum prīma quies mortālĭbus ægris *Incĭpit.*. V. Æn. 2. 269. SYN. inchoo, as ; ordior, īris, orsus sum (*esp. of beginning to speak, or to speak of*) ; aggrĕdior, ĕris, gressus sum ; committo, ĭs, mīsi, missum (*only c. acc., esp. of beginning battle, games, etc.*) ; infit (*only in 3rd sing. pres., esp. of beginning to speak*) ; mōlior, īris (*only c. acc.*) ; mŏveo, es, mōvi (*only c. acc., but more esp. in pass. of the work begun*).—1, 2. cœpi.—2. ŏrior, ĕris, ortus sum, q. v.

incĭto, as. 1. *To excite, to provoke.*—2. ‡*To hurl.*——1. Dux bĕnĕ pugnantes *incĭtat* ōre vĭros. Ov. Ep. e P. 3. 1. 92. Et multam sălĭens *incĭtat* unda sĭtim. Ov. R. A. 632.—2. Părĭterque lĕves puer *incĭtet* hastas. Val. Fl. 1. 409. SYN. 1. excĭto, concĭto, q. v.—2. torqueo, es, si, q. v.

incĭtus, a, um. *Swift.*——Crebro sŭper ungŭla pulsu *Incĭta* nec dŏmĭni mĕmŏrum prōculcat ĕquōrum. V. Æn. 12. 534. SYN. cĭtus, concĭtus, velox, răpĭdus ; cĕler, ĕris, ĕre ; præpĕs, ĕtis (*only of things lit. winged, as birds, or metaph. as winds*).

inclāmo, as. 1. *To cry out to, to call upon.*—2. *To cry out against, reproachfully.*——1. Fit sŏnus, *inclāmat* cŏmĭtes, et lūmĭna poscit. Ov. F. 1. 351.—2. Nonne sătis fuĕrat tĭmĭdæ *inclāmâsse* puellæ? Ov. Am. 1. 7. 45. SYN. 1. clāmo, vŏco, as, q. v.—2. incrĕpo, as, ui.

‡inclēmens, entis. *Cruel, fierce.*——Hādria, et *inclēmens* hirsūti signĭfer Ascli. Sil. 8. 438. SYN. immītis, q. v.

inclēmentia, æ. *Cruelty, severity.*——Dīvûm *inclēmentia*, Dīvûm Has ēvertit ŏpes. V. Æn. 2. 602. SYN. Dūrĭtia, sævĭtia, aspĕrĭtas.

inclīnātus, a, um. part. pass. from inclino, also as adj. *Leaning, ready to fall.*——Dĕcus impĕriumque Lătīni Te pĕnĕs, in te omnis dŏmus *inclīnāta* rĕcumbit. V. Æn. 12. 59. SYN. prōnus, q. v.

‡inclinis, e. *Stooping.*——Sonat omnis vulnĕre cervix *Inclīnis*, cēditque mălis. Val. Fl. 4. 308. SYN. inclīnātus, prōnus.

inclīno, as, etc. 1. (*trans.*) *To bend down.*—2. *To bend, to direct.*—3. (*intrans.*) *To decline, to sink.*——1. Parsque boûm fulvis gĕnua *inclīnârat* ărēnis. Ov. Met. 11. 355.—2. Sic sŭper Actæas ăgĭlis Cyllēnius arces *Inclīnat* cursus. Ov. Met. 2. 721.—3. *Inclīnāre* mĕrīdiem Sentīs. Hor. 3. 28. 5. SYN. 1. 3. dēclīno.—1. dēflecto.—2. prōclīno ; flecto, ĭs, xi.—3. descendo, ĭs, q. v.

inclūdo, ĭs, si, sum. 1. *To shut up, to place in, and shut up in.*—2. *To terminate.*——1. Huc dēlecta vĭrûm sortīti corpŏra furtim *Inclūdunt* cæco lătĕri. V. Æn. 2. 19. Huc ălĭēnâ ex arbŏre germen *Inclūdunt*, ūdoque dŏcent *ădŏlescĕre* lĭbro. V. G. 2. 36.—2. Forsĭtăn *inclūdet* crastĭna fāta dies. Prop. 2. 15. 54. SYN. 1, 2. claudo, q. v.—2. fīnio, īs.

inclūsus, a, um. part. pass. from prec. *Shut up in, inlaid into.* —— *Inclūsam* Dănaen Turris ăhēnea . . . Munierat. Hor. 3. 16. 1. Quale per artem *Inclūsum* buxo aut Ōrĭciā tĕrĕbintho Lūcet ĕbur. V. Æn. 10. 136.

inclȳtus, a, um. *Illustrious.* —— O pătria, o Dīvûm dŏmus Ilium, et *inclȳta* bello Mœnia Dardănĭdûm. V. Æn. 2. 241. SYN. clārus, præclārus, illustris, nōtus, nōbĭlis; cĕlĕber, bris, bre. PHR. Sum pius Ænēas, fāmâ sŭper æthĕra nōtus. V. Nulla dies unquam mĕmŏri vos eximet ævo.

incoctus, a, um. part. pass. from incŏquo, q. v. 1. *Boiled in, or with.*—2. *Dyed with.* —— 1. Num vīpĕrīnus his cruor *Incoctus* herbis me fĕfellit ? Hor. Epod. 3. 7.—2. Quamvis Mīlēsia magno Vellĕra mūtentur Tȳrios *incocta* rŭbōres. V. G. 3. 307. SYN. 2. fūcātus, tinctus.

†**incœnātus, a, um.** *Supperless.* —— Domum rĕdīmus clancŭlum, dormīmus *incœnāti.* Plaut. Rud. 2. 1. 13. v. seq.

†**incœnis, e.** *Supperless.* —— Illæ autem sĕnem *incœnem* extrūdĕre cŭpiunt ex ædĭbus. Plaut. Cas. 4. 1. 18.

‡**incogitatus, a, um.** *Unthought of.* —— Quære supplĭcia horrĭda, *incōgĭtāta,* infanda. Seneca, H. Æt. 296.

§**incōgĭto, as.** *To think, to meditate.* —— Nec fraudem sŏcio puĕrove *incōgĭtat* ullam. Hor. Epist. 2. 1. 22. SYN. cōgĭto, mĕdĭtor, āris.

incognĭtus, a, um. *Unknown.* —— Dis jūranda pălūs, ănĭmīs *incognĭta* nostris. Ov. Met. 2. 46. SYN. ignōtus.

incŏla, æ. masc. and fem. *An inhabitant, sometimes used with another subst. almost as adj., inhabiting.*——Nāsŏ Tŏmītānæ jam non nŏvus *incŏla* terræ. Ov. Ep. e P. 1. 1. 1. Pūrus ăger, Cămērēn *incŏla* turba vŏcat. Ov. F. 3. 582. SYN. cŏlōnus, cultor ; *fem.* cultrix, hăbĭtans. PHR. Me pĕrĭtus Discet Iber Rhŏdănique pōtor. Hor. Non qui prŏfundum Dănŭbium bĭbunt. Hor.

incŏlo, is, lui, cultum. *To inhabit.*——Sic vĕtĕres sedes *incŏluistis* ăvi. Tib. 1. 11. 18. SYN. colo ; hăbĭto, as.

incŏlūmis, e. *Safe.*——Scīlĭcet hæc Spartam *incŏlūmis* pătriasque Mȳcēnas Aspĭciet ? V. Æn. 2. 577. SYN. tutus, illæsus ; sospĕs, ĭtis.

incŏmĭtātus, a, um. *Unaccompanied.*——Externis virtūs *incŏmĭtāta* bŏnis. Ov. Ep. e P. 2. 3. 35.

incommendātus, a, um. *Uncommended, disregarded.* —— Nil illis vĕtĭtum est, *incommendāta*que tĕllus Omnis et omne frĕtum. Ov. Met. 11. 434.

incommŏdus, a, um. neut. pl. often as subst. *Inconvenient, disagreeable.* —— Quære lŏci făciem Scȳthĭcique *incommŏda* cœli. Ov. Ep. e P. 4. 9. 81. SYN. mŏlestus, ingrātus, q. v.

incompŏsĭtus, a, um. *Without arrangement.* —— Det mŏtūs *incompŏsĭtos* et carmĭna dīcat. V. G. 1. 130. SYN. incultus, rŭdis, indĭgestus, incondĭtus. .

‡**incomptē.** *Inelegantly.* —— *Incomptē* misĕrūm laudāre dŏlōrem. Stat. Sylv. 5. 5. 34.

incomptus, a, um. *Unadorned, esp. of hair.* —— Sēdit humo nūdâ nūdos *incompta* căpillos. Ov. Met. 4. 261. SYN. inornātus.

inconcessus, a, um. *Unpermitted.* —— Pergăma cum pĕtĕret, *inconcesso*sque hymenæos. V. Æn. 1. 651. SYN. impermissus, vĕtĭtus.

inconcinnus, a, um. *Inelegant.* —— Aspĕrĭtas ăgrestis et *incŏncinna* grăvisque. Hor. Epist. 1. 18. 6. SYN. incultus, rustĭcus.

†**inconcussus, a, um.** *Immovable.*——Flōrēbant hĭlăres *inconcussi*que Pĕnātes. Stat. Sylv. 5. 1. 142.

incondĭtus, a, um. *Without order or method, rude.* —— Ibi hæc *incondĭta* sōlus Montĭbus et sylvis stŭdio jactābat ĭnānī. V. E. 2. 4. SYN. incompŏsĭtus, rŭdis, incultus, indĭgestus.

inconsōlābĭlis, e. *Inconsolable.* —— Jūra sui mœrens *inconsōlābĭle* vulnus Mente gĕrit tăcĭtâ. Ov. Met. 5. 426. SYN. immĕdĭcābĭlis, insānābĭlis.

†**inconstanter.** *Irregularly.* —— Dēsĭpit, extentat nervos, torquētur, anhēlat *Inconstanter*, et in jactando membra fătīgat. Lucr. 3. 490.

inconstantia, æ. *Inconstancy, changeableness.* —— Tanta hŏmĭnes rērum *inconstantia* versat. Ov. Met. 13. 646. SYN. lĕvĭtas. PHR. Tu lĕvior fŏliis tum cum sine pondere succi Mōbĭlĭbus ventis ărĭda facta cădunt ; Et mĭnus est in te quam summâ pondus ărĭstâ Quæ lĕvis assĭduis sōlĭbus usta rĕgit. Ov. Bacche lĕvis lĕviorque tuis quæ tempora cingunt Frondĭbus. Ov. Vărium et mūtābĭle semper Fœmĭna. V.

‡inconsuetus, a, um. *Unaccustomed (of the person).*—— Stŭpet *inconsuetas* ŏpīmæ Sīdŏnius mensæ·mīles. Sil. 11. 282. SYN. ĭnassuetus, q. v.

ĭnconsultus, a, um. 1. *Without having received advice.* — 2. ‡*Inconsiderate, rash.* —— 1. *Inconsulti* ăbeunt sēdemque ŏdēre Sĭbyllæ. V. Æn. 3. 452. — 2. Văcuas ăgit *inconsulta* per auras Brāchia. Val. Fl. 4. 302. SYN. 2. incautus, tĕmĕrarius.

inconsumptus, a, um. *Not consumed, everlasting.*—— Sic *inconsumptum,* Tĭtyi semperque rĕnascens . . . jĕcur. Ov. Ep. e P. 1. 2. 41. Tĭbi ĕnim *inconsumpta* Jŭventas, Tu puer æternus. Ov. Met. 4. 17. SYN. perpĕtuus.

incontĭnens, entis. *Incontinent.*—— *Incontĭnentis* nec Tĭtyi jĕcur Rĕlinquit Ales. Hor. 3. 4. 77. SYN. incestus, impŭdīcus.

ĭnconvĕniens, entis. *Unlike.*—— Non *inconvĕniens* est corpus, et pār est cŏler. Phædrus, 3. 13. 6.

ĭncŏquo, is, xi, ctum. *To boil in.*—— Hujus ŏdōrāto rādīces *incŏque* Baccho. V. G. 4. 279.

incorrectus, a, um. *Not corrected.*——Nunc *incorrectum* pŏpŭli pervēnit in ōra. Ov. Tr. 3. 14. 23.

ĭncorruptus, a, um. *Uncorrupted, incorruptible.*—— Atque *incorruptæ* pondĕra testis hăbet. Ov. Ep. e P. 3. 9. 50. SYN. intĕger, gra, grum ; pūrus, intĕmĕratus.

ĭncrēbresco, is, ui. no sup. *To increase.*——Littŏra miscēri, et nĕmŏrum *incrēbrescĕre* murmur. V. G. 1. 359. SYN. crēbresco ; cresco, ĭs, crēvi.

incrēdĭbĭlis, e. *Incredible.*——Hic *incrēdĭbĭlis* rērum fāma occŭpat aures. V. Æn. 3. 294. PHR. Inde, fĭdē mājus, . . . mĕmŏrant. Ov. Ille quĭdem mājōra fĭdē (Dī !) gessit. Ov. Mīra quĭdem, sed tămĕn acta lŏquor. Ov. Multaque crēdĭbĭli tŭlĭmus mājōra, rătamque Quamvis accĭdĕrint non hăbĭtūra fĭdem. Ov.

incrēdŭlus, a, um. *Incredulous.*—— Quodcunque ostendis mihĭ sic, *incrēdŭlus* ōdi. Hor. A. P. 188.

ĭncrēmentum, i. 1. *Increase.* — 2. *Offspring.* —— 1. Jŭbet suppŏnĕre terræ Vīpĕreos dentes, pŏpŭli *incrēmenta* fŭtūri. Ov. Met. 3. 163.—2. Cāra Deûm sŏbŏles magnum Jŏvis *incrēmentum.* V. E. 4. 49. SYN. 1. auctus, ûs ; ‡augmĕn, ĭnis, *neut.* — 2. prōgĕnies, ei ; prōles, is.

incrĕpĭto, as. 1. ‡*To strike.* — 2. *To reproach (sometimes c. dat., sometimes also c. acc. of the error, etc.).* — 3. *To exhort.*——1. Dixit, et *incrĕpĭtans* languentia pectŏra dextrâ ? . . . mŏnēbat. Stat. Theb. 10. 132. — 2. Hostis ămāre quid *incrĕpĭtas* mortemque mĭnāris ? V. Æn. 10. 900. Et tĭbĭ præ invĭdiâ Nēreïdĕs *incrĕpĭtārent.* Prop. 2. 20. 15. Et spĕcŭlo rūgas *incrĕpĭtante* tĭbi. Prop. 3. 13. 34. — 3. Tum Bĭtiæ dĕdit *incrĕpĭtans ;* Ille impĭger hausit Spūmantem pătĕram. V. Æn. 1. 738. v. seq.

incrĕpo, as, ui. rare in sup. and pass. part. 1. *To sound, to make a noise ; sometimes c. acc. of the noise made or sound uttered.*—2. *To strike, esp. when a noise is made by striking.* — 3. *To speak of.* — 4. *To reproach.* — 5. *To exhort, to excite.* —— 1. Corvōrum *incrĕpuit* densis exercĭtus ālis. V. G. 1. 382. At tŭba terrĭbĭlem sŏnĭtum procul ære cănōro *Incrĕpuit.* V. Æn. 9. 503.—2. *Incrĕpuit* quantis vīrĭbus unda lătus. Ov. Tr. 1. 4. 24. Terque cruentātās *incrĕpuere* mănus. Ov. Ib. 228. — 3. *Incrĕpet* absumptum nec sua māter Ĭtyn. Prop. 3. 8. 9. — 4. Immensas *incrĕpat* usque mŏras ; *Incrĕpet* usque lĭcet. Ov. Her. 1. 82. — 5. Ultro ănĭmos tollit dictis atque *incrĕpat* ultro. V. Æn. 9. 127. SYN. 1. 3. crĕpo. — 1. sŏno, as, ui, q. v. — 2. percŭtio, ĭs, cussi, q. v. ; ‡incrĕpĭto. — 3. v. loquor. — 4, 5. incrĕpĭto, as. — 4. rĕprehendo sync. rĕprêndo, ĭs ; culpo, as, q. v. — 5. hortor, āris ; stĭmŭlo, as ; instĭmŭlo. PHR. 4. Quam sæpe ut tardis fēci convĭcia rēmis. Ov.

incresco, ĭs, crēvi. no sup. *To grow on.*——Dūrātæque cŭti squāmas *increscĕre* sentit. Ov. Met. 4. 576.

§incrētus, a, um. *Mixed.*—— Prīmus et invēnior pĭper album cum săle nĭgro *Incrētum* pŭris circumpŏsuisse cătillis. Hor. Sat. 2. 4. 75. SYN. mixtus. v. misceo.

incruentātus, a, um. in tmesi. *Unstained with blood.* —— Mănet imperfossus ab omni *In*que *cruentātus* Cæneus Ĕlătēius ictu. Ov. Met. 12. 497.

‡incruentus, a, um. *Unbloody.*—— Sĕcūro ruit *incruenta* damno. Mart. 1. 83. 8.

§incrusto, as. *To plaster over.*——Sincērum cŭpĭmus vas *incrustāre.* Hor. Sat. 1. 3. 56.

incŭbo, as, ui, ĭtum. 1. *To lie upon, to lie in (sometimes of lying dead), to rest on, etc.*—2. *To watch, to brood over (lit. as a hen sits on eggs, etc.).*——1. Sōla dŏmo mœret văcuâ, strātisque rĕlictis *Incŭbat.* V. Æn. 4. 83. Ut Tĕgeæus ăper cūpressĭfĕro Ĕrymantho *Incŭbat.* Ov. Her. 9. 87. Hŭmĕro lĕvis *incŭbat* hasta. Ov. Met. 6. 593.—2. Condit ŏpes ălius dēfossoque *incŭbat* auro. V. G. 2. 507. SYN. prŏcŭbo; incumbo, ĭs; adsternor, ĕris, strātus sum.—2. indormio, īs; invĭgĭlo, as.

‡inculco, as. *To inculcate.*——Sic vōce Cătōnis *Inculcāta* vĭris justi pătientia Martis. Lucan. 9. 293.

inculpātus, a, um. *Unblamed.*——Ēvehor, et dăta sum cŏmĕs *inculpāta* Mĭnervæ. Ov. Met. 2. 588. SYN. irrĕprehensus.

incultus, a, um. 1. *Uncultivated, lit. and metaph.*—2. *Unadorned, untidy, etc.*——1. *Incultisque* rŭbens pendēbit sentĭbus ūva. V. E. 4. 29.—2. Cui plūrĭma mento Cānĭties *inculta* jăcet. V. Æn. 6. 300. SYN. 2. ĭnornātus, q. v. PHR. Arvaque Cȳclōpum quid rastra, quid ūsus ărātri Nescia nec quicquăm junctis dēbentia bŭbus Lĭquĕrat. Ov. Ipsa quŏque immūnis rastroque intacta, neque ullis Saucia vōmĕrĭbus . . . tellus. Ov. Frūges tellūs ĭnărāta fĕrēbat. Ov.

incumbo, ĭs. perf. same as incubo. 1. *To lie upon, to lean upon.*—2. *To lean towards, to overhang.*—3. *To threaten, to attack.*—4. *To lean upon, esp. in making violent efforts; to strive.*—5. *To attend to.*——1. *Incumbens* tĕrĕti Dāmon sic cœpit ŏlīvæ. V. E. 8. 16.—2. Juxtāque vĕterrima laurus *Incumbens* āræ atque umbrâ complexa Pĕnātes. V. Æn. 2. 514.—3. Sĕquĭturque *incumbens* ĕmĭnus hastâ. V. Æn. 11. 674. Præsertim si tempestas a vertĭce sylvis *Incŭbuit.* V. G. 2. 311.—4. Collĭgĕre arma jŭbet vălĭdisque *incumbere* rēmis. V. Æn. 5. 15. *Incŭbuit,* vŏluitque mănū convellĕre ferrum Dardănĭdes. V. Æn. 12. 774.—5. Păpăver Tempus hŭmo tĕgĕre et jamdūdum *incumbĕre* ărātris. V. G. 1. 213. SYN. 1. incŭbo, as, ui; innĭtor, ĕris, innixus sum. 1. 4. nītor.—2, 3. immĭneo, ēs, ui.—2. impendeo, ēs.—4. cōnor, āris.—5. adverto, ĭs.

incūnābŭla, orum. *The cradle, the place of a person's bringing up.*——Certe ĕgŏ, non pătiar Jovis *incūnābŭla* Crēten. Ov. Met. 8. 99. SYN. cūnābŭla. q. v.

incūrātus, a, um. *Uncared for.*——Stultōrum *incūrāta* pŭdor mălus ulcera cēlat. Hor. Epist. 1. 16. 24. SYN. neglectus.

incūria, æ. *Want of care.*——Offendar măcŭlis quas aut *incūria* fudit. Hor. A. P. 351.

incurro, ĭs, ri, rsum. 1. *To run forward, to run against, to attack.*——Cum duŏ conversīs ĭnĭmīca in prælia tauri Frontĭbus *incurrunt.* V. Æn. 12. 717. SYN. invādo, ĭs, si; ingrĕdior, ĕris, gressus sum. v. seq.

incurso, as. *To run against or among.*——Hāc sĭne lēge ruunt altoque sub æthĕre fixis *Incursant* stellis. Ov. Met. 2. 205. v. prec.

incursus, ūs. masc. *An inroad, an attack.*——Frīgus et *incursūs* omni de parte trĕmendos. Ov. Ep. e P. 4. 14. 27.

incurvo, as. *To bend, to make crooked.*——Tum vălĭdis flexos *incurvant* vīrĭbus arcus. V. Æn. 5. 500. SYN. curvo; flecto, ĭs, xi; inflecto; sĭnuo, as.

incurvus, a, um. *Crooked.*——Āgrĭcŏla *incurvo* terram mōlītus ărātro. V. G. 1. 494. SYN. curvus, prōcurvus, rĕcurvus, sĭnuōsus.

incūs, ūdis. fem. *An anvil.*——Quinque ădeo magnæ pŏsĭtis *incūdĭbus* urbes Tela nŏvant. V. Æn. 7. 629. PHR. Vălĭdique incūdĭbus ictus Audīti rĕfĕrunt gĕmĭtum. V. Audierant . . . Impŏsĭtos dūris crĕpĭtāre incūdĭbus enses. V. O ŭtĭnam nŏvâ Incūde diffingas rĕtūsum . . . ferrum. Hor.

incūso, as. *To accuse.*——Multaque se *incūsat* qui non accēpĕrit ultro Dardănium Ænēan. V. Æn. 11. 471. SYN. accūso; culpo, as.

incustōdītus, a, um. *Unguarded.*——*Incustōdītum* captat ŏvīle lŭpus. Ov. Tr. 1. 6. 10. SYN. ‡indēfensus.

incūsus, a, um. *Wrought, hammered.*——Lăpĭdemque rĕvertens *Incūsum* aut ātræ massam pĭcis urbe rĕportat. V. G. 1. 273.

incŭtio, ĭs, cussi, sum. 1. *To strike upon, hurl at, lit. and metaph.*—2. *To give (a quality to, etc.).*——1. Indignāturque quod ausim Scrībĕre, sē rigidas *incŭtiente* mĭnas. Ov. Tr. 1. 10. 42.—2. *Incŭte* vim ventis, submersasque obrue puppes. V. Æn. 1. 69. SYN. 1. ingĕro, ĭs, gessi.—1, 2. infĕro, fers, ferre, tŭli, lātum.

indāgo, ĭnis. fem. *Nets placed around a wood by hunters.*——Dum trĕpĭdant ālæ, saltusque *indāgĭne* cingunt. V. Æn. 4. 121. SYN. cassis, is, *masc. usu. in pl.*

inde. 1. *From thence.*—2. *Then.*——1. Dīvellĭmur *inde*, Īphĭtus et Pēlias mecum. V. Æn. 2. 434.—2. *Inde* tŏro păter Ænēas sic orsus ab alto. V. Æn. 2. 2. SYN. 1. illinc.—2. Deinde, tunc, tum.

indēbĭtus, a, um. *Not due, undeserved.*——Præmia magna quĭdem sed nōn *indēbĭta* posco. Ov. Her. 16. 19. SYN. immĕrĭtus.

‡indĕcens, entis. *Indecorous.*——Ŏcŭloque lūdos spectat *indĕcens* ūno. Mart. 5. 14. 7. SYN. indĕcōrus, q. v.

indēclīnātus, a, um. *Unchanged (for the worse).*——*Indēclīnātæ* mūnus ămīcĭtiæ. Ov. Tr. 4. 5. 24. SYN. constans.

indĕcor, ŏris. adj., masc. and fem. *Disgraceful, unbecoming, mean.*——Sunt ăliæ innuptæ Lătio et Laurentĭbus arvis Nec gĕnus *indĕcŏres*. V. Æn. 12. 25. SYN. indĕcōrus, q. v.

indĕcŏro, as. *To disgrace.*——*Indĕcŏrant* bĕnĕ nāta culpæ. Hor. 4. 4. 36. SYN. dēdĕcŏro, q. v.

indĕcōrus, a, um. *Indecorous, base.*——Non *indĕcōro* pulvĕre sordĭdos. Hor. 2. 1. 22. SYN. indĕcor, ŏris ; turpis, q. v.

‡indēfensus, a, um. *Undefended.*——Campānia cursus Tardāvit, bellumque sĭnu *indēfensa* rĕcēpit. Sil. 6. 652. SYN. immūnītus.

indēfessus, a, um. *Unwearied.*——Nunc vălĭdam dextrâ răpit *indēfessa* bĭpennem. V. Æn. 11. 651.

indēflētus, a, um. *Unwept for.*——Qui lăcrȳment desunt, *indēflētæ*que văgantur. Ov. Met. 7. 611. SYN. inflētus, indēplōrātus.

indējectus, a, um. *Not thrown down.*——Si quă domus mansit pŏtuitque rĕsistĕre tanto *Indējecta* mălo. Ov. Met. 1. 289.

indēlēbĭlis, e. *Indestructible.*——Nōmenque ĕrit *indēlēbĭle* nostrum. Ov. Met. 15. 876. SYN. immortālis, q. v.

indēlībātus, a, um. *Untasted, undiminished.*——*Indēlībātas* cuncta sĕquuntur opes. Ov. Tr. 1. 4. 28. SYN. illæsus ; intĕger, gra, grum.

indēplōrātus, a, um. *Unlamented.*——*Indēplōrātum* barbăra terra tĕget? Ov. Tr. 3. 3. 46. SYN. inflētus, indēflētus.

indēprēnsus, a, um. *Undetected.*——Fallĕret *indēprēnsus* et irrĕmeābĭlis error. V. Æn. 5. 591.

indēsertus, a, um. *Not abandoned.*——*Indēserta* meo pectŏre regna gĕre. Ov. Am. 2. 9. 52.

‡indespectus, a, um. *Not beheld from above.*——*Indespecta* tĕnet vōbis qui Tartăra, cujus Vos estis Sŭpĕri. Lucan. 6. 748.

indestrictus, a, um. *Ungrazed, unwounded.*——Rĕmŏvēbĭtur omne Tegmĭnis offĭcium, tămĕn *indestrictus* ăbībo. Ov. Met. 12. 92. SYN. illæsus.

indētonsus, a, um. *Unshorn.*——Addĭtur his Nȳseus *indētonsus*que Thyōneus. Ov. Met. 4. 13. SYN. intonsus.

indēvītātus, a, um. *Not avoided, inevitable.*——*Indēvītāto* trājĕcit pectŏra tēlo. Ov. Met. 2. 605. SYN. ĭnēvītābĭlis, ĭnēluctābĭlis.

index, ĭcis. masc. and fem. 1. *An informer.*—2. *Any thing which serves to show.*—3. Index dĭgĭtus, *the fore-finger.*—4. Index lăpis, ĭdis, *a touchstone.*—5. *An inscription.*——1. Jūvĕruntque Deos *indĭcis* exta sui. Ov. F. 1. 450.—2. Hi Cĕrĕris ludi, non est ŏpus *indice* causâ. Ov. F. 4. 393.—3. Qui si quid forte lătēret *Indĭce* monstrāret *dĭgĭto*. Hor. Sat. 2. 8. 25.—4. Perjūraque pectŏra vertit In dūrum lăpĭdem qui nunc quŏque dīcitur *index*. Ov. Met. 2. 706.—5. Nec quæris quid quâque *index* sub ĭmāgĭne dīcat. Tib. 4. 1. 30. SYN. 2. indĭcium.

India, æ. *India.*——Aut quos Ōceăno prŏpior gĕrit *India* lūcos, Extrēmi sĭnus orbis. V. G. 2. 123. PHR. Te mĕmŏrant Gangē tōtoque Ŏriente sŭbacto. Ov. Tālis ĕrat dŏmĭtâ Bacchus Gangētĭde terrâ. Ov. Aut quos Ōceăno prŏpior gĕrit India lūcos, V.

indĭcium, i. *Any thing which shows, a proof.*——*Indĭcium* tectæ nōbĭlĭtātis ĕrant. Ov. Her. 16. 52. SYN. index, ĭcis ; dŏcŭmentum, argūmentum, signum, nŏta.

indĭco, as. *To point out.*——*Indĭcat* et nōmen littĕra facta tuum. Tib. 3. 1. 82. SYN. signĭfĭco; monstro, as; ostendo, ĭs. PHR. Indĭcio est tractu surgens ŏleaster eōdem. V.

indīco, īs, xi. *To appoint, to proclaim.*——Sĭmul Dīvûm templis *indīcit* hŏnōrem. V. Æn. 1. 632. Aut ubi curva chŏros *indixit* tībia Bacchi. V. Æn. 11. 737. SYN. ēdīco, q. v.

indictus, a, um. part. pass. of prec., also as adj. *Unsaid, unspoken of.*——Nec tu carmĭnĭbus nostrīs *indictus* ăbībis. V. Æn. 7. 733.

Indĭcus, a, um, also **Indus, a, um.** *Indian.*——Aut ŭbi Tāprŏbănēn *Indĭca* cingit ăqua. Ov. Ep. e P. 1. 5. 80. *Indum* sanguĭneo vĕlŭti vĭŏlāvĕrit ostro Si quis ĕbur. V. Æn. 12. 67. SYN. Gangētĭcus, *and fem.* Gangētis ĭdŏs; (*of the people*) Gangărĭdes; Ēōus, Ĕrȳthræus.

indĭdem. *From the same place.*——Non dĕcet Tam vĕtus sĭne lībĕris Nōmĕn esse sed *indĭdem* Semper ingĕnĕrāri. Cat. 59. 214.

‡indies. *Every day, day by day* (*in tmesi*).——Oh mĭser *inque dies* ultrà mĭser. Pers. 3. 15.

indĭgĕna, æ. masc. and fem. *A native.*——Ne vĕtus *indĭgĕnas* nōmen mūtāre Lătīnos, Neu Trōas fiĕri jŭbeas. V. Æn. 12. 823.

indĭgeo, es, ui. no sup. *To want, to be in want of.*——Quin tu ălĭquid saltem pŏtius quōrum *indĭget* usus . . . păras. V. E. 2. 71. SYN. ĕgeo, q. v.

indīgestus, a, um. *Unarranged.*——Ūnus ĕrat tōto nātūræ vultus ĭn orbe Quem dixēre Chaos, rŭdis *indĭgestaque* mōles. Ov. Met. 1. 7. SYN. incondĭtus, incompŏsĭtus.

Indĭgĕtes (Dî), sometimes in sing. **Indiges, ĕtis.** *Demigods; men deified and worshipped in their own country.*——Illic sanctus ĕris cum tē vĕnĕranda Nŭmĭcī Unda Deum cœlo mīsĕrit *Indĭgĕtem.* Tib. 2. 5. 44. Dî pătrii *Indĭgĕtes* et Rōmŭle Vestaque māter Quæ Tuscum Tĭbĕrim et Rōmāna Pălātia servas. V. G. 1. 498.

indignans, antis. part. from indignor, q. v., used as adj. *Indignant.*——Verbaque quærenti sătis *indignantia* linguæ Dēfuĕrunt. Ov. Met. 6. 584. SYN. indignātus, indignus.

indignātio, ōnis. fem. *Indignation.*——Ut ōra vertat hūc et hūc euntium Lībertīma *indignātio.* Hor. Epod. 4. 10.

indignē. *Unworthily.*——Heu miser *indignē* frāter ădemte mihi. Cat. 98. 6. SYN. immĕrĭto.

indignor, āris. 1. *To be indignant at.*—2. *To despise.*——1. Et casum insontis mēcum *indignābar* ămīci. V. Æn. 2. 93. A tanto non *indignābĕre* vinci. Ov. Met. 10. 604. Pontem *indignātus* Ărāxes. V. Æn. 8. 728.—2. Vestis ĕrat lecto non *indignanda* săligno. Ov. Met. 8. 659. SYN. 1. dēdignor, grăvor, aris. v. irascor.—2. temno, ĭs, q. v.

indignus, a, um. 1. *Unworthy, undeserving* (*of either good or bad fortune*).—2. *Unworthy, undeserved.*—3. *Indignant.*——1. Magnōrum haud unquam *indignus* ăvōrum. V. Æn. 12. 649. Quæ vĕnit *indignæ* pœna dŏlenda vĕnit. Ov. Her. 5. 7. Fābŭla nōta quĭdem sed non *indigna* rĕferri. Ov. A. A. 1. 681.—2. Mīsēnum . . . Ut vēnēre vĭdent *indignâ* morte pĕremtum. V. Æn. 6. 163.—3. Imbre per *indignas* usque cădente gĕnas. Ov. Tr. 1. 3. 18. SYN. 1. immĕrens.—1, 2. immĕrĭtus.—3. indignans.

indĭgus, a, um. *In need of.*——Vi prŏpriâ nĭtuntur ŏpisque haud *indĭga* nostræ. V. G. 2. 428. SYN. ĕgēnus, q. v.

indiscrētus, a, um. *Not distinguished, not known apart.*——Sĭmillĭma prōles *Indiscrēta* suis grātusque părentĭbus error. V. Æn. 10. 392.

‡indispensātus, a, um. *Immoderate.*——*Indispensāto* lassantem corpŏra nīsu. Sil. 16. 340. SYN. immŏdĭcus, nĭmius.

indistinctus, a, um. *Indistinct, not carefully separated and arranged.*——Hos *indistinctis* plexos tŭlit ipse cŏrollis. Cat. 62. 282.

‡indīvīsus, a, um. *Undivided, common to*——O rērum mĕdia *indīvīsaque* magnis Frātrĭbus. Stat. Theb. 8. 313. v. communis.

indo, ĭs, dĭdi, dĭtum. *To put in.*——Dum dĭgĭtos ămentīs *indĕre* tento. Ov. Met. 7. 788. SYN. impōno, ĭs, pŏsui, ĭtum, q. v.; insĕro, ĭs, ui, rtum.

indŏcĭlis, e. 1. *Not docile, obstinate.*—2. *Ignorant* (*how to do something*).—3. *Untaught.*—4. *Uncivilised.*——1. Hâc te mĕrentem Bacche păter tuæ Vexēre tĭgres *indŏcĭli* jugum Collo fĕrentes. Hor. 3. 3. 14.—2. Mox rĕfĭcit rătes

Quassas, *indocilis* paupĕriem păti. Hor. 1. 1. 18. — 3. *Indŏcĭlique* lŏquax guttŭre vernat ăvis. Ov. Tr. 3. 12. 8. — 4. Is gĕnus *indŏcĭle* ac dispersum montĭbus altis Compŏsuit. V. Æn. 8. 321. SYN. 2. ignārus. — 2, 3. rŭdis, indoctus. — 4. incultus, barbărus.

indoctus, a, um. *Untaught, ignorant.* —— Desĭnĭte *indoctum* vānā dulcēdĭne vulgus Fallere. Ov. Met. 5. 308. Cantăbrum *indoctum* jŭga ferre nostra. Hor. 2. 6. 2. SYN. rŭdis, indŏcĭlis, ignarus.

indŏles, is. fem. *Disposition.* —— Quid pius Æneās tantā dăbit *indŏle* dignum? V. Æn. 10. 826. SYN. ingĕnium.

indŏleo, es, ui. *To grieve.* —— Haud sĕcus *indŏluit* quam si mŏdŏ rapta fuisset. Ov. F. 4. 699. SYN. dŏleo, q. v.

indŏmĭtus, a, um. *Untamed, unconquered.* —— Sed non idcircō flammæ atque incendia vīres *Indŏmĭtas* pŏsuēre. V. Æn. 5. 881. SYN. invictus, q. v. PHR. Te Cantăber non ante dŏmābilis . . . audit. Hor. Cantăbrum indoctum jŭga ferre nostra. Hor.

indormio, īs. *To sleep upon.* —— *Indormit* unctis omnium cŭbīlĭbus. Hor. Epod. 5. 69.

indŏtātus, a, um. *Without a dowry, without the accustomed honours.* —— Aut ĭnhŭmāta prĕmunt terras aut dantur in altos *Indŏtāta* rŏgos. Ov. Met. 7. 609.

‡indŭbĭtātus, a, um. *Undoubted.* —— Cŭbīlia prædæ *Indŭbĭtāta* tĕnens multō lĕgit arva mŏlosso Vēnātor. Stat. Achill. 2. 73. SYN. certus, q. v.

indŭbĭto, as. *To doubt of, to distrust.* —— Absiste prĕcando Vīrĭbus *indŭbĭtāre* tuis. V. Æn. 8. 404. SYN. diffīdo, ĭs, fīsus sum.

indūco, ĭs, xi, ctum. 1. *To lead or bring into.* — 2. *To bring or place on. Sometimes c. acc. of the thing covered, c. abl. of the thing placed on it.* — 3. *To lead, to induce.* —— 1. Sæpe ĕgŏ, cum flāvis messōrem *indūcĕret* arvis Āgrĭcŏla . . . vidi, etc. V. G. 1. 316. — 2. Hūmānam membrīs *indūcĕre* formam. Ov. Met. 7. 642. Parvos membrāna per artus Porrĭgĭtur tĕnuique *indūcit* brāchia pennā. Ov. Met. 4. 408. Consurgit sĕnior tŭnĭcâque *indūcĭtur* artus. V. Æn. 8. 457. — 3. Haud ĕquĭdem prĕtio *inductus* pulchroque jŭvenco Vēnissem. V. Æn. 5. 399. SYN. 1. 3. dūco. — 1. infĕro, fers, ferre, tŭli, lātum. — 2. impōno, ĭs, pŏsui, ĭtum, q. v. — 3. mŏveo, es, mōvi, tum.

indulgentia, æ. *Indulgence.* —— Dextĕra præcĭpuē căpit *indulgentia* mentes. Ov. A. A. 2. 145.

indulgeo, es, si, tum. passive rare except in part. 1. *To indulge, to humour.* — 2. *To indulge in.* — 3. ‡*To give (by way of indulgence to).* —— 1. *Indulgens* ănĭmo pes mihĭ tardus ĕrat. Ov. Tr. 1. 3. 56. — 2. Insāno jŭvat *indulgēre* lăbōri. V. Æn. 6. 135. Non ŏdium făcit, hoc sed spes *indulta* răpīnæ. Ov. Met. 39. — 3. *Indulgens* templa vĕtustis Incŏlĕre atque hăbĭtāre Deis. Sil. 14. 672. SYN. 1. făveo, es, fāvi. — 2. inservio, īs; cŏlo, ĭs, ui, cultum. — 3. concēdo, ĭs, cessi. PHR. Mĭsĕrārum est neque ămōri dăre lūdum. Hor.

induo, ĭs, ui, ūtum. 1. *To put on (clothes), either on one's self or on another.* — 2. *(in pass.) To put on one's self, to be clothed in.* — 3. Induo me, *to clothe myself with, c. abl. or c.* in *and acc.* —— 1. Et vestes hŭmĕris *induit* ipsa meis. Ov. Her. 21. 90. Tum găleam Messāpi hăbĭlem cristisque dĕcōram *Induit.* V. Æn. 9. 366. — 2. Lōrīcam *indūĭtur,* fīdoque accingĭtur ense. V. Æn. 7. 640. — 3. Quotque in flōre nŏvo pōmis se fertĭlis arbos *Induĕrat.* V. G. 4. 143. Contemplātor ĭtem cum se nux plūrĭma sylvis *Induit* in flōrem. V. G. 1. 187. SYN. 2. indūcor, ĕris, q. v. — 2, 3. vestio (is) me; sūmo, ĭs, mpsi; gĕro, ĭs, gessi. PHR. Tŭnĭcâque indūcĭtur artus. V. Hæc fātus lātos hŭmĕros subjectaque colla Veste sŭper, fulvique insternor pelle leōnis. V. Ipse dĕhinc auro squālentem alboque ŏrĭchalco Circumdat lōrīcam hŭmĕris. V.

indūresco, ĭs, ui. no sup. *To become hard.* —— Stīriaque impexīs *indūruit* horrĭda barbis. V. G. 3. 366. SYN. dūresco, q. v.

indūro, as. *To make hard.* —— *Indūrat* Bŏreas, perpĕtuamque făcit. Ov. Tr. 3. 10. 14. SYN. duro.

industria, æ. *Industry.* —— Sed non ulla măgis vīres *industria* firmat. V. G. 3. 209. SYN. sēdŭlĭtas.

‡industrius, a, um. *Industrious.* —— Hic pĕtit Euphraten jŭvĕnis dŏmĭtīque Bătāvi Custōdes ăquĭlas armis *industrius.* Juv. 8. 52. SYN. sēdŭlus, q. v.; lăbōrĭōsus, ŏpĕrōsus.

indūtus, a, um. pass. part. of induo, q. v. 1. *Put on, of the garment.* — 2. *Clothed, of the person.* —— Oraque dissĭliunt vulgo, vestesque rĭgescunt *Indūtæ.* V. G. 3. 364. Quantum mūtātus ab illo Hectŏre, qui rĕdit exŭvias *indūtus* Ăchilli. V. Æn. 2. 275. SYN. 2. vestitus.

‡ĭnēbrio, as. *To make drunk, to fill.* —— Mĭsĕram vīnōsus *ĭnēbriet* aurem. Juv. 9. 113.

ĭnēdĭtus, a, um. *Not published, not promulgated.* —— Essent et jŭvĕnes quōrum quod *ĭnēdĭta* cura est. Ov. Ep. e P. 4. 16. 39. PHR. Non ante vulgātas per artes. Hor.

ĭnēlĕgans, antis. *Inelegant.* —— Nĭ sint illĕpĭdæ atque *ĭnēlĕgantes.* Cat. 6. 2. v. indecorus.

ĭnēluctābĭlis, e. *Unavoidable, which cannot be escaped by resisting.* —— Vēnit summa dies, et *ĭnēluctābĭle* tempus Dardănĭæ. V. Æn. 2. 324. SYN. ĭnēvītābĭlis, q. v.

ĭnēmŏrior, ĕris. *To die over.* —— Quo posset infossus puer . . . . *Ĭnēmŏri* spectācŭlo. Hor. Epod. 5. 34. v. morior.

ĭnemptus, a, um. *Unbought.* —— Sĕrāque rĕvertens Nocte dŏmum dăpĭbus mensas ŏnĕrābat *ĭnemptis.* V. G. 4. 133.

‡ĭnēnarrābĭlis, e. *Unspeakable.* —— Vis dăre mājus ădhuc et *ĭnēnarrābĭle* mūnus? Mart. 2. 103. PHR. Clĭpei non ēnarrābĭle textum. V.

ĭneo, īs, eundi, ĭtum, iens, euntis. 1. *To enter.* — 2. *To enter upon, to begin, trans. and intrans.* — 3. *To undertake, to execute.* —— 1. Unde nĕmus nullīs illud *ĭnītur* ĕquis. Ov. F. 2. 266. Tempŏre quo vōbīs *ĭnĭta est* Cĕrealis Ĕleusin. Ov. Her. 4. 67. — 2. Teque ădeo dĕcus hōc ævi te consŭle *ĭnībit* Pollio. V. E. 4. 11. Sæpe lĕvi somnum suadēbit *ĭnīre* sŭsurro. V. E. 1. 56. — 3. Consĭlium multæ callĭdĭtātis *ĭnit.* Ov. F. 3. 380. Ipse ĕgŏ paulisper pro te tua mūnĕra *ĭnībo.* V. Æn. 5. 846. Prīma lĕves *ĭneunt* si quando prælia Parthi. V. G. 4. 314. SYN. 1. intro, as; invādo, ĭs, si; intrōgrĕdior, *only in perf. part.* — 1, 2. ingrĕdior, ĕris, gressus sum. — 1, 2, 3. aggrĕdior. — 1. 3. sŭbeo. — 2. incĭpio, ĭs, cēpi, q. v. — 3. fungor, ĕris, q. v.; suscĭpio.

ĭneptē. *In an unfit manner, foolishly.* —— Quanto rectius hic, qui nīl mōlītur *ĭnepte.* Hor. A. P. 140. SYN. mălĕ; stultē.

ĭneptiæ, arum. *Fooleries.* —— Noctu quid făcias *ĭneptiārum.* Cat. 6. 14.

ĭneptio, īs. *To play the fool.* —— Mĭser Cătulle dēsĭnas *ĭneptire.* Cat. 8. 1. SYN. dēsĭpio, ĭs; §nūgor, āris.

ĭneptus, a, um. *Unfit, out of time or place, foolish.* —— Offĭcio nātam lædis, *ĭnepte,* tuo. Ov. R. A. 472. SYN. stultus.

ĭnermis, e. *Unarmed.* —— Trĕpĭdum Perseus et *ĭnermia* frustrà Brāchia tendentem Cyllēnĭde confŏdit harpe. Ov. Met. 5. 175. SYN. ĭnermus, nūdus.

ĭnermus, a, um. another form of prec. —— Tum stŭdio effusæ mātres et vulgus *ĭnermum.* V. Æn. 12. 131.

ĭnerro, as. *To wander in.* —— Vel bĕnĕ si tōtus summo vel *ĭnerret* ĭn ōre. Tib. 4. 1. 202. v. erro.

ĭners, ertis. 1. *Indolent, idle, causing idleness, etc.* — 2. *Inanimate, both of things which never had life, and of dying animals, etc.* — 3. *Feeble.* — 4. *Dull, etc.* —— 1. Lībertas quæ sēra, tămen respexit *ĭnertem.* V. E. 1. 28. A tē cum rĕdeo clīvus *ĭnertis* ăquæ. Ov. Her. 18. 122. At mihĭ sævus Ămor somnos ăbrumpat *ĭnertes.* Ov. Am. 2. 10. 19. Estque mĭnor factus *ĭnerte* sĭtu. Ov. Ep. e P. 1. 5. 8. — 2. Qui terram *ĭnertem,* qui măre tempĕrat Ventōsum. Hor. 3. 4. 45. Ŏcŭlos stŭpor urget *ĭnertes.* V. G. 3. 523. — 3. Spūmantemque dări pĕcŏra inter *ĭnertia* vōtis Optat ăprum. V. Æn. 4. 158. — 4. Tendis *ĭners* docto rētia nōta mihi. Prop. 2. 23. 70. SYN. 1. pĭger, gra, grum; ignāvus, segnis, dēsĭdiōsus; rĕsĕs, ĭdis; ‡dēsĕs. — 2. v. exănĭmis. — 3. imbellis, q. v. — 4. stultus, q. v.

ĭnertia, æ. *Sloth, idleness.* —— Paulum sĕpultæ distat *ĭnertiæ* Cēlāta virtus. Hor. 4. 9. 29. SYN. ignāvia, dēsĭdia, ‡pĭgrĭtia.

†ĭnesco, as. *To catch with a bait.* —— Nescĭs *ĭnescare* hŏmĭnes Sannio. Ter. Ad. 2. 2. 12. v. capio.

ĭnēvectus, a, um. *Borne on.* —— Cur ălĭquis prŏpriæ fortūnæ mūnĕre dīves Tendit *ĭnēvectus* cœlum sŭper. V. Culex. 340. SYN. invectus. v. inveho.

Inēvītābĭlis, e. *Unavoidable.*——Addĭdit et tŏnĭtrūs et *ĭnēvītābĭle* fulmen. Ov. Met. 3. 301. SYN. indēvītātus, ĭnēluctābĭlis.

‡Inēvŏlūtus, a, um. *Not unrolled, unopened (of a book).*——Vădas et rĕdeas *ĭnēvŏlūtus.* Mart. 11. 1. 4.

Inexcītus, a, um. *Not excited, untroubled, quiet.*——Ardet *ĭnexcīta* Ausŏnia atque immōbĭlis ante. V. Æn. 7. 623. SYN. immōtus, imperturbātus, tranquillus, q. v.

Inexcūsābĭlis, e. *Admitting of no excuse.*——Grātia Dīs fēlix et *ĭnexcūsābĭle* tempus. Ov. Met. 7. 511.

Inexcussus, a, um. *Unshaken.*——Assĭdet hac jŭvĕnis, sŏciat quem glōria, fortis, Ăcer, *ĭnexcussus.* V. Culex. 301. SYN. ‡inconcussus.

Inexhaustus, a, um. *Unexhausted, inexhaustible.*——Insŭla *ĭnexhaustis* Chălȳbum gĕnĕrosa mĕtallis. V. Æn. 10. 174.

Inexōrābĭlis, e. *Inexorable.*——Atque mĕtūs omnes, et *ĭnexōrābĭle* fātum Subjĕcit pĕdĭbus. V. G. 2. 491. SYN. illăcrȳmābĭlis, implācābĭlis. PHR. Nesciaque hūmānis prĕcĭbus mansuescĕre corda. V. Dēsĭne fāta Deûm flecti spērāre prĕcando. V. Esse quĭdem făteor . . . Diffĭcĭlem prĕcĭbus te quŏque jūre meis. Ov. v. placo.

Inexperrectus, a, um. *Unawakened.*——Sōpītus vīnīs et *ĭnexperrectus* Ăpĭdas. Ov. Met. 12. 317.

Inexpertus, a, um. 1. *Inexperienced.*—2. *Untried.*——1. Jussus *ĭnexpertam* Colchos advertĕre puppim. Ov. Her. 12. 23.—2. Nē quid *ĭnexpertum* frustrā mŏrĭtūra rĕlinquat. V. Æn. 4. 415. SYN. 1. rŭdis.—2. intentātus, insusceptus.

Inexplētum. *Insatiably.*——Hæret *ĭnexplētum* lăcrȳmans. V. Æn. 8. 559. SYN. †insătiābĭlĭter.

Inexplētus, a, um. *Unfilled, unsatisfied, insatiable.*——Spectat *ĭnexplēto* mendācem lūmĭne formam. Ov. Met. 3. 439. SYN. insătiābĭlis.

‡Inexplĭcĭtus, a, um. *Not to be explained.*——Collustrat campos, si quis concurrĕre dictis Hospĕs *ĭnexplĭcĭtis* . . . . Audeat. Stat. Theb. 5. 211. SYN. obscūrus, q. v.

Inexpugnābĭlis, e. *Unconquerable.*——Non ăgreste tămen nĕc *ĭnexpugnābĭle* ămōri Pectus hăbens. Ov. Met. 11. 767. SYN. invictus, q. v.

Inexspectatus, a, um. *Unexpected.*——Nĕque *ĭnexspectatus* in armis Hostis ădest. Ov. Met. 12. 65. SYN. imprōvīsus, ĭnŏpīnus, nĕcŏpīnus.

Inexstinctus, a, um. *Unextinguished.*——Ignis *ĭnexstinctus* templo cēlātur ĭn illo. Ov. Met. 6. 297. SYN. ‡irrestinctus.

Inextrĭcābĭlis, e. *From which one cannot escape.*——Hic lăbor ille dŏmūs et *ĭnextrĭcābĭlis* error. V. Æn. 6. 27.

§Infābrē. *Not in a workmanlike manner.*——Quid sculptum *ĭnfābrē*, quid fūsum dūrius esset. Hor. Sat. 2. 3. 22. SYN. mălĕ.

Infābrĭcātus, a, um. *Unwrought.*——Frondentesque fĕrunt rāmos et rōbŏra sylvis *Infābrĭcāta*, fŭgæ stŭdio. V. Æn. 4. 400. SYN. infectus.

Infāmia, æ. *Ill fame, infamy, disgrace.*——Contĭgĕrat nostras *infāmia* tempŏris aures. Ov. Met. 1. 211. Căcus Ăventīnæ tĭmor atque *infāmia* sylvæ. Ov. F. 1. 551. SYN. opprŏbrium, dēdĕcus, ŏris; ignōmĭnia.

Infāmis, e. *Of bad character, infamous.*——*Infāmes* scŏpŭlos Ăcrŏcĕraunia. Hor. 1. 3. 20. SYN. turpis, illaudātus, ĭnhŏnestus, indĕcōrus, fāmōsus; mălus, pējor, pessĭmus; prŏbrōsus.

Infāmo, as. *To defame.*——Et prŏcŭl insĭdias *infāmātæ*que rĕlinquunt Tecta Deæ. Ov. Met. 14. 446.

Infanda, infandum. *Unspeakably, terribly.*——At fessi tandem cīves *infanda* fŭrentem Armati circumsistunt. V. Æn. 8. 489.

Infandus, a, um. *Unspeakable (only in a bad sense), terrible, wicked, etc.*——*Infandum* rēgīna jŭbes rĕnŏvāre dŏlōrem. V. Æn. 2. 3. Centum ălii curva hæc hăbĭtant ad littŏra vulgo *Infandi* Cȳclōpĕs. V. Æn. 3. 644. SYN. nĕfandus. PHR. Res horrenda rĕlātu. Ov. v. terrĭbĭlis, dīrus.

Infans, antis. 1. *Unable to speak, infantine.*—2. *(often as subst.) An infant.*——1. Guttŭraque imbuĕrunt *infantia* lacte cănīno. Ov. Ibis, 229.—2. *Infantŭm*que ănĭmæ flentes in līmĭne prīmo. V. Æn. 6. 427. SYN. 2. ălumnus. v. puer. PHR. Ēdĭtus in lūcem jăcuit sĭne vīrĭbus infans. Ov.

†‡**infantia, æ.** *Inability to speak, infancy.* —— Ipsa vĭdētur Prōtrahĕre ad gestum pueros *infantia* linguæ. Lucr. 5. 1029. v. cunæ.

infaustus, a, um. *Illomened, unfortunate (never of persons in poetry).* —— Tristis Ĕrinnys Prætŭlit *infaustas* sanguĭnŏlenta făces. Ov. Her. 6. 46. SYN. obscœnus; infēlix, īcis; sĭnister, tra, trum; lævus, nūbĭlus.

†**infector, ōris.** *A dyer.* —— Incēdunt *infectōres* crŏcōtarii. Plaut. Aul. 3. 5. 47.

infectus, a, um. 1. *Undone, not done.* — 2. *Unwrought.* — 3. *Unfinished.* —— 1. Non tamen irrĭtum Quodcunque rētro est effĭciet, nĕque Diffinget *infectum*que reddet Quod fŭgiens sĕmĕl hōra vexit. Hor. 3. 29. 47. Părĭter facta atque *infecta* cănēbat. V. Æn. 4. 190. — 2. Sunt auri pondera facti *Infecti*que mihī. V. Æn. 10. 527. — 3. Tēlasque et călăthos *infecta*que pensa rĕpōnunt. Ov. Met. 4. 10. SYN. 1. irrĭtus. — 2. infăbrĭcātus. — 3. imperfectus.

infectus, a, um. part. from inficio, q. v. *Stained, infected.* —— Gorgŏneis Ălecto *infecta* vĕnēnis. V. Æn. 7. 341.

infēcundus, a, um. *Unfruitful.* —— *Infēcunda* quĭdem sed læta et fortia surgunt. V. Æn. 2. 48. SYN. stĕrĭlis; infēlix, īcis.

infēlix, īcis. 1. *Unhappy, unfortunate (of persons and things).* — 2. *Unfruitful.* —— 1. At non *infēlix* ănĭmi Phœnissa, nĕque unquam Solvĭtur in somnos. V. Æn. 4. 529. *Infēlix* hŭmĕro cum appāruit alto Balteus. V. Æn. 12. 941. — 2. *Infēlix* lŏlium et stĕrĭles dŏmĭnantur ăvēnæ. V. E. 5. 37. SYN. 1. mĭser, ĕra, ĕrum, q. v.; (*of things*) infaustus, q. v. — 2. stĕrĭlis, infēcundus, ĭnūtĭlis. PHR. 1. Non ĭtă sunt fāti stāmĭna nĭgra mei. Ov. Nî me . . . fortuna ĭnĭmīca tŭlisset. V. Quandŏquĭdem fātīs urgētur ăcerbis. V. At si quem lædi fortūnâ cernis ĭnīquâ. Ov. Sic ĕgŏ fortūnæ tēlis confixus ĭnīquis. Ov. Nostra per adversas ăgĭtur fortūna prŏcellas, Sorte nec ulla meâ tristior esse pŏtest. Ov.

infensus, a, um. *Hostile.* —— Dardănĭdæ *infensi* pœnas cum sanguĭne poscunt. V. Æn. 2. 72. SYN. ĭnĭmīcus, hostīlis.

‡**Infĕri, orum.** *The infernal regions, the infernal gods.* —— Et sēdes rĕsĕrābis *Infĕrōrum.* Stat. Sylv. 2. 7. 57. SYN. Inferni. v. infernus.

infĕriæ, arum. *Sacrifices to the infernal deities, or to the shades of the dead.* —— Absenti fĕrat *infĕrias* dĕcŏretque sĕpulchro. V. Æn. 9. 215. SYN. (*as to the dead*) justa, ōrum.

infĕrior, ōris, compar., **infĭmus,** sync. **īmus,** superl. from infĕrus, inus. except in infĕri, q. v. *Lower, lowest, inferior, etc.* —— Si quid et *infĕrius* quam Stўgă mundus hăbet. Ov. Ep. e P. 4. 14. 12. Quæ non *infĕrior* nōbĭlĭtāte fuit. Ov. Ep. e P. 2. 3. 76. Clarum Tyndărĭdæ sīdus ab *infĭmis* Quassas ērĭpiunt æquŏrĭbus rătes. Hor. 4. 8. 31. Sŭpĕris Deōrum Grātus et *īmis.* Hor. 1. 10. 20. SYN. (*as to compar.*) mĭnor.

infĕrius. adv. *Lower.* —— *Infĕrius*que suis frāternos currĕre Lūna Admīrātur ĕquos. Ov. Met. 2. 209.

†**infernĕ** (this use of ĕ must not be imitated). *Below.* —— Tecta sŭperne tĭment, metuunt *infernĕ* căvernas. Lucr. 6. 596. SYN. infrā, q. v.

infernus, a, um. (*Lying below, esp.*) *infernal, relating to the Shades below, etc.* —— Quando hic *inferni* jānua rēgis Dīcĭtur. V. Æn. 6. 106. Thēseus *infernis,* sŭpĕris testātur Ăchilles. Prop. 2. 1. 37. SYN. Ĕrĕbēus, Tartăreus, Ăvernus, Ăvernālis, Stўgius, Plūtōnius. v. Orcus.

infĕro, fers, ferre, tŭli, lātum. 1. *To bring in, to introduce among.* — 2. *To bring on, to lay on.* — 3. *To wage (war).* — 4. Infero me, *inf.* gressum, *to go.* —— 1. Ignem fraude mălâ gentĭbus *intŭlit.* Hor. 1. 3. 28. — 2. In quem *Intŭlit* armātas ēbria turba mănus. Ov. Ibis, 612. — 3. Lāŏmĕdontiădæ bellumne *inferre* părātis? V. Æn. 3. 248. Tum prīmum gĕnĕrīs *intŭlit* arma sŏcer. Ov. F. 3. 202. — 4. *Infert se* septus nĕbŭlâ, mīrābĭle dictu, Per mĕdios. V. Æn. 1. 439. Sĭmŭl alta jŭbet discēdĕre lāte Flūmĭna, quà jŭvĕnis *gressūs inferret.* V. G. 4. 360. SYN. 1. indūco, ĭs, xi; inveho, is, xi; importo, as. — 1, 2, 3. fĕro. — 2. impōno, ĭs, pŏsui; immitto, ĭs, mīsi. — 3. gĕro, ĭs, gessi. — 4. eo, īs, īvi, ĭtum, q. v.

inferveo, es, ui. no sup. *To be hot.* —— Hoc ŭbĭ confūsum sectis *inferbuit* herbis. Hor. Sat. 2. 4. 67. SYN. ferveo, q. v.

‡**infervesco, ĭs.** another pres. form of prec. —— Obtendensque mănum sōlem *infervescĕre* fronti Arcet. Sil. 13. 341.

infesto, as. *To trouble, to infest.* —— Scylla lătus dextrum, lævum irrĕquiēta Chărybdis *Infestant.* Ov. Met. 13. 730. SYN. turbo, as, q. v.; vexo, as.
infestus, a, um. *Hostile, troublesome.* —— Sis lĭcet *infestus* sŏciis, rēgique, mihīque. Ov. Met. 13. 328. SYN. infensus, q. v.; mŏlestus.
§inficētiæ, ārum. *Bad jokes.* —— Plēni rūris et *inficētiārum.* Cat. 34. 19. SYN. ĭneptiæ, arum.
§inficētus, a, um. *Witless.* —— Īdem *infĭcēto* est *infĭcētior* rūre. Cat. 20. 14.
inficio, ĭs, fēci, fectum. *To infect, to stain.* —— Pōcŭla siquando sævæ *infĭcēre* nŏvercæ. V. SYN. tingo, ĭs, xi; imbuo, ĭs.
infidēlis, e. *Unfaithful.* —— Nŏvisque rēbus *infĭdēlis* Allŏbrox. Hor. Epod. 16. 6. SYN. infīdus, perfĭdus.
infīdus, a, um. *Faithless.* —— *Infīdos* ăgĭtans discordia frātres. V. G. 2. 496. SYN. infĭdēlis, perfĭdus, lĕvis; fallax, ācis; falsus.
infīgo, ĭs, xi, xum. *To fix into, to fasten on.* —— Et vĕnit adversique *infīgĭtur* arbŏre māli. V. Æn. 5. 504. SYN. fīgo, q. v.; dēfīgo.
infĭmus, a, um. v. inferior.
infindo, ĭs, fĭdi, fissum. *To cut into, to cleave.* —— Quæ jŭbeant tellūri *infindĕre* sulcos. V. E. 4. 33. SYN. findo, q. v.
†infīnītus, a, um. *Infinite.* —— Ex *infīnīto* contractum tempŏre bellum. Lucr. 2. 574. SYN. immensus, innumĕrābĭlis, innŭmĕrus. PHR. Hīs ĕgŏ nec mētas rērum nec tempŏra pōno, Impĕrium sĭne fīne dĕdi. V. Rōmānæ spătium est urbis et orbis ĭdem. Ov.
infirmus, a, um. *Weak.* —— *Infirmos* băcŭlo quŏque sustĭnet artus. Ov. Met. 6. 27. SYN. dēbĭlis, invălĭdus.
infit. only used in 3rd sing. pres. indic. *He begins, he begins to speak.* —— Allŏquĭtur mœrentem et tālĭbus *infit.* V. Æn. 10. 860. Et Vĕnŭlus dicto pārens ĭtă fārier *infit.* V. Æn. 11. 242. v. incipio.
‡infĭtiātor, ōris. masc. *One who denies (esp. the truth).* —— In jūs o fallax atque *infĭtiātor* eāmus. Mart. 1. 104. 11.
infĭtior, āris. *To deny.* —— Cum magna meōrum Nōtĭtiam pars *est infĭtiāta* mei. Ov. Ep. e P. 4. 6. 42. Ipse tuis Phaĕthon *infĭtiandus* ĕras. Ov. Tr. 4. 3. 66. SYN. nĕgo, as; dēnĕgo, abnĕgo.
inflammo, as. *To kindle, lit. and metaph. to excite.* —— His dictīs incensum ănĭmum *inflammāvit* ămōre. V. Æn. 4. 54. SYN. accendo, ĭs; excĭto, as, q. v.
inflātus, a, um. part. of inflo, q. v. 1. *Blown into, as a wind instrument.* — 2. *Swollen, puffed up, with drink, or pride, etc.* —— 1. Buccĭna . . . cĕcĭnit jussos *inflāta* rĕceptus. Ov. Met. 1. 340. — 2. Sīlēnum puĕri somno vĭdēre jăcentem *Inflātum* hesterno vēnas ut semper Iaccho. V. E. 6. 15. Et non *inflāti* somnia Callĭmăchi. Prop. 2. 34. 32. SYN. 2. tŭmĭdus, turgĭdus.
inflecto, ĭs, xi. *To bend lit. and metaph.* —— Sōlus hĭc *inflexit* sensus ănĭmumque lăbantem Impŭlit. V. Æn. 4. 22. SYN. flecto; *lit.* curvo, as; incurvo, rĕcurvo; sĭnuo, as; *metaph.* mŏveo, es, mōvi, q. v.
inflētus, a, um. *Unwept.* —— Nos ănĭmæ vīles, ĭnhŭmāta *inflētaque* turba. V. Æn. 11. 372. SYN. indēflētus, indēplōrātus.
‡inflexus, ūs. *A bending.* —— Rhēdārum transĭtus arcto Vīcōrum *inflexu.* Juv. 3. 236. SYN. flexus, q. v.
inflīgo, ĭs, xi, ctum. *To strike, to dash against, trans.* —— Ingentem mănĭbus tollit crātēra duābus *Inflīgit*que vĭro. Ov. Met. 5. 83. Namque *inflicta* vădis dorso dum pendet ĭnīquo (navis sc.). V. Æn. 10. 303. SYN. illīdo, ĭs, q. v.; infringo, ĭs, frēgi, fractum.
inflo, as. *To blow upon or into, to inflate.* —— Tu călămos *inflāre* lĕves, ĕgŏ dīcĕre versus. V. E. 5. 2. Vēla vŏcant, tŭmĭdoque *inflātur* carbăsus austro. V. Æn. 3. 357. Vox quŏque jam rauca est, *inflāta*que colla tŭmescunt. Ov. Met. 6. 377. SYN. inspīro, as.
influo, ĭs, xi. *To flow in.* —— Huc Lўcus, huc Săgăris, Pĕniusque Hўpănisque, Crătesque *Influit.* Ov. Ep. e P. 4. 10. 48.
infŏdio, ĭs, fōdi, fossum. *To dig in, to dig down, to bury.* —— Innŭmĕras struxēre pўras et corpŏra partim Multa vĭrûm terræ *infŏdiunt.* V. Æn. 11. 205. v. fodio, sepelio.
‡informīdātus, a, um. *Not feared.* —— Hāc tăcĭtē nītens *informīdātus* ădire. Sil. 15. 241.

informis, e. *Shapeless, deformed.* —— Monstrum horrendum, *informe*, ingens, cui lūmĕn ădemptum. V. Æn. 3. 658. SYN. dēformis, turpis.

informo, as. *To form.* —— Ingentem clўpeum *informant*, ūnum omnia contra Tēla Lătīnōrum. V. Æn. 8. 447. SYN. formo; fingo, ĭs, xi; effingo.

§**infortūnium, i.** *A misfortune.* Dŏlendum est Prīmum ipsi tĭbĭ, tunc tuă me *infortūnia* lædent. Hor. A. P. 103. SYN. mălum.

infossus, a, um. part. from infodio, q. v. *Buried.* —— Quo posset *infossus* puer . . . ĭnēmŏri spectācŭlo. Hor. Epod. 5. 32. v. sepelio.

infrā. prep. c. acc.; also adv. *Below, beneath; as adv. c. compar.* **infĕrius** (q. v.) *lower.* —— Non ădeo cĕcĭdi quamvis abjectus, ut *infrā* Tē quŏque sim. Ov. Tr. 5. 8. 1. Non sĕgĕs est *infrā*, non vīnea culta, sed audax Cerbĕrus. Tib. 1. 11. 35.

‡**infrænātus, a, um.** *Without bridles.* —— Nudi Assiliunt frænis *infrænātique* mănīpli. Sil. 4. 314. SYN. infrænis, q. v.

infrænis, e. *Without a bridle.* —— Illum *infrænis* ĕqui lapsu tellūre jăcentem (obtruncat sc.). V. Æn. 10. 750. SYN. infrænus, effrænus, dēfrænātus, ‡infrænātus.

infrænŏ, as. *To bridle.* —— *Infrænant* ălii currus, aut corpŏra saltu subjĭciunt in ĕquos. V. Æn. 12. 287. v. frænum.

infrænus, a, um. another form of infrænis, q. v. —— Et Nŭmĭdæ *infræni* cingunt et ĭnhospĭta Syrtis. V. Æn. 4. 41.

infrăgĭlis, e. *Not to be broken, invincible.* —— *Infrăgĭlem*que ănĭmum quod pŏtĕs usque tĕne. Ov. ad Liv. 354. v. invictus.

infrĕmo, ĭs, ui. no sup. *To rage, to roar.* —— Substĭtit, *infrĕmuit*que fĕrox et ĭnhorruit armos. V. Æn. 10. 711. SYN. frĕmo, q. v.

infrendeo, es. no perf. *To gnash the teeth.* Dentibus *infrendens* gĕmĭtu, grădĭturque per æquor. V. Æn. 3. 664. SYN. frendeo.

infrĕquens, entis. *Infrequent.* —— Parcus Deōrum cultor et *infrĕquens*. Hor. 1. 34. 1. SYN. rārus.

infringo, ĭs, frēgi, fractum. 1. *To break.* —— 2. *To dash against (trans.) so as to break.* —— 3. *To weaken, to subdue.* —— 4. *To tear.* —— 1. Ut si quis viŏlas rĭguoque păpāver in horto Līliaque *infringat*. Ov. Met. 10. 190. —— 2. Ingentem mănĭbus tollit crātēra duābus *Infrēgit*que vĭro. Ov. Met. 5. 83. —— 3. *Infregisse* suis fortia facta mŏdis. Ov. Tr. 2. 412. Nec Jŏvis impĕrio fātisve *infracta* quiescit. V. Æn. 5. 784. —— 4. Sæpe rĕtentantem tōtas *infringĕre* vestes. Ov. Met. 9. 208. SYN. 1. 3. frango, q. v. —— 2. illīdo, ĭs, q. v. —— 4. lănio, as, q. v.

infrons, dis. *Leafless.* —— Hic ăgri *infrondes*, hic spīcŭla tincta vĕnēnis. Ov. Ep. e P. 4. 10. 31.

infŭla, æ. *A fillet, garland, esp. worn by priests, or tied round the heads of victims.* —— Lānea dum nĭveâ circumdătur *infŭla* vittâ. V. G. 3. 487. v. vitta.

infundo, ĭs, fūdi, sum. *To pour on, over, or into, to shed over, etc.* —— Hĭs ĕgŏ nīgrantem commixtâ grandĭne nimbum Dēsŭper *infundam*. V. Æn. 4. 122. Plăcĭdumque pĕtīvit conjŭgis *infūsus* grĕmio per membra sŏpōrem. V. Æn. 8. 406. SYN. fundo, q. v.

infusco, as. *To make of a dark colour.* —— Rĕjĭce ne măcŭlis *infuscet* vellĕra pullis. V. G. 3. 389. SYN. fusco.

ingĕmĭno, as. 1. *To redouble, to repeat, trans.* —— 2. *To be redoubled, intrans.* —— 1. Tum lĭquĭdas corvi presso ter guttŭre vōces Aut quăter *ingĕmĭnant*. V. G. 1. 411. Me mĭsĕrum! *ingĕmĭnat*. Ov. Met. 1. 653. *Ingĕmĭnant* plausu Tўrii Trōesque sĕquuntur. V. Æn. 1. 751. —— 2. *Ingĕmĭnant* Austri et densissĭmus imber. V. G. 1. 333. SYN. 1. gĕmĭno, congĕmĭno; ĭtĕro, as, q. v. 2. crēbresco, ĭs, *no perf. in poet.*; incrēbresco.

ingĕmo, ĭs, ui. *To groan.* —— *Ingĕmuit* Chīron traxitque ē corpŏre ferrum. Ov. F. 5. 399. SYN. gĕmo, q. v.

ingĕnĕror, āris. *To be born.* —— Dĕcet . . . indĭdem Semper *ingĕnĕrāri*. Cat. 59. 215. SYN. nascor, ĕris, nātus sum.

ingĕniosus, a, um. 1. *Suited by nature.* —— 2. *Ingenious.* —— 1. Nec ŏlīvis apta fĕrendis Terra, sed ad sĕgĕtes *ingĕniōsus* ăger. Ov. F. 4. 684. —— 2. Inque meas pœnas *ingĕniōsus* ĕram. Ov. Tr. 2. 342. SYN. 1. aptus.

ingĕnium, i. 1. *The natural quality or disposition.* —— 2. *Genius, ability, esp. natural as opp. to acquired ability.* —— 1. Fortius *ingĕnium* suspĭcor esse vĭris. Ov.

Her. 19. 6. Nunc lŏcus arvōrum *ingĕniis*. V. G. 2. 177.—2. Ennius *ingĕnio* maxĭmus, arte rŭdis. Ov. Tr. 2. 424. SYN. 1. indŏles, ĭs; nātūra.

ingens, entis. *Great, usu. of size; sometimes of quality, but rarely.*——Cervus ĕrat formâ præstanti et cornĭbus *ingens*. V. Æn. 7. 483. *Ingentes* tollent ănĭmos prênsique nĕgābunt Verbĕra lenta păti. V. G. 3. 207. SYN. magnus, mājor, maxĭmus, q. v.

ingĕnuus, a, um. 1. ‡*Natural.*—2. *Well-born, suited to a freeman.*——1. Virĭdi si margĭne clauderet undas Herba, nĕque *ingĕnuum* viŏlārent marmŏra tōphum. Juv. 3. 20.—2. Nescit ĕquo rŭdis Hærēre *ingĕnuus* puer. Hor. 3. 24. 55. SYN. 1. nātīvus, q. v.—2. nōbĭlis.

ingĕro, ĭs, gessi, gestum. 1. *To carry into or on, to heap on.*—2. *To hurl.*——1. *Ingĕret* ardenti grandia ligna fŏco. Tib. 2. 1. 22. Saucius *ingestâ* contŭmŭlēris hŭmo. Ov. Ibis. 464.—2. Hinc raptas fŭgientĭbus *ingĕrit* hastas In tergus. V. Æn. 9. 763. SYN. 1. impōno, ĭs, pŏsui.—2. injĭcio, ĭs, jēci, q. v.

‡ingigno, ĭs, gĕnui, ĭtum. *To produce in.*——Thessăla quĭnĕtiam tellus herbasque nŏcentes Rūpĭbus *ingĕnuit*. Lucan. 6. 439. SYN. gigno, q. v.

‡inglŏmĕro, as. *To gather together.*——Sed plūrĭmus auster *Inglŏmĕrat* noctem et tĕnĕbrōsa vŏlūmĭna torquet. Stat. Theb. 1. 351. SYN. glŏmĕro; collĭgo, ĭs, lēgi, q. v.

inglōrius, a, um. *Inglorious.*——Flūmĭna ămem sylvasque *inglōrius*; O ŭbĭ campi! V. G. 2. 486. SYN. ignōbĭlis, indĕcōrus.

inglŭvies, ēi. *The gullet.*——Hic piscĭbus ātram Imprŏbus *inglŭviem* rānisque lŏquācĭbus implet. V. G. 3. 430. SYN. ‡gŭla.

ingrātē. *Without pleasure.*——Sunt quĭbus *ingrātē* tĭmĭda indulgentia servit Ov. A. A. 2. 435.

†ingrātĭs. *Against one's will.*——Effŭgĕre haud pŏtis est, *ingrātĭs* hæret, et angit. Lucr. 3. 1083.

ingrātus, a, um. 1. *Unpleasant.*—2. *Ungrateful.*——1. Quo prŏpĕras, *ingrāta* vĭris, *ingrāta* puellis? Ov. Am. 1. 13. 9.—2. Est ălĭqua *ingrāto* mĕrĭtum exprŏbrāre vŏluptas. Ov. Her. 12. 21. SYN. 1. ŏdiōsus, mŏlestus, ĭnămœnus, tristis.

†ingrăvesco, is. no perf. in tmesi. *To become heavy, pregnant.*——Suscĭpiunt ălĭæ pondus măgis inque *grăvescunt*. Lucr. 4. 1242.

ingrăvo, as. *To weigh down, to make heavy, to aggravate.*——Illa meos cāsūs *ingrăvat*, illa lĕvat. Ov. Tr. 3. 4. 60. SYN. grăvo, dēgrăvo.

ingrĕdior, ĕris, gressus sum. 1. *To enter, to enter on.*—2. *To advance.*—3. *To begin.*——1. Ēt călīgantem nīgrâ formīdĭne lūcum *Ingressus*. V. G. 4. 469. 2. *Ingrĕdĭtur*que sŏlo et căput inter nūbĭla condit. V. Æn. 4. 177.—3. Tum păter Anchīses lăcrȳmis *ingressus* ŏbortis. V. Æn. 6. 868. SYN. 1. intrōgrĕdior, *only in perf. part.*—1. 3. ĭneo, īs, īvī, ĭtum, q. v.—2. prōgrĕdior.—3. incĭpio, ĭs, cēpi, q. v.; (*of beginning to speak*) infit *only in 3rd sing. pres.*

ingressus, ūs. *An entrance, a beginning.*——Unde nŏva *ingressūs* hŏmĭnum expĕrientia cēpit. V. G. 4. 316. SYN. princĭpium, prīmordium, exordium, exorsum.

ingruo, ĭs, ui. no sup. *To come upon violently, to attack, etc.*——*Ingruit* Ænēās Ītălĭs et prælia miscet. V. Æn. 12. 628. Postrēmus mĕtuto bis vitĭbus *ingruit* umbra. V. G. 2. 410. SYN. irruo, ĭs, ui, uĭtum; irrumpo, ĭs, rūpi; invādo, ĭs, si.

inguĕn, ĭnis. neut. *The groin.*——Candĭda succinctum lātrantĭbus *inguĭna* monstris. V. E. 6. 75. SYN. pūbes.

ingustātus, a, um. *Untasted.*——*Ingustāta* mihī porrexĕrit īlia rhombi. Hor. Sat. 1. 8. 30.

inhæreo, es, si. *To cling to, to be fixed to or on.*——Ænēas ŏcŭlis semper vĭgĭlantis *ĭnhæret*. Ov. Her. 7. 25. SYN. hæreo, q. v.

ĭnhĭbeo, es. *To restrain, to stop.*——Parcĭte jam Rŭtŭli, et vos tēla *ĭnhĭbēte* Lătīni. V. Æn. 12. 693. Vulnĕra sæva lĭgo, cŏnorque *inhĭbēre* cruōrem. Ov. Met. 7. 849. SYN. cŏhĭbeo; rĕtĭneo, es, ui, tentus; contĭneo, prĕmo, ĭs, pressi; rĕprĭmo; sisto, ĭs, *no other tense in trans. sense.*

ĭnhio, as. 1. *To gape.*—2. *To gape over*, i. e. *look intently at.*—3. *To covet.*——1. Tĕnuitque *ĭnhians* tria Cerbĕrus ōra. V. G. 4. 483.—2. Pectŏrĭbus *ĭnhians* spīrantia consŭlit exta. V. Æn. 4. 64.—3. Nec vārios *ĭnhiant* pulchrâ testūdĭne postes. V. G. 2. 463. SYN. 1. hisco. ĭs, *no perf.*; dehisco.—2. inspĭcio, ĭs, spexi. — 3. cŭpio, ĭs, pīvi, q. v.

Ĭnhŏnesto, as. *To disgrace.* —— Ne cădat et multas palmas *ĭnhŏnestet* ădeptas. Ov. Tr. 4. 8. 19. SYN. Dēdĕcŏro, as, q. v.; măcŭlo, as.

Ĭnhŏnestus, a, um. *Dishonourable, unseemly.* —— Exĭtus hic nōbis non *ĭnhŏnestus* ĕrit. Prop. 2. 26. 58. SYN. indĕcōrus, turpis, prŏbrōsus, infāmis.

ĭnhŏnōrātus, a, um. *Unhonoured.* —— Quæque *ĭnhŏnōrātæ* non et dīcēmur ĭnultæ. Ov. Met. 8. 280. SYN. ‡ĭnhŏnōrus.

‡ĭnhŏnōrus, a, um. *Unhonoured, inglorious.* —— Cœpĕrat, heu rēbus făcies *ĭnhŏnōra* sĭnistris. Sil. 10. 891. SYN. ĭnhŏnōrātus, inglōrius, turpis.

ĭnhorreo, es, ui. no sup. *To stand on end, to bristle.* —— Substĭtit infrĕmuitque fĕrox et *ĭnhorruit* armos. V. Æn. 10. 711. Spīcea jam campis cum messis *ĭnhorruit.* V. G. 1. 314. Et *ĭnhorruit* unda tĕnēbris. V. Æn. 3. 195. SYN. horreo, q. v.

Ĭnhospĭtālis, e. *Inhospitable.* —— Sīve factūrus per *ĭnhospĭtālem* Caucăsum (iter). Hor. 1. 22. 6. v. seq.

ĭnhospĭtus, a, um. *Inhospitable.* —— Et Nŭmĭdæ infrēni cingunt et *ĭnhospĭta* Syrtis. V. Æn. 4. 41. v. prec. PHR. Vīsam Brĭtannos hospĭtĭbus fĕros. Hor.

Ĭnhūmānus, a, um. *Uncivilized, fierce.* —— Inter *ĭnhūmānæ* nōmĭna barbărïæ. Ov. Tr. 3. 9. 2. SYN. barbărus, incultus.

ĭnhŭmātus, a, um. *Unburied.* —— Hæc omnis quam cernis ĭnops *ĭnhŭmata*que turba est. V. Æn. 6. 325. SYN. insĕpultus, intŭmŭlātus.

‡injecto, as. *To lay upon.* —— Ausus ĕrat furti dextram *injectare* Leonteus. Stat. Theb. 9. 133. SYN. injĭcio, ĭs, jeci; impōno, ĭs, posui.

†‡injectus, ûs. *A laying or throwing in or upon.* —— In quæ corpŏra si nullus tĭbĭ forte vĭdētur Posse ănĭmi *injectus* fĭeri prŏcŭl āvius erras. Lucr. 2. 738.

ĭnjĭcio, ĭs, jeci, jectum. *To throw on or into.* —— Aut tu mihĭ terram *Injĭce*, namque pŏtes, portusque rĕquīre Vĕlīnos. V. Æn. 6. 366. SYN. ingĕro, ĭs, gessi; immitto, ĭs, mīsi.

Ĭnĭmīcĭtia, æ. *Enmity.* —— Ira trŭces *ĭnĭmīcĭtias* et fūnĕbre bellum (genuit). Hor. Epist. 1. 19. 49. SYN. discordia, q. v.

ĭnĭmīco, as. *To make hostile.* —— Non īra quæ prōcūdit enses Et mĭsĕras *ĭnĭmīcat* urbes. Hor. 4. 15. 20.

Ĭnĭmīcus, a, um. *Unfriendly, hostile.* —— Nūmĭna sint prĕcĭbus non *ĭnĭmīca* meis. Ov. Ep. e P. 2. 8. 38. SYN. hostīlis, q. v.; āversus, ĭnīquus.

ĭnĭmīcus, i. *An enemy.* —— Nec mihĭ sunt vīres *ĭnĭmīcos* pellĕre tectis. Ov. Her. 1. 109. SYN. hostis.

Ĭnīquē. *Unfairly.* —— Stultus ŭterque lŏcum immĕrĭtum causātur *ĭnīque.* Hor. Epist. 1. 14. 12.

Ĭnīquus, a, um. 1. *Unequal, uneven.* — 2. *Unjust.* — 3. *Unfavourable, unfriendly, injurious.* — 4. *Discontented.* —— 1. Namque inflicta vădis dorso dum pendet *ĭnīquo* (navis). V. Æn. 10. 303. — 2. Rēge sub Eurystheō fātis Jūnōnis *ĭnīquæ.* V. Æn. 8. 292. — 3. Æqua Vĕnus Teucris Pallăs *ĭnīqua* fuit. Ov. Tr. 1. 2. 6. — 4. Paupertātemque fătendo Effĕcēre lĕvem nec *ĭnīquâ* mente fĕrendam. Ov. Met. 8. 634. SYN. 2. injustus. — 3. ĭnĭmīcus, dūrus.

ĭnĭtium, i. *A beginning, an initiation, a vessel used in initiation.* —— Tympănum, tŭbam, Cўbēle, tua, Māter, *ĭnĭtia.* Cat. 62. 9. v. rudimentum.

ĭnĭtus, ûs. *Entrance, beginning, etc.* —— Perque suos *ĭnĭtus* contĭnet omne gĕnus. Ov. F. 4. 94. v. aditus, v. principium.

ĭnĭtus, a, um. part. pass. from ineo, q. v. 1. *Entered.* — 2. *Begun. So,* **ĭnĭtūrus, a, um.** *About to enter, etc.* —— 1. Tempŏre quo vōbīs *inita* est Cĕreālis Ēleusin. Ov. Her. 4. 67. —— 2. Hinc ĕtiam vĕtĕres *ĭnĭti* mĕmŏrantur hŏnōres. Ov. F. 3. 147.

injungo, ĭs, xi. *To join.* —— Connūbiīs Vĕnus et Virtūs *injunxit* hŏnōrem. V. Culex. 298. SYN. jungo, q. v.

injūrātus, a, um. *Not having sworn.* —— Jūrāvi linguâ, mentem *injūrātam* gĕro. Cicero.

injūria, æ. *Injury.* —— Jūdĭcium Părĭdis, sprētæque *injūria* formæ. V. Æn. 1. 27. SYN. damnum, noxa.

injūriōsus, a, um. *Injurious.* —— *Injūriōso* ne pĕde prōruas Stantem cŏlumnam. Hor. 1. 35. 13. SYN. damnōsus, perniciōsus.

injussus, a, um. *Unbidden, of one's own accord.*——Arbŏrei fētūs ălĭbi atque *injussa* virescunt Grāmĭna. V. G. 1. 55. v. sponte.
injustē. *Unjustly.*——Nec se cœloque Jŏvique Crēdit ut *injustē* missi mĕmor ignis ab illo. Ov. Met. 2. 378.
injustus, a, um. 1. *Unjust.*—2. *Excessive (as too heavy, etc.).*——Pœnĭtet *injusti* nunc dēnĭque Phīnea belli. Ov. Met. 5. 210. Ăcer Rōmānus in armis *Injusto* sub fasce viam cum carpit. V. G. 3. 347. SYN. 1. iniquus.—2. nimius, q. v.
innābĭlis, e. *Not to be swam in.*——Sīc ĕrat instābĭlis tellus, *innābĭlis* unda. Ov. Met. 1. 16.
innascor, ĕris, nātus, sum. *To be born, to grow in.*——Te lăpis et montes *innātaque* rūpĭbus altis Rōbŏra . . . progenuere. Ov. Her. 7. 37. SYN. nascor, q. v.; ingĕnĕror, āris.
innăto, as. *To swim or float in or on, or into.*——Necnōn et torrentem undam lĕvis *innătat* alnus. V. G. 2. 451. Aspĭcis ut summā cortex lĕvis *innătet* undā. Ov. Tr. 3. 4. 11. SYN. no nas; năto, inno.
innātus, a, um. part. from innascor. *Natural.*——Cĕcrŏpias *innātus* ăpes ămor urget hăbendi. V. G. 4. 177. SYN. nātīvus, insĭtus.
innecto, ĭs, xui, xum. 1. *To bind, to fasten.*—2. *To contrive.*——1. Fit longæ tænia vittæ *Innectit*que cŏmas. V. Æn. 7. 353. Frustrāque vĭncla guttŭri *innectes* tuo. Hor. Epod. 17. 72.—2. Pulsātusve părens et fraus *innexa* clienti. V. Æn. 6. 609. SYN. 1, 2. necto, q. v.—2. struo, ĭs, xi.
innītor, ĕris, nixus sum. *To lean upon.*——*Innītens* băcŭlo pŏsĭtīs ad tempŏra cānis. Ov. Met. 14. 655. SYN. nītor; incumbo, ĭs, cŭbui.
innixus, a, um. part. from prec. *Leaning on, supporting oneself on.*——*Innixam*que nŏvis neptem Pŏlyphēmŏnis ālis. Ov. Met. 7. 401. SYN. nixus, acclīnis.
inno, as. *To swim or float on or in.*——Nymphæ . . . *innābant* părĭter fluctusque sĕcābant. V. Æn. 222. SYN. innăto, as, q. v.
innŏcens, entis. *Innocent, harmless.*——Hic *innŏcentis* pŏcŭla Lesbii Dūces sub umbrā. Hor. 1. 17. 21. SYN. innŏcuus, insons, innoxius. PHR. Est ălĭquid magnis crĭmen ăbesse mălis. Ov. Sancta ad vos ănĭma atque istĭus inscia culpæ Descendam.
innŏcuē. *Innocently.*——*Innŏcuē* vīvĭte, nūmĕn ădest. Ov. A. A. 1. 640.
innŏcuus, a, um. 1. *Innocent, harmless.*—2. *Unhurt.*——1. Spargĭmur *innŏcuæ* succis mĕliōrĭbus herbæ. Ov. Met. 14. 299.—2. Donec rostra tĕnent siccum et sēdēre cărīnæ Omnes *Innŏcuæ.* V. Æn. 10. 302. SYN. 1. innocens, insons, innoxius.—2. illæsus, tūtus.
innōtesco, ĭs, ui. *To become known.*——Fallĭmur? an nostris *innōtuit* illa lĭbellis? Ov. Am. 3. 12. 7.
innoxius, a, um. *Innocent, harmless.*——Ut nihĭl adjĭciam non possum *innoxia* dīci. Ov. Met. 9. 627. SYN. innŏcuus, innŏcens.
†innūbĭlus, a, um.——Cāna cădens viŏlat, semperque *innūbĭlus* æther Intĕgit. Lucr. 3. 21. SYN. pūrus, ‡innūbis.
‡innūbis, e. *Cloudless.*——Et fulsit Iŏlē quālis *innūbis* dies. Seneca, Herc. Æt. 238.
innūbo, is, psi. *To marry with, only used of the woman.*——Ne thălămīs Auram pătiāre *innūbĕre* nostris. Ov. Met. 7. 856. v. nubo.
innūbus, a, um. only found in fem. *Unmarried, virgin.*——*Innūba* permăneo, sed jam fēlĭcior ætas. Ov. Met. 14. 142. Nec tĭliæ molles, nec fāgus, et *innūba* laurus. Ov. Met. 10. 92. SYN. innuptus, *only in fem.* q. v.
innūmĕrābĭlis, e. *Countless.*——*Innūmĕrābĭlis* Annōrum sĕries nec fŭga tempŏrum. Hor. 3. 30. 4. SYN. innūmĕrus, †innūmĕrālis, †infīnītus.
†innūmĕrābĭlĭter. *Without number.*——*Innūmĕrābĭlĭter* prīvas mūtātur in hōras. Lucr. 5. 274.
†innūmĕrālis, e. *Countless.*——Non esse ūnĭca, sed nŭmĕro măgis *innūmĕrāli.* Lucr. 2. 1084. v. innumerabilis.
innūmĕrus, a, um. *Countless.*——Hunc circum *innūmĕræ* gentes pŏpŭlique vŏlābant. V. Æn. 6. 706. v. prec. PHR. Non mihĭ si linguæ centum sint, ōraque centum, Ferrea vox, omnes scĕlĕrum comprendĕre formas, omnia pœnārum percurrĕre nōmĭna possim. V. Sed neque quam multæ spĕcies nec nōmĭna quæ sint Est nŭmĕrus, neque ĕnim nŭmĕro comprĕndĕre rĕfert; Quem qui scīre vĕlit Lĭbўci vĕlit æquŏris īdem Discĕre quam multæ Zephyro turbentur

ărēnæ, aut ubi năvĭgiis vĭŏlentior incēdit Eurus Nôsse quot Īŏnii vĕniant ad littŏra fluctus. V. Nŭmĕro cōpia major erat. Ov. Quot frūtĭces sylvæ, quot flāvas Tȳbris ărēnas Mollia quot Martis grāmĭna campus hăbet, Tot măla pertŭlĭmus. Ov. v. Ov. Tr. 5. 2. 23—27; 5. 6. 37—40.

‡**innuo, is, ui.** no sup. *To make signs by a nod, etc.* —— Nam mihĭ commōtā jamdudum mūlio virgâ *Innuit.* Juv. 3. 317.

innupta, æ. adj. fem. *Unmarried.* —— Defunctaque corpŏra vītā Magnănĭmûm hērōum puĕri *innuptæ*que puellæ. V. G. 4. 476. SYN. innūba, vĭdua. v. virgo.

‡**innūtrio, īs.** *To bring up in.* —— Anxia rūpi Pectŏra ne castrīs *innūtrīrētur* et armis. Sil. 2. 286. SYN. nūtrio, q. v.

Īno, ūs. *Daughter of Cadmus and Hermione, wife of Athamus, who with her son Melicertes were made sea-deities after death.* —— Estque frĕquens *Īno* nōmĕn in ōre tuum. Ov. F. 6. 528. SYN. Leucŏtheē, Mātūta.

ĭnōblītus, a, um. *Mindful.* —— Semper *ĭnōblītā* rĕfĕram tua mūnĕra mente. Ov. Ep. e P. 4. 15. 37. SYN. mĕmor, ŏris.

ĭnŏbrŭtus, a, um. *Not overwhelmed.* —— Deucăliŏnēas effūgit *ĭnŏbrŭtus* undas. Ov. Met. 7. 356.

‡**ĭnobsĕquens, entis.** *Disobedient.* —— *Ĭnobsĕquentes* prōtĭnus frænīs ĕqui răpuĕre currum. Seneca, Hippol. 1068.

ĭnobservābĭlis, e. *Not observeable.* —— Ne Lăbȳrinthĕis e flexĭbus ēgrĕdientem Tecti frustrārētur *ĭnobservābĭlis* error. Cat. 62. 115.

ĭnobservātus, a, um. *Unobserved.* —— Lībĕra currēbant et *ĭnobservāta* per annum Sīdĕra. Ov. F. 3. 111.

‡**ĭnoccĭduus, a, um.** 1. *Which never sets.* — 2. *Watchful.* —— 1. Axis *ĭnoccĭduus* gĕmĭnâ clārissĭmus Arcto. Lucan. 8. 175. — 2. Spectat *ĭnoccĭduis* stellātum vīsĭbus Argum. Stat. Theb. 6. 277. SYN. 2. vĭgil, ĭlis.

‡**ĭnŏdōrus, a, um.** *Without fragrance.* —— Urnæ ossa *ĭnŏdōra* dăbit. Pers. 6. 35. SYN. †ĭnŏlens.

ĭnoffensus, a, um. *Without striking against any thing, without stumbling, without misfortune, etc.* —— Dētur *ĭnoffensæ* vĭtæ tĭbĭ tangĕre mētam. Ov. Tr. 1. 9. 1. Sed măre *ĭnoffensum* crescenti allābĭtur æstu. V. Æn. 10. 292. SYN. tranquillus.

†**ĭnŏlens, entis.** *Without smell or fragrance.* —— Pŏtis es rĕpĕrīre *ĭnŏlentis* ŏlīvi Nātūram. Lucr. 2. 849. SYN. ‡ĭnŏdōrus.

ĭnŏlesco, is, ēvi. but rare beyond pres. *To grow to, to grow upon, grow together.* —— Multa diu concrēta mŏdīs *ĭnŏlescĕre* mīris. V. Æn. 6. 739. SYN. concresco, ĭs, ēvi.

ĭnōmĭnātus, a, um. *Inauspicious, ill-omened.* —— *Ĭnōmĭnāta* perprĭmat Cŭbīlia. Hor. Epod. 16. 38. SYN. infaustus, q. v.

‡**ĭnŏpīnātus, a, um.** *Unexpected.* —— Atque *ĭnŏpīnāta* dētur circumdăre fraude. Sil. 7. 133. v. seq.

ĭnŏpīnus, a, um. *Unexpected.* —— Non ulla lăbōrum O virgo nŏva mi făcies *ĭnŏpīna*ve surgit. V. Æn. 6. 104. SYN. nĕcŏpīnus, imprŏvīsus, ĭnexspectātus, ‡ĭnŏpīnātus. PHR. Ante exspectātum pŏsĭtis stat in agmĭne castris. V.

ĭnops, ŏpis. 1. *Helpless.* — 2. *Destitute of any thing.* — 3. *Poor.* —— 1. Hæc omnis quam cernis *ĭnops* ĭnhŭmātaque turba est. V. Æn. 6. 325. — 2. Sævit *ĭnops* ănĭmi totamque incensa per urbem Bacchātur. V. Æn. 4. 300. Vīdērunt *ĭnŏpem* somnique cĭbique. Ov. Met. 14. 424. — 3. Curcŭlio atque *ĭnŏpi* mĕtuens formīca sĕnectæ. V. G. 1. 186. SYN. 2, 3. ēgēnus. — 2. exsors, ortis; expers, ertis; văcuus, orbus. — 3. pauper, ĕris.

ĭnornātus, a, um. *Unadorned.* —— Traxit *ĭnornātis* in sua tecta cŏmis. Ov. Her. 8. 10. SYN. incultus.

Īnōus, a, um. *Of Ino.* —— Glauco et Pănŏpēæ et *Īnōo* Mĕlĭcertæ. V. G. 1. 437.

inquam. in the purest poetry only used in 3rd sing. **inquit**; **inquam** occurs in Hor. Sat., also **inquĭs, inquĭmus,** and fut. 2nd sing. and 3rd sing. **inquies** (Cat.), **inquiet.** *To say.* —— Ēquĭdem mĕrui nec dēprĕcor, *inquit.* V. Æn. 12. 931. SYN. aĭt only in 3rd sing., and 3rd pl. āiunt; dīco, ĭs, xi, q. v.

inquiētus, a, um. *Unquiet.* —— Dux *inquiēti* turbĭdus Ădriæ. Hor. 3. 3. 5. SYN. irrĕquiētus, turbĭdus, implăcĭdus.

‡**inquilinus, i.** *A tenant, one who lives in the same house.*——Vicīnus nŏvis vel *inquilīnus.* Mart. 1. 87.

inquĭnātus, a, um. *Defiled.*——Dextrâ păter *inquĭnātiore.* Cat. 31. 3.

inquĭno, as. *To pollute.*——Rūris ŏpes nĭteant, *inquĭnet* arma sĭtus. Ov. F. 4. 928. SYN. polluo, ĭs, ui; măcŭlo, as; commăcŭlo; dēcŏlōro, as; fœdo, as; tĕmĕro, as; contĕmĕro.

inquīro, ĭs, quīsīvī. *To seek, to inquire into.*——Fīlius ante diem pătrios *inquīrit* in annos. Ov. Met. 1. 148. SYN. quæro, exquīro.

‡**inquīsītor, ōris.** *A searcher, a spy.*——Dispersi prōtĭnus algæ *Inquīsītōres* ăgĕrent cum rēmīge nūdo. Juv. 4. 49. SYN. quæsītor, q. v.

insălūtātus, a, um. *Unsaluted, in tmesi.*——Hanc ĕgŏ nunc ignāram hujus quodcumque pĕrīcli est *In*que *sălūtātam* linquo. V. Æn. 9. 288.

insānābĭlis, e. *Incurable.*——Si trĭbus Antĭcyris căput *insānābĭle* nunquam Tonsōri Lĭcino commĭsĕrĭs. Hor. A. P. 300. SYN. immĕdĭcābĭle.

insānē. *Madly.*——In sylvam non ligna fĕras *insānius,* ac si Magnas Græcōrum mălĭs implēre cătervas. Hor. Sat. 1. 10. 34. SYN. fŭriālĭter, dēmenter.

insānia, æ. *Madness.*——Sævit ămor ferri, et scĕlĕrāta *insānia* belli. V. Æn. 7. 461. SYN. dēmentia, āmentia, fŭror.

insānio, is. *To be mad.*——Lynceus ipse meus sānos *insānit* ămōres. Prop. 2. 34. 25. SYN. fŭro, is, *no perf.*; †dēmentio, īs.

insānus, a, um. 1. *Mad.*—2. *Furious (of inanimate things).*——1. Adfuit *insano* jŭvĕnis Phōcæus Ŏrestæ. Ov. Ep. e P. 2. 3. 45.—2. Hūc ădĕs *insani* fĕriant sĭne littŏră fluctus. V. E. 9. 43. SYN. 1. vēsānus, dēmens, āmens, mentis ĭnops.—1, 2. insānieus, fŭriōsus.—2. viŏlentus, vehĕmens.

insătiābĭlis, e. *Insatiable.*——Deque tuo fīet . . . *Insătiābĭlĭbus* corpŏre rixa lŭpis. Ov. Ibis, 172. SYN. ĭnexplētus, ‡insătiātus. PHR. Jūnōnis grăvis īra, nĕc exsătŭrābĭle pectus (*some read,* et ĭnexsătŭrābĭle). V.

†**insătiābĭlĭter.** *Insatiably.*——*Insătiābĭlĭter* dēflēbĭmus, æternumque. Lucr. 3. 920. SYN. ĭnexplētum.

‡**insătiātus, a, um.** *Unsated, unsatiable.*——Verbĕrĭbus parcens, ĕtĕnim *insătiātus* eundi Ardor. Stat. Theb. 6. 305. v. insatiabilis.

§**inscītia, æ.** *Ignorance.*——Quem măla stultitia et quemcumque *inscītia* vēri Cæcum ăgit. Hor. Sat. 2. 3. 43. SYN. ignōrantia.

inscius, a, um. *Ignorant.*——Sancta ad vos ănĭma atque istĭus *inscia* culpæ Descendam. V. Æn. 12. 648. SYN. nescius, ignārus.

inscrībo, ĭs, psi. *To write in or on, to inscribe.*——Dic quĭbus in terrīs *inscripti* nōmĭna rēgum Nascantur flōres. V. E. 3. 106. SYN. scrībo. v. seq.

insculpo, ĭs, psi. *To engrave upon.*——Cornuaque ærātis mīram rĕfĕrentia formam Postĭbus *insculpunt.* Ov. Met. 15. 621. SYN. sculpo, scalpo, ĭs.

insĕco, as, ui, ctum. *To cut, to notch.*——Percusso fĕriunt *insecti* pectĭne dentes. Ov. Met. 6. 58. SYN. seco, incīdo, ĭs.

insector, āris. *To pursue, to attack.*——Quod nĭsi et assĭduis terram *insectābĕre* rastris. V. G. 1. 155. SYN. insĕquor, ĕris, sĕcūtus sum.

†**insēdābĭlĭter.** *So as not to be allayed.*——*Insēdābĭlĭter* sĭtis ărĭda corpŏra mersans. Lucr. 6. 1174.

insĕnesco, ĭs, sĕnui. no sup. *To grow old in.*——Te . . . Crēdĭbĭle est nostrĭs *insĕnuisse* mălis. Ov. Ep. e P. 1. 4. 48. SYN. sĕnesco, consĕnesco.

†**insensĭlis, e.** *Not to be felt.*——Nĕcesse est Ex *insensĭlĭbus* tămĕn omnia confĭteare Princĭpiis constare. Lucr. 2. 864.

insĕpultus, a, um. *Unburied.*——Post *insĕpulta* membra diffĕrent lŭpi. Hor. Epod. 5. 99. SYN. ĭnhŭmătus, intŭmŭlātus. PHR. Cernit ĭbĭ mœstos et mortis hŏnōre cărentes. V. Heu terrâ ignōtâ cănĭbus dăta præda Latinis, Ālĭtĭbusque jăces, nec te tua funera māter Prōduxi pressive ŏcŭlos, aut vulnĕra lāvi Veste tĕgens. V. Nec mălĕ compŏsĭtos ut scĭlĭcet exsŭle dignum Bistŏnii cinĕres ungŭla pulset ĕqui. Ov. Sed sĭne fūnĕrĭbus căput hoc, sĭne hŏnōre sĕpulchri Indēplōrātum barbăra terra tĕget. Ov.

insĕquor, ĕris, sĕcūtus sum. *To pursue, to follow, often esp. with hostility.*——Nunc eădem fortūna vĭros tot căsĭbus actos *Insĕquĭtur.* V. Æn. 1. 244. SYN. sĕquor, q. v., prōsĕquor, persĕquor, sector, aris; insector; (*as an enemy*) ăgito, as.

‡**insĕrēnus, a, um.** *Not calm.*——Non tantis Hyăs *insĕrēna* nimbis Terras ŏbruit. Stat. Sylv. 6. 21. SYN. inquiētus, irrĕquiētus, nūbĭlus, q. v.

insĕro, ĭs, sēvi, sĭtum. 1. *To sow in, to plant in, to implant.* — 2. *To graft.* —— *Insĕre* nunc Mĕlĭbœe pўros pōne ordĭne vītes. V. E. 1. 74. Sæpe ... vīdēmus ... mūtātamque *insĭta* māla Ferre pўrum. V. G. 2. 33. SYN. 1. sĕro, q. v. PHR. 2. Vĕlut si quis conductā cortĭce rāmos Crescendo jungi părĭterque ădŏlescĕre cernat. Ov. v. V. G. 2. 69—82. v. insĭtio.

insĕro, ĭs, sĕrui, sertum. *To insert.* —— *Insĕrit* Æăcĭdīs ălienæ nōmĭna gentis. Ov. Met. 13. 33. Quā sē Plēna per *insertas* fundēbat lūna fĕnestras. V. Æn. 3. 152. SYN. intersĕro; inserto, as; interpōno, ĭs, pŏsui.

‡inserpo, ĭs, psi. *To creep in or over.* —— Jam somnus ăvāris *Inserpit* cūris. Stat. Theb. 1. 340. SYN. ‡irrēpo, ĭs; insĭnuo, as.

†insertim. *Inserting, darting in.* —— Cum sōlis lūmĭna cumque *Insertim* fundunt rădios per ŏpāca dŏmōrum. Lucr. 2. 114.

inserto, as. *To put into, to insert.* —— Hic ferro accingor rursus clўpeoque sĭnistram *Insertābam* aptans. V. Æn. 2. 671. SYN. insĕro, ĭs, sĕrui, sertum; impōno, ĭs, pŏsui.

inservio, īs. *To serve, to be a slave to.* —— Quærit ŏpes et ămīcĭtias, *inservit* hŏnōri. Hor. A. P. 167. SYN. servio, q. v.

‡inservo, as. *To keep, to watch.* —— An tĭbĭ fēlīces lūcos mīsĕrātus Ăverni Rector, et Ēlўsias dĕdit *inservāre* vŏlūcres? Stat. Theb. 8. 194. SYN. servo, q. v.

insessus, a, um. part. pass. from insĭdeo, q. v. *Sat apon, occupied by.* —— *Insessa*que pondĕre tanto Subter ănhēlat hŭmus. Stat. Sylv. 1. 1. 56.

insībĭlo, as. *To hiss.* —— Quālia succinctīs ŭbĭ trux *insībĭlat* Eurus Murmŭra pīnētis fīunt. Ov. Met. 15. 603. SYN. sībĭlo, q. v.

‡insiccātus, a, um. *Not dried up.* —— Vulnĕraque ista fĕrens pūtri *insiccāta* cruōre. Stat. Theb. 3. 364.

insĭdeo, es, sēdi, sessum. 1. *To sit upon.* — 2. *To settle in.* — 3. *To lie in ambush.* —— 1. Effingoque mănūs *insĭdeo*que tŏro. Ov. Her. 20. 134. Jam summas arces Trītōnia, respĭce, Pallas *Insēdit*. V. Æn. 2. 616. — 2. Ŭbĭ Lўdia quondam Gens bello præclāra jŭgis *insēdit* Ĕtruscis. V. Æn. 8. 480. — 3. Arrĭpuitque lŏcum et sylvīs *insēdit* ĭnīquis, V. Æn. 11. 531. SYN. 1. sĕdeo; insīdo, ĭs. — 1, 2. consīdo. — 2. occŭpo, as.

insĭdiæ, arum. *Snares, ambush.* —— Nec lupus *insĭdias* explōrat ŏvīlia circum. V. G. 3. 537. PHR. Est curvo anfractu valles, accommŏda fraudi, Armōrumque dŏlis. V. Quo tămĕn hæc Ĭthăco qui clam, qui semper ĭnermis Rem gĕrit et furtīs incautum dēcĭpit hostem? Ov. v. dolus.

§insĭdiātor, ōris. *One who lays snares.* —— *Insĭdiātōrem* præroso fūgĕrit hāmo. Hor. Sat. 2. 5. 25.

insĭdior, āris. *To lie in ambush, to lay snares for.* —— Hostĭbus *insĭdior*, fossas mūnīmĭne cingo. Ov. Met. 13. 212. PHR. Ŭbĭ vincĕre ăpertē Non dătur insĭdias armaque cæca părant; Campus erat, campi claudēbant ultĭma colles Sylvaque montānas occŭlĕre apta fĕras In mĕdio paucos armentaque rāra rĕlinquunt Cætĕra virgultis abdĭta turba latet ... Fraude pĕrit virtūs; in ăpertos undĭque campos Prōsĭliunt hostes et lătus omne tĕnent. Ov.

insĭdiōsus, a, um. *Full of snares, deceitful.* —— Verba fĕrens doctīs *insĭdiōsa* nŏtis. Ov. Her. 20. 210. SYN. fallax, ācis, q. v.

insīdo, ĭs. perf. same as insĭdeo, q. v. *To sit upon.* —— Ac vĕlŭti in prātis ŭbi ăpes æstāte sĕrēnā Flōrĭbus *insīdunt* văriis. V. Æn. 6. 708.

insigne, is. *A badge.* —— Victum quem vulnĕre Turnus Strāvĕrat atque humeris ĭnĭmīcum *insigne* gĕrēbat. V. Æn. 12. 944. SYN. ornāmentum, q. v.

insignio, īs. *To make remarkable, to adorn.* —— At lævem clўpeum sublātis cornĭbus Īo auro *insignībat*. V. Æn. 7. 790. SYN. orno, as, q. v.

insignis, e. 1. *Distinguished, illustrious.* — 2. *Adorned.* —— Sed tĭbĭ pro tūtis *insignia* facta plăcēbant. Ov. Her. 3. 121. — 2. Ostroque *insignis* et auro Stat sŏnĭpēs, et fræna fĕrox spūmantia mandit. V. Æn. 4. 134. SYN. 1. clārus, præclārus, illustris, ēgrĕgius, exĭmius, nōtus, nōbĭlis, inclўtus. — 1, 2. præsignis. — 2. ornātus, dĕcōrus, dĕcŏrātus.

†insĭlia, um. neut. pl. *The treadles of a loom.* —— Nec rătiōne ăliā possunt tam lævia gigni *Insĭlia*. Lucr. 5. 1351.

insĭlio, īs, ui, sultum. *To leap on, or into.* —— Monte nec infĕrior prōræ puppique rĕcurvæ *Insĭlit*. Ov. Tr. 1. 4. 8. SYN. insulto, as.

‡**insĭmŭl.** *Together.* —— Et gentes ălĭis *insĭmul* tŏgātas. Stat. Sylv. 1. 6. 36. SYN. sĭmŭl, q. v.

insĭmŭlo, as. *To accuse.* —— Ŭtĭnam tĕmĕrāria dīcar Crīmĭnĭbus falsīs *insĭmŭlásse* vĭrum. Ov. Her. 6. 22. SYN. accūso, as, q. v.

insincērus, a, um *Putrid.* —— Quōque mŏdo cæsis jam sæpe jŭvencis *Insincērus* ăpes tŭlĕrit cruor. V. G. 4. 284. SYN. pūtris.

insĭnuo, as. 1. *To introduce, to insinuate, trans.* — 2. *To enter, insinuate oneself into, intrans.* —— Tempŏre tam făcĭles *insĭnuentur* ŏpes. Prop. 3. 9. 28. — 2. Trĕmĕfacta nŏvus per pectŏra cunctis *Insĭnuat* păvor. V. Æn. 2. 230. SYN. 1. induco, ĭs, xi; infĕro, fers, ferre, tŭli, lātum. — 2. ingrĕdior, ĕris, gressus.

insĭpiens, entis. *Foolish.* —— O sæclum *insĭpiens* et infĭcētum. Cat. 41. 8. SYN. stultus, q. v.

insisto, ĭs, stĭti. no sup., no pass. 1. *To stand upon.* — 2. *To dwell upon, in conversation, etc.; to urge constantly.* —— 1. Nulli fas casto scĕlĕrātum *insistĕre* līmen. V. Æn. 6. 563. Ausus jungĕre ĕquos răpĭdisque rŏtīs *insistĕre* victor. V. G. 3. 114. — 2. Prōfuit assĭduē vĭtiīs *insistĕre* ămīcæ. Ov. R. A. 315. Jam vĭtŭlos hortāre viamque *insiste* dŏmandi. V. G. 3. 164. SYN. 1. insto, as.

insĭtio, ōnis. *A grafting.* —— Vēnĕrit *insĭtio*, fac rāmum rāmus adoptet. Ov. R. A. 195. PHR. Fissaque ădoptīvas accĭpit arbor ŏpes. Ov. Stetque pĕrēgrīnis arbor ŏperta cŏmis. Ov. v. insero.

insĭtīvus, a, um. *Grafted.* —— Ut gaudet *insĭtīva* dēcerpens pȳra. Hor. Epod. 2. 19. SYN. insĭtus.

insĭtor, oris. *A grafter.* —— *Insĭtor* hic solvit pōmōsâ vōta cŏrōnâ. Prop. 4. 2. 17.

insĭtus, a, um. part. pass. from insĕro, q. v. *Also, natural.* —— Doctrīna sed vim prōmŏvet *insĭtam.* Hor. 4. 4. 33. SYN. nātīvus, q. v.

§**insōlābĭlĭter.** *Inconsolably.* —— Me quamvis Lămiæ pietas et cūra mŏretur Frātrem mœrentis, rapto de frātre dŏlentis *Insōlābĭlĭter.* Hor. Epist. 1. 14. 8.

insŏlens, entis. 1. *Unaccustomed to.* — 2. *Insolent.* —— 1. Nīgrīs æquŏra ventis Ēmīrābĭtur *insŏlens.* Hor. 1. 5. 8. — 2. Æquam mĕmento rēbus in arduis Servāre mentem non sĕcus in bŏnis Ab *insŏlenti* tempĕrātam Lætĭtiâ. Hor. 2. 3. 3. SYN. 1. ĭnsŏlĭtus, insuētus, ĭnassuētus. — 2. sŭperbus, fastīdiōsus, arrogans.

insŏlentia, æ. *Insolence, pride.* —— Meæque terra cēdet *insŏlentiæ.* Hor. Epod. 17. 75. SYN. sŭperbia

insŏlĭdus, a, um. *Not solid, soft.* —— Tunc herba nĭtens et rōbŏris expers Turget et *insŏlĭda* est. Ov. Met. 15. 202.

insŏlĭtus, a, um. 1. *Unusual.* — 2. *Unused to.* —— 1. *Insŏlĭtis* trĕmuērunt mōtĭbus Alpes. V. G. 1. 451. — 2. *Insŏlĭtæ* fŭgiunt in flūmĭna phōcæ. V. G. 3. 543. SYN. 1, 2. insuetus, ĭnexpertus. — 1. ĭnassuetus. — 2. insŏlens.

insomnis, e. *Sleepless, watchful.* —— Frīgĭdas Noctes non sĭne multis *Insomnes* lăcrȳmis agit. Hor. 3. 7. 8. Pōmaque ab *insomni* mălĕ custōdīta drăcōne. Ov. Met. 9. 190. SYN. exsomnis, insōpītus; vĭgil, ĭlis; pervĭgil (*only of living things*). PHR. Vīdērunt ĭnŏpem somni. Ov.

insomnium, i. *A dream.* —— Sed falsa ad cœlum mittunt *insomnia* Mānes. V. Æn. 6. 897. SYN. somnium, q. v.

insŏno, as, ui. *To sound, to sound in.* —— Ac vĕlut Ēdōni Bŏreæ cum spīrĭtus alto *Insŏnat* Ægæo. V. Æn. 12. 366. SYN. sŏno, q. v.; rĕsŏno, persŏno.

insons, ontis. *Innocent.* —— Nec mihĭ quod păter est frāterni sanguĭnis *insons.* Ov. Met. 13. 149. SYN. innŏcens, innŏcuus, innoxius.

insōpītus, a, um. *Who cannot be lulled to sleep.* —— Terrĭgĕnasque fĕros *insōpītum*que drăcōnem. Ov. Met. 7. 36. SYN. insomnis, q. v.

inspērans, antis. *Not hoping, not expecting.* —— Sæpe *inspēranti* vēni et tĭbĭ mūnĕre nostro. Tib. 1. 9. 43. v. ĭnŏpīnus.

inspērātus, a, um. *Not or scarcely hoped for.* —— Ergo *inspērātâ* tandem tellūre pŏtīti. V. Æn. 3. 278. SYN. ĭnexspectātus, q. v.

inspergo, ĭs, si. *To sprinkle upon, to scatter.* —— Ēgrĕgio *inspersos* rĕprehendas corpŏre nævos. Hor. Sat. 1. 6. 67. SYN. spargo, q. v.; irrĭgo, as.

inspĭcio, ĭs, spexi. *To look into, to see.* —— Carmĭnis Eubŏĭci fātālia verba săcerdos *Inspĭcit.* Ov. F. 4. 257. SYN. aspĭcio; specto, as, q. v.; intueor, ēris.

inspīco, as. *To sharpen at the end.* —— Pervĭgĭlat, ferroque făces *inspīcat* ăcūto. V. G. 1. 192. SYN. ăcuo, ĭs, q. v.; exăcuo.

inspīro, as. 1. *To breathe into (trans.), to inspire.* — 2. *To blow into (a wind instrument), intrans.* —— 1. Magnam cui mentem ănĭmumque Dēlius *inspīrat* vates ăpĕritque fūtura. V. Æn. 6. 12. —— 2. Cærŭleum Trītōna vŏcat conchæque sŏnāci *Inspīrāre* jŭbet. Ov. Met. 1. 333. SYN. 1. afflo, as; injĭcio, ĭs, jēci; immitto, ĭs, mīsi; incŭtio, ĭs, cussi. — 2. inflo. PHR. 1. Ănĭmis illābĕre nostris. V.

inspŏliātus, a, um. *Not despoiled, not carried off as spoils.* —— Corpus et arma *Inspŏliāta* fĕram tŭmŭlo pătriæque rĕpōnam. V. Æn. 11. 594.

instābĭlis, e. 1. *Unsteady, on which one cannot stand, etc.* — 2. *Fickle.* —— 1. Sic ĕrat *instăbĭlis* tellūs, innābĭlis unda. Ov. Met. 1. 16. — 2. *Instăbiles* ănĭmos lūdo prohĭbēbis ĭnāni. V. G. 4. 105. SYN. 1. infirmus. — 2. lĕvis, ventōsus, mutābĭlis, vărius.

instans, antis. part. from insto, q. v. *Esp.* 1. *Pressing on, coming close behind, etc.* — 2. *Urgent, importunate.* —— 1. Cloanthum Respĭcit *instantem* tergo et prŏpiōra tĕnentem. V. Æn. 5. 168. — 2. Si . . . fraude pŭdīcā *Instantes* velles fallĕre nupta prŏcos. Ov. Ep. e P. 3. 1. 108.

instar. 1. *(indecl. acc. neut.) A resemblance, an appearance.* — 2. *(as prep. c. gen.) Like.* —— 1. Gaudet et imprŏbĭtas mūnĕris *instar* hăbet. Ov. A. A. 1. 676. — 2. *Instar* montis ĕquum dīvīnā Pallădis arte Ædĭfĭcant. V. Æn. 2. 15. SYN. 1. ĭmāgo, ĭnis; făcies. — 2. in mōrem, mōre, rĭtu, mŏdō. v. similis.

instauro, as. *To renew, to refresh, etc.* —— Ergo *instaurāmus* Pŏlȳdōro fūnus, et ingens Aggĕrĭtur tŭmŭlo tellus. V. Æn. 3. 62. *Instaurāti* ănĭmi rēgis succurrĕre tectis. V. Æn. 2. 451. SYN. rĕnŏvo, as; rĕfĭcio, ĭs, fēci; intĕgro, as.

insterno, ĭs, stravi. *To strew on, to put on as a covering.* —— Veste sŭper fulvique *insternor* pelle leōnis. V. Æn. 2. 722. SYN. sterno, q. v.

instīgo, as. *To instigate, to excite.* —— Fertur ĕquo vărĭisque *instīgat* vōcĭbus ălas. V. Æn. 11. 730. SYN. hortor, āris; excĭto, as; concĭto, as; urgeo, es, si; stĭmŭlo, as; instĭmulo, exstĭmulo; ăcuo, ĭs; accendo, ĭs; impello, ĭs, pŭli.

instillo, as. *To pour in drop by drop.* —— Ecce mĕrum nūtrix faustos *instillat* ĭn ignes. Ov. Her. 19. 153. SYN. stillo; infundo, ĭs, fūdi.

instĭmŭlo, as. *To stimulate.* —— *Instĭmŭlat* fictīs insĭdiōsa sŏnis. Ov. F. 6. 508. v. instigo.

†‡instinctus, a, um. *Instigated, excited.* —— Et sĭmŭl incussit suavem mĭ in pectus ămōrem Mūsārum, quo nunc *instinctus* . . . Lucr. 1. 924. SYN. excĭtus, concĭtus.

instĭta, æ. *The border round the lower part of a robe.* —— Quæque tĕgis mĕdios *instĭta* longa pĕdes. Ov. Tr. 2. 248.

instĭtor, ōris. *A retail dealer.* —— *Instĭtor* ad dŏmĭnam vĕniet discinctus ĕmăcem. Ov. A. A. 1. 421.

instĭtuo, ĭs, ui, ūtum. 1. *To appoint.* — 2. *To erect.* — 3. *To teach.* —— 1. Hoc sĭbĭ pulchra suum ferri Prŏserpĭna mūnus *Instĭtuit.* V. Æn. 6. 143. Rumpat et serpens ĭter *Instĭtūtum.* Hor. 3. 27. 5. — 2. Tum Phœbo et Trĭvĭæ sŏlĭdo de marmŏre templum *Instĭtuam.* V. Æn. 6. 70. — 3. Prīma Cĕres ferro mortāles vertĕre terram *Instĭtuit.* V. G. 1. 148. SYN. 1, 2. stătuo, constĭtuo. — 2. condo, ĭs, dĭdi, q. v. — 3. dŏceo, es, dŏcui, doctum, q. v.

insto, as, stĭti. no sup. or pass. 1. *To stand in or on.* — 2. *To impend, be at hand.* — 3. *To press on (a work, a request, as an enemy, etc.).* —— 1. Sīve *instāre* jŭgis et grandia volvĕre saxa. V. Æn. 11. 529. — 2. Dīlātaque tempŏra tædæ *Instĭtĕrant.* Ov. Met. 9. 769. Heu quantæ mĭsĕris cædes Laurentĭbus *instant!* V. Æn. 8. 537. — 3. Parte ăliā Marti currumque rŏtasque vŏlŭcres *Instăbant.* V. Æn. 8. 434. Illi *instant* verbĕre torto Et prōni dant lōra. V. G. 3. 106. *Instĭtĕram* quārē prīmi Mĕgălēsia lūdi Urbe fŏrent nostrā. Ov. F. 4. 357. SYN. 1, 2, 3. insisto, ĭs. — 2. immĭneo, es, q. v. — 3. urgeo, es.

instrātus, a, um. part. from insterno, q. v. *Strewed, either of the thing itself or of that which is covered with it.* —— Inter Dura jăcet pernix *instrāto* saxa cŭbīli. V. G. 3. 230. Jŭbet ordĭne dūci *Instrātos* ostro ālĭpĕdes. V. Æn. 7. 277.

instrĕpo, ĭs, ui. *To make a noise.* —— Post vălĭdo nītens sub pondĕre făgĭnus axis *Instrĕpit.* V. G. 3. 173. SYN. strĕpo, q. v.; perstrĕpo.

†**instrīdens, entis.** *Hissing, making a noise.*——Fax nīdōre grăvi fœdāvit comīnus auras Ambusto *instrīdens* pĕlăgo. Sil. 14. 435. SYN. strīdens. v. strideo.

instrūmentum, i. *Any instrument, tool, or utensil.*——Fēlīces ornant hæc *instrūmenta* lĭbellos. Ov. Tr. 1. 1. 9. SYN. arma, orum.

instruo, ĭs, xi, ctum. 1. *To construct.*—2. *To arrange, to array.*—3. *To provide, to equip.*——1. *Instruis* impensâ nostra sĕpulchra brĕvi. Ov. Her. 7. 188.—2. Et jam Argīva phălanx *instructis* nāvĭbus ībat A Tĕnĕdo. V. Æn. 2. 254.—3. Rēmĭgium supplet, sŏcios sĭmul *instruit* armis. V. Æn. 3. 471. SYN. 1. struo; condo, ĭs, dĭdi.—2. dispōno, ĭs, pŏsui; lŏco, as; collŏco.

§**insuāvis, e.** *Unpleasant, morose.*——Quod nĭsĭ concēdas hăbēare *insuāvis*, ăcerbus. Hor. Sat. 1. 3. 85. SYN. mōrōsus.

§**insūdo, as.** *To sweat.*——Queîs mănus *insūdet* vulgi Hermŏgĕnisque Tĭgellî. Hor. Sat. 1. 4. 72. SYN. sūdo, q. v.

§**insuēsco, is, suevi.** *To accustom.*——*Insuēvit* păter optĭmus hoc me. Hor. Sat. 1. 4. 105.

insuēta. *In a strange manner.*——Inclūsumque căvo saxo atque *insuēta* rŭdentem. V. Æn. 8. 248.

insuetus, a, um. 1. *Unaccustomed to, of the person.*—2. *Unusual, of the thing.*——1. Arcădăs *insuetos* ăcies inferre pĕdestres. V. Æn. 10. 364.—2. Candĭdus *insuetum* mīrātur līmĕn Ŏlympi. V. E. 5. 56. SYN. 1. ĭnassuetus, insŏlens.—1, 2. insŏlĭtus.

insŭla, æ. *An island.*——Crēta Jŏvis magni mĕdio jăcet *insŭla* ponto. V. Æn. 3. 104. PHR. Insŭla Sĭcănium juxta lătus Æŏliamque Ērĭgĭtur Lĭpăren. V. Discrētas insŭla rumpit ăquas. Ov. Insŭla . . . Cingĭtur Ægæo, nōmĭne Cēa, mări. Ov. Insŭla quam Lĭbўci verbĕrat unda frĕti. Ov. Quæ Păphŏn et fluctu pulsa Cўthēra tĕnet. Ov.

§**insulsus, a, um.** *Stupid.*——*Insulsissĭmus* est hŏmŏ nec săpit puĕri instar Bīmŭli. Cat. 18. 12. SYN. §insĭpiens, stultus, q. v.

insulto, as. 1. *To leap on, paw on, bound through.*—2. *To trample, even of ships on the sea.*—3. *To insult*——1. Lăpĭthæ . . . ĕquĭtem dŏcuēre sub armis *Insultāre* sŏlo. V. G. 3. 117. Tum quōrum attŏnĭtæ Baccho nĕmŏra ăvia matres *Insultant* thiăsis. V. Æn. 7. 581.—2. Dum Priămi Părĭdisque busto *Insultet* armentum. Hor. 3. 3. 41. Fluctĭbus ignōtis *Insultāvēre* cărīnæ. Ov. Met. 1. 134.—3. Nec mihĭ crēdĭbĭle est quenquam *insultāsse* jăcenti. Ov. Tr. 2. 571. SYN. 1. insĭlio, ĭs, ui. v. salto.—2. calco, as; prōculco.—3. irrīdeo, es, si.

insum, ĭnĕs, infui, etc. *To be in or on.*——Tarda sŏlet magnis rēbus *ĭnesse* fĭdes. Ov. Her. 17. 130.

insūmo, ĭs, psi, ptum. *To consume.*——Quod sŭpĕrest non est mĕlius quo *insūmĕre* possis. Hor. Sat. 2. 2. 102. SYN. absūmo, consūmo.

insuo, is, ui, ūtum. *To sew in.*——Terga boum plumbo *insūto* ferroque rĭgēbant. V. Æn. 5. 405.

insŭper. 1. *Over.*—2. *Moreover.*——1. Fama est Encĕlădi sĕmĭustum fulmĭne corpus Urgēri mŏle hâc, ingentemque *insŭper* Ætnam Impŏsĭtam. V. Æn. 3. 579. Dextrâque prehensum Contĭnuit, rŏseoque hæc *insŭper* addĭdit ōre. V. Æn. 2. 593. SYN. 1. sŭper, sŭprā.—2. prætĕreā.

insŭpĕrābĭlis, e. *Invincible.*——Hinc Gætŭlæ urbes gĕnus *insŭpĕrābĭle* bello. V. Æn. 4. 40. SYN. invictus, ĭnexpugnābĭlis, indŏmĭtus.

insurgo, is, surrexi. no sup. 1. *To rise, to rise up over or against.*—2. *To aim at, seek to get.*——1. Nĭgro glŏmĕrāri pulvĕre nūbem Prospĭciunt Teucri, et tĕnĕbras *insurgĕre* campis. V. Æn. 9. 34.—2. Pertĭmuit, crēdensque suīs *insurgĕre* regnis. Ov. Met. 9. 444. SYN. 1. surgo, q. v.—2. affecto, as.

insusceptus, a, um. *Not undertaken.*——Dixit et īrātus vota *insuscepta* rĕlīquit. Ov. ad Liv. 197. SYN. inexpertus.

intābesco, ĭs, bui. no sup. *To waste away.*——Ut *intābescĕre* flāvæ Igne lĕvi cēræ . . . sŏlent. Ov. Met. 3. 487. SYN. tābesco, q. v.

†**intactĭlis, e.** *Which may not be touched.*——Sin *intactĭle* erit . . . Lucr. 1. 438.

intactus, a, um. 1. *Untouched.*—2. *Untamed.*—3. *Unhurt, undiminished.*—4. *Unpolluted, virgin, etc.*——1. Illa vel *intactæ* sĕgĕtis per summa vŏlāret Grāmĭna. V. Æn. 7. 808.—2. Tauros . . . Dēlĭge et *intactā* tŏtĭdem cervīce jŭvencos. V. G. 4. 540. — 3. Sīn et ŏpes nōbīs et ădhūc *intacta* jŭventus. V. Æn. 11. 419. — 4. Cui păter *intactam* dĕdĕrat primisque jŭgārat Ōmĭnĭbus. V. Æn. 1. 349. SYN. 2. indŏmĭtus, q. v. — 3. illæsus; intĕger, gra, grum. — 4. v. virgo.

†intactus, ûs. *Intangibility.* —— Tactus corpŏrĭbus cunctīs, *intactus* ĭnānī. Lucr. 1. 453.

intāmĭnātus, a, um. *Uncontaminated.* —— *Intāmĭnātis* fulget hŏnōrĭbus. Hor. 3. 2. 18. SYN. intĕger, gra, grum; purus; intĕmĕrātus.

§intĕgellus, a, um. dim. of seq. —— Quod castum expĕtĕres et *intĕgellum.* Cat. 16. 4.

intĕger, intĕgra, grum. 1. *Entire, unhurt, undiminished.* — 2. *Pure, unpolluted.* — 3. *Unmoved.* —— 1. Dīcĭmus *intĕgro* Sicci māne diē. Hor. 4. 5. 38. Æneās atque *intĕger* ævi Ascănius. V. Æn. 9. 255. — 2. *Intĕger* hanc pŏtui nūper bĕnĕ reddĕre lucem. Ov. Tr. 3. 3. 35. — 3. Scŏpŭlis surdior Īcări Vōces audit adhuc *intĕger.* Hor. 3. 7. 22. SYN. 1. tōtus, a, um, *gen.* īus; sŏlĭdus. — 1, 2. illæsus, q. v.; inviŏlātus. — 2. pūrus, q. v.; intĕmĕrātus. — 3. immōtus. v. perpetuus.

intĕgo, ĭs, xi. *To cover, to shade.* —— Quà formōsa suo Clītumnus flūmĭna lūco *Intĕgit.* Prop. 2. 15. 26. SYN. tĕgo, q. v.

intĕgro, as. *To renew, to go through from the beginning.* —— Illa Flet noctem rāmoque sĕdens mĭsĕrābile carmen *Intĕgrat.* V. G. 4. 515. SYN. instauro, as.

intellĭgo, is, lexi. 1. *To understand.* — 2. *To perceive.* —— 1. Postŭlat ut căpiat quæ non *intellĭgit* arma. Ov. Met. 13. 295. — 2. Illa quĭdem prīmo nullos *intellĭgit* ignes. Ov. Met. 9. 456. SYN. 2. sentio, is, si, q. v.

‡intĕmĕrandus, a, um. *Not to be violated.* —— An Martia templa *Intĕmĕranda* minus. Val. Fl. 5. 642. v. seq.

intĕmĕrātus, a, um. *Unpolluted, pure.* —— Æternum tēlōrum et virgĭnĭtātis ămōrem *Intĕmĕrāta* cŏlit. V. Æn. 11. 584. SYN. pūrus; intĕger, gra, grum; intactus, intāmĭnātus.

intempestīvē. *Unseasonably.* —— *Intempestīvē* qui fŏvet illa novat. Ov. Ep. e P. 4. 11. 20.

intempestīvus, a, um. *Unseasonable.* —— *Intempestīvo* cum rŭdit ille sŏno. Ov. F. 6. 342. v. seq.

intempesta. adj. only fem. as epith. of night. 1. *Unseasonable for doing anything.* — 2. *Unwholesome.* —— Et lūnam in nimbo nox *intempesta* tĕnēbat. V. Æn. 3. 587. — 2. Et Pyrgi vĕtĕres *intempestæque* Grăviscæ. V. Æn. 10. 184. SYN. 2. grăvis.

intendo, ĭs, di. 1. *To bend, to stretch.* — 2. *To aim, to shoot.* — 3. *To fasten.* — 4. *To surround.* — 5. *To increase.* —— 1. Actius hæc cernens arcum *intendēbat* Ăpollo. V. Æn. 8. 704. — Vēla sĕcundi *Intendunt* Zĕphȳri. V. Æn. 5. 33. — 2. Tum prīmum bello cĕlĕrem *intendisse* săgittam Dīcĭtur. V. Æn. 9. 590. — 3. Stuppea vincŭla collo *Intendunt.* V. Æn. 2. 237. — 4. *Intenditque* lŏcum sertīs et fronde cŏrōnat. V. Æn. 4. 506. Pastōrāle cănit signum cornuque rĕcurvo Tartăream *intendit* vōcem. V. Æn. 7. 514. SYN. 1, 2. tendo, q. v. 2. ējĭcio, ĭs, jēci; mitto, ĭs, mīsi; emitto. — 3. necto, ĭs, xui, xum; allĭgo, as, q. v. — 4. cingo, ĭs, xi, q. v. — 5. augeo, es, xi, q. v.

intentātus, a, um. *Untried.* —— Mĭsĕri quĭbus *Intentāta* nĭtes. Hor. 1. 5. 13. SYN. ĭnexpertus.

intento, as. 1. *To hold out.* — 2. *To threaten.* —— 1. Cōnātæque lŏqui et magno clāmōre protervas *Intentāre* mănus. Ov. Met. 5. 671. — 2. Præsentemque vĭris *intentant* omnia mortem. V. Æn. 1. 95. SYN. 1. tendo, is; prætendo. 2. mĭnor, āris, q. v.; mĭnĭtor, aris.

intentus, a, um. part. pass. from intendo, q. v., also as adj. *Intent on, attentive to.* —— Mens *intenta* suis nē fŏret usque mălis. Ov. Tr. 4. 1. 4.

intĕpeo, es, ui. no sup. *To be warm.* —— Et variæ rădiīs *intĕpuēre* cŏmæ. Ov. F. 5. 216. SYN. tĕpeo, q. v.

inter. prep. c. acc., sometimes sine c. almost as adv. *Between, among, etc.* —— At pĕdibus longē mĕlior Lȳcus *inter* et hostes, *Inter* et arma fŭgâ mūros tĕnet. V. Æn. 9. 556. v. per.

intercīdo, ĭs, di. *To perish, to be lost.* —— Augur ĕrat, nōmen longīs *intercĭdit* annis. Ov. F. 2. 443. SYN. cădo; pĕreo, īs, īvi, ĭtum.

§**intercĭno, ĭs.** *To sing between, to sound between.*——Ne quid mĕdios *intercĭnat* actus. Hor. A. P. 194.

intercĭpio, ĭs, cēpi, ceptum. 1. *To intercept, to cut off.*—2. *To rescue.*—3. *To surprise, take by surprise.*——1. Ilo namque prŏcul vălĭdam dīrexĕrat hastam Quam mĕdius Rhæteus *intercĭpit.* V. Æn. 10. 402. Terga căput tangunt, colla *intercepta* vĭdentur. Ov. Met. 6. 379.—2. Myrrha fūgit tĕnĕbrīs et cæcæ mūnĕre noctis *Intercepta* nĕci. Ov. Met. 10. 476.—3. Sīthŏnio rēgi fĕrus *intercēpĕrat* illam (urbem sc.) Hostis. Ov. Ep. e P. 4. 7. 25. SYN. 2. servo, as, q. v.

‡**intercīsus, a, um.** part. pass. from intercīdo. *Interrupted.*——Non fūgĕret dīras lux *intercīsa* Mўcēnas. Stat. Theb. 2. 184. SYN. interruptus.

interclūdo, ĭs, si. *To shut up.*——Sæpe illos aspĕra ponti *Interclūsit* hyems. V. Æn. 2. 112. SYN. claudo, q. v.

†**intercurro, ĭs.** sometimes in tmesi. 1. *To come between.*—2. *To be in, to be among.*——1. Ŏleārum Cærŭla distinguens *inter* plăga *currĕre* posset Per tŭmŭlos. Lucr. 5. 1374.—2. Quin *intercurrat* quædam distantia formis. Lucr. 2. 373. SYN. 1. intervĕnio, īs, vēni; †intercurso, as.—2. insum, ĭ ĕs, et.; intersum.

†**intercurso, as.** in tmesi. *To come between.* —— *Inter* ĕnim *cursant* prīmordia princĭpiōrum. Lucr. 3. 263. v. prec.

†**interdātus, a, um.** *Given at intervals.*——Proptĕreā căpĭtur cĭbus, ut suffulciat artus, Et rĕcreet vīres *interdătus.* Lucr. 4. 866.

interdīco, ĭs, xi, ctum. *To forbid.*——Illa suam vŏcat hanc cui quondam rēgia Jūno Orbe *interdixit.* Ov. Met. 6. 333. SYN. vĕto, as, uī, ĭtum, q. v.

interdictum, i. *An interdict.*——*Interdicto* huic omne ădĭmat jus Prætor. Hor. Sat. 2. 3. 217.

interdum. *Sometimes.*——Blandior *interdum* vērisque sĭmillima verba Ēlŏquor. Ov. Her. 15. 129. SYN. ălĭquando, nonnunquam, quondam.

intĕreā. *In the mean time.*——Pandĭtur *intĕreā* dŏmus omnĭpŏtentis Ŏlympi. V. Æn. 10. 1. SYN. intĕrim.

intĕreo, īs, ivi usu. **ii, ĭtum.** 1. *To die, to come to an end.*——*Intĕreat* tēcum Sic gĕnus omne tuum. Ov. Ibis. 582. Frīgŏra mītescunt Zĕphўris, ver prŏtĕrit æstas *Intĕrĭtūra.* Hor. 4. 7. 10. SYN. pĕreo, q. v.

intĕrest. impers. *It is of consequence, it makes a difference.*——Dīvesne prisco nātus ab Ĭnăcho Nil *intĕrest* an pauper, et infĭmā De gente sub dīo mŏrĕris. Hor. 2. 3. 22. SYN. rĕfert, q. v.; attĭnet.

interfāri. v. fāri for the parts in use. *To interrupt by speaking.*——Nec plūra quĕrentem Passa Vĕnus mĕdio sic *interfāta* dŏlōre est. V. Æn. 1. 386. SYN. interpello, as.

interfĭcio, ĭs, fēci, fectum. *To kill, to destroy.*——Fer stăbŭlīs ĭnĭmīcum ignem atque *interfĭce* messes. V. G. 4. 330. SYN. intĕrĭmo, ĭs, ēmi; occīdo, ĭs, di; nĕco, as, ui, q. v.

†**interfīo, fĭs, fectus sum.** pass. of prec., but in pres. only used in Lucr. —— Ut . . . Aut flammis *interfiat* mălisque fĕrārum. Lucr. 3. 886. SYN. pĕreo, īs, q. v.

‡**interfluus, a, um.** *Flowing between.*——Et Styx discrētīs *interfluа* mānĭbus obstat. Stat. Theb. 4. 524. SYN. interfūsus.

†**interfŏdio, ĭs, fōdi, fossum.** *To pierce.*——Pūpillos *interfŏdiunt,* ăcremque dŏlōrem Præbent. Lucr. 4. 720. SYN. fŏdio, q. v.

‡**interfŭro, ĭs.** no perf. *To rage between.*——Arma părantur Dŏrĭca, et alternum Māvors *interfŭrit* orbem. Stat. Achill. 1. 395.

interfūsus, a, um. 1. *Poured or flowing between.*—2. *Besprinkled.*——1. *Interfūsa* nĭtentes Vītes æquŏra Cўclădas. Hor. 1. 14. 19.—2. Sanguĭneam volvens ăciem, măcŭlisque nĭtentes *Interfūsa* gĕnas. V. Æn. 4. 644. SYN. 1. ‡interfluus.—2. sparsus.

‡**interjăceo, es.** no sup. *To lie between.*——Quicquid et Āsōpon vĕtĕresque *interjăcet* Argos. Stat. Theb. 3. 337.

interjĭcio, ĭs, jēci, jectum. *To cast between.*——Tēque *interjecto* mundi pars altĕra sōle (manet). Tib. 4. 1. 150.

interim. *Meanwhile.*——Lābuntur altis *intĕrim* rīpīs ăquæ. Hor. Epod. 2. 25. SYN. intĕreā.

intĕrĭmo, is, ēmi, emptum. *To kill.*——Ausum eădem quæ nos Phrȳgiâ de gente Dŏlōna *Intĕrĭmo.* Ov. Met. 13. 245. Occīdit, occīdit Spes omnis, et fortūna nostri Nōmĭnis, Asdrŭbăle *intĕrempto.* Hor. 4. 4. 72. SYN. occīdo, is, q. v.

întĕrior, ōris. compar.; superl. **intĭmus**, q. v. *Inner, inmost.*——At dŏmus *intĕrior* rēgāli splendĭda luxu Instruĭtur. V. Æn. 1. 637. v. internus.

întĕrĭtus, ûs. masc. *Death.*——Scīlĭcet *intĕrĭtu* gaudeat illa tuo. Prop. 2. 8. 18. SYN. mors, mortis, q. v.; ŏbĭtus, ûs; lētum.

‡**interjungo, ĭs, xi.** 1. *To yoke among.*—2. *To unyoke.*——1. Sæpe per Ĭŏnium Lĭbȳcumque nătantĭbus ire *Interjunctus* ĕquis. Stat. Theb. 6. 308.—2. Hōra lassos *Interjungit* ĕquos mĕrīdiāna. Marr. 3. 67. 7. SYN. 2. solvo, ĭs, vi, sŏlūtum.

intĕrius. adv. compar. from intra, q. v. *Within.*——Ipsa quŏque *intĕrius* cum dūro lingua pălāto Congĕlat. Ov. Met. 6. 307.

interlābor, ĕris, lapsus sum. sometimes in tmesi. *To glide or flow between.*——*Inter* ĕnim *lābentur* ăquæ tĕnuisque sŭbībit Hālĭtus. V. G. 2. 349. SYN. interluo, is.

interlĕgo, ĭs, lēgi, ctum. sometimes in tmesi. *To gather here and there.*——Carpendæ mănĭbus frondes *inter*que *lĕgendæ.* V. G. 2. 366. v. lego.

‡**interlĭgo, as.** *To fasten between.*——Cūrat et alterno măcŭlas *interlĭgat* ostro. Stat. Theb. 7. 571.

interlūceo, es, xi. no sup. *To shine among or through.*——Quà rāra est ăcies *interlūcet*que cŏrōna Non tam spissa vĭris. V. Æn. 9. 508. SYN. ‡intermĭco, as.

interlūnium, i. *The time of the change of moon.*——Thrăcio bacchante măgis sub *interlūnia* vento. Hor. 1. 25. 11.

interluo, ĭs, ui. no sup. *To flow between.*——Arvaque et urbes Littŏre dīductas angusto *interluit* æstu. V. Æn. 3. 419. SYN. interlābor, ĕris.

‡**intermăneo, es, mansi.** *To remain in the midst of.*——Dēfessus Cæsar mĕdiis *intermănet* ăgris. Lucan. 6. 47. v. maneo.

‡**intermĭco, as, ui.** no sup. *To shine among.*——Cernis ut . . . e spĕcŭlis mŏriens *intermĭcet* ignis. Stat. Theb. 12. 252. SYN. interlūceo, es, xi.

intermĭnātus, a, um. *Forbidden.*——*Intermĭnāto* cum sĕmel fixæ cĭbo Intābuissent pūpŭlæ. Hor. Epod. 5. 39. SYN. vĕtĭtus, interdictus.

intermisceo, es, ui, mixtum. *To mingle, &c.*——Dōris ămāra suam non *intermisceat* undam. V. E. 10. 6. SYN. misceo, q. v.; admisceo.

intermitto, ĭs, misi, missum. *To intermit, to discontinue.*——*Intermissa* Vĕnus diu Rursus bella mŏves? Hor. 4. 1. 1. SYN. ŏmitto.

intermortuus, a, um. *Almost dead.*——Candor in hōc ævo res *intermortua* pēne. Ov. Ep. e P. 2. 5. 5. SYN. sēmĭănĭmus, sēmĭnex, nĕcis; sēmĭmortuus.

internecto, ĭs, nexui, nexum. *To bind together.*——Turbaque mīrātur . . . ut fībŭla crīnem Auro *internectat.* V. Æn. 7. 816. SYN. necto, lĭgo.

‡**internĭgrans, antis.** *Mingled with black, blackish.*——Noctemque diemque Assĭmĭlant măcŭlis *internĭgrantĭbus* albæ. Stat. Theb. 6. 336.

internōdium, i. *The space between two knots.*——Quà Mollia nervōsus făcit *internōdia* pōples. Ov. Met. 6. 256.

§**internosco, ĭs, nōvi.** *To distinguish between.*——Mīrābor si sciet *internoscĕre* mendacem verumque beātus ămīcum. Hor. A. P. 425.

internus, a, um. *Internal, inner.*——Occīdit *internas* conjux mactātus ad ăras. Ov. Her. 7. 113. SYN. interior.

§**interpello, as.** 1. *To interrupt by speaking.*—2. *To hinder.*—1. *Interpellandi* lŏcus hīc ĕrat, Est tĭbĭ mater? Hor. Sat. 1. 8. 26.—2. Pransus non ăvĭdē quantum *interpellet* ĭnāni Ventre diem dūrāre. Hor. Sat. 1. 6. 127. SYN. 1. interfāri, q. v.—2. impĕdio, īs, q. v.

‡**interplĭco, as, ui.** *To interlace.*——Albaque pūnĭceas *interplĭcat* infŭla cristas. Stat. Theb. 4. 218. SYN. internecto, ĭs, nexui, xum.

interpōno, ĭs, pŏsui, pŏsĭtum. *To place among, between.*——Tēcum *interpŏsĭtâ* languĭda veste cŭbet. Tib. 1. 9. 56. SYN. insĕro, is, sĕrui; intersĕro.

interprĕs, ĕtis. masc. and fem. 1. *A messenger.*—2. *An interpreter.*——1. Nunc ĕtiam *interpres* Dīvûm Jŏve missus ab ipso . . . V. Æn. 4. 356.—2. Tertius ille hŏmĭnum Dīvûmque *interprĕs* Ăsȳlas. V. Æn. 10. 175. SYN. 1, nuntius, q. v.

†‡**interprĕtor, aris.** sometimes in tmesi. *To interpret.* —— Cætĕra degĕrĕre hōc *inter* quæcumque *prĕtantur.* Lucr. 4. 830. SYN. explĭco, as, ui, q. v.

interrĭtus, a, um. *Unfrightened, fearless.* —— In montĭbus Ōpis Alta sĕdet summis, spectatque *interrĭta* pugnas. V. Æn. 11. 837. SYN. imperterrĭtus, impăvĭdus, intrĕpĭdus. PHR. Rĕvŏcāte ănĭmos, mœstumque tĭmōrem mittĭte. V. Atque mĕtūs omnes et ĭnexōrābĭle fatum Subjĕcit pĕdĭbus. V. v. fortis.

‡**interrŏgo, as.** *To inquire.* —— Bĕne hăbet, nīl plūs interrŏgŏ, Sed quid Turba Rĕmi. Juv. 10. 72. SYN. rŏgo, q. v.; quæro, is, quæsivi.

interrumpo, ĭs, rūpi, ptum. *To interrupt.* —— Singultuque pias *interrumpente* quĕrēlas. Ov. Met. 11. 420. SYN. rumpo, ăbrumpo; scindo, ĭs, scĭdi, scissum.

†**intersēpio, ĭs.** sometimes in tmesi. *To intercept.* —— *Inter* ĕnim *sēpīt* ădĭtus nātūra viasque. Lucr. 4. 949. SYN. interclūdo, ĭs si.

intersĕro, ĭs, sēvi, sĭtum. *To plant between, to interpose* (*trans.*), *to mingle.* —— Sīc aĭt, et mĕdiis *intersĕrit* oscŭla verbis. Ov. Met. 10. 559. SYN. insĕro, ĭs, ui, sertum; misceo, es, ui, mixtum; admisceo.

‡**intersŏno, as, ui.** *To sound among.* —— Mĕdiis *intersŏnat* Orpheus Rēmĭgiis. Stat. Theb. 5. 344.

†‡**interstinguo, is, xi, ctum.** 1. *To extinguish.* — 2. *To variegate.* —— 1. Quæ făciunt ignes *interstingui* atque fĕrīre. Lucr. 5. 760. — 2. Innŭmĕris spătia *interstincta* cŏlumnis. Stat. Sylv. 3. 5. 90. SYN. 1. exstinguo. — 2. v. orno.

‡**interstruo, ĭs, xi, ctum.** To connect. —— Ad ossa Illīso saxo quà spīna *interstruit* artus. Sil. 10. 150. SYN. jungo, ĭs, xi, q. v.

intersum, ĕs, est, etc. *To be present at* (*often as impers.*, v. interest). —— Lætus *intersis* pŏpŭlo Quĭrīni. Hor. 1. 2. 46. SYN. adsum, ădĕs, etc.

intertextus, a, um. *Entwined.* —— Nexĭlĭbus flōres hĕdĕris hăbet *intertextos.* Ov. Met. 6. 128. SYN. intextus, implĭcĭtus. v. texo.

intervallum, i. *A space between.* —— Proxĭmus huic, longo sed proxĭmus *intervallo.* V. Æn. 5. 320. v. spatium.

intervĕnio, īs, vēni, ventum. 1. *To intervene.* — 2. *To be mingled with, etc.* —— 1. Nox *intervĕnit* tĕnĕbrisque audăcia crēvit. Ov. Met. 8. 82. Plūra dŏlor prohĭbet, verboque *intervĕnit* omni. Ov. Met. 11. 708. SYN. 1. sŭpervĕnio. — 2. misceor, ĕris, q. v.

‡**intervĭreo, es.** no sup. *To be green among.* —— Squālentĭbus annis Exūtus lætisque mĭnax *intervĭret* herbis. Stat. Theb. 4. 98.

‡**intervŏlo, as.** *To fly among.* —— Immittitque rătem mĕdiasque *intervŏlat* urbes. Val. Fl. 2. 614.

†**intervŏmo, ĭs, ui.** no sup. *To pour out among.* —— Quod dulces inter salsas *intervŏmit* undas. Lucr. 6. 894.

§**intestābĭlis, e.** *Not allowed to give evidence, infamous.* —— Is *intestābĭlis* et săcer esto. Hor. Sat. 2. 3. 181.

‡**intestātus, a, um.** *Intestate.* —— Et sŭbĭti cāsūs imprōvĭdus ad cœnam si *Intestātus* eas. Juv. 3. 274.

intestīnus, a, um. *Inward.* —— Siccĭne subrēpsti mĭ, atque *intestīna* pĕrurens. Cat. 77. 3. SYN. internus.

intexo, is, xui, xtum. 1. *To inweave, to embroider.* — 2. *To plait.* —— 1. Purpŭreasque nŏtas fīlis *intexuit* albis. Ov. Met. 6. 577. — 2. Et fŏliis lentas *intexĕre* mollĭbus hastas. V. E. 5. 31. SYN. 1, 2. texo, contexo, intertexo. — 2. implĭco, as, ui; necto, is, xui, xum; innecto.

intĭmus, a, um. superl. of intĕrior, q. v. *Inmost.* —— *Intĭma* mōre suo sēse in cūnābŭla condent. V. G. 4. 66.

intinctus, a, um. *Dipped, stained.* —— Tingit et *intinctas* gĕmĭnis accendit ĭn āris. Ov. Met. 7. 260. SYN. tinctus. v. tingo.

†**intŏlĕrābĭlis, e.** *Intolerable.* —— *Intŏlĕrābĭlĭbus*que mălis ĕrat anxius angor. Lucr. 6. 1157.

intŏno, as, ui, ātum. 1. *To thunder* (*intrans.*). — 2. *To thunder out*, i. e. *speak loudly, roar* (*perf. pass. part. in intrans. sense*). —— 1. *Intŏnuēre* pŏli, et crēbris mĭcat ignĭbus æther. V. Æn. 1. 90. — 2. Nec nĭmium rĭgĭdas *intŏnuisse* mĭnas. Ov. Am. 1. 7. 46. Exsurgitque făcem attollens atque *intŏnat* ōre. V. Æn. 6. 607. Si quos Ēōis *intŏnāta* fluctĭbus Hyems ad hoc vertat măre. Hor. Epod. 2. 51. SYN. 1, 2. tŏno.

intonsus, a, um. 1. *Unshorn.*—2. *Uncut, of mountains, trees, etc.*——1. Tālĭbus *intonsŭm* compellat Sminthea dictis. Ov. Met. 12. 585. Sētĭgĕri fœtum suis *intonsam*que bĭdentem Attŭlit. V. Æn. 12. 170.—2. Consurgunt gĕmĭnæ quercūs, *intonsa*que cœlo Attollunt căpĭta. V. Æn. 9. 681. SYN. 1. indētonsus.—2. incæduus.

intorqueo, es, rsi, rtum. 1. *To twist, to roll, to entwine.*—2. *To brandish, to hurl.*——1. Ardentes ŏcŭlos *intorsit* lūmĭne glauco. V. G. 4. 451. *Intorti* căpillis Eumĕnĭdum rĕcreantur angues. Hor. 2. 13. 35.—2. Săcrum qui cuspĭde rōbur Læsĕrit et tergo scĕlĕrātam *intorsĕrit* hastam. V. Æn. 2. 231. SYN. 1, 2. torqueo, q. v.; contorqueo, v.

intrā. *Within.*——Primusque Thȳmætes Dūci *intrà* mūros hortātur, et arce lŏcāri. V. Æn. 2. 33. SYN. ĭn, q. v.

intractābĭlis, e. *Unmanageable.*——Sed fīnes Lĭbȳci gĕnus *intractābĭle* bello. V. Æn. 1. 339. SYN. indŏcĭlis.

intractātus, a, um. *Unhandled, untried.*——Nē quid ĭnausum Aut *intractātum* scĕlĕrisve dŏlive fuisset. V. Æn. 8. 206. SYN. intentātus, ĭnexpertus.

intrĕmo, ĭs, ui. no sup.——Palluit et sŭbĭto gĕnua *intrĕmuēre* tĭmōre. Ov. Met. 2. 180. SYN. trĕmo, q. v.

intrĕpĭdus, a, um. *Fearless.*——Pertŭlit *intrĕpĭdos* ad fāta nŏvissĭma vultus. Ov. Met. 13. 478. SYN. interrītus, q. v.

†intrinsĕcus. *On the inside, within.*——Sūdābant ĕtiam fauces *intrinsĕcus* ātro Sanguĭne. Lucr. 6. 1145. SYN. intus, intrā, introrsus.

intro, as. 1. *To enter.*—2. ‡*To attack.*——1. Hūc ŭbĭ dēlāti portūs *intrāvĭmus* ecce. V. Æn. 3. 219.—2. Sæpe ĕtiam injustis collātum vīrĭbus hostem Ultro audax ănĭmis *intrat.* Stat. Theb. 6. 774. SYN. 1. ĭneo, īs, īvi, ĭtum; sŭbeo; ingrĕdior, ĕris, gressus; succēdo, ĭs, cessi, *c. dat.*—2. aggrĕdior, q. v.

†intrōdūco, ĭs, xi. *To bring in, introduce.*——Sic ănĭmas *intrōduxērunt* sensĭbus auctas. Lucr. 3. 630. SYN. indūco; infĕro, fers, ferre, tŭli, lātum.

intrōgrĕdior, eris. only found in part. **intrōgressus.** *To enter.*——Postquam *intrōgressi* et cōram dăta cōpia fandi. V. Æn. 11. 248. v. intro.

introĭtus, ûs. 1. *An entrance, or entering.*—2. *An entrance or place by which to enter.*——1. Jānĭtor ēgressūs *introĭtus*que vĭdet. Ov. F. 1. 138.—2. Cūjus in *introĭtu* gĕmĭnas hăbĭtâsse sŏrōres (narrat). Ov. Met. 4. 773. SYN. 1. ingressus.—1, 2. ădĭtus, ûs.

introrsus, introrsum. adv. *Within.*——Hæc ŭbĭ rex dĭdĭcit lăcrȳmas *introrsus* ŏbortas Dēvŏrat. Ov. F. 4. 845. SYN. intus, intrā, †intrinsĕcus.

intŭbum, i. usu. in pl. *Endive.*——Strȳmŏniæque grues, et ămāris *intŭba* fībris. V. G. 1. 120.

intueor, ēris, ĭtus sum. *To look at.*——Quid ut nŏverca me *intuēris,* aut ŭti Pĕtīta ferro bellua. Hor. Epod. 5. 9. SYN. specto, as; aspĭcio, ĭs, spexi.

intŭli. perf. from infero, q. v.——Magnum illa terrōrem *intŭlĕrat* Jovi. Hor. 3. 4. 48.

intŭmesco, ĭs, tŭmui. no sup. 1. *To swell.*—2. *To be angry.*——1. Nĕque *intŭmescit* alta vīpĕrīs hŭmus. Hor. Epod. 16. 52.—2. Jūpĭter *intŭmuit,* quáque est non ūsa mŏdeste Erĭpuit unquam. Ov. F. 2. 607. SYN. 1, 2. tŭmeo, tŭmĕsco, q. v.—2. īrascor, ĕris, īrātus sum, q. v.

intŭmŭlatus, a, um. *Unburied.*——Occurramque ŏcŭlis *intŭmŭlata* tuis. Ov. Her. 2. 134. SYN. ĭnhŭmātus; insĕpultus, q. v.

intus. adv. *Within.*——*Intus* ăquæ dulces vīvoque sĕdīlia saxo. V. Æn 1. 167. SYN. introrsus, intrā.

invâdo, ĭs, si, sum. 1. *To enter.*—2. *To attack, lit. or metaph. with words, etc.*—3. *To attempt, to undertake.*——1. Vīcīnosque, ignāre, păras *invādĕre* portus. V. Æn 3. 382.—2. Ferro quis scindĕre vallum Appărat, et mēcum *invādit* trĕpĭdantia castra? V. Æn. 9. 147. Contĭnuo *invādit* "Tu nunc Carthāgĭnis altæ Fundāmenta lŏcas." V. Æn. 4. 265.—3. Aut pugnam, aut ălĭquid jamdūdum *invādĕre* magnum Mens ăgĭtat mihĭ. V. Æn. 9. 186. SYN. 1. ĭneo, īs, īvi, ĭtum; intro, as; ingrĕdior, ĕris, gressus sum.—2, 3. aggrĕdior, q. v.—3. suscĭpio, ĭs, cēpi, q. v.; ădŏrior, ŏrīris, ortus. PHR, 2. Donec flūmĭneâ dēvecta Vĭtellius undâ Intŭlit expŏsĭto mīlĭte signa Gĕtis. Ov.

†invăleo, es, ui. no sup., sometimes in tmesi. *To grow strong.*——Ĕrunt, et crescent *in*que *vălēbunt.* Lucr. 2. 300. SYN. văleo.

invălĭdus, a, um. *Weak.*——*Invălĭdas*que tĭbī tendens, heu non tua! palmas. V. G. 4. 498. SYN. impŏtens ; dēbĭlis ; infirmus.
invectus, a, um. part. pass. of seq. *Also inveighing against.*——Tristĭbus *invectus* verbīs, ĭtă Princĭpe dignum. Ov. Tr. 2. 133.
invĕho, ĭs, xi, ctum. *To carry, to carry on.*——*Invehĭtur* cĕlĕri barbărus hostis Ĕquo. Ov. Tr. 3. 10. 54. SYN. veho, q. v. ; fĕro, fers, ferre, tŭli, lātum ; infĕro ; importo, as.
invĕnio, īs, vēni, ventum. *To find, to find out, to discover, to invent.*——Fāta viam *invĕnient* ădĕritque vŏcātus Apollo. V. Æn. 3. 395. SYN. rĕpĕrio, īs, rĕperi, rĕpertum ; compĕrio ; nŏvo, as (*of inventing a new thing*). PHR. Ut vărias ūsus mĕdĭtando extundĕret artes Paulātim. V.
inventor, ōris. *A finder out, an inventor, a deviser.*——Tȳdīdes sed ĕnim scĕlĕrumque *inventor* Ūlysses. V. Æn. 2. 164. SYN. rĕpertor, monstrātor, auctor, commentor, părens.
inventrix, īcis. fem. of prec. Adsis o Tĕgeæe făvens oleæque Mĭnerva *Inventrix.* V. G. I. 19.
inventum, i. *An invention.*——*Inventum* mĕdĭcīna mĕum est ŏpĭferque per orbem Dīcor. Ov. Met. 1. 521.
invĕnustus, a, um. *Devoid of beauty.*——Quamvis sordĭda res et *invĕnusta* est. Cat. 12. 5. SYN. turpis, q. v.
invĕrēcundus, a, um. *Immodest.*——Sĭmul călentis *invĕrēcundus* Deus . . . Arcāna prōmōrat lŏco. Hor Epod. 11. 19. SYN. impŭdīcus.
invergo, ĭs, gi. no sup. *To pour upon.*——Frontique *invergit* vīna săcerdos. V. Æn. 6. 244. SYN. infundo, ĭs, fudi, q. v.
inverto, ĭs, ti, sum. *To invert, turn upside down, overturn, to turn up, etc.*——Quid lăbor aut bĕnĕfacta jŭvant, Quid vŏmĕre terras *Invertisse* grăves. V. G. 325. SYN. verto, q. v. ; sollĭcĭto, as.
investīgo, as. *To search out, to investigate.*——Magna, nec ingĕniis *investīgāta* priōrum. Ov. Met. 15. 146. SYN. vestīgo, ēvestigo ; quæro, ĭs, quæsīvi ; exquīro.
†‡investio, īs. *To clothe.*——Quas (sylvas sc.) nĕmŏre nūdo prīmus *investit* tĕpor. Seneca. Herc. Æt. 381. SYN. vestio.
†invĕtĕrasco, ĭs. only pres. *To grow old, to gain strength.*——Ulcus ĕnim vivescit et *invĕtĕrascit* ălendo. Lucr. 4. 1060.
‡invĕtĭtus, a, um. *Not forbidden.*——*Invĕtĭtum* saltus pĕnĕtrat pĕcus. Sil. 2. 442. SYN. immūnis.
invĭcem. often in tmesi. *By turns.*——Nos cantābĭmus *invicem* Neptūnum, et vĭrĭdes Nĕrēĭdum cŏmas. Hor. 3. 28. 9. *Inque vicem* fuĕrat captātus ănhēlĭtus ōris. Ov. Met. 4. 72. SYN. vĭcissim. PHR. Cur vĭcĭbus factis ĭneant convīvia quæro. Ov. Perque vĭces mŏdŏ Persĕphŏne, mŏdŏ Fīlia clāmat. Ov. Alternāre vĭces. Ov.
invictus, a, um. *Unconquered, unconquerable.*——Dis quanquam gĕnĭti atque *invictis* vīrĭbus essent. V. Æn. 6. 394. SYN. indŏmĭtus ; insŭpĕrābĭlis ; ĭnexpugnābĭlis. PHR. Te Cantăber non ante dŏmābĭlis. Hor. Cantābrum indoctum jŭga ferre nostra. Hor. Pēlīdæ stŏmăchum cēdĕre nescii. Hor.
invĭdeo, es, vīdi, sum. *To envy, to grudge.*——Tēne, inquit, mĭsĕrande puer cum læta vĕnīret *Invĭdit* Fortūna mihī nē regna vidēres Nostra. V. Æn. 11. 43. Căret *invĭdendā* sōbrius aulā. Hor. 2. 10. 7.
invĭdia, æ. *Envy, grudging, ill will.*——*Invĭdiā* rumpantur ut īlia Cŏdri. V. E. 7. 26. Quæ tandem Ausŏniā Teucros consīdĕre tĕrrā *Invĭdia* est? V. Æn. 4. 350. SYN. līvor, ōris. PHR. Nec qui dētrectat præsentia Līvor ĭnīquo Ullum de nostris dente mŏmordit ŏpus. Ov. Quem glōria Turni Oblīquā invĭdiā, et stĭmŭlis ăgĭtābat ămāris. V. Si tăcĭturnĭtas Obstāret mĕrĭtīs invĭda Rōmŭli. Hor. Et jam dente mĭnus mordeor invĭdo. Hor. Quid mihi Līvor ĕdax ignāvos objĭcis annos? Ov. Quia lædĕre vīvos Līvor et injusto carpĕre dente sŏlet. Ov.
invĭdiōsus, a, um. 1. *Envious.*—2. *Odious.*——Tempus ĕdax rērum tuque *invĭdiōsa* vĕtustas. Ov. Met. 15. 234.—2. Quæ sĕquitur certe est *invĭdiōsa* mĭnus. Prop. 2. 32. 46. SYN. 1. invĭdus, līvĭdus, ōblīquus (*of eyes, mind, etc.*), mordax (*esp. of words*).—2. ŏdiōsus, q. v.
invĭdus, a, um. *Envious.*——Noxque fuit præceps et cœptis invĭda nostris. Ov. Met. 9. 485. v. prec.

invĭgĭlo, as. *To watch over, to be careful or anxious about.*——Namque ălĭæ victu *invĭgĭlant*, et fœdĕre pacto Exercentur ăgris. V. G. 4. 158. SYN. vĭgĭlo; incumbo, ĭs, ui.

inviŏlābĭlis, e. *Inviolable.*——Pācem te poscĭmus omnes Turne, sĭmul pācis sōlum *inviŏlābĭle* pignus. V. Æn. 11. 363. v. seq.

inviŏlātus, a, um. *Inviolate.*——Quæ longius absunt Nātīvum rĕtĭnent *inviŏlāta* decus. Ov. Nux, 52. SYN. illæsus; intĕger, gra, grum.

invīso, ĭs, si. no sup. *To go to see.*——Xanthique fluenta Dēsĕrit, et Dēlon māternam *invīsit* Apollo. V. Æn. 4. 144. SYN. vīso.

invīsus, a, um. *Hated.*——Quisquis ĕs haud (crēdo) *invīsus* cœlestĭbus auras Vītāles carpis. V. Æn. 1. 388. SYN. ŏdiōsus; dētestātus.

‡**invītātor, ōris.** *An inviter.*——Hinc *invītātor* Cæsăris; inde Jŏvis. Mart. 9. 93. 2.

invīto, as. *To invite.*——*Invītat* gĕniālis hyems cūrasque rĕsolvit. V. G. 1. 302. SYN. vŏco, as, q. v.; incĭto, as.

invītus, a, um. *Unwilling.*——*Invītus* rēgīna tuo de littŏre cessi. V. Æn. 6 154. SYN. rĕcūsans.

invius, a, um. *Having no road; inaccessible, impassable.*——Longa prŏcul longis via dīvĭdit *invia* terris. V. Æn. 3. 383. SYN. ĭnaccessus, impervius.

ĭnŭla, æ. *Elecampane.*——Ērūcas vĭrĭdes, *ĭnŭlas* ĕgŏ prīmus ămāras Monstrāvi incŏquĕre. Hor. Sat. 2. 8. 51.

ĭnultus, a, um. 1. *Unrevenged.*—2. *Unpunished.*——1. Non mē quĭcumque ĕs *ĭnulto* Victor nec longum lætābĕre. V. Æn. 10. 739.—2. Dum . . . cătŭlos fĕræ Cēlent *ĭnultæ*. Hor. 3. 3. 42.

ĭnumbro, as. *To shade.*——Exstructosque tŏros obtentu frondis *ĭnumbrant*. V. Æn. 11. 66. SYN. ŏbumbro; tēgo, ĭs, xi.

ĭnundo, as. 1. *To overflow, trans.*—2. *To be overflowing.*——1. Hinc densi rursus *ĭnundant* Trōēs Ăgyllīnique. V. Æn. 12. 280.—2. Prælia miscent Aggĕrĭbus mūrōrum, et *ĭnundant* sanguĭne fossæ. V. Æn. 10. 24. SYN. 1, 2. ‡exundo.

ĭnungo, ĭs, xi, ctum. *To anoint.*——Non tămĕn idcirco contemnas lippus *ĭnungi*. Hor. Epist. 1. 1. 29. SYN. ungo, q. v.

invŏco, as. *To call, call on, invoke.*——Idæumque Jŏvem Phrўgiamque Ex ordĭne mātrem *invŏcat*. V. Æn. 7. 140. SYN. vŏco, q. v.; cieo, es, *rare except in pres.*

invŏlĭto, as. *To fly upon, lit. and metaph.*——Et quæ nunc hŭmĕrĭs *invŏlĭtant* dĕcĭdĕrint cŏmæ. Hor. 4. 10. 3. v. volo.

§**invŏlo, as.** *To fly towards, esp. so as to seize, to steal.*——Rĕmitte pallium mihi meum quod *invŏlāsti*. Cat. 25. 6. SYN. răpio, ĭs, ui, raptum, q. v.

involvo, ĭs, vi sometimes **lui, vŏlūtum.** 1. *To roll (trans.) upon.*—2. *To wrap up in, often so as to conceal.*—3. *To involve, to overwhelm.*——1. Saxa trăbesque sŭper tōtosque *involvĭte* montes. Ov. Met. 12. 507.—2. Infantem cūnis *invŏluisse* mănum. Ov. Her. 9. 86. Horrendas cănit ambāges, antroque rĕmūgit Obscuris vēra *involvens*. V. Æn. 6. 100.—3. Quos . . . ŏbruit auster ăquâ *involvens* nāvemque vĭrosque. V. Æn. 6. 336. SYN. 1. volvo, q. v.; impōno, ĭs, pŏsui, pŏsĭtum.—2. v. celo.—3. obruo, ĭs, ui, ŭtum.

ĭnurbānus, a, um. *Unpolished.*——Scīmus *ĭnurbānum* lĕpĭdo sēpōnĕre dicto. Hor. A. P. 273. SYN. rustĭcus, incultus.

†**ĭnurgeo, es, si.** no sup. *To urge.*——Īrātus pĕtit atque infensus *ĭnurget*. Lucr. 5. 1034. SYN. urgeo, q. v.

ĭnūro, ĭs, ussi, ustum. *To burn, to brand in.*——Vulnĕre sanguis *inustus*. Ov. Met. 12. 275. Contĭnuoque nŏtas et nōmĭna gentis *ĭnūrunt*. V. G. 3. 158. v. uro.

‡**ĭnusque.** *As far as.*——Nĕque ĕnim meus audeat istas Cīvis *ĭnusque* mănus. Stat. Theb. 1. 439. SYN. usque, ădusque.

ĭnustus, a, um. part. pass. from inuro, q. v. *also, Deeply implanted in.*——Hæc cūra et cĭnĕri spirat *ĭnusta* meo. Prop. 4. 11. 70.

ĭnūtĭlis, e. *Useless.*——*Ĭnūtĭles*que falce rāmos ampŭtens. Hor. Epod. 2. 13.

†**ĭnūtĭlĭtās, atis.** *Uselessness.*——Propter *ĭnūtĭlĭtātem* hĕbĕti mūcrōne rĕtūsum. Lucr. 5. 1273.

io, o. *Oh! alas!*——Ecquis, *Io* sylvæ crudēlius, inquit, ămāvit? Ov. Met. 3. 442.

Ĭō, Iûs. *The daughter of Inachus.*——Quæ tĭbĭ causa fŭgæ, quid *Ĭo* frĕta longa pererras. Ov. Her. 14. 103. Vīdĕrat a pātrio rĕdeuntem Jūpĭter *Io.* Ov. Met. 1. 588. SYN. Ĭnăchis, ĭdŏs; Phŏrōnis, ĭdŏs.

Iŏcasta, æ. *The mother and wife of Œdipus.*——Et gĕnĭtrix *Iŏcasta* mihĭ. Stat. Theb. 1. 681.

jŏcor, āris. *To jest.*——Quid si scripsissem mīmos obscœna *jŏcantes?* Ov. Tr. 2. 497. v. rideo.

jŏcōsus, a, um. *Jesting, fond of jokes, sportive.*——Māter ădes flōrum lūdis cĕlĕbranda *jŏcōsis.* Ov. F. 5. 183.

§jŏcŭlāris, e. *Jesting.*——Prætĕreā nē sīc ut qui *jŏcŭlāria* rīdens Percurram. Hor. Sat. 1. 1. 23. SYN. făcētus. v. prec.

jŏcus, i. pl. jŏci. sometimes **jŏca.** *A joke, a jest.*——Histŏriæ turpes insĕruisse *jŏcos.* Ov. Tr. 2. 444.

Iolciăcus, a, um. *Of Iolcos, a town in Magnesia from which the Argonauts set sail.*——Victor *Iolciăcos* tĕtĭgit cum conjŭge portus. Ov. Met. 7. 158. SYN. Colchĭcus, q. v.; Colchus.

Iŏlē, es. *Daughter of Eurytus and wife of Hercules.*——Amphĭtrўoniădĕn *Iŏles* ardōre tĕnēri. Ov. Met. 9. 140.

Iŏnia. *A province in Asia Minor.*——Nec Lătium nōrat quem præbet *Iŏnia* dīves. Ov. F. 6. 175.

Iŏniăcus, Iŏnĭcus, Iŏnius, a, um. *Ionian.*——Inter *Iŏniăcas* călăthum tĕnuisse puellas Dīcĕris. Ov. Her. 9. 73. Mōtus dŏcēri gaudet *Iŏnĭcos* Mātūra virgo. Hor. 3. 6. 21. Nôsse quot *Iŏnii* vĕniant ad littŏra fluctus. V. G. 2. 108.

‡iōtă. indecl. *A jot.*——Ūnum de tĭtŭlo tollĕre *iōtă* potes. Mart. 2. 93. 4.

Iphĭănassa. more usu. **Iphĭgĕnīa.** *The daughter of Agamemnon; acc. poet. also* **Iphĭgĕnīăn.**——Lĭquĭdas fēcisse per auras Nescĭo quam dīcunt *Iphĭgĕnīăn* ĭter. Ov. Ep. e P. 3. 2. 61. SYN. Mўcēnis, ĭdŏs, *acc.* ĭdă.

ipse, a, um. gen. **īus,** etc. 1. *Self, I myself, you yourself, he himself, etc.*—2. *Of one's own accord.*——1. *Ipse* căput tonsæ fŏliis ornātus ŏlīvæ Dōna fĕram. V. G. 3. 21.—2. *Ipsæ* lacte dŏmum rĕfĕrent distenta căpellæ Lībĕra. V. E. 4. 21. SYN. 2. v. sponte.

īra, æ. *Anger, rage.*——Nāte quis indŏmĭtas tantus dŏlor excĭtat *īras?* V. Æn. 2. 594. Quæ nĕque concursum cœli nec fulmĭnis *īram* . . . . . mĕtuunt. Ov. Met. 15. 811. SYN. răbies, ēi; fūriæ, ārum; fūror. PHR. Fūror īraque mentem Præcĭpĭtant. V. Fluctuat īra intus, rumpuntur nescia vinci Pectŏra. V. Tālĭbus Ālecto dictis exarsit in īras. V. Alcīdæ fūriis exarsĕrat ātro Felle dŏlor. V. Fervĭdus īrā. V. Quam . . . Fœmĭneæ ardentem cūræque īræque cŏquēbant. V. Văriis ăcuunt rūmŏrĭbus īras. V. Quo fĕret īra sĕquar. Ov. Nē lentā vīres collĭgat īra mŏrā. Ov. Tŭmĭdæ non impĕrat īræ. Ov. Trux dĕcet īra fĕras; Ōra tŭment irā, nĭgrescunt sanguĭne vēnæ, Lūmĭna Gorgŏneo sævius igne mĭcant. Ov. Tālĭbus īra fĕri postquam commōta tўranni. Ov. Accensæ non fortĭter impĕrat īræ. Ov. Consumtis prĕcĭbus vĭŏlentam transit in īram. Ov. Tăcĭtāque exæstuat īrā. Ov. Răbĭdā qui concĭtus īrā. Ov. Rĕcanduit īrā. Ov. Tūmĭdā frendens Māvortius īrā. Ov. Ingentes ănĭmo et dignas Jŏve concĭpit iras (Jupiter, sc.). Ov. Sumsitque nŏvas fervŏrĭbus īras. Ov. Īrārumque omnes effundit hăbēnas. V. Magnoque īrārum fluctuat æstu. V. Fŭriīs accensus et īrā Terribilis. V. v. Hor. 1. 16. 5—21.— *To provoke anger.* Non fuĕrant ārtes tanti quæ nūmĭnis iram Contraxēre mihĭ. Ov.— *To cease from anger.* Părĭter măris īra rĕcessit. Ov. Ērŭbuit Phaĕthon īramque pŭdōre rĕpressit. Ov. Si flectĭtur īra Deōrum. Ov. Mōta quĭdem est gĕnĕtrix, infractaque constĭtit īra. Ov. Ut fīniat īram Ōrat. Ov. Fīat ab ingĕnio mollior īra meo. Ov. Nūmĭnis ut læsi fīat mansuetior īra. Ov. Nēve hŏmĭnum rĕfĕram flexas ad mītius īras. Ov. Tūmĭdā ex īrā tum corda rĕsīdunt. V. Namque dăbunt vĕniam vōtis, īrasque remittent. V. v. placo.

īrăcundus, a, um. *Angry.*——Neque Per nostrum pătĭmur scĕlus *Īrăcunda* Jovem pōnere fulmina. Hor. 1. 3. 40. SYN. īrātus, fūriōsus. PHR. Tālia flammāto sēcum Dea corde vŏlūtans. V. v. ira.

īrascor, ĕris, īrātus sum. *To be angry.*——Nec cuiquam *īrasci* prŏpiusve accēdĕre virtus. V. Æn. 10. 712. SYN. succenseo, es, *rare beyond pres.*; sævio, īs; tŭmesco, ĭs, ui, *no sup.*; intŭmesco.

Īris, ĭs. fem. 1. *The messenger of the gods.*—2. *The rainbow.*——1. *Īrim* de cœlo mīsit Sāturnia Juno. V. Æn. 5. 606. — 1, 2. *Īrī* dĕcus cœli. V. Æn. 9. 18. *Iris* crŏceis per cœlum roscīda pennis Mille trahens vărios adverso Sōle cŏlōres. V. Æn. 4 700. Vārios indūta cŏlōres Concĭpit *Īris* ăquas, ălimentaque nūbĭbus affert. Ov. Met. 1. 271. PHR. Induĭtur vēlāmina mille cŏlōrum Iris et arquāto cœlum curvāmĭne signans . . . Ov. Quamvis prætexens pictā ferrūgĭne cœlum Ventūram admittāt imbrĭfer arcus ăquam. Tib.

‡**irrădio, as.** *To enlighten.* —— Tĕrĕtes hoc undĭque gemmæ *Irrădiant.* Stat. Theb. 6. 64. SYN. illustro, as, q. v.

‡**irrāsus, a, um.** *Unpolished, rough.* —— Buxentia pubes Aptābat dextrīs *irrāsæ* rōbŏra clāvæ. Sil. 8. 584.

irrĕdīvīvus, a, um. *Which cannot be restored.* —— *Irrĕdīvīvus* Nē sŭpīnus eat. Cat. 18. 3. v. irrĕpărābĭlis.

‡**irrĕdux, ŭcis.** *From which one cannot return.* —— *Irrĕdŭcem*que viam dēserto līmĭte carpit. Lucan. 9. 408. SYN. irrĕmeābĭlis.

irrĕlĭgātus, a, um. *Unbound.* —— Nūda pĕdem, crŏceas *irrĕlĭgāta* cŏmas. Ov. A. A. 1. 530. SYN. sŏlūtus.

irrĕmeābĭlis, e. *From which there is no return.* —— Ēvāditque cĕler rīpam *irrĕmeābĭlis* undæ. V. Æn. 6. 425. SYN. ‡irrĕdux, ŭcis.

irrĕpărābĭlis, e. *Irreparable, irrecoverable.* —— Sed fŭgit intĕreā, fŭgit *irrĕpărābĭle* tempus. V. G. 3. 284. PHR. Nullā rĕpărābĭlis arte.

irrĕpertus, a, um. *Undiscovered.* —— Aurum *irrĕpertum* et sic mĕlius sĭtum. Hor. 3. 3. 49.

‡**irrēpo, is, psi.** *To creep into, enter stealthily.* —— Lentoque *irrēpunt* agmĭne pœnæ. Stat. Theb. 5. 60. SYN. ‡irrepto, as. v. repo, intro.

irrĕprehensus, a, um. *Blameless.* —— Et laudem prŏbĭtas *irrĕprehensa* tŭlit. Ov. Tr. 5. 14. 22. SYN. inculpātus.

‡**irrepto, as.** *To creep into, enter stealthily.* —— Vīs Argōs eat hostīlesque Mycēnas Squālĭdus *irreptet.* Stat. Theb. 11. 732. v. irrepo.

irrĕquiētus, a, um. *Unquiet.* —— Scylla lătus dextrum, lævum *irrĕquiēta* Chărybdis Infestant. Ov. Met. 13. 730. SYN. inquiētus, implăcĭdus, turbĭdus.

irrĕsectus, a, um. *Uncut.* —— Hic *irrĕsectum* sæva dente līvĭdo Cănĭdia rōdens pollĭcem. Hor. Epod. 5. 48.

irrĕsŏlūtus, a, um. *Not loosened.* —— Vincŭla semper hăbens *irrĕsŏlūta* mănet. Ov. Ep. e P. 1. 2. 22.

‡**irrestinctus, a, um.** *Unextinguished.* —— *Irrestincta* fŏcis servant altāria flammæ. Sil. 3. 29. SYN. inextinctus.

irrĕtortus, a, um. *Not turned back or aside.* —— Quisquis ingentes ŏcŭlo *irrĕtorto* spectat ăcervos. Hor. 2. 2. 23.

irrĕvŏcābĭlis, e. *Irrevocable.* —— Et sĕmĕl emissum vŏlat *irrĕvŏcābĭle* verbum. Hor. Epist. 1. 18. 71. v. seq.

irrĕvŏcātus, a, um. *Not recalled, not to be recalled.* —— Sed ĕnim *irrĕvŏcātus* ab omni Cæde lŭpus perstat. Ov. Met. 11. 401. PHR. Nec quæ prætĕriit itĕrum rĕvŏcābĭtur unda, Nec quæ prætĕriit hōra rĕdīre potest.

irrīdeo, es, si, sum. *To laugh at.* —— Spernit et *irrīdet* factisque immītĭbus addit verba sŭperba fĕrox. Ov. Met. 14. 714. Rursusne prŏcos *irrīsa* priōres Expĕriar? V. Æn. 4. 534. SYN. rīdeo, dērīdeo.

irrĭgo, as. 1. *To water, to bedew.* — 2. *To pour or shed over.* —— 1. Ŭbĭ pinguia culta Exercentque vĭri Pactōlusque *irrĭgat* auro. V. Æn. 10. 142. — 2. Ipse fĕrāces Fĭgat hŭmo plantas et ămīcos *irrĭget* imbres. V. G. 4. 115. At Vĕnus Ascănio plăcĭdam per membra quiētem *Irrĭgat.* V. Æn. 1. 691. SYN. 1. rĭgo, hūmecto, as. — 1, 2. irrōro, as. — 2. spargo, ĭs, si; inspergo; infundo, ĭs, fūdi, sum; perfundo.

irrĭguus, a, um. *Moist, wet.* —— Parva sed *irrĭguīs* ōra sălūbris ăquis. Ov. Am. 2. 16. 2. SYN. rĭguus, mădĭdus, ūdus, hūmĭdus, mădens.

irrīsor, ōris. *One who laughs at, a mocker.* —— Dīcēbam tĭbĭ ventūros *irrīsor* ămōres. Prop. 1. 9. 1. SYN. rīsor, dērīsor.

irrītābĭlis, e. *Irritable.* —— Multa fĕro ut plăcem gĕnus *irrītābĭle* vātum. Hor. Epist. 2. 2. 102.

irrītāmĕn, ĭnis. neut. *Any thing which excites.* —— Cum sua terrĭbĭli pĕtit *irrītāmĭna* cornu. Ov. Met. 12. 103. SYN. mŏmentum, stĭmŭlus.

irrītāmentum, i. another form of prec. —— Effŏdiuntur ŏpes, *irrītāmenta* mălōrum. Ov. Met. 1. 140.

irrīto, as. *To irritate, to excite.* —— Cum fĕra dīlŭvies quiētos *irrītat* amnes. Hor. 3. 29. 40. SYN. excĭto, as, q. v.; concĭto, stĭmŭlo, as; exstĭmŭlo.

irrītus, a, um. *Vain, failing in one's purpose.* —— Vōta jăcent, longique lăbor pĕrit *irrĭtus* anni. Ov. Met. 1. 273. SYN. vānus, q. v.

irrŏgo, as. *To impose.* —— Rēgŭla peccātis quæ pœnas *irrŏget* æquas. Hor. Sat. 1. 3. 18. SYN. impōno, ĭs, pŏsui; stătuo, ĭs, ui, ūtum.

irrōro, as. 1. *To water, to bedew.* — 2. *To pour over.* —— 1. Ter sē convertit, ter sumptis flūmĭne crīnem *Irrōrāvit* ăquis. Ov. Met. 7. 190. — 2. Inde ŭbī lībātos *irrōrāvēre* lĭquores Vestĭbus et căpĭti. Ov. Met. 1. 371. SYN. 1, 2. irrĭgo, as, q. v.

‡**irrŭbesco, ĭs, bui.** no sup. *To grow red.* —— Nec sanguĭne ferrum *Irrŭbuit.* Stat. Theb. 6. 230. SYN. rŭbeo, q. v.

‡**irrūgo, as.** *To wrinkle, lit. and metaph.* —— Undantemque sĭnum nōdīs *irrūget* Ībēris. Stat. Theb. 4. 266.

irrumpo, ĭs, rūpi, ptum. *To break (intrans.) in or into, to rush into.* —— Qui cursū portas prīmi *irrūpēre* pătentes. V. Æn. 11. 879. Quid mŏror, *irrumpunt* thălămo. V. Æn. 6. 528. v. seq.

irruo, ĭs, ui, uitum. *To rush in or into or against.* —— Haud ălĭter jŭvĕnis mĕdios mŏrĭtūrus ĭn hostes *Irruit.* V. Æn. 9. 555. SYN. ruo. v. prec.

irruptus, a, um. *Unbroken.* —— Fēlīces ter et amplius Quos *irrupta* tĕnet cōpŭla. Hor. 1. 13. 18. SYN. ‡īnābruptus; intĕger, gra, grum; inviŏlātus.

Īrus, i. *A beggar in Ithaca.* —— *Īrus* et est sŭbĭto qui mŏdŏ Crœsus erat. Ov. Tr. 3. 7. 22.

Is, ea, id, gen. **ējus,** dat. **ei,** not found in good poetry, acc. **eum, eam** (very rare at the end of a pentameter), **id,** abl. **eo, ea, eo,** not found in poetry, very rare in pl. except in neut. nom. and acc. **ea.** *He, she, it.* —— *Is* lŏcus urbis ĕrit, rĕquies *ea* certa lăbōrum. V. Æn. 3. 393. SYN. ille.

Ĭsăra, æ. masc. *The river Isere.* —— Hi văda līquērunt *Ĭsăræ.* Lucan, 1. 399.

Īsaurus, a, um. *Of Isauria, a province of Asia.* —— Alter *Īsauras* Aut Crētum dŏmĭtas testĭfĭcātur ŏpes. Ov. F. 1. 593.

Īsiăcus, a, um. *Of Isis, an Egyptian deity.* —— Vīdi ĕgŏ līnĭgĕræ nūmen viŏlâsse fătentem *Īsĭdis Īsiăcos* ante sĕdēre fŏcos. Ov. Ep. e P. 1. 1. 52.

Ismărius, a, um. *Of Ismarus.* —— Gentĭbus *Ismăriis* et nostro grātŭlor orbi. Ov. Met. 10. 305. SYN. Thrēĭcius, q. v.

Ismărus, i. masc., pl. neut. **Ismăra.** *A mountain in Thrace.* —— Nec tantum Rhŏdŏpē mīrātur et *Ismărus* Orphēa. V. E. 6. 30. Jŭvat *Ismăra* Baccho Consĕrĕre. V. G. 2. 37.

Ismēnius, a, um. fem. also **Ismēnis, ĭdŏs,** pl. **ĭdĕs.** etc. (esp. of women). *Theban.* —— Hospĕs ab Āŏniis Therses *Ismēnius.* Ov. Met. 13. 682. Thūraque dant săcrasque cŏlunt *Ismēnĭdĕs* aras. Ov. Met. 3. 733.

Ismēnus, also **Ismēnŏs, i,** acc. **um** and **on.** *A river near Thebes.* —— Horruit ingenti vĕnientem *Ismēnŏn* ăcervo. Stat. Theb. 1. 40.

îssem, îsse, etc. sync. for **īvissem,** etc., pluperf. from eo, q. v. —— Dictus ĕs Ismăriis *îsse* per agmĕn ĕquis. Ov. Her. 1. 46.

iste, a, ud. gen. **istīus.** dat. **isti,** etc. *That.* —— Sed tamen *iste* Deus qui sit da Tītyre nōbis. V. E. 1. 19. SYN. is, ille.

Ister, tri. *The Danube.* —— Turbĭdus et torquens flāventes *Ister* ărēnas. V. G. 3. 350. SYN. Dānŭbius. PHR. Vīsam . . . Et Scȳthĭcum inviŏlātus amnem. Hor. Cærŭleos ventis lătīces dūrantĭbus Ister Congĕlat et tēctīs in măre serpit ăquis. Ov. Quos prŏcŭl a vōbis frīgĭdus Ister hăbet. Ov. Gentĭbus ōblīquâ quas ŏbit Ister ăquâ. Ov. Sōlus ad ēgressus missus septemplĭcis Istri. Ov. Stat vĕtus urbs rīpæ vīcīna bĭnōmĭnis Istri. Ov. Ipse păpȳrĭfĕro qui non angustior amne Miscetur vasto multa per ora frĕto. Ov,

‡**Isthmiăcus, a, um.** *Isthmian.* —— Et bis ĭn *Isthmiăcâ* victor clāmātus ărēnâ Stat. Theb. 6. 557. v. seq.

Isthmius, a, um. *Of the Isthmos, esp. of the Isthmian games.* —— Illum non lăbor *Isthmius* Clārābit pŭgĭlem. Hor. 4. 3. 3.

Isthmus and **ŏs, i,** acc. **um** and **ŏn.** *An isthmus, esp. of the Isthmus of Corinth.* —— Aut postquam bĭmărem cursu sŭpĕrāvĭmus *Isthmon.* Ov. Tr. 1. 10. 5.

PHR. Quique măris gĕmĭni distĭnet Isthmŏs ăquas. Ov. Et tĕnuis tellūs audit ŭtrumque măre. Ov.

§ **istic.** *There.* ——Non *istīc* ōblīquo ŏcŭlo mea commŏda quisquam Līmat. Hor. Epist. 1. 14. 37. SYN. illīc, ĭbĭ.

istinc. *From thence.* ——Fāre ăge quid vĕnias, jam *istinc* et comprĭme gressum. V. Æn. 6. 389. SYN. inde.

istō. *Thither.* ——Pāce brĕvi nōbīs ŏpus est dum transfĕror *istō.* Ov. Her. 18. 205. SYN. istūc.

istūc. *Thither.* ——Si tămĕn hæc audis et vox mea pervĕnit *istuc.* Ov. Ep. e P. 2. 2. 97. SYN. isto, illuc.

Ĭtă. *So.* ——Non *ĭtă*, namque etsi nullum mĕmŏrābĭle nōmen Fœmĭneâ in pœnâ est. V. Æn. 2. 583. SYN. sic.

Ĭtălia, æ. *Italy.* ——*Ĭtăliam* læto sŏcii clāmōre sălūtant. V. Æn. 3. 524. SYN. Ausŏnia, Lătium. PHR. Ad terram Hespĕriam vĕnies, ŭbĭ Lȳdius arva Inter ŏpīma vĭrûm lēni fluit agmĭne Tȳbris. V. Captaque ĕrat Lĭbȳcis Ausŏnis ōra mŏdis. Ov. Hinc Ĭtălæ gentes omnisque Œnōtria tellus In dŭbiis responsa pĕtunt. V. Salvē magna părens frūgum Sāturnia tellus. V. Seu vos Hespĕriam magnam Sāturniaque arva . . . Optātis. V. Nec prōlem Ausŏniam et Lāvīnia respĭcit arva. V. Ĭtăliam fāto prōfŭgus Lāvīnaque vēnit Littŏra. V. Nec tarda sĕquētur glōria dēlectos Lătio et Laurentĭbus ăgris. V. Sed fŏre qui grăvĭdam impĕriis belloque frĕmentem Ĭtăliam rĕgĕret. V. v. V. Æn. 1. 530—533.

Ĭtălĭcus, a, um, also **Ĭtălus,** a, um, and fem. **Ĭtălĭs, ĭdŏs,** etc. *Italian.* —— Graia quis *Ĭtălĭcis* auctor pŏsuisset in ōris Mœnia quærenti. Ov. Met. 15. 9. Quæque ŭbĭ sint nescĭs *Ĭtăla* regna sĕqui. Ov. Her. 7. 10. Prōdĭmur atque *Ĭtălis* longē disjungĭmur ōris. V. Æn. 1. 256. Tullaque et ærātam quătiens Tarpeia sĕcūrim *Ĭtălĭdes.* V. Æn. 11. 657. SYN. Ausŏnius, *and fem.* Ausŏnis, ĭdŏs; Laurens, Lāvīnius, Lāvīnus, Lătius, Lătīnus, Lătiālis, Œnōtrius, Œnōtrus. v. prec.

Ĭtăque. *Therefore.* ——*Ĭtăque* ut dŏmum Cȳbēles tĕtĭgēre lassŭlæ. Cat. 61. 35. SYN. ergo, ĭgĭtur, idcirco.

Ĭtem. *Also.* —— Contemplātor *ĭtem* cum se nux plūrĭma sylvis Induet in florem. V. G. 1. 187. SYN. ĕtiam, quŏque.

Ĭter, ĭtĭnĕris. neut. 1. *A journey.* —2. *A path, a way.* ——1. Vel măre per mĕdium fluctu suspensa tŭmenti Ferret *ĭter.* V. Æn. 7. 811. —2. Hāc *ĭter* Ēlȳsium nōbis. V. Æn. 6. 542. Hæsit ĕnim sub guttŭre vulnus, et ūdæ Vōcis *ĭter* tĕnuemque inclūsit sanguĭne vĭtam. V. Æn. 7. 534. SYN. 2. callis, is, *masc.*; via, q. v.

Ĭtĕro, ās. 1. *To repeat.* —2. *To do over again, to go over again, etc.* —— Quŏtiesque puer mĭsĕrābĭlis Ēheu Dixĕrat, hæc rĕsŏnis *ĭtĕrābat* vōcĭbus Ēheu. Ov. Met. 3. 495. Cras ingens *ĭtĕrābĭmus* æquor. Hor. 1. 7. 32. SYN. 1. ingĕmĭno, as; frĕquento, as; rĕpĕto, ĭs, īvi; rĕfĕro, fers, ferre, rĕtŭli, rĕlātum.

Ĭtĕrum. *Again.* ——Prædīcam et rĕpĕtens *ĭtĕrum*que *ĭtĕrum*que mŏnēbo. V. Æn. 3. 436. SYN. rursus, †rursum.

Ĭthăca, æ, and **Ĭthăcē,** es. *Ithaca, an island in the Ionian Sea, the kingdom of Ulysses.* ——Effŭgĭmus scŏpŭlos *Ĭthăcæ* Laërtia regna. V. Æn. 3. 272. Hāc mihĭ si pŏtior dŏmus est *Ĭthăcē*que căřīnâ. Ov. Met. 14. 169. v. Dūlĭchia. PHR. Effŭgĭmus scŏpŭlos Ĭthăcæ Lāertia regna. Et terram altrīcem sævi exsĕcrāmur Ulyssi. V.

Ĭthăcensis, e, ‡**Ĭthăcēsius,** a, um, and **Ĭthăcus,** a, um. *Of Ithaca.* ——Rēmĭgium vĭtiosum *Ĭthăcensis* Ŭlyssei. Hor. Epist. 1. 6. 63. Ardens ōre gĭgantēo sēdes *Ĭthăcēsia* Baii. Sil. 8. 539. Æŏlios *Ĭthăcis* inclūsĭmus ūtrĭbus Euros. Ov. Am. 3. 12. 29. SYN. Nērĭtius.

†**ĭtĭdem.** *In like manner.* ——Omnia nos *ĭtĭdem* dēposcĭmur aurea dicta. Lucr. 3. 12. SYN. părĭter.

Ītur, ĭtum est, etc., 3d sing. pass. pres., and perf., from eo, used impers. *I go, he goes, they go, etc.* ——*Ītur* in antīquam sylvam stabula alta fĕrārum. V. Æn. 6. 179. *Ĭtum-est* in viscĕra terræ. Ov. Met. 1. 138.

Ĭtūrus, a, um. fut. part. of eo, q. v. *About to go.* ——In te fingēbam viŏlentos Trōăs *ĭtūros.* Ov. Her. 1. 13.

†**ĭtus, ūs.** *The going.*——Nec rēpentis *ĭtum* cujusviscunque ănĭmantis Sentīmus. Lucr. 3. 389. SYN. incessus, ūs, q. v.

Ĭtўlus, i. *A son of Zethus and Aedon, sometimes confounded with Itys.*——Dauliăs absumpti fāta gĕmens *Ĭtўli.* Cat. 64. 13. v. seq.

Ĭtўs, yos, acc. Ĭtўn. *The son of Tereus and Progne.*——Nīdum pōnit *Ĭtyn* flēbĭlĭter gĕmens Infēlix ăvis. Hor. 4. 12. 5.

jŭba, æ. *A mane.*——Densa *jŭba*, et dextro jactāta rĕcumbit ĭn armo. V. G. 3. 86.

jŭbăr, ăris. neut. *A sunbeam, the sun.*——It portis *jŭbăre* exorto dēlecta jŭventus. V. Æn. 1. 130. SYN. rădius. v. Sol.

jŭbeo, es, jussi, jussum. *To command.*——Infandum rēgīna *jŭbes* rĕnŏvāre dŏlōrem. V. Æn. 2. 3. SYN. impĕro, as; præcĭpio, ĭs, cēpi; mando, as.

‡**Jūberna, æ.** *Ireland.*——Arma quidem ultra Littŏra *Jūbernæ* prōmōvĭmus. Juv. 2. 159.

‡**jūbĭlum, i.** *A joyful shout.* Et lætus scŏpŭlīs audivit *jūbĭla* Cyclops. Sil. 14. 475.

†**jūcundē.** *Pleasantly.* Non magnīs ŏpĭbus *jūcundē* corpŏra cūrant. Lucr. 2. 31.

jūcundus, a, um. *Pleasant.*——Quod tē per cœli *jūcundum* lūmĕn et auras . . . oro. V. Æn. 6. 363. SYN. acceptus, grātus, ămœnus, dulcis, suavis, plăcens, plăcĭdus. PHR. Cui carmĭna semper Et cĭthăræ cordi, nŭmĕrosque intendĕre nervis. V.

‡**Jūdæa, æ.** *Judæa.*——Et dēdĭta săcris Incerti *Jūdæa* Dei. Lucan. 2. 593.

Jūdæus, a, um. *Jewish.*——Cultaque *Jūdæo* septĭma săcra Sўro. Ov. A. A. 1. 76. SYN. Pălæstīnus.

‡**Jūdāĭcus, a, um.** *Jewish.*——*Jūdaĭcum* ēdiscunt et servant et mĕtuunt jūs. Juv. 14. 101. v. prec.

jūdex, ĭcis. masc. *A judge.*——Se lĕvat, et salvē nūmen mē *jūdĭce* dixit. Ov. Met. 2. 428. SYN. arbĭter, tri, *in fem.* arbĭtra; quæsītor. PHR. Jūdĭcis offĭcium est ut res ĭtă tempŏra rērum Quærĕre. Ov

jūdĭcium, i. 1. *Judgment*, i. e. *sentence.*—2. *Judgment*, i. e. *opinion.*——1. *Jūdĭcium* nōbis ĭgĭtur cum vindĭcis adsit. Ov. Ep. e P. 1. 7. 53.—2. Candĭda *jūdĭciis* illa sit hōra meis. Ov. Ep. e P. 3. 5. 52. SYN. 1. arbĭtrium.—2. sententia.

judĭco, as. *To judge, to decide.*——Et *jūdĭcantem* vĭdĭmus Æăcum. Hor. 2. 13. 22. SYN. dījūdĭco. PHR. Hanc Deus et mĕlior lĭtem Nātūra dĭrēmit.

jŭgālis, e. 1. *Belonging to a yoke, yoked in a chariot, sometimes the subst. being understood.*—2. *Belonging to marriage.*——1. Absenti Ænēæ currum gĕmĭnosque *jŭgāles* (jubet duci). V. Æn. 7. 280.—2. Nē cui mē vellem vinclo sŏciāre *jŭgāli.* V. Æn. 4. 16. SYN. 2. connūbĭalis, q. v.

jūgĕre. abl. sing. neut., the only case in sing., pl. **jūgĕra, jūgĕrum,** etc. *An acre, a field.*——Ut multo innŭmĕram *jūgĕre* pascat ŏvem. Tib. 2. 6. 24. v. ager.

jūgis, e. *Continually running (of water).*——Hortus ŭbi, et tecto vĭcīnus *jūgis* ăquæ fons. Hor. Sat. 2. 6. 2. v. perennis.

jŭgo, as. *To join, to couple.*——Cui păter intactam dĕdĕrat prīmisque *jŭgārat* Ōmĭnĭbus. V. Æn. 1. 345. SYN. jungo, ĭs, xi, q. v.

jŭgōsus, a, um. *Full of ridges, hilly.*——Quis prŏbet in sylvis Cĕrĕrem regnāre *jŭgōsis?* Ov. Am. 1. 1. 9.

jŭgŭlo, as. *To slay.*——Dēnĭque quisquis ĕrat castris *jŭgŭlātus* Ăchĭvis. Ov. Her. 1. 21. SYN. occīdo, ĭs, di, sum, q. v.

jŭgŭlus, i. *The throat.*——Hæc lŏquĭtur *jŭgŭlo*que haud inscius accipit ensem. V. Æn. 10. 907. SYN. guttur, ŭris.

jŭgum, i. 1. *A yoke.*—2. *Yoked horses.*—3. *The beam of a loom, or of a scale.*—4. *The seat on which rowers sit.*—5. *The ridge of a mountain.*——1. Curru succēdĕre sueti Quădrŭpĕdes et fræna *jŭgo* concordia ferre. V. Æn. 3. 542.—2. Nec sic immissis aurīgæ undantia lōra Concussēre *jŭgis.* V. Æn. 5. 147.—3. Tēla *jŭgo* vincta est, stāmen sēcernit ărundo. Ov. Met. 6. 55.—4. Inde ălios ănĭmos quæ per *jŭga* longa sĕdēbant Dēturbat. V. Æn. 6. 411.—5. Dum *jŭga* montis ăper, flŭvios dum piscis ămābit. V. E. 5. 76. SYN. 2. jŭgālis. v. equus.—4. transtrum.—5. v. mons. PHR. 1. Cui plăcet impăres Formas atque ănĭmos sub jŭga ahēnea Sævo mittĕre cum jŏco. Hor.

Nondum sŭbactâ ferre jŭgum vălet Cervīce. Hor. Ignōta tauris illīgātūrum juga Pĕrunxit hôc Iāsŏnem. Hor. Suppŏsĭtosque jŭgo pondus grăve cōgit ărātri Dūcĕre. Ov. Præbet et incurvo colla prĕmenda jŭgo. Ov. Subtrahis effracto tu quŏque colla jŭgo? Ov. Jussit et immĕrĭtam sub jŭga panda trahi (vaccam, sc.). Ov. Prīma jŭgo tauros suppōnĕre colla coēgit. Ov.

Jŭgurthīnus, a, um. *Of Jugurtha, King of Numidia, overthrown by Marius.* —— Io triumphe nec *Jŭgurthīno* părem Bello rĕportâsti dŭcem. Hor. Epod. 9. 23.

Iūleus, a, um. *Of Iulus, or of Julius Cæsar, or of July.* —— Tempus *Iūlēis* cras est nātāle Călendis. Ov. F. 6. 797.

Jūlius, i. *Julius, esp. J. Cæsar.*—2. ‡*July.*——1. Nascētur pulchrâ Trojānus ōrīgine Cæsar . . . *Jūlius*, a magno dēmissum nōmĕn Iūlo. V. Æn. 1. 288.—2. Non sūmet damnata togam sed *Jūlius* ardet. Juv. 2. 70. SYN. 2. Quintīlis.

Iūlus, i *Another name of Ascanius, son of Æneas.* —— Per gĕnĭtōrem ōro, per spes surgentis *Iūli*. V. Æn. 6. 364. SYN. Ascănius.

§jūmentum, i. *A beast of burden.*——Ætōlis ŏnĕrāta plăgis *jūmenta* canesque. Hor. Epist. 1. 18. 46.

junceus, a, um. *Belonging to a bulrush.* —— Textaque compŏsĭtâ *juncea* vincla rŏsâ. Ov. F. 4. 870. v. seq.

juncōsus, a, um. *Of or belonging to bulrushes.* —— Sperchēĭdēs undæ Contrĭbuēre ălĭquid *juncōsa*que littŏra Bæbes. Ov. Met. 7. 231. v. prec.

junctūra, æ. *A joining, a joint, a union.* —— Lătĕrum *junctūras* fībŭla mordet. V. Æn. 12. 274. Illa coit firmâ gĕnĕris *junctūra* cătēnâ. Ov. Her. 4. 135. v. copula.

junctus, a, um. perf. pass. from jungo, q. v., also as adj. 1. *Joined, attached to.* 2. *Near.* —— 1. *Junctissĭmus* illi Et cŏmĕs et vēri non dissīmŭlātor ămōris. Ov. Met. 5. 60.—2. Non est Augusto *junctior* ulla fŏro. Ov. Ep. e P. 4. 5. 10. SYN. 1. cārus, q. v.—2. prŏpinquus, vīcīnus.

juncus, i. *A bulrush.* —— Līmōsoque pălūs obdūcat pascua *junco*. V. E. 1. 49.

jungo, is, xi, ctum. 1. *To join.*—2. *To yoke.*—3. *To unite in marriage.*—— 1. Sed tĭbi ĕgo ingentes pŏpŭlos ŏpŭlentaque regnis *Jungĕre* castra păro. V. Æn. 8. 476.—2. Prīmus Ĕricthŏnius currūs et quătuor ausus *Jungĕre* ĕquos. V. G. 3. 114.—3. Cui se pulchra vĭro dignētur *jungĕre* Dīdo. V. Æn. 4. 192. SYN. 1. conjungo, adjungo; agglŏmĕro, as; contĭnuo, as; adjĭcio, is, jeci.—1. 3. sŏcio, consŏcio.—3. jŭgo, as; mărīto, as.

jūnior, ōris compar. from jŭvĕnis, q. v. *Younger.* —— Mox *jūniōres* quærit ădultĕros. Hor. 3. 6. 25. SYN. mĭnor.

jūnĭpĕrus, i. *The juniper tree.* —— *Jūnĭpĕri* grăvis umbra, nŏcent et frūgibus umbræ. V. E. 10. 76.

Jūnius, i. *June.* —— *Jūnius* est jŭvĕnum, qui fuit ante sĕnum. Ov. F. 6. 88.

‡jūnix, īcis. *A heifer.* ——Tot tĭbĭ cum in flammâ *jūnīcum* ōmenta lĭquescant. Pers. 2. 47. SYN. jŭvenca, q. v.

Jūno, ōnis. *The queen of heaven, sister and wife of Jupiter, held in especial honour at Argos; the peacock was sacred to her (Virgil calls Proserpine* Juno inferna). —— Tum sīc excēpit rēgia *Jūno.* V. Æn. 4. 114. SYN. Sāturnia. PHR. Ast ĕgŏ quæ Dīvûm incēdo rēgīna, Jŏvisque Et sŏror et conjux. V. Tum Jūno omnĭpŏtens. V. Jūnōni Argīvæ jussos ădŏlemus hŏnōres. V. Hoc vĕlit Eurystheus, vĕlit hoc germāna Tŏnantis. Ov.

Jūnōnĭcŏla, æ, masc. *Worshipping Juno.* —— Adde sĕnem Tătium *Jūnōnĭcŏlas*que Făliscos. Ov. F. 6. 49.

Jūnōnĭgĕna, æ, masc. *Born of Juno.* —— *Jūnōnĭgĕnæ*que mărīto Furta tŏri furtique lŏcum monstrāvit. Ov. Met. 4. 173.

Jūnōnius, a, um, and **Jūnōnālis, e.** *Of Juno.* —— Explĭcat ipsa suas āles *Jūnōnia* pennas. Ov. Am. 2. 6. 55. *Jūnōnāle* lĕges tempus. Ov. F. 6. 63.

Jūpĭter, gen. **Jŏvis,** etc. 1. *Son of Saturn and Ops, king of the gods, worshipped most especially in Crete.*—2. *The open air.* —— 1. *Jūpĭter* omnĭpŏtens prĕcĭbus si flectĕris ullis. V. Æn. 2. 689.—2. Mănet sub *Jŏve* frīgĭdo Vēnātor tĕnĕræ conjŭgis immĕmor. Hor. 1. 1. 25. SYN. 1. Diespiter, *only nom.*; Tŏnans.—2. *In abl.* Dīo. PHR. Nec Sāturnius hæc ŏcŭlis pater aspĭcit æquis. V. Divûm păter atque hŏmĭnum rex. V. Chaŏniique pătris glandes. V. Nāte pătris summi qui tēla Tўphōĕa temnis. V. Sŭpĕri regnātor Ŏlympi.

V. Sŭpĕroque nĭtentem Cœlĭcŏlûm rēgi mactābam in littŏre taurum. V. Dictæo cœli rēgem pāvēre sub antro. V. O qui res hŏmĭnumque Deûmque Æternis rēgis impĕriis et fulmĭne terres. V. Torquet qui sīdĕra mundi. V. Rērum cui prīma pŏtestas. V. Hŏmĭnum Dīvûmque æterna pŏtestas. V. Hŏmĭnum sător atque Deōrum. V. Fulmĭnantis magna Jŏvis mănus. Hor. Cœlo Tŏnantem crēdĭdĭmus Jŏvem Regnāre. Hor. Vasti quŏque rector Ŏlympi Qui fĕra terrĭbĭli jăcŭlātur fulmĭne dextrâ. Ov. Āra Pănomphæo vĕtus est săcrāta Tŏnanti. Ov.

jūrātus, a, um. pass. part. of juro. 1. *Being confirmed by an oath.*—2. *Being sworn by.*—3. *Having sworn.*——1. *Jūrātum*que Jŏvi fœdus. Sil. 1. 9.—2. At tu lentus ăbes, nec te *jūrāta* rĕdūcunt Nūmĭna. Ov. Her. 2. 23.—3. Esse Deos i crēde, fĭdem *jūrāta* fĕfellit. Ov. Am. 3. 3. 1.

jurgium, i. *A quarrel, strife.*——Sed tămĕn interdum tēcum quŏque *jurgia* nectat. Ov. Am. 2. 2. 35. SYN. lis, lītis.

§jurgo, as. *To brawl.*——*Jurgāres* ad te quod ĕpistŏla nulla vĕnīret. Hor. Epist. 2. 2. 22. SYN. †rixor, āris.

‡jūrĭdĭcus, i. *A judge.*——Flentes Eurȳdĭcen *jūrĭdĭci* sĕdent. Seneca, Herc. Fur. 581. SYN. jūdex, ĭcis, q. v.

jūro, as. *To swear, to swear by, etc.*——Cum tu magnōrum nūmen læsūra Deōrum In verba *jūrābas* mea. Hor. Epod. 15. 4. SYN. adjūro, †dējūro, dējĕro.

jūs, jūris. neut. 1. *Right.*—2. *Power over.*—3. *An oath.*——1. Remque mei *jūris* mallem tĕnuisse prĕcando. Ov. F. 6. 71. *Jūre* tĭbĭ Grātes, candĭde lector, ăgo. Ov. Tr. 4. 10. 132. Nec mea virgĭnĭtas, neque conjŭgiālia *jūra.* Ov. Met. 6. 536.—2. Tuque diem ālĭpĕdum *jūs* et mŏdĕrāmĕn ĕquōrum (poscit). Ov. Met. 2. 48.—3. Pōnit vix siccis tristia *jūra* labris. Prop. 4. 10. 64. Quid tĭbĭ nunc prōdest jūrandi formŭla *jūris.* Ov. Her. 21. 133. SYN. 1. æquum.—2. pŏtestas, ātis.—3. săcrāmentum.

jūs, jūris. *Sauce, broth.*——Ne mălĕ condītum *jūs* appōnātur. Hor. Sat. 2. 8. 69.

jussum, i. *A command.*——Tuus o rēgīna quod optes explōrāre lăbor, mihĭ *jussa* căpessĕre fas est. V. Æn. 1. 77. SYN. mandātum, præceptum. v. seq.

jussus, ûs. another form of prec., but rare except in abl.——Tum vēro fātīs ăpĕrit Cassandra fŭtūris Ōra Dei *jussu* non unquam crēdĭta Teucris. V. Æn. 2. 247.

justa, orum. *Funeral rites.*——Mātri proxĭma *justa* tŭli. Ov. Tr. 4. 10. 80. SYN. exsĕquiæ, q. v.

justē. *Justly.*——*Justius* ille tĭmet. Ov. Her. 17. 168. SYN. jūre.

justĭfĭcus, a, um. *Doing justly.*——*Justĭfĭcam* nōbis mentem āvertĕre Deorum. Cat. 62. 406. SYN. justus.

justĭtia, æ. *Justice.*——*Justĭtiæ*ne prius mīrer belline lăbōrum? V. Æn. 11. 126. SYN. æquum; Astræa, *when personified.*

‡justĭtium, i. *A cessation from business in the law courts.*——Clausaque *justĭtio* tristi fŏra. Lucan, 5. 32.

justus, a, um. 1. *Just.*—2. *Complete, proper.*——*Justissĭmus* ūnus Qui fuit in Teucrīs, et servantissĭmus æqui. V. Æn. 2. 426.—2. Hæc quŏque cum *justos* mātūra pĕrēgĕrit annos. Jūris ĕrit vestri. Ov. Met. 10. 36. SYN. 1. æquus. PHR. 1. Non illo mĕlior quisquam nĕc ămantior æqui Vir fuit. Ov.

jŭvĕnālis, e. *Youthful.*——Hæc inquit cognoscĭte Teucri Et mihĭ quæ fuĕrint *jŭvĕnāli* in corpŏre vires. V. Æn. 5. 475. v. jŭvĕnilis.

jŭvenca, æ. *A heifer.*——Pascĭtur in magnâ sylvâ formōsa *jŭvenca.* V. G. 3. 219. SYN. vĭtŭla.

jŭvencus, i. *A steer.*——Omne ævum ferro tĕrĭtur, versâque *jŭvencûm* Terga fătīgāmus hastâ. V. Æn. 9. 609. SYN. vĭtŭlus. v. bos.

jŭvĕnesco, ĭs. no perf. *To be young, to become young again.*——Illĭus ad tactum Pȳlius *jŭvĕnescĕre* posset. Ov. Am. 3. 7. 41. SYN. pūbesco, is, *no perf.*

jŭvĕnīlis, e. *Youthful.*——Utque tui făciunt sīdus *jŭvĕnīle* nĕpōtes. Ov. Tr. 2. 167.

jŭvĕnīlĭter. *In a youthful manner.*——Vēnātum in sylvis *jŭvĕnīlĭter* īre sŏlēbam. Ov. Met. 7. 805.

jŭvĕnis, ĭs. only masc. and fem., compar. **jūnior,** q. v. 1. *Young.*—2. (*often as subst.; but then always masc.*) *A youth.*——1. Admŏnĭtus *jŭvĕnes* nūtrīcĭbus annos Posse suis reddi. Ov. Met. 7. 295. — 2. Nam quis tē *jŭvĕnum* confīdentissĭme nostras Jussit ădīre dŏmos ? V. G. 4. 445. SYN. 1. impūbes. — 2. puer, ĕri. PHR. 2. Ora puer prīmâ signans intonsa jŭventâ. V. Intĕger ævi Ascănius. V. Vos o quĭbus intĕger ævi Sanguis ait sŏlĭdæque suo stant rōbŏre vīres. V. Tu quŏque flāventem prīmâ lānūgĭne mālas Dum sĕquĕris Clȳtium. V. Tum mihĭ prīma gĕnas vestībat flōre jŭventas. V. v. pueritia.

§jŭvĕnor, āris. *To behave like a young man, wantonly.*——Aut nĭmium tĕnĕris *jŭvĕnentur* versĭbus unquam. Hor. A. P. 246. SYN. lascīvio, īs.

jŭventa, æ. *Youth.*——Cum pŏsĭtis nŏvus exŭviis, nĭtĭdusque *jŭventâ.* V. G. 3. 437. v. seq. PHR. Quid mīrum prīmæ si me lānūgĭnis ætas abstŭlit. Ov. Perpĕtuumque ævi flōrem Rhădămanthus hăbēret. Ov. Prīmis et ădhuc crescentĭbus annis. Ov. Dum vernat sanguis dum rūgis intĕger annus. Prop. Ante urbem puĕri et prīmævo flōre jŭventus. V. Vĭrĭdi concordia cœpta jŭventâ. Ov.

juventas, ātis. but only used in nom. sing. Olim *jŭventas* et pătrius vĭgor Nīdo lăbŏrum prōpŭlit inscium. Hor. 4. 4. 5. v. seq.

jŭventūs, ūtis. *A body of youth.*——It portis jŭbăre exorto dēlecta *jŭventus.* V. Æn. 4. 130. SYN. pūbes. PHR. Si jam puĕrīle părātum Agmĕn hăbet sēcum. V.

jŭvo, as, jūvi. no sup. 1. *To aid.* — 2. *To please. In this latter sense 3rd sing. often as impers.* ——1. Neu *jŭver* admōtâ perdĭtus æger ŏpe. Ov. Ep. e P. 1. 13. 90. — 2. Non omnes arbusta *jŭvant* hŭmĭlesque mȳrīcæ. V. E. 4. 2. Sic sic *jŭvat* īre sub umbras. V. Æn. 4. 660. SYN. 1. adjŭvo, *part. pass.* adjūtus; succurro, ĭs, ri; auxĭlior, āris; subvĕnio, īs, vēni.—2. plăceo, es; dēlecto, as.

juxta. prep. c. acc., often as adv. sine c. —— Circum Piscōsos scŏpŭlos hŭmĭlis vŏlat æquŏra *juxta.* V. Æn. 4. 255. Fŭriārum maxĭma *juxta* Accŭbat. V. Æn. 6. 605. SYN. prŏpe, propter, sĕcundum.

†juxtim. *Near.*——Cur ea quæ fuĕrint *juxtim* quădrāta prŏcul sint Vīsa rŏtunda. Lucr. 4. 503.

Ixīon, ŏnis. acc. ŏna. *A king of the Lapithæ; he offered violence to Juno, for which he was fastened by snakes to a wheel which was continually revolving.*—— Amnemque sĕvērum Cōcȳti mĕtuet tortosque *Ixīŏnis* angues. V. G. 3. 38. PHR. Quique ăgĭtur răpĭdæ vinctus ab orbe rŏtæ. Prop.

Ixīŏnius, a, um. *Of Ixion.*——Atque *Ixīŏnii* vento rŏta constĭtit orbis. V. G. 4. 484.

Ixīŏnĭdes, æ. *The son of Ixion, Pirithous; also the Centaurs.* Hâc *Ixīŏnĭdes,* illâ Trœzēnius hēros. Ov. Met. 8. 566.

L.

lăbans, antis. part. of labo, q. v. *Also, inconstant, wavering.*——Sōlus hĭc inflexit sensūs ănĭmumque *lăbantem* Impŭlit. V. Æn. 4. 22. SYN. inconstans, dŭbius.

labasco, is. no perf.——Marmŏrea adductis *labascunt* brăchia nōdis (*Scal., however, reads* adductisque lăbascunt, *as there is no other instance of this a being used long*). V. Ciris. 450. SYN. lăbo.

‡Labdăcĭdes, æ. masc. *Laius, or Polynices, or (in pl.) Thebans, as descendants of Labdacus, father of Laius, king of Thebes.*——Sic ille trŭces hortātĭbus implet *Labdăcĭdas.* Stat. Theb. 10. 36. v. Thebanus.

lăbĕfăcio, ĭs, fēci, factum. *To make to totter, to undermine.*——*Lăbĕfactaque* tandem Ictĭbus innŭmĕris adductaque fūnĭbus arbor Corruit. Ov. Met. 8. 774. SYN. lăbĕfacto, as.

lăbĕfacto, as. *To make to totter, etc.*——Dum *lăbĕfactat* ŏnus grăvĭdi tĕmĕrāria ventris. Ov. Am. 2. 13. 1. v. prec.

lăbellum, i. *A lip.*——Nec te pœnĭteat călămo trīvisse *lăbellum.* V. E. 2. 34. SYN. lăbrum, q. v.; lăbiæ, ārum.

lābes, is. fem. 1. *A fall.* — 2. *A stain, esp. metaph. a disgrace, etc.*——1. Hinc mihĭ prīma măli *lābes,* hinc semper Ŭlysses Crīmĭnĭbus terrēre nŏvis. V.

Æn. 2. 97. — 2. Sīve ălĭquod mōrum seu vītæ *lābe* cărentis Est prĕtium. Ov. Tr. 1. 8. 43. SYN. 1. cāsus, ūs.—2. măcŭla, æ.

‡lăbiæ, arum. *Lips.* —— Inter singultus *lăbiis*que trĕmentĭbus Anna. Sil. 8. 114. v. labrum.

lăbo, as. 1. *To totter, to be ready to fall.* — 2. *To waver.* —— 1. Nec claustra nĕque ipsi Custōdes sufferre vălent; *lăbat* ărĭete crēbro Jānua. V. Æn. 2. 492. Dixĕrat Ænēæ cum res Trōjāna *lăbāret.* Ov. Met. 15. 438. — 2. Dōnec *lăbantes* consĭlio pătres Firmăret auctor nunquam ălias dăto. Hor. 3. 5. 45. SYN. 1. lăbasco, is, *no perf.*; †văcillo, as. — 1, 2. nūto, as. — 2. dŭbĭto, as, q. v.

lābor, ĕris, lapsus sum. 1. *To fall.* — 2. *To glide.* — 3. *To flow on, lit. and metaph., etc.* —— 1. Sæpe ĕtiam stellas vento impendente vĭdēbis Præcĭpĭtes cœlo *lābi.* V. G. 1. 367. Ante . . . Quam nostro illīus *lābātur* pectŏre vultus. V. E. 1. 64. — 1, 2. Perque gĕnas lăcrўmæ strictum *lābuntur* in ensem. Ov. Her. 7. 185. — 2. Ut răte fēlīci pācāta per æquŏra *lābar.* Ov. Her. 10. 65. — 3. Perque rĕsurgentes rīvis *lābentĭbus* herbas. Ov. Am. 2. 16. 9. *Lābĭtur* occultē fallitque vŏlātĭlis ætas. Ov. Am. 1. 8. 49. SYN. 1. prōlābor; lapso, as; cădo, ĭs, cĕcĭdi, cāsum; dēcĭdo; ruo, ĭs, ui, uĭtum. — 1, 2, 3. dēlābor. — 3. fluo, ĭs, xi, xum, q. v.

lăbor and **§lăbōs, ōris.** masc. 1. *Labour, the fruit of labour.* — 2. *Disaster, hardship.* —— 1. Tu, Dea, tu præsens nostro succurre *lăbōri.* V. Æn. 9. 404. Sternit ăgros, sternit săta læta boûmque *lăbōres.* V. Æn. 2. 306. — 2. Et brĕvĭter Trōjæ sūprēmum audīre *lăbōrem.* V. Æn. 2. 31. SYN. ŏpus, ĕris; ŏpĕra. — 2. mălum, q. v. PHR. Lăbor omnia vincit Imprŏbus. V. Scīlĭcet omnĭbus est lăbor impendendus. V. Quālis ăpes æstāte nŏvâ per flōrea rūra Exercet sub sōle lăbor. V. Tuque ădĕs inceptumque ūnā dēcurre lăbōrem. V. Frustrāque lăbōrem Ingrātum trahit. V. Ventūræque hyĕmis mĕmŏres æstāte lăbōrem Expĕriuntur. V. Pătiar quemvis dūrāre lăbōrem. V. Ardua mōlĭmur, sed nulla nĭsi ardua virtus; Diffĭcĭlis nostrâ poscĭtur arte lăbor. Ov. Jam dŭcĭbus somnum dĕdĕrat lăbor. Ov. Fallēbat cūras ægraque corda lăbor. Ov. Pĭget . . . longi ferre lăbōris ŏnus. Ov. Hoc prĕtium cūræ vĭgĭlātōrumque lăbōrum Cēpĭmus. Ov. Gaudē dēfuncta lăbōrĭbus Īno. Ov.

lăbōrātus, a, um. part. pass. from laboro, q. v. *Made with labour.* —— Ŏnĕrantque cănistris Dōna *lăbōrātæ* Cĕrĕris. V. Æn. 8. 181.

labōrĭfer, ĕra, ĕrum. *Enduring toil.* —— Namque *lăbōrĭfĕri* cum jam nātālis ădesset Hercŭlis. Ov. Met. 9. 285. v. seq.

lăbōriōsus, a, um. 1. *Enduring toil.* — 2. *Causing toil, done or made with toil.* —— 1. *Lăbōriōsi* rēmĭges Ŭlyssei. Hor. Epod. 17. 16. — 2. Omne ævum trĭbus explĭcāre chartis Doctis Jūpĭter et *lăbōriōsis.* Cat. 1. 6. SYN. 1. lăbōrĭfer, ĕra, ĕrum; ŏpĕrōsus. — 2. diffĭcĭlis. PHR. 1. Et pătiens ŏpĕrum exĭguoque assueta juventus.

lăbōro, as. 1. *To labour.* — 2. *To do or make with labour.* — 3. *To be afflicted (with any evil).* —— 1. Arva cŏlunt ŏpĕrique făvent, in spemque *lăbōrant.* Ov. Met. 15. 367. — 2. Quāle non perfectius Meæ *lăbōrārint* mănus. Hor. Epod. 5. 60. — 3. Turpe *lăbōrantem* dēsĕruisse rătem. Ov. Ep. e P. 2. 22. SYN. 1. allăbōro; ŏpĕror, āris; nītor, ĕris, nīsus sum. — 2. ēlăbōro. — 3. opprĭmor, ĕris, oppressus. v. doleo. PHR. Et sŏlĭdâ rāmos fīgĕre pugnat hŭmo. Ov.

lăbrum, i. 1. *A lip.* — 2. *A vat, a bath.* —— 1. Necdum illis *lābra* admŏvi sed condĭta servo. V. E. 3. 43. — 2. Spūmat plēnis vindēmia *lābris.* V. G. 2. 6. Nec Dryădas nec nos vĭdeamus *lābra* Dĭānæ. Ov. F. 4. 61. SYN. 1. lăbellum, *in pl.* ‡lăbiæ. — 2. lăcus, ūs.

lābrusca, æ. *The wild vine.* —— Sylvestris rāris sparsit *lābrusca* răcēmis. V. E. 5. 7.

lābruscum, i. *The fruit of the wild vine.* —— Densaque virgultis ăvĭdē *lābrusca* pĕtuntur. V. Culex. 52.

lăbўrinthēus, a, um. *Of a labyrinth.* —— Ne *Lăbўrinthēis* e flexĭbus ēgrĕdientem Tecti frustrārētur ĭnextrīcābĭlis error. Cat. 62. 174.

lăbўrinthus, i. *A labyrinth, esp. that made by Dædalus in Crete.* —— Ut quondam Crētâ fertur *lăbўrinthus* in altâ Părĭetĭbus textum cæcis ĭtĕr ancĭpĭtemque Mille viis hăbuisse dŏlum quâ signa sĕquendi Fallĕret indēprĕnsus et irrĕmeābĭlis error. V. Æn. 5. 588. PHR. Hic lăbŏr ille dŏmûs et ĭnextrīcābĭlis error. V. Ut qui tecta nŏvi formam cēlantia monstri Intrârunt cæcæ non rĕdeunda dŏmûs. Ov. Multĭplĭcique dŏmo cæcisque inclūdĕre tectis. Ov. Sectaque per dŭbias saxea tecta vias. Ov. v. Ov. Met. 8. 158—168.

lāc, lactis. neut. *Milk.* —— *Lac* mihĭ non æstāte nŏvum non frīgŏre dēfit. V. E. 2. 22.

Lăcæna, æ. fem. *A Lacedæmonian woman, sometimes as adj.* —— Jam nec *Lăcænæ* splendet ădultĕræ Fāmōsus hospes. Hor. 3. 3. 25. SYN. Lăcōnis, ĭdŏs; Œbălis, ĭdŏs. * v. Lacedæmonius.

Lăcēdæmōn, ŏnis. acc. **ona.** fem. *Lacedæmon.* —— O ŭtĭnam tunc cum *Lăcēdæmŏna* classe pĕtēbat. Ov. Her. 1. 5. SYN. Sparta, Spartē.

Lăcĕdæmŏnius, a, um. *Lacedæmonian.* —— Tendens Vĕnāfrānos ĭn āgros Aut *Lăcĕdæmŏnium* Tarentum. Hor. 3. 5. 36. SYN. Lăcōnĭcus, Spartānus, Tænărius, Œbălius. v. Lacon.

lăcer, ĕra, ĕrum. *Torn, battered.* —— Hic *lăcer* admissos terruit Hector ĕquos. Ov. Her. 1. 36. Cum *lăcĕras* ăries bālistave concŭtit arces. Ov. Met. 11. 509. SYN. lăcĕrātus, dīlăniātus (*neither of inanimate things*).

lăcerna, æ. *A cloak.* —— Mittenda est dŏmĭno (nunc nunc prŏpĕrāte puellæ) Quam prīmum nostrâ facta *lăcerna* mănu. Ov. F. 2. 646. SYN. pallium, q. v.

‡lăcernātus, a, um. *Wearing a cloak.* —— Ipse *lăcernātæ* cum se jactāret ămīcæ. Juv. 1. 69.

lăcĕro, as. *To tear, to mangle.* —— Qui mea crūdēli *lăcĕravit* verbĕre terga. Ov. F. 2. 695. Quid *lăcĕras* pectŏra nostra mŏrâ. Ov. Her. 15. 212. SYN. dīlăcĕro; lănio, as; dīlănio. PHR. Et rĭgĭdo tĕnĕras ungue nŏtāte gĕnas. Ov.

lăcerta, æ. *A lizard.* —— Seu vĭrĭdes rŭbum Dīmōvēre *lăcertæ*. Hor. 1. 23. 7.

lăcertōsus, a, um. *With large arms, strong.* —— Dūra *lăcertōsi* fŏdiebant arva cŏlōni. Ov. Met. 11. 33. v. tŏrōsus.

lăcertus, i. 1. *An arm, prop. the part above the elbow.* — 2. *The breast, in speaking of beating the breast.* —— 1. Sed mihĭ quid prodest vestris disjecta *lăcertis* Īliŏs? Ov. Her. 1. 37. — 2. Sylvia prīma sŏror palmis percussa *lăcertos*. V. Æn. 7. 503. SYN. 1. hŭmĕrus, brāchium. — 2. v. pectus.

lăcesso, is, īvi, ītum. 1. *To provoke, to dare (trans.), to tempt. to attack, etc.* — 2. *To excite.* —— 1. Effĭciam posthac nē quemquam vŏce *lăcessas*. V. E. 3. 51. Quīcunque Bīthȳnâ *lăcessit* Carpăthium pĕlăgus cărīnâ. Hor. 1. 35. 7. Nihil sŭprà Deos *lăcesso* nec pŏtentem ămīcum Largiōra flāgĭto. Hor. 2. 18. 12. — 2. Circumstant prŏpĕri aurīgæ mănĭbusque *lăcessunt* Pectŏra plausa suis. V. Æn. 12. 85. SYN. 1. aggrĕdior, ĕris, gressus sum; sollĭcĭto, as; ‡incesso. — 2. incĭto, as.

Lăchĕsis, is. fem. *One of the Fates.* —— O dīram *Lăchĕsim* quæ tam grăve sīdus hăbenti Fīla dĕdit vītæ non brĕviōra meæ. Ov. Tr. 5. 10. 45. v. Parca.

†lăcio, ĭs. only pres. *To seduce.* —— Nam vītāre plăgas ĭn ămōris nē *lăciamur.* Lucr. 4. 1144. SYN. allĭcio, q. v.

Lăcōn, ōnis. pl. **ōnĕs,** etc. only masc. *Lacedæmonian, never of inanimate things, and rarely except of persons.* —— Flūmĕn et regnāta pĕtam *Lăcōni* Rūra Phălanto. Hor. 2. 6. 11. SYN. Œbălĭdes, æ; Lacedæmonius.

Lăcōnĭcus, a, um. *Lacedæmonian.* —— Nec *Lăcōnĭcas* mihi Trahunt hŏnestæ purpŭras clientæ. Hor. 2. 18. 7. SYN. Lăcēdæmŏnius, q. v.

Lăcōnis, ĭdŏs. fem. *Lacedæmonian, esp. of women.* —— Et pătre Dictæo sed mātre *Lăcōnĭde* nati. Ov. Met. 3. 223. SYN. Lăcæna, q. v.

lăcrȳma, æ. *A tear.* —— Vultum *lăcrȳmis* atque ōra rĭgābat. V. Æn. 9. 250. Sed cūr heu Lĭgŭrīne, cur Mānat rāra meas *lăcrȳma* per gĕnas? Hor. 4. 1. 34. PHR. Effūsæque gĕnis lăcrȳmæ. V. Lăcrȳmas ŏcŭlis Jūturna prŏfūdit. V. Tristior et lăcrȳmis ŏcŭlos suffūsa nĭtentes. V. Hos ĕgŏ dīgrediens lăcrȳmis affābar ŏbortis. V. Nec lăcrȳmis căruēre gĕnæ. V. Quascunque aspĭcies lăcrȳmæ fēcēre lĭtūras. Sed tămĕn et lăcrȳmæ pondĕra vōcis hăbent. Ov. Crēdĭdĭmus lăcrȳmis; ăn et hæ sĭmŭlāre dŏcentur? Hæ quŏque hăbent artes quāque dŏcentur eunt? Ov. Et lăcrȳmæ dēĕrant ŏcŭlis, et lingua pălāto. Ov. Suspensæque diu lăcrȳmæ fluxēre per ōra. Ov. Lăcrȳmis hūmet ărēna meis. Ov. Lăcrȳmis ŏcŭli rōrantur ŏbortis. Ov. Quid fles et mădĭda lăcrȳmis corrumpis ŏcellos? Ov. Tālia fundēbat lăcrȳmans, longosque ciēbat Incassum flētus. V. Imbre per indignas usque cădente gĕnas. Ov. Indigno tĕnĕras imbre rĭgante gĕnas. Ov. Largoque hūmectat flūmĭne vultum. V. Hūmor et in gĕnas Furtim lābĭtur. Hor. Hūment incultæ fonte pĕrenne gĕnæ. Ov.

Tristia ābīs, ŏcŭlis ăbeuntem prōsĕquor ūdis. Ov. Lăcrȳmæ vōcem impĕdiēre lŏquentis Quas ŭbĭ marmoreo dētersit pollĭce virgo . . . Ov. Invītique ŏcŭli lăcrȳmis măduēre coactis. Ov. Mōre nĭvis lăcrȳmæ sōle mădentis eunt. Ov. Mădĭdæ lăcrȳmārum rōre cŏrōnæ. Ov. Quis tālia fando . . . Tempĕret a lăcrȳmis? V. It lăcrȳmans guttisque hūmectat grandĭbus ōra. V. v. lacrymo.

lăcrȳmābĭlis, e. *To be wept for, lamentable.* —— Vixque tĕnet lăcrȳmas quiă nīl *lăcrȳmābĭle* cernit. Ov. Met. 2. 796. SYN. lăcrȳmosus, flēbĭlis, lūgūbris, tristis, lāmĕntābĭlis, dŏlendus.

lăcrȳmātus, a, um. *Dropping like tears.* —— Nondum pertŭlĕrat *lăcrȳmātas* cortĭce myrrhas Acta per æquŏreas hospĭta nāvis ăquas. Ov. F. 1. 339.

lăcrȳmo, as. *To weep.* —— Quīnĕtiam discant ŏcŭli *lăcrȳmāre* coacti. Ov. Am. 1. 8. 83. SYN. illăcrȳmo; fleo, es, ēvi; dēfleo. v. dŏleo. PHR. Thūra dămus, lăcrȳmamque sŭper. Ov. Cumque tuis lăcrȳmis lăcrȳmas confundĕre nostras. Ov. Nec grăvĭdæ lăcrȳmas Contĭnuēre gĕnæ. Ov. Excĭpiunt sparsi lăcrȳmas per colla căpilli Ōraque singultu concŭtiente sŏnant. Ov. Implêsti lăcrȳmis talia verba tuis. Ov. Inque meos . . . lăcrȳmam demittĕre cāsus. Ov. Lăcrȳmæ cĕcĭdēre pŭdīcæ. Ov. Fluunt lăcrȳmæ more pĕrennis ăquæ. Ov. Sparsissent lăcrȳmæ pectŏra nostra piæ. Ov. Jūre ĭgĭtur lăcrȳmas Celso lībāmus ădempto. Ov. Flēque meos cāsūs, est quædam flēre vŏluptas, Explētur lăcrȳmis Ēgĕrĭturque dŏlor. Ov. Lăcrȳmis ōra rĕsolve meis. Ov. Lăcrȳmæque dŏlorque Impĕdiunt prohĭbentque lŏqui. Ov. Cumque fĕrus lăcrȳmas ănĭmi siccāvĕrat ardor. Ov. Lăcrȳmis vultum lāvēre prŏfūsis. Ov. Līquĭtur in lăcrȳmas. Ov.

lăcrȳmōsus, a, um. 1. *Tearful, weeping,* — 2. *To be wept for, lamentable.* —— 1. Quis tĭbĭ Nāsŏ mŏdus *lăcrȳmōsi* carmĭnis? inquis. Ov. Tr. 5. 1. 35. — 2. Jussa rĕcūsantes pĕrăgunt *lăcrȳmōsa* mĭnistri. Ov. F. 2. 387. SYN. 1. lăcrȳmans, illăcrȳmans. — 1, 2. flēbĭlis. — 2. lăcrȳmābĭlis, q. v.

§lăcrȳmŭla, æ. *A little tear.* —— Frustrantur falsis gaudia *lăcrȳmŭlis.* Cat. 66. 16. v. lacryma.

lactans, antis. *Giving milk.* —— Ūbĕraque ēbĭbĕrant ăvĭdi *lactantia* nāti. Ov. Met. 6. 342. SYN. lacteus.

lactens, entis. 1. *Full of milky juice, esp. of plants, etc.* — 2. *Sucking.* —— 1. Nam săta vēre nŏvo tĕnĕris *lactentia* sulcis Ēruta sētĭgeræ compĕrit ōre suis. Ov. F. 1. 351. — 2. Traxit Ĭtyn vĕlŭti Gangētĭca cervæ *Lactentem* fœtum per sylvas tĭgris ŏpācas. Ov. Met. 6. 687. SYN. 1. lacteus.

§lacteŏlus, a, um. *White, fair.* —— Num te *lacteŏlæ* tĕnent puellæ? Cat. 55. 17. SYN. lacteus, candĭdus.

lăcteus, a, um. 1. *Full of milk.* — 2. *White.* —— 1. Ūbĕra vaccæ *Lactea* dēmittunt. V. G. 2. 525. — 2. Virgātis lūcent săgŭlis, tum *lactea* colla Auro innectuntur. V. Æn. 8. 660. SYN. 1. lactans. — 2. candĭdus, q. v. PHR. (*of the milky way*) Est via sūblīmis, cœlo mănĭfesta sĕrēno Lactea nōmĕn hăbet candōre nŏtābilis ipso. Ov.

‡lactĭto, as. *To give milk.* —— Cur sit ăger stĕrĭlis cūr uxor *lactĭtet* ēdam. Mart. 7. 102. 3.

lactūca, æ. *Lettuce.* —— *Lactūca* innătat ācri Post vīnum stŏmăcho. Hor. Sat. 2. 4. 59.

lăcūna, æ. *A ditch, a pool of stagnant water.* —— Unde căvæ tĕpĭdo sūdant hūmōre *lăcūnæ.* V. G. 1. 117.

lăcūnar, āris. neut. *A ceiling.* —— Non ĕbur nĕque aureum Meâ rĕnīdet in dŏmo *lăcūnar.* Hor. 2. 18. 2. SYN. lăquear, āris, *neut.*

lăcūno, as. *To vary with hollows and protuberances.* —— Summa *lăcūnābant* alterno mūrĭce conchæ. Ov. Met. 8. 563.

lăcus, ûs. 1. *A lake.* — 2. *a vat, a trough.* —— 1. Anne *lăcus* tantos? te, Lārī maxĭme, tēque Fluctĭbus et frĕmĭtu assurgens, Bēnāce, mărīno. V. G. 2. 159. —2. Inque căvos iĕrant tertia musta *lăcus.* Ov. F. 3. 558.

lædo, ĭs, si, sum. 1. *To hurt, to injure, to annoy.* — 2. *To break (a treaty, promise, etc.).* —— 1. Nec măla vīcīni pĕcŏris contāgia *lædent.* V. E. 1. 51. — 2. Multa Jŏvem et *læsi* testātus fœdĕris āras. V. Æn. 12. 496. SYN. 1. nŏceo, es, *c. dat.*; obsum, ŏbĕs, obfui, etc.; offĭcio, ĭs, fēci. (*The two latter not of personal injuries.*) — 2. viŏlo, as, q. v.

læna, æ. *An upper robe, a cloak.* —— Stellātus iaspĭde fulvâ Ensis ĕrat Tȳrioque ardēbat mūrĭce *læna.* V. Æn. 4. 262. v. pallium.

Lāertes, æ. acc. ēn and **em**. *Son of Arcesius and father of Ulysses.*——Respīce *Lāerten* ut jam sua lūmĭna condas. Ov. Her. 1. 113.

Lāertiădes, æ. acc. **en**. *The son of Laertes*, i. e. *Ulysses.*——Saxa mŏves gĕmĭtu, *Lāertiădæ*que prĕcāris. Ov. Met. 13. 48. v. Ulysses.

Lāertius, a, um. *Of Laertes.*——Effŭgĭmus scŏpŭlos Ĭthăcæ *Lāertia* regna. V. Æn. 3. 272.

Læstrȳgōn, ŏnis. nearly always in pl. *A Læstrygonian ; the Læstrygonians were an ancient people in Latium, near Formiæ.*——Inde Lămi veterem *Læstrȳgŏnis* inquit ĭn urbem Vēnĭmus. Ov. Met. 14. 233.

Læstrȳgonius, a, um. *Læstrygonian, Formian.*——Nec *Læstrȳgŏniā* Bacchus in amphŏrā Languescit mihĭ. Hor. 3. 16. 34. v. Formianus.

lætābĭlis, e. *Joyful (of things).*——Accĭpiam, cunctisque meum *lætābĭle* factum Dīs fŏre confīdo. Ov. Met. 9. 255. SYN. grātus, lætus, q. v.

‡**lætifĭco**, as. *To make glad.*——Non illum glōria pulsi *Lætĭfĭcat* Magni. Lucan. 3. 48. SYN. dēlecto, as, q. v.

†**lætifĭcus**, a, um. *Making glad.*——Ŭti sĭne certīs imbrĭbus anni *Lætĭfĭcos* nĕqueat fœtus submittĕre tellus. Lucr. 1. 192. SYN. lætus.

lætĭtia, æ. *Joy.* Adsit *lætĭtiæ* Bacchus dător et bŏna Jūno. V. Æn. 1. 734. SYN. gaudium.

lætor, āris. dep. *To rejoice.*——Aspĭce ventūro *lætentur* ut omnia sæclo. V. E. 4. 52. SYN. gaudeo, es, gāvīsus sum, q. v.

lætus, a, um. 1. *Glad, joyful, delighting in (of persons).*—2. *Glad, fortunate (of things).*—3. *Abundant.*—4. *Fertile.*——1. Has ĕgŏ Dardănio jŭvĕni cum classis ĕgĕret *Læta* dĕdi. V. Æn. 9. 88.—2. Dixit et ut *læto* Pontum rūmōre rĕplēvit. Ov. Ep. e P. 4. 4. 19.—3. Quid făciat *lætas* sĕgĕtes, quo sīdĕre terram vertĕre. v. G. 1. 1.—3, 4. Hȳberno *lætissĭma* pulvĕre farra *Lætus* ăger. V. G. 1. 102.—SYN. 1. hĭlăris.—2. faustus, q. v.—3. largus, q. v.—4. fertĭlis, q. v. v. gaudeo.

§**lævē**. *Awkwardly, ill.*——Puer hic non *lævē* jussa Phĭlippi accĭpiēbat. Hor. Epist. 1. 7. 52. SYN. mălĕ.

lævis, e. often written **lēvis**. 1. *Smooth.*—2. *Beardless.*—3. *Bald.*——1. Taudem inter pătĕras et *lævia* pōcŭla serpens. V. Æn. 5. 91.——2. Fŭgit rĕtro *Lævis* juventas et dĕcor. Hor. 2. 11. 5.—3. Ut Sătȳri *lævis*que sĕnex tĕtĭgĕre săpōrem. Ov. F. 3. 745. SYN. 2. imberbis.—3. ‡calvus.

lævo, as. *To make smooth, to polish.*——Gnossia bīna dăbo *lævāto* lūcĭda ferro spīcŭla. V. Æn. 5. 306. SYN. pŏlio, īs.

†**lævor**, ōris. masc. *Smoothness.*——Ĭtem *lævor lævore* creātur. Lucr. 4. 547.

lævus, a, um. 1. *The left, on the left side.*—2. (*fem., often as subst.*) *The left hand.*—3. *Stupid, silly.*—4. *Fortunate, propitious (of an omen, etc.).*—5. *Unpropitious.*——1. Cum prŏcŭl hos *lævo* flectentes lĭmite cernunt. V. Æn. 9. 372.—2. Agnōvi clȳpeum *lævæ* gestămĭna nostræ. Ov. Met. 15. 163.—3. Sæpe mălum hoc nōbis si mens non *læva* fuisset De cœlo tactas mĕmĭni prædīcĕre quercus. V. E. 1. 16.—4. Si quem nūmĭna *læva* sĭnunt auditque vŏcātus Ăpollo. V. G. 4. 7.—5. Tēque nec *lævus* vĕtat īre pīcus. Hor. 3. 27. 15. SYN. 1, 2. 5. sĭnister, tra, trum.—3. stultus, q. v.—4. faustus, q. v.

lăgănum, i. *A thin cake made of flour and oil.*——Inde dŏmum me Ad porri et cĭcĕris rĕfĕro *lăgănĭ*que cătinum. Hor. 1. 6. 115.

lăgēna, æ. *A flagon, a bottle.*——Quærit dē puĕris num sit quŏque fracta *lăgēna*. Hor. Sat. 2. 8. 81.

lăgōis, ĭdŏs. fem. *A sort of fish.*——Nec scărus aut pŏtĕrit pĕrĕgrīna jŭvāre *lăgōis*. Hor. Sat. 2. 2. 22.

Lāiădes, æ. *Œdipus.*——Carmĭna *Lāiădes* non intellecta priōrum Solvĕrat ingĕniis. Ov. Met. 7. 659.

‡**lallo**, as. *To sing as a nurse to a child.*——Īrātus mammæ *lallāre* rĕcūsas. Pers. 3. 18.

lāma, æ. *A slough.*——Vīrĭbus ūtĕris per clīvos, flūmĭna, *lāmas*. Hor. Epist. 1. 13. 10.

lambo, is, bi, no sup. *To lick.*——Gĕmĭnos huic ūbĕra circum Lūdĕre pendentes puĕros et *lambĕre* mātrem impăvĭdos. V. Æn. 8. 632.—Attollitque glŏbos flammārum et sīdĕra *lambit*. V. Æn. 3. 574.

lāmentābĭlis, e. *Lamentable, to be lamented.*——Trōjănas ut ŏpes et *lāmentā-*

bĭle regnum Ĕruĕrint Dănai. V. Æn. 2. 4. SYN. dŏlendus, lăcrȳmābĭlis, q. v.

lāmentor, āris. dep. (‡perf. part. sometimes in pass. sense). *To lament.* —— Cum *lāmentāmur* non appārēre lăbōres. Hor. Epist. 2. 1. 224. SYN. dēlāmentor ; plōro, as ; dŏleo, es, q. v. PHR. Effūsæque cŏmas et ăpertæ pectŏra mātres Signĭfĭcant luctum. Ov.

lāmentum, i. *Lamentation.* —— *Lāmentis* gĕmĭtuque et fœmĭneo ŭlŭlātu Tecta frĕmunt. V. Æn. 4. 667. SYN. luctus, ûs ; gĕmĭtus, ûs ; plangor, dŏlor, q. v.

lămia, æ. *A sorceress, perhaps a vampire.* —— Neu pransæ *lămiæ* vivum puĕrum extrahat alvo. Hor. A. P. 340.

lāmĭna, æ. sync. also **lamna, æ.** *A thin plate of metal, metal.* —— Et lĕvis argenti *lāmĭna* crīmĕn ĕrat. Ov. F. 1. 209. Nullus argento cŏlor est, ăvāris Abdĭtæ terrīs ĭnĭmīce *lamnæ* Crispe Sallusti. Hor. 2. 2. 2. SYN. bractea. v. metallum.

lampăs, ădis. acc. ădă, pl. ădēs, acc. ădăs, etc. 1. *A lamp, a torch.*—2. *Light, esp. of the sun.* —— 1. Sic nunquam răpĭdo *lampădēs* igne văcent. Ov. Ep. e P. 3. 3. 60. Postĕra cum prīmâ lustrābat *lampăde* terras orta dies. V. Æn. 7. 148. SYN. 1. fax, făcis, *fem.* ; lŭcerna ; lūmĕn, ĭnis, *neut.*

Lampsăcus, i. fem. *A city on the Hellespont, sacred to Priapus.* —— Et tē rūrĭcŏlâ *Lampsăce* tūta Deo. Ov. Tr. 1. 9. 26.

lāna, æ. 1. *Wool.*—2. *Down* (*even that on trees, fruit, etc.*).——1. Alba nĕque Assȳrio fūcātur *lāna* vĕnēno. V. G. 2. 465. —— 2. Quid nĕmŏra Æthiŏpum molli cānentia *lānâ*. V. G. 2. 120. SYN. 2. lānūgo, ĭnis. PHR. Plūma tĕgit vŏlŭcres, ŏvĭbus sua lāna dĕcōri est. Ov. Ŏves . . . Mollia quæ nōbis vestras vēlāmĭna lānas Præbētis. Ov. Tĕnŭiă nec lānæ per cœlum vellĕra ferri (videntur). V.

‡lānātus, a, um. *Having wool,* i. e. *a sheep.*——Intĕreà dum *lānātas* torvumque jŭvencum Mōre Nūmæ cædit. Juv. 8. 155. SYN. lānĭger, ĕra, ĕrum.

lancea, æ. *A lance, a javelin.* —— Hunc lāta rĕtectum *Lancea* consĕquĭtur rumpitque infixa bĭlīcem Lōrīcam. V. Æn. 12. 374. SYN. hasta, q. v.

§lancĭno, as. *To waste.* —— Păterna prīmum *lancĭnāta* sunt bŏna. Cat. 29. 18. SYN. absūmo, is, psi, q. v.

lāneus, a, um. *Woollen.*——*Lānea* dum nĭveâ circumdătur infŭla vittâ. V. G. 3. 487.

langueo, es, gui. no sup. *To languish, to droop.* —— Sæpe per assĭduos *languent* mihĭ brāchia mōtus. Ov. Her. 18. 161. SYN. dēfĭcio, ĭs, fēci ; rĕlangueo, ‡ēlangueo. v. seq.

languesco, ĭs. another form of pres. and fut. of prec. —— Purpŭreus vĕlŭti cum flos succīsus ărātro *Languescit* mŏriens. V. Æn. 9. 437.

§languĭdŭlus, a, um. *Languid.* —— *Languĭdŭlos*que păret tēcum conjungĕre somnos. Cat. 62. 331. v. seq.

languĭdus, a, um. *Languid.* —— Ac vĕlut in somnīs ŏcŭlosque ŭbĭ *languĭda* pressit Nocte quies. V. Æn. 12. 908.

languor, ōris. masc. *Languor.* ——Rursus molli *languōre* sŏlūtum Dēpŏsuitque căput. Ov. Met. 11. 648. SYN. vĕternus.

‡lăniātus, ûs. *A tearing.* —— Dispersa fœdē membra *lăniātu* effĕro. Seneca, Hipp. 1246.

lānĭcium, i. *Working in wool.* —— Si tĭbĭ *lānĭcium* cūræ prīmum aspĕra sylva Lappæquē trĭbŭlique absint. V. G. 3. 384.

lānĭfĭcus, a, um. *Making or working in wool.* —— *Lānĭfĭcam* rĕvŏcas ad sua pensa mănum. Ov. Am. 1. 13. 24.

lānĭger, ĕra, erum. 1. *Woolly, bearing wool.* — 2. *Used as subst. syn. for sheep.* ——1. *Lānĭgĕræ* cŏmĭtantur ŏves en sōla vŏluptas. V. Æn. 3. 660. — 2. Prōtĭnus innŭmĕrīs effētus *Lānĭger* annis Attrahĭtur. Ov. Met. 7. 312. SYN. 1. ‡lānātus. — 2. ŏvis, q. v.

lănio, as. *To tear, to mangle.* —— Discissos nūdis *lăniābant* dentĭbus artus. V. G. 3. 514. SYN. dīlănio ; lăcĕro, as ; dīlăcĕro ; infringo, ĭs, fregi ; rumpo, is, rūpi, ruptum ; saucio, as.

lănista, æ. masc. *A master of gladiators.* —— Pinnĭrăpi cultos jŭvĕnes jŭvĕnesque *lănistæ*. Juv. 3. 158.

‡lănius, i. *A butcher.* —— Omnia crūdēlis *lănius* per compĭta portat. Mart. 6. 64. 21.

lānūgo, ĭnis. fem. *Down, often esp. the downy soft hair on the face of a young man.* —— Tu quŏque flāventem prīmā *lānūgine* mālas Dum sĕquĕris Clўtium. V. Æn. 10. 325. Quid mīrum prīmæ si me *lānūgĭnis* ætas Abstŭlit? Ov. Her. 15. 85.

lanx, lancis. fem. 1. *A dish, a platter.* — 2. *Scales.* —— 1. Et măgis adducto pōmum dēcerpĕre rāmo Quam de cœlātā sūmĕre *lance* jŭvat. Ov. Ep. e P. 3. 520. — 2. Jūpĭter ipse duas æquāto exāmĭne *lances* Sustĭnet. V. Æn. 12. 725. SYN. 1. pătĭna, pătella.—2. lībra. v. trutina.

Lāŏcoōn, ontis. acc. **onta.** *A son of Priam and priest of Neptune; warning the Trojans against the Trojan horse, he was devoured by two serpents.* —— *Lāŏcoōn* ductus Neptūno forte săcerdos. V. Æn. 2. 201.

Lāŏdămīa, æ. *The wife of Protesilaus; she slew herself on hearing that her husband had been slain at Troy.* —— Hæmŏnis Hæmŏnio *Lāŏdămīa* vĭro. Ov. Her. 13. 2.

Lāŏmĕdōn, ontis. *Son of Ilus, and king of Troy; having been aided by Apollo and Neptune in rebuilding Troy, he cheated them of their promised reward.* —— Ex quo destĭtuit Deos Mercēde pactā *Lāŏmĕdon.* Hor. 3. 3. 22.

Lāŏmĕdontēus, a, um. and **Lāŏmĕdontius, a, um.** *Of Laomedon, Trojan.* —— *Lāŏmĕdontēæ* luĭmus perjūria Trojæ. V. G. 1. 502. Cum *Lāŏmĕdontia* pūbes Grāmĭneo rīpæ rĕlĭgāvit ab aggĕre classem. V. Æn. 7. 105. v. Trojanus.

Lāŏmĕdontĭădes, æ. *Priam; in pl. Trojans.* —— *Lāŏmĕdontĭădæ* bellumne inferre părātis? V. Æn. 3. 248. v. Trojānus.

lăpăthus, i. *Sorrel.* —— Aut herba *lăpăthi* prāta ămantis. Hor. Epod. 2. 57.

lăpĭdōsus, a, um. 1. *Stony.* — 2. *Hard as stone.* —— Fronde tĕgi sylvas, *lăpĭdōsos* surgĕre montes. Ov. Met. 1. 44. Vĭdēmus . . . . insĭta māla Ferre pўrum, et prūnis *lăpĭdōsa* rŭbescĕre corna. V. G. 2. 34. SYN. 1. saxōsus. — 2. dūrus, q. v.

lăpillus, i. *A stone, often esp. a precious stone.* —— Nec mĕdius tĕnues conchas pictosve *lăpillos* Pontus hăbet. Ov. Am. 2. 11. 13. v. seq.

lăpis, ĭdĭs. masc. 1. *A stone.* — 2. *Marble.* —— 1. Hinc *lăpĭdes* Pyrrhæ jactos Sāturnia regna . . . . rĕfert. V. E. 6. 41. — 2. Stābunt et Pării *lăpĭdes* spīrantia signa. V. G. 3. 34. SYN. 1. saxum, lăpillus. — 2. marmor, ŏris, *neut.*

Lăpīthæ, ārum. masc. *A people of Thessaly at the foot of Mount Olympus; especially celebrated for their battle with the Centaurs at the marriage feast of Pirithous king of the Lapithæ.* —— Mars perdĕre gentem Immānem *Lăpĭthûm* pŏtuit. V. Æn. 7. 305.

Lăpīthæus, a, um. and **Lăpīthēius, a, um.** *Of the Lapithæ.* —— O salvē, dixit, *Lăpīthææ* gloria gentis. Ov. Met. 12. 530. Antra sĭmul sŭbeunt Et tum *Lăpīthēia* tecta Intrârunt părĭter. Ov. Met. 12. 417.

lappa, æ. *A burr.* —— Mixta tĕnax sĕgĕti surgĕre *lappa* sŏlet. Ov. Ep. e P. 2. 1. 14.

lapso, as. *To slip, to fall.* —— Altāria ad ipsa trĕmentem Traxit et in multo *lapsantem* sanguĭne nāti. V. Æn. 2. 542. SYN. lābor, ĕris, lapsus, q. v.

lapsus, a, um. part. of lābor, q. v. *Also,* 1. *In a falling, distressed state.* — 2. *Failing, broken (of a promise).* —— 1. Vĕnĭmus hinc *lapsis* quæsītum oracula rēbus. V. G. 4. 449. — 2. Ut tua sit sōlo tempŏre *lapsa* fĭdes. Ov. Her. 2. 102. SYN. 1. fractus, afflictus. — 2. læsus, viŏlātus.

lapsus, ūs. 1. *A slipping, a falling.* — 2. *A gliding motion.* —— 1. Illum infrænis ĕqui *lapsu* tellūre jăcentem (Obtruncat). V. Æn. 10. 750. — 2. At gĕmĭni *lapsu* dēlūbra ad summa drăcōnes Effŭgiunt. V. Æn. 2. 225. SYN. 1. cāsus, ūs.

lăquear, āris. neut. *A ceiling.* —— Dēpendent lўchni *lăqueārĭbus* altis Incensi. V. Æn. 1. 726. SYN. lăcūnar.

lăqueātus, a, um. *With a handsome ceiling.* —— Non ĕnim gazæ nĕque consŭlāris Summŏvet lictor mĭsĕros tŭmultus Mentis, et cūras *lăqueāta* circum Tecta vŏlantes. Hor. 2. 16. 11.

lăqueus i. *A noose, esp. when used by a person to hang himself, or as a means of catching game.* —— Colla quŏque infīdis quiă se nectenda lăcertis Præbuĕrunt *lăqueis* implĭcuisse lĭbet. Ov. Her. 2. 142. Tum *lăqueis* captāre fĕras et fallere visco. V. G. 1. 138.

Lăr, Lăris, masc., more usu. **Lăres, ium.** 1. *The gods protecting the city and* *also each house.* — 2. *Home.* —— 1. Exăgĭtant et *Lār* et turba Dĭānia fūres. Ov. F. 5. 141. Et vĭgĭlant nostrā semper in urbe *Lăres.* Ov. F. 2. 616. — 2. Nunc ăvis in rāmo tecta *Lăremque* părat. Ov. F. 3. 242. SYN. 1. Pĕnātes, ium, q. v. — 2. dŏmus, ûs, *fem.* q. v.

lardum, i. *Lard, bacon fat.* —— Pinguia cūr illis gustentur *larda* Călendis. Ov. F. 6. 169.

largē. *Abundantly.* —— Dissolve frīgus Ligna sŭper fŏco *Largē* rĕpōnens. Hor. 1. 9. 6.

†largĭfĭcus, a, um. *Liberal.* —— Ære atque argento sternunt ĭter omne viārum *Largĭfĭcā* stĭpe dītantes. Lucr. 2. 627. SYN. largus.

†largĭfluus, a, um. *Flowing abundantly.* —— Nam lĭcĕt hinc mundi pătĕfactum tōtius unum *Largĭfluum* fontem scătĕre. Lucr. 5. 597.

largior, īris. imperf. **largībar** for **largiebar.** *To give.* —— Omniaque ingrāto *largībar* mūnĕra somno. Prop. 1. 3. 25. SYN. do, das, dăre, dĕdi, dătum, q. v.; dōno, as; præbeo, es; trĭbuo, ĭs, ui, ūtum.

§largĭter. *Abundantly.* —— Fortassis et istinc *Largĭter* abstŭlĕrit longa ætas, lĭber ămīcus. Hor. Sat. 1. 4. 132. SYN. largē.

‡largītor, ōris. masc. *A giver.* —— Æternæ *largītor* cornĭger undæ. Stat. Theb. 4. 831. SYN. dător.

largus, a, um. 1. *Abundant.* — 2. *Liberal.* —— 1. Hinc omnis *largo* pūbescit vinea fœtu. V. G. 2. 390. — 2. Spes dōnāre nŏvas *largus* ămāraque Cūrārum ēluĕre effīcax. Hor. 4. 12. 19. SYN. 1. plēnus, ăbundans, plūrĭmus.

Lārissæus. *An epith. given to Achilles by Virgil, from Lārissa, a city in Thessaly* —— Quos nĕque Tȳdīdes nec *Lārissæus* Achilles . . . dŏmuēre. V. Æn. 2. 197.

Lārius, i. used also as adj. *The Lago di Como.* —— Anne lăcus tantos te *Lāri* maxĭme . . . (mĕmŏrem ?) V. G. 2. 159. Cōmi mœnia *Lāriumque* littus. Cat. 55. 4.

‡lārix, ĭcis. fem. *A larch.* —— Et *lārĭces* fūmoque grăvem serpentĭbus ūrūnt Ābrŏtŏnum. Lucan. 9. 918.

larva, æ. 1. *A spectre, a ghost.* — 2. *A mask.* —— 1. Insĕquar et vultūs ossea *larva* tuos. Ov. Ibis, 144. —— 2. Nil illi *larvā* et trăgĭcis ŏpus esse cŏthurnis. Hor. Sat. 1. 5. 64. SYN. 2. persōna. v. Lemures.

lascīvia, æ. *Wantonness.* —— Tum tē plus sŏlĭto *lascīvia* nostra jŭvābat. Ov. Her. 15. 47. SYN. lĭbīdo, ĭnis, *fem.*; nēquĭtia, prōtervĭtas, pĕtŭlantia.

lascīvio, īs. *To wanton, to frisk, to play.* —— Agnus *Lascīvitque* fŭgā, lactantiaque ūbĕra quærit. Ov. Met. 7. 321. SYN. luxŭrio, as.

lascīvus, a, um. *Wanton.* —— Flōrentem cȳtĭsum sĕquĭtur *lasciva* căpella. V. E. 2. 64. SYN. prōtervus, pĕtulcus, prŏcax, sălax.

lāserpīcĭfer, ĕra, ĕrum. *Producing benzoin.* —— *Lāserpīcĭfĕris* jăcet Cȳrēnis. Cat. 7. 4.

lasso, as. *To fatigue.* —— Longior infirmum ne *lasset* ĕpistŏla corpus. Ov. Her. 20. 241. In molli nēquicquam *lassor* ărēnā. Ov. Met. 2. 577. SYN. dēlasso, fătīgo, as, q. v.

§lassŭlus, a, um. *Weary.* —— Ītăque ut dŏmum Cȳbēles tĕtĭgēre *lassŭlæ.* Cat. 61. 35. v. seq.

lassus, a, um. *Weary, tired, lit. and metaph.* —— Fructĭbus assĭduis *lassa* sĕnescit hŭmus. Ov. Ep. e P. 1. 4. 14. SYN. lassātus, fessus, dēfessus, fătīgātus, confectus.

lātē. *Widely, extensively.* — Ādriăcumque pătens *lātē* bĭmăremque Cŏrinthum. Ov. F. 4. 501. Quo non possēdĕrat alter *Lātius.* Ov. Met. 5. 131.

lătĕbra, æ. oftenest in pl. *A hiding-place, a retreat.* —— Fūgit ănum *lătĕbramque* pĕtit aptumque cŏlōri Nōmĕn hăbet. Ov. Met. 5. 460. SYN. rĕcessus, ūs; lătĭbŭlum; sēcrēta, ōrum.

lătĕbrōsus, a, um. *Full of hiding-places, dark, hidden.* —— Inclūsas ut cum *lătĕbrōso* in pūmĭce pastor Vestīgāvit ăpes. V. Æn. 12. 587. v. obscūrus.

lătenter. *Secretly.* —— Si res est anceps ista *lătenter* ăma. Ov. Ep. e P. 3. 6. 60. SYN. clam, occultē.

lăteo, es, ui. no sup. 1. *To lie hid.* — 2. *To be hidden from, to escape the notice of.* —— 1. Frīgĭdus o puĕri fŭgĭte hinc *lătet* anguis in herbā. V. E. 3. 93. — 2. Nec *lătuere* dŏli frātrem Jūnōnis et īræ. V. Æn. 1. 134. SYN. 1. lătesco, is; dēlĭteo, perlăteo, lătĭto; abdor, ĕris, dĭtus sum. v. abscondo. — 2. fallo, ĭs, fĕfelli. PHR. 1. Immānem ante pĕdes hȳdrum mŏrĭtūra puella Servantem rīpas altâ non vīdit in herbâ. V.

†‡lăter, ĕris. masc. *A brick.* —— Nec *lătĕre* cocto quo Sĕmīrămis longam Băbȳlōna cinxit. Mart. 9. 76. 2. PHR. Crēdĭtur altam Coctĭlĭbus mūris cinxisse Sĕmīrămis urbem. Ov.

†lătĕrāmen, ĭnis. neut. *An earthern vessel.* —— Collaxat, rārĕque făcit *lătĕrāmĭna* vasi. Lucr. 6. 232. v. fictilis.

†lătercŭlus, i. *A cake shaped like a brick.* —— *Lătercŭlos* sēsămum păpāvĕremque. Plaut. Pœn. 1. 2. 112.

‡lāterna, æ. *A lantern.* —— Dux *lāterna* viæ clausis fĕror aurea flammis. Mart. 14. 61. 1. v. lampas.

†lătesco, is. another pres. form of lateo, q. v. —— Hīc ĕquus a căpĭte et longâ cervīce *lătescit.* Cic. in Arat. 385.

lătex, ĭcis. masc. 1. *Running water.* — 2. *Any liquor, esp. wine.* —— 1. Nec tĭbĭ sunt fontes *lătĭcis* nĭsĭ pēne mărīni. Ov. Ep. e P. 3. 1. 17. — 2. Dixit et in mensam *lătĭcum* lībăvit hŏnōrem. V. Æn. 1. 736. *Pallădios flāvæ *lătices* (*oil*, sc.) lībâsse Mĭnervæ. Ov. Met. 8. 275. SYN. 1. ăqua, q. v.; unda. — 1, 2. lĭquor. — 2. hūmor.

Lătiālis, e. *Of Latium, Italian.* —— Accēpisse Nŭmam pŏpŭli *Lătialis* hăbēnas (ferunt). Ov. Met. 15. 481. SYN. Ītălĭcus, q. v., Lătīnus.

lătĭbŭlum, i. *A lurking-place.* —— Ut eārum omnia ădīrem fŭrĭbunda *lătĭbŭla.* Cat. 61. 54. SYN. lătĕbra, q. v.

Lătīnē. *In elegant Latin.* —— Si quă vĭdēbuntur căsu non dicta *Lătīnē.* Ov. Tr. 3. 1. 17.

Lătīnus, a, um. *Latin, of Latium, Italian.* —— Lābĕre Nympha pŏlo fīnesque invīse *Lătīnos.* V. Æn. 11. 588. SYN. Lătiālis, Ītălĭcus, q. v.

lătĭto, as. *To lie hid.* —— Fūmĭda jamdūdum *lătĭtant* per tecta sŏrōres. Ov. Met. 4. 405. SYN. lăteo, es, q. v.

Lătium, i. *A district of Italy, Italy.* —— Dicta quoque est *Lătium* terra lătente Deo. Ov. F. 1. 238. Tendĭmus in *Lătium* sēdes ubi fāta quiētas Ostendunt. V. Æn. 1. 205. SYN. Ītălia, q. v.

Lătius, a, um. *Of Latium, of Italy.* —— In dŭcĭbus *Lătiis* ădĕris cum læta triumphum Vox cănet. Ov. Met. 1. 560. SYN. Lătialis, Lătīnus, Ītălĭcus, q. v.

Latmius, a, um. *Of Latmos, a mountain in Caria, to which the Moon descended for love of Endymion.* —— *Latmius* Endȳmion non est tĭbĭ Luna rŭbōri. Ov. A. A. 3. 84.

‡Lătōĭdes, æ. *Son of Latona,* i. e. *Apollo,* q. v. —— *Lătōĭden* vōtis ĭtĕrumque ĭtĕrumque cănāmus. Stat. Theb. 1. 695.

Lātōis, ĭdŏs. fem. *The daughter of Latona,* i. e. *Diana,* q. v. —— Confĭteor tĭmeo, sævæ *Lātōĭdŏs* īram. Ov. Her. 21. 153. v. Latonigena.

Lātōius, a, um, Lātōus, a, um, and **Lātōnius, a, um.** *Of Latona.* —— Nec vos Pīĕrĭdes nec stirps *Lātōia* vestro Docta săcerdōti turba tŭlistis ŏpem. Ov. Tr. 3. 2. 3. Quæ mŏdŏ *Lātōis* pŏpŭlum summōvĕrat āris. Ov. Met. 6. 274. Cui non dictus Hȳlas puer et *Lātōnia* Delos? V. G. 3. 6.

Lātōna, æ. *The mother (by Jupiter) of Apollo and Diana, whom she brought forth at one birth in the island of Delos.* —— *Lātōnæ* tăcĭtum pertentant gaudia pectus. V. Æn. 1. 502. PHR. Curva gĕmellĭpăræ spĭcŭla ferre Deæ. Ov. Nesciŏ quŏque audēte sătam Tītānĭda Cæo Lātōnam præferre mĭhi? Ov. v. Met. 6. 185—192.

Lātōnĭgĕna, æ. masc. and fem. *Child of Latona.* —— Et dăte Lātōnæ *Lātōnĭgĕnis*que duōbus Cum prĕce thūra piâ. Ov. Met. 6. 169.

lātrātor, ōris. *A barker.* —— Omnĭgĕnûmque Deûm monstra et *lātrātor* Ănūbis. V. Æn. 8. 698.

lātrātus, ûs. masc. *A barking.* —— Vēnātor cŭrsu cănis et *lātrātĭbus* instat. V. Æn. 12. 751.

‡lātrīna, æ. *A private sewer.* —— Immundis quæcunque vŏmit *lātrīna* cloăcis. Columel. 10. 85.

lātro, as. 1. *To bark, to bark at.* — 2. ‡*To make a noise.* —— 1. Ădultĕrum *Lātrent* Sŭbūrānæ cănes. Hor. Epod. 5. 58. Scit cui *lātrētur* cum sōlus ŏbambŭlat ipse. Ov. Tr. 2. 459. — 2. Stat pectŏre dēmens Luctus et admōto *lātrant* præcordia tactu. Stat. Sylv. 2. 1. 13. SYN. ŭlŭlo, as, q. v. PHR. 1. implēvit părĭter ternis (*of* Cerberus) lātrātĭbus auras. Ov. Et quos Mæra nŏvo lātrātu terruit ăgros. Ov. Cervo clāris lātrātĭbus acto. Ov.

lătro, ōnis. masc. 1. *A thief.*—2. *In pl. chessmen.*——1. Compŏsĭto Scīrōne pătet, sparsique *lătrōnis* Terra nĕgat sēdem. Ov. Met. 7. 444.—2. Cautaque non stultē *lătrōnum* prælia lūdat. Ov. A. A. 3. 357. SYN. 1. fūr, fūris; prædo, ōnis.—2. calcŭlus. v. seq.

lătrocĭnium, i. 1. *Robbery.*—2. *A military expedition.*——1. Cum dīcas esse păres res Furta *lătrōcĭniis.* Hor. Sat. 1. 3. 122.—2. Sīve *lătrōcĭnii* sub ĭmāgĭne calcŭlus ībit Fac pĕreat vĭtreo mīlĕs ab hoste tuus. Ov. A. A. 2. 207. v. furtum.

lătūrus, a, um. fut. in rus, from fero, q. v. *About to bring.* **lātus,** perf. pass. part. 1. *Made* (*of a law*), *imposed by a law, etc.*—2. *Carried out to burial.* ——1. Non, ut adsit, auxĭlī *Lātūra* plus præsentĭbus. Hor. Epod. 1. 22. —Quīnĕtiam lex Pœnaque *lāta* mălo quæ nollet carmĭne quenquam Descrībi. Hor. Epist. 2. 1. 153.—2. Proque sui est uxor fūnĕre *lāta* vĭri. Ov. A. A. 3. 20.

lātus, a, um. *Broad, wide.*——Ingrĕdĭtur lātē *lāto* spectābĭlis auro. Ov. Her. 9. 127. SYN. amplus, spătiōsus, extentus, pătŭlus, pătens (*of sea, plains, etc.*).

lătus, ĕris. neut. *The side.*——Vīcit hyems, laxis *lătĕrum* compāgĭbus omnes Accĭpiunt ĭnĭmicum imbrem. V. Æn. 1. 122. SYN. costa, æ, *usu. in pl.*; †§lătuscŭlum. PHR. Qui lătĕrum crātem perrumpit. V.

†§lătuscŭlum, i. dim. of prec.——Quīnĕtiam quæcunque *lătuscŭla* sunt spĕcŭlōrum. Lucr. 4. 311.

laudābĭlis, e. *Laudable.*——Aspĭcis ut longo măneat *laudābĭlis* ævo Nōmĕn ĭnexstinctum Pēnĕlŏpæa fĭdes? Ov. Tr. 5. 14. 35. SYN. laudātus, laudandus, mĕmŏrābĭlis, mĕmŏrandus, commĕmŏrandus. PHR. Hic laudi est, ille pŭdendus ămor. Ov.

laudātor, ōris. *A praiser.*——Hæc nōbis formæ tē *laudātōre* sŭperbæ Contingit merces. Ov. Her. 21. 33.

laudātrix, īcis. fem. of prec.——*Laudātrix* Vĕnus est invĭdiōsa mihi. Ov. Her. 17. 126.

laudātus, a, um. part. pass. from laudo, q. v.; used also in compar. and superl. ——Nec *laudātissĭma* formâ Crīmĭnis est Tўro fābŭla vāna tui. Ov. Her. 19. 131. SYN. bŏnus, mĕlior, optĭmus; ēgrĕgius, laudābĭlis, q. v.

laudo, as. *To praise.*——Cōgĭte concĭlium et pācem *laudāte* sĕdentes. V. Æn. 11. 460. SYN. collaudo, bĕnĕdīco, ĭs, xi. PHR. Vos Tempē tŏtĭdem tollĭte laudĭbus. Hor. Nec gens ulla tuos æquē cĕlĕbrābĭt hŏnōres. V. Qui carmĭne laudes Hercŭleas et facta fĕrant. V. Unde tuas possim laudes cĕlĕbrāre rĕcentes Magnaque quam mĭnĭmâ facta rĕferre mŏrâ. Ov. Nec plus Alcæus, consors pătriæque lўræque Laudis hăbet. Ov. Carmĭna vestrārum pĕrăgunt præcōnia laudum. Ov. v. celebro, laus.

Lăverna, æ. *The goddess of thieves.*——Pulchra *Lăverna,* Da mihĭ fallĕre, da justum sanctumque vĭdēri. Hor. Epist. 1. 16. 60.

Lāvīnius, a, um, and **Lāvīnus, a, um.** *Of Lavinium, a town of Latium; Italian.* ——Nec prōlem Ausŏniam et *Lāvīnia* respĭcit arva? V. Æn. 4. 236. Ĭtăliam fāto prŏfŭgus *Lāvīna*que vēnit Littŏra. V. Æn. 1. 2. SYN. Latius, Lătiālis, q. v.

lăvo, as, also **ĭs, lāvi, lōtum** or **lautum.** fut. in rus **lăvātūrus.** 1. *To wash.*—2. *In pass. to bathe.*——1. Phœbe qui Xantho *lăvis* amne crīnes. Hor. 4. 6. 26. Almōnis dŏmĭnam săcraque *lăvit* ăquis. Ov. F. 4. 340. Săcra *lăvātūras* māne pĕtēbat ăquas. Ov. F. 3. 12.—2. Numquid ĭn umbrōso cum velles fonte *lăvāri.* Ov. Her. 21. 177. SYN. 1, 2. ăbluo, ĭs, ui, ūtum; colluo, prōluo, perluo, *and their passives.*—1. perfundo, ĭs, fūdi; rĭgo, as. PHR. 2. Nūda sŭperfūsis tingāmus corpŏra lymphis. Ov. Sēcrētos nacta rĕcessus Gurgĭtis inclūsâ sua membra rĕfrīgĕrat undâ. Ov. Artus lĭquĭdo perfundĕre rōre. Ov. Dōnec mē flūmĭne vĭvo Ăbluĕro. V.

laurea, æ. *The bay tree.*——Cēdit ab Īlĭăcis *laurea* cāna fŏcis. Ov. F. 3. 142. v. laurus.

Laurens, entis. *Of Laurentum, a town in Latium.*——Excepto *Laurentis* corpŏre Turni. V. Æn. 7. 650.

Laurentius, a, um. another form of prec. —— Multos Vēsŭlus quem pīnĭfer annos Dēfendit, multosque pălus *Laurentia*. V. Æn. 10. 709.

laureus, a, um. *Of the bay tree.* —— Pōnit et in nĭtĭdā *laurea* serta cŏmā. Ov. Tr. 2. 172.

†**lauricŏmus, a, um.** *Wearing a garland of bay.* —— *Laurĭcŏmos* ut si per montes fāma văgētur. Lucr. 6. 151. v. seq.

‡**laurĭfer, ĕra, ĕrum.** *Bearing the bay tree, or wearing garlands of it.* —— *Laurĭfĕros* nullo cŏmĭtētur vulnĕre currus. Lucan. 5. 332.

laurĭger, ĕra, ĕrum. *Crowned with bay tree, laurelled.* —— Vīsĭte *laurĭgĕro* săcrāta pălātia Phœbo. Ov. A. A. 3. 389. v. seq.

laurus, i. also in abl. sing., nom., and acc. pl., often of 4th decl., fem. *The bay tree into which the nymph Daphne was changed when pursued by Apollo, on which account the tree was sacred to him; garlands of it were worn at triumphs, also by poets, and sometimes by priests.* —— Cinge cŏmam *lauro* vōtaque redde Jŏvi. Ov. Am. 1. 7. 36. SYN. laurea. PHR. Cum me Castălĭā spĕcŭlans ex arbŏre Phœbus Sīc ait. Ov. Frondĭbus Actĭăcis comtos rĕdĭmīta căpillos Pax ădēs. Ov. Utque vĭret semper laurus nec fronde cădūcā Carpĭtur. Ov. Tempora Phœbēā lauro cingentur. Ov. Parnassia laurus Parva sub ingenti mātris se subjĭcit umbrā. V. Ille căput flāvum lauro Parnassĭde vinctus. Ov. Sic fātus cingit vĭrĭdanti tempŏra lauro. V. Sparge mŏlam et frăgiles incende bĭtūmĭne lauros. V. Trojŭgĕna interpres Divûm qui nūmĭna Phœbi, Qui trĭpŏdas, Clării laurus, qui sīdĕra sentis. V. Nĕque res bellĭca Dēliis ornātum fŏliis dŭcem . . . ostendet Căpĭtōlio. Hor. Laurus ŭbī bona signa dĕdit gaudēte cŏlōni. Tib. Et succensa săcris crĕpĭtet bĕnĕ laurea flammis. Tib. Ipse triumphāli dēvinctus tempŏra lauro. Tib. Ipse gĕrens laurus, lauro dēvinctus ăgresti Mīlĕs, io, magnā voce, triumphe cănet. Tib. Mihī Delphĭcā lauro cinge vŏlens Melpŏmĕne cŏmam. Hor. Hercŭlis ritu mŏdŏ dictus o plebs Morte vēnālem pĕtiisse laurum Cæsar. Hor. v. Ov. Met. 1. 549—567.

laus, laudis. fem. 1. *Praise, renown.*—2. *A glorious deed.* —— 1. Ille sub hæc, Non *laudis* ămor nec glŏria cessit Pulsa mĕtu. V. Æn. 5. 394. —2. Quæ vŏbis quæ digna vĭri pro *laudĭbus* istis Præmia posse rear solvi? V. Æn. 9. 252. SYN. v. gloria; v. fama. —— PHR. Laudātaque virtus crescit, et immensum glōria calcar hăbet. Ov. Dēnique non parvas ănĭmo dat glŏria vīres Et fœcunda făcit pectŏra laudis ămor. Ov. Quam laudem a sērā postĕrĭtāte fĕrat. Ov. Quŏniam laudem piĕtāte mĕrēris Non ĕrit offĭcii grātia surda tui. Ov. Laudem . . . Alcīdes captā traxit ab Œchăliā. Ov. Carmĭna vestrārum pĕrăgunt præcōnia laudum. Ov. Et pătet in laudes ārea lāta tuas. Ov. Laudes dē Cæsăre dixi. Ov. Ēgrĕgiam vero laudem et spŏlia ampla rĕfertis. Ov. Si nulla accendit tantārum glŏria rerum Nec sŭper ipse suā mōlītur laude lăbōrem. V. Vir Trōjāne quĭbus cœlo te laudĭbus æquem? V. Nostra per immensas ībunt præcōnia gentes. Ov. v. plausus.

lautē. *Luxuriously.* —— Tene ego ut accĭpiar *lautē* torquērier omni Sōlĭcĭtūdĭne districtum? Hor. Sat. 2. 8. 67.

lautus, a, um. prop. part. from lavo, q. v. As adj. *Luxurious, splendid.* —— Rōmānoque fŏro et *lautis* mūgīre cărīnis. V. Æn. 8. 311. SYN. luxŭriōsus; dīvĕs, ĭtis, q. v.; magnĭfĭcus; ŏpĭmus.

laxē. *Loosely.* —— Et mĕdio *laxē* pōnĕre membra tŏro. Ov. Am. 2. 10. 18.

laxo, as. *To loosen, to relax.* —— Inclūsos ŭtĕro Dănaos et pīnea furtim *Laxat* claustra Sĭnon. V. Æn 2. 259. Cætĕra per terras omnes ănĭmālia somno *Laxābant* cūras. V. Æn. 9. 225. SYN. rĕlaxo; solvo, ĭs, vi, sŏlūtum, q. v.; rĕsolvo.

laxus, a, um. 1. *Loose, loosened.* — 2. *Open, of bars, etc., also of a door.* —— Palmĕs ăgit *laxis* per pūrum immissus hăbēnis. V. G. 2. 364. — 2. Surda sit ōranti tua jānua, *laxa* fĕrenti. Ov. Am. 1. 8. 77. SYN. 1. sŏlūtus, rĕsŏlūtus, rĕmissus. — 2. ăpertus.

lea, æ. *A lioness.* —— Audet et hirsūtas commĭnus īre *leas.* Ov. F. 5. 176. v. seq.

leæna, æ. *A lioness.* —— Tempŏre nōn ălio cătŭlōrum ōblīta *leæna* Sævior errāvit campis. V. G. 3. 245. SYN. lea. PHR. Torva leæna lŭpum sĕquĭtur. V. Fulvā cervice leæna. V. v. leo.

Lēander and **Lēandrus, i.** *A youth of Abydos, who being in love with Hero of*

Sestos, was used to swim the Hellespont by night to meet her, and was drowned in so doing. —— Nīl nĭsī *Lēandrī* nōmĕn ĭn ōre meo est. Ov. Her. 19. 40.

Lēandrius, a, um. *Of Leander.* —— Mille rătes vīdit *Lēandrius* Hellespontus. Sil. 8. 622.

lĕbēs, ētis, masc. *A caldron, a kettle.* —— Tertia dōna făcit gĕmĭnos ex ære *lĕbētas.* V. Æn. 5. 266. SYN. ăhēnum.

lectīca, æ. *A litter, a chair in which the rich were carried about.* —— *Lectīcam* dŏmĭnæ dissĭmŭlanter ădi. Ov. A. A. 1. 488. SYN. ‡sella.

lector, ōris. *A reader.* —— Jūre tĭbī grātes candĭde *lector* ăgo. Ov. Tr. 4. 10. 132. SYN. lĕgens, entis.

lectŭlus, i. dim. of seq. q. v. *A bed.* —— Perfĭde pars nostri, *lectŭle,* major ŭbi est? Ov. Her. 10. 58.

lectus, i. 1. *A bed.* —2. *A couch on which to sit at meals.* —3. *A bier (in this sense usu. with some epith. referring to death).* —— 1. Turpĭter hospĭtium *lecto* cŭmŭlâsse jŭgāli Pœnitet. Ov. Her. 2. 57. —2. Si pŏtēs archaĭcis convīva rĕcumbĕre *lectis.* Hor. Epist. 1. 5. 1. —3. Flēbis et arsūro pŏsĭtum mē Delia *lecto.* Tib. 1. 1. 61. SYN. 1. lectŭlus, tŏrus; cŭbīle, is; strātum, §grăbātus. 1, 2. sponda. — 3. fĕrĕtrum, q. v.

lectus, a, um. part. pass. from lego, q. v. *Also picked,* i. e. *excellent.* —— Nunc o *lecta* mănus vălĭdis incumbĭte rēmis. V. Æn. 10. 294. SYN. dēlectus, ēgrĕgius, q. v.

Lēda, æ. also **Lēdē, es.** *The wife of Tyndarus; she was beloved by Jupiter, who disguised himself as a swan; and she brought forth two eggs, from one of which were born Pollux and Helen, from the other Castor and Clytæmnestra.* —— Dat mihī *Lēda* Jŏvem, Cycno dēcepta, părentem. Ov. Her. 17. 55. Non mihī vēnistis Sĕmĕlē *Lēdēve* dŏcendæ. Ov. A. A. 3. 251.

Lēdæus, a, um. *Of Leda.* —— *Lēdæam*que Hĕlĕnam Trōjānas vexit ad urbes. V. Æn. 7. 364.

lēgātum, i. *A legacy.* —— *Lēgātum* omne căpis, necnon et dulce cădūcum. Juv. 9. 88.

lēgātus, i. *An ambassador.* —— Atque hic *lēgātos* Ætolâ ex urbe rĕmissos Quæ rĕfĕrant fāri jŭbet. V. Æn. 11. 239. PHR. Tum sătus Anchīsâ dēlectos ordĭne ab omni Centum ōrātōres augusta ad mœnia rēgis Īre jŭbet rāmis vēlātos Pallădis omnes, Dōnaque ferre vĭro, pācemque exposcĕre Teucris. V.

lēgĭfer, ĕra, ĕrum. *Making laws.* —— Optāvit Mīnos sĭmiles sĭbī *lēgĭfer* annos. Ov. Am. 3. 10. 41.

lĕgio, ōnis. fem. 1. *A legion.* —2. *An army.* —— 1, 2. Ut sæpe ingenti bello cum longa cohortes Explĭcuit *lĕgio* et campo stĕtit agmĕn ăperto. V. G. 2. 280. SYN. 2. exercĭtus, ūs, q. v.

‡lēgĭtĭmē. *Lawfully.* —— Non nĭsī *lēgĭtĭmē* vult nūbĕre; quid plăceat; dic. Juv. 10. 338.

lēgĭtĭmus, a, um. *Legitimate, lawful.* —— Ergo *lēgĭtĭmâ* văcuus dum conjŭge lectus. Ov. Met. 10. 437. SYN. justus.

lēgo, as. *To depute, to send.* —— Ipsa suum Zĕphyrītis eo fămŭlum *lēgârat.* Cat. 64. 577. SYN. mitto, ĭs, mīsi, missum, q. v.

lĕgo, ĭs, lēgi, lectum. 1. *To collect, to gather.* —2. *To gather in, contract, furl.* —3. *To pass close by.* —4. *To read.* —5. *To observe.* —6. *To choose; esp. of soldiers, to enlist (trans.), etc. etc.* —— 1. Qui *lĕgĭtis* flōres et hŭmi nascentia frāga. V. E. 3. 92. —2. Plēnis Rūra nătant fossīs, atque omnis năvĭta ponto Hūmĭda vēla *lĕgunt.* V. G. 1. 373. Extrēmaque Lauso Parcæ fīla *lĕgunt.* V. Æn. 10. 815. —3. Æquŏraque Āfra *lĕgit* Sardŏaque regna sĭnistris Prospĭcit a rēmis. Ov. F. 4. 289. —4. Sustĭnet in nostro carmĭne sæpe *lĕgi.* Ov. Tr. 4. 4. 14. —5. Et tŭmŭlum căpit unde omnes longo ordĭne possit Adversos *lĕgĕre* et vĕnientûm discĕre vultus. V. Æn. 6. 755. —6. Ēmĭcuit summâque lŏcum sĭbī *lĕgit* in arce. Ov. Met. 1. 27. Nam Tĕlămon frāterque vĭros ad bella *lĕgēbant.* Ov. Met. 7. 669. SYN. 1, 2. collĭgo. — 1. carpo, ĭs, psi, q. v.; dēcerpo. — 2. contraho, ĭs, xi; sēdo, as. — 3. prætĕreo, ĭis, īvi, ĭtum; rādo, ĭs, si. — 4. perlĕgo. — 5. observo, as, q. v. — 6. dēlĭgo, sēlĭgo, ēlĭgo; opto, as.

lĕgūmĕn, ĭnis. neut. *Pulse, esp. beans.* —— Unde prius lætum sĭlĭquâ quassante *lĕgūmen.* V. G. 1. 74. SYN. lens, lentis, *fem.* v. faba.

‡Lĕmannus, i. *The lake of Geneva.* —— Dēsĕruēre cavo tentōria fixa *Lĕmanno.* Lucan. 1. 396.

lembus, i. *A boat.* —— Non ălĭter quam qui adverso Vix flūmĭne *lembum* Rēmĭgiis sŭbĭgit. V. G. 1. 201. SYN. Phăsēlus. v. navis.

‡**Lemniăcus, a, um.** *Lemnian.* —— Nec mājor ab antris *Lemniăcis* frăgor est. Stat. Sylv. 3. 1. 231.

Lemnĭcŏla, æ. masc. *Inhabitant of Lemnos, esp. as a name of Vulcan.* —— *Lemnĭcŏlæ* stirpem contrā dătā fœdĕra vidit. Ov. Met. 2. 758. v. Vulcanus.

Lēmniăs, ădŏs. a fem. form of prec. *A Lemnian woman.* —— *Lemniădes*que viros nĭmium quŏque vincĕre nŏrunt. Ov. Her. 6. 51.

Lemnius, a, um. *Lemnian, esp. as epith. of Vulcan, for whom it is sometimes used as syn.* —— *Lemnius* extemplo valvas pătĕfēcit ĕburnas. Ov. Met. 4. 185. SYN. ‡Lemniăcus.

Lemnŏs, i. fem. *An island in the Ægœan Sea, notorious as the island on which Philoctetes was exposed by the Greeks; also for the Lemnian massacre, when the women slew all the men in the island except Thoas, who was saved by his daughter Hypsipyle; also as being sacred to Vulcan.* —— Nec Pæantiăden quod hăbet Vulcānia *Lemnos* Esse reus mĕrui. Ov. Met. 13. 313. PHR. Vulcānum tellus Hypsĭpўlæa cŏlit. Ov.

Lĕmŭres, um. masc. *Ghosts, spectres.* —— Mox ĕtiam *Lĕmŭres* ănĭmas dixēre sĭlentum. Ov. F. 5. 483. v. manes, v. larva.

Lĕmūria, um. *Sacrifices to the Lemures.* —— Rītus ĕrit vĕtĕris nocturna *Lĕmūria* sacri. Ov. F. 5. 421.

lēna, æ. *A procuress.* —— Pro făciē multis vox sua *lēna* fuit. Ov. A. A. 3. 316.

Lēnæus, i. *A name of Bacchus,* q. v. —— Huc păter o *Lēnæe* vĕni nūdātaque musto Tinge nŏvo mĕcum dĕreptis crūra cŏthurnis. V. G. 2. 7.

lēnĕ. *Gently.* —— Tectus hŭmum rīvo *lēne* sŏnantis ăquæ. Ov. F. 2. 704. SYN. lēnĭter, mollĭter.

lēnīmĕn, ĭnis. neut. *An alleviation.* —— Et mihĭ sŏlĭcĭtæ *lēnīmen* dulce sĕnectæ. Ov. Met. 6. 500. SYN. lĕvāmen, ĭnis, *neut.*

lēnio, is. imperf. sometimes **lēnībam** for **lēniebam,** and fut. **lēnībo** for **lēniam.** *To soften, to soothe, to relieve, to mitigate.* —— *Lēnībant* cūras et cŏrda ŏblīta lăbŏrum. V. Æn. 4. 528. Impium *Lēnīte* clāmŏrem sŏdāles. Hor. 1. 27. 7. SYN. dēlēnio; mulceo, es, si, *no sup.* q. v.

lēnis, e. *Soft, gentle.* —— Sæpe suo victor *lēnis* in hoste fuit. Ov. Tr. 5. 2. 36. SYN. mītis, mollis, făcĭlis, blandus.

lēnĭter. compar. **lēnius.** *Softly gently.* —— *Lēnĭter* ex mĕrĭto quicquid pătiāre fĕrendum est. Ov. Her. 5. 7. SYN. lēne, plăcĭdē, mollĭter.

lēno, ōnis. masc. *A procurer.* —— Dĕvŏvet impĕrium tămĕn hæc *lēnōnis* ăvāri. Ov. Am. 1. 10. 23.

lens, lentis. fem. *Pulse.* —— Nec Pēlūsiăcæ cūram aspernabĕre *lentis.* V. G. 1. 228. SYN. lĕgūmen, ĭnis, q. v.

lentē. *Slowly, without exertion.* —— Non ultrā *lentē* possŭmus esse piæ. Ov. F. 3. 208. SYN. segnĭter.

lentesco, is. no perf. 1. *To become slow, to slacken, to flag.* — 2. *To stick.* —— 1. Sed mŏra tūta brĕvis, *lentescunt* tempŏre cūræ. Ov. A. A. 3. 357. — Sed pĭcis in mŏrem ad dĭgĭtos *lentescit* hăbendo. V. G. 2. 250. SYN. 1. lēnior, īris; attĕnuor, āris; mĭnuor, eris, ūtus sum, q. v. — 2. hæreo, es, si, q. v.

lentiscĭfer, ĕra, ĕrum. *Bearing mastich-trees* —— Hinc călĭdi fontes *lentiscĭfĕrum*que tĕnentur Linternum. Ov. Met. 15. 714.

lentiscus, i. fem. *The mastich-tree.* —— *Lentiscus* trĭplĭci sŏlĭta grandescĕre fœtu. Cicero de Div. 1. 9.

lento, as. 1. *To bend, to ply.* — 2. *To protract, to carry on slowly.* —— 1. Ante et Trīnăcriā *lentandus* rēmus in undā. V. Æn. 3. 384. — 2. *Lentando* fervĭda bella. Sil. 8. 11. SYN. 1. exerceo, es; verso, as. — 2. traho, ĭs, xi, q. v.

lentus, a, um. 1. *Pliant, flexible.* — 2. *Soft.* — 3. *Sticky.* — 4. *Slow.* — 5. *Gentle, at one's ease.* —— 1. Seu *lento* fuĕrint alveāria vīmĭne texta. V. G. 4. 34. — 2. Ac vĕlūti *lentis* Cyclŏpum fulmĭna massis cum prŏpĕrant. V. G. 4. 170. — 3. Et visco et Phrygiæ servant pĭce *lentius* Idæ. V. G. 4. 41. — 4. Tu fŏre tam justā *lentum* Mĕnĕlāŏn in īrā . . . pŭtas? Ov. Her. 17. 249. — 5. Nos pătriam fŭgĭmus, tu Tītyre *lentus* ĭn umbrā. V. E. 1. 4. SYN. 1. făcĭlis, flexĭlis, flexĭbĭlis, tortĭlis. v. nexĭlis. — 1, 2. mollis, q. v. — 4. tardus. — 5. tranquillus. PHR. 4. Expenso planta mŏrāta grădu. Prop.

leo, ōnis. 1. *A lion.*—2. *The constellation Leo.*——1. Tempŏre Pœnōrum compescĭtur īra *leōnum.* Ov. Tr. 4. 65.—2. Et stella vēsāni *Leōnis* Sōle dies rĕfĕrente siccos. Hor. 3. 29. 19. PHR. Fulvique insternor pelle leōnis. V. Tergum Gætūli immāne leōnis. V. Daphnĭ tuum Pœnos ĕtiam ingĕmuisse leōnes Intĕrĭtum. V. Leōnis Unguĭbus horrĭbĭlique mālâ. Hor. Ēheu nē rŭdis agmĭnum Sponsus lăcessat rēgius aspĕrum Tactu Leōnem. Hor. Obsĕquium tĭgresque dŏmat Nŭmĭdasque leōnes. Ov. Ænēia puppis Prīma tĕnet rostro Phrÿgios subjuncta leōnes. V. Inter serpentes āprosque ăvĭdosque leōnes Jactor. Ov. Quæ super ipse jăcens hirsūti mōre leōnis Viscĕraque et carnes ōblīsisque ossa mĕdullis Sēmiānĭmesque artūs ăvĭdam condebat in alvum. Ov. Vĕnit ecce rĕcenti Cæde leæna boum spūmantes oblĭta rictus. Ov. Tum dēmum mŏvet arma leo, gaudetque cŏmantes excŭtiens cervīce tŏros. V. v. V. Æn. 10. 723—728.

lĕpĭdē. *Wittily.*——Jŏcōsē, *lĕpĭdē* vŏvēre Dīvis. Cat. 34. 10.

lĕpĭdus, a, um. *Facetious, witty.*——Cui dōno *lĕpĭdum* novum lĭbellum? Cat. 1. 1. SYN. făcētus.

lĕpor, oris. masc. 1. *Wit.*—2. *Grace, pleasantness.*——1. Est ĕnim *lĕpōrum* Dīsertus puer et făcētiārum. Cat. 12. 8.—2. Aurea pāvōnum rīdenti imbūta *lĕpōre* Sæcla. Lucr. 2. 501. SYN. 1. săles, ium, *pl. masc.*; făcētiæ, ārum. —2. v. decus.

lĕpus, ŏris. masc. *A hare.*——Aurītosque sĕqui *lĕpŏres*, tum fīgĕre dāmas. V. G. 1. 308. PHR. Păvĭdumque lĕpŏrem aut advĕnam lăqueo gruem Jūcunda captat præmia. Hor. Imbelles căpreæ, Sollĭcĭtusque lĕpus. Ov.

Lerna, æ. *A marsh near Argos, celebrated as the lurking-place of the hydra with a hundred heads, slain by Hercules.*——Et centumgĕmĭnus Briăreus et bellua *Lernæ* Horrendum strīdens. V. Æn. 6. 287.

Lernæus, a, um. *Of Lerna.*——*Lernæus* turbâ căpĭtum circumstĕtit anguis. V. Æn. 8. 300.

Lesbiăs, ădŏs. and **Lesbĭs, ĭdŏs.** acc. **ĭdă.** pl. ĭdĕs, etc., fem. forms of seq. *Lesbian, esp. a Lesbian woman, etc.*——Nec me *Lesbiădum* cætĕra turba jŭvant. Ov. Her. 15. 16. *Lesbĭda* cum dŏmĭno seu tŭlit ille lÿram. Ov. F. 2. 82. SYN. Pyrrhiăs, ădŏs; Mēthymniăs, ădŏs.

Lesbius, a, ūm, and **Lesbōus, a, um.** *Lesbian; when applied to metre, lyric, Alcaic, or Sapphic.*——Sōla tuum vātes *Lesbia* vincet ŏpus. Ov. Tr. 3. 7. 20. *Lesbōum* rĕfŭgit tendĕre barbĭton. Hor. 1. 1. 34. v. Mēthymnæus.

Lesbŏs, i. fem. *An island in the Ægæan Sea, famous as the birth-place of Sappho and Alcæus.*——Quam Mēthymnæo carpit dē palmĭte *Lesbos.* V. G. 2. 90.

lētālis, e. *Deadly.*——Abdĭtaque intus Spīrāmenta ănĭmæ *lētāli* vulnĕre rupit. V. Æn. 9. 580. SYN. lētĭfer, ĕra, ĕrum; fūnestus.

Lēthæus, a, um. 1. *Of Lethe,* q. v.—2. *Causing forgetfulness.*——1. *Lēthæum*que dŏmos plăcĭdas qui prænătat amnem. V. Æn. 6. 705.—2. Victaque *Lēthæâ* lūmĭna nocte prĕmunt. Ov. A. A. 3. 648. SYN. 2. ōblīviōsus.

§lēthargĭcus, a, um. *Lethargic.*——Ut *lēthargĭcus* hic cum fit pŭgil, et mĕdĭcum urget. Hor. Sat. 2. 3. 30.

§lēthargus, i. *A lethargy.*——Quondam *lēthargo* grandi est oppressus. Hor. Sat. 2. 3. 145.

Lēthē, es. *A river of hell, those who drank of it forgot all the events of their former life.*——Da mihĭ si quid ea est hĕbĕtantem pectŏra *Lēthen.* Ov. Ep. e P. 4. 1. 17. PHR. Atque sŏpŏrĭfĕræ bĭbĕrem si pōcŭla *Lēthes.* Ov. Si bĭbĕres sēcūræ pōcŭla Lēthes. Ov. Lēthæi ad flūmĭnis undam Sēcūros lătĭces et longa ōblīvia pōtant.

lētĭfer, ĕra, ĕrum. *Causing death.*——Cōrÿtique lĕves hŭmĕris et *lētĭfer* arcus. V. Æn. 10. 169. SYN. lētālis, fūnestus.

lēto, as. *To put to death, to kill.*——Quīque Lÿcurgĭdēn *lētāvit* et arbŏre nātum. Ov. Ibis. 503. SYN. occīdo, is, di, q. v.; nĕco, as, ui.

lētum, i. no pl. 1. *Death.*—2. *Destruction* (*of inanimate things*).——Vos ănĭmam hanc pŏtius quocunque absūmĭte *lēto* V. Æn. 3. 654. Nunc păter, et Teucrûm res Ērĭpe *lēto.* V. Æn. 5. 690. SYN. 1. mors, mortis, *fem.* q. v.; fūnus, ĕris; nex, nĕcis.—2. ruīna, exĭtium.

lĕvāmen. ĭnis. *Relief.*——Quis mihĭ dēsertæ mīte *lĕvāmĕn* ĕrit. Ov. Her. 3. 62. SYN. lēnīmĕn, ĭnis. v. solatium.—

Leucădius, a, um. *Of Leucas.* —— Vel frĕta *Leucădii* mittar ĭn alta Dei. Ov. Tr. 5. 2. 76.

Leucăs, ădŏs. acc. **ădă.** also **Leucātē, ēs.** and **Leucătes, æ.** *A town, promontory, and mountain in Acarnania, from which those used to throw themselves who were unfortunate in love; it was sacred to Apollo.* —— Pĕte prōtĭnus altam *Leucăda* nec saxo dēsĭluisse tĭme. Ov. Her. 15. 172. Mox et *Leucātæ* nimbōsa căcumĭna montis Et formīdatus nautis ăpĕrītur Ăpollo. V. Æn. 8. 274.

Leucŏiŏn, i. *The white violet, or the stock gilliflower.* —— Candĭda *leucoia* et flāventia lūmĭna calthæ. Columel. 10. 97.

Lĕucŏtheē, es. *A name of Ino,* q. v. —— *Leucŏtheē* Graiis Mātūta vŏcābĕre nostris. Ov. F. 6. 545.

lĕvĭpes, ĕdis. *Light of foot, swift.* —— Subterque pĕdes quos dixĭmus ante Ŏrīōnĭ jăcet *lĕvĭpes* lĕpus. Cic. in Arat. 120. SYN. cĭtus, q. v.

lĕvis, e. 1. *Light.* — 2. *Active.* — 3. *Fickle.* —— 1. Atque *lĕvem* stĭpŭlam crĕpĭtantibus ūrĕre flammis. V. G. 1. 85. Somnos quod invītet *lĕves.* Hor. Epod. 2. 28. — Ipsâ multa tŭli non *lĕviōra* fŭgâ. Ov. Tr. 4. 10. 102. — 2. Ante *lĕves* ergo pascentur ĭn æthĕre cervi. V. E. 1. 60. — 3. Ātria turba tĕnent, vĕniunt *lĕve* vulgus euntque. Ov. Met. 12. 53. SYN. 2. ăgĭlis.—2, 3. mōbĭlis. — 3. mūtābĭlis. PHR. 3. Mōbĭlis Æsŏnĭdē, vernâque incertior aurâ. Ov. Bacche lĕvis lĕviorque tuis quæ tempŏra cingunt Frondĭbus. Ov. v. Ov. Her. 5. 109—112.

†lĕvĭsomnus, a, um. *Sleeping lightly.* —— Et *lĕvĭsomna* cănum fido cum pectŏre corda. Lucr. 5. 862. v. vigil.

lĕvĭtas, ātis. *Lightness, fickleness.* —— Sed stultum est venti de *lĕvĭtāte* quĕri. Ov. Her. 21. 76.

lĕvĭter. *Lightly.* —— Et *lĕvĭter* dicas Hæc quŏque nostra fuit. Ov. Her. 3. 80.

lĕvo, as. 1. *To raise.* — 2. *To take down, to take away.* — 3. *To relieve, to lighten, to refresh, etc.* —— 1. Ter sēse attollens cŭbĭtoque adnixo *lĕvāvit.* V. Æn. 4. 690. — 2. Ipse vĭro prīmus mănĭcas atque arcta *lĕvāri* Vincla jŭbet Priămus. V. Æn. 2. 146. — 3. Cantantes ut eāmus ĕgo hoc te fasce *lĕvābo.* V. E. 9. 65. Auxĭlioque *lĕvāre* vĭros, vimque addĕre victis. V. Æn. 2. 452. Rīte sĕcundārent vīsūs, ōmenque *lĕvārent.* V. Æn. 3. 36. Pars jăcet et molli grāmĭne membra *lĕvat.* Ov. F. 6. 328. SYN. 1, 2. tollo, is, sustŭli, q. v.; ēlĕvo. — 1. ērĭgo, is, rexi. — 3. sublĕvo, rĕlĕvo, allĕvo. v. succurro.

lēx, lēgis. fem. 1. *A law, law.* — 2. *A condition.* —— 1. Fastus ĕrit per quem *lēge* lĭcēbit ăgi. Ov. F. 1. 48. — 2. Nec cum sē sub *leges* pācis ĭnīquæ Trādĭdĕrit regno aut optātâ lūce fruatur. V. Æn. 4. 619. SYN. 2. condĭtio, onis. PHR. Contĭnuo has lēges æternaque fœdĕra certis Impŏsuit Nātūra lŏcis. V. Magnīs ăgĭtant sub lēgĭbus ævum. V. Fixit lēges prĕtio, atque rĕfixit. V. Cum tĭbĭ suscepta est lēgis vindicta sĕvēræ. Ov. Ut lēgem pœnæ cui dĕdit ipsa părens. Ov. In sŏcias lēges ultĭma gentis eo. Ov. Mos et lex măcŭlōsum ēdŏmuit nĕfas. Hor. Teneor patriæ nec lēgĭbus ullis. V. Pœna mĕtusque ăbĕrant, Nec verba mĭnăcia fixo ære lĕgēbantur. Ov. Vīcīnæ ruptīs inter se lēgĭbus urbes Arma fĕrunt. V. Sprētārumque ăgĭtur lēgum reus. Ov. Ecce jăcent collo sparsi sĭne lēge căpilli (i. e. *in a disorderly manner*). Ov. Nŭmĕrisque fertur Lēge sŏlūtis (*of the irregular metre of Pindar*). Hor.

lībāmĕn, ĭnis. neut. *A libation.* —— Ignĭbus impŏnit săcris *lībāmĭna* prima. V. Æn. 6. 247.

†lībella, æ. *A mason's level.* —— Et *lībella* ălĭquâ si ex parti claudĭcat hīlum. Lucr. 4. 517.

‡lībellio, ōnis. *One who copies out books.* —— De capsâ mĭsĕri *libelliŏnis.* Stat. Sylv. 4. 921.

lĭbellus, i. *A book.* —— Quid mihĭ vōbiscum est infēlix cūra *lĭbelli?* Ov. Tr. 2. 1. 1. v. lĭber.

lĭbens, entis. *Willing.* —— Tēcum vīvĕre ămem, tēcum ŏbeam *lĭbens.* Hor. 3. 9. 24.

lĭbenter. compar. **tius.** *Willingly.* —— Cum spectet junctos illa *lĭbenter* equos. Ov. A. A. 3. 634. SYN. ămīcē. v. ultro.

Lĭber, ĕri. *A name of Bacchus,* q. v. —— *Lĭber* pampĭneas invĭdit collĭbus umbras. V. E. 7. 58.

līber, ĕra, ĕrum. *Free, free from.* —— Nēve rĕvertendi *līber* ăbesse vĕlis. Ov. Her. 1. 80. v. immunis.

līber, bri. 1. *The inner bark of a tree.*—2. *A book.*——1. Germen Inclūdunt ūdoque dŏcent īnŏlescĕre *lībro.* V. G. 2. 77.—2. Parve, nĕc invĭdeo, sine mē *līber* ĭbis in urbem. Ov. Tr. 1. 1. 1. SYN. 1. v. cortex.—2. lĭbellus, vŏlūmĕn, ĭnis, *neut.*

Lībĕra, æ. *A name given to Ariadne as wife of Bacchus.*——Jam tĭbĭ mūtātæ *Lībĕra* nōmĕn ĕrit. Ov. F. 3. 612.

†‡līberālis, e. *Befitting a freeman, liberal.*——Sed tam prŏdĭgus atque *līberālis.* Mart. 1. 100. 2. v. ingĕnuus.

§līberālĭtas, ātis. *Liberality.*——Quid est? ait sĭnistra *līberālĭtas.* Cat. 27. 16.

lībĕrē. *Freely.*——Mea *lībĕrē* nĭmis quī fŭgĕre impĕria capit. Cat. 61. 80. v. licenter.

lībĕri, orum. *Children.*——Quod si pŭdīca mŭlier in partem jŭvet Dŏmum atque dulces *lībĕros.* Hor. Epod. 2. 40. SYN. puĕri.

lībĕro, as. *To free, to loosen.*——Infernis nĕque ĕnim tĕnĕbris Dīāna pŭdīcum *Lībĕrat* Hippŏlўtum. Hor. 4. 7. 26. Quo fuit accinctus vāgīnâ *lībĕrat* ensem. Ov. Met. 6. 550. SYN. extrīco, as; expĕdio, īs; solvo, ĭs, vi, sŏlūtum.

līberta, æ. *A freedwoman with ref. to the master who has emancipated her.*——At hunc *līberta* sĕcūri Dīvīsit mĕdium fortissĭma Tyndărĭdārum. Hor. Sat. 1. 1. 99.

lībertas, ātis. fem. 1. *Liberty.*—2. *Leave.*——1. Æneădæ in ferrum pro *lībertāte* ruēbant. V. Æn. 8. 648.—2. Det *lībertātem* fandi flātusque rĕmittat. V. Æn. 11. 346. SYN. 2. vĕnia.

lībertīna, æ. *A freedwoman.*——*Lībertīna* frĕtis ācrior Adriæ. Hor. 1. 33. 15.

lībertīnus, i.——*A freedman.*——Nunc ad mē rĕdeo, *lībertīno* pătre natum. Hor. Sat. 1. 6. 45.

‡lībertīnus, a, um. *Of a freedman.*——Et *lībertīnas* arca flăgellat ŏpes. Mart. 5. 13. 6.

lībertus, i. *A freedman, with ref. to the master who has emancipated him.*——Fīlius aut ĕtiam hæc *lībertus* ut ēbĭbat hæres. Hor. Sat. 2. 3. 122.

lĭbet. impers. perf. **lĭbuit** and **lĭbĭtum est.** fut. **lĭbēbit** and **lĭbĭtum ĕrit.** *It pleases.*——Īre *lĭbet* mĕdias ipsi mihĭ sæpe per undas. Ov. Her. 19. 161. Si *lĭbĭtum* tibĭ ĕrit Lernæas pugnet ad hўdras. Prop. 2. 24, 25. SYN. plăcet; jŭvat, *perf.* jūvit; cordi est; est ănĭmus. v. volo.

Lībēthrĭdĕs, um. fem. *A name of the Muses, from Libethra, a fountain in Macedonia.*——Nymphæ, noster ămor, *Lībēthrĭdes,* aut mihĭ carmen Quāle meo Cŏdro concēdĭte. V. E. 7. 21.

‡lĭbīdĭnor, āris. *To indulge in lust.*——Post hæc omnia cum *lĭbīdĭnātur.* Mart. 7. 67. 13.

lĭbīdĭnōsus, a, um. *Lustful.*——*Lĭbīdĭnōsus* immŏlābĭtur căper. Hor. Epod. 10. 23. SYN. impŭdīcus, lascīvus prŏtervus.

lĭbīdo, ĭnis. fem. 1. *Will, fancy, desire, lust, usu. in a bad sense.*——Dum lĭcet o vĕtĭtæ scĕlĕrāte *lĭbīdĭnis* auctor. Ov. Met. 9. 576. v. cupido.

Lĭbĭtīna, æ. *The goddess of funerals, metaph. death.*——Non omnis mŏriar multaque pars mei Vītābit *Lĭbĭtīnam.* Hor. 3. 30. 6.

lĭbo, as. 1. *To pour, esp. in the way of making a libation, etc.*—2. *To make a sacrificial offering.*—3. *To taste, to touch gently.*——1. Hic duŏ rīte mĕro *lĭbans* carchēsia Baccho. V. Æn. 5. 77.—2. Sēmĭmaris flammis viscĕra *lĭbat* ŏvis. Ov. F. 1. 588.—3. Aulāi in mĕdio *lĭbābant* pōcŭla Bacchi. V. Æn. 3. 354. Oscŭla *lĭbāvit* nātæ dehinc tālia fātur. V. Æn. 1. 256. SYN. 1. fundo, ĭs, fūdi, q. v.—2. v. fero.—3. dēlĭbo; gusto, as, q. v.

lībra, æ. 1. *A pound weight.*—2. *A balance, pair of scales.*—3. *The sign of the zodiac.*——1. Dēnĭque cūr unquam fŭgisset cui sătis ūna Farris *lībra* foret. Hor. Sat. 1. 5. 69.—2, 3. *Lībra* diē somnique păres ŭbi fēcĕrit hōras V. G. 1. 208. SYN. 2. lanx, lancis, *esp. in pl.*

‡lībrāria, æ. *A slave who weighed out their portions of work to the rest.*——Si nocte mărītus Āversus jăcuit pĕriit *lībrāria.* Juv. 6. 475.

lībrārius, i. *A copier, an amanuensis, etc.*——Nam si luxĕrit ad *lībrārīorum* curram scrīnia. Cat. 14. 17.

lībro, as. *To poise.*——Ad jăcŭli vertēbar ŏpem quod dextĕra *lībrat* Dum mea.

Ov. Met. 7. 787. Omnes quæ lĭquĭdo *lĭbrātis* in āĕre cursus (aves sc.). Ov. Am. 2. 6. 11.

lībum, i. *A cake.* —— Instĭtuuntque dăpes, et ădōrea *lība* per herbam Subjĭciunt ĕpŭlis. V. Æn. 7. 109. SYN. ‡pŏpănum.

līburna, æ. *A light galley.* —— Ībis *Lĭburnis* inter alta nāvium Ămīce prōpugnācŭla. Hor. Epod. 1. 1. v. navis.

Līburni, orum. *The inhabitants of Liburnia, a district joining Dalmatia.* —— Regna *Lĭburnōrum* et fontem sŭpĕrāre Tĭmāvi. V. Æn. 1. 148.

Lĭbya, æ. and **‡Lĭbyē, es.** *Africa.* —— Ipse ignōtus ĕgens *Lĭbyæ* dēserta pĕrăgro. V. Æn. 1. 384. Æstĭfĕro *Lĭbyē* torretur subdĭta Cancro. Sil. 1. 194. SYN. Āfrĭca, q. v.

Lĭbycus, a, um. *African.* —— Sed fīnes *Lĭbўci* gĕnus untractābĭle bello. V. Æn. 1. 339. SYN. Āfer, Āfra, Āfrum, q. v. v. seq.

Lĭbÿs, yos. masc. and **Lĭbyssa, æ.** fem. *African.* —— *Lĭbўs* hinc Mĕroē siccaque terra subest. Ov. F. 4. 570. Quam magnus nŭmĕrus *Lĭbyssæ* ărēnæ. Cat. 7. 3.

Lĭbystīnus, a, um. another form of prec. —— Num te leæna montĭbus *Lĭbystīnis.* Cat. 58. 1.

Lĭbystis, ĭdŏs. another form of fem. *African.* —— Horrĭdus in jăcŭlis et pelle *Lĭbystĭdŏs* ursæ. V. Æn. 5. 37.

‡lĭcens, entis. *Licentious.* —— Quis spectācŭla, quis jŏcos *lĭcentes* . . . cānat. Stat. Sylv. 1. 6. 93. SYN. lascīvus, q. v.

lĭcenter. compar. **tius.** *Licentiously, freely.* —— Te sŭper ætherias errāre *lĭcentius* auras. V. Æn. 7. 557. SYN. lībĕrē, sĭne lēge.

lĭcentia, æ. *Licence, licentiousness.* —— Ordĭnem Rectum ēvăganti fræna *lĭcentiæ* Injĕcit. Hor. 4. 15. 10. PHR. Indŏmĭtam audeat Rĕfrænāre lĭcentiam. Hor. Et lascīva lĭcentia. Hor. v. lascivia.

§lĭceo, es. *To be put up for sale, to be valued at.* —— Ūnĭus assis non unquam prĕtio plūris *lĭcuisse.* Hor. Sat. 1. 6. 14. SYN. æstĭmor, āris.

‡lĭceor, ēris. dep. *To bid money for.* —— Et centum Græcos curto centusse *lĭcētur.* Pers. 5. 191.

lĭcet. perf. **lĭcuit** and **lĭcĭtum est.** fut. **lĭcebit** and **lĭcĭtum erit.** impers., sometimes also c. nom., and even in pl., but never in any person but the third. —1. *It is allowed.* — Fēlīces quĭbus ista *lĭcent,* hūmāna mălignas Cura dĕdit lēges. Ov. Met. 10. 330. — Quĭd făcĕrem? nĕque servĭtio me exīre *lĭcēbat.* V. E. 1. 41. SYN. dătur, fās est. v. fas.

lĭcet. used as adv., and Ovid once uses **lĭcēbit** in the same sense. *Although.* —— *Lĭcet* ingens jānĭtor antro Æternum lātrans exsangues terreat umbras. V. Æn. 6. 401. Dētrahat auctōri multum Fortūna *lĭcēbit.* Ov. Tr. 5. 14. 3. SYN. quanquam, quamvīs, etsi.

Lĭchās, æ. *The page who brought Hercules the poisoned robe from Deianira; Hercules, in his agony, threw him into the sea, and he was changed into a rock.* —— Ecce *Lĭchan* trĕpĭdum et lătĭtantem rūpe căvātā Aspĭcit. Ov. Met. 9. 211. q. v. ad 229.

‡lĭchēn, ēnis. masc. *Ringworm.* —— Non triste mentum sordĭdique *lĭchēnes.* Mart. 11. 99. 5.

lĭcĭtus, a, um. *Allowed, lawful.* —— Mĕdiisque rĕsīdunt Ædĭbus, et *lĭcĭto* tandem sermōne fruuntur. V. Æn. 8. 468. SYN. permissus, dătus.

lĭcium, i. usu in pl. *Thread.* —— *Lĭcia* dēpendent longas vēlantia sēpes. Ov. F. 3. 267. SYN. fīlum, q. v.

lictor, ōris. masc. *A sort of beadle, of whom twelve attended each consul.* —— Non ĕnim gazæ nĕque consŭlāris Summŏvet *lictor* mĭsĕros tŭmultus mentis. Hor. 2. 16. 11.

lĭgāmĕn, ĭnis. neut. *Any thing which binds, a band, bandage, etc.* —— Quæ cum Sīdŏniæ nocturna *lĭgāmĭna* mētræ Solvĕrit. Prop. 2. 29. 15. SYN. vincŭlum, q. v.

Lĭger, ĕris. *The river Loire.* —— Carnŭti et flāvi cærŭla lympha *Lĭger.* Tib. 1. 7. 12.

lĭgneus, a, um. *Wooden.* —— Stābat ĭn exĭguā *igneus* æde Deus. Tib. 1. 11. 20. SYN. arbŏreus, rōbŏreus, *prop. of oak;* †dūrăteus.

lignum, i. *Wood.* —— Nam prīmi cŭneis scindēbant fissĭle *lignum.* V. G. 1. 144. PHR. rōbŏre secto Ingentem struxēre pўram. V. v. stipes.

līgo, ōnis. masc. *A spade, pickaxe, mattock.*——Cum bĕne jactāti pulsārant arva *lĭgōnes.* Ov. Am. 3. 10. 31. SYN. rūtrum, ‡marra, ‡pāla. PHR. Nec dŭbĭtem longis purgāre lĭgōnĭbus arva. Ov. Lĭgōnĭbus dūris hŭmum Exhauriebat. Hor. Prōles Săbellis docta lĭgōnĭbus Versāre glēbas. Hor.

lĭgo, as. *To bind, to tie up.*——Non tŭlit infēlix lăqueoque ănĭmōsa *lĭgābat* Guttŭra. Ov. Met. 6. 134. SYN. allĭgo, rĕlĭgo, sublĭgo, illĭgo; vincio, īs, nxi; dēvincio; restringo, ĭs, inxi, ictum.

‡lĭgŭla, æ. *Any thing which ties, a shoe-tie.*——Propter quod rumpĕre somnum Dēbeat et *lĭgŭlas* dēmittere. Juv. 5. 20. v. ligamen.

Lĭgur, ŭris. masc. *A Ligurian, a Genoese.*——Assuētumque mălo *Lĭgŭrem* Volscosque vĕrūtos Extŭlit. V. G. 2. 168.

§lĭgurrio, īs. *To lick up.*——Sēmēsos pisces tĕpĭdumque *lĭgurrierit* jus. Hor. 1. 3. 81.

‡Lĭgustĭcus, a, um. *Ligurian, Genoese.*——Nam si prōcŭbuit qui saxa *Lĭgustĭca* portat. Juv. 3. 257.

lĭgustrum, i. *Bindweed (but it is not quite certain what plant is meant).*——Alba *lĭgustra* cădunt, vaccĭnia nĭgra lĕguntur. V. E. 2. 18.

līlium, i. *A lily.*——Āpes æstāte sĕrēnâ Flōrĭbus insīdunt vărĭis et candĭda circum *Līlia* funduntur. V. Æn. 6. 709. PHR. Mixta rŭbent ŭbĭ līlia multâ Alba rŏsâ. V. Nec viŏlæ semper nec hiantia līlia flōrent. Ov. Mista rĕferre Līlia virgĭneos lūcĭda per călăthos. Prop. Sæpe tŭlit blandis argentea līlia nymphis. Prop.

Lĭlÿbæum, also **Lĭbÿbæōn, i.** *The western promontory of Sicily.*——Mollĭbus expŏsĭtum Zĕphÿris *Lĭbÿbæōn*, at Arcton . . . Ov. Met. 13. 726.

Lĭlÿbēïus, a, um. *Of Libybæum.*——Et văda dūra lĕgo saxis *Lĭlÿbēïa* cæcis. V. Æn. 3. 706.

līma, æ. *A file, metaph. polish.*——Dēfuit et scriptis ultĭma *līma* meis. Ov. Tr. 1. 7. 30.

§līmātus, a, um. part. from limo, used as adj. *Polite.*——Cōmis et urbānus, fuĕrit *līmātior* idem. Hor. Sat. 1. 10. 65.

‡līmax, ācis. *A snail.*——Implĭcĭtus conchæ *līmax* hirsūtaque campe. Columel. 10. 324.

limbus, i. *A fringe, a hem.*——Sīdŏniam picto chlămÿdem circumdăta *limbo.* V. Æn. 4. 137.

līmĕn, ĭnis. neut. 1. *A threshold or lintel.*—2. *A door.*—3. *A house.*—4. *The starting place in a race.*——1. Quăter ipso in *līmĭne* portæ Substĭtit, atque ŭtĕro sŏnĭtum quăter arma dĕdēre. V. Æn. 2. 242.—2. Ipse inter prīmos correptâ dura bĭpenni *Līmĭna* perrumpit. V. Æn. 2. 480.—3. Exsĭlioque dŏmos et dulcia *līmĭna* mūtant. V. G. 2. 511.—4. Signoque rĕpente Corrĭpiunt spătia audīto *līmen*que rĕlinquunt. V. Æn. 5. 317. SYN. 2. porta; fŏris, is, *usu. in pl.*—3. dŏmus, ûs *and* i, *fem.*—4. carcĕr, ĕris, *masc. usu. in pl.*

līmĕs, ĭtis. masc. 1. *A boundary.*—2. *A path.*——1. Nec signāre quĭdem aut partīri *līmĭte* campum Fas ĕrat. V. G. 1. 126.—2. Hæc ego vasta dăbo et lato te *līmĭte* dūcam. V Æn. 9. 323. SYN. 1. fīnis, is, *masc.*; termĭnus, mēta.—2. via, q. v.; callis, is, *masc.*; sēmĭta. PHR. 1. Līmĕs ăgro pŏsĭtus lītem ut discernĕret arvis. V. v. terminus.

līmo, as. *To file, to polish.*——Quæ tĭbĭ tam tĕnui cūrâ *līmantur*, ut omnes Istĭus ingĕnium corpŏris esse nĕgent. Ov. Ep. e P. 4. 6. 37. SYN. ēlīmo, pŏlio, īs; expŏlio.

līmōsus, a, um. *Muddy.*——Amnis ărundĭnĭbus *līmōsas* obsĭte rīpas. Ov. Am. 3. 6. 1. SYN. lŭtŭlentus, lŭteus, ‡cænōsus.

limpĭdus, a, um. *Clear, limpid.*——Cum vĕnīret a măre Nŏvissĭmo hunc ădusque *limpĭdum* lăcum. Cat. 4. 24. SYN. pūrus, vĭtreus, illīmis, lūcĭdus. PHR. Fons ĕrat illīmis vĭtreīs argenteus undis. Ov.

līmus, i. *Mud.*——Amnis ăbundans Exit, et obducto lātē tĕnet omnia *līmo.* V. G. 1. 115. lŭtum, cænum.

līmus, a, um. *Oblique, awry.*——Altĕra si mĕmĭni *līmis* subrisit ŏcellis. Ov. Am. 3. 1. 33. SYN. ōblīquus.

līnea, æ. *A line, for whatever purpose it may be used, as a rope to mark out bounds, as a fishing line, etc.*—2. ‡*A line,* i. e. *a family.*——1. Quid frustrà rĕfŭgis, cōgit nos *līnea* jungi. Ov. Am. 3. 2. 19.—2. Non tĭbĭ clāra quĭdem sĕnior plăcĭdissĭme gentis *Lĭnea*. Stat. Sylv. 3. 3. 43. SYN. 1. līnum, q. v.— 2. ‡stemma, ătis, *neut.* v. domus.

līneus, a, um. *Of flax, of string.* —— Non văluit, nōdos et *līnea* vincŭla rūpit. V. Æn. 5. 510.

§lingo, ĭs, nxi. *To lick.* —— Crĕpĭdas *lingĕre* carbătinas. Cat. 95. 4.

lingua, æ. 1. *The tongue.* — 2. *Speech, voice, even of dumb animals.* — 3. *Language.* — 4. *A tongue of land.* —— 1. Nīgra sŭbest ūdo tantum cui *lingua* pălāto. V. G. 3. 388. — 2. Et vŏlŭcrum *linguas*, et præpĕtis ōmĭna pennæ. V. Æn. 3. 361. Largus ŏpum, et *linguâ* melior sed frīgĭda bello Dextĕra. V. Æn. 11. 338. — 3. Gentes Quam văriæ *linguīs*, hăbĭtu tam vestis et armis. V. Æn. 8. 723. — 4. Intrat Sĭcăniam, trĭbus hæc excurrit in æquora *linguis*. Ov. Met. 13. 724. SYN. 2. vox, vōcis, *fem.*; ōs, ōris, *neut.* — 3. lŏquēla. — 4. prōmontōrium.

līnĭger, ĕra, ĕrum. *Clothed in linen.* —— Vīdi ĕgŏ *līnĭgĕræ* nūmen vĭŏlâsse fătentem Īsĭdŏs. Ov. Ep. e P. 1. 1. 51.

līno, ĭs, lēvi, lĭtum. 1. *To smear, to dirt.* — 2. *To overlay.* — 3. *To seal up.* — 4. *To blot out.* —— 1. Hic păret mŏnĭtīs et *līnit* ōra lūto. Ov. F. 3. 760. Sintne *lĭtæ* tĕnues serpentis felle săgittæ. Ov. Ep. e P. 4. 9. 83.—2. Culta plăcent; auro sublīmia tecta *līnuntur*. Ov. M. F. 7. — 3. Vīle pōtābis mŏdĭcis Săbīnum Canthăris, Græcâ quod ĕgo ipse testâ Condĭtum *lēvi*. Hor. 1. 20. 3.— 4. Quiă plūrĭma cerno Me quoque qui fēci jūdĭce digna *līni*. Ov. Ep. e P. 1. 5. 16. SYN. 1. illĭno. v. fœdo. — 2. tĕgo, ĭs, xi. — 3. v. signo. — 4. dēleo, es, ēvi, q. v.

linquo, ĭs, līqui. sup. not found in the simple verb. 1. *To leave.* — 2. (*in pass.*) *To faint.* —— 1. Nos pătriæ fīnes et dulcia *linquĭmus* arva. V. E. 1. 3. — 2. *Linquor* et ancillis excĭpienda cădo. Ov. Her. 2. 130. SYN. 1. rĕlinquo, dērĕlinquo; dēsĕro, is, ui, sertum; destĭtuo, is, ui, ūtum. — 2. dēfĭcio, ĭs, fēci. PHR. 1. (*of leaving, or giving up a pursuit*) Nil mihī dēbuĕrat cum versĭbus amplius esse. Ov. 2. Tĕnĕbrīs exsanguis obortis Succĭduo dīcor prōcŭbuisse gĕnu. Ov.

linter, tris. masc. and fem. 1. *A boat.* — 2. *A trough to tread grapes in.* —— 1. Exĭguus pulsâ per văda *linter* ăquâ. Tib. 2. 5. 34. Ferte cŏrōnātæ jŭvĕnum convīvia *lintres*. Ov. F. 6. 779. — 2. Aut mihī servābit plēnīs in *lintrĭbus* ūvas. Tib. 1. 5. 23. SYN. 1, 2. alveus.—1. phăsēlus, lembus. v. navis.

linteum, i. *A linen cloth* — 1. *Any piece of linen.* — 2. (*esp. in pl.*) *Sails.* —— 1. Tollis *lintea* neglĭgentiārum. Cat. 12. 3. — 2. Ipsa rŏges Zephyri vĕniant in *lintea* sōli. Ov. Am. 2. 11. 41. SYN. 1. līnum, q. v.—2. vēlum, q. v.

līnum, i. 1. *Flax.* — 2. *Any linen cloth.* — 3. *A line, a fishing line, etc.* —— 1. Ūrit ĕnim *līni* campum sĕgĕs, urit ăvēnæ. V. G. 1. 77. — 2. Vēlāti *līno*, et verbēnâ tempŏra vincti. V. Æn. 12. 120. — 3. Nunc in mōle sĕdens mŏdĕrābar ărundĭne *līnum*. Ov. Met. 13. 923. SYN. 2. linteum, q. v. 3. sētæ.

Līnus, i. *A son of Apollo and Terpsichore, teacher of Orpheus, and Thamyras and Hercules.* —— Tunc ĕgŏ sim Īnăchio nōtior arte *Līno*. Prop. 2. 13. 8.

lippus, a, um. *Having sore eyes.* —— Cum tua prævĭdeas ŏcŭlis măla *lippus* inunctis. Hor. Sat. 1. 3. 25.

lĭquĕfăcio, ĭs, fēci. but more usu. in pass. **lĭquĕfio, ĭs, factus sum.** —— 1. §*To melt* (*trans.*). — 2. (*in pass.*) *To be melted.* — 3. (*in pass.*) *To putrify, to waste away.* —— 1. Ōmentum in flammâ pingue *lĭquĕfăciens*. Cat. 87. 6. — 2. Sic mea perpĕtuis *lĭquĕfīunt* pectŏra cūris. Ov. Ep. e P. 1. 2. 57. Congestaque flammâ Thūra *lĭquĕfīunt*. Ov. Met. 7. 161. — 3. Ambustique sŏnant nervi, cæcâque mĕdullis Tabe *lĭquĕfactis*. Ov. Met. 9. 175. Aspĭciunt *lĭquĕfacta* boum per viscĕra tōto Strīdĕre ăpes ŭtĕro. V. G. 4. 555. SYN. 1. lĭquo, as; solvo, ĭs, vi, sŏlūtum. — 2. solvor, dissolvor. — 2, 3. tābesco, ĭs, tābui; lĭquesco, q. v.

lĭquens, entis. *Liquid.* —— Extaque salsos Porrĭciam in fluctūs, et vīna *lĭquentia* fundam. V. Æn. 5. 238. Quāles āĕrĭæ *lĭquentia* flūmĭna circum Consurgunt gĕmĭnæ quercus. V. Æn. 9. 679. v. liquidus.

lĭquesco, is. no perf. 1. *To melt.* — 2. *To putrefy, to waste away.* —— 1. Līmus ut hic dūrescit, et hæc ut cēra *lĭquescit*. V. E. 8. 80. — 2. Dīlapsa *lĭquescunt* Afflātuque nocent et agunt contāgia lāte. Ov. Met. 7. 550. SYN. 1, 2. lĭquĕfīo, q. v.; lĭquor, ĕris, *no perf.*; mădeo, es, *no sup.*; rōresco, ĭs, *no perf.*

lĭquet. impers. no perf. *It is clear.* —— Dissīmŭlāre vĕlis, te *lĭquet* esse meum. Ov. Tr. 1. 1. 62.

lĭquĭdo. *Clearly.* —— Non sătis est *lĭquĭdo* cognĭta causa mihi. Ov. F. 5. 2. SYN. ăpertē, plānē.

lĭquĭdus, a, um. also lī. in Lucr. 1. *Liquid.* — 2. (*as subst. in neut.*) *Liquor, water.* — 3. *Clear.* — 4. *Clear sounding.* —— 1. Crassaque convĕniunt *līquĭdīs* et *līquĭda* crassis. Lucr. 4. 1252. Mella Stīpant et *lĭquĭdo* distendunt nectăre cellas. V. G. 4. 164. — 2. Cum *lĭquĭdo* mixtâ perfŭdit Dīva pŏlentâ. Ov. Met. 5. 453. — 3. Non sĕcus ac *lĭquĭdâ* si quando nocte cŏmētæ Sanguĭnei lūgūbre rŭbent. V. Æn. 10. 272. — 4. Et *lĭquĭdum* tĕnui guttŭre cantat ăvis. Ov. Am. 1. 13. 8. SYN. 1. hūmĭdus, q. v. — 2. hūmor, ōris, q. v. — 3, 4. clārus, q. v.

lĭquo, as. 1. *To melt, to make liquid.* — 2. *To drink.* —— 1. Păpāver Sūmĕre et expressis mella *lĭquāta* făvis. Ov. F. 4. 152. — 2. Săpias, vīna *lĭques*, et spătio brĕvi Spem longam rĕsĕces. Hor. 1. 11. 6. SYN. 1. lĭquĕfăcio, ĭs, q. v. — 2. bĭbo, ĭs, q. v.

līquor, ĕris. no perf. *To be liquid, to be dissolved.* —— Vēre nŏvo, gĕlĭdus cānis cum montĭbus hūmor *Līquĭtur.* V. G. 1. 43. SYN. lĭquesco, ĭs, q. v. ; solvor, ĕris, sŏlūtus ; dissolvor, rĕsolvor.

lĭquor, ōris. masc. *Any liquid or liquor, wine, milk, river, sea, etc.* —— Rursus ăbundābat fluĭdus *lĭquor* omniaque in se Ossa mĭnūtātim morbo collapsa trahēbat. V. G. 3. 484. SYN. hūmor ; lătex, ĭcis, *masc.*

Līris, is. masc. *The river Garigliano.* —— Non rura quæ *Līris* quiētâ Mordet ăquâ, tăcĭturnus amnis. Hor. 1. 31. 7.

līs, lītis. fem. *A contention, a strife, a dispute, esp. such as can be decided at law.* —— Dixit et in *lītem* stŭdio certāmĭnis īssent. Ov. F. 6. 89. SYN. dissĭdium, discordia, certāmĕn, ĭnis. v. jurgium.

‡lītāmĕn, ĭnis. neut. *A sacrifice.* —— Audite o sontes extrēma *lītāmĭna* Dīvûm. Stat. Theb. 10. 610. SYN. săcrĭfĭcium, q. v.

Līternum, i. *A town in Campania to which Scipio Africanus retired when he was banished from Rome, and where he died.* —— Hinc călĭdi fontes lentiscĭfĕrumque tĕnentur *Līternum.* Ov. Met. 15. 714.

Līternus, a, um. *Of Līternum.* —— Hinc *Līterna* pălūs. Sil. 7. 278.

‡lĭtĭcĕn, ĭnis. masc. *A trumpeter.* —— Dēsīdes Baiæ *lĭtĭcenve* nōtus Hectŏris armis. Stat. Sylv. 4. 7. 19. SYN. tŭbĭcĕn, ĭnis, *masc.*

lītĭgiōsus, a, um. 1. *Litigious, quarrelsome.* — 2. *The subject of quarrels or law-suits.* —— 1. Quam pĕtĕre a thălămis *lītĭgiōsa* fŏra. Ov. R. A. 670. — 2. Omnis ĕrit sĭne te *lītĭgiōsus* ager. Ov. F. 2. 660.

†‡lītĭgo, as. *To dispute, esp. at law.* —— *Lītĭgat* et pŏdăgrâ Diŏdōrus, Flacce, lăbōrat. Mart. 1. 99. 1.

lĭto, as. 1. *To appease by sacrifice.* — 2. *To sacrifice, to perform sacrifice* (*the passive is only found in this last sense*). —— 1. Victĭma nulla *lĭtat* magnosque instāre tŭmultus Fībra mŏnet. Ov. Met. 15. 794. — 2. Pontĭfĭces fordâ săcra *lĭtāte* bŏve. Ov. F. 4. 630. Sanguĭne quærendi rĕdĭtus, ănĭmâque *lĭtandum* Argŏlĭcâ. V. Æn. 2. 118. v. sacrifico.

littĕra, æ. 1. *A letter, a written character.* — 2. *An epistle.* —— 1. Aut si qua incerto fallet te *littĕra* tractu. Prop. 4. 3. 5. — 2. Quam legis, a raptâ Brīsēide *littĕra* vĕnit. Ov. Her. 3. 1. SYN. 2. ĕpistŏla. v. tabella.

§littĕrātor, ōris. *A literary man.* —— Mūnus dat tĭbĭ Sulla *littĕrātor.* Cat. 14. 9.

§littĕrŭlæ, arum. *Literature.* —— *Littĕrŭlis* Græcis imbūtus, ĭdoneus arti Cuilĭbet. Hor. Epist. 2. 2. 7.

littŏrālis, e. *Of the shore.* —— Neque ulla vōta *littŏrālĭbus* Deis Sĭbi esse facta. Cat. 4. 22. v. seq.

littŏreus, a, um. *Of the shore.* —— *Littŏream* tractu squāmæ crĕpĭtantis ărēnam Sulcat. Ov. Met. 15. 725. v. prec.

littus, ŏris. neut. *The shore.* —— Ferrea vox ; ădĕs et prīmi lege *littŏris* ōram. V. G. 2. 44. SYN. ōra (*not without gen. of the sea, etc.*), acta. PHR. Littus ărēnōsum Libyæ ventosque sĕcābat. V. Gĕnus omne nătantum Littŏre in extrēmo ceu naufrăga corpora fluctus Prōluit. V. Fĕror hūc et littore curvo Mœnia prīma lŏco. V. Jamque fĕrē sicco subductæ littŏre puppes. V. Proxĭma Circææ rāduntur littŏra terræ. V. Est prŏcŭl in pĕlăgo saxum spumantia contra littŏra. V. Rĕsŏnantia longe Littŏra miscēri . . . incĭpiunt. V. Nec percussa jŭvant fluctu tam littŏra. V. Nec medius tenues conchas pictasve lăpillos Pontus hăbet, bĭbŭli littŏris ista mŏra est. Ov. Me mĭsĕrum quanto planguntur littŏra fluctu. Ov. v. arena.

lĭtūra, æ. *A smear, a stain, a blot.* —— Littĕra suffūsas quod hăbet măcŭlōsa *litūras.* Ov. Tr. 3. 1. 15. SYN. măcŭla.

lĭtus, a, um. part. pass. from lĭno. *Smeared, spotted.* —— Ardentes auro, et părĭbus *lita* corpŏra guttis. V. G. 4. 99. SYN. măcŭlātus. v. varius.

lĭtuus, i. 1. *A trumpet, a clarion.* — 2. *A staff or wand of office of the priests and augurs.* —— 1. Jam *lĭtuus* pugnæ signa dătūrus erat. Ov. F. 3. 216. — 2. Ipse Quĭrīnāli *lĭtuo*, parvâque sĕdēbat Succinctus trăbeâ. V. Æn. 7. 187. SYN. 1. tŭba, cornu.

lĭveo, es. no perf. 1. *To be black and blue, to be livid.* — 2. ‡*To turn pale with envy, to envy.* —— 1. Hæc sua māternis quĕrītur *līvēre* cătervis Brăchia. Prop. 4. 7. 65. — 2. *Līveat* infandum lĭcet Argŏs et aspĕra Jūno. Stat. Theb. 11. 211. SYN. 2. invĭdeo, es, vīdi, q. v.

†**lĭvesco**, ĭs. another form of prec. —— In pĕdĭbus prīmum dĭgĭtos *līvescĕre* et ungues. Lucr. 3. 527.

‡**līvĭdŭlus**, a, um. dim. of seq, q. v. *Palish, rather spiteful or envious.* —— Omnia tunc, quĭbus invĭdeas si *līvĭdŭlus* sis. Juv. 11. 110.

līvĭdus, a, um. 1. *Black and blue, livid, of a sort of leaden colour.* — 2. *Envious.* —— 1. Rīpas Hæ linquunt, illæ rēmis văda *līvĭda* verrunt. V. Æn. 6. 320. Jam tĭbĭ *līvĭdos* Distinguet Autumnus răcēmos. Hor. 2. 5. 10. Ōraque sunt dĭgĭtis *līvĭda* facta tuis. Ov. Her. 20. 82. — 2. Absint Jurgia; differ ŏpus *līvĭda* lingua tuum. Ov. F. 1. 74. SYN. 1. līvens. — 2. invĭdus, q. v.

līvor, ōris. masc. 1. *A livid colour.* — 2. *Envy.* —— 1. Sed nĭger in vaccæ pectŏre *līvor* erat. Ov. Am. 3. 5. 26. — 2. Pascĭtur in vĭvis *Līvor*, post fāta quiescit. Ov. Am. 1. 15. 39. SYN. 2. invĭdia, q. v.

‡**lixa**, æ. masc. *A sutler, a camp-follower.* —— Insertique glŏbo pĕdĭtes, et ĭnūtĭle Marti *Lixārum* vulgus. Sil. 5. 31.

‡**lŏcārius**, i. *A renter of seats at the theatre in order to let them again.* —— Hermes dīvĭtiæ *lŏcāriōrum.* Mart. 5. 25. 9.

‡**lŏcellus**, i. *A little purse.* —— Si quid ădhuc sŭpĕrest in nostri fæce *lŏcelli.* Mart. 14. 13. 1. SYN. lŏcŭlus, q. v.; §saccŭlus.

lŏco, as. 1. *To place.* — 2. *To let out, to contract for.* —— 1. Aulæis jam se rēgīna sŭperbis Aureā compŏsuit spondā mĕdiamque *lŏcāvit.* V. Æn. 1. 701. — 2. Parte *lŏcant* clīvum, qui tunc ĕrat ardua rūpes. Ov. F. 5. 293. SYN. 1. collŏco; pōno, ĭs, pŏsui.

lŏcŭlus, i. *A bag, a purse.* —— Grāmĭna contĭnuo *lŏcŭlis* dēprōmit ĕburnis. Ov. F. 6. 749. SYN. saccus, crŭmēna; ‡follis. is, *masc.*

lŏcŭples, ētis. no neut. *Rich.* —— Hinc ĕtiam *lŏcŭples*, hinc ipsa pĕcūnia dicta est. Ov. F. 5. 281. SYN. dīvĕs, vĭtis, *sync. also* dītis, q. v.

lŏcus, i, pl. **lŏci** and **lŏca**. 1. *A place.* — 2. *Condition.* —— 1. Ut prīmum lux alma dăta est exīre, *lŏcos*que Explōrāre nŏvos. V. Æn. 1. 306. — 2. Plebs cŏlit hanc, quiă qui pŏsuit de plēbe fuisse Fertur, et ex hŭmĭli sceptra tŭlisse *lŏco.* Ov. F. 6. 782. Quo res summa *lŏco* Panthu, quam prēndĭmus urbem? V. Æn. 2. 322. SYN. 1. rĕgio, ōnis. — 2. condĭtio, ōnis; stătus, ūs.

‡**lŏcūtio**, ōnis. fem. *Language.* —— Fescennīna *lŏcūtio.* Cat. 59. 127. SYN. lŏquēla.

‡**lōdix**, īcis. fem. *A blanket.* —— Mŏdŏ sub *lōdīce* rĕlictis. Juv. 6. 194. SYN. strāgŭlum, i.

lōlīgo, ĭnis. fem. 1. *A cuttlefish.* — 2. §*Envy, malice.* —— Et nīgrum nĭveo portans in corpŏre vīrus *Lōlīgo.* Ov. Hal. 130. — 2. Hic nĭgræ succus *lōlīgĭnis*, hæc est Ærūgo mĕra. Hor. Sat. 1. 4. 100. SYN. 1. ‡sēpia.

lŏlium, i. *Darnel.* —— Infēlix *lŏlium* et stĕrĭles dŏmĭnantur ăvēnæ. V. G. 1. 153.

longævus, a, um. *Aged.* —— Rĕcēpit Ad sēse, et săcrā *longævum* sede lŏcāvit. V. Æn. 2. 525. SYN. grandævus; sĕnex, is, q. v.; vĕtŭs, ĕris; vĕtŭlus.

longē. compar. ius. *Far, afar, far off.* —— Prædam Abstrahit, at cŏmĭtes *longius* īre nĕgant. Ov. F. 5. 650. SYN. prŏcŭl, †longiter; (*of compar.*) ultĕrius.

longinquus, a, um. 1. *Distant, either of place or time.* — 2. *Foreign.* —— 1.

Tantum ævi *longinqua* vălet mūtāre vĕtustas. V. Æn. 3. 415. — 2. Nostraque *longinquas* viscĕra piscis ĕdet. Ov. Ibis, 150. SYN. 1. rĕmōtus, distans. — 2. pĕrĕgrinus, externus.

†**longĭter.** an older form of longe, q. v. —— Non ut ŏpīnor ea ab lēto jam *longĭter* errat. Lucr. 3. 677.

longus, a, um. *Long.* —— *Longa* prŏcul *longis* via dīvĭdit invia terris. V. Æn. 3. 382. SYN. spătiōsus, §prōductus.

§**lŏquācĭter.** *Loquaciously.* —— Scrībētur tĭbĭ forma *lŏquācĭter* et sĭtus āgri. Hor. Epist. 1. 16. 4.

†**lŏquācŭlus, a, um.** dim. of seq., q. v. —— At flāgrans, ŏdiōsa, *lŏquācŭla*, Lampădion sit. Lucr. 4. 1158.

lŏquax, ācis. 1. *Talkative, noisy, even of inanimate things.*—2. *Expressive.*—— 1. Fāma *lŏquax* vestras si jam pervēnit ad aures. Ov. Ep. e P. 2. 9. 3. Piscĭbus ātram Imprŏbus inglŭviem rāmisque *lŏquācĭbus* explet. V. G. 3. 431. Unde *lŏquāces* Lymphæ dēsĭliunt tuæ. Hor. 3. 13. 15. — 2. Me specta, nūtusque meos, vultumque *lŏquācem*. Ov. Am. 1. 4. 17. SYN. 1. garrŭlus, verbōsus (*not of brutes*).

lŏquēla, æ. *Speech, language.*—— Græcaque quod Gĕtĭco victa *lŏquēla* sŏno est. Ov. Tr. 5. 2. 68. SYN. lingua, q. v.

†**lŏquĭtor, āris.** an old form of seq.—— Tu *lŏquĭtātus*ne es gnato meo mălĕ. Plaut. Bacch. 4. 7.

lŏquor, ĕris, lŏcūtus sum. 1. *To speak, to say.* — 2. *To speak of, to celebrate.* ——1. Sit mihĭ fās audīta *loqui*, sit nūmĭne vestro Pandĕre res. V. Æn. 6. 266. Ad quem sic rŏseo Thaumantiăs ōre *lŏcūta* est. V. Æn. 9. 5. — 2. Phœbus vŏlentem prælia me *lŏqui* Victas et urbes incrĕpuit lyrâ. Hor. 4. 15. 1. SYN. 1, 2. dīco, ĭs, xi ; narro, as. — 1. ēlŏquor, prōlŏquor, oblŏquor, fāri, q. v.; effāri, prŏfāri, hisco, *sine c., rare except in 1st sing. pres.* — 2. cĕlĕbro, as, q. v. PHR. 1. Et via vix tandem vōci laxāta dŏlōre est. V. Vox ĕrat in cursu (*she was still speaking*). Ov. Raucaque dīmōvit tālĭbus ōra sŏnis. Ov. Et cum sēductâ tālia verba făcit. Ov. Et grăvĭter frendens sic fātis ōra rĕsolvit. V. Vox reddĭta fertur ad aures. V. Rumpitque sĭlentia vōce. V. Suspīrans īmoque trahens a pectŏre vocem. V. Vox excĭdit ōre. V. Cur jungĕre dextram non dătur et vēras audīre et reddĕre vōces? V. Vīdēbar Compellāre vĭrum et mœstas exprōmĕre vōces. V. Ad quem tum Jūno supplex his vōcĭbus ūsa est. V.

lōrīca, æ. *A breast-plate.* —— Nec dŭplĭci squāmâ *lōrīca* fĭdēlis et auro Sustĭnuit. V. Æn. 9. 707. SYN. thōrax, acis, *acc.* ācă, *pl.* ācēs, *etc. masc.*; ægis, ĭdis, *acc.* ĭda, *fem.* PHR. Postquam hăbĭlis lătĕri clўpeus lōrīcaque tergo est. V. Lōrīcæque mŏras et pectus perfŏrat ingens. V. Lōrīcam ex ære rĭgentem. V. Ipse dehinc auro squālentem alboque ŏrĭchalco Circumdat lōrīcam hŭmĕris. V.

‡**lōrĭpēs, pĕdis.** *Bandy-legged.*——*Lōrĭpĕdem* rectus dērīdeat, Æthiŏpem albus. Juv. 3. 24. SYN. vārus.

lōrum, i. 1. *A thong, a strap.* — 2. *Reins.* — 3. *A whip.* —— 1. Qui *lōra* restrictis lăcertis Sensit ĭners tĭmuitque mortem. Hor. 3. 5. 35. — 2. Roscĭda purpŭreâ supprĭme *lora* mănu. Ov. Am. 1. 13. 10.—3. Servus, hăbes prĕtium *lōris* non ūrĕris, aio. Hor. Epist. 1. 16. 47. SYN. 1, 2, 3. hăbēna. — 2. frænum, q. v. — 3. flăgellum, q. v.

lōtus or lōtŏs, i. fem. (in Mart. also masc.). 1. *The lotus tree.*—2. *A flute.*—— 1. At cui lactis ămor cўtĭsum *lōtos*que frĕquentes Ipse mănu . . . fĕrat. V. G. 394. — 2. Sed me sŏnus æris ăcūti Terret, et horrendo *lōtŏs* adunca sŏno. Ov. F. 4. 190. SYN. 2. tībia, q. v.

lōtus, a, um. part. pass. from lăvo, q. v.——*Lōtis* mane sĕnex mănĭbus currebat. Hor. Sat. 2. 3. 282. v. lautus.

lŭbet. v. libet.

‡**lūbrĭco, as.** *To make slippery.* —— Qui Lăcĕdæmŏnium pўtismăte *lūbrĭcat* orbem. Juv. 11. 173.

lūbrĭcus, a, um. 1. *Slippery.* — 2. *Dangerous.* — 3. *Supple, easily turning.* —— 1. Nam sese oppŏsuit Sălio per *lūbrĭca* surgens. V. Æn. 5. 335. — 2. Et vultus nĭmium *lūbrĭcus* aspĭci. Hor. 1. 19. 8. — 3. Suppŏsuisse mănūs ad pectŏra *lūbrĭcus* amnis Dīcĭtur. Ov. Am. 3. 6. 81. SYN. 2. pĕrĭcŭlōsus. — 4. lentus.

Lūcānus, a, um. *Of Lucania, a province of Southern Italy.* —— *Lūcāna* mutat pascua. Hor. Epod. 1. 28.

§lūcellum, i. *A little gain.* —— Ecquid nam in tăbŭlis pătet *lŭcelli.* Cat. 28. 6. SYN. lūcrum.

lūceo, es, luxi. no sup. *To shine.* —— Ut meus ex isto *lūceat* īgne rŏgus. Ov. Her. 11. 104. SYN. lūcesco, ĭs, *only pres.*; illūceo, collūceo, ēlūceo, rĕlūceo, translūceo; mĭco, as, ui, *no sup.*; ēmĭco; fulgeo, es, si, *no sup.*; effulgeo, rĕfulgeo; nĭteo, es, *no sup.*; ēnĭteo; cŏrusco, as; rădio, as; ‡irrădio; splendeo, es, *no sup.*; splendesco, ĭs, *no perf.* PHR. Ecce lĕvis summo de vertĭce visus Iūli Fundĕre lūmĕn ăpex. V. v. lux.

Lūcĕres, um. masc. *One of the three ancient Roman tribes to which the patricians alone belonged.* —— Quosque vŏcant Ramnes *Lūcĕrĭbus*que dĕdit. Ov. F. 3. 132. Hinc Tăties Ramnesque vĭri *Lūcĕres*que cŏlōni. Prop. 4. 1. 31.

lūcerna, æ. *A lamp, a candle.* —— Vīno et *lŭcernis* Mēdus ăcinăces Immāne quantum discrĕpat. Hor. 1. 27. 5. SYN. lychnus; lampăs, ados, *pl.* ădĕs, etc., *fem.*, q. v.

lūcesco, ĭs. another form of pres. of luceo, q. v.—— Jamque nŏvum terræ stŭpeant *lūcescĕre* sōlem. V. E. 6. 37.

lūcĭdus, a, um. 1. *Shining bright.* —2. *Beautiful.* —— 1. Gnossia bīna dăbo lævāto *lūcĭda* ferro Spīcŭla. V. Æn. 5. 306. —2. *Lūcĭda*que Alcyŏnē Circēque et Ălymŏne nāta. Ov. Her. 19. 133. SYN. 1, 2. nĭtĭdus. —1. cŏruscus, illustris, splendĭdus, q. v.; fulgens. —2. pulcher, chra, chrum, q. v.

Lūcĭfer, ĕri. 1. *The morning star.* —2. *Morning, the day.* —— 1. Dum rŏta *Lūcĭfĕri* prŏvŏcet orta diem. Tib. 1. 10. 62. —2. Tres ŭbi *Lūcĭfĕros* vĕniens præmīsĕrit Ēos. Ov. F. 3. 877. SYN. Ēŏus, ‡Phosphŏrus. PHR. Prævius Aurōræ Lūcĭfer ortus erat. Ov. Hunc ŭtĭnam nĭtĭdi Sōlis prænuntius ortum Afĕrat admisso Lūcĭfer albus equo. Ov. Et vĭgĭl Ēōis Lūcĭfer exit ăquis. Ov. Cœlo nĭtĭdissimus alto, Stella grăvis nōbis Lūcĭfer ortus ĕrat. Ov. Jamque jŭgis summæ surgēbat Lūcĭfer Īdæ Dūcēbatque diem. V. v. mane.

lūcĭfer, ĕra, ĕrum. *Bringing light.* —— Dēnaque *lūcĭfĕros* luna mŏvēbat equos. Ov. Her. 11. 46.

lūcĭfŭgus, a, um. *Shunning the light.* —— Stelliŏ; *lūcĭfŭgis* congesta cŭbīlia blattis. V. G. 4. 243.

Lūcīlius, i. *A celebrated early Roman satirist.* —— Nempe incompŏsĭto dixi pĕde currĕre versus *Lūcīli.* Hor. Sat. 1. 10. 2. PHR. Per quem magnus ĕquos Auruncæ flexit ălumnus. Juv.

Lūcīna, æ. *A name of Diana, under which she was worshipped as the goddess of childbirth, used even of animals.* —— Ætas *Lūcīnam* justosque păti Hўmĕnæos Dēsĭnĭt ante dĕcem. V. G. 3. 60. SYN. Īlīthyia, Gĕnĭtālis. PHR. Parce prĕcor grăvĭdis făcĭlis Lūcīna puellis Mātūrumque ŭtĕro mollĭter aufer ŏnus. Ov. Prōlemque gĕmellam Pignŏra Lūcīnā bīna făvente dĕdi. Ov. Casta făve Lūcīna. V. v. Hor. C. S. 13—20.

Lūcrĕtia, æ. *The wife of Collatinus, whose death was the cause of the expulsion of the Tarquins from Rome.* —— Inde cĭto passu pĕtĭtur, *Lūcrĕtia* nĕbat. Ov. F. 2. 741. v. ad 852.

Lūcrĕtius, i. *A Roman poet.* —— Carmĭna sŭblīmis tunc sunt pĕrĭtūra *Lūcrĕti.* Ov. Am. 1. 15. 23.

lŭcror, āris. *To gain.* —— Ējus qui dŏmĭtā nōmĕn ab Āfrĭcā *Lūcrātus* rĕdiit. Hor. 4. 8. 19. SYN. păro, as; acquīro, ĭs, quīsīvi; ădĭpiscor, ĕris, ădeptus sum; pŏtior, īris.

lŭcrōsus, a, um. *Gainful.* —— Cur mihĭ sĭt damno, tibĭ sit *lūcrōsa* vŏluptas. Ov. A. A. 1. 10. 35. SYN. ūtĭlis, q. v.

lūcrum, i. 1. *Gain.* —2. *Money.* —1. Amplius in *lūcro* quæ dătur hōrā mihi est. Ov. Tr. 1. 3. 68. —2. Omne *lūcrum* tĕnĕbrīs alta prĕmēbat hŭmus. Ov. Am. 3. 8. 36. SYN. 1. quæstus, ûs; compendium; præda, æ. —2. pĕcūnia, q. v.

luctāmĕn, ĭnis. neut. *A wrestling, a struggling.* —— Sternĕret æquor ăquis rēmo ut *luctāmĕn* ăbesset. V. Æn. 8. 89. v. certamen.

luctātor, ōris. *A wrestler.* —— Ut jăcet Āŏnio *luctātor* ab hospĭte fūsus. Ov. Ibis, 393. SYN. athlēta, æ. *masc.*, q. v. v. Ov. Met. 9. 33. 61.

‡luctĭfer, ĕra, ĕrum. *Bringing grief.* —— Nullæ ĭdeo pestes nec *luctĭfer* ingruat annus. Val. Fl. 3. 454. v. seq.

luctĭfĭcus, a, um. *Causing grief.* —— *Luctĭfĭcam* Ālecto dīrārum a sēde sŏrōrum Infernisque ciet tĕnĕbris. V. Æn. 7. 324. SYN. luctuōsus, tristis, q. v.

luctĭsŏnus, a, um. *Sounding mournfully.*——Et gĕmĭtu et lăcrȳmīs, et *luctĭsŏno* mūgītū. Ov. Met. 1. 733. v. tristis.

luctor, āris. 1. *To wrestle.*—2. *To struggle, to resist.*—3. *To strive, to endeavour.*——1. Contendunt lūdo et fulvâ *luctantur* ărēnâ. V. Æn. 6. 644.—2. Quæ *luctantem* ănĭmam nexosque rĕsolvĕret artus. V. Æn. 4. 695.—3. Sævit et infractâ *luctātur* ărundĭne tēlum Ērĭpĕre. V. Æn. 12. 387. SYN. 1. obluctor.—1. 3. nītor, ĕris, nīsus sum, q. v.; contendo, ĭs; certo, as.—2. rĕluctor.—3. cōnor, āris; tento, as. v. athleta.

luctuōsus, a, um. *Sad, both of events and of those afflicted by them.*——Di multa neglecti dĕdĕrunt Hespĕriæ mala *luctuōsæ*. Hor. 3. 6. 8. SYN. tristis, q. v.; lūgŭbris.

luctus, ūs. 1. *Mourning, grief.*—2. *Calamity.*——1. Quocunque aspĭcĕres *luctus* gĕmĭtusque sŏnābant. Ov. Tr. 1. 3. 21.—2. Per coăcervātos pĕreat dŏmus impia *luctus*. Ov. Met. 8. 485. SYN. 1. tristĭtia, mœror, plangor.—1, 2. dŏlor, q. v.; ærumna.—2. mălum.

‡lūcŭbro, as. *To pass the night in studying.*——Namque *lūcŭbrāvĕrat*, Et usque in sērum vĭgĭlias perduxerat. Phædr. 14. 14. Hæc dat nocturnis nox *lūcŭbrāta* Cămœnis. Mart. 4. 90. 9.

†‡lūcŭlentus, a, um. *Bright, rich, respectable.*——Nec dictat mihĭ *lūcŭlentus* Attis. Mart. 2. 86. 4.

lūcus, i. *A grove.*——*Lūcus* in urbe fuit mĕdiâ lætissĭmus umbræ. V. Æn. 1. 441. SYN. nĕmus, ŏris, *neut.* PHR. Corpŏraque ipsa boum frondōso dēsĕre lūco. V. Vĭrĭdi gaudens Fĕronia lūco. V. Jam mihĭ per rūpes vĭdeor lūcosque sŏnantes Īre. V. Vox quŏque per lūcos vulgo exaudīta sĭlentes. V. Dīvĕs ĭnaccessos ŭbĭ sōlis fīlia lūcos assĭduo rĕsŏnat cantu. V. Lūcis hăbĭtāmus ŏpācis. V. Colle sub āprīco cĕlĕberrĭmus īlĭce lūcus stābat, et in rāmis multa lătēbat ăvis. Ov. Multis incæduus annis Jūnōnis magnæ nōmĭne lucus ĕrat. Ov. Est nĕmus, et pĭceis et frondĭbus īlĭcis ātrum. Ov. Est nĕmus arbŏrĭbus densum, sēcrētus ab omni Vōce lŏcus. Ov. v. sylva.

‡lūdia, æ. *A dancing woman.*——Hippea quid vidit propter quod *lūdia* dici Sustĭnuit. Juv. 6. 104.

lūdĭbrium, i. *Sport, jest.*——Ne turbāta vŏlent răpĭdis *lūdĭbria* ventis. V. Æn. 6. 74. Tu nĭsĭ ventis Dēbes *lūdĭbrium* căve. Hor. 1. 14. 16. SYN. rīsus, ūs. v. ludus.

lūdĭcrus, a, um. 1. *Sportive, belonging to play, not earnest or important.*—2. (*neut. as subst.*) *A sport.*—Hūc illuc, nĕque ĕnim lĕvia aut *lūdĭcra* pĕtuntur Præmia; sed Turni de vītâ et sanguine certant. V. Æn. 12. 764.—2. Quos Hămādryădes Deæ *Lūdĭcrum* sĭbĭ roscĭdo Nūtriunt hūmōre. Cat. 59. 24. v. ludus.

†lūdĭfĭco, as. oftener **lūdĭfĭcor, āris.** dep. *To play upon, to mock.*——Ut puĕrōrum ætas imprōvĭda *lūdĭfĭcētur*. Lucr. 1. 938. SYN. lūdo, ĭs, si, q. v.

lūdius, i. *A dancer.*——*Lūdius* æquāto ter pĕde pulsat hŭmum. Ov. A. A. 1. 112. SYN. mīmus. v. salto.

lūdo, ĭs, si, sum. 1. *To play, to sport.*—2. *To mock, to deceive.*——1. Sunt ăliis scriptæ quĭbus ālea *lūdĭtur* artes. Ov. Tr. 2. 471. *Lūdĕre* quæ vellem călămo permīsit ăgresti. V. E. 1. 10. Lūdum insŏlentem *lūdĕre* pertĭnax. Hor. 3. 29. 50.—2. Audītis, an me *lūdit* ămābĭlis Insānia? Hor. 3. 4. 5. SYN. 1. illūdo.—2. dēlūdo; dēcĭpio, ĭs, cēpi. q. v. PHR. 1. Hic noctem lūdo dūcunt. V. Dum văriis tŭmŭlo rĕfĕrunt sōlemnia lūdis. V. v. seq.

lūdus, i. 1. *Play, sport.*—2. (*esp. in pl.*) *Games, athletic contests, etc.*—3. §*School.*——1. Flectĕre *lūdus* ĕquos et spīcŭla tendĕre cornu. V. Æn. 9. 604.—2. Et tŭba commissos mĕdio cănit aggĕre *lūdos*. V. Æn. 5. 113.—3. Æmĭlium circa *lūdum* făber īmus et ungues Exprĭmet. Hor. A. P. 32. SYN. 1. lūsus, ūs.—2. certămĕn, ĭnis, *neut.* PHR. 2. Actiaque Īliăcis celĕbrāmus littŏra lūdis. V.—1. Instābĭles ănĭmos lūdo prohĭbēbis ĭnāni. V.

†luēla, æ. *Punishment, expiation.*——Scĕlĕrisque *luēla* Carcer, et horrĭbĭlis de saxo jactū' deorsum. Lucr. 3. 1028. v. pœna.

lues, is. fem. *A plague.*——Sŭbĭto cum tābĭda membris Corrupto cœli tractu mĭsĕrandaque vēnit Arbŏrĭbusque sătisque *lues* et lētĭfer annus. V. Æn. 3. 139. SYN. pestis. v. morbus.

lūgeo, es, luxi. no sup. *To grieve, to lament, trans. and intrans.*——Ingĕmuit tristisque Deus *Lūgēbĕre* nobis *Lūgēbis*que ălios ădĕrisque dolentĭbus inquit.

Ov. Met. 10. 141. SYN. dŏleo, q. v.; indŏleo; plōro, as; complōro; lāmentor, āris; plango, is, xi; dēplango; lăcrȳmo, as; illăcrȳmo; quĕror, ĕris, questus sum; conquĕror.

lūgŭbris, e. *Mournful, sad, of persons and of things.* —— Qui gurgĕs, aut quæ flūmĭna *lūgŭbris* Ignāra belli? Hor. 2. 1. 33. *Lūgŭbris* et āmens Et lăniāta sĭnus tōtum percensuit orbem. Ov. Met. 2. 334. SYN. tristis, q. v.; flēbĭlis, lăcrȳmābĭlis, luctuōsus.

lūgŭbre. *Mournfully.* —— Non sēcus ac lĭquĭdâ si quando nocte cŏmētæ sanguĭnei *lūgŭbre* rŭbent. V. Æn. 10. 273. SYN. triste.

lūgŭbria, um. neut. pl. *Mourning-clothes.* —— Surge ăge da lăcrȳmas, *lūgŭbria*que indue nec me Indēplōrātum sub ĭnānia Tartăra mitte. Ov. Met. 11. 669. PHR. Obscūraque carbăsa pullo Năĭdĕs et Drȳădes passosque hăbuēre căpillos. Ov. Induĭturque ātras vestes et ĭnāne sĕpulchrum Constĭtuit. Ov. Mœstīs ŭlŭlātĭbus urbem Implet, et aurātis mūtāvit vestĭbus atras. Ov.

lumbus, i. *The loins.* —— At duplex ăgĭtur per *lumbos* spīna, căvatque Tellūrem. V. G. 3. 87.

lūmĕn, ĭnis. neut. 1. *Light, of any sort, often esp. daylight.* — 2. *An eye.* — 3. *A torch.* — 4. *A day.* — 5. *Life.* —— 1. *Lūmĭne* cœlesti sōlem fulsisse sĕrēnum. Ov. Ep. e P. 2. 1. 27. — 2. Cornua dĕcrescunt, fit *lūmĭnis* arctior orbis. Ov. Met. 1. 740. —— 3. In nĕmus et Trĭviæ *lūmĭna* ferre Deæ. Prop. 2. 23. 40. — 4. Vix *lūmĭne* quarto Prospexi Ītăliam summâ sublīmis ab undâ. V. Æn. 6. 356. — 5. Idque Deus sentit pro quo nec *lūmĕn* ădemptum est. Ov. Tr. 4. 4. 45. SYN. 1. 4, 5. lux, lūcis, *fem.* v. jubar. — 2. ŏcŭlus, q. v. — 3. fax, făcis, q. v. — 4. dies, ēi, *masc. and fem.* — 5. vīta, q. v. PHR. Per sīdĕra testor, Per sŭpĕros atque hoc cœli spīrābĭle lūmen. V. Largior hic campos æthĕr et lūmĭne vestit Purpŭreo. V.

Lūna, æ. *The moon.* —— Dēfectus sōlis vărios *Lūnæ*que lăbōres. V. G. 2. 478. SYN. Cynthia, Noctĭlūca, Phœbē. v. Diana. PHR. Sīdĕrum rēgĭna bicornis audi Lūna puellas. Hor. Lūnaque nocturnos alta rĕgēbat equos. Ov. Cornua cum Lūnæ plēno sĕmĕl orbe coĭssent . . . Lūna quăter lătuit, tōto quater orbe rĕcrevit. Ov. (v. mensis.) Nox ĕrat et bĭfŏres intrābat Luna fĕnestras Mense fĕrē mĕdio quanta nĭtēre solet. Ov. Tres ăbĕrant noctes ut cornua tōta coĭrent Effĭcĕrentque orbem postquam plenissĭma fulsit Et sŏlĭdâ terras spectāvit ĭmāgĭne Lūna. Ov. Nec candĭda cursum Luna nĕgat, splendet trĕmŭlo sub lūmĭne pontus. V. Fŭgit aurea cœlo Lūna. Ov. Falcāta nŏvissĭma cauda est, Quālia dīvĭduæ sĭnuantur cornua Lūnæ. Ov. Addit et exceptas Lūnâ per nocte pruīnas. Ov. Nec frātris rădiis obnoxia surgĕre Lūna . . . vidētur. V. Saltus rĕfĭcit jam roscĭda lūna. V. Tăcĭtæ per ămīca sĭlentia lūnæ. V. Lūcentemque glŏbum lūnæ. V. Lūmen . . . Sole rĕpercussum aut rădiantis ĭmāgĭne Lūnæ. V. Quale per incertam lūnam sub lūce mălignâ Est ĭter in sylvis. V. Almaque curru noctĭvăgo Phœbē mĕdium pulsābat Ŏlympum. V.

lūnāris, e. *Of the moon.* —— Et vos *lūnāres* exsĭluistis ĕqui. Ov. F. 5. 15.

lūnātus, a, um. *Crescent-shaped, like the moon in its first quarter.* —— Dūcit Ămazŏnĭdum *lūnātis* agmĭna peltis. V. Æn. 11. 663. PHR. Fronte curvātos ĭmĭtātus ignes Tertium Lūnæ rĕfĕrentis ortum. Hor.

lūno, as. *To bend.* —— *Lūnāvit*que gĕnu sĭnuōsum fortĭter arcum. Ov. Am. 1. 1. 23. SYN. flecto, is, xi, q. v.

luo, is, ui. no sup., no pass. except fut. in dus. 1. *To pay, esp. to pay* (i. e. *suffer*) *punishment.* — 2. *To atone for.* —— 1. Heu nĭmium virgo nĭmium crūdēle *luisti* Supplĭcium. V. Æn. 11. 841. — 2. Ītăliam pĕtiēre, *luant* peccata, neque illos Jūveris auxĭlio. V. Æn. 10. 32. Scĭlĭcet in Sŭpĕris ĕtiam fortūna *luenda* est. Ov. Tr. 2. 107. SYN. 1. solvo, ĭs, vi, sŏlūtum; persolvo; pendo, ĭs, pĕpendi; expendo. — 2. pio, as; expio.

lŭpa, æ. *A she-wolf.* —— Quid vīrus in anguem Adjĭcis et răbĭdæ trădis ŏvīle *lŭpæ*? Ov. A. A. 3. 8. v. lupus.

‡**lŭpānar**, āris. neut. *A brothel.* —— Intrāvit călĭdum vĕtĕri centōne *lŭpānar.* Juv. 6. 121.

lŭpātum, i. *A bit of a bridle.* —— Verbĕra lenta păti et dūris pārēre *lŭpātis.* V. G. 3. 208. SYN. lŭpus, *usu. in pl.* frænum, q. v.

Lŭpercal, ālis. *A cave under the Palatine mount, sacred to Pan.* —— Rettŭlit et gĕlĭdâ monstrat sub rūpe *Lŭpercal.* V. Æn. 8. 343.

Lūperci, ōrum. *Priests of Pan at Rome.*——Tertia post Idus nūdos Aurōra *Lūpercos* Aspĭcit. Ov. F. 2. 267.

lŭpīnus, i. *Lupin.*——At tĕnuis fœtus vĭciæ tristisque *lŭpīni.* V. G. 1. 75.

lŭpīnus, a, um. *Of a wolf, of wolf skin.*——Et gălea hirsūtā comta *lŭpīna* jŭbā. Prop. 4. 10. 20.

lŭpus, i. 1. *A wolf.*—2. *A bit of a bridle, usu. in pl. in this sense.*—3. *A pike or jack.*——1. Torva leæna *lŭpum* sĕquĭtur, *lŭpus* ipse căpellam. V. E. 2. 63.—2. Et plăcĭdo dūros accĭpit ōre *lŭpos.* Ov. Tr. 4. 6. 4.—3. Unde dătum sentis *lŭpus* hic Tĭbĕrīnus an alto Captus hiet? Hor. Sat. 2. 2. 31. PHR. Nec lŭpus insĭdias pĕcŏri . . . mĕdĭtātur. V. Ac vĕlŭti plēno lupus insĭdiātus ŏvīli Cum frĕmit ad caulas. V. Agnum Martius a stăbŭlis răpuit lŭpus. V. Inde lŭpi ceu Raptōres ātrā in nĕbŭlā quos imprŏba ventris Exēgit cæcos răbies cătŭlique relicti Faucĭbus expectant siccis. V. Per noctem rĕsŏnāre lŭpis ŭlŭlantĭbus urbes. V. Cum mea mē cōram sylvas ĭnĭmĭcus in altas Viscĕra montānis ferret ĕdenda lŭpis. Ov. Cervi lŭpōrum præda răpācium. Hor. Ut păvet ācres Agna lŭpos. Hor. Utque răpax stĭmŭlante fămē cŭpĭdusque cruōris Incustōdĭtum captat ŏvīle lŭpus. Ov. Dēque tuo fīet . . . Insătiābĭlĭbus corpŏre rixa lŭpis. Ov.

†lurco, ōnis. *A glutton.*——*Lurco,* ĕdax, fūrax, fŭgax. Plaut. Pers. 3. 3. 10.

lūrĭdus, a, um. *Lurid, dark, dismal.*——Mœretque partus fulmĭne *lūrĭdum* missos ad orcum. Hor. 3. 4. 75. Et rĕfŭgit te quia *lūrĭdi* Dentes . . . turpant. Hor. 4. 13. 10. SYN. fuscus; nĭger, gra, grum.

luscĭnia, æ. usu. found as trisyll. *A nightingale.*——*Luscĭnĭās* sŏlĭti impenso prandēre coemptas. Hor. Sat. 2. 3. 245. SYN. Phĭlŏmēla, q. v.

‡luscus, a, um. *Having only one eye.*——Cum Gætūla dŭcem portāret bellua *luscum.* Juv. 10. 158.

lūsor, ōris. masc. *A player, one who amuses himself.*——Sic nē perdĭdĕrit non cessat lūdĕre *lūsor.* Ov. A. A. 1. 451. Ille ĕgŏ qui fuĕrim tĕnĕrōrum *lūsor* ămōrum. Ov. Tr. 4. 10. 1.

lustrālis, e. *Belonging to purification.*——Spargit ăquā captos *lustrāli* Graia săcerdos. Ov. Ep. e P. 3. 2. 73. SYN. ‡lustrĭfĭcus.

‡lustrāmĕn, ĭnis. neut. *Purification.*——Arma sĭmul vestesque vĭrūm *lustrāmĭna* ponto Pōne jăcit. Val. Fl. 3. 442.

‡lustrĭfĭcus, a, um. *Purificatory.*——Atque ĭtă *lustrĭfĭco* cantu vŏcat Ite pĕremti. Val. Fl. 3. 448. SYN. lustrālis.

lustro, as. 1. *To purify.*—2. *To look round, to survey.*—3. *To go round.*——1. Ter sŏcios pūrā circumtŭlit undā Spargens rōre lĕvi et rāmo fēlīcis ŏlīvæ, *Lustrāvit*que vĭros. V. Æn. 6. 229.—2. Respĭcio, et quæ sit me circum cōpia *lustro.* V. Æn. 2. 564.—3. Et sălis Ausŏnii *lustrandum* nāvĭbus æquor. V. Æn. 3. 385. SYN. 1. purgo, as, q. v.; circumfĕro, fers, tŭli.—2. collustro; circumspĭcio, ĭs, spexi.—3. ŏbeo, īs, īvi, ĭtum; circŭmeo; pĕrerro, as; pĕrăgro, as; ŏbambŭlo, as; pĕrăgo, ĭs, ēgi; percenseo, es.

lustrum, i. 1. *A haunt of wild beasts, any solitary place.*—2. (*a purificatory sacrifice, and as that was offered after taking the census at Rome which was done every five years*) *A period of five years.*——1. Hic vītam in sylvis inter dēserta fĕrārum *Lustra* dŏmosque traho. V. Æn. 3. 646. Ergo ŭbĭ Narcissum per dēvia *lustra* văgantem Vīdit. Ov. Met. 3. 370.—2. Nondum Trōja fuit *lustrīs* obsessa duōbus. Ov. Am. 3. 6. 27. SYN. 1. tesqua, ōrum.—2. quinquennium.

lūsus, ūs. *Play, sport.*——Illas virgĭneis exercent *lūsĭbus* undas Nāĭdĕs æquŏreæ. Ov. Met. 14. 556. SYN. lūdus.

‡lŭtātus, a, um. *Splashed with mud, stained.*——Compŏsĭtus lecto, crassisque *lŭtātus* ămōmis. Pers. 3. 104. SYN. fœdātus.

lūteŏlus, a, um. *Yellowish.*——Mollia *lūteŏlā* pingit vaccinia calthā. V. E. 2. 50. v. seq.

lūteus, a, um. *Yellow.*——Aurōra in rŏseis fulgebat *lūtea* bīgis. V. Æn. 7. 26. SYN. crŏceus, flāvus, q. v., flāvens.

lŭteus, a, um. *Of mud, muddy, of clay.*——Prodit hĭrundo Et *lŭteum* celsā sub trăbe fingit ŏpus. Ov. F. 1. 158. SYN. lŭtŭlentus, līmŏsus, q. v.

lŭtŭlentus, a, um. *Muddy*——Aut *lŭtŭlentus* ăgis brūmāli tempŏre cursus. Ov. Am. 3. 6. 95. SYN. lŭteus, līmŏsus, ‡cænŏsus.

lūtum, i. *Woad, a herb with a yellow flower.*——Mūrĭce, jam crŏceō mūtābit vellĕra *lūto*. V. E. 4. 44.

lŭtum, i. *Mud, clay.*——Pōcŭla, de făcĭli compositque *lŭto*. Tib. 1. 1. 32. SYN. līmus. v. argilla.

lux, lūcis. fem. 1. *Light, lit. and metaph.*—2. *The day.*—3. *Life.*——1. Exsultat tēlis et *lūce* cŏruscus ahēnâ. V. Æn. 2. 470. Non tĭbĭ nunc prīmum *lux* mea raptus ĕro. Ov. Tr. 3. 3. 52.—2. His ĕtiam conjux ăpĭcāti cincta Diālis *Lūcĭbus* impexas dēbet hăbēre comas. Ov. F. 3. 398.—3. Tum corpŏra *lūce* cărentum Exportant tectis. V. G. 4. 255. SYN. 1, 2, 3. lūmĕn, ĭnis, *neut.* q. v.

luxŭria, æ. and **luxŭries, ei.** 1. *Abundance, luxuriousness.*—2. *Luxury.*——1. At si *luxŭriâ* fŏliōrum exūbĕrat umbra. V. G. 1. 191. *Luxŭriem* sĕgĕtum tĕnĕrâ dēpascit in herbâ. V. G. 1. 112.—2. Cætera *luxŭriæ* nondum instrūmenta vĭgēbant. Ov. F. 5. 100. SYN. 1. cōpia.—2. luxus, ûs.

luxŭriātus, a, um. part from luxurior, a dep. form of seq. but which has no other part found in poetry.——Sit sĕmĕl illa meo *luxŭriāta* mălo. Ov. Tr. 5. 1. 44.

luxŭrio, as. 1. *To luxuriate, be exuberant.*—2. *To wanton, run riot, be luxurious.*——1. *Luxŭriat* Phrȳgio sanguĭne pinguis hŭmus. Ov. Her. 1. 54.—2. Lūdit et in prātis *luxŭriat*que pĕcus. Ov. F. 1. 156. SYN. 1. exūbĕro, as; ăbundo, as.—2. lascīvio, īs, q. v.

luxŭriōsus, a, um. 1. *Luxuriant.*—2. *Luxurious, riotous.*——1. Dīvĭtiis pĕreat *luxŭriōsa* suis (seges sc.). Ov. F. 1. 690.—2. Turba ruunt in me *luxŭriōsa* prŏci. Ov. Her 1. 88. SYN. lætus, fertĭlis, q. v.—2. lascīvus.

luxus, ûs. *Luxury, magnificence.*——At dŏmus intĕrior rēgāli splendĭda *luxu* Instruĭtur. V. Æn. 1. 641. SYN. luxŭria; luxŭries, ēi.

Lyæus, i. 1. *A name of Bacchus.*—2. *Wine.*——1. Lēgĭfĕræ Cĕrĕri, Phœboque pătrique *Lyæo*. V. Æn. 4. 58.—2. Illīc appŏsĭto narrābis multa *Lyæo*. Ov. Am. 2. 11. 49. SYN. 1. Bacchus, q. v.—2. vīnum, q. v.

Lȳcæus, i. *A mountain in Arcadia, sacred to Pan.*——Mænălus et gĕlĭdi flēvērunt saxa *Lȳcæi*. V. E. 10. 14.

Lȳcæus, a, um. *Of Lycæus.*——Parrhăsio dictum Pānos de mōre *Lȳcæi*. V. Æn. 8. 344.

Lȳcambēus, a, um. *Of Lȳcambes, a Lacedæmonian, who betrothed his daughter to Archilochus; but having married her to another man, was attacked by Archilochus with such severe lampoons that he hung himself.*——In tē mihĭ līber Iambus Tincta *Lȳcambēo* sanguĭne tēla dăbit. Ov. Ibis. 54.

Lȳcāōn, ŏnis. acc. **ŏna.** *The father of Callisto, changed by Jupiter into a wolf.*——Cum mihĭ .... struxĕrat insĭdias nōtus fĕrĭtāte *Lȳcāon*. Ov. Met. 1. 198.

Lȳcāŏnius, a, um. *Of Lycaon.*——Stella *Lȳcāŏniam* vergit prōclīvis ad Arcton Milvius. Ov. F. 3. 793. v. Callisto.

lȳchnus, i. *A lamp.*——Atria; dēpendent *lȳchni* lăqueārĭbus aurĕis Incensi. V. Æn. 1. 726. SYN. lampăs, adŏs, *acc.* ădă, *pl.* ădĕs, etc. *fem.* q. v.

Lȳcia, æ. *A province of Asia Minor.*——Aut Hermi campo aut *Lȳciæ* flāventĭbus arvis. V. Æn. 7. 721. EPITH. Chĭmærĭfĕra.

Lȳcius, a, um. *Lycian.*——Sanguĭne Tlēpŏlĕmus *Lȳciam* tĕpĕfēcĕrat hastam. Ov. Her. 1. 19.

Lȳcurgus, i. 1. *The legislator of Sparta.*—2. *A king of Thrace, son of Dryas, he destroyed all the vines in his kingdom, and was torn to pieces by panthers on Mount Rhodope.*——Terra .... Thrācĕs ărant, ācri quondam regnāta *Lȳcurgo*. V. Æn. 3. 14. PHR. Penthea tu vĕnĕrande bĭpennĭfĕrumque Lycurgum Săcrĭlĕgos mactas. Ov. Dryantĭdæ Rhŏdŏpēia regna tĕnenti. Ov.

Lȳdia, æ. *A province of Asia Minor.*——*Lȳdia* tōta frĕmit, Phrȳgiæque per oppĭda facti Rūmor it. Ov. Met. 6. 146. SYN. Mæŏnia.

Lȳdius, a, um. and **Lȳdus, a, um.** *Lydian.*——Ubi *Lȳdius* arva Inter ŏpīma vĭrûm lēni fluit agmine Tybris. V. Æn. 2. 781. Rīdet ămātōrem *Lyda* puella suum. Ov. F. 2. 356. SYN. Mæŏnius, *in fem.* Mæŏnis, ĭdŏs.

lympha, æ. *Water.*——Nūda sŭperfūsis tingāmus corpora *lymphis*. Ov. Met. 2. 459. SYN. ăqua, q. v.

lympho, as. *To madden; but only used by the best poets in part. pass.*——Rupta quies, Deus ancĭpĭtem *lymphāvĕrat* Urbem. Val. Fl. 3. 47. Immensam sĭne mōre fŭrit *lymphāta* per urbem. V. Æn. 7. 377. v. fŭriōsus.

Lynceus, ei. *One of the Argonauts, proverbial for the excellence of his sight.*——Non possĭs ŏcŭlo quantum contendĕre *Lynceus.* Hor. Epist. 1. 1. 28.

Lyncēŭs, a, um. *Of Lynceus.*——Pectŏra trājectus *Lyncēo* Castor ab ense. Ov. F. 5. 709.

lynx, cis. pl. **lyncēs.** masc. and fem., usu. the latter. *A lynx; lynxes, sacred to Bacchus, and reputed to draw his chariot.*——Quid *lynces* Bacchi vărĭæ, et gĕnus ācre lŭpōrum. V. G. 3. 264. Deæ fŭgāces *Lyncăs* et cervos cohĭbentis arcu. Hor. 4. 6. 34. PHR. Succinctam phărĕtrâ et măcŭlōsæ tegmĭne lyncis. V. Aut tĭmĭdos ăgĭtāre lyncas. Hor. Tu (Bacche sc.) bĭjŭgum pictīs insignia frænis Colla prĕmis lyncum. Ov. Victa răcēmĭfĕro lyncas dĕdit India Baccho. Ov.

lўra, æ. *A lyre.*——Septēna pŭtāris, Plēĭădum nŭmĕrum, fīla dĕdisse *lўræ.* Ov. F. 5. 106. SYN. cĭthăra; fĭdes, ium, *fem. pl.*; testŭdo, ĭnis; barbĭtŏs, i, *fem.*; chĕlўs, yos, *fem.* PHR. Tractat ĭnaurātæ consŏna fīla lўræ. Ov. Aŏniam Marte mŏvente lўram. Ov. Ēnervant ănĭmos cĭthăræ lŏtosque lўræque. Ov. Fertur et abductâ Lyrnessĭde tristis Ăchilles Hæmŏniâ cūras attenuâsse lўrâ. Ov. Læte lўræ pulsu. Ov. Dum fĕrit Ausŏniâ carmĭna culta lўrâ. Ov. Tu curvâ rĕcĭnes lўrâ Lātŏnam. Hor. Non hæc jŏcōsæ convĕniunt lўræ. Hor. Imbellisque lўræ Musa pŏtens. Hor. Hanc (lyram sc.) prīmum vĕniens plectro mŏdŭlātus ĕburno. Fēlīces cantūs ōre sŏnante dĕdit. Tib. v. cithara.

lўrĭcus, a, um. *Of the lyre, lyric.* Captaque ĕrat *lўrĭcis* Ausŏnis ora sŏnis. Ov. F. 2. 94. SYN. Æŏlius (*when applied to poetry*).

Lyrnessis, ĭdŏs. fem. *Of Lyrnessus, a city of the Troas, of which Briseis was a native; used as epith. or syn. of Briseis.*——Audiĕrat *Lyrnessĭ* tuos abducta dŏlōres. Ov. A. A. 2. 403.

Lўsippus, i. *An eminent sculptor of Sicyon.*——Glōria *Lўsippo* est ănĭmōsa Effingĕre signa. Prop. 3. 9. 9.

M.

Măcĕdo, ŏnis. *A Macedonian.*——Diffĭdit urbium Portas vir *Măcĕdo.* Hor. 3. 16. 13. SYN. *in pl.* ‡Măcĕtæ, arum, *masc.*

Măcĕdŏnius, a, um. *Macedonian.*——Qui clўpeo galeâque *Măcĕdŏniâ*que sărissâ. Ov. Met. 12. 466. SYN. Ēmăthius, Pellæus. PHR. Nec fuit indignum sŭpĕris bis sanguĭne nostro Ēmăthiam et lātos Hæmi pinguescĕre campos. V.

măcellum, i. *The shambles.*——Pernĭcies et tempestas bărăthrumque *măcelli.* Hor. Epist. 1. 15. 31.

măcer, cra, crum. *Thin.*——Eheu quam pingui *măcer* est mihĭ taurus in arvo. V. E. 3. 100. SYN. grăcĭlis (*rather, however, of the thinness which we call "slight" than that which we express by "wasted."*)

†**măcĕria, æ.** *A dry wall.*——Vĕtus est *măcĕria* lătĕres si vĕtĕres ruunt. Plaut. Truc. 2. 2. 50.

măcĕro, as. 1. *To make thin, to waste away, trans.*—2. (*in pass.*) *To be wasted away.*——1. Me lĭbertīna nĕque ūno Contenta Phrўnē *măcĕrat.* Hor. Epod. 14. 16.—2. *Măcĕror* interdum quod sim tĭbĭ causa dŏlendi. Ov. Her. 20. 125. SYN. 1. consūmo, ĭs, psi; absūmo; confĭcio, ĭs, fēci.—2. tābesco, ĭs, bui, q. v.

‡**Măcĕtæ, tarum** and sync. **tum.** masc. *The Macedonians.*——Nec te regnātor *Măcĕtŭm* nec barbărus unquam Hannibal. Stat. Sylv. 4. 6. 106.

Măchāŏn, ŏnis. *Son of Æsculapius, and the chief physician of the Greeks in the Trojan war.*——Tarda Phĭloctētæ sānāvit crūra *Măchaon.* Prop. 2. 1. 61.

Măchāŏnius, a, um. *Of Machaon.*——Ille *Măchāŏniâ* vix ŏpe sānus ĕrit. Ov. R. A. 546.

māchĭna, æ. *A machine.* —— Aut hæc in nostros făbrĭcāta est *māchĭna* mūros. V. Æn. 2. 46.

‡**māchĭnātor**, oris. *A contriver.* —— O *māchĭnātor* fraudis, o scĕlĕrum artĭfex. Seneca. Troad. 753. SYN. făbrĭcātor; artĭfex, ĭcis.

‡**māchĭnātrix**, īcis. fem. of prec. —— Tu tu mălōrum *māchĭnātrix* făcĭnŏrum. Seneca. Med. 266.

†**māchĭnor**, āris. *To make, to contrive.* —— Nam tĭbĭ prætĕreā quod *māchĭner* invĕniamque. Lucr. 3. 957. SYN. struo, ĭs, xi, q. v.

măcies, ēi. *Thinness, a being wasted away, even of crops.* —— Contĭnuo est ægris ălius color; horrĭda vultum Dĕformat *măcies*. V. G. 4. 255. Et nĕque dēfĭciat *măciē* neque pinguior æquo . . . (seges sc.). Ov. F. 1. 689. PHR. Fūgĕrat ōre cŏlor, macies adduxĕrat artus. Ov. Măciē confecta sūpremâ Ignōti nŏva forma vĭri. V. Măciē tĕnuant armenta. V. Antĕquam turpis măcies dĕcentes occŭpet mālas. Hor.

măcresco, ĭs. no perf. *To grow thin.* —— Invĭdus altĕrius *măcrescit* rēbus ŏpīmis. Hor. Epist. 1. 2. 57. SYN. tābesco, is, bui, q. v.

†**mactābĭlis**, e. *Of or belonging to sacrifice.* —— Tum fit ŏdor vīni plāgæ *mactābĭlis* instar. Lucr. 6. 805.

‡**mactātor**, ōris. masc. *A sacrificer, a slayer.* —— Perge *mactātor* senum. Seneca. Troad. 1002. SYN. nĕcātor.

†**mactātus**, ûs. *A sacrificing.* —— Hostia concĭdĕrat *mactātu* mæsta părentis (Iphigenia sc.). Lucr. 1. 100. v. sacrificium.

macte. indecl. *Well done! go on!* —— *Macte* nŏvâ virtūte puer, sīc ītur ad astra. V. Æn. 9. 641.

macto, as. 1. *To sacrifice.* — 2. *To kill.* —— 1. Săcerdos Sōlemnes taurum ingentem *mactābat* ad āras. V. Æn. 2. 202. — 2. Ascănium pātremque meum juxtăque Creūsam Altĕrum in altĕrius *mactātos* sanguĭne cernam. V. Æn. 2. 667. SYN. 1. săcrĭfĭco, as, q. v.; fĕrio, ĭs. *no perf.*; immŏlo, as. — 1, 2. cædo, ĭs, cĕcīdi.—2. occīdo, q. v. PHR. Albave ŏpīmōrum colla fĕrīre boum. Ov. Adductâ collum percussa sĕcūri Victĭma. Ov. v. victima, sacrificium.

măcŭla, æ. 1. *A spot, a stain.* — 2. *Any natural mark or speck.* —— 1. Hanc cōle qui *măcŭlas* læsis de vestĭbus aufers. Ov. F. 3. 821. — 2. Alter ĕrit *măcŭlis* Auro squālentibus ardens. V. G. 4. 91. SYN. 1. lābes, is, *fem.* — 2. nŏta, gutta, nævus. v. menda. PHR. 2. quem Thrăcius albis Portat ĕquus bĭcŏlor măcŭlis. V.

măcŭlo, as. 1. *To spot, to stain, metaph.* — 2. *To disgrace.* —— Huic ātro liquuntur sanguĭne guttæ Et terram tābo *măcŭlant*. V. Æn. 3. 29. Īdem ĕgŏ nāte tuum *măcŭlāvi* crīmĭne nōmen. V. Æn. 10. 851. SYN. commăcŭlo, fœdo, as; polluo, is, ui, ūtum; inquĭno, as; infĭcio, is, fēci (*not used metaph.*); *so*, tingo, ĭs, xi. v. dedecoro.

măcŭlōsus, a, um. 1. *Stained.* — 2. *Disgraceful.* —— 1. Spectentur tĕpĭdo *măcŭlōsæ* sanguĭne arenæ. Ov. A. A. 3. 395. — 2. Mos et lex *măcŭlōsum* ēdŏmuit nĕfas. Hor. 4. 5. 22. SYN. 1. tinctus, fœdus, sordĭdus. v. prec. — 2. turpis, q. v.

mădĕfăcio, ĭs, fēci. pass. **mădĕfīo**, ĭs, **factus sum**. *To wet, to make wet.* —— Fūsus hŭmum vĭrĭdesque sŭper *mădĕfēcĕrat* herbas (sanguis sc.). V. Æn. 5. 330. Pār ervi mensūra dĕcem *mădĕfīat* ab ŏvis. Ov. M. F. 55. Ēmăthiâque ĭtĕrum *mădĕfacti* cæde Phĭlippi. Ov. Met. 15. 824. SYN. imbuo, ĭs, ui, ūtum; hūmecto, as; perfundo, ĭs, fūdi; rĭgo, as; rōro, as; irrōro.

mădeo, es, ui. *To be wet.* —— Vēre *mădent* ūdo terræ ac plŭvĭālĭbus austris. V. G. 3. 429. SYN. mădesco, is, *no perf.*; immădeo, ēmădeo; mădĕfīo, ĭs; rōro, as; rōror. v. prec.

mădesco, ĭs. another pres. form of prec., q. v. —— Nūbĭbus assĭduis plŭvioque *mădescit* ab Austro. Ov. Met. 1. 67.

mădĭdus, a, um. *Wet.* —— Ut lĕvis in *mădĭdâ* canna pălūde trĕmit. Ov. A. A. 1. 554. SYN. ūdus, hūmĭdus, ūvĭdus; mădens, mădĕfactus; hūmens.

Mæander, dri. also **Mæandrŏs**, i. 1. *A river in Phrygia celebrated for its winding course.* — 2. *A winding.* —— 1. *Mæandros* tŏties qui terris errat in īsdem Qui lassas in se sæpe rĕtorquet ăquas. Ov. Her. 9. 55. — 2. Quam plūrĭma circum Purpūra *Mæandro* dŭplĭce Mĕlĭbœa cŭcurrit. V. Æn. 5. 251. SYN. 2. gȳrus; flexus, ûs. v. Ov. Met. 8. 162—166.

Mæcēnas, ātis. *A Roman knight, patron and friend of Virgil and Horace.* —— *Mæcēnas* ătăvis ēdĭte rēgĭbus. Hor. 1. 1. 1.

mæna, æ. *A pilchard.* —— Obsūtum *mænæ* torret in igne căput. Ov. F. 2. 578.

Mænădēs, um. fem. pl. and in later poets sing. **Mænăs, ădos.** *The Bacchanals, priestesses of Bacchus.* —— Concŭtiens thyrso atque armātâ *Mænăde* Calpen, Sil. 3. 102. Ŭbĭ căpĭta *Mænădes* vi jăciūnt hĕdĕrĭgĕræ. Cat. 61. 23. SYN. Baccha, q. v.

Mænălis, ĭdŏs. fem. adj. *Mænalian.* —— Cumque suo Bŏrea *Mænălis* Ursa vĭdet. Ov. Tr. 3. 11. 8.

Mænălius, a, um. *Mænalian.* —— Incĭpe *Mænălios* mēcum mea tĭbia versus. V. E. 8. 42.

Mænălus, i, acc. **um** and **ŏn,** pl. **Mænăla, orum.** *A mountain in Arcadia sacred to Pan.* —— Dictynna per altam *Mænălŏn* ingrĕdiens et cæde sŭperba fĕrārum. Ov. Met. 2. 442. Pān ŏvium custos tua si tĭbĭ *Mænăla* cūræ. V. G. 1. 17.

Mæŏnia, æ. *A district of Asia Minor; also a name of Ĕtrūria,* q. v., *as having been colonised from the Asiatic Mæonia.* —— Fāta căneus, o *Mæŏniæ* delecta jŭventus. V. Æn. 8. 499.

Mæŏnĭdes, æ. *A name of Homer.* —— *Mæŏnĭdes* nullas ipse rĕlīquit ŏpes. Ov. Tr. 5. 10. 22. SYN. Hŏmērus, q. v.

Mæŏnĭdes, æ. esp. in pl. *An Etrurian.* —— Prædam . . . Portat ŏvans, dŭcis exemplum ēventumque sĕcūti *Mæŏnĭdæ.* V. Æn. 11. 759. v. Etruscus.

Mæŏnis, ĭdŏs. *A Mæonian or Lydian woman, syn. of Arachne.* —— *Mæŏnis* ēlūsam dēsignat ĭmāgĭne tauri Eurŏpen. Ov. Met. 6. 103.

Mæŏnius, a, um. 1. *Lydian.* — 2. *Etruscan.* —— 1. Et quæ *Mæŏnias* cĕlĕbrābant carmĭne rīpas. Ov. Met. 2. 252. — 2. Vertĕre *Mæŏnios* pĕlăgoque immergĕre nautas. Ov. Met. 4. 423.

Mæōtĭcus or **Mæōtius, a, um,** and in fem. **Mæōtis, ĭdŏs.** *Of the country around the Palus Mæotis.* —— Caspia regna Responsis horrent Dīvûm et *Mæōtia* tellus. V. Æn. 6. 800. Longior antīquis vīsa *Mæōtis* hyems. Ov. Tr. 3. 12. 2.

măga, æ. *A sorceress, a witch.* —— Quæque *măgas* Tellus pollentĭbus instruis herbis. Ov. Met. 7. 196. SYN. săga, q. v.; vĕnēfĭca. v. Ov. Met. 7. 195—210.

măgālia, um. neut. pl. *Numidian cottages.* —— Ut prīmum ālātis tĕtĭgit *măgālia* plantis. V. Æn. 4. 259. SYN. măpālia, um.

măge. adv. *More.* —— Aspĭce num *măge* sit nostrum pĕnĕtrābĭle tēlum. V. Æn. 10. 481. SYN. măgis, q. v.

măgĭcus, a, um. *Magic. The nations most celebrated for the practice of magic among the ancients were Thessaly and Colchis, and in Italy the Marsi, whose name was derived from Marsus, son of Circe, who bewitched the companions of Ulysses with her sorceries. The Deities chiefly invoked in magic rites were Pluto, Proserpine, and esp. Hĕcătē.* —— Conjŭgis ut *măgĭcis* sānos āvertĕre săcris Expĕriar sensus. V. E. 8. 66. SYN. măgus, vĕnēfĭcus, Circæus, Hĕcătēius, *and in fem.* Hĕcătēis, ĭdŏs; *of herbs, etc.* Mēdēis, ĭdŏs, *fem.*; Cŷtæus; Persēis, ĭdŏs, *fem.* PHR. Non făcient ut vīvat ămor Mēdēĭdis herbæ Mistaque cum măgĭcis nænia Marsa sŏnis. Ov. Quæ sīdĕra excantāta vōce Thessălâ, Lūnamque cœlo dĕrĭpit. Hor. Sed postquam Colchīs arsit nŏva nupta vĕnēnis. Ov. v. Hor. Epod. 5. Hor. Epod. 16.

măgis. adv. *More.* —— Non ĕgŏ pro mundi regno *măgis* anxius illâ Tempestāte fui. Ov. Met. 1. 182. SYN. măge, plūs, amplius.

măgister, tri. 1. *A director, commander.* — 2. *A pilot.* — 3. *A shepherd.* — 4. *A teacher.* — 5. *A physician.* —— 1. Ter centum scūtāti omnes Volscente *măgistro.* V. Æn. 9. 370. — 2. Pontus In puppim fĕrit, excŭtĭtur prōnusque *măgister* Volvitur in căput. V. Æn. 1. 115. — 3. Dulcĭbus idcirco flŭvĭis pĕcus omne *măgistri* Perfundunt. V. G. 3. 445. — 4. Ŭbĭ nunc nōbis Deus ille, *măgister* Nequicquam mĕmŏrātus Ĕryx? V. Æn. 5. 391. — 5. Quæsītæque nŏcent artes, cessēre *măgistri* Phillÿrĭdes Chīrōn Amythāŏniusque Mĕlampus. V. G. 3. 549. SYN. 1. dux, dŭcis, q. v. — 2. gŭbernātor, mŏdĕrātor. — 3. pastor, q. v. — 4. doctor, præceptor. — 5. mĕdĭcus.

măgister, tra, trum. *Of or belonging to a master, skilful.* —— Nunc vīrĭbus usus Nunc mănĭbus răpĭdĭs, omni nunc arte *măgistrā*. V. Æn. 8. 442. SYN. pĕrĭtus, q. v.; artĭfex, ĭcis.

măgistĕrium, i. *The office or part of a master or director.*——Cum mea rīdēbunt vāna *măgistĕria.* Tib. 1. 4. 84. SYN. mŏdĕrāmĕn, ĭnis, *neut.*; rĕgĭmen, ĭnis, *neut.*; impĕrium.

măgistra, æ. *A preceptress.*——Consŭle; queîs ætas longa *măgistra* fuit. Ov. Her. 5. 96.

măgistrātus, ûs. *A magistrate.*——Jūra *măgistrātus*que lĕgunt sanctumque sĕnātum. V. Æn. 1. 426.

magnănĭmus, a, um. *Magnanimous, spirited (used also of animals).*——*Magnănĭmi* hērōes, nāti mĕliōrĭbus annis. V. Æn. 6. 649. Ăcrăgas . . . . *magnănĭmûm* quondam gĕnĕrātor ĕquōrum. V. Æn. 3. 704. SYN. gĕnĕrosus, fortis.

†‡magnēs, ētis, acc. **ēta.** *A magnet, a loadstone; so called from the city Magnesia in Lydia, where it is found.*——Lăpis hĭc ut ferrum dūcĕre possit Quem *Magnēta* vŏcant pătrio de nōmĭne Graii Magnētum quiă sit pătriīs in fīnĭbus ortus. Lucr. 6. 908.

Magnētis, ĭdŏs, also **Magnessa, æ.** fem. adj. *Of Magnesia, a province of Macedonia, and a city in Asia Minor of the same name.*——Cūr unquam Colchi *Magnētida* vīdĭmus Argo? Ov. Her. 12. 9. *Magnessam* Hippŏlўten dum fŭgit abstĭnens. Hor. 3. 7. 18.

†magnĭdĭcus, a, um. *Braggart.*——Dum tuis ausculto *magnĭdĭcis* mendăciis. Plaut. Rud. 2. 6. 31. SYN. māgnĭlŏquus. v. jacto; v. seq.

magnĭfĭcē. *magnificently.*——Magna lŏquor, sed *magnĭfĭcē* mihi magna lŏcūto. Tib. 2. 6. 11. SYN. splendĭdē.

magnĭfĭcus, a, um. *magnificent.*——Te quoque *magnĭfĭcā*, Concordia, dēdĭcat æde. Ov. F. 6. 637. SYN. splendĭdus; sumptuōsus.

magnĭlŏquus, a, um. *Boastful.*——Tālia *magnĭlŏquo* tŭmĭdus mĕmŏrāvĕrat ōre. Ov. Met. 8. 396. SYN. jactans; arrŏgans; tŭmĭdus.

†magnŏpĕre. *Greatly.*——*Magnŏpĕre* a vērā lapsi rătiōne vĭdentur. Lucr. 1. 633. SYN. multum.

magnus, a, um. compar. **mājor,** superl. **maxĭmus.** 1. *Great, in every sense.*—2. *compar. and superl., older, eldest.*——1. Atque ĭtĕrum ad Trojam *magnus* mittētur Ăchilles. V. E. 4. 36.——2. Mensis erat Maius *mājōrum* nōmĭne dictus. Ov. F. 5. 427. SYN. 1. ingens, immānis, vastus, spătiōsus (*only of size*); *so*, amplus.—1, 2. grandis.—2. sĕnior, q. v.

măgus, a, um. *Magical.*——Ille *măgas* artes Ææaque carmĭna nōvit. Ov. Am. 1. 3. 5. SYN. măgĭcus, q. v.

măgus, i. *A magician, a sorcerer.*——Quæ săga, quis te solvĕre Thessălis *Măgus* vĕnēnis, quis poterit deus? Hor. 1. 27. 21.

Maia, æ. acc. **am** and **ăn.** *A daughter of Ătlas (gen. Ătlantis), one of the Pleiades, and the mother of Mercury.*——Hæc ait et *Maiā* gĕnĭtum dēmittit ab alto. V. Æn. 1. 297. *Maiăn* et Ēlectram Tāўgĕtenque Jŏvi. SYN. Ātlantis, ĭdŏs.

mājestas, ātis. *Majesty.*——Hinc săta *Majestas*; hos est Dea censa parentes. Ov. F. 5. 25.

mājor, ōris. compar. from magnus, q. v. 1. *Older.*—2. *in pl. also ancestors.*——1. Crede mihī Pўlio Nestŏre *major* ĕro. Ov. Ep. e P. 1. 4. 10.—2. Magnaque māternis *mājōrĭbus*, æqua pāternis. Ov. ad Liv. 331. v. avus.

Maius, i. *May.*——Mensis ĕrit *Maius* mājōrum nōmĭne dictus. Ov. F. 5. 427.

†mājusculus, a, um. *A little greater, a little older.*——Thāis quam ĕgŏ sum *mājuscŭla* est. Ter. Eun. 3. 3. 21.

māla, æ. 1. *The cheek.*—2. *The jaw.*——Tu quŏque flāventem prīmā lānūgine *mālas*. V. Æn. 10. 324.—2. Glauci Pŏtniădes *mālis* membra absumpsēre quădrīgæ. V. G. 3. 268. SYN. 1. gĕna.—2. fauces, ium, *pl. fem.*

‡mălăchē, es. *A sort of mallow.*——Et *mălăchē* prōno sĕquitur quæ vertice sōlem. Columel. 10. 247. SYN. malva.

mălĕ, compar. **pējus.** *Ill, badly.*——Nunc tantum sĭnus et stătio *mălĕ* fīda cărīnis. V. Æn. 2. 23. Sed quĕror infīdum questaque *pējus* ămo. Ov. Her. 7. 30.

Mălĕa, æ. *The promontory at the southern point of Laconia, now Cape St. Angelo.* ——Īŏnioque mări *Mălĕæ*que sĕquācĭbus undis. V. Æn. 5. 193. Nec tĭmeam vestros curva *Mălĕa* sinus. Ov. Am. 2. 16. 24.

mălĕdīco, is, xi. *To speak ill of.* ——Nec se magnănĭmo *mălĕdīcĕre* sentit Ăchilli. Ov. Met. 13. 298. SYN. culpo, as; accūso, as; proscindo, ĭs, scĭdi, scissum.

mălĕdictum, i. *Reproach, slander.* ——Vōcis et insānæ tot *mălĕdicta* tuæ. Prop. 3. 8. 2. SYN. convĭcium.

†**mălĕfactum, i.** *A bad deed, an injury.* ——Sed mĕtus in vītâ pœnārum pro *mălĕfactis.* Lucr. 3. 1029. SYN. crīmĕn, ĭnis, *neut.*, q. v.

mălĕsuadus, a, um. *Persuading to do wrong.* ——Et mĕtus, et *mălĕsuada* fămes et turpis ĕgestas. V. Æn. 6. 276.

mālĭfer, ĕra, ĕrum. *Producing apples.* ——Et quos *mālĭfĕræ* despectant mœnia Ăbellæ. V. Æn. 7. 740.

mălignē. *Maliciously.* ——Non unquam mihĭ tam fuit *mălignē.* Cat. 10. 18.

mălignus, a, um. 1. *Malignant.* — 2. *Small, scanty.* — 3. *Barren.* ——1. At mātres prīmo ancĭpĭtes ŏcŭlisque *mălignis* Ambĭguæ spectāre rătes. V. Æn. 5. 654. — 2. Quale sub incertam lunam sub lūce *mălignâ* Est ĭter in sylvis. V. Æn. 6. 270. — 3. Diffĭcĭles prīmum terræ collesque *mălignī.* V. G. 2. 179. SYN. 1. invĭdus, ĭnĭmīcus; (*of words*) cănīnus. — 2. v. parvus. — 3. stĕrĭlis, q. v.

‡**mallĕātor, oris.** masc. *One who beats with a hammer.* ——Illinc pălūdis *mallĕātor* Hispānæ. Mart. 12. 57. 9.

malleus, i. *A hammer.* ——Tempŏra discussit clāro căva *malleus* ictu. Ov. Met. 2. 625.

mālo, māvīs, māvult, mālŭmus, etc.; **malle, mālui,** pres. subj. **mālim** (and in Plaut. **māvĕlim**), no part. *To prefer.* ——Fābŭla sit *māvult* quam sine ămore Deus. Tib. 2. 3. 31. v. antefero.

mălŏbăthrum, i. *An aromatic shrub.* ——Cŏrōnātus nĭtentes *Mălŏbăthro* Syrio căpillos. Hor. 2. 7. 8.

malva, æ. *Mallow.* ——Grăvi *Malvæ* sălūbres corpŏri. Hor. Epod. 2. 58.

mālum, i. *An apple.* ——*Mālo* me Gălătēa pĕtit lascīva puella. V. E. 3. 64. v. pomum.

mălum, i. *Evil of any sort, esp. loss, injury.* ——Tu nē cēde *mălis* sed contra audentior ĭto. V. Æn. 6. 95. v. damnum, noxa.

mālus, i. fem. *An apple tree.* ——Et stĕrĭles plătăni *mālos* gessēre vălentes. V. G. 2. 70.

mālus, i. masc. *A mast.* ——Aura lĕvis rĭgĭdo pendentia lintea *mālo* Suscĭtat. Ov. Her. 5. 53.

mălus, a, um. compar. **pejor, pessĭmus.** ——*Bad, in every sense; wicked, pernicious, unfortunate (of fate, etc.), etc. etc.* ——Et mŏdŏ nāta *mălâ* vellĕre pōma mănu. Tib. 3. 5. 20. Cingĭte nē vāti nŏceat *măla* lingua fŭtūro. V. E. 7. 28. Nōn ĕgŏ te vīdi Dămōnis, *pessĭme*, căprum Excĭpĕre insĭdiis. V. E. 3. 17. SYN. damnōsus, prāvus; (*of fate, omens, etc.*), sĭnister, tra, trum. v. scelestus, perniciosus, infaustus.

‡**mămilla, æ.** dim. of seq.——Ipsa lŏqui rectâ făciē strictisque *mămillis.* Juv. 6. 400.

mamma, æ. 1. *A breast of a female.* — 2. ‡*A nurse.* ——Læta măgis pressis mănābunt flūmĭna *mammis.* V. G. 3. 310. — 2. Poscis et īrātus *mammæ* lallāre rĕcūsas. Pers. 3. 19. SYN. 1. ūber, ĕris, *neut.* — 2. nūtrix, īcis.

‡**mammōsus, a, um.** *Having large breasts.* ——*Mammōsas* tĭmeo, tĕnĕræ me trāde puellæ. Mart. 14. 149. 1.

†**mānābĭlis, e.** *Flowing easily, so as to penetrate.* ——Nec căpĕre hūmōrem nĕque ĭtem *mānābĭle* frigus. Lucr. 1. 535. v. penetrabilis.

mancĭpium, i. 1. *Property.* — 2. *A slave.* ——Vītaque *mancĭpio* nulli dătur, omnĭbus ūsu. Lucr. 3. 985. — 2. Jūrat Sē fŏre *mancĭpium* tempus in omne tuum. Ov. Ep. e P. 4. 5. 40. SYN. 2. servus, q. v.

§**mancĭpo, as.** *To give a property in.* ——Quædam si crēdis consultis *mancĭpat* ūsus. Hor. Epist. 2. 2. 159.

mancus, a, um. *Maimed, defective.* ——Sit prior, īrātâ Pallăde *mancus* ĕrit. Ov. F. 3. 826.

mandātum, i. *A command.* —— Prōdūcetque vĭrum dăbit et *mandāta* rĕverti. Ov. Her. 13. 143. SYN. jussum.

mando, as. 1. *To command.* — 2. *To entrust.* —— 1. Nec mĕdeāre mihī, sānesque hæc vulnĕra *mando.* — 2. Hunc . . . Infēlix Priămus quondam *mandārat* ălendum Thrēĭcio rēgi. V. Æn. 3. 50. SYN. 1. jŭbeo, es, jussi, q. v. ; præcĭpio, ĭs, cēpi. — 2. committo, ĭs, mīsi.

mando, ĭs, di. no sup., no pass. in good poets. 1. *To eat.* — 2. *To bite, to champ.* —— 1. Impastus ceu plēna leo per ŏvīlia turbans, Suadet ĕnim vēsāna fămes *mandit*que trahitque Molle pĕcus. V. Æn. 9. 342. — 2. Sanguĭnis ille vŏmens rīvos cădit atque cruentam *Mandit* hŭmum. V. Æn. 11. 669. SYN. 1. ĕdo, ĕdis, *sync.* ēs, etc. q. v. ; vŏro, as ; dēvŏro. — 2. mordeo, es, mŏmordi, morsum, q. v.

‡**mandra, æ.** 1. *A fold or pen for cattle, etc.* — 2. *The squares of a chess table.* —— Stantis convīcia *mandræ* Ērĭpiunt somnum Druso, vĭtŭlisque mărīnis. Juv. 3. 237. — 2. *Mandrīs* et vĭtreo lătrōne clausos. Mart. 7. 71. 8. SYN. 1. stăbŭlum, septum. v. ovile.

‡**mandrăgŏras, æ.** masc. *The mandrake, mandragora.* —— Quamvis sēmihŏmĭnis vēsāno grāmine fēta *Mandragŏræ* păriat flores. Columel. 10. 19.

māne. indecl. neut. *Morning.* —— *Māne* ĕrat, excussus somno Tīrynthius heros. Ov. F. 1. 547. Carpāmus dum *māne* nŏvum, dum grāmĭna cānent. V. G. 3. 325. SYN. Aurōra, q. v. ; Lūcĭfer, ĕri ; Pallantis, ĭdŏs ; ortus, ûs. PHR. Jamque fŭgātūrâ Tīthōni conjŭge noctem Prævius Aurōræ Lūcĭfer ortus ĕrat. Ov. Roscĭda cum prīmum fŏliis excussa pruīna est, Et văriæ rădiis intĕpuēre comæ. Ov. Postĕra cum vĕniet terras vīsūra patentes Memnŏnis in rŏseis lūtea māter ĕquis. Ov. Postĕra victrīcem cum Romam inspexĕrit Ēos, Et dĕdĕrit Phœbo stella fŭgāta lŏcum. At cum sē Tītān ostendit et omnia sēcum. Ov. Prōtŭlĕrit terris tōtum cum Cynthius orbem. Ov. Tōtum jam Sōl ēmersĕrat orbem. Ov. Postĕra vix summos spargēbat lūmĭne montes Orta dies, cum prīmum alto sē gurgĭte tollunt Sōlis ĕqui, lūcemque ēlātis nārĭbus efflant. V. Postĕra cùm prīmâ lustrābat lampăde terras Orta dies. V. Postĕra lux rădiis lātum pătĕfēcĕrat orbem. Ov. Postĕra cum cœlo motis Pallantiăs astris Fulsĕrit, et nĭveos Lūna lĕvârit ĕquos. Ov. Postĕra jamque dies prīmo surgĕbat Ēōo. V. Et jam prīma nŏvo spargēbat lūmĭne terras Tīthōni crŏceum linquens Aurŏra cŭbīle. V. Et jam stellārum sūblīme coēgĕrat agmen Lūcĭfer. Ov. Jamque jŭgis summæ surgēbat Lūcĭfer Īdæ Dūcēbatque diem. V. Jamque rŭbescēbat stellis Aurora fŭgātis. V. Phœbēâ lustrābat lampăde terras Hūmantemque Aurōra pŏlo dīmōvĕrat umbram. V. Cum prīmum crastĭna cœlo Pūnĭceis invecta rŏtis Aurōra rŭbēbit. V. Tempus ĕrat vĭtreâ quo prīmum terra pruīnâ Spargĭtur et tectæ fronde quĕruntur ăves. Ov. Postĕra dēpŭlĕrant Aurōræ lūmĭna noctem. Ov. Quid sŏlĭto cĭtius lĭquĭdo jŭbar æthĕre tollis Candĭda Lūcĭfĕro prævĕniente dies? Ov. Postĕra nocturnos Aurōra rĕmōvĕrat ignes Solque pruīnōsas rădiis siccāvĕrat herbas. Ov. Intĕreā rĕvŏlūta ruēbat Mātūrâ jam lūce dies noctemque fŭgârat V. Aut cum sōle nŏvo terras irrōrat Ēōus. V. Īt portis jŭbăre exorto dēlecta jŭventus. V. v. Aurora.

măneo, es, mansi, fut. in rus, **mansūrus,** no pass. except fut. in dus in Lucr. 1. *To stop, to tarry, intrans.* — 2. *To remain, to last.* — 3. *To await, trans.* —— 1. Dētestāta. *Mănet* sub Jove frīgĭdo Vēnātor. Hor. 1. 1. 25. — 2. O mihĭ tam longæ *măneat* pars ultĭma vītæ. V. E. 4. 53. Da prŏpriam Thymbræe dŏmum, da mœnia fessis Et gĕnus et *mansūram* urbem. V. Æn. 3. 86. — 3. O mĭsĕri, tē Turne nĕfas, te triste *mănēbit* Supplĭcium. V. Æn. 7. 596. SYN. 1. rĕmăneo ; mŏror, āris ; resto, as, stĭti, *no sup.* — 1, 2. permăneo. — 1. 3. exspecto, as. — 2. dūro, as. — 3. immĭneo, *no perf.* ; impendo, ĭs ; prospecto.

Mānes, ium. masc. pl. 1. *The spirits of the dead.* — 2. *The Shades below.* —— Lībābat cĭnĕri Andrŏmăchē, *Mānes*que vŏcābat Hectŏreum ad tŭmŭlum. V. Æn. 3. 303. Tum vīta per auras Concessit mœsta ad *mānes*, corpusque rĕlīquit. V. Æn. 10. 820. SYN. 1. umbra, æ. — 2. Orcus, q. v. PHR. 1. Nīgrantesque dŏmos ănĭmārum intrâsse sĭlentum. Prop. At cantu commōtæ Ĕrĕbi de sēdĭbus īmis Umbræ ībant tenues, sĭmŭlācraque lūce cărentum. V. Illum Sub pĕdĭbus Styx ātra vĭdet Mānesque prŏfundi. V. Audiam et hæc mānes vĕniet mihi fāma sub īmos. V. Nocturnosque ciet Mānes. V. Jam te mănet Nox fābŭlæque Mānes, Et dŏmus exīlis Plūtōnia. Hor.

mango, ōnis. masc. *A slave merchant.* —— Nēmo hoc *mangōnum* făcĕret tĭbĭ, non tĕmĕre a me Quīvis ferret ĭdem. Hor. Epist. 2. 2. 13.

mănĭca, æ. 1. *A sleeve.* — 2. *A handcuff.* — 3. ‡*A sort of armour for the hand and wrist.* —— 1. Et tŭnĭcæ *mănĭcas* et hăbent rĕdĭmīcŭla mitræ. — 2. Ipse vĭro prīmus *mănĭcas* atque arcta lĕvāri Vincla jŭbet Priămus. V. Æn. 2. 146. 3. Balteus et *mănĭcæ* et cristæ crūrisque sĭnistri Dīmĭdium tegmen. Juv. 6. 225. SYN. 2. vincŭlum, *sync.* vinclum, q. v.

mănĭfesto. *Clearly.* —— *Mănĭfestius* ipsi Quam Turno Rēgi, aut Rēgi appārēre Lătīno. V. Æn. 8. 16. SYN. ăpertē.

mănĭfesto, as. *To manifest, to show clearly.* —— Insĭdias prōdet *mănĭfestābitque* lătentem. Ov. Met. 13. 106. SYN. monstro, as ; ostendo, ĭs ; pătĕfăcio, ĭs, feci ; exhĭbeo, es.

mănĭfestus, a, um. *Manifest, visible.* —— Ŏbruĕre ista sŏlet *mănĭfestos* pœna nŏcentes. Ov. Nux, 3. SYN. ăpertus, clārus.

mănĭplāris, e. sync. for **mănĭpŭlāris.** *Belonging to a manipulus.* —— Unde *mănĭplāris* nōmĭna mīlĕs hăbet. Ov. F. 3. 118.

mănĭplus, i. sync. for **mănĭpŭlus.** 1. *A handful.* — 2. *A band of soldiers, the third part of a cohort.* —— 1. Ōre sŏlūtos Immundi mĕmĭnēre sues jactāre *mănĭplos.* V. G. 1. 400. — 2. Disjectique dŭces dēsōlātique *mănĭpli.* V. Æn. 11. 870. SYN. 2. mănus, ûs, *fem.* q. v.

‡**mannŭlus, i.** dim. of seq. —— Nusquam est mūlio *mannŭli* tăcēbunt. Mart. 12. 24. 8.

mannus, i. *A horse, esp. a carriage horse.* —— Parvaque quam prīmum răpientĭbus essēda *mannis.* Ov. Am. 2. 16. 49.

măno, as. *To flow, trickle down, drop.* —— Dē nĭve *mănantis* mōre lĭquescit ăquæ. Ov. Ep. e P. 1. 1. 68. SYN. fluo, ĭs, xi ; dēfluo. v. stillo.

mansuesco, ĭs, uevi. *To grow mild.* —— Nesciaque hūmānis prĕcĭbus *mansuescĕre* corda. V. G. 4. 470. SYN. mītesco, ĭs, *no perf.* ; rēmollesco, is, *no perf.*

mansuētus, a, um. *Mild, gentle.* —— Nūmĭnis ut læsi fīat *mansuētior* īra. Ov. Tr. 3. 6. 23. SYN. mītis, plācābĭlis, făcĭlis.

mantēle, or **mantīle, is.** neut. *A towel, napkin.* —— Expĕdiunt, tonsisque fĕrunt *mantēlia* villis. V. Æn. 1. 706. SYN. mappa.

mantĭca, æ. *A wallet, a knapsack.* —— *Mantĭca* cui lumbos ŏnĕre ulcĕret, atque ĕquĕs armos. Hor. Sat. 1. 6. 106. SYN. ‡pēra.

Mantua, æ. *A city of northern Italy, so called from Manto daughter of Tīrĕsias ; the birthplace of Virgil.* —— *Mantua* Virgĭlio gaudet, Vērōna Cătullo. Ov. Am. 3. 15. 7.

‡**mănūbrium, i.** *A handle or hilt.* —— Nec calcŭlus ex hâc Mātĕriâ, quīn ipsa *mănūbria* cultellōrum Ossea. Juv. 11. 133. SYN. căpŭlus.

mănus, ûs. dat. sometimes û for ui. 1. *A hand.* — 2. *A body of men.* —— 1. Tantălеæ pŏtĕrit trādĕre pōma *mănû.* Prop. 2. 1. 66. — 2. Littŏra curvæ Prætexunt puppes, jŭvĕnum *mănus* ēmĭcat ardens. V. Æn. 6. 5. SYN. 1. palma ; pollex, ĭcis, *masc.* ; dextĕra, *sync.* dextra (*prop. the right hand, but often used generally*). — 2. căterva, turba, cŭneus. PHR. 1. Dŭplĭces tendens ad sīdĕra palmas. V. Cur dextræ jungĕre dextram Non dătur ? V. Ăvĭdi conjungĕre dextras Ardēbant.

māpālia, um. neut. pl. *Numidian cottages.* —— Prōsĕquar et rārīs hăbĭtāta *māpālia* tectis. V. G. 3. 34. SYN. măgālia, um ; ‡attĕgiæ.

mappa, æ. *A napkin.* —— Vărius *mappâ* compescĕre rīsum Vix pŏtĕrat. Hor. Sat. 2. 8. 63. SYN. mantēle, is, *neut.*

Mărăthon, ōnis. fem. *A village in Attica, celebrated for the victory of Miltiades over the Persians.* —— Te maxĭme Thēseu Mīrāta est *Mărăthon* Crētæi sanguine tauri. Ov. Met. 7. 433.

mărăthrus, i, or **mărăthrum, i,** according to others. *Fennel.* —— Prōfuit et *mărăthros* bĕne ŏlentĭbus addere myrrhis. Ov. M. F. 97.

marceo, es, ui. no sup. *To wither, lit. and metaph.* —— Cūr ĕgŏ plectar ămans, si vir tĭbĭ *marcet* ab annis. Ov. Am. 1. 14. 41. SYN. marcesco, ĭs, *no perf.* ; āreo, es ; corrumpor, ĕris, ruptus sum.

marcesco, ĭs. another pres. form of prec. ——Nec jŭvat in lūcem nĭmio *marcescĕre* vīno. Ov. Ep. e P. 1. 5. 45.

marcĭdus, a, um. *Withering, withered.* ——*Marcĭda* dēmittant sŭbĭto căput illa grăvātum. Ov. Met. 10. 192. SYN. marcens.

‡**marcor, ōris.** masc. *A fading, metaph. drowsiness.* ——Cernĭtis expŏsĭtas turpi *marcōre* cohortes. Stat. Theb. 10. 269. v. sopor.

‡**marcŭlus, i.** *A hammer.* ——Ærāriorum *marcŭli* diē tōto. Mart. 12. 57. 6. SYN. malleus.

măre, is. neut. abl. **māri** and **măre.** *The sea.* ——Ister In căput Euxīno de *măre* vertet ĭter. Ov. Ep. e P. 4. 6. 46. SYN. Ōceănus; pĕlăgus, i, *neut. no pl.*; pontus; æquor, ŏris, *neut.*; marmor, ŏris, *neut.*; frĕtum, sălum; săl, sălis, *neut. no pl.*; gurgĕs, ĭtis, *masc.*; prŏfundum, altum; cærŭla, ōrum, *neut. pl.* (*two of the preceding words are often joined, see below*); (*also the names of the deities of the sea are often used for the sea itself*) Neptūnus, Nērēus, Amphītrītē, es; Thĕtis, ĭdŏs, *fem.* PHR. Ter dēnis nāvĭbus ībant Subsĭdio Trōjæ et campos sălis ære sĕcābant. V. Stant săle Tyrrhēno classes. V. Quā mĕdius lĭquor (*the Mediterranean*) sēcernit Eurōpēn ab Āfro. Hor. Arva nŏvâ Neptūnia cæde rŭbescunt. V. Qui terram lĭquĭdis quā pătet ambit ăquis. Ov. Æquŏrei scŏpŭlos ut căvat unda sălis. Ov. Ut măre sollĭcĭtum strīdit rĕfluentĭbus undis. V. Quo non . . . In măre purpŭreum viŏlentior effluit amnis. V. Aspĭce . . . Terrasquĕ, tractusque măris. V. Vastum măris æquor ărandum. V. Jŭpĭter æthĕre summo Despĭciens măre vēlĭvŏlum. V. Qua văda non spīrant nec fracta rĕmurmŭrat unda Sed măre ĭnoffensum crescenti allābĭtur æstu. V. Magnas ŏbeuntia terras Tot măria intrāvi dūce tē. V. Jūlia qua ponto longē sonat unda rĕfūso Tyrrhēnusque frĕtīs immittĭtur æstus Āvernis. V. Prĕmit plăcĭda æquŏra pontus. V. Contĭnuo ventis surgentĭbus aut frĕta ponti Incĭpiunt ăgĭtāta tŭmescĕre. V. Et quas Ōceăni rĕfluum măre lăvit ărēnas. Ov. Ut măre fit trĕmŭlum tĕnui cum strĭngĭtur aurâ. Ov. Ante et Trīnăcriâ lentandus rēmus in undâ Et sălis Ausŏnii lustrandum nāvĭbus æquor. V. Est măre, confĭteor, nondum tractābĭle nanti. Ov. Cærŭleâ pĕtĕrem quin mea vōta viâ. Ov. Ūna est injusti cærŭla forma măris. Ov. Qui terram ĭnertem, qui măre temperat Ventōsum. Hor. Dēsīderantem quod sătis est, neque tŭmultuosum sollĭcĭtat măre. Hor. v. Hor. 1. 3. 9—16.; V. Æn. 11. 624—628.

Măreōtĭcus, a, um. *Egyptian.* ——Īsĭ, Părætonium *Măreōtĭca*que arva Phăronque Quæ cŏlis. Ov. Met. 9. 772.

măreōtis, ĭdŏs. a fem. form of prec. ——Sunt Thăsiæ vītes sunt et *Măreōtĭdĕs* albæ. V. G. 2. 91.

margo, ĭnis. masc. and fem. *An edge, brink.* ——Nec brăchia longō *Margĭne* terrārum porrexĕrat Amphītrīte. Ov. Met. 1. 14. SYN. ōra.

mărīnus, a, um. 1. *Marine, of the sea.* — 2. *Salt* (*of water*). ——1. Fluctĭbus et frĕmĭtu assurgens Bēnāce *mărīno.* V. G. 2. 160. — 2. Nec tĭbĭ sunt fontes lătĭcis nĭsi pēne *mărīni.* Ov. Ep. e P. 3. 1. 17. SYN. 1. cærŭleus (*as applied to gods and goddesses, etc. of the sea*). — 2. salsus.

‡**măriscæ, ārum.** *Hemorrhoids.* ——Cæduntur tŭmĭdæ mĕdĭco rīdente *măriscæ.* Juv. 2. 13.

mărītālis, e. *Of or belonging to a husband, or to marriage.* ——Lūsa *mărītāli* Gallĭca veste mănus. Ov. A. A. 2. 258. SYN. mărītus, conjŭgiālis, q. v.

mărīto, as. *To give in marriage, lit. and metaph.; to join.* ——Ergo aut ădultâ vītium prŏpāgĭne Altas *mărītat* pōpŭlos. Hor. Epod. 2. 9. v. jungo.

mărītus, i. *A husband.* ——Sparge *mărīte* nŭces, tĭbĭ dēsĕrit Hespĕrus Œtam. V. E. 8. 30. SYN. vir, vĭri; conjux, ŭgis; consors, ortis; sponsus.

mărītus, a, um. *Of marriage.* ——Junonemque tŏris quæ præsĭdet alma *mărītis.* Ov. Her. 2. 41. SYN. mărītālis, conjŭgiālis, q. v.

Mărius. *A Roman general who saved Rome from the Gauls.* ——Cimbrōrumque mĭnas et bĕnĕfacta *Mări.* Prop. 2. 1. 24. PHR. Ille Jŭgurthīno clārus Cimbroque triumpho Quo victrix tŏties consŭle Roma fuit, In cœno lătuit Mărius cannâque pălustri, Pertŭlit et tanto multa pŭdenda viro. Ov.

marmor, ŏris. neut. 1. *Marble* (*the best marble came from Paros, and from Carystus in Eubœa*). — 2. *The sea.* ——1. Crēdo ĕquĭdem vīvos dūcent de *marmŏre* vultus. V. Æn. 6. 849. — 2. Rĕsēdit Flātus et in lento luctantur *marmŏre* tonsæ. V. Æn. 7. 28. SYN. 1. lăpis, ĭdis, *masc.*; saxum. — 2.

măre, is, *neut.* q. v. PHR. 1. Stābunt et Pării lăpĭdes spīrantia signa. V. Albanos prŏpe tē lăcus Pōnet marmŏream sub trăbe Cўpriâ. Hor. Lævi de marmŏre tōta Pūnĭceo stābis sūras evincta cŏthurno. V. Quidve dŏmus prodest Phrygiis innixa cŏlumnis, Tænăre sive tuis, sive Căryste tuis. Tib. Quæ mihī Mygdŏnii marmoris instar ĕrant.

marmŏreus, a, um. 1. *Made of marble.*—2. *Like marble, white as marble, hard as marble.*—3. *Of the sea, as epith. of the sea.*——1. *Marmŏreo* rĕfĕrunt thălămo, strātisque rĕpōnunt. V. Æn. 4. 392.—2. Tum quŏque *marmŏreâ* căput a cervīce rĕvulsum. V. G. 4. 523. Nec sic *marmŏreo* pallet ădusta gĕlu. Ov. F. 4. 918.—3. Et quæ *marmŏreo* fert monstra sub æquŏre pontus. V. Æn. 6. 729.

Măro, ōnis. *Virgil.*——Condĭtor Īliădos cantābĭtur, atque *Mărōnis* Altĭsŏni dŭbiam făcientia carmĭna palmam. Juv. 11. 178. v. Virgilius.

Mărōnēus, a, um. *Thracian, from a town called Maronea.*——Victa *Mărōnēo* fœdātus lūmĭna Baccho. Tib. 4. 1. 57. SYN. Thrēĭcius, q. v.

Marpessius, a, um. *A mountain in the island of Paros.*——Quam si dūra sĭlex aut stet *Marpessia* cautes. V. Æn. 6. 470.

‡**marra, æ.** *A pickaxe or spade.*——Tu pĕnĭtus lātīs ērādĕre viscĕra (terræ sc.) *marris* nē dūbĭta. Columel. 10. 70. SYN. lĭgo, ōnis, *masc.*

‡**marrŭbium, i.** *Hoarhound.*——Prōfuit et plantis lătĭces infundĕre ămāros *marrŭbii.* Columel. 10. 355.

Mars, Martis. 1. *The god of war.*—2. *War.*——1. Bellĭce dēpŏsĭtis clўpeo paulisper et hastâ *Mars* ădĕs. Ov. F. 3. 2.—2. Quantumque ĕgŏ *Marte* fĕrōci Quantum ăciē văleo tantum vălet iste lŏquendo. Ov. Met. 13. 11. SYN. 1. Māvors, ortis; Grădīvus.—2. bellum, q. v. PHR. Sævit tōto Mars impius orbe. V. Hic Mars armĭpŏtens ănĭmum vīresque Lătīnis Addĭdit. V. Sævi formīdĭne Martis. V. Hic glădio fīdens hīc ăcer et arduus hastâ Assistunt contrā certămina Martis ănhĕli. V. Sic Martem indŏmĭtum . . . cernĭmus. V. Clāmor Bellantum jŭvĕnum, et dūro sub Marte cădentum. V. Quālis apud gĕlĭdi cum flūmĭna concĭtus Hĕbri Sanguĭneus Māvors clўpeo increpat atque fŭrentes Bella mŏvens immittit ĕquos. V. Mars fĕrus et damni sit mŏdus ille tui. Ov. Dant ălios Fŭriæ torvo spectācŭla Marti. Hor. Frustrā cruento Marte cārēbĭmus. Hor.

Marsus, a, um. *Of the Marsi, a people of Latium, esp. skilful in witchcraft.*——Mistaque cum măgĭcis nænia *Marsa* sŏnis. Ov. A. A. 2. 102.

Marsyās, æ. also poet. **Marsya, æ.** *A Phrygian, who challenged Apollo to a contest on the flute, and was flayed alive for his impiety; the tears of the nymphs became a river, which was called by his name.*——*Marsya* nōmĕn hăbet Phrўgiæ lĭquĭdissĭmus amnis. Ov. Met. 6. 400.

‡**martes, is.** fem. *A martincat.*——Vēnātor captâ *Marte* sŭperbus ădest. Mart. 10. 37.

Martiālis, e. *Of Mars.*——Nec *Martiāles* hædŭlei lŭpos (metuunt). Hor. 1. 17. 9.

Martĭcŏla, æ. masc. and fem. *Worshipping Mars.*——Strўmŏna vēnisti *Martĭcŏlam*que Gĕten. Ov. Tr. 5. 3. 22. SYN. ‡Grădīvĭcola.

Martĭgĕna, æ. masc. and fem. *Born of Mars.*——In quâ *Martĭgĕnæ* non sunt sine crīmĭne nāti. Ov. Am. 3. 4. 39.

Martius, i. *March.*——*Martius,* inquit, ăgit tāli mea nōmĭne festa. Ov. F. 6. 695.

Martius, a, um. 1. *Of Mars.*—2. *Of battle, of war.*——1. Quæsītum aut mātri multis bālātĭbus agnum *Martius* a stăbŭlis răpuit lŭpus. V. Æn. 9. 566.—2. *Martia* qui ob pătriam pugnando vulnĕra passi. V. Æn. 7. 182. SYN. 1. Māvortius, Martiālis.—2. bellĭcus, q. v.

mās, măris. adj. and subst. 1. *Male, masculine.*—2. *A man.*——1. Cum *măre* trux ăries cornu dĕcertat, at īdem . . . Ov. F. 4. 101. Ūre *măres* ŏleas, tædamque herbasque Săbīnas. Ov. F. 4. 741.—2. Vos Tempē tŏtĭdem tollĭte laudĭbus Nātălemque *măres* Dēlŏn Ăpollĭnis. Hor. 1. 21. 10. SYN. 1. mascŭlus, q. v.—2. vir, vĭri, q. v.

mascŭlus, a, um. *Male, masculine.*——Sed rustĭcŏrum *mascŭla* mīlĭtum Prōles. Hor. 3. 6. 37. v. prec.

massa, æ. *A lump, a mass, sometimes esp. a lump of precious metal.*——Ac vĕlŭti lentis Cўclōpes fulmĭna *massis* Cum prŏpĕrant. V. G. 4. 170. Contĭgit et glēbam contactu glēba pŏtenti *massa* fit. Ov. Met. 11. 113. SYN. mōles.

Massăgĕtæ, ārum. masc. *A tribe of the Scythians, Scythian.*——O ŭtĭnam nŏvâ Incūde diffingas rĕtūsum in *Massăgĕtas* Ărăbasque ferrum. Hor. 1. 35. 40. v. Scythæ.

Massĭcus, a, um. *Of Mons Massicus, a mountain in Campania, celebrated for its vineyards and wine.*——Vertunt fēlīcia Baccho *Massĭca* qui rastrīs. V. Æn. 7. 726. Sed grăvĭdæ frūges et Bacchi *Massĭcus* hūmor. V. G. 2. 143.

Massȳlus, a, um. *Mauritanian, African.*——*Massȳlique* ruunt ĕquĭtes et ŏdōra cănum vis. V. Æn. 4. 132. SYN. Āfer, Āfra, Āfrum, q. v.

māter, tris. fem. 1. *A mother, lit. and metaph.*—2. *Cybele.*—3. *A matron.*——1. Incĭpe parve puer rīsu cognoscĕre *mātrem.* V. E. 4. 60. Hic plantas tĕnĕro abscindens de corpŏre *mātrum.* V. G. 2. 23.—2. Tinnītusque cie et *Mātris* quăte cymbăla circum. V. G. 4. 64.—3. Subvehĭtur magnâ *mātrum* rēgīna cătervâ. V. Æn. 11. 478. SYN. 1. gĕnĕtrix, īcis (*rarely if ever found with the penultima long*); părens, creātrix.—2. v. Cybele.—3. mātrōna. PHR. 1. Et trĕpĭdæ mātres pressēre ad pectŏra nātos. V. v. Hor. 4. 5. 9—14.

§mātercŭla, æ. dim. of prec.——Dum puĕrīs omnis păter et *mātercŭla* pallet. Hor. Epist. 1. 7. 7.

mātĕria, æ. and **mātĕries, ēi.** 1. *Matter, materials.*—2. *The subject of a writing.*——1. Argenti bĭfŏres rădiābant lūmĭne valvæ, *mātĕriam* sŭpĕrābat ŏpus. Ov. Met. 2. 5.—2. Tē mĭhĭ *mātĕriam* fēlīcem in carmĭna præbe. Ov. Am. 1. 3. 19. SYN. 2. argūmentum.

māternus, a, um. *Of or belonging to a mother.*——Accĭpiat, cingens *māternâ* tempŏra myrto. V. G. 1. 28.

mātertĕra, æ. *A mother's sister.*——Furtim illum prīmīs Īno *mātertĕra* cūnis Ēdŭcat. Ov. Met. 3. 312.

‡măthēmătĭcus, a, um. *Mathematical.*——Nēmŏ *măthēmătĭcus* gĕnium indemnātus hăbēbit. Juv. 6. 652.

mātrōna, æ. 1. *A matron.*—2. *A wife.*——1. Fertur in exsĕquias ănĭmi *mātrōna* virīlis. Ov. F. 2. 847.—2. Dignaque sum et cŭpio fĭĕri *mātrōna* pŏtentis. Ov. Her. 5. 85. SYN. 1. māter, tris, *usu. in pl. in this sense.*—2. uxor, q. v.

mātrōnālis, e. *Matronly.*——Et *mātrōnāles* ērŭbuēre gĕnæ. Ov. F. 2. 828.

matta, æ. *A mat.*——Plaustroque mŏrantes Sustŭlit, in plaustro scirpea *matta* fuit. Ov. F. 6. 680.

‡mattya, æ. *A sort of cheese-cake.*——Cœna tibĭ, sed te *mattya* sōla jŭvat. Mart. 10. 59. 4. SYN. plăcenta.

mātūrē. 1. *In time, seasonably.*—2. *Early.*——1. Sic tibĭ frāterni *mātūrē* sanguĭnis ultor. Ov. Ep. e P. 2. 8. 49.—2. Jussâ *mātūrius* hōrâ Fac sempĕr vĕnias. Ov. A. A. 2. 223. SYN. 1. tempestīvē.—2. cĭtŏ.

mātūresco, ĭs, ruī. no sup. *To become ripe.*——Hæc ŭbĭ nūbĭlĭbus prīmum *mātūruit* annis. Ov. Met. 14. 335. SYN. ēmātūresco, permātūresco; mātūror, āris.

mātūro, as. trans. 1. *To ripen.*—2. *To hasten.*——1. Annus in āprīcis *mātūrat* collĭbus ūvas. Tib. 1. 4. 25.—2. *Mātūrāte* fŭgam, rēgique hæc dīcĭte vestro. V. Æn. 1. 137. SYN. 1. cŏquo, is, xi; percŏquo.—2. prŏpĕro, as, q. v.

mātūrus, a, um. 1. *Ripe, in all its senses, as fruit, as an old man, etc.*—2. *Seasonable.*—3. *Early.*—4. *Making ripe.*——1. Nĕque ante Falcem *mātūris* quisquam suppōnat ăristis. V. G. 1. 348. Hic annis grăvis atque ănĭmi *mātūrus* Ălētes. V. Æn. 9. 246. Hŏc Hĕlȳmus făcit, hoc ævi *mātūrus* Ăcestes. V. Æn. 5. 73.—2. Ipse sĕram tĕnĕras *mātūro* tempore vītes. Tib. 1. 1. 7.—3. Si mŏra pro culpâ est ĕgŏ sum *mātūrior* illo. Ov. Met. 13. 300.—4. Glēbasque jăcentes Pulvĕrŭlenta cŏquat *mātūris* sōlĭbus æstas. V. G. 1. 66. SYN. 1. (*only of fruit*) mītis.—2. tempestīvus, q. v.; opportūnus.—3. cĭtus.

Mātūta, æ. *A name of Ino after she became a goddess.*——Leucŏthee Graiis *Mātūta* vŏcābĕre nostris. Ov. F. 6. 545.

‡mātūtīnālis, e. *Of morning.*——*Mātūtīnāli* tempŏre tunc mĭtĭlans. Auctor. Philom. 16.

mātūtīnus, a, um. *Of morning.*——In *mātūtīnis* lampăda tollit ĕquis. Ov. F. 5. 160. v. mane.

māvis, māvult, etc., from malo, q. v.—Sed dăre mātĕriam nōbis quam carmĭna *mavis.* Ov. Ep. e P. 4. 8. 71.
Māvors, ortis. *Another name of Mars,* q. v.—Quantos ille vĭrûm magnam *Māvortis* ad urbem campus ăget gĕmĭtus. V. Æn. 6. 873.
Māvortius, a, um. *Of Mars.*—Quīn et ăvo cŏmĭtem sēsē *Māvortius* addet Rōmŭlus. V. Æn. 6. 778. SYN. Martius, Martiālis.
Maurus, a, um. *Moorish.*—Attŏnĭti *Mauras* pertĭmuēre mănus. Ov. F. 6. 244.
Maurūsius, a, um. another form of prec. *Moorish, African.*—Cui nunc *Maurūsia* pictis Gens ĕpŭlāta tŏris Lēnæum lībat hŏnōrem. V. Æn. 4. 206. v. Afer.
Mausōlēus, a, um. *Of Mausolus, a king of Caria, whose wife built him a superb tomb.*—Nec *Mausōlēi* dīves fortūna sĕpulchri. Prop. 3. 1. 59.
‡maxilla, æ. *A jawbone.*—Tu cum *maxillis* bălănātum gausăpe pectas. Pers. 4. 37. SYN. māla.
maxĭmus, a, um. superl. from magnus, q. v.—Scīlĭcet ut posses ōlim tu *maxime* nasci. Ov. F. 2. 241.
‡maza, æ. *Bread sopped in milk.*—Lacte nŏvam pūbem făcĭlique tuēbĕre *mazâ.* Gratius Cyneg.
§mazŏnŏmus, i. *A large dish.*—*Mazŏnŏmo* puĕri magno discerpta fĕrentes Membra gruis. Hor. Sat. 2. 8. 86. SYN. pătĭna.
meātus, ûs. 1. *A going, a motion.*—2. ‡*A passage.*—1. Ōrābunt causas mĕlius cœlique *meātus* Descrībent radio. V. Æn. 6. 850.—2. Spĕcus, umbrārumque *meātus* Subter et Ōceăni præceps frăgor. Val. Fl. 3. 403. SYN. 1. mōtus, ûs.—2. transĭtus, ûs; via, q. v.
Mēdēa, æ. *The daughter of Æetes, king of Colchis, who enabled Jason to carry off the golden fleece, and fled with him to Greece, where he deserted her, and she in revenge slew his children.*—Hostis *Mēdēæ* nullus ĭnultus ĕrit. Ov. Her. 12. 182. SYN. Æētīnē, es; Æētiăs, ădŏs; Colchis, ĭdŏs; Phāsis, ĭdŏs; Phāsiăs, ados. PHR. At tĭbĭ Colchōrum mĕmĭni rēgīna văcāvi. Ov.
Mēdēis, ĭdŏs. pl. ĭdĕs, etc. *Of Media, magical.*—Non făcient ut vīvat ămor *Mēdēĭdĕs* herbæ. Ov. A. A. 2. 101. SYN. Cȳtææus. v. magicus.
mĕdeor, ēris. no perf. *To cure, to remedy.*—Tantæque lătēbat Causa nŏcens clādis, pugnātum est arte *mĕdendi.* Ov. Met. 7. 526. SYN. mĕdĭco, as; mĕdĭcor, āris; săno, as. PHR. Dum mĕdĭcas ădhĭbēre mănūs ad vulnĕra pastor Abnĕgat. V. v. medicina, medicus.
Mēdia, æ. *A country in Asia Minor.*—*Mēdia* fert tristes succos tardumque săpōrem. V. G. 2. 126.
§mĕdiastīnus, i. *A slave.*—Tu *mĕdiastīnus* tăcĭtâ prĕce rūra pĕtēbas. Hor. Epist. 1. 14. 14. v. servus.
mēdĭca, æ. *Clover.*—Tum tē quŏque *Mēdĭca* pūtres accĭpiunt sulci. V. G. 1. 216.
mĕdĭcābĭlis, e. *Curable.*—Hei mihĭ quod nullīs ămor est *mĕdĭcābĭlis* herbis. Ov. Met. 1. 523. SYN. sānābĭlis, sānandus.
mĕdĭcāmĕn, ĭnis. neut. 1. *A medicine.*—2. *A magical charm.*—3. *A dye.*—Illa Măchāŏnios sŭpĕrant *mĕdĭcāmĭna* succos. Ov. A. A. 2. 491.—2. Dux grĕgis inter ŏves agnus *mĕdĭcāmĭne* fīet. Ov. Met. 7. 211.—3. Est mihĭ quo dixi vestræ *mĕdĭcāmĭna* formæ Parvus, sed curâ grande lĭbellus ŏpus. Ov. A. A. 3. 205. SYN. 1. mĕdĭcīna, q. v.; mĕdĭcātus, ûs.—2. v. carmen. 3. fūcus.
mĕdĭcātus, ûs. *Medicine, medical aid.*—Quæque fĕros pĕpŭli doctis *mĕdĭcātibus* ignes. Ov. Her. 12. 165.
mĕdĭcīna, æ. *Medicine, a remedy, the art of healing.*—Ecce cĭbos ĕtiam *mĕdĭcīnæ* fungar ut omni Mūnĕre. Ov. R. A. 795. SYN. mĕdĭcāmen, ĭnis, *neut.*; mĕdĭcātus, ûs. PHR. Sæpe bĭbi succos quamvīs invītus ămāros, Ov. Iāpyx Scīre pŏtestātes herbārum ūsumque mĕdendi māluit. V. I, bĭbe, dixissem purgantes pectŏra succos. Ov. Nullus Apollĭneâ qui lĕvet arte mălum. Ov. Ille Măchāŏniâ vix ŏpe sānus ĕrit. Ov. Utque Măchāŏniis Pæantius artĭbus hēros Lēnīto mĕdĭcam vulnĕre sensit ŏpem. Ov. Vos quŏque Phœbēâ morbos qui pellĭtis arte. Ov.
mĕdĭco, as. 1. *To cure, to heal.*—2. *To medicate, to imbue.*—3. *To dye.*—Aufer et ipse meum părĭter *mĕdĭcande* dŏlōrem. Tib. 3. 6. 3.—2. Sēmĭna vīdi

ĕquĭdem multos mĕdĭcāre sĕrentes. V. G. 1. 193. — 3. Dīcēbam mĕdĭcāre tuos dēsiste căpillos. Ov. Am. 14. 1. SYN. 1. mĕdeor, q. v.; mĕdĭcor, aris. — 2. imbuo, ĭs, ui, ūtum. — 2, 3. tingo, ĭs, q. v.

mĕdĭcor, āris. dep. *To heal.* —— Ōra fŏvent illo et sĕnĭbus mĕdĭcantur anhēlis. V. G. 2. 134. Sed non Dardănĭæ mĕdĭcāri cuspĭdis ictum Ēvăluit. V. Æn. 7. 756. v. prec.

mĕdĭcus, i. *A physician; physicians were under the especial protection of Apollo, who invented their art; some of the most eminent physicians celebrated by the poets are Chīron, the centaur, Măchāon, and Pŏdălīrius.* —— Non est in mĕdĭco semper rĕlĕvētur ut æger. Ov. Ep. e P. 1. 3. 17. SYN. mĕdens. PHR. cessēre măgistri Phillўrĭdes Chīron, Amythāŏniusque Mĕlampus. V. *Apollo says,* Inventum mĕdĭcīna meum est, ŏpĭferque per orbem Dīcor, et herbārum subjecta pŏtentia nōbis. Ov. Lectas Păgăsæis collĭbus herbas Tempĕrat et văriâ vulnera mulcet ŏpe. Ov. Sōlus amor morbi non ămat artĭfĭcem. Ov.

mĕdĭcus, a, um. *Of medicine, of a physician.* —— Lēnīto mĕdĭcam vulnĕre sensit ŏpem. Ov. Ep. e P. 1. 3. 6. SYN. *As to art, etc.*, Ăpollĭneus, Phœbēus, Măchāŏnius.

mĕdiŏcris, e. *Of moderate quality.* —— Sed neque pervĕnio scriptis mĕdiŏcrĭbus istuc. Ov. Ep. e P. 1. 5. 83. SYN. mŏdĭcus.

mĕdiŏcrĭtas, ātis. *Mediocrity.* —— Auream quisquis mĕdiŏcrĭtātem Dīlĭgit. Hor. 2. 10. 5. SYN. modus.

mĕdiŏcrĭter. *Moderately.* —— Ne păvor et rērum mĕdiŏcrĭter ūtĭlium spes. Hor. Epist. 1. 18. 99. SYN. modice.

‡mĕdĭtāmĕn, ĭnis. neut. *Meditation, plan.* —— Persta et cauti mĕdĭtāmĭna belli Lentus ăma. Sil. 8. 324. SYN. consĭlium, q. v.

mĕdĭtor āris. dep., perf. part. **mĕdĭtātus** both in act. and pass. sense. *To meditate (trans.) to plan.* —— Īnăchiæ Jūno pestem mĕdĭtāta juvencæ. V. G. 3. 153. Silvestrem tĕnui mūsam mĕdĭtāris ăvēnâ. V. E. 1. 2. Et mĕdĭtāta mănu compŏnit verba trĕmenti. Ov. Met. 9. 520. SYN. cōgĭto, as; volvo, ĭs; rĕvolvo; vŏlūto, as; rĕcordor, āris. PHR. Nunc hūc ingentes, nunc illuc pectŏre cūras Mūtābat versans. V. Insĭdias ăvĭbus mōlīri. V. At Cўthĕrēa nŏvas artes nŏva pectore versat consĭlia. V.

mĕdium, i. neut. of seq. q. v., also esp. **in medium.** *For the public or common good.* —— Consŭlĭte in mĕdium et rēbus succurrite fessis. V. Æn. 11. 335. Nec signāre quidem aut partīri līmĭte campum Fas ĕrat; in mĕdium quærēbant. V. G. 1. 127.

mĕdius, a, um. 1. *Middle, in the midst, between, etc.* — 2. *Between two things so as to be equally suited to both.* — 3. *As mediator, or in any way mixed up in a business.* — 4. (medius dies) *The south.* —— 1. Et mĕdius jŭvĕnum non indignantĭbus ipsis Ībat. Ov. F. 5. 67. Non ego si mĕdius Pollūce et Castŏre pōnar. Ov. Am. 2. 16. 13. Grădĭturque per æquor Jam mĕdium (*reaching to his middle*). V. Æn. 3. 665. Quà mĕdius lĭquor (*the Mediterranean Sea*) Sēcernit Eurŏpēn ab Āfro. Hor. 3. 3. 46. — 2. Pācis ĕras mĕdiusque belli. Hor. 2. 19. 28. — 3. At mĕdius frātrisque sui mœstæque sŏrŏris Jūpĭter. Ov. Met. 5. 564. Nē quā scīre dŏlos mĕdiusve occurrĕre possit. V. Æn. 1. 686. — 4. Et stăbŭla a ventis hyberno oppōnĕre sōli, Ad mĕdium conversa diem. V. G. 3. 303.

mĕdulla, æ. 1. *The marrow.* — 2. *The heart, as the seat of feelings (usu. in pl. in this sense).* —— 1. Exsucta ŭti mĕdulla et ārĭdum jĕcur Āmōris esset pōcŭlum. Hor. — 2. Hæc mihĭ semper ĕrunt īmis infixa mĕdullis. Ov. Tr. 1. 5. 9. SYN. 1. §mĕdullŭla. — 2. cŏr, cordis, *neut.* q. v.; præcordia, ōrum.

§mĕdullŭla, æ. dim. of prec, q. v. —— Vel ansĕris mĕdullŭlâ. Cat. 23. 2.

Mēdus, a, um and **‡Mēdĭcus, a, um.** *Median.* —— Neu sĭnas Mēdos ĕquĭtare ĭnultos Te dŭce Cæsar. Hor. 1. 2. 51. Mundus; Ăchæmĕniis decurrunt Mēdĭca fūsis Agmĭna. Lucan. 2. 49.

Mĕdūsa, æ. *One of the Gorgons, daughter of Phorcus. The sight of her head turned all who beheld it to stone. She was slain by Perseus, and her head placed in the centre of Minerva's shield.* —— Saxĭfĭcæ vĭdeas infēlix ōra Mĕdūsæ. Ov. Ibis. 553. SYN. Phorcўs, ўdŏs. PHR. Nexaque nōdōsas angue Mĕdūsa cŏmas. Ov. Vīpĕrei rĕfĕrens spŏlium mĕmŏrābĭle monstri. Ov. v. Perseus.

Mĕdūsæus, a, um. *Of Medusa.*——Ōraque rēgis Ōre *Mĕdūsæo* silĭcem sĭne sanguĭne fēcit. Ov. Met. 5. 249. SYN. Gorgoneus.

Mĕgæra, æ. *One of the Furies.*——Diræ Quas et Tartăream Nox intempesta *Mĕgæram* Ūno eōdemque tŭlit partu. V. Æn. 12. 846. v. Furiæ.

Mĕgălēsia, orum. *A festival of Cybele.*——Instĭtĕram quāre primi *Mĕgălēsia* lūdi urbe fŏrent nostrā. Ov. F. 4. 357.

Mĕgăra, æ more usu. **ōrum.** neut. pl. *A city near Corinth.*——An vĕniat *Mĕgăris* noxius omnis ĕrit. Ov. R. A. 798. SYN. Mĕgărēa, ōrum ("litora" subaud.).

Mĕgărēus, a, um. also **Mĕgărēius, a, um.** and **Mĕgărus, a, um.** *Of Megara.*——Liquĕrat Ortygien *Mĕgărēaque* Pantăgienque. Ov. F. 4. 471. Magno *Mĕgărēia* præceps Arva răpit passu. Stat. Theb. 12. 219. Vīvo prætervehor ostia saxo Pantăgiæ *Mĕgărosque* sĭnus. V. Æn. 3. 688.

mĕl, mellis. neut. *Honey. The most celebrated honey was that of Mount Hymettus in Attica.*——Prōtinus āĕrii *mellis* cœlestia dona Exsĕquar. V. G. 4. 1. SYN. făvus (*prop. the honeycomb*). PHR. Hinc arte rĕcentes Excūdunt cēras et mella tĕnăcia fingunt. V. Dulcia mella prĕmes. V. Fervet ŏpus rĕdŏlentque thymo frāgrantia mella. V. Cum lĭquentia mella Stīpant et dulci distendunt nectăre cellas. V. Sūmantur Hȳmettia mella. Ov. Pōmaque et in quercu mella rĕferta căvo. Ov. Et dăta sub nĭveo candĭda mella făvo. Ov. Flāvaque de vĭrĭdi stillābant īlĭce mella. Ov. Quanquam nec Călăbræ mella fĕrunt ăpes. Hor. Ŭbĭ non Hȳmetto Mella dēcēdunt. Hor. Truncis Lapsa căvis ĭtĕrāre mella. Hor. v. apis.

‡mĕlandryum, i. *Part of a thunny fish.*——Teque jŭvant gerres et pelle *mĕlandrya* cānā. Mart. 3. 77. 7.

Mĕleăger, gri. also **Mĕleăgrŏs, i.** acc. **um** and **ŏn.** *Son of Æneus king of Ætolia, celebrated as the slayer of the Calydonian boar.*——Hujus ŏpem Călȳdon, quamvis *Mĕleagrŏn* hăbēret . . . . pĕtiit. Ov. Met. 8. 270. PHR. Călȳdōnius hēros. Ov.

‡Mĕleăgrēus, a, um. and **Mĕleăgrius, a, um.** *Of Meleager.*——Et *Mĕleăgrēam* măcŭlātus sanguĭne Nessi. Lucan. 6. 365.

Mĕlētæus, a, um. *Of Homer.*——Posse *Mĕlētæas* nec mallem vincĕre chartas. Tib. 4. 1. 200.

Mĕlĭbœus, a, um. *Thessalian, from Melibœa, a town on the coast of Thessaly.*——Chlămydem aurātam quam plūrĭma circum Purpŭra Mæandro dŭplĭci *Mĕlĭbœa* cŭcurrit. V. Æn. 5. 251. v. Thessalus.

Mĕlĭcerta, æ, masc. *The son of Ino, changed into a deity of the sea.*——Vōtaque servāti solvent in littŏre nautæ Glaucō et Pănŏpēæ et Ĭnoō *Mĕlĭcertæ.* V. G. 1. 437.

†mĕlĭcus, a, um. *Melodious, musical.*——Nunc addĭta nāvĭgiis sunt Multa mŏdo orgănĭci *mĕlĭcos* pĕpĕrēre sŏnōres. Lucr. 5. 335. SYN. cănōrus, q. v.

mĕlĭlōtus, i. acc. **ŏn.** fem. *Italian clover.*——Pars thȳma, pars căsiam, pars *mĕlĭlōton* ămant. Ov. F. 4. 440.

mĕlĭmēlum, i. *A kind of sweet apple.*——Si tĭbĭ Cēcrŏpio sătŭrāta Cȳdōnia melle Pōnēntur, dīcas hæc *mĕlĭmēla* lĭcet. Mart. 13. 24. 2.

mĕlior, us. compar. from bonus, q. v. *Better, greater.*——Nunc ădeo quŏniam *mĕlior* pars acta diēi. V. Æn. 9. 156. SYN. præstantior, pŏtior.

mĕlisphyllum, i. *Balm.*——Trīta *mĕlisphylla* et cērinthæ ignōbĭle grāmen. V. G. 4. 63.

Mĕlĭtē, es. *Malta.*——Fertĭlis est *Mĕlĭtē* stĕrĭli vīcīna Cŏsȳræ. Ov. F. 3. 567.

‡Mĕlĭtēsius, a, um. *Maltese.*——Et vīvum lăpĭdem, et circā *Mĕlĭtēsia* nectunt Cŏrālia. Grat. Cyneg. 404.

mĕlius. adv. *Better.*——Et sōles *mĕlius* nĭtent. Hor. 4. 5. 8. v. potius.

†mellĭcŭlum, i. *Darling.*——Meum corcŭlum, *mellĭcŭlum,* vercŭlum. Plaut. Cas. 4. 4. 14.

mellĭfer, ĕra, ĕrum. *Producing honey.*——*Mellĭfĕrārum* ăpium sĭne membris corpŏra nasci. Ov. Met. 15. 383.

§mellĭfĭco, as. *To make honey.*——Sic vos non vobis *mellĭfĭcātis* ăpes. V. Epigr.

mellītus, a, um. *Honeyed, sweet.* —— Nam *mellītus* ĕrat suamque nôrat Ipsa tam bĕnĕ quam puella mātrem. Cat. 3. 6. SYN. dulcis, q. v.

mĕlŏs. neut. only nom. acc. and voc. sing.; and †nom. and acc. pl. **mĕlē.** *Melody, song.* —— Descende cœlo et dīc ăge tībiâ Rēgīna longum Calliŏpē *mĕlos.* Hor. 3. 4. 2. Et cўcnēa *mĕlē* Phœbēaque dædăla chordis Carmĭna. Lucr. 2. 504. SYN. carmĕn, ĭnis, q. v.

Melpŏmĕnē, es. *One of the Muses, esp. the tragic Muse.* —— Præcipe lūgŭbres Cantus *Melpŏmĕnē* cui līquĭdam păter Vōcem cum cĭthărâ dĕdit. Hor. 1. 24. 3. v. Musa.

membrāna, æ. 1. *A membrane.* — 2. *The shed skin of a snake.* — 3. *A skin of parchment.* — †4. *The surface.* —— 1. Dumque pĕtunt lătĕbras parvos *membrāna* per artus Porrĭgĭtur. Ov. Met. 4. 407. — 2. Squāmea Cīnўphii tĕnuis *membrāna* Chĕlўdri. Ov. Met. 7. 272. — 3. Lūtea sed nĭveum involvat *membrāna* lĭbellum. Tib. 3. 1. 9. — 4. Tĕnuis summi *membrāna* cŏlōris Cum jăcĭtur. Lucr. 4. 93. SYN. 1, 2. v. cutis. — 3. v. tabella.

†membrātim. *Limb by limb.* —— Et *membrātim* vītālem dēperdĕre sensum. Lucr. 3. 526.

membrum, i. 1. *A limb (strictly speaking the muscular parts of the limbs, while artus signifies the bones and joints; but this distinction is not always observed in poetry).* — 2. *A member (of persons).* —— 1. Exănĭmes artus et *membra* trĕmentia vīdi. Ov. Am. 1. 7. 53. Et magnos *membrōrum* artus, magna ossa lăcertosque Exuit. V. Æn. 5. 422. — 2. Dulcia convictus *membra* fuĕre mei. Ov. Tr. 5. 10. 48. SYN. 1. artus, ûs.

mĕmĭni. perf. in pres. sense, having only the tenses derived from perf., imper. **mĕmento.** no sup. ger. or part. *To remember.* —— Cantābam *mĕmĭni*, *mĕmĭnērunt* omnia amantes. Ov. Her. 15. 43. SYN. †commĕmĭni; rĕcordor, āris; rĕmĭniscor, ĕris, *no perf.*; rĕpĕto, ĭs, īvi; rĕcŏlo, ĭs, *only in pres.*; rĕfĕro, refers, rĕtŭli, rĕlātum. PHR. Mentique hærēbat ĭmāgo Tempŏris illīus. Ov. Nec prius āmissam respexi, ănĭmumque rĕflexi. V. Et vōcem mĕmŏri condĭdit aure tuam. Ov. Signatum mĕmŏri pectore nomen hăbe. Ov. Nulla dies unquam mĕmŏri vos exĭmet ævo. V. Mănet altâ mente rĕpŏstum Jūdĭcium Părĭdis. V. Multa vĭri virtūs ănĭmo, multusque rĕcursat Gentis hŏnos; hærent infixi pectore vultus. V. Hæc Hĕlĕnum cĕcĭnisse Pĕnātĭgĕro Ænēæ mente mĕmor rĕfĕro. Ov. v. obliviscor.

Memnon, ŏnis. *The son of Aurora and Tithonus, slain by Achilles in the Trojan war.* —— Eōasque ăcies et nĭgri *Memnŏnis* arma. V. Æn. 1. 489.

Memnŏnius, a, um. *Of or like Memnon, i. e. black.* —— *Memnŏnio* cўcnos esse cŏlōre pŭtem. Ov. Ep. e P. 3. 3. 96.

mĕmor, ŏris. 1. *Mindful.* — 2. *To be remembered.* —— 1. Vi Sŭpĕrûm, sævæ *mĕmŏrem* Jūnōnis ob īram. V. Æn. 1. 4. — 2. Impressit *mĕmŏrem* dente lăbris nŏtam. Hor. 1. 13. 12. SYN. 1. ĭnŏblītus.

mĕmŏrābĭlis, e. *Memorable.* —— Tum vēro tōtis Bacchi *mĕmŏrābĭle* Thēbis Nūmĕn ĕrat. Ov. Met. 4. 416. SYN. mĕmŏrandus, commĕmŏrandus, clārus, insignis.

mĕmŏrātor, oris. *One who celebrates, relates.* —— Necnŏn ille tui cāsûs *mĕmŏrātor* Hŏmērus. Prop. 3. 1. 33.

‡mĕmŏrātrix, īcis. fem. of prec. Eōæ *mĕmŏrātrix* tibia pugnæ. Val. Fl. 6. 142.

†mĕmŏria, æ. *Memory.* —— Tămen contemptus a te hæc hăbui in *mĕmŏriâ.* Ter. Eun. 1. 2. 90.

mĕmŏro, as. *To relate, to celebrate.* —— Et mĕmĭnistis ĕnim Dīvæ, et *mĕmŏrāre* pŏtestis. V. Æn. 9. 529. Prætĕreo atque ăliis post me *mĕmŏranda* rĕlinquo. V. G. 4. 283. SYN. commĕmŏro; rĕfĕro, rĕfers, rĕtŭli, rĕferre, rĕlātum; narro, as; cĕlĕbro, as, q. v.

Memphis, ĭdŏs. fem. *A city of Egypt.* —— Et nostro tŏties *Memphi* cruenta mălo. Prop. 2. 9. 34.

Memphītes, æ. masc., fem. **Memphītis, ĭdŏs.** *Of Memphis, Egyptian.* —— Pūbes Barbăra *Memphīten* plangĕre docta bŏvem. Tib. 1. 8. 28. Vĭsĭte thūrĭcrĕmas vaccæ *Memphītĭdŏs* aras. Ov. A. A. 3. 393.

Memphītĭcus, a, um. *Of Memphis, Egyptian.* —— Neu fŭge lĭnĭgĕræ *Memphītica* săcra jŭvencæ. Ov. A. A. 1. 77. v. Ægyptiŭs.

Mĕnander, dri, also **Mĕnandrŏs, i.** *A celebrated comic poet of Athens.* —— Fābŭla jūcundi nulla est sĭne ămōre *Mĕnandri.* Ov. Tr. 2. 369.

Mĕnandrēus, a, um. *Of Menander.* —— Turba *Mĕnandrēæ* fuĕrat nec Thaïdos ōlim Tanta. Prop. 2. 5. 3.

menda, æ. *A blemish.* —— In tōto nusquam corpŏre *menda* fuit. Ov. Am. 1. 5. 18. SYN. măcŭla, lābes, mendum.

mendācium, i. *A lie.* —— Addis, ait, culpæ *mendācia* Phœbus, et audes Fātĭdĭcum verbis fallĕre velle Deum? Ov. F. 2. 261. SYN. commenta, ōrum, *neut. pl.* PHR. Ficto pectŏre fātur. V. Falsæ præmia linguæ. Ov. Tūtius est igitur fictis contendĕre verbis. Ov. Vox hæc mea falsa fuit. Ov. Non egŏ falsa lŏquor. Ov.

mendax, ācis. *Lying, deceitful, false.* —— Sæpe fui *mendax* pro te mihĭ; sæpe pŭtāvi. Ov. Her. 2. 11. *Mendācem* lĭnis imposuisse nŏtam. Ov. Ep. e P. 2. 9. 70. SYN. fallax, falsus.

mendīco, as. *To beg, to obtain by begging.* —— Nunc *mendīcāto* pascĭtur ipse cĭbo. Ov. Tr. 5. 8. 14.

mendīcus, i. *A beggar.* —— *Mendīci,* mīmi, bălătrōnes, hoc gĕnus omne, Hor. Sat. 1. 2. 2. PHR. Īrus et est sŭbĭto qui mŏdŏ Crœsus ĕrat. Ov.

‡mendīcus, a, um. *Of a beggar.* —— Ne *mendīca* fĕrat barbāti prandia nūdi. Mart. 14. 81. 1.

mendōsus, a, um. *Faulty.* —— Nōn ĕgŏ *mendōsos* ausim dēfendĕre mōres. Ov. Am. 2. 4. 1. SYN. prāvus, q. v.; mălus, pējor, pessĭmus.

mendum, i. *A blemish.* —— Rāra tămen *mendo* făcies căret, occŭle mendas. Ov. A. A. 3. 261. SYN. menda, q. v.

Mĕnĕlāēus, a, um. *Of Menelaus.* —— Cum *Mĕnĕlāēo* surgĕret e thălămo. Prop. 2. 12. 14.

Mĕnĕlāus, i. acc. **um** and **ŏn.** *The younger son of Atreus, brother of Agamemnon, and husband of Helen.* —— Ardet ămōre tui? sic et *Mĕnĕlāŏn* ămāvit. Ov. Her. 5. 105. PHR. Ut mĭnor Ātrīdes tĕmĕrāti fœdĕra lecti Clāmat. Ov.

mens, mentis. fem. *The mind.* —— Quid tĭbĭ *mentis* ĕrat cum sic mălĕ sānă lătĕres? Ov. A. A. 3. 713. SYN. ănĭmus, q. v.

mensa, æ. *A table.* —— Ille mănum pătiens, *mensæ*que assuetus hĕrīli. V. Æn. 7. 490.

mensis, is. masc. *A month.* —— Hoc mĕtuens cœli *menses* et sīdĕra serva. V. G. 1. 335. Nec tu dux *mensūm* Jāne bĭformis ĕras. Ov. F. 5. 424. PHR. Tōtus et ille dies, et qui nascentur ab ipso Exactum ad mensem. V. Perque nŏvum errābat rĕdeuntis cornua Lūnæ. Ov. — *One month.* Cornua cum Lūnæ plēno sĕmĕl orbe coissent. Ov. — *Three months.* Tertia jam Lūnæ sē cornua lūmĭne complent. V. — *Four.* Lūna quăter lătuit, toto quăter orbe rĕcrēvit. Ov. Dumque quăter junctis implēvit cornĭbus orbem Lūna, quăter plenum tĕnuāta rĕtexuit orbem. Ov. — *Seven.* Septĭma jam plēnæ dēdūcĭtur orbĭta Lūnæ. Prop. — *Nine.* Orbe rĕsurgēbant Lūnāria cornua nōno. Ov. — *Ten.* Jam nŏvies ĕrat orta sŏror pulcherrĭma Phœbi Dēnaque Lūcĭfĕros lūna mŏvēbat ĕquos. Ov. Cum dĕcĭmum prĕmĕrētur sīdĕre signum. Ov. Dĕcĭmum cum Lūna rĕplēvĕrat orbem. Ov. Quo mĭnus ēmĕrĭtis exīret cursĭbus annus Restābant nitido jam duŏ signa Deo. Ov.

mensor, ōris. masc. *A measurer.* —— Cautus hūmum longo signāvit līmĭte *mensor.* Ov. Met. 1. 136. SYN. ‡mētātor.

menstrūus, a, um. *Monthly, recurring every month.* —— Reddĕreque antīquo *menstrua* thūra Lări. Tib. 1. 3. 34.

mensūra, æ. *A measure, just proportion.* —— Illi prōcēdit rērum *mensūra* tuārum. Ov. Her. 9. 109.

mensus, a, um. part. from metior, q. v. *Having measured.* —— Jamque duas lūcis partes Hȳpĕrīŏne *menso.* Ov. Met. 8. 564. SYN. ēmensus.

menta, æ. *Mint.* —— Fœmĭneos artūs in ŏlentes vertĕre *mentas.* Ov. Met. 10. 729.

§mentio, ōnis. fem. *Mention.* —— *Mentiŏ* si qua Dē Căpĭtōlīni furtis injecta Pĕtilli Cōram te fuĕrit. Hor. Sat. 1. 4. 94. v. sermo.

mentior, īris. perf. part. both in act. and pass. sense. 1. *To lie, to speak falsely, boast of falsely, etc.* — 2. *To assume, to pretend to, to imitate.* —— 1. Nē longē glōria rērum Quas *mentīris* ait, longe tĭbĭ Jūpĭter absit. Ov. Met. 4. 649. Nōmīne *mentīto* vēros expōnit ămōres. Ov. Met. 10. 439.—2. Nec vărios discet *mentīri* lāna cŏlōres. V. E. 4. 41. Prīmi clўpeos *mentītaque* tela Agnoscunt. V. Æn. 2. 422. SYN. 1. ēmentior; fingo, is, finxi, fictum.—2. v. sĭmŭlo.

mentum, i. *The chin.*——Săcra fĕrens; nosco crīnes incānaque *menta* Rēgis Rōmāni. V. Æn. 6. 810.

meo, as. no pass. *To go.*——Et dŏmus exīlis Plūtōnia, quo simul *meāris*. Hor. 1. 4. 17. SYN. eo, īs, īvi, ĭtum, q. v.

mĕphītis, is. fem. *A sulphureous stench.*——Fonte sŏnat, sævamque exhālat ŏpāca *mĕphītim*.

mĕrācus, a, um. *Pure, unmixed.*——Ah pĕreat quīcumque *mĕrācas* rĕpĕrit ūvas. Prop. 2. 33. 27. SYN. mĕrus, q. v.

mercābĭlis, e. *To be bought, mercenary.*——Stat mĕrĕtrix certo cuivis *mercābĭlis* ære. Ov. Am. 1. 10. 21. SYN. vēnālis.

mercātor, ōris. masc. *A merchant.*——Luctantem Īcăriis fluctĭbus Africum *Mercātor* mĕtuens. Hor. 1. 1. 16. PHR. Non ĕgŏ dīvĭtias ăvĭdus sĭne fīne părandi Lătum mūtandis mercĭbus æquor ăro. Ov.

mercātūra, æ. *The trade of a merchant, traffic.*——Āversus *mercātūris*, dēlīrus et āmens. Hor. Sat. 2. 3. 107. v. commercium.

§**mercēnārius, a, um.** *Hired, as a servant.*——Thēsauro invento qui *mercēnārius* ăgrum Illum ipsum mercātus ărāvit. Hor. Sat. 2. 6. 11.

merces, ēdis. fem. *Hire, reward.*——Multaque *merces* Unde pŏtest tĭbĭ dēfluat æquo Ab Jove. Hor. 1. 28. 28. SYN. præmium, prĕtium.

mercor, āris. perf. part. both in act. and pass. sense.——Hōc Ĭthăcus vĕlit et magno *mercentur* Ătrīdæ. V. Æn. 2. 104. Nātūræque dĕcus *mercāto* perdĕre cultu. Prop. 1. 2. 5. SYN. ĕmo, ĭs, ēmi, emtum, q. v.

Mercŭriālis, e. *Belonging to Mercury, protected by Mercury, as literary men, etc.*——Nĭsĭ Faunus ictum Dextrā lĕvâsset *Mercŭriālium* custos vĭrōrum. Hor. 2. 17. 29. SYN. Cyllēnēus.

Mercŭrius, i. *Son of Jupiter and Maia, the messenger of the gods; the god of sudden gain and of eloquence, the inventor of the lyre, and the slayer of Argus. He is represented with winged shoes called* tālāria, *and with a wand called* cādūceus; *he was the conductor of the spirits of the dead to the shades below.*——Omnia *Mercŭrio* sĭmĭlis, vōcemque cŏlōremque Et crīnes flāvos et membra dĕcōra jŭventæ. V. Æn. 4. 558. SYN. Cyllēnius; Cādūcĭfer, ĕri; Ālĭpēs, ĕdis; Ătlantiădes, æ; ‡Arcăs, ădŏs. PHR. Māterno vĕniens ab ăvo Cyllēnia prōles. V. Inventor curvæ, fūrĭbus apte, fĭdis. Ov. Æthĕrium vŏlŭcri qui pĕde carpit ĭter. Ov. Mercŭrī făcunde nĕpos Ătlantis. Hor. Interpres Dīvûm Jŏve missus ab ipso. V. Hæc ait, et Maiâ gĕnĭtum dēmittit ab alto. V. v. V. Æn. 4. 238—244; Ov. F. 5. 663—672; Hor. 1. 10.

§**merda, æ.** *Dung.*——Mentior at si quid *merdis* căput inquĭner albis Corvōrum. Hor. Sat. 1. 8. 37. SYN. stercus, ŏris, *neut.*

mĕrens, entis. part. of seq., used also as adj. *Deserving, deserved.*——Extinxisse nĕfas tămen et sumpsisse *mĕrentis* Laudābor pœnas. V. Æn. 2. 586. SYN. mĕrĭtus, prōmĕrĭtus, dignus.

mĕreo, es, ui, ĭtum. no pass. except perf. part., v. seq. 1. *To deserve.*—2. *To serve as a soldier, or as a public officer.*——1. Supplĭcium *mĕruisse* părum est mălĕdictaque culpæ Addĭtis. Ov. Met. 5. 666.—2. Tŏtĭdem Pīlānus hăbēbat Corpŏra, lēgĭtĭmo quisque *mĕrēbat* ĕquo. Ov. F. 3. 130. Dux mihĭ Cæsar ĕrat sub quo *mĕruisse* Trĭbūnus Glōrior. Ov. F. 4. 382. SYN. 1. commĕreo, ēmĕreo, prōmĕreo.—2. ‡permĕreo; mīlĭto, as; ‡mĕrĭto, as. v. seq.

mĕreor, ēris, ĭtus sum. dep. form of prec., perf. part. both in act. and pass. sense. *To deserve.*——Aspĭce nos, hoc tantum, et si piĕtāte *mĕrēmur*, Da deĭnde auxĭlium păter. V. Æn. 2. 690. Nos prŏcul inde fŭgam trĕpĭdi cĕlĕrāre, rĕcepto Supplĭce sic *mĕrĭto*. V. Æn. 3. 667. Cuncti adsint, *mĕrĭtæque* exspectent præmia palmæ. V. Æn. 5. 70. SYN. prōmĕreor, ēmĕreor, *only in perf. part.*

mĕrĕtrīcius, a, um. *Meretricious.*——Corpora vestāles ŏcŭli *mĕrĕtrīcia* cernunt. Ov. Tr. 2. 311.

§**mĕrĕtrīcula, æ.** dim. of seq.——Te conjux ăliēna răpit, *mĕrĕtrīcŭla* Dāvum. Hor. Sat. 2. 7. 46.

mĕrĕtrix, īcis. fem. *A harlot.*——Stat *mĕrĕtrix* certo cuivis mercābĭlis ære. Ov. Am. 1. 10. 21. SYN. pellex, ĭcis.

mergĕs, ĭtis. *A sheaf or handful of corn.*——Aut fētu pĕcŏrum, aut Cĕrĕālis *mergite* culmi. V. G. 2. 517. SYN. mănĭplus.

mergo, is, si, sum. 1. *To sink, drown, trans.*—2. *To hide.*—3. *To overwhelm.* ——1. Dum lĭcet obscœnam ponto Dī *mergĭte* puppim. Ov. Her. 5. 119.—2. Subsēdit *mersit*que suos in cortĭce vultus. Ov. Met. 10. 498.—3. Sed mē fāta mea et scĕlus exĭtiāle Lăcænæ His *mersēre* mălis. V. Æn. 6. 512. SYN. 1. 3. immergo, dēmergo, submergo; ōbruo, ĭs, ui, ŭtum.—2. condo, ĭs, dĭdi, q. v. PHR. 1. Hinc mihĭ suppŏsĭtas immittĕre corpus ĭn undas Mens fuit. Ov.

mergus, i. *A cormorant.*——Nunc cĕlĕbres *mergis* fŭlĭcisque pălustrĭbus undæ. Ov. Met. 8. 625. PHR. Āprĭcis stătio tūtissĭma *mergis*. V. Ostendens spătiōsum guttŭra mergum. Ov. Æquor ămat nomenque mănet quiă mergĭtur illi. Ov.

‡mĕrīdiānus, a, um. *Of mid-day.*——Hōra lassos Interjungit ĕquos *mĕrīdiāna*. Mart. 3. 67. 7.

mĕrīdies, ēi. fem. *Mid-day.*——Inclīnare *mĕrīdiem* Sentīs. Hor. 3. 28. 5. PHR. Sol mĕdium cœli conscendĕrat igneus orbem. V. Mĕdios cum sol accendĕrit æstus. V. Mĕdium sōle tĕnente diem. Ov. Jamque dies mĕdius tenues contraxĕrat umbras, Inque pări spătio vesper et ortus ĕrant. Ov. Rŏseis Aurōra quădrīgis Jam mĕdium ætherio cursu trājĕcĕrat axem. V. Et sōl ex æquo mētā distābat ŭtrâque. Ov.

§mĕrīdio, as. *To pass the noon, to take a nap at noon.*——Jŭbe ad te vĕniam *mĕrīdiātum*. Cat. 30. 3.

mĕrĭto. *Deservedly.*——Et *mĕrĭto* dixit quid ĕnim mea tēla rĕlĭqui? Ov. Met. 6. 687. SYN. jūre, rīte. PHR. Lēnĭter ex mĕrĭto quicquid pătiāre fĕrendum est. Ov.

‡mĕrĭto, as. *To serve as a soldier.*——Tunc terga dĕdisse Damnatis Sĭcŭlas longē *mĕrĭtare* per ōras Impŏsĭtum. Sil. 10. 655. SYN. mĕreo, q. v.

‡mĕrĭtōrius, a, um. *What may be hired.*——Nam quæ *mĕrĭtōria* somnum Admittunt. Juv. 3. 234.

mĕrĭtum, i. *Desert, whether good or bad.*——Invĕnies . . . Et quo sit *mĕrĭto* quæque nŏtāta dies. Ov. F. 1. 8. SYN. prōmĕrĭtum.

mĕrĭtus. v. mereor, merens.

Mĕroē, es. *An island and city of Æthiopia.*——Hinc Lĭbys, hinc *Mĕroē*, siccaque terra sŭbest. Ov. F. 4. 570.

mĕrops, ŏpis. fem. *The bee-eater.*——Absint . . . Pinguĭbus a stăbŭlis *mĕrŏpes*que ălĭæque vŏlŭcres. V. G. 4. 14.

merso, as. *To dip, to plunge.*——Bălantumque grĕgem flŭvio *mersāre* sălūbri. V. G. 1. 272. v. lavo.

mĕrŭla, æ. *A blackbird.*——Sic vĕlŭti *mĕrŭlis* intentus dĕcĭdit auceps. Hor. A. P. 458.

merula, æ. *A whiting.*——Aurātis mūræna nŏtis *mĕrŭlæ*que virentes. Ov. Hal. 114.

mĕrum, i. *Wine.*——Implēvitque *mĕro* pătĕram quam Bēlus, et omnes A Bēlo sŏlĭti. V. Æn. 1. 729. SYN. vīnum, q. v.

mĕrus, a, um. *Pure, unmixed, mere.*——Idque *mĕræ* vīres et rŭde corpus ĕrant. Ov. A. A. 2. 474. SYN. incorruptus. v. purus.

merx, mercis. fem. *Merchandise, any commodities.*——Cēdet et ipse māri vector, nec nautĭca pīnus Mūtābit *merces*. V. E. 4. 39.

Messāna, æ. *Messina, a city at the northern point of Sicily.*——Hunc Nŭmĭdæ făciunt, illum *Messāna* sŭperbum. Ov. F. 1. 595.

Messēnē, es. *A city in the south-west of Peloponnesus.*——*Messēnē*que fĕrax Pătræque hŭmĭlesque Cleōnæ. Ov. Met. 6. 417.

Messēnius, a, um. *Of Messene.*——Tunc ădĕras: Ēlin *Messēnia*que arva cŏlēbas. Ov. Met. 2. 679.

messis, is. fem. 1. *Harvest.*—2. *The crop of corn when ripe.*——1. Illĭus immensæ rūpērunt horrea *messes*. V. G. 1. 49.—2. Spīcea jam campis cum *messis* ĭnhorruit, et cum. . . . V. G. 1. 314. SYN. 2. sĕgĕs, ĕtis, *fem.* PHR. Formōsa est messĭbus æstas. Ov. Mātūris albescit messis ăristis. Ov. Hunc sătis est messem si mea reddit hŭmus. Ov. Tertia nūdandas accēpĕrat ārea messes. Ov. Quăter arva cŏlōnus ăristis Nūdāvit, quăter est falce rĕsecta Cĕres. Ov.

messor, ōris. masc. *A reaper, a mower.* —— Sæpe ĕgŏ cum flavīs *messōrem* indūcĕret arvis Agrĭcŏla. V. G. 1. 316. PHR. Răpĭdo fessis messōrĭbus æstu. V. O quŏties hăbĭtu dūri messōris ăristas Corbe tŭlit. Ov.

messus, a, um. part. pass. from meto, q. v. *Reaped, mown.* —— Falcĭbus et *messæ* ad lūnam quæruntur aēnis Pubentes herbæ. V. Æn. 4. 513.

mēta, æ. 1. *A goal, a bound.* — 2. *The extremity of anything.* — 3. *A cone.* —— 1. Nunc stringam *mētas* intĕriōre rŏtā. Ov. Am. 3. 2. 12. — 2. Præstat Trīnăcrii *mētas* lustrāre Păchȳni. V. Æn. 3. 429. — 3. Adfuit huic turbæ *mētas* ĭmĭtāta cŭpressus. Ov. Met. 10. 106. SYN. 2. fīnis, is, *masc.* q. v.

‡mĕtallĭfer, ĕra, ĕrum. *Producing metals.* —— Parta *mĕtallĭfĕris* longo discrīmĭne campis. Sil. 15. 501.

mĕtallum, i. 1. *Metal.* — 2. ‡*A mine.* —— 1. Insŭla ĭnexhaustis Chălȳbum gĕnĕrōsa *mĕtallis.* V. Æn. 10. 174. — 2. Passaque ab aurĭfĕris tellūs exīre *mĕtallis* Pactōlum. Lucan. 3. 209. SYN. 2. lāmĭna, *sync.* lamna.

‡mētātor, oris. *A surveyor, a measurer.* —— Audax Hespĕrios vĕniam *mētātor* ĭn ăgros. Lucan. 1. 381. SYN. mensor.

Mĕtaurus, i. once used as adj. **us, a, um.** *A river in Italy, on the banks of which Asdrubal was defeated by Claudius Nero.* —— Testis *Mĕtaurum* flūmĕn et Asdrŭbal Dĕvictus. Hor. 4. 4. 38.

Mēthymnæus, a, um. *Of Methymnæ, the chief city of Lesbos, Lesbean.* —— Et *Mēthymnææ* pŏtiuntur littŏre Lesbi. Ov. Met. 11. 55. v. Lesbos.

Mēthymniăs, ădŏs. fem. of prec. —— Nec me Pyrrhiădes *Mēthymniădes*que puellæ. Ov. Her. 15. 15.

mētior, īris, mensus sum. 1. *To measure.* — 2. *To go over.* — 3. *To go over in the mind, so as to consider; with the eye, so as to see, etc.* —— 1. *Mētīre* nōbis Cæcŭbum. Hor. Epod. 9. 34. — 2. Magnum qui piscĭbus æquor Et juncto bĭpĕdum curru *mētĭtur* ĕquorum. V. G. 4. 388. Jamque duas lūcis partes Hȳpĕrīŏne *menso.* Ov. Met. 8. 564. — 3. Ante ŏcŭlos plūs est, ănĭmo *mētĭtur* ŭtrumque. Ov. Met. 2. 188. Æquŏra prospectu *mētior* alta meo. Ov. Her. 10. 28. SYN. 1, 2. ēmētior; mētor, āris; mēto, as. — 2. transeo, īs; pĕrăgo, ĭs, ēgi. — 2, 3. lustro, as.

mēto, as. *To measure.* —— *Mētābat* sēse circum lŏca. V. Culex, 172. v. prec.

mĕto, ĭs, messui, messum. 1. *To mow, to reap, to cut down.* — 2. *To slay.* —— 1. Purpŭreosque *mĕtunt* flōres, et flūmĭna lībant Summa lĕves. V. G. 4. 54. — 2. Prīmosque et extrēmos *mĕtendo* Strāvit hŭmum. Hor. 4. 14. 31. SYN. 1. dēmĕto; subsĕco, as, ui, sectum; dēsĕco. — 2. cædo, ĭs, cĕcīdi, cæsum, q. v. PHR. Neque ante Falcem mātūris quisquam suppōnat ăristis. V. Falce cŏlōrātas subsĕcuitque cŏmas. Ov.

mētor, āris. *To measure out.* —— Quære prius, si pinguis ăgros *mētābĕre* campi Densa sĕre. V. G. 2. 274. SYN. mētior, īris, q. v.

‡mĕtrēta, æ. masc. *A measure, a firkin.* —— Alter; at hic tignum căpĭti incŭtit, ille *mĕtrētam.* Juv. 3. 246. v. amphora.

‡mĕtrum, i. *Metre.* —— Quam qui compŏsĭtos *mĕtro* Tībulli In stellæ rĕcĭtat dŏmo lĭbellos. Mart. 4. 6. 4.

mĕtuens, entis. part. of metuo, q. v., used also as adj. —— Quid tămĕn ēvēnit cur sis *mĕtuentior* undæ Ov. Her. 19. 83. SYN. tĭmĭdus, q. v.

mĕtuo, is, ui. no sup. *To fear.* —— Quod cŭpis, hoc nautæ *mĕtuunt* Lēandre nătāre. Ov. Her. 19. 185. SYN. tĭmeo, es, *no sup.* q. v.; horreo, es, *no sup.* v. seq.

mĕtus, ūs. *Fear.* —— Parce *mĕtū* Cȳthĕrēa, mănent immōta tuōrum Fāta tĭbi. V. Æn. 1. 257. SYN. tĭmor, q. v.; păvor, horror, terror. PHR. Ingenti trĕpĭdāre mĕtu. V. Concĭpit intra Pectŏra pro facto spemque mĕtumque suo. Ov. Vĭdeoque trĕmentem, Pallentemque mĕtu et trĕpĭdantem morte fŭtūrā? Ov. Arrectis aurĭbus horrent Quādrŭpĕdes monstrique mĕtu turbantur. Ov. Solve mĕtus, fĕret hæc ălĭquam tĭbĭ fāma sălūtem. V. Excŭte dīcens Corde mĕtum. Ov.

meus, a, um. masc., voc. **mī** and also **meus.** *My, mine.* —— Vix me contĭnui quin sic lăniāta căpillos Clāmārem *meus* est, injĭcĕremque mănus. Ov. Her. 12. 158. Prōjĭce tēla mănu, sanguis *meus.* V. Æn. 6. 836. SYN. noster, tra, trum. v. proprius.

mīca, æ. *A crumb, a grain.* —— Parvaque cœlestes plăcāvit *mīca*; nec illis . . . Tib. 4. 1. 14.

mĭco, as, ui. no sup. 1. *To shine, to glitter.* — 2. *To move quickly.* — 3. *To palpitate, to throb.* —— 1. Hei mihī, quam cĕlĕri *micuērunt* nūbĭla flammā. Ov. Tr. 1. 2. 45. — 2. Sēmĭanĭmesque *mĭcant* dĭgĭti ferrumque rĕtractant. V. Æn. 10. 396. — 3. Terreor admŏnĭtu corque tĭmōre *mĭcat.* Ov. F. 3. 36. SYN. 1, 2. ēmĭco.— 1. lūceo, es, luxi; collūceo, illūceo, ēlūceo, nĭteo, ēnĭteo; fulgeo, es, si; effulgeo (*none of the above words have supines*). — 3. palpĭto, as; trĕmo, is, ui, *no sup.*

Mīdas, æ. masc. *A king of Phrygia who obtained from Bacchus that whatever he touched should become gold.* —— Barbărĭcoque *Mīdān*, ădĕrat nam forte cănenti Carmĭne dēlīnit. Ov. Met. 11. 162.

mīgro, as. *To remove from one place to another, to migrate.* —— Ănĭmam sic semper eandem Esse, sed in vărios dŏceo *mīgrāre* fĭgūras. Ov. Met. 15. 171. SYN. ‡ēmīgro, ‡dēmīgro; ăbeo, īs, īvī, ĭtum; transeo; mūtor, āris.

‡**mīgror**, āris. pass. of prec. used as dep. *To be transferred.* —— Num *mīgrantur* Rhæteia regna In Lĭbyam Sŭpĕris. Sil. 7. 431.

mīlĕs, ĭtis. masc. sometimes also fem. *A soldier, a combatant.* —— Pĕnĭtusque căvernas Ingentes, ŭtĕrumque armāto *mīlĭte* complent. V. Æn. 2. 20. Et rŭdis ad portūs, et nŏva *mīlĕs* eram. Ov. Her. 11. 48. SYN. bellātor. PHR. Impius hæc tam culta nŏvālia mīlĕs hăbebit? V. Tristia dūri Mīlĭtis in tĕnĕbris occŭpat arma sĭtus. Tib. Cum trĕmĕret forti mīlĭte victus Ătur. Tib. Sōla gĕrat mīles quĭbus arma coerceat, arma. Ov. Mīles fĕra bella gerentem . . . ămat. Ov. O castris mīlĕs ămīce meis. Ov. Induat adversis contrāria pectŏra tēlis Mīlĕs et æternum sanguĭne nōmĕn ĕmat. Ov.

Mīlēsius, a, um. *Of Miletus.* —— Quamvis *Mīlēsia* magno Vellĕra mūtentur Tyrios incocta rŭbōres. V. G. 3. 306.

Mīletis, ĭdŏs. fem. adj. *Of Miletus.* —— A quĭbus advĕniat *Mīlētĭda* sospĕs ad urbem. Ov. Tr. 1. 9. 41.

Mīlētus, i. fem. *The chief city in Caria, celebrated for its fine wool.* —— Hūc quoque *Mīlēto* missi vĕnēre cŏlōni. Ov. Tr. 3. 9. 3.

mīlĭtāris, e. *Military, warlike.* —— Cur neque *mīlĭtāris* Inter æquāles ĕquĭtat? Hor. 1. 8. 5. SYN. bellĭcus, q. v.

mīlĭtia, æ. 1. *Military service, warfare.* — 2. *Any service.* —— 1. Præmia *mīlĭtiæ* pulvĕrŭlenta sĕqui. Ov. Am. 1. 15. 4. — 2. Hæc mea *mīlĭtia* est, fĕrĭmus quæ possŭmus arma. Ov. F. 2. 9. v. bellum.

mīlĭto, as. 1. *To serve as a soldier.* — 2. *To carry on war; in pass. to be carried on.* —— 1. Frāter Ămor, castris *mīlĭtet* ille tuis. Ov. Her. 7. 32. — 2. Lĭbenter hōc et omne *mīlĭtābĭtur* Bellum in tuæ spem grătiæ. Hor. Epod. 1. 23. SYN. 1. mĕreo, es, q. v. — 1, 2. pugno, as, q. v. — 2. gĕro, is, gessi, gestum.

mĭlium, i. *Millet.* —— Accĭpient sulci et *mĭlio* vĕnit annua cūra. V. G. 1. 216.

mille. indecl. in sing., pl. **millia**, ium, ĭbus, etc. *A thousand.* —— Non anni dŏmuēre dĕcem, non *mille* cărīnæ. V. Æn. 2. 198. Ille ē concĭlio multis cum *millĭbus* ībat. V. Æn. 5. 75.

millēsĭmus, a, um. *The thousandth.* —— Inter mille rătes, tua sit *millēsĭma* puppis. Ov. Her. 13. 98.

Mīlo, ōnis and **Mīlon**, ōnis. *A wrestler of Crotona, who trying when he was old to tear an oak asunder, was caught by it and so died.* —— Utque *Mīlon* robur dīdūcĕre fissĭle tentes Nec possis captas inde rĕferre mănus. Ov. Ibis, 611.

mīlvius or **mīluus** and ‡**mīlvus**, i. 1. *A kite.* — 2. *A flying fish.* —— 1. Vīvit ĕdax vultur dūcensque per āĕra gyros *Mīlvius.* Ov. Am. 2. 6. 34. — 2. Hippūri cĕlĕres, et nīgro tergŏre *mīlvi.* Ov. Hal. 95.

mīma, æ. *An actress.* —— Qui pătrium *mīmæ* dōnat fundumque Lăremque. Hor. Sat. 1. 2. 56.

‡**Mīmallŏnĕs**, um. also **Mīmallŏnĭdes**, um. pl. fem. *Bacchanalians.* —— Spŏlia armentālia portant Sēmĭnĕcesque lŭpos, scissasque *Mīmallŏnĕs* ursas. Stat. Theb. 4. 660. Ecce *Mīmallŏnĭdes* sparsis in terga căpillis. Ov. A. A. 1. 541. SYN. Baccha, q. v.

‡**Mīmallŏneus**, a, um. *Of the Mimallones.* —— Torva *Mīmallŏneis* implērunt cornua bombis. Pers. 1. 99.

§**mīmĭcē.** *Like an actor.* —— Turpe incēdĕre *mīmĭce* et mŏleste. Cat. 42. 8.

Mimnermus, i. *A celebrated elegiac poet of Greece.* —— Plūs in ămōre vălet *Mimnermi* versus Hŏmēro. Prop. 1. 9. 11.

mīmus, i. 1. *An actor, a buffoon.*—2. *A farce.*——1. Et plaudas ălĭquam *mīmo* spectante puellam. Ov. A. A. 1. 501.—2. Quid si scripsissem *mīmos* obscœna jŏcantes. Ov. Tr. 2. 497. SYN. 1. lūdius.

†**mĭna,** æ. *An Attic weight and coin, in value 4l. 1s. 3d.* —— Hĕri *minas* pro ambōbus vīginti dĕdi, Ter. Eun. 1. 2. 89.

mĭnæ, arum. fem. pl. *Threats, also metaph. of inanimate things.* —— Tollentemque *mĭnas* et sībĭla colla tumentem. V. G. 3. 421. Stent ăēre venti Ponat et in sicco mollĭter unda *mĭnas.* Prop. 3. 10. 6. PHR. Ingentes partŭrit īra mĭnas. Ov. Se rĭgĭdas incŭtiente mĭnas. Ov. Nec nĭmium rĭgĭdas intŏnuisse mĭnas. Ov. Quod rēgum tŭmĭdas contŭdĕrit mĭnas. Hor. Pendent ŏpĕra interrupta, mĭnæque Mūrōrum ingentes. V.

mĭnanter. *In a threatening manner.* —— Multaque submissē multa *mĭnanter* ăgant. Ov. A. A. 3. 582.

mĭnax, ācis. *Threatening.* —— Pœna mĕtusque ăbĕrant, nec verba *mĭnācia* fixo Ære lĕgēbantur. Ov. Met. 1. 91. SYN. mĭnans, mĭnĭtans. v. minor.

Mincius, i. *The river Mincio, flowing by Virgil's native town Mantua.* —— Tardis ingens ŭbĭ flexĭbus errat *Mincius* et tĕnĕrā prætexit ărundĭne rīpas. V. G. 3. 15.

†**mĭneo,** es. no sup. *To hang over.* —— Inclīnāta *mĭnent* in eandem prodĭta partem. Lucr. 6. 562. SYN. immĭneo, q. v.

Mĭnerva, æ. *The daughter of Jupiter, born out of his head in complete armour. She wielded the thunderbolts of her father ; was the tutelar Goddess of Athens, and of every sort of science, esp. of spinning ; the owl was sacred to her, and the olive as the emblem of peace.* —— Adsīs o Tĕgeæe făvens ŏleæque *Mĭnerva* Inventrix. V. G. 1. 18. SYN. Pallăs, ădŏs, *acc.* ăda ; Trītŏnia ; Trītŏnis, ĭdŏs. PHR. Armĭpotens belli præses Tritonia virgo. V. Quod mihĭ si sancti concessĕrit incŏla Ītŏni. Cat. De căpĭtis fertur sĭne matre pătemi Vertĭce cum clȳpeo prŏsĭluisse suo. Ov. Jam summas arces Trītŏnia, respĭce, Pallas Insēdit, nimbo effulgens et Gorgŏne sævā. V. Pars stŭpet innuptæ dōnum fātāle Mĭnervæ. V. Tum nūmĭna sancta precamur Pallădis Armĭsŏnæ. V. Ensĭbus exsertis bellĭca læta Dea est. Ov. Bellātrīcemque Mĭnervam Cum Jŏve Dīsque vŏcant ălĭis. Ov. Tĭbĭ tēlas ŏpĕrōsæque Mĭnervæ stŭdium aufert. Hor. Mihi Castæque damnātum Mĭnervæ. Hor. Pallădio nūmĭne tūta fūgit. Ov.

mĭnĭmē. *The least, very little, not at all.* —— Via prīma sălūtis, Quod *mĭnĭmē* rēris, Graiā pandētur ab urbe. V. Æn. 6. 97. v. non.

mĭnĭmus, a, um. superl. from parvus, q. v. *The least, in any respect, the youngest, etc.* —— De multis *mĭnĭmam* posco clāmāvit et ūnam. Ov. Met. 6. 300. Namque trium *mĭnĭmus* prōles mănifesta Sŭperbi. Ov. F. 2. 691. SYN. exĭguissĭmus.

mĭnister, tri. masc. 1. *A servant.* — 2. *An attendant at sacrifices.* — 3. *One who assists in anything, a helper.* —— 1. Centum ălĭæ, tŏtĭdemque păres ætāte *mĭnistri.* V. Æn. 1. 705. — 2. Stans hostia ad āras Inter cunctantes cĕcĭdit mŏrĭbunda *mĭnistros.* V. G. 3. 486. — 3. Nec rĕquiēvit ĕnim, dōnec Calchante *mĭnistro.* V. Æn. 2. 100. SYN. 1. servus. q. v. — 2. săcerdos, ōtis. — 3. adjūtor.

mĭnister, tra, trum. adj. *Of a servant or assistant, serving, assisting.* —— Lūmĭna prŏpŏsĭti facta *mĭnistra* tui. Ov. Her. 21. 114. SYN. servus.

mĭnistĕrium, i. *Service, attendance.* —— Inque *mĭnistĕriis* furtīvæ cognĭta noctis. Ov. Am. 1. 11. 3. v. servitium.

mĭnistra, æ. 1. *A female servant, an attendant at sacrifices.* — 2. *An assistant.* —— 1. Littĕra, sermōnis fīda *mĭnistra* mei. Ov. Tr. 3. 7. 2. Āra Deæ certē trĕmuit păriente *mĭnistrā.* Ov. F. 3. 47. — 2. Quas ipsa dĕcus sĭbĭ dīa Cămilla Dēlēgit, pācisque bŏnas bellique *mĭnistras.* V. Æn. 11. 658. SYN. 1. serva, q. v. — 2. adjūtrīx, īcis.

mĭnistro, as. 1. *To serve, attend to.* — 2. *To execute.* — 3. *To supply.* —— 1. Ipse sĕdens clāvumque rĕgit vēlisque *mĭnistrat.* V. Æn. 10. 218. — 2. Me mĭsĕrum quod non mĕdĭcōrum jussa *mĭnistro.* Ov. Her. 20. 133. — 3. Littŏre ahēna lŏcant ălii, flammasque *mĭnistrant.* V. Æn. 1. 213. SYN. 1. servio, īs ; cūro, as. — 2. exsĕquor, ĕris, sĕcūtus sum; căpesso, is, ivi; pĕrăgo, ĭs, ēgi, q. v. — 3. præbeo, es; sufficio, is, fēci; †suppĕdito, as.

mĭnitor, āris. *To threaten.* —— Vulnĕra curvātâ *mĭnĭtantem* cuspĭde vīdit. Ov. Met. 2. 199. SYN. mĭnor, aris, q. v.

mĭnium, i. *Vermilion.* —— Nec tĭtŭlus *mĭnio*, nec cēdro charta nŏtētur. Ov. Tr. 1. 1. 7.

Mīnōis, ĭdŏs. *The daughter of Minos*, i. e. *Ariadne*, q. v. —— Prōtĭnus Ægīdes raptâ *Mīnōĭde* Dian Vēla dĕdit. Ov. Met. 8. 174.

Mīnōius, a, um. *Of Minos.* —— Dædălus ut fāma est fŭgiens *Mīnōia* regna. V. Æn. 6. 14. SYN. Mīnōus.

mĭnor, ōris. compar. of parvus, q. v. 1. *Less, in any sense; younger, etc.* — 2. (*in pl.*) *Posterity.* —— 1. Et sunt nōtĭtiâ multa *mĭnōra* tuâ. Ov. Tr. 2. 214. A dextrâ lævâque duos ætāte *mĭnōres* Mājor hăbet. Ov. Met. 7. 499. — 2. Œnōtrī cŏluēre vĭri, nunc fāma *mĭnōres* Ītăliam dixisse dŭcis de nōmĭne gentem. V. Æn. 3. 165. SYN. 1. infĕrior, lĕvior. — 2. postĕri, q. v.

mĭnor, āris. 1. *To threaten, trans. and intrans.* — 2. *To rise, hang, etc., in a threatening manner; to impend, to seem likely to fall.* —— 1. Bello armantur ĕqui, bellum hæc armenta *mĭnantur*. V. Æn. 3. 540. — 2. Hinc atque hinc vastæ rūpes gĕmĭnique *mĭnantur* In cœlum scŏpŭli. V. Æn. 1. 166. Illa usque *mĭnātur*, et trĕmĕfacta cŏmam concusso vertĭce nūtat. V. Æn. 2. 628. SYN. 1. mĭnĭtor, āris; intento, as, *only trans.* — 1 (*not with words*). 2. immĭneo; ēmineo, es, *no sup.*

Mīnos, ōis. acc. ōa. abl. ōe. *King of Crete; after his death, one of the judges of hell.* —— Quæsītor *Mīnos* urnam mŏvet, Ille sĭlentûm Concĭliumque vŏcat vītasque et crīmĭna discit. V. Æn. 6. 432. PHR. Optāvit Mīnos sĭmĭles sĭbĭ lēgĭfer annos. Ov. Sit mŏdus exsĭlio dixit justissĭme Mīnos. Ov.

Mīnōtaurus, i. *The Minotaur.* —— Pāsĭphaē, mixtumque gĕnus prōlesque bĭformis *Mīnōtaurus* ĭnest. V. Æn. 6. 26. PHR. Sēmĭbŏvemque vĭrum sēmĭvĭrumque bŏvem (clausit Dædalus). Ov.

Mīnōus, a, um. *Of Minos.* —— Si tua contĭgĕrit *Mīnōas* puppis ărēnas. Ov. Ibis. 511.

‡mintro, as. *To squeak like a mouse.* —— Mūs ăvĭdus *mintrat*. Auct. Phil. 61

mĭnuo, is, ui, ūtum. *To lessen.* —— Spernĭtur; ac mēcum vīres *mĭnuuntur* Ămŏris. Ov. Met. 5. 374. SYN. commĭnuo; dīmĭnuo; tĕnuo, as; attĕnuo; extĕnuo; contraho, ĭs, xi.

mĭnus. adv. *Less.* —— Nec *mĭnus* Ænēas cāsu percussus ĭnīquo Prōsĕquĭtur lăcrȳmans longe et mĭsĕrātus euntem est. V. Æn. 6. 475.

‡mĭnūtal, ālis. neut. *A hash.* —— Hesternum sŏlĭtus mĕdio servāre *mĭnūtal*. Juv. 14. 129.

mĭnūtātim. *In or by little bits.* —— Ossa *mĭnūtātim* morbo collapsa trahēbat. V. G. 3. 485.

†mĭnūtē. *In small pieces.* —— Dispertīto atque in terris lătĭtāre *mĭnūte*. Lucr. 1. 891.

mĭnūtus, a, um. prop. part. pass. of minuo, used as adj. *Little.* —— Atque ŭtĭnam măge te rēmis confīse *mĭnūtis*. . . Prop. 1. 11. 9. SYN. parvus, q. v.

Mĭnyæ, arum. masc. *The Argonauts.* —— Jamque frĕtum *Mĭnyæ* Păgăsæâ puppe sĕcābant. Ov. Met. 7. 1. SYN. Argŏnautæ, ārum, *masc.* q. v.

mīrābĭlis, e. *To be wondered at, to be admired.* —— Hâc ĕgŏ compulsus, non est *mīrābĭle*, formâ. Ov. Her. 20. 63. SYN. mīrandus, admīrābĭlis, admīrandus, mīrus, mīrĭficus. v. egregius.

mīrācŭlum, i. *A wonder.* —— Omnia transformat sēse in *mīrācŭla* rērum. V. G. 4. 441. v. prodigium.

mīrandus, a, um. part. of miror, q. v., used as adj. *To be wondered at, to be admired.* —— Accĭpe, *mīrandi* nŏvĭtate mŏvēbĕre facti. Ov. Met. 7. 758. v. mirabilis.

mīrātor, oris. *One who admires, or wonders at.* —— Sīve es *mīrātor* rērum mīrābēre nostras. Ov. Met. 4. 640.

‡mīrātrix, īcis. fem. of prec. —— Obstĭtit intranti *mīrātrix* turba părumper. Juv. 4. 62.

mīrē. *Wonderfully.* *Mīrē* săgāces fallĕret hospĭtes. Hor. 2. 5. 22. v. seq.

mīrĭfĭcē. *Wonderfully.* —— *Mīrĭfĭce* est a te nactus ŭterque mălum. Cat. 69. 3. v. prec.

mīrĭfĭcus, a, um. *Wonderful.*——Non quĭa *mīrĭfĭca* est, sed quod nec publĭca certe. Ov. Ep. e P. 4. 13. 6. SYN. mīrābĭlis, q. v.

‡mirmillo, ōnis. masc. *A gladiator in complete armour.*——Dĕdĕcus urbis hăbes nec *mirmillōnis* in armis . . . pugnantem. Juv. 8. 200.

mīror, āris. 1. *To wonder at.*—2. *To admire.*——1. *Mīrātur*que nŏvas frondes et non sua pōma. V. G. 2. 82.—2. Seu quis Ŏlympiăcæ *mīrātus* præmia palmæ. V. G. 3. 49. SYN. 1, 2. admīror; ēmīror; stŭpeo, es, no sup., *c. acc., or c. abl., or c. in and dat., or c. ad and acc., or c. infin.*

mīrus, a, um. *Wonderful, strange, admirable.*——Nec quod nos ūris *mīrum* făcis, ortus in igne Dīcĕris. Ov. F. 3. 503. Ensem Aurātum *mīrâ* quem fēcĕrat arte Lȳcāon. V. Æn. 9. 304. SYN. mīrābĭlis, q. v.

‡miscellāneus, a, um. *Miscellaneous.*——Fictĭle. Sic vĕniunt ad *miscellānea* lūdi. Juv. 11. 21. SYN. mixtus. v. seq.

misceō, es, ui, mistum or **mixtum.** 1. *To mix, to mingle.*—2. (m. manus, m. prælia) *To mingle in battle, to fight, to make others to fight.*—3. *To throw into disorder.*—4. (*intrans.*) *To mingle with.*—5. (*in pass.*) *To collect,* (*intrans.*) *to be collected.*——1. Et tua cum dūris vēnātĭbus ōtia *misce.* Ov. Met. 4. 307. Lātē fluctuat omnis Ære rĕnīdenti tellus necdum horrĭda *miscent* Prælia. V. G. 2. 282. Cum Māvors dŭbias *miscet* ŭtrinque mănus. Prop. 2. 20. 66. —3. Jam cœlum terramque meo sĭne nūmĭne venti *miscēre,* et tantas audētis tollĕre mōles? V. Æn. 1. 138.—4. Infert se septus nĕbŭlâ, mīrābĭle dictu! Per mĕdios, *miscet*que vĭris. V. Æn. 1. 444.—5. Et circā rēgem atque ipsa ad prætōria densæ *miscentur.* V. G. 4. 75. SYN. 1. commisceo, immisceo, admisceo, intermisceo, rĕmisceo; tempĕro, as; insĕro, is, serui, sertum; intersĕro (*the two last not of mixing liquids*).—1. 3. permisceo; confundo, ĭs, fudi.—2. committo, ĭs, mīsi, missum (v. pugno).—3. turbo, as, q. v.—4, 5. coeo, is, īvi, ĭtum, q. v.; convĕnio, īs, vēni.

§mĭsellus, a, um. *Miserable.*——O factum măle, o *misello* passer. Cat. 3. 16. v. seq.

mĭser, ĕra, ĕrum. 1. *Miserable, of persons.*—2. *Calamitous, of things.*——1. Anna fătēbor ĕnim *mĭsĕri* post fāta Sĭchæi. V. Æn. 4. 20.—2. Tēlis Nostrōrum obruĭmūr, ŏrĭturque *mĭserrĭma* cædes. V. Æn. 2. 411. SYN. 1, 2. mĭsĕrābĭlis, mĭsĕrandus, tristis, q. v.; infelix.—1. afflictus.—2. grăvis, ĭniquus (*of fate*).

mĭsĕrābĭle. *Miserably, mournfully.*——*Mĭsĕrābĭle* cæsis Hostĭbus insultans. V. Æn. 12. 338. SYN. mĭsĕrē, flēbĭlĭter.

mĭsĕrābĭlis, e. 1. *To be pitied, miserable, lamentable.*—2. *Mournful.*——1. Sisque mĭser semper nec sis *mĭsĕrābĭlis* ulli. Ov. Ibis. 115.—2. Neu *mĭsĕrābĭles* Decantes ĕlĕgos. Hor. 1. 33. 2. SYN. 1. mĭsĕrandus.—1, 2. flēbĭlis, †ærumnabilis. v. prec.

mĭsĕrandus, a, um. part. of miseror, q. v., used as adj. *To be pitied, wretched.* ——Ast ipsam *mĭsĕrandus* avem contingere ferro Non văluit. V. Æn. 5. 509. SYN. miser, q. v.

mĭsĕrē. *Miserably.*——Pars cădit hămātis *mĭsĕrē* confixa săgittis. Ov. Tr. 3. 10. 63. SYN. mĭsĕrābĭle.

mĭsĕreor, ēris. rare except in pres. imperf. and fut. *To pity.*——Ōro *mĭsĕrēre* lăbōrum Tantōrum, *mĭsĕrēre* ănĭmi non digna fĕrentis. V. Æn. 2. 144. SYN. mĭsĕror, q. v.

mĭsĕresco, is. no perf. no pass. To pity.——His lăcrȳmis vītam dămus et *mĭsĕrescĭmus* ultro. V. Æn. 2. 145. v. seq.

mĭsĕret. impers. *It pities.* Miseret me, *I pity,* m. te, *you pity.*——Jam tē nil *mĭsĕret* dūre tui dulcis ămīcŭli. Cat. 28. 2. v. mĭseror.

†mĭsĕrĭcordia, æ. *Compassion.*——Hinc illæ lăcrȳmæ, hæc illa est *mĭsĕrĭcordia.* Ter. And. 1. 1. 99.

†‡mĭsĕrĭcors, ordis. *Compassionate.*——Mortem *mĭsĕrĭcors* sæpe pro vĭtâ dăbit. Seneca, Troad. 332.

mĭsĕrĭter. *Miserably.*——Pătriam allŏcūta mœstâ est ĭtâ vōce *mĭsĕrĭter.* Cat. 61. 49.

mĭsĕror, āris. *To pity.*——Neque ille Aut dŏluit *mĭsĕrans* ĭnŏpem, aut invĭdit hăbenti. V. G. 2. 499. Ter maxĭma Jūno Contĭnuit, jŭvĕnemque ănĭmi *mĭsĕrata* rĕpressit. V. Æn. 10. 686. SYN. mĭsereor, ēris. PHR. Multa gĕmens, căsuque ănĭmum concussus ămīci. V. Nec mĭnus Æneās cāsu percussus iniquo Prōsĕquĭtur lacrymans longe, et mĭsĕrātus euntem est. V.

missĭlis, e. 1. *What can be sent, hurled, etc.*—2. *Sometimes in neut. pl. as subst. tela being understood* —— Dextra mĭhī Deus et tēlum quod *missĭle* lĭbro. Nunc adsint. V. Æn. 10. 773.—2. *Missĭlibus* longē, et vasto clāmōre lăcessunt. V. Æn. 10. 716. SYN. 1. jăcŭlābĭlis. —2. tēlum, q. v. PHR. Arcu missĭlĭbus tēlis ēmĭnus ictus ămo. Ov.

missus, a, um. part. from mitto, q. v. *Sent, sent forth.* —— Necnōn Ausŏnii, Trojâ gens *missa* cŏlōni. V. G. 2. 385. SYN. (*of a weapon*) incĭtus.

missus, ūs. *A sending forth.* —— Quin et Marrŭbiâ vēnit de gente săcerdos .... Archippi rēgis *missu.* V. Æn. 7. 752.

†mistim. *Promiscuously, in a mingled manner.* —— Nīmĭrum quiă per vēnas et viscera *mistim* Per nervos atque ossa tĕnentur cŏrpore ab omni. Lucr. 3. 565.

†mistūra, æ. *A mixing.* —— Multaque dē rērum *mistūrâ* dīcĕre callent. Lucr. 2. 976.

§mĭtella, æ. *A little cap.* —— Cŏpa Sўrica căput Graiâ rĕdĭmīta *mĭtellâ.* V. copa. 1. SYN. mĭtra, q. v.

mītesco, is. no perf. *To grow mild, soft, gentle.* —— Dum frĕta *mītescunt* et ămor; dum tempŏre et ūsu Fortĭter edisco tristia posse păti. Ov. Her. 7. 179. SYN. mansuesco, is, *no perf.*

mītĭgo, as. *To mitigate, to soften.* —— Hoc ĕtiam sævas paulātim *mītĭgat* īras. Ov. Tr. 4. 6. 15. SYN. lēnio, īs; mollio, īs; ēmollio; pāco, as; sēdo, as.

mītis, e. 1. *Mild, gentle.*—2. *Soft, mellow, ripe.* —— 1. *Mītius* invēni quam te gĕnus omne fĕrārum. Ov. Her. 10. 1.—2. Heu mălĕ tum *mītes* dēfendet pampĭnus ūvas. V. G. 448. SYN. 1. lēnis, bĕnignus, făcĭlis, mŏdĕrātus.—2. mātūrus, q. v.

mītra, æ. *A turban, an Eastern cap.* —— Illa nĕgat, sĭmŭlârat ănum *mītrâ*que căpillos Pressĕrat. Ov. F. 4. 517.

mītrātus, a, um. *Wearing a turban.* —— *Mītrātis*que sŏnant Lўdia plectra chŏris. Prop. 4. 7. 62.

mitto, is, mīsi, missum. 1. *To send, send forth, emit, hurl, etc.*—2. *To lay aside.* —— 1. Semper in Ōceănum *mittit* me quærere gemmas. Prop. 2. 13. 17. Căput extŭlit antro Cærŭleus serpens horrendaque sĭbĭla *mīsit.* Ov. Met. 3. 38. —2. Vos et Cўclōpia saxa Experti, rĕvŏcāte ănĭmos, mœstumque tĭmōrem *Mittĭte.* V. Æn. 1. 203. SYN. 1. ēmitto, rĕmitto, permitto.—2. pōno, is, pŏsui; dēpōno; abjicio, is, jēci; rējicio.

‡mĭtŭlus, i. *A limpet.* —— Sūgĭtur inciso *mĭtŭlus* ōre mihi. Mart. 3. 60. 4.

Mĭtўlēne, es. *The chief city of Lesbos.* —— Laudābant ălii clāram Rhŏdŏn aut *Mĭtўlēnen.* Hor. 1. 7. 1.

Mnēmŏsўnē, es. *The daughter of Jupiter and Clўmĕnē, and the mother of the Muses.* —— *Mnēmŏsўnen* pastor, vārius Dēŏīda serpens. Ov. Met. 6. 114.

mōbĭlis, e. 1. *Easy to be moved.*—2. *Fickle, changeable.*—3. *Swift.* —— 1. Quem tu *mōbĭlĭbus* fŏliis vītāre sŏlēbas. Ov. Am. 3. 5. 35.—2. Dum făcĭles ănĭmi jŭvĕnum, dum *mōbĭlis* ætas. V. G. 3. 165.—3. *Mōbĭlis* æquŏreis penna mădescet ăquis. Ov. A. A. 2. 62. SYN. 2. lĕvis, vărius, mūtābĭlis, incertus. —3 răpĭdus, q. v.

mōbĭlĭtas, ātis. fem. *A power or habit of moving quickly.* —— *Mōbĭlĭtāte* vĭget, vīresque acquīrit eundo. V. Æn. 4. 175.

†mōbĭlĭto, as. *To move.* —— Inde călor mōtūs, et venti cæca pŏtestas Accipit, inde āĕr, inde omnia *mōbĭlĭtantur.* Lucr 3. 249. SYN. mŏveo, es, q. v.

mŏdĕrābĭlis, e. *What can be governed.* —— Nox et ămor vīnumque nihil *mŏdĕrābĭle* suadent. Ov. Am. 1. 6. 59. SYN. mŏdestus.

mŏdĕrāmĕn, ĭnis. 1. *Rule over.*—2. *A helm.* —— 1. Inque diem ălĭpĕdum jūs et *mŏdĕrāmen* ĕquōrum. Ov. Met. 2. 48.—2. Innixus *mŏdĕrāmĭne* nāvis, in altâ Puppe căput pŏsuit. Ov. Met. 15. 726. SYN. 1. impĕrium.—2. clāvus, gŭbernācŭlum.

mŏdĕrātē. *Moderately.* —— Ah nĭmium est quod ămīce pĕtis; *mŏdĕrātius* opta. Ov. Ep. e P. 1. 8. 71. SYN. mŏdestē, mŏdĭcē.

†mŏdĕrātim. an old form of prec. —— *Mŏdĕrātim* crescĕre cōgens. Lucr. 1. 323.

mŏdĕrātor, ōris. masc. 1. *A governor.*—2. *A pilot.*—3. *A guider of any thing, of a horse, of a fishing-rod, etc.* —— 1. Succēdatque tuīs orbis *mŏdĕrātor* hăbēnis. Ov. Ep. e P. 2. 5. 75. — 2. Vincītur ars vento, nec jam *mŏdĕrātor* hăbēnis Ūtĭtur. Ov. F. 3. 593. — 3. O qui pendentia parvo Æra cĭbo cēlas *mŏdĕrātor* ărundĭnis inquit. Ov. Met. 8. 856. SYN. 1, 2, 3. rector. — 1. 3. dŏmĭnus, q. v. — 2. gŭbernator ; măgister, tri.

‡**mŏdĕrātrix, icis.** fem. form of prec. Sic ait, arcānæ *mŏdĕrātrix* Cynthia noctis. Stat. Theb. 10. 365. SYN. dŏmĭna ; ‡dŏmĭnātrix.

mŏdĕrātus, a, um. prop. part from moderor, q. v., used also as adj. *Moderate.* Princĭpe nec nostro Deus est *mŏdĕrātior* ullus. Ov. Ep. e P. 3. 6. 23. SYN. mŏdestus. v. mītis.

mŏdĕror, aris, perf. **mŏdĕrātus sum.** used both in act. and pass. sense. 1. *To moderate, to restrain.* — 2. *To rule, to guide.* — 3. *To play on an instrument.* —— 1. Ira quĭdem *mŏdĕrāta* tua est, vitamque dĕdisti. Ov. Tr. 5. 2. 55. — 2. Terga prĕmunt, auroque grăves *mŏdĕrantur* hăbēnas. Ov. Met. 6. 223. — 3. Quod si Thrēĭcio blandius Orpheo Audītam *mŏdĕrēre* arbŏrĭbus fidem. Hor. 1. 24. 14. SYN. 1, 2. ēmŏdĕror; tempĕro, as. — 1. cohĭbeo, es; rĕprĭmo, is, pressi ; compesco, ĭs, ui, *no sup.* — 2. rĕgo, ĭs, xi ; gŭberno, as. — 3. mŏdŭlor, āris, q. v.

mŏdestē. *With moderation, with modesty.* —— Jūpĭter intŭmuit, quâque est nōn ūsa *mŏdestē* Ērĭpuit linguam. Ov. F. 2. 607. Si tam certus ĕras hinc īre *mŏdestius* īsses. Ov. Her. 15. 99. SYN. mŏdĕrātē, mŏdĭcē.

modestia, æ. *Modesty, moderation.* —— Reddĭdit intactam, mĭnuitque *mŏdestia* crīmen. Ov. Her. 17. 31.

mŏdestus, a, um. *Moderate, modest, discreet.* —— Sīve ălĭqua est ŏcŭlos in se dējecta *mŏdestos* Ūror. Ov. Am. 2. 4. 11. SYN. mŏdĕrātus, mŏdĕrābĭlis, hŏnestus. v. pudicus.

mŏdĭce. 1. *Moderately, with moderation.* — 2. *In a moderate or small degree.* 1. Ūsus et est *mŏdĭcē* fulmĭnis igne sui. Ov. Ep. e P. 1. 7. 46. — 2. Consŭlui, neque ĕnim *mŏdĭcē* terrēbar, ănusque Longævosque sĕnes. Ov. Her. 5. 39. SYN. 1. mŏdestē, mŏdĕrātē. — 2. părum, paulum.

mŏdĭcus, a, um. *Moderate in quantity or size,* i. e. *small.* —— Tīliæ contermĭna quercus Collĭbus est Phrўgiis, *mŏdĭco* circumdăta mūro. Ov. Met. 8. 621. SYN. exĭguus; parvus, minor, mĭnĭmus, q. v.

mŏdius, i. *A bushel.* —— Nam de mille făbæ *mŏdiis* cum surrĭpis ūnum. Hor. Epist. 1. 16. 55.

mŏdŏ. 1. *Just now, lately.* — 2. *At one time, at another time,* modo *being usually repeated ; but sometimes it answers or is answered by another word, as* nunc, sæpe, *etc.* — 3. *Only.* — 4. *Provided that.* —— 1. Īrus et est sŭbĭto, qui *mŏdŏ* Crœsus ĕrat. Ov. Tr. 3. 7. 42. — 2. Perque vīces *mŏdŏ* Persĕphŏnē, *mŏdŏ* fīlia clāmat. Ov. F. 4. 483. Nam *mŏdŏ* purpŭreo vīres căpit Eurus ab ortu, Nunc Zĕphўrus sĕro vespĕre missus ădest. Ov. Tr. 1. 2. 27. — 3. Tu *mŏdŏ* posce Deos vĕnĭam, săcrisque litatis Indulge hospĭtio. V. Æn. 4. 50. — 4. Prīmus ĕgo in patriam mēcum, *mŏdŏ* vīta sŭpersit, Āŏnio rĕdiens dēdūcam vertĭce Mūsas. V. G. 3. 10. SYN. 1. nūper, q. v. — 2. nunc. v. interdum. — 3. tantum. — 4. si.

mŏdŭlātor, ōris. masc. *A musician.* —— Ut quamvis tăcet Hermŏgĕnes, cantor tămĕn atque Optĭmus est *mŏdŭlātor.* Hor. Sat. 1. 3. 130.

‡**mŏdŭlātus, ūs.** *Music.* —— Cănōro saxa *mŏdŭlātu* trahens. Seneca. Herc. Fur. 263. SYN. cănor ; carmĕn, ĭnis, *neut.*

mŏdŭlor, ārĭs. perf. part. in act. and pass. sense. 1. *To set to music, to modulate.* — 2. *To sing.* — 3. *To play on an instrument.* —— Carmina descripsi et *mŏdŭlans* alterna nŏtavi. V. E. 5. 14. Illic cum lăcrўmis ipso *mŏdŭlāta* dŏlōre Verba sŏno tĕnui mœrens fundēbat. Ov. Met. 14. 428. — 2. Carmĭna pastōris Sĭcŭli *mŏdŭlābor* ăvēnâ. V. E. 10. 51. 3. Hanc (*lyram* sc.) prĭmum vĕniens plectro *mŏdŭlātus* ĕburno. Tib. 3. 4. 39. Ăgĕ dic Lătīnum Barbĭte carmen Lesbio prīmum *mŏdŭlāte* cīvi. Hor. 1. 32. 5. SYN. 1, 2, 3. ēmŏdŭlor. — 2. căno, ĭs, cĕcĭni, cantum, q. v. — 3. mŏdĕror. v. psallo.

§**mŏdŭlus i.** *A measure.* —— Pondĕrĭbus *mŏdŭlis*que suis rătio ūtĭtur, ac res ut quæque est, ĭtă supplĭciis dĕlicta coercet. Hor. Sat. 1. 3. 78.

mŏdus, i. 1. *A manner.* — 2. *A measure in music,* i. e. *a song, a tune ; usu. in pl. in this sense.* — 3. *Moderation, a limit.* —— 1. Nec *mŏdus* insĕrĕre atque ŏcŭlos impōnĕre simplex. V. G. 2. 73. Ĕgo ăpis Mātīnæ Mōre *mŏdŏ*que. Hor. 4. 2. 28. — 2. Nec nôrat lўrĭcos illa vĕl illa *mŏdos.* Ov. Her. 15. 26. —

3. Quis dēsīdĕrio sit pŭdor aut *mŏdus* Tam cāri căpĭtis? Hor. 1. 24. 1. SYN. 1. mos, mōris, *masc.*; rătio, ōnis, *fem.* — 2. carmĕn, ĭnis, *neut.*, q. v.; nūmĕri. 3. fīnis, is, *masc. and fem.*, q. v.

mœcha, æ. *An adulteress.* —— Ne Păris abductā gāvīsus lībĕra *mœchā* *Ōtia* pācāto dēgĕret in thălămo. Cat. 66. 103. SYN. ădultĕra.

§mœchor, āris. *To commit adultery.* —— Non mĭnus insānit quam qui *mœchātur*. Hor. Sat. 1. 2. 49. SYN. ădultĕror, āris.

mœchus, i. *An adulterer.* —— Invĭcem *mœchos* ănus arrŏgantes Flēbis. Hor. 1. 25. 9. SYN. ădulter, ĕri.

mœnia, um. neut. pl. 1. *Walls, prop. fortified walls, fortifications.*—2. *Metaph. any outside fence, the side of a ship, etc.* — 3. *Cities* (i. e. *the body of citizens*).— Dīvĭdĭmus mūros, et *mœnia* pandĭmus urbis. V. Æn. 2. 234. — 2. Prius . . . Quam vĕlut in captæ descendat *mœnia* nāvis. Ov. Met. 11. 532. — 3. Aspĭce qui coeant pŏpŭli quæ *mœnia* clausis Ferum ăcuant portis. V. Æn. 8. 385. SYN. 1. mūrus, q. v. — 3. v. urbs.

mœreo, es. no perf. intrans. *To grieve.* —— *Mœrentes* altum cĭnĕrem et confusa ruēbant Ossa fŏcis. V. Æn. 11. 211. SYN. dŏleo, es, q. v.; indŏleo.

mœror, ōris. masc. *Sorrow.* —— Gaudet, et ē nostro crescit *mœrōre* Chăraxus. Ov. Her. 15. 117. SYN. dŏlor, q. v.; luctus, ûs.

mœstus, a, um. *Sad, rarely used of events.* —— Mĭsĕrābĭle carmen Intĕgrat, et *mœstis* lātē lŏca questĭbus implet. V. G. 4. 515. SYN. tristis, q. v.; mœrens.

mŏla, æ. 1. *A millstone.* — 2. *A cake made of meal and salt, and used in sacrifices.* — 1. Et quæ pūmĭceas versat ăsella *mŏlas*. Ov. F. 6. 318. — 2. Sparge *mŏlam*, et frăgĭles incende bĭtūmĭne lauros. V. E. 8. 82. SYN. strues. PHR. Et salsæ frūges, et circum tempora vittæ. V. Vīnaque dat tĕpĭdis salsaque farra fŏcis. Ov.

mŏlāris, e. 1. (*prop. adj.*) *Of a millstone, as large as a millstone; but only used in masc.; as subst. masc., a millstone.* — 2. ‡*A jaw-tooth.* —— 1. Aut cŏmĕs inquit ĕro dixit, dextrâque *mŏlārem* Sustŭlit. Ov. Met. 3. 59. — 2. Cōgāris pressoque diu strīdĕre *mŏlāri*. Juv. 5. 160. v. prec.

mōles, is. 1. *Any mass, great size or weight, often esp. a mass of building.* — 2. *Labour.* —— 1. Adjăcet undis Facta mănu *mōles*, quæ prīmas æquŏris īras Frangit. Ov. Met. 11. 730. Dant cŭneum, densâque ad mūros *mōle* fĕruntur. V. Æn. 12. 575. — 2. Tantæ *mōlis* ĕrat Rōmānam condĕre gentem. V. Æn. 1. 32. SYN. 1. massa. v. pondus. — 2. labor, q. v. v. molimen.

mŏleste. *In a troublesome manner.* —— Turpe incēdĕre mīmĭce et *mŏlestē*. Cat. 42. 8.

†mŏlestia, æ. *Annoyance.* —— Nĕque præterquam quas ipse ămor *mŏlestias* Hăbet addas. Ter. Eun. 1. 1. 32. SYN. mălum.

mŏlestus, a, um. *Troublesome, grievous.* —— Effŭgiant cēræ verba *mŏlesta* tuæ. Ov. A. A. 1. 464. SYN. grăvis, ĭnămœnus, ingrātus, importūnus.

mōlīmen, ĭnis. 1. *An attempt, an effort, etc.* — 2. *An undertaking, etc.* — 3. *A mass, or any vast thing made.* —— 1. Sŏlĭdoque rĕvellĕre dūmo Annōsam pīnum magno *mōlīmĭne* tentat. Ov. Met. 356. — 2. Magna tĕnent illud rērum *mōlīmĭna* nūmen. Ov. Ep. e P. 1. 2. 75. — 3. Cernes illuc *mōlīmĭne* Ex ære et sŏlĭdo rērum tăbŭlāria ferro. Ov. Met. 15. 809. SYN. 1. nīsus, ûs; cōnātus, ûs; cōnāmĕn, ĭnis, *neut.* — 3. mōles.

mōlior, īris. 1. *To attempt, esp with great effort.* — 2. *To brandish, to wield.*— 3. *To put forth* (*labour, strength, etc.*).— 4. *To move, esp. as a ploughman moves or breaks up the earth.* — 5. *To build.* — 6. *To plan.* —— 1. Res dūra et regni nŏvĭtas me tālia cogunt *Mōlīri*. V. Æn. 4. 567. — 2. Ūre sāta, et vălĭdam in vītes *mōlīre* bipennem. V. G. 4. 331. Ēmĭcat in currum et mănĭbus *mōlītur* hăbēnas. V. Æn. 12. 327. — 3. Nec sŭper ipse suā *mōlītur* laude lăbōrem. V. Æn. 4. 233. — 4. Āgrĭcŏla incurvo terram *mōlītus* ărātro. V. G. 1. 494. — 5. Mĕmento Prīma lŏcāre mănu *mōlīri*que aggĕre tecta. V. Æn. 7. 127. — 6. Insĭdias ăvĭbus *mōlīri*, incendĕre vĕpres. V. G. 1. 271. SYN. 1. nītor, ĕris; ēnitor; cōnor, āris; tento, as. — 2. vĭbro, as. q. v. — 3. exerceo, es. — 4. mŏveo, es, mōvi. — 5, 6. struo, is, xi. — 6. mĕdĭtor, āris.

mōlītor, ōris. masc. *A maker.* —— Spectātus cæstĭbus alter, Alter ĕquo, prīmæque rătis *mōlītor* Iāson. Ov. Met. 8. 302. SYN. făbricātor; artĭfex, ĭcis, *masc.*; condĭtor, auctor.

mollesco, is. no perf. 1. *To become soft.* — 2. *To become civilized.* —— 1. Tentātum *mollescit* ĕbur, pŏsĭtoque rĭgōre Subsīdit dĭgĭtis. Ov. Met. 10. 282. — 2. Pectŏra *mollescunt* aspĕrĭtasque fŭgit. Ov. Ep. e P. 1. 6. 8. SYN. 1. rĕmollesco.—2. mītesco, ĭs, *no perf.*; mansuesco, ĭs, *no perf.*

§**mollĭcellus, a, um.** *Softish, delicate.* —— Ne lāneum lătusculum Nātesque *mollĭcellos.* Cat. 28. 11. v. mollis.

§**mollĭcŭlus, a, um.** another form of prec. —— Quod sint *mollĭcŭli* părum pŭdīcum. Cat. 17. 4.

mollio, īs. imperf. **ībam,** and fut. **ībo.** 1. *To soften.*—2. *To relieve.*—3. *To appease.* —— 1. Non ĕrat hujus ŏpus lānam *mollīre* trahendo. Ov. Met. 2. 411.—2. Indŏcĭli nŭmĕro cum grave *mollit* ŏpus. Ov. Tr. 4. 1. 6.—3. Sceptra tĕnens, *mollit*que ănĭmos et tempĕrat īras. V. Æ. 1. 57. *Mollībit* āversos Pĕnātes. Hor. 3. 23. 19. SYN. 1. ēmollio. — 1, 2, 3. lēnio, īs; dēlēnio.—2. lĕvo, as, q. v. — 3. plāco, as.

†**mollĭpēs, ĕdis.** *With soft foot.* —— *Mollĭpĕdes*que bŏves spectantes lūmĭne cœli. Cicero de Div. 1. 9.

mollis, e. 1. *Soft, tender.* — 2. *Gentle.* — 3. *Pliant, flexible.* — 4. *Effeminate.* —— 1. Dūra tămen *molli* saxa căvantur ăquā. Ov. A. A. 1. 476. *Molle* meum, lĕvĭbusque cor est viŏlābĭle tēlis. Ov. Her. 15. 79. — 2. Et Zĕphyri *molles* Auraque dixit ădes. Ov. A. A. 3. 728. Īrim Dēmīsit germānæ haud *mollia* jussa fĕrentem. V. Æn. 9. 804. Quā sē subdūcĕre colles Incĭpiunt *molli*que jŭgum dēmittĕre clīvo. V. E. 9. 8. — 3. Altius ingrĕdĭtur et *mollia* crūra rĕpōnit. V. G. 3. 76. Vīmĭnĭbus *molli*que păras dētexĕre junco. V. E. 2. 72. — 4. India mittit ĕbur, *molles* sua thūra Săbæi. V. G. 1. 57. SYN. 1. tĕner, era, ĕrum. — 1, 2. lēnis. — 2. plăcĭdus, mītis, q. v. — 3. lentus, făcĭlis, flexĭlis, flexĭbĭlis.

mollĭter. compar. **mollius.** 1. *Softly, gently, delicately.*—2. *Easily, comfortably.* —— 1. Excūdent ălii spīrantia *mollius* æra. V. Æn. 6. 847. Ōtia . . . Carpĕre et in stŭdiis *mollĭter* esse meis. Ov. Tr. 4. 8. 8. SYN. 1, 2. lēnĭter, plăcĭdē.

mollĭties, ēi. *Softness.* —— Heu ŭbĭ *mollĭties* pectŏris iste tui. Ov. Am. 3. 8. 17.

Mŏlossus, a, um. also as subst. masc. *Of Molossia, a district of Epirus, esp. as subst. of a sort of hound.* —— Vēlōcis Spartæ cătŭlos ācremque *Mŏlossum.* V. G. 3. 405.

mōmentum, i. 1. *Any moving power.* — 2. *A motive.* — 3. *A moment.* —— 1. Quanta pŏtes præbē nostræ *mōmenta* sălūti. Ov. Ep. e P. 4. 13. 49. — 2. Adjĭcis huic ănĭmo *mōmenta* pŏtentia, clārum nōmĕn ăvumque Jŏvem. Ov. Met. 11. 285. — 3. Te nĭsĭ *mōmentis* vĭdeo pēne omnĭbus absens. Ov. Ep. e P. 3. 5. 47.

mŏmordi. perf. from mordeo, q. v. —— Prōcŭbuit mŏriens, et hŭmum sĕmĕl ōre *mŏmordit.* V. Æn. 11. 418.

mŏnēdŭla, æ. fem. *A jackdaw.* —— Nīgra pĕdem, nīgris mūtāta *mŏnēdŭla* pennis. Ov. Met. 7. 468. SYN. grăcŭlus.

mŏneo, es, ui, ĭtum. 1. *To warn.* — 2. *To cheer on, to exhort.* —— 1. Sōlem quis dīcĕre falsum Audeat, ille ĕtiam cœcos instāre tŭmultus sæpe *mŏnet.* V. G. 1. 464. — 2. Incĭpiam . . . audāces ipse *mŏnēre* cănes. Prop. 2. 15. 20. SYN. 1. admŏneo, præmŏneo. — 2. hortor, āris, q. v.; excĭto, as.

mŏnēta, æ. *Coin, coinage.* —— Victaque concēdit prisca *mŏnēta* nŏvæ. Ov. F. 1. 222.

mŏnīle, is. neut. *A necklace, an ornament for the neck (even of animals).* —— Aurea pectŏrĭbus dēmissa *mŏnīlia* pendent. V. Æn. 7. 278. SYN. torquis. PHR. It pectŏre summo Flexĭlis obtorti per collum circŭlus auri. V.

mŏnĭtor, ōris. masc. *One who warns, an adviser.* —— Hæc ego si *mŏnĭtor* mŏnĭtus prius ipse fuissem. Ov. Tr. 3. 4. 13. SYN. admŏnĭtor, hortātor, suāsor.

mŏnĭtum, i. *A warning.* —— Dixĕrat ille Jŏvis *mŏnĭtis* immōta tĕnēbat Lūmĭna. V. Æn. 4. 331. SYN. mŏnĭtus, ūs, q. v.

mŏnĭtus, ūs. *Warning, admonition.* —— Attŏnĭtus tanto *mŏnĭtu,* impĕrioque Deōrum. V. Æn. 4. 482. SYN. admŏnĭtus, præmŏnĭtus, mŏnĭtum.

mons, montis. masc. *A mountain.* —— Nātam Abstrahit; ipse prŏcul *montis* sŭblīme căcūmen occŭpat. Ov. Met. 1. 666. PHR. Nĭvāli vertĭce se attollens pāter Āpennīnus ad auras. V. Āĕriæque Alpes et nūbĭfer Apennīnus. Ov. Præcēps āĕrii spĕcŭlā de montis in undas Dēfĕrar. V. Montesque per altos Ingentem clāmōre prĕmes ad rētia cervum. V. Mons ĭbĭ verticibus pĕtit arduus astra duōbus Nōmĭne Parnassus sŭpĕratque căcūmĭne nūbes. Ov. Sol ruit intĕreā, et montes umbrantur ŏpāci. V. Sæpe cănes frustrā nĕmŏrōsis montibus errant. Ov. Aggĕribus sŏcer Alpīnis atque arce Mŏnœci descendens. V. (*For a list of some of the most celebrated mountains of antiquity* v. Ov. Met. 2. 217—226.)

monstrātor, oris. masc. *One who shows*, i. e. *the inventor.*—— Ōleæque Mĭnerva Inventrix, uncique puer *monstrātor* ărātri. V. G. 1. 19. v. inventor.

‡monstrĭfer, ĕra, erum. *Producing monsters.*—— Impia *monstrĭfĕris* surgunt jam prælia campis. Val. Fl. 5. 222. SYN. portentĭfer, ĕra, ĕrum.

‡monstrĭfĭcus, a, um. *Creating monsters.*—— Omnĭbus in sŭpĕros sævūs hŏnor, omnĭbus artes *Monstrĭfĭcæ*. Val. Fl. 6. 153. SYN. prōdĭgiōsus.

monstro, as. 1. *To show, to point out.* —2. *To prompt* (*to a deed*).—— Corrĭpuēre viam intĕreā quo sēmĭta *monstrat*. V. Æn. 1. 422. —2. Ergo, etsi conferre mănum pŭdor īraque *monstrat*. V. Æn. 9. 44. SYN. 1. dēmonstro; ostendo, ĭs; exhĭbeo, es; prōdo, ĭs, dĭdi, dĭtum. —2. dŏceo, es; hortor, āris.

‡monstrosus, a, um. *Prodigious, strange.*—— *Monstrōsi*que hŏmĭnum partus nŭmĕroque mŏdoque Membrōrum. Lucan, 1. 557. SYN. prōdĭgiōsus.

monstrum, i. *A prodigy, a monster.*——Nec dŭbiis ea signa dĕdit Trītōnia *monstris*. V. Æn. 2. 171. Inventusque căvis būfo, et quæ plūrĭma terræ *monstra* fĕrunt. V. G. 1. 185. SYN. prōdĭgium, portentum, ostentum. PHR. Hic vēro sŭbĭtum ac dictu mīrābĭle monstrum Aspiciunt. V.

montānus, a, um. 1. *Of a mountain, on a mountain, etc.* —2. *Mountainous.* ——īncĭdit, aut răpĭdus *montāno* flūmĭne torrens. V. Æn. 2. 305. —2. Subdĭta *montānæ* brāchia Dalmătiæ. Ov. Ep. e P. 2. 2. 78. SYN. 2. montōsus.

montĭcŏla, æ. masc. and fem. *Inhabiting mountains.*—— Faunique Sătyrique et *Montĭcŏlæ* Sylvāni. Ov. Met. 1. 193.

‡montĭfer, ĕra, ĕrum. *Bearing a mountain, lying under a mountain.*—— Et *montĭfĕrum* Tītāna păti. Seneca, Herc. Œt. 1212.

†‡montĭvăgus, a, um. *Wandering on the mountains.*—— Pābŭla læta *Montĭvăgo* gĕnĕri possit præbēre fĕrārum. Lucr. 2. 597. v. monticola.

montosus, a, um. *Mountainous.*—— Et te *montōsæ* mīsēre in prælia Musæ. V. Æn. 7. 744.

mŏnŭmentum, i. 1. *A monument, a memorial.* —2. *A tombstone, a tomb.*—— 1. Esse sui dĕdĕrat *mŏnŭmentum* et pignus ămōris. V. Æn. 5. 572. —2. Condĕturque tuum *mŏnŭmentis* corpus ăvītis. Ov. Met. 13. 524. SYN. 1. signum. —2. sĕpulchrum, q. v.

mŏra, æ. 1. *Delay.* —2. *Anything which hinders.*——1. Haud *mŏra*, contĭnuo mātris præcepta făcessit. V. G. 4. 548. —2. Lōrīcæque *mŏras*, et pectus perfŏrăt ingens. V. Æn. 10. 485. SYN. 1, 2. rĕmŏrāmen, ĭnis. *neut.* PHR. Nec Turnum segnis rĕtĭnet mŏra. V. Vel quæ tardis mŏra noctĭbus obstet. V. Nēquă mora ignāros . . . impĕdiat. V. Fœmĭneā tardas fallĭmus arte mŏras. Ov. Obstantes sēdŭla pelle mŏras. Ov. Præcĭpĭtāte mŏras. V.

mŏrātus, a, um. part. perf. from moror, q. v. *Delaying, delayed.*——Ipse păter dextram Anchīses haud multa *mŏratus* Dat jŭveni. V. Æn. 3. 610.

mŏrātus, a, um. *Endued with good manners; well disciplined.*—— Plăcāre vŏrācis Et mălĕ *mŏrāti* pŏtĕris jējūnia ventris. Ov. Met. 15. 95.

†morbĭdus, a, um. *Diseased, causing disease.*—— Et perturbârunt cœlum, fit *morbĭdus* āer. Lucr. 6. 1095. v. seq.

morbōsus, a, um. *Diseased.*—— *Morbōsi* părĭter, gĕmelli ŭtrīque. Cat. 55. 6.

morbus, i. *A disease, lit. and metaph.*——Pallentesque hăbĭtant *morbi* tristisque sĕnectus. V. Æn. 6. 275. PHR. Hunc quŏque ŭbi aut morbo grăvis, aut jam segnior annis Dēfĭcit, abde dŏmo. V. Omniaque in se Ossa mĭnūtātim morbo collapsa trahēbat. V. Tristi languēbant corpŏra morbo. V. Morbi Corpŏra corrĭpiunt. V. Si quando lētum horrĭfĭcum morbosque Deûm Rex Mōlĭtur. V. Morbo mŏrĭtūrus inerti. Ov. Tristes pĕnētrant ad viscera morbi. Ov. v. V. G. 3. 478—566.

mordăcĭter. comp. **ius.** *Severely.*——Scilicet incipiam līmâ *mordăcius* ūti. Ov. Ep. e P. 1. 5. 19.

mordax, ăcis. 1. *Biting, lit. and metaph., severe.*—2. *Sharp.*——1. Nĕque *Mordāces* ălĭter diffŭgiunt Sollĭcĭtūdĭnes. Hor. 1. 18. 4. Nōn ĕgŏ *mordāci* destrinxi carmĭne quenquam. Ov. Tr. 2. 563.—2. Ille *mordāci* vĕlut icta ferro Pīnus. Hor. 4. 6. 9. SYN. 1, 2. ĕdax.—1. ăcerbus, q. v.—2. ăcūtus, q. v.

mordeo, es, mŏmordi, morsum. 1. *To bite, to eat, lit. and metaph.*—2. *To hold with teeth, as a clasp or buckle does.*—3. *To attack spitefully.*——1. Pābŭla dēcerpsi, dēcerptaque dente *mŏmordi.* Ov. Met. 13. 943. Pectŏra lēgĭtimus casta *mŏmordit* ămor. Ov. Her. 13. 30.—2. Tĕrĭtur quā sūtĭlis alvo Balteus, et lătĕrum junctūras fībŭla *mordet.* V. Æn. 12. 274.—3. Nec qui dētrectat præsentia, Līvor ĭnīquo Ullum de nostris dente *mŏmordit* ŏpus. Ov. Tr. 4. 10. 124. SYN. 1. rĕmordeo, admordeo, v. mando, is.—3. lăcesso, is, sīvi.

§**mordĭcus,** adv. *By biting with the teeth.*——Unguĭbus et pullam dīvellĕre *mordĭcus* agnam. Hor. Sat. 1. 8. 27. SYN. mordācĭter.

mōre, abl. from mos, often used almost as adv. *After the manner of, like.*——Incomptum Lăcænæ *Mōre* cŏmam rĕlĭgata nōdum. Hor. 2. 11. 24. SYN. rītu, in mōrem, dē mōre, instar, q. v.

mŏrētum, i. *A salad.*——Non pŭdet herbōsum, dixi, posuisse *mŏrētum.* Ov. F. 4. 367.

mŏrĭbundus, a, um. *Ready to die, dying.*——Excussus curru *mŏrĭbundus* volvĭtur arvis. V. Æn. 10. 590. SYN. sēmĭănĭmis, mŏriens. PHR. Ad nōmen Thisbes ŏcŭlos jam morte grăvātos Pȳrămus ērexit vīsâque rĕcondĭdit illâ. Ov. Eurȳdĭcen vox ipsa et frīgida lingua Ah mĭsĕram Eurȳdĭcēn ănĭmâ fŭgiente vŏcābat. V. Hic Priămus quanquam mĕdiâ jam in morte tĕnētur. V. Jam morte sŭb ægrâ. V. v. morior.

†**mŏrĭgĕrus, a, um.** *Obedient.*——*Mŏrĭgĕra* ad frūges augendas atque ănĭmantes. Lucr. 5. 81. SYN. dŏcĭlis.

‡**mōrio, onis.** masc. *A fool, a buffoon.*——*Mōriō* dictus ĕrat, vīginti millĭbus ēmi. Mart. 8. 13. 1.

mŏrior, ĕris, mortuus sum. *To die.*——Nīl nostrī mĭsĕrēre, *mŏri* me dēnĭque cōgis. V. E. 2. 7. SYN. ēmŏrior, occumbo, ĭs, cubui; *also* occumbo morte, nĕci, etc., prōcumbo; cădo, ĭs, cĕcĭdi, cāsum; occĭdo; pĕreo, ĭs, īvi, ĭtum; intĕreo, ŏbeo (*also* ŏbeo mortem); oppĕto, ĭs, īvi; exstinguor, ĕris; exspīro, as (*more usu.* animam, etc. exspīro). PHR. Inque leves ăbiit paulātim spīrĭtus auras. Ov. Mĕdios ănĭmam exspīrāvit in ignes. Ov. Non exōrātis ănĭmam fīnīvit in āris. Ov. Fando ălĭquem Hippŏlȳtum vestras pŭtŏ contĭgit aures... Occŭbuisse nĕci. Ov. sēdes intrāre sĭlentûm. Ov. Ingĕmuēre sĭmul, sĭmŭl incurvata dŏlōre Membra sŏlo pŏsuēre, sĭmul sūprēma jăcentes Lūmĭna versârunt, ănĭmam sĭmŭl exhālârunt. Ov. Postquam exhālantem sub ăcerbo vulnĕre vītam Dēplōrāvit Āthon. Ov. Mēne Īliăcis occumbĕre campis Non pŏtuisse, tuâque ănĭmam hanc effundĕre dextrâ. V. Lecta părentis Ante diem lăcrȳmās ossa bĭbĕre meas. Ov. Ille mordāci vĕlut icta ferro Pīnus aut impulsa cūpressus Euro Prōcĭdit lātē, pŏsuitque collum in pulvĕre Teucro. Hor. Prōcŭbuit mŏriens, et hŭmum sĕmĕl ōre mŏmordit. V. Sŭpĕris concessit ab ōris. V. Multo vītam cum sanguĭne fūdit. V. In ventos ănĭma exhālāta rĕcessit. Ov. Optāvi pĕtĕres cœlestia sīdĕra tarde. Ov. Styx quŏque, si quid ea est bĕnĕ commūtābĭtur Istro. Ov. Hunc trĭplĭci mūro lūcis inclūsĕrat ātris Parcārum mŏnĭtu Styx vĭŏlenta trium. Ov. Hunc quŏque summa dies nīgro submersit Āverno. Ov. Quīn et sūprēmo cum lūmĭne vīta rĕlīquit. V. Olli dūra quies ŏcŭlos et ferreus urget Somnus, in æternam clauduntur lumĭna noctem. V. Vēnit ad infernos sanguĭnŏlenta lăcus. Tib. Nempe sub hīs ănĭmam pestis Nĕmeæa lăcertis Ēdĭdit. Ov. Vīta per auras Concessit mœsta ad Mānes, corpusque rĕlīquit. V. Undantique ănĭmam diffundit in arma cruōre. V. Jam te mănet nox Fābŭlæque mānes Et dŏmus exīlis Plūtōnia. Hor. Cum sĕmĕl occĭdĕrĭs, et dē tē splendĭda Mīnos Fēcĕrit arbĭtria. Hor. Morte ŏbĭtâ quāles fāma est vŏlĭtāre figuras. V. Ad Stȳgias certo līmĭte dūcit ăquas. Ov. Quam si Phæācia tellus Ignōtum vīli suppŏsuisset hŭmo. Ov. At Dea non ultrā pro functo morte rŏgāri Sustĭnet. Ov. Plăcĭdâque ĭbĭ dēmum morte quiēvit. V. Vīvisnē, aut si lux alma rĕcessit, Hector ŭbi est? V. Extrēmaque Lauso Parcæ fīla lĕgunt. V. Dignâ ănĭmam pœnâ congestis exuit armis. Ov. Volvĭtur Eurўălus lēto, pulchrosque per artus It cruor, inque hŭmĕros cervix collapsa rĕcumbit. V. Omnes per mortes ănĭmam sontem ipse dĕdissem. V. v. V. Æn. 11. 327—331. v. mors.

mormȳr, ȳros, fem. *A sort of fish.*——Pictæ *mormȳrĕs* et auri Chrȳsŏphrȳs ĭmĭtāta decus. Ov. Hal. 110.

mŏror, āris. 1. *To delay, to loiter.*—2. *To scruple, to hesitate.*—3. *To remain.*—4. *As trans. to delay, cause to delay.*—5. *To regard.*——Ah tĕ meæ si partem ănĭmæ răpit Mātūrior vis Quid *mŏror* altera. Hor. 2. 17. 6.—2. Nec *mŏror* ante tuos prŏcŭbuisse pĕdes. Ov. Her. 12. 186.—3. Quid struit, aut quâ spē ĭnĭmīcâ in gente *mŏratur?* V. Æn. 4. 235.—4. Hunc Phœnissa tĕnet Dīdo blandisque *mŏrātur* Vōcĭbus. V. Æn. 1. 670.—5. Haud ĕquidem prĕtio inductus pulchroque jŭvenco Vēnissem, nec dōna *mŏror.* V. Æn. 5. 400. SYN. 1, 2, 3, 4. rĕmŏror, dēmŏror.—1, 2. cunctor, āris; hæreo, es, si.—1. cesso, as.—2. dŭbĭto, as, q. v.—3. măneo, es, mansi, q. v.—4. tardo, as; tĕneo, es, ui, *rare in sup.*; dētĭneo, q. v.—5. cūro, as, q. v.

mōrōsus, a, um. *Morose, peevish.*——Nec tĭbĭ *mōrōsi* vĕniant fastīdia morbi. Ov. A. A. 2. 323. SYN. diffĭcĭlis, ăcerbus, mŏlestus.

Morphēus, ĕi, acc. ĕă, etc. *The god of sleep.*——Excĭtat artĭfĭcem sĭmŭlātōremque fĭgūræ *Morphea.* Ov. Met. 11. 635. SYN. somnus, q. v.

mors, mortis. fem. *Death.*——Et cum frīgĭda *mors* ănĭmâ sēduxĕrit artus. V. Æn. 4. 385. SYN. lētum; fūnus, ĕris; fātum; nex, nĕcis, *fem.* (*only of violent death*); ŏbĭtus, ûs; intĕrĭtus, ûs. PHR. Multaque pars mei Vītābit Lĭbĭtīnam. Hor. Duræ răpit inclēmentia mortis. V. Crūdēlis ŭbīque Luctus, ŭbīque păvor et plūrĭma mortis ĭmāgo. V. Dulcis et alta quies, plăcĭdæque sĭmillĭma morti. V. Corpŏra bello Objectant, pulchramque pĕtunt per vulnĕra mortem. V. Hôc tămen infēlix mĭsĕram sōlābĕre mortem Ænēæ magni dextrâ cădis. V. Morte sub ægrâ. V. Vĭdent indignâ morte pĕremptum Mīsēnum Æŏlĭden. V. Dum fŭrit incautum crūdēli morte sŏdālis. V. Non tămen indĕcŏrem tua te rēgīna rĕliquit Extremâ jam in morte. V. Ne mihĭ mors mĭsĕro bis pătienda fŏret. Ov. Fīnītis gaudē tot mihĭ morte mălis. Ov. Sive mănu factâ morte sŏlūtus ĕro. Ov. Nullum sæva căput Prōserpĭna fūgit. Hor. Omnes ūna mănet nox Et calcanda sĕmel via lēti. Hor. Quandŏcunque ĭgĭtur nostros nox claudet ŏcellos. Prop. Omnes eōdem cōgĭmur, omnium Versātur urnâ sērius ōcyus Sors exĭtura, et nos in æternum Exsĭlium impŏsĭtura cymbæ. Hor. Pallĭda mors æquo pulsat pĕde paupĕrum tăbernas Rēgumque turres. Hor. Gĕlĭdâque Dīvos morte cărentes. Hor. Quis fŭror est ātram bellīs arcessĕre mortem Immĭnet et tăcĭto clam vĕnit illa pĕde. Tib. Illum post cĭnĕres augŭror esse diem. Prop. At sĕmĕl æternâ nocte prĕmenda fui. Ov. Extrēmaque Lauso Parcæ fīla lĕgunt. V.

morsum, i. *A piece bitten off, a morsel.*——Lāneaque ārĭdulis hærēbant *morsa* lăbellis. Cat. 62. 316.

morsus, ûs. 1. *A bite, metaph. of the hold taken by anything, by an anchor, etc.*—2. *The bite of pain, care, etc.*——1. Nec tu mensārum *morsūs* horresce fŭtūros. V. Æn. 3. 394. Unco non allĭgat anchŏra *morsu.* V. Æn. 1. 173.—2. Sic mea perpĕtuos cūrārum pectŏra *morsus* . . . habent. Ov. Ep. e P. 1. 1. 73. PHR. Nam transversa fĕros exĭbant dentis ădactus Jūmenta. Lucr.

mortālis, e. 1. *Mortal, subject to death; becoming a mortal*—2. *In masc. often as subst., man.*——1. Si tămĕn acta Deos nunquam *mortālia* fallunt. Ov. Tr. 1. 2. 97.—2. Nil *mortālĭbus* arduum est. Hor. 1. 3. 37. SYN. 1. cădūcus. v. homo.

mortārĭum, i. *A mortar.*——Prōpŏsĭtum instruxit *mortārī* bărbăra mūnus. Ov. Met. 7. 276. SYN. pīla.

mortĭfer, ĕra, ĕrum. *Causing death.*——Gaudia; *mortĭfĕrum*que adverso in līmĭne bellum. V. Æn. 6. 279. SYN. fātālis, q. v.; exĭtiālis, exĭtiābĭlis; fūnestus.

mortuus, a, um. part. from morior, q. v. used as adj. *Dead.*——*Mortua* quĭnĕtiam jungēbat corpŏra vīvis. V. Æn. 8. 485. SYN. exănĭmis, exănĭmus, exstinctus, lētātus. PHR. Quĕm . . . Dēmīsēre nĕci, nunc cassum lūmĭne lūgent. V. Dēfunctaque corpŏra vītâ Magnănĭmûm hērōum. V. Namque suam (nutricem, sc.) pătriâ antiquâ cĭnis āter hăbēbat. V. Ut căreo vōbis Stўgias dētrūsus in oras. Ov. Vērus mihĭ nuntius ergo Vĕnĕrat extinctam ferroque extrēma sĕcūtam? V. Seu vīvĕre crēdant Sīve extrēma păti, nec jam exaudīre vŏcātos. V. Crūdēlĭbus occŭbat umbris. V. Non vānæ rĕdeat sanguis ĭmāgĭni Quam virgâ sĕmĕl horrĭdâ . . . Nĭgro compŭlĕrit Mercŭrius grĕgi. Hor. Cum cĭnis absumpto corpŏre factus ĕro. Ov. Cum semel occĭdĕris et dē tē splendĭda Mīnos Fēcĕrit arbĭtria. Hor. Hæc cūra et cĭnĕri spīrat ĭnusta meo. Prop. Dēbĭtâ sparges lăcrȳmâ făvillam Vātis ămīci. Hor. Fas est prætĕrĭtos semper ămāre vĭros. Prop.

mōrum, i. *A mulberry.* —— Sanguĭneis frontem *mōris* et tempŏra pingit. V. E. 6. 22.

mōrus, i. fem. *A mulberry tree.* —— Ardua *mōrus* ĕrat gĕlĭdo contermĭna fonti. Ov. Met. 4. 90.

mōs, mōris. masc. 1. *A manner, custom.* — 2. *Manner, fashion, esp. in abl. or in abl. c. prep.* dē mōre, *or in acc. c.* in, in mōrem. — 3. *In abl. c.* sĭne, *without rule or restraint, immoderately, violently.* — 4. *In pl. manners, character.* —— 1. Virgĭnĭbus Tȳriis *mos* est gestāre phărētram. V. Æn. 1. 340. — 2. Arcădĕs ad portas ruĕre, et de *mōre* vetusto Fūnĕreas răpuĕre făces. V. Æn. 11. 142. Ēlābĭtur anguis Circum perque duas in *mōrem* flūmĭnis Arctos. V. G. 1. 245. (v. more.) — 3. Immensam sĭne *mōre* fŭrit lymphāta per urbem. V. Æn. 7. 377. — 4. Ēmollit *mōres*, nec sĭnit esse fĕros. Ov. Ep. e P. 2. 9. 48. Ventos et vărium cœli prædiscĕre *mōrem* Cūra sit. V. G. 1. 51. SYN. 1. ūsus, ûs; consŭētūdo, ĭnis, *fem.*; assŭētūdo. — 2. mŏdus. — 3. lex, *in phr.* sine lēge. — 4. indŏles, ingĕnium. PHR. 1. Vestīgia nūda sĭnistri Instĭtuēre pĕdis, i. e. *they are accustomed to keep the left foot bare.* V.

mōto, as. *To move.* —— Sīve sub incertas Zĕphȳris *mōtantĭbus* umbras. V. E. 5. 5. SYN. mŏveo, es, mōvi, q. v.

‡mōtor, ōris. *One who moves.* —— Cūnārum fuĕras *mōtor* Chărĭdēme meārum. Mart. 11. 40. 1.

mōtus, ûs. masc. 1. *Motion; a movement, of body or mind, etc.* — 2. *Tumult, sedition, etc.* —— *Mōtūs* dŏcēri gaudet Iōnĭcos Mātūra virgo. Hor. 3. 6. 21. Hi *mōtūs* ănĭmorum atque hæc certāmĭna tanta. V. G. 4. 86. — 2. Sæpe duōbus Rēgĭbus incessit magno discordia *mōtu*. V. G. 4. 68. SYN. 1. mōmentum. — 2. tŭmultus, ûs.

mŏveo, es, mōvi, tum. 1. *To move, in any way; from one place to another, etc.* — 2. *To move the mind with any passion, love, grief, etc.* — 3. *To begin.* —— 1. Et clāro sylvas cernes ăquĭlōne *mŏvēri*. V. G. 1. 460. Sed qui pacis ŏpus cĭthăram cum vōce *mŏvēres*. Ov. Met. 5. 112. — 2. Multa *mŏvens* ănĭmo Nymphas vĕnĕrābar ăgrestes. V. Æn. 3. 34. Sic ŭbi *mōta* călent vĭrĭdi mea pectŏra thyrso. Ov. Tr. 4. 1. 43. Nullæ hīc insĭdiæ tāles, absiste *mŏvēri*. V. Æn. 6. 399. — 3. Ĭlia Vestālis quid ĕnim vĕtat inde *mŏvēri*? Ov. F. 3. 11. SYN. 1. commŏveo; mōto, as; quătio, ĭs, *rare in perf.* — 1, 2. ăgito, as, q. v. — 1. 3. mōlior, īris. — 2. concŭtio; tango, ĭs, tĕtĭgi, tactum; flecto, ĭs, xi; inflecto; pulso, as. — 3. incĭpio, ĭs, cēpi, q. v.

mox. *Soon, presently.* —— Oppĭdi Laudat rūra sui, *Mox* rĕfĭcit răteṣ Quassas, indŏcĭlis paupĕriem păti. Hor. 1. 1. 17. SYN. cĭto. v. protinus.

‡mūcĭdus, a, um. *Mouldy.* —— *Mūcĭda* cærŭlei pānis consumere frusta. Juv. 14. 128. SYN. pūtĭdus, pūtris.

mūcro, ōnis. masc. 1. *A point.* — 2. *A sword.* —— 1. Mĕdio jŭgŭlābĕris ense Quandŏquĭdem *mūcro* est hĕbĕs inquit; et in lātus ensem Ŏblīquat. Ov. Met. 12. 485. — 2. Tālia vōcĭfĕrans sequitur, strictumque cŏruscat *Mūcrōnem*. V. Æn. 10. 652. SYN. 1. cuspis, ĭdis, *fem.*; ăcies, ēi. — 2. ensis, is, *masc.*, q. v.

§mūcus, i. *Dirt.* —— *Mūcus*que et mala pītuīta nāsi. Cat. 21. 16.

mūgĭl, ĭlis. masc. *A mullet.* —— At *mūgil* caudâ pendentem ēverbĕrat escam. Ov. Hal. 87. SYN. mullus.

mūgio, ĭs. 1. *To low.* — 2. *To bellow, make a loud noise.* —— 1. Passimque armenta vĭdēbant Rōmānoque fŏro, et lautis *mūgīre* Cărīnis. V. Æn. 8. 361. — 2. Tyrrhēnusquæ tŭbæ *mūgire* per æthĕra clangor. V. Æn. 8. 526. SYN. 1. immūgio. — 1, 2. boo, as. — 2. sŏno, as, ui, q. v.

mūgītus, ûs. *A lowing.* —— *Mūgītum* rauco furta dĕdēre sŏno. Ov. F. 1. 560.

mūla, æ. *A mule.* —— Ferream ut sŏleam tĕnāci in vŏrāgine *mūla*. Cat. 18. 26. SYN. mūlus.

mulceo, es, si. 1. *To stroke gently.* — 2. *To soothe, calm.* — 3. *To relieve, as a* *physician.*——1. Pendŭlaque audāci *mulcet* pălearia dextrâ. Ov. Met. 7. 117. —2. *Mulcentem* tīgres, et ăgentem carmĭne quercus. V. G. 4. 510.—3. Herbas Tempĕrat et văriâ vulnĕra *mulcet* ŏpe. Ov. F. 5. 402. SYN. 1, 2. permulceo, rĕmulceo.—1. palpor, āris.—2. lēnio, īs, q. v.; dēlēnio.

Mulcĭber, ĕri. 1. *A name of Vulcan.*—2. *Fire.*——1. *Mulcĭber* in Trōjam, pro Trōjâ stābat Apollo. Ov. Tr. 1. 2. 5.—2. Intĕrea quodcunque fuit pŏpŭlābĭle flammæ *Mulcĭber* abstŭlerat. Ov. Met. 9. 262. SYN. 1. Vulcānus, q. v.—2. ignis, is, *masc.*, q. v.

mulcta, æ. *A fine.*——Rem pŏpŭlus rĕcĭpit; *mulctam* sŭbīre nŏcentes. Ov. F. 5. 289. v. pœna.

mulcto, as. *To fine, to punish.*——Prospexit tristi *mulctātam* morte Cămillam. V. Æn. 11. 839. SYN. pūnio, īs.

mulctra, æ. *A milk pail.*——Bis venit ad *mulctram*, bīnos ălit ūbere fœtus. V. E. 3. 30. v. seq.

mulctrāle, is. neut. *A milk pail.*——Mōre pătrum, nĭvea implēbunt *mulctrālia* vaccæ. V. G. 3. 177. v. prec.

mulgeo, ēs, si. *To milk.*——Hīc ălĭēnus ŏves custos bis *mulget* in horâ. V. E. 3. 5. PHR. Ūbĕra dūcunt Et sĭbĭ permissi lactis ăluntur ŏpe. Ov. Pressābĭmus ūbĕra palmis. V. Bīna diē siccant ŏvis ūbĕra. V.

mŭlĭĕbris, e. *Of a woman, suited to a woman.*——Sīve pium vīs hoc, sīve hoc *mŭlĭĕbre* vŏcāri. Ov. Ep. e P. 1. 3. 31. SYN. fœmĭneus.

mŭlĭĕbrĭter. *Like a woman.*——Quæ gĕnĕrōsius Pĕrīre quærens nec *mŭlĭĕbrĭter* Expāvit ensem. Hor. 1. 37. 22.

mŭlier, ĕris. fem. *A woman, esp. a wife.*——Quod si pŭdīca *mŭlier* in partem jŭvet Dŏmum. Hor. Epod. 2. 39. SYN. fœmĭna. v. uxor.

†mŭliercŭla, æ. dim of prec.——Nunc glōriantis quamlĭbet *mŭliercŭlam* Vincĕre mollĭtiē. Hor. Epod. 11. 34. v. prec.

‡mūlio, ōnis. masc. *A muleteer.*——Nam mihĭ commŏtâ jamdūdum *mūlio* virgâ Innuit. Juv. 3. 317.

mullus, i. *A mullet.*——Et squălus et tĕnui suffūsus sanguĭne *mullus.* Ov. Hal. 123. SYN. mūgĭl, ĭlis, *masc.*

mulsum, i. *Mead.*——Lēni præcordia *mulso* Prōluĕris mĕlius. Hor. Sat. 2. 4. 26.

†multangŭlus, a, um.——Multa rŏtunda; mŏdīs ălĭis *multangŭla* quædam. Lucr. 4. 655.

†multēsĭmus, a, um. *Small out of large.*——Quam sit parvŭla pars, et quam *multēsĭma* constet. Lucr. 6. 650.

multĭcăvus, a, um. *Having many holes or hollow places.*——Pūmĭce *multĭcăvo*, nec lævĭbus ātria tōphis Structa sŭbit. Ov. Met. 8. 561.

multĭfĭdus, a, um. *Cleft into many divisions.*——*Multĭfĭdas*que făces rāmālia ārĭda tecto. Ov. Met. 8. 644.

multĭfŏrus, a, um. *Having many holes bored in it.*——Longave *multĭfŏri* dēlectat tībia buxi. Ov. Met. 12. 158.

†multĭgĕnus, a, um. *Of many kinds.*——Percĭpe *multĭgĕnis* quam sint văriata fĭgūris. Lucr. 2. 335. v. seq.

†multĭmŏdus, a, um. *Of many kinds.*——Tum mōtus mātĕriăi *Multĭmŏdi* quam sint. Lucr. 3. 869. v. prec.

multĭplex, ĭcis. 1. *Manifold, numerous.*—2. *Consisting of many folds, many windings.*——1. Hæc tum *multĭplĭci* pŏpŭlos sermōne rĕplēbat. V. Æn. 4. 189.——2. *Multĭplĭci*que dŏmo cæcisque inclūdĕre tectis. Ov. Met. 8. 158. SYN. 1. multus, q. v.; vărius. v. seq.

†multĭplĭcābĭlis, e. *With many windings.*——Hæc intĕrēmit tortu *multĭplĭcābĭle* Draconem. Cic. Tusc. 2. 9. v. prec.

multĭplĭco, as. *To multiply.*——Flūmĭna collectis *multĭplĭcantur* ăquis. Ov. R. A. 98.

‡multĭsŏnus, a, um. *Sounding loud.*——Excipe *multĭsŏno* puppem Măreōtĭda sistro. Stat. Sylv. 3. 2. 103. SYN. clārus, q. v.

‡multĭvăgus, a, um. *Wandering much.*——Nuntia *multĭvăgo* Dănaas perfertur ad urbes Fāma grădu. Stat. Theb. 6. 1.

multĭvŏlus, a, um. *Fickle.*——Quamquam præcĭpuē *multĭvŏla* est mŭlier. Cat. 66. 128.

multo, and **multum,** and **multâ.** compar. **măgis** and **plūs,** q. v. *Much.*——

Omnia quæ *multo* ante mĕmor prōvīsa rĕpōnes. V. G. 1. 167. Hic *multum* flĕti ad sŭperos belloque cădūci Dardănĭdæ. V. Æn. 6. 481. *Multa* gĕmens ignōmĭniam, plāgasque sŭperbi Victōris. V. G. 3. 226.

multus, a, um. *Much, many.*——*Multa*que per cæcum congressi prælia noctem Consĕrĭmus; *multos* Dănaûm dēmittĭmus Orco. V. Æn. 2. 398. SYN. permulti, *only pl.*; plūrĭmus; crēber, bra, brum, q. v.; multĭplex, ĭcis; ‡nūmĕrōsus.

mūlus, i. *A mule.*——Īre lĭcet *mūlo*, vel si lĭbet usque Tărentum. Hor. Sat. 1. 6. 105. SYN. mūla.

mundĭtia, æ. *Cleanness, neatness.*——*Mundĭtiis* căpĭmur, non sint sĭne lēge căpilli. Ov. A. A. 3. 133.

mundus, a, um. *Clean, neat.*——Pauper sed *mundæ* sēdŭlĭtātis ănus. Ov. F. 3. 668. *Munda* sed e mĕdio consuetaque verba puellæ Scrībĭte. Ov. A. A. 3. 479.

mundus, i. *The world.*——Post chaŏs ut prĭmum dăta sunt tria corpŏra *mundo*. Ov. F. 5. 11. SYN. orbis, ĭs, *masc.* PHR. Aspĭce convexo nūtantem pondĕre mundum. V. Quem Sōlis ab ortu Sōlis ad occăsŭs ŭtrăque terra trĕmit. Ov. Nātam Sōlis ad occāsus Sōlis quærebat ab ortu. Ov. Deum namque īre per omnes Terrasquĕ tractusque măris cœlumque prŏfundum. V. Respĭce vindĭcĭbus pācātum vĭrĭbus orbem Quā lātam Nēreus cærŭlus ambit hŭmum. Ov.

mūnĕror, āris. *To reward.*——Qua *mūnĕrētur* te Priăpe, et te păter Silvāne tūtor fīnium. Hor. Epod. 2. 21. SYN. rĕmūnĕror.

mūnia, ōrum. neut. pl. *Public offices, any duties.*——Nondum sŭbactâ ferre jŭgum vălet Cervīce; nondum *mūnia* compăris Æquare. Hor. 2. 5. 2. SYN. offĭcium; mūnus, ĕris.

mūnĭceps, cĭpis. masc. *A citizen of a free town.*——Quendam *mūnĭcĭpem* meum de tuo vŏlo ponte. Cat. 18. 8. SYN. cīvis, is. *masc. and fem.*, q. v.

‡mūnĭcĭpālis, e. *Municipal.*——Hic nŏvus Arpīnas ignōbĭlis et mŏdŏ Rōmæ *Mūnĭcĭpālis* ĕques. Juv. 8. 239.

†mūnĭfĭco, as. *To present with.*——*Mūnĭfĭcat* tăcĭtâ mortāles mūta sălūte. Lucr. 2. 625. SYN. dōno, as. v. do.

mūnĭfĭcus, a, um. *Munificent, generous.*——Tē Dea *mūnĭfĭcam* gentes ŭbĭcunque lŏquuntur. Ov. Am. 3. 10. 5.

mūnīmen, ĭnis. neut. *A fortification.*——Hostĭbus insĭdior fossas *mūnīmĭne* cingo. Ov. Met. 13. 212. SYN. prōpugnăcŭlum; mœnia, um. *neut. pl.* PHR. Inclūsus mūris hostīlique aggĕre septus. V. Mĭnæque Mūrōrum ingentes. V. v. seq.

‡mūnīmentum, i. another form of prec.——Pingues ălĭquando lăcernas *Mūnīmenta* tŏgæ. Juv. 9. 28. v. prec.

mūnio, īs. 1. *To fortify.*—2. *To defend.*—3. *To pave (a way), lit. and metaph.*——1. Regnum . . . Transfĕret et longam multâ vi *mūniet* Albam. V. Æn. 1. 271.—2. Inclūsam Dănaen turris ahēnea Rōbustæque fŏres et vĭgĭlum cănum Trĭstes excŭbiæ *mūnĭĕrant* sătis Nocturnīs ab ădultĕris. Hor. 3. 16. 3.—3. Cui per ardentem sĭne fraude Trojam Castus Ænēas pătriæ sŭperstes Lībĕrum *mūnīvit* ĭter. Hor. C. S. 43. SYN. 2. dēfendo, ĭs, di.—3. *metaph.* pătēfăcio, ĭs, fēci. PHR. 1. Cingĕre mūris Oppĭda. V.

mūnītor, ōris. masc. *A fortifier.*——Mē fĭde conspĭcuus Trōjæ *mūnītor* ămāvit. Ov. Her. 5. 139.

mūnus, ĕris. neut. 1. *A gift.*—2. *A duty, an office.*——1. Ipsĭus Anchisæ longævi hoc *mūnus* hăbēbis. V. Æn. 5. 535.—2. Ipse ĕgŏ paulisper pro te tua *mūnĕra* ĭnĭbo. V. Æn. 5. 846. SYN. 1. dōnum.—2. offĭcium; mūnia, orum.

mūnuscŭlum, i. *A small gift.*——Non ingrāta tămen frustrā *mūnuscŭla* Dīvis Prōmittens. Cat. 62. 104. v. prec.

Mūnўchius, a, um. *Of Munychium, one of the ports of Athens; Athenian.*——*Mūnўchios*que vŏlans ăgros grātamque Mĭnervæ Despĭciēbat hŭmum. Ov. Met. 2. 709. SYN. Attĭcus, q. v.

mūræna, æ. fem. *A lamprey.*——Affertur squillas inter *mūræna* nătantes. Hor. Sat. 2. 8. 42.

mūrālis, e. *Of or from a wall.*—*Mūrāli* concĭta nunquam Tormento sic saxa frĕmunt. V. Æn. 12. 921.

mūrex, ĭcis. masc. 1. *A shellfish, from which a purple dye was extracted.*—2. *Purple.*—3. *A shell.*—4. ‡*A box of ointment.*—5. *A rock.* —— 1. *Mūrĭce* Baiano mĕlior Lūcrīna pĕlōris. Hor. Sat. 2. 4. 32.—2. Tўrioque ardēbat *mūrĭce* læna. V. Æn. 4. 262.—3. Exstantem atque hŭmĕros innāto *mūrĭce* tectum Cærŭleum Trītōna vŏcat. Ov. Met. 1. 332.—4. Non ērŭbescit *mūrĭce* aureo nōbis. . . . Mart. 3. 82. 26.—5. Concussæ cautes et ăcūto in *mūrĭce* rēmi Obnixi crĕpuēre. V. Æn. 5. 205. SYN. 1. conchȳlium.—2. ostrum, purpŭra.—3. concha, q. v.—5. rūpes, is, *fem.*; scŏpŭlus. PHR. 2. Nec quæ bis Tўrio mūrĭce lāna rŭbes. Ov. Vōbis picta crŏco et fulgenti mūrĭce vestis. V. v. purpura.

§**mŭria, æ.** *Pickle.* —— Quod pingui miscēre mĕro *mŭriā*que dĕcēbit. Hor. Sat. 2. 4. 65.

murmur, ŭris. neut. *A murmur, any noise.* —— Intĕreā magno miscēri *murmŭre* pontum Ēmissamque hyĕmem sensit Neptūnus. V. Æn. 1. 124. SYN. sŏnus, q. v.; sŏnĭtus, ûs; frăgor (*only of loud noises*); sŭsurrus (*only of gentle noises*). PHR. Illa cādens raucum per lævia murmur saxa ciet. V. Serpitque per agmĭna murmur. V. Murmŭre cæco Intus saxa sŏnant. V. Cæcique in nūbĭbus Terrĭfĭcant ănĭmos, et ĭnānia murmura miscent. V. Et sēcum tĕnui suspīrans murmŭre dīcit. Ov. Quod făcĕrem versūs inter fĕra murmŭra ponti. Ov. Jam nunc mĭnāci murmure cornuum Perstringis aures. Hor. Lĕve murmur ăquæ. Ov.

murmŭro, as. *To murmur, to make a noise, to sound.* —— Spūmea sēmĭfĕro sub pectŏre *murmŭrat* unda. V. Æn. 10. 212. SYN. dēmurmŭro, immurmŭro; sŏno, as, ui, q. v.

mūrus, i. *A wall, prop. a city wall.* —— Instant ardentes Tўrii, pars dūcĕre *mūros.* V. Æn. 1. 423. SYN. mœnia, um, *neut. pl.*; păriēs, păriĕtis, *masc.* (*of a house*). PHR. Pendent ŏpĕra interrupta, mĭnæque Mūrōrum ingentes. V. Mœnia lāta vĭdet trĭplĭci circumdăta mūro. V. Fātāles mūrōrum attollĕre mōles. V. Dum distĭnet hostem Agger mūrōrum. V. Ergo ăvidus mūros optātæ mōlior urbis. V. Vixque brĕvis tūtum mūrus ab hoste făcit. Ov. Mĭnĭmum quos inter et hostem Discrīmen mūrus clausaque porta făcit. Ov.

mūs, mūris. masc. *A mouse.* —— Sæpe exĭguus *mus* Sub terris pŏsuitque dŏmos atque horrea fēcit. V. G. 1. 181.

Mūsa, æ. 1. *A Muse. The Muses were nine in number, the daughters of Jupiter and Mnēmŏsўnē: their names were Clīo, ûs; Thălīa, Melpŏmĕnē, Ĕrăto, Calliŏpē or Calliŏpēa, Euterpē, Pŏlyhymnia, Terpsichŏrē, Ŭrănĭē. (See each of these.) The places especially sacred to them were Mount Parnassus and Mount Hĕlicon, and the fountains of Hippŏcrēnē and Castălia.*—2. *Song, poetry.* —— 1. *Mūsa* mihī causas mĕmŏra quo nūmĭne læso. V. Æn. 1. 8.—2. Ăgrestem tĕnui mĕdĭtātor ărundĭne *mūsam.* V. E. 6. 8. SYN. 1. Cămœna, Pīĕris, ĭdŏs; Pimplēa; *in pl.* Āŏnĭdĕs, Pēgăsĭdĕs, Cōrўcĭdĕs, Lībēthrĭdĕs, Mnēmŏnĭdĕs, †Hĕlĭcōniădĕs, ‡Hĕlĭcōnĭdĕs.—2. carmĕn, ĭnis, *neut.*, q. v. PHR. 1. Insŭla Cōrўciis quondam cĕlĕberrĭma nymphis. Ov. Pandĭte mandāti mĕmŏres Hĕlĭcōnis ălumnæ. Ov. Pandĭte nunc Hĕlĭcōna Deæ cantusque mŏvēte . . . Et mĕmĭnistis ĕnim Divæ, et mĕmŏrāre pŏtestis. V. Dīcĭte quæ fontes Ăgănippĭdŏs Hippŏcrēnes Grāta Mĕdūsæi signa tĕnētis ĕqui. Ov. Mūsæ præsentia nūmĭna vātum. Ov. Perque nŏvem jūro nūmĭna nostra Deas. Ov. Et pĕtĕre Āŏniæ suadēbant tūta sŏrōres Ōtia. Ov. Per vos auctōres hujus mihĭ carmĭnis ōro Castăliamque umbram, Pĭĕriosqve lăcus. Tib. Quique prius mollem văcuamque lăbōrĭbus ēgi In stŭdiis vītam Pĭĕrĭdumque chŏro. Ov. Tum sic neglectos hĕdĕrā rĕdĭmīta căpillos Prīma sui cœpit Calliŏpēa chŏri. Ov. Virgĭneumque Hĕlĭcōna pĕtit, quo monte pŏtīta Constĭtit, et doctas sīc est affāta sŏrōres. Ov. Quem vĭrum aut hērōa lўrâ vel ăcri Tībiâ sūmes cĕlĕbrāre Clīo . . . Aut in umbrōsis Hĕlĭcōnis ōris, aut sŭper Pindo gĕlĭdove in Hæmo. Hor. Dignum laude vĭrum mūsa vĕtat mŏri; Cœlo mūsa beat. Hor. Curvæ scīta Thălīa lўræ. Ov. v. Hor. 4. 3. 1—24.

‡**musca, æ.** *A fly.* —— Lambĕre quæ turpes prohĭbet tĭbĭ prandia *muscas.* Mart. 14. 67. 1.

‡**muscĭpŭlum, i.** *A mouse-trap.* —— Qui sæpe lăqueos et *muscĭpŭla* effūgĕrat. Phædr. 4. 1. 17.

muscōsus, a, um. *Mossy.* —— *Muscōsi* fontes et somno mollior herba. V. E. 7. 45.

‡**musculus**, i. *A muscle.*—— Sine ullo Tegmine poples ĕrat, fĕmŏrum quŏque *muscŭlus* omnis Līquĭtur. Lucan. 9. 774. SYN. tŏri, ōrum.
muscus, i. *Moss.*——At līquĭdi fontes et stagna vīrentia *musco*. V. G. 4. 18. PHR. Molli tellūs ĕrat hūmĭda musco. Ov.
†**Mūsēus**, a, um. *Of the Muses.*——Lūcĭda pango Carmĭna, *Mūsēo* contingens cuncta lĕpōre. Lucr. 1. 933. SYN. Āŏnius, Piĕrius, Castălius, Hĕlĭcōnius, Parnassius.
musso, as. 1. *To mutter to oneself.* — 2. *To doubt, to hesitate.* — 3. *To buzz, to hum.*——1. Flent mœsti *mussant*que pătres ; hic undĭque clāmor. V. Æn. 11. 454. —2. Cuncti sē scīre fătentur Quid fortūna fĕrat pŏpŭli, sed dīcĕre *mussant*. V. Æn. 11. 345. *Mussat* rex ipse Lătīnus Quos gĕnĕros vŏcet, aut quæ sēse in fœdĕra flectat. V. Æn. 12. 657. — 3. Fit sŏnĭtus *mussant*que ōras et līmĭna circum (apes sc.). V. G. 4. 188. SYN. 2. dŭbĭto, as, q. v.
‡**mustāceum**, i. *Bridecake.*——Causa nĕc est quārē cœnam et *mustācea* perdas. Juv. 6. 201.
mustēla, æ. *A weasel.*——Cui *mustēla* prŏcul, si vīs aït effŭgĕre istinc. Hor. Epist. 1. 7. 32.
‡**musteus**, a, um. *Sweet as new wine, new.*——*Musteus* est, prŏpĕra cāros nec differ ămīcos. Mart. 13. 55. 1.
mustum, i. *New wine.*——Præbeat et plēno pinguia *musta* lăcu. Tib. 1. 1. 10. v. vinum.
mūtābĭlis, e. *Changeable.*——Multa dies văriusque lăbor *mūtābĭlis* ævi Rĕtŭlit in mĕlius. V. Æn. 11. 425. SYN. instăbĭlis, mōbĭlis (*of persons*), incertus.
‡**mūtātor**, ōris. *A changer or exchanger.*——Aut Ărăbum portus mercis *mūtātor* Ĕōæ Magne pĕtet. Lucan. 8. 854.
mŭtĭlo, as. *To mutilate.*——At mihĭ sæva nŏcent *mŭtĭlātis* vulnĕra rāmis. Ov. Nux. 37. SYN. trunco, as ; pŏpŭlo, as.
mŭtĭlus, a, um. *Mutilated, esp. of cattle with broken horns.*——Turpe pĕcus *mŭtĭlum* turpe est sĭne grāmĭne campus. Ov. A. A. 3. 249. SYN. truncus, mŭtĭlātus.
Mŭtĭnensis, e. *Of Mutina, now Modena.*——Tamen hāc *Mŭtĭnensia* Cæsar Grandia mīlĭtiā contŭdit arma suā. Ov. F. 4. 627.
mūto, as. 1. *To change, alter, transform* — 2. *To exchange, to interchange.* — 3. (*in pass.*) *To transfer oneself from one place to another, to migrate.*——1. Carmĭnĭbus Circē sŏcios *mūtāvit* Ŭlyxi. V. E. 8. 70. — 2. Jam bĕnĕ perjūro *mūtārat* conjŭge Bacchum. Ov. F. 3. 461. Cēdet et ipse mări vector Nec nautĭca pīnus *mūtābit* merces. V. E. 4. 38.—3. Inque lŏcum Scȳthĭco văcuum *mūtābor* ab arcu. Ov. Ep. e P. 1. 1. 79. SYN. 1. transmūto ; verto, is, ti ; nŏvo, as ; transformo, as ; fīgūro, as. — 1, 2. permūto. — 3. mīgro, as, q. v. PHR. 1. Corpus Deus æquŏris albam Contŭlit in vŏlŭcrem. Ov. Quos hŏmĭnum ex făciē Dea sæva pŏtentĭbus herbis Induĕrat Circe in vultūs ac terga fĕrārum. V. Vos quoque fēlīces quārum clāmantia frātrem Cortĭce vēlāvit pŏpŭlus alba suo. Ov. In villos ăbeunt crīnes, in crūra lăcerti, Fit lŭpus. Ov. Lŭdar, et in mĕlius tua qui pŏtĕs orsa rĕflectas. V. Multa dies vāriique lăbor mūtābĭlis ævi Rĕtŭlit in melius. V.
‡**mūtuor**, āris. *To borrow.*——Sed consūmis et usque *mūtuāris*. Mart. 8. 16. 3.
mūtus, a, um. *Mute, silent, dumb.*——Plectra dŏlōre tăcent, *mūta* dŏlōre lȳra est. Ov. Her. 15. 198. SYN. tăcĭtus, sĭlens. PHR. Si jam dēfĭciat suppresso lingua pălāto. Ov.
mūtuus, a, um. *Mutual, reciprocal.*——*Mutua*que inter se læti convīvia cūrant. V. G. 1. 301. v. alternus.
Mȳcēnæ, ārum. also more rarely **Mȳcēna**, æ. *The city of Agamemnon.*——Ĕruet ille Argŏs Ăgămemnŏniasque *Mȳcēnas*. V. Æn. 6. 838. PHR. Pĕlŏpēïădesque Mȳcēnæ. Ov.
Mȳcēnæus, a, um. *Of Mycene.*——Teque *Mȳcēnæo* Phœbās ămāta dūci. Ov. Tr. 2. 400.
Mȳcēnis, ĭdŏs. a fem. form of prec. esp. *Iphigenia.*——Suppŏsĭtā fertur mūtāsse *Mȳcēnĭda* cervā. Ov. Met. 12. 34.
Mygdŏnius, a, um. also in fem. **Mygdŏnĭs**, ĭdŏs. *Phrygian.*——Aut pinguis Phrȳgiæ *Mygdŏnius* opes. Hor. 2. 12. 22. Vĕnĕrantur nūmĭna nymphæ *Mygdŏnĭdes*que nŭrus. Ov. Met. 6. 45. SYN. Phrȳgius, q. v.

mȳrīca, æ. *The tamarisk-tree.*——Non omnes arbusta jŭvant hŭmĭlesque *mȳrīcæ.* V. E. 4. 2. Nec densæ fŏliis buxi frăgĭlesque *mȳrīcæ.* Ov. A. A. 3. 691. SYN. ‡tămărix, īcis, *fem.*

Myrmĭdŏnes, um. masc. pl. *A tribe of Thessaly, part of Achilles's followers in the Trojan war.*——Quis . . . *Myrmĭdŏnum* Dŏlŏpumve aut dūri mīlĕs Ŭlyxi. V. Æn. 2. 7.

Myrrha, æ. *The daughter of Cinyras, changed into a tree from which myrrh is procured; myrrh.*——Est hŏnor et lăcrȳmis, stillātaque cortĭce *myrrha* nōmen hĕrīle tĕnet. Ov. Met. 10. 502. PHR. Cĭnȳrēia germĭna. Stat.

myrrheus, a, um. *Of myrrh, fragrant with myrrh.*——*Myrrheum* nōdo cohĭbēre crīnem. Hor. 3. 14. 22.

myrtētum, i. *A myrtle grove.*——Littŏra *myrtētis* gratissĭma ; dēnĭque ăpertos Bacchus ămat colles. V. G. 2. 112.

myrteus, a, um. *Of myrtle.*——Sēcrēti cēlant calles et *myrtea* circum Sylva tĕgit. V. Æn. 6. 443.

Myrtōus, a, um. *The south-west portion of the Ægean Sea.*——*Myrtōum* păvĭdus nauta sĕcet măre. Hor. 1. 1. 13.

myrtum, i. *A myrtle berry.*——Et lauri baccas, ŏleamque, cruentaque *myrta.* V. G. 1. 306.

myrtus, i. fem. *The myrtle, sacred to Venus.*——Formōsæ *myrtus* Vĕnĕri ; sua laurea Phœbo (gratissima). V. E. 7. 62. PHR. Ămantes littŏra myrtos. V. Et pastōrālem præfixā cuspĭde myrtum. V. Tĕnĕras dēfendo a frīgŏre myrtos. V. Nunc dĕcet aut vĭrĭdi nĭtĭdum căput impĕdīre myrto. Hor. Tum viŏlāria et Myrtus, et omnis cōpia nārium Spargent ŏlīvētis ŏdōrem. Hor. Simplĭci myrto nihĭl allăbōres sēdŭlus cūro, nĕque te mĭnistrum Dĕdĕcet myrtus, nĕque me sub arctā Vīte bĭbentem. Hor. Ros măris et lauri nĭgraque myrtus ŏlent. Ov. Cingĕre littŏreā flāventia tempŏra myrto. Ov.

Mȳsia, æ. *A district of Asia Minor.*——Lætus ăger, nullo tantum se *Mȳsia* cultu Jactat. V. G. 1. 102.

mystērium, i. *A mystery, a mysterious sacred rite, etc.*——Condĭta si non sunt Vĕnĕris *mystēria* cistis. Ov. A. A. 2. 609. PHR. Qui Cĕrĕris săcra Vulgārit arcānæ. Hor.

mystes, æ. masc. *One initiated into sacred mysteries.*——Tempus hăbent *mystæ* sīdĕra vīsa cĭbi. Ov. F. 4. 536.

mystĭcus, a, um. *Mystical.*——Arbŭteæ crātes, et *mystica* vannus Iacchi. V. G. 1. 166.

Mȳsus, a, um. *Mysian.*——Hic tĕnuit *Mȳsus* gentes in păce fĭdēli. Ov. Ep. e P. 4. 9. 77. SYN. Ăsius, Teuthrantius, Teuthrantēus.

‡myxus, i. masc. *The socket of a lamp.*——Illustrem cum tōta meis convīvia flammis Totque gĕram *myxos* ūna lūcerna vŏcor. Mart. 14. 41. 2.

N.

Năbăthæus, a, um. *Arabian, Eastern.*——Eurus ad Aurōram *Năbăthæa*que regna rĕcessit. Ov. Met. 1. 61. SYN. Ărăbus. v. Eous.

nāblia, ōrum. *A psaltery.*——Disce ĕtiam dŭplĭci gĕniālia *nāblia* palmā verrĕre. Ov. A. A. 3. 327.

nactus, a, um. part. from nanciscor, q. v. *Having obtained, having caught.*——Armĭgĕrumque Rĕmi prĕmit aurīgamque sub ipsis *Nactus* ĕquis. V. Æn. 9. 331.

nænia, æ. 1. *A dirge.*—2. *A magical song or incantation.*——Absint ĭnāni fūnĕre *næniæ.* Hor. 2. 19. 21.——2. *Næniaque* in vŏlŭcres Marsa fĭgūrat ănus. Ov. F. 6. 142. SYN. 2. carmĕn, ĭnis, *neut.*

nævus, i. *A blemish.*——Nullus in ēgrĕgio corpŏre *nævus* ĕrit. Ov. Tr. 5. 13. 14. SYN. măcŭla.

Năĭăs, also **Năiăs**, ădŏs. pl. ădĕs, etc. also **Năĭs**, ĭdŏs. *A Naiad, a nymph of fountains and rivers, usu. in pl.*——*Năĭăs* Amalthēā Crētæā nōbĭlis Idā. Ov.

F. 5. 115. Ille suos Dryădas Lătiis in montĭbus ortas Vertĕrat in vultūs; illum fontāna pĕtēbant Nūmĭna *Nāĭădes.* Ov. Met. 14. 326. *Nāĭdă* Bacchus ămat, cessas o lente mĭnister? Tib. 3. 7. 25. PHR. Illas virgĭneis exercent lūsĭbus undas Nāĭdēs æquŏreæ. Ov.

nam and **namque.** *For.* —— Phyllĭda ămo ante ălias, *nam* me discēdĕre flēvit. V. E. 3. 78. *Namque* ĕrit ille mihī semper Deus. V. E. 1. 7. SYN. ĕnim.

nanciscor, ĕris, nactus sum. *To get, to obtain.* —— *Nanciscētur* ĕnim prĕtium nōmenque poetæ. Hor. A. P. 299. SYN. Acquīro, ĭs, quīsīvi; pŏtior, īris, q. v. v. nactus.

nānus, i. *A dwarf.* —— *Nānus* et ipse suos brĕvĭter concrētus ĭn artus. Prop. 4. 8. 41.

Năpææ, arum. fem. *Nymphs of the groves.* —— Tu mūnĕra supplex Tende pĕtens pācem, et făcĭles vĕnĕrāre *Năpæas.* V. G. 4. 535. SYN. Dryădĕs, q. v.

Narcissus, i. *A youth, the son of Cephisus, he was beloved by Echo, whose love he rejected; becoming enamoured of his own shadow as it was reflected in a fountain, he wasted away and was turned into a daffodil.* —— Ergo ŭbī *Narcissum* per dēvia lustra văgantem Vīdit et incăluit. Ov. Met. 3. 370. SYN. Cēphīsius.

nardus, i. *Spikenard.* —— Quo sĭmŭl et căsias et *nardi* lēnis ăristas . . . substrāvit. Ov. Met. 15. 398. SYN. baccar, ăris. *neut.* PHR. Sȳrio mădĕfactus tempŏra nardo. Tib.

nāris, is. fem. usu. in pl. *A nostril, the nose.* —— Torquet in hunc hastam . . . mĕdiâque *nāre* rĕcepta Cervīce exacta est. Ov. Met. 5. 138. Illic plūrĭma *nārĭbus* Dūces thūra. Hor. 4. 1. 21. SYN. nāsus, *no pl.*

narrābĭlis, e. *To be related.* —— Lingua sĭlē, non est ultrā *narrābĭle* quidquam. Ov. Ep. e P. 2. 2. 61. SYN. narrābilis, dīcendus, fandus.

narrātus, ûs. masc. *A relation.* —— Cur . . . advehar Ortȳgiam vĕniet *narrātĭbus* hōra Tempestīva meis. Ov. Met. 5. 499.

narro, as. 1. *To relate, to report, to say.* — 2. *To talk.* —— Īlĭăcosque ĭtĕrum dēmens audīre lăbōres Exposcit; pendetque ĭtĕrum *narrantis* ab ōre. V. Æn. 4. 79. — 2. Nāvĭta de ventis, de tauris *narrat* ărātor. Prop. 2. 1. 43. SYN. 1. †ēnarro, dēnarro, rĕnarro; expōno, ĭs, pŏsui; pĕrhĭbeo, *no pass.*; fĕro, rĕfĕro, fers, ferre, rĕtŭli, rĕlātum; mĕmŏro, as; commĕmŏro; percurro, ĭs, ri; ēdo, ĭs, ēdĭdi; dīco, ĭs, xi. — 2. lŏquor, ĕris, lŏcutus sum, q. v. PHR. Ille rĕferre ălĭter sæpe sŏlēbat ĭdem. Ov. Altius omnem Expēdiam prīmâ rĕpĕtens ab ŏrīgĭne fāmam. V. Quid tĭbī pastōres Libyæ, quid pascua versu Prōsĕquar? V. Summa sĕquar fastīgia rērum. V.

nascor, ĕris, nātus sum. *To be borne, to arise.* —— *Nascētur* pulchrâ Trōjānus ŏrīgĭne Cæsar. V. Æn. 1. 290. Tōtus et ille dies et qui *nascentur* ab illo. V. G. 1. 434. SYN. ŏrior, ĕris, ortus sum; exŏrior. PHR. Heu quantum inter se bellum si lūmĭna vītæ Attĭgĕrint . . . ciēbunt! V. Qui sĭmŭl . . . mātris prolapsus ab alvo Cīnȳphiam . . . corpŏre pressit hŭmum. Ov.

Nāsŏ, onis. Ovid. Quam prŏcŭl a nōbis *Nāsŏ* sŏdālis ăbest. Ov. Tr. 1. 6. 10. SYN. Ŏvĭdius. PHR. Pēlignæ dīcar glōria gentis ĕgo. Ov.

‡**nassa, æ.** *An eel-pot or trap for any fish.* —— Ōre lĕvem pătŭlo texens de vīmĭne *nassam.* Sil. 5. 48.

‡**nasturtium, i.** *A nasturtium.* —— Cæcis *nasturtia* dīra cŏlūbris. Columel. 10. 230.

nāsus, i. *The nose, only of men.* —— Non măgis esse vĕlim quam prāvo vīvĕre *nāso.* Hor. A. P. 36. SYN. nāris, is, *fem.*

§**nāsūtus, a, um.** *Having a long nose.* —— Dēpȳgis, *nāsūta* brĕvi lătĕre ac pĕde longo est. Hor. Sat. 1. 2. 93.

nāta, æ. *A daughter.* —— Nē pĕte connūbĭis *natam* sŏciāre Lătīnis. V. Æn. 7. 96. SYN. fīlia, q. v.

nātālis, e. *Belonging to one's birth, often as subst.* dies *or* locus *being understood.* Nesciŏ quâ *nātāle* sŏlum dulcēdĭne captos allĭcet. Ov. Ep. e P. 1. 3. 35. Lux quŏque *nātālis,* ne quid nĭsĭ triste vĭdēres Turpe . . . fuit. Ov. Ibis. 217. Ad sua *nātālis* tempŏra noster ădest. Ov. Tr. 3. 13. 2. *Nātālem*que măres Dēlŏn Ăpollĭnis (tollite laudibus). Hor. 1. 21. 10. SYN. gĕnĭtālis.

‡**nātālĭtius, a, um.** *Of one's birthday.* Et *nātālĭtium* cognātis pŏuĕre lardum. Juv. 11. 84.

nătans, antis. 1. *Swimming; esp. fish, as subst.*—2. *Dizzy, giddy, sleepy.*—Jam măris immensi prolem et gĕnus omne *nătantum.* V. G. 3. 541.—2. Fāta vŏcant conditque *nătantia* lūmĭna somnus. V. G. 4. 496.

nătātor, ōris. *A swimmer.* Pugnat in adversas īre *nătātor* ăquas. Ov. R. A. 122. SYN. nans, nătans.

‡**nătātus, ūs.** *Swimming.*—Quas præceps Ănien atque exceptura *nătātus* Virgo jŭvat. Stat. Sylv. 1. 5. 25.

§**nătis, is.** *fem. A buttock.*—Et concŭbīno turtŭrum *nătes* dōnat. Mart. 3. 82. 21. SYN. §clūnis, is.

nātio, ōnis. *fem. A nation.*—Narrantis lŏca, facta, *nātiōnes.* Cat. 9. 7. SYN. gens, entis, *fem.*

nātīvus, a, um. *Natural, not made by art.*—Postmŏdŏ *nātīvā* conspĭcĭēre cŏmā. Ov. Ar. Am. 1. 14. 56. SYN. ingĕnuus, nātūrālis, gĕnĭtīvus (*not applied to inanimate things*), insĭtus, innātus (*the two last only of qualities of disposition, etc.*).

năto, as. 1. *To swim, to float; in pass. to be swam in, to be swam over, etc.*—2. *To be soaked with wet.*—3. *To be giddy, sleepy, etc. of eyes.*—4. *To rock about.*—1. Littŏre celsas Dēdūcunt tōto nāves; *nătat* uncta cărīna. V. Æn. 4. 398.—Nōvit quæ multo pisce *nătentur* ăquæ. Ov. A. A. 1. 48.—2. Enrique Zĕphȳrique tŏnat dŏmus; omnia plēnis Rūra *nătant* fossis. V. G. 1. 372.—3. Nox ĕrat et vīnis ŏcŭlique ănĭmique *nătābant.* Ov. F. 6. 673.—4. Nec văgus in laxâ pes tĭbĭ pelle *nătet.* Ov. A. A. 1. 516. SYN. 1. dēnăto, innăto; no, nas; inno.—2. mădeo, es, ui.—4. fluctuo, as. v. no.

nătrix, īcis. fem. *A water serpent.*—Et *nătrix* viŏlātor ăquæ jăcŭlique vŏlūcres. Lucan. 9. 720.

nātu. *By birth.*—Īliădum; hic ūna e multis quæ maxĭma *nātu.* V. Æn. 5. 644.

nātūra, æ. *Nature.*—Nunc ăge *nātūras* ăpĭbus quas Jūpĭter ipse Addĭdit expĕdiam. V. G. 4. 149. v. ingenium.

nātūrālis, e. *Natural, implanted by nature.*—Ipse mĕtu văcuus *nātūrālī*que păvōre. Ov. Met. 10. 117. SYN. nātīvus, q. v.

nātus, a, um. perf. part. from nascor, q. v. *Born.*—Si mĕmor es dē quo mihī sit Prōserpĭna *nāta.* Ov. F. 4. 587. SYN. ortus, ēdĭtus, crētus, sătus.

nātus, i. *A son.*—Intĕreā dulces pendent circum oscŭla *nāti.* V. G. 2. 523. SYN. fīlius, q. v.

nāvāle, is. neut. *A dock.*—Illic est aptum nostræ *nāvāle* cărīnæ. Ov. Her. 18. 207.

nāvālis, e. *Of a ship.*—Tempŏra *nāvāli* fulgent rostrāta cŏrōnâ. V. Æn. 8. 684. SYN. nautĭcus.

naufrăgium, i. *Shipwreck, fragments of wrecked ships, etc.*—Nunc mihĭ *naufrăgio* quid prōdest discĕre facto. Ov. Ep. e P. 2. 6. 11. PHR. Neptunus nāvem lăcĕrārat Ŭlyssis. Ov. Quassa tămen nostra est, non fracta nĕque ŏbrŭta puppis. Ov. Nūbĭlus Ægæo dēprĕndit in æquŏre nāvem Auster et ingenti jactātam flāmĭne solvit. Ov. Æquŏra perjūrō naufrăgus ōre bĭbat. Ov. Mersa fŏret cānâ naufrăga puppis ăquâ. Ov. v. V. Æn. 1. 102—123.

naūfrăgus, a, um. 1. *Shipwrecked.*—2. *Causing shipwrecks.*—1. Littŏre in extrēmo ceu *naufrăga* corpŏra fluctus Prōluit. V. G. 3. 542.—2. Et vos Nīsæi *naufrăga* monstra cănes. Ov. F. 4. 500. v. seq.

nāvĭfrăgus, a, um. another form of prec.—1. Vīdi ĕgŏ *nāvĭfrăgum* qui rīsĕrat æquŏre mergi. Ov. Tr. 5. 8. 11.—2. Caulōnisque arces et *nāvĭfrăgum* Scȳlăcēum. V. Æn. 3. 553.

‡**nāvĭgātio, ōnis.** fem. *Navigation.*—Horrēbit măla *nāvĭgātiōnis.* Stat. Sylv. 4. 3. 31. SYN. †navĭgium.

†**nāvĭger, ĕra, ĕrum.** *Bearing ships.*—Quæ măre *nāvĭgĕrum*, quæ terras frūgĭfĕrentes Concĕlĕbras. Lucr. 1. 3. SYN. vēlĭvŏlus.

nāvĭgium, i. 1. *A ship.*—2. *Navigation.*—1. Aut ubi *nāvĭgiis* viŏlentior incĭdit Eurus. V. G. 2. 107.—2. Imprŏba *nāvĭgii* rătio tum cæca jăcēbat. Lucr. 5. 1004. SYN. 1. navis, is, *fem.* q. v.—2. ‡navigatio.

nāvĭgo, as. 1. *To sail.*—2. *To swim.*—Gens ĭnĭmīca mihī Tyrrhēnum *nāvĭgat* æquor. V. Æn. 1. 71. Quid prŏpĕras jŭvĕnis? mĕdiis tua pīnus in undis *nāvĭgat.* Ov. A. A. 2. 10. SYN. 1. ēnāvĭgo; vēlĭfĭco, as.—2. năto,

q. v. PHR. 1. Tendit ĭter velis. V. Classem Cum prīmum Ausŏniis exercĭtus appŭlit ŏris. V. Seu răte cærŭleas pictâ sulcāvĭmus undas. Ov. Cærŭla prōpulsæ subdūcĭtur unda cărīnæ. Ov. Vēla quĭdem Crēten ventis dĕdit ille sĕcundis. Ov. Dum tŭlit antennas aura sĕcunda meas. Ov. Rēmōrum verbĕre perstant, Velaque dedūcunt, gĕmĭnâque ŏpe currĕre tentant. Ov. Vastum măris æquor ărandum. V. Mȳsōrum scŏpŭlis applĭcuisse ratem. Prop. Certum est dăre lintea retro. V. Nec frĕta pressūrus tŭmĭdos causābĭtur Euros. Ov. Bis dēnis Phrȳgium conscendi nāvĭbus æquor. V. Vēla dăbant læti, et spūmas sălis ære ruēbant. V. Nōn ĕgŏ nunc Ădriæ vĕreor măre noscĕre tecum Tulle, neque Ægæo dūcĕre vēla sălo. Prop. Campos sălis ære sĕcābant. V. Postquam altum tĕnuere rătes, nec jam amplius ullæ Appārent terræ, cœlum undĭque et undĭque pontus. V. Infindunt părĭter sulcos tōtumque dehiscet Convulsum rēmis rostrisque trĭdentibus æquor. V. Vēlōrum pandĭmus ālas. V. Stĕtit æquŏre mōles Pīnea. Prop. Nāve lĕvi nītens ac lēnĭbus auris. Cat. Sollĭcĭtant alii rēmis frĕta cæca. V. Littŏre celsas Dēdūcunt tōto nāves, nătat uncta cărīna. V. Vīdit et æquātis classem prōcēdĕre vēlis. V. Intĕrea mĕdium Ænēas jam classe tĕnēbat Certus ĭter, fluctusque ātros Ăquĭlone sĕcābat. V. Fūne sŏlūto Currit in immensum panda cărīna sălum. Ov. Cum dăbit aura viam præbēbis carbăsa ventis. Ov. Ultĭmus e sŏciis săcram conscendis in Argo; Illa vŏlat, ventus concăva vēla tĕnet. Ov. Quæ tentāre Thĕtim rătĭbus . . . jubeant. V. Pandas rătĭbus pŏsuere cărīnas. V. Quīcunque Bīthȳnâ lăcessit Carpăthium pĕlăgus cărīnâ. Hor. Ante et Trīnăcriâ lentandus remus in undâ, Et sălis Ansŏnii lustrandum nāvĭbus æquor. V. Provehĭmur portu, terræque urbesque rĕcēdunt. V. Nos ăbiisse răti et vento pĕtiisse Mȳcēnas. V. Agmĭne rēmōrum cĕlĕri ventisque vŏcātis Prōna pĕtit măria et pĕlăgo dēcurrit aperto. V. v. Hor. 1. 3. 9—24. v. velum remus. v. seq.

nāvis, is. fem. *A ship.* —— Dēdūcunt sŏcii *nāves* et littŏra complent. V. Æn. 3. 71. SYN. rătis, puppis, cărīna; trabs, trăbis, *fem.*; nāvĭgium, phăsēlus, i, *fem.*; pīnus, ûs, *fem.*; ăbies, ăbĭetis, *fem.*; prōra, trĭrēmis; acnus, i, *fem.* (*which however is rather a boat*). PHR. Hei mihĭ cūr unquam jŭvĕnīlĭbus acta lăcertis Phryxēam pĕtiit Pĕlias arbor ŏvem? Ov. Tunc alnos prīmum flŭvii sensēre căvātas. V. Stĕtit æquŏre mōles Pīnea. Prop. Ecce vĕlut nāvis præfixo concĭta rostro Sulcat ăquas. Ov. Ante . . . . quam vĕlut in captæ descendat mœnia nāvis. Ov. Lābĭtur uncta vădis ăbies; mīrantur et undæ Mīrātur nĕmus insuetum fulgentia longa Scūta vĭrûm flŭvio pictasque innāre cărīnas. V. Puppĭbus et læti nautæ impŏsuēre cŏrōnas. V. Scandit ærātas vĭtiosa nāves Cūra. Hor. Malâ sŏlūta nāvis exit ălĭte. Hor. Sive jactātam rĕlĭgârat udo Littŏre nāvem. Hor. Quid attĭnet tot ora nāvium grăvi Rostrāta dūci pondĕre? Hor. Ibis Lĭburnis inter alta nāvium Amice prōpugnācŭla. Hor. Fundātūra cĭtas flectuntur rōbŏra nāves Texitur et costis panda cărīna suis; Addĭmus antennas et vēla sĕquentia mālos, Accipit et pictos puppis adunca Deos. Ov. Ut tangat portus fessa cărīna suos. Ov. Cæsa ăbies, sectæque trăbes, et classe părātâ Cærŭla cērātas accĭpit unda rătes. Ov. Et jam Dardănĭæ tangent hæc littŏra pīnus. Ov. Ĭtă fertur, ut acta Præcĭpĭti pīnus Bŏreâ cui victa rĕmīsit Fræna suus rector. Ov. Pīnea conjungens inflexæ texta cărīnæ, Illa rŭdem cursu prīma imbuit Amphītrītem. Cat. Nulla per ambĭguas puppis ĭtūra vias. Ov. Arte lăbōrātæ merguntur in æquŏre puppes. Ov. Una rătis fāti nostros portābit ămōres Cærŭla. Prop. Vere mŏnet curvas māterna per æquora puppes Īre nec hȳbernas jam timuisse mĭnas. Ov. Huc ŭbĭ vēlĭfĕram nautæ advertere cărīnam. Ov. Hei mihĭ cur unquam jŭvĕnīlĭbus acta lăcertis Phryxēam pĕtiit Pĕliăs arbor ŏvem? Ov.

nāvĭta, æ. masc. *A sailor.* —— *Nāvĭta* tum stellis nŭmĕros et nōmĭna fēcit. V. G. 1. 137. Cerbĕrus et Stȳgiæ *nāvĭta* pullus ăquæ. Tib. 1. 10. 38. SYN. nauta, *masc.* PHR. Certātim sŏcii fĕriunt măre et æquŏra verrunt. V. Horrĭda callĭdi Vincunt æquŏra nāvĭtæ, Hor. Pācātum vŏlĭtant per măre nāvĭtæ. Hor.

‡**nāvo, as.** *To perform diligently.* —— *Nāvat* ŏpus prênsumque manu dĕtruncat Ămastrum. Val. Fl. 3. 145. SYN. Pĕrăgo, ĭs; ēgi, q. v.

‡**naulum, i.** *Freight, fare for sea-carriage.* —— Fŭror est post omnia perdĕre *naulum.* Juv. 8. 97.

‡**naumăchia**, æ. *A sea fight.*——Hanc nōrint ūnam sæcŭlă *naumăchiam.* Mart. Spect. 28. 12. v. V. Æn. 8. 675—703.

Nauplĭădes, æ. *Son of Nauplius*, i. e. *Pălămēdes*, q. v.——Tĭmĭdi commenta rĕtexit *Nauplĭădes* ănĭmi. Ov. Met. 13. 39.

nausea, æ. *Sickness, disgust.*——Non sĕmel hinc stŏmăcho *nausea* facta meo. Ov. R. A. 356. v. fastidium.

§**nauseo**, as. *To be sick, sea sick.*——Conducto nāvĭgio æque *Nauseat* ac lŏcŭples quem dūcit prīva trĭrēmis. Hor Epist. 1. 1. 93.

nauta, æ. masc. *A sailor.*——Hēniŏchæ *nautis* plus nŏcuere rătes. Ov. Ep. e P. 4. 10. 26. SYN. nāvĭta, *masc.*

nautĭcus, a, um. *Nautical, of sailors, of ships.*——*Nautĭcus* exŏrĭtur vărio certāmĭne clāmor. V. Æn. 3. 128. SYN. nāvālis.

Naxŏs, ī. acc. ŏn. fem. *An island in the Ægean Sea, one of the Cyclades.*——Et tĭbi per mĕdiam bĕne ŏlentia flūmĭna *Naxon* Unde tuum pōtant *Naxia* turba mĕrum. Prop. 3. 17. 28.

nĕ. 1. *An interrogative particle — Is it? was it? do you? etc., often repeated, in which case the second* nĕ *means "or;" sometimes* e *is cut off by apostrophe; it is never the first word in a sentence, usually the second.*—2. *When repeated, "whether . . . or:" the first* ne *is sometimes, but rarely, omitted.*——1. Tanta*nĕ* vos gĕnĕrĭs tĕnuit fĭdūcia vestri? V. Æn. 1. 132. Omnĭpŏtens gĕnĭtor tant*on'* me crīmĭne dignum Duxisti. V. Æn. 10. 668. Justĭtiæ*nĕ* prius mīrer belli*nĕ* lăbōrum. V. Æn. 11. 126.—2. Constĭtit hīc, et tūta loco monstrum*nĕ* Deus*ne* Ille sit ignōrans. Ov. Met. 13. 912. Māmŭrius mōrum fabræ*ne* exactior artis Diffĭcile est . . . dīcĕre. Ov. F. 3. 383. SYN. 1. ăn, annĕ; ŭtrumnĕ, num (*this last always requires or implies a negative answer*).—2. ăn, ŭtrum, q. v. PHR. En ĕrit unquam ille dies mihĭ cum lĭceat tua dīcere facta, En ĕrit ut . . . lĭceat . . . V.

nē. 1. *A prohibitory particle, Do not, etc.*—2. *Lest, so that not.*——*Nē* puĕri, *nē* tanta ănĭmis assuescite bella. V. Æn. 6. 833. *Nē* forte crēdas intĕrĭtūra quæ . . . Verba loquor. Hor. 4. 9. 1.—2. Fiĕret vento mŏra *nē* quă fĕrenti. V. Æn. 3. 473. Tu făcis ut spolium *nē* sim neu nūder ab illis. Ov. Tr. 1. 5. 7. SYN. 1, 2. neu, nēvĕ, q. v.—1. non.

Neāpŏlis, is. fem. *Naples.*——Et ōtiōsa crēdĭdit *Neāpŏlis.* Hor. Epod. 5. 43. SYN. Parthĕnŏpē, es.

‡**nĕbris**, ĭdŏs. pl. ĭdĕs. fem. *A fawn-skin.*——*Nĕbrĭdăs* et frăgiles thyrsos portāre pŭtâstis. Stat. Theb. 2. 664.

nĕbŭla, æ. 1. *A mist.*—2. *A cloud, and metaph. a cloud of smoke, and anything which obscures, as a cloud does.*——1. Quæ tĕnuem exhālat *nĕbŭlam* fūmosque vŏlŭcres. V. G. 2. 217.—2. Quâ parte dēbacchentur ignes Qua *nĕbŭlæ* pluviique rōres. Hor. 3. 3. 56. Sensus ĭnest ĭgĭtur *nĕbŭlis* quas exĭgit ignis. Ov. Tr. 5. 5. 31. *Nĕbŭlæ* dōlia summa tĕgunt. Ov. F. 5. 270. SYN. 2. nūbes, is, *fem.* v. fumus.

§**nĕbŭlo**, onis. masc. *A worthless fellow.*——Sponsi Pēnĕlŏpes, *nĕbŭlōnes* Alcinoique. Hor. Epist. 1. 2. 28.

nĕbŭlōsus, a, um. *Misty, cloudy.*——Qua *nĕbŭlōsa* căvo rōrat Mēvānia campo. Prop. 4. 1. 23. v. nubilus.

nec. *Neither.* Parve, *nĕc* invĭdeo, sĭne mē lĭber ībis ĭn urbem. Ov. Tr. 1. 1. 1. SYN. nĕque, neu, nēvĕ.

nĕcātus, a, um. part. pass. from neco, q. v. *Slain.* **Nĕcātūrus.** *About to slay, etc.*——Fervent exāmĭna pūtri De bŏve mille ănĭmas ūna *nĕcāta* dĕdit. Ov. F. 1. 380. Ore *nĕcātūras* accĭpiemus ăquas. Ov. Tr. 1. 2. 36.

necdum. *Not yet, nor yet.*——*Necdum* illis labra admōvi, sed condĭta servo. V. E. 3. 43. v. nondum.

†**nĕcessarius**, a, um. *Necessary.*——Hoc quod est id *nĕcessārium* est perpeti. Plaut. Rud. 1. 4. 32. v. seq.

nĕcesse. indecl., also †**nĕcessum**. *Necessary.*——Et tamen hanc pĕlăgo prætĕrlābāre *nĕcesse* est. V. Æn. 3. 477. Jam măgis in somnis eădem servīre *nĕcessum* est. Lucr. 4. 1000. v. opus. PHR. (*"It is necessary," "must" are often rendered by the fut. in dus.*) Ante et Trīnăcriâ lentandus rēmus ĭn undâ. V.

necne. *Or not.*——Sitque mĕmor nostri *necne* rĕferte mihi. Ov. Tr. 4. 3. 10. SYN. annon.

necnōn. *And.*——*Necnōn* et līni sĕgĕtem et Cĕreāle păpāver Tempus hŭmo tĕgĕre. V. G. 1. 212. SYN. et, atque, que, ac (*never before a vowel*), etiam, ĭtem.

nĕco, as. perf. **nĕcāvi,** sometimes **nĕcui.** part. **necatus, necaturus.** in compounds also **nectus.** *To kill.*——Complexu in mĭsĕro longâ sic morte *nĕcābat.* V. Æn. 8. 488. SYN. ēnĕco, ‡pernĕco; cædo, ĭs, cĕcīdi, cæsum; occīdo; pĕrĭmo, ĭs, ēmi; interĭmo; jŭgŭlo, as (*only with a weapon*). PHR. Et gĕnus omne nĕci pĕcŭdum dĕdit. V. Quem falsâ sub prōdĭtione Pĕlasgi . . . Dēmīsēre nĕci. V. v. occīdo.

†nĕcŏpīnans, antis. *Not expecting.*—— Et *nĕcŏpīnanti* mors ad caput astĭtit ante. Lucr. 3. 972. v. seq.

nĕcŏpīnus, a, um. 1. *Not expecting.* — 2. *Unexpected.* —— 1. Quŏniam concurrĕre comĭnus hosti Non dătur occultâ *nĕcŏpīnum* perde săgittâ. Ov. Met. 12. 596. — 2. Nocte grăvem somno *nĕcŏpīnâ* perdĕre morte Me părat. Ov. Met. 1. 224. SYN. 1. †nĕcŏpīnans, incautus. — 2. imprōvīsus, ĭnŏpīnus, inexspectatus, inspērātus, sŭbĭtus.

nectar, ăris. neut. *Nectar, the drink of the Gods, metaph. any sweet liquor.*—— Aliæ pūrissĭma mella Stīpant, et dulci distendunt *nectăre* cellas. V. G. 4. 164.

nectăreus, a, um. *Of nectar.*—*Nectăreis* quod ălātur ăquīs; ĕgŏ Prōcrĭn ămābam. Ov. Met. 7. 707.

necto, ĭs, nexui, nexum. 1. *To tie or bind together or on, to connect.* — 2. *To weave* (*garlands, etc.*). — 3. *To contrive.* — 4. *To crown.* —— 1. *Necte* trĭbus nōdis ternos Ămăryllĭ cŏlōres. V. E. 8. 77.—1. 3. Sed tămĕn interdum tēcum quoque jurgia *nectat.* Ov. Am. 2. 2. 35. Ille autem causas nēquicquam *nectis* ĭnānes. V. Æn. 9. 219. — 2. Ăprīcos *necte* flores *necte* meo Lămiæ cŏrōnam. Hor. 1. 26. 7. — 3. Horrĭbĭlique Mēdo *Nectis* cătēnas. Hor. 1. 29. 4. — 4. Tres præmia prīmi Accĭpient flāvâque căput *nectentur* ŏlīvâ. V. Æn. 5. 309. SYN. 1, 2. innecto, connecto; nexo, as. — 1, 2. 4. implĭco, as, ui, ĭtum. — 1. lĭgo, as; rĕlĭgo; vincio, is, xi. — 3. struo, ĭs, xi; mōlior, īris; păro, as, q. v. — 4. cŏrōno, as, q. v.

‡nēcŭbĭ. *Lest anywhere.* —— *Nēcŭbĭ* suppressus pĕreat gĕner; o bĕnĕ rapta. Lucan. 9. 1061.

nēdum. *Much less.* —— *Nēdum* si lēvĭbus fuĕrit collāta fĭgūris Infĕrior dūro jūdĭce turpis eat. Prop. 1. 4. 9.

nĕfandus, a, um. *Not to be spoken of, wicked.* —— At spērāte Deos mĕmŏres fandi atque *nĕfandi.* V. Æn. 1. 547. SYN. nĕfārius, nĕfastus, infandus, scĕlestus, scĕlĕratus, q. v.

nĕfārius, a, um. *Wicked.* —— Aut hūmāna pălam cŏquat exta *nĕfārius* Ātreus. Hor. A. P. 188. v. prec.

nĕfās. indecl. 1. *What is unlawful, wicked.* — 2. *Wickedness.* — 3. (*as an interjection*) *Oh, terrible! oh, strange!* —— 1. Corpŏra vīva *nefas* Stўgiâ vectāre cărīnâ. V. Æn. 6. 391. — 2. Mos et lex măcŭlōsum edomuit *nĕfas.* Hor. 4. 5. 22. — 3. Quosne *nefas!* omnes infandâ in morte rĕlīqui. V. Æn. 10. 673. SYN. 2. scelus, ĕris, q. v. — 3. infandum!

nĕfastus, a, um. 1. *Profane; on which it was unlawful to transact business* (*epith. chiefly of days*). — 2. *Ill-omened.* — 3. *Wicked.* —— 1. Ille *nĕfastus* ĕrit per quem tria verba sĭlentur. Ov. F. 1. 47. — 2. Ille et *nĕfasto* te pŏsuit die. Hor. 2. 13. 1. — 3. Quid intactum *nĕfasti* Līquĭmus? Hor. 1. 35. 35. SYN. 2. lævus, q. v. — 3. nĕfandus, q. v.

†nĕgĭto, as. *To deny, to deny frequently.* —— Ne fĭĕri *nĕgĭtes* quæ dicam posse; rĕtroque . . . Lucr. 4. 911. SYN. nĕgo, as, q. v.

nēglĭgens, entis. part. of negligo, q. v., used as adj. *Careless.* —— Per quam non lĭcet esse *nēglĭgentem.* Cat. 10. 34.

‡nēglĭgenter. *Carelessly.* —— Jamdūdum quăsĭ *neglĭgenter* audis. Mart. 6. 42. 23.

†neglĭgentia, æ. *Carelessness.* —— Quōrum æmŭlāri exopto *neglĭgentiam.* Ter. And. prol. 20. SYN. incūria.

nēglĭgo, ĭs, lexi. ctum. *To neglect.* —— *Nēglĭgis* absentis, testor, mandâta, mărīti. Ov. Her. 16. 303. v. sperno.

nĕgo, as. 1. *To deny.* — 2. *To refuse.* —— 1. Casta *nĕgor;* si tu damnas mĕruisse fătēbor. Ov. F. 4. 321. — 2. Nōn ĕgŏ me vinclis vĕrbĕrĭbusque *nĕgo.* Tib. 2. 3. 86. SYN. 1, 2. pernĕgo, dēnĕgo, abnĕgo. — 1. diffĭteor, ēris, fessus. — 2. rĕcūso, as; rĕnuo, ĭs, *no sup.*; abnuo.

‡nĕgōtiātor. *A trader, a man of business, for himself or for others.* —— Et fraudātor ĕs, et *nĕgōtiātor.* Mart. 11. 67. 2. SYN. mercātor, q. v.
†‡nĕgōtiōsus, a, um. *Full of business.* —— *Nĕgōtiōsis* rēbus urbis hærenti. Mart. 10. 30. 27.
nĕgōtium, i. *Business.* —— Beātus ille qui prŏcul *nĕgōtiis.* Hor. Epod. 2. 1. SYN. rēs, rei, q. v.; sēria, orum.
Nĕmea, æ. *A town of Peloponnesus with a wood of the same name, celebrated as the haunt of the lion which Hercules slew, and also for the Nemean games.* —— Tu Cressia mactas Prōdĭgia, et vastum *Nĕmeæ* sub rūpe leōnem. V. Æn. 8. 295. PHR. Cuncta mihi Alphēum linquens lūcosque Mŏlorchi Cursĭbus et crūdo dēcertet Græcia cæstu. V.
Nĕmeæus, a, um. *Of Nemea.* —— Nempe sub his ănĭmam pestis *Nĕmeæa* lăcertis Ēdĭdit unde hŭmĕrus tegmĭna lævus hăbet. Ov. Her. 9. 61.
Nĕmĕsis, is. fem. *The goddess of retribution.* —— Ne pœnas *Nĕmĕsis* rĕposcat a te, Est vehemens Dea, lædĕre hanc căvēto. Cat. 48. 51. SYN. Rhamnūsia.
nēmo, ĭnis. masc. *Nobody.* —— Sensĕrat hoc furtum *nēmō* nĭsĭ nōtus in illo. Ov. Met. 2. 687. SYN. nullus, *gen.* ĭus.
nĕmŏrālis, e. *Of groves.* —— Hic ĕgŏ dum spătior tectus *nĕmŏrālibus* umbris. Ov. Am. 3. 15. SYN. nĕmŏrōsus, sylvestris.
nĕmŏrensis, e. *Of groves, esp. as a name of Diana.* —— Albānusque lăcus sŏcii *nĕmŏrensis* ab undâ. Prop. 3. 21. 25.
‡nĕmŏrĭcultrix, īcis, fem. *Living in groves.* —— Sus *nĕmŏrĭcultrix* fœtum ad īmam pŏsuĕrat. Phædr. 2. 4. 3.
nĕmŏrĭvăgus, a, um. *Wandering in groves.* —— Ŭbĭ cerva sylvĭcultrix, ŭbi ăper *nĕmŏrĭvăgus.* Cat. 61. 72.
nĕmŏrōsus, a, um. *Full of groves.* —— Jam mĕdio appāret fluctu *nĕmŏrōsa* Zăcynthos. V. Æn. 3. 270.
nempĕ. *In truth.* —— *Nempe* sub his ănĭmam pestis Nĕmeæa lăcertis Ēdĭdit. Ov. Her. 9. 61. SYN. scilĭcet, nīmīrum, quĭdem (*never the first word in a sentence*), ĕtĕnim.
nĕmus, ŏris. neut. *A grove, a wood.* —— Est *nĕmus* Hæmŏniæ, prærupta quod undĭque claudit Sylva. Ov. Met. 1. 568. SYN. lūcus, sylva. PHR. Nĕmŏrum jam claudĭte saltus. V. Sĭcŭbĭ nĭgrum Īlĭcĭbus crēbris săcrâ nĕmus accŭbet umbrâ. V. Rĕfŭgit In nĕmus umbrĭfĕrum. V. Inter ŏdōrātum lauri nĕmus. V. Intĕreā vĭdet Ænēas in valle rĕductâ Sēclūsum nĕmus, et virgulta sŏnantia sylvis. V. Inter ŏpācum Allābi nĕmus. V. Omnem Miscet ăgens tēlis nĕmŏra inter frondea turbam. V. Attŏnĭtæ Baccho nĕmŏra ăvia mātres Insultant thiăsis. V. Classem in convexo nĕmŏrum sub rūpe căvātâ Arbŏrĭbus clausam circum atque horrentĭbus umbris Occŭlit. V. Tūta lăcu nĭgro nĕmŏrumque tĕnēbris. V. Mē gĕlĭdum nĕmus, Nymphārumque lĕves cum Sătyris chŏri Sēcernunt pŏpŭlo. Hor. Ut mihĭ dēvio Rīpas et văcuum nĕmus Mīrāri lĭbet. Hor. Spissæ nĕmŏrum cŏmæ. Hor. Est nĕmus et pĭceīs et frondĭbus īlĭcis ātrum. Ov. Lūcus eum, nĕmŏrisque tui Dictynna rĕcessus Celat. Ov.
†nēnŭ. *Not, no.* —— *Nēnŭ* queunt răpĭdi contrā constāre leōnes. Lucr. 4. 713. SYN. non, q. v.
neo, nes, nēvi, no sup. *To spin.* —— Et tŭnĭcam, molli māter quam *nēvĕrat* auro. V. Æn. 10. 818. PHR. Intĕreā longum cantu sōlāta lăbōrem Argūto conjux percurrit pectĭne tēlas. V. Sive lĕvi tĕrĕtem versābat pollĭce fūsum. Ov. Mĭnuent plēnas stāmĭna nostra cŏlos. Ov. Nērunt fătāles fortia fīla Deæ. Ov. Illa ĕtiam stantes rădio percurrĕre tēlas Ērŭdit, et rarum pectĭne denset ŏpus. Ov. Aut dūcunt lānas, aut stāmĭna pollĭce versant, aut hærent telæ. Ov. Stāmĭna barbărĭcâ suspendit callĭda tēlâ. Ov. v. Ov. Met. 6. 53—69.
Nĕŏclĭdes, æ. *Themistocles son of Neoclus.* —— Arma *Nĕŏclĭdes* qui Persĭca contŭdit armis. Ov. Ep. e P. 1. 3. 69.
Neoptŏlĕmus, i. *Another name of Pyrrhus son of Achilles.* —— Morte *Neoptŏlĕmi* regnōrum reddĭta cessit Pars Hĕlĕno. V. Æn. 3. 333. SYN. Pyrrhus, q. v.
‡Nĕpă, æ. masc. *The sign of the zodiac called Scorpion.* —— Trĕpĭdus prŏfŭgit chēlas et spĭcŭla Phœbus Dīra *Nĕpæ.* Columel. 10. 56. SYN. Scorpiŏs, q. v.
nĕpōs, ōtis, masc. very rare in fem. 1. *A grandson.* — 2. (*in pl.*) *Posterity.* —

3. *A spendthrift.* —— 1. Mercŭri făcunde *nĕpos* Ătlantis. Hor. 1. 10. 1.—2. Fīlius, anne ăliquis magnâ de stirpe *nĕpōtum?* V. Æn. 6. 865.—3. Discinctus aut perdam ut *nĕpos.* Hor. Epod. 1. 34. SYN. 2. *in pl.* postĕri, q. v.

neptis, is. fem. *A grand-daughter.* —— Da Dea quas scĭter doctas Cўbĕlēia *neptes.* Ov. F. 4. 191.

‡**Neptūnĭcŏla, æ.** masc. *Worshipping Neptune.* —— Et *Neptūnĭcŏlæ* transverbĕrat ōra Tĕlōnis. Sil. 14. 443.

Neptūnīnē, ēs. *Daughter of Neptune,* i. e. *Thetis.* —— Tēne Thĕtis tĕnuit pulcherrĭma *Neptūnīne?* Cat. 62. 28.

Neptūnius, a, um. *Of Neptune.* —— Tēlique vŏlātĭle ferrum Spargĭtur; arva nŏvâ *Neptūnia* cæde rŭbescunt. V. Æn. 8. 695.

Neptūnus, i. 1. *Son of Saturn and Ops, god of the sea.*—2. *The sea.* —— 1. Tuque o cui prīma frĕmentem Fūdit ĕquum magno tellus percussa trĭdente *Neptune.* V. G. 1. 14.—2. Si forte mŏrantes Sparsĕrit, aut præceps *Neptūno* immīsĕrit Eurus. V. G. 4. 28. SYN. 1. Trĭdentĭfer, ĕri.—2. măre, is, *neut.* q. v. PHR. Cumque trĭdentĭgĕro tŭmĭdi gĕnĭtōre prŏfundi. Ov. In me cærŭleo fascĭna sumpta Deo est. Prop. Quod si Neptūni ventōsa pŏtentia vincit. Ov.

nēquam. not used in pos. in good poetry, compar. **nēquior,** superl. rare. *Bad, wicked.* —— Ætas părentum pējor ăvis tŭlit nos *nēquiōres.* Hor. 3. 6. 47. SYN. mălus, pējor, pessĭmus, q. v.

§**nēquāquam.** *Not at all.* —— Cætĕra *nēquāquam* sĭmĭli rătiōne mŏdoque Æstĭmat. Hor. Epist. 2. 1. 20. v. nequidquam.

nĕque. *Neither, nor.* —— Quid făcĕrem, *nĕque* servĭtio me exīre lĭcēbăt. V. E. 1. 41. SYN. nĕc, nēve.

nĕqueo, īs, īvi. no sup. *To be unable.* —— Flectĕre si *nĕqueo* Sŭpĕros Ăchĕronta mŏvēbo. V. Æn. 7. 312. SYN. v. nescio. PHR. Vērum ŭbĭ nulla dătur dextram affectāre pŏtestas Nec pŏtis Īŏnios fluctūs æquāre sĕquendo. V.

nēquicquam. 1. *In vain.*—2. *Not at all.* —— 1. Neque illum Flāva Cĕrēs alto *nēquicquam* spectat Ŏlympo. V. G. 1. 96.—2. *Nēquicquam* sēros exercet noctua cantus. V. G. 1. 403. SYN. 1. frustrā, incassum.—2. nōn, q. v.

nēquĭs, nēquă, nēquid. prop. two words. *Lest any, so that none.* —— Intĕreā classem vēlīs aptāre jŭbēbat Anchīses fiĕret vento mŏra *nēqua* fĕrenti. V. Æn. 3. 469.

nēquĭtia, æ. also **nēquĭties, ei.** *Wickedness, worthlessness.* —— Tandem *nēquĭtiæ* pōne mŏdum tuæ. Hor. 3. 12. 2. SYN. scĕlus, ĕris; lascīvia.

Nērēis, ĭdŏs. pl. **ĭdĕs,** etc. *The daughters of Nereus, nymphs of the sea; they were fifty in number, or, as some say, one hundred.* —— *Nērēi* te vĕreor tua fulmĭne sævior īra est. Ov. Met. 13. 858. Utque cĕler vĕnias vĭrĭdes *Nērēĭdas* ōro. Ov. Her. 5. 57. SYN. Nērīnē, es, *only in sing.* PHR. Crēdĭtur æquōream Phthīo Nērēĭda Regi . . . concŭbuisse. Ov. v. V. G. 4. 336—344. *for a list of the Nereids, to which in another place he adds* Thĕtis et Mĕlĭtē Pănŏpēaque virgo. V. Æn. 5. 825.

Nērēius, a, um. *Of Nereus.* —— Præscia ventūri gĕnĕtrix *Nērēia* leti. Ov. Met. 13. 162.

Nēreūs, ēi and ĕŏs. masc. 1. *The son of Oceanus and Tethys, a god of the sea.*—2. *The sea.* —— 1. Sævitque trĭdenti Spūmeus atque īmo *Nēreūs* ciet æquŏra fundo. V. Æn. 2. 418.—2. Vexit et Æŏlios plăcĭdum per *Nērēă* ventos. Tib. 4. 1. 58. SYN. 2. măre, is, *neut.,* q. v. PHR. Hunc et nymphæ vĕnĕrāmur et ipse Grandævus Nēreus. V. Qua lātam Nēreus cærŭlus ambit humum. Ov.

Nērīnē, es. *Daughter of Nereus.* —— *Nērīnē* Gălătēa thўmo mihĭ dulcior Hўblæ. V. E. 7. 37. v. Nereis.

Nērĭtius, a, um. *Of Neritos, used chiefly as epith. of Ulysses.* —— Pro dŭce *Nērĭtio* docti măla nostra Poētæ Scrībĭte. Ov. Tr. 1. 4. 58. SYN. Ithacus.

Nērĭtŏs, i. acc. **ōn.** fem. *A mountain in Ithaca, the kingdom of Ulysses, and also the name of a small island near Ithaca.* —— Dūlĭchiumque, Sămēque et *Nērĭtŏs* ardua saxis. V. Æn. 3. 271.

Nĕro, onis. masc. *The most celebrated of this name was Claudius Nero, who defeated Asdrubal.* —— Quid dēbeas o Roma *Nĕrōnĭbus.* Hor. 4. 4. 37. q. v.

‡**Nĕrōnēus, a, um.** *Of Nero.* —— Parva *Nĕrōnēā* nec qui mŏdŏ lōtus in undâ. Stat. Sylv. 1. 5. 62.

nervōsus, a, um. *Full of sinews.* —— Mollia *nervōsus* făcit internōdia poples. Ov. Met. 6. 256. SYN. tŏrōsus.

nervus, i. 1. *A sinew, a tendon.* — 2. *Power, strength.* — 3. *The string of a musical instrument.* — 4. *A bowstring.* —— 1. Nec quenquam *nervos* extĭmuisse tuos. Ov. ad Liv. 58. — 2. Pectŏre tē tōto, tōtisque incumbĕre *nervis* . . . dĕcet. Ov. Ep. e P. 1. 3. 39. —— 3, 4. Utque nĕc ad cĭthăram nĕc ad arcum segnis Ăpollo, Sic vĕnit ad săcras *nervus* uterque măuus. Ov. Ep. e P. 4. 8. 76. — 3. Et cĭthăræ cordi, nŭmĕrosque intendĕre *nervis.* V. Æn. 9. 776. — 4. Non tŭlit Ascănius *nervo*que obversus ĕquīno Intendit tēlum. V. Æn. 9. 623. SYN. 1. tŏri, ōrum. — 2. vis, q. v. — 3. chorda, fīlum.

nesciō, is. no pass. 1. *To be ignorant of, not to know, sometimes not to know how, not to be able.* — 2. Nescio quis, *some one;* nescio quid, *something, etc.* —— 1. Nec nocturna quĭdem carpentes pensa puellæ *Nescīvēre* hyĕmem. V. G. 1. 390. Stāre lŏco *nescit,* mĭcat auribus et trĕmit artus. V. G. 3. 384. — 2. *Nesciō* quid certe mens mea mājus ăgit. Ov. Her. 12. 212. SYN. 1. ignōro, as. — 2. v. aliquis. PHR. Nec lătuēre dŏli frātrem Jūnōnis. V.

nescius, a, um. *Ignorant, ignorant of.* —— *Nescia* mens hŏmĭnum fāti sortisque fŭtūræ. V. Æn. 10. 501. *Nescia*que hūmānis prĕcĭbus mansuescĕre corda. V. G. 4. 470. SYN. inscius, ignārus.

Nessēus, a, um. *Of Nessus.* —— Illĭta *Nessēo* mĭsi tĭbĭ texta vĕnēno. Ov. Her. 9. 163.

Nessus, i. masc. *A Centaur, who offering violence to Deianira, was slain by Hercules with an arrow dipped in the poison of the Lernæan hydra; he dying, gave his cloak, saturated with his blood, to Deianira, telling her it would be a charm to recover the wandering affections of her husband. She gave it to Hercules, who was killed by the poison with which it was imbued.* —— Quo te fīdūcia clamat Vāna pĕdum viŏlente răpit? tĭbĭ *Nesse* bĭformis Dīcĭmus. Ov. Met. 9. 121.

Nestor, ŏris. acc. **ŏră.** *Son of Neleus, king of Pylos, the oldest and most eloquent of the Greeks at the siege of Troy. The Latin poets, from misunderstanding a line in Homer, speak of him as having been nearly* 300 *years old.* —— Qui lĭcet ēlŏquio fidum quŏque *Nestŏra* vincat. Ov. Met. 13. 63. Crēde mihī Pylio *Nestŏre* mājor ĕrō. Ov. Ep. e P. 1. 4. 10. PHR. Vixĕrit ille sĕnex quamvis dum terna per orbem Sæcŭla fertĭlĭbus Tītan dĕcurrĕrit hōris. Tib. At non ter ævo functus ămābĭlem Plōrāvit omnes Antĭlŏchum sĕnex annos. Hor. Nestŏris est vīsus post tria sæcla cĭnis. Prop.

‡Nestŏreus, a, um. *Of Nestor.* —— Fīnem *Nestŏreæ* prĕcor ēgrĕdiāre sĕnectæ. Stat. Sylv. 1. 3. 110.

nēu, also **nēvĕ.** 1. *Nor.* — 2. *A prohibitory particle, Do not, etc.* — 3. *Lest, and lest.* — 1, 2. *Neu* prŏpius tectis taxum sĭne *nēvĕ* rŭbentes Ūre fŏco cancros, altæ *neu* crēde pălūdi. V. G. 4. 47. — 3. *Neu* rĕgio fŏret ulla suis ănĭmālibus orba. Ov. Met. 1. 72. *Nēvĕ* fŏret terris sēcūrior arduus æther. Ov. Met. 1. 151. SYN. 1. nĕc, nĕque. — 2, 3. nē.

neuter, tra, trum. gen. **neutrīus.** —— Sed, quamvis *neuter* mistus ŭterque cŏlor. Ov. Am. 1. 14. 10.

nex, nĕcis. fem. *Death by being slain, violent death.* —— Dētĕrior qui vīsus eum nē prōdĭgus obsit Dēde *nĕci.* V. G. 4. 90. SYN. mors, mortis, *fem.,* q. v. PHR. Quem . . . Dēmīsēre nĕci. V. Et nĕce nātōrum sanguĭnŏlenta părens. Ov. v. cædes, occīdo.

nexĭlis, e. *Easily to be wreathed together.* —— *Nexĭlibus* flōres hĕdĕris hăbet intertextos. Ov. Met. 6. 128. SYN. lentus, făcĭlis, flexĭlis, flexĭbĭlis.

nexo, as. another form of necto, q. v. —— *Nexantem* nōdis, seque in sua membra plĭcantem. V. Æn. 5. 279.

nexus, a, um. part. from necto, q. v. 1. *Wreathed, entwined, plaited.* — 2. *Fastened together.* —— Displĭcent *nexæ* phĭlÿrā cŏrōnæ. Hor. 1. 38. 2. Ærea cui grădĭbus surgēbant līmĭna, *nexæ*que Ære trăbes. V. Æn. 1. 448. SYN. 1. innexus, implĭcĭtus, implexus. — 2. compactus.

nexus, ūs. *A binding together, an intertwining, a fold (of a serpent), etc.* —— Hunc mŏdo serpentem băculum qui *nexibus* ambit Perspĭce. Ov. Met. 15. 659.

nī, for nĭsĭ, q. v. *Unless.* —— Ōmĭna *nī* rĕpĕtant Argis nūmenque rĕdūcant. V. Æn. 2. 178.

‡**nīcētēria, ōrum.** neut. pl. *The prize of victory.*——Et cērōmătĭco fert *nīcētēria* collo. Juv. 3. 68. v. præmium.
†**nicto, as.** *To twinkle.*——Sēmĭna quæ făciunt *nictantia* fulgŭra flammæ. Lucr 6. 181. v. luceo.
nictor, āris. *To make constant efforts.*——Ūnĭgĕna impellens *nictantĭbus* āĕra pennis. Cat. 64. 53
•**nīdĭfico, as.** *To build a nest.*——Sic vos non vōbis *nīdĭfĭcātis* ăves. V. Epig. v. nidus.
‡**nīdĭfĭcus, a, um.** *Belonging to, fit for making nests in.*——Quodcunque tellus vēre *nīdĭfĭco* creat. Seneca. Med. 714.
nīdor, ōris. masc. *A strong smell.*——Occŭpat os flammis, illi ingens barba rĕluxit *Nīdōrem*que ambusta dĕdit. V. Æn. 12. 301. SYN. ŏdor.
nīdus, i. 1. *A nest* —2. *The young birds in a nest.* — 3. *A lofty situation.*——1. Quæ făcĭtis *nīdos,* quæ plūmis ōva fŏvētis. Ov. F. 1. 443.—2. Hĭrundo Pābŭla parva lĕgens, *nīdis*que lŏquācĭbus escas. V. Æn. 12. 475.—3. Quīcunque celsæ *nīdum* Achĕrontiæ . . . tĕnent. Hor. 3. 4. 14. PHR. 1. Hĭrundo Sub trăbĭbus cūnas parvaque tecta făcit Ov. Nunc ăvis in rāmo tecta Lăremque părat. Ov. Parve cŏlumbārum, demtusve căcūmĭne nīdus. Ov. Ilĭcis in rāmis trĕmŭlæve căcūmĭne palmæ Unguĭbus et pando nīdum sĭbĭ construit ōre. Ov. Antīquasque dŏmos ăvium cum stirpĭbus īmis Ēruit. V.
nīger, nīgra, nīgrum. 1. *Black.* — 2. *Dark.* — 3. *Ill-omened.*——1. Et *nīgram* mactābis ŏvem lūcumque rĕvīses. V. G. 4. 547.—2. Et jubar hoc nĭtĭdum *nīgræ* succēdĕre nocti. Ov. Met 15. 187.—3. *Nīgra*que fūnestum concinit ōmĕn ăvis. Prop. 2. 21. 38. SYN. 1, 2. nīgrans; āter, tra, trum, fuscus, furvus, pullus.—2. pĭceus (*of clouds, etc*), lūrĭdus, cālīgĭnōsus, obscūrus, q. v.—3. infaustus, q. v. PHR. 1. Memnŏnio cycnos esse cŏlōre pŭtem Ov. Qui cŏlor albus ĕrat nunc est contrārius albo. Ov.
nīgrans, antis. *Black*——Totque sues, tŏtĭdem *nīgrantes* terga jŭvencos. V. Æn 5. 97. v. prec.
nīgresco, is. no perf. *To grow black, to be black.*——Nunc vulnus ăcerbum Confĭcit et tĕnĕbris *nīgrescunt* omnia circum. V. Æn. 11. 824. SYN. †nīgro, as.
†‡**nigro, as.** in pres. part. used also by the poets of the Augustan age, but in no other part. 1. *To be black.* — 2. *To make black.*——1. Aut ea quæ *nīgrant*, nīgro de sēmĭne nata. Lucr. 2 734 —2. Non sævius ātros *Nīgrasset* planctu gĕnĕtrix sĭbĭ sæva lăcertos. Stat. Sylv. 2. 6. 84. SYN. 1. nīgresco, is.
†**nīgror, ōris.** masc. *Blackness.*——Omnia suffundens mortis *nīgrōre*, neque ullam. Lucr. 3. 39.
nihĭl, and contr. **nīl** indecl *Nothing; not at all.*——Ille *nihil*, nĕque mē quærentem vāna mŏrātur. V. Æn. 2 287. *Nīl* nostri mĭsĕrēre, mŏri mē dēnique cōges. V. E. 2. 7. v. nullus.
nihĭlōmĭnus *Nevertheless.*——At mārīte ĭtā me jŭvent Cœlestes *nihĭlōmĭnus* Pulcher es. Cat 59. 197.
nihĭlum, i, contr. also **nīlum.** an older form of nihil, no pl.——Maxĭma de *nihĭlo* nascĭtur histŏria. Prop. 2 1. 16.
Nīliăcus, a, um. *Of the Nile, Egyptian.*——Et mŏdŏ *Nīliăcis* carmĭna lūsa mŏdis Ov. A. A. 3. 318. SYN. Nīlōtĭcus. v. Ægyptius.
‡**Nīlōtĭcus, a, um,** and fem. **Nīlōtis, ĭdŏs.** *Of the Nile, Egyptian.*——Rēge sub impūro *Nīlōtica* rūra tĕnente. Lucan. 9. 120. Quod *Nīlōtis* ăcus compressum pectĭne sērum Solvit. Lucan. 10. 142.
Nīlus, i. *The Nile* ——Et septemgĕmĭni turbant trĕpĭda ostia *Nīli.* V. Æn. 6. 801. PHR. Septem dīgestum in cornua Nīlum. Ov. Quāque cĕler Nīlus lāto dēlapsus ab alveo Per septem portūs in măris exit ăquas. Ov. Ipse păpўrĭfĕro qui non angustior amne Miscētur vasto multa per ōra frĕto. Ov. Te fontium qui cēlat ŏrīgĭnes Nīlusque et Ister. Hor. Sic ŭbĭ dēsĕruit mădĭdos septemfluus āgros Nilus Ov. At Nīleus, qui se gĕnĭtum septemplĭce Nīlo Ēmentītus ĕrat. Ov. v. V. G. 4. 287—293.
nimbĭfer, ĕra, ĕrum. *Bringing clouds or rain.*——Ad Stўga *nimbĭfĕro* vindĭcis igne dătos. Ov. Ep. e P. 1. 8. 60. SYN. nūbĭfer, ĕra, ĕrum. v. seq.
nimbōsus, a, um. *Cloudy, rainy, stormy.*——Cum sŭbĭto assurgens fluctu

nimbōsus Ŏrīon. V. Æn. 1. 535. SYN. imbrĭfer, ĕra, ĕrum; plŭvius, plŭviālis. v. prec.

nimbus, i. 1. *A cloud, a cloud of smoke, etc.* — 2. *Rain, a storm.* —— 1. Involvĕre diem *nimbi* et nox hūmĭda cœlum Abstŭlit. V. Æn. 3. 198. Respĭciunt ātram in *nimbo* vŏlĭtāre făvillam. V. Æn. 5. 666. — 2. Hīs ĕgŏ nĭgrantem commixtâ grandĭne *nimbum* . . . Dēsŭper infundam. V. Æn. 4. 120. SYN. 1. nūbes, q. v. — 2. plŭvia, q. v. v. procella.

nīmīrum. *Forsooth.* —— Et păter Anchīses *nīmīrum* hæc illa Chărybdis. V. Æn. 3. 558. SYN. scĭlĭcet, nempe, quĭdem, ĕtĕnim.

nĭmis, nĭmium. adv., the latter also in abl. c. plus. **plus nĭmio.** *Too much.* —— Hæc lŏca lūcis hăbent *nĭmis*, et cum lūce pŭdōris. Ov. F. 6. 115. O Formōse puer *nĭmium* ne crēde cŏlōri. V. E. 2. 17. Albi ne dŏleas *plus nĭmio*, mĕmor Immītis Glÿcĕræ. Hor. 1. 33. 1. PHR. Cur mihĭ plūs æquo flāvi plăcuēre căpilli. Ov.

nĭmius, a, um. *Too much, excessive.* —— Et mŏdŏ sol *nĭmius*, *nĭmius* mŏdŏ corrĭpit imber. Ov. Met. 5. 484. Nec sævos Lăpĭthas, et *nĭmium* mĕro Hÿlæum. Hor. 2. 12. 5.

ningo, is. *To shed like snow; but, except in Lucr., used only in third sing. as impers., it snows.* —— *Ninguntque* rŏsārum Flōrĭbus umbrantes Mātrem cŏmĭtumque cătervas. Lucr. 2. 627. Intĕreā tōto non sēcius āĕre *ningit*. V. G. 3. 367.

†ninguis, is. fem. *Snow.* —— Sol . . . Exstructas *ningues* rădiis tābescĕre cōgit. Lucr. 6. 964.

Nĭŏbæus, a, um. *Of Niobe.* —— Dīvĕ quem prōles *Nĭŏbæa* . . . sensit. Hor. 4. 6. 1.

Nĭŏbē, es. *Daughter of Tantalus king of Lydia. Having seven sons and seven daughters, she preferred herself to Latona, who had but two; on which Apollo and Diana slew all her children, and she was changed into stone.* —— Fēlīcissĭma mātrum Dicta fŏret *Nĭŏbē* si non sĭbĭ vīsa fuisset. Ov. Met. 6. 156. q. v. SYN. Tantălis, ĭdŏs. PHR. Utve sŏror Pĕlŏpis saxo dūrĕris ŏborto. Ov. Quæque sŭperba părens saxo per corpus ŏborto Nunc quŏque Mygdŏniā flēbĭlis astat hŭmo. Ov. Cĭtius gĕnĕtrix Sĭpÿlēia fertur Exhausisse gĕnas. Stat.

Nīrēus, ĕi or **ĕŏs.** masc. *The handsomest of the Greeks at the siege of Troy.* —— *Nīrea* non făcies, non vīs exĕmit Achillem. Prop. 3. 16. 27.

Nīsæus, also **Nīsēius, a, um.** —— *Of Nisus, esp. as epith. of Scylla,* q. v. —— Et vos *Nīsæi* Naufrăga monstra cănes. Ov. F. 4. 500. Vix sānæ virgo *Nīsēia* compos Mentis ĕrat. Ov. Met. 8. 35.

Nīsēis, ĭdos. *fem. The daughter of Nisus,* i. e. *Scylla.* —— Prætĕrĭtâ cautus *Nīsēide* nāvĭta Gaudet. Ov. R. A. 737.

nĭsĭ contr. also **nī,** q. v. *Unless.* —— Et *nĭsĭ* dūrĭtiā rōbŏra vincis, ĕris. Ov. Her. 7. 52. Præpŏsuit Thēseus, *nĭsĭ* si mănĭfesta nĕgămus. Ov. Her. 4. 111.

nīsus, ūs. *An effort, an attempt.* —— Tertia sed postquam mājore hastīlia *nīsu* Aggrĕdior. V. Æn. 3. 37. SYN. cōnātus, ūs, q. v.

nītēdūla, æ. *A shrewmouse.* —— Forte per angustam tĕnuis *nītēdūla* rīmam Repserat. Hor. Epist. 1. 7. 29. v. seq.

‡nītēla, æ. *A shrewmouse.* —— Rhēnique nodos, aureamque *nītēlam*. Mart. 5. 38. 8. v. prec.

nĭtens, entis. part. from niteo, q. v., used also as adj. c. compar. etc. *Shining, bright.* —— Dēsĭnit esse cruor Tÿrioque *nĭtentior* ostro Flōs ŏrĭtur. Ov. Met. 10. 211. SYN. nĭtĭdus, splendĭdus, q. v., splendens, cŏruscus.

nĭteo, es, ui. no sup. 1. *To shine, to be brilliant, beautiful.* — 2. *To flourish.* —— 1. Vēre *nĭtent* terræ, vēre rĕmissus ăger. Ov. F. 4. 126. — 2 Nam mihĭ cum magnīs ŏpĭbus dŏmus alta *nĭtēret*. Tib. 4. 1. 183. SYN. 1. ēnĭteo; ēnĭtesco, ĭs, *no perf.*; fulgeo, es, si; effulgeo, rĕfulgeo; lūceo, es, xi; illūceo, collūceo; rĕnīdeo, es, *no perf.*; †rĕnīdesco, ĭs, *no perf.*; splendeo, es, *rare in perf.*; splendesco, ĭs; mĭco, as, ui, *no perf.* — 2. flōreo, es, ui, *no sup.*; vĭgeo, es, ui, *no sup.* v. seq.

nĭtesco, ĭs. no perf., another pres. form of prec., q. v. —— Jŭventus Nūdātos hŭmĕros ŏleo perfūsa *nĭtescit*. V. Æn. 5. 134.

nĭtĭdus, a, um. *Bright, shining.* —— Cum pŏsĭtis nŏvus exŭviis *nĭtĭdusque* jŭventâ. V. G. 3. 437. SYN. cŏruscus, clārus, q. v.; nĭtens, splendens, splendĭdus, q. v.

nĭtor, ōris. masc. *Brightness.* —— Flamma *nĭtōre* suo templōrum verbĕrat aurum. Ov. F. 1. 77. SYN. lux, lūcis, *fem.*; splendor, q. v.

nĭtor, ĕris, nīsus sum. 1. *To strive.* — 2. (*c. prep.* in *or* ad) *To endeavour to reach.* —— 3. *To lean on, to rely on, in this sense the perf. is* nixus sum. —— 1. Ingĕnio *nītor* non pĕriisse meo. Ov. Ep. e P. 3. 5. 34. — 2. Et vīres hăbuēre suas, ad sīdĕra raptim Vi prŏpriâ *nītuntur.* V. G. 2. 428. — 3. Et pĕrăgit tāles arbŏre *nixa* sŏnos. Ov. F. 3. 26. Ille vīdes pūrâ jŭvĕnis qui *nītitur* hastâ. V. Æn. 6. 760. SYN. 1, 2. ēnītor. — 1. connītor; †nixor, āris; cŏnor, aris, q. v.; tento, as; pugno, as; lăbōro, as. — 2. pĕto, is, īvi. — 3. innītor; prĕmo, is, pressi; incumbo, is, cŭbui, *no sup.* PHR. 3. Ænēan . . . castris stătuēre cruentum Alternos longâ nītentem cuspĭde gressus (*where* nitor *almost means to support*). V. Æn. 12. 386.

‡nĭtrātus, a, um. *Impregnated with nitre* —— *Nĭtrātâ* vĭrĭdis brassĭca fiat ăquâ. Mart. 13. 17. 2.

nĭtrum, i. *Nitre.* —— Thus ŭbĭ miscuĕris rădenti tūbĕra *nĭtro.* Ov. M. F. 85.

nĭvālis, e. *Snowy.* —— Ĕquos . . . vīdi Tondentes campum lātē, candŏre *nĭvāli.* V. Æn. 3. 538. SYN. nĭveus, q. v.

nĭveus, a, um. 1. *Snowy.* — 2. *Snow white.* —— 1. Sed jăcet aggĕrĭbus *nĭveis* informis, et alto Terra gĕlu. V. G. 3. 354. — 2. Sordĭde de *nĭveo* corpore pulvis ăbi. Ov. Am. 3. 2. 42. SYN. 1. nĭvālis, nĭvōsus, glăciālis. — 2. albus, candens, candĭdus, q. v.

nĭvōsus, a, um. *Snowy.* —— Hic Ĕphÿren bĭmărem, Scȳthiæ lătus ille *nĭvōsæ* omne tĕnet. Ov. Her. 12. 29. v. prec.

nix, nĭvis. *fem.* 1. *Snow.* — 2. *Whiteness.* —— 1. Nec flūvii strĕpunt Hȳbernâ *nĭve* turgĭdi. Hor. 4. 12. 4. — 2. Te quiă rūgæ Turpant et căpĭtis *nĭves.* Hor. 4. 13. 12. PHR. Nix hŭmĕros (Atlantis, sc.) infūsa tĕgit. V. Sīthŏniasque nĭves hyĕmis sŭbeāmus ăquōsæ. V. Nunc ruis appŏsĭto nĭvĭbus dē monte sŏlūtis. Ov. Thrācanē vos, Hebrusve nĭvāli compĕde vinctus (tenet ?). Hor.

†nixor, āris. *To endeavour.* —— Hōc est adverso *nixantem* trūdĕre monte Saxum. Lucr. 3. 1013. SYN. nītor, eris, q. v.

nixus, a, um. part. from nitor, q. v. *Leaning on, relying on, depending on.* —— Cunctaque cum mea sint prōpenso *nixa* făvōre. Ov. Ep. e P. 3. 4. 15. v. fretus.

nixus, ûs. masc. *A bringing forth.* —— Nec corpŏra segnes In Vĕnĕrem solvunt, aut fœtus *nixĭbus* ēdunt. V. G. 4. 199. SYN. partus, ûs, q. v.

no, nas. *To swim, to float.* —— Appārent rāri *nantes* in gurgĭte vasto. V. Æn. 1. 118. *Nāre* per æstātem lĭquĭdam suspexĕris āgmen. V. G. 4. 59. SYN. inno; năto, as; dēnăto, innăto. PHR. Dēpŏsito părĭter cum veste tĭmōre Jactābam lĭquĭdo brăchia lenta mări. Ov. Postque mŏræ mĭnĭmum jam certē nāvĭgat inquam, Lentaque dīmōtīs brăchia jactat ăquis. Ov. Jamque fătīgātis hŭmĕro sub ŭtroque lăcertis Fortĭter in summīs ērĭgor altus ăquis, Corpus . . . quod dŭbiâ sæpe pĕpendit ăquâ. Ov. Qui per măria hūmĭda nando Carpăthium Lĭbȳcumque sĕcant lūduntque per undas. V. Quālis Nērēia Dōto Et Gălătēa sĕcant spūmantēm pectŏre pontum. V. Dēsĭlit in lătĭces alternaque brăchia dūcens In lĭquĭdis translūcet ăquis. Ov. Cur tĭmet flāvum Tĭbĕrim tangĕre ? Hor. Jam vŏlŭcrem sĕquor . . . tē per ăquas, dūre, vŏlūbĭles.

nōbĭlis, e. 1. *Well known.* — 2. *Noble, illustrious.* — 3. *Highly born, well-bred.* —— 1. *Nōbĭlis* est Cănăcē frātrĭs ămōre sui. Ov. Tr. 2. 384. — 2, 3. *Nōbilior* săcræ sanguĭne mātris ĕrat. Ov. F. 1. 472. SYN. 1. nōtus, cognĭtus, mĕmŏrābĭlis, mĕmŏrandus, commĕmŏrandus. — 1, 2. nōbĭlĭtātus. — 2. illustris, clārus, q. v. — 3. gĕnĕrōsus, q. v.

nōbĭlĭtas, ātis. fem. 1. *Nobility, nobleness.* — 2. *A body of nobles.* —— 1. Exsŭpĕras mōrum *nōbĭlĭtate* gĕnus. Ov. Tr. 4. 4. 2. — 2. Simplex *nōbĭlĭtas* perfĭda tēla căve. Ov. F. 2. 226. SYN. 1. virtūs, ūtis, q. v. — 2. prŏcĕres, um, *pl. masc.* q. v.

nōbĭlĭtātus, a, um. *Renowned.* —— Præterque Lăcĭnia templo *nōbĭlĭtāta* Deæ Scȳlăcēaque littŏra fertur. Ov. Met. 15. 702. v. nobilis.

nōbīs, dat. and abl. pl. of ego, q. v. —— O Mĕlĭbœe, Deus *nōbīs* hæc ōtia fēcit. V. E. 1. 6. Annua quæ differre nĕfas cĕlĕbrate făventes *Nōbīscum.* V. Æn. 8. 174.

nŏcens, entis, part. from noceo, q. v. — 1. *Hurtful.* — 2. *Guilty, criminal, often almost as subst.* —— 1. Jamque *nŏcens* ferrum; ferroque *nŏcentius* aurum Prōdiĕrat. Ov. Met. I. 141. — 2. Crēdĕre mē pĕlăgo fœmĭna, jamque *nŏcens.* Ov. Her. 12. 118. SYN. 1. nŏcuus, noxius, ‡nŏcīvus, perniciosus, damnōsus. — 2. reus, *fem.* rea, *no neut.*

nŏceo, es, ui. *To injure.* —— Jūnĭpĕri grăvis umbra, *nŏcent* et frūgĭbus umbræ. V. E. 10. 76. SYN. lædo, ĭs, si; officio, ĭs, feci; obsum, ŏbĕs, obfui.

‡nŏcīvus, a, um. *Injurious.* —— Et ĭbĭ *nŏcīvum* concĭtant pĕrīcŭlum. Phædr. 1. 29. 3. v. nocens.

noctĭfer, ĕri. *Bringing night, a name of Hesperus, the Evening star.* —— Nīmĭrum Œtæos ostendit *noctĭfer* ignes. Cat. 60. 7. SYN. Hespĕrus, q. v.

noctĭlūca, æ. *Shining by night, a name of the moon.* —— Rīte crescentem făce *noctĭlūcam* . . . cănentes. Hor. 4. 6. 38. SYN. lūna, q. v.

noctĭvăgus, a, um. *Wandering by night.* —— Almaque curru *noctĭvăgo* Phœbi mĕdium pulsăbat Ŏlympum. V. Æn. 10. 216. SYN. nocturnus.

noctu. *By night.* —— Hæc fŏrĭbusque mănet *noctu* me affixa, prŏculque. Tib. 1. 6. 61. SYN. nocte. v. nox.

noctua, æ. *An owl.* —— Nēquidquam vēros exercet *noctua* cantus. V. G. 1. 403. SYN. būbo, ōnis, *masc. and fem.* q. v.; ŭlŭla. PHR. Et sĭne līte lŏquax cum Pallădis ālĭte cornix Sēdit. Ov. Sōlaque carmĭnĭbus fērāli carmĭne būbo Vīsa quĕri, et longas in flētum dūcĕre vōces. V.

nocturnus, a, um. *Of night, by night.* —— Nec *nocturna* quĭdem carpentes pensa puellæ. V. G. 1. 390.

nŏcuus, a, um. *Injurious.* —— Lūbrĭcus et spīnâ *nŏcuus* non gōbius ullâ. Ov. Hal. 128. SYN. nŏcens, q. v.

nōdo, as. *To knot, to tie in a knot.* —— Cui phărĕtra ex auro; crines *nōdantur* in aurum. V. Æn. 4. 138. v. vincio.

nōdōsus, a, um. *Full of knots, lumps, etc.* —— Tollĕre *nōdōsam* nescit mĕdĭcīna pŏdăgram. Ov. Ep. e P. 1. 3. 23. Nec tua mactā set *nōdōso* stīpĭte Thesĕu . . . Ov. Her. 10. 101.

nōdus, i. 1. *A knot in a rope, in a tree, etc.* — 2. *A girdle.* — 3. *Any entanglement or difficulty.* —— Necte trĭbus *nōdis* ternos Ămăryllĭ cŏlōres. V. E. 8. 77. Hic torre armātus ŏbusto, stīpĭtis hic grăvĭdi *nōdis.* V. Æn. 7. 507. — 2. Nūda gĕnu, *nōdo*que sĭnus collecta fluentes. V. Æn. 1. 320. — 3. Dii făcient possim plūres impōnĕre *nōdos.* Ov. Her. 20. 39. Prīmus Abantem oppŏsĭtum intĕrĭmit pugnæ *nōdum*que mŏramque. V. Æn. 10. 429. SYN. 1. v. nexus. 2. cingŭlum, q. v.

nōlo, nonvīs, nolle, nōlui, no sup. *To be unwilling.* —— Cum sine rapta meum quid nĭsĭ *nolle* fuit. Ov. Her. 17. 24. SYN. rĕpugno, as. v. invitus.

Nŏmăs, ădŏs. masc. and fem. *A Numidian.* —— Tē propter Lĭbўcæ gentes *Nŏmădum*que tўranni Ōdēre. V. Æn. 4. 320. SYN. *in pl.* Nŭmĭdæ.

nōmĕn, ĭnis. neut. 1. *A name.* — 2. *Fame.* —— 1. *Nōmine* quemque vŏcans rĕfĭcitque in prælia pulsos. V. Æn. 11. 731. *Nōmĕn* ămĭcĭtia est; *nōmĕn* ĭnāne fĭdes. Ov. A. A. 1. 740. — 2. Multi Lўdia *nōmĭnis* Rōmānā vĭgui clārior Īliā. Hor. 3. 9. 7. SYN. 1. vŏcābŭlum — 2. glōria, q. v.

‡nōmenclātor, ōris. *A slave whose business it was to tell his master the names of passers by.* —— *Nōmenclātor* mūgĭlem cĭtat nōtum. Mart. 10. 30. 23.

†nōmĭnĭto, as. *To call, to be in the habit of calling.* —— Quæ quăsĭ membrāna est vel cortex *nōmĭnĭtanda.* Lucr. 4. 48. v. seq.

nōmĭno, as. *To name, to call.* —— Te lŏquor absentem, te vox mea *nōmĭnat* ūnam. Ov. Tr. 3. 3. 17. SYN. dēnōmĭno; vŏco, as; appello, as; nuncŭpo, as; dīco, ĭs, xi.

§nŏmisma, ătis. neut. *A coin.* —— Rĕtŭlit acceptos rēgāle *nŏmisma* Phĭlippos. Hor. Epist. 2. 1. 234. SYN. nummus, q. v.

non. 1. *No, not.* — 2. *(as a prohibitory particle) Do not, let not.* —— 1. *Non* tămĕn Ænēan quamvis mălĕ cōgĭtat ōdi. Ov. Her. 7. 29. — 2. *Non* obstet tangas quomĭnus illa pŭdor. Ov. A. A. 2. 720. SYN. 1. haud. v. minime. — 2. nē.

Nōnăcrīnus, and Nōnăcrius, a, um. *Arcadian.* —— Quid fuit aspĕrius *Nōnăcrīnā* Ătălantā. Ov. A. A. 2. 185. Et mātri et vāti pāret *Nōnăcrius* hēros. Ov. F. 597. SYN. Arcădius, q. v.

Nōnæ, ārum. fem. *The Nones.*——Cum tĭbī *Nōnæ* rĕdeunt Dĕcembres. Hor. 3. 18. 10.

nondum. *Not yet.*——*Nondum* illi flāvum Prōserpĭna vertĭce crīnem Abstŭlĕrat. V. Æn. 4. 698.

nonnĕ? *Is it not?*——*Nonne* fuit sătius tristes Ămăryllĭdŏs īras . . . pătī? V. E. 2. 14.

‡nonnĭhil. *Something.*——Hoc quŏque *nonnĭhil* est quod prōpīnăbis ĭn istis. Mart. 12. 74. 9. SYN. ălĭquod.

‡nonnullus, a, um. *Some.*——Et *nonnullus* hŏnos crēdĭtur esse tĭbi. Mart. 4. 31. 2. SYN. ălĭquis, q. v.

nonnunquam. *Sometimes.*——Et quăsĭ læsa prior *nonnunquam* īrascĕre læso. Ov. Am. 1. 8. 79. SYN. interdum.

nōnus, a, um. *The ninth.*——Post, ŭbĭ *nōna* suos Aurōra ostendĕrit ortus. V. G. 4. 544.

norma, æ. *A rule.*——Intonsi Cătōnis Auspĭciis, vĕtĕrumque *normâ*. Hor. 2. 15. 12. SYN. lex, lēgis, q. v.

noscĭto, as. *To know, to recognise.*——*Noscĭtētur* ab omnĭbus. Cat. 59. 223. SYN. agnosco, ĭs, nōvi, nĭtum. v. seq.

nosco, ĭs, nōvi, nōtum. in compounds (except pernosco) **nĭtum.** the perf. nōvi is often used in pres. sense. 1. *To know, to understand.*—2. *To recognise.*——1. Quid si tot lūsūs et tot mea sēria *nōsses?* Ov. Tr. 1. 7. 31. Namque ut sūprēmam falsa inter gaudia noctem Ēgĕrĭmus *nōsti*. V. Æn. 6. 514.—2. Săcra fĕrens; *nosco* crīnes incānaque menta Rēgis Rōmāni. V. Æn. 6. 811. SYN. 1. cognosco; scĭo, īs.—2. agnosco, rĕcognosco.

noster, tra, trum. 1. *Our.*—2. *Mine, of me.*——1. Bis sēnos cui *nostra* dies altāria fūmant. V. E. 1. 44.—2. Sin mĭnus atque ŏdio flăgrant tua pectŏra *nostro*. Ov. Tr. 5. 9. 7. SYN. 2. meus.

nŏta, æ. 1. *A mark, a spot.*—2. *A written or engraved character.*—3. *A sign (given by a nod, etc.).*——1. Quà *nŏtam* duxit nĭveus vĭdēri. Hor. 4. 2. 5.—2. Nōn incīsa *nŏtis* marmŏra publĭcis. Hor. 4. 8. 13.—3. Innuet; acceptas tu quŏque redde *nŏtas*. Ov. A. A. 3. 514. SYN. 1. măcŭla, q. v.—2. littĕra.—3. signum.

nŏtābĭlis, e. *Remarkable, conspicuous.*——Lactea nōmĕn habet candŏre *nŏtābĭlis* ipso. Ov. Met. 1. 169. SYN. insignis, conspĭcuus, conspectus, nōtus.

‡nŏtārius, i. *A scribe, a copier.*——Nec calcŭlātor nec *nŏtārius* vēlox. Mart. 10. 62. 4.

nōtesco, ĭs, tui. no sup. *To become known.*——Nec mĭnus hæc nostri *nōtescet* fāma sĕpulchri. Prop. 2. 10. 37. SYN. innotesco; noscor, ĕris.

nŏthus, a. no neut. *Illegitimate.*——Suppŏsĭtâ de mātre *nŏthos* fūrāta creāvit. V. Æn. 7. 283.

nōtĭfĭco, as. *To make known.*——Atque mŏdum culpæ *nōtĭfĭcare* meæ. Ov. Ep. e P. 1. 1. 12. SYN. narro, as, q. v.

nōtĭtia, æ. also †**nōtĭties, ēi.** *Knowledge.*——Hâc dīvīnavi *nōtĭtiam*que tŭli. Ov. Tr. 1. 8. 52. *Nōtĭties* hŏmĭnum Dīvīs unde insĭta prīmum. Lucr. 5. 183. SYN. ‡cognĭtio.

nŏto, as. 1. *To mark.*—2. (*esp.*) *To mark with writing, either of the words written, or of the paper on which*—3. *To remark.*——1. Ferreus ingĕnuas ungue *nŏtāre* gĕnas. Ov. Am. 1. 7. 50.—2. Incĭpit, et dŭbĭtat, scrībit damnatque tăbellas Et *nŏtat* et dēlet. Ov. Met. 9. 523. Et lĕgor Œnōnē falce *nŏtāta* tŭâ. Ov. Her. 5. 22.—3. Namque *nŏtāvi* Ipse lŏcum ăĕriæ quo congessēre pălumbes. V. E. 3. 69. SYN. 1, 2. signo, as.—3. obsĕrvo, as, q. v.

nōtus, a, um. perf. part. pass. of nosco, but used as adj. 1. *Known, remarkable.*—2. *Accustomed.*——1. Nec fuit Euxīnis *nōtior* ullus ăquis. Ov. Ep. e P. 3. 2. 62. An quæ per tōtam res est *nōtissĭma* Lesbou. Ov. Met. 2. 591.—2. *Nōtas*que pălūdes Dēsĕrit atque altam sūprā vŏlat ardea nūbem. V. G. 1. 363. SYN. 1. cognĭtus, insignis, nōbĭlis, vulgātus (*of a story*), vulgāris.—2. sŏlĭtus, q. v.

Nŏtus, i. *The South-west wind.*——Tres *Nŏtus* hȳbernas immensā per æquora noctes Vexit me vĭŏlentus ăquâ. V. Æn. 6. 355. SYN. Auster, tri; Āfrĭcus. PHR. Sæpe pŭtāvi Alba prŏcellŏsus Vēla referre Nŏtos. Ov. Præcĭpĭti dēlāta Nŏto. V. Te dăre nūbĭfĕri līnea vēla Nŏtis. Ov. Ut quătĭtur tĕpĭdo fraxĭna virga Nŏto. Ov. Mădĭdis Nŏtus ēvŏlat ālis. Ov. Abstŭlĕrint cĕlĕres imprōba dicta Nŏti. Ov. Albus ut obscūro dēterget nūbila cœlo. Hor. Iōnius ūdo cum rēmūgiens sĭnus Nŏto cārinam rūpĕrit. Hor. Mē quŏque dēvexi răpĭdus cŏmĕs Orīōnis Illyrĭcis Nŏtus ŏbruit undis. Hor.

‡nŏvācŭla, æ. *A razor.*——Hoc sălămandra nŏtet vel sæva *nŏvācŭla* nūdet. Mart. 2. 66. 7.

nŏvālis, e. but used chiefly, 1. (*fem. pl.*) *Fallow land.*—2. (*neut. pl.*) *Fields.* ——1. Alternīs ĭgĭtur tonsas cessāre *nŏvāles* . . . pătiēre. V. G. 1. 71.—2. Impius hæc tam culta *nŏvālia* mīlĕs hăbēbit. V. E. 1. 71. SYN. 2. arvum, q. v. PHR. 1. Largaque prōvĕnit cessātis messis ĭn arvis. Ov.

nŏvātrix, īcis. fem. *A renewer.*——Rērumque *nŏvātrix* Ex ălĭis ălias rĕpărat Nātūra fĭgūras. Ov. Met. 15. 252.

nŏvellus, a, um. *New, young.*——Subtrăhit et dūro colla *nŏvella* jŭgo. Ov. Ep. e P. 3. 7. 16. v. juvenis.

nŏvem. *Nine.*——Unde per ōra *nŏvem* magno cum murmŭre montis It măre. V. Æn. 1. 249. v. nŏvēnus.

‡**Nŏvember, bris.** masc. *November.*——Hic post *Nŏvembres* immĭnente jam Lūnâ. Mart. 3. 58. 8.

nŏvendiālis, e. *Nine days old, lasting nine days, etc.*——*Nŏvendiāles* dissĭpāre pulvĕres. Hor. Epod. 17. 47.

nŏvēnus, a, um. *Nine.*——Tēlum mīsit in Æăcĭden quod et æs et proxĭma rūpit Terga *nŏvēna* boum. Ov. Met. 12. 97. SYN. nŏvem.

nŏverca, æ. *A stepmother.*——Est mihĭ namque dŏmi păter, est injusta *nŏverca*. V. E. 3. 33.

‡**nŏvercālis, e.** *Of or like a stepmother.*——Atque *nŏvercāli* sēdes prælāta Lăvino. Juv. 12. 71.

nŏvies. *Nine times.*——*Nŏvies* Styx interfūsa coercet. V. G. 4. 480.

nŏvĭtas, ātis. fem. *Novelty, newness, inexperience, etc.*——Hæc anni *nŏvĭtas* jūre vŏcanda fuit. Ov. F. 1. 160. Adjūta est *nŏvĭtas* nūmĭne nostra Dei. Ov. Ep. e P. 4. 13. 34.

‡**nŏvĭtius, a, um.** *New, inexperienced.*——Jam sĕdet in rīpâ, tētrumque *nŏvĭtius* horret Porthmea. Juv. 3. 265. SYN. rudis.

nŏvo, as. 1. *To invent, introduce as new.*—2. *To renew, repair, refresh.*—3. *To change.*——1. Ignōtum hōc ălĭis ipse *nŏvāvit* ŏpus. Ov. A. A. 3. 346.—2. Ipsi transtra *nŏvant* flammisque ambēsa rēpōnunt Rōbŏra nāvĭgiis. V. Æn. 5. 752. Hæc rĕpărat vīres fessaque membra *nŏvat*. Ov. Her. 4. 90.—3. Mājestātemque vĕrendam Impŏsuit, nōmenque sĭmul făciemque *nŏvāvit*. Ov. Met. 4. 540. SYN. 1. invĕnio, īs, vēni, ventum.—2. rĕnŏvo; rĕfĭcio, ĭs, fēci, q. v.—3. mūto, as.

nŏvus, a, um. 1. *New.*—2. *Strange.*—3. (*in superl.*) *The last.*——1. Jam *nŏva* prōgĕnies cœlo dēmittĭtur alto. V. E. 4. 7.—2. Ignōti *nŏva* forma vĭri mĭsĕrandaque cultu Prōcēdit. V. Æn. 3. 591.—3. Incŭbuitque tŏro dixitque *nŏvissĭma* verba. V. Æn. 4. 650. SYN. 1. rĕcens.—2. insŏlĭtus, q. v.; mīrus.—3. ultĭmus, q. v. PHR. 1. Fert bĕnĕ præcĭpĭtes nāvis mŏdŏ facta prŏcellas. Ov.

nox, noctis. fem. 1. *Night.*—2. *Darkness, esp. the darkness of death.*——1. *Nox* ĕrat et cœlo fulgēbat Lūna sĕrēno. Hor. Epod. 15. 1.—2. Olli dūra quies ŏcŭlos et ferreus urget Somnus, ĭn æternam clauduntur lūmĭna *noctem*. V. Æn. 10. 746. PHR. 1. Jam cŏlor ūnus ĭnest rēbus tĕnĕbrisque tĕguntur Omnia, jam vĭgĭles contĭcuere cănes. Ov. Nox ātra polum bĭgis subvecta tĕnēbat. V. Sīve lătet Phœbus seu terrīs altior exstat. Ov. Sic ŭbĭ lux acta est, et noctis ămĭcior hōra Exhĭbuit pulso sīdĕra clāra die. Ov. Ruit Ŏceăno nox Involvens umbrâ magnâ terramque pŏlumque. V. Illīc ut pĕrhĭbent, aut intempesta sĭlet Nox. V. Tempus ĕrat quo prīma quies mortālĭbus ægris Incĭpit et dōno Dīvūm grătissĭma serpit. V. Et jam nox hūmĭda cœlum Præcĭpĭtat, suadentque cădentia sīdĕra somnos. V. Nox ātra căvâ circumvŏlat umbrâ. V. Nox hūmĭda dōnec Invertit cœlum stellis fulgentĭbus aptum. V. Nox ruit et fuscis tellūrem amplectĭtur ălis. V. Necdum orbem mĕdium nox hōrīs acta sŭbībat. V. Jamque quiescēbant vōces hŏmĭnumque cănumque Lūnaque nocturnos alta rĕgēbat ĕquos. Ov. Sīve diē laxātur hŭmus, seu frĭgida lūcent Sīdĕra. Ov. Ponto Nox incŭbat ātra. V. Quŏties hūmentĭbus umbris Nox ŏpĕrit terras, quŏties astra ignea surgunt. V. Torquet mĕdios nox hūmĭda cursus. V. Jamque fĕrē mĕdium cœli nox hūmĭda mētam Contĭgĕrat. V. Umbrārum hic lŏcus est, Somni Noctisque sŏpōræ. V. Obteni densantur nocte tĕnēbræ. V. Multæ ădeo mĕlius gĕlĭdâ se nocte dĕdēre. V. Nocte tĕgentur ŏpācâ. V. Indūcunt obscūra crĕpuscŭla noctem. Ov. Vĭtreoque mădentia rōre Tempŏra noctis eunt. Ov. v. V. Æn. 4. 522—528.

noxa, æ. 1. *Harm.*—2. *A fault.* — 3. *Punishment.* —— 1. Sic fātus spīnam qua tristes pellĕre posset A fŏrĭbus *noxas* . . . dĕdit. Ov. F. 6. 130. — 2. Et tămĕn his grăvior *noxa* fătenda mihi est. Ov. Ep. e P. 2. 9. 72. — 3. Verba fĭdes sĕquĭtur; *noxæ* tĭbĭ dēdĭtus hostis. Ov. F. 1. 359. SYN. 1. damnum, mălum, q. v.—2. culpa, q. v.—3. pœna, q. v.

noxius, a, um. 1. *Pernicious.*—2. *Criminal, guilty.*——1. Per mĕdias lĕgĭmus *noxia* tēla vias. Ov. Tr. 5. 10. 22. —2. Quas făcĭbus sævīs ŏcŭlos atque ōra pĕtentes *Noxia* corda vĭdent. Ov. Met. 10. 351. SYN. 1, 2. nŏcens.—1. nŏcuus, pernĭciōsus, damnosus. —2. scĕlestus, q. v.

nūbes, is. fem. *A cloud, lit. and metaph. of any dense or dark body.*—Ērĭpiunt sŭbĭto *nūbes* cœlumque diemque. V. Æn. 1. 92. SYN. nūbĭla, ōrum, *neut. pl.*; nimbus. PHR. Et fœdam glŏmĕrant tempestātem ignĭbus ātris Collectæ ex alto nūbes. V. Quālis cum cærŭla nūbes Sōlis ĭnardescit rădiis longĕque rĕfulget. V. Tres imbris torti rădios, tres nūbis ăquōsæ Addĭdĕrant. V. Obscūramque trahi vento mīrābĕre nūbem. V. Ruit ātram Ad cœlum pĭceá crassus călīgĭne nubem. V. Inductâ nūbe tĕguntur. Ov. Nūbĭbus ille mĭnax (aer, sc.). Ov. Fulvâque rĕcondĭta nūbe. Ov. Æthĕreâ mōlītur condĕre nūbe. Ov. Fŭgit aurea cœlo Lūna, tĕgunt nīgræ lătĭtantia sīdĕra nūbes. Ov. Et pătrio căpĭtis bĭbŭlas subtexĕre nūbes. Ov. Inductâ pĭceis e nūbĭbus umbrâ Omne lătet cœlum dŭplĭcātaque noctis ĭmāgo est. Ov. Annuit Omnĭpotens, et nūbĭbus āĕra cæcis Occŭluit. Ov. Cras vel ātrâ Nūbe pŏlum păter occŭpāto. Hor. Tendit Antōnî quŏties in altos Nūbium tractus. Hor. In nūbes unde pĕrennis ăqua. Prop.

nūbĭfer, ĕra, ĕrum. 1. *Bringing clouds or rain.*—2. *Cloudcapt.*——1. Te dare *nūbĭfĕris* līnea vēla nŏtis. Ov. Her. 3. 58. —2. Āĕriæque Alpes et *nūbĭfer* Āpennīnus. Ov. Met. 2. 226. SYN. 1. nūbĭlus, nĭmbōsus, q. v.

‡**nūbĭfŭgus, a, um.** *Dispelling clouds.*—— Nec tam *nūbĭfŭgo* Bŏreâ Lātōnia Phœbe Purpŭreo rădiat vultu. Columel. 10. 288.

nūbĭgĕna, æ. masc. and fem. *Born of a cloud, esp. as epith. or syn. of a Centaur.*—— Ceu duŏ *nūbĭgĕnæ* cum vertice montis ab alto Descendunt Centauri. V. Æn. 7. 674. Tu *nūbĭgĕnas* invicte bĭmembres . . . Mactas, V. Æn. 8. 293. Mīrātur, mŏdŏ *nūbĭgĕnas* e montĭbus amnes Aure păvens. Stat. Theb. 365.

nūbĭla, ōrum. neut. pl. *Clouds.*——Albus ut obscūro deterget *nūbĭla* cœlo Sæpe Nŏtus. Hor. 1. 7. 15. SYN. nūbes, q. v.

nūbĭlis, e. *Marriageable, only of a woman.*——Jam mātūra vĭro, jam plēnis *nūbĭlis* annis. V. Æn. 7. 53. Hæc ŭbĭ *nūbĭlĭbus* primum mātūruit annis. Ov. Met. 14. 335. PHR. Tandem dēsine mātrem Tempestīva sĕqui vĭro. Hor.

nūbĭlus, a, um. 1. *Cloudy, bringing clouds.* — 2. *Dark.* — 3. *Sad, sad-looking, of persons.* — 4. *Unfortunate, of circumstances.*——1. Fūdĕrit assĭduas *nūbĭlus* Auster ăquas. Ov. Ep. e P. 2. 1. 26. — 2. *Nūbĭla* prōmissi Styx mihĭ testis ĕrit. Ov. F. 3. 322. — 3. Ĭbĭ tōtō *nūbĭla* vultu Ante Jŏvem passis stĕtit invĭdiōsa căpillis. Ov. Met. 5. 513. — 4. *Nūbila* nascenti seu mihĭ Parca fuit. Ov. Tr. 5. 3. 14. SYN. 1. nimbōsus, q. v. —2. obscūrus, q. v.— 3, 4. tristis, q. v. — 4. infaustus, q. v.

‡**nūbĭvăgus, a, um.** *Wandering among the clouds.*——Hic pro *nūbĭvăgo* grātus pia templa meātu Instĭtuit Phœbo. Sil. 12. 102.

nūbo, is, psi also **nupta sum.** no other part of pass. *To marry, only of the woman.*——Si qua vŏles aptē *nūbĕre nūbe* pări. Ov. Her. 9. 32. SYN. dēnūbo. PHR. Hinc săta Plēiŏnē cum cœlĭfĕro Atlante Jungĭtur. Ov. Cum quo commūne părentis Non dēdignāta est nōmĕn hăbēre Vĕnus. Ov. Nē cui me vĭnclo vellem sŏciāre jŭgāli. V. v. conjugium.

‡**nŭcētum, i.** *A nut grove.*——Quicquid nōbĭle Pontĭcis *nŭcētis.* Stat. Sylv. 1. 6. 12.

‡**nŭcleus, i.** *The stone or kernel of any stone fruit.* —— Mella dări *nŭcleos*que jŭbet dulcesque plăcentas. Mart. 11. 87. 3.

nūdo, as, 1. *To strip, to make bare, to expose in an unprotected state.*—2. *To lay open, reveal.*—— 1. *Nūdātos*que hŭmĕros ŏleo perfūsa nĭtescit. V. Æn. 5. 135. Et nunc terga fŭgâ *nūdant*, Nunc spīcŭla vertunt Infensi. V. Æn. 5.

586.—2. Crūdēles āras trajectaque pectŏra ferro *Nūdāvit* cæcumque dŏmûs scĕlus omne rĕtexit. V. Æn. 1. 356. SYN. 1. dēnūdo; exuo, is, ui, ūtum, q. v. v. spolio.—2. pătĕfăcio, is, feci, q. v.

nūdus, a, um. 1. *Naked, lightly clad, bare.*—2. *Deprived of.*——Sēdit hŭmo *nūdâ nūdis* incompta căpillis. Ov. Met. 4. 261. *Nūdus* ăra, sĕre *nūdus*, hyems ignāva cŏlōno. V. G. 1. 299. Ut măla nullâ fĕram nĭsī *nūdam* Cæsăris īram. Ov. Tr. 3. 11. 17.—2. Nonne vides ut *Nūdum* rēmĭgio lătus. Hor. 1. 14. 4. SYN. 1, 2. nūdātus, exūtus.—2. orbus.

nūgæ, ārum. pl. fem. *Trifles.*——Nesciŏ quid mĕdĭtans *nūgārum* et tōtus in illis. Hor. Sat. 1. 9. 2.

‡nūgātor, ōris. masc. *A trifler.*——Si incrĕpuit, cessas *nūgātor.* Pers. 5. 127.

nūgor, āris. *To trifle.*——Ut prĭmum pŏsĭtis *nūgāri* Græcia bellis Cœpit. Hor. Epist. 2. 1. 93. v. desipio.

nullus, a, um. gen. **nullīus,** dat. **nulli,** etc. *None.*——*Nulla* sălus bello, căpĭti căne tālia dēmens Dardănio. V. Æn. 11. 399. PHR. Nōn ullus ărātro Dignus hŏnos. V.

num. *An interrogative particle, Is it? do you? etc., implying the expectation of a negative answer.*——*Num* flētu ingĕmuit nostro; *num* lūmĭne flexit. V. Æn. 4. 369. SYN. numquid.

Nūma, æ. masc. *Numa Pompilius, the second king of Rome.*——Tunc ĕrat intonsi rēgia magna *Nūmæ.* Ov. F. 6. 258. SYN. Pompĭlius. PHR. Quiētum Pompĭlī regnum. Hor. Nosco crīnes incānaque menta Rēgis Rōmāni prīmam qui lēgĭbus urbem Fundābit Cŭrĭbus parvīs et paupĕre terrâ Missus in impĕrium magnum. V. Et cum subtīlī Priscus ŭterque Nūmâ. Ov.

Nūmantia, æ. *A city in Spain, celebrated for having stood a siege of twenty years by the Romans, till it was taken by the younger Scipio.*——Nōlis longa fĕræ bella *Nŭmantiæ* . . . Aptāri cĭthăræ modis. Hor. 2. 12. 1.

Nūmantīnus, a, um. *Of Numantia.*——Ille *Nŭmantīnâ* traxit ab urbe nŏtam. Ov. F. 1. 596.

nūmĕn, ĭnis. *Divine power, a deity.*——Jam cœlum terramque meo sine *nūmĭne* venti Miscēre . . . audētis? V. Æn. 1. 137. Cōrycĭdas nymphas et *nūmĭna* montis ădōrant. Ov. Met. 1. 320. v. Deus.

nŭmĕrābĭlis, e. *Which can be counted.*——Ăquas . . . per quas *nŭmĕrābĭlis* alte Calcŭlus omnis ĕrat. Ov. Met. 5. 588. SYN. nŭmĕrandus. v. numero.

nŭmĕro, as. 1. *To count.*—2. *To enumerate.*—3. *To pay.*——1. Tempŏra si *nŭmĕres* bĕnĕ quæ *nŭmĕrāmus* ămantes. Ov. Her. 2. 7.—2. Ăque Chao densos Dīvûm *nŭmĕrābat* ămōres. V. G. 4. 347.—3. Dos ŭbī sit quæris, campo *nŭmĕrāvĭmus* illo. Ov. Her. 12. 199. SYN. 1, 2. ēnŭmĕro, annŭmĕro, pernŭmĕro.—1. dīnŭmĕro; percenseo, es; rĕcenseo; suppŭto, as; ‡compŭto.—2. mĕmŏro, as, q. v.—3. solvo, is, vi, sŏlūtum.

nŭmĕrōsus, a, um. 1. *In time, harmonious.*—2. ‡*Numerous.*——1. Illa plăcet gestu, *nŭmĕrōsa*que brăchia dūcit. Ov. Am. 2. 4. 29.—2. Magna ădeo cŏmĭtum *nŭmĕrōsa*que pūbes. Val. Fl. 5. 40. SYN. 2. multus, q. v.

nŭmĕrus i. 1. *A number.*—2. *Proper proportion, order.*—3. *Harmony, musical time.*—4. *Song, verse; oftenest in pl. in this sense.*——1. Auxisti *nŭmĕros* culte Tĭbulle pios. Ov. Am. 3. 9. 66.—2. Cum dēsit *nŭmĕris* ipsa jŭventa suis. Ov. Am. 3. 7. 18. Quæcunque in fŏliis descripsit carmĭna virgo Dīgĕrit in *nŭmĕrum.* V. Æn. 3. 445.—3. Illi inter sēse magnâ vi brăchia tollunt In *nŭmĕrum.* V. G. 4. 174.—4. Arma grăvi *nŭmĕro* vĭŏlentaque bella părăbam Ēdĕre. Ov. Am. 1. 1. 1. SYN. 2. ordo, ĭnis, *masc.*—4. carmĕn, ĭnis, *neut,* q. v.

Nūmĭdæ, ārum. masc. pl. *The Numidians.*——Et *Nūmĭdæ* infreni cingunt et īnhospĭta Syrtis. V. Æn. 4. 41. SYN. nŏmăs, ădŏs, *masc. and fem.*

Nūmĭtor, ōris. *King of Alba, grandfather of Romulus and Remus.*——Et Căpўs et *Nūmĭtor* et qui tē nōmĭne reddet Sylvius Ænēas. V. Æn. 6. 768.

§nummātus, a, um. *Having money.*——Et bĕnĕ *nummātum* dĕcŏrat suādēla Vĕnusque. Hor. Epist. 1. 6. 38. SYN. dīvĕs, ĭtis, q. v.

‡nummŭlārius, i. *A money-changer.*——Nĕrōniānâ *nummŭlarius* massâ. Mart. 12. 57. 8.

nummus, i. *A coin, money.*——Si nōn esse dŏmi quos des causābĕre *nummos.* Ov. A. A. 1. 427. SYN. pĕcūnia, q. v. v. divitiæ.

numquis, numquă, numquid. only in nom. *Whether any; in neut. also as an* *interrogative particle expecting a negative answer.*——Sed nĭsĭ bella fŏrent *numquid* mihĭ cognĭtus esset? Ov. Met. 8. 46. v. num.

nunc. 1. *Now.*—2. *At one time, at another time; sometimes answering or answered by* mŏdŏ.——1, 2. Nam mŏdŏ purpŭreo vīres căpit Eurus ab ortu; *Nunc* Zĕphўrus sēro vespĕre missus ădest. Ov. Tr. 1. 2. 28. SYN. 1. jam, *sometimes joined as* jam nunc (V. G. 3. 22. Jam nunc sŏlennes dūcĕre pompas Ad dēlūbra jŭvat).—2. mŏdŏ, q. v.

nuncŭpo, as. *To name, to call.*——Contĭgit os, fecĭtque Deum quem turba Quĭrīni *Nuncŭpat* Indĭgĕtem. Ov. Met. 14. 608. SYN. vŏco, as, q. v.

nunquam. *Never.*——Arvaque Rhīpæis *nunquam* vĭduāta pruīnis. V. G. 4. 518. PHR. Prius .... Ister In căput Euxīno de măre vertet ĭter; Atque ... Sōlis ad Ĕōas currus ăgētur ăquas. Ov. Nulla dies unquam mĕmŏri vos exĭmet ævo. V. Vēre prius vŏlŭcres tăceant, armenta cĭcādæ Quam ... Ov. Spīrĭtus ante meus tĕnues vānescat ĭn auras Quam ... Ov. v. V. E. 1. 60—64.

nuntio, as. *To bring news of, to announce.*——Classemque rĕlātam *Nuntio*, et in tūtum versīs ăquĭlōnĭbus actam. V. Æn. 1. 391. SYN. dīco, ĭs, xi, v. refero. PHR. Perfecto lætus hŏnōre Anchīsen făcio certum, remque ordĭne pando. V. Conjŭgis ad tĭmĭdas ălĭquis mălĕ sēdŭlus aures Aŭdītos mĕmŏri dētŭlit ōre sŏnos. Ov.

nuntium, i. *A message.*——Gĕmĭnas Deorum ad aures nŏva *nuntia* rĕfĕrens. Cat. 61. 75.

nuntius, a, um. 1. *Announcing, in masc. and fem. often used as subst., a messenger.* v. prec.——1. Ūror hăbes ănĭmi *nuntia* verba mei. Ov. Her. 16. 10. Cui Pyrrhus: Rĕfĕres ergo hæc, et *nuntius* ībis Pēlīdæ gĕnĭtori .... V. Æn. 2. 547. Cur mihĭ fāma prior quam *nuntia* littĕra vēnit? Ov. Her. 6. 9. v. prænuntius.

nūper. *Lately.*——Ille per insĭdias pēne est mihĭ *nūper* ădemptus. Ov. Her. 1. 99. SYN. mŏdŏ, rĕcens.

nupta, æ. *A bride, a wife.*——Et vĕnit in thălămos *nupta* pŭdīca tuos. Ov. F. 2. 764. SYN. uxor, q. v.

nuptiæ, ārum. fem. pl. *Marriage.*——*Nuptiārum* expers et ădhuc prŏtervo Crūda mărīto. Hor. 3. 11. 11. SYN. conjŭgium, q. v.; ‡nuptus, ūs.

nuptiālis, e. *Of marriage.*——Ūna de multis făce *nuptiāli* Digna. Hor. 3. 11. 33. SYN. conjŭgiālis, q. v.

‡nuptŭrio, īs. *To wish to marry.*——Gaudes dŭcentas *nuptŭrīre* post mortes. Mart. 3. 93. 18.

‡nuptus, ūs. masc. *Marriage (of the woman).*——Illa quĭdem *nuptum*que prior tædasque mărīto Passa ălio. Stat. Sylv. 1. 5. 45. v. nuptiæ.

nŭrus, ūs. fem. 1. *A daughter-in-law.*—2. *A woman.*——1. Quā pŏtĕrat Tўdeus ērŭbuisse *nŭru*. Ov. Ibis, 351.—2. Quæ lūcĭdus amnis Excĭpit et *nŭrĭbus* mittit gestanda Lătīnis. Ov. Met. 2. 365. v. femina.

nusquam. *Nowhere.*——Māne ruunt portis, *nusquam* mŏra; rursus easdem. V. G. 4. 185.

‡nūtāmen, ĭnis. neut. *A nodding, a waving.*——Albentes nĭveæ trĕmŭlo *nūtāmine* pennæ. Sil. 2. 399. SYN. nūtus, ūs.

nūto, as. 1. *To nod.*—2. *To wave, to bend.*—3. *To waver, to doubt.*——1. Nec mŏra falcāto *nūtantem* vulnĕrat ense. Ov. Met. 1. 717.—2. Et trĕmĕfacta cŏmam concusso vertĭce *nūtat*. V. Æn. 2. 629.—3. Sĭc ănĭmus vărio lăbĕfactus vulnĕre *nūtat*. Ov. Met. 10. 375. SYN. 2, 3. lăbo, as; †văcillo, as.—2. trĕmo, is, ui, *no sup.*—3. vărio, as. PHR. 1. Mŏvens albentia tempŏra cānis. Ov. v. annuo.

§nūtrīcŭla, æ. *A nurse.*——Quid vŏveat dulci *nūtrīcŭla* majus ălumno. Hor. Epist. 1. 4. 8. SYN. nūtrix, īcis, q. v.

nūtrīmĕn, ĭnis. neut., also **nutrīmentum, i.** *Nourishment, food.*——Nātūræque suum *nūtrīmen* deērit ĕdāci. Ov. Met. 15. 354. *Nūtrīmenta* dĕdit, răpuitque in fōmĭte flammam. V. Æn. 1. 176. SYN. ălĭmentum; pābŭlum.

nūtrio, īs. *To nourish, rear.*——Terra sălūtāres herbas ĕădemque nŏcentes *Nūtrit*. Ov. R. A. 46. Tyrrhīdæ puĕri quem mătris ab ūbĕre raptum *Nūtrībant*. V. Æn. 7. 485. SYN. ēnūtrio; ălo, ĭs, ui; ēdŭco, as; ēdūco, ĭs, xi. v. foveo.

nūtrior, īris. dep. a rare form of prec. —— Hoc pinguem et plăcĭtam Păci *nūtrītor* ŏlīvam. V. G. 2. 425.

‡nūtrītor, oris. masc. *One who rears.* —— Vertīce sic Phŏloes vŏlŭcrum *nūtrītor* ĕquōrum. Stat. Theb. 10. 228. SYN. altor. v. seq.

nūtrix, īcis. fem. 1. *A nurse.* — 2. *One who rears or produces.* — 3. *A breast.* —— 1. Sīdĕra *nūtrīcem nūtrīcis* fertĭle cornu Fecit. Ov. F. 5. 127. — 2. Aut Jūbæ tellus gĕnĕrat, leōnum Ărĭda *nūtrix*. Hor. 1. 22. 16. — 3. *Nūtrīcum* tĕnus exstantes in gurgĭte vasto. Cat. 62. 18. SYN. 1, 2. altrix. — 3. mamma, q. v.

nūtus, ūs. masc. 1. *A nod.* — 2. *The will, the direction of a person.* —— 1. Annuit, et totum *nūtu* trĕmĕfēcit Ŏlympum. V. Æn. 9. 106. — 2. Sævæ *nūtu* Jūnōnis eunt res. V. Æn. 7. 592. SYN. 2. nūmĕn, ĭnis, *neut.*; arbĭtrium, q. v. PHR. Jŏvis . . . . cuncta sŭpercĭlio mŏventis. Hor.

nux, nŭcis. fem. *A nut, a nut-tree.* —— *Nux* ĕgŏ juncta viæ cum sim sine crīmine vītæ. Ov. Nux, 1.

nympha, æ. 1. *A nymph.* — 2. *A wife.* — 3. *A girl.* —— 1. *Nympha* jŭbet quæri de mōre rĕmōtius antrum. Ov. F. 6. 121. — 2. Grāta fĕrunt *nymphæ* pro salvis dōna mărītis. Ov. Her. 1. 27. — 3. Applĭcor in terras Œbălĭ *nympha* tuas. Ov. Her. 16. 126. SYN. 1. nymphē. — 1. 3. puella. — 2. uxor, q. v.

nymphē, es. *A nymph.* —— Terrĭta consurgens *nymphē* mănĭbusque Priapum Rējĭcit. Ov. F. 1. 435.

Nysæus, a, um. and **‡Nȳsēius, a, um.** *Of Bacchus.* —— Indĭca *Nȳsæis* arma fŭgāta chŏris. Prop. 3. 15. 22. Et jŭga tōta văcant Brŏmio *Nȳsēia*, quāre. Lucan. 8. 801.

Nȳsēis, ĭdŏs. also **Nȳsiăs, ădŏs.** fem. forms of prec. —— Ēdūcat; unde dătum nymphæ *Nȳsēĭdĕs* antris Occŭluēre suis. Ov. Met. 3. 314. *Nȳsiădes* nymphæ puĕrum quærente nŏvercā. Ov. F. 3. 769.

Nȳseus, ĕi. acc. **Nȳsea.** *A name of Bacchus, from Nysa, a town and mountain in India.* —— Addĭtur his *Nȳseus* indētonsusque Thyōneus. Ov. Met. 4. 13.

Nȳsigĕna, æ. masc. and fem. *Born on Mount Nysa.* —— Cum thiăso Sătȳrōrum et *Nȳsigĕnis* Sīlēnis. Cat. 62. 252.

O.

Oh! an exclamation; sometimes when joined with si. *I wish that.* —— Quanquam *oh!* si sŏlĭtæ quicquam virtūtis ădesset. V. Æn. 11. 415. v. utinam.

Ŏărion, ōnis. another form of **Ōrīon**, q. v. —— Proxĭmus Hȳdrŏchoo fulgĕret *Oărion*. Cat. 65. 94.

ob. *On account of, for the sake of.* — Ūnĭus *ob* noxam et fŭrias Ăjăcis Ŏīlei. V. Æn. 1. 41. SYN. propter. v. ergo, super.

ŏbambŭlo, as. *To walk about, around.* —— Nec grĕgĭbus nocturnus (lupus, sc.) *ŏbambŭlat*, ācrior illum Cūra dŏmat. V. G. 3. 538. SYN. lustro, as, q. v.

‡ŏbardeo, es, si. *To shine in front of, opposite to.* —— Cum torvâ clȳpei mĕtuendus *ŏbarsit* Lūce Dryas. Stat. Theb. 9. 856.

ŏbarmo, ās. *To arm, arm against, trans.* —— Quĭbus Mos unde dēductus per omne Tempus Ămazŏniâ sĕcūri Dextras *ŏbarmet*. Hor. 4. 4. 21. SYN. armo; instruo, ĭs, xi.

‡obba, æ. *A bowl or jar.* —— Exhālet văpĭdâ læsum pĭce sessĭlis *obba*. Pers. 5. 148. SYN. amphŏra.

†obbrūtesco, is. no perf. *To become brutish.* —— An contracta suīs ē partĭbus *obbrūtescat*. Lucr. 3. 546.

obdo, ĭs, dĭdi. *To place against, to shut against.* —— Nec tĭmĭdis rĭgĭdam vōcĭbus *obde* fŏrem. Ov. Ep. e P. 2. 2. 42. SYN. occlūdo, ĭs, si.

obdūco, is, xi, ctum. *To cover, to overwhelm.* —— Līmōsoque pălūs *obdūcat* pascua junco. V. E. 1. 49. SYN. condo, ĭs, dĭdi, dĭtum; tĕgo, ĭs, xi, q. v.

obductus, a, um. part. of prec., q. v. 1. *Brought over a thing so as to cover it.*

2. *Covered.* —— 1. Et nunc *obducta* cortĭce pressa lătet. Ov. A. A. 1. 286.— 2. Nam păter *obductos* luctu mĭsĕrābĭlis ægro Condĭdĕrat vultus. Ov. Met. 2. 330. SYN. 1. inductus.— 2. tectus, ōbrŭtus.

obdūresco, ĭs, rui. no sup. *To grow hard.* —— Gorgŏnis et sătius fuit *obdūrescĕre* vultu. Prop. 2. 19. 53. SYN. dūresco, q. v. ; occallesco, ĭs.

obdūro, as. *To endure, intrans.*——Perfer et *obdūra* multo grăviōra tŭlisti. Ov. Tr. 5. 11. 7. SYN. dūro, q. v.

†ŏbēdio, īs. *To obey.* —— Ĕmĕre ŏportet quem tĭbī *ŏbēdīre* vĕlis. Plaut. Pers. 2. 4. 2. SYN. pāreo, q. v.

ŏbeo, īs, īvi, ĭtum. 1. *To go to and fro, to go around, over.*—2. *To surround.*— 3. *To undertake, to execute.* —4 *To die.* —— 1. Nec vēro Alcīdes tantum tellūris *ŏbīvit.* V. Æn. 6. 802.—2. Hīc ŭbĭ virgĭneâ campus *ŏbītur* ăquâ. Ov. F. 1. 464.— 3. Bellaque pro magno Cæsăre Cæsar *ŏbit.* Ov. Tr. 2. 230.—4. Tēcum vīvĕre ămem, tēcum *ŏbeam* lĭbens. Hor. 3. 9. 24. Morte *ŏbĭtâ* quāles fāma est vŏlĭtāre fĭgūras. V. Æn. 10. 641. SYN. 1. lustro, as ; percenseo, es. v. pĕrăgo.— 2. circumdo, as, dĕdi, dăre, q. v.— 3. sŭbeo ; suscĭpio, ĭs, cēpi.— 4. mŏrior, ĕris, mortuus sum, q. v.

oberăm, ŏbēs, ŏbesse, obfui, etc., from obsum, q. v. —— Quod mihĭ væ mĭsĕræ sīdus *ŏbesse* quĕrar. Ov. Her. 8. 88.

ŏberro, as. 1. *To wander about, over.* —2. *To blunder.* —— 1. Dīvĕs ărat Cŭrĭbus quantum non milvus *ŏberret.* Pers. 4. 26.—2. Rīdētur chordâ qui semper *ŏberret* eâdem. Hor. A. P. 356. SYN. 1. pĕrerro.— 2. erro, q. v.

ŏbēsus, a, um. *Fat.*——Argūtumque căput, brĕvis alvus, *ŏbēsa*que terga. V. G. 3. 80. SYN. pinguis, q. v.

ŏbex, ōbjĭcis. (**ŏbĭcis** only in Sil.) masc. and fem. 1. *A bolt.*— 2. *Any barrier or obstacle.* —— 1. Invādunt portasque pĕtunt quās *ōbjĭce* firmâ Clausĕrat Īliădes. Ov. Met. 14. 780.— 2. Intus se vasti Prōteus tĕgit *objĭce* saxi. V. G. 4. 422. SYN. 1. sĕra.— 1, 2. rĕpāgŭla, ōrum. v. claustrum.

†ŏbhæreo, es, si. *To stick fast.* —— Dēnique ŭbi in mĕdio nōbīs ĕquus ācer *ŏbhæsit* Flūmĭne. Lucr. 4. 422. SYN. hæreo, q. v.

‡objăceo, es, ui. no sup. *To lie in the way of, in front of.* —— Vātum quā conscius amnis Gorgŏneo percussus ĕquo quāque *objăcet* alto Isthmos. Stat. Theb. 4. 61. SYN. oppōnor, ĕris, pŏsĭtus sum.

objecto, as. 1. *To put forth, to expose to, to put in the way of.*— 2. *To object, allege as an objection* —— 1. Rĕverti Per Trojam, et rursus căput *objectāre* pĕrīclis. V. Æn. 2. 751.— 2. Sævit ĕnim nātumque *objectat* et impŭtat illis. Ov. Met. 2. 400. SYN. 1. offĕro, fers, ferre, obtŭli, oblātum, q. v.— 1, 2. objĭcio, ĭs, jeci.— 2. exprōbro, as.

objectus, ûs. *A putting forth so as to be prominent.* —— Est in sēcessu longo lŏcus ; insŭla portum Effĭcit *objectu* lătĕrum. V. Æn. 1. 160.

objĭcio (in Lucan also **ŏbĭcio,** as Virg. has reīce for rejice), **ĭs, jēci, jectum.** 1. *To throw before, throw in the way of, to offer, etc.*— 2. *To put in the way, as an obstacle.*— 3. *To expose to.*— 4. *To cause to, to inspire into.*— 5. *To object to, upbraid with.* —— 1. Melle sŏpōrātam et mĕdĭcātis frūgĭbus offam *Objĭcit.* V. Æn. 6. 421.— 2. *Objĭciunt* portas tamen et præcepta făcessunt. V. Æn. 9. 45. Nītuntur grădĭbus ; clўpeosque ad tēla sinistris Prōtecti *objĭciunt.* V. Æn. 2. 444.—3. Tu prīma fŭrentem His germāna mălĭs ŏnĕras, atque *objĭcis* hosti. V. Æn. 4. 549.—4. Hic sŭbĭtam cănĭbus răbiem Cōcўtia virgo *Objĭcit.* V. Æn. 7. 480.—5. Parcius ista vĭris tămĕn *objicienda* mĕmento. V. E. 3. 7. SYN. 1. offĕro, fers, ferre, obtŭli, ōblātum, q. v.— 2. oppōno, ĭs, pŏsui.— 3. 5. objecto, as, q. v.—4. injĭcio ; inspiro, as, q. v.

‡ŏbĭter. adv. *By the way.* ——Atque *ŏbĭter* lĕget aut scrībet vel dormiet intus. Juv. 3. 241.

ŏbĭtus, ûs. masc. 1. *Death.*— 2. *The setting of a star, etc.* —— 1. Dīcique beātus Ante *ŏbĭtum* nēmo sūprēmaque fūnera dēbet. Ov. Met. 3. 137.— 2. Nec frustrā signōrum *ŏbĭtus* spĕcŭlāmur et ortus. V. G. 1. 257. SYN. 1. mors, mortis, *fem.*, q. v.— 2. occāsus, ûs, q. v.

ŏbĭtus, a, um. part. pass. from obeo, q. v. *Being undergone, esp. of death.* —— Morte *ŏbĭtâ* quāles fāma est vŏlĭtāre fĭgūras. V. Æn. 10. 641.

§objurgo, as. *To blame.* —— Gellius audiĕrat pătruum *objurgāre* sŏlēre. Cat. 74. 1. SYN. culpo, as, q. v.

‡**ōblātro, as.** *To bark at, rail at.*——Infĭma dum vulgi fŏvet, *ōblātrat*que sĕnātum. Sil. 8. 251. SYN. lātro ; incūso, as.

ōblātus, a, um. part. pass. from offĕro, q. v. *Offered, etc.*——Nec căpĕre *ōblātæ* segnem spectăcŭla prædæ. Ov. Met. 3. 246.

ŏblectāmĕn, ĭnis. neut. *A delight.*——Consŭlat ut săcras hŏmĭnum *ōblectāmĭna* sortes. Ov. Met. 11. 412. SYN. dēlĭciæ, ārum ; gaudium.

ōblecto, as. *To delight.*——Rūra quŏque *oblectant* ănĭmos stŭdiumque cŏlendi. Ov. R. A. 169. SYN. dēlecto, as, q. v.

ōblĭgātus, a, um. pass. part. of seq. *Owed, due.*——Ergo *oblĭgātam* redde Jŏvi dăpem. Hor. 2. 17. 7. SYN. dēbĭtus. v. seq.

ōblĭgo, as. 1. *To bind.*—2. *Oblige, lay under constraint, compel.*—3. *To oblige by kindness.*——1. Optat Prŏmētheus *ōblĭgātus* ālĭti. Hor. Epod. 17. 67.—2. Nec sătis est hŏmĭnes, *ōblĭgat* ille Deos. Ov. F. 2. 62. *Ōblĭgor* ut tangam lævi fĕra littŏra ponti. Ov. Tr. 1. 2. 83.—2. Nam quanquam ipsīus dătur hōc immānĭbus actis *Oblĭgor* ipse tămen. Ov. Met. 9. 248. SYN. 1. lĭgo, q. v.—2. cōgo, ĭs, coegi, q. v.—3. dēvincio, īs, *used chiefly in pass. part.*

ōblīmo, as. 1. *To cover with mud.*—2. § *To squander.*——1. Sit gĕnĭtāli arvo et sulcos *ōblīmet* ĭnertes. V. G. 3. 136.—2. Rem pătris *ōblīmare* mălum est ŭbĭcunque. Hor. Sat. 1. 2. 62. SYN. 2. perdo, ĭs, dĭdi.

ōblĭno, ĭs, lēvi, lĭtum. *To besmear.*——*Oblĭtus* a dŏmĭnæ cæde lĭbellus ĕrit. Ov. Her. 11. 2. SYN. lĭno, q. v.

ōblīquē. *Obliquely.*——*Ōblīque* inflexus trĭbus orbĭbus ūnus. Cic. Arat. 312. SYN. transversă.

ōblīquo, as. *To bind obliquely, to thrust obliquely, etc.*——*Ōblīquat*que sĭnus in ventum ac tālia fātur. V. Æn. 5. 16. SYN. flecto, ĭs, xi, q. v.

ōblīquus, a, um. 1. *Oblique, slanting.*—2. *Crooked; metaph. esp. envious.*——1. Saxa nĕc *ōblīquo* dente tĭmendus ăper. Ov. Her. 4. 104.—2. Quem glōria Turni *Obliquâ* invĭdiâ stĭmŭlisque ăgĭtābat ămāris. V. Æn. 11. 337. SYN. 1. līmus, transversus.

ōblītĕro, as. *To efface.*——Hæc vĭgeant mandāta, nĕc ulla *ōblītĕret* ætas. Cat. 62. 232. SYN. dēleo, es, ēvi, q. v.

ōblĭtus, a, um. part. pass. from oblĭno, q. v. *Besmeared.*——Cæde leæna boûm spūmantes *ōblĭta* rictus. Ov. Met. 4. 97. SYN. fœdus.

ōblītus, a, um. part. from obliviscor, q. v. 1. *Forgetting.*—2. *Forgetful.*—3. *Forgotten.*——1. Urbem Exstruis heu regni rērumque *ōblīte* tuārum. V. Æn. 4. 267. Pōmaque dēgĕnĕrant succos *oblīta* priōres. V. G. 2. 59.—2. Ipse autem cæcâ mentem cālĭgĭne Thēseus Consĭtus *oblīto* dīmīsit pectŏre cuncta. Cat. 62. 208.—3. Nunc *ōblīta* mihī tot carmĭna, vox quŏque Mœrin Jam fŭgit ipsa. V. E. 9. 53. SYN. 2. immĕmor, ŏris.

oblīvio, ōnis. fem. *Forgetfulness.*——Totve tuos pătiar lăbōres Impūne Lolli carpĕre līvĭdas *Oblīviōnes.* Hor. 4. 9. 34. SYN. oblīvium.

ōblīviōsus, a, um. *Forgetful, causing forgetfulness.*——*Oblīviōso* lævia Massĭco Cĭbōria explē. Hor. 2. 7. 21.

ōblīviscor, ĕris, ōblītus sum. perf. part. both in act. and pass. sense. *To forget.*——Quisquis ĕs āmissos hinc jam *ōblīviscĕre* Graios. V. Æn. 2. 148. PHR. *To forget, not to forget, etc.* Mē quŏque Rōmāni prætĕriēre pătres. Ov. Ante lĕves ergo pascentur in æthĕre cervi . . . Quam nostro illīus lābātur pectŏre vultus. V. Nōmĭnis ante mei vĕniant oblīvia vōbis Pectŏre quam piĕtas sit tua pulsa meo. Et prius hanc ănĭmam văcuas reddēmus ĭn auras. Quam fīat mĕrĭti grātia vāna tui. Ov. Oblīto dīmīsit pectŏre cuncta. Cat.—*To be forgotten, not to be, etc.* Necdum ĕtiam causæ īrārum sævique dŏlōres Excĭdĕrant ănĭmo. V. Nescio an excĭdĕrint mēcum lŏca. Ov. Utque tĭbi excĭdĭmus, nullam pŭtŏ Phyllĭda nôsti. Ov. Nulla dies unquam mĕmŏri vos exĭmet ævo. V. Et tua Lēthæis acta dăbuntur ăquis. Ov.

ōblīvium, i. *Forgetfulness.*——Sēcūros lătĭces et longa *oblīvia* pōtant. V. Æn. 6. 714. SYN. ōblīvio, ōnis, *fem.* v. Lethe.

ōblŏquor, ĕris, locutus sum. *To speak, to utter, esp. musical sounds.*——Nōn ăvis *oblŏquĭtur*, sylvis nĭsĭ siquă rĕmōtis. Ov. Ep. e P. 3. 1. 21. *Oblŏquĭtur* nŭmĕris septem discrīmĭna vōcum. V. Æn. 6. 646. SYN. ēdo, ĭs, ēdĭdi.

ōbluctor, āris. *To strive against.*——Aggrĕdior, gĕnĭbusque adversæ *ōbluctor* ărēnæ. V. Æn. 3. 38. SYN. luctor ; ōbnītor, ĕris, q. v.

obmurmŭro, as. *To murmur against.*——Văna lŏquor prĕcĭbusque meis *obmurmŭrat* ipse. Ov. Her. 18. 47.

obmūtesco, ĭs, tui. no sup. *To become dumb, to be silent.* —— Aspĭcies, dixit, pressoque *ōbmūtuit* ōre. V. Æn. 6. 155. v. taceo.

ōbnītor, ĕris, ōbnixus sum. 1. *To struggle, to strike against.* —2. *To strike (intrans.) against.*——1. Nec nos *ōbnīti* contrā nec tendĕre tantum Suffĭcĭmus. V. Æn. 5. 21.—2. Ăcūto in mūrĭce rēmi *Obnixi* crĕpuēre; illīsaque prōra pependit. V. Æn. 5. 206. SYN. 1. nītor, *perf. usu.* nīsus; innītor; obluctor, āris.—2. illīdor, ĕris.

obnoxius, a, um. 1. *Liable to, exposed to.*—2. *Submissive, dependent.*——1. Terra velim prŏpior, nullique *obnoxia* bello Dētur. Ov. Ep. e P. 1. 8. 73. Stāre vel insānis cautes *obnŏxia* ventis. Tib. 2. 4. 9.—2. Submissæque mănus, făcïesque *obnoxia* mansit. Ov. Met. 5. 235. SYN. 1. obvius, expŏsĭtus, *sync.* expŏstus.—2. submissus.

ōbnūbo, ĭs, psi. *To veil.* —— Hŏnōrem Induit; arsūrasque cŏmas *obnūbit* ămictu. V. Æn. 11. 77. SYN. vēlo, as, q. v.

ŏbortus, a, um, part. from oborior. *Rising over, or up.*——Nox ŏcŭlis păvĭdo vēnit *ŏborta* mĕtu. Ov. A. A. 2. 88. SYN. ortus.

ōbrēpo, ĭs, psi. *To creep on.* —— Et possum mĕdiā quamvis *ōbrēpĕre* nocte. Tib. 1. 8. 59. SYN. sŭbrēpo.

†ōbrētio, ĭs. *To catch in a net, to entangle.*——Neque ărānēi tĕnuiā fĭla Obvia sentĭmus, quando *ōbrētĭmur* euntes. Lucr. 3. 385. SYN. illăqueo, as.

ōbrĭgeo, es, ui. no sup. *To become stiff, congealed.* —— Lacteus et mistis *ōbrĭguisse* lĭquor. Tib. 2. 3. 18. SYN. rĭgeo, q. v.; dērĭgeo.

ōbruo, ĭs, ui, ŭtum. 1. *To cover over, to bury.*—2. *To overwhelm.*—3. †*To fall.*——1. *Obrue* versātā Cĕreālia sĕmĭna terrā. Ov. R. A. 173.—2. Hic prīmum ex alto dēlūbri culmĭne tēlis Nostrōrum *ōbruĭmur.* V. Æn. 2. 411. Cum pēne est Corsīs *ōbrŭta* classis ăquis. Ov. F. 6. 194.—3. Et dŏmus ætātis spătio nē fessa vĕtusto *Obruat.* Lucr. 3. 777. SYN. 1. sŭpĕrōbruo; condo, ĭs, dĭdi, q. v.—2. opprĭmo, ĭs, pressi.—3. ruo, q. v.

obscēnus, a, um. 1. *Ill-omened.*—2. *Obscene, indecent.*——1. *Obscēnique* cănes importūnæque vŏlŭcres. V. G. 1. 470.—2. Est et in *obscēnos* dēflexa Trăgœdia rīsus. Ov. Tr. 2. 409. SYN. 1. importūnus, lævus; sinister, tra, trum.—2. impŭdīcus.

obscūro, as. *To darken.* —— Ætheraque *obscūrant* pennis, hostemque per auras Factā nūbe prĕmunt. V. Æn. 12. 253. SYN. ŏbumbro, as; ŏpāco, as. v. seq.

obscūrus, a, um. 1. *Dark.*—2. *Invisible.*—3. *Obscure, of obscure meaning.*——1. Lūcus Nīgranti pīceā trăbĭbusque *obscūrus* ăcernis. V. Æn. 9. 87. —2. Hic jŭvĕnum . . . Collŏcat; ipsa prŏcul nĕbŭlis *obscūra* rĕsistit. V. G. 4. 424.—3. Haud *obscūra* cădens mittet tĭbĭ signa Boōtes. V. G. 1. 229. SYN. 1. tĕnĕbrōsus, cālīgĭnōsus, tĕnĕbrĭcōsus, nūbĭlus; nīger, nīgra, grum, q. v.; nĭgrans, ŏpācus, lūrĭdus, cæcus.—3. dŭbius, incertus, ambĭguus; anceps, ĭpĭtis; ‡inexplĭcĭtus. PHR. 1. 3. Pandĕre res altā terrā et cālīgine mersas. V. —3. Non est rătiōnis ŏpertæ. Ov.

§obsĕcro, as. *To entreat.*—— *Obsĕcro* et obtestor vĭtæ mē redde priori. Hor. Epist. 1. 7. 95. SYN. ōro, as, q. v.

obsĕquium, i. *Compliance, obedience.* —— *Obsĕquio* vincas aptius illa tuo. Ov. Am. 3. 4. 12.

obsĕquor, ĕris, sĕcūtus sum. *To obey, to comply.* —— Rōmŭlus *obsĕquitur* lūcemque Rĕmūria dixit. Ov. F. 5. 479. SYN. pāreo, es, ui, *no sup.*, q. v.

obsĕro, as. *To lock, to bolt, to shut up.* —— *Obsĕrat* herbōsos lūrĭda porta rŏgos. Prop. 4. 11. 8. SYN. claudo, ĭs, si, q. v.

obsĕro, ĭs, sēvi, sĭtum. chiefly found in part. pass. *To plant.* —— Proxĭma Phæācum fēlĭcĭbus *obsĭta* pōmis Rūra pĕtunt. Ov. Met.

observo, as. 1. *To observe.*—2. *To respect.*——1. *Observans* quo signa fĕrant, quo tendĕre pergant. V. Æn. 6. 198.—2. Prætĕreā rēgem non sic Ægyptus, et ingens Lydia, nec pŏpŭli Parthōrum aut Mēdus Hydaspes *Observant.* V. G. 4. 212. SYN. 1. servo, as; nŏto, as.—2. vĕnĕror, āris; suspĭcio, is, spexi.

obsĕs, ĭdis. masc. and fem. *A hostage, a pledge.* —— Qui mihī conjŭgii sponsor et *obsĕs* ĕrat. Ov. Her. 2. 34.

obsessor, ōrĭs. masc. *A besieger of, one who sits near, besets.*—— Hic mihĭ causa mŏræ vīvārum *obsessor* ăquārum. Ov. F. 2. 259.

obsĭdeo, es, sēdi, sessum. 1. *To occupy.*—2. *To besiege, to surround.*——1. Et Sallentinos *obsēdit* mīlĭte campos. V. Æn. 3. 400. Quod si non pulchrior ignis Accendit *obsessam* Ĭlion. Hor. Epod. 14. 14. SYN. 1, 2. obsīdo, ĭs.—1. occŭpo, as.—2. cingo, ĭs, xi, q. v. PHR. 2. Intĕreā Rŭtŭli portis circum omnĭbus instant Sternĕre cæde vĭros, et mœnia cingĕre flammis. V. Consīdunt castris ante urbem et mœnia vallant. V. Hinc Rŭtŭlus prĕmit et mūrum circumsŏnat armis. V. v. seq.

obsĭdio, ōnis. fem. *A siege.*—— Cum jam diffīdĕret armis Dardănïæ cingique urbem *obsĭdione* vĭdēbat. V. Æn. 3. 52. PHR. Ingentique urbem obsĭdiōne prĕmēbat. V. Non pŭdet obsĭdione ĭtĕrum valloque tĕnēri? V. Cincta prĕmēbantur trŭcĭbus Căpĭtōlia Gallis, Fēcĕrat obsĭdio jam diŭturna fămem. Ov. Nunquamnĕ lĕvāri Obsĭdiōne sĭnes? mūrīs ĭtĕrum immĭnet hostis. V.

†obsĭdium, i. an older form of prec.—— Cum sævo *obsĭdio* magnum Tītāna prĕmebat. Ennius.

obsīdo, ĭs. no perf. *To beset, to occupy.*——Ænеădæ possint, Ĭtălosve *obsīdere* fīnes. V. Æn. 7. 333. v. obsideo.

†obsigno, as. *To impress upon.*—— *Obsignans* formam verbis clārumque sŏnōrem. Lucr. 4. 566. SYN. imprĭmo, ĭs, pressi, q. v.

obsisto, ĭs, stĭti. no sup., 3rd sing. pass. often as impers. *To resist, to oppose.*——Tum frĕta dēbuĕrant vestrīs *obsistĕre* rēmis. Ov. Her. 13. 5. Vix nunc *obsistĭtur* illis. Ov. Met. 1. 58. SYN. obsto, as, q. v.; rĕsisto; adversor, āris; rĕpugno, as.

obsĭtus, a, um. part. from obsĕro, ĭs, q. v. 1. *Overgrown.*—2. *Covered with, enveloped in.*——1. Amnis ărundĭnĭbus līmōsas *obsĭte* rīpas. Ov. Am. 3. 6. 1.—2. Ībat rex *obsĭtus* ævo. V. Æn. 8. 307. Non ĕgŏ tē candĭde Bassăreu Invītum quătiam nec vāriis *obsĭta* frondĭbus Sub Dīvum răpiam. Hor. 1. 18. 11. SYN. 1. sentus.—2. tectus. v. tego.

obsŏlētus, a, um. *Old fashioned, ruinous.*—— Auream quisquis mĕdiŏcrĭtātem Dīlĭgit, tūtus căret *obsŏlēti* Sordĭbus tecti. Hor. 2. 10. 7. SYN. ruīnōsus.

§obsōnium, i. *Dressed food, esp. fish.*—— Quæ parvo sūmi nĕqueunt *obsōnia* captas. Hor. Sat. 2. 7. 106.

obstetrix, īcis. fem. *A midwife.*—— Cruōre rūbros *obstĕtrix* pannos lăvit. Hor. Epod. 17. 51.

obstĭnātus, a, um. *Obstinate.*—— Dic mŏdos Lўdē quĭbus *obstĭnātas* applĭcet aures. Hor. 3. 17. 7. SYN. pertĭnax, tĕnax.

§obstīpus, a, um. *Bent on one side.*——Stes căpĭte *obstīpo*, multum sĭmĭlis mĕtuenti. Hor. Sat. 2. 5. 92.

obsto, as, stĭti. no sup. (Stat. has **obstātūrus**), pass. sometimes as impers. *To oppose, resist, be in the way of.*——Num mĭnus hôc nōbis tam brĕvis *obstat* ăqua? Ov. Her. 18. 174. *Obstāri*que ănĭmæ mĭsĕrâ de cæde vŏlenti Exīre. Ov. Met. 11. 788. SYN. obsisto, q. v.; obsum, ŏbĕs, ŏbesse, obfui; impĕdio, īs; prohĭbeo, es.

obstrĕpo, is, ui. no sup., 3rd sing. pass. as impers. *To roar against.*——Tē belluōsus qui rĕmōtis *Obstrĕpit* Ōceănus Brĭtannis. Hor. 4. 14. 48. Sēcrētus ab omni Vōce lŏcus, si nōn *obstrĕpĕrētur* ăquis. Ov. F. 6. 10. SYN. insŏno, as, ui; obmurmŭro, as. v. strepo.

obstringo, ĭs, strinxi, strictum. *To bind, confine.*——*Obstrictīs* ăliis præter Iāpўga. Hor. 1. 3. 4. SYN. lĭgo, as; vincio, īs, xi, q. v.

obstruo, is, xi, ctum. *To block up.*——Fāta obstant, plăcĭdasque vĭri Deus *obstruit* aures. V. Æn. 4. 440. SYN. obsĕro, ās; claudo, is, si, q. v.

obstŭpeo, es, ui. no sup. *To be stupefied with astonishment.*—— *Obstŭpui* stĕtĕruntque cŏmæ et vox faucĭbus hæsit. V. Æn. 3. 48. SYN. stŭpeo.

obsum, ŏbĕs, ŏbesse, obfui. *To hinder, be an obstacle to, be hurtful to.*——Hoc mihĭ quod prōdest si tĭbĭ lector *ŏbest.* Ov. Tr. 5. 1. 66. SYN. obsto, as, q. v.; offĭcio, ĭs, fēci, q. v.

obsuo, ĭs, ui, ūtum. *To sew up.*—— Huic gĕmĭnæ nārēs et spīrĭtus ōris Multa rĕluctanti *obsuĭtur.* V. G. 4. 301.

obtĕgo, ĭs, xi, ctum. *To cover, to conceal.*——Sēcrēta părentis Anchīsæ dŏmus arbŏrĭbusque *obtecta* rĕcessit. V. Æn. 2. 300. SYN. tĕgo, q. v.

obtempĕro, as. *To obey.* —— Quæque sui mŏnĭtĭs *obtempĕrat* Inda măgistri Bellua. Ov. Tr. 4. 6. 7. SYN. pāreo, es, ui, *no sup.* q. v.

obtendo, ĭs, di, tum. *To stretch before.* —— Prōque vĭro nĕbŭlam et ventos *obtendĕre* ĭnānes. V. Æn. 10. 82. SYN. prætendo; objĭcio, ĭs, jēci.

obtentus, ûs. masc. *A spreading before or over.* —— Exstructosque tŏros *obtentu* frondis ĭnumbrant. V. Æn. 11. 66.

obtĕro, ĭs, trivi, tritum. *To crush, to press down.* —— Ēreptum nostris *obtĕrit* ex ŏcŭlis. Cat. 63. 8. SYN. tĕro, q. v.; contĕro.

obtestor, āris. *To entreat.* —— Pro Lătio *obtestor*, pro majestāte tuōrum. V. Æn. 12. 820. SYN. ōro, as, q. v.

obtexo, is, ui, xtum. *To weave over, to cover.* —— Fundunt sĭmŭl undĭque tēla Crēbra nĭvis rītu, cœlumque *obtexĭtŭr* umbrâ. V. Æn. 11. 611. SYN. obdūco, ĭs, xi; tĕgo, ĭs, xi, q. v.

obtĭceo, es, ui. no sup. *To be silent.* —— Nec prius *obtĭcuit* quam guttŭra condĭdit arbor. Ov. Met. 14. 522. SYN. tăceo, q. v.; rĕtĭceo; obmūtesco, ĭs, tui.

obtĭneo, es, ui. rare in sup. and perf. pass. *To obtain.* —— Et magnî luctûs *obtĭnuisse* lŏcum. Ov. ad Liv. 78. SYN. acquiro, is, quīsīvi; ădĭpiscor, ĕris, ădeptus sum; consĕquor, ĕris, sĕcūtus sum; sortior, īris. v. pario.

obtingo, ĭs, tĭgi. no sup., rare except in 3rd sing. *To happen to.* —— Lŭpis et agnis quanta sortīto *obtĭgit* Tēcum mihi discordia est. Hor. Epod. 4. 1. SYN. contingo; accĭdo, ĭs, di; fio, fĭs, factus sum; sum, ĕs, esse, fui.

obtorqueo, es, si, tum. *To twist.* —— Flexĭlis *obtorti* per collum circŭlus auri. V. Æn. 5. 559. SYN. torqueo; flecto, is, xi, q. v.

‡**obtrecto, as.** *To detract from.* —— Si līvor *obtrectāre* cūram vŏluĕrit. Phædr. 2. Epil. 10. SYN. dētrecto, q. v.

obtrītus, a, um. pass. part. from obtĕro, q. v. *Bruised.* —— Urgērive superne *obtrītum* pondĕre terræ. Lucr. 3. 907.

†**obtrūdo, is, si, sum.** *To thrust upon.* —— Ea quŏniam nēmĭni *obtrūdi* potest. Ter. And. 1. 5. 15. v. trudo.

obtrunco, as. *To kill.* —— Fās omne ābrumpit Pŏlȳdōrum *obtruncat* et auro Vi pŏtĭtur. V. Æn. 3. 55. SYN. occīdo, ĭs, q. v.

obtŭli. perf. from offero, q. v. —— Jānus Bīna rĕpens ŏcŭlĭs *obtŭlit* ōra meis. Ov. F. 1. 96.

obtundo, is, tŭdi, tūsum. used chiefly in pass. part. *To blunt.* —— Quod fŭgat *obtūsum* est, et hăbet sub ărundĭne plumbum. Ov. Met. 1. 471. SYN. rĕtundo. v. obtusus.

§**obtūro, as.** *To close up.* —— *Obtūrem* pătŭlas impūne lĕgentĭbus aures. Hor. Epist. 2. 2. 105. SYN. claudo, ĭs, q. v.

obtūsus, a, um. pass. part. from obtundo, used as adj. 1. *Blunt.* — 2. *Insensible.* — 3. *Dim.* —— 1. Hoc făciunt nĭmio ne luxu *obtūsior* ūsus Sit. V. G. 135. — 2. Non *obtūsa* ădeo gestāmus pectŏra Pœni. V. Æn. 1. 567. — 3. Nam neque tum stellis ăcies *obtūsa* vĭdētur. V. G. 1. 395. SYN. 1. rĕtūsus. — 1, 2, 3. hĕbĕs, ĕtis.

obtūtus, ûs. masc. *A look, looking at.* —— Semper in *obtūtu* mentem vĕtat esse mălōrum. Ov. Tr. 4. 1. 39. v. specto.

†**obversor, āris.** *To come to, be present to.* —— Illĭus et nōmen dulce *obversātur* ad aures. Lucr. 4. 1055. SYN. occurro, is.

obverto, ĭs, ti, sum. *To turn (trans.) towards; in pass. as intrans., to turn,* i. e. *to turn one's self towards.* —— *Obvertunt* pĕlăgo prōras, tum dente tĕnāci Anchŏra fundābat nāves. V. Æn. 6. 3. Sed mihĭ cærŭleas quŏties *obvertor* ĭn undas. Ov. Her. 19. 191. Pēlĭon Hæmŏniæ mons est *obversus* ĭn Austros. Ov. F. 5. 381. v. verto.

obvius, a, um. 1. *Meeting, in the way of.* — 2. *Exposed to.* —— 1. Cui māter mĕdiâ sēsē tŭlit *obvia* sylvâ. V. Æn. 1. 314. *Obvia*que hospĭtiis tĕneat frondentĭbus arbos. V. G. 4. 24. — 2. *Obvia* ventōrum fŭriis expŏstaque ponto. V. Æn. 10. 694. SYN. 1. occurrens. — 2. obnoxius, q. v.

ŏbumbro, as. 1. *To shade, to overshadow.* — 2. *To darken.* — 3. *To protect.* — 4. *To conceal.* —— 1. Cŏma plūrĭma torvos Prōmĭnet in vultūs, hŭmĕrosque ut lūcus *ŏbumbret.* Ov. Met. 13. 845. — 2. Ferrum ălii torquent, Et *ŏbumbrant* æthĕra tēlis. V. Æn. 12. 578. — 3. Pro Turno, et magnum rēgīnæ nōmĕn *ŏbumbrat.* V. Æn. 11. 223. — 4. Nec ullus Error qui facti crīmĕn *ŏbumbret* ĕrit. Ov. Her. 17. 48. SYN. umbro, ĭnumbro. — 1, 2. ŏpāco, as. — 1. 4. tego, ĭs, xi. — 2. obscūro, as. — 3. tueor, ēris, q. v. — 4. cēlo, as, q. v.

ŏbuncus, a, um. *Hooked.* —— Porrĭgĭtur, rostroque immānis vultur *ŏbunco.* V. Æn. 6. 597. SYN. uncus, ădurcus; curvus, q. v.; incurvus.

obvolvo, ĭs, vi, vŏlūtum. *To wrap up, to cover, to hide.* —— Insectēre vĕlut mĕlior, verbisque dĕcōris *Obvolvas* vĭtium? Hor. 2. 7. 42. SYN. involvo; tĕgo, is, xi, q. v.

ŏbustus, a, um. *Burnt at the point.* —— Stīpĭtĭbus ferrum sŭdĭbusque ĭmĭtantur *ŏbustis.* V. Æn. 11. 894. v. uro.

occæco, as. *To blind, to darken.* —— Nescius aspĭciens tĭmor *occæcāvĕrat* artus. V. Culex. 198. SYN. cæco, q. v.

occallesco, is, lui. no sup. *To become hard.* —— Osque meum sensi pando *occallescĕre* rostro. Ov. Met. 14. 282. SYN. dūresco, is, rui, *no. sup.*; indūresco, obdūresco.

occăsio, ōnis. fem. *Opportunity.* —— Răpiāmus ămīci *Occasiōnem* dē diē. Hor. Epod. 13. 5. SYN. tempus, ŏris, q. v.

occăsus, ūs. 1. *A setting, of a star, of the sun, of day, of night, etc.* — 2. *Fall, ruin.* — 3. *The west.* —— 1. Sōlis et *occāsum* servans de culmĭne summo. V. G. 1. 402. — 2. Testor in *occāsu* vestro nec tēla nec ullas Vītāvisse vĭces Dănaûm. V. Æn. 2. 432. — 3. Est antīquus ăger Tusco mihĭ proxĭmus amni Longus in *occāsum.* V. Æn. 11. 317. SYN. 1. ŏbĭtus, ūs. — 2. exĭtium, q. v. — 3. occĭdens, q. v. PHR. 1. Hanc (diem, sc.) ŭbĭ dīvĕs ăquīs accēpĕrit Amphĭtrītē. Ov. Dum lŏquor Hespĕrio pŏsĭtas in littore mētas Hūmĭda nox tĕtĭgit. Ov. Hespĕrias Tītān ăbĭtūrus in undas Gemmea purpŭreis cum jŭga dēmit ĕquis. Ov. Nī rŏseus fessos jam flūmĭne Phœbus Ibēro Tingat ĕquos. V. Prōnus erat Tītan inclīnātoque tĕnēbat Hespĕrio tēmōne frĕtum. Ov. Quid tantum Ōceăno prŏpĕrent se tingĕre Sōles Hȳberni. V. Ensĭfer Ōrīon æquŏre mersus ĕrit. Ov.

occĭdens, entis. masc. *The west.* —— Vel *occĭdentis* usque ad ultĭmum sĭnum. Hor. Epod. 1. 13. SYN. occăsus, ūs; vesper, ĕris, *masc.* PHR. Quaque pătent ortus, et quā fluĭtantĭbus undis Sōlis ănhēlantes ābluit amnis ĕquos. Tib. Ad ortum Sōlis ab Hesperio cŭbīli. Hor. Pressĕrat occĭduus Tartessia littŏra Phœbus. Ov. Vesper, et occĭduo quæ littŏra sōle tĕpescunt. Ov. Nēve tibĭ ad Solem vergant vīnēta cădentem. V.

occĭdo, ĭs, di, căsum. 1. *To die, to perish, to be ruined.* — 2. *To set.* —— 1. Prætĕreā Rēgīna tui fīdissĭma dextrâ *occĭdit* ipsa suâ. V. Æn. 12. 660. *Occĭdit, occĭdit* Spes omnis et fortūna nostri Nōmĭnis. Hor. 4. 4. 70.—2. Taurus, et āverso cēdens Cănis *occĭdit* astro. V. G. 1. 218. SYN. 1. mŏrior, ĕris, mortuus sum, *of persons,* q. v.; ēvertor, ĕris, *of things.* — 1, 2. cădo, ĭs, cĕcĭdi.

occīdo, ĭs, di, cīsum. *To kill.* —— Nūdârant glădios, *occīdĭte* dixit ĭnermem. Ov. F. 2. 693. SYN. cædo, ĭs, cĕcĭdi, cæsum; nĕco, as, ui, ātum, q. v.; ēnĕco; pĕrĭmo, ĭs, ēmi; intĕrĭmo; fūnĕro, as (*only in pass. part.*); trŭcīdo, as; interfĭcio, ĭs; fēci; lēto, as, ‡sōpio, īs; sterno, ĭs, strāvi; macto, as; jŭgŭlo, as; obtrunco, as; dējĭcio, ĭs, jēci, jectum (*these five last only with weapons*). PHR. Vos ănĭmam hanc pŏtius quŏcunque absūmĭte lēto. V. Multos Dănaum dēmittĭmus Orco. V. Crŭciātaque dīris Corpŏra tormentis Stȳgiæ dīmittite nocti. Ov. Mittĕre me Stȳgias si jam vŏluisset ad undas. Ov. Gĭgantas Ad Stȳga nimbĭfĕro vindĭcis igne dătos. Ov. Quot hŭmi mŏrientia corpŏra fundis. V. Tum lătĕbras ănĭmæ pectus mūcrōne rĕclūdit. V. Infesto fulmĭne morti Si mĕrui dēmitte, tuâque hic ōbrue dextrâ. V. Vulnĕre Tartăreas gĕmĭnāto mittit ad umbras. V. Per vulnĕra mille Sontem ănĭmam expellam. Ov. Abdĭtaque intus Spīrāmenta ănĭmæ lētāli vulnĕre rūpit. V. Ănĭmam abstŭlit hosti. V. An sēsē mūcrōne ob tantum dēdĕcus āmens Induat et crūdum per costas exĭgat ensem. V. Fīgĭte certantes, atque hanc mihĭ solvĭte vītam. Prop. v. mŏrior.

occĭduus, a, um. 1. *Setting.* — 2. *Western.* —— 1. Sitque sub hôc ŏriens *occĭduusque* dies. Ov. F. 4. 832. — 2. Præceps *occĭduas* ille sŭbīvit ăquas. Ov. F. 1. 314. SYN. 2. Hespĕrius, q. v.

†occĭpio, ĭs, cēpi, ceptum. *To begin.* —— Ævo flōrente jŭventas *Occĭpit* et molli vestit lānūgĭne mălas. Lucr. 5. 887. SYN. incĭpio, q. v.

‡occĭput, ĭtis. neut. *The back of the head.* —— Quos vīvĕre fas est *Occĭpĭti* cæco postīcæ occurrĭte sannæ. Pers. 1. 62.

occlūdo, ĭs, si, sum. *To shut out.*—— Omnĭbus *occlūsis* intŭs ădulter ĕrit. Ov. Am. 3. 4. 8. SYN. exclūdo, q. v.

occo, as. *To harrow.*—— Quum sĕgĕtes *occat* tĭbĭ mox frūmenta dătūras. Hor. Epist. 2. 2. 161. PHR. Rastris terras qui frangit ĭnertes. V.

occŭbo, as, ui. no sup. *To lie dead.*—— Īdemque ad tŭmŭlum quo maxĭmus *occŭbat* Hector. V. Æn. 5. 371. SYN. jăceo. v. occumbo.

occŭlo, is, ui, cultum. *To hide.*——Sparge fĭmo pingui, et multâ mĕmor *occŭle* terrâ. V. G. 2. 347. SYN. tĕgo, ĭs, xi; abdo, ĭs, dĭdi; condo, ĭs, dĭdi; abscondo, ĭs, di, q. v; rĕcondo; occulto, as. SYN. *of pass.* lăteo, es, q. v.

occultē. *Secretly, stealthily.*——Lābĭtur *occultē* fallitque vŏlūbĭlis ætas. Ov. Am. 1. 8. 49. SYN. clam, lătenter.

occulto, as. *To hide, to conceal.*——Nunc vĭrĭdes ĕtiam *occultant* spīnēta lăcertos. V. E. 2. 9. SYN. occŭlo, is, ui, q. v.

occultus, a, um. part. pass. of occŭlo, q. v., used almost as adj.—— *Hidden, secret.*——Crescit *occulto* vĕlut arbor ævo Fāma Marcelli. Hor. 1. 12. 45. SYN. abdĭtus, arcānus, sĕcrētus, q. v.

occumbo, ĭs, cŭbui. no sup. *To die, to be slain; sometimes with* morti.——Mēne Ilĭăcis *occumbĕre* campis Non pŏtuisse tuâque animam hanc effundĕre dextrâ? V. Æn. 1. 97. Seu versāre dŏlos seu certæ *occumbĕre* morti. V. Æn. 2. 62. SYN. occŭbo, as; oppĕto, ĭs, ĭvi; mŏrior, ĕris, mortuus sum, q. v.

occŭpo, as. 1. *To lay hands on, to seize.*—2. *To catch, to overtake.*—3. *To strike, to wound.*—4. *To occupy.*—5. *To anticipate, be beforehand with.*——1. *Occŭpat* amplexu lăcrȳmasque per oscŭla siccat. Ov. F. 3. 509.—2. *Occŭpat* ēgressas quamlĭbet ante rătes. Ov. Tr. 1. 10. 6.—3. Lyncea . . . Vĭbrantem glădio connixus ab aggĕre dexter *Occŭpat.* V. Æn. 9. 770.—4. Mars Thrăcēn *occŭpat,* illa Păphon. Ov. A. A. 2. 588. Hic incrēdĭbĭlis rērum fāma *occŭpat* aures. V. Æn. 3. 294. — 5. Interdum răpĕre *occŭpat.* Hor. 2. 12. 28. SYN. 1. răpio, ĭs, ui, raptum; corrĭpio.— 1. 4. prehendo *sync.* prêndo, ĭs, di, sum.— 2. consĕquor, ĕris, sĕcūtus sum.—2. 5. præverto.—3. v. fĕrio.—4. obsĭdeo, es, sēdi, sessum.—5. v. anticipo.

occurro, is, ri, rsum. 1. *To meet.*—2. *To occur (to the mind).*—3. *To be visible.* 1. Obvius adversoque *occurrit,* seque vĭro vir Contŭlit. V. Æn. 10. 474.— 2. *Occurrunt* ănĭmo pĕreundi mille fĭgūræ. Ov. Her. 10. 81. Prōtĭnus *occurrent* falsæ perjūria linguæ. Ov. Her. 7. 67.— 3. Ut pĕlăgus tĕnuēre rătes nec jam amplius ulla *Occurrit* tellus. V. Æn. 5. 9. SYN. 1. occurso, as.—2. succurro; sŭbeo, ĭs, ĭvi. — 3. appāreo, es, *no sup.*, q. v. PHR. 1. Cum māter năto est obvia facta suo. Ov. Obvia prōdĭĕram rĕdūci tĭbi. Ov. Cui māter mĕdiâ sese tŭlit obvia sylvâ. V.

occurso, as. *To meet.*—— *Occursāre* căpro, cornu fĕrit ille căvēto. V. E. 9. 25. v. prec.

occursus, ûs. masc. *A meeting.*—— Mille lŭpi, mixtæque lŭpis ursæque leæque *Occursu* fēcēre mĕtum. Ov. Met. 14. 225.

Ōcĕănītis, ĭdŏs. pl. ĭdĕs. fem. *A daughter of Oceanus, an ocean nymph.*—— Clĭoque et Beroē sŏror *Ōcĕănĭtĭdĕs* ambæ. V. G. 4. 341.

ōcĕănus, i. *The ocean.*—— Ipsa prĕcātur *Oceănum*que pătrem rērum nymphasque sŏrōres. V. G. 4. 382. PHR. Præcĭpĭtem ōcĕăni rŭbro lăvit æquŏre currum. V. Ōcĕăni sprētos pĕde rēpŭlit amnes. V. Et quas ōcĕăni rĕfluum măre lăvit ărēnas. Ov. v. mare.

ŏcellus, i. *An eye.*—— Blanda quies victis furtim subrēpit *ŏcellis.* Ov. F. 3. 19. SYN. ŏcŭlus, q. v.

ōcĭmum, i. *The herb basil.*—— Et me prōcūrāvi *ōcĭmo*que et urtĭcâ. Cat. 45. 15.

ŏcrea, æ. *A greave.*——Aut læves *ŏcreas* lento dūcunt argento. V. Æn. 7. 634.

ŏcreātus, a, um. *With greaves or gaiters on.*——Tu nĭve Lūcānâ dormis *ŏcreātus,* ut āprum Cœnem ĕgŏ. Hor. Sat. 2. 3. 234.

octāvus, a, um. *The eighth.*—— Hæc mihĭ Stertĭnius săpientum *octāvus* ămīco Arma dĕdit. Hor. Sat. 2. 3. 296.

‡octies. *Eight times.*——Ūno nascĕris *octies* in anno. Mart. 8. 64. 2.

octĭpēs, ĕdis. *Having eight feet.*—— *Octĭpĕdis* Cancri terga sĭnistra tĭme. Prop. 4. 1. 150.

octo. indecl. *Eight.*—— Huic a stirpe pĕdes tēmo prōtentus in *octo.* V. G. 1. 171. v. octoni.

‡**Octōber, bris.** masc. *October; also as adj. of October.*——Cessent et Īdus dormiant in *Octōbres.* Mart. 10. 62. 11.

‡**octōgēsĭmus, a, um.** *The eightieth.*——Sic multas hyĕmes atque *octōgēsĭma* vīdit Solstĭtia. Juv. 4. 92.

octōni, æ, a. only pl. *Eight.*——Augēbat bis ădhūc *octōnis* intĕger annis. Ov. Met. 5. 50.

§**octussis, is.** masc. *A sum of eight* asses.——Quanti emptæ? Parvo. Quanti ergo? *Octussĭbus.* Eheu! Hor. Sat. 2. 3. 156.

ŏcŭlus, i. 1. *An eye.*—2. *An eye or bud in a plant.*——1. Ardentes *ŏcŭlōrum* orbes ad mœnia torsit. V. Æn. 12. 670.—2. Nec modus insĕrĕre atque *ŏcŭlos* impōnĕre simplex. V. G. 2. 73. SYN. 1. ŏcellus; lūmĕn, ĭnis, *neut.*; pūpŭla (*prop. the pupil of the eye*); gĕnæ, ārum. *fem.* v. acies. PHR. Quantum ăciē possent ŏcŭli servāre sĕquentum. V. Ardentes ŏcŭlos intorsit lūmĭne glauco. V. Lăcrȳmis ŏcŭlos suffūsa nĭtentes. V. Mīrātur făcĭlesque ŏcŭlos fert omnia circum. V. Ŏcŭlos dējecta dĕcōros. V. Et Lȳcum nĭgris ŏcŭlis nĭgroque Crīne dĕcōrum. Hor. ŏcŭlis quŏque pūpŭla dūplex Fulmĭnat et gĕmĭno lūmĕn ab orbe vĕnit. Ov.

ōcyor, ōris. compar. adj, used sometimes almost in pos. sense, no superl. *Swift. swifter.*——Fŭgit illa per undas *Ōcyor* et ventīs Et fulmĭnis *ōcyor* ālis. V. Æn. 10. 247. v. rapidus.

ōcyus. adv. *Swiftly, more swiftly.*——*Ōcyus* inquit Hūc ădĕs o Mĕlĭbœe, căper tĭbĭ salvus et hœdi. V. E. 7. 8. v. perniciter.

ōdē, es. or **ōda, æ.** *A song.*——Et mĕrŭlus mŏdŭlans tam pulchris concĭnit *ōdis.* Auct. Phil. 13.

ōdi. perf. used as pres., no part. *To hate.*——Exănĭmis mores *ōdĕrit* umbra tuos. Ov. Ibis. 142. SYN. dētestor. PHR. Sin mĭnus atque ŏdio flăgrant tuo pectŏra nostro. Ov. Justæ quĭbus est Mezentius īræ. V.

ŏdiōsus, a, um. *Hateful, hated.*——Aut măre prospĭciens *ŏdiōsō* concĭta vento Corrĭpio verbīs æquŏra pēne tuis. Ov. Her. 19. 21. SYN. invīsus, invĭdiōsus, īnămœnus.

ŏdium, i. *Hatred.*——Tum vos o Tȳrii stirpem et gĕnus omne fŭtūrum Exercēte *ŏdiīs.* V. Æn. 4. 623. PHR. Verbīs ŏdia aspĕra mŏvi. V. Scio ăcerba meōrum Circumstāre ŏdia. V. Exēdisse nĕfandis Urbem ŏdiis. V.

ŏdor, ōris. masc. 1. *A scent, a smell.*—2. *A perfume.*——Corpŏra, si tantum nōtas *ŏdor* attŭlit auras. V. G. 3. 251.—2. Quis multā grăcĭlis te puer in rŏsā Perfūsus lĭquĭdīs urgit *ŏdōrĭbus?* SYN. 1. nĭdor (*only of strong smells*). 2. unguentum, q. v. PHR. Ambrŏsĭæque cōmæ dīvīnum vertĭce ŏdōrem spīrāvēre. V. Lĭquĭdum diffundit ŏdōrem. V. Lātē jactāret ŏdōrem. V. Nōto nāres contingit ŏdōre. V.

ŏdōrātus, a, um. part. pass. of odoro, q. v., used also as adj. 1. *Fragrant.*—2. *Perfumed.*——Quid tĭbi *ŏdōrāto* referam sudantia ligno Balsăma. V. G. 2. 119.—2. Cānos *ŏdōrāti* căpillos. Hor. 2. 11. 15. SYN. 1, 2. v. seq.—2. myrrheus.

ŏdōrĭfer, ĕra, ĕrum. *Odoriferous, fragrant, perfumed.*——Gentis *ŏdōrĭfĕræ* quam formosissĭma partu. Ov. Met. 4. 209. SYN. ŏdōrus, q. v., ŏdōrātus; frăgrans, suaveŏlens, dulcis.

ŏdōro, as. *To perfume.*——Parte ab ŭtrāque sŏnant et *ŏdōrant* āĕra fūmis. Ov. Met. 15. 734.

ŏdōror, āris. *To smell out.*——Projectum *ŏdōrāris* cĭbum. Hor. Epod. 6. 10. SYN. §olfăcio, ĭs.

ŏdōrus, a, um. 1. *Odorous, fragrant.*—2. *Quick scented.*——1. Illius et lăcrȳmis quas arbŏre fundit *ŏdōrā* Ungĭtur. Ov. A. A. 1. 287.—2. Massȳlīque ruunt ĕquĭtes, et *ŏdōra* cănum vis. V. Æn. 4. 132. SYN. 1. ŏdōrĭfer, q. v. 2. săgax.

Ōdrȳsius, a, um. *Thracian.*——Exĭgit *Odrȳsii* fāta cruenta dŭcis. Ov. A. A. 2. 130. SYN. Thrăcius, q. v.

Ŏdyssēa, æ. *The Odyssey.*——Aut quid *Ŏdyssēa* est nĭsĭ fœmĭna propter ămōrem Dum vir ăbest multīs ūna pĕtīta prŏcis. Ov. Tr. 2. 375.

Œāgrius, a, um. *Thracian.*——Virgĭneusque Hĕlĭcon, et nondum *Œāgrius* Hebrus. Ov. Met. 2. 219.

Œbălia, æ. *Laconia; also Tarentum, as a colony of Laconia.*——Namque sub *Œbălĭæ* mĕmini me collĭbus altis. V. G. 4. 125.

Œbălĭdes, æ. and fem. **Œbălis**, ĭdŏs. 1. *A Spartan.*—2. *A Sabine.* —— 1. Quo puer *Œbălĭdes* ictus ab orbe cădas. Ov. Ibis. 588. Applĭcor in terras *Œbălĭ* nympha tuas. Ov. Her. 16. 126. — 2. *Œbălĭdes* mātres non lĕve mūnus hăbent. Ov. F. 3. 230. v. Spartanus, Sabinus.

Œbălius, a, um. 1. *Spartan.*—2. *Sabine.*—3. *Tarentine.* —— Si non *Œbăliâ* pellĭce læsa fŏret. Ov. R. A. 458.—2. Prōtĭnus *Œbălii* rĕtŭlit arma Tĭti. Ov. F. 4. 260.—3. *Œbălios* ămet expugnāre nĕpōtes. Sil. 12. 451. v. Lăcĕdæmŏnius, Săbīnus, Tărentīnus.

Œchălia, æ. *The city of Chalcis in Eubœa.* —— Grātŭlor *Œchăliam* tĭtŭlīs accedere vestris. Ov. Her. 9. 1. SYN. Chalcis, ĭdŏs.

‡Œdĭpŏdes, æ. *Œdipus.* —— Messĕrat æternâ damnātum nocte pŭdōrem *Œdĭpŏdes.* Stat. Theb. 1. 47.

‡Œdĭpŏdĭŏnĭdes, æ. *Son of Œdipus, Polynices or Eteocles.* —— *Œdĭpŏdĭŏnĭdes* furtim deserta pererrat. Stat. Theb. 1. 314.

Œdĭpŏdĭŏnius, a, um. *Of Œdipus.* —— *Œdĭpŏdĭŏniæ* quid sunt nĭsĭ nōmĭna Thēbæ. Ov. Met. 15. 429.

Œdĭpūs, ŏdis. *Son of Laius, king of Thebes. An oracle predicted at his birth that he would kill his father, which he did without knowing him. He explained the riddle of the Sphinx who killed herself in consequence; and finding afterwards that he had married his mother, he tore out his eyes.* —— *Œdĭpŏdas* făcĭto Tēlĕgŏnosque vŏces. Ov. Tr. 1. 1. 114. SYN. ‡Œdĭpŏdes, æ; Laĭădes. PHR. Carmĭna Lāĭădes non intellecta priōrum Solvĕrat ingĕniis. Ov.

Œnĕus, and **‡Œnēius**, a, um. *Of Œneus king of Ætolia, and father of Meleager and of Tydeus.* —— *Œnĕos* ultōrem sprēta per ăgros Mīsit ăprum. Ov. Met. 8. 281. Venienti *Œnēius* hēros Impĭger objectâ prōturbat pectora parmâ. Stat. Theb. 5. 661.

Œnĭdes, æ. *Son or descendant of Œneus, Meleager, or Tydeus, or Diomede.* —— Et gĕnĕrum *Œnĭdēn* Appŭle Daune tuum. Ov. F. 4. 76.

Œnōnē, es. *A Phrygian nymph, wife of Paris, and by him deserted for the sake of Helen.* —— Pēgăsis *Œnōnē* Phrȳgiis cĕlĕberrĭma sylvis. Ov. Her. 5. 3.

‡œnophorum, i. *A wine bottle.* —— *Œnŏphŏrum* sĭtiens plēnâ quod tendĭtur urnâ. Juv. 6. 425. SYN. amphŏra, q. v.

Œnŏpia, æ. *Another name of Ægina*, q. v. —— *Œnŏpiam* Mīnos pĕtit Æăcĭdēia regna. Ov. Met. 7. 472.

Œnŏpius, a, um. *Of Ægina.* —— Classis ab *Œnŏpiis*, etiamnum Lyctia mūris. Ov. Met. 7. 490.

Œnōtrius, and **Œnōtrus**, a, um. *Italian, from Œnōtrus, son of Pelasgus.* —— Hinc Ĭtălæ gentes omnisque *Œnōtria* tellus. V. Æn. 7. 85. *Œnōtri* cŏluēre vĭri nunc fama mĭnōres Ĭtăliam dixisse dŭcis de nomine gentem. V. Æn. 1. 536. SYN. Itălus, q. v.

œstrus, i. 1. *A gadfly.*—2. *‡frenzy, inspiration.* —— Cui nomen ăsīlo Rōmānum est, *œstrum* Graii vertēre vŏcantes. V. G. 3. 146. q. v.—2. Tempus ĕrit cum Pĭĕrio tua fortior *œstro* Facta cănam. Stat. Theb. 1. 32. SYN. 1. ăsīlus.—2. fŭror, q. v.

œsȳpum, i. *Greasy wool.* —— *Œsȳpa* quid rĕdŏlent quamvis mittantur Ăthēnis? Ov. A. A. 3. 213.

Œta, æ. also **Œtē**, es. *Mount Œta in Thessaly.* —— Arbŏrĭbus cæsis quas ardua gessĕrat *Œte.* Ov. Met. 9. 230.

Œtæus, a, um. *Of Mount Œta; of Thessaly, used as syn. of Hercules.* —— Lymphaque in *Œtæis* mălia Thermŏpȳlis. Cat. 66. 54. Ut fuit *Œtæo* quondam gĕnĕroque drăcōnum. Ov. Ibis. 347.

‡ŏfella, æ. *A steak.* —— Rŭdis omni Tempŏre et exĭguæ frustīs imbūtus *ŏfellæ.* Juv. 11. 144.

offa, æ. *A cake.* —— Melle sŏpōrātam et medicatis frūgĭbus *offam.* V. Æn. 6. 420.

offendo, is, di, sum. 1. *To strike or run against, even abs. as we say a ship strikes, that is runs aground.*—*To offend; in this sense oftenest in pass., to be offended.* —— 1. Devertor ad illas In quĭbus *offendit* naufrăga puppis ăquas. Ov. Ep. e P. 4. 14. 22. Pes tuus *offenso* līmĭne signa dĕdit. Ov. Her. 13. 88. 2. *Offensos* vĭdear nē mĕruisse Deos. Ov. Her. 21. 48. SYN. 1. incurro; †offenso, as; illĭdor, ĕris, q. v.—2. v. irascor.

offensa, æ. *An offence.*——Quod non *offensas* vindĭcet ense suas. Ov. Tr. 3. 8. 40. v. culpa.

†offenso, as. *To strike or run against.*——Cōgĭtur *offensāre* ĭgĭtur pulsāreque fluctu Ærea texta suo. Lucr. 6. 1051. SYN. offendo, ĭs, q. v.

†‡offensus, ûs. *A meeting or dashing against one another.*——Cōgit hĕbĕscere eum crēbrīs *offensĭbus* āer. Lucr. 4. 359. Sola per *offensus* armōrum et lūbrĭca tābo Grāmĭna. Stat. Theb. 12. 283.

offensus, a, um. part. pass. of offĕndo, q. v. *Striking against, of that which strikes as well as of that which is struck; offended, etc.*——Crēdĭtus *offenso* prōcŭbuisse pĕde. Ov. F. 2. 720.

offĕro, fers, ferre, obtŭli, ŏblātum. 1. *To bring, to cause.*—2. *To give.*—3. *To oppose (something) to another as an obstacle.*——1. Thēseus quālem Mīnōĭdi luctum *Obtŭlerat* mente immĕmŏri, talem ipse rĕcēpit. Cat. 62. 247.—2. Bĕne est, cui Deus *obtŭlit* Parcā quod sātis est mānu. Hor. 3. 16. 43.—3. Æneas, strictamque ăciem vĕnientibus *offert.* V. Æn. 6. 291. SYN. 1, 2. fĕro, affĕro.—2. do, das, dăre, dĕdi, dătum, q. v.—3. oppōno, ĭs, pŏsui, q. v.; objĭcio, is, jēci.

offĭcīna, æ. *A workshop.*——Dum grăves Cȳclōpum Vulcānus ardens ūrit *offĭcīnas.* Hor. 1. 4. 8.

offĭcio, ĭs, feci, fectum. *To hinder, to be injurious to.*——Illic *offĭciant* lætis ne frūgĭbus herbæ. V. G. 1. 69. SYN. obsum, ŏbĕs, obfui, q. v.; nŏceo, es, q. v.

offĭcīōsus, a, um. *Officious, ready to serve.*——Non illis piĕtas, non *offĭcīōsa* vŏluntas Defuit. Ov. Ep. e P. 3. 2. 17. SYN. bĕnignus.

offĭcium, i. 1. *A duty or office.*—2. *A duty, what we ought to do.*—3. *A kindness.*——1. Sub quo mĕruisse trĭbūnus Glōrior, *offĭcio* præfuit ille meo. Ov. F. 4. 382.—2. Hoc gĕnus *offĭcii* dulce duōbus ĕrit. Ov. Her. 13. 142.—3. Grātiaque *offĭcio* quod mōra tardat ăbest. Ov. Ep. e P. 3. 4. 52. SYN. 1. mūnia, ōrum.—3. grātia, q. v.

Ōgȳgius, a, um. *Theban, from Ogyges, is, the founder of Thebes.*——Quālis ab *Ōgȳgio* concita Baccha Deo. Ov. Her. 10. 48. SYN. Thēbānus, q. v.

‡Ōgȳgidæ, ārum. masc. *Thebans.*——Constĭtit; inde ĭtĕrum densi glŏmĕrantur in ūnum *Ōgȳgidæ.* Stat. Theb. 586.

ŏlea, æ. *The olive, sacred to Minerva as having been created by her; the emblem of peace.*——Vēlāti rāmīs *ŏleæ* pācemque rŏgantes. V. Æn. 11. 101. SYN. ŏlīva, q. v. PHR. Īre jūbet rāmis vēlātos Pallădis omnes. V. Cærŭla quot baccas Pallădŏs arbor hăbet. Ov. Vēnit hyems, tĕrĭtur Sicyōnia bacca trāpētis. V.

ŏleāgĭnus, a, um. *Of the olive.*——Trūdĭtur e sicco rādix *ŏleāgĭna* ligno. V. G. 2. 31.

ŏleaster, tri. *The wild olive.*——Indĭcio est tractu surgens *ŏleaster* eōdem. V. G. 2. 182.

ŏlens, entis. part. from oleo, but used as adj. 1. *Sweet smelling, fragrant.*—2. *Rank smelling, stinking.*——1. Aut ut ăpes saltusque suos et *ŏlentia* nactæ Pascua. Ov. A. A. 1. 95.—2. *Ŏlentis* uxōres mărīti. Hor. 1. 17. 7. SYN. 1. ŏdōrĭfer, ĕra, ĕrum, q. v.—2. ŏlĭdus, pūtĭdus, q. v.; fœdus.

ŏleo, es, ui. no sup. *To smell, intrans.*——Non Ărăbo noster rōre căpillus *ŏlet.* Ov. Her. 15. 76. SYN. rĕdŏleo; hālo, as. PHR. Volvĭtur āter ŏdor tectis. V. Et si non ălium lātē jactāret ŏdōrem. V. Nōto nāres contingit ŏdōre. V. v. odor.

‡ŏlētum, i. *A place where there are bad smells.*——Hīc inquis vĕtŏ quisquam faxit *ŏlētum.* Pers. 1. 112.

ŏleum, i. *Oil.*——Nūdātos hŭmĕros *ŏleo* perfusa nĭtescit. V. Æn. 5. 135. SYN. ŏlīvum; Pallăs, ădŏs, *acc.* ăda.

§olfăcio, ĭs, feci. *To smell, trans.*——Quod tucum *olfăcies* Deos rŏgābis. Cat. 13. 13. SYN. ŏdōror, āris.

ŏlĭdus, a, um. *Stinking.*——Sed nĭmis arcta prĕmunt *ŏlĭdæ* convīvia căpræ. Hor. Epist. 1. 5. 29. v. olens.

ōlim. 1. *Formerly.*—2. *Hereafter.*——1. Ante fŏcos *ōlim* scamnis consīdĕre longis Mos ĕrat. Ov. F. 6. 305.—2. Certe hinc Rōmānos *ōlim*, volventĭbus annis, Hinc fŏre ductōres. V. Æn. 1. 234. SYN. 1. Ante, antehac (*dissyll.*), prius, quondam.—2. posthac, porro.

ŏlĭtor, ōris. masc. *A market gardener.*——Thrax ĕrĭt, aut *ŏlĭtŏris* ăget mercēde căballum. Hor. Epist. 1. 18. 36.

ŏlīva, æ. *An olive tree, or fruit, or branch.*——Pīsæâ vinctus *ŏlīvâ* Abstŭlĕrat dĕcies præmia victor ĕques. Ov. Tr. 4. 10. 95. SYN. ŏlea, q. v. PHR. Rāmisque albentis ŏlīvæ. Ov. Adjŭvat in bello pācātæ rāmus ŏlīvæ. Ov. Pallădiæ pĕtĭtur cui palma cŏrōnæ. Ov. Pressa Vĕnāfrānæ quod bacca rĕmīsit ŏlīvæ. Hor. Orchădĕs, et rădii, et ămārâ pausia baccâ (*different sorts of olives*). V. Vĕnit hyems, tĕrĭtur Sĭcyōnia bacca trăpĕtis. V.

ŏlīvētum, i. *A plantation of olives.*——Spargent *ŏlīvētis* ŏdōrem. Hor. 2. 15. 7.

ŏlīvĭfer, ĕra, ĕrum. *Producing olives.*——Prīmus *ŏlīvĭfĕris* Rōmam dēductus ab arvis Pompĭlius. Ov. F. 3. 151.

ŏlīvum, i. *Oil.*——Nec căsiâ lĭquĭdi corrumpĭtur ūsus *ŏlīvi.* V. G. 2. 466. SYN. ŏleum, q. v.

‡olla, æ. *An earthen pot.*——Nec plēna turpi mātris *olla* rēsīnâ. Mart. 12. 32. 31. SYN. urna, ‡urceus, ‡urceŏlus.

‡ollāris, e. *Of or kept in earthen jars.*——Illīc et ūvæ cōllŏcantur *ollāres.* Mart. 7. 20. 9.

ŏlor, ōris. masc. *A swan.* Ad văda Mæandri concĭnit albus *ŏlor.* Ov. Her. 7. 2. SYN. cy̆cnus, q. v.

ŏlōrīnus, a, um. *Of a swan.*——Cy̆prŏn *ŏlōrīnus* nondum pervēnĕrat ālis. Ov. Met. 10. 718. SYN. cy̆cnēus, cy̆cnēius.

ŏlus, ĕris. neut. rare in pl. *Vegetables.*——Stant călīces; mĭnor inde făbas *ŏlus* alter hăbēbat. Ov. F. 5. 509. SYN. §ŏluscŭlum.

§ŏluscŭlum, i. dim. of prec.——Uncta sătis pingui pōnentur *ŏluscŭla* lardo. Hor. Sat. 2. 6. 64.

Ŏlympia, orum. *The Olympic games, celebrated in honour of Jupiter at Pisa, a city in Olympia, a district of Elis.*——Magna cŏrōnāri contemnat *Ŏlympia*, cui spes. Hor. Epist. 1. 1. 50.

Ŏlympiăcus, a, um. and **Olympĭcus, a, um.** *Of Olympia.*——Seu quis *Ŏlympiăcæ* mīrātus præmia palmæ Pascit ĕquos. V. G. 3. 49. Sunt quos currĭcŭlo pulvĕrem *Ŏlympĭcum* Collēgisse jŭvat. Hor. 1. 1. 3. SYN. Pīsæus.

Ŏlympiăs, ădŏs. fem. *An Olympiad; a space of five years.*——In Scy̆thiâ nōbis quinquennis *Ŏlympiăs* acta est. Ov. Ep. e P. 4. 6. 5. SYN. lustrum.

Ŏlympus, i. 1. *A mountain in Thessaly.* —2. *The habitation of the Gods, heaven.*——Scilicet atque Ossæ frondōsum involvĕre *Ŏlympum.* V. G. 1. 282. —2. Pandĭtur intĕreā dŏmus omnĭpŏtentis *Ŏlympi.* V. Æn. 10. 1. Invīto prōcessit vesper *Ŏlympo.* V. E. 6. 86. SYN. 2. cœlum, q. v. PHR. Quantus ad æthĕrium cœli suspectus Ŏlympum. V. Sŭpĕri regnātor Ŏlympi. V.

§ŏmāsum, i. *Tripe.*——Aut paulum abstŭlĕrat; pătĭnas cœnābat *ŏmāsi* Vilis. Hor. Epist. 1. 15. 34.

ōmĕn, ĭnis. neut. *An omen.*——Tum magnum exĭtium (quod Dī prius *ōmĕn* in ipsum Convertant). V. Æn. 2. 190. SYN. ăvis; ālĕs, ĭtis, *fem.* v. augurium, auspicium. PHR. (*Of good omens*) Tŏnitru dĕdit ōmĭna lævo Jŭpĭter et lævo fulmĭna missa pŏlo. Ov. Argūtum sternuit ōmĕn ămor. Prop. v. V. Æn. 2. 680—691. (*Of bad omens.*) Sæpe mălum hoc nōbis, si mens non læva fuisset, Dē cœlo tactas mĕmĭni prædīcĕre quercus; Sæpe sĭnistra căvâ prædixit ab īlice quercus. V. Pes tuus offenso līmĭne signa dĕdit. Ov. A lævâ mœsta vŏlāvit ăvis. Ov. Ter pĕdis offensi signo est rĕvŏcāta, ter omen Fūnĕreus būbo lētāli carmĭne fēcit. Ov. Et cĕcĭnit mœstum dēvia carmĕn ăvis. Ov. Ne vāti noceat măla lingua fŭtūro. v. V. G. 1. 466—488.; Hor. 3. 27. 1—12.

ōmentum, i. *The caul.*——*Ōmentum* in flammâ pingue lĭquĕfăciens. Cat. 90. 6.

ōmĭnātus, a, um. *Having an omen.*——Jam vĭrum expertæ măle *ōmĭnātis* Parcĭte verbis. Hor. 3. 14. 11.

ōmĭno, as. *To presage.*——Nec mihĭ Cassiŏpē sŏlĭto vīsūra cărīnam *Ōmĭnat.* Prop. 1. 17. 3. SYN. portendo, ĭs. v. auguror.

‡ōmĭnor, āris. another form of prec.——Fax illa clārum nōmĕn invĭdiâ tĭbi Partum *ōmĭnātur.* Sen. Oct. 748.

ŏmitto, ĭs, mīsi, missum. *To omit, desist from, etc.*——*Ŏmitte* mīrāri beātæ Fūmum et ŏpes strĕpĭtumque Rōmæ. Hor. 3. 29. 11. SYN. mitto, dīmitto, rĕmitto; linquo, līqui; rĕlinquo; dēsĭno, ĭs, sivi, q. v.; parco, ĭs, pĕperci, q. v.

omnĭfer, ĕra, ĕrum. *Producing all things.*—Tellus Sustŭlit *omnifĕros* collo tĕnus ărĭda vultus. Ov. Met. 2. 275. SYN. omnĭpărens.

omnĭgĕnus, a, um. *Of all sorts.*—*Omnĭgĕnūm*que Deûm monstra ; et lātrātor Ănūbis. V. Æn. 8. 868.

†omnĭmŏdē. also **†omnĭmŏdīs.** *In every manner.*—*Omnĭmŏde* expertus fuĕris quam quisque det ordo. Lucr. 2. 488. Nec tămĕn *omnĭmŏdis* connecti posse pŭtandum est omnia. Lucr. 2. 699.

omnīno. *Altogether, wholly.*—Non tămĕn *omnīno* Teucros dēlēre părātis. V. Æn. 9. 248. SYN. pĕnĭtus, †prorsum, §prorsus, fundĭtus.

omnĭpărens, entis. *Producing all things.*—Necnōn et Tĭtyon, terræ *omnĭpărentis* ălumnum. V. Æn. 6. 595.

omnĭpŏtens, entis. *Almighty.*—Jūpĭter *omnĭpŏtens* prĕcĭbus si flectĕris ullis. V. Æn. 2. 689.

omnis, e. 1. *All, every.*—2. *The whole.*—1. Nec nautĭca pīnus Mūtābit merces ; *omnis* fĕret *omnia* tellus. V. E. 4. 39.—2. Summisque sub astra Ēductam tectīs unde *omnis* Trōja vĭdēri. V. Æn. 2. 461. SYN. 1. cunctus. v. singuli.—2. tōtus, a, um; *gen.* tōtīus. v. quisque. PHR. Quicquid ŭbīque est Gentis Dardănĭæ. V.

†‡omnĭtuens, entis. *Seeing all things.*—Contŭlit inter se mōtus quĭbus *omnĭtuentes* Accensi sensus ănĭmantem quemque tuentur. Lucr. 2. 940.

omnĭvŏlus, a, um. *Flying over all places.*—Noscens *omnĭvŏli* plūrĭma facta Jŏvis. Cat. 66. 140.

ŏnăger or **ŏnăgrus, gri.** *A wild ass.*—Sæpe etiam cursu tĭmĭdos ăgĭtābis *ŏnăgros.* V. G. 3. 409.

†ŏnĕrārius, a, um. *Fit for carrying burdens.*—Atque istunc e nāvi exeuntem *ŏnĕrāriā* Vĭdēmus. Plaut. Pœn. 3. 3. 38.

ŏnĕro, as. 1. *To load ; either of the thing loaded, or of the article which the load consists of, used even of arming.*—2. *To cover.*—Membra, mănusque ambas jăcŭlis *ŏnĕrāvit* ăcūtis. V. Æn. 10. 868. Vīna bŏnus quæ dĕinde cădīs *ŏnĕrārat* Ăcestes. V. Æn. 1. 195.—2. Non te optĭma māter Condet hŭmi, pătriove *ŏnĕrābit* membra sĕpulchro. V. Æn. 10. 557. SYN. 1. prĕmo, is, pressi ; opprĭmo ; grăvo, as ; dēgrăvo.—2. tĕgo, is, xi, q. v. PHR. Nec plaustris cessant vectāre gĕmentĭbus (i. e. *heavily loaded*) ornos. V.

ŏnĕrōsus, a, um. *Heavy, burdensome.*—Eurўălum tĕnĕbræ rāmōrum *ŏnĕrōsa*que præda Impĕdiunt. V. Æn. 9. 384. SYN. grăvis, q. v.

‡ŏnŏcrŏtălus, i. *A bittern.*—Turpe Răvennātis guttur *ŏnŏcrŏtăli.* Mart. 11. 22. 10.

ŏnus, ĕris. neut. *A load, a burden.*—Vix mens tristĭtiæ mœsta tŭlisset *ŏnus.* Ov. Ep. e P. 1. 10. 38. SYN. sarcĭna.

ŏnustus, a, um. *Loaded.*—Hunc tu ōlim cœlo spŏliis Ŏrientis *ŏnustum* Accĭpies. V. Æn. 1. 289. SYN. ŏnĕrātus, grăvis, plēnus, pressus.

ŏnyx, ўchis. masc. *Onyx or alabaster, a box made of onyx.*—Nardi parvus *ŏnyx* ēliciet cădum. Hor. 4. 12. 17. SYN. ‡ălăbastrum.

ŏpāco, as. *To darken, to shade.*—Cursum .... Dīrĭgĭte in lūcos ŭbī pinguem dīvĕs *ŏpācat* Rāmus hŭmum. V. Æn. 6. 195. SYN. ŏbumbro, as, q. v.; fusco, as.

ŏpācus, a, um. 1. *Shady.*—2. *Dark.*—1. Sol ruit ĭntĕrea, et montes umbrantur *ŏpāci.* V. Æn. 3. 508.—2. Affixus lătĕri jam quærit sīdĕra *ŏpācæ* Noctis ĭter. V. Æn. 10. 161. SYN. 1. umbrōsus, q. v.—2. obscūrus, q. v.

†§ŏpella, æ. *Work, toil.*—Hæc si pernosces parvâ perductus *ŏpellā.* Lucr. 1. 1107. SYN. ŏpĕra, q. v.

ŏpĕra, æ. *Work, toil, care.*—Sīve *ŏpĕram* bellīs vellet dăre, nulla gĕrēbat. Ov. R. A. 165. SYN. ŏpus, ĕris ; lăbor.

ŏpĕrio, is, ui, opertum. *To cover.*—Cui pellīs lātos hŭmĕros ērepta jŭvenco Pugnātōri *ŏpĕrit.* V. Æn. 11. 680. SYN. tĕgo, is, xi, q. v.

ŏpĕror, āris. 1. *To work, to toil.*—2. *To perform sacrifice.*—1. Connūbiīs arvisque nŏvis *ŏpĕrāta* jŭventus. V. Æn. 3. 136.—2. Ūnĭco gaudens mŭlier mărīto Prōdeat justis *ŏpĕrāta* Dīvis. Hor. 3. 14. 6. SYN. 1. lăbōro, as.—2. săcrĭfĭco, as, q. v.

ŏpĕrōsē. *Laboriously.*—Vīna quŏque in magnīs *ŏpĕrōsē* condīta cellis Flōrent. Ov. F. 5. 269.

ŏpĕrōsus, a, um. 1. *Laborious, industrious.* — 2. *Made or done with great labour, difficult.* — 3. *Efficacious.* —— 1. Disce Lătīnōrum vātes ŏpĕrōse diērum. Ov. F. 3. 175. — 2. Vīginti fulvos ŏpĕrōso ex ære lĕbētas. Ov. Her. 3. 31. — 3. Ūtĕre tentātis ŏpĕrōsæ vīrĭbus herbæ. Ov. Met. 14. 22. SYN. 1, 2. lăbōriōsus. — 1. sēdŭlus, ‡industrius. — 2. diffĭcĭlis. — 3. effĭcax.

ŏpertus, a, um. part. pass. from operio, q. v., used also as adj. *Secret.* —— Sæpe mŏnet fraudemque et ŏperta tŭmescĕre bella. V. G. 1. 466. SYN. sēcrētus, q. v.

ŏpes, um. fem. pl., prop. pl. from ops, q. v., but rarely used in pl. in the same sense as in sing. 1. *Riches.* — 2. *Power.* — 3. §*Assistance* (*this meaning prop. belongs to the sing.*). —— 1. Condit ŏpes ălius, dēfossoque incŭbat auro. V. G. 2. 507. — 2. Trōjānas ut ŏpes et lāmentābĭle regnum Ērueĕrint Dănai. V. Æn. 2. 4. — 3. Implōrāvit ŏpes hŏmĭnis, frænumque mŏmordit. Hor. Epist. 1. 10. 37. SYN. 1. dīvĭtiæ, q. v. — 2. pŏtestas, pŏtentia, q. v. — 3. auxĭlium, q. v.

‡ŏphītes, æ. masc. *A sort of spotted marble.* —— Quam parvis tinctus măcŭlis Thēbānus ŏphītes. Lucan. 9. 714.

‡ŏpĭcus, a, um. *Uncivilised.* —— Et dīvīna ŏpĭci rōdēbant carmĭna mūres. Juv. 3. 207. SYN. barbărus, q. v.; ignārus, rŭdis.

ŏpĭfer, ĕra, ĕrum. *Bringing aid.* —— Cum Deus in somnis ŏpĭfer consistĕre vīsus. Ov. Met. 15. 563. SYN. auxĭliāris.

ŏpĭfex, ĭcis. masc. *A workman, a maker.* —— Ille ŏpĭfex rērum, mundi mĕliōris ŏrĭgo. Ov. Met. 1. 79. SYN. condĭtor, fābrĭcātor; artĭfex, ĭcis.

ŏpīmus, a, um. 1. *Fat.* — 2. *Luxurious* (*of feasts, etc.*). — 3. *Fertile.* — 4. *Chief; the* opima spolia *were those of one general who was slain by the general of the enemy.* —— 1. Albave ŏpīmōrum colla fĕrīre boum. Ov. Ep. e P. 4. 9. 50. — 2. Exstruĭmusque tŏros, dăpĭbusque ĕpŭlāmur ŏpīmis. V. Æn. 3. 224. — 3. Ŭbĭ Lydius arva Inter ŏpīma vĭrûm lēni fluit agmĭne Tybris. V. Æn. 2. 782. — 4. Quos ŏpīmus Fallĕre et effŭgĕre est triumphus. Hor. 4. 4. 51. Aspĭce ut insignis spŏliis Marcellus ŏpīmis Ingrĕdĭtur. V. Æn. 6. 856. SYN. 1. pinguis, q. v. — 2. lautus, q. v. — 3. fertĭlis, q. v.

†ŏpīnātus, ûs. masc. *Opinion.* —— Propter ŏpīnātūs ănĭmi, quos addĭmus ipsi. Lucr. 4. 465. SYN. sententia, q. v.

ŏpīnor, āris. *To think, to expect.* —— Qui nĕc ŏpīnanti nunc tĭbĭ forte vĕnit. Tib. 4. 9. 4. v. puto.

‡ŏpŏbalsămum, i. *The juice of the balsam tree.* —— Candĭda fēlīces sūdent ŏpŏbalsăma virgæ. Stat. Sylv. 3. 2. 141. SYN. balsămum.

ŏportet, uit, etc., impers. *It behoves, it is right.* —— Inque Tŏmītānâ condar ŏportet hŭmo. Ov. Ep. e P. 3. 1. 6. SYN. dĕcet, expĕdit, convĕnit, *perf.* vēnit.

‡oppando, is, di. no sup. *To spread out.* —— Illa vel ad flātūs hĕlīces oppande sĕrēnæ. Grat. Cyneg. 55. SYN. pando, q. v.

oppĕrior, īris, oppertus sum. but rare in perf. *To wait for.* —— Rēgīnam oppĕriens dum quæ fortūna sit urbi. V. Æn. 1. 454. SYN. exspecto, as; măneo, es, mansi.

oppĕto, ĭs, īvi. *To die, to be killed.* —— Sit sătis Ænēĭdē tēlis impūne Nŭmānum Oppĕtiisse tuis. V. Æn. 9. 654. SYN. occumbo, is, cŭbui, *no sup.*; occĭdo, ĭs; occĭdor, ĕris; mŏrior, eris, mortuus sum, q. v.

§oppĭdŭlum, i. dim. of seq. —— Mansūri oppĭdŭlo quod versu dīcĕre non est. Hor. Sat. 1. 5. 87.

oppĭdum, i. *A town.* —— Hæc duŏ prætĕreā disjectīs oppĭda mūris. V. Æn. 8. 355. SYN. urbs, urbis, *fem.*

‡oppignĕro, as. *To pledge.* —— Oppignĕrāvit Claudii mŏdo ad mensam. Mart. 2. 57. 7.

†oppīlo, as. *To stop up.* —— Fluctĭbus adversīs oppīlāre ostia contra. Lucr. 6. 725.

†oppleo, es, plevi. *To fill.* —— Āĕra per tĕnĕrum līquĭdis lŏca vōcĭbus opplent. Lucr. 2. 145. SYN. impleo, q. v.; rĕpleo, compleo.

oppōno, ĭs, pŏsui, pŏsĭtum. 1. *To place against, or before, or opposite to.* — 2. *To oppose, trans.* —— 1. Et stăbŭla a ventis hȳberno oppōnĕre Sōli. V. G. 3. 302. Non tŭlit, ante ŏcŭlos oppŏsuitque mănum. Ov. F. 4. 178. — 2. Ausa sĕqui et prŏfŭgis tōto me oppōnĕre ponto. V. Æn. 7. 300. SYN. 1. offĕro, fers, ferre, tŭli, lātum; objĭcio, ĭs, jēci; objecto, as.

opportūnus, a, um *Opportune, convenient.*——Dīrārum nīdis dŏmus *opportūna* vŏlūcrum. V. Æn. 8. 235. SYN. aptus, commŏdus, q. v.; accommŏdus.

‡oppŏsĭtus, ûs. *An opposing.*——Mŏrātur Agmĭna, et *oppŏsĭtu* membrōrum sistĕre certat. Sil 10. 212.

oppŏsĭtus, a, um. and sync. **oppôstus.** part. pass. of oppono, q. v., used also as adj. 1. *Opposite to.*—2 *Opposing.*——1. *Oppŏsĭtam*que pĕtens contrā Zanclēia saxa Rhēgiŏn ingrĕdĭtur. Ov. Met. 14. 147—2. Amnis Exiit *oppŏsĭtas*que ēvīcit gurgĭte mōles. V. Æn. 2. 497. SYN. 1. prætentus.—1, 2. adversus.

†oppressus, ûs. *A pressure.*——Nam quid in *oppressu* vălĭdo dūrābit eōrum. Lucr. 1. 850.

opprĭmo, ĭs, pressi, sum *To press, press down.*——Fluctĭbus *oppressos* Trōas cœlique ruīnâ. V. Æn. 1. 133. SYN. prĕmo; grăvo, as; dēgrăvo; urgeo, es, si, *no sup.*

opprŏbrium, i. 1. *A reproach.*—2. *A disgrace.*——1. Pŭdet hæc *opprŏbria* nōbis Et dīci pŏtuisse, et non pŏtuisse rĕfelli. Ov. Met. 1. 758.—2. Produxit arbŏs in nĕpōtum Pernĭciem, *opprŏbrium*que pāgi. Hor. 2. 13. 4. SYN. 1. convīcium, q. v.—1, 2. prŏbrum.—2. dēdĕcus, oris, *neut.* q. v.; infamia.

oppugno, as. *To attack.*——Ille vĕlut celsam *oppugnat* qui mōlĭbus urbem. V. Æn. 5. 439. SYN. lăcesso, ĭs, sīvi; invādo, ĭs, si; aggrĕdior, ĕris, gressus sum.

ops. fem. never used in nom., only in gen., acc, and abl. **ŏpis, ŏpem, ŏpe.** 1. *Assistance* (*no pl. in this sense except in Hor. Sat.*).——2. *Power.*——1. Vi propriâ nītuntur, *ŏpis* non indĭga nostræ. V. G. 2. 428.—2. Grātes persolvĕre dignas Non *ŏpis* est nostræ Dīdo. V. Æn. 1. 604 Hinc *ŏpe* barbărĭcâ vărisque Antōnius armis. V. Æn. 8. 685. SYN. 1. auxĭlium, q. v.—2. potestas, q. v.; ŏpes, um, *pl. fem.* q. v.

optābĭlis, e. *Desirable.*——Quæ mihi sōla nŏcet; vĕnit ecce *optābĭle* tempus. Ov. Met. 9. 758. SYN. optandus, optātus, exoptātus.

optāto. adv. *As one would wish.*——Ac velut *optāto* ventis æstate coortis. V. Æn. 10. 405.

optātus, a, um. part. pass. from opto, q v., used also as adj. *Wished for, desirable.*——Quid dătur a Dīvis fēlīci *optātius* hōrâ? Cat. 60. 30. SYN. optābĭlis, *in compar.* pŏtior.

optĭmus, a, um. superl. from bonus, q. v. *Best, very good.*——Namque ĭtă descĕdens præcēpĕrat *optĭmus* armis Ænēas. V. Æn. 9. 40. SYN. præstantissĭmus.

§optīvus, a, um. *Chosen.*——Fit Mimnermus, et *optīvo* cognōmĭne crescit. Hor. Epist. 2. 2. 101. SYN. ădoptīvus.

opto, as. 1. *To wish, to wish for.*—2. *To choose, to select.*——1. *Optāvi* pĕtĕres cœlestia sīdĕra tarde Ov. Tr. 2. 57.—2. Pars *optāre* locum tecto et conclūdĕre sulco. V. Æn. 1. 429. SYN. 1. exopto; cŭpio, ĭs, īvi; dēsīdĕro, as.—2. ēlĭgo, ĭs, ēgi, q. v.

ŏpŭlentia, æ. *Wealth, opulence.*——Dīvĭtis ūber ăgri Trōjæve *ŏpŭlentia* dēerit. V. Æn. 7. 262. SYN. dīvĭtiæ; ŏpes, um, *fem.*

ŏpŭlento, as. *To enrich*——Arvo pascat hĕrum an baccis *opulentet* ŏlīvæ Hor. Epist. 1. 16. 2. SYN. dīto, as; augeo, es, xi.

ŏpŭlentus, a, um. *Rich.*——Hic tĭbĭ cōpia Mānābit ad plēnum bĕnigno Rūris hŏnōrum *ŏpŭlenta* cornu. Hor. 1. 17. 16. SYN. dīvĕs, ĭtis, *sync. also* dītis, q. v.

ŏpus, ĕris. neut. 1. *Work, toil.*—2. *A work.*——1. Sed rĕvŏcāre grădum sŭpĕrasque ēvādĕre ad auras Hōc *ŏpus* hic lăbor est. V. Æn. 6 128.—2. ōcŭla pōnam Fāgĭna, cælātum dīvīni *ŏpus* Alcĭmĕdontis. V. E. 3. 37. SYN. 1. ŏpĕra, lăbor, q v.

ŏpus. indecl. either by itself or with **est.** 1. *There is need of.*—2. *It is necessary.*——1. Nunc ănĭmis *ŏpus* Ænea; nunc pectŏre firmo. V. Æn. 6. 261.—2. Sic *ŏpus est*; ăpĕrīte dŏmos, ac mōle rĕmōtâ. Ov. Met. 1. 279. SYN. 1. usus.—2. nĕcesse, q. v.

§ŏpuscŭlum, i. *A little work.*——Scīre vĕlis mea cūr ingrātus *opuscŭla* lector Laudet. Hor. Epist. 2. 19. 35. v. opus.

ōra, æ. 1. *The edge or margin.*—2. *The shore.*—3. *A region, a country.*——1. Spīrāmenta lĭnunt fūcoque et flōrĭbus *ōras* Explent. V. G. 4. 39.—2. Sive *ōram* Illyrĭci lĕgis æquŏris, ēn ĕrit unquam. V. E. 8. 7. — 3. Hic dŏmus Ænēæ cunctis dŏmĭnābĭtur *ōris*. V. Æn. 3. 97. SYN. 1. margo, ĭnis, *masc.* — 2. littus, ŏris. — 3. rĕgio.

ōrācŭlum, i. sync. also **orâclum.** 1. *An oracle.* — 2. *An answer given by an oracle.* (*The most celebrated oracles among the ancients were that of Apollo at Delphi, and that of Jupiter at Dōdōna.*) —— 1. Æscŭlus, atque hăbĭtæ Graiis *ōrācŭla* quercus. V. G. 2. 16. — 2. Vēnĭmus hinc lapsis quæsītum *ōrācŭla* rēbus. V. G. 4. 449. SYN. 2. responsum. — 1, 2. sortes, ium, *pl. fem.* PHR. 1. Ītăliam Lўciæ jussēre capessĕre sortes. V. Nec tē Phœbi cortīna fĕfellit. V. Hæc mihĭ si Delphi Dōdōnaque dīcĕret ipsa. Ov. Quærĭtur a Delphis fāta cănente Deo. Ov. Suspensi Eurўpўlum scĭtātum ōrācŭla Phœbi Mittĭmus, isque ădўtīs hæc tristia dicta rĕportat. V.

‡**ōrātio, ōnis.** fem. *A speech, eloquence.* —— Lĭcet vincas . . . *ōrātiōne* Rēgŭlos. Mart. 5. 29. 6. SYN. fācundia, q. v.

ōrātor, ōris. masc. *An orator, an ambassador.* —— Mittor et Īliăcas audax *ōrātor* ad arces. Ov. Met. 13. 196. v. lēgātus.

†**ōrātrix, īcis.** fem. *One who entreats, a suppliant.* —— Quumque *ōrātrīcem* haud sprēvisti. Plaut. Mil. 4. 2. 80. SYN. supplex, ĭcis.

orbātor, ōris. masc. *One who deprives, who makes orphan.* —— Exĭtium Trōjæ, nostrique *orbātor* Achilles. Ov. Met. 13. 500.

orbis, is. masc. 1. *A circle, anything round; a shield, a wreath, a revolution of a year, etc.* — 2. *The orb of the sun, of the human eye, etc.* — 3. *The world.* —— 1. Trigīnta magnos volvendis mensĭbus *orbes* Impĕrio Explēbit. V. Æn. 1. 273. Non ăgit in rectum, sed in *orbem* curvat eundem. Ov. Met. 2. 715. — 2. Fulmĭnat, et gĕmĭno lūmĕn ab *orbe* vĕnit. Ov. Am. 1. 8. 15. — 3. Jūpĭter arce suâ tōtum cum spectet in *orbem*. Ov. F. 1. 85. SYN. 1. circŭlus, gȳrus (*only of circles described in motion*). — 3. mundus, q. v.

orbĭta, æ. *The track of a wheel.* —— Castăliam molli dēvertĭtur *orbĭta* clīvo. V. G. 3. 293. SYN. vestīgium, q. v.

‡**orbĭtas, atis.** fem. *The being orphans or childless.* —— *Orbĭtas* omni fŭgienda nisu. Stat. Sylv. 4. 7. 33.

orbo, as. *To deprive, esp. of parents or children.* —— *Orbātūra* pātres ălĭquando fulmĭna pōnat. Ov. SYN. vĭduo, as.

orbus, a, um. 1. *Childless, orphaned.* — 2. *Deprived of, or without anything.* —— 1. Da tŏtĭdem nātīs *orba* sit atque vĭro. Ov. Her. 6. 156. — 2. Somnus ădest sŏlĭtis nox vĕnit *orba* mălis. Ov. Ep. e P. 1. 2. 44. SYN. 2. vĭdŭus, vĭduātus, expers, văcuus, prīvātus.

orca, æ. *An earthen jar.* —— Non ăliâ quam quâ Byzantia pūtuit *orca*. Hor. Sat. 2. 4. 66. SYN. urna.

‡**Orcăs, ados,** in pl. **Orcădĕs.** fem. *The Orkney isles.* —— *Orcădăs* ac mĭnĭmâ contentos nocte Brĭtannos. Juv. 2. 161.

orchăs, ădis. fem. *A sort of olive.* —— *Orchădĕs* et rădii et ămārâ pausia baccâ. V. G. 2. 86. v. oliva.

‡**orchestra, æ.** *The orchestra, the place where the senators sat in the theatre; the senate.* —— Æquāles hăbĭtus illic sĭmĭlemque vĭdēbis *Orchestram* et pŏpŭlum. Juv. 3. 177.

‡**orcīniānus, a, um.** *Of hell, i.e. of death.* —— *Orcīniānâ* qui fĕruntur in spondâ. Mart. 10. 5. 9.

Orcus, i. no pl. 1. *The god of the infernal regions.* — 2. *The Shades below; the chief rivers of hell were Styx, Cōcȳtus, Ăchĕron, Phlegethon, and Lethe. Cerbĕrus, a dog with three heads, stood at the entrance; Chăron was the ferryman who carried the bodies of the dead over the Styx; Mīnos, Rhădămanthus, and Æacus, were the judges.* —— 1. Quintam fŭge, pallĭdus *Orcus* Eumĕnĭdesque sătæ. V. G. 1. 277. — 2. Crīnem Abstŭlĕrat Stȳgioque căput damnāvĕrat *Orco*. V. Æn. 4. 699. SYN. 1. Plūto, ōnis, q. v. — 2. Ĕrĕbus, i, *no pl.*; Tartărus, *in pl.* Tartăra, *neut.* (*most usu. in pl.*); Ăvernus, *no pl.*; Styx, Stȳgis, *fem. no pl.* PHR. Vīta per auras Concessit mœsta ad Mānes. V. Tænărias ĕtiam fauces alta ostia Dītis. V. Quo Styx et invīsi horrĭda Tænări sēdes. Hor. Flectĕre si nequeo Sŭpĕros Ăchĕronta mŏvēbo. V. Bis Stȳgios innārĕ lăcus, bis nīgra vĭdēre Tartăra. V. Invĭdia infēlix Fŭrias amnemque sĕvērum Cōcȳti mĕtuet tortosque Ixīŏnis angues Immānemque rŏtam et non exsŭpĕrābĭle saxum. V. (*Referring to the punishments inflicted on different criminals* *in hell, for which see also* V. Æn. 6. 566—627.) Quam pœne furvæ regna Prŏserpĭnæ Et jūdĭcantem vīdĭmus Æăcum Sēdesque discrētas piōrum. Hor. Sævit et in lūcem Stўgiis ēmissa tĕnēbris Pallĭda Tīsiphŏnē. V. Si quâ pĕnĭtus vi terra dehiscens Infernas rĕsĕret sēdes et regna rĕclūdat Pallĭda Dîs invīsa sŭperque immāne bărāthrum Cernātur, trĕpĭdentque immisso lūmĭne Manes. V. Vel păter omnĭpŏtens ădĭgat mē fulmĭne ad umbras Pallentes umbras Ĕrĕbi, noctemque prŏfundam. V. Non ăvĭdos Styx hăbet īma Deos. Ov. Styx quŏque si quid ea est bene commūtābĭtur Istro, Si quid et infĕrius quam Stўga mundus hăbet. Ov. Et sunt in Stўgio crīmĭna nostra fŏro. Ov. Dî quĭbus impĕrium est ănĭmārum umbræque sĭlentes: Et Chaŏs et Phlĕgĕthon lŏca nocte sĭlentia lāte. V. Nulla certior tamen Răpācis Orci fine destĭnātâ Aula dīvĭtem mănet Hĕrum. Hor. Victĭma nil mĭsĕrantis Orci. Hor. Mœretque partus fulmĭne lūrĭdum Missos ad Orcum. Hor. Vīsendus āter flūmĭne languĭdo Cōcўtus errans, et Dănai genus Infāme, damnātusque longi Sīsўphus Æŏlĭdes lăbōris. Hor. Audax Cerbĕrus et Stўgiæ nāvĭta pullus ăquæ. Tib. v. V. G. 4. 467—484.

ordĭno, as. *To arrange, place in order, describe in order, etc.* —— Ex hâc Lūce Mæcēnas meus affluentes *Ordĭnat* annos. Hor. 4. 11. 20. SYN. dispōno, ĭs, pŏsui, q. v.

ordior, īris, orsus sum. *To begin, esp. to begin to say, to speak of (and, indeed, used in no other sense by the best poets).* —— Inde tŏro păter Ænēas sic *orsus* ab alto. V. Æn. 2. 2. Celsaque Rōmānis dēcerpta pălātia tauris *ordiar*. Prop. 3. 9. 50. v. incipio.

ordo, ĭnis. masc. 1. *Order, regularity.* — 2. *A row.* — 3. *Any succession of things or men in regular order.* — 4. *Rank.* —— 1. Hos Cŏrўdōn, illos rĕfĕrēbat in *ordĭne* Thyrsis. V. E. 7. 20. — 2. Trĭplĭci pūbes quam Dardăna versu Impellunt, terno consurgunt *ordĭne* rēmi. V. Æn. 5. 119. — 3. Magnus ab intĕgro sæclōrum nascĭtur *ordo*. V. E. 4. 5. Postquam omnis longē cŏmĭtum prōcessĕrat *ordo*. V. Æn. 11. 94. — 4. Si quid id est, usque a proăvis vĕtus *ordĭnis* hæres (equestris, sc.). Ov. Am. 3. 15. 5. SYN. 1. *as to the phrase* "sĭne ordĭne," lex, mos, *i. e.* sĭne lēge, sĭne mōre. —2, 3 sĕries, ēi. — 3. agmĕn, ĭnis, *neut.*

Ŏrēăs, ădŏs. pl. ădĕs, etc. *A mountain nymph.* —— Tālĭbus agrestem compellat *Ŏrēăda* dictis. Ov. Met. 8. 786.

Ŏrestes, æ and is. acc. **em** and **ēn**, voc. **es** and **ā**. *The son of Ăgămemnon, who revenged his father's murder by killing his mother Clўtæmnestra and Ægisthus; he is also celebrated for the friendship subsisting between him and Pylades.* —— Fēcērunt Fūriæ tristis *Ŏrestă* tuæ. Ov. Tr. 1. 4. 22. SYN. Ăgămemnŏnĭdes. PHR. Non ĭtă vixērunt Strŏphio atque Ăgămemnŏne nāti. Ov. Qui lĕgis Ēlectrān, et ĕgentem mentis Ŏrestem. Ov. Quod fuit Argŏlĭco jŭvĕnis Phōcæus Ŏrestæ. Ov. v. Ov. Tr. 4. 4. 68—82. Ep. e P. 3. 2. 64—92.

Ŏrestēus, a, um. *Of Orestes.* —— Săcraque *Ŏrestēæ* gĕmĭtu questuque Dĭānæ Impĕdit. Ov. Met. 15. 489.

‡ŏrexis, is. *Appetite.* —— Dūcĭtur ante cĭbum răpĭdam factūrus *ŏrexim*. Juv. 6. 426.

†orgănĭcus, a, um. 1. *Musical.* — 2. *In masc. as subst., a maker of, or player on musical instruments.* —— 1. Nōmĕn ab *orgănĭco* saltu dēlātum Hĕlĭcōnis. Lucr. 3. 133. — 2. *Orgănĭci* mĕlĭcos pĕpĕrēre sŏnōres. Lucr. 5. 335. SYN. 1. cănōrus, argūtus, †mĕlĭcus.

‡orgănum, i. *An instrument, esp. a musical instrument.* —— Vōcem vendentis prætōrĭbus; *orgăna* semper In mănĭbus. Juv. 6. 379.

orgia, ōrum. *The sacred rites and revels of Bacchus, and metaph. of other rites and mysteries.* —— Commōtis excĭta sacris Thўăs ŭbi audīto stĭmŭlant triĕtērĭca Baccho *Orgia*, nocturnusque vŏcat clāmōre Cĭthæron. V. Æn. 4. 303. Ĭtăla per Graios *orgia* ferre chŏros. Prop. 3. 1. 4. PHR. Pars obscūra căvis cĕlĕbrābant orgia cistis; Orgia, quæ frustrā cŭpiunt audīre prŏfāni. Cat. Săcra Deûm, nocturnique orgia Bacchi. V. Instĭtuit Daphnis thiăsos indūcĕre Baccho. V. Nē Bacchia săcra vĭdēres. Ov. Fœmĭneæ voces et mōta insāno vīno Obscœnique grĕges et inānia tympăna. Ov. v. Bacchus.

ŏrĭchalcum, i. *Mountain brass.* —— Ipse dĕhinc auro squālentem alboque *chalco* Circumdat lōrīcam hŭmĕris. V. Æn. 12. 87. v. æs.

ŏriens, entis. masc. 1. *The east.* — 2. *Metaph. a day.* —— Nosque ŭbĭ primus ĕquis ŏriens afflāvit ănhēlis. V. G. 1. 250.—2. Septĭmus hinc ŏriens cum se dēmīsĕrit undis. Ov. F. 1. 653. SYN. 1. ortus, ûs.—2. v. dice; Eōum. PHR. Eurus ad Aurōram Năbăthæaque regna recessit. Ov. Nātam Sōlis ad occāsum Sōlis quærēbat ab ortu. Ov. Aspĭce et extrēmis domitum cultōrĭbus orbem Eōasque dŏmos Ărăbum. V. Nunc Ŏriens ultĭme noster ĕris. Ov. Vesper et Eōæ nŏvēre Lycorida terræ.

ŏriens, entis. adj. *Eastern.* —— Sīve subjectos *Ŏrientis* ōræ Sērās et Indos. Hor. 1. 12. 55. SYN. Eōus.

ŏrīgo, ĭnis. fem. 1. *Origin, beginning.*—2. *Birth, family, etc.*——1. O Dea si prīmâ rĕpĕtens ab *ŏrīgine* pergam. V. Æn. 1. 372.—2. Nascētur pulchrâ Trōjānus *ŏrīgĭne* Cæsar. V. Æn. 1. 286. SYN. 1. princĭpium, prīmordium; fons, fontis, masc.—1, 2. ortus, ûs.—2. stirps.

Ŏrīōn, ŏnis. acc. ōna, etc. *A son of Jupiter, and a mighty hunter, changed into a constellation.* —— Quōrum si mĕdiis Bœōtŏn *Ŏrīŏna* quæres. Ov. F. 5. 493. Tentātor *Ŏrīon* Dīānæ. Hor. 3. 4. 71. SYN. Ŏărīon, ōnis. PHR. Cum sŭbĭto assurgens fluctu nimbōsus Ŏrīon. V. Cŏmesque Boōtæ Ensĭger Ŏrīon aspĭciendus ĕrit. Ov. Zōna lătet tua nunc, cras et fortasse lătēbit Dehinc ĕrit Ŏrīon aspĭcienda mihi. Ov.

ŏrĭor, ĕris, ortus, sum. fut. in rus. ŏrĭtūrus. 1. *To rise, esp. of the sun, stars, etc.* 2. *To be born or to be sprung from.*—3. *To begin, intrans.*——1. Quid vĕtat et stellas ut quæque *ŏrĭtur*que cădĭtque Dīcĕre. Ov. F. 1. 295. Sēque *ortum* antīquâ Teucrōrum ab stirpe vŏlēbat. V. Æn. 1. 62. 6.—3. Tēlis nostrōrum ŏbruĭmŭr; *ŏrĭtur*que mĭserrĭma cædes. V. Æn. 2. 411. SYN. 1, 2, 3. exŏrior.—1. surgo, is, surrexi.—2. nascor (v. ortus).—3. incĭpio, ĭs, cēpi, q. v. PHR. 1. Et, vĭgil Eōis Lūcĭfer exit ăquis. Ov. Lĭquĭdo jŭbar æquŏre tollit . . dies. Ov. Dum lŏquĭtur tōtum jam Sōl ēmersĕrat orbem. Ov. Tertia nox ēmersa suos ŭbĭ mōvĕrit ignes. Ov. v. mane.

ŏriundus, a, um. *Descended from.*——Non ego sum Phthĭas magnisve *ŏriunda* Mȳcēnis. Ov. Her. 7. 165. SYN. ortus, q. v.

ornāmentum, i. *Ornament.* —— Ambĭtiōsa rĕcēdet *ornāmenta* părum clāris lūcem dăre cōget. Hor. A. P. 448. SYN. ornātus, ûs, q. v.

ornātrix, icis. *An adorner, a lady's maid.* —— *Ornātrix* tūto corpŏre semper ĕrat. Ov. Am. 1. 14. 16.

ornatus, a, um. part. pass. from orno, q. v. *Adorned.* —— Ipse căput tonsæ fŏliis *ornātus* ŏlīvæ. V. G. 3. 21. SYN. aptus, dĕcōrus.

ornātus, ûs. *Ornament, attire.* —— Nec gēnus *ornātûs* unum est; quod quamque dĕcēbit Elĭgat. Ov. A. A. 3. 135. SYN. cultus, ûs. v. decus.

orno, as. 1. *To adorn.*—2. *To equip.* —— 1. Quid quod ĕrant tĕnues et quos *ornāre* tĭmēres. Ov. Am. 1. 14. 5.—2. Quos Imbrăsus ipse Nūtriĕrat Lyciâ părĭbusque *ornāvĕrat* armis. V. Æn. 12. 344. SYN. 1, 2. exorno; dĕcŏro, as; insignio, is.—1. cŏlo, ĭs, ui. cultum; excŏlo.—2. instruo, ĭs, xi.

ornus, i. fem. *A mountain ash.*——Nascuntur stĕrĭles saxōsis montibus *orni.* V. G. 2. 111.

ōro, as. 1. *To argue, to plead, to speak as an orator.*—2. *To entreat, to pray.* —— 1. Tālībus *ōrābat* Juno, cunctique frĕmēbant cœlĭcŏlæ assensu vărio. V. Æn. 10. 96. *Ōrābunt* causas mĕlius. V. Æn. 6. 850.—2. Multa Deos *ōrans*, ŏnĕrābatque æthĕra vōtis. V. Æn. 9. 24. SYN. 2. ădōro; prĕcor, āris, q. v. PHR. 2. Tum vero impensius instant. Ov. v. quæso.

Ŏrontēus a, um. *Syrian, from the river Orontes which flows by Antioch.* —— Aut quid *Ŏrontēâ* crīnem perpendĕre myrrhâ? Prop. 1. 2. 3. SYN. Sȳrus, q. v.

Orphēus, ĕi or ĕŏs. acc. **ea,** etc. *The son of Apollo and Calliope, and the most celebrated of early minstrels. Having lost his wife Eurydice, he followed her to the Shades below, and prevailed on Pluto to restore her to him.* ——Artus Strȳmŏniæ mātres *Orpheŏs* esse rătæ. Ov. Ibis. 599. PHR. Quod si Thrēĭcio blandius Orpheo Audītam mŏdĕrēre arbŏrĭbus fĭdem. Hor. Unde vōcālem tĕmĕre insĕcūtæ Orphea Sylvæ. Hor. Si pŏtuit mānes arcessĕre conjŭgis Orpheus. V. Saxa fĕrasque lȳrâ mōvit Rhŏdŏpēius Orpheus. Ov. Cernunt Orphea percussis sŏciantem carmĭna nervis. Ov. v. G. 4. 453—527. Necnon Thrēĭcius longâ cum veste săcerdos Oblŏquĭtur nŭmĕris septem discrīmĭna vōcum. V.

Orphēŭs, a, um. *Of Orpheus.*——Tendit et *Orphēā* nequicquam voce vŏcātur. Ov. Met 10 3.
orsum, i. *A beginning, esp. the beginning of a speech, a speech.*——Lūdar, et in mĕlius tua qui pŏtĕs *orsa* rĕflectas. V. Æn. 10. 632. SYN. orsus, ûs; exorsum, exordium.
orsus, a, um. part. from ordior, q. v. *Beginning, esp. beginning to speak.*——Ut tacui Pĭĕris *orsa* lŏqui. Ov. F. 4. 222.
orsus, ûs. *A beginning.*——Atque, ut ărāneŏli, tenuem formāvĭmus *orsum.* V. Culex 2. SYN. exordium, q. v.
ortus, ûs. masc. 1. *Birth, origin.*—2. *The rising of the sun, stars, etc.*—3. *Morning.*—4. *The East.*——1. Pisa mihī pătria est, et ab Ēlĭde dūcĭmus *ortum* Ov. Met. 5. 494.—2. Sin *ortu* quarto namque is certissĭmus auctor. V. G. 1. 432.—3. Inque părī spătio Vesper et *ortus* ĕrant. Ov A. A. 3. 724. —4. Ībit ad occāsum quicquid dīcēmus ab *ortu.* Ov. Tr. 5. 9. 21. SYN. 1. ŏrīgo, ĭnis, *fem.*—3. mane, q. v.—4. Ŏriens.
ortus, a, um. part. from orior, q. v. *Rising, risen; also almost as adj., born, born of, descended from.*——*Orta* prior Lūnâ de se si crēdĭtur ipsi. Ov. F. 1. 469. SYN. ŏriundus, nātus, ēdĭtus, sătus, crētus, prŏfectus, (*of stars rising*) ēmersus.
Ortȳgia, æ. also **Ortȳgiē, es.** *An older name of Delos.*——Concĭpiunt, tempusque fuit quo nāvit in undis, nunc sedet *Ortȳgiē.* Ov. Met. 15. 337. SYN. Dēlŏs, q v.
‡**ŏryx, ȳgis** *A chamois.*——Et Gætūlus *ŏryx* hĕbĕti lautissĭma ferro Cædĭtur. Juv. 11. 140.
ŏryza, æ. *Rice.*——Tu cessas, ăgĕdum, sūme hoc ptĭsănārium *ŏryzæ.* Hor. Sat. 2. 3. 155.
ōs, ōris. neut. 1. *The mouth, even the mouth of a river, etc.*—2. *The face.*—3. *Speech, language, voice.*—4. *Face, as we sometimes use the word,* i. e *impudence.* 5. *Any aperture*—6. *The palate.*——1. Non mihĭ si linguæ centum sĭnt, ōraque centum. V. Æn. 6. 625. Unde per *ōra* nŏvem vasto cum murmŭre montis It măre prōruptum. V. Æn 1. 249.—2. Dēĭphŏbum vīdit lăcĕrum crūdēlĭter *ōra.* V. Æn. 6. 495.—3. Dixĕrat hæc ūnoque eădem omnes *ōre* frĕmēbant. V. Æn. 11. 132—4. Nec tĭbĭ plus cordis sed măgis *ōris* ĭnest. Ov. Her. 17. 102.—5. Firma căvāvit Rōbŏra, et ingentem lāto dĕdit *ōre* fĕnestram. V. Æn. 2. 483.—6. *Os* hĕbĕs est, pŏsĭtæque mŏvent fastīdia mensæ. Ov Ep. e P. 1. 10. 7. SYN. (*of an open mouth*) rictus, ûs, hiātus, ûs; (*of a river*) ostium, q. v.; ēgressus, ûs.—2. făcies, ēi, q v.—3. vox, vōcis, *fem*, q. v.—5. fŏrāmen, ĭnis, *neut*—6. Pălātum. PHR. 1. Huic gĕmĭnæ nāres et spīrĭtūs ōris . . . obsuĭtur, V.
ŏs, ossis. neut. *A bone.*——Tum vero exarsit jŭvĕni dŏlor *ossĭbus* ingens. V. Æn. 5. 172.
oscĕn or **oscĭnis, ĭs.** *Giving omens by the voice.*——*Oscĭnem* corvum prĕce suscĭtābo. Hor. 3. 28. 11. PHR. Quiă linguæ crīmĕn hăbētis (vos aves, sc.) Dīque pŭtant mentes vos ăpĕrīre suas; Nec tămĕn id falsum; nam Dīs ut proxĭma quæque Nunc pennâ vēras nunc dătis ōre nŏtas. Ov. v. augurium.
oscillum, i. *A little image.*——*Oscilla* ex altâ suspendunt mollia pīnu. V. G. 2. 389.
oscĭto, as. *To gape or yawn, be listless.*——Cum de viâ mŭlier ăves ostendit *oscĭtantes* Cat 23. 6 SYN. hio, as, q. v.
oscŭlātio, ōnis. fem. *Kissing.*——Sit nostræ sĕgĕs *oscŭlātiōnis.* Cat. 46. 6. v. seq.
oscŭlor, āris. *To kiss.*——Si qua rĕlicta jăcent *oscŭlor* arma tua. Prop. 4. 3. 30. SYN. §băsio, as; §suavior, āris. v. amplector. PHR. Oscŭlaque applĭcuit pŏsĭto sūprēma fĕrētro. Ov. Et dum lĭcet oscŭla jungat. Ov. Forsĭtăn admŏtīs ĕtiam tangĕre lăbellis. Ov. Oscŭla congĕrĭmus prŏpĕrāta sĭne ordĭne raptim. Ov. Tangĕre dignāta est os puĕrīle suo. Ov. Ausus ĕs amplecti, colloque infūsus ămantis oscŭla per longas Jungĕre pressa mŏras Ov. Oscŭla lībāvit nātæ. V. Dulcia barbărē Lædentem oscŭla quæ Vĕnus Quintâ parte sui nectăris imbuit. Hor. Cum dăbit amplexūs atque oscŭla dulcia fīget V. Ascănium . . . complectĭtur . . . Summaque per găleam dēlībans oscŭla fātur. V.

oscŭlum, i. *A kiss.*——*Oscŭla* lībavit nātæ, dēīn tālia fātur. V. Æn. 1. 256. SYN. suavium, §bāsium. v. amplector.

Ŏsīris, īdis and is. *Son of Jūpiter and Niobe. He was king of Argos; but crossing over to Egypt, he married Isis and civilised the Egyptians, by whom he was worshipped after death.*——Prīmus ărātra mănu sŏlerti fēcit *Ŏsīris.* Tib. 1. 7. 29. v. Apis.

Ossa, æ. acc. **am** and **ăn**. fem. *Mount Ossa in Thessaly.*——Non ĕgŏ Tītānas cănĕrem; non *Ossăn* Olympo Impŏsĭtam. Prop. 2. 1. 19.

osseus, a, um. *Of bone.*——Insĕquar et vultūs *ossea* larva tuos. Ov. Ibis. 144.

ossĭfrăga, æ. fem. *An osprey.*——Accĭpĭtres atque *ossĭfrăgæ* mergique mărīnis. Lucr. 5. 1078.

ostendo, ĭs, di, tum or sum. *To show.*——*Ostendent* terrīs hunc tantum fāta; nĕque ultra Esse sĭnent. V. Æn. 6. 870. SYN. mōnstro, as, q. v.; mănĭfesto, as. v. seq.

ostento, as. *To show.*——Jamque hic germānum; jamque hic *ostentat* ŏvantem. V. Æn. 12. 479. v. prec.

ostentum, i. *A prodigy.*——Victus et *ostentis* quæ plūrĭma vīdĕrat, exit. Ov. Met. 4. 565. SYN. portentum, prōdĭgium, monstrum.

ostium, i. 1. *A door, a gate.*—2. *The mouth of a harbour, of a river, etc.*——1. Quo lāti dūcunt ădĭtus centum; *ostia* centum. V. Æn. 6. 43.—2. Aut portum tĕnet; aut plēno sŭbit *ostia* vēlo. V. Æn. 1. 400. SYN. 1. porta; fŏris, is, *fem. usu. in pl.*; jānua; līmĕn, ĭnis, *neut.*—2. ōs, ōris, *neut.*; portus, ūs.

ostrea, ōrum and †**ostrea**, æ (rare). *Oysters.*——*Ostreăque* in conchis tūta fuēre suis. Ov. F. 6. 174.

ostreōsus, a, um. *Abounding in oysters.*——Hellespontia cætĕris *ostreōsior* ōris. Cat. 18. 4. v. seq.

ostrĭfer, ĕra, ĕrum. *Producing oysters.*——Pontus et *ostrĭfĕri* fauces tentantur Ăbȳdi. V. G. 1. 207. v. prec.

ostrinus, a, um. *Purple.*——Et Tȳrŏs *ostrīnos* præbet Cadmæa cŏlōres. Prop. 3. 13. 7. SYN. purpŭreus, q. v.

ostrum, i. *The juice of a shellfish which produced a purple dye, purple.*——Nam mihĭ quo, Pœnis si purpŭra fulgeat *ostris*? Prop. 4. 3. 51. SYN. mūrex, ĭcis, *masc.*; purpŭra, q. v.

ōtior, āris. *To live at ease, to enjoy leisure.*——Pransus non ăvĭdē quantum interpellet ĭnāni Ventre diem dūrāre dŏmestĭcus *ōtior.* Hor. Sat. 1. 6. 128.

ōtiōsus, a, um. *Fond of ease.*——Et *ōtiōsa* crēdĭdit Neāpolis. Hor. Epod. 5. 43. SYN. văcuus, ĭners. v. seq.

ōtium, i. 1. *Ease, leisure, idleness.*—2. *Calm, quiet.*——1. Parthĕnŏpē, stŭdiis flōrentem ignōbĭlis *ōtī.* V. G. 4. 564.—2. Ignāvo cēlēres ōbruit *ōtio* Ventos. Hor. 1. 15. 3. SYN. 1, 2. quies, ētis, *fem.*—1. ĭnertia, ignāvia, dĕsĭdia; sĕgnĭties, ēi. PHR. Sēcūra sub altā Ōtia ăgunt terrā. V. Quid struis, aut quā spē Lĭbȳcis tĕris *ōtia* terris? V. Ipse ĕgŏ segnis ĕram discinctaque ĭn ōtia nātus. Ov. Dexter ădes dŭcĭbus quōrum sēcūra lăbōre Ōtia terra fĕrax, ōtia pontus ăgit. Ov. Non sum qui segnia dūcam Ōtia. Ov. v Hor. 2. 16. 1—16.

‡**ŏvātus**, ūs. *A triumphant shout.*——Thōrax ēgĕrit imbres Sanguineos; hinc barbărĭci glomerantur *ŏvātus.* Val. Fl. 6. 187. v. triumphus.

Ovĭdius, i. *Ovid.*——v. Naso.

ŏvīle, is. neut. *A fold for sheep or goats.*——Non lŭpus insĭdias explōrat *ŏvīlia* circum. V. G. 3. 537. SYN. caula. PHR. Mōre lŭpi clausas circueuntis ŏves. Ov.

ŏvis, is. fem. *A sheep.*——Nec plăcĭdæ carpsistis *ŏves*, hirtæve căpellæ. Ov. Met. 13. 927. SYN. bĭdens, bālans; lānĭger, ĕri; pĕcus, ŭdis, *fem. rare in nom sing.* PHR. Infēlix o semper ŏves pĕcus. V. Lānĭgĕræ cŏmĭtantur ŏves, ea sōla vŏluptas. V. Dulce pellĭtīs ŏvĭbus Gălēsi Flūmĕn. Hor. Aut tondet infirmas oves. Ov. Neque ŏves hœdique pĕtulci Flōrĭbus insultent. V. Aspĭce tondentes fertĭle grāmĕn oves. Ov. Et prōnum sătūræ lac bĭbit agnus ŏvis. Ov. Proque lŭpo păvĭdæ bella vĕrentur ŏves. Ov.

ŏvo, as. *To triumph.*——Quo nunc Turnus *ŏvat* spŏlio gaudetque pŏtītus. V. Æn. 10. 500. SYN. triumpho, as, q. v.

ŏvum, i. *An egg.*——Et uncta turpis ŏva rānæ sanguĭne. Hor. Epod. 5. 19. PHR. Quæ plūmis ova fŏvētis. Ov.

‡oxўgărum, i. *A sharp pickle.*——Inter lactūcas oxўgărumque lĭbor. Mart. 3. 50. 4. SYN. gărum.

P.

Pābŭlum, i. 1. *Food, fodder for cattle.*—2. *Food, lit. and metaph.*——*Pābŭla*que e bustīs inscia carpsit ŏvis. Ov. F. 4. 750. Mātĕriam, dĕdĕratque grăvi nŏva *pābŭla* morbo. Ov. Met. 8. 876. SYN. 1. v. pascua.—2. ălĭmentum, q. v.

pācālis, e. *Of or belonging to peace.*——Circuit extrēmas ŏleis *pācālĭbus* ōras. Ov. Met. 6. 101. SYN. pācĭfer, ĕra, ĕrum. v. seq.

pācātus, a, um. part. pass. from pāco, q. v. 1. *Made peaceable.*—2. (*used also as adj.*) *Of peace, peaceful.*——1. *Pācātum*que rĕget pătriis virtūtĭbus orbem. V. E. 4. 17.—2. Adjŭvat in bello *pācātæ* rāmus ŏlīvæ. Ov. Ep. e P. 1. 1. 31. SYN. 1. quiētus, tranquillus, q. v.—2. pācālis.

pācātē. compar. **tius.** *Peacefully.*——Dēnique si mŏriar sŭbeant *pācātius* arvum Ossa. Ov. Ep. e P. 1. 2. 110.

Păchўnum, i. also **Păchўnŏs, i.** fem. *The southern promontory of Sicily, now Cape Passaro.*——Præstat Trīnăcrii mētas lustrāre *Păchўni.* V. Æn. 3. 429. E quĭbus imbrĭfĕros obversa *Păchўnŏs* ad Austros. Ov. Met. 13. 725.

pācĭfer, ĕra, ĕrum. *Betokening to peace.*——*Pācĭfĕræ*que mănu rāmum prætendit ŏlīvæ. V. Æn. 8. 116. SYN. pācālis, pācātur.

pācĭfĭco, as. *To appease.*——Hostia cœlestes *pācĭfĭcāsset* hĕrōs. Cat. 66. 76. SYN. pāco, as, q. v.

‡pācĭfĭcus, a, um. *Pacific.*——*Pācĭfĭcas* sævus trĕmuit Cătĭlīna secures. Lucan. 6. 75. SYN. pācālis. v. inermis.

păciscor, ĕris, pactus sum. perf. both in act. and pass. sense (v. pactus). 1. *To bargain for, to give as part of a bargain.*—2. *To promise, chiefly in perf. in this sense.*——1. Ad mĭsĕras prĕces Dĕcurrĕre et vōtis *păcisci* Nē Cўpriæ Tўriæque merces Addant ăvāro dīvĭtias māri. Hor. 3. 29. 59. Nī tĕneant; vītamque vŏlunt pro laude *păcisci.* V. Æn. 5. 230.—2. Littŏrĭbus nostris anchŏra *pacta* tua *est.* Ov. Her. 2. 4. SYN. 1. pango, *only in perf.* pĕpĭgi.—2. prŏmitto, ĭs, mīsi, missum, q. v.

pāco, as. 1. *To make peaceful, to tranquillise.*—2. *To subdue.*——1. Fixĕrit Ærĭpĕdem cervam lĭcet, aut Ĕrўmanthi *Pācārit* nĕmŏra. V. Æn. 6. 803.—2. Respĭce; *pācando* si quid ab hoste văcas. Ov. F. 2. 18. SYN. 1. pācĭfĭco, as.—2. dēbello, as, q. v.

Pactōlus, i. acc. **um** and **ŏn.** *A river of Lydia, said to flow with golden waters ever after the time that Midas bathed in it.*——*Pactōlon*que pĕtit quamvis non aureus illo Tempŏre nec cāris ĕrat invĭdiōsus ărēnis. Ov. Met. 11. 87. PHR. Vāde ait ad magnis vīcīnum Sardĭbus amnem. Ov. Mæŏniā gĕnĕrōse dŏmo; ŭbi pinguia culta exercentque vĭri, Pactōlusque irrĭgat auro. V.

pactum, i. *A bargain.*——Nec mihĭ crēdĭdĕris; rĕcĭtētur formŭla *pacti.* Ov. Her. 20. 151. SYN. fœdus, ĕris, *neut.*

pactus, a, um. part. perf. of paciscor, usu. in pass. sense. 1. *Promised.*—2. (*in fem.*) *Betrothed, with or without a subst.*——1. Sic ad *pacta* tĭbĭ sīdĕra tardus eas. Ov. Tr. 5. 2. 52.—2. Quid sŏcĕros lĕgĕre, et grĕmiis abdūcĕre *pactas*? V. Æn. 10. 79. SYN. 1. prŏmissus. v. promitto.—2. sponsa, q. v.

Pădus, i. masc. *The river Po.*——Sīve *Pădi* rīpīs, Ăthĕsin seu propter ămœnum. V. Æn. 9. 680. SYN. Ērĭdănus, q. v.

Pæān, ānis. acc. **āna.** masc. 1. *Apollo.*—2. *A song of triumph.*——1. Et *Pæāna* vŏca; nĭtĭdâque incingĕre lauro. Ov. Met. 14. 720.—2. Conclāmant sŏcii lætum *pæāna* sĕcūti. V. Æn. 10. 738. SYN. 1. Ăpollo, ĭnis, q. v.

‡pædăgōgus, i. *A tutor.*——Crīnītæ, Līne, *pædăgōge* turbæ. Mart. 12. 49. 1. SYN. măgister, tri; præceptor.

†‡**pædŏr, ōris.** masc. *Dirtiness.*——Horrĭda *pædōre*, et pannis coŏperta pĕrīre Lucr. 6. 1267. SYN. squālor, q. v.
pæne. *Almost.*——Ille per insĭdias *pæne* est mihĭ nūper ademptus. Ov. Her. 1. 99. SYN. prŏpe, fĕrē.
pæninsŭla, æ. *A peninsula.*——*Pæninsŭlārum* Sirmio insŭlārumque Ŏcelle. Cat. 31. 1.
pænŭla, æ. *A thick cloak.*——*Pænŭla* solstĭtio; campestre nivālĭbus auris. Hor. Epist. 1. 11. 18.
‡**pænŭlātus, a, um.** *Clad in a thick cloak.*——Nōn ipse Cōdrus alpha *pænŭlātōrum.* Mart. 2. 57. 4.
Pæstānus, a, um. *Of Pæstum.*——Calthaque *Pæstānas* vincat ŏdōre rŏsas. Ov. Ep. e P. 2. 4. 28.
Pæstum, i. *A town in Lucania, celebrated for its roses.*——Vīdi ĕgo ŏdōrāti victūra rŏsāria *Pæsti.* Prop. 4. 5. 59. PHR. bĭfĕrique rŏsāria Pæsti. V.
pætus, a, um. *Having a cast in the eye.*——Strābōnem appellat *pætum* păter, et pullum mălĕ parvus Si cui filius est. Hor. Sat. 1. 3. 45.
‡**pāgānĭca, æ.** *A soft ball.*——Non pĭla non follis, non te *pāgānĭca* thermis Præpărat. Mart. 7. 32. 7.
pāgānus, a um. *Of a village.*——Et dăte *pāgānīs* annua lība fŏcis. Ov. F. 1. 670.
Păgăsa, æ. more usu. in pl. *A port of Thessaly, from which the Argo sailed.*——Namque fĕrunt ōlim *Păgăsæ* nāvālĭbus Argo Ēgressam longē Phāsĭdŏs isse viam. Prop. 1. 20. 17.
Păgăsæus, and ‡**Păgăsēius, a, um.** *Of Pagasæ.*——Jamque frĕtum Mĭnyæ *Păgăsæā* puppe sĕcābant. Ov. Met. 7. 1. Spargat, et Œbălium *Păgăsēia* puppis ălumnum spectet. Val. Fl. 1. 422.
pāgĭna, æ. fem. *A page, a book.*——Nec te nescīri pătĭtur mea *pāgĭna*; quâ non . . . . Ov. Ep. e P. 3. 1. 57. v. lĭber.
pāgus, i. masc. *A village, a canton.*——Festus in prātīs văcat ōtiōso Cum bŏve *pāgus.* Hor. 3. 18. 12.
‡**pāla, æ.** *A shovel or spade.*——Tum mihĭ ferrāto versētur rōbŏre *pālæ* Dulcis hŭmus. Columel. 10. 45. SYN. lĭgo, ōnis, *masc.*
Pălæstinus, a, um. *Of Palestine.*——Culta *Pălæstīno* septima festa Sўro. Ov. A. A. 1. 416.
pălæstra, æ. 1. *Wrestling.*—2. *A place for athletic exercises.*——1. Mōre tuæ gentis nĭtĭdā dum nūda *pălæstrā* Lūdis. Ov. Her. 16. 149.—2. Pars in grāmĭneis exercent membra *pălæstris.* V. Æn. 6. 642. SYN. 1. luctāmĕn, ĭnis, *neut.*; ‡pălē, es.—2. gymnăsium. PHR. Aut fŏra vos rĕtĭnent aut unctæ dōna pălæstræ. Ov.
‡**pălæstrīta, æ.** masc. *One addicted to the palæstra.*——Nec perdit ŏleum lūbrĭcus *pălæstrīta.* Mart. 3. 58. 25. v. luctator.
pălam. 1. *Openly.*—2. *In the presence of.*——1. Flēre *pălam* non vult; exemplaque fortia servat. Ov. F. 4. 847.—2. Mēque *pălam* dē mē tūto mălĕ sæpe lŏquuntur. Ov. Tr. 5. 10. 39. SYN. 1. ăpertē.—2. cōram.
Pălātinus, a, um. (Pā only in Mart.) *Of the Palatine hill.*——Utve *Pălātīnīs* hærentem collĭbus ōlim. Ov. Met. 15. 560.
Pălātium, i. (Pā only in Mart.) 1. *The Palatine hill, the finest part of Rome.*—2. (*metaph.*) *A palace.*——1. Illic quas tŭlĕrint nĕmŏrōsa *Pălātia* frondes. Ov. A. A. 1. 105.—2. Haud tĭmeam magni dixisse *Pălātia* cœli. Ov. Met. 1. 176. SYN. 2. rēgia, q. v.
pălātum. *The palate.*——Non tămĕn exăcuet torpens săpor ille *pălātum.* Ov. Ep. e P. 1. 10. 13. SYN. ōs, ōris, *neut.*
‡**pălē, es.** *Wrestling.*——Et lĭquĭdam nūdāre *pălēn*, et spargĕre cœstus. Stat. Achill. 2. 440. SYN. pălæstra, q. v.
pălea, æ. *Chaff.*——Surgentem ad Zĕphўrum *păleæ* jactantur ĭnānes. V. G. 3. 134. SYN. culmus, stĭpŭla; strāmĕn, ĭnis, *neut.*
pălearāris. neut. usu. in pl. *A dewlap.*——Et crūrum tĕnus a mento *păleāria* pendent. V. G. 3. 53.
Păles, is, fem. *The goddess of husbandry and of feeding cattle.*——Te quŏque magna *Păles*, et te mĕmŏrande cănēmus Pastor ab Amphryso. V. G. 3. 1. PHR. Sylvĭcŏlam tĕpĭdo lacte prĕcāre Pălem. Ov. Et nos făciāmus ad annum Pastōrum dŏmĭnæ grandia lība Păli. Ov.

Pălīlis, e. *Of Pales.* —— Hoc argūmenti flamma *Pălĭlis* hăbet. Ov. F. 4. 798.

pălimpsestus, i. masc. *A palimpsest.* —— Perscripta, nec sic ut fit in *pălimpsesto* Rĕlāta. Cat. 20. 5.

păliūrus, i. masc. *A thorny shrub.* —— Carduus, et spīnis surgit *păliūrus* ăcūtis. V. E. 5. 39.

palla, æ. *A long cloak worn by Roman ladies, and poet. ascribed also to men.* —— Pro crīnāli auro, pro longæ tegmĭne *pallæ*. V. Æn. 11. 576. SYN. †pallŭla, pallium, q. v. PHR. Et tēgit aurātos palla sŭperba pĕdes. Ov. Induĕrat Tyrio bis tinctam mūrĭce pallam. Ov. Ipse Deus vātum pallâ spectābĭlis aurēâ. Ov. Ima vĭdēbātur tālis illūdĕre palla. Tib.

Pallădium, i. *A statue of Minerva, which fell from heaven into Troy, and on the preservation of which the safety of the city depended; it was carried off by Diomede and Ulysses.* —— Fātāle aggressi săcrāto āvellĕre templo *Pallădium*. V. Æn. 2. 166. PHR. Ostendit signum fātāle Mĭnervæ. Ov.

Pallădius, a, um. *Of Minerva.* —— Perque tot ēventūs, et ĭnīquis concĭta ventis Æquŏra *Pallădio* nūmĭne tūta fūgit. Ov. Tr. 1. 9. 12.

Pallantiăs, ădos. also **Pallantis, ĭdŏs.** fem. *Aurora, the morning.* —— Postĕrā cum cœlo motis *Pallantiăs* Astris Fulsĕrit. Ov. F. 4. 373. Proxĭmus annus ĕrat, *Pallantĭde* cæsus eâdem. Ov. F. 6. 567. v. Aurora.

Pallăs, ădŏs, acc. **ăda.** fem. 1. *Minerva,* q. v. — 2. *Oil.* —— 1. Qui bĕnĕ plăcārit *Pallăda* doctus ĕrit. Ov. F. 3. 816. — 2. *Pallăde* jam pingui tingĕre membra pŭtes? Ov. Her. 19. 44.

pallens, entis. part. pres. of palleo, q. v., but used as adj. *Pale, livid, used of several plants and flowers, also of gold.* —— *Pallentes* umbras Ĕrĕbi noctemque prŏfundam. V. Æn. 4. 26. SYN. pallĭdus, q. v.

palleo, es, ui. no sup. 1. *To be pale.* — 2. *To grow pale at the sight of, to fear.* —— 1. *Palleat* omnis ămans, hīc est cŏlor aptus ămanti. Ov. A. A. 1. 729. — 2. Scătentem Belluis pontum mĕdiasque fraudes *Palluit* audax. Hor. 3. 27. 28. SYN. expalleo. PHR. Ōra pallor albus infĭcit. Hor. Buxoque sĭmillĭmus ōra Pallor ŏbit. Ov. Pallor in attŏnĭto virgĭnis ōre sĕdet. Ov.

pallesco, ĭs. another pres. form of prec. —— Palluit ut sēræ lectis dē vīte răcēmis *Pallescunt* frondes quas nŏva læsit hyems. Ov. A. A. 3. 704.

§pallĭdŭlus, a, um. *Pale.* —— *Pallĭdŭlum* mānans alluit unda pĕdem. Cat. 64. 6. v. seq.

pallĭdus, a, um. *Pale.* —— Măcŭlisque trĕmentes Interfūsa gĕnas, et *pallĭda* morte fūtūrâ. V. Æn. 4. 644. SYN. pallens, līvens, līvĭdus.

‡palliŏlātus, a, um. *Wearing a palliolum,* q. v. —— Hanc vŏlo quæ făcĭlis, quæ *palliŏlāta* văgātur. Mart. 9. 33. 1.

palliŏlum, i. dim. of seq. *Also a covering for the head.* —— Nec turpe pŭtâris *palliŏlum* nĭtĭdīs impŏsuisse comis. Ov. A. A. 1. 734.

pallium, i. 1. *A cloak, a mantle.* — 2. *A blanket, a coverlet.* —— 1. Dēcĭdĕrint hŭmĕro *pallia* lapsa meo. Ov. Her. 20. 208. — 2. Esse quid hoc dīcam quod tam mihĭ dūra vĭdentur Strāta, nec in lecto *pallia* nostra sĕdent? Ov. Am. 1. 2. 2. SYN. 1. palla, tŏga, læna, †pallŭla. — 2. strāgŭlum, q. v.

pallor, ōris. masc. *Paleness.* —— Partemque cŏlōris Lūrĭdus exsangues *pallor* convertit in herbas. Ov. Met. 4. 267.

†pallŭla, æ. *A cloak.* —— Aut aurum pĕriit, aut conscissa *pallŭla* est. Plaut. Truc. 1. 1. 32. SYN. palla, q. v.

palma, æ. 1. *The palm of the hand, the hand.* — 2. *The palm tree, or its fruit.* — 3. *The palm, the prize of victory (used once by Virg. even of him who gets the prize).* —— 1. Ingĕmit, et dŭplĭces tendens ad sīdĕra *palmas.* —— V. Æn. 1. 93. — 2. Īlĭcis in rāmis trĕmŭlæve căcūmĭne *palmæ.* Ov. Met. 15. 396. — 3. Et quis cuique dŏlor victo, quæ glōria *palmæ.* V. G. 3. 102. Post Hĕlymus sŭbit, et nunc tertia *palma* Diōres. V. Æn. 5. 339. SYN. 1. mănus, ûs, *fem.* — 2. v. victoria. PHR. 2. Prīmus Īdūmæas rĕfĕram tĭbĭ Mantua palmas. V. Ĕtiam ardua palma Nascĭtur. V.

‡palmātus, a, um. *Embroidered with palm leaves.* —— *Palmātæ*que dŭcem sed cĭtŏ redde tŏgæ. Mart. 7. 11. 8.

palmĕs, ĭtis. masc. *The shoot of a vine, a vine.* —— Et nŏva de grăvĭdo *palmĭte* gemma tŭmet. Ov. F. 1. 152. SYN. pampĭnus, i, *masc. and fem.* v. vitis.

palmētum, i. *A palm grove.*—Ungi Præfĕrat Hĕrōdis *palmĕtis* pinguĭbus alter. Hor. Epist. 2. 2. 184.
palmĭfer, ĕra, ĕrum. *Producing palm trees.*—Quæ cŏlis et Memphin *palmĭfĕram*que Phăron. Ov. Am. 2. 13. 8. v. seq.
palmōsus, a, um. *Abounding in palm trees.*—Tēque dătis linquo ventis *palmōsa* Sĕlīnus. V. Æn. 3. 705. v. prec.
palmŭla, æ. *The blade of an oar.*—Littus ăma, et lævas stringat sine *palmŭla* cautes. V. Æn. 5. 163. SYN. tonsa. v. remus.
pālor, āris. chiefly used in pres. part. *To wander, to straggle about.*—Idque diu, dum terga dăbant *pālantia* Teucri Suffĕcit. V. Æn. 12. 738. SYN. erro, as, q. v.
†**palpĕbræ, arum.** *The eyelids.*—Brăchia, *palpĕbræ*que cădunt pŏplĭtesque rĕcumbunt. Lucr. 4. 950.
palpĭto, as. *To throb, to pant.*—*Palpĭtat* et pŏsĭtas aspergit sanguĭne mensas. Ov. Met. 5. 40. SYN. trĕmo, is, ui, *no sup.*, q. v.; mĭco, as, ui, *no sup.*; sălio, is, ui, saltum.
‡**palpo, ōnis.** masc. *A wheedling flatterer.*—Jūs hăbet ille sui *palpo* quem dūcit hiantem? Pers. 5. 176. v. adulator.
palpo, as. *To touch gently, to stroke.*—Paulātimque mĕtu dempto mŏdŏ pectŏra præbet Virgĭneā *palpanda* mănu. Ov. Met. 2. 867. v. seq.
palpor, āris. dep. another form of prec.—Cui mălĕ si *palpĕre* rĕcalcĭtrat undĭque tūtus. Hor. Sat. 2. 1. 20.
‡**pălūdātus, a, um.** *Wearing a military cloak called* paludamentum.—Cumque *pălūdātis* dŭcĭbus præsente mărīto. Juv. 6. 399.
‡**pălūdĭfer, era, erum.** *Making marshy.*—Inque *pălūdĭfĕris* būtio būbit ăquis. Auct. Phil. 42.
pălūdōsus, a, um. *Marshy, dwelling in marshes, etc.*—Ille *pălūdōsos* mĕmŏret servīre Sĭcambros. Prop. 4. 6. 77. SYN. păluster, tris, tre.
pălumbes, is. masc. and fem. *A wood-pigeon, a dove.*—Namque nŏtāvi Ipse lŏcum āĕriæ quo congessēre *pălumbes*. V. E. 3. 69. SYN. cŏlumba, q. v.
pălumbus, i. another form of prec.—Gemit hinc *pălumbus* inde cēreus turtur. Mart. 3. 58. 19.
pālus, i. *A stake, a post.*—Hic dŏcuit tĕnĕram *pālis* adjungĕre vītem. Tib. 1. 7. 33. SYN. sŭdes, is, q. v.
pălūs (but also once ūs. Hor. A. P. 65.), **ūdis.** fem. *A marsh.*—Dēformis ărundo Cōcyti, tardâque *pălūs* innābĭlis undâ. V. G. 4. 479. SYN. stagnum. PHR. Quamvis . . . . Līmōsoque pălūs obdūcat pascua junco. V. Quique pălūdis Collectum hūmōrem bĭbŭlâ dēdūcit ărēnâ. V. Altæ neu crēde pălūdi. V. Crassisque pălūdĭbus alni Nascuntur. V. Qua Sătūræ jăcet ātra pălus. V. Ut lĕvis in mădĭdâ canna pălūde trĕmit. Ov. Hic quŏque lūcus ĕrat juncis et ărundĭne plēnus, Et pĕde vĕlāto nōn ădeunda pălus. Ov.
păluster, tris, tre. *Marshy, living in marshes, etc.*—Nunc cĕlĕbres mergis fulicisque *pălustrĭbus* undæ. Ov. Met. 8. 625. SYN. pălūdōsus.
pampĭneus, a, um. *Of the shoots of vines, of vines, made of vine twigs, etc.*—Nec tĭbĭ *pampĭneas* autumnus porrĭgit ūvas. Ov. Ep. e P. 3. 1. 13.
pampĭnus, i. masc. and fem. *The shoot or leaf of a vine.*—Heu mălĕ tum mītes dēfendet *pampĭnus* ūvas. V. G. 1. 448. v. palmes, vitis.
Pān, Pānŏs. acc. **Pāna.** also in pl. **Pānĕs.** *The god of shepherds, worshipped esp. in Arcadia; represented with goat's legs, and with horns on his head: he was also the inventor of the shepherd's pipe.*—Ipse nĕmus linquens pătrium saltusque Lycæi *Pān* ŏvium custos; tua si tĭbĭ Mænăla curæ Adsis o Tegeæe făvens. V. G. 1. 17. Sic făveant Sătyri montānaque nūmĭna *Pānes*. Ov. Her. 4. 171. PHR. Pānos de mŏrĕ Lycæi. V. Pan Deus Arcădiæ vĕnit, quem vīdĭmus ipsi Sanguĭneis ĕbŭli baccis, mĭnioque rŭbentem. V. Pān prīmus călămos cērâ conjungĕre plūres Instĭtuit; Pan cūrat ŏves, ŏviumque măgistros. V. Nostrisve fŭgātæ Sunt ŏcŭlis nymphæ, Sēmĭcăperve Deus. Ov. Pāna Deum pĕcŏris vĕtĕres cŏluisse fĕruntur Arcădĕs; Arcădiis plūrĭmus ille jŭgis. Ov. Pīnu præcincti cornua Pānes. Ov. Dēlectantque Deum cui pĕcus et nĭgri Colles Arcădiæ plăcent. Hor.
pănacēa, æ. *The herb heal-all.*—Spargitque sălūbres Ambrŏsiæ succos et ŏdōrĭfĕram *pănăcēam*. V. Æn. 12. 418.
‡**pānāriŏlum, i.** dim. of seq.—Cum *pānāriŏlis* trĭbus rĕdisti. Mart. 5. 50. 10.

‡pānārium, i. *A place in which to keep bread, a breadbasket.*——Hi *pānāria* candĭdasque mappas Subvectant. Stat. Sylv. 1. 6. 31.

‡pănax, ăcis. masc. another form of panacea, q. v.——Nunc mĕdĭcā *pănăcem* lăcrўmā. Columel. 10. 103.

Panchæus, a, um, also **Panchāius, a, um.** *Arabian.*——Palmĭfĕros Ărăbas *Panchæa*que rūra rĕlinquunt. Ov. Met. 10. 478. Thūra fĕrat flōresque ălios *Panchāia* tellus. Ov. Met. 10. 309. SYN. Ărăbus, q. v.

Panchāia, æ. *Arabia Felix.*——Tōtaque thūrĭfĕris *Panchāia* pinguis ărēnis. V. G. 2. 139.

pancrătium, i. *A contest of wrestling and boxing.*——Et pătĭtur dūro vulnĕre *pancrătio.* Prop. 3. 14. 8.

Pandĭŏnius, a, um. An epith. of Athens (derived from **Pandīŏn, ŏnis,** an ancient king of Athens). *Athenian.*——Quid *Pandĭŏniæ* restant nĭsi nōmĕn Ăthēnæ? Ov. Met. 15. 430.

pando, is, di, passum. 1. *To open, to throw open.*—2. *To expand, spread out.*—3. *To show, to explain, to tell of.*—4. *in part. pass. To dishevel.* v. passus.——1. Dīvĭdĭmus mūros et mœnia *pandĭmus* urbis. V. Æn. 2. 234.—2. Non tĕpĭdum ad sōlem pennas in littŏre *pandunt* Dīlectæ Thĕtĭdi Alcyŏnes. V. G. 1. 398.—3. Ausŏniæ pars illa prŏcul quam *pandit* Ăpollo. V. Æn. 3. 479. SYN. 1. 3. pătĕfăcio, is, fēci.—1, 2, 3. explĭco, as, ui.—1. ăpĕrio, is, ui, ăpertum; rĕsĕro, as; rĕclūdo, is, si; disclūdo.—2. expando.—3. ostendo, is, di, q. v. v. resigno.

pandus, a, um. *Crooked, bent.*——Suspĭciens *pandos* autumni pondĕre rāmos. Ov. Met. 14. 660. SYN. curvus, q. v., incurvus.

pango, is, panxi (but this perfect is very rare); also in sense 3. **pĕpĭgi** (for sup. see pactus). 1. *To fasten.*—2. *To compose (verses, etc.)*—3. *To covenant, bargain for.*—4. *To promise (in these last two senses only in perf.* pĕpĭgi).——1. Ipse sĕram vītes *pangam*que ex ordĭne colles. Prop. 3. 15. 15.—2. Nec cum vĕnāri vŏlet ille poēmăta *panges.* Hor. Epist. 1. 18. 40.—3. Nec tēcum meus hæc *pĕpĭgit* tĭbĭ fœdĕra Lausus. V. Æn. 10. 902. Non fuit armillas tanti *pĕpĭgisse* Săbīnas. Ov. Am. 1. 10. 49.—4. Te pĕtō quam lecto *pĕpĭgit* Vĕnus aurea nostro. Ov. Her. 16. 36. SYN. 1. fīgo, is, xi, q. v.—2. scrībo, is, psi.—3, 4. păciscor, ĕris, q. v.—4. prōmitto, is, mīsi.

pānis, is. masc. 1. *Bread, a loaf.*—2. ‡*A mass or bale of any thing.*——1. Suppŏsĭtum cĭnĕri *pānem* fŏcus ipse părābat. Ov. F. 6. 315.—2. Aut *pānes* vĭrĭdantis ăphrŏnĭtri. Stat. Sylv. 4. 9. 37. SYN. 2. massa, q. v. PHR. Ŏnĕrantque cănistris Dona lăbōrātæ Cĕrĕris. V. Tum Cĕrĕrem corruptam undis Cĕreāliaque arma Expĕdiunt. V. Ădōrea lĭba per herbam Subjĭciunt ĕpŭlis. V.

‡pannĭcŭlus, i. dim. of pannus, q. v.——Dēlĭcias et *pannĭcŭlus* bombўcĭnus ūrit. Juv. 6. 258.

‡pannōsus, a, um. *Ragged.*——Vāsa mĭnōra Frangĕre, *pannōsus* văcuis ædīlis Ŭlŭbris. Juv. 10. 102.

pannus, i. 1. *A piece of cloth, a garment.*—2. *A rag, a patch.*——Te spes et albo rāra fĭdes cŏlit Vēlāta *panno.* Hor. 1. 35. 22.—2. Purpŭreus lātē qui splendeat ūnus et alter Assuĭtur *pannus.* Hor. A. P. 16. SYN. 1. vestis, is, q. v.—2. ‡pannĭcŭlus.

Pănomphæus, a, um. *An epith. of Jupiter as the father of all oracles.*——Ara *Pănomphæo* vĕtus est săcrāta Tŏnanti. Ov. Met. 11. 198.

panthēra, æ. *A panther.*——Pictārumque jăcent fĕra corpŏra *panthērārum.* Ov. Met. 3. 669.

păpāver, ĕris. neut. *A poppy.*——Spargens hūmĭda mella, sŏpōrĭfĕrumque *păpāver.* V. Æn. 4. 486. PHR. Lēthæo perfūsa păpāvĕra somno. V. Collĭgit ăgresti lēne păpāver hŭmo. Ov.

păpāvĕreus, a, um. *Of poppy.*——Illa *păpāvĕreas* subsĕcat ungue cŏmas. Ov. F. 4. 438.

‡Păphiē, es. *Venus.*——Sive cŭpis *Păphien,* seu Gănўmēde căles. Mart. 7. 74. 4.

Păphius, a, um. *Of Paphos, of Venus.*——Hic *Păphias* myrtos; hic purpŭreos ămĕthystos. Ov. A. A. 3. 181.

Păphŏs, i. acc. ŏn. fem. *A city in Cyprus, sacred to Venus.*——Quæ *Păphŏn* et fluctu pulsa Cythera tĕnet. Ov. Am. 2. 17. 4.

pāpĭlio, ōnis. masc. *A butterfly.*——Fērāli mūtant cum *pāpĭliōne* fĭgūram. Ov. Met. 15. 374.

păpilla, æ. *A breast.*—Hasta sub exsertam dōnec perlāta *păpillam* Hæsit. V. Æn. 11. 803. SYN. mamma, q. v.

‡**pappas**, æ. masc. *A foster-father.*—Tĭmĭdus prægustet pōcŭla *pappas.* Juv. 6. 632.

†**pappus**, i. *Thistledown.*—Vestes nec plūmas ăvium *papposque* vŏlantes. Lucr. 3. 387.

păpŭla, æ. *A pimple or pustule.*—Ardentes *păpŭlæ* atque immundus ŏlentia sūdor Membra sĕquēbātur. V. G. 3. 564. SYN. pustŭla.

păpȳrĭfer, ĕra, ĕrum. *Producing papyrus.*—Perque *păpȳrĭfĕri* septemflua flūmĭna Nīli. Ov. Met. 15. 753.

‡**păpȳrus**, i. fem. 1. *The Egyptian papyrus.*—2. *Paper.*—1. Consĕrĭtur bĭbŭlâ Memphītis cymba *păpȳro.* Lucan. 4. 136.—2. Crescit multâ damnōsa *păpȳro.* Juv. 7. 101. SYN. 2. chārta.

pār, păris. adj. 1. *Even in number, equal, equal to.*—2. (*as subst. masc.*) *A pair.*—3. *A mate.*—1. Nec cætĕra Phœbo Sīdĕra cēdēbant; *pār* ĕrat omnis hŏnos. Ov. F. 4. 18. Si quā vŏles aptē nūbĕre, nūbe *pări.* Ov. Her. 9. 32.—2. *Parve* columbarum, demptusve căcūmĭne nīdus. Ov. Met. 13. 833.—3. Cum *păre* quæque suo coeunt vŏlŭcresque fĕræque. Ov. F. 3. 193. SYN. 1. 3. compar.—1. părĭlis, æquālis, æquus.—3. consors, ortis.

părābĭlis, e. *Easily procured.*—Non ĕgŏ, namque *părābĭlem* ămo Vĕnĕrem făcĭlemque. Hor. Sat. 1. 2. 119.

‡§**părăsītus**, i. also in fem. **părăsīta**, æ. *A parasite.*—Quantus sit Dossennus ĕdācĭbus in *părăsītis.* Hor. Epist. 1. 2. 173. Custōdes, lectīca, cĭnĭflōnes *pă-răsītæ.* Hor. Sat. 1. 2. 98.

părātus, ūs. masc. *Preparation.*—Hanc făciem largis sĭne fīne *părātĭbus* ūti. Ov. Her. 16. 191. SYN. appărātus.

părātus, a, um. part. pass. from păro, q. v., used also as adj. *Ready.*—Hæc dăre consĭlium; pugnāre *părātior* illa est. Ov. F. 6. 85. SYN. aptus, promptus.

Parca, æ. *One of the Fates; more usu. in pl. The Fates, three sisters, whose names were* Clōtho, ûs, Lăchĕsis, is, *and* Ātrŏpŏs, i, *who held the thread of human life.*—Concordes stăbĭli fātōrum nūmĭne *Parcæ.* V. E. 4. 47. SYN. Fātum, *in pl.* Sŏrōres. PHR. Et stābat văcuâ jam tĭbĭ Parca cŏlo. Ov. Tum quæ dispensant mortālia fīla sŏrōres Dēbuĕrant fūsos ēvŏluisse suos. Ov. Cur dŏmĭnæ fāti quidquam cĕcĭnēre sŏrōres? Ov. O dūram Lăchĕsin quæ tam grăve sīdus hăbenti Fīla dĕdit vītæ non brĕvĭōra meæ. Ov. Nūbĭte felīces Parcâ mĕliōre sŏrōres. Ov. At tĭbĭ nascenti . . . Nērunt fātāles fortia fīla Deæ. Ov. In flammam trĭplĭces pŏsuēre sŏrōres. Ov. Pœnārumque Deæ trĭplĭces. Ov. Sŏrōrum fīla trium pătiuntur ātra. Hor. Audiĕrat . . . . sic volvĕre Parcas. V. Extrēmaque Lauso Parcæ fīla lĕgunt. V. Sive ĭta nascenti lēgem dixere sŏrōres. Ov. Nam sic Parcārum fœdere cautum est. Ov. Hanc cĕcĭnēre diem Parcæ fātālia nentes Stāmĭna, non ulli dissŏluenda Deo. Tib.

parcē. compar. **cius**. *Sparingly.*—O princeps *parcē* vīrĭbus use tuis. Ov. Tr. 2. 128. *Parcius* ista viris tămĕn objĭciendă mĕmento. V. E. 3. 7. SYN. mŏdĕrātē. v. parum.

parco, ĭs, **pĕperci**. no sup. 1. *To spare.*—2. *To abstain from.*—3. *To be economical, stingy.*—1. *Parcĕre* subjectis et dēbellāre sŭperbos. V. Æn. 6. 854.—2. Non tămĕn abstĭnuit, nec vōci, īræque *pĕpercit.* V. Æn. 2. 534. Acceptam *parce* mŏvēre fĭdem. Ov. F. 4. 204.—3. *Parcentes* ĕgŏ dextĕras Ōdi. Hor. 3. 19. 21. SYN. 2. abstĭneo, es, ui, *no sup.*; rĕmitto, ĭs, mīsi; ŏmitto.

parcus, a, um. *Sparing, frugal, stingy.*—Bĕne est cui Deus obtŭlit *Parcâ* quod sătis est mănu. Hor. 3. 16. 44. SYN. parcens.

‡**pardus**, i. *A pard, a panther.*—Quam per summa răpit cĕlĕrem vēnābŭla *pardum.* Lucan. 6. 183. SYN. panthēra.

‡**părēas**, æ. masc. *A sort of snake.*—Et contentus ĭter caudâ sulcāre *părēas.* Lucan. 9. 721. v. serpens.

părens, entis. masc. and fem. 1. *A parent, lit. and metaph.*—2. *An ancestor.*—1. Ecqua tămen puĕro est āmissæ cura *părentis*? V. Æn. 3. 341. Quid prius dīcam sŏlĭtis *Părentis* Laudĭbus (Jovis, sc.). Hor. 1. 12. 13. Te cănam magni Jŏvis et Deōrum Nuntium curvæque lÿræ *părentem.* Hor. 1. 10. 6.—2

Aurātasque trăbes vĕtĕrum dĕcŏra alta *părentum*. V. Æn. 2. 448. SYN. 1. v. pater, mater. — 2. ăvus, q. v.

părentālis, e. 1. *Of parents.* — 2. *Kept or performed in remembrance of parents or relatives after their death.* —— 1. Fāma *părentāles*, si vos mŏdŏ contĭgit, umbræ. Ov. Tr. 5. 10. 87. — 2. Bella; *părentāles* dēsĕruēre dies. Ov. F. 2. 548. SYN. 1. pātrius, pāternus, ăvītus.

părento, as. *To pay funeral honours, prop. to relations.* —— Sic Memnŏnis umbris Annua sŏlenni cæde *părentet* ăvis. Ov. Am. 1. 13. 4. v. exsequiæ.

pāreo, es, ui. no sup., 3rd sing. pres. pass. as impers. no other part of pass. found. 1. *To obey.* — 2. *To appear, be seen.* —— 1. Verbĕra lenta păti, et duris *pārēre* lŭpātis. V. G. 3. 208. Cui pĕcŭdum fībræ, cœli cui sīdĕra *pārent*. V. Æn. 10. 177. Ōre meo Lātōna jŭbet; *pārētur* et omnes. Ov. Met. 6. 162. — 2. Hæc vīdet Īnărīmĕn, illi Prŏchȳta aspĕra *pāret*. Stat. Sylv. 2. 2. 76. SYN. 1. obsĕquor, ĕris, sĕcūtus sum; obtempĕro, as; audio, īs. — 2. appāreo, q. v. PHR. Sed gĕrat ille suo mōrem fŭriōsus ămōri. Ov. Deûm præcepta sĕcūti Vĕnĭmus. V.

păriēs, părietis. (trisyll.) masc. *A wall (rarely if ever a city wall).* —— Hærent *părietibus* scālæ, postesque sub ipsos Nītuntur grădĭbus. V. Æn. 2. 442. SYN. mūrus, q. v.

părĭlis, e. *Equal.* —— Sed pia Baucis ănus *părĭlique* ætate Phĭlēmon. Ov. Met. 8. 631. SYN. pār, păris, q. v.

pārio, īs, pĕpĕri, partum. fut. in rus, **părĭturus.** 1. *To bring forth (children).* — 2. *To produce.* — 3. *To cause.* — 4. *To acquire, to procure.* —— 1. Illa Deos, inquit, *pĕpĕrit*, cessēre părenti. Ov. F. 4. 359. Lūcīnam nŏvies, nŏvies *părĭtūra* vŏcāvit. Ov. Met. 5. 304. — 2. Quot Sicyon baccas quot *părit* Hybla făvos. Ov. Ep. e P. 4. 15. 10. — 3. Proxĭma dēinde tĕnent mœsti lŏca qui sĭbĭ lētum Insontes *pĕpĕrēre* mănu. V. Æn. 6. 435. — 4. Ēgrĕgias ănĭmas quæ sanguine nōbis Hanc patriam *pĕpĕrēre* suo. V. Æn. 11. 25. SYN. 1. ēnītor, ĕris, ēnixa sum; connītor. — 1, 2. partŭrio, īs, *rare in perf.*; ēdo, īs, ēdĭdi; creo, as; gĕnĕro, as; prōgĕnĕro. — 2. fĕro, fers, ferre, tŭli, lātum, q. v. — 3. făcio, īs, fēci; infĕro. — 3, 4. păro, as; acquīro, īs, quīsīvi, q. v. PHR. 1. Quem candĭda Maia Cyllēnes gĕlĭdo conceptum vertĭce fūdit. V. Prōlemque gĕmellam, Pignŏra Lūcīnā bīna făvente dĕdi. Ov. Et pĕcus ante diem partūs ēdēbat acerbos. Ov. Quam formōsissĭma partu Ēdĭdit Eurȳnŏmē. Ov. Ēdĭtus in lūcem jăcuit sĭne vīrĭbus infans. Ov.

Păris, ĭdis. acc. **ĭdem** and **ĭn.** voc. **ĭ.** *The son of Priam and Hecuba, who by carrying off Helen from Sparta caused the Trojan war.* —— Nunc *Părĭ* tu săpiens, et tu Mĕnĕlāe fuisti. Prop. 2. 2. 47. SYN. Prĭămĭdes, æ. PHR. Pastor cum trahĕret per frĕta nāvĭbus Idæis Hĕlĕnam perfĭdus hospĭtam. Hor. Ut sĕmĕl Īdæus Lăcĕdæmŏna vēnit ădulter. Ov. Tālis ab armĭfĕris Prĭămeius hospĕs Ămȳclis. Ov. Forma quŏque Idæo jūdĭce victa mea est (Juno loq.). Jam nec Lăcænæ splendet ădultĕræ fāmōsus hospes. Hor.

părĭter. *Equally.* —— Et *părĭter* nostrûm fĭet ŭterque nŏcens. Ov. Her. 4. 28. SYN. æquē, æquālĭter; †ădæquē; †pĕrinde.

Părius, a, um. *Parian.* —— Splendentis *Părio* marmŏre pūrius. Hor. 1. 19. 6. SYN. Marpessius.

parma, æ. *A shield.* —— Ense lĕvis nūdo *parmâ*que inglōrius albâ. V. Æn. 9. 548. SYN. parmŭla; clȳpeus, q. v.

parmŭla, æ. dim. of prec. —— Tēcum Phĭlippōs et cĕlĕrem fŭgam Sensi, rĕlictâ non bĕnĕ *parmŭlâ*. Hor. 2. 7. 10.

Parnassis, ĭdŏs. acc. **ĭdă.** fem. *Of Parnassus.* —— Ille căput flāvum lauro *Parnassĭde* vinctus. Ov. Met. 11. 165.

Parnassius, a, um. *Of Parnassus.* —— Nec tantum Phœbo gaudet *Parnassia* rūpes. V. E. 6. 29.

Parnassus, i. masc. *A mountain in Phocis sacred to Apollo and the Muses, celebrated also as the mountain on which Pyrrha and Deucălion were saved from the deluge.* —— Mons ĭbĭ vertĭcĭbus pĕtit arduus astra duōbus Nōmĭne *Parnassus* sŭpĕratque căcūmĭne nūbes. Ov. Met. 1. 317. PHR. Parnassusque bĭceps. Ov. Impĭger umbrōsâ Parnassi constĭtit arce. Ov. Sed me Parnassi dēserta per ardua dulcis Raptat ămor. V.

păro, as. 1. *To prepare.* — 2. *To procure.* —— 1. Hoc rŏgus iste mihi; hoc ignes āræque *părābant?* V. Æn. 4. 676. — 2. Ecce Neoptŏlĕmo præda *părāta* fui. Ov. Her. 8. 82. SYN. 1. appăro, rĕpăro, compăro.—2. părio, ĭs, pĕpĕri, partum, q. v. PHR. v. struo.

§pārŏchus, i. *A host, one who provides either his own guests or public characters with what they require.* —— Et călīces poscit majōres; vertĕre pallor Tum pārŏchi făciem. Hor. Sat. 2. 8. 36. SYN. hospĕs, ĭtis, *masc.*

‡păropsis, ĭdis. fem. *A dish.* —— Jūgĕra; quam multâ magnâque păropside cœnat. Juv. 3. 142. SYN. lanx, lancis, *fem.*

Părŏs, i. acc. ŏn. fem. *One of the Cyclades islands celebrated for its white marble.* —— Ōleăron, nĭveamque *Părŏn*, sparsasque per æquor Cyclădăs. V. Æn. 3. 126.

parra, æ. *A jay.* —— Impios *parræ* rĕcĭnentis omen Dūcat. Hor. 3. 27. 1.

Parrhăsis, ĭdŏs. fem. adj. *Arcadian.* —— Quæque mĭcat gĕlĭdo *Parrhăsis* ursa pŏlo. Ov. Her. 18. 152.

Parrhăsius, a, um. *Arcadian.* —— Dēsĕrit *Arcădiam Parrhăsiumque* Lărem. Ov. F. 1. 478. SYN. Arcădius, q. v.

parrĭcīda, æ. masc. and fem. *A parricide.* —— Tēlĕgŏni jŭga *parrĭcīdæ*. Hor. 3. 29. 8.

pars, partis. fem. 1. *A part, in every sense of the word.* — 2. *A share.* — 3. *A part, as an actor's part, etc.* — 4. *A party, a faction, usu. in pl. in this sense.* — 5. *A district, a side, the direction in which one goes, etc., usu. in pl.* —— 1. Spectat et e magnâ *parte* Sĕnātus ădest. Ov. Tr. 2. 502. *Pars* in frusta sĕcant vĕrūbusque trĕmentia fīgunt; Littŏre ahēna lŏcant ălii. V. Æn. 1. 212. — 2. Quisquis adest ŏpĕri plusquam pro *parte* lăbōrat. Ov. F. 4. 301. — 3. Fœmĭna jam *partes* victa rŏgantis ăget. Ov. A. A. 1. 278. — 4. Crēdĭte, dīversis *partĭbus* arma dămus. Ov. R. A. 50. Perspĭcio . . . . Ēōas *partes* Hesperiasque sĭmul. Ov. F. 1. 140. — 5. Ille autem impăvĭdus *partes* cunctatur in omnes. V. Æn. 10. 717. Atque ănĭmum nunc huc cĕlĕrem nunc dīvĭdit illuc, In *partes*que răpit vărias; perque omnia versat. V. Æn. 4. 286.

parthĕnĭcē, es. *The herb parietary.* —— Alba *parthĕnĭcē* vĕlut. Cat. 59. 194.

Papthĕnius, a, um. *Of Mount Parthenius in Arcadia, Arcadian.* —— Non ĕgŏ *Parthĕniis* tĕmĕrātam vallĭbus Augen . . . . rĕfĕram. Ov. Her. 9. 49. v. Arcadius.

Parthĕnŏpē, es. *Naples.* —— Illo Virgĭlium mē tempŏre dulcis ălēbat *Parthĕnŏpē*. V. G. 4. 564. SYN. Neāpŏlis.

Parthĕnŏpēius, a, um. *Of Naples.* —— Has tĭbī prætĕriit et *Parthĕnŏpēia* dextrâ Mœnia dēsĕruit. Ov. Met. 14. 101.

Parthus, a, um. *Parthian.* —— Persĕquĭtur *Parthā* signa rĕtenta mănu. Ov. F. 5. 580. Ecce fŭgax *Parthus* magni nŏva causa triumphi. Ov. R. A. 155. PHR. Ut nervo pulsante săgittæ Prīma lĕves ineunt si quando prælia Parthi. V. Nec pătĭtur Scȳthas et versis ănĭmōsum ĕquis Parthum dīcĕre. Hor. Tergaque Parthōrum Rōmānaque pectŏra dīcam, Tēlaque ab ăverso quæ jăcit hostis ĕquo. Ov. Miles săgittas et cĕlĕrem fŭgam Parthi . . . . . tĭmet. Hor. v. seq. v. Ov. F. 5. 581—592.

‡Parthĭcus, a, um. *Parthian.* —— *Parthĭca* Rōmānos solvērunt damna fŭrōres. Lucan. 1. 106. v. prec.

particeps, ĭpis. masc. and fem. *A partaker of, a partner in.* —— Prōgĕniemque piam *partĭcĭpem*que tŏri. Ov. Ep. e P. 3. 1. 165. v. consors.

†partĭcĭpo, as. *To share, to partake in.* —— Ossaque, ŭtī dentes quŏque sensu *partĭcĭpantur*. Lucr. 3. 693. SYN. sŏcio, as. PHR. Et quōrum pars magna fui. V. Hinc sŏror in partem mĭsĕrâ cum mātre dŏlōris Vēnit. Ov. Quo res cunque cădent, ūnum et commūne pĕrīclum, Ūna sălūs ambōbus ĕrit. V. v. partior.

partĭcŭla, æ. *A small part, a particle.* —— Fertur Prŏmētheus addĕre princĭpi Līmo coactus *partĭcŭlam* undĭque Dēsectam. Hor. 1. 16. 14. v. pars.

partim. *In part, partly.* —— Corpŏra *partim* Multa vĭrūm terræ infŏdiunt; ăvectaque *partim* Fīnĭtĭmos tollunt in ăgros. V. Æn. 11. 205. SYN. parte.

†partio, īs. *To part, to divide.* —— *Partit*, et in partes non æquas dīvĭdit orbem. Lucr. 5. 683. SYN. †dispertio. v. seq.

partior, īris. perf. part. both in act. and pass. sense. 1. *To part, to divide.* — 2. *Distribute.* — 3. *To share.* —— 1. Nec signāre quĭdem aut *partīri* līmĭte campum Fas ĕrat. V. G. 1. 126. — 2. Hinc portum pĕtit, et sŏcios *partītur* in omnes. V. Æn. 1. 193. — 3. Fīda ante ălios quæ sōla Cămillæ Quīcum *partīri* cūras,

V. Æn. 11. 822. SYN. 1, 2. dīvĭdo, ĭs, vīsi, q. v.; distrĭbuo, is, ui, ūtum. — 3. commūnĭco, as.

partŭmeius, a, um. *Prolific.* —— Tuusque venter *partŭmeius.* Hor. Epod. 17. 50.

partŭrio, īs. rare in perf., no sup. —— *To be in travail; to bring forth, lit. and metaph.* —— Dīcĭte; tu vōto *partŭrientis* ădes. Ov. F. 3. 256. Ingentes *partŭrit* īra mĭnas. Ov. Her. 12. 208. SYN. părio, ĭs, pĕpĕri, partum, q. v.

partus, ûs. 1. *A bringing forth.* — 2. *An offspring.* —— 1. Quas et Tartăream Nox intempesta Mĕgæram Ūno eodemque tŭlit *partu.* V. Æn. 12. 847. — 2. Sæviet in *partus* dīra nŏverca meos. Ov. Her. 12. 188. SYN. 1. nixus, ûs; puerpĕrium. — 2. prōles, is, *fem.* q. v.

partus, a, um. pass. part. from pario, q. v. 1. *Born.* — 2. *Procured, acquired.* —— Ălius Lătio jam *partus* Ăchilles. V. Æn. 6. 89. — 2. *Parta*que per glădio regna nŏcente mănu. Ov. A. A. 1. 260. SYN. 1. nātus, q. v. — 2. ădeptus, q. v.

părum. adv. *Little.* —— Non nocuisse *părum* est, prōdest quŏque; Quos lŭpa nūtrit. Ov. F. 2. 415. Tanquam vīta *părum* mūnĕris esset, ŏpes. Ov. Tr. 2. 130. SYN. mĭnĭmē.

părumper. adv. *For a little while.* —— Ad dŏmĭnam prŏpĕro, siste *părumper* ăquas. Ov. Am. 3. 6. 2. SYN. paulisper.

parvŭlus, a, um. no compar. *Little.* —— Si quis mihĭ *parvŭlus* aulâ Lŭdĕret Ænēas, qui tē tămĕn ōre rĕferret. V. Æn. 4. 328. v. seq.

parvus, a, um. compar. **mĭnor,** q. v., superl. **mĭnĭmus,** q. v., and †**parvissĭmus.** *Little.* —— *Parva* fuit si prīma vĕlīs ĕlĕmenta rĕferre Rōma. Ov. F. 3. 179. SYN. parvŭlus, exĭguus, mĭnūtus, tĕnuis, q. v.

pasco, ĭs, pāvi, pastum. 1. *trans. To feed, cause to graze, etc., nourish, etc.* — 2. *To produce.* — 3. (*in pass. c. pres. act. part. as if* pascor *were deponent*) *To feed on, to graze on.* —— 1. Armentà, et turpes *pascit* sub gurgĭte phōcas. V. G. 4. 395. Sic ait atque ănĭmum picturâ *pascit* ĭnāni. V. Æn. 1. 464. Spes *pascĭs* ĭnānes. V. Æn. 10. 627. — 2. Et fĭlĭcem curvīs invīsam *pascit* ărātris. V. G. 2. 189. — 3. Dumque thȳmo *pascentur* ăpes, dum rōre cĭcādæ. V. E. 5. 77. Tītȳre *pascentes* a flūmĭne rēice căpellas. V. E. 3. 96. Crūra thȳmo plēnæ; *pascuntur* et arbŭta passim. V. G. 4. 181. SYN. 1. 3. dēpasco. v. alo. — 2. părio, ĭs, pĕpĕri, partum, q. v.; gigno, ĭs, gĕnui. — 3. vescor, ĕris, *no perf.*; ĕdo, ĭs *or* ês, q. v.; rūmĭno, as (*only of cattle*). PHR. 3. Quătuor hic prīmum ōmĕn ĕquos in grămĭne vīdi Tondentes campum lātē. V.

pascuum, i. usu. in pl. *A pasture, pasture land.* —— In saltūs ŭtrumque grĕgem atque in *pascua* mittes. V. G. 3. 323. v. pastus, ûs.

†**pascuus, a, um.** *Fit for pasture.* —— Pandĕre ăgros pingues et *pascua* reddĕre rūra. Lucr. 5. 1247.

passĕr, ĕris. masc. *A sparrow.* —— *Passer* mortuus est meæ puellæ. Cat. 3. 3.

passim. adv. *Here and there, in different places or ways.* —— Et Tȳrii cŏmĭtes *passim* dīversa per ăgros Tecta mĕtu pĕtiēre. V. Æn. 4. 162. v. ubique.

passum, i. *Wine made of dried grapes.* —— Et *passo* psȳthia ŭtĭlior. V. G. 2. 93.

passus, a, um. part. from patior, q. v. *Having suffered.* —— O *passi* grăviōra, dăbit Deus his quŏque fīnem. V. Æn. 1. 203.

passus, a, um. part. pass. from pando, q. v. 1. *Spread out.* — 2. *Dishevelled.* —— 1. Prīma lŏco fertur *passis* Victōria pennis. Ov. Am. 3. 2. 45. Crīnĭbus Īliădes *passis,* pēplumque fĕrēbant Supplĭcĭter tristes. V. Æn. 1. 480. SYN. 2. immissus, diffūsus, effūsus, disjectus. PHR. 2. Et circum Īliădes crīnem de mōre sŏlūtæ. V. Ecce jăcent collo sparsi sĭne lēge căpilli. Ov.

passus, ûs. masc. 1. *A step.* — 2. *The print of a footstep.* —— 1. Hic mŏdŏ conjunctis spătiantur *passĭbus* ambo. Ov. Met. 11. 64. — 2. Sæpe tui specto si sint in littŏre *passus.* Ov. Her. 19. 27. SYN. 1. grădus, ûs; gressus, ûs. — 2. vestīgium.

§**pastillus, i.** *A pastile.* —— *Pastillos* Rūfillus ŏlet; Gorgōnius hircum. Hor. Sat. 1. 2. 27.

pastor, ōris. masc. *A shepherd.* —— *Pastōrum* et sōlis exēgit montĭbus ævum. V. Æn. 11. 569. SYN. ūpĭlio. PHR. Dulcĭbus idcirco flŭviis pĕcus omne măgistri Perpendunt. V. Pĕcŏrisque măgistris Vēlōcis jăcŭli certāmĭna pōnit in ulmo. V. Pastor ŏves sătŭras ad prīma crĕpuscŭla lustra. Ov. At cum pauper ĕras, armentaque pastor ăgēbas. Ov. Jam pastor umbras cum grĕge languĭdo Rīvumque fessus quærit. Hor. v. bubulcus.

pastōrālis, e. *Of a shepherd, pastoral, etc.* —— Rōmŭlus et frāter, pastōrālisque jŭventus. Ov. F. 2. 365. v. seq.

pastōrius, a, um. *Of a shepherd, like a shepherd, etc.* —— Illud ĕrat tempus quo te *pastōria* pellis Texit. Ov. Met. 2. 680.

pastus, ūs. masc. *A feeding, a pasture or place for feeding.* —— Aut ille ni *pastus* armentaque tendit ĕquārum. V. Æn. 11. 494. v. pascuum.

pastus, a, um. part. pass. of pasco. *Fed, both of the cattle that are fed and of the food eaten.* —— Frondĭbus hirsūtīs et cārĭce *pastus* ăcūtā. V. G. 3. 231. Quālis ŭbi in lūcem cŏlŭber măla grāmĭna *pastus.* V. Æn. 2. 471. Atque ĭtĕrum *pasto* vescĭtur ante cĭbo. Ov. Am. 3. 5. 18.

Pătăræus, a, um. *Of Pătăra, a city of Lycia, sacred to Apollo, from which he is called* Pătăreus. —— Et Clărŏs et Tĕnĕdos *Pătăræ*aque rēgia servit. Ov. Met. 1. 516. Dēlius, et *Pătăreus* Ăpollo. Hor. 3. 4. 62.

Pătăvium, i. *Padua.* —— Hic tămĕn ille urbem *Pătăvi,* sēdesque lŏcāvit Teucrorum. V. Æn. 1. 247.

pătĕfăcio, ĭs, fēci, factum. pass. pătĕfīo (in Lucr. also pătē–). —— 1. *To open, to lay open.*—2. *To reveal.* —— 1. Perspĭcit, ecce vĭgil rŭtĭlo *pătĕfēcit* ab ortu Purpŭreas Aurōra fŏres, et plena rŏsārum Atria. Ov. Met. 2. 112. Nec flenti dŏmĭnæ *pătĕfīant* nocte fĕnestræ. Prop. 3. 20. 29. Tellūs in longas est *pătĕfacta* vias. Tib. 1. 3. 36. — 2. Causa *pătĕfīet* quæ ferri pellĭciat vim. Lucr. 6. 999.—SYN. 1. rĕclūdo, ĭs, si ; ăpĕrio, ĭs, ui, ăpertum, q. v. — 1, 2. pando, ĭs, *no sup. in this sense ;* dētĕgo, ĭs, xi ; rĕtĕgo ; rĕvēlo, as, q. v.

pătella, æ. *A dish.* —— Fert missos Vestæ pūra *pătella* cĭbos. Ov. F. 6. 310. SYN. pătĭna ; lanx, lancis.

pătens, entis. part. of pateo, q. v., used also as adj. *Open, wide, widespread.* —— Ōtium Dīvos rŏgat in *pătenti* Prênsus Ægæo. Hor. 2. 16. 1. SYN. lātus, q. v.

păteo, es, ui. no sup. 1. *To be open.* — 2. *To appear clearly, be clear.* —— 1. Noctes atque dies *pătet* ātri jānua Dītis. V. Æn. 6. 127. Et *pătet* in cūras ārea lāta meas. Ov. Her. 1. 72. — 2. Sensĭmus et sŭbĭto causæ *pătuēre* diērum. Ov. F. 4. 17. SYN. 1. pătesco, is ; pătĕfīo ; pandor, ĕris. v. fatisco. — 2. Appāreo ; noscor, ĕris, notus sum.

păter, pătris. masc. 1. *A father.* — 2. *A creator or founder of any thing, etc. used esp. of gods.* — 3. (*in pl.*) *Ancestors.* — 4. (*in pl.*) *Senators, the senate.* —— 1. Et *păter* Ænēas et ăvuncŭlus excĭtat Hector. V. Æn. 3. 343. — 2. Ōceănumque *pătrem* rērum Nymphasque sŏrōres. V. G. 4. 382. — 3. Relĭgiōne *pătrum* multos servāta per annos. V. Æn. 2. 715. — 4. Rōmŭlus hoc vīdit sēlectaque pectŏra *Pătres* Dixit. Ov. F. 71. SYN. 1. gĕnĭtor, sător. — 1, 2. creātor, părens, auctor. — 3. ăvus, q. v. — 4. sĕnātor, q. v. PHR. Hic mē păter optĭme fessum Dēsĕris. V. Cāri gĕnĭtōris ad urbem. V. Mĭsĕrēre părentis Longævi. V.

pătĕra, æ. *A goblet.* —— Vīnaque marmŏreas *pătĕrā* fundēbat in āras. Ov. Met. 9. 160. SYN. pōcŭlum *sync.* pōclum, q. v.

păternus, a, um. *Of a father, like a father.* —— Fāma vŏlat pulsum regnis cessisse *păternis.* V. Æn. 3. 121. Quid Augusti *păternus* In puĕros ănĭmus Nĕrōnes. Hor. 4. 4. 27. SYN. pătrius.

pătesco, is. no perf. another pres. form of pateo, q. v. —— Appāret dŏmus intus, et ātria longa *pătescunt.* V. Æn. 2. 483.

pătiens, entis. prop. part. from patior, q. v., used as adj. *Patient, able to endure, willing to endure.* —— Et *pătiens* opĕrum, exĭguoque assueta jŭventus. V. G. 2. 472. Ille mănum *pătiens,* mensæque assuētus hĕrīlī. V. Æn. 7. 490. SYN. *of mind, disposition, etc.* æquus, fortis.

pătienter, compar. **tius.** *Patiently.* —— Nec tămĕn illa lĕgi pŏtĕrunt *pătienter* ab ullo. Ov. Tr. 1. 627. SYN. ămīcē. v. fortiter.

pătientia, æ. *Patience.* —— Non ĕgŏ firmus in hōc ; non hæc *pătientia* nostro Ingĕnio. Tib. 3. 2. 5. PHR. Æquam mĕmento rēbus in arduis Servāre mentem. Hor. Quam pŏtĕs extĕnua forti măla corde fĕrendo. Ov.

pătĭna, æ. *A dish.* —— Affertur squillas inter mūræna nătantes In *pătĭnā* porrecta. Hor. Sat. 2. 8. 23. SYN. pătella ; lanx, lancis, *fem.*

pătior, ĕris, passus sum. 1. *To suffer, to endure.* — 2. *To permit.* —— 1. Vītam ōro, *pătior* quemvis dūrāre lăbōrem. V. Æn. 8. 577. Non rastros *pătiētur* hŭmus non vīnea falcem. V. E. 4. 40. — 2. Me si fāta meis *pătĕrentur* dūcĕre vītam Auspĭciis. V. Æn. 4. 340. SYN. 1. perpĕtior; tŏlĕro, as; perfĕro; sustĭneo, es, *rare in sup.* — 1, 2. fĕro, fers, ferre, tŭli, lātum; permitto, ĭs, mīsi, missum, q. v.

pătria, æ. *One's country.* —— Nos *pătriæ* fīnes et dulcia linquĭmus arva. V. E. 1. 3. PHR. Nesciŏ quâ nātāle sŏlum dulcēdĭne captos Dūcit, et immĕmŏres non sĭnit esse sui. Ov. Āmor pătriæ rătione vălentior omni. Ov. Quæ vos a stirpe părentum Prīma tŭlit tellūs, eădem vos ūbĕre læto Accipĭet rĕdŭces; antīquam exquīrĭte mātrem. V.

‡**pătrĭcius**, a, um. *Patrician, often in masc. pl. as subst.* —— *Pătrĭcios* omnes ŏpĭbus cum prŏvŏcet ūnus. Juv. 1. 24. v. pater.

pătrīmōnium, i. *A patrimony.* —— Nĭsi uncta dĕvŏrāre *pătrīmōnia*. Cat. 27. 22.

pătrius, a, um. 1. *Of a father, like a father, etc.* — 2. *Of one's country, etc.* —— 1. Ænēas, nĕque ĕnim *pătrius* consistĕre mentem Passus ămor. V. Æn. 1. 643. Instat vi *pătriâ* Pyrrhus. V. Æn. 2. 491. — 2. Et nunc quod *pătrias* vento pĕtiēre Mȳcēnas. V. Æn. 2. 180. SYN. 1. păternus. — 2. nātālis.

†**pătro**, as. *To do, to perform.* —— Quod făcĕre intendunt, neque ădhuc cōnāta *pătrantur*. Lucr. 5. 386. SYN. făcio, ĭs, fēci, q. v.

pătrōcinium, i. *Patronage, the defence of.* —— Diffĭcĭlis causæ mīte *pătrōcĭnium*. Ov. Ep. e P. 1. 2. 70. v. tutela.

Pătroclus, i. acc. um and ŏn. *The friend of Achilles, slain by Hector.* —— Vīdĕrat informem multâ *Pătrŏclŏn* ărēnâ. Prop. 2. 8. 33. SYN. Mĕnœtiădes, æ; Actŏrĭdes, æ.

pătrōna, æ. *A patroness.* —— Quod, o *pătrōna* virgo Plūs ūno măneat pĕrĕnne sæclo. Cat. 1. 9.

pătrōnus, i. *A patron.* —— Quī mŏdŏ *pātrōnus* nunc cŭpit esse cliens. Ov. A. A. 1. 88. PHR. Si non ingentem fŏrĭbus dŏmus alta sŭperbis Mane sălūtantūm tōtis vŏmit ædĭbus undam. V.

pātruēlis, e. 1. *Of a cousin, of a relation.* — 2. (*sometimes in masc. as subst.*) *A cousin, etc.* —— 1. Quo mĕruēre nĕcem *pătruēlia* regna tĕnendo. Ov. Her. 14. 61. — 2. Quàque părāre nĕcem mĭsĕris *pătruēlĭbus* ausæ Bēlĭdĕs. Ov. A. A. 1. 74. SYN. 1, 2. cognātus.

pătruus, i. *An uncle.* —— Casta lĭcet *pătrui* servet Prōserpĭne līmen. V. Æn. 6. 402.

pătruus, a, um. *Of an uncle.* —— Mĕtuentes *pătruæ* verbĕra linguæ. Hor. 3. 12. 3.

pătŭlus, a, um. *Spreading.* —— Tītȳre, tu *pătŭlæ* rĕcŭbans sub tegmĭne fāgi. V. E. 1. 1. SYN. pătens; lātus, q. v.; spătians, spătiōsus.

pauci, æ, a. *Few.* —— Atque huic responsum *paucīs* ĭtă reddĭdit hēros. V. Æn. 6. 672. v. rarus.

păvĕfactus, a, um. *Frightened.* —— Ast ĕgŏ vīcīno *păvĕfacta* sub æquŏre mergor. Ov. Met. 13. 878. SYN. terrĭtus, q. v.; exterrĭtus, conterrĭtus.

păveo, es, pāvi. no sup. *To fear.* —— Sollĭcĭtæ mentes spēque mĕtuque *păvent*. Ov. F. 3. 362. SYN. păvĭto, as; tĭmeo, es, ui, *no sup.* q. v.

‡**păvesco**, is. no perf., another pres. form of prec. —— Nē vēro, nē nāte Deûm tu læta *păvesce* Prōdĭgia. Sil. 16. 127.

pāvi. rare as perf. of păveo, usu. perf. of pasco. *To feed*, q. v. —— Cynthius Admēti vaccas *pāvisse* Pheræas fertur. Ov. A. A. 2. 239.

păvĭdum. *Timidly.* —— Et *păvĭdum* blandīta, fer has fīdissĭme nostro Dixit. Ov. Met. 9. 568. SYN. tĭmĭdē.

păvĭdus, a, um. *Frightened, timid.* —— Nos *păvĭdi* trĕpĭdāre mĕtu crīnemque flăgrantem Excŭtĕre. V. Æn. 2. 685. SYN. tĭmĭdus, q. v.; terrĭtus, q. v.; păvĕfactus, păvens, mĕtuens.

păvīmentum, i. *A pavement, a floor.* —— Mĕro Tinget *păvīmentum* sŭperbo. Hor. 2. 14. 27.

†**păvio**, īs. *To beat.* —— Līttŏris incurvi bĭbŭlam *păvit* æquor ărēnam. Lucr. 2. 375. SYN. fĕrio, īs, *no perf.* q. v.

păvĭto, as. *To fear.* —— Prōsĕquĭtur *păvĭtans*, et ficto pectore fātur. V. Æn. 2. 107. SYN. tĭmeo, es, ui, *no sup.* q. v.

paulātim, adv. *By little and little.* —— Molli *paulātim* flāvescet campus ăristâ. V. E. 4. 28. SYN. sensim.

paulisper. adv. *For a little while.* —— Bellĭce dēpŏsĭtis clўpeo *paulisper* et hastâ Mars ădĕs. Ov. F. 3. 1. SYN. părumper.

paulo also **paulum**. *A little.* —— Quid illud Esset ĕrat dŭbium postquam *paulò* appŭlit unda. Ov. Met. 11. 717. Dīgrĕdĭmur *paullum* rursumque ad bella coĭmus. Ov. Met. 9. 42. v. parum.

pāvo, ōnis. masc. *A peacock.* —— Et præter pennas nihĭl in *pāvōne* plăcēbat. Ov. F. 6. 177. PHR. Excĭpit hos, (Argi oculos, sc.) vŏlŭcrisque suæ Sāturnia pennis Collŏcat et gemmis caudam stellantĭbus implet. Ov. Laudatas ostentat ăvis Jūnōnia pennas. Ov. Laudāto pāvōne sŭperbior. Ov.

păvor, ōris. masc. *Fear.* —— Mortālia corda Per gentes hŭmĭlis strāvit *păvor* ille flăgranti. V. G. 1. 331. SYN. tĭmor, q. v.

pauper, ĕris. 1. (*adj.*) *Poor.* —2. (*subst., masc. and fem.*) *A poor man or woman.* —— 1. *Paupĕris* et tŭgŭrî congestum cespite culmen. V. E. 1. 69. —2. Dat census hŏnōres, Census ămīcĭtias, *pauper* ŭbīque jăcet. Ov. F. 1. 218. SYN. 1. ĕgens, ĕgenus; ĭnops, ŏpis. PHR. 2. Īrus et est sŭbĭto, qui mŏdŏ Crœsus ĕrat. Ov. v. seq.

§**paupercŭlus, a, um**. *Poor.* —— Indōtāta mihĭ soror est, *paupercŭla* māter. Hor. Epist. 1. 17. 46. v. prec.

paupĕries, ēi. fem. Nunc et *paupĕriem*, et dūros perferre lăbōres. V. Æn. 6. 437. SYN. paupertas, q. v.

§**paupĕro, as**. *To make poor.* —— Quam te Contemptum cassâ nŭce *paupĕret*; hæc mea cūra est. Hor. Sat. 2. 5. 36.

paupertas, ātis. fem. *Poverty.* —— Me mea *paupertas* vītæ trādūcat ĭnerti. Tib. 1. 1. 5. SYN. paupĕries, ēi; ĕgestas, q. v. PHR. Angustam ămīcē paupĕriem pati. Hor. Dūrĭs urgens in rēbus ĕgestas. V. Mălĕsuada fămes et turpis ĕgestas. V. Importūna tămen paupĕries ăbest. Hor. Dūramque callet paupĕriem păti. Hor.

†**pausa, æ**. *A cessation.* —— Frīgĭda cum sĕmĕl est vītāi *pausa* sĕcūta. Lucr. 3. 943.

pausia, æ. *A sort of olive.* —— Orchădĕs et rădii, et ămārâ *pausia* baccâ. V. G. 2. 86.

pax, pācis. fem. 1. *Peace.* —2. *Quiet.* —3. *Leave.* —— 1. At nobis *Pax* alma vĕni spīcamque tĕnēto. Tib. 1. 10. 69. —2. Nunc plăcĭdâ compôstus *pāce* quiescit. V. Æn. 1. 249. —3. Si sĭne *pāce* tuâ atque invīto nūmĭne Trōes Ītăliam pĕtiēre. V. Æn. 10. 31. SYN. 2. quies, ētis, q. v.; rĕquies, ēi. —3. vĕnia. PHR. Pācem hanc æterno fœdĕre jungas. V. Plăcĭdæ pācis ămātor ĕras. Frustra cruento Marte cărēbĭmus. Hor. Necdum ĕtiam audiĕrant inflāri classĭca, necdum Impŏsĭtos dūris crĕpĭtāre incūdĭbus enses. V. Tua Cæsar ætas . . . văcuum duellis Jānum Quĭrīni clausit. Hor. Quin pŏtius pacem æternam . . . Exercēmus. V. Aspĕra tum pŏsĭtis mītescent sæcŭla bellis . . . cāna Fĭdes et Vesta, Rĕmo cum frātre Quĭrīnus Jūra dăbunt; dīræ ferro et compāgĭbus arctis Claudentur belli portæ. V. Disjĭce compŏsĭtam pācem; sĕre crīmĭna belli. Pāce sĕquestrâ (*a truce*) Per sylvas Teucri mixtique impūne Lătīni Errāvēre jŭgis. V. v. Ov. F. 1. 709—722.; Tib. 1. 10. 47—52.

peccātum, i. *An error, a crime.* —— Nīl nĭsĭ *peccātum* mănĭfestaque culpa fătendum est. Ov. Tr. 2. 315. SYN. commissum, admissum, error, culpa, crīmĕn ĭnis, *neut.*, q. v.; dēlictum.

pecco, as. *To err, to sin.* —— Tālia *peccandi* jam mihĭ finis ĕrit. Ov. Ep. e P. 3. 7. 10. SYN. erro, as; dēlinquo, ĭs, līqui. PHR. Quid meus Æneas in te committĕre tantum; Quid Trōes pŏtuēre. V. Huic ūni forsan pŏtui succumbere culpæ. V. Sed nihĭl admīsi; nulla est mea culpa. Tŏmītæ. Ov.

pĕcŏrōsus, a, um. *Abounding in cattle.* —— Venit ad invictos *pĕcŏrōsa* Pălātia montes. Prop. 4. 10. 3.

pectĕn, ĭnis. masc. 1. *A comb.* —2. *The* plectrum, q. v. —3. *Verse.* —4. *A weaver's instrument.* —5. *A rake.* —— 1. Non ăcus abrūpit, non vallus *pectĭnis* illos. Ov. Am. 1. 14. 15. —2. Jamque eădem dĭgĭtis jam *pectĭne* pulsat ĕburno. V. Æn. 6. 647. —3. Dum cănĭmus săcras alterno *pectĭne* Nōnas. Ov. F. 2. 121. —4. Argūto tĕnues percurrit *pectĭne* tēlas. V. G. 1. 294. —5. Et tonsam rāro *pectĭne* verrit hŭmum. Ov. R. A. 192. SYN. 2. plectrum, q. v. —3. carmĕn, ĭnis, *neut.* —4. ărundo, ĭnis, *fem.* —5. rastrum, i, q. v. PHR. 1. Non mihĭ dentōsâ crīnem dēpectĕre buxo. Ov. Et tĕnues denso pectĕre dente cŏmas. Tib.

‡**pectītus, a, um.** *Raked, harrowed.*——Verum ŭbĭ jam pūro discrīmĭne pectĭta tellus. Col. 10. 94.

pecto, is, xi, xum. 1. *To comb.*—2. ‡*To harrow, to rake.*——1. Nec mihĭ pectendos cūra est præbēre căpillos. Ov. Her. 13. 31.—2. Ferroque bĭcorni Pectăt et ăngentem sulcis extermĭnet herbam. Columel. 10. 148. SYN. 1. dēpecto; prōpecto, *only in pass. part.*

pectus, ŏris. neut. 1. *The breast, the chest.*—2. *The heart, as the seat of the feelings.*——1. Tum lătĕbras ănĭmæ *pectus* mūcrōne rĕclūdit. V. Æn. 10. 601. 2. At Cўthĕrēa nŏvas artes, nŏva *pectore* versat Consĭlia. V. Æn. 1. 661. Te vēro ... vĕnĕrande puer, te *pectŏre* tōto Accĭpio. V. Æn. 9. 276. SYN. 1, 2. præcordia, *only in nom. and acc. pl.*—2. cŏr, cordis, *neut.* v. papilla. PHR. 1. Luxŭriatque tŏris ănĭmōsum pectus. V. Terque quătcrque mănu pectus percussa dĕcōrum. V. Supplĭciter tristes, et tunsæ pectŏra palmis. V. Prōtĭnus adductis sŏnuĕrunt pectŏra palmis. Ov. Stŏmăchoque infixa (hasta, sc.) sub altum Pectus ăbit, reddit spĕcus ātri vulnĕris undam Spūmantem, et fixo ferrum in pulmōne tĕpescit. V. Pectŏra vel pūris nūrĭbus vel lacte, tuamque Complexo mātrem candĭdiōra Jŏve (i. e. cycno). Ov. v. sinus.

pĕcuāria, ōrum. *Herds.*——Solve mâres; mitte in Vĕnĕrem *pĕcuāria* prīmus. V. G. 3. 64. SYN. pĕcus, ŏris, q. v.

pĕcūlium, i. *Property.*——Nec spes lĭbertatis ĕrat; nec cūra *pĕcūlī*. V. E. 1. 33. Sic tĭbĭ semper hŏnos; sic curta *pĕcūlia* crescent. Ov. Am. 2. 2. 39. SYN. res, rei, q. v.

pĕcūnia, æ. *Money.*——Hinc ĕtiam lŏcŭplēs; hinc ipsa *pĕcūnia* dicta est. Ov. F. 5. 281. SYN. nummus; æs, æris. *neut.* v. divitiæ.

‡**pĕcūniōsus, a, um.** *Having or procuring much money.*——Artes Discĕre vult *pĕcūniōsas*? Mart. 5. 57. 8. v. lucrosus.

pĕcus, ŏris. *neut.* *Cattle, flocks, herds of every sort.*——Necnon et *pĕcŏri* est īdem dēlectus ĕquīno. V. G. 3. 72. Quæ nĭsĭ vītâsset *pĕcŏris* pars ūna mănēret Nunc quŏque sĕtĭgĕri. Ov. Met. 14. 288. Ignāvum fūcos *pĕcus* a præsēpĭbus arcent. V. Æn. 1. 435. Bālātu *pĕcŏrum* et crēbris mūgītĭbus omnes ... sŏnant. V. G. 3. 554. SYN. grex, grĕgis, *masc.*; armentum, i (*only of the larger animals*); fĕri (*of oxen*, Ov.). v. seq.

pĕcus, ŭdis. fem., rarely if ever used in nom. sing. *Any sort of animal; in Mart. even an elephant, and in Lucr. fish.; but most usu. sheep.*——Et gĕnus æquŏreum; *pĕcŭdes*, pictæque vŏlūcres. V. G. 3. 243. Et frustrā *pĕcŭdem* quæres Ăthămantĭdos Helles. Ov. F. 4. 903. v. animal. v. ovis.

pĕdes, ĭtis. masc. *Walking on foot; a footsoldier.*——Non illi se quisquam impūne tŭlisset Obvius armāto, seu cum *pĕdĕs* īret in hostem. V. Æn. 6. 881.

pĕdester, tris, tre. also **pĕdestris, tre.** 1. *On foot, walking, fighting, etc.*—2. *Prose.*——1. Te cōmĭnus æquo Mēcum crēde sŏlo, pugnæque accingi *pĕdestri*. V. Æn. 11. 707.—2. Tuque *pĕdestrĭbus* Dīces histŏriis prælia Cæsăris. Hor. 2. 12. 9. PHR. 2. Scrībĕre cōnābar verba sŏlūta mŏdis. Ov. . Orba tămen nŭmĕris cessavit ĕpistŏla nunquam. Ov.

†**pĕdĕtentim.** adv. *Step by step.*——Paulātim dŏcuit *pĕdĕtentim* prōgrĕdientes. Lucr. 5. 1452.

pĕdĭca, æ. *A springe, a trap.*——Tum gruĭbus *pĕdĭcas* et rētia pōnĕre cervis. V. G. 1. 307. SYN. lăqueus.

†**pĕdĭsĕquus, i.** also **qua, æ.** *An attendant on one's walks.*——Dum lūdi fīunt in pŏpīnam *pĕdĭsĕqui*. Plaut. Pœn. prol. 40. v. servus.

pĕdum, i. *A shepherd's crook.*——At tu sūme *pĕdum*, quod me cum sæpe rŏgāret Non tŭlit Antigenes ... Formōsum părĭbus nōdīs atque ære Mĕnalca. V. E. 5. 88.

Pēgăseus and ‡**Pēgăsēius, a, um.** *Of Pegasus.*——Non si *Pēgăseo* fĕrar vŏlātu. Cat. 55. 24. Cantāre crēdas *Pēgăsēium* nectar. Pers. præf. 14.

Pēgăsis ĭdŏs. fem. adj. 1. *Of Pegasus, esp. as epith. of Hippocrene or of the Muses.*—2. *Of a fountain, a nymph of a fountain.*——At mihĭ *Pēgăsĭdes* blandissĭma carmĭna dictant. Ov. Her. 15. 27.—2. *Pēgăsis* Œnōnē Phrўgiis cēlĕberrĭma sylvis. Ov. Her. 5. 3.

Pēgăsus, i. acc. **um** and **ŏn.** *A winged horse, sprung from the blood which dropped from Medusa's head. He was ridden by Bellerophon on his expedition to destroy the Chimæra, the fountain Hippŏcrēnē rose out of Mount Helicon, where he struck the rock with his hoof. After death he was made a constellation.*

—— Pennisque fŭgācem *Pēgăsŏn* et fratrem matris de sanguĭne nātos. Ov. Met. 4. 785. PHR. Bellĕrŏphontēi qua fluit hŭmor ĕqui. Prop. Ungŭla Gorgŏnei quam căvā fēcit ĕqui. Ov. Dūra Mĕdūsæi quem præpĕtis ungŭla rūpit. Ov.

‡**pegma, ătis.** neut. *A wooden stage.*—— Et *pegma*, et puĕros inde ad vēlāria raptos. Juv. 4. 122.

pējĕro, as. *To swear falsely.*—— *Pējĕrat* hȳberni tempŏris esse mŏras. Prop. 4. 3. 42. SYN. perjūro.

pējor, ōris. compar. from mălus, q. v. —— Ætas părentum *pējor* ăvis, tŭlit Nos nēquiōres. Hor. 3. 6. 46. SYN. nēquior, dētĕrior, vĭtiōsior.

pējus. adv. *Worse, more foolishly.*—— Sed quĕror infīdum questaque *pējus* ămo. Ov. Her. 7. 30.

pĕlăgus, i. neut., no pl. except in Lucr., who has **pĕlăgē.** *The sea.*—— Mæcēnas *pĕlăgo*que vŏlans da vēla pătenti. V. G. 2. 41. SYN. măre, is, *neut.* q. v.

‡**Pēlămis, ĭdis.** fem. *A young tunny fish.*—— Quod vōcis prĕtium, siccus pĕtăsuncŭlus et vas *Pēlămĭdum.* Juv. 7. 119. v. thunnus.

Pĕlasgĭas, ădŏs. also **Pĕlasgis, ĭdŏs.** pl. **dĕs.** fem. adj. *Pelasgian.*—— Fāma *Pĕlasgiădas* sŭbĭto pervēnit in urbes. Ov. Her. 9. 3. Sīve jŭvat longē fŭgisse *Pĕlasgĭda* Sappho. Ov. Her. 15. 217. SYN. Achāis, ĭdos; Achāiăs, ădŏs; Argŏlis, ĭdŏs. v. seq.

Pĕlasgus, a, um. *Pelasgian, Grecian.*—— Dixĕrat; ille dŏlis instructus et arte *Pĕlasgă.* V. Æn. 2. 152. SYN. Græcus, q. v.

‡**Pēlēius, a, um.** *Of Peleus.*—— Jamque Ĭthăcum corde æquantem *Pēlēia* facta. Sil. 13. 803.

Pēleus, ei and **eŏs.** acc. **ea.** *The father of Achilles.*—— Tum Thĕtĭdis *Pēleus* incensus fertur ămōre. Cat. 62. 19.

Pēliăcus, also †‡**Pēlius, a, um.** *Of Mount Pelion.*—— Summaque *Pēliăcus* sīdĕra tangit ăpex. Ov. F. 1. 308. Ŭtĭnam ne in nĕmŏre *Pēlio* sĕcūrĭbus . . . Ennius.

Pĕliās, æ. *The brother of Æson, and guardian of Jason.*—— Obstŭpuēre sătæ *Pĕliā.* Ov. Met. 7. 322.

Pēliăs, ădŏs. fem. adj. 1. *Of Pelion.*—2. *Of Peleus,* i. e. *of Achilles, son of Peleus.*—— 1. Phryxēam pĕtiit *Pēlias* arbor ŏvem. Ov. Her. 12. 8.—2. Transeat Hectŏreum *Pēliăs* hasta lătus. Ov. Her. 3. 126.

Pēlīdes, æ. acc. **ēn.** *The son of Peleus,* i. e. *Achilles,* q. v.—— *Pēlīdes* ŭtĭnam vītâsset Ăpollĭnis arcus. Ov. Her. 8. 83. SYN. Achilles, is, etc., q. v.

Pēliŏn, i. neut. *Mount Pelion, in Thessaly.*—— *Pēlion* hinnītu fŭgiens implēvit ăcūto. V. G. 3. 94.

pellăcia, æ. *Cunning.*—— Verum ŭbi nulla fŭgam rĕpĕrit *pellăcia* victus Ad sēsē rĕdit. V. G. 4. 443. SYN. dŏlus, q. v.; ars, artis, *fem.*

Pellæus, a, um. *Of Pella,* i. e. *Macedonian, also Egyptian, because Ptolemy, king of Egypt, was a Macedonian.*—— Nam quà *Pellæi* gens fortūnāta Cănōpi . . . V. G. 4. 287.

pellax, ăcis. adj. *Cunning.*—— Gessĭmus; invĭdiă postquam *pellăcis* Ŭlyssei. V. Æn. 2. 90. SYN. callĭdus, dŏlōsus; văfer, fra, frum.

pellex, ĭcis. fem. *A concubine, a harlot.*—— Nōmĭne dēpŏsĭto *pellĭcis* uxor ĕrit. Ov. Her. 9. 132. v. subnuba.

†**pellĭcio, is, lexi, lectum.** *To entice.*—— Subdŏla *pellĭcĕre* in fraudem rīdentĭbus undis. Lucr. 5. 1003. SYN. allĭcio, q. v.

§**pellĭcŭla, æ.** *A skin.*—— *Pellĭcŭlam* cūrāre jŭbē; fi cognĭtor ipse. Hor. Sat. 2. 5. 38.

pellis, is. fem. 1. *A skin of an animal.*—2. *Any thing made of leather, a shoe, etc.*—— 1. Anguĭbus exuĭtur tĕnui cum *pelle* vĕtustas. Ov. A. A. 3. 77.—2. Nec văgus in laxâ pes tĭbi *pelle* nătet. Ov. A. A. 1. 516. SYN. cŭtis, is, *fem. prop. only of living animals;* tergŭs, ŏris, *neut.*

pellītus, a, um. *Clad in skins.*—— Littŏra *pellītis* nĭmium subjecta Cŏrallis. Ov. Ep. e P. 8. 9. 83.

pello, is, pĕpŭli, pulsum. 1. *To drive away.*—2. *To strike, to beat.*—— 1. Dum dŭbitant sēram *pĕpŭlēre* crĕpuscŭla lūcem. Ov. Met. 14. 651.—2. Gaudet invīsam *pĕpŭlisse* fossor Ter pĕde terram. Hor. 3. 18. 15. SYN. 1. rĕpello, *perf.* rĕpŭli; dēpello, expello; exăgĭto, as; mŏveo, es, mōvi; ējĭcio, ĭs, jēci; rējĭcio; dēturbo, as; ‡prōpulso, as; arceo, es, ui, *no sup.* (*the last of driving away what is trying to come, not what is already come*).—2. pulso, as; fĕrio, is, *no perf.* q. v.

pellūceo, es, luxi. *To shine, to be very bright.*——Sustĭnuēre tămen se *pellūcentĭbus* undis. Ov. Met. 4. 411. SYN. lūceo, q. v.

§pellūcĭdŭlus, a, um. dim. of seq.——Aut *pellūcĭdŭli* dĕlĭciis lăpĭdis. Cat. 67. 4.

pellūcĭdus, a, um. *Very bright, transparent.*——Fons nĭtĭdus, vĭtreoque măgis *pellūcĭdus* amne. Ov. Her. 15. 157. SYN. lūcĭdus, clārus, q. v.; argenteus, pellūcens, perspĭcuus.

Pĕlŏpēĭs, ĭdŏs, also **Pĕlŏpēiăs, ădos.** fem. adj. *Of Pelops, of Greece.*——Argosque et Spartē *Pĕlŏpēiădes*que Mycēnæ. Ov. Met. 6. 414. Tum lævâ Crēten, dextrâ *Pĕlŏpēĭdăs* undas Dēsĕrit. Ov. F. 4. 285.

Pĕlŏpēius, a, um, and **Pĕlŏpēus, a, um.** *Of Pelops, Argive, Grecian.*——Hic pro suppŏsĭtâ virgo *Pĕlŏpēia* cervâ. Ov. Tr. 4. 4. 67. Ultro Ăsiam magno *Pĕlŏpēa* ad mœnia bello Ventūram. V. Æn. 2. 193. SYN. Argīvus, Græcus, q. v.

Pĕlops, ŏpis. *The son of Tantalus, husband of Hippŏdămia, and father of Atreus* ——Hippŏdămēque hŭmĕroque *Pĕlops* insignis ĕburno. V. G. 3. 7. SYN. Tantălĭdes, æ. PHR. Quid non Tantălĭdes ăgĭtante cŭpĭdĭne currus Pīsæam Phrygiis vexit ĕburnus ĕquis? Ov.

pĕlōris, ĭdis. fem. *A shell-fish.*——Mūrice Baiāno mĕlior Lūcrīna *pĕlōris.* Hor. Sat. 2. 4. 32.

Pĕlōrus, i. masc., also **Pĕlōriădes, is.** acc. ēn. fem. *The northern promontory of Sicily.*——Angusti rārescent claustra *Pĕlōri.* V. Æn. 3. 411. Jamque *Pĕlōriăden* Lĭlybæaque jamque Păchynon Lustrârat. Ov. F. 4. 479.

pelta, æ. *A small shield or target.*——Dūcit Ămazŏnĭdum lūnātīs agmĭna *peltis.* V. Æn. 1. 490. v. clypeus.

peltātus, a, um. *Armed with the pelta.*——Non ĕgŏ constĭtĕrim sumptâ *peltāta* sĕcūri. Ov. Her. 21. 117. SYN. ‡peltĭfer, ĕra, ĕrum.

‡peltĭfer, ĕra, ĕrum. *Armed with a pelta.*——Non cum *peltĭfĕris*, ait, hæc tĭbĭ pugna puellis. Stat. Theb. 12. 761. v. prec.

‡pelvis, is. fem. *A basin.*——Ut sint contentæ pătŭlas effundĕre *pelves.* Juv. 3. 277.

Pēlūsiăcus, a, um, also **‡Pēlūsius, a, um.** *Of Pelusium, a city at the mouth of the Nile, Egyptian.*——Nec *Pēlūsiăcæ* curam aspernabĕre lentis. V. G. 1. 228. Accipe Nīliăcam, *Pēlūsia* mūnĕra lentem. Mart. 13. 9. 1. v. Ægyptius.

Pĕnātes, ium or **ûm.** masc. 1. *Household gods.*—2. *One's house, one's home.* ——1. Vosque ait, o fīdi Trōjæ salvēte *Pĕnātes.* V. Æn. 7. 121.—2. Cōramque părentem Allŏquĕre, et nostris succēde *Pĕnātĭbus* hospes. V. Æn. 8. 123. SYN. 1, 2. Lăr, Lăris, *masc. usu. in pl.* q. v.—2. dŏmus, ûs, *fem.* q. v. PHR. 1. Pūbes Græca pĕnētrāles dēsĕruēre Deos. Cat. Quem sēcum pātrios aiunt portāre Pĕnātes. V. Et parvam cĕlĕbrāre dŏmum, vĕtĕresque Pĕnātes. Ov.

Pĕnātĭger, ĕra, ĕrum. *Carrying the images of his household gods.*——Hæc Helenum cĕcĭnisse *Pĕnātĭgĕro* Ænēæ. Ov. Met. 15. 450.

pendeo, es, pĕpendi. no sup. 1. *To hang, intrans.*—2. †‡*To be in suspense, in deep attention,*—3. *To be suspended, stopped.*——1. Deque vīri collo dulce *pĕpendit* onus. Ov. F. 2. 760.—2. *Pendent* mortālia longo Corda mĕtu. Val. Fl. 3. 93.—3. Tūta părant, *pendent* ŏpĕra interrupta, mĭnæque. V. Æn. 4. 88. SYN. 1. dēpendeo.—3. cesso, as. PHR. 1. (*of a person*) Collum lăqueo nōdātus ab arcto, E trăbe sūblīmi triste pĕpendit ŏnus. Ov. Pars ănĭmam lăqueo claudunt. Ov. Prægrăve compressâ fauce pĕpendit ŏnus. Ov.

pendo, ĭs, pĕpendi, pensum. 1. *To weigh.*—2. §*To consider.*—3. *To pay, esp. pay punishment,* i. e. *suffer it.*——1. Nŏvit, et advertens *pensas* exāmĭnat herbas. Ov. Met. 14. 270.—2. Quem tu vīdisse beātus Non magni *pendis* quiă contigit. Hor. Sat. 2. 4. 93.—3. Exĭlio pœnam pŏtius gens impia *pendat.* Ov. Met. 10. 232. Cultus hŭmum stĕrĭlem Cereālia *pendĕre* jussit. Ov. M. F. 3. SYN. 1, 2, 3. expendo.—1, 2. penso, as; pondĕro, as.—2. crēdo, is, dĭdi, q. v.; dūco, ĭs; †perpendo.—3. solvo, ĭs, vi, sŏlūtum, q. v.; persolvo; luo, ĭs, *only of punishment.*

pendŭlus, a, um. *Hanging.*——*Pendŭla* cœlestes Lĭbra mŏvēbat ăquas. Ov. F. 4. 386. SYN. pendens, §pensĭlis.

Pēnĕlŏpē, es. *The wife of Ulysses.*——*Pēnĕlŏpē* conjux semper Ŭlyssis ĕro. Ov. Her. 1. 84.

Pēnĕlŏpēus, a, um. *Of Penelope.*——Nōmĕn inexstinctum *Pēnĕlŏpēa* fĭdes. Ov. Tr. 5. 14. 36. SYN. Īcăriŏtis, ĭdŏs, *only fem.*

pĕnĕs. prep. *In the power of.*——Me *pĕnĕs* est ūnum vasti custōdia mundi. Ov. F. 1. 119.

pĕnĕtrābĭlis, e. 1. *Which may be penetrated.*—2. *Able to penetrate.*——1. Quod jŭvĕni corpus nullo *pĕnĕtrābĭle* tēlo. Ov. Met. 12. 166.—Aspĭce num măge sit nostrum *pĕnĕtrābĭle* tēlum. V. Æn. 10. 481. SYN. 1. fŏrābĭlis, pervius.—2. pĕnētrans, ăcūtus, q. v.; †sĕquax, †pĕnĕtralis, †pĕnĕtrātus.

pĕnĕtrāle, is. neut. *An inner recess of a house.*——Appārent Priămi et vĕtĕrum *pĕnĕtrālia* rēgum. V. Æn. 2. 484. Hæc dŏmus, hæ sēdes, hæc sunt *pĕnĕtrālia* magni Amnis. Ov. Met. 1. 574. SYN. rĕcessus, ûs, q. v.

pĕnĕtrālis, e. 1. *Inner, inmost* (*only as to a house or building*).—2. †*Piercing.*——1. Æternumque ădȳtis effert *pĕnĕtrālibus* ignem. V. Æn. 2. 297.—2. Permānat cŏlor argentum *pĕnĕtrāle*que frīgus. Lucr. 1. 494. 1. v. intĭmus.—2. v. prec.

†**penetrātus**, a, um. *Piercing, having penetrated.*——Quæ *pĕnĕtrāta* queunt sensum progignĕre ăcerbum. Lucr. 4. 671. v. prec.

pĕnĕtro, as. 1. *To penetrate, to pierce.*—2. *To make one's way by penetrating.*——1. Illȳrĭcos *pĕnĕtrāre* sĭnus atque intĭma tūtus Regna Lĭburnōrum. V. Æn. 1. 243.—2. Dardănus Īdæas Phrȳgiæ *pĕnĕtrārit* ad urbes. V. Æn. 7. 207. SYN. 1. v. perforo.—1, 2. pĕrăgo, ĭs, ēgi, actum.—2. pervĕnio, īs, vēni, ventum.

§**pĕnĭtē** (an obsolete form). *Inwardly.*——Pectŏre ūrĭtur intĭmo Flamma sed *pĕnĭtē* magis. Cat. 61. 177. SYN. pĕnĭtus.

pĕnĭtus. *Inwardly, wholly.*——Altior ac *pĕnĭtus* terræ dēfīgĭtur arbos. V. G. 2. 290. SYN. fundĭtus, omnino.

penna, æ. 1. *A feather, a wing.*—2. *An arrow.*——Sic ăquĭlam *pennâ* fŭgiunt trĕpĭdante cŏlumbæ. Ov. Met. 1. 506.—2. Trājectus *pennâ* tempŏra cantat ŏlor. Ov. F. 2. 110. SYN. 1. ālă. v. pluma.—2. săgitta, q. v.

pennatus, a, um. *Winged.*——Quod nĭsi *pennātis* serpentĭbus isset in auras. Ov. Met. 7. 350. SYN. ‡pennĭger, ĕra, ĕrum; ālĭger, ĕra, ĕrum; ālātus, †pennĭpŏtens. v. volucer.

pennĭger, ĕra, ĕrum. *Winged.*——Nec mos *pennĭgĕris* phărĕtram implēvisse săgittis. Sil. 8. 375.

pennĭpēs, ĕdis. *With winged feet.*——Non Lādas si ĕgŏ *pennĭpes*ve Perseus. Cat. 53. 24. SYN. ālĭpes, plūmĭpes.

†**pennĭpŏtens**, entis. *Powerful with the wing.*——Quadrŭpĕdum in membris, et corpŏre *pennĭpŏtentum.* Lucr. 5. 787.

§**pensĭlis**, e. *Hanging.*——Tunc *pensĭlis* ūva sĕcundas Et nux ornābat mensas. Hor. Sat. 2. 2. 121. SYN. pendŭlus, pendens.

penso, as. 1. *To weigh, to estimate.*—2. *To compensate, make amends for.*——1. Rōmāni *pensantur* eādem Scriptōres trŭtĭnâ. Hor. Epist. 2. 1. 29.—2. Stat. nĕce mātūrâ tĕnĕrum *pensāre* pŭdŏrem. Ov. Her. 2. 153. SYN. 1. pendo, ĭs, pĕpendi, q. v.—2. rĕpendo.

pensum, i. *A task, prop. a quantity of wool allotted to be spun.*——Noctem addens ŏpĕri, fămulasque ad lūmĭna longo Exercet *penso.* V. Æn. 8. 411. Nos hŭmĭles fămŭlæque tuæ dăta *pensa* trahēmus Et mĭnuent plēnas stāmĭna nostra cŏlos. Ov. Her. 3. 73. v. opus.

Penthĕus, ĕi or eŏs, acc. ea. *The son of Echion and Agave, torn to pieces by his mother and the rest of the Bacchæ, for slighting the worship of Bacchus.*——Impia nec pœnâ *Penthĕŏs* umbra văcet. Ov. Tr. 5. 3. 40. SYN. Ĕchīŏnĭdes, æ. v. Ov. Met. 3. 511—733.

pēnūria, æ. *Want.*——Exĭguam in Cĕrĕrem *pēnūria* ădēgit ĕdendi. V. Æn. 7. 113. SYN. ĕgestas.

pĕnus, ûs. masc. and fem. *Food.*——Cūra *pĕnum* struĕre, et flammīs ădŏlēre Pĕnātes. V. Æn. 1. 704. SYN. victus, ûs. v. cibus.

pĕpĕri. perf. from pario, q. v.——Cumque bŏnis nŭrĭbus quas *pĕpĕrēre* nŭrus. Ov. Ep. e P. 2. 8. 46.

pĕpīgi. perf. from pango, q. v. —— Tentāmenta tui *pĕpīgi.* V. Æn. 8. 144.

pĕplum, i. *An embroidered robe for the statues of goddesses, esp. of Minerva.* —— Crīnĭbus Īlĭādes passis, *pēplum*que fĕrēbant. V. Æn. 1. 480.

pĕpŭli. perf. from pello, q. v. —— Quæque fĕros *pĕpŭli* doctis mĕdĭcātĭbus ignes. Ov. Her. 12. 165.

per. prep. 1. *Through.* — 2. *By.* — 3. *Between.* —— 1. *Per* mĕdium strīdens transit fĕmur, incĭdit ictus. V. Æn. 12. 926.—2. *Per* sīdĕra jūro *Per* sŭpĕros, et si quă fĭdes tellūre sub īmâ est. V. Æn. 6. 459. — 3. Mūnĕre concessæ Divûm, via secta *per* ambas. V. G. 1. 238. SYN. 2. inter.

‡pēra, æ. *A wallet.* —— *Pēras* impŏsuit Jūpĭter nobis duas. Phædr. 4. 10. 1. SYN. §saccus, §saccŭlus, crŭmēna.

‡pĕrăcūtus, a, um. *Very sharp.* —— *Pĕrăcūtæ* falce sĕcāret. Mart. 3. 24. 5. v. acutus.

pĕræquē. *Equally.* —— Pulvīnusque *pĕræque* et hic et illic Attrītus. Cat. 6. 9. SYN. æquē, părĭter.

pĕrăgo, ĭs, ēgi, actum. 1. *To perform, to finish.* — 2. *To go through (life, time, etc.).* — 3. *To pass through.* — 4. *To pierce.* — 5. *To cultivate.* — 6. Perago reum, *to accuse a criminal.* —— 1. Quo măgis inceptum *pĕrăgat* lūcemque rĕlinquat. V. Æn. 4. 452. — 2. Et văcuus somno noctem, quam longa, *pĕrēgi.* Ov. Am. 1. 2. 3. Hæc mea sic quondam *pĕrăgi* spērāvĕrat ætas. Ov. Tr. 4. 8. 13. — 3. Factus ĭnops ăgĭli *pĕrăgit* frĕta cærŭla remo. Ov. Her. 15. 65. — 4. Si quæras ŭbī sit, Thēseus lătus ense *pĕrēgit.* Ov. Her. 4. 119. — 5. Ille suam *pĕrăgēbat* hŭmum, sīve ūsus ărātri. Ov. F. 4. 693. — 6. Posse tuo *pĕrăgi* vix pŭtet ōre reos. Ov. Ep. e P. 4. 6. 30. SYN. 1. exĭgo; perfĭcio, ĭs, feci; confĭcio, effĭcio. — 2. dēgo, q. v. — 3. mētior, īris; ēmētior, emensus sum; ŏbeo, īs; transeo; pĕrăgro, as, q. v. — 4. fīgo, ĭs, xi; transfīgo, q. v. — 5. cŏlo, ĭs, ui, cultum. — 6. accūso, as, q. v.

pĕrăgro, as. *To travel over, through.* —— Illæ contĭnuo saltus sylvasque *pĕrăgrant.* V. G. 4. 53. SYN. ŏbeo, īs; lustro, as; pĕrăgo, ĭs; pĕrerro, as; ŏberro; percurro, ĭs; percenseo, es; permeo, as. v. seq.

pĕrambŭlo, as. *To walk or go through.* —— Tūtus bos ĕtĕnim rūra *pĕrambŭlat.* Hor. 4. 5. 17. Mens fŭgit admŏnĭtu frīgusque *pĕrambŭlat* artus. Ov. Her. 9. 135. SYN. ŏbambŭlo. v. prec.

pĕrăro, as. 1. *To furrow, to mark with lines like furrows.* — 2. *To write.* —— 1. Contŭdit, et rūgis *pĕrărāvit* ănīlĭbus ōra. Ov. Met. 14. 96. — 2. Tālia nequicquam *pĕrărantem* plēna rĕlĭquit Cēra mănum. Ov. Met. 9. 563. Accĭpe et ad dŏmĭnam *pĕrărātas* māne tăbellas Perfer. Ov. Am. 1. 11. 7. SYN. 1. ăro, exăro; sulco, as. — 2. scribo, ĭs, psi, q. v.

perbĭbo, ĭs, bi, bĭbĭtum. *To drink up.* —— Concēpit lăcrymas et vēnis *perbĭbit* īmis. Ov. Met. 6. 397. SYN. bĭbo, combĭbo, ēbĭbo; poto, as, q. v.

perbrĕvis, e. *Very short.* —— Uxor Est dăta quæ tempus *perbrĕve* nupta fuit. Ov. Tr. 4. 10. 70. SYN. brĕvis, q. v.

†percălĕfactus, a, um. *Thoroughly heated.* —— Omnia mōtu *Percălĕfacta* vĭdes ardescĕre; plumbea vēro. Lucr. 6. 177.

percăleo, es, ui. no sup. *To be very hot.* —— Postquam vĕtus hūmor ab igne *Percăluit* Sōlis, cœnumque, ūdæque pălūdes. Ov. Met. 1. 418. v. caleo.

percello, ĭs, cūli, culsum. *To strike, lit. and metaph.* —— Quid non Hæmŏnius quem cuspĭde *percŭlit* hēros. Ov. Am. 2. 9. 7. Obstŭpuit sĭmŭl ipse, sĭmul *perculsus* Ăchātes Lætĭtiâque mĕtuque. V. Æn. 1. 513. SYN. percŭtio, ĭs, cussi, q. v.

percenseo, es, ui. no sup. 1. *To count up.* — 2. *To travel over.* —— 1. Signaque, quæ longo frater *percenseat* anno. Ov. F. 3. 109. — 2. Et lăniāta sinus totum *percensuit* orbem. Ov. Met. 2. 335. SYN. 1. nŭmĕro, as; dīnŭmĕro. — 1, 2. percenseo. — 2. pĕrăgro, as, q. v.

†percieo, es. no perf., part. pass. **percĭtus.** 1. *To strike.* — 2. *To move, to affect.* —— 1. Prætĕrea edictum sæpe unum *perciet* aures. Lucr. 4. 567. — 2. Ōcius ergo ănĭmus quam res se *perciet* ulla. Lucr. 3. 185. SYN. 1, 2. ‡percello, ĭs, q. v. — 2. mŏveo, es, mōvi, q. v.

†percio, īs. another form of prec. —— Nec nĭmis īrai fax unquam subdita *percit.* Lucr. 3. 304.

‡percingo, ĭs, xi, ctum. *To surround thoroughly.* —— Sæpe suas sēdes *percinxit* vītĭbus albis. Columel. 10. 347. v. cingo.

percĭpio, ĭs, cepi, ceptum. 1. *To take, take hold of.* — 2. *To perceive, to feel.* — 3. *To attend to.* —— 1. Rēmĭgioque cărens non ullas *percĭpit* auras. Ov. Met. 8. 228. — 2. Necdum ănĭmus toto *percēpit* pectŏre flammam. V. Æn. 7. 356. — 3. Quod pĕtis, et vōces *percĭpe* mente meas. Ov. F. 1. 102. SYN. 1. căpio, q. v. — 2. sentio, īs, si. — 3. adbĭbo, ĭs. v. adverto.

†percĭtus, a, um. part. pass. of percieo, q. v. *Moved, affected.* —— Multĭmŏdis vŏlĭtent æterno *percĭta* mōtu. Lucr. 2. 1053. SYN. concĭtus, excĭtus.

†percōlo, as. *To filter.* —— Hūmor dulcet, ŭbī per terras sæpius īdem *Percōlātur.* Lucr. 2. 473.

§percontātor, ōris. masc. *An inquisitive man.* —— *Percontātorem* fŭgĭto, nam garrŭlus īdem est. Hor. Epist. 1. 18. 69.

percontor, āris. *To inquire, to ask questions.* —— *Percontēre* licet, sæpe est experta puella. Prop. 2. 22. 23. SYN. rŏgo, as ; quæro, ĭs, sīvi ; inquīro.

percŏquo, ĭs, xi, ctum. 1. *To dress, to roast, scorch, boil, heat.* — 2. *To ripen.* —— 1. Inter nīgra vĭrûm *percoctaque* sæcla călōre. Lucr. 6. 722. — 2. Nam mŏra dat vīres ; tĕnĕras mŏra *percŏquit* ūvas. Ov. R. A. 83. SYN. 1, 2. cŏquo. — 2. mātūro, as.

perculsus, a, um. part. pass. from percello, q. v. *Struck, usu. metaph. in the mind, etc.* —— Mentesque *perculsæ* stŭpent. Hor. Epod. 7. 16. SYN. mōtus.

percurro, is, ri, rsum. *To go through, over, lit. and metaph.* —— Et sĕgĕtis cānæ stantes *percurrĕre* ăristas. Ov. Met. 10. 655. Hæc quĕrŭlas ăgĭli *percurrit* pollĭce chordas. Ov. Am. 2. 4. 27. Omnia pœnārum *percurrere* nōmĭna possem. V. Æn. 6. 627. v. pererro.

percussus, ûs. masc. *A striking.* —— *Percussu* crēbro saxa căvantur ăquis. Ov. Ep. e P. 2. 7. 40. SYN. ictus, ûs.

percŭtio, ĭs, cussi, sum. *To strike, lit. and* — 2. *metaph. with a feeling.* —— 1. *Percŭtit* indignos clāro plangōre lăcertos. Ov. Met. 4. 138. — 2. Mē nĕque tam pătiens Lăcĕdæmon Nec tam Lārissæ *percussit* campus ŏpīmæ. Hor. 1. 7. 11. SYN. 1. fĕrio, īs, *no perf.* q. v. ; pulso, as ; tundo, is, *rare in perf.*, tunsum. — 1, 2. percello, ĭs, q. v. — 3. mŏveo, es, mōvi, q. v.

†perdēlīrus, a, um. *Very foolish.* —— Quod făcit hīc īdem *perdēlīrum* esse vĭdētur. Lucr. 1. 693. SYN. dēmens, q. v.

perdisco, ĭs, dĭdĭci. no sup. *To learn thoroughly.* —— Tum mihĭ nātūræ lĭbeat *perdiscĕre* mōres. Prop. 3. 2. 25. SYN. disco, ēdisco.

perdĭtus, a, um. part. pass. from perdo, q. v., used almost as adj *Undone, ruined.* —— *Perdĭta* ne perdam tĭmeo, nŏceamve nŏcenti. Ov. Her. 7. 61. SYN. deperdĭtus.

perdix, īcis. masc. and fem. *A partridge.* —— Garrŭla rāmōsâ prospexit ab īlĭce *perdix.* Ov. Met. 8. 237.

perdo, ĭs, dĭdi, dĭtum. 1. *To lose.* — 2. *To destroy, to ruin.* —— 1. Cum mălĕ *perdĭdĕrim*; *perdĕre* verba lĕve est. Ov. Her. 7. 6. — 2. Mars *perdĕre* gentem Immānem Lăpĭthûm vălnit. V. Æn. 7. 304. SYN. 1. disperdo ; āmitto, ĭs, mīsi, missum. — 1, 2. dēperdo. — 2. ēverto, ĭs, ti ; exscindo, ĭs, scĭdi, scissum ; exĕdo, ĭs, ēdi (*these three only of destroying cities or nations*) ; pessumdo, as, dĕdi, dăre ; exstinguo, is.

perdŏceo, es, ui, ctum. *To teach thoroughly.* —— Cum te Pĭĕrides *perdŏcuēre* tuæ. Ov. Ep. e P. 4. 12. 28. SYN. dŏceo, ēdŏceo.

‡perdoctus, a, um. *Very learned, very skilful.* —— Pulsumque sĭnistræ Da gĕnĭtor *perdocte* lyræ. Stat. Sylv. 5. 3. 3. v. peritus.

perdŏmo, as, ui, ĭtum. *To conquer, to tame.* —— Ūnum non pŏtui *perdŏmuisse* vĭrum. Ov. Her. 12. 164. Vēnit *perdŏmĭtis* ad nos captīva Făliscis. Ov. F. 3. 843. SYN. dŏmo, ēdŏmo. v. vinco.

perdūco, is, xi, ctum. 1. *To lead.* — 2. *To sprinkle.* —— 1. *Perdūcant* ălĭquæ stăbŭla ad Gortȳnia vaccæ. V. E. 6. 10. — 2. Lĭquĭdum ambrŏsiæ diffūdit ŏdōrem Quo tōtum nātæ corpus *perduxit*; at illi. V. G. 4. 416. SYN. 1. dūco, q. v., addūco. — 2. spargo, is, si, q. v.

perdūro, as. *To last.* —— Suffĭcit, et longum prŏbĭtas *perdūrat* in ævum. Ov. M. F. 49. SYN. dūro, as, q. v. ; pĕrenno, as.

pĕrĕdo, ĭs, ēdi, ēsum. *To eat away, to consume, lit. and metaph.* —— Hic quos dūrus ămor crūdēli tābe *pĕrēdit.* V. Æn. 6. 442. SYN. ĕdo, ĕdis or ês, ĕdit or êst, etc. q. v. ; exĕdo ; dēvŏro, as ; consūmo, ĭs, mpsi ; absūmo.

§**pĕrĕgrē**. adv. *Abroad.*——Cultaque dum *pĕrĕgre* est ănĭmus sĭne corpŏre vēlox. Hor. Epist. 1. 12. 13.

pĕrĕgrīnus, a, um. 1. *Foreign.*—2. *A stranger, going to or coming from foreign countries, etc.*——1. Tempus ĕrat nec mē *pĕrĕgrīnum* dūcĕre cœlum. Ov. Tr. 4. 8. 25.—2. Nec tē quod vĕnias magnam *pĕrĕgrīnus* in urbem. Ov. Tr. 1. 1. 59. SYN. 1. externus, q. v.; longinquus.—2. advĕna, æ, *masc. and fem.* v. hospes.

‡**pĕremptor**, ōris. masc. *A slayer.*——Ecquis *pĕremptor* inclÿti rēgis fuit? Seneca, Œd. 221.

pĕremptus, a, um. part. pass. from perimo, q. v. *Slain, destroyed.*——Rellĭquias, Trōjæ cĭnĕres atque ossa *pĕremptæ* Insĕquĭtur. V. Æn. 5. 787.

pĕrennis, e. *Everlasting, continual.*——Hūment incultæ fonte *pĕrennĕ* gĕnæ. Ov. Her. 8. 64. SYN. perpĕtuus; æternus, q. v.; assĭduus (*not of things really everlasting*).

pĕrenno, as. *To last for ever.*——Dēfuit ars vōbis, arte *pĕrennat* ămor. Ov. A. A. 3. 42. SYN. dūro, as; perdūro; măneo, es, si; permăneo.

pĕreo, īs, īvi, ītum. *To perish, used even of inanimate things, to be destroyed, ruined, lost.*——Si *pĕreo*, hŏmĭnum mănĭbus *pĕrīisse* jŭvābit. V. Æn. 3. 606. Ipse Păris nūdâ fertur *pĕrīisse* Lăcænâ (*to have been ready to die for love of*). Prop. 2. 15. 13. Quæque gĕrunt hŭmĕris *pĕrĭtūras* Bēlĭdes undas. Ov. Ibis, 177. Quantum perfĭdiæ tēcum scĕlĕrāte *pĕrīssel*. Ov. Her. 12. 19. SYN. dēpĕreo. v. morior.

pĕrerro, as. *To wander over.*——Quæ tĭbĭ causa fŭgæ; quid, Io, frĕta longa *pĕrerras*? Ov. Her. 14. 103. Magna *pĕrerrāto* stătues quæ dēnĭque ponto. V. Æn. 2. 295. SYN. ‡ŏberro; perăgro, as; pĕrăgo, ĭs, ēgi; percurro, ĭs; ŏbeo, īs, īvi; lustro, as; permeo, as. v. perambulo. PHR. Et ter centēnas errōrĭbus expleat urbes. Ov.

†**perfăcĭlis**, e. *Very easy.*——*Perfăcĭle* est jam ănĭmi rătiōne exsolvĕre nōbis. Lucr. 2. 381. SYN. făcillĭmus. v. facilis.

perfectus, a, um. pass. part. of perficio, q. v. used also as an adj. *Perfect, complete.*——Hăc ĕgŏ confĭteor non sum *perfectus* in arte. Ov. A. A. 2. 547. Quale non *perfectius* Meæ lăbōrârint mănus. Hor. Epod. 5. 59.

perfĕro, fers, ferre, tŭli, lătum. 1. *To bear, to carry.*—2. *To bear, to endure.*—3. perfĕro me, perfers te, etc. *To go.*——1. *Pertŭlit* intrĕpĭdos ad fāta nŏvissĭma vultus. Ov. Met. 13. 478.—2. Nunc et paupĕriem, et dūros *perferre* lăbōres. V. Æn. 6. 436.—3. Perge mŏdo, atque hinc te rēgīnæ ad līmĭna *perfer*. V. Æn. 1. 393. SYN. 1, 2, 3. fĕro, q. v.—1. porto, as.—2. tŏlĕro, as; pătior, ĕris; perpĕtior.—3. eo, īs, īvi, ītum, q. v.

perfĭcio, ĭs, fēci, fectum. 1. *To perform, to execute.*—2. *To finish, to complete.*—3. *To make perfect.*——1. Sed jam ăge, carpe viam, et susceptum *perfĭce* mūnus. V. Æn. 6. 629.—2. Tempora; *perfectis* quos terræ dēbuit annis. Ov. Met. 15. 816.—3. Phillÿrĭdes puĕrum cĭthărâ *perfēcit* Ăchillem. Ov. A. A. 1. 11. SYN. 1. făcio, ăgo.—1, 2. pĕrăgo, exĭgo.—2. compleo, es, ēvi.—3. v. doceo.

perfĭdia, æ. *Perfidy, treachery.*——Quantum *perfĭdiæ* tecum scĕlĕrāte pĕrīsset. Ov. Her. 12. 19. SYN. fraus, dis, *fem.*

perfĭdum. adv. *Treacherously.*——Ădĕrat quĕrenti *Perfĭdum* ridens Vĕnus. Hor. 3. 27. 67.

perfĭdus, a, um. *Faithless, treacherous, perfidious.*——Has ŏlim exŭvias mihĭ *perfĭdus* ille rĕlīquit. V. E. 8. 91. SYN. infĭdus, mălĕfĭdus, fallax, falsus, dŏlōsus, fraudŭlentus. PHR. Atque īdem venti vēla fĭdemque fĕrant, Certus ĕs Ænēā cum fœdĕre solvĕre nāves. Ov. Dissĭmŭlare ĕtiam spĕrâsti perfĭde tantum Posse nĕfas; tăcĭtusque meâ dĕcēdĕre terrâ, Nec te noster ămor, nec te dăta dextĕra quondam Nec mŏrĭtūra tĕnet crūdēli fūnĕre Dīdo? V. Et dăta poscenti nōmĕn ĭnāne fĭdes. Ov. Nec viŏlâsse fĭdem tentantĭbus æquŏra prōdest. Ov. Fĭdem jūrāta fĕfellit. Ov. Vēla quĕror rĕdĭtu, verba cărēre fĭde. Ov. Squallĭdus orba fĭdē pectŏra carcer hăbet. Ov. Cum perjūra pătris fĭdes Consortem sŏcium fallat et hospĭtem. Hor.

†**perfīnio**, īs. *To end entirely, trans.*——Pars semper hăbēbit Dīmĭdiam partem nec res *perfīniet* ulla. Lucr. 1. 611.

†**perfixus**, a, um. *Pierced, transfixed.*——Ad stăbŭlum dēsīdĕrio *perfixa* jŭvenci. Lucr. 2. 360. SYN. transfixus.

perflo, as. *To blow through.*—— Quà dăta porta ruunt et terras turbĭne *perflant.* V. Æn. 1. 83.

†perfluctuo, as. *To flow over.*——Exŏs et exsanguis tŭmĭdos *perfluctuat* artus. Lucr. 3. 721.

†perfluo, is, xi, xum. *To flow over, through.*—— Commŏda *perfluxēre* atque ingrāta intĕriēre. Lucr. 3. 950.

perfŏdio, ĭs, fōdi, fossus. *To pierce.*—— Tēlaque trunca vĭri et bis sex thōrāca pĕtītum *Perfossum*que lŏcis. V. Æn. 11. 10. SYN. confŏdio; fīgo, ĭs, xi, xum; transfīgo; trājĭcio, ĭs, jēci; pĕrăgo, ĭs, ēgi; perfŏro, as; pĕnĕtro, as.

perfŏro, as. *To pierce.*——Lōrīcæque mŏras et pectus *perfŏrat* ingens. V. Æn. 10. 485. SYN. tĕrĕbro, as. v. prec.

perfrīco, as, ui. no sup. *To rub.*——Nec dentes cōram *perfrĭcuisse* prŏbem. Ov. A. A. 3. 216. SYN. frīco.

‡perfrigeo, es, frixi. no sup. *To be very cold.* —— *Perfrixisse* tuas questa est præfātio fauces. Mart. 3. 18. 1. SYN. frīgeo, q. v.

perfringo, ĭs, frēgi, fractum. *To break to pieces, to break.*—— Tum pāter omnĭpŏtens misso *perfrēgit* Ŏlympum Fulmĭne. Ov. Met. 154. SYN. frango, q. v.

perfruor, ĕris, fructus sum. *To enjoy, to reap the fruits of.*——*Perfruor* infēlix lībĕriōre mălo. Ov. Her. 8. 106. SYN. fruor, q. v.

†perfŭgium, i. *A refuge.*——Præsĭdium rēges ipsi sĭbī *perfŭgium*que. Lucr. 5. 1108. SYN. confŭgium, ăsȳlum.

perfunctus, a, um. *Having performed, having finished.*—— Nocte dŏmum rĕpĕtens, ĕpŭlis *perfuncta* rĕdībit. Ov. A. A. 2. 227. SYN. functus.

perfundo, ĭs, fūdi, fūsum. *To besprinkle, to bedew.*——Ossaque et artus *Perfūdit* tōto, prōruptus corpŏre sūdor. V. Æn. 7. 459. Non mihi te lĭcuit lăcrȳmis *perfundĕre* justis. Ov. Her. 11. 115. SYN. fundo; spargo, ĭs, si; respergo; rĭgo, as; irrĭgo; irroro, as.

perfūro, ĭs. no perf. *To rage exceedingly.*——Nec mĭnor Euryăli cædes, incensus et ipse *Perfŭrit.* V. Æn. 9. 343. SYN. fŭro, q. v.

Pergămeus, a, um. *Trojan.*——*Pergămeum*que Lărem et cānæ pĕnĕtrālia Vestæ. V. Æn. 5. 744. SYN. Trōjānus, q. v.

Pergămum, i. (sing. not before Seneca) usu. in pl. **Pergăma, ōrum.** *Troy.*—— Et rĕcĭdīva mănu pŏsuissem *Pergăma* victis. V. Æn. 4. 344. SYN. Trōja, q. v.

pergo, ĭs, perrexi. *To proceed.*——Hortātur, sŏciosque dūces, et *pergit* ĭn hostem. V. Æn. 11. 521. SYN. prōgrĕdior, ĕris, gressus sum; procēdo, ĭs, cessi.

pergŭla, æ. *A balcony.*——Horruit algenti *pergŭlă* curta fŏco. Prop. 4. 4. 68.

pĕrhĭbeo, es, ui. no sup. *To say, to report.*—— Septem illum tōtos *pĕrhĭbent* ex ordĭne menses Flēvisse. V. G. 4. 507. Si mŏdŏ quem *pĕrhĭbes* păter est Thymbræus Ăpollo. V. G. 4. 323. SYN. dīco, ĭs, xi; narro, as; fĕro, fers (*not used in perf. in this sense*); rĕfĕro, *perf.* rettŭli; mĕmŏro, as.

†pĕrhĭlum. *Very little.*—— Summa măgis mĕdiis, mĕdia ĭmis, ĭma *pĕrhĭlum.* Lucr. 6. 574.

pĕrhorresco, ĭs, rui. no sup. 1. *To dread extremely.*—2. *To be ruffled, agitated.* —— 1. Nāvĭta Bosphŏrum Pœnus *pĕrhorrescit.* Hor. 2. 13. 15. —2. Afflāta est tellus; tōtumque *pĕrhorruit* æquor. Ov. Met. 6. 704. SYN. horreo, horresco, q. v.

pĕrhospĭtus, a, um. *Very hospitable.*—— Ardet Ărectēis aut unda *perhospĭta* campis. Tib. 4. 1. 142.

‡pĕrīclĭtor, āris. *To run a risk.*——*Pĕrīclĭtātur* căpĭte Sŏtădes noster. Mart. 6. 26. 1.

pĕrīcŭlōsus, a, um. *Dangerous.*——*Pĕrīcŭlōsæ* plēnum ŏpus ăleæ Tractas. Hor. 2. 1. 6. v. seq.

pĕrīcŭlum, i. sync. also **pĕrīclum.** *Danger.*——Dēsĕris heu tantis nēquicquam ērepte *pĕrīclis.* V. Æn. 3. 711. SYN. discrīmĕn, ĭnis, *neut.* PHR. Expĕdiunt per ăcūta belli. Hor. Per vărios căsus, per tot discrīmĭna rērum Tendĭmus in Lătium. V. Nec quæ circumstent te deinde pĕrīcŭla cernis? V. Certusque incerta pĕrīcŭla lustret Ænēas. V. Ănĭmasque in ăperta pĕrīcŭla mittunt. V. Me sine prīma mănu tentāre pĕrīcŭla belli. V. Rursus căput objectāre pĕrīclis. V. Quantis jactātum, nāte, pĕrīclis. V. Terror in hīs ipso mājor sŏlet esse pĕrīclo. Ov. Hostĭbus in mĕdiīs interque pĕrīcŭlă versor. Ov.

Tendĭtis ad prīmum per densa pĕrĭcŭla pīlum. Ov. Āmāra pĕrĭcŭla ponti. Ov. Non ĕgŏ per præceps et ăcūta căcūmĭna vădam. Ov.

pĕrĭmo, ĭs, ēmi, emptum. *To slay, to destroy.* —— Hunc tămĕn invītâ *pĕrĭmet* mea dextra Dīānâ. Ov. Met. 8. 395. SYN. intĕrĭmo ; occīdo, ĭs, q. v.

†pĕrinde. *Equally.* —— Sed măgis inversum ; fĭĕrique *pĕrinde* vĭdēmus. Lucr. 4. 263. SYN. părĭter, q. v. ; æquē, †ădæquē.

§pĕriscĕlis, ĭdis. fem. *An ornament for the leg, an anklet.* —— Sæpe *pĕriscĕlĭdem* raptam sĭbĭ flentis ; ŭti mox. Hor. Epist. 1. 17. 56.

pĕrītus, a, um. *Skilful.* —— Montĭbus hæc vestris ; sōli cantāre *pĕrīti* Arcădĕs. V. E. 10. 32. SYN. doctus, sciens, prūdens, scītus, dædălus (*the two latter have no compar.*), catŭs, callĭdus, expertus (*only c. gen. of that in which*).

perjūrium, i. *Perjury.* —— Lāŏmĕdontēæ luĭmus *perjūria* Trojæ. V. G. 1. 502.

perjūro, as. *To swear falsely.* —— Nec si quem falles tu *perjūrāre* tĭmēte. Ov. Am. 1. 8. 85. Et *perjūrātos* (*sworn by falsely*) in mea damna Deos. Ov. Am. 3. 11. 22. SYN. pējĕro, as.

perjūrus, a, um. *Perjured.* —— Structa meis mănĭbus *perjūræ* mœnia Trōjæ. V. Æn. 5. 811. v. perfĭdus.

perlābor, ĕris, lapsus sum. *To glide over or through.* —— Atque rŏtis summas lĕvĭter *perlābĭtur* undas. V. Æn. 1. 147. v. percurro.

perlăteo, es, ui. no sup. *To lie hid.* —— Inque suâ turri *perlătuisset* ănus. Ov. A. A. 3. 416. SYN. lăteo, q. v.

perlātus, a, um. perf. pass. part. from perfĕro, q. v. *Brought, carried.* —— Littĕra Cȳdippen pōmo *perlāta* fĕfellit. Ov. A. A. 1. 457.

perlĕgo, ĭs, lēgi, lectum. 1. *To read through.* — 2. *To observe.* —— 1. *Perlĕgis* an conjux prohĭbet nŏva ; *perlĕge* non est Ista Mȳcēnæâ littĕra facta mănu. Ov. Her. 5. 1. — 2. Quin prōtĭnus omnĭa *Perlĕgĕrent* ŏcŭlis, nī jam præmissus Ăchātes. V. Æn. 6. 33. SYN. 1. lĕgo, q. v. — 2. observo, as, q. v.

‡perlībro, as. *To hurl.* —— Exŭvias ; jăcŭlum a tergo *perlībrat* ad ossa. Sil. 15. 695. SYN. torqueo, es, rsi ; ēmitto, ĭs, mīsi.

perluo, is, ui, ūtum. *To wash, to bathe, trans.* —— Sed mŏdŏ fonte suo formōsos *perluit* artus. Ov. Met. 4. 310. Dumque ĭbĭ *perluĭtur* sŏlĭtâ Tītānĭa lymphâ, Ov. Met. 3. 173. SYN. ăbluo, colluo ; lăvo, as and ĭs, lāvi, lōtum, q. v.

‡perlustro, as. *To go over, to survey, to consider.* —— *Perlustrā* mea dicta ; sed cănentem Ipsam cōmĭnus, ut mĕrēris, audi. Stat. Sylv. 4. 3. 143. SYN. lustro, q. v.

‡permădeo, es, ui. no sup. *To be very wet.* —— Spargĕre, et effūso *permădŭisse* crŏco. Mart. 5. 26. 8. SYN. mădeo, q. v.

§permagnus, a, um. *Very great.* —— Persius hic *permagna* nĕgōtia dīvĕs hăbēbat. Hor. Sat. 1. 7. 4. v. magnus.

permăneo, es, nsi. fut. in rus. **permansurus.** *To remain, to last.* —— Sōlus ad extrēmos *permănet* ille rŏgos. Ov. A. A. 2. 120. SYN. măneo ; dūro, as ; perdūro ; persto, as, stĭti, *no sup.*

†permāno, as. *To flow through.* —— *Permānāre* ănĭmam nōbis per membra sŏlēre. Lucr. 3. 669. SYN. perfluo, ĭs, xi. v. mano.

permātūresco, is, rui. no sup. *To grow fully ripe.* —— Nam cŏlor in pomo est ŭbĭ *permātūruit*, āter. Ov. Met. 4. 165. SYN. mātūresco, ēmātūresco.

permensus, a, um. part. perf. from permētior, the only part. in use. 1. *Having measured out*, i. e. *gone over.* — 2. i. e. *Finished ; also used in pass. sense, being gone over, being finished.* —— 1. Nos tŭmĭdum sub te *permensi* classĭbus æquor. V. Æn. 3. 157. — 2. Tunc cum *permenso* defunctus tempŏre lūcis. Tib. 3. 3. 9. SYN. 1, 2. ēmensus, dīmensus. — 2. exactus, *in pass. sense only.*

permeo, as. *To go over or through.* —— Tot măria et terras *permeat*, annus ăbit. Ov. Ep. e P. 4. 11. 16. SYN. percurro, ĭs ; pĕrerro, as, q. v.

‡permĕreo, es, ui, ĭtum. *To serve as a soldier.* —— Sōle sub omni *Permĕruit* jūrāta mănus. Stat. Sylv. 1. 4. 74. SYN. mĕreo, q. v.

permetuo, is, ui. no sup. *To fear very much.* —— Et pœnas Dănaûm, et dēserti conjŭgis, īras *Permĕtuens.* V. Æn. 2. 571. v. timeo.

permisceo, es, ui, mixtum. 1. *To mingle.* — 2. *To throw into confusion.* —— 1. Gĕnĕrique cruōrem Sanguĭne cum sŏcĕri *permiscuit* impius ensis. Ov. Met. 14. 802. — 2. Quo fŭrĭbunda dŏmum monstro *permisceat* omnem. V. Æn. 7. 348. SYN. 1, 2. misceo, q. v. — 1. commisceo. — 2. turbo, as, q. v.

§**permissum, i.** *Permission.*——Ūtor *permisso;* caudæque pilos ut ĕquīnæ. Hor. Epist. 2. 1. 45. SYN. vĕnia.

permitto, is, mīsi, missum. 1. *To send, to hurl.*—2. *To permit.*—3. *To commit.* ——1. Tollit ŏnus plaustri, quod nē *permittat* in hostem. Ov. Met. 12. 282.——2. Assīdet ille quīdem quantum *permittĭtur* ipsi. Ov. Her. 21. 191.—3. Dardăniique rŏgum căpĭtis *permittĕre* flammæ. V. Æn. 4. 640. SYN. 1. mitto, ēmitto; torqueo, es, si, q. v.—2. rĕmitto; sĭno, is; concēdo, is, cessi.—3. committo; crēdo, is, dĭdi, dĭtum.

†‡**permŏveo, es, mōvi, tum.** *To move greatly.*——Vix ad se rĕdeunt *permōti* corpŏris æstu. Lucr. 4. 1017. v. moveo.

permulceo, es, si, sum. 1. *To pat, to stroke.*—2. *To soothe.*——1. Terque mănu *permulsit* eum; tria carmĭna dixit. Ov. F. 4. 551.—2. Queîs *permulsa* dŏmus jūcundo rīsit ŏdōre. Cat. 62. 284. SYN. 1, 2. mulceo, q. v.

§**permultus, a, um.** *Very much.*——A puero est; causâque meâ *permulta* rŏgātus Fēcit. Hor. Sat. 1. 4. 97. SYN. plūrĭmus. v. multus.

‡**permūtatio, ōnis.** fem. *Change.*——Sĭmĭlis si *permūtātĭo* dētur. Juv. 6. 652.

permūto, as. *To change, exchange, etc.*——Cur valle *permūtem* Săbīnâ Dīvĭtias Ŏpĕrōsiōres. Hor. 3. 1. 47. SYN. mūto, q. v.

perna, æ. *A ham.*——Quidquam præter ŏlus fūmōso cum pĕde *pernæ.* Hor. Sat. 2. 2. 117.

‡**pernĕco, as, ui, nĕcātum** or **nectum.** *To slay.*——Non queat Ausŏnius, Tyrrhēnave *pernĕcet* hasta. Sil. 4. 611. SYN. nĕco, ēnĕco; occīdo, is, q. v.

pernĕgo, as. *To deny strenuously.*——Sīc ĕtiam dē mē *pernĕgat* usque vĭro. Tib. 1. 6. 8. SYN. nĕgo, q. v.

‡**perneo, es, nēvi.** *To spin out, finish spinning.*——Cum mihi sūprēmos Lăchĕsis *pernēvĕrit* annos. Mart. 1. 89. 9.

†**pernĭciālis, e.** *Pernicious.*——Conjunctum est id quod nunquam sīne *perniciāli* Discīdio pŏtis est sejungi. Lucr. 1. 451. SYN. pernĭciōsus, q. v.

pernĭcies, ēi. *Injury.*——Exemplo trahenti *Pernĭciem* vĕniens in ævum. Hor. 3. 5. 15. SYN. injūria, damnum, mălum. v. clades.

pernĭciōsus, a, um. *Pernicious, injurious.*——Ulli nec scripta fuĕrunt Nostra nĭsi auctōri *pernĭciōsa* suo. Ov. Tr. 5. 1. 67. SYN. damnōsus, q. v.; mălus, pējor, pessĭmus; nŏcens, noxius, nŏcuus, †pernĭciālis, injūriōsus. v. exitiosus.

pernīcĭter. *Swiftly.*——Sic certe; vĭdĕn' ut *pernīcĭter* exsĭluēre. Cat. 60. 8. SYN. ōcyus, vēlōcĭter, cĭtŏ.

pernix, īcis. adj. *Swift.*——Hæc fātur virgo, et *pernīcĭbus* ignea plantis Transit equum cursu. V. Æn. 11. 719. SYN. vēlox, cĭtus; cĕler, ĕris, ĕre; igneus, răpĭdus, q. v.

pernocto, as. *To pass the night.*——Intĕreā pro me *pernoctet* ĕpistŏla tēcum. Ov. Her. 18. 217.

pernosco, is, nōvi, nōtum. *To know well.*——Est ŏpĕræ prĕtium dŭplĭcis *pernoscĕre* jūris Nātūram. Hor. Sat. 2. 4. 63. SYN. nosco, q. v.; scĭŏ, is.

pernox, noctis. *Lasting all night.*——Addit et exceptas lūnâ *pernocte* pruīnas. Ov. Met. 7. 268.

pernŭmĕro, as. *To count entirely.*——Quæ nec *pernŭmĕrāre* cūriōsi Possunt. Cat. 7. 11. SYN. nŭmĕro, q. v.

pēro, ōnis. masc. *A guiter or shoe made of raw hide.*——Vestigia nūda sĭnistri Instĭtuēre pĕdis; crūdas tegit altĕra *pēro.* V. Æn. 7. 690.

†**perŏleo, es.** *To smell strongly, intrans.*——Rancĭda quo *pĕrŏlent* prōjecta cădāvĕra rītu. Lucr. 6. 1153. SYN. ŏleo, q. v.

‡**pērōnātus, a, um.** *Wearing a* pero, q. v.——Năvim si poscat sĭbi *pērōnātus* ărātor. Pers. 5. 102.

pĕrōro, as. *To conclude a speech, etc.*——Causa *pĕrōrāta* est; flentes mē surgĭte testes. Prop. 4. 12. 99.

pĕrōsus, a, um. *Hating.*——Qui sĭbi mortem Insontes pĕpĕrēre mănu, lūcemque *pĕrōsi* Prōjēcēre ănĭmas. V. Æn. 6. 435. SYN. exōsus.

†**perparvus, a, um.** *Very small.*——Ergo ănĭmam tōtam *perparvīs* esse nĕcesse est Sēmĭnĭbus nexam. Lucr. 3. 217. v. parvus.

§**perpauci, æ, a.** *Very few.*——Dii . . . me . . . Finxĕrunt ănĭmi rāro et *perpauca* lŏquentis. Hor. Sat. 1. 4. 18. v. pauci.

†**perpendo, ĭs, di.** *To weigh, to consider.* —— Sed măgis ăcri Jūdĭcio *perpende* et si tĭbĭ vēra vĭdētur Dēde mănūs. Lucr. 2. 1041. SYN. consīdĕro, as, q. v.
‡**perpenso, as.** *To consider.* —— Illĭus et mănĭbus vīres sit cūra fŭtūras *Perpensāre.* Grat. Cyneg. 298.
†**perpĕram.** *Badly, wrongly.* —— Multa multis sæpe suasit *perpĕram.* Plaut. Capt. 2. 2. 18. SYN. mălĕ, q. v.
perpĕtior, ĕris, pessus sum. *To endure.* —— *Perpĕtior* mĕmŏrāre tămen; postquam alta crĕmāta est Īliŏn. Ov. Met. 14. 466. SYN. pătior, q. v.; fĕro, fers, ferre, tŭli, lātum; sustĭneo, es, ui, *rare in sup.*
perpĕtuo. *Everlastingly, for ever.* —— At mihĭ *perpĕtuo* pătriâ tellūre cărendum est. Ov. Tr. 1. 4. 83. SYN. semper, q. v.
perpĕtuus, a, um. 1. *Perpetual.* —2. *Entire.* —— 1. Ergo Quinctĭlium *perpĕtuus* sŏpor Urget. Hor. 1. 24. 5. —2. Vescĭtur Æneas sĭmul et Trōjāna jŭventus *Perpĕtui* tergo bŏvis. V. Æn. 8. 182. SYN. 1. pĕrennis, q. v.; æternus, inconsumptus. —2. intĕger, gra, grum, q. v. PHR. 1. Nōn intermissīs ut fluat imber ăquis. Ov.
†**perplăceo, es, ui.** *To please exceedingly.* —— Ecquid plăceant me rŏgas; immō hercle vēro *perplăceut.* Plaut. Most. 2. 3. 4. v. placeo.
perplexus, a, um. *Intricate.* —— Quāve sĕquar? rursus *perplexum* ĭter omne rĕvolvens Fallăcis sylvæ. V. Æn. 9. 391. SYN. incertus, q. v.
†**perplĭcātus, a, um.** in tmesi. *Twisted together.* —— Aut măgis hāmātīs inter se *perque plĭcātis.* Lucr. 2. 394. SYN. implĭcĭtus.
†**perpōto, as, āvi.** *To drink.* —— Lābrōrum tĕnus interdum *perpōtet* āmārum Absinthi lătĭcem. Lucr. 1. 939. SYN. pōto, q. v.
perprĭmo, ĭs, pressi, sum. *To press heavily.* —— Inōmĭnāta *perprĭmat* cŭbīlia. Hor. Epod. 16. 38. SYN. prĕmo, q. v.
†**perquam.** *Very.* —— Tempestas *perquam* sŭbĭto fit turbĭda fœde. Lucr. 4. 170.
perquīro, ĭs, quīsīvi. *To seek.* —— Cum păter ignārus Cadmo *perquīrĕre* raptam Impĕrat. Ov. Met. 3. 3. SYN. quæro, q. v.; exquīro.
§**perrāro.** *Very seldom.* —— *Perrāro* hæc ălea fallit. Hor. Sat. 2. 5. 50.
perrēpo, ĭs, psi. *To creep through, over.* —— Non ĕgŏ tellūrem gĕnĭbus *perrēpĕre* supplex. Tib. 1. 2. 35.
perrumpo, ĭs, rūpi, ruptum. *To break through, esp. so as to force one's way in, to break.* —— Līmĭna *perrumpit,* postesque a cardĭne vellit. V. Æn. 2. 480. v. rumpo.
Persa, æ. masc. *A Persian.* —— *Persārum* vĭgui rēge beātior. Hor. 3. 9. 4. PHR. Quo grăves Persæ mĕlius pĕrīrent. Hor. Non Sērĕs, infīdive Persæ. Hor.
persæpe. *Very often.* —— Qui *persæpe* căvâ testūdĭne flēvit ămōrem. Hor. Epod. 14. 11. SYN. sæpe, q. v.
perscindo, is, scĭdi, scissum. *To cut through, to tear.* —— Sit sătis e membris tĕnuem *perscindĕre* vestem. Tib. 1. 10. 63. SYN. scindo, q. v.
perscrībo, ĭs, psi, ptum. *To write at length, to write.* —— Quæ tĭbĭ si mĕmŏri cōner *perscrībĕre* versu. Ov. Ep. e P. 2. 7. 33. SYN. scrībo, q. v.
†**perscrūtor, āris.** *To examine thoroughly.* —— Nec *perscrūtāri* prīmordia singŭla quæque. Lucr. 2. 165. SYN. scrūtor, q. v.
†**persector, āris.** *To pursue.* —— Edēre sunt *persectantes* vīsæque vŏlantes. Lucr. 4. 1004. SYN. sector, q. v.
Persēius also **Persēus, a, um.** *Of Perseus.* —— Sternĭtur et Mĕnăleus *Persēia* castra sĕcūtus. Ov. Met. 5. 128. Sectaque *Persēā* Phorcȳdŏs ōra mănu. Prop. 3. 21. 8.
persentio, ĭs, si, sum. *To feel, to perceive.* —— Quam sĭmŭl ac tāli *persensit* peste tĕnēri. V. Æn. 4. 90. SYN. sentio, q. v.
†**persentisco, ĭs.** An old pres. form of prec. —— Concŭtĭtur tum sanguis; viscĕra *persentiscunt.* Lucr. 3. 250. v. prec.
Persĕphŏnē, es. *Proserpine.* —— At nĕque *Persĕphŏnē* digna est prædōne mărīto. Ov. F. 4. 591. SYN. Prōserpĭna, q. v.
persĕquor, eris, sĕcūtus sum. 1. *To follow, to pursue, for any purpose; to catch, to obtain, etc.* —2. *To enumerate.* —— 1. Prōtĭnus Antæum et Lūcam prīma agmĭna Turni *Persĕquĭtur.* V. Æn. 10. 562. —2. Nēve rŏga quid

ăgam; sī persĕquar omnia flēbis. Ov. Ep. e P. 1. 8. 3. SYN. 1. sĕquor, q. v.; insĕquor.—2. percurro, is; ēnŭmĕro, as, q. v.

‡persĕvēro, as. *To persevere, to persist.* —— Post mānes tŭmŭlumque *persĕvērĕt.* Mart. 8. 38. 5. v. persto.

Perseus, ei, eŏs, etc. *The son of Jūpĭter and Dănaē, who slew the Gorgon Medusa.* —— Nunc o fortissĭme, dixit, Fāre prĕcor *Perseu* quantâ virtūte quĭbusque Artĭbus abstŭlĕris crīnīta drăcōnĭbus ōra. Ov. Met. 4. 769. SYN. Ăbantiădes, æ; Ăcrĭsiŏniădes, æ; Īnăchĭdes, æ. PHR. Dănaēius hēros. Ov. Hactĕnus aurigĕnæ cŏmĭtem Trītōnia frātri Se dĕdit. Ov. Gorgŏnis anguĭcŏmæ Perseus sŭpĕrātor. Ov.

†**Persia,** æ. more usu. **Persis, ĭdŏs,** fem. *Persia.* —— Quāque phărĕtrātæ vīcīnia *Persĭdŏs* urget. V. G. 4. 290. SYN. Mēdia (*though they are not exactly the same country*). PHR. Hinc mŏvet Euphrātes illinc Germānia bellum. V.

Persĭcus, a. um. *Persian.* —— *Persĭcos* ōdi puer appărātus. Hor. 1. 38. 1. SYN. Ăchæmĕnius, Mēdus.

†**persīdo, ĭs.** *To settle to the bottom.* —— Aut in ăquas cădit aut frūges *persīdit* in ipsas. Lucr. 6. 1123. SYN. consīdo, q. v.

persĭmĭlis. e. *Very like.* —— Crēdĭte Pīsōnes isti tăbŭlæ fŏre lĭbrum *Persĭmĭlem.* Hor. A. P. 7. SYN. sĭmillĭmus. v. similis.

Persis, ĭdos, see Persia above, also fem. adj. *Persian.* —— *Persĭdas* induxit Cĕcrŏpĭdasque rătes. Ov. A. A. 1. 172.

‡**persŏlĭdo,** as. *To harden, make solid.* —— Dēfunditque imbres sicco quos asper hiatu *Persŏlĭdat* Bŏreas. Stat. Theb. 1. 353. SYN. sŏlĭdo, q. v.; dūro, as.

persolvo, ĭs, vi, sometimes sŏlui, *etc.*, **sŏlūtum.**—1. *To pay, to give as a recompense.*—2. (*esp. of punishments,* i. e.) *To suffer.* —— 1. Nunc quŏque tē salvo *persŏluenda* die. Ov. Her. 6. 74. *Persolvant* grātes dignas, et præmia reddant Dēbĭta. V. Æn. 2. 537. —2. Tu tămĕn intĕreā călĭdo mihĭ sanguĭne pœnas *Persolves* ambōrum inquit. V. Æn. 9. 423. SYN. 1, 2. solvo, exsolvo, —2, luo, ĭs, q. v.

persōna, æ. 1. *A mask.*—2. *A character (as in a play, etc.).* —— Ut possint spĕciē nŭmĕroque Sĕnātum Fallĕre *persōnīs* impĕrat ōra tĕgi. Ov. F. 6. 686. —2. Fac sis *persōnæ* quam tueāre mĕmor. Ov. Ep. e P. 3. 1. 146. SYN. 1. § larva.

§**persōnātus, a, um.** *Represented on the stage.* —— Quo *persōnātus* pacto păter. Hor. Sat. 1. 4. 56.

persŏno, as, ui. rare in sup. 1. *To make a noise in or through.* — 2. (*intrans.*) *To resound.* —— 1. Cerbĕrus hæc ingens lătrātu regna trĭfauci *Persŏnat.* V. Æn. 6. 417. — 2. Valles et Ustīcæ cŭbantis Lævia *persŏnuēre* saxa. Hor. 1. 17. 12. SYN. 1, 2. perstrĕpo, ĭs, ui. —2. sŏno, rĕsŏno, q. v.

‡**persŏnus, a, um.** *Sounding.* —— Aspĭde cincta cŏmas, et ovanti *persŏna* sistro. Val. Fl. 4. 418. SYN. sŏnōrus, sŏnans, rĕsŏnans.

perspĭcio, ĭs, spexi, ctum. *To look into thoroughly, to behold, to see.* —— *Perspĭcet* intĕreā clāvam spŏliumque leōnis. Ov. F. 5. 393. SYN. aspĭcio; specto, as; vĭdeo, ēs, vīdi, q. v.; pervĭdeo.

perspĭcuus, a, um. *Clear, transparent.* —— *Perspĭcuas* īmo per quas nŭmĕrābĭlis alte Calcŭlus omnis ĕrat. Ov. Met. 5. 588. SYN. pellūcĭdus, q. v.

persto, as, stĭti, no sup. *To persist, to continue.* —— Damnōsā *persto* condĕre sēmĕn hŭmo. Ov. Ep. e P. 1. 5. 34. Tālia *perstābat* mĕmŏrans fixusque mănēbat. V. Æn. 2. 650. SYN. pertendo, ĭs.

perstrĕpo, ĭs, ui, ĭtum. *To make a great noise.* —— Publĭca vĭcīnæ *perstrĕpat* ōra viæ. Prop. 3. 10. 26. SYN. strĕpo, q. v.; persono, as, ui.

perstringo, ĭs, inxi, ictum. *To graze, to wound.* —— Sed non et fīgĕre contrā Est lĭcitum; magnique fĕmur *perstrinxit* Ăchātæ. V. Æn. 10. 344. Jam nunc mĭnăci murmŭre cornuum *Perstringis* aures. Hor. 2. 1. 18. SYN. stringo, q. v.

persuādeo, es, si, sum. *To persuade.* Tum dē tē narret; tum *persuādentia* verba Addat. Ov. A. A. 1. 371. v. suadeo.

†**persubtīlis, e.** *Very subtle.* —— Principio esse aio *persubtīlem,* atque mĭnūtis Perquam corpŏrĭbus factum constāre. Lucr. 3. 180. v. subtīlis.

†‡**persulto, as.** *To leap, to frisk over.* —— Inde fĕræ pĕcŭdes *persultant* pābŭla læta. Lucr. 1. 14.

pertædet, pertæsum est, etc. *It wearies one.*——Si non *pertæsum* thălămi tædæ-que *fuisset.* V. Æn. 4. 18.
pertendo, is, di. *To persist.*——Quod si *pertendens* anĭmo vestīta cŭbâris. Prop. 2. 15. 17. SYN. persto, as, stĭti.
pertento, as. *To pervade.*——Nonne vĭdes ut tōta trĕmor *pertentet* ĕquŏrum Corpŏra? V. G. 3. 250. SYN. †‡pervādo, ĭs, si; pĕnĕtro, as.
§pertergeo, es, si. *To wipe.*——Gausăpe purpŭreo mensam *pertersit;* et alter. Hor. Sat. 2. 8. 11. SYN. dētergeo, q. v.
perterreo, es, ui, ĭtum. chiefly used in perf. pass. part. *To frighten.*——At non cæde viri tantâ *perterrita* Lausus Pars ingens belli sĭnit agmĭna. V. Æn. 10. 426. SYN. terreo, q. v.
†pertexo, is, ui, xtum. *To weave out, to finish.*——Quo măgis inceptum per-gam *pertexĕre* dictis. Lucr. 6. 41. v. fīnio.
pertĭca, æ. 1. *A long pole.*—2. *A surveyor's rule.*——1. *Pertĭca* suspensos por-tābat longa mănīplos. O. F. 3. 117.—2. Abstŭlit excultas *pertĭca* tristis ŏpes. Prop. 4. 1. 130.
pertĭmeo, es, ui. no sup. *To fear greatly.*——*Pertĭmui;* cultus non ĕrat ille tuus. Ov. Her. 5. 66. SYN. tĭmeo.
pertĭnax, ācis. adj. *Obstinate, holding fast, tenacious.*——Lūdum insŏlentem lūdĕre *pertĭnax.* Hor. 3. 29. 51. SYN. tĕnax.
pertĭnet. impers. *It belongs.*——*Pertĭnet* ad făciem răbĭdos compescĕre mores. Ov. A. A. 3. 501. SYN. attĭnet.
†pertŏlĕro, as. *To endure.*——Ex infīnīto quæ tempŏre *pertŏlĕrâssent.* Lucr. 5. 315. SYN. tolero, q. v.
†pertorqueo, es, si, tum. *To distort.*——Centauri fœdo *pertorquent* ōra săpōre. Lucr. 2. 401. SYN. torqueo.
‡pertracto, as. *To handle, to examine carefully.*——Facta rĕcensēbat *per-tractans* vulnĕra vīsu. Sil. 10. 452.
†pertristis, e. *Very sad.*——Sæpe ĕtiam *pertriste* cănit de pectŏre carmen. Cic. Div. 1. 8. v. tristis.
pertŭli. perf. from perfĕro, q. v.——Jussa mŏri quæ sortītus non *pertŭlit* ullos. V. Æn. 3. 323.
†pertundo, ĭs, tŭdi, tūsum. *To beat through, penetrate.*——Nonne vĭdes ĕtiam guttas in saxa cădentes Hūmŏris longo in spătio *pertundĕre* saxa? Lucr. 4. 1281. SYN. perfŏro, as; pĕnĕtro, as, q. v.
†perturbo, as. *To disturb.*——*Perturbātur* ĭbī tōtum jam corpus, et omnes. Lucr. 4. 670. SYN. turbo, q. v.
†‡pervādo, ĭs, si, sum. *To pervade, to arrive at.*——Conceptum summum ætātis *pervādĕre* flōrem. Lucr. 1. 556. v. pervenio.
pervăgus, a, um. *Wandering.*——Tam vasto *pervăgus* orbe puer. Ov. A. A. 2. 18. SYN. văgus.
‡perveho, ĭs, xi, ctum. *To carry by, in pass. to be carried by,* i. e. *to pass by.*——Jam Consul vŏlŭcri *pervectus* littŏra classe. Sil. 4. 51. SYN. præter-veho, q. v.
§pervello, is, li, vulsum. *To excite.*——Răpŭla, lactŭcæ, rādīces, quālia lassum *Pervellunt* stŏmăchum. Hor. Sat. 2. 8. 9.
pervĕnio, ĭs, vēni, ventum. no pass. except in 3rd sing. as impers.——*To come to, arrive at.*——Fando ălĭquid si forte tuas *pervēnit* ad aures. V. Æn. 2. 81. Postquam *est* in thălămi pendentia pūmĭce tecta *Perventum.* V. G. 4. 375. Verba rĕfers aures non *pervĕnientia* nostras. Ov. Met. 3. 462. SYN. vĕnio, advĕnio, dēvĕnio; attingo, ĭs, tigi; accēdo, ĭs, cessi. v. teneo.
†perversē. *Untowardly.*——Amplexi quod hăbent *perversē* prīma viāi. Lucr. 1. 1068.
perversus, a, um. *Perverse, froward.*——Frēgisti et călămos quæ tu *perverse* Mĕnalca. V. E. 3. 13. SYN. pervĭcax.
†perverto, is, ti, sum. *To overthrow.*——Crœsus Hălyn sŭpĕrans magnam *pervertet* ŏpum vim. Cic. Div. 2. 56. SYN. everto.
pervĭcax, ācis. *Headstrong.* Heu *pervĭcācis* ad pĕdes Ăchillei. Hor. Epod. 17. 14. SYN. perversus.
pervĭdeo, es, vīdi, sum. *To see.*——Ipse sed hoc vīdit quī *pervĭdet* omnia Cæsar. Ov. Ep. e P. 1. 7. 43. SYN. vĭdeo, q. v.

pervĭgil, ĭlis. *Watchful, watchful all night.* —— Ante meos ŏcŭlos *pervĭgil* anguis ĕrat. Ov. Her. 12. 60. v. vigil.

pervĭgĭlo, as. *To watch, to spend in watching.* —— Et quĭdam sēros hȳberni ad lūmĭnis ignes *Pervĭgĭlat.* V. G. 1. 292. In multo nox *est pervĭgĭlāta* mĕro. Ov. F. 6. 326. SYN. vĭgĭlo, q. v.

pervinco, ĭs, vīci, victum. *To overcome.* —— Nonne fuit mĕlius dŏmĭnæ *pervincĕre* mōres? Prop. 1. 17. 15. SYN. vinco, q. v.

pervius, a, um. *Having a way through, passable.* —— Līmĕn ĕrat, cæcæque fŏres et *pervius* usus Tectōrum inter se Priămi. V. Æn. 2. 453. SYN. pĕnĕtrābĭlis.

pĕrungo, ĭs, xi, ctum. *To anoint, to smear.* —— Ōra nĕc immundâ tōta *pĕrunge* mănu. Ov. A. A. 3. 755. SYN. ungo, q. v.

pervŏlĭto, as. *To fly over or through.* —— Omnia *pervŏlĭtat* lātē lŏca, jamque sub auras Ērĭgĭtur. V. Æn. 8. 24. v. seq.

pervŏlo, as. *To fly over or through.* —— Nīgra vēlut magnas dŏmĭni cum dīvĭtis ædes *Pervŏlat* . . . hĭrundo. V. Æn. 12. 474. v. prec.

†pervolo, vĭs, velle, vŏlui, no sup. *To wish exceedingly.* —— Atque ănĭmi tactus līber quo *pervĕlit* īre. Lucr. 2. 1045. v. volo.

§pervolvo, ĭs, vi, vŏlūtum. *To roll, to open (a book), so as to read.* —— Smyrnam incāna diu sæcŭla *pervŏluent.* Cat. 92. 6. v. evolvo.

pĕrūro, ĭs, ussi, ustum. *To burn (trans.) violently, to inflame.* —— Sed făcĭle hærēmus, vălĭdoque *pĕrūrĭmur* æstu. Ov. A. A. 3. 543. Mē tĕnet astricto terra *pĕrusta* gĕlu. Ov. Tr. 3. 4. 48. SYN. ūro, q. v.; accendo, ĭs.

†‡pervulgo, as. 1. *To divulge, make known.* — 2. *To wander over.* —— 1. Nunc quæ causa Deûm per magnas nūmĭna gentes *Pervulgārit.* Lucr. 5. 1161. —2. Tempŏre quo sōlis *pervulgant* lūmĭna cœlum. Lucr. 2. 163. SYN. 1. vulgo. — 2. pĕrerro, as, q. v.

pēs, pĕdis. masc. 1. *A foot, of a man, of a table, of a verse, etc.* — 2. *A rope of a ship.* —— 1. Ferte sĭmul Faunique *pĕdem* Dryădesque puellæ. V. G. 1. 11. Inque suos vŏlui cōgĕre verba *pĕdes.* Ov. Tr. 5. 12. 34. —2. Ūna omnes fēcēre *pĕdem,* părĭterque sĭnistrōs, Nunc dextros solvēre sĭnus. V. Æn. 5. 830. SYN. 1. planta, vestīgium, *neither metaph.* — 2. v. funis.

pessĭmus, a, um. superl. of malus, q. v. *Very bad, worst.* —— Nōn ĕgŏ tē vĭdī Dāmōnis *pessĭme* cāprum. V. E. 3. 17.

†‡pessum. adv. *Down, to the bottom, under one's feet.* —— Multæ per măre *pessum* Subsēdēre suis părĭter cum cīvĭbus urbes. Lucr. 6. 588. v. seq.

pessumdo, as. *To sink, to destroy.* —— Non mihĭ quærenti *pessumdăre* cuncta pĕtītum. Ov. Tr. 3. 5. 45. SYN. perdo, ĭs, dĭdi, dĭtum, q. v.

pestĭfer, ĕra, ĕrum. *Pestiferous, bringing disease.* —— *Pestĭfĕras* ăpĕrit fauces queîs condĭta Ĕrinnys. V. Æn. 7. 570. v. seq.

pestĭlens, entis. *Bringing disease.* —— Nec *pestĭlentem* sentiet Āfrĭcum. Hor. 3. 23. 5.

pestĭlentia, æ. *Pestilence.* —— Plēnam vĕnēni et *pestĭlentiæ* lēgit. Cat. 42. 12.

pestis, is, fem. *A pestilence, a plague, lit. and metaph.* —— Non tămĕn omne mălum mĭsĕris, nec fundĭtus omnes Corpŏreæ excēdunt *pestes.* V. Æn. 6. 737. Præcĭpue infelix *pesti* dēvōta fŭtūræ Expleri mentem nĕquit ardescitque tuendo Phœnissa. V. Æn. 1. 712. SYN. lues, is, *fem.*; pestĭlentia. v. Ov. Met. 7. 523—613. V. G. 3. 478—566.

‡pĕtăso, ōnis. masc. *A gammon of bacon.* —— Nam mihĭ cum vĕtŭlo sit *pĕtăsōne* nihil. Mart. 13. 55. 2. v. perna.

‡pĕtăsuncŭlus, i. dim. of prec. —— Quod vōcis prĕtium, siccus *pĕtăsuncŭlus,* et vas Pēlămidum. Juv. 7. 119.

‡pĕtaurum, i. *An apparatus used by rope-dancers, etc.* —— An măgis ōblectant ănĭmum jactāta *pĕtauro* Corpŏra. Juv. 14. 265.

†petisso, ĭs. only pres. *To desire earnestly.* —— Ætas Infantum fŭgiens hūmōrem aurasque *pĕtissens.* Lucr. 5. 808. v. peto.

pĕtītor, ōris. *A seeker, a candidate.* —— Hic gĕnĕrōsior Descendit in campum *pĕtītor.* Hor. 3. 1. 11.

pĕto, ĭs, īvi, ītum (peto is often used by Ovid with ŏ). 1. *To ask, to request.* — 2. *To seek, to desire.* — 3. *To aim at, to go towards, etc.* —— 1. Te *pĕtŏ* quem mĕrui, quem nōbīs ipse dĕdisti. Ov. Her. 12. 197. —2. Corpŏra bello Objectant, pulchramque *pĕtunt* per vulnĕra mortem. V. G. 4. 218. — 3. Mālo me Gălătēa *pĕtit* lascīva puella. V. E. 3. 64. Ītălĭam cursu *pĕtītis,* ventisque vŏcātis Ībĭtis

Ĭtălĭam. V. Æn. 3. 253. Flamma pĕtit (for petiit) altum, prŏpior locus āĕra cēpit. Ov. F. 1. 109. SYN. 1. rŏgo, as, q. v.; postŭlo, as. — 1, 2. quæro, is, sīvi; posco, ĭs, pŏposci, *no sup.* — 2. expĕto; cŭpio, ĭs, īvi, q. v. — 2, 3. sĕquor, ĕris, sĕcūtus sum.

§pĕtorrĭtum, i. *A Gallic waggon.* —— Essĕda festīnant, pīlenta, *pĕtorrĭta*, nāves. Hor. Epist. 2. 1. 192. v. currus.

pĕtŭlans, antis. *Petulant, wanton.* —— Terque bŏvis nĭveæ *pĕtŭlanti* pectŏra rostro Fōdit. Ov. Am. 3. 5. 23. SYN. pĕtulcus, lascīvus, q. v.; prŏtervus.

pĕtŭlanter, compar. **tius.** *Wantonly.* —— Quīnĕtiam ut possim verbis *pĕtŭlantius* ūti. Ov. Her. 16. 245.

pĕtŭlantia, æ. *Petulance, wantonness.* —— Tē non ulla meæ læsit *pĕtŭlantia* linguæ. Prop. 1. 16. 37. SYN. lascīvia, prŏtervĭtas.

pĕtulcus, a, um. *Wanton, apt to butt, etc.* —— Ferre dŏmum prohĭbent, nĕque ŏves hædique *pĕtulci.* V. G. 4. 10. -* petulans.

‡pexatus, a, um. *Clad in new clothes.* —— *Pexātus* pulchrē rīdes mea Zōïle trīta. Mart. 2. 58. 1.

pexus, a, um. part. pass. from pecto, q. v. *Also (of new clothes), with the nap on.* —— Occurro, rīdes, si forte sŭbūcŭla *pexæ* Trīta sŭbest tŭnĭcæ. Hor. Epist. 1. 1. 95.

Phæācia, æ. *Corcyra.* —— Mē tĕnet ignōtīs ægrum *Phæācia* terris. Tib. 1. 3. 3. SYN. ‡Corcȳra.

Phæax, ācis. acc. **ācem** and **āca.** pl. **ācēs,** etc. *A Phæacian, a Corcyræan.* —— Proxima *Phæācum* fēlīcibus obsĭta pōmis Rūra pĕtunt. Ov. Met. 13. 719.

Phæācius, a, um. also **Phæācus, a, um.** and fem. **Phæācis, ĭdŏs.** *Of Phæacia or Corcyra.* —— Sed tamen hoc mĕlius quam si *Phæācia* tellus . . . Ov. Am. 3. 9. 47. Nec mea *Phæācas* æquant pōmāria sylvas. Prop. 3. 1. 51 Dignam Mæŏniis *Phæācĭda* condĕre chartis. Ov. Ep. e P. 4. 12. 27. SYN. Corcȳræus.

Phædră, æ. *The wife of Theseus, who fell in love with Hippolytus.* —— Hippŏlȳtum *Phædrā*, nec ĕrat bĕnĕ cultus ămāvit. Ov. A. A. 1. 5. 11.

Phaëthon, ontis. acc. **onta.** 1. *The son of Clymene and the Sun, who obtained leave to drive the chariot of the Sun for one day and was killed in the attempt.* — 2. *The Sun.* —— 1. Hic sĭtus est *Phaëthon* currûs aurīga pătermi. Ov. Met. 2. 327. — 2. Nōnamque sĕrēnâ Auroram *Phaëthontis* ĕqui jam lūce vehēbant. V. Æn. 5. 105. SYN. 2. Sōl, Sōlis, q. v. PHR. Quo sĭmŭl acclīvo Clȳmĕnēia līmĭte prōles Vēnit. Ov. v. Ov. Met. 2. 1—324.

Phaëthontiădēs, um. fem. pl. *The sisters of Phaethon, who were changed into poplars (the names of them were* Phaëtūsa, Lampĕtiē *and* Lampĕtūsa). —— Tum *Phaëthontiădas* musco circumdat ămāræ Cortĭcis. V. E. 6. 62. SYN. Hēliădēs, um; ‡Phaëthontis, ĭdŏs. PHR. Vos quŏque fēlīces quarum clāmantia frātrem Cortĭce vēlāvit pōpŭlus alba suo. Ov.

Phaethontēus, a, um. also **‡Phaëthontius, a, um.** *Of Phaethon.* —— Post *Phaëthontēos* vīdisse dŏlentius ignes. Ov. Met. 4. 246. Cedat *Phaëthontia* vulgi Fābŭla. Stat. Sylv. 2. 4. 9.

Phălantus, i. *A Lacedæmonian, the founder of Tarentum, which is called on that account* Lăcēdæmŏnium, Phălantīnum, *etc.* —— Regnāta pĕtam Lăcōni Rūra *Phălanto.* Hor. 2. 6. 12.

phălanx, gis. fem. *A phalanx, an army.* —— At Dănaûm prŏcĕres, Ăgămemnŏniæque *phălanges.* V. Æn. 6. 486. SYN. exercĭtus, ûs, q. v.

Phălăris, is. masc. *A tyrant of Sicily.* —— Et *Phălăris* tauro viŏlenti membra Pĕrilli Torruit. Ov. A. A. 1. 653.

phălĕræ, ārum. fem. pl. *Horse-trappings.* —— Prīmus ĕquum *phălĕris* insignem victor hăbēto. V. Æn. 5. 310. SYN. §ĕphippia, ōrum. PHR. Instrātos ostro ālĭpĕdes (equos, sc.) pictisque tăpētis. V.

phărĕtra, æ. *A quiver.* —— Succinctam *phărĕtrâ* et măcŭlōsæ tegmĭne lyncis. V. Æn. 1. 323. SYN. cōrȳtus. PHR. Et phărĕtra ex hŭmĕro Gnossia ŭtrōque jăcet. Prop. Non ĕget Mauri jăcŭlis nec arcu nec vĕnēnātis grăvĭdâ săgittis Fusce phărētrâ. Hor. Cressamque phărētram. V. Alter Ămazŏniam phărĕtram plēnamque săgittis Thrēïciis lāto quam circumplectĭtur auro Balteus, et tĕrĕti subnectit fībŭla gemmâ. V. Lȳciam ut gĕrat ipsa phărētram. V. Clausa tămen mīsi Scȳthĭcâ tĭbĭ tēla phărētrâ. Ov. Aurātâ vŏlŭcrem Thrēïssa săgittam Dēprompsit phărētrâ. V. Pictâ Dea læta phărētrâ. Ov.

phărĕtrātus, a, um. *Armed with a quiver.* —— Quāque *phărĕtrātæ* vīcīnia Persĭdis urget. V. G. 4. 290. v. seq.

‡phărĕtrĭger, ĕra, ĕrum. *Armed with a quiver.* —— Clāde *phărĕtrĭgĕri* subnixas rēgis Athēnas. Sil. 14. 286.

Phărius, a, um. *Of Pharos, of Egypt.* —— Hōc ălii signum *Phăriam* dixērē jŭvencam. Ov. F. 5. 619. v. Ægyptius.

§pharmăcŏpōla, æ. masc. *An apothecary.* —— Ambūbaiārum collēgia, *pharmăcŏpōlæ.* Hor. Sat. 1. 2. 1. v. medicus.

Phārsălia, æ. *The place where the great battle took place between Cæsar and Pompey.* —— *Pharsălia* sentiet illum Ĕmăthiăque ĭtĕrum mădĕfacti cæde Phĭlippi. Ov. Met. 15. 823. *Pharsăliam* coeunt Pharsălia tecta frĕquentant. Cat. 62. 37.

phăsēlus, i. masc. and fem. *A small vessel, a galley, a pinnace.* —— Et circum pictis vehĭtur sua rūra *phăsēlis.* V. G. 4. 289. v. navis.

phăsēlus, i. masc. and fem. *A sort of bean.* —— Si vēro vĭciamque sĕres vīlemque *phăsēlum.* V. G. 1. 227.

Phāsiăcus, a, um. *Of the Phasis, of Colchis.* —— Turbaque *Phāsiăcam* Graia bĭbistis ăquam? Ov. Her. 12. 10. SYN. Colchiăcus, Colchĭcus, Colchus.

Phāsiăs, ădos. also **Phāsis, ĭdŏs.** fem. forms of prec. esp. as syn. of Medea. —— Barbăra per nātos *Phāsiăs* ulta suos. Ov. A. A. 2. 382. Crēdŭlus immĕrĭtā Phāsĭda jūvit ŏpe. Ov. F. 2. 42.

‡phāsiāna, æ. *A pheasant.* —— Et impiorum *Phāsiāna* Colchorum. Mart. 3. 58. 16. PHR. Si Lĭbycæ nōbis vŏlŭcres aut Phāsĭdes essent. Mart. Ah mĭsĕri quos nôsse jŭvat quid Phāsĭdos āles Distet ab hȳbernā Rhŏdŏpes grue. Stat.

Phāsis, is, and **ĭdŏs.** masc *The chief river of Colchis, the country of Medea.* —— Et quondam Graiis *Phāsi* pĕtīte viris. Ov. Ep. e P. 4. 10. 52.

‡phiăla, æ. *A cup widening towards the mouth.* —— Virro tĕnet *phiălas*; tĭbi non committĭtur aurum. Juv. 5. 38. v. pŏculum.

Phīdiăcus, a, um. *Of Phidias, the greatest of Athenian sculptors.* —— Bellĭcā *Phīdiăcā* stat Dea facta mănu. Ov. Ep. e P. 4. 1. 32.

Phĭlippi, ōrum. *A city of Macedonia, near which Octavius and Antony defeated Brutus and Cassius.* —— Ergo inter sēsē părĭbus concurrĕre in armis Rōmānas ăcies ĭtĕrum vīdēre *Phĭlippi* Nec fuit indignum Sŭpĕris bis sanguĭne nostrō Ītăliam et lātos Hæmi pinguescere campos. V. G. 1. 490.

Phĭloctētes, æ. *The son of Pœas and armour-bearer of Hercules; he was the inheritor of his poisoned arrows. He joined in the expedition against Troy, but having received an accidental wound in his foot from one of the arrows, which produced a fetid and incurable ulcer, he was driven away from the Greek camp and left on the desert isle of Lemnos.* —— Hic illa dŭcis Mĕlĭbœi Parva *Phĭloctētæ* subnixa Pĕtīlia mūro. V. Æn. 3. 402. SYN. Pœantiădes, Pœantius. PHR. Pæne dĕcem tōtis ăluit Pœantius annis Pestĭfĕrum tŭmĭdo vulnus ab angue dătum. Ov. Hōc ĕrat in gĕlĭdo quārē Pœantius antro Vōce fătīgāret Lemnia saxa suā. Ov. Non te Pœantia prōles Expŏsĭtum Lemnos nostro cum crīmĭne hăbēret. Ov.

Phĭlŏmēla, æ. *The daughter of Pandīon (ŏnis) king of Athens, and sister of Progne* (q. v.), *with whom she is sometimes confounded by the Latin poets; she was changed into a nightingale; the nightingale.* —— Quālis pŏpŭleā mœrens *Phĭlŏmēla* sub umbrā. V. G. 4. 521. SYN. §Luscĭnia (*usu. as trisyll.*), q. v. PHR. Nec tam nocturnā vŏlŭcris fūnesta quĕrēlā Attĭca Cĕcrŏpiis obstrĕpit in fŏliis. Prop. Concĭnit Ismărium Dauliăs ālĕs Ĭtyn. Ov.

philtrum, i. *A love-spell.* —— Nec dăta prōfuĕrint pallentia *philtra* puellis. Ov. A. A. 2. 105. v. carmen.

phĭlȳra, æ. *The linden-tree.* —— Displĭcent nexæ *phĭlȳrā* cŏrōnæ. Hor. 1. 38. 2.

Phĭllȳrĭdes, æ. *The son of Philyras, i. e. Chiron,* q. v. —— *Phĭllȳrĭdes* puĕrum cĭthărā perfēcit Ăchillem. Ov. A. A. 1. 11. PHR. Excĭpit hospĭtio jŭvĕnem Phĭlȳrēius hēros. Ov.

§phīmus, i. *A dice-box.* —— Qui pro sē tollĕret atque Mittĕret in *phīmum* tālos. Hor. Sat. 2. 7. 17. SYN. ‡fritillus.

Phlĕgĕthon, ontis. acc. **onta.** masc. *A river of hell with fiery waves.* —— Et Chaŏs et *Phlĕgĕthon,* lŏca nocte sĭlentia lāte. V. Æn. 6. 265. PHR. Qua răpĭdus flammīs ambit torrentĭbus, amnis Tartăreus Phlĕgĕthon torquetque sŏnantia saxa. V.

Phlĕgĕthontis, ĭdŏs. fem. adj. *Of Phlegethon.*—— Et lăcĕrum fŏvi *Phlĕgĕthontĭde* corpus ĭn undâ. Ov. Met. 15 532.

Phlĕgyas, æ. masc. *King of the Lapithæ and father of Ixion; he set fire to the temple of Apollo at Delphi.* —— *Phlĕgyas*que mĭserrĭmus omnes Admŏnet. V. Æn. 6. 618.

phōca, æ. also **phōcē, es.** *A seal* —— Respĭcit in tŭmĭdum *phōcēn* ab Ăpollĭne versi. Ov. Met. 7. 389.

Phōcæus, a, um. also **Phōcaĭcus, a, um.** *Of Phocæa, a town in Ionia; the inhabitants of which being besieged, left their country, and, throwing a stone or piece of lead into the sea, swore never to return till that floated* ——*Phōcæorum* Vĕlut prŏfūgit exsĕcrāta cīvĭtas. Hor. Epod. 16. 17. *Phōcaico* bĭbŭlas tingĕbat mūrĭce lānas. Ov. Met. 6. 9.

‡**Phōcais, ĭdŏs.** fem. form. of prec. *Also of Marseilles, as having been founded by the flying Phocæans* ——*Phōcais* in dŭbiis ausa est servāre jŭventus. Lucan. 3. 301.

Phōcēus, a, um. *Of Phocis, a district in Greece.* —— Et Quod fuit Argŏlĭco jŭvĕnis *Phōcēus* Orestæ. Ov Am 2. 6. 15.

Phœbē, es. 1. *Diana.* —2. *The Moon.*—1. Mille fĕras *Phœbē* sylvis vēnāta rĕdībat. Ov. F. 2. 163.—2. Almaque curru Noctĭvăgo *Phœbē* mĕdium pulsābat Ŏlympum. V. Æn. 20. 215. SYN. 1. Dīāna, q. v.—2. lūna, q. v.

Phœbēius, a, um. also **Phœbēus, a, um.** *Of Phœbus, of the sun* ——Frondĭbus ut vēlo *Phœbēos* summŏvet ignes. Ov. Met. 5. 389. Quam cŏlat explōrant jŭvĕnis *Phœbēius* urbem. Ov. Met. 15. 642. SYN. Ăpollĭneus, Ăpollĭnāris (*not of the sun*). v. solaris.

Phœbĭgĕna, æ masc. *The son of Phœbus, i. e. Æsculapius.*——Ipse rĕpertōrem mĕdĭcinæ tālis et artis Fulmĭne *Phœbĭgĕnam* Stўgias dētrūsit in undas. V. Æn. 7. 773.

Phœbus, i. 1. *Apollo.* —2. *The sun.* —— 1 Quæ *Phœbo* păter omnĭpŏtens, mihĭ *Phœbus* Ăpollo prædixit. V. Æn. 3. 251. —2. Nî rŏseus fessos jam gurgĭte *Phœbus* Ĭbēro Tingat ĕquos V. Æn. 11. 913. SYN. 1. Ăpollo, inis, q v.—2. Sōl, Sōlis, q. v.

‡**phœnĭcoptĕrus, i** *A flamingo.* —— Et Scўthĭcæ vŏlŭcres et *phœnĭcoptĕrus* ingens. Juv. 11. 139.

Phœnissa, æ. fem. adj. *Phœnician, used esp. as epith. and syn. of Dido; used by Sil. as neut. pl.* At nōn infēlix ănĭmi *Phœnissa*, nĕque unquam Solvĭtur in somnos. V. Æn. 5. 549

Phœnix, ĭcis, masc. usu. in pl. **Phœnīcēs, um.** *Phœnicians.* —— Nec mŏra *Phœnīcas* sīve illi tēla părābant Sīve fŭgam . . . occŭpat. Ov. Met 3 46.

phœnix, ĭcis. acc ĭca. masc. *The phœnix.* —— Et vīvax *phœnix* ūnĭca semper ăvis. Ov. Am. 2. 6. 54.

Phorcus, i. also ‡**Phorcўs, yŏs.** *A sea-god.* —— Trītōnesque cĭti, *Phorci*que exercĭtus omnis. V. Æn. 5. 824.

Phŏrcўs, ўdis fem. *A daughter of Phorcus, i. e. one of the Gorgons.* —— Cujus in introĭtu gĕmĭnas hăbĭtāsse sŏrōres *Phorcўdas.* Ov. Met. 4. 774. v. Gorgon.

Phŏrōnis, ĭdŏs. *A name of Io, as sister of Phoroneus.* —— Nec Sŭpĕrûm rector măla tanta *Phŏrōnĭdŏs* ultra Ferre pŏtest. Ov. Met 1. 668. v. Io.

‡**Phosphŏrus, i.** *Lucifer,* q. v. *Phosphŏre* redde diem; quid gaudia nostra mŏrāris. Mart. 8. 21. 1.

‡**phrĕnēsis, is.** *Frenzy* ——Cum fŭror haud dŭbius, cum sit mănĭfesta *phrĕnēsis.* Juv. 14. 136. SYN. dēmentia, q. v.

‡**phrĕnētĭcus, a, um.** *Frenzied, mad* —— Invāsit mĕdĭcum sīcâ *phrĕnētĭcus* Aucte. Mart. 11. 29. 1. SYN āmens, q. v.

Phrixēus, a, um. *Of Phrixus* ——Aurea *Phrixēæ* terga rĕvellit ŏvis. Ov. Her. 6. 104.

Phrixus, i. *The son of Athamas; he fled to Colchis with his sister Helle on the ram with the golden fleece.* —— Invĭdeo *Phrixo* quem per frĕta tristia tūtum Aurea lānĭgĕro vellĕre vexit ŏvis. Ov. Her. 18. 143.

Phrўgius, a, um. also **Phryx, Phrўgis.** acc. **Phrўga.** pl. **Phrўgĕs.** etc. *Phrygian.* ——O vere *Phrўgiæ* neque enim *Phrўgĕs* īte per alta Dindўma. V. Æn. 9. 617. SYN. Mygdŏnius, Īdæus, ‡Cĕlænæus.

Phthīotĭcus, a, um. also **Phthīus, a, um.** and fem. **Phthĭas, ădŏs.** *Of Phthia, a city of Thessaly, of which Achilles was prince.*——Dēsĕrĭtur Scyros; linquunt *Phthīōtĭca* Tempe. Cat. 62. 35. Trōjæ prŏpe victor altæ *Phthīus* Ăchilles. Hor. 4. 6. 4. Non ĕgŏ sum *Phthĭas*, magnisve oriunda Mўcēnis. Ov. Her. 7. 165.

‡**phthĭsis, is.** fem. *Phthisic.*——Et *phthĭsis* et vŏmĭcæ pūtres, et dīmĭdium crus. Juv. 13. 95.

‡**phўsētĕr, ēris.** masc. *A sort of whale.*——Fluctus rĕfundens ōre *phўsēter* căpax. Seneca, Hip. 1030. v. bălæna.

piābĭlis, e. *That may be expiated.*——Cui Dea, ne nĭmium terrēre, *piābĭle* fulmen Est, ait. Ov. F. 3. 289.

piācŭlum, i. *An atonement.*——Teque *piācŭla* nulla rĕsolvent. Hor. 1. 28. 34.

piāmen, ĭnis. *An atonement.*——Fēbrua Rōmāni dixēre *piāmĭna* pātres. Ov. F. 2. 19. SYN. purgāmĕn, ĭnis. neut. v. prec.

pīca, æ. fem. *A magpie.*——Instĭtĕrant rāmis ĭmĭtantes omnia *pīcæ*. Ov. Met. 5. 299.

‡**pĭcātus, a, um.** also ‡**pĭceātus, a, um.** *Smeared or seasoned with pitch.*——Hæc dē vītĭfĕrā vēnisse *pĭcāta* Viennā Nē dŭbĭtes. Mart. 13. 107. 1. Non fuit Autŏlўci tam *piceāta* mănus. Mart. 8. 59. 4.

pĭcea, æ. *The pitch tree.*——Est nĕmus et *pĭceis* et frondĭbus īlĭcis ātrum. Ov. Her. 12. 67.

pĭceus, a, um. *Of pitch, black as pitch.*——Nūbem turbĭne fūmantem *pĭceo* et candente făvillā. V. Æn. 3. 573. v. niger.

pictor, ōris. masc. *A painter.*——Hūmāno căpĭti cervīcem *pictor* equīnam Jungĕre si vĕlit. Hor. A. P. 1. PHR. Hic saxis lĭquĭdis ille cŏlōrĭbus sōlers nunc hŏmĭnem pōnĕre, nunc Deum. Hor.

pictūra, æ. *A picture.*——Sīc ait atque ănimum *pictūrā* pascit ĭnāni. V. Æn. 1. 464. SYN. tăbella, tăbŭla.

pictūrātus, a, um. *Embroidered.*——Fert *pictūrātas* auri subtēmĭne vestes. V. Æn. 3. 483. SYN. pictus.

pictus, a, um. part. pass. from pingo, q. v., but used esp. 1. *Embroidered, inlaid.*—2. *Being of variegated colours by nature; brindled, spotted.*——Instrātos ostro ālĭpĕdes, *pictis*que tăpētis. V. Æn. 7. 277. In mĕdio chlămўde et *pictis* conspectus in armis. V. Æn. 8. 588.—2. Et gĕnus æquŏreum, pĕcŭdes *pictæ*que vŏlŭcres. V. G. 3. 243. Absint et *picti* squālentia terga lăcerti. V. G. 4. 13.

pīcus, i. masc. *A woodpecker.*——Martia *pīcus* avis gĕmĭno pro stĭpĭte pugnant Et Lupa. Ov. F. 3. 37.

piē. *Piously.*——Sōla vĭrum non ulta *piē* mœstissĭma mater. Ov. Her. 15. 153.

Pīĕris, ĭdos. *A Muse.*——O testūdĭnis aureæ Dulcem quæ strĕpĭtum *Pīĕri* tempĕras. Hor. 4. 3. 18. Et me fēcēre poētam *Pīĕrĭdes*, sunt et mihĭ carmĭna. V. E. 9. 33. SYN. Mūsa, q. v.

Pīĕrius, a, um. *Pierian, of the Muses.*——Lūcĭda *Pīĕriā* tendis ad astra viā. Ov. Ep. e P. 2. 9. 62.

piĕtas, ātis. fem. *Piety, goodness, esp. justice, mercy.*——Dī si qua est cœlo *piĕtas* quæ tālia cūret. V. Æn. 2. 536. v. religio.

pĭger, pĭgra, grum. 1. *Slow, lazy.*—2. *Metaph. of stagnant water, of frost, etc.*——1. Sed *pĭger* ad pœnas princeps, ad præmia vēlox. Ov. Ep. e P. 1. 2. 123.—2. Quīnĕtiam stagno sĭmĭlis *pĭgræ*que pălūdi. Ov. Ep. e P. 4. 10. 61. SYN. 1. tardus, q. v.; segnis.—1, 2. iners, ertis, q. v.; ignāvus.

pĭget. impers. *It grieves one.*——Quo fĕret īra sĕquar, facti fortasse *pĭgēbit*. Ov. Her. 12. 209. Adde fĭdem, nullā parte *pĭgendus* ĕrit. Ov. Her. 7. 110. v. doleo.

‡**pignĕro, as.** *To pawn.*——Cujus et alveŏlos et lænam *pignĕrat* Ătreus. Juv. 7. 73.

pignĕror, āris. *To receive as a pledge.*——Accĭpio, sintque ista prĕcor fēlīcia mentis Signa tuæ dixit; quod das mihĭ *pignĕror* ōmen. Ov. Met. 7. 621.

pignus, ŏris. neut. *A pledge, a stake, a wager, etc.*——Quid făcio dēmens; heu, heu, mea *pignŏra* cædo. Tib. 4. 13. 17. Ēgo hanc vĭtŭlam . . . Dēpōno; tu dic mēcum quo *pignŏre* certes. V. E. 3. 31. Dīs quŏque crēdĭdĭmus; quo jam tot *pignŏra* nōbis. Ov. Her. 2. 53. SYN. dēpŏsitum.

‡**pīgrē.** *Slowly.*——*Pīgrius* immōtis hæsēre pălūdĭbus undæ. Lucan. 5. 434. SYN. sēgnĭter.

‡**pīgritia,** æ *Laziness.*——Arguĭmur lentæ crĭmĭne *pīgrĭtiæ.* Mart. 1. 80. 2. SYN. ĭnertia, q. v.

†**pīgro,** as. *To be slow.*——Quod nĭsĭ *pīgrāris* paulumve recessĕris ab te. Lucr. 1. 410.

pīla, æ. 1. *A mortar for pounding things in.*—2. *A pillar against which a huckster's stall is placed; a stall.*—3. *A pier.*——1. Aut ut Anaxarchus *pīlā* mĭnuāris ĭn illâ. Ov. Ibis, 573.—2. Nulla tăberna meos hăbeat nĕque *pīla* lĭbellos. Hor. Sat. 1. 4. 71.—3. Quālis in Euboĭco Baiārum littŏre quondam Saxea *pīla* cădit magnis quam mōlĭbus ante Constructam ponto jăciunt. V. Æn. 9. 711. SYN. 1. mortārium.—2. cŏlumna.—3. mōles, is, *fem.*

pĭla, æ. 1. *A ball.*—2. *A sphere, a globe.*——1. Ecce cănit formas ălius jactusque *pĭlārum.* Ov. Tr. 2. 485.—2. Nescius ærātâ signa mŏvēre *pĭlâ.* Prop. 4. 1. 76.

pīlānus, i. *A soldier who fights with the pilum, the same as the triarius.*——Et tŏtĭdem princeps, tŏtĭdem *pīlānus* hăbēbat Corpŏra. Ov. F. 3. 129. v. seq.

pīlātus, a, um. *Armed with a pilum.*——Prōcēdit lĕgio Ausŏnĭdum, *pīlātaque* plēnis Agmĭna sē fundunt portis. V. Æn. 12. 121.

‡**pīleātus,** a, um. *Wearing a hat.*——Permittis pŭtŏ *pīleāta* Roma. Mart. 11. 7. 4. SYN. gălērītus.

pīlentum, i. *An easy sort of carriage.*——Castæ dūcēbant sācra per urbem *Pīlentis* mātres in mollĭbus. V. Æn. 8. 666. v. currus.

§**pīleŏlus,** i. *A little cap.*——Ut cum *pīleŏlo* soleas convīvā trĭbūlis. Hor. Epist. 1. 13. 15.

‡**pīleum,** i. *A hat or cap.*——Hæc mēra lībertas; hanc nōbīs *pīlea* dōnant. Pers. 5. 82. SYN. gălērus; ‡cūdo, onis, *masc.*

‡**pīlo,** as. *To pluck the hair from.*——Summæniānæ quâ *pīlantur* uxōres. Mart. 12. 32. 22.

pīlōsus, a, um. *Hairy.*——Non dīco puĕris, sed his *pīlōsis.* Cat. 17. 10. v. crinitus.

pīlum, i. *A very large heavy javelin.*——Tendĭtis ad prĭmum per densa pĕrīcŭla *pīlum.* Ov. Ep. e P. 4. 7. 15. v. jaculum.

pīlus, i. *A hair; of the hair on any part of the body.*——Neve fŏrent dūrīs aspĕra crūra *pīlis.* Ov. A. A. 3. 194.

Pimplēa, æ. *A Muse.*——Necte meo Lāmiæ cŏrōnam *Pimplēa* dulcis. Hor. 1. 26. 9. SYN. Mūsa, q. v.

Pindărĭcus, a, um. *Of Pindar.*——*Pindărĭcæ* lătent Cēæque et Alcæi mĭnāces Stēsĭchŏrique grăves Cămœnæ. Hor. 4. 9. 6.

Pindărus, i. *A great poet of Thebes.*——*Pindărum* quisquis stŭdet æmŭlāri. Hor. 4. 2. 1. q. v. PHR. Multa Dircæum lĕvat aura cycnum. Hor.

Pindus, i. *A mountain of Thessaly, sacred to the Muses.*——Nam nĕque Parnassi vōbis jŭga; nam nĕque *Pindi* Ulla mŏram fēcēre. V. E. 10. 11.

pīnētum, i. *A grove of pines.*——Prōtĭnus innŭmĕræ cædunt *pīnēta* sĕcūres. Ov. F. 4. 273.

pīneus, a, um. *Of a pine tree; of pine or fir wood.*——*Pīnea* sylva mihī, multos dīlecta per annos. V. Æn. 9. 85.

pingo, ĭs, nxi, pictum. 1. *To paint, to pourtray.*—2. *To colour.*—3. *To variegate, to embroider, inlay, etc.*——1. Quod rŏgat in spisso littŏre *pingit* ŏpus. Ov. A. A. 2. 132.—2. Sanguĭneis frontem mōrīs et tempŏra *pingit.* V. E. 6. 22.—3. Mollia lūtĕolā *pingit* vaccīnia calthā. V. E. 2. 50. Seu *pingēbat* ăcu scīres a Pallăde doctam. Ov. Met. 6. 23. SYN. 1. pōno, ĭs, pŏsui.—1, 2. dēpingo.—2. fūco, as.—3. vārio, as.

pingue, is. neut. *Fat.*——Impendunt cūras denso distendĕre *pingui.* V. G. 3. 124. SYN. †ădeps, ĭpis, *masc.*

pinguesco, ĭs. no perf. *To grow fat, fertile, etc.*——Ēmăthiam et lātos Hæmi *pinguescĕre* campos. V. G. 1. 491.

pinguis, e. 1. *Fat.*—2. *Fertile.*—3. *Making fat, fertile, etc.*—4. *Dull, stupid (not of a person).*——1. Nuntiet ac lūcos vŏcet hostia *pinguis* in altos. V. Æn. 11. 740.—2. Dīrĭgĭte in lūcos ŭbĭ *pinguem* dīvĕs ŏpācat Rāmus hŭmum. V. Æn. 6. 195.—3. Excĭpit et *pingui* membra quiēte lĕvat. Ov. R. A. 206.—4. *Pingue* sed ingĕnium mansit, nŏcĭtūraque ut ante. Ov. Met. 11.

148. SYN. 1. ŏpīmus, ŏbēsus (*not in so favourable a sense as* opimus). — 2. fertĭlis, q. v.; sătur, ŭra, ŭrum. — 4. crassus; stultus.

pīnĭfer, ĕra, ĕrum. *Producing pine-trees.* —— *Pīnĭfer* illum ĕtiam sōlâ sub rūpe jăcentem Mænălus ... (flevit). V. E. 10. 14.

pīnĭger, ĕra, ĕrum. *Wearing a crown of pine.* —— *Pīnĭgĕrum* Fauni Mænălis ōra căput (colit, sc.). Ov. F. 3. 84.

pinna, æ. *A battlement, a pinnacle.* —— Castrōrum in mōrem *pinnis* atque aggĕre cingit. V. Æn. 7. 160.

pinnĭger, ĕra, ĕrum. *Having fins.* —— Cruraque *pinnĭgĕro* curvāta nŏvissĭma pisce. Ov. Met. 13. 963.

‡**pinnĭrăpus**, i. *A kind of gladiator.* —— *Pinnĭrăpi* cultos jŭvĕnes, jŭvĕnesque lănistæ. Juv. 3. 158. v. gladiator.

‡**pinso**, is, ui. *To peck at.* —— O Jāne a tergo quem nulla cĭcōnia *pinsit.* Pers. 1. 58.

pīnus, ûs. acc. pl. sometimes in os. fem. 1. *A pine tree.* — 2. *Any thing made of pine, a ship.* — 3. *A torch.* —— 1. Fraxĭnus in sylvis pulcherrĭma, *pīnus* in hortis. V. E. 7. 65. — 2. Quid tĭbi cum glădio; dŭbiam rĕge nāvita *pīnum.* Ov. F. 2. 101. — 3. Parte ăliâ horrendus vīsu quassābat Ĕtruscam *Pīnum,* et fūmĭfĕros infert Mezentius ignes. V. Æn. 9. 522. SYN. 1, 2, ăbiēs, ăbietis (*trisyll.*), *fem.* — 2. nāvis, q. v. — 3. tæda, q. v. PHR. Evertunt actas ad sidĕra pīnus. V. Dant ūtĭle lignum Nāvigiis pīnos. V. Oscilla ex altâ suspendunt mollia pīnu. V. Cornĭgĕrumque căput pīnu præcinctus ăcūtâ. Ov. Summa vīrent pīnu. Ov. Et succincta cŏmas, hirsūtaque vertĭce pīnus. Ov.

pio, as. 1. *To atone for, expiate, etc.* — 2. *To propitiate.* — 3. *To retrieve.* —— 1. Effigiem stătuēre nĕfas quæ triste *piāret.* V. Æn. 2. 184. — 2. Jānus Ăgōnāli lūce *piandus* ĕrit. Ov. F. 1. 318. — 3. Quārum sunt multis damna *pianda* mŏdis. Ov. A. A. 3. 160. SYN. 1. expio; purgo, as; luo, is, q. v. — 2. plāco, as. — 3. rĕpăro, q. v.

pīper, ĕris. neut. *Pepper.* —— Et *pīper* et quicquid chartis ămĭcītur ĭneptis. Hor. Epist. 2. 1. 270.

pīpĭlo, as. *To chirp.* —— Ad sōlam dŏmĭnam usque *pīpĭlābat.* Cat. 3. 10.

Pīræeus, eŏs. Piræus, i. also **Pīræum**, i. *The Piræus, the chief port at Athens.* —— Mūnȳchia et trĕpĭdis stăbĭlem *Pīræea* nautis. Stat. Theb. 12. 616. Sūniŏn expŏsĭtum, *Pīræaque* tūta rĕcessu Linquit. Ov. F. 4. 563.

‡**pīrāta**, æ. masc. *A pirate.* —— Itque Cĭlix juxtā, jam non *pīrāta* cărīnâ. Lucan. 3. 228. SYN. prædo, ōnis, *masc.*

‡**pīrātĭcus**, a, um. *Of or concerning a pirate.* —— Et victis cēdit *pīrātica* laurea Gallis. Lucan. 1. 122.

Pīrĭthous, i. *Son of Ixion and king of the Lapithæ, celebrated also for the friendship which subsisted between him and Theseus.* —— Præpŏsuit Thēseus nĭsĭ si mănĭfesta nĕgāmus *Pīrĭthoum* Phædræ *Pīrĭthoumque* tĭbi. Ov. Her. 4. 112.

pĭrum, i. *A pear.* —— Ut gaudet insĭtiva dēcerpens *pĭra.* Hor. Epod. 2. 19. v. volema.

pĭrus, i. fem. *A pear tree.* —— Insĕre nunc Mĕlĭbœe *pĭros,* pōne ordĭne vītes. V. E. 1. 74.

Pīsa, æ. *A city of Elis, where the Olympic games were held.* —— Aut Alphēa rŏtis prælābi flūmĭna *Pīsæ.* V. G. 3. 180.

Pīsæus, a, um. *Of Pisa, of Olympia.* —— Postque meos ortus *Pīsæâ* vinctus ŏlīvâ Abstŭlĕrat dĕcies præmia victor ĕques. Ov. Tr. 4. 10. 95. v. Olympiacus.

piscātor, ōris. masc. *A fisherman.* —— Mīles ĕrat glădio; *piscātor* ărundĭne sumptâ. Ov. Met. 14. 651. PHR. Linoque sŏlēbat et hāmis Dēcĭpĕre et călămo sălientes dūcĕre pisces. Ov. Vel quæ piscis ĕdax ăvĭdo mălĕ dĕvŏret ōre Abdĕre sūprēmis æra rĕcurva cĭbis. Ov. Hæc captat ărundĭne pisces Cum tĕnues hāmos abdĭdit ante cĭbus. Tib. Festa dies illis qui līna mădentia dūcant Quique tĕgunt parvīs æra rĕcurva cĭbis. Ov. Trĕmŭlâ dum captat ărundĭne pisces. Ov. Suppĕtat hoc, pisces călămo prædābor. Prop. v. Ov. Met. 8. 853—858.

‡**piscīna**, æ. *A fish-pond.* —— *Piscīna* rhombum poscit et lŭpos verna. Mart. 10. 30. 21.

piscis, is. masc. *A fish.* —— O mūtis quoque *piscĭbus* Dōnātūra cȳcni si lĭbeat sŏnum. Hor. 4. 3. 19. PHR. Mūtæque nătantes Squāmĭgĕrûm pĕcŭdes. Lucr. Măris immensi prōlem gĕnus omne nătantûm. V. Et gĕnus æquŏreum. V. Et quæ marmŏreo fert monstra sub æquŏre pontus. V.

piscor, āris. *To fish.* —— Quo dūcit gŭla, *piscēmur* vĕnēmur ut ōlim. Hor. Epist. 1. 6. 57.

piscōsus, a, um. *Abounding in fish.* —— Est prŏpe *piscosos* lăpĭdōsi Cŭrĭtĭdos amnes Parvus ăger. Ov. F. 3. 581.

‡**pistillum** and **pistillus, i.** *A pestle.* —— Sed grăvior lentos ībat *pistillus* in orbes. Auct. Moret. 111.

pistor, ōris. *A miller, a baker.* —— Inde fŏcum servat *pistor* dŏmĭnumque fŏcōrum. Ov. F. 6. 317.

pistrīnum, i. *A mill for flour.* —— Et non *pistrīno* trādĭtur atque ăsĭno. Cat. 97. 10.

§**pītūīta, æ.** *Phlegm.* —— Precĭpuē sānus nĭsĭ cum *pītūīta* mŏlesta est. Hor. Epist. 1. 1. 108.

pius, a, um. 1. *Pious.* — 2. *Affectionate, kind, etc.* —— 1. Quique *pii* vātes et Phœbo digna lŏcūti. V. Æn. 6. 662. — 2. Euryălus formâ insignis vĭrĭdique jŭventâ, Nīsus ămōre *pio* pŭĕri. V. Æn. 5. 296. PHR. 1. Insignem pĭĕtāte vĭrum. V. Æqui cultor tĭmĭdusque Deōrum. Ov. Quo non mĕtuentius ullum Nūmĭnis ingĕnium terra Săbīna tŭlit. Ov. Non illo mĕlior quisquam nec amantior æqui Vir fuit, aut illâ mĕtuentior ulla Deōrum. Ov. Intĕger vitæ scĕlĕrisque pūrus. Hor.

pix, pĭcis. *Pitch, often spoken of as a means of sticking things together.* —— Idæasque *pĭces* et pingues unguĭne cēras. V. G. 3. 450. Ipsa vĭdes cœlum *pĭce* nĭgrius. Ov. Her. 18. 7. PHR. Ātræ massam pĭcis urbe rĕportat. V. Phrygiæ servant pĭce lentius īræ. V. v. cera.

plācābĭlis, e. *Placable, easily appeased, etc.* —— Hymettia circum Littŏra, pinguis ŭbi et *plācābĭlis* āra Dīānæ. V. Æn. 7. 764. SYN. exsătŭrābĭlis, exōrābĭlis. v. mitis.

plăcenta, æ. *A cake, a cheesecake.* —— Pāne ĕgeo jam mollĭtis pŏtiōre *plăcentis*. Hor. Sat. 1. 10. 11. SYN. lībum.

‡**plācāmen, ĭnis.** *An atonement, an offering calculated to appease.* —— Duc prædicta săcris duro *plācāmĭna* Dīti. Sil. 13. 415.

placeo, es, ui. also perf. pass. **placitus sum.**, and part. used as act. *To please.* —— Utque prŏbæ dignum est omni tĭbĭ dote *plăcēbam*. Ov. Tr. 4. 3. 57. Sīve rŭdis, *plăcĭta ĕs* simplĭcĭtāte tuâ. Ov. Am. 2. 4. 18. SYN. dēlecto, as; jŭvo, as, jūvi. PHR. Idque pio sĕdet Ænēæ, prŏbat auctor Ăcestes. V. Ille terrārum mihĭ præter omnes Angŭlus rīdet. Hor. Cui tristia bella Īræque insĭdiæque et crĭmĭna noxia cordi. V.

placet, uit or **placitum est,** etc., used as impers. *It pleases, it seems good, it is resolved.* —— Non ita Dīs *plăcuit*, qui te spŏliāre pŭdīcâ Conjuge . . . Ov. Ep. e P. 4. 11. 7. Sic pŏtenti Justitiæ *plăcĭtum*que Parcis. Hor. 2. 17. 16.

plăcĭdē. *Softly, gently.* —— Dēfunctum *plăcĭdē* vīvĕre tempus ĕrat. Ov. Am. 2. 9. 24. SYN. mollĭter, lēnĭter.

plăcĭdus, a, um. *Quiet, gentle, mild.* —— Dulcis et alta quies, *plăcĭdæ*que sĭmillĭma morti. V. Æn. 6. 522. SYN. mītis, lēnis, tranquillus, quiētus.

plăcĭtus, a, um. prop. part. pass. from placeo, q. v., used as adj. *Pleasant, liked.* —— Dīvĕs ălit *plăcĭto*ne etiam pugnābis ămōri? V. Æn. 4. 38. SYN. plăcens, jūcundus, grātus, acceptus.

placo, as. *To appease.* —— Sanguine *plācāstis* ventos et virgĭne cæsâ. V. Æn. 2. 116. SYN. līto, as; lēnio, īs; dēlīnio; mollio, īs; flecto, ĭs, xi; mulceo, es, si; permulceo; (*the following are rarely used of appeasing persons, but of mollifying anger, etc.*) mītĭgo, as; tempĕro, as; sēdo, as. PHR. Iidem qui făcĭmus factam tĕnuābĭmus īram. Ov. Dum vĕniat plăcĭdo mītior īra Deo. Ov. Nēve hŏmĭnum rĕfĕram flexas ad mītius īras. Ov. Īramque mĭnasque Supplĭcĭbus sŭpĕra vōtis. V. Prĕcĭbus si nūmĭna justis Victa rĕmollescunt, si flectĭtur īra Deōrum. Ov. Si mŏdŏ læsi Ēmātūruĕrit Cæsăris īra. Ov. Nesciaque hūmānis prĕcĭbus mansuescĕre corda. V. Si cuncta vĭdēbis Mītia; si vīres frēgĕrit īra suas. Ov. Nūmĭnis ut læsi fīat mansuetior īra. Ov. Cum se sătiāvĕrit īra. Ov. Forsitan hīc optes ut justam supprĭmat īram. Ov. Atque ŭtĭnam rĕvŏces ănĭmum paulisper ab īrâ. Ov. Fīas rĕcantātis ămīca Opprobriīs ănĭmumque reddas. Hor.

plăga, æ. *A blow, a wound, etc.*——Jamque assurgentis dextrâ *plāgamque* fĕrentis Æněæ sŭbiit mūcrōnem. V. Æn. 10. 797. SYN. ictus, ûs. v. vulnus.

plăga, æ. *A district.* —— Si quem extenta *plăgārum* Quātuor in mĕdio dirimit *plăga* solis īnīqui. V. Æn. 7. 226. SYN. regio, ōnis, *fem.* q. v.; tractus, ûs.

plăgæ, ārum. *Nets, toils.* —— Rētia rāra, *plăgæ* lāto vēnābŭla ferro. V. Æn. 4. 131. SYN. rēte, is, *neut.* q. v.

‡plăgiārius, i. *A plagiarist.* —— Impōnes *plăgiārio* pŭdōrem. Mart. 1. 53. 9.

§plāgōsus, a, um. *Fond of beating.* —— Esse reor, mĕmini quæ *plāgōsum* mihi parvo Orbĭlium dictāre. Hor. Epist. 2. 1. 70.

‡planctus, ûs. masc. *A beating, esp. a beating of the breast in token of grief, etc.* —— Exprĭmit, et *planctūs* illīsæ cantĭbus undæ. Lucan. 6. 691. Exigit ad sævos fămŭlōrum brāchia *planctus.* Lucan. 2. 24. v. plangor.

plānē. *Plainly.* —— Communi sensu *plānē* căret inquĭmus. Eheu. Hor. Sat. 1. 3. 66.

plango, is, nxi, nctum. *To beat, esp. to beat the breast in token of grief.* — 2. *To lament, in this sense pass.* plangor *is used also as dep.* —— 1. Me mĭsĕram quanto *planguntur* littŏra fluctu. Ov. Her. 19. 121. Tum vero rūpique sĭnūs et pectŏra *planxi.* Ov. Her. 5. 71. — 2. *Planxēre* et Dryădes; *plangentĭbus* assŏnat Ēcho. Ov. Met. 3. 507. Scissæque căpillos *Planguntur* mātres Călȳdōnĭdes Ēvēnīnæ. Ov. Met. 8. 527. Barbăra Memphĭtem *plangĕre* docta bŏvem. Tib. 1. 8. 28. SYN. 1. dēplango. — 2. dŏleo, es, q. v. v. percutio. PHR. palmis percussa lăcertos. V. Et fĕriunt mœstæ pectora nūda mănus. Ov. Prōtĭnus adductis sŏnuerunt pectŏra palmis. Ov. Ingentem gĕmĭtum tunsīs ad sīdĕra tollunt Pectŏrĭbus. V.

plangor, ōris. masc. 1. *A beating, the noise of beating, esp. of beating the breast in grief.* — 2. *Lamentation.* —— 1. Hæc quŏque reddēbat sŏnĭtum *plangōris* eundem. Ov. Met. 3. 498. — 2. Quĭbusve Urgentur pœnis; qui tantus *plangor* ad auras? V. Æn. 6. 561. SYN. 1. ‡planctus, ûs. — 2. luctus ûs. q. v.

‡plānĭpēs ĕdis. *An actor of the lowest sort.* —— *Plānĭpĕdes* audit Făbios. Juv. 8. 191.

plānĭties, ei. *A plane surface, level ground.* —— *Plānĭtĭes* ignōta jăcet, tūtique rĕceptus. V. Æn. 11. 527. SYN. plānum, campus, q. v. v. æquor.

planta, æ. 1. *A young shoot, a scion.* — 2. *A foot.* —— 1. Hic *plantas* tĕnĕrō abscindens de corpŏre mātrum. V. G. 2. 23. — 2. Ut prĭmum ălātis tĕtĭgit măgālia *plantis.* V. Æn. 4. 259. SYN. 1. Plantārium, surculus; germĕn, ĭnis, *neut.* — 2. pēs, pĕdis.

‡plantāris, e. *Of the foot.* —— Summa pĕdum prŏpĕrē *plantārĭbus* allĭgat ālis. Stat. Theb. 1. 304.

plantārium, i. *A young shoot.* —— Exspectant, et vīva suâ *plantāria* terrâ. V. G. 2. 27. v. planta.

‡planto, as. *To plant.* —— Cappăris, et tristes ĭnŭlæ, fĕrŭlæque fĕrāces *Plantantur.* Columel. 10. 118. SYN. sĕro, ĭs, sēvi. q. v.

plānum, i. *A plain.* —— Collĭbus an *plāno* melius sit pōnĕre vītem Quære prius. V. G. 2. 273. SYN. plānĭties, ēi; campus, q. v.

§plānus, i. *A begging cheat.* —— Nec semel irrīsus trĭvīīs attollĕre cūrat Fracto crūre *plānum.* Hor. Epist. 1. 17. 59.

plānus, a, um. *Plain, level.* —— *Plānus* ĕrat lātēque pătens prŏpĕ mœnia campus. Ov. Met. 6. 218. SYN. æquus.

‡plasma, ătis. neut. *Something to clear the voice.* —— Sēde lĕgis celsâ lĭquĭdo cum *plasmăte* gutter Mōbĭle collueris. Pers. 1. 17.

‡plătănon, ōnis. acc. ōna. masc. *A grove of plane-trees.* —— Exornant fictæ qua *plătănōna* fĕræ. Mart. 3. 19. 2.

plătănus, i. fem. *A plane-tree.* —— Et stĕrĭles *plătăni* mălos gessēre vălentes. V. G. 2. 70. PHR. Jamque mĭnistrantem plătănum pōtantĭbus umbras. V.

plătea, æ. *A street.* —— Istos qui in *plăteâ* mŏdo huc, mŏdo illuc In re prætĕreunt suâ occŭpāti. Cat. 16. 7. SYN. vīcus, q. v.

plaudo, is, si, sum. 1. *To strike gently, as clapping; patting, etc.* — 2. *To applaud.* —— 1. Mŏdŏ pectŏra præbet Virgineâ *plaudenda* mănu, mŏdŏ cornua sertis Impĕdienda nŏvis. Ov. Met. 2. 867. Mănĭbusque lăcessunt

Pectora *plausa* căvīs, et colla cŏmantia pectunt. V. Æn. 12. 86.——2. Carnĭfĭcisque mănu pŏpŭlo *plaudente* trahēris. Ov. Ibis. 165. v. plausus.

‡plausĭto, as. *To flap the wings.*——*Plausĭtat* arbŏreâ clāmans de fronde pălumbes. Auct. Phil. 21. v. prec.

plausor, oris. masc. *An applauder.* In văcuo lætus sessor *plausorque* theātro. Hor. Epist. 2. 2. 130. SYN. laudātor.

plaustrum, i. 1. *A waggon.*—2. *The constellation Ursa Major, Charles's Wain.*——Contentâ cervīce trahunt stridentia *plaustra.* V. G. 3. 536.—2. Flexĕrat oblīquo *plaustrum* tēmōne Boōtes. Ov. Met. 10. 447. SYN. I. §plostellum, ‡sarrăcum.—2. Arctos, i; Ursa, q. v.

plausus, a, um. part. pass. of plaudo, q. v. *Also flapped or flapping, of wings.*——Subvŏlat et cĭnĕres *plausīs* ēverbĕrat ālis. Ov. Met. 14. 577.

plausus, ûs. 1. *A clapping of hands, a flapping of wings, etc.*—2. *Applause.* 1. Fertur in arva vŏlans. *plausumque* exterrĭta pennis Dat tecto ingentem. V. Æn. 5. 215.—2. *Plausĭbus* ex ipsis pŏpŭli lætoque făvore Ingĕnium quodvīs incăluisse pŏtest. Ov. Ep. e P. 3. 4. 29. PHR. 2. Lætĭtiâ lūdisque viæ plausuque frĕmēbant. V. Tum plausu frĕmĭtuque vĭrûm stŭdiisque făventûm Consŏnat omne nĕmus, vōcemque inclūsa vŏlūtant Littŏra pulsāti colles clāmōre rĕsultant. V. Plausuque vŏlat frĕmĭtuque sĕcundo. V. Excĭpiunt plausu păvĭdos. V.

§plebēcŭla, æ. dim. of plebes, q. v.——Aut ursum aut pŭgiles his nam *plēbēcŭla* gaudet. Hor. Epist. 2. 1. 185.

plēbēius, a, um. *Of the common people.*——Vult sua *plēbēio* săcra pătēre chŏro. Ov. F. 5. 352.

plēbes, is. also **plēbs, plēbis.** fem. *The common people.*——*Plebs* pia cumque piâ lætētur plēbe Sĕnātus. Ov. Tr. 4. 2. 15. v. vulgus.

‡plēbiscĭtum, i. *A decree of the people.*——Vīs ĕrat; hinc lēges et *plēbiscĭta* coactæ. Lucan. 1. 176.

plector, ĕris. no perf. except part. in sense 2. 1. *To be punished.*—2. *To be woven, chiefly in perf. part.*——1. Inscia quod crīmen vīdērunt lūmĭna *plector.* Ov. Tr. 3. 5. 49.—2. Hos indistinctis *plexos* tŭlit ipse cŏrollis. Cat. 62. 283. SYN. 1. pūnior, īris. v. luo.—2. nector, ĕris, nexus sum, q. v.

plectrum, i. 1. *A quill with which harp-players struck the strings of the harp.*—2. *The harp or lyre itself.*—3. ‡*A rudder.*——1. Instructamque fĭdem gemmīs et dentĭbus Indis Sustĭnet a lævâ, tenuit mănus altĕra *plectrum.* Ov. Met. 11. 168.—2. Et te sŏnantem plēnius aureo Alcæe *plectro* dūra nāvis Dūra fŭgæ măla, dūra belli. Hor. 2. 13. 26.—3. Non *plectro* rătĭs, aut frangendæ in vulnĕre prōræ Parcĭtur. Sil. 14. 549. SYN. 1. pectĕn, ĭnis, *masc.*—2. lўra, q. v.—3. gŭbernācŭlum, q. v.

Plēiădēs, also **Plēĭădēs, um.** fem. pl., also in sing. **Plēias** or **Plēĭăs, ădŏs.** (and in Stat. **Plīas.**) *A Pleiad, the Pleiads, the daughters of Atlas, who were changed into seven stars.*——*Plēĭăs* ēnixa est, lētoque det impĕrat Argum. Ov. Met. 1. 670. *Plēiădēs* incĭpiunt hŭmĕros rĕlĕvare păternos Quæ septem dīci, sex tămĕn esse sŏlent, Seu quod in amplexum sex hinc vēnēre Deōrum, nam Stĕrŏpen Marti concŭbuisse fĕrunt, Neptuno Halcўonēn et te formōsa Cĕlæno, Maiăn et Electrān Tāўgĕtenque Jŏvi, Septĭma mortāli Mĕrŏpē tĭbĭ Sīsўphe nupsit. Ov. F. 4. 169. SYN. Ătlantĭdĕs, *pl. fem.*, Vergĭliæ. PHR. Plēĭădum denso cur coit imbre chŏrus. Prop. Si te distantia longe Plēĭădum laudent signa quid inde fĕras? Ov. Arctūrum sŭbiī Plēĭădumque mĭnas. Ov. Tunc tristis hyems, tunc Pleiădēs instant. Ov. Quis tunc aut Hўădās aut Plēiădās Ătlanteas Senserat? Ov.

plēnē. compar. ius. *Fully.*——*Plēnius* auctōrem te quŏque nacta făcit. Ov. Ep. e P. 2. 11. 20. SYN. ūbĕrius.

plēnus, a, um. *Full, loaded, etc.*——Tellūri *plēnæ* victĭma *plēna* dătur. Ov. F. 4. 634. SYN. sătur, ŭra, ŭrum. PHR. cĕlĕberrĭmus īlĭce lūcus. Ov.

§plērīque, plēræque, plērăque. *Most, many.*——*Plērăque* diffĕrat et præsens in tempus ŏmittat. Hor. A. P. 44. v. multus.

plērumque. *For the most part, usually.*——Luxŭriant ănĭmi rēbus *plērumque* secundis. Ov. A. A. 2. 437. SYN. fĕrē, vulgo.

plĭco, as. rare in perf., pass. part. **plicatus** only in Lucr. *To fold, to twine.*——Nexantem nōdis, seque in sua membra *plĭcantem.* V. Æn. 5. 279. SYN. implĭco, as, ui, ĭtum; necto, ĭs, xui, xum, q. v.

‡plōrābilis, e. *Lamentable.* —— Phyllĭdăs, Hypsĭpўlas, vātum et *plōrābĭle* ! si quid Ēlĭquat. Pers. 1. 34. SYN. lāmentābĭlis, flēbĭlis.

‡plōrātor, ōris. masc. *A mourner.* —— Si quis *plōrātor* collo tĭbĭ vernŭla pendet. Mart. 14. 54. 1.

†‡plōrātus, ūs. *Lamentation.* —— *Plōrātus* mortis cŏmĭtes et fūnĕris ātri. Lucr. 2. 581. SYN. luctus, ūs.

plōro, as. *To deplore, to lament.* —— Quoque vŏlunt *plōrant* tempŏre, quōque mŏdo. Ov. A. A. 3. 292. SYN. dēplōro, complōro, applōro; lūgeo, ēs, xi, q. v.

§plostellum, i. *A little waggon.* —— Ædĭfĭcāre căsas; *plostello* adjungĕre mūres. Hor. Sat. 2. 3. 247. v. plaustrum.

pluit, ēbat, it, etc. impers. *It rains, lit. and metaph.* —— Nec de concussā tantum *pluit* īlĭce glandis. V. G. 4. 81. SYN. dēpluit. PHR. Multā dĕcĭdit imber ăquā. Tib. Jūpĭter et læto descendet plūrĭmus imbri. V. Et plŭviā ingenti săta læta boumque lăbōres Dīluit. V. Æstĭvis effūsus nūbĭbus imber. V. Tantus se nūbĭbus imber Rūpĕrat. V. v. imber.

plūma, æ. 1. *A feather.* — 2. *A plate or scale in armour.* —— 1. Nec quĕrar in *plūmis* dēlĭtuisse Jŏvem. Ov. Her. 8. 68. — 2. Quem pellis ăhēnis In *plūmam* squāmis auro conserta tĕgēbat. V. Æn. 11. 771. SYN. 1. penna. — 2. v. squama.

†plūmātus, a, um. *Feathered.* —— Extrēmum nĭtens *plūmāto* corpŏre Corvus. Cic. N. D. 2. 44. SYN. pennātus.

plumbeus, a, um. *Of lead.* —— *Plumbea* cum tortæ sparguntur pondĕra fundæ. Prop. 4. 3. 65.

plumbum, i. 1. *Lead.* — 2. *A leaden bullet, etc.* — 3. *A leaden pipe.* —— 1. Terga boum *plumbo* insūto ferroque rĭgēbant. V. Æn. 5. 405. — 2. Et mĕdia adversi lĭquĕfacto tempŏra *plumbo* Diffĭdit. V. Æn. 9. 588. — 3. Pūrior in vīcis ăqua tendit rumpĕre *plumbum.* Hor. Epist. 1. 10. 20. SYN. 2. glans, dis, *fem.* — 2. fistŭla.

plūmeus, a, um. *Made of feathers.* —— *Plūmeus,* ātrĭcŏlor, pullo vēlāmĭne tectus. Ov. Met. 11. 611. SYN. plūmōsus.

plūmĭpēs, ĕdis. *With feathery feet.* —— Adde huc *plūmĭpĕdes,* vŏlātĭlesque. Cat. 53. 27.

plūmōsus, a, um. *Of feathers, in any way relating to feathers.* —— Faunus *plūmōso* sum Deus aucŭpio. Prop. 4. 2. 34. SYN. plumeus.

plūrĭmus, a, um. a sort of superl. of multus. 1. *Most, very many.* — 2. *Abundant, very large.* —— 1. *Plūrĭma* perque vias sternuntur ĭnertia passim Corpŏra. V. Æn. 2. 364. — 2. Jamque ascendēbant collem qui *plūrĭmus* urbi Immĭnet. V. Æn. 1. 419. v. multus, magnus.

plūs. only in nom. and acc. sing., often as adv. *More,* (*gen.* **plūris**) *of more value,* (*pl.* **plūres, plūra** *etc.*) *more.* —— Scorpius et cœli justā *plus* parte rĕlīquit. V. G. 1. 35. *Plus* tĭbĭ quam Jūno nŏcuit Vĕnus; illa prĕmendo Sustŭlit. Ov. Her. 9. 11. — Quisquis ĕs aut ălĭquid corpŏre *plūris* hăbe. Ov. A. A. 2. 144. Non ălias cœlo cĕcĭdērunt *plūra* sĕrēno Fulgŭra. V. G. 1. 487. v. magis.

†plusculum. *A very little more.* —— *Plusculum* hăbent in se rătiōnis, plusque ŏpĕrāi. Lucr. 4. 620.

plŭteus, i. 1. *A shed or shield under which besiegers might carry on their works.* — 2. *The covered side of a bed.* — 3. *A shelf, a bookcase, etc.* —— 1. Sub cujus *plŭteis* et tectā fronte lătentes. Lucan. 3. 483. — 2. Lygdămus ad *plŭtei* fulcra sĭnistra jăcens. Prop. 4. 9. 42. — 3. Et jŭbet archĕtўpos *plŭteum* servāre Cleanthus. Juv. 2. 7.

Plūto and Plūton, ōnis. acc. ōnem and ōna. *Son of Saturn and god of hell.* —— Ōdit et ipse păter *Plūtōn,* ŏdēre sŏrōres. V. Æn. 7. 327. SYN. Clўmĕnus; Dīs (*not however found in nom.*), *gen.* Dītis. PHR. Cui triplĭcis cessit fortūna nŏvissĭma regni. Ov. Plūtōna plăces illăcrўmābĭlem. Hor. Tartărĕum dīcunt indŏluisse Deum. Ov. Săcra Jŏvi Stўgio quæ rīte incepta părāvi. V. Persĕphŏnēn ădiit, ĭnămœnaque regna tĕnentem Umbrārum dŏmĭnum. Ov. Nec rēgia conjux Sustĭnet ōranti, nec qui rĕgit īma nĕgāre. Ov. v. orcus.

Plūtōnius, a, um. *Of Pluto.* —— Et dŏmus exīlis *Plūtōnia;* quo simul meāris. Hor. 1. 4. 17. v. Stygius.

‡**Plūtus, i.** *The god of riches.*——Vĕniente *Plūto* qui Fortūnæ est fīlius. Phædr. 4. 11. 3.

plŭvia, æ. *Rain.*—— Sæpe grăves *plŭvias* ădŏpertus nūbĭbus Auster Concĭtat. Ov. F. 2. 71. SYN. ĭmber, bris, *masc.*; nimbus. PHR. ŭbĭ . . . Jūpĭter ūvĭdus austris Densat ĕrant quæ rāra mŏdo, et quæ dēnsa rĕlaxat. V. Aut si nox plŭviam nē collĭgat ante, vĕrēmur. V. Tĕnues plŭviæ. V. v. pluit imber. v. V. G. 1. 374—382.

plŭviālis, e. *Of rain; rainy, etc.*——Vēre mădent ūdo terræ ac *plŭviālĭbus* austris. V. G. 3. 429. v. seq.

plŭvius, a, um. *Rainy, etc.*——Arctūrum *plŭviasque* Hyădas, gĕmĭnosque Triōnes. V. Æn. 3. 516. SYN. plŭviālis, ūvĭdus, ăquōsus, ăquātĭcus, nimbōsus; imbrĭfer, ĕra, ĕrum; nimbĭfer, ĕra, ĕrum.

pōcŭlum, i. 1. *A cup.*—2. *A draught.*——1. Et nōbīs īdem Alcĭmĕdon duŏ *pōcŭla* fēcit. 3. 44.—*Pōcŭla*que inventīs Ăchĕlōia miscuit ūvis. V. G. 1. 9. SYN. 1. pătĕra, călix, ĭcis, *masc.*; cŭlullus, cĭbŏrium; crātēr, ēris, *acc.* ēra, etc.; carchēsium, scȳphus, cymbium, crātēra cantharus; lĕbes, ētis, *acc.* ēta, etc.; cyăthus.—2. haustus, ūs, q. v. PHR. 1. Tandem inter pătĕras et lævia pōcŭla serpens. V. Hic rēgīna grăvem gemmīs auroque pŏposcit Implēvitque mĕro pătĕram. V. Bīna dăbo argento perfecta atque aspĕra signis Pōcŭla. V. Ille impĭger hausit spūmantem pătĕram et plēno se prōluit auro. V.

pŏdăgra, æ. *The gout in the feet.*——Tollĕre nōdōsam nescit mĕdĭcīna *pŏdăgram.* Ov. Ep. e P. 1. 3. 23.

Pŏdălīrius, i. *A son of Æsculapius, who with his brother Machaon was the physician of the Greeks at the siege of Troy.*——Quantus ăpud Dănaos *Pŏdălīrius* arte mĕdendi. Ov. A. A. 2. 735.

‡**pŏdium, i.** *The most honourable place in the theatre or circus.*—— Omnĭbus ad *pŏdium* spectantĭbus; his licĕt ipsum Admŏveas. Juv. 2. 147.

Pœantiădes, æ. *The son of Pœas, i. e. Philoctetes,* q. v.—— Nec *Pœantiădem* quod hăbet Vulcānia Lemnos. Ov. Met. 13. 313. SYN. Pœantius.

poēma, ătis. neut. *A poem.*——Hoc jucunde tĭbī *poēma* fēcī. Cat. 48. 16. Et mea sūnt pŏpŭlō saltāta *poēmăta* sæpe. Ov. Tr. 2. 519. SYN. carmĕn, ĭnis, *neut.*, q. v.

pœna, æ.—*Punishment, prop. a fine, whence the phrases* pœnam, luo, do, etc., *to suffer punishment,* i. e. *pay a fine.*—— Extinxisse nĕfas tămen, et sumpsisse mĕrentes Laudābor *pœnas.* V. Æn. 2. 586. Non mĕrĭti *pœnam* pătĕris sed nūmĭnis īram. Ov. F. 1. 483. SYN. supplĭcium. PHR. Dăbis imprŏbe pœnas. V. Mĕrĭtasque luet vĭcĭnia pœnas Imprŏba. Ov. Victam nē pœna sĕquātur. Ov. Rāro antĕcēdentem scelestum Dēsĕruit pĕde Pœna claudo. Hor. Tum pĕndĕre pœnas Cĕcrŏpĭdæ jussi. V. Pœnarum exhaustum sătis est. V. Postquam arte nŏvercæ occĭdĕrit, pătriasque explērit sanguĭne pœnas (Hippolytus, sc.). V. Tanton' me crīmĭne dignum Duxisti, et tāles vŏluisti expendĕre pœnas. V. Quæ scĕlĕrum făcies, o virgo effāre, quĭbusve Urgentur pœnis? V. Ergo exercentur pœnis vĕtĕrumque mălōrum supplĭcia expendunt. V. Si non supplĭcio culpa rĕcĭdĭtur. Hor. Si scĕlus est in me commissi pœna rĕdundet. Ov. Immĕrĭtos cur mea pœna trahit? Ov. Mātĕriæ mĭnor est dĕbĭta pœna meæ. Ov. Multa mĕtu pœnæ, pœnā qui pauca coercet. Ov. Huic pœnas exĭgit īra Deæ. Ov. Ipse vĕlim pœnas expĕriāre meas. Ov. Magnīs injūria pœnis Solvĭtur, et justum prætĕrit īra mŏdum. Ov. Pœna mĕtusque ăbĕrant nec verba mĭnācia fixo ære lĕgēbantur. Ov.

pœnĭtentia, æ. *Repentance.*——Sērā dant pœnas turpes *pœnĭtentiā.* Phædr. 1. 13. 2.

pœnĭtet, uit, etc. *It repents one, one repents, impers.*——Nec te *pœnĭteat* călămo trivisse lăbellum. V. E. 2. 34. Stant et ŏves circum, nostri nec *pœnĭtet* illas. V. E. 10. 16. PHR. Pœnĭtet, o si quid mĭsĕrōrum crēdĭtur ulli, Pœnĭtet et facto torqueor ipse meo. Cumque sit exsĭlium măgis est mihĭ culpa dŏlōri, Estque păti pœnas quam mĕruisse mĭnus. Ov. v. piget.

Pœnus, a, um. *Carthaginian.*—— Dăphnĭ tuum *Pœnos* ĕtiam ingĕmuisse leōnes Intĕrĭtum. V. E. 5. 11. Et jam jussa făcit pōnuntque fĕrōcia *Pœni* Corda vŏlente Deo. V. Æn. 1. 302. SYN. Pūnĭcus, *in pl. of the people* Phœnīcēs. v. Carthago.

§poēsis, is. fem. *Poetry, a poem.* ——Ut pictūra *poēsis* ĕrit ; quæ, si propius stes Te căpiat măgis. Hor. A. P. 361. SYN. carmĕn, ĭnis, *neut.* q. v.

poēta, æ. masc. *A poet.* (*Poets were said to be under the particular protection of Apollo and of Bacchus, and to wear garlands of ivy, or sometimes of myrtle.*) ——Compŏsuit cāsūs iste *poēta* meos. Ov. Am. 2. 1 10. SYN. vātes, -is, *masc.* PHR. Quique pii vātes et Phœbo digna lŏcūti. V. Necnon Thrēĭcius longâ cum veste săcerdos (Orpheus, sc.) Oblŏquĭtur nŭmĕris septem discrīmĭna vōcum. V. Et me fēcēre poētam Pīĕrĭdes, sunt et mihĭ carmĭna. V. Me jŭvat in prīmâ coluisse Hĕlĭcōna jŭventâ. Prop. Ingĕniumque căpax totumque Hĕlĭcōna dĕdisset (Deus). Ov. Quæ quŏniam nec nos undâ submōvit ab illâ Ungŭla Gorgŏnei quam căva fēcit ĕqui. Ov. Lūcĭda Pīĕriâ tendis ĭn astra viâ. Ov. Vīlia mīrētur vulgus, mihĭ flāvus Apollo Pōcŭla Castălĭæ plēna mĭnistret ăquæ; Sustĭneamque cormâ mĕtuentem frīgŏra myrtum, Atque a sollĭcĭto multus ămante lĕgar. Ov. Sponte suâ carmen nŭmĕros vĕniēbat ad aptos, Et quod tentābam scrībĕre versus ĕrat. Ov. Ămīcum Crēthea mūsis Crethea Mūsārum cŏmĭtem cui carmĭna semper Et cĭthăræ cordi, nŭmĕrosque intendĕre nervis ; Semper ĕquos atque arma vĭrûm, pugnasque cănēbat. V. At tu, nam Dīvûm servat tūtēla poētas, Præmŏneo vāti parce puella săcro. Tib. Me doctārum hĕdĕræ præmia frontium Dīs miscent Sŭpĕris. Hor. v. Hor. 4. 3. 1—24., 4. 9. 1—28.

§poētĭcus, a, um. *Poetical* ——Servas ; fīdis ĕnim mānāre *poētĭca* mella. Hor. Epist. 1. 19. 44.

poētria, æ. *A poetess.* —— Grāta lўram pŏsui tĭbĭ Phœbe *poētria* Sappho. Ov. Her. 15. 183. SYN. vātes, is, *fem.*

pŏlenta, æ. *Barleymeal.* ——Cum lĭquĭdo mixtâ perfūdit Dīva *pŏlentâ*. Ov. Met. 5. 454.

pŏlio, īs. *To polish, lit. and metaph.* ——Arma Certātim squāmis serpentum auroque *pŏlībant.* V. Æn. 8 436. Cūr ĕgŏ sollĭcĭtâ pŏliam mea carmĭna cūrâ? Ov. Ep. e P. 1. 5. 61. SYN. expŏlio ; lævo, as ; līmo, as (*usu. metaph*).

pŏlītus, a, um part. pass. of prec. (†used also as adj.) *Polite.* —— Sīc hŏmĭnum gĕnus est, quamvis doctrina *pŏlītos* Constĭtuat părĭter quosdam. Lucr. 3. 308. SYN. cultus, urbānus, q. v.

pollens, entis. part. pres. from polleo, q. v., but used also as adj. *Powerful.* —— Nupta quid exspectas, non tu *pollentĭbus* herbis. . . . Ov. F. 2. 425. SYN. pŏtens, q. v.

polleo, -es. no perf. *To be powerful* ——Et pĕte quâ *polles* ut sit tĭbĭ forma pĕrennis. Prop. 3. 10. 17. SYN. vălео, es, q. v.

pollex, ĭcis. masc. *The thumb, metaph the hand.* —— Qualem virgĭneo dēmessum *pollĭce* flōrem. V. Æn. 11. 68. v. manus.

pollĭceor, ēris, ĭtus sum. perf. part both in act. and pass. sense. *To promise.* ——Quæ tĭbĭ *pollĭceor* rĕdūci rēbusque sĕcundis. V. Æn. 9. 301. Non hoc *pollĭcĭtus* tuæ. Hor. 1. 15. 32. *Pollĭcĭtam* dictis Jūpĭter adde fĭdem. Ov. F. 3. 366. SYN. prōmitto, ĭs, mīsi, missum, q. v , spondeo, es, spospondi, *but rare in perf.*

pollĭcĭtum, ī. *A promise.* —— *Pollĭcĭto* testes quoslĭbet adde Deos. Ov. A. A. 1. 632. SYN prōmissum, q v.

‡pollinctor, ōris. masc. *A layer out of the dead.* —— Jam scrŏbe, jam lecto, jam *pollinctōre* părāto. Mart. 10. 97. 3

polluo, ĭs, ui, ūtum. *To pollute* ——*Polluit* ōre dăpes, sŏciis tunc arma căpessant Ēdĭco. V. Æn. 3. 234. SYN. inquĭno, as ; tĕmĕro, as ; contĕmĕro ; fœdo, as ; turpo, as ; măcŭlo, as ; commăcŭlo (*of religious pollution*) ; incesto, as.

Pollux, ūcis. *The son of Tyndărus and Leda, brother of Castor, Helen, and Clytæmnestra ; he and Castor were changed into a constellation (Gemini) presiding over fair weather at sea.* —— Si frātrem *Pollux* alternâ morte rĕdēmit. V. Æn. 6. 121. v. Castor.

pŏlus, i. 1. *The pole of the world.* — 2. *Heaven.* —— 1. Tristior istâ Terra sub ambōbus non jăcet ulla *pŏlis*. Ov. Ep. e P. 2. 7. 64. — 2. Et nox ātra *pŏlum* bīgis subvecta tĕnēbat. V. Æn. 5. 721. SYN. 1. axis, is, *masc.* — 2. cœlum, q. v.

Pŏlyhymnia, æ. *One of the Muses.*——Dissensēre Deæ, quārum *Pŏlyhymnia* cœpit. Ov. F. 5. 9. v. Musa.

Pŏlyphēmus, i. acc. um and ŏn. *One of the Cyclops, who lived near Mount Ætna.*——Terrĭbĭlem *Pŏlyphēmŏn* ădit, lūmenque quod ūnum Fronte gĕris mĕdiā răpiet tĭbĭ dixit Ulysses. Ov. Met. 13. 772. v. V. Æn. 3. 616—676.

‡pŏlypōsus, a, um. *With a polypus in the nose.*——Nāsūtum vŏlŏ nōlŏ *pŏlypōsum.* Mart. 12. 37. 2.

pŏlypus, i. *A polypus.*——Utque sub æquŏrĭbus dēprênsum *pŏlypus* hostem Contĭnet ex omni dīmissis parte flăgellis. Ov. Met. 4. 366.

pōmārium, i. *An orchard.*——Hespĕrii rēgis *pōmāria* tuta fuissent. Ov. Nux. 111.

§pōmārius, i. *A fruiterer.*——Ēdĭcit piscātor ŭti, *pōmārius,* auceps. Hor. Sat. 2. 3. 227.

pōmĭfer, ĕra, ĕrum. *Bringing fruit, producing fruit.*——Sĭmul *Pōmĭfer* Autumnus frūges effūdĕrit et mox . . . Hor. 4. 7. 11. Cum mihi *pōmĭfĕris* conjux fŏret orta Făliscis. Ov. Am. 3. 13. 1. SYN. pōmōsus. v. fertilis.

‡pōmœrium, i. *A vacant space left both on the inside and outside of a city wall.*——Longa per extrēmos *pōmœria* cingĕre fines. Luc. 1. 589.

Pōmōna, æ. *The goddess of fruit and fruit trees.*——Rēge sub hoc *Pōmōna* fuit quâ nulla Lătīnas Inter Hămādryădas cŏluit sōlertius hortos, Nec fuit ărbŏrei stŭdiōsior altera fœtus, Unde tĕnet nōmen. Ov. Met. 14. 623.

pōmōsus, a, um. *Abounding in fruit trees.*——*Pōmōsis*que rŭber custos pōnātur in hortis. Tib. 1. 1. 17.

pompa, æ. *A procession.*——Dōna fĕram, jam nunc sōlennes dūcĕre *pompas* Ad dēlūbra jŭvat. V. G. 3. 22. PHR. Sed jam pompa vĕnit, linguīs ănĭmisque făvēte Tempus ădest plausûs, aurea pompa vĕnit. Ov. Pompam păter inquit Iāson Dūcit et adjunctos aureus urget ĕquos. Ov. Obstĭtit in mĕdiâ candĭda pompa viâ. Ov. Ībat ĕratque dĕcus pompæ cŏmĭtumque suārum. Ov. Cĕlĕbrandaque mōre priōrum Annua prælātā rĕdeunt Hyăcinthia pompâ. Ov.

Pompeius, also **Pompēius, i.** *The greatest of this name was the general defeated by Julius Cæsar at the battle of Pharsalia.*——*Pompēi* meōrum prĭme sŏdālium. Hor. 2. 7. 5. Accĭpe *Pompēi* dēductum carmĕn ab illo. Ov. Ep. e P. 4. 1. 1. SYN. magnus.

Pompeius, a, um. *Of Pompey.*——Prōtĭnus inde dŏmus vōbis *Pompēia* pĕtātur. Ov. Ep. e P. 4. 5. 9.

Pompĭlius, i. *The second king of Rome.*——Rōmŭlum post hos prius an quiētum *Pompili* regnum mĕmŏrem . . . dŭbĭto. Hor. 1. 12. 33. SYN. Nūma, q. v.

pōmum, i. 1. *The fruit of any tree.*—2. *A fruit tree.*——1. Strāta jăcent passim sua quæque sub arbore *pōma.* V. E. 7. 54.—2. *Pōma* quoque ut prīmum truncos sensere vălentes. V. G. 2. 426. SYN. 1. fructus, ûs, q. v.—2. pōmus, i, q. v.

pōmus, i. fem. *A fruit tree.*——Tunc victūs ăbiēre fĕri tunc insĭta *pōmus.* Tib. 2. 1. 43.

pondĕro, as. *To weigh, to consider.*——Semper ămātōrum *pondĕrat* illa sĭnus. Prop. 2. 16. 12. SYN. pendo, ĭs, pĕpendi, q. v.; penso, as.

pondus, ĕris. neut. 1. *Weight, lit. and metaph.*—2. *A burden.*—3 *Firmness, stability.*——1. Qui saxo sŭper, atque ingenti *pondĕre* testæ Urgĕrent. V. G. 2. 352. Sed tămĕn et lăcrymæ *pondĕra* vōcis hăbent. Ov. Her. 3. 4.—2. Post vălĭdo nītens sub *pondĕre* făgĭnus axis Instrĕpat. V. G. 3. 172. 3. Crēdŭle, nulla diu fœmĭna *pondus* hăbet. Prop. 2. 25. 22. SYN. 1. grăvĭtas.—2. ŏnus, ĕris, *neut.*

pōne. *Behind.*——*Pōne* sĕquens, namque hanc dĕdĕrat Proserpĭna lēgem. V. G. 4. 487. SYN. post.

pōno, is, pŏsui, ĭtum. 1. *To place, arrange, etc.*—2. *To plant.*—3. *To paint, to portray.*—4. *To lay aside.*—5. *To stake as a wager.*—6. *To impose upon, give to, etc.*——1. Et săle tăbentes artūs in littŏre pōnunt. V. Æn. 1. 177.—2. Insĕre nunc Mĕlĭbœe, pĭros, *pone* ordĭne vītes. V. E. 1. 74.—3. Si Vĕnĕrem nunquam Cōus *pŏsuisset* Āpelles. Ov. A. A. 3. 401.—4. Et jam jussa făcit *pōnunt*que fĕrōcia Pœni Corda. V. Æn. 1. 302.—5. Insānire lĭbet quŏniam tĭbĭ pōcŭla *pōnam* Făgĭna. V. E. 3. 36.—6. Laurentesque ab eâ nōmen *pŏsuisse* cŏlōnis. V. Æn. 7. 63. SYN. 1. compōno, dispōno, rĕpōno; lŏco, as; collŏco; stătuo, is, ui; constĭtuo; sisto, ĭs, *no perf.* q. v.—2. sĕro, ĭs, sēvi, sătum, q. v. — 3. pingo, ĭs, pinxi, pictum, q. v. — 4, 5. dēpōno. — 4. rĕpōno ; prōjĭcio, ĭs, jēci, jectum. — 6. impōno. v. do.

pōns, pontis. masc. 1. *A bridge.* — 2. *A plank for crossing any place on, stairs, etc.* — 3. *Hustings at an election, usu. in pl. in this sense.* —— 1. Indŏmĭtique Dahæ, et *pontem* indignātus Ăraxes. V. Æn. 8. 728. — 2. Expŏsĭtis stābat scālis et *ponte* părāto. V. Æn. 10. 653. — 3. *Pontĭbus* infirmos præcĭpĭtāsse sĕnes. Ov. F. 5. 634.

§pontĭcŭlus, i. dim. of prec. —— Sed vĕrĕres ĭnepta Crūra *pontĭcŭli.* Cat. 18. 3.

Pontĭcus, a, um. *Of Pontus.* —— Aspĭciat vultus *Pontĭca* terra meos. Ov. Tr. 1. 2. 94.

Pontĭfex, ĭcis. masc. *A chief priest.* —— *Pontĭfĭcis*que sui mūnĕre tūta fuit. Ov. F. 6. 454. v. sacerdos.

pontĭfĭcālis, e. *Pontifical.* —— Arcădiæ săcrum *pontĭfĭcāle* Deæ. Ov. F. 1. 462.

pontus, i. *The sea; often joined with another word also signifying sea.* —— Contĭnuo ventis surgentĭbus aut frĕta *ponti* Incĭpiunt ăgĭtāta tŭmescĕre. V. G. 1. 356. SYN. măre, is, *neut.* q. v.

Pontus, i. *A district of Asia on the borders of the Black Sea.* —— Ipse vĭdes certē glăciē concrescĕre *Pontum.* Ov. Ep. e P. 4. 7. 7.

pŏpa, æ. masc. *The priest who slew the victims.* —— Succinctique călent ad nŏva lūcra *pŏpæ.* Prop. 4. 3. 62. v. sacerdos.

‡pŏpănum, i. *A sacrificial cake.* —— Scĭlĭcet et tĕnui *pŏpăno* corruptus Ŏsīri. Juv. 6. 540. SYN. lībum, q. v.

§pŏpellus, i. *The lower class of the people.* —— Vīlia vendentem tŭnĭcāto scrūta *pŏpello.* Hor. Epist. 1. 7. 65. v. popŭlus.

§pŏpīna, æ. *A tavern, a cook's shop.* —— Quæcunque immundis fervent allāta *pŏpīnis.* Hor. Sat. 2. 4. 62.

pŏplĕs, ĭtis. masc. *The back of the knee, the knee.* —— Incĭdit ictus Ingens ad terram dŭplĭcāto *pŏplĭte* Turnus. V. Æn. 12. 927. SYN. gĕnu, q. v. PHR. Ictus ĕrat qua crūs esse incĭpit, et qua Mollia nervōsus facit internōdia pōples. Ov.

‡poppysma, ătis. neut. *A noise made by clapping the hands.* —— Præbēbit vāti crēbrum *poppysma* rŏganti. Juv. 6. 583. v. plausus.

pŏpŭlābĭlis, e. *That may be laid waste or destroyed.* —— Intĕreā quodcunque fuit *pŏpŭlābĭle* flammæ Mulcĭber abstŭlĕrat. Ov. Met. 9. 262. SYN. ‡dēlēbĭlis.

pŏpŭlāris, e. 1. *Of the people.* — 2. *A countryman,* i. e. *one born in the same country as another.* —— 1. Nunc quŏque jam nĭmium gaudens *pŏpŭlārĭbus* auris. V. Æn. 6. 817. — 2. Perque tuas urbes, tĭbi ĕnim *pŏpŭlāris* Ăchille. Ov. Met. 12. 191.

‡pŏpŭlārĭtas, ātis. *Popularity.* —— Et grātum *pŏpŭlārĭtāte* Magnum. Stat. Sylv. 2. 7. 69. SYN. făvor.

‡pŏpŭlārĭter. *At the will of the people.* —— Quemlĭbet occĭdunt *pŏpŭlārĭter;* inde rĕversi. Juv. 3. 37.

pŏpŭlātor, ōris. *One who lays waste.* —— Hŏc ŭbĭ cognōvit Trōjæ *pŏpŭlātor,* Ăchilles. Ov. Met. 13. 655. v. eversor.

‡pŏpŭlātrix, īcis. fem. form of prec. Hoc tĭbĭ Thēsēi *pŏpŭlātrix* mīsit Hȳmetti. Mart. 13. 104. 1.

‡pŏpŭlātus, ūs. *A laying waste.* —— Ardent Hespĕrii sævis *pŏpŭlātĭbus* agri. Lucan. 2. 634.

pōpŭleus, a, um. *Of a poplar tree.* —— Quālis *pōpŭleā* mœrens Phĭlŏmēla sub umbrā. V. G. 4. 511.

pŏpŭlĭfer, ĕra, ĕrum. *Producing poppies.* —— Frīgĭdus Eurōtās *pŏpŭlĭfer*que Pădus. Ov. Am. 2. 17. 32.

pŏpŭlo, as. sometimes pŏpŭlor, āris. dep., perf. part. pŏpŭlātus, both in act. and pass. sense. 1. *To lay waste, to destroy.* — 2. *To deprive, mutilate.* —— 1. Hĭc ōlim ignāros luctus *pŏpŭlāvit* Ăchīvos. Prop. 3. 18. 29. Terrĭtat invălĭdas ut ăves, et littŏrā vestra, Vi *pŏpŭlat.* V. Æn. 12. 263. — 2. Ōra mănusque ambas, *pŏpŭlāta*que tempŏra raptis Aurĭbus. V. Æn. 6. 496. SYN. 1. †dēpŏpŭlor, ‡dēpŏpŭlo, vasto. — 2. mŭtĭlo, as; trunco, as.

pŏpŭlus, i. 1. *A people, a nation.* — 2. *The people.* —— 1. Hinc *pŏpŭlum* lātē rĕgem belloque sŭperbum. V. Æn. 1. 21. — 2. Est quŏque quo pŏpŭlum jūs est includĕre septis. Ov. F. 1. 53. SYN. 1. gens, gentis, *fem.* q. v.

pōpŭlus, i. fem. *A poplar tree.* —— *Pōpŭlus* Alcīdæ grātissĭma, vītis Iaccho. V. E. 7. 61. PHR. Lentâque sŏrōre Flammāti Phaĕthontis, et āĕriâ cūpressu (*the sisters of Phaethon were turned into poplars*). Cat. Dixĕrat, Hercŭleâ bĭcŏlor cum pōpŭlus umbrâ Vēlāvitque cŏmas. V. Hic candĭda pōpŭlus antro Immĭnet. V. Pōpŭlus in flŭviis pulcherrima. V.

porca, æ. *A sow.* —— Stābant et cæsâ jungēbant fœdera *porcâ*. V. Æn. 8. 641. v. seq.

porcus, i. *A hog.* —— Et mĭnor ex hŭmĭli victĭma *porcus* hărâ. Ov. Am. 3. 13. 16. SYN. sūs, suis, *masc. and fem.* q. v.

porgo, is. sync. for porrigo, q. v. Cingĭte fronde cŏmas, et pōcŭla *porgite* dextris. V. Æn. 8. 276.

porrĭcio, ĭs. only pres. *To lay the entrails of a victim on the altar, or to throw them into the sea.* —— Taurum Constĭtuam ante ōras vōti reus, Extaque salsos *Porrĭciam* in fluctus. V. Æn. 5. 238.

§**porrīgo, ĭnis.** fem. *Scurf in the head.* —— Ungĕre si . . . căputque Cœpĕris impexâ fœdum *porrīgĭne*, quāre. Hor. Sat. 2. 3. 126.

porrĭgo, ĭs. also sync. **porgo, porrexi, rectum.** 1. *To stretch forth* (*trans.*), *to extend.* — 2. *To hold out,* i. e. *to offer, to give.* — 3. *To lengthen.* —— 1. Ipse prĕcor serpens in longum *porrĭgar* alvum. Ov. Met. 4. 574. *Porrectus*que nŏvem Tĭtyos per jūgĕra terræ. Tib. 1. 3. 75. — 2. Nec tĭbĭ pampĭneas autumnus *porrĭgit* ūvas. Ov. Ep. e P. 3. 1. 13. — 3. Spectandique mŏrâ brūmāles *porrĭgis* hōras. Ov. Met. 4. 199. SYN. 1. extendo, ĭs, di, tum. — 1, 2. prŏtendo ; præfĕro, fers, tŭli. — 3. prōdūco, ĭs, xi, ctum.

porro. 1. *In front.* — 2. *Hereafter.* — 3. *Moreover.* —— 1. Altera quod *porro* fuĕrat cĕcĭnisse pŭtātur. Ov. F. 1. 635. — 2. Albāni dŏcuēre suos ; hinc maxĭma *porro* Accēpit Rōma. V. Æn. 5. 600. — 3. Percĭpe *porro* Quid dŭbĭtem et quæ nunc ănĭmo sententia surgat. V. Æn. 9. 191. SYN. 1. ante. 2. posthâc, q. v. — 3. quīn, quīnĕtiam, †prōporro, sŭper.

§‡**porrus, i.** and **porrum, i.** *A leek.* —— Vērum seu pisces, seu *porrum* et cæpe trŭcīdas. Hor. Epist. 1. 12. 21.

Porsenna, æ. also **Porsĕna, æ.** masc. *King of Etruria, who made war on the Romans to restore Tarquin.* —— Nec non Tarquĭnium ejectum *Porsenna* jŭbēbat Accĭpĕre. V. Æn. 8. 646. Mĭnācis aut Ĕtrusca *Porsĕnæ* mănus. Hor. Epod. 16. 4.

porta, æ. 1. *A gate, prop. the gate of a city.* — 2. *Any door or entrance.* —— It *portis* jŭbăre exorto dēlecta jŭventus. V. Æn. 4. 130. — 2. Venti vĕlut agmĭne facto Quà dăta *porta* ruunt, et terras turbĭne perflant. V. Æn. 1. 83. v. janua. PHR. Porta adversa ingens, sŏlĭdoque ădămante cŏlumnæ. V. Quăter ipso in līmĭne portæ Substĭtit. V. Tum dēmum horrĭsŏno stridentes cardĭne săcræ Panduntur portæ. V. Portis ălii bĭpătentĭbus adsunt. V. Impŭlit ipsa manu portas, et cardĭne verso Belli ferrātos rūpit Sāturnia postes. V.

portendo, ĭs, di, tum. *To portend.* —— Quicquid ait Sŭpĕri monstro *portendĭtur* isto. Ov. Met. 15. 571. SYN. signĭfĭco, as.

portentĭfer, ĕra, ĕrum. *Causing wonders.* —— Hunc Dea prævĭtiat *portentĭfĕris*que vĕnēnis Inquĭnat. Ov. Met. 14. 55.

portentum, i. *A prodigy.* —— Ne quære prŏfecto Quem cāsum *portenta* fĕrant ego poscor Ŏlympo. V. Æn. 8. 533. SYN. prōdĭgium, monstrum.

‡**porthmeus, ēi** or **eŏs.** *A ferryman.* —— Jam sĕdet in rīpâ tētrumque nŏvītius horret *Porthmea*. Juv. 3. 267. SYN. portĭtor.

porticus, ûs. fem. *A portico.* —— *Portĭcĭbus* longis fŭgit, et văcua ātria lustrat. V. Æn. 2. 528.

‡**portio, ōnis.** *A portion, a part.* —— Floscŭlus angustæ, mĭsĕræque brĕvissĭma vītæ *Portio*. Juv. 9. 128. SYN. pars, partis, *fem.* q. v.

portĭtor, ōris. masc. *A ferryman.* —— Nec *portĭtor* Orci Amplius objectam passus transīre pălūdem. V. G. 4. 502. SYN. ‡porthmeus, eŏs.

porto, as. *To carry, to bring.* —— Mūnĕra quæ pătriīs ad me *portātis* ab ōris. V. Æn. 11. 281. SYN. fĕro, fers, ferre, tŭli, latum ; affĕro, confĕro ; gĕro, ĭs, gessi, gestum ; gesto, as ; sustĭneo, es (*the three last only of bearing, not of* *bringing*).——PHR. Cum fŏret Ænēæ cervix subjecta părenti. Ov. Hercŭle suppŏsĭto sīdĕra fulsit Ătlas. Ov.

pōrtus, ūs. masc. 1. *A port, a harbour, a haven, lit. and metaph.*—2. *The mouth of a river.*——1. Est in sēcessu longo lŏcus, Insŭla *portum* Effĭcit objectu lătĕrum, quĭbus omnis ab alto Frangĭtur, inque sĭnus scindit sēse unda rĕductos. V. Æn. 1. 159. Tu cĭtius vĕnias *portus* et ăra tuis. Ov. Her. 1. 110.—2. Per septem *portūs* in maris exit ăquas. Ov. Am. 2. 13. 10. PHR. 1. Portus ab Ĕōo fluctu curvātus in arcum, objectæ salsā spūmant aspergĭne cautes. V. Portusque pătescit Jam prŏpior. V. Portus ab accessu ventōrum immōtus. V. Littŏraque Ēpīri lĕgĭmus portuque sŭbīmus Chaŏnio. V. Ceu pressæ cum jam portum tĕtĭgēre cărīnæ. V. Portus dēlāti intrāmus ămīcos. V. Qui vērĭtus non es portūs ăpĕrīre fĭdēles. Ov. Nec plăcĭdos portūs hospĭta nāvis ădit. Ov.

posco, ĭs, pŏposci. no sup. *To ask, entreat, demand.*——Ad te confŭgio, et supplex tua nūmĭna *posco*. V. Æn. 1. 670. Nec tantum sĕgĕtes ălĭmentaque dēbĭta dīves *Poscēbātur* hŭmus. Ov. Met. 1. 137. SYN. exposco, rĕposco; ōro, as, q. v.; rŏgo; pĕto, ĭs, īvi; flāgĭto, as; effāgĭto; postŭlo, as.

pŏsĭtor, ōris. *One who places, a founder.*——In Āsĭde terrā Mœnia constĭtuis *pŏsĭtōris* hăbentia nōmen. Ov. Met. 9. 447. v. condĭtor.

pŏsĭtūra, æ. *Position, arrangement.*——Quālis et hæc docti sit *pŏsĭtūra* Dei. Prop. 4. 3. 36. v. seq.

pŏsĭtus, ūs. masc. *Position.*——Urbs dŭbium *pŏsĭtu* mĕlius dēfensa mănuve. Ov. Ep. e P. 4. 7. 23. SYN. sĭtus, ūs; pŏsĭtūra.

pŏsĭtus, a, um. sync. †pŏstus. part. perf. pass. from pono, q. v. *Placed, laid out, arranged, etc.*——Palpĭtat et *pŏsĭtas* aspergit sanguĭne mensas. Ov. Met. 5. 40.

possessor, ōris. *A possessor.*——Quem nunquam vērĭti sumus, ut *possessor* ăgelli. V. E. 9. 3.

possĭdeo, es, sēdi, sessum. *To possess.*——Ultĭma *possēdit* sŏlĭdumque coercuit orbem. Ov. Met. 1. 31. SYN. hăbeo, es, q. v.; †possĭdo, ĭs.

†possĭdo, ĭs. *To possess.*——Nempe āĕr omne nĕcesse est Inter corpŏra quod fiat *possĭdat* ĭnāne. Lucr. 1. 387.

possum, pŏtēs (Lucr. has pŏtestur, 3d. sing.), **pŏtui, posse, pŏtens.** no sup. *To be able.*——Hos successus ălit; *possunt* quiă *posse* vĭdentur. V. Æn. 5. 231. v. valeo. PHR. Nŭmĕrum quōrum comprĕndĕre nōn est. Ov. Vērum ŭbĭ nulla dătur dextram affectāre pŏtestas. V.

post. *After, both in time and place, as prep. and as adv.*——Insĕquĭtur Sălius spătio *post* dĕinde rĕlicto Tertius Euryălus. V. Æn. 5. 321. *Post* ĕquĭtem sĕdet ātra cūra. Hor. 3. 1. 40. v. pone.

postĕrior, us. compar. from posterus, q. v. *Also, hinder.*——Pars prior appāret *postĕriora* lătent. Ov. F. 4. 718. v. ultimus.

postĕrĭtas, ātis. fem. *Posterity.*——At bŏna *postĕrĭtas* puppim servāvit in ære. Ov. F. 1. 239. SYN. postĕri, orum; postgĕnĭti, ōrum; mĭnōres. PHR. Tum vos o Tyrii stirpem et gĕnus omne fŭtūrum Exercēte ŏdiis. V. Hic dŏmus Ænēæ cunctis dŏmĭnābĭtur ōris, Et nāti nātōrum, et qui nascentur ab illis. V. Īdem ventūros tollēmus in astra nĕpōtes. V.

postĕrus, a, um. compar. ĕrior, q. v., superl. **postrēmus,** q. v. 1. *Coming after, succeeding.*—2. (*in pl. pos.*) *Descendants.*——*Postĕra* jamque dies prīmo surgēbat Ĕōo. V. Æn. 3. 588.—2. Bacchum in rĕmōtis carmĭna rūpĭbus Vīdi dŏcentem, crēdĭte *postĕri*. Hor. 2. 19. 2. SYN. 1. ventūrus, fŭtūrus.—2. v. posteritas.

postgĕnĭti, orum. pl. masc. *Posterity.*——Clārus *postgĕnĭtis*, quātĕnus heu nĕfas Virtūtem incŏlŭmem ŏdĭmus. Hor. 3. 24. 30. v. posteritas.

posthăbeo, es, ui, ĭtum. *To think less of, inferior.*——Quam Jūno fertur terris măgis omnĭbus unam *Posthăbĭtā* cŏluisse Sămo. V. Æn. 1. 16. SYN. postpōno, ĭs.

posthăc. *Afterwards, hereafter.*——Non ĕgŏ vos *posthac* vĭrĭdi projectus in antro . . . vĭdēbo. V. E. 1. 76. SYN. post, posthinc, ōlim.

posthinc. *Afterwards.*——*Posthinc* ad nāves grădĭtur sŏciosque rĕvīsit. V. Æn. 8. 546. v. prec.

‡postīcus, a, um. *Being behind one.*——*Postīcæ* occurrĭte sannæ. Pers. 1. 62.

§postīcum, i. *A back door.* ——Ātria servantem *postīco* falle clientem. Hor. Epist. 1. 5. 31.
postis, is. masc. *A post, a door-post.* ——Lăbat ărĭete crēbro Jānua, et ēmōti prōcumbunt cardĭne *postes.* V. Æn. 2. 493.
postmŏdō. *Soon after, presently.* ——*Postmŏdō* nātīvâ conspĭciēre cŏmâ. Ov. Am. 1. 14. 56. v. posthac.
postpōno, ĭs, pŏsui, ĭtum. *To postpone to, think of less consequence than.* ——Dīro convīcia facto Tantălis adjĕcit; vosque est *postpōnĕre* nātis Ausa suis. Ov. Met. 6. 211. SYN. posthăbeo, es, q. v.
postquam. *After that.* ——Candĭdior *postquam* candenti barba cădēbat. V. E. 1. 29.
postrēmum. adv. *Lastly, at last.* ——*Postrēmum* expellet certē vīvācior hæres. Hor. Sat. 2. 2. 132. SYN. dēnĭque.
postrēmus, a, um. *Last.* ——Messāpus prīmas ăcies, *postrēma* coercent Tyrrhīdæ jŭvĕnes. V. Æn. 9. 27. SYN. ultĭmus, extrēmus, nŏvissĭmus, sŭprēmus.
‡postrīdiē. *The day after.* ——Idem factūrum mĕlius se *postrīdiē.* Phædr. 5. 5. 24. PHR. Postĕra jamque dies prīmo surgēbat Ĕōo. V. Postĕra dēpŭlĕrat stellas Aurōra mĭcantes. V. v. cras, dies.
postŭlo, as. *To demand, to require.* ——Classis *Postŭlat* exĭguas sēmĭrĕfecta mŏras. Ov. Her. 7. 176. SYN. pĕto, ĭs, īvi; exigo, ĭs, ēgi. v. posco.
postŭmus, a, um. *Posthumous.* ——Silvius Albānum nōmen, tua *postŭma* prōles. V. Æn. 6. 763.
pŏte. neut. of potis, but used in a peculiar sense. *He can, it can, etc.* ——Quâ *pŏte* quisque, in eâ contĕrat arte diem. Prop. 2. 1. 46.
pŏtens, entis. *Able, powerful, powerful over, master of.* ——Nimbōrumque făcis tempestātumque *pŏtentem.* V. Æn. 1. 80. Quæcunque herba *pŏtens* ad ŏpem rādixque mĕdendi Utĭlis. Ov. Her. 5. 147. SYN. effĭcax. v. potis, validus.
pŏtenter. *According to one's power.* ——Cui lecta *pŏtenter* ĕrit res, Nec făcundia dēsĕret hunc, nec lūcĭdus ordo. Hor. A. P. 40.
pŏtentia, æ. *Power, etc.* ——Dīcor, et herbārum subjecta *pŏtentia* nobis. Ov. Met. 1. 522. SYN. pŏtestas; vīs, vis, *fem. pl.* vīres, q. v. v. imperium.
pŏtestas, ātis. *Power, etc.* ——Vērum ŭbĭ nulla dătur dextram affectāre *pŏtestas.* V. Æn. 3. 670. Scīre *pŏtestātes* herbārum ūsumque mĕdendi Māluit. V. Æn. 12. 396. v. prec. v. facultas. PHR. Sepsit sē tectis, rērumque rĕlīquit hăbēnas. V.
pōtio, ōnis. fem. *A draught.* ——Non ūsĭtātis Vare *pōtiōnĭbus.* Hor. Epod. 5. 73. SYN. haustus, ûs.
pŏtior, us. superl. pŏtissimus. *Better, preferable.* ——Hæc alternanti *pŏtior* sententia vīsa est. V. Æn. 4. 287. SYN. mĕlior, antĕfĕrendus.
pŏtior, īris. some persons and tenses formed as if the verb were of the 3d conj., *e. g.* pŏtĭtur, pŏtĕrēmur, etc. 1. *To gain, to become master of, to reach, etc.* —2. *To possess, to enjoy.* ——1. Ille fĕrox sōlus sŏlio sceptroque *pŏtĭtur.* Ov. Her. 14. 113. Mars vĭdet hanc, vīsamque cŭpit, *pŏtĭtur*que cŭpītâ. Ov. F. 3. 21. Tandem līber ĕquus campoque *pŏtĭtus* ăperto. V. Æn. 11. 493. Adde Hĕlĭcōniădum cŏmĭtes, quorum ūnus Hŏmērus Sceptra *pŏtĭtus.* Lucr. 3. 1051. (*this use of* potior, *c. acc., is not found in the Augustan poets*). —2. Tuque tuīs armis, nos te *pŏtĕrēmur* Achille. Ov. Met. 13. 130. SYN. 1. attingo, ĭs, tĭgi; obtĭneo, es.—2. fruor, ĕris, q. v.; hăbeo, es, q. v.
pŏtis. adj. indecl. *Able.* ——Nec *pŏtis* Iŏnios fluctus æquāre sĕquendo. V. Æn. 3. 671. v. possum.
pŏtius. *Rather, better.* ——Hos *pŏtius* pŏpŭlos in dōtem ambāge rĕmissâ Accĭpe. Ov. Her. 7. 149. SYN. mĕlius, sătius, prius. v. plus.
pōto, as, āvi. also pōtus sum. part. pass. potus, q. v. both in act. and pass. sense. *To drink.* ——Hūc ipsi *pōtum* vĕniunt ad prata jŭvenci. V. E. 7. 11. SYN. bĭbo, is; combĭbo, ēbĭbo; haurio, īs, si, stum.
pōtor, ōris. masc. *A drinker.* ——Me pĕrītus Discet Ĭber Rhŏdănique *pōtor.* Hor. 2. 20. 20. SYN. ‡haustor.
‡pōtrix, īcis. fem. of prec. ——*Pōtrīce* plēnam antīquīs ăpŏthēcam cădis. Phædr. 4. 4. 25.
pōtus, a, um. part. pass. perf. from poto, q. v. 1. *Being drunk.* —2. *Having*

drunk, drunken.——1. Non bĕne pācātis flūmĭna *pōta* Gĕtis. Ov. Ep. e P. 3. 4. 92.—2. Pompa; sĕnem *pōtum pōta* trahēbat ănus. Ov. F. 3. 542. SYN. 2. ēbrius.

præ. prep. 1. *Before (in place).*—2. *In comparison of.*——1. Si quă Phrȳges *præ* se jactant responsa Deōrum. V. Æn. 9. 134.—2. Ausus Ăpollĭneos *præ* se contemnĕre cantus. Ov. Met. 11. 155. SYN. 1. ante.

præācūtus, a, um. *Very sharp.*——Quos ŭbĭ viderunt *præăcūtæ* cuspĭdis hastas . . . torquēre părantes. Ov. Met. 7. 131. v. acutus.

præbeo, es, ui, ĭtum. *To give, to offer.*——Dulcem ferre cĭbum, et curvas *præbēre* lătēbras. V. G. 2. 216. *Præbĭta* conjecto rūpit præcordia ferro. Ov. Met. 13. 476. SYN. do, das, dăre, dĕdi, dătum, q. v.

§præcānus, a, um. *Grey-headed before one's time.*——Corpŏris exĭgui; *præcānum* sōlĭbus aptum. Hor. Epist. 1. 20. 24. v. canus.

præcēdo, ĭs, cessi, cessum. *To go before, to precede.*——Turnus ut antĕvŏlans tardum *præcessĕrat* agmen. V. Æn. 9. 47. SYN. antĕeo, antĕis, *dissyl.*; præĕeo; ‡prægrĕdior, ĕris.

‡præcĕler, ĕris, ĕre. *Very swift.*——Sollĭcĭtat tunc ampla vĭros ad præmia cursu *Præcĕlĕres.* Stat. Theb. 6. 551. SYN. ‡præræpĭdus. v. celer.

‡præcĕlĕro, as. *To hasten before, to hasten greatly, to precede with swiftness.*——Fert via per dūmos prŏpior quà calle lătenti *Præcĕlĕrant.* Stat. Theb. 2. 497. Dēvia pars cingunt, pars arctâ plebe sĕquuntur *Præcĕlĕrant*que dŭcem. Stat. Theb. 4. 798. v. propero, præcedo.

†præcello, is. no perf. *To be excellent, to outstrip, to surpass.*——Dēbent nīmĭrum *præcellĕre* mōbĭlĭtāte. Lucr. 2. 160. SYN. excello; præsto, as, stĭti.

præcelsus, a, um. *Very high.*——Ūna in *præcelsâ* consēdit rūpe Cĕlæno. V. Æn. 3. 245. SYN. excelsus. v. altus.

præceps, ipitis. 1. *Headlong.*—2. *In haste, rapid.*—3. *Descending, of persons, etc.*—4. *Precipitous.*—5. *Rash.*——1. *Præcĭpĭtem* sese scŏpŭlōrum vertĭce jēcit. Cat. 62. 244.—2. Conjŭgis ad vōcem *præceps* āmensque cŭcurri. Ov. Am. 3. 11. 25. Narque tŭlit *præceps* et amœnæ Farfărus umbræ. Ov. Met. 14. 330.—3. *Præcipitem* Ōceăni rūbro lăvit æquŏre currum. V. G. 3. 359.—4. Pars in *præcĭpĭtes* fossas, urgente ruīnâ Volvĭtur. V. Æn. 11. 888.—5. Et *præceps* ănĭmi Tmărus, et Māvortius Hæmon. V. Æn. 9. 685. SYN. 2. răpĭdus, q. v.—4. præruptus, ābruptus.—5. tĕmĕrārius, q. v.

præceps, ĭpĭtis. neut. *A precipice, precipitous ground.*——Non ĕgŏ per *præceps* et ăcūta căcūmĭna vādam. Ov. A. A. 1. 381. PHR. Fertur ĭn abruptum vasto mons imprŏbus actu. V. v. salebræ.

præceptor, ōris. masc. *A teacher.*——Æăcĭdæ Chīrōn, ĕgŏ sum *præceptor* ămōris. Ov. A. A. 1. 17. SYN. doctor; măgister, tri.

præceptum, i. 1. *A precept.*—2. *A command.*——1. Hīs actis prŏpĕre exsĕquĭtur *præcepta* Sĭbyllæ. V. Æn. 6. 236.—2. Haud mŏra contĭnuo mātris *præcepta* făcessit. V. G. 4. 548. SYN. 1. mŏnĭtum; mŏnĭtus, ûs; admŏnĭtus.—2. jussum; jussus, ûs, q. v.

præcerpo, ĭs, psi, ptum. *To gather too soon.*——Quis tĭbĭ permīsit nostras *præcerpĕre* messes? Ov. Her. 20. 123. v. carpo.

præcīdo, is, di, sum. *To cut off, to cut short.*——Stābat ăcūta sĭlex *præcīsīs* undeque saxis. V. Æn. 8. 233. SYN. rĕcīdo; rĕsĕco, as, ui, sectum; præsĕco.

præcingo, ĭs, nxi, nctum. 1. *To surround.*—2. *To gird.*—3. *To crown.*——1. Hunc Tătius fontem vallo *præcingit* ăcūto. Prop. 4. 4. 7.—2. Et lātro et cautus *præcingĭtur* ense viātor. Ov. Tr. 2. 271.—3. Candĭda vestis ĕrat; *præcincti* flōre căpilli. Ov. Her. 4. 71. SYN. 1, 2, 3. cingo.—1. circumdo, as, dăre, dĕdi, dătum.—2. accingo.—3. cŏrōno, as.

præcĭno, ĭs, ui, centum. *To sing before, to sing first, esp. to predict.*——Carmĭne cum măgĭco *præcĭnuisset* ănus. Tib. 1. 5. 12. Audīta, et lūcos *præcĭnuisse* fŭgam. Tib. 2. 5. 74. SYN. căno.

præcĭpio, ĭs, cēpi, ceptum. 1. *To pre-occupy, to anticipate, to seize beforehand, etc.*—2. *To teach, to enjoin.*——1. Ad possessa vĕnis *præceptaque* gaudia sērus. Ov. Her. 17. 107. Exsultatque ănĭmis, et spe jam *præcĭpit* hostem. V. Æn. 11. 491. Omnia *præcēpi*, atque ănĭmo mēcum ante pĕrēgi. V. Æn. 6. 105. Littŏra *præcĭpĕre*, et vĕnientes pellere terrâ. V. Æn. 10. 277.—2. Quis dēsīdĕrio sit pŭdor aut mŏdus Tam cāri *căpĭtis*; *præcĭpe* lūgŭbres Cantus

Melpŏmĕnē. Hor. 1. 24. 2. SYN. 1. antĭcĭpo, as; præsūmo, ĭs, mpsi; præverto, ĭs. — 2. dŏceo, es, q. v.

‡**præcĭpĭtanter.** *Precipitately.* —— Currit ăgens mannos ad villam *præcĭpĭtanter.* Lucr. 3. 1077.

præcĭpĭto, as. 1. *To throw down, overthrow, etc.* — 2. *To hasten, to hurry on, trans. and intrans.* — 3. *To fall.* —— 1. Aut pĕlăgo Dănaûm insĭdias suspectaque dōna *Præcĭpĭtare* jubent. V. Æn. 2. 37. Căvēque Spem festīnando *præcĭpĭtāre* meam. Ov. Ep. e P. 3. 1. 140. — 2. Cum sŏcus ardent ănĭmi; fŭror īraque mentem *Præcĭpĭtant.* V. Æn. 2. 317. Non fŭgis hinc præceps, dum *præcĭpĭtāre* pŏtestas? V. Æn. 4. 565. — 3. Namque gŭbernâclum multâ vi forte rĕvulsum . . . *Præcĭpĭtans* traxi mēcum. V. Æn. 6. 351. SYN. 1. dējĭcio, ĭs, jēci, jectum. v. everto. — 2. v. propero. — 3. cădo, ĭs, cĕcĭdi.

præcĭpuē. *Especially, particularly.* —— *Præcĭpuē* dum frons tĕnĕra imprūdensque lăbōrum. V. G. 2. 372. SYN. præsertim, cum prīmĭs, ante omnia.

præcĭpuus, a, um. *Especial, most important.* —— *Præcĭpuum* jam inde a tĕnĕrĭs impende lăbōrem. V. G. 3. 75. *Præcĭpuum*que tŏro et villōsi pelle leōnis Accĭpit Ænēan. V. Æn. 8. 177. SYN. prīmus, maximus.

præcīsus, a, um. part. pass. from præcīdo. —— *Cut away, esp. so as to be precipitous.* —— Stăbat ăcūta sĭlex *præcīsis* undĭque saxis. V. Æn. 8. 233. v. præceps.

præclārus, a, um. 1. *Very bright.* — 2. *Illustrious, famous.* —— 1. Lūnæque et sōlis *præclārâ* lūce nĭtōrem. Lucr. 2. 1031. — 2. Gens bello *præclāra* jŭgis insēdit Ĕtruscis. V. Æn. 8. 480. SYN. 1, 2. clārus, q. v. — 1. prælustris.

præclūdo, ĭs, si, sum. *To shut up, block up, etc.* —— Vŏtorque Plūra lŏqui vōcisque meæ *præclūdĭtur* usus. Ov. Met. 2. 658. Tămĕn invia Jāni Ōra pătentis ĕrant neque ĭter *præclūsĕrat* unda. Ov. Met. 14. 790. SYN. claudo. v. prohibeo.

præco, ōnis. masc. *A crier.* —— Victōrem magnâ *præcōnis* vōce Cloanthum Dēclārat. V. Æn. 5. 246.

præcompŏsĭtus, a, um. *Arranged beforehand.* —— Cum *præcompŏsĭto* nuntius ōre vĕnit. Ov. F. 6. 674.

præcōnium, i. 1. *A proclaiming.* — 2. *Praise, fame.* —— 1. Ut cĕcĭdi pĕrăgo sŭbĭti *præcōnia* căsus. Ov. Tr. 5. 1. 9. — 2. Nostra per immensas ībunt *præcōnia* gentes. Ov. Tr. 4. 9. 19. SYN. 2. fāma, q. v.

præconsūmo, is, mpsi, mptum. *To spend beforehand.* —— Quam gĕrĕre, atque suas ĭbĭ *præconsūmĕre* vīres. Ov. Met. 7. 488.

præcontrecto, as. *To handle beforehand.* —— Spectat eam Tēreus *præcontrectat*que vĭdendo. Ov. Met. 6. 478.

præcordia, ōrum. *The midriff, the heart or breast.* —— Tum clĭpeo gĕnĭbusque prĕmens *præcordia* dūris. Ov. Met. 12. 140. Quod si forte prĕces *præcordia* ferrea tangunt. Ov. Her. 12. 183. v. cor, pectus.

præcorrumpo, ĭs, rūpi, ruptum. *To corrupt beforehand.* —— Dum tămĕn hanc spĕrat dum *præcorrumpĕre* dōnis Me cŭpit. Ov. Met. 14. 134. SYN. prævĭtio, as.

‡**præcox, cŏcis.** *Precocious, early.* —— Hinc mē forma răpit; răpit inde mŏdestia *præcox.* Stat. Sylv. 2. 1. 39. SYN. ‡præmātūrus.

‡**præcultus, a, um.** *Adorned greatly.* —— Ornatus sacro *præculta* sŭpervĕnit auro. Stat. Theb. 2. 298. v. orno.

præcurro, ĭs, ri, rsum. *To outstrip, surpass.* —— Ūna dies omnes pŏtuit *præcurrĕre* ămantes. Prop. 1. 13. 25. SYN. præverto, ĭs; sŭpĕro, as, q. v.

præcŭtio, ĭs, cussi, cussum. *To wave before.* —— Indŏtāta răpit; tædas Hymĕnæus Ămorque *Præcŭtiunt.* Ov. Met. 4. 757. v. quatio.

præda, æ. 1. *Prey.* — 2. *Spoil, booty.* — 3. *Gain.* —— 1. Heu terrâ ignōtâ, cănĭbus dăta *præda* Lătīnis Ālĭtĭbusque jăces. V. Æn. 9. 485. — 2. Eurȳălum tĕnĕbræ rāmōrum ŏnĕrōsaque *præda* Impĕdiunt. V. Æn. 9. 385. — 3. Ferrea non Vĕnĕrem sed *prædam* sæcula laudant. Tib. 2. 6. 17. SYN. 2. spŏlium, q. v.; præmium. — 3. lŭcrum, quæstus, ûs. PHR. 2. Contĭgĕrit victōri, et prædæ dūcĕre sortem. V. Non nos aut ferro Lĭbycos pŏpŭlāre Pĕnātes Vĕnĭmus aut raptas ad littŏra vertĕre prædas. V.

prædātor, ōris. 1. *A plunderer, one who seeks prey.* — 2. *One who seeks gain.* —— 1. Et Phŏlus et Mĕlăneus et Ăbas *prædātor* ăprōrum. Ov. Met. 12. 306. Nōn ăliter quám cum pĕdĭbus *prædātor* ŏbuncis. Ov. Met. 6. 516.—2. *Prædātor* cŭpit immensos obsīdĕre campos. Tib. 2. 6. 23. v. prædo.

‡**prædātrix, īcis.** fem. form of prec. —— Flūmĭna et Hercŭlei *prædātrix* cēdat ălumni. Stat. Sylv. 1. 5. 22.

prædēlasso, as. *To weary very much.* —— Frangit, et incursūs quæ *prædēlassat* ăquārum. Ov. Met. 11. 730. SYN. dēlasso ; fătīgo, as, q. v.

prædīco, as. *To say plainly, to publish.* —— Hoc te amplius bĭbisse *prædīcet* lōti. Cat. 37. 21. SYN. dīco, ĭs, xi.

prædīco, ĭs, xi, ctum. *To foretell.* —— Hæc dŭce *prædīco* vătĭcĭnorque Deo. Ov. Ep. e P. 3. 4. 94. SYN. căno, ĭs, cĕcĭni ; præcĭno, ĭs, ui ; vătĭcĭnor, āris ; præfāri, q. v. PHR. Hæc ŭbĭ fatĭcăno ventūri præscia dixit Ōre. Ov. Magnam cui mentem ănĭmumque Dēlius inspīrat vātes, ăpĕritque fŭtūra. V. Ut cănĕret fĕra Nēreus fāta. Hor. Longius et volvens fātōrum arcāna mŏvēbo. V. Tunc ĕtiam fātīs ăpĕrit Cassandra fŭtūris Ora. V. v. vates.

prædictus, a, um. pass. perf. part. of prec. q. v. *also, Before-mentioned, agreed on beforehand.* —— Et spectant frontes *prædicta*que cornua quærunt. Ov. Met. 15. 608. SYN. dictus.

prædictum, i. *A prediction.* —— Multaque prætĕreā vātum *prædicta* piōrum Terrĭbĭli mŏnĭtu horrĭfĭcant. V. Æn. 4. 465. v. præsagium.

prædisco, ĭs. only pres. *To learn beforehand.* —— Hinc tempestates dŭbio *prædiscĕre* cœlo Possŭmus. V. G. 1. 252.

†‡**prædĭtus, a, um.** *Endued.* —— Haud ĭgĭtur constant dīvīno *prædĭta* sensu. Lucr. 5. 145. SYN. instructus.

prædīvĕs, ĭtis. *Very rich.* ——Jam vēro in tectis *prædīvĭtis* urbe Lătīni. V. Æn. 11. 213. v. dives.

§**prædium, i.** *A farm.* ——Trĭquĕtrā *Prædia* Cæsar ăn est Ĭtălā tellūre dătūrus? Hor. Sat. 2. 6. 56. SYN. ăger, ăgri ; fundus.

prædo, ōnis. masc. *A robber, a pirate.* —— Perfĭdus alta pĕtens abductā virgĭne *prædo*. V. Æn. 7. 362. SYN. prædātor. v. fur.

prædor, āris. *To seize as prey, as booty.* ——Ad multas lŭpa tendit ŏves *prædētur* ut ūnam. Ov. A. A. 3. 419. SYN. răpio, ĭs, ui, raptum ; aufĕro, fers, ferre, tŭli, latum. v. spolio.

prædūco, is, xi, ctum. *To draw before, in front of.* —— Quā dĕceat tūtam castris *prædūcĕre* fossam. Tib. 4. 1. 83.

prædulcis, e. *Very sweet or pleasant.* —— Et *prædulce* dĕcus prīmo certămĭne posset. V. Æn. 11. 155. v. dulcis.

prædūrus, a, um. *Very hard.* —— Corpŏraque agresti nūdant *prædūra* pălæstrā. V. G. 2. 531. SYN. ēdūrus. v. durus.

prăeo, ĭs, īvi. *To go before, to precede.* —— Nec tōtā tămen ille prior *præeunte* cărīnā. V. Æn. 5. 186. SYN. anteeo ; præcēdo, ĭs, cessi.

præfāri. (v. fāri for the parts used.) 1. *To premise, to say first, to address beforehand.*—2. *To prophesy.* —— 1. *Præfātus* Dīvos sŏlio rex infit ab alto. V. Æn. 11. 301. ——2. Tālia *præfantes* quondam fēlīcia Pelei Carmĭna dīvīno cĕcĕnērunt ōmĭne Parcæ. Cat. 62. 382. SYN. 2. prædico, ĭs, xi, q. v.

‡**præfātio, onis.** *A preface.* —— Perfrixisse tuas questa est *præfātiō* vōces. Mart. 3. 18. 1. v. exordium.

præfectus, a, um. prop. part. perf. pass. from præficio, used almost as adj. *Presiding over.* —— Conscia sit Jūno săcris *præfecta* mărītis. Ov. Her. 12. 87.

præfĕro, fers, ferre, tŭli, lātum. 1. *To bear forth, stretch forth.* — 2. *To bring, to offer.* — 3. *To put forth, to profess, to display.* — 4. *To prefer.* ——1. Et *præfert* cautas subsĕquĭturque mănus. Ov. F. 2. 336.—2. Mūnĕra *præfĕrĭmus* nōmen pătriamque dŏcēmus. V. Æn. 11. 249. — 3. Si mŏdŏ quem *præfers* non sĭmŭlātur ămor. Ov. Her. 17. 36. Frons hŏmĭnem *præfert*, in pristim dēsĭnit alvus. V. Æn. 10. 210.— 4. Nec bŏnus Eurўtiōn *prælāto* invĭdit hŏnōri. V. Æn. 5. 541. SYN. 1, 2. prōfĕro, porrigo, ĭs, rexi. — 1. prætendo, ĭs ; prōtendo, is. — 2. fĕro, offĕro. — 3. prŏfĭteor, ēris, fessus sum. — 4. antĕfĕro ; præpono, is, pŏsui ; præŏpto, as. PHR. 4. ălĭquid corpŏre plūris hăbe. Ov.

præfestīnātus, a, um. *Too hasty.* —— Ictu *Præfestīnāto* mūnus ĭnāne pĕtant. Ov. Nux. 98. SYN. præcĭpĭtātus.

præfĭcio, ĭs, fēci, fectum. *To set over, appoint to, preside over.* ——Nec te Nēquicquam lūcīs Hĕcătē *præfēcit* Ăvernis. V. Æn. 6. 118. SYN. Præpōno, s, pŏsui.

præfīgo, is, xi, xum. *To prefix, fix in front of, etc.* —— Pācem ōrāre mănu *præfigĕre* puppĭbus arma? V. Æn. 10. 80. Prīmaque ferrātis *præfīgunt* ōra căpistris. V. G. 3. 399. v. figo.

præfixus, a, um. part. pass. perf. from prec., *also Pierced, transfixed.*——Statque lătus *præfixa* vĕru, stat saucia pectus. Tib. 1. 7. 55. SYN. fossus, trājectus.

præfluo, ĭs, xi, xum. *To flow by or before.*——Sed quæ Tībur ăquæ fertĭle *præfluunt.* Hor. 4. 3. 10. SYN. prælābor, ĕris, lapsus sum; præterlābor; prænăto, as.

præfōco, as. *To choke up.*——*Præfōcent* ănĭmæ Gnossia mella viam. Ov. Ibis. 558. SYN. suffōco; præclūdo, ĭs, si, sum.

præfōdio, ĭs, fōdi, fossum. 1. *To dig before, make trenches before.*— 2. *To dig or bury previously.*——*Præfōdiunt* ălii portas aut saxa sŭdesque Subvectant. V. Æn. 11. 473. Fictumque prŏbāvit Crīmĕn, et ostendit quod jam *præfōdĕrat* aurum. Ov. Met. 13. 60.

‡præformo, as. *To form beforehand, to prepare.*——Atque his *præformat* dictis, fingitque mŏnendo. Sil. 7. 385. SYN. păro, as, q. v.

præfrīgĭdus, a, um. *Very cold.*——Et tĕpĭdus Bŏreas, et sit *præfrīgĭdus* Auster. Ov. Ep. e P. 4. 12. 35. SYN. ĕgĕlĭdus, ‡prægĕlĭdus. v. frigidus.

præfringo, ĭs, frēgi. chiefly found in perf. pass. part. **præfractus.** *To break.* ——Quod quiă non pŏtuit *præfactam* mīsit in hostem. Ov. Met. 12. 360. SYN. frango, q. v.

præfulgeo, es, si. no sup. *To shine greatly, be very brilliant.*——Pellis ŏbit tōtum *præfulgens* dentĭbus aurēis. V. Æn. 8. 553. SYN. prænĭteo. v. fulgeo. v. seq.

‡præfulgŭro, as. 1. *To shine greatly.*— 2. *To make to shine.*——1. Expectant; multoque lătus *præfulgŭrat* ense. Strat. Theb. 7. 502. — 2. Torta mănum; strictoque vias *præfulgŭrat* ense. Val. Fl. 3. 119.

‡præfūro, is. no perf. *To rage greatly.*——*Præfūris,* in mĕdios si commĭnus orsa tŭlisses. Stat. Theb. 2. 420. SYN. perfūro.

‡prægĕlĭdus, a, um. *Very cold.*——Quosque in *prægĕlĭdis* dūrātos Hernĭca rīvis. Sil. 4. 226. SYN. præfrīgĭdus, q. v.

prægestio, ĭs. *To wish greatly.*——Jŭvencæ . . . nunc ĭn ūdo Lūdĕre cum vĭtŭlis sălicto *Prægestientis.* Hor. 2. 5. 9. v. cupio.

prægnans, antis. *Pregnant.*——Cissēis *prægnans* ignes ĕnixa jŭgāles. V. Æn. 7. 320. SYN. grăvis, grăvĭdus, fētus.

‡prægrandis, e. *Very great.*——Īrātum Eupŏlĭdem *prægrandi* cum sĕne palles. Pers. 1. 124. SYN. permagnus. v. magnus.

prægrăvis, e. *Very heavy.*——*Prægrăve* compressâ fauce pependit ŏnus. Ov. Her. 9. 98. v. gravis.

prægravo, as. *To weigh down.*——Hesternis vĭtiīs ănĭmum quoque *prægrăvat* ūnà. Hor. Sat. 2. 2. 78. SYN. grăvo; prĕmo, ĭs, pressi, q. v.

‡prægrĕdior, ĕris, gressus sum. *To go before, to precede.*——Quæque tuas laurus vŏlŭcri Germănĭce cursu Fāma vehit *prægressa* diem. Stat. Sylv. 5. 1. 106. SYN. præcēdo, ĭs, cessi, q. v.

prægusto, as. *To taste first.*——Si tĭbĭ forte dăbit quos *prægustāvĕrit* ipse. Ov. Am. 1. 4. 33. SYN. § prælambo, is; ‡prælībo, as.

prælābor, ĕris, lapsus sum. *To flow by or before, to pass by.*——Aut Alphēa rŏtis *prælābi* flūmĭna Pīsæ. V. G. 3. 180. SYN. præterlābor; prætĕreo, is, īvi, ĭtum.

§prælambo, is. no perf. *To lick or taste first.*——Fungĭtur offĭciis *prælambens* omne quod affert. Hor. Sat. 2. 6. 109. SYN. prægusto, as, q. v.

‡prælargus, a, um. *Very large.*——Grande ălĭquod quod pulmo ănĭmæ *prælargus* ănhēlet. Pers. 1. 14. SYN. ‡prægrandis, permagnus.

prælātus, a, um. perf. pass. part. from præfĕro, q. v. *Preferred.*——O pătriæ *prælāte* meæ, *prælāte* părenti. Ov. Met. 8. 109.

‡prælĕgo, ĭs, lēgi, lectum. *To read out.*——Nec quos *prælĕgat* in schŏlâ măgister. Mart. 1. 36. 2. v. lego.

‡prælībo, as. *To taste first.*——Care puer, Sŭpĕris qui *prælībāre* vĕrendum Nectar. Stat. Sylv. 3. 4. 60. SYN. prægusto, as, q. v.

‡prælongus, a, um. *Very long.*——Gaudĕret, *prælonga* sĕnex aut cornua cervus (relinquere). Lucr. 3. 614. v. longus.

prælūceo, es, xi. no sup. 1. *To outshine.*— 2. ‡*To shine before, hold a light to,* ——1. Nullus in orbe sĭnus Baiis *prælūcet* ămœnis. Hor. Epist. 1. 1. 83.

Vīdi et Ăbydēni jŭvĕnis certantia rēmis Brăchia, laudāvique mănūs, Et sæpe nătanti *Prœluxi.* Stat. Sylv. 1. 2. 89. SYN. 1. prænĭteo, es ; supero, as, q. v.

prælustris, e. *Very bright.* ——Vīve tĭbī quantumque pŏtes *prœlustria* vīta. Ov. Tr. 3. 4. 5. SYN. præclārus. v. clarus.

‡præmātūrus, a, um. *Premature.* ——Ad *prœmātūras* sĕgĕtum jējūna răpīnas. Lucan. 7. 98. SYN. præcox, ŏcis.

præmĕdĭcātus, a, um. *Furnished beforehand with antidotes.* ——Īsset ănhēlātos non *prœmĕdĭcātus* in ignes. Ov. Her. 12. 15.

‡præmĕdĭtor, āris. *To think of beforehand, to premeditate.* ——Effŭgĕre illōrumque errōrem *prœmĕdĭtamur.* Lucr. 4. 822.

†præmetuo, is, ui. no sup. *To fear beforehand, or to fear greatly.* ——Mens sĭbĭ conscia facti *Prœmĕtuens* adhĭbet stĭmŭlos torretque flăgellis. Lucr. 3. 10. 32. v. permetuo.

præmitto, ĭs, mīsi, missum. *To send forward, to send on before.* ——Ænēās . . . ĕquĭtum lĕvia imprŏbus arma *Prœmīsit.* V. Æn. 11. 513.

præmium, i. 1. *Spoil, booty.* — 2. *Prize, reward.* —— 1. Qui corpŏra ferro Vulnĕret aut raptâ *prœmia* veste fĕrat. Tib. 1. 2. 26. — 2. *Prœmiaque* ingentes păgos et compĭta circum Thēseidæ pŏsuēre. V. G. 2. 382. SYN. 1. spŏlium, q. v. —2. mūnus, ĕris, *neut.* ; merces, ēdis (*reward, hire, not a prize*); v. pretium. PHR. 2. exiguæ quis stĭpis æra nĕget ? Ov.

præmŏneo, es, ui, ĭtum. *To forewarn.* ——*Prœmŏneo* nunquam scripta quod ista lĕgat. Ov. Tr. 5. 1. 16. SYN. mŏnĕo, q. v.

præmŏnĭtus, ûs. *A forewarning.* ——Non tămĕn insĭdias ventūraque vincĕre fāta *Prœmŏnĭtus* pŏtuēre Deûm. Ov. Met. 15. 800. SYN. mŏnĭtus, ûs ; mŏnĭtum, admŏnĭtus.

†præmonstro, as. *To show beforehand.* ——Currenti spătium *prœmonstra* callĭda Mūsa. Lucr. 6. 92. v. monstro.

‡præmordeo, es, di, sum. *To bite, to bite off.* ——Laxāvit, siccoque hærentem gutture linguam *Prœmordens.* Lucan. 6. 567. v. mordeo.

præmŏrior, ĕris, mortuus sum. *To die prematurely.* ——Aut ĕgŏ *prœmŏriar* prīmoque exstinguar in ævo. Ov. Her. 8. 121.

prænăto, as. *To swim by, flow by or before.* ——Lethæumque, dŏmos plăcĭdas qui *prœnătat,* amnem. V. Æn. 6. 705. SYN. præfluo, ĭs, xi ; prælābor, ĕris, lapsus sum.

prænĭteo, es, ui. no sup. *To outshine.* —— Cur tĭbĭ jūnior Læsâ *prœnĭteat* fĭde. Hor. 1. 33. 4. SYN. prælūceo, es, xi, *no sup.* ; prærădio, as.

prænōmĕn, ĭnis. *The name before the nomen gentilicium, distinguishing individuals.* ——Quinte pŭta, aut Publi, gaudent *prœnōmĭne* molles Aurĭcŭlæ. Hor. Sat. 2. 5. 32.

prænosco, ĭs, novi, nōtum. *To know beforehand.* —— Nāte Deâ nam te fāmâ *prœnōvĭmus* inquit. Ov. Met. 12. 86. SYN. præscisco, ĭs, *no perf.*

prænūbĭlus, a, um. *Very cloudy, very shady.* ——Stat vĕtus et densâ *prœnūbĭlus* arbŏre lūcus. Ov. Am. 3. 13. 7. v. umbrosus.

prænuntius, a, um. *Being a messenger beforehand.* ——In serpente Deus *prœnuntia* sībĭla mĭsit. Ov. Met. 15. 670. v. nuntius.

præŏpto, as. *To prefer.* —— Omnĭbus his Thēsēi dulcem *prœoptārat* ămōrem. Cat. 62. 120. SYN. præfĕro, fers, ferre, tŭli, lātum, q. v.

præpando, is, di, passum. *To open before.* ——Parnassia rūpes Hinc atque hinc pătŭlâ *prœpandit* cornua fronte. V. Culex. 16. v. pando.

præpăro, as. *To prepare beforehand.* —— Spērat infestis, mĕtuit sĕcundis altĕram sortem bĕnĕ *prœpărātum* Pectus. Hor. 2. 10. 14. SYN. păro, q. v.

præpĕdio, ĭs. *To hinder.* ——Singultu mĕdios *prœpĕdiente* sŏnos. Ov. Tr. 1. 3. 42. SYN. impĕdio, q. v. ; prohĭbeo, es.

præpendeo, es, di. no sup. *To hang down before.* ——Cum tua *prœpendent* dēmissæ in pŏcŭla sertæ. Prop. 2. 33. 37. v. pendeo.

præpĕs, ĕtis. 1. *Swift.* — 2. *Winged.* —— 1. *Prœpĕtibus* pennis ausus se crēdĕre cœlo. V. Æn. 6. 15. — 2. Succŭbuit tēlis *prœpĕtis* ipse Dei. Ov. Her. 8. 38. SYN. 1. pernix īcis ; vŏlŭcer, ŭcris, ŭcre ; rapidus, q. v. — 2. ālĭger, ĕra, ĕrum, q. v.

præpes, ĕtis. masc. and fem. 1. *A bird.* — 3. *Any winged animal.* ——1. Tunc ŏrĭtur magni *prœpĕs* ădunca Jovis. Ov. F. 6. 196. — 2. Dūra Mĕdūsæi quem *prœpĕtis* ungŭla rūpit. Ov. Met. 5. 257. SYN. 1. avis, q. v.

præpinguis, e. *Very fat, very fertile.*—— Exsŭpĕro *præpingue* sŏlum stagnantis Hĕlōri. V. Æn. 3. 698. v. fertilis.

‡præpondĕro, as. *To weigh heaviest, to turn the scale.*—— Quærĕre quo tanti *præpondĕret* ālea fāti. Lucan. 6. 603. v. inclino.

præpōno, ĭs, pŏsui, ĭtum. 1. *To place first.* — 2. *To set over.* — 3. *To prefer.* —— 1. Si *præpōnendos* esse pŭtābis, hăbe. Ov. — 2. Quærentem frustrā custos me sēdĭbus illis *Præpŏsĭtus* sancto jussit ăbīre lŏco. Ov. Tr. 3. 1. 68.— 3. Hippŏlȳtum vĭdeor *præpŏsĭtūra* Jŏvi. Ov. Her. 4. 36. SYN. 2. præfĭcio, ĭs, fēci, fectum. — 3. præfĕro, fers, ferre, tŭli, lātum, q. v.

præporto, as. *To carry before, esp. so as to show.*—— Frons exspīrantis *præportat* pectŏris īras. Cat. 62. 194. SYN. præfĕro, fers, ferre, tŭli, lātum,

præpostĕrus, a, um. *Contrary.*—— Omnia nātūræ *præpostĕra* lēgĭbus ībunt. Ov. Tr. 1. 7. 5. SYN. contrārius.

†præprŏpĕranter. *With great haste.*—— Innŭmĕro nŭmĕro, certāreque *præprŏpĕranter.* Lucr. 3. 780.

‡præprŏpĕrus, a, um. *Too hasty.*—— Hastam *præprŏpĕro* nīsu jăcit, illa per ōras. Sil. 15. 754. SYN. præceps, ĭpĭtis.

‡præpūtium, i. *A foreskin.*—— Mox et *præpūtia* pŏnunt. Juv. 14. 99.

præquĕror, ĕris, questus sum. *To complain first, or greatly.*—— Multaque *præquestus*, tanges tămĕn æthĕra dixit. Ov. Met. 4. 251. v. queror.

prærădio, as. *To illuminate greatly, to outshine.*—— *Prærădiat* stellis signa minora suis. Ov. Her. 6. 116. SYN. prænĭteo, es, *no sup.*; prælūceo, es, xi, *no sup.*

‡prærăpĭdus, a, um. *Very swift.*—— *Prærăpĭdum* jŭvĕnem mīnĭtāri, Bruttia servet. Sil. 17. 179. SYN. ‡præcĕler. v. rapidus.

prærĭpio, ĭs, ui, reptus. 1. *To take away too soon, before the time.*— 2. *To take away by force.*—— 1. Fāta mihī ferro scĕlĕrātam exscindĕre gentem Conjŭge *prærepta.* V. Æn. 9. 138. — 2. Quid si *prærĭpiat* flāvæ Vĕnus arma Mĭnervæ? Ov. Amm. 1. 1. 7. SYN. 2. răpio, q. v.; ăbrĭpio.

prærōdo, is, si, sum. *To nibble at.* —— Insĭdiātōrem *prærōso* fūgĕrit hāmo. Hor. Sat. 2. 5. 25. SYN. rōdo.

prærumpo, ĭs, rūpi, ptum. *To break asunder.* —— Stuppea *prærumpit* Phrȳgiæ rĕtĭnăcŭla classis. Ov. Met. 14. 547. SYN. rumpo, ăbrumpo.

prærupus, a, um. prop. part. perf. pass. from prec. used also as adj. *Abrupt, precipitous.* —— Dējĭcit et măcŭlat *præruptam* sănguĭne cautem. Ov. Met. 1. 719. SYN. ăbruptŭs; præceps, ĭpĭtis.

præsāgio, īs. *To presage, to augur, to forebode.*—— Ventūram mĕlius *præsāgit* nāvĭta noctem. Prop. 3. 9. 5. SYN. augŭror, aris; præsentio, ĭs, si, sum; præscisco, ĭs. no perf. v. prospiceo.

præsāgium, i. *A presage, a prognostic.*—— Siquid hăbent vēri vātum *præsagia* vīvam. Ov. Met. 15. 879. v. augurum.

præsāgus, a, um. 1. *Foreseeing omens.*—2. *Giving omens.*—— 1. Agnōvit longē gĕmĭtum *præsāga* măli mens. V. Æn. 10. 843. — 2. Et linguæ vŏlŭcrum, et *præsāgi* fulmĭnis ignes. V. Æn. 10. 176. SYN. 1. præscius. — 2. ‡săgus, prænuntius.

præscisco, ĭs. only pres. *To foresee.*—— Contĭnuoque ănĭmos vulgi et trĕpĭdantia bello Corda licet longē *præsciscĕre.* V. G. 4. 70. SYN. præsentio, ĭs, si, sum; prænosco, ĭs, nōvi, tum.

præscius, a, um. *Foreknowing.* —— Tuque o sanctissima vates *Præscia* ventūri; da, non indēbĭta posco. V. Æn. 6. 66. v. præsagus.

præscrībo, ĭs, psi, ptum. 1. *To write before, prefix in writing, etc.* — 2. *To dictate.* — 3. *To enjoin, to prescribe.*—— 1. Quam sĭbi quæ Vări *præscripsit* pāgĭna nomen. V. E. 6. 12. — 2. Ipse mihī non si *præscrībat* carmĭna Phœbus. Tib. 4. 1. 178. — 3. Cur tua *præscripto* sēvecta est pāgĭna gȳro? Prop. 3. 3. 21. SYN. 2. dicto, as; jŭbeo, es, jussi, q. v.

præsĕco, as, ui, sectum. *To cut off.*—— Dēbuĕrat cĕlĕri *præsĕcuisse* mănu. Ov. R. A. 112. SYN. rĕsĕco, præcīdo, ĭs, di, sum; abscindo, ĭs, scĭdi, scissum.

præsens, entis. no superl. 1. *Present.* — 2. *Efficacious, powerful.* — 3. *Propitious.* —— 1. Jamque ego *præsenti* tempore nulla fŏrem. Ov. F. 3. 478.— 2. Nec si quæsiĕris ŏdium Cȳclōpes ămorne Ăcĭdis in nōbis fuĕrit *præsentior*, edam. Ov. Met. 13. 757. — 3. Tu Dea tu *præsens* nostro succurre lăbōri.

V. Æn. 9. 404. SYN. 2. effĭcax. — 3. dexter, ĕra, ĕrum, *and sync.* tra, trum, q. v.

præsentia, æ. *Presence.* —— Tum vero incumbunt; urget *præsentia* Turni. V. Æn. 9. 73.

præsentio, īs, si, sum. *To prebode, to presage, to be aware of beforehand.* —— At rēgīna dŏlos, Quis fallĕre possit amantem *Præsensit.* V. Æn. 4. 297. v. præsāgio.

præsēpe, is. *A stable, a place for any animals, even a hive for bees.* —— Stăbant ter centum nĭvei in *præsēpĭbus* altis (equi, sc.) V. Æn. 7. 275. Ignāvum fūcos gĕnus a *præsēpĭbus* altis. V. G. 4. 168. SYN. stăbŭlum.

‡**præsēpio**, īs, sepsi, septum. *To block up.* —— Amplexus in arctis auxĭlium atque excelsa loci *præsepsĕrat* arcem. Sil. 15. 233. v. sepio.

præsertim. *Especially.* —— Cum tĭbī *præsertim* Phœbus sua carmĭna dōnet. Prop. 1. 2. 27. SYN. præcĭpuē.

præsĕs, ĭdis. masc. and fem. *One who presides over, a patron, patroness.* —— Armĭpŏtens belli *præses* Trītōnia. V. Æn. 11. 483. PHR. Conscia sit Juno săcris præfecta mărītis. Ov. v. patronus, patrona.

præsĭdeo, es, sēdi. no sup. *To preside over.* —— Mars Lătio vĕnĕrandus ĕrat quiă *præsidet* armis. Ov. F. 3. 85. SYN. præsum, q. v.

præsĭdium, i. *A guard, a protection.* —— Hei mihi quantum *Præsidium* Ausŏnia et quantum tu perdis Iūle. V. Æn. 11. 58. SYN. tūtēla; tūtāmĕn, ĭnis, neut.

præsignis, e. *Remarkable, beautiful, illustrious.* —— Exhĭbuit gĕmĭno *præsignia* tempŏra cornu. Ov. Met. 15. 611. SYN. insignis, clārus.

præsŏnō, as, ui. *To sound before.* —— Hinc ŭbi *præsŏnuit* sōlenni tĭbia cantu. Ov. Am. 3. 13. 11. v. sono.

‡**præspergo**, is, si, sum. *To sprinkle or strew before.* —— Flora quĭbūs māter *præspergens* ante viăi. Lucr. 5. 738. SYN. ‡præsterno, ĭs, strāvi. V. spargo.

præstans, antis. part pres. of præsto; used also as adj. *Excellent.* —— Tanto virgĭnĭbus *præstantior* omnĭbus Herse Ībat. Ov. Met. 2. 724. SYN. bŏnus, mĕlior, ŏptimus; ēgrĕgius, exĭmius, insignis, præsignis, laudātissĭmus.

præsterno, īs, strāvi, tum. *To strew before.* —— Quæ sibi *pracsternat* vīvax altāria phœnix. Stat. Sylv. 3. 2. 114. SYN. præspergo, ĭs, si. v. sterno.

præstĕs, ĭtis. masc. and fem. *A protector, a patron.* —— *Præstĭtĭbus* Maiæ Lărĭbus vīdēre Călendæ Āram constitui. Ov. F. 5. 129. v. patronus.

præsto. *Near, ready at hand.* —— Pauper ĕrit *præsto* tĭbī, *præsto* pauper ădĭbit. Tib. 1. 5. 61.

præsto, as, stĭti. no sup. 1. *To excel.* — 2. (3*d sing. used impers.*) *It is good, it is better.* — 3. *To cause.* — 4. *To perform* (*a promise, a duty, etc.*) — 5. *To show, prove.* — 6. *Make favourable, give.* —— Ibo ănĭmis contrā, vel magnum *præstet* Āchillem. V. Æn. 11. 438. — 2. Quos ĕgŏ; sed mōtos *præstat* compōnĕre fluctus. V. Æn. 1. 135. — 3. Quæ nē quis possit tĕmĕrāria dīcĕre *præsta*. Ov. Tr. 5. 14. 19. — 4. Bacche fĭden *præsta*, nec præfer ămōrĭbus ullam Conjŭgis. Ov. F. 3. 497. *Præstet* ămīci officium jusso littĕra nostra die. Ov. Ep. e. P. 4. 9. 7. — 5. Seque *Præstĭtit* invictam vīrĭbus ūsa suis. Ov. Tr. 4. 10. 104. Nunc tibi quæ mĕdio Vĕnĕris *præstentur* in ūsu Ĕlŏquar. Ov. R. A. 357. — 6. Solve rătem, Vĕnus orta mări măre *præstet* eunti. Ov. Her. 15. 213. Nec tămĕn hunc nōbis tantummŏdo *præstat* hŏnōrem. Ov. F. 6. 57. SYN. 1. sŭpĕro, as; prætereo, īs, īvi, ĭtum, q. v. — 2. v. decet. 3. făcio, ĭs, fēci, factum; effĭcio. — 4. fungor, ĕris, functus sum. — 5. ostendo, ĭs. — 6. do, das, dăre, dĕdi, dătum.

præstringo, ĭs, nxi, strictum. *To bind fast.* —— Utque Sўrăcŏsio *præstrictā* fauce poētæ. Ov. Ibis. 549. SYN. lĭgo, as, q. v.

præstruo, ĭs, xi, ctum. *To build before, so as to block up; to block up, to hinder.* —— Ille ădĭtum vasti *præstruxĕrat* objĭce montis. Ov. F. 1. 563. Hospĭtis effŭgio *præstruxĕrat* omnia Mīnos. Ov. A. A. 2. 21. SYN. præclūdo, ĭs, si, sum.

‡**præsūdo**, as. *To exercise oneself before.* —— *Præsūdāre* părет sēsēque accendĕre virtus. Stat. Theb. 6. 5.

præsum, præĕs, præfui. *To be set over, to preside over.* —— Stant quŏque pro nōbīs et *præsunt* mœnĭbus urbis. Ov. F. 5. 135. SYN. præsĭdeo, es, sēdi. v. tueor.

præsūmo, ĭs, mpsi, mptum. *To take beforehand, to anticipate.*——Nēve dŏmi *præsūme* dăpes, et dēsĭne cītra. Ov. A. A. 3. 757. Arma părāte ănĭmis, et spē *præsūmĭte* bellum. V. Æn. 11. 18. SYN. præcĭpio, ĭs, cēpi; antĭcĭpo, as.

præsuo, is, ui, ūtum. *To sew at the edge.*——Quæ fŏliis *præsūta* nŏtam sĭne vulnĕre fēcit. Ov. Met. 11. 9.

prætĕgo, ĭs, xi, ctum. *To cover.*——Virgĭneumque căvo *prætĕgit* ære căput. Prop. 3. 12. 12. SYN. tĕgo.

prætendo, is, di, tum. 1. *To stretch before (trans.).*—2. *To hold out, carry before one.*—3. *To hold before, as a veil, a pretext, an excuse.*——1. Sĭcănio *prætenta* sinu jăcet insŭla contra. V. Æn. 3. 692.—2. Pācĭfĕræque mănu rāmum *prætendit* ŏlīvæ. V. Æn. 8. 116.—3. *Prætendens* culpæ splendĭda verba tuæ. Ov. R. A. 240. SYN. 1, 2. prōtendo.—2. præfĕro, fers, ferre, tŭli, lātum.—3. v. prætexo.

prætento, as. *To try beforehand, feel beforehand, feel one's way, etc.*——*Prætentes* băcŭlo lūmĭnis orbus ĭter. Ov. Ibis, 262.

prætentus, a, um. part. pass. from prætendo, q. v. *Lying opposite to, etc*——Massȳlûm gentes *prætenta*que Syrtĭbus arva. V. Æn. 6. 60. SYN. oppŏsĭtus.

prætĕpeo, es, ui. no sup. *To be warm before.*——Si tuus in quâvis *prætĕpuisset* ămor. Ov. Am. 2. 3. 6.

præter. 1. *Before, of motion before one, near to one, etc.*—2. *Besides, except.*—3. *Besides, beyond, in addition to, etc.*—4. *Beyond, further than.*——1. *Præter* ŭtrumque lătus, *præter*que et lūmĕn et aures. Ov. Met. 5. 159.—2. Et cuncta terrārum sŭbacta, *Præter* ătrōcem ănĭmum Cătōnis. Hor. 2. 1. 24.—3. Nesciŏ quâ *præter* sŏlĭtum dulcēdĭne læti. V. G. 1. 412.—4. Atque fŭgam dĕdit, et *præter* văda fervĭda vexit. V. Æn. 6. 24. SYN. 1. juxtā, prŏpĕ.—3, 4. ultrā trans.

§**prætĕrăgo, ĭs, egi, actum.** *To drive beyond*——Mūtandus lŏcus est et dīversōria nōta *Prætĕrăgendus* ĕquus. Hor. Epist. 1. 15. 10.

prætĕreā. 1. *Besides.*—2. *Any more, afterwards, etc.*——1. Multaque *prætĕreā* vātum prædicta priōrum. V. Æn. 5. 464.—2. Nĕque illum Prensantem nĕquicquam umbras et multa vŏlentem Dīcĕre *prætĕreā* vīdit. V. G. 4. 502. SYN. 1. porro.—2. plūs, amplius.

prætĕreo, ĭs, ĭvi, ĭtum. 1. *To pass, trans.*—2. *To pass, elapse.*—3. *To pass by, i. e. omit to mention.*—4. *To surpass.*——1. Mutat terra vĭces, et dēcrescentia rīpas Flūmĭna *prætĕreunt.* Hor. 4. 7. 4.—2. Tunc cum fērāles *prætĕriēre* dies. Ov. F. 2. 34.—3. *Prætĕream* rĕfĕramne tuum rŭbĭcundę Priāpe, Dēdĕcus? Ov. F. 6. 319.—4. Sed tantum virtūs ălios tua *prætĕrit* omnes. Ov. Ep. e P. 4. 7. 51. SYN. 1. prætervehor, ĕris, vectus sum; prævehor, ‡pervehor; præterlābor, ĕris, lapsus sum (*of passing by sea*).—1, 3. transeo.—2. lābor, ăbeo.—3. tăceo, es, ui, *no sup.*; rĕlinquo, ĭs, liqui.—4. præsto, as, stĭti; sŭpĕro, as, q. v. PHR. 1. Proxĭma Circææ rāduntur littŏra terræ. V.—3. Non ego tē meis chartīs ĭnornātum sĭlēbo Totve tuos pătiar lăbōres Impūne Lolli carpĕre līvĭdas Ŏblīviōnes. Hor.

prætĕrĭtus, a, um. part. perf. pass. of prec. 1. *Past esp. of time.*—2. *Dead.*——1. Oh mihĭ *prætĕrĭtos* rĕfĕrat si Jūpĭter annos. V. Æn. 8. 560.—2. Fas est *prætĕrĭtos* semper ămāre vĭros. Prop. 2. 10. 52. SYN. 1. actus, anteāctus (*trisyll.*).—2. mortuus, q. v. PHR. Tempŏra quæ sĕmel Notis condĭta fastis Inclūsit vŏlŭcris dies. Hor. Princĭpiumque sui gĕnĕris, rĕvŏlutaque quærens Sæcula. Ov. Non tămĕn irrĭtum Quodcunque rētro est Effĭciet nĕque Diffinget infectumque reddet Quod fŭgiens sĕmĕl hōra vixit. Hor.

præterlābor, ĕris, lapsus sum. 1. *To glide or flow by.*—2. *To pass by, esp. by sea.*——1. Vel quæ Tĭbĕrīne vĭdēbis Fūnĕra cum tŭmŭlum *præterlābĕre* rĕcentem. V. Æn. 6. 875.—2. Et tămĕn hanc pĕlăgo *præterlābāre* nĕcesse est. V. Æn. 3. 478. SYN. 1. præfluo, ĭs, xi.—1, 2. prælābor.—2. prætĕreo, is, q. v.

†**præterlātus, a, um.** perf. pass. part. from præterfero. *Carried beyond.*——*Præterlāta* pĕrit frustrā diffūsa per auras. Lucr. 4. 569.

†‡**prætermitto.** 1. *To pass by, neglect.*—2. *To cause to pass, to send beyond.*——1. Et *prætermittas* ănĭmi vĭtia omnia prīmum. Lucr. 4. 1144.—2. Nuntius; an făcili te *prætermīsĕrit* undâ Lūcāni răbĭda ōra-măris. Stat. Sylv. 3. 2. 84.

præterquam. adv. *Except.* —— *Præterquam* cūras Attĕnuare meas. Ov. Tr. 4. 6. 18.

†**præterrādo, is, si, sum.** *To scrape.* —— *Præterrādit* ĕnim vox fauces Sæpe, făcitque. Lucr. 4. 531. SYN. rādo.

prætervehor, ĕris, vectus sum. *To be carried by*, i. e. *to pass by.* —— Missus ădest ; vīvo *prætervehor* ostia saxo Pantăgiæ. V. Æn. 3. 688. SYN. prævehor, ‡pervehor ; prætĕreo, īs, q. v.

†‡**prætervŏlo, as.** *To fly past.* —— Quem rŭtĭlâ fulgens plūmâ *prætervŏlat* āles. Cic. in Arat. 412.

prætexo, ĭs, ui, xtum. 1. *To weave, to unweave, to variegate, to diversify.* — 2. *To veil over*, i. e. *disguise, excuse, etc.* —— 1. Purpŭra sæpe tuos fulgens *prætexit* ămictus. Ov. Ep. e P. 3. 8. 7. Hic vĭrĭdis tĕnĕrâ *prætexit* ărundĭne rīpas Mincius. V. E. 7. 12. Anchŏra fundābat nāves et littŏra curvæ *Prætexunt* puppes. V. Æn. 6. 5.—2. Conjŭgium vocat ; hoc *prætexit* nōmĭne culpam. V. Æn. 4. 172. SYN. 2. vēlo, as ; excūso, as. v. texo.

prætexta, æ. *A white toga bordered with purple, the dress of noble youths and magistrates, etc., at Rome.* —— *Prætextam*, fasces aspĭciamque tuos. Ov. Ep. e P. 4. 9. 42.

‡**prætextatus, a, um.** *Wearing the* prætexta.——Et *prætextātâ* cultus ămīcĭtiâ. Mart. 10. 20. 4.

prætextus, a, um. part. pass. from prætexo, q. v. *Adorned in front.* —— Stāte Pălātīnæ laurus ; *prætexta*que quercu Stet dŏmus. Ov. F. 4. 953.

prætĭmeo, es, ui. no sup. *To fear beforehand.* —— Et frustra immĕrĭtum *prætĭmuisse* vĕlit. Tib. 3. 4. 14. v. timeo.

prætinctus, a, um. *Previously imbued.* —— Sēmĭna mollit hŭmus vălĭdo *prætincta* vĕnēno. Ov. Met. 7. 123. SYN. præmĕdĭcātus.

prætor, ōris. masc. *A magistrate at Rome.* —— Maxĭma jam văcuo *prætor* spectacula Circo Quădrĭjŭges æquo carcĕre misit equos. Ov. Am. 3. 2. 65.

prætōrium, i. 1. *The general's tent.* — 2. ‡*A fine country house.* —— 1. Et circā rēgem atque ipsa ad *prætōria* densæ Miscentur. V. G. 4. 75.—2. Dīvĭdit, alternas servant *prætōria* rīpas. Stat. Sylv. 1. 3. 25. SYN. 2. portus, villa.

prætōrius, a, um. also ‡**prætōrĭtius, a, um.** *Of a prætor.* —— Nec tĭbĭ sit rauco *prætōria* classĭca cornu Flēre. Prop. 3. 3. 41. De *prætōrĭtiâ* fŏlium mihĭ Paule cŏrōnâ Mittis. Mart. 8. 33. 1.

prætrĕpĭdans, antis. *Trembling with eagerness.* —— Jam mens *prætrĕpĭdans* ăvet văgāri. Cat. 44. 6. SYN. mĭcans. v. seq.

‡**prætrĕpĭdus, a, um.** *Trembling with eagerness.* —— Excŭtias guttas ; lætāri *prætrĕpĭdum* cor. Pers. 2. 54. v. prec. v. trepidus.

prætŭli, perf. of præfero. q. v. —— Ĕrinnys *Prætŭlit* infaustas sanguĭnolenta făces. Ov. Her. 6. 46.

‡**prævaleo, es, ui.** no sup. *To be stronger, very strong.* —— Quisquis ĕquo jăcŭloque pŏtens ; qui *prævălet* arcu. Stat. Achill. 2. 122. v. valeo.

prævălĭdus, a, um. *Very strong.* —— *Prævălĭdæ* fūsos comminuēre mănus. Ov. Her. 9. 80. v. validus.

prævehor, ĕris, vectus sum. *To be carried by, to pass by.* —— Cum *prævectus* ĕquo longævi rēgis ad aures Nuntius. V. Æn. 7. 166. Ut te fēlīci *prævecta* Ceraunia remo Accĭpiat. Prop. 1. 8. 19. SYN. prætervehor, q. v.

prævĕnio, īs, vēni, ventum. *To come first.* —— Candida Lūcĭfĕro *prævĕniente* dies. Ov. F. 5. 548. Quod non *præventum* morte fuisse dŏlet. Ov. Tr. 5. 4. 32. Nascere *præ*que diem *vĕniens* ăge Lūcĭfer annum. V. E. 8. 17. SYN. antevĕnio ; præcēdo, ĭs, cessi ; præeo, īs ; ‡prægrĕdior, ĕris, gressus sum.

præverro, ĭs. no perf. *To sweep before, to sweep.* —— *Præverrunt* lātas veste jăcente vias. Ov. Am. 3. 13. 24. SYN. verro, q. v.

præverto, ĭs, ti, sum. 1. *To outstrip, in this sense also in pass. as if dep.* — 2. *To anticipate, esp. so as to prevent.* — 3. *To pre-occupy.* —— 1. Dūra păti, cursuque pĕdum *prævertĕre* ventos. V. Æn. 7. 807. Harpălȳcē vŏlŭcremque fugâ *prævertĭtur* Hēbrum. V. Æn. 1. 317. — 2. Atque ĭtă *prævertunt* inquit me fāta vĕtorque Plūra lŏqui. Ov. Met. 2. 657. — 3. Incĭpit et vīvo tentat *prævertĕre* ămōre Jampridem rĕsĭdes ănĭmos. V. Æn. 1. 721. SYN. 1. præcurro, ĭs, ri, sum. — 2. v. prohibeo. — 3. præcĭpio, is, cēpi, ceptum.

‡**prævĕtĭtus, a, um.** *Forbidden before.* —— *Prævĕtĭtum* nāmque et căpĭtal committĕre Martem sponte vĭris. Sil. 13. 155.

prævĭdeo, es, vīdi, vīsum. *To see beforehand.* —— Dextram . . Extŭlit ille ictum vĕnientem a vertice velox *Prævīdit.* V. Æn. 5. 445.

prævĭtio, as. *To corrupt beforehand.* —— Hunc Dea *prævĭtiat* portentĭfĕrisque vĕnēnis Inquĭnat. Ov. Met. 14. 55. SYN. præcorrumpo, ĭs, rūpi.

prævius, a, um. *Going before.* —— Nunc præcēdentem sĕquĭtur; nunc *prævius* antēĭt. Ov. Met. 11. 65.

præustus, a, um. *Burnt at the end.* —— Stīpĭtĭbus dūrīs ăgĭtur, sŭdĭbusve *præustis.* V. Æn. 5. 524.

‡prăgmătĭcus, i. *A person skilful in business, etc.* —— Inde cădunt partes ex fœdĕre *pragmătĭcōrum.* Juv. 7. 123.

§prandeo, es, di, sum. part. pass. **pransus** in act. sense —— *To dine, dine on.* Luscĭnĭās sōlĭti impenso *prandĕre* coemptas. Hor. Sat. 2. 3. 245. v. epulor.

§prandium, i. *Dinner.* —— Ille sălūbres Æstātes pĕrăget qui nĭgris *prandia* mōris Fīniet. Hor. Sat. 2. 4. 22.

‡prăsĭnus, a, um. *Green.* —— De nostrâ *prăsĭna* est synthĕsis empta tŏgâ. Mart. 10. 29. 4. SYN. vĭrĭdis, q. v.

prătensis, e. *Of or from a meadow.* —— Hoc tĕnĕrum făciet; *prātensĭbus* optĭma fungis Nātūra est. Hor. Sat. 2. 4. 20.

prātum, i. *A meadow.* —— Rīpărumque tŏros, et *prāta* rĕcentia rīvis Incŏlĭmus. V. Æn. 6. 674. SYN. ăger, ăgri, q. v. PHR. Hic gĕlĭdi fontes; hic mollia prāta Lycōri. V. Ante nŏvis rŭbeant quam prāta colōrĭbus. V. Ārea grāmĭneo sŭbĕrat vĭrĭdissĭma prato. Ov. Prāta tĕnerrĭma tauro Fertur insuetā subsecuisse mănu. Ov. Prātaque pūbescunt vărĭōrum flōre cŏlōrum. Ov.

§prāvē. *Badly, wrongly.* —— Cum sīs, et *prāvē* sectum stŏmăchēris ob unguem. Hor. Epist. 1. 1. 104. SYN. mălĕ.

prāvus, a, um. *Not straight, perverse, bad.* —— Tam ficti *prāvi*que tĕnax quam nuntia vēri. V. Æn. 4. 188. SYN. perversus, mendōsus; mălus, pējor, pessĭmus; sĭnister, tra, trum; vĭtiōsus.

prĕcārius, a, um. *Obtained by entreating, depending on the will of another, precarious.* —— Arma ălĭēna mŏves quem forma *prĕcāria* cēlat. Ov. Met. 9. 76. v. incertus.

‡prĕcātor, ōris. masc. *One who prays to.* —— Pindărĭcæ vox flexa lȳræ vŏlūcrumque *prĕcātor* Ībȳcus. Stat. Sylv. 5. 3. 152. v. supplex.

prĕcātus, ûs. *A prayer.* —— Āversumque Jŏvem; sed nec pĕriisse *prĕcātūs* Tantaque dōna vĕlit. Stat. Theb. 10. 71. v. seq.

prĕce. abl. sing. fem. (no other case sing. is used by the poets of the Augustan age; though **preci** and **precem** occur in Ter. and Plaut.) pl. **prĕces** in all cases. *Prayer.* —— Jūnōnis magnæ prīmum *prĕce* nūmĕn ădōra. V. Æn. 3. 437. Jūnōni fer rīte *prĕces,* īramque mĭnasque Supplĭcĭbus sŭpĕra vōtis. V. Æn. 8. 60. SYN. ‡prĕcātus, ûs; vōtum. PHR. Nē temne quod ultro Præfĕrĭmus mănĭbus vittas et verba prĕcantia. V. Nec magnas vălŭisse prĕces. V. Sed vōtis prĕcĭbusque jŭbent exposcĕre pācem. V. Hâc prĕce ădōrāvi sŭpĕros ĕgŏ. Ov. Nīl nĭsĭ sollĭcĭtæ sint tua verba prĕces. Ov. Concĭpiamque bŏnas ōre făvente prĕces. Ov. Instat ămans hostis prĕcĭbus. Ov. Si sua per vestras victa sit īra prĕces. Ov. Prĕcĭbus lēnīto Cæsăre vestris. Ov.

prĕciæ, arum. fem. *A sort of vine, probably an early vine.* —— Purpŭreæ, *prĕciæ*que et quo te nōmĭne dīcam Rhœtĭca? V. G. 2. 95.

prĕcor, aris. *To pray, to pray to.* —— Hortātur păter īre mări, vĕniamque *prĕcāri.* V. Æn. 3. 144. Tum nūmĭna sancta *prĕcāmur* Pallădis armĭsŏnæ, quæ prima accēpit ŏvantes Et nunquam plăcĭdas esse *prĕcārer* ăquas. Ov. Her. 19. 82. SYN. comprĕcor; apprĕcor; supplĭco, as; ōro, as; ădōro, as; obtestor, āris. v. peto. PHR. Sæpe Deos supplex ut tu scĕlĕrāte vălēres Sum prĕce thūricrĕmis dēvĕnĕrāta fŏcis. Ov. Accĭpit āra prĕces vōtīvaque thūra piōrum. Ov. Ni palmas ponto tendens ŭtrasque Clŏanthus Fūdissetque prĕces, Dīvosque in vōta vŏcâsset. V. Tu conjux; tĭbĭ fas ănĭmum tentāre prĕcando. V. Ut Baccho Cĕrĕrique, tĭbĭ sic vōta quŏtannis Āgrĭcŏlæ făcient, damnābis tu quŏque vōtis. V. Lustrāmurque Jŏvi vōtisque incendĭmus āras. V. Ipsa dŏmō vĭduâ vōtis ŏpĕrāta pŭdīcis Torqueor. Ov. Cæsăris at conjux ōre prĕcanda tuo. Ov. Confer et in vōtūm tu quŏque verba meum. Ov. Ad pia prōpensos vota rŏgāte Deos. Ov. Pĕrăgam rāta vōta săcerdos, Quisquis ădes săcrīs ōre făvēte meis. Ov. Quem vŏcet Dīvûm pŏpŭlus mentis Impĕrī rēbus, prĕce quâ fătīgent Virgĭnes Sanctæ mĭnus audientem Carmĭna Vestam? Hor. Te multâ prece, te prōsĕquĭtur mĕro Dēfūso pătĕrīs, et Lărĭbus tuum Miscet nūmĕn.

Hor. Pro quâ sollĭcĭtas cœlestia nūmĭna vōtis. Tib. Tē pauper ambit sollĭcĭtā prĕce. Hor. Non est meum si mūgiat Āfrĭcis mălus prŏcellis ad mĭsĕras prĕces Dĕcurrĕre. Hor. Sōlenni sătis est vōce mŏvēre prĕces. Ov. Multa Deos ōrans, ŏnĕrāvitque æthĕra vōtis. V. Cœlo sŭpīnas si tŭlĕris mănus. Hor. v. testor.

prehendo, and sync. **prēndo, is, di, sum.** 1. *To take, to take hold of.* — 2. *To seize, to occupy.* —— 1. Ārentisque rŏsæ quantum mănus ūna *prehendat.* Ov. M. F. 93. Et *prēnsos* dŏmĭtare bŏves et lĭcia tēlæ Addĕre. V. G. 1. 285. — 2. Quo res summa lŏco Panthu, quam *prēndimus* arcem. V. Æn. 2. 322. SYN. 1. comprehendo ; prenso, as ; căpio, ĭs, cepi. — 2. răpio, ĭs, ui ; occŭpo, as.

prenso, as. *To take hold of.* —— Lūbrĭca *prensantes* effūgit umbra mănus. Ov. F. 5. 476. v. prec.

prēlum, i. *A wine press.* —— Cōlaque *prēlōrum* fūmōsis dērĭpe tectis. V. G. 2. 242.

prĕmo, ĭs, pressi, sum. 1. *To press, in any way.* — 2. *To depress, weigh down.* 3. *To load.* — 4. *To pursue.* — 5. *To repress, to check, etc. etc.* — 6. *To overwhelm.* —— 1. Imprŏvīsum aspris vĕlŭti qui sentĭbus anguem *Pressit* hŭmi nītens. V. Æn. 2. 380. Et *prĕmĕre,* et laxas scīret dăre jussus hăbēnas. V. Æn. 1. 63. Nec tē tua fūnĕra mater Prōduxi, *pressive* ŏcŭlos. V. Æn. 9. 486. — 2. Mundus ut . . . Consurgit *prĕmitur* Lĭbyæ dēvexus ad Austros. V. G. 1. 241. Si tĭtŭlos annosque tuos nŭmĕrāre vĕlimus Facta *prĕmunt* annos. Ov. Met. 7. 448. — 3. *Pressĕrat* externā nāvita merce rătem. Tib. 1. 3. 40. — 4. Hāc fŭgĕrent Graii *prĕmĕret* Trōjāna jŭventus. V. Æn. 1. 67. — 5. Mŏnĭtusque sĭlente Nocte dātos, non ipse suo *prĕmit* ore Lătīnus. V. Æn. 7. 103. Constĭtit Anchīsā sătus et vestīgia *pressit.* V. Æn. 6. 331. Falce *prĕmes* umbras vōtisque vŏcāvĕris imbrem. V. G. 1. 157. Exĭgat hīc ævum, magnā dĭtīone jŭbēto Carthāgo *prĕmat* Ītăliam. V. Æn. 10. 54. — 6. Insueta rŭdentem Dēsŭper Alcīdes tēlis *prĕmit,* omniaque arma Advŏcat. V. Æn. 8. 249. SYN. 1, 2. 5. 6. opprĭmo, perprĭmo. — 1, 2. 5. comprĭmo, rĕprĭmo. — 1, 2. dēprĭmo. — 1. presso, as. — 2. grăvo, as ; dēgrăvo. — 3. ŏnĕro, as, q. v. — 4. sĕquor, ĕris, sĕcūtus sum. — 5. coerceo, es. — 6. ŏbruo, ĭs, ui, ŭtum, q. v.

presso, as. *To press.* —— Et nŏva *pressantes* inquĭnet ūva pĕdes. Prop. 3. 15. 18. SYN. premo, ĭs, pressi, q. v.

‡pressūra, æ. *Pressure.* —— Utque sŏlet părĭter tōtis se effundĕre signis Cōrўcii *pressūra* crŏci. Lucan. 9. 812.

pressus, a, um. part. perf. pass. from premo, q. v. ; also — 1. *Stamped.* — 2. *Closed.* — 3. *Driven.* — 4. *Slow.* —— 1. Vicus et æternā res ea *pressa* nŏtā. Ov. F. 6. 610. — 2. Aspĭcies, dixit, *presso*que obmūtuit ōre. V. Æn. 6. 155. — 3. Subsĕquĭtur ; *presso*que lĕgit vestīgia gressu. Ov. Met. 3. 17. — 4. In nĕmus īre lĭbet *pressis*que in rētia cervis. Ov. Her. 4. 41. SYN. 1. nŏtātus. — 2. clausus. — 3. tardus, q. v. — 4. actus, pulsus, impulsus.

†‡prestēr, ēris, acc. **ēra,** pl. **ērēs,** etc. 1. *A violent hot wind.* — 2. *A sort of serpent.* —— 1. *Prestēras* Graii quos ab re nōmĭnĭtārunt. Lucr. 6. 423. — 2. Percussit *prestēr ;* illi rŭbor igneus ōra Succendit. Lucan. 9. 791.

prĕtiosus, a, um. *Costly, fetching or giving a high price.* —— Exerces *prĕtiosa* ŏdia et constantia magno. Ov. Her. 7. 47. Dēdĕcŏrum *prĕtiōsus* emptor. Hor. 3. 6. 32. SYN. (*as to things*) cārus, sumptuōsus.

prĕtium, i. 1. *Price.* — 2. *A reward ; a requital.* — 3. *Money, riches (sometimes in this sense the word* pretium *itself is understood when an adjective signifying "high" or "low" is used).* — 4. *High value, esp. in the phr.* in pretio. —— 1. Si tibi ab Ātrīdā *prĕtio* rĕdĭmenda fuissem. Ov. Her. 3. 39. Nec mĭnor usus erit ; quamvis Mīlēsia *magno* Vellera mūtentur (*pretio,* sc.). V. G. 3. 306. — 2. Illum Tўdīdes ălio pro tālĭbus ausis Affĕcit *prĕtio.* V. Æn. 12. 352. Fixit lēges *prĕtio* (i. e. *for a bribe*) atque rĕfixit. V. Æn. 6. 622. — 3, 4. In *prĕtio prĕtium* nunc est dat census hŏnōres. Ov. F. 1. 217. SYN. 2. præmium ; merces, ēdis, *fem.* — 3. dīvĭtiæ, ārum, q. v.

Priămēis, ĭdŏs. fem. form of adj. *Of Priam, daughter of Priam, etc.* —— Summa dŭcum Ātrīdes visā *Priămēide* fertur. Ov. Am. 1. 9. 37.

Priămēius, a, um. *Of Priam.* —— Tālis ab armĭfĕris *Priămēius* hospĕs Ămўclis. Ov. A. A. 2. 5.

Prĭămĭdes, æ. masc. *Son of Priam.* —— *Prĭămĭdēn* Hĕlĕnum Graias regnāre per urbes. V. Æn. 3. 295.

Prĭămus, i. *Son of Lāŏmĕdon, and king of Troy, when it was destroyed by the Greeks.* —— Hæc fīnis *Prĭămi* fātōrum; hīc exĭtus illum Sorte tŭlit. V. Æn. 2. 554. SYN. Lāŏmĕdontiădes, æ. PHR. Dardănii lăcrȳmas non tŭlit ille sĕnis. Ov.

Prĭāpus, i. masc. *The god of gardens.* —— At rŭber hortōrum dĕcus et tūtēla *Prĭāpus.* Ov. F. 1. 415. PHR. Custos fūrum atque ăvium cum falce sălignâ Hellespontiăci servet tūtēla Priāpi. V. Et te rūrĭcŏlâ Lampsăce tūta Deo. Ov. v. Tib. 1. 4. 1—8.

prīdem. not found in the best poets except with jam. *Some time since, for some time* (*not of future time*). —— Cætĕra jam *prīdem* dĭdĭci puĕrīlĭbus annis. Ov. F. 6. 417. Jam *prīdem* nōbis cœli te rēgia Cæsar Invĭdet. V. G. 1. 503.

prīmævus, a, um. *In the flower of one's age.* —— Et Lȳcus elapsi, quōrum *primævus* Hĕlĕnor. V. Æn. 9. 545. Ante urbem puĕri et *prīmævo* flōre jŭventus. V. Æn. 7. 162.

†**prīmĭgĕnus, a, um.** *First born, first.* —— Diemque *Prīmĭgĕnum* măris et terræ sōlisque coortum. Lucr. 2. 1105. v. primus.

prīmĭtiæ, arum. fem. *The first fruits.* —— Quod sŭpĕrest, hæc sunt spŏlia et de rēge sŭperbo *Prīmĭtiæ.* V. Æn. 11. 16.

prīmĭtius, a, um. *First, prime, chief.* —— Ecce răpit mĕdiis flăgrantem Rhætus ab āris *Prīmĭtium* torrem. Ov. Met. 12. 272. v. primus.

prīmĭtus, also §**prīmĭtu.** *At first; first of all.* —— Ac vĕlŭti in nĭveo tĕnĕræ cum *prīmĭtus* ōvo. V. Ciris, 490. Flōrĭdo mihĭ pōnĭtur picta vēre cŏrolla *Prīmĭtu.* Cat. 19. 10. v. primum.

prīmo and **prīmum.** *First, at first.* —— Vēla cădunt *prīmo*, et dŭbiâ lībrantur ab aurâ. Ov. F. 3. 585. Ore rĕvēlāto qua *prīmum* lūce pătēbit Servius. Ov. F. 6. 620.

prīmordia, ōrum. neut. pl. *The beginning.* —— Magni *prīmordia* mundi Et rērum causas, et quid nātūra, dŏcēbat. Ov. Met. 15. 67. SYN. princĭpium, q. v.; exordium.

prīmōres, um. masc. pl. *Chiefs.* —— *Prīmōres* Argīvōrum Cœpĕrat ad sēsē Troja ciēre vĭros. Cat. 66. 88. SYN. prīmi. v. dux.

prīmus, a, um. 1. *First, in any sense.* — 2. *Extreme, placed at the extremity of anything.* —— 1. Quæ mūnĕra Nīso Digna dăbis, *prīmam* mĕrui qui laude cōrōnam? V. Æn. 5. 355. — 2. Ferrea vox; ădĕs et *prīmi* lĕge littŏris ōram. V. G. 2. 44. SYN. 1. princeps, ĭpis. — 2. extrēmus, q. v.

princeps, ĭpis. masc. and fem. 1. *A prince, a chief man.* — 2. *A soldier of the second line in the legion.* — 3. *An author, first beginner, etc.* —— 1. Tristĭbus invectus verbis; ĭtă *princĭpe* dignum. Ov. Tr. 2. 133. — 2. Et tŏtĭdem *principes*, tŏtĭdem pīlānus hăbēbat Corpŏra. Ov. F. 3. 129. — 3. Hæc gĕnĕris *princeps*; ipsĭus ille păter. Ov. F. 1. 40. SYN. 3. auctor, q. v.

princeps, ĭpis. adj. *First.* —— Fertur Prōmētheus addĕre *princĭpi* Līmo coactus partĭcŭlam undique Dēsectăm. Hor. 1. 16. 13. Mātri Qui dĕdĕrat *princeps* oscŭla victor ĕrit. Ov. F. 2. 714. SYN. prīmus.

†**princĭpiālis, e.** *Original.* —— *Princĭpiāle* aliquod tempus clādemque fŭtūram. Lucr. 5. 247.

princĭpium, i. *A beginning, origin, etc.* —— Ēn ait, et jăcŭlum intorquens ēmittit in auras *Princĭpium* pugnæ. V. Æn. 9. 53. Hinc omne *princĭpium* (*trisyll.*) huc rĕfer exĭtum. Hor. 3. 6. 6. SYN. prīmordium, exordium; ŏrīgo, ĭnis, *fem.*; ingressus, us; rŭdīmentum.

prĭor, us. 1. *First of two, former.* — 2. *In pl. former generations, ancestors.* —— 1. Tuque *prior*, tu parce gĕnus qui dūcis Ŏlympo. V. Æn. 6. 835. — 2. Plemmȳrium undōsum; nōmen dixĕre *priōres* Ortȳgiam. V. Æn. 3. 693. SYN. 2. mājōres. v. avus, pristinus.

prīscus, a, um. *Ancient.* —— Ecce Săbīnōrum *prisco* de sanguĭne magnum Agmĕn ăgens Clausus. V. Æn. 7. 706. SYN. antīquus; vĕtus, ĕris; vĕtustus. v. seq.

pristĭnus, a, um. *Former, original.* —— Lăcrȳmæque per ōra Non sua fluxĕrunt, mens tantum *pristĭna* mansit. Ov. Met. 3. 203. SYN. prior.

pristis, is. fem. (some read it **pistrix.**) *A large fish, a sort of whale.* —— Cui lătĕrum tĕnus hispĭda nanti Frons hŏmĭnem præfert, in *pristin* dēsĭnit alvus. V. Æn. 10. 211. v. balæna.

prīvātus, a, um. prop. part. pass. of privo, q. v., also as adj. 1. *Private, one's own.* — 2. *Sometimes as subst., a private person, etc.* —— 1. *Prīvātus* illis census ĕrat brevis. Hor. 2. 15. 13. — 2. Parce *prīvātus* nĭmium căvēre. Hor. 3. 8. 26. v. proprius.

prīvigna, æ. *A Step-daughter.* —— An măre ab invīso *prīvignæ* nōmĭne dictum Vexat? Ov. Her. 19. 125.

prīvignus, i. *A stepson.* —— Pōcŭla *prīvigno* non nŏcĭtūra suo. Prop. 2. 1. 52.

prīvo, as. *To deprive of.* —— Impŏsĭta haud unquam mĭsĕrā formīdĭne *prīvet.* Hor. Sat. 2. 7. 77. Alter ob huic sĭmĭlem *prīvātus* lūmĭne culpam. Ov. Ep. e P. 1. 1. 53. SYN. spŏlio, as, q. v. v. orbus.

prius. *Formerly, before.* —— Si *prius* occĭdĕro, tu tamen ossa lĕges. Ov. Her. 10. 150. SYN. ante, q. v.

priusquam. often found in tmesi **prius . . . quam,** and even **quam . . . prius.** *Before that.* —— Quam bĕnĕ Saturno vīvēbant rēge *priusquam.* Tib. 1. 3. 35. At *prius* ignōtum ferro *quam* scindĭmus æquor. V. G. 1. 50. *Quam prius* abjunctos sēdŭla fōvit ĕquos. Prop. 2. 18. 10. SYN. antĕquam.

prīvus, a, um. *Peculiar to oneself.* —— Parrhăsius *prīvā* vindĭcat arte lŏcum. Prop. 3. 9. 12.

pro. prep. 1. *In front of.* — 2. *For, in any sense; in behalf of, instead of, in requital of, etc.* — 3. *In proportion to.* —— 1. Stăbat *pro* templo et Căpĭtolia celsa tĕnēbat. V. Æn. 8. 653. — 2. *Pro* sē quisque vĭri et dēprōmunt tēla phărĕtris. V. Æn. 5. 501. At tĭbĭ *pro* scĕlĕre exclāmat, *pro* tălĭbus ausis. V. Æn. 2. 535. — 3. Dīra vĭro făcies, făcies *pro* corpŏre, corpus Grande. Ov. F. 1. 553. SYN. 1. ante. v. propter.

proăvītus, a, um. *Ancestral, hereditary.* —— Pugnantem pro sē *proăvītaque* regna tĕnentem. Ov. Met. 13. 416. SYN. ăvītus, pătrius, q. v.

proăvus, i. *An ancestor.* —— Si quid id est, usque a *proăvis* vĕtus ordĭnis hæres. Ov. Am. 3. 15. 5. SYN. ăvus, q. v; ătăvus, părens, *usu. pl. in this sense, in pl.* priōres, mājōres.

prŏbātor, ōris. masc. *An approver.* —— Artĭbus exceptis sæpe *prŏbātor* ĕras. Ov. Ep. e P. 2. 2. 106. SYN. laudātor.

prŏbē. *Well, thoroughly.* —— Suffēnus iste, Vāre, quem *prŏbē* nōsti. Cat. 20. 1. SYN. bĕnĕ, q. v.

prŏbĭtas, ātis. fem. *Honesty.* —— Sed *prŏbĭtas* magnos ingĕniumque făcit. Ov. Ep. e P. 1. 9. 40. PHR. Turpi sine crīmĭne mansit Et fāmæ prŏbĭtas irrĕprehensa fuit. Ov. Adversis prŏbĭtas exercĭta rēbus. Ov.

prŏbo, as. 1. *To approve.* — 2. *To prove.* — 3. *To test, to judge of.* —— 1. Idque pio sĕdet Ænēæ *prŏbat* auctor Ăcestes. V. Æn. 5 418. — 2. Verba, prĕcor, cĕlĕri nostra *prŏbāte* fĭde. Ov. Ep. e P. 3. 4. 114. — 3. Vulgus ămīcĭtias ūtĭlĭtāte *prŏbat.* Ov. Ep. e P. 2. 3. 8. SYN. 1. apprŏbo; laudo, as. — 1, 2. comprŏbo. — 3. specto, as; æstĭmo, as.

prŏbrōsus, a, um. *Disgraceful.* —— O magna Carthāgo, *prŏbrōsis* Altior Ītălĭæ ruīnis. Hor. 3. 5. 39. SYN. turpis, q. v.; măcŭlōsus, pŭdendus, infāmis.

prŏbrum, i. 1. *A wrong deed.* — 2. *Disgrace, ill fame.* — 3. *Reproach, abuse.* —— 1. Hunc īnit et vĕtĭto tĕmĕrat săcrāria *probro.* Ov. Met. 10. 695. — 2. Ut *prŏbris* terras impleat illa meis. Ov. Her. 17. 208. — 3. Qui sĭlet est firmus qui dīcit multa puellæ *Prŏbra* sătisfĭĕri postulat ille sĭbi. Ov. R. A. 698. SYN. 1. mălum. v. crimen. — 2, 3. opprŏbrium. — 2. dēdĕcus, ŏris, *neut.*; infāmia. — 3. convĭcium.

prŏbus, a, um. *Good, honest. etc.* —— Utque *prŏbæ* dignum est omnī tĭbĭ dōte plăcēbam. Ov. Tr. 4. 3. 57. SYN. bŏnus, melior, optĭmus; castus.

‡**prŏcăcĭtas, ātis.** fem. *Sauciness, wantonness.* —— Et quicquid lĕpĭdā *prŏcăcĭtāte.* Mart. 2. 41. 17. SYN. prŏtervĭtas, q. v.

prŏcax, ăcis. *Saucy.* —— Sive *prŏcax* ălĭqua est căpior quiă rustica non est. Ov. Am. 2. 4. 13. SYN. prŏtervus, pervĭcax, lascīvus.

prŏcēdo, is, cessi, cessum. *To proceed, go on, etc.* —— Jamque dies, alterque dies *prŏcessit* et auræ Vēla vŏcant. V. Æn. 3. 356. SYN. incēdo, prōgrĕdior, ĕris, prōgressus sum; eo, īs, īvi, ĭtum, q. v.; prōdeo.

prŏcella, æ. *A storm, lit. and metaph.* —— Tālia jactanti strīdens Ăquĭlōne *prŏcella* Vēlum adversa fĕrit, fluctumque ad sīdĕra tollit. V. Æn. 1. 102.

SYN. tempestas. PHR. Ābruptis turbāta prŏcellis . . . frĕta. V. Măria omnia cœlo miscuit Æŏliis nēquicquam frĕta prŏcellis. V. Incŭbuēre mări totumque a sēdĭbus īmis Ūna Eurusque Nŏtusque ruunt crēberque prŏcellis Āfrĭcus, et vastos volvunt ad littŏra fluctus. V. Horrĭda tempestas cœlum contraxit, et imbres Nĭvesque dēdūcunt Jŏvem Nunc măre nunc sylŭæ Thrēĭcio Āquĭlōne sŏnant. Hor. Sol fŭgit et rĕmŏvent sŭbeuntia nūbĭla cœlum Et grăvis effūsis dēcĭdet imber ăquis. Hinc tŏnat, hinc missīs ābrumpĭtur ignĭbus æther. Ov. Vĕniens pluviālĭbus hœdis Verbĕrat imber hŭmum quam multâ grandĭne nimbi In văda præcĭpĭtant cum Jupĭter horrĭdus Austris Torquet ăquōsam hyĕmem et cœlo căva nūbĭla rumpit. V. Ŏdiōso concĭta vento æquŏra. Ov. Ērĭpiunt sŭbĭto nubes cœlumque diemque Teucrōrum ex ŏcŭlis ; ponto nox incŭbat ātra. V. Tantus se nūbĭbus imber Rūpĕrat. V. Quæque grăvi nŭper plus quam quassâta prŏcellâ est , . . navis. Ov. Effŭgit hȳbernas dēmissa antenna procellas. Ov. Fert bĕnĕ præcĭpĭtes nāvis mŏdŏ facta prŏcellas. Ov. Nostra per adversas ăgĭtur fortuna procellas. Ov. v. V. Æn, 2. 416—419., 12. 451—455., G. 1. 322—334.

prŏcellōsus, a, um. *Stormy.*——Vōta *prŏcellōso* per măre rapta Nŏto. Ov. Am. 2. 6. 44. SYN. ventōsus, nimbōsus, tŭmĭdus, īrātus.

prŏcĕres, um. pl. masc. *Nobles, chiefs.*——Dēlectos pŏpŭli ad *prŏcĕres*, prīnumque părentem Monstra Deûm rĕfĕro. V. Æn. 3. 58. SYN. prīmōres, um ; prīmi. v. dux.

prŏcērus, a, um. 1. †*Long.*—2. *Tall.*——Prospĭcĕre ut possĭmus, et ut prōferre viāi *Prŏcēros* passus. Lucr. 4. 825.—2. Arctius atque hĕdĕrâ *prŏcēra* astringĭtur īlex. Hor. Epod. 15. 5. SYN. 1. longus, q. v.—1, 2. spătiōsus.—2. altus, q. v.; arduus, celsus.

prōcessus, ûs. *Progress, advance.*——Sic tua *prōcessūs* hăbeat fortūna pĕrennes. Ov. Tr. 4. 5. 25.

procĭdo, ĭs, di, sum. *To fall.*——Ille mordāci vĕlut icta ferro Pīnus aut impulsa cŭpressus Euro *Prōcĭdit* lātē, pŏsuitque collum in pulvĕre Teucro. Hor. 4. 6. 11. SYN. cădo, *perf.* cĕcĭdi, q. v.; dēcido, concĭdo.

‡prōcĭduus, a, um. *Falling, likely to fall.*——Corpŏra, *prōcĭduæ* sŭper externosque suosque. Stat. Theb. 3. 128. SYN. cădūcus.

prōcinctus, ûs. *The state of an army ready to engage, actual service.*——Hæc in *prōcinctu* carmĭna facta lĕges. Ov.

prōclāmo, as. *To proclaim, to cry aloud.*——Adjŭvat et magnâ *prōclāmat* voce Diōres. V. Æn. 5. 245. SYN. clāmo, q. v. ; exclāmo.

prōclīnātus, a, um. perf. pass. part. from proclino, q. v. *Leaning forward, stooping as if ready to fall.*——Partes In *prōclīnātas* omne rĕcumbit ŏnus. Ov. Tr. 2. 84.

prōclīnis, e. *Bending forwards or towards.*——Stella Lȳcāŏniam vergit *prōclīnis* ad Arcton. Ov. F. 3. 793.

prōclīno, as. *To incline; (trans.) to propel, to direct.*——Tum măre in hæc magnus *prōclīnet* littŏra Nēreus. Ov. Am. 2. 11. 39. SYN. inclīno. v. flecto.

prōclīvē. adv. *Readily.*——Et prōcursus ĭdem *prōclīve* vŏlūbĭlis exstat. Lucr. 2. 454. SYN. făcĭle.

‡prōclīvis, e. *Bending forwards, steep, metaph. inclined to.*——Et dēforme mălum et scĕlĕri *prōclīvis* ĕgestas. Sil. 13. 585. SYN. prōnus.

prōclīvus, a, um. *Steep, rising like mountains.*——Horrĭfĭcans Zĕphȳrus *prōclīvas* incitat undas. Cat. 62. 270. v. prec.

prōcreo, as. *To beget, to produce.*——Atque ălĭquam de quâ *prōcreet* anguis hăbet. Ov. F. 3. 194. SYN. creo ; gigno, ĭs, genui, ĭtum, q. v.

†procresco, is, ēvi. no sup. *To grow.*——Et res prōgigni, et gĕnĭtas *prōcrescĕre* posse. Lucr. 2. 566. SYN. cresco, q. v.

Prōcris, ĭdos. acc. ĭn. voc. ī. *The wife of Cephalus, who was shot by her husband by mistake.*——*Prōcrin* ădit linguâque rĕfert audīta sŭsurrâ. Ov. Met. 7. 825. SYN. Ērecthis, ĭdŏs. v. Ov. A. A. 3. 687—746.

Prŏcrustes, æ. *A robber who placed all his victims on an iron bed ; if they were too tall for it, he cut them shorter ; if they were too short, he stretched their limbs till they were long enough : he was slain by Theseus.* Vīdit et immītem Cēphīsĭas ōra *Prŏcrusten*. Ov. Met. 7. 438.

prōcŭbo, as, ui. *To lie over, spread over.*——Spēluncæque tĕgant et saxea *prōcŭbet* umbra. V. G. 3. 145. SYN. incŭbo ; incumbo, ĭs ; prōcumbo.

prōcūdo, ĭs, di, sum. *To hammer out, to forge, to sharpen, lit. and metaph.*—— Dūrum *prōcūdit* ărātor Vomeris obtūsi dentem. V. G. 1. 261. SYN. excūdo. v. acuo.

prŏcŭl. *Far off, of either time or place.*—— Dīvĭdĭmur cœlo, quæque est *prŏcŭl* urbe Quĭrīni. Ov. Ep. e P. 1. 5. 73. Tu *prŏcŭl* ēventūra vĭdes, tĭbĭ dēdĭtus augur. Tib. 2. 5. 11. SYN. longē.

prōculco, as. *To tread upon, to trample on.*—— Crebro sŭper ungŭla pulsu Incĭta nec dŏmĭni mĕmŏrum *prōculcat* ĕquōrum. V. Æn. 12. 534. SYN. calco. PHR. Sēmianĭmi lapsoque sŭpervēnit, Et pĕde collo Impresso. V. Barbărus heu cĭnĕres insistet victor et urbem Ĕques sŏnante verbĕrābit ungŭlâ. Hor.

prōcumbo, is, cŭbui, ĭtum. 1. *To lean forward.*—2. *To fall.*—3. *To lie down.* —4. *To be overthrown, be ruined.*—5. *To die, be slain.*——1. Et prohĭbēte nĕfas; olli certāmĭne dūro *Prōcumbunt.* V. Æn. 5. 198.—2. Sicut ĕrat magni gĕnĭbus *prōcumbĕre* nōn est Dēdignata Jŏvis. Ov. Met. 13. 585.—3. *Prōcŭbuit,* sēramque dĕdit per membra quiētem. V. Æn. 8. 30.—4. Meâ concussa pŭtāte *Prōcŭbuisse* sŏlo Lyrnessia mœnia dextrâ. Ov. Met. 13. 176. Tempŏre dūro Cognĭte; res postquam *prōcŭbuēre* meæ. Ov. Tr. 3. 4. 2.—5. Prīmusque Cŏrœbus Pēnĕlei dextrâ, Dīvæ armĭpŏtentis ad āram *Prōcumbit.* V. Æn. 2. 426. SYN. 2. 4, 5. cădo, ĭs, cĕcĭdi, cāsum.—2. prōcĭdo, concĭdo.—3. prōcŭbo, as, ui; jăceo, es, *no sup.*, q. v.—4. ēvertor, ĕris, ēversus sum.—5. occumbo; pĕreo, īs, īvi, ĭtum, q. v.; sternor, ĕris, strātus sum.

prōcūrātor, ōris. masc. *An agent, a manager.*—— Inde *prōcūrātor* nĭmium quoque multa prōcūrat. Ov. A. A. 1. 587.

prōcūro, as. 1. *To take care of.*—2. *To avert by sacrifice.*——1. Quod sŭpĕrest læti bĕnĕ gestis corpŏra rēbus *Prōcūrāte* vĭri. V. Æn. 9. 158.—2. Ipse *prōcūrāvi* ne possent sæva nŏcēre Somnia. Tib. 1. 5. 13. SYN. 1. cūro, q. v. v. averto.

prōcurro, ĭs, ri, rsum. 1. *To run forward.*—2. *To project.*——1. In frĕta *prōcurro* vix me rĕtĭnentĭbus undis. Ov. Her. 2. 127.—2. Infēlix saxīs in *prōcurrentĭbus* hæsit. V. Æn. 5. 204. SYN. 1, 2. excurro.—2. exsto, ās, stĭti; prōmĭneo, es, *no perf.*; ēmĭneo, prōdeo, īs, īvi, *no sup.*

prōcursus, ûs. *A running forth, esp. to attack, a sally.*—— Cum rŏta præcĭpĭtem et *prōcursu* concitus axis Impŭlit. V. Æn. 11. 379. *Prōcursu* răpĭdo conjectīs ēmĭnus hastis Invādunt Martem. V. Æn. 12. 711.

‡prōcurvo, as. *To curve, to bend, to make to stoop.*——Callĭdus, et celsum *prōcurvat* Agyllea Tȳdeus. Stat. Theb. 6. 852. SYN. curvo, incurvo, dēclīno, as.

prōcurvus, a, um. *Crooked, winding.*—— Exŏrĭtur *prōcurva* ingens per lĭttŏra flētus. V. Æn. 5. 765. SYN. curvus, incurvus, rĕcurvus, sĭnuōsus, curvātus.

prŏcus, i. *A wooer, a suitor.*—— Me nātam nulli vĕtĕrum sŏciāre *prŏcōrum* Fas ĕrat. V. Æn. 12. 27. v. amator.

prōdeo, īs, īvi. no sup. 1. *To come forth, go forth, proceed, etc.*—2. *To project.* ——1. Cultus, et ornātis vărie *prōdisse* căpillis Obfuit. Ov. F. 4. 309.—2. Gĕnuumque rĭgēbat Orbis, et immŏdĭco *prōdībant* tūbĕre tāli. Ov. Met. 8. 808. SYN. 1. exeo; prōgredior, ĕris, essus sum; ingrĕdior; prōcēdo, ĭs, cessi.—2. prōcurro, ĭs, q. v.

‡prōdĭgiālis, e. *Belonging to prodigies, monstrous.*—— *Prōdĭgiāle* cănens certi fors prævia facti. Stat. Theb. 7. 403. SYN. prōdĭgiōsus, q. v.

§prōdĭgiālĭter. *As a prodigy.*—— Qui văriare cŭpit rem *prōdĭgiālĭter* ūnam. Hor. A. P. 29.

prōdigiosus, a, um. *Supernatural, monstrous.*—— *Prōdĭgiōsa* lŏquor vĕtĕrum mendācia vātūm. Ov. Am. 3. 6. 17. SYN. ‡monstrōsus.

prōdĭgium, i. 1. *A prodigy, a portent.*—2. *A monster.*——1. Harpȳia Cĕlæno *Prōdĭgium* cănit, et tristes dēnuntiat īras. V. Æn. 3. 366.—2. *Prōdĭgium*que trĭplex armenti dīvĕs Ībēri Gēryŏnes. Ov. Her. 9. 91. SYN. 1, 2. monstrum.—1. portentum, ostentum. v. omen.

‡prōdĭgo, ĭs, ēgi, actum. *To squander.*—— Mercandi dextras largus belloque părāta *Prōdĭgĕre* in bellum făcĭlis. Sil. 15. 499. v. absumo.

prōdĭgus, a, um. *Prodigal.*—— Sanguĭnis atque ănĭmæ *prōdĭge* Galle tuæ. Ov. Am. 3. 9. 64.

prōdĭtio, ōnis. *A betrayal.*—— Nōmen Pălămēdis, et inclȳta fāmâ glōria quem falsâ sub *prōdĭtiōne* Pĕlasgi Dēmĭsēre necī. V. Æn. 2. 83.

prōdĭtor, ōris. masc. *A betrayer.* —— Index antĕacta fătēbor Et vĕniam culpæ *prōdĭtor* ipse meæ. Ov. Tr. 2. 8. 26.

prōdo, ĭs, dĭdi, dĭtum. 1. *To betray.* — 2. *To reveal, to show.* — 3. *To hand down (by record, etc. to posterity).* — 4. *Cause to be known,* i. e. *make, produce.* 1. *Prōdĭmur* atque Ītălis longē disjungimur ōris. V. Æn. 1. 252. — 2. Ēmĭnet indĭcio *prōdĭta* flamma suo. Ov. Her. 12. 38. Mĕdūsæ Ipse rĕtrōversus squālentia *prōdĭdit* ōra. Ov. Met. 4. 655. — 3. Sed pŏtĕrunt rītum Pīcus Faunusque piandi *Prōdĕre.* Ov. F. 3. 291. — 4. Sed fŏre qui . . . Ītăliam rĕgĕret, gĕnus alto a sanguĭne Teucri *Prōdĕret.* V. Æn. 4. 231. SYN. 2. rĕvēlo, as, q. v.; pătĕfăcio, ĭs, fēci, factum; prōtraho, is, xi. — 3. trādo. — 2. 4. ostendo, ĭs.

prōdūco, is, xi, ctum. 1. *To bring forth, to produce, lead forth.* — 2. *To protract, to lengthen out, prolong.* — 3. *To make long (as the quantity of a syllable).* — 4. *To conduct a funeral.* — 5. *To bring, to lead, etc.* —— 1. Quæ tĕnĕram prōlem *prōdūcit* in āĕra nīdo. Ov. Met. 8. 214. Diva, *prōdūcas* sŏbŏlem, pătrumque Prospĕres dēcrēta sŭper jŭgandis Fœmĭnis. Hor. C. S. 17. — 2. Abnĕgat excīsâ vītam *prōdūcĕre* Trōjâ. V. Æn. 2. 637. — 3. Aut *prōdūcātur* quæ nunc correptius exit. Ov. Ep. e P. 4. 12. 13. — 4. Nec te tua fūnĕra māter *Prōduxi,* pressive ŏcŭlos aut vulnĕra lāvi Veste tĕgens. V. Æn. 9. 487. — 5. Nec dŭbĭta tĕrĕti scamnum *prōdūcĕre* lecto. Ov. A. A. 2. 211. SYN. 1, 2. prōfĕro, fers, ferre, tŭli, lātum. — 1. 5. dūco, ēdūco. v. porrigo. PHR. 3. Quâ syllăba parte mŏrātur. Ov.

prœlium, i. *A battle.* —— Illi alternantes multâ vi *prœlia* miscent. V. G. 3. 220. SYN. pugna. PHR. Imbelles dant prœlia cervi. V. Quid mēcum certâ prœlia mente gĕris? Ov. Omnia ventōrum concurrĕre prœlia vīdi. V. Prīma lĕves ĭneunt si quando prœlia Parthi. V. Quos ŭbĭ confertos audēre in prœlia vīdi. V. Multaque per cæcam congressi prœlia noctem Consĕrĭmus. V. Prœlia ceu tollunt ănĭmis et Vīrĭbus æquis. V. Tarchōnem in prœlia sæva Suscĭtat. V. v. pugno.

prŏfāno, as. *To profane.* —— Scīlĭcet omne săcrum mors importūna *prŏfānat.* Ov. Am. 3. 9. 19. SYN. polluo, ĭs, ui, ūtum, q. v.

prŏfānus, a, um. 1. *Profane, unconsecrated.* — 2. *Uninitiated.* — 3. *Wicked.* —— 1. Mistaque ĕrat flammæ flamma *prŏfāna* piæ. Ov. F. 6. 440. — 2. Prŏcul, o prŏcul este *prŏfāni* Conclāmat vātes, totoque absistĭte lūco. V. Æn. 6. 258. — 3. Nam templa *prŏfānus* Impia cum Phlĕgyis făciēbat Delphĭca Phorbas. Ov. Met. 11. 413. SYN. 3. scĕlĕratus, q. v.

prŏfāri (v. fari). 1. *To speak.* — †2. *To predict.* —— Tum brĕvĭter Dīdo vultum dēmissa *prŏfātur.* V. Æn. 1. 565. — 2. Pȳthia quæ trĭpŏde ex Phœbi lauroque *prŏfātur.* Lucr. 1. 740. SYN. 1. fāri, effāri; dīco, ĭs, xi. — 2. prædīco, q. v.

‡**prŏfātus, ûs.** *A speaking.* —— Spargĕre, et effrēno nimbos æquāre *prŏfātu.* Stat. Sylv. 5. 3. 103. SYN. lŏquēla.

prŏfecto. *In truth.* —— Et frāter fēlix et fortūnāta *prŏfecto* Si quă tĭbi soror est. Ov. Met. 4. 323. SYN. scīlĭcet, q. v.

prōfectus, us. *Advantage.* —— Ter sĭnĕ *prōfectu* vŏluit nītentia contra Rējĭcere Alcīdes a se mea pectŏra. Ov. Met. 9. 50. v. lucrum.

prŏfectus, a, um. part. from prŏfĭciscor, q. v. 1. *Going, gone.* — 2. *Descended from.* —— 1. Imperium Dĭdo Tȳriâ rĕgit urbe *prŏfecta.* V. Æn. 1. 340. — 2. Arcădĕs hīs ōris, gĕnus a Pallante *prōfectum.* V. Æn. 8. 51. SYN. 2. ortus, q. v.

prōfectus, a, um. part. pass. from prōfĭcio, q. v. *What is gained;* prōfecturus, a, um, *about to profit, about to do one good.* —— Hoc tĭbĭ *prōfectum* Vulcāne, quod ante tĕgēbant Lĭbĕrius făciunt. Ov. A. A. 2. 589. Non *prōfectūris* littŏra tribus ăras. Ov. Her. 5. 116.

prōfĕro, fers, ferre, tŭli, lātum. 1. *To bring forth, put forth, etc.* — 2. *To extend.* 3. *To defer.* —— 1. Sed tĭbĭ *prōtŭlĕrit* cum tōtum crastĭnus orbem Cynthius. Ov. F. 3. 345. — 2. Sŭper et Gărămantăs et Indos *Prōfĕret* impĕrium. V. Æn. 6. 796. — 3. Ille ut dēpŏsĭti *prōferret* fāta părentis. V. Æn. 12. 395. SYN. 1. effĕro; prōdūco, is, xi, ctum. v. ēdo. — 2. extendo, ĭs. — 3. diffĕro, prōrŏgo, as.

prŏfessus, a, um. part. perf. from profiteor, q. v., in act. and pass. sense. 1.

Making professions. — 2. *Avowed.* —— 1. Sed vītāte vĭros cultum formamque *prŏfessos.'* Ov. A. A. 3. 433. — 2. Sōlaque dēformem culpa *prŏfessa* făcit. Ov. Am. 3. 14. 6.

prŏfestus, a, um. *Not holy; of times.* —— Nosque et *prŏfestis* lūcĭbus et săcris. Hor. 4. 15. 25. v. profanus.

prŏfĭcio, ĭs, fēci, fectum. *To gain advantage, make progress.* —— Dum quĕror et Dīvos (quamvis nīl testĭbus illis *Prŏfēci*) . . . allŏquor. V. E. 8. 20. v. succedo.

prŏfĭcisor, ĕris, prŏfectus sum. 1. *To go.* — 2. *To spring from, esp. in perf. part.* —— 1. Ille sŏni terrōre păvens *prŏfĭciscĕre* dixit. Ov. F. 4. 271. — 2. Quem postquam Tÿrĭā lūcum de gente *prŏfecti* Infausto tĕtĭgere grădu. Ov. Met. 3. 35. SYN. 1. eo, īs, īvi, ĭtum, q. v.; vādo. — 2. v. ortus.

prŏfĭteor, ēris, prŏfessus sum. 1. *To profess.* — 2. *To confess.* —— 1. Quod lĭcet, aut artes tĕnĕri *prŏfĭtēmur* Ămōris. Ov. Am. 3. 18. 19. — 2. Dum Dea furtīvos tĭmĭdē *prŏfĭtētur* ămōres. Ov. F. 6. 573. SYN. 2. făteor, confĭteor.

‡**prŏflātus, ūs.** *A breathing forth, a heavy breathing or snoring.* —— Strātus hūmo gĕlĭdā subter jŭga fīda rŏtasque *Prŏflātu* terrēbat ĕquos. Stat. Theb. 10. 320.

‡**prŏflīgo, as.** *To rout, to put to flight.* —— *Prŏflīganda* ăcies quam non perpĕgĕrit ensis. Sil. 11. 400. SYN. pello, ĭs, pĕpŭli, pulsum; dispello; fŭgo, as; fundo, ĭs, fūdi, fūsum.

prŏflo, as. *To breathe forth.* —— Quas quoties *prŏflat* spīrāre Tÿphōea crēdas. Ov. F. 1. 573. SYN. efflo; exspīro, as; ēmitto, ĭs, mīsi, missum.

prŏfluo, ĭs, xi, xum. *To flow forth.* —— In medium seu stābit iners, seu *prŏfluet* hūmor. V. G. 4. 25. SYN. fluo, q. v.; effluo, dēfluo.

†**prŏflŭvium, i.** *A flowing forth.* —— *Prŏflŭvium* vēro qui tētri sanguĭnis ācre Exiĕrat. Lucr. 6. 1203.

prŏfŭgus, a, um. 1. *Fleeing, fugitive.* — 2. *Exiled, in this sense sometimes almost as subst.* —— 1. Dēpŭduit, *prŏfŭgus*que pŭdor sua signa rĕlīquit. Ov. Her. 4. 155. — 2. Quamque pŏtes *prŏfŭgo* (nam pŏtēs) affer ŏpem. Ov. Ep. e P. 2. 9. 6. SYN. 1. fŭgitīvus, fŭgax. — 2. exsŭl, ŭlis, q. v.

prŏfundo, ĭs, fūdi, fūsum. 1. *To pour forth.* — 2. *To utter.* —— 1. Vix ea, cum lăcrÿmas ŏcŭlis Jūturna *prŏfūdit.* V. Æn. 12. 154. — 2. Has postquam mœsto *prŏfūdit* pectŏre vōces. Cat. 62. 202. SYN. 1, 2. fundo, effundo. — 2. ēdo, ĭs, ēdĭdi, q. v. v. ruo.

prŏfūsus, a, um. perf. part. pass. of prec., q. v. also 1. †*Lying down.*—2. ‡*Profuse, extravagant.* —— 1. Præcīpĭtesque cădunt molli cervīce *prŏfūsā* In terram. Lucr. 6. 774. — 2. Tunc inquit largĭtor ŏpum qui mente *prŏfūsā.* Stat. Sylv. 3. 1. 91. SYN. 1. fūsus.

prŏfundum, i. *The deep, the sea.* ——At cĭtŏ mūtāta est jactāti forma *prŏfundi.* Ov. Her. 9. 77. SYN. măre, is, *neut.* q. v.

prŏfundus, a, um. 1. *Deep.* — 2. *High.* —— 1. Complentur vallesque căvæ saltusque *prŏfundi.* V. G. 2. 391. — 2. Terrasque tractusque măris, cœlumque *prŏfundum.* V. G. 4. 222. SYN. 1, 2. altus, q. v.

prŏgĕnĕro, as. *To produce, be parent of.* ——Neque imbellem fĕrŏces *Prŏgĕnĕrant* ăquĭlæ cŏlumbam. Hor. 4. 4. 31. SYN. gĕnĕro, creo, prŏcreo; gigno, ĭs, gĕnui, ĭtum; prŏgigno; ēdo, ĭs, ēdĭdi, ēdĭtum.

prŏgĕnies, ei. *Offspring.* —— *Prŏgĕniem* parvam dulcesque rĕvīsĕre nīdos. V. G. 1. 414. SYN. prōles, is, q. v.; sŏbŏles, is.

prŏgĕnĭtor, ōris. *A grandfather, an ancestor.* —— Et forti gĕnĭtōre, et *prŏgĕnĭtōre* Tŏnante Esse sătum. Ov. Met. 11. 319. SYN. ăvus, q. v.

prŏgigno, ĭs, gĕnui, ĭtum. *To be parent of.* —— Rōbŏra, te sævæ *prŏgĕnuēre* fĕræ. Ov. Her. 7. 38. SYN. gigno, q. v.

prognātus, a, um. *Born of, sprang from.* —— Pēlĭāco quondam *prognātæ* vertice pīnus. Cat. 62. 1. SYN. nātus, ortus, ēdĭtus, sătus.

Prŏgnē, es. *The daughter of Pandion, sister of Philŏmela,* q. v., *wife of Tereus and mother of Itys; she was changed into a swallow.* —— Cŭpĭdoque rĕvertĭtur ōre Ad mandāta *Prŏgnes*, et ăgit sua vōta sub illis. Ov. Met. 6. 467. PHR. Sōla vĭrum non ulta piē mœstissĭma mater Concĭnit Ismărium Daulĭas ālĕs Ityn. Ov.

prŏgrĕdior, ĕris, gressus sum. *To go forth.* —— Tandem *prŏgrĕdĭtur* magnā stīpante cătervâ. V. Æn. 4. 136. SYN. ingrĕdior; prōdeo, īs, īvi, ĭtum; prōcēdo, is, cessi. PHR. Inde dătum mōlītur iter. V. v. eo.

proh! an interjection, esp. of one sorry or indignant. —— Et mea *proh!* nullo pondĕre verba cădunt. Ov. Her. 3. 98. Flāventesque abscissa cŏmas *proh!* Jūpĭter ībit Hīc ait? V. Æn. 4. 590.

prohĭbeo, es, ui. (Lucr. uses it **prohibeo**, as trisyll.) 1. *To prohibit.* — 2. *To hinder.* — 3. *To keep (trans.) off from.* —— 1. Dii *prohĭbēte* mĭnas Dī tālem āvertĭte cāsum. V. Æn. 3. 265. — 2. Quo nĕque sit ventis ădĭtus, nam pābŭla venti Ferre dŏmum *prohĭbent.* V. G. 4. 10. — 3. Multi jam excrētos *prohĭbent* a mātrĭbus hœdos. V. G. 3. 398. SYN. 1. vĕto, as, ui, ĭtum. — 2. impĕdio, īs. — 3. arceo, es, *no sup.*; præclūdo, ĭs, si.

†prōjectus, ûs. *Projection.* —— Quamlĭbet immāni *projectu* corpŏris exstet. Lucr. 3. 1001.

prōjectus, a, um, part. pass. perf. of seq., q. v. also 1. *Lying at full length.* — 2. *Laid aside, thrown away.* — 3. *Projecting.* —— 1. Non ĕgŏ vos posthac vĭrĭdi *prōjectus* in antro. V. E. 1. 76. — 2. Ipse pŭdōre *Prōjecto* tua facta lŏquar si cōpia dētur. Ov. Met. 6. 545. Horrĭdior rusco, *projectâ* vīlior algâ. V. E. 7. 42. — 3. Hinc altas cautes *prōjectaque* saxa Păchȳni Rādīmus. V. Æn. 3. 699. SYN. 1. fūsus. — 1, 2. abjectus. — 2. pŏsĭtus. — 3. exstans.

prōjĭcio, ĭs, jēci, jectum. 1. *To throw, throw forward, throw down.* — 2. *To throw away.* — 3. *To expel.* —— 1. In mĕdium gĕmĭnos immāni pondĕre cæstus *Prōjēcit.* V. Æn. 5. 403. — 2. Qui sĭbĭ lētum Insontes pĕpĕrēre mănu, lūcemque pĕrōsi *Prōjēcēre* ănĭmas. V. Æn. 6. 436. — 3. Arguit immĕrĭtumque păter *prōjēcit* ab urbe. Ov. Met. 15. 504. SYN. 2. abjĭcio. — 3. ējĭcio; pello, ĭs, pĕpŭli, pulsum; expello.

proin and **proinde.** *Now then.* —— *Proin* se quæque părent, nec quo vēnentur ămōres Rĕfert. Ov. M. F. 27. *Proinde* tŏna ēlŏquio, sŏlĭtum tĭbĭ, mēque tĭmōris Argue. V. Æn. 11. 383. SYN. quīn.

prōlābor, ĕris, lapsus sum. *To fall.* —— Hīc exĭtus illum Sorte tŭlit, Trōjam incensam et *prōlapsa* vĭdentem Pergăma. V. Æn. 2. 555. SYN. lābor, dēlābor; cădo, ĭs, cĕcĭdi, cāsum, q. v.; ruo, is, ui, ĭtum.

†prōlāto, as. *To extend.* —— Effŭgiumque fŭgæ *prōlātet* cōpia semper. Lucr. 1. 982. SYN. extendo, ĭs, di, tum.

prōlecto, ās. *To allure.* —— Præda puellāres ănĭmos *prōlectat* ĭnānis. Ov. F. 4. 433. SYN. allĭcio, ĭs; prōlĭcio.

prōles, is. fem. 1. *Offspring, even of inanimate things.* — 2. *A race.* —— 1. Ībat et Hippŏlȳti *prōles* pulcherrĭma bello. V. Æn. 7. 761. Nunc ăge Dardăniam *prōlem* quæ deinde sĕquātur Glōria. V. Æn. 6. 756. Virgulta et *prōlem* tardē crescentis ŏlīvæ. V. G. 2. 3. — 2. Jam măris immensi *prōlem* gĕnus omne nătantum, V. G. 3. 541. SYN. 1. prōgĕnies, ēi; sŏbŏles, is; prŏpāgo, ĭnis; sēmĕn, ĭnis, *neut.*; partus, ûs; fœtus, ûs. — 2. gĕnus, ĕris, *neut.*

prōlĭcio, ĭs. no perf. *To allure.* —— Sed sensim tardâ *prōlĭcienda* mŏrâ. Ov. A. A. 2. 718. SYN. allĭcio; prōlecto, as.

†prōlixus, a, um. *Long, distant.* —— Mittĭtur aut non tam *prōlixo* prōvŏlat ictu. Lucr. 4. 1238. SYN. longus, q. v.

†prōlŏgus, i. *A prologue.* —— Nullum invĕnīre *prōlŏgum* pŏtuisset nŏvus. Ter. Ph. prol. 15.

prōlŏquor, ĕris, lŏcūtus sum. *To speak out.* —— *Prōlŏquar*, atque ŭtĭnam pătriæ sum vānus ăruspex. Prop. 3. 13. 59. SYN. lŏquor, ēlŏquor, fāri, effāri, prŏfāri.

prōlūdo, is, si, sum. *To prelude, to practise.* —— Ventosque lăcessit Ictĭbus, et sparsâ ad pugnam *prōlūdit* ărēnâ. V. G. 3. 234.

prōluo, is, ui, ūtum. 1. *To wash.* — 2. *To wash away.* —— Dic ter, et in vivo *prōlue* rōre mănus. Ov. F. 4. 778. — 2. *Prōluit* insāno contorquens vertĭce sylvas Flŭvĭōrum rex Ērĭdănus. V. G. 1. 481. SYN. 1. lăvo, as *and* is, lāvi, q. v.; abluo, perluo.

prōlŭvies, ēi. fem. *A flowing.* —— Virgĭnei vŏlŭcrum vultus, fœdissĭma ventris *Prōlŭvies.* V. Æn. 3. 217.

prōmĕrĕo, es, ui, ĭtum. also **prōmĕreor, as.** dep. *To deserve.* —— Si quam *prōmĕrui* pœnam me pendĕre vultis. Ov. Tr. 1. 2. 61. Ĕgo tē quæ plūrĭma fando Ēnŭmĕrāre vāles nunquam rēgīna nĕgābo *Prōmĕrĭtum.* V. Æn. 4. 335. SYN. mĕreo, mĕreor, commĕreo, ēmĕreo, ēmĕreor.

prōmĕrĭtum, i. *Desert, esp. such as consists in a favour done, etc.* —— Sponte Deæ mūnus *prōmĕrĭtum*que păteat. Ov. F. 4. 394. SYN. mĕrĭtum.

Prŏmetheūs, ĕi and **eŏs**. acc. **ea.** *The son of Iăpĕtus; he stole fire from heaven, with which he gave life to the clay figure of a man which he had made; he was chained to Mount Caucasus, where a vulture for ever preyed upon his liver without consuming it.* —— Caucăseosque rĕfert vŏlŭcres furtumque *Prŏmēthei*. V. E. 6. 42. SYN. Jăpĕtīdes, æ; Iăpĕtīŏnīdes, æ. PHR. Audax Iăpĕti gĕnus Ignem fraude mălă gentĭbus intŭlit. Hor. Idem Caucăsiă solvet de rūpe Prŏmēthei Brachia, et a mĕdio pectore vellet ăvem. Prop. Rostroque immānis vultur ădunco Immortāle jĕcur tondens, fœcundaque pœnis Viscĕra (*said in reality of Tityos to whom Virgil attributes the same punishment*). V. Optat Prŏmētheus ōblĭgātus ālĭti. Hor. Fertur Prŏmētheus addĕre princĭpi Līmo coactus partĭcŭlam undĭque Dēsectam, et insāni leōnis Vim stŏmăcho appŏsuisse nostro. Hor.

Prŏmēthēus, a, um. *Of Prometheus.* —— Lecta *Prŏmēthēis* dīvĭdit herba jŭgis. Prop. 1. 12. 10.

prōmĭneo, es. no perf. *To project, be prominent.* —— *Prōmĭnet* in pontum cŭneātus ăcūmĭne longo Collis. Ov. Met. 13. 779. SYN. ēmĭneo; prōcurro, is; exsto, as, stĕti, *no sup.*

prōmissor, ōris. masc. *A promiser.* —— Quid dignum tanto fĕret hic *prōmissor* hiatu? Hor. A. P. 138.

prōmissum, i. *A promise.* —— Dixĕrat, illa Deum *prōmisso* lūdit ĭnāni. Ov. F. 3. 685. SYN. pollĭcĭtum.

prōmissus, a, um. perf. part. pass. of seq. q. v. 1. *Long; suffered to grow long, esp. of hair.* — 2. *Promised.* —— 1. Hirsūtumque sŭpercilium *prōmissa*que barba. V. E. 8. 34. — 2. *Prōmissam* ērĭpui gĕnĕro. V. Æn. 12. 31. SYN. 1. dēmissus, v. passus. — 2. pollĭcĭtus.

prōmitto, is, mīsi, missum. *To promise.* —— Hic vir hic est tĭbĭ quem *prōmitti* sæpius audis. V. Æn. 6. 792. Aut făcĕre ingĕnuæ est aut non *promisse* (*for* prōmīsisse) pŭdīcæ. Cat. 107. 5. SYN. spondeo, es, spospondi, sponsum; despondeo; polliceor, ēris; păciscor, ĕris, *chiefly in perf. part.* pactus; pango, *only in perf.* pĕpĭgi. PHR. Tu mŏdŏ prōmissis mănĕas servātaque serves Trōja fĭdem. V. Turnus ut . . . . vĭdet sua nunc prōmissa rĕposci. V. Non hæc Ēvandro de te prōmissa părenti Discēdens dĕdĕram. V. Dixĕrat at Clōtho jussit prōmissa vălēre. Ov. Dōnaque prōmissis ūbĕriōra fĕram. Ov. v. pignus.

prōmo, is, mpsi, mptum. *To bring out, draw out.* —— Ēque săgittĭfĕrā *prompsit* duŏ tēla phărētrā. Ov. Met. 1. 468. SYN. dēprōmo, exprōmo; ēdūco, is, xi; effĕro, fers, ferre, tŭli, lātum; prōfĕro; prōmŏveo, es, mōvi.

prōmontōrium, i. *A promontory.* —— Inde lĕgit Căpreas *prōmontōrium*que Mĭnervæ. Ov. Met. 15. 709. SYN. lingua.

prōmŏveo, es, mōvi, mōtum. 1. *To move (trans.) forward, bring forward.* — 2. *To extend.* —— 1. Ingentem rēmis Centaurum *prōmŏvet*, ille Instat ăquæ. V. Æn. 10. 195. Rōma nĭsi immensum vires *prōmōsset* in orbem. Ov. Am. 2. 9. 17. SYN. 1. prōpello, is, prōpŭli, pulsum, q. v. — 1, 2. prōveho, is, xi. — 2. extendo, is.

‡promptē. *Readily, easily.* —— *Promptius* expĕdiam quot ămāvĕrit Hippia mœchos. Juv. 10. 220.

promptus, a, um. prop. perf. part. pass. from promo, q. v. also as adj. *Ready, inclined.* —— Sævior ingĕniis et ad horrĭda *promptior* arma. Ov. Met. 1. 126. SYN. părātus, ‡ prōclīvis, ardens.

prōmptus, ūs. only in abl. sing. in the phrase **in promptu.** *At hand, easy, etc.* —— Doctus et *in promptu* scrīnia Brutus hăbet. Ov. Ep. e P. 1. 1. 24.

prōmus, i. masc. *A steward, a butler.* —— Nē bĭbĕris dīlūta; fŏris est *prōmus* et ātrum. Hor. Sat. 2. 2. 16.

‡prōnecto, is, xui, xum. *To weave on at length.* —— Vīdi quam sĕriem Mŏrantis ævi *Prōnectant* tĭbi candĭdæ sŏrōres. Stat. Sylv. 4. 3. 146. v. necto.

prŏnĕpos, ōtis, masc. *A great grandson.* —— Sed ĕnim quiă rĕtŭlit Ajax esse Jovis *prŏnĕpos*, nostri quŏque sanguĭnis auctor Jūpĭter. Ov. Met. 13. 141. v. nepos.

prŏneptis, is. fem. *A great grand daughter.* —— Si mĭhĭ nulla Jam rĕlĭqua ex ămĭtis, pătruēlis nulla, *prŏneptis* Nulla mănet. Pers. 6. 53.

prōnŭba, æ. *Presiding over marriage.* —— Dēvĕniunt, prīma et Tellūs et *prōnŭba* Jūno Dant signum. V. Æn. 4. 166.

prōnŭrus, ûs. fem. *A grandson's wife.* —— *Prōnŭrus* et magni Lāŏmĕdontis ĕro. Ov. Her. 17. 206.

prōnus, a, um. 1. *Bending forward, lying on one's face, etc.* — 2. *Descending* (*of a river down stream*), *steep, downhill* (*of a path, etc.*). — 3. *Setting, of a star.* — 4. *Inclined to, favourable to, etc.* — 5. *Easy.* —— 1. Lōra Concussēre jŭgis *prōnique* in verbĕra pendent. V. Æn. 5. 147. Ipsum *Prōnum* sterne sŏlo portisque effunde sub altis. V. Æn. 11. 485. — 2. Pars cætĕra *prōnâ* Fertur ăquâ segnisque sĕcundo dēfluit amni. V. Æn. 8. 548. *Prōna* pĕtit măria et pĕlăgo dēcurrit ăperto. V. Æn. 5. 212. Hoc quŏque si crēdas ad te via *prōna* vĭdētur. Ov. Her. 18. 121. — 3. *Prōnus* ĕrat Tītān inclīnātoque tĕnēbat Hespĕrium tēmōne frĕtum. Ov. Met. 11. 257. — 4. Exstĭmŭlat, *prōnum*que gĕnus rĕgiōnĭbus illis In Venerem est. Ov. Met. 6. 459. *Prōna*que sint nostræ nūmĭna vestra răti. Ov. Tr. 1. 2. 88. — 5. *Prōna* tĭbī vinci cupientem vincĕre palma est. Ov. Am. 3. 14. 47. SYN. 1. cernuus. — 2. (*of a river*) sĕcundus. — 2, 4. ‡prōclīvis. — 3. occĭdens. — 4. promptus, prōpensus. v. dexter. — 5. făcĭlis, q. v.

‡prooemium, i. *A beginning.* —— Mĭsĕræ cognosce *prooemĭa* rixæ. Juv. 3. 288. SYN. prīmordium, princĭpium.

†prŏpāgo, as. *To propagate.* —— Effĭcis ut cŭpĭdē gĕnĕrātim sæcla *prŏpāgent.* Lucr. 1. 21. SYN. gĕnĕro, as, q. v.

prŏpāgo, ĭnis. fem. (Facciol. says **prōp.** in sense 1, **prŏp.** in sense 2.) 1. *A branch of a vine, or other tree, laid in the ground to form a new plant.* — 2. *A branch, a shoot.* — 3. *An offspring, a race.* —— 1. Sylvārumque ălīæ pressos *prōpāgĭnis* arcus Exspectant. V. G. 2. 26. — 2. Ergo aut ădultâ vītium *prōpāgine* Altas mărītat pōpŭlos. Hor. Epod. 2. 9. — 3. Sit Rōmāna pŏtens Ĭtălâ virtūte *prŏpāgo.* V. Æn. 12. 827. SYN. 2. rāmus. v. surcŭlus, germĕn, ĭnis, *neut.* — 3. gens, gentis, *fem.*; stirps, pis, *fem.*

prŏpĕ. compar. **prŏpius,** adv. and prep. 1. *Near.* — 2. *Nearly.* —— 1. Est *prŏpe* purpŭreos colles flōrentis Hȳmetti. Ov. A. A. 3. 687. Quid sæpe vĭdentes Āgrĭcŏlæ *prŏpius* stăbŭlīs armenta tĕnērent. V. G. 1. 355. — 2. Jam *prŏpĕ* dēpŏsĭtus, certe jam frīgĭdus, æger. Ov. Ep. e P. 2. 2. 47. SYN. 1. *as prep.* propter; *as prep. and adv.* juxtā, sĕcundum. — 2. pæne, q. v.

prōpello, is, prōpŭli, prōpulsum (in Lucr. also **prŏ**). *To propel, drive forward, etc.* —— *Prōpŭlit* e scopulo părĭtūræ corpŏra nātæ. Ov. Met. 8. 594. SYN. impello; prōjĭcio, ĭs, jēci.

‡prōpendens, entis. *Hanging down.* —— Cornua, dein tōtis *prōpendens* vīrībus hæret. Val. Fl. 7. 588. SYN. dependens.

prōpensus, a, um. *Inclined towards, favourably disposed.* —— Sollĭcĭtâ pĕtiit *prōpensum* vōce făvōrem. Ov. Met. 14. 706. SYN. prōnus. v. dexter.

prŏpĕranter. *Hastily, swiftly.* —— Hanc quondam Cȳthĕrēa diem *prŏpĕrantius* ire jussit. Ov. F. 4. 673. SYN. prŏpĕrē, cĭtŏ, vēlōcĭter.

prŏpĕrē. *Hastily, swiftly.* —— Sed mănus e castris *prŏpĕrē* coit omnis in ūnum. V. Æn. 9. 801. v. prec.

prŏpĕrĭpēs, ĕdis. *Swift of foot.* —— Răpĭdæ dŭcem sĕquuntur Gallæ *prŏpĕrĭpĕdem.* Cat. 61. 34.

prŏpĕro, as. 1. *Intrans., to hasten.* — 2. *Trans., to hasten, to do in haste, to prepare in haste, make in haste, etc.* —— 1. Sērius aut cĭtius mētam *prŏpĕrāmus* ad ūnam. Ov. Met. 10. 33. — 2. Multa fŏrent cœlo quæ mox *prŏpĕranda* sĕrēno. V. G. 1. 260. Usque ădeo *prŏpĕrātur* ămor, Dea terrĭta mœsto. Ov. Met. 5. 396. SYN. 1. dēprŏpĕro; apprŏpĕro; ruo, is, ui, uĭtum. — 1, 2. festīno, as; præcĭpĭto, as; accĕlĕro, as. — 2. cĕlĕro; urgeo, es, *no perf.*; mātūro, as. PHR. 1. Sēmōtique prius tarda nĕcessĭtas Lēti corrĭpuit grădum. Hor. Inde ălīæ cĕlĕrant cursus. V. Illa grădum stŭdio cĕlĕrābat ănīli. V. Hæc meus ad mētas sūdet ŏportet ĕquus. Prop. Cursu festīnus ănhēlo Advŏlat. Ov.

Prŏpertius, i. *A Latin poet of the time of Augustus.* —— Invĕnies eădem blandi præcepta *Prŏpertī.* Ov. Tr. 2. 465.

prŏpĕrus, a, um. *Hastening.* —— Ecce vĕnit Tĕlămon *prŏpĕrus,* fŏrĭbusque rĕclūsis. Ov. Met. 7. 647. SYN. prŏpĕrans, festīnus.

prōpexus, a, um. *Combed down.* —— Colla fŏvet fūsus *prōpexam* in pectŏre barbam. V. Æn. 10. 838.

‡**prŏpīno, as.** *To drink the health of.* —— Nēmŏ *prŏpīnābit* Calliŏdōre tĭbi. Mart. 6. 44. 6. Hoc quŏque non nihĭl est quŏd *prŏpīnābis* in istis. Mart. 12. 75. 9.

prŏpinquo, as. 1. *To come near to.* — 2. *To bring near.* —— Ergo ĭter inceptum pĕrāgunt, fluvioque *prŏpinquant*. V. Æn. 6. 383. — 2. Tu mihĭ nunc pugnæ princeps, tu rīte *prŏpinques* Augūrium! V. Æn. 10. 254. SYN. 1. accēdo, is, cessi, q. v.

prŏpinquus, a, um. 1. *Near.* — 2. *Akin, related, etc.* —— Mītius exsĭlium pauloque *prŏpinquius* opto. Ov. Tr. 4. 4. 51. — 2. Tractaque ĕrant longā bella *prŏpinqua* mŏrā. Ov. F. 3. 204. Illi me cŏmitem et consanguĭnĭtāte *prŏpinquum*. V. Æn. 2. 86. SYN. 1. vīcīnus, junctus; prŏpior, proximus. — 2. cognātus, consanguĭneus, affīnis.

prŏpior, us. *Nearer, near, in place, kindred, likeness, etc.* —— Territaque insisti *prŏpiōris* margĭne rīpæ. Ov. Met. 5. 598. Ille grădu *prŏpior* sanguĭnis, ille cŏmes. Ov. Her. 3. 28. Aut jŭga detrectans, interdumque aspĕra cornu Et făciem tauro *prŏpior*. V. G. 3. 58.

prŏpōno, is, pŏsui, ĭtum. 1. *To put forth, so as to be seen, to propose as a prize, etc.* — 2. *To propose (a line of conduct to oneself), to intend.* —— 1. Sic ait et gĕmĭnum pugnæ *prŏpōnit* hŏnōrem. V. Æn. 5. 365. — 2. Hæc sĭbĭ *prŏpŏsuit* thălămos tĕmĕrāre pŭdīcos. Ov. Am. 1. 8. 19. SYN. 1. pōno. — 2. v. volo.

Prŏpontis, ĭdŏs. fem. *The sea of Azov.* —— Mīsit in has si quos longa *Prŏpontis* ăquas. Ov. Ep. e P. 4. 9. 118.

†**prŏporro.** *Moreover.* —— Et sĭbi *prŏporro* quæ sint prīmordia quærunt. Lucr. 2. 977.

prŏpŏsĭtum, i. *An intention, a plan.* —— Segnia *prŏpŏsĭtum* destĭtuēre suum. Ov. Am. 3. 7. 14. v. consilium.

†**prŏprĭātim.** *Properly, peculiarly.* —— Quid, gĕnus hūmānum *prŏprĭātim* de quĭbus auctum est. Lucr. 2. 973.

prŏpriē. *With propriety.* —— Inspērantī, hoc est grātum ănĭmo *prŏprie*. Cat. 104. 2. SYN. jūrĕ.

prŏprius, a, um. *One's own, my own, your own, etc.* —— Hunc mihĭ da *prŏprium*, virgo săta nocte lăbōrem. V. Æn. 7. 331. Adde sed et *prŏprias* in mea verba prĕces. Ov. Ep. e P. 2. 2. 126. v. meus, tuus, etc.

propter. 1. *Near.* — 2. *Because of.* —— 1. *Propter* ăquam, tardis ingens ŭbĭ flexĭbus errat Mincius. V. G. 3. 14. — 2. Quam *propter* tantos pŏtui perferre lăbōres. V. Æn. 12. 177. SYN. 1 juxtā, prŏpe. — 2. ob, pro.

‡**proptĕreā.** *On that account.* —— Non tu *proptereā* sed Măthŏ pauper ĕrit. Mart. 7. 10. 4.

prōpugnācŭlum, i. *A bulwark, any building made for defence.* —— Portas Explōrant pontesque et *prōpugnācŭla* jungunt. V. Æn. 9. 170. Ibis Lĭburnīs inter alta nāvium Ămīce *prōpugnācŭla*. Hor. Epod. 1. 2.

§‡**prōpugno, as.** 1. *To fight for.* — 2. *To defend.* —— 1. Alter rixātur de lānā sæpe căprīnā et *Propugnat* nūgīs armātus. Hor. Epist. 1. 18. 16. — 2. Omnĭbus ærātæ *prōpugnant* pectŏra crātes. Stat. Theb. 4. 110. SYN. 2. dēfendo, is, q. v.

‡**prōpulso, as.** *To repel.* —— Hoc frētus sŏlio nos *prōpulsābĭmus* hostem. Stat. Theb. 11. 261. SYN. rĕpello, is, rĕpŭli, rĕpulsum, q. v.

prōpŭlsus, a, um. part. pass. from propello, is, pŭli, q. v. *Driven on, agitated, etc.* —— Sternĭtur incursu nĕmus et *prōpulsa* frăgōrem Sylva dat. Ov. Met. 8. 340.

†**prōquam.** *Just as.* —— Parvissĭma corpŏra *prŏquam* Et lævissĭma sunt, ĭtă mōbĭlĭtāte fĕruntur. Lucr. 3. 200. SYN. ut, prout, q. v.

prōra, æ. 1. *The prow of a ship.* — 2. *A ship.* —— 1. Ancŏra de *prōrā* jăcĭtur, stant littŏre puppes. V. Æn. 6. 902. — 2. Cur inquit barbăra Graium *Prōra* vehit, pĕtĭtur vestræ quæ terra cārīnæ? Ov. Met. 14. 164. SYN. 2. nāvis, q. v. PHR. Quot prius ærātæ stĕtĕrant in littŏra prōræ. V.

prōrēpo, is, psi. *To creep forth.* —— Cum *prōrepsĕrunt* prīmis ănĭmālia terris. Hor. Sat. 3. 99. v. repo.

prōrĕus, ĕi. *The sailor who kept watch at the prow.* —— Pōne mĕtum *prōreus* et quŏs contingĕre portus Ede vēlis. Ov. Met. 3. 634.

prōrĭpio, is, ui, reptum. 1. *To hurry away, trans.* — 2. Prōripio me, *to hurry* away, i. e. *go in haste; also, as intrans.*, me, te, se, etc., *being understood.*—1. Ne vĭrīlis Cultus in cædem et Lўcias *prōrĭpĕret* cătervas. Hor. 1. 8. 16.—2. Et cum clāmārem quo nunc se *prōrĭpit* illc. V. E. 3. 19. Æneas quo deinde ruis, quo *prōrĭpis?* inquit. V. Æn. 5. 741. SYN. 1. răpio, ăbrĭpio.—2. fĕro me (fers, ferre, tŭli, lātum), fĕror, aufĕror. v. fugio.

prōrŏgo, as. *To defer, to prolong.*—Fēlix Altĕrum in lustrum mĕliusque semper *Prōrŏget* ævum. Hor. C. S. 68. SYN. prōdūco, ĭs, xi.

†prorsum and **prorsus.** *Entirely, very.*—Nec *prorsum* făcĕre ut restet mĭnus īre meando. Lucr. 1. 1004. *Prorsus* jūcundē cœnam prōduxĭmus illam. Hor. Sat. 1. 5. 70. SYN. omnīno, pĕnĭtus.

prōrumpo, ĭs, rūpi. 1. *To burst, esp. to burst forth, to rush violently.*—2. *To emit violently.*—1. Hæc ait et mĕdius densos *prōrumpit* in hostes. V. Æn. 10. 379.—2. Interdumque ătram *prōrumpit* ad æthĕra nūbem. V. Æn. 3. 572. SYN. 1. ērumpo (*out of a place*), irrumpo (*into a place*); prōvŏlo, as. v. rumpo.—2. fundo, ĭs, fūdi; effundo, prōfundo.

prōruo, ĭs, ui, ŭtum. *To overthrow.*—Injūriōso ne pĕde *prōruas* Stantem cŏlumnam. Hor. 1. 35. 13. SYN. ēruo; ēverto, ĭs, ti, sum; sterno, ĭs, strāvi; prosterno.

prōruptus, a, um. part. perf. pass. of prōrumpo, used almost as if prorumpor were dep. *Bursting forth.*—Artus Perfundit tōto *prōruptus* corpŏre sūdor. V. Æn. 7. 458.

proscēnium, i. *The part of the theatre before the scenes, the stage.*—Cædĭtur et vĕtĕres ineunt *proscēnia* ludi. V. G. 2. 381.

proscindo, ĭs, scĭdi, scissum. 1. *To cut, cleave.*—2. *To attack (with reproaches, etc.).*—1. Exspecta, et vălĭdis terram *proscinde* jŭvencis. V. G. 2. 237.—2. Ergo submōtum pătriâ *proscindĕre* Līvor Dēsĭne. Ov. Ep. e P. 4. 16. 47. SYN. 1. scindo; findo, ĭs, fĭdi, fissum, q. v.; diffindo.—2. lăcesso, ĭs, sīvi.

§proscrībo, ĭs, psi, ptum. *To proscribe.*—*Proscripti* Rēgis Rŭpĭli pus atque vĕnēnum. Hor. Sat. 1. 7. 1.

‡prōsĕco, as, ui, sectum. only used in part. pass. *Cut up.*—Tum pĭceæ mactantur ŏves *prosectaque* partim Pectŏra per mĕdios partim gerit obvius Idmon. Val. Fl. 3. 439. SYN. seco, q. v.

prōsecta, ōrum. neut. pl. *The entrails of victims cut up in sacrifice.*—Cujus ut impŏsuit *prosecta* călentĭbus āris. Ov. Met. 12. 152. v. exta.

prōsĕquor, ĕris, sĕcūtus sum. 1. *To follow, to attend.*—2. *To pursue a subject, to speak of.*—3. *To continue.*—1. Tristis ăbīs, ŏcŭlīs ăbeuntem *prōsĕquor* ūdis. Ov. Her. 12. 55. Dūre nec exsĕquias *prōsĕquĕrēre* meas. Ov. Tr. 1. 7. 14.—2. Quid tĭbĭ pastores Lĭbyæ, quid pascua versu *Prōsĕquar?* V. G. 3. 340.—3. *Prōsĕquĭtur* păvĭtans et ficto pectŏre fātur. V. Æn. 2. 107. SYN. 1. sĕquor, q. v.; insĕquor, sector.—1, 2. exsĕquor.—1. 3. persĕquor.—2. dīco, ĭs, xi, ctum; narro, as, q. v.

‡prōsĕro, is, sēvi, sĭtum. *To sow.*—Non păbŭla tellus Pascendis submittit equis; non *prōsĕrit* ullam Flāva Cĕres sĕgĕtem. Lucan. 4. 411. SYN. sĕro, q. v.

Prōserpĭna, æ. *The daughter of Ceres, whom Pluto carried off from Sicily, and made his wife and Queen of Hell.*—Casta lĭcet pătrui servet *Prōserpĭna* līmen. V. Æn. 6. 402. v. Hecate. PHR. Quam pæne furvæ regna Prōserpĭnæ Et jūdĭcantem vĭdĭmus Æăcum. Hor. Rāmus Jūnōni infernæ dictus săcer. V. Ingĕmuit rēgīna Ĕrĕbi. Ov. Inferni pollens mātrōna tўranni. Ov.

‡prōseucha, æ. *An oratory, a synagogue.*—Ēde ŭbĭ consistas; in quâ te quæro *prōseuchâ*. Juv. 3. 296.

prōsĭlio, is, ui, sultum. *To spring forward.*—Fīnĭbus omnes Haud mŏra *prōsĭluēre* suis; fĕrit æthĕra clāmor. V. Æn. 5. 140. SYN. prōrumpo, is, rūpi, ruptum. v. exsilio. PHR. Saltuque sŭperbus Ēmĭcat in currum. V.

prōsŏcer, ĕri. masc. *A wife's grandfather.*—Cuique sĕnex Nēreus *prōsŏcer* esse vĕlit. Ov. Her. 3. 74.

prospecto, as. 1. *To look out, to look out on.*—2. *To expect, to await.*—1. Fōrumque Dīvus ab excelsâ *prospectet* Jūlius æde. Ov. Met. 15. 842.—2. Victor nec longum lætābĕre; te quoque Fāta *Prospectant* părĭa. V. Æn. 10. 741. SYN. 1. specto, aspecto; prospĭcio, ĭs, spexi.—2. exspecto; măneo, es, mansi.

prospectus, ûs. *Sight, a view.*——Æquora *prospectu* mētior alta meo. Ov. Her. 10. 20. SYN. aspectus; vīsus, ûs.

prosper or **prospĕrus, a, um.** 1. *Prosperous.*—2. *Propitious.*——1. Augusto jŭvĕni *prospĕra* bella dărent. Ov. F. 4. 676.—2. Tusco Bellōna duello Dīcĭtur, et Lătio *prospĕra* semper ădest. Ov. F. 6. 202. SYN. 1. faustus.—1, 2. felix, īcis; dexter, ĕra, ĕrum, *and sync.* tra, trum, q. v.

prospĕro, as. *To make prosperous.*——Pătrumque *Prospĕres* dēcrēta sŭper jŭgandis Fœmĭnis. Hor. C. S. 17. SYN. sĕcundo, as.

prospĭcio, ĭs, spexi, spectum. 1. *To behold from a distance.*—2. *To foresee.*——1. *Prospexi* Ītăliam summâ sūblīmis in undâ. V. Æn. 6. 357.—2. Nec mĭnus ex imbri sōles et ăperta sĕrēna *Prospĭcĕre.* V. G. 1. 393. SYN. 1. specto, prospecto, aspĭcio.—2. prōvĭdeo, es, vīdi, q. v.

‡prospĭcuus, a, um. *Visible from a distance.*——Sīc ŭbī *prospĭcuæ* scandentem līmĭna turris. Stat. Theb. 12. 15. v. conspicuus.

prosterno, ĭs, strāvi, strātum. *To throw down.*——Corruit, et multam *prostravit* pondĕre sylvam. Ov. Met. 8. 777. SYN. sterno; prōruo, is, ui, ŭtum; ēverto, ĭs, ti, sum.

prostĭtuo, ĭs, ui, ūtum. *To prostitute.*——Ingrāto vōcem *prostĭtuisse* fŏro. Ov. Am. 1. 15. 6.

prosto, as, stĕti. no sup. 1. *To be prostituted.*—2. †*To project.*——1. *Prostat,* et in quæstu pro mĕrĕtrīce sĕdet. Ov. Ep. e P. 2. 3. 20.—2. Sed măgis angellis paulum *prostantĭbus* et quæ. Lucr. 2. 428.

prostrātus, a, um. part. perf. pass. from prosterno, q. v. esp.—*Lying down.*——Illa etiam ante Lăres passis *prostrāta* căpillis. Ov. Tr. 1. 3. 43. SYN. rĕcŭbans, jăcens, fūsus, †prŏfūsus.

prōsŭbĭgo, ĭs, ēgi. *To beat.*——Et pĕde *prōsŭbĭgit* terram et frĭcat arbŏre costas. V. G. 3. 256. v. subigo.

prōsum, prōdĕs, prōfui, prōdesse. no sup. or part., 3d sing. often as impers. ——*To profit; to do good to.*——Īte prŏcul Mūsæ si nīl *prōdestis* ămanti. Tib. 2. 4. 15. Sæpe ĕtiam stĕrĭles incendĕre *prōfuit* āgros. V. G. 1. 84. v. juvo.

prōtĕgo, ĭs, xi, ctum. 1. *To cover.*—2. *To protect.*—3. ‡*To ward off.*——1. Sistat, et ingenti rāmōrum *prōtĕgat* umbrâ. V. G. 2. 489.—2. Dum gĕnĭtor năti parmâ *protectus* ăbīret. V. Æn. 10. 800.—3. *Prōtectūra* hyĕmes atque exclūsūra pruīnas. Stat. Sylv. 3. 1. 121. SYN. 1, 2. tĕgo, q. v.—1, 2, 3. dēfendo, ĭs, di, sum.—3. arceo, es, *no sup.* q. v.

†prōtēlum, i. *A continued pulling or pushing.*——Et quăsī *prōtēlo* stĭmŭlātur fulgūre fulgur. Lucr. 4. 190.

prōtendo, ĭs, di, tum. *To hold out, stretch forth.*——Hastasque rĕductis *Prōtendunt* longē dextris, et spīcŭla vībrant. V. Æn. 11. 606. SYN. tendo, extendo; porrĭgo, ĭs, rexi, rectum; præfĕro, fers, tŭli, lātum.

prōtĕro, ĭs, trīvi, trītum. *To crush, esp. by trampling on.*——Sēmĭnĕces volvit multos, aut agmĭna curru *Prōtĕrit.* V. Æn. 12. 330. SYN. tĕro. v. calco.

prōterreo, es, ui, ĭtum. *To frighten.*——Aulesten . . . Adverso *prōterret* ĕquo; ruit ille rĕcēdens. V. Æn. 12. 291. SYN. terreo, q. v.

prŏtērvē. *Wantonly.*——Multa mĭser tĭmeo, quiă fēci multa *protervē.* Ov. Am. 1. 4. 45.

prŏtervĭtas, ātis. fem. *Wantonness, sauciness.*——Ūrit grāta *prŏtervĭtas.* Hor. 1. 19. 7. SYN. pĕtŭlantia, lascīvia.

prŏtervus, a, um. *Wanton, saucy, etc.*——Et mĭcet Īcării stella *prŏterva* cănis. Ov. Am. 2. 16. 4. SYN. lascīvus; prŏcax.

Prōtĕsĭlāus, i. *A prince of Thessaly, of whom it was foretold by the oracle that if he joined the expedition against Troy he should be the first person slain. His wife was Laodamia.*——Bella gĕrant ălii *Prōtĕsĭlaus* ămet. Ov. Her. 13. 84.

Prōteus, ĕi or **eŏs**, acc. **ea.** *A god of the sea, endued with the power of assuming any form he pleased.*——Est in Carpăthio Neptūni gurgĭte vătes Cærŭleus *Prōteus.* V. G. 4. 388. q. v., ad 444. v. Ov. F. 1. 367—374.

prōtĭnus. *Immediately.*——*Prōtĭnus* āĕrii mellis cœlestia dona Exsĕquar. V. G. 4. 1. SYN. contĭnuo, īlĭcet, actūtum, extemplo, confestim, atque. PHR. Nec mŏra, princĭpĭbus cæsīs ex urbe Găbīnâ. Ov.

‡**prōtŏno, as, ui.** no sup. *To thunder forth.*——Nec gĕnus inde rŏgat; sed tali *prōtŏnat* irâ. Val. Fl. 4. 205. v. tonat.

‡**prōtŏtŏmus, a, um.** *Of the first cutting.*——*Prōtŏtŏmis* pŭdet heu! servio cŏlĭcŭlis. Mart. 14. 101. 2.

prōtraho, ĭs, xi, ctum. 1. *To draw forth.*—2. *To drag to light, reveal, betray.* ——Hic Ithăcus vātem magno Calchante tŭmultu *Prōtrahit* in mĕdios. V. Æn. 2. 123.—2. Nec meus indĭcio lătĭtantes versus ămīcos *Prōtrahet.* Ov. Tr. 3. 4. 71. SYN. 1. ēdūco, ĭs, xi; prōfĕro, fers, ferre, tŭli, lātum.—2. prōdo, ĭs, dĭdi, q. v.

†**prōtrūdo, ĭs, si, sum.** *To push forward.*——Atque ĭtă tōta Paulātim mōles *prōtrūdĭtur* atque mŏvētur. Lucr. 4. 889. SYN. prōpello, ĭs, pŭli, pulsum, q. v.

prōturbo, as. *To push away.*——Nunc impĕte vasto Fertur, et obstantes *prōturbat* pectore sylvas. Ov. Met. 3. 80. SYN. ăbĭgo, ĭs, ēgi; dĭspello, ĭs, puli, pulsum; disjĭcio, ĭs, jēci, jectum.

prōveho, is, xi, ctum. *To carry forward; in pass. to be carried,* i. e. *to go forward.*——Vim tempĕrātam Di quŏque *prōvehunt* In mājus. Hor. 3. 4. 66. *Prōvehĭmur* portu, terræque urbesque rĕcēdunt. V. Æn. 3. 72. SYN. prōfĕro, fers, ferre, tŭli, lātum; *in pass.* invehor.

prōvĕnio, ĭs, vēni, ventum. 1. *To proceed, to come forth.*—2. *To happen.*——1. Huic ĕgŏ *prōvēni* lēna cŏmesque Deæ. Ov. Am. 3. 1. 44.—2. Non hæc hūmānis ŏpĭbus, non arte măgistrâ *Prōvĕniunt.* V. Æn. 12. 428. SYN. 1. prōgrĕdior, ĕris, gressus sum; prōcēdo, ĭs, cessi; prodeo, ĭs, ĭvi, *no sup.*—2. ēvĕnio; accĭdo, ĭs; contingo, ĭs, tĭgi.

prōventus, ûs. *That which comes in; produce, income, etc.*——*Prōventuque* ŏnĕret sulcos atque horrea vincat. V. G. 2. 518. v. fructus.

prōverbium, i. *A proverb.*——Hâc quoque dē causâ si tē *prōverbia* tangunt. Ov. F. 5. 589.

prōvĭdeo, es, vīdi, vīsum. *To see beforehand; to foresee, esp. when such foresight leads to providing for the future.*——Omnia quæ multo ante mĕmor *prōvīsa* rĕpōnes. V. G. 1. 167. SYN. prævĭdeo; prospĭcio, is, spexi.

prōvĭdus, a, um. *Foreseeing, provident.*——Căvit săcrāti *prōvĭda* cūra dŭcis. Ov. F. 2. 60. SYN. prudens, præscius, præsāgus.

prōvincia, æ. *A province.*——Reddĭtaque est omnis pŏpŭlo *prōvincia* nostro. Ov. F. 1. 589.

§**prōvīsor, ōris,** masc. *One who provides.*——Ūtĭlium tardus *prōvīsor,* prōdĭgus æris. Hor. A. P. 160.

prōvŏco, as. 1. *To call forth.*—2. *To challenge, to vie with.*——1. Quod tĕpĭdum vĭgĭli *prōvŏcat* ōre diem. Ov. F. 1. 460.—2. Tum cursĭbus auras *Prōvŏcet* ac per ăperta vŏlans ceu liber hăbēnis Æquŏra. V. G. 3. 194. SYN. 1. ēvŏco; cieo, es, q. v.—2. v. æmulor.

prōvŏlo, ās. *To fly or rush forth.*——*Prōvŏlat* in mĕdium, et magnâ succurrĭte vōce . . . ait. Ov. F. 6. 444. SYN. advŏlo, ēvŏlo; prōrumpo, ĭs, rūpi. v. irruo.

prōvolvo, ĭs, vi, vŏlūtum, *To roll (trans.) forward.*——Excŭtit, effunditque sŏlo; hunc lōra et jŭga subter *Prōvolvĕre* rŏtæ. V. Æn. 12. 533. Multa sĭti prostrata viam per, proque *vŏlūta* Corpŏra. Lucr. 6. 1262. v. volvo.

†**prōvŏmo, ĭs, ui.** *To vomit forth.*——Turbĭnis immānem vim *prōvŏmit* atque prŏcellæ. Lucr. 6. 446. SYN. vŏmo, ēvŏmo, q. v.

prout (used in Hor. Sat. as monosyl.). *As.*——Sed tămĕn aspĭcĕres vellem *prout* ipse rŏgābas. Ov. Her. 21. 227. SYN. ut, sīcut.

‡**proxēnēta, æ,** masc. *A go-between.*——Vătĭniōrum *proxēnēta* fractōrum. Mart. 10. 3. 4.

proxĭmĭtas, ātis. fem. *Nearness, of place, of relationship, etc.*——Nunc quiă tam meus est non est meus; ipsaque damno Est mihĭ *proxĭmĭtas.* Ov. Met. 10. 340. Et lăteat vitium *proxĭmĭtāte* bŏni. Ov. A. A. 2. 662.

proxĭmus, a, um. *Next, nearest, in place, in resemblance, in relationship, etc.* ——*Proxĭmus* huic, longo sed proxĭmus intervallo. V. Æn. 5. 320. PHR. Contĭnuāta lŏco tria sīdĕra. Ov.

prūdens, entis. 1. *Prudent, wise.*—2. *Skilful.*——2. Nec tĭbĭ tam *prūdens* quisquam persuādeat auctor. V. G. 2. 315.—2. Dēfĭcior *prūdens* artis ab arte meâ. Ov. Her. 5. 150. SYN. 1. cautus, săgax, săpiens, prōvĭdus.—2. pĕrītus, q. v.

prūdentia, æ. *Prudence, wisdom.*——Prætĕrĕā si qua est Hĕlĕno *prūdentia*, vāti Si qua fĭdes. V. Æn. 3. 433. SYN. săpientia; consĭlium; sensus, ûs.

pruīna, æ. 1. *Hoarfrost.*—2. *Frost, winter.*——1. Mollis ĕrat tellus rōrātâ māne *pruīnâ*. Ov. F. 3. 357. Incĭpe et ad mĕdias sēmentem extende *pruīnas*. V. G. 1. 230. SYN. 2. glăcies, ēi; hyems, ĕmis, *fem.* q. v. PHR. Roscĭda cum prīmum fŏliis excussa pruīna est. Ov. Tempus ĕrat vĭtreâ quo prīmum terra pruīnâ Spargĭtur. Ov. Ē prātīs ūda pruīna fŭgit. Ov. Et prāta cānīs albĭcant pruīnis. Hor. Mātūtīnæve pruīnæ Sōle tĕpente sŏlent (intabescere). Ov. Arvaque Rhīpæis nunquam vĭduāta pruīnis. V. Frīgŏra nec tantum cānâ concrēta pruīnâ. V.

pruīnōsus, a, um. *Exposed to hoarfrost, to frost, frosty.*—— Longa *pruīnōsâ* frīgŏra nocte păti. Ov. Am. 2. 19. 22. v. glaciālis, frigidus.

prūna, æ. *A live coal.*——Subjĭciunt vĕrūbus *prūnas* et viscĕra torrent. V. Æn. 5. 103.

prūnum, i. *A plum.*——*Prūna*que non sōlum nīgro lĭventia succo, Vērum ĕtiam gĕnĕrōsa, novasque ĭmĭtantia cēras. Ov. Met. 13. 817. PHR. Addam cērea prūna. V.

prūnus, i. fem. *A plum tree.*—— Māla Ferre pȳrum, et *prūnis* lăpĭdōsa rŭbescĕre corna. V. G. 2. 34.

‡prūrīgo, ĭnis. fem. *Itching.*—— Si tĭbĭ mōrōsâ *prūrīgine* vermĭnat auris. Mart. 14. 23. 1.

‡prūrio, īs. *To itch.*—— Sūmĭtur ex lĭbro; si *prūrit* frictus ŏcelli Angŭlus. Juv. 6. 577.

psallo, is, li. no sup. *To play on an instrument.*—— Ille vĭrentis et Doctæ *psallere* Chīæ Pulchrīs excŭbat in gĕnis. Hor. 4. 13. 7.

psaltērium, i. *A psaltery.*—— Non argūta sŏnant tĕnui *psaltēria* chordâ. V. Ciris, 178.

‡psaltria, æ. *A singing girl.*—— Nōvērunt Mauri atque Indi quæ *psaltria*. Juv. 6. 336.

psittacus, i. masc. *A parrot.*——*Psittăcus* Ēōīs ĭmĭtātrix ālĕs ab Indis Occĭdet. Ov. Am. 2. 6. 1. q. v.

psȳthia, æ. *A sort of vine.*—— Et passo *psȳthia* ūtĭlior tĕnuisque Lăgēos. V. G. 2. 93.

§ptĭsănārium. *A decoction of barley or rice.*—— Tu cessas; ăgĕdum; sūme hoc *ptĭsănārium* ŏryzæ. Hor. Sat. 2. 3. 155.

Ptŏlĕmæēus, a, um. *Of Ptolemy,* i.e. *of Egypt.*——Et *Ptŏlĕmæēæ* littŏra capta Phări. Prop. 2. 1. 30. v. Ægyptius.

pūbens, entis. part. pres. of pubeo (v. pubesco). *Having a beard beginning to show, come to full growth,* v. seq.—— Falcĭbus et messæ ad lūnam quæruntur ahēnis *Pūbentes* herbæ. V. Æn. 4. 514. SYN. ădultus.

pūber and **pūbes.** gen. pūbĕris. adj. *Grown up; arrived at the age of puberty; having the beard beginning to grow; used even of inanimate things, esp. trees, leaves, etc., prob. in the sense of downy.*—— Ĕgŏ *pūber*, ĕgo ădŏlescens, ĕgo ĕphēbus, ĕgŏ puer. Cat. 61. 63. *Pūbĕrĭbus* caulem fŏliis et flōre cŏmantem. V. Æn. 12. 413. SYN. pūbens, ădultus.

pūbes, is. fem. 1. *The groin.*—2. *The youth, the body of young men; used even of animals.*——1. Prīma hŏmĭnis făcies, et pulchro pectŏre virgo *Pūbe* tĕnus. V. Æn. 3. 426.—2. Cuncta tĭbī Cĕrĕrem *pubes* ăgrestis ădōret. V. G. 1. 343. Intĕreā *pūbi* indŏmĭtæ non grāmĭna tantum . . . . carpes. V. G. 3. 174. SYN. 1. inguĕn, ĭnis, neut.—2. jŭventūs, ūtis, *not of animals.*

pūbesco, is. no perf. *To begin to have a beard, to be grown up; used also of plants, etc.*—— Et nunc æquāli tēcum *pūbescĕret* ævo. V. Æn. 3. 491. Hinc omnis largo *pūbescit* vīnea fœtu. V. G. 2. 390. Prātaque *pūbescunt* văriōrum flōre cŏlōrum. Ov. Tr. 3. 12. 7. Nec vīdĕris ulla jŭventæ Gaudia, nec dulces frātris *pūbescere* mālas. Val. Fl. 7. 340. v. juvenesco.

publĭcus, a, um. 1. *Public, belonging to the body of the people, etc.*—2. *Ordinary.*——1. Laudat et immūnes *publica* cēra făcit. Ov. Ep. e P. 4. 9. 102.—2. Non quia mīrĭfĭca est, sed quod non *publĭca* certe. Ov. Ep. e P. 4. 13. 5. v. communis.

pŭdendus, a, um. *What one ought to be ashamed of, disgraceful.*—— Hæc mea magna fĭdes, at non Ēvandre *pŭdendis* Vulnĕrĭbus pulsum aspĭcies. V. Æn. 11. 55. SYN. turpis, q. v.; ērŭbescendus, ‡pŭdĭbundus.

pŭdens, entis. *Modest.* —— Et dĕcor, et vultus sĭne rustĭcĭtate *pŭdentes.* Ov. Her. 20. 59. SYN. pŭdĭcus, q. v.

pŭdenter. *Modestly.* —— Hunc ūnum excĭpio, ut pŭto, *pŭdenter.* Cat. 16. 13. SYN. pŭdĭcē.

pŭdet, uit, etc. impers. c. part. **pŭdens, pŭdendus,** q. v., **pŭdĭtum,** only in comedy; Lucan uses **pŭdēbant** in pl. *not* as impers. *To be ashamed.* —— Quæque tĭmēre lĭbet pertĭmuisse *pŭdet.* Ov. Her. 16. 350. Si *pŭdet* uxōris non nupta sed hospĭta dīcar. Ov. Her. 7. 167. SYN. dēpŭdet. PHR. Nil tua Cȳdippē facta rūbōris hăbent. Ov. v. erubesco. v. pudor.

pŭdībundus, a, um. 1. *Shamefaced, modest.* — 2. ‡*Shameful.* —— Illa diu rĕtĭcet, *pŭdībunda*que cēlat ămictu Ōra. Ov. F. 2. 819. — 2. Sors sŭpĕret dăte fallāci *pŭdībunda* sĕnectæ Exĭtia. Val. Fl. 1. 809. SYN. 1. pŭdĭcus, q. v. — 2. pŭdendus, turpis, q. v.

pŭdĭcē. *Modestly, chastely.* —— Quid tĭbĭ nunc mōres prōsunt, actumque *pŭdĭcē* Omne ævum. Ov. ad Liv. 41. SYN. pŭdenter, castē, mŏdestē.

pŭdĭcĭtia, æ. *Modesty, chastity.* —— Nullâ rĕpărābĭlis arte Læsa *pŭdĭcĭtia* est, dēpĕrit illa sĕmel. Ov. Her. 5. 104. SYN. pudor, castĭtas, mŏdestia.

pŭdĭcus, a, um. *Modest, chaste.* —— Ille tămen pĭĕtāte meâ prĕcĭbusque *pŭdĭcis* Frangĭtur. Ov. Her. 1. 85. SYN. pŭdībundus, pŭdens, castus, mŏdestus, vĕrēcundus.

pŭdor, ōris. masc. 1. *Shame.* — 2. *Modesty.* — 3. *Disgrace.* —— 1. *Pŭdor* est prōmissa prĕcesque Blandĭtiasque meas contemptaque verba rĕferre. Ov. Met. 14. 18. Ērŭbui, grĕmioque *pŭdor* dējēcit ŏcellos. Ov. Her. 11. 35. Proh! *pŭdor* hirsūti costas exūta leōnis Aspĕra texērunt vellĕra molle lătus. Ov. Her. 9. 111. — 2. Grātia quod salvo vestra *pŭdore* queat. Ov. Ep. e P. 1. 2. 68. — 3. Irruit et nostrum vulgat clāmōre *pŭdōrem.* Ov. Her. 11. 79. SYN. 2. pŭdīcĭtia, q. v. — 3. dēdĕcus, ŏris, q. v.

puella, æ. *A girl, a nymph.* —— Cui pia mīlĭtiæ causa *puella* fuit. Ov. Her. 8. 20. Ferte sĭmul Faunique pĕdem Dryădesque *puellæ.* V. G. 1. 11. SYN. nympha. v. virgo. PHR. Pallăda nunc puĕri tĕnĕræque ornāte puellæ. Ov. Jam viŏlam puĕrique lĕgunt hĭlăresque puellæ. Ov. Candĭda mē căpiet, căpiet me flāva puella. Ov. Hæc ănĭmum, et quŏta pars hæc sunt, mŏvēre puellæ Simplĭcis. Ov. Illa vĕrēcundis lux est præbenda puellis. Ov.

puellāris, e. *Of a girl.* —— Præda *puellāres* ănĭmos prōlectat ĭnānis. Ov. F. 4. 433. SYN. virgĭneus.

§**puellŭla, æ,** dem. of puella, q. v. Flōrĭdam ipse *puellŭlam* Mātris e grĕmio suæ Dēdis. Cat. 59. 57.

†**puellus, i.** *A little boy or child.* —— Plūrĭbus et nactæ post sunt tămĕn unde *puellos* Suscĭpĕre . . . possent. Lucr. 4. 1245. v. puer.

puer, ĕri. 1. *A boy, a child.* — 2. *A youth.* — 3. *A slave.* —— 1. Pæne mihī *puĕro* cognĭte pæne *puer.* Ov. Ep. e P. 4. 12. 20. — 2. Balteus et nōtis fulsērunt cingŭla bullis Pallantis *puĕri.* V. Æn. 12. 943. — 3. Persĭcos ōdi *puer* appărātus. Hor. 1. 38. 1. SYN. 1. v. lībĕri. — 2. jŭvĕnis. — 3. servus, q. v. minister, tri.

puĕrīlis, e. *Of a boy, of a child, of youths.* —— Sed tua sum tēcumque fui *puĕrīlibus* annis. Ov. Her. 5. 157. Vāde ăge, et Ascănio si jam *puĕrile* părātum Agmĕn hăbet sēcum . . . dic. V. Æn. 5. 548. v. juvenis.

puĕrīlĭter. *In a childish or boyish manner.* —— Quæ mŏdŏ dēcerpens tĕnĕro *puĕrīlĭter* ungui. Prop. 1. 20. 39.

puĕrĭtia sync. **puertia, æ.** *Boyhood, childhood.* —— Actæ non ălio rēge *puertiæ.* Hor. 1. 36. 7. PHR. Est tĭbĭ sitque prĕcor nātus qui mollĭbus annis In pătrias artes ērŭdiendus ĕrat. Ov. Quod vĭrĭdi quondam mălĕ lūsit in ævo. Ov. Quæ dĕcuit prīmis sĭne crīmĭne lūsĭmus annis. Ov. v. juvenis.

puerpĕra, æ. *A woman in labour, lately delivered; a mother.* —— Laudantur sĭmĭli prōle *puerpĕræ.* Hor. 4. 5. 23. v. mater.

puerpĕrum, i. *Travail, childbirth.* —— Falsum mendāci ventre *puerpĕrium.* Cat. 67. 48. SYN. partus, ūs.

puerpĕrus, a, um. only found once in neut. pl. *Relating to childbirth.* —— Admōvitque mănūs, et verba *puerpĕra* dixit. Ov. Met. 10. 511.

pŭgĭl, ĭlis. masc. *A boxer.* —— Sive quos Ēlēa dŏmum rĕdūcit Palma cœlestes, *pŭgĭlem*ve, ĕquumve Dicit. Hor. 4. 2. 18. PHR. Hunc ĕquis illum sŭpĕrāre pugnis Nōbĭlem. Hor. v. V. Æn. 5. 363—460.

§**pūgillar, āris.** neut., also in pl. **pūgillāres, ium.** masc. *A tablet.*——Et nĕgat mihĭ vestra reddĭtūram *Pūgillārĭa.* Cat. 40. 5. Nec *pūgillāres* dēfert in balnea raucus. Juv. 11. 156. SYN. cēra, q. v.

‡**pūgio, ōnis.** masc. *A dagger.*——*Pŭgiō* quem curvis cingit brĕvis orbĭta vēnis. Mart. 14. 33. 1. SYN. ‡sīca. v. ensis.

pugna, æ. *A fight, a battle.*——Quam bĕne Dî magni *pugnâ* cĕcĭdisset in illâ. Ov. F. 187. SYN. prælium; certāmĕn, ĭnis, *neut.*; bellum. PHR. Sternĭtur omne sŏlum tēlis, tum scūta căvæque Dant sŏnĭtum flictu gălea; pugna aspĕra surgit. V. Tristis ŭbi infausto committĭtur ōmĭne pugna. V. Effūso crūdescunt sanguĭne pugnæ. V. Anceps pugna diu, stant obnixi omnia contra. V. Haud sĕcus instructi ferro quam si aspĕra Martis Pugna vŏcet. V. Mezentius ardens Succēdit pugnæ, Teucrosque invādit ŏvantes. V. Mĕcum crēde sŏlo pugnæque accinge pĕdestri. V. Pugnâ congressus ĭnīquâ. V. Contĭnuoque ĭneant pugnas, et prælia tentent. V. It tōto turbĭda cœlo Tempestas tēlōrum et ferreus ingruit imber. V. Tōtamque instructo Marte vĭdēres Fervēre Leucāten. V. Tu Tyrrhēnum ĕquĭtem collātīs excĭpe signis. V. Pugnæque cient sĭmŭlacra sub armis (*a sham fight*). V.

pugnātor, ōris. masc.——Cui pellis lātos hŭmĕros ērepta jŭvenco *Pugnātōri* ŏpĕrit. V. Æn. 11. 680. SYN. pugnans, bellātor. v. miles.

pugnax, ācis. 1. *Fond of fighting, warlike.*—2. *Contrary to.*——1. Victāque *pugnāci* Jūra sub ense lătent. Ov. Tr. 5. 7. 48.—2. Cumque sit ignis ăquæ *pugnax* văpor hūmĭdus omnes Res creat. Ov. Met. 1. 432. SYN. 1. pugnans, bellĭcus.—2. contrārius, q. v.

pugno, as. 1. *To fight.*—2. *To resist.*—3. *To strive.*——Nec rĕpĕtisse părum est; *pugnas* nē reddar Ăchille. Ov. Her. 3. 25. Stant belli causæ, *pūgnātur* cōmĭnus armis. V. Æn. 7. 553.—2. Dīvĕs ălit; plăcĭtone ĕtiam *pugnābis* ămōri? V. Æn. 4. 38.—3. Et sŏlĭdâ rāmos fīgĕre *pugnat* hŭmo. Ov. F. 2. 648. SYN. 1. 3. certo, as; dĕcerto; bello, as; dēprælior, āris; dīmĭco, as.—2. rĕsisto, ĭs, q. v.—3. nītor, ĕris, nīsus sum; cōnor, āris, q. v.; lăbōro, as. PHR. 1. Infelix puer atque impar congressus Ăchilli. V. Multaque per cæcam congressi prælia noctem Consĕrĭmus. V. Tertiâ sed postquam congressi in prælia tōtasque Implĭcuēre inter se ăcies, lēgitque vĭrum vir. V. Nec pĕde congressos æquo nec tēla fĕrentes Insequitur. V. Ergo etsi conferre mănum pŭdor iraque monstrant. V. Obvius adversoque occurrit, sēque vĭro vir Contŭlit haud furto mĕlior sed fortĭbus armis. V. Stĕtĭmus tēla aspĕra contra Contŭlĭmusque mănus. V. Illi inter sēsē dūri certāmĭna belli Contŭlĕrant. V. Agmĭna concurrunt dŭcĭbusque et vĭrĭbus æquis. V. Nec Sĕmĕlēius Cum Marte confundet Thyōneus Prælia. Hor. Immiscentque mănus mănĭbus, pugnamque lăcessunt. V. Nec quisquam ærātas ăcies ex agmĭne tanto Miscēri pŭtat. V. Necdum horrĭda miscent prælia. V. Omnia ventōrum concurrĕre prælia vīdi. V. Non æquo dăre sē campo non obvia ferre Arma vĭsos. V. Dēsiste mănum committĕre Teucris. V. Seu crūdo fīdit pugnam committĕre cæstu. V. Sed glŏmĕrāre mănum bello, et concurrĕre in arcem Cum sŏciis ardent ănĭmi. V. Incĭpe si qua ănĭmo virtūs, et consĕre dextram. V. Nūdo concurrĕre ferro, Sævaque in oppŏsitos pectŏra ferre vĭros. Ov. Nec tămĕn indigner pro tantâ sūmĕre ferrum Conjŭge. Ov.

pugnus, i. *A fist.*——Is mihĭ dum resto jŭvĕnīli guttŭra *pugno* Rūpit. Ov. Met. 3. 626. v. manus.

pulcher, chra, chrum. 1. *Fair, beautiful.*—2. *Noble, honourable.*——1 Rēgīna ad templum formâ *pulcherrĭma* Dido Incessit. V. Æn. 1. 500.—2. Fŭror īraque mentem Præcĭpĭtant *pulchrum*que mŏri succurit in armis. V. Æn. 2. 317. SYN. 1. vĕnustus, spectābĭlis; conspectus, *compar.* ior; conspĭciendus, formōsus, spĕciōsus, lūcĭdus, candĭdus, dĕcens, vĭtreus (*of Circe*), bellus.—1, 2. dĕcōrus hŏnestus. PHR. Vĭdēbat Ēgrĕgium formâ jŭvĕnem et fulgentĭbus armis. V. Laudātĭssĭma formâ. Ov. O făcies ŏcŭlis insĭdiōsa meis. Ov. Nulli tuā forma sĕcunda est. Ov.

pulchrē. *Well.*——Cum *pulchrē* nostri dŏmĭnæ plăcuēre lĭbelli. Ov. Am. 3. 8. 5. SYN. bĕnĕ.

‡**pūlēium i.** *Pennyroyal.*——Quādrīma nīgri nec cŏrōna *pūlēii.* Mart. 12. 32. 19.

‡**pūlex, ĭcis.** masc. *A flea.*——Parvŭlus aut *pūlex* irrēpens dente lăcessat. Columel. 10. 321.

‡pullātus, a, um. *Clad in black, in mourning.* —— *Pullāti* prŏcĕres, differt vădĭmŏnia prætor. Juv. 3. 213.

pullŭlo, as. *To shoot forth, to germinate.* —— *Pullŭlat* ab rādīce ălĭis densissĭma sylva. V. G. 2. 17. SYN. germĭno.

pullus, i. 1. *The young of any creature.*—2. (*esp.*) *A young bird, a chicken.* —— 1. Contĭnuo pĕcŏris gĕnĕrōsi *pullus* in arvis altius ingrĕdĭtur. V. G. 3. 75. —2. Ut assĭdens implūmĭbus *pullīs* ăvis. Hor. Epod. 1. 19. Aut pŏsĭtum ante meā quiā *pullum* in parte cătīni Sustŭlit ēsŭriens. Hor. Sat. 1. 3. 92. v. catulus.

pullus, a, um. *Dark-coloured, black.* —— Rējĭce nē măcŭlīs infuscet vellĕra *pullis* Nascentum. V. G. 3. 389. SYN. fuscus; nĭger, gra, grum, q. v.

‡pulmentārium, i. *Pottage, any food.* —— Uncta cădunt laxis tunc *pulmentaria* lābris. Pers. 3. 102.

§pulmentum, i. another form of prec. —— Cœnes ut părĭter *pulmenta* lăbōrĭbus empta. Hor. Epist. 1. 18. 48. SYN. ‡puls, pultis; ‡pulmentārium, v. cibus.

pulmo, ōnis. masc. *The lungs.* —— Cernis ut e molli sanguis *pulmōne* rĕmissus ad Stўgias certo līmĭte dūcat ăquas. Ov. Ep. e P. 1. 3. 20.

‡pulpa, æ. *The best part of meat, meat.* —— Et *pulpam* dŭbio de pĕtăsōne vŏras. Mart. 3. 77. 66.

pulpĭtum, i. *A scaffold, or stage.* —— An gĕnus hōc scripti făcĭunt sŭa *pulpĭta* tūtum? Ov. Tr. 2. 517.

‡pulpo, as. *To cry like a vulture.* —— Dum clangunt ăquĭlæ, vultur *pulpāre* prŏbātur. Auct. Phili. 27.

‡puls, pultis. fem. *Gruel, pottage.* —— Quod mea cum vĕtŭlo cŏluit *puls* annua lībo. Juv. 16. 39. v. pulmentum.

‡pulsātor, ōris. masc. *One who strikes.* —— Mūsārum chŏrus, et cĭthăræ *pulsātor* Ăpollo. Val. Fl. 5. 694.

pulso, as. 1. *To beat, to strike.*—2. *To affect, to agitate.*—3. *To impel, to propel.* —— 1. Mœnia quique īmos *pulsābant* ărĭete mūros. V. Æn. 12. 706.—2. Quæ te vēcordia Thēseus, Eurўte, *pulsat* ait qui me vīvente, lăcessas Pērĭthoum. Ov. Met. 12. 228.—3. Ērŭpēre aut ut nervo *pulsante* săgittæ. V. G. 4. 314. SYN. 1. ‡prōpulso; percŭtio, is, cussi; fĕrio, is, *no perf.*—2. mŏveo, es, mōvi, q. v.—3. ăgĭto, as; impello, is, pŭli, pulsum, q. v.

pulsus, a, um. part. perf. pass. from pello, q. v. 1. *Driven, struck, etc.*—2. *Moved, acted upon, even of wind instruments.* —— 1. Nōmĭne quemque vŏcans rĕficitque in prælia *pulsos.* V. Æn. 11. 731.—2. Martia cui somnos classica *pulsa* fŭgent. Tib. 1. 1. 46. SYN. 1. actus.—2. mōtus.

pulsus, ūs. *A striking.* —— Pulvĕre campus miscetur *pulsu*que pĕdum trĕmit excĭta tellus. V. Æn. 12. 445. SYN. ictus, ūs.

pulvĕreus, a, um. *Of dust, dusty, etc.* —— *Pulvĕreum*que sŏlum pĕde pulsāvēre bĭsulco. Ov. Met. 7. 113. v. seq.

pulvĕrŭlentus, a, um. *Dusty.* —— Aut prĕmis ārentem *pulvĕrŭlentus* hŭmum. Ov. Am. 3. 6. 96.

pulvillus, i. *A pillow* —— Inter Sērĭcos jăcēre *pulvillos* ămant. Hor. Epod. 8. 16. v. seq.

pulvīnar, āris. neut. 1. *A pillow.*—2. *A couch in the temples of the gods, on which their images were placed on solemn occasions.* —— *Pulvīnar* făcĭlī cŏmpŏsuisse mănu. Ov. A. A. 1. 160.—2. Nunc Săliārĭbus Ornāre *pulvīnar* Deōrum Tempus ĕrat dăpĭbus sŏdāles. Hor. 1. 37. 3. SYN. 1. pulvillus, pulvīnus.—2. lectus.

pulvīnus, i. *A pillow.* —— Collaque *pulvīno* nostra fĕrenda dĕdi. Ov. Her. 19. 198. v. prec.

pulvis, ĕris. masc. and fem. (the latter is, however, not so common).—1. *Dust.*—2. *A racecourse, an arena for contests of any sort.* —— 1. Hic sŭbĭto nĭgram glŏmĕrāri *pulvĕre* nūbem Prospĭciunt. V. Æn. 9. 33. Atque ea cum fŏliis, et ămōmi *pulvĕre* miscē. Ov. Tr. 3. 3. 69.—2. Ăcer ĕquus quondam măgnæque in *pulvĕre* fāmæ. Ov. Met. 7. 543. SYN. 2. ărēna.

pūmex, ĭcis. masc., and in Cat. fem. 1. *Pumice stone.*—2. *Any stone.* —— 1. *Pūmĭce* multĭcăvo nec lævĭbus ātria tōphis Structa sŭbit. Ov. Met. 8. 561.—2. *Pūmĭcĭbus*que căvis exēsæque arbŏris antro. V. G. 4. 44. SYN. 2. saxum. q. v.

‡pūmĭcātus, a, um. *Smoothed with pumice stone.* —— Sed *pūmĭcātā* fronte si quis est nondum. Mart. 1. 67. 10.

pūmĭceus, a, um. —— Et quæ *pūmĭceas* versat ăsella mŏlas. Ov. F. 6. 318.

†‡**pŭmĭlio, ōnis.** masc. *A dwarf.*——Parma tĭbī scutum *pŭmĭlĭōnis* ĕrit. Mart. 14. 213. 2. v. seq.

‡**pūmĭlo, ōnis.** masc., also **pŭmĭlus, i.** *A dwarf.*——Hic audax sŭbit ordo *pūmĭlōnum.* Stat. Sylv. 1. 6. 57. Mīrantur *pŭmĭles* fĕrōciōres. Stat. Sylv. 1. 6. 64. v. prec.

†§**punctum, i.** *A prick; (and as votes were given by pricking a tablet) a vote, an opinion.*—2. *A point, a moment.*——1. Omne tŭlit *punctum* qui miscuit ŭtĭle dulci. Hor. A. P. 343.—2. Tanquam Sit prŏprium quidquam quod *puncto* mōbĭlis hōræ Permūtet dŏmĭnos. Hor. Epist. 2. 2. 172. SYN. 1. suffrāgium. 2. §mōmentum.

pungo, ĭs, nxi, nctum. 1. *To prick.*—2. *To harass.*——1, 2. Ōdi ĕgo quos nunquam *pungunt* suspīria somnos. Prop. 3. 6. 27. v. vexo.

Pūnĭceus, a, um. 1. *Carthaginian.*—2. *Red.*——1. A dŭce *Pūnĭceo* pertŭlit ipse fĕras. Ov. Ibis. 282.—2. *Pūnĭceis* ībant ēvincti tempŏra tæniis. V. Æn. 5. 269. SYN. 1. v. seq.—2. rŭber, bra, brum, q. v.; rŏseus.

pūnĭcum, i. *A pomegranate.*——Quālia quæ lento cēlant sub cortice grānum *Pūnĭca* ferre sŏlent. Ov. Met. 10. 737.

Pūnĭcus, a, um. *Carthaginian.*——*Pūnĭca* regna vĭdes Tўrios et Ăgēnŏris urbem. V. Æn. 1. 342. SYN. Pūnĭceus, Pœnus, ‡Ĕlissæus.

pūnio, is. *To punish.*——Quod vĭdet hanc lūcem, quod non ĕgŏ *pūnior* ipsa. Ov. Met. 9. 778. SYN. castīgo, as; *of pass.* plector, ĕris, *no perf.* PHR. Pœnam scĕlĕrāto e sanguine sūmit. V. Victum Affĕcit pœnâ. Ov. Nātos . . . Ad pœnam pulchrâ pro lībertāte vŏcābit. V. Quos illi fors ad pœnas ob nostra rĕposcent Effŭgia. V. Ulta vĭrum pœnas ĭnĭmīco a frātre rĕcēpi. V. v. pœna, luo.

‡**pūpa, æ.** *A young girl.*——*Pūpam* se dīcit Gellia cum sit ănus. Mart. 4. 20. 2. v. puella.

†**pūpilla, æ.** *The pupil of the eye.*——Et quăsĭ perterget *pūpillas,* atque ĭtă transit. Lucr. 4. 249. SYN. pūpŭla.

§**pūpillus, i.** *A pupil, a youth under guardianship.*——Non fraudem sŏcio, puĕrove incōgĭtat ullam *Pūpillo.* Hor. Epist. 2. 1. 123.

puppis, is. fem. 1. *The stern of a ship.*—2. *A ship.*——1. Prōsĕquĭtur surgens a *puppi* ventus euntes. V. Æn. 3. 130.—2. Et făcĕre ignāvâ *puppe* vĭdēbar ĭter. Ov. Her. 21. 78. SYN. 2. nāvis, q. v. PHR. 1. Accĭpit et pictos puppis ădunca Deos. Ov. Stans celsâ in puppi. V.

pūpŭla, æ. 1. *The pupil of the eye.*—2. *The eye.*——1. Suspĭcor, et fāma est; ŏcŭlis quŏque *pūpŭla* dūplex Fulmĭnat. Ov. Am. 1. 8. 15.—2. Cum sĕmel fixæ cĭbo Intābuissent *pūpŭlæ.* Hor. Epod. 5. 40. SYN. 1. †pūpilla.—2. ŏcŭlus, q. v.

§**pūpŭlus, i.** *A little boy.*——Deprêndi mŏdŏ *pūpŭlum.* Cat. 54. 5.

pūrē. 1. *Purely.*—2. *Brightly.*——1. Cœptaque sunt *pūrē* trādĭta săcra cœli. Ov. F. 3. 280.—2. Ūrit me Glўcĕræ nĭtor Splendentis Părio marmŏre *pūrius.* Hor. 1. 19. 6. SYN. § pūrĭter.

purgāmĕn, ĭnis. neut. 1. *The offscouring of any thing, dirt.*—2. *Expiation.*——1. Dōnĕc ab Īliăcâ plăcĭdus *purgāmĭna* Vestâ Dētŭlĕrit flāvīs in măre Tўbris ăquis. Ov. F. 6. 227.—2. Omne nĕfas omnemque măli *purgāmĭna* causam Crēdēbant nostri tollĕre posse sĕnes. Ov. F. 2. 35. SYN. 2. piāmĕn, ĭnis, *neut.*; piācŭlum.

purgo, as. 1. *To cleanse, to purify.*—2. *To excuse, to justify.*——1. Nec dŭbĭtem longis *purgāre* lĭgōnĭbus arva. Ov. Ep. e P. 1. 8. 59.—2. *Purgāri* factum mē quŏque teste suum. Ov. Ep. e P. 3. 2. 24. SYN. 1. expurgo, rĕpurgo.—2. excūso, as.

§**pūrĭter.** *Purely.*——Me mĭsĕrum aspĭcĭte, et si vītam *pūrĭter* ēgi. Cat. 74. 16. SYN. pūrē, castē.

purpŭra, æ. *Purple.*——Illum non pŏpŭli fasces, non *purpŭra* rēgum Flexit. V. G. 2. 495. SYN. ostrum; mūrex, ĭcis, *masc.*; coccum; ferrūgo, ĭnis, *fem.* PHR. Phōcaĭco bĭbŭlas tingēbat mūrĭce lānas. Ov. Tincta tĕgit rŏseo conchўlis purpŭra fūco. Cat. Nam mŏdŏ fulgentem Tўrio subtēmĭne vestem Indueras. Tib. Ut gemmâ bĭbat et Sarrāno dormiat ostro. V. Quamvis Mīlēsia magno Vellĕra mūtentur Tўrios incocta rŭbōres. V. Alba nĕque Assўrio fūcātur lāna vĕnēno. V. Sīdŏniam picto chlămўdem cîrcumdăta limbo. V. Quārē ne tĭbī sit tanti Sīdŏnia vestis. Prop. v. seq.

purpŭreus, a, um. *Purple, of a purple or deep red colour.*——Nam mŏdŏ *purpŭreo* vīres căpit Eurus ab ortu. Ov. Tr. 1. 2. 27. *Purpŭream* vŏmit ille ănĭmam, et cum sanguĭne mixta Vīna rĕfert mŏriens. V. Æn. 9. 349. Plēnaque *purpŭreo* subrŭbet ŭva mĕro. Ov. A. A. 2. 316. SYN. pūnĭceus ; *as, to garments,* ostrīnus, Tўrius, Sīdŏnius ; ‡coccĭnus ; *of a flower, etc.,* ferrūgĭneus, līvĭdus. v. roseus, sanguĭneus. PHR. Dat tĕnues tŭnĭcas Gætŭlo mūrĭce tinctas. Ov. Scīlĭcet ipsa gĕram sătŭrātas mūrĭce vestes ? Ov. Tўrioque nĭtentior ostro Flos ŏrĭtur. Ov.

pūrus, a, um. 1. *Pure.*—2. *Clear, bright, serene.*—3. *Chaste.*—4. *Of good omen.*——1. *Pūrus* ab arbŏrĭbus, spectābĭlis undĭque campus. Ov. Met. 3. 709. Intĕger vitæ scĕlĕrisque *pūrus.* Hor. 1. 22. 1.—2. Cras vel ātrâ Nūbe pŏlum păter occŭpāto, Vel Sōle *pūro.* Hor. 3. 29. 45. Dum se lætus ad auras Palmĕs ăgit, laxis per *pūrum* immissus hăbēnis. V. G. 2. 364.—3. Pūrĕque lăvāri Te mĕmĭni, et *pūro* sēcŭbuisse tŏro. Tib. 1. 3. 26.—4. Exspectet *pūros* pīnea tæda dies. Ov. F. 2. 558. SYN. 1. intĕmĕratus, q. v.—2. sĕrēnus.—3. castus, q. v.—4. faustus. v. fastus.

§pūs, ūris. neut. *Offensive matter.*——Proscripti Rēgis Rŭpĭli *pūs* atque vĕnēnum. Hor. Sat. 1. 7. 1.

pŭsillus, a, um. *Little, insignificant.*——Vulnusque nŏvātum Scindĭtur ; infirmis causa *pŭsilla* nŏcet. Ov. R. A. 730. SYN. parvus, mĭnor, mĭnĭmus, q. v.

pustŭla, æ. *A pimple, a blister.*——Læderet aut tĕnĕras *pustŭla* rupta mănus. Tib. 2. 3. 10. SYN. păpŭla.

pŭtātor, ōris. masc. *A pruner.*——Summumque *pŭtātor* Haud dŭbĭtat terræ rĕfĕrens mandāre căcūmen. V. G. 2. 28.

pŭteal, ālis. neut. *The cover of a well ; the place at Rome called* pŭteal Lĭbonis, *was where the usurers met.*——Quī *pŭteal* Jānumque tĭmet, cĕlĕresque Călendas. Ov. R. A. 561.

pŭteālis, e. *Of a well.*——Ut quos dux Pœnus mersit *pŭteālibus* undis. Ov. Ibis. 391.

§pūteo, ēs, ui. no sup. *To grow putrid, smell putrid.*——Non ălĭâ quam quâ Byzantia *pūtuit* arca. Hor. 2. 4. 66. SYN. ‡fœteo.

pŭteus, i. 1. *A well.*—2. *A pit.*——1. Aut *pŭteis* mānāre cruor cessāvit et alte. V. G. 1. 485.—2. Altēque jŭbēbis In sŏlĭdo *pŭteum* dēmitti omnemque rĕpōnes Rursus hŭmum. V. G. 2. 231. SYN. 2. fossa.

‡pūtĭdŭlus, a, um. dim. of seq. Altĕra rīdĭcŭla est ; altĕra *pūtĭdŭla.* Mart. 4. 20. 4.

pūtĭdus, a, um. *Stinking, going to decay.*——Rŏgāre longo *pūtĭdam* te sæcŭlo. Hor. Epod. 8. 1. SYN. pūtris, pūtrĭdus.

pŭto, as. *To prune.*—— Persĕquĭtur vītem attondens fingitque *pŭtando.* V. G. 2. 407. SYN. ampŭto, dēpŭto ; tondeo, es, tŏtondi, tonsum ; stringo, ĭs, &c. PHR. Tum dēnĭque dūra Exerce impĕria, et rāmos compesce fluentes. V.

pŭto, as. (when used in the 1st sing. pres. in Ovid's Elegiacs, ŏ is usually short ; the first person does not occur in the Metam. nor in Virgil, it is once long in Cat. 16. 13.) 1. *To think, to suppose.*—2. *To think, to consider.*—3. *To meditate.*——1. Et *pŭtŏ* pes illi longior alter ĕrat. Ov. Am. 3. 1. 8. Vāgītus dĕdit ille mĭser, sensisse *pŭtāres.* Ov. Her. 11. 85.—2. Crastĭna lux, mea si non irrĭta dicta *pŭtāris,* V. Æn. 10. 244.—3. Multa *pŭtans,* sortemque ănĭmo mĭsĕrātus ĭnīquam. V. Æn. 6. 332. SYN. 1. reor, rēris, rătus sum ; §arbĭtror, āris.—1, 2. crēdo, ĭs, dĭdi, dĭtum.—2. †‡rĕpŭto ; hăbeo, es ; dūco, ĭs, xi, ctum.—3. mĕdĭtor, āris ; cōgĭto, as. v. voluto.

pūtrĕfactus, a, um. *Rotten.*——Et tamen hæc cum sunt quăsĭ *pūtrĕfacta* per imbres. Lucr. 2. 898. Sunt qui cum clauso *pūtrĕfacta* est spīna sĕpulchro. Ov. Met. 15. 389. SYN. pūtris, pūtrĭdus, pūtĭdus.

§pūtresco, is. *To be putrid, to stink.*——Blattārum et tĭneārum ĕpŭlæ *pūtrescat* in arcâ. Hōr. Sat. 2. 3. 119. SYN. pūteo, es, ui, *no sup.*

pūtrĭdus, a, um. *Putrid, stinking, old, going to decay.*——*Pūtrĭda*que infirmis văriābunt pectŏra palmis. Cat. 64. 352. SYN. pūtĭdus ; pūtris, v. putrefactus.

pūtris, e. 1. *Putrid, stinking.*—2. *Old, decaying.*—3. *Soft.*—4. *Wanton.*——1. Jussa făcit pastor ; fervent exāmĭna *pūtri* De bŏve. Ov. F. 1. 379.—2. *Pūtris* et in văcuâ rĕquiescit nāvis ărēnâ. Prop. 2. 25. 7.—3. Quădrŭpĕdante *pūtrem* sŏnĭtu quătet ungŭla campum. V. Æn. 8. 596.—4. Omnes in Dămălin *pūtres* Dēpōnent ŏcŭlos. Hor. 1. 36. 17. SYN. 1, 2. pūtrĭdus, pūtĭdus. — 1. pūtrĕfactus. — 2. v. vetus. — 3. mollis, q. v. — 4. lascīvus, q. v.

†**pūtror, ōris.** masc. *Rottenness.*——Intempestīvos quam *pūtror* cēpit ob imbres. Lucr. 2. 928.

‡**pycta, æ.** masc. *A boxer.*——Victōris laudem cuidam *pyctæ* ut scrībĕret. Phædr. 4. 24. 5. SYN. pŭgil, ĭlis, *masc.*

‡**pȳgargus, i.** *A roebuck.*——Sūmĭne cum magno lĕpus atque ăper et *pȳgargus.* Juv. 11. 138.

‡**Pygmæus, a, um.** *Pigmy.*——*Pygmæus* parvis currit bellātor in armis. Juv. 13. 168.

Pygmălion, onis. 1. *A prince, who having made an ivory statue, fell in love with it, and Venus gave it life, so that it became his wife.* —2. *The brother of Dido; he murdered her husband Sichæus.*——1. Haurit Pectŏre *Pygmălion* sĭmŭlāti corpŏris ignes. Ov. Met. 10. 253. q. v. —2. *Pygmălion* scĕlĕre ante ălios immānior omnes. V. Æn. 1. 347. q. v.

Pȳlădes, æ. masc. *The son of Strophius, king of Phocis, celebrated as the friend of Orestes.*——Semper hăbē *Pȳlăden* qui consōlētur Ŏresten. Ov. R. A. 589. PHR. Quod fuit Argŏlĭco jŭvĕnis Phōcæus Ŏrestæ. Ov. Non ĭtă vixērunt Strŏphio atque Ăgămemnŏne nāti. Ov. v. Ov. Tr. 4. 4. 69—82.

Pȳlius, a, um. *Of Pylos, of Nestor king of Pylos,* q. v.——Æquārint *Pȳlios* cum tua fāta dies. Ov. Tr. 5. 5. 684.

pȳra, æ. *A funeral pile.*——At rēgīna *pȳrā* pĕnĕtrāli in sēde sub auras Ērectā ingenti. V. Æn. 4. 504. SYN. rŏgus, q. v.

Pȳrămis, ĭdis. fem. *A pyramid.*——Nam nĕque *Pȳrămĭdum* sumptūs ad sīdĕra ducti. Prop. 3. 2. 19. PHR. Rēgālique situ Pȳrămĭdum altius. Hor.

Pȳrēnæus, a, um. *Of the Pyrenees.*——At *Pȳrēnæi* frondōsa căcūmĭna montis. Sil. 3. 415. v. seq.

Pȳrēnē, es. *The Pyrenees.*—— Nunc dēsŭper Alpis Nūbĭferæ colles atque āĕriam *Pȳrēnen.* Lucan. 1. 688. Non sĭne me est tĭbĭ partus hŏnor, Tarbella *Pȳrēne* Testis. Tib. 1. 7. 9.

pȳrĕthrum, i. *A herb called bartram.*——Trĭtaque in annōso flāva *pȳrethra* mĕro. Ov. A. A. 2. 418.

pȳrōpus, i. *A carbuncle.*——Clāra mĭcante auro flammasque ĭmĭtante *pȳrōpo.* Ov. Met. 2. 2.

Pyrrha, æ. *The wife of Deucalion,* q. v.——Deucălion lăcrȳmīs ĭtă *Pyrrham* affātur ŏbortis. Ov. Met. 1. 350. SYN. Tītānia; Ĕpĭmēthis, ĭdŏs.

Pyrrhiăs, ădŏs. fem. adj. *Of Pyrrha, a town of Lesbos, Lesbian.*——Nec me *Pyrrhiădes* Methymniădesque puellæ. Ov. Her. 15. 15. v. Lesbias.

Pyrrhus, i. 1. *The son of Achilles, called also Neoptŏlĕmus.* —2. *The king of Epirus, who made war against the Romans.*——1. *Pyrrhus* Ăchillīdes ănimōsus ĭmāgĭne pātris. Ov. Her. 8. 3. SYN. Neoptŏlĕmus; Ăchillīdes, æ; Æăcĭdes, æ; Pēlīdes, æ. PHR. 2. Aut ut Ăchillīdæ cognāto nōmĭne clārum Opprĭmat hostīli tēgŭla jacta mānu. Ov. Ibis. 301.

Pȳthăgŏras, æ. *A Samian philosopher, who came to Italy and settled at Crotona.* ——*Pȳthăgŏræque* fĕrunt non nŏcuisse Nŭmam. Ov. Ep. e P. 3. 3. 44. Sămii sint răta dicta sĕnis. Ov. v. Ov. Met. 15. 60., et seq.

Pȳthius, a, um. *Pythian, of Pytho sacred to Apollo, of the serpent Python slain by Apollo, of Apollo, of the Pythian games, etc.*——Non ădȳtis quătit Mentem săcerdōtum incola *Pȳthius.* Hor. 1. 16. 6. Instĭtuit săcros cĕlĕbri certāmĭne lūdos *Pȳthia* perdŏmĭtæ serpentis nōmĭne dictos. Ov. Met. 1. 447. v. Delphicus.

Pȳtho, ūs. fem. *Another name of Delphi.*——Dēlŏs ŭbĭ nunc Phœbe tua est, ŭbĭ Delphĭca *Pȳtho?* Tib. 2. 3. 27. v. Delphi.

Pȳthon, ōnis. masc. *A serpent born of the putridity of the earth after the flood, slain by Apollo, in honour of which victory he instituted the Pythian games.*—— 1. Illa quĭdem nollet, sed te quŏque maxĭme *Pȳthon* Tum gĕnuit. Ov. Met. 1. 438.

‡**pȳtisma, ătis.** *Spittle.*——Qui Lăcĕdæmonium *pȳtismăte* Lūbrĭcat orbem. Juv. 11. 173.

pyxis, ĭdis. fem. *A box, a perfume or pomatum box,-etc.*——Non tămĕn expŏsĭtas mensā dēprēndat ămātor *Pyxĭdăs.* Ov. A. A. 3. 210.

Q.

quā. 1. *Where, in which place.*—2. *Which way, by which way.*—3. *By which means; after* si, *by any means.*——1 *Quā*que via est vōbīs ĕrit et mihĭ, dixit, eâdem. Ov. Met. 5. 290.—2. Mūros obscūraque līmĭna portæ *Quā* gressum extŭlĕram rĕpĕto. V. Æn. 2. 753.—3. Saxa quŏque infesto volvēbant pondĕre si *qua* Possent tectam ăciem perrumpĕre. V. Æn. 9. 512. SYN. 1. ubi.

quācunque. sometimes in tmesi. *Wherever, by whichever way, etc.*——Sic Turno *quācunque* viam secat agmĭna cēdunt. V. Æn. 12. 368. *Quā* sē *cunque* fĕrox mĕdio tŭlit agmĭne virgo. V. Æn. 11. 762. SYN. ŭbĭcunque.

quādra, æ. 1. *A square, anything of square figure, a table, etc.*—2. *A quarter of any thing.*——1. Fātālis crusti, pătŭlis nec parcĕre *quādris.* V. Æn. 7. 115.—Nec *quādra* dēerat cāsei Tōlōsātis. Mart. 12. 32. 18.

quādrāgintā. indecl. *Forty.*——PHR. Perque quăter dēnos ītur in illa grădus. Ov.

§**quādrans, antis.** masc. *The fourth part of anything, a farthing.*——Ne longum făciam dum tu *quādrante* lāvātum Rex ībis. Hor. Sat. 1. 3. 137.

quādrātus, a, um. prop. part. perf. pass. from quadro, q. v. *Square.*——Sensit ŏpus; *quādrātum* ăcies consistat in agmen. Tib. 4. 1. 101.

quādrĭfĭdus, a, um. *Cleft into four parts.*——*Quādrĭfĭdas*que sŭdes et ăcūto rōbŏre vallos. V. G. 2. 25.

quādrīgæ, arum. masc. pl. *A team of four horses, a coach-and-four.*——Glauci Pōtniădes mālis membra absumpsēre *quādrīgæ.* V. G. 3. 268. v. seq.

quādrĭjŭges, um, pl. masc. also **quādrĭjŭgus, a, um.** oftenest in pl. *Harnessed in a team of four (of horses), sometimes in this sense used almost as subst.*, equi *being understood; drawn by four horses (of a chariot).*——*Quādrĭjŭges* in ĕquos adversaque pectŏra tendit. V. Æn. 10. 571. Quod sĭmul ac sensēre ruunt, trītumque rĕlinquunt *Quādrĭjŭgi* spătium. Ov. Met. 2. 168. Centum *quādrĭjŭgos* ăgĭtābo ad flūmĭna currus. V. G. 3. 18. v. prec.

quādrīmus, a, um. *Four years old.*——Dēprōme *quādrīmum* Săbīnâ O Thăliarche mĕrum diōtâ. Hor. 1. 9. 7.

quādrĭvium, i. *A place where four roads meet.*——Nunc in *quādrĭviis* et angĭportis. Cat. 56. 4.

quādro, as. 1. *To make square.*—2. *Intrans., to suit.*——1. v. quadratus.—2. Arbŏrĭbus pŏsĭtis secto via līmĭte *quādret.* V. G. 2. 278. v. convĕnio.

quādrŭpĕdans, antis. 1. *Going on four feet.*—2. *Also used as subst., a horse.*——*Quādrŭpĕdante* pŭtrem sŏnĭtu quătit ungŭla campum. V. Æn. 8. 596.—2. Ruīnam Dant sŏnĭtu ingenti perfractaque *quādrŭpĕdantum* Pectŏra pectŏrĭbus rumpunt. V. Æn. 11. 614. v. seq.

quādrŭpes, ĕdis. masc. and fem. *A horse.*——Nulla nĕque amnem Lībāvit *quādrŭpes,* nec grāmĭnis attĭgit herbam. V. E. 5. 26. SYN. equus, q. v. v. prec.

†**quādrŭplex, ĭcis.** *Fourfold.*——Præter *quādrŭplĭces* stellas in fronte lŏcātas. Cic. Arat. 95.

§**quærĭto, as.** *To seek.*——Pĕrēsus Essem tē mî ămīce *quærĭtando.* Cat. 53. 32. v. seq.

quæro, ĭs, sīvi, sītum. 1. *To seek.*—2. *To desire.*—3. *To ask.*—4. *To acquire.*—5. *To require.*——1. Et sæpe in lævi *quæsissit* cornua fronte. V. E. 6. 51.—2. Invīsam *quærens* quam prīmum ābrumpĕre lūcem. V. Æn. 4. 631.—3. Ille nihil, nec me *quærentem* vāna mŏrātur. V. Æn. 2. 287.—4. Atque ĭtă *quæsītas* arte fĕrēbat ŏpes. Ov. F. 2. 96.—5. Carmĭna sēcessum scrībentis et ōtia *quærunt.* Ov. Tr. 1. 1. 41. SYN. 1. perquīro, exquīro, expĕto.—1, 2. pĕto, ĭs, īvi.—1. 3. rĕquīro.—2. cŭpio, ĭs, īvi.—3. rŏgo, as.—4. acquīro; părio, ĭs, pĕpĕri, partum; pŏtior, īris.—5. posco, ĭs, pŏposci; exĭgo, is, ēgi. v. quæso, rimor.

quæsītor, ōris. *An examiner.*——*Quæsītor* Mīnos urnam mŏvet; ille sĭlentûm Concĭlium vŏcat. V. Æn. 6. 432.

quæsitum, i. *A question.*——Accĭpe *quæsīti* causam; clārissĭma formā. Ov. Met. 4. 793. SYN. rŏgātum.

quæso. Only found in 1st sing. pres. in the Augustan poets; both before and after their age it is conjugated as a word of 3d conj. only in pres. *To ask, to beg, to seek.*——Ne *quæso* nē me lăcrўmis nēve ōmĭne tanto Prōsĕquĕre. V. Æn. 12. 72. SYN. ōro, as, q. v.

quæstor, ōris. masc. *A magistrate at Rome.*——*Quæstor* ăvus pāter atque meus pātruusque fuissent. Hor. Sat. 1. 6. 131.

quæstus, ūs. *Gain.*——Multa prŏfessārum *quæstĭbus* apta Vĕnus. Ov. F. 4. 866. SYN. lŭcrum, q. v.

quālĭbet. *Anyhow, anywhere, everywhere.*——Tĕmĕrārius ille Est meus, et stricto *quālĭbet* ense ruit. Ov. F. 2. 752. v. ubique.

quālis, e. 1. *Such as, as.*—2. *Of what sort* (*after verbs of asking, doubting, etc.*).——1. *Quālis* pŏpŭlĕā mœrens phĭlŏmēla sub umbrā. V. G. 4. 511.—2. Nunc *quāles* Dĭŏmēdis ĕqui; nunc quantus Ăchilles (rŏgĭtans). V. Æn. 1. 752. v. quis.

quāliscunque. *Of whatever sort it may be.*——Commendet dulci *quālĭăcunque* sŏno. Ov. A. A. 2. 284.

quālĭter. *As, in such a manner as.*——*Quālĭter* in thălămos formōsa Sĕmīrămis isse Dīcĭtur. Ov. Am. 1. 5. 11. SYN. ut, sīcut, vĕlŭt, vĕlŭti, ceu. v. qualis.

quālus, i. *A wicker basket.*——Tāle dăbit spĕcĭmen tu spisso vīmine *qualos* . . . dērĭpe. V. G. 2. 241. SYN. quăsillus, călăthus, corbis, q. v.

quam. 1. *As, as much, answering to* tam, *though* tam *is often understood.*—2. *As much as.*—3. *After comparatives, than.*——1. Jam tĭbi sum supplex *quam* tu mihĭ sæpe fuisti. Ov. Her. 12. 185. *Quam* multa in sylvis autumni frīgŏre prīmo Lapsa cădunt fŏlia. V. Æn. 6. 309.—2. Et *quam* quisque pŏtest, ălĭquā mălă nostra lĕvāte. Ov. Tr. 3. 4. 75.—3. Mājor sum *quam* cui possit fortūna nŏcēre. Ov. Met. 6. 195. SYN. 1, 2. quantum *answering* tantum.—3. atque, ăc.

‡**quamdiu.** *As long as.*——Lasso clienti *quamdiu* sălūtātor. Mart. 10. 74. 2.

quamlĭbet. sometimes in tmesi. *Eversomuch.*——Occŭpat ēgressas *quamlĭbet* ante rătes. Ov. Tr. 1. 10. 6. *Quamque lĭbet* longis cursĭbus aptus ĕquus. Ov. Ep. e P. 1. 2. 86. SYN. quamvīs.

quamprīmum. *As soon as possible.*——Invīsam quærens *quamprīmum* abrumpere lūcem. V. Æn. 4. 631.

quamvis. 1. *Eversomuch.*—2. *Although.*——1. Ipse dŏmum *quamvis* serā se nocte fĕrēbat. V. Æn. 7. 492.—2. *Quamvīs* Ēlўsios mīrētur Græcia campos. V. G. 1. 38. SYN. 1. quamlĭbet.—2. quanquam, q. v.

quando. 1. *When.*—2. *Since.*—3. *After* si, *at anytime.*——1. *Quando* ĕgŏ non tĭmui grăviora pĕrīcula vĕris. Ov. Her. 1. 11.—2. Hic tĭbi, fābor ĕnim *quando* hæc te cūra rĕmordet. V. Æn. 1. 261.—3. Nunc mihĭ si *quando* pŭer et Cўthĕrēa făvēte. Ov. A. A. 2. 15. SYN. 1. *interrog.* ecquando.—1, 2. cum, *not interrog.*—2. quŏniam, quandŏquĭdem, q. v.

quandŏcunque. 1. *Whenever.*—2. *Some time or other.*——1. *Quandŏcunque* ĭgĭtur nostros nox claudet ŏcellos. Prop. 2. 1. 81.—2. *Quandŏcunque* mihĭ pœnas dăbis; ipse pŭdōre. Ov. Met. 6. 544. SYN. 1, 2. quandŏque.—2. ălĭquando.

quandŏque. 1. *Whenever.*—2. *Sometime or other.*——1. Et *quandŏque* pŏtentior Largis mūnĕrĭbus rīsĕrit æmŭli. Hor. 4. 1. 17—2. Fœdius hoc ălĭquid *quandoque* audēbis ămictu. Juv. 2. 82. v. prec.

quandŏquĭdem. *Since.*——Dīcĭte *quandŏquĭdem* in molli consēdĭmus herbā. V. E. 3. 55. SYN. cŭm, quando, quŏniam, quātĕnus, sīquĭdem.

quanquam. *Although.*——*Quanquam* ănĭmus mĕmĭnisse horret luctuque rĕfūgit. V. Æn. 2. 12. SYN. quamvīs, etsi, lĭcet, quod.

quanto. *By how much, in proportion as, often answered by* tanto.——Sed *quanto* ille măgis formas se vertet in omnes Tanto nāte măgis contende tĕnācia vincla. V. G. 4. 411. SYN. quo, q. v. v. quantum.

†§‡**quantŭlus**, a, um. *How little.*——*Quantŭlum* ĕnim summæ curtābit quisque diērum. Hor. Sat. 2. 3. 124. SYN. quŏtus.

quantŭluscunque, quantulacunque, etc. *How little soever.*——Hæc inquit tellus *quantŭlăcunque* tua est. Ov. F. 3. 572.

quantum. *How much, in proportion as, often answered by* tantum.——Et *quantum* trunci tantum mea nōmĭna crescunt. Ov. Her. 5. 23. Discĭte . . . Facta mĭnis *quantum* distent. Ov. Met. 8. 439. v. quanto.

quantus, a, um. *How great, as great as, in this latter sense often answered by or answering to* tantus, *etc.* —— Experto crēdĭte *quantus* In clўpeum assurgat ; quo turbĭne torqueat hastam. V. Æn. 11. 283. Bis pătet in præceps tantum tenditque sub auras *Quantus* ad æthĕrium cœli suspectus Ŏlympum. V. Æn. 6. 579.

quantuscunque, quantacunque, etc. —— *How great soever.* —— *Quantumcunque* tămen præcōnia nostra vălēbunt. Ov. Tr. 1. 5. 35. v. seq.

quantuslĭbet, quantălĭbet, etc. *However great you please.* —— Serviĕrat quīdam *quantōlĭbet* ordĭne dignus. Ov. F. 6. 669. v. prec., v. seq.

†quantusvīs, quantăvis, etc. —— Sed tămĕn esto jam *quantōvīs* ōris hŏnōre. Lucr. 4. 1164.

†quāpropter. *On which account.* —— *Quāpropter* sĭmul inter se rĕtrahuntur et extra. Lucr. 2. 154. SYN. quārē, q. v.

†quāquam. *Through any place.* —— Esse, nĕque omnīno *quāquam* dīversa meāre. Lucr. 1. 428.

quārē. *Wherefore.* —— *Quāre* ăgĭte o prŏprios gĕnĕrātim discĭte cultus. V. G. 2. 35. SYN. quo, quocircā, †quapropter.

quartāna, æ. *A quartan ague.* —— Frīgĭda si puĕrum *quartāna* rĕlĭquĕrit, illo. Hor. Sat. 2. 3. 290.

quarto. *The fourth time.* —— Ter cōnāta lŏqui ter destĭtit ; ausaque *quarto.* Ov. F. 2. 823.

quartus, a, um. *The fourth.* —— *Quartus* ab his seriē tempŏris ipse fui. Ov. Tr. 4. 10. 54. PHR. A trĭbus hunc prīmum turba Cŭrensis hăbet. Ov.

quăsī, sī only in Lucr. *As if.* —— Et *quăsī* sentīrent blando clāmōre nĕpōtes. Ov. F. 3. 221. SYN. tanquam.

quăsillus, i. *A small wicker basket.* —— Et grăviōra rĕpendit ĭnīquis pensa *quăsillis.* Prop. 4. 7. 37. SYN. quālus, călăthus, q. v.

‡quassābĭlis, e. *Which can be shaken.* —— Sed mūnīmen habet nullo *quassābĭle* ferro. Lucan. 6. 22. SYN. mōbĭlis, concŭtiendus.

quasso, as. 1. *To shake.* — 2. *To brandish, etc.* —— 1. Unde prius lætum sĭlĭquâ *quassante* lĕgūmen. V. G. 1. 74. — 2. Corrĭpit hastam Actŏris Aurunci spŏlium *quassat*que trĕmentem. V. Æn. 12. 94. SYN. 1, 2. quătio, ĭs, quassi ; concŭtio. — 2. vĭbro, as, q. v. ; cŏrusco, as.

quātĕnus. *Since.* —— *Quātĕnus* et non est in cāro conjŭge fēlix. Ov. Tr. 5. 5. 31. SYN. quandŏquĭdem, q. v.

quăter. *Four times.* —— Substĭtit atque ŭtĕro sŏnĭtum *quăter* arma dĕdēre. V. Æn. 2. 243. Ter *quăter* (i. e. *several times*) Idmŏniæ frontem percussit Ărāchnes. Ov. Met. 6. 133.

quăterni, æ, a. *Four.* —— Gens illi trĭplex, pŏpŭli sub gente *quăterni.* V. Æn. 10. 202. v. quatuor.

quătio, ĭs, quassi, quassum. 1. *To shake.* — 2. *To brandish.* — 3. *To agitate.* — 4. *By agitating to move from.* — 5. *To harass, to batter, to injure.* —— 1. Tinnītusque cie et Mātris *quăte* cymbăla circum. V. G. 4. 64. — 2. At vēro ingentem *quătiens* Mezentius hastam. V. Æn. 10. 762. — 3. Non Dindўmēne, non ădўtis *quătit* Mentem săcerdōtum incŏla Pўthius. Hor. 1. 16. 5. — 4. Non vultus instantis tўranni Mente *quătit* sŏlĭdâ. Hor. 3. 3. 4. — 5. Aut rastris terram dŏmat, aut *quătit* oppĭda bello. V. Æn. 9. 608. Clārum Tyndărĭdæ sīdus ab infĭmis *Quassas* ērĭpiunt æquŏrĭbus rătes. Hor. 4. 8. 32. SYN. 1. concŭtio, succŭtio. — 1, 2. quasso, as. — 1. 3. trĕmĕfăcio, ĭs, fēci, factum. — 2. vĭbro, as, q. v. — 3. ăgĭto, as. — 3, 4. mŏveo, es, mōvi, q. v. — 5. vexo, as, q. v. ; lăcesso, ĭs, sīvi.

quātuor. *Four.* —— *Quātuor* hic invectus ĕquīs et lampăda quassans. V. Æn. 6. 587. v. quaterni.

quātuordecim. *Fourteen.* —— PHR. Sunt mihĭ bis septem præstantĭ corpŏre nymphæ. V.

quĕ, never the first word in the member of the sentence in which it occurs, usu. the second. *And, both.* —— Tālia vōce rĕfert ; O ter*que* quăter*que* beāti. V. Æn. 1. 94. SYN. et, ăc (*not before a vowel*), atque, necnon.

queo, īs. the parts found are pres. subj. **queam, queas,** etc., perf. **quīvi.** Hor. Sat. has 2d sing. pres. indic. **quīs,** Lucr. has **quit,** perf. subj. 3d sing. **quiĕrit,** perf. infin. **quīsse,** and pres. subj. pass. 3d sing. **queātur,** and Stat. imperf.

subj. **quīrem.** *To be able.*——Namque ălĭud quid sit quod jam implōrāre *queāmus?* V. Æn. 10. 19. SYN. possum, pŏtĕs, pŏtui, q. v.

quercētum, i. *A grove of oaks.*——*Quercēta* Gargāni lăbōrant. Hor. 2. 9. 7.

quercus, ûs. fem. *An oak. The oak was celebrated by the ancient poets as sacred to Jupiter; and at Dōdōna, in Epirus, giving forth his oracles; also, as having been, by means of acorns, the food of man before corn was cultivated.*——Sĭcŭbĭ magna Jŏvĭs antīquo. rōbŏre *quercus* Ingentes tendat rāmos. V. G. 3. 332. SYN. rōbur, ŏris, *neut.*; īlex, ĭcis, *fem.* (*not strictly the same tree as* quercus, ilex *is the holm oak*). PHR. Umbra lŏco vēnit; non Chāŏnis abfuit arbŏs. Ov. Chāŏniique pătris glandes. V. Cum jam glandes atque arbŭta săcræ Dēfĭcĕrent sylvæ; et victum Dōdŏna nĕgāret. V. Concussâque fămem in sylvis sōlābĕre quercu. V. Vertĭce celso Āĕriæ quercŭs. V. Rĭgĭdas mōtāre căcūmĭna quercus. V. Ac vĕlut annōso vălĭdam cum rōbŏre quercum Alpīni Bŏreæ nunc hinc nunc flātĭbus illinc Ēruĕre inter se certant. V. Sed glandem quercŭs oracula prīma fĕrēbant. Ov.

quĕrēla, æ. *Complaint, lamentation.*——Dēsĭne mĕque tuīs incendĕre tēque *quĕrēlis.* V. Æn. 4. 360. SYN. questus, ûs; quĕrĭmōnia. v. luctus. PHR. Non audītūrum mĭsĕras Phaĕthonta quĕrēlas Nocte diēque vŏcant. Ov.

‡**quĕrĭbundus, a, um.** *Querulous.*——Cūræque, insĭdiæque, atque hinc *quĕrĭbunda* senectus. Sil. 13. 583. SYN. quĕrŭlus, q. v.

quĕrĭmonia, æ. *Complaint.*——Luctusque turpes et *quĕrĭmōniæ.* Hor. 2. 20. 22. SYN. quĕrēla; questus, ûs.

quernus, a, um. *Made of oak, of oak leaves, etc.*——Augŭrium menti *querna* cŏrōna dăbat. Ov. F. 3. 36. SYN. rōbŏreus, rōbustus, īlignus, ‡īlĭceus. v. quercus.

quĕror, ĕris, questus sum. 1. *To complain, to complain of.*—2. *To lament.*——1. Sed *quĕror* infīdum *questaque* pējus ămo. Ov. Her. 7. 30.—2. Quālis pōpŭleā mœrens phĭlōmēla sub umbras Āmissos *quĕrĭtur* fœtus. SYN. 1. conquĕror.—2. lūgeo, es, xi, q. v. PHR. At illa Flet noctem, rāmoque sĕdens mĭsĕrābĭle carmen Intĕgrat et mœstis lātē lŏca questĭbus implet. V. Tantos illā suo rumpēbat pectŏre questus. V.

quĕrŭlus, a, um. *Querulous.*——Et nunquam *quĕrŭli* causa dŏlōris ăbest. Ov. Tr. 3. 8. 32. SYN. ‡quĕrĭbundus, quĕrens.

questus, ûs. masc. *A complaint.*——Săcraque Orestēæ gĕmĭtu *questu*que Diānæ Impĕdit. Ov. Met. 15. 489. SYN. quĕrēla, quĕrĭmōnia, ‡conquestus.

qui, quæ, quod, cūjus, cui, quem. etc. pl. **qui, quæ, quæ, quōrum, quārum,** etc., dat. **quĭbus.** sync. **quîs.** etc. *Who, which, what.*——*Quîs* ante ōra pătrum Trōjæ sub mœnĭbus altis Contĭgit oppĕtĕre. V. Æn. 1. 95. Et *quo* sit fortūna lŏco, *qui* cāsŭs ăgat res. V. Æn. 9. 723. v. quotus.

§**quî.** *How.*——*Quî* fit Mæcēnas, ut nemo quam sĭbĭ sortem. Hor. Sat. 1. 1. 1. v. quomodo.

quiă. *Because.*——Haud ĕquĭdem crēdo *quiă* sit dīvīnĭtus illis Ingĕnium. V. G. 1. 415. SYN. quod.

quiănam. *Why.*——Heu *quiănam* tanti cinxērunt æthĕra nimbi. V. Æn. 5. 13. SYN. cūr, q. v.

quiăne. *Is it because.*——Jussa sĕquar? *quiăne* auxĭlio jŭvat ante lĕvātos? V. Æn. 4. 538.

quicunque, quæcunque. etc. sometimes in tmesi. *Whoever, whatever.*——Nempe dat id *cuicunque* lĭbet Fortūna răpitque. Ov. Tr. 3. 7. 41. *Quæ* me *cunque* vŏcant terræ. V. Æn. 1. 610. SYN. quisquis, q. v.

quid? *Why?*——*Quid* lŏquar aut Scyllam nīsi quam fāma sĕcūta est? V. E. 6. 74. SYN. cūr, quiănam.

quĭdam, quædam. etc. *Some one, some.*——Et *quĭdam* sēros hȳberni ad lūmĭnis ignes Pervĭgĭlat. V. G. 1. 291. SYN. ălĭquis. PHR. Ex illis ūnus an alter ait. Ov.

quĭdem. *Indeed.*——Ille *quĭdem* mālĕ gratus, et ad mea mūnĕra surdus. Ov. Her. 7. 27. SYN. certē. v. equidem.

quies, ētis. fem. *Rest, quiet.*——Vix prīmos ĭnŏpīna *quies* laxāvĕrat artus. V. Æn. 5. 857. SYN. rĕquies, ēi. v. somnus, otium. PHR. At Vĕnus Ascānio plăcĭdam per membra quiētem Irrĭgat. V. Pressitque jăcentem Dulcis et alta quies, plăcĭdæque simillĭma morti. V. Jam mĕdiā carpēbant nocte quiētem. V. Blanda quies victis furtim subrēpit ŏcellis. Ov.

quiesco, is, ēvi. *To rest, to subside.*——Ut prīmum plācāti ănĭmi et trĕpĭda ōra *quiērunt.* V. Æn. 11. 300. Postquam collapsi cĭnĕres et flamma *quiēvit.* V. Æn. 6. 226. SYN. rĕquiesco, acquiesco.

quiētus, a, um. *Quiet, tranquil, calm.*——Scĭlĭcet is Sŭpĕris lăbor est, ea cūra *quiētos* Sollĭcĭtat. V. Æn. 4. 379. SYN. tranquillus, plăcĭdus (*scarcely of persons in this sense.*).

quilĭbet, quælĭbet, etc. *Whoever, whatever you please, etc; any one.*——*Quīlĭbet* alter ăgat portantes lūmĭna currus. Ov. Met. 2. 388. SYN. quīvis.

quīn 1. *Why not?*—2. *After a negative, or word of doubting, But that.*—3. *Moreover.*——1. *Quin* pŏtius pācem æternam pactosque Hўmĕnæos Exercēmus? V. Æn. 4. 99.—2. Nec rĕquies *quīn* aut pōmīs exūbĕret annus. V. G. 2. 516.—3. Impĕrium sĭne fīne dĕdi; *quīn* aspĕra Jūno . . . Consĭlium in mĕlius rĕfĕret. V. Æn. 1. 279. SYN. 3. quīnĕtiam, sŭper.

§quincunx, ncis. fem. *Five ounces.*——Si de *quincunce* rĕmōta est Uncia. Hor. A. P. 327.

quindĕcim. *Fifteen.*——*Quindĕcim* Dīāna prĕces vĭrōrum Cūret. Hor. C. S. 70.

quingenti, æ, a. *Five hundred.*——Hinc quoque *quingentos* in se Mezentius armat. V. Æn. 10. 204.

quīni, æ, a. *Five.*——Quinque grĕges illi bālantûm; *quīna* rĕdībant Armentă. V. Æn. 7. 538.

‡quinquāgēsĭmus, a, um. *Fiftieth.*——*Quinquāgēsĭma* lība septĭmamque. Mart. 10. 24. 4.

quinquāgintā. *Fifty.*——*Quinquāginta* intus fămŭlæ, quĭbus ordĭne longo. V. Æn. 1. 703.

quinquātrus, uum. pl. fem. also **quinquātria, ōrum.** pl. neut. *A feast of Minerva, lasting five days.*——Et jam *quinquātrus* jŭbeor narrāre mĭnōres. Ov. F. 6. 651. Nec te dēcĭpiant vĕtĕres *quinquātria* ceræ. Ov. Am. 1. 8. 65. (*the line is, however, corrupt*).

quinque. *Five.*——*Quinque* tĕnent cœlum zōnæ, quārum ūna cŏrusco. V. G. 1. 233. v. quini.

quinquennis, e. *Lasting five years, five years old, etc.*——In Scўthiâ nōbis *quinquennis* Ŏlympiăs acta est. Ov. Ep. e P. 4. 6. 5.

quinquennium, i. *A period of five years.*——Istria cum prīmum fēcit *quinquennia* montes Dēsĕruit patrios. Ov. Met. 4. 292.

§quinquĕvir, ĭri. *One of a body of extraordinary magistrates at Rome.*——Scrība ex *quinquĕvĭro* corvum dēlūdet hiantem. Hor. Sat. 2. 5. 56.

‡quinquies. *Five times.*——Quam dōtis mihĭ *quinquies* dŭcēna. Mart. 12. 74. 8.

Quintīlis, is. masc. *July.*——Dēnĭque quintus ab hoc fuerat *Quintīlis*, et inde. Ov. F. 3. 149.

quintus, a, um. *Fifth.*——*Quintus* ab æquŏreis nĭtĭdum jŭbar extŭlit undis Lūcĭfer. Ov. F. 2. 149.

quippe. *Forsooth.*——*Quippe* ĕtiam festis quædam exercēre diēbus Fas et jūra sĭnunt V. G. 1. 268. SYN. scĭlĭcet, nempe.

Quĭrīnālis, e. *Of Quirinus, of the Quirinal Hill.*——Inque *Quĭrīnāli* constituēre jŭgo. Ov. F. 6. 218.

Quĭrīnus, i. *The name under which Romulus was worshipped.*——Cāna Fĭdes et Vesta, Remo cum frātre *Quĭrīnus.* V. Æn. 1. 292.

quĭris, is. *A Sabine word for a spear.*——Sīve quod hasta *quĭris* priscis est dicta Săbīnis. Ov. F. 2. 477. v. hasta.

Quĭris (never found in nom. sing.), gen. **ītis.** masc., more frequently in pl. **Quĭrītes.** *A Roman, the Romans.*——Reddentemque suo jam rēgia jūra *Quĭrīti.* Ov. Met. 14. 423. Sīve suum Rēgi nomen pŏsuēre *Quĭrītes.* Ov. F. 2. 479. SYN. Rōmānus, q. v.

quis, quæ (and, after si or nē, **quă**), **quid,** and when with a substantive, **quod.** 1. *Who? interrog.*—2. *What, of what sort?*—3. *Any, usu. preceded by* si *or* nē *in this sense.*——1. *Quis* clādem illĭus noctis, *quis* fūnĕra fando Explĭcet? V. Æn. 2. 361.—2. Nunc sciŏ *quid* sit Ămor, dūrīs in cōtĭbus illum. V. E. 8. 43.—3. Anchises, fĭĕret vento mŏra ne *quă* fĕrenti. V. Æn. 3. 473. Et jam *quis* forsĭtăn hostis Hæsūra in nostro tēla gĕrit lătĕre. Tib. 1. 10. 13. SYN. 1. §quisnam.—3. ălĭquis, quisquam; ullus, a, um, gen. ullĭus. v. qualis.

§quisnam, quænam? etc. *Who? interrog.*——*Quisnam* ĭgĭtur līber; săpiens sĭbĭ qui imperiŏsus. Hor. Sat. 2. 7. 83.

quisquam, quæquam. etc. *Any one.* ——Nec puer Īlĭăcâ *quisquam* de gente Lătīnos In tantum spē tollet ăvos. V. Æn. 6. 876. SYN. quis, ălĭquis; ullus, a, um, gen. ullīus.

quisque, quæque. etc. *Every one, each.*——*Quisque* suos pătĭmur Mānes; exinde per amplum Mittĭmur Ēlȳsium. V. Æn. 6. 743. v. omnis, uterque.

quisquis, quæquæ, quicquid. only found in nom. sing. masc. and nom. and acc. sing. neut. in the purest poets. *Whoever, whatever.* —— *Quisquis* ĕs, haud crēdo invīsus cœlestĭbus auras Vītāles carpis. V. Æn. 1. 387. SYN. quīcunque.

quīvīs, quævis. etc. *Any one.* —— Ūtĭlior *cuivis* quam mihĭ cūra mea est. Ov. Her. 12. 172. SYN. quīlĭbet.

†‡**quīviscunque.** *Any one soever.*——Nec rĕpentis ītum *cujusviscunque* ănĭmantum Sentīmus. Lucr. 3. 389.

quo. 1. *Whither, interrog. or relative.*—2. *To what purpose.*—3. *In proportion as, usu. answering to or answered by* eo *or* hoc.—4. *In order that.*—5. *Wherefore.*——1. *Quo* me Bacche răpis tui Plēnum? Hor. 3. 25. 1. Vēlaque nesciŏ *quo*, vōtaque nostra fĕrunt. Ov. Tr. 1. 2. 18.—2. *Quo* tĭbĭ formōsam si non nĭsĭ casta plăcēbat? Ov. Am. 3. 4. 41.—3. Sed măgis hoc, *quo* sunt cognĭtiŏra grăvant. Ov. Tr. 4. 6. 28.—4. *Quo* regnum Ītălĭæ Lĭbȳcas āvertĕret ōras. V. Æn. 4. 106. — 5. *Quo* măgis admīror non ut torrentĭbus undis. Ov. Ep. e P. 2. 3. 21. SYN. 3. quanto.—4. ut, q. v.—5. quārē, q. v.

†§**quoad.** *As long as, whilst.* —— Hærēdes vŏluit *quoad* vixit Crēdĭdit ingens Paupĕriem vĭtium. Hor. Sat. 2. 3. 91. SYN. dum, q. v.

quōcirca. *Wherefore.* —— *Quōcircā* căpĕre ante dŏlīs et cingĕre flammâ Rēgīnam mĕdĭtor. V. Æn. 1. 677. SYN. quo, quārē.

quōcunque. sometimes in tmesi. 1. *Whithersoever, in which ever direction.* — 2. *In whatever way, anyhow.* —— 1. Īre pĕdes *quōcunque* fĕrent; *quōcunque* per undas Nŏtus vŏcābit. Hor. Epod. 16. 21. *Quo* res *cunque* cădent, ūnum et commūne pĕrīclum. V. Æn. 2. 709. —— 2. Præcĭpĭtes mĕtus ăcer ăgit *quōcunque* rudentes Excŭtĕre. V. Æn. 3. 682.

quod. 1. *Although.*—2. *That.*— 3. *Before* si, *but.*——1. *Quod* non Tænărĭis dŏmus est mihĭ fulta columnis. Prop. 3. 2. 11. — 2. Ægram, indignantem tāli *quod* sōla cărēret Mūnĕre. V. Æn. 1. 651. — 3. *Quod* si tantus ămōr menti, si tanta cŭpīdo est. V. Æn. 6. 133. SYN. 1. quanquam, q. v. — 2. ut. — 3. sed, q. v.

quōlĭbet. *Whithersoever you please.* ——Ex his me jŭbeat *quōlĭbet* īre lŏcis. Ov. Tr. 3. 88. 22.

quōmĭnus. *So that not.* —— *Quōmĭnus* in nostris pōnāris ămīce lĭbellis. Ov. Ep. e P. 4. 12. 1.

quōmŏdo, also in tmesi **quo mŏdō,** in which form it is chiefly found in the best poets. *How, in what manner.*——Cum victōre sĕquor Mæcēnas *quōmŏdo* tēcum? Hor. Sat. 1. 9. 43. Et *quo* quemque *mŏdo* fŭgiatque fĕratque lăbōrem. V. Æn. 6. 893. SYN. quàm, *not interr.*, quâ rătiōne.

‡**quōnam.** *To what point, how long, etc.*——Jūnŏ sŭbit *quōnam* mĭsĕros sător inclȳte Dīvûm Īnăchĭdas; *quōnam* usque prĕmes. Stat. Theb. 9. 511.

quondam. 1. *Formerly.* — 2. *Sometimes.* —— 1. Magna fuit *quondam* căpĭtis rĕvĕrentia cāni. Ov. F. 5. 57. — 2. *Quondam* ĕtiam victis rĕdit in præcordia virtus. V. Æn. 2. 367. SYN. 1. ante, olim, prius. — 2. interdum, q. v.

quŏniam. *Since.* —— Constĭtit et dixit, *quŏniam* non ignĭbus æquis Ūrĕris. Ov. Her. 15. 163. SYN. quandŏquĭdem, q. v.

†**quōquam.** *To any place.* —— Nec făcĕre ut possent quidquam nec cēdĕre *quoquam.* Lucr. 5. 841.

quŏque. *Also.* —— Te *quŏque* magna Păles, et te vĕnĕrande cănēmus. V. G. 3. 1. SYN. ĕtiam, ĭtem, et, atque, que (*never the first word in a sentence*), necnon.

§**quorsum.** *To what point.*——Non dīces hŏdiē *quorsum* hæc tam pūtĭda tendunt. Hor. Sat. 2. 7. 21. SYN. quo.

quot. 1. *How many.*—2. *As many as.* —— Nôsse *quot* Īŏnii vĕniant ad littŏra fluctus. V. G. 2. 108. — 2. *Quot* prius ærātæ stĕtĕrant ad littŏra prōræ, V. Æn. 9. 121. v. quotcunque.

quŏtannīs. *Every year.* —— Hic illum vīdi jŭvĕnem Mĕlĭbœe *quŏtannis.* V. E. 1. 43.

quotcunque. *How many soever.*—— Nam *quotcunque* fĕrunt campi; quos Thessăla magnis montĭbus ōra creat. Cat. 62. 280. SYN. quotquot.
quŏtĭdiānus, a, um. also **quōtĭdiānus.** *Daily.*—— Conjŭgis in culpâ flăgrāvit *quŏtīdiānâ.* Cat. 66. 139. Cultus sindŏnĕ non *quŏtīdiānā.* Mart. 11. 1. 2.
‡quŏtīdiē. *Daily.*—— Nam vita morti prŏprior est *quŏtīdiē.* Phædr. 4. 25. 10. PHR. Eōo quŏties surgit ab orbe dies. Ov.
quŏties. 1. *How often.*— 2. *As often as.*—— 1. O *quŏties* illum dŏluit prŏpĕrāre Călypso. Ov. A. A. 2. 125.— 2. Et *quŏties* ĕgŏ te, tŏties lŏcus ipse vŏcāvit. Ov. Her. 10. 23.
quotquot. *As many as.*—— Non si trĕcēnis *quotquot* eunt dies Āmīce plăces illăcrȳmābĭlem Plūtōna tauris. Hor. 2. 14. 5. SYN. quot, quotcunque.
quotus, a, um. 1. *What in number, what in order, etc.*— 2. *How small.*—— 1. Quo præbente dŏmum, et *quŏtā* (horâ, sc.) Pēlignis căream frīgŏrĭbus, tăces. Hor. 3. 19. 7.— 2. Hæc ănĭmum, et *quŏta* pars hæc sunt mŏvēre puellæ Simplĭcis. Ov. Her. 12. 89. SYN. 2. †‡§quantŭlus. v. qui.
quŏtuscunque, quŏtăcunque, etc. *However little.*—— Et sĕquĭtur regni pars *quŏtăcunque* sui. Ov. Her. 13. 60.
quousque. in tmesi. *How long? interrog.*—— Quæ fīnis standi, *quo* mē dĕcet *usque* tĕnēri? V. Æn. 5. 384. SYN. ‡quamdiu.

R.

răbĭdus, a, um. *Raging, fierce.*—— Offam Objĭcit; ille fămē *răbĭdā* tria guttŭra pandens Corripit objectam. V. Æn. 6. 421. SYN. §răbiosus, fŭriōsus, q. v.; fŭrens, fŭrĭbundus.
răbies, ēi. fem. 1. *The madness of dogs.*— 2. *Rage, fury; used also of frenzy caused by prophetic inspiration.*—— 1. Hinc cănĭbus blandis *răbies* vĕnit et quătit ægros Tussis ănhēla sues. V. G. 3. 496.— 2. Æquŏra semper Ventōrum *răbiē* sōlĭbus orba tŭment. Ov. Ep. e P. 1. 3. 54. Et *răbiē* fĕra corda tŭment, mājorque vĭdēri Nec mortāle sŏnans. V. Æn. 6. 49. SYN. 2. fŭror, q. v. PHR. 2. Quos (lupos, sc.) imprŏba ventris Exēgit cæcos răbies. V. v. ira.
§răbiōsus, a, um. *Mad as a dog, raging, furious.*—— Hâc *răbiōsa* fŭgit cănis; hâc lŭtŭlenta ruit sus. Hor. Epist. 2. 2. 75. Fŭgio *răbiōsi* tempŏra signi. Hor. Sat. 1. 6. 126. SYN. răbĭdus, q. v.
răcēmĭfer, ĕra, ĕrum. *Bearing clusters of grapes; crowned with clusters of grapes.*—— Victa *răcēmĭfĕro* lyncas dĕdit India Baccho. Ov. Met. 15. 413.
răcēmus, i. 1. *A bunch or part of a bunch of grapes.*— 2. *A grape, the fruit of the grape, wine.*——1. Tempus ut extentis tŭmeat făcit uva *răcēmis.* Ov. Tr. 4. 6. 9. Dōnĕc eras mixtus nullis, Ăchĕlōe, *răcēmis.* Ov. F. 5. 343. v. uva. PHR. Prīma mihī vărĭat līventĭbus ūva răcēmis. Prop. Tŭmĭdis, būmaste, răcēmis. V. Ut văriis sŏlet ūva răcēmis Dūcĕre purpŭreum nondum mātūra cŏlōrem. Ov.
rădians, antis. part. pres. of radio, q. v., used also as adj. *Bright, splendid.*—— Arbŏreæ frondes auro *rădiante* nĭtentes. Ov. Met. 4. 636. SYN. splendĭdus, nĭtĭdus, rŭtĭlus, cŏruscus, nĭtens, †‡rădiātus.
†‡rădiātus, a, um. prop. part. perf. pass. of radio, q. v., used as adj. *Shining bright.*—— Cessant dum vĕniat *rădiātum* insignĕ diēi. Lucr. 5. 699. v. prec.
rādīcĭtus. adv. *By the roots.*—— Non văcuus namque ille tŭlit *rādīcĭtus* altas Fāgos. Cat. 62. 288. SYN. fundĭtus.
rădio, as. 1. *To shine; in pass. to be made brilliant.*—— Argenti bĭfŏres *rădiābant* lūmĭne valvæ. Ov. Met. 2. 4.— 2. Scūta sed et gălеæ gemmis *rădientur* et auro. Ov. Ep. e P. 3. 4. 103. SYN. lūceo, es, xi, *no sup.*; illūceo, collūceo; fulgeo, es, si, *no sup.*; rĕfulgeo; nĭteo, es, ui, *no sup.*; ēnĭteo, prænĭteo; cŏrusco, as.
rădius, i. 1. *A ray, a sunbeam.*— 2. *A wand.*— 3. *The spoke of a wheel.*— 4. *A weaver's shuttle.*— 5. *A sort of olive.*—— 1. Ŭbĭ prīmos crastĭnus ortus Extŭlĕrit Tītan *rădiīsque* rĕtexĕrit orbem. V. Æn. 4. 119.— 2. Cœlique

meātus Descrībent *rădio*, et surgentia sīdĕra dīcent. V. Æn. 6. 851. — 3. Hinc *rădios* trīvēre rŏtīs; hinc tympăna plaustris Ăgrĭcŏlæ. V. G. 2. 444. — 4. Insĕrĭtur mĕdium *rădiis* subtēmĕn ăcūtis. Ov. Met. 6. 56. — 5. Orchădĕs, et *rădii*, et ămārâ pausia baccâ. V. G. 2. 86. SYN. 1. jŭbar, ăris, *neut.* v. lux. — 2 virga. — 5. v. oliva.

rādix, īcis. fem. 1. *A root.* — 2. *The foundation or bottom of any thing.* — 3. *A radish.* —— 1. Et măla *rādīces* altius arbor ăgit. Ov. R. A. 106. — 2. Et saxo quod ădhuc vīvâ *rādīce* tĕnētur. Ov. Met. 14. 713. — 3. Intŭbaque et *rādix*, et lactis massa coacti. Ov. Met. 8. 666. SYN. 1. stirps, pis, *fem.* — 3. răphănus. PHR. 1. Nec sēmĭne jacto Concrētam pătĭtur rādīcem affīgĕre terræ. V. Sĕgĕtem ab rādīcĭbus īmis Sūblīme expulsam ēruĕrent. V.

rādo, ĭs, si, sum. 1. *To scrape, to shave.* — 2. *To pass close by.* — 3. *To cleave (one's way) with gliding motion.* —— 1. Ăquōsus Eurus arva *rādit* imbrĭbus. Hor. Epod. 16. 54. Cēra vădum tentet *rāsis* infūsa tăbellis. Ov. A. A. 1. 437. — 2. Proxĭma Circææ *rāduntur* littŏra terræ. V. Æn. 7. 11. Mox āĕre lapsa quiēto *Rādit* ĭter lĭquĭdum, cĕlĕres nĕque commŏvet ālas. V. Æn. 5. 217. SYN. 2. lĕgo, ĭs, lēgi. v. seco.

rāmāle, is. neut. *A branch, esp. a withered branch.* —— Multĭfĭdasque făces *rāmālia*que ărĭda tecto Dētŭlit. Ov. Met. 8. 644. v. ramus.

†rāmentum, i. *A chip, a shaving.* Et *rāmenta* sĭmul ferri fŭrĕre intus ahēnis In scăphiis. Lucr. 6. 1043.

rāmeus, a, um. *Of a branch.* —— Sic pŏsĭtum in clauso linquunt; et *rāmea* costis Subjĭciunt fragmenta. V. G. 4. 303.

rāmōsus, a, um. *Full of branches, branching out, etc.* —— Constĭtit ipse sŭper *rāmōso* stīpĭte nixus. Ov. F. 3. 751. Et *rāmōsa* Mўcon vīvācis cornua cervi. V. E. 7. 30.

rāmŭlus, i. dem. of seq. Flōrĭdis vĕlut ēnĭtens Myrtus Āsia *rāmŭlis*. Cat. 59. 22.

rāmus, i. 1. *A branch, a bough.* — 2. *A club.* —— 1. Exiit ad cœlum *rāmis* fēlīcĭbus arbos. V. G. 2. 81. — 2. Mænălio jăcuit pulsus tria tempŏra *rāmo*. Prop. 4. 9. 15. SYN. 1. brăchium; frons, frondis, *fem.*; termĕs, ĭtis, *masc. esp. an olive branch.* v. prec. — 2. clāva; fustis, is, *masc.* q. v. PHR. 1. Nunc altæ frondes et rāmi mātris ŏpācant. V. O qui me gĕlĭdīs in vallibus Hæmi Sistat, et ingenti rāmōrum prŏtĕgat umbrâ. V. Rāmis tĕgĕrem ut frondentĭbus āras. V. Rāmos compesce fluentes. V. In mĕdio rāmos annōsaque brăchia pandit Ulmus ŏpāca, ingens. V. Obstĭtit æscŭleâ frondōsus ab arbŏre rāmus. Ov. Virgulta, et densīs hastīlĭbus (*branches bristling like spears*) horrĭda myrtus . . . Tertia sed postquam mājŏre hastīlia nīsu Aggrĕdior. V.

rāna, æ. fem. *A frog.* —— Hic piscĭbus ātram Imprŏbus inglŭviem, *rānis*que lŏquācĭbus implet. V. G. 3. 430.

†rancens, entis. *Musty, rancid, putrid.* —— Unde cădāvĕra *rancenti* jăm viscĕre vermes Exspīrant. Lucr. 3. 719. SYN. rancĭdus, pŭtrĕfactus, q. v.

‡rancĭdŭlus, a, um. *Rancid.* —— *Rancĭdŭla;* haud ĭdeo pējus gallīna sĕcātur. Juv. 11. 135. v. seq.

rancĭdus, a, um. *Rancid.* —— *Rancĭdum* ăprum antīqui laudābant, non quiă nāsus Illis nullus ĕrat. Hor. Sat. 2. 2. 89. SYN. pŭtrĕfactus, q. v.

‡răpācĭtas, ātis. fem. *Rapacity.* —— Fur nōtæ nĭmium *răpācĭtatis*. Mart. 6. 72. 1.

răpax, ācis. *Rapacious.* —— Aut nos Scylla *răpax* cănĭbus mīsisset ĕdendos. Ov. Her. 12. 123. v. raptor, avidus.

răphănus, i. *A radish.* —— Percurrent *răphăni*que mūgĭlesque. Cat. 16. 19. SYN. rādix īcis, *fem.*

răpĭdus, a, um. *Swift.* —— Ipsa Jŏvis *răpĭdum* jăcŭlāta e nūbĭbus ignem. V. Æn. 1. 42. SYN. cĕler, ĕris, ĕre; vēlox, ōcis; præceps, ĭpĭtis; cĭtus, incĭtus, concĭtus; admissus, pernix; vŏlŭcer, ŭcris, ŭcre; igneus.

răpīna, æ. *Rapine; plunder, what is got by plunder.* —— Abstractæque boves, abjuratæque *răpīnæ*. V. Æn. 8. 263. v. furtum, præda.

răpio, ĭs, ui, raptum. 1. *To seize by force or in haste.* — 2. *To hurry away.* — 3. *To steal.* — 4. *To take away.* — 5. *To plunder.* —— 1. Nunc vălĭdam dextrâ *răpit* indēfessa bĭpennem. V. Æn. 11. 651. — 2. Atque illum in præceps toto *răpit* alveus amni. V. G. 1. 203. — 3. An signis *răpiat* stăbŭlīs armenta rĕclūsis? Ov. Her. 8. 17. — 4. Quid făcĕret quo sē *raptâ* bis conjŭge ferret? V.

G. 4. 504.—5. Segnĭties; ălii *răpiunt* incensa fĕruntque Pergăma. V. Æn. 2. 374. SYN. 1. corrĭpio.—1, 2. prōrĭpio; rapto, as.—1. 3, 4. surrĭpio. *plusq. perf. sync.* surpuĕram.—3. fūror, āris, q. v.—4. ābrĭpio, ērĭpio; tollo, ĭs, sustŭli, sūblātum; aufĕro, fers, ferre, tŭli, lātum; ădĭmo, ĭs, ēmi, emptum.—4, 5. dērĭpio.—5. spŏlio, as, q. v.

raptim. *Quickly, hastily.*——Oscŭla congĕrĭmus prŏpĕrāta sine ordĭne *raptim.* Ov. Her. 18. 113.

rapto, as. 1. *To seize, to hurry away.*—2. ‡*To plunder.*——1. Ter circum Īliăcos *raptāvĕrat* Hectŏra mūros. V. Æn. 1. 487.—2. Ut cum possessas ăvĭdis victōrĭbus arces Dux *raptāre* dĕdĭt. Stat. Theb. 6. 115. SYN. 1, 2. răpio, ĭs, ui, q. v.

raptor, ōris. masc. 1. *One who seizes, carries off injuriously.*—2. (*almost as adj.*) *Rapacious.*—1. Et grātus raptæ *raptor* ŭterque fuit. Ov. A. A. 1. 680.—2. Inde lŭpi ceu *Raptores* ātrâ in nĕbŭlâ quos imprŏba ventrĭs Exēgit cæcos răbies. V. Æn. 2. 356. SYN. 2. răpax, q. v.

raptum, i. *Plunder.*——Vīvĭtur ex *rapto*, non hospĕs ab hospĭte tūtus. Ov. Met. 1. 144. SYN. răpīna.

raptus, ûs. masc. *A carrying off.*——Exĭgit ipse lŏcus *raptūs* ut virgĭnis ēdam Ov. F. 4. 417.

§**rāpŭlum, i.** dem of seq.——*Rāpŭla* lactūcæ rādīces, quālia lassum Pervellunt stŏmăchum. Hor. Sat. 2. 8. 8.

‡**rāpum, i.** *Rape or turnip.*——Hæc tĭbĭ brūmāli gaudentia frĭgŏre *rāpa.* Mart. 13. 16. 1.

†**rārĕfăcio, ĭs, fēci, factum.** pass. **rārĕfīo.** *To rarify.*——Et *rārĕfēcit* călĭdo miscente văpōre. Lucr. 3. 443. Nec *rārĕfĭĕri* si partes ignis eandem Nātūram. Lucr. 1. 649.

rāresco, ĭs. no perf. 1. †‡ *To become rarefied.*—2. *To become rare, seldom.*—3. *To be opened to view.*——1. Prætĕreā cum *rārescunt* quŏque nūbĭla ventis Lucr. 6. 512.—2. Littŏre sic tăcĭto sŏnĭtus *rārescit* ărēnæ. Prop. 3. 13. 33. Ventus, et angusti *rārescent* claustra Pĕlōri. V. Æn. 3. 411. SYN. 3. ăpĕrio, is, ui, ertum.

rāro. *Seldom.*——Adde, quod iste tuus tam *rāro* prælia passus. Ov. Met. 13. 117.

rārus, a, um. 1. *Thin, porous, permeable.*—2. *Rare, infrequent.*——1. *Rāra* sit, an sūpra mōrem si densa rĕquīras. V. G. 2. 227.——2. Tu mihĭ, quod *rārum*, vivo sublīme dĕdisti Nōmĕn. Ov. Tr. 4. 10. 121. SYN. 2. infrĕquens.

rāsĭlis, e. 1. *What may be shaved or scraped.*—2. *Polished.*——1. Nec tĭliæ læves, nec torno *rāsĭle* buxum. V. G. 2. 449.—2. *Rāsilis* huic summam mordēbat fībŭla vestem. Ov. Met. 8. 318. SYN. 2. rāsus, pŏlītus, lævis.

rastrum, i. neut., in pl. rastri, ōrum, and in Stat. rastra. masc. *A harrow.*——Multum ădeo, *rastris* glēbas qui frangit inertes. V. G. 1. 94. PHR. Ĭnīquo pondĕre rastri. V. Aut grăvĭbus rastris găleas pulsābit ĭnānes. V. Assĭduis terram insectābĕre rastris. V. Quod ădunci vulnĕra ărātri Rastrōrumque fĕro. Ov.

rāsus, a, um. part. perf. pass. from rādo, q. v., also esp. so scraped as to be 1. *Polished.*—2. *Erased, cancelled.*——1. Tum læves călămos, *rāsæque* hastīlia virgæ. V. G. 2. 358.—2. Ŏcŭlosque mŏvētur Margĭne in extrēmo līttĕra *rāsa* meos. Ov. Am. 1. 11. 22. SYN. 1. rāsĭlis, lævis, pŏlītus, expŏlītus.—2. dēlētus.

rătio, ōnis. fem. 1. *Reason, the reasoning faculty, etc.*—2. *Plan or manner of doing any thing.*—3. *Estimate, computation.*——1. Sūmĭte in exemplum pĕcūdes *rătiōne* cărentes. Ov. Am. 1. 10. 25.—2. Mecum ĕrit iste lăbor; nunc quâ *rătiōne* quod instat Confiĕri possit, paucis, adverte dŏcēbo. V. Æn. 4. 115.—3. Ut tĭbĭ sit *rătio* laudis hăbenda tuæ. Ov. Tr. 1. 1. 52. SYN. 1. sensus, ûs.—2. mŏdus.

rătis, is. fem. *A ship.*——Ut *răte* fēlīci pācāta per æquŏra lābar. Ov. Her. 10. 65. SYN. nāvis, is, *fem.* q. v.

rătus, a, um. perf. part. from reor, q. v. 1. *Thinking.*—2. *Ratified, sure.*——1. Nos ăbiise *răti*, et vento pĕtiisse Mўcēnas. V. Æn. 2. 25.—2. Tu mihĭ dixisti, sint *răta* dicta Jŏvis. Ov. F. 2. 488. Effĭciatque *rătas* ŭtrăque Dīva prĕces. Ov. F. 1. 696.

rauca and **raucum.** adv. *Hoarsely.*——Cunctātur et amnis *Rauca* sŏnans rĕvŏcatque pedem Tĭbĕrīnus ab alto. V. Æn. 9. 125. Illa sŏnat raucum quiddamque ĭnămābĭle strīdet. Ov. A. A. 3. 289.

raucĭsŏnus, a, um. *Hoarse-sounding.*—Multi raucĭsŏnis efflābant cornua bombis. Cat. 62. 263. SYN. raucus, q. v.

raucus, a, um. *Hoarse, of the sound, or that which emits it.*—Vox īrācunda Mĭnaxque Plēnaque terrŏris rauco de gutture fertur. Ov. Met. 2. 484.

rāvus, a, um. *Tawny, dun coloured.*—Ab āgro Rāva dēcurrens lŭpa Lānŭvīno. Hor. 3. 27. 3. SYN. fulvus.

rea. v. reus.

‡reātus, ūs. *The state of an accused person.*—Si det ĭnīqua tĭbi tristem fortūna reātum. Mart. 2. 24. 1.

rĕbellātrix, īcis. fem. *One who rebels.*—Teque rĕbellātrix tandem, Germānia magni Triste căput pĕdĭbus suppŏsuisse Ducis. Ov. Tr. 3. 12. 47.

rĕbellis, e. *Rebellious, making war afresh.*—Sistet ĕques, sternet Pœnos Gallumque rĕbellem. V. Æn. 6. 859.

rĕbello, as. *To make war again, to rebel.*—Pœne rĕbellāras, et lēto Consŭlis omnes Attŏnĭti Mauras pertĭmuēre mănus. Ov. F. 6. 243.

rĕboo, as. *To resound.*—Cum gĕmĭtu rĕboant sylvæque et magnus Ŏlympus. V. G. 3. 223. SYN. rĕsono, as, ui, q. v.

§rĕcalcĭtro, as. *To kick again, kick backwards.*—Cui mălĕ si palpēre rĕcalcĭtrat undĭque tūtus. Hor. Sat. 2. 1. 20.

rĕcăleo, es. also **rĕcălesco, is.** no perf. *To be hot again, to be very hot, lit. or metaph.*—Spes Ĭtălas, rĕcălent nostro Tĭbĕrīna fluenta Sanguĭne. V. Æn. 12. 35. Quid jŭvat admŏnĭtu tĕpĭdam rĕcălescĕre mentem. Ov. R. A. 629. SYN. rĕcandeo, q. v.

rĕcalfăcio, is, fēci, factum. *To warm again, lit. or metaph.*—Călĭdumque priŏris Cæde rĕcalfēcit consorti sanguĭne tēlum. Ov. Met. 8. 444.

rĕcandeo, es, ui. no sup., also in pres. **rĕcandesco, is.** 1. *To grow white again.*—2. *To grow hot again, lit. and metaph.*—1 Sēque sŭper pontum . . . Mittit ŏnusque suum ; percussa rĕcanduit unda. Ov. Met. 4. 529.—2. Flamma rĕcandescet quæ mŏdŏ nulla fuit. Ov. R. A. 734.

rĕcanto, as. chiefly in perf. part. pass. 1. *To recant.*—2. *To charm away, keep off or dispel by enchantments.*—1. Fīas rĕcantātis ămīca Opprŏbriis, ănĭmumque reddas. Hor. 1. 16. 27.—2. Nulla rĕcantātas dēpōnent pectŏra cūras. Ov. R. A. 259. SYN. 1. rĕtracto, as.

rĕcēdo, is, cessi, cessum. 1. *To retire, retreat.*—2. *To be retired, remote in situation.*—3. *To yield.*—1. Nec vēro a stăbŭlis, plŭviā impendente rĕcēdunt Longius. V. G. 4. 191.—Prŏvehĭmur portu, turresque urbesque rĕcēdunt. V. Æn. 3. 72. Dīlapsus călor atque in ventos vīta rĕcessit. V. Æn. 4. 705.—2. Quamquam sēcrēta părentis Anchīsæ dŏmus, arbŏrĭbusque obtecta rĕcessit. V. Æn. 2. 300—3. Nec nŭmĕrō infĕrior, pugnæ nec hŏnōre rĕcēdes. V. Æn. 12. 630. SYN. 1. 3. cēdo, q. v.—1. dēcēdo.—3. succumbo, is, cŭbui. PHR. 1. Obstŭpuit, retroque pĕdem cum vōce repressit. V. Dāto vertit vestīgia tergo. V. Victōrem cœlo rĕtŭlit illa pĕdem. Ov.

†rĕcello, is. no perf. *To move (intrans.) back, to fall back.*—Quam făcit, inclīnātur ĕnim rētroque rĕcellit. Lucr. 6. 572. v. prec.

rĕcens, entis. *New, fresh, newly gathered, newly made, newly killed, etc. etc.*—Ardua prīma via est, et quā vix māne rĕcentes Ēnĭtantur ĕqui. Ov. Met. 2. 63. Inter quas Phœnissa rĕcens a vulnĕre Dīdo. V. Æn. 6. 450. v. novus.

rĕcens. adv. *Lately.*—Sōle rĕcens orto, aut noctem dūcentĭbus astris. V. G. 3. 156. SYN. nŭper, mŏdŏ.

rĕcenseo, es, ui. sup. not found in poetry. 1. *To count up, to reckon.*—2. *To go through, travel over.*—1. Omnemque suŏrum Forte rĕcensēbat nŭmĕrum cārosque nĕpōtes. V. Æn. 6. 682.—2. Signa rĕcensuĕrat bis Sol sua, tertius ībat Annus. Ov. F. 3. 575. SYN. 1. 2. percenseo.—1. rĕcŏlo, is, ui, cultum; rĕfĕro, fers, ferre, rĕtŭli, rĕlātum ; nŭmĕro, as ; ēnŭmĕro, dīnŭmĕro.—2. pĕrăgro, as, q. v.

rĕcepto, as. 1. *To take again, to recover.*—2. **recepto me,** *I withdraw myself.*—1. Per mĕdium qua spīna dĕdĭt ; hastamque rĕceptat Ossĭbus hærentem. V. Æn. 10. 383.—2. Frīgĭda Sāturni sēsē quo stella rĕceptet. V. G. 1. 336. SYN. 1. rĕcĭpio, is, cēpi.—2. rĕcēdo, is, cessi, q. v.

rĕceptus, ûs. masc. *A retreat, a retreating.*—— Hoc quŏque quam vŏlui plūs est, căne Mūsa *rĕceptus.* Ov. Tr. 5. 9. 31.

rĕcessus, ûs. masc. *A retreat, a retired place.*—— Hic spēlunca fuit vasto submōta *rĕcessu.* V. Æn. 8. 193. Jam mŏdŏ qua fuĕrant sylvæ pĕcŏrumque *rĕcessus* urbs ĕrat. Ov. F. 3. 71. SYN. sēcessus, ûs ; †ădȳtum. v. latebræ. PHR. Phŏcus in intĕrius spătium pulchrosque rĕcessus Cēcrŏpĭdas dūcit. Ov. Aut ŭbĭ lassāta est sēductos nacta rĕcessus Gurgĭtis. Ov.

rĕcĭdīvus, a, um. *Restored after a fall.*—— Et *rĕcĭdīva* mănu pŏsuissem Pergăma victis. V. Æn. 4. 344.

rĕcĭdo (in point of fact usu. if not always **rēcĭdo**), **ĭs,** perf. **rēcĭdi.** *To fall again, to fall back, to recoil, to fall.*—— Ausa suīs ; et mē, quod ĭn ipsam *rēcĭdat,* orbam Dixit. Ov. Met. 6. 212. SYN. rĕverto, is, ti, sum. v. redundo, cado.

rĕcīdo, ĭs, di, sum. *To cut, to cut short, to retrench, etc.* —— Immĕdĭcābĭle vulnus Ensē *rĕcīdendum* ne pars sincēra trahātur. Ov. Met. 1. 191. Nam căput e nostrâ cĭtius cervice *rĕcīdi* . . . pătiar. Ov. Ep. e P. 2. 8. 65. Prĕmunt cŏlumnas ultĭmâ *rĕcīsas* Āfrĭcâ. Hor. 2. 18. 4. SYN. cædo, ĭs, cĕcīdi ; dēcīdo ; rĕsĕco, as, ui, ctum.

rĕcingo, ĭs, nxi, nctum. 1. *To ungird.* — 2. (*in pass.*) *To put off, to strip off, to undress, or, of garments, to be ungirded, loosened.*—— 1. Descendunt vēlantque cŏmas, tŭnĭcasque *rĕcingunt.* Ov. Met. 1. 398. — 2. *Rĕcingor* Molliaque impōno sălĭci vēlāmĭna curvæ. Ov. Met. 5. 593. Regna rĕdit Dītis sumptumque *rĕcingĭtur* anguem. Ov. Met. 4. 510. Ūnum exūta pĕdem vinclis, cum veste *rĕcinctâ* ? V. Æn. 4. 518. SYN. discingo.

rĕcĭno, is. no perf. 1. *To sing repeatedly.* — 2. *To re-echo.*—— 1. Impios parræ *rĕcĭnentis* ōmen Dūcat. Hor. 3. 27. 1. — 2. Quem Deum, cūjus *rĕcĭnet* jŏcōsa Nōmĕn ĭmāgo ? Hor. 1. 12. 3. SYN. 1. căno, is, cĕcĭni, cantum. — 2. rĕclāmo, as ; rĕsŏno, as, *no perf.*

rĕcĭpio, ĭs, cēpi, ceptum. 1. *To take again, to recover, etc.* — 2. *To exact (punishment).* — 3. *To receive simply, and esp. as a host, or as a report is received.* — 4. *To rescue.* — 5. *To withdraw, trans.* — 6. Recipio me, *I withdraw myself, I withdraw* (*intrans.*).—— 1. Omnia tūta vĭdes, classem sŏciosque *rĕceptos.* V. Æn. 1. 583. — 2. Ulta vĭrum pœnas ĭnĭmīco a frātre *rĕcēpi.* V. Æn. 4. 656. — 3. Jamdūdum grātum est quod ĕpistŏla nostra *rĕcepta* Spem făcit. Ov. Her. 16. 13. Connūbia nostra Rĕpūlit, ac dŏmĭnum Ænēān in regna *rĕcēpit.* V. Æn. 4. 214. Ipsa quĭdem fēcisse nĕgat ; sed fāma *rĕcēpit.* Ov. F. 6. 557. — 4. Ērĭpui hīs hŭmĕris mĕdioque ex hoste *rĕcēpi.* V. Æn. 6. 111. —— 5. Sic ait illăcrȳmans, *rĕcĭpit*que ad līmĭna gressum. V. Æn. 11. 29. — 6. In sēcrēta sĕnis dūcam quo fessus ab undis Se *rĕcĭpit.* SYN. 1. rĕcepto, as ; rĕcollĭgo, ĭs, lexi. — 2. sūmo, ĭs, mpsi. — 3. căpio, accĭpio ; admitto, ĭs, mīsi, missum ; (*as a host*) sŏcio, as. — 4. servo, as. — 5. rĕtraho, ĭs, xi ; rĕfĕro, fers, ferre, rĕtŭli, relatum. — 6. rĕcēdo, ĭs, cessi ; rĕcepto me, rĕfĕro me, rĕfĕro grădum.

‡rĕcīprŏco, as. *To move backwards and forwards.*—— Quas auget vĕniens rĕfluusque *rĕcīprŏcat* æstus (ŭndas, sc.). Sil. 15. 226.

‡rĕcīprŏcus, a, um. *Moving (intrans.) backward and forward, as the sea ebbing and flowing.*—— Fertque rĕfertque frĕtum sĕquĭturque *rĕcīprŏca* Tēthys. Sil. 3. 60.

rĕcĭtātor, ōris. masc. *A reciter.*—— Indoctum doctumque fŭgat *rĕcĭtātor* ăcerbus. Hor. A. P. 474.

rĕcĭto, as. *To recite.*—— Sæpe suos sŏlĭtus *rĕcĭtāre* Prŏpertius ignes. Ov. Tr. 4. 10. 45. v. lego.

rĕclāmo, as. 1. *To cry out again frequently.* — 2. *To resound.*—— 1. Quære pĕrēgrīnum vīcīnia rauca *rĕclāmat.* Hor. Epist. 1. 17. 62. — 2. Porta tŏnat cœli, et scŏpŭlīs illīsa *rĕclāmănt* Æquŏra. V. G. 3. 261. SYN. 1. clāmo, inclāmo. — 2. rĕsŏno, as, *no perf.*

rĕclīnis, e. *Lying back, reclining.*—— Inque sĭnu jŭvĕnis pŏsĭtâ cervīce *rĕclīnis.* Ov. 10. 558. SYN. rĕclīnatus, rĕcumbens, rĕcŭbans. v. acclīnis.

rĕclīno, as. 1. *To lie back, to incline (trans.) backward.* — 2. *To withdraw, to disengage.* — 3. (*in pass.*) *To lie down, or lean back.*—— 1. Dēfīgunt tellūre hastas et scūta *rĕclīnant.* V. Æn. 12. 130. — 2. Nullum a lăbōre me *rĕclīnat* ōtium. Hor. Epod. 17. 24. — 3. Seu te in rĕmōto grāmĭne per dies Festos *rĕclīnātum* beâris. Hor. 2. 3. 7. SYN. 1. inclino, rĕflecto, ĭs, xi.—2. rĕtraho, ĭs, xi.—3. jăceo, es, ui, *no sup.*; recubo, as, ui, *no sup.* q. v.

rĕclūdo, ĭs, si, sum. 1. *To unlock, to open.*—2. *To reveal, to divulge.*——1. Infernas rĕsĕret sēdes et regna *rĕclūdat.* V. Æn. 8. 244. Non lēnis prĕcĭbus fāta *rĕclūdere.* Hor. 1. 24. 17.—2. Tĭbĭ res antīquæ laudis et artis Ingrĕdior sanctos ausus *rĕclūdĕre* fontes. V. G. 2. 175. SYN. 1. disclūdo; rĕsĕro, as.—1, 2. ăpĕrio, īs, ui, apertum; pătĕfăcio, ĭs, fēci; pando, ĭs, di, *no sup. in this sense.*

rĕclūsus, a, um. perf. part. pass. of prec., q. v. *Also drawn (of a sword).*——Persolves ambōrum inquit, sĭmŭl ense *rĕclūso* Ībat ĭn Euryălum. V. Æn. 9. 423. SYN. strictus, q. v.

rĕcoctus, a, um. part. perf. pass. from recoquo, q. v., also 1. *Refined.*—2. §*Cunning.*——1. Tum læves ŏcreas ēlectro auroque *rĕcocto.* V. Æn. 8. 624.—2. plērumque *rĕcoctus* Scrība ex quinquĕvĭro corvum dēlūdet hiantem. Hor. Sat. 2. 5. 55. SYN. 2. callĭdus, q. v.

rĕcognosco, ĭs, nōvi, nĭtum. *To recognise, to acknowledge.*——Săcra *rĕcognosces* annālĭbus ērŭta priscis. Ov. F. 1. 7.

rĕcollĭgo, ĭs, lexi, lectum. *To collect anew, to recover.*——In flōrem rĕdeat, prīmosque *rĕcollĭgat* annos. Ov. Met. 7. 216. SYN. rĕcipio, ĭs, cēpi, ceptum.

rĕcŏlo, ĭs, ui, cultum. 1. *To cultivate again.*—2. *To count over, to review.*—3. *To recollect.*——1. Spargĕre hŭmo partim post tempŏra longa *rĕcultæ.* Ov. Met. 5. 647.—2. Inclūsas ănĭmas, sŭpĕrumque ad lūmĕn ĭtūras, Lustrābat stŭdio *rĕcŏlens.* V. Æn. 6. 681.—3. Hoc tua, nam *rĕcŏlo*, quondam germāna cănēbat. Ov. Her. 5. 113. SYN. 2. rĕcenseo, es, ui, *no sup.*—2. mĕmĭni, q. v.

rĕcompŏsĭtus, a, um. *Rearranged.*——Pōne *recompŏsĭtas* in stătione cŏmas. Ov. Am. 1. 7. 68.

rĕcondo, ĭs, dĭdi, dĭtum. 1. *To lay up, to put away, to bury (a sword in an enemy, food in one's stomach, etc.).*—2. *To hide.*—3. *To sheathe.*—4. *To close (the eyes).*——1. Quasque *rĕcondĭdĕrat* Stўgiisque admŏvĕrat umbris. Ov. Met. 1. 139. Corrĭpuit serpens ăvĭdâque *rĕcondĭdit* alvo. Ov. Met. 12. 17. Prōme *rĕcondĭtum* Lȳdē strēnua Cæcŭbum. Hor. 3. 28. 3.—2. Commendo sŏcĭis et curvâ valle *rĕcondo.* V. Æn. 2. 748. Multi prætĕreā, quos fāma obscūra *rĕcondit.* V. Æn. 5. 302.—3. Lūna fuit; spectans jŭvĕnem glădiosque *rĕcondunt.* Ov. F. 2. 697.—4. Ŏcŭlos jam morte grăvātos Pȳrămus ērexit; vīsâque *rĕcondĭdit* illâ. Ov. Met. 4. 147. SYN. 1. condo.—1, 2. abdo, ĭs, dĭdi, dĭtum.—2. abscondo; tĕgo, ĭs, xi, q. v.; cēlo, as.—4. claudo, ĭs, si.

†rĕconflo, as. *To forge anew, to make again.*——Unde *rĕconflāri* sensus per membra rĕpente Possit. Lucr. 4. 925. SYN. rĕcŏquo, ĭs, xi, ctum.

rĕcŏquo, ĭs, xi, ctum. *To forge anew, make anew.*——Cessit ămor; *rĕcŏquunt* pătriis fornācĭbus enses. V. Æn. 7. 636. v. prec.

rĕcordor, āris. 1. *To recollect.*—2. *To bring to mind, to reflect upon.*——1. Maxĭmus unde păter si rīte audīta *rĕcordor.* V. Æn. 3. 107.—2. Nunc ĕgŏ non tantum quæ sum passūra *rĕcordor.* Ov. Her. 10. 79. SYN. 1. mĕmĭni; rĕmĭniscor, ĕris, *no perf.*; rĕcŏlo, is, ui, cultum.—2. rĕpŭto, as; mĕdĭtor, ārĭs, q. v. PHR. 1. Dum prīma rĕtractant Fāta dŏmûs, rĕlĕguntque suos sermōne lăbōres. Ov.

rĕcreo, as. 1. †*To remake, to reproduce.*—2. *To refresh.*——1. Tempŏre cur certo nĕqueat *rĕcreāre*que lūmen. Lucr. 3. 758.—2. Pōne mē pigrĭs ŭbĭ nulla campis Arbor æstīvâ *rĕcreātur* aurâ. Hor. 1. 22. 18. SYN. 1. †rĕconflo, as.—1, 2. rĕfĭcio, ĭs, fēci, fectum; novo, as; rĕnŏvo.—2. tempĕro, as.

recrĕpo, as, ui, no sup. 1. *To resound, intrans.*—2. *To make to resound.*——1. Lĕve tympănum rĕmŭgit, cava cymbăla *rĕcrĕpant.* Cat. 61. 29.—2. Sæpe lăpis *rĕcrĕpat* Cyllēnia mūnĕra pulsus. v. Ciris, 108. SYN. 1, 2. rĕsŏno, as, q. v.

rĕcresco, ĭs, crēvi. *To grow again.*——Lūna quăter lătuit; tōto quăter orbe *rĕcrēvit.* Ov. Her. 2. 5.

§rectā. *Straight.*——Tendĭmus hinc *rectā* Bĕnĕventum, ŭbĭ sēdŭlus hospes. Hor. Sat. 1. 5. 71.

rectē. *Rightly, well.*——*Rectius* vīves Lĭcĭni nĕque altum Semper urgendo. Hor. 2. 10. 1. SYN. bĕne, mĕlius.

rector, ōris. masc. 1. *A ruler, a chief.*—2. *One who guides anything, a chariot, a ship, etc.*——1. Summe Deûm *rector*, māternaque vulnĕra lēni. Ov. Met. 15. 599.—2. Ipse gŭbernāclo *rector* sŭbit, ipse măgister. V. Æn. 5. 176. Aspĭce ut in curru mŏdŏ det fluitantia *rector* Lora. Ov. A. A. 2. 433. SYN. 1. regnātor. v. rex.—2. gŭbernātor; măgister, tri; aurīga, æ, *masc.* q. v.

rectus, a, um. 1. *Right, straight, upright.*—2. *Right, honest, neut. often as subst.*——1. Ipse ĕgŏ te rīpīs et *recto* flūmĭne dūcam. V. Æn. 8. 57. Illa quĭdem *recto* pugnat se attollĕre trunco. Ov. Met. 2. 622. Non ăgit in *rectum* sed in orbem curvat eundem. Ov. Met. 2. 715.—2. Est ănĭmus tĭbĭ Rerumque prudens, et sĕcundis Tempŏrĭbus dŭbiisque *rectus*. Hor. 4. 9. 36. Si quid usquam justĭtiæ est, et mens sĭbĭ conscia *recti*. V. Æn. 1. 604. SYN. 1. dīrectus.—2. æquus; bŏnus, mĕlior, optĭmus, q. v.; intĕger, gra, grum.

rĕcŭbo, as, ui. no sup. *To lie down.*——Alba sŏlo *rĕcŭbans*, albi circum ūbĕra nāti. V. Æn. 3. 392. SYN. cŭbo; jăceo, es, ui. *no sup.*, q. v. v. seq.

rĕcumbo, is. no perf. *To lie down, to lie.*——Densa jŭba, et dextro jactāta *rĕcumbit* in armo. V. G. 3. 86. SYN. prōcumbo; rĕclīnor, āris, *esp. in perf. part.*; rĕcŭbo, as, q. v.; sterno (is, strāvi) me; sternor. PHR. Aulæis jam se rēgina sŭperbis aureâ compŏsuit spondâ. V. Fūsi per mœnia Teucri Contĭcuēre. V.

rĕcūro, as. *To cure.*——Et me *rĕcūrāvi* ōtioque et urtīcâ. Cat. 42. 15. SYN. sāno, as.

rĕcurro, is, ri, rsum. 1. *To run back, backwards, to return.*—2. ‡*To run.*——1. Ad fontem Xanthi versa *rĕcurret* ăqua. Ov. Her. 5. 30. Dum tua pervēnit, dum littĕra nostra *rĕcurrens* Tot măria ac terras permeat. Ov. Ep. e P. 4. 11. 15.—2. Rectam vŏcātus cum *rĕcurrit* ad cœnam. Mart. 7. 20. 2. SYN. 1. rĕcurso, as; rĕvertor, ĕris, versus sum; rĕdeo, īs, īvi, ĭtum; *esp. as rivers, etc.* rĕfluo, is, xi; rĕlābor, ĕris, lapsus sum.—2. curro, q. v.

rĕcurso, as. *To return, esp. to recur to the mind.*——Ūrit ātrox Juno, et sub noctem cura *rĕcursat*. V. Æn. 1. 666. Multa vĭri virtūs ănĭmo multusque *rĕcursat* Gentis hŏnōs. V. Æn. 4. 3. v. prec.

rĕcursus, ûs. masc. 1. *A running back.*—2. *The ebb of the tide.*—3. *A return.*——1. Inde ălios ĭneunt cursūs, ăliosque *rĕcursus*. V. Æn. 5. 583.—2. Utque per alternos undâ lābente *rĕcursus*. Ov. Ibis, 421. Multi servāre *rĕcursus* Languentis pĕlăgi, et brĕvĭbus se crēdĕre saltu. V. Æn. 10. 288.—3. Abstrahor Hypsĭpўlē, sed, dent mŏdŏ fāta *rĕcursus*. Ov. Her. 6. 59. SYN. 3. rĕdĭtus, ûs.

rĕcurvo, as. *To bend, to bend back.*——Sīve fĕrōcis ĕqui luctantia colla *rĕcurvas*. Ov. Her. 5. 79. SYN. rĕflecto, is, xi. v. curvo.

rĕcurvus, a, um. *Bent back, crooked.*——Cornĭbus āĕriīs, atque in sua terga *rĕcurvis*. Ov. F. 5. 119. SYN. rĕcurvatus, curvus, q. v.; incurvus.

rĕcūso, as. 1. *To refuse.*—2. *To be reluctant.*——1. Tectusque *rĕcūsat* Prōdĕre vōce suâ quemquam, aut oppōnĕre morti. V. Æn. 2. 124.—2. Jussa *rĕcūsantes* pĕrăgunt lăcrўmōsa mĭnistri. Ov. F. 2. 387. SYN. 1. abnuo, is, ui, *no sup.*; rĕnuo; nĕgo, as; abnĕgo, dēnĕgo. v. nolo, invītus.

rĕcussus, a, um. *Shaken.*——Contorsit, stĕtit illa trĕmens, ŭtĕroque *rĕcusso* Insŏnuēre căvæ gĕmĭtumque dĕdēre căvernæ. V. Æn. 2. 52. SYN. quassus, concussus, actus, impulsus, ăgĭtātus.

‡rĕcŭtītus, a, um. *Galled.*——Non ruptæ *rĕcŭtĭta* colla mūlæ. Mart. 9. 58. 4.

rĕdarguo, is, ui. no sup. *To convict, to confute.*——Advēnit qui vestra dies mŭliĕbrĭbus armis Verba *rĕdarguĕrit*. V. Æn. 11. 688. SYN. arguo, coarguo. v. refello.

reddo, is, didi, dĭtum. 1. *To restore.*—2. *To give.*—3. *To give up.*—4. *To utter.*—5. *To repeat, etc.*—6. *To represent.*—7. *To repay.*—8. *To render, make.*——1. *Redde* tŏrum pro quo tot res insāna rĕlīqui. Ov. Her. 12. 193.—2. Ūnus et hīc audax a quo tĭbĭ littĕra nostra *Reddĭtur*. Ov. Her. 18. 10.—3. Intĕger hanc pŏtui nūper bĕnĕ *reddĕre* lūcem. Ov. Tr. 3. 3. 35.—4. *Reddĕre* de multīs ut verba nŏvissĭma pŏsset. Ov. Met. 3. 361.—5. *Reddēbant* nōmen concăva saxa tuum. Ov. Her. 10. 22.—6. Et Căpўs et Nŭmĭtŏr et qui te nōmĭne *reddet* Sylvius Ænēas. V. Æn. 6. 768.—7. Et săta cum multo fœnore *reddit* ăger. Ov. Ep. e P. 1. 5. 26. — 8. Albŭla quem Tĭbĕrim mersus Tĭbĕrīnus ĭn undâ *Reddĭdit.* Ov. F. 2. 390. SYN. 1. restĭtuo, is, ui, ūtum; †rĕtrĭbuo, ĭs, ui, utum. — 1. 3. rĕdōno, as. — 1. 6. rĕfĕro, fers, ferre, rĕtŭli, rĕlātum. — 2. do, das, dăre, dĕdi, dătum, q. v. — 3. cēdo, ĭs, cessi, q. v. — 4. ēdo, ĭs, ēdĭdi, q. v. — 4, 5. ĭtĕro, as. — 5. ingĕmĭno, as, q. v. — 7. solvo, ĭs, vi, sŏlutum; exsolvo, q. v. — 8. făcio, is, fēci, factum, q. v.

rĕdemtor, ōris. masc. *A contractor for work to be done.* —— Huc frĕquens Cæmenta demittit *rĕdemtor.* Hor. 3. 1. 35.

rĕdeo, īs, īvi, ĭtum. part. pres. **rĕdiens, rĕdeuntis,** etc. —— *To return, come or go back.* —— Et mens et *rĕdiit* vērus ĭn ōra cŏlor. Ov. A. A. 3. 730. SYN. rĕmeo, as; rĕverto, ĭs, ti, sum; rĕvertor; rĕdūcor, ĕris, ductus sum. PHR. Sĭmŭl et vestīgia rĕtro Observāta lĕgit. V. Ipse urbem rĕpĕto. V. Quæ nunc cūr ĭtĕrum post sæcŭla longa rĕvīsam. Ov. Pĕlăgoque rĕmenso Imprōvīsi ădĕrunt. V. Quā victrix rĕdit illa, pĕdemque ex hoste rĕportat. V. Nunc rĕtrorsum Vēla dăre atque ĭtĕrāre cursus Cōgor rĕlictos. Hor.

rĕdĭgo, is, ēgi, actum. 1. *To bring back.* — 2. *To reduce, to bring to any point.* —— 1. Et *rĕdĭgunt* actos in sua rūra bŏves. Ov. F. 3. 64. — 2. Mentemque lymphātam Măreōtĭco *Rĕdēgit* in vēros tĭmōres. Hor. 1. 37. 15. SYN. 1, 2. rĕdūco, ĭs, xi. — 2. ăgo, ădĭgo, dūco, q. v.

rĕdĭmīcŭlum, i. *An ornament for the head or neck.* —— Aurea marmŏreo *rĕdĭmīcŭla* solvĭte collo. Ov. F. 4. 135. SYN. vitta, infŭla.

rĕdĭmio, īs. *To bind round, to crown.* —— Infŭla cui săcrâ *rĕdĭmībat* tempŏra vittâ. V. Æn. 10. 538. SYN. cŏrōno, as; cingo, ĭs, xi; circumdo, as, dăre, dĕdi, dătum; vincio, īs, nxi; ēvincio.

rĕdĭmo, ĭs, ēmi, emtum. 1. *To redeem, to ransom.* — 2. *To buy off.* — 3. *To make amends, atonement for.* —— 1. Si frātrem Pollux alternâ morte *rĕdēmit.* V. Æn. 6. 121. — 2. Si mea mors *rĕdĭmenda* tuâ, quod ăbōmĭnor, esset. Ov. Ep. e P. 3. 1. 105. — 3. Ut sua per nostram *rĕdĭmat* perjūria pœnam. Ov. Am. 3. 3. 21. SYN. 1. 3. rĕpendo, ĭs. — 3. luo, ĭs, q. v.

rĕdĭtus, ûs. masc. 1. *A return.* — 2. *Income.* —— 1. Hi nostri *rĕdĭtūs* expectātique triumphi. V. Æn. 11. 54. — 2. Aut pŏpŭli *rĕdĭtus* pŏsĭtam compōnet ad hastam. Ov. Ep. e P. 4. 5. 19. SYN. 1. rĕgressus, ûs; rĕcursus, ûs. — 2. vectīgal, ālis, *neut.*

‡**rĕdĭvīvus, a, um.** *Coming to life again, renewed.* —— Umbræne Ausŏniæ *rĕdĭvīva* in bella rĕtractant Post ŏbĭtum dextras. Sil. 10. 257. SYN. rĕcĭdīvus.

rĕdŏleo, es, ui. no sup. *To smell, to be fragrant.* —— Fervet ŏpus *rĕdŏlent*que thȳmo frāgrantia mella. V. Æn. 1. 440. SYN. ŏleo; frāgro, as.

rĕdōno, as. 1. *To restore.* — 2. *To give up.* —— 1. Quis te *rĕdōnāvit* Quiritem Dis pātriīs Ĭtăloque cœlo. Hor. 2. 7. 3. — 2. Īras et invīsum nĕpōtem Trōia quem pĕpĕrit săcerdos Marti *rĕdōnābo.* Hor. 3. 3. 33. SYN. 1, 2. reddo, ĭs, dĭdi, q. v.

rĕdūco, ĭs, xi, ctum. and in Lucr. rēd. 1. *To bring back, to draw back.* — 2. *To rescue.* — 3. *To reduce.* — 4. †*To produce.* — 5. †*To draw in, imbibe.* — 6. *In pass. to be brought back,* i. e. *to return.* —— 1. Collectasque fŭgat nūbes solemque *rĕdūcit.* V. G. 1. 143. Tactumque vĕrēri Adsĭlientis ăquæ, tĭmĭdasque *rĕdūcĕre* plantas. Ov. Met. 6. 107. — 2. Āmissam classem, sŏcios a morte *rĕduxi.* V. Æn. 4. 375. — 3. Fingit, et in formam quantum căpit ipsa *rĕdūcit.* Ov. Met. 15. 381. — 4. Unde ănĭmāle gĕnus gĕnĕrātim in lūmĭna vītæ *Rēdūcit* Vĕnus, aut *rēductum* dædăla tellus Unde ălit. Lucr. 1. 229. — 5. Mittunt et crēbros *rēdūcunt* nārĭbus auras. Lucr. 4. 990. — 6. Herbam Carpĕre ŏves dum mox frondōsa *rĕdūcitur* æstas. V. G. 3. 296. SYN. 1. rĕfĕro, fers, ferre, tŭli, lātum. — 1. 3. rĕdĭgo, ĭs, ēgi. — 2. servo, as, q. v. — 4. ēdo, ĭs, ēdĭdi, q. v. — 5. haurio, īs, si, stum, q. v. — 6. rĕvertor, ĕris, versus sum; rĕdeo, īs, īvi, ĭtum, q. v.

rĕductus, a, um. part. perf. pass. of prec. q. v. *Also retired (in situation), lowly.* —— Aut in *rĕductâ* valle mūgientium Prospectat errantes grĕges. Hor. Epod. 2. 13. SYN. cŭbans.

rĕduncus, a, um. *Bent back, hooked, crooked.* —— Vīrĭbus ūsus ăvis, pennis rostroque *rĕdunco.* Ov. Met. 12. 562. SYN. uncus, ăduncus, curvus, rĕcurvus, incurvus, curvātus, rĕcurvātus.

rĕdundo, as. no pass. except perf. part. **rĕdundātus** in dep. sense. 1. *To abound,* *to overflow, etc.*—2. *To redound, recoil.*——1. Guttŭre fac plēno sumta *rĕdundet* ăqua. Ov. R. A. 536. Sive *rĕdundātas* flūmĭne cogit ăquas. Ov. Tr. 3. 10. 52.—2. Si scĕlus est, in me commissi pœna *rĕdundet.* Ov. F. 6. 451. SYN. 1. ăbundo, ‡exundo.—2. rĕcĭdo, ĭs.

rĕdux, ŭcis. 1. *Returning, having returned* —2. *Causing a safe return, as epith. of the gods.*——1. Annuit ōranti, *rĕdŭcem* ut pătria alta vĭdēret. V. Æn. 11. 797.—2. Et sua det *rĕdŭci* vir meus arma Jŏvi. Ov. Her. 13. 50. SYN. 1. rĕdiens, euntis. v. redeo.

rĕfello, is. no perf. *To refute, to disprove.*——Pŭdet hæc opprŏbria nōbis Et dīci pŏtuisse, et non pŏtuisse *rĕfelli.* Ov. Met. 1. 759. SYN. rĕdarguo, ĭs; rĕfūto, as.

rĕfĕrio, ĭs. no perf. *To strike back, to reflect.*——Oppŏsĭtâ spĕcŭli *rĕfĕrĭtur* ĭmāgĭne Phœbi. Ov. Met. 4. 349. SYN. rĕpercŭtio, ĭs, cussi, sum, *only found in pass. part.*; †rĕpulso, as.

rĕfĕro, fers, ferre, tŭli, lātum. 1. *To bring back, to draw back.*—2. *To restore.*—3. *To represent.*—4. *To count.*—5. *To enumerate, to relate.*—6. *To remember.*—7. *To refer.*—8. *To repay, esp. gratitude, thanks, etc.*—9. *To repeat.*——1. Inde jŭbēte pĕti, et *rĕfĕrentem* ornāte *rĕlātis.* Ov. Met. 13. 122. *Rĕtŭlit* ille grădūs horruĕruntque cŏmæ. Ov. F. 2. 502.—2. O mihĭ prætĕrĭtos *rĕfĕrat* si Jūpĭter annos. V. Æn. 8. 560.—3. Si quis mihĭ parvŭlus aulâ Lūdĕret Ænēas, qui te tămĕn ōre *rĕferret.* V. Æn. 4. 330.—4. Cōgĕre dōnĕc ŏves stăbŭlis nŭmĕrumque *rĕferre* Jussit. V. E. 6. 85.—5. Is prīmum ante ăciem digna atque indigna *rĕlātu* Vōcĭfĕrans. V. Æn. 9. 595.—6. Tempus ŭbi est, quo tē, nĭsĭ si fŭgis illa *rĕferre.* Ov. Tr. 4. 3. 55.—7. Ad vultus *rĕfĕrens* singŭla verba tuos. Ov. Her. 16. 232.—8. O *rĕfĕrant* grātes quŏniam non possŭmus ipsi Dî tĭbĭ. Ov. Ep. e P. 2. 11. 25.—9. Eurȳdĭcen tōto *rĕfĕrēbant* flūmĭne rīpæ. V. G. 4. 527. SYN. 1. rĕdūco, ĭs, xi, ctum; rĕveho, is, xi; rĕporto, as.—2, 3. 8. reddo, ĭs, dĭdi, dĭtum.—4. recenseo, es, ui, *no sup.* q. v.—5. narro, as, q. v.—6. mĕmĭni, q. v.—8. solvo, is, vi, sŏlūtum; rĕpendo, is.—9. ĭtĕro, as, q. v.; ingĕmĭno, as.

rēfert. rare except in pres., impers. *It is of importance, it makes a difference.*——Nec mĭnĭmum *rēfert* intacta rŏsāria prīmus An sērâ carpas pæne rĕlicta mănu. Ov. Ep. e P. 3. 4. 61. SYN. intĕrest.

rĕfertio, īs, si, tum. *To cram full, to fill.*——Inque nĕgātūris cēra *rĕferta* nŏtis. Ov. Am. 1. 12. 8. v. plenus.

rĕfĭcio, ĭs, feci, fectum. 1. *To repair, to recruit, to replenish.*—2. *To refresh.*—1. At lăcĕras ĕtiam puppes fŭriōsa *rĕfēci.* Ov. Her. 2. 45. Semper ĕnim *rĕfĭce*, ac nē post āmissa rĕquīras Antĕvĕni. V. G. 3. 70.—2. Post ŭbĭ collectum rōbur vīresque *rĕfectæ.* V. G. 3. 235. SYN. 1. nŏvo, as; rĕnŏvo; instauro, as.—1, 2. rĕpăro, as.—2. rĕcreo, as. v. revoco, reformo.

rĕfīgo, is, xi, xum. *To unfix.*——Dŏmĭnumque pŏtentem Impŏsuit, fixit lēges prĕtio atque *rĕfixit.* V. Æn. 6. 622.

rĕfingo, ĭs, inxi, ictum. *To make again.*——Suffĭciunt, aulasque et cērea tecta *rĕfingunt.* V. G. 4. 202. SYN. rĕfĭcio, ĭs, fēci, q. v.; rĕformo, as.

rĕflāgĭto, as. *To ask again, repeatedly.*——Persĕquāmur eam et *rĕflāgĭtēmus.* Cat. 40. 6. SYN. rĕposco, is, q. v.

rĕflecto, ĭs, xi, xum. *To bend back, turn back, etc.*——Lūdar, et in mĕlius tua qui pŏtĕs orsa *rĕflectas.* V. Æn. 10. 632. Nec prius *āmissam* respexi, ănĭmumque *rĕflexi.* V. Æn. 2. 741. Inque căput crescit, longosque *rĕflectĭtur* angues. Ov. Met. 5. 547. PHR. Multa dies văriique lăbor mūtābĭlis ævi Rĕtŭlit in mĕlius. V.

†‡rĕflo, as. *To breathe forth, to exhale.*——Verbĕrat, hīc īdem cum dūcĭtur atque *rĕflātur.* Lucr. 4. 936. SYN. efflo.

‡rĕflōresco, is, rui. no sup. *To flourish or bloom again.*——Celsus ceu prīmâ *rĕflōrescente* jŭventâ. Sil. 15. 738. SYN. rĕvīreo, es, *and* rĕvīresco, is, *no perf.*

rĕfluo, ĭs, xi, xum. *To flow back, to ebb (as the sea, as a river falling after a flood, etc.), to flow backwards and forwards.*——Ut măre sollĭcĭtum strīdit *rĕfluentĭbus* undis. V. G. 4. 262.—Phrȳgiis Mæandrŏs in arvis Lūdit et ambĭguo lapsu *rĕfluit*que fluitque. Ov. Met. 8. 163. SYN. rĕlābor, ĕris, lapsus sum. PHR. Rĕtrahitque pĕdem sĭmŭl unda rĕlăbens. V.

rĕfluus, a, um. *Ebbing, ebbing and flowing.*——Et quas Ōceăni *rĕfluum* măre lāvit ărēnas. Ov. Met. 7. 267. SYN. rĕfluens.

‡rĕfŏdio, ĭs, fōdi, fossum. *To dig up.*——Tellūre *rĕfossâ* Occultos lătĭces abstrūsaque flūmĭna quærunt. Lucan. 4. 292. SYN. fŏdio, q. v.

rĕformīdo, as. *To fear.*——Membra *rĕformīdant* mollem quoque saucia tactum. Ov. Ep. e P. 2. 7. 13. SYN. formīdo; tĭmeo, es, ui, *no sup.*, q. v.

rĕformo, as. *To make or form anew.*——Sed prĕme, quicquid ĕrit, dum quod fuit ante *rĕformet.* Ov. Met. 11. 253. SYN. rĕfĭcio, ĭs, fēci; rĕfingo, ĭs, nxi.

rĕfŏveo, es, fōvi, fōtum. *To cherish, to revive* (*trans.*), *to rekindle.*——Pressâ *rĕfōvisti* pectŏra nostra tuis. Ov. Her. 11. 58. Sic ŭbĭ vexârat, tĕpĭdosque *rĕfōvĕrat* ignes. Ov. Am. 2. 19. 15. v. foveo.

rĕfrēno, as. *To rein in, to bridle, to check.*——Illa *rĕfrēnat* ăquas ōblĭquaque flūmĭna sistit. Ov. Her. 6. 87. SYN. frēno, cohĭbeo, es, q. v; contĭneo, es.

rĕfrĭco, as, ui. no sup. *To rub, to revive by rubbing.*——Admŏnĭtu *rĕfrĭcātur* ămor vulnusque nŏvātum Scindĭtur. Ov. R. A. 729. SYN. rĕfŏveo, es, fōvi.

rĕfrīgĕro, as. *To cool.*——Gurgĭtis inclūsâ sua membra *rĕfrīgĕrat* undâ. Ov. Met. 13. 903. PHR. Ipse sub arbŏreis vītābam frondĭbus æstum. Ov. Quŏque meos rĕlĕves æstus . . . aura vĕni. Ov.

rĕfrigesco, ĭs, frixi. no sup. *To grow cool, be cool.*——Parvo cor vulnĕre læsum Corpŏre cum tōto post tēla ēducta *rĕfrixit.* Ov. Met. 12. 422. v. frigeo.

rĕfringo, ĭs, frēgi, fractum. 1. *To break, to break off.*—2. *To break the power of, to subdue.*——1. Corrĭpit Ænēas extemplo ăvĭdusque *rĕfringit.* V. Æn. 6. 210.—2. Nec Priămi dŏmus Perjūra pugnāces Ăchīvos Hectŏreīs ŏpĭbus *rĕfringit.* Hor. 3. 3. 28. SYN. 1, 2. frango, q. v.—2. contundo, ĭs, tūdi; dēbello, as, q. v.

rĕfŭgio, is, fūgi, fŭgĭtum. 1. *To flee from, to avoid, to shun.*—2. *To flee back.*——1. Quamquam ănĭmus mĕmĭnisse horret luctuque *rĕfūgit.* V. Æn. 2. 12. Parvus ĕras mĕmĭni, nec te transīre *rĕfūgi.* Ov. Am. 3. 6. 5.—2. Saucius at quădrŭpes nōta intra tecta *rĕfūgit.* V. Æn. 7. 500. SYN. 1. fŭgio, q. v.

rĕfŭgus, a, um. *Fleeing away, fleeing back.*——Spemque suo *rĕfŭgi* flūmĭnis ōre sĕqui. Ov. Her. 18. 182. SYN. fŭgax, fŭgĭtīvus.

rĕfulgeo, es, si. no sup. *To shine brilliantly.*——Sōlis ĭnardescit rădiis longēque *rĕfulget.* V. Æn. 8. 624. SYN. fulgeo; nĭteo, es, *no sup.*, q. v.

rĕfundo, is, fūdi, fūsum. 1. *To pour back.*—2. *To pour.*——Ēgĕrit hic fluctūs, æquorque *rĕfundit* in æquor. Ov. Met. 11. 488. Ēmissamque hyĕmem sensit Neptūnus, et īmis Stagna *rĕfūsa* vădis. V. Æn. 1. 126.—2. Dīcĭtur, et tĕnĕbrōsa pălūs Ăchĕronte *rĕfuso.* V. Æn. 6. 107. SYN. 2. fundo, effundo.

†rĕfūtātus, ûs. *Refutation.*——Ancĭpĭtique *rĕfūtātu* convincĕre falsum. Lucr. 3. 526.

rĕfūto, as. *To refute, to disprove.*——Ītălia ad mortem si te, Fors dicta *rĕfūtet.* V. Æn. 12. 41. SYN. rĕfello, ĭs, *no sup.*; rĕdarguo, ĭs.

rēgālis, e. *Belonging to, concerning a king, royal, kingly.*——*Rēgāles* inter mensas lătĭcemque Lyæum. V. Æn. 1. 686. SYN. rēgius, rēgĭfĭcus.

rēgālĭter. *Royally, in a kingly manner.*——Excūsat, prĕcĭbusque mĭnas *rēgālĭter* addit. Ov. Met. 2. 397. SYN. ‡rēgĭfĭcē.

‡rĕgĕlo, as. *To thaw.*——Frīgŏra brūmæ Candĭdus āprīcâ Zĕphўrus *rĕgĕlāvĕrat* aurâ. Col. 10. 8. v. tepefacio.

‡rĕgĕmo, is, ui. no sup. *To groan again.*——Pīnus, et abjunctis *rĕgĕmunt* tăbŭlāta căvernis. Stat. Theb. 5. 390. v. gemo.

rĕgĕro, is, gessi, gestum. *To carry back, to throw back.*——Indĭciumque suæ vōcis tellūre *rĕgestā* Ōbruit. Ov. Met. 11. 188.

rēgia, æ. *A palace.*——*Rēgia* Sōlis ĕrat sublīmĭbus alta cŏlumnis. Ov. Met. 2. 1. SYN. pălātium, aula. v. ædes. PHR. Sic mĕmŏrat, sĭmŭl Ænēān in rēgia dūcit Tecta. V. Appāret dŏmus intus, et ātria longa pătescunt; Appārent Priămi, et vĕtĕrum pĕnĕtrālia rēgum. V. Pĕnĕtrant aulas et līmĭna rēgum. V. Rēgālia prōtĭnus illi Tecta pĕtunt.

‡rēgĭfĭcē. *Royally.*——*Rēgĭfĭce* ·xstructis cĕlĕbrant convīvia mensis. Sil. 11. 273. SYN. rēgālĭter.

rēgĭfĭcus, a, um. *Royal.*——Aurea fulcra tŏrīs, ĕpŭlæque ante ōra părātæ *Rēgĭfĭco* luxu. V. Æn. 6. 605. SYN. rēgālis, rēgius.

†rĕgigno, ĭs, gĕnui. *To produce again.*——Cum vĭdeam membra ac partes consumta *rĕgigni.* Lucr. 5. 245. SYN. rĕformo, as.

rĕgĭmen, ĭnis. neut. 1. *Rule, guidance.*—2. *A rudder.*——1. In quo consilium vitæ *rĕgĭmen*que lŏcātum est. Lucr. 3. 95.—2. Addĭdĭci *regĭmen*, dextrâ mŏdĕrante cărīnæ Flectĕre. Ov. Met. 3. 593. SYN. 1. impĕrium.—2. gŭbernācŭlum, *sync.* gŭbernâclum, q. v.

rēgīna, æ. *A queen.*——At *rēgīna* grăvi jamdūdum saucia cūrâ. V. Æn. 4. 1. v. domina, rex.

rĕgio, ōnis. fem. 1. *A region, a country, a district.*—2. *A place.*——1. Quæ *rĕgio* in terris nostri non plēna lăbōris? V. Æn. 1. 460.—2. Eurÿăle infēlix quâ tē *rĕgiōne* rĕlīqui? V. Æn. 9. 390. SYN. 1. terra, q. v., ōra; tractus, ûs; plăga.—2. lŏcus, pl. -i *and* -a.

rēgius, a, um. *Royal.*——Effŏdĕre lŏco signum quod *rēgia* Juno Monstrârat. V. Æn. 1. 443. SYN. rēgĭfĭcus, rēgālis.

§rĕglūtĭno, as. *To unglue, to loosen.*——Quæ nunc tuis ab unguĭbus *rĕglūtĭna* et remitte. Cat. 23. 9.

regnātor, ōris. masc. *A ruler.*——Haud păter ille vĕlit summi *regnātor* Ŏlympi. V. Æn. 7. 558. SYN. rector, mŏdĕrātor. v. rex.

regno, as. pass. only in part. **regnatus, regnandus,** and 3d sing. as impers. *To reign, to reign over.*——Prĭămĭdĕn Hĕlĕnum Graias *regnāre* per urbes. V. Æn. 3. 295. Et quâ pauper ăquæ Daunus ăgrestium *Regnāvit* pŏpŭlōrum. Hor. 3. 30. 12. Ēgrĕgius si unquam *regnandam* accēpĕrit Albam. V. Æn. 6. 770. Hic jam ter centum tōtos *regnābĭtur* annos. V. Æn. 1. 272. SYN. rĕgo, ĭs, xi, q. v.; dŏmĭnor, āris. PHR. (ferunt) Accēpisse Nŭmam pŏpŭli Lătiālis hăbēnas. Ov. Conjŭgio Æăcĭdæ Pyrrhi sceptrisque pŏtītum. V. Qui măre, qui terras omni dĭtiōne tĕnerent. V. Impĕrium terrĭs, ănĭmos æquābit Olympo. V. Luctantes ventos tempestātesque sŏnōras Impĕrio prĕmit. V. Utque diu sub eo sit publĭca sarcĭna rerum. Ov. Tōtum sub lēges mittĕret orbem. V.

regnum, i. *Kingdom, kingly power, country governed by a king, etc.*——Post ălĭquot mea *regna* videns mīrābor ăristas. V. E. 1. 70. Non sum quālis ĕram bŏnæ Sub *regno* Cўnăræ. SYN. impĕrium. v. ditio. PHR. Regnīs excessit ăvītis. V. Fāma vŏlat pulsum regnis cessisse pāternis Ĭdŏmĕnēa dŭcem. V. Ĭlus ĕrat dum res stĕtit Ĭlia regno. V. Tu pŏpŭlos urbesque et regna ingentia fīnis. Ov. Quæ tĭbī subjēci lātissĭma regna Lўcurgi. Ov. Ĕgŏ sum tĭbī nŏbĭle regnum? Ov. Partaque per glădios regna nŏcente mănu. Ov.

rĕgo, ĭs, xi, ctum. *To rule, to regulate.*——Tu *rĕgĕre* impĕrio pŏpŭlos Rŏmāne mĕmento. V. Æn. 6. 851. Qui *rĕgĕret* certis fīnĭbus arva lăpis. Tib. 1. 3. 43. SYN. dŏmĭnor, āris; mŏdĕror, āris; impĕro, as; præsum, q. v.; regno, as. v. tempero, dirigo. PHR. Cœlum et terras qui nūmĭne torquet. V.

rĕgressus, ûs. *A return.*——Dīcĕre *rĕgressus* non dăbat ille vĭro. Ov. A. A. 2. 32. SYN. rĕdĭtus, ûs; rĕcursus, ûs.

§rĕgŭla, æ. *A rule.*——*Rĕgŭla* peccātis quæ pœnas irrŏget æquas. Hor. Sat. 1. 3. 118. SYN. lex, lēgis, *fem.*, q. v.

Rēgŭlus, i. *A Roman general, taken prisoner and put to death by the Carthaginians in the first Punic war.*——Hoc căvērat mens prōvĭda *Rēgŭli*. Hor. 3. 5. 13., q. v. PHR. Qui rĕdĭmi Rŏmāno turpe pŭtāvit. Ov.

‡rĕgusto, as. *To taste again.*——Bărŏ, *rĕgustātum* dĭgito tĕrĕbrāre sălĭnum. Pers. 5. 138.

†rējecto, as. *To reject, to re-echo.*——Montes Icti *rējectant* vōces ad sīdĕra mundi. Lucr. 2. 330. SYN. rējĭcio, ĭs, jeci, q. v.; rĕpercŭtio, ĭs, cussi.

rējĭcio, also in Virg. sync. **reīcio, ĭs, jēci, jectum.** 1. *To reject, to throw off, to throw away.*—2. *To drive back.*——1. *Rējēcit* alto dōna nŏcentium Vultu. Hor. 4. 9. 41. Extemplo turbātæ ăcies versique Lătīni *rējĭciunt* parmas. V. Æn. 11. 619.—2. Tĭtўre pascentes a flūmĭne *reīce* căpellas. V. E. 3. 96. SYN. 1. objĭcio, dējĭcio; respuo, ĭs, ui, *no sup.* v. sperno.—2. ăbĭgo, ĭs, ēgi, actum; pello, ĭs, pĕpŭli, pulsum, q. v.

rĕlābor, ĕris, lapsus sum. 1. *To flow back.*—2. *To return.*——1. Quis nĕget arduis Prōnos *rĕlābi* posse rīvos Montĭbus? Hor. 1. 29. 11.—2. Flecte rătem Thēseu, versoque *rĕlābĕre* vento. Ov. Her. 10. 149. SYN. 1. rĕfluo, ĭs, xi.—2. rĕdeo, ĭs, ĭvi, ĭtum, q. v.

rĕlanguesco, ĭs, gui. no sup. *To languish again, to languish.*——Cum bĕnĕ pertæsum est, ănĭmoque *rĕlanguit* ardor. Ov. Am. 2. 9. 27. v. langueo.

rĕlātus, a, um, etc. etc. perf. part. pass. etc. from refero, q. v. *Brought back, related, etc.*——Nōmĭne mūtāto causa *rĕlāta* mea est. Ov. F. 3. 476.

rĕlaxo, as. *To loosen, to relax.*——Seu plūres călor ille vias, et cæca *rĕlaxat* Spīrāmenta. V. G. 1. 89. SYN. laxo ; solvo, ĭs, vi, sŏlūtum ; rĕsolvo ; dissolvo ; rĕmitto, is, mīsi, missum.

rĕlēgo, as. *To remove to a distance.*—2. *To entrust to be kept at a distance.*—3. *To ascribe.*——1. Atque ĭdeo tauros prŏcŭl atque in sōla *rĕlēgant* Pascua. V. G. 3. 312. Quippe *rĕlēgātus* non exsul dīcor in illo. Ov. Tr. 2. 137.—2. Hippŏlȳtum sēcrētīs alma rĕcondit Sēdĭbus, et nymphæ Ēgĕriæ nĕmŏrique *rĕlēgat.* V. Æn. 7. 775.—3. Illa quĭdem ornandi causas tĭbĭ, Dīva, *rĕlēgat.* Tib. 4. 6. 5. SYN. 1. āmŏveo, es, mōvi ; dīmŏveo ; ăbĭgo, ĭs, ēgi.—2. v. credo.—3. impŭto, as.

rĕlĕgo, ĭs, xi, ctum. 1. *To read over again.*—2. *To pass by again, to go over again.*—3. *To gather again.*——1. Scripta căvē *rĕlĕgas* blandæ servāta puellæ, Constantes ănĭmos scripta *rĕlecta* mŏvent. Ov. R. A. 717.—2. Dum prīma rĕtractant Fāta dŏmûs, *rĕlĕgunt*que suos sermōne lăbōres. Ov. Met. 4. 569. Tālia monstrābat *rĕlĕgens* errāta rĕtrorsum Littŏra Ăchæmĕnĭdes. V. Æn. 3. 690.—3. Jānua diffĭcĭlis fīlo est inventa *rĕlecto.* Ov. Met. 8. 173.

rĕlentesco, is. no perf. *To slacken.*——Nēve *rĕlentescat* sæpe rĕpulsus ămor. Ov. Am. 1. 8. 76. SYN. langueo, es, ui, *no sup.*, q. v. ; ēlangueo ; languesco, is ; rĕlanguesco.

rĕlĕvo, as. 1. *To lift up again.*—2. *To relieve.*——1. Traxit et ē terrâ corpus *rĕlĕvāre* vŏlentem Arcuit. Ov. Met. 9. 318.—2. Omnis ab hâc cūrâ mens *rĕlĕvāta* mea est. Ov. Tr. 1. 10. 12. SYN. 1, 2. lĕvo.—1. tollo, ĭs, sustŭli, sūblātum ; ērĭgo, ĭs.—2. rĕfĭcio, ĭs, fēci.

rēlĭgio, ōnis. fem. 1. *Religion.*—2. *Religious scruples, religious awe, etc.*——1. Neu pŏpŭlum antīquâ sub *rēlĭgĭone* tuēri. V. Æn. 2. 188.—2. Jam tum *rēlĭgio* păvĭdos terrēbat ăgrestes Dīra lŏci. V. Æn. 8. 349. SYN. 1. piĕtas.

rēlĭgiōsus, a, um. *Religious, holy.*——Corpŏra perque dŏmos et *rēlĭgiōsa* Deōrum Līmĭna. V. Æn. 2. 395. SYN. sanctus, q. v.

rĕlĭgo, as. 1. *To bind.*—2. *To unbind.*——1. Grāmĭneo rīpæ *rĕlĭgāvit* ab aggĕre classem. V. Æn. 7. 106.—2. Ait hæc mĭnax Cȳbēle, *rĕlĭgat*que jŭga mănu. Cat. 60. 84. SYN. 1. lĭgo, allĭgo ; vincio, ĭs, nxi ; dēvincio ; rĕvincio.—2. solvo, ĭs, vi, sŏlūtum, q. v. rĕsolvo.

rĕlĭno, ĭs, lēvi, lĭtum. *To open anything sealed.*——Si quando sēdem angustam servātaque mella Thēsauris *rĕlĭnes.* V. G. 4. 229. v. aperio.

rĕlinquo, ĭs, līqui, lictum. *To leave.*——Ipsa Păles ăgros, atque ipse *rĕlīquit* Apollo. V. E. 5. 35. SYN. linquo ; dēsĕro, ĭs, ui, sertum ; destĭtuo, ĭs, ui, ūtum. v. fugio.

rēlĭquiæ, ārum. fem. pl. *The remains of anything.*——Ex quo *rēlĭquias* dīvīnique ossa părentis Condĭdĭmus terrâ. V. Æn. 5. 47.

†‡rēlĭquus, a, um. *Remaining, the rest, etc.*——Corpŏre cum *rĕlĭquo* pugnam cædesque pĕtessit. Lucr. 3. 643.

rĕlūceo, es, xi. no sup. *To shine again, to shine.*——Occŭpat os flammīs ; olli ingens barba *rĕluxit.* V. Æn. 12. 300. SYN. lūceo ; fulgeo, es, si, *no sup.* ; rĕfulgeo ; nĭteo, es, ui, *no sup.* q. v. ; ēnĭteo, prænĭteo.

rĕluctor, āris. *To strive against, to be reluctant.*——Ōre *rĕluctanti* fulmĭnis īre mŏdo. Ov. Am. 3. 4. 14. SYN. luctor ; rĕsisto, ĭs, stĭti, *no sup.* q. v. ; rĕpugno, as. v. invitus.

rĕmăneo, es, si, sum. *To remain.*——Quo fŭgĭs, o *rĕmănē*, nec me crūdēlis ămantem Dēsĕre. Ov. Met. 3. 477. SYN. măneo, permăneo ; resto, as, stĭti, *no sup.*

†rĕmāno, as. *To flow back.*——Percōlātur ĕnim vīrus, rētroque *rĕmānat.* Lucr. 5. 270. SYN. rĕfluo, is, xi ; rĕlābor, ĕris, lapsus sum.

‡rĕmeābĭlis, e. *Which returns again.*——Nē vulgāte mihī, Quis ĕnim *rĕmeābĭle* saxum. . . . . Nesciat? Stat. Theb. 4. 537.

†rĕmĕdium, i. *A remedy.*——Nec rătio *rĕmĕdī* commūnis certa dăbātur. Lucr. 6. 1225. SYN. mĕdĭcīnă, q. v.

rĕmeo, as. *To return.* Si pătrios unquam *rĕmeâssem* victor ad Argos. V. Æn. 2. 95. SYN. rĕdeo, ĭs, īvi, ĭtum, q. v. ; rĕvertor, ĕris, versus sum.

rĕmētior, īris, rĕmensus sum. perf. part. used both in act. and pass. sense. *To measure over again, often, esp. by going over again.*——Si mŏdŏ rite mĕmor servāta *rĕmētior* astra. V. Æn. 5. 25. Arma Deosque părant cŏmĭtes, pĕlăgoque *rĕmenso* Imprŏvĭsi ădĕrunt. V. Æn. 2. 181. v. metior.

rēmex, īgis. masc. *A rower.* —— Vēlōcem Mnestheus ăgit acri *rēmige* pristin. V. Æn. 5. 116. SYN. nāvĭta, æ, *masc.*; nauta, æ, *masc.* v. remigium.

rēmĭgium, i. *The collection of oars, etc., in a ship, even one pair of sculls.* — 2. *The motion of rowing, lit. and metaph.* — 3. *The crew.* —— 1. Non ălĭter quam qui adverso vix flūmĭne lembum *Rēmĭgiis* sŭbĭgit. V. G. 1. 201. — 2. Findĭte *rēmĭgio* nāvĭta dixit ăquas. Ov. F. 3. 586. — 1, 2. Reddĭtus his prīmum terris tibi Phœbe săcrāvit *rēmĭgium* ālārum. V. Æn. 6. 19. Vŏlat ille per āĕra magnum *rēmĭgio* ālārum. V. Æn. 1. 301. — 3. *Rēmĭgium* supplet, sŏcios sĭmŭl instruit armis. V. Æn. 3. 471. SYN. 1. v. remus. — 3. v. remex. PHR. Jŭvĕnes . . . . rĕdūcunt Ordĭnĭbus gĕmĭnīs ad fortia pectŏra rēmos, Æquālique ictu scindunt frĕta. Ov. Jŭvĕnīlĭbus acta lăcertis Phryxēam pĕtiit Pelĭās arbor ŏvem. Ov. Rēmīs ērŭta cānet ăqua. Ov. It grăvis Aulestes, centēnāque arbŏre fluctum Verbĕrat assurgens, spūmant văda marmŏre versa. V. Quique rĕfert părĭter lentos ad pectŏra rēmos In nŭmĕrum pulsā brachia versat aquā. Ov. Agmĭne rēmŏrum cĕlĕri ventisque vŏcātis Prōna pĕtit măria. V. Dāte vēla, impellĭte rēmos. V. Et quando infīdum rēmīs impellĕre marmor Convĕniat. V. Verrĭmus et prōni certantĭbus æquŏra rēmis. V. Collĭgĕre arma jŭbet vălĭdisque incumbĕre rēmis. V. Classis centēnis rēmĭgat ālis. Prop.

rēmĭgo, ās. *To row.* —— Nec te, quod classis centēnis *rēmĭget* ālis Terreat. Prop. 4. 6. 47. SYN. subrēmĭgo. v. prec.

†rēmĭgro, ās. *To return.* —— Inde lŏcum quando *rĕmĭgrant* fit blanda vŏluptas. Lucr. 2. 964. SYN. rĕdeo, īs, īvi, ĭtum, q. v.

rĕmĭniscor, ĕris. no perf. *To remember.* —— Nam mŏdŏ vos ănĭmo dulces *rĕmĭniscor* Ămīcos. Ov. Ep. e P. 1. 8. 31. SYN. rĕcordor, āris; mĕmĭni, q. v. rĕcŏlo, ĭs, ui; rĕfĕro, fers, ferre, tŭli, lātum.

rĕmisceo, es, ui, mistum or **mixtum.** *To mingle together.* —— Lȳdis *rĕmisto* carmĭne tībiis. Hor. 4. 15. 30. SYN. misceo, q. v.; permisceo, immisceo.

rĕmissus, a, um. prop. part. perf. pass. of seq., but used also almost as adj.—— 1. *Loose, unstrung, relaxed, etc.* — 2. *Low.* — 3. *Merry.* — 1. Deque meis mănĭbus lōra *rĕmissa* fluent. Ov. Am. 3. 2. 14. Stāmĭna de dĭgĭtis cĕcĭdēre sŏpōre *rĕmissis.* Ov. Her. 19. 197. Perfĭdum rīdens Vĕnus et *rĕmisso* Fīlius arcu. Hor. 3. 27. 67. — 2. Mons ĕrat ascensu dūbius festoque *rĕmissus.* Prop. 4. 4. 81. — 3. Forte Jŏvem mĕmŏrant diffūsum nectăre cūras sēpŏsuisse grăves, văcuāque ăgĭtāsse *rĕmissos* Cum Jūnōne jŏcos. Ov. Met. 3. 319. SYN. 1. 3. sŏlūtus. — 1. laxus. — 2. rĕductus, cŭbans, hŭmĭlis. — 3. hĭlăris, q. v.

rĕmitto, ĭs, mīsi, missum. 1. *To send back.* — 2. *To remit, to slacken.* — 3. *To dissolve.* — 4. *To permit.* — 5. *To lay aside.* — 6. *To cease, to desist, to forbear.* —— 1. Nec lĕviora dătis Trōjāni dōna *rĕmittunt.* Ov. Met. 14. 702. 2. Rēmĭgiis sŭbĭgit, si brāchia forte *rĕmīsit.* V. G. 1. 202. Namque mihi rĕfĕrunt cum sē fūror ille *rĕmīsit* Omnia. Ov. Her. 14. 51. Rector Cervīcis rĭgĭdæ fræna *rĕmittit* ĕquo. Ov. Tr. 1. 3. 115. Aspĕra confesso verba *rĕmitte* reo. Ov. Ep. e P. 2. 6. 8. — 3. Frĭgŏre mella Cōgit hyems, eădemque călor lĭquĕfacta *rĕmittit.* V. G. 4. 36. — 4. Sed mŏra damnōsa est, nec res dŭbĭtāre *rĕmittit.* Ov. Met. 11. 376. — 5. Hos pŏtius pŏpŭlos in dōtem ambăge *rĕmissā* Accĭpe. Ov. Her. 7. 149. — 6. Quid bellĭcōsus Cantăber aut Scȳthes, Hirpīne Quinctī cōgĭtet, Ădriā Dīvīsus objecto *rĕmittas* Quærĕre. Hor. 2. 11. 3. SYN. 2. laxo, as; rĕlaxo. — 2, 3. solvo, ĭs, vi, sŏlutum; dissolvo, rĕsolvo. — 4. permitto, q. v.; sĭno, ĭs, *rare in perf.* — 5. pōno, ĭs, pŏsui, ĭtum. — 6. parco, ĭs; pĕperci, *no sup.*; ŏmitto, dēsĭno, ĭs, sīvi, *no sup.*

rĕmōlior, īris. *To remove by an effort.* —— Sæpe *rĕmōlīri* luctātur pondĕra terræ. Ov. Met. 5. 354. SYN. ‡āmōlior; āmŏveo, es, mōvi; rĕmŏveo, q. v.

rĕmollesco ĭs. no sup. *To grow soft again; to grow soft, lit. and metaph.* —— Sōle *rĕmollescit* quæ frīgŏre constĭtit unda. Ov. Met. 9. 661. Atque ĭtă, si prĕcĭbus dixĕrunt nūmĭna justis Victa *rĕmollescunt,* si flectĭtur īra Deōrum. Ov. Met. 1. 378. SYN. mollior, īris; rĕmollior. v. mansuesco.

rĕmollio, īs. *To soften.* —— Salmăcis ēnervet, tactŏsque *rĕmolliat* artus. Ov. Met. 4. 286. SYN. mollio.

rĕmŏrāmĕn, ĭnis. *A delay, a hindrance, an obstacle.* —— Et crescit răbies, *rĕmŏrāmĭna*que ipsa nŏcēbant. Ov. Met. 3. 567. SYN. mŏra.

rĕmordeo, es, di, sum. 1. *To bite again, in retaliation.* — 2. *To vex.* —— 1.

Et mē *rĕmorsūrum* pĕtis. Hor. Epod. 6. 4.—2. Hic tĭbĭ, fābor ĕnim, quando hæc te cūra *rĕmordet*. V. Æn. 1. 261. SYN. 2. mordeo; vexo, as, q. v.

rĕmŏror, āris. trans., perf. part. both in act. and pass. sense. *To delay.*——Et fŭgiunt frēno non *rĕmŏrante* dies. Ov. F. 6. 772. Et rursus pōmi jactu *rĕmŏrāta* sĕcundi Consĕquĭtur. Ov. Met. 10. 671. SYN. mŏror; tardo, as; rĕtardo.

rĕmōtus, a, um. prop. part perf. pass. from seq., q. v., used as adj. *Remote, distant.*——Nympha jŭbet quæri de mōre *remōtius* antrum. Ov. F. 6. 121. SYN. longinquus, q. v., submōtus.

rĕmŏveo, es, mōvi, tum. 1. *To remove.*—2. **(rĕmŏveo me)** *To withdraw.*——Rōrantesque cŏmas a fronte *rĕmōvit* ad aures. Ov. Met. 5. 488.—2. Mēque mĭnistĕrio scĕlĕrisque artisque *rĕmōvi*. Ov. Met. 3. 645. SYN. 1. āmŏveo, dīmŏveo. v. rĕmōlior.—2. me rĕcĭpio, ĭs, cēpi; dēcēdo, ĭs, cessi, q. v.

rĕmūgio, īs. 1. *To answer by lowing.*—2. *To re-echo.*——Pectŏre, quodque ūnum pŏtĕs ad mea verba, *rĕmūgis*. Ov. Met. 1. 657.—2. Et vox assensu nĕmŏrum ingĕmĭnāta *rĕmūgit*. V. G. 3. 45. SYN. 2. rĕsŏno, as.

rĕmulceo, es, si, sum. *To wag.*——Conscius audācis facti, caudamque *rĕmulcens*. V. Æn. 11. 812. v. mulceo.

rĕmūnĕror, āris. *To reward, to requite.*——Ac te his supplĭciis *rĕmūnĕrābor*. Cat. 18. 20. PHR. Quæ vōbis, quæ digna, vĭri, pro laudĭbus istis Præmia posse rear solvi? V. v. præmium.

rĕmurmūro, as. *To murmur again, to resound.*——Quā vāda non spīrant, nec fracta *rĕmurmŭrat* unda. V. Æn. 10. 291. SYN. rĕboo, as; rĕmūgio, īs; rĕsŏno, as, q. v.

Rĕmus, i. *The brother of Romulus.*——Intĕreā crescente *Rĕmo*, crescente Quĭrīno. Ov. F. 3. 41.

rēmus, i. *An oar.*——Non frēta dēmissi verrēbant ērŭta *rēmi*. Ov. Am. 3. 8. 43. SYN. tonsa, palmŭla. v. remigium. PHR. rēmōrum in verbĕre perstant. Ov. Quā rēmus ĭter pulsis mŏdŏ fēcĕrat undis. Ov. Olli certāmĭne summo Prōcumbunt, vastis trĕmit ictĭbus ærea puppis Subtrahĭturque sŏlum. V. At si nostra tuo spūmescant æquŏra rēmo. Ov. Ăgĭli pĕrăgit frēta cærŭla rēmo. Ov. Utque făcis, rēmīs ad ŏpem luctāre fĕrendam. Ov. Nec pŏtĕrit rĭgĭdas findĕre rēmus ăquas. Ov. Adnixi torquent spūmas et cærŭla verrunt. V.

rĕnarro, as. *To relate again, to relate.*——Sic păter Æneas intentīs omnĭbus unus Fāta *rĕnarrābat* Dīvûm. V. Æn. 3. 717. SYN. narro, q. v.; rĕfĕro, fĕrs, ferre, tŭli, latum.

rĕnascor, ĕris, nātus sum. *To be born again, to arise or exist again.*——Corpŏre de pătrio parvum phœnīca *rĕnasci*. Ov. Met. 15. 402. Hăbĭtatque sub alto Pectŏre, nec fībris rĕquies dătur ulla *rĕnatis*. V. Æn. 6. 600. SYN. rĕsurgo, ĭs. PHR. Tum pater omnĭpŏtens, Ălĭquem indignātus ab umbris mortālem infernīs ad līmĭna surgĕre vītæ. V.

rĕneo, es, nēvi, tum. *To spin again.*——At Plūto Clōthoque dŏlent hæc fīla *rĕnēri*. Ov. F. 6. 757.

rēnes, ium. pl. masc. *The reins, the kidneys.*——Quod lătus aut *rēnes* morbo tentantur ăcūto. Hor. Sat. 2. 3. 163.

rĕnīdeo, es. no perf. *To shine.*——Non ĕbur nĕque aureum Meā *rĕnīdet* in dŏmo lăcūnar. Hor. 2. 18. 2. SYN. nĭteo, es, *no sup.* q. v.; †rĕnīdesco, is, *no perf.*

†rĕnīdesco, ĭs. no perf., another pres. form of prec., q. v.——Ære *rĕnīdescit* tellus; subterque vĭrum vi. Lucr. 2. 28.

rĕno, as. *To swim or float again.*—2. *To swim back.*——Sed jūrēmus ĭn hæc; sĭmŭl ĭmis saxa *rĕnārint* Vădis lĕvāta. Hor. Epod. 16. 25.—2. Nullaque per Stўgias umbra *rĕnāvit* ăquas. Ov. ad Liv. 432.

rĕnōdo, as. *To tie in a knot behind.*——Aut tĕrĕtis pŭĕri longam *rĕnōdantis* cŏmam. Hor. Epod. 11. 42. v. religo.

rĕnŏvāmĕn, ĭnis. neut. *A renewing, a change.*——Forma sĕmel mōta est, et ĭn hŏc *rĕnŏvāmĭne* mansit. Ov. Met. 8. 729.

rĕnŏvo, as. *To renew.*——Nam non sum tanti, ut *rĕnŏvem* tua vulnĕra Cæsar. Ov. Tr. 2. 209. SYN. nŏvo. v. instauro, retexo.

rĕnuo, ĭs, ui. no sup. *To refuse.*——Quod pŏtui *rĕnuī* ne nōn invīta tĕnērer. Ov. Her. 8. 5. SYN. ābnuo; nĕgo, as, q. v.; dēnĕgo. v. seq.

†**rĕnūto, as.** *To refuse*, i. e. *be unable.* — Incŏlŭmis transīre pŏtest, sĭmŭlācra *rēnŭtant.* Lucr. 4. 602. v. prec.

reor, rēris, rătus sum. 1. *To think.* — 2. *To ratify, chiefly in part.* rătus *in pass. sense*, q. v. —— 1. Princĭpio Ītălĭam, quam tu jam *rēre* prōpinquam. V. Æn. 3. 381.—2. Tu mihĭ dixisti, sint *răta* dicta Jŏvis. Ov. F. 2. 488. SYN. 1. pŭto, as, q. v.; crēdo, ĭs, dĭdi, q. v.—2. sancio, īs, *not in sup.*

rĕpāgŭla, ōrum. neut. pl. 1. *A bolt.* — 2. *A barrier.* —— 1. Raptaque de dextro rōbusta *rĕpāgŭla* poste. Ov. Met. 5. 120. — 2. Tinnītibus auras Flammĭfĕras implent, pĕdĭbusque *rĕpāgŭla* pulsant. Ov. Met. 2. 156. SYN. 1, 2. ŏbex, objĭcis, *masc.* q. v.

rĕpandus, a, um. *Bent backwards, crooked.* —— Brāchia non hăbuit, truncoque *rĕpandus* in undas Corpŏre dēsĭluit. Ov. Met. 3. 681. SYN. pandus, curvus, q. v.

rĕpărābĭlis, e. *What can be repaired.* —— Nullâ *rĕpărabĭlis* arte Læsa pŭdīcĭtia est; dēpĕrit illa sĕmel. Ov. Her. 5. 103.

‡**rĕpărātor, ōris.** masc. *A repairer.*——Ipse ĕtiam immensi *rĕpărātor* maxĭmus ævi. Stat. Sylv. 4. 1. 11. v. repostor.

rĕpăro, as. 1. *To repair.* — 2. *To refresh.* — 3. *To procure.* —— 1. Nec nŏva crescendo *rĕpărābat* cornua Phœbe. Ov. Met. 1. 11. — 2. Ea fessa diurnis Membra mĭnisteriis nūtrit, *rĕpăratque* lăbōri. Ov. Met. 4. 216. — 3. Vīna Sўrâ *rĕpărāta* merce. Hor. 1. 31. 12. SYN. 1, 2. rĕfĭcio, ĭs, fēci, q. v. — 1. sarcio, īs, si, tum. — 3. păro, as, q. v.

‡**rĕpecto, is, xui, xum.** *To uncomb, to disorder* (*hair*). —— Colla tŏris crīnīta tŭment, stantesque *rĕpectit* Aura jŭbas. Stat. Theb. 6. 418. v. turbo.

rĕpello, ĭs, rĕpŭli, rĕpulsum. 1. *To drive away, repel, reject.*—2. *To overturn.* —— 1. Cuique lŏci lĕges dĕdĭmus connūbia nostra *Rēpŭlit.* V. Æn. 4. 214.—2. Thrācius ingenti mensas clāmōre *rĕpellit.* Ov. Met. 6. 661. SYN. 1. pello, *perf.* pĕpŭli; rējĭcio, ĭs, jēci; rĕtorqueo, es, rsi, rtum. — 2. ēverto, ĭs, ti, q. v.

rĕpendo, ĭs, di, sum. 1. *To weigh back.* — 2. *To repay.* — 3. *To compensate, to balance* (*one thing against another*). — 4. *To ransom.* —— 1. Æquaque fāmōsæ pensa *rĕpendis* hĕræ. Ov. Her. 9. 78. — 2. Me răpe, et alternâ lēge *rĕpende* vĭces. Prop. 4. 4. 56. — 3. Ingĕnio formæ damna *rĕpendŏ* meæ. Ov. Her. 15. 32. Sōlābar, fātis contrāria fāta *rĕpendens.* V. Æn. 1. 243. — 4. Auro *rĕpensus* scīlĭcet ācrior Mīles rĕdībit. Hor. 3. 5. 25. SYN. 2. solvo, ĭs, vi, sŏlūtum.—3. penso, as; compenso.—4. rĕdĭmo, ĭs, ēmi, emtum.

rĕpens, entis. *Sudden.* —— Quo ruĭtis, quæve ista *rĕpens* discordia surgit? V. Æn. 12. 313. SYN. rĕpentīnus, sŭbĭtus.

rĕpente. *Suddenly.* —— Pressit hŭmi nĭtens, trĕpĭdusque *rĕpente* rĕfūgit. V. Æn. 2. 380. SYN. sŭbĭtus.

rĕpentīnus, a, um. *Sudden.* —— Inque *rĕpentīnos* convīvia versa tŭmultus. Ov. Met. 5. 5. SYN. rĕpens, sŭbĭtus.

rĕpercŭtio, ĭs, cussi, sum. rare except. in perf. part. pass. *To strike back, so as to reflect sights, re-echo sounds, etc.* —— Sōle *rĕpercussum* aut rădiantis ĭmāgĭne lūnæ. V. Æn. 8. 23. SYN. rĕfĕrio, īs, *no perf.*

rĕpĕrio, īs, rĕpĕri, rĕpertum. *To find, to find out, discover, invent.* —— Ah pĕreat quīcunque mĕrăcas *rĕpĕrit* ūvas. Prop. 2. 27. 27. Dīc ăge Namque mihĭ fallax haud ante *rĕpertus* (Apollo, sc.). V. Æn. 6. 343. SYN. compĕrio; invĕnio, īs, vēni, ventum. v. detego.

rĕpertor, ōris. masc. *A finder, an inventor.* —— Carmĭnis et mĕdĭcæ Phœbe *rĕpertor* ŏpis. Ov. R. A. 76. SYN. inventor, commentor, părens, auctor, monstrātor.

rĕpĕtītor, ōris. masc. *One who demands back, seeks to recover.* —— Sit sŏcer exemplo nuptæ *rĕpĕtītor* ădemtæ. Ov. Her. 8. 19.

rĕpĕto ĭs, īvi, ītum. 1. *To demand back.* — 2. *To trace back.* — 3. *To seek again, return to.* — 4. *To recollect.* —— 1. Nec *rĕpĕtīta* sĕqui cūret Prōserpĭna mātrem. V. G. 1. 39.—2. Et Turno, si prīma dŏmûs *rĕpĕtātur* ŏrīgo. V. Æn. 7. 371. Hinc Dardănus ortus; Huc *rĕpĕtit.* V. Æn. 7. 241. — 3. Cum prīmum pasti *rĕpĕtent* præsēpia tauri. V. E. 7. 39. — 4. Gĕnĭtor mihĭ tālia namque (nunc *rĕpĕto*) Anchīses fātōrum arcāna rĕlīquit. V. Æn. 7. 122. SYN. 1. rĕposco, ĭs, *no sup.* — 3. rĕquīro, ĭs, quīsīvi; rĕvīso, is. v. rĕdeo.—4. mĕmĭni, q. v.

rĕpexus, a, um. *Combed.*——Hesternam crēdas, illa *rĕpexa* mŏdo est. Ov. A. A. 3. 154. v. como.

rĕpleo, es, ēvi, ētum. 1. *To fill.*—2. *To supply a deficiency.*——1. Et mēcum vestros flōre *rĕplēte* sinus. Ov. F. 4. 432.—2. Hæc ĕgŏ, quod vōci deerat clāmōre *rĕplēbam.* Ov. Her. 10. 37. SYN. 1. impleo, compleo.

‡rĕplictus, a, um. sync. for replicitus. *Unfolded.*——Non ellychnia sicca, non *rĕplictæ* Bulborum tūnĭcæ. Stat. Sylv. 3. 9. 29.

rēpo, ĭs, psi. no sub. *To creep, to crawl.*——Forte per augustam tĕnuis, nĭtĕdūla rīmam *Repsĕrat* in cămĕram frūmenti. Hor. Epist. 1. 7. 29. SYN. +§‡repto, as; serpo, ĭs.

rĕpōno, ĭs, pŏsui, pŏsĭtum, and sync. **pôstum.** 1. *To place again, to put back, to replace.*—2. *To rebuild, repair.*—3. *To lay by, to lay up.*—4. *To lay aside.*—5. *To place.*——1. Altius ingrĕdĭtur, et mollia crūra *rĕpōnit.* V. G. 3. 76.—2. Ipsi transtra nŏvant flammisque ambēsa *rĕpōnunt* Rōbŏra. V. Æn. 5. 752.—3. Formīcæ farris ăcervum Cum pŏpŭlant hyĕmis mĕmŏres, tectoque *rĕpōnunt.* V. Æn. 4. 403. Quando *rĕpostum* Cæcŭbum ad festas dăpes . . . . bĭbam. Hor. Epod. 9. 1.—4. Persolvo, hic victor cæstus artemque *rĕpōno.* V. Æn. 5. 484.—5. Nīdum Ante fŏres săcras Hўpĕrīŏnis æde *rĕpōnit.* Ov. Met. 15. 408. SYN. 1. restĭtuo, ĭs, ui, ūtum.—2. rĕfĭcio, ĭs, fēci, ctum.—4. dēpōno.—4, 5. pōno, q. v.

rĕporto, as. 1. *To bring back.*—2. *To report.*——1. Quā victrix rĕdit illas pĕdemque ex hoste *rĕportat.* V. Æn. 11. 764.—2. Et mea cum multis lăcrўmis mandāta *rĕporta.* Prop. 3. 4. 37. SYN. 1, 2. rĕfĕro, fers, ferre, rĕtŭli, rĕlātum, q. v.

rĕposco, ĭs. no perf. 1. *To demand back again.*—2. *To demand.*——1. Tyndăris infestis fŭgĭtīva *rĕposcĭtur* armis. Ov. Her. 5. 91.—2. Quos illi fors ad pœnas ob nostra *rĕposcent* Effŭgia. V. Æn. 2. 139. SYN. 1. rĕpĕto, ĭs, īvi.—2. posco, q. v.; pĕto.

rĕpostor, ōris. masc. *A rebuilder, a restorer.*——Templōrum pŏsĭtor, templōrum sancte *rĕpŏstor.* Ov. F. 2. 63.

§rĕpŏtia, ōrum. *A feast on the day after marriage.*——Ille *rĕpŏtia,* nātāles, ăliosve dierum Festos albātus cĕlĕbret. Hor. Sat. 2. 2. 60.

§rĕpræsento, as. *To represent.*——Virtŭtemne *rĕpræsentet* mōresque Cătōnis. Hor. Epist. 1. 19. 14. SYN. reddo, ĭs, dĭdi; rĕfĕro, fers, ferre, rĕtŭli, rĕlātum.

rĕprehendo, and sync. **rĕprĕndo, ĭs, di, sum.** 1. *To take hold of, esp. so as to check.*—2. *To blame.*——1. Contĭneo gĕmĭtūs, ēlapsaque verba *rĕprĕndo.* Ov. Her. 11. 53.—2. Offĭcium nēmo qui *rĕprĕhendat* ĕrit. Ov. Ep. e P. 3. 4. 79. SYN. 1. contĭneo, es, ui, *no sup.,* q. v.—2. culpo, as, q. v.; incrĕpo, as, ui.

rĕprehensor, ōris. masc. *A blamer.*——Dēlicti fīes īdem *rĕprehensor* et auctor. Ov. Her. 17. 219. SYN. censor.

rĕprĭmo, ĭs, pressi, pressum. *To repress, to check.*——Stĕtit ācer in armis Ænēas volvens ŏcŭlos, dextramque *rĕpressit.* V. Æn. 12. 939. SYN. prĕmo; coerceo, es, ui, *no sup.*; tĕneo, es, ui, *no sup.*; contĭneo; cohĭbeo, es, ui, *no sup.*; mŏdĕror, āris; frēno, as, q. v. v. sisto.

+§‡repto, as. *To creep, to crawl.*——An tăcĭtum sylvas inter *reptāre* sălūbres. Hor. Epist. 1. 4. 4.——Et Nĕmees *reptātus* ăger lūcosque per omnes. Stat. Theb. 5. 581. SYN. rēpo, ĭs, psi, q. v.

rĕpugno, as. 1. *To resist.*—2. *To be repugnant, unwilling, etc.*——Illa quĭdem sentit fœdoque *rĕpugnat* ămōri. Ov. Met. 10. 319. Ferrea crēde mihī non sum, sed ămāre *rĕpugno.* Ov. Her. 17. 137. SYN. 1. rĕsisto, ĭs, stĭti, *no sup.* q. v.—1, 2. rĕluctor, āris. v. nolo.

rĕpulsa, æ. *A repulse.*——Tu pĕtis ex tūto, grăvior mihi morte *rĕpulsa* est. Ov. Her. 20. 167.

+rĕpulso, as. *To strike back, reverberate.*——Ĭtă colles collĭbus ipsis Verba *rĕpulsantes* ĭtĕrābant dicta rĕferre. Lucr. 4. 581. SYN. rĕfĕrio, ĭs, *no perf.*

+rĕpulsus, ûs. *A beating back, so as to reflect or reverbate.*——Assĭduo crēbrōque *rĕpulsu* Rējectæ reddunt spĕcŭlōrum ex æquŏre vīsum. Lucr. 4. 106.

rĕpulsus, a, um. part. perf. pass. from repello, q. v. *Repulsed, etc.*——Incĭpiam, fracti bello fatisque *rĕpulsi* Ductōres Dănaûm. V. Æn. 2. 13.

rĕpurgo, as. *To clean, to purify.*——Quicquid in Æneâ fuerat mortāle *rĕpurgat.* Ov. Met. 14. 603.

†‡rĕpŭto, as. *To think, to consider.*——Crēdis, nec *rĕpŭtas* cur millia multa ănĭmārum Convĕniant. Lucr. 3. 724. SYN. pŭto ; mĕdĭtor, āris ; consīdĕro, as.

rĕquies, ēi and † **ētis.** fem. *Rest.*——Tempus ĭnāne pĕto, *rĕquiem* spătiumque fŭrōri. V. Æn. 4. 423. SYN. quies, ētis, *fem.*

rĕquiesco, ĭs, ēvi. no sup. 1. *To rest.*—2. *To cause to rest.*——1. Sæpe grĕges inter *rĕquiēvĭmus* arbŏre tecti. Ov. Her. 5. 13. —2. Quamvīs ille suam lassus *rĕquiescat* ăvēnam. Prop. 2. 34. 75. SYN. 1. quiesco, acquiesco.

rĕquiētus, a, um. *Having rested.*——Da rĕquiem, *rĕquiētus* ăger bĕnĕ crēdĭta reddit. Ov. A. A. 2. 351.

rĕquīro, ĭs, quīsīvi, tum. 1. *To seek.*—2. *To seek in vain, to miss.*—3. *To ask.*——1. Illa rĕdit, jŭvĕnemque ŏcŭlis ănĭmoque *rĕquīrit.* Ov. Met. 4. 129.—2. Multos tamen inde *rĕquīro* Quos quondam vīdi vestrâ prius urbe rĕceptos. Ov. Met. 7. 515.—3. Nec quŏtus annus eat, nec quo sit nāta *rĕquīre* Consŭle. Ov. A. A. 2. 663. SYN. 1. 3. quæro, q. v.—2. dēsīdĕro, as.—3. rŏgo, as.

res, rĕi. in Lucr. also **rēi.** fem.——1. *A thing, an affair, a circumstance, a business, etc.*—2. *A fact, a result, reality.*—3. *Property.*——1. *Res* est sōllĭcĭti plena tĭmōris ămor. Ov. Her. 1. 12. Postquam *res* Ăsiæ Prĭămique ēvertĕre gentem Immĕrĭtam vīsum Sŭpĕris. V. Æn. 3. 1. Pro *rē* pauca loquar. V. Æn. 4. 337.——2. Aut sĭnĕ *rē* nōmen Deus est frustrāque tĭmētur. Ov. Am. 3. 3. 23. Vāna diu vīsa est vox augŭris ; Exĭtus illam, *Res*que prŏbat. Ov. Met. 3. 350. *Res*que dŏmi gestas (res gestæ, *meaning peculiarly warlike exploits*) Et mea bella căno. Ov. Am. 2. 18. 12.—3. Et *res* hærēdem rēpĕrit illa suum. Ov. Ep. e P. 2. 2. 54. v. negotium, v. factum, v. scena, v. divitiæ.

‡rĕsălūto, as. *To salute again.*——Nunc ŭtrumque suo *rĕsălūtat* nōmĭne quantum. Mart. 5. 22. 3.

rĕsānesco, ĭs, nui. *To become sound again in body, or esp. in mind.*——Nunc tĭmor omnis ăbest, ănĭmique *rĕsānuit* error. Ov. Am. 1. 10. 9. SYN. sānor, āris ; rĕvălesco, ĭs, lui, *no sup.* v. resipisco.

rescindo, ĭs, scĭdi, scissum. 1. *To cut off.*—2. *To cut down, to destroy.*—3. *To tear open again, to rip up.*——Sit sătis e membris tĕnuem *rescindĕre* vestem. Tib. 1. 10. 63.—2. Et conjūrātos cœlum *rescindĕre* frātres. V. G. 1. 280.—3. Ergo quīcunque es *rescindĕre* vulnĕra nōli. Ov. Tr. 3. 11. 63. SYN. 1. abscindo ; rĕsĕco, as, ui, q. v.—2. ēverto, ĭs, ti, sum ; dēleo, es, ēvi.

rescīŏ, īs, īvi. *To ascertain, to know.*——Aut si *rescīĕrit,* sunt o sunt jurgia tanti. Ov. Met. 2. 424.

rescrībo, ĭs, psi, ptum. *To write back.*——Nīl mihī *rescrības,* attămĕn ipse vĕni. Ov. Her. 1. 2.

rĕsĕco, as, ui, sectum. *To cut off.*——Servātoque diu *rĕsĕcat* de tergŏre partem. Ov. Met. 8. 649. Barba *rĕsecta* mihī bisve sĕmelve fuit. Ov. Tr. 5. 10. 58. SYN. sĕco, dēsĕco ; rescindo, ĭs, scĭdi, scissum ; abscindo, dēcīdo, ĭs, di.

rĕsēmĭno, as. *To sow again.*——Una est quæ rĕpăret, sēque ipsa *rĕsēmĭnet* āles. Ov. Met. 15. 392.

rĕsĕquor, ĕris, sĕcūtus sum. *To answer.*——Tālĭbus obscūram *rĕsĕcuta est* Pallăda dictis. Ov. Met. 6. 36. SPN. respondeo, es, di, sum, q. v.

rĕsĕro, as. *To unlock, to open.*——Omnia trādantur, portas *rĕsĕrāvĭmus* hosti. Ov. A. A. 3. 577. SYN rĕcludo, ĭs, si, sum ; āpĕrio, ĭs, ui, pertum ; pando, ĭs, *no sup. in this sense* ; pătĕfăcio, ĭs, fēci, factum. PHR. Pĕdībusque rĕpāgŭla pulsant, Quæ postquam Tēthys fātōrum ignāra nĕpōtis Rĕpŭlit, et facta est immensi cōpia mundi. Ov.

rĕservo, as. *To keep, to retain, to preserve, to reserve.*——Incŏlŭmem Pallanti mihī si fāta *rĕservent.* V. Æn. 8. 575. Nāte Deâ, dixit, tĭbī se pĕrĭtūra *rĕservant* Pergăma. Ov. Met. 13. 168. SYN. servo, q. v.

rĕsĕs, ĭdis. *Lazy.*——Jamprīdem *rĕsĭdes* ănĭmos dēsuetaque corda. V. Æn. 1. 725. SYN. ‡dēsĕs, dēsĭdiōsus, ĭners, ertis, q. v.

rĕsĭdeo, es, sēdi, sessum, and in pres. **rĕsīdo, ĭs.** fut. **rĕsīdam.** 1. *To sit down, sit still.*—2. *To become tranquil.*——1. Fessa *rĕsēdit* hŭmi, ventosque accēpit ăperto Pectŏre. Ov. F. 3. 15. Congressi jungunt dextras mĕdiisque *rĕsīdunt* Ædĭbus. V. Æn. 8. 467.—2. Agnoscas, tŭmĭda ex īrâ tum corda *rĕsīdunt.* V. Æn. 6. 407. Jūre omnia bella Gente sub Assărăci fāto ventūra *rĕsīdent.*

V. Æn. 9. 643. SYN. 1. sĕdeo, q. v.; consīdeo, consīdo. —2. pācor, āris; plăcor, āris.

rĕsigno, as. 1. *To unseal, esp. so as to open and to reveal.* —2. *To resign.* —— Addūcit fĕbres, et testamenta *rĕsignat.* Hor. Epist. 1. 7. 10. Nunc ait ō vātes vĕnientia fata *rĕsigna.* Ov. F. 6. 535. —2. Laudo mănentem, si cĕlĕres quătit Pennas *rĕsigno* quæ dĕdit. Hor. 3. 29. 54. SYN. 1. explĭco, as, ui; rĕtĕgo, ĭs, xi. —2. dēdo, ĭs, dēdĭdi, q. v.

rĕsĭlio, īs, lui, sultum. 1. *To leap or bound back.* —2. *To leap again.* —3. *To shrink.* ——1. Non sĕcus hæc *rĕsĭlit* quam tecti a culmĭne grando. Ov. Met. 12. 480. —2. Sæpe sŭper rīpam stagni consīdĕre; sæpe In gĕlĭdos *rĕsĭlīre* lăcus. Ov. Met. 6. 374. —3. In spătium *rĕsĭlire* mănus brĕve vīdit et illas. Ov. Met. 3. 677. SYN. 1. rĕsulto, as. —3. contrahor, ĕris, tractus sum; ăbeo, īs, īvi, ĭtum, q. v.

rĕsīmus, a, um. *Pug-nosed.*——Membraque contraxit, nāresque a fronte *rĕsīmas* Contŭdit. Ov. Met. 14. 95. SYN. sīmus.

‡**rēsīna, æ.** *Resin.*——Nec plēna turpi mātris olla *rēsīnā.* Mart. 12. 32. 21.

rĕsĭpisco, ĭs. *To come to one's senses again, to revive, etc.* ——Nunc dēmum vasto fessi *rĕsĭpiscĭmus* æstu. Prop. 3. 23. 17. SYN. rĕsānesco, ĭs, nui.

rĕsisto, is, stĭti. no sup. 1. *To stop, to stand still.* —2. *To resist.* ——1. Incĭpit effāri mĕdiāque in vōce *rĕsistit.* V. Æn. 4. 76. —2. Aret Pellis, et ad tactum tractanti dūra *rĕsistit.* V. G. 3. 502. SYN. 1. consisto. —1, 2. resto, as, q. v. —2. obsisto; obsto, as; obsum, ŏbĕs, obfui; rĕluctor, āris, pugno, as; rĕpugno.

rĕsolvo, ĭs, vi, sŏlūtum. 1. *To loose, to unbind.* —2. *To open.* —3. *To relax, to dissolve.* —4. *To dissipate (fears, etc.), violate (duties, etc.).* —5. *To separate, to divide.* —6. *To acquit, exonerate.* ——1. Ter jungat Tītan terque *rĕsolvat* ĕquos. Ov. F. 4. 180. Ipsa pĕrit, ferturque tŏro *rĕsŏlūta* căpillos. Ov. Am. 2. 14. 39. —2. Ŏcŭlos . . . Sustŭlit ad prŏcĕres, exspectātoque *rĕsolvit* Ora sŏno. Ov. Met. 13. 126. Vulnus ĕrat, jŭgŭlum ferro Phĭlŏmēla *resolvit.* Ov. Met. 6. 643. —3. Līquĭtur, et zĕphўro pūtris se glēba *rĕsolvit.* V. G. 1. 44. Corrĭpit objectum, atque immānia terga *rĕsolvit* Fūsus hŭmi. V. Æn. 6. 422. —4. Extŭlit os săcrum cœlo, tĕnĕbrasque *rĕsolvit.* V. Æn. 8. 591. Ante pŭdor quam te viŏlo, et tua jūra *rĕsolvo.* V. Æn. 4. 27. —5. Contĭnuo dīduxit hūmum partesque *rĕsolvit* In tŏtĭdem. Ov. Met. 8. 587. —6. Tēque piācŭla nulla *rĕsolvent.* Hor. 1. 28. 34. SYN. 1, 2, 3, 4. 6. Solvo. —1. 3, 4. dissolvo. —1. 6. exsolvo. —2. ăpĕrio, īs, ui; ăpertum, q. v. —3. laxo, as; rĕlaxo. —4. dissĭpo, as, q. v. v. violo. —5. dīvĭdo, ĭs, di, sum. —6. lībĕro, as.

rĕsŏnābĭlis, e. *Resounding.*——Nec prior ipsa lŏqui dĭdĭcit, *rĕsŏnābĭlis* Echo. Ov. Met. 3. 358. SYN. rĕsŏnus.

rĕsŏno, as. no perf. nor sup. 1. *To resound.* —2. *To cause to resound.* —3. *To sound, to utter a sound.* ——1. Sōle sub ardenti *rĕsŏnant* arbusta cĭcādis. V. E. 2. 13. Littŏraque Alcyŏnen *rĕsŏnant* et ăcanthĭda dūmi. V. G. 3. 338. —2. Dīvĕs ĭnaccessos ŭbĭ Sōlis fīlia lūcos Assĭduo *rĕsŏnet* cantu. V. Æn. 7. 12. —3. Mincius, ēque săcrā *rĕsŏnant* exāmĭna quercu. V. E. 7. 13. SYN. 1. rĕboo, as; rĕmūgio, īs; rĕmurmŭro, as. —3. sŏno, as, ui, ĭtum. PHR. Vōcisque offensa rĕsultat ĭmāgo. V. Vōcemque inclūsa vŏlūtant Littŏra, pulsāti colles clāmōre rĕsultant. V. v. responso.

rĕsŏnus, a, um. *Resounding.*——Eheu! Dixĕrat, hæc *rĕsŏnīs* ĭtĕrābat vōcĭbus ēheu. Ov. Met. 3. 496. SYN. rĕsŏnābĭlis.

rĕsorbeo, es, rpsi, rptum. *To suck in again.*——Quæque vŏmit fluctūs tŏtĭdem, tŏtĭdemque *rĕsorbet.* Ov. Her. 12. 125.

respecto, as. *To look on, to have a respect or regard for.*——Dī tĭbĭ si quā pios *respectant* nūmĭna, si quid. V. Æn. 1. 603. SYN. respĭcio ĭs, spexi; cūro, as.

respectus, ūs. *Regard.*——*Respectu*que tămen non pŏsuisse mei. Ov. Tr. 1. 3. 100. SYN. cura.

respergo, ĭs, si, sum. *To sprinkle.*——Quandŏquĭdem Ausŏnio *respersi* sanguĭne Teucros. V. Æn. 7. 547. SYN. spargo, q. v.

respĭcio, ĭs, spexi, spectum. 1. *To look back, to look back on.* —2. *To regard, to respect.* ——1. Restĭtit, Eurydĭcenque suam, jam lūce sub ipsā Immĕmor heu, victusque ănĭmi *respexit.* V. G. 4. 491. *Respĭcio* et quæ sit mē circum cōpia lustro. V. Æn. 2. 559. —2. Sīve neglectum gĕnus et nĕpōtes *Respĭcis* auctor. Hor. 1. 2. 36. SYN. 1, 2. respecto, as. v. specto.

respīrāmĕn, ĭnis. neut. *The passage of the breath.*——Vītālesque vias et *respīrāmĭna* clausit. Ov. Met. 2. 828.

respīro, as. *To breathe.*——Līquĭtur, et pĭceum, nec *respīrāre* pŏtestas, Flūmĕn ăgit. V. Æn. 9. 813. SYN. spīro, as, q. v.

resplendeo, es, ui. no sup. *To shine brilliantly.*——Dissĭluit; fulvâ *resplendent* fragmĭna ărēnâ. V. Æn. 12. 741. SYN. splendeo; lūceo, es, xi. *no sup.*; rĕlūceo; nĭteo, es, ui. *no sup.* q. v.

respondeo, es, di, sum. 1. *To answer.*—2. *To answer to.*—3. *To correspond to, to match, etc.*——1. Murmŭrat exănĭmis, *respondent* flēbĭle rīpæ. Ov. Met. 11. 53. Ūnus ăbest mĕdio fluctu quem vīdĭmus ipsi Submersum; dictis *respondent* cætĕra mātris. V. Æn. 1. 585.—2. Contra ēlāta māri *respondet* Gnossia tellus. V. Æn. 6. 23. SYN. 1. responso, as; rĕfĕro, fers, ferre, rĕttŭli, rĕlātum; rĕsĕquor, ĕris, sĕcūtus sum. v. suscipio. PHR. Ille nihil; nec me quærentem vāna mŏrātur. V.

responso, as. *To answer.*——Tum vero exŏrĭtur clāmor, rīpæque lăcusque *Responsant* circa. V. Æn. 12. 757. v. prec.

responsor, ōris. masc. *An answerer, esp. a lawyer whose opinion is consulted.*——Quo *responsōre*, et quo causæ teste tĕnentur. Hor. Epist. 1. 16. 42.

responsum, i. *An answer.*——Nec *responsa* pŏtest consultus reddĕre vātes. V. G. 3. 491.

respuo, is, ui. no sup. *To reject.*——*Respuit* atque ŏdio verba mŏnentis hăbet. Ov. R. A. 124. SYN. rējĭcio, ĭs, jēci, jectum.

restagno, as. *To be stagnant.*——Quam *restagnantis* fēcit măris unda pălūdem. Ov. Met. 11. 364. SYN. stagno.

restinguo, is, nxi, nctum. *To extinguish, to quench.*——Nūtrītur vento, vento *restinguĭtur* ignis. Ov. R. A. 807. Dulcis ăquæ săliente sĭtim *restinguĕre* rīvo. V. E. 5. 47. SYN. exstinguo, q. v.

†‡**restis, is.** fem. *A cord, a rope.*——Hortŭlus hic pŭteusque brĕvis nec *reste* mŏvendus. Juv. 3. 126. SYN. fūnis, is. *masc.*, q. v.

restĭtuo, is, ui, ūtum. 1. *To replace, re-arrange.*—2. *To restore.*——1. Pectŏre turbātas *restĭtuit*que cŏmas. Ov. F. 3. 16.—2. Regnaque longævo *restĭtuuntur* ăvo. Ov. F. 3. 68. SYN. 1. rĕpōno, ĭs, pŏsui, ĭtum.—2. reddo, ĭs, dĭdi, dĭtum, q. v.

resto, as, stĭti. and, very rarely, **stāvi.** no sup. 1. *To stand still, often esp. resisting.*—2. *To remain.*—3. *To survive.*——1. *Restat*, et immĕrĭtā sustĭnet aure mĭnas. Prop. 2. 19. 58.—2. Nec si post Stўgias ălĭquid *restāvĕrit* undas. Prop. 2. 34. 53.—3. Contra ĕgŏ vīvendo vīci mea fāta sŭperstes *Restarem* ut gĕnĭtor. V. Æn. 11. 161. SYN. 1. sto, rĕsisto.—2. măneo, es, si, sum; rĕmăneo; permăneo.—3. ‡supersum, ĕs, fui.

restringo, is, inxi, ictum. *To bind.*——Qui lōra *restrictis* lăcertis Sensit ĭners. Hor. 3. 5. 35. SYN. lĭgo, as; vincio, īs, nxi, nctum, q v.

rĕsulto, as. 1. *To rebound.*—2. *To resound.*——Tēla Conjĭciunt, partim găleâ clўpeoque *rĕsultant* Irrĭta. V. Æn. 10. 330.—2. Saxa sŏnant vōcisque offensa *rĕsultat* ĭmāgo. V. G. 4. 51. Vōcemque inclūsa vŏlūtant Littŏra, pulsāti colles clamore *rĕsultant*. V. Æn. 5. 150. SYN. 1. rĕsĭlio, īs, q. v.—2. rĕsŏno, as, q.v.

rĕsūmo, ĭs, sumsi, tum. *To resume, to take again.*——Inque vĭcem sumtas pōnit, pŏsĭtasque *rĕsūmit*. Ov. Met. 9. 524. v. recipio.

rĕsŭpīno, as. *To turn upside down, to overturn.*——Nec mŏra cum totas *rĕsŭpīnat* Cynthia valvas. Prop. 4. 9. 25. v. everto.

rĕsŭpīnus, a, um. 1. *With one's face upwards, upturned.*—2. *Elated, proud.*——1. Et mŏdŏ cantābam vĕtĕres *rĕsŭpīnus* ămōres. Ov. Her. 16. 255.—2. Et mĕdiam tŭlĕrat gressus *rĕsŭpīna* per urbem. Ov. Met. 6. 275. SYN. 1. sŭpīnus.—2. sŭperbus.

rĕsurgo, ĭs, surrexi. no sup. *To rise again, spring up again, revive.*——Ŏbrŭta de mĕdiis cymba *rĕsurget* ăquis. Ov. Ep. e P. 4. 8. 28. Accĭpit ingĕmĭnant cūræ rursusque *rĕsurgens* Sævit ămor. V. Æn. 4. 531. v. renascor.

rĕsuscĭto, as. *To resuscitate, to revive (trans.).*——Instĭmŭlat verbis vĕtĕremque *rĕsuscĭtat* īram. Ov. Met. 14. 495. PHR. Ad sīdĕra rursus Æthĕria et sŭpĕras cœli vĕnisse sub auras Pæŏniis rĕvŏcātum herbīs et ămōre Dĭānæ. V. Infernis nĕque ĕnim tĕnĕbris Dīāna pŭdīcum Lībĕrat Hippŏlўtum. Hor.

rĕtardo, as. *To delay (trans.).*——Non scŏpŭli rūpesque căvæ atque objecta *rĕtardant* Flūmĭna. V. G. 3. 253. SYN. tardo; mŏror, āris; rĕmŏror.

rētĕ, is. neut. *A net.* —— Cum tĭbĭ pro Lĭbȳcis clauduntur *rēte* leænis Imbelles căpreæ. Ov. F. 5. 371. SYN. cassis, is, *masc.*; *usu. in pl.* plăgæ, ārum, *fem.*; (*a casting net*) jăcŭlum, funda. PHR. Festa dies illis quī līna mădentia dūcunt. Ov. Rētia rāra, plăgæ, lāto vēnābŭla ferro. V. Nec rētia cervis Ulla dŏlum mĕdĭtantur. V. Rētia sæpe cŏmes măcŭlis distincta tĕtendi. Ov. Nam mŏdŏ dūcēbam dūcentia rētia pisces. Ov. His rētia pandĭte sylvis. Ov.

rĕtĕgo, ĭs, xi, ctum. 1. *To uncover.* — 2. *To reveal.* —— Ne pateat lātoque sŏlum *rĕtĕgātur* hiātu. Ov. Met. 5. 357. — 2. Quam responsa Deûm Trōjānaque fāta *rĕtexi.* Ov. Met. 13. 336. SYN. 1, 2. dētĕgo; pătĕfăcio, ĭs, fēci, factum; pando, ĭs, *no sup. in this sense;* rĕclūdo, ĭs, si; rĕvēlo, as. — 2. rĕsigno, as.

rĕtendo, ĭs, di, tum. *To unbend.* —— Exuit hīc hŭmĕro phărĕtram lentosque *rĕtendit* Arcus. Ov. Met. 2. 419. v. laxo.

rĕtento, as. 1. *To attempt again.* — 2. *To hold back.* —— At pŭtŏ si dēmens stŭdium fātāle *rĕtentem.* Ov. Tr. 5. 12. 51. — 2. Ut răpit in præceps dŏmĭnum spūmantia frustra Frēna *rĕtentantem* dūrior ōris ĕquus. Ov. Am. 2. 9. 30. SYN. 1. v. repeto. — 2. rĕtĭneo, es, ui, tentus, q. v.

rĕtentus, a, um. part. pass. from retendo, q. v., also from retineo, q. v.

rĕtexo, ĭs, ui, xtum. 1. *To unweave, unravel, undo in any way.* — 2. *To weave again, to repeat, to renew.* —— 1. Lūna quăter plēnum tĕnuāta *rĕtexuit* orbem. Ov. Met. 7. 531. — 2. Inde rĕtro rĕdeunt, ĭdemque *rĕtexitur* ordo. Ov. Met. 15. 249. Eurȳdĭces ōro prŏpĕrāta *rĕtexĭte* fīla. Ov. Met. 10. 31. SYN. 1. v. dissolvo. — 2. rĕfĭcio, is fēci, fectum; rĕnŏvo, as, q. v.

rĕtĭceo, es, ui. no sup. *To be silent.* —— Illa diu *rĕtĭcet*, pŭdĭbundaque cēlat ămictu Ōra. Ov. F. 3. 819. SYN. tăceo, q. v.; sĭleo, es, ui, *no sup.*

rētĭcŭlum, i. *A small bag or pouch.* —— *Rētĭcŭlo*que pilæ læves fundantur ăperto. Ov. A. A. 3. 361. SYN. §saccus, q. v.

rĕtĭnăcŭlum, i. *Anything which holds, a cable, a rein, etc. etc.* —— Stuppea perrumpit Phrȳgiæ *rĕtĭnăcŭla* classis. Ov. Met. 14. 547. v. rudens, frenum, *etc.*

†rĕtĭnentia, æ. *A retaining, either actually or metaph., in one's memory, etc.* —— Omnis ut actārum excĭdĕrit *rĕtĭnentia* rērum. Lucr. 3. 676.

rĕtĭneo, es, ui, tentus. 1. *To hold back, to detain, to restrain.* — 2. *To retain.* ——1. Sæpe sĕquens agnam lŭpus *est* hāc vōce *rĕtentus.* Ov. F. 2. 85. Vixque mănus *rĕtĭnet* trĕpĭdantis ab ore mĭnistri. Ov. Met. 9. 575. — 2. Quāque pŏtes *rĕtĭnē* corpus in urbe meum. Ov. Tr. 3. 14. 8. SYN. 1. contĭneo, dētĭneo; cohĭbeo, es, q. v.; rĕtento, as. — 2. tĕneo; servo, as.

rĕtŏno, as, ui. *To thunder against, to resound loudly.* —— Făce cuncta mūgiente frĕmĭtu lŏca *rĕtŏnent.* Cat. 61. 82. v. tono, resono.

rĕtorqueo, es, rsi, rtum. 1. *To twist or bend back.* — 2. *To drive back, to repel.* ——1. Vīdi ĕgŏ cīvium *Rĕtorta* tergo brāchia lībĕro. Hor. 3. 5. 22. Semper ab Euboïcis vēla *rĕtorquet* ăquis. Ov. Tr. 1. 1. 84. — 2. Rhætum *rĕtorsisti* leōnis Unguĭbus horrĭbĭlique mālâ. Hor. 2. 19. 23. SYN. 1. rĕflecto, ĭs, xi. — 2. rĕpello, ĭs, rĕpŭli, rĕpulsum, q. v.

rĕtracto, as. 1. *To handle again.* — 2. *To consider, to speak of, etc.* — 3. *To retract.* — 4. *To hang back.* —— 1. Sēmianĭmesque mĭcant dĭgĭti ferrumque *retractant.* V. Æn. 10. 396. — 2. Dum rĕdeo mēcumque Deæ mĕmŏrāta *rĕtracto.* Ov. Met. 7. 714. Jamque mălis annisque grăves, dum prīma *rĕtractant* Fāta Deûm. Ov. Met. 4. 568. — 3. Nulla mŏra in Turno, nihĭl est quod dicta *rĕtractent* Ignāvi Æneădæ. V. Æn. 12. 11. — 4. Quæ nunc deinde mŏra est, aut quid jam Turne *rĕtractas.* V. Æn. 12. 889. SYN. 1. rĕsūmo, is, msi, mtum. — 2. v. memini, considero. — 3. rĕcanto, as. — 4. detrecto.

rĕtraho, ĭs, xi, ctum. *To draw back.* —— Nāte Deâ quo fāta trahunt *rĕtrahunt*que sĕquamur. V. Æn. 5. 709. SYN. rĕdūco, ĭs, xi, ctum.

†rĕtrĭbuo, is, ui, ūtum. *To restore.* —— Qui nĭsi contra Corpŏra *rĕtrĭbuat* rēbus rĕcreetque fluentes. Lucr. 5. 278. SYN. reddo, ĭs, dĭdi, dĭtum, q. v.

rĕtro. 1. *Back, back again.* — 2. *Behind, as being past.* —— Et lĕvis impexos *rĕtro* dĕdit aura căpillos. Ov. Met. 1. 529. Ni tĕneant cursus, certum est dăre lintea *rĕtro.* V. Æn. 3. 686. Cælĭcŏlæ magni quĭnam sententia vōbis Versa *rĕtro?* V. Æn. 10. 6. — 2. Non tămĕn irrĭtum Quodcunque *rĕtro* est efficiet. Hor. 3. 29. 46. v. retrorsum.

†rĕtrŏcĭtus, a, um. *Bent back, crooked.*——Aut reboant raucum *rĕtrŏcĭta* cornua bombum. Lucr. 4. 545. SYN. rĕcurvus.

rĕtrorsum and **‡rĕtrorsus.** *Backwards.*——Nunc *rĕtrorsum* Vēla dăre, atque ĭtĕrare cursus Cōgor rĕlictos. Hor. 1. 34. 3. Cēdentem impellit *rĕtrorsus* in æquŏra pontum. Sil. 11. 512. SYN. rĕtro.

rĕtroversus, a, um. *Being turned back.*——Ipse *rĕtrŏversus* squālentia prōdĭdit ōra. Ov. Met. 4. 655.

rĕtŭli, etc. perf. from refero, q. v. *Rĕtŭlĕrat* nāto Nestor at ille mihi. Ov. Her. 1. 38.

rĕtundo, ĭs, tŭdi, tūsum. *To blunt.*——Quid jŭvat in nūdīs hāmāta *rĕtundĕre* tēla Ossĭbus? Ov. Am. 2. 9. 13. SYN. hĕbĕto, as.

rĕtūsus, a, um. *Blunted, blunt.*——Tantus ămor terræ, neu ferro læde *rĕtūsō* Sēmĭnā. V. G. 2. 301. SYN. obtūsus; hĕbĕs, ĕtis; hĕbĕtātus.

rĕvălesco, ĭs, lui, no sup. *To grow well again, to recover.*——Nē tămĕn ignōres ŏpe quâ *rĕvălescĕre* possim. Ov. Her. 21. 231. SYN. rĕsānesco, ĭs, nui, *no sup.*

rĕveho, ĭs, xi, ctum. 1. *To carry back.*—2. *In pass., to return.*——Quæ postquam ad Graios dŏmĭno cŏmĭtante *rĕvexit.* Ov. Met. 13. 402.—2. Hâc ĕgŏ *sum* captis nocte *rĕvectus* ĕquis. Ov. A. A. 2. 138. SYN. 1. rĕporto, as; rĕfĕro, fers, ferre, rĕtŭli, rĕlātum.—2. rĕdeo, īs, īvi, ĭtum, q. v.

rĕvello, ĭs, perf. **velli** and **vulsi, vulsum.** *To pull or tear away, to tear up.*——Arrĭpit ipsum Pendentem et magnâ mūri cum parte *rĕvellit.* V. Æn. 9. 562. Aurea Phryxēæ terga *rĕvulsit* ŏvis. Ov. Her. 6. 104. SYN. āvello, dīvello; abstraho, ĭs, xi, ctum.

rĕvēlo, as. *To unveil, to reveal.*——Ērĭpit infantem, mentītaque sacra *rĕvēlat.* Ov. Her. 11. 73. Ore *rĕvēlāto* quâ prīmum lūce pătēbit Servius. Ov. F. 6. 620. SYN. dēvēlo; dētĕgo, ĭs, xi, ctum; rĕtĕgo; pătĕfăcio, ĭs, fēci, factum.

‡rĕverbĕro, as. *To beat back, to drive back.*——Jūpĭter atque īmis Tȳphōna *rĕverbĕrat* arvis. Val. Fl. 6. 170. SYN. rĕpello, ĭs, rĕpŭli, rĕpulsum, q. v.

rĕvĕrens, entis. *Fearing, reverencing, respectful.*——Nec tu virgĭnĭbus *rĕvĕrentia* mōvĕrĭs ōra. Prop. 2. 23. 6.

rĕvĕrentia, æ. *Respect.*——Magna fuit quondam căpĭtis *rĕvĕrentia* cāni. Ov. F. 5. 57. SYN. hŏnor; hŏnōs, ōris; suspectus, ûs.

rĕvĕreor, ēris. *To fear, to respect.*——I nunc I mĕrĭti lectum *rĕvĕrēre* părentis. Ov. Her. 4. 127. Noxque tĕnēbrarum spĕciē *rĕvĕrenda* tuārum. Ov. Ibis, 75. SYN. †vĕreor; respĭcio, ĭs, spexi; respecto, as; hŏnōro, as. v. veneror.

rĕverto, ĭs, ti, sum, and **rĕvertor,** pass. 1. *To return.*—2. *To recoil.*——1. Et tămĕn ad Mūsas quamvis nŏcuēre *rĕverti.* Ov. Tr. 3. 7. 9. Nunc ad te et tua magna, păter, consulta *rĕvertor.* V. Æn. 11. 410.—2. Pœna *rĕversūra* est in căput ista tuum. Ov. A. A. 1. 340. SYN. 1. rĕdeo, īs, īvi, ĭtum, q. v.—2. rĕcĭdo, ĭs, di, q. v.

rĕvictus, a, um. *Conquered again, conquered.*—Consĭlio jŭvĕnis *rĕvictæ.* Hor. 4. 4. 24. SYN. victus, q. v., triumphatus, dēbellatus.

rĕvincio, īs, nxi, nctum. 1. *To bind.*—2. *To gird on.*——1. Errantem Gyăro celsâ Mȳcŏnoque *rĕvinxit.* V. Æn. 3. 77.—2. Gȳrum pulsat ĕquis, nĭveum lătus ense *rĕvincit.* Prop. 3. 14. 11. SYN. 1. vincio, q. v., dēvincio, ēvincio; lĭgo, as.—2. cingo, ĭs, nxi, nctum, q. v.; accingo.

†rĕvinco, is, vīci, victum (used in pass. part. **revictus,** q. v., by the purest authors). *To refute, to convict.*——An confūtābant nāres ŏcŭlique *rĕvincent.* Lucr. 4. 489. SYN. rĕfūto, as, q. v.

rĕvīreo, es, ui, and in pres. **rĕvīresco, ĭs.** no sup. *To flourish again, lit. and metaph.*——Reddĭtur arbŏrĭbus flōrens *rĕvīrentĭbus* ætas. Albinov. 2. 113. Arte suum părili *rĕvīrescĕre* posse părentem. Ov. Met. 7. 305. SYN. ‡rĕflōresco, ĭs, rui, *no sup.*

rĕvīso, is, si, sum. *To revisit.*——Hic nunc Ēmăthiæ portus pătriamque *rĕvīsit* Pallēnen. V. G. 4. 390. v. redeo.

rĕvīvo, ĭs (never found in pres.), **xi, ctum.** *To revive, to come to life again; lit. and metaph.*——Cum vĭdet Æsŏnĭdēn, extinctaque flamma *rĕvixit.* Ov. Met. 7. 77. v. renascor.

rĕvŏcābĭlis, e. *To be recalled.*——Parcĭte; mōtus ĕrat cum jam *rĕvŏcābĭle* tēlum Non fuit. Ov. Met. 6. 264. v. rĕvŏcandus.

rĕvŏcāmĕn, ĭnis, neut. *A recall.*——Tālia dīcenti tĭbi, ait, *rĕvŏcāmĭna* corvus Sint precor ista mălo. Ov. Met. 2. 596.

rĕvŏco, as. 1. *To recall.*—2. *To recover, to restore.*——Æquŏra ; nec mĭsĕri possunt *rĕvŏcāre* părentes. V. G. 3. 262.—2. Tum victu *rĕvŏcant* vīres, fūsique per herbam. V. Æn. 1. 214. Nec gĕnus unde nŏvæ stirpis *rĕvŏcētur* hăbēbit. V. G. 4. 282. v. refĭcio.

rĕvŏlo, as. *To fly back ; lit. and metaph.*——Cum mĕdio cĕlĕres *rĕvŏlant* ex æquŏre mergi. V. G. 1. 361. v. volo.

rĕvŏlūbĭlis, e. *Revolving.*——Sīsўphe cui trādas *rĕvŏlūbĭle* pondus hăbēbis. Ov. Ibis. 193. v. seq.

rĕvolvo, ĭs, vi, vŏlūtum, trans. 1. *To revolve, esp. in one's mind.*—2. *To go over again, to endure again.*—3. *To speak of again.*——1. Quāve sĕquar; rursus perplexum ĭter omne *rĕvolvens.* V. Æn. 9. 391. Excŭtĭtur terrŏre quies ; Nŭma vīsa *rĕvolvit.* Ov. F. 4. 667.—2. Sĭmoenta Redde ŏro mĭsĕris ĭtĕrumque *rĕvolvĕre* cāsus Da păter Īliăcos Teucris. V. Æn. 10. 61.—3. Sed quid ĕgo hæc autem nēquicquam ingrāta *rĕvolvo?* V. Æn. 2. 101. SYN. 1. vŏlūto, as (v. considero).—2. rĕmētior, īris (v. subeo).—3. rĕfĕro, fers, ferre, rĕtŭli, rĕlātum. v. seq.

rĕvŏlūtus, a, um. part. perf. pass. of prec., q. v. 1. *Rolled back.*—2. *Rolling over, falling down.*—3. *Making revolutions, revolving.*—4. *Changed.*——1. Nunc răpĭdus rētro atque æstu *rĕvŏlūta* rĕsorbens Saxa fŭgit. V. Æn. 11. 626. —2. Ille autem spissā jăcuit *rĕvŏlūtus* ărēnā? V. Æn. 5. 336.—3. Princĭpiumque sui gĕnĕris *rĕvŏlūtaque* quærens Sæcŭla. Ov. F. 4. 29.—4. Rursus et in vĕtĕrem fāto *rĕvŏlūta* fĭgūram. V. Æn. 6. 449. SYN. 2. succĭduus (v. cado).—3. v. rĕvŏlūbĭlis.—4. mūtātus.

rĕvŏmo, ĭs, ui. *To vomit up again, to vomit.*——Et salsos rīdent *rĕvŏmentem* ē pectŏre fluctus. V. Æn. 5. 182.

reus, i, and fem. **rea, æ.** *One accused, a criminal, guilty.*——Dūrĭtiæque mihī non ăgĕrĕre *reus.* Ov. Tr. 1. 7. 46. Rūmor ĭnīquus Læsĕrat et falsi crīmĭnis acta *rea* est. Ov. F. 4. 308. SYN. sons, nŏcens.

rĕvulsus, a, um. part. perf. pass. from revello, q. v. *Torn up, torn off.*——Illic frēna jăcent ; illic tēmōne *rĕvulsus* Axis. Ov. Met. 2. 316. SYN. āvulsus, dīvulsus.

rex, rēgis. masc. 1. *A king ; lit. and metaph.*—2. *A tutor.*——1. Dictæo cœli *rēgem* pāvēre sub antro. V. G. 4. 152. Prōluit insāno contorquens vertĭce sylvas Flūviōrum *rex* Ērĭdănus. V. G. 1. 482.—2. Actæ non ălio *rēge* puertiæ. Hor. 1. 30. 8. SYN. 1. tўrannus, regnātor, rector (v. dominus).—2. măgister, tri ; præceptor. PHR. Rēgum tĭmendōrum in prŏprios grĕges Rēges in ipsos Impĕrium est Jŏvis. Hor. Illum non pŏpŭli fasces non purpŭra rēgum Flexit. V. Purpŭrei mĕtuunt tўranni. Hor. Magni fīlia rēgis. Ov. Ille fĕrox sŏlus sŏlio sceptroque pŏtītur. Ov.

Rhădămanthus, i, acc. um and ŏn. *The son of Jūpiter and Eurōpa, brother of Mīnos, and with him the joint legislator of Crete ; after his death one of the judges of hell.*——Gnossius hæc *Rhădămanthus* hăbet dūrissĭma regna, Castīgatque auditque dŏlos. V. Æn. 6. 566. Cum vĭdeant fessis *Rhădămanthŏn* et Æăcŏn annis. Ov. Met. 9. 439.

Rhamnūsis, ĭdŏs, fem. *Nĕmĕsis,* q. v.——Īdălien, mĕmŏremque tĭmē *Rhamnūsĭdŏs* īram. Ov. Met. 14. 694. SYN. Nĕmĕsis, Rhamnūsia.

Rhamnūsia, æ. *A name of Nĕmĕsis ;* v. seq.——Exĭgit ah dignas ultrix *Rhamnūsia* pœnas. Ov. Tr. 5. 8. 9.

Rhĕā, æ. 1. *The same as Cybele.*—2. *The mother of Romulus and Remus.*—— 1. Sæpe *Rhĕā* questa est ; tŏties fœcunda nec unquam Māter. Ov. F. 4. 201.— 2. Collis Aventīnī sўlvā quam *Rhĕā* săcerdos . . . ēdĭdit. V. Æn. 7. 659. SYN. 1. Cўbĕlē, q. v.—2. Sylvia, Īlia.

§rhēda, æ. *A carriage.*——In nŭmĕro, duntaxat ad hoc quem tollĕre *rhēdā* Vellet. Hor. Sat. 2. 2. 42. SYN. currus, ūs, q. v.

Rhēgium, also **Rhēgiŏn, i.** *Reggio, a town at the southern point of Italy.*—— Oppŏsĭtumque pĕtens contrā Zanclēia saxa *Rhēgiŏn* ingrĕdĭtur. Ov. Met. 14. 48. v. Æn. 3. 414—419.

Rhēnus, i, also **§Rhēnum, i.** if this be not rather an adjective form of Rhenus. ——Alpīnas, ah dūra, nĭves et frīgŏra *Rhēni* Mē sĭne sōla vīdes. V. E. 10. 47. Aut flūmen *Rhēnum*, et plŭvius descrībĭtur arcus. Hor. A. P. 18.

‡**rhētor**, ŏrĭs, pl. ŏrēs. *A rhetorician, an orator.*——Cēdunt Grammătĭci; vincuntur *rhētŏrēs*, omnis Turba tăcet. Juv. 6. 437. SYN. ōrātor.

‡**rhētŏrĭcus**, a, um. *Of a rhetorician.*——Ad pugnam qui *rhētŏrĭcā* descendit ab umbrâ. Juv. 7. 173.

‡**rhīnŏcĕrōs**, ōtis. masc. *A rhinoceros.*——Sollĭcĭtant păvĭdi dum *rhīnŏcĕrōta* măgistri. Mart. de Spect. 22. 1.

Rhŏdănus, i. *The Rhone.*——Me pĕrītus Discet Ĭber *Rhŏdănī*que pōtor. Hor. 2. 20. 20.

Rhŏdius, a, um. *Of Rhodes.*——Hercŭlis, o *Rhŏdiæ* ductor pulcherrĭme classis. Ov. Met. 12. 574. SYN. Iālўsius.

Rhŏdŏpē, es. *A mountain in Thrace.*——Et tandem *Rhŏdŏpē* nĭvĭbus cărĭtura Mimasque. Ov. Met. 2. 222.

Rhŏdŏpēius, a, um, and **Rhŏdŏpēus**, a, um. *Of Rhodope.*——Saxa fĕrusque lўrâ movit *Rhŏdŏpēius* Orpheus. Ov. A. A. 3. 321. Æquŏraque et campi, *Rhŏdŏpēa*que saxa lŏquentur. Lucan. 9. 618.

Rhŏdus, or ŏs, i. acc. ŏn. fem. *The island of Rhodes.*——Laudābunt ălii clāram *Rhŏdŏn* aut Mĭtўlēnen. Hor. 1. 7. 1.

rhombus, i. 1. *The whirl of a spinning wheel, of a spindle, etc.*—2. *A turbot.*——1. Scit bĕnĕ quid grāmen, quid torto concĭta *rhombo* Lĭcia. Ov. Am. 1. 8. 7.—2. Măgisve *rhombus* aut scări. Hor. Epod. 2. 50.

‡**rhoncus**, i. *A snoring.*——Nos accŭbāmus et sĭlentium *rhoncis* Præstare jussi. Mart. 3. 82. 30.

‡**rhўtium**, i. *A small cup.*——In *rhўtio* pōtĕras Phœbe lăvāre pĕdes. Mart. 2. 35. 2.

†**rīca**, æ. *A woman's hood.*——Suppărum, aut subminium, *rīcam*. Plaut. Epid. 2. 2. 48.

†**rictum**, i. *The mouth.*——Mollia *ricta* frĕmunt dūros nūdantia dentes. Lucr. 5. 1063, v. seq.

rictus, ūs. masc. *The open mouth, the mouth.*——Ipsaque dīlātant pătŭlos convīvia *rictus*. Ov. Met. 6. 378. v. os, oris.

rīdeo, es, rīsi, sum. 1. *To laugh, to smile, to laugh at.*—2. *To smile on, to favour.*—3. *To shine, to flourish.*——1. Dulce Vĕnus *rīsit*, nec te Părĭ mūnĕra tangant. Ov. Her. 16. 83. *Rīdear*, et mĕrĭto pectus hăbēre nĕger. Ov. Ep. e P. 4. 12. 16.—2. Incĭpe parve puer, cui non *rīsēre* părentes. V. E. 4. 62.—3. Omnia tum flōrent, flōrumque cŏlōrĭbus almus *Rīdet* ăger. Ov. Met. 15. 204. SYN. 1. v. derideo.—2. irrīdeo; făveo, es, fāvi.—3. vĭgeo, es, *no sup.*; flōreo, es, *no sup.*

§**rīdĭcŭlus**, a, um. 1. *Ridiculous.*—2. *Ridiculing; neut. as subst. ridicule.*——1. Res est *rīdĭcŭla* et nĭmis jŏcōsa. Cat. 57. 4.—2. *Rīdĭcŭlum* ācri Fortius ac mĕlius magnas plērumque sĕcat res. Hor. Sat. 1. 10. 14.

rĭgeo, es, ui. and in pres. **rĭgesco**, is. no sup. 1. *To be cold, to be frozen.*—2. *To be hard, to be stiff.*——1. Fertĭlis hanc inter pŏsĭta est interque *rĭgentes* (partes mundi, sc.). Tib. 4. 1. 165.—2. Terga boum ferro insūto plumbŏque *rĭgēbant*. V. Æn. 5. 405. Obstŭpui, sensique mĕtu *rĭguisse* căpillos. Ov. F. 1. 97. Inde fluunt lăcrўmæ stillātaque sōle *rĭgescunt* Dē rāmĭs ēlectra nŏvis. Ov. Met. 2. 365. SYN. 1. frīgeo, es, xi, q. v.—2. dērĭgeo, ŏbrĭgeo; dūresco, ĭs, rui, *no sup.* q. v.; indūresco.

rĭgĭdē. *Rigidly, severely.*——Ecquid ab hâc omnes *rĭgĭdē* submōvĭmus arte? Ov. Tr. 2. 251.

rĭgĭdus, a, um. 1. *Stiff, hard, esp. with cold.*—2. *Severe, stern.*——1. Tellūrem Bŏreâ *rĭgĭdum* spīrante mŏvēri. V. G. 3. 316. Et *rĭgĭdo* tĕnĕras ungue nŏtāte gĕnas. Ov. Am. 2. 6. 4.—2. Nec *rĭgĭdos* mōres Tēia Mūsa dĕdit. Ov. R. A. 762. SYN. 1. rĭgens.—1, 2. dūrus, q. v.—2. sĕvērus.

rĭgo, as. *To water, to bedew, to besprinkle.*——Aura fŏvet lĭquĭdæ fonte *rĭgātur* ăquæ. Ov. F. 5. 210. Indigno tĕnĕras imbre *rĭgante* gĕnas. Ov. A. A. 1. 532. SYN. irrĭgo, as; perfundo, ĭs, fūdi, fūsum; spargo, is, si, sum; respergo; rōro, as; irrōro; hūmecto, as; mădĕfăcio, ĭs, fēci, factum. PHR. Quĭbus ipse sŏlēbam Ad săta fontānas, nec pŭdet, addĕre ăquas. Ov.

rĭgor, ōris. masc. 1. *Stiffness, prop. arising from cold, cold.*—2. *Hardness.*—3. *Harshness of manner, want of polish.*——1. Fontis, et Alpīno mŏdŏ quæ certāre *rĭgōri* Audēbātis ăquæ. Ov. Met. 14. 794.—2. Tum ferri *rĭgor* atque argūtæ lāmĭna serræ. V. G. 1. 143.—3. Tē tuus iste *rĭgor* pŏsĭtique sine arte căpilli. Ov. Her. 4. 77. SYN. 1. v. frigus.—2. dūrĭtia, æ, q. v.

rĭguus, a, um. *Moist, well watered.*——Rūra mihi, et *rĭgui* plăceant in vallĭbus amnes. V. G. 2. 485. Ipse pŏtes *rĭguis* plantam dēpōnĕre in hortis. Ov. R. A. 193. SYN. irrĭguus, circumrĭguus, ūdus, hūmĭdus, q. v.

rīma, æ. *A fissure, a leak.*——Dissĭlit omne sŏlum pĕnĕtratque in Tartăra *rīmis* Lūmĕn. Ov. Met. 2. 260. (Naves) Laxis lătĕrum compāgĭbus omnes Accĭpiunt ĭnĭmīcum imbrem, *rīmis*que fătiscunt. V. Æn. 1. 123. v. hiatus.

rīmor, āris. 1. *To search, search into, to scrutinise.*—2. *To cut or break deep into, as if to search.*——1. Stīpĭtis hic grăvĭdi nodis, quodcunque rĕpertum *Rīmanti* tēlum īra făcit. V. Æn. 7. 507.—2. Ergo ægrē rastris terram *rimantur* et ipsis. V. G. 3. 534. Immortāle jĕcur tondens, fœcundaque pœnis Viscĕra, *rīmātur*que ĕpŭlis. V. Æn. 6. 599. SYN. 1. scrūtor, āris; quæro, ĭs, sīvi.—2. v. findo.

rīmōsus, a, um. *Full of chinks, leaky.*——Gĕmuit sub pondĕre cymba Sūtĭlis, et multam accēpit *rīmōsa* pălūdem. V. Æn. 6. 414.

§ringor, ĕris. no perf. *To grin like a dog, to snarl.*——Prætŭlĕrim scriptor dēlīrus ĭnersque vĭdēri. . . . Quam săpĕre et *ringi.* Hor. Epist. 2. 2. 128.

rīpa, æ. 1. *The bank of a river.*—2. *The shore* (*very rare*).——1. *Rīpārum* clausas margĭne fīnit ăquas. Ov. F. 2. 222.—2. Grāmĭneo *rīpæ* rĕligāvit ab aggĕre classem. V. Æn. 7. 107. SYN. 2. littus, ŏris (*and once in sense* 1.). PHR. Amnis ărundĭnĭbus līmōsas obsĭte rīpas. Ov. Muscus ŭbi et vĭrĭdissĭma grāmĭne rīpa. V. Rīpārumque tŏros et prāta rĕcentia rīvis Incŏlĭmus. V. Ut pendens lĭquĭdâ rīpa sŭbītur ăquâ. Ov. Ăquas sua rīpa coercet. Ov. Pōpŭlus est, mĕmĭni, flŭviāli consĭta rīpâ. Ov.

rīsor, ōris. masc. *A laugher.*——Vērum ĭtă *rīsōres*, ĭtă commendāre dĭcāces Convĕniet Sătyros. Hor. A. P. 285.

rīsus, ûs. masc. 1. *Laughing, a laugh.*—2. *A subject of laughter.*——1. Nec sua perpĕtuo contendunt īlia *risu.* Ov. A. A. 3. 285.—2. Omnĭbus ad Lūnæ lūmĭna *rīsus* ĕrat. Ov. F. 1. 438. SYN. 2. lūdĭbrium. PHR. Vix tĕnui rīsum, quem dum compescĕre luctor. Ov. Cum rīsu læta est altĕra. Ov.

rīte. *Rightly, in due form.*——*Rīte* Deos prius apprĕcāti. Hor. 4. 15. 28. Si mŏdŏ *rītĕ* mĕmor servāta rĕmētior astra. V. Æn. 5. 25. SYN. bĕnĕ.

rītus, ûs. masc. 1. *A rite, a ceremony.*—2. *A custom.*—3. *In abl., after the manner of, like.*——1. Subsīdent Teucri, mōrem *rītus*que săcrōrum Adjĭciam. V. Æn. 12. 836.—2. Mandĕre sævo Vulnĕra dente jŭvat, *rītus*que rĕferre Cȳclōpum. Ov. Met. 15. 93.—3. Cætĕra flūmĭnis *Rītu* fĕruntur. Hor. 3. 29. 34. SYN. 2. mōs, mōris, *masc.* q. v.—3. mōre. v. instar.

rīvālis, is. masc. *A rival.*——Mē tĭbĭ *rīvālem* si jŭvat esse vĕta. Ov. Am. 2. 19. 60. SYN. æmŭlus.

rīvus, i. *A brook, a stream of any liquid.*——Ipse pŏtes *rīvos* dūcĕre lēnis ăquæ. Ov. R. A. 194. Sanguĭnis ille vŏmens *rīvos* cădit atque cruentam Mandit hŭmum. V. Æn. 11. 668. SYN. fluentum. v. fluvius. PHR. Tĕnuis fŭgiens per grāmĭna rivus. V. Dulcis ăquæ săliente sĭtim restinguĕre rīvo. V. Aspĭce jūcundo lābentes murmŭre rīvos. Ov. Dēfluit incerto lăpĭdōsus murmŭre rīvus. Ov. Ūda Mōbĭlĭbus pōmāria rīvis. Hor. Ōblīquo lăbōrat Lympha fugax trĕpĭdare rīvo. Hor.

rixa, æ. *Strife, a quarrel.*——Contaurēa mŏnet cum Lăpĭthis *rixa* sŭper mĕro Dēbellāta. Hor. 1. 18. 8. SYN. līs, lītis, *fem.*; jurgium; certāmĕn, ĭnis, *neut.* PHR. Abstĭnēto, Dixit, īrārum, călĭdæque rixæ. Hor. Lēnit albescens ănĭmos căpillus Lītium et rixæ cŭpĭdos prŏtervæ. Hor. Vĕrēcundumque Bacchum Sanguĭneis prohĭbēte rixis. Hor.

†§rixor, āris. *To quarrel.*——Alter *rixātur* de lānâ sæpe căprīnâ. Hor. Epist. 1. 18. 15. SYN. §altercor, āris; dissentio, īs, si, sum. v. contendo.

rōbŏreus, a, um. *Of oak.*——Mittere *rōbŏrea* scirpea ponte sŏlet. Ov. F. 5. 622. SYN. rōbustus, quernus, īlignus, īlĭceus.

rōbŏro, as. *To strengthen.*——Rectique cultus pectŏra *rōbŏrant.* Hor. 4. 4. 34. SYN. firmo, as; confirmo.

rōbur, ŏris. neut. 1. *Oak, anything made of oak.*—2. *Any hard tree.*—3. *Strength.*——1. Hanc tamen immensam Calchas attollĕre mōlem *Rōbŏrĭbus* textis, cœloque ēdūcĕre jussit. V. Æn. 2. 186.—2. Vīrĭbus haud ullis vălūit disclūdĕre morsus *Rōbŏris* Æneas (*the tree being a wild olive*). V. Æn. 12. 783.

—3. Nunc lŏcus arvōrum ingĕniis, quæ *rōbŏra* cuique. V. G. 2. 177. Vos o quĭbus intĕger ævi Sanguis, ait, sŏlĭdæque suo stant *rōbŏre* vires. V. Æn. 2. 639. SYN. 1. quercus, ûs, *fem.*; īlex, ĭcis, *fem.* (*strictly speaking, the* ilex *is not the same tree, but the holm oak*). — 3. vīs, vīs, *fem.* q. v.

rōbustus, a, um. 1. *Made of oak.*—2. *Strong.* —— 1. Inclūsam Dănaen turris ahēnea *Rōbustæ*que fŏres. Hor. 3. 16. 2. — 2. Fitque vălens jŭvĕnis, nĕque enim *rōbustior* ætas Ulla neque ūbĕrior. Ov. Met. 15. 207. SYN. 1. rōbŏreus, q. v. — 2. vălĭdus, q. v.; firmus, fortis, (*of men, etc.*) lăcertōsus.

rōdo, ĭs, si, sum. 1. *To gnaw, to eat away.* — 2. §*To carp at, to attack with words.* —— 1. *Rōde* căper vītem, tămĕn hinc cum stābis ad āram. Ov. F. 1. 357. *Rōdĭtur* ut scābrâ pŏsĭtum rōbīgĭne ferrum. Ov. Ep. e P. 1. 1. 71. — 2. Quem *rōdunt* omnes lībertīno pătre nātum. Hor. 1. 6. 46. SYN. ‡corrōdo, v. consumo. — 2. incesso, ĭs.

rŏgālis, e. *Of the funeral pile.* —— Tēne săcer vātes flammæ răpuēre *rŏgāles*? Ov. Am. 3. 9. 41.

rŏgans, antis. part. pres. of rogo, q. v., used almost as subst. *A suppliant.* —— Blandior, et partes pæne *rŏgantis* ăgo. Ov. F. 6. 70. SYN. supplex, ĭcis, *masc. and fem.*

‡rŏgātor, ōris. masc. *An asker, a beggar.* —— Interque raucos ultĭmus *rŏgātōres.* Mart. 10. 5. 4. SYN. mendīcus. v. prec.

rŏgātum, i. *A question.* —— Sic ĕgŏ; sic nostris respondit Diva *rŏgātis.* Ov. F. 5. 193.

rŏgĭto, as. *To ask frequently, to ask.* —— Multa sŭper Priămo *rŏgĭtans*, super Hectŏre multa. V. Æn. 1. 754. v. seq.

rŏgo, as. 1. *To ask a question.*—2. *To ask, to beg for.* —— 1. Hei mihĭ si quæ sim Phyllis, et unde *rŏges.* Ov. Her. 2. 106. — 2. Dîs sēdem exĭguam pătriis littusque *rŏgāmus* Innŏcuum. V. Æn. 7. 229. SYN. 1. †interrŏgo; rŏgĭto, as; scītor, āris. — 1, 2. flāgĭto, as; quæro, ĭs, sīvi; rĕquīro, exquīro. — 2. ōro, as; pĕto, ĭs, īvi; posco, ĭs, pŏposci; efflāgĭto; postŭlo, as.

rŏgus, i. *A funeral pile.* —— Dardănĭique *rŏgum* căpĭtis permittĕre flammæ. V. Æn. 4. 640. SYN. pўra. PHR. Diffŭgiunt ăvĭdos carmĭna sōla rŏgos. Ov. Ut meus existo lūceat igne rŏgus. Ov. Ardet in exstructo corpus ĭnāne rŏgo. Ov. Sōlus ad extrēmos permănet ille rŏgos. Ov. Dēfunctaque vītâ Corpŏra furtīvĭs insŭper adde rŏgis. Ov. Nec pŏtĕs in mœstos omnis ăbīre rŏgos. Ov. Corpus in accensos mittĕre forte rŏgos. Ov. Impŏsui răpĭdis viscĕra nostra rŏgis. Ov.

Rōma, æ. *Rome.* —— Scīlĭcet et rērum facta est pulcherrĭma *Rōma* Septemque ûna sĭbī muro circumdĕdit arces. V. G. 2. 534. PHR. En hūjus, nāte, auspĭciīs illa inclўta Rōma Impĕrio terras, ănĭmos æquābit Ŏlympo. V. Rōma triumphāti dum căput orbis ĕris. Ov. Dum dŏmus Ænēæ Căpĭtōlî immōbĭle saxum Accŏlet, impĕriumque păter Rōmānus hăbēbit. V. Ŏmitte mīrāri beatæ Fūmum et ŏpes strepitumque Rōmæ. Hor. Dî quĭbus septem plăcuēre colles. Hor. Quantos ille virûm magnam Māvortis ad urbem Campus ăget gĕmĭtus. V. Hăbēto Tu quŏque Rōmŭleâ dixit in urbe lŏcum. Ov. Et tĕtĭgit summos vertĭce Rōma Deos. Ov. Post, ut Rōma pŏtens ŏpĭbus jam sæcŭla quinque Vidit, et ēdŏmĭto sustŭlit orbe căput. Ov. A pătre dicta meo quondam Sāturnia Rōma est. Ov. Nec mihĭ mātĕriam bellātrix Rōma nĕgābat. Ov. Gentĭbus est ălĭis tellus dăta līmĭte certo, Rōmānæ spatium est urbis et orbis ĭdem. Ov. Stet Căpĭtōlium fulgens, triumphātisque possit Rōma fĕrox dăre jūra Mēdis. Hor. v. seq.

Rōmānus, a, um. 1. *Roman.* — 2. (*as subst., oftenest in pl.*) *A Roman, the Romans.* —— 1. Ille Deus bĕnĕ quo *Rōmāna* pŏtentia nixa est. Ov. Tr. 5. 2. 35. — 2. Tu rĕgĕre impĕrio populos *Rōmāne* mĕmento. V. Æn. 6. 852. Rōmŭlus excĭpiet gentem, et Māvortia condet mœnia, *Rōmānos*que suo de nōmĭne dicet. V. Æn. 1. 277. SYN. 1. Rōmŭleus, Rōmŭlus, Lătius, q. v. — 2. Quĭrītes, *pl., found also in gen. dat. and acc. sing.*; Dardănĭdæ, ārum, *masc.*; Rōmŭlĭdæ, ārum, *masc.*; Ænĕădæ, ārum, *masc.* PHR. Lætus intersis pŏpŭlo Quĭrīni. Hor. Hic dŏmus Ænēæ cunctis dŏmĭnābĭtur ōris. V. Cum dŏmus Assărăci Phthīam clārasque Mўcēnas Servĭtio prĕmet. V. Rōmæ princĭpis urbium Dignātur sŏbŏles inter ămābĭles Vatum pōnĕre me chŏros. Hor. Sit Rōmāna pŏtens Ĭtălâ virtūte prŏpāgo. V. Gĕnus unde Lătīnum Albānique patres, atque altæ mœnia Rōmæ. V. Nec Rōmŭla quondam Ullo se tantum tellus jactābit ălumno. V. Rōmānos rērum dŏmĭnos gentemque tŏgātam. V. Rōmānum si mŏdŏ nŏmĕn ămant (superi, sc.). Ov. Disce bŏnas artes mŏneo Rōmāna jŭventus. Ov.

Rōmŭleus, a, um. also **Rōmŭlus, a, um.** *Of Romulus, of Rome.* —— *Rōmŭleoque* cădit trajectus Ămūlius ense. Ov. F. 3. 67. *Rōmŭlæ* genti dăte remque, prōlemque, Et decus omne. Hor. C. S. 47. v. prec.

Rōmŭlĭdæ, ārum. masc. *The Romans.* —— *Rōmŭlĭdis*, Tătioque sĕni Cŭrĭbusque sĕvēris. V. Æn. 8. 638.

Rōmŭlus, i. *The son of Mars and Ilia; he and his twin brother Remus were exposed by order of Amulius, whom they afterwards slew. They founded Rome Romulus, after his death, was worshipped under the name of Quirinus.* —— Scīlĭcet arma măgis quam sīdĕra *Rōmŭle* nôras. Ov. F. 1. 29. SYN. Quĭrīnus. PHR. Omnĭbus ăgrĭcŏlis armentōrumque Măgistris Īlĭădæ frātres jūra pĕtīta dăbant. Ov. In quâ Martĭgĕnæ non sunt sine crīmĭne nāti, Rōmŭlus Īlĭădes, Īlĭădesque Rĕmus. Ov. Tēque părit gĕmĭno juncte Quĭrīne Rĕmo. Ov.

rōrātus, a, um. part. pass. perf. from rōro, q. v. *Falling like dew.* —— Mollis ĕrat tellus *rōrātâ* māne pruīnâ. Ov. F. 3. 357. SYN. rorans.

rōresco, is. no perf. *To disperse, or fall like dew.* —— Rĕsŏlūtaque tellus In lĭquĭdas *rōrescit* ăquas; tĕnuātus in auras. Ov. Met. 15. 246. SYN. lĭquesco, is, *no perf.* q. v.

†‡**rōrĭfer, ĕra, ĕrum.** *Causing dew.* —— Hōc ŭbĭ *rōrĭfĕris* terram nox obruit umbris. Lucr. 5. 864. v. roscidus.

rōro, ās. 1. *To bedew, to besprinkle.* — 2. *To be wet, as if with dew, in this sense also in pass.* —— Cum crŏceis *rōrāre* gĕnis Tīthonia conjux Cœpĕrit. Ov. F. 3. 403. — 2. Per sylvam, et sparsi *rōrābant* sanguĭne vĕpres. V. Æn. 8. 645. Undique dant saltus multâque aspergĭne *rōrant.* Ov. Met. 3. 683. Ter spūmam illisam et *rōrantia* vīdĭmus astra. V. Æn. 3. 567. Scrībĭmus et lăcrўmis ŏcŭli *rōrantur* ŏbortis. Ov. Her. 15. 97. SYN. 1. irrōro; spargo, is, si. — 2. mădeo, es, q. v.

rōs, rōris. masc. 1. *Dew.* — 2. *Moisture, wet, any liquid.* —— 1. Cum *rōs* in tĕnĕrâ pĕcŏri grātissĭmus herbâ est. V. E. 3. 15. — 2. Certātim largos hŭmĕris infundĕre *rōres.* V. G. 1. 385. Non Ărăbo noster *rōre* căpillus ŏlet. Ov. Her. 15. 76. SYN. 2. hūmor, q. v. PHR. Sparsaque cœlesti rōre mădēbit hŭmus. Ov. Cānuĕrint herbæ rōre rĕcente quăter. Ov. Vĭtreoque mădentia rōre Tempŏra noctis eunt. Ov. Qui rōre pūro Castălĭæ lăvit Crīnes sŏlūtos. Hor.

rosmărīnus. *Rosemary.* —— Parvos cŏrōnantem *mărīno Rōre* Deos, frăgĭlique myrto. Hor. 3. 23. 15. PHR. Ros măris et lauri nigraque myrtus ŏlent. Ov.

rŏsa, æ. *A rose.* —— Prīmus vēre *rŏsam* atque autumno carpĕre pōma. V. G. 4. 134. PHR. Nunc et qui cŏlor est pūnĭceæ flōre prior rŏsæ. Hor. Nĭmium brĕves Flōres amœnæ ferre jŭbē rŏsæ. Hor. Quālē rŏsæ fulgent inter sua līlia mistæ. Ov. Dum lŏquĭtur vernas efflat ab ōre rŏsas. Ov. Saxaque rōrātīs Ērŭbuisse rŏsis. Ov. Calthaque Pæstānas vincet ŏdōre rŏsas. Ov.

rŏsārium, i. *A rose-bed, a rose-garden.* —— Pingues hortos quæ cūra cŏlendi Ornāret, cănĕrem, bĭfĕrique *rŏsāria* Pæsti. V. G. 4. 119. SYN. rŏsētum. PHR. Littŏra quot conchas, et ămœna rŏsāria flōres. Ov. Vīdi ĕgo ŏdōrāti victūra rŏsāria Pæsti. Prop.

roscĭdus, a, um. 1. *Dewy.* — 2. *Dripping like dew, wet.* —— 1. Cum frīgĭdus āĕra vesper Tempĕrat, et saltus rĕfĭcit jam *roscĭda* Lūna. V. G. 3. 337. — 2. *Roscĭda* per tĕnĕbras Faunus ad antra vĕnit. Ov. F. 2. 332. SYN. 2. mădĭdus, q. v. v. roratus.

rŏsētum, i. *A rose-bed, a rose-garden.* —— Pūnĭceīs hŭmĭlis quantum săliunca *rŏsētis.* V. E. 5. 17. SYN. rŏsārium, q. v.

rŏseus, a, um. *Of a rose, like a rose, rosy, red.* —— Memnŏnis in *rŏseis* lūtea māter ĕquis. Ov. F. 4. 714. v. ruber.

rostrātus, a, um. *Having a beak.* —— Cui belli insigne sŭperbum Tempŏra nāvāli fulgent *rostrāta* cŏrōnâ. V. Æn. 8. 684.

rostrum, i. 1. *The beak of a bird.* — 2. *The sharp beak at the head of a Roman ship.* — 3. *The place in the Forum from which orators spoke at Rome* (*in this sense only in pl.*). —— 1. Porrĭgĭtur, *rostro*que immanis vultur ădunco. V. Æn. 6. 597. — 2. Totumque dehiscit Convulsum rēmis *rostris*que trĭdentĭbus æquor. V. Æn. 5. 143. — 3. Hic stŭpet attŏnĭtus *rostris*, hunc plausus hiantem . . . Corrĭpuit. V. G. 2. 508.

rŏta, æ. 1. *A wheel.* — 2. *A chariot.* — 3. *The course (esp. when circuitous) taken by a chariot.* —— Aureus axis ĕrat, tēmo aureus, aurea summæ Curvātūra *rotæ.* Ov. Met. 2. 108. — 2. Turbĭdus, ēque *rŏtis* magnam respexit ad urbem. V. Æn. 12. 671. — 3. Septĭma quam metam trīvĕrit ante *rota.* Prop. 2. 19. 66. SYN. 2. currus, q. v. — 3. v. gyrus. PHR. 1. Pĕdĭbusque rŏtārum Subjĭciunt lapsus. V. Ærea quem ōblīquum rŏta transiit (serpentem, sc.). V. Hinc rădios trīvēre rŏtis. V. Mētaque ferventi circŭmeunda rŏtâ. Ov. Non hŏmĭnum strĕpĭtūs audit, non illa rŏtārum. Ov. Supprĭme hăbēnas Mūsa nĕc admissīs excŭtiāre rŏsis. Ov. Quique ăgĭtur răpĭdæ vinctus ab orbe rŏtæ. Ov. Et mea sincēro currĕret axe rŏta. Ov. Mănĭfesta rŏtæ vestīgia cernes. Ov.

‡rŏtātor, ōris. masc. *One who causes to move in a circle.* —— Et tū Bassărĭdum *rŏtātor* Evan. Stat. Sylv. 2. 7. 7.

‡rŏtātus, ūs. masc. *A rotatory motion, a whirling or brandishing.* —— Prætĕriit — dĭdĭci quo Pæŏnĕs arma *rŏtātu* Quo Măcĕtæ sua gæsa cĭtent. Stat. Achill. 2. 416. v. gyrus.

rŏto, as. 1. *To turn round like a wheel, to roll (trans. but pres. part. also intrans.).* — 2. *To wave, to whirl round, to brandish.* — 3. *To scatter, put to the rout.* —— Learchum Brāchia tendentem răpit Et bis terve per auras Mōre *rŏtat* fundæ. Ov. Met. 4. 517. At parte ex ălĭâ qua saxa *rŏtantia* lātē Impŭlĕrat torrens. V. Æn. 10. 362. — 2. Prōturbant : instat non sĕcius ac *rŏtat* ensem Fulmĭneum. V. Æn. 9. 441. Finge dătos currus, quid ăgas? pŏtĕrisne *rŏtātis* Obvius īre pŏlis. Ov. Met. 2. 74. SYN. 1, 2. volvo, ĭs, vi, vŏlūtum ; rĕvolvo. — 2. v. corusco.

§rŏtundo, as. *To make round, to make up a round sum, etc.* —— Mille tălenta *rŏtundentur* tŏtĭdem altĕra ; porro. Hor. Epist. 1. 6. 34.

rŏtundus, a, um. *Round.* —— Nec sit mărīta quæ *rŏtundiōrĭbus* Ŏnusta baccis ambŭlet. Hor. Epod. 8. 14. SYN. †glŏbōsus.

rŭbĕfăcio, ĭs, fēci, factum. *To make red.* —— Corpus, et exĭguo *rŭbĕfēcit* sanguĭne sĕtas. Ov. Met. 8. 383.

‡rŭbellus, a, um. *Reddish.* —— Cœna sit in transtri Veientānumque *rŭbellum.* Pers. 5. 147. v. ruber.

rŭbeo, es, ui. and pres. and imperf. **rŭbesco, ĭs.** *To be red, often esp. to blush.* —— Sanguĭneisque inculta *rŭbent* ăviăria baccis. V. G. 2. 430. Jamque *rŭbescēbat* stellīs Aurōra fŭgātis. V. Æn. 3. 521. Et *rŭbuēre* gĕnæ tōtoque rĕcanduit ōre. Ov. Met. 7. 78. SYN. ērŭbeo, ērŭbesco.

rŭber, bra, brum. *Red.* —— Tincta gĕrens *rŭbro* pūnĭca rostra crŏco. Ov. Am. 2. 6. 22. SYN. rŭbens, rŭbĭcundus, pūnĭcus, pūnĭceus, rŏseus, sanguĭneus, igneus, ‡rūfus.

rŭbēta, often rāna rŭbēta. *A sort of toad.* —— Illum turgentis *rānæ* portenta *rŭbētæ.* Prop. 3. 4. 27. v. bufo.

rŭbētum, i. *A place full of brambles.* —— Illa dŏmum glandes excussaque mōra *rŭbētis* Portat. Ov. F. 4. 509. SYN. dŭmētum, spīnētum.

rŭbĭcundus, a, um. *Red, ruddy.* —— At *rŭbĭcunda* Cĕres mĕdio succīdĭtur æstu. V. G. 1. 297. SYN. rŭber, bra, brum.

‡rūbīgĭnōsus, a, um. *Rusty, blighting, metaph. envious.* —— *Rūbīgĭnōsis* cuncta dentĭbus rōdit. Mart. 5. 29. 7. v. invidus.

rūbīgo, ĭnis. fem. 1. *Rust.* — 2. *Dirt.* — 3. *Blight.* —— 1. Exēsa invĕniet scăbrâ *rūbīgĭne* pīla. V. G. 1. 495. — 2. Linguaque ne rĭgeat, căreant *rūbīgĭne* dentes. Ov. A. A. 1. 515. — 3. Mox et frūmentis lăbor addĭtus, ut măla culmos Esset *rūbīgo.* V. G. 1. 151. SYN. 1, 2. sĭtus, ūs. — 2. sordes, ium, *pl. fem.* PHR. 3. Aspĕra rūbīgo parcas Cĕreālĭbus herbis. Ov.

rŭbor, ōris. masc. 1. *Redness.* — 2. *A blush.* — 3. *Shame.* —— 1. Quamvis Mīlēsia magno Vellĕra mūtentur Tyrios incocta *rŭbōres.* V. G. 3. 307. — 2. Flāgrantes perfūsa gĕnas, cui plūrĭmus ignem Subjĕcit *rŭbor*, et călĕfacta per ōra cŭcurrit. V. Æn. 12. 66. — 3. Nil tua Cȳdippes facta *rŭbōris* hăbent. Ov. Her. 20. 202. SYN. 3. pŭdor. PHR. 2. Sŭbit ōra rŭbor. Ov. At si virgĭneo suffūdĕrit ōra rŭbōrem. V. Flāva vĕrēcundus tinxĕrat ōra rŭbor. Ov. Candĭda nec misto sublūcent ōra rŭbōre. Ov. Candĭda candōrem rŏseo suffūsa rŭbōre. Ov. Sed tămĕn ērubuit ; subitusque invīta nŏtāvit Ōra rŭbor. Ov.

§**rŭbrīca**, æ. *Red paint, red chalk.* —— Prælia *rŭbrīcâ* picta aut carbōne, velut si . . . Hor. Sat. 2. 7. 98. SYN. mĭnium. v. sandix.
rŭbus, i. *A bramble.* —— Horrentesque *rŭbos* et ămantes ardua dūmos. V. G. 3. 315. SYN. vĕpres, is, *masc. and fem.* dūmus.
§**ructo, as.** and **ructor, āris.** dep. *To belch, metaph. to belch out, bellow out.* —— Hic dum sublīmes versus *ructātur* et errat. Hor. A. P. 457. SYN. ēructo.
‡**ructus, ûs.** *A belching.* —— Extremo *ructus* cum vĕnit a bărăthro. Mart. 1. 88. 4.
rŭdens, entis. masc. *A cable.* —— Insĕquĭtur clāmorque vĭrûm, strīdorque *rŭdentum.* V. Æn. 1. 87. SYN. rĕtĭnācŭlum. v. funis.
rŭdīmentum, i. *A first instruction, a beginning.* —— Prīmĭtiæ jŭvĕnis mĭsĕræ belliqne prŏpinqui Dūra *rŭdīmenta.* V. Æn. 11. 157. SYN. princĭpium, q. v.
rŭdis, is. fem. *A foil.* —— Me quŏque dōnāri Jam *rŭde* tempus ĕrat. Ov. Tr. 4. 8. 24.
rŭdis, e. very often at the end of a short verse. 1. *Uncultivated, lit. and metaph. unpolished, rough, roughly made, shapeless, etc.*—2. *Ignorant, inexperienced.* —— 1. At *rŭdis* ēnituit impulso vōmĕre campus. V. G. 2. 211. Dumque *rŭdem* præbente mŏdum tībĭcĭne Tusco. Ov. A. A. 1. 111. Non exacta sătis, *rŭdĭbus*que sĭmillĭma signis. Ov. Met. 1. 406. Quæ tantum lānas non sĭnat esse *rŭdes.* Ov. Her. 1. 78. —2. Ennius ingĕnio maximus, arte *rŭdis.* Ov. Tr. 2. 424. Ad măla jamprīdem non sŭmus ulla *rŭdes.* Ov. Ep. e P. 3. 7. 18. SYN. 1. v. incultus, informis.—2. ignārus, inexpertus, indŏcilis, indoctus.
rŭdo, is, rŭdi. no sup. 1. *To bray.*—2. *To roar.*—3. *To creak.* —— 1. Intempestīvo cum *rŭdit* ille sŏno. Ov. F. 6. 342. — 2. Leōnum Vincla rĕcūsantum et sævâ sub nocte *rŭdentum.* V. Æn. 7. 16. — 3. Primusque *rŭdentem* Contorsit lævas prōram Pălĭnūrus ad undas. V. Æn. 3. 561. SYN. 2. frĕmo, is, ui.—3. crĕpo, as, ui, q. v.
‡**rŭdus, ĕris.** neut. *Rich soil, loam.* —— *Rūdĕre* tum pingui sŏlĭdo vel stercŏre ăselli Armentive fĭmo sătŭret jējūnia terræ. Columel. 10. 82.
‡**rūfus, a, um.** *Red.* —— Rōma măgis fuscis vestītur, Gallia *rūfis.* Mart. 14. 129. 1. SYN. rŭber, bra, brum, q. v.
rūga, æ. 1. *A wrinkle.* — 2. *Severity, moroseness, an austere look.* —— 1. Cum bĕnĕ vir traxit vultum, *rugas*que coēgit. Ov. Am. 2. 2. 33.—2. Sed nunquam vītæ fallet me *rūga* sĕvēræ. Prop. 2. 34. 23. PHR. 1. Sulcāvitque cŭtem rūgis. Ov. Rūgis pĕrărāvit ănīlibus ora. Ov. Rūgis vĕtus Frontem sĕnectūs exăret. Hor. Tunc dŏlor et cūræ rūgaque tristis ăbest. Ov. Jamque meos vultus rūga sĕnīlis arat. Ov. Et făcĕret scissas languida rūga gĕnas. Prop. Quam cĭtŏ, mē mĭsĕrum, laxantur corpŏra rūgis. Ov.
‡**rūgio, īs.** *To roar as a lion.* —— Tigrīdĕs indŏmĭtæ raucant, *rŭgiunt*que leōnes. Auct. Philomel. 49.
rūgōsus, a, um. *Wrinkled, rough.* —— Cum mea *rūgōsâ* pallebunt ōra sĕnectâ. Tib. 3. 5. 28. Hoc in *rūgōso* cortĭce carmĕn hăbes. Ov. Her. 5. 28. v. asper.
ruīna, æ. 1. *Downfall.*—2. *Destruction, ruin.* —— 1. Illa *ruīnam* Prōna trahit pĕnĭtusque vădīs illīsa rĕcumbit. V. Æn. 9. 712. — 2. Ætātis facta est tanta *ruīna* meæ. Ov. Ep. e P. 1. 4. 4. SYN. 1. cāsus, ûs. — 1, 2. occāsus. — 2. exĭtium ; clādes, is, *fem.* ; lētum. PHR. Hæc lŏca vi quondam Et vastâ convulsa ruīnâ. V. Horrĭfĭcis juxtā tŏnat Ætna ruīnis. V. Carpsit ŏpes illa ruīna meas. Ov. Nos quŏque conspĭcuos nostra ruīna făcit. Ov.
ruīnōsus, a, um. *Ruinous, in a ruined condition.* —— Ossa ; *ruīnōsas* occŭlit herba dŏmos. Ov. Her. 1. 56.
‡**rŭmex, ĭcis.** masc. *The herb sorrel.* —— Fœcundusque *rŭmex* malvæque ĭnŭlæque vīrēbant. Auct. Moret. 73.
rūmino, as. *To browse upon ; eat, chewing the cud.* —— Dum jăcet, et lentē rĕvŏcātas *rūmĭnat* herbas. Ov. Am. 3. 5. 17.
rūmor, ōris. masc. *Rumour, report.* —— Dīdĭtur hīc sŭbĭto Trōjāna per agmina *rumor.* V. Æn. 7. 144. SYN. fāma (*no pl.*), q. v. PHR. Rūmōresque sĕrit vărios. V. Văriisque ăcuunt rūmōrĭbus iras. V. Rūmōre accensus ămāro. V. Magna quĭdem dē tē rūmor præcōnia fēcit. Ov. Fāma Pĕlasgiădas sŭbĭto pervēnit ad urbes Dēcŏlor, et factīs infĭtianda tuis. Ov. Rūmor ĭnīquus Læsĕrat, et falsi crīmĭnis acta rea est. Ov. Quisquis is est, mĕmŏri rūmōrem vōce rĕferre Et fĭeri fāmæ parsque grădusque pŏtest. Ov.
rumpo, is, rūpi, ruptum. 1. *To break, to burst.* —2. *To tear, to mangle.* —

3. *To violate, to infringe.*—4. *To interrupt.*—5. (**rumpo me,** *also* **rumpo viam,** etc.) *To burst forth, to force one's way.*—6. *To cause to burst forth.*——1. Illĭus immensæ *rūpērunt* horrea messes. V. G. 1. 49.—2. Idmŏnaque audācem tē quŏque *rumpat* ăper. Ov. Ibis. 506.—3. Āmisso *rūpēre* fĭdem, constructaque mella Dīrĭpuēre ipsæ. V. G. 4. 213.—4. Consurgunt mensīs audax quos *rumpĕre* Pallas Sacra vĕtat. V. Æn. 8. 110.—5. Spūmābat rīpis; tantus sē nūbĭbus imber *Rūpĕrat.* V. Æn. 11. 549. Fīdĭte nē pĕdĭb.s, ferro *rumpenda* per hostes Est via. V. Æn. 10. 372.—6. (fons) Dūra Mĕdūsæi quem præpĕtis ungula *rūpit.* Ov. Met. 5. 258. SYN. 1. frango, ĭs, frēgi, fractum; rĕfringo.—1, 2. infringo.—2. lănio, as, q. v.—3. viŏlo, as; lædo, ĭs, si, sum.—4. interrumpo, ābrumpo; scindo, ĭs, scĭdi, scĭssum.—5. ērumpo, q. v. v. irruo.—6. effero, fers, ferre, tŭli, lātum. v. giguo.

ruo, is, rui, ruĭtum (but in its compounds **rŭtum**). 1. *To throw down, to overturn, etc. etc.*—2. *To emit.*—3. *To tear up, to tear away from, etc.*—4. *To fall, lit. and metaph.*—5. *To rush.*——1. Cēdentique sĕquens instat, turbatque *ruit*que. Ov. Met. 12. 134. Insĕquĭtur cŭmŭlosque *ruit* mălĕ pinguis ărēnæ. V. G. 1. 105.—2. Et *ruit* atram Ad cœlum pĭceâ crassus cālĭgĭne nūbem. V. G. 2. 308.—3. Vēla dabant læti, et spūmas sălis ære *ruēbant.* V. Æn. 1. 35. Mœrentes altum cĭnĕrem et confusa *ruēbant* Ossa fŏcis. V. Æn. 11. 211.—4. Hostis hăbet mūros, *ruit* alto a culmĭne Trōja. V. Æn. 2. 290. Sic omnia fatis In pejus *ruĕre* et rētro sublapsa rĕferri. V. G. 1. 201. Quæ vĭgĭlanda vīres, vel cum *ruit* (*is drawing to an end*) imbrĭfĕrum ver. V. G. 1. 313.—5. Tecta mĕtu pĕtiere, *ruunt* de montĭbus amnes. V. Æn. 4. 164. In fŭrios ignemque *ruunt,* ămor omnĭbus īdem. V. G. 3. 244. SYN. 1. 4, 5. corruo. 1. prŏruo; ēverto, ĭs, ti, sum; sterno, ĭs, strāvi, tum, q. v.—2. effundo, ĭs, fūdi; prŏfundo, q. v.—3. ēruo, q. v.—4. cădo, ĭs, cĕcĭdi, cāsum, q. v.; dēcĭdo. 5. irruo. v. propero.

rūpes, is. fem. *A rock.*——Vos . . . Dūmōsa pendēre prŏcul de *rūpe* vĭdēbo. V. E. 1. 77. SYN. scŏpŭlus, saxum; cautes, is; mūrex, ĭcis, *masc.*; sĭlex, ĭcis, *masc. and fem.* PHR. Rūpe sub āĕriâ. V. Hinc atque hinc vastæ rūpes gĕmĭnique mĭnantur In cœlum scŏpŭli. V. Ūna in præcelsâ consēdit rūpe Cĕlæno. V. Objectæ salsâ spumant aspergĭne cautes, Ipse (portus, sc.) lătet, gĕmĭno dēmittunt brachia mūro Turrīti scŏpŭli. V. Ecce pĕtunt rupes præruptaque saxa căpellæ. Ov. Altē mītis in āprīcis cŏgnĭtur vindēmia saxis. V. Nixus eo, rūpisque tenens jŭga prīma sĭnistrâ. Ov. Immĭnet æquŏrĭbus scŏpŭlus, pars īma căvatur Fluctĭbus, et tectas dēfendit ab imbrĭbus undas. Ov.

ruptus, a, um. perf. pass. part. from rumpo, q. v. *Also, bursting forth.*——tŏnĭtru cum *rupta* cŏrusco Ignea rīma mĭcans percurrit lūmĭne nimbos. V. Æn. 8. 391. SYN. ērumpens, †‡ēruptus.

rūrĭcŏla, æ. masc. and fem. used both as subst. and adj. *Tilling the land.*——Et quæ *rūrĭcŏlis* sēmĭna tosta dĕdit. Ov. F. 2. 628. *Rūrĭcŏlas*que bŏves lēto dĕdit, arvaque jussit Fallĕre dĕpŏsĭtum. Ov. Met. 5. 479. SYN. rustĭcus, v. agricola.

rūrĭgēna, æ. masc. and fem. *Natives of the country, countrymen.*——*Rūrĭgĕnæ* pāvēre fĕram, vīcīna jŭventus Vēnĭmus. Ov. Met. 7. 765. SYN. ăgrestis, rustĭcus.

rursum and **rursus.** *Again.*——Aut *rursum* ēnōdes trunci rĕsĕcantur, et alte. V. G. 2. 78. *Rursus* in ōblīquum verso perrumpit ărātro. V. G. 1. 98. SYN. ĭtĕrum.

rūs, rūris. neut. 1. *The country.*—2. *A field, a farm.*——1. Quālis ăpes æstāte nŏvâ per flōrea *rūra.* Exercet sub sole lăbor. V. Æn. 1. 430.—2. Păterna *rūra* būbus exercet suis. Hor. Epod. 2. 2. SYN. 2. ăger, gri. PHR. Rāris ŏpāci Falce prĕmes umbras. V. Lūcĭfĕri prīmo cum sīdĕre frīgĭda *rura* Carpāmus Dum māne nŏvum, dum grāmĭna cānent, Et ros in tĕnĕrâ pĕcŏri grātissĭmus herbâ. V. Rūra mihi, et rĭgui plăceant sub vallĭbus amnes. V. Quam tua rūs ŏcŭlis dŏmĭni Campānia grātum. Ov. Rūra quoque ōblectant ănĭmos, stŭdiumque cŏlendi. Ov. Terrĭtus ille fŭgit, nactusque sĭlentia rūris Exŭlŭlat. Ov.

ruscus, i. *Furze.*——Horrĭdior *rusco,* projectâ vīlior algâ. V. E. 7. 42.

†russus, a, um. *Of russet colour.*——Et vulgo făciunt id lūtea *russa*que vēla. Lucr. 4. 73.

rustĭcĭtas, atis. *Rusticity, country manners.*——Et dĕcor, et vultus sĭne *rusticitāte* pŭdentes. Ov. Her. 20. 59.

‡rustĭcŭlus, a, um. dim. of seq.——Sed non *rustĭcŭlum* nĭmis lĭbellum. Mart. 10. 19. 2.

rustĭcus, a, um. 1. *Of the country.*—2. *With country manners, unpolished.*—3. *Silly, ignorant.*—4. *Savage, cruel.*——1. *Rustĭca* Sāturno regna tĕnente fuit. Ov. Her. 4. 132.—2. Forsĭtan et narres quam sit tĭbĭ *rustica* conjux. Ov. Her. 1. 77.—3. Sorte tŏri gaudens, quid flĕbam *rustica?* dixit. Ov. F. 3. 463.—4. Addĭdit obscœnis convĭcia *rustĭca* dictis. Ov. Met. 14. 522. SYN. 2. incultus.—2, 3. rŭdis.—3. ignārus, stultus.—4. fĕrus, q. v.

rustĭcus, i. *A countryman.*——*Rustĭcus* ēmĕrĭtum pālo suspendit ărātrum. Ov. F. 1. 665. SYN. rūrĭcŏla, æ, *masc.*; rūrĭgĕna, æ, *masc.*; ăgrestis, is, *masc.*; ăgrĭcŏla, æ. *masc.*

rūta, æ. *Rue.*——Ūtĭlius sūmas ăcuentes lūmĭna *rūtas.* Ov. R. A. 801.

‡rūtātus, a, um. *Seasoned with rue, garlanded with rue, etc.*——Secta cŏrōnābunt *rūtātos* ōva lăcertos. Mart. 10. 48. 11.

rŭtĭlo, as. *To glow, to shine.*——Per sŭdum *rŭtĭlāre* vĭdent, et pulsa tŏnāre. V. Æn. 4. 530. SYN. mĭco, as, ui, *no sup.* q. v.

rŭtĭlus, a, um. *Glowing, brilliant, of a fiery colour.*——Sin mācŭlæ incĭpient *rŭtĭlo* immiscērier igni. V. G. 1. 454. SYN. igneus, cŏruscus, sīdĕreus.

rūtrum, i. *A mattock.*——Nec mŏra, transĭluit, *rūtro* Cĕler occŭpat ausum. Ov. F. 4. 843. v. ligo, onis.

Rŭtŭlus, a, um. *Rutulian. The Rutuli were a people of ancient Italy, whose king was Turnus the chief enemy of Æneas on his landing in Italy.*——At vēro *Rŭtŭlīs* impār ea pugna vĭdēri. V. Æn. 12. 216.

S.

Săbæa, æ. *Saba, Arabia.*——Non ante dēvictis *Săbææ* Rēgĭbus. Hor. I. 29. 3. SYN. Ărăbia.

Săbæus, a, um. *Sabæan, Arabian.*——Sōla India nĭgrum Fert ĕbĕnum, sōlis est thūrea virga *Săbæis.* V. G. 2. 117. SYN. Ărăbus, q. v.

Sabbătum, i. *The Sabbath of the Jews.*——Nec pluvias vītes, nec te pĕrĕgrīna mŏrentur *Sabbăta.* Ov. R. A. 220. PHR. Cultaque Jūdæo septĭma săcra Sȳro. Ov. Culta Pălæstīno septĭma festa Sȳro. Ov.

Săbellĭcus, a, um, and **Săbellus, a, um.** *Sabine.*——Ipse ruit, dentesque *Săbellĭcus* exăcuit sus. V. G. 3. 255. Hæc gĕnus ācre virūm Marsos pubemque *Săbellam* . . . Extŭlit. V. G. 2. 167. SYN. Săbīnus, q. v.

Săbīna, æ. *The herb savin.*——Ure măres ŏlens, tædamque, herbasque *săbīnas.* Ov. F. 4. 741.

Săbīnus, a, um. *Sabine, the Sabines were an Italian tribe to the north-east of Rome.*——Hanc ōlim vĕtĕres vītam cŏluēre *Săbīni.* V. G. 2. 532. SYN. Săbellus, Săbellĭcus, Œbălius.

Săburra, æ. *Sand or gravel put into a ship for ballast.*——Ut cymbæ instăbĭles fluctu jactante *săburram.* V. G. 4. 195.

†‡sacco, as. *To strain through a bag.*——Tōtĭus hŭmōrem *saccātum* ut corpŏrī fundant. Lucr. 4. 1022. SYN. †percōlo, as.

§saccŭlus, i. dim of seq. Plēnus *saccŭlus* est ărāneārum. Cat. 13. 8.

saccus, i. *A bag, a purse.*——Effundi *saccos* nummōrum, accēdĕre plūres. Hor. Sat. 2. 3. 149. SYN. §saccŭlus, ‡pēra ; ‡follis, is, *masc.* ; rētĭcŭlum.

săcellum, i. *A chapel.*——Āra mihī pŏsĭta est parvos conjuncta *săcello.* Ov. F. 1. 275. v. templum.

săcer, săcra, săcrum. 1. *Sacred, holy.*—2. *Accursed.*——1. Dēprĕcor hoc ūnum per jūra *săcerrĭma* lecti. Ov. Her. 9. 159.—2. Auro Vi pŏtītur, Quid non mortālia pectŏra cōgis, Auri *săcra* fămes? V. Æn. 3. 57. SYN. 1. sanctus, săcrātus. v. religiosus.—2. dētestatus, invīsus, pernĭciosus, q. v.

săcerdōs, ōtis. masc. and fem. *A priest or priestess.*——Rex Ănius, rex īdem hŏmĭnum Phœbique *săcerdos.* V. Æn. 3. 80. Dōnec rēgīna *săcerdos* Marte grăvis gĕmĭnam partu dăbit Īlia prōlem. V. Æn. 1. 274. SYN. pontĭfex, ĭcis, *masc.*, pŏpa, æ, *masc.*, antistĕs, ĭtis, *fem.* antistĭta ; flămĕn, ĭnis, *masc.* PHR. Stant āræ circum et crīnes effūsa săcerdos. V. In magni castus Jŏvis æde săcerdos. Ov. Augusta vŏcantur Templa, săcerdōtum rīte dĭcāta mănu. Ov. Esse săcerdōtes dēlūbraque vestra tuērī Poscĭmus. Ov.

săcrāmentum, i. *An oath.*——Non ĕgŏ perfĭdum Dixi *săcrāmentum*, ībĭmus, ībĭmus. Hor. 2. 17. 10. SYN. jūs, jūris, *neut.*, §jusjūrandum.

săcrārium, i. *A chapel, a shrine.*——Vimque Deûm infernam, et dūri *sācrāria* Dītis. V. Æn. 12. 199. SYN. săcellum, ădȳtum. v. templum.

săcrātus, a, um. part. perf. pass. of sacro, q. v., used almost as adj. *Consecrated, sacred.*——Fātāle aggressi *sācrāto* āvellĕre templo Pallădium. V. Æn. 2. 165. SYN. săcer, cra, crum, q. v.

săcrĭfer, ĕra, ĕrum. *Carrying sacred things.*——Est Dea *sācrĭfĕras* pæne sĕcūta rătes. Ov. F. 4. 252.

săcrĭfĭcium, i. *A sacrifice.*——*Săcrĭfĭci* gĕnus est, sic instĭtuēre priōres. Ov. Ep. e P. 3. 2. 57. SYN. ‡lītāmen, ĭnis, *neut.* (*an expiatory sacrifice*), piăcŭlum ; piāmĕn, ĭnis, *neut.* (v. victima). PHR. Sācrisque ē mōre lĭtātis. Ov. v. ara. v. seq.

săcrĭfico, as. *To sacrifice.*——Bos ăret, ignāvam *săcrĭfĭcāte* suem. Ov. F. 4. 414. SYN. lĭto, as ; macto, as (*of sacrificing victims*) ; ŏpĕror, āris, *sine e.*, ădŏleo, es, *no perf.*, *of burnt offerings.* PHR. Tinctaque vōtīvo sanguĭne Dēlos ĕrit. Ov. Illiŭs āram sæpe tĕner nostrīs ab ŏvīlibus imbuet agnus. V. Supplex ārīs impōnet hŏnōrem. V. Multa tĭbi ante āras nostrâ cădet hostia dextrâ? V. Āras vōtīvo sanguĭne tingit Festaque fūmōsīs ingĕrit exta fŏcis. Ov. Nulla căret fūmo Thessălis āra meo. Ov. Fĕriuntque sĕcūres Colla tŏrōsa boum vinctorum cornua vittis. Ov. Sācrisque ē mōre lĭtātis Littŏra ădit. Ov. Quos (Deos, sc.) sanguĭne vōto Mūnĕrĭbusque dătīs, et ăcerris thūris ădōrant. Ov. Vōta făcit, cŭmŭlatque altāria dōnis. V. Dant fruges mănĭbus salsas, et tempŏra ferro Summa nŏtant pĕcŭdum, pătĕrisque altāria lībant. V. Castīs ădŏlet dum altāria tædis. V. Si thūre plăcârīs et hornâ Frūge Lăres ăvĭdâque porcâ. Hor. v. ara, sacrum.

săcrĭfĭcus, a, um. *Of sacrifice.*——Diesque Des mihĭ *săcrĭfĭcos*, călĭturasque ignĭbus āras. Ov. Met. 13. 590.

săcrĭlĕgus, a, um. *Săcrilegious.*——Irrĭta *săcrĭlĕgâ* jactas incendia dextrâ. Ov. Met. 14. 539. v. impius.

săcro, as. *To consecrate, to hallow.*——Centum āras pŏsuit vĭgĭlemque *săcrāvĕrat* ignem. V. Æn. 4. 200. SYN. consĕcro. v. dedico, as.

săcrum, i. *Any sacred thing, sacred rite, etc., esp. a sacrifice.*——Lux hæc indĭcĭtur, inquit, Musa, Quid a fastis non stăta *săcra* pĕtis? Ov. F. 1. 660. v. sacrificium.

sæcŭlum, and sync. **sæclum, i.** 1. *An age; the period of man's life, etc.*—2. *The age, i. e. those living in an age.*—3. *Time.*——1. Multa vĭrûm volvens dūrando *sæcŭla* vincit. V. G. 2. 295.—2. Impiaque æternam timuērunt *sæcŭla* noctem. V. G. 1. 468.—3. Sed mihĭ tarda gĕlu *sæclis*que effēta sĕnectus. V. Æn. 8. 508. SYN. I. 3. ætas, ātis, *fem.*, ævum (*very rare in pl.*).—3. tempus, ŏris, q. v.

sæpe, compar. **sæpius,** often in pos. sense. *Often.*——*Sæpe* fui mendax pro te mihĭ, *sæpe* pŭtāvi. Ov. Her. 2. 11. Quā sē dum regna mănēbant *Sæpius* Andrŏmăche ferre incŏmĭtāta sŏlēbat. V. Æn. 2. 456. SYN. persæpe, crēbro. PHR. Arces Alpĭbus impŏsĭtas trĕmendis Dējēcit ăcer plus vĭce simplĭci. Hor.

sævē. *Fiercely, cruelly.*——Lūmĭna Gorgŏneo *sævius* igne mĭcant. Ov. A. A. 3. 504. SYN. fĕrōcĭter.

sævio, īs. 1. *To rage.*—2. *To be angry.*——Urbes Arma fĕrunt, *sævit* toto Mars impius orbe. V. G. 1. 511. Custōdes ; *sævit*que cănum lātrātus ad auras. V. Æn. 5. 257.—2. Dēiphŏbus contrā, nē *sævi* magna săcerdos. V. Æn. 6. 544. SYN. 1. dēsævio ; furo, ĭs, *no perf.* v. bacchor.—2. īrascor, ĕris, īrātus sum.

sævĭtia, æ. *Fierceness, cruelty, rage.*——Aut ŭbĭ *sævĭtiæ* paulum grăvis unda rĕmīsit. Ov. Her. 19. 23. SYN. fĕrōcia, fŭror, fĕrĭtas.

sævus, a, um. 1. *Fierce, cruel.*—2. *Powerful, mighty.*——1. Pōcŭla si quando *sævæ* infĕcēre nŏvercæ. V. G. 2. 128.—2. *Sævus* ŭbi Æăcĭdæ, tēlo jăcet Hector ; ŭbi ingens Sarpēdon. V. Æn. 1. 99. Non ille impĕrium pĕlăgi *sævum*que trĭdentem Sed mihĭ sorte dătum. V. Æn. 1. 138. SYN. 1. fĕrus, fĕrox, immītis, crūdēlis, q. v., fŭriōsus, effĕrus ; trux, trŭcis.—1, 2. ătrox.—2. magnus, major, maxĭmus ; vălĭdus, q. v.

sāga, æ. *A witch.*——*Sāga*ve pūnĭceâ dēfixit nōmĭna cērâ. Ov. Am. 3. 7. 29. SYN. vĕnēfĭca, măga. PHR. Illic mentis ĭnops ut quam fŭriālis Ĕrictho Impŭlit. Ov. Pollĭcĭta est măgĭco sāga mĭnistĕrio. Tib. Quæ sāga, Quis te solvĕre Thessălis măgus vĕnēnis, Quis pŏtĕrit Deus? Hor. v. Hor. Epod. 5. Epod. 16. v. magicus.

săgācĭter, compar. **ius.** *Sagaciously.*——Namque *săgācius* unus ŏdōror. Hor. Epod. 12. 4. SYN. săpienter.

‡**săgātus.** *Clad in the sagum,* q. v.——Vis te purpŭreum Marce *săgātus* ămem. Mart. 6. 11. 8.

săgax, acis. 1. *With an acute sense of smell.*—2. *Sagacious, wise.*——1. Nunc lĕpŏrem prōnum cătŭlo sectāre *săgāci.* Ov. R. A. 201.—2. Æthīonque *săgax* quondam ventūra vĭdēre. Ov. Met. 5. 146. SYN. 1. ŏdōrus.—2. săpiens, q. v.

săgīna, æ. *Food to fatten an animal with, any nourishing food, esp. that given to gladiators.*——Qui dăbit immundæ vēnālia fāta *săgīnæ.* Prop. 4. 8. 25.

săgīnātus, a, um. *Fattened up.*——Parva *săgīnāti* lustrābant compĭta porci. Prop. 4. 1. 25. v. pinguis.

săgitta, æ. *An arrow.*——Fīgĭtur in jusso nostra *săgitta* loco. Ov. Her. 16. 362. SYN. ărundo, ĭnis, *fem.*, cālămus, penna, tēlum, spīcŭlum ; missĭle, is, *neut.* PHR. Inque Dei pectus cĕlĕres mōlīre săgittas. Ov. Ecce vĭro strīdens ālīs allapsa săgitta est. Ov. Ēmĭcuit nervo pĕnĕtrābĭle telum. Ov. Hæret lătĕri lētālis ărundo. V. Hastas et călămi spīcŭla Gnossii Vītābis. Hor. Hic classe formīdātus ille Missĭlĭbus mĕlior săgittis. Hor. Doctus săgittas tendĕre Sērĭcas Arcu păterno. Hor. Fĕrus et Cŭpīdo Semper ardentes ăcuens săgittas Cōte cruentâ. Hor. Lĭbet Partho torquēre Cȳdōnia cornu Spīcŭla. V. Tento concĭta cornu Sicut ĕrant juncti trājecit ŭtrumque săgitta. Ov. Altĕra per jŭgŭlum pennis tĕnus acta săgitta est. Ov. Aut ĕgŏ Sarmătĭcas vĭdeor vītāre săgittas. Ov. Pars cădit hāmātis mĭsĕrē confixa săgittis. Ov. Hostis ĕquo pollens, longēque vŏlante săgittâ. Ov. Condĭtaque in phărĕtrâ tēla mĭnōra suâ. Ov.—*Poisoned arrows.* Vŏlŭcri ferro tinctĭle vīrus ĭnest. Ov. Tēlaque vīpĕreo lūrĭda felle gĕrat. Ov. Tinctaque mortĭfĕrâ tābe săgitta mădet. Ov. Omnia vīpĕreo spicula felle lĭnunt. Ov. v. arcus.

săgittĭfer, ĕra, ĕrum. *Bearing arrows.*——Hic Lĕlĕgas Cāræque *săgittĭfĕros*que Gĕlōnos. V. Æn. 8. 725. SYN. phărĕtrātus. v. arcitenens.

†**săgittĭpotens, entis.** *Mighty with arrows, the sign Sagittarius.*——Mense, *săgittĭpŏtens* solis cum sustĭnet orbem. Cicero, Arat. 73.

săgŭlum, i. A poetic form of seq.—— Virgātis lūcent *săgŭlis,* tum lactea colla Auro innectuntur. V. Æn. 8. 659.

săgum, i. *The military cloak of the Romans.*——Terrâ mărique victus hostis Pūnĭco Lūgūbre mūtāvit *săgum.* Hor. Epod. 9. 28. SYN. săgŭlum.

‡**săgus, a, um.** *Presaging.*——Ipse nihil certum *săgis* clangōrĭbus æther Præcĭnet. Stat. Theb. 8. 504. SYN. præsāgus.

săl, sălis. sing. masc. and neut., pl. only masc. 1. *Salt.*—2. *The sea.*—3. *Wit, a witty saying, etc.*——1. Făr ĕrat, et pūri lūcĭda mīca *sălis.* Ov. F. 1. 338. Qui fuĕrat dulcis *sălĭbus* vĭtiātur ămāris. Ov. Met. 15. 286.—2. Stant *săle* Tyrrhēno classes, da jungĕre dextram. V. Æn. 6. 697.—3. Candĭdus a *sălĭbus* suffūsis felle rĕfūgi. Ov. Tr. 2. 565. SYN. 2. sălum ; măre, is, *neut.* q. v.—3. lĕpor ; făcētiæ, ārum.

‡**sălămandra, æ.** *A salamander.*——Hoc *sălămandra* nŏtet, vel sæva nŏvācŭla nūdet. Mart. 2. 66. 7.

Sălămīniăcus, a, um, and **Sălămīnius, a, um.** *Of Salamis.*——Et *Sălămīniăcis* quantum Ēōisque triumphis. Sil. 14. 282. Urgent impăvĭdi te *Sălămīnius* Teucer. Hor. 1. 15. 23.

Sălămīs, īnos, acc. **īna,** etc. *An island close by Athens, off which Themistocles and the Greeks defeated the Persians in a great naval battle.*——Nēve ea ficta pŭtes dŏmĭnæ sub ĭmāgĭne signum Servat ădhuc *Sălămis.* Ov. Met. 14. 760.

‡**sălārium, i.** *A stated allowance of provisions, with the requisite quantity of*

salt, salary, pay. —— Nihil strŏphārum est, jam *sălārium* dandum est. Mart. 3. 7. 6.

sălax, ācis. *Wanton.* —— Sitque *sălax* aries, conceptaque sēmĭna conjux Reddat. Ov. F. 4. 771. SYN. lascīvus, prŏtervus, lĭbīdĭnōsus.

sălēbræ, ārum. fem. *Rough places.* —— Lūna ministrat ĕquis, dēmonstrant astra *sălēbras.* Prop. 3. 14. 15. v. præceps.

sălēbrosus, a, um. *Rough, rugged.* —— Ipsa cŏmes vĕniam, nec mē *sălēbrōsa* mŏvēbunt Saxa. Ov. Her. 4. 103. SYN. asper, ĕra, ĕrum, q. v.

‡salgăma, orum. *Vegetables for pickling.* —— Tempŏre nōn ălio vīli quoque *salgăma* merce . . . Plantantur. Columel. 10. 117.

Săliāris, e. *Of the Salii,* q. v. — Nunc *Săliārĭbus* Ornāre pulvīnar Deorum Tempus ĕrat dăpĭbus sŏdāles. Hor. 1. 37. 2.

sălictum, i. *A willow bed.* —— Pōpŭlus et glaucâ cānentia fronde *sălicta.* V. G. 2. 13.

sălignus, a, um. *Of willow.* —— Tegmĭna tūta căvant căpĭtum, flectuntque *sălignas* Umbōnum crātes. V. Æn. 7. 632.

Sălii, ōrum. masc. pl. *Roman priests of Mars, who had charge of the ancilia.* —— Hic exultantes *Sălios* nūdosque Lŭpercos Lānĭgĕrosque apĭces, et lapsa ancīlia cœlo Extŭdĕrat. V. Æn. 8. 662.

‡sălīnæ, ārum. *Salt pits.* —— Quā dulcis Pompēia pălus vīcīna *sălīnis.* Columel. 10. 135.

sălīnum, i. *A salt cellar.* —— Vīvĭtur parvo bĕnĕ cui pāternum Splendet in mensâ tĕnui *sălīnum.* Hor. 2. 16. 14.

sălio, īs, ui, saltum. 1. *To leap, to bound, to spring.* — 2. *To dance.* — 3. *To throb, to palpitate.* —— 1. Dēcĭpĕre, et călămo *sălientes* dūcĕre pisces. Ov. Met. 3. 587. Dulcis ăquæ *săliente* sĭtim restinguĕre rīvo. V. E. 5. 47. — 2. Mollibus in prātis unctos *săluĕre* per ūtres. V. G. 2. 384. — 3. Corpus ĕrat, *săliunt* tentātæ pollĭce vēnæ. Ov. Met. 10. 289. SYN. 1. prōsĭlio, exsĭlio. — 2. salto, as. — 3. palpĭto, as, q. v. v. saltus.

sălīva, æ. 1. *Spittle.* — 2. *The taste of anything.* —— 1. A te sūdor ăbest, ăbest *sălīva.* Cat. 21. 16. — 2. Et Mēthymnæi Grāia *sălīva* mĕri. Prop. 4. 9. 12. SYN. 2. săpor, q. v.

săliunca, æ. *A kind of spikenard or lavender.* —— Pūnĭceīs hŭmĭlis quantum *săliunca* rŏsētis. V. E. 5. 17.

sălix, ĭcis. fem. *A willow.* —— Vīmĭnĭbus *sălĭces* fœcundæ, vītĭbus ulmi. V. G. 2. 446. PHR. Dulce . . . Lenta sălix fœto pĕcŏri. V. Pascuntur et arbŭta passim, Et glaucas sălĭces. V.

salpa, æ. *A stock fish.* —— Atque immunda Chrŏmis, mĕrĭto vīlissĭma *salpa.* Ov. Hal. 121.

‡salpūga, æ. *A venomous ant.* —— Quis calcāre tuas mĕtuit *salpūga* lātĕbras. Lucan. 9. 837.

†salsĭpŏtens, entis. *Mighty over the sea.* —— *Salsĭpŏtente* Jŏvis frātri grātias hăbeo. Plaut. Trinum. 4. 1. 1. v. æquoreus.

salsus, a, um. *Salt.* —— Et *salsos* rīdent rĕvŏmentem pectŏre fluctus. V. Æn. 5. 182.

saltātus, ûs. masc. *Dancing.* —— Quid non et Sătўri *saltātĭbus* apta jŭventus Fēcēre? Ov. Met. 14. 637. SYN. chŏrēă, q. v. v. saltus.

saltem. *At least.* —— *Saltem* si quă mihī de te suscepta fuisset Ante fŭgam sŏbŏles. V. Æn. 4. 327. v. certe.

salto, as. 1. *To dance.* — 2. *To recite with dancing, represent with dancing.* —— 1. Si vox est canta, si mollia brāchia, *salta.* Ov. A. A. 1. 595. — 2. Carmĭna quod plēno *saltāri* nostra theātro . . . scribis. Ov. Tr. 5. 7. 25. Illic assĭduē ficti *saltantur* ămantes. Ov. R. A. 755. SYN. 1. sălio, īs, ui, saltum. PHR. Pars brāchia nectit Et vĭrĭdem cĕlĕri ter pĕde pulsat hŭmum. Ov. v. chorea.

saltus, ûs. 1. *A leap, a bound.* — 2. *An ill-executed dance.* —— 1. Non *saltu* sŭpĕrāre viam sit passus, et ācri Carpĕre prāta fŭgâ. V. G. 3. 141. — 2. Imprŏbat has pastor *saltu*que ĭmĭtātus agresti. Ov. Met. 14. 521. PHR. Hæc Prŏteus, et se jactu dĕdit æquor in altum. V. E scŏpŭlo quem rauca sŭbĕdĕrat unda Se dĕdit in pontum. Ov. Corpŏra saltu Ad terram mīsēre. V. Saltu sūpra vēnābŭla fertur. V. Corpŏra saltu Subjĭciunt in ĕquos. V.

Saltuque sŭperbus Ēmĭcat in currum. V. Sĕque ipse per ignem Præcĭpĭti injēcit saltu. V. Nēve dăret saltum prŏpĕrans insistere terræ. Ov.

saltus, ūs, masc. *A grove, a lawn.* —— Quæ nĕmŏra aut qui vos *saltūs* hăbuēre puellæ Nāïdes. V. E. 10. 9. SYN. lūcus. PHR. Dictææ nymphæ nĕmŏrum jam claudīte saltus. V. Complentur vallesque căvæ saltusque prŏfundi. V. Sic tĭbī sēcrētīs ăgĭlis Dea saltĭbus adsit. Ov.

sălūber, bris, bre. *Healthful, wholesome.* —— Parva sed irrĭguīs ōra *sălūbris* ăquis. Ov. Am. 2. 16. 2. SYN. sălūtaris; sălūtĭfer, ĕra, ĕrum.

sălum, i. *The sea.* —— Currit in immensum panda cărīna *sălum*. Ov. Am. 2. 11. 24. SYN. săl, sălis, *masc. and neut.* q. v.; măre, is, q. v.

sălūs, ūtis. fem. 1. *Safety.* — 2. *Health.* — 3. *Words of salutation, wishing one health.* —— 1. Ūna *sălus* victis nullam spērāre *sălūtem*. V. Æn. 2. 354. — 2. Si tĭbī contingit cum dulci vīta *sălūte*. Ov. Tr. 5. 7. 3. — 3. Sēdŭlus occurram nautæ, dictâque *sălūte*. Ov. Tr. 3. 12. 33. SYN. 2. vălētūdo, ĭnis, q. v.

sălūtāris, e. *Saving, wholesome.* —— Terra *sălūtāres* herbas eădemque nŏcentes Nūtrit. Ov. R. A. 45. SYN. sălūber, bris, e; sălūtĭfer, ĕra, ĕrum.

‡sălūtātor, ōris, masc. *One who salutes, a client.* —— Ille *sălūtātor* rēgum nomenque lŏcūtus Cæsăreum. Stat. Sylv. 2. 4. 29. SYN. sălūtans, cliens.

‡sălūtātrix. fem. of prec. —— Tōta *sălūtātrix* jam turba pĕrēgĕrit orbem. Juv. 5. 21.

sălūtĭfer, ĕra, ĕrum. *Bringing safety or health.* —— Dăque *sălūtĭfĕram* jam mihī frātris ŏpem. Ov. Her. 21. 174. v. salutaris.

sălūto, as. *To salute.* —— Utque *sălūtābam* numen cœleste *sălūto*. Ov. Ep. e P. 2. 8. 15. PHR. Mātrique sălūtem Attŭlit. Ov. v. salus.

salvus, a, um. *Safe.* —— Et *salvam salvâ* te vēlit esse fĭde. Ov. Her. 20. 112. SYN. incŏlūmis, tutus, q. v.

‡sambūca, æ. *A sackbut.* —— *Sambūcam* cĭtius cālōne aptāvĕris alto. Pers. 5. 95.

Sămŏs, i, fem. *Samos, an island in the Ægæan Sea, sacred to Juno.* —— Jam *Sămŏs* a lævâ fuĕrant Naxosque rĕlictæ. Ov. A. A. 2. 79.

Sămŏthrăcia, æ. *Samothrace, an island in the north of the Ægean Sea.* —— Thrēĭciamque Sămon, quæ nunc *Sămŏthrăcia* fertur. V. Æn. 7. 208. PHR. Transitque Ēlectria tellus Thrēĭciis arcāna sacris. Val. Fl.

‡sampsūchum, i. *Marjoram.* —— Nōtaque jam vĕniant hĭlări *sampsūcha* Cănopo. Colum. 10. 171. SYN. ămărăcus.

sānābĭlis, e. *Curable.* —— Vidi ĕgŏ quod prīmum fuerat *sānābĭle* vulnus. Ov. R. A. 101. SYN. mĕdĭcābĭlis, q. v.

sancio, is, xi. supine not in this sense. *To sanction, to ratify.* —— Audiat hæc gĕnĭtor qui fœdĕra fulmine *sancit*. V. Æn. 12. 200.

‡sanctē. *Holily.* —— Hæc *sanctē* ut poscas Tĭbĕrīno in gurgĭte mergis Māne căput. Pers. 2. 15.

sanctus, a, um. *Holy, sacred.* —— Salvē *sancte* părens ĭtĕrum, Salvēte rĕcepti Nēquicquam cĭnĕres. V. Æn. 5. 80. Ecce ĭtĕrum stĭmŭlat, sĕquĭmur te *sancte* Deōrum Quisquis ĕs. V. Æn. 4. 576. SYN. săcer, cra, crum, q. v.

Sancus, i. *A Sabine name of Hercules.* —— Quærēbam Nōnas *Sanco* Fĭdione rĕferrem. Ov. F. 6. 213.

sandălium, i. *A sandal.* —— Argentāta tuos ĕtiam *sandălia* talos Vinxĕrunt. Albinov. 2. 65. SYN. calceus, q. v.

‡sandăpĭla, æ. *A common coffin.* —— Inter cārnĭfĭces et fabros *sandăpĭlārum*. Juv. 8. 175.

sandix, īcis. *A herb from which a sort of red paint was procured.* —— Sponte suâ *sandix* pascentes vestiet agnos. V. E. 4. 45. v. minium.

sānē. 1. *In a sane manner, in one's senses.* — 2. *In truth, surely.* —— Non ĕgŏ *sānius* Bacchābor Ēdōnis. Hor. 2. 7. 26. — 2. Æneas *sāne* ignotis jactētur in undis. V. Æn. 10. 48. SYN. 2. scīlĭcet, certē.

sănguĭneus, a, um. 1. *Of blood, bloody.* — 2. *Of the colour of blood, red.* —— 1. Păris Hectŏra dixit Ferrea *sanguĭneâ* bella mŏvēre mănu. Ov. Her. 13. 64. — 2. *Sanguĭneis* frontem mōrīs et tempŏra pingit. V. E. 6. 22. SYN. 1. sanguĭnŏlentus, cruentus. — 2. rūber, bra, brum, q. v.

sanguĭnŏlentus, a, um. *Bloody, bloodstained.* —— Quâ flēbĭlis allia lūce Vulnĕribus Lătiis *sanguĭnŏlenta* fuit. Ov. A. A. 1. 414. SYN. sanguĭneus, cruentus, cruentātus.

sanguis, and in Lucr. **sanguĕn, ĭnis.** masc. 1. *Blood.* — 2. *Blood, i. e. family.*

—— 1. Concĭdit, ac multo vītam cum *sanguĭne* fūdit. V. Æn. 2. 532.— 2. Nec gĕnĕris nostri puĕrum nec *sanguĭnis* ēdunt. V. E. 8. 45. SYN. 1. cruor. — 2. stirps, pis, fem., q. v. PHR. 1. Volvĭtur ille, vŏmens cālĭdum de pectŏre flūmen. V. Reddit spĕcus ātri vulnĕris undam Spūmantem. V. Huic ātro lĭquuntur sanguĭne guttæ. V. At sŏciis sŭbĭtā gĕlĭdus formīdĭne sanguis Dērĭguit. V. Mĭhĭ frīgĭdus horror Membra quătit gĕlĭdusque coit formīdĭne sanguis. V. Gĕlĭdus tardante sĕnectā Sanguis hĕbet. V.—(*The bleeding stopped.*) Omnis stĕtit īmo vulnĕre sanguis. V. Æn. 12. 422.

sănies, ei. 1. *Gore.* — 2. *Venom.* —— Summaque jējūnā *sănie* infuscātur ărēnā. V. G. 3. 493. SYN. tābum. v. prec.

‡sānĭtas, ātis. fem. *Soundness, esp. of mind.* —— Pars *sānĭtātis* velle sānāri fuit. Seneca, Hipp. 249. PHR. Vix sānæ virgo Nisēia compos Mentis ĕrat. Ov.

‡sanna, æ. *A wry face.* —— I nunc, et dŭbĭta quā sorbeat āĕra *sannā* Tullia. Juv. 6. 305.

săno, as. *To heal.* —— *Sānābit* nullā vulnĕra cordis ŏpe. Ov. Ep. e P. 1. 3. 22. SYN. rĕcūro ; mĕdeor, ēris, *no sup.* ; mĕdĭco, as ; mĕdĭcor, āris, *dep.* PHR. Confossum mĕdĭcā postmŏdŏ jūvit ŏpe. Ov. v. medicus.

sānus, a, um. *Sound, in good health, metaph. sound of mind, in one's senses.* —— Nec quisquam ex illo vulnĕre *sānus* ăbit. Prop. 2. 9. 12. Conjūgis ut măgĭcis *sānos* ăvertĕre săcris Expĕriar sensus. V. E. 8. 66. SYN. vălĭdus (*not of the mind*) ; intĕger, gra, grum, q. v.

săpa, æ. *New wine boiled down.* —— Lac nĭveum pŏtes purpŭreamque *săpam.* Ov. F. 4. 780. v. vinum.

‡săperda, æ. *A small fish.* —— Et quid ăgam rŏgĭtas, *săperdas* advehe Ponto. Pers. 5. 134.

săpiens, entis. part. pres. from sapio, q. v., used as adj. *Wise.* —— Ille sĕnex dictus *săpiens* ab Āpollĭne, nullum. Ov. Tr. 5. 12. 15. SYN. săgax, expĕriens, prūdens, q. v.

săpienter, compar. tius. *Wisely.* —— Si lædis quod ămas hostem *săpienter* ămābis. Ov. Her. 21. 57. SYN. săgācĭter.

săpientia, æ. *Wisdom.* —— Quo măgis ignoscat *săpientia* vestra dŏlenti. Ov. Ep. e P. 1. 3. 85. SYN. expĕrientia, prūdentia. v. calliditas.

săpio, is, rare beyond pres. 1. ‡*To have a taste.*— 2. *To be wise.* —— 1. Nil rhombus, nĭl dāma *săpit* ; pūtēre vĭdentur. Juv. 11. 121. — 2. Ūtĕrer, ūtĕtur si quă puella *săpit.* Ov. Her. 17. 258.

săpor, ōris. masc. 1. *Taste, flavour.* — 2. *Anything which has a taste or flavour.* —— 1. Non tămĕn exăcuet torpens *săpor* ille pălātum. Ov. Ep. e P. 1. 10. 13. — 2. Tecta pĕtunt ; huc tu jussos asperge *săpōres*, V. G. 4. 62.

Sappho, ūs. *A Lesbian poetess, inventress of the Sapphic metre ; who threw herself from the rock of Leucas into the sea because her love was slighted by Phaon.* —— An nĭsĭ legisses auctōris nōmĭna *Sapphūs.* Ov. Her. 15. 3. PHR. Æŏliis fĭdĭbus quĕrentem Sappho puellis de pŏpŭlārĭbus. Hor. Lesbia quid dŏcuit Sappho, nĭsi ămāre puellas ? Ov. Grata lȳram pŏsuit tĭbĭ Phœbe poētria Sappho. Ov.

sarcĭna, æ. *A bundle, a burden.* —— Accēdam prŏfŭgæ *sarcĭna* parva răti. Ov. Tr. 1. 3. 84. *Sarcĭna*que hæc ănĭmo non sĕdet apta meo. Ov. Her. 4. 24. SYN. ŏnus, ĕris, q. v.

†sarcĭnātus, a, um. *Burdened.* —— Vĭdĕn' hŏmĭnes *sarcĭnātos* consĕqui? Plaut. Pœn. 5. 2. 19. SYN. ŏnustus, q. v.

sarcĭnŭla, æ. dim. of sarcina, q. v. —— Aptis *sarcĭnŭlis* et expĕdītis. Cat. 26. 2.

sarcio, is, si, tum. *To patch, to repair.* —— Incumbent gĕnĕris lapsi *sarcīre* ruīnas. V. G. 4. 249. SYN. rĕpăro, as ; rĕfĭcio, ĭs, fēci, fectum.

‡sarcŏphăgus, i. *A sarcophagus.* —— *Sarcŏphăgo* contentus ĕrit, Mors sōla fātētur. Juv. 10. 172.

sarcŭlum, i. *A rake or hoe.* —— *Sarcŭla* cessābant versique in pīla lĭgōnes. Ov. F. 1. 699.

Sardis, is. fem. most frequently in pl. *The chief city of Lydia, the capital city of Crœsus.* —— Vāde ait ad magnis vĭcīnum *Sardĭbus* amnem. Ov. Met. 11. 137.

‡sardŏnȳchātus, a, um. *Adorned with sardonyx stones* —— Cūjus et hinc lūcet *sardŏnȳchāta* mănus. Mart. 2. 29. 2.

‡**sardŏnyx, ўchis.** *A sardonyx.*——In mănĭbus densi rădiant testūdĭne tōtâ *Sardŏnўches.* Juv. 6. 381.

Sardōus, a, um, also **Sardus, a, um.** *Of the island of Sardinia.*——Æquŏraque Āfra lĕgit *Sardōa*que regna sĭnistris Aspĭcit a rēmis. Ov. F. 4. 289. Et crassum unguentum et *Sardo* cum melle păpāver. Hor. A. P. 375.

sărissa, æ. *A kind of spear.*——Qui clўpeo găleâque Măcĕdŏniâque *sărissâ.* Ov. Met. 12. 466. Altĕra Bistŏnias pars est sensūra *sărissas.* Ov. Ep. e P. 1. 3. 59. v. hasta.

Sarmăta, æ, also **Saurŏmăta, æ.** masc. *An inhabitant of Sarmatia.*——Inter *Saurŏmătas* ingĕniōsus ĕro. Ov. Tr. 5. 1. 74. SYN. Iazyx, ўgis, *acc.* ўga, etc.

Sarmătĭcus, a, um. and fem. **Sarmătis, ĭdos.** *Of Sarmatia.* Nos . . . Sors tŭlit in Gĕtĭcos *Sarmătĭcos*que sĭnus. Ov. Tr. 1. 4. 62. *Sarmătis* est tellus quam mea vōta pĕtunt. Ov. Tr. 1. 2. 82.

sarmentum, i. *A cutting, a branch cut off, esp. from a vine.*——Prīmus hŭmum fŏdĭto, prīmus dĕvecta crĕmāto *Sarmenta.* V. G. 2. 409.

‡**sarrācum, i.** *A kind of waggon.*——Frīgĭda circŭmăgunt pigri *sarrāca* Boōtæ. Juv. 5. 23. SYN. plaustrum, q. v.

Sarrānus, a, um. *Tyrian, from Sarra, an ancient name of Tyre.*——Ut gemmâ bĭbat et *Sarrāno* dormiat ostro. V. G. 2. 506. SYN. Tўrius, q. v.

‡**sartāgo, ĭnis.** fem. *A frying-pan.*——Fīunt urceŏli, pelves, *sartāgo,* pătellæ. Juv. 10. 64.

sat, for sătis, q. v. *Enough.*——Claudĭte jam rīvos, puĕri, *sat* prāta bĭbērunt. V. E. 3. 111.

săta, ōrum. neut. pl.; prop. part. pass. perf. from sero (v. satus), but used as subst. *Land sown, crops.*——Ure *săta,* et vălĭdam in vītes mōlīre bĭpennem; V. G. 4. 331. SYN. sĕgĕs, ĕtis, *fem.* v. arvum.

sătellĕs, ĭtis. masc. *A body-guard, a guard.*——Ne posset ădīre Cursus ĕqui fēcit circumfūsusque *sătelles.* Ov. Met. 14. 355. v. custos.

†‡**sătias, ātis.** fem. *Abundance, satiety.*——Hæc ănĭmos ōlim mulcēbant atque jŭvābant Cum *sătiāte* cĭbi. Lucr. 5. 1390. v. copia.

sătio, as. *To satiate, to satisfy.*——Anĭmumque explêsse jŭvābit Ultrīcis pœnæ, et cĭnĕres *sătiâsse* meōrum. V. Æn. 2. 587. SYN. exsătio; sătŭro, as; ‡exsătŭro, expleo, es, ēvi.

sătio, ōnis. fem. *A sowing, a planting.*——Vēre făbis *sătio,* tum tē quŏque Mĕdĭca putres Accĭpiunt sulci. V. G. 1. 215. Optĭma vīnētis *sătio* est. V. G. 2. 319.

sătis, also **sat.** q. v. 1. *Enough.*—2. *In compar.* sătius, *Better.*——1. Se *sătis* ambōbus Teucrisque vĕnīre, Lătīnisque. V. Æn. 7. 470.—2. Nonne fuit *sătius* tristes Ămăryllĭdos īras . . . păti? V. E. 2. 14. SYN. 1. ăbundē.—2. mĕlius, pŏtius.

sătisfăcio, ĭs, fēci, factum. pass. **satisfīo, fīs, fīēbam, fĭĕri,** etc. *To give satisfaction, satisfy.*——Qui dīcit multa puellæ Prōbra *sătisfĭĕri* postŭlat ille sĭbi. Ov. R. A. 698.

sător, ōris. *A planter, metaph. a father.*——Olli subrīdens hŏmĭnum *sător* atque Deōrum. V. Æn. 1. 254. SYN. păter, tris, q. v.

sătur, ŭra, ŭrum. 1. *Satiated.*—2. *Well-supplied.*—3. *Rich, fertile.*—4. *Deep, rich, deep (of colour).*——1. Ite dŏmum *sătŭræ,* vĕnit Hespĕrus, īte căpellæ. V. E. 10. 77.—2. Aut intus clausos *sătŭra* ad præsēpia servant. V. G. 3. 214.—3. Saltūs, et *sătŭri* pĕtĭto longinqua Tărenti. V. G. 2. 197.—4. Vellĕra Nymphæ Carpēbant hўăli *sătŭro* fūcāta cŏlōre. V. G. 4. 335. SYN. 1. sătīatus. v. satio, sătŭrātus.—1, 2. plēnus.—3. fertĭlis, pinguis.

sătŭreium, i. *Savory.*——Sunt qui præcĭpiant herbas *sătŭreia* nŏcentes Sūmĕre. Ov. A. A. 2. 145.

Sāturnia, æ. *Daughter of Saturn, i. e. Juno.*——Id mĕtuens, vĕtĕrisque mĕmor *Sāturnia* belli. V. Æn. 1. 23. SYN. Jūno, ōnis, q. v.

Sāturnius, a, um. *Of Saturn, esp. as an epith. of Rome and of Italy as having been the seat of Saturn's kingdom.*——O pătre dicta meo quondam *Sāturnia* Rōma est. Ov. F. 6. 31. Jam rĕdit et virgo, rĕdeunt *Sāturnia* regna (i. e. *the golden age*). V. E. 4. 6.

Sāturnus, i. *The father of the Gods; he devoured his male children, till his wife Ops, called also Cybele, saved Jupiter, by whom he was at last driven from* *heaven, after which he lived on earth and reigned in Latium, and his reign is what the poets called the golden age. He protected farming, and is represented with a sickle; at last he became a planet.*——Aureus hanc vītam in terris *Sāturnus* ăgēbat. V. G. 2. 538. Frīgĭda *Sāturni* sēsē quo stella rĕceptet. V. G. 1. 336. PHR. Falcĭfĕro lībāta sĕni duo corpŏra gentes Mittĭte. Ov.

sătūro, as. *To satiate, to saturate, etc.*——Nec cytiso *sătŭrantur* apes, nec fronde căpellæ. V. E. 10. 30. Verrit hŭmum Tўrio *sătŭrātâ* mūrĭce pallâ. Ov. Met. 11. 166. SYN. sătio, as, q. v.

sătus, a, um. part. perf. pass. from sero, q. v. 1. *Sown, planted, of the crop or of the land.*—2. *Born, more usu. born of, sprung from.*——1. Quid nŏcuit sulcos non hăbuisse *sătos*? Tib. 2. 3. 74. Atque *sătas* ălio vīdi trādūcĕre messes. V. E. 8. 98.—2. Felices ŏpĕrum. Quintam fŭge, pallĭdus Orcus Eumĕnĭdesque *sătæ*. V. G. 1. 278. O *săte* gente Deûm, Trojānam ex hostĭbus urbem Qui rĕvehis nōbis. V. Æn. 8. 36. SYN. 1. consĭtus, obsĭtus.—2. ortus, crētus, nātus, ēdĭtus, gĕnĭtus.

sătўra, æ. *Satire.*——Sunt quĭbus in *Sătўrâ* vĭdear nĭmis acer, et ultra Lēgem tendĕre ŏpus. Hor. Sat. 2. 1. 1. PHR. Līber ĭn adversos hostes stringātur Iambus. Ov. Tincta Lўcambēo sanguĭne tēla dăbit. Ov.

Sătўrus, is. *A satyr, an animal represented by poets as a man above the waist, a goat below, and an especial companion of Bacchus and Pan.*——Quid non et *Sătўri* saltātĭbus apta jŭventus Fēcēre. Ov. Met. 14. 637. PHR. Bacchum in rĕmōtis carmĭna rūpĭbus Vīdi dŏcentem crēdĭte postĕri Nymphasque discentes, et aures Căprĭpĕdum Sătўrōrum ăcūtas. Hor. Saltantes Sătўros ĭmĭtābĭtur Alphĕsĭbœus. V. Vīdērunt Sătўri turba prŏterva Deam. Ov.

saucio, as. *To wound.*——Rumpit, et indignas *sauciat* ungue gĕnas. Ov. A. A. 3. 708. SYN. vulnĕro, as; lædo, ĭs, si, sum. v. lanio.

saucius, a, um. *Wounded, in body or mind.*——Quales mūgītus fūgit cum *saucius* āram Taurus (tollit). V. Æn. 2. 223. At rēgīna grāvi jamdūdum *saucia* curâ. V. Æn. 4. 1. SYN. ictus, vulnĕrātus. v. vulnus.

sexātĭlis, e. *Dwelling among rocks and stones.*——Tum vĭrĭdis Tĕrāgus parvo *saxātĭlis* ōre. Ov. Hal. 109.

saxeus, a, um. 1. *Of stone.*—2. *Rocky.*——1. Māter ad audītas stŭpuit, ceu *saxea* vōces. Ov. Met. 5. 509.—2. Spēluncæque tĕgant, et *saxea* prōcŭbet umbra. V. G. 3. 145. SYN. 1. marmŏreus.—2. saxōsus, lăpĭdōsus.

‡**saxifer, ĕra, ĕrum.** *Bearing stones.*——Dissŏna; *saxifĕræ* surgat quĭbus imber hăbēnæ. Val. Fl. 5. 609.

saxificus, a, um. *Making stones, turning into stones.*——*Saxifĭcæ* vĭdeas infēlix ōra Mĕdūsæ. Ov. Ibis. 555. PHR. Utve sŏror Pĕlŏpis saxo dūrēris ŏborta. Ov.

saxōsus, a, um. *Rocky, stony.*——*Saxōsas* inter dēcurrunt flūmĭna valles. V. E. 5. 84. SYN. saxeus, lăpĭdōsus.

saxum, i. 1. *A rock.*—2. *A stone.*——1. Stŭpet inscius alto Accĭpiens sŏnĭtum *saxi* de vertĭce pastor. V. Æn. 2. 308.—2. Cæstĭbus, et jăcŭlīs, et missi pondĕre *saxi*. Ov. F. 2. 367. SYN. 1. scŏpŭlus, rūpes, is; cautes, is; pūmex, ĭcis, *masc.*; mūrĕx, ĭcis, *masc.*—2. lăpis, ĭdis; silex, ĭcis, *masc. and fem.* PHR. 1. Intus sē Prōteus vasti tĕgit objĭce saxi. V. Dum dŏmus Ænēæ Căpĭtōli immōbĭle saxum Accŏlet. V. Intus ăquæ dulces, vīvoque sĕdīlia saxo. V. Undam Ēlĭcit; illa cădens raucum per lævia murmur Saxa ciet. V. Hinc altas cautes projectaque saxa Păchўni Rādĭmus. V. Tot congesta mănu præruptis oppĭda saxis. V. Ipsa cŏmes vĕniam, nec me sălĕbrōsa mŏvēbunt Saxa. Ov. Reddēbant nōmen concăva saxa tuum. Ov.

scăber, bra, brum. *Rough.*——Exēsa invĕniet *scăbrâ* rūbīgĭne pīla. V. G. 1. 495. SYN. asper, ĕra, ĕrum, q. v.; rūgōsus.

scăbies, ēi. fem. *The itch, the mange*——Turpis ŏves tentat *scăbies* ubi frīgĭdus imber Altius ad vīvum persēdit. V. G. 3. 441.

‡**scăbiōsus, a, um.** *Having the itch or mange.*——Impello, expungam! Namque est *scăbiōsus* et ăcri Bīlĕ tŭmet. Pers. 2. 13.

§**scăbo, ĭs. no perf.** *To scratch.*——Sæpe căput *scăbĕret*, vīvos et rōdĕret ungues. Hor. Sat. 1. 10. 71.

scālæ, ārum. fem. pl. *A ladder, stairs, a flight of steps.*——Hærent părĭetĭbus *scālæ* postesque sub ipsos Nītuntur grădĭbus. V. Æn. 2. 442. Quærunt pars ădĭtum et *scālīs* ascendĕre mūros. V. Æn. 9. 507.

scalpo, ĭs, psi, ptum. *To scrape, to engrave.* —— I; sĕcundo Ōmĭne, et nostri mĕmŏrem sĕpulchro *Scalpe* quĕrēlam. Hor. 3. 11. 52. v. sculpo.

§scalprum, i. *A knife, or any tool for cutting.* —— Si *scalpra* et formas non sūtor; nautica vela. Hor. Sat. 2. 3. 106. SYN. ‡cœlum. v. culter.

scamnum, i. *A bench, a stool.* —— Et căva sub tĕnĕrum *scamna* dĕdisse pĕdem. Ov. A. A. 1. 162. v. sedile.

scando, ĭs, di, sum. *To climb, to ascend.* —— Vincŭla collo Intendunt; *scandit* fātālis māchĭna mūros. V. Æn. 2. 237. Inque dŏmos sŭpĕras *scandere* cūra fuit. Ov. F. 1. 298. SYN. ascendo. PHR. Summi fastīgia tecti Ascensu sŭpĕro. V.

scăpha, æ. *A boat, a skiff.* —— Tum me bĭrēmis præsĭdio *scăphæ*: Hor. 3. 29. 62. SYN. rătis, q. v.; cymba; lembus, i, *fem.*; phăsēlus, i, *fem.*; linter, tris, *masc.*

†‡scăphium, i. *A vessel, a basin.* —— Et rāmenta sĭmul ferri fŭrĕre intus ahēnis In *scăphiis*. Lucr. 6. 1044. v. vas.

scăpŭlæ, ārum. pl. fem. *The shoulder-blades, the shoulders, the back.* —— Convĕniunt tĕnues *scăpŭlīs* ănălectrĭdĕs altis. Ov. A. A. 3. 273. v. humerus.

†scāpus, i. *The yarn-beam of a weaver.* —— Insĭlia, ac fūsi et rădii *scāpi*que sŏnantes. Lucr. 5. 1352.

‡scărăbæus, i. *A beetle.* —— Grilli, *scărăbæi*, lŏcustārum cōpia. Phædr. Fab. Nov. 31. 7.

scărus, i. *A char.* —— Măgisve rhombus aut *scări*. Hor. E. 2. 50.

scătēbra, æ. usu. in pl. *The bubbling of water.* —— Unda cădens raucum per lævia murmur Saxa ciet; *scătēbris*que ārentia tempĕrat arva. V. G. 1. 110. v. fons.

scăteo, es. and **†scăto, is.** no perf. *To gush forth, as water from a spring, as a spring.* —— *Scătentem* Bellŭis pontum mĕdiasque fraudes Palluit audax. Hor. 3. 27. 26. Quod gĕnus endŏ mări spīrat fons dulcis ăquāi Qui *scătit*. Lucr. 6. 891. v. profluo.

§scaurus, a, um. *With stout ankles.* —— Balbūtit *scaurum* prāvis fultum mălĕ tālis. Hor. Sat. 1. 3. 48.

scĕlĕrātus, a, um. *Wicked, lit. and metaph.* —— Sævit ămor ferri, et *scĕlĕrāta* insānia belli. V. Æn. 7. 461. Et quis cui cŏlor, at *scĕlĕrātum* exquīrĕre frīgus Diffĭcĭle est. V. G. 2. 256. SYN. scĕlestus, impius, nĕfārius, prŏfānus; mălus, pējor, pessĭmus; imprŏbus, ĭnīquus, incestus; (*only of things*) infandus, nĕfandus. v. nequam.

scĕlĕro, as. *To pollute, by a wrong action.* —— Parce pias *scĕlĕrāre* mănus; non mē tĭbĭ Trōja Externum tŭlit. V. Æn. 3. 42. v. polluo.

†scĕlĕrōsus, a, um. *Wicked.* —— Rĕlĭgio pĕpĕrit *scĕlĕrōsa* atque impia facta. Lucr. 1. 84. v. seq.

scĕlestus, a, um. *Wicked.* —— Rāro antĕcēdentum *scĕlestum* Dēsĕruit pĕde pœna claudo. Hor. 3. 2. 31. SYN. scĕlĕrātus, q. v.

scĕlus, ĕris. neut. *Wickedness.* —— Nūdāvit, cæcumque dŏmūs *scĕlus* omne rĕtexit. V. Æn. 1. 356. SYN. impiĕtas, ātis, *fem.*; nĕquĭtia. v. crimen.

scēna, æ. 1. *A shade formed by the branches of trees.* — 2. *A scene, a stage, a theatre.* — 3. *What really takes place, the fact, the event.* —— 1. Tum sylvis *scēna* cŏruscis Dēsŭper horrentique ātrum nĕmus immĭnet umbrâ. V. Æn. 1. 164. — 2. Immānesque cŏlumnas Rūpĭbus excīdunt, *scēnis* dĕcŏra alta fŭturis. V. Æn. 1. 429. — 3. Mīra, sed et *scēnâ* testĭfĭcāta lŏquor. Ov. F. 4. 326. SYN. 1. umbra, q. v. — 2. theātrum, q. v.

scēnĭcus, a, um. *Represented on the stage.* —— *Scēnica* vĭdisti lentus ădultĕria. Ov. Tr. 2. 514. SYN. ‡theātrālis.

sceptrĭfer, ĕra, ĕrum. *Bearing a sceptre.* —— *Sceptrĭfĕras* Servî templa dĕdisse mănus. Ov. F. 6. 480.

sceptrum, i. *A sceptre.* —— Celsâ sĕdet Æŏlus arce *Sceptra* tĕnens, mollitque ănĭmos, et tempĕrat īras. V. Æn. 1. 57. PHR. Et præstat (Majestas, sc.) sĭne vi sceptra trĕmenda Jŏvi. Ov. Aurea cur dextræ sceptra dĕdēre meæ. Ov. Inque lŏco rēgis sceptra săcrāta tĕne. Ov. Sceptro trādĭta summa tuo. Ov. Ille fĕrox sŏlus sŏlio sceptroque pŏtītur. Ov. Contortum vălĭdo sceptrum rēgāle lăcerto Condĭdit. Ov. Celsior ipse lŏco sceptroque innixus ĕburno. Ov.

‡schĕda, æ. *A paper, a page.* —— Nec summâ pŏtĕs in *schĕdâ* tĕnēri. Mart. 4. 91. 4. SYN. pāgĭna, q. v.

‡schēma, ătis. neut. *A figure, figure of speech, etc.*—— *Schēmăte* nec dŭbĭo, sed ăpertē nōmĭnat illum. Mart. 3. 68. 7. SYN. fĭgūra.
‡schœnŏbătes, æ. masc. *A rope-dancer.*—— Augur *schœnŏbătes* mĕdĭcus măgus omnia nōvit. Juv. 3. 77.
‡schŏlă, æ. *A school.*——An ōtiōsus in *schŏlă* poētārum. Mart. 3. 20. 8. SYN. †‡lūdus.
sciens, entis. part. pres. of scio, q. v., used also as adj. *Skilful.*—— Vĕnēfĭcæ *Scientiōris* carmĭne. Hor. Epod. 5. 72. SYN. scītus, doctus, pĕrītus, q. v.
scientia, æ. *Knowledge, science.*—— Jamjam effĭcāci do mănus *scientiæ*. Hor. Epod. 17. 1. SYN. nōtitia, doctrīna.
scilicet. *Forsooth.*—— *Scīlĭcet* is Sŭpĕris lăbor est; ea cūra quiētos Sollĭcĭtat. V. Æn. 4. 379. SYN. nempe, certē, sānē, quĭdem, nĭmīrum, prŏfecto.
scilla, æ. *A squill.*—— *Scillam*que, ellĕbŏrosque grăves, nĭgrumque bĭtūmen. V. G. 3. 451.
scindo, ĭs, scĭdi, scissum. 1. *To cut.*— 2. *To divide.*— 3. *To interrupt.*— 4. *To tear.*—— 1. Infelix crīnes *scindit* Jūturna sŏlūtos. V. Æn. 12. 870.— 2. *Scindĭtur* interdum stŭdia in contrāria vulgus. V. Æn. 2. 39.— 3. Nē sĕriem rērum *scindĕre* cogar, ĕrunt. Ov. F. 1. 62.— 4. Et *scindent* ăvĭdæ perfĭda corda cānes. Ov. Ibis. 1. 72. SYN. 1. perscindo, rescindo, proscindo, rĕsĕco; rĕcīdo, ĭs, di, sum.— 1, 2. discindo.— 1. 4. sĕco, as, ui, sectum.— 2. dīvĭdo, ĭs, si, sum.— 3. rumpo, ĭs, rūpi, ptum; ăbrumpo, interrumpo.— 4. lănio, as, q. v.
scintilla, æ. *A spark.*—— Et prīmum sĭlĭci *scintillam* excūdit Achātes. V. Æn. 1. 174.
scintillo, as. *To sparkle, to emit sparks.*—— Testâ cum ardente vīdērent *Scintillāre* oleum, et pūtres concrescĕre fungos. V. G. 1. 392.
sciŏ, īs, īvi (perf. part. pass. in act. sense, *knowing, skilful in*). *To know (not of knowing a person).*—— Id quoque si *scisses* salvo fruĕrēre sŏdāli. Ov. Tr. 3. 6. 13. SYN. resciŏ; nosco, ĭs, nōvi, nōtum; cognosco, *sup.* cognĭtum; intellĭgo, ĭs, lexi, lectum. v. novi. PHR. Nec pŏtuit fāti certior esse mei. Ov. Nec lătuĕre dŏlī fratrem Jūnōnis et iræ. V. Si tămĕn acta Deos nunquam mortālia fallunt. Ov.
Scīpiŏ, ōnis. *The greatest of this name was Publius Scipio, called Africanus from his defeating Annibal at Zama.*—— Contĭguus pōni *Scīpiŏ* magne tĭbi. Ov. A. A. 3. 410. SYN. Scīpiădes, æ. PHR. Gĕmĭnos, duŏ fulmĭna belli Scīpiădas cladem Lĭbyæ. V.
§scīpio, ōnis. masc. *A staff, a stick.*——Frontem tăbernæ *scīpiōnĭbus* scrībam. Cat. 35. 10. SYN. băcŭlum, băcŭlus, q. v.
scirpea, æ. *A mat, prop. made of rushes.*—— Sustulit, in plaustro *scirpea* lāta fuit. Ov. F. 6. 680. SYN. tĕgĕs, ĕtis, *fem.*
scirpeus, a, um. *Of a bulrush.*—— *Scirpea* pro dŏmĭno Tĭbĕri jactātur ĭmāgo. Ov. F. 5. 659. SYN. junceus, juncōsus.
scissus, a, um. part. pass. from scindo, q. v. *Cut, torn, furrowed, etc.*—— Et făcĕret *scissas* languĭda rūga gĕnas. Prop. 2. 14. 8.
scitor, āris. *To ask, to question.*—— Suspensi Eurȳpȳlum *scĭtātum* ōrăcŭla Phœbi Mittĭmus. V. Æn. 2. 114. Si mŏdŏ fert ănĭmus grădĕre et *scĭtābĕre* ab ipso. Ov. Met. 1. 775. SYN. rŏgo, as; rŏgĭto, as; ‡interrŏgo.
‡scītum, i. *A decree.*—— *Scīta* Pătrum et lēges, et jūra, fĭdemque, Deosque In dextrâ nunc esse suâ. Sil. 1. 303. SYN. consultum, ‡scĭtum.
scītus, a, um. *Well acquainted with, skilful in.*——Nessus ădit membrisque vălens, *scītus*que vădōrum. Ov. Met. 9. 108. Clīoque, et curvæ *scīta* Thălīa lyræ. Ov. F. 5. 54. SYN. sciens, pĕrītus, doctus, expĕriens, expertus.
§‡scobs, scōbis. fem. *Sawdust, shavings, etc.*—— Vīlĭbus in scōpis, in mappis, in *scōbe* quantus Consistit sumptus. Hor. Sat. 2. 4. 81.
scomber, bri. masc. *A mackerel.*——Et *scombris* laxas sæpe dăbunt tŭnĭcas. Cat. 92. 8.
§‡scōpæ, ārum. fem. pl. *Brooms.*——Vīlĭbus in mappis, in *scōpis*, in scōbe quantus. Hor. Sat. 2. 4. 81.
‡scŏpŭlōsus, a, um. *Rocky.*——Hinc illinc montes *scŏpŭlōsæ* rūpis aperto oppŏsuit nātura mări. Lucan. 2. 619. SYN. saxōsus, q. v.
scŏpŭlus, i. *A rock.*——Præcĭpĭtem *scŏpŭlo* atque ingentis turbĭne saxi Excŭtit. V. Æn. 12. 532. SYN. rūpes, is, *fem.*; murex, ĭcis, *masc.*; saxum, q. v.

scorpiŏs, i. masc. *A scorpion, both the animal and the constellation.*——Dum lŏquor ēlātæ mĕtuendus ăcūmĭne caudæ *Scorpiŏs.* Ov. F. 4. 164.

‡**scorteus, a, um.** *Of hides, leathern ; neut. pl. used by Mart. as subst. a leathern cloak.*——*Scortea* non illi fas est inferre săcello. Ov. F. 1. 629.

scrība, æ. masc. *A writer, a secretary.*——Mūsa rŏgāta rĕfer cŏmĭti *scrībæ*que Nĕrōnis. Hor. Epist. 1. 8. 2.

scrībo, ĭs, psi, ptum. *To write.* Dīcĕre quæ pŭduit *scrībĕre* jussit Ămor. Ov. Her. 4. 10. SYN. perscrībo ; nŏto, as ; pĕrăro, as ; exăro, as ; *as an author,* conscribo, compōno, ĭs, pŏsui ; condo, ĭs, dĭdi. PHR. Verbaque correctis incīdĕre tālia cēris. Ov. Littĕraque artĭcŭlo pressa trĕmente lăbat. Ov. Et mĕdĭtāta manu compōnit verba trĕmenti. Ov. Nunc quŏque quod tăcĭto mando mea verba lĭbello. Ov. Ad frātrem scriptas exărat illa nŏtas. Ov. Quam lĭbet adverso signētur ĕpistŏla vento. Ov. Cēra tuæ prīmum nuncia mentis eat. Ov. Jam sătis invălĭdos călămo lassāvĭmus artus. Ov. Fŏliisque nŏtas et nōmĭna mandat. V.

scrīnium, i. *A writing-desk, a bookcase.*——Contĭgĕrisque tuam, *scrīnia* curva, dŏmum. Ov. Tr. 1. 1. 106. v. capsa.

scriptor, ōris. masc. *A writer.*——*Scriptōrum*que meas turba sĕcūta rŏtas. Prop. 3. 1. 12. v. conditor.

scriptŭlum, i. in pl. *A sort of game at Rome.*——Est gĕnus in tŏtĭdem tĕnui rătiōne redactum *Scriptŭla.* Ov. A. A. 3. 363.

scriptum, i. *A writing.*——Pertĭmui, *scriptum*que tuum sĭne murmŭre lēgi. Ov. Her. 21. 1.

‡**scriptūra, æ.** *The act of writing.*——*Scriptūra* quanti constat, et tŏmus vīlis. Mart. 1. 67. 3.

scriptus, a, um. part. perf. pass. from scrībo, q. v. *Also ‡painted.*——Æraque, tot *scripto* vīventes lūmĭne cēras Fixisti. Stat. Sylv. 3. 1. 96. SYN. pictus.

scrobs, scrŏbis. masc. and fem. *A ditch.*——Haud prŏcŭl ēgestâ *scrŏbibus* tellūre duābus Săcra făcit. Ov. Met. 7. 243. SYN. fossa, lăcūna.

‡**scrōfa, æ.** *A sow that has had pigs.*——Atque eădem *scrōfâ* Niŏbē fecundior albâ. Juv. 6. 176. v. sus.

scrūpeus, a, um. *Pebbly, shingly.*——Spēlunca alta fuit, vastoque immānis hiātu *scrūpea.* V. Æn. 6. 238. SYN. lăpĭdōsus, ‡scrūpōsus.

scrūpōsus, a, um. another form of prec.——Lustrātur ĕquis *scrūpōsa* Pȳrēne. Grat. Cyneg. 514.

scrūpŭlum, i. *A scruple, a small weight.*——Quinque trahunt mărăthri *scrūpŭla* myrrha nŏvem. Ov. M. F. 92.

§**scrūta, ōrum.** neut. pl. *Old clothes.*——Vīlia vendentem tŭnĭcāto *scrūta* pŏpello. Hor. Epist. 1. 7. 65.

‡**scrūtātor, ōris.** *A searcher into.*——Appius Hespĕrii *scrūtātor* ad ultĭma fāti Sollĭcĭtat. Lucan. 5. 122. SYN. quæsitor.

scrūtor, āris. *To investigate.*——Fībras Inspĭciunt, mentesque Deûm *scrūtantur* in illis. Ov. Met. 15. 137. SYN. vestīgo, as ; evestigo ; explōro, as. v. quæro.

sculpo, is, psi, tum. *To carve in stone, metal, etc.*——Intĕreā nĭveum mīrâ fēlĭcĭter arte *Sculpit* ĕbur. Ov. Met. 10. 248. v. scalpo, v. cælo. PHR. Excūdent ălii spīrantia mollius æra, Crēdo ĕquĭdem vīvos dūcent de marmŏre vultus. V. Dīvĭte me scĭlĭcet artium Quas aut Parrhăsius prōtŭlit aut scŏpas, Hic saxis, lĭquĭdīs ille cŏlōrĭbus Sōlers nunc hŏmĭnem pōnĕre, nunc Deum. Hor.

sculptĭlis, e. *That is or may be graved or carved.*——Et totum Nŭmĭdæ *sculptĭle* dentis ŏpus. Ov. Ep. e P. 4. 9. 28.

scurra, æ. masc. *A buffoon.*——Hoc quid pŭtēmus esse, Qui mŏdŏ *scurra.* Cat. 20. 12.

§**scurror, āris.** *To play the buffoon.*——*Scurror* ĕgo ipse mihī, pŏpŭlo tu, rectius hōc et Splendĭdius multo est. Hor. Epist. 1. 17. 19.

scūtātus, a, um. *Armed with a shield.*——Tercentum *scūtāti* omnes Volscente măgistro. V. Æn. 9. 370. SYN. clȳpeātus, peltātus.

scūtĭca, æ. *A whip.*——Crēdĕris infēlix *scūtĭcæ* trĕmĕfactus hăbēnis. Ov. Her. 9. 81. SYN. flăgellum.

‡**scūtŭla, æ.** *A little dish.*——Et læves *scūtŭlas* căvasque lances. Mart. 11. 32. 19. v. lanx.

‡**scūtŭlātus, a, um.** *Checkered, striped.*——Cœrŭlea indūtus *scūtŭlāta* aut galbăna rāsa. Juv. 7. 97.

scūtum, i. *A shield, buckler, target, prop. made of leather, and less than* clypeus. —— *Scūta* vĭrûm gălĕasque et fortia corpŏra volvit. V. Æn. 1. 101. SYN. clўpeus, q. v.; pelta.

Scylla, æ. *The most celebrated is the daughter of Phorcys, who was changed into a rock or whirlpool off the Sicilian coast. The other Scylla, the daughter of Nisus, is often confounded with her.* —— Dextrum *Scylla* lătus, lævum implācāta Chărybdis Obsĭdet. V. Æn. 3. 420. q. v. ad 432. SYN. Nisēis, ĭdŏs. PHR. Et vos Nisæi naufrăga monstra cănes. Ov. Scylla fĕris trunco quod lātrat ab inguĭne monstris. Ov. Ut quos Scylla vŏrax, Scyllæque adversa Chărybdis Dulĭchiæ păvĭdos ērĭpuēre răti. Ov. Quas Scylla infestet, quasve Chărybdis ăquas. Ov. Aut quos Scylla răpax cănĭbus mīsisset ĕdendos. Ov.

Scyllæus, a, um. *Of Scylla.* —— Vos et *Scyllæam* răbiem pēnĭtusque sŏnantes Accēstis scŏpŭlos. V. Æn. 1. 200.

†scymnus, i. *A whelp, esp. of a lion.* —— At cătŭli panthērārum *scymnī*que leōnum. Lucr. 5. 1035. v. catulus.

scўphus, i. *A cup, a goblet.* —— Făgĭnus astābat cum *scўphus* ante dăpes. Tib. 1. 11. 8. SYN. pōcŭlum *sync.* pōclum, q. v.

Scythes, æ. masc. usu. in pl. **Scўthæ ārum.** *A Scythian.* —— Tē prŏfŭgus *Scўthes* Mīrātur. Hor. 4. 14. 42. Campestres mĕlius *Scўthæ* Quōrum plaustra văgas rīte trahunt dŏmos. Hor. 3. 24. 9. SYN. Massăgĕtæ, ārum, *masc.*; Dahæ, ārum. PHR. Hostis ĕquo pollens longēque vŏlante săgittā. Ov. Indŏmĭtique Dahæ et pontem indignātus Ăraxēs. V. Vulgus adest Scўthĭcum braccātaque turba, Gĕtārum. Ov.

Scythia, æ. *Scythia.* —— Inque fĕris *Scўthiæ* Sarmătĭcisque jŭgis. Ov. Tr. 1. 7. 40. PHR. Hei mihĭ jam nĕ dŏmus Scўthĭco Nāsōnis in orbe? Ov. Scўthĭco quid littŏre pējus? Ov. Bospŏrus et Tănais sŭpĕrant, Scўthĭcæque pălūdes. Ov.

Scўthis, ĭdŏs. fem. *A Scythian woman.* —— Exercēre artes *Scўthĭdes* mĕmŏrantur easdem. Ov. Met. 15. 360.

sēcēdo, ĭs, cessi, sum. *To retire.* —— Cynthia; dēque suo jussit *sēcēdĕre* cætu. Ov. Met. 2. 465. SYN. cēdo, dēcēdo, discēdo, abscēdo, rĕcēdo; ăbeo, ĭs, ĭvi, ĭtum.

sēcerno, ĭs, crēvi, crētum. *To separte, to set apart, to divide.* —— Inde păres centum dēnos *sēcrēvit* in orbes. Ov. F. 3. 127. SYN. sēpăro, as, q. v.; sēpōno, ĭs; dīvĭdo, is, vīsi.

sēcessus, ûs. 1. *A withdrawing, retirement.* — 2. *A sequestered place.* —— 1. Carmĭna *sēcessum* scrībentis et ōtia quærunt. Ov. Tr. 1. 1. 41. — 2. Est in *sēcessu* longo lŏcus, insula portum Effĭcit objectu lătĕrum. V. Æn. 1. 159. SYN. 2. rĕcessus, ûs; sēcrētum.

sēcius. *Otherwise, in a different manner, always with a negative.* —— Fīlius ardentes haud *sēcius* æquŏre campi Exercēbat ĕquos. V. Æn. 7. 781. SYN. sĕcus, q. v.; ălĭter.

sēclūdo, ĭs, si, sum. 1. *To shut out.* — 2. ‡*To shut up.* —— 1. Solvĭte corde mĕtum Teucri, *sēclūdĭte* cūras. V. Æn. 1. 562. — 2. Intus ăle et sĭmĭles inter *sēclūde* puellas. Stat. Achil. 1. 359. SYN. 1. exclūdo, q. v. — 2. claudo, q. v.; inclūdo.

sēclūsus, a, um. part. perf. pass. of prec., also, *Retired.* —— Intĕreā vĭdet Æneas in valle rĕductā *Sēclūsum* nĕmus. V. Æn. 6. 704. SYN. sēcrētus, q. v.

sĕco, as, ui, sectum. 1. *To cut.* — 2. *To tear, to wound.* — 3. *To divide.* —— 1. Pūbentesque *sĕcant* herbas flŭviosque mĭnistrant. V. G. 3. 126. Ille viam *sĕcat* ad nāves sŏciosque rĕvīsit. V. Æn. 6. 900. Illa lĕvem fŭgiens raptim *sĕcat* æthĕra pennis. V. G. 1. 406. — 2. Ah tĭbĭ nē tĕnĕras glăcies *sĕcet* aspĕra plantas. V. E. 10. 49. — 3. Quosque *sĕcans* infaustum interluit Allia nōmen. V. Æn. 7. 717. SYN. 1. rĕsĕco, subsĕco, consĕco, dēsĕco; concīdo, ĭs. — 1, 2, 3. scindo, ĭs, scĭdi, scissum. — 2. lănio, as, q. v. — 3. dīvĭdo, ĭs, vīsi, q. v.

sēcrēto. *Secretly.* —— Me quŏque *sēcrēto* grātes sĭbĭ magnus ăgentem Audisset. Ov. Ep. e P. 4. 9. 31. SYN. lătenter, clam.

sēcrētum, i. usu. in pl. *A secret haunt.* —— Præsĭdet horrendæque prŏcul *sēcrēta* Sĭbyllæ Antrum immāne pĕtit. V. Æn. 6. 10. SYN. lătĕbræ, ārum, q. v.

sēcrētus, a, um. prop. perf. part. pass. from secerno, q. v.; but used as adj. —— 1. *Secluded.* — 2. *Secret.* — *Retired* (*of persons*). —— 1. Jamque arva tĕnēbant Ultĭma, quæ bello clāri *sēcrēta* frĕquentant. V. Æn. 6. 478. — 2. Carmen

Auxĭlĭāre cănit, sēcrētasque advŏcat artes. Ov. Met. 7. 139. Cuique ĕgŏ narrābam sēcrēti quicquid hăbēbam. Ov. Tr. 3. 6. 11.—3. At prŏcŭl in sōlā sēcrētæ Trōădĕs actā. V. Æn. 5. 613. SYN. 1. sēclūsus, abdĭtus, rĕmōtus.—2. arcānus, tăcĭtus. PHR. 2. Pectŏrĭbusque dăbas multa tĕgenda meis. Ov.

secta, æ. *An opinion; those who profess an opinion; a sect.*——*Sectam* meam exsĕcutæ dūce mē mihĭ cŏmĭtes. Cat. 61. 15.

sectĭlis, e. *That may be cut.*——*Sectĭle* dēlĭciis India præbet ĕbur. Ov. M. F. 10. SYN. sĕcandus, rĕsĕcandus.

sector, āris. *To follow, to pursue.*——Nunc lĕpŏrem prōnum cătŭlo *sectāre* săgāci. Ov. A. A. 2. 201. SYN. insector; sĕquor, ĕris, sĕcūtus sum, q. v.

‡sector, ōris. masc. *One who puts up for sale.*——Hinc rapti fasces prĕtio, *sectorque* făvōris Ipse sui pŏpŭlus. Lucan. 1. 178.

sectus, a, um. part. perf. pass. of seco, q. v.——Tua *sectus* orbis Nōmĭna dūcet. Hor. 3. 27. 75.

sĕcūbĭtus, ūs. masc. *A lying apart.*——Et bĕnĕ tormentis *sĕcŭbĭtuque* cŏli. Ov. Am. 3. 10. 16.

sĕcŭbo, as, ui, ĭtum. 1. *To lie apart.*—2. *To live apart from, to live in retirement.*——1. Te mĕmĭni et pūro *sĕcŭbuisse* tŏro. Tib. 1. 3. 26.—2. Miles dēpŏsĭtis annōsus *sĕcŭbat* armis. Prop. 2. 19. 41.

sĕcundo, as. *To make favourable, prosperous.*——Rīte *sĕcundārent* vīsūs ōmenque lĕvārent. V. Æn. 3. 36. SYN. prospĕro, as.

sĕcundum. *Near to.*——Saltĭbus in văcuis pascant et plēna *sĕcundum* Flūmĭna. V. G. 3. 143. SYN. juxtā, prŏpe, propter.

sĕcundus, a, um. 1. *Second.*—2. *Inferior.*—3. *Favourable, prosperous (of events, etc.)*—4. (**secundus amnis**) *Down stream.*——1. Nōn ĕgŏ te Dis et mensīs accepta *sĕcundis* Transiĕrim, Rhŏdia. V. G. 2. 101. Nec viget quidquam sĭmĭle aut *sĕcundum*. Hor. 1. 12. 18.—2. Turnus ĕgo haud ulli vĕtĕrum virtūte *sĕcundus*. V. Æn. 11. 441.—3. Flectit ĕquos curruque vŏlans dat lōra *sĕcundo*. V. Æn. 1. 160. Mens hūmāna mŏdum rēbus servāre *sĕcundis* Nescia. V. Æn. 10. 502.—4. Mersātur missusque *sĕcundo* dēfluit amni. V. G. 3. 447. SYN. alter, ĕra, ĕrum, *gen.* altĕrius, q. v.—2. pējor, v. malus.—3. faustus, prospĕrus. *not used in nom. sing. masc.*—4. prōnus.

sĕcūrĭger, ĕra, ĕrum. also **sĕcūrĭfer, ĕra, ĕrum.** *Bearing an axe.*——Prīma *sĕcūrĭgĕras* inter virtūte puellas Te pĕpĕrit. Ov. Her. 4. 117. Antĭmăchumque Hĕlĭmumque *sĕcūrĭfĕrum*que Pyrăcmon. Ov. Met. 12. 460.

sĕcūris, is. fem. 1. *An axe or hatchet.*—2. *The fasces or ensigns of consular authority.*——Captīvi pendent currus curvæque *sĕcūres*. V. Æn. 7. 184.—2. Consŭlis impĕrium hic prīmus sævasque *sĕcūres* Accĭpiet. V. Æn. 6. 820. SYN. 1. bĭpennis, is, *fem.*—2. fasces, ium, *masc.* PHR. Candĭdaque adductā collum percussa sĕcūri Victĭma. Ov. Ancĭpĭtemque mănū tollens ūtrâque sĕcūrim. Ov. Qui candĭda tauri Rumpĕre săcrĭfĭcā mōlĭtur colla sĕcūri. Ov. Sylva vĕtus stābat nullā viŏlāta sĕcūri. Ov. Sŏnat icta sĕcūrĭbus ĭlex. Ov.

sĕcūrus, a, um. 1. *Free from care, careless about.*—2. *Free from fear, safe.*——1. At *sĕcūra* quies et nescia fallĕre vita. V. G. 2. 467. Clam ferro incautum sŭpĕrat, *sĕcūrus* ămōrum Germānæ. V. Æn. 1. 350.—2. Sint tua vōta lĭcet, dixit, *sĕcūra* rĕpulsæ. Ov. Met. 12. 199. Optāto conduntur Tybrĭdis alvĕo *Sĕcūri* pĕlăgi atque mei. V. Æn. 7. 304. Omnia sed vĕreor, quis ĕnim *sĕcūrus* ămāvit? Ov. Her. 19. 109. v. tutus.

sĕcus. *Otherwise, differently, always preceded by a negative, and very often followed by* ac *or* quam.——Haud *sĕcus* ac jussi făciunt tectosque per herbam Dispōnunt enses. V. Æn. 3. 236. SYN. sĕcius, ălĭter.

‡sĕcūtor, ōris. *A follower, a sort of gladiator.*——Vulnĕre, cum Gracchο jussus pugnāre *sĕcūtor*. Juv. 8. 210.

sĕcūtus, a, um. part. perf. from sequor, q. v. *Following.*——Mātre Deā monstrante viam, dăta fāta *sĕcūtus*. V. Æn. 1. 382.

sed. *But.*——*Sed* tămĕn iste Deus qui sit da Tĭtyre nōbis. V. E. 1. 19. Prōgĕniem *sed* ĕnim Trōjāno a sanguĭne dūci Audiĕrat. V. Æn. 1. 19. SYN. at, ast, vērum; vēro, autem (*these two last words are never the first in a sentence, usu. the second*); atqui, tămen, attămĕn, vēruntămĕn.

sēdātus, a, um. prop. part. perf. pass. of sedo, used as adj. *Quiet, composed,* *calm.*——Olli *sēdāto* respondit corde Lătīnus. V. Æn. 12. 18. SYN. quiētus. tranquillus, sĕrēnus, plăcĭdus.

sĕdeo, es, sēdi, sessum. 1. *To sit, to sit down.*—2. *To be idle, inactive.*—3. *To be agreeable to, resolved on by.*—4. *To remain fixed.*—5. *To sink or settle down.* 6. *To lodge (as an arrow, etc.).*——1. Dum *sĕdet* et grăcĭli fiscellam texit hĭbisco. V. E. 10. 71.—2. Abnĕgat aut mĕliōra Deos *sĕdet* ōmĭna poscens. V. G. 3. 416.—3. Idque pio *sĕdet* Ænēæ, prŏbat auctor Ăcestes. V. Æn. 5. 418. —4. *Sēdit* in ingĕnio Cressa rĕlicta tuo. Ov. Her. 2. 76.—5. *Sēdit* līmōso pressa cărīna vădo. Ov. F. 4. 300.—6. Læsaque colla dăbat rĕtro, plāgamque *sĕdēre* Cēdendo arcēbat. Ov. Met. 3. 88. SYN. 1. rĕsĭdeo; consīdo, is, sīdi. —1. 5. rĕsīdo.—3. plăceo, es.—4. măneo, es, mansi.—5. sīdo, q. v.—6. hæreo, es, hæsi.

sēdes, is. fem.——1. *A seat.*—2. *An abode.*——1. Quamque lăpis *sēdes* tam lăpis ipsa fui. Ov. Her. 10. 50.—2. Hâc Tȳrŏn, hâc prŏfŭgos pŏsuisti in *sēde* Pĕnātes. Ov. Met. 3. 539. SYN. 1. sĕdīle, is, *neut.*; sella, ‡subsellium. (v. cuneus.)—2. dŏmus, ûs and i, *fem.*; q. v.

sĕdīle, is. neut. *A seat.*—Factaque de vīvo pressēre *sĕdīlia* saxo. Ov. Met. 5. 317. v. prec.

sĕdĭtio, ōnis. *Sedition, mutiny.*——Ac vĕlŭti magno in pŏpŭlo cum sæpe coorta est *sēdĭtio*, sævitque ănĭmīs ignōbĭle vulgus. V. Æn. 1. 145. PHR. Mōtum ex Mĕtello consŭle cīvīcum . . Tractas. Hor. v. discordia.

sēdo, as. 1. *To calm, to allay.*—2. *To furl.*——1. At cum longa dies *sēdāvit* vulnĕra mentis. Ov. Ep. e P. 4. 11. 19. Aut nŏva, si possis, *sēdāre* incendia tentes. Ov. R. A. 117.—2. *Sēdārit* plăcĭdâ vēla phăsēlus ăquâ. Prop. 3. 21. 20. SYN. 1. păco, as; lēnio, is; mītĭgo, as. (v. exstinguo).—2. contraho, is, xi, ctum; lĕgo, is, lēgi.

sēdūco, is, xi, ctum. 1. *To lead apart, aside.*—2. *To separate.*—3. *To withdraw, trans.*——1. Et cum *seductâ* tālia verba făcit. Ov. F. 3. 678.—2. *Sēdūcit* terras hæc brĕvis unda duas. Ov. Her. 19. 142.—2, 3. Et cum frīgĭda mors ănĭmâ *sēduxĕrit* artus. V. Æn. 4. 385.—3. Quippe ŭbĭ non lĭceat văcuos *sēdūcĕre* ŏcellos. Prop. 1. 9. 27. SYN. 1. 3. abdūco, q. v.; subdūco; ămŏveo, es, mōvi; dīmŏveo.—2. dīvĭdo, is, vīsi; sēpăro, as, q. v.

sēdŭlĭtas, ātis. *Diligence, industry.*——Et non sentītur *sēdŭlĭtāte* lăbor. Ov. F. 4. 434. SYN. industria.

sēdŭlus, a, um. *Diligent, industrious.*——Conjŭgis ad tĭmĭdas ălĭquis mălĕ *sēdŭlus* aures Audītos mĕmŏri dētŭlit ōre sŏnos. Ov. A. A. 3. 699. SYN. ŏpĕrōsus, stŭdiōsus; impĭger, gra, grum; ‡dīlĭgens.

sĕgĕs, ĕtis. fem. 1. *Corn-land.*—2. *The crop, lit. and metaph.*——1. Fert căsiam non culta *sĕges* tōtosque per ăgros. Tib. 1. 3. 61.—2. Corpus, ut impulsæ *sĕgĕtes* ăquĭlōnĭbus, horret. Ov. Her. 10. 139. Hic confixum ferrea texit Tēlōrum *sĕgĕs* et jăcŭlis incrēvit ăcūtis. V. Æn. 3. 45. SYN. 1. arvum, q. v. —1, 2. săta, ōrum, *neut. pl.*—2. sēmentis, messis, q. v. v. arista. PHR. 2. Nec rĕnŏvātus ăger grăvĭdis cānēbat ărĭstis. Ov. Illa sĕges dēmum vōtis respondet ăvāri Agrĭcŏlæ. V. Illos Exspectāta sĕges vānīs ēlūsit ărĭstis. V. Quid făciat lætas sĕgĕtes. V. Quid qui nē grăvĭdis prōcumbat culmus ărĭstis Luxŭriem sĕgĕtum tĕnĕrâ dēpascit in herbâ Cum prīmum sulcos æquant săta. V. Sĕgĕtes altæ . . . Lēnĭbus horrescunt flābris. V. Ad sĕgĕtes ingĕniōsus ăger. Ov. Cīnȳphiæ sĕgĕtis cĭtius nŭmĕrābis ărĭstas. Ov. Si bĕnĕ flōruĕrint sĕgĕtes, ĕrit ārea dives. Ov. Ut sĕgĕs in pingui luxŭriābit hŭmo. Ov. Et vălĭdas sĕgĕtes, quod fuit herba, făcit. Ov.

‡segmentatus, a, um. *Inlaid, tessellated.*——Et *segmentātis* dormīsset parvŭla cūnis. Juv. 6. 89.

segmentum, i. usu. in pl. *Trimmings.*——Quid de veste lŏquar, nec vos *segmenta* rĕquīro. Ov. A. A. 3. 169.

‡segnĭpes, ĕdis. *Slow-footed.*——*Segnĭpĕdes* dignique mŏlam versāre Nĕpōtis. Juv. 8. 67.

segnis, e. 1. *Slow, lazy.*—2. *Barren, useless.*——1. Hunc quŏque ŭbi aut morbo grăvis aut jam *segnior* annis. V. G. 3. 95.—2. Et *segnem* pătiēre sĭtu dūrescĕre campum. V. G. 1. 72. SYN. 1. pĭger, gra, grum; tardus, ĭners, ignāvus, lentus.—2. stĕrĭlis, q. v.

segnĭter, compar. **ius.** *Slowly.*——*Segnius* irrĭtant ănĭmos dēmissa per aures. Hor. A. P. 180. SYN. tardē, lentē.

segnĭties, ei. fem. *Slowness, laziness.*——Festīnāte vĭri, nam quæ tam sēra mŏrātur *segnities?* V. Æn. 2. 374. SYN. dēsĭdia, ĭnertia, ignāvia.

†‡**sēgrĕgo, as.** *To separate.*——Tunc mŏvet arte dŏlum quo sēmet ab agmĭne fīdo *Sēgrĕget.* Stat. Theb. 1. 184. SYN. sēpăro, as, q. v. v. seq.

sējungo, is, xi, ctum. *To separate.*——Non quiă septēnas noctes *sējuncta* cŭbāris. Prop. 2. 16. 23. SYN. sēpăro, as, q. v.

‡**sēlībra, æ.** *Half a pound.*——Argenti lĭbram mittēbas, facta *sēlībra* est. Mart. 10. 57. 1.

sēlĭgo, is, lēgi, lectum. *To choose, to select.*——Quicquid ĕris, mea semper ĕris, tu *sēlĭge* tantum. Ov. Am. 3. 11. 49. SYN. lĕgo, ēlĭgo, dēlĭgo.

sella, æ. *A seat.*——Signa quŏque in *sellâ* nôssem formāta cŭrūli. Ov. Ep. e P. 4. 9. 27. SYN. sēdes, is, *fem.*, q. v.

‡**sellārĭŏlus, a, um.** *Filled with seats, fit for lounging in.*——In *sellārĭŏlis* văgus pŏpīnis. Mart. 5. 71. 3.

sĕmĕl. *Once.*——Aut, *sĕmel* in nostras quŏniam nŏva puppis ărēnas Vēnĕrat. Ov. Her. 12. 13. PHR. Plus vīce simplĭci. Hor.

Sĕmĕlē, ēs, also **Sĕmĕla, æ.** *The mother of Bacchus.*——Thēbānæque jŭbet me *Sĕmĕles* puer. Hor. 1. 19. 2. SYN. Cadmēis, ĭdŏs.

Sĕmĕlēius, a, um. *Of Semele.*——Quâ nŏvus huc vĕniat prōles *Sĕmĕlēia* Līber. Ov. Met. 3. 520.

sēmĕn, ĭnis. neut. 1. *Seed; lit. and metaph.*—2. *A cutting, a layer, anything from which a plant may be expected to grow.*—3. *Offspring.*——1. Dēbĭta quam sulcis committas *sēmĭna,* quamque. V. G. 1. 223. Ipsa pŏtestas *Sēmĭna* nēquĭtiæ languĭdiōra făcit. Ov. Am. 3. 4. 10.—2. *Sēmĭnĭbus* pŏsĭtis sŭpĕrest dēdūcĕre terram Sæpius ad căpĭta. V. G. 2. 354.—3. At răbĭdæ tĭgres absunt et sæva leōnum *Sēmĭna.* V. G. 2. 153. SYN. 2. v. radix.—3. prōles, is, *fem.* q. v. PHR. Quid dīcam jacto qui sēmĭne cōmĭnus arva Insĕquĭtur? V. Pars autem pŏsĭto surgunt de sēmĭne. V. Sēmĭnaque in lātos iĕrant æquālĭter ăgros. Ov. Quid făcis Œnōnē, quid ărēnæ sēmĭna mandas? Ov. Sēmĭnĭbus jactis sĕgĕtes ădŏlêsse vĭrōrum. Ov. Ŏbrue versātâ Cĕreālia sēmĭna terrâ. Ov. Prīma Cĕres dŏcuit turgescĕre sēmĕn in agris. Ov. Sub jŭga bos vĕniat, sub ărātas sēmĭna terras. Ov. Nunc ĕgŏ Triptŏlĕmi cŭpĕrem conscendĕre currus, Mīsit ĭn ignōtam qui rŭde sēmĕn hŭmum. Ov.

sēmentis, is. fem. 1. *A sowing.*—2. *A crop.*——Incĭpe, et ad mĕdias *sēmentem* extende pruīnas. V. G. 1. 230.—2. Vos dăte perpĕtuos tĕnĕris *sēmentĭbus* auctus. Ov. F. 1. 679. SYN. 2. sĕgĕs, ĕtis, *fem.*

sēmentīvus, a, um. Nec *sēmentīva* est ulla rĕperta dies. Ov. F. 1. 658.

‡**sēmestris, e.** *Of six months, lasting six months.*——*Sēmestri* vātum dĭgĭtos circumlĭgat auro. Juv. 7. 89.

sēmēsus, a, um. *Half eaten.*——*Sēmēsam* prædam et vestīgia fœda rĕlinquunt. V. Æn. 3. 244.

sēmĭădăpertus, a, um. *Half open.*——Oblīquum căpiam *sēmĭădăperta* lătus. Ov. Am. 1. 6. 4. SYN. sēmĭhians.

‡**sēmĭambustus, a, um.** *Half burnt.*——*Sēmĭambusta* rŏtat lĭquĕfactis saxa căvernis. Sil. 14. 63. SYN. sēmĭustus, sēmĭcrĕmātus, sēmĭcrĕmus.

sēmĭănĭmis, e, also **sēmĭanĭmus, a, um.** *Half dead.*——*Sēmĭanĭmĕsque* mĭcant dĭgĭti ferrumque rĕtractant. V. Æn. 10. 396. Cædit *sēmĭănĭmis* Rŭtŭlōrum calcĭbus arva. V. Æn. 10. 404. SYN. sēmĭnex, nĕcis; intermortuus; sēmĭmortuus. v. exanimis.

sēmĭbos, ŏvis. masc. *Half an ox.*——*Sēmĭbŏvemque* vĭrum, sēmĭvĭrumque bŏvem. Ov. A. A. 2. 24.

sēmĭcăper, pri. masc. *Half a goat, as epith. of Pan; the Fauns and the Satyrs.*——*Sēmĭcaper* cŏlĕris succinctis, Faune, Lŭpercis. Ov. F. 5. 101.

sēmĭcrĕmātus, a, um. *Half burnt.*——Membra fĕres Stygiæ *sēmĭcrĕmāta* rătī. Ov. Ibis, 634. SYN. sēmĭcrĕmus, sēmĭustus, ‡sēmĭambustus.

sēmĭcrĕmus, a, um. *Half burnt.*——*Sēmĭcrĕmoque* nŏvat rĕpĕtītum stīpĭte vulnus. Ov. Met. 12. 287. v. prec.

‡**sēmĭcrūdus, a, um.** *Having but half digested.*——Quid sĭ cum tĭbĭ māne *sēmĭcrūdus.* Stat. Sylv. 4. 9. 48.

sēmĭdea, æ. fem.; **sēmĭdeus, i.** masc. *A demigod.*——Aut quas *sēmĭdeæ* Dryădes, Faunīque bĭcornes. Ov. Her. 4. 49. Flūmĭnaque et Nymphæ *sēmĭdeûmque* genus (*which some take as nom. sing. neut.*). Ov. Ibis, 82.

‡sēmĭdoctus, a, um. *Half learned.*——Et *sēmĭdoctā* Villĭci structas mănu. Mart. 10. 92. 5.

sēmĭfer, ĕra, ĕrum. *Half a beast, half savage, esp. as epith. and sometimes, in masc., as syn. of a centaur.*——Spūmea *sēmĭfĕro* sub pectŏre murmŭrat unda. V. Æn. 10. 212. Inter *Sēmĭfĕros* altis hăbĭtābat fœmĭna sylvis. Ov. Met. 12. 406. v. Centaurus.

sēmĭhians (trisyll.), antis. *Half open.*——*Sēmĭhiante* lăbello. Cat. 59. 220. SYN. sēmiadăpertus.

sēmĭhomo (trisyll.), ĭnis, masc. *Half man (the other half being some beast).*——Hic spēlunca fuit vasto submōta rĕcessu *Sēmĭhomĭnis* Căci. V. Æn. 8. 123. SYN. sēmĭvir, vĭri.

sēmĭlăcer, ĕra, ĕrum. *Half torn.*——*Sēmĭlăcer*que tŏro tentat consurgĕre. Ov. Met. 7. 344.

sēmĭlautus, a, um. *Half washed.*——Etsi rustica *sēmĭlauta* crūra. Cat. 52. 2.

†sēmĭmărīnus, a, um. *Half marine, amphibious.*——Aut răpĭdis cănĭbus succinctas *sēmĭmărīnis* Corpŏrĭbus Scyllas. Lucr. 5. 890.

sēmĭmas, măris. *Half man and half woman.*——*Sēmĭmăris* flammis viscĕra lĭbat ŏvis. Ov. F. 1. 588.

sēmĭmortuus, a, um. *Half dead.*——Membra *sēmĭmortua* lectŭlo jăcēbant. Cat. 48. 15. SYN. sēmiănĭmis, q. v.

sēmĭnex, nĕcis. *Half dead.*——Corpŏra *sēmĭnĕces*que vĭros, tĕpĭdâque rĕcentem Cæde lŏcum. V. Æn. 9. 455. v. prec.

†sēmĭnium, ĭ. *A stock, a breed of animals.*——Dēnĭque cūr ăcris viŏlentia triste leŏnum *Sēmĭnium* sĕquĭtur? Lucr. 3. 742. SYN. gĕnus, ĕris, *neut.* q. v.

sēmĭno, as. *To sow, to engender.*——Viscum Fronde vĭrēre novâ, quod non sua *sēmĭnat* arbos. V. Æn. 6. 205. SYN. sĕro, ĭs, sēvi, sătum; gĕnĕro, as, q. v.

sēmĭpŭtātus, a, um. *Half pruned.*——*Sēmĭpŭtāta* tĭbi frondōsā vĭtis in ulmo est. V. E. 2. 70.

sēmĭrĕductus, a, um. *Half withdrawn.*——Prōtĕgĭtur lævâ *sēmĭrĕducta* mănu. Ov. A. A. 2. 614.

sēmĭrĕfectus, a, um. *Half repaired.*——Lăniātaque classis Postŭlat exiguas *sēmĭrĕfecta* mŏras. Ov. Her. 7. 176.

‡sēmĭrŭtus, a, um. *Half destroyed.*——Exsĕre *sēmĭrŭtos* sŭbĭto de pulvĕre vultus Parthĕnŏpē. Stat. Sylv. 5. 3. 104.

§sēmis. indecl. *Half of any thing—half an ounce, half a pound, etc.*——Rem pŏtĕris servāre tuam; rĕdit uncia, Quid fit, *Sēmis.* Hor. A. P. 330. v. dīmĭdium.

sēmĭsĕpultus, a, um. *Half buried.*——*Sēmĭsĕpulta* vĭrûm curvis fĕriuntur ărātris Ossa. Ov. Her. 1. 55.

‡sēmissis, is. masc. *Half a pound.*——Saltem *sēmissem* Carrice solve mihi. Mart. 11. 106. 2.

sēmĭsŭpīnus, a, um. *With the face half turned up.*——Mŏvi Thēsea prensūras *sēmĭsŭpīna* mănus. Ov. Her. 10. 10.

sēmĭta, æ. *A path.*——Răra per occultos lūcēbat *sēmĭta* calles. V. Æn. 9. 383. SYN. callis is. *masc.*; via, q. v.

sēmĭvir, ĭri. masc. 1. *Half man, half beast; esp. of the Centaurs, etc.*—2. *Effeminate.*——1. Nocte mĭnus quartâ prōmet sua sīdĕra Chīron *Sēmĭvir.* Ov. F. 5. 380.—2. Et nunc ille Păris cum *sēmĭvĭro* cŏmĭtātu. V. Æn. 4. 215. SYN. 1. sēmĭfer, ĕri, q. v.—2. imbellis.

sēmĭustus, a, um. *Half burnt.*——Fāma est Encĕlădi *sēmĭustum* fulmĭne corpus Urgēri mole hâc. V. Æn. 3. 578. SYN. sēmĭcrĕmătus, q. v.

‡sēmŏdius, ĭ. *Half a peck.*——*Sēmŏdio* scŏbis hæc ēmendat servŭlus unus. Juv. 14. 66.

sēmŏveo, es, mōvi, mōtum. *To remove to a distance.*——*Sēmōti*que prius tarda necessĭtas Lēti corrĭpuit gradum. Hor. 1. 3. 32. SYN. summŏveo, ămŏveo, q. v.; rĕmŏveo, dīmŏveo.

semper. *Always.*——Parva sed assĭduīs ūvida *semper* ăquis. Ov. F. 4. 686. SYN. usque. PHR. Virque mihī demto fīne cărendus ăbest. Ov. Effice me mĕrĭtis tempus in omne tuum. Ov. Non intermissis ut fluat imber ăquis. Ov. Uxor in æternum vīvo mihī vīva nĕgātur. Ov. In frĕta dum flŭvii current, dum montĭbus umbræ Lustrābunt convexa, pŏlus dum sīdĕra păscet, semper hŏnos nōmenque tuum laudesque mănēbunt. V. Dum jŭga montis ăper, flŭvios dum piscis ămābit Dumque thȳmo pascentur ăpes, dum rōre cĭcādæ. V. Dum Căpĭtōlium Scandet cum tăcĭtâ virgĭne Pontĭfex. Hor. v. perpetuus, æternus.

‡sēmuncia, æ. *Half an ounce, the least bit.* —— Hæreat in stultis brĕvis ut *sēmuncia* recti. Pers. 5. 120.

sĕnātor, ōris. masc. *A senator.* —— Et pătrio făcĕret rūre *sĕnātor* ŏpus. Ov. F. 3. 780. SYN. *in pl.* pătres, um.

sĕnātus, ûs. masc. *The senate.* ——Plebs pia, cumque piâ lætentur plēbe *sĕnātus.* Ov. Tr. 4. 2. 15. PHR. Nec nĭsĭ post annos pătuit tunc Cūria sēros, Nōmĕn et ætātis mīte sĕnātus ĕrat. Ov. Rōmŭlus hoc vīdit, sēlectaque pectŏra Pātres Dixit, ad hos urbis summa rĕlāta nŏvæ. Ov. Dumque lătus sancti cingit tĭbĭ turba Sĕnātûs. Ov.

sĕnecta, æ. *Old age.* —— Sĭc ĭgĭtur tardâ vīres mĭnuente *sĕnectâ.* Ov. Tr. 4. 8. 23. v. seq.

sĕnectūs, ūtis. fem. *Old age.* —— Optĭma quæque dies mĭsĕris mortālĭbus ævi Prīma fŭgit, subeunt morbi tristisque *sĕnectus.* V. G. 3. 67. SYN. sĕnecta, §‡sĕnium; cānĭties, ēi, q. v. PHR. Jam mea cȳcnēas ĭmĭtantur tempŏra plumas, Infĭcit et nīgras alba sĕnecta cŏmas, Jam sŭbeunt anni frăgĭles et Inertior ætas Jamque părum firmo mē mihĭ ferre grăve est. Ov. Jam mihĭ dētĕrior rūgis aspergĭtur ætas, Jamque meos vultus rūga sĕnīlis ărat; Jam vĭgor, et quasso languent in corpŏre vires. Ov. Injĭcietque mănum formæ damnōsa sĕnectus. Ov. Gĕlĭdus tardante sĕnectâ Sanguis hĕbet, frīgentque effētæ in corpŏre vīres. V. Tempŏrĭbus gĕmĭnis cānēbat sparsa sĕnectus. Ov. Vēnit ad albentes illăbĕfacta cŏmas. Ov. Æquârunt Pȳlios cum tua fāta dies. Ov. Nec sēri curvārent Æăcŏn anni. Ov. Inque suo pretio rūga sĕnīlis ĕrat. Ov. Injĭcietque mănum formæ rūgōsa sĕnectus Quæ strĕpĭtum passu non făciente vĕnit. Ov. Dī tĭbĭ dent annos, a tē nam cætĕra sūmes, Sint mŏdŏ virtūti tempŏra longa tuæ. Ov. Sic păter in Pȳlios Cūmæos māter in annos (Pylios *refers to Nestor, who lived to a proverbial old age,* Cumæos *to the Sibyl,*) Vīvant, et possis fīlius esse diu. Ov. Candĭdior postquam tondenti barba cădēbat. V. v. senex.

sĕneo, es. more usu. in pres. **sĕnesco, ĭs.** perf. **ui,** but not found in perf. in the simple verb. *To grow old, be old.* —— Nunc rĕcondĭtâ *Sĕnet* quiēte, sēque dēdĭcat tĭbi. Cat. 4. 26. Tempŏra lābuntur tăcĭtisque *sĕnescĭmus* annis. Ov. F. 6. 771. SYN. consĕneo; cāneo, es; cānesco, is, *no perf.*; ēmātūresco, ĭs, rui (*none of the prec. have any sup.*).

sĕnex, gen. **sĕnis,** compar. **sĕnior,** often used in pos. sense, no superl. *Old, rarely if ever used of inanimate things; very often as subst., an old man.* —— Nec făciunt cervos cornua jacta *sĕnes.* Ov. A. A. 3. 78. Bos ăret, aut mortem *sĕnĭōrĭbus* impŭtet annis. Ov. Met. 15. 470. Fortūnāte *sĕnex,* ergo tua rūra mănēbunt. V. E. 1. 47. SYN. longævus (*used also as subst.*), annōsus, vĕtŭlus; vĕtus, *gen.* ĕris (*rare*); cānens (*used even of the eyes*), effētus, grandævus. PHR. Hīc annis grăvis atque ănĭmi mātūrus Ălētes. V. Hōc Hĕlȳmus făcit atque ævi mātūrus Ăcestes. V. Cum vĕtus infēcit cāna sĕnecta căput. Ov. Ut lēto sĕnior cānentia lūmĭna solvit. V. Ībat rex obsĭtus ævo. V. Ille mŏvens albentia tempŏra cānis. Ov. v. senectus.

sēni, æ, a. *Six.* ——Qui *sēna* leōnum Vinxĕrat inter se connexis vellĕra nōdis. Ov. Met. 12. 429. v. sex.

sĕnīlis, e. *Old, of old age, of an old man, like an old person.* —— Inde *sĕnīlis* hyems trĕmŭlo vĕnit horrĭda passu. Ov. Met. 15. 212. v. senex.

sēnio, ōnis. masc. *The number six, the throw of six on the dice.* —— *Sēnĭō* nec nostrum cum căne quassat ĕbur. Mart. 13. 1. 6.

§‡sĕnium, i. *Old age, esp. the infirmities, mental and bodily, of old age.* —— Surge et ĭnhūmānæ *sĕnium* dēpōne Cămœnæ. Hor. Epist. 1. 18. 47. v. senectus.

‡sensĭfer, ĕra, ĕrum. *Causing sense or sensation.* —— *Sensĭfer* unde ŏrĭtur prīmum per viscĕra mōtus. Lucr. 3. 273.

†sensĭlis, e. *That may be perceived by the senses.* —— Ex insensĭlĭbus ne crēdas *sensĭle* gigni. Lucr. 2. 887.

sensim. *Gradually.* —— *Sensim* Falsa pĕdum prīmis vestīgia pōnit in undis. Ov. Met. 2. 870.

sensus, ûs. masc. 1. *Sense, sensation, feeling.*—2. *Understanding, good sense.* —

3. *Sense, meaning.*——1. Tempŏris adversi sic mihĭ *sensus* hĕbet. Ov. Tr. 4. 1. 48.—2. Si quid hăbet *sensûs* umbra dĭserta, pĕtit. Ov. Ep. e P. 2. 2. 100. Et *sensus* cum rē consĭliumque fŭgit. Ov. Ep. e P. 4. 12. 48.—3. Is verbi *sensûs*, vīs ea vōcis ĕrat. Ov. F. 5. 484. SYN. 2. v. judicium.—3. vīs, *fem.* q. v.; sententia. PHR. 1. Sōlam nam perfĭdus ille Te cŏlĕre arcānos ĕtiam tĭbĭ crēdĕre sensus. V.—1, 2. Sensĭbus hæc īmis, res est non parva, rĕpōnas. V.—2. Conjŭgis ut măgĭcis sānos āvertĕre săcris Expĕriar sensus. V.

sententia, æ. 1. *Opinion.*—2. *Meaning.*—3. §*A sentence.*——1. Pollĭcĭtus, quæ tē gĕnĭtor *sententia* vertit. V. Æn. 1. 237.—2. Ergo mūtētur scripti *sententia* nostri. Ov. Ep. e P. 3. 7. 7.—3. Est brĕvĭtāte ŏpus ut currat *sententia.* Hor. Sat. 1. 10. 9. SYN. 1. v. animus.—2. sensus, ûs, q. v. PHR. 1. Hæc alternanti pŏtior sententia vīsa est. V. Nāte Deâ quæ nunc ănĭmo sententia surgit? V.—(*In my opinion*) Ille mihi ante ălios fortūnātusque lăbōrum Ēgrĕgiusque ănĭmi. V. v. credo.

‡sentīna, æ. *A sewer.*——Tunc *sentīna* grăvis, tunc summus vertĭtur aēr. Juv. 6. 99. SYN. cloāca.

sentio, īs, sensi, sum. 1. *To feel, to perceive.*—2. *To experience.*——1. Rŏgumque părāri *sensit*, et arsūros sūprēmis ignĭbus artus. Ov. Met. 2. 620.—2. Tēcum Phĭlippos et cĕlĕrem fŭgam *Sensi.* Hor. 2. 7. 9. SYN. 1. †sentisco, ĭs, *no perf.*; percĭpio, ĭs, cēpi.—1, 2. persentio.—2. intellĭgo, ĭs, lexi; expĕrior, īris, expertus sum.

sentis, is. masc. *A thorn, bush, a briar.*——Sylva . . . Horrĭda quam densi complêrant undĭque *sentes.* V. Æn. 9. 382. SYN. vēpris, is, *masc. and fem.*; dūmus, rŭbus.

†sentisco, ĭs. no perf. *To feel, to perceive.*——Quam prīmordia *sentiscant* concussa ănĭmāi. Lucr. 3. 394. SYN. sentio, īs, si, q. v.

sentus, a, um. *Overgrown.*——Per lŏca *senta* sĭtu cōgunt, noctemque prŏfundam. V. Æn. 6. 461. SYN. obsĭtus.

†sēorsus and †sēorsum. *Apart, asunder.*——Et *sēorsum* vărios rērum sentīre cŏlōres. Lucr. 4. 495. *Sēorsus* ĭtem săpor ōris hăbet vim, *sēorsus* ŏdōres Nascuntur. Lucr. 4. 497.

‡sēpār. gen. ăris. *Separate, secluded.*——Ossaque nec tŭmŭlo nec *sēpăre* contĕget urnâ. Val. Fl. 5. 58. SYN. sēcrētus, rĕmōtus, sēpărātus.

sēpăro, as. *To separate.*——Quōque măgis dŏleam nec nos măre *sēpărat* ingens. Ov. Met 3. 448. SYN. sēcerno, ĭs, crēvi; sējungo, is, xi, nctum; dīvĭdo, ĭs, vīsi; sēdūco, ĭs, xi, ctum; rĕvello, ĭs, velli, vulsum; dīvello; sēpōno, ĭs, pŏsui; ‡discrīmĭno, as.

sĕpĕlio, īs, īvi, sĕpultum. *To bury.*——Et *sĕpĕli* lăcrўmis perfūsa fĭdēlĭbus ossa. Ov. Her. 14. 127. SYN. hŭmo, as; tŭmŭlo, as; contŭmŭlo. PHR. Corpŏra dant tŭmŭlo. Ov. O ŭtĭnam mea lecta fŏrent pătrioque sĕpulchro Condĭta . . . ossa. Ov. Mortuus Ausŏniâ condĭtur hospĕs hŭmo. Ov. Accĭpiat cĭnĕres terra păterna meos. Ov. Sed tămĕn hoc mĕlius quam si Phæācia tellus Ignōtum vīli suppŏsuisset hŭmo. Ov. Hoc certe tŭmŭlo pōnēmur ĭn ūno; . . . Miscēbor cĭnĕrique cĭnīs, atque ossĭbus ossa (*of two persons buried together*). Ov. Nunc ănĭmæ tĕnues et corpŏra functa sĕpulchris Errant. Ov. Corpŏra partim Multa vĭrum terræ infŏdiunt. V. Mātri proxĭma justa tŭli. Ov. Dēnĭque si mŏriar sŭbeant pācātius arvum Ossa, neque a Scўthĭcâ nostra prĕmantur hŭmo. Ov. Sit qui me raptum pugnâ prĕtiove rĕdemtum Mandat hŭmo sŏlĭtâ, aut si qua id fortūna vĕtābit Absenti fĕrat infĕrias dĕcŏretque sepulchro. V. (*Of burying alive*) Dēfŏdit altâ Crūdus hŭmo, tŭmŭlumque sŭper grăvis addit ărēnæ. Ov. v. V. Æn. 6. 212—232. v. exsequiæ.

sēpes, is. fem. *A hedge, a fence.*——Texendæ *sēpes* ĕtiam et pĕcus omne tĕnendum. V. G. 2. 371. v. septum.

‡sēpia, æ. *A cuttlefish, ink.*——Nĭgra quod infūsâ vānescat *sēpia* lymphâ. Pers. 3. 13. v. atramentum.

sēpio, īs, sepsi, ptum. 1. *To hedge in, to fence, to surround, esp. so as to hide.*——At Vĕnus obscūro grădientes āĕre *sepsit.* V. Æn. 1. 411. PHR. Rĕlĭgio vĕtuit, sĕgĕti prætendĕre sēpem. V. v. cingo.

sēpōno, ĭs, pŏsui, pŏsĭtum, sync. also **pôstum.** 1. *To place aside, to lay up in store.*—2. *To select.*—3. *To lay aside.*—4. *To separate.*——1. Prīmĭtias magno *sēpŏsuisse* Jŏvi. Ov. F. 3. 730.—2. Solvit, et arbĭtrio mātris de mille săgittis Ūnam *sēpŏsuit.* Ov. Met. 5. 381.—3. Forte Jŏvem mĕmŏrant diffūsum nectăre cūras *Sēpŏsuisse* grăves. Ov. Met. 3. 319.—4. At mea *sēpŏsĭta* est et ab omni mīlĭte dissors Glōria. Ov. Am. 2. 12. 11. SYN. 1. rĕpōno.—2. lĕgo, ĭs, lēgi; sēlĭgo, ēlĭgo.—3. pōno, q. v.

‡seps, sēpis. masc. and fem. *A small serpent, whose bite causes putrefaction.*—Ossaque dissolvens cum corpŏre tābĭfĭcus *seps.* Lucan. 9. 723.

septem. *Seven.*—Oblŏquĭtur nŭmĕris *septem* discrīmĭna vōcum. V. Æn. 6. 646. SYN. septēni.

September, bris. adj. and subst. *September.*—Incŏlŭmem tĭbĭ me præstant *Septembribus* hōris. Hor. Epist. 1. 16. 16.

septemfluus, a, um. *Flowing in seven channels.*—Perque păpȳrĭfĕri *septemflua* flūmĭna Nīli. Ov. Met. 15. 753.

septemgĕmĭnus, a, um. *Sevenfold.*—Et *septemgĕmĭni* turbant trĕpĭda ostia Nīli. V. Æn. 6. 801. v. seq.

septemplex, ĭcis. *Sevenfold.*—Sōlus ad ēgressus missus *septemplĭcis* Istri. Ov. Tr. 2. 189.

‡septemvir, ĭri. *One of a body of seven men.*—*Septemvir*que ĕpŭlis festis Tĭtiīque sŏdāles. Lucan. 1. 597.

‡septēnārius, a, um. another form of seq.—*Septēnāria* synthĕsis Săgunti. Mart. 4. 46. 15.

septēni, æ, a. *Seven.*—*Septēna* pŭtāris Plēiădum nŭmĕrum fīla dĕdisse lȳræ. Ov. F. 5. 106. v. septem.

Septemtrio, ōnis. masc. ūsu. in tmesi. *The North.*—Tālis Hȳperbŏrei *septem* subjecta *Trioni.* V. G. 3. 381. SYN. gĕlĭdo proxĭma signa pŏlo. Ov. Non păter a gĕlĭdo qui vĕnit axe nŭrus. Ov. v. Arctos.

septĭmus, a, um. *The seventh.*—Per măre per terras *septĭma* jactat hyems. Ov. Her. 7. 88. *Septĭma* post dĕcĭmam (*the seventeenth*) fēlix et pōnĕre vītem. V. G. 1. 284.

‡septingenti, æ, a. *Seven hundred.*—*Septingenta* Tĭto dēbet Lŭpus. Mart. 7. 10. 7.

septum, i. *Any place fenced or walled in; a yard, a sheepfold, etc.*—Exercentur ăgrīs, pars intrā *septa* dŏmōrum. V. G. 4. 159. Quamvis multa meis exīret victĭma *septis.* V. E. 1. 34.

septus, a, um. part. pass. from sepio, q. v. *Surrounded.*—Ut fĕra quæ densâ vēnantûm *septa* cŏrōnâ. V. Æn. 9. 551. SYN. circumdătus, a, um; cinctus.

sĕpulchrālis, e. *Sepulchral, belonging to a tomb.*—Ante *sĕpulchrāles* infēlix astĭtit āras. Ov. Met. 8. 480. SYN. exsĕquiālis.

sĕpulchrum, i. *A tomb.*—Sēdĭbus hunc rĕfer ante tuīs et conde *sĕpulchro.* V. Æn. 6. 152. SYN. mŏnŭmentum, bustum, tŭmŭlus. PHR. Hăbent ălias mœsta sĕpulchra făces. Ov. Sed sĭne fūnĕrĭbus căput hoc, sĭne hŏnōre sĕpulchri, Indeplōrātum barbăra terra tĕget. Ov. Cernit ĭbĭ mœstos et mortis hŏnōre carentes. V. Ossa vĭri sŭbĭto male tecta sĕpulchro. Ov. v. urna.

sĕpultūra, æ. *The act of burying, burial.*—Illa *sĕpultūræ* fāta beāta tuæ. Prop. 2. 28. 26. SYN. fūnus, ĕris, *neut.* q. v.; exsĕquiæ.

sĕpultus, a, um. perf. pass. part. of sepelio, q. v. *Buried, lit. and metaph.*—Invādunt urbem somno vīnoque *sĕpultam.* V. Æn. 2. 265. SYN. compŏsĭtus, tŭmŭlātus (*neither metaph.*).

sĕquax, ācis. 1. *Following, pursuing.*—2. *Obeying.*—3. *Penetrating, taking hold.*—4. ‡*Sticky.*—1. Arcădăs . . . Ut vīdit Pallas Lătio dăre terga *sĕquāci.* V. Æn. 10. 365.—2. Torquentem frēnīs ōra *sĕquācis* equi. Ov. Her. 4. 46.—3. Ōra fŏvē, fūmosque mănu prætende *sĕquāces.* V. G. 4. 230.—4. Illa dŏlis viscoque sŭper correptā *sĕquāci.* Val. Fl. 6. 263. SYN. 1. sĕquens.—2. dŏcĭlis.—3. pĕnĕtrābĭlis.—4. tĕnax.

sĕquester, tra, trum. *Belonging to reconcilement, in the way o a truce.*—Păce *sĕquestrâ* Per sylvas Teucri mixtique impune Lătīni Errāvēre jŭgis. V. Æn. 11. 133.

‡sĕquester, tri. *A mediator.*—Gentĭbus—ōrātor rēgis pācisque *sĕquester.* Lucan. 10. 472. PHR. Gălæsus, Dum păci mĕdium se offert. V.

‡sĕquestra, æ. *A mediatress.*—Pectŏre in hŏc ŭbĭ tunc fĭdei pācisque *sĕquestra* Māter ĕras. Stat. Theb. 7. 542.

sĕquor, ĕris, sĕcūtus sum. *To follow, in every sense of the English word.*—

Quas *sĕquĕrer* dŏcuit, quas fŭgĕremque vias. Ov. Ep. e P. 1. 4. 38. Non tĭbĭ sic, dīces, Phyllĭ, *sĕquendus* ĕram. Ov. Her. 2. 138. Nam *sĕquar* *Ægīdæ* factum, frātrumque tuŏrum. Ov. Her. 16. 325. SYN. insĕquor, rĕsĕquor, persĕquor, subsĕquor, prŏsĕquor; sector, āris; insector; insto, as, stĭti (*but these are all confined to the literal sense of pursuing, coming after, etc.*). PHR. Insĕquĭtur trĕpĭdique pĕdem pĕde fervĭdus urget. V. Subsĕquĭtur, pressoque lĕgit vestīgia gressu. Ov. Cloanthum Respĭcit instantem tergo et prŏpiōra tĕnentem. V.

Sēr, Sēris. but in the best authors only in pl. **Sērēs.** *The Chinese.* —— Vellĕraque ut fŏliis dēpectant tĕnuia *Sēres.* V. G. 2. 121. PHR. Vēla cŏlōrāti quālia Sērēs hăbent. Ov.

sērā. adv. *Late, slowly.* —— Crescĕret in ventrem cŭcŭmis, nec *sēra* cŏmantem Narcissum. V. G. 4. 122. SYN. sēro.

sĕra, æ. *A bolt, a lock.* —— Dempsĕrat appŏsĭtas insĭdiōsa *sĕras.* Ov. A. A. 2. 636. SYN. ŏbex, objĭcis. v. repagulum. PHR. Claudĭtur et dūrâ jānua fulta sĕrâ. Tib. Insertaque posti, Quamvis rōbur ĕrat, carmĭne victa sera est. Ov. Seu rĕsĕrat fixo dente puella fŏres. Tib.

sĕrēno, as. *To make calm.* —— Vultu quo cœlum tempestātesque *sĕrēnat.* V. Æn. 1. 259. Consĭlium vultu tĕgit et spem fronte *sĕrēnat.* V. Æn. 4. 447. SYN. sēdo, as; pāco, as.

sĕrēnum, i. *Calm weather, a pure cloudless sky.* —— Nec mĭnus ex imbri sōles et ăperta *sĕrēna* Prospĭcĕre . . . pŏtĕris. V. G. 1. 393. SYN. purum. PHR. Transeat hic sĭne nūbe dies, stent āĕre venti Pōnat et in sicco mollĭter unda mĭnas. Prop. Lūcĭdus Æthrâ Sīdĕreâ pŏlus. V. Quōrum (Castŏris et Pollūcis, sc.) sĭmŭl alba nautis Stella rĕfulsit Dēfluit saxīs ăgĭtātus hūmor Concĭdunt venti fŭgiuntque nūbes, Et mĭnax quod sic vŏluēre ponti Undā rĕcumbit. Hor.

sĕrēnus, a, um. *Calm, serene, lit. and metaph.* —— O nĭmium cœlo et pĕlăgo confīse *sĕrēno.* V. Æn. 5. 870. SYN. pūrus, tranquillus, plăcĭdus, pācātus, imperturbātus, sĕrēnātus. v. innubilus.

†**sĕresco, ĭs.** no perf. *To grow dry.* —— Ūvescunt, ēædem dispansæ in sōle *sĕrescunt.* Lucr. 1. 307. SYN. āreo, es; siccor, āris.

‡**sēria, æ.** *A jar.* —— O si Sub rastro crĕpet argenti mihĭ *seria* dextro Hercŭle. Pers. 2. 11. SYN. urna, q. v.; ‡sēriŏla.

sērĭcus, a, um. *Chinese.* —— Doctus săgittas tendĕre *Sērĭcas* Arcu pāterno. Hor. 1. 29. 9.

sĕries, ēi. fem. 1. *A series.* — 2. *A race of ancestors.* —— 1. Quem nunquam Jūno *sĕrie*sque immensa lăbōrum Frēgĕrit. Ov. Her. 9. 5. —— 2. Digne vir hâc *sĕriē*, lapso succurrĕre ămīco. Ov. Ep. e P. 3. 2. 109. SYN. 1. ordo, ĭnis, *masc.* — 2. v. genus.

‡**sēriŏla, æ.** dim. of sēria, q. v. —— *Sēriŏlæ* vĕtĕris mĕtuens dērādĕre līmum. Pers. 4. 29.

sērius, a, um. *Serious, important.* —— Conquĕror, ītē a mē *sēria* verba prĕcor. Tib. 3. 7. 20. SYN. grăvis; magnus, mājor, maxĭmus.

sermo, ōnis. masc. 1. *Discourse, conversation, etc.* — 2. *A book, a writing, esp. in prose.* —— Multa inter sese vărio *sermōne* sĕrēbant. V. Æn. 6. 160. — 2. Docte *sermōnes* ŭtriusque linguæ. Hor. 3. 8. 5. SYN. 1. colloquium q. v. — 2. scriptum, lĭber, bri. v. pedester.

sēro, compar. **sērius** (often in pos. sense). *Late, too late.* —— Res tămĕn ante dĕdit *sēro* quŏque vēra tŭlisti Nōmĭna. Ov. F. 2. 129. Mŏdŏ surgis Ēōo Tempŏrius cœlo, mŏdŏ *sērius* incĭdis undis. Ov. Met. 4. 198. SYN. sēra, tardē. PHR. Lābĭtur et longo vix tandem pectŏre fātur. V.

sĕro, is, sēvi, satum. *To sow, to plant, lit. and metaph.* Exercēte vĭri tauros, *sĕrĭte* hordea campis. V. G. 1. 210. Rūmōresque *sĕrit* vărios ac tălia fātur. V. Æn. 12. 228. Sed frūmenta mănu carpes *săta.* V. G. 3. 176. SYN. insĕro, consĕro; ‡prōsĕro; sēmĭno, as; pōno, ĭs, posui. v. spargo. PHR. Ŏbrue versātâ Cĕreālia sēmĭne terrâ, Quæ tĭbĭ cum multo fœnŏre reddat ăger. Ov. Ante . . . Dēbĭta quam sulcis committas sēmĭna. V. Quæ sēmĭnĭbus jactis se sustŭlit arbos. V. Condĕre sēmen hŭmo. Ov. v. semen.

serpens, entis. masc. more rarely fem. *A serpent.* —— Saucius at *serpens* sĭnuōsa vŏlūmĭna versat Arrectisque horret squāmīs, et sībĭlat ōre Altius insurgens. V. Æn. 11. 753. SYN. drăco; anguis, is, *masc. and fem.* q. v.; cŏlŭber, ŭbri;

cŏlūbra, vīpĕra, hȳdrus; cĕrastes, æ. *masc.* PHR. Serpĕre cærŭleum Dănai vīdēre drăcōnem. Ov. v. V. G. 3. 416—424., Æn. 2. 203—220.

serpentĭfer, ĕra, ĕrum. *Producing serpents.*—— Æginamque sĭmul *serpentĭfĕram*que sĕrīphon. V. Ciris. 477. SYN. anguĭfer, cŏlūbrĭfer.

serpentĭgĕna, æ. masc. and fem. *Born of a serpent.*—— Vos *serpentĭgĕnīs* in sē fĕra bella dĕdistis. Ov. Met. 7. 212 SYN. anguĭgĕna, drăcōnĭgĕna.

serpentĭpes, ĕdis. masc. and fem. *Having snakes for feet.*——Sphingaque et Harpyias, *Serpentĭpĕdes*que Gĭgantas. Ov. Tr. 4. 17. 17. SYN. anguĭpes.

serpo, is, psi. no sup. 1. *To creep, to crawl.* — 2. *To spread (intrans.) slowly.* —— 1. Utque lătens īmâ vīpĕra *serpit* hŭmo. Ov. Ep. e P. 3. 3. 102. — 2. Priusquam Dīra per incautum *serpant* contāgia vulgus. V. G. 3. 470. SYN. 1. rēpo, ĭs, psi, *no sup.*—1, 2. ōbrēpo.

serpyllum, i. *Wild thyme.*—— Allia, *serpyllum*que herbas contundit ŏlentes. V. E. 2. 11.

serra, æ. *A saw.*—— Ferroque incīdit ăcūto Perpĕtuos dentes, et *serræ* rēpĕrit ūsum. Ov. Met. 8. 246. PHR. Tum ferri rĭgor aut argūtæ lāmĭna serræ. V.

serta, æ. 1. *A little cord.* — 2. *A garland.* —— 1. Aut e veste suâ tendunt umbrăcŭla *sertis* Vincta. Tib. 2. 5. 97. — 2. Cum tua præpendent dēmissæ in pōcŭla *sertæ*. Prop. 2. 33. 37. SYN. 1. fūnis, is, *masc.* q. v. — 2. sertum, q. v.

sertum, i. nearly always in pl. *A garland.* —— Thūre călent āræ, *sertis*que rĕcentĭbus hālant. V. Æn. 1. 421. SYN. cŏrōna, q. v. PHR. Impŏsuitque suæ spīcea serta cŏmæ. Ov. Festaque ŏdŏrātis innectunt tempŏra sertis. Ov. Dēbuĕram sertis implĭcuisse cŏmas. Ov. Sertis tempŏra vinctus Hȳmen. Ov. Et vēlant scābras flōrĭda serta cŏmas. Ov. Mollique fluentem Fronde prĕmit crīnem fingens. V. Nos dēlūbra Deûm . . . festâ vēlāmus fronde per urbem. V. Flōre nŏvo mădĭdas impĕdiente cŏmas. Ov.

‡**sertus, a, um.** prop. part. perf. pass. from sĕro, sĕrui, which however is not found in the simple verb in the best authors. *Plaited, wreathed.*——Accĭpiunt *sertas* nardo flōrente cŏrōnas. Lucan. 10. 164. v. necto.

serva, æ. *A female slave.* —— Olli *serva* dătūr, ŏpĕrum haud ignāra Mĭnervæ. V. Æn. 5. 284. SYN. ancilla, ancillŭla, mĭnistra, fămŭla.

servābĭlis, e. *That may be preserved.*—— Et tūtāre căput nulli *servābĭle*; si non . . . Ov. Tr. 4. 5. 21. SYN. servandus.

servans, antis. prop. part. pres. act. of servo, but used also as adj. *Observant.* ——Justissĭmus ūnus Qui fuit in Teucrīs et *servantissĭmus* æqui. V. Æn. 2. 427.

servātor, ōris. masc. *A preserver.*——Tēque meæ causam *servātōrem*que sălūtis. Ov. Ep. e P. 4. 15. 41. SYN. tūtor; custōs, ōdis, *masc.*

servātrix, ĭcis. fem. of prec.——Perque Pĕlasgas *Servātrix* urbes mātrum cĕlĕbrābĕre turbâ. Ov. Met. 7. 50. SYN. custōs, ōdis, *fem.* v. patrona.

servīlis, e. *Servile, of a servant, of a slave.* —— Īdem ĕgŏ Sīdŏniâ fēci *servīlia* pallâ Offĭcia. Prop. 4. 10. 47. SYN. servus, fămŭlus.

servio, īs. *To be a slave, a slave to, to serve.* ——Aspĭciam aut Graiis *servītum* mātrĭbus ībo. V. Æn. 2. 786. SYN. inservio; mĭnistro, as; fămŭlor, āris. v. pareo. PHR. Dŏmĭnæ pertĭmuisse mĭnas. Ov. Scilĭcet ut tauros ĭtă te jŭga ferre coēgit. Ov.

servĭtium, i. *Slavery.*——Mȳcēnas *Servĭtio* prĕmet et victis dŏmĭnābĭtur Argis. V. Æn. 2. 285. SYN. servĭtūs, ūtis; jŭgum. v. mĭnistĕrium. PHR. Bellua servĭtium tempŏre victa sŭbit. Ov. Tum grăve servĭtium nostræ cōgēre puellæ Discĕre. Prop. Quid me non pătĕris, vītæ quodcunque sĕquētur, Hoc măgis assueto dūcĕre servĭtio? Prop. Servĭtium sed triste dătur, tĕneorque cătēnis. Tib. Subtrahis effracto tu quŏque colla jŭgo. Ov.

servĭtūs, ūtis. fem. *Slavery, a body of slaves.* —— *Servĭtus* crescit nŏva; nec priōres. Hor. 2. 8. 17.

sĕrum, i. *Whey.* —— Dentque viam lĭquĭdo vīmĭna rāra *sēro*. Ov. F. 4. 770.

servo, as. 1. *To preserve, to save.* — 2. *To keep.* — 3. *To observe.* — 4. *To haunt, to inhabit.* —— 1. Quæ Tuscum Tĭbĕrim, et Rōmāna Pălātia *servas*. V. G. 1. 499. — 2. Necdum illis lābra admŏvi sed condĭta *servo*. V. E. 3. 43. — 3. Hoc mĕtuens cœli menses et sīdĕra *serva*. V. G. 1. 335. — 4. Centum quæ sylvas, centum quæ flūmĭna *servant*. V. G. 4. 384. SYN. 1. tueor, ēris, q. v.; dēfendo, ĭs; sospĭto, as; — *(from danger or from evil)* rĕdĭmo, ĭs, ēmi; rĕdūco, ĭs, xi.—1, 2. conservo, rĕservo;—(*as one keeps*, i. e. *remains in a place*), fŏveo, es, fōvi.—3. observo.—4. incŏlo, ĭs, ui, q. v.; frequento, as. PHR. 1. Myrrha fŭgit tĕnĕbrīs et cæcæ mūnĕre noctis Intercepta nĕci. Ov. 2. Arma quĭbus lætātus hăbē tua. V.

sērus, a, um. 1. *Late, too late, etc., late in coming to maturity, to an end, etc.*—2. *Belonging to a greatly future time.*—3. *Ill-omened.*——1. Jussâ mātūrius hōrâ Fac semper vĕnias nec nĭsĭ *sērus* ăbi. Ov. A. A. 2. 224. Ille ĕtiam *sēras* in versum distŭlit ulmos. V. G. 4. 144. Impŏsĭta est tandem *sēro* mănus ultĭma bello. Ov. Met. 13. 403.—2. Arbos Tarda vĕnit, *sēris* factūra nĕpōtĭbus umbram. V. G. 2. 58.—3. *Sēra*que terrĭfĭci cĕcĭnĕrunt ōmĭna vātes. V. Æn. 5. 524. SYN. 1. tardus.—2. fŭtūrus, q. v.—3. infaustus q. v.

‡**servŭlus, i.** dim. of seq. q. v.——Impŏsĭtas căpĭti quas recto vertĭce portat *Servŭlus* infēlix. Juv. 3. 252.

servus, i. *A slave, a servant.*——Dīversi flēbant *servi*, lăcrўmasque tĕgēbant. Ov. Her. 12. 145. SYN. fămŭlus; mĭnister, tri; puer, ĕri; mancĭpium. v. verna.

servus, a, um. *Of a slave, of slavery, servile.*——Hŏc est cūr ŏdio sit tĭbĭ *serva* mănus. Ov. F. 6. 558. SYN. servīlis, fămŭlus; mĭnister, tra, trum.

§**sesquĭpĕdālis, e.** *A foot and a half long.*——Prōjĭcit ampullas et *sesquĭpĕdālia* verba. Hor. A. P. 97. v. seq.

‡**sesquĭpes, ĕdis.** Another form of prec.——Si fĭĕres brĕvior Claudia *sesquĭpĕde*. Mart. 8. 60. 2.

sessĭlis, e. *Fit to sit upon.*——Castŏre dignus ĕrit, sic tergum *sessĭle*, sic stant Pectora celsa tŏris. Ov. Met. 12. 401.

§**sessor, ōris.** masc. *A sitter.*——In văcuo lætus *sessor* plausorque theātro. Hor. Epist. 2. 2. 130. SYN. ‡consessor.

sestertiŏlus, i. dim. of seq.——Sed *sestertiŏlum* dōnāvit. Mart. 1. 59. 5.

sestertius, i. pl. also **sestertia, ōrum.** *A Roman silver coin worth about twopence.*——Dum septem dōnat *sestertia*, mutua septem Prōmittit. Hor. Epist. 1. 7. 80.

‡**Sestiăcus, a, um,** also **Sestus, a, um.** *Of Sestos.*——*Sestiăcos* nunc Fāma sĭnus pĕlăgusque nătātum Jactet. Stat. 1. 3. 27. Si cădat īra măris, *Sesta* puella, tĭbi. Ov. Her. 18. 2.

‡**Sestiăs, ădŏs.** fem. form of prec.——Contra autem frustrā sĕdet anxia turre sŭprēmâ *Sestiăs* in spĕcŭlis. Stat. Theb. 6. 547.

Sestŏs, i. fem. *A town on the European side of the Hellespont, where Hero lived, to whom Leander used to swim across the water from Abydos by night.*——*Sestŏn* Ābўdēnâ sēpărat urbe frĕtum. Ov. Tr. 1. 9. 28.

sēta, æ. 1. *A bristle, coarse hair.*—2. *A fishing-line made of hair.*——1. Ipse pĕdes tĕgŭmen torquens immāne leōnis Terrĭbĭli impexum *sētâ*. V. Æn. 7. 667.—2. Prædam Pendentem *sētīs* ăvĭdus răpit; hic quoque fallit. Ov. Hal. 34. SYN. 1. villus, q. v.—2. līnum, q. v. PHR. Prōtĭnus exŭviis rĭgĭdīs horrentia sētis Terga dat. Ov. Barba vĭros hirtæque dĕcent in corpore sētæ, Ov.

sētĭger, ĕra, ĕrum. 1. *Bristly.*—2. *As syn. of a boar.*——*Sētĭgĕræ* fētum suis intonsamque bĭdentem Attŭlit. V. Æn. [illegible] 170.—2. Vulnĕra fecissent nĭsĭ *sētĭger* inter ŏpācas Nec jăcŭlīs īsse nec [illegible] lŏca pervia sylvas. Ov. Met. 8. 376. SYN. 1. sētōsus, villōsus, hirsūtus, [illegible]—2. ăper, pri, q. v.

‡**Sētīnum, i.** *A choice Italian wine.*——Cum pōcŭla sūmes Gemmāta, et lāto *Sētīnum* ardēbit in auro. Juv. 10. 27.

sētōsus, a, um. 1. *Bristly.*—2. *Made of pig's skin.*——1. *Sētōsi* căput hoc āpri tĭbĭ Dēlia parvus. V. E. 7. 29.—2. Verbĕra pellītus *sētōsa* mŏvēbit ărātor. Prop. 4. 1. 25.

seu, also **sive.** *Whether, or,—usu. repeated, so that the first* seu *is "whether," the second, or one of the two, is sometimes omitted, or some other particle substituted for it.*——Non illi sē quisquam īmpūne tŭlissit Obvius armato *seu* cum pĕdĕs īret ĭn hostem, *Seu* spūmantis ĕqui fŏdĕret calcārĭbus armos. V. Æn. 6. 881. Tu mihĭ *seu* magni sŭpĕras jam saxa Tĭmāvi *Sīve* ōram Illўrĭci lĕgis æquŏris. V. E. 8. 6. *Sīve* tu Lūcīna prŏbas vŏcāri, *Seu* gĕnĭtālis. Hor. C. S. 15. Quo non arbĭter Ādriæ major, tollĕre *seu* pōnĕre vult frĕta. Hor. 1. 3. 16. Saxum de vertĭce præceps Cum ruit āvulsum vento, *seu* turbĭdus imber Prōluit, aut annis solvit sublapsa vĕtustas. V. Æn. 12. 686. v. vel.

‡**sĕvērĭtas**, ātis. fem. *Moroseness.*——Quārē dēpŏsĭtā *sĕvērĭtāte.* Mart. 1. 36. 12.

sĕvērus, a. um. 1. *Severe, harsh, austere.*—2. *Harsh to the taste.*—3. *Hardy.* —4. *Cruel, savage, hurtful.*——1. Illa quĭdem fătēor frontis non esse *sĕvēræ* Scripta. Ov. Tr. 2. 241.—2. Vultis *sĕvēri* me quŏque sūmĕre Partem Fălerni. Hor. 1. 27. 9.—3. Rōmŭlĭdis, Tătioque sĕni, Cŭrĭbusque *sĕvēris.* V. Æn. 8. 638.—4. Invĭdia infēlix Fŭrias amnemque *sĕvērum* Cōcȳti mĕtuet. V. G. 3. 37. SYN. 1. mōrōsus, austērus.—1, 2. asper, ĕra, ĕrum.—2, 3. ăcer, ăcris, ăcre; dūrus.—4. sævus, q. v.; invīsus.

sēvŏco, as. *To call aside.*——*Sēvŏcat* hunc gĕnĭtor nec causas fassus ămōris. Ov. Met. 2. 836. SYN. ‡ăvŏco.

sex. *Six.*——*Sex* Rĕmus; hic vŏlŭcres bis *sex* vĭdet ordĭne, pacti Stătur. Ov. F. 4. 817. SYN. sēni.

sexāgēsĭmus, a, um. *Sixtieth.*——Ut lŏcŭplētem ăquĭlam tĭbĭ *sexāgēsĭmus* annus Affĕrat. Juv. 14. 197.

sexāginta. *Sixty.*——*Sexāginta* annos Fontēio Consŭle nātus. Juv. 13. 17. PHR. Corpŏra post dĕcies sēnos qui crēdĭdit annos Missa nĕci. Ov.

sexangŭlus, a, um. *Sexangular.*——Nonne vĭdes quos cēra tĕgit *sexangŭla* fētus Mellĭfĕrārum ăpium. Ov. Met. 15. 382.

sexcenti, æ, a. *Six hundred.*——*Sexcentos* illi dĕdĕrat Pŏpŭlōnia Māter. V. Æn. 10. 172.

sextans, antis. masc. *The sixth part of a pound, or of any weight or measure.* ——*Sextantem*que trahat gummi cum sēmĭne Tusco. Ov. M. F. 65.

§**sextārius**, i. *A small liquid measure, something more than a pint.*——Pānis ĕmātur, ŏlus, vīni *sextārius*, adde. Hor. Sat. 1. 1. 74.

Sextīlis, is. masc. *August.*——*Sextīlem* tōtum mendax dēsīdĕror; atqui. Hor. Epist. 1. 6. 2. SYN. Augustus.

sextus, a, um. *The sixth.*——Sed me jam, Cāre, nĭvāli *Sexta* rĕlēgātum brūma sub axe vĭdet. Ov. Ep. e P. 4. 13. 40. PHR. Hic mihĭ Cimmĕrio bis tertia dūcĭtur æstas Littŏre. Ov.

‡**sexus**, ūs. masc. *Sex.*——Non urbes prīma tĕnēbo Fēmĭna Nīlĭăcas; nullo discrīmĭne *sexūs* Rēgĭnam scit ferre Phăros. Lucan. 10. 91.

si. 1. *If.*—2. *I wish that (in this sense si is sometimes understood).*——1. Memnŏna *si* māter, māter plōrāvit Ăchillem. Ov. Am. 3. 9. 1. Gnossĭda fēcisses ĭnŏpem, săpienter ămasset. Ov. R. A. 745.—2. *Si* nunc se nōbīs ille aureus arbŏre rāmus Ostendat nĕmŏre in tanto. V. Æn. 6. 187. SYN. 1. sīquĭdem. —2. ŭtĭnam, q. v.

sībĭlo, as. *To hiss.*——Arrectisque horret squāmīs, et *sībĭlat* ŏre. V. Æn. 11. 754. SYN. insībĭlo.

sībĭlus, i. masc., in pl. **sibila, orum.** 1. *A hiss, a hissing.*—2. *The gentle noise of the breeze, or of a flute.*——Longo căput extŭlit antro Cærŭleus serpens, horrendaque *sībĭla* mīsit. Ov. Met. 3. 38.—2. Nam nĕque me tantum vĕnientis *sībĭlus* Austri . . . juvat. V. E. 5. 82. Sensērunt omnes pastōria *sībĭla* montes. Ov. Met. 13. 785.

sībĭlus, a, um. *Hissing.*——*Sībĭla* lambēbant linguis vĭbrantĭbus ōra. V. Æn. 2. 211.

Sĭbylla, æ. *The Sibyl, a prophetess living near Cumæ, by whose aid Æneas descended to hell.*——Tālĭbus ex ădȳto dictis Cumæ *Sĭbylla* Horrendas cănit ambāges, antroque rĕmūgit Obscūris vēra involvens. V. Æn. 6. 98. PHR. Horrendæque prŏcul sēcrēta Sĭbyllæ Antrum immāne pĕtit; magnam cui mentem ănĭmumque Dēlius inspīrat vātes ăpĕritque fŭtūra. V. Carmĭne vīvācis Vĕnus est translāta Sĭbyllæ. Ov. Quæ contrā brĕvĭter fāta est Amphrȳsia vātes. V. Cūmæam vĕtĕres consŭluistis ănum. Ov. Ăvernālis trĕmŭlæ cortīna Sĭbyllæ. Prop. v. V. Æn. 3. 441—460.

Sĭbyllīnus, a, um. *Of the Sibyl.*——Quo *Sĭbyllīni* mŏnuēre versus. Hor. C. S. 5. SYN. Cūmæus.

sīc. *So, in this manner, in this condition, etc.*——Sed mŏriāmur, ait; *sic, sic* jŭvat īre sub umbras. V. Æn. 4. 660. *Sic* tua Cyrnēas fŭgiant exāmĭna taxos. V. E. 9. 30. SYN. ĭta. v. siccine.

‡**sīca**, æ. *A dagger.*——Quodque tĭbĭ trĭbuit sūbŭla, *sīca* răpit. Mart. 3. 16. 2.

Sĭcānia, æ. *Sicily.*——At frēta *Sĭcāniæ* saltem sēdesque părātas. V. Æn. 1.

557. SYN. Trīnăcria, q. v.; Trīnăcris, ĭdŏs. PHR. Jamque fătīgātum tellūs Ætnæa tĕnēbat Dædălŏn. Ov. Sīve Ĕrўcis fīnes, rēgemque optatis Ăcesten. V.

Sīcănis, ĭdos. fem. adj. *Sicilian.*——Plūrĭma quà flammas *Sīcănis* Ætna vŏmĭt. Ov. Ibis. 600. SYN. Trīnăcris, ĭdŏs; Sīcĕlis, idos.

Sīcănius, a, um, also Sīcānus, a, um, in Sil. also Sīcānus. *Sicilian.*——*Sīcănio* prætenta sĭnu jăcet insŭla contra. V. Æn. 3. 692. Sic tĭbĭ cum fluctŭs subterlābĕre *Sīcănos.* V. E. 10. 4. Illic *Sīcăna* prōcumbit pūbes; hīc Hernica turba. Sil. 10. 314. SYN. Sĭcŭlus, Trīnăcrius.

§sīcārius, i. *An assassin.*——Quod mœchus foret, aut *sīcārius*, aut ălĭōque Fāmōsus. Hor. Sat. 1. 4. 4.

siccĭnĕ? *So?* (*interrogative.*)——*Siccĭnĕ* me pătrĭīs ăvectum perfĭde ab ōris . . . Līquisti? Cat. 62. 132. v. sic.

sicco, as. 1. *To dry, to parch, etc.*—2. *To make dry by draining, drinking, etc.*——1. Injectos hŭmĕris *siccantem* sōle căpillos. Ov. Met. 11. 770. Longo Dea fessa lăbōre Sīdĕreo *siccāta* sĭtim collēgit ab æstu. Ov. Met. 6. 341. Vulnĕra *siccabat* Nymphis, corpusque lĕvābat. V. Æn. 10. 834.—2. Bīna diē *siccant* ŏvis ūbĕra quos tĭbĭ servo. V. E. 2. 42.

siccus, a, um. 1. *Dry.*—2. *Thirsty.*——Spectâsset *siccis* vulnĕra nostra gĕnīs. Ov. Her. 11. 10. Mărīnæ In *sicco* ludunt fŭlĭcæ; nōtasque pălūdes Dēsĕrit . . . . . ardea. V. G. 1. 363.—2. Dīcĭmus intĕgro *Sicci* māne diē; dīcĭmus ūvĭdi. Hor. 4. 5. 39. SYN. 1, 2. siccātus.—1. ārĭdus, ārens. v. uro.—2. sĭtiens.

Sīcĕlis, ĭdŏs. fem. adj. *Sicilian.*——*Sīcĕlĭdes* Mūsæ paulo mājōra cănāmus. V. E. 4. 1. SYN. Sīcănis, ĭdŏs, q. v.

sīcŭbĭ. *If anywhere.*——*Sīcŭbĭ* magna Jŏvis antīquo rōbŏre quercus. V. G. 3. 332. SYN. si quā.

Sĭcŭlus, a, um. *Sicilian.*——Mille meæ *Sĭcŭlīs* errant in montĭbus agnæ. V. E. 2. 21. SYN. Sīcănius, q. v.

sīcut. 1. *As if.*—2. *Just as.*——1. Et tŭnĭcas lăcrўmis, *sīcut* ab imbre grăves. Ov. Her. 10. 138.—2. *Sīcut* ĕrant vīso nūdæ sua pectŏra nymphæ Percussēre vĭro. Ov. Met. 3. 178. SYN. 1, 2. ut, ŭti.—1. vĕlut, vĕlŭti, tanquam.—2. ceu.

Sĭcyōnius, a, um. *Of Sicyon, a town in the north of the Peloponnesus, celebrated for its olives.*——Vĕnit hyems, tĕrĭtur *Sĭcyōnia* bacca trăpētis. V. G. 2. 519.

sīdĕreus, a, um. *Of the stars, like the stars.*——Concĭliumque vŏcat Dīvŭm păter atque hŏmĭnum Rex *Sīdĕream* in sēdem. V. Æn. 10. 3. *Sīdĕreo* fulgens clўpeo et cœlestĭbus armis. V. Æn. 12. 167. *Sīdĕreus*que Pedo (*writing about the stars*). Ov. Ep. e P. 4. 16. 6. v. clarus.

sīdo, is, sīdi. no sup. 1. *To settle down, perch as a bird, etc.*—2. *To settle down, to sink.*——1. Sēdĭbus optātis gĕmĭnâ super arbŏre *sīdunt.* V. Æn. 6. 203.—2. vĕniet mea littŏre nāvis Servāta an mĕdiis *sīdat* onusta vădis. Prop. 2. 14. 30. SYN. 1, 2. consīdo *perf.* sēdi; rĕsīdo; sĕdeo, es, sēdi, sessum.—2. ōbruor, ĕris, rŭtus sum; mergor, ĕris, mersus sum, q. v.

Sīdon, ŏnis, acc. ŏna. fem. *Sidon.*——Atque ĕquĭdem Teucrum mĕmĭni *Sīdŏna* vĕnīre. V. Æn. 1. 623. Stat fūcāre cŏlos, nec *Sīdŏne* vīlior Ancon. Sil. 8. 438.

Sīdŏnis, ĭdŏs. fem. adj. *Sidonian, often as epith. of Dido or of Europa.*——*Sīdŏnĕ* sic fuĕras accĭpienda Jŏvi. Ov. F. 5. 610. Collŏcat hanc strātis conchâ *Sīdŏnĭde* tectis. Ov. Met. 10. 267.

Sīdŏnius, a, um. *Sidonian.*——Is qui *Sīdŏnio* fulget sūblīmis in ostro. Ov. Tr. 4. 2. 27. *Sīdŏniam* picto chlămўdem circumdăta limbo. V. Æn. 4. 137. SYN. Tўrius, q. v.

sīdus, ĕris. neut. *A constellation, a star.*——Jamque ŭbĭ cærŭleum vallābunt *sīdĕra* cœlum suspĭce. Ov. F. 3. 4. 49. SYN. stella, astrum. q. v. PHR. Postĕra sīdĕreos Aurōra fŭgāvĕrat ignes. Ov. Sublīmi fĕriam sīdĕra vertĭce. Hor. Rădiantia nocte mĭcābant Sīdĕra. Ov. Lūdĭte jam nox jungit ĕquos, currumque sĕquuntur Mātris lascīvo sīdĕra fulva chŏro. Tib. Nam nĕque ĕrant astrōrum ignes, nec lūcĭdus æthrâ Sīdĕreâ polus. V. Pæne sub ējusdem sīdĕris axe jăcent. Ov. Optāvi pĕtĕres cœlestia sīdĕra tarde. Ov. Tu săta sīdĕrĭbus cœli nūtrīta secundis Crescĕre . . . . sĭnas. Ov. Tu nostras audis inter convexa lŏcātus Sīdĕra . . . . prĕces. Ov. v. signum.

Sīgēius a, um, and Sīgēus, a, um. *Of Cape Sigeum, a promontory near Troy, Trojan.* —— Fāta Phrўgum! Num *Sīgēis* accumbĕre campis, Num capti pŏtuēre căpi? V. Æn. 7. 294. *Sīgēia* orvo Littŏra conspexit, classemque in littŏre vultu. Ov. Met. 13. 4.

sĭgillum, i. 1. *A little figure or image.* —2. *A seal.* —— 1. Sīve ĕrat ornātus, nōn, ut fuit ante, *sĭgillis.* Ov. A. A. 1. 407. Odisti clāves et grāta *sĭgilla* pŭdīco. Hor. Epist. 3. 20. 3. SYN. 1, 2. signum, q. v. — 1. ĭmāgo, ĭnis. *fem.*, fĭgūra. — 2. gemma. PHR. 2. Ecquid ab impressæ cognoscis ĭmāgĭne cēræ? Ov.

‡sigma, ătis. neut. *A couch like a Greek sigma.* —— Septem *sigma* căpit; sex sŭmus, adde Lucum. Mart. 10. 48. 6.

‡signātor, ōris. *A witness to a deed, attesting it by affixing his seal.* —— Vĕniet cum *signātōrĭbus* auspex. Juv. 10. 336.

signĭfer, ĕra, ĕrum. 1. ‡*Marked with signs, or marks of any sort.* — 2. *Bearing a standard* (*in this sense as subst.*). —— 1. *Signĭfĕro* quæcunque fluunt lābentia cœlo Sīdĕra. Lucan. 8. 172. — 2. Ipse ĕquĕs, ipse pĕdes, *signĭfer* ipse fui. Ov. Am. 2. 12. 14.

signĭfĭco, as. 1. *To make a sign, to intimate by signs.* — 2. *To intimate.* — 3. *To mean.* —— 1. *Signĭfĭcat*que mănu, et magno sĭmŭl incĭpit ōre. V. Æn. 12. 692. Per gestum res est *signĭfĭcanda* mihi. Ov. Tr. 5. 10. 36. — 2. vĭdĕn' ut fēlīcĭbus extis *Signĭfĭcet* plăcĭdos nuntia fībra Deos. Tib. 2. 1. 26. — 3. Qui . . . . verbaque *signĭfĭcent* quid mea nôrit ădest. Ov. Tr. 5. 12. 54. SYN. 2. portendo, ĭs; ostendo; indĭco, as. — 3. vŏlo, vīs, q. v.

signo, as. 1. *To mark out, to mark.* — 2. *To inscribe.* — 3. *To seal; to sign.* — 4. *To signalise, to distinguish.* — 5. *To remark.* —— 1. *Signābat* nullo līmĭte mensor hŭmum. Ov. Am. 3. 8. 42. — 2. Corpŏra dant tŭmŭlo, *signant*que hoc carmĭne saxum. Ov. Met. 2. 126. — 3. Īdem ĕgo, ut arcānas possim *signāre* tăbellas, Ov. Am. 2. 15. 15. — 4. Et păter ipse suo sŭpĕrûm jam *signat* hŏnōre? V. Æn. 6. 781. — 5. Agnoscunt; atque ōra sŏno distantia *signant.* V. Æn. 2. 423. SYN. 1. dēsigno. — 1, 2. 5. nŏto, as, q. v. — 2. inscrībo, ĭs, psi. — 5. observo, as.

signum, i. 1. *A mark, a sign, etc.* — 2. *Any carved or embossed image or figure, a statue.* — 3. *A seal, a seal-ring.* — 4. *A constellation.* — 5. *A signal.* — 6. *A standard.* —— 1. Morbōrum quŏque te causas et *signa* dŏcēbo. V. G. 3. 440. — 2. Stābunt et Pării lăpĭdes, spīrantia *signa.* V. G. 3. 34. —— 3. Sæpe vĕlut gemmas ējus *signum*que prŏbārem. Tib. 1. 7. 25. — 4. Prærădiat stellis *signa* mĭnōra suis. Ov. Her. 6. 116. — 5. *Signa* cănunt; prīmus turmas invāsit ăgrestes Ænēas. V. Æn. 10. 310. — 6. Tu Tyrrhēnum ĕquĭtem collātīs excĭpe *signis.* V. Æn. 11. 517. SYN. 1, 2, 3. sĭgillum. — 1. indĭcium, nŏta. v. ostentum, specimen. — 2. v. imago. — 4. sīdus, ĕris, *neut.* q. v. PHR. 1. (*of speaking by signs*) Me specta, nutusque meos, vultumque lŏquācem Excĭpe furtīvas et rĕfer ipsa nŏtas; Verba sŭpercĭliis sĭne vōce lŏquentia dīcam, Verba lĕges dĭgĭtis; verba nŏtāta mĕro. Ov.

†sīlānus, i. *A conduit.* —— Corpŏra *sīlānos* ad ăquārum strāta jăcēbant. Lucr. 6. 1263.

sĭlens, entis. part. pres. from sileo, q. v., used also as adj. *Silent, often esp. of the dead, of the shades below.* —— Jactārique frĕto, sēdesque intrāre *sĭlentum.* Ov. Met. 15. 772. SYN. tăcĭtus, q. v.

sĭlentium, i. *Silence.* —— A Tĕnĕdo, tăcĭtæ per ămīca *sĭlentia* lūnæ. V. Æn. 2. 255. SYN. tăcĭturnĭtas. PHR. Et dēsōlātas ăgĕre alta sĭlentia terras. Ov. Hinc fīda sĭlentia săcris. V. Horror ŭbīque ănĭmos; sĭmŭl ipsa sĭlentia terrent. V. Carpĭtur acclīvus per mūta sĭlentia trāmes. Ov. Tĕnuēre sĭlentia cuncti. Ov. Qui sermōne plăcet, tăcĭturna sĭlentia rumpat. Ov. v. quies.

Sīlēnus, i. *The tutor of Bacchus.* —— Ēbrius ecce senex pando *Sīlēnus* ăsello. Ov. A. A. 1. 543.

sĭleo, es, ui. no sup., pass. only in 3rd sing. as impers. *To be silent* (*of persons*), *to be still* (*of places*). —— Ne tămĕn ultĕrius quam fortia facta *sĭlendo.* Ov. Met. 12. 575. Et nunc omne tĭbī strātum *sĭlet* æquor; et omnes. V. E. 9. 57. Post ŭbī jam thălămis se compŏsuēre, *sĭlētur* In noctem. V. G. 4. 189. SYN. tăceo, q. v.; contĭceo; sĭlesco, is, *only pres.*; quiesco, ĭs, ēvi, q. v. v. obmutesco. PHR. Fīnem dĕdit ore lŏquendi. V. Dixit, pressoque obmūtuit ōre. V. Pressĕrat ōra Deus. Ov.

sĭler, ĕris. neut. *A withy, an osier.* —— Curva tĕnent, ut molle sĭler, lentæque genistæ. V. G. 2. 12. v. salix.

sĭlesco, is. no perf. *To be silent, to be quiet.* —— Infit, eo dīcente Deûm dŏmus alta *sĭlescit.* V. Æn. 10. 101. v. sileo.

sĭlex, ĭcis. masc. and fem. 1. *A flint.* — 2. *A rock.* —— 1. Ac prīmum *sĭlĭci* scintillam excūdit Ăchātes. V. Æn. 1. 178. — 2. Quam si dūra *sĭlex* aut stet Marpēsia cautes. V. Æn. 6. 471. SYN. 2. rūpes, ĭs, *fem.* q. v.

‡sĭlĭgo, ĭnis. fem. *Fine wheat.* —— Sed tĕner et nĭveus mollique *sĭlīgĭne* factus. Juv. 5. 70. v. far.

sĭlĭqua, æ. *The husk or pod of a bean or pea, etc.* —— Grandior ut fētus *sĭlĭquis* fallācĭbus esset. V. G. 1. 195.

†‡sīmia, æ. *An ape.* —— *Sīmia* quam sĭmĭlis turpissĭma bestia nōbis. Ennius ap. Cicero.

‡sĭmĭla, æ. *Flour.* —— Nec pŏtĕris *sĭmĭlæ* dōtes nŭmĕrāre nĕc ūsus. Mart. 13. 10. 1. SYN. fărīna.

sĭmĭlis, e. *Like.* —— Os hŭmĕrosque Deo *sĭmĭlis*, namque ipsa dĕcōram Cæsăriem . . . V. Æn. 1. 589. SYN. assĭmĭlis, consĭmĭlis ; consors, ortis. v. par. PHR. Ego ăpis Mătīnæ Mōre mŏdoque. Hor. v. instar.

simplex, ĭcis. 1. *Simple, pure.* — 2. *Simple.* — 3. *Single.* —— 1. Pellēbatque sĭtim *simplĭcis* hūmor ăquæ. Ov. Am. 2. 6. 32. — 2. Hæc ănĭmum et quŏta pars hæc sunt mŏvēre puellæ *Simplĭcis.* Ov. Her. 12. 90. — 3. At non intonsum *simplex* Dămăsicthŏna vulnus Affĭcit. Ov. Met. 6. 254. SYN. 1. pūrus. — 2. crēdŭlus, rŭdis. — 3. v. unus.

simplĭcĭtas, ātis. fem. *Simplicity.* —— Sive rŭdis, plăcĭta es *simplĭcĭtate* tuâ. Ov. Am. 2. 4. 17.

simplĭcĭter. *In a simple, artless manner.* —— Frondes *Simplĭcĭter* pŏsĭtæ scēna sine arte fuit. Ov. A. A. 1. 106.

‡simpŭvium, i. *A cup used in sacrifice, prop. made of wool.* —— Et quis *Simpŭvium* rīdēre Nŭmæ nīgrumque cătīnum Ausus ĕrat ? Juv. 6. 342. v. poculum.

sĭmŭl. 1. *Together, at the same time or place.* — 2. *As soon as, in this sense often* sĭmŭl ac, *sometimes* sĭmŭl atque. —— 1. Quippe *sĭmul* nōbīs hăbĭtat discrīmine nullo Barbărus. Ov. Tr. 5. 10. 29. Ille vŏlat, *sĭmŭl* arva fŭgâ *sĭmŭl* æquŏra verrens. V. G. 3. 201. — 2. Quod *sĭmŭl* ēvulsum est, frăgor æthĕra terruit ipsum. Ov. F. 1. 567. Quod *sĭmŭl ac* sensēre ruunt trĭtumque rĕlinquunt. Ov. Met. 2. 167. SYN. 1. ‡insĭmŭl, ūnā. — 2. v. cum.

sĭmŭlācrum, i. 1. *A likeness, an image, a representation.* — 2. *An appearance, a phantom.* —— 1. Dūcendum ad sēdes *sĭmŭlācrum*, ōrandaque Dīvæ Nūmĭna conclāmant. V. Æn. 2. 332. Impĕdiunt ; pugnæque cĭent *sĭmŭlācra* sub armis. V. Æn. 5. 585. — 2. Ingens ; et *sĭmŭlācra* mŏdis pallentia mīris Vīsa sub obscūrum noctis. V. G. 1. 477. SYN. 1. ĭmāgo, ĭnis, *fem.* ; effĭgies, ēi ; signum. — 2. vīsum. v. spectrum. v. seq.

sĭmŭlāmĕn, ĭnis. neut. *A representation.* —— Rĕpĕtītaque mortis ĭmāgo Annua plangōris pĕrăget *sĭmŭlāmĭna* nostri. Ov. Met. 10. 727. v. prec.

sĭmŭlans, antis. pres. part. of simulo, used as adj. *Imitative.* —— Non fuit in terris vōcum *sĭmŭlantior* āles. Ov. Am. 2. 6. 23. v. imitator.

sĭmŭlātor, ōris. *A pretender.* —— Sæpe tămen vērē cœpit *sĭmŭlātor* ămāre. Ov. A. A. 1. 615. SYN. fictor.

sĭmŭlātrix, īcis. fem. form of prec. —— Colchis et Ææo *sĭmŭlātrix* littŏre Circe. Stat. Theb. 4. 551.

sĭmŭlo, as. 1. *To feign.* — 2. *To imitate, to make to resemble.* —— 1. Et lăpĭdem ostendit ; *sĭmŭlat* Jŏve nātus ăbīre. Ov. Met. 2. 697. Olli, sensit ĕnim *sĭmŭlātâ* mente lŏcūtam. V. Æn. 4. 105. — 2. Fulmen Ære et cornĭpĕdum pulsu *sĭmŭlārat* ĕquōrum. V. Æn. 6. 691. Procedo, et parvam Trojam, *sĭmŭlātaque* magnis Pergăma . . . Agnosco. V. Æn. 3. 349. SYN. 1. fingo, is, nxi, fictum, q. v. — 2. assĭmŭlo ; ĭmĭtor, āris, q. v.

sĭmultas, ātis. fem. *Enmity, aversion.* —— Sæpe *sĭmultātes* īra mŏrāta făcit. Ov. Am. 1. 8. 82. SYN. ŏdium, ‡īnĭmīcĭtia.

†sīmŭlus, a, um. dim. of seq. —— *Sīmŭla* Sīlēna ac Sătūra est, lăbiōsa Phĭlēma. Lucr. 4. 1162.

sīmus, a, um. *Flat-nosed.* —— Dum tĕnĕra attondent *sīmæ* virgulta căpellæ. V. E. 10. 7. SYN. rĕsīmus, †sīmŭlus.

sīn. *But if.* —— Sin dūram mĕtues hyĕmem parcesque fŭtūro. V. G. 4. 239.

‡sīnāpis, is. fem. *Mustard.* —— Seque lăcessenti flētum factūra sĭnāpis. Colu-mel. 10. 122.

sincērus, a, um. 1. *Pure, genuine, unmixed.* — 2. *Unhurt, whole.* —— 1. Nec tămĕn usque ădeo nulli sincēra vŏluptas. Ov. Met. 7. 453. — 2. Cernĭte sincēros omnes ex ordĭne truncos. Ov. Nux. 35. SYN. 1. pūrus. — 1, 2. intĕger, gra, grum. — 2. illæsus.

‡sincĭput, ĭpĭtis. neut. *One half of the head.* —— Urtīca, et fissâ fūmōsum sincĭput aure. Pers. 6. 69.

‡sindōn, ŏnis. fem. *Fine linen.* —— Non sīc in Tȳriâ sindŏne tūtus ĕris. Mart. 4. 19. 12.

sĭne. *Without.* —— O dulcis conjux, nōn hæc sĭne nūmĭne Dīvûm Ēvĕniunt. V. Æn. 2. 777. SYN. †absque. PHR. Virque mihī demto fine cărendus ăbest. Ov.

†singlārĭter. sync. for **singŭlārĭter.** *Singularly, to a great degree.* —— Quæ mĕmŏrāre queam inter se singlārĭter apta. Lucr. 6. 1065.

singŭli, æ, a. (sing. only in Plaut.) 1. *Single.* — 2. *Each, every.* —— 1. Quam multæ pĕcŭdum pestes, nec singŭla morbi Corpŏra corrĭpiunt. V. G. 3. 471. — 2. Namque sub ingenti lustrat dum singula templo. V. Æn. 1. 453. SYN. 2. omnis, q. v.

§singultim. *With sobs, hesitatingly.* —— Ut vēni cōram singultim pauca lŏcūtus. Hor. Sat. 1. 6. 56.

singulto, as. *To sob, to utter with sobs, to gasp forth with sobs, etc.* —— Et singultātis oscŭla mūta sŏnis. Ov. Tr. 3. 5. 16. Tum căput ipsi aufert dŏmĭno truncumque rĕlīquit Sanguĭne singultantem. V. Æn. 5. 332.

singultus, ūs. masc. *A sobbing, a heavy panting, etc.* — Oraque singultu concŭtiente sŏnant. Ov. Am. 3. 9. 12. Singultu mĕdios impĕdiente sŏnos. Ov. Tr. 1. 3. 42. Frīgĭdus et longis singultĭbus īlia pulsat. V. Æn. 9. 415.

sĭnister, tra, trum. 1. *The left* (*in this sense only is found the compar.* sĭnistĕrior). — 2. *Adverse, contrary, hurtful, wrong.* —— 1. Convĕniet tĭmĭdæ nātæque ad furta sĭnistræ (manui sc.). Ov. Met. 13. 111. Nēve sĭnistĕrior pressam rŏta dūcat ad Āram. Ov. Met. 2. 138. — 2. Dī prĕcor a nōbīs ōmen rĕmŏvēte sĭnistrum. Ov. Her. 13. 49. Quodcumque attĭgĕrit, si qua est stŭdiōsa sĭnistri. Ov. Tr. 2. 257. SYN. 1, 2. lævus. — 2. infaustus, q. v. v. pravus.

sĭnistra, æ. *The left hand.* —— Nunc dextrâ ingĕmĭnans ictus, nunc ille sĭnistrā. V. Æn. 5. 457. SYN. læva.

§sĭnistrē. *Wrongly, unfairly.* —— In măla dērīsum sĕmĕl exceptumque sĭnistre. Hor. A. P. 452.

sĭnistrorsum. *To the left.* —— Puppes sĭnistrorsum cĭtæ. Hor. Epod. 9. 20.

sĭno, ĭs, perf. **sīvi,** rare, though found in Catullus. *To permit, to allow, to concede.* —— Hanc sĭnite infēlix in lŏca jussa fĕram. Ov. Tr. 1. 2. 62. Idææ; sĭnĭte arma vĭris et cēdĭte ferro. V. Æn. 9. 620. SYN. permitto, ĭs, mīsi, missum, q. v., rĕmitto; concēdo, ĭs, cessi.

sīnum, i. *A pail.* —— Sīnum lactis et hæc tē lība Priāpe quŏtannis Exspectāre sat est. V. E. 7. 33. v. vas, vāsis.

sĭnuo, as. *To bend, to curve.* —— Qui postquam flexos sĭnuāvi corpus in orbes. Ov. Met. 9. 64. SYN. flecto, ĭs, xi, xum, q. v.

sĭnuōsus, a, um. *Winding, turning, full of folds.* —— Maxĭmus hic flexu sĭnuōso ēlābĭtur anguis. V. G. 1. 244. Lūnāvitque gĕnu sĭnuōsum fortĭter arcum. Ov. Am. 1. 1. 23. Nec tu mille rătes sĭnuōsaque vēla părāris. Ov. Her. 8. 23. SYN. curvus (*not applicable to a sail, etc.*), q. v.

sĭnus, ūs. masc. 1. *The bosom, the lap.* — 2. *Any hollow, any bend.* — 3. *A purse.* — 4. *A curl.* — 5. *A fold in a garment, a garment.* — 6. *The swelling of a sail, a sail.* — 7. *A gulf, a bay.* —— 1. Perque sĭnum lăcrȳmæ flūmĭnis instar eunt. Ov. Her. 8. 62. — 2. Et tĕnues rumpunt tūnĭcas angustus in ipso Fit nōdo sĭnus. V. G. 2. 76. — 3. Semper ămātōrum pondĕrat illa sĭnus. Prop. 2. 13. 12. — 4. Ut fĭĕret torto flexĭlis orbe sĭnus Ov. Am. 1. 14. 26. — 5. Indue rēgāles Lāŏdămīa sĭnus. Ov. Her. 13. 36. — 6. Plēnaque curvāto pandĕre vēla sĭnu. Ov. A. A. 3. 500. Ōblīquatque sĭnūs in ventum ac tālia fatur. V. Æn. 5. 16. — 7. Illȳrĭcos pĕnĕtrāre sĭnūs atque intĭma tūtus Regna Līburnōrum. V. Æn. 1. 243. SYN. 1. grĕmium; pectus, ŏris, *neut.*, q. v. —

2. v. flexus. — 3. crŭmēna, q. v. 4. ‡cirrus, q. v. — 5. vestis, is, *fem.*, q. v. — 6. vēlum, q. v.

‡sīpărium, i. *The curtain of a theatre.* —— Consumptīs ŏpĭbus vōcem Dămăsippe lŏcāsti *Sīpărio*. Juv. 8. 185. SYN. aulæa, ōrum.

‡sīpho, ōnis. masc. *A tube for passing water through.* —— Effĭgiemque Deæ longis *sīphōnĭbus* implent. Juv. 6. 309. SYN. fistŭla.

sīquā. *If at all, if by any means.* —— *Sīquā* fāta sĭnant jam tum tenditque fŏvetque. V. Æn. 1. 18.

siquando. *If ever.* —— Pōcŭla *sīquando* sævæ infēcēre nŏvercæ. V. G. 2. 128.

sīquĭdem. 1. *Since, inasmuch as.* — 2. *If, if indeed.* —— Nec ăvi măgis ille sŭperbit Nōmĭne quam sŏcĕri; *sīquĭdem* Jŏvis esse nĕpōti Contĭgit haud ūni. Ov. Met. 11. 219. — 2. Hoc quŏque tentēmus *sīquĭdem* jējūna rĕmansit. Ov. F. 4. 603. SYN. 1. quŏniam, cum, quandŏquĭdem, quātĕnus quando. — 2. si, q. v.

sīquis, sīquā, also **sīquæ** (but in this form usu. in tmesi), **sīquod.** *If any.* —— *Sīqua* tui Cŏrȳdōnis hăbet te cūra vĕnīto. V. E. 7. 40. Rhæbe diū, res *sīquā* diu mortālĭbus ulla est Vīxĭmus. V. Æn. 10. 861.

Sīrēn, ēnis, more usu. in pl. **Sīrēnēs.** fem. *The Sirens, said to have been three daughters of Achelous; in the form of winged virgins above the waist, and birds below; they dwelt near Pelorum in Sicily, and by their singing so charmed the sailors who came near them, that they could not leave the spot, but lingered there and died. Ulysses passed by, having made his crew tie him to the mast of his ship, and stop their own ears with wax; on which they destroyed themselves.* —— Monstra măris *Sīrēnēs* ĕrant quæ vōce cănōrā Quamlĭbet admissas dētĭnuēre rătes. Ov. A. A. 3. 311. SYN. Ăchĕlōiădes, um; Ăchĕlōĭdēs, um. v. Ov. Met. 5. 552—563.

Sīrius, i. *The Dog star.* —— Jam răpĭdus torrens sĭtientes *Sīrius* Indos Ărdēbat. V. G. 4. 425. SYN. Cănis, is, *masc.*; Cănĭcŭla, æ, *masc.*, q. v.

sirpĭcŭla, æ. *A basket made of twigs.* —— *Sirpĭcŭlis* mĕdĭo pulvĕre ferre rŏsam. Prop. 4. 2. 40. SYN. călăthus, q. v.

‡sĭser, ĕris. neut. *A parsnip.* —— Jam *sĭser* Assȳrioque vĕnit quæ sēmĭne rādix. Columel. 10. 114.

sisto, ĭs. no perf., or the same perf. as *sto*, and only in intrans. sense. 1. *To stop, to check, to hold back, to repress.* — 2. *To support or save from falling.* — 3. *Intrans., to stop, to stand still.* — 4. *To place (this and the next are the only senses in which the pass occurs).* — 5. *To bring.* —— 1. *Siste* grădum, tēque adventu ne subtrahe nostro. V. Æn. 6. 465. Qui pōtus, dŭbium *sistat* ălatne sĭtim. Ov. Ep. e P. 3. 1. 16. — 2. Hic rem Rōmānam magno turbante tŭmultu *Sistet* ĕques. V. Æn. 6. 858. — 3. Incerti quo fāta fĕrant, ubi *sistĕre* dētur. V. Æn. 3. 7. — 4. Et monstrum infēlix săcrātā *sistĭmus* arce. V. Æn. 2. 245. Post hæc cælātus eādem *Sistĭtur* argillā crāter. Ov. Met. 8. 669. — 5. Annam cāra mihī nūtrix huc *siste* sŏrōrem. V. Æn. 4. 634. SYN. 1. prĕmo, is, pressi; rĕprĭmo, comprĭmo; dētĭneo, es; rĕtĭneo; coerceo, es, q. v. — 2. sustĭneo; fulcio, īs, si, tum. — 3. consisto, *perf.* stĭti, *no sup.*; rĕsisto; sto, stas, stĕti, *no sup.* — 4. pōno, ĭs, pŏsui, q. v., stătuo, is, ui, ūtum. — 5. dūco, ĭs, xi, q. v. PHR. 3. Fare age quid vĕnias, jam istinc et comprĭme gressum. V. Obstŭpui tacitus; sistĭnuique grădum. Ov. Sīc effātus vestīgia pressit. V.

‡sistrātus, a, um. *Bearing a timbrel.* —— Līnĭgĕri fŭgiunt calvi *sistrātaque* turba. Mart. 12. 29. 19.

sistrum, i. *A timbrel.* —— Per tua *sistra* prĕcŏr, per Ănūbĭdis ōra vĕrendi. Ov. Am. 3. 13. 11. PHR. Crĕpuitque sŏnăbĭle sistrum. Ov.

sĭsymbrium, i. *Watermint.* —— Cumque suā dŏmĭnæ dăte grāta *sĭsymbria* myrto. Ov. F. 4. 869.

Sīsȳphus, i, acc. **um** and **ŏn.** *Son of Æolus, a robber who infested the Isthmus of Corinth, and being slain by Theseus, was condemned in hell to roll a stone up a hill, which as soon as it got near the top always rolled down again.* —— Damnātusque longi *Sīsȳphus* Æŏlĭdes lăbōris. Hor. 2. 14. 20. PHR. Aut pĕtis aut urges ruitūrum, Sīsȳphe, saxum. Ov.

Sīthŏnius, a, um. and in fem. form **Sīthŏnis, ĭdŏs.** *Thracian.* —— *Sīthŏnias*que nĭves hyĕmis sŭbeāmus ăquōsæ. V. E. 10. 66. Nec vehit Actæas *Sīthŏnis* unda rătes. Ov. Her. 2. 6.

sĭtĭcŭlōsus, a, um. *Dry, thirsty.* — *Sĭtĭcŭlōsæ* Āpūlĭæ. Hor. Epod. 3. 16. SYN. siccus. v. seq.

sĭtiens, entis. part pres. of seq., but used also almost as adj. — 1. *Thirsty, dry (even of places)* — Et dăre quas *sĭtiens* combĭbat hortus ăquas. Ov. Ep. e P. 1. 8. 60. SYN. sĭtĭcŭlōsus, siccus, ārĭdus.

sĭtio, ĭs. *To thirst, to thirst for, to be dry.* — Āret ăger, vĭtio mŏriens *sĭtit* āĕris herba. V. E. 7. 57. Quo plus sunt pōtæ plus *sĭtiuntur* ăquæ. Ov. F. 1. 216. v. areo.

sĭtis, is fem. 1. *Thirst.* — 2 *Drought, dryness.* — 3. *Eager desire.* — 1. Dēpŏsĭtūra *sĭtim* vĭcīni fontis ĭn undâ. Ov. Met. 4. 98. — 2. Hōc ŭbi hiulca *sĭti* findit cănis æstĭfer arva. V. G. 2. 353. — 3 Quem tĕnet argenti *sĭtis* importūna fămesque. Hor Epist 1. 18. 23. PHR. 1. Dixĕrat et sicco torret sĭtis ōra pălāto. Ov. Ut lĭquor ārenti fallat ab ōre sĭtim. Ov. Ārentem quæ lĕvet unda sĭtim Ov. Ŭbi ignea vĕnis Omnĭbus acta sĭtis mĭsĕros addūxĕrat artus. Ov. Pellēbatque sĭtim simplĭcis hūmor ăquæ. Ov.

‡sĭtītor, ōris. *One who thirsts for.* — Clārus Hyantēæ stella *sĭtītor* ăquæ. Mart. 12. 3. 12

sĭtus, ûs, masc *Site, situation, place where any thing is.* — Rēgālique *sĭtu* Pўrămĭdum altius. Hor. 3 30. 2. Nec rĕvŏcāre *sĭtus* aut jungĕre carmĭna cūrat. V. Æn. 3. 451. SYN pŏsĭtus, ûs. v. locus.

sĭtus, ûs. masc. *Dirt arising from want of use, rust; used even of the decayed strength of old people, used also in a good sense of the rest given to a field by letting it lie fallow.* — Cānescunt turpi tecta relicta *sĭtu.* Ov. Am. 1. 8. 52. Tristia dūri mīlĭtis in tĕnĕbris occūpat arma *sĭtus.* Tib. 1. 11. 50. Sed te victa *sĭtu* vĕrique effēta sĕnectus. V. Æn. 7. 440. Et segnem pătiēre *sĭtu* dūrescĕre campum. V. G. 1. 72. SYN. illŭvies, ēi. v. rubigo.

sĭtus, a, um. *Placed, situated.* — Aurum irrĕpertum et sic mĕlius *sĭtum.* Hor 3 3. 49 SYN. pŏsĭtus, lŏcātus.

sīve, a lengthened form of seu, q v. *Whether, or whether, etc.* — *Sīve* ōram Illўrĭci lĕgis æquŏris V. E. 8. 7.

smărăgdus, i. *An emerald.* — In sŏlio Phœbus clāris lūcente *smărăgdis.* Ov. Met. 2. 24.

smăris, ĭdis. fem. *An anchovy.* — Fœcundumque genus Mænæ, Lămĭrosque, *Smărisque* Ov. Hal. 120.

Smīlax, ăcis. fem. *A nymph changed into bindweed.* — Et crŏcŏn in parvos versum cum *Smīlăce* flōres. Ov. Met. 4. 283.

Smintheus, ĕi. *A name of Apollo,* q. v. — Tālĭbus intonsum compellat *Sminthea* dictis. Ov. Met. 12. 585.

†‡Smyrna, æ. *Another name of Myrrha, the daughter of Cinўras, who was changed into a tree from which myrrh is procured; myrrh.* — Et contemptus ŏdor *Smyrnæ.* Lucr. 2. 503. v. Myrrha.

sŏbŏles, is. fem. *Offspring.* — Cāra Deûm *sŏbŏles,* magnum Jŏvis incrēmentum. V. E. 4. 49. SYN. prōles, is. *fem.*; prōgĕnies, ēi. v. genus.

sōbrius, a, um. *Temperate, sober, moderate, lit. and metaph.* — Ecce sŭburbānâ rĕdiens mălĕ *sōbrius* æde. Ov. F. 6. 785. Căret invĭdendâ *Sōbrius* aulâ. Hor. 2. 10. 8 v moderatus.

soccus, i. *A slipper; metaph. Comedy, because comic actors wore the soccus, tragic actors the cothurnus.* — Et tua cum *socco* Mūsa, Mĕlisse, lĕvis. Ov. Ep. e P. 4. 16. 30. v. Comœdia.

sŏcer, ĕri *A father-in-law.* — Aggĕrĭbus *sŏcer* Alpĭnīs atque arce Mŏnœci Descendens. V. Æn. 6. 831.

sŏciālis, e. *United.* — Lĭvia sic tēcum *sŏciāles* compleat annos. Ov. Tr. 2. 161 SYN. sŏcius, junctus, conjunctus.

§sŏciālĭter. *In a friendly, sociable way.* — Non ut dē sēdę sĕcundā Cēdĕret aut quartâ *sŏciālĭter.* Hor. A. P. 258.

‡sŏciātrix, īcis. fem. *One who joins or unites others.* — Huc tŭlit ac mĕdii *sŏciātrix* grātia Phryxi. Val. Fl 5. 500.

sŏcio, as. 1. *To join, to connect, to unite.* — 2. *To share as a companion.* — 3. *To receive in hospitality.* — Nē cui mē vinclo vellem *sŏciāre* jŭgāli. V. Æn. 4. 16. — Orphea percussis *sŏciantem* carmĭna nervis. Ov. Met. 11. 5. — 2. Sed tēcum ut longæ *sŏciārem* gaudia vītæ. Tib. 3. 3. 7. — 3. Quæ nos . . . Omnĭbus exhaustos jam cāsĭbus omnium ĕgēnos Urbe, dŏmo *sŏcias.* V. Æn. 1.

600. SYN. consŏcio; jungo, ĭs, xi; conjungo. — 2. partĭcĭpo, as. — 3. excĭpio, ĭs, cēpi, ceptum; rĕcĭpio.

sŏcius, i. 1. *A companion.* — 2. *An ally.* —— 1. Omnis quam chŏrus et *sŏcii* comitentur ŏvantes. V. G. 1. 346. — 2. Hos castrīs adhĭbē *sŏcios* et fœdĕra junge. V. Æn. 8. 56. SYN. 1. sŏdālis, ĭs, *masc.*; cŏmĕs, ĭtis, *masc. and fem.*, q. v.; consors, ortis, *masc. and fem.*

sŏcius, a, um. 1. *Of a companion, companionlike, being a companion, social.* — 2. *Allied.* —— 1. Prōmissūs *sŏcios* ŭbĭ nunc Hўmĕnæus in annos. Ov. Her. 2. 33. — 2. Cum tĭmuit *sŏcias* anxia Rōma mănus. Ov. Am. 3. 15. 10. SYN. 1. sŏciālis, q. v.; consors, ortis.

sŏcrus, ūs. fem. *A mother-in-law, a husband's mother.* —— Quæ prĕmit invīsam *sŏcrus* ĭnīqua nŭrum. Ov. F. 2. 626.

sŏdālis. is. masc. *A companion*; *prop. a messmate.* —— Constantique fĭdē vĕtĕrem tūtāre *sŏdālem.* Ov. Ep. e P. 2. 4. 33. SYN. sŏcius, q. v.

sŏdālĭtium, i. *Companionship.* —— Jūre *sŏdālĭtii* qui mihĭ junctus ĕrat. Ov. Tr. 4. 10. 36.

§sōdes. *I pray you.* —— Roscia dic, *sōdes,* mĕlior lex, an puĕrōrum Nænia. Hor. Epist. 1. 1. 62.

Sol, Sōlis. masc. *The Sun.* —— Per duŏdēna rĕgit mundi *Sōl* aureus astra. V. G. 1. 232. SYN. Phœbus; Tītān, ānis *or* ānŏs; Hўpĕrīōn, ŏnis, *acc.* ŏna; Cynthius, Phaĕthon. PHR. Argŏlĭci clўpei aut Phœbēæ lampădis instar. V. Purpŭreum răpĭdo qui vehit axe diem. Ov. Sīdĕreâ qui tempĕrat omnia lūce. Ov. Dum terna per orbem Sæcŭla fertĭlĭbus Tītan dēcurrĕrit hŏris. Tib. Ille ĕgŏ sum dixit qui longum mētior annum, Omnia qui vĭdeo; per quem vĭdet omnia tellus; Mundi ŏcŭlus. Ov. Tum Sol pallentes haud usquam discŭtit umbras. V. Nec cum invectus ĕquīs altum pĕtit æthĕra, nec cum Præcĭpĭtem Ōceăni rūbro lăvit æquŏre currum. V. Mĕdios cum Sŏl accendĕrit æstus. V. Cœlo et mĕdium Sol igneus orbem Hausĕrat. V. Răpĭdive pŏtentia Sōlis Ācrior . . . ădūrat. V. Glēbasque jăcentes Pulvĕrŭlenta cŏquat mātūris sōlĭbus æstas. V. Tellus . . . Sōlĭbus æthĕreis, altoque rĕcanduit æstu. Ov. Plăcat ĕquo Persis rădiīs Hўpĕrīŏna cinctum. Ov. Sōlis ad Ēōas currus ăgētur ăquas. Ov. Tam blandi sōles ignōtaque prōdit hĭrundo. Ov. —*The rising sun.* Ŭbĭ prīmos crastĭnus ortus Extŭlĕrit Tītan, rădiisque rĕtexerit orbem. V. Tōtum jam Sŏl ēmersĕrat orbem. Ov. v. mane, Aurora. — *The setting sun.* Pressĕrat occĭduus Tartessia littŏra Phœbus. Ov. Ni rŏseus fessos jam gurgĭte Phœbus Ĭbēro Tingat ĕquos, noctemque diē lābente rĕdūcat. V. Cum jam prŏpĕ lūce pĕractâ Dēmĕre purpŭreis Sol jŭga vellet ĕquis. Ov. Et Sol crescentes dēcēdens dūplĭcat umbras. V. Tĕnĕbris et sōle cădente. V. v. nox, vesper. — *An eclipse of the sun.* Sōlis et ătrātis luxĕrit orbis ĕquis. Prop. Ipse ĕtiam Sōlem dēfectum lūmĭne vĭdit Jungĕre pallentes nūbĭbus annus ĕquos. Tib.

sōlāmĕn, ĭnis. neut. *Comfort.* —— Lānĭgĕræ cŏmĭtantur ŏves, ea sōla vŏluptas *Sōlāmen*que măli. V. Æn. 3. 662. SYN. sōlātium, q. v.

sōlāris, e. *Of the sun.* —— Dumque, quod o! brĕve sit, lūmen *sōlāre* vĭdēbo. Ov. Tr. 5. 9. 37. SYN. Phœbēus, Phœbēius.

§sōlātiŏlum, i. dim. of seq. q. v. —— Ut *sōlātiŏlum* sui dŏlōris. Cat. 2. 7.

sōlātium, i. *Comfort.* —— Dŏlōrem Corde tŭli, frātrique tuo *sōlātia* dixi. Ov. Met. 11. 329. SYN. sōlāmĕn, ĭnis, *neut.*; lĕvāmĕn, ĭnis, *neut.*

sōlātor, ōris. masc. *A comforter.* —— Ipse ĕgŏ *sōlātor* cum jam mandāta dĕdissem. Tib. 1. 3. 15.

sŏlea, æ. 1. *A thin shoe, a slipper.* — 2. *A sole (the fish).* —— 1. Et tĕnĕro *sŏleam* dēme vel adde pĕdi. Ov. A. A. 2. 212. — 2. Fulgentes *sŏleæ* candōre, et concŏlor illis Passer. Ov. Hal. 124. v. calceus.

‡sŏleātus, a, um. *With slippers on.* —— Etsi jam lōtus, jam *sŏleātus* ĕrit. Mart. 12. 83. 6.

sōlennis, e. 1. *Solemn, performed at stated times with certain fixed rites.* — 2. *Customary, legitimate.* —— 1. Săcerdos *Sōlennes* taurum ingentem mactăbat ad āras. V. Æn. 2. 202. — 1, 2. Et stătuent tŭmŭlum, et tŭmŭlo *sōlennia* mittent. V. Æn. 6. 380. — 2. Sŏcer arma Lătĭnus hăbēto, Impĕrium *sōlenne* sŏcer. V. Æn. 12. 193.

sŏleo, es, sŏlĭtus sum. *To be accustomed, to be wont.* —— Canto quæ *sŏlĭtus* siquando armenta vŏcābat Amphīon. V. E. 2. 23. SYN. assuesco, ĭs, uēvi, uētus; consuesco. PHR. Vĕnĕrat in mōrem, c. *infin.* Ov. v. mos.

sōlers, ertis. *Skilful, prudent, cunning (but very rare in a bad sense).* —— Quis pătriam *sōlerte* măgis dīlexit Ŭlysse. Ov. Ep. e P. 4. 14. 35. Quem mĭhĭ vix frūgum et pĕcŭdum custōdia *sōlers.* V. G. 4. 327. Id se *sōlerti* furti dum trādĭtur astu Suppŏsĭtâ cēpisse mănu. Ov. Met. 4. 775. SYN. pĕrītus, prūdens, callĭdus.

sōlerter. compar. tius. *Skilfully.* —— Quâ nulla Lătīnas Inter Hămādryădas cŏluit *sōlertius* hortos. Ov. Met. 14. 624.

sōlertia, æ. *Skill, cunning.* —— Huc licet e tōto *sōlertia* confluat orbe. Ov. Met. 9. 740. SYN. ars, callĭdĭtas, prūdentia.

sŏlĭdo, as. *To make solid, to make hard.* —— Et vertenda mănu, et crētâ *sŏlĭdanda* tĕnāci. V. G. 1. 179. SYN. ‡persŏlĭdo; dūro, as; indūro.

sŏlĭdus, a, um. 1. *Solid, firm, strong.* — 2. *Whole, entire.* —— 1. Căvatque Tellūrem, et *sŏlĭdo* grăvĭter sŏnat ungŭla cornu. V. G. 3. 88. — 2. Et *sŏlĭdā* impŏnit taurōrum viscĕra flammis. V. Æn. 6. 253. SYN. 1. firmus. — 2. intĕger, gra, grum, q. v.

‡sōlĭfer, ĕra, ĕrum. *Enduring the sun.* —— Parthus *sōlĭfĕræ* suppŏsĭtus plăgæ. Seneca, Herc. Œt. 159.

‡Sōlĭgĕna, æ. masc. and fem. *Born of the sun.* —— Nec făma fĕfellit *Sōlĭgĕnam* Æēten mĕdiâ regnāre sub Arcto. Val. Fl. 5. 318.

‡sōlĭtūdo, ĭnis. fem. *Solitude.* —— O jūcunda, Cŏvine, *sōlĭtūdo.* Mart. 12. 24. 1.

sŏlĭtus, a, um. 1. *Accustomed, of the person.* — 2. *Wonted, customary, of the thing; in neut. sing. almost as subst.* —— 1. Nec *sŏlĭtus* ponto vīvĕre torvus ăper. Prop. 2. 2. 8. — 2. Quanquam o! si *sŏlĭtæ* quidquam virtūtis ădesset. V. Æn. 11. 415. Nesciŏ quâ præter *sŏlĭtum* dulcēdĭne læti. V. G. 1. 412. SYN. 1. suetus. — 1, 2. assuetus. — 2. consuetus.

sŏlium, i. *A throne.* —— Ille intra tecta vŏcāri Impĕrat, et *sŏlio* mĕdius consēdit ăvīto. V. Æn. 7. 169. PHR. Sŏlio sē tollit ab alto. V. Sŏlio tum Jūpĭter aurĕo Surgit. V. Jūpĭter ad sŏlium Sŭpĕris rēgāle vŏcātis. Ov. Dēfensor sŏlii Jūpĭter alte tui. Ov.

sollĭcĭtē. *Anxiously.* —— Quī măla *sollĭcĭtē* nostra lĕvātis, ĕro. Ov. Ep. e P. 4. 6. 44.

sollĭcĭto, as. 1. *To move, to displace, esp. of digging the earth, etc.; to endeavour to move.* — 2. *To harass, to trouble.* — 3. *To make anxious, to allure; and in pass. to be made anxious, to be anxious.* — 4. *To importune.* —— 1. Et tĕnĕram ferro *sollĭcĭtāvit* hūmum. Tib. 1. 8. 28. Nēquicquam trĕpĭdat, nēquicquam spĭcŭla dextrâ *Sollĭcĭtat.* V. Æn. 12. 403. — 2. *Sollĭcĭtant* ălii rēmis frĕta cæca, ruuntque In ferrum. V. G. 2. 503. Schœnēïda dīcunt Mænălias arcu *sollĭcĭtāsse* fĕras. Ov. Am. 1. 7. 14. — 3. Magnārumve fămes *sollĭcĭtāvit* ŏpum. Ov. F. 1. 304. Ūnĭcus est dē quo *sollĭcĭtāmur* hŏnor. Ov. F. 6. 76. — 4. Pro quâ *sollĭcĭtas* cœlestia nūmĭna vōtis. Tib. 3. 4. 53. SYN. 1. mŏveo, es, mōvi, q. v. — 2. turbo, as; vexo, as; lăcesso, ĭs, sīvi. — 3. v. allicio. — 4. v. oro.

sollĭcĭtūdo, ĭnis. fem. *Anxiety, care.* — Nĕque Mordāces ălĭter diffŭgiunt *sollĭcĭtūdĭnes.* Hor. 1. 18. 4. SYN. anxiĕtas, cūra.

sollĭcĭtus, a, um. 1. *Anxious, of persons, or of things causing anxiety; used even of frightened animals.* — 2. *Harassed, tossed about.* —— Res est *sollĭcĭti* plēna tĭmōris ămor. Ov. Her. 1. 12. *Sollĭcĭti* terrentur ĕqui, frustraque rĕtenti. Ov. F. 6. 741. — 2. Ut mare *sollĭcĭtum* strīdet rĕfluentĭbus undis. V. G. 4. 262. Ūtĭle *sollĭcĭtæ* sīdus ŭtrumque răti. Ov. F. 5. 720.

‡sōlo, as. *To make desolate.* —— Idem ănĭmus *sōlāre* dŏmos, jŭvĕnumque sĕnumque Præcĭpĭtāre cŏlos. Stat. Theb. 5. 149.

sōlor, āris. *To console, to comfort; used even c. acc. of the grief or cause of grief; to allay (pain, hunger, etc.)* —— At tu, ŏro, *sōlāre* ĭnŏpem et succurre rĕlictæ. V. Æn. 9. 290. Hōc ĕquĭdem occāsum Trōjæ tristesque ruīnas *Sōlābar.* V. Æn. 1. 239. Concussâque fămem in sylvis *sōlābĕre* quercu. V. G. 1. 159. SYN. consōlor; lēnio, īs; dēlēnio. v. mitigo. PHR. Lēnīre dŏlentem Sōlando cŭpit et dictīs ăvertĕre cūras. V. Sed căpe dicta mĕmor dūri sōlātia căsûs. V. Surdæque ădhĭbē sōlātia menti. Ov. Frātrique pio sōlātia dixi. Ov.

solstĭtiālis, e. *Of the solstice.* —— Noxque Tardior hybernâ *solstĭtiālis* ĕrit. Ov. Ep. e P. 2. 4. 26.

solstĭtium, i. 1. *The solstice.* — 2. *Esp. the summer solstice, summer.* —— 1.

Hūmĭda *solstĭtia* atque hyĕmes ŏrāte sĕrēnas. V. G. 1. 100.—2. *Solstitium* pĕcŏri dĕfendĭte. V. E. 7. 47. v. æstas.

sŏlum, i. 1. *The ground, any foundation which supports anything, even the sea with reference to ships, and the sky, etc.*—2. *Soil.*——1. Membra *sŏlo* pŏsuĕre; sĭmul sŭprēma jăcentes. Ov. Met. 6. 246. Vastis trĕmit ictĭbus ærea puppis Subtrahĭturque *sŏlum.* V. Æn. 5. 199. Astra tĕnent cœleste *sŏlum* formæque Deōrum. Ov. Met. 1. 73.—2. Pingue *sŏlum* prīmĭs extemplo a mensĭbus anni Fortes invertant tauri. V. G. 1. 64. Pĕrōsus Exsĭlium, tractusque *sŏli* nătālis ămōre. Ov. Met. 8. 184. SYN. 1. (*only in lit. sense*) hŭmus, i, *fem.*; tellūs, ūris, *fem.*—1, 2. terra, glēba.

sōlum. *Only.*——Nec călămis *sōlum* æquĭpăras, sed vōce măgistrum. V. E. 5. 48. SYN. tantum, mŏdŏ.

solvo, sometimes **sŏluo,** etc., **ĭs, vi, sŏlūtum.** 1. *To loosen, unbind, etc.*—2. *To disentangle, set at liberty, etc.*—3. *To shake off, put an end to, etc.*—4. *To relax, to enervate, to enfeeble.*—5. *To melt, to dissolve.*—6. *To pay.*——1. Segnesque nōdum *solvĕre* Grātiæ. Hor. 3. 21. 22. Impia ĭn adversos *solvĭmus* ora Deos. Tib. 4. 5. 14. Nulla queat posthāc quam *sŏluisse* dies. Tib. 4. 5. 16.—2. *Solvĭte* me puĕri, sătis est pŏtuisse vĭdēri. V. E. 6. 24.—3. Spemque dĕdit dŭbiæ menti, *solvĭt*que pŭdōrem. V. Æn. 4. 55. Cum mŏriar mĕdium *sŏlvar* et inter ŏpus. Ov. Am. 2. 10. 36. Non ĭtă făta sĭnunt, quŏniam jējūnia virgo *Solvĕrat.* Ov. Met. 5. 535.—4. *Solvuntur* lătĕra, atque ŏcŭlos stŭpor urget ĭnertes. V. G. 3. 523.—5. At mihĭ sentĭtur nix verno sōle *sŏlūta.* Ov. Tr. 3. 12. 27.—6. Vōvĕrat et vōti *solvĕrat* ante fĭdem. Ov. F. 1. 642. SYN. 1. 4, 5, 6. rĕsolvo.—1, 2, 3, 4, 5. dissolvo.—1, 2. 6. exsolvo.—1. explĭco, as, ui; dīdūco, ĭs, xi, etum (*of relaxing the countenance*); rĕmitto, ĭs, mīsi, missum.—2. lībĕro, as; expĕdio, īs; abjungo, ĭs, xi.—3. discŭtio, ĭs, cussi; excŭtio; pello, ĭs, pĕpŭli, pulsum.—4. laxo, as; dēbĭlĭto, as.—4, 5. rĕlaxo.—6. persolvo, q. v.; nŭmĕro, as.

sōlus, a, um, gen. **solĭus,** etc. 1. *Only.*—2. *Alone; lonely, of persons and of places.*——1. Ut tua sit *sōlo* tempŏre lapsa fĭdes. Ov. Her. 2. 102.—2. Tempŏra si fuĕrint nūbĭla *sōlus* ĕris. Ov. Tr. 1. 8. 6. Heu mălĕ tum Lĭbyæ *sōlĭs* errātur ĭn ăgris. V. G. 3. 249. SYN. 2. (*of places*) dēsertus; (*of persons*) incŏmĭtātus. v. unus.

sŏlūtus, a, um. perf. pass. part. of solvo, q. v. 1. *Loosened, unbound, etc.*—2. *Also as adj. cheerful.*——1. Faustŭlus, et mœstas Acca *sŏlūta* cŏmas. Ov. F. 4. 854.—2. Versĭbus incomptis lūdunt rīsuque *sŏlūto.* V. G. 2. 386. SYN. 1. rĕsŏlūtus, irrĕlĭgātus.—1, 2. rĕmissus.—2. hĭlăris, q. v.

‡somnĭcŭlōsus, a, um. *Fond of sleep.*——*Somnĭcŭlōsos* ille porrĭgit glīres. Mart. 3. 58. 36. SYN. sŏpōrus.

somnĭfer, ĕra, ĕrum. *Causing sleep.*——Plēnaque *somnĭfĕri* serpens pĕrĕgrīna vĕnēni. Ov. Met. 9. 693. SYN. sŏpōrĭfer.

‡somnio, as. *To dream.*——Nec in bĭcĭpĭte *somniâsse* Parnasso. Pers. Prol. 2.

somnium, i. *A dream.*——Quæ rĕfĕras illi *somnia* læta vĭde. Ov. A. A. 2. 328. SYN. insomnium. v. visum. PHR. Namque sub Aurōram jam dormĭtante lūcernâ Somnia quo cerni tempŏre vēra sŏlent. Ov. Dĭc ăge, nocturnæ, quĭcunque ĕs ĭmāgĭnis augur Si quid hăbent vēri visa quid ista fĕrant. Ov. Mē pĕcŭdum fībræ sĭmŭlăcraque ĭnānia somni Ŏmĭnaque arcānâ nocte pĕtīta mŏvent. Ov. Somnia quæ vēras æquent ĭmĭtāmine formas. Ov. Tu mihĭ cūra Phaon; tē somnia nostra rĕducunt Somnia formōso candĭdiōra die. Ov. Nox vĕnit, et sēcum somnia nīgra trahit. Ov. An hăbent et somnia pondus? Ov. v. V. Æn. 6. 894—897.

somnus, i. *Sleep, used sometimes of the sleep of death.*——Făta vŏcant; conditque nătantia lūmĭna *somnus.* V. G. 4. 496. SYN. sŏpor; quies, ētis, *fem.*; rĕquies, ēi; ‡marcor. v. Morpheus. PHR. Et consanguĭneus lēti sŏpor. V. Ūrunt Lēthæo perfūsa păpāvĕra somno. V. Prŏcŭbuit sĕramque dĕdit per membra quiētem. V. Qui forte tăpētĭbus altis Exstructus tōto prōflābat pectŏre somnum. V. Sæpe lĕvi somnum suadēbit ĭnīre sŭsurro. V. Sīlēnum puĕri somno vĭdēre jăcentem Incepto tĕgĕret cum lūmĭna somno. V. Sternunt sē somno. V. Solvĭtur in somnos. V. Invādunt urbem somno vīnoque sĕpultam. V. Dulci dēclīnat lūmĭna somno. V. Nec somnos ābrumpit cūra sălūbres. V. Ne mihĭ tum molles sub dīo carpĕre somnos. V. Noctes vĭgĭlantur ămāræ Nec tĕner in mĭsĕro pectŏre somnus ădest. Ov. Sed non longa sătis gaudia somnus hăbet. Ov. Sed mŏvet ŏbrēpens somnus ănīle căput (nutricis, sc.). Ov. Stulte quid est somnus gĕlĭdæ nĭsī mortis ĭmāgo? Ov. Lūmĭna custōdis succumbĕre nescia somno. Ov. Hīs ĕgŏ si vĭdi mulcentem pectŏra somnum Noctĭbus. Ov. Aucŭpor in lecto mendāces cœlĭbe somnos. Ov. Si bĕnĕ compŏsĭtus somno vīnoque jăcēbit. Ov. At mihī sævus ămor somnos ābrumpat ĭnertes. Ov. Somnus ăgrestium Lēnis vĭrōrum nōn hŭmĭles dŏmos Fastīdit, umbrōsamque rīpam; Non Zĕphy̆rīs ăgĭtāta Tempe. Hor. Somne quies rērum plăcĭdissĭme somne Deōrum Pax ănĭmi quem cūra fŭgit; qui corda diurnis Fessa mĭnistĕriis mulces rĕpărasque labori. Ov. At Vĕnus Ascănio plăcĭdam per membra quiētem Irrĭgat. V.

sŏnābĭlis, e, *Sounding.* —— Cornua fulsērunt, crĕpuitque *sŏnābĭle* sistrum. Ov. Met. 9. 783. SYN. sŏnōrus, q. v.; sonax; rĕsŏnābĭlis.

sŏnax, ācis. *Sounding.* —— Cærŭleum Trītōna vŏcat conchæque *sŏnāci* Inspīrāre jŭbet. Ov. Met. 1. 333. v. prec.

sŏnĭpes ĕdis. *A horse.* —— Frĕmit æquŏre tōto Insultans *sŏnĭpes*, et pressis pugnat hăbēnis. V. Æn. 11. 600. SYN. equus, q. v.

sŏnĭtus, ūs. *A noise.* —— Quădrupĕdante pŭtrem *sŏnĭtu* quătit ungŭla campum. V. Æn. 8. 596. SYN. sŏnor, sŏnus.

sŏno, as, ui, no sup. 1. *To sound.* — 2. *To make to sound, to celebrate, etc.* —— Prōcumbunt pĭceæ; *sŏnat* ictu sĕcūrĭbus īlex. V. Æn. 6. 180. — 2. Et te *sŏnantem* plēnius aureo Alcæe plectro dūra nāvis Dūra fŭgæ măla, dūra belli. Hor. 2. 13. 26. Te ly̆ra pulsa mănu, te carmĭna nostra *sŏnābunt.* Ov. Met. 10. 205. SYN. rĕsŏno, q. v.; præsŏno, insŏno, persŏno; strĕpo, ĭs, ui, *no sup.* — 2. cĕlĕbro, as, q. v.; căno, ĭs, cĕcĭni, cantum.

sŏnor, ōris. masc. *A noise, a sound.* —— Campique nătantes Lēnĭbus horrescunt flābris; summæque *sŏnōrem* Dant sylvæ. V. G. 3. 199. SYN. sŏnus, q. v.

sŏnōrus, a, um. *Sounding loud.* —— Tunc ĕgŏ nec cĭthără pŏtĕram gaudēre *sŏnōrā.* Tib. 3. 4. 69. SYN. sŏnābilis, sŏnax, rĕsŏnābĭlis, rĕsŏnus.

sons, sontis. *Guilty.* —— Omnes per mortes ănĭmam *sontem* ipse dĕdissem. V. Æn. 10. 854. SYN. nŏcens, noxius. v. reus.

sontĭcus, a, um. *Sufficient.* —— Parce, prĕcor, tĕnĕro, nōn illi *sontĭca* causa est. Tib. 1. 8. 51.

sŏnus, i. *Sound, noise, often esp. of spoken sounds.* —— Tum *sŏnus* audītur grăvior, tractimque sŭsurrant. V. G. 4. 260. Vēnit et indignos ēdĭdit ōre *sŏnos.* Ov. Her. 11. 94. SYN. sŏnĭtus, ūs; sŏnor. v. clamor, vox. PHR. Ōra sŏno discordia signant. V. Ausus cum blandis nūper ădīre sŏnis. Ov. Reddēbas blæso tam bĕnĕ verba sŏno (*of a parrot*). Ov. Et vox mūtandīs ingĕniōsa sŏnis. Ov. Ipse sŏno tĕnui dixit, Ēlissa, văle. Ov. Exĭguo dixi tālia verba sŏno. Ov.

‡sŏphia, æ. *Wisdom.* —— Cum tĭbĭ sit *sŏphiæ* par fāma, et cūra Deōrum. Mart. 1. 112. 1. SYN. săpientia, q. v.

‡sŏphistes, æ. *A sophist.* —— Et plūres ūno conclāmant ōre *sŏphistæ.* Juv. 7. 167. v. sophus.

Sŏphŏclēus, a, um. *Of Sophocles, the great Athenian tragedian.* —— Sōla *Sŏphŏcleo* tua carmĭna digna cŏthurno. V. E. 8. 10.

‡sŏphōs. *Wisely, well; often answering to our "bravo!"* —— Quod tam grande *sŏphos* clāmat tĭbĭ turba tŏgāta. Mart. 6. 48. 1. SYN. euge.

‡sŏphus. i. *A sophist, a philosopher.* —— Tē sēcrēta quies tē *sŏphus* omnis ămat. Mart. 7. 32. 4.

sōpio, īs. 1. *To lull to sleep.* — 2. ‡*To kill.* —— 1. Pervĭgĭlem sŭpĕrest herbis *sōpīre* drăcōnem. Ov. Met. 7. 149. — 2. Quercentis; quem funda prŏcul per ĭnāne vŏlūta *Sōpiĕrat.* Sil. 10. 152. v. soporo.

sōpītus, a, um. part. pass. perf. of prec., also *Dormant.* —— Hæc mĕmŏrans cĭnĕrem et *sōpītos* suscĭtat ignes. V. Æn. 5. 743.

sŏpor, ōris. masc. *Sleep.* —— Sĭlētur In noctem fessosque *sŏpor* suus occŭpat artus. V. G. 4. 190. SYN. somnus, q. v.

sŏpōrĭfer, ĕra, ĕrum. *Causing sleep.* —— Spargens hūmĭda mella, *sŏpōrĭfĕrūm*que păpāver. V. Æn. 4. 486. SYN. somnĭfer.

sŏpōro, as. In the Augustan poets only in perf. part. pass. 1. *To lull asleep.* — 2. *To make soporific.* — 3. ‡*To quench.* —— 1. Sæpe *sŏpōrātos* invādĕre prŏfuit hostes. Ov. Am. 1. 9. 21.—2. Melle sŏpōrātam et mĕdĭcātis frūgĭbus offam Objicit. V. Æn. 6. 420.—3. Mulcĭber ībat In cĭnĕres, instant flammis multoque sŏpōrant Igne rŏgum. Stat. Theb. 6. 235. SYN. 1. sopio.—2. exstinguo, ĭs, xi, q. v.

sŏpōrus, a, um. *Drowsy.*——Umbrārum hic lŏcus est, Somni, noctisque sŏpōræ. V. Æn. 6. 390. SYN. ‡somnĭcŭlōsus.

sorbeo, es. scarcely found in perf. in the simple verb.——1. *To suck in, to suck up.*—2. *To absorb, to consume.*——1. Lævum implācāta Chărybdis Obsĭdet atque īmo bărāthri ter gurgite vastos *Sorbet* in abruptum fluctus. V. Æn. 3. 422.—2. Nec mŏdus est, *sorbent* ăvĭdæ præcordia flammæ. Ov. Met. 9. 172. SYN. 1, 2. absorbeo.—1. rĕsorbeo ; haurio, ĭs, si, stum.—2. vŏro, as ; dēvŏro ; consūmo, is, mpsi.

‡sorbĭtio, ōnis. *A sucking in, a drinking.*——Dīcĕre, *sorbĭtio* quem tollit dīra cĭcūtæ. Pers. 4. 2. SYN. haustus, ūs.

sorbum, i. *A service berry.*——Fermento atque ăcĭdis ĭmĭtantur vītea *sorbis.* V. G. 3. 380.

sordeo, es. scarcely found in perf. *To be dirty, vile, contemptible.*——Et făciet, quŏniam *sordent* tĭbī mūnĕra nostra. V. E. 2. 44. SYN. §sordesco, ĭs, *no perf.* v. jaceo.

sordes, is. fem. 1. *Dirt.*—2. *Dirty conduct, esp. meanness, stinginess.*——1. Et nihĭl ēmĭneant, et sint sĭne *sordĭbus* ungues Ov. A. A. 1. 519.—2. Si neque ăvārĭtiam neque *sordes,* aut măla lustra Objĭcit vērē quisquam mihĭ. Hor. Sat. 1. 6. 68. SYN. 1. squālor ; sĭtus, ūs ; rūbīgo, ĭnis, *fem.* ; illŭvies, ei.

§sordesco, is. no perf. *To be dirty.*——Contrectātus ŭbi mănĭbus *sordescĕre* vulgi Cœpĕris. Hor. Epist. 1. 20. 11. SYN. sordeo, es, *no perf.*

‡sordĭdŭlus, a, um. dim. of seq. Si tŏga *sordĭdŭla* est, si ruptâ calceus alter Pelle pătet. Juv. 3. 149.

sordĭdus, a, um. 1. *Dirty.*—2. *Mean.*——1. Quas gĕrĭtis vestes *sordĭda* lāna fuit. Ov. A. A. 3. 222.—2. Nec lĕves somnos tĭmor aut Cŭpīdo *Sordĭdus* aufert. Hor. 2. 16. 16. SYN. 1. immundus, squālĭdus, squālens, ‡sordĭdŭlus.—1, 2. turpis, fœdus.

sŏror, ōris. *A sister.*——Anna *sŏror, sŏror* Anna, meæ mălĕ conscia culpæ. Ov. Her. 7. 191. SYN. germāna, consanguĭnea. PHR. Cum sic ūnănĭmam allŏquĭtur mălĕ sāna sŏrōrem. V.

sŏrōrius, a, um. *Of a sister.*——Pellĭtus Anna dŏmo lăcrўmansque *sŏrōria* linquit Mœnia. Ov. F. 3. 559. SYN. germānus, consanguĭneus

sors, sortis. fem. 1. *Chance, fortune, fate.*—2. *A lot (by which to choose, etc.).*—3. *In pl. Oracles.*——1. Nescia mens hŏmĭnum fāti *sortis*que fŭtūræ. V. Æn. 10. 501.—2. Convĕnēre vĭri dējectamque ærea *sortem* Accēpit gălea. V. Æn. 5. 490.—3. Ĭtăliam Lўciæ jussēre căpessĕre *sortes.* V. Æn. 4 346. SYN. 1. fortūna, fātum, q. v.—3. ōrācŭlum, *sync.* ōrāclum, q. v.

§sortĭlĕgus, a, um. *Oracular.*——*Sortĭlĕgis* non discrĕpuit sententia Delphis. Hor. A. P. 219. SYN. fātĭdĭcus, q. v.

sortior, īris. 1. *To cast lots, determine by lot, allot.*—2. *To obtain by lot, to obtain.*—3. *To divide.*—4. *To choose.*——1. Nec regna vīni *sortiēre* tālis. Hor. 1. 4. 18.—2. Tu si Mæŏnium vātem *sortīta fuisses.* Ov. Tr. 1. 6. 21.—3. Ocyus incŭbuēre omnes, părĭterque lăbōrem *Sortīti.* V. Æn. 8. 445.—4. Antĕvĕni et sŏbŏlem armentis *sortīre* quŏtannis. V. G. 3. 71. SYN. 2. obtĭneo, es.—3. dīvĭdo, ĭs, vīsi.—4. ēlĭgo, ĭs, lēgi

sortīto. *By chance, by fate.*——Lŭpis et agnis quanta *sortīto* obtĭgit Tecum mihī discordia est. Hor. Epod. 4. 1.

sortītus, ūs. *A casting of lots, an allotment*——Jussa mŏri, quæ *sortītus* non pertŭlit ullos. V. Æn. 3. 323.

sortītus, a, um. perf. part. from sortior, but in pass sense. *Destined.*——In meā *sortītā* vindĭcet ossa pĭlā. Prop. 4. 12. 20. SYN. fātālis.

sospĕs, ĭtis very rare in neut. 1. *Safe.*—2. *Propitious.*——Ipse quĭdem per me tūtus *sospes*que fuisses. Ov. Her. 6. 147.—2. Jussa pars mūtāre Lăres et urbem *Sospĭte* cursu. Hor. C. S. 40. SYN. 1. incŏlŭmis, tūtus, illæsus, impercĭtus.—2. faustus, q. v.

sospĭta, æ. *Propitious ; Protectress, esp. as a title of Juno.*——*Sospĭta* dēlūbris dĭcĭtur aucta nŏvis. Ov. F. 2. 56.

sospĭto, as. *To preserve.* ——Bŏnâ *Sŏspĭtes* ŏpe gentem. Cat. 32. 24. SYN. servo, as, q. v.; tueor, ēris, q. v.

spādix, icis. *Bay coloured.* ——Hŏnesti *Spādīces* glaucique; cŏlor dēterrĭmus albis. V. G. 3. 82. SYN. bădius.

spădon, ōnis. *A eunuch.* ——*Spădōnĭbus* Servīre rūgōsis potest. Hor. Epod. 9. 13. SYN. ‡eunūchus.

spargo, ĭs, si, sum. 1. *To sprinkle, throw about.* — 2. *To spread.* — 3. *To be-sprinkle, lit. and metaph.* ——Pascĭte taurum Jam cornu pĕtat, et pĕdĭbus qui *spargat* ărēnam. V. E. 3. 87. Et nos tēla păter ferrumque haud dēbĭle dextrâ *Spargĭmus*. V. Æn. 12. 51.—2. *Sparsĕrat* Argŏlĭcas nōmen văga fāma per urbes. Ov. Met. 8. 267. — 3. Dic corpus prŏpĕret fluviāli *spargĕre* lymphâ. V. Æn. 4. 635. Et jam prīma nŏvo *spargēbat* lūmĭne terras . . . Aurōra. V. Æn. 4. 584. SYN. 1. aspergo; dispergo; fundo, ĭs, fūdi; diffundo, infundo, effundo, prŏfundo. — 1. 3. †conspergo; respergo, irrĭgo. — 3. (*Not metaph.*) rōro, as; irrōro; rĭgo, as; perdūco, ĭs, xi. PHR. 3. Summasque aspergine sylvas Impluit.

sparsus, a, um. perf. part. pass. of prec. q. v., also *Speckled.* ——Căprĕoli *sparsīs* ĕtiam nunc pellĭbus albo. V. E. 2. 41. SYN. interfūsus.

Sparta, æ, and Spartē, es. *Sparta.* ——Mīsĭmus et *Sparten*, *Spartē* quoque nescia vēri. Ov. Her. 1. 67. Mē dūce Dardănius *Spartam* expugnāvit ădulter. V. Æn. 10. 92. SYN. Lăcĕdæmōn, ŏnis, *acc.* ŏna. PHR. Dum Deus Eurōtān immūnītamque frĕquentat Sparten. Ov.

Spartānus, a, um. *Spartan.* ——Virgĭnis ōs hăbĭtumque gĕrens, et virgĭnis arma *Spartānæ*. V. Æn. 1. 316. SYN. Lăcĕdæmonius, q. v.; Lăcōnĭcus, Œbălius.

spărŭlus, i. *A sort of fish.* ——Et sŭper aurātâ *spărŭlus* cervīce rĕfulgens. Ov. Hal. 106.

spărus, i. *A sort of spear or lance.* ——Āgrestesque mănūs armat *spărus*, Ipse cătervis Vertĭtur in mĕdiis. V. Æn. 11. 682. SYN. hasta, q. v.

spătior, āris. 1. *To walk about, to roam.* — 2. *To extend wide.* ——1. Tu mŏdŏ Pompēiâ lentus *spătiāre* sub umbrâ. Ov. A. A. 1. 67. — 2. Căput illa pĕdesque Allĭgat; et caudâ *spătiantes* implĭcat ālas. Ov. Met. 4. 364. SYN. 1. ambŭlo, as, q. v.; grădior, ĕris, gressus sum; incēdo, ĭs, cessi. — 2. porrĭgor, ĕris, rectus sum; extendor, ĕris, tentus sum.

spătiōsē. *Widely, extensively.* ——Tu quŏque, qui æstīvos *spatiōsius* exĭgis ignes. Prop. 3. 19. 3. SYN. lātē.

spătiōsus, a, um. 1. *Spacious, wide.* — 2. *Large (esp. of bodily stature).* — 3. *Long.* ——1. Me mĭsĕrum mētam *spătiōso* circuit orbe. Ov. Am. 3. 2. 69.—2. Omnĭbus Andrŏmăche vīsa est *spătiōsior* æquo. Ov. A. A. 2. 645. — 3. Nec mihĭ quærenti *spătiōsam* fallĕre noctem. Ov. Her. 1. 9. SYN. 1. latus, amplus. 2. magnus, major, maximus. v. procerus. — 3. longus.

spătium, i. 1. *A race-course, a going round the course, etc.* — 2. *Any course or place in which people advance, lit. or metaph.* — 3. *Space.* — 4. *Size, i. e. large size, esp. length.* — 5. *Time, an interval of time, etc.* ——1. Addunt se in *spătia*, et frustrā rĕtĭnācŭla tendunt. V. G. 1. 513. Seu septem *spătiis* Circi mĕruēre cŏrōnam. Ov. Hal. 68. ——2. Tē vēro mea quem *spătiis* prŏpiōrĭbus ætas Insĕquĭtur. V. Æn. 9. 275. — 3. Tres păteat cœli *spătium* non amplius ulnas. V. E. 3. 105. — 4. Dum *spătium* victor victi consīdĕrat hostis. Ov. Met. 3. 95. — 5. Aut *spătia* annōrum lēnībunt vulnĕra nostra. Prop. 3. 20. 31. Da brĕve sævĭtiæ *spătium* pĕlăgique tuæque. Ov. Her. 7. 73. SYN. 2. cursus, ūs. — 5. v. tempus.

spĕcies, ei, fem. 1. *An appearance, what is seen.* — 2. *Appearance, likeness.* — 3. *Appearances, i. e. what seems right.* — 4. *Beauty.* — 5. *Species.* ——1. Non tŭlit hanc *spĕciem* fŭriātâ mente Corœbus. V. Æn. 2. 407. — 2. Inque chŏri lūdunt *spĕciem*, lascīvaque jactant Corpŏra. Ov. Met. 3. 685. — 3. Mălōrum Causa fuit, neque ĕnim *spĕciē* fāmâve mŏvētur. V. Æn. 4. 170. — 4. Et mŏnet ætātis *spĕciē*, dum flŏreat, ūti. Ov. F. 5. 353.—5. Sed nĕque quam multæ *spĕcies* nec nōmĭna quæ sint Est nŭmĕrus. V. G. 2. 103. SYN. 1. vīsum, q. v.; făcies, ēi. — 2. mos, mōris, *masc.*, q. v. — 3, 4. dĕcus, ŏris, *neut.* — 5. gĕnus, ĕris, *neut.*

spĕcīmĕn, ĭnis. neut. *A specimen, a token by which to judge.* ——Tāle dăbit *spĕcĭmen*, tu spisso vīmĭne quālos . . . dērĭpe. V. G. 2. 241. Cui tempora circum Aurāti bis sex rădii fulgentia cingunt, Sōlis ăvī *spĕcĭmen.* V. Æn. 12. 164. SYN. signum, q. v.

spĕciōsus, a, um. 1. *Beautiful.*—2. *Specious, plausible.*——1. Se quŏque det pŏpŭlo mŭlier *spĕciōsa* vĭdendam. Ov. A. A. 3. 421.—2. Conjŭgiumne vŏcas, *spĕciōsaque* nōmina culpæ Impōnis, Mēdēa, tuæ? Ov. Met. 7. 69. SYN. 1. pulcher, chra, chrum, q. v.

spectābĭlis, e. 1. *Visible.*—2. *Remarkable, beautiful.*——Pūrus ab arbŏrĭbus, *spectābĭlis* undĭque campus. Ov. Met. 3. 709.—2. Vestĭbus intexto Phrўgiis *spectābĭlis* auro. Ov. Met. 6. 166. SYN. 1. mănĭfestus, ‡spĕcŭlābĭlis.—1, 2. conspĭciendus, conspectus, spectandus, conspĭcuus.—2. spĕciōsus, q. v.

spectācŭlum, i. and sync. **spectāclum.** 1. *A spectacle, a sight.*—2. *The place where a spectacle is exhibited.*——1. *Spectāclum* ipsa sĕdens prĭmo tēmōne pĕpendit. Prop. 4. 8. 21.—2. Prætĕrit Hippŏmĕnes, rĕsŏnant *spectācŭla* plausu. Ov. Met. 10. 668. v. visum, theatrum.

spectātor, ōris. masc., and fem. form **spectātrix, īcis.** *A spectator.*——Nec vĕnio Graias, vĕlŭti *spectātor,* ad urbes. Ov. Her. 16. 33. Prōtĭnus addis *Spectātrix* ănĭmos ut văleamque făcis. Ov. Her. 18. 94.

specto, as. 1. *To look, to look upon, to behold.*—2. *To prove, to test.*——1. *Spectantem specta,* rīdentem mollia rīde. Ov. A. A. 3. 513. Si ad vĭtŭlam *spectas* nihil est quod pōcŭla laudes. V. E. 3. 48.—2. Scīlĭcet ut fulvum *spectātur* in ignĭbus aurum. Ov. Tr. 1. 4. 25. SYN. 1. specto; aspĭcio, ĭs, spexi, ctum; vĭdeo.—2. prŏbo, as; æstĭmo, as. PHR. 1. Æquŏra prospectu mētior alta meo. Ov. Atque ŏcŭlis spătium ēmensus. V. Semper in obtūtu mentem vĕtat esse mălōrum. Ov.

spĕcŭla, æ. *A watch-tower, any-eminence from which one sees.*——Littŏra; dat signum *spĕcŭlā* Mīsēnus ab altā. V. Æn. 3. 239. Præceps āĕrii *spĕcŭlā* de montis in altum Dĕfĕrar. V. E. 8. 59. v. turris.

‡spĕcŭlābĭlis, e. *Visible.*——Linquĭtur Ēōis longē *spĕcŭlābĭle* prōris Sūniŏn. Stat. Theb. 12. 624. SYN. spectābĭlis, q. v.

spĕcŭlāria, um. *Windows made of a sort of transparent stone.*——Quæ vehĭtur clauso lātis *spĕcŭlārĭbus* antro. Juv. 4. 21.

spĕcŭlātor, ōris. masc. 1. *A spy, a scout.*—2. *A careful observer.*——Qui quondam, castra ut Dănaûm *spĕcŭlātor* ădīret. V. Æn. 12. 349.—2. Quo tu mātūtĭnus ait *spĕcŭlātor* ămīcæ. Prop. 2. 29. 31. At Făbius cautā *spĕcŭlātor* mente fŭtūri. Sil. 1. 679. SYN. 1. explōrātor.

‡spĕcŭlātrix, īcis. fem. form of prec. *One who beholds or watches.*——Celsa Dicæarchi *spĕcŭlātrix* villa prŏfundi. Stat. Sylv. 2. 2. 3. SYN. spectātrix.

spĕcŭlor, āris. 1. *To view as from a watch tower.*—2. *To contemplate.*——1. Montis sūblīme căcūmen Occŭpat, unde sĕdens partes *spĕcŭlētur* in omnes. Ov. Met. 1. 667.—2. Inque vĭcem *spĕcŭlāmur* ăquas et nūbĭla cœli. V. G. 4. 166.

spĕcŭlum, i. *A looking-glass.*——Ēligat et *spĕcŭlum* consŭlat ante suum. Ov. A. A. 3. 136. PHR. Et spĕcŭlum mendax esse quĕrēre tuum. Ov. Ista rĕpercussæ quam cernis ĭmāgĭnis umbra est; Nil hăbet ista sui; tēcum vēnitque mănetque, Tēcum discēdat. Ov.

spĕcus, ûs. also neut., but when neut. only in nom. and acc. sing. 1. *A cave.*—2. (*metaph.*) *Any hollow.*——1. Est *spĕcus* in mĕdio virgis ac vīmĭne densus. Ov. Met. 3. 29. Hic *spĕcus* horrendum, sævi spīrācŭla Dītis monstrātur. V. Æn. 7. 568.—2. Sub altum Pectus ăbit; reddit *spĕcus* ātri vulnĕris undam Spūmantem. V. Æn. 9. 700. SYN. 1. antrum, q. v.; spēlunca.—1, 2. căverna. v. seq.

spēlæum, i. *A cave.*——Certum est in sylvīs, inter *spēlæa* fĕrārum Malle păti. V. E. 10. 52. v. prec.

spēlunca, æ. *A cave.*——*Spēlunca* alta fuit, vastoque immānis hiatu. V. Æn. 6. 237. v. prec.

‡spernax, ācis. *Despising.*——Ductor Pīso vĭros *spernāces* mortis ăgēbat. Sil. 8. 465. v. seq.

sperno, is, sprēvi, tum. *To despise.*——Quid prōdest, quod me ipse ănĭmo non *spernis* Amynta. V. E. 3. 74. SYN. temno, ĭs, mpsi; contemno, q. v.; despĭcio, ĭs, spexi; aspernor, āris; indignor, āris.

spēro, as. 1. *To hope.*—2. *To expect.*——1. Dissĭmŭlāre ĕtiam *spērāsti,* perfĭde, tantum Posse nĕfas. V. Æn. 4. 305.—2. Hunc ĕgŏ si tantum pŏtui *spērāre* dŏlōrem Et perferre sŏror pŏtui. V. Æn. 4. 419. SYN. 2. exspecto, as. v. seq.

spes, ei. fem. *Hope, lit. and metaph.* —— Consĭlium vultu tĕgit, et *spem* fronte sĕrēnat. V. Æn. 4. 477. Suspendunt cēras; ăliæ *spem* gentis ădultos Ēdūcunt fētus. V. G. 4. 162. PHR. Spes affectat easdem. Ov. Spes pascis ĭnānes. V. Nec spes ŏpis ulla dăbātur. V. Sīn ălĭquam expertus sumtis spem pōnis in armis. V. Spes bŏna det vīres. Ov. Spem mŏdŏ nē nostram fĭĕri pătiāre cădūcam. Ov. Spēque tĭmor dŭbiā spesque tĭmōre cădit. Ov. Cur lăbat ambĭguo spes mihĭ mista mĕtu? Ov. Concĭpit intra Pectŏra pro facto spemque mĕtumque suo. Ov. Spes ănĭmi crēdŭla mūtui. Hor.

Sphinx, ngis. acc. ga. fem. *The Sphinx, a monster with the head and arms of a woman, the body of a dog, and the tail of a serpent, who devastated Thebes, till Œdipus discovered the riddle she proposed, on which she threw herself from a rock, and perished.* —— *Sphingaque*, et Harpyias, serpentĭpĕdesque Gigantas. Ov. Tr. 4. 7. 17. PHR. Ut quos obscūri lūsos ambāgĭbus ōris Lĕgĭmus infandæ Sphinga dĕdisse nĕci. Ov.

spīca, æ. 1. *An ear of corn.* — 2. *Of other herbs, of spikenard.* —— 1. Distendet *spīcis* horrea plēna Cĕres. Tib. 2. 5. 84. — 2. Et sŏnet accensis *spīca* Cilissa fŏcis. Ov. F. 1. 76. SYN. 1. ărista. PHR. Flāva Cĕres, tĕnues spīcis rĕdĭmīta căpillos. Ov. Ĭnĕrant lūnāria fronti Cornua, cum spīcis nĭtĭdo flāventĭbus auro. Ov.

spīceus, a, um. *Of ears of corn.* —— *Spīcea* jam campis cum messis ĭnhorruit. V. G. 1. 314.

‡spīcĭfer, ĕra, ĕrum. *Producing ears of corn.* —— *Spīcĭfĕris*que grăvis bellātor Ăranthĭcus ōris. Sil. 3. 403.

†spĭcio, is, spexi. *To behold.* —— Quos ŭbĭ rex paullo *spexit* de collĭbu' celsis. Ennius. v. aspicio.

spīco, as. *To split at the end into small splinters, something like an ear of corn.* —— Quam longa exĭgui *spīcant* hastīlia dentes. Grat. Cyneg. 118.

spīcŭlum, i. 1. *The head of a javelin, a javelin.* — 2. *An arrow.* — 3. *A sting (of a bee, etc.).* —— 1. Aut lenta lăcertis *Spīcŭla* contorquent cursuque ictuque lăcessunt. V. Æn. 7. 165. — 2. Ascănius curvo dīrexit *spīcŭla* cornu. V. Æn. 7. 497. — 3. Læsæque vĕnēnum Morsĭbus inspīrant et *spīcŭla* cæca rĕlinquunt. V. G. 4. 236. SYN. 1. lancea. — 1, 2. tēlum. — 2. săgitta, q. v. — 3. stĭmŭlus.

spīna, æ. 1. *A thorn.* — 2. *A prickle of any animal.* — 3. *The spine.* —— 1. Et rĭget āmissā *spīna* rĕlicta rŏsā. Ov. A. A. 2. 116. — 2. Vim *spīnæ* nŏvitque suæ; versoque sŭpīnus Corpŏre līna sĕcat. Ov. Hal. 46. — 3. At dūplex ăgĭtur per lumbos *spīna*, căvatque Tellūrem. V. G. 3. 87. v. sentis.

spīnētum, i. *A thorny thicket.* —— Nunc virĭdes ĕtiam occultant *spīnēta* lăcertos. V. E. 2. 9. SYN. rŭbētum, dūmētum.

spīneus, a, um. *Thorny.* —— Indŏluit băcŭlumque căpit quod *spīnea* tōtum Vincŭla cingebant. Ov. Met. 2. 789. SYN. spīnōsus; †spīnĭfer, ĕra, ĕrum.

†spīnĭfer, ĕra, ĕrum. *Thorny, bearing thorns.* —— *Spīnĭfĕram* subter caudam pistrīcis ădhæsit. Cicero, Arat. 178.

spīnōsus, a, um. *Thorny, lit. and metaph.* —— Quam cum *spīnōsīs* ignis suppōnĭtur herbis. Ov. Met. 2. 810. *Spīnōsas* Ĕrўcīna sĕrens in pectŏre cūras. Cat. 62. 72. v. prec.

spīnus, i. fem. *The sloe tree.* —— Ēdūramque pĭrum, et *spīnos* jam prūna fĕrentes. V. G. 4. 145.

spīra, æ. *A spire, a twist, a fold.* —— Ipse mŏdo immensum *spīris* făcientĭbus orbem Cingĭtur. Ov. Met. 3. 77.

spīrābilis, e. *Which can be breathed.* —— Per Sŭpĕros, atque hoc cœli *spīrābĭle* lūmen. V. Æn. 3. 600. SYN. spīrandus.

spīrācŭlum, i. *A breathing hole, a vent.* —— Hic spĕcus horrendum sævi *spīrācŭla* Ditis. V. Æn. 7. 568. v. seq.

‡spīrāmĕn, ĭnis. neut. *A breathing hole.* —— Hic aures, ălius *spīrāmĭna* nāris ădunca Ampŭtat. Lucan. 2. 183. v. seq.

spīrāmentum, i. *A breathing hole, a vent.* —— Seu plūres călor ille vias, et cæca rĕlaxat *Spīrāmenta*. V. G. 1. 90. v. prec.

spīrĭtus, ûs. masc. 1. *A breath of air, a breeze, a gust.* — 2. *Breath, breathing.* — 3. *A sigh.* — 4. *Life, the living principle, the soul.* — 5. *Spirit, courage, etc.*

—— 1. Ac vĕlut Ēdōni Bŏreæ cum *spīrĭtus* alto Insŏnat Ægæo. V. Æn. 12. 365. — 2. Vĭtŭlus . . . Quærĭtur, huic gĕmĭnæ nāres et *spīrĭtus* ōris Multa rĕluctanti obsuĭtur. V. G. 4. 300. — 3. Surget et invītis *Spīrĭtus* in lăcrўmis. Prop. 1. 16. 32. — 4. Dum memor ipse mei ; dum *spīrĭtus* hos rĕgit artus. V. Æn. 4. 336. Nam si morte cărens văcuam vŏlat altus ĭn auram *Spīrĭtus*. Ov. Tr. 3. 3. 62. — 5. Hæsisti, cĕcĭdit *spīrĭtus* ille tuus. Prop. 2. 2. 2. SYN. 1. flāmĕn, ĭnis, *neut.* q. v. — 1, 2. flātus, ūs. — 1, 2. 4. ănĭma. — 3. suspīrium, q. v. — 5. ănĭmus.

spīro, as. 1. *To breathe.* — 2. *To breathe forth, etc.* — 3. *To blow, as wind, etc.* — 4. (*intrans.*) *To breathe forth,* i. e. *be breathed forth.* — 5. *To boil up, be agitated.* —— 1. Quod *spīro* et plăceo, si plăceo, tuum est. Hor. 4. 3. 24. Stābunt et Pării lăpĭdes, *spīrantia* signa. V. G. 3. 34. — 2. Ambrŏsiæque cŏmæ dīvīnum vertĭce ŏdōrem *Spīrāvēre.* V. Æn. 1. 404. — 3. Dēmens, nec Zĕphўros audis *spīrāre* sĕcundos. V. Æn. 4. 562. — 4. Lux mĭcat ex ŏcŭlis, *spīrat*que ē pectŏre flamma. Ov. Met. 8. 356. — 5. Quā văda non *spīrant*, non fracta rĕmurmŭrat unda. V. Æn. 10. 291. SYN. 1. respīro. — 2. efflo, prōflo. — 3, 4. flo, as. — 5. tŭmeo, es, q. v.

†spissesco, ĭs. no perf. *To become thick.* —— Fēcit ut ante căvam dŏcui *spissescĕre* nūbem. Lucr. 6. 175. v. seq.

spisso, as. *To make thick, to crowd* (*trans.*) *together, etc.* —— Ignis ĕnim densum *spissātus* ĭn āĕra transit. Ov. Met. 15. 250. SYN. denseo, es, *no pass.* ; †condenseo ; denso, as.

spissus, a, um. *Thick, crowded, pressed close, so as to be firm.* —— Qua rāra est ăcies interlūcetque cŏrōna Non tam *spissa* vĭris. V. Æn. 9. 509. Ille autem *spissā* jăcuit rĕvŏlūtus ărēnā. V. Æn. 5. 336. SYN. densus, condensus, confertus.

‡splēn, ēnis. masc. *The spleen.* —— Quid făciam ? sed sum pĕtŭlanti *splēne* căchinnō. Pers. 1. 12.

splendeo, es, ui. no sup. *To shine, to be splendid, brilliant.* —— Nec candĭda cursus Luna nĕgat, *splendet* trĕmŭlo sub lūmĭne pontus. V. Æn. 7. 9. Pellis erat, tēlum *splendenti* lancea ferro. Ov. Met. 3. 53. SYN. resplendeo ; lūceo, es, luxi ; nĭteo, es, ui ; ēnĭteo ; mĭco, as, ui ; fulgeo, es, si ; effulgeo, rĕfulgeo (*none of the prec. have supines*). v. seq.

splendesco, is. another pres. form of prec. —— Incĭpiat sulco attrītus *splendescĕre* vōmer. V. G. 1. 46.

splendĭdus, a, um. *Shining, brilliant, splendid, lit. and metaph.* —— *Splendĭdior* lĭquĭdis cum Sol căput extŭlit undis. Tib. 4. 1. 123. *Splendĭda*que a docto fāma rĕfulget ăvo. Prop. 3. 18. 8. SYN. clārus, a, um, q. v. ; conspĭcuus, *not metaph.* ; splendens, rădians, nĭtens, cŏruscus.

splendor, ōris. masc. *Brightness, splendour.* —— Atque ŏcŭlos in se *splendor* ŭterque trahit. Ov. F. 5. 366. SYN. fulgor, nĭtor.

‡splēniātus, a, um. *With a patch on.* —— Cur *splēniāto* sæpe prōdeam mento. Mart. 10. 22. 1.

‡splēnium, i. *A patch.* —— Et nŭmĕrōsa lĭnunt *splēnia* frontem. Mart. 2. 29. 9.

‡spŏliātor, ōris. *A robber, a plunderer.* —— Quum pŏpŭli grĕgĭbus cŏmĭtum prĕmat hic *spŏliātor.* Juv. 1. 46. v. fur.

‡spŏliātrix, īcis. fem. form of prec. —— Sic *spoliātrīcem* commendat fastus ămīcam. Mart. 4. 29. 5.

spŏlio, as. *To deprive, to despoil.* —— Postquam illum vītā victor *spŏliāvit* Achilles. V. Æn. 6. 168. SYN. exspŏlio ; ‡despŏlio ; orbo, as ; prīvo, as.

spŏlium, i. 1. *The skin stripped off a beast.* — 2. *Spoil, plunder.* —— 1. Illa fĕræ *spŏlium* pignus ămōris hăbet. Ov. Her. 4. 100. — 2. Ēgrĕgiam vēro laudem, et *spŏlia* ampla rĕfertis. V. Æn. 4. 93. SYN. 1, 2. exŭviæ. — 2. præda.

sponda, æ. *A bedstead, a bed, a couch.* —— Tŏrus est dē mollĭbus ulvis Impŏsĭtus lecto, *spondā* pĕdĭbusque sălignis. Ov. Met. 8. 656. Cum vĕnit, aulæis jam sē rēgīna sŭperbis Aureā compŏsuit *spondā*. V. Æn. 1. 698. SYN. lectus, q. v.

spondæus, i. *A spondee.* —— *Spondæos* stăbĭles in jūra păterna rĕcēpit. Hor. A. P. 256.

spondeo (used ŏ by Virg.), **es, spospondi** (not found in good poetry), **sponsum,**

1. *To promise, to pledge.* — 2. §*To be surety.* —— 1. *Spondeō* digna tuīs ingentĭbus omnia cœptis. V. Æn. 9. 296. Nec sōlam *spondēre* fĭdem dīc inquit; ŏpemque. Ov. Met. 10. 395. — 2. Hic *sponsum* vŏcat, hīc audītum scripta, rĕlictis Omnibus offĭciis. Hor. Epist. 2. 2. 67. SYN. 1. prōmitto, ĭs, mīsi, missum, q. v.

‡**spondȳlus, i.** *The hard white in an oyster.* —— Rōsos tĕpenti *spondȳlos* sĭnu condit. Mart. 7. 10. 14.

‡**spongia, æ.** *Sponge.* —— Ut lĕvis acceptâ *spongia* turget ăquâ. Mart. 13. 47. 2.

sponsa, æ. *One who is betrothed, a bride, a wife.* —— Infēlix qui non *sponsæ* præcepta fŭrentis Audiĕrit. V. Æn. 2. 345. SYN. nupta, uxor, q. v. v pacta.

sponsālia, um. neut. pl. *Espousals.* —— Dictātīs ab eo fēci *sponsālia* verbis. Ov. Her. 19. 29.

‡**sponsio, ōnis.** fem. *A wager.* —— Spectant jŭvĕnes quos clāmor et audax *Sponsio.* Juv. 11. 200.

sponsor, ōris. *A surety.* —— Qui mihĭ conjŭgii *sponsor* et obsĕs ĕrat. Ov. Her. 2. 34.

sponsus, i. 1. *A bridegroom, a husband.* — 2. §*A suitor.* —— Eheu nē rŭdis agmĭnum *Sponsus* lăcessat rēgius aspĕrum Tactu leōnem. Hor. 3. 2. 10. — 2. *Sponsi* Pēnĕlŏpes, nĕbŭlōnes. Hor. Epist. 1. 2. 28. SYN. 1. vir, vĭri, q. v —2. prŏcus, q. v.

sponte. prop. abl. fem. sing., but used almost as adv., though often joined with a possessive adjective, and in poets after the Augustan age with a genitive case. *Of one's own accord, spontaneously.* —— Me si fatā meis pătĕrentur dūcĕre vītam Auspĭciīs, et *sponte* meā compōnĕre cūras. V. Æn. 4. 341. Ităliam non *sponte* sĕquor. V. Æn. 4. 361. Cum trĕpĭda Ĭnăchiæ pellex sŭbit ōra jŭvencæ *Sponte* Dei. Val. Fl. 4. 357. SYN. ultro. v. ipse. PHR. Arbŏrei fētūs ălĭbi atque injussa vĭrescunt Grāmĭna. V.

‡**sporta, æ.** *A basket* —— Dum lŏquor ecce rĕdit *sportā* piscator ĭnāni. Mart. 10. 37. 17. SYN. corbis, is, *fem.* q. v. v. seq.

‡**sportŭla, æ.** *A little basket, a doll basket.* —— Nonne vĭdes quanto cĕlĕbrētur *sportŭla* fūmo. Juv. 3. 249.

sprētor, ōris. masc. *A despiser.* —— Utque Deōrum *Sprētor* ĕrat mentisque fĕrox Ixīōne nātus. Ov. Met. 8. 614. SYN. contemptor, q. v.

sprētus, a, um. perf. pass. part. from sperno, q. v. *Despised.* —— Jūdĭcium Părĭdis, *sprētæque* injūria formæ. V. Æn. 1. 27.

spūma, æ. *Foam, froth.* —— *Spūmaque* pestĭfĕros circumfluit albĭda rictus. Ov. Met. 3. 74. PHR. Hūmescunt spūmis flātuque sĕquentum (equi, sc.). V. Strīdentemque nŏvo spūmam cum sanguĭne fūdit. Ov. Fervet, et exsultat, spūmisque rĕcentĭbus albet. Ov.

spūmesco, is. no perf. *To foam, to froth.* —— At si nostra tuo *spūmescant* æquŏra rēmō. Ov. Her. 2. 87. SYN. spūmo, as; cāneo, es, *no perf.*; cānesco, ĭs, *no perf.*

spūmeus, a, um. *Foaming, frothy.* —— Sævitque trĭdenti *Spūmeus* atque īmo Nēreus ciet æquŏra fundo. V. Æn. 2. 419. SYN. spūmans, spūmōsus. v. seq.

spūmĭfer, ĕra, ĕrum. *Foaming, frothy.* —— *Spūmĭfĕro*que tuum fonti quā plūrĭmus exit Subde căput. Ov. Met. 11. 140. v. prec.

†**spūmĭger, ĕra, ĕrum.** *Foaming at the mouth.* —— *Spūmĭgĕri* suis adventu, vălĭdīque leōnis. Lucr. 5. 983. v. prec.

spūmo, as. *To foam, to froth.* —— Quam măgis exhausto *spūmāverit* ūbĕre mulctra. V. G. 3. 309. SYN. spūmesco, is, *no perf.* q. v.

spūmōsus, a, um. *Foaming, frothy.* —— Aut ut victa rătis *spūmōsa* ad littŏra Diæ. Cat. 62. 121. SYN. spūmeus, q. v.

spuo, ĭs, ui. no sup. *To spit, to spit out.* —— Cum vĕnit et sicco terram *spuit* ōre viātor. V. G. 4. 97. SYN. exspuo; spūto, as.

†**spurcĭties, ei,** and **spurcĭtia, æ.** 1. *Dirtiness.* — 2. *Profligacy.* —— 1. *Spurcĭties* eădem porcīs hæc munda vĭdētur. Lucr. 6. 977. — Quidve sŭperbia, *spurcĭtia* ac pĕtŭlantia, quantas Effĭciunt clādes. Lucr. 5. 48. SYN. 1. v. illuvies. — 2. nēquĭtia, æ, q. v.

†spurcus, a, um. *Filthy, foul.*——Multæ hŏmĭni res Acrĭter infestant sensus spurcæque grăvesque. Lucr. 6. 781. SYN. fœdus, q. v.

spūto, as. *To spit, to spit out.*——Cumque ātro mistos *spūtantem* sanguĭne dentes. Ov. Met. 12. 256. SYN. spuo, ĭs, q. v.

spūtum, i. *Spittle.*——*Spūta*que per dentes īre cruenta căvos. Prop. 4. 5. 66. SYN. sālīva.

squāleo, es. perf. rarely if ever found. *To be dirty.*——Ad dēlūbra Deæ, quōrum fastīgia turpi *Squālēbant* musco. Ov. Met. 1. 374. SYN. sordeo, es, *no perf.*

squālĭdus, a, um. *Dirty, squalid.*——*Squālĭda*que hūmānis ossĭbus albet hŭmus. Ov. F. 1. 558. SYN. squālens, sordĭdus, turpis, immundus, fœdus.

squālor, ōris. masc. 1. *Dirtiness, slovenliness, etc.*—2. †*Roughness.*——Quā possum, *squālōre* tuos ĭmĭtāta lăbōres Dīcar. Ov. Her. 13. 41.—2. Non ălĭquo sĭne mātĕriæ *squālōre* rĕperta est. Lucr. 2. 425. SYN. 1. illŭvies, ēi ; sordes, ium, *pl. fem.*—2. aspĕrĭtas, q. v.

squāma, æ. *The scale of a fish, snake, etc., of a coat of mail, etc.*—2. ‡*A fish.*——Pervĭgĭl ecce drăco *squāmis* crĕpĭtantĭbus horrens Sībĭlat. Ov. Her. 12. 101. Quem pellis ahēnis In plūmam *squāmīs* auro conserta tĕgēbat. V. Æn. 11. 771.—2. Hoc prĕtium *squāmæ* ? Juv. 4. 25. v. piscis.

squāmeus, a, um. *Scaly.*——*Squāmeus* in spīram tractu se collĭgit anguis. V. G. 2. 154. v. seq.

‡squāmĭfer, ĕra, ĕrum. *Scaly.*——*Squāmĭfĕros* ingens hæmorrhois explĭcat orbes. Lucan. 9. 709.

squāmĭger, ĕra, ĕrum. *Scaly.*——*Squāmĭgĕris* ăvĭdos fīgit cervīcĭbus ungues. Ov. Met. 4. 716. v. seq.

squāmōsus, a, um. *Scaly.*——*Squāmōsus*que drăco aut fulvâ cervīce leæna. V. G. 4. 408.

squilla, æ. *A squill.*——Affertur *squillas* inter mūræna nătantes. Hor. Sat. 2. 8. 42.

†stăbĭlio, is. *To make steady.*——Sēmĭta nulla pedem *stăbĭlībat.* Ennius. SYN. formo, as, q. v.

stăbĭlis, e. *Firm, steady.*——Quæ măneat *stăbĭli* cum fŭgit illa pede. Ov. Tr. 5. 14. 30. SYN. firmus, q. v., certus.

stăbŭlo, as, also stăbŭlor, āris. *To stand in a stable, to stand as in a stable.*——Centauri in fŏrĭbus *stăbŭlant*, Scyllæque bĭformes. V. Æn. 6. 286. Multas sylva tĕgit ; multæ *stăbŭlantur* in antris. Ov. Met. 13. 822.

stăbŭlum, i. 1. *A stable, any place where any animals are kept, even a bee-hive.*—2. ‡*A flock or herd.*——An si quis răpiat *stăbŭlīs* armenta rĕclūsis. Ov. Her. 8. 17. Itur in antīquam sylvam *stăbŭla* alta fĕrārum. V. Æn. 6. 179. Absint et picti squālentia terga lăcerti Pinguĭbus a *stăbŭlis.* V. G. 4. 14.—2. Sic cum *stăbŭlīs* et messĭbus ingens Īra Deūm . . . incŭbuit. Val. Fl. 1. 682. SYN. 1. præsēpe, is, *neut.*—2. v. pecus.

†‡stactē, es. *Oil from the tree which produces myrrh.*——Sīcut ămărăcĭni blandum *stactæ*que lĭquōrum. Lucr. 2. 846.

stădium, i. *A race-course, any place where there is competition.*——Illic vel *stădiīs* ănimum ēmendāre Plătōnis Incipiam. Prop. 3. 20. 25. v. spatium. PHR. Inque suo noster pulvĕre currat ĕquus. Ov.

stăgno, as, intrans. c. perf. pass. part. **stagnatus,** in dep. sense. *To be stagnant.*——Jūpiter ut lĭquidis *stagnāre* pălūdĭbus orbem . . . vĭdet. Ov. Met. 1. 324. Quæque sĭtim tŭlĕrant *stagnāta* pălūdĭbus hūment. Ov. Met. 15. 269. SYN. restagno.

‡stăgnōsus, a, um. *Stagnant.*——Hic dum *stăgnōsi* spectat templumque dŏmosque Līterni ductor. Sil. 6. 653. SYN. stăgnans ; stăgnātus, stans. v. paludosus.

stăgnum, i. *Any stagnant water, a pool, marsh, etc.*——Cōcȳti *stăgna* alta vĭdes Stȳgiamque pălūdem. V. Æn. 6. 323. SYN. pălūs, ūdis, *fem.*, q. v.

stāmen, ĭnis. neut. 1. *A thread.*—2. *The string of a lyre.*——1. Rĕjĭce succinctos ŏpĕrōso *stāmĭne* fūsos. Ov. A. A. 1. 695.—2. Artĭfĭcis stătus ipse fuit tum *stāmĭna* docto Pollĭce sollĭcĭtat. Ov. Met. 11. 169. SYN. 1. subtēmen, ĭnis, *neut.* ; tēla.—1, 2. fīlum, q. v.

stāmĭneus, a, um. *Of a thread.*——*Stāmĭneâ* rhombi dūcĭtur illa rŏtâ. Prop. 3. 4. 26.

‡**stătēra**, æ. *A steelyard, a balance.*——Sed certâ vĕlut æquus in *stătērā.* Stat. Sylv. 4. 9. 46. SYN. lībra, q. v.

‡**stătim.** *Immediately.*——Sex sestertia si *stătim* dĕdisses. Mart. 6. 30. 1. SYN. prōtĕnus, q. v.

stătio, ōnis. fem. *A standing or being fixed in one place, a place where one is fixed, a station, any place in which anything is.*——Princĭpio sēdes ăpĭbus *stătio*que pĕtenda. V. G. 4. 8. Pōne rĕcompŏsĭtas in *stătiōne* cŏmas. Ov. Am. 1. 7. 68. v. locus.

Stător, ōris. *A stopper of flight, a supporter, especially as a name of Jupiter.*——Tempus ĭdem *Stător* urbis hăbet quam Rōmŭlus ŏlim. Ov. F. 6. 793.

statua, æ. *A statue.*——Jūra dăre *stătuas* inter et arma Mărī. Prop. 3. 11. 46. SYN. effĭgies, ēi; sĭmŭlăcrum; ĭmăgo, ĭnis, *fem.*, signum.

stătuo, ĭs, ui, ūtum. 1. *To set up, erect, place, to build.*—2. *To stop.*—3. *To appoint, order, determine.*——1. Crātēras magnos *stătuunt* et vīna cŏrōnant. V. Æn. 1. 724. Urbem præclāram *stătui,* mea mœnia vīdi. V. Æn. 4. 655.—2. Et *stătuit* fessos fessus et ipse bŏves. Prop. 4. 9. 4.—3. Qui cum triste ălĭquod *stătuit,* fit tristis et ipse. Ov. Ep. e P. 2. 2. 119. SYN. 1, 2. constĭtuo.—1. pōno, ĭs, pŏsui, q. v.; lŏco, as.—2. sisto, ĭs, *no perf. in this sense.*—3. jŭbeo, es, jussi, q. v.

stătur. pass. impers. 1. *One stands.*—2. *One stands to, adheres to.*——1. Si tămĕn hic *standum;* si non dătur artibus ullis. Ov. Am. 3. 6. 11.—2. Pacto *stătur,* et arbĭtrium Rōmŭlus urbis habet. Ov. F. 4. 818.

stătus, ûs. 1. *A standing still, an attitude.*—2. *A state, a condition.*——1. Sed quid mĭnăci Porphȳrion *stătu* Contra sŏnantem Pallădis ægĭda Posset? Hor. 3. 4. 54.—2. Hic *stătus,* hæc rērum nunc est fortūna meārum. Ov. Tr. 1. 8. 37. SYN. 2. condĭtio, q. v.; hăbĭtus, ûs.

stătus, a, um. part. pass. of sto, used as adj. *Fixed.*——Maxĭmus indĭcit, nec *stăta* săcra făcit. Ov. F. 2. 528. SYN. certus.

stella, æ. *A star, a constellation.*——Gnossiaque ardentis dēcēdat *stella* cŏrōnæ. V. G. 1. 222. SYN. astrum, q. v.; sīdus, ĕris, *neut.*

stellans, antis, and **stellātus**, a, um. *Starred, glittering with stars, or like stars, studded.*——Aurea nunc sŏlio *stellantis* rēgia cœli Accĭpit. V. Æn. 7. 210. Gemmis caudam *stellantĭbus* implet. Ov. Met. 1. 723. Nōmen hăbet văriis *stellātus* corpŏra guttis. Ov. Met. 5. 461. v. seq. v. lĭtus.

‡**stellĭger**, ĕra, ĕrum. *Starry.*——*Stellĭgĕrum* attollens ăpĭcem Trōjānus Iūlo Cæsar ăvo. Sil. 13. 863. SYN. stellans, stellātus, sīdĕreus, q. v.

stelliŏ, onis. masc. *A sort of lizard.*——Quis dŭbĭtet, nam sæpe fāvos ignōtus ădēdit *Stelliŏ.* V. G. 4. 243. SYN. lăcerta.

‡**stemma**, ătis. neut. *A pedigree.*——Non . . . Līnea, nec proăvis dēmissum *stemma* sed ingens Supplēvit fortūnā genus. Stat. Sylv. 3. 3. 44.

stercus, ŏris. neut. *Dung.*——Jam mănet hūmĭda crēta cŏlorque *stercŏre* fūcātus crŏcŏdīli. Hor. Epod. 12. 10. SYN. fĭmus, i.

stĕrĭlis, e. 1. *Barren; lit. and metaph.*—2. *Making barren.*——1. Sæpe ĕtiam *stĕrĭles* incendĕre prōfuit ăgros. V. G. 1. 84. Ūrĭtur et *stĕrĭlem* spērando nūtrit ămōrem. Ov. Met. 1. 496.—2. Nec pestĭlentem sentiet Āfrĭcum Fœcunda vītis; nec *stĕrĭlem* sĕges Rūbīgĭnem. Hor. 3. 23. 6. SYN. infēcundus, infēlix, jējūnus, segnis. PHR. Nos hăbeat rēgio nec pōmo fēta nec ūvis. Ov. Pōma nĕgat rēgio. Ov. Diffĭcĭles prīmum terræ, collesque mălĭgni. V.

sternax, ācis. *Which throws down or off (as a horse throws his rider).*——Et *sternācis* ĕqui lapsum cervice Thȳmœten. V. Æn. 12. 364.

sterno, ĭs, strāvi, strātum. 1. *To strew.*—2. *To throw down; lit. and metaph.*—3. *To conquer, to slay.*—4. Sterno me; *and* sterno, pass., *to lie down.*—5. *To smoothe, to calm.*——1. *Sternĭtur* in dūro vellus ŭtrumque tŏro. Ov. F. 4. 654.—2. *Sternit* ăgros; *sternit* săta læta, boumque lăbōres. V. Æn. 2. 306. Terra trĕmit; fūgēre fĕræ, et mortālia corda Per gentes hŭmĭlis *strāvit* păvor. V. G. 1. 331.—3. *Sternĕret* ut sŭbĭtā turbātam morte Camillam. V. Æn. 11. 796. Sistet ĕques; *sternet* Pœnos Gallumque rĕbellem. V. Æn. 6. 859.—4. *Sternunt* sē somno dīversæ in littŏre phōcæ. V. G. 4. 432. *Sternĭmur* optātæ grĕmio tellūris ad undam. V. Æn. 3. 509.—5. Mītis ut in mŏrem stagni plăcĭdæque pălūdis *Sternĕret* æquor ăquis. V. Æn. 8. 89. SYN. 1. substerno.—2. prosterno; dējĭcio, ĭs, jēci, jectum q. v.—3. occīdo, ĭs, di, sum, q. v.—4. jăceo, es, ui, *no sup.;* rĕcumbo, ĭs, *no perf.;* rĕcŭbo, as, *no perf.*, q. v.—5. sēdo, as; păco, as.

sternuo, is, ui. no sup. *To sneeze.*—*Sternuit* et nōbis prospĕra signa dĕdit. Ov. Her. 19. 152.

sterto, ĭs, i. no sup. *To snore.*——Si sŏcer ignāvus vĭduâ *stertisset* in aulâ. Ov. Her. 8. 21.

stĕti. perf. from sto, q. v.——Heu quanto regnis nox *stĕtit* illa tuis. Ov. F. 2. 812.

‡stigma, ătis. neut. *A brand, a mark made by branding.*——Tristia servōrum *stigmăta* dēlet Heros. Mart. 10. 56. 6. v. nota.

‡stilla, æ. *A drop.*——Atque ŏlei *stillam* dăret entĕrŏcēlĭcus unctor. Mart. 12. 70. 3. SYN. gutta.

stillātus, a, um. part. pass. from stillo, q. v., which has no other part of pass. *Falling in drops.*——Inde fluunt lăcrўmæ *stillātaque* sōle rĭgescunt De rāmīs ēlectra nŏvis. Ov. Met. 2. 364.

†stillĭcĭdium, i. *Water falling in drops.*——*Stillĭcĭdi* cāsus lăpĭdem căvat. Lucr. 1. 313.

stillo, as. 1. *To let fall in drops, to distil.* — 2. (*intrans.*) *To fall in drops.* — 3. *To drip, to be wet.* —— 1. Est hŏnor et lăcrўmis, *stillātaque* cortĭce myrrha Nōmĕn hĕrīle tĕnet. Ov. Met. 10. 501. — 2. Os pĕtit et sparsos *stillanti* rōre căpillos. Ov. Met. 11. 57. — 3. *Stillantemque* tenens gĕnĕrōso sanguĭne cultrum. Ov. F. 2. 839. SYN. 1. distillo. — 2, 3. māno, as. v. fluo. — 3. rōro, as. v. madeo.

§stĭlus, i. *A pen.*——Sæpe *stĭlum* vertas; ĭtĕrum quæ digna lĕgi sint Scriptūrus. Hor. Sat. 1. 10. 72. SYN. grăphium, călămus.

stĭmŭlo, as. *To stimulate, to excite.*——Thўăs, ŭbi audīto *stĭmŭlant* triĕtĕrĭca Baccho Orgia. V. Æn. 4. 302. SYN. exstĭmŭlo, instĭmŭlo; concĭto, as; excĭto, as; hortor, āris; accendo, ĭs; cieo, es, *no perf.* v. seq.

stĭmŭlus, i. and in Plaut. **stĭmŭlum, i.** 1. *A goad.* — 2. *A stimulus, excitement, strong motive.* —— 1. Aut *stĭmŭlo* tardos incrĕpuisse bŏves. Tib. 1. 1. 10.—2. Vīresque Lătīnis Addĭdit et *stĭmŭlos* ăcres sub pectora vertit. V. Æn. 9. 718. SYN. 2. irrītāmentum, tormentum. PHR. 2. Rēgīnam Ălecto stĭmŭlīs ăgit undĭque Bacchi. V. Stĭmŭlosque frĕmenti Adjĭciunt. Ov. Stĭmŭlosque in pectŏra cæcos Condĭdit. Ov. Ingĕnio stĭmŭlos subdĕre fāma sŏlet. Ov.

†stinguo, ĭs, nxi. *To extinguish.* —— Ēvānescĕre paulatim, *stinguique* cŏlōrem. Lucr. 2. 827. SYN. exstinguo, q. v.

§stīpātor, ōris. *An attendant.* —— Rex ībis, nĕque tē quisquam *stīpātor* ĭneptum Præter Crispīnum sectābĭtur. Hor. Sat. i. 3. 138. v. comes.

stīpendium, i. *Pay, tribute.* —— Indŏmĭto nec dīra fĕrens *stīpendia* tauro. Cat. 62. 173. v. tributum.

stīpĕs, ĭtis. masc. 1. *A stake fixed in the ground.* — 2. *The trunk of a tree, a tree.* — 3. *A club, firewood, a firebrand.* —— 1. *Stīpĕs* ăcernus ĕram prŏpĕranti falce dŏlatus. Prop. 4. 2. 59. — 2. Martia Pīcus ăvis gĕmĭno pro *stīpĭte* pugnant et Lŭpa. Ov. F. 3. 37. — 3. *Stīpĭtibus* dūrīs ăgĭtur, sūdĭbusve præustis. V. Æn. 7. 525. — 4. Cassaque dēducto *stīpĭte* flamma părit. Ov. R. A. 446. SYN. 1. sŭdes, is, *fem.*, pālus. — 2. truncus; stirps, pis, *masc. and fem.* v. arbor. — 3. fustis, is. *masc.*, clāva. — 4. lignum.

stīpo, as. 1. *To press or pack close.* — 2. *To surround, to attend.* —— 1. Aut cum liquentia mella *Stīpant* et dulci distendunt nectăre cellas. V. Æn. 1. 433. — 2. Tandem prōgrĕdĭtur magnâ *stīpante* cătervâ. V. Æn. 4. 136. SYN. 1. cōgo, ĭs, coēgi. — 2. cŏmĭto, as, q. v.

stips, stĭpis. fem. *A small piece of money, pay, a present of money.* —— Cum cănit exĭguæ quis *stĭpis* æra nĕget? Ov. Ep. e. P. 1. 1. 40. v. nummus.

stĭpŭla, æ. 1. *The stalk of corn, beans, etc., stubble, straw.* — 2. *A reed, a pipe.* ——1. Frūmenta in vĭrĭdi *stĭpŭlâ* lactentia turgent. V. G. 1. 315. Nec pŭdet in *stĭpŭlâ* plăcĭdam cēpisse quiētem. Ov. F. 1. 205. — 2. Strīdenti mĭsĕrum *stĭpŭlâ* disperdĕre carmen. V. E. 3. 27. SYN. 1. culmus; strāmĕn ĭnis, *neut.* — 2. ărundo, ĭnis, *fem.*, fistŭla, q. v.

‡stĭpŭlor, āris. *To stipulate, bargain.* —— Quantum vis *stĭpŭlāre* et prōtĭnus accĭpe quod do. Juv. 7. 165. SYN. păciscor, ĕris, pactus sum, q. v.

stīria, æ. *An icicle.* —— *Stīriaque* impexīs indūruit horrĭda barbis. V. G. 3. 366.

stirps, pis. masc. and fem. 1. *The trunk or stem of a tree, a tree.* — 2. *The root of anything.* — 3. *A stock or family.* —— 1. Namque diu luctans lentoque in *stirpe* mŏrātus. V. Æn. 12. 781. — 2. Tollĕre tunc cūra est albos a *stirpe* capillos. Tib. 1. 8. 45. — 3. Tum vos o Tyrii *stirpem* et genus omne futurum Exercete ŏdiis. V. Æn. 4. 622. — Flēbat Ăristæus quod ăpes a *stirpe* nĕcātas Vīdĕrat (i. e. *utterly*.) Ov. F. 1. 363. SYN. 1. stīpĕs, ĭtis, *masc.* q. v. — 2. rādix, īcis, *fem.* — 3. gĕnus, ĕris, q. v.; dŏmus, ūs; sanguis, ĭnis, *masc.*, prŏpāgo, ĭnis, *fem.*, gens, gentis, *fem.*

stīva, æ. *The plough-tail.* —— *Stīva*que quæ currūs a tergo torqueat īmos. V. G. 1. 174.

‡stloppus, i. *The sound made by blowing up one's cheeks and striking them.* —— Nec *stloppo* tŭmĭdas intendis rumpĕre buccas. Pers. 5. 13.

sto, stas, stĕti, stătum. (v. status). 1. *To stand, to stand upright, etc.* — 2. *To stop, to be still.* — 3. *To stand by, to adhere to (an agreement, etc.).* — 4. *To rest on, be fixed on.* — 5. *To cost.* — 6. *3d sing. as impers., to be fixed to, to be resolved upon, etc.* —— 1. Nec *stĕtĕrunt* in tē virque păterque meus. Ov. Her. 7. 166. Obstŭpui *stĕtĕrunt*que comæ et vox faucĭbus hæsit. V. Æn. 3. 48. Hasta prior terrā, mĕdio *stĕtit* altĕra tergo. Ov. Met. 8. 414. Mulcĭber in Trōjam pro Trōjā *stābat* Ăpollo. Ov. Tr. 1. 2. 5. — 2. Sentīs ac vĕlūti *stet* vŏlŭcris dies. Hor. 3. 28. 5. Cum plăcĭdum ventis *stāret* măre; nōn ĕgŏ Dăphnim. V. E. 2. 26. — 3. *Stēmus* ait pacto vēlox Cyllēnius isto. Ov. Met. 2. 818. — 4. Omnis in Ascănio cāri *stat* cūra părentis. V. Æn. 1. 646. — 5. Largior; haud illi *stābunt* Æneia parvo Hospĭtia. V. Æn. 10. 494. v. steti. — 6. *Stat* sua cuique dies, brĕve et irrĕpărābĭle tempus. V. Æn. 10. 467. *Stat* nĕce mātūrā tĕnĕrum pensāre pŭdōrem. Ov. Her. 2. 143. SYN. 1, 2. consto; consisto, ĭs, *no perf.* — 2. sisto, ĭs, *no perf.* q. v. — 3. măneo, es, mansi. — 6. v. certus.

Stōĭcus, a, um. *Stoic.* —— Quid quod lĭbelli *Stōĭci* inter Sericos jăcēre pulvillos ămant. Hor. Epod. 8. 16. SYN. ‡Cleanthēus.

stŏla, æ. *A woman's robe.* —— Contingit crīnes nec *stŏla* longa pĕdēs. Ov. Ep. e P. 3. 3. 51. SYN. toga. v. vestis.

‡stŏlātus, a, um. *Clad in the stola.* —— Quis Flōrālia vestit, et *stŏlātum.* Mart. 1. 36. 8.

stŏlĭdus, a, um. *Stupid.* —— Rīsit, et o vātum *stŏlĭdissĭme* fallĕris inquit. Ov. Met. 13. 775. SYN. stultus, q. v.

§stŏmăchor, āris. *To be angry.* —— Cum sīs, et prāve sectum *stŏmăchēris* ob unguem. Hor. Epist. 1. 1. 104. SYN. īrascor, ĕris, īrātus sum, q. v.

§stŏmăchōsus, a, um. Est ĭter aut Baias, lævā *stŏmăchōsus* hăbēnā Dīcet ĕques. Hor. Epist. 1. 15. 12. SYN. īrācundus, q. v.

stŏmăchus, i. 1. *The gullet, the stomach.* — 2. *Passionate disposition.* —— 1. Vertĭtur; et *stŏmacho*, dulcis ut esca, nŏcet. Ov. Am. 2. 19. 26. — 2. Grăvem Pēlīdæ *stŏmăchum* cēdĕre nescii. Hor. 1. 6. 6. v. venter, īra.

§străbo, ōnis. masc. *A squinting or goggle-eyed man.* —— Si quod sit vĭtium non fastīdīre; *străbōnem* Appellat pætum păter. Hor. Sat. 1. 3. 44.

strāges, is. fem. 1. *Ruin, destruction.* — 2. *Slaughter.* —— 1. Dăbit ille ruīnas Arbŏrĭbus *stragem*que sătis; ruet omnia lāte. V. Æn. 12. 453. — 2. Quas ĭbĭ tunc ferro *strāges* quæ fūnĕra Turnus Ēdĭdĕrit. V. Æn. 9. 526. SYN. 1. ruīna, exitium. — 1, 2. clādes, is, *fem.* — 2. cædes, is, *fem.* q. v.

strāgŭlum, i. *A counterpane.* —— Nam neque tum plūmæ nec *strāgŭla* picta sŏpōrem ... ducunt. Tib. 1. 2. 79. SYN. pallium; vestis, is; §tŏral.

§strāgŭlus, a, um. *Of a counterpane.* —— Cui *strāgŭla* vestis Blattārum et tĭneārum ĕpŭlæ pūtrescat in arcā. Hor. Sat. 2. 3. 118.

strāmen, ĭnis. neut. *Straw.* —— Sæpe sŭper *strāmen* fœnoque jăcentĭbus alto. Ov. Her. 5. 15. SYN. stĭpŭla. v. pălea.

§strāmentum, i. *Straw.* —— Si et *strāmentis* incŭbet unde octōginta annos nātus. Hor. Sat. 2. 3. 117. SYN. strāmĕn, ĭnis, *neut.*

strāmĭneus, a, um. *Made of straw, thatched with straw, living in thatched houses.* —— Illum *strāmĭneos* in ăquam mīsisse Quĭrītes. Ov. F. 5. 631.

strangŭlo, as. *To strangle, to choke.* —— Et tua sic Stygius *strangŭlet* ōra lĭquor. Ov. Ibis. 592. SYN. †suffŏco, as. v. pendeo.

strātum, i. 1. *A mattress, a bed.* — 2. (St. viarum) *A street.* —— 1. Corrĭpio e *strātis* corpus, tendoque sŭpīnas Ad cœlum cum vōce mănus. V. Æn. 3. 176. — 2. Mīrātur portas strĕpĭtumque et *strāta* viarum. V. Æn. 1. 422. SYN. 1. lectus, q. v. v. via.

stratus, a, um. perf. pass. part. of sterno, q. v. *Strewed, slain, etc.* —— *Strātoque* sŭper discumbĭtur ostro. V. Æn. 1. 700.

strēnuĭtas, ātis. fem. *Activity.* —— *Strēnuĭtas* antīqua mănet, nec terga cŏlōrem. Ov. Met. 9. 320. SYN. vĭgor.

strēnuus, a, um. *Strenuous, active.* —— Ūna mĭnistrārum făciendis *strēnua* jussis. Ov. Met. 9. 307. SYN. impĭger, pĭgra, pĭgrum; ăcer, ăcris, acre; promptus.

strĕpĭto, as. *To made a noise.* —— Inter se fŏliis *strĕpĭtant*; jŭvat imbrĭbus actis. V. G. 1. 413. SYN. strĕpo, ĭs, ui, q. v.

strĕpĭtus, ûs. *A rattling noise, a noise.* —— Quæ *strĕpĭtum* passu non făciente vĕnit. Ov. Tr. 3. 7. 36. SYN. sŏnus, i., q. v.

strĕpo, ĭs, ui, ĭtum. *To make or emit a rattling loud noise.* —— Extŭlit et et rauco *strĕpuērunt* cornua cantu. V. Æn 8. 2. Lĭlia funduntur; *strĕpit* omnis murmŭre campus. V. Æn. 6. 709. SYN. obstrĕpo, instrĕpo; strĕpĭto, as; sŏno, as, ui, q. v.; rĕsŏno.

strictūra, æ. *A flake that flies from a piece of red hot iron.* —— Strīdentque căvernis *strictūræ* Chălȳbum, et fornăcĭbus ignis anhēlat. V. Æn. 8. 421.

strictus, a, um. prop. part. perf. of stringo, q. v. 1. *Close, narrow.* — 2. *Drawn (of a sword, and even of the hand that holds a drawn sword), stripped (of leaves, etc.).* — 3. ‡*Drawn tight, frozen, etc.* —— 1. Sed tămĕn est artis *strictissĭma* janua nostræ. Ov. R. A. 233. — 2. Non ulli est ănĭmus *stricto* concurrere ferro. V. Æn. 10. 715. Inter se *strictas* consĕruēre mănus. Ov. Her. 12. 100. — 3 Quæ prĕmis arva gĕlu; *strictos*que insēdĭmus amnes. Val. Fl. 1. 513. SYN. 1. arctus, angustus. — 2. destrictus, exsertus, nūdus, rĕclūsus, ductus. PHR. 2. văgīnâ lĭbĕrat ensem. Ov.

strīdeo, es. and **strīdo, ĭs.** no perf. *To creak, hiss, whistle, make a noise.* —— Sanguĭne terra mădet, *strīdent*que hastīlĭbus auræ. V. Æn. 12. 691. *Strīdĕre* ăpes ŭtĕro, et ruptīs effervĕre costis. V. G. 4. 556. SYN. ‡astrīdeo (*only in part. pres.*); crĕpo, as, ui; crĕpĭto, as; strĕpo, ĭs, ui, q. v.

strīdor, ōris. masc. *A creaking or hissing noise.* —— Terrĭbĭlem *strīdōre* sŏnum dĕdit, ut dăre ferrum Igne rŭbens plērumque sŏlet. Ov. Met. 12. 276. SYN. strĕpĭtus, ûs. v. sonus.

strīdŭlus, a, um. *Creaking, uttering, a harsh sound, whistling (as an arrow, etc).* —— Tēlum contorsit in hostes Prōcurrens; sŏnĭtum dat *strīdŭla* cornus, et auras Certa sĕcat. V. Æn. 12. 267. SYN. strīdens. v. sonorus.

§‡strĭgĭlis, is. fem. *A flesh comb.* —— Corpus; ăn hic peccat sub noctem qui puer ūvam Furtīvâ mūtat *strĭgĭli*? Hor. Sat. 2. 110.

stringo, ĭs, nxi, ictum. 1. *To draw tight, grasp tightly, bind closely.* — 2. *To graze.* — 3. *To gather, to prune.* — 4. *To move, affect (the mind).* —— 1. *Stringēbant* magnos vincŭla parva pĕdes. Ov. F. 2. 324. — 2. Tandem ălĭquid magni *strinxit* de corpŏre Turni. V. Æn. 10. 478. Litus ăma et lævas *stringat* sine palmŭla cautes. V. Æn. 5. 163. — 3. Āgrĭcŏla et frăgĭli jam *stringĕret* hordea culmo. V. G. 1. 315. Tunc *stringe* cŏmas, tunc brăchia tonde. V. G. 2. 368. — 4. Atque ănĭmum pătriæ *strinxit* pĭĕtātis ĭmāgo. V. Æn. 9. 294. SYN. 1. constringo, astringo; vincio, īs, nxi; lĭgo, as. — 1, 2. destringo. — 2. dĕgusto, as. — 3. v. puto, v. carpo. — 4. tango, ĭs, tĕtĭgi, tactum; mŏveo, es, mōvi.

†stringor, ōris. masc. *A binding.* —— Morbus ut indĭcat, et gĕlĭdāi *stringor* ăquāi. Lucr. 3. 694.

strix, strīgis, fem. *A screech owl.* —— Semper ĕ tectis *strix* violenta cănat. Tib. 1. 5. 52. v. bubo. v. Ov. F. 6. 133—138.

strŏphium, i. *A girdle.* —— Non tĕrĕti *strŏphio* luctantes vincta păpillas. Cat. 62. 65. SYN. zōna, q. v.

‡structĭlis, e. *Fit for building with.* —— Non sĭlĭce dūro *structĭli*ve cæmento. Mart. 9. 76. 1.

‡structor, ōris. *A caterer, a seneschal.* —— *Structōrem* intĕreā, nĕ qua indignātiŏ dĕsit Saltantem spectes. Juv. 5. 120.

structūra, æ. 1. *Structure.* — 2. *Arrangement.* —— 1. Est spĕcus exēsi *structūrâ* pūmĭcis asper. Ov. F. 4. 495. — 2. Et *structūra* mei carmĭnis esse pŏtest. Ov. Ep. e P. 4. 14. 4. v. ordo.

strues, is. fem. 1. *A heap.* — 2. *A sacrificial cake.* —— 1. Armaque cum tēlis in *strue* mixta suis. Ov. Ep. e P. 2. 1. 40. — 2. Hæc ădŏlet flammis cum *strue* farra suis. Ov. F. 1. 276. SYN. 1. ăcervus, cŭmŭlus; congĕries, ei.—2. mŏla.

‡**strūmōsus, a, um.** *Scrofulous.*——*Strūmōsum* atque ŭtĕro părĭter gibboque tŭmentem. Jŭv. 10. 308.

struo, ĭs, xi, ctum. 1: *To pile up, to build.*—2. *To heap up.*—3. *To array.*—4. *To plan, to intend.*——1. Templa Dei saxo vĕnĕrābar *structa* vĕtusto. V. Æn. 3. 84.—2. Exsĕquĕrer, *struĕremque* suis altāria dōnis. V. Æn. 5. 54.—3. Neu *struĕre* audērent ăciem, neu crēdĕre campo. V. Æn. 9. 42.—4. Quid *struit*, aut quâ spē īnĭmīcâ in gente mŏrātur? V. Æn. 4. 235. SYN. 1. exstruo; condo, ĭs, dĭdi.—1. 3. instruo.—1. 4. mōlior, īris.—2. cŭmŭlo, as; accŭmŭlo, q. v.—3. dispōno, ĭs, pŏsui; lŏco, as, collŏco.—4. cōgĭto, as; mĕdĭtor, āris.

Strȳmŏnius, a, um. and in fem. form **Strȳmŏnis, ĭdŏs.** *Of the river Strȳmŏn (ŏnis) in Thrace, Thracian.*——*Strȳmŏniæ* dant signa grues atque æthĕra trānant. V. Æn. 10. 265. *Strȳmŏnis* abscissos fertur ăperta sĭnus. Prop. 4. 4. 70. v. Thracius.

stŭdeo, es, ui. no sup. 1. *To study, give one's attention to, desire.*—2. *To favour.*——1. Heu quam, quæ *stŭdeas* pōnĕre, ferre grăve est. Ov. Am. 2. 4. 6.—2. Cui *stŭdeas* vĭdeo, vincet cuicumque făvebis. Ov. Am. 3. 2. 67. SYN. 1. lăbōro, as; cŭpio, ĭs, īvi, q. v.—2. făveo, es, făvi.

stŭdiōsē. *Eagerly, diligently.*——Una fui, nec me *stŭdiōsius* altĕra saltus Lēgit. Ov. Met. 5. 578.

stŭdiōsus, a, um. 1. *Eager, careful, anxious about.*—2. *Fond of study.*—3. *Partial, friendly.*——1. Rex fuit ūtĭlium bello *stŭdiōsus* ĕquōrum. Ov. Met. 14. 321.—2. Nec pĕtō quas quondam pĕtii *stŭdiōsus* Āthēnas. Ov. Tr. 1. 2. 77.—3. Ad vos *stŭdiōsa* rĕvertor Pectŏra qui vītæ quærĭtis acta meæ. Ov. Tr. 4. 10. 91. SYN. 1. ămans.—2. v. doctus.—3. ămīcus.

stŭdium, i. 1. *Eager desire, zeal.*—2. *A study, a pursuit.*——1. Et *stŭdio* incassum vĭdeas gestīre lăvandi. V. G. 1. 387. Sic ait, illa grădum *stŭdio* cĕlĕrābat ănīli. V. Æn. 4. 641.—2. Sīve ăbeunt *stŭdia* in mōres artesque măgistræ. Ov. Her. 15. 83. Lābĭtur infēlix *stŭdiōrum* atque immĕmor herbæ Victor ĕquus. V. G. 3. 499. SYN. 1. cŭpīdo, ĭnis, *fem.* v. amor.—2. v. opera.

stultē. *Foolishly.*——Excŭtĭtur somno *stultē* pia māter et āmens. Ov. F. 4. 555.

stultĭtia, æ. *Folly.*——*Stultĭtiamque* meum crīmen dēbēre vŏcāri. Ov. Tr. 3. 6. 35. v. amentia.

stultus, a, um. *Foolish.*——Urbem quam dīcunt Rōmam, Mĕlĭbœe, pŭtāvi *stultus* ĕgo huic nostræ sĭmĭlem. V. E. 1. 21. SYN. stŏlĭdus, ĭneptus, rustĭcus, hĕbĕs, ĕtis, pinguis (*of the mind, etc.*). v. demens. PHR. Non obtūsa ădeo gestāmus pectora Teucri. V.

stŭpĕfăcio, ĭs, fēci, factum (act. not in the Augustan poets), pass. **stŭpĕfīo, ĭs,** etc. *To bewilder, to amaze.*——Ac membra et sensus gĕlĭdus *stŭpĕfēcĕrat* horror. Sil. 9. 122. Sed măgis ut nostro *stŭpĕfīat* Cynthia versu. Prop. 2. 13. 7. Ībat et ingenti mōtu *stŭpĕfactus* ăquārum. V. G. 4. 365. SYN. *act.* attono, as, ui; *pass.* stŭpeo, es, ui, *no sup.*, q. v.

stŭpeo, es, ui. no sup. *To be amazed, to be bewildered, be stupefied.*——Sæpe mălis *stŭpeo*, rērumque oblīta lŏcique. Ov. Her. 8. 111. SYN. obstŭpeo, stŭpĕfīo, q. v.

‡**stŭpĭdus, a, um.** *Stupid, stupefied.*——Jam certē *stŭpĭdo* non dīces Paulla mărīto. Mart. 11. 8. 1. SYN. stŭpĕfactus. v. stultus.

stŭpor, ōris. masc. *Stupor, bewilderment, amazement.*——Qui *stŭpor* hic Mĕnĕlāe tuus, tu sōlus ăbības. Ov. A. A. 2. 361. v. torpor.

stuppa, æ. *Tow, oakum.*——Ūdo sub rōbŏre vīvit *Stuppa* vŏmens tardum fūmum, lentusque cărīnas Est văpor. V. Æn. 5. 682.

stuppeus, a, um. *Of tow, hempen, of rope.*——*Stuppea* torquentem Bălēăris verbĕra fundæ. V. G. 1. 309.

stŭprum, i. *Rape, adultery.*——Nullis polluĭtur casta dŏmus *stŭpris.* Hor. 4. 5. 20. SYN. ădultĕrium.

‡**sturnus, i.** *A starling.*——Audītasque mĕmor pĕnĭtus dēmittĕre vōces *Sturnus.* Stat. Sylv. 2. 4. 18.

Stўgiălis, e. *Stygian.*——Hinc măgĭco vĕnĕrāta Jŏvi *Stўgiālia* sacra (*but the reading is not quite certain*). V. Ciris. 374. v. seq.
Stўgius, a, um. *Of Styx, of hell.*——Cōcўti stagna alta vĭdes *Stўgiam*que pălūdem. V. Æn. 6. 323. Sævit et in lūcem *Stўgiis* ēmissa tĕnēbris Pallĭda Tĭsĭphŏnē. V. G. 3. 551. v. infernus.
Styx, Stўgis. acc. **Stўga.** fem. *The river of hell across which the dead were ferried.*——Per *Stўga* dĕtur ĭter, *Stўgias* trānābĭmus undas. Ov. A. A. 2. 41. PHR. Quāque per infernas horrendo nūmĭne valles Imperjūrātæ lābĕris amnis ăquæ. Ov. Stўgii quŏque conscia sunto Flūmĭna torrentis, tĭmor et Deus ille Deōrum. Ov. Dixĕrat idque rătum Stўgii per flūmĭna fratris, Per pĭce torrentes ātrâque vŏrāgĭne rīpas Annuit. V. Vĕnit ad infernos sanguĭnŏlenta lūcus. Tib. Tardâque pălūs ĭnămābĭlis undâ Allĭgat et nŏvies Styx interfusa coercet. V. Illum Sub pĕdĭbus Styx ātra vĭdet, Mānesque prŏfundi. V. Styx nĕbŭlas exhālat ĭners. Ov.
§Suadēla, æ. *The goddess of persuasion.*——Et bĕnĕ nummātum dĕcŏrat *Suadēla* Vĕnusque. Hor. Epist. 1. 6. 38.
suadeo, es, si, sum. *To advise, to exhort, to encourage.*——Jūturnam mĭsĕro, făteor, succurrĕre frātri *Suāsi.* V. Æn. 12. 813. Mūtandæ sēdes, nōn hæc tĭbĭ littŏra *suasit* Dēlius, V. Æn. 3. 161. Et jam nox hūmĭda cœlo Præcĭpĭtat *suadent*que cădentia sīdĕra somnos. V. Æn. 2. 9. SYN. hortor, āris, q. v.; mŏneo, es.
‡suadus, a, um. *Persuasive.*——Lactis, et Actæos imbres, *suadum*que cruōrem Mānĭbus. Stat. Theb. 4. 453.
suāsor, ōris. masc. *An adviser.*——Adjĭce Trōjānæ *suāsōrem* Antēnŏra păcis. Ov. F. 4. 75. SYN. hortātor, auctor. v. monitor.
suavĕ. *Sweetly.*——Mūnĕra sunt lauri, et *suāvĕ* rŭbens hyăcinthus. V. E. 3. 63. SYN. suavĭter, dulcĕ, †jūcundē.
suaveŏlens, entis. *Fragrant, sweet-smelling.*——Cinge tempŏra flōrĭbus *Suaveŏlentis* ămărăci. Cat. 60. 6. SYN. ŏdōrus; ŏdōrĭfer, ĕra, ĕrum; ŏdōrātus, frāgrans.
†suavĭdĭcus, a. um. *Sweetly sounding.*——*Suavĭdĭcis* pŏtius quam multis versĭbus ĕdam. Lucr. 4. 181. SYN. cănōrus, dulcis. v. seq.
†suavĭlŏquens, entis. *Sweetly sounding.*——Vŏlui tĭbĭ *suavĭlŏquenti* Carmĭne Pĭĕrio rătiōnem expōnĕre nostram. Lucr. 1. 944. v. prec., v. seq.
†suavĭlŏquus, a, um. *Sweetly sounding.*——Quod quŏniam dŏcui nunc *suavĭlŏquīs* ăge paucis Versĭbus ostendam. Lucr. 2. 528.
§suaviŏlum, i. *A kiss.*——*Suaviŏlum* dulci dulcius ambrŏsiâ. Cat. 96. 2. SYN. suavium, q. v.
suavior, āris. *To kiss.*——Jūcundum ŏs ŏcŭlosque *suaviābor.* Cat. 9. 9. SYN. oscŭlor, āris.
suavis, e. *Sweet,*——Tum căsiâ atque ăliis intexens *suavĭbus* herbis. V. E. 2. 49. SYN. dulcis. v. jucundus.
suavĭter. *Pleasantly.*——Vĭvĕre nec rectē nec *suavĭter,* haud quiă grando contŭdĕrit vĭtes. Hor. Epist. 1. 8. 4. SYN. suavĕ, q. v.
suavium, i. *A kiss.*——Mănum puella *suavio* oppōnat tuo. Hor. Epod. 3. 21. SYN. oscŭlum, q. v.
sub. 1. *Under, c. abl.; but after verbs of motion to a place, c. acc.*—2. *At the time of, c. abl. or c. acc.*—3. *At, on, in reply to, c. acc. more rarely c. abl.*—4. *At or in (a place), c. abl.*——1. *Sub* terris pŏsuitque dŏmos atque horrea fēcit. V. G. 1. 182. Et căva *sub* tenerum scamna dĕdisse pĕdem. Ov. A. A. 1. 172.—2. Multaque mē fŭgiunt prīmis spectata *sub* annis. Ov. Met. 12. 183. Ūrit ătrox Jūno, et *sub* noctem cūra rĕcursat. V. Æn. 1. 662.—3. Ille *sub* hæc non laudis ămor, nec glōria cessit. V. Æn. 5. 394. Ēvŏe Bacche, sŏnat, Bacchi *sub* nōmĭne Jūno Risit. Ov. Met. 4. 522.—4. Tūta *sub* exĭguo flūmĭne nostra rătis. Prop. 3. 7. 36. SYN. 1. subter, *c. abl., more usu. c. acc.* q. v.; —3. ad, *c. acc.*—4. in, *c. abl.*
sŭbactus, a, um. perf. pass. part. from sŭbĭgo, q. v. *Subdued, tamed.*——Nondum *sŭbactâ* ferre jŭgum vălet cervīce taurus. Hor. 2. 5. 1. SYN. dŏmĭtus, triumphatus.
‡subærātus, a, um. *Having brass beneath.*——Nĕ quă *sŭbærāto* mendŏsum tinniat auro. Pers. 5. 106.

†subcăvus, a, um. *Hollow beneath.*——Prætĕreā ventus cum per lŏca *subcăva* terræ Collectus. Lucr. 6. 556. v. cavus.

†subdīto, as. *To supply.*——Vīs ipsa pĕrīcli *Subdĭdat* hunc stĭmŭlum quâdam dē parte tĭmŏris. Lucr. 6. 603.

subdo, ĭs, dĭdi, dĭtum. 1. *To place under, so as to apply (trans.) to, etc.*—2. (*in pass.*) *To be under.*—3. *To substitute.*——Ubĭ Sōlis ănhēlis Æquŏra *subdit* ĕquīs, et fessos excĭpit axes. Ov. Met. 4. 632. Ingĕnio stĭmŭlos *subdĕre* Fāma sŏlet. Ov. Tr. 5. 1. 76.—2. Persĭdaque et radiis jŭga *subdĭta* mātūtīnes. Ov. Met. 1. 62.—3. Nec solvit Dănaas *subdĭta* cervă rātes. Prop. 3. 21. 34. SYN. 1. †subdīto, as; suppōno, ĭs, pŏsui; subjĭcio, ĭs, jeci; subjecto, as.—2. *pass. of prec.*, subsum.—3. ‡substĭtuo, ĭs, ui, ūtum; suffĭcio, ĭs, fēci, fectum.

subdŏlus, a, um. *Cunning, sly.*——Fac tĭtŭbet blæso *subdŏla* lingua sŏno. Ov. A. A. 1. 598. SYN. dŏlōsus, callĭdus, q. v.; văfer, fra, frum; astūtus versūtus.

†subdŏmo, as, ui. *To tame.*——Sīc isti sŏlent sŭperbi *subdŏmāri.* Plaut. As. 3. 3. 112. SYN. dŏmo, q. v.

subdūco, ĭs, xi, ctum. 1. *To draw up, to lift up.*—2. *To withdraw.*—3. *To take away, esp. privily, to steal.*——Intereā tūnĭcas ŏrâ *subdūcit* ab īmâ. Ov. F. 2. 347. Tumque fĕrē sicco *subductæ* littŏre puppes. V. Æn. 3. 135.—2. Sæpe puellāres *subdūcit* ab æquŏre plantas. Ov. F. 5. 611. Hunc tĕgĕre, et diræ văleam *subdūcĕre* pugnæ. V. Æn. 10. 50.—3. Arma omnia tectīs Ēmŏvet et fīdum căpĭti *subduxĕrat* ensem. V. Æn. 6. 524. SYN. 1. tollo, ĭs, sustŭli.—2, 3. abdūco; abstraho, ĭs, xi; subtraho; āmŏveo, es, mōvi, q. v.

sŭbĕdo, ĭs, sŭbēdi, ēsum. *To eat underneath.*——Dixit, et e scŏpŭlo quem rauca *sŭbēdĕrat* unda Se dĕdit in pontum. Ov. Met. 11. 783. PHR. Ut pendens līquĭdâ rīpa sŭbītur ăquâ. Ov.

sŭbeo, īs, īvi, ĭtum. 1. *To go under, to enter, etc.*—2. *To go under, so as to support or carry.*—3. *To undergo.*—4. *To approach, to come on, esp. in succession, or stealthily.*—5. *To come on, esp. so as to attack.*—6. *To occur (to the mind).*—7. *To stoop.*——1. Præceps occĭduas ille *sŭbīvit* ăquas. Ov. F. 1. 314. Sol fŭgit et rĕmŏvent *sŭbeuntia* nūbĭla cœlum. Ov. F. 2. 493. v. prec.—2. Ergo ăge, cāre păter cervīci impōnĕre nostræ Ipse *sŭbībo* hŭmĕris. V Æn. 2. 708. Ipse gŭbernăclo, rector *sŭbit*, ipse măgister. V. Æn. 5. 176. Et juncti currum dŏmĭnæ *sŭbiēre* leōnes. V. Æn. 3. 113.—3. Bellua servītium tempŏre victa *sŭbit.* Ov. Tr. 4. 6. 8.—4. In quōrum *sŭbiēre* lŏcum fraudesque dŏlique. Ov. Met. 1. 130. An *sŭbit*, et tăcĭta callĭdus arte nŏcet? Ov. Am. 1. 2. 6.—5. Carduus, intĕreūnt sĕgĕtes, *sŭbit* aspĕra sylva. V. G. 1. 152. Fādumque Herbēsumque *sŭbit*, Rhœtumque Ăbărimque. V. Æn. 9. 344.—6. Ut rĕgem . . . vīdi Vītam exhălantem, *sŭbiit* deserta Creūsa. V. Æn. 2. 562.—7. Ille astu *sŭbit*, at trĕmĕbunda supervŏlat hasta. V. Æn. 10. 522. SYN. 1, 2. 4. succēdo, ĭs cessi.—1. ŏbeo, q. v.—3. sustĭneo, es; pătior, ĕris, passus sum; suscĭpio, ĭs, cēpi.—4. vĕnio, īs, vēni, q. v.—6. succurro, ĭs; occurro.—7. inclīno, as.

suber, ĕris. neut. *The cork-tree.*——Tegmĭna queis căpĭtum raptus de *sŭbĕre* cortex. V. Æn. 7. 742.

‡sŭbĕrīgo, ĭs, rexi, rectum. *To raise up.*——Isthmon curvātâ sūblīme *sŭbĕrĭgit* undâ. Sil. 15. 154. SYN. subrĭgo, q. v.

‡subjăceo, es, ui. no sup. *To lie under, to be situated under.*——Et măter făcĭli mollissĭma *subjăcet* arvo. Columel. 10. 195. SYN. subdor, ĕris; subsum, q. v.

subjecto, as. 1. *To put under.*—2. *To throw up.*——1. *Subjectat*que mănūs, invītaque pectora tangit. Ov. Met. 4. 359.—2. Exæstuat unda Vortĭcĭbus nīgramque altē *subjectat* ărēnam. V. G. 3. 241. SYN. 1. subjĭcio, ĭs, jēci, q. v.; suppōno, ĭs, pŏsui; subdo, ĭs, dĭdi.—2. ēgĕro, ĭs gessi, gestum.

subjectus, a, um. prop. perf. part. pass. from subjĭcio, used also as 1. *Submissive.*—2. *Suppositious, forged.*——1. Parcĕre *subjectis* et dēbellāre sŭperbos. V. Æn. 6. 854.—2. Nec mea *subjectā* convicta est gemma tăbellā. Ov. Ep. e P. 2. 9. 69. SYN. 1. hŭmĭlis.—2. suppŏsĭtus.

sŭbĭgo, ĭs, ēgi, actum. 1. *To bring or impel under, upwards, on.*—2. *To subdue, to tame, etc.*—3. *To subdue, handle, etc,* i. e. *break up ground, work wool, sharpen weapons.*—4. *To compel, etc.*——1. Non ălĭter quam qui adverso vix flūmĭne lembum Rēmĭgiis sŭbĭgit. V. G. 1. 201.—2. Te mĕmŏrant Gange tōtoque Ŏriente sŭbacto. Ov. F. 3. 729.—3. Ante Jŏvem nulli sŭbĭgēbant arva cŏlōni. V. G. 1. 125. Arvīnâ pingui, sŭbĭguntque in cōte sĕcūres. V. Æn. 7. 627.—4. Ambēsas sŭbĭgat mālis absūmĕre mensas. V. Æn. 3. 257. SYN. 1. ăgo, q. v.—1. 4. ădĭgo.—2. vinco, ĭs, vīci; dēbello, as; dŏmo, as, ui, ĭtum; perdŏmo, ēdŏmo.—4. cōgo, ĭs, coēgi, q. v.

sŭbjĭcio ĭs, jēci, jectum. —1. *To put under.* —2. *To make subject to, liable to.* 3. *To raise.* —4. *To add, to suggest, to reply.* ——1. Altĕra dēpŏsĭtæ sŭbjĕcit brăchia pallæ. Ov. Met. 3. 167. —2. Lībĕra Romanæ sŭbjĕcit colla sĕcūri. Tib. 4. 1. 117. —3. Corpŏra saltu sŭbjĭciunt in ĕquos, et strictīs ensībus adsunt. V. Æn. 12. 288.—4. Spes est virgĭnĭbus Peliâ sŭbjecta creātis. Ov. Met. 7. 305. —Vix pauca fŭrenti Sŭbjĭcio et rāris turbātus vōcĭbus hisco. V. Æn. 3. 314. SYN. 1. suppōno, ĭs, pŏsui; subdo, ĭs, dĭdi; subjecto, as.——2, 3. submitto, ĭs, mīsi, missum. v. subjungo.—3. tollo, ĭs, q. v.; ērĭgo, ĭs, rexi.

§sŭbinde. *Then.* ——Prīmum gaudēre, sŭbinde Præceptum aurĭcŭlīs hōc instillāre mĕmento. Hor. Epist. 1. 8. 15. SYN. inde, deinde.

sŭbĭto. *Suddenly.* —Dixit, et ex ŏcŭlis sŭbĭto, ceu fūmus in auras . . . fūgit. V. G. 4. 499. SYN. rĕpente, imprōvīso. v. seq.

sŭbĭtus, a, um. *Sudden.* ——Cum sŭbĭta incautum dēmentia cēpit ămantem. V. G. 4. 488. SYN. rĕpens, rĕpentīnus. v. improvisus.

subjungo, ĭs, nxi, nctum. 1. *To put under the yoke, to yoke, to harness.*—2. *To put under the orders of.*—3. *To subjoin, to add.* ——1. Dăphnis et Armĕnias curru subjungĕre tĭgres Instĭtuit. V. E. 5. 29.—3. Nulli fas Ĭtălo tantam subjungĕre gentem. V. Æn. 8. 502.—3. Atque hæc percussis subjungit carmĭna nervis. Ov. Met. 5. 340. SYN. 1. jungo.—2, 3. subjĭcio, ĭs, jēci.

sŭblābor, ĕris, lapsus sum. 1. *To glide in.* —2. *To fall away, to decay.* ——1. Ac dum prīma lues ūdo sŭblapsa vĕnēno Pertentat sensus. V. Æn. 7. 354. —2. Ex illo fluĕre et rētro sŭblapsa rĕferri spes Dănaûm. V. Æn. 2. 169.—1. illābor, sūbrēpo, ĭs, psi.—2. lābor.

sŭblātus, a, um. prop. perf. part. pass. from tollo, q. v., also used as adj. *Raised up, proud.* ——Quōque vĕnit fīdens măgis et sublātior ardet. Ov. Hal. 54. SYN. ēlātus, sŭperbus, q. v.

sublĕgo, ĭs, lēgi, lectum. *To gather (lit. and metaph.) privily, stealthily.* ——Vel quæ sublĕgi tăcĭtus tĭbĭ carmĭna nūper. V. E. 9. 21.

sublĕvo, as. 1. *To lift up.* —2. *To relieve.* ——1. Incrĕpat ultro Cunctantes sŏcios et terrâ sublĕvat ipsum. V. Æn. 10 831.—2. Vīvat, et auxĭlio sublĕvet usque suo. Ov. Tr. 1. 3. 102. SYN. 1, 2. lĕvo, as, q. v.—1. tollo, ĭs, sustŭli, sublātum, q. v.; ērĭgo, ĭs, rexi.—2. rĕlĕvo.

‡sublĭgar, āris, neut. *Drawers.* ——Persōnam thyrsumque tĕnent et sublĭgar Acci. Juv. 6. 70.

sŭblĭgo, as. *To bind, to gird on.* ——Tum lătĕri atque hŭmĕris Tĕgeæum sublĭgat ensem. V. Æn. 8. 459.

sŭblīmĕ. *On high.* ——Quæ grăvĭdam lātē sĕgĕtem ab rādĭcĭbus īmis Sŭblīme expulsam ēruĕrent. V. G. 1. 319. SYN. altē.

sŭblīmis, e. 1. *High, lofty.*—2. *Sublime.*——1. Hic vertex nōbis semper sŭblīmis at illum. V. G. 1. 242. Accĭpĭter . . . . Consĕquĭtur pennis sŭblīmem in nūbe cŏlumbam. V. Æn. 11. 722.—2. Non ĕgŏ contŭlĕrim sublīmia carmĭna nostris. Ov. Am. 3. 1. 39. SYN. 1, 2. altus, q. v.—1. †sŭblīmus.

†sŭblīmus, a, um. another form of prec., q. v. —— At nunc per măria et terras sŭblīmaque cœli. Lucr. 1. 341.

sŭblūceo, es, xi. no sup. 1. *To shine a little.* —2. *To shine under.*——1. Quālĭa sublūcent fŭgiente crĕpuscŭla Phœbo. Ov. Am. 1. 5. 5.—2. Candĭda nec misto sublūcent ōra rŭbōre. Ov. Her. 21. 217.

‡subluo, is, ui. *To wash underneath.* ——Inguīna sic toto subluis in sŏlio. Mart. 6. 81. 2.

sublustris, e. *Giving a dim light.* ——Et gălea Eurўăli sublustri noctis īn umbrâ Prōdĭdit immĕmŏrem. V. Æn. 9. 373.

submergo, ĭs, si, sum. *To drown, to sink.* ——Argīvûm atque ipsos pŏtuit submergĕre ponto. V. Æn. 1. 40. SYN. mergo, immergo, dēmergo; ōbruo, ĭs, ui, ŭtum.

submissē. *submissively.*——Multaque *submissē*, multa minanter agat. Ov. A. A. 3. 582.

submissus, a, um. prop. perf. part. pres. from seq. q. v. also: 1. *Stooping down.* —2. *humble, submissive.*——1. *Submissoque* hŭmĭles intrārunt vertĭce postes. Ov. Met. 8. 638.—2. *Submissâ* fūgiens vōce clientis ŏpem. Ov. Ep. e P. 4. 3. 42. SYN. 1. prōnus, ‡inclīnis. —2. hŭmĭlis, q. v. obnoxius.

submitto, ĭs, mīsi, missum. —‡1. *To send privily.* —2. *To place down, bend down, place under, etc.* —3. *To emit, to produce.*—4. *To bring up, to rear for a particular purpose.* —5. *To submit, make subservient, subject, etc. to.*—6. *To lay aside.* ——1. Cārus; et a trĕpĭdo Thȳmĕlē *submissa* Lătīno. Juv. 1. 36. —2. Ille căput vĭrĭdi fessum *submīsit* in herbâ. Ov. Met. 3. 502.—3. Aspice quot *submittat* hŭmus formōsa cŏlōres. Prop. 1. 2. 9.—4. Pascĭte, ut ante, bŏves pŭĕri, *submittite* tauros. V. E. 1. 46. —5. Cōgitur, et supplex ănĭmos *submittĕre* ămōri. V. Æn. 4. 414. —6. Vērum ăge, et inceptum frustra *submitte* fŭrōrem. V. Æn. 12. 832. SYN. 2. dēmitto. —3. ēmitto; ēdo, ĭs, ēdĭdi, q. v. —4. v. alo. —5. subjĭcio, ĭs, jēci, q. v. —6. pōno, ĭs, pŏsui, q. v.

submōtus, a, um. prop. perf. part. pass. from seq., q. v., used also as adj. 1. *Remote.* —2. *Banished, driven away.*——1. Hic spēlunca fuit vasto *submōta* rĕcessu. V. Æn. 8. 193. —2. Nec mea verba lĕgis qui sum *submōtus* ad Istrum. Ov. Ep. e P. 3. 4. 91. SYN. 1. rĕmōtus, q. v. —2. v. exsul.

submŏveo, es, mōvi, mōtum. *To remove.*——Nōn ĕnim gazæ nĕque consŭlāris *submŏvet* lictor mĭsĕros tŭmultus Mentis. Hor. 2. 16. 10. SYN. āmŏveo, rĕmŏveo, dīmŏveo.

subnascor, ĕris, natus sum. *To grow up under.*——Num văda *subnātis* īmo vĭrĭdentur ab herbis? Ov. Hal. 90.

‡subnăto, as. *To swim beneath.*——Pars *subnătat* undâ Membrōrum, pars exstat ăquis, tōtumque per æquor Portātur. Sil. 14. 482.

subnecto, ĭs, xui, xum. *To tie beneath.*——Aurea *subnectens* exsertæ cingŭla mammæ. V. Æn. 1. 496.

subnixus, a, um.— 1. *Leaning on, supported by.* —2. *Bound underneath.*——1. Septa armis, sŏlioque alte *subnixa* rĕsēdit. V. Æn. 1. 506. Parva Phĭloctētæ *subnixa* Pĕtilia mūro. V. Æn. 3. 402. —2. Mæŏniâ mentum mĭtrâ crīnemque mădentem *Subnixus.* V. Æn. 4. 218. SYN. 1. nixus, innixus.

‡subnŏto, as. *To remark privately.*——Et non sōbria verba *subnŏtâsti.* Mart. 1. 28. 5.

subnŭba, æ. *A concubine.*——Quod gĕmit Hypsĭpȳlē lecti quoque *subnŭba* nostri Mœreat. Ov. Her. 6. 153. SYN. pellex, ĭcis.

subnubĭlus, a um. *Rather cloudy, rather dark.*——Līmĕs ĕrat tĕnuis longâ *subnubĭlus* umbrâ. Ov. R. A. 599. v. opacus.

†sŭbŏrior, ĕris, ortus sum, infin. ŏrīri. *To arise.*——Ex infīnito *sŭbŏrīri* cōpia posset. Lucr. 1. 1034. SYN. orior, q. v.

†sŭbortus, ūs. *A rising.*——Ex ălio atque ălio lūcem jactāre *sŭbortu.* Lucr. 5. 303. SYN. ortus, q. v.

‡subrectus, a, um. prop. part. perf. pass. from subrigo, q. v. *Erect.*——Surgunt āversâ *subrectæ* fronte cŏlūbræ. Lucan. 9. 634. SYN. ērectus.

sŭbrēmĭgo, as. *To row gently, to make one's way gently through the water.* —— Ipsaque dorso Emĭnet, ac lævâ tăcĭtis *subrēmĭgat* undis. V. Æn. 10. 227.

sŭbrēpo, ĭs, psi. *To creep imperceptibly over.*——Blanda quies victis furtim *sŭbrēpit* ŏcellis. Ov. F. 3. 19. SYN. ŏbrēpo, ‡irrēpo; ‡irrepto, as.

sŭbrīdeo, es, si, sum. *To laugh slightly, to smile a little.*——Ad quem *subrīdens* mixtâ Mezentius īrâ. V. Æn. 10. 742.

sŭbrĭgo, ĭs. perf. hardly found, though perf. pass. part. **subrectus,** q. v., occurs in Lucan. *To raise.*——Tot linguæ tŏtĭdem ōra sŏnant; tŏt *subrĭgit* aures. V. Æn. 4. 183. SYN. ērigo, ĭs, rexi; tollo, ĭs, sustuli, sublatus; lĕvo, as.

sŭbrĭpio, ĭs, ui, reptum. (but this word is oftener written surr.) *To take away privily, to steal.*——Quæ me *surpuĕrat* (*for* surripuerat) mihi. Hor. 4. 13. 20. SYN. subduco, ĭs, xi; furor, āris. v. abripio.

sŭbrubeo, es, ui. no sup. *To be slightly red.*——Plēnaque purpŭreo *subrŭbet* ūva, mĕro. Ov. A. A. 2. 316.

sŭbruo, ĭs, ui, ŭtum. *To undermine, to overthrow.*——*Sŭbruĕre* est arces et stantia mœnia virtus. Ov. Tr. 3. 11. 23. SYN. ĕverto, ĭs, v. diruo, obruo.

subscribo, ĭs, psi, ptum. *To subscribe to, approve of.* —— Nēve prĕcor magni *subscrībĭte* Cæsăris īræ. Ov. Tr. 1. 2. 5. v. probo.

subsĕco, as, ui, sectum. *To cut off.* —— Illa păpāvĕreas *subsĕcat* ungue cŏmas. Ov. F. 4. 438. SYN. sĕco, rĕsĕco; abscindo, ĭs, scĭdi, scissum. v. carpo.

§**subsellium, i.** *A seat, esp. a judgment-seat.* —— Seu ad rei ventum est *Subsellium*, cum ōrātor excĭtat flētum. Cat. 37. 3. v. sedile.

subsĕquor, ĕris, sĕcūtus sum. *To follow.* —— *Subsĕquĭtur* pressoque lēgit vestīgia gressu. Ov. Met. 3. 17. SYN. sĕquor, q. v.

†**subservio, īs.** *To be slave to.* —— Ĭta istæc sŏlent quæ vīros *Subservīre* sibī postŭlant. Plaut. Men. 5. 2. 16. SYN. servio, q. v.

subsīdeo, es, sēdi, sessum. also in pres. **subsīdo, ĭs.** 1. *To lie in wait, to be hidden.* — 2. *To sink, to sink down, to settle to the bottom, etc., to subside.* —— 1. Dēvictâ Ăsiâ *subsēdit* ădulter (*but the reading and construction are doubtful*). V. Æn. 11. 268. Utque est, nōmĕn ĕrit; commixti corpŏre tanto *Subsīdent* Teucri. V. Æn. 12. 836. — 2. Extrēmus, gălеâque īmâ *subsēdit* Ăcestes. V. Æn. 5. 498. *Subsīdunt* undæ tŭmĭdumque sub axe tŏnanti Sternĭtur æquor ăquis. V. Æn. 5. 820. Substĭtit Ænēas, et sē collēgit ĭn armis Poplĭte *subsīdens.* V. Æn. 12. 492. SYN. 1. lăteo, es, ui, *no sup.*, q. v. — 2. v. sedeo, sido.

sŭbsĭdium, i. *A body of troops in reserve, aid, succour.* —— Ībant *Subsĭdio* Trōjæ et campos sălis ære sĕcābant. V. Æn. 10. 214. SYN. auxĭlium, q. v.

subsĭlio, īs, ui, sultum. *To leap, leap up.* —— Semper damnōsi *subsĭluēre* cănes. Prop. 4. 8. 46. SYN. exsĭlio. v. salio.

sŭbsisto, ĭs, stĭti. no sup. 1. *To stop, to stand still.* — 2. *To cease, to fail, etc.* — 3. *To stand firm, to withstand.* —— 1. *Substĭtit* errāvitne viâ, seu lassa rĕsēdit Incertum. V. Æn. 2. 739. — 2. Ingĕniumque meis *substĭtit* omne mălis. Ov. Her. 15. 196. — 3. Ergo nec clȳpeo jŭvĕnis *subsistĕre* tantum nec dextrâ vălet. V. Æn. 9. 806. SYN. 1. sto, stas, stĕti, *no sup.*; consisto. 1. 3. rĕsisto. — 2. cesso; dēfĭcio, ĭs, fēci.

substerno, ĭs, strāvi, strātum. *To strew, to spread down.* —— Quassaque cum fulvâ *substrāvit* cinnăma myrrhâ. Ov. Met. 15. 399. SYN. sterno, q. v.

substĭtuo, ĭs, ui, ūtum. *To place under, put before.* —— Fūnĕra frātrum Dēbuĕras ŏcŭlis *substĭtuisse* tuis. Ov. R. A. 573.

‡**substrāmĕn, ĭnis.** neut. *What is strewed under.* —— Lūbrĭca rōbŏreīs ădĕrant *substrāmĭna* plaustris. Sil. 12. 444.

substrictus, a, um. 1. *Bound up, tight.* — 2. *Slender.* —— 1. Et *substricta* gĕrens Sĭcyŏnius īlia Lādon. Ov. Met. 13. 216. — 2. Quem măre carpentem *substrictaque* crūra gĕrentem Aspĭcis. Ov. Met. 11. 752. SYN. 2. grăcĭlis.

‡**substruo, ĭs, xi, ctum.** *To found, to build.* —— *Substructâ* certat tăcĭtus contingĕre mētâ. Sil. 7. 676. v. struo.

subsum, sŭbĕs. no perf. etc. 1. *To be under.* — 2. *To be near.* —— 1. Nĭgra *sŭbest* ūdo tantum cui lingua pălāto. V. G. 3. 388. — 2. Templa mări *subsunt* nec marmŏre clāra nec auro. Ov. Met. 11. 359. SYN. 1. subjĭcior, ĕris, jectus sum; subdor, ĕris, dĭtus sum; suppōnor, ĕris, pŏsĭtus sum.

‡**subsūtus, a, um.** *Having a fringe sewn on at the bottom.* —— Quārum *subsūtâ* talos tĕgat instĭta veste. Hor. Sat. 1. 2. 29.

subtēmĕn, ĭnis. neut. 1. *The woof.* — 2. *The web, the thread.* —— 1. Insĕrĭtur medium rădiis *subtēmĕn* ăcūtis. Ov. Met. 6. 56. — 2. Nam mŏdŏ fulgentem Tȳrio *subtēmĭne* vestem Induĕras. Tib. 4. 1. 121. Unde tĭbī rĕdĭtum certo *subtēmĭne* Parcæ Rūpēre. Hor. Epod. 13. 15. v. tela, filum.

subter. after a verb of motion to a place, c. acc., otherwise c. abl., sometimes sine c. as adv. *Under, beneath.* —— Dixit et angusti *subter* fastīgia tecti Ingentem Ænēam duxit. V. Æn. 8. 366. Ferre lĭbet *subter* densâ testūdĭne cāsus. V. Æn. 9. 514. SYN. sub, q. v.

‡**subtĕrănhēlo, as.** *To pant under.* —— Vix sŏla suffĭciunt, insessaque pondĕre tanto *Subtĕrănhēlat* hŭmus. Stat. Sylv. 1. 1. 57.

subterlābor, ĕris, lapsus sum. *To glide or flow under.* —— Sic tĭbĭ dum fluctus *subterlābāre* Sĭcănos. V. E. 10. 4.

subtexo, ĭs, ui, xtum. 1. *To weave or bring in front, so as to cover, to cover.* — 2. *To compose (a book, etc.)* 1. Et pătrio căpĭti bĭbŭlas *subtexĕre* nūbes. Ov. Met. 14. 368. Intrĕmĕre omnem Murmŭre Trīnăcriam, et cœlum *sub-*

texĕre fūmo. V. Æn. 3. 582.—2. Inceptis dē tē *subtexam* carmĭna chartis. Tib 4. 1. 211. SYN. 1. obtexo. v. tego.—2. scribo, ĭs, psi, q. v.

subtīlis, e. 1. *Thin, slender.*—2. §*Acute, subtle.*——1. Non flāvo rĕtĭnens *subtīlem* vertĭce mĭtram. Cat. 62. 63.—2. *Subtīlis* vĕtĕrum jūdex et callĭdus audis. Hor. Sat. 2. 7. 101. SYN. 1. grăcĭlis, q. v.; tĕnuis —2. v. callĭdus.

†subtīlĭter. *Subtilely.*——Prīvas ad partes *subtīlĭter* insĭnuātus. Lucr. 6. 1030.

subtraho, ĭs, xi, ctum. *To withdraw (trans.), to take away.*——Fīniet illa dies quæ tē mihĭ *subtrahet* ōlim. Ov. Ibis, 131. SYN. abstraho; ădĭmo, ĭs, ēmi, emptum; aufĕro, fers, ferre, abstŭli, ăblātum; āmŏveo, es, mōvi; rĕmŏveo, submŏveo; ăbrĭpio, ĭs, pui, reptum; subdūco, ĭs, xi.

†subtus, adv. *Underneath.*——Extemplo *subtus* frīgescit terra, coitque. Lucr. 6. 865 SYN. subter, infrā.

§sŭbūcŭla, æ. *An under garment.*——Occurro, rīdes; si forte *sŭbūcŭla* pexæ Trīta sŭbest tŭnĭcæ. Hor. Epist. 1. 1. 95.

subvecto, as. *To carry.*——Et ferrūgineā *subvectat* corpŏra cymbā. V. Æn. 6. 303. SYN. vecto; veho, ĭs, xi, q. v.

subveho, ĭs, xi, ctum. *To carry, to carry up.*——*Subvehĭtur* magnā mātrum rēgīna cătervā. V. Æn. 11. 478. SYN. veho, q. v.; inveho.

subvĕnio, īs, vēni, ventum. *To come to the aid of.*——Et *subventūros* aufĕret unda Deos. Ov Am. 2. 16. 28. SYN. succurro, ĭs, q. v.

subverto, ĭs, ti, sum. *To overthrow, to destroy.*——Sustĭnuit tantas ŏpĕrum *subvertĕre* mōles. Ov. F. 6. 645. SYN. ēverto; subruo, ĭs, ui, ŭtum; prōruo; perdo, ĭs, dĭdi, q. v.

‡sūbŭla, æ. *An awl.*——Quodque tĭbĭ trĭbuit *sūbŭla*, sīca răpit. Mart. 3. 16. 2.

subvŏlo, as. *To fly upwards.*——Congĕrie e mĕdiā tum prīmum cognĭta præpes *Subvŏlat.* Ov. Met. 14. 577.

subvolvo, ĭs, vi, vŏlūtum. *To roll (trans.) upwards.*——Mōlīrique arcem et mănĭbus *subvolvĕre* saxa V. Æn. 1. 425.

sŭburbānus, a, um. *Suburban.*——Orta *sŭburbānis* quædam fuit Anna Bŏvillis. Ov. F. 3. 667.

sŭburgeo, es. no perf. *To urge forward.*——Namque fŭrens ănĭmi dum prōram ad saxa *sŭburget.* V. Æn. 5. 202. SYN. urgeo, adurgeo; prōpello, ĭs, puli, pulsum; impello.

succēdo, ĭs, cessi, sum. 1. *To go or come under or into, to approach, to enter.*—2. *To go under, so as to support.*—3. *To succeed, come after, come in one's turn.*—4. *To succeed, to prosper.*——1. Quāre ăgĭte, o tectis jŭvĕnes *succēdite* nostris. V. Æn. 1. 627.—2. *Succēdo*que ŏnĕri, dextræ se parvus Iūlus Implĭcuit. V. Æn. 2. 723.—3. *Succēdunt*que suis singŭla facta lŏcis. Ov. Tr. 3 4. 58.—4. Audiit et vōti Phœbus *succēdĕre* partem Mente dĕdit. V. Æn. 11. 794. SYN. 1. accēdo; ĭneo, īs, īvi, ĭtum; intro, as.—1, 2, 3. sŭbeo. v. fero.

succendo, ĭs, di, sum. 1. *To set fire to*—2. *To inflame.*——1. Flammĭfĕrā pīnus mănĭbus *succendit* ab Ætnā. Ov. Met. 5. 442.—2. Non sic Leucippis *succendit* Castŏra Phœbe. Prop. 1. 2. 15. SYN. 1, 2. incendo, accendo; torreo, es, ui, tostum. v. flagro.

succenseo, es, ui. no sup. *To be angry.*——Nec tu *succensē* nĭmium mihĭ crēdĭtus ægre. Ov. Her. 17. 129. SYN. īrascor, ĕris, īrātus sum, q. v.

successor, ōris. *A successor.*——*Successōre* nŏvo tollĭtur omnis Amor. Ov. R. A. 462.

successus, ūs. *Success.*——Sic Turno, quamcunque viam virtūte pĕtīvit *Successum* Dea dīra nĕgat. V. Æn. 12. 914. v. fortuna.

succīdo, ĭs, di, sum. *To cut down.*——Partim *succīdit* curvāmĭne falcis ahēnæ. Ov. Met. 7. 227. SYN. cædo, *perf.* cĕcīdi, rĕcīdo; sĕco, as, ui, sectum; reseco, subsĕco.

succĭdo, ĭs, di. no sup. *To fall.*——*Succĭdĭmus,* non lingua vălet, non corpŏre nōtæ Suffĭciunt vīres. V. Æn. 12. 911. SYN. cădo, is, cĕcĭdi, cāsum, q. v.

succĭdus, a, um. *Juicy, greasy.*——*Succĭda* palliŏlo vellĕra quinque pĕtit. Mart. 11. 28. 8.

succĭduus, a, um. *Falling.*——*Succĭduo* dīcor prōcŭbuisse gĕnu. Ov. Her. 13. 24. SYN. cădūcus.

succingo, ĭs, nxi, nctum. 1. *To gird up, to gird round.*—2. *To gird oneself up* *for; prepare for.*—— 1. Scylla fĕrīs ātram cănĭbus *succingĭtur* alvum. Ov. Met. 13. 732. *Succinctique* călent ad nova săcra pŏpæ. Prop. 4. 3. 62.——2. Barbăra pars: lævâ est ăvĭdæ *succincta* răpīnæ. Ov. Tr. 1. 10. 31. SYN. 1, 2. accingo, q. v.

§succĭno, is, ui. *To sing after, to say in a whining voice.*——*Succĭnit* alter, Et mihĭ dīvĭduo findetur mūnĕre quădra. Hor. Epist. 1. 17. 48.

‡succĭnum, i. *Amber.*—— In cujus mănĭbus ceu pinguia *succĭna* trītas. Juv. 6. 573. SYN. ēlectrum.

‡succĭnus, a, um. *Of amber.*—— Fluxit in obstantem *succĭna* gemma fĕram. Mart. 4. 59. 2.

succresco, ĭs, crēvi, crētum. *To grow under, to grow up.*——*Succrescit* ab īmo Tōtaque paulătim lentus prĕmit inguīna cortex. Ov. Met. 9. 352. v. cresco.

succumbo, ĭs, cŭbui. no sup. *To yield.*—— Lūmĭne custōdis *succumbĕre* nescia somno. Ov. Her. 12. 49. SYN. cēdo, ĭs, cessi, q. v.

succurro, ĭs, ri, rsum. 1. †*To run under.*—2. *To help.*—3. *To occur (to the mind).*——1. Tempŏre eōdem ălĭud nĕqueat *succurrĕre* Lūnæ corpus. Lucr. 5. 764.—2. Non ignāra măli mĭsĕris *succurrĕre* disco. V. Æn. 1. 630.—3. Non tĭbĭ *succurrit* crūdi Diŏmēdis ĭmāgo. Ov. Her. 9. 67. SYN. 2. jŭvo, as, jūvi, q. v.; adjŭvo; auxĭlior, āris; subvĕnio, ĭs, vēni.—3. occurro. PHR. 2. Auxĭlioque lĕvāre vĭros. V.

succus, i. *The juice of anything, often esp. of herbs used as medicaments.*——Tum *succos* herbasque dĕdi queîs līvor ăbīret. Tib. 1. 7. 13. SYN. vīrus, *neut.* q. v.

succŭtio, ĭs, cussi, cussum. *To shake.*——*Succŭtĭtur* altē, sĭmĭlisque est currus ĭnāni. Ov. Met. 2. 166. SYN. quatio, concutio.

§sūdārium, i. *A napkin.*—— Nam *sūdāria* sētăba ex Ībĕris Mīsērunt mihĭ. Cat. 12. 14.

‡sūdātrix, īcis. fem. *Causing to sweat.*——*Sūdātrix* tŏga *ventĭlat*, văgumque. Mart. 12. 18. 5.

sŭdes, ĭs. fem. *A stake.*—— Quădrĭfĭdasque *sŭdes* et ăcūto rōbŏre vallos. V. G. 2. 25. SYN. stīpĕs, ĭtis, *masc.*

sūdo, as. 1. *To sweat, to pour forth like sweat, etc.*—2. *To toil.*——1. Cinnămaquē, costumque suam, *sūdātaque* ligno Thūra fĕrat. Ov. Met. 10. 308.—2. Mille dŏli restant; clīvo *sūdāmus* in īmo. Ov. Her. 20. 41. SYN. 1, 2. exūdo.—1. ‡dēsūdo.—2. lăbōro, as, q. v.

sūdor, ōris. masc. 1. *Sweat.*—2. *Toil.*——1. Occŭpat obsessos *sūdor* mihĭ frīgĭdus artus. Ov. Met. 5. 632.—2. Messāpi, et multo phălĕras *sūdōre* rĕceptas. V. Æn. 9. 458. SYN. 2. lăbor, q. v. PHR. Salsusque per artus Sūdor iit. V. Tum gĕlĭdus tōto mānābat corpŏre sūdor. V. Crēber ănhēlĭtus artus Ărĭdaque ōra quătit; sūdor fluit undĭque rĭvis. V. Tōto corpŏre sūdor Lĭquĭtur. V.

sūdus, a, um. neut., often as subst. *Fair, dry, without clouds.*—— Ergo ŭbĭ ver nactæ *sūdum* camposque pătentes. V. G. 4. 77. Arma inter nūbes, cœli in rĕgione sĕrēnâ Per *sūdum* rŭtĭlāre vĭdent. V. Æn. 8. 529.

sueo, es, suēvi and **suēvi.** part. perf. pass. **suētus** in dep. sense. Lucr. has pres., but the Augustan poets only use the perf. *To be wont, to be accustomed.*—— Urbiś virtūtisque părens sic vincĕre *suēvit.* Prop. 4. 10. 17. Sed tămĕn īdem ōlim curru succedere *suēti.* V. Æn. 3. 541. SYN. consuesco, ĭs, suevi; assuesco; sŏleo, es, sŏlĭtus sum.

suffĕro, fers, ferre. no perf. *To withstand.*—— Instat vi pătriâ Pyrrhus, nec claustra nĕc ipsi Custōdes *sufferre* vălent. V. Æn. 2. 491. SYN. fĕro; sustĭneo, es; suffĭcio, ĭs, fēci. v. subsisto.

suffĭcio, ĭs, fēci, fectum. 1. *To substitute.*—2. *To supply, to afford, to furnish.*—3. *To be sufficient.*—4. *To withstand.*——1. Atque ălium ex ăliâ generando *suffĭce* prōlem. V. G. 3. 65.—2. Ipse păter Dănaīs ănĭmos vīresque sĕcundas *Suffĭcit.* V. Æn. 2. 618.—3. *Suffĭcit,* atque ipso vexātum indūruit ūsu. Ov. Tr. 5. 2. 5.—4. Discussæque jŭbæ căpĭti, nec *suffĭcit* umbo Ictĭbus. V. Æn. 9. 810. SYN. 1. subdo, ĭs, dĭdi, dĭtum; ‡substĭtuo, ĭs, ui, ūtum.—2. præbeo, es, q. v.—3. suppĕto, is, q. v.—4. v. prec.

suffīgo, ĭs, xi, xum. *To fix, to fasten.*—— Nec pŏpŭlum auscultāre sed huic *suffixa* tĭgillo Tantum ŏpĕrīre sōles. Cat. 65. 39. SYN. fīgo, q. v.

suffīmĕn, ĭnis. neut. *Perfume arising from fumigation.*—— Ī pĕte virgĭneâ pŏpŭlus *suffīmĕn* ab ārâ. Ov. F. 4. 731.

suffio, is. *To perfume by fumigation, to fumigate.*——At *suffīre* thymo, cērasque rĕcīdĕre ĭnānes Quis dŭbĭtet. V. G. 4. 241. SYN. văpōro, as. v. suffōco.

‡sufflāmen, ĭnis. neut. *A drag chain, any delay or obstacle.*——Ipse rŏtam stringit multo *sufflāmĭne* consul. Juv. 8. 148. v. mora.

‡sufflo, as. *To puff up, to puff out.*——*Sufflāvit* buccis terque quăterque suis. Mart. 3. 17. 4. SYN. inflo.

†suffōco, as. *To stifle.*——Aut in melle sĭtum *suffōcāri* atque rigēre. Lucr. 3. 904. v. ango.

suffŏco, as. *To purify by burning incense.*——*Suffŏcat* et pūrâ līmĭna tergit ăquâ. Prop. 4. 8. 84. v. suffio.

suffossus, a, um. *Stabbed.*——Quōrum alter hăbēnas *Suffosso* rĕvŏlūtus ĕquo dum collĭgit; alter. V. Æn. 11. 671. SYN. confossus, trajectus.

suffrăgium, i. *A vote, a suffrage.*——Grāta quĭdem sunt hæc ănĭmo *suffrāgia* nostro. Ov. Ep. e P. 2. 5. 23.

†suffŭgio, is, fūgi, fūgĭtum. *To avoid, to escape.*——Quæ quŏniam mănuum tactum *suffūgit* et ictum. Lucr. 5. 151. SYN. fŭgio, q. v.

suffŭgium, i. *A refuge.*——Quod nĭsĭ *suffŭgium* nimbos vītantĭbus essem. Ov. Nux. 119. SYN. confŭgium.

†suffulcio, is, si, tum. *To prop.*——Proptĕrĕa căpĭtur cĭbus ut *suffulciat* artus. Lucr. 4. 865. SYN. fulcio.

suffundo, is, fūdi, fūsum. *To suffuse, to spread.*——At si virgĭneum *suffūdĕrit* ōre rŭbōrem. V. G. 1. 430. SYN. spargo. v. fundo.

suggĕro, is, gessi, gestum. 1. *To supply.*—2. *To put under.*—3. *To heap up.*——1. *Suggĕre* tela mihī stĕtĕrunt quæ in corpŏre Graiûm. V. Æn. 10. 333. —2. Flamma sŏnōre Virgea *suggĕritur* costīs undantis ăhēni. V. Æn. 7. 462. —3. Fīdaque *suggestâ* castra cŏrōnat hŭmo. Prop. 4. 4. 8. SYN. 1. mĭnistro, as.—2. suppōno, is, pŏsui, q. v.—3. aggĕro, is; aggĕro, as, q. v.

‡suggestus, ūs. masc. *Any thing heaped up.*——*Suggestum*que cŏmæ; Lătias mētīre quid ultra. Stat. Sylv. 1. 2. 114. v. agger.

‡sūgo, is, xi, ctum. *To suck.*——*Sūgĭtur* incīso mȳtĭlus ore mihi. Mart. 3. 60. 4. SYN. exsūgo, *only in part. perf. pass.*

sui, sĭbĭ, sē. gen. dat. and acc. sing and pl. *Oneself, himself, herself, themselves, etc.; in acc. often repeated,* **sēsē.**——Ēmĭcuit summâque lŏcum *sibi* lēgit in arce. Ov. Met. 1. 27. At mihi *sēse* offert ultro meus ignis Ămyntas. V. E. 3. 66. v. ipse.

‡suillus, a, um. *Of a pig.*——Nec distāre pŭtant hūmānâ carne *suillam.* Juv. 14. 98.

‡sulcātor, ōris, masc. *One who furrows.*——Quā sē Băgrăda lentus agit siccæ *sulcātor* ărēnæ. Lucan. 4. 587.

sulco, as. *To furrow, to mark as with a furrow.*——Nec quisquam presso vōmĕre *sulcat* hŭmum. Ov. Tr. 3. 10. 68. Junctisque fĕruntur Frontĭbus et longâ *sulcant* vāda salsa cărīnâ. V. Æn. 5. 158. SYN. exăro, as; pĕrăro. v. findo.

sulcus, i. *A furrow, any long line like a furrow; a streak of light, etc.*——Oppĭda, quæ jŭbeant tellūri infindĕre *sulcos.* V. E. 4. 33. Tum longo līmĭte *sulcus* Dat lūcem. V. Æn. 2. 697. PHR. 1. Tĕnui sat ĕrit suspendĕre sulco (terram). V.

sulfur, ŭris. neut. *Sulphur, brimstone.*——Terque meum tĕtĭgi *sulfŭris* igne căput. Prop. 4. 8. 86.

‡sulfŭrātus, a, um. *Impregnated with sulphur.*——Nec *sulfŭrātæ* lippus instĭtor mercis. Mart. 12. 57. 14.

sulfŭreus, a, um. *Sulphurous.*——Nam quæ *sulfŭreis* ardet fornācĭbus Ætne. Ov. Met. 15. 340. v. prec.

sum, ĕs, esse, fui, fŭtūrus, with epic pres. subj. **fuam**; also **fŏrem,** both as imperf. and pluperf. subj., and **fŏre** as fut. infin. 1. *To be.*—2. *To be possible.* —3. *To happen, etc.*——Quisquis ĕs haud crēdo invīsus cœlestĭbus auras Vītāles carpis. V. Æn. 1. 387. Hinc *fŏre* ductōres rĕvŏcāto a sanguĭne Teucri. V. Æn. 1. 235. Tros Rŭtŭlusve *fuat.* V. Æn. 10. 108.—2. *Est* ut vĭro vir lātĭus ordĭnet Arbusta sulcis. Hor. 3. 1. 9.—3. Nec tĭbĭ, *sit* dūros ăcuisse in prælia dentes. Tib. 4. 33. SYN. 3. ēvĕnio, is, vēni, q. v. PHR. 1. Ast ĕgŏ quæ Dīvûm incēdo rēgina. V.

‡sūmĕn, ĭnis. neut. *A sow's udder.*——Esse pŭtes nondum *sūmen.* Mart. 13. 44. 1.

summa, æ. *The sum or aggregate of any thing; the sum of one's wishes, etc.;*

the chief glory, etc.——Hoc căput, o cīves, hæc belli *summa* nĕfandi. V. Æn. 12. 572. In Vĕnĕris tăbŭlā *summam* sĭbĭ pōnit Ăpelles. Prop. 3. 9. 11. v. summus.

†**summŏpĕrĕ.** *With all one's might.*——Omnia *summŏpĕre* hos vītæ proscēnia cēlant. Lucr. 4. 1179.

summum. *For the last time.*——Nunc ĕgŏ te infēlix *summum* tĕneoque tuorque. Ov. ad Liv. 137. SYN. sūpremum, q. v.

summus, a, um. prop. contracted from sūprēmus (q. v.), though the two words are not always used in the same sense. 1. *The highest.*—2. *The extreme, the extremity of any thing.*—3. *The main, the whole.*—4. *The best, the greatest, supreme.*—5. *The last.*——1. Fĕriuntque *summos* Fulgŭra montes. Hor. 2. 10. 11.—2. *Summa*que per gălean dēlībans oscŭla fātur. V. Æn. 12. 434.—3. Quo res *summa* lŏco Panthu; quam prēndĭmus arcem? V. Æn. 2. 322.—4. *Summe* Deûm, sancti custos Sōractis Ăpollo. V. Æn. 11. 785. Mēne ĭgĭtur sŏcium *summis* adjungĕre rēbus, Nīse, fŭgis? V. Æn. 9. 199.—5. Vēnit *summa* dies, et ĭnēluctābĭle tempus Dardăniæ. V. Æn. 2. 324. SYN. 1, 2, 4, 5. sūprēmus.—1. altissĭmus. v. altus.—2. 5. extrēmus.—4. optĭmus, maxĭmus.—5. ultĭmus, nŏvissĭmus.

sūmo, ĭs, sumpsi, mptum. 1. *To take.*—2. *To exact (punishment).*——1. *Sumpsi* ănĭmum, grātesque Deo non terrĭtus ēgi. Ov. F. 1. 147.—2. Immŏlat, et pœnam scĕlĕrāto ē sanguĭne *sūmit.* V. Æn. 12. 949. SYN. 1. assūmo; căpio, ĭs, cēpi, q. v.—2. rĕcĭpio. v. pœna.

sumptuōsē. *Expensively.*——Vos convīvia lauta *sumptuōse* De diē făcĭtis. Cat. 47. 5.

sumptuōsus, a, um. *Expensive.*——Non *sumptuōsā* blandior hostiā. Hor. 3. 23. 8. SYN. cārus, prĕtiōsus.

sumptus, ûs. *Expense, cost.*——Inspĭce lūdōrum *sumptūs* Auguste tuōrum. Ov. Tr. 2. 509. SYN. impensa, ‡impendium. v. pretium.

Sūnium, i, also **Sūniŏn.** *Cape Colonna, the southern promontory of Attica.*——*Sūniŏn* expŏsĭtum Pīræaque tūta rĕcessu Linquit. Ov. F. 4. 563.

sŭpellex, ectĭlis. fem. *Household furniture, any furniture.*——Virgea prætĕreā Cĕlēī vīlisque *sŭpellex.* V. G. 1. 165.

sŭper. prep. 1. *Above, on, c. acc. or c. abl.*—2. *For the sake of, on account of, concerning, c. abl.*—3. *Beyond.*—4. *At (of time), on (an occasion, etc.), c. abl.*—5. *As adv., above, from above, sine c.*—6. *Moreover.*—7. *Surviving.*——1. Ille *sŭper* terram defecto poplĭte lābens. Ov. Met. 13. 477. Destrictus ensis cui *sŭper* impiā Cervīce pendet. Hor. 3. 1. 17.—2. Hæc *sŭper* arvōrum cultu pĕcŏrumque cănēbam Et *sŭper* arbŏrĭbus. V. G. 4. 559. Nec *sŭper* ipse suâ mōlītur laude lăbōrem. V. Æn. 4. 233.—3. *Sŭper* et Gărămantăs et Indos Prōfĕret impĕrium. V. Æn. 6. 795. Tālia carmĭnĭbus cĕlĕbrant, *sŭper* omnia Căci Spēluncam adjĭcĭunt. V. Æn. 8. 303.—4. Nocte *sŭper* mĕdiā. V. Æn. 9. 61. Concĭnes lætosque dies, et urbis Publĭcum lūdum, *sŭper* impĕtrāto Fortis Augusti rĕdĭtu. Hor. 4. 2. 42.—5. Hæc *sŭper* e vallo prospectant Trōēs, et armis Alta tĕnent. V. Æn. 9. 168.—6. Cui nĕque ăpud Dănaos usquam lŏcus, et *sŭper* ipsi Dardănĭdæ infensi pœnas cum sanguĭne poscunt. V. Æn. 2. 71.—7. Oh mihĭ sōla mei *sŭper* Astyănactis ĭmāgo. V. Æn. 3. 489. SYN. 1. in, *c. abl. except when preceded by a word of motion.*—1. 3. 5. sŭprā.—2. dē, *c. abl.* (v. propter).—3. ultrā, *c. acc.*; extrā, *c. acc.*—5. dēsŭper, sŭperne.—6. quĭn, quĭnĕtiam, q. v.—7. v. superstes.

sŭpĕrābĭlis, e. *That may be conquered, surmountable.*——Scīlĭcet ut per vim non est *sŭpĕrābĭlis* ulli. Ov. Tr. 5. 8. 27. SYN. dŏmābĭlis, ‡expugnābĭlis. v. supero.

sŭpĕraddo, ĭs, dĭdi, dĭtum. *To add besides.*——Et tŭmŭlum făcĭte, et tŭmŭlo *sŭpĕraddĭte* carmen. V. E. 5. 22. SYN. addo, q. v.

sŭpĕrans, antis. prop. pres. part. act. from supero, q. v., used as adj. by Lucr. *Prevailing, overcoming, powerful.*——Cum sĕmĕl in terrā fuĕrit *sŭpĕrantior* ignis. Lucr. 5. 395. v. potens.

sŭpĕrasto, as, stĭti. no sup. *To stand on.*——Chalcĭdĭcăque lĕvis tandem *sŭperastĭtit* arce. V. Æn. 6. 17.

sŭpĕrātor, ōris. masc. *A conqueror.*——Gorgŏnis anguĭcŏmæ Perseus *sŭpĕrātor,* et ălis. Ov. Met. 4. 698. SYN. victor, dŏmĭtor, dŏmātor, dēbellātor.

sŭpĕraurātus, a, um. *Gilded over.*——Et *sŭperaurātā* spărŭlus cervīce rĕfulgens. Ov. Hal. 106. SYN. aurātus, inaurātus.

sŭperbē. *Proudly.*——Nē quid ob admissum fœdē, dictumve *sŭperbe.* Lucr. 5. 1223.

sŭperbia, æ. *Pride.*——Fastus īnest pulchris, sĕquĭturque *sŭperbia* formam. Ov. F. 1. 419. SYN. insŏlentia, glōria; fastus, ūs; flātus, ûs. v. fastidium. PHR. Ne tŭmeat vultu damnōsa sŭperbia vestro. Ov. Ān usque In nostrum jăcies verba sŭperba căput? Prop. Ātque sŭperba păti fastīdia. V. Ingrātam Vĕnĕri pōne sŭperbiam. Hor. v. sŭpercilium.

sŭperbio, īs. 1. *To be proud; lit. and metaph.*—2. ‡*To despise, to disdain.*——1. Ille lĭcet pătriis sĭne fīne *sŭperbiat* actis. Ov. Her. 8. 43. Et quæ sub Tўriā concha *sŭperbit* ăquā. Prop. 4. 5. 22.—2. Prætĕrit haud dŭbium fāti, et spŏliāre *sŭperbit.* Stat. Theb. 8. 588. SYN. 2. fastīdio, īs, q. v. PHR. 1. Ut vīdit fulgentem armīs, ac vāna tŭmentem. V. Es tŭmĭdus gĕnĭtoris ĭmāgĭne falsi. Ov.

sŭperbus, a, um. 1. *Proud.*—2. *Superb, magnificent.*——1. Laudāto pāvōne *sŭperbior,* ācrior igni. Ov. Met. 13. 802. Insultāre sŏlo, et gressus glŏmĕrāre *sŭperbos.* V. G. 3. 117.—2. Barbărĭco postes auro spŏliisque *sŭperbi.* V. Æn. 2. 504. SYN. 1. ēlātus, sŭblātus, tŭmĭdus, tŭmens, arrŏgans, fastīdiōsus, ‡fastōsus, rĕsŭpīnus. PHR. Ŏcŭlos circumtŭlit alta sŭperbos. Ov.

sŭpercĭlium, i. 1. *An eyebrow.*—2. *Gravity, severity, superciliousness.*—3. *The brow or ridge of a hill.*——1. Arte *sŭpercĭlii* confīnia nuda rĕplētis. Ov. A. A. 3. 201. Rĕges în ipsos impĕrium est Jŏvis . . . Cuncta *sŭpercĭlio* mŏventis (i. e. *by his nod*). Hor. 3. 1. 8.—2. Sæpe *sŭpercĭlii* nūdas mātrōna sĕvēri . . . vīdet. Ov. Tr. 2. 309.—3. Ecce *sŭpercĭlio* clīvōsi trāmĭtis undam Ēlĭcit. V. G. 1. 108. SYN. 3. jŭgum. v. fastus.

†sŭpĕrēdĭtus, a, um. *Very high.*——Atque ŏriens ŏbĭtūs ējus *sŭpĕrēdĭta* vīdit. Lucr. 5. 707. SYN. præcelsus, excelsus.

sŭpĕrēmĭneo, es. no perf. *To overtop, stand above.*——Ōrīon Cum pĕdes incēdit mĕdii per maxĭma Nērei Stagna viam scindens hŭmĕro *sŭpĕrēmĭnet* undas. V. Æn. 10. 765. PHR. Tōto vertĭce sŭpra est. V. v. exsto.

‡sŭpĕrēnăto, as. *To swim or sail over.*——Victŏris pătiens tŭmĭdum *sŭpĕrēnătat* amnem. Lucan. 4. 133.

sŭperfluens, entis. *Abounding.*——Et ille nunc sŭperbus et *sŭperfluens.* Cat. 27. 6.

‡sŭperfŭgio, īs, fūgi, fŭgĭtum. *To flee over.*——Dūcit et intactas lĕvis ipse *sŭperfŭgit* undas. Val. Fl. 3. 554.

superfundo, īs, fūdi, fūsum.——Nūda *sŭperfūsis* tingāmus corpŏra lymphis. Ov. Met. 2. 459. SYN. infundo.

sŭperjăcio, īs, jēci, jectum. *To throw upon, to lay upon.*——Nunc ruit ad terras, scŏpŭlosque *sŭperjăcit* undam Spūmeus. V. Æn. 11. 625. SYN. sŭpĕrinjicio.

sŭpĕrimmĭneo, es. no perf. *To overhang, esp. so as to threaten.*——Pŏdălīrius Alsum . . . Ense sĕquens nūdo *sŭpĕrimmĭnet*—ille sĕcūri. V. Æn. 12. 306. SYN. immĭneo. v. seq.

sŭpĕrimpendens, entis. *Overhanging.*——Tempē quæ sylvæ cingunt *sŭpĕrimpendentes.* Cat. 62. 286.

sŭpĕrimpono, īs, pŏsui, ĭtum. *To place upon.*——Aut *sŭpĕrimpŏsĭtā* cēlātur ărundĭne damnum. Ov. Met. 9. 100. SYN. sŭperpōno.

sŭpĕrincumbo, īs, cŭbui. no sup. *To lie upon.*——Non *sŭpĕrincŭbui,* non oscŭla frīgĭda carpsi. Ov. Her. 11. 117.

sŭpĕringĕro, īs, gessi, gestum. *To heap up or upon.*——Quippe ŭbī non unquam Tītan *sŭpĕringĕrit* ortus. Tib. 4. 1. 157. SYN. ingĕro. v. seq.

sŭpĕrinjĭcio, īs, jēci, jectum. *To throw on or upon.*——Quō *sŭpĕrinjēcit* textum rŭde sēdŭla Baucis. Ov. Met. 8. 640. SYN. sŭperjăcio. v. superpono.

†sŭpĕrinsīdeo, es, sēdi, sessum. *To settle upon.*——Jam dēsīdĕrium rērum *sŭpĕrinsīdet* ūna. Lucr. 3. 915.

‡sŭpĕrinstrĕpo, īs, ui. *To roar above.*——Eurўdămas Nŏmădos dextrā, *sŭpĕrinstrĕpit* āter. Sil. 2. 186.

sŭperne. *From above.*——Inter ŏdōrātum lauri nĕmus; undĕ *sŭperne* Plūrĭmus Ērĭdăni per sylvam volvĭtur amnis. V. Æn. 6. 658. SYN. dēsŭper, sŭper.

sŭpernus, a, um. *Superior, supreme.*——Ipsos Inscripsēre Deos scĕlĕri, nŭmenque *sŭpernum* Cæde lăbŏrĭfĕri crēdunt gaudēre jŭvenci. Ov. Met. 15. 128. v. summus.

sŭpĕro, as. 1. *To surpass, to outdo.*—2. *To conquer.*—3. *To overtop, to pass above, to pass beyond.*—4. *To suffice, to abound, to be greatest in number.*—5. *To remain, to outlast, to survive.*——1. Quid si īdem certet Phœbum *sŭpĕrāre* cănendo. V. E. 5. 9.—2. Clam ferro incautum *sŭpĕrat* sēcūrus ămōrum Germānæ. V. Æn. 1. 350.—3. Excŭtior somno, et summi fastīgia tecti Ascensu *sŭpĕro.* V. Æn. 2. 303. Illa lĕvi vēlox *sŭpĕrābat* rētia saltu. Ov. Met. 7. 767.—4. Intĕreā *sŭpĕrat* grĕgĭbus dum læta jŭventus Solve mărea. V. G. 3. 63.—5. Murrānum, quo non *sŭpĕrat* mihĭ cārior alter. V. Æn. 12. 639. Vīdĭmus excĭdia, et captæ *sŭpĕrāvĭmus* urbi. V. Æn. 2. 643. SYN. 1. præsto, as, stĭti, *no sup.*—1, 2, 3. exsŭpĕro.—1, 2. vinco, ĭs, vīci.—3 prætĕreo, īs, īvi, ĭtum.—4. suffĭcio, ĭs, fēci. v. abundo.—5. sŭpersum, ĕs, fui.

sŭpĕrŏbruo, ĭs, ui, ŭtum.——Dixit et ingestis cŏmĭtum *sŭpĕrŏbruit* armis. Prop. 4. 4. 89. SYN. ōbruo.

sŭperpōno, ĭs, pŏsui, pŏsĭtum *To place on.*——Causa *sŭperpŏsĭtæ* scripto testāta cŏrōnæ. Ov. Tr. 3. 1. 47. SYN. impōno, q. v.; sŭpĕrimpōno; sŭperjăcio, ĭs, jēci; sŭpĕrinjĭcio.

sŭperstĕs, ĭtis. *Surviving.*——Contra ĕgŏ vīvendo vīci mea fāta *sŭperstes* Restārem ut gĕnĭtor. V. Æn. 11. 160. Rustĭcĭtas priscīs illa *sŭperstĕs* ăvis. Ov. A. A. 3. 128. v. reliquus, super.

sŭperstĭtio, onis. fem.——Ūna *sŭperstĭtio* sŭpĕris quæ reddĭta Dīvis. V. Æn. 12. 817. v. religio. PHR. Vāna sŭperstĭtio vĕtĕrumque ignāra Deōrum. V.

sŭpersto, as, stĕti. no sup. *To stand over.*——Ossa *sŭperstābunt* vŏlŭcres inhŭmāta mărīnæ. Ov. Her. 10. 123. SYN. insto, as; insisto, ĭs, *no perf.*

sŭpersum, ĕs, fui, etc., sometimes in tmesi. 1. *To remain* —2. *To survive.*——1. Nunc mihĭ cur cantent *sŭpĕrest* obscœna puellæ Dīcĕre. Ov. F. 3. 675. Nunc ĕgŏ namque *sŭper* tĭbi *ĕrunt* qui dīcĕre laudes Vāre tuas cŭpiant. V. E. 6. 5. Quantum de vallo dīcĭtur *esse sŭper.* Ov. F. 2. 748.—2. Vix septem convulsæ undīs Euroque *sŭpersunt.* V. Æn. 1. 383. SYN. 1. măneo, es, mansi, q. v.—2. sŭpĕro, as. v. vinco.

sŭpervăcuus, a, um. *Superfluous.*——Sĕpulchri Mitte *sŭpervăcuos* hŏnōres. Hor. 2. 20. 24.

sŭperveho, ĭs, xi, ctum. *To carry over or beyond.*——Prŏgĕnies Phthīæ clāra *sŭpervehĭtur.* Cat. 64. 44.

sŭpervĕnio, ĭs, vēni, ventum. *To come upon.*——Addit sē sŏciam tĭmĭdisque *sŭpervĕnit* Ægle. V. E. 6. 20.

sŭpervŏlĭto, as. *To fly over.*——Infēlix sua tecta *sŭpervŏlĭtāvĕrit* ālis. V. E. 6. 80. v. seq.

sŭpervŏlo, as. *To fly over.*——Despectat terras, totumque *sŭpervŏlat* orbem. Ov. Met. 4. 623. v. prec.

sŭpĕrus, a, um. *Above, upper, on high, in pl. esp. epith. and often syn. of the gods.*——Tālis sēse hālĭtus ātris Faucĭbus effundens *sŭpĕra* ad convexa fĕrēbat. V. Æn. 6. 240. Flectĕre si nĕqueo *Sŭpĕros* Ăchĕronta mŏvebo. V. Æn. 7. 312. v. altus, Deus.

sŭpīno, as. *To turn up.*——Ante *sŭpīnātas* Ăquĭlōni ostendĕre glēbas. V. G. 2. 261. SYN. inverto, ĭs, ti, sum.

sŭpīnus, a, um. 1. *With the face upwards, looking upwards, raised upwards, sloping upwards, etc.*—2. ‡*Proud.*——1. Cœlo *sŭpīnas* si tŭlĕris mănus. Hor. 3. 23. 1. Sin tŭmŭlīs acclīve sŏlum collesque *sŭpīnos* (metabere). V. G. 2. 276. Flūmĭnaque in fontes cursu rĕdĭtūra *sŭpīno.* Ov. Ep. e P. 4. 5. 43.—2. Sēse ălĭquod crēdens Ĭtălo quod hŏnōre *sŭpīnus.* Pers. 1. 129. SYN. 1, 2. rĕsŭpīnus.

‡**suppărum, i.** *A topsail.*——Summaque pandens *Suppăra* vēlōrum pĕrĭtūras collĭgit auras. Lucan. 5. 429. v. velum.

†‡**suppĕdĭto, as.** 1. *To supply, to furnish.*—2. *To suffice, to exist in large quantities.*——1. *Suppĕdĭta* mihĭ tēla; vădis līventis Ăverni Dēmitti glŏbus ille cŭpit. Sil. 10. 137.—2. Unde măre, ingĕnui fontes externaque longe Flūmĭna *suppĕdĭtant.* Lucr. 1. 231. SYN. 1. mĭnistro, as, q. v.—1, 2. suffĭcio, ĭs, fēci.

suppernātus, a, um. *Hamstrung, cut.*——Alnus In fossā Lĭgŭri jăcet *suppernāta* sĕcūri. Cat. 18. 19. SYN. cæsus. v. cœdo.

suppĕto, ĭs. *To suffice.*——Nŏvīs ut usque *suppĕtas* dŏlōrĭbus. Hor. Epod. 17. 63. SYN. suffĭcio, ĭs, fēci, q. v.

‡**supplanto, as.** *To trip up, to check.*——Ēlĭquat et tĕnĕro *supplantat* verba pălāto. Pers. 1. 35. v. supprimo.

suppleo, es, ēvi, etum. *To fill, to refill, to furnish with a full equipment.*——Adjectoque căvæ *supplentur* sanguĭne vēnæ. Ov. Met. 7. 291. Rēmĭgium *supplet*, sŏcios sĭmŭl instruit armis. V. Æn. 3. 471. SYN. compleo, q. v.

supplex, ĭcis. *Suppliant, often as subst.*——Jūnōni cāne vōta lĭbens, dŏmĭnamque pŏtentem *Supplĭcĭbus* sŭpĕra dōnis. V. Æn. 3. 439. *Supplĭcĭbus* vestris ferre sŏlētis ŏpem. Ov. Ep. e P. 2. 9. 22. SYN. *as adj.* rŏgans. PHR. Ille hŭmĭlis supplexque ŏcŭlos dextramque prĕcantem Prōtendens. V. Nunc o Bacche tuis hŭmĭles advolvĭmur āris. Prop.

supplĭcĭter. *In a suppliant manner.*——*Supplĭcĭter* pŏsĭto prōcŭbuĕre gĕnu. Ov. F. 2. 438.

supplĭcium, i. *Punishment.*——Ergo exercentur pœnis, vĕtĕrumque mălōrum *Supplĭcia* expendunt. V. Æn. 6. 740. SYN. pœna, q. v.

supplĭco, as. *To supplicate.*——Nĕque ĕnim jam fīlia Cœi *Supplĭcat* indignis nec dīcĕre sustĭnet ultra Verba mĭnōra Deā. Ov. Met. 6. 367. v. precor.

suppōno, ĭs, pŏsui, ĭtum. 1. *To place under.*—2. *To substitute.*—3. *To make subject.*——1. Cervīcemque pŏlo *suppŏsĭtūrus* Ătlas. Ov. F. 5. 180. Et vĕtĕrem Lătio *suppŏsuisse* Sāmon. Ov. F. 6. 48.—2. Hic pro *suppŏsĭtā* virgo Pĕlŏpēia cervā Săcra Deæ cŏluit. Ov. Tr. 4. 4. 68.—3. Æthĕraque ingĕnio *suppŏsuĕre* suo. Ov. F. 1. 306. SYN. 1. subjecto. as.—1, 2. subdo, ĭs, dĭdi.—1, 3. subjĭcio, ĭs, jēci; submitto, ĭs, mīsi, missum.

‡**suppŏsĭtītius, a, um.** *As a substitute.*——Hermes *suppŏsĭtītius* sĭbi ipsi. Mart. 5. 25. 8.

supprĭmo, ĭs, pressi, pressum. *To check, to restrain.*——Roscĭda purpŭreā *supprĭme* lōra mănu. Ov. Am. 1. 13. 10. SYN. prĕmo, rĕprĭmo, comprĭmo; contĭneo, es; rĕtĭneo.

suppŭto, as. *To compute.*——Ūtĭle sollĭcĭtis *suppŭtat* artĭcŭlis. Ov. Ep. e P. 2. 3. 17.

sŭprā, as prep. c. acc., and as adv. sine casū. *Over, above (in every sense).*——Dēsĕrit atque altam *sŭprā* vŏlat ardea nūbem. V. G. 1. 364. Tres prohĭbet *sŭpra* Rixārum mĕtuens jungĕre Grātia. Hor. 3. 19. 15. Rāra sit, an *sŭpra* mōrem si densa rĕquīras. V. G. 2. 227. Stŭpet inscia *sŭpra* Impūbesque mănus mīrāta vŏlūbĭle buxum. V. Æn. 7. 381. SYN. sŭper, q. v.; ultra.

sŭprēmum. *For the last time.*——Ănĭmamque sĕpulchro Condĭmus, et magnā *sŭprēmum* vōce ciēmus. V. Æn. 3. 68. SYN. summum, extrēmum.

sŭprēmus, a, um. and contr. **summus,** q. v. 1. *Highest.*—2. *Extreme.*—3. *Last.*——1. At chŏrus æquālis Dryădum clāmōre *sŭprēmos* Implērunt montes. V. G. 4. 460.—2. Cum sŭbĭto e sylvis măciē confecta *sŭprēmā* Ignōti nŏva forma vĭri. V. Æn. 3. 590.—3. Mille vĭros qui *sŭprēmum* cŏmĭtentur hŏnōrem. V. Æn. 11. 61. SYN. 1, 2, 3. summus, q. v.

sūra, æ. *The calf of the leg.*——Pūnĭceo stābis *sūras* ēvincta cŏthurno. V. E. 7. 32.

surcŭlus, i. *A young shoot.*——Pōmaque et Alcĭnoi sylvæ, nec *surcŭlus* īdem. V. G. 2. 87. SYN. germĕn, ĭnis, *neut.*

surdus, a, um. 1. *Deaf, lit. and metaph.*—2. *Mute.*——1. Ille quĭdem mălĕ grātus, et ad mea mūnĕra *surdus.* Ov. Her. 7. 27.—Non ĕrit offĭcii grātia *surda* tui. Ov. Ep. e P. 2. 6. 32. SYN. 2. tăcĭtus, q. v.; sĭlens, mūtus.

surgo, ĭs, surrexi. no sup. *To rise, to arise.*——Cōgĭtur ad lītes *surgĕre* ŭterque nŏvas. Ov. Am. 1. 13. 22. Contĭnuo venti volvunt măre, magnaque *surgunt* Æquŏra. V. Æn. 3. 196. Non ulla lăbōrum O virgo nŏva mi făcies ĭnŏpīnave *surgit.* V. G. 6. 103. SYN. consurgo, assurgo, exsurgo; ŏrior, ŏris, ortus sum. PHR. Sŏlio se tollit ăb alto. V.

surrigo, surripio. v. subrigo, subripio.

‡**sursum.** *Upwards.*——Ună lăvămur, aspĭcit nĭhil *sursum.* Mart. 1. 97. 11.

sūs, suis. masc. and fem. *A swine, a pig.*——Bos ăret, ignāvam săcrĭfĭcāte *suem.* Ov. F. 4. 414. SYN. porcus, q. v.; *fem.* porca. PHR. Nōn ōre sŏlūtos Immundi mĕmĭnēre sues jactāre mănĭplos. V.

susceptum, i. *An undertaking.*——Lāŏmĕdonta vĭdet, *susceptaque* magna lăbōre Crescĕre diffĭcĭli. Ov. Met. 11. 200. SYN. cœptum. q. v.; inceptum.

suscĭpio, ĭs, cēpi, ceptum. 1. *To take up, lift up, support.*—2. *To undertake.*—3. *To beget or bear children.*—4. *To answer.*——1. Concurrunt trĕpĭdæ cŏmĭtes dŏmĭnamque ruentem *Suscĭpiunt.* V. Æn. 11. 806.—2. Sed jam ăge, carpe viam et *susceptum* perfĭce mūnus. V. Æn. 6. 629.—3. Saltem si quă mihī dē te *suscepta fuisset* Ante fŭgam sŏbŏles. V. Æn. 4. 327.—4. Dicam ĕquĭdem nec tē suspensum, nāte, tĕnēbo, *Suscĭpit* Anchīses. V. Æn. 6. 723. SYN. 1. tollo, ĭs, sustŭli; sutĭneo, es; sustento, as.—2. aggrĕdior, ĕris, gressus sum; ŏbeo, īs, īvi, ĭtum; sŭbeo, invādo.—3. v. gigno.—4. respondeo, es, di, sum. v. seq.

suscĭto, as. 1. *To raise, to lift up.*—2. *To stir up, excite.*——1. Et qui proscisso quæ *suscĭtat* æquŏre terga. V. G. 1. 97.—2. Aura lĕvis rĭgĭdo pendentia lintea mālo *Suscĭtat.* Ov. Her. 5. 54. Ācrior ad pugnam rĕdit et vim *suscĭtat* īrâ. V. Æn. 5. 454. SYN. 1. suscĭpio, ĭs, cēpi, q. v.—2. exsuscĭto, excĭto, concĭto. v. cieo.

suspectus, ûs. 1. *A looking upwards, or a looking down, therefore a height.*—2. *Respect for.*——1. Quantus ad æthĕrium cœli *suspectus* Ŏlympum. V. Æn. 6. 579. Turris ĕrat vasto *suspectu* et pontĭbus altis. V. Æn. 9. 530.—2. Prōtĭnus intrāvit mentes *suspectus* hŏnōrum. Ov. F. 5. 31. SYN. 2. rĕvĕrentia.

suspendium, i. *A hanging.*——Præbuit illa arbor mĭsĕro *suspendia* collo. Ov. Am. 1. 12. 17. PHR. Pŏtĕs hâc ab orno Pendŭlum zōnâ bĕnĕ tē sĕcūtâ ēlīdĕre collum. Hor. Hæc Dea quam multos lăqueo sua colla lĭgantes Non est prōpŏsĭtâ passa pĕrīre nĕce. Ov. Sīc ănĭmæ lăqueo sit via clausa tuæ. Ov. Cūr ălius collum lăqueo nōdātus ab arcto E trăbe sūblīmi triste pĕpendit ŏnus. Ov. Lăqueoque innectĕre fauces Destĭnat. Ov. Aptābat pallenti vincŭla collo. Ov.

suspendo, ĭs, di, sum. 1. *To hang, to hang up, sometimes esp. in a temple as an offering.*—2. *To turn up (earth).*—3. *To suspend, delay, put off.*—4. *To keep in suspense.* v. seq.——1. Oscilla ex altâ *suspendit* mollia pīnu. V. G. 2. 389. Tertiaque arma pātri *suspendet* capta Quĭrīno. V. Æn. 6. 860.—2. Sub ipsum Arctūrum tĕnui sat ĕrit *suspendĕre* sulco. V. G. 1. 68.—3. Dat tămĕn exsĕquias, nec jam *suspendĕre* flētum Sustĭnet. Ov. F. 4. 849.—4. *Suspendit*que ănĭmos fictâ grăvĭtāte rŏgantes. Ov. Met. 7. 308.

suspensus, a, um. part. pass. from prec., also 1. *Raised on high.*—2. *Supported on.*—3. *In suspense, anxious.*——1. Et fert *suspensos*, corde mĭcante, grădus (*walking on tiptoe*). Ov. F. 6. 338.—2. Vel măre per mĕdium fluctu *suspensa* tŭmenti Ferret ĭter. V. Æn. 7. 810.—3. Utroque *suspensi* plēna tĭmōris ait. Ov. Her. 16. 84. SYN. 3. anxius, sollicitus, dŭbius.

suspĭcio, ĭs, spexi, spectum. 1. *To look up, upwards, up to.*—2. *To honour, to admire.*—3. *To suspect.*——1. Dāphnĭ quid antīquos signōrum *suspĭcis* ortus? V. E. 9. 46.—2. Quos ĕgŏ *suspĭcio*, sed qui tĭbĭ glōria magna est. Ov. Her. 17. 59.—3. Aut pĕlăgo Dănaûm insĭdias *suspecta*que dōna Præcĭpĭtare jubent. V. Æn. 2. 36. SYN. 2. mīror, āris, q. v.—3. suspĭcor, aris. PHR. 1. Ērectos ad sīdĕra tollere vultus. Ov.

suspĭcor, āris. 1. *To suspect.*—2. *To think, to hope.*——1. Tam longæ causas *suspĭcor* esse mŏræ. Ov. Her. 1. 74.—2. *Suspĭcor* et căsus velle lĕvāre meos. Ov. Ep. e P. 2. 10. 20. SYN. 1. v. prec.—2. spēro, as; crēdo, ĭs, dĭdi, dĭtum.

suspīrātus, ûs. *A sigh.*——Respĭcit hunc vates et *suspīrātĭbus* haustis. Ov. Met. 14. 129. v. seq.

suspīrium, i. *A sigh.*——Myrrha, pătre audīto, *suspīria* duxit ab īmo Pectŏre. Ov. Met. 10. 402. SYN. spīrĭtus, ûs; suspīrātus, ûs. PHR. præsāgaque luctûs Pectŏre sollĭcĭto rĕpĕtens suspīria. Ov. Alto tantum suspīria prōdis Pectŏre. Ov. Nil mĕtuam? per nulla traham suspīria somnos. Ov.

suspīro, as. 1. ‡*To breathe upwards, to exhale.*—2. *To sigh.*——1. Cōcȳti laxo *suspīrans* ōre văpōrem. Sil. 13. 426.—2. Hanc cŭpit, hanc optat, sōlâ *suspīrat* in illâ. Ov. F. 1. 417. SYN. 1. exhālo, as, q. v. v. prec.

sustento, as. 1. *To sustain, to support.*—2. *To check.*——1. Huic frāter sŭbit Alcānor frātremque mentem *Sustentat* dextrâ. V. Æn. 10. 539.—2. *Sustentābat* ăquas cursusque ĭnhĭbēbat ĕquōrum. Ov. ad Liv. 229. SYN. 1. sustĭneo, es, q. v.; suscĭpio, ĭs, cēpi; fulcio, īs.—2. cohĭbeo, es, q. v.

sustĭneo, es, ui, tentum. 1. *To hold up, to support.*—2. *To have to hold.*—3. *To endure.*——1. Et găleam pressâ *sustĭnuisse* cŏmâ. Ov. Her. 3. 120. Hinc anni lăbor, hinc pătriam parvosque Pĕnātes *Sustĭnet.* V. G. 2. 515.—2. Ingĕnuâ spĕcŭlum *sustĭnuisse* mănu. Ov. A. A. 2. 216. — 3. Et quos *sustĭnui* bis mensum quinque lăbōres. Ov. Met. 8. 500. Dat tămĕn exsĕquias, nec jam suspendĕre flētum *Sustĭnet.* Ov. F. 4. 850. SYN. 1. sustento, as; suscĭpio, is, cēpi. — 2. tĕneo; hăbeo, es. — 1. 3. fĕro, fers, ferre, tŭli, lātum. — 3. perfero; tŏlĕro, as.

sustollo, ĭs. no perf., or same perf. as tollo, **sustuli, sublātum.** *To raise.* —— Interdum torvos *sustollit* ad æthĕra vultus. Ov. Met. 13. 542. SYN. tollo.

sŭsurro, as. *To make a confused noise, to whisper, to hum, etc.* —— Tum sŏnus audītur grăvior, tractimque *sŭsurrant.* V. G. 4. 260. Aut ĕgŏ cum cārâ dē tē nūtrīce *sŭsurro.* Ov. Her. 19. 19. PHR. Dējĕcit vultum et dēmissâ vōce lŏcūta est. Ov.

sŭsurrus, i. *A whisper.* —— Sæpe lĕvi somnos suadēbit īnīre *sŭsurro.* V. E. 1. 55. v. murmur.

sŭsurrus, a, um. *Whispering.* —— Prōcrĭn ădit linguâque rĕfert audīta *sŭsurrâ.* Ov. Met. 7. 825.

sūtĭlis, e. *Sewn.* —— Gĕmuit sub pondĕre cymba *Sūtĭlis,* et multam accēpit rīmōsa pălūdem. V. Æn. 6. 415. v. sutus.

sūtor, ōris. *A cobbler.* Si scalpra et formas non *sūtor,* nautĭca vēla Aversus mercātūris. Hor. Sat. 2. 3. 106.

sūtum, i. *A stitch.* Huic glădio perque ærea *sūta* Per tŭnĭcam squālentem auro lătus haurit ăpertum. V. Æn. 10. 313.

sūtus, a, um. *Sewn.* —— Pellĭbus et *sūtīs* arcent mălĕ frīgŏra braccis. v. Tr. 3. 10. 19. v. sutilis.

suus, a, um. *His, her, their.* —— Et mănet in fŏlio scripta quĕrēla sua. Ov. F. 5. 224. SYN. prŏprius.

syllăba, æ. *A syllable.* —— Fīat ut ē longâ *syllăba* prīma brĕvis. Ov. Ep. e P. 4. 12. 12.

sylva, æ. sometimes **sy̆lua,** trisyll. *A wood.* —— Nunc frondent *sylvæ,* nunc formōsissĭmus annus. V. E. 3. 57. Non sīne vāno Aurārum et *sy̆luæ* mĕtu. Hor. 1. 23. 4. SYN. nĕmus, ŏris; lūcus, i (*these two words meaning, however, rather groves than woods*). PHR. Ergo ălăcres sylvas, et cætĕra rūra vŏluptas . . . tĕnet. V. Tum sylvis scēna cŏruscis Dēsŭper horrentique ātrum nĕmus immĭnet umbrâ. V. Stat vĕtus, et multos incædua sylva per annos. Ov. Sylva vĕtus stābat, nullâ viŏlāta sĕcūri. Ov. Parte sŏnant ăliâ sylvæ mūgītĭbus altæ. Ov. Sylva frĕquens trăbĭbus quam nulla cĕcīdĕrat ætas. Ov. Est nĕmus Hæmŏniæ præerupta quod undĭque claudit Sylva. Ov. Sōlâ non ausa quiescĕre sylvâ. Ov. Sylvārum lătĕbris . . . gaudens. Ov. Constat Ăventīnæ trĕmuisse căcūmina sylvæ. Ov. Alveus in līmo sylvīs appulsus ŏpăcis. Ov. Mittĕre carmĕn ad hunc frondes ĕrat addĕre sylvis. Ov. v. arbor.

Sylvanus, i. *The god of the woods, etc.* —— *Sylvāno* fāma est vĕtĕres săcrâsse Pĕlasgos Arvōrum pĕcŏrisque Deo. V. Æn. 8. 600.

silvester or **tris,** fem. **tris,** neut. **tre.** 1. *Of a wood.* — 2. *Rustic.* —— 1. Ipsa tuis mănĭbus *sylvestri* nāta sub umbrâ mollia frăga lĕges. Ov. Met. 13. 815. *Sylvestrem* tĕnui mūsam mĕdĭtāris ăvēnâ. V. E. 1. 2. SYN. 1. nĕmŏrōsus, q. v. — 2. rustĭcus.

sylvĭcŏla, æ. *A forester, an inhabitant of the woods.* —— *Sylvĭcŏlam* tĕpĭdo lacte prĕcāre Pălem. Ov. F. 4. 746.

sylvĭcultrix, īcis. fem. *Inhabiting the woods.* —— Ŭbĭ cerva *sylvĭcultrix* ŭbĭ ăper nĕmŏrĭvăgus. Cat. 61. 71.

†sylvĭfrăgus, a, um. *Breaking the woods.* —— Montesque sŭprēmos *Sylvĭfrăgis* vexat flābris; ĭtă perfŭrit ācri Cum frĕmĭtu. Lucr. 1. 276.

†symbŏla, æ. *One's share in a picnic.* —— Eo condixi in *symbŏlam* ad cœnam ad ējus conservum. Plaut. Stich. 3. 1. 28.

§symphōnia, æ. *Harmony of sounds.* —— Ut grātas inter mensas *symphōnia* discors. Hor. A. P. 374.

Symplēgăs, ădŏs. more usu. **Symplēgădĕs,** um. pl. fem. *Rocks at the entrance of the Black Sea, which made the passage dangerous.* —— Altĕra namque părat *Symplēgădăs* īre per arctas. Ov. Tr. 1. 9. 47. SYN. Cy̆ăneæ. PHR. Transeat instăbĭles strēnua Cy̆ăneas. Ov. Timuit concursĭbus Argo Undārum sparsas Symplēgădăs Ēlīsārum. Ov.

sy̆nŏdus, ontis. masc. *A shark.* —— Et rŭtĭlus păgur, et fulvi *sy̆nŏdontĕs,* et ex e Concĭpiens channe. Ov. Hal. 107.

‡**synthĕsis, ĭs.** *A composition of any thing, a set of any thing.*——Aut ūnam dăre *synthĕsin* (quid horres?) Albōrum călĭcum. Stat. Sylv. 4. 9. 44. v. series.

Sȳrăcūsæ. ārum. *Syracuse.*——Utque *Sȳrăcūsas* Ărĕthūsĭdăs abstŭlit armis Claudius. Ov. F. 4. 873.

Sȳrăcŏsius a, um. *Syracusan.*——Prīma *Sȳrăcŏsio* dignāta est lūdĕre versu. V. E. 6. 1.

Sȳrius, a, um. also **Sȳrus, a, um.** *Of Syria, Syrian.*——Stillābat *Sȳrio* myrtea rōre cōma. Tib. 3. 4. 28. Vīna *Sȳrā* rĕpărāta merce. Hor. 1. 31. 12.

‡**syrma, ătis.** neut. *A long robe, worn esp. by tragic actors.*——Longum tu pōne Thyestæ *syrma* vel Antĭgŏnes, vel persōnam Mĕnălippes. Juv. 8. 230.

Syrtes, is. usu. in pl. fem. *Quicksands on the northern coast of Africa.*——Sīve per *Syrtes* iter æstuōsas . . . factūrus. Hor. 1. 22. 5. Non gĕnĕtrix Eurōpa tĭbī, sed ĭnhospĭta *Syrtis.* Ov. Met. 8. 120. Hunc ĕgŏ Gætūlis ăgĕrem si *Syrtĭbus* ævum. V.

T.

tăbella, æ. 1. *A little plank, a little table or board.*—2. *A fan.*—3. *A tablet.*—4. *Any writing or picture.*——1. Heu quantum fāti parva *tăbella* vehit. Ov. F. 2. 408. Parva *tăbella* căpit ternos ūtrinque lăpillos. Ov. A. A. 3. 365.—2. Ventos Quos făciat nostrā mōta *tăbella* mănu. Ov. Am. 3. 2. 38.—3. Et pŏsĭta est mĕrĭtæ multa *tăbella* Deæ. Ov. F. 3. 268.—4. Nec tibi vītētur quæ priscis sparsa *tăbellis* Portĭcus auctōris Līvia nōmĕn hăbet. Ov. A. A. 1. 71. Quælĭbet austēras dē mē fĕrat urna *tăbellas.* Prop. 4. 11. 49. SYN. 1, 2, 3, 4. tăbŭla. v. trabs, mensa.—2. flăbellum.—3. cēra, membrāna.—4. v. pictura, scriptum.

tābeo, es, ui. also in pres. **tābesco, ĭs.** no sup. *To melt, to waste away.*——*Tābuĕrant* cēræ, nūdos quătit ille lăcertos. Ov. A. A. 2. 89. Nōlŭmus assĭduīs ănĭmum *tābescĕre* cūris. Ov. Tr. 5. 1. 77. SYN. intābesco, ĭs, ui; lĭquĕfīo, is, factus sum; lĭquesco, ĭs, *no perf.*

tăberna, æ. 1. *A cottage.*—2. *A shop, a tavern.*——1. Pallĭda mors æquo pulsat pĕde paupĕrum *tăbernas* Rēgumque turres. Hor. 1. 4. 13.—2. Quīlĭbet argentum prīmæ de fronte *tăbernæ* Tollat. Ov. Nux. 140. SYN. 1. tŭgŭrium, căsa, q. v.

tābes, is. fem. 1. *A melting, a wasting away.*—2. *Poison, infection, corrupt matter.*——1. Hic quos dūrus ămor crūdēli *tābe* pĕrēmit. V. Æn. 6. 442.—2. Hos nĕcat afflātos fūnesti *tābe* vĕnēni. Ov. Met. 3. 49. SYN. 1. măcies, ēi; lues, is.—2. tābum.

§**tābĭdŭlus, a, um.** dim. of seq. *Tābĭdŭlam*que vĭdet lābi per viscĕra mortem. V. Ciris. 182.

tābĭdus, a, um. 1. *Wasting away.*—2. *Causing to waste away.*——Nil ĭgĭtur mirum si mens mihĭ *tābĭda* facta De nĭve mānantis mōre lĭquescit ăquæ. Ov. Ep. e P. 1. 1. 67.—2. Subito cum *tābĭda* vēnit Arbŏrĭbusque satisque lues et lētĭfer annus. V. Æn. 3. 137. SYN. 2. †‡tābĭfĭcus. PHR. 1. Ambustique sŏnant nervi, cæcāque mēdullis Tābe lĭquēfactis. Ov.

†‡**tābĭfĭcus, a, um.** *Causing to waste away.*——Ninges *Tābĭfĭcis* sŭbĭgit rădiis Sōl omnia lustrans. Lucr. 6. 737. SYN. tābĭdus.

tăbŭla, æ. 1. *A board, plank, etc.*—2. *A tablet.*—3. *A picture.*—4. *Any writing, a will, etc.*——1. Per *tăbŭlæ* clīvum lābi jŭbet alter, et optat. Ov. Nux. 78. Naufrăgii *tăbŭlas* qui pĕtiēre mei. Ov. Tr. 1. 5. 8.—2. Quique mŏves cēram, *tăbŭlam*que cŏlōrĭbus uris. Ov. F. 3. 831.—3. Quālis Ăpellēīs est cŏlor in *tăbŭlis.* Prop. 1. 2. 22.—4. In *tăbŭlas* multīs hæc via fēcit ĭter. Ov. A. A. 2. 332. SYN. 1, 2, 3, 4. tăbella, q. v.

tăbŭlāria, um. *Archives.*——Ex ære, et sŏlĭdo rērum *tăbŭlāria* ferro. Ov. Met. 15. 810. SYN. fasti.

tăbŭlātum, i. *A story of a house, a deck of a ship.* —— Aggressi ferro circum, quà summa lăbantes Junctūras *tăbŭlāta* dăbant. V. Æn. 2. 464.

tābum, i. 1. *Gore.* — 2. *Corrupt matter, poison.* — 3. ‡*Dye.* —— 1. Vellĭtur, huic ātro lĭquuntur sanguĭne guttæ, Et terram *tābo* măcŭlant. V. Æn. 3. 29.— 2. Corrŭpitque lăcūs, infēcit pābŭla *tābo.* V. G. 3. 481. — 3. Vellĕra Sīdŏnio jam pauca rŭbescĕre *tābo.* Stat. Sylv. 1. 2. 125. SYN. 1. sănies, ēi. — 2. tābes. — 3. v. vĕnēnum, q. v.

tăceo, es, ui. *To be silent, to be still.* —— *Tăcent* et albus ōra pallor infĭcit. Hor. Epod. 7. 15. Cum *tăcet* omnis ăger, pĕcŭdes pictæque vŏlŭcres. V. Æn. 4. 525. Nec sēra cŏmantem Narcissum aut flexi *tăcuissem* vīmĕn ăcanthi. V. G. 4. 122. Aureus in mĕdio Marte *tăcētur* Ămor. Ov. Am. 2. 18. 36. SYN. contĭceo, rĕtĭceo, sĭleo; obmūtesco, ĭs ui, *no sup.* PHR. mŏnĭtusque sĭlenti nocte dătos nōn ipse suo prĕmit ōre Lătīnus. V.

tăcĭte. *Silently.* —— Et *tăcĭtē* pĕrăgens lēne Mĕlanthus ăger. Ov. Ep. e P. 4. 10. 54.

tăcĭturnĭtas, ātis. fem. *Silence.* —— Quid fŏret Ĭliæ Mavortisque puer, si *tăcĭturnĭtas* Obstăret mĕrĭtīs invĭda Rōmŭli. Hor. 4. 8. 22. SYN. sĭlentium.

tăcĭturnus, a, um. *Silent, noiseless.* —— Non ărva quæ Līris quiētâ Mordet ăquâ *tăcĭturnus* amnis. Hor. 1. 31. 8. v. seq.

tăcĭtus, a, um. 1. *Silent, noiseless.* — 2. *Secret.* —— 1. Id quĭdem ăgo, et *tăcĭtus* Lўcĭdā mēcum ipse vŏlūto. V. E. 10. 37. A Tĕnĕdo, *tăcĭtæ* per ămīca sĭlentia Lūnæ. V. Æn. 2. 255.—2. Intĕrea, et *tăcĭtum* vīvit sub pectŏre vulnus. V. Æn. 4. 67. SYN. 1. sĭlens, tăcĭturnus, mūtus. v. quiētus. — 2. sēcrētus, q. v. PHR. 1. strĕpĭtum passu non făciente. Ov. Atque impercussos nocte mŏvēre pĕdes. Ov.

tactĭlis, e. *What may be touched.* —— *Tactĭle* nīl nōbis quod sit contingĕre dēbet. Lucr. 5. 152.

tactus, ūs. *Touch.* —— Vim răpuit monstri *tactu*que indūruit hūjus. Ov. Met. 4. 744. SYN. attactus, contactus.

tactus, a, um. perf. part. pass. from tango, q. v. in the phrase De cœlo tactus. "*struck by lightning.*" —— De cœlo *tactas* mĕmĭni prædīcĕre quercus. V. E. 1. 17.

tæda, æ. 1. *A tree producing pitch.* — 2. *A torch, esp. a marriage-torch.* — 3. *Marriage.* —— 1. Ūre măres ŏleas, *tædam*que, herbasque Săbīnas. Ov. F. 4. 741. — 2. Ardet ut ad magnos pīnea *tæda* Deos. Ov. Her. 12. 34. Illa vĕlut crīmen *tædas* exōsa jŭgāles. Ov. Met. 1. 483. — 3. Rōmānique dŭcis conjux Ægyptia *tædæ* Non bĕnĕ fīsa cădet. Ov. Met. 15. 826. SYN. 2. făx, făcis, *fem.* q. v.; pīnus, ūs, *fem.* — 3. conjŭgium, q. v. PHR. 2. Ūror ut inducto cērātæ sulfŭre tædæ. Ov.

tædet. impers. *It wearies one.* —— Nec *tædēbit* avum parvo advĭgĭlāre nĕpōti. Tib. 2. 5. 93. v. pertæsum.

tædĭfer, ĕra, ĕrum. *Bearing a torch.* —— Et per *tædĭfĕræ* mystĭca săcra Deæ. Ov. Her. 2. 42.

tædium, i. *Weariness, tediousness.* —— Vincētur, rĕpĕtendus ĕrit, nec *tædia* cœpti Ūlla mei căpiam. Ov. Met. 9. 615. Consōlor sŏcios ut longi *tædia* belli Mente fĕrant plăcĭdā. Ov. Met. 13. 213.

Tænărĭdes, æ. masc. and fem. **Tænăris, ĭdŏs.** *Lacedæmonian, esp. of persons.* —— Tollĕre *Tænărĭdes* orbem prŏpĕrābat; at illum, Ov. Met. 10. 183. Excēpit portu *Tænăris* ōra suo. Ov. Her. 17. 6. SYN. Lăcōn, ōnis; *fem.* Lăcōnis, ĭdŏs, q. v.

Tænărius, a, um. 1. *Spartan, from Tænarus the southern promontory of Laconia.* — 2. *Of Hell.* —— 1. Mygdŏniusque Mĕlas et *Tænărius* Eurōtas. Ov. Met. 2. 247. — *Tænărias* ĕtiam fauces, alta ostia Dītis .... ădiit. V. G. 4. 467. SYN. 1. Lăcĕdæmŏnius, q. v. — 2. infernus, q. v.

Tænărus, i. acc. um and ŏn. pl ‡**Tænăra.** 1. *Cape Matapan, the southern promontory of Laconia.* — 2. *Hell (because near Tænarus there was a cave which was said to be the entrance to Hell).* —— 1. Columnis *Tænăre* sīve tuis, sīve Căryste tuis. Tib. 3. 3. 14.—2. Quo Styx et invīsi horrĭda *Tænări* Sēdes. Hor. 1. 34. 10. SYN. 2. Orcus, q. v.

tænia, æ. *A woollen fillet.* —— Pūnĭceīs ībant ēvincti tempŏra *tæniis.* V. Æn. 5. 269. SYN. vitta, q. v.; infŭla.

Tăgus, i. *The chief river of Spain, celebrated by the ancient poets as flowing with gold.*—— Cēdat et aurĭfĕri rīpa beāta *Tăgi.* Ov. Am. 1. 15. 34.
tālāria, um. neut. pl. *The winged sandals of Mercury.*—— Et lĭquĭdum mōtis *tālārĭbus* āĕra findit. Ov. Met. 4. 666.
tălentum, i. *A talent.*—— Ostro Perfūsæ vestes, argenti aurique *tălenta.* V. Æn. 5. 112.
†tālĭpĕdans, antis. *Tottering.*—— Tum quăsĭ *tālĭpĕdans* prīmum consurgit, et omnes. Lucr. 3. 503. v. titubo.
tālis, e. *Such; prop. answered by* qualis, q. v., *but also by other words,* qui, *etc.* —— Ultĭma *tālis* ĕrit quæ mea prīma fĭdes. Prop. 2. 16. 34.
talpa, æ. masc. *A mole.*—— Aut ŏcŭlis capti fōdēre cŭbīlia *talpæ.* V. G. 1. 183.
talus, i. 1. *The ancle.*—2. *A die.*—— 1. Summa pĕdum, *tālo*que tĕnus vestigia tingit. Ov. Met. 4. 343.—2. Quid văleant *tāli*, quo possis plūrĭma jactu Fingĕre. Ov. Tr. 2. 473. SYN. 2. tessĕra, ālea, q. v.
tam. *So, so much; prop. answered by* quam, *but not always.*—— *Tam* tĭbĭ sum supplex quam tu mihĭ sæpe fuisti. Ov. Her. 12. 185. Nec *tam* āversus ĕquos Tȳria Sol jungit ab urbe. V. Æn. 1. 568. SYN. ădeo, tantum.
‡tămărix, īcis. fem. *The tamarisk.*—— Et *tămărix* non læta cŏmas Ēōaque costus. Lucan. 9. 920. SYN. mȳrīca.
tămēn. *Nevertheless, yet, very rarely the first word in its sentence, or member of the sentence.*——Tristis at ille, *tămen* cantābĭtis Arcădĕs inquit. V. E. 10. 31. SYN. attămen, q. v. vēruntămēn. v. sed.
tandem. *At length.*——Jam *tandem* Ītălīæ fŭgientis prēndĭmus oras. V. Æn. 6. 61. SYN. dēmum. v. denique.
tango, is, tĕtĭgi, tactum. 1. *To touch.*—2. *To touch the mind, to move, to affect it.*—3. *To reach.*—— 1. Rēgīna sūblīmi flăgello *Tange* Chloen sĕmĕl arrŏgantem. Hor. 3. 26. 12 Āversīs ŭtĭnam *tĕtĭgissem* carmĭna Mūsis. Ov. Am. 3. 12. 17.—2. Sunt lăcrȳmæ rērum et mentem mortālia *tangunt.* V. Æn. 1. 466.—3. Si *tangĕre* portus Infandum căput, et terris adnāre nĕcesse est. V. Æn. 4. 612. SYN. 1. 3. attingo, contingo.—1. v. tracto.—2. mŏveo, es, mōvi; stringo, is, nxi.
tanquam. *As if.*—— Spĭcŭla, *tanquam* hæc sint nostris mĕdĭcīna fŭrōris. V. E. 10. 60. SYN. quăsĭ.
Tantălĭdes, æ. *A descendant of Tantălus (acc.* um *and* ŏn), *the father of Pelops; used of Agamemnon, the grandson of Pelops.*—— Non ĕgŏ *Tantălĭdē* major nec major Āchille. Ov. Am. 2. 8. 13.
tanti. *Of such value.*—— Hic tĭbi nē quă mŏræ fuĕrunt dispendia *tanti.* . . . . Quīn ădeas vātem. V. Æn. 3. 453. Non ĕgŏ sum *tanti*, quamvis mĕrearis ĭnīque, ut pereas. . . . Ov. Her. 7. 45.
§tantillus, a, um. *So very little.*—— *Tantillum* vestræ dēmĕre sævĭtiæ. Cat. 96. 6. SYN. §†tantŭlus.
tantisper. *Meanwhile.*—— Hæc tĭbĭ *tantisper* sŭbĭto sunt missa lĭbello. Ov. Ibis. 639. SYN. intĕreā, intĕrim.
tanto. 1. *By so much, prop. answering to* quanto, *sometimes to* quam.—2. *So long.*—— 1. Sed quanto ille măgis formas sē vertet in omnes, *Tanto* nāte măgis contende tĕnācia vincla. V. G. 4. 412. *Tanto* Sanctior, et *tanto* quam mŏdŏ mājor ĕrat. Ov. F. 6. 540.—2. Nunc quŏque post *tanto* vĭdeat dēsertaque regna. V. G. 3. 476. v. seq.
†tantŏpĕrē. *So much.*—— At quod mōbĭle *tantŏpĕre* est constāre rŏtundis. Lucr. 3. 187. v. prec.
†§tantŭlus. *So little, just so much.*—— Atqui *tantŭli* ĕget quanto est ŏpus; is nĕque līmo Turbātam haurit ăquam. Hor. Sat. 1. 1. 59. SYN. tantillus.
tantum. 1. *So much, prop. answering to* quantum, *but not always.*—2. *Only.* ——1. Carmĭna *tantum* Nostra vălent Lȳcĭda tēla inter Nartia, quantum. . . . V. E. 9. 11.—2. *Tantum* ne rĕlĭger dūrā captīva cătēnā. Ov. Her. 10. 89. SYN. 1. tam.—2. mŏdŏ, sōlum. v. seq. v. tantundem.
tantummŏdŏ. *Only.*—— Ortus ĕrat summo *tantummŏdŏ* margĭne Phœbus. Ov. F. 3. 361. v. prec.
§tantundem. *So much.*—— *Tantundem* omnia sentiens quam si nulla sit usquam. Cat. 18. 20. SYN. tantum.

tantus, a, um. *So great, so much.*——Et quæ *tanta* fuit Rōmam tĭbĭ causă vĭdendi. V. E. 1. 27.

tăpēs, ētis, pl. ētes, etc., masc., also **tăpētum, i.** *Tapestry.*——Armaque crātērasque sĭmul pulchrosque *tăpētas.* V. Æn. 9. 358.——Instrātos ostro ălĭpĕdes pictisque *tăpētis.* V. Æn. 7. 277.

Tāprŏbănē, es. *Ceylon.*——Aut ŭbĭ *Tāprŏbănen* Indĭca cingit ăqua. Ov. Ep. e P. 1. 5. 80.

‡Tăras, antis. masc. *Tarentum,* q. v.——Antīquusque *Tăras* sēcrētaque littŏra Leucæ. Lucan. 5. 376.

tardē. *Slowly.*——Optāvi pĕtĕres cœlestia sīdĕra *tarde.* Ov. Tr. 2. 57.

†tardesco, is. no perf. *To be slow.*——Crūra văcillanti, *tardescit* lingua? mădet mens? Lucr. 3. 478.

tardĭpēs, ĕdis. masc. *Slow-footed.*——Scripta *tardĭpĕdi* Deo dătūrum. Cat. 34. 7.

tardo, as. *To make slow, to delay.*——Alta puellāres *tardat* ărēna pĕdes. Ov. Her. 10. 20. SYN. rĕtardo, mŏror, rĕmŏror.

tardus, a, um. *Slow.*——Quis *tardamve* sŭdem mĕliŭs, cĕlĕremque săgittam Jĕcĕrit? Tib. 4. 1. 89. Sæpe ŏleo *tardi* costas ăgĭtātor ăselli . . . ŏnĕrat. V. G. 1. 273. SYN. tardĭpes, ĕdis; lentus; pĭger, gra, grum; *of footsteps, etc.,* pressus, imprŏpĕrātus.

Tărentum. i. *A great city in the south of Italy, originally a colony from Lacedæmon; celebrated for its dyes.*——Hinc sĭnus Hercŭlei, si vēra est fāma, *Tărenti* Cernĭtur. V. Æn. 3. 551. SYN. ‡Tăras, antis, *masc.*; Œbălia. PHR. Aut Lăcĕdæmŏnium Tărentum. Hor. Regnāta pĕtam Lăcŏni Rūra Phălanto. Hor.

Tarpeius, a, um. *Tarpeian; the Capitol at Rome was built on the Tarpeian rock.*——Hinc ad *Tarpeiam* sēdem et Căpĭtōlia dūcit. V. Æn. 8. 347. SYN. Căpĭtōlīnus.

Tartăreus, a, um. *Of Tartarus, of Hell.*——*Tartăreum* ille mănu custodem in vincla pĕtīvit. V. Æn. 6. 395. SYN. Āvernālis, Ĕrĕbēus, Stўgius, Infernus, q. v.

Tartărus, i, acc. um and ŏn, pl. **Tartăra.** neut. *Hell.*——Bis Stўgios innāre lăcus, bis nĭgra vĭdēre *Tartăra.* V. Æn. 6. 135. SYN. Orcus, q. v.

Tartessius, a, um. *Of Cadiz, of Spain; used for the extreme west.*——Pressĕrat occĭduus *Tartessia* littŏra Phœbus. Ov. Met. 14. 416. v. Hesperius.

taureus, a, um. *Of a bull.*——Et fĕriunt molles *taurea* terga mănus. Ov. F. 4. 342. SYN. taurinus.

‡taurĭfer, ĕra, ĕrum. *Producing or feeding bulls.*——Est qui *taurĭfĕris* ŭbĭ se Mēvānia campis Explĭcat. Lucan. 1. 468.

taurĭformis, e. *Bull-shaped, bull-headed.*——Sic *taurĭformis* volvĭtur Aufĭdus. Hor. 4. 14. 25.

taurīnus, a, um. *Of a bull, of a bull's hide.*——*Taurīno* quantum posset circumdăre tergo. V. Æn. 1. 368. Cum prŏpĕrant ălii *taurīnis* follĭbus auras Accĭpiunt. V. G. 4. 171. SYN. taureus.

taurus, i. 1. *A bull.*—2. *Taurus, the sign of the Zodiac.*——1. Dēpresso incĭpiat jam tum mihĭ *taurus* ărātro Ingĕmĕre. V. G. 1. 45.—2. Candĭdus aurātis ăpĕrit cum cornĭbus annum *Taurus.* V. G. 1. 218. SYN. 1. bos, bŏvis. v. juvencus. PHR. Sŏlennes taurum ingentem mactābat ad aras. V. Pingue sŏlum . . . Fortes invertant tauri. V. Quătuor exĭmios præstanti corpŏre tauros. V. Candĭdus armenti glŏria Taurus ĕrat. Ov. Sed tămĕn et tauri cervix ŏnĕrātur ărātro. Ov. Parva nĕcat morsu spătiōsum vīpĕra taurum. Ov. Ĕris tauro sævior ipsa trŭci. Ov.

‡taxeus, a, um. *Of a yew tree.*——Nec fronti vittătus hŏnos; en *taxea* marcet Sylva cŏmis. Stat. Sylv. 5. 5. 29.

‡taxo, as. *To tax, to reproach.*——*Taxāta* pœnâ lingua crŭciētur lŏquax. Seneca, Thyest. 91. v. increpo.

taxus, i. fem. *A yew tree.*——Sic tua Cyrnēas fŭgiant exāmĭna *taxos.* V. E. 9. 30.

tectē. *Secretly, covertly.*——Vir mălĕ dissĭmŭlat, *tectius* illa cŭpit. Ov. A. A. 1. 276. SYN. clam, lătenter, occultē, dissĭmŭlanter.

‡tectōrium, i. *A covering; ironically, of paint on a person's face.*——Tandem ăpĕrit vultum et *tectōria* prīma rĕpŏnit. Juv. 6. 466. v. tegmen.

tectum, i. 1. *A roof.*—2. *A house, any dwelling of any animal, even a nest.* ——1. Tam multa in *tectis* crĕpĭtans sălit horrĭda grando. V. G. 1. 449.—2. Aut *tecto* assuetus cŏlŭber succēdĕre et umbræ. V. G. 3. 418. Quĭbus ante Infēlix sua *tecta* sŭpervŏlĭtāvĕrit ălis (Philomela). V. E. 6. 81. SYN. 1. v. culmen.—2. dŏmus, ûs, q. v. PHR. 1. Vĕtābo qui Cĕrĕris săcra Vulgârit arcānæ sub ĭsdem Sit trăbĭbus. Hor.

tĕgĕs, ĕtis. fem. *A mat.*——Atque ănĭmam in *tĕgĕtes* pūtrem exspīrāre pătĕrnas. Prop. 4. 4. 67. SYN. scirpea.

tĕgĭmĕn, also **tĕgŭmen,** and **tegmĕn, ĭnis,** neut. *A covering.*——Virgamque pŏtenti Somnĭfĕram cessisse mănu, *tĕgĭmen*que căpillis. Ov. Met. 1. 672. Consertum *tĕgŭmen* spīnīs at cætĕra Graius. V. Æn. 3. 594. Tĭtўre tu pătŭlæ rĕcŭbans sub *tegmĭne* făgi. V. E. 1. 1. v. velamen.

tĕgo, ĭs, xi, ctum. 1. *To cover.*—2. *To conceal.*—3. *To close.*——Et quæ vos rārâ vĭrĭdis *tĕgit* arbŭtus umbrâ. V. E. 7. 46.—2. Pectŏrĭbusque dabas multa *tĕgenda* meis. Ov. Tr. 3. 6. 10.—3. Quālem Vĭdĕrĭs, incepto *tĕgĕret* cum lūmĭna somno. V. G. 4. 414. SYN. 1. contĕgo, obtĕgo, prŏtĕgo, prætĕgo; ŏpĕrio, ĭs, ui, ertum; vēlo, as; obtexo, ĭs, ui, xtum; subtexo; ŏnĕro, as; involvo, ĭs, vi, vŏlūtum; obdūco, ĭs, xi, ctum.—2. celo, as, q. v.; occŭlo, ĭs, ui, cultum; occulto, as.—2, 3. condo, ĭs, dĭdi, dĭtum; claudo, ĭs, si, sum, q. v.

tēgŭla, æ. *A tile.*——*Tēgŭla* projectis sătis est vēlāta cŏrōnis. Ov. F. 2. 537. SYN. imbrex, ĭcis, *masc.*

Tēius, a, um. *Of Teos, the country of Anacreon.*——Præcēpit lўrĭci *Tēia* mūsa sĕnis. Ov. Tr. 2. 364.

tēla, æ. 1. *A web.*—2. *A thread.*—3. *A loom.*——Argūto tĕnues percurrens pectĭne *tēlas.* V. Æn. 7. 14. Ne tĕnuem texens sūblīmis ărānea *tēlam.* Cat. 66. 49.—2. Vellĕra, nec *tēlas* possunt ăttingĕre pūtres. V. G. 3. 562.—3. Stāmĭna barbărĭcâ suspendit callĭda tēlâ. Ov. Met. 6. 576. SYN. 1, 2. subtēmen, ĭnis, *neut.* v. stamen.

‡tēlĭger, ĕra, ĕrum.——Tĭmende mātri *tēlĭger* sævæ puer. Seneca, Herc. Œt. 543.

tellūs, ūris. fem. *The earth.*——Sed non ante dătur *tellūris* ŏperta sŭbīre. V. Æn. 6. 140. SYN. terra, q. v.

tēlum, i. *A dart, any missile weapon, any weapon, even a boxing glove, a bull's horn, etc.*——Quā buccĭna signum Dīra dĕdit, raptis concurrunt undĭque *tēlis.* V. Æn. 7. 520. Corpŏre *tēla* mŏdo atque ŏcŭlis vĭgilantĭbus exit. V. Æn. 5. 438. Năte pătris summi qui *tēla* Tўphōea temnis. V. Æn. 1. 665. Cornua dum potui; nunc pars căret altĕra *tēlo* Frontis ut ipse vĭdes. Ov. Met. 8. 883. v. arma, orum; spiculum. PHR. It tōto turbĭda cœlo Tempestas tēlōrum, ac ferreus ingruit imber. V. Dextra mihĭ Deus et tēlum quod missĭle lĭbro. V. Ūni ŏdiisque vĭro tēlisque frĕquentĭbus instant. V. Et mē quem dūdum non ulla injecta mŏvēbant Tēla. V. Tēlo lūmen tĕrĕbrāmus ăcūto. V. Saucius ingĕmuit tēlumque vŏlātĭle sensit. Ov. Quid jŭvat in nūdīs hămāta rĕtundĕre tēla Ossĭbus. Ov.

tĕmĕrārius, a, um. 1. *Rash.*—2. *Random.*——1. Parce meo jŭvĕnis *tĕmĕrārius* esse pĕrĭclo. Ov. Met. 10. 545.—2. Jūpĭter in multos *tĕmĕrāria* fulmĭna torquet. Ov. Ep. e P. 3. 6. 27. SYN. 1. præceps, ĭpĭtis; ‡inconsultus. v. audax.

‡tĕmĕrātor, ōris, masc. *A violator.*——Quantus Ăpollĭneæ *tĕmĕrātor* matris Averno Tenditur. Stat. Theb. 11. 12. SYN. viŏlātor.

tĕmĕrē. *Rashly, at random.*——Cum *tĕmĕre* in vĭrĭdi grāmĭne lassa jăcet. Ov. Am. 1. 14. 22.

tĕmĕro, as. *To pollute, to violate.*——Parcĭte mortāles dăpĭbus *tĕmĕrāre* nĕfandis Corpŏra. Ov. Met. 15. 75. SYN. contĕmĕro; măcŭlo, as; commăcŭlo; polluo, is, ui, ūtum, q. v.; inquĭno, as; viŏlo, as, q. v.

§tēmētum, i. *Wine.*——Pullos, ŏva, cădum *tēmēti*; nempe mŏdo isto. Hor. Epist. 2. 2. 163. SYN. vīnum, q. v.

temno, ĭs, mpsi, mptum. *To despise.*—Discĭte justĭtiam mŏnĭti, et non *temnĕre* Dīvos. V. Æn. 6. 620. SYN. contemno; sperno, ĭs, sprēvi, tum; fastīdio, īs; aspernor, āris.

tēmo, ōnis. masc. 1. *The pole of a carriage.*—2. *The waggon of Boötes, the constellation Charles's Wain, the Great Bear.*——1. Aureus axis ĕrat, *tēmo* aureus, aurea summæ Curvātūra rŏtæ. Ov. Met. 2. 107. — 2. Flexĕrat ōblīquo plaustrum *tēmōne* Boötes. Ov. Met. 10. 447. v. Arctos.

Tempē. neut. pl. indecl. prop. *The vale in Thessaly through which the Peneus flows; any valley.* —— Hinc Cămărīnăn ădit, Thapsonque et Hĕlōria *Tempe.* Ov. F. 4. 477. v. vallis. PHR. Pastor Ăristæus fŭgiens Pēnēia Tempe. V. Non Zĕphyrīs ăgĭtāta Tempe. Hor. Ăpollĭne Delphos Insignes, aut Thessăla Tempe. Hor. v. Ov. Met. 1. 568—575.

tempĕrātus, a, um. *Temperate, moderate.* —— Crispe Sallustī, nīsī *tempĕrāto* splendeat usu. Hor. 2. 2. 3. SYN. mŏdĕrātus, mŏdĭcus.

tempĕries, ei. *Temperature of climate, etc., esp. moderate temperature.* —— *Tempĕriē* cœli corpusque ănĭmusque jŭvantur. Ov. Ep. e P. 2. 7. 71.

tempĕro, as. 1. *To temper, to mix, esp. in proper proportion.* — 2. *To refresh.* — 3. *To restrain, to rule.* — 4. *To abstain.* —— 1. Ipse tămen lectas Păgăsæis collĭbus herbas *Tempĕrat.* Ov. F. 5. 402. — 2. Per lævia murmur Saxa ciet, scătĕbrisque ārentia *tempĕrat* arva. V. G. 1. 110. — 3. O testūdĭnis aureæ Dulcem quæ strĕpĭtum Pīĕrī *tempĕras.* Hor. 4. 3. 18. *Tempĕrat* et sumptus parcus ŭterque parens. Ov. Am. 1. 3. 10. — 4. Quis tālia fando Myrmĭdŏnum Dŏlŏpumque, aut dūri mīlĕs Ŭlyxi *Tempĕret* a lăcrȳmis. V. Æn. 2. 8. Jam sĭbĭ tum a curvis mălĕ *tempĕrat* unda cărīnis. V. G. 1. 360. SYN. 1. misceo, es, ui, mistum, q. v.; commisceo, rĕmisceo, immisceo. — 2. rĕcreo, as, q. v. — 3. cohĭbeo, es; mŏdĕror, āris. v. rego. — 4. abstĭneo, es.

tempestas, ātis. fem. 1. *Time, season.* — 2. *Weather.* — 3. *A storm, a tempest.* —— 1. Nōn ĕgŏ prō mundi regno măgis anxius illā *Tempestāte* fui. Ov. Met. 1. 183. — 2. Dētŭlit in terras? unde hæc tam clāra rĕpente *Tempestas?* V. Æn. 9. 20. — 3. Et fœdam glŏmĕrant *tempestātem* imbrĭbus ātris Collectæ ex alto nūbes. V. G. 1. 323. SYN. 1. tempus, ŏris, *neut.* q. v. — 3. prŏcella; hyems, ĕmis, *fem.* v. nimbus. PHR. 3. Horrĭda tempestas cœlum contraxit et imbres Nĭvesque dēdūcunt Jŏvem, nunc măre, nunc sīluæ Thrēĭciō Ăquĭlōne sŏnant. Hor. Cras fŏliis nĕmus Multis, et algâ littus ĭnūtĭli Dēmissa tempestas ab Euro Sternet, ăquæ nĭsĭ fallit augur Annōsa cornix. Hor. Hic quondam morbo cœli mĭsĕranda coorta est Tempestas. V. Luctantes ventos tempestātesque sŏnōras. V. Nec fĕra tempestas tōto tămĕn horret ĭn anno. Ov. v. procella.

tempestīvē. *In due season.* —— Fēlīces ambo *tempestīvē*que sĕpulti. Ov. Tr. 5. 10. 81. SYN. mātūrē.

tempestivus, a, um. 1. *Seasonable.* — 2. *Ripe, fit for gathering, cutting, etc.* —— 1. Advehar Ortȳgiam, vĕniet narrātĭbus hōra *Tempestīva* meis. Ov. Met. 5. 500. — 2. Et *tempestīvam* sylvīs ēvertĕre pīnum. V. G. 1. 256. SYN. 1. opportūnus, q. v. — 1, 2. mātūrus, q. v.

templum, i. *A temple.* —— Et vĭrĭdi in campo *templum* dē marmŏre pōnam Propter ăquam. V. G. 3. 13. SYN. dēlūbrum, fānum; ædes, is, *fem.* (*not used in pl. in this sense*), ădȳtum, dōnārium, săcrārium, săcellum. PHR. Tum fŏrĭbus Dīvæ mĕdiā testūdĭne templi. V. Fātāle aggressi săcrāto āvellĕre templo Pallădium. V. Templa Dei saxo vĕnĕrābar structa vĕtusto. V. Săcra quŏtannis Urbe vĕlit pŏsĭtā templis sĭbĭ ferre dĭcātis. V. In templum redeo grădĭbus sūblīme Dĭānæ. Ov. Et Dea marmŏreā cūjus in æde sŭmus. Ov. Fac mŏdŏ pollĭcĭti conscia templa cŏlas. Ov. Aurea sanctōrum templa Deōrum. Ov. Dum făcĭles ădĭtus præbet vĕnĕrābĭle templum. Ov. Candĭda te nĭveo pŏsuit lux proxĭma templo. Ov. Augusta vŏcantur Templa săcerdōtum rīte dĭcāta mănu. Ov.

tempŏrius, adv. compar. *In too good time, too soon.* —— Mŏdŏ surgis Ēōo *Tempŏrius* cœlo, mŏdŏ sērius incĭdis undis. Ov. Met. 4. 198. v. mature.

tempus, ŏris. neut. 1. *Time.* — 2. *A season.* —— 1. *Tempus* ĕdax ĭgĭtur præter nos omnia perdet? Ov. Ep. e P. 4. 10. 7. *Tempŏrĭbus* certis dantque nĕgantque viam. Ov. Her. 7. 170. — 2. *Tempŏrĭbus*que părem dīvīsum quătuor annum. V. G. 1. 258. SYN. 1. ætas. v. ævum, sæculum. PHR. 1. Quod fŭgiens sĕmĕl hōra vexit. Hor. Quæ sĕmel Nōtis condĭta fastis Inclūsit vŏlucris dies. Hor. Parvi tempŏris adde mŏram. Ov. Non qui lābentia tardē Tempŏra narrando fallat ămīcus ădest. Ov. Sed fŭgit intĕrĕa fŭgit irrepărābĭle tempus. V.

tempus, ŏris. neut. *The temples of the head.* —— Dum trĕpĭdant, iit hasta Tăgo per *tempus* ŭtrumque. V. Æn. 9. 418. v. caput.

tĕnācĭter, ius. *Firmly.* —— Tēne fĕrunt gĕmĭnos pressisse *tĕnācĭter* angues? Ov. Her. 9. 21. SYN. firmē.

tĕnax, ācis. *Tenacious, holding firmly.* —— Et vertenda mănu, et cretâ sŏlĭdanda *tĕnāci.* V. G. 1. 179. Nunc quŏque hăbent parcumque gĕnus pătiensque lăbōrum, Quæsītique *tĕnax.* Ov. Met. 7. 657. v. firmus.

tendo, ĭs, tĕtendi, tentum or **tensum.** 1. *To stretch, to bend.* — 2. *To shoot* (*an arrow, etc.*). — 3. *To aim, to move* (*trans. in any direction*). — 4. *To pitch* (*the camp, etc.*). — 5. *To contend.* — 6. *To hold out.* — 7. *To go.* —— 1. *Tendunt* vēla Nŏti, fĕrĭmur spūmantĭbus undis. V. Æn. 3. 268. *Tento* concĭta cornu Sīcut ĕrant juncti trājĕcit utrumque săgitta. Ov. Met. 6. 243. Săgittam Dēprompsit phărĕtrâ, cornuque infensa *tĕtendit.* V. Æn. 11. 859. — 2. Alta pĕtens, părĭterque ŏcŭlos tēlumque *tĕtendit.* V. Æn. 5. 508. — 3. Ad cœlum *tendens* ardentia lūmĭna frustra. V. Æn. 2. 405. — 4. Hic Dŏlŏpum mănus, hic sævus *tendēbat* Ăchilles. V. Æn. 2. 29. — 5. Nec nos obnīti contrā, nec *tendĕre* tantum Suffĭcĭmus. V. Æn. 5. 21. — 6. Tu mūnĕra supplex *Tende* pĕtens păcem, et făcĭles vĕnĕrāre Năpæas. V. G. 4. 535. — 7. Hæc cĕlĕrans, ĭter ad nāves *tendēbat* Ăchātes. V. Æn. 1. 656. Lūcĭda Pĭĕriâ *tendis* in astra viâ. Ov. Ep. e P. 2. 9. 62. SYN. 1, 2. 3. 5. 7. contendo. v. flecto. 1, 2. 3. intendo. — 2. jăcio, ĭs, jēci; ēmitto, ĭs, mīsi, missum; torqueo, es, si. — 3. dīrĭgo, ĭs, rexi. — 5. nītor, ĕris, nīsus sum. — 6. extendo, porrĭgo. — 7. eo, īs, īvi, ĭtum, q. v.

tĕnĕbræ, ārum. *Darkness.* —— Semper et obtentâ densantur nocte *tĕnĕbræ.* V. G. 1. 248. SYN. cālīgo, ĭnis, *fem.* v. nox, nubes. PHR. Ponto nox incŭbat ātra. V. Tĕnĕbrīs et sōle cădente. V. Ĭnhorruit unda tĕnēbris. V. At nostrum tĕnĕbris ŭtĭnam lătuisset ĭn īmis. Ov. v. caligo.

tĕnĕbrĭcōsus, a, um. *Dark.* —— Qui nunc it per ĭter *tĕnĕbrĭcōsum.* Cat. 3. 11. SYN. obscūrus, ŏpācus; nĭger, nĭgra, grum. v. umbrosus.

tĕnĕbrōsus, a, um. *Dark.* —— Āĕra dīmōvit *tĕnĕbrōsum* et dispŭlit umbras. V. Æn. 5. 839. v. prec.

§tĕnellŭlus, a, um. dim. of seq. —— Et puella *tĕnellŭlo* dēlĭcātior hædo. Cat. 18. 15.

‡tĕnellus, a, um. *Tender.* —— Cui nōmen vox prīma meum lūdusque *tĕnello* Rīsus, et ē nostro vĕniēbant gaudia vultu. Stat. Sylv. 5. 5. 86. v. tener.

tĕneo, es, ui. no sup. 1. *To hold, to keep.* — 2. *To have.* — 3. *To detain.* — 4. *To retain, to remember.* —— 1. Fœmĭneâ *tĕneo* non mea tēla mănu. Ov. Her. 11. 20. Texendæ sēpes ĕtiam, et pĕcus omne *tĕnendum.* V. G. 2. 371. — 2. Rustĭca Sāturno regna *tĕnente* fuit. Ov. Her. 4. 132. — 3. Atque per ambāges et longa exorsa *tĕnēbo.* V. G. 2. 46. — 4. Audiĕram nŭmĕros mĕmĭni si verba *tĕnērem.* V. E. 9. 45. SYN. 1. contĭneo, rĕtĭneo. v. servo, gero. — 2. hăbeo, q. v. — 3. dētĭneo; mŏror, āris. — 4. mĕmĭni, q. v.

tĕner, ĕra, ĕrum. *Tender, often esp. because young.* — 2. *Delicate, effeminate, amorous.* —— 1. Cēpĭmus et *tĕnĕræ* prīmos ætātis hŏnōres. Ov. Tr. 4. 10. 32. — 2. Pan ĭbĭ dum *tĕnĕris* jactat sua carmĭna Nymphis. Ov. Met. 11. 153. Quid tĭbĭ præcĭpiam *tĕnĕros* quoque mittere versus? Ov. A. A. 2. 273. SYN. 1. ‡tenellus, q. v. 1. 2. mollis.

tĕnor, ōris. masc. *Tenour, course.* —— Dumque *tĕnor* vītæ sit sĭne lābe meæ. Ov. Her. 17. 14. Prōtĭnus hasta fugit, servatque cruenta *tĕnōrem.* V. Æn. 10. 340. SYN. cursus, ûs.

tentāmĕn, ĭnis. neut. *A trial, an experiment.* —— Prīma fĭdē vōcisque rătæ *tentāmĭna* sumpsit. Ov. Met. 3. 341. v. seq.

tentāmentum, i. *A trial.* —— Ut vīdi obstŭpui, mĕdĭtātaque pæne rĕlīqui *Tentāmenta* fĭdē. Ov. Met. 7. 728. v. prec. v. conatus.

tentātor, ōris. masc. *One who makes an attempt on.* —— *Tentātor* Ōrīon Dĭānæ. Hor. 3. 4. 72.

tento, as. perf. pass. part. used sometimes in dep. sense. 1. *To explore by touching.* — 2. *To try to find, to seek.* — 3. *To try, to attempt.* — 4. *To try, prove, ascertain the inclination of, to try to move.* —— 1. Vērum ĕtiam invīsos si quis *tentârat* ămictus. V. G. 3. 563. — 2. Unde lăbōrum *Tentāre* auxĭlium jŭbeat, quo vertĕre cursus. V. Æn. 3. 146. — 3. Excursusque brĕves *tentant,* et sæpe lăpillos . . . Tollunt. V. G. 4. 194. Altera dum sŏlĭto *tentat* plangōre fĕrīre Pectŏra, *tentātos* sensit rĭguisse lăcertos. Ov. Met. 4. 554. — 4. Tu conjux; tĭbĭ fas ănĭmum *tentāre* prĕcando. V. Æn. 4. 113. SYN. 2. quæro, is, sīvi, q. v.— 3. cōnor, āris ; nītor, ĕris, nīsus sum, q. v. ; mōlior īris. v. affecto, invado. — 4. expĕrior, īris, expertus sum ; sollĭcĭto, as. v. moveo.

tentōrium, i. *A tent.*—— Sub Jŏve pars dūrat, pauci *tentōria* pōnunt. Ov. F. 3. 527.

tĕnuis (sometimes **tēnvis**, dissyll.). 1. *Thin, slight, fine.* — 2. *Small.* — 3. *Humble, weak, decaying, unsubstantial.* — 4. *Minute, accurate, subtle.* —— 1. Fallar et hoc, crīmen *tĕnues* vānescat in auras. Ov. Her. 1. 79.— Vellĕraque ut fŏliis dēpectant *tēnvia* Sēres. V. G. 2. 121.—2. Ut măre fit trĕmŭlum *tĕnui* dum stringĭtur aurâ. Ov. Her. 11. 75. In *tĕnui* lăbor at *tĕnuis* non glōria. V. G. 4. 6.—3. Nunc păter et *tĕnues* Teucrûm res ĕrĭpe lēto. V. Æn. 5. 690. Nunc ănĭmæ *tĕnues*, et corpŏra functa sepulchris Errant. Ov. F. 2. 565. — 4. Quæ tĭbi tam *tĕnui* cūrâ līmantur, ut omnes . . . Ov. Ep. e P. 4. 6. 37. SYN. 1. grăcĭlis. v. rārus. — 1, 2. lĕvis. — 1. 4. subtīlis. — 2, 3. parvus, q. v. ; exĭguus, hŭmĭlis. — 4. exactus. v. fractus, exilis, macer.

tĕnuo, as. 1. *To make thin or small.* — 2. *To lessen.*——1. Ipsa autem măciē *tĕnuant* armenta vŏlentes. V. G. 3. 129.—2. Utque meæ fāmam *tĕnuent* ōblīvia culpæ. Ov. Tr. 3. 11. 65. SYN. 1. măcĕro, as. — 1, 2. attĕnuo. — 2. mĭnuo, is, ui, ūtum ; dīmĭnuo, q. v.

tĕnus, prep. c. abl. sing. or gen. pl. *As far as.*—— Extŭlit et lătĕri căpŭlo *tĕnus* abdĭdit ensem. V. Æn. 2. 553. Lătĕrum *tĕnus* hispĭda nanti Frons hŏmĭnem præfert, in pristim dēsĭnit alvus. V. Æn. 10. 210.

tĕpĕfăcio, is, fēci, factum. *To make warm.*—— Sanguĭne Tlēpŏlĕmus Lўciam *tĕpĕfēcĕrat* hastam. Ov. Her. 1. 19. Alta *tĕpĕfăciet* permixtâ flūmĭna cæde. Cat. 62. 360. SYN. călĕfăcio, *sync.* calfăcio, q. v.

tĕpeo, es, ui, no sup. 1. *To be warm., lit. and metaph. with love.* — 2. *To grow cool.* — 1. Partŭrit almus ăger, zĕphўrique *tĕpentĭbus* auris Laxant arva sĭnus. V. G. 2. 330. Nec tĕnĕrum Lўcĭdam mīrābĕre quo călet jŭventus Nunc omnis, et mox virgĭnes *tĕpēbunt.* Hor. 1. 4. 20. — 2. Sæpe *tĕpent* ălii juvĕnes, ĕgŏ semper ămāvi. Ov. R. A. 7. SYN. 1. intĕpeo, prætĕpeo ; căleo, es ; incăleo. v. seq.

tĕpesco, is. no perf., another pres. form of prec. *To be warm.* —— Illa rĕcens pōta est, nostra *tĕpescit* ăqua. Ov. Ep. e P. 3. 4. 56. v. prec.

tĕpĭdus, a, um. 1. *Warm.* — 2. *Abating in warmth, cool, cooler, lit. and metaph.* 1. Inde căvæ *tĕpĭdo* sūdant hūmōre lăcūnæ. V. G. 1. 117. — 2. Certaque de *tĕpĭdis* collĭgit ossa rŏgis. Ov. Her. 6. 90. Quid jŭvat admŏnĭtu *tĕpĭdam* rĕcălescĕre mentem ? Ov. R. A. 629. SYN. 1. tĕpens, tĕpĕfactus, fervĭdus, călĭdus, q. v.

tĕpor, ōris. masc. *Warmth.* —— Jam vēr ĕgĕlĭdos rĕfert *tĕpōres.* Cat. 46. 1. v. calor.

ter. *Thrice.* —— *Ter* circum Īliăcos raptāvĕrat Hectŏra mūros. V. Æn. 1. 484.

tercentum. indecl. *Three hundred.* —— *Tercentum* adjĭciunt, mens omnĭbus ūna sĕquendi. V. Æn. 10. 182. SYN. trĕcēni, trĕcenti.

tĕrĕbinthus, i. fem. *The turpentine tree.* —— Inclūsum buxo aut Ōriciâ *tĕrĕbintho.* V. Æn. 10. 136.

tĕrĕbro, as. *To bore, to bore out.* —— Fundĭmur et tēlo lūmen *tĕrĕbrāmus* ăcūto. V. Æn. 3. 635. SYN. perfŏro, as, q. v.

tĕrēdo, ĭnis. fem. *A woodworm.* —— Ēstur ut occultâ vĭtiāta *tĕrēdĭne* navis. Ov. Ep. e P. 1. 1. 69.

tĕrēs, ĕtis. *Taper, round and smooth.* —— Ut *tĕrēs* in dextrâ quâ somnos dūcit et arcet Virga sit. Ov. Met. 2. 735.

tergĕmĭnus, a, um. 1. *Triple in any way ; with three bodies, three heads, etc.* — 2. *Three.*——1. *Tergĕmĭnum*que vĭrum *tergĕmĭnum*que cănem. Ov. Tr. 4. 7. 16. —2. Cui tres sunt linguæ *tergĕmĭnum*que căput. Tib. 3. 4. 88. SYN. 1. trĭplex, ĭcis ; trĭformis. — 2. terni, tres.

tergeo, es, and **tergo, is, si, sum.** *To make clean, wipe clean, etc.* —— Pars læves clўpeos, et spĭcŭla lūcĭda *tergent.* V. Æn. 7. 626. Spissaque dē nĭtĭdis *tergit* ămōma cŏmis. Ov. Her. 21. 166. Virga sit, ut *tersis* nĭteant tālāria plantis. Ov. Met. 2 735. SYN. v. detergeo, polio.

tergum, i. 1. *A back.* — 2. *A fold, a layer.* — 3. *A hide.* —— 1. Et pressum inflexo mox dăre *terga* gĕnu. Prop. 3. 7. 6. Dūra meant cĕlĕri *terga* per amnis ĕquo. Ov. Ep. e P. 1. 2. 82. — 2. Dixĕrat at clўpeum tot ferri *terga* tot æris.

V. Æn. 10. 482. — 3. Taurīno quantum possent circumdăre *tergo*. V. Æn. 1. 372. SYN. 1. dorsum. — 3. tergus, ŏris, *neut.* q. v.

tergus, ŏris. neut. *A hide.* — *Tergŏra* dērĭpiunt costīs et viscĕra nūdant. V. Æn. 1. 211. SYN. pellis.

termĕs, ĭtis. masc. *A branch of a tree, esp. of an olive.* —— Germĭnat et nunquam fallentis *termĕs* ŏlīvæ. Hor. Epod. 16. 45. SYN. rāmus.

termĭno, as. *To bound, to limit.* —— Impĕrium Ōceăno fāmam qui *termĭnet* astris. V. Æn. 1. 287. v. claudo. PHR. His ĕgŏ nec mētas rērum nec tempŏra pōno. V.

termĭnus, i. *A boundary, a limit. Among the Romans Terminus was worshipped as a god.* —— Ergo ipsas quamvīs angusti *termĭnus* ævi Excĭpiat. V. G. 4. 206. SYN. līmĕs, ĭtis, *masc.*; fīnis, is, *masc. and fem.*; mēta.

ternus, a, um. 1. (*in sing.*) *Threefold.* — 2. (*in pl.*) *Three.* —— 1. Impellunt; *terno* consurgunt ordĭne rēmi. V. Æn. 5. 120. — 2. Tres ĕquĭtum nŭmĕro turmæ, *terni*que văgantur Ductōres. V. Æn. 5. 560. SYN. 1, 2. trĭplex, ĭcis; tergĕmĭnus. — 2. tres, q. v.; trīnus.

tĕro, ĭs, trīvi, trītum. 1. *To rub, to wear away by rubbing.* — 2. *To pound, to grind, etc.* — 3. *To pass (time, etc.), esp. with a sense of reproach.* —— 1. Hoc rĭgĭdas silĭces, hōc ădămanta *tĕrit.* Ov. Tr. 4. 6. 14. Nec tĭbi, ut invĕnias, longa *tĕrenda* via est (i. e. *to be often gone over*). Ov. A. A. 1. 52. — 2. Vēnit hyems, *tĕrĭtur* Sĭcyōnia bacca trăpētis. V. G. 2. 519. *Trīta* mĕlisphylla, et cērinthæ ignōbĭle grāmen. V. G. 4. 63. — 3. Quid struis? aut quâ spe Lĭbўcis *tĕris* ōtia terris? V. Æn. 4. 271. SYN. 1, 2. attĕro, *perf. also* attĕrui; dētĕro. — 1. 3. contĕro, *perf. also* contĕrui. — 3. ăgo, is, ēgi, actum, q. v.

terra, æ. 1. *The earth.* — 2. *The ground.* — 3. *A country.* —— 1. Princĭpio cœlum ac *terras* camposque līquentes . . . V. Æn. 6. 724. — 2. Altior ac pĕnĭtus *terræ* dēfīgĭtur arbos. V. G. 2. 390. — 3. Ductōresque ălii quos Āfrĭca *terra* triumphis Dīvĕs ălit. V. Æn. 4. 37. SYN. 1. tellūs, ūris, *fem.* — 2. hŭmus, i, *fem.*; sŏlum. v. ager. — 3. rĕgio. PHR. 1. Sternĭmur optātæ grĕmio tellūris ad undam. V. Ergo ăge terræ Pingue sŏlum . . . invertant tauri. V. Fundit hŭmo făcĭlem victum justissĭma tellus. V. Terra ingeniōsa cŏlenti. Ov. Grāmĭnĭbus tellus fœcunda creandis. Ov. Ōtia terra fĕrax, ōtia pontus ăgit. Ov. Cuique vĭro tōtus terrārum pāruit orbis. Ov.

terrēnus, a, um. *Of earth, of the earth.* —— Rēgis Dercenni *terrēno* exaggĕre bustum. V. Æn. 11. 850. Verba sĭmul fundit, *terrēna*que nūmĭna poscit. Ov. Met. 7. 248. SYN. terrestris.

terreo, es, ui, ĭtum. *To frighten.* —— Omnĭpŏtens tŏnĭtruque et fulgŭre *terruit* urbem. Ov. Met. 14. 817. SYN. conterreo, exterreo, perterreo, prŏterreo; terrĭfĭco, as; terrĭto, as; horrĭfĭco, as; trĕmefăcio, ĭs, fēci, factum; pāvĕfacio, ĭs, *only in perf. pass. part.* păvĕfactus; exsterno, as; consternor. v. timeo.

terrestris, e. *Of the earth.* —— Tantosque per alta lăbōres æquŏra sustĭnui; tantos *terrestrĭbus* armis. Ov. Met. 14. 479. SYN. terrēnus.

terrĭbĭlis, e. *Terrible, to be feared.* —— *Terrĭbĭles* vīsu formæ, Lētumque Lăbosque. V. Æn. 6. 277. SYN. horrĭbĭlis, formīdābĭlis, formīdŏlōsus, tĭmendus, trĕmendus, dīrus, mĕtuendus, horrendus, horrĭdus, horrĭfĭcus; horrĭfer, ĕra, ĕrum.

terrĭfĭco, as. *To frighten.* —— *Terrĭfĭcant* ănĭmos, et ĭnānia murmŭra miscent. V. Æn. 4. 210. v. terreo.

terrĭfĭcus, a, um. *Terrific, causing fear.* —— Sēraque *terrĭfĭci* cĕcĭnērunt ōmĭna vātes. V. Æn. 5. 524. v. terribilis.

terrĭgĭna, æ. masc. and fem. *Earth-born.* —— *Terrĭgĭnas* pŏpŭlos cīvīli Marte pĕremptos. Ov. Her. 6. 35.

†terrĭlŏquus, a, um. *Speaking frightful things.* —— *Terrĭlŏquis* victus dictis desciscĕre quæres. Lucr. 1. 103.

terrĭto, as. *To frighten.* —— Turrĭbus aut altīs et magnas *terrĭtat* urbes. V. Æn. 4. 187. SYN. terreo, es, q. v.

terror, ōris. masc. *Terror, fear.* —— Quod si tantus hăbet mentes et pectŏra *terror.* V. Æn. 11. 357. SYN. tĭmor, q. v.; păvor.

tertius, a, um. *Third.* —— Nupta Jŏvis fratri *tertia* regna tĕnet. Ov. F. 4. 584.

tesqua, ōrum. neut. pl. *Dark uncultivated places, solitary places.*——Pandĭte dēfessīs hospĭta *tesqua* vĭris. Prop. 4. 10. 34.

‡**tessella,** æ. *A small square piece of stone, etc.*——Nulla uncia nōbis Est ĕbŏris nec *tessellæ* nec calcŭlus ex hāc Mātĕriā. Juv. 11. 131.

tessĕra, æ. 1. *A die.*—2. *A military signal, a watch-word.*——1. *Tessĕra* quot nŭmĕros hăbeat; distante vŏcāto. Ov. Tr. 2. 475.—2. Classĭca jamque sŏnant. it bello tessĕra signum. V. Æn. 7. 637. SYN. 1. tālus, ālea.—2. v. signum.

testa, æ. 1. *An earthern jar or cask.*——2. *A shell, shell-fish.*—3. *Any hard covering (as ice on water).*—‡4. *Castanets.*—— 1. Nescīvēre hyĕmem *testā* cum ardente vĭderent scintillāre ŏleum. V. G. 1. 391.—2. Sed non omne măre est gĕnĕrōsæ fertĭle *testæ.* Hor. Sat. 2. 4. 31.—3. Lūbrĭcaque immōtas *testa* prĕmēbat ăquas. Ov. Tr. 3. 10. 38.—4. Audiat ille *Testārum* crĕpĭtus cum verbis. Juv. 11. 170. SYN. 2. concha.

testāmentum, i. *A will.*——Dixi ĕquĭdem dīco captes astūtus ŭbīque *Testāmenta* sĕnum. Hor. Sat. 2. 5. 24. SYN. ‡cōdex, ĭcis, *masc.* PHR. Nōmen testātas intŭlit in tăbŭlas. Cat.

testĭfĭcor, āris. perf. part. both in act. and pass. sense. 1. *To call to witness.*—2. *To bear witness, to testify, to prove.*——1. Linguaque præsentem *testĭfĭcāta* Deam. Ov. Her. 21. 134. 2. Te mĕmŏrem dŏmĭnæ *testĭfĭcēre* tuæ. Ov. A. A. 2. 270. Mīra sed et scēnā *testĭfĭcāta* lŏquor. Ov. F. 4. 326. SYN. 1, 2. testor, āris, q. v.

testis, is. masc. and fem. *A witness.*——Atque incorruptæ pondĕra *testis* hăbet. Ov. Ep. e P. 3. 9. 50. Stat mihĭ non parvo virtus mea; vulnĕra *testes* Armaque. Ov. F. 4. 885. SYN. conscius, *fem.* conscia. PHR. Stўgii quŏque conscia sunto Nūmĭna torrentis. Ov.

testor, āris. perf. part. both in act. and pass. sense. 1. *To call to witness.*—2. *To bear witness, to testify, to prove.*—3. *To beseech, invoking the gods, etc.*——1. *Testātur* mŏrĭtūra Deos et conscia fāti Sīdĕra. V. Æn. 4. 519.—2. Cui rĕfĕrat nāti *testātos* orbe lăbōres. Ov. Met. 9. 277.—3. Per sīdĕra *testor,* Per sŭpĕros atque hoc cœli spīrābĭle lūmen. SYN. 1, 2. testĭfĭcor, āris.—3. obtestor. v. oro. PHR. 2. Ut sua quid văleant nūmĭna teste prŏbent. Ov.

testūdĭneus, a, um. *Of a tortoise, of tortoise-shell.*——Et *testūdĭneā* Phœbe sŭperbe lўrā. Tib. 4. 2. 22.

testūdo, ĭnis. fem. 1. *A tortoise, tortoise-shell.*—2. *A lyre (as being made of the back of a tortoise originally).*—3. *A locking of the shields together over their heads, under cover of which soldiers approached walled towns.*—4. *An arch, a cupola, a vaulted roof.*——1. Nec vărios inhiant pulchrā *testūdĭne* postes. V. G. 2. 463.—2. Ipse căvā sōlans ægrum *testūdĭne* ămōrem. V. G. 4. 464.—3. Cernĭmus obsessumque actā *testūdĭne* līmen. V. Æn. 2. 441. Tum fŏrĭbus Dīvæ mĕdiā *testūdĭne* templi. V. Æn. 1. 505. SYN. 2. lўra, q. v.—4. fornix, ĭcis, *masc.*; thŏlus.

testus, ūs. but only found in abl. sing. *The cover of an earthen pot, or any piece of earthenware.*——Āra fit, huc ignem curto fert rustica *testu.* Ov. F. 2. 645. v. testa.

tĕter, tra, trum. *Foul, noisome.*——Viscĕrĭbus sŭper incumbens; lăvit imprŏba *tĕter* Ōra cruor. V. Æn. 727. SYN. fœdus, turpis.

Tēthўs, yŏs. fem. *The wife of Oceănus, mother of rivers and river nymphs.*——Sævit ădhuc, cānamque rŏgat Sāturnia *Tēthyn.* Ov. F. 2. 191.

tĕtĭgi, tĕtĭgissem, etc. perf. etc. of tango, q. v.——Quique dŏlor pectus *tĕtĭgisset* Cæsăris alti. Ov. Ep. e P. 2. 3. 63.

tĕtrarcha, æ. masc. *A tetrarch.*——Sæpe dĕcem servos; mŏdŏ rēges atque *tĕtrarchas,* Omnia magna lŏquens. Hor. Sat. 1. 3. 12.

‡**tĕtrastĭchŏn,** i. *An epigram or poem of four lines.*——Quod nōn insulsē scrībis *tĕtrastĭcha* quædam. Mart. 7. 84. 1.

tĕtrĭcus, a, um. *Austere, morose.*——At nunc exæquet *tĕtrĭcas* lĭcet ille Săbīnas. Ov. Am. 3. 8. 61. SYN. mōrōsus, sĕvērus, austērus.

†§**tĕtŭli.** An obsolete form of perf. from fĕro, q. v.——Si rĕdĭtum *tĕtŭlisset,* is haud in tempŏre longo. Cat. 64. 35.

Teucer, cra, crum. *Trojan.*——Nec posse Ītăliā *Teucrōrum* āvertĕre rēgem. V. Æn. 1. 38. Prōcĭdit lātē pŏsuitque collum in Pulvĕre *Teucro.* Hor. 4. 6. 12. SYN. Trōjānus, q. v.

Teucria, æ. *The Trojan land, the Trojan nation.*——Ergo omnis longo solvit se *Teucria* luctu. V. Æn. 2. 26. SYN. Dardănia. v. Troas.

texo, ĭs, ui, xtum. 1. *To weave, to plait, to entwine, lit. and metaph.*—2. *To construct, to make.*——1. *Texĭtur* hæc castris quarta lăcerna tuis. Prop. 4. 3. 18. Tu mŏdŏ *texēbas* vărios per cornua flōres. Ov. Met. 10. 123. Quod tua *texuĕrunt* scripta rĕtexit ŏpus. Ov. Ep. e P. 1. 3. 30.—2. Bis dēnas Ĭtălo *texāmus* rōbŏre nāves. V. Æn. 11. 326. SYN. 1. dētexo, intexo, contexo; necto, ĭs, q. v.—2. condo, ĭs, dĭdi, q. v.

textĭlis, e. *That is that can be woven or plaited.*——*Textĭlĭbus*que ŏnĕrat dōnīs ac tālia fātur. V. Æn. 3. 485. v. prec.

textor, ōris. masc. *A weaver.*——Exīguæque tŏgæ sĭmŭlet *textōre* Cătōnem. Hor. Epist. 1. 19. 13.

textrix, īcis. fem. of prec.——Atquē ălĭqua assiduē *textrix* ŏpĕrāta Mĭnervam Cantat. Tib. 2. 1. 64.

textum, i. *A thing woven, a web, a cloth; metaph. even of an engraving or chasing on metal.*——Huic sŭpĕrinjēcit *textum* rŭde sēdŭla Baucis. Ov. Met. 8. 640. Hastamque et clÿpei nōn ēnarrābĭle *textum*. V. Æn. 8. 625.

textūra, æ. *Texture, weaving, etc.*——Eurÿpÿlique plăcet Cōæ *textūra* Mĭnervæ. Prop. 4. 5. 23. v. prec. v. seq.

†**textus, ūs.** *A weaving, texture.*——Quippe ĕtĕnim multo măgis hæc sunt tĕnvĭa *textu*. Lucr. 4. 732. v. prec.

thălămus, i. 1. *A bed-chamber, esp. a bridal chamber, a marriage bed; a bed.*—2. *Marriage.*——1. Tum me confectum cūris somnoque grăvātum Infēlix hăbuit *thălămus*. V. Æn. 6. 521. Ferreīque Eumĕnĭdum *thălămi* et Discordia dēmens. V. Æn. 6. 280.—2. Si non pertæsum *thălămi* tædæque fuisset. V. Æn. 4. 18. SYN. 1. v. lectus.—2. conjŭgium, q. v.

Thălīa, æ. *One of the Muses.*——Nostra nec ērŭbuit sylvas hăbĭtāre *Thălīa*. V. E. 6. 2. v. Musa.

theātrālis, e. *Of a theatre.*——Jūra *theātrālis* dum sĭluēre lŏci. Mart. 5. 24. 2.

theātrum, i. *A theatre, any place where spectacles are exhibited.*——Cingēbant sylvæ, mĕdiâque in valle *theātri* Circus erat. V. Æn. 5. 288. v. scena, spectaculum, cavea, pulpita.

Thēbæ, ārum. and ‡**Thēbē, es.** *Thebes, the capital of Bœotia, founded by Cadmus.*——Cur tăcui *Thēbas* et mutua vulnĕra frātrum Et septem portas cum dŭce quamque suo? Ov. Tr. 2. 319. Rĕsĭdem ferro pĕtit imprŏba *Thēben*. Stat. Theb. 4. 676. PHR. Necnon Cēcrŏpiæ, necnōn Amphīŏnis arces (*alluding to the fable of Amphion having built Thebes by moving the stones with his lyre*). Ov. Cum tĭbi Cădmēæ dīcuntur Pontĭce Thēbæ. Prop. Non flĕbo in cĭnĕres arcem sedisse pāternos Cadmi. Prop. Monstrumve submīsēre Colchi mājus, Ĕchīŏniæve Thēbæ. Hor.

Thēbais, ĭdŏs. *A Theban woman.*——*Thēbaĭdes* jussis sua tempŏra frondĭbus ornant. Ov. Met. 5. 163 SYN. Cadmēis, ĭdŏs; Ismēnis, ĭdŏs.

Thēbānus, a, um. *Theban, esp. in pl. the Thebans.*——Prōtea quid rĕfĕram, *Thēbāna*que sēmĭna dentes? Ov. Am. 3. 12. 35. SYN. Cădmēus, Ōgÿgius, Āŏnius: *of the people*, Labdăcĭdes, æ, *masc.*; *in pl.* anguĭgĕnæ, ārum, *masc.*; serpentĭgĕnæ.

‡**thēca, æ.** *Any thing in which to put things away; a chest, a case, a bag, a purse, etc.*——Sortītus *thēcam* călămīs armāre mĕmento. Mart. 14. 19. 1.

Thĕmis, is. fem. *The goddess of law and justice, also of prophecy.*——Fātĭdĭcamque *Thĕmin*, quæ tunc ōrācla tĕnēbat. Ov. Met. 1. 321. Sortis ĕrat, *Thĕmis* hanc dĕdĕrat Parnassia sortem. Ov. Met. 4. 642.

‡**thermæ, ārum.** fem. *Hot springs, warm baths.*——Dămăsippus ad illos *Thermārum* călĭces, inscriptaque lintea vādit. Juv. 8. 168.

Thēsaurus, i. 1. *A treasure.*—2. *A treasury, a storehouse.*——1. Vĕtĕresque rĕclūdit *Thēsauros* argenti ignōtum pondus et auri. V. Æn. 1. 359.—2. Siquando sēdem angustam servātaque mella *Thēsauris* rĕtĭnes. V. G. 4. 229. SYN. 1. gaza.

Thēsēius, also **Thēsēus, a, um.** *Of Theseus.*——Dixēre, ah quŏties flenti *Thēsēius* hēros. Ov. Met. 15. 492. Oh mihĭ *Thēsēă* pectora juncto fĭde. Ov. Tr. 1. 3. 66.

Thēseus, ei. acc. ea. *Son of Ægeus king of Athens, and himself the chief of the*

Athenian heroes; he slew the Minotaur at Crete by the aid of Ariadne, whom he carried of to Naxos, where he deserted her. He was the father of Hippolytus, and celebrated also for his friendship with Pirithous. —— Et cum Pīrĭthoo fēlix concordia *Thēseus.* Ov. Met. 8. 303. SYN. Ægīdes, æ. PHR. An quiă vim nōbis Neptūnius attŭlit hēros? Ov.

Thessālia, æ. *Thessaly.* —— Et bĭbĕre ē tōtā toxĭca *Thessălĭā.* Prop. 1. 5. 6. SYN. Hæmŏnia.

Thessălĭcus and **Thessălus, a, um.** *Thessalian.* —— Pulsum *Thessălĭcis* agmĕn ĕquestre jŭgis. Ov. Her. 9. 100. Quicquid et herbārum *Thessăla* terra gĕrit. Tib. 2. 4. 56. SYN. Hæmŏnius, Mĕlĭbœus, Œtæus; Ătrăcius, *and of the people*, Ătrăcĭdes, æ; ‡Ossæus, ‡Bæbēius.

Thessălis, ĭdŏs. fem. form of prec. —— Nulla căret fūmo *Thessălis* āra meo. Ov. Her. 13. 112. SYN. Hæmŏnis, ĭdŏs; Ătrăcis, ĭdŏs.

Thĕtis, ĭs and **ĭdŏs.** 1. *A goddess of the sea, daughter of Nereus, wife of Peleus, and mother of Achilles.*—2. *The sea.* —— 1. Tum *Thĕtĭdī* păter ipse jŭgandum Pēlea sensit. Cat. 62. 21. — 2. Quæ tentāre *Thĕtin* rătĭbus, quæ cingĕre mūris oppĭda. V. E. 4. 32. SYN. 1. Neptūnīnē. — 2. măre, is, *neut.* q. v. PHR. Quo sæpe vĕnīre Frænāto delphīne sĕdens, Thĕtī nūda, sŏlēbas. Ov. Jūrātus per nūmĭna mātris ăquŏsæ (Achilles, sc.). Ov. Cærŭla māter (Achillis, sc.). Hor. Crēdĭtur æquŏream Phthīo Nērēĭda regi . . . Concŭbuisse. Ov.

Thiăsus, i. *A dance, or troop of dancers, in honour of Bacchus.* —— Instĭtuit Daphnis *thiăsos* indūcĕre Baccho. V. E. 5. 30.

thŏlus, i. *A cupola or dome, any building with a dome.* —— Angŭlus, a pluvio vindĭcat imbre *thŏlus.* Ov. F. 6. 282. SYN. testūdo, ĭnis, *fem.*

thōrax, ācis. acc. **ācem** and **āca,** masc. *A breastplate.* —— Tēlaque trunca vĭri, et bis sex *thōrāca* pĕtītum Perfossumque lŏcis. V. Æn. 11. 9. SYN. ægis, ĭdis, *acc.* ĭda, *fem.*; lōrīca, q. v.

Thōs, thōis. masc. *A jackal.* —— Hic et sēmĭfĕram *thōum* de sanguĭne prolem Tinxit. Grat. Cyneg. 253.

Thrāca, æ. also **Thrācē, es.** also **Thrācia,** æ. *Thrace.* —— Ante Nŏtos Zĕphȳrumque vŏlant, gĕmit ultĭma pulsa *Thrāca* pĕdum. V. Æn. 12. 335. Jamque grăvis *Thrācēn* et læva Prŏpontĭdŏs intrat. Ov. F. 5. 257. Hāc ăve sunt facti, grātāta est scĭlĭcet illis *Thrācia.* Ov. Met. 6. 435. PHR. Rhēsi Māvortia tellus. V. Lātissĭma regna Lȳcurgi. Ov. Quā pĕtet umbrōsum Rhŏdŏpē glăciālis ad Hæmum et săcer admissas Exĭgit Hēbrus ăquas. Ov. v. seq.

Thrācius, a, um. also **Thrēĭcius, a, um.** also **Thrax, ācis.** acc. **āca.** pl. **āces,** etc. (this last usu. of the people, or of living things); also ‡**Thrācus, a, um.** *Thracian.* —— Rhætĭca nunc præbent *Thrāciaque* arma mĕtum. Ov. Tr. 2. 226. *Thrēĭcia* frētus cĭthărā fĭdĭbusque cănōris. V. Æn. 6. 120. Terra procul vastis cŏlĭtur Māvortia campis, *Thrācĕs* ărant, ācri quondam regnāta Lȳcurgo. V. Æn. 3. 14. Congĕmĭnat quā prīmus Āthŏs, et pontus, et ingens *Thrāca* pălūs. Val. Fl. 2. 202. SYN. Rhŏdŏpēius, Œāgrius, Ŏdrȳsius, Mărōnēus, Ismărius, Ēdōnus, Bistŏnius, Strȳmŏnius, Sĭthŏnius; *of the people*, Cĭcŏnes, um, *masc.*

Thrēissa, æ. also **Thressa,** æ. fem. form of prec. —— Spartānæ, vel quālis ĕquos *Thrēissa* fătīgat Harpălȳcē. V. Æn. 1. 317. Dūcar Ăbȳdēno *Thressa* puella tŏro. Ov. Her. 19. 100. SYN. Sĭthŏnis, ĭdŏs; Bistŏnis, ĭdŏs.

thūreus, a, um. *Of frankincense.* —— Dētis et in vĕtĕres *thūrea* grāna fŏcos. Ov. F. 4. 410.

thūrĭcrĕmus, a, um. *On which incense is burned.* —— Sum prĕce *thūrĭcrĕmis* dēvĕnĕrāta fŏcis. Ov. Her. 2. 18.

thūrĭfer, ĕra, ĕrum. *Producing frankincense.* —— Et dŏmĭtas gentes *thūrĭfer* Inde, tuas. Ov. F. 3. 720.

thūrĭlĕgus, a, um. *Gathering frankincense.* —— Nam modo *thūrĭlĕgos* Ărăbas mŏdŏ despĭcit Indos, Ov. F. 4. 469.

thūs, thūris. neut. *Frankincense.* —— India mittit ĕbur, molles sua *thūra* Săbæi. V. G. 1. 57. PHR. Centumque Săbæo Thūre călent āræ. V. Cinnămăque costumque suam, sūdātaque ligno Thūra fĕrant. Ov. Dignaque cui grātes ăgĕret, cui thūris hŏnōrem Ferret. Ov. Accĭpit āra prĕces vōtīvaque thūra piōrum. Ov. Illic plūrĭma nārĭbus Dūces thūra. Hor.

thȳa, æ. *The wild cypress.* —— Sed *thȳæ* thălămo, aut Ōrĭciæ tĕrĕbinthi. Prop. 3. 5. 63.

Thyăs, **ădŏs**. pl. **ădēs**, etc., fem. *A Bacchanalian.*—— Quālis commōtis excĭta săcris *Thyăs*, ŭbĭ audīto stĭmŭlant triĕtērĭca Baccho Orgia. V. Æn. 4. 302. SYN. Baccha, q. v.

thymbra, æ. *Savory.*—— Serpylla, et grăvĭter spīrantis cōpia *thymbræ*. V. G. 4. 31.

Thymbræus, **i**. *A name of Apollo, from Thymbra, a town in the Troas.*——Da prŏpriam *Thymbræe* dŏmum, da mœnia fessis. V. Æn. 3. 85.

thȳmum, **i**. *Thyme.*—— Fervet ŏpus, rĕdŏlentque *thȳmo* fragrantia mella. V. Æn. 1. 440.

thynnus, **i**. *A tunny fish.*—— Et păvĭdi magno fŭgientes agmĭne *thynni*. Ov. Hal. 98.

Thyōneus, **ei**. *A name of Bacchus.*——Addĭtur his Nȳsēus ĭndētonsusque *Thyŏnēus*. Ov. Met. 4. 13.

Thȳre, **es**. (but Ov. has the fem. adj **Thȳreātis**.) *A town on the borders of Argolis and Laconia, for the possession of which a battle was fought between three hundred picked champions on each side.*—— Et Lăcĕdæmŏnium *Thȳrē* lectura cruōrem. Stat. Theb. 4. 48. Si tu signâsses ōlim *Thȳreātĭda* terram. Ov. F. 2. 663.

‡**thyrsĭger**, **ĕra**, **ĕrum**. *Bearing the thyrsus.*—— Candĭda *thyrsĭgĕri* prōles gĕnĕrōsa Lyæi. Seneca, Med. 110.

thyrsus, **i**. ‡1. *A stem or branch.*— 2. *The wand of Bacchus and the Bacchanalians, wreathed with vine leaves.* — 3. *Frenzy.*——1. Et Tartessiăcos Păphiosque rĕvellĕre *thyrsos*. Columel. 10. 370. — 2. Serta cŏmâ, mănĭbus frondentes sūmĕre *thyrsos* Jussĕrat. Ov. Met. 4. 7. — 3. Sic ŭbĭ mota cŏlent săcro mea pectŏra *thyrso*. Ov. Tr. 4. 1. 43. SYN. 3. fŭror, q. v. PHR. 2. Thyrso concĭta Baccha. Ov. Parce Lĭber, Parce grăvi mĕtuende thyrso. Hor. Ut quas pampĭneâ tĕtĭgisse Bĭcornĭger hastā Crēdĭtur. Ov.

tiāra, æ. and **tiāras**, æ. masc. *A turban.*——Tempŏra purpŭreis tentat vēlāre *tiāris*. Ov. Met. 11. 181. Mōre dăret pŏpŭlis, sceptrumque săcerque *tiāras*. V. Æn. 7. 247. SYN. mĭtra.

Tĭbĕrīnis, **ĭdŏs**. fem. adj. *Of the Tiber; as subst. a nymph of the Tiber.*—— Dixĕrat; annuĕrant omnes *Tĭbĕrīnĭdes* udæ. Ov. F. 2. 597.

Tĭbĕrīnus, **a**, **um**. 1. *Of the Tiber.* — 2. *Also in masc. as subst. the Tiber.*—— Flŭmĭnis ad flexum vĕniunt, *Tĭbĕrīna* priores Ostia dixērunt. Ov. F. 4. 329. — 2. Prospĭcit; hunc inter flŭvio *Tĭbĕrīnus* ămœno Vortĭcĭbus răpĭdĭs et multâ flāvus ărēnâ In măre prŏrumpit. V. Æn. 7. 30. v. seq.

Tĭbĕris, **ĭs**, and sync. **Tibris**, which usu. has gen. **Tibrĭdis**. *The Tiber, the river on which Rome stands, formerly called Albŭla.*—— Quæ Tuscum *Tĭbĕrim* et Rōmāna pălātia servas. V. G. 1. 499. Āpennīnĭgĕnæ quæ proxĭma *Tibrĭdis* undis. Ov. Met. 13. 432. SYN. Tĭbĕrīnus. PHR. Ăd terram Hespĕriam vĕnies ubi Lȳdius arva Inter ŏpīma vĭrûm lēni fluit agmĭne Tibris. V. Rĕcălent nostro Tĭbĕrīna fluenta Sanguĭne. V. Cur tĭmet flāvum Tĭbĕrim tangĕre? Hor. Albŭla quem Tĭbĕrim mersus Tĭbĕrīnus in undâ Reddĭdit. Ov. Cornĭger Hespĕrĭdum flŭvius regnātor ăquārum. V.

tĭbia, æ. 1. *The shinbone.* — 2. *A flute.*——1. Concĭdit căsu grăvi et sĭnistram frēgit *tĭbiam*. Phædr. 5. 7. 7.——2. Obstrĕpit, et Phrȳgio *tĭbia* curva sŏno. Tib. 2. 1. 86. SYN. 2. lōtos, i, *fem.*; buxus, i, *fem.*; ărundo, ĭnis, *fem.*; călămus, canna, ăvēna. PHR. 2. Cur Bĕrĕcynthiæ Cessant flāmĭna tĭbiæ? Hor. Longoque fŏrāmĭne buxus. Ov. Seu călămos inflāre lĕves. V. Nec te pæniteat călămo trīvisse lăbellum. V. Prīma tĕrēbrāto per longa fŏrāmĭna buxo Ut dăret effĭci tĭbia longa sŏnos. Ov. Bĭfŏrem dat tĭbia cantum. V. Prōtĭnus inflexo Bĕrĕcynthia tĭbia cornu Flābit. Ov. v. fistula.

tībīcĕn, **ĭnis**. masc. 1. *A flute player.* — 2. *A buttress, a pillar, a pedestal.*—— 1. Dumque rŭdem præbente mŏdum *tībīcĭne* Tusco. Ov. A. A. 1. 111. — 2. Hic mŏdŏ verrēbat stantem *tībīcĭne* villam. Ov. F. 4. 695. SYN. 2. Cŏlumna, q. v.

tībīcīna, æ. *A female flute player.*—— Admiscetque ălios, et ut hunc *tībīcīna* cœtum Augeat. Ov. F. 6. 687.

tĭgillum, **i**. *A small beam.*——Illi compŏsĭtis prīmum dŏcuēre *tĭgillis* Exĭguam vĭrĭdi fronde ŏpĕrīre căsam. Tib. 1. 39. SYN. tignum; trabs, trăbis, *fem.* q. v.

tignum, i. *A beam.* —— Sordĭda terga suis nigro pendentia *tigno*. Ov. Met. 8. 648. v. prec.

tĭgris, is and ĭdis. masc. and fem. *A tiger.* —— Tertia forma fuit măcŭlōsæ *tīgrĭdis*, illâ. Ov. Met. 11. 245. PHR. Vĕlūti Gangētĭca cervæ Lactentem fētum per sylvas tīgris ŏpācas (traxit). Ov. Hyrcānæque admōrunt ūbĕra tīgres. V. Daphnis et Armĕniās curru subjungĕre tīgres Instĭtuit. V. At răbĭdæ tīgres absunt. V. Fīet ĕnim sŭbĭto sūs horrĭdus ătraque tīgris. V.

tĭlia, æ. *The linden-tree.* —— Nec *tĭliæ* læves aut torno răsĭle buxum. V. G. 2. 449.

tĭmeo, es, ui. no sup. *To fear.* —— Quid *tĭmeam* ignōro, *tĭmeo* tămen omnia dēmens. Ov. Her. 1. 71. Rūpĕrat, ille innāre părans infantis ămōre, Tardātur, cāroque ŏnĕri *tĭmet*. V. Æn. 11. 550. SYN. pertĭmeo, extĭmeo; trĕmo, is, ui, *no sup., and in pres.* trĕmisco, is contrĕmō; păveo, es, pāvi, *no sup.*; expăveo; horreo, es, ui, *no sup., and n pres.* horresco, is; pĕrhorresco, exhorresco; palleo, es, *no sup.*; expalleo; formīdo, as; rĕformīdo; mĕtuo, is, *no sup.*; vĕreor, ēris; trĕpĭdo, as, *sine c. in the best authors.* v. timor.

tĭmĭdē. *Fearfully.* —— Ergo ăge fallāci *tĭmĭdē* confīde fĭgūræ. Ov. A. A. 2. 143.

tĭmĭdus, a, um. *Timid, fearful.* —— Ut fŭgiunt ăquĭlas *tĭmĭdissĭma* turba cŏlumbæ. Ov. A. A. 1. 117. Cōdrus pro pătriâ non *tĭmĭdus* mŏri. Hor. 3. 19. 2. SYN. mĕtuens, *c. gen. of the object*; ĭnaudax, păvĭdus, imbellis.

tĭmor, ōris. masc. *Fear.* —— Nam *tĭmor* ūnus ĕrat, făcies non ūna *tĭmōris*. Ov. A. A. 1. 121. Tĕnĕbra ... Impĕdiunt, fallique *tĭmor* rĕgiōne viārum. V. Æn. 9. 385. SYN. terror, păvor; mĕtus, ūs; formīdo, ĭnis, *fem.*; horror. PHR. Păvĭdo mihĭ membra tĭmōre Horruĕrant, stăbuntque cōmæ. Ov. Sensique mĕtu rĭguisse căpillos. Ov. Sanguis ăbit mentemque călor corpusque rĕlīquit, Inque nŏvo jăcui frīgĭda facta tŏro. Ov. Mihĭ frīgĭdus horror membra quătit, gĕlĭdusque coit formīdĭne sanguis. V. Quod si tantus hăbet mentes ĕt pectŏra terror. V. Excŭtĭtur terrōre quies. Ov. Terror ĭn hīs ipso mājor sŏlet esse pĕrīclo. Ov. Res est sollĭcĭti causa tĭmōris ămor. Ov. Vīres subtrahit ipse tĭmor. Ov. Spēque tĭmor dŭbiâ, spesque tĭmōre cădit. Ov. Ac mē tum prīmum sævus circumstĕtit horror. V. Arrectæque horrōre cōmæ. V. Illa tĭmōre Pallet. Ov. Terreor admŏnĭtu corque tĭmōre mĭcat. Ov. Sed jam turbāta tĭmōre Hæc quŏque vix pŏtĕrīs ōre trĕmente lŏqui. Ov. Intempestīvos ĭgĭtur compesce tĭmōres. Ov.

tinctĭlis, e. *Tinged.* —— Nam vŏlŭcri ferro *tinctĭle* vīrus ĭnest. Ov. Tr. 3. 10. 64. SYN. tinctus, incoctus. v. tingo.

tĭnea, æ. *A moth.* —— Condĭtus ut *tĭneæ* carpĭtur ōre liber. Ov. Ep. e P. 1. 1. 72.

tingo, ĭs, xi, nctum. 1. *To dip, to bedew.* — 2. *To dye.* —— Arctōs Ōceăni mĕtuentes æquŏre *tingi*. V. G. 1. 246. Follĭbus auras Accĭpiunt redduntque, ălii strĭdentia *tingunt* æra lăcu. V. G. 4. 172. — 2. Flāva vĕrēcundus *tinxĕrat* ōra pŭdor. Ov. Her. 4. 72. Phōcaĭco bĭbŭlas *tingēbat* mūrĭce lānas. Ov. Met. 6. 9. SYN. 1. mergo, ĭs, si; immergo, dēmergo; mădĕfăcio, ĭs, fēci. v. rĭgo. — 1, 2. imbuo, ĭs, ui, ūtum. — 2. intingo, *only in pass. part.*; mĕdĭco, as; infĭcio, ĭs, fēci; fūco, as. PHR. Nec vărios discet mentīri lāna cŏlōres. V. v. violo.

‡tinnio, ĭs. *To jingle.* —— Nē quă sŭbærāto mendōsum *tinniat* auro. Pers. 5. 106.

tinnītus, ūs. *A tinkling, a clanging, a ringing.* —— *Tinnītus*que cie et mātris quăte cymbăla circum. V. G. 4. 64. Ense fĕrit, sŏnuit *tinnītĭbus* ensis ăcūtis. Ov. Met. 5. 204.

tinnŭlus, a, um. *Jingling, ringing.* —— Jactantem Phăriâ *tinnŭla* sistra mănu. Ov. Ep. e P. 1. 1. 38.

‡tintinnābŭlum, i. *A bell.* —— Tot părĭter pelves et *tintinnābŭla* dicas Pulsari. Juv. 6. 440.

tīnus, i. fem. *The laurestinus.* —— Et bĭcŏlor myrtūs, et baccis cærŭla *tīnus*. Ov. Met. 10. 98.

Tīphȳs, yos. *The pilot of the Argonauts, used as a term for any pilot.* —— Ars tua *Tīphȳ* văcet si non sit ĭn æquŏre fluctus. Ov. Tr. 4. 3. 77. SYN. Thespiădes, æ.

tīro, ōnis. masc. *A young recruit, a beginner in any thing.* —— Mu ue *tīrōni* non pătienda fĕret. Ov. A. A. 3. 566.

Tīsĭphŏnēus, a, um. *Of Tīsĭphŏnē, one of the Furies; furious, wicked.*—— Cŭpiasque ērādĕre vītæ Tempŏra si possis *Tīsĭphŏnēa* tuæ. Ov. Tr. 5. 9. 6. SYN. fŭrĭālis.

Tītān, anis, acc. **āna.** 1. *In sing. the Sun.* —2. *In pl.* Tītānĕs, *the Giants.*—— 1. Proxĭmus Hespĕrias *Tītān* ăbĭtūrus in undas. Ov. F. 2. 73.—2. Concĭtat īrātus vălĭdos *Tītānăs* in arma. Ov. F. 3. 797. SYN. Sōl, Sōlis, q. v.—2. Gĭgas, q. v.

Tītāniăcus, a, um, also **Tītānius, a, um,** and in fem. **Tītānis, ĭdŏs.** *Of Titan, of the Giants, etc.*——Hinc *Tītāniăcis* ablāta drăcōnĭbus intrat Pallădias arces. Ov. Met. 7. 399. Hic gĕnus antīquum terræ, *Tītānia* pūbes. V. Æn. 6. 580. Duxĕrat Ōceănus quondam *Tītānĭda* Tēthyn. Ov. F. 5. 81.

Tīthōnus, i. *The brother of Laomedon, and husband of Aurora.*—— *Tīthōni* crŏceum linquens Aurōra cŭbīle. V. Æn. 4. 585.

†§**tītillo, as.** *To tickle.*——Prætĕreā ne vos *tītillet* glōria, jūre. Hor. Sat. 2. 3. 179.

tĭtŭbo, as. 1. *To totter, to stumble.*—2. *To stammer.*——1. Ille mĕro somnoque grăvis *tĭtŭbāre* vĭdētur. Ov. Met. 3. 607.—2. Fac *tĭtŭbet* blæso subdŏla lingua sŏno. Ov. A. A. 1. 598. v. vacillo.

tĭtŭlus, i. 1. *A superscription, a title, an inscription.*—2. *A title, mark of honour, etc.*—3. *A title,* i. e. *name.*——1. Lēgĕrat hūjus Ămor *tĭtŭlum* nōmenque lĭbelli. Ov. R. A. 1. Hōc tua post illum *tĭtŭlo* signētur ĭmāgo. Ov. Her. 2. 73.—2. Ex ūno quĭdam cēlĕbres aut torquis ădemptæ aut Corvi *tĭtŭlos* auxĭliāris hăbent. Ov. F. 1. 602.—3. Se făvet, et *tĭtŭlo* conjŭgis uxor ŏbest. Ov. Her. 6. 100. SYN. 2, 3. nomĕn, ĭnis, *neut.,* q. v. PHR. 1. Hoc tămĕn in tŭmŭli marmŏre carmĕn ĕrit. Ov.—2. Magnĭfĭcus tĭtŭlis stet păter ante suis. Ov.

Tĭtyŏs, i. *One of the Giants, whose punishment consisted in having a vulture which was continually preying on his liver, which grew as fast as it was devoured.*—— Sic inconsumptum *Tĭtyi* semperque rĕnascens . . . jĕcur. Ov. Ep. e P. 1. 2. 41. PHR. Jūgĕrĭbusque nŏvem qui summus distat ab īmo Viscĕraque assĭduæ dēbĭta præbet ăvi. Ov. v. V. Æn. 6. 597—600.

Tmōlus, i, also **Tĭmōlus, i.** *A mountain in Phrygia, celebrated for its vineyards and fragrant herbs.*——Nonne vĭdes crŏceos ut *Tmōlus* ŏdōres India mittit ĕbur? V. G. 1. 56. Dēsĕruēre sui Nymphæ vīnēta *Tĭmōli.* Ov. Met. 6. 15.

Tmōlius, a, um. *Of Tmolus.*——Āfrĭca quot sĕgĕtes, quot *Tmōlia* terra răcēmos. Ov. Ep. e P. 4. 15. 9.

tōfus, i. *Sandstone.*——Et *tōfus* scăber, et nigrĭs exēsa chĕlўdris Crēta. V. G. 2. 214.

tŏga, æ. *A gown, a robe.*——Sit bĕnĕ convĕniens et sĭne lābe *tŏga.* Ov. A. A. 1. 514. SYN. ‡tŏgŭla; chlămўs, ўdŏs (*not, however, to be used for the robe of peace of the Roman citizens*). v. ‡cyclas.

tŏgātus, a, um. *Wearing the toga.*——Rōmānos rērum dŏmĭnos gentemque *tŏgātam.* V. Æn. 1. 268.

‡**tŏgŭla, æ.** dim. of toga.——Trīta quĭdem nōbis *tŏgŭla* est vīlisque pŭtrisque. Mart. 9. 102. 5.

tŏlĕrābĭlis, e. *What may be endured.*——Quĭbus aspĕra quondam Vīsa măris făcies et non *tŏlĕrābĭle* nōmen. V. Æn. 4. 768. SYN. tŏlĕrandus, fĕrendus, făcĭlis.

tŏlĕro, as. 1. *To endure.*—2. *To support.*——1. Dum vīres annique sĭnunt *tŏlĕrāte* lăbōres. Ov. A. A. 2. 669.—2. Cui *tŏlĕrāre* cŏlo vītam tĕnuique Mĭnervā. V. Æn. 8. 409. SYN. fĕro, fers, ferre, tŭli, lātum; perfĕro; pătior, ĕris, passus sum; perpĕtior.—1, 2. sustĭneo, es, q. v.

tollo, is, sustŭli, sŭblātum. 1. *To raise.*—2. *To extol.*—3. *To take away.*—— 1. Purpŭrea intexti *tollant* aulæa Brĭtanni. V. G. 3. 25. Clāmōres sĭmŭl horrendos ad sīdĕra *tollit.* V. Æn. 2. 222.—2. Dīcēmus, Dāphnimque tuum *tollēmus* ad astra. V. E. 5. 51.—3. *Tollĭte* cuncta inquit, cœptosque auferte lăbōres. V. Æn. 8. 439. SYN. 1. sustollo; attollo; ērĭgo, ĭs, rexi; lĕvo, as; ēlĕvo.—1, 2. extollo, effĕro.—2. laudo, as, q. v.—3. aufĕro, fers, ferre, abstŭli, ablātum, q. v.

‡**tŏmăcŭlum, i.** *A sausage.*——Exta et candĭdŭli dīvīna *tŏmăcŭla* porci. Juv. 10. 355.

‡**tōmentum, i.** *Stuffing for beds.*—— *Tōmentum* concīsa pălus Circense vŏcātur. Mart. 14. 160. 1.

‡**tŏmus, i.** *A volume, a piece of paper.*—— Scriptūra quanti constet et *tŏmus* vīlis. Mart. 1. 67. 3. SYN. vŏlūmĕn, īnis, *neut.*

tŏnans, antis. prop. pres. part. of tono, q. v., but used as adj. as epith., and often as syn. of Jupiter, q. v. *Thundering, lit. and metaph.*—— Subsīdunt undæ, tŭmĭdumque sub axe *tŏnante* Sternītur æquor ăquis. V. Æn. 5. 820. Hoc vĕlit Eurystheus, vĕlit hoc germāna *Tŏnantis.* Ov. Her. 9. 7.

tondeo, es, tŏtondi, tonsum. 1. *To shear, to shave.*—2. *To cut down, to reap, to lop, to prune.*—3. *To gather.*—4. *To browse upon.*——1. Candĭdior postquam *tondenti* barba cădēbat. V. E. 1. 29.—2. Nocte lĕves mĕlius stĭpŭlæ, nocte ārĭda prāta *Tondentur.* V. G. 1. 290.—3. Nunc viŏlas *tondĕre* mănū, nunc mista rĕferre Lilia. Prop. 3. 13. 29. SYN. 1. attondeo.—1. 3. dētondeo; carpo, ĭs, psi, q. v.—2. mĕto, ĭs, messui; dēmĕto; sĕco, as, ui, sectum, q. v.—3. lĕgo, ĭs, lēgi; dēcerpo.

‡**tŏnĭtrālis, e.** *Thundering, containing thunder.*—— Nēve ruant cœli *tŏnĭtrālia* templa sŭperne. Lucr. 1. 1096.

tŏnĭtrus, ūs. only found, however, in gen. and abl. sing., pl. **tŏnĭtrūs** and **tŏnĭtrua.** neut. *Thunder.*—— Unde mŏvet *tŏnĭtrus* vībrātaque fulmĭna jactat. Ov. Met. 2. 308. Quālemve sŏnum cum Jūpiter ātras Incrĕpuit nūbes extrēma *tŏnĭtrua* reddunt. Ov. Met. 12. 52. PHR. Tŏnĭtru cœlum omne ciĕbo. V. v. fulmen.

tŏno, as, ui. no sup. 1. *To thunder.*—2. *To sound loudly, to speak, to utter loudly.*——1. Nocte nătat cæcā sērus frĕta, quem sŭper ingens Porta *tŏnat* cœli. V. G. 3. 261.—2. Proinde *tŏna* ēlŏquio, sŏlĭtum tĭbĭ. V. Æn. 11. 383. Ter centum *tŏnat* ōre Deos, Ĕrĕbumque Chaosque. V. Æn. 4. 510. SYN. 1. intŏno, dētŏno (*only in 3d sing. as impers., in which mode* intono *is also used*). v. fulmino.—2. v. clamo, sono.

tonsa, æ. *An oar.*—— Flātus et in lento consurgunt marmŏre *tonsæ.* V. Æn. 7. 28. SYN. rēmus, q. v.; palmŭla.

‡**tonsĭlis, e.** *Shorn, clipped.*—— Viduāque plătăno, *tonsĭlique* buxēto. Mart. 3. 58. 3. v. tondeo.

tonsor, ōris. masc. *A barber.*—— Omnĭbus et lippis nōtum et *tonsorĭbus* esse. Hor. Sat. 1. 7. 3.

‡**tonstrix, īcis.** fem. of prec.—— Sed ista *tonstrix* Ammiāne non tondet. Mart. 2. 17. 4.

tonsūra, æ. *A cutting, esp. of the hair, beard, etc.*—— Ne mălĕ dēformet rĭgĭdos *tonsūra* căpillos. Ov. A. A. 1. 517.

§**tŏral, ālis.** neut. *A counterpane.*—— Invĭtus: nē turpe *tŏral*, ne sordĭda mappa Corrŭget nāres. Hor. Epist. 1. 5. 22. SYN. strāgŭlum, q. v.

‡**tŏreuma, ătis.** neut. *Any carved or embossed work.*—— Tolle puer călĭces, tĕpĭdique *tŏreumăta* Nīli. Mart. 11. 12. 1.

tormentum, i. 1. *A military engine for hurling large stones, etc.*—2. *Torture.* 3. *A stimulus.*——1. Fulmĭnis in mōrem aut *tormenti* pondĕris acti. V. Æn. 11. 616.—2. Crŭciātaque dīris Corpŏra *tormentis* Stўgiæ dīmittĭte nocti. Ov. Met. 3. 695.—3. Tu lene *tormentum* ingĕnio admŏves. Hor. 3. 21. 13. SYN. 2. crŭciātus, ūs, q. v. 3. stĭmŭlus, irrītāmentum.

§**torno, as.** *To make in a lathe, lit. and metaph.*—— Et mălĕ *tornātos* incūdi reddĕre versus. Hor. A. P. 440.

tornus, i. *A turning lathe.*—— Nec tĭliæ læves, aut *torno* rāsĭle buxum. V. G. 2. 449.

tŏrōsus, a, um. *Muscular.*—— Fĕriuntque sĕcūres Colla *tŏrōsa* boum vinctōrum cornua vittis. Ov. Met. 7. 428. v. robustus.

torpeo, es, ui. no sup. *To be torpid, insensible, benumbed.*—— *Torpuĕrant* molles ante dŏlōre gĕnæ. Ov. Her. 10. 44. v. seq. v. stupeo.

‡**torpesco, ĭs.** no perf. another pres. form of prec.—— Cōgēbātur ŏpe et sĕnio *torpescĕre* rērum. Sil. 16. 15.

torpor, ōris. masc. *Torpor, numbness, insensibility.*—— Et sĭmĭlis morti pectŏra *torpor* hăbet. Ov. Ep. e P. 1. 2. 30. v. stupor.

torquātus, a, um. *Collared, necklaced.*—— Adfuit Ālecto brĕvĭbus *torquāta* cŏlūbris. Ov. Her. 2. 119. Sed căpe *torquātæ Vĕnus* o rēgina cŏlumbæ (*the ring-dove*) . . . guttŭra. Prop. 4. 5. 63.

torqueo, es, si, tum. 1. *To turn, bend, twist, etc.* — 2. *To distort.* — 3. *To guide.* — 4. *To hurl, to shoot.* — 5. *To torment, to torture.* —— 1. Cornus; Itūræos taxi *torquentur* in arcus. V. G. 2. 448. Sensit, et ad sŏnĭtum vōcis vestīgia *torsit.* V. Æn. 3. 669. — 2. Ōra Tristia tentantum sensu *torquēbit* ămāro. V. G. 2. 247. — 3. Stīvaque quæ currūs a tergo *torqueat* ĭmos. V. G. 1. 174. Cuncta tuo qui bella păter sub nūmĭne *torques.* V. Æn. 12. 180. — 4. Sic mihĭ non vălĭdo *torquentur* pīla lăcerto. Ov. F. 2. 11. — 5. *Torqueor,* infesto nē vir ab hoste cădat. Ov. Her. 9. 36. Et tămĕn æquŏreas *torret* ămōre Deas. Ov. A. A. 2. 124. SYN. 1. dētorqueo; flecto, ĭs, xi, q. v.—1. 4. intorqueo, contorqueo. — 2. distorqueo. — 3. rĕgo, ĭs, xi, q. v.; dīrĭgo. — 4. jăcio, ĭs, jeci; conjĭcio, ējĭcio; tendo, ĭs, tĕtendi; vĭbro, as. — 5. crŭcio, as; †torto, as.

torquis, is. masc. and fem. 1. *A chain, collar, necklace, esp. for animals, a collar as a part of harness.* —— Ex uno quidam cĕlĕbres aut *torquis* ădemptæ aut Corvi tĭtŭlos auxĭlĭāris hăbent. Ov. F. 1. 601. Ŭbĭ lībĕra colla Servĭtio assuĕrint ipsis ē *torquĭbus* aptos Junge păres. V. G. 3. 169. v. monile, jugum.

torrens, entis. pres. part. of seq., q. v. Also 1. *Rushing like a torrent.* — 2. *In masc. as subst., a torrent.* —— 1. Aut nūmĕrum lŭpus, aut *torrentia* flūmĭna rīpas. V. E. 7. 52. — 2. Răpĭdus montāno vertĭce *torrens* Sternit ăgros, sternit săta læta boumque lăbōres. V. Æn. 2. 305. PHR. 2. Mĕdioque frăgōsus Dat sŏnĭtum saxĭs et torto vertĭce torrens. V. Tŭmĭdi rĭtu torrentis ăgēbar. Ov. Ecce vĕlut torrens undis plŭviālĭbus auctus. Ov.

torreo, es, ui, tostum. 1. *To burn, lit. and metaph.* — 2. *To roast, etc.* —— 1. Vel cum sōle nŏvo densæ *torrentur* ăristæ. V. Æn. 7. 720. Me lentus Glўcĕræ *torret* ămor meæ. Hor. 3. 19. 28. — 2. Pinguiaque in vĕrŭbus *torrēbĭmus* exta cŏlurnis. V. G. 2. 396. SYN. 1. uro, ĭs, ussi, ustum, q. v.

†torresco, ĭs. no perf. *To be roasted or broiled.* —— Ignĭbus impŏsĭtum călĭdis *torrescĕre* flammis. Lucr. 3. 904.

torrĭdus, a, um. 1. *Hot, torrid, burnt up.* — 2. *Roasted.* —— 1. Semper sōle rubens et *torrĭda* semper ab igni. V. G. 1. 234. — 2. *Torrĭda* cum mīcâ farra vŏcantur ĭdem. Ov. F. 2. 24. SYN. 1. torrens, ustus. — 2. tostus.

torris, is. masc. *A firebrand.* —— Fūnĕreum *torrem* mĕdios conjēcit in ignes. Ov. Met. 8. 512.

†tortē. *Obliquely.* —— Inde tămen quamvis *tortē* penĭtusque rĕmōta. Lucr. 4. 306.

tortĭlis, e. *Easily twisted, flexible.* —— *Tortĭlis* e dĭgĭtis excĭdit ansa meis. Ov. Her. 16. 252. SYN. flexĭbĭlis, flexĭlis, făcĭlis, lentus.

†torto, as. *To torture.* —— Omnia jam seorsum cernes amcīsa rĕcenti Vulnĕre *tortāri.* Lucr. 3. 661. SYN. torqueo, es, si, q. v.

tortor, ōris. masc. *A tormentor.* —— Atqui sciēbat quæ sĭbĭ barbărus *Tortor* părāret. Hor. 3. 5. 50.

tortus, ûs. *A twisting.* —— Serpens Nēquicquam longos fŭgiens dat corpŏre *tortus.* V. Æn. 5. 278. v. gyrus.

tŏrus, i. 1. *A couch, a bed.* — 2. *A muscle, usu. in pl. in this sense.* —— 1. Inde *tŏro* păter Ænēas sic orsus ab alto. V. Æn. 2. 2. Jūnōnemque *tŏris* quæ præsĭdet alma mărĭtis. Ov. Her. 2. 41. — 2. Luxŭriatque *tŏrĭs* ănĭmōsum pectus; hŏnesti. V. G. 3. 81. SYN. 1. lectus, q. v. — 2. ‡muscŭlus.

torvus, a, um. *Grim, stern looking.* —— Lūmen . . . Ingens quod *torvâ* sōlum sub fronte lătebat. V. Æn. 3. 636. v. sævus.

tostus, a, um. part. perf. pass. from torreo, q. v. *Burnt, roasted, etc.* —— Discŭbuēre tŏris proceres et corpŏra *tostâ* Carne rĕplent. Ov. Met. 12. 155.

tot. *So many.* —— *Tot* măria intrāvi dŭce te pĕnĭtusque rĕpôstas. V. Æn. 6. 59. v. seq.

tŏtĭdem. *Just so many, the same number.* —— Quot prius ærātæ stĕtĕrant ad littora prōræ Reddunt se *tŏtĭdem* făcies pontoque fĕruntur. V. Æn. 9. 122.

tŏties. *So often.* —— Et quŏties ĕgŏ te, *tŏties* lŏcus ipse vŏcābat. Ov. Her. 10. 23.

tōtus, a, um. gen. tōtĭus, dat. toti, but sometimes tōto, totæ. *The whole, all.* —— Magnănĭmosque dŭces *tōtĭus*que ordĭne gentis Mōres. V. G. 4. 4. SYN. omnis, q. v.

toxĭcum, i. *Poison.*——Aspĭcis et mitti sub ădunco *toxĭcu* ferro. Ov. Ep. e P. 4. 7. 11. SYN. vĕnēnum, q. v.

trăbālis, e. *Of a beam, like a beam, as big as a beam of a house.*——Clāvos *trăbāles* et cŭneos mănu Gestans ahēnâ. Hor. 1. 35. 18. Messāpus, tēloque ōrantem multa *trăbāli* . . . fĕrit. V. Æn. 12. 294.

trăbea, æ. *A toga with purple horizontal stripes, worn by the early Roman kings, by the consuls in public solemnities, and also by the knights.*——Ipse Quĭrīnāli lĭtuo parvâque sĕdēbat Succinctus *trăbeâ*. V. Æn. 7. 188.

trăbeātus, a, um. *Wearing the trabea.*——Hoc ĭgĭtur vīdit *trăbeāti* cura Quĭrīni. Ov. F. 1. 37.

trabs, trăbis. fem. 1. *A beam.*—2. *Anything made of wood, a ship.*—3. *A tree.*—4. *Any weapon of wood, or with a wooden handle, a spear, a club.*——1. Ærea cui grădĭbus surgēbant līmĭna nexæque Ære *trăbes*. V. Æn. 1. 449.—2. Quo dūce *trăbs* Colchas săcra cŭcurrit ăquas. Ov. Ep. e P. 1. 3. 76.—3. Fraxĭneæque *trăbes* cŭneis et fissĭle rōbur Scindĭtur. V. Æn. 6. 181.—4. Et *trăbe* fraxĭneâ Căpăneus sŭbit obvius unquam. Stat. Theb. 5. 566. SYN. 1. tignum, tĭgillum.—2. navis, q. v.—3. arbor, ŏris, q. v.—4. v. hasta, fustis.

tracta, ōrum. *A handful of spun wool.*—*Tracta*que dē nĭveo vellĕre ducta pŭtat. Tib. 1. 7. 86.

tractābĭlis, e. *Manageable, tractable, to be moved, etc.*——Est măre, confĭteor, nondum *tractābĭle* nanti. Ov. Her. 19. 71. Impătiens ănĭmus nec adhuc *tractābĭlis* arte. Ov. R. A. 123. Sed nullis ille mŏvētur Flētĭbus, aut vōces ullas *tractābĭlis* audit. V. Æn. 4. 437. v. docilis.

‡tractātrix, īcis. *A woman who shampooes bathers.*——Percurrit ăgĭli corpus arte *tractātrix*. Mart. 3. 82. 13.

tractim. *In a drawling way, with a long, protracted noise.*——Tum sŏnus audītur grăvior *tractim*que sŭsurrant. V. G. 4. 260.

tracto, as. 1. *To drag.*—2. *To handle, to touch.*——1. *Tractāta* cŏmis antistĭta Phœbi. Ov. Met. 13. 410.—2. Āret Pellis et ad tactum *tractanti* dūra rĕsistit. V. G. 3. 502. SYN. 1. traho, ĭs, xi, q. v.—2. contrecto, attrecto. v. tango.

tractus, ūs. 1. *A drawing or dragging.*—2. *A course made by dragging.*—3. *A line made by drawing, a stroke of a pen, etc.*—4. *A tract of country, a district.*——1. *Tractu*que gĕmentem Ferre rŏtam et stăbŭlo frēnos audīre sŏnantes. V. G. 3. 183.—2. Squāmeus in spīram *tractu* sē collĭgit anguis. V. G. 2. 154.—3. Aut si qua incerto fallet tē littĕra *tractu*. Prop. 4. 3. 5.—4. Indĭcio est *tractu* surgens ŏleaster eōdem. V. G. 2. 182.

trādo, ĭs, dĭdi, dĭtum. 1. *To give, to consign.*—2. *To give up, surrender.*—3. *To hand down, to transmit (esp. to posterity, etc.).*——1. *Trādit* equum cŏmĭti părĭbusque rĕsistit in armis. V. Æn. 11. 710.—2. *Trāduntur* dŭcĭbus mœnia nūda suis. Ov. F. 2. 710.—3. Cœptaque sunt pūrē *trādĭta* săcra cŏli. Ov. F. 3. 280. SYN. 1. do, das, dăre, dĕdi, dătum, q. v.—1, 2. dēdo.—2. prōdo, v. seq.

trādūco, ĭs, xi, ctum. 1. *To transport, to bring over (even of the mind to a new disposition).*—2. *To deliver.*——1. Atque sătas ălio vīdi *trādūcĕre* messes. V. E. 8. 99. Gentemque fĕrōcem Assuētam bello pacis *trāduxit* ad artes. Ov. Met. 15. 483.—2. Me mea paupertas vītæ *trādūcat* ĭnerti. Tib. 1. 1. 5. SYN. 1. transporto, as; trājĭcio, ĭs, jēci; (*but these are not used metaph.*) transfĕro, fers, ferre, tŭli, lātum.—2. trādo, ĭs, dĭdi, q. v.

trăgĭcus, a, um. *Tragic, belonging to tragedies, such as is spoken of in tragedy.*——Grande sŏnant *trăgĭci*, *trăgĭcos* dĕcet īra cŏthurnos. Ov. R. A. 375. Tempore dēfĭciar *trăgĭcos* si persĕquar ignes. Ov. Tr. 2. 407. SYN. (*of a poet*) cŏthurnatus.

trăgœdia, æ. *Tragedy.*——Venit et ingenti viŏlenta *Trăgœdia* passu, Fronte cŏmæ torvâ, palla jăcēbat hŭmi. Læva mănus sceptrum lātē rēgāle mŏvēbat, Lȳdius alta pĕdum vincla cŏthurnus ĕrat. Ov. Am. 3. 1. 11. PHR. Sōla Sŏphŏcleo tua carmĭna digna cŏthurno. V.

trăgœdus, i. *A tragœdian.*——Qui sē crēdēbat mīros audīre *trăgœdos*. Hor. Epist. 2. 2. 129.

‡trăgŭla, æ. *A sort of javelin.*——Cui *trăgŭla* sempĕr Fulmĭneam armābat, cĕlĕbrātum missĭle dextram. Sil. 3. 318. SYN. jăcŭlum, q. v.

trăgus, i. 1. *A sort of fish.*—2. ‡*A foul smell.*——Līventis, răpĭdique lŭpi, percæque *trăgique*. Ov. Hal.—2. Inde *trăgus* cĕlĕresque pīli mīrandaque mātri Barba. Mart. 11. 23. 7. SYN. 2. căpra.

trahea, æ. *A sledge.*——Trībŭlaquē *traheæque* et īnīquo pondĕre rastri. V. G. 1. 164.

traho, ĭs, xi, ctum. 1. *To draw, to drag, etc.*—2. *To contract.*—3. *To protract.*——1. Contentâ cervīce *trahunt* strīdentia plaustra. V. G. 3. 536. Suspīrans īmoque *trahens* a pectŏre vōcem. V. Æn. 1. 371.—Exēdisse nĕfandis Urbem ŏdiis sătis est nec pœnam *traxe* (*for* traxisse) per omnem. V. Æn. 5. 786.—2. Cum bĕnĕ vir *traxit* vultum rūgasque coēgit. Ov. Am. 2. 2. 33.—3. *Tractaque* ĕrant longâ bella prŏpinqua mŏrâ. Ov. F. 3. 204. SYN. 1. tracto, as. v. attraho.—2. contraho.—3. v. prolicio.

trājĭcio, ĭs, jēci, jectum. 1. *To throw or shoot beyond, to shoot out.*—2. *To make to pass over, to transport.*—3. *To transfix, to pierce.*—4. *To pass over.* 1. Si pŭdor est ălio *trājĭce* tēla tuo. Prop. 2. 12. 18.—2. Moxque per ardentes stĭpŭlæ crĕpĭtantis ăcervos *Trājĭcias* cĕlĕri strēnua membra pĕde. Ov. F. 4. 782.—3. Sīcut ĕrant juncti *trājĕcit* ŭtrumque săgittâ. Ov. Met. 6. 244. *Trājectus* pennâ tempŏra cantat ŏlor. Ov. F. 2. 110.—4. Jam mĕdium æthĕrio cursu *trājĕcĕrat* axem. V. Æn. 6. 537. SYN. 1. transmitto, ĭs, mīsi, missum. (v. ejicio).—2. trādūco, ĭs, xi; transporto, as; transfĕro, fers, ferre, tŭli, lātum; ‡transveho, ĭs, xi, ctum.—3. fīgo, ĭs, xi, xum, q. v.; transădĭgo, ĭs; ‡transĭgo.—4. transeo, īs, īvi, ĭtum, q. v.

‡trāma, æ. *A web, texture; lit. and metaph.*——Mihĭ *trāma* fīgūræ Sit rĕlĭqua, ast illi trĕmat ŏmento pŏpa venter. Pers. 6. 73. v. tela.

trāmĕs, ĭtis. masc. *A crossway, any path.*——Ecce sŭpercĭlio clīvŏsi *trāmĭtis* undam Ēlĭcit. V. G. 1. 108. SYN. callis, is, *masc.*; via, q. v.

trano, as. *To swim or float across or through.*——Ascănium—sŭpĕrant montes et flūmĭna *trānant*. V. G. 3. 270. Illâ frĕtus ăgit ventos, et turbĭda *trānat* Nūbĭla. V. Æn. 4. 245.

§tranquillo, as. *To tranquillise.*——Quid pūrē *tranquillet* hŏnos, an dulce lŭcellum. Hor. Epist. 1. 18. 102. SYN. sēdo, as; pāco, as, q. v.

tranquillus, a, um. *Tranquil, calm, quiet.*——*Tranquillas* ĕtiam naufrăgus horret ăquas. Ov. Ep. e P. 2. 7. 8. SYN. quiētus, plăcĭdus, sĕrēnus, imperturbātus, immōtus, ĭnexcītus—(*of life*) ĭnoffensus.

trans. prep. *On the other side of, across, beyond, c. acc.*——*Transque* căput jăce; ne respexĕrĭs, hĭs ĕgŏ Daphnin Aggrediar. V. E. 8. 102. SYN. ultrā, præter.

‡transăbeo, īs, īvi, ĭtum. 1. *To go beyond.*—2. *To pierce.*——Turbĭne sic răpĭdo pŏpŭlos atque æquŏra longe *Transăbeunt*. Val. Fl. 4. 511.—2. *Transăbiit* costas cognātīs ictĭbus ensis. Stat. Theb. 2. 9. SYN. 1. transeo, q. v.—2. trājĭcio, ĭs, q. v.

transădĭgo, ĭs, ēgi, actum. 1. *To thrust through.*—2. *To pierce, to transfix.*——1. *Transădĭgit* costas et crātes pectŏris ensem. V. Æn. 12. 508.—2. Ēgrĕgium formâ jŭvĕnem et fulgentĭbus armis *Transădĭgit* costas. V. Æn. 12. 276. SYN. 1, 2. ‡transĭgo; transfīgo, ĭs, xi, xum, q. v.

transcendo, is, di, sum. *To climb over, beyond, to pass.*——Illa nĕque Ārăbium mĕtuit *transcendĕre* līmen. Prop. 1. 14. 19. v. transeo.

transcrībo, ĭs, psi, ptum. 1. *To transcribe, esp. to register the names of the citizens of a new colony.*—2. *To transfer.*——1. *Transcrībunt* urbi mātres pŏpŭlumque vŏlentem. V. Æn. 5. 750.—2. Et tua Dardaniis *transcrībi* sceptra cŏlōnis. V. Æn. 7. 422. v. transfero.

transcurro, ĭs, ri, rsum. *To run across, to pass quickly by or over.*——Vīsus ab Aurōrâ cœlum *transcurrĕre* nimbus. V. Æn. 9. 111. PHR. Ăliâ de parte pătentes Transmittunt cursu campos. V. v. transeo.

transeo, īs, īvi, ĭtum. 1. *To pass, to cross, to go beyond.*—2. *To pass over, omit.*—3. ‡*To pierce.*—4. ‡*To surpass.*——1. Nec portĭtor Orci Amplius objectam passus *transīre* pălūdem. V. G. 4. 503. Hæc fātur virgo, et pernīcĭbus ignea plantis *Transit* ĕquum cursu. V. Æn. 11. 719. At si tardus ĕris errābis, *transiit* ætas Quam cĭtŏ. Tib. 1. 4. 27.—2. Nōn ĕgŏ tē . . . *Transiĕrim* Rhŏdia et tŭmĭdis Būmaste răcēmis. V. G. 2. 102.—3. Īlia cornĭpĕdis subrectâ cuspĭde *transit*. Sil. 10. 253.—4. Mīlĭtiæ piĕtas; *transīsset* nostra jŭventas. Lucan. 4. 498. SYN. 1. transmitto, ĭs, mīsi; transgrĕdior, ĕris, gressus sum.—1, 2. prætĕreo.—1. 3. trājĭcio, ĭs, jēci.—3. fīgo, ĭs, xi,

q. v.—4. sŭpĕro, as, q. v. PHR. 1. Cœlo et mĕdium Sol igneus orbem Hausĕrat. V. Magnum qui piscĭbus æquor, Et juncto bĭpĕdum curru metitur ĕquōrum. V. Ēmensus longi Clāvĭger orbis ĭter. Ov.

‡**transertus, a, um.** *Ingrafted.*——Vīdi ĕgŏ *transertos* ălĭēno in rōbŏre rāmos Altius īre suis. Stat. Sylv. 2. 1. 101. SYN. insĭtus, insĭtīvus.

transfĕro, fers, ferre, tŭli, lātum. *To transport, to transfer.*——Īlĭŏn in Tўriam *transfer* fēlīcius urbem. Ov. Her. 7. 151. SYN. transmitto, ĭs, mīsi, missum; transcrībo, ĭs, psi, ptum; transmūto, as. v. transporto.

transfīgo, ĭs, xi, xum. 1. *To transfix, to pierce, lit. and metaph.*—2. *To thrust through.*——1. Illum exspīrantem *transfixo* pectore flammas Turbĭne corrĭpuit. V. Æn. 1. 44.—2. Lātos huic hasta per armos Acta trĕmit, dŭplĭcatque vĭrum *transfixa* dŏlōre. V. Æn. 11. 645. SYN. 1, 2. transădĭgo, ĭs.—1. trājĭcio, ĭs, jēci, q. v.; fīgo, confīgo, perfŏro, as; ‡transfŏro; haurio, īs, si, stum; transverbĕro, as; fŏdio, ĭs, fōdi, fossum; perfŏdio, confŏdio, transfŏdio. PHR. 1. An sēsē mūcrōne ob tantum dēdĕcus āmens Induat. V.

transfŏdio, ĭs, fōdi, fossum. *To pierce.*——Confixique suis tēlīs et pectŏra dūro *Transfossi* ligno. V. Æn. 9. 544.

transformis, e. *Transformed.*——Ille suā făciem *transformis* ădultĕrat arte. Ov. F. 1. 374. SYN. transformātus.

transformo, as. *To transform.*——Omnia *transformat* sēse in mīrācŭla rerum. V. G. 4. 441. SYN. mūto, as; immūto; verto, ĭs, ti, sum; converto; transfĕro, fers, tŭli, lātum. v. prec.

‡**transfŏro, as.** *To pierce.*——Pectus *Transfŏrat* et vōces ventūras occŭpat ictu. Sil. 9. 569. SYN. transfīgo, ĭs, q. v.

transfŭga, æ, masc. and fem. *A deserter.*——Nīl cŭpientium Nūdus castra pĕto et *transfuga* dīvĭtum Partes linquĕre gestio. Hor. 3. 16. 33.

‡**transfūmo, as.** *To evaporate.*——Claustraque, compressæ *transfūmat* ănhēlĭtus īræ. Stat. Theb. 6. 399. SYN. exhālor, āris.

‡**transfundo, ĭs, fūdi, fūsum.** *To transfuse.*——Cessĕrit, hocnĕ fĕrens ŏnus illætābĭle mātris *Transfundam* grĕmio. Stat. Theb. 5. 634.

transgrĕdior, ĕris, gressus sum. *To pass by.*——Hoc dūce custōdes furtim *transgressa* jăcentes. Tib. 2. 1. 75. SYN. transeo, īs, īvi, ĭtum.

‡**transĭgo, ĭs, ēgi, actum.** 1. *To drive through, to thrust through.*—2. *To pierce.*——1. Bellātōrem ălăcer per pectŏra *transĭgit* ensem. Sil. 13. 379.—2. Intorquens jăcŭlum et versantem in vulnĕre sēse *Transĭgit.* Sil. 5. 577. SYN. 1, 2. transădĭgo; transfīgo, ĭs, xi, xum, q. v.

transĭlio, īs, ui. *To leap over or across.*——Certe ĕgŏ *transilui* pŏsĭtas ter in ordĭne flammas. Ov. F. 4. 727.

transĭtio, ōnis. fem. *A passing over, transition.*——Multaque corpŏrĭbus *transitione* nŏcent. Ov. R. A. 616. v. seq.

transĭtus, ūs. *A passage over, a passing over.*——Quod dătus est verbīs ad ămīcas *transitus* aures. Ov. Met. 4. 77.

translātus, a, um. perf. pass. part. from transfero, q. v. *Transferred, changed.*——Dēsĕrat ante dies quam consĕquar omnia dictis In spĕcies *translāta* nŏvas. Ov. Met. 15. 420.

translūceo, es, xi. no sup. *To shine through.*——In lĭquĭdis *translūcet* ăquīs, ut ĕburnea sīquis Signa tĕgat clāro vel candĭda līlia vītro. Ov. Met. 4. 354.

†**transmeo, as.** *To go through.*——Quālia sunt vītri spĕcies quæ *transmeat* omnis. Lucr. 4. 603. SYN. pĕnĕtro, as.

transmitto, ĭs, mīsi, missum. 1. *To transmit, to send across, to transport.*—2. *To shoot beyond.*—3. *To transfer.*—4. *To pass over, lit. and metaph.*——1. Quīn ŭbĭ *transmissæ* stĕtĕrint trans æquŏra classes. V. Æn. 3. 403.—2. Quantum Bălēārĭca torto Funda pŏtest plumbo mĕdii *transmittĕre* cœli. Ov. Met. 4. 708.—3. Me fāmŭlam fāmŭloque Hĕlĕno *transmīsit* hăbendam. V. Æn. 3. 329.—4. Dēcurrĕre jŭgīs, ăliā dē parte pătentes *Transmittunt* cursu campos. V. Æn. 4. 154. Stābant ōrantes prīmi *transmittĕre* cursum. V. Æn. 6. 313. SYN. 1. transporto, as.—1. 3. transfĕro, fers, ferre, tŭli, lātum, q. v.—2. 4. trājĭcio, ĭs, jēci.—4. transeo, īs, īvi, ĭtum, q. v.

transmūto, as. *To change, to transfer.*——*Transmūtat* incertos hŏnōres. Hor. 3. 29. 51. SYN. mūto; transfĕro, fers, ferre, tŭli, lātum.

Transpădānus, a, um. *Across the Po.*——Aut *Transpădānum*, ut meos quŏque attingam. Cat. 39. 13.

†transpectus, ūs. *A seeing through.* —— Jānua cum per se *transpectum* præbet ăpertum. Lucr. 4. 272.

†transpĭcio, ĭs, spexi, spectum. *To see through, or beyond.* —— Quod gĕnus illa fŏris quæ fĕrē *transpĭciuntur.* Lucr. 4. 271.

transporto, as. *To transport.* —— Nec rīpas dātur horrendas et rauca fluenta *Transportāre* prius. V. Æn. 6. 328. SYN. transmitto, ĭs, mīsi, missum; trādūco, ĭs, xi, ctum; transfĕro, fers, ferre, tŭli, latum; transveho, ĭs, xi, ctum.

‡transtiberinus, a, um. *Across the Tiber.* —— Hoc quod *transtĭbĕrīnus* ambŭlātor. Mart. I. 42. 3.

transtrum, i. *A bench or seat for rowers.* —— Præcĭpĭtes vĭgĭlāte vĭri, et consīdĭte *transtris.* V. Æn. 4. 573. SYN. jŭgum; sĕdīle, ĭs, *neut.*; *in pl.* fŏri.

transverbĕro, as. *To pierce.* —— Adversi longâ *transverbĕrat* ăbiete pectus. V. Æn. 11. 667. SYN. transfīgo, ĭs, xi, xum, q. v.

transversus, a, um. *Transverse, crosswise, esp. in neut. pl. as adv.* —— Mūtāti *transversa* frĕmunt, et verbĕre ab ātro Consurgunt venti. V. Æn. 5. 19. SYN. oblīquus.

‡transūmo, ĭs, mpsi, mptum. *To take up, esp. so as to change the place of.* —— De Jŏve mūtātosque vĕlint *transūmĕre* cultus. Stat. Theb. 2. 242.

†transvŏlĭto, ās. *To fly across.* —— Inter septa meant vōces et claustra dŏmōrum *transvŏlĭtant.* Lucr. 1. 356. v. seq.

transvŏlo, as. *To fly across or beyond.* —— Importūnus ĕnim *transvŏlat* ārĭdas Quercus. Hor. 4. 13. 9.

transūtus, a, um. *Pierced, threaded.* —— Dumque săcerdōtes vĕrŭbus *transūta* sălignis Exta părant. Ov. F. 2. 363.

trăpētum, i. *An oil-press.* —— Vĕnit hyems tĕrĭtur Sĭcyōnia bacca *trăpētis.* V. G. 2. 519.

trĕcēni also **trĕcenti, æ, a.** *Three hundred.* —— Non si *trĕcēnis* quotquot eunt dies Ămīce plăces illăcrymābĭlem Plūtōna tauris. Hor. 2. 14. 5. Expertos belli jŭvĕnes, ast Ilva *trĕcentos* (dederat). V. Æn. 10. 173. SYN. tercentum.

trĕcenties. *Three hundred times.* —— Dŭcenties cŏmêsset aut *trĕcenties.* Cat. 29. 15.

‡trĕchĕdīpna, ōrum. *A short cloak.* —— Rustĭcus ille tuus sūmit *trĕchĕdīpna* Quĭrīne. Juv. 3. 67.

trĕdĕcim. *Thirteen.* —— PHR. Tertius intĕreā dĕcĭmo successerat annus. Ov.

trĕmĕbundus, a, um. *Trembling, quivering.* —— Dum dŭbĭtat *trĕmĕbunda* vĭdet pulsāre cruentum Membra sŏlum. Ov. Met. 4. 133. Ille astu sŭbit, ac *trĕmĕbunda* sŭpervŏlat hasta. V. Æn. 10. 522. SYN. trĕmŭlus, tremens.

trĕmĕfăcio, ĭs, fēci, factum. 1. *To cause to tremble, to terrify.* — 2. *To shake.* —— 1. Ĕrymanthi Pācărit nĕmŏra, et Lernam *trĕmĕfēcĕrit* arcu. V. Æn. 6. 804. — 2. Annuit, et tōtum nūtu *trĕmĕfēcit* Ŏlympum. V. Æn. 9. 106. SYN. 1. terreo, es, q. v. — 2. quătio, ĭs, quassi, q. v.

trĕmendus, a, um. *Terrible.* —— Ingressus, Mānesque ădiit, rēgemque *trĕmendum.* V. G. 4. 469. SYN. terrĭbĭlis, q. v.; horrĭbĭlis, dīrus, formīdābĭlis, horrendus.

trĕmisco, ĭs. no perf. 1. *To tremble.* — 2. *To fear.* —— 1. Tempestas sĭne mōre fŭrit, tŏnĭtruque *trĕmiscunt* Ardua terrārum. V. Æn. 5. 694. — 2. Prospĭcio sŏnĭtumque pĕdum, vocemque *trĕmisco.* V. Æn. 3. 648. v. seq.

tremo, ĭs, ui. no sup. 1. *To tremble, to quiver.* — 2. *To fear.* —— 1. Scūta sŏnant, pulsuque pĕdum *trĕmit* excĭta tellus. V. Æn. 7. 722. — 2. Tē Stygii *trĕmuēre* lăcus, tē jānĭtor Orci. V. Æn. 8. 296. SYN. 1. intrĕmo, contrĕmo; trĕpĭdo, as. — 1, 2. trĕmisco, is. — 2. tĭmeo, es, ui, *no sup.* q. v.

trĕmor, ōris. *A trembling.* —— Unde *trĕmor* terris; quâ vi māria alta tŭmescant. V. G. 2. 479.

trĕmŭlus, a, um. *Trembling, quivering.* —— Ut măre fit *trĕmŭlum,* tĕnui cum stringĭtur aurâ. Ov. Her. 11. 75. Horret ănus, *trĕmŭlas*que mănūs annisque mĕtuque Tendit. Ov. Met. 10. 414. SYN. trĕmens, trĕmĕbundus, trĕpĭdans, trĕpĭdus.

trĕpĭdo, as. 1. *To be in a hurry, in trepidation; to hasten.* — 2. *To tremble.* — 3. *To throb.* —— 1. Dum *trĕpĭdant* ālæ, saltusque indāgĭne cingunt. V. Æn. 4. 121. Ne *trĕpĭdāte* meas Teucri dēfendĕre nāves. V. Æn. 9. 114. — 2. Ingenti *trĕpĭdāre* mĕtu; pars vertĕre terga. V. Æn. 6. 491. — 3. Sentit ădhuc *trĕpĭdāre* nŏvo sub cortĭce pectus. Ov. Met. 1. 554. SYN. 2. trĕmo, ĭs, ui. *no sup.* q. v.—3. palpĭto, as.

trĕpĭdus, a, um. 1. *In a hurry, bustling, anxious.*—2. *Trembling, fearful.*—3. *Throbbing.*—4. *Bubbling up.*—5. *Causing fear.*——1. Tum *trĕpĭdæ* inter se coeunt, pennisque cŏruscant. V. G. 4. 73. Prīmus Iūlus Accēpit *trĕpĭdos*, et Nīsum dīcĕre jussit. V. Æn. 9. 233.—2. Alta tĕnent, necnon *trĕpĭdi* formīdĭne portas Explōrant. V. Æn. 9. 169.—3. Aspĕra lingua tŭmet, *trĕpĭdis*que ārentia vēnis Ōra pătent. Ov. Met. 7. 556.—4. Et fŏliis undam *trĕpĭdi* despūmat ahēni. V. G. 1. 296.—5. Sæpe dŭces *trĕpĭdis* pĕtiēre ōrācŭla rēbus. Tib. 2. 3. 25. SYN. 1. v. sollicitus.—2. trĕmŭlus, q. v.—5. pĕrīcŭlōsus.

tres, neut. **tria, trium, trĭbus,** etc. *Three.*——Necte *trĭbus* nōdis ternos Ămărylli cŏlōres. V. E. 8. 77. SYN. terni; trĭplex, ĭcis; tergĕmĭnus.

§trĭbūlis, e. *Of the same tribe.*——Ut cum pīleŏlo sŏleas convīva *trĭbūlis.* Hor. Epist. 1. 13. 15.

trībŭlum, i. *A threshing-machine.*——*Trībŭla*que traheæque et ĭnīquo pondĕre rastri. V. G. 1. 164.

trĭbŭlus, i. *A burr, caltrops.*——Lappæque *trĭbŭli*que, interque nĭtentia culta. V. G. 1. 153.

trĭbūnăl, ālis. neut. *A tribunal, a judgment-seat.*——Quod făciat magnas turpe *trĭbūnăl* ŏpes. Ov. Am. 1. 10. 40.

‡trĭbūnātus, ûs. masc. *The tribuneship.*——Non consŭlātus ipse, non *trĭbūnātus.* Mart. 11. 99. 14.

‡trĭbūnĭtius, a, um. *Of a tribune.*——Arma *trĭbūnĭtium* cingĕre digna lătus. Mart. 14. 32. 2.

trĭbūnus, i. *A tribune.*——Hôc, hôc *trĭbūno* mīlĭtum. Hor. Epod. 4. 20.

trĭbuo, ĭs, ui, ūtum. 1. *To give, to grant.*—2. *To attribute.*——1. Turpe, nĭsi hoc mātris prĕcĭbus *trĭbuisset* Ăchilles. Ov. A. A. 1. 689.—2. Noster amor tāles *trĭbuit* tĭbĭ Cynthia laudes. Prop. 3. 24. 3. SYN. 1. contrĭbuo; dô, das, dăre, dĕdi, dătum, q. v.; præbeo, es.—2. ‡attrĭbuo; impŭto, as.

trĭbus, ûs. fem. *A tribe.*——Claudia nunc a quo diffundĭtur et *trĭbus* et gens. V. Æn. 7. 708.

§trĭbūtim. *By tribes.*——Prīmōrēs pŏpŭli arrĭpuit, pŏpŭlumque *trĭbūtim.* Hor. Sat. 2. 1. 69.

trĭbūtum, i. *Tribute.*——Et Vĕnus e tōtâ gente *trĭbūta* pĕtat. Ov. Her. 4. 54. v. vectigal.

‡trĭcæ, arum. *Toys.*——Sunt ăpīnæ *tricæ*que et si quid vīlius istis. Mart. 14. 1. 7.

‡trīcēni, æ, a. *Thirty.*——*trīcēnos*, pŭtŏ, bis; vīcēnos ter, pŭtŏ, nummos. Mart. 4. 26. 3. SYN. trīgintā, *indecl.* q. v.

trĭceps, ĭpĭtis. *With three heads.*——Tuque *trĭceps* Hĕcătē quæ cœptis conscia nostris. Ov. Met. 7. 194. PHR. Per tria partītos qui dăbat ōra sŏnos. Prop.

trīcēsĭmus, a, um. *The thirtieth.*——Tempŏre dīcam; hŏdiē *trīcēsĭma* Sabbăta; vin' tu. Hor. Sat. 1. 9. 69.

‡trĭchĭla, æ. *An arbour.*——At qui sub *trĭchĭlâ* mānantem rēpit ad undam. Columel. 10. 394.

‡trīcies. *Thirty times.*——Sūprēmas tĭbĭ *trīcies* in anno Signanti tăbŭlas. Mart. 5. 40. 1.

‡trīclīnium, i. *A couch for three people to sit on at dinner.*——Strātaque nōn ūnas cingunt *trīclīnia* Baias. Mart. 10. 13. 3. v. lectus.

trĭcorpor, ŏris. adj. *Having three bodies.*——Gorgŏnĕs Harpȳiæque et forma *trĭcorpŏris* umbræ. V. Æn. 6. 289. v. tergeminus.

trĭcuspis, ĭdis. adj. *Having three points.*——Nec măris īra mănet; pŏsĭtoque *trĭcuspĭde* tēlo Mulcet ăquas rector pĕlăgi. Ov. Met. 1. 330. v. tridens.

trĭdens, entis. adj. 1. *Having three teeth or prongs.*—2. (*as subst. masc.*) *The trident of Neptune.*——1. Convulsum rēmis rostrisque *trĭdentibus* æquor. V. Æn. 5. 143.—2. Neptūnus mūros magnoque ēmōta *trĭdenti* Fundāmenta quătit. V. Æn. 2. 610. SYN. 2. fuscĭna; cuspis, ĭdis, *fem.* v. prec.

trĭdentĭfer, ĕra, ĕrum. also **trĭdentĭger, ĕra, ĕrum.** *Wielding the trident.*——Regna văgæ dixit sortīte *trĭdentĭfer* undæ. Ov. Met. 8. 595. Cumque *trĭdentĭgĕro* tŭmĭdi gĕnĭtōre prŏfundi. Ov. Met. 11. 197.

‡trĭdentĭpŏtens, entis. *Mighty with the trident.*——Dīve *trĭdentĭpŏtens* cujus măria īre per alta Ordīmur. Sil. 15. 159. v. prec.

‡trīduum, ī. *A space of three days.* —— Si Sōlus tĭbĭ *trīduo* lĕgātur. Mart. 2. 6. 12.
triennium, ī. *A space of three years, a triennial festival.* —— Ismărĭæ cĕlĕbrant rĕpĕtīta *triennia* Bacchæ. Ov. Met. 9. 641. SYN. ‡triĕtēris, ĭdŏs. *fem.*
triens, entis. masc. *A third part of an entire measure, four ounces (as a third of a pound), four cyathi, etc.* —— Cum fuĕrit multīs exacta *trientĭbus* hōra. Prop. 3. 10. 29.
triĕtērĭcus, a, um. *Triennial.* —— Thȳăs, ŭbi audīto stĭmŭlant *triĕtērĭca* Baccho Orgia. V. Æn. 4. 303. v. triennium.
‡triĕtēris, ĭdos. fem. *A space of three years, a triennial festival.* —— Cum trĭbus Ēlēïs ūnam *triĕtērĭda* lustris. Stat. Sylv. 2. 6. 72. SYN. triennium.
trifaux, cis. adj. *With three mouths or throats.* —— Cerbĕrus hæc ingens lātrātu regna *trĭfauci* Persŏnat. V. Æn. 6. 417.
trĭfĭdus, a, um. *Cloven into three parts.* —— Nāĭdĕs Hespĕriæ *trĭfĭdā* fūmantia flammā Corpŏra dant tŭmŭlo. Ov. Met. 2. 325. SYN. trĭsulcus.
‡trĭfīlis, e. *Having three threads or hairs.* —— Calvam *trĭfīlem* segmentātus unguento. Mart. 6. 74. 2.
trĭformis, e. *Having three forms, triple.* —— Jūpĭter arces Tempĕrat æthĕrias et mundi regna *trĭformis*. Ov. Met. 15. 859. SYN. trĭplex, ĭcis; tergĕmĭnus.
trīgintā. indecl. *Thirty.* —— *Trīgintā* magnos volvendis mensĭbus orbes Impĕrio explēbit. V. Æn. 1. 270. PHR. Tot lecti prŏcĕres ter dēnis nāvĭbus ībant. V.
trĭlībris, e. *Weighing three pounds.* —— Ostia sub Tusci? laudas insāne *trĭlībrem* Mullum. Hor. Sat. 2. 2. 33.
trĭlinguis, e. *With three tongues.* —— Cerbĕrus . . . attĕrens Caudam et rĕcēdentis *trĭlingui* Ōre pĕdes tĕtĭgitque crūra. Hor. 2. 19. 31.
trĭlix, īcis. *With three threads, with a triple warp.* —— Lōrīcam consertam hāmīs auroque *trĭlīcem*. V. Æn. 3. 467.
§trĭmĕter, tra, trum. *Trimeter* —— Per cĭtus unde ĕtiam *trĭmĕtrīs* accrescĕre jussit Nōmĕn iambēis. Hor. A. P. 252.
trīmus, a, um. *Three years old.* —— Quæ vĕlut lātīs ĕqua *trīma* campis. Hor. 3. 11. 9.
Trīnăcria, æ. also **Trīnăcris, ĭdŏs.** *A name of Sicily from its having three promontories.* —— *Trīnăcriā* fīnes Ītălos mittĕre rĕlictā. V. Æn. 3. 440. Terra trĭbus scŏpŭlis vastum prōcurrit ĭn æquor *Trīnăcris*. Ov. F. 4. 420. SYN. Sĭcānia, q. v.; §Trĭquĕtra. PHR. Intrant Sĭcāniam, trĭbus hæc excurrit in æquŏrā linguis. Ov.
Trīnăcrius, a, um. and in fem. form **Trīnăcris, ĭdos.** *Sicilian.* —— Tum prŏcŭl e fluctu *Trīnăcria* cernĭtur Ætna. V. Æn. 3. 554. Et căreat dulci *Trīnăcris* Hȳbla thȳmo. Ov. Tr. 5. 13. 22. SYN. Sĭcŭlus, Sĭcānus, Sĭcānius; *and fem.* Sĭcĕlis, ĭdŏs.
‡trĭnoctiālis, e. *Lasting three nights.* —— *Trĭnoctiāli* Affĕcit dŏmĭcœnio clientem. Mart. 12. 77. 5.
trĭnōdis, e. *Having three knots or joints.* —— Ossa mei frātris clāvâ perfracta *trĭnōdi*. Ov. Her. 4. 115.
trīnus, a, um. *Three.* —— Nōmĭna *trīna* fĕro, sic vŏluĕre Cŭres. Ov. F. 6. 216. SYN. tres; terni, æ, a.
Triōnes, um. masc. pl. *The constellation the Greater and the Lesser Bear.* —— Arctūrum, plŭviasque Hyădas, gĕmĭnosque *Triōnes*. V. Æn. 3. 516. v. Arctos. PHR. Parrhăsĭdes stellæ, namque omnia nôsse pŏtestis. Ov.
†trĭpectorus, a, um. *Having three breasts.* —— Quidve *trĭpectŏra* tergĕmĭni vis Gēryŏnāi. Lucr. 5. 28.
trĭpes, ĕdis. *Having three feet.* —— Omnia magna lŏquens, mŏdŏ sit mihĭ mensa *trĭpēs*, et Concha sălis pūri. Hor. Sat. 1. 3. 13.
trĭplex, ĭcis. 1. *Threefold, threeformed.*—2. *Three.* —— 1. Nec mē pastōris Ībēri Forma *trĭplex* nec forma *trĭplex* tua Cerbĕre mōvit. Ov. Met. 9. 184. — 2. Thestiăs in flammam *trĭplĭces* pŏsuēre sŏrōres. Ov. Met. 8. 452.
trĭpŭdium, ī. *A dance.* —— Quo nos cĭtātis cĕlĕrāre *trĭpŭdiis*. Cat. 61. 26. SYN. chŏrēa, q. v.
trĭpūs, ŏdis. masc. usu. in pl. 1. *A tripod, a three-legged stool on which the priest or priestess stood while giving oracles.* — 2. *Any oracle.* —— Qui *trĭpŏdas* Clārii lauros qui sīdĕra sentis. V. Æn. 3. 360. Mittĭtur ad *trĭpŏdas* certā qui sorte rĕportet Quam stĕrĭli terræ Delphĭcus ēdat ŏpem. Ov. F. 3. 855.

SYN. 2. ōrācŭlum, *sync.* ōrāclum, q. v. PHR. Sed nĕque Phœbēi trĭpŏdes nec cornĭger Ammon. Ov.

†§**Trĭquētrus, a, um.** 1. *Triangular.*—2. *Used in fem. by Hor. in Sat. for Sicily.* —— Esse *Trĭquētra* ălĭis, aliis quădrāta nĕcesse est. Lucr. 1. 654.—2. Prōmissa *Trĭquētrâ* Prædia Cæsar, ăn est Ĭtălâ tellūre dătūrus? Hor. Sat. 2. 655. v. Trinacria.

trĭrēmis, ĭs. *A trireme, a ship with three banks of oars, a ship.* —— Neque Descendit ærātâ *trĭrēmi* et Post ĕquĭtem sĕdet ātra Cūra. Hor. 3. 1. 40. PHR. (navis) Trĭplĭci pūbes quam Dardăna versu Impellunt, terno consurgunt ordĭne rēmi. V. v. navis.

‡**triscurria, orum.** *Great buffooneries.*——Qui sĕdet ac spectat *triscurria* pătrĭcĭōrum. Juv. 8. 191.

tristĕ. *Sadly.*——Quid fles Anxia captīvâ *tristius* Andrŏmăchê. Prop. 2. 16. 2. SYN. dŏlenter.

†**tristĭfĭcus, a, um.** *Saddening, making sad.*——*Tristĭfĭcas* certant Neptūno reddĕre vōces. Cic. Div. 1. 7. SYN. Luctĭfĭcus.

tristis, e. 1. *Sad, of persons.*—2. *Sad, of things.*—3. *Stern, morose.*——1. *Tristis* ăbīs, ŏcŭlīs ăbeuntem prōsĕquor ūdis. Ov. Her. 12. 55.—2. Ĕrunt qui dīcĕre laudes Vāre tuas cŭpiant, et *tristia* condĕre bella. V. E. 6. 7.—3. Quo *tristis* Ĕrinnys, Quo frĕmĭtus vocat, et sūblātus ad æthĕra clāmor. V. Æn. 3. 317. SYN. 1. mœstus (*rarely, if ever, used in sense 2.*), affectus, dŏlens, mœrens.—1, 2. mĭser, ĕra, ĕrum; mĭsĕrandus, mĭsĕrābĭlis, flebĭlis, lūgŭbris, nūbĭlus, lăcrȳmōsus.—2. illætābĭlis, dŏlendus, flendus, lăcrȳmābĭlis, ăcerbus.—3. sævus, tĕtrĭcus; asper, era, erum.

tristĭtia, æ. *Sadness, vexation.*——Simque ĕgŏ *tristĭtiæ* causa mŏdusque tuæ. Ov. Her. 3. 90. SYN. mœror; dŏlor, q. v.; ærumna.

trĭsulcus, a, um. *Cleft in three, with three points, etc.*——Aut Jŏvis infesti tēlo fĕriāre *trĭsulco*. Ov. Ibis. 471. SYN. trĭfĭdus; trĭcuspis, ĭdis.

trĭtĭceus, a, um. *Of wheat.*——*Trĭtĭceos* fētus, passūraque farra bis ignem. Ov. F. 1. 693. v. spiceus, cerealis.

‡**trĭtĭcum, i.** *Wheat.*——Ŏvem rŏgābat cervus mŏdium *trĭtĭci*. Phædr. 2. 7. 1. SYN. fār, farris, *neut.*

Trītōn, ōnis. masc. *A son of Neptune, and one of the chief deities of the sea.* —— Cæruleum *Trītōna* vŏcat conchæque sŏnāci Inspīrāre jŭbet. Ov. Met. 1. 333.

Trītōnia, æ. and **Trītōnis, ĭdŏs.** *Epith. and syn. of Minerva, q. v., or of any thing belonging to her.*——Armĭpŏtens præses belli *Trītōnia* virgo. V. Æn. 11. 483. Effŭgiunt sævæque pĕtunt *Trītōnĭdŏs* arcem. V. Æn. 2. 226. Atque lĕvem currum *Trītōnĭda* mīsit in arcem (i. e. *Athens, sacred to Minerva*). Ov. Met. 5. 645.

trītūra, æ. *Threshing.*——Magnaque cum magno vĕniet *trītūra* călōre. V. G. 1. 190.

trītus, a, um. perf. pass. part. from tĕro, tĕris, trīvi, q. v. 1. *Worn out by constant rubbing, pounded, ground, etc. etc.*—2. *Common, hackneyed.*——1. Nec măgis est curvīs Appia *trīta* rŏtis. Ov. Ep. e P. 2. 7. 44.—2. Aut si quid hâc re *trītius* vĭdēbatur. Cat. 20. 13. v. communis.

Trĭvia, æ *A name of Diāna, q. v., as presiding over places where three roads meet.*——Dēĭphŏbē Glauci Phœbi *Trĭviæque* săcerdos. V. Æn. 6. 35.

trĭvium, i. *A place where three roads meet.*——Nocturnīs Hĕcătē *trĭviis* ŭlŭlāta per urbes. V. Æn. 4. 609.

triumphālis, e. *Triumphal, in any way relating to a triumph, worn in a triumph; one who has had a triumph, etc.*——Ite *triumphāles* circum mea tempŏra lauri. Ov. Am. 2. 12. 1. Veste *triumphāles* occŭbuisse sĕnes. Ov. F. 6. 364.

triumphātus, a, um. part. perf. pass. from seq. *Triumphed over, i. e. conquered.* Inde *triumphātæ* lībâsti mūnĕra gentis. Ov. F. 1. 647. SYN. victus, rĕvictus, dŏmĭtus, dēbellātus, sŭbactus.

triumpho, as. (for pass. v. prec.) *To triumph, to celebrate a triumph, etc., lit. and metaph.*——Illa cŏrōnātis alta *triumphat* ĕquis. Ov. F. 5. 52. Dēque cŏthurnāto vāte *triumphat* Amor. Ov. Am. 2. 18. 18. SYN. ŏvo.

triumphus, i. *A triumph, lit. and metaph.*——Unde suo partus Marte *triumphus* eat. Ov. Her. 7. 154. Invĭdet atque hŏmĭnum quĕrĭtur cūrāre *triumphos*. V. G. 2. 504. PHR. Te quoque victōrem Tarpēias scandĕre in arces Læta cŏrōnātis

Roma vĭdēbit ĕquis. Ov. Ille triumphātā Căpĭtōlia ad alta Cŏrintho Victor ăget currum. V. Illi victor ĕgo, et Tÿrio conspectus in ostro Centum quădrĭjŭgos ăgĭtābo ad flūmĭna currus . . . Ipse căput tonsæ fŏliis ornātus ŏlīvæ Dōna fĕram, jam nunc sōlennes dūcĕre pompas Ad dēlūbra jŭvat; cæsosque vĭdēre jŭvencos. V. Quin cessas currum pompamque părāre triumphis? Ov. Is quŏque jam sērum rĕfĕret vĕtĕremque triumphum. Ov. Cum possim săcri pars esse triumphi. Ov. Inque dăto curru pŏpŭlo clāmante triumphum Stābis . . . Dūcentur jŭvĕnes capti, captæque puellæ Hæc tĭbĭ magnĭfĭcus pompa triumphus ĕrit. Ov. Et multos mĕruisse, ălĭquos ēgisse triumphos. Ov. Met. 15. 757. Non bella măgis fīnīta triumphis. Ov. Sŭperbos Vertĕre fūnĕrĭbus triumphos. Hor. Tuque dum prōcēdis Io triumphe Non sĕmel dīcēmus Io triumphe Cīvĭtas omnis; dăbĭmusque Dīvis Thūra bĕnignis. Hor. v. Ov. Tr. 4. 2. 47—56; A. A. 1. 213—226.

triumvĭri, orum. in tmesi. *A body of three magistrates employed to execute any public office.* —— Eque *vĭris* quondam pars *trĭbus* ūna fui. Ov. Tr. 5. 10. 34.

triumvĭrālis, e. *Of a triumvir.* —— Sectus flăgellīs hic *triumvĭrālĭbus.* Hor. Epod. 4. 11.

Trōăs, ădŏs. fem. adj., often also as subst. *Trojan, and esp. a Trojan woman.* —— Qui prīmus Dănaûm *Trōăda* tangat hŭmum. Ov. Her. 13. 94. *Trōăsin* invĭdeo, quæ si lăcrÿmōsa suōrum Fūnĕra conspĭcient. Ov. Her. 13. 137. v. Teucria.

†trŏchlea, æ. *A windlass.* —— Multaque per *trochleas* et tympăna pondĕre magno Commŏvet. Lucr. 4. 903.

trŏchus, i. *A hoop.* —— Incrĕpat et versi clāvis ădunca *trŏchi.* Prop. 3. 12. 6.

Trōja, æ. *Troy.* —— *Trōja*que nunc stāres, Priămique arx alta mănēres. V. Æn. 2. 56. SYN. Iliŏs, i, *fem.*; Īliŏn, i, *fem. and neut.*; Ilium; Pergăma, ōrum, *neut. pl.*; Dardănia. PHR. Sī duŏ prætereā tāles Idæa tŭlisset Terra vĭros. V. Contĭgĭmusque mănum quā concĭdit Ilia tellus. V. Ūtĭlius stārent etiam nunc mœnia Phœbi. Ov. Nondum Īlium et arces Pergămeæ stētĕrant. V. Laŏmĕdonteæ luĭmus perjūria Trōjæ. V. Vāde ăge, et ingentem factis fer ad æthĕra Trōjam. V. Nos Trōjā antīquā . . . dīversa per æquŏra vectos. V. Postquam res Asiæ Priămique ēvertĕre gentem Immĕrĭtam vīsum Sŭpĕris cĕcĭditque sŭperbum Īlium et omnis hŭmo fūmat Neptūnia Troja. V. O pătria, o Dīvûm dŏmus Īlium et inclÿta bello Mœnia Dardănĭdum. V. Serva altĕra Trōjæ Pergăma. V. Turpis, et Īliăcis infĭcianda fŏcis. Ov. Ab Hectŏris urbe Vĕnĭmus. Ov.

Trōjānus, a, um. *Trojan.* —— *Trōjānas* ut ŏpes et lamentābĭle regnum Ēruĕrint Dănai. V. Æn. 2. 4. SYN. Trōĭcus, Trōius, Īlius, Īliăcus, Dardănus, Dardănius, Pergămeus, Ĕricthŏnius, Lāŏmĕdontius, Lāŏmĕdontēus, Hectŏreus; Teucer, cra, crum; *of the land,* Sīgēius; Rhætēus. v. Trojugena.

Trōicus, a, um. also **Trōius, a, um.** *Trojan.* —— Scrībĭmus et grĕmio *Trōĭcus* ensis ădest. Ov. Her. 7. 184. *Trōius* Ænēas Lĭbÿcis ēreptus ab undis. V. Æn. 1. 600. v. prec.

Trōjŭgĕna, æ. masc. and fem. *A Trojan.* —— *Trōjŭgĕnas* et tēla vĭdes ĭnĭmīca Lătīnis. V. Æn. 8. 117. SYN. Trōs, Trois, *pl.* Trōĕs; Trōjānus; Teucer, cri; Dardănĭdes, æ; Ænĕădes, æ (*all these usu. in pl., and this last cannot be used speaking of the Trojans before the Trojan war*). PHR. Assărăci prōles, dēmissæque ab Jŏve gentis Nōmĭna, Trosque părens, et Trōjæ Cynthius auctor. V. Cum dŏmus Assărăci Phthīam clārasque Mÿcēnas Servĭtio prĕmet. V. Hic jam tercentum tōtos regnābĭtur annos Gente sub Hectŏreā. V. Laŏmĕdontia pūbes. V. Trōjāna jŭventus. V. Gĕnus alto a sanguĭne Teucri. V.

trŏpæum, i. *A trophy of victory, lit. and metaph.* —— Et duŏ rapta mănu dīverso ex hoste *trŏpæa.* V. G. 3. 32. PHR. Arma Sĕrestus Lecta rĕfert hŭmĕris tĭbĭ rex Grădīve trŏpæum. V. Multa vĭrum mĕrĭtis sustentat fāma trŏpæis. V. Et tŭlit ē capto bīna trŏpæa vĭro. Ov. Indūtosque jŭbet truncos hostīlĭbus armis Ipsos ferre dŭces, ĭnĭmīcaque nōmĭna fīgi. V.

‡trŏpis, ĭdos. acc. **in.** *The bottom of a ship, or of a bottle, the dregs at the bottom of a bottle.* —— Fūmōsæ fĕret ipse *trŏpin* de fæce lăgēnæ. Mart. 12. 83. 11. v. fæx.

Tros, Trōis. pl. **Trōĕs,** etc. *A Trojan, so called from Tros, an ancient king of Troy.* —— *Trōas,* rĕlĭquias Dănaûm atque immītis Ăchilli. V. Æn. 1. 30. v. Trojugena.

trŭcīdo, as. *To slay.* —— Fit via vi, rumpunt ădĭtus, prīmosque *trŭcīdant* Immissi Dănai. V. Æn. 2. 494. SYN. occīdo, ĭs, di, sum, q. v.

trŭcŭlentus, a, um. *Fierce, savage, cruel.* —— Nulla Gĕtis tŏto gens est *trŭcŭlentior* orbe. Ov. Ep. e P. 2. 7. 31. SYN. trux, trŭcis (*no compar.*); sævus, q. v.; fĕrus.

trūdo, ĭs, di, sum. 1. *To push, to thrust.* — 2. *To put forth.* — 3. *To drive about, to drive away.* —— 1. Sed frustra oppŏsĭtum *trūdentes* pectŏre montem. V. G. 3. 373. — 2. *Trūdĭtur* ē sicco rādix ŏleāgina ligno. V. G. 2. 31. — 3. *Trūdĭtur* dies diē. Hor. 2. 18. 15. Aut *trūdit* ăcres hinc et hinc multā căne Ăpros ĭn obstantes plăgas. Hor. Epod. 2. 31. SYN. 1. 3. impello, ĭs, impŭli, impulsum. — 2. prōfĕro, fers, ferre, tŭli, lātum; ēdo, ĭs, ēdĭdi, q. v. — 3. pello, *perf.* pĕpŭli; urgeo, ēs, si.

§trulla, a. *A spoon, a ladle, a bowl, a cup.* —— Qui Veientānum festis pōtāre dĭēbus Campānā sŏlĭtus *trullā.* Hor. Sat. 2. 3. 144. v. poculum.

trunco, as. *To maim, to mutilate.* —— Quodque suus conjux rĭguo collēgĕrat horto *Truncat* ŏlus fŏliis. Ov. Met. 8. 646. SYN. mŭtĭlo, as. v. populo.

truncus, a, um. 1. *Mutilated, defective.* — 2. *Shattered, broken.* —— 1. Aurĭbus et *truncas* ĭnhŏnesto vulnĕre nāres. V. Æn. 6. 497. Vīsenda mŏdīs ănĭmālia mīris, *Trunca* pĕdum prīmo, mox et strīdentia pennis. V. G. 4. 310. — 2. Tēlaque *trunca* vĭri et bis sex thōrāca pĕtītum Perfossumque lŏcis. V. Æn. 11. 9. SYN. 1. mŭtĭlus, truncātus. — 2. fractus.

truncus, i. 1. *The trunk of a tree.* — 2. *Of any thing, of a body, etc.* —— 1. Arbŏris obnixus *trunco*, ventosque lăcessit. V. G. 3. 233. — 2. Jăcet ingens littŏre *truncus*, Ăvulsumque hŭmĕris căput, et sĭne nōmĭne corpus. V. Æn. 2. 557. Inque cănes tŏtĭdem *trunco* dĭgestus ab ūno Cerbĕrus. Ov. Her. 9. 93. SYN. 1. stīpĕs, ĭtis, *masc.*; stirps, pis, *fem.* — 2. v. corpus.

§trŭtĭna, æ. *A balance, a pair of scales.* —— Si vŏlet, hāc lēge in *trŭtĭnā* pōnĕtur eădem. Hor. Sat. 1. 3. 72. SYN. lībra, q. v.

‡trŭtĭnor, āris. *To weigh.* —— Atque exporrecto *trŭtĭnantur* verba lăbello. Pers. 3. 82. SYN. penso, as, q. v.

trux, trŭcis. no compar. *Fierce, savage.* —— Blanda *trŭces* ănĭmos fertur mollīsse vŏluptas. Ov. A. A. 2. 477. SYN. trŭcŭlentus, ferus, q. v.

tu, tui, tĭbĭ, tē, vos, vestrûm, vōbīs. *You.* —— Hic *tĭbĭ* făbor ĕnim quando hæc *te* cūra rĕmordet. V. Æn. 1. 261. SYN. tūtĕ. v. ipse.

tŭba, æ. *A trumpet.* —— Non *tŭba* dīrecti non æris cornua flexi. Ov. Met. 1. 98. SYN. buccĭna, classĭcum, lĭtuus; cornu, *indecl. in sing.*, *pl.* cornua, uum, ĭbus; æs, æris, *neut.* (*strictly speaking, not all exactly the same instrument*). PHR. Conchæque sŏnāci Inspīrāre jŭbet. Ov. Căva buccĭna sūmĭtur illi Tortĭlis in lātum quæ turbĭne crescit ab ĭmo. Ov. Jam nunc mĭnāci murmŭre cornuum Perstringis aures. Hor. Audītur fractos sŏnĭtūs ĭmĭtāta tŭbārum. V. At tŭba terrĭbĭlem sŏnĭtum prŏcŭl ære cănōro Incrĕpuit. V. It cœlo clamorque vĭrûm clangorque tŭbārum. V. Et tŭba commissos mĕdio cănit aggĕre lūdos. V. Terrĭbĭlesque tŭbas audītaque cornua cœlo. Ov. Multos castra jŭvant, et lĭtuo tŭbæ Permistus sŏnĭtus. Hor. Ære ciēre vĭros, Martemque accendĕre cantu. V.

tūber, ĕris. neut. *A protuberance.* —— Gĕnuumque rĭgēbat Orbis, et immŏdĭco prōdībant *tūbĕra* tālo. Ov. Met. 8. 809.

‡tūber, ĕris. masc. *A kind of apple.* —— Non tĭbĭ de Lĭbўcis *tūberes* et ăpўrina rāmis. Mart. 13. 42. 1. v. malum.

tŭbĭcĕn, ĭnis. masc. *A trumpeter.* —— Fortĭbus assuevit *tŭbĭcen* prōdesse suoque Dux bĕnĕ pugnantes incĭtat ōre vĭros. Ov. Ep. e P. 3. 1. 91. SYN. ‡lĭtĭcĕn, ‡cornĭcen.

tŭbĭlustrium, i. *A feast of trumpets, in which the trumpets used at sacred rites were purified.* —— Proxĭma Vulcāni lux est; *tŭbĭlustria* dīcunt. Ov. F. 5. 725.

‡tŭbus, i. *A tube.* —— Mŏdŏ qui per omnes viscĕrum *tŭbos* ĭbat. Mart. 11. 62. 6. v. fistula.

‡tŭcētum, i. *A sausage.* —— Esto ăgĕ, sed grandes pătĭnæ *tŭcētaque* crassa. Pers. 2. 42. SYN. ‡tŏmăcŭlum.

†tŭdĭtans, antis. *Beating often.* —— Nec *tŭdĭtantia* rem cessant extrinsĕcus ullam Corpŏra confĭcĕre. Lucr. 2. 1142. v. pulso.

tueor, ēris. Lucr. also and once in Ov. or Albinov. **tuor, ĕris.** no perf. —— 1.

To see, to look upon. — 2. *To defend, protect, etc.* —— 1. Explēri mentem nĕquit ardescitque *tuendo.* V. Æn. 1. 713. Nunc ĕgŏ te infēlix summum tĕneoque *tuorque.* Ov. ad Liv. 137. — 2. Hac tandem concēde, hæc ara *tuēbitur* omnes. V. Æn. 2. 523. SYN. 1. intueor; specto, as, q. v.; aspecto; aspĭcio, ĭs, spexi; vĭdeo, es, vīdi, q. v. — 2. dēfendo, ĭs, di, q. v.; tūtor, āris.

tŭgŭrium, i. *A cottage.* —— Paupĕris et *tŭgŭri* congestum cespĭte culmen. V. E. 1. 69. SYN. căsa, q. v.

tŭli, etc. perf. from fero, q. v. —— Et *tŭlit* e capto nōta trŏpæa vĭro. Ov. Her. 9. 104.

tum. *Then.* —— *Tum* vēro ingentem gĕmĭtum dat pectŏre ab īmo. V. Æn. 1. 489. SYN. tunc. v. inde.

tŭmĕfăcio, ĭs, fēci, factum. *To make to swell, lit. and metaph.* —— Extentam *tŭmĕfēcit* hŭmum, ceu spīrĭtus ŏris Tendĕre vēsīcam sŏlet. Ov. Met. 15. 303. Non me lætĭtiâ *tŭmĕfactum* follis ĭnāni. Prop. 3. 4. 3. v. inflo.

tŭmeo, es, ui, and in pres. **tŭmesco, ĭs.** no sup. —— 1. *To swell; lit. and metaph. with pride, anger, etc.* —— Et cōma lactenti spīcea frūge *tŭmet.* Prop. 4. 2. 14. Rumpor et ōra mihī pārĭter cum mente *tŭmescunt.* Ov. Her. 8. 57. Bella *tŭment,* bellis pĕrĕgrīna et fœmĭna tentor. Ov. Her. 7. 121. Ut vīdit fulgentem armis et vāna *tŭmentem.* V. Æn. 11. 854. SYN. intŭmeo, intŭmesco; turgeo, es. *no perf.*; turgesco, is, *no perf.* (*these two last not metaph.*). v. irascor, superbio, undo.

tŭmĭdus, a, um. *Tumid, swelling, swoln, lit. and metaph., swelling with anger, pride, etc.* —— Nos *tŭmĭdum* sub te permensi classibus æquor. V. Æn. 3. 157. Agnoscas *tŭmĭdâ* ex īrâ tum corda rēsīdunt. V. Æn. 6. 407. Qui nunc se in *tŭmĭdum* jactando vēnit hŏnōrem. Prop. 2. 24. 31. SYN. tŭmens, tŭmĕfactus, turgĭdus (*not metaph. except in Hor. Sat.*).

tŭmor, ōris. masc. *Swelling; lit. and metaph. of the mind with pride, anger, etc.* —— Turpia cum făcĕret Pallădis ōra *tŭmor.* Prop. 2. 23. 86. Neu belli terrēre mĭnis, *tŭmor* omnis et īræ Concessēre Deûm. V. Æn. 8. 40. v. ira, superbio.

tŭmŭlo, as. *To bury.* —— Inque Tŏmĭtānâ jăceam *tŭmŭlātus* ărēnâ. Ov. Ep. e P. 1. 6. 49. SYN. contŭmŭlo; sĕpĕlio, īs, īvi, sĕpultum, q. v.; hŭmo, as.

tŭmultuōsus, a, um. *Tumultuous, unquiet.* —— *Tŭmultuōsum.* Sollĭcĭtat măre. Hor. 3. 1. 26. SYN. tŭmĭdus, turgĭdus, inquiētus, irrĕquiētus, implăcĭdus, turbatus. v. procellosus.

tŭmultus, ûs, masc. *A tumult, disturbance, disorder, disquietude.* —— Hic Ĭthăcus vātem magno Calchanta *tŭmultu* Prōtrahit in mĕdiōs. V. Æn. 2. 122. Nuntius et jŭvĕni ingentem fert Acca *tŭmultum.* V. Æn. 11. 897. Sed vĭdes quanto trĕpĭdet *tŭmultu* Prōnus Ōrīon? Hor. 3. 27. 17.

tŭmŭlus, i. 1. *A mound, a hillock.* — 2. *A tomb, a grave.* —— 1. Dēfŏdit altâ Crūdus hŭmo, *tŭmŭlum*que sŭper grăvis addit ărēnæ. Ov. Met. 4. 240. — 2. Hostīlem ad *tŭmŭlum* Trōjæ sub mœnĭbus altis Jussa mŏri. V. Æn. 3. 321. SYN. 1. v. agger. — 2. sĕpulchrum.

tunc. *Then.* —— Omnia *tunc* pārĭter vento nimbisque vĭdēbis Fervĕre. V. G. 1. 455. SYN. tum, q. v.

tundo, ĭs, tŭtŭdi, tunsum. 1. *To beat or strike repeatedly.* — 2. *To pound, to grind.* —— 1. Gens effrēna vĭrûm Rhīpæo *tundĭtur* Euro. V. G. 3. 382. Haud sĕcus assĭduīs hinc atque hinc vōcĭbus hēros *Tunditur* V. Æn. 4. 448. — 2. Prōdĕrit et *tunsum* gallæ admisēre săpōrem. V. G. 4. 267. SYN. 1. pulso, as. — 2. tĕro, ĭs, trīvi, trītum.

tŭnĭca, æ. *A tunic, a vest.* —— Ecce Cŏrinna vĕnit *tŭnĭcâ* vēlāta rĕcinctâ. Ov. Am. 1. 5. 9. SYN. stŏla. v. vestis.

tŭnĭcātus, a, um. *Clothed in a tunic.* —— Astĭtĕrit *tŭnĭcata*? mŏves incendia clāma. Ov. A. A. 2. 301.

turba, æ. 1. ‡*Disturbance, disquiet.* — 2. *A crowd.* —— Expers *turbārum,* atque ănĭmum virtūte quiētâ Compŏsĭtus (*some, however, read* curarum). Stat. Sylv. 2. 2. 71. — 2. Īliădum *turbâ* et Phrȳgiis cŏmĭtāta mĭnistris. V. Æn. 2. 580. Non tē rătiōnis ĕgentem Lernæus *turbâ* căpĭtum circumstĕtit anguis. V. Æn. 8. 300. SYN. 1. tŭmultus, ûs. *masc.* — 2. căterva; agmĕn, ĭnis, *neut.*; frĕquentia; exămĕn, ĭnis. v. cœtus.

‡**turbătrix, īcis.** fem. *She that troubles.*——Accŭmŭlat crēbros *turbātrix* fāma păvōres. Stat. Theb. 4. 369.

turbĭdus, a, um. 1. *Turbid, muddy.*—2. *Tumultuous, disturbed, agitated.* — 3. *Furious.*——1. Nec pulcher Ganges, atque auro *turbĭdus* Hermus. V. G. 2. 137.—2. Utque ĕrat ē somno *turbĭda*, rapta cŏma est. Ov. Her. 10. 16. Pectŏra sunt ipso *turbĭdiōra* mări. Ov. Tr. 1. 10. 34. Crēdĭdit atque ănĭmo spem *turbĭdus* haurit ĭnānem. V. Æn. 10. 648.—3. Concĭtat et Vĕnŭlo adversum se *turbĭdus* infert. V. Æn. 11. 742. SYN. 1. v. lutulentus.—2. tŭmultuōsus, q. v.; ăgĭtātus.—3. fŭriōsus, q. v.

tūrbĭneus, a, um. *Of or like a whirlwind.*——Corpŏra *turbĭneo* jŭvĕnīlia vortĭce mersit. Ov. Met. 8. 556.

turbo, ĭnis. masc. 1. *A whirlwind, a hurricane.*—2. (*metaph.*) *Agitation of mind.*—3. *Impetus, violence.*—4. *A spinning-top.*——1. Adversi rupto ceu quondam *turbĭne* venti Confligunt. V. Æn. 2. 416. *Turbĭne* fūmantem pĭceo et candente făvillâ. V. Æn. 3. 573.—2. Nesciō quo mĭsĕræ *turbĭne* mentis ăgor. Ov. Am. 2. 9. 28.—3. Experto crēdĭte quantus In clÿpeum assurgat quo *turbĭne* torqueat hastam. V. Æn. 11. 284.—4. Ceu quondam torto vŏlĭtans sub verbĕre *turbo.* V. Æn. 7. 348. SYN. 1. ‡tўphon, ōnis.—2. tŭmultus, ûs.—3. impĕtus, ûs; viŏlentia. PHR. 4. Impūbesque mănus mīrāta yŏlūbile buxum. V.

turbo, as. 1. *To confound, to agitate, to disturb.*—2. (*Intrans.*) *To rise in disturbance.*——1. Ardēbant, sed res ănĭmos incognĭta *turbat.* V. Æn. 1. 515.—2. Et septemgĕmĭni *turbant* trĕpĭda ostia Nīli. V. Æn. 6. 801. SYN. 1. prōturbo, †perturbo; ăgĭto, as; sollĭcĭto, as; misceo, es, ui, mistum, q. v.—2. turbor, prōturbor. v. tumeo.

turdus, i. *A thrush.*——Aut ămĭte lævi rāra tendit rētia *Turdīs* ĕdācĭbus dŏlos. Hor. Epod. 2. 34.

turgeo, es, and **turgesco, is.** no perf. *To swell.*——Frūmenta in vĭrĭdi stĭpŭlâ lactentia *turgent.* V. G. 1. 315. Prīma Cĕres docuit *turgescĕre* sēmĕn in ăgris. Ov. Am. 3. 10. 11. SYN. tŭmeo, q. v.

§**turgĭdŭlus, a, um.** dim. of seq. q. v.——Flendo *turgĭdŭli* rŭbent ŏcelli. Cat. 3. 18.

turgĭdus, a, um. *Swelling, swoln.*——Ipsa tuâ mŏveas *turgĭda* vēla mănu. Ov. Am. 2. 11. 42. SYN. tŭmĭdus, q. v.

turma, æ. *A troop of horse.*——Sīn ad bella măgis stŭdium *turmas*que fĕrōces. V. G. 3. 179. SYN. āla; ĕquĭtātus, us. v. eques. PHR. Tres ĕquĭtum nŭmĕro turmæ. V.

‡**turmālis, e.** *Of or like a troop of horse; of a horseman, of a knight.*——Mixta vĭris *turmāle* frĕmit, dat euntĭbus enses. Stat. Theb. 4. 10. Plēbeiâ de stirpe tŭlit, non sanguĭne crētus *Turmāli.* Stat. Sylv. 5. 2. 18. v. equester.

†**turmātim.** *By troops.*——Et vēlut æterno certāmĭne prælia pugnasque Ēdĕre *turmātim* certantia. Lucr. 2. 118. SYN. cătervātim.

§**turpĭcŭlus, a, um.** dim. of seq. q. v.——Ista *turpĭcŭlo* puella năso. Cat. 43. 3.

turpis, e. 1. *Ugly.*—2. *Dirty.*—3. *Base, disgraceful.*——1. Armenta, et *turpes* pascit sub gurgĭte phōcas. V. G. 4. 395.—2. Et sĭmŭl his dictis făciem ostentābat et ŭdo *Turpia* membra fĭmo. V. Æn. 5. 358.—3. Nec tĭbĭ *turpe* pŭta prĕcĭbus succumbĕre nostris. Ov. Her. 3. 91. SYN. 1. dēformis, informis, invĕnustus.—1. 3. dĕcŏlor, ōris; indĕcōrus.—2. squālĭdus.—2. 3. fœdus, sordĭdus.—3. ĭnhŏnestus, măcŭlōsus, prŏbrōsus, infāmis, pŭdendus, ērŭbescendus.

turpĭter, compar. **ius.** *Basely.*——*Turpĭter* ingĕnuum mūnĕra corpus ĕmunt. Ov. Her. 5. 144.

turpo, as. 1. *To disfigure, to make ugly, to defile.*—2. ‡*To disgrace.*——1. Quiă lūrĭdi Dentes, tē quiă rūgæ *Turpant* et căpĭtis nĭves. Hor. 4. 13. 12.—2. Nec *turpāvit* ăvos, hastam intra pectus euntem . . . Extrahit. Stat. Theb. 8. 433. SYN. 1. dēformo, as.—1. 2. fœdo, as.—2. Dēdĕcŏro, q. v.

turrĭfer, ĕra, ĕrum, and **turrĭger, ĕra, ĕrum.** *Bearing towers.*——At cur *turrĭfĕrâ* căput est ŏnĕrāta cŏrōnâ. Ov. F. 3. 219. *Turrĭgĕræ*que urbes bĭjŭgique ad frēna leōnes. V. Æn. 10. 253. SYN. turrĭtus.

turris, is. fem. *A tower.*——In lătus omne pătens *turris* circumspĭcit undas. Ov. Her. 6. 69. SYN. arx, cis, *fem.*; castellum. PHR. Stet ferrea turris ad auras. V. Turrim in præcĭpĭti stantem, summisque sub astra Ēductam tectis. V. Si nunquam Dănaēn hăbuisset ahēnea turris. Ov.

turrītus, a, um. *With towers.*——Quo tĭbĭ *turrītīs* incingĕre mœnĭbus urbes. Ov. Am. 3. 8. 48. SYN. turrĭger, ĕra, ĕrum.

turtur, ŭris. masc. *A turtle dove.*——Nec gĕmĕre āĕriā cessābit *turtur* ab ulmo. V. E. 1. 59. v. columba.

Tusculum, i. *A town of Latium, founded by Telegonus, son of Ulysses and Circe.*——Nec ut sŭperni villa candens *Tuscŭli.* Hor. Epod. 1. 29. PHR. Factaque Tēlĕgŏni mœnia celsa mănū. Ov. Tēlĕgŏni jŭga parrĭcīdæ. Hor.

Tuscus, a, um. *Tuscan.*——Quæ *Tuscum* Tĭbĕrim et Rōmāna pălātia servas. V. G. 1. 499. SYN. Tyrrhēnus, Etruscus, Mæŏnius.

§tussio, is. *To cough.*——Forte cohærēdum sĕnior măle *tussiet,* huic tu. Hor. Sat. 2. 5. 98.

tussis, is. fem. *A cough.*——Et quătit ægros *Tussis* ănhēla sues ac faucĭbus angit ŏbēsis. V. G. 3. 497.

tūtāmĕn, ĭnis, neut. *A defence.*——Dōnat hăbēre vĭro dĕcus et *tūtāmĕn* ĭn armis. V. Æn. 5. 262. SYN. tūtēla, q. v.

tūtĕ. *You, yourself, only in nom. and acc. sing.*——Vērum id, quod multo *tūte* ipse fătēbĕre mājus. V. E. 3. 35. v. tu.

tūtēla, æ. *A protection, a defence.*——Ŭtrăque *tūtēlæ* subdĭta cūra suæ. Ov. R. A. 78. Hoc Lĭbȳs hoc flāvus prōræ *tūtēla* Melanthus. Ov. Met. 3. 617. SYN. tūtāmĕn, ĭnis, *neut.*; præsĭdium.

tūto. *Safely.*——Mēque pălam dē mē *tūto* măle sæpe fĕruntur. Ov. Tr. 5. 10. 37.

tūtor, āris. *To defend, to protect.*——*Tūtātur* făvor Eurўălum, lăcrўmæque dĕcōræ. V. Æn. 5. 343. SYN. tueor, ēris, q. v.

tūtor, ōris. masc. *A protector, a guardian.*——Sylvāne *tūtor* fīnium. Hor. Epod. 2. 22. SYN. dēfensor. v. custos.

tūtus, a, um. prop. part. perf. from tueor, but only found as adj. *Safe.*——*Tūtus* ab insĭdiis dīre Sŭperbe tuis. Ov. F. 2. 718. SYN. sospĕs, ĭtis; incŏlŭmis; sēcūrus, q. v.; (*from past dangers*) impĕrdĭtus.

tuus, a, um. *Your.*——Nos *tua* prŏgĕnies cœli quĭbus annuis arcem. V. Æn. 1. 250. v. proprius.

Tȳdīdes, æ. *The son of Tydeus, Diomede.*——Ecce fŭrit te rĕpĕrīre ătrox *Tȳdīdes* mĕlior pătre. Hor. 1. 15. 28. SYN. Diŏmēdes, is.

tympănum, i. also **tȳpănum, i.** *A drum.*——*Tympăna* vos buxusque vocant Bĕrĕcynthia mātris Īdææ. V. Æn. 9. 619. Nĭveis cĭtāta cēpit mănĭbus lĕve *tȳpănum.* Cat. 61. 8. PHR. Et fĕriunt molles taurea terga mănus. Ov. Æra Dei cŏmĭtes raucaque terga movent. Ov. Quătiensque terga tauri tĕnĕris căva dĭgĭtis. Cat.

Tyndărĭdes, æ. masc. *Son of Tyndarus; epith. and syn. of Castor and Pollux.*——Clārum *Tyndărĭdæ* sīdus ab īnfĭmis Quassas ēripiunt æquŏrĭbus rătes. Hor. 4. 8. 31.

Tyndăris, ĭdos. fem. *Daughter of Tyndarus, epith. and syn. of Helena, q. v., or of Clytæmnestra.*——Conjŭgii spes est, *Tyndărĭ,* facta tui. Ov. Her. 16. 98.

Typhōeus, a, um. *Of Tȳphōeūs, one of the Giants.*——Nāte pătris summi qui tēla *Tȳphōēa* temnis. V. Æn. 1. 665.

‡tȳphon, ōnis. masc. *A whirlwind.*——Quantus ŭbi immenso prospexit ab æthĕre *tȳphon.* Val. Fl. 3. 130. SYN. turbo, ĭnis, *masc.*

tȳrannis, ĭdŏs. *Tyranny, despotic power.*——Fūgĕrat ūna Et Sămŏn et dŏmĭnos; ŏdioque *tȳrannĭdŏs* exsul Sponte ĕrat. Ov. Met. 15. 60. v. regnum.

tȳrannus, i. *A king, a tyrant.*——Pars mihĭ păcis ĕrit dextram tĕtĭgisse *tȳranni.* V. Æn. 7. 166. Prōdĭtor ut sævi pĕriīt aurīga *tȳranni.* Ov. Ibis, 369. v. rex.

Tȳrius, a, um. 1. *Tyrian.*—2. (*Of dyes, of garments, etc.*) *Purple.*——1. Præbuit ut taurus *Tȳriæ* sua terga puellæ. Ov. F. 5. 605.—2. Quid *Tȳrio* rĕcŭbāre tŏro sĭne ămōre sĕcundo Prodest? Tib. 1. 2. 77. SYN. 2. purpŭreus, q. v. v. Sidonius.

Tyrrhēnia, æ. *Etruria.*——Concurrit Lătio *Tyrrhēnia* tōta, diuque. Ov. Met. 14. 452. SYN. Ētrūria, Mæŏnia.

Tȳrus and **Tȳrŏs, i,** acc. **um** and **ŏn.** fem. 1. *Tyre.*—2. ‡*Purple.*——1. Hac

Tўrŏn, hac prŏfŭgos pŏsuistis sēde Pĕnātes. Ov. Met. 3. 539. Et Tўrŏs ostrīnos præbet Cadmēa cŏlōres. Prop. 3. 13. 7.—2. Quæque Tўron tŏties ĕpŏtāvēre lăcernæ. Mart. 2. 29. 3. SYN. 2. purpŭra, q. v.

U. V.

văcat, impers. *One has leisure.*——Et văcet annāles nostrōrum audīre lăbōrum. V. Æn. 1. 373. v. vaco.

vacca, æ. *A cow.*——Sic cўtĭso pastæ distentent ūbĕra vaccæ. V. E. 9. 31. SYN. bos, bŏvis, *fem.* q. v. v. juvenca. PHR. Fētæ Mōre pătrum nĭvea implēbunt mulctrālia vaccæ. V.

vaccīnium, i. *A sort of hyacinth.*——Et nīgræ viŏlæ sunt, et vaccīnia nīgra. V. E. 10. 39. v. hyacinthus.

†văcēfio, ĭs, fĭĕri, factus sum. *To become empty.*——Hoc fit ĭtem cunctas in partes unde văcēfit Cunque lŏcus. Lucr. 6. 1015. SYN. ĭnānior, īris.

†văcillo, as. *To stagger, to totter, to waver.*——Hâc ĭgĭtur rătiōne văcillant omnia tecta. Lucr. 6. 574. SYN. lăbo, as, q. v.; nūto, as.

văco, as. no pass. 1. *To be empty, to be free from.*—2. *To have leisure.*—3. *To amuse oneself.*——1. Ōdi cum lātē splendĭda cēra văcat. Ov. Am. 1. 11. 20. Impia nec pœnâ Pentheŏs umbra văcet. Ov. Tr. 5. 3. 40.—2. In nullum mea mens grande văcāvit ŏpus. Ov. Ep. e P. 3. 8. 36.—3. Festus in prătis văcat ōtiōso Cum bŏve păgus. Hor. 3. 18. 11. SYN. 1. v. careo.—3. lūdo, ĭs, si. v. vacat.

Văcūnālis, e. *Of Vacuna, the goddess of leisure or idleness.*——Ante Văcūnāles stantque sĕdentque fŏcos. Ov. F. 6. 308.

‡văcuo, as. *To empty.*——Et Lăchĕsin putri văcuantem sæcŭla penso. Stat. Theb. 3. 642. SYN. †ĭnānio, īs.

văcuus, a, um. 1. *Empty, void.*—2. *Spacious, roomy.*—3. *Free from, without.*—4. *At leisure, idle, disengaged.*——1. Perque dŏmos Dītis văcuas et ĭnānia regna. V. Æn. 6. 269.—2. Atque illi, ut văcuo pătuērunt æquŏre campi. V. Æn. 12. 710.—3. Fraus absit; văcuas cædis hăbēte mănus. Ov. A. A. 1. 642.—4. At si, quod mallem, văcuus fortasse fuisses. Ov. Tr. 2. 2. 39. Ēlĭge dē văcuis quam non sĭbĭ vindĭcet alter. Ov. Her. 20. 149. SYN. 1. ĭnānis.—2. spătiōsus.—3. expers, ertis; immūnis. v. ignavus.

vădĭmōnium, i. *Bail, a bail-bond, etc.*——Aptius hæ căpiant vădĭmōnia garrŭla cēræ. Ov. Am. 1. 12. 23.

vādo, ĭs. no perf. in the simple verb. *To go.*——Vādite et hæc mĕmŏres rēgi mandāta rĕferte. V. Æn. 11. 176. SYN. eo, īs, īvi, ĭtum.

vădor, āris. *To give bail.*——Jamque vădătūrus lectīcâ prōdeat, inquit. Ov. R. A. 665. Prætĕrĭtâ; et căsu tunc respondēre vădāto Dēbēbat. Hor. Sat. 1. 9. 36.

vădōsus, a, um. *Full of shoals, of shallows.*——Æquŏra, quique Căles linquunt amnisque vădōsi Accŏla Vulturni. V. Æn. 7. 728.

vădum, i. 1. *A shoal, a ford.*—2. *The sea, esp. in pl.*——1. Sēdit līmōso pressa cărīna vădo. Ov. F. 4. 300.—2. Junctisque fĕruntur Frontĭbus, et longâ sulcant văda salsa cărīnâ. V. Æn. 5. 158. SYN. 1. brĕvia, um, *neut. pl.* (*not of a ford in rivers*).—2. măre, is, *neut.* q. v.

væ. *Alas.*——Mantua, væ! mĭsĕræ nĭmium vīcīna Crĕmōnæ. V. E. 9. 28. SYN. heu, ēheu, q. v.

văfer, fra, frum. *Cunning, subtle.*——Ūtĕre non văfri simplĭcĭtāte vĭri. Ov. Her. 16. 314. SYN. callĭdus, q. v.

vāgīna, æ. *A scabbard.*——Vāgīnâque căvâ fulgentem dērĭpit ensem. V. Æn. 10. 475. PHR. Ense Vīdit ĕbur văcuum. Ov. Ensem quem... hăbĭlem vāgīnâ aptârat ĕburnâ. V.

vāgio, īs. *To cry like a child.*——Tūtus ut infanti vāgiat ore puer. Ov. F. 4. 208.

vāgītus, ûs. *The cry of a child.*——Aut qui vāgītūs sĭmĭles puĕrīlĭbus hœdum Ēdentem jŭgŭlare pŏtest. Ov. Met. 15. 466.

văgor, āris. *To wander, to roam, used even of inanimate things, as of reports being spread abroad, etc.*——Nunc interque cānes et circum tecta *văgantur.* V. G. 3. 540. Vōtum pro rĕdĭtu sĭmŭlant, ea fāma *văgātur.* V. Æn. 2. 17. SYN. erro, as; ŏberro, deerro; spătior, āris.

văgus, a, um *Wandering.*——Cur *văgus* incēdit totâ tĭbīcĕn in urbe? Ov. F. 6. 653. Cauda fit; utque *văgi* crīnes per colla jăcēbant. Ov. Met. 2. 673. SYN. pervăgus, errābundus, errătĭcus, văgans, dēvius.

valdē, and compar. **valdius** (only in Hor. A. P.). *Very much.*——Nil mihĭ tam *valdē* plăceat Rhamnūsia virgo. Cat. 66. 77. v. multum.

vălē, vălēto, pl. **vălēte.** imper. from valeo, q. v., but only used in the peculiar sense of "farewell."——Sŭprēmumque *vălē* plēno singultĭbus ōre Vix dixit. Ov. Met. 6. 509. V. PHR. Concēdĭte sylvæ. V. Vīvĭte sylvæ. V.

vălēdīco, ĭs, xi, ctum. *To say farewell.*——Sæpe *vălēdicto* rursus sum multa lŏcūtus. Ov. Tr. 1. 3. 57. Idque quod ignōti făciunt, *vălēdīcĕre* saltem. Ov. Tr. 1. 7. 21.

vălens, entis. *Strong, powerful.*——Rursus ămor pătriæ rătiōne *vălentior* omni. Ov. Ep. e P. 1. 3. 29. SYN. pŏtens, q. v.; vălĭdus.

vălenter, compar. **tius.** *Strongly, powerfully.*——Fluctĭbus et præceps spīrāre *vălentius* Eurus. Ov. Met. 11. 481.

văleo, ēs, ui, itum. 1. *To be well in health.*—2. *To be strong, powerful, to avail.*—3. *To be able.*——1. Si tămĕn ipse văles, ălĭquâ nos parte *vălēmus.* Ov. Tr. 5. 13. 7.—2. Plus *vălet* hūmānis vīrĭbus īra Dei. Ov. Tr. 5. 12. 14. Pro dēplōrāto non *vălĭtūra* vĭro. Ov. Tr. 1. 3. 45.—3. Nec *văluere* mănūs infixum ēdūcĕre tēlum. Ov. Met. 13. 393. SYN. 2, 3. ēvăleo.—2. polleo, es, *no perf.*—3. possum, pŏtĕs, posse, pŏtui, q. v.

†**vălesco, ĭs.** another pres. form of prec. q. v.——Sed pŏtius tālī facto rĕcreāta *vălescat.* Lucr. 1. 940.

vălētūdo, ĭnis. fem. *Health.*——Grātia, fāma, *vălētūdo* contingat ăbunde. Hor. Epist. 1. 4. 10. SYN. sălūs, ūtis, *fem.* q. v.

vălĭdus, a, um. 1. *In good health.*—2. *Strong.*—3. *Powerful, efficacious.*——1. Frui părātīs, et *vălĭdo* mihi Lātōe dōnes. Hor. 1. 31. 17.—2. Sic fātus, *vălĭdīs* ingentem vīrĭbus hastam . . . Contorsit. V. Æn. 2. 50.—3. Nec nĭsi Ăpollĭneæ *vălĭdo* mĕdĭcāmĭne prōlis. Ov. Met. 15. 533. SYN. 1. sānus.—1, 2, 3. vălens.—2. rōbustus, lăcertōsus (*of a man*).—3. pŏtens, effĭcax.

valles, is, more usu. **vallis, is.** *A valley.*——Est curvo anfractu *valles* accommŏda fraudi. V. Æn. 11. 522. *Vallis* ĕrat pĭceis et ăcūtâ densa cŭpressu. Ov. Met. 3. 155. SYN. convallis. v. Tempe. PHR. Concăva vallis ĕrat. Ov. Æstĭbus at mĕdiīs umbrōsam exquīrĕre vallem. V. Hic in rĕductâ valle Cănĭcŭlæ Vītābis æstus. Hor. Saxōsas inter dĕcurrunt flūmĭna valles. V. Vīdĭmus obscūris prīmam sub vallĭbus urbem. V. O qui mē gĕlĭdis in vallĭbus Hæmi Sistat, et ingenti rāmōrum prōtĕgat umbrâ. V. Est lŏcus in mĕdiæ nĕmŏrōsis vallĭbus Idæ. Ov. Et făcĭles curvis vallĭbus este viæ. Ov.

vallo, as. 1. *To fortify with a palisade.*—2. *To surround, to envelope.*——1. Consīdunt castrīs ante urbem et mœnia *vallant.* V. Æn. 11. 915.—2. Jamque ŭbĭ cærŭleum *vallābunt* sīdĕra cœlum. Ov. F. 3. 449. SYN. 1. v. munio.—2. cingo, ĭs, nxi, q. v.

vallum, i. *A palisade or rampart, or intrenchment.*——Nec cūrant cæco contendĕre Marte Amplius audāces Rŭtŭli, sed pellĕre *vallo* Missĭlĭbus certant. V. Æn. 9. 519. v. propugnaculum, agger.

vallus, i. *A stake, a pale, lit. and metaph.*——Exăcuunt ălii *vallos* furcasque bĭcornes. V. G. 1. 264. Non ăcus ăbrŭpit, non *vallus* pectĭnis illos. Ov. Am. 1. 14. 15. SYN. sŭdes, is, *fem.*; stīpĕs, ĭtis, *masc.*

valvæ, ārum. fem. *Folding doors.*——Argenti bĭfŏres rădiābant lūmĭne *valvæ.* Ov. Met. 2. 4. v. porta.

vānesco, ĭs. perf. not found in the simple verb. *To vanish, to disappear.*——Spīrĭtus ante meus tĕnues *vānescat* ĭn auras. Ov. Her. 12. 85. SYN. ēvānesco, *perf.* nui. PHR. In tĕnues ēvānĭdus exeat auras. Ov.

‡**vānĭloquus, a, um.** *Talking vainly, idly.*——*Vānĭlŏquo* plĕbem fŭriābant insŭper ōre. Sil. 14. 280. v. vanus.

vannus, i. fem. *A fan, a winnowing machine.*——Arbŭteæ crātes et mystĭca *vannus* Iacchi. V. G. 1. 166.

vānus, a, um. 1. *Vain, empty, useless.*—2. *False.*—3. *Boastful.*——1.

Illos Exspectāta sĕges vānīs ēlūsit ăristis. V. G. 1. 225. Ille nihil, nec me quærentem vāna mŏrātur. V. Æn. 2. 287. — 2. Nec si mĭsĕrum Fortūna Sĭnōnem Finxit vānum etiam mendācemque imprŏba finget. V. Æn. 2. 79. Crēdo ĕquĭdem, nec vāna fĭdes, gĕnus esse Deōrum. V. Æn. 4. 12. — 3. Vāne Lĭgus frustrăque ănĭmīs ēlāte sŭperbis. V. Æn. 11. 715. SYN. 1. irrĭtus, ĭnānĭs, fūtĭlis, ĭnūtĭlis, cassus. — 2. falsus, q. v. — 3. jactans, ‡vānĭlŏquus. v. superbus. PHR. 1. Quæ cuncta āĕrii discerpunt irrĭta venti. Cat. Sed auræ Omnia discerpunt, et nūbĭbus irrĭta dōnant. V. Hæc mea dicta răpax per măre ventus agit. Ov. Quid făcis Œnōne, quid ărēnæ sēmĭna mandas. Non prōfectūris littŏra būbus ăras. Ov.

‡văpĭdus, a, um. *Vapid, tasteless.* —— Astutam văpĭdo servas sub pectŏre vulpem. Pers. 5. 117.

văpor, ōris. masc. 1. *Vapour, exhalation, steam, mist, etc.* — 2. *Warmth.* —— 1. Nec jam se căpit unda, vŏlat văpor āter ad undas. V. Æn. 7. 466. — 2. Sōlisque văpōre Concăva littŏrei fervēbant brăchia Cancri. Ov. Met. 10. 126. v. calor.

văpōro, as. *To fill with steam or vapour, to fumigate, etc.* —— Succēdunt mātres, et templum thūre văpōrant. V. Æn. 11. 481. SYN. suffio, īs; suffŏco, as.

§vappa, æ, fem., and in sense 2. masc. 1. *Bad wine.* — 2. *A spendthrift.* —— 1. Multâ prōlūtus vappâ nauta atque viātor. Hor. Sat. 1. 5. 16. — 2. Sătisne cum isto Vappâ frīgŏraque et fămem tŭlistis. Cat. 26. 5. SYN. 2. nĕpos, ōtis, *masc.*

vāpŭlo, as. *To be beaten.* —— Non ĕgŏ sed tĕnuis vāpŭlat umbra mea. Prop. 2. 12. 20. SYN. cædor, ĕris, cæsus sum. v. cædo.

‡vāra, æ. *A trestle, a stake to support nets.* —— Aut dum dispŏsĭtis attollit rētia vāris Vēnātor. Lucan. 4. 439. v. stipes.

†văriantia, æ. *Difference.* —— Princĭpiis, unde hæc ŏrĭtur văriantia rērum. Lucr. 3. 319.

‡vărĭcōsus, a, um. *Straddling.* —— Dixĕrīs hæc inter vărĭcōsos centŭriōnes. Pers. 5. 189.

vārĭcus, a, um. *Straddling.* —— Ambŭlat, ingentes vārĭca fertque grădus. Ov. A. A. 3. 304. SYN. vārus.

vărio, as. 1. *To variegate, to spot, to embellish with spots, spangles, etc.* — 2. *To vary, to change.* — 3. (*intrans.*) *To vary, to be different.* — 4. (*intrans.*) *To waver.* —— 1. Nīgraque cœrŭleis văriāri corpŏra guttis. Ov. Met. 4. 577. Hæc vestis priscīs hŏmĭnum văriāta fĭgūris. Cat. 62. 50. Tu pennas gemmâ, gemmâ văriante căpillos. Ov. Am. 1. 2. 41. — 2, 3. Nam quŏniam văriant ănĭmi văriāmus et artes. Ov. R. A. 525. — 2. Hīc ŭbĭ nēquicquam est formas văriātus in omnes. Ov. Met. 12. 559. — 3. Sic ăbeunt rĕdeuntque mei văriantque tĭmōres. Ov. Tr. 2. 153. — 4. Crēbrescĕre vīdit Sermōnem, et vulgi variāre lăbantia corda. V. Æn. 12. 223. SYN. 1. pingo, īs, inxi, ictum. v. orno. — 2. mūto, as, q. v. — 3. v. differo. — 4. nūto, as; lăbo, as.

vărius, a, um. 1. *Variegated, party-coloured, striped, spotted, inlaid, etc.* — 2. *Various, different.* — 3. *Variable.* —— 1. Quid lynces Bacchi văriæ et gĕnus ăcre lŭpōrum? V. G. 3. 264. Nec vărios ĭnhiant pulchrâ testūdĭne postes. V. G. 2. 463. — 2. Tum văriæ ēlūdent spĕcies atque ōra fĕrārum. V. G. 4. 406. — 3. Eia ăge, rumpe mŏras, vărium et mūtābĭle semper Fœmĭna. V. Æn. 4. 569. SYN. 1. văriātus, pictus, distinctus. — 2. dīversus. v. multiplex. — 3. mūtābĭlis. v. versicolor.

vārus, a, um. *With distorted or bandy legs, wide apart and branching out different ways, as horns, etc.* —— Virgĭneâ tĕnuit cornua vāra mănu. Ov. Am. 1. 3. 24. Brāchiaque oppŏsui, tĕnuique a pectŏre vāras In stătiōne mănus. Ov. Met. 9. 33.

vās, vădis. masc. and fem. *A surety.* —— Cēra vădum tentet rāsīs infūsa tăbellis. Ov. A. A. 1. 437.

vās, vāsis. pl. **vāsa, ōrum.** neut. *A vessel or utensil of any sort.* —— Sincērum est nĭsĭ vas quodcunque infundis ăcescit. Hor. Epist. 1. 2. 54. SYN. ‡vasculum.

‡vascŭlum, i. dim. of prec. —— Pauca lĭcet portes argenti vascŭla pūri. Juv. 9. 41.

vastātor, ōris. masc. *One who lays waste, a ravager, a destroyer.* —— Strātosque in littŏre tauros Cum gĕmĭtu aspĭciunt, *vastātōrem*que cruenti Ōre fĕrum. Ov. Met. 11. 395.

vastē. *Largely.*——*Vastius* insurgens dĕcĭmæ ruit impĕtus undæ. Ov. Met. 11. 530. v. magnus.

†vastĭfĭcus, a, um. *Causing devastation.*——Ĕrȳmanthiam hæc *vastĭfĭcam* abjecit belluam. Cic. Tusc. Disp. 2. 9.

‡vastĭtas, ātis. fem. *Desolation.*——Stĕrĭlis prŏfundi *vastĭtas* squālet sŏli. Seneca. Herc. Fur. 701.

vasto, as. 1. *To lay waste.*—2. *To despoil, deprive.*——1. Atque duæ gĕlĭdo *vastantur* frīgŏre semper. Tib. 4. 1. 153.—2. Cōgunt Auxĭlia, et lātos *vastant* cultōrĭbus āgros. V. Æn. 8. 7. SYN. 1. dēvasto.—1, 2. spŏlio, as, q. v. v. seq.

vastus, a, um. 1. *Vast, large.*—2. *Laid waste.*——1. Intus sē *vasti* Prōteus tĕgit objĭce saxi. V. G. 4. 422.—2. Hæc ĕgŏ *vasta* dăbo, et lāto te līmĭte dūcam. V. Æn. 9. 323. SYN. 1. ingens; magnus, major, maxĭmus, q. v.; amplus.—2. vastātus.

vātes, is. masc. and fem. 1. *A prophet, prophetess, soothsayer.*—2. *A poet or poetess.*—1. Glōria Dardănĭæ, tuque o sanctissĭma *vātes* Præscia venturi. V. Æn. 6. 65.—2. Quique pii *vātes*, et Phœbo digna lŏcūti. V. Æn. 6. 662. SYN. 1. vātĭcĭnātor.—2. poēta, æ, *masc.* q. v. PHR. 1. Si quid hăbent vēri vātum præsāgia. Ov. Nec responsa pŏtest consultus reddĕre vātes. V. Qui prīmus Ētruscam Ēdŏcuit gentem cāsūs ăpĕrīre fŭtūros. v. augur.

vātĭcĭnātor, ōris. masc. *A prophet.*——Unde tămen vīvat *vātĭcĭnātor* hăbet. Ov. Ep. e P. 1. 1. 42.

vātĭcĭnor, āris. *To prophesy.*——Hæc dŭce prædīco *vātĭcĭnor*que Deo. Ov. Ep. e P. 3. 4. 93. SYN. prædīco, ĭs, xi, q. v.

vātĭcĭnus, a, um. *Prophetic.*——Hæc ubi *vātĭcĭnos* concēpit mente fŭrōres. Ov. Met. 2. 640. SYN. fātĭcănus, fātĭdĭcus, prænuntius, præsāgus, præscius, †cortīnĭpŏtens.

ūber, ĕris. adj. 1. *Fertile, fruitful.*—2. *Abundant.*——1. Centum urbes hăbĭtant magnas, *ūberrĭma* regna. V. Æn. 3. 106.—2. Dōnaque prōmissīs *ūbĕriōra* fĕram. Ov. Her. 17. 222. SYN. 1. fertĭlis, q. v. fĕrax. 1, 2. dīvĕs, ĭtis *sync.* dītis, etc.—2. largus; magnus, mājor, maxĭmus.

ūbĕr, ĕris, neut. 1. *An udder, a teat.*—2. *Fertility.*——1. Nec lea cum cătŭlis lactentĭbus *ūbĕra* præbet. Ov. A. A. 2. 375.—2. Terra antīqua, pŏtens armīs atque *ūbĕre* glēbæ. V. Æn. 1. 531. SYN. 1. mamma.—2. fertĭlĭtas, ‡ūbertas.

ūbĕrius. *More abundantly.*——*Ūbĕrius* nulli prōvĕnit ista sĕges. Ov. Ep. e P. 4. 2. 12.

‡ūbertas, ātis. *Fertility, abundance*——Nec pūbe æquandam, nec ŏpum *ūbertāte* Săguntum. Sil. 15. 412. SYN. ūber, ĕris, *neut.* q. v.

ūbertim. *Abundantly.*——*Ūbertim* thălămi quos intra līmĭna fundunt. Cat. 65. 17. v. uberius.

ŭbī 1. *Where.*—2. *When.*——1. Dēlŏs *ŭbī* nunc Phœbe tua est, *ŭbī* Delphĭca Pȳtho? Tib. 2. 3. 27.—2. Quālis *ŭbi* hȳbernam Lȳciam Xanthique fluenta Dēsĕrit. V. Æn. 4. 143.—1. Quā.—2. cum, q. v.; quando. v. ubenam.

ŭbĭcunque. 1. *Wherever.*—2. *Wherever it may be, everywhere, etc.*——1. Ūni Servor *ŭbĭcunque* est; ūni mea gaudia servo. Ov. Met. 7. 736.—2. Te Dea mūnĭfĭcam gentes *ŭbĭcunque* lŏquuntur. Ov. Am. 3. 10. 5. SYN. 1. quācunque.—2. ŭbīque.

ŭbĭnam. *Where, interrog.*——*Ŭbĭnam* aut quĭbus lŏcis te pŏsĭtam pătria rear? Cat. 61. 55. v. ubi.

ŭbīque. *Everywhere.*——Crūdēlis *ŭbīque* Luctus, *ŭbīque* păvor, et plūrĭma mortis ĭmāgo. V. Æn. 2. 368. SYN. §usquĕquāque. v. qualibet. v. seq.

ŭbīvis. *Where you will, anywhere, everywhere.*——Non *ŭbīvis* cōramve quĭbuslĭbet. Hor. Sat. 1. 4. 74. v. prec.

ūdus, a, um. *Moist wet.*——Tristis ăbīs; ŏcŭlis ăbeuntem prōsĕquor *ūdis.* Ov. Her. 12. 55. SYN. mădĭdus, hūmĭdus, ūvĭdus, mădens, mădĕfactus; (*of ground*) rĭguus, irrĭguus.

vĕ. (never the first word in its member of the sentence; usu. the second.)

Either, or. —— Corpŏra vertuntur, nec quod fuĭmusve sŭmusve Cras ĕrĭmus. Ov. Met. 15. 215. v. vel.

vēcordia, æ. *Folly?* —— Surgĭmus; Et prīmum quæ tē *vēcordia* Thēseus, Eurȳte, pulsat, ait. Ov. Met. 12. 227. SYN. stultĭtia.

vēcors, ordis. *Foolish, distracted.* —— Mens quŏque sic Fŭriis *vēcors* ăgĭtētur, ut illi. Ov. Ibis. 343. SYN. stultus. v. demens.

vectīgăl, ālis. neut. *Toll, tax, revenue, income.* —— Contractâ mĕlius parva cŭpīdĭne *Vectīgālia* porrĭgam. Hor. 3. 16. 40. SYN. rĕdĭtus, ûs. v. tributum.

vectis, is. masc. 1. *A lever.* — 2. *A bar.* —— 1. Hīc, hic pōnĭte lūcĭda Fūnālia, et *vectes*, et arcus. Hor. 3. 26. 7. — 2. Centum ærĕi claudunt *vectes*, æternaque ferri Rōbŏra. V. Æn. 7. 609. SYN. 2. claustrum, q. v.

vecto, as. *To carry.* —— Corpŏra vīva nĕfas Stȳgiâ *vectāre* cărīnâ. V. Æn. 6. 391. SYN. veho, ĭs, xi, q. v.

vector, ōris. masc. 1. *One who carries.* — 2. *One who is carried, a passenger on board ship, a rider on a horse, etc.* —— 1. Ecce rŭdens rauco Sīlēni *vector* ăsellus . . . Ov. F. 1. 433. — 2. Idem nāvĭgium, nāvĭta, *vector* ĕro. Ov. Her. 18. 148. Sed neque *vector* Equum qui nŭper sensit hăbēnās . . . regit. Ov. A. A. 3. 555. v. nauta, eques.

†vĕgeo, es. no sup. *To excite, to move.* —— Et mŏdĕrārier hunc frēnis dextrâque *vĕgēre*. Lucr. 5. 1297. SYN. mŏveo, es, mōvi, q. v.

vĕgĕtus, a, um. *Lively, active.* Pĕpŭlitque noctis umbras *vĕgĕtis* sŏnĭpĕdĭbus. Cat. 61. 41. SYN. ācer, ācris, ācre, q. v.

vēgrandis, e. *Small.* Nunc vŏcor ad nōmen; *vēgrandia* farra cŏlōni Quæ mălĕ crēvērunt . . . vŏcant. Ov. F. 3. 445. SYN. parvus, mĭnor, mĭnimus.

vĕhĕmens. once also **vehemens** dissyll. *Vehement, violent.* —— Ātĕ Est *vehemens* Dea, lædĕre hanc căvēto. Cat. 48. 21. SYN. viŏlentus, q. v.

†vehementer. *Vehemently, violently.* —— Illud in his rēbus vĭtium *vĕhĕmenter* ĭnesse. Lucr. 4. 825. SYN. violenter, q. v.

veho, ĭs, xi, ctum. 1. *To carry, to bear.* — 2. (*in pass.*) *To be borne, to go, esp. in a ship.* —— Pīsæam Phrȳgiis *vexit* ĕburnus ĕquis. Ov. Tr. 2. 386. — 2. Nūdus ab infernâ, stulte, *vehēre*, rătē. Prop. 3. 3. 36. SYN. 1. subveho, invĕho; vecto, as; subvecto; porto, as; fĕro, fers, ferre, tŭli, lātum, q. v. — 2. eo, īs, ĭvi, ĭtum, q. v.; fĕror. v. navigo.

vĕl. 1. *Either, or.* — 2. *Even.* —— 1. *Vel* pătiēre lĭcet, dum ne contempta rĕlinquar. Ov. Her. 3. 81. — 2. Carmĭna *vel* cœlo possunt dēdūcĕre Lūnam. V. E. 8. 69. SYN. 1. aut, vĕ (*not the first word in a sentence*). v. seu. — 2. ĕtiam.

vēlāmĕn, ĭnis. neut. 1. *A covering, a garment.* — 2. *A veil.* —— 1. Et circumtextum crŏceo *vēlāmĕn* ăcantho. V. Æn. 1. 653. — 2. Nunc pŭdet, et vultus *vēlāmĭne* cingit ămātos. Ov. F. 6. 579. SYN. 1. vestis, q. v.

vēlāmentum, i. *An olive branch wreathed with woollen fillets and borne by suppliants.* —— *Velamenta* mănu prætendens supplĭce, qui sit. Ov. Met. 11. 279.

‡vēlārium, i. *An awning.* —— Et pegma, et puĕros hinc ad *vēlāria* raptos. Juv. 4. 123.

vēlĕs, ĭtis. masc. *A light-armed soldier.* —— Nondum calfacti *vēlĭtis* hasta sŏlum. Ov. Ibis. 47.

vēlĭfer, ĕra, ĕrum. *Carrying sails.* —— Hūc ŭbĭ *vēlĭfĕram* nautæ advertēre cărīnam. Ov. Met. 15. 719. v. velivolus.

vēlĭfico, as. also **vēlĭfĭcor, āris,** dep. *To sail.* —— 1. Nauta per urbānas *vēlĭfĭcābat* ăquas. Prop. 4. 9. 6. rătis . . . Cærŭla ad infernos *vēlĭfĭcāta* lăcus. Prop. 2. 28. 40. SYN. nāvĭgo, as, q. v.

vēlĭvŏlus, a, um. 1. *Flying by means of sails.* — 2. *Sailed over.* —— 1. Et frēta *vēlĭvŏlas* non hăbĭtūra rătes. Ov. Ep. e P. 4. 5. 42. — 2. Despĭciens măre *vēlĭvŏlum*, terrasque jăcentes. V. Æn. 1. 224.

vellĭco, as. —— *To twitch; metaph. to carp at, to blame.* —— Nec mihĭ tam dūrīs insultet mōrĭbus, et te *Vellĭcet.* Prop. 2. 5. 8. SYN. *metaph.* incesso, ĭs; rōdo, ĭs, si. v. culpo.

vello, ĭs, li, vulsum. 1. *To pull, to tear away, to tear up.* — 2. *To pull, to twitch.* —— 1. Īre ĭter, aut castrīs audēbit *vellĕre* signa. V. G. 4. 108. — 2. *Velle* lătus dĭgĭtīs, et pĕde tange pĕdem. Ov. A. A. 1. 606. SYN. 1. convello, rĕvello, āvello. v. rapio. — 2. vellĭco, as, q. v.

vellus, ĕris. neut. 1. *A fleece, any thing like a fleece.* — 2. *The skin of any animal* *with the hair left on.*——1. Molle gĕrit tergo lūcĭda *vellus* ŏvis. Tib. 2. 1. 62. Tēnvĭa nec lanæ per cœlum *vellĕra* ferri. V. G. 1. 397.—2. Ut tĕtĭgit fulvi sētīs hirsūta leōnis *Vellĕra*. Ov. F. 2. 340. SYN. 1. villus. —2. pellis. PHR. 1. (*esp. as to the golden fleece*) Custos ĕrat ărĭetis aurĕi. Ov. Aureus ille ărĭes, villo spectābĭlis aureō. Ov. Conspĭcuam fulvo vellĕre vexit ŏvem. Ov. Aurea Phrixēæ terga rĕvellit ŏvis. Ov. Phrixeaque vellĕra poscunt. Ov. Īret ut Æsŏnias aurea lāna dŏmos. Prop. Vellĕra cum Mĭnyis nĭtĭdo rădiantia villo Per măre non nōtum prīmā pĕtiēre cărīnā. Ov.

vēlo, as. 1. *To cover. to veil.*—2. *To enwrap, to clothe.*——1. Et căpĭta ante ăras Phrȳgio *vēlāmur* ămictu. V. Æn. 3. 545.—2. Et pĕcŭdum fulvis *vēlātur* corpŏra sētis, V. G. 3. 383. Et pĕde *vēlāto* non ădeunda pălus. Ov. F. 6. 412. SYN. 1. circumvēlo; tĕgo, ĭs, xi, q. v.; obdūco, ĭs, xi, *esp. in pass. part.*; (*of veiling the head*) obnūbo, ĭs, *no perf.*—2. vestio, īs.

vēlōcĭter, compar. cius. *Swiftly.*——Vīse sŏpŏrĭfĕram Somni *vēlōcĭter* aulam. Ov. Met. 11. 586. SYN. pernīcĭter, ōcyus. v. cito.

vēlox, ōcis. *Swift, both of living and inanimate things.*——Fama, mălum quo non ălĭud *vēlōcius* ullum. V. Æn. 4. 174. SYN. răpidus, cĭtus, incĭtus, concĭtus, igneus; cĕler, ĕris, ĕre; pernix; præpes, ĕtis; ventōsus.

vēlum, i. 1. *A sail.*—2. *A curtain.*——1. *Vēla* făcit tămĕn, et plēnis sŭbit ostia *vēlis*. V. Æn. 5. 281.—2. Nec sĭnuōsa căvo pendēbant *vēla* theātro. Prop. 4. 1. 15. SYN. 1. carbăsus, *masc.*, *pl.* carbăsa, *neut.*, *pl.* lintea, ōrum. v. antenna.—2. aulæum. PHR. 1. Vēlōrum pandĭmus ălas. V. Ūna omnes fēcēre pĕdem, părĭterque sĭnistros, Nunc dextros solvēre sĭnus (i. e. *the sails when filled by the wind*). V. Oblīquatque sĭnūs in ventum. V. Tendunt vēla Nŏti. V. Vēla sĕcundi Intendunt Zĕphȳri, fertur cĭta gurgĭte classis. V. Sēdārit plăcĭdā vēla phăsēlus ăquā. Prop. Auræ Vēla vŏcant, tŭmĭdoque inflātur carbăsus Austro. V. Intĕreā classem vēlis aptāre jŭbēbat Anchīses. V. Ecce tĭbi Ausŏniæ tellus, hanc arrĭpe vēlis. V. Flecte viam vēlis. V. Vēla dămus, vastumque căvā trăbe currĭmus æquor. V. Cum vĕnies rēmoque mŏvē vēloque cărīnam. Ov. Ventus concăva vēla tĕnet. Ov. Nec tu mille rătes sĭnuosaque vēla părăris. Ov. Addĭmus antennas, et vēla sĕquentia mālos. Ov. Recto transīre Cĕraunia vēlo. Ov. Dum tŭlit antennas aura secunda meas. Ov. Implēssent venti si mea vēla sui. Ov. Contrahes vento nĭmium secundo Turgĭda vela. Hor.

vĕlut, also **vĕlŭti.** 1. *As.*—2. *As if.*——1. Imprōvīsum aspris *vĕlŭti* qui sentibus anguem Pressit hŭmi nĭtens. V. Æn. 2. 379.—2. Sæpe, *vĕlut* gemmas ejus signūmque prŏbārem. Tib. 1. 7. 25. SYN. 1. ut, sīcut.—2. quăsĭ, tanquam.

vēna, æ. *A vein.* Vulnus ălit *vēnīs*, et cæco carpĭtur igni. V. Æn. 4. 2. Ut sĭlĭcis *vēnīs* abstrūsum excŭdĕret ignem. V. G. 1. 135.

vēnābŭlum, i. *A hunting-spear.*——Rētia rāra, plăgæ, lāto *vēnābŭla* ferro. V. Æn. 4. 131. v. hasta.

vēnālis, e. *To be sold, to be bought.*——Morte *vēnālem* pĕtiisse laurum. Hor. 3. 14. 2. SYN. vendĭbĭlis.

§**vēnātĭcus, a, um.** *Relating to hunting.*——*Vēnātĭcus* ex quo Tempŏre cervīnam pellem lātrāvit in aulā . . . catulus. Hor. Epist. 1. 2. 64.

vēnātor, ōris. masc. *A huntsman, used even of a dog.*——*Vēnātor* cursu cănis et lātrātĭbus instat. V. Æn. 12. 751. SYN. vēnans. PHR. Mănet sub Jŏve frīgĭdo Vēnātor tĕnĕræ conjŭgis immĕmor Seu vīsa est cătŭlis cerva fĭdēlĭbus, Seu rūpit tĕrĕtes Marsus ăper plăgas. Hor. Prædātor ăprōrum. Ov. Rētia sæpe cŏmes măcŭlis distincta tĕtendi, Sæpe cĭtos ĕgi per jŭga longa cănes. Ov. Ut fera quæ densā vēnantum septa cŏrōnā. V. v. Hor. Epod. 2. 29—36. v. venor.

vēnātrix, īcis. fem. form of prec.——Namque hŭmĕris de mōre hăbĭlem suspendĕrat arcum *Vēnātrix*. V. Æn. 1. 318. PHR. Nec tĭbĭ dēsertæ in dūmis cŏluisse Diānam Prōfuit, aut nostras hŭmĕro gessisse phărētras. V.

vēnātus, ūs. *Hunting, a hunt.*——Quis tĭbĭ monstrābat saltus *vēnātĭbus* aptos? Ov. Her. 5. 17. PHR. Quid jŭvat incinctæ stŭdia exercēre Diānæ? Ov.

vendĭbĭlis, e. *To be sold.*—*Vendĭbĭlis* culpā facta puella meā est. Ov. Am. 3. 12. 10. SYN. vēnālis.

vendĭto, as. *To sell.*——Fīlī non pŏtĕs asse *vendĭtāre*. Cat. 31. 8. v. seq.

vendo, ĭs, dĭdi, dĭtum. *To sell.* —— *Vendĭdit* hīc auro pātriam, dŏmĭnumque potentem Impŏsuit. V. Æn. 6. 621. v. prec., v. venum.

vĕnēfĭca, æ. *A witch, a poisoner.* —— Barbăra narrātur vēnisse *vĕnēfĭca* tēcum. Ov. Her. 6. 19. SYN. măga, sāga, q. v.

vĕnēficium, i. *Witchcraft, sorcery, poisoning.* —— Quosque *vĕnēficiīs* abstŭlit illa suis. Ov. Her. 6. 150. v. carmen, v. saga.

vĕnēfĭcus, a, um. *Of witchcraft, magical.* —— Concĭpit illa prĕces, et verba *vĕnēfĭca* dixit. Ov. Met. 14. 365. SYN. măgĭcus, q. v.; vĕnēnātus.

venenātus, a, um. part. pass. of veneno, q. v., also 1. *Belonging to sorcery.* — 2. *Virulent, i. e. satirical, hostile.* —— 1. Illa păventum Ōra *vĕnēnātā* tĕtĭgit mīrantia virgâ. Ov. Met. 14. 412. — 2. Nulla *vĕnēnāto* littĕra mista jŏco est Ov. Tr. 2. 565. SYN. 1. vĕnēfĭcus, q. v.

vĕnēnĭfer, ĕra, ĕrum. *Producing poison, poisonous.* —— Jamque *vĕnēnĭfĕro* sanguis mānāre pălāto Cœpĕrat. Ov. Met. 3. 85. SYN. vĕnēnātus.

vĕnēno, as. *To infect with poison.* —— Arva *vĕnēnātis* pro sēmĭne dentĭbus impleo. Ov. Her. 12. 95.

vĕnēnum, i. *Any drug, esp. such as is procured from vegetable matter, whether used as medicine, or for the purposes of witchcraft, or even as a dye.* — 2. *Poison.* — 1. Has herbas, atque hæc Ponto mihĭ lecta *vĕnēna* Ipse dĕdit Mœris. V. E. 8. 95. Alba nĕque Assўrio fūcātur lāna *vĕnēno.* V. G. 2. 465. — 2. Dum ferrum flammæque ădĕrunt succusque *vĕnēni.* Ov. Her. 12. 181. SYN. 1. v. medicamen, fucus, herba. — 2. ăcōnītŏn *or* um; toxĭcum; vīrus, *neut., but only found in nom. and acc. sing.*; (*when on weapons*) fēl, fellis, *neut.* PHR. 1. Mēdia fert tristes succos. V. — 1, 2. Quæ sāga, Quis tē solvĕre Thessălis Măgus vĕnēnis, Quis pŏtĕrit Deus. Hor. Illе vĕnēna Colcha, Et quicquid unquam concĭpĭtur nĕfas, Tractāvit. Hor. Herbasque quas Iolcos aut Ībĕria mittit vĕnēnōrum fĕrax. Hor. Membris ăgit ātra vĕnēna. V. Impia sub dulci melle vĕnēna latent. Ov. Nīgri mădĭdum sūdōre vĕnēni. Ov. Hos nĕcat afflātos fūnesti tābe vĕnēni. Ov. Corpus tŭmet omne vĕnēno. Ov. Pectŏra felle vīrent, lingua est suffūsa vĕnēno. Ov. Dumque sĕnex tractat squālentia tēla venenis. Ov. Aspĕros Tractāre serpentes, ut ātrum Corpŏre combībĕret vĕnēnum. Hor.

vēneo, īs, iī, vēnum. but rarely found except in pres. —— Aurea nunc vērē sunt sæcŭla, plūrĭmus auro *Vēnit* hŏnos. Ov. A. A. 2. 278. SYN. vendor, ĕris, dĭtus sum.

vĕnĕrābĭlis, e. *Venerable.* —— Illud ămīcĭtiæ sanctum et *vĕnĕrābĭle* nōmen. Ov. Tr. 1. 7. 15. SYN. vĕnĕrandus, vĕrendus. v. augustus.

vĕnĕrātor, ōris. *One who venerates, who respects.* —— Ille dŏmûs vestræ prīmis *vĕnĕrātor* ab annis. Ov. Ep. e P. 2. 2. 1. SYN. cultor.

vĕnĕror, āris. dep. perf. part. both in act. and pass. sense. *To venerate, to worship.* —— Templa Dei saxo *vĕnĕrābar* structa vetusto. V. Æn. 3. 84. Atque ălĭquis sĕnior vĕtĕres *vĕnĕrātus* ămōres. Tib. 2. 4. 47. Expĕdiet cursusque dăbit *vĕnĕrāta* secundos. V. Æn. 3. 460. SYN. dēvĕnĕror rĕvĕreor, ĕris, vĕrĭtus sum, q. v.; cŏlo, ĭs, ui, cultum; hŏnōro, as. v. suspicio.

vĕnia, æ. 1. *Leave, permission.* — 2. *Pardon.* —— 1. Tu mŏdŏ posce Deos *vĕniam*, săcrisque lĭtātis Indulge hospĭtio. V. Æn. 4. 50. — 2. Namque dăbunt *vĕniam* vōtīs, īrasque remittent. V. G. 4. 536. v. copia. PHR. 1. Si sĭne pāce tuā atque invīto nŭmĭne Trōes Ītăliam pĕtiēre. V. — 2. Justaque vindictæ supprĭme lōra tuæ. Ov. Aspĕra confesso verba rĕmitte reo. Ov. Excūsāta suo tempŏre lector hăbe. Ov.

vĕnĭo, īs, vēni, ventum. pass. only found in 3rd sing. as impers. *To come, to come to.* —— *Vēnit* et ūpĭlio, tardi *vēnēre* bŭbulci. V. E. 10. 19. Pars Scўthiam et răpĭdum Cretæ *vĕniēmus* Oaxem. V. E. 1. 66. Seu quod ad usque dĕcem nŭmĕro crescente *vĕnītur.* Ov. F. 3. 125. Postquam inter rētia *ventum est* Substĭtit. V. Æn. 10. 711. SYN. prŏvĕnio, advĕnio; advento, as; §ventĭto, as. v. accedo. PHR. Thūre te multo Glўcĕræ vŏcantis Transfer ĭn ædem. Hor. Dīæ tellūris ad ōras Applĭcor, et dextrīs addūcor littŏra rēmis. Ov. Hinc mē dīgressum vestris Deus appŭlit ōris. V.

vēnor, āris. *To hunt.* —— Et cănĭbus lĕpŏrem, cănĭbus *vēnābĕre* dāmas. V. G. 3. 410. PHR. In nĕmus īre lĭbet pressisque in rētia cervis Hortāri cĕlĕres per jŭga longa cănes. Ov. Mons ĕrat infectus văriārum cæde fĕrārum. Ov. Nunc lĕpŏrem prōnum cătŭlo sectāre săgāci, Nunc tua frondōsis rētia tende jūgis; Aut pāvĭdos terrē vărĭā formīdĭne cervos, Aut cădat adversâ cuspĭde fossus ăper. Ov. Tum gruĭbus pĕdĭcas et rētia pōnĕre cervis, Aurītosque sĕqui lĕpŏres, et fīgĕre dămas. V. v. V. Æn. 4. 130—159.

venter, tris. masc. 1. *The belly, lit. and metaph.* — 2. *The womb.* —— 1. Lŭpi ceu Raptōres ātrâ in nĕbŭlâ quos imprŏba *ventris* Exēgit cæcos răbies. V. Æn. 2. 356. Crescĕret in *ventrem* cŭcŭmis. V. G. 4. 122. — 2. Jam grăvĭdus justo pondĕre *venter* ĕrat. Ov. Her. 16. 44. SYN. 2. alvus, ŭtĕrus. — 1, 2. ‡ventrĭcŭlus.

†ventĭgĕnus, a, um. *Emitting wind.* —— In summo sunt *ventĭgĕni* crātĕrĕs, ut ipsi Nōmĭnĭtant. Lucr. 6. 701.

ventĭlo, as. *To blow, to fan.* —— Ut cum pōpŭleas *ventĭlat* aura cŏmas. Ov. Am. 1. 54. Hanc Vĕnus ut vīvat *ventĭlat* ipsa făcem. Prop. 4. 3. 50. v. flo.

§ventĭto, as. *To come.* —— Cum *ventĭtābas* quo puella dūcēbat. Cat. 8. 4. v. venio.

ventōsus, a, um. 1. *Windy, of wind, full of wind, etc.* — 2. *Empty, light, inconstant.* — 3. *Swift as the wind, swift.* —— 1. Aspice *ventōsi* cĕcĭdērunt murmŭris auræ. V. E. 9. 58. Impĕdiunt; ălii *ventōsis* follĭbus auras Accĭpiunt redduntque. V. Æn. 8. 449. — 2. An tĭbĭ Māvors *Ventōsâ* in linguâ pĕdĭbusque fŭgācĭbus istis Semper ĕrit? V. Æn. 11. 390. Tu lĕvis es, multoque tuis *ventōsior* ălis. Ov. Am. 2. 9. 49. — 3. Prīmaque *ventosis* palma pĕtētur ĕquis. Ov. F. 4. 392. SYN. 2. lĕvis, q. v. — 3. răpĭdus, vēlox, q. v.

‡ventrĭcŭlus, i. dim. of venter, q. v. —— Infra *ventrĭcŭlum*, et tĕnui distantia rīmâ. Juv. 3. 97.

ventūrus, a, um. prop. fut. in rus from venio, q. v., used also as adj. *Future, the future.* —— Tuque o sanctissĭma vātes Præscia *ventūri*, da, non indēbĭta posco, Regna meis fătis. V. Æn. 6. 66. SYN. ēventūrus, fŭtūrus.

ventus, i. *The wind. To give to the wind, in Latin poetry, is, to waste, to reject, etc. The winds most spoken of by the Latin poets are, the north wind, as stormy and cold,* Bŏreas, æ; Ăquĭlo, ōnis: *the south or south-west wind, as stormy,* Nŏtus; Auster, tri: *the east wind, as wet and stormy,* Eurus: *the west wind, as mild and warm,* Zĕphўrus, Făvōnius: v. *all these in their places.* —— Cum *venti* pŏsuēre, omnisque rĕpente rĕsēdit Flātus. V. Æn. 7. 27. Entellus vīres in *ventum* effŭdit, et ultro .. Concĭdit. V. Æn. 5. 446. Tristĭtiam et mĕtum Trādam prŏtervīs in măre Crēticum Portāre *ventis*. Hor. 1. 26. 3. Omnis et ūna Dīlapsus călor, atque in *ventos* vīta recessit. V. Æn. 4. 705. SYN. aura, flāmĕn, ĭnis, *neut.* PHR. Ac vĕlut Ēdōni Bŏreæ cum spīrĭtus alto Insŏnat Ægæo. V. Prōsĕquĭtur surgens a puppi ventus euntes. V. Portĭbus ēgrĕdior ventisque fĕrentĭbus ūsus Applĭcor in terras Œbălĭ nympha tuas. Ov. Fĕrunt sua flāmĭna classem. V. Dum tŭlit antennas aura sĕcunda meas. Ov. Vēla cădunt prīmo et dŭbiâ lībrantur ab aurâ. Ov. Qua cursum ventusque gŭbernātorque vŏcābat. V. Omnia ventorum concurrĕre prælia vīdi. V. Contĭnuo ventis surgentĭbus aut frĕta ponti Incĭpiunt ăgĭtāta tŭmescĕre. V. Ne turbāta vŏlent răpĭdis lūdĭbria ventis. V. Glăciem ventosque nĭvāles Āvertes. V. Sed stultum est venti de lĕvĭtāte quĕri. Ov. Impulsa est ănĭmoso jānua vento. Ov. Certe ĕgŏ cum ventos audīrem lenta sŏnantes. V. Tu quŏque cum ventīs ŭtĭnam mūtābĭlis esses. Ov. Hoc quŏque quod venti prohĭbent exīre cărīnas. Ov. Aulĭde tē fāma est vento rĕtĭnente mŏrāri. Ov. Nam mŏdŏ purpŭreo vīres căpit Eurus ab ortu; Nunc Zĕphўrus sēro vespĕre missus ădest; Nunc gĕlĭdus Bŏreas siccâ bacchātur ab Arcto, Nunc Nŏtus adversâ prælia fronte gĕrit. Ov.

vēnum. vēnum dăre (usu. as one word), **vēnum trādĕre** (both usu. in perf. pass. part.). *To offer for sale, to sell.* —— Tuque o Mīnōâ *vēnumdăta* Scylla fĭgūrâ. Prop. 3. 19. 21. Cognĭta Pĕtreio, sēque et sua *trādĭta vēnum* Castra vĭdet. Lucan. 4. 206. v. vendo.

Vĕnus, ĕris. fem. 1. *Venus, daughter of Jupiter, and said to have been born out of the foam of the sea, goddess of Beauty and Love, mother of Æneas, wife of Vulcan; she is represented by the ancient poets as having her chariot drawn by sparrows, doves, swans; she was the especial patroness of the island of Cyprus and of Paphos, a city in it, also of the island of Cўthēra.* — 2. *Love, or the object of love.* — 3. *The highest throw of the dice.* —— 1. O *Vĕnus* rēgīna Cnĭdi Păphique. Hor. 1. 30. 1. — 2. Parta meæ *Vĕnĕri* sunt mūnĕra namque nŏtāvi Ipse lŏcum. V. E. 3. 68. Ipsum me mĕlior cum pĕtĕret *Vĕnus*. Hor. 1.

33. 13.—3. Quem *Vĕnus* arbĭtrum Dīcet bĭbendī. Hor. 2. 7. 26. SYN. 1. Cўthĕrēa, Cўthĕrēia; Cўthĕrēis, ĭdŏs; Diōnē, Idălĭe, Amăthūsia, Ĕrycīna, Cypria.—3. ămor, q. v. PHR. Mĕmor ille (Cupido, sc.) Mātris Ăcĭdălĭæ. V. Tum vīcīna astrīs Ĕrycīno in vertice sēdes Fundātur Vĕnĕri Īdălĭæ. V. Quæ Cnĭdon Fulgentesque tĕnet Cyclădăs, et Păphon Junctis vīsit ŏlōrĭbus. Et făvens conchâ Cypria vecta tuâ. Tib. Solve rătem, Vĕnus orta mări măre præstet eunti. Ov. Tē pĕtŏ quam lecto pĕpĭgit Vĕnus aurea nostro. Ov. Perque lĕves auras junctis invecta cŏlumbis Littus ădit Laurens. Ov. Jam Cўthĕrēa chŏros dūcit Vĕnus. Hor.

vĕnustas, ātis. fem. *Beauty, elegance.*——Nam nulla *vĕnustas*, Nulla in tam magno est corpŏre mīca sălis. Cat. 84. 3. SYN. dĕcor, q. v.

vĕnustus, a, um. *Beautiful.*——Tamque vălens vīvat tamque *vĕnusta* sŏror. Cat. 89. 2. SYN. pulcher, chra, chrum, q. v.

vēpres or vēpris, is. masc. and fem. *A briar, a thorny bush.*——Aut lĕpŏri quæ *vĕpre* lătens hostīlia cernit Ōra cănum. Ov. Met. 5. 628. SYN. sentis, is, *masc.*; rŭbus, dūmus.

vēr, vēris. neut. *The spring.*——Quŏtiesque rĕpellit *Vēr* hyĕmem, Piscique Ăries succēdit ăquōso. Ov Met. 10 165. PHR. Hic ver purpŭreum, vărios hic flūmĭna circum Fundit hŭmus flōres. V. Cum ruit imbrĭfĕrum ver. V. Vēre nŏvo gĕlĭdus cānis cum montĭbus hūmor Līquĭtur, et zĕphўro pūtris se glēba rĕsolvit. V. Frīgŏra mītescunt Zĕphўris; ver prōtĕrit æstas. Hor. Ver præbet flōres. Ov. Vēre nĭtent terræ, vēre rĕmissus ăger. Ov. Nam quiă Vēr ăpĕrit tunc omnia, densaque cēdit Frīgŏris aspĕrĭtas, fētaque terra părit. Ov. Verque nŏvum stābat cinctum flōrente cŏrōnâ. Ov. v. Ov. F. 1. 151—160; Ov. Met. 15. 200—205.

†‡vērātrum, i. *Hellebore.*——Prætĕreā nōbis *vērātrum* est ăcre vĕnēnum. Lucr. 4. 644. SYN. hellĕbŏrus.

vērax, ācis. *Truthful.*——Instant compertum est *vērācĭbus* ut mihĭ signis. Tib. 4. 1. 119. SYN. vērus, q. v.; vērĭdĭcus.

verbēna, æ. *Vervain.*——Vēlāti līno, et *verbēnâ* tempŏra cincti. V. Æn. 12. 120.

verber, ĕris. neut. 1. *A whip, a rod.*—2. *A blow, a stroke, a lash, lit. and metaph.*—3. *A thong, the thong of a sling.*——1. Haurit Corda păvor pulsans; illi instant *verbĕre* torto. V. G. 3. 106.—2. Illi admīrantes rēmōrum in *verbĕre* perstant. Ov. Met. 3. 662. Aut exănĭmāri mĕtuentes pătruæ *verbĕra* linguæ. Hor. 3. 12. 2.—3. Stuppea torquentem Băleāris *verbĕra* fundæ. V. G. 309. SYN. 1. flăgellum, scŭtĭca.—2. ictus, ūs, *masc.*—3. hăbēna.

verbĕro, as. *To beat, to strike, to lash.*——Fluctus . . . Ērigit alternos, et sīdĕra *verbĕrat* undâ. V. Æn. 3. 423. SYN. ēverbĕro; cædo, is, cĕcīdi, cæsum, q. v.; fĕrio, īs, *no perf.*; pulso, as.

verbōsus, a, um. *Full of words, talkative.*——Fortia *verbōsi* nătus ad arma fŏri. Ov. Tr. 5. 10. 18. SYN. lŏquax, garrŭlus.

verbum, i. *A word, an expression.*——Miscuĕruntque herbas et non innoxia *verba*. V. G. 2. 129. SYN. vŏcābŭlum. v. vox.

vērē. *Truly, really.*——O *vērē* Phrўgiæ, nĕque ĕnim Phrўgĕs; īte per alta. V. Æn. 9. 617. SYN. vēro.

vĕrēcundus, a, um. *Modest.*——Illa *vĕrēcundo* vix tollens lūmĭna vultu. Ov. Met. 14. 840. SYN. pŭdīcus, pŭdĭbundus, pŭdens, mŏdestus, castus.

vĕreor, ĕris, ĭtus sum. 1. *To fear.*—2. (*only in fut. in Lucr.*) *To respect.*——1. Vincĕre ĕrant omnes dignæ; judexque *vĕrēbar*. Ov. Her. 16. 75.—2. Cūria cum Pătrĭbus fuĕrit stīpāta *vĕrendis*. Ov. Ep. e P. 3. 1. 143. SYN. 1. tĭmeo, es, q. v.—2. vĕnĕror, āris, q. v. v. venerabilis.

vergo, is. no perf. *To slope, to incline to bend, intrans.*——Nēve tĭbi ad sōlem *vergant* vīnēta cădentem. V. G. 2. 298. SYN. inclīno, as; dēclīno.

vērĭdĭcus, a, um. *Speaking truth.*——*Vērĭdĭcos* Parcæ cœpērunt ēdĕre cantus. Cat. 62. 306. SYN. vērax, vērus.

‡vērĭtas, ātis. fem. *Truth.*——Quid verba quæris; *vērĭtas* ŏdit mŏras. Sen. Œdip. 850. SYN. vērum. PHR. Fama, nĕc a vērâ dissĭdet illa fĭde. Ov.

†vermĭcŭlus, i. dim. of seq.——*Vermĭcŭlos* părĭunt quiă corpŏra mātĕriai. Lucr. 2. 899.

†vermis, is. masc. *A worm.*——Quippe vĭdēre lĭcet vīvos existere *vermes*. Lucr. 2. 870.

verna, æ. masc. and fem. *A slave born in the house.*—— Pŏsĭtosque *vernas* dītis exāmen dŏmus. Hor. Epod. 2. 65. SYN. ‡vernŭla v. servus. v. seq.
‡vernācŭlus, i. *A slave.*—— *Vernācŭlōrum* dicta, sordĭdum dentem. Mart. 10. 3. 1. v. prec.
§vernīlĭter. *Like a slave.*—— Contĭnuatque dăpes, necnon *vernīlĭter* ipsis Fungĭtur offĭciis. Hor. Sat. 2. 6. 108.
verno, as. 1. *To appear like spring, to be green or fresh in spring, lit. and metaph.*—2. *To sing in the spring, etc.*——1. *Vernat* hŭmus flōresque, et mollia pābŭla surgunt. Ov. Met. 7. 284. Dum *vernat* sanguis, dum rūgīs intĕger annus. Prop. 4. 5. 57. Indŏcĭlique lŏquax guttŭre *vernat* ăvis. Ov. Tr. 3. 12. 8.
‡vernŭla, æ. masc. and fem. dim. of verna, q. v.——Quem sĕquĭtur custos angustæ *vernŭla* capsæ. Juv. 10. 117.
vernus, a, um. *Of the spring.*——Mōbĭlis Æsŏnĭdē, *vernāque* incertior hōrā. Ov. Her. 6. 109.
vēro. 1. *Truly, forsooth.*—2. *But* (*in this sense usu. the second word in the sentence, never the first.*)——1. Ĕgregiam *vēro* laudem et spolia ampla rĕfertis. V. Æn. 4. 93.—2. Si *vēro* căpĕre Ĭtăliam sceptrisque pŏtīri Contĭgĕrit. V. Æn. 9. 267. SYN. 1. scīlĭcet, sānē.—2. vērum, sed, q. v.
‡verpus, a, um. *Circumcised.*——Quæsītum ad fontem sōlos dēdūcĕre *verpos.* Juv. 14. 104.
verres, is. masc. *A boar.*——Quam per exactos ĕgŏ lætus annos *Verris* ŏblīquum mĕdĭtantis ictum sanguĭne dōnem. Hor. 3. 22. 7. v. sus.
verro, is. no perf. 1. *To drag.*—2. *To sweep, lit. and metaph.*——1. Cānĭtiemque suam concrēto in sanguĭne *verrens.* Ov. Met. 13. 493.—2. Delphīnēs In orbem Æquŏra *verrēbant* caudīs æstumque sĕcābant. V. Æn. 8. 674. SYN. 1. traho, ĭs, xi, ctum, q. v.—2. præverro.
§verrūca, æ. *A wart, metaph. a small failing.*——Qui nē tūbĕrĭbus prŏprĭīs offendat ămīcum Postŭlat, ignoscet *verrūcis* illĭus. Hor. Sat. 1. 3. 74.
‡verrūcōsus, a, um. *Covered with warts, rough, coarse, unpolished.*——Sunt quos Pācŭvius et *verrūcōsa* mŏrētur Antiŏpa. Pers. 1. 77.
†versātĭlis, e. *Easily turned.*——At vĭgĭles mundi magnum et *versātĭle* templum. Lucr. 5. 1435. SYN. mōbĭlis.
versĭcŏlor, ōris. adj. *Party coloured.*——Astur ĕquo fīdens et *versĭcŏlōrĭbus* armis. V. Æn. 10. 181. SYN. vărius.
versĭcŭlus, i. *A verse.*——Clausaque *versĭcŭlis* scripta duōbus ĕrit. Ov. Her. 20. 238. SYN. versus, ûs, q. v.
verso, as. 1. *To turn often, to turn.*—2. *To meditate on, to revolve in one's mind, to plan.*—3. *To manage, to guide, etc.*——1. Sed rustĭcōrum mascŭla mīlĭtum Prōles Săbellis docta lĭgōnĭbus *Versāre* glēbas. Hor. 3. 6. 39.—2. Nunc huc ingentes, nunc illuc pectŏre cūras Mūtābat *versans.* V. Æn. 5. 702.—3. Ille plăcet, *versatque* dŏmum, nec verbĕra sentit. Ov. Am. 2. 2. 29. Ferrea; tu currum dēserto in grāmĭne *versas.* V. Æn. 12. 664. SYN. 1. verto, ĭs, ti, sum, q. v.—2. vŏlūto, as; volvo, ĭs, vi; mĕdĭtor, āris.—3. rĕgo, ĭs, xi; dīrĭgo, q. v.
versus, ûs. 1. *A verse.*—2. *A row.*——1. Tu călămos inflāre lĕves; ĕgŏ dīcĕre *versus.* V. E. 5. 2.—2. Ille ĕtiam sēras in *versum* distŭlit ulmos. V. G. 4. 144. SYN. 1. carmĕn, ĭnis, *neut.*, q. v.—2. ordo, ĭnis, *masc.*
versūtus, a, um. *Cunning.*——Vīdĕrat hŏc in me vĭtium *versūta* Cŏrinna. Ov. Am. 2. 19. 9. SYN. callĭdus, q. v.
‡vertăgus, i. *A greyhound.*——Non sĭbĭ sed dŏmĭno vēnātur *vertăgus* ācer. Mart. 14. 200. 1.
vertex, ĭcis. 1. *One of the poles of the world.*—2. *The top.*—3. *The head.*——1. Hic *vertex* nōbis semper sūblīmis, at illum Sub pĕdĭbus Styx ātra vĭdet. V. G. 1. 242.—2. Et succincta cŏmas hirsūtaque *vertĭce* pīnus. Ov. Met. 10. 103.—3. Albaque tōto *Vertĭce* cānĭties rĭgĭdis stĕtit hirta căpillis. Ov. Met. 10. 425. SYN. 1. pŏlus; axis, ĭs, *masc.*—2. căcūmen, ĭnis, *neut.*—2, 3. căput, ĭtis, *neut.* q. v.
vertīgo, ĭnis. fem. *A turning round, a giddiness, etc.*——Vērum ŭbĭ sit nescit, tantā *vertīgĭne* pontus Fervet. Ov. Met. 11. 548.
verto, ĭs, ti, sum. 1. *To turn.*—2. *To overturn, to throw down.*—3. *To change* (*trans.*).—4. *To change* (*intrans.*), *to be changed.*—5. *To turn out*

(*intrans.*). — 6. (*in pass.*) *To turn on, to depend on.* —— 1. *Verte* omnes tēte in făcies, et contrahe quicquid Sīve ănĭmis, sīve arte vāles. V. Æn. 12. 891. — 2. Quem sŭper impulsum rĕsŭpīno pectŏre Cycnum Vi multâ *vertit.* Ov. Met. 12. 138. — 3. Omnia *vertuntur*, certē *vertuntur* amores. Prop. 2. 8. 7. — 4. Et tōtæ sŏlĭdam in glăciem *vertēre* lăcūnæ. V. G. 3. 365. — 5. Hos illi, quod nec bĕnĕ *vertat*, mittĭmus hædos. V. E. 9. 6. — 6. Non hic victōria Teucrûm *Vertĭtur*, aut ănĭma ūna dăbit discrīmĭna tanta. V. Æn. 10. 529. SYN. 1. converto; verso, as. v. flecto. — 2. ēverto; dējĭcio, ĭs, jĕci. — 3. mūto, as, q. v.— 4. mūtor. — 5. v. evenio. — 6. dēpendeo, es.

vĕru. 1. *A spit.* — 2. *A short spear.* —— 1. Subjĭciunt *vĕrĭbus* prūnas et viscĕra torrent. V. Æn. 5. 103. — 2. Et tĕrĕti pugnant mūcrōne, *vĕru*que Săbello. V. Æn. 7. 665. v. hasta. PHR. 1. Dumque săcerdōtes vĕrĭbus transūta sălignis Exta părant. Ov.

‡vervex, ēcis. masc. *A wether sheep*; *metaph. a stupid fellow.* —— *Vervēcum* in pătriâ crassoque sub āĕre nasci. Juv. 10. 50.

vērum. *But.* —— *Vērum* hæc tantum ălias inter căput extŭlit urbes. V. E. 1. 25. SYN. vēro, autem (*these two never the first word in a sentence, usu. the second*), sed, q. v.; at, ast, tamen, attamen, vēruntămen.

vērum, i. *The truth.* —— Mīsĭmus et Sparten, Spartē quoque nescia *vēri.* Ov. Her. 1. 65. SYN. ‡vērĭtas.

vēruntămĕn. *But.* —— Nullumque sub illo Igne făcit vōtum, *vēruntămĕn* æstuat intus. Ov. Met. 9. 464. v. vērum.

vērus, a, um. 1. *True, real.* — 2. *Truthful, speaking truth.* —— 1. Iste Si sīmŭles prōdest, *vērus* ŏbesse sŏlet. Ov. Am. 1. 8. 36. — 2. Ah nĭmĭum vātes mĭsĕræ mihĭ *vēra* fuisti. Ov. Her. 5. 123. Obvia prōdiĕram rĕdŭci tĭbĭ *vēra* fătēbor. Ov. Her. 8. 97. SYN. 2. vērax, vērĭdĭcus.

vĕrūtus, a, um. 1. *Armed with a "veru" or short spear.* — 2. *Pointed like a spit.* —— 1. Assuētumque mălo Lĭgŭrem, Volscosque *vĕrūtos.* V. G. 2. 168. — 2. Tum stricta *vĕrūtis* Dentĭbus in gĕmĭnas sŭbiēre hastīlia furcas. Grat. Cyneg. 110. v. hastatus.

§vēsānia, æ. *Madness.* —— Extĭmui ne vos ăgĕret *vēsānia* discors. Hor. Sat. 2. 3. 174. SYN. insānia, q. v.; dēmentia.

vēsānus, a, um. *Mad.* —— In mea *vēsānas* hăbui dispendia vīres. Ov. Am. 1. 7. 25. SYN. insānus, q. v.; dēmens. v. furiosus.

vescor, ĕris. no perf. *To feed upon, to eat, lit. and metaph.* —— Vēra căno; sic usque săcras innoxia lauros *Vescar.* Tib. 2. 5. 64. Conspĭcit ecce ălios dextrâ lævâque per herbam *Vescentes.* V. Æn. 6. 657. Quem si fāta vĭrum servant, si *vescĭtur* aurâ Æthĕriâ. V. Æn. 1. 546. SYN. ĕdo, ĕdis, *contr.* ēs, etc. q. v.; pascor, ĕris, pastus sum.

vescus, a, um. 1. *Eatable.* — 2. †*Eating away.* — 3. *Scanty, slender.* —— 1. Nec *vescas* sălĭcum frondes, ulvamque pălustrem . . . carpes. V. G. 3. 175. — 2. Nec măre quæ impendent *vesco* săle saxa pĕrēsa. Lucr. 1. 326. — 3. Quæ mălĕ crēvērunt *vescaque* parva vŏcant. Ov. F. 3. 445. SYN. 1. §ĕdūlis. — 2. ĕdax. — 3. v. gracilis.

Vĕsēvus, a, um. *Of Mount Vĕsēvus or Vesuvius.* —— Talem dīvĕs ărat Căpua, et vīcīna *Vĕsēvo* Ōra jŭgo. V. G. 2. 224. SYN. ‡Vĕsŭvīnus. v. Vesvius, Ætna.

vēsīca, æ. *A bladder.* —— Ceu spīrĭtus ōris Tendĕre *vēsīcam* sŏlet aut dērepta bĭcorni Terga căpro. Ov. Met. 15. 304.

†vēsīcŭla, æ. dim. of prec. —— Nec mīrum cum plēna ănĭmæ *vēsīcŭla* parva. Lucr. 6. 129.

‡vespa, æ. fem. *A wasp.* —— Līs ad fŏrum dēducta est *vespâ* jūdĭce. Phædr. 3. 13. 3.

vesper, ĕris, also **vespĕrus, i.** masc. 1. *The Evening Star, Evening.* — 2. *The West.* —— 1. Illic sēra rŭbens accendit lūmĭna *vesper.* V. G. 1. 251. Nec tĭbĭ *Vespĕro* Surgente dēcēdunt ămōres. Hor. 2. 9. 10. — 2. Nunc Zĕphÿrus sēro *Vespĕre* missus ădest. Ov. Tr. 1. 2. 27. SYN. 1. Hespĕrus. — 2. occĭdens, entis, *masc.* PHR. Prōnus ĕrat Tītān inclīnātoque tĕnēbat Hespĕrium tēmōne frĕtum. Ov. Mĕdio tua cornĭger Ammon Unda diē gĕlĭdă est, ortuque ŏbĭtuque (i. e. vespere) calescit. Ov. Tempus ĕrat quo versa jŭgo rĕfĕruntur ărātra Et prōnum sătūræ lac bĭbit agnus ovis. Ov. Lux tardē dēcēdĕre vīsa Præcĭpĭtātur ăquīs, et ăquis nox surgit ab īsdem. Ov. Hespĕrias

Tītān ăbĭtūrus in undas Gemmea purpŭreis cum jŭga dēmit ĕquis. Ov. Nī rŏseus fessos jam gurgĭte Phœbus Ibēro Tingat ĕquos, noctemque diē lābente rĕdūcat. V. Suadentque cădentia sīdĕra somnos V. Mājōresque cădunt altis dē montĭbus umbræ. V. Cum ... (sol) Præcĭpĭtem Ōceăni rūbro lăvit æquŏre currum V. Sōlis ad occasum cum frīgĭdus āĕra vesper Tempĕrat. V. Et quæ māne rĕfert et quæ surgentĭbus astris. V.

vespertīnus, a, um *Of evening, at evening.*——Nec *vespertīnus* circumgĕmit ursus ŏvīli Hor. Epod. 16 41

Vesta, æ. *The goddess, the mother of Saturn, held in the highest veneration at Rome, in whose honour the Vestal fire was kept eternally burning.*—2. *Fire.* ——Dī pătrii Indĭgĕtes et Rōmŭle *Vesta*que māter. V. G 1. 498.—2. Ter lĭquĭdo ardentem perfūdit nectăre *Vestam.* V. G. 4. 384. SYN. 2. ignis, is, *masc.* q. v.

vestalis, e. *Vestal* ——Forte rĕvertēbar festis *Vestālĭbus* illāc. Ov. F. 6 395.

vester, tra, trum. 1. *Of ye, yours* —2. (*once also*) *Of you, yours.*——1. *Vester* Cămœnæ *vester* in arduos Tollor Săbīnos. Hor. 2. 4. 21.—2. Et quo constantius ōre Laudāmur *vestro* justius ille tĭmet. Ov. Her 17. 168.

vestĭbŭlum, i. *A hall, a vestibule.*——Hinc quoque *vestĭbŭlum* dīci reor, inde prĕcando Affāmur Vestam. Ov F 6. 303 SYN. ātrium, aula (*though in point of fact they are neither exactly the same as* vestibulum). v. porticus.

vestigium, i. 1. *A footstep, a trace of any thing* —2. *A step* —3. *The foot itself.*——1. *Vestīgia* rĕtro Observāta sĕquor per noctem, et lūmĭne lustro. V. Æn 2 753. Tē dŭce si quā mănent scĕlĕris *vestīgia* nostri. V. E 4. 13. —2. Dædălus ipse dŏlos tecti ambāgesque, rĕsolvit Cæca rĕgens fīlo *vestīgia.* V. Æn. 6. 30.—3. Et in allūdentĭbus undis Summa pĕdum tāloque tĕnus *vestīgia* tingit. Ov. Met. 4. 343. SYN. 2. gressus, ūs; grădus, ūs —3. pes, pĕdis, *masc.* PHR. 1. Sīdŏniæ cŏmĭtes quantum pŏtuēre sĕcūtæ Signa pĕdum. Ov.

vestīgo, as. *To track, to trace, to search out.*——Ergo altē *vestīga* ŏcŭlīs, et rīte rĕpertum Carpe mănu V. Æn. 6. 145. SYN. ēvestīgo, investīgo; quæro, ĭs, sīvi, exquīro; scrūtor, āris. PHR. Vestīgia rĕtro Observāta lĕgit. V.

vestīmentum, i. *A garment.*——Suspendisse pŏtenti *Vestīmenta* māris Deo. Hor. 1. 5. 16. v. vestio.

vestio, is. *To clothe, lit. and metaph.*——Tum mihĭ prīma gĕnas *vestībat* flōre jŭventa. V Æn. 8 160. SYN. vēlo, as; circumvēlo. v. induo. PHR. Latos hŭmĕros subjectaque colla Vēste sŭper, pulvique insternor pelle leōnis. V.

vestis, is. 1. *A garment, a robe.*—2. *Anything used as a covering for couches, beds, etc.*—3 *Any web or woven thing, even hair, or the skin of a snake, etc.* ——Spīrāvēre, pĕdes *vestis* dēfluxit ad īmos. V. Æn. 1. 404.—2. *Vestībus* hunc vēlant quas non nĭsĭ tempŏre festo Sternĕre consuērant. Ov. Met 8. 657.—3. Aurea cæsăries illis, atque aurea *vestis* (*Servius says this means beard*). V. Æn. 8 659. Sed măgis īre fŏras, *vestem*que rĕlinquĕre ut anguis. Lucr. 3. 613. SYN 1. vestīmentum; vēlāmĕn, ĭnis, *neut.*—2. strāgŭlum, q v.; pallium. PHR 1. Indue rēgāles Lŏădāmĭa sĭnus. Ov. Aurea purpŭream subnectit fībŭla vestem. V. Illūsasque auro vestes. V. Arte lăbōrātæ vestes, auroque sŭperbæ. V. Fert pictūrātas auri sub ēmĭne vestes. V Veste tĕgor vili Ov. Membra sŭperjectā cum tua veste fŏvet. Ov. Scĭlĭcet ipsa gĕram sătūrātas mūrĭce vestes? Ov. v. tunica, toga, chlamys, amictus.

vestītus, a, um. *Clad.*——Sic tĭbĭ *vestītæ* pressa sĕrĭphŏs ĕrat. Ov. A. A. 3. 192. SYN. ămictus, circumdătus, indūtus.

Vesvius, i. *Mount Vesuvius.*——Littŏrĭbus fractas ŭbĭ *Vesvius* ēgĕrit īras Æmŭla Trīnăcriis volvens incendia flammis. Stat Sylv. 4. 4. 79. SYN. †Vĕsĕvus, q. v.

‡vĕtĕrānus, i. *A veteran.*——Quæ noster *vĕtĕrānus* ăvet; quæ mœnia fessis. Lucan. 1. 345.

†vĕtĕrīnus, a, um. *Fit for bearing burdens.*——Ne forte ex hŏmĭne et *vĕtĕrīno* sēmĭne ĕquōrum. Lucr. 5. 888.

vĕternus, i. *Lethargy*——Nec torpēre grăvi passus sua regna *vĕterno.* V. G. 1. 124. SYN. torpor, ĭnertia.

vĕtĭtum, i. *A prohibition.*——Quæ contrā *vĕtĭtum* discordia? V. Æn. 10. 8.

vĕto, as, ui, ĭtum. *To forbid.*——Nec mājōra vĕto, sed ut his plācābĭlis umbra est. Ov. F. 2. 511. Dēsĭnat in *vĕtĭtas* quæso contendĕre terras. Ov. Tr. 1. 3. 123. SYN. prohĭbeo, es; interdīco, *perhaps only in pass. part.* interdictus.

vĕtŭlus, a, um. *Old, rarely of inanimate things.* —— Servātūra diū părem Cornīcis *vĕtŭlæ* tempŏrĭbus Lўcem. Hor. 4. 13. 25. SYN. sĕnex, ĭs.

vĕtus, ĕris. *Old, ancient, former.* —— Fit lŭpus, et *vĕtĕris* servat vestīgia formæ. Ov. Met. 1. 236. SYN. vĕtustus, antīquus, priscus, pristĭnus, prior.

vĕtustas, ātis. fem. 1. *Antiquity, length of time.*—2. *Old age.* —— 1. Tantum ævi longinqua vălet mūtāre *vĕtustas.* V. Æn. 3. 415.—2. Tum sĕnior, quamvīs obstet mihĭ tarda *vĕtustas.* Ov. Met. 12. 182. SYN. 1. v. tempus. —2. sĕnecta, æ; senectūs, ūtis, q. v.

vetustus, a, um. *Ancient, of long standing.* —— Ūnum ōro, gĕnĕtrix Priămi dē gente *vĕtustā* Est mihĭ. V. Æn. 9. 284. SYN. vĕtus, ĕris, q. v.

†vexāmĕn, ĭnis. neut. *An agitation.* —— Aut cĕcĭdisse urbes magno *vexāmĭne* mundi. Lucr. 5. 341. SYN. †concussus, ūs.

‡vexillum, i. *A standard.* —— Accēdunt ūtrinque pio *vexilla* tŭmultu. Stat. Theb. 12. 782. SYN. signum.

vexo, as. *To agitate, to harass.* —— Ut tĕtĭgi Pontum *vexānt* insomnia, vixque Ossa tĕgit măcies. Ov. Tr. 3. 8. 27. SYN. ăgĭto, as; turbo, as, q. v.

via, æ. 1. *A way, a road.*—2. *A street.*—3. *A journey.*—4. *A method.* —— 1. Rīma pătet, præbetque *viam* lēthālĭbus undis. Ov. Met. 11. 315.—2. Urbis per mĕdias exŭlŭlāta *vias.* Ov. F. 4. 186.—3. Sīgēo dŭbias a littŏre fēci Longa Phĕrĕclēā per freta puppe *vias.* Ov. Her. 16. 22.—4. At tu, si qua *via* est, si quam tĭbĭ Dīva creātrix Ostendit. V. Æn. 6. 367. SYN. 1. callis, is, *masc.*; sēmĭta; trāmĕs, ĭtis; compĭtum, i, *usu. in pl.* —2. vīcus.—1. 3. ĭter, ĭtĭnĕris, *neut.* —3. mŏdus.

§viātĭcum, i. *Money made by serving in the army; stock, property.* —— Lūculli mīles collecta *viātĭca* mīles Perdĭdĕrat. Hor. 2. 2. 26.

viātor, ōris. *A traveller.* —— Ceu pulvĕre ab alto Cum vĕnit et sicco terram spuit ōre *viātor.* V. G. 4. 96. PHR. Quisquis ad hæc vertit pĕrĕgrīnam littora puppim. Ov.

‡vībex, īcis. fem. *A weal.* —— Si pŭteal multā cautus *vībīce* flăgellas. Pers. 4. 49.

vībro, as. 1. *To brandish, to make to shake.* —2. *To hurl.* —3. (*intrans.*) *To quiver, to shake.*—4. ‡*To flash, to shine.* —— 1. Obviaque adversās *vībrābant* flāmĭna vestes. Ov. Met. 1. 528.—2. Aut trĕmŭlum excussō jăcŭlum *vībrāre* lăcerto. Ov. Her. 4. 43.—3. Tresque *vībrant* linguæ, trĭplĭci stant ordĭne dentes. Ov. Met. 3. 34.—4. Festa vĭdent, hinc unda săcrīs hinc ignĭbus Īde *Vībrat.* Val. Fl. 2. 583. SYN. quătio, ĭs, quassi; concŭtio; quasso, as (*only of weapons*); crispo, as; rŏto, as. —2. torqueo, es, si, tum; intorqueo; jăcio, ĭs, jēci, jactum; prōjĭcio.—3. trĕmo, ĭs, ui, q. v.—4. nĭteo, es, ui; lūceo, es, xi, *no sup.* q. v.

vīburnum, i. *A shrub called the wayfaring-tree.* —— Quantum lenta sŏlent inter *vīburna* cŭpressi. V. E. 1. 27.

vīcārius, i. *A deputy.* —— Æquāli rĕcreat sorte *vīcārius.* Hor. 3. 24. 16.

vīcātim. *Through the streets.* —— Vos turba *vīcātim* hinc et hinc saxis pĕtens Contundet. Hor. Epod. 5. 97.

‡vīcēni, æ, a. *Twenty.* —— Trīcēnos, pŭtŏ, bis, *vīcēnos* ter pŭtŏ nummos. Mart. 12. 26. 3. SYN. vīginti, *indec.* PHR. Bis dēnas Ītălo texāmus rōbŏre nāves. V.

vīcēsimus, a, um. *Twentieth.* —— Occĭdit et mĭsĕro stĕtĕrat *vīcēsĭmus* annus. Prop. 3. 18. 15.

vĭcia, æ. *A vetch.* —— Aut tenues fētus *vĭciæ* tristisque lŭpīni. V. G. 1. 75.

‡vīcies. *Twenty times.* —— Non plēnum mŏdŏ *vīcies* hăbēbas. Mart. 1. 100. 1.

vīcīnia, æ. 1. *A being near, neighbourhood.* —2. *Those who live near.* —— 1. Nōtĭtiam prīmosque grădus *vīcīnia* fecit. Ov. Met. 4. 59.—2. §Quære pĕrēgrīnum *vīcīnia* rauca rĕclāmat. Hor. Epist. 1. 17. 62. SYN. 1. proxĭmĭtas.

vīcīnus, a, um. *Near, neighbouring, sometimes in masc. used almost as subst.* —— *Vīcīnæ* ruptīs inter se lēgĭbus urbes Arma fĕrunt. V. G. 1. 510. SYN. fīnĭtĭmus, prŏpinquus, proximus, junctus. v. contermĭnus.

vĭcis. in sing. scarcely found except in acc. **vĭcem,** abl. **vĭce** (gen. **vĭcis** also in Sil.) pl. **vĭces,** etc. fem. 1. *Turn, alternation, vicissitude.* —2. *What may* *happen.*—3. *Requital.*—4. *The part, the duty.*——Inque *vicem* tua me, me tua forma căpit. Ov. Her. 17. 180. (v. invicem.) Cum *vice* sermōnis fratrem cognōvit, et illi. Ov. Tr. 4. 4. 79. Arces Alpĭbus impŏsĭtas trĕmendis Dējēcit ăcer plus *vice* simplĭci (i. e. *more than once*). Hor. 4. 14. 13.—2. Testor in occāsu vestro nec tēla nĕc ullas Vītāvisse *vices* Dănaûm. V. Æn. 2. 433.—3. Redde *vicem* mĕrĭtis, grato lĭcet esse quod optes. Ov. Am. 1. 16. 23.—4. Et pĕrăgunt linguæ charta mānusque *vices*. Ov. Tr. 5. 13. 30. SYN. 2. v. sors, discrimen.—3. v. grates.—4. pars, partis, *fem.*; offĭcium.

vĭcissim. *In turn, by turns.*——Nos tamen hæc quŏcunque tĭbĭ nostra *vicissim* Dīcēmus. V. E. 5. 50. SYN. invĭcem.

victĭma, æ. *A victim.*——*Victĭma* quæ cĕcĭdit dextrâ victrīce vŏcātur. Ov. F. 1. 335. SYN. hostia. PHR. Sæpe in hŏnōre Deûm mĕdio stans hostia ad āram Lānea dum nĭveâ circumdătur infŭla vittâ. V. Candĭdaque adductâ collum percussa sĕcūri Victĭma purpŭreo sanguĭne tingat hŭmum. Ov. Victĭma vel Phœbo sācras mactētur ad āras. Ov. Victĭma Tarpeios inficit icta fŏcos. Ov. Et pro dēlictīs hostia blanda fuit. Ov. Nec dăbit intonso jŭgŭlum căper hostia Baccho. Ov. Cæsaque sanguĭneam victĭma planget hŭmum. Ov. Victĭma Pontĭfĭcum sĕcūres Cervīce tingit. Hor. Pallăda vittātæ plăcābat sanguĭne vaccæ. Ov. Illĭus āram Sæpe tĕner nostrīs ab ŏvīlĭbus imbuet agnus. V. v. Ov. Met. 15. 128—135.

victor, ōris. masc. 1. *A conqueror.*—2. (*as adj. only in masc.*) *Of a conqueror, victorious.*——1. Ille triumphātâ Căpĭtōlia ad alta Cŏrintho *Victor* ăget currum. V. Æn. 6. 838.—2. Hos sŭper in curru Cæsar *victōre* vehēris. Ov. Tr. 4. 2. 47. SYN. 1. dŏmĭtor, sŭpĕrātor, dēbellātor, ‡expugnātor. PHR. Et nunc tertia palma (i. e. *one who gains the third prize*) Diōres. V. Victorque vĭrûm vŏlĭtāre per ōra. V. Cæsar dum magnus ad altum Fulmĭnat Euphrāten bello, victorque vŏlentes Per pŏpŭlos dat jūra. V. Ense tuo factos calcābas victor ăcervos, Impŏsĭtoque Gĕtes sub pĕde multus ĕrat. Ov. Et victor multâ cæde cruentus eat. Ov. Barbăras heu cĭnĕres insistet victor, et urbem Ĕques sŏnante verbĕrābit ungŭlâ. Hor. v. triumphus, victrix.

victoria, æ. *Victory.*——Tantus ămor laudum, tantæ est *victōria* cūræ. V. G. 3. 112. SYN. ădōrea. PHR. Et quis cuique dolor victo, quæ glōria palmæ. V. Et pŏtius nŏva Cantēmus Augusti trŏpæa Cæsaris, et rigidum Nĭphāten Mēdumque flūmen gentĭbus addĭtum Victis. Hor. Sic assueta tuis semper Victōria castris Nunc quŏque se præstet nōtaque signa pĕtat. Ov. Pulcher fŭgātis Ille dies Lătio tĕnēbris Qui prĭmus almâ rīsit ădōreâ. Hor. Ecce sŭper fessas vŏlĭtat Victōria puppes, Tandem ad Trōjānos Dīva sŭperba vĕnit. Tib.

victrix, īcis. fem. and neut. adj. *Victorious.*——Res Ăgămemnŏnias *victrīcia*que arma sĕcūtus. V. Æn. 3. 54. SYN. dŏmĭtrix.

victus, ûs. masc. *That which supports life, victuals, food.*——Tunc *victūs* ăbiēre fĕri, tunc insĭta pōmus. Tib. 2. 1. 43. SYN. pĕnus, ûs, *masc. and fem.* v. cibus.

victus, a, um. part. pass. of vinco, q. v. *Conquered.*——Immĕmor heu *victus*que ănĭmi respexit, ĭbi omnis Effusus lăbor. V. G. 4. 491. SYN. rĕvictus, triumphātus, dŏmĭtus.

vīcus, i. *A street.*——Urbs hăbet, et *vici* nūmĭna trīna cŏlunt. Ov. F. 5. 146. SYN. via, plătea.

†vĭdēlĭcet. *That is to say.*——Esse *vĭdēlĭcet* in terris prīmordia rērum. Lucr. 1. 211. v. scilicet.

vĭdĕn', a sync. form of vĭdesnĕ. *Do you see? Behold.*——Vōta cădunt, *vĭdēn'* ut trĕpĭdantĭbus advŏlet ālis. Tib. 2. 2. 17. v. en.

vĭdeo, es, vīdi, visum. 1. *To see, to behold.*—2. *To see to, to take care.*——1. Et flēsti, et nostros *vīdisti* flentis ŏcellos. Ov. Her. 5. 45.—2. *Vīdĕrit* Ātrīdes Hĕlĕnēn ĕgŏ crīmĭne solvo. Ov. A. A. 2. 371. SYN. 1. pervĭdeo; vīso, is; aspicio, is, spexi, ctum; perspĭcio, conspĭcio; cerno, ĭs, crēvi (*but perf. scarcely found in this sense*); specto, as; aspecto, tueor, ēris; intueor. PHR. Hauriat nunc ŏcŭlis ignem crūdēlis ab alto Dardănus. V. Quantum ăciē possent ŏcŭli servāre sĕquentum. V. Illa sŏlo fixos ŏcŭlos āversa tĕnēbat. V. Părĭterque ŏcŭlos tēlumque tĕtendit. V. Mīrātur făcĭlesque ŏcŭlos fert omnia circum Ænēas. V. Ut tē non pŏtĕram, pŏtĕram tua vēla vĭdēre. Vēla diu vultus dētĭnuēre meos. Ov. Conjŭgis ante ŏcŭlos dēceptæ stābit ĭmāgo. Ov.

Tristis ăbīs; ŏcŭlis ăbeuntem prōsĕquor ūdis. Ov. Æneas ŏcŭlis semper vĭgĭlantis inhæret. Ov. Occurramque ŏcŭlīs intŭmŭlāta tuīs. Ov.

vĭdeor, ēris, vīsus sum. pass. of prec. 1. *To be seen.*—2. *To seem, to appear.* —3. (*esp. as impers.*) *To seem good to, to be ordained by.*——1. Dīvisque vĭdēbit Permixtos hērōăs, et ipse *vĭdēbĭtur* illis. V. E. 4. 15.—2. Circum mē gĕmĭtus mŏrientum audīre *vĭdēbar.* Ov. Her. 14. 35.—3. Quippe ĭta Neptūno *vīsum est,* immānia cūjus Armenta ... pascit. V. G. 4. 394. SYN. 1. aspĭcior, *and pass. of the other syn. of* video.—2. v. appareo.—3. plăcet.

vĭduo, as. *To deprive.*——Tot ferro sæva dĕdisset Fūnĕra, tam multis *vĭduāsset* cīvĭbus urbem. V. Æn. 8. 571. SYN. orbo, as; prīvo, as; spŏlio, as, q. v.

vĭduus, a, um. 1. *Deprived of, not having.*—2. (*esp. of husbands or wives, etc.*) *Widowed.*—3. *Unmarried.*——1. Rustica, nec *vĭduum* pectus ămōris hăbet. Ov. Am. 3. 10. 18.—2. Abductā *vĭduum* conjŭge flēre vĭrum. Ov. Her. 8. 86. Ipsa dŏmo *vĭduā* votis ŏpĕrāta pŭdīcis Torqueor. Ov. Her. 9. 35.—3. Dum tămen hæc fīunt *vĭduæ* cessate puellæ. Ov. F. 2. 557. SYN. 1. viduatus, orbus, expers.—3. innupta, q. v.

†viētus, a. um. *Shrivelled, soft, flabby.*——Nec sūprā căput ējusdem cĕcĭdisse *viētam* Vestem sentīmus. Lucr. 3. 38. 6. SYN. †flaccĭdus. v. mollis.

vĭgeo, es, ui. no sup. *To be vigorous, to flourish.*——Mōbĭlĭtāte *vĭget,* viresque acquīrit eundo. V. Æn. 4. 175. SYN. floreo, es, *no sup.* q. v.

vĭgesco, is. no perf. another pres. form of prec. q. v.——Jam læti stŭdio pĕdes *vĭgescunt.* Cat. 44. 8.

vĭgĭl, ĭlis. adj. *Wakeful, sleepless, watchful, lit. and metaph.*——Dumque *vĭgil* Phrўgiōs servat custōdia mūros. Ov. Met. 12. 148. Centum āras pŏsuit, *vĭgĭlem*que săcrāvĕrat ignem. V. Æn. 4. 200. SYN. pervĭgil, vĭgĭlans; vĭgĭlax, insomnis, exsomnis, ‡ĭnoccĭduus (*of the eyes of Argus*). v. vigilatus. PHR. Lūmĭna custōdis succumbĕre nescia somno. Ov.

vĭgil, ĭlis. masc. *A sentinel, a watcher.*——Intĕreā *vĭgĭlum* excŭbiis obsīdĕre portas Cura dătur Messāpo. V. Æn. 9. 159.

vĭgĭlantia, æ. *Vigilance, watchfulness.*——At si quos haud ulla vĭros *vĭgĭlantia* fŭgit. V. G. 2. 265. v. cura.

vĭgĭlātus, a, um. part. perf. pass. of vigilo, q. v. 1. *Spent in watching.*—2. *Done by being awake at night.*——Attĕnuent jŭvĕnum *vĭgĭlātæ* corpŏra noctes. Ov. A. A. 1. 735.—2. Hoc prĕtium cūræ *vĭgĭlātōrum*que lăbōrum Cēpĭmus. Ov. Tr. 2. 11.

vĭgĭlax, ācis. *Watchful, wakeful.*——Nec fruĭtur somno *vĭgĭlācĭbus* excĭta cūris. Ov. Met. 2. 779. SYN. vĭgĭl, ĭlis.

vĭgĭlo, as. 1. *To watch, to remain awake.*—2. *To provide for, to labour intently at.*——1. Tum sīc ignārum allŏquĭtur, *vĭgĭlasne,* Deum gens, Ænēā, *vĭgĭla.* V. Æn. 10. 229. Non mihĭ grāta dies, noctes *vĭgĭlantur* ămāræ. Ov. Her. 12. 169.—2. Aut ĕgŏ si possem stŭdiis *vĭgĭlāre* sĕvēris. Prop. 2. 3. 7. SYN. 1. ēvĭgĭlo, pervĭgĭlo; excŭbo, as, ui.—2. invĭgĭlo.

vīginti. indecl. *Twenty.*——*Vīginti* tauros, magnōrum horrentia centum Terga suum. V. Æn. 1. 635. SYN. ‡vīcēni, æ, a.

vĭgor, ōris. masc. *Vigour, strength.*——Igneus est ollis *vĭgor* et cœlestis ŏrīgo. V. Æn. 6. 730. SYN. strēnuĭtas, vīs, q. v.

vīlis, e. 1. *Cheap, of low price.*—2. *Of no value, vile, despicable.*——1. *Vīle* pōtābis mŏdĭcis Săbīnum Canthăris. Hor. 1. 20. 1.—2. Dă rĕdĭtum puĕro, sĕnis est si grātia *vīlis.* Ov. A. A. 2. 29. v. temno.

villa, æ. *A country house, a farm house.*——Ūnĭcus anser ĕrat mŏdĭcæ custōdia *villæ.* Ov. Met. 8. 684. SYN. §villŭla.

villĭcus, i. *A farmer, though usu. rather a bailiff than one who farms on his own account; fem.* ‡**villĭca, æ.** *A farmer's wife.*——1. *Villĭce* dă rĕquiem terræ sēmente pĕractā. Ov. F. 1. 667. Aspărăgi pŏsĭto quos lēgit *villĭca* fūso. Juv. 11. 69. v. agricola.

villōsus, a, um. *Hairy, shaggy.*——Præcĭpuumque tŏro et *villōsi* pelle leōnis Accĭpit Ænēam. V. Æn. 8. 177. SYN. hirsūtus, hirtus, hispĭdus.

§villŭla, æ. dim. of villa, q. v.——Proxĭma Campāno ponti quæ *villŭla* tectum Præbuit. Hor. Sat. 1. 5. 45.

villus, i. *Shaggy hair of an animal, even coarse wool; the nap on cloth, etc.* ——Sic fatus tergum Gætūli immāne leōnis Dat Sălio, *villis* ŏnĕrōsum atque unguĭbus aureis. V. Æn. 5. 352. Pĕcus omne măgistri Perfundunt ūdisque ăries in gurgĭte *villis* Mersatur. V. G. 3. 446. Germānæ, tonsisque fĕrunt mantilia *villis*. V. G. 4. 377. SYN. pĭlus. v. pellis, v. vellus.

vīmĕn, ĭnis. neut. *A twig.* —— Tum fiscella lĕvi dētexta est *vīmĭne* junci. Tib. 2. 3. 15. SYN. virgultum, virga.

vīmĭneus, a, um. *Made of twigs.* —— Multum ădeo rastris glēbas qui frangit ĭnertes *Vīmĭneas*que trahit crates juvat arva. V. G. 1. 95. SYN. Arbŭteus, virgeus.

vīnālia, um. neut. pl. *A feast at the end of the wine making.* —— Dicta dies hinc est *Vīnālia*, Jūpĭter illam Vindĭcat. Ov. F. 4. 899.

§**vīnārium, i.** *A wine bottle.* —— Invertunt Allĭfānis *vīnāria* tōta, Hor. Sat. 2. 8. 39. v. amphora.

vincio, is. vinxi, nctum. 1. *To bind, lit. and metaph.* —— Hostīles linguas ĭnĭmĭcaque *vinxĭmus* ōra. Ov. F. 2. 581. Annŭle formōsæ dĭgĭtum *vinctūre* puellæ. Ov. Am. SYN. dēvincio, rĕvincio, ēvincio; lĭgo, as; allĭgo, rĕlĭgo.

vinco, ĭs, vici, victum. 1. *To conquer.* — 2. *To surpass, to excel, to be better or greater than in any pursuit or any manner.* 1. Ūna dōlo Dīvûm si fœmĭna *victa* duōrum est. V. Æn. 4. 95. *Vincĕre* ĕrant omnes dignæ, jūdexque vĕrēbar Non omnes causam *vincĕre* posse suam. Ov. Her. 16. 75. — 2. Non me carmĭnĭbus *vincet* nec Thrācius Orpheus. V. E. 4. 55. Nec sum ănĭmi dubius verbīs ea *vincere* magnum Quam sit. V. G. 3. 289. Proventuque ŏnĕref sulcos, atque hŏrrea *vincat*. V. G. 2. 518. SYN. 1. dēvinco, ēvinco, pervinco, dēbello, as; dŏmo, as, ui, ĭtum; ēdŏmo, perdŏmo; sŭbĭgo, ĭs, ēgi, actum; (*a hostile army, etc.*) fundo, is, fūdi, fusum; contundo, ĭs, tŭdi, tūsum. — 1, 2. sŭpĕro, as; exsŭpĕro. — 2. anteēo antēis; præsto, as; stĭti, *no sup.* PHR. 1. Pontum pŏpŭlo adjēcisse Quĭrīni. Ov.

vincŭlum, sync. **vinclum, i.** *A chain, any thing which binds or fastens.* —— Ipse vĭro prīmus manicas atque arcta lĕvāri *Vincla* jŭbet Priămus. V. Æn. 2. 147. Surgit, hăbent gĕmĭni *vincŭla* nulla pĕdes. Ov. F. 5. 432. Ne cui me vellem *vinclo* sŏciāre jŭgāli. V. Æn. 4. 16. SYN. cătēna; compes, ĕdis (*these two only chains*); lĭgāmen, ĭnis, *neut.* PHR. Tanto nāte măgis contende tĕnācia vincla. V. Huc illuc vinclōrum immensa vŏlūmĭna versat. V. Pĕdĭbusque rŏtārum Subjĭciunt lapsūs, et stuppea vincŭla collo Intendunt. V. Mars quŏque dēprênsus fabrīlia vincŭla sensit. Ov. Clausa dŏmo tĕneor, grăvĭbusque coercĭta vinclis. Ov. Aut sĕquĭtur captus conjectaque vincŭla collo Accĭpit. Ov. Vincŭla semper hăbens irrĕsŏlūta mănet. Ov.

vindēmia, æ. *Prop. the gathering of grapes, grapes.* —— Mītis in āprīcis cŏquĭtur *vindēmia* saxis. V. G. 2. 522. v. uva.

vindēmĭātor and **vindēmĭtor, ōris.** masc. *A gatherer of grapes for the vintage.* —— Dūrus *Vindēmĭātor* et invictus, cui sæpe viātor Cessisset. Hor. Sat. 1. 7. 30. At non effŭgiet *vindēmĭtor;* Hoc quoque causam Unde trahat . . . Ov. F. 3. 407.

vindex, ĭcis. masc. and fem., sometimes as adj. 1. *An avenger, avenging.* — 2. *A defender, defending.* —— 1. Ēgŏ *vindĭce* flammâ In dŏmĭnum dignos ēverti tecta Pĕnātes. Ov. Met. 1. 230. *Vindex* ăvāræ fraudis, et abstĭnens Dūcentis ad se cuncta pĕcūniæ. Hor. 4. 9. 37. — 2. Contemptōremque pĕtēbat Flamma suum, tĭmuere Dei pro *vindĭce* terræ. Ov. Met. 9. 241. SYN. 1. ultor, *and as fem. and neut. adj.* ultrix, ĭcis. — 2. dēfensor, q. v.

vindĭco, as. 1. *To punish, to avenge.* — 2. *To rescue, to save from.* — 3. *To claim.* —— 1. Quique nĕcem Crassi *vindĭcet* ultor ĕrit. Ov. F. 6. 468. — 2. Prōmĭsit, Graiûmque ĭdeo bis *vindĭcat* armis. V. Æn. 4. 228. — 3. Quem Vĕnus injectâ *vindĭcat* alma mănu. Ov. F. 4. 90. SYN. 1. ulciscor, ĕris, ultus sum. v. punio. — 2. v. servo. — 3. assĕro, is, ui, ertum.

vindicta, æ. 1. *Revenge.* — 2. *Defence, protection.* — 3. *A rod with which a slave was struck when he was enfranchised.* —— 1. Justaque *vindictæ* supprĭme lōra tuæ. Ov. Ep. e P. 2. 8. 24. — 2. Cum tĭbĭ suscepta est lēgis *vindicta* sĕvēræ. Ov. Ep. e P. 4. 6. 33. — 3. Quem ter *vindicta* quăterve Impŏsĭta haud unquam mĭsĕrâ formīdĭne prīvet. Hor. Sat. 2. 7. 76. SYN. 1. ‡ultio. — 2. pătrōcĭnium.

vīnea, æ. 1. *A vineyard.* — 2. *A covering for a battering-ram.* —— 1. Hinc omnis largo pūbescit *vīnea* fētu. V. G. 2. 390. — 2. *Vīnea*que inductum longa tegēbat ŏpus. Prop. 4. 11. 34. SYN. 1. vīnētum.

vīnētum, i. *A vineyard.*——Optĭma *vīnētis* sătio est cum vēre rŭbenti. V. G. 2. 319. v. prec.
vīnĭtor, ōris. *A vine-dresser.*——Aut custos grĕgis; aut mātūræ *vīnĭtor* ūvæ. V. E. 10. 36. SYN. ‡vītĭcŏla, æ, *masc.*
vīnōsus, a, um. *Fond of wine, drinking much wine.*——Nēquĭtiam *vīnōsa* tuam convīvia narrant. Ov. Am. 3. 1. 17.
vīnum, i. *Wine. The most celebrated wines among the ancients were the wines of Chios and of Campania, such as the* Fălernum, Cæcŭbum, Massĭcum, Formiānum, Călēnum, *etc.*——Relliquias *vīno* et bĭbŭlam lāvēre făvillam. V. Æn. 6. 227. SYN. mĕrum, Bacchus, Iacchus, Lyæus, mustum (*prop. new wine*), §tēmētum. PHR. Vīna nŏvum fundam călăthis Ariūsia nectar. V. Cæcŭbum, et prēlo dŏmĭtam Călēno Tu bĭbes ūvam, mea nec Fălernæ Tempĕrant vites, nĕque Formiāni Pōcŭla colles. Hor. Dixit, et in mensam lătĭcum lībāvit hŏnōrem. V. Hic lătĭcis quālem pătĕris lībāmus et auro. V. Rēgāles inter mensas lătĭcemque Lyæum. V. Prōfuit inserto lătĭces infundĕre cornu Lēnæos. V. Gens ĕpŭlata tŏris Lēnæum lĭbat hŏnōrem. V. Pōcŭla lǣti Fermento atque ăcĭdīs ĭmĭtantur vītea sorbis. V. Inque căvos iĕrant tertia musta lăcus. Ov. Bacchi Massĭcus hūmor. V. Quid mĕmŏrandum æquē Baccheïa dōna tŭlērunt? V. Vīna părant ănĭmos, făciuntque călōrĭbus aptos; Cūra fŭgit multo dīluĭturque mĕro. Ov. Nox ĕrat et vīnīs ŏcŭlique ănĭmique nătābant. Ov. Pōcŭlaque inventīs Ăchĕlōia miscuit ūvis. V. v. Hor. 3. 21.
vĭŏla, æ. *A violet.*——Pallentes *vĭŏlas* et summa păpāvĕra carpens. V. E. 2. 47. PHR. Et nīgræ vĭŏlæ sunt, et vaccĭnia nīgra. V.
vĭŏlābĭlis, e. *What may be violated, vulnerable.*——Molle meum, lĕvĭbusque cor est *vĭŏlābĭle* tēlis. Ov. Her. 15. 79. v. penetrabilis.
vĭŏlārium, i. *A bed of violets.*——Illa lĕgit calthas; huic sunt *vĭŏlāria* cūræ. Ov. F. 4. 437.
vĭŏlātor, ōris, masc. *A violator.*——Confŭgit interdum templi *vĭŏlātor* ad āram. Ov. Ep. e P. 2. 2. 27.
vĭŏlens, entis, also **vĭŏlentus, a, um.** *Violent.*——Dīcar quā *vĭŏlens* obstrĕpit Aufĭdus. Hor. 3. 30. 10. Aut ŭbī nāvĭgiis *vĭŏlentior* incĭdit Eurus. V. G. 2. 107. SYN. fŭriōsus; ācer, cris, cre; vehĕmens, plūrĭmus, grăvis.
vĭŏlenter. *Violently.*——Vīdĭmus flāvum Tĭbĕrim rĕtortis Littŏre Etrusco *vĭŏlenter* undis. Hor. 1. 2. 14. SYN. ācrĭter.
vĭŏlentia, æ. *Violence.*——Cănĭties eădem est; eădem *vĭŏlentia* vultu. Ov. Met. 1. 238. SYN. vīs, q. v. v. turbo.
vĭŏlo, as. 1. *To violate, to pollute.*—2. *To violate, to break (oaths, etc.).*—3. *To injure, to ravage.*—4. *To stain.*—5. *To offend.*——1. Nam si vestra mănus *vĭŏlāsset* dōna Mĭnervæ. V. Æn. 2. 189.—2. Nec *vĭŏlāsse* fĭdem tentantĭbus æquŏra prōdest. Ov. Her. 7. 57.—3. Quīcunque Īliăcos ferro *vĭŏlāvĭmus* āgros. V. Æn. 11. 255.—4. Indum sanguĭneo vĕlŭti *vĭŏlāvĕrit* ostro Si quis ĕbur. V. Æn. 12. 67.—5. Nunc ŏcŭlos tua cum *vĭŏlārit* ĕpistŏla nostros. Ov. Her. 17. 1. SYN. 1. polluo, ĭs, ui, utum, q. v.—1, 2, 3. ēvĭŏlo.—2. rumpo, ĭs, rūpi, ptum, q. v.—2, 3. lædo, ĭs, si.—3. vasto, as, q. v.—4. corrumpo; infĭcio, ĭs, fēci; măcŭlo, as.—5. offendo, ĭs, q. v.
vīpĕra, æ. *A viper.*——Aut măla tactu *Vīpĕra* dēlĭtuit, cœlumque exterrĭta fŭgit. V. G. 3. 416. PHR. Vīpĕra nostris Sībĭlet in tŭmŭlis. Prop. Lătens imâ vīpĕra serpit hūmo. Ov. Ut tūto ab ātris corpŏre vīpĕris Dormīrem. Hor. Nec intŭmescit alta vīpĕris hūmus. Hor. v. anguis.
vīpĕreus, a, um. *Of a viper.*——*Vīpĕreos* sparsi per hŭmum nŏva sēmĭna dentes. Ov. Met. 4. 572. v. seq.
vīpĕrīnus, a, um. *Of a viper.*——Nōdo coerces *vīpĕrīno* . . . crīnes. Hor. 2. 19. 19. v. prec.
vir, vĭri. 1. *A man, opp. to a boy or to a woman.*—2. *A husband, used even of animals.*——1. Hic *vir* hic est, tĭbĭ quem prōmitti sæpius audis. V. Æn. 6. 792.—2. Ambĭguum nāto dignior, anne *vīro*. Ov. Ep. e P. 4. 13. 3. *Vir* grĕgis ipse căper deerrāvĕrat. V. E. 7. 7. SYN. 2. mărītus; conjux, ŭgis; sponsus. v. homo. PHR. (*of becoming a man*) Mox cum mātūra ădŏlēvĕrit ætas. V. Intĕreā tăcĭto passu lābentĭbus annis Lībĕrior fratri sumpta mihīque toga est. Ov.
vīrāgo, ĭnis, fem. *A heroine.*——Huc ŭbĭ pervēnit belli mĕtuenda *vīrāgo*. Ov. Met. 2. 765.

vīreo, es, ui. and in pres. **vīresco, is.** no sup. *To be green, to flourish, lit. and metaph.* —— Utque *viret* semper laurus, nec fronde cădūcā Carpĭtur. Ov. Tr. 3. 1. 45. Trītōnĭda conspĭcit arcem Ingĕniīs ŏpĭbusque et festā păce *virentem.* Ov. Met. 2. 795. Arbŏrei fētus ălĭbi, atque injussa *virescunt* grāmĭna. V. G. 1. 55. SYN. flōreo, es, q. v.

vīres, pl. from vis, q. v. —— Nē lentā *vīres* collĭgat īra mŏrā. Ov. A. A. 2. 456.

vīrētum, i. *A place full of green trees, grass, etc.* —— Dēvēnēre lŏcos lætos, et ămœna vīrēta. V. Æn. 6. 638.

virga, æ. 1. *A twig, a small branch, even a stick of celery or asparagus.*—2. *A rod, a wand, a walking-stick, etc.*—3. *A rod to beat with, the fasces of the lictors.*—4. *A stripe or streak.* —— 1. Nunc făcĭlis rūbeā texatur fiscĭna *virgā.* V. G. 1. 266.—2. Tum *virgam* căpit, hâc ănĭmas ille ēvŏcat Orco. V. Æn. 4. 242.—3. Quos prætexta vĕrĕndos *Virga*que cum verbīs impĕriōsa făcit. Ov. Tr. 5. 6. 32.—4. Pallĭda purpŭreis tingat sua corpŏra *virgis.* Ov. A. A. 3. 269. SYN. 1. virgultum; vīmĕn, ĭnis, *neut.* q. v.— 3. v. fasces, v. scutica.

virgātus, a, um. *Striped.* —— *Virgātis* lūcent săgŭlis, tum lactea colla. V. Æn. 8. 660.

virgeus, a, um. *Made of rods, twigs, etc.* —— *Virgea* prætĕreā Cĕlēi vīlisque sŭpellex. V. G. 1. 165. Magno vĕlŭti cum flamma sŏnōre *Virgea* suggĕrĭtur costīs undantis ahēni. V. Æn. 7. 463. v. vimineus.

virgĭneus, a, um. *Of a virgin, maidenly, of a girl.* —— Scyllaque *virgĭneam* cănĭbus succincta fĭgūram. Tib. 3. 4. 89. SYN. puellāris.

virgĭnĭtas, ātis. fem. *Virginity.* —— Da mihĭ perpĕtuā gĕnĭtor cārissĭme dixit *Virgĭnĭtāte* frui. Ov. Met. 1. 487.

virgo, ĭnis. fem. 1. *A virgin.*—2. *A girl, a woman.*—3. *The sign of the zodiac so called.* —— 1. *Virgĭnĭbus* Tȳriis mos est gestāre phărētram. V. Æn. 1. 346.—2. Bellātrix, audetque vĭris concurrĕre *virgo.* V. Æn. 1. 493. —3. Jam rĕdit et *Virgo,* rĕdeunt Sāturnia regna. V. E. 4. 6. SYN. 2. puella, q. v. PHR. 1. Cui păter intactam dĕdĕrat. V. Puĕri innuptæque puellæ. V. Innŭba permăneo. Ov. Non lĭcuit thălămi expertem sĭne crīmĭne vītam Dēgĕre? V. De quĭbus impătiens restĭtit ūna vĭri. Ov.

virgultum, i. *A twig, a small branch.* —— Dum tĕnĕra attondent sīmæ *virgulta* căpellæ. V. E. 10. 7. SYN. virga. v. ramus.

‡virguncŭla, æ. *A little girl.* —— Sāturnus fŭgiens, tunc cum *virguncŭla* Jūno. Juv. 13. 40. SYN. §puellŭla, ‡fīliola.

vīrĭdans, antis. *Green, only of plants, herbage, etc.* —— Sic fātus cingit *vīrĭdanti* tempŏra lauro. V. Æn. 5. 539. SYN. vĭrĭdis, q. v.

vĭrĭdis, e. 1. *Green.*—*Metaph.* 2. *Green, flourishing in youth, etc.* —— 1. Flūmĭna muscus ŭbi, et *vĭrĭdissĭma* grāmĭne rīpa. V. G. 3. 144.—2. Frāter ad ēlŏquium *vĭrĭdi* tendēbat ab ævo. Ov. Tr. 4. 10. 17. Eurўălus formā insignis *vĭrĭdi*que jŭventā. V. Æn. 5. 295. SYN. 1. viridans.—1, 2. vīrens.

vĭrĭdo, as. *To make green.* —— Num văda subnātis īmo *vĭrĭdentur* ab herbis. Ov. Hal. 90. Pellĭbus et nexas *vĭrĭdantem* flōrĭbus hastas. Val. Fl. 6. 136.

vĭrīlis, e. *Of a man, manly.* —— Ecquid in antīquam virtūtem ănĭmosque *virīles* Et păter Ænēas et ăvuncŭlus excĭtat Hector? V. Æn. 3. 342. SYN. mascŭlus.

vĭrīlĭter. *In a manly manner.* —— Cui gĕnĕtrix flenti, Fortūna *virīlĭter* inquit . . . Ista fĕrenda tĭbi est. Ov. F. 1. 479.

§‡vĭrītim. *From man to man, singly.* —— Quod lĕgĕret tĕrĕretque *vĭrītim* pubĭĭcus ūsus. Hor. Epist. 2. 1. 92.

vīrōsus, a, um. *Having a rank smell.* —— At Chălȳbes nūdi ferrum, *vīrōsa*que Pontus Castŏrea. V. G. 1. 58. SYN. grăvĕolens.

virtūs, ūtis. fem. 1. *Manly virtue, valour.*—2. *Virtue, good qualities, used even of inanimate things.* —— 1. Subruĕre est arces et stantia mœnia *virtus.* Ov. Tr. 3. 11. 23.—2. *Virtus* rĕpulsæ nescia sordĭdæ Intāmĭnātis fulget hŏnōrĭbus. Hor. 3. 2. 17. Est in jŭvencīs, est in ĕquis pătrum *Virtus.* Hor. 4. 4. 31. Si modŏ me nōvi, si non ēvānuit omnis Herbārum *virtus.* Ov. Met. 14. 357. SYN. 1. ănĭmus, q. v. PHR. 1. Bello vīvĭda virtus. V. Quondam ĕtiam victis rĕdit in præcordia virtus. V. Huic prōgĕniem virtūte fŭtūram ēgrĕgiam, et tōtum quæ vīrĭbus occŭpet orbem. V. Ancæo nŏcuit tĕmĕrāria virtus. Ov. At postquam virtus annis ădŏlēvit, īn ăpros Audet. Ov. Et quæ prætĕrĕā virtūs invicta tuōrum Sæpe părāta tĭbī, sæpe păranda făcit. Ov.—2. Parce vir immenso major virtūtĭbus orbe. Ov. Grātior et pulchro vĕniens in corpŏre virtus. V. Tum pudor incendit vīres, et conscia virtus. V.

vīrus, i. (but except in Lucr. never found except in nom. and acc. sing.) neut. 1. *Any juice.* — 2. *Poison.* —— 1. Hinc dēmum . . . lentum destillat ab inguĭne *vīrus*. V. G. 3. 281. — 2. Ōris Cerbĕrei spūmas et *vīrus* Ĕchĭdnæ. Ov. Met. 4. 500. SYN. 1. succus. — 2. vĕnēnum, q. v.

vīs, vīs, vi, vim. pl. **vīres, vīrium,** etc. 1. *Strength, power.* — 2. *Violence.* — 3. *A quantity.* —— 1. *Vis* consĭlî expers mōle ruit suâ. Hor. 3. 4. 65. O Princeps parcē *vīrĭbus* ūse tuis. Ov. Tr. 2. 128. — 2. *Vim* passa est Phœbē, *vīs* est allāta sŏrōri. Ov. A. A. 1. 679. — 3. Est hederæ *vis* Multa quâ crīnes rĕlĭgāta fulges. Hor. 4. 11. 4. SYN. 1. rōbur, ŏris, *neut.* v. potentia. — 2. viŏlentia. — 3. cōpia.

vīs. 2nd sing. pres. of vŏlo, q. v. —— Quantaque *vīs* ăvĭdo gaudia corde fĕras. Ov. Tr. 3. 11. 58.

visco, as. not found (except in Juv.) in any other part than perf. pass. part. *To smear with birdlime.* —— Non ăvis ūtĭlĭter *viscātis* effūgit ālis. Ov. A. A. 391.

viscum, i. 1. *The misletoe.* — 2. *Birdlime.* —— 1. Quāle sŏlet sylvis brūmāli frīgŏre *viscum* Fronde vĭrēre nŏvâ quod non sua sēmĭnat arbos. V. Æn. 6. 205. — 2. Tum lăqueis captāre fĕras et fallĕre *visco*. V. G. 1. 139.

viscus, ĕris. neut. 1. *The bowels, entrails, lit. and metaph.* — 2. *The womb.* —— 1. Ē quĭbus ūna trahens hærentia *viscĕre* tēla. Ov. Met. 6. 290. Neu pătriæ vălĭdas in *viscĕra* vertĭte vīres. V. Æn. 6. 834. — 2. Jăcet illa grăvis jam scĭlĭcet intra *Viscĕra* Rōmānæ condĭtor urbis ĕras. Ov. F. 3. 24. SYN. 1. v. præcordia. — 2. ŭtĕrus, alvus; venter, tris, *masc.*

viso, is, si, sum. 1. *To go to see, to visit.* — 2. *To see.* —— 1. Ībit ad affectam quæ non languēbit ămīcam *Vīsĕre*. Ov. Am. 2. 2. 22. — 2. Undĭque *vīsendi* stŭdio Trōjāna jŭventus Circumfūsa ruit. V. Æn. 2. 63. SYN. 1. invīso. — 2. vĭdeo, es, vīdi, q. v.

vīsum, i. *A sight, anything seen, an apparition, etc.* —— Hoc *vīsum* nulli, non ipsi effāta sŏrōri est. V. Æn. 4. 456. Et pŏsuit castâ turpia *vīsa* dŏmo. Prop. 2. 5. 20. SYN. vīsus, ûs. v. simulacrum.

vīsus, ûs. 1. *Sight, the power or act of seeing.* — 2. *A sight, a thing seen.* —— 1. Mergētur *vīsus* effūgietque tuos. Ov. F. 3. 406. — 2. Rīte sĕcundārent *vīsūs* ōmenque lĕvārent. V. Æn. 3. 36. SYN. 1. prospectus, ûs; aspectus. — 2. vīsum. v. oculus.

vīta, æ. 1. *Life.* — 2. *A way of living.* — 3. *A living soul, esp. in pl.* —— 1. *Vītaque* cum gĕmĭtu fŭgit indignāta sub umbras. V. Æn. 12. 952. — 2. Ille sĭlentûm Concĭliumque vŏcat, *vītas*que et crīmĭna discit. V. Æn. 6. 433. — 3. Et nī docta cŏmes tĕnues sĭne corpŏre *vītas* Admŏneat vŏlĭtāre căvâ sub ĭmāgĭne formæ. V. Æn. 6. 292. SYN. 3. ănĭma. PHR. 1. Dum mĕmor ipse mei, dum spīrĭtus hos rĕgit artus. V. Ūnum pro multis dăbĭtur căput. V. Incerti spătium mihĭ fīniat ævi. Ov. Stat sua cuique dies, brĕve et irrĕpărābĭle tempus Omnĭbus est vītæ. V. In ventos vīta rĕcessit. V.

vītābĭlis, e. *That may be avoided.* —— Esset perpĕtuo sua quam *vītābĭlis* Ascra. Ov. Ep. e P. 4. 14. 31. SYN. ēvītābĭlis, vītandus, fŭgiendus.

vītālis, e. 1. *Of life, vital, giving life.* — 2. *Living, long-lived.* —— 1. Vēnit, et ut lūmen jam nunc *vītāle* rĕlinquam. Ov. Met. 14. 175. — 2. Vix ĕtiam fuĕras paucas *vītālis* in hōras. Ov. ad Liv. 419. SYN. 2. vīvax, q. v. v. longævus.

†**vītālĭter.** *With life.* —— Quandŏquĭdem nĕqueunt *vītālĭter* esse ănĭmāta. Lucr. 5. 146.

§**vĭtellus, i.** *The yolk of an egg.* —— Pōnĕre, namque mărem cohĭbent callōsa *vitellum*. Hor. Sat. 2. 4. 14.

vĭteus, a, um. *Of a vine, of wine.* —— Pōcŭla læti Fermentô, atque ăcĭdīs ĭmĭtantur *vītea* sorbis. V. G. 3. 380. v. pampineus.

‡**vītĭcŏla, æ.** masc. *A cultivator of vines.* —— *Vītĭcŏlæ* nōmen pervulgātūra Fălerni. Tib. 7. 196. SYN. vīnitor.

‡**vītĭfer, ĕra, ĕrum.** *Producing vines.* —— *Vītĭfĕri* săcro gĕnĕrātus vertĭce montis Massĭcus. Sil. 4. 349.

†**vītĭgĕnus, a, um.** *Produced from the vine.* —— Namque Cĕres fertur frūges Līberque lĭquōris *Vītĭgĕni* lătĭcem mortālĭbus instĭtuisse. Lucr. 5. 15. SYN. vīteus.

vĭtio, as. *To injure, to corrupt.*——Dīra lues quondam Lătias *vĭtiāvĕrat* auras. Ov. Met. 15. 626. SYN. lædo, ĭs, si; corrumpo, ĭs, rūpi, ruptum. v. polluo.

vĭtiōsus, a, um. 1. *Pernicious.*—2. *Bad, wicked.*——1. Scandit æratas *vĭtiōsa* nāves Cūra. Hor. 2. 16. 21.—2. Ætas părentum pējor ăvis tŭlit Nos nēquiōres, mox dătūros Prōgĕniem *vĭtiōsiōrem.* Hor. 3. 6. 48. SYN. 1. pernĭciōsus, q. v.; damnōsus.—1, 2. mălus, pējor, pessĭmus.—2. prāvus.

vītis, is, fem. 1. *A vine.*—2. *The baton of a centurion, which was made of a vine branch.*——1. Carpĭte de plēnis pendentes *vītĭbus* ūvas. Ov. Am. 1. 10. 55.—2. Dux bŏnus huic centum commīsit *vīte* rĕgendos. Ov. A. A. 3 527. v. palmes, pampinus; Bacchus. PHR. Pōpŭlus Alcīdæ grātissĭma, vītis Iaccho. V. Mēcum inter sălĭces lentâ sub vīte jăcērat. V. Psўthiâ passos dē vīte răcēmos. V. Hic tĭbĭ prævălĭdas ōlim multoque fluentes suffĭciet Baccho vītes. V. Illa tĭbi lætĭs intexet vītĭbus ulmos. V. Vēre tĕpenti Vītis ăgit gemmas. Ov. Vīdi ĕgŏ pampĭneīs ŏnĕrātam vītĭbus ulmum. Ov. Grăvĭdæ mūnĕra vītis ămans. Ov. v. V. G. 2. 89—102.

vītĭsător, ōris. *A planter of the vine.*——Păterque Săbīnus *Vītĭsător* curvam servans sub ĭmāgĭne falcem. V. Æn. 7. 179.

vĭtium, i. 1. *A fault, a blemish.*—2. *Vice.*——1. Omne per ignem Excŏquĭtur *vĭtium,* atque exsūdat ĭnūtĭlis hūmor. V. G. 1. 88.—2. Tu *vĭtiīs* hŏmĭnum crūdēlia pābŭla præbes. Prop. 3. 7. 3. SYN. 1. culpa. v. defectus.—2. v. scelus.

vīto, as. *To avoid.*——Aut ĕgŏ Sarmătĭcas vĭdeor *vītāre* săgittas. Ov. Ep. e P. 1. 2. 47. SYN. ēvīto, dēvīto; fŭgio, ĭs, fūgi, fŭgĭtum; effŭgio. v. detrecto. PHR. Vim vīrĭbus exit. V.

vĭtreus, a, um. *Of glass, like glass.*——Fac pĕreat *vĭtreo* mīlĕs ab hoste tuus. Ov. A. A. 2. 208. Te nĕmus Angĭtiæ, *vĭtreā* te Fūcinus undâ Te lĭquĭdi flēvēre lăcus. V. Æn. 7. 759. Dīces lăbōrantes in ūno Pēnĕlŏpen *vĭtream*que Circen. Hor. 1. 17. 20.

vĭtrĭcus, i. *A step-father.*——Qui dĕceat currum *vĭtrĭcus* ipse dăbit. Ov. Am. 1. 2. 24.

vĭtrum, i. *Glass*——Lygdămus ad cyăthos *vĭtri*que æstīva sŭpellex. Prop. 4. 9. 11.

vitta, æ. *A fillet.*——*Vitta* coercuĕrat neglectos alba căpillos. Ov. Met. 2. 413. SYN. tænia, infŭla. PHR. Affer ăquam, et molli cinge hæc altāria vittâ. V. Virgĭneas ausi Dīvæ contingĕre vittas. V. Lapsa căpillis Dēcĭdit ante săcros lānea vitta fŏcos. Ov. v. corona.

vittātus, a, um. *Adorned with a fillet.*——Sed nĭsĭ *vittātis* quod ĕrat Cassandra căpillis. Ov. Am. 1. 7. 17.

vĭtŭla, æ. *A heifer.*——Expĕriāmur; ĕgo hanc *vĭtŭlam* nē forte rĕcūses Dēpōno. V. E. 3. 29. SYN. jŭvenca, būcŭla.

vĭtŭlus, i. 1. *A steer, a young ox.*—2. *A colt.*——1. Tum *vĭtŭlus* bĭmâ curvans jam cornua fronte. V. G. 4. 299.—2. Jam *vĭtŭlos* hortāre viamque insiste dŏmandi. V. G. 3. 164. SYN. 1. jŭvencus. v. bos, pullus.

§‡vīvārium, i. *A place where live animals are kept, a menagerie, lit. and metaph.*——Excĭpiantque sĕnes quos in *vīvāria* mittant. Hor. Epist. 1. 1. 79.

†vīvātus, a, um. *Lively, vigorous.*——Dēnĭque corpŏris atque ănĭmi *vivata* pŏtestas. Lucr. 3. 559. SYN. vīvĭdus.

vīvax, ācis. 1. *Long-lived.*—2. *Lasting, durable.*——1. Et *vīvax* Phœnix ūnĭca semper ăvis. Ov. Am. 2. 6. 54.—2. Carmĭne fit *vīvax* virtūs expersque sĕpulchri. Ov. Ep. e P. 4. 8. 47. SYN. 1. vītālis.—1, 2. diūturnus.

†vīvesco, ĭs. no perf. *To become lively, vigorous.*——Quod cŭpĭdo affixum cordi *vīvescit* ut ignis. Lucr. 4. 1131. v. vigeo.

vīvĭdus, a, um. 1. *Lively, vigorous.*—2. *Like life (of a picture, etc.).*——1. Exĭgui nŭmĕro, sed bello *vīvĭda* virtus. V. Æn. 5. 754.—2. Quātuor artĭfĭcis *vīvĭda* signa bŏves. Prop. 2. 31. 8. SYN. 1. ănĭmōsus; ācer, ācris, acre.—2. vīvus.

vīvo, ĭs, xi, ctum. pass. only in 3rd sing. as impers. 1. *To live.*—2. *To last.*—3. (*in imper.*) *Farewell.*——1. *Vixi,* et quem dĕdĕrat cursum fortūna pĕrēgi. V. Æn. 4. 653. *Vixet* (*for* vixisset) cui vītam Deus aut sua dextra dĕdisset. V. Æn. 11. 118. *Vīvĭtur* parvo bĕne, cui pāternum Splendet in mensâ tĕnui sălīnum. Hor. 2. 16. 13.—2. Intĕrea, et tăcĭtum *vīvit* sub pectore vulnus. V.

Æn. 4. 67. — 3. Omnia vel mĕdium fīant măre; *vīvĭte* sylvæ. V. Æn. 8. 58. SYN. 2. dūro, as.— 3. vălĕ, q. v. PHR. 1. Hunc ĕgŏ Gætūlīs ăgĕrem si Syrtĭbus exul. V. Sōlus ŭbi in sylvis Ĭtălīs ignōbĭlis ævum exĭgĕret. V. Et dĕdit esse Deas ævumque ăgĭtāre sub undis. V. Sĭne crīmĭne vītam Dēgĕre. V. Quid puer Ascănius? sŭpĕratne et vescĭtur aurâ? V. Quisquis ĕs, haud, crēdo, invīsus cœlestĭbus auras Vītāles carpis. V. Tædet cœli convexa tuērī. V. Nunc vīvo nĕque ădhuc hŏmĭnes lūcemque rĕlinquo. V.—(*May you live long*). Sic hăbĭtes terras, et te dēsīdĕret æther, Sĭc ad pacta tĭbī sīdĕra sērus eas. Ov. Sērus in cœlum rĕdeas, diuque Lætus intersis pŏpŭlo Quĭrīni. Hor.

vīvus, a, um. 1. *Alive, living.* — 2. *Like life (of pictures, etc.).* — 3. *Of inanimate things, fresh, running (of water), undetached from the main body (of stone, etc.).* —— 1. Sic dēmum lūcos Stўgios regna invia *vīvis* Aspĭcies. V. Æn. 6. 154. Exspectant, et *vīva* suâ plantāria terrâ. V. G. 2. 27. — 2. Crēdo ĕquīdem *vīvos* dūcent de marmŏre vultus. V. Æn. 6. 849. — 3. Spēluncæ *vīvique* lăcūs, at frīgĭda Tempe. V. G. 2. 469. Intus ăquæ dulces, *vīvoque* sĕdīlia saxo. V. Æn. 1. 167. SYN. 1. vīvens.— 2. vīvĭdus.

vix. *Scarcely.* —— *Vix* prīmos ĭnŏpīna quies laxāvĕrat artus. V. Æn. 5. 857. SYN. ægrē.

§ulcĕro, as. *To ulcerate, to gall.* —— Mantĭca cui lumbos ŏnĕre *ulcĕret*; atque ĕquĕs armos. Hor. Sat. 1. 6. 107.

ulcĕrōsus, a, um. *Ulcerated, sore.* —— Sæviet circa jĕcur *ulcĕrōsum*. Hor. 1. 25. 15.

ulciscor, ĕris, ultus sum. *To avenge, to punish (not of punishing a person).* —— *Ultus ĕs* offensas, ut dĕcet, ipse tuas. Ov. Tr. 2. 134. SYN. vindĭco, as. v. punio.

ulcus, ĕris. neut. *An ulcer, a sore.* —— Quam si quis ferro pŏtuit rescindĕre summum *Ulcĕris* os; ălĭtur vĭtium vīvitque tĕgendo. V. G. 3. 454.

ūlīgo, ĭnis. fem. *The natural moisture of the earth.* —— At quæ pinguis hŭmus, dulcique *ūlīgĭne* læta. V. G. 2. 184. v. humor.

ullus, a, um. gen. **ullīus,** dat. **ulli,** etc. *Any* —— Pœnĭtet, o, si quid mĭsĕrōrum crēdĭtur *ulli*. Ov. Ep. e P. 1. 1. 59. SYN. ălĭquis, q. v.

‡ulmeus, a, um. *Of an elm.* —— Cædĭtur et tōtâ sŏnăt *ulmea* cœna Sŭburrâ. Juv. 11. 141.

ulmus, i. fem. *An elm.* —— Non sic appŏsĭtis vincĭtur vītĭbus *ulmus*. Ov. Her. 5. 47.

ulna, æ. 1. *The arm.* — 2. *A cubit.* —— 1. Invēnit Eurўdĭcen cŭpĭdisque amplectĭtur *ulnis*. Ov. Met. 11. 63. — 2. Tres pătĕat cœli spătium non amplius *ulnas*. V. E. 3. 106. SYN. 1. brăchium, lăcertus.

ultĕrior, ōris. adj. *On the further side, further.* —— Tendēbantque mănus rīpæ *ultĕriōris* Ămōre. V. Æn. 6. 314.

ultĕrius. *Farther, beyond.* —— *Ultĕrius* tentāre vĕto. V. Æn. 12. 806. SYN. ultrā, longius.

ultĭmus, a, um. 1. *Last.* — 2. *Furthest.* — 3. *Extreme, the extremity of any thing.* —— 1. *Ultĭma* prōlāto subdĭta flamma rŏgo. Ov. F. 4. 856. — 2. Serves ĭtūrum Cæsărem in *ultĭmos* Orbis Brĭtannos. Hor. 1. 35. 29. — 3. *Ultĭma* jam passi cŏmĭtes belloque frĕtoque Dĕfĭciunt. Ov. Met. 14. 483. SYN. 1. nŏvissĭmus, postrēmus. — 1. 3. extrēmus, sŭprēmus, summus. v. longinquus.

‡ultio, ōnis. fem. *Revenge.* —— Semper et infirmi est ănĭmi exĭguique vŏluptas *Ultio*. Juv. 13. 191. SYN. vindicta.

ultor, ōris. *An avenger, a chastiser (of crimes).* —— Exŏrĭāre ălĭquis nostrīs ex ossĭbus *ultor*. V. Æn. 4. 625. SYN. vindex, ĭcis.

ultrā. prep., c. acc. and adv. *Beyond.* —— Aut si *ultra* plăcĭtum laudārit, baccăre frontem Cingĭte. V. E. 7. 27. Vāde, ait, o fēlix nāti pietāte; quid *ultra* Provĕhor. V. Æn. 3. 480. v. ulterius.

ultrix, īcis. fem., subst. and adj., also ‡neut. adj. (as victrix in pl. is used neut. in Virg.) *Avenging.* —— Ănĭmumque explĕsse jŭvābit *Ultrīcis* flammæ, et cĭnĕres sătiâsse meōrum. V. Æn. 3. 587. Mandābat Tўriīs *ultrīcia* bella fŭtūris. Sil. 2. 423. v. vindex.

ultro. *Of one's own accord, no one prompting or causing an action.* —— At mihĭ sese offert *ultro* meus ignis Ămyntas. V. E. 3. 66. Entellus vīres in ventum effudit, et *ultro* . . . Concĭdit. V. Æn. 5. 446. SYN. sponte. PHR. Ipsæ lacte dŏmum rĕfĕrent distenta căpellæ Ūbĕra. V.

ultus, a, um. perf. from ulciscor, q. v. *Having avenged.*——*Ultus* ăvos Trōjæ templa et tĕmĕrāta Mĭnervæ. V. Æn. 6. 481.

ulva, æ. *Sedge.*——Prōtĭnus Eumĕnĭdes lāvēre pălustrĭbus *ulvis*. Ov. Ib. 225.

ŭlŭla, æ. *An owl.*——Certent et cȳcnis *ŭlŭlæ*; sit Tĭtȳrus Orpheus. V. E. 8. 35. SYN. noctua; būbo, *masc. and fem.*

ŭlŭlātus, ûs. *A loud cry, a shrieking, sometimes a joyful shout.*——Implēvique săcram quĕrŭlis *ŭlŭlātĭbus* Īden. Ov. Her. 5. 73. Lĭber ădest, festisque trĕmunt *ŭlŭlātĭbus* āgri. Ov. Met. 3. 528. SYN. clāmor.

ŭlŭlo, as. 1. *To cry out, to howl, to shriek, not always mournfully, though more frequently so.*—2. *To resound with howls.*——1. Jŭga cœpta mŏvēri Sylvārum, vīsæque cănes *ŭlŭlāre* per umbram. V. Æn. 6. 257. Fulsēre ignes et conscius æther Connūbĭis, summoque *ŭlŭlārunt* vertĭce nymphæ. V. Æn. 4. 168. Nox ŭbĭ me thălămīs *ŭlŭlantem* et ăcerba gĕmentem Condĭdit. Ov. Her. 8. 107. Nocturnisque Hĕcătē trĭviis *ŭlŭlāta* (*celebrated with shrieks*) per urbes. V. Æn. 4. 609.—2. Miscētur; pĕnĭtusque căvæ plangōrĭbus ædes Fœmĭneīs *ŭlŭlant*. V. Æn. 2. 487. SYN. exŭlŭlo. v. clamo, resono.

Ŭlysses, ĭs, also gen. **Ŭlyssei,** also **Ŭlyxi.** acc. **em** and **ēn.** *The king of Ithaca, and the wisest of the Greeks who went to the siege of Troy.*——Pēnĕlŏpē conjux semper *Ŭlyssis* ĕro. Ov. Her. 1. 84. SYN. Lāertiădes, æ; Sīsȳphĭdes, æ; Æŏlĭdes, æ; Ĭthăcus. PHR. Dux quŏque Nērĭtius. Ov. Quos bŏvis inclūsos tergo mĕmŏrābĭle mūnus Dūlĭchium sumpsisse dŭcem. Ov. Dōnec Lāertius heros Adstĭtit. Ov. Fandi fictor Ŭlysses. V.

‡umbella, æ. *A parasol or umbrella.*——En cui tu vĭrĭdem *umbellam*, cui succĭna mittas. Juv. 9. 50. SYN. umbrăcŭlum.

umbĭlīcus, i. 1. *The navel.*—2. *A boss fastened at the end of the taper stick round which a volume was rolled, so that to come to the umbilicus was to come to the end.*——Iambos Ad *umbĭlīcum* addūcĕre. Hor. Epod. 14. 8. SYN. 2. cornu.

umbo, ōnis. masc. 1. *The boss on a shield.*—2. *A shield.*—3. ‡*The elbow or arm below the elbow.*—4. ‡*Any ridge or promontory.*—1. Et summo clȳpei nēquicquam *umbōne* pĕpendit. V. Æn. 2. 545.—2. Discussæque jŭbæ căpĭti, nec suffĭcit *umbo* Ictĭbus. V. Æn. 9. 810.—3. Turbātique grădus, clȳpeum nec sustĭnet *umbo*. Stat. Theb. 2. 671.—4. Stant jŭga et objectus gĕmĭnīs *umbōnĭbus* agger. Stat. Theb. 6. 257. SYN. 2. clȳpeus.—3. cŭbĭtus.—4. v. dorsum.

umbra, æ. 1. *Shade.*—2. *A shadow.*—3. *Darkness.*—4. *A shade,* i. e. *a ghost, etc.*—5. *A false appearance.*—6. §*A guest brought by a great man to a friend's house.*——1. Jamque mĭnistrantem plătănum pōtantĭbus *umbras*. V. G. 4. 146.—2. Mājōresque cădunt altis de montĭbus *umbræ*. V. E. 1. 84.—3. Involvens *umbrâ* magnâ terramque pŏlumque. V. Æn. 2. 251.—4. Impia nec pœnâ Pentheŏs *umbra* văcet. Ov. Tr. 5. 3. 40.—5. Mendācique diu piĕtātis fallĭtur *umbrâ*. Ov. Met. 9. 459.—6. Lŏcus est et plūrĭbus *umbris*. Hor. Epist. 1. 5. 28. SYN. 1. umbrăcŭlum. v. scena.—3. tenĕbræ, ārum; cālīgo, ĭnis, *fem.*—4. ănĭma. v. Manes.—5. ĭmāgo, ĭnis, *fem.*; sĭmŭlācrum. PHR. 1. Tĭtyre tu pătŭlæ rĕcŭbans sub tegmĭne fāgi. V. At si luxŭriâ fŏliōrum exŭbĕrat umbra. V. Bis vītĭbus ingruit umbra. V. Quis . . . vĭrĭdi fontes indūcĕret umbrâ. V. O qui me gĕlĭdīs in vallĭbus Hæmi Sistat, et ingenti rāmōrum prōtĕgat umbrâ. V. Nĭgrum Īlĭcĭbus crēbris săcrâ nĕmus accŭbet umbrâ. V. Ubi mollis ămārăcus illum Flōrĭbus et dulci aspīrans complectĭtur umbrâ. V. Quā pīnus ingens albaque pōpŭlus Umbram hospĭtālem Consŏcĭāre ămant. Hor. Hīc ĕgŏ dum spătior tectus nĕmŏrālĭbus umbris. Ov. Obviaque hospĭtiis tĕneat frondentĭbus arbos. V. v. scena.

umbrăcŭlum, i. 1. *Shade.*—2. *An umbrella or parasol.*——1. Hic candĭda pōpŭlus antro Immĭnet et lentæ texunt *umbrăcŭla* vītes. V. E. 9. 42.—2. Aurea pellēbant răpĭdos *umbrăcŭla* sōles. Ov. F. 2. 311. SYN. 1. umbra, q. v.—2. ‡umbella.

umbrĭfer, ĕra, ĕrum. *Making shade, shady.*——Tandem corrĭpuit sēse, atque ĭnĭmīca rĕfūgit In nĕmus *umbrĭfĕrum*. V. Æn. 6. 473. SYN. umbrosus, q. v.

umbro, as. *To shade, to darken.*——Atque *umbrāta* gĕrens cīvīli tempŏra quercu. V. Æn. 6. 772. SYN. ĭnumbro, ŏbumbro; ŏpāco, as; tĕgo, ĭs, xi, ctum, q. v.

umbrōsus, a, um. *Shady.* —— Æstĭbus at mĕdiis *umbrōsam* exquirĕre vallem. V. G. 3. 331. SYN. umbrĭfer, ĕra, ĕrum; ŏpācus, præŭūbĭlus.

ūnā. *Together, at the same time or place.* —— Pallas huic fīlius *ūna*, *Ūna* omnes jŭvĕnum prīmi pauperque sĕnātus Thūra dăbant. V. Æn. 8. 804. SYN. sĭmŭl.

ūnănĭmis, e. also **ūnănĭmus, a, um.** *Of the same mind, unanimous.* —— Cum sīc *ūnănĭmem* allŏquĭtur mălĕsāna sŏrōrem. V. Æn. 4. 8. Alphēne immĕmor atque *ūnănĭmus* false sŏdālĭbus. Cat. 28. 1. SYN. concors, ordis.

uncia, æ. *An ounce.* —— Sed justum trĭtis *uncia* pondus ĕrit. Ov. M. F. 76.

‡unciŏla, æ, dim. of prec. —— *Unciŏlam* Prŏcŭlēius hăbet, sed Gillo deuncem. Juv. 1. 40.

‡unctor, ōris. masc. *An anointer.* —— Atque ŏlei stillam dōnāret Ŏpĭlĭcus *unctor*. Mart. 12. 70. 3. SYN. ‡ălīptes, æ, *masc.*

unctus, a, um. part. perf. pass. from ungo, q. v., but in Hor. Epist. and in Catullus, used as adj., c. compar. 1. *Anointed, smeared.* — 2. *Rich, luxurious.* —— 1. Littŏre celsas Dēdŭcunt tŏto nāves, nătat *uncta* cărīna. V. Æn. 4. 398. — 2. Vērum, ŭbĭ quid mĕlius contingit et *unctius* īdem Vos săpĕre aio. Hor. Epist. 1. 15. 44. Cur quisquam căput *unctius* rĕferret. Cat. 10. 11. SYN. 2. lautus. v. unguentatus.

uncus, i. *A hook.* —— Infēlixque tuīs ossĭbus *uncus* ĕrit. Ov. Ibis. 168.

uncus, a, um. *Hooked, crooked.* —— Ŏleæque Mĭnerva Inventrix, *uncique* puer monstrātor ărātri. V. G. 1. 19. SYN. ădunCus, rĕduncus, curvus, incurvus, rĕcurvus.

ŭnda, æ. 1. *A wave, lit. and metaph.* — 2. *Water.* — 3. *‡Any liquid.* —— 1. Jam sĭbĭ tum a curvis mălĕ tempĕrat *unda* cărīnis. V. G. 1. 360. Māne sălūtantum tōtis vŏmit ædĭbus *undam*. V. G. 2. 462. — 2. Ecce sŭpercĭlio clīvōsi trāmĭtis *undam* Ēlĭcit. V. G. 1. 108. — 3. Ac mānantĕ jŭbis rictăque et nārĭbus *undā* Sanguĭnis. Sil. 10. 244. SYN. 1. fluctus, ūs, *masc.* — 2. ăqua. — 3. lĭquor. PHR. 1. Ūna exæstuat unda Vortĭcĭbus. V. Illum Curvāta in montis făciem circumstĕtit unda. V. Fĕrimur spūmantĭbus undis. V. Sed ut unda impellĭtur undā Urgēturque prior veniente, urgetque priōrem. Ov.

unde. *Whence.* —— *Unde* hŏmĭnes nāti dūrum gĕnus. V. G. 1. 63.

‡undĕcies. *Eleven times.* —— *Undĕcies* ūnā surrexti Zŏĭle cœnā. Mart. 5. 80. 1.

‡undĕcim. *Eleven.* —— Phœbo quātuor, *undĕcim* Phĭlĕto. Mart. 2. 44. 8. SYN. undēni.

undĕcĭmus, a, um. *The eleventh.* —— Alter ab *undĕcĭmo* tum me jam cēpĕrat annus. V. E. 8. 39.

†undĕcunque. in tmesi. *From what place soever.* —— Hoc fit ĭtem cunctas in partes, *unde* văcēfit *Cunque* lŏcus. Lucr. 6. 1015.

undēni, æ, a. *Eleven.* —— Mūsa per *undēnos* ēmŏdŭlanda pĕdes. Ov. Am. 1. 1. 30. v. undecim.

§undeoctōgintā. indecl. *Seventy-nine.* —— Si et strāmentīs incŭbet *unde-octōginta* annos nātus cui strāgŭla vestis. Hor. Sat. 2. 3. 117.

undĭque. *From all sides, from everywhere.* —— *Undĭque* collūcent præcinctæ lampădes auro. Ov. Her. 14. 25.

undĭsŏnus, a, um. *Sounding with waves, presiding over the sounding waves.* —— Cōgor et *undĭsŏnos* nunc prĕce ădīre Deos. Prop. 3. 20. 18. Fluctus ut *undĭsŏni* ceu forte crĕpīdĭne saxi. Val. Fl. 4. 44. SYN. fluentĭsŏnus, ‡fluctĭsŏnus. v. æquoreus.

undo, as. 1. *To rise in waves, or like waves, to swell, to rise up and down, most usu. metaph.* — 2. ‡*To inundate, to drench.* — 3. ‡*To abound.* —— 1. Ecce autem flammīs inter tăbŭlāta vŏlūtus Ad cœlum *undābat* vortex. V. Æn. 12. 673. *Undanti*que ănĭmum diffundit in arma cruōre. V. Æn. 10. 908. Vīdĭmus *undantem* ruptis fornācĭbus Ætnam. V. G. 1. 472. Saxa vĭdes mixtoque *undantem* pulvĕre fūmum. V. Æn. 2. 609. Nec sic immissīs aurīgæ *undantia* lōra Concussēre jŭgis. V. Æn. 5. 146. — 2. Cum tuus Æăcĭdes tĕpĭdo mŏdŏ sanguĭne Teucros *Undābit* campos. Stat. Achill. 1. 87. — 3. *Undat* ĕquis flōretque vĭris. Val. Fl. 1. 539. SYN. 1. tŭmeo, es, *no sup.*, q. v. — 2, 3. ĭnundo, ‡exundo. — 3. ăbundo, rĕdundo.

undōsus, a, um. *Full of waves, billowy.* —— Trōja per *undōsum* pĕtĕrētur classĭbus æquor. V. Æn. 4. 313. v. æstuosus.

ungo, ĭs, nxi, nctum. *To anoint, to smear, to grease (even of paying ships with* pitch).——Fūnĕra nec pŏtui cŏmĭtāre nec ungĕre corpus. Ov. Ep. e P. 1. 9. 47. SYN. pĕrungo, ĭnungo ; mădĕfăcio, ĭs, fēci, factum. v. lino.

unguen, ĭnis. neut. *Ointment, any grease with which a thing can be smeared.* ——Ĭdeæasque pĭces, et pingues *unguĭne* cēras. V. G. 3. 450. SYN. unguentum, q. v.

§unguentārius, i. *An ointment seller.* —— *Unguentārius* ac Tusci turba impia vici. Hor. Sat. 2. 3. 228.

unguentātus, a, um. *Anointed.* —— *Unguentāte* mărīte. Cat. 59. 142. v. ungo.

unguentum, i. *Ointment, esp. perfumed ointment. The ointments most spoken of by the Latin poets are spikenard* (v. nardus) *and amomum,* q. v. —— Huc vīna et *unguenta* et nīmium brĕves Flōres ămœnæ ferre jŭbē rŏsæ. Hor 2. 3. 13. SYN. unguĕn, ĭnis, *neut.* PHR. Non Ărăbo noster rōre căpillus ŏlet. Ov. Tȳrio mădĕfactus tempŏra nardo. Tib.

†unguĭcŭlus, i. *A little nail* ——Corpŏris extrēmas quŏque partes *unguĭcŭlos*que. Lucr. 6. 948. v. seq.

unguis, is. masc. 1. *A nail, a talon, a claw.*—2. (In unguem) *To a nicety.* 1. Quæ mŏdŏ dēcerpens tĕnĕro puĕrīlĭter *ungui* . . florem. Prop. 1. 20. 39 Tergum Gætūli immāne leōnis Dat Sălio villīs ŏnĕrōsum atque *unguĭbus* aurĕis. V. Æn. 5. 352.—2. Nec sēcius omnis in *unguem* Arbŏrĭbus pŏsĭtis secto via līmĭte quadret. V. G. 2. 277. PHR. Et rīgĭdo tĕnĕras ungue nŏtāte gĕnas. Ov. Ōdi quæ sauciat ōra Unguĭbus. Ov.

ungŭla, æ. *A hoof.*——Quădrŭpĕdante pŭtrem sŏnĭtu quătit *ungŭla* campum. V. Æn. 8. 596. PHR. Crēbro super ungŭla pulsu Incĭta. V. Spargit răpĭda ungŭla rōres. V. Compescatque sŏlum gĕnĕrōso concĭta pulsu Ungŭla. Ov.

ūnĭcē. *Singularly.* ——Quid Tīrĭdātem terreat, *ūnĭcē* Sēcūrus. Hor. 1. 26. 5.

ūnĭcŏlor, ōris. *Of one colour.* ——Plūmeus, *ūnĭcŏlor*, pullo vēlā nĭne tectus (torus, sc.), *but some editions read* atricolor. Ov. Met. 11. 611.

ūnĭcus, a, um. 1. *One, only.*—2. *Singularly good, beautiful, etc.*——1. *Ūnĭca* fortūnīs āra rĕperta meis. Ov. Tr. 4. 5. 2.—2. Quisquis ĕs huc exi ; quid mē, puer *ūnĭce* fallis? Ov. Met. 3. 454. v. unus.

ūnĭgĕna, æ. masc. and fem. *Only-begotten.*—— *Unĭgĕnam*que sĭmul cultrīcem montĭbus Īdri. Cat. 62. 300.

‡ūnio, ōnis. masc. *A fine pearl.* ——Jūrat Gellia, sed per *ūniōnes.* Mart. 8. 81. 4. SYN. bacca.

†ūnĭter. *So as to be one.*——Ŭbĭ corpŏris atque ănĭmāi Discĭdium fuĕrit, quĭbus ē sŭmus *ūnĭter* apti. Lucr. 3. 851.

†‡ūnĭversus, a, um. and sync. **unversus.** *Universal.* ——Sed măgis *unversum*, fĭĕrique pĕrinde vĭdēmus. Lucr. 4. 263.

†ūnŏcŭlus, a, um. *Having one eye.* —— *Unŏcŭle* salvē. Plaut. Curcul. 3. 22.

unquam. 1. *Ever.*—2. *Sometime or other.* ——1. Non *unquam* grăvis ære dŏmum mihĭ dextra rĕdībat. V. E. 1. 36.—2. Excūte sīc *unquam* longâ rĕlĕvēre cătēnâ. Ov. Am. 1. 6. 25. SYN. 2. ălĭquando, quandŏcunque ‡quandŏque.

ūnus, a, um. gen. **ūnīus** (in Cat. also **uni**), dat. **uni,** etc.——1. *One.*—2. *Only.*—3. *Especially good or dear; above all.*——1. Sătĭs *ūna* sŭperque Vĭdĭmus excĭdia, et captæ sŭpĕrāvĭmus urbi. V. Æn. 2. 642.—2. *Ūnus* qui nōbis cunctando restĭtuis rem. V. Æn. 6. 846.—3. Quam Jūno fertur terris măgis omnĭbus *ūnam* Posthăbĭtâ coluisse Samo. V. Æn. 1. 15. SYN. 1. 3. ūnĭcus.—2. sōlus, *gen.* sōlĭus.

ūnusquisque, ūnăquæque, etc. *Every one.* —— *Unĭcuique* dĕdit vĭtium nātūra creāto. Prop. 2. 22. 17. SYN. omnis, q. v.

vŏcābŭlum, i. 1. *A name.*—2. *§A word.* —— 1. Tu mihĭ juncta tŏro ; mihĭ juncta *vŏcābŭla* sūme. Ov. 3. 511.—2. Multa rĕnascentur quæ jam cĕcĭdēre, cădentque Quæ nunc sunt ĭn hŏnōre *vŏcābŭla.* Hor. A. P. 71. SYN. 1. nōmĕn, ĭnis, *neut.*; †vŏcāmen, ĭnis, *neut.*—2. verbum.

vōcālis, e, 1. *Having voice, or the power of speech.*—2. *Tuneful.*——1. Fātaque *vōcāles* præmŏnuisse bŏves. Tib. 2. 5. 78.—2. Nunc te *vōcāles* impellĕre pollicē chordas . . . prĕcor. Tib. 2. 5. 3. SYN. 2. cănōrus, q. v. v. loquax.

†vŏcāmen, ĭnis. neut. *A name.*——Bacchi nōmĭne ăbūti Māvult, quam lătĭcis prŏprium prōferre *vŏcāmen.* Lucr. 2. 656. SYN. vŏcābŭlum ; nōmen, ĭnis, *neut.*

vŏcâtio, ōnis. fem. *An invitation.* —— Mei sŏdāles Quærunt in trĭvio *vŏcātiōnes.* Cat. 45. 7. v. seq.

vŏcātus, ûs. masc. *An invitation, a summons.* —— Vōcĭfĕrans, nunc o nunquam frustrāta *vŏcātus* Hasta meos. V. Æn. 12. 95. v. prec.

vōcĭfĕror, āris. *To cry with a loud voice.* —— Is prīmam ante ăciem digna atque indigna rĕlātu *Vōcĭfĕrans.* V. Æn. 9. 596. SYN. clāmo, exclāmo.

†vŏcĭto, as. *To call.* —— Igneus ille Vortex quod pătrio *vŏcĭtāmus* nōmĭne fulmen. Lucr. 6. 297. SYN. vŏco, as, q. v.; †nōmĭnĭto, as.

vŏco, as. 1. *To call, to summon, to invite.* — 2. *To call, to name.* — 3. *To invoke.* —— 1. Concĭliumque *vŏcat* Dīvûm păter, atque hŏmĭnum Rex. V. Æn. 10. 2. Plăcātaque venti Dant măria, et lēnis crĕpĭtans *vŏcat* Auster in altum. V. Æn. 3. 70. — 2. Conjŭgium *vŏcat*; hoc prætexit nōmĭne culpam. V. Æn. 4. 472. — 3. Vōce *vŏcans* Hĕcăten, cœloque Ĕrĕboque pŏtentem. V. Æn. 6. 247. SYN. 1. invīto, as; clāmo, as; inclāmo. — 2. nōmĭno, as; dēnōmĭno; appello, as; nuncŭpo, as; dīco, ĭs, xi, ctum; lŏquor, ĕris, lŏcūtus sum. — 3. invŏco, as.

vōcŭla, æ. dim. of vox, q. v. O ŭtĭnam trajecta căvâ mea *vōcŭla* rīmâ. Prop. 1. 16. 27.

vŏlans, antis. part. pres. of volo, q. v., used as adj. 1. *Swift.* — 2. (*as subst.*) *A bird, esp. in pl.* —— 1. Et Jŏvis in lūco currūs ăgĭtāre *vŏlantes.* V. G. 3. 181. — 2. Quam sŭper haud ullæ pŏtĕrant impūne *vŏlantes* Tendĕre ĭter pennis. V. Æn. 6. 239. SYN. 1. vēlox, q. v. — 2. ăvis, is, *fem.* q. v.

vŏlātĭlis, e. 1. *Flying.* — 2. *Fleeting.* —— 1. Per Vĕnĕrem jūro puĕrique *vŏlātĭlis* arcus. Ov. Am. 2. 7. 27. — 2. Lābĭtur occultē fallitque *vŏlātĭlis* ætas. Ov. Met. 10. 519. SYN. 1. vŏlŭcer, ŭcris, ŭcre; ālĕs, ĭtis; ālĭger, ĕra, ĕrum; ālātus; præpĕs, ĕtis. — 2. brĕvis, cădūcus.

vŏlātus, ûs. masc. *A flight, the act of flying.* —— Ut tĕnĕrâ nostris cēdente *vŏlātĭbus* aurâ. Ov. Tr. 3. 8. 7.

vŏlēma, ōrum. neut. *A large kind of pear.* —— Crustŭmiis, Sўriisque pўris, grăvĭbusque *vŏlēmis.* V. G. 2. 88.

vŏlĭto, as. *To fly about, to fly.* —— Sæpe lĕvem păleam, et frondes *vŏlĭtāre* cădūcas. V. G. 1. 368. v. seq.

vŏlo, as. *To fly, lit. and metaph.* —— Nōtasque pălūdes Dēsĕrit, atque altam suprā *vŏlat* ardea nūbem. V. G. 1. 364. Et prōni dant lora; *vŏlat* vi fervĭdus axis. V. G. 3. 107. Fāma *vŏlat* pulsum regnis cessisse pāternis Īdŏmĕnēa dŭcem. V. Æn. 3. 121. SYN. prōvŏlo, subvŏlo, vŏlĭto. PHR. Dixit, et in sylvam pennīs āblāta rĕfūgit. V. Præpĕtĭbus pennis ausus se crēdĕre cœlo. V. Vŏlat ille per āĕra magnum Rēmĭgio ālārum. V. Āĕre lapsa quiēto Rādit ĭter lĭquidum. V. Quācunque illa lĕvem fŭgiens sĕcat æthĕra pennis. V. Lābĕre pennis. V. Vŏlantes Tendĕre ĭter pennis. V. Ædes Pervŏlat et pennis văcua ātria lustrat hĭrundo. V. Ālis Æthĕreas ausus jactātīs īre per auras. Ov. Constĭtit ante ŏcŭlos actus vēlōcĭbus ālis. Ov. Nunc fruĭtur cœlo quod pennīs ante pĕtēbat. Ov. Quot tĕnĕrum pennīs āĕra pulsat ăvis. Ov. Et quot ăves mōtis nītantur in āĕra pennis. Ov. v. ala.

vŏlo, vīs, velle, vŏlui. no sup. pres. subj. **vĕlim.** 1. *To be willing.* — 2. *To wish.* — 3. *To mean.* —— 1. *Vīs* ergo internos quæ possit ŭterque vĭcissim Expĕriāmur? V. E. 3. 28. Sēque ortum antīquâ Teucrōrum ab stirpe *vŏlēbat* (*would have himself to be, insisted that he was*). V. Æn. 1. 620. — 2. Arma *velit*, poscatque sĭmul, răpiatque jŭventus. V. Æn. 7. 340. — 3. Dīc, ait, o virgo, quid *vult* concursus ad amnem? V. Æn. 6. 318. SYN. 2. cŭpio, ĭs, īvi, q. v. — 3. v. significo.

vŏlūbĭlis, e. *Rovolving, turning round, rolling on.* —— Ille *vŏlūbĭlĭbus* squāmōsos nexĭbus orbes Torquet. Ov. Met. 3. 41. SYN. rĕvŏlūbĭlis, volvendus.

vŏlūbĭlĭtas, ātis. *An easiness of rolling, revolving, roundness.* —— Ipsa *vŏlūbĭlĭtas* lībrātum sustĭnet orbem. Ov. F. 6. 271.

vŏlŭcer, ŭcris, ŭcre. 1. *Winged.* — 2. *Swift.* — 3. *Fleeting, fickle.* —— 1. Æthĕreum *vŏlŭcri* qui pĕde carpit ĭter. Ov. F. 5. 88. — 1, 2. Impŭlit, illa nŏto cĭtius *vŏlŭcrique* săgĭttâ Ad terram fŭgit. V. Æn. 5. 242. — 2. Equos Thrēissa fătīgat Harpălўcē *vŏlŭcremque* fŭgâ prævertĭtur Hēbrum. V. Æn. 1. 317. — 3. Non ĭtă contemno *vŏlŭcris* præcōnia fāmæ. Ov. Her. 17. 207. SYN. 1. pennātus; ‡pennĭger, ĕra, ĕrum. — 1. 3. vŏlātilis, q. v. — 2. vŏlans, vēlox, q. v.

vŏlŭcris, is. fem. *A bird.* ——Obscœnique cănes, importūnæque *vŏlŭcres.* V. G. 1. 470. SYN. ăvis, ĭs, *fem.* q. v.; ālĕs, ĭtis, *masc. and fem.*

vŏlūmĕn, ĭnis. neut. 1. *A rolling, anything rolled, etc.*—2. *A revolution.*—3. *A volume, lit. and metaph.*——1. Septem ingens gȳros, septēna *vŏlūmĭna* traxit. V. Æn. 5. 85. Et pondus et ipsa Hūc illuc vinclōrum immensa *vŏlūmĭna* versat. V. Æn. 5. 407.—2. Sīdĕraque alta trahit cĕlĕrique *vŏlūmĭne* versat. Ov. Met. 2. 72.—3. Hoc tōtum e Cōâ veste *vŏlūmĕn* ĕrit. Prop. 2. 1. 6. SYN. 3. lĭber, bri, q. v. v. orbis.

vŏluntas, ātis. fem. *Will, wish.* ——Incŏlŭmus; sed vos si fert ĭtă corde *vŏluntas.* V. Æn. 6. 675. v. animus.

volvo, ĭs, vi, vŏlūtum. 1. *To roll (trans.).*—2. *To roll down, to throw down.*—3. *To destine (as the Fates destine so and so.).*—4. *To revolve (esp. in one's mind.)* ——1. Flammārumque globos lĭquĕfactaque *volvĕre* saxa. V. G. 1. 473. Non qui per saxa *vŏlūtus* Pūrior electro campum pĕtit amnis at īma. V. G. 3. 521. Explēri nĕquit atque ŏcŭlos per singŭla *volvit.* V. Æn. 8. 618.—2. Sēmĭnĕces *volvit* multos aut agmĭna curru Prōtĕrit. V. Æn. 12. 329.—3. Ventōrum excĭdio Lĭbyæ, sic *volvĕre* Parcas. V. Æn. 1. 22.—4. Et vĕtĕris Fauni *volvit* sub pectŏre sortem. V. Æn. 7. 254. SYN. 1. convolvo, prōvolvo. v. roto, torqueo.—1. 4. vŏlūto, as.—2. dēvolvo; dējĭcio, ĭs, jēci, jectum.—3. vŏlo, vīs, q. v.; jŭbeo, es, jussi.—4. mĕdĭtor, āris, q. v.

vŏluptas, ātis. fem. *Pleasure.* ——Dum tē, cāre puer, mea sēra et sōla *vŏluptas* Complexu tĕneo. V. Æn. 8. 581. SYN. gaudium, q. v.; ŏblectāmĕn, ĭnis, *neut.*

vŏlūtābrum, i. *A place in which to roll.* ——Sæpe *vŏlūtābris* pulsos sylvestrĭbus ăpros Lātrātu turbābis ăgens. V. G. 3. 511.

vŏlūto, as. 1. *To roll, to roll forward.*—2. *To roll oneself, to fall.*—3. *To re-echo.*—4. *To revolve in the mind.* ——1. Fit strĕpĭtus tectis vōcemque per alta *vŏlūtant* Atria. V. Æn. 1. 725.—2. Dixĕrat et gĕnua amplexus, gĕnĭbusque *vŏlūtans* Hærēbat. V. Æn. 3. 607.—3. Consŏnat omne nĕmus, vōcemque inclusa *vŏlūtant* Littŏra. V. Æn. 5. 150.—4. Sic ădeo insistit, sēcumque ĭtă corde *vŏlūtant.* V. Æn. 4. 533. SYN. 1. 4. volvo, ĭs, vi, vŏlūtum, q. v.—2. volvor; prōcumbo, ĭs, cŭbui.—3. rĕfĕrio, īs, *no perf.*, rĕpercŭtio, ĭs, *esp. in pass. part.* v. recino.

vōmer, also **vōmis, ĕris.** masc. *A ploughshare, a plough.* ——*Vōmis* et inflexi prīmum grăve rōbur ărātri. V. G. 1. 162. SYN. ărātrum, q. v.

‡vŏmĭca, æ. *An abscess.* ——Et phthĭsis et *vŏmĭcæ* pūtres, et dīmĭdium crus. Juv. 13. 95.

vŏmo, ĭs, ui, ĭtum. *To vomit forth, lit. and metaph.* ——Concĭdit et mixtum spūmis *vŏmit* ōre cruōrem. V. G. 3. 516. ——Māne sălūtantum tōtis *vŏmit* ædĭbus undam. V. G. 2. 462. SYN. prōvŏmo, ēvŏmo; ēgĕro, is, gessi, gestum. PHR. Jactantemque ŭtrōque căput, crassumque cruōrem Ōre ējectantem. V. Săniem ēructans ac frusta cruento Per somnum commixta mĕro. V.

vŏrāgo, ĭnis. fem. *A gulf, a whirlpool.* ——Monstrātur, ruptoque ingens Ăchĕronte *vŏrāgo* Pestĭfĕras ăpĕrit fauces. V. Æn. 7. 569. SYN. vortex, ĭcis, q. v.

vŏrax, ācis. *Voracious.* ——Quo cōpia mājor Est dăta, plūra cŭpit, turbâque *vŏrăcior* ipsâ est. Ov. Met. 8. 838. SYN. ăvĭdus, ĕdax.

vŏro, as. *To devour, to eat, to swallow up, lit. and metaph., but most usu. metaph.* ——Torquet ăgens circum, et răpĭdus *vorat* æquŏre vortex. V. Æn. 1. 117. SYN. dēvŏro; ĕdo, ĕdis, sync. ēs, q. v. v. sorbeo.

vortex, ĭcis. masc. *A gulf, a whirlpool, an eddy.* ——Corpŏra turbĭneo jŭvĕnīlia *vortĭce* mersit. Ov. Met. 8. 556. Mēdumque flūmen gentĭbus addĭtum Victis mĭnōres volvĕre *vortĭces.* Hor. 2. 9. 22. SYN. vŏrāgo, ĭnis. *fem.*; gurgĕs ĭtis, *masc.* PHR. Prōluit insāno contorquens vortĭce sylvas Flŭviōrum rex Ērĭdănus. V. Īma exæstuat unda Vortĭcĭbus. V.

‡vōtĭfer, ĕra, ĕrum. *Votive, bearing vows.* ——*Vōtĭfĕrā*que meas suspendit ab arbŏre vittas. Stat. Sylv. 4. 4. 92.

vōtīvus, a, um. *Votive.* ——Accĭpit āra prĕces *vōtīva*que thūra piōrum. Ov. Am. 3. 12. 9. v. voveo.

vōtum, i. 1. *A vow, a prayer.*—2. *An offering in performance of a vow.*—3. *A wish.* ——1. Annua *vōta* tămen, sōlennesque ordĭne pompas Exsĕquĕrer.

V. Æn. 5. 53. Dī măris, et cœli, quid ĕnim nĭsĭ *vōta* supersunt? Ov. Tr. 1. 2. 1.—2. Lustrāmurque Jŏvi, *vōtisque* incendĭmus ăras. V. Æn. 3. 269.—3. Nāte căvē, dum resque sĭnit tua corrige *vōta*. Ov. Met. 2. 89. SYN. 1. v. preces.—2. v. donum.—3. v. cupido. PHR. 1. Ut Baccho Cĕrĕrique tĭbĭ sic vōta quŏtannis Agrĭcŏlæ făcient. V. Ipsa dŏmo vĭduâ vōtis ŏpĕrāta pŭdīcis Torqueor. Ov. Vōta săcerdos Concĭpit. Ov. Vōvĕrat, et vōti solvĕrat ante fĭdem. Ov. Taurum Constĭtuam ante ăras vōti reus (i. e. *if I become bound to perform my vow by obtaining what I pray for*). V. Vōti postmŏdŏ compŏs ĕris. Ov. Sæpe pŏtens vōti frontem rĕdĭmīta cŏrōnis Fœmĭna lūcentes portat ab urbe făces. Ov.

vŏveo, es, vōvi, vōtum. 1. *To vow.*—2. *To wish.* —— Allŏquor, adverso *vōvĭmus* ista Deo. Ov. Her. 7. 4.—2. Ĕlige quid *vŏveas*, eădem hoc quŏque Fāma fĕrēbat. Ov. Met. 12. 200. SYN. 1. v. devoveo, precor.—2. opto, as, q. v.

vox, vōcis. fem. 1. *The voice of any animal.*—2. *A word, a speech.*—3. *A sound.* —— 1. Hæc quiă dulce cănit flectitque făcillĭma *vōcem*. Ov. Am. 2. 4. 25.—2. *Vox* fuit hæc Rēgis, condenti Jūpĭter urbem . . . ădes. Ov. F. 4. 827.—3. Pulsātaque saxa Audīmus longē, fractasque ad littŏra *vōces*. V. Æn. 3. 556. SYN. 2. verbum. v. sermo.—3. sŏnus, q. v.; sŏnĭtus, ûs. v. loquor.

ŭpĭlio, ōnis. masc. *A shepherd.* —— Vēnit et *ŭpĭlio*, tardi vēnēre bŭbulci. V. E. 10. 19. SYN. pastor, q. v.

Ŭrănia, æ. also **Ŭrănie, es.** *One of the Muses.* —— Excĭpit *Ŭrănie*, fēcēre sĭlentia cunctæ. Ov. F. 5. 55. v. Musa.

urbānus, a, um. 1. *Of the city.*—2. *Civil, well-bred.* —— 1. Nec tū crēdĭdĕris *urbānæ* commŏda vītæ Quærĕre Nāsōnem. Ov. Ep. e P. 1. 8. 29.—2. Hŏmo est vĕnustus, et dĭcax, et *urbānus*. Cat. 20. 2.

urbs, urbis. fem. *A city.* —— *Urbs* antīqua fuit, Tyrii tĕnuēre cŏlōni. V. Æn. 1. 12. SYN. oppĭdum, cīvĭtas. PHR. Aspĭce qui coeant pŏpŭli, quæ mœnia clausis Ferrum ăcuant portis. V. Quid prohĭbet mūros jăcĕre, et dăre cīvĭbus urbem? V. Sed non ante dătam cingētis mœnĭbus urbem. V. Nondum præcĭpĭtes cingēbant oppĭda fossæ. Ov. Turrĭgĕræque urbes. V.

‡**urceŏlus, i.** dim. of seq.——Fīunt *urceŏli*, pelves, sartāgŏ, pătellæ. Juv. 10. 64.

§**urceus, i.** *A pitcher.* —— Amphŏra cœpit Instĭtui, currente rŏtâ cur *urceus* exit. Hor. A. P. 21. v. amphora, urna.

urgeo, es, si. no sup. 1. *To urge; to excite.*—2. *To urge on, to hasten, to do in haste, to make with haste.*—3. *To drive.*—4. *To oppress.* —— 1. Cĕcrŏpias innātus ăpes ămor *urget* hăbendi. V. G. 4. 177.—2. Hoc Cĕler *urget* ŏpus, quem Rōmŭlus ipse vŏcârat. Ov. F. 4. 837.—Veste tĕgens, tĭbĭ quam noctes festīna diesque *Urgēbam*. V. Æn. 9. 489.—3. Tres (naves, sc.) Eurus ab alto In brĕvia et Syrtes *urget*, mĭsĕrābĭle vīsu. V. Æn. 1. 111.—4. Olli dūra quies ŏcŭlos, et ferreus *urget* Somnus. V. Æn. 12. 309. SYN. 1. excĭto, as; concĭto.—1. 3. ădurgeo, sŭburgeo.—2. prŏpĕro, as, q. v.—3. impello, ĭs, impŭli, pulsum; ăgo, ĭs, ēgi, actum, q. v.—4. prĕmo, ĭs, pressi, sum; opprĭmo.

urna, æ. 1. *An urn for any purpose, a pitcher, etc.*—2. *A sepulchral urn.* —— 1. Pōnĭtur ē summâ fictĭlis *urna* cŏma. Ov. F. 3. 14. Stat ductis sortĭbus *urna* (*into which the lots were thrown*). V. Æn. 6. 21.—2. *Urna*que nos hăbeat quamlĭbet arcta duos. Ov. Her. 11. 124. SYN. 1. v. amphora. PHR. 2. Urnâque Ænēia nūtrix Condĭta marmŏreâ. Ov. Ossa quiēta prĕcor tūtâ rĕquiescite in urnâ. Ov. v. sepulchrum.

ūro, ĭs, ussi, ustum. 1. *To burn, to set fire to, lit. and metaph.*—2. *To inflame with love.*—3. *To nip, as frost does.* —— 1. Atque lĕvem stĭpŭlam crĕpĭtantĭbus *ūrĕre* flammis. V. G. 1. 85. *Ūrit* ĕnim līni campum sĕgĕs, *ūrit* ăvēnæ. V. G. 1. 77.—2. Mē tămĕn *ūrit* Ămŏr, quis ĕnim mŏdus adsit Ămōri. V. E. 2. 68. *Ūrĭtur* infēlix Dīdo, tōtâque văgātur Urbe fŭrens. V. Æn. 4. 68.—3. Nec nŏva per gĕlĭdas *usta* sit herba nĭves. Ov. F. 1. 680. SYN. 1. exūro; crĕmo, as; ădŏleo, es; §ustŭlo, as.—1, 2. combūro; incendo, ĭs; succendo.—1, 2, 3. torreo, es, ui, tostum.—1, 3. pĕrūro. v. ardeo, flagro. PHR. Quam cum spīnōsis ignis suppōnĭtur herbis. Ov. Sic Deus in flammas ăbiit. Ov. Versa est in cĭnĕres sospĭte Trōja vĭro. Ov. Tum vēro omne mihĭ vĭsum consīdĕre in ignes Īlium. V.

ursa, æ. 1. *A she bear.*—2. *The constellation called "the Bear."* —— 1. Horrĭdus in jăcŭlīs et pelle Lĭbystĭdos *ursæ*. V. Æn. 5. 37.—2. Quæque mĭcat gĕlĭdo Parrhăsis *Ursa* pŏlo, Ov. Her. 18. 152. SYN. 2. Arctŏs, i, *fem.* q. v.

ursus, i. *A bear.*—Nec fūnĕra vulgo Tam multa informes *ursi* străgemque dĕdēre. V. G. 3. 247.

urtīca, æ. *A nettle.*—Terra sălūtāres herbas eădemque nŏcentes Nūtrit et *urtīcæ* proxĭma sæpe rŏsa est. Ov. R. A. 46.

ūrus, i. *A buffalo.*—Quæsītas ad săcra bŏves Jūnōnis, et *ūris* Impărĭbus ductos alta ad dōnăria currus. V. G. 2. 374.

ūsĭtātus, a, um. *Accustomed, usual, ordinary.*—Non *ūsĭtātâ* nec tĕnui fĕrar Pennâ. Hor. 2. 20. 1. SYN. sŏlĭtus, q. v. v. vulgaris.

usquam. *Anywhere.*—Si mea nūmĭna non sunt Magna satis dŭbĭtem haud ĕquĭdem implōrāre quod *usquam* est. V. Æn. 7. 311.

usque. 1. *Even to, as far as, sometimes c. acc., but in that case usu. c. prep.* ad usque (*sometimes written as one word*, q. v.), usque sub, *etc.*—2. *All the way from, usu. c. prep.* ab, *etc.*—3. *Continually, always.*—1. Admôrunt ŏcŭlis *usque* sub ōra făces. Ov. Ibis. 240. *Usque* sub extrēmum brūmæ intractăbĭlis imbrem. V. G. 1. 212.—2. Classem . . . Dardăniam Sĭcŭlo prospexit ab *usque* Păchȳno. V. Æn. 7. 289.—3. Ūnam jūrābas *usque* dĕcēre lŏqui. Ov. Her. 15. 42. SYN. 3. semper, q. v.

§usquĕquāque. *Everywhere.*—Egnātius quod candĭdos hăbet dentes Rĕnīdet *usquĕquāque*. Cat. 37. 2. SYN. ŭbīque.

ustor, ōris. masc. *A burner.*—Rōbŏra non dēsint mĭsĕro, nec sordĭdus *ustor*. Lucan. 8. 738.

§ustŭlo, as. *To burn.*—Infēlīcĭbus *ustŭlanda* lignis. Cat. 34. 8. SYN. uro, ĭs, q. v.

ustus, a, um. perf. part. pass. from uro, q. v. *Burnt, etc.*—Cum Pallăs *usto* vertit īram ab Īlio. Hor. Epod. 10. 13.

ūsūra, æ. *Interest of money, usury.*—Hinc *ūsūra* vŏrax ăvĭdumque in tempŏre fœnus. Lucan. 1. 181. v. fœnus.

†ūsurpo, as. *To use, to avail oneself of, even so as to perceive.*—Nec călĭdos æstus tuĭmur, nec frīgŏra quĭmus *Ūsurpāre* ŏcŭlis, nec voces cernĕre sūēmus. Lucr. 1. 302.

usus, ûs. masc. 1. *Use, in every sense.*—2. *Skill, experience.*—3. *Habit, custom, esp. such as leads to or arises from intimacy.*—4. *Need, in this sense only in nom. sing.*—1. Ferreus assĭduo consūmĭtur annŭlus *ūsu*. Ov. A. A. 1. 473. Ensemque rĕclūdit Dardănium; non hos quæsītum mūnus in *usus*. V. Æn. 4. 647.—2. *Ūsĭbus* ēdocto si quidquam crēdis ămīco. Ov. Tr. 3. 4. 3. Non omnia grandior ætas Quæ fŭgiămus hăbet; sēris vĕnit *ūsus* ab annis. Ov. Met. 6. 29.—3. Hæc si præstĭtĕris, *ūsu* mihĭ cognĭta longo. Ov. Am. 1. 8. 105.—4. Arma ācri făcienda vĭro, nunc vīrĭbus *usus*. V. Æn. 8. 441. SYN. 2. expĕrientia.—3. consuētūdo, ĭnis, *fem.*—3. ŏpus, *only in nom.*

ut. 1. *As.*—2. *How.*—3. *Although.*—4. *When.*—5. *Since, while.*—6. *That, in order that, so that.*—1. Ūror *ut* inducto cērātæ sulfŭre tædæ. Ov. Her. 7. 23.—2. Aspĭce *ut* insignis spŏliis Marcellus ŏpīmis Ingrĕdĭtur. V. Æn. 6. 856. Aspĭce ventūro lætentur *ut* omnia sæclo. V. E. 4. 52.—3. Dētrahat *ut* multum, multum restābit ăcerbi. Ov. Tr. 5. 2. 21.—4. *Ut* clāmāta sĭlet montes clāmōrĭbus implent. Ov. F. 4. 452.—5. *Ut* sŭmus in Ponto ter frīgŏre constĭtit Ister. Ov. Tr. 5. 10. 1.—6. Non ego sum tanti quamvis mĕreāris ĭnīque, *Ut* pĕreas dum me per frĕta longa fŭgis. Ov. Her. 7. 46. Nōtior *ut* non sit cănĭbus jam Dēlia nostris. V. E. 3. 67. SYN. 1. sīcut, vĕlut, vĕlŭti, ceu, quālĭter.—1, 2. 6. ŭti.—2. quam.—3. quanquam, quamvīs.—4. cum, q. v.—5. dum.

utcunque. 1. *In whatsoever way.*—2. *However it may be, somehow.*—3. *Whenever.*—1. Infēlix, *utcunque* fĕrent ea facta mĭnōres. V. Æn. 6. 823.—2. In quĭbus, excepto quod ădhuc *utcunque* vălēmus. Ov. Ep. e P. 4. 14. 3.—3. *Utcunque* mēcum vos ĕrĭtis, lĭbens Insānientem nāvĭta Bosphŏrum Tentābo. Hor. 3. 4. 29. SYN. 1, 2. quŏcunque.—3. quandŏcunque, quandŏque.

ŭter, ŭtris. masc. *A bag of skin, esp. when made into a bottle to hold wine.*—Mollĭbus in prātīs unctos sălīere per *ūtres*. V. G. 2. 384. v. amphora.

ŭter, ŭtra, ŭtrum, gen. **ŭtrīus** *Whether or which of the two.*—Stant ăcies, sed *ŭtrâ* Dī sint pro parte rŏgandi Ēlĭgĭte. Ov. F. 3. 209.

ŭterque, ŭtraque, ŭtrumque, gen. ŭtrīusque, etc. *Each.* —— Qui postquam dĭdĭcit cāsūs *ŭtrīusque* sŏrōris. Ov. F. 3. 571. v. ambo, quisque.
ŭtĕrus, i. *The womb.* —— Mātūrumque *ŭtĕro* mollĭter effer ŏpus. Ov. F. 2. 452. SYN. alvus; venter, tris, *masc.*; viscus, ĕris, *neut., usu. in pl. in this sense.*
ŭti. a lengthened form of ut, q. v. 1. *As.*—2. *How.*—3. *That.*——1. Pulso Thyās *ŭti* concĭta tympăno. Hor. 3. 15. 10.—2. Namque cănēbat *ŭti* magnum per ĭnāne coacta Sēmĭna terrārumque, ănĭmæque, mărisque fuissent. V. E. 6. 31.—3. Non pĕtĭto ut bĕnĕ sit, sed *ŭti* male tūtius; utque . . . Ov. Ep. e P. I. 2. 105.
ūtĭlis, e. 1. *Useful.*—2. *Able to help oneself.*——1. Bis grăvĭdæ pĕcŭdes, bis pōmīs *ūtĭlis* arbos. V. G. 2. 150. Quæcunque herba pŏtens ad ŏpem, rādixque medendi *Ūtĭlis.* Ov. Her. 5. 148.—2. Quo măgis accēdunt, mĭnus et mĭnus *ūtĭlis* adsto. Ov. Her. 2. 129. SYN. 1. ĭdōneus; bŏnus, mĕlior, optĭmus; aptus, commŏdus, prōfĭciens; hăbĭlis (*of things to be used by the hand, etc.*).
ūtĭlĭtas, ātis. fem. *Usefulness.* —— *Ūtĭlĭtas* vestræ magna sŏrōris ĕrit. Ov. F. 2. 594. v. commodum.
ūtĭlĭter, compar. **ius.** *Usefully, advantageously.* —— Non ăvis *ūtĭlĭter* viscātīs effŭgit ālis. Ov. A. A. 1. 391.
ŭtĭnam. *I wish that.* —— Atque *ŭtĭnam* ex vōbīs ūnus, vestrique fuissem Aut custos grĕgis. V. E. 10. 35. PHR. Nunc mihĭ mille sŏnos, quŏque est mĕmŏrātus Achilles Vellem Mæŏnĭdē pectus ĭnesse tuum. Ov.
†**ŭtĭque.** *Certainly.* —— Nec sŭpĕrāre queunt mōtūs *ŭtĭque* exĭtiāles Perpĕtuo. Lucr. 2. 569. SYN. certē.
ūtor, ĕris, ūsus sum. *To use.* —— Inde ĕgŏ nam ventis quŏque *sum* crūdēlĭbus *ūsa.* Ov. Her. 10. 29. Multa rŏgant *ūtenda* dări, dăta reddĕre nōlunt. Ov. A. A. 1. 433. Non *est* hortāmĭne longo Nunc ait *ūtendum,* vīres effundĭte vestras. Ov. Met. 1. 278. SYN. ădhĭbeo, es. v. exerceo.
utpŏte. *Inasmuch as, considering; as.*——*Utpŏte* fallāci quæ tum prīmum excĭta somno. Cat. 62. 56. v. ut.
utrinque. *On each side.*—— Ūna mĭnistrārum fūsīs *ŭtrinque* căpillis Incessit. Ov. Met. 9. 90. v. undique.
§**ŭtrŏbīque.** *On both sides.*——Quo cŭpiens pacto, păvor est *ŭtrŏbīque* mŏlestus. Hor. Epist. 1. 6. 10. v. prec.
ŭtrōque. *Each way.* —— Nunc huc, nunc illūc, et *ŭtrōque* sĭne ordĭne curro. Ov. Her. 10. 19.
ŭtrum. 1. *Whether.*—2. *Whether? interrog.; in this sense often* ŭtrumnĕ.—— 1. Ipse quis sit, *ŭtrum* sit, an non sit, id quŏque nescit. Cat. 18. 21.—2. *Ŭtrumne* jussi persĕquēmur ōtium. Hor. Epod. 1. 7. SYN. 2. ăn, q. v.
ūva, æ. 1. *A grape.*—2. *Any thing like a bunch of grapes.* —— 1. Ipse răcēmĭfĕris frontem circumdătus *uvis.* Ov. Met. 3. 666.—2. Conflūĕre, et lentis *ūvam* dēmittĕre rāmis. V. G. 4. 558. SYN. 1. răcēmus. PHR. Et nŏva de grăvĭdo palmĭte gemma tūmet. Ov. Mātūræ vīnĭtor ūvæ. V. Dūcĕret āprīcīs in collĭbus ūva cŏlōrem. V. Est tĭbī rūre bŏno gĕnĕrŏsæ fertĭlis ūvæ. Ov. Dum mustīs ūva tŭmēbit. Ov. Gĕniālis consĭtor ūvæ. Ov. Purpŭra fulgōrem pictis accommŏdat ūvis. Ov. Prīma mihī vărĭat līventĭbus ūva răcēmis. Prop. Aurea tunc pressos pĕdĭbus dĕdĭt ūva lĭquōres. Tib. v. racemus.
‡**ūvens, entis.** *Moist.*—— Exsĭliunt ultro, et scŏpŭlis *ūventĭbus* hærent. Stat. Sylv. 3. 1. 145. SYN. uvidus, q. v.
†§**ūvesco, ĭs.** no perf. *To be moist.* —— Dēnĭque fluctĭfrăgo suspensæ in littŏre vestes *Ūvescunt.* Lucr. 1. 306. SYN. mădeo, es, *no sup.*, q. v.
§**ūvĭdŭlus, a, um.** *Rather moist.* —— *Ūvĭdŭlum* a fluctu cēdentem ad templa Deûm me. Cat. 64. 63. v. seq.
ūvĭdus, a, um. *Moist, wet, rainy, etc.* —— Mūtāvēre vias, et Jūpĭter *ūvĭdus* Austris Densat, ĕrant quæ rāra mŏdo. V. G. 1. 418. SYN. ‡ūvens, ūdus, mădĭdus, q. v.
‡**ūvĭfer, ĕra, ĕrum.** *Producing grapes.*—— Massĭcus *ūvĭfĕris* addēbant nōmĭna glēbis. Sil. 7. 263.
Vulcānius, a, um. *Of Vulcan, of fire.* —— Extendĭtur ūna Horrĭda per lātos ăcies *Vulcānia* campos. V. Æn. 10. 408.
Vulcānus, i. 1. *The god of fire, the husband of Venus.*—2. *Fire.* —— 1. Venus . . . *Vulcānum* allŏquĭtur, thălămoque hæc conjŭgis aureō Incĭpit. V.

Æn. 8. 372.—2. Aut dulcis musti *Vulcāno* dēcŏquit hūmōrem. V. G. 1. 295. SYN. 1. Mulcĭber, ĕri; Ignĭpŏtens, Lemnius; Lemnĭcŏla, æ, *masc.*—2. ignis, q. v.

vulgāris, e. *Belonging to the common people, used by, known among the common people; ordinary, common.*——Nūmĭna *vulgāres* Vĕnĕris cĕlĕbrāte puellæ. Ov. F. 4. 865. Fābŭla narrāta est postquam *vulgāris* ab illo. Ov. Ep. e P. 3. 2. 97. v. popularis.

vulgātor, ōris. masc. *One who publishes, makes known.*——Sic āret mĕdiis tăcĭti *vulgātor* ĭn undis. Ov. Am. 3. 7. 51.

†vulgĭvăgus, a, um. *Wandering.*——*Vulgĭvăgo* vitam tractābat mōre fĕrārum. Lucr. 5. 930. v. vagus.

vulgo, as. 1. *To make common, commonly known, etc.*——2. *To divulge.*——1. Non ante *vulgātas* per artes Verba lŏquor sŏcianda chordis. Hor. 4. 9. 3.—2. Quid me alta sĭlentia cōgis Rumpĕre et obductum verbis *vulgāre* dŏlōrem? V. Æn. 10. 63. SYN. 1, 2. †dīvulgo.—2. rĕvēlo, as; rĕtĕgo, ĭs, xi, ctum; pătĕfăcio, ĭs, fēci, factum; §ēlīmĭno, as. PHR. 1. Nunc incorrectum pŏpŭli pervēnit in ora (*of a book published*). Ov. v. diffamo.

vulgo. *Commonly.*——Occĭdit; Assȳrium *vulgo* nascētur ămōmum. V. E. 4. 25. v. ubique.

vulgus, i. neut., but also acc. **vulgum,** masc., no pl. *The common people, used even of animals.*——Scindĭtur incertum stŭdia in contrāria *vulgus*. V. Æn. 2. 39. Hinc spargĕre vōces In *vulgum* ambĭguas, et quærĕre conscius arma. V. Æn. 2. 99. Ductōresque ipsos prīmum căpĭta alta fĕrentes Cornĭbus arbŏreis sternit; tum *vulgus* et omnem . . . turbam. V. Æn. 1. 191. v. plebes. PHR. Ac vĕlŭti magno in pŏpŭlo cum sæpe coorta est Sēdĭtio, sævitque ănĭmis ignōbĭle vulgus. V. Mōbĭle sic sĕquĭtur Fortunæ lūmĭna vulgus. Ov. At vulgus infīdum ut mĕrĕtrix rĕtro Perjūra cēdit. Hor.

vulnĕro, as. *To wound, lit. and metaph.*——Ah potius pĕream quam crīmĭne *vulnĕrer* isto. Ov. Her. 19. 105. SYN. saucio, as; īco, *only in part. pass.* ictus. v. figo, stringo, occupo.

vulnĭfĭcus, a, um. *Causing wounds.*——*Vulnĭfĭcus*que chălybs vastâ fornāce lĭquescit. V. Æn. 8. 446.

vulnus, ĕris. neut. 1. *A wound, lit. and metaph.*—2. *A blow.*—3. *The weapon which inflicts a wound.*——1. Sub altum Pectus ăbit (hasta, sc.) reddit spĕcus ātri *vulnĕris* undam Spūmantem. V. Æn. 9. 701. Cum Jūno, æternum servans sub pectŏre *vulnus*. V. Æn. 1. 36.—2. *Vulnĕrĭbus* donec paulātim ēvicta sūprēmum Congĕmuit (ornus). V. Æn. 2. 630.—3. *Vulnĕra* dīrĭgĕre et călămos armāre vĕnēno. V. Æn. 10. 140. SYN. 1, 2. plāga; ictus, ûs.—3. tēlum, q. v. PHR. 1. Infixum strīdit sub pectŏre vulnus. V. Spīrāmenta ănĭmæ lēthāli vulnĕre rūpit. V. Pulchramque pĕtunt per vulnĕra mortem. V. Prælia miscent Vulnĕrĭbus crēbris, lăvit āter corpŏra sanguis. V. Vulnĕraque illa gĕrens quæ circum plūrĭma mūros Accēpit pātrios. V. Nēve rĕtractando nondum coeuntia rumpam Vulnĕra. Ov. Scissâque a pectore veste Vulnĕra sæva lĭgo, cōnorque ĭnhĭbēre cruōrem. Ov. Inconsōlābĭle vulnus Mente gĕrit tăcĭtâ. Ov. Immĕdĭcābĭle vulnus Ense rĕcīdendum nē pars sincēra trahātur. Ov. Sīc ănĭmus vărio lăbĕfactus vulnĕre nūtat. Ov. Ăcerbo vulnĕre victum (Stăbat ĕnim prŏpior) mĕdiam fĕrit ense sub alvum. Ov. Hector ăbit vĭŏlātus vulnĕre nullo. Ov. Suoque Marte cădunt sŭbĭti per mūtua vulnera fratres. Ov. Mŏdŏ tristia vulnĕra siccat. Ov. At non intonsum simplex Dămăsicthŏna vulnus Affĭcit. Ov.

‡vulpēcŭla, æ. dim. of seq. Fallax *vulpēcŭla* gannit. Auct. Phil. 59.

vulpes, is. fem. *A fox.*——Atque īdem jungat *vulpes* et mulgeat hircos. V. E. 3. 91.

vulsus, a, um. part. pass. from vello, q. v. *Plucked.*——Tum cruor et *vulsæ* lābuntur ab æthĕre plūmæ. V. Æn. 11. 724.

vultur, ūris, also **vultūrius, i.** *A vulture.*——Aut ut ĕdax *vultur* corpus circumspicit ecquod Sub nullâ pŏsĭtum cernĕre possit hŭmo. Ov. Tr. 1. 5. 11. Suscĭtat a. cāno *vultūrium* căpĭte. Cat. 66. 124. PHR. Rostroque immānis vultur ădunco. V. Caucăsiasque rĕfert vŏlŭcres, furtumque Promethei. V.

vultus, ûs. masc. 1. *A countenance.*—2. *Appearance.*——1. Quam nostro illīus lābātur pectŏre *vultus*. V. E. 1. 64.—2. Ūnus ĕrat tōto nātūræ *vultus* in orbe. Ov. Met. 1. 6. SYN. os, ōris, *neut.*; frons, frontis, *fem.*—1, 2. făcies, ēi, q. v.

§**vulva**, æ. *Part of the inside of a pig, chitterlings.*——Nīl mĕlius turdo, nīl *vulvâ* pulchrius amplâ. Hor. Epist. I. 15. 41.

uxor, ōris. fem. *A wife, even of animals.*——Mopse nŏvas incīde făces, tĭbī dūcĭtur *uxor*. V. E. 8. 29. Ŏlentis *uxōres* mărīti. Hor. 1. 17. 7. SYN. conjux, ŭgis; sponsa, dŏmĭna, mātrona. PHR. Linquenda tellūs, et dŏmus et plăcens Uxor. Hor. Cum consorte tŏri parvâ răte vectus ădhæsit (Deucalion). Ov.

uxōrius, a, um. 1. *Of a wife.*—2. *Fond of a wife.*——1. Hoc dĕcet uxōres, dos est *uxōria* lītes. Ov. A. A. 2. 155.—2. Tu nunc Carthāgĭnis altæ Fundāmenta lŏcas, pulchramque *uxōrius* urbem Exstruis. V. Æn. 4. 266.

X.

‡**xĕnium**, i. *A gift given to a stranger or to a guest.*——Omnis in hoc grăcĭli *xĕniōrum* turba lĭbello Constābit nummis quātuor empta tĭbi. Mart. 13. 3. 1.

‡**xērampĕlīnus**, a, um. *Murrey-coloured, in fem. a murrey-coloured garment.*——Et *xērampĕlīnas* vĕtĕres dŏnāvĕrit ipsi. Juv. 6. 518.

xĭphias, æ. masc. *A sword-fish.*——Et dūrus *xĭphias* ictu non mītior ensis. Ov. Hal. 97.

Z.

Zăcynthŏs, i. fem. *The island Zante.*——Jam mĕdio appāret fluctu nĕmŏrōsa *Zăcynthos*. V. Æn. 3. 270.

‡**zēlŏtўpus**, a, um. *Jealous.*——Pōnĕre *zēlŏtўpo* jŭvĕnis prælātus Iarbæ. Juv. 5. 45.

Zĕphўrus, i. *The west wind.*——Vāde ăge nāte vŏca *Zĕphўros*, et lābĕre pennis. V. Æn. 4. 223. SYN. Făvōnius. PHR. Nunc Zĕphўrus sēro vespĕre missus ădest. Ov. Zĕphўros audis spīrāre sĕcundŏs. V. Nīgram hyĕmi pĕcŭdem, Zĕphўris fēlīcĭbus albam (mactat). V. Lēnĭbus impulsæ Zĕphўris aurâque sălūbri Tot gĕnĕrum frondes herbaque summa trĕmunt. Ov. Aut nĭve quæ Zĕphўro victa tĕpente fluit. Ov. Mollĭbus expŏsĭtum Zĕphўris Lĭlўbæŏn. Ov. Ver ĕrat æternum, plăcĭdique tĕpentĭbus auris Mulcēbant Zĕphўri nātos sĭne sēmĭne flōres. Ov.

†**Zōdiăcus**, i. *The Zodiac.*—*Zōdiăcum* hunc Græci vŏcĭtant nostrique Lătīni orbem signĭfĕrum pĕrhĭbēbunt nōmĭne vēro. Cicero. Arat. 317. PHR. Idcirco certis dimensum partibus orbem Per duŏdēna rĕgit mundi Sol aureus astra. V.—*Aries and Pisces.* Quŏtiesque rĕpellit Vēr hyĕmem, Piscique Ăries succedit aquoso. Ov.—*Aries and Taurus.* Ē dŭce lānĭgeri pĕcŏris qui prōdĭdit Hellen Sol ăbit ēgresso victĭma major ădest; Vacca sit an taurus non est cognoscĕre promptum, Pars prior appāret, postĕriōra latent. Ov.—*Leo.* Cum Sol Hercŭlei terga Leōnis adit. Ov.—*Libra.* Libra diē somnique păres ubi fēcĕrit hōras. V.—*Ăquārius.* Cum frīgĭdus ōlim Jam cădit, extrēmoque irrōrat Aquarius anno. V.—*Scorpiŏs, Cancer, Virgo.* Qua lŏcus Ērĭgŏnen inter Chēlasque sĕquentes Pandĭtur; ipse tĭbī jam brāchia contrahit ardens Scorpiŏs. V.—*Virgo.* Jam rĕdit et Virgo, rĕdeunt Saturnia regna. V.—*Caprĭcornus.* Tўrannus Hespĕriæ Căprĭcornus undæ. Hor.

zōna, æ. 1. *A belt, a girdle.*—2. *A zone of the earth.*——1. Nec te Mæŏniâ lascīvæ mōre puellæ Incingi *zōnâ* dĕdĕcuisse pŭtas? Ov. Her. 9. 66.—2. Quinque tĕnent cœlum *zōnæ* quārum ūna cŏrusco Semper sŏle rubens . . . . V. G. 1. 233., q. v. SYN. 1. strŏphium, ‡balteus. PHR. 1. Castaque fallāci zōna rĕcincta mănu. Ov. Dat tĕrĕtem zōnam quâ mŏdŏ cincta fuit. Ov.

§**zōnŭla**, æ. dim. of prec., q. v.——Tĭbī virgĭnes *zōnŭlâ* sŏluunt sĭnus. Cat. 59. 53.

‡**zўthum**, i. *Beer.*——Ut Pēlūsiăci prōrītet pŏcŭla *zўthi*. Columel. 10. 116.

THE END.

LONDON: SPOTTISWOODES and SHAW, New-street-Square.

London: 39, Paternoster Row:
March 30, 1860.

A Select Catalogue of

BOOKS ON EDUCATION,

PRINTED FOR

LONGMAN, BROWN, GREEN, & LONGMANS.

ELEMENTARY GREEK WORKS.

Yonge: An English-Greek Lexicon;

Containing all the Greek Words used by Writers of good authority; citing the Authorities in Chronological Order for every Word used; explaining the Construction; and giving the Declension or Conjugation of each word when irregular; and marking the Quantities of all doubtful Syllables. By C. D. Yonge, B.A. Post 4to. 21s. cloth.

"This Lexicon is compiled on a most admirable plan, and will be found a most important, we will add an indispensable, assistant to the student seeking to perfect himself in Greek composition. Mr. Yonge furnishes a complete English vocabulary so far as there are equivalent and equipollent words in Greek to render the English term. The authorities are invariably given; and the lexicographer has displayed both taste and judgment, with infinite zeal to boot, in the selection of illustrative quotations. It is decidedly a work of rare merit." *Church and State Gazette.*

Brasse's Greek Gradus.

A Greek Gradus; or, a Greek, Latin, and English Prosodial Lexicon: containing the Interpretation, in Latin and English, of all words which occur in the Greek Poets, from the Earliest Period to the time of Ptolemy Philadelphus. By the late Rev. Dr. Brasse. With a Synopsis of the Greek Metres, by the Rev. J. R. Major, D.D. New Edit. revised by the Rev. F. E. J. Valpy, M.A. 8vo. 15s. cloth.

Giles's Greek and English Lexicon.

A Lexicon of the Greek Language, for the use of Colleges and Schools; containing —1. A Greek-English Lexicon, combining the advantages of an Alphabetical and Derivative Arrangement; 2. A copious English-Greek Lexicon. By the Rev. J. A. Giles, LL.D. New Edition. 8vo. 21s. cloth.

*** The English-Greek Lexicon, separately. 7s. 6d. cloth.

Dr. Kennedy's Greek Grammar.

Græcæ Grammaticæ Institutio Prima. Rudimentis Etonensibus quantulum potuit immutatis Syntaxin de suo addidit B. H. Kennedy, S.T.P. New Edition. 12mo. 4s. 6d. cloth.

Kühner's Elementary Greek Grammar.

An Elementary Grammar of the Greek Language. By Dr. Raphael Kühner, Co-Rector of the Lyceum at Hanover. Translated by J. H. Millard, St. John's College, Cambridge. 8vo. 9s. cloth.

Valpy's Greek Grammar.

The Elements of Greek Grammar: with Notes. By R. Valpy, D.D. New Edit. 8vo. 6s. 6d. boards; bound, 7s. 6d.

Pycroft's Greek Grammar Practice.

Three Parts: 1. Lessons in Vocabulary, Nouns, Adjectives, and Verbs in Grammatical order; 2. Greek, made out of each column for translation; 3. English for re-translation By the Rev. J. Pycroft, B.A. 12mo. 3s. 6d. cl.

Moody's Eton Greek Grammar in English.

The New Eton Greek Grammar; with the Marks of Accent, and the Quantity of the Penult: containing the Eton Greek Grammar in English, and the Syntax and Prosody as used at Eton; with numerous Additions. By the Rev. Clement Moody, A.M. New Edition. 12mo. 1s. cloth.

Valpy's Greek Delectus, and Key.

Delectus Sententiarum Græcarum, ad usum Tironum accommodatus: cum Notulis et Lexico. Auctore R. Valpy, D.D. Editio Nova, eademque aucta et emendata. 12mo 4s. cloth.

Key to the above, being a Literal Translation into English. 12mo. 2s. 6d sewed.

Valpy's Second Greek Delectus.

Second Greek Delectus; or, New Analecta Minora: intended to be read in Schools between Dr. Valpy's Greek Delectus and the Third Greek Delectus: with English Notes, and a copious Greek and English Lexicon. By the Rev. F. E. J. VALPY, M.A. New Edition. 8vo. 9s. 6d. bound.

Valpy's Third Greek Delectus.

The Third Greek Delectus; or, New Analecta Majora: with English Notes. In Two Parts. By the Rev. F. E. J. VALPY, M.A. 8vo 15s. 6d. bound.

, The Parts may be had separately.

PART I. PROSE. 8vo. 8s. 6d. bound. — PART 2. POETRY, 8vo. 9s. 6d. bound.

Valpy's Greek Exercises, and Key.

Greek Exercises; being an Introduction to Greek Composition, leading the student from the Elements of Grammar to the higher parts of Syntax By the Rev. F. E. J. VALPY, M.A. New Edition. 12mo. 6s. 6d. cloth.

KEY, 12mo. 3s. 6d. sewed.

Neilson's Greek Exercises, and Key.

Greek Exercises, in Syntax, Ellipsis, Dialects, Prosody, and Metaphrasis. To which is prefixed, a concise but comprehensive Syntax; with Observations on some Idioms of the Greek Language. By the Rev. W. NEILSON, D.D. New Edition. 8vo. 5s. boards.—KEY, 3s. boards.

Howard's Introductory Greek Exercises, and Key.

Introductory Greek Exercises to those of Huntingford, Dunbar, Neilson, and others; arranged under Models, to assist the learner. By N. HOWARD. New Edition. 12mo. 5s. 6d. cloth.—KEY, 12mo. 2s. 6d. cloth.

Donaldson's Theatre of the Greeks.

The Theatre of the Greeks; or, a Series of Papers relating to the History and Criticism of the Greek Drama. Sixth Edition, revised and improved. With an Original Introduction and Notes by JOHN WILLIAM DONALDSON, B.D. Head Master of King Edward's School, Bury St. Edmunds; and formerly Fellow of Trinity College, Cambridge. 8vo. with Frontispiece and Wood Engravings, 15s. cloth.

Dr. Major's Guide to the Greek Tragedians.

A Guide to the Reading of the Greek Tragedians; being a series of articles on the Greek Drama, Greek Metres, and Canons of Criticism. Collected and arranged by the Rev. J. R. MAJOR, D.D. New Edition, enlarged. 8vo. 9s. cloth.

Viger on the Greek Idioms.

Translated and abridged, with original English Notes, by the Rev. J. SEAGER, Editor and Translator of "Bos on the Greek Ellipsis," "Hermann's Doctrine of Metres," "Hoogeveen on the Greek Particles," and "Maittaire on the Greek Dialects." 8vo. 9s. 6d.

ELEMENTARY LATIN WORKS.

Mr. C. D. Yonge's New Latin Gradus.

A Gradus ad Parnassum of the Latin Language; containing every Word used by the Poets of good authority; and in which the words are classed according to their age, their different Meanings carefully distinguished, the Phrases selected *solely* from the purest Authors, and the Authorities accurately cited. For the use of

Eton, Westminster, Winchester, Harrow, and Charterhouse Schools.	King's College, London, and Marlborough College.

By C. D. YONGE, B.A., Author of "An English-Greek Lexicon." Post 8vo. 9s. bound.

"The plan adopted in this gradus is a pleasing proof of the strides which true scholarship has made in the inferior grades of classical study. Instead of the old gradus, which seemed expressly constructed for the purpose of teaching the pupil to string words together with respect to the number and quantity of their syllables, without the least regard to sense or fitness, the present manual of metrical reference has the character of a critical apparatus which, while it supplies him with copious examples from the best authors, forces him at the same time to pay attention to the sense, and guides him moreover in the selection of such terms only as appertain to the age of pure Latinity."

John Bull.

Kennedy: The Child's Latin Primer;
Or, First Latin Lessons: Extracted (with Model Questions and Exercises) from "An Elementary Latin Grammar," by the Rev. B. H. KENNEDY, D.D. Head Master of Shrewsbury School. 12mo. 2s. cloth.

Dr. Kennedy's Latin Vocabulary.
A Latin Vocabulary, arranged on Etymological Principles, as an Exercise-Book, and first Latin Dictionary for the use of the Lower Classes in Schools. By the Rev. B. H. KENNEDY, D.D. Head Master of Shrewsbury School. 12mo. 2s. 6d

Dr. Kennedy's First Latin Reading Book.
Tirocinium; or, a First Latin Reading Book. Adapted to the Author's "Child's Latin Primer." By the Rev. B. H. KENNEDY, D.D. Head Master of Shrewsbury School. 12mo. 2s. cloth.

Dr. Kennedy's Second Latin Reading Book.
Palaestra Latina; or, a Second Latin Reading Book. Adapted to the Author's "Elementary Latin Grammar," By the Rev. B. H. KENNEDY, D.D., Head Master of Shrewsbury School. 12mo. 5s. cloth.
"A selection of progressive passages and pieces from Latin writers, divided into two courses, each course preceded by exercises on points of grammar. Notes and questions on the lessons are also added." *Spectator.*

Dr. Kennedy's Latin Grammar.
An Elementary Grammar of the Latin Language, for the use of Schools, by the Rev. B. H. KENNEDY, D.D. Head Master of Shrewsbury School. New Edition. 12mo. 3s. 6d. cloth.

Moody's Eton Latin Grammar in English.
The New Eton Latin Grammar, with the Marks of Quantity and the Rules of Accent; containing the Eton Latin Grammar as used at Eton, and its Translation into English: with Notes and Additions. By Rev. CLEMENT MOODY, M.A. New Edition. 12mo. 2s. 6d. cloth. The Accidence, separately, price 1s.

Graham's First Steps to Latin Writing.
First Steps to Latin Writing: intended as a Practical Illustration of the Latin Accidence. To which are added, Examples on the principal Rules of Syntax. By G. F. GRAHAM. New Edition, considerably enlarged. 12mo. 4s. cloth.

Valpy's Latin Delectus, and Key.
Delectus Sententiarum et Historiarum; ad usum Tironum accommodatus: cum Notulis et Lexico. Auctore R. VALPY, D.D. New Edition 12mo. 2s. 6d. cloth.
KEY. New Edition, carefully revised. 12mo. 3s. 6d. cloth.

Valpy's Second Latin Delectus.
The Second Latin Delectus; designed to be read in Schools after the Latin Delectus, and before the Analecta Latina Majora: with English Notes. By the Rev. F. E. J. VALPY, M.A. New Edition. 8vo. 6s. bound.

Valpy's First Latin Exercises.
First Exercises on the principal Rules of Grammar, to be translated into Latin: with familiar Explanations. By the late Rev. R. VALPY, D.D. New Edition, with many Additions. 18mo. 1s. 6d. cloth.

Valpy's Second Latin Exercises.
Second Latin Exercises; applicable to every Grammar, and intended as an Introduction to Valpy's "Elegantiæ Latinæ." By the Rev. E. VALPY, B.D. New Edition. 12mo. 2s. 6d. cloth.

Valpy's Elegantiæ Latinæ, and Key.
Elegantiæ Latinæ; or, Rules and Exercises illustrative of Elegant Latin Style: With the Original Latin of the most difficult Phrases. By Rev. E. VALPY, B.D. New Edition. 12mo. 4s. 6d cloth.
KEY, being the Original Passages, which have been translated into English, to serve as Examples and Exercises in the above. 12mo. 2s. 6d. sewed.

An Introduction to the Composition of Latin Verse;
containing Rules and Exercises intended to illustrate the Manners, Customs, and Opinions, mentioned by the Roman Poets, and to render familiar the principal Idioms of the Latin Language. By the late CHRISTOPHER RAPIER, A.B. New Edition, revised by the Rev. T. K. ARNOLD, M.A. 12mo. 3s. 6d. cloth.—KEY, 2s. 6d. sewed.

Walford's Latin Verse Book.

Progressive Exercises in Latin Elegiac Verse. Adapted, with References throughout, to the Syntax of Dr. Kennedy's Latin Grammar; and accompanied by Marginal References to the Works of the best Latin Poets. By the Rev. E. WALFORD, M.A. Scholar of Balliol College, Oxford, and Assistant-Master of Tunbridge School. New Edition, corrected. 12mo. 2s. 6d. cloth.

Howard's Introductory Latin Exercises.

Introductory Latin Exercises to those of Clarke, Ellis, Turner, and others: designed for the Younger Classes. By NATHANIEL HOWARD. New Edition. 12mo. 2s. 6d. cloth.

Howard's Latin Exercises extended.

Latin Exercises Extended; or, a Series of Latin Exercises, selected from the best Roman Writers, and adapted to the Rules of Syntax, particularly in the Eton Grammar. To which are added, English Examples to be translated into Latin immediately under the same rule. Arranged under Models. By NATHANIEL HOWARD. New Edition. 12mo. 3s 6d. cloth.—KEY, 12mo. 2s. 6d.

Bradley's Latin Prosody, and Key.

Exercises in Latin Prosody and Versification. New Edition, with an Appendix on Lyric and Dramatic Measures. 12mo. 3s. 6d. cloth.—KEY, 12mo. 2s. 6d.

EDITIONS OF GREEK CLASSIC AUTHORS.

Valpy's Homer.

Homer's Iliad, complete: English Notes, and Questions to first Eight Books. Text of Heyne. By the Rev. E. VALPY, B.D. late Master of Norwich School. New Edition. 8vo. 10s. 6d. bound.—Text only, New Edit. 8vo. 6s. 6d. bound.

Major's Euripides.

Euripides. From the Text, and with a Translation of the Notes, Preface, and Supplement, of Porson; Critical and Explanatory Remarks, original and selected; Illustrations and Idioms from Matthiæ, Dawes, Viger, &c.; and a Synopsis of Metrical Systems. By Dr. MAJOR. 8vo. 24s. cloth.

*** The Five Plays separately, price 5s. each.

Linwood's Sophocles.

Sophoclis Tragœdiæ superstites. Recensuit et brevi Annotatione instruxit G. LINWOOD, M.A. Ædis Christi apud Oxonienses Alumnus. 8vo. 16s. cloth.

Brasse's Sophocles.

Sophocles, complete. From the Text of Hermann, Erfurdt, &c.; with original Explanatory English Notes, Questions, and Indices. By Dr. BRASSE, Mr. BURGES, and Rev. F. VALPY. 2 vols. post 8vo. 34s. cloth.

*** The Seven Plays separately, price 5s. each.

Balfour's Xenophon's Anabasis.

The Anabasis of Xenophon. Chiefly according to the Text of Hutchinson. With Explanatory Notes, and Illustrations of Idioms from Viger, &c., copious Indexes, and Examination Questions. By F. C. BALFOUR, M.A. Oxon. F.R.A.S. LL.D. New Edition. Post 8vo. 8s. 6d. boards.

Hickie's Xenophon's Memorabilia.

Xenophon's Memorabilia of Socrates. From the text of Kuhner. With Notes, Critical and Explanatory, from the best Commentators, and by the Editor; Questions for Examination; and Indices. By D. B. HICKIE, LL.D. New Edition. Post 8vo. 8s. 6d. cloth.

Barker's Xenophon's Cyropædia.

The Cyropædia of Xenophon. Chiefly from the text of Dindorf. With Notes, Critical and Explanatory, from Dindorf, Fisher, Hutchinson, Poppo, Schneider, Sturtz, and other scholars, accompanied by the editor's. With Examination Questions, and Indices. By E. H. BARKER. Post 8vo. 9s. 6d. bds.

White's Edition of Xenophon's Anabasis.

Xenophon's Expedition of Cyrus into Upper Asia: principally from the Text of Schneider. With English Notes, for the use of Schools. By the Rev. J. T. White, M.A. C.C.C. Oxon; Junior Upper Master of Christ's Hospital, London. 12mo. 7s. 6d. bound.

Stocker's Herodotus.

Herodotus; containing the Continuous History alone of the Persian Wars: with English Notes. By the Rev. C. W. STOCKER, D.D. Vice-Principal of St. Alban's Hall, Oxford. New Edition. 2 vols. post 8vo. 18s. cloth.

Barker's Demosthenes.

Demosthenes—Oratio Philippica I., Olynthiaca I. II. and III., De Pace, Æschines contra Demosthenem, De Corona. With English Notes. By E. H. BARKER. New Edition. Post 8vo. 8s. 6d. boards.

EDITIONS OF LATIN CLASSIC AUTHORS.

Girdlestone and Osborne's Horace.

The Works of Horace. Adapted to the Use of Young Persons, by the Omission of Offensive Words and Passages; and illustrated by original English Notes, embodying the most recent Philological Information, together with occasional Strictures on Sentiments of an unchristian tendency. By the Rev. CHARLES GIRDLESTONE, M.A. and the Rev. WILLIAM A. OSBORNE, M.A. 12mo. 7s. 6d. bound.

Valpy's Horace.

Q. Horatii Flacci Opera. Ad fidem optimorum exemplarium castigata; cum Notulis Anglicis. Edited by A. J. VALPY, M.A. New Edition. 18mo. 6s. bound; without Notes, 3s. 6d. bound.

Virgil with 6,000 Marginal References, by Pycroft.

The Æneid, Georgics, and Bucolics of Virgil: with Marginal References, and concise Notes from Wagner, Heyne, and Anthon. Edited, from the Text of Wagner, by the Rev. JAS. PYCROFT, B.A. Trin. Coll. Oxford. Fcp. 8vo. 7s. 6d. bound; without Notes, 3s. 6d. bound.

Valpy's Edition of Virgil.

P. Virgilii Maronis Bucolica, Georgica, Æneis. Accedunt, in gratiam Juventutis, Notæ quædam Anglice scriptæ. Edited by A. J. VALPY, M.A. New Edition. 18mo. 7s. 6d. bound; the TEXT only, 3s. 6d. bound.

Bradley's Ovid's Metamorphoses.

Ovidii Metamorphoses; in usum Scholarum excerptæ: quibus accedunt Notulæ Anglicæ et Quæstiones. Studio C. BRADLEY, A.M. Editio Nova. 12mo. 4s. 6d. cloth.

Valpy's Ovid's Epistles and Tibullus.

Electa ex Ovidio et Tibullo: cum Notis Anglicis. By the Rev. F. E. J. VALPY, M.A. Master of Burton-on-Trent School. New Edition. 12mo. 4s. 6d. cloth.

Bradley's Phædrus.

Phædri Fabulæ; in usum Scholarum expurgatæ: quibus accedunt Notulæ Anglicæ et Quæstiones. Studio C. BRADLEY, A.M. Editio Nova. 12mo. 2s. 6d. cl.

Reinhardt's Terence, by Dr. Hickie.

P. Terentii Afri Comœdiæ Sex. Ex Editione TH. FRID. GOD. REINHARDT. With English Explanatory Notes, a Life and Chronology of Terence, and Excursuses. By D. B. HICKIE, LL.D. New Edition. 12mo. with Portrait, 9s. 6d. cloth.

Valpy's Tacitus, with English Notes.

C. Cornelii Taciti Opera. From the Text of Brotier; with his Explanatory Notes, translated into English. By A. J. VALPY, M.A. 3 vols. post 8vo. 24s. bds.

Hickie's Livy.

The First Five Books of Livy: with English Explanatory Notes, and Examination Questions. By D. B. HICKIE, LL.D. New Edit. Post 8vo. 8s. 6d. boards.

C. Julii Cæsaris Commentarii de Bello Gallico

Ex recensione FR. OUDENDORPII. With Explanatory Notes, and Historical, Geographical, and Archæological Indexes. By CHARLES ANTHON, LL.D. New Edition. 12mo. 4s. 6d. cloth.

C. Crispi Sallustii Opera.

With an English Commentary, and Geographical and Historical Indexes. by CHARLES ANTHON, LL.D. New Edition. 12mo. 5s. cloth.

Bradley's Cornelius Nepos, improved by White.

Cornelius Nepos with English Notes and Questions By the Rev C Bradley M A A New Edition, corrected and considerably enlarged by the addition of Explanatory and Grammatical Notes, by the Rev J T White, M A , Junior Upper Master of Christ's Hospital, London , Editor of "Xenophon's Anabasis," &c 12mo 3s 6d cloth

, It is in the Notes that this new and improved edition of Bradley's Nepos will be found most to differ from those which preceded it The Notes have been entirely re written , and a very large amount of classical information has been embodied in them, from the best and most recent sources, respecting matters in the text of Nepos, upon which the original work was altogether silent.

Bradley's Eutropius, improved by White.

Eutropii Historiæ Romanæ Libri Septem. The First Seven Books of Eutropius's Epitome of the History of Rome with English Notes and Questions, and a copious Vocabulary By the Rev C Bradley, M A New Edition, corrected and considerably enlarged, by the Rev J T White, M.A ; Junior Upper Master of Christ's Hospital, London, Editor of "Xenophon's Anabasis," &c 12mo 2s 6d cloth.

M. Tullii Ciceronis Orationes Selectæ.

Ex recensione Jo Aug Ernesti With an English Commentary, and Historical, Geographical, and Legal Indexes By Charles Anthon, LL D New Edition 12mo. 6s cloth.

Valpy's Cicero's Twelve Orations.

Twelve Select Orations of M Tullius Cicero From the Text of Jo Casp Orellius, with English Notes. Edited by A J Valpy, M A New Edition. Post 8vo 7s 6d boards.

Barker's Cicero de Amicitia, &c.

Cicero's Cato Major, and Lælius with English Explanatory and Philological Notes, and with an English Essay on the Respect paid to Old Age by the Egyptians the Persians, the Spartans, the Greeks, and the Romans By the late E. H. Barker. New Edition 12mo. 4s 6d cloth

---

WORKS BY THE REV. S. T. BLOOMFIELD, D D. F.S.A.

Bloomfield's New Greek Vocabulary.

Lexilogus Scholasticus, or, a Greek and English Vocabulary on a new and improved plan comprising all the Primitives, with some select Derivatives, and presenting a brief Epitome in outline of the Greek Language. 18mo 3s.

Bloomfield's Epitome of the Greek Gospels.

Epitome Evangelica, or, First Step to Greek Construing, being Selections from the Four Greek Gospels: with a Clavis and Grammatical Notes Intended as a Companion to the Author's "Lexilogus Scholasticus," and as an Introduction to his "College and School Greek Testament." 18mo 4s cloth

Bloomfield's Greek Lexicon to the New Testament.

Greek and English Lexicon to the New Testament, especially adapted to the use of Colleges and the higher Classes in the Public Schools, but also intended as a convenient Manual for Biblical Students in general. New Edition, enlarged and improved Fcp 8vo 10s 6d cloth

Bloomfield's College and School Greek Testament.

The Greek Testament. with brief English Notes, Philological and Explanatory. Especially formed for the use of Colleges and the Public Schools, but also adapted for general purposes, where a larger work is not requisite. New Edition, enlarged and improved. Fcp 8vo 10s 6d cloth

Bloomfield's Greek Testament.

The Greek Testament with copious English Notes, Critical, Philological, and Explanatory New Edition, enlarged and improved. 2 vols 8vo with Map of Palestine, £2, cloth.

Bloomfield's Greek Thucydides.

The History of the Peloponnesian War, by Thucydides. A New Recension of the Text; with a carefully amended Punctuation; and copious Notes, Critical, Philological, and Explanatory; with full Indices, both of Greek Words and Phrases, explained, and matters discussed in the Notes. 2 vols. 8vo. with Maps and Plans, 38s. cloth.

Bloomfield's Translation of Thucydides.

The History of the Peloponnesian War. By THUCYDIDES. Translated into English, and accompanied by copious Notes, Philological and Explanatory, Historical and Geographical. 3 vols. 8vo. with Maps, &c. £2. 5s. boards.

HISTORY, CHRONOLOGY, AND MYTHOLOGY.

Eccleston: An Introduction to English Antiquities.

Intended as a Companion to the History of England. By James Eccleston, B.A. late Master of Sutton Coldfield Grammar School. 8vo. with numerous Engravings on Wood, 21s cloth.

Mr. Farr's Elementary History of England.

A School History of England, from the Earliest Period, to the Eleventh Year of the Reign of Queen Victoria; containing a Narrative of Civil and Military Transactions, and exhibiting a view of the Religion, Government and Laws, Literature, Arts, Commerce, Manners and Customs, &c of the different Periods. By EDWARD FARR, Esq. F.S.A. New Edition. 12mo. 5s. 6d. bound.

The Rev. B. G. Johns's History of the Jews.

A Sketch of the History of the Jews, from the end of the captivity to the coming of the Messiah: with an Appendix of the Names of remarkable Persons and Places mentioned. By the Rev. B. G. JOHNS, Head Master of the Grammar School, College of God's Gift, Dulwich; late Normal Master of St. Mark's College, Chelsea. 12mo. with Map, 1s. 6d. cloth.

The Rev. J. Sedgwick's School History of France.

A History of France; from the Earliest Period to the Revolution of 1848. For the use of Young Persons and Schools. Edited by the Rev. JOHN SEDGWICK, M.A. Demy of Magdalen College, Oxford; and one of the Masters in the Ordnance School, Carshalton. Fcp. 8vo. 3s. 6d. cloth.

Lempriere's Classical Dictionary, abridged

For Public and Private Schools of both Sexes. By the late E. H. BARKER, Trinity College, Cambridge. New Edition, revised and corrected throughout. By J. CAUVIN. 8vo. 12s. bound.

Blair's Chronological and Historical Tables.

From the Creation to the Present Time: with Additions and Corrections from the most Authentic Writers; including the Computation of St. Paul, as connecting the Period from the Exode to the Temple. Under the superintendence of Sir HENRY ELLIS, K.H. Imp. 8vo. 31s. 6d. half-bound morocco.

Mrs. Slater's School Chronology, and Chart.

Sententiæ Chronologicæ; or, a Complete System of Ancient and Modern Chronology, contained in Familiar Sentences: intended for the use of Schools and Private Students. By Mrs. JOHN SLATER. New Edition, corrected to the present time. 12mo. 3s. 6d. cloth.—Also,

A Chronological Chart, designed to accompany the "Sententiæ Chronologicæ," and corrected to correspond with the New Edition of that work. On 2 large sheets, coloured, price 6s.; or mounted on linen on a roller, 8s. 6d.

Mangnall's Questions.—THE ONLY GENUINE AND COMPLETE EDITION.

Historical and Miscellaneous Questions, for the Use of Young People; with a Selection of British and General Biography, &c. &c. By R. MANGNALL. New Edition, with the Author's last Corrections, and other very considerable Additions and Improvements. 12mo. 4s. 6d. bound.

Corner's Sequel to Mangnall's Questions.

Questions on the History of Europe: a Sequel to Mangnall's Historical Questions; comprising Questions on the History of the Nations of Continental Europe not comprehended in that work. By JULIA CORNER. New Edition. 12mo. 5s. bound.

Hort's Pantheon.

The New Pantheon, or, an Introduction to the Mythology of the Ancients, in Question and Answer compiled for the Use of Young Persons With an Accentuated Index, Questions for Exercise, and Poetical Illustrations of Grecian Mythology, from Homer and Virgil. By W J. HORT New Edition, enlarged 18mo with 17 Plates, 5s 6d bound

Hort's Chronology.

An Introduction to the Study of Chronology and Ancient History in Question and Answer By W. J HORT New Edition 18mo 4s bound

School Chronology; or, the Great Dates of History.

Drawn up for the use of the Collegiate Schools, Liverpool. New Edition. Square 12mo 1s stitched

Valpy's Poetical Chronology.

Poetical Chronology of Ancient and English History with Historical and Explanatory Notes By R VALPY, D D New Edition 12mo 2s 6d cloth

Mathematical Works, by Mr. J. R. Young, Professor of Mathematics in Belfast College.

An Elementary Treatise on Algebra, Theoretical and Practical. with an Appendix on Probabilities and Life Annuities Fourth Edition, enlarged 12mo 6s cloth
KEY, by SPILLER, 12mo 6s

The Analysis and Solution of Cubic and Biquadratic Equations forming a Sequel to the Elements of Algebra. 12mo 6s cloth

Theory and Solution of Algebraical Equations of the Higher Orders Second Edition, enlarged 8vo. 15s cloth

Elements of the Differential Calculus comprehending Curve Surfaces and Curves of Double Curvature. Second Edition, enlarged 12mo 9s cloth.—An Edition in 8vo. 12s cloth

Elements of Geometry: with Notes 8vo 8s cloth

The Elements of Mechanics; comprehending Statics and Dynamics with a copious Collection of Mechanical Problems 12mo with Plates, 10s 6d cloth

Analytical Geometry: Comprising the Theory of Conic Sections, and of Curves and Surfaces of the Second Order. Second Edition 2 vols 12mo 14s cloth Separately—
Part I Conic Sections, 6s 6d
Part II Curves and Surfaces, 7s 6d.

Mathematical Dissertations, for the Use of Students in the Modern Analysis 8vo 9s 6d cloth

Euclid's Elements, the first Six, and the Eleventh and Twelfth Books with Corrections from Simson and Playfair's Texts, and an improved Vth Book Fifth Edition 18mo 5s cloth

Elements of Plane and Spherical Trigonometry with their Applications to the Principles of Navigation and Nautical Astronomy Second Edition 12mo 6s cloth

Mathematical Tables Comprehending the Logarithms of all Numbers, from 1 to 30,600, also the Natural and Logarithmic Sines and Tangents, &c New Edition. 12mo. 6s 6d cloth

An Elementary Essay on the Computation of Logarithms with the most expeditious Methods of constructing a Table of those Numbers Second Edition. 12mo 5s cloth

Researches respecting the Imaginary Roots of Numerical Equations being a Continuation of Newton's Investigations on that subject 8vo 3s 6d sewed.

Three Lectures on some of the Advantages of Mathematical Study with an Examination of Hume's Argument against Miracles 12mo 2s 6d. cloth

GEOMETRY, ARITHMETIC, LAND-SURVEYING, ETC.

Sandhurst College Arithmetic and Algebra.

Elements of Arithmetic and Algebra By W SCOTT, Esq A M and F R A.S Examiner in Mathematics of Candidates for Commissions in Her Majesty's Service, and Professor of Mathematics in Sandhurst Military College New Edition 8vo 16s bound

*** "Scott's Elements of Arithmetic and Algebra," and "Narrien's Elements of Geometry," are recommended (as useful to Candidates for Commissions in the Army) in the Instructions issued by the Commander in-Chief

Sandhurst College Elements of Euclid.

Elements of Geometry: consisting of the first four, and the sixth, Books of Euclid, chiefly from the Text of Dr. Robert Simson; with the principal Theorems in Proportion, a Course of Practical Geometry on the Ground, &c. By JOHN NARRIEN, F.R.S. and R.A.S. Professor of Mathematics, &c. in Sandhurst Military College. New Edition. 8vo. 10s. 6d. bound.

Sandhurst College Trigonometry.

Plain Trigonometry and Mensuration. By W. SCOTT, Esq. A.M. and F.R.A.S. 8vo. 9s. 6d. bound.

Sandhurst College Astronomy and Geodesy.

Practical Astronomy and Geodesy: including the Projections of the Sphere and Spherical Trigonometry. For the use of the Royal Military College, Sandhurst. By JOHN NARRIEN, F.R.S. & R.A.S. 8vo. 14s. bound.

Sandhurst College Analytical Geometry.

Analytical Geometry: with the Poperties of Conic Sections: and an Appendix, containing a Tract on Descriptive Geometry. For the use of the Royal Military College, Sandhurst. By J. NARRIEN, F.R.S. and R.A.S. 8vo. 8s. 6d.

Professor Thomson's Elementary Algebra.

An Elementary Treatise on Algebra, Theoretical and Practical. By JAMES THOMSON, LL.D. Professor of Mathematics in the University of Glasgow. New Edition. 12mo. 5s. cloth.—KEY, 4s. 6d. cloth.

Nesbit: a Complete Treatise on Practical Land Surveying.

For the use of Schools and Students. With 260 Practical Examples. By A. NESBIT. New Edition, corrected and greatly enlarged. To which are now added, Plane Trigonometry, including the use of the Theodolite and Railway Surveying; and Railway Engineering, including the Principles and Practice of Levelling, Planning, Laying out Curves, Cutting and Embanking, Tunnelling, Viaducts, &c. By T. BAKER, Land-Surveyor and Civil Engineer. 8vo. with woodcuts, plates, and an engraved field-book, 12s. cloth.

Nesbit's Mensuration, and Key.

A Treatise on Practical Mensuration: containing the most approved Methods of drawing Geometrical Figures; Mensuration of Superficies; Land Surveying; Mensuration of Solids; the Use of the Carpenter's Rule; Timber Measure, &c. By A. NESBIT. New Edition. 12mo. with 300 Woodcuts. 6s. bound.

KEY. New Edition. 12mo. 5s. bound.

Keith's Treatise on the Use of the Globes.

New Edition, greatly enlarged and improved, by ALFRED S. TAYLOR, F.R.S. Lecturer on Chemistry, &c. in Guy's Hospital; R. A. LE MESURIER, B.A. Scholar of Corpus Christi College, Oxford; and J. MIDDLETON, Esq. Professor of Astronomy. 12mo. with Plates and Diagrams, 6s. 6d. bound.

KEY. Adapted to the New Edition, by Prof. MIDDLETON. 12mo. 2s. 6d. cloth.

Keith's Trigonometry.

An Introduction to the Theory and Practice of Plane and Spherical Trigonometry, and the Stereographic Projection of the Sphere, including the Theory of Navigation. By THOMAS KEITH. New Edition, corrected by S. MAYNARD. 8vo. 14s. cloth.

Crocker's Land Surveying.

Crocker's Elements of Land Surveying. New Edition, corrected throughout, and considerably improved and modernized, by T. G. BUNT, Land-Surveyor, Bristol. To which are added, Tables of Six-figure Logarithms, superintended by RICHARD FARLEY, of the Nautical Almanac Establishment. Post 8vo. with Plans, Field-book, &c. 12s. cloth.

Moseley: Illustrations of Practical Mechanics.

By the Rev. H. MOSELEY, M.A. Professor of Natural Philosophy and Astronomy in King's College, London. New Edit. Fcp. 8vo. with Woodcuts, 8s. cloth.

Tate's Elements of Euclid.

The First Three Books of Euclid's Elements of Geometry; from the Text of Dr. Simson: together with various useful Theorems and Problems, as Geometrical Exercises on each Book. By THOMAS TATE, late Mathematical Professor and Lecturer on Chemistry in the National Society's Training College, Battersea. 12mo. 1s. 6d. cloth.

Tate: Principles of Geometry, Mensuration, Trigonometry, Land-Surveying, and Levelling: containing familiar Demonstrations and Illustrations of the most important Propositions in Euclid's Elements; Proofs of all the useful Rules and Formulæ in Mensuration and Trigonometry, with their application to the Solution of Practical Problems in Estimation, Surveying, and Railway Engineering. By THOMAS TATE, late Mathematical Professor and Lecturer on Chemistry in the National Society's Training College, Battersea. New Edition. 12mo. with 317 Diagrams and Woodcuts, 3s. 6d. cloth.

Tate's Algebra made Easy.
Algebra made Easy. Chiefly intended for the use of Schools. By THOMAS TATE, late Mathematical Professor and Lecturer on Chemistry in the National Society's Training College, Battersea. New Edition. 12mo. 2s. cloth.

Tate: The Principles of the Differential and Integral Calculus simplified and applied to the Solution of various Useful Problems in Practical Mathematics and Mechanics. By THOMAS TATE, late Mathematical Professor and Lecturer on Chemistry in the National Society's Training College, Battersea. 12mo. 4s. 6d.

Tate: Treatise on the First Principles of Arithmetic, after the method of Pestalozzi. Designed for the use of Teachers and Monitors in Elementary Schools. By THOMAS TATE, late Mathematical Professor and Lecturer on Chemistry in the National Society's Training College, Battersea. New Edition, with additions and improvements. 12mo. 1s. 6d. cloth.

Tate: Exercises on Mechanics and Natural Philosophy; or, an easy introduction to Engineering; containing various Applications of the Principle of Work; the Theory of the Steam Engine with Simple Machines; Theorems and Problems on Accumulated Work, &c. By THOMAS TATE, late Mathematical Professor and Lecturer on Chemistry in the National Society's Training College, Battersea. New Edition. Fcp. 8vo. 2s. cloth.

Hunter: Exercises in the First Four Rules of Arithmetic: constructed for the application of New Artificial Tests, by which the Teacher may expeditiously ascertain the Correctness of the Results. By the Rev. JOHN HUNTER, M.A. Vice-Principal of the National Society's Training College, Battersea. Second Edit. remodelled and enlarged. 12mo. 6d. sewed.

Colenso's School Arithmetic.
Arithmetic, designed for the use of Schools. By the Rev. J. W. COLENSO, M.A. Rector of Forncett St. Mary, Norfolk; and late Fellow of St. John's College, Cambridge. New Edition. Fcp 8vo. 4s. 6d. boards.

Maynard's Key to Colenso's School Arithmetic.
Solutions to all the Unworked Examples in the Rev. J. W. Colenso's "Arithmetic for Schools." By SAMUEL MAYNARD, Editor of Keith's and Bonnycastle's Mathematical Works, &c. 12mo. 6s. boards.

Taylor's Arithmetic, and Key.
The Arithmetician's Guide; or, a complete Exercise Book: for Public Schools and Private Teachers. By W. TAYLOR. New Edition, revised by S MAYNARD. 12mo. 2s. 6d. bound.
KEY. By W. H. WHITE. 12mo. 4s. bound.

Molineux's Arithmetic, and Key.
An Introduction to Practical Arithmetic; in Two Parts: with various Notes, and occasional Directions for the use of Learners. By T. MOLINEUX, many years Teacher of Accounts and the Mathematics in Macclesfield. In Two Parts. Part 1. 12mo. 2s. 6d. bound.—Part 2. 12mo. 2s. 6d. bound.
KEY to Part 1, 6d.—KEY to Part 2, 6d.

Joyce's Arithmetic, and Key.
A System of Practical Arithmetic, applicable to the present state of Trade and Money Transactions: illustrated by numerous Examples under each Rule. By the REV. J. JOYCE. New Edition, corrected and improved by S. MAYNARD. 12mo. 3s. bound.
KEY. 18mo. 3s. bound.

Walkingame's Arithmetic and Key, by Crosby.

The Tutor's Assistant; being a Compendium of Arithmetic, and a complete Question-Book; containing Arithmetic in Whole Numbers, Vulgar Fractions, Decimals, Duodecimals, the Mensuration of Circles, a Collection of Questions. &c. By FRANCIS WALKINGAME. A New Edition, corrected by T. CROSBY. 12mo. 2s. cloth.

KEY. 12mo. 3s. 6d. cloth.

Morrison's Book-Keeping, and Forms.

The Elements of Book-keeping, by Single and Double Entry; comprising several Sets of Books, arranged according to Present Practice, and designed for the use of Schools. By JAMES MORRISON, Accountant. New Edition, considerably improved. 8vo. 8s. half-bound.

Sets of Blank Books, ruled to correspond with the Four Sets contained in the above work: Set A, Single Entry, 3s.; Set B, Double Entry, 9s.; Set C, Commission Trade, 12s.; Set D, Partnership Concerns, 4s. 6d.

Morrison's Commercial Arithmetic, and Key.

A Concise System of Commercial Arithmetic. By J. MORRISON, Accountant. New Edition, revised and improved. 12mo. 4s. 6d. bound.

KEY. New Edition, corrected and improved by S. MAYNARD, Editor of "Keith's Mathematical Works." 12mo. 8s. bound.

Nesbit's Arithmetic, and Key.

A Treatise on Practical Arithmetic. By A. NESBIT. New Edition. 12mo. 5s. bd.

A KEY to the same. 12mo. 5s. bound.

PART II. of Nesbit's Practical Arithmetic; containing Fractions, Decimals, Logarithms, Chain-Rule, &c.

KEY to part II. 12mo. 7s. bound.

Thomson: School Chemistry;

Or, Practical Rudiments of the Science. By ROBERT DUNDAS THOMSON, M.D. Master in Surgery in the University of Glasgow; Lecturer on Chemistry in the same University; and formerly in the Medical Service of the Honourable East India Company. Fcp. 8vo. with Woodcuts, 7s. cloth.

Peschel's Elements of Physics.

The Elements of Physics. By C. F. PESCHEL, Principal of the Royal Military College, Dresden. Translated from the German, with Notes, by E. WEST 3 vols. fcp. 8vo. with Woodcuts and Diagrams, 21s. cloth.

Separately { Part 1. The Physics of Ponderable Bodies. Fcp. 8vo. 7s. 6d
Part 2. Imponderable Bodies (Light, Heat, Magnetism, Electricity, and Electro-Dynamics). 2 vols. fcp. 8vo. 13s. 6d.

Mrs. Lee's Natural History for Schools.

Elements of Natural History; or, First Principles of Zoology: comprising the Principles of Classification, interspersed with amusing and instructive Original Accounts of the most remarkable Animals. By Mrs. R. LEE. New Edit. revised and enlarged. 12mo. with numerous additional Woodcuts, 7s. 6d. bound.

GEOGRAPHY AND ATLASES.

S. Hall's First School Atlas—Price Eighteen-pence.

A First or Elementary Atlas, for the use of Schools. Containing Ten Maps, engraved by S. Hall. Oblong 4to. 1s. 6d. coloured.

1. Canaan as divided among the Tribes.
2. Palestine in the time of Our Lord.
3. The World, in Two Hemispheres.
4. The British Isles.
5. Europe.
6. Asia.
7. Africa.
8. North America.
9. South America.
10. Australia, &c.

The first two Maps are adapted, that of Cannan for the reading of the Old Testament, and that of Palestine for the New Testament.

*** The expression of a general desire for an Elementary Atlas of moderate price, comprehending all the great divisions of the Globe, and maps to accompany the study of the Old and New Testament, has induced Messrs. Longman and Co. to publish this work, in the hope that it will be found of practical utility. It has been compiled from the best and most recent authorities, and engraved with the greatest care by S. Hall. In the selection of the Maps, the Publishers have been guided by the advice of gentlemen of experience in the teaching of Geography connected with the Committee of Council on Education

Dr. Butler's Ancient and Modern Geography.
A Sketch of Ancient and Modern Geography. By SAMUEL BUTLER, D.D. late Bishop of Lichfield, formerly Head Master of Shrewsbury School. New Edition, revised by his Son. 8vo. 9s. boards; bound in roan, 10s.

Dr. Butler's Ancient and Modern Atlases.
A General Atlas of Ancient and Modern Geography; consisting of Forty-five coloured Maps, and Indices. New Edition, corrected. 4to. 24s. half-bound.

An Atlas of Modern Geography; consisting of Twenty-three Coloured Maps; with a complete Index. New Edition, corrected. 8vo. 12s. half-bound.

An Atlas of Ancient Geography; consisting of Twenty-two Coloured Maps, with a complete Accentuated Index. New Edition, corrected. 8vo. 12s.

Abridgment of Butler's Geography.
An Abridgment of Bishop Butler's Modern and Ancient Geography: arranged in the form of Question and Answer, for the use of Beginners. By MARY CUNNINGHAM. New Edition. Fcp. 8vo. 2s. cloth.

Dr. Butler's Geographical Copy-Books.
Outline Geographical Copy-Books, Ancient and Modern: with the Lines of Latitude and Longitude only, for the Pupil to fill up, and designed to accompany the above. 4to. each 4s.; or together, sewed, 7s. 6d.

The Geography of Palestine or the Holy Land,
Including Phœnicia and Philistia: with a Description of the Towns and Places in Asia Minor visited by the Apostles. By W. M'Leod, Head Master of the Model School, Royal Military Asylum, Chelsea; late Master of the Model School, Battersea. New Edition. 12mo. with Map, 1s. 6d. cloth.

Dowling's Introduction to Goldsmith's Geography.
Introduction to Goldsmith's Grammar of Geography: for the use of Junior Pupils. By J. DOWLING. New Edition. 18mo. 9d. sewed.

By the same Author,

Five Hundred Questions on the Maps in Goldsmith's Grammar of Geography. New Edition. 18mo. 9d.—KEY, 9d.

Goldsmith's Geography Improved.
Grammar of General Geography: for the Use of Schools and Young Persons. By the Rev. J. GOLDSMITH. New Edition, improved. Revised throughout and corrected by Hugh Murray, Esq. Royal 18mo. with New Views, Maps, &c. 3s. 6d. bound.—KEY, 9d. sewed.

Goldsmith's Popular Geography.
Geography on a Popular Plan. New Edit. including Extracts from recent Voyages and Travels, with Engravings, Maps, &c. By Rev. J. GOLDSMITH. 12mo. 14s. bd.

Mangnall's Geography, revised.
A Compendium of Geography: for the use of Schools, Private Families, &c. By R. MANGNALL. A new Edition, revised and corrected throughout. 12mo. 7s. 6d. bound.

Hartley's Geography, and Outlines.
Geography for Youth. By the Rev. J. HARTLEY. New Edition, containing the latest Changes. 12mo. 4s. 6d. bound.—By the same Author,

Outlines of Geography: the First Course for Children. New Edit. 18mo. 9d. sd.

THE FRENCH LANGUAGE.

Tarver's Eton French Grammar:
Introduction à la Langue usuelle et aux Eléments de la Grammaire Française. By J. C. TARVER, French Master, Eton College. New Edition. 12mo. 3s. bd.

Tarver's Eton French Exercises:
Familiar and Conversational French Exercises, for Writing and vivâ voce Practice. By J. C. TARVER, French Master, Eton College. New Edition. 12mo. 3s. 6d. bound.

KEY, 12mo. 3s. bound.

Tarver's French Phraseology.

Phraséologie Expliquée et comparée: in explanation of Idiomatical Phrases, and to serve as Conversational Lessons. By J. C. TARVER, French Master, Eton College. New Edition. 12mo. 3s. bound.

Tarver's Eton French Reading Book.

Choix en Prose et en Vers: suivi de la Phraséologie expliquée et comparée; et précédé de Remarques sur la Construction des Vers Français. By J. C. TARVER, French Master, Eton College. New Edition. 12mo. 7s. 6d. bound.

Separately, { Part I. Choix en Prose, 3s. 6d bound.
Part II. Choix en Vers, 3s. 6d. bound.
Part III. Phraséologie, 3s. bound.

Tardy's French Dictionary, improved by Tarver.

Tardy's Explanatory Pronouncing Dictionary of the French Language, in French and English; wherein the exact Sound and Articulation of every Syllable is distinctly marked, according to the Principles of the French Pronunciation, developed in a short Treatise. New Edition, corrected and much enlarged. By J. C. TARVER, French Master, Eton. Fcp. 8vo. 7s.

Miss Rowan's Modern French Reading Book.

Morceaux Choisis des Auteurs Modernes, à l'usage de la Jeunesse. With a Translation of the New and Difficult Words and Idiomatic Phrases which occur in the Work. By F. M. ROWAN. Foolscap 8vo. 6s. bound.

Hamel's French Grammar and Exercises, by Lambert.

Hamel's French Grammar and Exercises. A New Edition, in one volume. Carefully corrected, greatly improved, enlarged, and re-arranged. By N. Lambert. 12mo. 5s. 6d. bound.

Hamel's French Grammar (the Original Edition).

A New Universal French Grammar; being an accurate System of French Accidence and Syntax. By N. HAMEL. New Edit. improved. 12mo. 4s. bound.

Hamel's French Exercises, Key, and Questions.

French Grammatical Exercises. By N. HAMEL. New Edition, carefully revised and greatly improved. 12mo. 4s. bound.
KEY, 12mo. 3s. bound.

THE ENGLISH LANGUAGE.

Grammars, Reading Books, and Miscellaneous Works.

Lessons on Industrial Education.

For the use of Female Schools. By a Lady. 12mo. 2s. 6d. cloth.

"A work of humble pretensions, but of real and great value, calculated to assist in making good servants and housewives and thus in promoting domestic comfort in no ordinary degree. Although intended for persons in humble life, it will supply much useful information to those who have had the advantage of receiving a finished education. It is as important to know how to be a good mistress, as how to be a good servant."—*Methodist Magazine.*

The Rev. John Hunter's English Grammar.

Text-Book of English Grammar: a Treatise on the Etymology and Syntax of the English Language; including Exercises in Parsing, Punctuation, and the Correction of Improper Diction; an Etymological Vocabulary of Grammatical Terms, &c. For the use of Students in Training Colleges, and the Upper Classes in National and other Elementary Schools. By Rev. J. HUNTER, M.A. Vice-Principal of the Training College, Battersea. 12mo. 2s. 6d. cloth.

Hunter's Exercises in English Parsing:

Progressively arranged. New Edition, remodelled and enlarged; and adapted to the Author's Text-book of English Grammar. With Questions, suggesting a Course of Oral Instruction for Junior Pupils; and an Appendix of Rules and Observations on the Paraphrasing of English Poetry, with Examples and Exercises. By the Rev. JOHN HUNTER, M.A., Vice-Principal of the National Society's Training College, Battersea. 12mo. 6d. sewed.

Progressive Exercises in English Composition.

By the Rev. R. G. Parker, A.M. New Edition. 12mo, 1s. 6d. cloth.

Graham's Art of English Composition.

English; or, The Art of Composition explained in a series of Instructions and Examples. By G. F. Graham. New Edition. Fcp. 8vo. 6s. cloth.

Carpenter's Spelling-Book.

The Scholar's Spelling Assistant; wherein the Words are arranged according to their principles of Accentuation. By T. Carpenter. New Edition, corrected throughout. 12mo. 1s. 6d. bound.

Mavor's Spelling Book.

The English Spelling-Book; accompanied by a Progressive Series of easy and familiar Lessons, intended as an Introduction to the Reading and Spelling of the English Language. By Dr. Mavor. New Edition. 12mo. with Frontispiece, and 44 Wood Engravings, 1s. 6d. bound.

Lindley Murray's Grammatical Works.

*** The latest and only Genuine Editions, with the Author's final Corrections and Improvements.

First Book for Children. 18mo. 6d.
English Spelling-Book. 18mo. 18d.
Introduction to English Reader. 2s. 6d.
The English Reader. 12mo. 3s. 6d.
Sequel to ditto. 12mo. 4s. 6d.

English Grammar. 12mo. 3s. 6d.
——————— abridged. 18mo. 1s.
English Exercises. 12mo. 2s.—Key. 2s.
Exercises and Key. 12mo. 3s. 6d.
Introductory French Reader. 3s. 6d.

Library Edition of Grammar, Exercises, and Key. 2 vols. 8vo. 21s.
First Lessons in English Grammar. 18mo. 9d.
Questions, adapted to Murray's Grammar. 12mo. 2s. 6d.
Murray's English Grammar, by Dr. Giles, enlarged. 18mo. 1s. 6d.

Ross: An Elementary Etymological Manual of the

English Language, for the use of Schools. To which are prefixed, Practical Observations on Teaching Etymology. By William Ross, Inspector of Schools for the Manchester Education Society. New Edition. 18mo. 6d. sewed.

Mr. M'Leod's Elementary Reading Book.

A First Reading Book: for the use of Families and Schools. By W. M'Leod, Head Master of the Model School, Royal Military Asylum, Chelsea. New Edition. 18mo. with Woodcuts, 3d. sewed.—Or, as Reading Lessons, for Children's Schools; in 30 Broadside Sheets, printed from a very bold type, with Woodcuts, price 3s.

Mr. M'Leod's Second Poetical Reading-Book.

The Second Poetical Reading-Book. Compiled for the use of Families and Schools; with Introductory Descriptions, Explanatory Notes, and Exercises in Spelling and Etymology. By Walter M'Leod, Head Master of the Model School, Royal Military Asylum, Chelsea. 12mo. 1s. 6d. sewed in cloth.

The Rev. F. C. Cook's Select School Poetry.

Poetry for Schools; intended to serve as an Introduction to the Study of the Great Classical Poets of England. Selected from Beattie, Collins, Cowper, Goldsmith, Gray, Milton, Shakspeare, and Spenser: with a few brief foot-Notes. By the Rev. F. C. Cook, M.A., one of H.M. Inspectors of Church Schools. 12mo. 2s. cloth.

The Rev. F. C. Cook's First School Poetry.

A First Book of Poetry; for Elementary Schools. By the Rev. F. C. Cook, M.A., one of Her Majesty's Inspectors of Church Schools. 18mo. price 9d. sewed.

The Modern Poetical Speaker:

A Collection of Pieces adapted for Recitation, carefully selected from the English Poets of the Nineteenth Century. By Mrs. Palliser. Dedicated, by permission, to the Right Hon. the Dowager Lady Lyttelton. 12mo. 6s. bound.

Sewell: The New Speaker and Holiday Task-Book.

Selected from classical Greek, Latin, and English writers:—Demosthenes, Thucydides, Homer, Sophocles, Cicero, Livy, Virgil, Lucretius, Shakspeare, Milton, Burke, Bacon, &c. By the Rev. W. Sewell, B D. Fellow and Tutor of Exeter College, Oxford. 12mo. 6s. bound.

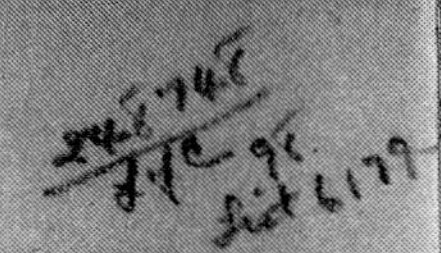

Maunder's Universal Class-Book:

A New Series of Reading Lessons (original and selected) for Every Day in the Year: each Lesson recording some important Event in General History, Biography, &c., or detailing, in familiar language, interesting facts in Science. With Questions for Examination. By SAMUEL MAUNDER, Author of "The Treasury of Knowledge," &c. New Edition, revised. 12mo. 5s. bound.

Mrs. Marcet's Mary's Grammar.

Mary's Grammar: interspersed with Stories, and intended for the use of Girls. By JANE MARCET. New Edition. 18mo. 3s. 6d. cloth

Mrs. Marcet's Willy's Grammar.

Willy's Grammar: interspersed with Stories, and intended for the use of Boys. By JANE MARCET. New Edition. 18mo. 2s. 6d. cloth.

Graham's Helps to English Grammar.

Helps to English Grammar; or, Easy Exercises for Young Children Illustrated by Engravings on Wood. By G. F. GRAHAM. New Edition. 12mo. 3s. cloth.

Graham's English Spelling-Book.

English Spelling: with Rules and Exercises. Intended as a Class-Book for Schools or Home Teaching By G. F. GRAHAM, Author of "English, or the Art of Compostion;" "Helps to English Grammar," &c. 12mo. 1s. 6d. cloth.

English Synonymes classified and explained:

With Practical Exercises, designed for Schools and Private Tuition. By G. F. GRAHAM. Fcp. 8vo. 7s. cloth.

Stow's Training System.

The Training System, the Moral Training School, and the Normal Seminary. By David Stow, Esq., Honorary Secretary to the Glasgow Normal Free Seminary; Author of "Moral Training," &c. Eighth Edition, corrected and enlarged. Post 8vo. with Plates and Woodcuts, 6s. cloth.

English and Latin School Books by Mr. Richard Hiley, Head Master of the Leeds Collegiate School.

The Child's First English Grammar: divided into Easy and Progressive Lessons, to each of which are appended copious Questions and Exercises. 18mo. 1s. sewed.

The Child's First Geography. For the use of Elementary Classes. Being the First Two Courses of "Lessons in Geography:" to which it is intended as an Introduction. New Edition. 18mo. 9d.

Abridgment of Hiley's English Grammar; together with appropriate Questions and Exercises, progressively arranged. New Edition, considerably improved. 18mo. 1s. 6d. cl.

Practical English Composition. Part I.; or Junior Series: consisting of Four Courses of Exercises, progressively arranged, and divided into appropriate Lessons. New Edition. 12mo. 1s. 6d. cloth.

English Grammar, Style, Rhetoric, and Poetry: to which are added, Preparatory Logic, and Advice to the Student on the Improvement of the Understanding. New Edition, carefully revised 12mo. 3s. 6d. cloth.

Progressive Geography, Consisting of Four Courses, divided into appropriate Lessons; with numerous Exercises appended to each. The whole adapted to the Junior Classes in Classical and Commercial Schools. New Edition. 18mo. 2s. cl.

Questions and Exercises adapted to Hiley's English Grammar, progressively arranged. New Edition, considerably improved, and adapted to the Last Edition of the Grammar. 12mo. 2s. cloth.—KEY. 12mo. 3s. cl.

The Arithmetical Companion: Intended, by miscellaneous Examples, to perfect the Pupil in a knowledge of Arithmetic. New Edition, considerably improved. 18mo. 1s. 6d. cloth.—KEY. 18mo. 1s. 6d. cloth.

The Elements of Latin Grammar, for the use of Schools. New Edition, considerably improved: with selections from Zumpt, Kühner, Trebs, Schiller, Ruddiman, and Adam, of the most important rules and observations required by advanced students. 12mo. 3s. cloth.

Wilson and Ogilvy, Skinner Street, Snowhill, London.

Lightning Source UK Ltd.
Milton Keynes UK
UKHW020801200721
387465UK00007B/1220